Hermann Wohlgschaft

Karl May

Gedruckt mit freundlicher Unterstützung
der Karl-May-Gesellschaft

IGEL Verlag Paderborn

Reihe Literatur- und Medienwissenschaft 27

Hermann Wohlgschaft

Große
Karl May
Biographie

Leben und Werk

Igel Verlag *Wissenschaft*

Die Deutsche Bibliothek - CIP - Einheitsaufnahme

Wohlgschaft, Hermann

Grosse Karl-May-Biographie : Leben und Werk / Hermann Wohlgschaft. - 1. Aufl. - Paderborn : Igel-Verl. Wiss., 1994
  (Reihe Literatur- und Medienwissenschaft ; 27)
  ISBN 3-927104-61-2
NE: 1. GT

Für die Auswahl der Bilder zeichnet Dieter Sudhoff verantwortlich.

Erste Auflage 1994

Alle Rechte vorbehalten
Copyright © by
Igel Verlag Wissenschaft
Querweg 67, 33098 Paderborn
Tel. 05251 - 72879
Satz: Gaby Rochell
Herstellung: Fuldaer Verlagsanstalt
ISBN 3-927104-61-2

Geleitwort

Die Karl-May-Gesellschaft hatte sich, wie schon ihr Vorläufer, die "Arbeitsgemeinschaft Karl-May-Biographie", bei ihrer Gründung zum Ziel gesetzt, die "große", umfassende Lebensdarstellung Karl Mays zu schaffen. Es ist ihren Mitgliedern dann zwar gelungen, Vita und Werk ihres Autors allseitig zu erforschen und einige bemerkenswerte Biographien vorzulegen, aber das erwartete "Großwerk" war nicht darunter. Diese Lücke in der bisherigen May-Literatur füllt Dr. Hermann Wohlgschafts Buch, das bei normalem Satzspiegel 1.500 Seiten umfassen würde und dessen Umfang damit alle bisherigen Darstellungen vom "Leben und Werk" Karl Mays um ein Mehrfaches übertrifft. Das Buch enthält alles, was an irgend Bedeutsamem über Leben und Werk Karl Mays bisher bekannt geworden ist. Es verdient daher, neben dem Karl-May-Handbuch (hgg. von Ueding, Kröner-Verlag) und dem "Großen Karl-May-Figurenlexikon" (hgg. von Kosciuszko, Igel-Verlag) als drittes aus der Arbeit der Karl-May-Gesellschaft erwachsenes Grundlagenwerk in die Bibliothek jedes ernsthaften May-Interessenten eingestellt zu werden!

Freilich: Eine abschließende Gesamtdarstellung ist auch dieses Buch nicht. Es kann sie niemals geben, weil Erforschung und Deutung eines so exemplarischen Lebens und Werkes immer weitergehen und neue Einsichten eröffnen werden. Aber auch abgesehen von seinem Umfang ist Wohlgschafts Buch etwas Besonderes. Es wertet die gesamte, fast schon unübersehbare Sekundärliteratur mit einer noch nie erreichten Vollständigkeit aus, so daß es geradezu ein Resümee der bisherigen Karl-May-Forschung darstellt. Es ist gleichwohl keine Kompilation, sondern schmilzt den Stoff in eine teils epische, teils reflektierende Schilderung ein, die den Leser festhält und das Riesenwerk mit Spannung lesen läßt. Es ist auch die objektivste Karl-May-Darstellung, die ich kenne: Nichts wird beschönigt, aber auch nichts übertrieben. Wohlgschaft verzichtet ganz auf ungesicherte Hypothesen. Wo etwas unklar oder strittig ist, wägt er sorgsam ab und verzichtet auf eine definitive Entscheidung, wenn der Forschungsstand sie nicht zuläßt.

Schließlich unterscheidet sich das Werk von allen anderen über Karl May dadurch, daß es dem theologischen Aspekt in Leben und Werk Mays besondere Beachtung schenkt. "Karl May ist ein Inbild des Menschen und seiner Suche nach besseren Daseinsentwürfen" (S. 24). Dem hätte May sicher zugestimmt. In der Werkdeutung führt dieser Ansatz bei aller Einbeziehung literarischer, biographischer, psychologischer und soziologischer Gesichtspunkte zu einer Rehabilitierung des Theologen, der Karl May - vor allem im Spätwerk - *auch* war. Ich meine, daß damit ein lange vernachlässigtes und dennoch zentrales Forschungsthema endlich durch einen kompetenten Interpreten aufgearbeitet wird. Denn man darf nicht vergessen (das gilt auch und gerade für den, der theologisch unkundig ist), daß Karl May sich als Christ verstand und daß seine Spätwerke als reine Kunstgebilde oder als Psychobiographie unter Absehung von ihrem religionsphilosophischen Gehalt nicht vollständig verstanden werden können. Daß May in der vorliegenden Darstellung als ein seiner Zeit vorauseilender, theologisch progressiver Dichter erscheint, verleiht dieser Deutungsschicht einen zusätzlichen Aktualitätsreiz.

Unbeschadet dessen ist das Buch nicht etwa ausschließlich oder auch nur in erster Linie für Karl-May-Experten oder Theologen geschrieben. Es kann vielmehr allen, die sich für das dramatische, an Aufschwüngen und Abstürzen reiche Leben Karl Mays und für sein umfangreiches und wirkungsmächtiges Werk interessieren, jede erwünschte Auskunft geben und ihnen zum Leseerlebnis werden.

Wohlgschafts Buch, das ich in den langen Jahren seiner Entstehung mit meinem Rat begleitet habe, hat mir viel gegeben. Ich hoffe, daß seine übrigen Leser über ihre Erfahrung mit dem Werk auch so urteilen werden.

Claus Roxin
Vorsitzender der Karl-May-Gesellschaft

Für Sr. M. Virginie Fröber, OSF

INHALTSVERZEICHNIS

ZWEITER TEIL

EINFÜHRUNG

Meine Gnade genügt, denn die Kraft
wird in der Schwachheit vollendet.
(2. Korintherbrief, Kap. 12, Vers 9)

1 "Das Karl-May-Problem ist das Menschheitsproblem"

Als Jugendschriftsteller und Trivialliterat wurde Karl May meist verstanden. Nicht VÖLLIG zu Unrecht. Ein Abenteuerromantiker ist er vordergründig gewesen. Aber der 'eigentliche' May, der Mensch wie der Dichter, ist anders zu sehen.

Von außen betrachtet war dieses Leben ein Trauerspiel, eine Flucht, ein Traum, eine Täuschung. Tiefer gesehen war es ein Weg zur Erkenntnis, zur wirklichen Kunst. Und es war, darüber hinaus, ein religiöses Ereignis: ein Kampf mit dem Engel, ein Schrei nach Erlösung, ein Hungern nach Liebe, ein Dürsten nach Gott.

Trotz heiterer, ja schelmisch komischer Züge in seinem Wesen war Karl May eine geschundene Kreatur. Er war ein Gefangener seiner Angst. Er war es als Kind und auch noch als Greis. Er war es immer und stets, auch auf dem Höhepunkt seines Erfolges. Er suchte die Freiheit; er wollte dem Sklavenhause entfliehen, dem Land der Verheißung entgegen.

Ich will Gleichnisse und Märchen erzählen, in denen tief verborgen die Wahrheit liegt, die man auf andere Weise noch nicht zu erschauen vermag. Ich will Licht schöpfen aus dem Dunkel meines Gefängnislebens. Ich will die Strafe, die mich getroffen hat, in Freiheit für andere verwandeln. Ich will die Strenge des Gesetzes, unter der ich leide, in ein großes Mitleid mit all denen, die gefallen sind, verkehren, in eine Liebe und Barmherzigkeit,[1]

die heilt und befreit.

Mays Streben war ein Griff nach den Sternen. Die verlorene Seele wollte er finden, die Seele des Menschen. Er befaßte sich "nur mit ihr", hatte sich die "Aufgabe gestellt, der Monograph der 'Menschheitsseele' zu werden"![2]

Ein pathologisches Ich? Ein krankhafter Anspruch? Karl May hatte etwas Schlichtes, Naives an sich. Und war doch ein Rätsel, voller Zwiespalt und Widerspruch. Was immer da gesagt wird, im nächsten Satz muß es korrigiert und differenziert werden.

Seltsam war dieses Leben, überspannt und (in mancher Hinsicht) singulär, eine Ausnahme. Und doch hat es Modellcharakter. "Das Karl-May-Problem ist das Menschheitsproblem", erklärt die Selbstbiographie.[3] So absurd es auch klingen mag, dem Dichter ist zuzustimmen. Denn sein Leben ist ein Symbol, sein Werk eine Metapher: für höchstes Streben und tiefste Erniedrigung, für die Gefährdung, die Hinfälligkeit, die unendliche Sehnsucht und die Größe des menschlichen Seins.

In einem seiner letzten Romane schrieb May: "Die sich Sehnenden werden emporgehoben. Es liegt eine unermeßliche Macht in diesem Sehnen."[4] WELCHE Sehnsucht bewegt diesen Autor? Sein Leben ist vieldeutig und sein Streben ist ambivalent. Er kam von 'unten' und wollte nach 'oben'. Ein typischer Kleinbürger? Ein süchtiger Aufsteiger? Was suchte er WIRKLICH? Vielleicht nur den eigenen Glanz, die eigene Macht, die eigene Renommage: vor der Menschheit und auch noch vor - Gott? Das ist das Karl-May-Problem und das ist das Menschheitsproblem. Denn mehrdeutig ist alles, selbst das Erhabene und selbst das Leben der Heiligen.

Karl May, der Mensch und der Schriftsteller, wird in diesem Buch gewürdigt. Was steht zur Verhandlung? Die Aufwertung, die Rehabilitierung eines verkannten Genies? Es geht noch um anderes, es geht noch um wesentlich mehr: Das 'Phänomen Karl May' kann als Exempel, als Paradigma des menschlichen Seins und der christlichen Existenz verstanden werden. Es geht hier, im 'Falle' Mays, um die Rechtfertigung[5] des Menschen überhaupt: des Menschen, der sündigt, der umkehrt von seinem Weg - nicht nur einmal, sondern oft, immer wieder - und der sich öffnet für Gottes Anspruch.

Das Thema ist Karl May, zugleich aber die Gnade Gottes, die größer ist als die 'Werke' des Menschen, die Gnade Gottes, die - nach Dietrich Bonhoeffer - keine "billige Gnade" (ohne Reue und ohne Sühne) ist, sondern "teure Gnade", die in die "Nachfolge" ruft.6

May hat diesen Ruf gehört, und er ist ihm - zögernd - gefolgt: Die Nachfolge, die 'imitatio Christi' wurde zum romantisch verkleideten, zum (mehr oder weniger) verfremdeten Inhalt seiner - zunehmend theologischer werdenden - Reiseerzählungen.

Karl May ist ein Inbild des Menschen und seiner Suche nach immer besseren Daseinsentwürfen. Er verkörpert den 'Adam', den Armen, der 'aus der Tiefe schreit' und zur Höhe strebt; er verkörpert den Menschen, der erlöst werden soll vom 'Gesetz' der Sünde: durch 'Christi Blut und Gerechtigkeit'.7

Anmerkungen

1 Karl May: *Mein Leben und Streben* (1910), S. 137f.; zit. nach dem Reprint der Originalausgabe (hrsg. und mit Anmerkungen versehen von Hainer Plaul). Hildesheim, New York 21982.

2 Karl May: *Meine Beichte*. In: Ders.: Gesammelte Werke, Bd. 34. Bamberg 361976, S. 15-20 (S. 18). - Dieser kurze Text entstand in der Erstfassung am 28.5.1908; die Zweitfassung vom 1.7.1908 ist - als Faksimile der Handschrift - a.a.O., S. 21ff. wiedergegeben.

3 May: *Mein Leben und Streben*, wie Anm. 1, S. 12.

4 May: *Im Reiche des silbernen Löwen III*. Gesammelte Reiseerzählungen, Bd. XXVIII. Freiburg 1902, S. 634.

5 'Rechtfertigung' ist das paulinische Wort für 'Rehabilitierung'.

6 Dietrich Bonhoeffer: *Nachfolge*. München 91967, S. 13ff.

7 Vgl. Röm 3, 21ff. und Röm 5, 12ff. - *Christi Blut und Gerechtigkeit* ist der Titel einer Erzählung Mays (1882 erstmals gedruckt).

2   Ein Streiflicht: Joseph Bernharts Begegnung mit Karl May

Der katholische Theologe und Schriftsteller Joseph Bernhart (1881-1969) beschrieb in seinen Kindheits- und Jugenderinnerungen1 eine Begegnung mit dem fünfundfünfzigjährigen Karl May in München:

Die Begeisterung für diesen Autor teilte ich mit Millionen seiner Leser, bis er mir sich selbst entthronte. Mein Vater hatte die Jubiläumsausgabe des großen Brockhaus bestellt. Beim Auspacken pochte mir das Herz, daß ich über unseren Abgott nun endlich das Genaueste erfahren sollte. Aber der Name war nicht enthalten und maßlos meine Enttäuschung. Noch im selben oder im folgenden Jahr kündigten die Blätter den Besuch Karl Mays in München an. Der genannte Nachmittag, an dem er im Hotel Trefler2 zu sprechen sei, war schulfrei. Erregt ging ich hin und war verwundert, nicht halb München versammelt zu sehen. Wir waren ein verlegenes Häufchen von einem Dutzend Buben, das auf dem Korridor seine große Stunde erwartete.

Als Karl May "uns ansprach, befremdete mich an Old Shatterhand das leichte Sächseln einer dünnen, für Kommandodonner nicht geeigneten Stimme. Was er sagte, ist mir wohl selben Tages noch entfallen, weil mir der weitere Verlauf des Empfangs den ganzen Heros zu Boden warf."

Was jetzt geschah, war für den sensiblen jungen Bernhart entsetzlich:

Es geschah das Peinliche, daß May sich den Oberkörper entblößte, um ein paar Narben als Beweis für die Kämpfe auszugeben, die er laut seiner Bücher siegreich bestanden hatte. Ich konnte nicht hinsehen und fühlte die Schmach des Augenblicks. Kann ein Held vor Buben so um ihren Glauben werben? [...] So war es mit der Banngewalt dieses Zauberers für immer vorbei. Als ich später die ganze Demaskierung Karl Mays in einem Tumult von Prozessen, kriminalen Enthüllungen und literarischen Femegerichten verfolgte, paßte mein Jugenderlebnis nicht übel ins ganze Bild des Abenteurers.

Daß der 'Weltläufer' ein Schwindler war, eine jämmerliche Figur, die mit den Bücherhelden so gar nicht zusammenstimmte, war Jahrzehnte lang das gängige Bild Karl Mays. Doch Joseph Bernhart blieb nicht stehen bei diesem Klischee. Er entdeckte - wie Werner Bergengruen - den Schriftsteller neu, "von einem höheren Punkte aus".[3] Die Banngewalt des Zauberers hat ihn doch noch, auf andere Weise, erfaßt:

Die Phantasie hat zum Glück oder Unglück des Menschen auch die Rolle, zu dem, was am wirklichen Dasein mangelt oder vermißt wird, die erwünschte Erfüllung hervorzubringen. Was nicht ist, aber nach unserer Einsicht, unseren Wünschen und Begehrungen sein sollte, wird aus den Bildekräften der geistigen Seele entworfen, genährt oder ins tatsächliche Leben hineingestellt. In diesem Drange nach Aufrundung des im Individuum immer beschränkten, nur stückhaft vorhandenen, niemals ungebrochenen Lebens gründet jede Entgegensetzung zu dem, was wir sind und haben.[4]

Die Phantasie, das menschliche Sehnen und das menschliche Träumen wurden in der Theologie noch zu wenig beachtet. Der wache Verstand, die 'objektive' Wahrheit dominierten. Und die Poesie des Lebens "entlang den großen Menschheitsträumen"[5] wurde - nach Eugen Drewermann, dem bekannten Theologen und Psychotherapeuten - vernachlässigt.

Um so bemerkenswerter die Äußerung Bernharts. Karl May wird in seiner Deutung zum Modellfall des Menschen, zum Bild der Gebrechlichkeit und der Fraglichkeit seines Daseins, aber auch seiner Fähigkeit, über sich selber hinauszuwachsen und seine Grenzen zu 'überfliegen':[6] durch die "Bildekraft der geistigen Seele" (Bernhart).

Mays Phantasie gelang es, selbst schöpferisch zu werden, 'Reales' zu gestalten und Edles tatsächlich hervorzubringen. Den Menschen May und den Schriftsteller May sah Joseph Bernhart allerdings - um der Pointe willen - im schärfsten Kontrast:

Menschen von verbrecherischer Neigung spiegeln sich gerne eine Gegenwelt von Tugenden vor, in der sie niemals heimisch waren, aber auf der Selbstflucht sich zu bergen suchen. Natur als 'Schlag' lebt hart an ihrem erlösenden Gegenschlag, den sie, wenn er nicht Ereignis wird, in Entwürfen der Phantasie vor sich geschehen läßt. Ein Verbrecher, der sich zum idealischen Ordner der Welt umdichtet - dies der Fall May -, leistet eine Rechtfertigung des Guten, die eher an den Großen zu vermissen ist, die sich laut ihrer Bekenntnisse durch die Darstellung des Gemeinen vor seiner Ausübung bewahrt haben. Der verlogene Kleinbürger von Blasewitz und Radebeul schuf sich in seinem 'Winnetou' zugleich einen Anti-May, der Jugend und Volk zu humanitären und sittlichen Gedanken erzogen hat, die nicht auszuüben dem Karl May des gelebten Alltags zum Verhängnis hinter Schloß und Riegel geworden ist.

May hat das Gute verherrlicht; und er hat, was Bernhart wohl übersieht, das Gemeine und Böse oft dargestellt. Aber daß er selbst ein "Verbrecher" war, ist eine kühne Behauptung. Mays Straftaten sollte man nicht verharmlosen, aber - angesichts seiner psychischen Verfassung zur Zeit seiner Delikte[7] - auch nicht überbewerten.

Bernharts Essay streift nur EINEN, wenn auch wichtigen Aspekt des so vielschichtigen Phänomens May. Seine Zusammenfassung ist aber doch interessant:

Dort das Werk und hier der Mann, dort die Wunschwelt des Dichtenden und hier der Täter in der Hand der Polizei - man muß sehr unreif oder sehr reif sein, um ruhig das eine mit dem andern hinzunehmen. Wäre ich damals so reif wie jung gewesen, so hätten Winnetou und Karl May einander so viel oder so wenig angegangen als der Weizenhalm und der Dung, aus dem er treibt.

Der Mensch Karl May und seine literarischen Werke sind zu unterscheiden. Aber der Mensch und sein Werk bleiben - trotz des Spannungsverhältnisses - aufeinander bezogen; sie sind nicht zu trennen.

Dung und häßliche Erde, das ist der Ausgangspunkt Karl Mays. In einem sehr leid-vollen Weg nähert er sich - an den Seher in Dantes 'Commedia' und an den Wanderer in John Bunyans 'The pilgrim's progress' (1678)[8] könnte man denken - der gereinigten Welt des Geistes und der gott-menschlichen Seele. Es ist, mit seinen Worten, der Weg von 'Ardistan' nach 'Dschinnistan', vom Haß zur Liebe, von der Lüge zur Wahrheit, von der Schein-Religion zum echten Christentum, vom modrigen Sumpf seiner Kindheit hinauf zum 'Mount Winnetou', zum 'Berg' der göttlichen Gegenwart. Es ist - zugleich - der Weg vom bewaffneten Krieger zum gewaltlosen 'Edelmenschen', zum 'Nachfolger' Christi, dessen Bild Karl May in der Bibel gefunden und in seinen eigenen Phantasiegestalten verkörpert hat.

May sah sich selbst, im Alter besonders, als Prediger des Evangeliums im Gewand eines Märchenerzählers. Seine Abenteuergeschichten sind SKIZZEN für eine spätere Dichtung, die sich im *Jenseits*-Band (1898/99), im *Friede*-Roman (1901/04), im *Silberlöwen III/IV* (1902/03), im Drama *Babel und Bibel* (1906), in *Ardistan und Dschinnistan* (1907/09) und in *Winnetou IV* (1909/10) schon deutlich herausschält, die Karl May aber nicht mehr vollenden konnte.

Das Land der Verheißung durfte er - wie Mose - wohl schauen; betreten hat er es nicht. Es sei denn im Tode!

Anmerkungen

1   Joseph Bernhart: *Erinnerungen*. Köln 1972, S. 39-42; diesem Abschnitt sind die folgenden Zitate entnommen.
2   Zu den Großauftritten Mays in diesem Hotel (Bernhart erzählt davon nichts) vgl. unten, S. 325ff.
3   Werner Bergengruen (1892-1964), einer der wohl bedeutendsten christlichen Schriftsteller, meinte: "Karl May ist naiv zu genießen oder von einem höheren Punkte aus. Seine Gegner sind Leute, welche die Naivität verloren, jenen höheren Punkt aber nicht einzunehmen gewußt haben..." - In: *Dichtung als Wunscherfüllung. Aussprüche über Karl May*. Materialien zur Karl-May-Forschung, Bd. 13, Ubstadt 1992, S. 8.
4   Joseph Bernhart, wie Anm. 1.
5   Eugen Drewermann: *Tiefenpsychologie und Exegese*, Bd. 2. *Die Wahrheit der Werke und der Worte*. Olten 1985, S. 782.
6   Vgl. Dieter Sudhoff: *Der beflügelte Mensch. Traumflug, Aviatik und Höhenflug bei Karl May*. In: Jahrbuch der Karl-May-Gesellschaft (künftig JbKMG) 1986. Husum 1986, S. 110-154.
7   Dazu unten, S. 87ff.
8   Hinweis bei Arno Schmidt: *Abu Kital. Vom neuen Großmystiker*. In: *Dya Na Sore. Gespräche in einer Bibliothek*. Karlsruhe 1958, S. 150-193; hier und im folgenden zit. nach Helmut Schmiedt (Hrsg.): *Karl May*. Frankfurt/M. 1983 (suhrkamp taschenbuch materialien 2025), S. 45-74 (S. 48).

3   Die 'Menschheitsfrage': Visionen und Träume - Trug oder Wahrheit?

In jedem Kaufhaus, in jedem Bahnhofskiosk sind sie zu haben: die grünen Bände mit den farbigen Deckelbildern, 'Karl Mays Gesammelte Werke' Bd. 1-75 (Bamberger Ausgabe).[1] In jedem Buchladen sind sie zu sehen: in der Abteilung für Kinderbücher, wo zumindest das Spätwerk nun wirklich nicht hingehört.

Mays Popularität blieb ungebrochen. Aber die Literaturwissenschaft hat seine Dichtung lange Zeit ignoriert; die Bücher des 'meistgelesenen deutschen Schriftstellers' wurden als billige Marktware betrachtet. Der Blick auf den wirklichen May, den Rang seiner Person und den Wert seines Werkes, wurde verstellt durch - im großen und ganzen - verfehlte Kritik.

Geschadet hat - vielleicht - die Einfalt der 'ewig jungen Freunde' des Autors, ihre gut gemeinte, aber naive Apologetik, "die es nicht verstand, die Anschuldigungen aus der in den letzten Lebensjahren gegen May inszenierten Pressehetze überzeugend und nachhaltig zu entkräften."[2]

Eine tiefere Ursache für die Demontage seines Ansehens lag sicher in Karl May selber, in seinem gespaltenen Wesen. Zwei Welten lagen im Streit: eine niedrige, unwahre, und eine hohe, wahrhaftige. Der schlechteste Dienst an Karl May wäre das Vertuschen des 'anderen' May. Kehrseiten hatte er viele! Er wirkte belehrend, aber als Gelehrter war er ein - freilich genialer und vielseitiger - Dilettant. Seine Phantasie war reich, überreich, sie 'ging mit ihm durch', war seine Stärke und sein Verhängnis zugleich. Im Wert sehr Verschiedenes, Edles und Eitles, Hehres und Triviales, hat er geschrieben. Auch Visionäres, Prophetisches. Er war befähigt, war "einer der besten" Erzähler[3] und "eine der interessantesten Persönlichkeiten der deutschen Literatur".[4] Aber er hatte auch Schwächen, die ihm - teilweise - später bewußt wurden: Er war süchtig nach Anerkennung und Liebe, er neigte zur Selbstüberhebung und hatte zur Realität ein getrübtes Verhältnis.

Ein Münchhausen, ein Spaßvogel, ein Flunkerer im gewöhnlichen Sinn war er nicht. Aber der Kontrast von Wirklichkeit und Vision, von Leben und Wunschtraum, könnte größer nicht sein: Das zierliche Männchen trat, in den neunziger Jahren, auf als Old Shatterhand und Kara Ben Nemsi, souveräner als ein Präsident oder König!

Wer ist Old Shatterhand/Kara Ben Nemsi in den Romanen? Ein Befreier schlechthin, ein Beglücker der Guten, ein Überwinder des Bösen, ein Bild der Vollkommenheit![5] Aber während sein Pseudo-Ich, der literarische Held, in fernen Ländern die edelsten Taten vollbringt, die schlimmsten Verbrecher besiegt und den Hassern die Liebe verkündet - Ende der sechziger und Anfang der siebziger Jahre -, sitzt Karl May im Gefängnis: wegen Schwindels und Hochstapelei.

Zwanzig Jahre später, da seine Vergangenheit (fast) niemand mehr kennt, da der Sträfling als Schriftsteller zu "wüstem Erfolg"[6] und zu Weltruhm gelangt, treibt er den Trug auf die Spitze und verliert jedes Maß.

Seine Bücher will er nicht nur erdacht und erträumt, sondern im wörtlichen Sinne erlebt haben. In Amerika, im Orient, in China, überall will er gewesen sein. Den akademischen Titel - 'Dr. Karl May' - und noch höhere wissenschaftliche Ehren will er erlangt haben, alle Sprachen will er beherrschen und alle Siege will er erkämpft haben. Er läßt sich fotografieren mit 'Bärentöter' und 'Silberbüchse', mit Lasso und Trappergewand. Er läßt sich empfangen von Fürsten und von der 'Großen Gesellschaft'. Er läßt sich huldigen von den Massen und feiern von den Deutschnationalen (die er später als Pazifist so verprellt hat): als größter Dichter, als tapferster Held, als Universalgelehrter, als Missionar des christlichen Abendlands.

Er stellt sich hin und behauptet: "Ich bin wirklich Old Shatterhand resp. Kara Ben Nemsi und habe erlebt, was ich erzähle."[7] Wie unsinnig! Und dennoch - wie richtig!

Mays Verehrer hatten ihm alles geglaubt, wörtlich und buchstäblich. Aber verstanden hat man ihn nicht. Als Traumbilder des Unbewußten, als Märchen und Gleichnisse, als 'Reisen ins Innere' (Stolte), als 'Seelenprotokolle' des Autors (Roxin), als 'mystagogische' Predigten,[8] als Bildungsromane (die die Welt und ihre Geheimnisse zu entschlüsseln versuchen)[9] wurden seine Geschichten überhaupt nicht erkannt.

Er selbst, 'Dr. Karl May, genannt Old Shatterhand', hat die Spuren verwischt, hat seine Vergangenheit zugedeckt und die Fehldeutungen seines Werks mit verursacht. Die Mißverständnisse, die er - entrüstet - beklagte, hat er selbst provoziert. Seine Gegner dachten, ihn zu durchschauen. Doch sie verkannten ihn genauso wie die Bewunderer. Sie führten die 'Wende' herbei, machten ihn kaputt als 'Hanswursten', als "traurige Karikatur".[10]

Er hatte sich selber blamiert, in wahnhafter, in kranker Manier. Er fiel herunter vom Thron, wurde gestürzt von den Höhen des Ruhmes und 'hinausgepeitscht aus dem Tempel der Kunst'.[11] Als er anfing, ein 'richtiger' Dichter zu werden! Als er, auch in den Ausdrucksmitteln, 'echte' Kunst und literarisch Bedeutendes zu schaffen begann. Als er 'Ardistan', dem Tiefland der Lüge, der eitlen Verblendung, des niederen Trachtens, schon so gut wie entflohen war. Als er 'Dschinnistan', das Hochland der 'Seele', des himmlischen Friedens, schon beinahe erreicht hatte.

Oder muß man den 'Feinden' am Ende noch dankbar sein? Hatten sie das EIGENTLICHE Werk dieses Schriftstellers - ungewollt - vorangetrieben? Hatte ihre Kritik seine Selbstbesinnung gefördert?

Die Gleichsetzung 'Karl May = Old Shatterhand' wurde, um die Jahrhundertwende, als 'Lüge' enttarnt. Die Maske wurde heruntergerissen. May selbst wurde bloßgestellt: als Zuchthäusler, als Schundproduzent oder - bestenfalls - 'Unterhaltungskarnickel' für unreife Schulbuben.

Old Shatterhand/Kara Ben Nemsi sei die "Menschheitsfrage",[12] hat er - in einer Flucht nach vorne? - sich dann verteidigt. Das 'Ich' seiner Erzählstoffe sei ja gar nicht er selbst, der "Edelmensch" sei die künftige, erst noch zu erreichende Gestalt seines Ich und des Menschen überhaupt.

Nachgeschoben und ausredenhaft wirkt diese Erklärung, gewiß. Aber - muß sie denn falsch sein? So unscharf, so verlegen und so rätselhaft die Rede von der 'Menschheitsfrage' auch sein mag, an einen großen Traum, eine große Sehnsucht rührt das 'Ich' der Reiseerzählungen allemal. Es hat eine Kraft, die den Autor (vielleicht auch den Leser) über sein jetziges Ich hinausruft und zur HOFFNUNG befreit: auf das, was nicht ist, aber sein kann. Das Wunsch-Ich des Dichters fordert ein Ahnen, ein Sehnen heraus, das sich mit der Welt des Faktischen nicht mehr abspeisen läßt, das die Gegenwart mit ihren Grenzen, ihren Verengungen, ihrem 'Stückwerk' und ihrem Versagen als vorläufig und überwindbar durchschaut.

Karl May hat seine 'Reisen', unter dem Druck der Enthüllungen, neu interpretiert: als 'Symbolik', als Vorbereitung der späteren Allegorien. Diese 'Umdeutung' haben die Zeitgenossen nicht akzeptiert. Sie ist aber, im wesentlichen, doch richtig. May dürfte seine Werke (und sich selbst) im nachhinein besser verstanden haben als zu den Zeiten, da er diese Mythen geträumt hat.

Kara Ben Nemsi ist eine Erfindung, und der Edelmensch ist imaginär. Spricht das gegen den Träumer? Die Fiktion, die Befähigung des Menschen zur 'Einbildung', ist eine frag-würdige Sache. Sie verdient es, befragt zu werden. Könnte der 'Schein', das spielerische 'Als ob', nicht auch hinführen zum wirklichen SEIN? Ist die Phantasie nicht immer auch Übung? Kann sie nicht auch die Einübung, das kreative Vorwegnehmen einer künftigen besseren Wirklichkeit sein? Ist das nicht in der Tat eine 'Menschheitsfrage'? Und eine Kernfrage des religiösen Daseinsverständnisses?

Mays Kritiker sahen es nicht so. Sie ließen ihn, höchstens, als 'Ulknummer' gelten.[13] Sie lachten ihn aus, machten ihn herunter wie einen Harlekin oder Affen (S. 229).[14] Er fühlte sich an den 'Pranger' gestellt und "ans Kreuz geschlagen" (S. 169). Wie der, an den er geglaubt und den er gesucht hat. Nur daß dieser frei war von Schuld. Karl May war es nicht. Äußere Verhängnisse, für die er nichts konnte, auch Ungeschick und neurotische Zwänge, natürlich auch Schuld, fremde Bosheit und eigenes Versagen, dies alles kommt da zusammen, schwer zu durchschauen und nicht leicht zu entwirren. Qualvolle Schuld und schuldlose Qual sind da nicht mehr zu trennen. Ecce homo! "Das Karl-May-Problem ist das Menschheitsproblem."

Als christlicher Schriftsteller wurde May, in den letzten Lebensjahren, kaum anerkannt. Als Symboldichter wurde er nur von wenigen ernstgenommen. Beirren ließ er sich aber nicht. Er glaubte an Gott und an die eigene Sendung. In der Selbstbiographie und in den - theologisch bedeutsamen - Altersromanen hat er (halb verdeckt und halb offen) gebeichtet, mit erschütternden Worten und bewegenden Bildern. Nicht ohne Projektion und Verdrängung, nicht ohne sich selbst zu bemitleiden, nicht ohne Verschönern und Weglassen. Aber immerhin: seine "vielen und großen Fehler" (S. 227) hat er, soweit er sie erkannte, bereut und gesühnt.

"Ich wollte Menschheitsfragen beantworten [...] ich habe es versucht und werde es weiter versuchen [...]. Es mag bei der Ausführung dann wohl mancher Fehler unterlaufen sein, denn ich bin ein irrender Mensch" (S. 142). Nicht nur Fehler und Irrtümer, auch Sünden hat er bekannt: an einigen Stellen, im *Silberlöwen IV* insbesondere,[15] psychologisch so treffend und theologisch so radikal, wie nur selten gebeichtet wird.

Die Absolution, die Lösung der 'Fesseln' erhoffte er sich vom "großen Gläubiger", der "weiß, ob ich ihm mehr als jene Andern schuldig bin, die sich besser dünken als May." (S. 214)

Die Vergebung der Schuld, die erlöste Vergangenheit, das sind sehr wichtige Themen bei May: in den erzgebirgischen Dorfgeschichten, in den Kolportageromanen, in den Indianer- und Beduinengeschichten, im späten Symbolwerk. Mays Geschichten sind im Grunde Erlösungsgeschichten. Sein Schrifttum, sein ganzes Leben und Streben ist eine 'Predigt'. Ihre Botschaft heißt: GOTT, seine *Allmacht* und *Liebe*.[16] Und ihre Botschaft heißt: MENSCH, seine Bestimmung zum 'Höchsten'.[17]

"Adam, wo bist du?" (S. 144) Wo steht der Mensch? Was soll er werden, was soll er sein? Nach May: Gottes 'Abbild' (Gen 1, 27)! In der Poesie des 'Ich', in Old Shatterhand/Kara Ben Nemsi (auch in Winnetou und, noch deutlicher, in den Hauptgestalten des Spätwerks) wird dieses Menschenbild transparent. Ein neurotischer Wahn? Überhöht noch ins Theologische? Oder - lauteres Streben, imitatio Christi?

Mays Botschaft heißt WEIHNACHT:[18] Gott wird Mensch, und der Mensch kommt zu Gott. Leonardo Boff, der Befreiungstheologe, fragt an: "Haben wir genügend darüber nachgedacht, was es bedeutet, wenn Gott sich zum Menschen macht? [...] Wer ist der Mensch, daß Gott einer hat sein wollen? Welche Größe besitzt der Mensch, daß er den Höchsten fasziniert?"[19]

Elend und Größe, das ist der Mensch. Größe, die dem Elend entspringt: wie der Weizen dem Dung, wie die Rose dem Stumpf.[20] Der Mensch wird zur offenen Frage: "Wer wird ihm antworten?"[21] Des Menschen Traum ist, im Grunde, ein göttlicher Traum. Der Mensch träumt sich hinein ins Unendliche, ins Leben in Fülle. Was will er? Das Grenzenlose, die Erkenntnis, die Liebe schlechthin. Ist das utopisch? "Ist diese Utopie erfüllbar?"[22] Das ist die 'Menschheitsfrage'.

"Sieg, großer Sieg - Rosen - rosenrot!" Nach Klara May waren es die letzten Worte des Dichters.[23] Was hat er gesehen? Ein Trugbild? Das Antlitz der Liebe? Das Sterben als

Sieg, die Rose als Zeichen![24] Auch damit hat Karl May "der Nachwelt eine Frage hinter-lassen, die beantwortet werden will."[25]

Anmerkungen

1 Diese Bände sind durchweg bearbeitet und weichen von den Originaltexten, mehr oder weniger, ab.

2 Gerhard Klußmeier - Hainer Plaul (Hrsg.): *Karl May. Biographie in Dokumenten und Bildern.* Hildesheim, New York 1978, S. 5.

3 Ernst Bloch: *Traumbasar.* In: Karl-May-Jahrbuch 1930, S. 60f. (Erstveröffentlichung am 31.3.1929 in der 'Frankfurter Zeitung').

4 Klußmeier - Plaul (Hrsg.), wie Anm. 2, S. 5.

5 Vgl. unten, S. 314ff.

6 Hans Wollschläger: *Karl May. Grundriß eines gebrochenen Lebens.* Zürich 1976 (Diogenes Taschenbuch Nr. 20253), S. 7.

7 Karl May in einem Brief vom 15.4.1897; mitgeteilt bei Ansgar Pöllmann: *Ein Abenteurer und sein Werk.* In: *Über den Wassern.* Münster 1910, S. 308. - Zum Ganzen vgl. Claus Roxin: *"Dr. Karl May, genannt Old Shatterhand". Zum Bild Karl Mays in der Epoche seiner späten Reiseerzählungen.* In: JbKMG 1974. Hamburg 1973, S. 15-73.

8 Dazu unten, S. 273ff.

9 Vgl. Gerhard Neumann: *Karl Mays 'Winnetou' - ein Bildungsroman?* In: JbKMG 1988, S. 10-37.

10 Karl May: *Mein Leben und Streben*, S. 212.

11 Vgl. May, wie Anm. 10, S. 257, mit Bezug auf ein böses Wort des Benediktiners Ansgar Pöllmann.

12 May, wie Anm. 10, S. 144: "Adam, d.i. Mensch, wo bist Du?" "Edelmensch, wo bist Du?" - Ähnlich in Briefen (an Prinzessin Wiltrud von Bayern z.B.) und Aphorismen; vgl. JbKMG 1983, S. 56ff.

13 Ernst Bloch: *Die Silberbüchse Winnetous.* Neufassung 1962 (Erstfassung in der 'Frankfurter Zeitung', wie Anm. 3). In: Helmut Schmiedt (Hrsg.): *Karl May*, S. 28-31.

14 Alle Seitenzahlen in () beziehen sich im folgenden auf Karl May: *Mein Leben und Streben*.

15 Dazu unten, S. 445ff.

16 Gottes *Allmacht* und *Liebe* sind bei May zentrale Motive.

17 Vgl. z.B. Karl May: *Und Friede auf Erden!* Gesammelte Reiseerzählungen, Bd. XXX. Freiburg 1904, S. 322.

18 'Weihnacht' ist ein Hauptmotiv in Mays Leben und Werk, ein Schlüssel auch zum Verständnis der THEOLOGIE des alten Karl May; vgl. unten, S. 100ff.

19 Leonardo Boff: *Mensch geworden. Das Evangelium von Weihnachten.* Freiburg, Basel, Wien 1986, S. 27f.

20 Vgl. Jesaia 11, 1; aus dem "Reis" wurde im Weihnachtslied die "Rose" ("Es ist ein Ros' entsprungen..."; Text um 1587/88).

21 Leonardo Boff, wie Anm. 19, S. 33.

22 Ebd. - Von der Theologie der Menschwerdung Gottes her begründet Boff seine Bejahung dieser Frage.

23 Zit. nach Euchar Albrecht Schmid: *Karl Mays Tod und Nachlaß.* In: Karl May's Gesammelte Werke, Bd. 34. Bamberg [36]1976, S. 319.

24 Vgl. Hartmut Vollmer: *Ins Rosenrote. Zur Rosensymbolik bei Karl May.* In: JbKMG 1987, S. 20-46.

25 Heinz Stolte: *Der Volksschriftsteller Karl May. Beitrag zur literarischen Volkskunde.* Bamberg 1976 (Reprint der Erstausgabe von 1936), S. 7.

ERSTER TEIL

Der Mensch und sein Traum:
Ein Schrei nach Erlösung

Das Leben dieses Märchenerzählers war selbst wie ein Märchen - so phantastisch und so bedeutungsschwer. Seltsam war auch die Wirkungsgeschichte: Millionen von Lesern hat der Schriftsteller gefallen, bedeutenden Geistern hat er imponiert und nicht wenige Dichter hat er beeinflußt. Ernst Bloch, der Bedenker der Hoffnung, hat ihn gerühmt; aber auch Hitler war fasziniert.[1] Utopisten stimmten ihm zu, und Reaktionäre fanden sich bestätigt durch ihn. Christen (katholische wie evangelische) waren begeistert von ihm oder lehnten ihn ab - aus verschiedenen Gründen.

Wie hat Karl May tatsächlich gelebt? Was hat er geschrieben? Wie verhalten sich Leben und Werk zueinander? Die folgende Darstellung will informieren und interpretieren. Die Wiedergabe der Fakten stützt sich auf die Erkenntnisse der Karl-May-Forschung, die das Bild des Abenteuerromantikers, des Volks- und des Jugendschriftstellers entscheidend korrigiert hat. Die DEUTUNG der Fakten ist vom theologischen Interesse geleitet, das in der Literatur über May (die vorwiegend anderen - germanistischen, psychologischen und gesellschaftlichen - Erkenntniszielen verpflichtet ist) in der Regel vernachlässigt wird.

Mays Autobiographie *Mein Leben und Streben* kommt als Quelle für die Lebensbeschreibung nur bedingt in Betracht.[2] Sie ist im Zusammenhang mit gerichtlichen Auseinandersetzungen des Jahres 1910 zu sehen. May wollte seine Prozesse gewinnen; diesem Zweck dienten auch Teile der Selbstbiographie.[3] Die Ereignisse werden retrospektiv, aus der Sicht des fast Siebzigjährigen, betrachtet. Wie in allen Selbstbiographien ist die Darstellung subjektiv. Mit Gedächtnissperren, mit versagender Erinnerung, mit Kontrollmechanismen und Blickverengungen ist von vornherein zu rechnen.[4] Größere Lücken, zeitliche Verschiebungen und sachliche Unstimmigkeiten sind da kein Wunder.

Als bloße Schutzbehauptungen - zum Zwecke der Rechtfertigung und der Selbstglorifizierung des Autors - können diese Bekenntnisse aber keinesfalls abgetan werden. Trotz des Fragmentarischen, trotz der Einseitigkeiten und trotz der Polemik (in den letzten Kapiteln) enthalten sie doch viel Wahres, der kritischen Selbsterkenntnis des Verfassers sehr Förderliches. Objektiv liefern sie brauchbares, von der Forschung im wesentlichen bestätigtes Material; subjektiv sind sie "unbedingt glaubwürdig": als "vom festen Willen zur Wahrhaftigkeit durchdrungene Bekenntnisse".[5]

Mein Leben und Streben ist - so Wollschläger -

zu Recht in die literarische Dauer eingegangen [...] die 'Wahrheit' des Werks liegt gänzlich außerhalb der Dokumente [...] Dabei erreicht auch die faktische Wahrheit ein bei Selbstbiographien durchaus ungewöhnlich hohes Maß, und die subjektiven Verschiebungen erweisen sich als nur zusätzlich sprechend und aufschlußreich [...] eine bewußte Entstellung oder Retusche ad hoc ist nirgends nachweisbar.[6]

Ästhetisch gesehen ist *Mein Leben und Streben* ein Kunstwerk von Rang. Literarische Vorlagen - Johann Peter Hebel,[7] auch Goethe u.a. - hat der Autor gekannt und wahrscheinlich benutzt. Wie der May-Kommentator Helmut Schmiedt gezeigt hat,[8] wäre ein Vergleich mit der Selbstbiographie Goethes interessant und ergiebig: Mays Buch kann "als streckenweise parallel angelegtes Gegenbild" zu *Dichtung und Wahrheit* gelesen werden.[9]

In der Autobiographie - und schon vorher in den Altersromanen - findet Karl May die Lösung des 'Rätsels', das sein Leben verdunkelt hatte. Mit Verweis auf den Titel eines psychiatrischen Lehrbuchs bringt er die Lösung auf den Begriff: "Die sogenannte Spaltung des menschlichen Innern, ein Bild der Menschheitsspaltung überhaupt." (S. 177)[10] Dieses 'Buch' ist fiktiv; es hat wohl nie existiert. Doch die ERFAHRUNG, die hier verschlüsselt wird, brachte dem 'Gefangenen' - aus späterer Sicht zumindest - den Frieden, die innere Freiheit.

Mit der 'sogenannten Spaltung des menschlichen Innern' beantwortet der Dichter die 'Karl-May-Frage': Seine persönliche Schuld, seine Reue, sein innerer Widerspruch, sein Kampf mit sich selbst spiegeln die 'Menschheitsklage', die scheinbare Heillosigkeit des Daseins überhaupt. Sein besonderer Fall wird zum Exempel des Allgemeinen: des Falls in den *Abgrund*, des Strebens nach oben, des Infernos der Prüfung und - der 'List' der göttlichen Gnade.

Psychoanalytisch gesehen mag *Mein Leben und Streben* die Beichte eines Neurotikers sein.[11] Und spirituell, theologisch gesehen? Ein Grenzfall von wahrer Erkenntnis und Schönfärberei? Eine Gratwanderung zwischen sündiger Selbstüberhebung und (dennoch) begnadeter Selbstübersteigerung? Oder - ein Glücksfall von erlöster Tragik und erlösender Sehnsucht?

Mays Autobiographie liegt eine tiefe Religiosität zugrunde, deren Echtheit nicht zu bezweifeln ist. Ein festes Gottvertrauen kommt hier zum Ausdruck: mitten in einer Leiderfahrung, die ihresgleichen sucht. Der Hinweis Heinz Stoltes, eines bekannten May-Interpreten, ist angemessen und richtig: Wie Hiob ist dieser Mensch 'vom Herrn da droben' geprüft worden.[12] Und hat den Glauben bewahrt.

Seine Leidensgeschichte enthüllt sich, in der Selbstreflexion, als persönliche Heilsgeschichte. Das eigene Kreuz wird verbunden mit dem Kreuz dieser Welt und mit dem Schrei vieler Menschen: Die eigene Not wird hineingenommen in jene - umfassende - Liebe, die für alle "den Tod erlitt".[13]

Das ist die Rettung! Wer sein Leben, wer sich selbst mitsamt seinen Krankheiten ANNEHMEN kann, der hat sich selbst - die Fixierung aufs eigene Ich - überwunden. Der Schrei nach Erlösung ist dann erlöst. Das Unheil ist "nicht mehr zu fürchten" (S. 177), und die Angst ist besiegt.

Der alte Karl May war, so darf man wohl sagen, ein geistlicher Mensch. Aber hat er sich wirklich ganz 'losgelassen' in die Hand Gottes hinein?[14] Oder war auch die Frömmigkeit noch ein Trug: die Maske der Eitelkeit, die sich selber genügt? Die Psychologie kann das nicht eindeutig fassen; über das Innerste kann sie nicht richten.[15]

Das "Plädoyer für Karl Mays Christlichkeit" (Ernst Seybold)[16] ist bestens begründet. Denn die letzte Gefahr - die Gefahr des Selbstbetrugs - hat May wohl erkannt, und die Hoffnung auf Gott war sein rettender Halt. In seinem *Friede*-Roman steht es geschrieben: "Zwei Geister streiten sich um Dich, ein guter und ein böser, der eine nur angeblich, der andre wirklich fromm [...] Gott gebe Dir und mir ein frohes Resultat!"[17]

In *Mein Leben und Streben* ist dieses Resultat schon erkennbar. Mit dem "Herzblut des Autors"[18] ist dieses Buch geschrieben, aufrüttelnd, mit hoher stilistischer Kunst und artistischer Formkraft. "Es ist das wichtigste und ernsteste Buch, welches ich jemals geschrieben habe."[19] Es ist nach Stolte das "menschlichste" und "ergreifendste"[20] seiner Bücher, ein - so der Schriftsteller Hans Wollschläger - "in jeder Hinsicht 'bedeutendes'", ja für den Autor "lebensrettendes" Werk.[21] Hätte Karl May nur dieses eine Buch verfaßt, "so verdiente er schon daraufhin den Namen eines unserer größten, unserer ehrlichsten Schriftsteller".[22]

Mein Leben und Streben soll im folgenden zu Wort kommen, wenn auch kritisch begleitet: Als Ergänzung und Korrektiv dienen die Forschungsergebnisse, die durch die 1969 gegründete Karl-May-Gesellschaft - in ihren Jahrbüchern, Sonderheften und Mitteilungsblättern - erheblich bereichert wurden. Auf biographische und werkanalytische Detailuntersuchungen, auf amtliche Akten und Presseberichte, auch auf die früheren Karl-May-Jahrbücher (1918-1933)[23] wird zurückgegriffen. Auch weitere Selbstzeugnisse Mays werden berücksichtigt: die autobiographischen Schriften im engeren Sinn (diverse Notizen, Streit- und Prozeßschriften), zahlreiche Briefe und das große Erzählwerk, das ja wichtiges - freilich behutsam zu wertendes - biographisches Material enthält.

Das Letzte und Tiefste des menschlichen Seins bleibt immer Geheimnis, unsagbar und dem Zugriff der forschenden Neugier entzogen. Mit dieser Einschränkung ist aber zu sagen: Die Quellenlage der May-Forschung ist relativ gut. Auch was die Angaben Mays betrifft, sind Wahrheit und Irrtum "recht exakt"[24] unterscheidbar. Die weitgehende Annäherung an Mays Biographie, an die Wahrheit seines Lebens und Strebens, ist also möglich.

Anmerkungen

1   Vgl. Klaus Mann: *Cowboy-Mentor des Führers* (1940). In: Helmut Schmiedt (Hrsg.): *Karl May*. Frankfurt/M. 1983, S. 32-34; Günter Scholdt: *Hitler, Karl May und die Emigranten*. In: JbKMG 1984, S. 60-91; Gerhard Linkemeyer: *Was hat Hitler mit Karl May zu tun? Versuch einer Klarstellung*. Materialien zur Karl-May-Forschung, Bd. 11. Ubstadt 1987.

2   Grundsätzliches zum Umgang mit Selbstbiographien und zum Quellenwert von *Mein Leben und Streben* bei Hainer Plaul (Hrsg.): *Karl May. Mein Leben und Streben*. Hildesheim, New York ²1982 (Vorwort und Nachwort). - In 390 Fußnoten bestätigt, ergänzt oder korrigiert der May-Forscher Plaul die biographischen Angaben Mays.

3   Am 14.11.1910 schrieb May an seinen Verleger Fehsenfeld: Die Autobiographie solle ihm "die Prozesse gewinnen" helfen; sie habe "nur diesen einen Zweck" (zit. nach: *Karl-May-Handbuch*. Hrsg. von Gert Ueding in Zusammenarbeit mit Reinhard Tschapke. Stuttgart 1987, S. 566). - Zutreffen kann diese Bemerkung Mays freilich nur auf jene - literarisch wertlosen - Passagen, die sich unmittelbar auf die aktuellen Streitigkeiten beziehen.

4   Arno Schmidt: *Abu Kital*. In: Helmut Schmiedt (Hrsg.), wie Anm. 1, S. 50, nennt Mays Selbstbiographie "eine reine oratio pro domo [...] voll verdächtigster, selbsthergestellter Lücken"; die heutige Forschung wertet da allerdings wesentlich positiver.

5   Hainer Plaul, wie Anm. 2, S. 532.

6   Hans Wollschläger: (Werkartikel zu) *Mein Leben und Streben*. In: *Karl-May-Handbuch*, wie Anm. 3, S. 568f.

7   Dazu Martin Lowsky: *Spuren Johann Peter Hebels in Karl Mays Autobiographie*. In: Mitteilungen der Karl-May-Gesellschaft (künftig: MKMG) 56 (1983), S. 3-6.

8   Helmut Schmiedt: *Karl Mays 'Mein Leben und Streben' als poetisches Werk*. In: JbKMG 1985, S. 85-101.

9   Hans Wollschläger, wie Anm. 6, S. 570.

10 Seitenangaben in () beziehen sich hier und im folgenden auf Karl May: *Mein Leben und Streben*, wie Anm. 2.

11 Vgl. Ludwig Gurlitt: *Spiegelbilder* (1919). In: Karl May's Gesammelte Werke, Bd. 34. *"Ich"*. Bamberg ³⁶1976, S. 539ff. (Gutachten von Richard Engel).

12 Heinz Stolte: *Hiob May*. In: JbKMG 1985, S. 63-84.

13 Karl May: *Und Friede auf Erden!* Gesammelte Reiseerzählungen, Bd. XXX. Freiburg 1904, S. 133 (aus Charleys Lehrgedicht).

14 Vgl Günter Scholdt: *Vom armen alten May. Bemerkungen zu 'Winnetou IV' und der psychischen Verfassung seines Autors*. In: JbKMG 1985, S. 102-151.

15 Grundsätzliches zur hier nur angedeuteten Problematik bei Karl Rahner: *Selbstverwirklichung und Annahme des Kreuzes*. In: Ders.: *Schriften zur Theologie VIII*. Einsiedeln, Zürich, Köln 1967, S. 322-326.

16 Vgl. Ernst Seybold: *Plädoyer für Karl Mays Christlichkeit*. In: MKMG 68 und 69 (1986), S. 11-17 bzw. 30-38 (Fortsetzung).

17 Karl May: *Und Friede auf Erden*, wie Anm. 13, S. 130.

18 Otto Forst-Battaglia: *Karl May. Traum eines Lebens - Leben eines Träumers*. Beiträge zur Karl-May-Forschung 1. Bamberg 1966, S. 79.

19 Karl May am 8.5.1910 an Fehsenfeld (zit. nach: *Karl-May-Handbuch*, wie Anm. 3, S. 566).

20 Heinz Stolte: *Der Volksschriftsteller Karl May*. Bamberg 1979, S. 50.

21 Hans Wollschläger, wie Anm. 6, S. 569.

22 Friedrich S. Krauss: *Karl Mays Selbstbiographie*. In: Ders.: *Anthropophyteia. VIII*. Leipzig 1911, S. 501; zit. nach Wollschläger, wie Anm. 6, S. 569f.

23 Vgl. Bernhard Kosciuszko - Christoph F. Lorenz: *Die alten Jahrbücher. Dokumente früher Karl-May-Forschung. Eine Bestandsaufnahme*. Materialien zur Karl-May-Forschung, Bd. 8. Ubstadt 1984.

24 Claus Roxin: *Mays Leben*. In: *Karl-May-Handbuch*, wie Anm. 3, S. 62-123 (S. 62).

1   Die Herkunft: von unten

Der Sohn des Webers stammte - wie der Sohn des Zimmermanns - aus *Ardistan*, dem 'Tiefland' der Not und der Erdenqual. Seine Herkunft ist proletarisch: von ganz 'unten', weit unterhalb des Kleinbürgertums.[1]

Doch die Legende, die in diesem Fall von der Forschung bestätigt wird, wußte 'Bethlehem'[2] zu erhöhen: "Es ging die Sage, daß es in der Familie, als sie noch wohlhabend war, Geistliche, Gelehrte und weitgereiste Herren gegeben habe" (S. 21).[3]

Unter den Vorfahren Karl Mays, genauer der 'Märchengroßmutter' Mays, ermittelte Hainer Plaul[4] eine Reihe von Theologen, von evangelisch-lutherischen Geistlichen: den Freiberger Amtsprediger Johann Niederstetter (1526-1574), der noch die Vorlesungen Martin Luthers in Wittenberg gehört hatte; Johann Niederstetters Sohn, den Dresdener Hofprediger Michael Niederstetter (1562-1613), der mehrere Erbauungsschriften verfaßte; schließlich den Diakon, den Hilfsgeistlichen Gottfried Dexelius (1658-1707), der ein Enkel des Pfarrers Gottfried Dexel und der Bruder einer vierten Urgroßmutter Karl Mays war und ebenfalls literarisch hervortrat: als theologischer Schriftsteller, als christgläubiger und unterhaltsam erzählender Interpret des 'theatrum mundi'.

Nach ihren gedruckten Werken[5] zu schließen, waren diese Ahnen nicht die Geringsten unter den Gottesverkündern. Hat May sie 'beerbt'? Es ist "gut möglich, daß die erzählerischen, religiösen und didaktischen Neigungen Mays ihm aus diesem Zweig der Familie überkommen sind."[6]

Ein fernes Geschlecht von Priestern und Weisen! Ihr Nachkomme wurde hinuntergeschleudert ins 'Ernstthal' der Tränen. Mays Voreltern sind Handwerker und kleine Bauern gewesen. Die Urgroßväter und Großväter waren, wie der Vater, verachtete Heimweber.

Am 25. Februar 1842, um 22 Uhr, erblickte Karl Friedrich May in Ernstthal, einem seit 1898 mit dem benachbarten Hohenstein - Hohenstein-Ernstthal von jetzt an - vereinigten Städtchen am Rande des Erzgebirges (zwischen Chemnitz und Zwickau), das Dunkel der Welt. Durch die Taufe wurde er Christ und Lutheraner, was er trotz - oder wegen - seiner späteren Nähe zur kritischen und offenen Katholizität immer geblieben ist.

Ernstthal wurde im Anschluß an eine Pestseuche des Jahres 1679 gegründet und hatte um 1840 ca. 2700 Bewohner. Bis 1878 gehörte es zu den 'Schönburgischen Lehns- und Rezeßherrschaften', einem halbsouveränen Gebiet des sächsischen Staatswesens. Nicht zuletzt wegen der Unterdrückung durch die Feudalherren war die wirtschaftliche Lage seit dem 18. Jahrhundert als katastrophal zu bezeichnen.[7]

Der Großteil der Bevölkerung hatte vom Textilgewerbe zu leben. Die von Napoleon im Jahre 1806 verhängte Kontinentalsperre verschloß den englischen Textilwaren den Weg nach Deutschland und bewirkte eine vorübergehende Verbesserung der Lebensverhältnisse der Ernstthaler Heimweber. Doch die Aufhebung der Blockade in den Jahren 1812/13 warf die Manufakturen der Weber in die Existenznot zurück. Die neue Importflut englischer Tuche, der Beginn der Industrialisierung und die Ausbeutung der Ärmsten durch gewissenlose Unternehmer führten zum Elend der Massen.

Vier von fünf Erwerbstätigen verdienten "etwa ein Drittel von dem, was als Existenzminimum gilt."[8] Ein rebellisches Klima entstand, das auch die Ernstthaler erfaßte. Nach

Abb. 1: Karl Mays Geburtshaus in Ernstthal, um 1910.

Abb. 2: Neumarkt in Ernstthal, 1842; von links: Wohnhaus der Familie May nach 1845 (nur teilweise sichtbar), Gasthaus "Stadt Glauchau", Wohnhaus von Johanne Christiane Fechner (später im Besitz von Karl Mays Schwager Selbmann), Kantorat, Pfarrhaus, rechts die Kirche St. Trinitatis.

Abb. 3: Altmarkt in Hohenstein, dahinter Kirche St. Christophori, links das Pollmer-Haus.

der Revolution (1848) wurde im Februar 1849 ein linksdemokratischer Vaterlandsverein gegründet, dem auch Mays Vater sich anschloß.

Des Schriftstellers Kindheit ist von bitterster Armut gezeichnet. Seine Geburtsstätte war "ein Modellpunkt des sozialen Elends der Zeit"[9], wie er selbst es im Roman *Der verlorene Sohn* (1883-85) und wie es Gerhart Hauptmann im Drama *Die Weber* (1892) so drastisch geschildert haben.

Karl war das fünfte von vierzehn Kindern. Infolge von Unterernährung und mangelnder Hygiene starben neun der Geschwister im Alter von wenigen Monaten. Mit den Eltern, den beiden Großmüttern, einer älteren und drei jüngeren Schwestern lebte Karl in primitivsten Verhältnissen: als "Lieblingskind der Not, der Sorge, des Kummers." (S. 8)

Die beiden Großväter sind tödlich verunglückt laut May. Nach dem Begräbnisbuch St. Christophori (Hohenstein-Ernstthal) verhielt es sich anders: Christian Friedrich May[10] ist "des Nachts", am 4.2.1818, wegen "unordentlicher Lebensart" zugrundegegangen. Christian Friedrich Weise, der Großvater mütterlicherseits, hat sich am 20.6.1832 im Keller des Nachbarn erhängt. "Ursache der Selbstentleibung: Trunkenheit und Verzweiflung"![11]

Christiane Friederike Weise (1788-1851), eine der Großmütter, war Putzfrau. Johanne Christiane Vogel verw. May geb. Kretzschmar (1780-1865), die von Karl so geliebte, in Ernstthal geborene Großmutter väterlicherseits, empfing Almosen aus der städtischen Armenkasse.

Die Mutter hatte im Jahre 1837 eine kleine Erbschaft gemacht: Karls Geburtshaus in der Niedergasse 111 - später Nr. 122, dann Bahnstraße 27, heute Karl-May-Straße 54 - und ein wenig Bargeld, das der Vater in sinnlosen Unternehmungen verschleuderte. Am 15. April 1845 mußten die Mays ihr Häuschen[12] verkaufen. Sie zogen zur Miete in das Haus des Webermeisters Selbmann am Markt Nr. 185.

Ein erstes Fazit: Karl May kam von 'unten'. Als Weber gehörten die Vorfahren zur niedrigsten Schicht der Gesellschaft. Nicht ausschließlich, aber vorwiegend schrieb May für die Leiden und Träume der Unterschicht,[13] mit der er immer, auch noch im Aufstieg, verbunden blieb. Schon von daher ist vorgezeichnet: Vom Standpunkt des 'oberschichtlichen' Kunstverstandes kann man seine Schriften nur teilweise bewerten. Karl May ist mit den Augen der Armen zu lesen, die nach Befreiung und Würde, nach Anerkennung und Liebe, nach der 'Neuen Schöpfung' verlangen.

Die Guten, die Sympathischen, sind bei May fast immer auch mächtig und stark. Und die Botschaft vom Kreuz? Die 'Ohnmacht' der Liebe? Die Katastrophe von Golgatha? Haben Old Shatterhand und die Superhelden des Mayschen Erzählwerks nur die 'Kraft' des Messias, nicht aber die 'Schwäche' des Gottesknechts imitiert und repräsentiert?[14] Man täusche sich nicht: Mays 'eigentliches' Thema ist das Leiden der Ärmsten. Den "Schrei" seiner Märchen und Gleichnisse verstehen "nie die Mächtigen, die Reichen, die Sieger, sondern nur die Schwachen, die Armen, die Unterdrückten und Geknechteten, die händeringend und hilfeflehend in stiller Kammer beten, daß Gott der Herr sie von ihrem Leid, von ihrer Qual erlöse."[15]

Anmerkungen

1   Näheres bei Hainer Plaul: *Der Sohn des Webers. Über Karl Mays erste Kindheitsjahre 1842-1848.* In: JbKMG 1979, S. 12-98.

2   Zur psychologisch-theologischen Bedeutung Bethlehems vgl. Eugen Drewermann: *Tiefenpsychologie und Exegese*, Bd. 1. *Die Wahrheit der Formen.* Olten, Freiburg 41987, S. 518ff.

3   Seitenangaben in () beziehen sich auf Karl May: *Mein Leben und Streben* (1910). Hrsg. von H. Plaul. Hildesheim, New York ²1982.

4   Hainer Plaul: *Ererbte Imagination. Über drei schriftstellernde Stammverwandte Karl Mays.* In: JbKMG 1981, S. 227-261.

5   Vgl. die Besprechungen bei Plaul: *Imagination*, wie Anm. 4, S. 229ff.

6   Claus Roxin: *Mays Leben.* In: *Karl-May-Handbuch.* Hrsg. von Gert Ueding in Zusammenarbeit mit Reinhard Tschapke. Stuttgart 1987, S. 62-123 (S. 65).

7   Mehr bei H. Plaul: *Sohn des Webers*, wie Anm. 1. - Vgl. auch Heinrich Pleticha: *Deutschland zwischen Vormärz und Erstem Weltkrieg.* In: *Karl-May-Handbuch*, wie Anm. 6, S. 1-10.

8   Christian Heermann: *Der Mann, der Old Shatterhand war. Eine Karl-May-Biographie.* Berlin 1988, S. 30.

9   Hans Wollschläger: *Karl May. Grundriß eines gebrochenen Lebens.* Zürich 1976, S. 14.

10 Christian Friedrich May (1779-1818) war wohl nicht der leibliche Großvater Mays; Heinrich May, Karls Vater, war sehr wahrscheinlich ein uneheliches Kind der 'Märchengroßmutter'. - Vgl. das folgende Kapitel.

11 Zit. nach H. Plaul (Hrsg.): *Karl May*, wie Anm. 3, S. 325 (Anm. 1).

12 Mays Geburtshaus steht noch heute und ist seit 1985 Museum.

13 Vgl. Heinz Stolte: *Der Volksschriftsteller Karl May.* Bamberg 1979, S. Vff. (Vorwort zur 2. Auflage der Diss. 1936).

14 Vgl. Gert Ueding: *Die Rückkehr des Fremden. Spuren der anderen Welt in Karl Mays Werk.* In: JbKMG 1982, S. 15-39 (S. 36f.).

15 Karl May: *Ardistan und Dschinnistan I.* Gesammelte Reiseerzählungen, Bd. XXXI. Freiburg 1909, S. 216.

2 Die Kindheit: Bitterste Armut und finstere Nacht, verklärende Traumwelt und religiöses Verlangen

In die Armut, in äußeres Elend, in seelische Niederungen wurde Karl hineingeboren. "Es waren damals schlimme Zeiten, zumal für die armen Bewohner jener Gegend, in der meine Heimat liegt [...] Arbeitslosigkeit, Mißwachs, Teuerung und Revolution, diese vier Worte erklären alles." (S. 39)[1]

Die von May sehr packend und - im wesentlichen - zutreffend geschilderte Not war groß:

Es mangelte uns an fast Allem, was zu des Leibes Nahrung und Notdurft gehört. Wir baten uns von unserm Nachbarn, dem Gastwirt "Zur Stadt Glauchau", des Mittags die Kartoffelschalen aus, um die wenigen Brocken, die vielleicht noch daran hingen, zu einer Hungersuppe zu verwenden [...] Wir pflückten von den Schutthaufen Melde, von den Rainen Otterzungen und von den Zäunen wilden Lattich, um das zu kochen und mit ihm den Magen zu füllen. (S. 39f.)

Kurz nach der Geburt ist Karl erblindet,[2] vielleicht infolge der schlechten Ernährung, vielleicht nach einer Erkältung, nach einer - durch die hygienischen Verhältnisse bedingten - Infektion[3] oder nach falscher medizinischer Behandlung: Unfähige Ärzte pfuschten, so May in *Mein Leben und Streben* (S. 16), an dem Kinde herum. Über vier Jahre siechte es hin, war kränklich und schwach.

Das Kind mußte lernen, mit anderen Augen zu sehen, den Augen des Inneren, der Seele, der Einbildungskraft. Mays sicher angeborene Phantasie wird durch die Blindheit verstärkt worden sein:

Ich sah nichts [...] Wie ein Mensch, ein Hund, ein Tisch aussieht, das wußte ich nicht; ich konnte mir nur innerlich ein Bild davon machen, und dieses Bild war seelisch [...] Es gab für mich nur Seelen, nichts als Seelen. Und so ist es geblieben, auch als ich sehen gelernt hatte [...] Das ist der Schlüssel zu meinen Büchern. (S. 31)

Mays Dasein begann schon als Wachtraum. Das förderte, so Otto Forst-Battaglia, "dichterische Möglichkeiten";[4] aber es warf "den Werdenden von vornherein aus einer nüchternen Alltagsbahn."

Einbildung und Realität, Wunschbilder und äußere Fakten waren bei May, so wird oft gesagt, nie deutlich geschieden. Daß seine - durch Blindheit geprägte - Phantasie, daß seine "so mächtige Innenwelt [...] für lebenslang seine ganze Außenwelt beherrschte" (S. 31), erkannte der Dichter auch selbst:

Als ich sehen lernte, war mein Seelenleben schon derart entwickelt und in seinen späteren Grundzügen festgelegt, daß selbst die Welt des Lichtes, die sich nun vor meinen Augen öffnete, nicht die Macht besaß, den Schwerpunkt, der in meinem Innern lag, zu sich hinauszuziehen." (S. 32)

Die Blindheit war eine entscheidende und folgenreiche Phase im Leben des Dichters.[5] Der besondere Hang zum Imaginären, die außerordentliche Kraft der Autosuggestion, ist in Mays Kindheit schon grundgelegt. Sein Wahrheitsbegriff blieb geregelt "durch die Herrschaft der inneren Vorstellungswelt, die die Widerstände der äußeren Realität zu ignorieren versucht".[6]

Ein Defizit an Realitätssinn auf der einen Seite, die Anlage zur tieferen Wahrheitserfassung auf der anderen Seite - beides gehörte zum Wesen unseres Poeten. An dieser Ambivalenz kommen wir nicht vorbei, wenn wir uns auf Karl May einmal einlassen.

Im Elternhaus, in der frühesten Kindheit, wird die Zukunft nicht determiniert; aber Weichen werden gestellt, Charakterzüge werden beeinflußt, und Entwicklungen werden gesteuert. Was wissen wir über die Kindheit des Schriftstellers? Die Selbstbiographie umhüllt sie mit Poesie und Legenden. Doch die Fakten scheinen auch so noch deutlich hindurch.

Das vielleicht Schlimmste: Karls Mutter, Frau Christiane Wilhelmine May geb. Weise (1817-1885), war wohl arg überfordert. *Mein Leben und Streben* verdeckt es in verklärender Liebe: Die Mutter war "eine Heilige". Geduldig hat sie alles ertragen, und nie hat sie ein "ungutes Wort" gesagt. Sie hat gebetet zum Herrn. "Sie war ein Segen für jeden, mit dem sie verkehrte, vor allen Dingen ein Segen für uns, ihre Kinder." (S. 9) Sie hat gehorcht und geweint. Sie war "eine Märtyrerin", sie hat viel gelitten, und viele Kinder hat sie zur Welt gebracht.

Daß sie "kein ungutes Wort" gesagt habe, bestritt Hans Wollschläger entschieden.[7] Das böse, das verstoßende, das nachhaltig entfremdende Wort sei sehr wohl gefallen: Ihr krankes, erblindetes Kind habe die Mutter "fort, fort, fort!" (S. 166)[8] gewünscht. Die Liebesversagung der Mutter habe "das frühe, alles entscheidende Trauma in Mays so schadenreichem Leben"[9] bewirkt. Mit bestechender Akribie hat Wollschläger seine Theorie untermauert, und jahrelang hat sie die May-Forschung übernommen. Das Katastrophenerlebnis des kleinen Karl, die von Wollschläger angenommene "Urszene",[10] ist jedoch - trotz der Anhaltspunkte und trotz der vielen Symptome (in Mays Leben und Werk), die Wollschläger entdeckt und sorgfältig analysiert hat - nicht endgültig bewiesen.

Auch daß, wie Wolf-Dieter Bach schrieb, das "arme Wurm" den Hautkontakt mit der Mutter entbehren mußte,[11] ist keineswegs sicher. Hainer Plaul vermutet das Gegenteil: Das Kind sei von der Mutter (und von der Großmutter) verzärtelt worden - in übertriebener, exzessiver und entwicklungshemmender Weise allerdings.[12]

Positiv wertet Roxin die Verdienste der Mutter, die - seit 1846 - als Hebamme tätig war:

Wenn eine Frau, die fortwährend mit Schwangerschaften und der Pflege kleiner Kinder beschäftigt ist, die es äußerst schwer hat, ihre größer werdende Familie ausreichend zu ernähren und die durch Näharbeit hinzuverdienen muß, auch noch die Kraft findet, eine relativ anspruchsvolle Ausbildung mit hervorragendem Ergebnis abzuschließen und den erlernten Beruf jahrzehntelang ohne Fehl und Tadel auszuüben, so ist das eine Lebensleistung, die Respekt verdient [...] Freilich wird sie sich um ihren Sohn Karl nicht so viel haben kümmern können, wie es dessen Bedürfnissen entsprochen hätte.[13]

In jedem Fall gilt: Die Kindheit hatte traumatische Fixierungen in Mays Seele schon vorbereitet. Sie schuf die Voraussetzung, die Disposition für das kommende Unheil. Die Liebesversagung der Mutter bleibt eine Hypothese, die entsetzliche Armut der Familie May aber war Tatsache. Daß eine psychische Fehlentwicklung in den Kindheitsjahren des Dichters begünstigt wurde, ist durchaus wahrscheinlich. Die Erblindung des kränkelnden Kindes, das soziale Milieu insgesamt, hatte ernste Schäden zur Folge.

In seiner Diagnose setzt Plaul die neuere medizinische Neurosenforschung voraus, die - anders als die Psychoanalyse - mehr die gesamte Erziehungsatmosphäre beachtet und weniger die unterstellten oder auch wirklichen, aber eben kaum nachweisbaren frühesten Schockerlebnisse. Im ERGEBNIS kommen Wollschläger, Roxin und andere May-Kenner jedoch überein: Eine narzißtisch strukturierte Neurose[14] stellen sie fest, eine Neigung Karl Mays zu krankhafter Ich-Bezogenheit, verbunden - in seiner Straftäterzeit - mit erloschener (oder stark reduzierter) Liebesfähigkeit, zeitweise auch mit Gehemmtheiten, Kontaktschwierigkeiten und Anpassungskonflikten.

Nach diesem Befund ist zu sagen: Mays ständige Suche nach der 'Mutter' und ihrer Liebe,[15] wahrscheinlich auch narzißtische Züge seines Charakters werden in der Kindheit und in der Jugend ihre Ursprünge haben. Die bei May so ausgeprägten Abwehr-Mechanismen (Verdrängen, Kompensieren, Sublimieren usw.), seine Rückzugsbereitschaft ins Innere, sein so verschlungen gestörter Entwicklungsprozeß, die Spaltung zwischen Ich und Ich-Ideal (Old Shatterhand), die Flucht in immer wechselnde Schein-Identitäten,[16] die lange verzögerte Selbstfindung sind ebenfalls - freilich nicht ausschließlich - vor diesem Hintergrund zu betrachten.

Die Psychologie kann nicht alles erklären, aber sie kann vieles verstehbarer machen: Die Versagung frühkindlicher Wünsche, verstärkt durch schwerste Demütigungen im Jugend- und Mannesalter, führte bei Karl May zum extremen, an die ganze Menschheit appellierenden Liebesverlangen und zu maßloser Geltungssucht.[17] Seine Old-Shatterhand-Manier, das hochneurotische Verhalten in den neunziger Jahren zumal, wird so erhellt und ein wenig verständlicher.

Die äußere Not ist, in späteren Jahren, verschwunden; doch Unsicherheit und Angst sind geblieben. Daß Mays Leben "eine einzige Recherche nach der verlorenen Liebe"[18] wurde, ist wohl der Mutter, aber gewiß auch dem Vater, der Strenge und Härte seiner Erziehung, zuzuschreiben. Vom Vater sagt *Mein Leben und Streben* weit mehr und Konkreteres als von der Mutter. Mays Leben und Werk prägte der Vater - bis zur Wende um 1900 - entscheidend.

Mays Vater, der Webergeselle - ab 1856 Webermeister - Heinrich August May (1810-1888), war wohl ein uneheliches Kind der Märchengroßmutter May; laut Eintragung im Kirchenbuch der Sohn eines unbekannten "Schwängerers",[19] eines mit den Rheinbundtruppen vorbeiziehenden französischen oder bayerischen Soldaten[20] oder eines höheren schönburgischen Forstbeamten[21] vielleicht. Sichere Beweise gibt es für keine dieser Versionen.

Heinrich May war intelligent, aber nicht lebensklug. Dem Milieu vermochte er nicht zu entfliehen. Er hatte "zwei Seelen", eine tyrannische und eine zärtliche (S. 9). Er war überreizt, launisch, strebsam und unzufrieden. Sein Leben war Arbeit, verhaßte und stumpfsinnige Arbeit. In der Erinnerung der Ernstthaler war er ein "streitsüchtiger Trunkenbold":[22] in einer Umgebung, die - so Forst-Battaglia - "im Grunde nur zwei Freuden: Sexualgenuß und Alkohol"[23] kannte. Seine höheren Ziele: Bildung, Erfolg, bessere Stellung, verlegte er - nach Karls Genesung von Blindheit und Siechtum - in die Zukunft des Sohnes. Dieser sollte das werden, was ihm selber versagt blieb. Man könnte fast sagen: Der 'Hochstapler' May war vorprogrammiert.

Karl May wollte 'empor': als Mensch, als Künstler, als Christ. "Berge müssen wir haben, Ideale, hochgelegene Haltepunkte und Ziele." (S. 227) Sein Sehnen, den Liebeshunger nach der 'Barmherzigen Mutter'[24] und dem 'Allmächtigen Vater', konnten die Eltern nicht stillen, sondern nur eher noch steigern. Viel Projektion, viel Überhöhung kommt da ins Spiel, unbestreitbar. Und doch ist - von Anfang an - jene Kraft, jene Gnade am Werk, die sich, wie Paulus sagt, "in der Schwachheit vollendet" (2 Kor 12, 9).

Wenn Karls Verlangen letztlich doch GOTT meint: den Gott des Glaubens und der Liebe (und nicht das Produkt unsrer Ängste und Sehnsüchte),[25] so könnte das der 'Märchengroßmutter' mit zu verdanken sein.

Kommt Karl May auf Frau Vogel geb. Kretzschmar zu sprechen, jene Frau, die "in seelischer Beziehung den tiefsten und größten Einfluß" (S. 20) auf seine Entwicklung gehabt hatte, so wird er emphatisch:

Ich hatte eine Großmutter, die konnte so lieb, so lieb von ihrem Herrgott, vom Himmel, von den Engeln, vom Glauben, von der Liebe und der Seligkeit dort über den Sternen sprechen. Ich war ihr Lieblingsenkel und - ich habe das von ihr geerbt. Sie ist jetzt droben bei dem, an den sie glaubte; ich aber spreche an ihrer Stelle weiter.[26]

Die Großmutter war "Seele, nichts als Seele" (S. 20). Ihr geheimnisvolles Wesen, ihre Märchen und Bibelgeschichten waren für den kleinen Karl von größter Bedeutung. Seine Phantasie, seine Erzählkunst, sein religiöses Fühlen, seine Leidens- und Liebestheologie, seinen Erwählungs- und Aufstiegsgedanken führt er später auf diese Frau zurück. Mag dies auch übertrieben sein und mag die Großmutter-Darstellung Mays in Einzelheiten auch unstimmig sein,[27] so ist doch nicht zu bestreiten: Eine Schlüsselfunktion kommt der Märchengroßmutter in Mays Biographie wirklich zu.

Der Dichter meint auch sich selbst, wenn er schreibt: Die Großmutter "war in der tiefsten Not geboren und im tiefsten Leide aufgewachsen; darum sah sie Alles mit hoffenden, sich nach Erlösung sehnenden Augen an." (S. 20f.)

Was der tiefenpsychologisch orientierte Theologe Eugen Drewermann zu Grimms Märchen 'Marienkind' schrieb, scheint auch für Karl May zu gelten:

Tatsächlich formen sich unter den Entbehrungen bereits der ersten Lebensjahre gerade diejenigen Einstellungen, die ein späteres 'Marienkind' auch in seiner religiösen Haltung auszeichnen [...] Je aussichtsloser es sein kann, auf Erden Wertschätzung und Beachtung zu erringen, desto inniger mag ein solches Kind sich damit trösten, daß ihm wenigstens im Himmel [...] ein gerechter Ausgleich zuteil werde.[28]

Die 'Karl-May-Frage' berührt hier die *Menschheitsfrage*. Über den Fall Karl May hinaus stellt sich die ernste und grundsätzliche Frage: Hat das Mißverhältnis von maßlosen menschlichen Wünschen und ihrer nur mäßigen Erfüllung auf Erden den Jenseitsglauben überhaupt erst hervorgebracht? Ist dieser Glaube also nur Flucht und Vertröstung, nur Täuschung und Wahn?

Karl May war anderer Meinung. Seinen *Himmelsgedanken* (1900) stellte er das Motto voran: "Der Himmelsglaube ist nicht Wahn und bringt nicht Wahn, sondern er erlöst vom Wahn."[29]

Das religiöse Denken kann sich - und tut es sehr oft - mit menschlichen, mit allzumenschlichen Vorstellungen vermischen; aber seine 'Traumkraft' muß ja nicht deshalb schon 'Wahn' sein. Wenn der Himmel dem GRUNDBEDÜRFNIS des Menschen, seiner Sehnsucht nach Heil und Erlösung, entspricht, so ist das 'Jenseits', das künftige Leben in der Ewigkeit Gottes, damit weder bewiesen noch widerlegt. Ob Glaubensinhalte wahr oder falsch sind, kann die Psychologie nicht entscheiden; aber ob sie helfen oder versklaven, dazu kann die Psychologie etwas sagen.

'Opium' ist der Jenseitsglaube nur dort, wo er die Erde vernachlässigt. Nicht lähmend, sondern befreiend ist er dort, wo er "hungert und dürstet nach der Gerechtigkeit" (Mt 5, 6) - hier schon, in dieser Welt. Bei Karl May ist das wirklich der Fall: Jenseits- und Diesseitshoffnung sind bei ihm nie getrennt. Seine Erlösungssymbole meinen stets auch die Erde und das jetzige Leben. Sein Gesamtwerk, seine - in den Gefängnisjahren vertiefte und nach 1899/1900 nochmals geläuterte[30] - Glaubenserfahrung bezeugt ein Urvertrauen in den Sinn unseres Daseins: ein Vertrauen, das die Erde liebt und den Himmel ersehnt.

Die Blindheit des kleinen Karl hatte, wie gesagt, bleibende und sehr weitreichende Folgen. Aber sein künftiger Glaube war dennoch kein blinder Glaube. Seine Blindheit wurde - in einem langen Heilungsprozeß - verwandelt in tieferes Sehen. Nach Mays Überzeugung braucht, um dies zu verstehen, auch der Interpret seines Lebens und seiner Schriften besondere Augen: die Augen des Glaubens, die von der 'Blindheit' geheilt wurden, die

Augen des Glaubens, die Gottes Wunder, die Gottes 'Eingreifen' nicht übersehen. "Nur wer blind gewesen ist und wieder sehend wurde, [...] kann sich in alles hineindenken, was ich plante, was ich tat und was ich schrieb." (S. 31)

Karl May kannte die Bibel sehr gut. Er kannte natürlich auch jenen Lukas-Text, der den Inhalt auch SEINES Lebens (und seines Erzählwerks) auf die kürzeste Formel bringt: Der Menschensohn - so steht es bei Lukas -

schlug das Buch auf und fand die Stelle, wo es heißt: "Der Geist des Herrn ruht auf mir. Denn [...] er hat mich gesandt, damit ich den Armen eine gute Nachricht bringe, damit ich den Gefangenen die Erlösung verkünde und den Blinden das Augenlicht [...]"[31] Dann schloß er das Buch [...] und begann zu reden: Heute hat sich das Schriftwort, das ihr eben gehört habt, erfüllt. (Lk 4, 18-21)

Zu Beginn des fünften Lebensjahres wurden dem Kinde die Augen geöffnet: ein Verdienst auch der Mutter! Einen Teil des Erlöses aus dem Hausverkauf hatte sie - um 1845/46 - zum Besuch eines Hebammenkurses an der Chirurgisch-Medizinischen Akademie in Dresden benutzt. Für ein halbes Jahr mußte sie ihre Familie verlassen. Am 13.2.1846 bestand sie die Hebammenprüfung mit der besten Note "vorzüglich gut". Während ihres Aufenthaltes im Institut dürfte sie den Professoren Haase und Grenser von der Erblindung ihres Karl erzählt haben. Die Ärzte ließen das Kind - so heißt es in der Selbstbiographie (S. 20) - zur Behandlung nach Dresden bringen.

Im März 1846 vermutlich gewann Karl May die Sehkraft zurück. Ein erstes Befreiungs-, ein erstes Heilungserlebnis! Mays Erzählungen spiegeln es in zahlreichen Variationen.

Was seine Augen zu sehen bekamen, war zunächst "nichts als Arbeit und Arbeit, Sorge und Sorge, Leid und Leid" (S. 36): "Der Menschheitsjammer kam zu mir und weinte mir aus tiefen Augenhöhlen zu."[32]

War es wirklich so triste? Ja, ohne Zweifel. Der Sinn für das Heitere, Skurrile und Komische (das den Erfolg seiner Bücher ja mitbegründete) ward dem Schriftsteller, als Gnadengeschenk, wohl in die Wiege gelegt. Aber zu lachen hatte er - in der Realität seines Lebens - sehr wenig.

Anmerkungen

1   Seitenangaben in () beziehen sich auf Karl May: *Mein Leben und Streben* (1910). Hrsg. von H. Plaul. Hildesheim, New York ²1982. - Dieses und das folgende Zitat beziehen sich auf die späten vierziger Jahre: Eine Mißernte (1846) und eine schwere Wirtschaftskrise (1847) führten zu Revolten in Ernstthal. Die wirtschaftliche Lage in den Jahren zuvor und in den Jahren danach war aber auch nicht viel besser. - Vgl. Hainer Plaul (Hrsg.): *Karl May*, wie oben, S. 346, Anm. 42.

2   Außer Mays Selbstzeugnis gibt es für diese Blindheit keine weiteren Belege; "die Familienangehörigen, die sie bestätigt haben, sind erst später geboren, konnten sich also nicht auf persönliche Kenntnis berufen. Doch besteht kein Grund, die Angaben Mays zu bezweifeln; sie werden durch psychologische Gründe, durch die Häufigkeit des Blindheitsmotivs im literarischen Werk und durch die Tatsache gestützt, daß die Erblindung von Säuglingen damals nicht selten war." (Claus Roxin: *Mays Leben*. In: *Karl-May-Handbuch*. Hrsg. von Gert Ueding in Zusammenarbeit mit Reinhard Tschapke. Stuttgart 1987, S. 62-123, hier S. 68).

3   Vgl. Christian Heermann: *Der Mann, der Old Shatterhand war. Eine Karl-May-Biographie.* Berlin 1988, S. 35-37.

4   Otto Forst-Battaglia: *Karl May. Traum eines Lebens - Leben eines Träumers.* Beiträge zur Karl-May-Forschung 1. Bamberg 1966, S. 34; dort auch das folgende Zitat.

5   Zu Mays Blindheit und ihren Folgen vgl. Ralf Harder: *Die Erblindung - eine entscheidende Phase im Leben Karl Mays.* In: MKMG 68 (1986), S. 35-38.

6   Helmut Schmiedt: *Karl May. Studien zu Leben, Werk und Wirkung eines Erfolgsschriftstellers.* Frankfurt/M. ²1987, S. 31.

7   Hans Wollschläger: *"Die sogenannte Spaltung des menschlichen Innern, ein Bild der Mensch-heitsspaltung überhaupt"*. *Materialien zu einer Charakteranalyse Karl Mays.* In: JbKMG 1972/73, S. 11-92 (S. 18ff.); Wollschläger setzt hier den psychologischen Ansatz Sigmund Freuds und Wilhelm Reichs voraus.

8   In Karl May: *Mein Leben und Streben*, wie Anm. 1, S. 166f. (Brandszene) sieht Wollschläger (wie Anm. 7) eine "Deckschilderung", die sich - in Wirklichkeit - auf die Kindheitsjahre beziehe.

9   Hans Wollschläger: *Spaltung*, wie Anm. 7, S. 18.

10 Wollschläger: *Spaltung*, wie Anm. 7, S. 26. - Claus Roxin: *"Dr. Karl May, genannt Old Shatterhand"*. *Zum Bild Karl Mays in der Epoche seiner späten Reiseerzählungen.* In: JbKMG 1974, S. 15-73 (S. 38ff.), schließt sich Wollschläger grundsätzlich an; dessen Theorie vom "Geliebten" der Mutter Mays (wie Anm. 7, S. 31ff.) läßt Roxin allerdings offen.

11 Wolf-Dieter Bach: *Fluchtlandschaften.* In: JbKMG 1971, S. 39-73 (S. 39) sieht Mays "Triebunterdrückung und Triebsublimierung" in der körperlichen Liebesversagung der Mutter begründet.

12 Hainer Plaul: *Der Sohn des Webers. Über Karl Mays erste Kindheitsjahre 1842-1848.* In: JbKMG 1979, S. 12-98 (S. 33ff.).

13 Claus Roxin: *Mays Leben*, wie Anm. 2, S. 70.

14 Ähnlich auch Günter Scholdt: *Vom armen alten May. Bemerkungen zu 'Winnetou IV' und der psychischen Verfassung seines Autors.* In: JbKMG 1985, S. 102-151 (S. 128ff.). - Zum Begriff des Narzißmus vgl. Hans Wollschläger: *Spaltung*, wie Anm. 7, S. 16ff.; zum Ganzen auch Axel Mittelstaedt: *Zur Charakterentwicklung Karl Mays.* Anhang zu Thomas Ostwald: *Karl May - Leben und Werk.* Braunschweig ⁴1977, S. 309-330; ferner Kurt Langer: *Der psychische Gesundheitszustand Karl Mays. Eine psychiatrisch-tiefenpsychologische Untersuchung.* In: JbKMG 1978, S. 168-173.

15 Dazu erhellend, wenn auch wohl überzogen (weil von der Ödipus-Theorie fasziniert) W.D. Bach: *Fluchtlandschaften*, wie Anm. 11.

16 Vgl. Heinz Stolte: *Mein Name sei Wadenbach. Zum Identitätsproblem bei Karl May.* In: JbKMG 1978, S. 37-59.

17 Vgl. auch Gabriele Wolff: *Versuch über die Persönlichkeit Karl Mays.* Sonderheft der KMG Nr. 45 (1983); die Verfasserin geht methodisch vom individualpsychologischen Ansatz Alfred Adlers aus.

18 Hans Wollschläger: *Spaltung*, wie Anm. 7, S. 84.

19 Vgl. Hainer Plaul (Hrsg.): *Karl May*, wie Anm. 1, S. 328ff. (Anm. 6).

20 Vgl. Hans Zesewitz: *Alte Urkunden sprechen.* In: Karl-May-Jahrbuch (künftig KMJB) 1932. Radebeul 1932, S. 33-44 (S. 39).

21 Dazu H. Plaul: *Der Sohn des Webers*, wie Anm. 12, S. 41f.

22 Hans Wollschläger: *Karl May. Grundriß eines gebrochenen Lebens.* Zürich 1976, S. 20.

23 Otto Forst-Battaglia, wie Anm. 4, S. 19 (zum allgemeinen sozialen Umfeld).

24 W.D. Bach: *Fluchtlandschaften*, wie Anm. 11, bietet dazu - C.G. Jung, M. Eliade u.a. folgend - interessantes Material aus der Mythologie und der vergleichenden Religionswissenschaft.

25 Zur Begründung des Gottesglaubens im Blick auf die Religionskritik vgl. Hermann Wohlgschaft: *Heute an Gott glauben. Wege zur Gotteserfahrung.* Aschaffenburg 1983, S. 11-40.

26 Aus der Erwiderung Mays (pseud. Richard Plöhn) auf die Kritik der 'Frankfurter Zeitung'. In: Dortmunder 'Tremonia' (Ende September 1899). Neu abgedruckt in: Karl May: *May gegen Mamroth.* In: JbKMG 1974, S. 131-152 (S. 132).

27 Vgl. Wollschläger: *Spaltung*, wie Anm. 7, S. 31f.; ders.: *Karl May*, wie Anm. 22, S. 15f.

28 Eugen Drewermann - Ingritt Neuhaus: *Marienkind. Grimms Märchen tiefenpsychologisch gedeutet.* Olten, Freiburg ²1985, S. 26.

29 Karl May: *Himmelsgedanken.* Gedichte von Karl May. Freiburg 1900, S. 5 (11.-18. Tsd.); dazu Ernst Seybold: *Karl-May-Gratulationen. Geistliche und andere Texte zu und von Karl May.* Ergersheim 1987, S. 42.

30 Vgl. unten, S. 369ff.

31 Lukas zitiert hier Jesaia 61, 1f. und Jes 29, 18.

32 Karl May: *Im Reiche des silbernen Löwen IV.* Gesammelte Reiseerzählungen, Bd. XXIX. Freiburg 1903, S. 31.

3 Die Schülerzeit: Verkehrte Erziehung und schmutzige Umwelt, religiöser Kitsch und echte Glaubenserfahrung

Das Phänomen Karl May ist nicht nur von der frühesten Kindheit und ihren Versagungen her zu verstehen. An kränkenden und krankmachenden, an traumatischen und neuroseerzeugenden Situationen, aber auch an tief darunter verborgenen Verheißungsmomenten sind die Jugendjahre mindestens ebenso reich. Die Defekte und Sehnsüchte, die Katastrophe und das Gelingen, die innere Gefangenschaft und die göttlichen Wunder, die dieses Leben so beispielhaft machen, zeichnen sich in der Jugend- und Schülerzeit ab.

"Weißt du, wenn ich an meine Jugendzeit zurückdenke, so kommt es mir grad so vor, als ob ich in einen regnerisch trüben Tag hineinsähe; es giebt nichts darin, was mich erfreut, nichts, gar nichts, als nur eine einzige Gestalt, an die ich gern denke [...], weil sich an sie kein Leid, kein Vorwurf für mich knüpft. Diese Gestalt ist mein guter Sappho [...] Rette mich, Sappho, rette mich!"[1]

Mays Roman *"Weihnacht!"*, der Rede des armen Carpio, ist diese mehrdimensionale und äußerst vieldeutige Stelle entnommen.

Carpio ist ein verschlüsseltes Teil-Ich des Autors Karl May.[2] Wer aber ist Sappho, die *einzige* Lichtgestalt in der *Jugendzeit*? In der Historie ist Sappho eine begnadete Dichterin, die um 600 vor Christus auf Lesbos gelebt und lyrische Götterhymnen, Hochzeits- und Liebeslieder geschrieben hat. Auf der Handlungsebene des Mayschen Romans ist Sappho das erzählende Ich: der Westmann Old Shatterhand, der Jugendgefährte des armen, in sich selbst zerrissenen Carpio. In der Binnenstruktur der Erzählung ist Sappho das Ich-Ideal, das höhere Du, der göttliche Funke im Herzen des gespaltenen Car(l)io May.

Sappho ist ein Symbol der rettenden Poesie und der helfenden Gnade, ein Erlösungssymbol des gebrochenen Lebens und seines Verlangens nach Heil. Mit Sappho ist zugleich auch die Mutter, die Großmutter, das 'ewig Weibliche' gemeint. Für Mays "Recherche nach der verlorenen Liebe",[3] für seine Suche nach der Mutter, nach der 'Barmherzigen Frau' und nach Gott ist Sappho eine Metapher, ein Leuchtzeichen der Hoffnung.

Und die Realität? Die Welt des kleinen May blieb verdunkelt. Das blinde Kind war geheilt; aber die Not war noch groß, und die Rettung schien fern. Vater May verschwendete das wenige Geld. Um hinzuzuverdienen fertigte die Mutter in ihrer Freizeit, nach Beendigung des Hebammendienstes, weiße Leichenhandschuhe. Die Kinder mußten ihr helfen. Karl, der einzige überlebende Knabe, hatte mit den Schwestern die Mittelfinger zu nähen (S. 40).[4]

Nach der Augenbehandlung besserte sich das körperliche Gesamtbefinden des kleinen Karl. Der Junge wurde gesünder und kräftiger. Der Vater gewann an Bedeutung, an übermächtiger Größe, für das seelisch gefährdete Kind. Heinrich May, die maskuline Gewalt, dominierte jetzt - im Erleben des Knaben - über ' Sappho', das 'weibliche' Antlitz der Gnade. Seinen vom Siechtum genesenen Sohn begann der Vater nun zu 'erziehen', d.h. zu dressieren nach seinen Wünschen und Vorstellungen: in verkehrter Liebe, die nicht heilt und erlöst, sondern kränkt und 'Gehorsam' erzwingt.

Das Bild des Vaters prägt, wie C.G. Jung es gezeigt hat,[5] die Psyche des Kindes. Nicht nur das Mutterbild, auch das Vaterbild wird zur 'Matrix', durch die das Kind seine Welt erfährt.

Die Wertbegriffe und Normen, nach Freud auch das Gottesbild, werden vom Vater maßgeblich beeinflußt. So stellt sich die Frage: wie hat Karl May seinen Vater erlebt? *Mein Leben und Streben* erhellt: Mays Kindheit und Jugend sind, wie sein späteres Leben und seine Bücher, von Polaritäten bestimmt. Der Vater verkörperte für den Jungen das 'Höhere' in einer doppelten Weise: als Ideal des geistigen Strebens und als strafende Macht.[6]

3.1 Peitsche und Stock

Mein Vater war ein Mensch mit zwei Seelen. Die eine Seele unendlich weich, die andere tyrannisch, voll Uebermaß im Zorn, unfähig, sich zu beherrschen. (S. 9)

Die Kinder waren "in steter Angst", auch dann, wenn Vater ruhig war und lächelte. Die Peitsche war immer zu sehen:

Am Webstuhl hing ein dreifach geflochtener Strick, der blaue Striemen hinterließ, und hinter dem Ofen steckte der wohlbekannte "birkene Hans", vor dem wir Kinder uns besonders scheuten, weil Vater es liebte, ihn vor der Züchtigung im großen "Ofentopfe" einzuweichen, um ihn elastischer und eindringlicher zu machen. (S. 10)

Vaters "andere Seele" war gütig und mild, war heiter und "herzgewinnend"; geriet er aber in Zorn, was sehr schnell geschehen konnte, dann - so schildert es May -

bekam man den Strick oder den "Hans" so lange, bis Vater nicht mehr konnte. Unsere älteste Schwester [...] wurde sogar noch als Braut mit Ohrfeigen gezüchtigt, weil sie von ihrem Spaziergange mit ihrem Bräutigam etwas später nach Hause kam, als ihr erlaubt worden war. (S. 10f.)

Die Peitschenhiebe, die Kara Ben Nemsi (das 'Ich' in den Orientgeschichten) verabscheut und Hadschi Halef Omar (das andere Teil-Ich) so liebt, spiegeln die Vaterhausszenen wider. Natürlich auch - ins Humoristische gewandt - des 'Alten Dessauers' Prügelstock und - ins Entsetzliche gesteigert - die Schläge der Sklavenhändler oder die Knute des Rittmeisters (im sibirischen Teil des Kolportageromans *Deutsche Herzen, deutsche Helden*). Selbst im - zunehmend vom Mutterbild inspirierten - Alterswerk Karl Mays, in *Am Jenseits*, im *Silbernen Löwen IV* oder im Erlösungsdrama *Babel und Bibel*, schwingt die Peitsche - als Erbe des Vaters und seines Grimmes - noch mit.

Heinrich May hatte den Sohn auf seine Weise geliebt, aber seine Zwangsmittel waren verblendet. Auf dem Höhepunkt der Karl-May-Hetze, zur Entstehungszeit der Selbstbiographie (1910), geriet auch Vater May ins häßliche Zwielicht. Da der Sohn ihn trotz bitterster Kindheitserlebnisse geehrt und geliebt hat, ihn also vor der Öffentlichkeit zu schützen versuchte, werden seine Aussagen - sofern sie Negatives betreffen - wohl kaum übertrieben sein.

3.2 Tröstung und Flucht

Die Realität war bitter und grausam. Das Kind suchte Liebe und inneren Frieden; es fand seinen Trost im Fiktiven. Ähnlich wie der kleine Bastian in Michael Endes *Die unendliche Geschichte*[7] flüchtete auch Karl May in die 'andere Welt'. Wolf-Dieter Bach hat erklärt: "Der Zwang zur Sublimierung frühkindlicher Libido und die Fluchtbereitschaft aus der Erbärmlichkeit Ardistan-Ernstthals mußten sich in Wechselwirkung verstärken."[8] Einfacher und ohne psychoanalytische Theorie formuliert: Seine Phantasie trug den Jungen, sehr früh schon, aus dem Tal der Tränen hinauf zu den 'Bergen', ins - himmlisch-ir-dische - Land seiner Träume.

NUR Phantasie? Mays Träume sind so wahr wie die Archetypen der Seele, wie die Mythen Homers, wie Chagalls Malerei, wie Verdis Musik, wie Dantes Symbolik, wie die Hoffnungsbilder der Religionen, wie die Verheißungsbilder der Apokalypse, wie die - nach jüdischer und christlicher Überzeugung auf die Selbstoffenbarung Gottes zurückge-henden - Gesichte der biblischen Träumer. Im künstlerischen Rang, in der Leuchtkraft des Wortes nähert sich May erst spät solchen Höhen; aber die Triebkräfte seiner künfti-gen Dichtung sind der Seele des Kindes schon eingestiftet.

Karls Taufpate, der weitgereiste Schmied Christian Weißpflog (1819-1894), dürfte seine 'Fluchtlandschaften' - in ihrer exotischen Ausdehnung - bereits in jungen Jahren, im frühen Volksschulalter wahrscheinlich, angeregt haben. Dieser in der Selbstbiographie schon 'vergessene', jedenfalls nicht mehr erwähnte Pate[9] ergänzte die Märchen der Groß-mutter (deren Inhalt uns nicht überliefert ist)[10] um reale Erlebnisberichte:

Ich hatte einen Paten, welcher als Wanderbursche weit in der Welt herumgekommen war. Der nahm mich [...] gern zwischen seine Kniee, um mir und den rundum sitzenden Knaben von seinen Fährten und Erlebnissen zu berichten. Es war ein kleines schwächliches Männlein, mit weißen Locken, aber in unseren Augen ein gar gewaltiger Erzähler voll übersprudelnder, mit in das Alter hinüber geretteter Jugendlust und Menschenliebe [...] Wir lauschten atemlos, und was kein stren-ger Lehrer, kein strafender Vater bei uns erreichte, das erreichte er so spielend leicht durch die Erzählungen von seiner Wanderschaft. Er hat seine letzte Wanderung schon längst vollendet; ich aber erzähle an seiner Stelle weiter.[11]

Die für Mays Geschichten so bezeichnende Mischung von märchenhafter Phantasie und scheinbarer Wirklichkeit, von träumerischer Fiktion und tieferer Wahrheit, von Abenteu-erromantik und religiöser Verkündigung, wird auch von diesen beiden beeinflußt sein: von der Großmutter May geb. Kretzschmar und dem Taufpaten Weißpflog.

3.3 Hauptmann und General

In Mays Schriften geht es vordergründig fast immer um Kämpfe und Waffen. Militärische Traumkarrieren füllen die Frühwerk- und Kolportageromane des Dichters, der niemals Soldat war und bei der Musterung für 'untauglich'[12] befunden wurde.

Beduinenscheichs und Apachenhäuptlinge, schneidige Rittmeister und junge Fregatten-kapitäne, funkelnde Generalleutnants und draufgängerische Feldmarschälle werden in die-sen Schriften bewundert. Mays Protagonisten sind - auch als Christen, als Missionare der Liebe - meist kriegsstarke Helden und mannhafte Recken. Antimilitaristische Untertöne, in Mays Roman *Die Juweleninsel* (in der Erzählung Brendels, des kriegsbeschädigten Knappen)[13] zum Beispiel, sind eine Ausnahme. Zwar wird schon im Frühwerk, im *Buch der Liebe*, der "Friede" beschworen;[14] aber erst im pazifistischen Alterswerk überwiegt das Weibliche, Sanfte, und verliert das Heroische seine Bedeutung.

Eine tatsächliche, nach der Schilderung der Selbstbiographie freilich groteske Berüh-rung mit der Welt des Militärischen fällt in die früheste Schülerzeit Karl Mays. Der histo-rische Kontext war allerdings ein ganz anderer, als *Mein Leben und Streben* es darstellt: Es sollte nicht Friedrich August, der König von Sachsen, "vor dem Untergange" (S. 40) gerettet, sondern - im Gegenteil - Demokratisches gegen König und Adel verteidigt wer-den.[15]

50

Die feudale Wirtschaftsordnung hatte zu revolutionären Bewegungen geführt, die im Schönburgischen, auch in Ernstthal, besonders heftig waren. Als Gefreiter eines Bürger-Korps - und nicht, wie es bei May heißt, als "Hauptmann der siebenten Kompagnie" (S. 43) - stand auch Karls Vater auf seiten der Revolution. Ob er im April 1848 beim Sturm auf das Waldenburger Schloß des Fürsten Otto Viktor von Schönburg-Waldenburg mitgewirkt hatte, ist allerdings ungewiß.[16]

Im Mai 1849 wurde der Dresdner Aufstand niedergeschlagen. Da bis dato ständig vom Siege die Rede war, verstand es sich, "daß auch wir Jungens uns nicht nur in kriegerische Stimmungen, sondern auch in kriegerische Gewänder und in kriegerische Heldentaten hineinarbeiteten." (S. 41) Ein beziehungsreicher Satz! In Mays Straftäterzeit und dann wieder im Old-Shatterhand-Gehabe der neunziger Jahre erreichte der Mummenschanz seinen Höhepunkt, der den teilweisen Zusammenbruch, aber auch die Wiedergeburt des verwandelten Dichters zur Folge hatte.

Karle - so wurde er zuhause genannt - fand Spaß an den kindlichen Kriegsspielen. Er ließ sich vom Vater, dem 'Hauptmann', exerzieren und drillen. Dieser war mit keiner Charge zufrieden, er trachtete nach dem Höchsten. Die Großmannssucht, das Wunschdenken des Vaters, schien sich auf den Kleinen zu übertragen: "Vater war bald Leutnant, bald Hauptmann, bald Oberst, bald General; ich aber war die sächsische Armee. Ich wurde erst als 'Zug', dann als ganze Kompagnie einexerziert. Hierauf wurde ich Bataillon, Regiment, Brigade und Division." (S. 43)

3.4 Schulischer Druck und sinnloses Lernen

Die Anlagen des Kindes und der Druck des Vaters, Karles eher weiche, fast weiblich geprägte Persönlichkeitsstruktur (*Sappho*!)[17] und der Zwang zu männlicher Härte paßten überhaupt nicht zusammen. Ein 'Sklave der Arbeit'[18] ist Karl geworden, eine Geisel in der Hand seines Vaters, der es gut mit ihm meinte, aber verständnislos an ihm handelte. Zum Trauma der frühesten Kindheit, ihrem seelischen und leiblichen Elend, kamen noch weitere Schäden hinzu. Die spätere Entwicklung, die Spaltung des 'Ich', die Tendenz, Reales zu ignorieren und träumend zu überfliegen, scheinen vorprogrammiert. Erstaunlich ist da nur dies: daß Karl May der Durchbruch zur menschlichen Reife, zur wirklichen Bildung, zur inneren Größe, zur herzlichen Güte - trotz aller Rückschläge - dennoch gelang!

Zu Ostern 1848[19] trat Karl in die Ernstthaler Volksschule ein. Die Klassen waren überfüllt; ein Lehrer hatte etwa 90 Schüler zu unterrichten.[20] Das Bildungssystem war - nach 1848 - autoritär und restaurativ. Der Unterricht diente nicht dem einzelnen Kind und nicht dessen individuellen Bedürfnissen, sondern "dem Zwecke herrschaftskonformer Glaubenserziehung".[21]

Thron und Altar waren verbündet und stützten sich gegenseitig: "Die alte Zucht und Ordnung sollte wieder hergestellt werden; und da die Regierenden die kritische Haltung einer Jugend fürchteten, antworteten sie mit drastischer Bildungsbeschränkung [...] Nach 1848 wurde die einzelne Volksschule wieder unter die Aufsicht der Geistlichkeit gestellt [...] Im Zentrum der Volksschulbildung stand der Religionsunterricht", der sich "im wesentlichen auf Bibellesen und den christlichen Katechismus" beschränkte, "dessen Wortlaut 'eingebleut' werden sollte."[22]

Zwar ist zu bedenken: Den 1853 verstorbenen Pfarrer von Ernstthal - wir kommen auf ihn noch zurück - beschreibt May als persönlich sehr liebenswürdigen und theologisch sehr großzügig denkenden Menschen (S. 70). Die amtlich verordnete Pression wird der Pfarrer gewiß nicht verstärkt, sondern gemildert haben. Aber der schulische Religionsunterricht, den Karl erlebt hat, dürfte dem sächsischen Bildungssystem wohl entsprochen haben.

Sensibel, wie Karl gewesen ist, wird er unter diesen Verhältnissen sehr gelitten haben. Seine spätere Abneigung gegen dogmatische Enge und sein literarisches Eintreten für den Dialog des Christentums mit der Welt - man könnte auch sagen: sein Protest "wider die Entmündigung und für eine offene Katholizität"[23] - werden in der Seminarerziehung zu Waldenburg (von der im nächsten Kapitel zu sprechen ist), aber auch in den Erlebnissen der Ernstthaler Volksschülerzeit einen biographischen Hintergrund haben.

Der Schüler May lernte gut; er war sehr begabt. Der Vater, der "nie eine Schule besucht" und Lesen und Schreiben autodidaktisch erlernt hatte (S. 9f.), nahm Karls Begabung zum Anlaß, ihn vollzustopfen mit Kenntnissen. Das Kind "sollte mehr lernen als das, was der damalige Elementarunterricht bot." (S. 48) Heinrich May hatte mit dem Sohn große Pläne: "Ich sollte ein gebildeter, womöglich ein hochgebildeter Mann werden." (S. 51)

Von Pädagogik hatte Vater May keine Ahnung. Er zwang den Sohn - wenn es sein mußte, mit Schlägen - zu sinnlosem und unmethodischem Lernen, das seinem Alter und seinen geistigen Grundlagen in keiner Weise entsprach. Den "Weg zu echter Kultur"[24] hat, so Forst-Battaglia, der Erziehungseifer des Vaters dem künftigen Schriftsteller noch für lange Zeit versperrt.

Anfang der fünfziger Jahre holte Heinrich May allen möglichen Lehrstoff zusammen,

ohne zu einer Auswahl befähigt zu sein oder eine geordnete Reihenfolge bestimmen zu können. Er brachte Alles, was er fand, herbei. Ich mußte es lesen oder gar abschreiben, weil er meinte, daß ich es dadurch besser behalten könne. Was hatte ich da alles durchzumachen! Alte Gebetbücher, Rechenbücher, Naturgeschichten, gelehrte Abhandlungen, von denen ich kein Wort verstand. Eine Geographie Deutschlands aus dem Jahre 1802, über 500 Seiten stark, mußte ich ganz abschreiben [...] Ich saß ganze Tage und halbe Nächte lang, um mir dieses wüste, unnötige Zeug in den Kopf zu packen. (S. 53)

Ein Wissenschaftler, ein begrifflich denkender Theoretiker, konnte May - aufgrund seiner Anlagen - nie werden. Fühlte sich der Poet, zurückblickend auf seine Kindheit, in eine falsche, ihm wesensfremde Richtung gedrängt? In seinem Wildwestroman *"Weihnacht!"* legte er Winnetou, dem freiheitsliebenden Edelindianer, die bittere Klage in den Mund: "Eure Väter haben das Recht, das Gehirn ihrer Kinder durch den Zwang, etwas werden zu sollen, was sie nicht werden können, zu morden."[25]

Geistig mißhandelt wurde der Kleine schon sehr. Der Vater hörte, daß Latein eine nützliche Sache sei; also mußte, zu allem anderen, eine lateinische Grammatik her: aus der Bibliothek des Ernstthaler Kantors (S. 68f.). Im Juni 1854 wanderten - aus wirtschaftlichen und politischen Gründen - Hohensteiner und Ernstthaler Familien nach Amerika aus. Ein Jahr vorher sollten die Kinder beim Rektor Englisch lernen; Karle hatte da mitzutun. Auch Französisch wurde gepaukt (S. 69). Ein elfjähriges Kind und mehrere Fremdsprachen (die May auch später nie wirklich beherrschte)![26] "In meinem Wissen fehlte das feste Gerippe. Ich war [...] eine Qualle, die weder innerlich noch äußerlich einen Halt besaß" (S. 98).

3.5   Ein Schrei aus der Tiefe

Nach Wollschläger gehört "schon ein schieres Rindsgemüt dazu",[27] in Mays Kindheit auch lichtvolle Momente, eine Art 'Glück im Ghetto' (Thomas Mann), zu sehen.

Und doch hat es Lichtblicke gegeben. Von guten Mächten und bösen Gewalten, von Engeln und Dämonen sind Mays Erzählungen und auch sein Leben bestimmt. Seine Bücher entspringen - psychologisch gesehen - den Tiefen des Unbewußten, den Archetypen der Menschheit,[28] den Wunsch- und Schreckensbildern der Volksseele. In diesem - ambivalenten - Zusammenhang ist ein Kindheitserlebnis sehr aufschlußreich: die Auftritte einer Theatergruppe in Ernstthal.

Anfang der fünfziger Jahre[29] gastierte der sächsische Puppenspieler Heinrich Listner mit seinem "Marionetten-, Welt- und Metamorphosentheater" in Ernstthal. Karle war fasziniert! Er sah unter anderem das Schauspiel *Preziosa* von Pius A. Wolff[30] und das Volksstück *Doktor Faust*. Der Bühnenzauber, die schönen Zigeunerinnen, die spanische Landschaft[31] nahmen den Kleinen gefangen. Es war ein Tag,

an dem sich mir eine Welt offenbarte, die mich seitdem nicht wieder losgelassen hat. Es gab Theater [...] Meine Augen brannten; ich glühte innerlich. Puppen, Puppen, Puppen! Aber sie lebten für mich. Sie sprachen; sie liebten und haßten; sie duldeten; sie faßten große, kühne Entschlüsse; sie opferten sich auf für König und Vaterland. (S. 55f.)

Auch einen eigenen, für die spätere Schauspielermanier des Schriftstellers sehr bezeichnenden Auftritt überliefert uns Karl May: Der Knabe durfte erscheinen - als Trommler![32] Als Zigeunertambour! Mit blanken Knöpfen! Mit einer weißen Feder am Hut! "Ich gefiel sämtlichen Künstlerinnen und Künstlern. Die Frau Direktorin streichelte mir die Wangen [...] Und nun waren sie da, die großen, erhabenen Augenblicke meines ersten Bühnendebüts!" (S. 59f.) Claus Roxin kommentiert: Der Leser spürt "förmlich das Wonnegefühl, das den Jungen durchschauert haben muß, als er trommelnd über die Bühne zog und das Publikum zu Beifallsstürmen hinriß. Ob diese Szenen nun mehr oder weniger authentisch sind,[33] ist gleichgültig: Charakteristisch sind sie in jedem Falle."[34]

Nebst *Preziosa* berührte das Marionettenspiel *Doktor Faust oder Gott, Mensch und Teufel* den Knaben zutiefst. Es sprach die ernste, die düstere, aber auch die licht-religiöse Seite seines Wesens an. Daß die Puppen am Kreuz hingen und von oben bewegt wurden (wie ihm die Märchengroßmutter erklärte), entsprach - nach der Selbstbiographie - schon dem Weltbild des Kindes.

Ob *Gott, Mensch und Teufel* tatsächlich schon die Gedankenwelt des Neunjährigen beherrschten, ist natürlich nicht mehr zu klären.[35] Zumindest seit *Ange et Diable*, dem während seiner Haftjahre entstandenen Textfragment,[36] war und blieb dieses Thema aber ein Hauptmotiv Karl Mays.

Mein Leben und Streben begreift die Ernstthaler Kindheit als den Wurzelgrund aller Leiden und aller Sehnsüchte des künftigen Dichters: *Doktor Faust* "war ein direkt aus der tiefsten Tiefe der Volksseele heraus zum Himmel klingender Schrei um Erlösung aus der Qual und Angst des Erdenlebens. Ich hörte, ich fühlte diesen Schrei, und ich schrie ihn mit." (S. 56)

3.6 "Batzendorf" und die Folgen

Karls Umwelt war ungesund, war auch geistig verarmt und verseucht. Die 'Tiefe', aus der er schrie nach Erlösung, aus der er fliehen wollte ins Lichte und Reine, war trüb und morastig. Er wollte heraus und sank tiefer hinein. Denn die Ernstthaler 'Sümpfe' waren verlockend und tückisch, für Karle besonders. Schein und Sein, Theater und Wirklichkeit zu verwischen, lag in seiner Natur. Die Umgebung förderte das in jeder Beziehung.

Später - seit 1870 - gab es in Ernstthal die *"Lügenschmiede"*, ein dubioses Lokal, in welchem die Gäste blamiert und 'verschaukelt' wurden (S. 87ff.).[37] Überhaupt war die Lüge, so May, in seiner Heimat zu Hause. Hecheleien und Ironie, falsches Kartenspiel und andere Spitzbübereien waren üblich am Ort. Fiktive Handlungen und fingierte Respektspersonen waren beliebt als Ulk und Klamauk. Was zuerst bloß albern und läppisch erschien - Neuwahl einer Gemeindegans, Taufen erwachsener Säuglinge, Verheiratung zweier Witwen u.ä. -, schlug bald um in wirklichen Unfug, in gröbere Täuschung. *"Batzendorf"*, ein fingierter Ort innerhalb Ernstthals (S. 85ff.), schien auszuarten in handfesten Trug und kriminelles Verhalten.

Die harmlose Seite dieser Geschichten hat May in seinen Humoresken beschrieben.[38] Als Reminiszenzen aus der Ernstthaler Kindheits- und Jugendzeit sind - teilweise - auch die 'Viechereien' in Mays großen Romanen zu verstehen. In seinem letzten Kolportagewerk z.B., in *Der Weg zum Glück* (1886/87), lügt der pfiffige Wurzelsepp 'das Blaue vom Himmel herunter'. Den abergläubischen *Thalmüllern* legt er auf die derbste Weise herein. Den Müller und den Fingerlfranz macht er buchstäblich 'zur Sau': Grunzend wie das Borstenvieh und thronend auf seinem Schiebebock wird der 'Schatzgräber' (der vermeintliche 'Geister' zitieren will) zum Opfer der eigenen Habgier und Dummheit.[39]

Mays Verhältnis zur 'Lachkultur',[40] zur 'verkehrten Welt' der Schwänke und Schelmereien war zwiespältig. Später, in der Selbstbiographie, verurteilte er solche Scherze. Er sah jetzt einen Zusammenhang zwischen *"Batzendorf"* und seinen eigenen - künftigen - Streichen in den sechziger Jahren.

Eine Selbsttäuschung, eine nachträgliche Konstruktion zum Zwecke der Selbstentlastung? Ein bißchen wohl schon. Dennoch sollte das Ernstthaler Milieu nicht unterschätzt werden in seinen Folgen für May. Denn die "Jugend [...] mußte den Eindruck gewinnen, daß diese Betrügereien [...] bewundernswerte Taten seien" (S. 85). Ja wirklich: Karls Phantasie dürfte in seiner Kindheit verformt, Bizarres, Krankhaftes, Pseudologisches könnte hier schon genährt worden sein.

3.7 Nebel und Gifte

Um den privaten Sprachunterricht, der ihm jetzt erteilt wurde, selbst finanzieren zu können, mußte der nun zwölfjährige Junge als Kegelbub schuften: in der Schankwirtschaft Engelhardt im benachbarten Hohenstein. Es war eine böse, eine schreckliche Zeit.

Dieses Tiefland (das den Namen 'Hohenstein' gar nicht verdiente)[41] war vergifteter Boden: der Schlund, aus dem die Nebel und 'Miasmen' stiegen, die Karls Leben verdarben. Er hat es drastisch geschildert: "Von jetzt an hatte ich keine freie Viertelstunde mehr, besonders auch keinen Sonntagnachmittag." Es kam vor, daß er sich "bis nach Mitternacht zu schinden hatte, ohne auch nur fünf Minuten ausruhen zu können." (S. 71)

Es gab Bier und viel Schnaps. "Niemals in meinem Leben habe ich so viel geistige Anspruchslosigkeit beisammen gesehen wie damals [...] Schnaps war überall dabei; man
mochte ihn nicht entbehren. Man betrachtete ihn als den einzigen Sorgenbrecher und
nahm seine schlimmen Wirkungen hin." (S. 82f.)

Vielleicht noch schlimmer: das primitive Geschwätz. "Man kann sich denken, was ich
da alles zu hören bekam!" (S. 72) Es waren grobschlächtige Leute, die "aus der brusttö-
tenden Atmosphäre ihres Webstuhles" in Engelhardts Kneipe sich flüchteten. Die einzige
Abwechslung, die für die Weber in Frage kam, war der Branntwein, die Spielkarte und -
man darf es vermuten (May deutet nur an) - der Geschlechtstrieb mit den entsprechenden
Redensarten. Die 'Sklaven der Arbeit' wollten ihren Frondienst vergessen. Sie täuschten
sich Vergnügungen vor, die pausenlos zu beobachten für Karle "eine Qual" war: "körperlich" wie auch "seelisch" (S. 72).

3.8 Bibel- und Räuberhauptmannlektüre

Die Frau des Gastwirts besaß eine Leihbibliothek mit der zeitgenössischen Trivialliteratur-
tur, die Karl May und sein späteres Schaffen lange beeinflußte. Was er bisher gelesen
bzw. - in den Jahren der Blindheit - gehört hatte, waren: die Märchen[42] und die Bilder-
bel der Großmutter; das Kräuterbuch, das Karls Natursinn sehr wertvolle Anregungen gab
(S. 28); die geographischen Werke, die er nicht verstanden hatte und die dennoch - möglicherweise - sein späteres Interesse an der Betrachtung von Landschaften begründeten;
die vollständige Bibel, aus der er sein Leben lang schöpfte und die er schon als Kind -
über den Religionsunterricht in der Schule hinaus - auf Geheiß des Vaters "wiederholt"
gelesen hatte: "vom ersten bis zum letzten Worte" (S. 67).

An sich ja alles nicht schlecht, nur: "Die ganze Vielleserei, zu der ich bisher gezwungen gewesen war, hatte meiner Seele nichts, gar nichts gebracht; nur das winzige Geister-
lein hatte die Wirkung davon gehabt, aber was für eine Wirkung! Es war zu einem kleinen, monströs dicken, wasserköpfigen Ungeheuer aufgestopft und aufgenudelt worden."
(S. 74)

Um so willkommener waren nun Karl die Hohensteiner Romane, die seiner Phantasie
die gesuchte Nahrung und dem Lern- und Kegelstreß die ersehnte Ablenkung boten! Er
las jetzt Räubergeschichten mit sozialkritischem Einschlag und antiklerikaler Tendenz. Zu
den Titeln, die May selbst in der Autobiographie erwähnt (S. 73), zählt einer der berühmtesten Romane der deutschen Trivialliteratur: *Rinaldo Rinaldini, der Räuberhauptmann*,
vom Goethe-Schwager Christian August Vulpius verfaßt; ferner - von Georg Schöpffer -
Himlo Himlini, der Räuberhäuptling in Spanien mit seiner gefürchteten Bande sowie
*Sallo Sallini, der furchtbarste Räuberhauptmann in Italien und Böhmen. Eine Räuber-
und Geistergeschichte*, ebenfalls von Schöpffer verfaßt.[43]

Auch *Der Graf von Monte Christo* und *Die Geheimnisse von Paris* von Alexandre
Dumas bzw. Eugène Sue sind in der - noch heute vorhandenen - Leihbibliotheksliste vermerkt.[44] Daß Karle auch diese Werke gelesen hat (obwohl sie in *Mein Leben und Streben*
nicht genannt werden), ist wahrscheinlich: hat May doch in seinen Romanen diverse Motive aus diesen Büchern entnommen.

Anders als in den trockenen Lehrbüchern gab es in der neuen Lektüre Bewegung und
spannende Handlung. Und was dem Knaben - auch den Eltern und Geschwistern, die diese Bücher ebenfalls lasen - besonders gefiel: Unterdrücker wurden vernichtet, und Arme

wurden belohnt! Wie später in Mays eigenen Werken! Es war "ein Hochgenuß, von 'edeln' Menschen zu lesen, die immerfort Reichtümer verschenkten." (S. 76)

Daß sie diese Güter andern geraubt hatten, focht Karle nicht an:

Alle die Räuberhauptleute, Banditen und Raubritter, von denen ich da las, waren edle Menschen. Was sie jetzt waren, das waren sie durch schlechte Menschen, besonders durch ungerechte Richter und durch die grausame Obrigkeit geworden. Sie besaßen wahre Frömmigkeit, glühende Vaterlandsliebe, eine grenzenlose Wohltätigkeit und warfen sich zum Ritter und Retter aller Armen, aller Bedrückten und Bedrängten auf. Sie zwangen die Leser zur Hochachtung und Bewunderung; alle Gegner dieser herrlichen Männer aber waren zu verachten, also besonders die Obrigkeit, der Schnippchen auf Schnippchen geschlagen wurde. (S. 75)

Karle verschlang diese Sachen. Die Rechtsbegriffe seines - ohnehin diffusen - Weltbildes wurden verdreht: "Mag Goethe noch so viel über die Herrlichkeit und Unumstößlichkeit der göttlichen und der menschlichen Gesetze dichten und schreiben, so hat er doch unrecht! Recht hat nur sein Schwager Vulpius, denn der hat den Rinaldo Rinaldini geschrieben!" (S. 76)

Nachträglich sah May diese Lektüre nur negativ: als Schmutz und gefährlichen Schund, als Vorgeschichte seiner eigenen Straftaten. Daß er "dem Teufel, der in diesen Bänden steckte, gänzlich verfiel" (S. 73), beklagte er bitter. Aber war der Einfluß dieser Romane wirklich so groß und so böse? Im Blick auf die kriminellen Verirrungen Karl Mays (ab 1864) dürfte dies, wenn überhaupt, nur mit Einschränkung zutreffen. Mays Verfehlungen wurden primär durch andere Faktoren bedingt. Im Blick auf das schriftstellerische Wirken muß ebenfalls differenziert werden: Weniger in der sittlichen Tendenz - die ist (meist) durchaus moralisch im Sinne der christlichen Wertordnung -, um so mehr aber im literarischen Stil und in zahlreichen Einzel-Sujets feierten die Rinaldo-Geschichten in Mays frühen Romanen, am auffälligsten in *Scepter und Hammer* und *Die Juweleninsel*,[45] fröhliche Urständ.

Ob die Hohensteiner *Schundbibliothek* den künftigen Poeten nicht doch auch gefördert hat? Der halbwüchsige Karl hat die Räubergeschichten weitererzählt, geschickt und erfolgreich: Die Schulkameraden hörten ihm gerne zu.[46] Er konnte sich üben, seine Phantasie, seine Darstellungsgabe erproben.

3.9 Fremd und allein

Bei anderen Kindern war Karle nicht unbeliebt. Für engere Kontakte, für tiefere Beziehungen ließen jedoch die besonderen Lebensverhältnisse keinen Raum. Von den Gleichaltrigen hatte der Vater den Sohn isoliert - ein pädagogischer Fehlgriff mit schwerwiegenden Folgen.[47] Karl "wurde von Jahr zu Jahr klassenfremder [...] Ein echter, wirklicher Schulkamerad und Jugendfreund ist mir nie beschieden gewesen." (S. 52f.)

Erschreckend oft klagt der Schriftsteller in seiner Selbstbiographie über die Einsamkeit.[48] Als Kind, in der Schule, sein Leben lang hatte sich Karl May nach Verständnis und menschlicher Nähe, nach einem ihm wesensähnlichen 'Du' gesehnt. Selbst Klara, die zweite Ehefrau (seit 1903), konnte Mays Verlangen im letzten wohl doch nicht erfüllen.[49]

Den Wunschtraum des vierzigjährigen - mit Emma Pollmer nicht eben glücklich verheirateten[50] - Dichters spiegelt die Selbstreflexion des Ich-Erzählers Kara Ben Nemsi in Mays Reiseerzählung *Die Todes-Karavane* (1882): Das "Herz wurde mir groß und weit unter der Gewißheit, die Liebe eines Menschenkindes zu besitzen, eines Menschenkindes, dem auch meine Zuneigung gehörte."[51]

56

Hadschi Halef Omar, der treue Begleiter des 'Ich', ist auf der Handlungsebene der Erzählung gemeint. Sein 'Du' mußte der Schriftsteller literarisch erst schaffen: Kara Ben Nemsi hatte in Halef sein Gegenüber, und Old Shatterhand hatte in Winnetou den Blutsbruder, den ebenbürtigen Freund, gefunden. Der Autor Karl May aber fühlte sich, laut *Mein Leben und Streben*, "fremder noch als fremd" (S. 53). Er sah sich "innerlich allein, allein, allein, wie stets und allezeit" (S. 244).

Wie soll man diese Klage nun interpretieren? Als pathologische Wehleidigkeit, bedingt durchs autistische Lebensgefühl, verwurzelt in narzißtischer Ich-Bezogenheit?[52] Die Selbstverliebtheit war wahrscheinlich ein Wesenszug Karl Mays. Die egozentrische Anlage war da, und die Erlebnisse in den Kindheits- und Jugendjahren werden die negative Entwicklung gefördert haben. Aber auch die Gegenkraft, die göttliche Gnade, war immer am Werk. Dieser Gnade hat sich May nicht widersetzt: Er ist zwar 'gefallen'; doch dem Heilswirken Gottes, das die Selbstverliebtheit besiegt und zur echten Liebe befreit, hat er sich - letztlich - nicht in den Weg gestellt.

May wollte geliebt werden, gewiß; aber er war auch bereit, selbst Liebe zu GEBEN. Schon in der Frühzeit seines literarischen Schaffens, im *Buch der Liebe* (1876) zum Beispiel, hat er den Narzißmus bekämpft und die Hingabe, die wirkliche Liebe, zum letzten Ziel allen Strebens erklärt: "Deßhalb wohnt der wahren Liebe eine Sehnsucht nach Vereinigung, ein Drang, sich hinzugeben inne, und diese Hingebung ist um so größer, je mehr die Liebe sich von ihrem Gegentheile, der Selbstsucht losgerungen hat."[53]

Mays Leben ist außergewöhnlich und exemplarisch in einem. Das Übermaß seines Sehnens macht deutlich, wie es um den Menschen bestellt ist: um den Menschen in seiner Fremdheit in dieser Welt, in seiner Verwiesenheit auf Befreiung, auf Heilung durch Liebe.

Wir finden uns selbst in der Begegnung, in der Öffnung zum Du, zum Du andrer Menschen, zum unendlichen Du unseres Schöpfers. In der Seinsweise der Sehnsucht hat Karl May diese Wahrheit bezeugt. Er suchte "Gnade bei Gott und den Menschen";[54] er suchte Trost in der Arbeit des Schreibens und wollte selbst trösten in seinen Geschichten. Extreme Belastungen und Flucht in die Träume, Einsamkeit und Liebesverlangen sind die Triebkräfte seines Daseins und die Energiequellen seines Schaffens geworden. "So sind in hunderten und aberhunderten von kalten, liebeleeren, qualvollen Nächten alle die Bücher entstanden, in denen ich von nichts als nur von Liebe rede und nichts als nur Liebe lehre."[55]

3.10 Musik und Verheißung

Ein gleichaltriger Freund war Karle versagt; aber erwachsene Bezugspersonen gab es durchaus: die Märchengroßmutter, die Eltern, den Paten, den Pfarrer, den Kantor.

Karl war musikalisch, er hatte eine gute Sopranstimme. Samuel Friedrich Strauch (1788-1860), ein emeritierter Lehrer, Organist und Komponist, wirkte in Ernstthal als Kantor; er entdeckte Karls Begabung und nahm ihn in die "Kurrende" (S. 48), in den Knabenchor auf. Der Junge sang gut und durfte in der Kirche die Soli übernehmen. Der Kantor, dessen Güte und Bescheidenheit Karl May in der Autobiographie so liebevoll schildert (S. 48ff.), gab ihm später auch Orgel-, Klavier- und Violinunterricht. Gratis! Sein Unterricht und sein menschlicher Einfluß werden Karls Seele "bereichert",[56] beruhigt und geweitet haben.

In Ernstthal war es der Brauch, daß alljährlich - zu Weihnachten - ein Knabe die Kanzel bestieg, um die Weissagung des Jesaia (Kap. 9, 2-7) zu singen. "Auch ich habe diese Weissagung gesungen, und genau so, wie die Gemeinde sie von mir hörte, so wirkt sie noch heute in mir fort und klingt von mir hinaus bis in die fernsten Kreise meiner Leser, wenn auch in andern Worten, zwischen den Zeilen meiner Bücher." (S. 66)

Sind diese Worte nicht wahr? Kommen sie nicht aus den Tiefen eines lauteren Herzens und eines reinen Gemüts? Spricht aus ihnen nicht eine echte Glaubenserfahrung, die Karl May - in allen Finsternissen - dennoch geschenkt wurde und die er seinen Lesern zu vermitteln versuchte? Und ist ihm diese Vermittlung nicht wirklich geglückt? Hat er nicht viele Menschen - über bloße Spannung und leichte Unterhaltung hinaus - zum Glauben an Gott und zum Vertrauen ins Dasein geführt?

3.11 Religiöse Verwirrung?

Karl war religiös, ja tiefreligiös. Er betete "täglich" und "in jeder Lage" seines Lebens (S. 65). 'Christi Blut und Gerechtigkeit' war eines seiner ersten Gebete.[57] In einem schlichten, aber toleranten Glauben wurde er erzogen: Seine Eltern und seine Märchengroßmutter waren gläubig, "aber von jener angeborenen, nicht angelehrten Religiosität, die sich in keinen Streit einläßt und einem jeden vor allen Dingen die Aufgabe stellt, ein guter Mensch zu sein. Ist er das, so kann er sich dann umso leichter auch als guter Christ erweisen." (S. 64)

Im Jahre 1853 starb Carl Traugott Schmidt, den May als seinen "alten, guten Pfarrer" (S. 70) verehrt und geliebt hat. Dieser Seelsorger, von 1825 bis zu seinem Tode Pfarrer in Ernstthal, hatte in Leipzig studiert und stand theologisch der Aufklärung nahe.[58] Er war, nach May, ein menschenfreundlicher Herr. Karles religiöse Grundeinstellung dürfte er gefestigt haben. *Mein Leben und Streben* beschreibt ihn als aufrechten Christen und zugleich als irenischen Typ, dem jede Rechthaberei widerstrebte.

Aus anderem Holze geschnitzt war wohl der Nachfolger, der fast namensgleiche Pädagoge und Theologe Carl Hermann Schmidt. Im April 1853 kam er nach Ernstthal, zunächst als Rektor und erster Knabenlehrer, seit Mitte April 1854 dann als Pfarrer. Als Harleß-Schüler war dieser zweite Pfarrer Schmidt, von dem im folgenden Kapitel noch zu sprechen sein wird, ein 'rechtgläubiger', der nachaufklärerischen Erweckung verbundener Christ: ein orthodoxer Lutheraner von der strengen Richtung.[59]

In den Augen des alten Karl May war Carl Hermann Schmidt "nur und nur und nur Theolog, weiter nichts" (S. 70). Als Karls Beichtvater[60] fütterte er, laut Selbstbiographie, den Halbwüchsigen mit erbaulichen Schriften und frommen Traktaten.[61] An Mays Roman *"Weihnacht!"*, an den ersten Auftritt des Prayer-man, des salbungsvollen 'Hirten' Frank Shappard (der bigottische Blättchen verkauft), muß man schon beinahe denken.[62]

Die Gegenposition hielt Rektor Julius Fickelscherer, Karls Lehrer in den letzten Klassen der Rectoratsschule. Er wirkte seit 1854 in Ernstthal und war ebenfalls Theologe, aber von der "freieren Richtung" (S. 70). Mit dem Absolutheitsanspruch des Christentums nahm er es, Mays Äußerung nach zu schließen, nicht so streng wie der Pfarrer.

War der erwachsene Karl May ein orthodoxer, ein offenbarungsgläubiger Christ? Oder war er ein 'Freigeist', ein liberaler Protestant? Er ist wohl beides gewesen, ein freier Geist und - bei aller kritischen Distanz zum verknöcherten Dogmatismus - ein kirchlicher Christ. Auf die Frage: "Sind Sie Freigeist oder gläubig?" antwortet Charley, das erzählende Ich in Mays Reiseerzählung *Am Rio de la Plata*: "Das letztere, eigentlich auch das erstere, denn ich hege die Ueberzeugung, daß der Geist des Menschen nur durch den Glauben frei zu werden vermag."[63]

Mays Gedankenwelt und sein Glaube sind gleichwohl nicht immer ganz widerspruchsfrei. Er selbst führt die (wirklichen oder scheinbaren) Widersprüche im eigenen Denken weit zurück in die Volksschülerzeit. Von zwei verschiedenen Herren, dem Rektor Fickelscherer und dem Pfarrer C.H. Schmidt, sei er, wenn auch vage und wirr, infiltriert worden:

In der Bibliothek des einen lernte ich Humboldt, Bonpland und alle jene "Großen" kennen, welche der Wissenschaft mehr als der Religion vertrauen, und in der Bibliothek des zweiten alle jene andern "Großen", denen die religiöse Offenbarung himmelhoch über jedem wissenschaftlichen Ergebnisse steht. Und dabei war ich nicht etwa ein Erwachsener, sondern ein dummer, ein ganz dummer Junge; aber noch viel törichter als ich waren die, welche mich in diese Konflikte fallen und sinken ließen, ohne zu wissen, was sie taten. Alles, was in diesen so verschiedenen Büchern stand, konnte gut, ja konnte vortrefflich sein; mir aber mußte es zum Gifte werden. (S. 70)

Anmerkungen

1 Karl May: *"Weihnacht!"*. Gesammelte Reiseerzählungen, Bd. XXIV. Freiburg 1897, S. 390.

2 Vgl. Walther Ilmer: *Karl Mays Weihnachten in Karl Mays '"Weihnacht!"' II. Eine Spurenlese auf der Suche nach Fährten*. In: JbKMG 1988, S. 209-247 (S. 214ff.). - Zur Deutung des Romans *"Weihnacht!"* vgl. unten, S. 295ff.

3 Hans Wollschläger: *"Die sogenannte Spaltung des menschlichen Innern, ein Bild der Menschheitsspaltung überhaupt". Materialien zu einer Charakteranalyse Karl Mays.* In: JbKMG 1972/73, S. 11-92 (S. 84).

4 Seitenangaben in () beziehen sich auf Karl May: *Mein Leben und Streben* (1910). Hrsg. von Hainer Plaul. Hildesheim, New York ²1982.

5 Vgl. Carl Gustav Jung: *Die Bedeutung des Vaters für das Schicksal des Einzelnen*. Zürich 1949.

6 Vgl. Heinz Stolte: *Der Volksschriftsteller Karl May. Beitrag zur literarischen Volkskunde*. Bamberg 1979 (Reprint der Erstausgabe von 1936), S. 34.

7 Michael Ende: *Die unendliche Geschichte*. Stuttgart 1979, weist überhaupt einiges May-Ähnliche auf; dazu Wiltrud Ohlig: *Das Vermächtnis des Hakawati*. In: MKMG 46 (1980), S. 31-37.

8 Wolf-Dieter Bach: *Fluchtlandschaften*. In: JbKMG 1971, S. 39-73 (S. 39); zur 'Flucht' als zwanghaft wiederkehrendem Topos bei May vgl. ebd., S. 41ff. - Zur Berechtigung und zu den Grenzen der psychoanalytischen Methode in der May-Forschung vgl. Volker Klotz: *Über den Umgang mit Karl May. Unter anderm: psychoanalytisch: unter anderm*. In: JbKMG 1980, S. 12-27.

9 Vgl. Hans Wollschläger: *Karl May. Grundriß eines gebrochenen Lebens*. Zürich 1976, S. 16f.

10 Das von May in *Mein Leben und Streben* (S. 22) erwähnte orientalische Märchenbuch 'Der Hakawati' (aus dem die Großmutter angeblich vorlas) ist höchstwahrscheinlich eine Fiktion, die Mays eigenes Schaffen charakterisieren soll.

11 Aus der Erwiderung Mays (pseud. Richard Plöhn) auf die Kritik der 'Frankfurter Zeitung'. In: Dortmunder 'Tremonia' (Ende September 1899). Neu abgedruckt: Karl May: *May gegen Mamroth*. In: JbKMG 1974, S. 131-152 (S. 132f.).

12 Vgl. unten, S. 83f.

13 Karl May: *Die Juweleninsel* (1880-82). Karl Mays Werke II. 2. Hrsg. von Hermann Wiedenroth und Hans Wollschläger. Nördlingen 1987, S. 47f. u. S. 357ff.

14 Karl May: *Das Buch der Liebe* (1876). Band 1 (Textband). Reprint der KMG 1988, S. 152 (der fortlaufenden Reprint-Paginierung). - Zum *Buch der Liebe* vgl. unten, S. 142f.

15 Vgl. Hainer Plaul (Hrsg.): *Karl May*, wie Anm. 4, S. 346ff. (Anm. 43-54); auch Christian Heermann: *Der Mann, der Old Shatterhand war. Eine Karl-May-Biographie*. Berlin 1988, S. 43-50.

16 Vgl. Claus Roxin: *Mays Leben*. In: *Karl-May-Handbuch*. Hrsg. von Gert Ueding in Zusammenarbeit mit Reinhard Tschapke. Stuttgart 1987, S. 62-123 (S. 69).

17 Schon Ludwig Aub und Ludwig Klages (in: Karl May's Gesammelte Werke, Bd. 34 *"Ich"*. Bamberg [36]1976, S. 534 bzw. 537) wiesen auf den weiblichen Einschlag in Mays Charakter hin.

18 So lautet der Titel eines Hauptteiles in Mays Kolportageroman *Der verlorene Sohn oder Der Fürst des Elends* (1884-86).

19 Zum Termin des Schuleintritts vgl. H. Plaul (Hrsg.): *Karl May*, wie Anm. 4, S. 343f. (Anm. 37).

20 Ingmar Winter: *"Der Unterricht war kalt, streng, hart".* Das Abbild zeitgenössischer Pädagogik bei Karl May. In: JbKMG 1988, S. 292-321 (S. 295).

21 Ingmar Winter, wie Anm. 20, S. 305.

22 Ebd., S. 300f.

23 So lautet der Titel der von 163 katholischen Theologen unterschriebenen "Kölner Erklärung" vom 6.1.1989.

24 Otto Forst-Battaglia: *Karl May. Traum eines Lebens - Leben eines Träumers.* Beiträge zur Karl-May-Forschung 1. Bamberg 1966, S. 39.

25 Karl May: *"Weihnacht!"*, wie Anm. 1, S. 382.

26 Vgl. unten, S. 324.

27 Hans Wollschläger: *Karl May*, wie Anm. 9, S. 15.

28 Zur an C.G. Jung orientierten Analyse der archetypischen Bilder bei May vgl. Ingrid Bröning: *Die Reiseerzählungen Karl Mays als literaturpädagogisches Problem.* Düsseldorf 1973, S. 126ff. - Vgl. auch Viktor Böhm: *Karl May und das Geheimnis seines Erfolges.* Gütersloh [2]1979, S. 142ff.

29 Zur Frage der genaueren Datierung vgl. H. Plaul (Hrsg.): *Karl May*, wie Anm. 4, S. 353f. (Anm. 64).

30 Näheres ebd., S. 354 (Anm. 65).

31 Zur tieferen Bedeutung der spanischen Landschaft in Mays Psyche und Werk vgl. Wolf-Dieter Bach, wie Anm. 8, S. 45ff.

32 Ingmar Winter, wie Anm. 20, S. 319 (Anm. 35), verweist auf den Trommler Oskar Matzerath in Günther Grass' *Die Blechtrommel.*

33 Nach H. Plaul: *Karl May*, wie Anm. 4, S. 354f. (Anm. 65), war die Mitwirkung von Schulkindern bei Theatervorstellungen in Sachsen damals nicht selten.

34 Claus Roxin: *Vorläufige Bemerkungen über die Straftaten Karl Mays.* In: JbKMG 1971, S. 74-109 (S. 91).

35 Vgl. Ekkehard Bartsch: *"Die liebenswürdigste aller Musen".* Karl May und das Theater. In: JbKMG 1985, S. 367-375 (S. 367).

36 Vgl. unten, S. 118ff.

37 Näheres bei H. Plaul: *Karl May*, wie Anm. 4, S. 360ff. (Anm. 81-85).

38 Vgl. unten, S. 143ff.

39 Karl May: *Der Weg zum Glück. Roman aus dem Leben Ludwig des Zweiten.* Hildesheim, New York 1971 (Reprint der Dresdner Erstausgabe von 1886-88), S. 373ff.

40 Vgl. Wojciech Kunicki: *Karl Mays Humoreske 'Die verhängnisvolle Neujahrsnacht'. Versuch einer Interpretation.* In: JbKMG 1988, S. 248-267.

41 Wolf-Dieter Bach, wie Anm. 8, S. 39, sieht im Ortsnamen 'Hohenstein' ein Vorbild für Mays späteren Dschinnistan-Traum: 'Hoher Berg', 'göttliche Welt'!

42 Das 'Märchen von Sitara', das May seiner Großmutter zuschrieb (*Mein Leben und Streben*, S. 22) gehört natürlich nicht hierher; es ist Mays eigene Schöpfung und gehört zu seinem Alterswerk.

43 Näheres bei H. Plaul: *Karl May*, wie Anm. 4, S. 357 (Anm. 72 u. 73). - Zum Einfluß dieser Lektüre auf May vgl. Rainer Jeglin: *"Die Welt der Ritterbücher war meine Lieblingswelt". Anmerkungen zu 'Rinaldo Rinaldini' und seinem Einfluß auf Karl May.* In: JbKMG 1982, S. 170-184.

44 Nach Christian Heermann, wie Anm. 15, S. 52f.

45 Vgl. unten, S. 166ff.

46 Nach H. Plaul: *Karl May*, wie Anm. 4, S. 343 (Anm. 36), mit Bezug auf die Aussage eines Schulkameraden Mays. - *Mein Leben und Streben* (S. 34f.) zufolge erzählte schon der fünfjährige, eben erst von der Blindheit geheilte Karl den viel älteren Zuhörern die Märchen der Großmutter.

47 Vgl. Günter Scholdt: *Vom armen alten May. Bemerkungen zu 'Winnetou IV' und der psychischen Verfassung seines Autors.* In: JbKMG 1985, S. 102-151 (S. 129).

48 Vgl. *Mein Leben und Streben*, S. 37, 52f., 96f., 150, 160f., 244 u.a.

49 Vgl. unten, S. 429.

50 Vgl. unten, S. 155ff.

51 Karl May: *Von Bagdad nach Stambul.* Gesammelte Reiseromane, Bd. III. Freiburg 1892, S. 154 (aus der 1882 im 'Deutschen Hausschatz' bei Pustet erschienenen Reiseerzählung *Die Todes-Karavane* wurden später die Kap. 1-5 des Bandes III der Fehsenfeld-Reihe; vgl. unten, S. 176f.).

52 Vgl. H. Wollschläger: *Spaltung*, wie Anm. 3, S. 40.

53 Karl May: *Das Buch der Liebe*, wie Anm. 14, S. 15.

54 K. May: *Winnetou I.* Gesammelte Reiseromane, Bd. VII. Freiburg 1893, S. 424 (aus Old Shatterhands Dialog mit Winnetou).

55 K. May: *An die 4. Strafkammer des Königl. Landgerichtes III in Berlin* (2. Fassung). Privatdruck Stuttgart 1911 (= K. May: Prozeß-Schriften 3. Hrsg. von Roland Schmid. Reprint Bamberg 1982), S. 72.

56 Otto Forst-Battaglia, wie Anm. 24, S. 39.

57 Nach Anton Haider: *Karl Friedrich May. Grundriß einer Biographie nach den literarischen "Spiegelungen".* In: Karl-May-Jahrbuch 1978. Bamberg, Braunschweig 1978, S. 21-43 (S. 24).

58 Vgl. H. Plaul: *Karl May*, wie Anm. 4, S. 348 (Anm. 46).

59 Vgl. ebd., S. 355f. (Anm. 70).

60 Vgl. den im folgenden Kapitel zitierten Brief des Pfarrers an das sächsische Kultusministerium.

61 Vgl. auch K. May: *Meine Beichte.* In: Karl May's Gesammelte Werke, Bd. 34, wie Anm. 17, S. 15-20 (S. 16).

62 Vgl. K. May: *"Weihnacht!"*, wie Anm. 1, S. 141f.

63 K. May: *Am Rio de la Plata.* Gesammelte Reiseromane, Bd. XII. Freiburg 1894, S. 274.

4   Pubertätszeit und Ausbildung zum Lehrerberuf: Schlimme Erlebnisse und ernste Glaubensprobleme

Am Palmsonntag, dem 16. März 1856, wurde Karl May konfirmiert. Die Volksschülerzeit ging zu Ende. Im Abschlußzeugnis hatte May in den "Wissenschaften" die Note II
und im "sittlichen Verhalten" die Note I bekommen. Einen Grund zu Beanstandungen gab
es damals also noch nicht.

Wie sollte es weitergehen? Fürs Gymnasium fehlten die Mittel, an ein Hochschulstu-
dium - der Beruf des Arztes schwebte May vor - war nicht zu denken. "Ich mußte mit
meinen Wünschen weit herunter und kam zuletzt beim Volksschullehrer an." (S. 77)[1]

Das Geld für Karls Ausbildung mußte von den Seinen erhungert werden. Die finanzielle Unterstützung (aufgrund eines Gesuchs des Ernstthaler Pfarrers) durch den zuständigen
Feudalherrn, den Grafen Heinrich von Schönburg-Glauchau, war nur geringfügig (laut
May: 15 Taler pro Jahr).[2] Ein Hilfegesuch beim Ernstthaler Kaufmann Friedrich Wilhelm
Layritz schlug fehl: Dieser "war ein sehr reicher und sehr frommer Mann. Man hatte ihm
zwar noch keine Wohltat nachweisen können, aber er versäumte keinen Kirchgang, sprach
gern von Humanität und Nächstenliebe und war unser Gevatter." (S. 78) Der Gottesfürch-
tige empfahl das Gebet, aber sein Herz blieb verschlossen und sein Beutel blieb zu.

Erlebnisse dieser Art, das fortwirkende Kindheitstrauma, die materiellen Schwierigkeiten, vielleicht auch die Räuberlektüre, mit Sicherheit aber die Verständnislosigkeit seiner
Vorgesetzten waren der Grund und der Nährboden des kommenden Unheils.

4.1   Karls Romantik

Die Armut der Familie kränkte den Jungen, und die Hartherzigkeit der besser Situierten
empörte ihn sehr. Beim Eintritt ins Pubertätsalter, kurz vor dem Ende der Volksschülerzeit, hatte er seinen Angehörigen einen Zettel geschrieben: "Ihr sollt euch nicht die Hände
blutig arbeiten; ich geh nach Spanien; ich hole Hilfe!" (S. 79) Er dachte an die Sierra
Morena und die Engel der Bedrängten, an Rinaldo und dessen Edelmut. Er machte sich
auf den Weg, ins Land seiner Sehnsucht.

Zum ersten Mal "überwuchert die Phantasie sichtlich den Realitätsbezug, antwortet
May auf die wirkliche Misere mit dem ernsthaften Versuch, zu ihrer Lösung den Trost
der Fiktion heranzuziehen"![3] Der greise Dichter gibt zu: "Der Fehler lag daran, daß ich
infolge des verschlungenen Leseschundes den Roman für das Leben hielt und darum das
Leben nun einfach als Roman behandelte. Die überreiche Phantasie, mit der mich die
Natur begabte, machte die Möglichkeit dieser Verwechslung zur Wirklichkeit." (S. 92)

Karles Spanientrip - vielleicht zur Jahreswende 1855/56[4] - war nach einem Tag schon
beendet. Der Vater suchte den Sohn, fand ihn bei Verwandten in der Nähe von Zwickau
(S. 92) und brachte ihn wieder nach Hause.

4.2 Die Waldenburger Verhältnisse

Wenig später bestand Karl May am Fürstlich-Schönburgischen Lehrerseminar zu Waldenburg, zwei Fußstunden von Ernstthal entfernt, die Aufnahmeprüfung. Zu Michaelis, am 29. September 1856, wurde er Proseminarist. Der Gewalt des Vaters und den Sümpfen des Kegelschubs im Hohensteiner Lokal ist Karl nun endlich entkommen; in neue Zwänge geriet er hinein. Die Realität dort in Waldenburg paßte zu seiner romantischen Innenwelt wie die Faust auf das Auge.

Im Seminar herrschte nach dem Scheitern der Revolution ein selbstgerechter und liebloser Geist. Die 1857 erlassene "Ordnung der evangelischen Schullehrerseminare im Königreich Sachsen"[5] war reaktionär. Sie entsprach dem preußischen Reglement "für den Unterricht in den evangelischen Schullehrerseminarien der Monarchie" vom Oktober 1854: Das allgemeine Bildungsniveau sollte möglichst niedrig gehalten,[6] "eine bessere Bildung und eine soziale und politische Mobilisierung des Volkes"[7] sollten verhindert, demokratische Umtriebe und liberale Ideen sollten erstickt werden.

Der Lehrerstand hatte engagierte Demokraten hervorgebracht. "Vom Staat wurden die Seminare darum als Brutstätten revolutionärer Gesinnung diffamiert, die es unbedingt zu reformieren galt."[8] Restaurative Einstellung, systemtreue Frömmigkeit und staatserhaltende Anpassung wurden folglich goutiert und gefördert.

In seinem Karl-May-Roman *Swallow, mein wackerer Mustang* (1980) charakterisiert der Schriftsteller Erich Loest den Auftrag der damaligen Lehrerbildung: Schulmeister "säen Glauben an Gott und das Herrscherhaus in Dresden, [...] Lehrer bilden einen Damm gegen Gottlosigkeit und Sozialdemokratie."[9]

Reformerisches Gedankengut, eine am konkreten Menschen orientierte, auf Verstehen und Liebe bauende Pädagogik, wie sie Johann Pestalozzi (1746-1827) und in dessen Geiste dann Friedrich Fröbel (1782-1852) und Friedrich Diesterweg (1790-1866) vertraten, war verpönt:

Von Tendenzen aus der ersten Hälfte des 19. Jahrhunderts, auch die Volksschulen als Stätten humanistischer Menschenbildung zu gestalten und an den Seminaren entsprechende Voraussetzungen zu schaffen, [...] ist nichts mehr zu spüren. Die Ausbildung zielt auf "christliche Volksschullehrer", womit nach damaligem Obrigkeitsverständnis gehorsame, demütige, untertänigste Staatsdiener gemeint sind.[10]

Positiv ist immerhin zu bewerten: Karl May lernte jetzt "das Lernen" (S. 98). Seine Ausbildung hatte nun eine Struktur. Bibelkunde und Katechetik, Kirchengeschichte und Kirchengesang, Violin- und Orgelspiel, Deutsche Sprache (allerdings keine Fremdsprachen), Pädagogik, Naturkunde und Geometrie wurden gelehrt - zwar trocken, aber solide (S. 97f.).

Die haltlose "Qualle" bekam jetzt "Knochen" genug; nur fand sie "kein gesundes Fleisch" in sich vor: "Alles, was ich zusammenfügte und was ich mir innerlich aufzubauen versuchte, wurde formlos, wurde häßlich, wurde unwahr und ungesetzlich. Ich begann, Angst vor mir zu bekommen." (S. 98) Daß May sich schon damals als sittlich gefährdet ansah und "unausgesetzt" an sich arbeitete, um sich "innerlich zu säubern, [...] zu ordnen und zu heben" (ebd.), ist nun freilich doch etwas unwahrscheinlich.[11] Solche Sätze entsprechen der Ethik des Schriftstellers May und wohl kaum der Gemütsverfassung des Seminaristen in Waldenburg.

May wollte, in narzißtischer Übersteigerung vielleicht, geschätzt und beachtet werden. Doch seine Mitschüler belächelten ihn (S. 97) und nahmen ihn nicht für voll. Er "vereinsamte auch hier, und zwar mehr, viel mehr als daheim. Und ich wurde hier noch klassen-fremder, als ich es dort gewesen war." (S. 96f.) May blieb allein und gefangen im eige-nen Ich: "Ich hätte mich wohl gern einem unserer Lehrer anvertraut, aber die waren ja alle so erhaben, so kalt, so unnahbar, und vor allen Dingen, das fühlte ich heraus, keiner von ihnen hätte mich verstanden; sie waren keine Psychologen." (S. 98f.)

Inwiefern auch die (durchaus zwiespältige) politische Einstellung Mays im monarchisti-schen und anti-revolutionären Waldenburg geprägt oder beeinflußt wurde, ist eine schwie-rige Frage.[12] Aber eindeutig war seine Reaktion auf die Glaubensvermittlung, auf die re-ligiöse Belehrung im Fürstlichen Seminar.

Sein diesbezügliches Resümee in der Selbstbiographie klingt zunächst eher vorsichtig: Die täglichen Andachten morgens und abends waren "ganz richtig", die biblische Unter-weisung war ebenso richtig.

Aber es gab bei alledem Eines nicht, nämlich grad das, was in allen religiösen Dingen die Haupt-sache ist; nämlich es gab keine Liebe, keine Milde, keine Demut, keine Versöhnlichkeit. Der Un-terricht war kalt, streng, hart. Es fehlte ihm jede Spur von Poesie. Anstatt zu beglücken, zu begei-stern, stieß er ab. Die Religionsstunden waren diejenigen Stunden, für welche man sich am aller-wenigsten zu erwärmen vermochte. Man war immer froh, wenn der Zeiger die Zwölf erreichte. (S. 95f.)

Der Unterricht, der keinen jungen Menschen bewegte, "aus freien Stücken einmal die Hände zu falten, um zu beten" (S. 96), schockierte May bis ins Alter hinein. Noch fünf-zig Jahre nach seinem Eintritt ins Seminar, in seinem Erlösungsdrama *Babel und Bibel* (1906), läßt er den Gewaltmenschen Abu Kital das vorgeschriebene Gebet seinen Unterta-nen im Takt des Peitschenschlags einbleuen: "Das schnappt und klappt! [...] Das bricht sich Bahn!"[13]

Es mag Seminaristen gegeben haben, die das alles in Ordnung fanden oder denen das alles egal war; doch für Karl May war es psychischer Terror. Für ihn war Waldenburg eine Qual, ein Gefängnis. Sein religiöses Verlangen fand eine bittere, ihn verstörende, von ihm als verheerend empfundene Antwort. Die salbungsvolle Art, die innere Verlo-genheit, die sterile Rechtgläubigkeit dieses Christentums kam May "ebenso seelenlos wie streitbar vor. Es befriedigte nicht und behauptete trotzdem, die einzige reine, wahre Lehre zu sein. Wie arm und wie gottverlassen man sich da fühlte!" (S. 96)

Mays Urteil über die Jahre in Waldenburg ist rundweg vernichtend. Zweifel am Kin-derglauben und am Christentum überhaupt, die dann - allerdings nur zeitweilig - zur Ab-lehnung des biblischen Gottesbildes führten,[14] werden im Seminar schon entstanden sein.

4.3 Vergebliche Liebe - erniedrigter Stolz

Karl war froh, wenn die Ferien kamen; in der Ernstthaler Heimat war es immer noch bes-ser auszuhalten als hinter den Mauern der Anstalt.

Zuhause hatte der Jugendliche ein für ihn sehr bedeutsames Erlebnis, das die Selbstbio-graphie übergeht, Karl May aber noch lange beschäftigt hat: seine "erste Liebe".[15] In Ernstthal verliebte er sich in die gleichaltrige Anna Preßler. Er besuchte sie stets in den Ferien und verehrte sie innigst. Er schrieb ihr Gedichte und komponierte Melodien zu diesen Versen.

Aber seine Müh' war vergebens und seine Lieder waren umsonst. Schon im Juli 1858, mit sechzehn Jahren, heiratete Anna einen Krämer: Carl Hermann Zacharias, von dem sie ein Kind erwartete.[16]

Karle war wieder verlassen und zurückgeworfen auf sich selbst. Die traumatische Szene, die Versagung des Liebesverlangens, die Zurückweisung durch eine Frau, die Wollschläger in die früheste Kindheit des Schriftstellers verlegt, könnte auch hier, im Verlust dieses Mädchens, (erneut oder erstmalig) zu finden sein. Denn Annas 'Untreue' spiegelt sich "in vielerlei Verwandlungen in den Werken des Dichters",[17] und der Name Anna wurde zum "Symbol für unzulänglich-leidvolle Liebesbeziehungen"[18] in den May-schen Erzählungen.

Karls *erste Liebe* ist in ihrer biographischen Relevanz unbedingt ernst zu nehmen. Seine Neigung zu Anna muß ungewöhnlich stark und idealistisch gewesen sein. Sein romantischer Sinn, sein verträumtes Wesen und natürlich die Werks-Spiegelungen machen diese Annahme wahrscheinlich. Mays Dürsten nach 'reiner' Frauenminne - verkörpert in den zahlreichen Beatrice-Gestalten seines Erzählwerks - dürfte auf das Anna-Erlebnis (das er später auf verschiedene Frauen und dann auf seine Verlobte Emma Pollmer projizierte)[19] ursprünglich zurückgehen. Wenn von Mays Fixierungen, seinen inneren Verletzungen und poetischen Energien zu sprechen ist, darf die Begegnung mit Anna Preßler nicht übersehen werden.

Ein weiteres, ebenfalls ins Jahr 1858 fallendes Ereignis ist in diesem Zusammenhang interessant: Nach eigenen Angaben (S. 99f.), dokumentarisch nicht gesichert, aber durchaus wahrscheinlich hat der Sechzehnjährige eine Indianergeschichte geschrieben und sie Ernst Keil, dem Herausgeber der 'Gartenlaube' geschickt. Dieser sandte sie, nach langem Schweigen, als zu unreif zurück.

Der Stolz des jungen Autors wird gedämpft, sein Geltungsstreben wird noch verstärkt worden sein. Auch diese Niederlage "muß May wie ein Alptraum verfolgt haben; noch 1897 reflektiert er diese Situation und fabuliert im Buch *Weihnacht!*", wie er es sich einst gewünscht hätte: Als Seminarist habe er durch ein langes Gedicht und eine Motette beträchtliches Aufsehen erregt, sich damit eine Menge Taler und dazu noch den Spitznamen Sappho verdient."[20]

4.4 Erstes Delikt und drakonische Strafe

Wie hat Karl May auf diese Erlebnisse, auf den Verlust der Geliebten, auf die Zurücksetzung durch den Herausgeber der 'Gartenlaube' und auf die poesielosen Verhältnisse im Lehrerseminar schließlich geantwortet? Zog er sich zurück in sich selbst, ins Reich seiner Phantasien und Träume? Oder muckte er auf, seiner vom Vater ererbten Neigung zum Zorne gehorchend? Beides wird zutreffen.

May war "kein Musterknabe, sondern ein recht aufsässiger Schüler", der seinen beschränkten und verständnislosen Lehrern "größte Erziehungsschwierigkeiten bereitet hat".[21] Nach Klaus Hoffmanns Ermittlungen[22] war sein Verhalten in Waldenburg den Pädagogen sehr bald schon suspekt.

Im März oder April 1859 versäumte er einen Nachmittagsgottesdienst; also war er, laut Protokoll der Lehrerkonferenz, von "schwachem religiösen Gefühl". Die Grenzen von Realität und Fiktion waren bei dem dichterisch veranlagten Karle von Kindheit an ziemlich verwischt; jetzt gar leugnete er, zur Rede gestellt, seine Absenz bei der Andacht; also rügte man im Seminar seine "arge Lügenhaftigkeit". Für die Vorgesetzten war er ein Rüpel; sein Gemüt war "verdorben" und sein Wesen war "rüde".

Der Schüler May war - nach Wollschläger - "wohl gleich zu Anfang ein bißchen mehr Mensch, als er's nach Meinung der hohen Direktion hier sein sollte: etwas zu rasch vollzieht sich das Erwachen der lange geduckten, voller Mucken steckenden kleinen Person."[23] Kurzum: er paßte nicht in das dortige Bild eines künftigen Erziehers, eines "würdigen Gliedes" des Lehrerstands.

In der vorletzten Klasse des Hauptseminars, vor Weihnachten 1859, geschah dann das Unglück. Es sollte den Grund für "jenes Schicksal" legen, "aus welchem meine Gegner so übelklingendes Kapital geschlagen haben." (S. 100)

Nach Walther Ilmer ist die Affäre Waldenburg der "Urgrund", der "Ausgangspunkt der Malaise"[24] in Karl Mays Leben. Ihre literarische Aufarbeitung und damit ihre psychische Bewältigung gelang dem Dichter erst spät, in der Reiseerzählung *"Weihnacht!"* (1897): "Wahrscheinlich bedurfte es des Wegräumens und Beseitigens aller anderen Deckschichten, bevor er zum Urgrund vorstoßen konnte."[25]

Was ist passiert im Fürstlichen Seminar? In Mays Elternhaus war man zu arm, um sich Kerzen für die Weihnachtsengel kaufen zu können. Wie Rinaldo Rinaldini und wie künftig Old Shatterhand in seinen eigenen Romanen wollte Karl als Retter in der Not erscheinen. Im November 1859 hatte er als "Lichtwochner" die Klassenzimmer mit Beleuchtung zu versorgen. Er entwendete, wie es in den Seminarakten heißt, "sechs ganze Lichte" im Gesamtgewicht von einem Pfund und versteckte sie in seinem Koffer in einer abgelegenen Kammer des Seminargebäudes. Zwei Mitschüler, Gustav Adolf Ilisch und Erwin Maximilian Illing,[26] hatten es bemerkt. Sie verschwiegen zunächst ihre Entdeckung und zeigten Karl dann an: ohne vorherige Warnung (S. 102).

Am 22. Dezember wurde May von Herrn Direktor Friedrich Wilhelm Schütze, dem Leiter der Anstalt, und vom Lehrerkollegium auf strengste verhört. Auch noch andere Vergehen, der Diebstahl von zwei Talern zum Beispiel, wurden ihm vorgehalten - ohne Beweis. Trotzdem: wegen der Kerzen mußte der Delinquent mit der Ausweisung rechnen! Der Direktor sprach es in deutlichen Worten aus.

Nach Mays eigener Darstellung in der Selbstbiographie hatte er nutzlose Talgreste, "nicht drei Pfennige wert" (S. 101f.), für sich behalten. Diese Version entspringt einer schützenden, einer verdeckenden Halb-Erinnerung; sie verformt und verkürzt das Geschehen.[27] Im Kern ist Mays Erinnerung aber doch wahr: Ein Verbrechen, ein schweres Delikt war sein Vergehen, angesichts seiner Notlage, nicht.

Die Absicht des Diebstahls stritt Karl May ab: "Ich dachte wahrhaftig nichts Arges." (S. 102) Es half ihm nichts; die Gerechtigkeit nahm ihren Lauf. Der Gerechteste, Herr Direktor Schütze - in *"Weihnacht!"* tritt er auf als der Prayer-man, als frommer Traktätchenhändler, als tückischer Dieb, als Mord-Schütze Frank Shappard[28] -, berichtete dem 'Gesammt-Consistorium Glauchau', und dieses (auf Betreiben Schützes) dem Kultusministerium in Dresden. Das Ende: von fünf möglichen Sanktionen die Höchststrafe, die "gänzliche Entfernung aus dem Seminare" durch ministerielle Verfügung vom 17.1.1860.

Tatsächlich wurde May am 28. Januar 1860 aus der Anstalt relegiert: als "infernalischer Charakter" (S. 102), "wegen sittlicher Unwürdigkeit für seinen Beruf"![29]

Eine Vergeltungsmaßnahme, die an ein Unrecht erinnert, das Gottfried Keller widerfuhr und von diesem, im *Grünen Heinrich*, bitter beklagt wurde.[30] Eine Überreaktion der strafenden Macht, die "heutigen rechtlichen Maßstäben nicht standhalten würde"![31]

Abb. 4: Das 1844 eröffnete Fürstlich Schönburgische Lehrerseminar in Waldenburg.

Abb. 5: Das Lehrerseminar in Plauen im Vogtland.

Abb. 6: Das Arbeitshaus Schloß Osterstein in Zwickau, nach einer 1864 veröffentlichten Abbildung.

Abb. 7: Das Innere der Strafanstaltskirche des Zuchthauses Waldheim.

Die Härte der Strafe war unangemessen, war töricht und pädagogisch verantwortungslos. Claus Roxin gibt zu bedenken: "Normverstöße vergleichbarer und schlimmerer Art kommen bei den meisten Heranwachsenden vor und werden in aller Regel [...] so erledigt, daß dem jungen Mann keine schweren und dauernden Nachteile daraus entstehen."[32]

Das Durchgreifen der Seminardirektion im Falle Mays und zuvor schon in anderen Fällen[33] war herzlos, ohne menschliches Mitgefühl, von christlicher Liebe ganz zu schweigen. Für Karl May war dieses Erlebnis ein Schock, ein innerer Bruch, der die nächsten und schlimmeren Debakel rasch zeitigen sollte. "An diesen Weihnachtstagen löschten heilige Flammen in mir aus, Lichter, die mir wert gewesen waren. Ich lernte zwischen dem Christentum und seinen Bekennern unterscheiden." (S. 102)

Auch das Christentum selbst, die Substanz seines Gottvertrauens, der Kern seiner Frömmigkeit wurden im Herzen des jungen May wohl jetzt schon erschüttert. Die Theologie der naiven, in der Kindheit gelesenen Traktate lernte May nun in Frage zu stellen.

Seit wann seine Zweifel ins Grundsätzliche gingen, ist nicht genau zu datieren. In der Gefängniszelle, in seinem Textfragment *Ange et Diable* (1870?) jedenfalls meinte der Straftäter:

Ich finde zwischen Gott und Teufel keinen Unterschied. Wer ist wohl schlimmer - ein Gott, welcher wegen EINES EINZIGEN Fehlers EINES EINZIGEN Menschenpaares, an dessen Fehlerhaftigkeit er noch dazu als Schöpfer die Schuld trug, Millionen und aber Millionen unschuldige Menschen ins Unglück stürzt [...] oder ein Teufel, welcher dann und wann eine ungehorsame Menschenseele als Fricassée verspeist?[34]

Daß die - von May schon bald revidierte - Denkweise von *Ange et Diable* der christlichen Erbsündenlehre nicht gerecht wird, ist für den Fachtheologen klar.[35] Bei der theologischen und autobiographischen Beurteilung dieses Fragments kann es jedoch nur sekundär um Dogmen und Lehren gehen; in erster Linie sind die Gefühle, die menschlichen Erlebnisse zu berücksichtigen, die dem Texte zugrundeliegen: Von Christen fühlte May sich verstoßen, von Christen fühlte er sich ins Verderben gestürzt!

4.5 Zwei Gnadengesuche und die Fortsetzung der Ausbildung in Plauen

Noch 1903, im *Silbernen Löwen IV*, reflektiert Karl May: "Warum gibt es so viele Verlorene? Sie müssen verloren gehen, weil man ihnen schon den ersten, kleinen Fehltritt nicht verzeiht."[36]

Und doch wurde May sein erster Fehltritt verziehen. Überdies war es ein Christ, ein Mann der Kirche, der Verständnis bewies und zu helfen vermochte. Der recht(s)gläubige, von Karl May in der Selbstbiographie nicht sehr gerühmte Ernstthaler Pfarrer Carl Hermann Schmidt unterstützte, als "Beichtvater" Karls, ein Gnadengesuch des Sünders an das sächsische Kultusministerium.

Am 6. März 1860 richtete May ein demütiges Reueschreiben ans Hohe Ministerium. Er schloß mit der "unterthänigste[n] Bitte", das Ministerium möge ihm vergeben und die Fortsetzung seiner Ausbildung gestatten, "damit ich als gehorsamer Schüler und einst als treuer Lehrer im Weinberge des Herrn die That vergessen machen könne, deren Folgen so schwer auf mir und meinen Aeltern ruhen!"[37]

Seine Strafe bezeichnete May, im selben Brief, "als ganz gerecht und dem Vergehen gemäß"; zugleich aber schränkte er ein, daß "in Betreff der Lichte keineswegs der Wille zu einer Veruntreuung vorlag, sondern daß es nachlässige Säumigkeit von mir war, sie nicht rechtzeitig an den gehörigen Platz zu legen."[38]

Es wäre denkbar, daß der Stil dieses Schreibens von Pfarrer Schmidt beeinflußt wurde. Doch selbst in diesem Fall kann man - mit Ilmer - wohl sagen: Schon der achtzehnjährige May erwies sich als "Psycholog".[39] Er bekannte "unterthänigst", was man hören wollte bei Hofe. Und er brachte dennoch - implicite - zum Ausdruck, daß er die Strafe für übertrieben, ja für maßlos und ungerecht hielt: Ausschluß und Zerstörung der Zukunft wegen einer "nachlässige[n] Säumigkeit"!

Mays Schreiben folgte die umfängliche, wohl überlegte, in der Form diplomatische und in der Sache engagierte Eingabe des Pfarrers vom 10. März an das Ministerium:

Als vormaliger Lehrer und nachheriger Beichtvater Mays kann ich aus früherer Zeit bezeugen, daß er als stiller, sittsamer Knabe ebenso treuen Fleiß für die Schule, als bei Kindern seines Alters nicht gewöhnlichen Eifer für Gottes Wort [...] bethätigte und sich für allerlei Mahnungen stets zugänglich und empfänglich bewies [...] Nach seiner Aufnahme auf das Proseminar zu Waldenburg [...] machte er lobenswerthe Fortschritte in den Kenntnissen und wandelte in Sitten untadelig [...] Die fraglichen Verirrungen Mays stehen hiernach in seinem Leben vereinzelt da, tragen weder das Gepräge überlegter Bosheit, noch eines tiefer gewurzelten Leichtsinns und dürften ihm bei der kundgegebenen ernsten Reue umso eher verziehen werden können, als sie gerade in die Periode seiner Jugend fallen, in welcher der Jüngling für allerlei Versuchungen am meisten zugänglich ist.[40]

Pfarrer Schmidt hätte ein freundliches Wort in *Mein Leben und Streben* verdient! Seine Schützen-Hilfe war klug und führte zum Erfolg. Das Ministerium entschied im Sinne Karl Mays. Am 24.5.1860 erhielt er die Nachricht, daß er seine Ausbildung fortsetzen könne: im Lehrerseminar zu Plauen im Vogtland. Auch Direktor Schütze in Waldenburg, zu seiner Ehre sei es vermerkt, hatte sich besonnen. Er befürwortete, im nachhinein, des Missetäters Gesuch.[41]

Ob May das jemals erfahren hat, ist unsicher und zweifelhaft. Schützes 'Bußfertigkeit' blieb ihm entweder unbekannt oder er hielt sie für Heuchelei. Denn noch 1910, in der Selbstbiographie, hat Karl May dem "fromme[n] Seminardirektor" (S. 163) gegrollt.[42]

Am 2. Juni 1860 bestand er die Aufnahmeprüfung in Plauen. Am 4. Juni trat er in die vorletzte Klasse ein; er hatte also keinen Zeitverlust zu beklagen. Einige Monate wohnte er in einer Dachkammer der Freimaurerloge 'Zur Pyramide',[43] dann erst im Internatsgebäude des Seminars.

Ganz trostlos scheint diese Zeit nicht gewesen zu sein. Es gab einige Gaststätten, die von den Seminaristen besucht werden durften. Der Spiegelung in Mays Jugenderzählung *Der schwarze Mustang* (1896/97) nach zu schließen hatte das Leben in Plauen, mit dem Hunger und der Enge des Elternhauses verglichen, einen Hauch von Highlife:

"Plauen ist mir nämlich sehr ans Herz gewachsen, denn dort habe ich bei Anders im Glassalon mein schönstes Bier getrunken und meine besten Schweinsknöcheln à la Omelette gegessen; voigtländische Klöße, so grüngeknüffte, waren, gloobe ich, ooch dabei."[44]

Für erneute Verfehlungen gibt es keine Anhaltspunkte. Im September 1861 absolvierte May die Kandidatenprüfung mit der Gesamtnote "Gut". Die Eignung als Hilfslehrer hatte er jetzt erworben.

Anmerkungen

1   Seitenangaben in () beziehen sich auf Karl May: *Mein Leben und Streben* (1910). Hrsg. von Hainer Plaul. Hildesheim, New York 21982. - Zum geringen sozialen Ansehen des Schulmeisters in der damaligen Zeit vgl. unten, S. 73.

2   Vgl. Walther Ilmer: *Karl May - Mensch und Schriftsteller. Tragik und Triumph*. Husum 1992, S. 19 u. 254 (Nachtrag).

3   Helmut Schmiedt: *Karl May. Studien zu Leben, Werk und Wirkung eines Erfolgsschriftstellers*. Königstein/Ts. 1979, S. 28; ähnlich Heinz Stolte: *Der Volksschriftsteller Karl May. Beitrag zur literarischen Volkskunde*. Bamberg 1979 (Reprint der Erstausgabe von 1936), S. 35f.

4   Diesen Zeitpunkt vermutet Walther Ilmer: *Karl Mays Weihnachten in Karl Mays '"Weihnacht!"'*. In: JbKMG 1987, S. 101-137 (S. 103).

5   Einzelheiten bei Gerhard Klußmeier - Hainer Plaul (Hrsg.): *Karl May. Biographie in Dokumenten und Bildern*. Hildesheim, New York 1978, S. 25ff.

6   Dieses Bestreben galt schon für die Zeit nach 1848; vgl. oben, S. 51.

7   Ingmar Winter: *"Der Unterricht war kalt, streng, hart". Das Abbild zeitgenössischer Pädagogik bei Karl May*. In: JbKMG 1988, S. 292-321 (S. 301).

8   Klußmeier - Plaul, wie Anm. 5, S. 25.

9   Erich Loest: *Swallow, mein wackerer Mustang. Karl-May-Roman*. Frankfurt/M. 1983 (Fischer Taschenbuch Nr. 5330; Erstausgabe Hamburg 1980), S. 38; zit. auch bei Winter, wie Anm. 7, S. 303.

10 Christian Heermann: *Der Mann, der Old Shatterhand war. Eine Karl-May-Biographie*. Berlin 1988, S. 62f.

11 Vgl. Hans Wollschläger: *Karl May. Grundriß eines gebrochenen Lebens*. Zürich 1976, S. 26.

12 Vgl. die Bemerkungen zur Klekih-petra-Vorgeschichte in Karl Mays *Winnetou I* (S. 128ff. der Freiburger Erstausgabe von 1893) bei Winter, wie Anm. 7, S. 304f.

13 Karl May: *Babel und Bibel. Arabische Fantasia in zwei Akten*. Freiburg 1906, S. 26. - Vgl. unten, S. 664ff.

14 Vgl. Karl May: *Ange et Diable*. In: Ders.: *Hinter den Mauern und andere Fragmente aus der Haftzeit*. In: JbKMG 1971, S. 122-143 (S. 128-132). - Zu *Ange et Diable* vgl. unten, S. 118ff.

15 Karl May: *Repertorium C. May*. Titelplan Nr. 41. In: Ders.: *Hinter den Mauern*, wie Anm. 14, S. 132-143 (S. 134). - Ermittlung und Darstellung der Begegnung Mays mit Anna Preßler bei Ludwig Patsch: *Karl Mays erste Liebe*. In: KMJB 1979. Bamberg, Braunschweig 1979, S. 189-193 (ergänzt und berichtigt von Roland Schmid).

16 Nach Klaus Hoffmann: *Karl May als "Räuberhauptmann" oder Die Verfolgung rund um die sächsische Erde. Karl Mays Straftaten und sein Aufenthalt 1868 bis 1870*, 2. Teil. In: JbKMG 1975, S. 243-275 (S. 262).

17 Patsch, wie Anm. 15, S. 192.

18 Walther Ilmer: *Karl Mays Weihnachten in Karl Mays '"Weihnacht!"' II. Eine Spurenlese auf der Suche nach Fährten*. In: JbKMG 1988, S. 209-247 (S. 228).

19 Vgl. unten, S. 156f.

20 Heermann, wie Anm. 10, S. 64.

21 Claus Roxin: *Vorläufige Bemerkungen über die Straftaten Karl Mays*. In: JbKMG 1971, S. 74-109 (S. 96).

22 Vgl. Klaus Hoffmann: *Der "Lichtwochner" am Seminar Waldenburg. Eine Dokumentation über Karl Mays erstes Delikt (1859)*. In: JbKMG 1976, S. 92-104.

23 Wollschläger: *Karl May*, wie Anm. 11, S. 25.

24 Ilmer: *Karl Mays Weihnachten*, wie Anm. 4, S. 112 bzw. S. 119.

25 Ebd., S. 112.

26 Nach Ilmer, wie Anm. 24, S. 128, verweisen die Initialen dieser beiden Namen auf Romangestalten in Mays *"Weihnacht!"*. - Ilmers Karl-May-Aufsätze liefern Lehrbeispiele für die autobiographische Entschlüsselung Mayscher Personen- und Ortsnamen (und sonstiger Assoziationen in Mays Erzählwerk).

27 Heinz Stolte: *Kerzen, Karl May und Voltaire*. In: MKMG 80 (1989), S. 3, gibt zu bedenken, daß eine Kerze damals "einen beachtlichen Wertgegenstand" darstellte.

28 Ilmer: *Karl Mays Weihnachten*, wie Anm. 4, S. 119ff., verweist auf die Spiegelung.

29 Aus einem Schreiben des 'Gesammt-Consistoriums Glauchau' vom 24.1.1860 an Direktor Schütze; zit. nach Wollschläger: *Karl May*, wie Anm. 11, S. 27.

30 Hinweis bei Thomas Ostwald: *Karl May - Leben und Werk*. Braunschweig ⁴1977, S. 24f.

31 Claus Roxin: *Mays Leben*. In: *Karl-May-Handbuch*. Hrsg. von Gert Ueding in Zusammenarbeit mit Reinhard Tschapke. Stuttgart 1987, S. 62-123 (S. 75).

32 Claus Roxin: *Karl May, das Strafrecht und die Literatur*. In: JbKMG 1978, S. 9-36 (S. 18).

33 Nach Hoffmann: *Der "Lichtwochner"*, wie Anm. 22, S. 101, wurden im Jahre 1858 die Seminaristen Gustav Fiedler aus Chemnitz und Julius Louis Schmidt aus Glauchau - ebenfalls wegen geringfügiger Vergehen - aus der Anstalt entlassen.

34 Karl May: *Ange et Diable*, wie Anm. 14, S. 130.

35 Vgl. z.B. Karl Rahner: *Erbsünde*. In: Ders. (Hrsg.): *Herders theologisches Taschenlexikon*, Bd. 2. Freiburg, Basel, Wien 1972, S. 155-164.

36 Karl May: *Im Reiche des silbernen Löwen IV*. Gesammelte Reiseerzählungen, Bd. XXIX. Freiburg 1903, S. 433.

37 Zit. nach Hoffmann: Der *"Lichtwochner"*, wie Anm. 22, S. 102.

38 Ebd., S. 101.

39 Vgl. Ilmer: *Karl Mays Weihnachten*, wie Anm. 4, S. 116.

40 Auszug aus dem Schreiben Carl Hermann Schmidts; der volle Wortlaut bei Hoffmann: *Der "Lichtwochner"*, wie Anm. 22, S. 102f.

41 Vgl. auch Hainer Plaul: *Karl May*, wie Anm. 1, S. 368f. (Anm. 101 u. 102).

42 Vgl. Ilmer: *Karl Mays Weihnachten*, wie Anm. 4, S. 120; auch ebd., S. 136 (Anm. 34).

43 Nach Klußmeier - Plaul, wie Anm. 5, S. 32.

44 Zitat des Hobble-Frank aus Mays Jugenderzählung *Der schwarze Mustang*. Stuttgart o.J. (1898), S. 109; zit. nach Klußmeier - Plaul, wie Anm. 5, S. 32.

5   Kurze Schullehrerzeit: Konflikt mit der Amtskirche und Scheitern im bürgerlichen Beruf

Vater May war am Ziel: Der Sohn war etwas geworden, wenn schon nicht Arzt, so wenigstens Lehrer. Für Karls Verhältnisse war das viel. Er hatte mehr erreicht als die Vorfahren und auch mehr als die anderen Webersöhne in Ernstthal.

Die Verantwortung eines Lehrers schätzte May überaus hoch. In seinem Bittgesuch (März 1860) hatte er versichert, der Lehrberuf sei seine "Lebensaufgabe"; dieses Berufsziel fallenzulassen, sei ihm "unmöglich".[1] Ein "Lehrer zu sein, ist ein hochwichtiger, ein heiliger Beruf", gibt - in *Winnetou I*[2] - der ehemalige Hauslehrer Old Shatterhand dem erstaunten Sam Hawkens zu verstehen. Und in der Selbstbiographie heißt es: "Nicht akademisches Studium, sondern nur Lehrer werden! Nur? Wie falsch! Es gibt keinen höheren Stand als den Lehrerstand." (S. 94)[3]

Die Arbeitsbedingungen eines Lehrers waren freilich nicht attraktiv. Die Klassen hatten, für heutige Verhältnisse undenkbar, oft mehr als sechzig Schüler. Wie die deutsche Literatur, von Jean Paul bis Jeremias Gotthelf, bezeugt,[4] war das 'arme Dorfschulmeisterlein' überhaupt zu bedauern. Das Ansehen im Volk war wohl ebenso niedrig wie das Honorar. Die Bezahlung war sehr unterschiedlich bemessen, je nach der Finanzlage der Gemeinden und Städte. Das durchschnittliche Einkommen des Lehrers "betrug auf dem Lande zu dieser Zeit nur 86 Taler [...], während ein Lampenaufseher in Dresden 400 Taler verdiente."[5]

Mays Schulmeistergehalt belief sich auf 175 Taler im Jahr nebst 25 Talern Mietzuschuß.[6] Er war zufrieden damit: "Ich [...] besaß ein Amt; ich bekam Gehalt. Der Anfang zum Aufstieg war da [...] Der Vater schwärmte mit. Die Mutter war stillglücklich. Großmutters alte, treue Augen strahlten." (S. 105)

Umsonst! Das Glück war brüchig und währte keine drei Monate. Aus dem Jahre 1856 gab es schriftlich fixierte Verhaltensregeln; sie legten das dienstliche und private Leben der Junglehrer fest. Diese Regeln waren so autoritär, gesetzlich und zwanghaft wie die Seminarordnung in Waldenburg. Sie preßten Karl May "erneut unter Normen, zu denen er ebenfalls schon bald in Widerspruch geriet."[7]

5.1   Die Affäre in Glauchau: Erneuter Liebesverlust

Am 7. Oktober 1861 wurde May Hilfslehrer in der vierten Klasse der Armenschule in Glauchau. Die Kinder der Ärmsten gingen dorthin, um "das Los der Armut" - so Ingmar Winter - "als gottgewollt ansehen"[8] zu lernen.

Schon nach zwölf Tagen war das Dienstverhältnis beendet. Warum? Zu Glauchau, in einem Zimmerchen in der Großen Färbergasse 7, wohnte May bei dem Kaufmann Ernst Theodor Meinhold (1835-1890). Der Händler war mit der neunzehnjährigen Henriette Christiane geb. Geißler verheiratet. Daß diese Ehe nicht die glücklichste war, ist zu vermuten;[9] der 'Einbruch' eines Dritten war da leicht möglich. Und wirklich: das "Verhängniß [kam] in Gestalt eines jungen Candidaten des Schulamtes."[10]

May und die gleichaltrige Dame fanden sich reizend. Die Selbstbiographie weiß davon nichts, aber Karl Mays - vom Bewußtsein weniger kontrollierter - Hintertreppenroman (*Der Weg zum Glück*) könnte die Decke heben und das Dunkel beleuchten: "Ihre vollen Formen, das blendende Weiß Ihres Teints, die prächtigen Augen, die berauschenden Lippen, das - das Alles nahm meine Sinne gefangen."[11]

Eine doppelbödige Szene in Mays Reiseerzählung *Die Todes-Karavane* (1882) könnte ebenfalls auf diese Affäre bezogen werden:

[Saduk] verkehrte viel in dem Hause des Muschtahed[12] und sah die Tochter desselben. Sie gefiel ihm, und er war ein schöner Mann. Er [...] wagte es, zu ihr von seiner Neigung zu sprechen. Der Muschtahed befand sich unbemerkt in der Nähe und ließ ihn festnehmen.[13]

Nach allen Umständen, soweit sie bekannt sind, ist klar: Für Mays Werben war die junge Frau Meinhold empfänglich. Mays Nachhilfeunterricht am Klavier, vom Ehemanne gebilligt, begünstigte die Romanze. Henriettes Seele zum Schwingen und ihre 'Saiten' zum Klingen zu bringen, verstand der musische Lehrer wohl besser als der spröde Gemahl.

Nach Auskunft Karoline Selbmanns, einer Schwester Mays, wurden Karl und Henriette bei einem Kuß überrascht.[14] Der 'betrogene' Gatte eilte sofort, am 17. Oktober, zur Obrigkeit: zum Superintendenten Carl Wilhelm Otto (1812-1890), in dessen Händen die Kirchen- und Schulaufsicht vereinigt waren. Meinhold zeigte den Schändlichen an: Der Untermieter habe "in der unwürdigsten Weise" versucht, seine Frau "von ihm abwendig" zu machen.[15] Unrechte Absichten gestand der Lehrer nicht ein; aber "Annäherungen" an Henriette, die - so Otto - "als ungehörig, ja als unsittlich bezeichnet werden müssen", räumte May, vom geistlichen Herrn in die Enge getrieben, doch ein.[16]

Wie ernsthaft, wie verwerflich oder wie harmlos Mays "Annäherungen" tatsächlich waren, ist nicht mehr zu klären. Für ein 'Verhältnis' im eigentlichen Sinne gibt es keine zwingenden Hinweise. Daß Hugo, der neun Monate später geborene Meinhold-Sproß (dem neun weitere Kinder folgten), ein Sohn Karl Mays sein könne, ist zwar nicht auszuschließen; erwiesen ist es aber nicht.[17]

Die Begegnung mit Henriette: ein Geplänkel, ein Flirt ohne Tiefe? Der Lehrer Ma(y)x Walther, in *Der Weg zum Glück*, hat einen andern Charakter: "Ich liebte Sie wirklich und von ganzem Herzen. Nach dem Scheiden schwärmte ich für Sie und dichtete auf Sie Lieder, wie ich sie so schön vielleicht in meinem Leben nicht wieder dichten werde."[18]

Daß sich in den Worten Max Walthers - unter anderem - die Begegnung Karls mit Henriette spiegelt, ist eine vertretbare Annahme. Auf die wirklichen Gefühle des neunzehnjährigen May läßt dieses Roman-Zitat aber keine sicheren Rückschlüsse zu.[19] Eine Hypothese darf gleichwohl gewagt werden: Im Verlust Henriettes wiederholte sich das Anna-Erlebnis, die große Enttäuschung des sechzehnjährigen Karle, und vielleicht auch (falls es sie gab) die 'Urszene': der Liebesentzug durch die Mutter.[20]

Die innere Struktur dieser Erlebnisse war, trotz der veränderten Ausgangslage, dieselbe: Eine Frau nahm ihre Liebe zurück. Und wieder unterlag der 'Dichter' dem 'Krämer'; die Institution Ehe verlangte ihr Recht. Henriette konnte nicht anders; sie mußte sich von May distanzieren. Daß sie die "in allen Stücken unschuldige Ehefrau"[21] sei, den Lehrer also nie geliebt habe, dies wollte der Mann, dies wollte die Obrigkeit, dies wollte die strenge Moral. Henriette mußte sich fügen, und Karl May war wieder allein. Er hatte, nach Anna Preßler ein weiteres Mal, die Liebe verloren. Sie zu suchen, wurde die Aufgabe seines Lebens.

Zum weiteren Verlauf der Ereignisse: Meinhold und May beschuldigten sich gegenseitig. Schon vor dem Kuß war es vermutlich zum Streit zwischen den Männern gekommen; nach Mays - späterer - Darstellung wegen der "Trunksucht" des Händlers. Superintendent Otto glaubte nur Meinhold. Denn May war dem "Lügengeiste" ergeben; außerdem war "der Ruf einer achtbaren Familie möglichst zu schonen".22

Karl May wurde nicht geschont. C.W. Otto, der gesetzestreue, auf Sitte und Moral bedachte Vertreter des Staatskirchentums, strafte so hart es nur ging: mit der fristlosen Entlassung am 19. Oktober 1861. Für den Fall, daß May auf der Kündigungsfrist bestehen oder gar sich beschweren würde, drohte Otto mit einer Klage. May zog es vor, zu verzichten.

Der junge Lehrer war arbeitslos. Er konnte sich nicht verteidigen und fühlte sich wieder als Opfer. Er hatte alles verloren: den Beruf, die Gunst der Behörde und die Zärtlichkeit einer Frau.

5.2 Fabriklehrer in Altchemnitz: Vom Abgrund bedroht

Ein Disziplinarverfahren hatte Otto nicht eingeleitet. Mays Geständnis reichte dafür nicht aus, und Beweise waren nicht zu erbringen. Die Entlassung war, wie in Waldenburg, übereilt und nicht angemessen. Doch Anfang November, nach über zwei Wochen schon, faßte May noch ein letztes Mal Fuß. Am 26. Oktober 1861 bewarb er sich um eine offene Lehrerstelle in Altchemnitz, nahe bei Chemnitz. Durch die Vermittlung des Chemnitzer Superintendenten Robert Kohl konnte er am 6. November dieses Amt übernehmen. Er wurde sogar noch 'befördert': zum selbständigen Lehrer an den Fabrikschulen der Spinnereien Julius Claus und Solbrig & Söhne. May "hatte vorerst noch einmal Glück. So mitleidlos die fristlose Entlassung auch im ersten Augenblick erscheinen mag, sein weiterer Werdegang wurde davon nicht negativ beeinflußt."23

Allerdings beging nun May einen Fehler, der das baldige Unglück womöglich heraufbeschwor: Als er sich in Altchemnitz bei Diakon Pfützner, dem Lokalschulinspektor, vorstellte, verschwieg er die Hintergründe seiner Entlassung aus der Armenschule in Glauchau. Noch am 6.11.1861, dem Tage des Dienstantritts in den Fabrikschulen, drang Pfützner auf eine Erklärung. Mays Angaben, welche die Fakten verdrehten oder verschleierten, prüfte er nach, und die Affäre Glauchau "kam ans Tageslicht [...] Nur der akute Lehrermangel an der Fabrikschule Solbrig/Claus bewahrte den lügenhaften Schulamtskandidaten vor einer abermaligen sofortigen Entlassung."24

Das große Los hatte May freilich nicht gezogen; die Fabrikschulen wird er als "Strafstellen"25 empfunden haben! Er kam mit einem der übelsten Mißstände des Kapitalismus in Berührung: mit der Ausbeutung von Kindern in der Textilindustrie. Die Schüler waren keine "ziemlich erwachsenen" (S. 103) Arbeiter, sondern zehn- bis vierzehnjährige Kinder; sie mußten täglich zehn Stunden arbeiten und dann, in einer trostlosen Giebelstube, berufsbegleitenden Unterricht (vor allem Religionslehre) über sich ergehen lassen. Für die Lehrkräfte war die Arbeit an solchen Schulen "eine ungemeine Belastung; unter der zeitgenössischen Lehrerschaft galt sie allgemein als eine Tätigkeit, die eines geschulten Pädagogen unwürdig war."26

Über die Zustände in den Fabrikschulen sind von May keine Äußerungen, keine ausdrücklichen Reflexionen bekannt. Es liegt jedoch nahe, daß sein - im späteren Erzählwerk bezeugtes, in der eigenen Kindheit verwurzeltes und durch die Räuberhauptmannlektüre bestätigtes - Mitleid mit den Ärmsten verstärkt worden ist.

May gehörte selbst zu den Ärmsten. Während Robert Kohl, bei einer Visitation am 10.12.1861, das "Lehrgeschick"[27] des Neunzehnjährigen lobte, ließ der Glauchauer Amtsbruder nicht locker. Noch im November teilte Otto dem Junglehrer mit, "daß er nur provisorisch und unter speciellster Controlle sein Amt als Fabriklehrer zu Altchemnitz verwalten könne, und er bei der geringsten Veranlassung zu Unzufriedenheit mit ihm in Lehre, Leben und Wandel seiner Stellung wieder werde entlassen werden."[28]

So kam es denn auch. Die "geringste Veranlassung" ließ nicht auf sich warten. "Hier haben meine Bekenntnisse zu beginnen. Ich lege sie ab, ohne Scheu, der Wahrheit gemäß." (S. 103) Gottes Gerechtigkeit und die Reue über die eigene Schuld werden beschworen, wenn der reif gewordene Dichter seinen Lesern beteuert: "Da läßt sich nichts verschweigen und nichts beschönigen. Da muß man Alles ehrlich sagen und ehrlich bekennen, wie es war und wie es ist." (S. 12)

5.3   Das große Trauma: Der 'Uhrendiebstahl' und die Verhaftung

Die ganze Wahrheit hat May in der Selbstbiographie nicht bekannt. Seine Delikte ab 1864 'vergißt' und verdrängt er zum größeren Teil (er hat sie ja, verschlüsselt, in seinen Erzählungen schon 'gebeichtet'). Man muß das verstehen. Zu seinen Lesern gehörten auch Gegner, darunter auch böswillige. Sich gewissenhaft anzuklagen, aber auch sich selber zu schützen, hatte er allen Grund.

Seine wirklichen Straftaten schildert May sehr verdeckt und mit äußerster Knappheit; die Vorgeschichte stellt er um so ausführlicher dar. Zu Recht! Denn was jetzt, zu Weihnachten 1861, geschah, war "das EINE zentrale Ereignis",[29] das - vorbereitet durch die Entlassungen aus dem Waldenburger Seminar und der Armenschule in Glauchau - zur ursprünglichen Katastrophe führte, die May nie verwunden und die sein Gesamtwerk gezeichnet hat: Er wurde abgeführt vom Gendarm! Das wurde zum Trauma, zur stigmatischen und nie verheilenden Wunde Karl Mays: "Dieses Entsetzen hat mich nicht wieder verlassen; es gab mich nicht wieder frei."[30]

Von Julius Hermann Scheunpflug,[31] seinem Logis-Mitbewohner in Altchemnitz, wurde er angezeigt. Scheunpflug, ein Buchhalter der Firma Solbrig, beschuldigte Karl May, ihm eine Taschenuhr, eine Tabakspfeife und eine Zigarrenspitze gestohlen zu haben. Nach seiner eigenen Darstellung wurde May am Weihnachtstag auf dem Christmarkt, nach Lebius[32] aber am 26. Dezember in Hohenstein, beim Billardspiel im Gasthof 'Drei Schwanen' (heute 'Hotel Sachsenring'), verhaftet und zur Untersuchung nach Chemnitz gebracht. Seine Unschuldsversicherungen hatten keinen Erfolg. Auch die Bemühungen seines Vaters[33] waren vergeblich.

May wurde verurteilt zu sechs Wochen Haft. Weit schlimmer noch: seine Lehrtätigkeit war damit beendet - für immer. Seine Zukunft schien aussichtslos. Dem Aufstieg aus den Ernstthaler Sümpfen folgte der Rückfall ins alte Milieu und der Sturz in den *Abgrund*. "Kein Wunder, daß Karl May ein Leben lang einen Akt der Bosheit und niederträchtigkleinlicher Gesinnung in Scheunpflugs Vorgehen erblickte - und es literarisch immer wieder umsetzte."[34]

Nach Mays eigener Schilderung (S. 103ff.) war er kein Dieb: Der Lehrer war zu arm, sich eine Uhr zu erwerben; da bat er den Buchhalter, ihm die alte Taschenuhr, die dieser nicht brauchte, zu leihen. Der Zimmergenosse tat ihm diesen Gefallen. Jeden Tag, nach dem Unterricht, hängte May die Uhr an den Wandnagel. Später unterließ er dies und behielt die Uhr, mit dem Einverständnis ihres Besitzers, bis zum Abend in seiner Tasche. Als am Nachmittag des 24.12.1861 die Ferien begannen, fuhr er sofort mit der Bahn nach Hause und vergaß, die Uhr noch vorher zurückzugeben.

Bei der Festnahme war er so entsetzt, daß er sich in seiner Verwirrung "wie ein wirklicher Dieb benahm".[35] Er "beging den Wahnsinn, den Besitz der Uhr in Abrede zu stellen; sie wurde aber, als man nach ihr suchte, gefunden. So vernichtete mich also die Lüge, anstatt daß sie mich rettete." (S. 107)[36]

Trotz einiger Unstimmigkeiten im Detail ist Mays, ihn entlastende, Version durchaus plausibel. "Zumindest was die Uhr betrifft, dürfte das von May gelieferte Motiv glaubwürdig sein."[37] Daß er die Uhr und die anderen Gegenstände nicht stehlen, sondern nur ausleihen und später zurückgeben wollte, ist "sehr wahrscheinlich".[38]

Ob May die Rückgabe der Uhr am Heiligen Abend tatsächlich vergessen hatte oder ob er sie, von vornherein, erst nach den Ferien zurückbringen wollte, muß dahingestellt bleiben. Vielleicht wollte der junge Lehrer den Ernstthalern, auch den Eltern und Geschwistern, mit seinem 'Reichtum' imponieren: wie - in Mays Roman *Die Juweleninsel* - der Lehrjunge Brendel, der "um groß zu thun, dem alten Müller seine Meerschaumpfeife wegstibitzt"[39] hatte.

Ein Verbrecher war er auch in diesem Falle noch lange nicht!

Denn die Taten, die ihn auf die schiefe Bahn gebracht haben, der Kerzendiebstahl und die unbefugte Benutzung einer fremden Taschenuhr - wobei auch die Unbefugtheit noch nicht einmal zweifelsfrei ist - sind wirklich bagatellarische Unregelmäßigkeiten, deren Unwertgehalt durch die soziale Not des Handelnden noch weiter reduziert wird.[40]

Wie ein Frevler behandelt zu werden, war für May eine Schmach, ein schweres Verhängnis. Es traf ihn "wie ein Schlag über den Kopf, unter dessen Wucht man in sich selbst zusammenbricht. Und ich brach zusammen!" (S. 109)

In Mays Roman *Deutsche Herzen - Deutsche Helden* heißt es beziehungsreich: Leute, die "einmal einen recht großen und plötzlichen Schreck gehabt" haben, "behalten gewöhnlich einen Rest fürs ganze Leben. Entweder stottern sie, oder sie fahren ganz unerwartet erschrocken zusammen."[41]

In der Tat: "fürs ganze Leben" beschäftigte May diese 'Uhrengeschichte'. Ihr kommt eine Schlüsselbedeutung zu für das Verständnis seines Lebens und seiner Bücher: Urplötzlich festgenommene, überraschend auf den Kopf geschlagene und völlig unschuldig verurteilte 'Edelmenschen' wurden zu einem der Grundmotive in Mays Geschichten.[42]

5.4   Der religiöse Hintergrund: Ein unbarmherziges 'Christentum'

War die Strafe gerecht? Grausam und gnadenlos war sie mit Sicherheit. Mays so mühsam errungenes Lebensglück wurde zerstört. Der Erfolg seines Strebens, der Stolz seiner Familie wurden zunichte gemacht. Und der seelischen Verwüstung wurde der Boden bereitet.

Die Höhe des Strafmaßes ist nicht zu verstehen. Nach den Forschungsergebnissen wurde May vermutlich nicht wegen Diebstahls, sondern wegen "widerrechtlicher Benutzung fremder Sachen" verurteilt.[43] Für dieses, seit 1871 in Deutschland nicht mehr strafbare, Vergehen sah Art. 330, Abs. 3 des sächsischen Strafgesetzbuches (1855) höchstens eine

Freiheitsstrafe von sechs Wochen vor. Es mag ja sein, daß das Gericht Karl May verurteilen mußte: da der Buchhalter Scheunpflug seinen Strafantrag nicht zurückzog;44 im Falle Mays die HÖCHSTSTRAFE zu verhängen, war jedoch - zumindest aus heutiger Sicht - ungerecht, weil sie für May das berufliche 'Aus' bedeutete.

Man ließ dem Strebsamen keine weitere Chance. Die zerstörerische Wirkung solcher Sanktionen ist heute unbestritten: Der Freiheitsentzug für relativ geringe Vergehen "macht den Verurteilten [...] gesellschaftlich unmöglich und treibt ihn durch dieses Stigma erst recht in die Kriminalität, der sie vorbeugen will."45

Nach den Grundsätzen heutiger Rechtsprechung wäre Karl May wegen der Uhrengeschichte nicht ins Gefängnis gekommen. Er wäre vermutlich - so Roxin -

wegen Mangels an Beweisen freigesprochen worden; hätte man ihn verurteilt, so wäre ihm als Heranwachsendem [...] eine der nicht diskriminierenden Sanktionen des Jugendstrafrechts auferlegt worden; und selbst wenn man ihn nach den Regeln des Erwachsenenstrafrechts behandelt hätte, wäre er mit einer wenig erheblichen Geldstrafe bedacht worden.46

Doch die Rechtsphilosophie, mit welcher der junge May konfrontiert wurde, war eine andere. Er wurde ein Opfer der staatlichen 'Ordnung', der rigoristischen 'Zucht'. Dreimal hintereinander - Waldenburg, Glauchau, Altchemnitz - schlug die Justiz erbarmungslos zu. Die Schläge ähneln sich in bedrückender Weise: Verhältnismäßig geringe Fehltritte wurden mit der höchstmöglichen Strafe geahndet - mit vernichtender Präzision.

Gewiß, Mays Scheitern muß auch von seiner Persönlichkeitsstruktur her bedacht werden. Der künftige Schriftsteller konnte sich in jene Rolle nicht einpassen, "die ein auf Gehorsam und Entsagung seiner Diener ausgerichteter Staat ihm abverlangte".47 Mit Thomas Mann verwies Heinz Stolte auf die grundsätzliche Unfähigkeit vieler Künstlernaturen, einen bürgerlichen Beruf auszuüben: Mays Bestimmung war es, ein Dichter zu werden; Poeten und Träumer aber passen nicht hinein in die nüchterne Alltagswelt. "Ob sie nun Hölderlin oder Hebbel, Schiller oder Kleist, Gerhart Hauptmann oder Thomas Mann, Karl May oder Hermann Hesse heißen: gescheitert in einem bürgerlichen Beruf sind sie ALLE".48

Daß May, früher oder später, auch ohne die beschriebenen Schicksalsschläge mit der Bürgerwelt in Konflikt geraten wäre, mag zutreffen. Seine - in der Kindheit schon virulente - 'Traumkraft' wird ihn der Realität wohl nachhaltig entfremdet haben. Aber auch die äußeren Faktoren, das soziale Umfeld, die Rachejustiz und die Verständnislosigkeit der Vorgesetzten, dürfen in ihren Folgen für May nicht unterschätzt werden.

Mays Leben wurde geprägt durch das herrschende, mit der strafenden Staatsmacht verbündete 'Christentum'; seine Entwicklung wurde mitbestimmt durch Personen, die - wie Otto und Pfützner - das kirchliche Amt vertraten. Mays Biographie ist ein literaturpsychologisches, aber ebenso ein religiöses und theologisches Phänomen: Verheerende Eindrücke, die bei Karl Marx zur grundsätzlichen Religionskritik führten, verstärkten bei May, nach einer Phase der Ablehnung und des Protests (*Ange et Diable!*)49, die Suche nach dem wahren Christentum. Die in der Poesie des Spätwerks, ansatzweise auch in früheren Schriften, enthaltene Befreiungstheologie wird zum Resultat dieses Suchens.

Mit dem Staatskirchentum, dem als pharisäisch empfundenen Klerikalismus, kam May nicht zurecht. Diese Art von Christentum konnte den Schwärmer nicht dulden und den Phantasten nicht gelten lassen; es sah ihn als störend und fremd an.

Die Verbindung von 'Thron und Altar', die May im frühen Erzählwerk teils unkritisch bejaht, teils aber auch, in *Scepter und Hammer* und *Die Juweleninsel*50 z.B., mit den grellsten Farben karikiert, war nicht - wie die Botschaft Jesu - befreiend. Dieses System stand nicht auf der Seite der Schwachen, der 'Zöllner und Sünder'. Es war selbstzufrieden und satt. Für die Armen, die Hungernden und Dürstenden, die Erniedrigten und Beleidigten, fehlte ihm die Sensibilität.

Das wurde für May zum Verhängnis. Wonach er verlangte und was ihm verweigert wurde, waren Anerkennung und Liebe. Wonach er sich sehnte und was er nicht fand, war die Erlösung vom Fluch seiner Kindheit. Seine Veranlagung zum "Zorn" (S. 193) und seine Tendenz zur Selbstbemitleidung fanden die beste Nahrung.

Die Idee, sich am Staat und an der Gesellschaft rächen zu müssen, lag da nicht fern:

Der Gedanke an die mir widerfahrene Schande und an das Herzeleid meiner armen Eltern und Geschwister bohrte sich so tief und so vernichtend in meine Seele ein, daß sie schwer und gefährlich erkrankte [...] Ich sann auf Rache.[51]

Anmerkungen

1 Zit. nach Klaus Hoffmann: *Der "Lichtwochner" am Seminar Waldenburg. Eine Dokumentation über Karl Mays erstes Delikt (1859)*. In: JbKMG 1976, S. 92-104 (S. 101f.).

2 Karl May: *Winnetou der Rote Gentleman I*. Gesammelte Reiseromane, Bd. VII. Freiburg 1893, S. 153.

3 Seitenangaben in () beziehen sich auf Karl May: *Mein Leben und Streben*. Freiburg o.J. (1910). Hrsg. von Hainer Plaul. Hildesheim, New York ²1982.

4 Vgl. Ingmar Winter: *"Der Unterricht war kalt, streng, hart". Das Abbild zeitgenössischer Pädagogik bei Karl May*. In: JbKMG 1988, S. 292-321 (S. 298).

5 Ebd., S. 298.

6 Nach Klaus Hoffmann: *"Nach 14 Tagen entlassen...". Über Karl Mays zweites 'Delikt' (Oktober 1861)*. In: JbKMG 1979, S. 338-354 (S. 343).

7 Gerhard Klußmeier - Hainer Plaul (Hrsg.): *Karl May. Biographie in Dokumenten und Bildern*. Hildesheim, New York 1978, S. 37.

8 Winter, wie Anm. 4, S. 294; vgl. Christian Heermann: *Der Mann, der Old Shatterhand war. Eine Karl-May-Biographie*. Berlin 1988, S. 67f.

9 Nach Hoffmann: *"Nach 14 Tagen"*, wie Anm. 6, S. 348ff.

10 Karl May: *Deutsche Herzen - Deutsche Helden*. Bamberg 1976 (Reprint der Dresdner Erstausgabe von 1885-87), S. 834; zit. nach Hoffmann: *"Nach 14 Tagen"*, wie Anm. 6, S. 346.

11 Zitat des Lehrers Max Walther (einer der vielen Selbstspiegelungen Mays) in Karl May: *Der Weg zum Glück. Roman aus dem Leben Ludwig des Zweiten*. Hildesheim, New York 1971 (Reprint der Dresdner Erstausgabe von 1886-88), S. 605. - Hoffmann: *"Nach 14 Tagen"*, wie Anm. 6, S. 346, bezieht diese Stelle auf Henriette Meinhold; verschiedene Reminiszenzen an verschiedene Frauen dürften sich - m.E. - hier überlagern.

12 May übersetzt dieses Wort mit 'Beweisführer': vermutlich ein verschlüsselter Hinweis auf Meinhold.

13 Karl May: *Von Bagdad nach Stambul*. Gesammelte Reiseromane, Bd. III. Freiburg 1892, S. 209 (die 1882 erschienene Erzählung *Die Todes-Karavane* hat May später in diesen Band integriert); dazu Walther Ilmer: *Von Kurdistan nach Kerbela. Seelenprotokoll einer schlimmen Reise*. In: JbKMG 1985, S. 263-320 (S. 294f.)

14 Vgl. Hoffmann: *"Nach 14 Tagen"*, wie Anm. 6, S. 346.

15 Register der Superintendentur Glauchau (17.10.1861); zit. nach Hoffmann: *"Nach 14 Tagen"*, wie Anm. 6, S. 347.

16 Vgl. ebd., S. 350.

17 Die Andeutungen bei Hoffmann: Ebd., S. 352f., sind nicht von der Hand zu weisen; aber zwingend sind sie nicht.

18 May: *Der Weg zum Glück*, wie Anm. 11, S. 605; zit. auch bei Hoffmann: *"Nach 14 Tagen"*, wie Anm. 6, S. 352.

19 Der Dialog zwischen Max Walther und der 'Silbermartha' spiegelt m.E. mehr die ambivalente Beziehung zwischen May und seiner Ehefrau Emma (vgl. unten); eine Erinnerung an Henriette Meinhold dürfte gleichwohl mit eingeblendet sein. - Als weiteres (vielleicht noch stärkeres) Indiz für eine tiefere Beziehung des jungen May zu Henriette werte ich die Episode in Karl

May: *Waldröschen oder Die Rächerjagd rund um die Erde*, Bd. II. Leipzig 1988 (Reprint des Dresdner Erstsatzes von 1882-84), S. 588-602: *Hanetta (Henriette)* und der junge Graf *Ferdinando* (Karl *Friedrich* May) de Rodriganda verlieben sich auf den ersten Blick. Ihre Liebe muß scheitern, weil sich Hanetta - aus pekuniären Gründen - an einen ältlichen Mann, den reichen Grafen *Manfredo (Meinhold)* de Rodriganda, gebunden hat. Schon *vierzehn Tage* (S. 601) nach der ersten und einzigen Liebesnacht kommt es zur Katastrophe: Hanetta muß verschwinden und Ferdinand flieht, zutiefst getroffen, nach Mexiko.

20 Vgl. oben, S. 43.

21 Aus dem Protokoll der Anzeige Meinholds; zit. nach Hoffmann: *"Nach 14 Tagen"*, wie Anm. 6, S. 347.

22 Acta Ephoralia der Superintendentur Chemnitz; vgl. Hans Wollschläger: *Karl May. Grundriß eines gebrochenen Lebens.* Zürich 1976, S. 28f.

23 Hoffmann: *"Nach 14 Tagen"*, wie Anm. 6, S. 351.

24 Walther Ilmer: *Karl Mays Weihnachten in Karl Mays '"Weihnacht!"' III. Eine Spurenlese auf der Suche nach Fährten.* In: JbKMG 1989, S. 51-83 (S. 58); vgl. Hoffmann: *"Nach 14 Tagen"*, wie Anm. 6, S. 348.

25 May: *Der Weg zum Glück*, wie Anm. 11, S. 562; zu den schlimmen Zuständen in den Fabrikschulen vgl. Peter Richter: *Die Chemnitzer Textilindustrie und ihre Fabrikschulen.* In: MKMG 59 (1984), S. 33-37.

26 Hainer Plaul: *Karl May*, wie Anm. 3, S. 370 (Anm. 104).

27 Vgl. Wollschläger: *Karl May*, wie Anm. 22, S. 28.

28 Zit. nach Wollschläger: Ebd., S. 29.

29 Ilmer: *Karl Mays Weihnachten in Karl Mays '"Weihnacht!"'.* In: JbKMG 1987, S. 101-137 (S. 102).

30 May: *Meine Beichte.* In: Karl May's Gesammelte Werke, Bd. 34: *"Ich".* Bamberg ³⁶1976, S. 15-20 (S. 16).

31 Dieser Name wird erstmals genannt bei Ilmer: *Karl Mays Weihnachten III*, wie Anm. 24, S. 55; Ilmer bezieht sich auf bisher unbekannte Forschungsergebnisse Klaus Hoffmanns (Hoffmann: *Karl Mays Seminar- und Lehrerzeit, Ostern 1856 bis Weihnachten 1861.* Monographie. Ungedr. Manuskript). - Vgl. zum Ganzen auch Walther Ilmer: *Karl May - Mensch und Schriftsteller. Tragik und Triumph.* Husum 1992, S. 22-29.

32 Rudolf Lebius: *Die Zeugen Karl May und Klara May. Ein Beitrag zur Kriminalgeschichte unserer Zeit.* Berlin-Charlottenburg 1910, S. 3. - Der May-Feind Lebius stützte sich auf Informationen des Ernstthaler Gärtners H.R. Krügel; Wollschläger: *Karl May*, wie Anm. 22, S. 29, schließt sich in diesem Fall der Darstellung Lebius' an; Plaul: *Karl May*, wie Anm. 3, S. 371 (Anm. 107), bleibt unentschieden.

33 Zu dessen Brief vom 26.12.1861 an Robert Kohl vgl. Wollschläger: *Karl May*, wie Anm. 22, S. 30.

34 Ilmer: *Karl Mays Weihnachten III*, wie Anm. 24, S. 57.

35 May: *Meine Beichte*, wie Anm. 30, S. 16.

36 Vgl. Ilmer: *Karl Mays Weihnachten*, wie Anm. 29, S. 104.

37 Plaul: *Karl May*, wie Anm. 3, S. 371 (Anm. 106); ebenso Wollschläger: *Karl May*, wie Anm. 22, S. 29.

38 Claus Roxin: *Vorläufige Bemerkungen über die Straftaten Karl Mays.* In: JbKMG 1971, S. 74-109 (S. 96).

39 Karl May: *Die Juweleninsel* (1880-82). Karl Mays Werke II. 2. Hrsg. von Hermann Wiedenroth und Hans Wollschläger. Nördlingen 1987, S. 45 u. 355.

40 Claus Roxin: *Karl May, das Strafrecht und die Literatur.* In: JbKMG 1978, S. 9-36 (S. 17f.)

41 May: *Deutsche Herzen - Deutsche Helden*, wie Anm. 10, S. 968.

42 Zur Spiegelung des 'Uhrendiebstahls' in Mays Werk vgl. Heinz Stolte: *Die Reise ins Innere. Dichtung und Wahrheit in den Reiseerzählungen Karl Mays.* In: JbKMG 1975, S. 11-33 (S. 23ff.), sowie die Beiträge Ilmers in den JbKMG 1979, 1982, 1984, 1985, 1987 u. 1989.

43 Vgl. Plaul: *Karl May*, wie Anm. 3, S. 371f. (Anm. 108).

44 Vgl. Ilmer: *Karl Mays Weihnachten III*, wie Anm. 24, S. 56f.

45 Roxin: *Bemerkungen*, wie Anm. 38, S. 97.

46 Ebd., S. 98.

47 Klußmeier - Plaul: *Karl May*, wie Anm. 7, S. 37.

48 Heinz Stolte: *Mein Name sei Wadenbach. Zum Identitätsproblem bei Karl May.* In: JbKMG 1978, S. 37-59 (S. 44).
49 Vgl. unten, S. 118ff.
50 Vgl. unten, S. 166ff.
51 May: *Meine Beichte*, wie Anm. 30, S. 16.

6 Der Sturz in den Abgrund: Pseudologischer Wahn, diverse Straftaten und Haftaufenthalte

Den äußeren und inneren Halt hatte May jetzt vollends verloren. Es war wieder Nacht. Er war wieder 'blind': "Ich war nicht imstande, mich selbst zu betrachten, mich selbst zu verstehen, mich selbst zu führen und zu lenken."[1] In *Ardistan und Dschinnistan*, einem seiner letzten Altersromane, schreibt Karl May: "Es gibt Menschen, die nicht leben, sondern gelebt werden [...] Einst hatte auch ich zu ihnen gehört. Ich war gelebt worden und hatte dies mit schwerem, bitterem, viele Jahre langem Weh bezahlen müssen."[2]

Die Ereignisse dieser Jahre zu ordnen und zu bewerten, ist nicht mehr so schwierig, seit immer zahlreichere Einzelheiten aus Mays Leben publiziert und analysiert wurden. Claus Roxin, Hans Wollschläger, Hainer Plaul, Klaus Hoffmann und andere Forscher haben vieles geklärt. Schwer oder gar nicht Klärbares bleibt dennoch genug. Denn das Herz des Menschen ist "das größte, unbegreiflichste Räthsel",[3] und offene Fragen gehören zur condition humaine.

Es ist "menschlich verständlich",[4] daß Mays Witwe und die literarischen Nachlaßverwalter eine biographische Erörterung der Mayschen Straftaten zu verhindern suchten und verschiedene Akten vernichteten. Heute aber ist die Situation eine ganz andere. "Wir sind es May und der Literaturgeschichte längst schuldig, alles noch erreichbare Material" zu erschließen.[5]

Auch bei Mays Verfehlungen in den Jahren 1864/65 und 1869 könnte gefragt werden, ob sie nach den Grundsätzen heutiger Rechtsprechung überhaupt noch bestraft würden. In seiner Eingabe vom 25. Mai 1908 an den Untersuchungsrichter Larrass meinte der Schriftsteller: "Heut würde man mich freisprechen."[6] Der Karl-May-Verleger Euchar A. Schmid und verschiedene May-Verehrer wie Karl-Hans Strobl und Ludwig Gurlitt schlossen sich dieser Auffassung an,[7] freilich ohne die fraglichen Delikte in allen Details wirklich zu kennen. "Es handelt sich bei diesen (und zahlreichen vergleichbaren) Äußerungen bestenfalls um wohlmeinende Hypothesen, deren Verifizierung oder Widerlegung nur nach Veröffentlichung aller aus jener Zeit erhaltenen Zeugnisse mit Aussicht auf Erfolg versucht werden kann."[8]

Viele Dokumente sind inzwischen bekannt. Ob und in welchem Grade Mays Schuldfähigkeit während seiner Delikt-Zeiten beeinträchtigt war, läßt sich trotzdem nicht sicher entscheiden.[9]

Poetisch und wortreich deutet *Mein Leben und Streben* die Straftaten und ihre Hintergründe nur an. Mays Selbstbiographie enthüllt und verhüllt diese Jahre zugleich. Übersteigerte Selbstbeschuldigung wechselt sich ab mit versteckter, aber weitgehender Selbstentlastung. "So konnte Karl May sich je nach Stimmungslage als willenloses Opfer ungreifbarer Mächte fühlen oder das hohe Ausmaß seiner Bußfertigkeit betonen."[10]

Ein Widerspruch? Mays Leben ist - wie bei allen Menschen, bei ihm aber verdichtet - ein Komplex von Edlem und Eitlem, von Wahrheit und Täuschung, von Schuld und Unschuld. Vieles und Fatales wirkt da zusammen, verschränkt sich, macht krank. Ein Schrei nach Erlösung!

"Auch die nach Erlösung, nach Seligkeit dürstende Seele strauchelt, aber das Auge der Gnade wacht über ihr und richtet sie auf."[11] Wieder wird es bestätigt: Mays Leben hat

Ausnahme- und Modellcharakter in einem. Sein Sturz in den "Abgrund", seine äußeren und inneren Fesseln, sein Verlangen nach Freiheit - ein in dieser Ausprägung seltenes Schicksal und doch ein Symbol des 'gefangenen', die Befreiung ersehnenden Menschen schlechthin.[12]

Der "im Gefängnis geborene Gedanke: Wenn ihr mich richtig kennen würdet, würdet ihr mich nicht mit solcher Mißachtung behandeln"[13] ist wahr. Denn im Schöpfungsakt Gottes ist dieser Gedanke begründet! "Was ist der Mensch, daß du seiner gedenkst, des Menschen Kind, daß du dich seiner annimmst?" So fragt der Psalmist. Und er preist seinen Gott, der den Menschen - auch in der Erniedrigung - nicht vergißt, ihn aufrichtet und krönt "mit Ehre und Herrlichkeit" (Ps 8, 5f.).

Anmerkungen

1   Karl May: *Mein Leben und Streben*. Freiburg o.J. (1910). Hrsg. von Hainer Plaul. Hildesheim, New York ²1982, S. 111.
2   Karl May: *Ardistan und Dschinnistan I*. Gesammelte Reiseerzählungen, Bd. XXXI. Freiburg 1909, S. 435.
3   Karl May: *Der Weg zum Glück. Roman aus dem Leben Ludwig des Zweiten*. Hildesheim, New York 1971 (Reprint der Dresdener Erstausgabe von 1886-88), S. 636.
4   Claus Roxin: *Vorläufige Bemerkungen über die Straftaten Karl Mays*. In: JbKMG 1971, S. 74-109 (S. 76).
5   Ebd.
6   Zit. nach Roxin: Ebd., S. 100.
7   Belegstellen bei Roxin: Ebd., S. 104 (Anm. 23 u. 24).
8   Ebd., S. 77.
9   Vgl. Roxin: *Mays Leben*. In: *Karl-May-Handbuch*. Hrsg. von Gert Ueding in Zusammenarbeit mit Reinhard Tschapke. Stuttgart 1987, S. 62-123 (S. 88).
10 Walther Ilmer: *Von Kurdistan nach Kerbela. Seelenprotokoll einer schlimmen Reise*. In: JbKMG 1985, S. 263-320 (S. 298).
11 Karl May: *Die Juweleninsel* (1880-82). Karl Mays Werke II. 2. Hrsg. von Hermann Wiedenroth und Hans Wollschläger. Nördlingen 1987, S. 78.
12 Gert Ueding: *Der Traum des Gefangenen. Geschichte und Geschichten im Werk Karl Mays*. In: JbKMG 1978, S. 60-86 (S. 65f.), verweist auf die Mythen, auf die Literatur, die Philosophien und Religionen, die in der 'Gefangenschaft' eine Grundbefindlichkeit des Daseins überhaupt erkennen.
13 Werner Raddatz: *Das abenteuerliche Leben Karl Mays*. Gütersloh 1965, S. 65; zit. nach Roxin: *Bemerkungen*, wie Anm. 4, S. 108 (Anm. 95).

6.1   Religiöse Rachegedanken und kreative Rettungsversuche

Völlig unschuldig war der neunzehnjährige May wohl nicht; so schuldig, wie seine Richter es sahen, aber noch weniger. Seine und des Vaters Gnadengesuche - wegen des 'Uhrendelikts' - verhallten dennoch im Wind. Sie verzögerten lediglich den Strafantritt. Die sechs Wochen Haft mußte Karl May vom 8. September bis zum 20. Oktober 1862 im Gerichtsgefängnis zu Chemnitz verbüßen. Seine innere Gefangenschaft wurde, zum erstenmal, manifest in der Zelle.

Wenige Wochen nach der Entlassung, am 6. Dezember 1862, wurde der militärpflichtige May zusammen mit 46 Altersgenossen in Glauchau gemustert.[1] Der Bataillonsarzt Dr. Horn erkannte, vermutlich wegen der Kurzsichtigkeit Karl Mays, auf "Untüchtigkeit". Das war keine Ausnahme. Von den übrigen Kandidaten wurden nur fünf für "tüchtig" befunden. Für May bedeutete es die Befreiung von einem achtjährigen Dienst in der Armee. Die ihm selbst versagte Karriere ließ er - etliche Jahre später - seine literarischen Helden, seine Ich-Projektionen in den Kolportageromanen, um so üppiger nachholen: Er beförderte sie zu Generälen und höchsten Befehlshabern.

Über Mays Leben im Jahre 1862 wissen wir ansonsten sehr wenig. Für den ehemaligen Lehrer begann eine Zeit, die er selbst als "Abgrund" bezeichnet. "Ich begann nicht mich, sondern andere zu beschuldigen [...] Ich sann auf Rache, und zwar auf eine fürchterliche Rache, auf etwas noch niemals Dagewesenes."[2]

Später galt sein literarisches Streben dem Kampf gegen die Rachsucht, dem Sieg der Liebe über den Haß. Der Lehrer Ma(y)x Walther überwindet den eigenen Zorn: "Die Rache ist das Verächtlichste, was ich kenne".[3] Aber jetzt, nach der Entfernung aus dem Lehramt, dachte May anders.

Es mag ihm ergangen sein wie dem Riesen Falehd in Mays Roman *Deutsche Herzen - Deutsche Helden*: "Die Schande, [...] ausgestoßen worden zu sein, brannte wie Feuer in seinem Hirn [...] Er hatte nicht nur seine Ehre verloren, sondern auch seine Stellung, seine Habe. Er war ein Verfluchter [...]. Alle negativen Gefühle, deren das menschliche Herz fähig ist, wühlten in seinem Inneren."[4] May hatte, so kann man vermuten, ein Herz wie der junge Katombo in *Scepter und Hammer*: ein Herz, "in welchem gebrochene Liebe, Haß und der feste Vorsatz, Rache zu nehmen, eng bei einander wohnten."[5]

Die Schmach, die der Vorbestrafte nicht zu ertragen vermochte, trieb verrückte und doch wieder verständliche Ideen hervor: Die Rache "sollte darin bestehen, daß ich, der durch die Bestrafung unter die Verbrecher Geworfene, nun wirklich auch Verbrechen beging."[6]

Gar so verwunderlich ist dieser Gedanke keineswegs. Aus eigener Erfahrung bestätigt hier May "ein erst Jahrzehnte später entwickeltes theoretisches Konzept"[7] der Kriminalitätsforschung: Überzogene Strafen für Bagatell-Vergehen können wirkliche und ernsthafte Straftaten geradezu provozieren.

May wollte sich "rächen an der Polizei, rächen an dem Richter, rächen am Staate, an der Menschheit, überhaupt an jedermann!" (S. 118)[8] Die frommen Traktate der Volksschülerzeit - die naiven Heftchen des Ernstthaler Pfarrers[9] - und nicht zuletzt die "starre, salbungsvolle und muckerische Schulmeisterreligiosität", für die Karl May in Waldenburg "dressiert" worden war[10] (und die zu überwinden er lange gebraucht hat), brachten ihn auf tolle Gedanken: "'Ewige Verdammnis für die Schurken, die dich angeklagt, verurteilt und zum Verbrecher gemacht haben! So sei also einer! Und je zahlreicher und größer nun deine Verbrechen sind, um so größer ist dann auch die ewige Strafe für sie!' [...] Der Irrsinn siegte!"[11]

Zu Straftaten kam es so schnell jedoch nicht. Zwischen der Entlassung aus dem Gefängnis zu Chemnitz und dem ersten Betrugsdelikt liegen fast 21 Monate: eine Zeit schwerster Kämpfe.

Das Positive, das Vernünftige, das Gute in May schien zunächst noch zu überwiegen:

Es kehrte mir die Kraft und der Wille zum Leben zurück. Ich arbeitete. Ich gab Unterricht in Musik und fremden Sprachen. Ich dichtete; ich komponierte. Ich bildete mir eine kleine Instrumentalkapelle, um das, was ich komponierte, einzüüben und auszuführen [...] Ich wurde Direktor eines Gesangvereins, mit dem ich öffentliche Konzerte gab, trotz meiner Jugend. Und ich begann, zu schriftstellern. Ich schrieb erst Humoresken, dann "Erzgebirgische Dorfgeschichten" (S. 113).

Dichtung und Wahrheit, zuverlässige Darstellung und verklärende Überzeichnung dürften sich in diesem Zitat die Hand reichen. Dokumentarisch gesichert sind mehrere Auftritte Mays bei "musikalisch-declamatorischen Abendunterhaltungen" in Ernstthal und Hohenstein von Januar bis März 1863. Auch für das zweite Quartal dieses Jahres ist sein Aufenthalt in Ernstthal erwiesen: Wie aus dem kirchlichen 'Konfitentenbuch' hervorgeht, nahm er am 26. April und am 5. Juli am Abendmahl seiner Pfarrgemeinde teil. Seiner Aussage vom 8.6.1865, er habe nach der Strafverbüßung (im Herbst 1862) bei den Eltern gewohnt und seinen Lebensunterhalt mit Privatunterricht bestritten, kommt ein "hohes Maß an Glaubwürdigkeit zu".[12]

Um sich seelisch zu retten, schrieb May für den Ernstthaler Gesangsverein 'Lyra', den er vielleicht auch geleitet hat, im ersten Halbjahr 1864 (vermutlich auch im zweiten Halbjahr 1863) eine ganze Reihe von eigenen Kompositionen, z.B. *An die Sterne* und *Wanderlied*. Der Natur des Autors entsprechend war der Charakter dieser Stücke recht verschieden: Frommes und Flottes, "je nachdem *Vater-unser*-mäßig getragen oder *Immer forsch-resolut*".[13] Max Finke urteilte positiv: "Es scheint, als ob May in der Niederschrift von musikalischen Eingebungen eine fast ebenso große Gewandtheit besessen habe, wie in der Formung literarischer Einfälle."[14]

Ob May schon in diesen Jahren zu "schriftstellern" begann, ist ungeklärt. Sein Bericht, er habe damals "den Auftrag erhalten, eine Parodie von 'des Sängers Fluch' von Uhland zu schreiben" (S. 115), könnte zutreffen. Am 24. April 1864 wurde in Ernstthal eine Deklamation von *Des Sängers Fluch* geboten. Mays Parodie mit dem Titel *Des Schneiders Fluch* könnte dabei zum Vortrag gekommen sein, vielleicht durch ihn selbst.

Ansonsten liegt die literarische Arbeit Mays in diesem Zeitraum im Dunkel. Daß er "bereits seit Anfang der sechziger Jahre Schriftsteller"[15] war und Humoresken und Dorfgeschichten verfaßte, ist weder bewiesen noch widerlegt.[16] Trotz gründlicher Recherchen konnten solche Arbeiten bisher nicht gefunden werden. Viele in Frage kommende Zeitschriften - der 1862 gegründeten Firma Münchmeyer vor allem - sind verschollen. Die vergebliche Suche nach Beiträgen Mays hat also keine Beweiskraft gegen die Behauptung der Selbstbiographie: "Ich gab allem, was ich damals schrieb, besonders meinen Dorfgeschichten, eine ethische, eine streng gesetzliche, eine königstreue Tendenz. Das tat ich, nicht nur andern sondern auch mir selbst zur Stütze." (S. 118)

Daß May solche Erzählungen um 1863 tatsächlich geschrieben oder wenigstens - wie vermutlich das erste Kapitel der Kriminal-Novelle *Wanda*[17] - konzipiert hat, ist möglich. Daß sie gut honoriert wurden und "aus einer Zeitung in die andere" gingen (S. 113), ist jedoch falsch[18] oder zumindest stark übertrieben. Diese Äußerung Mays dient, nach Heermann, "dem Ziel, seine damalige materielle Lage zu verhüllen und die kommenden Ereignisse mit einer zeitweiligen Bewußtseinsspaltung erklären zu können."[19]

Unrichtig ist auch die Angabe Mays, daß er "zu jeder Zeit" (S. 110) wieder eine Anstellung hätte bekommen können. Falls er sich um den Wiedereintritt ins Lehramt beworben haben sollte,[20] wurde ihm gewiß eine Absage erteilt. Jedenfalls wurden seine Zeugnisse kassiert, und sein Name wurde am 20. Juni 1863 aus der Liste der Lehramtskandidaten gestrichen.[21] Eine Anstellung als Lehrer war ihm damit für immer verwehrt.

Was wir über Mays Leben in der Zeit zwischen 1862 und Mitte 1864 mit Sicherheit wissen, ist eher dürftig. Während für 1862, für die erste Jahreshälfte 1863 und für das erste Halbjahr 1864 immerhin feststeht, daß Karl May in Ernstthal gelebt und als Musikant und Privatlehrer sein Dasein kärglich gefristet hat, gibt es für seinen Aufenthalt und seine Tätigkeit in der zweiten Hälfte des Jahres 1863 keine dokumentarischen Hinweise.

Jene 'Wanderung durch die Vereinigten Staaten', von der Gustav Urban und dessen Vater erzählten,[22] könnte 1863 - rein terminlich gesehen - gerade noch unterkommen.

Den Urban-Berichten zufolge soll Karl May in St. Louis mit einem deutschen Förster namens Fred Summer - der sein Lehrmeister in allen Westmannskünsten geworden und literarisch als Old Firehand wieder aufgetaucht sei - zusammengetroffen sein. Für diese 'Frühreisen'-Legende gibt es aber keine Belege. May selbst hat eine Amerikareise für diese Zeit weder in der Selbstbiographie noch bei den polizeilichen Verhören des Jahres 1865 behauptet.

Die Fred-Summer-Story, die von früheren May-Forschern ernstgenommen wurde, ist völlig unglaubwürdig.[23] Von den inneren Widersprüchen der Urban-Geschichten einmal abgesehen, wäre eine Auslands- oder gar Überseereise Karl Mays im Jahre 1863 auch aus äußeren Gründen mit höchster Wahrscheinlichkeit auszuschließen. Für ein derartiges Abenteuer hätten ihm die materiellen Voraussetzungen gefehlt; außerdem hätte es unüberwindliche Genehmigungsprobleme mit den Paßbehörden gegeben.

Es bleibt dabei: Die Aussagen Mays über seine Anwesenheit in Ernstthal - inklusive 1863 - treffen zu.[24]

Anmerkungen

1 Vgl. Hainer Plaul: *Auf fremden Pfaden? Eine erste Dokumentation über Mays Aufenthalt zwischen Ende 1862 und Ende 1864.* In: JbKMG 1971, S. 144-164 (S. 148f.).

2 Karl May: *Meine Beichte.* In: Karl May's Gesammelte Werke, Bd. 34: *"Ich".* Bamberg [36]1976, S. 15-20 (S. 16).

3 Karl May: *Der Weg zum Glück. Roman aus dem Leben Ludwig des Zweiten.* Hildesheim, New York 1971 (Reprint der Dresdner Erstausgabe von 1886-88), S. 636.

4 Karl May: *Deutsche Herzen - Deutsche Helden.* Bamberg 1976 (Reprint der Dresdner Erstausgabe von 1885-87), S. 619.

5 Karl May: *Scepter und Hammer* (1879/80). Karl Mays Werke II. 1. Hrsg. von Hermann Wiedenroth und Hans Wollschläger. Nördlingen 1987, S. 232.

6 May: *Meine Beichte,* wie Anm. 2, S. 16.

7 Claus Roxin: *Karl May, das Strafrecht und die Literatur.* In: JbKMG 1978, S. 9-36 (S. 18).

8 Seitenangaben in () beziehen sich auf Karl May: *Mein Leben und Streben.* Freiburg 1910. Hrsg. von Hainer Plaul. Hildesheim, New York [2]1982.

9 Vgl. oben, S. 58f.

10 May: *Meine Beichte,* wie Anm. 2, S. 17.

11 Ebd.

12 Plaul: *Auf fremden Pfaden?,* wie Anm. 1, S. 152.

13 Hans Wollschläger: *Karl May. Grundriß eines gebrochenen Lebens.* Zürich 1976, S. 32.

14 Max Finke: *Karl May und die Musik.* In: KMJB 1925. Radebeul 1924, S. 39-63 (S. 56); vgl. Hartmut Kühne: (Werkartikel zu) Kompositionen, Lieder und Vertonungen. In: *Karl-May-Handbuch.* Hrsg. von Gert Ueding in Zusammenarbeit mit Reinhard Tschapke. Stuttgart 1987, S. 601ff.

15 Karl May: *Ein Schundverlag* (Privatdruck 1905). In: *Prozeßschriften,* Bd. 2. Hrsg. von Roland Schmid. Bamberg 1982, S. 279.

16 Vgl. Wollschläger, wie Anm. 13, S. 32 u. 187f. (Anm. 44).

17 Vgl. Hainer Plaul: *Redakteur auf Zeit. Über Karl Mays Aufenthalt und Tätigkeit von Mai 1874 bis Dezember 1877.* In: JbKMG 1977, S. 114-217 (S. 160).

18 Wollschläger, wie Anm. 13, S. 32.

19 Christian Heermann: *Der Mann, der Old Shatterhand war. Eine Karl-May-Biographie.* Berlin 1988, S. 76.

20 Vgl. Plaul: *Auf fremden Pfaden?,* wie Anm. 1, S. 155.

21 Vgl. Klaus Hoffmann: *Zeitgenössisches über "ein unwürdiges Glied des Lehrerstandes". Pressestimmen aus dem Königreich Sachsen 1864-1870.* In: JbKMG 1971, S. 110-121 (S. 110); vgl. auch Plaul: *Auf fremden Pfaden?,* wie Anm. 1, S. 155.

22 Vgl. die bei Wollschläger, wie Anm. 13, S. 188 (Anm. 51), genannte Literatur.

23 Vgl. Plaul: *Auf fremden Pfaden?,* wie Anm. 1, S. 145ff.

24 Vgl. ebd., S. 157.

6.2 Die Ich-Spaltung

Schwieriger verhält es sich mit den Angaben Mays über seine psychische Krankheit. Was er in *Mein Leben und Streben* über seine Spaltungserscheinungen, seine Dämmerzustände und Bewußtseinstrübungen in den sechziger Jahren schreibt, wird ausgeschmückt sein. Vom Interesse der Selbstverteidigung wird es gefärbt sein, auch von psychiatrischer Fachliteratur, die ihm bekannt war und "die es ihm ermöglichte, in eindringlicher Weise sein eigener Anwalt zu sein".[1]

Allein schon wegen des großen zeitlichen Abstands (40 bis 50 Jahre) zu den Ereignissen sind Mays Aussagen über seine damalige innere Verfassung nicht ohne weiteres als authentisch anzusehen. Mays Lektüre könnte die eigene Darstellung entscheidend beeinflußt haben.[2] Seine psychologischen Kenntnisse schließen die Glaubwürdigkeit seiner Apologetik allerdings nicht notwendig aus. Es wäre auch denkbar, daß der Dichter Wilhelm Griesingers Lehrbuch *Die Pathologie und Therapie der psychischen Krankheiten*[3] lediglich zur Stützung seines Gedächtnisses[4] und als Formulierungshilfe benützt hat.

Mays Schilderung wirkt phantastisch; sie darf aber dennoch "nicht vorschnell verworfen werden"![5] Die kriminologische Literatur erwähnt ausdrücklich die Möglichkeit, "daß der als Schwindler Verzeigte in Wahrheit in einem Dämmerzustande gehandelt hat; während des Dämmerzustandes, der eine Bewußtseinsstörung in sich schließt, kann der Betreffende, ohne in diesem Sinne orientiert zu sein, ein zweites Leben [...] führen."[6]

Folgt man der Selbstbiographie, so war sich May, zumindest zeitweilig, seiner inneren 'Spaltung' durchaus bewußt. "Es bildete sich bei mir das Bewußtsein heraus, daß ich kein Ganzes mehr sei, sondern eine gespaltene Persönlichkeit" (S. 111).[7] Ein Teil seines 'Ich' war dem Vater und dessen Fehlern sehr ähnlich. Ein anderer Teil glich den "beglückenden Gestalten aus Großmutters Märchenbuche". (S. 112) Er mahnte und warnte; er "lächelte, wenn ich gehorchte", und "trauerte, wenn ich ungehorsam war". Ein dritter Teil war "häßlich, höhnisch, abstoßend, stets finster und drohend". Seine Stimme "sprach oft ganze Tage und ganze Nächte lang in einem fort zu mir. Und sie wollte nie das Gute, sondern stets nur das, was bös und ungesetzlich war." Sie stammte aus 'Batzendorf', sah aus wie Rinaldo Rinaldini oder "wie der fromme Seminardirektor" (ebd.).

Solcher Zwiespalt muß an sich ja nichts Ungewöhnliches sein. Was wir vereinfacht das 'Ich' nennen, ist ein kompliziertes Gemisch aus vielerlei Strömungen. Auch Paulus schreibt ja im Römerbrief: "Ich begreife mein Handeln nicht: Ich tue nicht das, was ich will, sondern das, was ich nicht will [...] Dann aber bin nicht mehr ich es, der so handelt, sondern die in mir wohnende Sünde." (Röm 7, 15ff.)

May sah sich gezwungen zu einem Tun, das sein besseres Ich verwarf und zurückwies. In der Reiseerzählung *"Weihnacht!"* meint der Kantorssohn Emil Reiter über sich selbst und seine schlechte Vergangenheit: " [...] ich bin kein böser Mensch! Ich habe da unter einem Zwange gestanden, von dem ich mich nicht losmachen konnte!"[8] Diese Bemerkung kann autobiographisch verstanden werden. Auch May hörte 'Stimmen', die ihn bedrängten. 'Innere Stimmen' und in diesem Sinne Spaltungserlebnisse kennen wir alle. Das Besondere bei May war - der Selbstbiographie nach zu schließen - die Intensität, das gesteigert Dranghafte dieser Vorgänge: "Was sich in jedem Menschen vollzieht, ohne daß er es bemerkt oder auch nur ahnt, das vollzog sich in mir, indem ich es sah und hörte. War dies ein Vorzug, eine Gottesgnade? Oder war ich verrückt?" (S. 113)

Trotz seiner wahnhaften Bedrängnisse lebte er das "alltägliche Leben ganz so, wie jede gesunde Person es lebt, die von derartigen psychologischen Vorgängen nicht angefochten wird." (Ebd.) Doch die Ich-Spaltung wurde tiefer, wurde bedrohlicher und verwirrender. Aus den Gestalten wurden feindliche Heerlager: "Es wimmelte von Gestalten in mir, die mitsorgen, mitarbeiten, mitschaffen, mitdichten und mitkomponieren wollten. Und jede dieser Gestalten sprach; ich mußte sie hören. Es war zum wahnsinnig werden!" (S. 114)

Zu den Spaltungserscheinungen kamen Bewußtseinsstörungen hinzu. May verlor, so erklärt er dem Leser, sein Ich, seine Erinnerung, seine Identität. In Leipzig zum Beispiel, wohin ihn eine "Theaterangelegenheit führte",[9] hat May, obwohl er "gar nichts derartiges brauchte, Rauchwaren gekauft" und ist mit ihnen verschwunden, ohne zu bezahlen.[10]

Wie ich es angefangen habe, dies fertig zu bringen, das kann ich nicht mehr sagen; ich habe es wahrscheinlich auch schon damals nicht gewußt. Denn für mich ist es sicher und gewiß, daß ich ganz unmöglich bei klarem Bewußtsein gehandelt haben kann. Ich weiß von der darauf folgenden Gerichtsverhandlung gar nichts mehr, weder im Einzelnen noch im Ganzen. (S. 119)

War May also unschuldig? Wie sein Erzählwerk belegt und wie es auch die autobiographischen Schriften bestätigen, hatte er Schuldgefühle sein Leben lang. Genauer gesagt: er hatte einen Schuld- und einen Unschuldskomplex zugleich. Er hat das selbst erkannt. Selbstkritisch und mit deutlicher Ironie stellt er fest: "Ich war ein Mustermensch, weiß, rein und unschuldig wie ein Lamm". Nur die "Welt hatte mich betrogen um meine Zukunft, um mein Lebensglück" (S. 118).

May wußte: es gab etwas Böses, es gab etwas Schuldhaftes im eigenen Innern. Mit den Begriffen und Vorstellungen des allegorischen Spätwerks schildert er seinen Kampf:

Ardistan gegen Dschinnistan. Die übererbten Gedanken des Sumpfes, in dem ich geboren wurde, gegen die beglückenden Ideen des Hochlandes, nach dem ich strebte. Die Miasmen einer vergifteten Kinder- und Jugendzeit gegen die reinen, beseligenden Wünsche und Hoffnungen, mit denen ich in die Zukunft schaute, die Lüge gegen die Wahrheit, das Laster gegen die Tugend, die eingeborene menschliche Bestie gegen die Wiedergeburt, nach der jeder Sterbliche zu streben hat, um zum Edelmenschen zu werden. (S. 114)

In seinem dritten Kolportageroman *Der verlorene Sohn* läßt May den ehemaligen Häftling Petermann bekennen: "Ich habe während jahrelangen Unglückes mit finstern Geistern gerungen. Es war mir fast unmöglich, den Glauben an Gott und das Vertrauen zu den Menschen festzuhalten."[11]

Der May-Biograph Otto Forst-Battaglia erinnerte an Hieronymus Bosch. In Mays Beschreibung seiner inneren Kämpfe sah er die "klassische Schilderung hysterischer Dämmerzustände", an denen er zeitlebens gelitten habe.[12] Und Karl-Hans Strobl meinte: "Wenn je ein Verbrecher durch inneren Zwang entschuldbar war, dann Karl May, es scheint wirklich, als habe um seine Seele ein Kampf zwischen Ormuzd und Ahriman stattgefunden, zu dessen Beginn die Finsternis Oberhand gewann."[13]

Solche Urteile sind, wie gesagt, mit Vorsicht zu bewerten. Gleichwohl ist Mays Selbstentlastung nicht völlig von der Hand zu weisen. Zwar hat Wollschläger die Hysterie-These Forst-Battaglias als phraseologisch verworfen;[14] ein psychischer Defekt des entlassenen Lehrers ist aber doch zu vermuten. Eine "narzißtische Affektion" hat Wollschläger festgestellt; selbst "paranoide Erscheinungsbilder" in Mays damaliger Psyche schließt er nicht aus.[15] Kurt Langer hat diesen Befund zu präzisieren versucht: als chronische Angst, als depressive Charakterstörung, als Borderline-Syndrom mit "psychotischen Auslenkungen" und paranoiden Reaktionen.[16]

Der Willenskontrolle entzogene Wahnvorstellungen könnten May tatsächlich beherrscht haben. Bedenkenswert ist in diesem Zusammenhang, daß das Spaltungsmotiv auch in den

Erzählungen Karl Mays sehr häufig literarisch gestaltet wird.[17] Auch die Person des Autors spaltet sich auf: ins heldische, moralisch hochstehende 'Ich' des Erzählers und in die zahlreichen, z.T. verbrecherischen Ich-Derivate.[18] Die Spaltungstheorie in *Mein Leben und Streben* ist folglich zu beachten und in die Erörterung der Mayschen Vergehen miteinzubeziehen.

Für die zumindest partikuläre Glaubwürdigkeit des Selbst-Psychogramms in der Autobiographie spricht ferner der Umstand, daß das in den Werken des Schriftstellers "sehr beliebte Motiv des Wahnsinns stets im Sinne des Identitätsverlustes verstanden wird; der Kranke hat vergessen, wer er eigentlich ist, oder hält sich für einen anderen."[19]

Wie heißt es doch in *Scepter und Hammer*, einem der frühesten Phantasieprodukte unseres Autors?

Der Rundgang durch dieses Haus der Irren ließ Max einen tiefen Blick in die Leiden thun, denen der menschliche Geist ausgesetzt ist [...] Es gab da Künstler und Dichter, die, berühmt durch ihre Werke, hier an kindischer Einbildung laborirten oder unter dem Eindrucke eines finstern Phantomes wie seelenlose Kreaturen dahinvegetirten. Einer hielt sich für einen Tiger [...] Ein Anderer drehte sich unablässig um sich selbst; er bildete sich ein, die Erdachse zu sein. Ein Fernerer [...] hielt sich für Galilei und entdeckte alle Tage neue Sterne. Ein Weiterer glaubte Bonaparte zu sein; er stand laut kommandirend in seiner Zelle und dirigirte die Schlacht bei Wagram.[20]

Die Ich-Spaltung, den narzißtischen Wahn, den Identitätsverlust und den pseudologischen Irrsinn könnte man greller und drastischer nicht ins Bild bringen!

Als Indiz für die Möglichkeit eines getrübten Bewußtseins des Straftäters May könnte vor allem sein - während der Haftzeit verfaßtes - Gedicht *Kennst du die Nacht* betrachtet werden. In der ersten Strophe wird die gewöhnliche Nacht, in der zweiten die Nacht des Todes und in der dritten, hier zitierten Strophe, die Nacht des Wahnsinns beschrieben:

> Kennst du die Nacht, die auf den Geist dir sinkt,
> Daß er vergebens um Erlösung schreit,
> Die schlangengleich sich ums Gedächtniß schlingt
> Und tausend Teufel ins Gehirn dir speit?
> O sei vor ihr ja stets in wachen Sorgen,
> Denn diese Nacht allein hat keinen Morgen![21]

Diese Verse sind ein autobiographisch sehr wichtiges Dokument. Sie bringen, zum einen, die Angst des Verfassers vor dem drohenden Wahnsinn in der Gefängniszelle zum Ausdruck; sie könnten aber, zum andern, auch Erinnerungs-Material enthalten: aus der Straftäterzeit, die der Haft (der Entstehungszeit des Gedichtes) vorausging.

Psychisch angeschlagen war May, spätestens nach der Uhrenaffäre, gewiß. Die Psychiatrie spricht von Schizophrenie und Psychosen, die Bibel von der Stimme des Teufels, von Mächten und Gewalten, von Dämonie und Besessenheit. Mögen Mays Störungen auch weniger zwanghaft und weniger dramatisch gewesen sein, richtig und allgemein gültig - auch für gesunde Menschen - bleibt jedenfalls dies: Nicht nur zwei, sondern viele Seelen wohnen in uns. Unsere Entschlüsse werden beeinflußt von 'dunklen' und 'hellen', sich oft widerstreitenden Mächten. Das kann, wenn böse Stimmungen und widrige Umstände zusammentreffen, zum Konflikt mit Gesetzen führen. "Potentielle Straftäter sind wir alle."[22]

Anmerkungen

1   Richard Engel: *Aus psychoanalytischer Schau*. In: Karl May's Gesammelte Werke, Bd. 34: *"Ich"*. Bamberg [36]1976, S. 539-544 (S. 542).

2   Vgl. Claus Roxin: *Mays Leben*. In: *Karl-May-Handbuch*. Hrsg. von Gert Ueding in Zusammenarbeit mit Reinhard Tschapke. Stuttgart 1987, S. 62-123 (S. 88).

3   Wilhelm Griesinger: *Die Pathologie und Therapie der psychischen Krankheiten*. Braunschweig ³1871; Hainer Plaul: Nachwort (zu Karl May: *Mein Leben und Streben*. Hrsg. von H. Plaul. Hildesheim, New York ²1982), S. 520ff., bietet eine aufschlußreiche Synopse von Passagen der Autobiographie Mays und Textstellen des Griesinger-Lehrbuchs, das in Mays Bibliothek stand.

4   Vgl. Plaul: Ebd., S. 529.

5   Claus Roxin: *Vorläufige Bemerkungen über die Straftaten Karl Mays*. In: JbKMG 1971, S. 74-109 (S. 100); ähnlich Kurt Langer: *Der psychische Gesundheitszustand Karl Mays. Eine psychiatrisch-tiefenpsychologische Untersuchung*. In: JbKMG 1978, S. 168-173 (S. 169).

6   v. Cleric: *Der Hochstapler*. In: Schweizerische Zeitschrift für Strafrecht (1926), S. 44; zit. nach Roxin: *Bemerkungen*, wie Anm. 5, S. 101.

7   Seitenangaben in () beziehen sich auf May: *Mein Leben und Streben*, wie Anm. 3.

8   Karl May: *"Weihnacht!"*. Gesammelte Reiseerzählungen, Bd. XXIV. Freiburg 1897, S. 601.

9   Vgl. Klaus Hoffmann: *Karl May als "Räuberhauptmann" oder Die Verfolgung rund um die sächsische Erde. Karl Mays Straftaten und sein Aufenthalt 1868 bis 1870, 2. Teil*. In: JbKMG 1975, S. 243-275 (S. 260f.) - Vgl. auch Walther Ilmer: *Karl May - Mensch und Schriftsteller. Tragik und Triumph*. Husum 1992, S. 30.

10 Von Mays Betrügerei am 20.3.1865 ist hier die Rede; vgl. unten, S. 94.

11 Karl May: *Der verlorene Sohn oder Der Fürst des Elends*. Hildesheim, New York 1972 (Reprint der Dresdner Erstausgabe von 1883-85), S. 1949.

12 Otto Forst-Battaglia: *Karl May. Traum eines Lebens - Leben eines Träumers*. Beiträge zur Karl-May-Forschung 1. Bamberg 1966, S. 46.

13 Karl-Hans Strobl: *Scham und Maske* (1921). In: Karl May's Gesammelte Werke, Bd. 34, wie Anm. 1, S. 547-565 (S. 557).

14 Hans Wollschläger: *"Die sogenannte Spaltung des menschlichen Innern, ein Bild der Menschheitsspaltung überhaupt". Materialien zu einer Charakteranalyse Karl Mays*. In: JbKMG 1972/73, S. 11-92 (S. 14f.).

15 Ebd., S. 46.

16 Kurt Langer: *Das helle und das dunkle Wesen. Untersuchung zur Spaltung des Innern von Karl May*. In: MKMG 63 (1985), S. 8-13.

17 Vgl. schon Ernst Altendorff: *Die Spaltung des Ich*. In: KMJB 1926. Radebeul 1926, S. 140-185; vgl. auch Walther Ilmer: *Karl Mays Weihnachten in Karl Mays '"Weihnacht!"' II. Eine Spurenlese auf der Suche nach Fährten*. In: JbKMG 1988, S. 209-247 (S. 233ff.).

18 Vgl. Walther Ilmer: *Von Kurdistan nach Kerbela. Seelenprotokoll einer schlimmen Reise*. In: JbKMG 1985, S. 263-320 (S. 297).

19 Roxin: *Bemerkungen*, wie Anm. 5, S. 101.

20 Karl May: *Scepter und Hammer* (1879/80). Karl Mays Werke II. 1. Hrsg. von Hermann Wiedenroth und Hans Wollschläger. Nördlingen 1987, S. 71f.

21 Karl May: *Hinter den Mauern und andere Fragmente aus der Haftzeit*. In: JbKMG 1971, S. 122-143 (S. 122); vgl. Roxin: *Bemerkungen*, wie Anm. 5, S. 101. - May hat dieses Gedicht in mehrere Romane hineinverwoben; zur Interpretation vgl. Max Finke: *Aus Karl Mays literarischem Nachlaß*. In: KMJB 1920. Radebeul 1919, S. 53-88 (S. 71ff.); vgl. auch Christoph F. Lorenz: *"Als lyrischen Dichter müssen wir uns Herrn May verbitten"? Anmerkungen zur Lyrik Karl Mays*. In: JbKMG 1982, S. 131-157 (S. 138ff.).

22 Roxin: *Bemerkungen*, wie Anm. 5, S. 79.

6.3   Die erste Landstreicherzeit und die ersten Betrugsdelikte (1864/65)

Es gab - so heißt es in der Selbstbiographie -

Wochen, in denen es vollständig dunkel in mir wurde; da wußte ich kaum oder oft auch gar nicht, was ich tat. In solchen Zeiten war die lichte Gestalt in mir vollständig verschwunden. Das dunkle Wesen führte mich an der Hand. Es ging immerfort am Abgrund hin. Bald sollte ich dies, bald jenes tun, was doch verboten war. Ich wehrte mich zuletzt nur noch wie im Traum. (S. 119)[1]

Welche Abgründe, welche psychischen Energien und welche Straftaten deuten diese Formulierungen an? Welche Seelenkonflikte verbergen sich hinter der 'Lichtgestalt' und dem 'dunklen Wesen' des Delinquenten?

May war arbeits- und mittellos. Seine Straftaten waren Eigentumsdelikte. Materielle Not scheint das nächstliegende Motiv. Nicht in der Autobiographie, aber im Erzählwerk bestätigt es der Autor indirekt selbst. In Mays letztem Kolportageroman *Der Weg zum Glück* macht die ARMUT den 'Krikelanton' zum Wilderer.[2] Und im Abenteuerroman *Die Juweleninsel* heißt es sehr deutlich: "Den armen Teufel, welcher im höchsten Stadium der Noth [...] nach dem Brode greift, welches er nicht bezahlen konnte, den wirft man in das Verließ, ohne Gnade und Barmherzigkeit."[3]

Der Hunger nach Brot war aber gewiß nicht das einzige und nicht das entscheidende Motiv für die Gesetzesverstöße des ehemaligen Lehrers. Bedenkt man die Lebensgeschichte und den neurotisch belasteten Charakter des jungen Mannes, dann ist eine Vielzahl von Beweggründen anzunehmen. Größte Armut, traumatische Erlebnisse in der Vergangenheit, eine giftige Umwelt, eine gekränkte - von der Justiz zugrundegerichtete - Seele, phantastische Tagträume, ein verlangsamter psychischer Reifungsprozeß, eine Renommiersucht, deren Gründe in die Kindheit zurückreichen, und eine (durch die Jugendlektüre geförderte) Pseudotheologie waren im Bunde.

Auch amouröse Motive könnten eine Rolle gespielt haben. Möglicherweise wollte der junge May schon damals verschiedenen Frauen imponieren: vielleicht Malwine Wadenbach und ihrer Tochter Alma (oder Alwine),[4] vielleicht auch einer Balletteuse der Theater- und Ballettgruppe H. Jerwitz aus Leipzig.[5] Über unbewiesene Vermutungen hinaus geben die Anhaltspunkte aber nichts her.

Man kann nur sagen: Seelische Verstörung, verständliche Rachegelüste, pseudologische Antriebe, versponnene Ideen und das Bedürfnis, sich auszuleben, verbanden sich bei May zu einem Syndrom, zur 'dunklen Gestalt'.

Karl May wurde kriminell. Wie die Recherchen Hainer Plauls und Klaus Hoffmanns erweisen, ging er zielstrebig und planmäßig vor. Seiner Selbstverteidigung in *Mein Leben und Streben*, seiner Theorie einer seelischen Verwirrung, muß dies aber nicht widersprechen. Intelligentes Verhalten schließt innere Zwänge nicht völlig aus. Und Bewußtseinstrübungen konnten in unterschiedlicher Stärke auftreten; sie mußten nicht bei jeder Straftat vorhanden sein.[6] "Ich war seelenkrank, aber nicht geisteskrank. Ich besaß die Fähigkeit zu jedem logischen Schlusse, zur Lösung jeder mathematischen Aufgabe." (S. 111)

Nach der Schilderung seines inneren Zustandes könnte man das Ärgste vermuten. Doch Raub und Erpressung, Totschlag und Mord hat May nicht selbst verübt. Seine Schurken, seine literarischen Spalt-Ichs ließ er es tun. In der Reiseerzählung *Die Todes-Karavane* z.B. wird dem armen Saduk, wegen eines harmlosen Vergehens, die Zunge genommen; seine Wut, seine Rachsucht machen ihn, in der Folge, zum Mörder.[7]

Mit Entsetzen, mit Abscheu (vor seinen eigenen Möglichkeiten?) berichtet der Erzähler von Saduks Verbrechen. Vielleicht hat den jungen May "nur ein Gnadenakt Gottes"[8] vor dem Schlimmsten bewahrt. Was er anstellte, war Unfug, war objektiv strafwürdig, war rücksichtslos gegen die Opfer. Aber Schwerverbrechen waren es nicht. Eher grotesk, eher skurril wirkende Schwindeleien sind es gewesen, die im Ganzen seines Lebens nur Episoden waren[9] und die - erheblich vergrößert und kunstvoll verfremdet, einander überblendend und unter den verschiedensten (teils ernsten, teils heiteren) Blickwinkeln betrachtet - in seinen Erzählungen wieder auftauchen.

Der Straftäter May bewies kriminelle Energie; er war aber niemals brutal und gewalttätig. Eine eigenartige Mischung von Tragik und Komik, von Ernst und Spiel liegt seinen Taten zugrunde. Er "bevorzugte das Spielerische, Spitzfindige, Listige".[10] Die Lust an der Posse, der Maskerade, der vertauschbaren Identität fällt auf.

Auch Mays literarisches 'Ich' gibt sich gerne - oft ohne hinreichenden Grund - für einen anderen aus, "dessen Rolle es nun mit großer Meisterschaft zu spielen versteht."[11] Unübersehbar ist schon jetzt, in der vorliterarischen Lebensphase, die Schlitzohrigkeit, die "beinahe künstlerische Freude am Schein",[12] der Drang "zur 'großen Szene', zum Auftritt als einflußreiche Person und Beherrscher der Situation".[13]

Mays Delikte enthüllen schon viel von seiner schöpferischen Begabung, die nach Gestaltung verlangte. Der Kriminalpsychologe Erich Wulffen (1862-1936) bemerkte dazu: Der "feine psychologische Zusammenhang" zwischen Mays Betrügereien und seinen künftigen Romanen sei nachweisbar. "Das Exotische, Phantastische, Fascinierende, welches seine Schriften so spannend macht, trat auch bei seinen Straftaten hervor."[14]

Die ART der Mayschen Gesetzesbrüche erklärt sich aus den Merkmalen seiner Persönlichkeit. Er vereinigte "in geradezu klassischer Reinheit"[15] die Eigenschaften des phantasiebegabten Erzählers, des kindlich-jugendlichen Charakters und des schauspielerischen Typs. Die habituelle Neigung zur pathologischen Lüge war damit gegeben. Wenn ein Mensch wie May "überhaupt Straftaten beging, mußten es Hochstapeleien sein."[16]

Warum er tatsächlich straffällig wurde, ist eine andere Frage. Der künftige Dichter hatte pseudologische Neigungen, aber "gerade die spezifischen Wesenszüge des hochstaplerischen Betrügers besaß May nicht."[17] Der echte Hochstapler ist unverbesserlich;

May hingegen hat seit 1870 mehr als 40 Jahre lang niemanden mehr in unredlicher Weise geschädigt. Im Gegenteil: Er hat wiedergutgemacht [...] Der leeren Entwicklungslosigkeit des Hochstaplers steht bei May eine stetige und bemerkenswerte Entwicklung gegenüber, im Persönlichen wie im Schriftstellerischen [...] Für den Hochstapler gilt: 'Es fehlt ihm die Liebesfähigkeit.' May dagegen lehrte die Überwindung des Hasses durch die Liebe,[18]

die zu seinem eigentlichen Thema wurde.

Daß May kriminell wurde, ist nicht zuletzt der Verständnislosigkeit der Justiz zuzuschreiben. Der Hochstapler May war das "Produkt gesellschaftlicher Bestrafungsmechanismen".[19] Doch seine persönliche Verantwortung darf nicht einfach geleugnet werden: "Was immer die Triebfedern für sein Fehlverhalten auch gewesen sein mochten - er hatte etwas Bösem in sich nachgegeben, obgleich er das Böse fürchtete und haßte."[20]

Seine Schuld hat May, wie gesagt, in *Mein Leben und Streben* grundsätzlich anerkannt. Der alt gewordene Dichter hat sich seiner Taten geschämt. Er suchte sie, was Einzelheiten betrifft, zu verdrängen und zu verdecken, weil ihm "die Erinnerung daran wehe tat".[21] Zwar will er ehrlich bekennen und keine seiner "Sünden mit hinübernehmen";[22] aber es kann ihm "nicht einfallen", die Missetaten, die er einstens begangen hat, alle aufzuzählen. Denn sein eigener "Henker, Schinder und Abdecker" (S. 169) will er nicht sein.

Die Selbstbiographie enthält "die wertvollsten psychologischen Einsichten; May hatte hier so viel kritische Distanz zu sich selbst gewonnen, wie das einem Menschen seiner Art überhaupt nur möglich war".[23] Aber den Einblick in die Details seiner Delikte, der fürs Verständnis seines Lebens und Werkes erforderlich ist, verstellt uns der Autobiograph. Die May-Forschung indessen hat vieles ans Licht gebracht.

Was ist geschehen? Zu welchen "Old Shatterhandstreichen" sah May sich "gezwungen [...] hier in der Heimath"?[24]

Er wurde getrieben und trieb sich herum, rund um die sächsische Erde. Die Gesellschaft hatte ihn ausgestoßen; "in der Maske eines Hochstaplers enthüllte er ihre Schwäche und ihre Verletzbarkeit."[25] Am 9. Juli 1864 führte ihn das "dunkle Wesen" (S. 119) nach Penig. Er erschien "bespornt"[26] in dem kleinen, nordwestlich von Chemnitz gelegenen Städtchen. Als 'Augenarzt', als 'früherer Militair' und Mediziner aus Rochlitz, beeindruckte er seine Mitmenschen. Er nannte sich - Schelmerei läßt allein schon der Name erkennen - 'Dr. med. Heilig'. Einem späteren Steckbrief zufolge trug er eine Brille und war "von freundlichem, gewandtem und einschmeichelnden Benehmen".[27]

Bei einem Schneider gab der 'Arzt' eine Hose und vier weitere Kleidungsstücke in Auftrag. Nach acht Tagen kam er zur Abholung. Bei dieser Gelegenheit untersuchte er auf Bitten des Schneiders einen augenkranken jungen Mann. Er stellte ein Rezept in lateinischen Worten aus und gab sich "den Anstrich einer wissenschaftlichen Bildung".[28] Der Herr Doktor dilettierte mit Kenntnissen, verschwand unter dem Vorwand, ein zur Diagnose nötiges Instrument herbeischaffen zu müssen, und 'vergaß', die Kleider im Gesamtwert von ca. 40 Talern zu bezahlen.

Über die folgenden Monate bis Mitte Dezember wissen wir wenig. Trotz zahlreicher Fahndungsmeldungen - zwischen Ende Juli und Anfang September - konnte die Polizei 'Dr. Heilig' nicht stellen. Das Auge des Gesetzes erblickte ihn nirgendwo. Doch die früher vermuteten Auslandsreisen in die Schweiz, nach Südfrankreich oder gar nach Nordafrika[29] haben höchstwahrscheinlich nicht stattgefunden. Denn nach gewichtigen Anhaltspunkten hielt sich der Flüchtling "ausschließlich im südlichen Sachsen [...] und in der Umgebung von Dresden"[30] auf.

Am 16. Dezember 1864 begab sich unser 'verlorener Sohn', noch raffinierter agierend[31] als in Penig, ein zweites Mal auf die 'Pirsch'. Mit kühnem Blick und sicherer Hand bewährte er sich, wie manche Helden in seinen Romanen, als glücklicher 'Pelzjäger'. In Chemnitz, im Gasthof 'Zum goldenen Anker', mietete er, für seine finsteren Zwecke recht passend, zwei miteinander verbundene Zimmer. Als 'Seminarlehrer Ferdinand Lohse aus Plauen'[32] ließ er sich, im Auftrage seines 'erkrankten Herrn Direktors', vom Kürschner Oskar Nappe verschiedene Damenpelze im Gesamtwert von 94 Talern in die Gaststätte liefern. Er brachte sie ins Nebenzimmer zum 'kranken Direktor', verließ mit seiner Beute die Stadt und suchte das Weite.

Diese und die folgenden Ereignisse hat Karl May nie wirklich vergessen. Zeitlebens haben sie ihn gequält und beschäftigt. Im Halbbewußten zumindest wirkten sie fort und zeugten neue - dichterische - Energien. In Pelztierjagden könnte der Schriftsteller speziell seine Textilienschwindel literarisch verarbeitet haben. Nach Walther Ilmer spiegelt sich, verzerrt und gebrochen, vermischt wohl auch mit anderen Bildern aus dem Vorleben Mays, das Chemnitzer Delikt im Abenteuer Sir David Lindsays, des verkleideten, eine Bärin jagenden spleenigen Englishman.[33]

Mays Fluchtweg führte über Freiberg, Naußlitz und Dresden nach Leipzig. Mit Vorbedacht legte er falsche Spuren. Geschickt und erfolgreich täuschte er, beispielsweise mit einer fingierten Depesche an die Leipziger Polizei (auch seine Roman-Ganoven arbeiten mit solchen Methoden!), die Ermittlungsbehörden. Am 28. Februar 1865 erreichte er Gohlis, einen Vorort von Leipzig. Dort wohnte er bis zum 26. März beim Stahlstecher Schule, Möckernsche Straße Nr. 28b. Sein Chemnitzer Diebesgut hatte er inzwischen versetzt: für 41 Taler, weniger als die Hälfte des Wertes. Die Kleider aus Penig waren teilweise noch in seinem Besitz.

In Leipzig leistete sich der künftige 'Old Shatterhand' den dritten ihm nachgewiesenen Betrug. Am 20. März 1865 prellte er - diesmal als 'Hermes Kupferstecher', als Gott der Diebe und König der Schwindler - den Kürschner Friedrich Erler. Um einen Biberpelz im Werte von 72 Talern hat er, sehr trickreich, den Händler erleichtert. Schon vorher hatte er sich um einen Hehler bemüht: den Meubleur Friedrich Brock. Doch diesem schien Mays Forderung (40 Taler) zu hoch. 'Hermes' suchte nach anderen Wegen. Über Frau Bayer, eine ahnungslose Mittelsperson, versetzte er am 21. März den Biberpelz im Leihhaus, das von der Polizei jedoch schon verständigt war.

Am 26. März versuchte May, den Erlös bei Frau Bayer - über den Packträger Müller - abholen zu lassen. Müller erhielt aber "kein Geld, sondern die notwendige Aufklärung".[34] Noch am selben Nachmittag wurde 'Hermes Kupferstecher' durch die Hüter der Ordnung ergriffen. Im Rosenthal, einem Parkgelände zwischen Gohlis und Leipzig, ereilte den Vagabunden das Schicksal. Nach einem kurzen Handgemenge mit dem Packträger Müller - wobei Karl May ein Beil "unter dem Rocke vorgeglitten"[35] ist - wurde der Delinquent von zwei herbeieilenden Polizisten überwältigt und "mittels eines Fiakers"[36] zur Behörde gebracht.

In der Amtsstube ist er, ähnlich wie der niedergeschlagene und betäubte Kara Ben Nemsi in Sabans Hütte,[37] "ganz regungslos und anscheinend leblos gewesen und hat auch, nachdem der Polizeiarzt herzugerufen wurde, nicht gesprochen".[38] Erst später nannte er seinen Namen und legte ein volles Geständnis ab.

Anmerkungen

1   Seitenangaben in () beziehen sich auf Karl May: *Mein Leben und Streben*. Freiburg 1910. Hrsg. von Hainer Plaul. Hildesheim, New York ²1982.

2   Karl May: *Der Weg zum Glück. Roman aus dem Leben Ludwig des Zweiten*. Hildesheim, New York 1971 (Reprint der Dresdner Erstausgabe von 1886-88), S. 23.

3   Karl May: *Die Juweleninsel* (1880-82). Karl Mays Werke II. 2. Hrsg. von Hermann Wiedenroth und Hans Wollschläger. Nördlingen 1987, S. 632.

4   Vgl. Klaus Hoffmann: *Karl May als "Räuberhauptmann" oder Die Verfolgung rund um die sächsische Erde. Karl Mays Straftaten und sein Aufenthalt 1868-1870*, 1. Teil. In: JbKMG 1972/73, S. 215-247 (S. 240); Fortsetzung im JbKMG 1975, S. 243-275 (S. 261).

5   Hinweis bei Hoffmann: Ebd., S. 261. - Vgl. Karl May: *Waldröschen oder die Rächerjagd rund um die Erde*. Leipzig 1988 (Reprint des Dresdner Erstsatzes von 1882-84), S. 552-602 (Kapitel 'Eine Tänzerin'); ders.: *Der verlorene Sohn oder Der Fürst des Elends*. Hildesheim, New York 1972 (Reprint der Dresdner Erstausgabe von 1883-85), S. 1130ff. (Kapitel 'Eine Balletkönigin').

6   Vgl. Claus Roxin: *Vorläufige Bemerkungen über die Straftaten Karl Mays*. In: JbKMG 1971, S. 74-109 (S. 102).

7   Vgl. Karl May: *Von Bagdad nach Stambul*. Gesammelte Reiseromane, Bd. III. Freiburg 1892, S. 210 (entspricht dem Text der 1882 erschienenen Erzählung *Die Todes-Karavane*); dazu Walther Ilmer: *Von Kurdistan nach Kerbela. Seelenprotokoll einer schlimmen Reise*. In: JbKMG 1985, S. 263-320 (S. 295).

8   Ilmer: Ebd.

9   Vgl. Roxin: *Bemerkungen*, wie Anm. 6, S. 94.

10 Hainer Plaul: *Alte Spuren. Über Karl Mays Aufenthalt zwischen Mitte Dezember 1864 und Anfang Juni 1865*. In: JbKMG 1972/73, S. 195-214 (S. 211).

11 Roxin: *Bemerkungen*, wie Anm. 6, S. 89f., mit Verweis auf Lisa Barthel-Winkler: *Mensch und Maske*. In: KMJB 1926. Radebeul 1926, S. 131-139. - Zum Motiv des 'Inkognito' in Mays Werk vgl. Bernd Steinbrink: *Vom Weg nach Dschinnistan. Initiationsmotive im Werk Karl Mays*. In: JbKMG 1984, S. 231-248 (S. 238).

12 Roxin: *Bemerkungen*, wie Anm. 6, S. 82.

13 Ebd., S. 79.

14 Erich Wulffen: *Psychologie des Verbrechers. Ein Handbuch für Juristen, Ärzte, Pädagogen und Gebildete aller Stände*, Bd. II. Berlin-Lichterfelde 1908, S. 173. - Wulffen hat sich auch später mit May sehr beschäftigt; vgl. Plaul: *Karl May*, wie Anm. 1, S. 374ff. (Anm. 119).

15 Roxin: *Bemerkungen*, wie Anm. 6, S. 83.

16 Ebd., S. 82.

17 Ebd., S. 92.

18 Ebd., S. 93.

19 Ebd., S. 98.

20 Walther Ilmer: *Durch die sächsische Wüste zum erzgebirgischen Balkan. Karl Mays erster großer Streifzug durch seine Verfehlungen.* In: JbKMG 1982, S. 97-130 (101).

21 Friedrich S. Krauss: *Anthropophyteia*, Bd. VIII. Leipzig 1911, S. 501; wiedergegeben bei May: *An die 4. Strafkammer des Königl. Landgerichtes III in Berlin*. Privatdruck Stuttgart 1911. *Prozeß-Schriften 3*. Hrsg. von Roland Schmid. Reprint Bamberg 1982, S. 123.

22 May in einer Zuschrift an die 'Freie Stimme' (Radolfzell) vom 6.1.1910; zit. nach Plaul: *Karl May*, wie Anm. 1, S. 504.

23 Roxin: *Bemerkungen*, wie Anm. 6, S. 106 (Anm. 55).

24 Aus einem der Ehefrau Klara diktierten Brief Karl Mays an den Maler Sascha Schneider (31.5.1905); abgedruckt bei Hansotto Hatzig: *Karl May und Sascha Schneider. Dokumente einer Freundschaft*. Beiträge zur Karl-May-Forschung 2. Bamberg 1967, S. 77ff. (S. 78).

25 Plaul: *Karl May*, wie Anm. 1, S. 373 (Anm. 115).

26 Zum folg. vgl. Klaus Hoffmann: *Zeitgenössisches über "ein unwürdiges Glied des Lehrerstandes". Pressestimmen aus dem Königreich Sachsen 1864-1870*. In: JbKMG 1971, S. 110-121 (S. 111ff); auch Plaul: *Auf fremden Pfaden? Eine erste Dokumentation über Mays Aufenthalt zwischen Ende 1862 und Ende 1864*. In: JbKMG 1971, S. 144-164 (S. 158).

27 Aus einem Steckbrief im Kgl. Sächsischen Gendarmerieblatt vom 23.7.1864; wiedergegeben bei Gerhard Klußmeier - Hainer Plaul (Hrsg.): *Karl May. Biographie in Dokumenten und Bildern*. Hildesheim, New York 1978, S. 46.

28 Ebd.

29 Auch diese Story geht auf Erzählungen von Gustav und Carl Traugott Urban zurück; vgl. dagegen Plaul: *Auf fremden Pfaden?*, wie Anm. 26, S. 158ff.

30 Plaul: Ebd., S. 161.

31 Vgl. Plaul: *Alte Spuren*, wie Anm. 10, S. 195ff.

32 In Plauen gab es tatsächlich einen Seminarlehrer Lohse, der freilich mit Vornamen Ernst hieß; dieser Lehrer hatte May im Seminar unterrichtet; vgl. Plaul: Ebd., S. 196f.

33 Vgl. May: *Durchs wilde Kurdistan. Gesammelte Reiseromane*, Bd. II. Freiburg 1892, S. 446f.; dazu Walther Ilmer: *Karl Mays Weihnachten in Karl Mays '"Weihnacht!"'*. In: JbKMG 1987, S. 101-137 (S. 130).

34 Plaul: *Alte Spuren*, wie Anm. 10, S. 208.

35 Nach der Leipziger Polizeiakte vom 27.3.1865. - Das Beil gehörte Mays Logiswirt Schule; als Indiz für gewalttätige Absichten Mays ist es kaum zu werten; vgl. Plaul: Ebd., S. 211.

36 Plaul: Ebd., S. 208.

37 Vgl. Karl May: *In den Schluchten des Balkan. Gesammelte Reiseromane*, Bd. IV. Freiburg 1892, S. 177ff.; dazu Walther Ilmer: *Das Märchen als Wahrheit - die Wahrheit als Märchen. Aus Karl Mays 'Reise-Erinnerungen' an den erzgebirgischen Balkan*. In: JbKMG 1984, S. 92-138 (S. 134f., Anm. 46).

38 Aus den Akten des Polizeiamtes Leipzig; zit. nach Hans Wollschläger: *Karl May. Grundriß eines gebrochenen Lebens*. Zürich 1976, S. 33f.

6.4   Im Arbeitshaus Schloß Osterstein

Am 8. Juni 1865 wurde Karl May vom Bezirksgericht Leipzig unter Vorsitz des Gerichtsrats Hermann Gareis "wegen mehrfachen Betrugs" zu vier Jahren und einem Monat Arbeitshaus verurteilt: eine Strafe, die "heute gelegentlich für Beihilfe zum Massenmord verhängt wird".[1]

Jeder Karl-May-Leser weiß: Im Werk dieses Schriftstellers gibt es stereotype Handlungsverläufe und ständig sich wiederholende Grundmotive. Zum Beispiel: Die Helden werden gefangen, nach kurzer Zeit oder einer Reihe von Jahren befreit und erneut wieder gefangen. Autobiographische Hintergründe sind, vor allem, die langen Haftzeiten Mays, das Gefängnis Schloß Osterstein (1865-68) und das Zuchthaus in Waldheim (1870-74).

Am 14. Juni 1865 wurde May in Zwickau, im hoch umwallten, zur Anstalt umgebauten Schloß Osterstein eingeliefert. Als 'Nr. 171' fand er "eine ernste, aber keineswegs verletzende Aufnahme" (S. 126).[2]

Karl May war einer von rund 2000 Insassen. Er trug die Einheitskleidung - graue Hose und Jacke, schwarzes Käppchen und Lederschuhe -, wurde wie alle Häftlinge mit 'Du' angesprochen und in die zweite Disziplinarklasse eingestuft.

Das Arbeitshaus war die zweitschwerste Freiheitsstrafe zwischen Zuchthaus und Gefängnis. Es sollte "strengste Disziplin gefordert und Zwangsarbeit geleistet werden, aber ohne die beschimpfenden Folgen der Zuchthausstrafe und ohne die Gemeinschaft mit den schwersten Verbrechern."[3]

Während der dreizehnstündigen Arbeit und der knapp bemessenen Freizeit standen die Detinierten unter dauernder Beobachtung durch die Aufsichtsbeamten. Ihren Befehlen hatten sie "unbedingten und sofortigen Gehorsam zu leisten".[4]

Wie hat May diese Jahre erlebt? Wenn man die Gefängnisszenen in seinen Lieferungswerken[5] autobiographisch liest, war Schloß Osterstein, in der ersten Zeit, ein Martyrium. Der Gefangene ist, so heißt es in *Waldröschen*, Mays erstem Kolportageroman, "kein Mensch mehr, kein freies, selbstbestimmendes Wesen; er hat keinen Namen mehr"![6]

In *Mein Leben und Streben* sah der Dichter die Arbeitsjahre in Zwickau allerdings positiv: Die dunklen "Stimmen" verstummten (S. 130f.), und der innerlich Gehetzte fand den Frieden mit Gott und sich selbst.

Die allgemeinen Haftbedingungen waren relativ gut. Zwar gab es, bei Renitenz, mitunter auch harte Strafen; aber kleine Verdienstmöglichkeiten entsprechend der geleisteten Arbeit, ein überschaubares System von Verhaltensregeln, auch der Verzicht auf das Kahlscheren der Köpfe, sollten "Moral und Bewußtsein der Verurteilten aufrichten".[7]

Eugène d'Alinge (1819-1894), der Anstaltsdirektor, war ein human denkender Reformer des Strafvollzugs. Dem Gesetzesbrecher hielt er grundsätzlich ein "psychisches Gebrechen"[8] zugute. Sein Konzept war die Resozialisierung der Häftlinge durch Erziehung zu Ordnung und regelmäßiger Arbeit. Mit seinem Prinzip der *Besserung auf dem Wege der Individualisierung*[9] wollte er helfen und heilen: Die Erziehung "muss, um den Verbrecher im Gefangnen zu ertödten, den Menschen erfassen [...], muß mit einem Worte das INDIVIDUUM zu treffen suchen. Allgemeine Regeln, über die Köpfe der Masse hin gepredigte Moral nützt nichts."[10]

Gut gemeint war die religiöse Betreuung im Arbeitshaus. Die Teilnahme an den sonntäglichen Gottesdiensten und den werktäglichen Andachtsübungen war strenge Pflicht für alle Gefangenen. Ausdauer, bürgerliche Tugenden, "ja sogar Gottesfurcht",[11] sollten zur Gewohnheit werden. Die Anordnungen sollten, nach dem Willen d'Alinges, aber nicht nur verhängt, sondern plausibel vermittelt werden.

Der Gefangne muß bei einigem Denken die Berechtigung jeder Forderung erkennen und [...] durch die Praxis erfahren: Die Grundzüge dieser Vorschriften musst du nicht blos während der Strafzeit, sondern auch nach deiner Rückkehr ins Leben beibehalten, wenn dein Leben ein [...] gesegnetes sein soll.[12]

Als ehemaliger Lehrer wurde May zunächst "der Schreibstube zugeteilt. Man kann hieraus ersehen, wie fürsorglich die Verhältnisse der Gefangenen von der Direktion berücksichtigt werden." (S. 126)

Karl May versagte jedoch:

Ich hatte als Neueingetretener das Leichteste zu tun, was es gab; aber auch das brachte ich nicht fertig. Das fiel auf. Man sagte sich, daß es mit mir eine ganz besondere Bewandtnis haben müsse, denn schreiben mußte ich doch können! Ich wurde Gegenstand besonderer Beachtung. (Ebd.)

Eine Selbsttäuschung des Dichters ist hier nicht zu vermuten. Der Direktor sah tatsächlich "die Pflicht, sich von dem psychischen Zustande jedes Gefangnen ein möglichst klares Bild zu verschaffen."[13] Mays Versagen wurde als psychische Schwäche verstanden. "Wenn zu jener Zeit überhaupt schon irgendwo im deutschen Strafvollzug die Psychologie eine gewisse Rolle gespielt hat [...], dann war es hier in Zwickau. Nicht zuletzt verfügte auch der Anstaltsarzt Dr. Saxe über einige Kenntnisse in Psychiatrie."[14]

Der Versager May wurde nicht bestraft, sondern versetzt in eine andere Abteilung. In einem Arbeitslokal, das "siebzig bis achtzig Menschen" (S. 127) faßte, mußte er - als Zuarbeiter - in einer vierköpfigen Riege Geld- und Zigarrentaschen verfertigen. Wie seine weitere Entwicklung in Schloß Osterstein erkennen läßt, paßte er sich der neuen Umgebung erstaunlich gut an. "Es gab Beamte, die ich herzlich lieb gewann." (S. 122)

Der Aufseher Friedrich Göhler, den Mays Selbstbiographie "mit großer, aufrichtiger Dankbarkeit" (S. 127) erwähnt, entdeckte die musikalischen Talente des früheren Lehrers. Im Jahre 1867 avancierte Karl May zum Bläser im Posaunenquartett und Mitglied des Anstalts-Kirchenchors. Er arrangierte Musikstücke und stieg, auf die Fürsprache Göhlers hin, in die erste Disziplinarklasse[15] auf, die nur wenige Häftlinge erreichten. Mit dieser Beförderung waren für May sehr wichtige Begünstigungen verknüpft: vor allem die "Gewährung grösserer Selbstständigkeit [sic] und freierer moralischer Entwicklung".[16]

Überhaupt war das Jahr 1867 für May mit einem bemerkenswerten Aufstieg verbunden. Sein Ansehen und sein Selbstbewußtsein wuchsen, und die Tätigkeit als Portefeuillearbeiter war bald schon beendet. Ende 1867 oder Anfang 1868 wurde er der "besondere Schreiber" Alexander Krells, des Inspektors der Isolierstation. Dies war, wie May betont und wie Plauls Recherchen bestätigen, die "höchste Vertrauensstelle [...], die es in der ganzen Anstalt gab" (S. 129).

Dem Inspektor durfte May bei statistischen und literarischen Arbeiten über "das Wesen und die Aufgaben des Strafvollzuges" (ebd.) assistieren. Er gewann einen Überblick über die Verhältnisse im Zwickauer Arbeitshaus und die verschiedenen Systeme des Strafvollzugs überhaupt. Über den eigenen Platz in der Anstalt konnte er sich nun klarer werden. "Das Gefühl des blinden Ausgeliefertseins wich zunehmend einem Wissen und Bewußtwerden: der erkennende May begann über den Sträfling May langsam hinauszuwachsen [...] Die Rückeroberung des erniedrigten, ausgestoßenen Ichs [...] fing an, sich vorzubereiten."[17]

Etwa gleichzeitig mit der neuen Tätigkeit bei Inspektor Krell kam May, auf eigenen Wunsch, in die Isolierzelle. Das war, in seinem Fall, eine wesentliche Verbesserung.[18] Zur Besinnung und inneren Einkehr, aber auch zur Lektüre und autodidaktischen Fortbildung waren die Voraussetzungen nun bedeutend günstiger als zuvor in der Kollektivhaft.

Vor allem die Gefangenenbibliothek, die er (wahrscheinlich) mit zu betreuen hatte,[19] bot Karl May die Gelegenheit, seine "Strafzeit in eine Studienzeit" zu verwandeln (S. 131). Nach der Selbstbiographie waren in der Bibliothek "alle Wissenschaften vertreten. Ich habe diese köstlichen, inhaltsreichen Bücher nicht nur gelesen, sondern studiert und sehr viel daraus gewonnen." (Ebd.) Auch mit "fremdsprachigen Grammatiken" hat er sich befaßt und "die Lesebedürfnisse der Volksseele" hat er kennengelernt. So konnte er den "eigentlichen Grund" zu den "Reisearbeiten" (S. 131f.) legen, die in den achtziger und neunziger Jahren seine Berühmtheit begründeten. Sogar seine späteren Menschheitssymbole - Winnetou, Marah Durimeh u.a. - schwebten ihm, so behauptet er (S. 136), gedanklich schon vor.

Mays Erinnerungen an Zwickau und speziell an die "Studienzeit" sind in den wichtigen Punkten nicht unglaubwürdig. Ein Bestandskatalog der rund 4000 Bände umfassenden Anstaltsbibliothek, die May entscheidende Anregungen vermittelte, ist zwar bis heute nicht gefunden worden; eine Grob-Charakteristik der von May in Schloß Osterstein gelesenen Bücher lassen die Nachforschungen Plauls[20] jedoch zu. Es waren religiöse, erd- und völkerkundliche, historische, naturgeschichtliche und belletristische Werke mit ethischer Grundtendenz. Zu den Autoren werden Erzähler wie Jeremias Gotthelf, Johann Peter Hebel und Christoph v. Schmid, der Tierforscher Alfred Brehm und die Historiker Leopold v. Ranke, Johann G. Droysen, Heinrich v. Treitschke, Heinrich v. Sybel u.a. gehört haben.

Spätestens gegen Ende der Zwickauer Haft arbeitete May bewußt und systematisch auf seine Zukunft als Schriftsteller hin:

Ich stellte sogar ein Verzeichnis über die Titel und den Inhalt aller Reiseerzählungen auf, die ich bringen wollte. Ich bin zwar dann nicht genau nach diesem Verzeichnisse gegangen, aber es hat mir doch viel genützt, und ich zehre noch heut von Sujets, die schon damals in mir entstanden. (S. 152)

Der Dichter meint gewiß sein - mit hoher Wahrscheinlichkeit zwischen Ende 1867 und Oktober 1868 entstandenes - *Repertorium C. May*[21] mit 137 Titelplänen für künftige Schriften. Erhabene Vorbilder, deutsche Dichter wie Goethe und Schiller, Heine und Chamisso, Freiligrath und Platen, werden (unter Nr. 101) zitiert. Nur wenig deutet "auf jenes Genre hin, das später Mays bleibenden Ruhm begründen soll."[22] May dachte damals wohl weniger an Abenteuerromane und Reiseerzählungen, sondern vorwiegend an Novellen und Humoresken, aber auch an populärwissenschaftliche Werke und religionsphilosophische Erörterungen.

Interessant ist die Skizze *Mensch und Teufel. Socialer Roman in 6 Bänden* (Nr. 80). Ein bißchen naseweis und theologisch noch unausgegoren wirkt dieser Entwurf. Doch immerhin: die ebenso frommen wie - teilweise - unkonventionellen Gedanken des *Buches der Liebe* (1875/76),[23] in gewisser Weise auch manche Ideen des prophetischen Spätwerks, sind in *Mensch und Teufel* schon antizipiert:

Eine Liebe, welche ewig zürnt, ist teuflisch [...] Mein Glaubensbekenntnis ist darum so: Ich glaube wohl an ein Gericht, aber nicht an eine ewige Verdammniß, an den Irrthum, aber nicht an das absolut Böse, [...] an ein ewiges Leben, aber nie an ein Auferstehen, an einen Gott, aber nimmermehr an einen Teufel [...] Die Freiheit schwingt vom Irrthum sich zur Wahrheit, und das Böse ist der einzge Weg zum Guten.

Das skizzierte Romanwerk - so heißt es bei May -

soll zeigen die Gottheit im Teufel, die Wahrheit im Irrthume, das Gute im Bösen, die Liebe im Hasse, die Ewigkeit in der Zeit, das Leben im Tode und den Himmel auf Erden und in - der Hölle. Es soll begleiten den Menschen in seiner Entwickelung [...] und Gott in seiner wahren Gestalt, als die allmächtige Liebe zeigen.[24]

Es ist nicht absolut sicher, aber es spricht sehr vieles dafür, daß May im Gefängnis - über seinen Vater - schon Kontakt mit dem Dresdner Verleger Heinrich Münchmeyer hatte.[25] Vor diesem Hintergrund bekommt die Behauptung der Selbstbiographie einen verständlichen Sinn: " [...] ich schrieb Manuskripte, um gleich nach meiner Entlassung möglichst viel Stoff zur Veröffentlichung zu haben. Kurz, ich war begeistert für mein Vorhaben und fühlte mich, obgleich ich Gefangener war, unendlich glücklich." (S 152)

Mays vielleicht anonym oder pseudonym erschienene Arbeiten aus den Zwickauer Jahren sind, falls sie tatsächlich geschrieben und später gedruckt wurden, für uns Heutige ebenso verschollen wie eventuelle Erzählungen aus der Zeit um 1863. Die uns bekannten, mit einiger Sicherheit in Schloß Osterstein entstandenen May-Texte beschränken sich auf das *Repertorium C. May*, das Gedicht *Weihnachtsabend* und das Fragment *Offene Briefe eines Gefangenen.*

In den *Offenen Briefen* (1868?) läßt uns Karl May einen Blick in sein Inneres werfen: "Unter den Wolken des Unglücks bin ich bleich und hager geworden und wie sich das Äußere veränderte, so ist auch der innere Mensch ruhig und still, ernst und lauter geworden. Der jugendliche Brausekopf hat sich in einen bedachtsamen und überlegten Mann verwandelt."[26]

Angesichts dieser, noch im Gefängnis verfaßten, Zeilen sind auch die retrospektiven Aussagen der Autobiographie über Mays innere Entwicklung während der Haftzeit nicht von der Hand zu weisen: Obwohl "die Gesamtheit" an der Schuld des einzelnen mit beteiligt ist, stand der Häftling zu seiner persönlichen Verantwortung; er machte anderen keine Vorwürfe und hatte Verständnis für seine Richter (S. 121).

Für Mays Werdegang war die Haft von großer Bedeutung. Er sah seinen 'Fall' exemplarisch: "Ist nicht eigentlich jeder Mensch ein Gefangener? Stecken nicht Millionen von Menschen hinter Mauern, die man zwar nicht mit den Augen sieht, die aber doch nur allzu fühlbar vorhanden sind?" (S. 134) Die qualvollen Schlösser betrachtete er als besondere Chance: "Muß nicht überhaupt bei allen Sterblichen, also bei der ganzen Menschheit, alles Niedrige gefesselt werden, damit die hierdurch die Freiheit gewinnende Seele sich zum höchsten irdischen Ideale, zur Edelmenschlichkeit, erheben könne?" (S. 135) Äußerlich sei der Gefangene, so meint der Dichter, "nicht mehr Person, sondern nur noch Sache [...] Um so kräftiger, ja ungestümer tritt seine innere Gestalt, seine Seele hervor, um sich, ihre Rechte und Bedürfnisse geltend zu machen." (S. 132)[27]

Das blinde Kind hat mit der 'Seele' gesehen. Auch jetzt, "hinter Mauern", sah der innere Blick weit mehr als die leiblichen Augen. Carl Zuckmayer, der May sehr verehrte, hat es gewürdigt:

Die Kraft dieses inneren Blickes war es, die ihn durchs ganze Leben begleitete, die ihn über Not und widrige Verhältnisse siegen ließ, die ihm in einer einsamen Zelle [...] die unendliche Weite und das große, grenzenlose Schweifen schenkte, das wir alle als Wunsch und Sehnsucht im Blut haben.[28]

Anmerkungen

1 Hans Wollschläger: *Karl May. Grundriß eines gebrochenen Lebens.* Zürich 1976, S. 34.
2 Seitenangaben in () beziehen sich auf Karl May: *Mein Leben und Streben.* Freiburg 1910. Hrsg. von Hainer Plaul. Hildesheim, New York ²1982.
3 M. Koppel: *Die Vorgeschichte des Zuchthauses zu Waldheim. Grundzüge der historischen Entwicklung der Zuchthausstrafe und ihrer Vollstreckung in Sachsen.* Leipzig 1934, S. 114; zit. nach Hainer Plaul: *"Besserung durch Individualisierung". Über Karl Mays Aufenthalt im Arbeitshaus zu Zwickau von Juni 1865 bis November 1868.* In: JbKMG 1975, S. 127-199 (S. 129).
4 Zit. nach Plaul, wie Anm. 3, S. 145.
5 Vgl. besonders Karl May: *Der verlorene Sohn oder Der Fürst des Elends.* Hildesheim, New York 1972 (Reprint der Dresdner Erstausgabe von 1883-85), S. 994ff.

6   Karl May: *Waldröschen oder die Rächerjagd rund um die Erde*, Bd. I. Leipzig 1988 (Reprint des Dresdner Erstsatzes von 1882-84), S. 184.

7   Christian Heermann: *Der Mann, der Old Shatterhand war. Eine Karl-May-Biographie.* Berlin 1988, S. 81.

8   Eugène d'Alinge: *Bessrung auf dem Wege der Individualisirung. Erfahrungen eines Praktikers über den Strafvollzug in der Gegenwart.* Leipzig 1865, S. 18; zit. nach Plaul, wie Anm. 3, S. 147.

9   d'Alinge, wie Anm. 8.

10   Ebd., S. 20f.; zit nach Plaul, wie Anm. 3, S. 131.

11   d'Alinge, wie Anm. 8, S. 47; zit. nach Plaul, wie Anm. 3, S. 134.

12   d'Alinge, wie Anm. 8, S. 48; zit. nach Plaul, wie Anm. 3, S. 135.

13   d'Alinge, wie Anm. 8, S. 36; zit. nach Plaul, wie Anm. 3, S. 139.

14   Plaul, wie Anm. 3, S. 146.

15   Näheres zu den drei Disziplinarklassen bei Plaul, wie Anm. 3, S. 136.

16   d'Alinge, wie Anm. 8, S. 82; zit. nach Plaul, wie Anm. 3, S. 151.

17   Plaul, wie Anm. 3, S. 154f.

18   Vgl. Plaul, wie Anm. 3, S. 157ff.

19   Dokumentarisch ist eine solche Tätigkeit Mays allerdings erst im Zuchthaus zu Waldheim belegt; dennoch darf Mays Behauptung "bis zu einem gewissen Grade [...] Glauben geschenkt werden." (Plaul, wie Anm. 3, S. 169).

20   Vgl. Plaul, wie Anm. 3, S. 166ff.

21   Karl May: *Hinter den Mauern und andere Fragmente aus der Haftzeit.* In: JbKMG 1971, S. 122-143 (S. 132-143).

22   Heermann, wie Anm. 7, S. 83.

23   Vgl. unten, S. 142f.

24   May: *Repertorium C. May*, wie Anm. 21, S. 137f.

25   Vgl. Plaul, wie Anm. 3, S. 176ff.

26   May: *Offene Briefe eines Gefangenen*, wie Anm. 21, S. 127.

27   Gert Ueding: *Der Traum des Gefangenen. Geschichte und Geschichten im Werk Karl Mays.* In: JbKMG 1978, S. 60-86 (S. 65f.), verweist auf Parallelen in der Literaturgeschichte, auf Beethovens *Fidelio*, auch auf die Philosophen Gabriel Marcel, J.P. Sartre und Ernst Bloch.

28   Carl Zuckmayer: *Palaver mit den jungen Kriegern über den großen Häuptling Karl May.* In: KMJB 1930. Radebeul 1930, S. 35-43 (S. 37).

6.5   Das Weihnachtsgedicht

Fragt man nach den tieferen Gründen, die May seine Zwickauer Haftjahre so gut überstehen ließen, so sind - außer den Umständen, wie sie oben erörtert wurden - vor allem sein Glaube, sein 'innerer Blick', sein Gottvertrauen zu nennen.

Die religiöse Grundeinstellung des damaligen (und des späteren) May bezeugt, neben der Skizze *Mensch und Teufel*, sein Gedicht mit dem Titel *Weihnachtsabend*. Es hat sechzehn Strophen und wurde wahrscheinlich im Advent des Jahres 1867 verfaßt.[1] An der Schwelle zur baldigen Wende, zum inneren Neubeginn und äußeren Aufstieg des Häftlings bringt das Gedicht seine Reue, sein Verlangen nach Gott, erschütternd zum Ausdruck. Das Manuskript wurde im Nachlaß des Dichters gefunden. Es kann als Schlüsseltext zum Verständnis seines Lebens und Strebens, seiner innersten Not und seiner Umkehr zu Gott betrachtet werden.

Einzelne Strophen dieses Gedichts hat May in spätere Erzählungen integriert: in die Dorfgeschichte *Der Giftheiner*, in die Kolportageromane *Waldröschen* und *Der verlorene Sohn*, in die Reiseerzählungen *Krüger Bei*[2] und *"Weihnacht!"*.[3] Denn die Verse des Fünfundzwanzigjährigen, die psychischen Schubkräfte, die sie ins Wort fassen, bewegten den Autor auch weiterhin.

Was die vordergründige Handlungsebene dieses Frühwerks betrifft, hat Karl May die Interpretation - im *Verlorenen Sohn* - selbst geliefert.[4] Die Situation: ein Gefangener (der Verfasser?) sitzt in der Zelle, isoliert im Dunkel des Raumes und frierend in seinem Gemüt. Draußen ist Heiliger Abend, und die Christen vernehmen das Wort:

> "Ich verkünde große Freude,
> Die Euch widerfahren ist;
> Denn geboren wurde heute
> Euer Heiland Jesus Christ!"

Die Menschen sind glücklich und froh:

> Jubelnd klingt es durch die Sphären,
> Sonnen kündens jedem Stern,
> Weihrauch duftet auf Altären
> Glocken klingen nah und fern.
>
> Tageshell ists in den Räumen
> Alles athmet Lust und Glück
> Und an buntbehangnen Bäumen
> Hängt der freudetrunkne Blick.[5]

Weihnachtsjubel überall! "Nur da oben in der Zelle / Ists so dunkel, ists so still." Der Gefangene ist allein, seiner quälenden Angst, seiner verzweifelten und doch schon befreienden Reue überlassen. Er denkt an seine Vergehen und hört das Brausen der Ewigkeit. Wie der 'verlorene Sohn' in der Bibel (Lk 15) sucht er Hilfe beim Vater:

> Betend faltet er die Hände,
> Hebt das Auge himmelan:
> "Vater, gieb ein selig Ende
> Daß ich ruhig sterben kann.
>> Blicke auf Dein Kind hernieder
>> Das sich sehnt nach Deinem Licht.
>> Der Verlorne naht sich wieder,
>> Geh mit ihm nicht ins Gericht."

Der kranke, von der Krankheit zum Tode bedrohte Sünder fleht um Erbarmen; er bittet um Gnade, um ein Zeichen vom Himmel. "Da erbraußt im nahen Dome / Feierlich der Orgel Klang." Und der Sträfling vernimmt den Gesang eines Chores; er hört die Worte des greisen Simeon (Lk 2, 29ff.):

> "Herr, nun lässest Du in Frieden
> Deinen Diener schlafen gehn,
> Denn sein Auge hat hienieden
> Deinen Heiland noch gesehn."

Zwischen dieser (12.) und der folgenden Strophe läßt das Manuskript einen Freiraum. Der Sünder ist, so heißt es in Mays Roman *Der verlorene Sohn*, gestorben. Seine Angst vor dem Tod, seine Furcht vor der Ewigkeit hat er kurz vor dem Tode verloren. Er hat die Versöhnung gefunden, den Frieden mit Gott. Für ihn, den Ärmsten, ist die Botschaft froh. Seine Nacht ist in 'Weih-nacht' verwandelt. Der Gefängnispfarrer erkennt es an und bestätigt es:

> Und der Priester legt die Hände
> Segnend auf des Todten Haupt.
> "Selig ist, wer bis ans Ende
> An die ewge Liebe glaubt.

Selig, wer aus Herzensgrunde
Nach der Lebensquelle strebt
Und noch in der letzten Stunde
Seinen Blick zum Himmel hebt.

Suchtest du noch im Verscheiden
Droben den Versöhnungsstern,
Wird er dich zur Wahrheit leiten
Und zur Herrlichkeit des Herrn.
Darum gilt auch dir die Freude,
Die uns widerfahren ist;
Denn geboren wurde heute
Auch dein Heiland Jesus Christ."

Der ästhetische Wert dieser Vierzeiler interessiert hier nicht. Der reifere Schriftsteller meinte ja selbst, daß er diese Verse "verbrochen" habe.[6] Um so wichtiger ist die biographische Relevanz!

Warum läßt Karl May den Gefangenen krank sein und STERBEN? Hinter der allgemeinen Botschaft - im Tode ist Gott uns treu und auch im Sterben ist Christus der Retter - verbirgt sich noch eine zweite, eine autobiographische, dem jungen Autor (vielleicht) nicht bewußte Verstehensebene: Der Delinquent in der Zelle, der frühere May, der entlassene Schulmeister, der Augenarzt Dr. Heilig, der Seminarlehrer Lohse, der Betrüger Hermes Kupferstecher, der Sträfling Nr. 171, ist nun 'gestorben'. Der neue Karl May, der Posaunist in der Kirche, der "besondere Schreiber", der schöpferische Dichter kann nun geboren werden.

Diese Hoffnung wird sich zunächst nicht erfüllen. Aber das Weihnachtsgedicht, der Schrei nach Erlösung, die Rettung durch Gott werden zum Leitmotiv des späteren Schaffens. Die 'Nacht' hatte Karl May in all ihren Dimensionen gekannt: als blindes Kind, als schizoider Neurotiker, als Häftling hinter den Mauern. Der 'Versöhnungsstern', der Stern zu Bethlehem, überhaupt die Gestirne[7] werden für ihn zum leuchtenden Zeichen, zum Bild jener Liebe, die alles Dunkel durchbricht.

Den Glauben an den Sieg des Lichtes über die Mächte der Finsternis wird May auch in Zukunft, in schwerster Anfechtung, bewahren:

Ich fragte zu den Sternen
    Wohl auf in stiller Nacht,
Ob dort in jenen Fernen
    Die Liebe mein gedacht.
Da kam ein Strahl hernieder,
    Hell leuchtend, in mein Herz
Und nahm alle meine Lieder
    Zu dir, Gott, himmelwärts.[8]

Anmerkungen

1   Vgl. Hainer Plaul: *"Besserung durch Individualisierung"*. *Über Karl Mays Aufenthalt im Arbeitshaus zu Zwickau von Juni 1865 bis November 1868*. In: JbKMG 1975, S. 127-199 (S. 175).

2   Teile des Weihnachtsgedichts finden sich im *Krüger Bei*-Kapitel 'In der Heimath', das vom Redakteur des 'Deutschen Hausschatzes' gestrichen wurde; vgl. unten, S. 247ff.

3   Näheres bei Roland Schmid: *Anhang* (zu *"Weihnacht!"*). In: Karl May: Freiburger Erstausgaben, Bd. XXIV. Hrsg. von Roland Schmid. Bamberg 1984, A 1-19.

4   Vgl. Karl May: *Der verlorene Sohn oder Der Fürst des Elends*. Hildesheim, New York 1972 (Reprint der Dresdner Erstausgabe von 1883-85), S. 452ff.; dazu Schmid, wie Anm. 3, A 9ff.

5   Der vollständige Text findet sich bei May: *Hinter den Mauern und andere Fragmente aus der Haftzeit*. In: JbKMG 1971, S. 122-143 (S. 125f.).

6   Karl May: *"Weihnacht!"*. Gesammelte Reiseerzählungen, Bd. XXIV. Freiburg 1897, S. 3 - Vgl. Heinz Stolte: *Der Fiedler auf dem Dach. Gehalt und Gestalt des Romans '"Weihnacht!"'*. In: JbKMG 1986, S. 9-32 (S. 21).

7   Vgl. Werner Tippel: *"Himmel und Erde". Karl Mays astronomisches Weltbild*. In: MKMG 52 (1982), S. 23-28; Hartmut Wörner: *Karl Mays astronomisches Weltbild. Astrophilosophie in Karl Mays Werken*. In: MKMG 53 (1982), S. 5-14.

8   Karl May: *Am Jenseits*. Gesammelte Reiseerzählungen, Bd. XXV. Freiburg 1899, S. 133 - Als erste Strophe des Gedichts 'Widmung' hat May diese Verse seinen *Himmelsgedanken* (Freiburg 1900) vorangestellt.

6.6   Zurück in die Ernstthaler 'Sümpfe'

Im Arbeitshaus war man mit May sehr zufrieden. Er hatte "Beweise seiner Besserung"[1] erbracht, und die Anstaltsleitung wurde zugunsten des Häftlings aktiv. Ausgestattet mit Reisegeld, dem Heimatschein und einem besonderen Vertrauenszeugnis wurde May am 2. November 1868 "in Folge Allerhöchster Gnade" (König Johanns von Sachsen) vorzeitig entlassen - 253 Tage früher als vom Bezirksgericht Leipzig einst vorgesehen.

Das Vertrauenszeugnis ersparte May eine offizielle Polizeiaufsicht und erlaubte ihm die freie Wahl seines Wohnsitzes.[2] Die Zukunftsprognose schien günstig!

Es war ein schöner, warmer Sonnentag, als ich die Anstalt verließ, zum Kampfe gegen des Lebens Widerstand mit meinen Manuskripten bewaffnet [...] Ich ging von Zwickau nach Ernsttal [sic], also genau denselben Weg, den ich damals als Knabe gegangen war, um in Spanien nach Hilfe zu suchen. Es läßt sich denken, was für Gedanken mich auf diesem Weg begleiteten. (S. 153)[3]

Sechsundzwanzig Jahre war der reuige, moralisch gebesserte Sünder nun alt. Mit Vorwürfen von seiten der Eltern und Geschwister hatte er nicht zu rechnen; "dies war ja schon längst durch Briefe geordnet". (S. 153) Den Seinen war er, der Selbstbiographie zufolge, willkommen. Nur - die Märchengroßmutter war tot! Am 19. September 1865 ist sie gestorben. May erfuhr es, zu seinem Schrecken, erst jetzt. Er sah sich wieder verlassen. Von der übrigen Familie, vor allem der Mutter, fühlte er sich geliebt, aber nicht wirklich verstanden. Mit seinen Träumen war er allein:

Vater hatte jetzt Anderes zu denken. Er war in einer Art sozialer Mauserung begriffen und darum für mich nicht zu haben, zumal er des Abends nie daheim blieb. Auch die Schwestern hatten andere Interessen. Mein ganzer Gedankenkreis war ihnen fremd. So blieb mir nur die Mutter [...] Aber auch sie verstand mich nicht [...] Ich aber fühlte mich einsam, einsam wie immer. (S. 160)

Zu einem pubertären Gemüt passen solche Empfindungen gut. May war geistig begabt, war hochtalentiert. Aber in der psychischen Entwicklung, im seelischen Reifungsprozeß war er, nach Roxin, doch zurückgeblieben.[4] Die narzißtische Isolation, die einer der Gründe für seine Straftaten war, hatte er noch nicht überwunden.

Bis etwa Anfang April 1869 hatte May bei den Eltern in Ernstthal seinen ständigen Wohnsitz. Dann ging er fort. Das Unglück sollte sich, wie schon oft, wiederholen und steigern. So war es bisher gewesen: Jedes Delikt zeugte, durch die Strafe, das nächste Vergehen. Dieses Gesetz schien immer noch wirksam. In der "brutal" langen Haft sah Wollschläger einen Grund für weiteres Unheil.[5] Die 'dunklen Stimmen', die sich bei May wieder meldeten, sind - nach Wollschläger - Projektionen eines unbewußten Konflikts: des Widerstreits einer verworrenen, um sich selbst kreisenden Seele mit der kalten, nüchternen Welt.[6]

Aus den literarischen Plänen wurde jetzt nichts. Von den Arbeiten, die er - nach seiner Aussage vom 3. Juli 1869 - "für den Dresdner Buchhändler Münchmeier [...] geliefert"[7] hat, konnte May wohl nur wenige unterbringen. Münchmeyers Verlag hatte noch nicht die nötige Kapazität, um May die materielle Sicherheit und, damit verbunden, die Voraussetzung für eine kontinuierliche literarische Tätigkeit bieten zu können.[8] Auch diese Enttäuschung dürfte eine, vielleicht entscheidende, Vorbedingung für den Rückfall Mays ins kriminelle Verhalten gewesen sein.

Es begann, erneut und verstärkt, das frühere Elend. Die bösen "Stimmen" wurden wieder beherrschend. Sie "waren bemüht, mich mit aller Gewalt in die Vergangenheit zurückzuzerren. Sie verlangten wie früher, daß ich mich rächen solle. Nun erst recht mich rächen, für die im Gefängnis verlorene, köstliche Zeit!" (S. 157)

Mays späte Schilderung ist, wie gesagt, ungenau und verschämt. Er litt - 1910 - entsetzlich darunter, daß seine Vergangenheit, nach so vielen Jahren der Wiedergutmachung, durch die Presse gewalzt und, überdies, noch böswillig entstellt[9] wurde.

Mit Rückbezug auf die Straftäterzeit, aber auch im Blick auf die Gegenwart (1910) schrieb May in der Selbstbiographie:

Das "Märchen von Sitara"[10] tauchte vor mir auf. Gehörte ich vielleicht zu denen, auf deren Seelen, wenn sie geboren werden, der Teufel wartet, um sie in das Elend zu schleudern, so daß sie verloren gehen? Alles Sträuben und Aufbäumen hilft nichts; sie sind dem Untergange geweiht. Gilt das auch mir? (S. 153f.)

Lag tatsächlich eine Art 'Fluch' über Mays Leben? Der Schriftsteller glaubte an Gott und nicht an den Teufel; aber die Bedrängnis war, damals wie später, sehr groß.

Vom Proletariat, den Ernstthaler Webern und Strumpfwirkern, wurde der Strafentlassene - nach Hainer Plaul - "nicht geächtet, nicht verachtet, nicht ausgeschlossen".[11] Doch May war sensibel: "Das Publicum hat gegen jeden entlassenen Sträfling ein scharfes Vorurtheil"![12] Karl May jedenfalls hatte es so empfunden: "Die Augen hingen an mir, wo ich mich sehen ließ" (S. 162).

In Ernstthal gab es die "Lügenschmiede".[13] Dort wurden Gerüchte gesammelt, und manches wurde hinzugedichtet. Alle möglichen Spitzbübereien, Einbrüche zum Beispiel, wurden May wieder angehängt - auch von der örtlichen Polizei. Er "lachte äußerlich" über solche Beschuldigungen;

innerlich aber war ich empört, und es gab einige schwere Nächte. Es brüllte vom Abend bis zum Morgen in meinem Innern. Die Stimmen schrieen mir zu: "Wehre dich, wie du willst, wir geben dich nicht los! Du gehörst zu uns! [...] Du bist vor der Welt ein Schurke und mußt ein Schurke bleiben, wenn du Ruhe haben willst!" (S. 161f.)

Wie sah es im Herzen dieses Menschen wohl aus? May schreibt mit Vorliebe in Symbolen, in Schlüsselbildern für Ängste und Sehnsüchte, die ja ebenso zum Dasein gehören wie datierbare Fakten. Ein sprechendes Bild für den Ekel, den May vor sich selbst - vermutlich - empfand:

Ich eilte fort und kam an ein Rübenfeld. Ich hatte Hunger und zog eine Rübe heraus [...] Die Stimmen [...] höhnten unaufhörlich "Du bist ein Vieh geworden, frissest Rüben, Rüben, Rüben!" (S. 164) Ich war allein und griff mir mit beiden Händen nach dem Kopfe. Ich fühlte da ganz deutlich die dicke Lehm- und Häckselschicht. Dieser Mensch, der da stand, war doch nicht etwa ich? An den die eigene Mutter nicht mehr glaubte?[14] Wer war der Kerl, der in seiner schmutzigen, verknitterten Kleidung aussah, wie ein Vagabund? Hinaus mit ihm, hinaus! Fort, fort! (S. 167)

'Seelenprotokolle', getarnte und verschlüsselte Niederschriften des damaligen Geschehens finden wir in mehreren Karl-May-Texten - auch in Erzählungen, die wesentlich früher als die Selbstbiographie entstanden sind. So heißt es in der *Todes-Karavane* (1882):

"Es war mir, als ob ich allmählich tiefer und immer tiefer sinke, in einen nebligen und dann immer schwärzer werdenden Schlund hinab. Da gab es keinen Halt, kein Ende, keinen Boden, die Tiefe war unendlich -"[15]

Menschliches Sein ist nie bloße Gegenwart. Es behält, als bleibende Verheißung oder latente Drohung, seine Vergangenheit, seine (erlöste oder unerlöste) Geschichte:

Es kam mir vor, als ob die innern Gestalten aus mir herausgetreten seien und neben mir herliefen. Voran der fromme Seminardirektor, dann der Buchhalter, der mir seine Uhr nicht geborgt haben wollte, eine Rotte von Kegelschiebern [...] und hierauf die Raubritter, Räuber, Mönche, Nonnen, Geister und Gespenster aus der Hohensteiner Schundbibliothek. Das verfolgte mich hin und her; das jagte mich auf und ab. Das schrie und jubelte und höhnte, daß mir die Ohren gellten. Als die Sonne aufging, fand ich mich im Innern eines tiefen, steilen Steinbruches emporkletternd. Ich [...] konnte nicht weiter [...] Da klebte ich zwischen Himmel und Erde, bis die Arbeiter kamen und mich mit Hilfe einiger Leitern herunterholten. (S. 163)

Bleibend und dennoch verwandlungsfähig ist die Vergangenheit immer präsent. Das Heutige, das Gewesene und - in gewisser Weise - auch das Kommende sind in der Seele des Menschen versammelt. Als Metapher für früheres Unheil, aber auch für Verhängnisse, die sich (1869 und später) ankündigen wollten, könnte man die 'Hausbrand'-Szene interpretieren: Als "ich unter den Bäumen hervortrat, sah ich den Himmel blutigrot; ein Qualm stieg zu ihm auf. Sicherlich war da ein Feuer [...] Zwar brannte ein Haus; aber das Feuer war in mir." (S. 164)[16]

Bildhaft und doch realistisch beschreibt Karl May den inneren Zusammenbruch: "Ich lehnte mich an die Mauer des Gottesackers und weinte [...] Diese Tränen waren keine erlösenden." (S. 165)

Anmerkungen

1 Zit. nach Klaus Hoffmann: *Karl May als "Räuberhauptmann" oder die Verfolgung rund um die sächsische Erde. Karl Mays Straftaten und sein Aufenthalt 1868 bis 1870*, 1. Teil. In: JbKMG 1972/73, S. 215-247 (S. 215).

2 Vgl. Hainer Plaul: *"Besserung durch Individualisierung". Über Karl Mays Aufenthalt im Arbeitshaus zu Zwickau von Juni 1865 bis November 1868.* In: JbKMG 1975, S. 127-199 (S. 162).

3 Seitenangaben in () beziehen sich auf Karl May: *Mein Leben und Streben.* Freiburg 1910. Hrsg. von Hainer Plaul. Hildesheim, New York ²1982.

4 Vgl. Claus Roxin: *Vorläufige Bemerkungen über die Straftaten Karl Mays.* In: JbKMG 1971, S. 74- 109 (S. 98f.).

5 Hans Wollschläger: *Karl May. Grundriß eines gebrochenen Lebens.* Zürich 1976, S. 35.

6 Vgl. Hans Wollschläger: *"Die sogenannte Spaltung des menschlichen Innern, ein Bild der Menschheitsspaltung überhaupt". Materialien zu einer Charakteranalyse Karl Mays.* In: JbKMG 1972/73, S. 11-92 (S. 44ff.).

7 Zit. nach Hoffmann, wie Anm. 1, S. 215; vgl. oben, S. 99.

8 Vgl. Plaul: *"Besserung"*, wie Anm. 2, S. 187f.

9 Vgl. unten, S. 529f.

10 Vgl. May: *Mein Leben und Streben*, wie Anm. 3, S. 1-7.

11 Hainer Plaul: *Redakteur auf Zeit. Über Karl Mays Aufenthalt und Tätigkeit von Mai 1874 bis Dezember 1877.* In: JbKMG 1977, S. 114-217 (S. 123, mit Bezug auf Mays Entlassung aus dem Zuchthaus zu Waldheim).

12 Karl May: *Der verlorene Sohn oder Der Fürst des Elends.* Hildesheim, New York 1972 (Reprint der Dresdner Erstausgabe von 1883-85), S. 998.

13 Genaueres bei Plaul: *Karl May*, wie Anm. 3, S. 360ff. (Anm. 81-85).

14 Auf Zweifel der Mutter an seiner Unschuld (*Mein Leben und Streben*, wie Anm. 3, S. 166) spielt May hier an. - Vgl. unten, Anm. 16.

15 Karl May: *Von Bagdad nach Stambul.* Gesammelte Reiseromane, Bd. III. Freiburg 1892, S. 329 (entspricht der 1882 bei Pustet erschienenen Erzählung *Die Todes-Karavane*); dazu

Walther Ilmer: *Von Kurdistan nach Kerbela. Seelenprotokoll einer schlimmen Reise.* In: JbKMG 1985, S. 263-320 (S. 263).

16 Die Authentizität und die Deutung dieser Hausbrandszene sind umstritten; vgl. Wollschläger: *Spaltung*, wie Anm. 6, S. 21ff.; Claus Roxin: *Mays Leben.* In: *Karl-May-Handbuch.* Hrsg. von Gert Ueding in Zusammenarbeit mit Reinhard Tschapke. Stuttgart 1987, S. 62-123 (S. 82). - Nach *Mein Leben und Streben*, wie Anm. 3, S. 166, wurde May der Brandstiftung bezichtigt. Von der Polizei und der Staatsanwaltschaft wurde eine derartige Beschuldigung aber nie erhoben; vgl. Plaul: *Karl May*, wie Anm. 3, S. 383 (Anm. 140).

6.7 Auguste Gräßler und andere Bekanntschaften

Die äußeren Umstände erklären Mays Rückfalldelikte nur unzureichend. Die Wirkkräfte, die sein Schicksal bestimmten, lagen in May selbst,[1] in seinem 'gebrochenen' Wesen. Die entscheidenden Faktoren waren (wie 1864/65) ein verstörtes Gemüt, ein seelischer Entwicklungsrückstand, eine groteske Phantasie, ein pseudologischer Trieb, die materiellen Probleme, vielleicht auch der Alkohol,[2] vielleicht auch erotische Abhängigkeiten in Verbindung mit narzißtischer Geltungssucht.

Zu Beginn seiner zweiten Deliktserie, im Frühjahr 1869 oder schon früher, lernte May eine "Geliebte",[3] das Dienstmädchen Auguste Gräßler (geb. 1848) aus Raschau, kennen. Nach der Entlassung aus dem Arbeitshaus hatte er, von Ernstthal aus, kleinere Reisen, wahrscheinlich nach Dresden zum Kolportageverleger Heinrich Münchmeyer,[4] unternommen. Hinzu kamen Ausflüge in die Randgebiete des Erzgebirges. In der Nähe von Schwarzenberg, einem Städtchen etwa 70 Kilometer von Ernstthal entfernt, traf er Auguste so oft es ihm möglich war. Daß er Geld für sie brauchte (Bahnreisen waren teuer für May), ist eine naheliegende Annahme.

Könnte in Auguste Gräßler ein, wenn auch sekundäres, Motiv für die weiteren Verfehlungen Karl Mays zu finden sein? Denkbar wäre es schon: "Ja, ich will für Dich zum Spitzbuben, Schinderhannes und bayrischen Hiesel werden. Ich will!"[5] Der Jäger Sam Barth sagt's - freilich scherzhaft - zu Karpala, dem Engel der Verbannten: in Mays Roman *Deutsche Herzen - Deutsche Helden.*

Seinen 'Schatz' konnte May nicht behalten. In *Der Weg zum Glück* gibt die Sennerin Leni dem Krikelanton zu bedenken: "Schau, Du bist so ein sauberer Bub und ein guter dazu [...] Aber Du gehst auf dunklen Wegen, und überall ist die Polizei hinter Dir. Dein Dirndl befänd sich stets in der Gefahr, auch mit auf das Amt zu müssen."[6]

Zu Pfingsten, Mitte Mai 1869, hatten Karl und Auguste sich zum letzten Mal getroffen. Am 10. Juli wurde das Mädchen polizeilich verhört. Auch eine Hausdurchsuchung hat es gegeben. Daß Auguste über die Heldentaten ihres 'Geliebten' Bescheid wisse und von May gestohlene 'Reichtümer' besitze, wurde vermutet. Aber die Durchsuchung blieb ohne Ergebnis.[7]

Nach den Anhaltspunkten Klaus Hoffmanns spielten zu dieser Zeit noch weitere Liebschaften - womöglich erneut auch mit Anna Preßler, deren Ehe mißlang und im März 1871 geschieden wurde[8] - eine "nicht zu unterschätzende"[9] Rolle. Sie könnten May zu den Ausflügen und "Reisen" bewegt haben, die in der Selbstbiographie mehrmals erwähnt werden. Sein Theaterbesuch im Mai 1869 in Jöhstadt könnte mit der Ballett-Dame zusammenhängen, die er (nach Hoffmann) seit 1863 kannte und deren Beziehung zu May in den Romanen *Waldröschen* und *Der verlorene Sohn* sich dann spiegeln dürfte.[10] Und die bereits erwähnte Malwine Rosalie Wadenbach (geb. 1819) half ihm bei seinen Fluchtreisen - im Herbst 1869 - möglicherweise mit Geld aus. Sie und ihre Tochter hatten für May "mit einiger Wahrscheinlichkeit"[11] schon in der ersten Hälfte der sechziger Jahre eine besondere Bedeutung. Im Spätherbst des Jahres 1869 dürfte dieses 'Verhältnis' aber getrübt und folglich beendet worden sein.

May wirkte auf Frauen und er wird es genossen haben. Freilich wiederholte sich, in einer neuen Variante, auch diesmal die 'Urszene':[12] Eine Frau, Malwine Wadenbach, die dem Alter nach seine Mutter hätte sein können, nahm ihre Liebe - falls dieses Wort hier berechtigt ist - zurück. Durch ihre belastende Aussage im Januar 1870 (später wird davon noch die Rede sein) distanzierte sie sich dann endgültig von May.[13]

Allerdings muß auch hier, wie zur 'Affäre' mit Henriette Meinhold,[14] gesagt werden: Wie tiefgreifend und folgenschwer diese Erlebnisse nun wirklich gewesen sind, ist schwer zu bestimmen. Für sichere Schlüsse, für zweifelsfreie biographische Wertungen ist unser Wissen zu vage und lückenhaft.

Mein Leben und Streben verschweigt diese Frauengeschichten. Die Erzählwerke verraten, als Seelenprotokolle und heimliche 'Beichten', wohl mehr. In den erzgebirgischen Dorfgeschichten, den frühesten Romanen und - erst recht - den Kolportagewerken des Dichters gibt es schöne Frauen und hübsche Mädchen in galaktischer Fülle.[15] Das mag, zum Teil, mit der Eigenart der 'Trivialliteratur' zu erklären sein. Doch der biographische Hintergrund darf nicht übersehen werden: An Anna Preßler und Henriette Meinhold, an Auguste Gräßler[16] und Malwine Wadenbach,[17] an die Balletteuse und auch noch an weitere Frauen (aus späterer Zeit) wird der Autor gedacht haben. Ihre - und Emma Pollmers, der Ehefrau[18] - Bilder verschmelzen in den Romanen zur 'Anima', zur Ideal-Frau schlechthin (und manchmal auch zur bösen Megäre oder betörenden Sirene).

Zählt man die Frauen zusammen, die in Mays Leben eine größere Rolle gespielt haben, kommt man auf eine stattliche Zahl. Ein feuriger Casanova, ein bedenkenloser Don Juan wird May jedoch nie gewesen sein. Er sehnte sich nach weiblicher Nähe, aber bisher wohl ohne wirkliches Glück. In den *Offenen Briefen eines Gefangenen*, etwa ein Jahr vor seiner - auch wieder glücklosen - Begegnung mit Auguste Gräßler, schrieb der Häftling in Zwickau: Nie habe ihm "ein liebend Auge [...] lachen, nie ein warmes Herz [...] schlagen dürfen"; und nie habe er "ein Wesen gefunden, welches ich mit vollem Vertrauen und mit unerschütterlichem Glauben in meine Arme hätte nehmen können."[19]

Ob der Vagant und Straftäter May zu einer reiferen Bindung überhaupt fähig war, ist sehr zu bezweifeln. Die Verhältnisse waren widrig, sein Charakter geschädigt und seine Gemütsverfassung am Tiefpunkt.

Anmerkungen

1   Vgl. Heinz Stolte: *Hiob May*. In: JbKMG 1985, S. 63-84 (S. 68).
2   Vgl. Karl May: *Mein Leben und Streben*. Freiburg 1910. Hrsg. von Hainer Plaul. Hildesheim, New York ²1982, S. 159: "Der Abscheu vor Branntwein ist mir angeboren [...] Jetzt aber fühlte ich seltsamer Weise stets großen Durst." - Vgl. Walther Ilmer: *Karl Mays Weihnachten in Karl Mays '"Weihnacht!"' II. Eine Spurenlese auf der Suche nach Fährten*. In: JbKMG 1988, S. 209-247 (S. 236).
3   So heißt es im Bericht des Stadtwachtmeisters Laukner (Hohenstein) vom 6.7.1869; zit. nach Klaus Hoffmann: *Karl May als "Räuberhauptmann" oder Die Verfolgung rund um die sächsische Erde. Karl Mays Straftaten und sein Aufenthalt 1868-1870*, 1. Teil. In: JbKMG 1972/73, S. 215-247 (S. 216).
4   Vgl. Hoffmann: *Karl May als "Räuberhauptmann"*, wie Anm. 3, S. 215f.
5   Karl May: *Deutsche Herzen - Deutsche Helden*. Bamberg 1976 (Reprint der Dresdner Erstausgabe von 1885-87), S. 1794.

6   Karl May: *Der Weg zum Glück. Roman aus dem Leben Ludwig des Zweiten.* Hildesheim, New York 1971 (Reprint der Dresdner Erstausgabe von 1886-88), S. 31.
7   Vgl. Hoffmann: *Karl May als "Räuberhauptmann",* wie Anm. 3, S. 233.
8   Vgl. Hoffmann: *Karl May als "Räuberhauptmann"...,* 2. Teil. In: JbKMG 1975, S. 243-275 (S. 262).
9   Ebd., S. 261.
10 Vgl. oben, S. 94 (Anm. 5).
11 Wie Anm. 9.
12 Vgl. oben, S. 43 u. S. 64f.
13 Vgl. unten, S. 116.
14 Vgl. oben, S. 73ff.
15 Vgl. Werner Tippel - Hartmut Wörner: *Frauen in Karl Mays Werk.* SKMG Nr. 29 (1981).
16 Von einer Auguste - als in Amerika wiedergefundener Jugendfreundin Sam Barths - erzählt May: *Deutsche Herzen,* wie Anm. 5, S. 968ff. u. pass. - Ob sich Auguste Gräßler (teilweise) hier spiegelt, ist allerdings ungewiß.
17 Zu möglichen Spiegelungen Malwine Wadenbachs (und deren Tochter) in Mays großem Orientzyklus (vgl. Karl May: Gesammelte Reiseromane, Bd. I u. Bd. IV) vgl. Walther Ilmer: *Das Märchen als Wahrheit - die Wahrheit als Märchen. Aus Karl Mays 'Reise-Erinnerungen' an den erzgebirgischen Balkan.* In: JbKMG 1984, S. 92-138 (S. 100ff.).
18 Vgl. unten, S. 156f.
19 Karl May: *Hinter den Mauern und andere Fragmente aus der Haftzeit.* In: JbKMG 1971, S. 122-143 (S. 128).

6.8   Die Rückfalldelikte (1869)

Der ehemalige Arbeitshäusler ist wieder - so May in *Mein Leben und Streben* -

fortgegangen. Wohin? Die Erinnerung läßt mich im Stich. Ich war wieder krank wie damals [...] Wenn ich mir Mühe gebe, mich auf jene Zeit zu besinnen, so ist es mir wie Einem, der vor fünfzig Jahren irgend ein Theaterstück gesehen hat und nach dieser Zeit noch wissen soll, was von Augenblick zu Augenblick geschah und wie die Kulissen sich verwandelten. Einzelne Bilder sind mir geblieben [...] Ich habe in jener Zeit jenen dunkeln Gestalten gehorcht, welche in mir wohnten und mich beherrschten. Was ich getan habe, erscheint jedem Unbefangenen unglaublich.[1]

Was da in Wirklichkeit passierte, ist eine dreiste und tolle Geschichte. Fast "komödiantische Züge",[2] Euphorie und Schelmerei treten - wie 1864/65 - hervor. Der materielle Schaden, den Karl May jetzt anrichtete, war vergleichsweise gering: ca. 300 Mark. Es schien mehr um Protest und Rebellion, auch um Lustgewinn, um "Selbstbestätigung und Verspottung der Umwelt zu gehen"[3] als um den materiellen Gewinn. Aber der Ernst ging mit: Ein Stigmatisierter wurde zum zweiten Mal zum Gesetzesbrecher. Ein Getretener, ein Beleidigter suchte fiktiv zu erhaschen, was die Realität ihm versagt hat: Anerkennung und Ehre, Namen und Rang.

Die 'Sturm- und Drangjahre' gehören zu May und seiner Geschichte. Sie sind ein erlösungsbedürftiger Teil seiner selbst, seiner narzißtischen Isolierung und seiner schöpferischen Entwicklung. Ob im theologischen Sinne von Schuld, von wirklicher und schwerwiegender Schuld die Rede sein kann, ist - wie schon angesprochen - eine schwierige Frage. Dokumentiert sind die äußeren Fakten; der Schluß auf die Psyche des 'Helden' liegt nahe, bleibt aber letztlich doch hypothetisch. Eine Verwirrung, eine Krankheit im klinischen, die Schuldfähigkeit zumindest einschränkenden Sinne (§ 51 StGB) ist keineswegs auszuschließen.[4] Roxin schreibt: "Nach den heutigen Maßstäben der forensischen Psychologie und Psychiatrie würde May wohl eine erheblich verminderte Schuldfähigkeit (mit entsprechender Strafmilderung) zugebilligt werden."[5]

Ob er nun schuldig war oder nicht - Karl May hat gesühnt, hat mehrfach gesühnt. Trotzdem wurde alles, Jahrzehnte danach, ins häßlichste Licht gezerrt und durch zusätzlich erfundene Geschichten[6] noch gewaltig vergröbert.

Zu den Daten und Ereignissen, soweit sie bekannt sind:[7] Am 29. März 1869 'ermittelt' May wegen 'Falschgeldes'. Sein Opfer: der Händler und Strumpfwirker Carl Reimann. Als 'Polizeileutnant von Wolframsdorf aus Leipzig' versetzt er in Wiederau bei Mittweida den "stramm stehenden"[8] Reimann samt Familie in Ehrfurcht und Schrecken. Ein Zehntalerschein, einige Silberlinge und eine Taschenuhr (!) werden 'beschlagnahmt'. Widerstand gibt es nicht; denn der Krämer scheint geistig beschränkt und "den 'Leutnantston' beherrschte May [...] virtuos"[9] - wie bei Zuckmayer der Hauptmann von Köpenick. Unter dem Vorwand, den Händler zur Gendarmerie bringen zu wollen, führt der 'Leutnant' ihn ab nach Claußnitz, wo das 'Verhör' stattfinden solle. Zu Claußnitz läßt er den Krämer in einem Gasthofe warten - und entschwindet dann spurlos. Nach einigen Stunden erkundigt sich Reimann nach dem Zeitpunkt der 'Untersuchung'; und niemand kann ihm Bescheid geben.

Nicht so erfolgreich treibt es May am 10. April: Als 'Mitglied der Geheimpolizei' fahndet er wieder nach 'Blüten'. In Ponitz bei Meerane (Sachsen-Altenburg) will er den Seilermeister August Krause um 30 Taler erleichtern. Der 'Geheime' nimmt das 'Falschgeld' in Empfang und fordert den 'Delinquenten' dann auf, ihn zum Gerichtsamt in Crimmitschau zu begleiten. Unterwegs ergreift er "plötzlich querfeldein die Flucht",[10] wird von Krause und einem Helfer verfolgt, wirft das Geld auf den Boden, zieht in der Panik ein (wahrscheinlich ungeladenes) Doppel-Terzerol,[11] hält die Verfolger in Schach und entweicht. In jeder 'Reiseerzählung' des Schriftstellers kehrt dieses Schußwaffen-Motiv, in allen möglichen Varianten, dann wieder.

Am 12. April taucht Karl May in Ernstthal auf, muß aber baldigst verschwinden. Obergendarm Karl Prasser aus Rochlitz, der schon 1865 den Kleiderschwindler 'Dr. Heilig' entlarvt hat[12] und auch jetzt wieder alles erkundet, meldet der Obrigkeit: "May hält sich bei seinen Eltern in Ernstthal auf. Entschuldigt sich angeblich mit litterarischen Arbeiten, verreist zeitweilig".[13] Man schöpfte Verdacht; fünf Tage später ließ Staatsanwalt Taube (Mittweida) nach Karl May fahnden.

Am 18. April fährt der Gesuchte zu seiner Auguste nach Schwarzenberg, bleibt über Nacht und besucht am nächsten Tag Bad Ottenstein. Dort macht er, laut eigener Angabe, die Bekanntschaft von zwei Nordamerikanern. Am 20. April schickt er den Eltern von Leipzig aus einen Brief: Er habe Mr. Burton und dessen Sohn kennengelernt; bei ihnen könne er, in Pittsburg/USA,[14] Hauslehrer werden.[15] "Ein guter Schriftsteller muß die Welt kennen [...] Ich reise ab; man wird meine Vergangenheit vergessen und verzeihen, und als ein neuer Mensch mit einer besseren Zukunft komme ich wieder."[16] In Bremen kehrt er, wegen Paßschwierigkeiten vermutlich, dann um. Ende April wird er wieder in Sachsen gewesen sein - um auch weiterhin verbotene Wege zu gehen.

Anfang Mai treibt er sich in Jöhstadt an der böhmischen Grenze und am 27./28. Mai wieder in Ernstthal herum. An beiden Orten begeht er 'Schwindeleien', die diesmal vermutlich keine wirklichen Straftaten sind. Denn mit den 'Opfern' steht er wahrscheinlich im Einvernehmen. In Jöhstadt, wo er am 3. Mai das Theater besucht, hat ihn sein Verwandter, der Schneider Johann Hoppe, mit neuen Kleidern versorgt. In Ernstthal verbirgt sich May im Hause des Taufpaten, des Huf- und Waffenschmieds Christian Weißpflog. Dieser überläßt ihm (falls es nicht doch ein Diebstahl von seiten Mays war) einen Kinderwagen, eine Schirmlampe, eine Brille mit Futteral, zwei Geldtäschchen mit zwei Talern

Inhalt, verschiedenen Kleinkram und "60 bis 70 Stück Dittriche".[17] Im Kinderwagen bringt May dies alles in eine 'Eisenhöhle' (nördlich von Hohenstein), was von einem Nachbarn beobachtet wird. Der Vorfall ist schwer zu erklären. Der 'Kleiderschwindel' in Jöhstadt und der 'Diebstahl' in Ernstthal sind wohl, um Wochen verspätet, "von den Betroffenen nur deshalb angezeigt worden, um nicht in den Verdacht der Begünstigung zu geraten!"[18]

Am 31.5. nimmt Karl May im Restaurant des Viktor Wünschmann zu Limbach (bei Ernstthal) einen Satz Billardkugeln mit. Für fünf Taler kann er sie in Chemnitz verkaufen. Zwei Polizisten kommt die Sache verdächtig vor, und May sucht sein Heil in der Flucht.

In der Nacht vom 3. zum 4. Juni stiehlt er in Bräunsdorf dem Gastwirt Johann Schreier ein Pferd samt Trense und Peitsche im Schätzwert von 65 Talern. Als er es in Höckendorf dem Schlächter Voigt für 15 Taler verkaufen will, muß er erneut - wie die Pferdediebe in seinen Abenteuergeschichten (z.B. der Waffenschmied Deselim)[19] - die Flucht ergreifen: Der Eigentümer ist ihm gefolgt und verlangt nun sein Roß. Schleunigst und ohne das Kaufgeld erhalten zu haben, nimmt unser Reitersmann, per pedes, "in Richtung auf Schindmaas zu Reißaus".[20] Im Steckbrief wird er folgendermaßen beschrieben: schmächtige Statur; blasses Gesicht; lange Haare; dunkles Schnurrbärtchen mit Lippenbart; Dialekt der Glauchauer Gegend.[21]

Der nächste Fall: Eine auf den 24.5. datierte Vollmacht hat Karl May mit eigenen Händen gefälscht. Er unterschreibt sie mit 'Heinrich von Sybel, sächsischer General-Consul' (den Namen kannte er von seinen Studien im Zwickauer Gefängnis her). Einen gewissen 'Dr. Schaffrath, Advokat aus Dresden' ermächtigt dieses Certifikat, nach den sächsischen Erben eines in Cincinnati verstorbenen Geschäftsmannes zu forschen: auch dies ein Motiv, das May - wie alle seine Delikte - literarisch verwertet hat.[22]

Eine Benutzung dieses Papiers, ein betrügerisches Handeln zum Nachteil tatsächlicher Erben (etwa der Familie Albani in Ernstthal),[23] ist nicht unbedingt auszuschließen; doch ein Beweis war nicht zu erbringen. Was feststeht, ist lediglich dies: Am 15. Juni erscheint Karl May als 'Beauftragter Dr. Schaffraths' dem Bäckermeister Christian Wappler in Mülsen St. Jakob (bei Glauchau). Mit der Nachricht, der Bäcker habe einen Verwandten in Amerika beerbt, schickt er den glücklichen Wappler und dessen drei Söhne nach Glauchau. Die Ehefrau und eine Schwiegertochter bleiben zurück. Den verblüfften Damen gibt May sich als 'höherer Beamter der geheimen Polizei' zu erkennen. Er recherchiert wieder nach Falschmünzerei; und 28 Taler werden kassiert.

Immer dreister wird nun der Schelm. Die Satire, die Verhöhnung des Polizeistaates, aber auch die Rollenspiele als solche, das 'Theater', der "inszenatorische Aufwand"[24] werden zum Selbstzweck. Es ist, so Roxin, eine Galerie von eindrucksvollen Gestalten, die hier in Erscheinung tritt; "sie könnte einem Roman von Karl May entstammen."[25]

Der letzte Scherz: Mit dem Datum des 19. Juni signiert Karl May als 'Generalstaatsanwalt Dr. Schwarze' eine polizeiliche Legitimation, eine Fahndungsermächtigung "nach falschem Papier- und Silbergeld".[26] Dem Inhaber, der sich selbst als 'Assessor Laube' ausgibt, soll dieser Freibrief die Wege bereiten: wie später - unter anderen Vorzeichen - dem Ich-Erzähler das Siegel des Großherrn oder dem 'Fürsten des Elends'[27] die Vollmacht des Königs. Doch zum Gebrauch dieses 'Dokuments' hat May jetzt keine Gelegenheit mehr. Denn am 2. Juli 1869 nimmt der Spuk, mit der Festnahme des Regisseurs, sein vorläufiges Ende.

In den Zwischenzeiten wurde das 'unwürdige Glied des Lehrerstandes'[28] von der Polizei gesucht. Sein Versteck: jene zwei 'Eisenhöhlen' bei Hohenstein, von denen die eine heute 'Karl-May-Höhle' genannt wird, während die andere inzwischen verschüttet ist. Es handelt sich um die Reste von alten Stollen aus dem 17. Jahrhundert. Um das Jahr 1772 dienten sie dem Räuberhauptmann Christian Harnisch und seiner Bande als Stützpunkt. Manch alte Räubergeschichte projizierte die Fama, noch viele Jahre nach Karl Mays Tode, auf unseren Helden.[29]

Anmerkungen

1 Karl May: *Mein Leben und Streben*. Freiburg 1910. Hrsg. von Hainer Plaul. Hildesheim, New York ²1982, S. 167.

2 Hans Wollschläger: *Karl May. Grundriß eines gebrochenen Lebens*. Zürich 1976, S. 40.

3 Helmut Schmiedt: *Karl May. Studien zu Leben, Werk und Wirkung eines Erfolgsschriftstellers*. Frankfurt/M. ²1987, S. 39; vgl. Claus Roxin: *Karl May, das Strafrecht und die Literatur*. In: JbKMG 1978, S. 9-36 (S. 19).

4 Kurt Langer: *Der psychische Gesundheitszustand Karl Mays. Eine psychiatrisch-tiefenpsychologische Untersuchung*. In: JbKMG 1978, S. 168-173 (S. 172), nimmt sogar eine "Schuldunfähigkeit" an.

5 Claus Roxin: *Mays Leben*. In: *Karl-May-Handbuch*. Hrsg. von Gert Ueding in Zusammenarbeit mit Reinhard Tschapke. Stuttgart 1987, S. 62-123 (S. 88).

6 Vgl. unten, S. 529f.

7 Vgl. Klaus Hoffmann: *Zeitgenössisches über "ein unwürdiges Glied des Lehrerstandes"*. Pressestimmen aus dem Königreich Sachsen 1864-1870. In: JbKMG 1971, S. 110-121 (S. 113-121) - Ders.: *Karl May als "Räuberhauptmann" oder Die Verfolgung rund um die sächsische Erde. Karl Mays Straftaten und sein Aufenthalt 1868 bis 1870*, 1. Teil. In: JbKMG 1972/73, S. 215-247 (S. 215ff.) - Wollschläger, wie Anm. 2, S. 36-41 - Christian Heermann: *Der Mann, der Old Shatterhand war. Eine Karl-May-Biographie*. Berlin 1988, S. 86-90.

8 Wollschläger, wie Anm. 2, S. 36.

9 Ebd.

10 Aus dem Urteil des Bezirksgerichts Mittweida; zit. nach Hoffmann: *"Räuberhauptmann"*, wie Anm. 7, S. 219.

11 Vgl. Hoffmann: Ebd.

12 Vgl. ebd., S. 220.

13 Aus Prassers Bericht vom 12.4.1869; zit. nach Hoffmann: Ebd., S. 216.

14 Vgl. Karl May: *"Weihnacht!"*. Gesammelte Reiseerzählungen, Bd. XXIV. Freiburg 1897: Carpio behauptet, ein "Empfehlungsschreiben" (ebd., S. 62) an seinen Verwandten in "Pittsburg" (ebd., S. 302) zu besitzen!

15 Heermann, wie Anm. 7, S. 87, bezweifelt, daß Karl May dieses Angebot tatsächlich erhalten habe.

16 Aus Mays Brief vom 20.4.1869 an seine Eltern; der Brief ist vollständig abgedruckt und kommentiert bei Hoffmann: *"Räuberhauptmann"*, wie Anm. 7, S. 221f.

17 Zit. nach Gerhard Klußmeier - Hainer Plaul (Hrsg.): *Karl May. Biographie in Dokumenten und Bildern*. Hildesheim, New York 1978, S. 56 (links oben).

18 Ebd., S. 56 (rechte Spalte); vgl. Hoffmann: *Zeitgenössisches*, wie Anm. 7, S. 114f.; ders.: *"Räuberhauptmann"*, wie Anm. 7, S. 226f.

19 Vgl. Walther Ilmer: *Das Märchen als Wahrheit - die Wahrheit als Märchen. Aus Karl Mays 'Reise-Erinnerungen' an den erzgebirgischen Balkan*. In: JbKMG 1984, S. 92-138 (S. 107).

20 Hoffmann: *"Räuberhauptmann"*, wie Anm. 7, S. 228.

21 Aus dem Gendarmerieblatt vom 8.6.1869; zit. nach Hoffmann: Ebd.

22 Dazu Walther Ilmer: *Von Kurdistan nach Kerbela. Seelenprotokoll einer schlimmen Reise*. In: JbKMG 1985, S. 263-320 (S. 302).

23 Vgl. Hoffmann: *"Räuberhauptmann"*, 2. Teil. In: JbKMG 1975, S. 243-275 (S. 259f.).

24 Roxin: *Mays Leben*, wie Anm. 5, S. 87.

25 Claus Roxin: *Vorläufige Bemerkungen über die Straftaten Karl Mays*. In: JbKMG 1971, S. 74-109 (S. 80).

26 Aus dem Urteil des Bezirksgerichts Mittweida; zit. nach Hoffmann: *"Räuberhauptmann"*, wie Anm. 7, S. 230f.
27 Vgl. Karl May: *Der verlorene Sohn oder Der Fürst des Elends*. Hildesheim, New York 1971f. (Reprint der Dresdner Erstausgabe von 1883-85).
28 So hieß es im Chemnitzer Tageblatt vom 13.6.1865.
29 Vgl. Heermann, wie Anm. 7, S. 88.

6.9 Verhaftung, dramatische Flucht und erneute Verfolgung

An symbolträchtiger Stätte, im Kegelschub der Gastschenke Engelhardt in Hohenstein, im 'Sklavenhaus' seiner Kindheit,[1] ereilt Karl May nun das Schicksal.

In Mays Roman *Der Weg zum Glück* betritt der unschuldige Lehrer Ma(y)x Walther den Kegelschub zu "Hohenwald". Ein finstrer Geselle befiehlt seinen Leuten, "die Polizeien" zu machen: "'Kommt Alle, kommt! Den halten wir fest!' Im nächsten Augenblicke sah Walther sich von den Leuten umringt."[2]

Max Walther entledigt sich seiner Häscher mit Leichtigkeit. Den Ortspolizisten donnert er an und streckt ihn nieder mit einem Hieb. Den Befehlshaber, den Dorfschulzen Claus, kuriert er mit Ohrfeigen. Die Meute erstarrt. Und Respekt und Bewunderung winken dem Helden.

Doch in Wirklichkeit war es so: 'Leutnant von Wolframsdorf', auch 'Assessor Laube' genannt, war durchs Schiebefenster in das verschlossene Kegelhaus zu Hohenstein eingedrungen. Seit mehreren Nächten hatte er das Gebäude als Schlafstätte benutzt. Ein Handtuch und ein Zigarrenpfeifchen waren die Beute des Einbrechers.[3] Aber schon bald wurde der Täter entdeckt und mit Hilfe des Hohensteiner Polizeiwachtmeisters Laukner ergriffen.

Mays Trauma wird wieder wahr: Die Polizei nimmt ihn fest, am 2. Juli 1869, früh morgens um 3 Uhr. Der aus dem Schlaf gerissene Träumer setzt sich zur Wehr. Wie schon früher, auf dem Wege nach Crimmitschau, greift er zu seiner Pistole. Aber "nach kurzem Kampfe" wird er, wie es in den Zeitungen hieß, überwältigt.[4]

Ob das Terzerol mit Kugeln geladen war, ist ungewiß. Vor dem Untersuchungsrichter hat May es bestritten.[5] Das Gericht wird - so Roxin -

der Frage nicht weiter nachgegangen sein, weil sie für die rechtliche Beurteilung des Falles ohne Bedeutung war. Denn ein Widerstand gegen die Staatsgewalt lag so oder so vor, und angesichts der Tatsache, daß May nicht geschossen hatte und eine Absicht zu schießen jedenfalls nicht nachweisbar war, konnte die Frage, ob die Pistole geladen war, als unerheblich auf sich beruhen.[6]

Gar nicht so einfach war die Feststellung der Identität Karl Mays. Der Bösewicht ist auch diesmal "ziemlich gut verkleidet";[7] dem betrügerischen Mübarek im Orientzyklus des Schriftstellers oder den vermeintlichen Grafen, den Verwandlungskünstlern und Lügenbaronen in seinen Kolportageromanen steht der Straftäter May in dieser Hinsicht kaum nach.

Am 3. Juli wird er in Mittweida durch den Staatsanwalt Oskar Taube verhört. May leugnet alles. Seine Überführung ist schwierig; denn Schelmereien gab es um 1869 in Ernstthal und Umgebung genug. Auch gab es mehrere Kriminelle, die ebenfalls Carl Friedrich May (oder Mai) hießen.[8]

Ob der verhaftete Karl May auch wirklich der Schuldige war, sollte - in jedem Einzelfalle - geklärt werden: durch Lokaltermine, durch Gegenüberstellung mit den Geschädigten. Es gab da merkwürdige Szenen. Der geprellte Carl Reimann zum Beispiel begrüßte am 5. Juli den Arretierten in Wiederau: "Da sind Sie ja, Herr Polizeileutnant!" Doch dieser meinte ganz ungeniert: "Ich kenne Sie nicht!"[9]

Mays Selbstbiographie faßt diese Tage und Wochen zusammen: Wo immer etwas passiert war, "da transportierte man mich als 'hoffentlichen Täter' hin".[10] Mit Handschellen wird der Gefangene herumgeschleppt und den Leuten gezeigt - wie ein Raubtier im Käfig. Das wird ihm endlich "zu viel. Ich zerbrach während eines Transportes meine Fesseln und verschwand."[11]

Mit "einem Ruck"[12] soll der schmächtige Karl May die Handschellen gesprengt haben! Am 26. Juli, auf dem Wege nach Bräunsdorf, reißt der Ergrimmte bei Kuhschnappel "alle seine Kräfte zu einem starken Stück zusammen: er zerbricht die 'eiserne Bretze'"[13] und entspringt seinem Bewacher.[14] Wie Old Shatterhand bei den Indianern, wie Karl Zimmermann in Mays Roman *Deutsche Helden*![15]

Über die Zeit von der Flucht bis zur endgültigen Wiederergreifung am 4. Januar 1870 ist wenig bekannt. Karl May wurde gejagt und in Steckbriefen beschrieben: Er trägt "falsche Bärte", hat einen - laut Zeitungsbericht (Ende Juli 1869) -

starren stechenden Blick, krumme Beine, ist geschlechtlich krank.[16] Er spricht langsam, in gewählten Ausdrücken, verzieht beim Reden den Mund [...] Bei der Entweichung trug er ein schwarzseidnes, runddeckliges Sommerhütchen, einen braunen, ins Gilbliche schimmernden, jupenartigen Rock mit breiter schwarzer Borde besetzt, eine braune Weste und dergl. Hosen mit breiten schwarzen Streifen.[17]

Um den Missetäter seiner gerechten Strafe zuzuführen, griffen die Bürger zu ungewöhnlichen Maßnahmen. Da Karl May in den heimatlichen Wäldern angeblich gesehen wurde, gab es in der Nacht vom 6. zum 7. August eine Großoffensive, ähnlich wie gegen den 'Hauptmann' in Mays Roman *Der verlorene Sohn*:[18] An die fünfundzwanzig Gendarmen und die Ernstthaler Turnfeuerwehr rückten aus, "um in den Hohensteiner Wäldern dem berüchtigten [...] May auf die Spur zu kommen."[19] Doch der Einsatz verlor sich ins Leere. Unser 'Schinderhannes und bayrischer Hiesel'[20] ward nicht mehr gesehen.

Wo war er hingegangen? Seine "längere Auslandsreise"[21] beschränkte sich auf die sächsische Erde, auf verschiedene Herzogtümer und das benachbarte Böhmen. Immerhin - für damalige Reiseverhältnisse ein weites Gebiet! Über den Aufenthalt und die Erlebnisse Karl Mays zwischen Ende Juli 1869 und Anfang Januar 1870 ist unsre Kenntnis, wie gesagt, nur sehr unvollständig. Der Vagant lief herum, kreuz und quer. Nach Klaus Hoffmann durchstreifte er bis Mitte November eine Strecke von mindestens 300 km und war wohl die meiste Zeit ohne Geld.

Mit Malwine Wadenbach, der Karl May wahrscheinlich von früher her bekannten Wirtschafterin auf einem Rittergut in der Nähe von Halle, traf er zuletzt Mitte November in Plößnitz zusammen: nach Malwines späterer Aussage als "Schriftsteller Heichel aus Dresden" und "natürlicher Sohn des Prinzen von Waldenburg"![22]

Im Dezember reiste May, teilweise vielleicht mit der Eisenbahn,[23] ins Fürstentum Coburg-Gotha, hielt sich vermutlich in Coburg auf und überschritt dann per Eisenbahn die Grenze nach Böhmen. Die Route Eger - Falkenau - Karlsbad - Teplitz - Niederalgersdorf (fast 200 km) legte er in der zweiten Dezemberhälfte, zu Fuß und im erschöpften Zustand, zurück.

Nach Hoffmann wäre es "zeitlich gut möglich",[24] daß der 'Waldläufer' zu Weihnachten 1869 die Teilnahme und die Gastfreundschaft des Wirtes Franz Scholz in der Stadt Falkenau genossen hat. Mag dieses Detail nun zutreffen oder nicht, jedenfalls spiegelt das erste Kapitel der Reiseerzählung *"Weihnacht!"* in typisch Mayscher (höchst kunstvoller) Verschleierung die Erlebnisse der 'Winterreise' 1869.[25]

Die frühere Hypothese, Karl May könnte 1869 den deutschen Sprachraum verlassen und Afrika oder die Vereinigten Staaten von Amerika bereist haben, ist mit Sicherheit widerlegt.[26] Seine Fähigkeit, exotische Länder und fremde Bräuche so genau und so fesselnd zu schildern, wie er es später getan hat, bleibt - trotz der Benutzung von literarischen Quellen - um so wunderbarer. Denn das Morgenland und die 'Neue Welt' hat May erst im Alter gesehen.

Anmerkungen

1   Vgl. oben, S. 54ff.

2   Karl May: *Der Weg zum Glück. Roman aus dem Leben Ludwig des Zweiten.* Hildesheim, New York 1971 (Reprint der Dresdner Erstausgabe von 1886-88), S. 613 (vgl. auch die folgenden Seiten).

3   Auch dieser Fall wurde Karl May als 'Diebstahl' berechnet.

4   Im Leipziger Tageblatt und Anzeiger vom 8.7.1869 sowie im Zwickauer Wochenblatt vom 10.7.1869; zit. nach Klaus Hoffmann: *Karl May als "Räuberhauptmann" oder Die Verfolgung rund um die sächsische Erde. Karl Mays Straftaten und sein Aufenthalt 1868 bis 1870*, 1. Teil. In: JbKMG 1972/73, S. 215-247 (S. 232).

5   Vgl. Hoffmann: Ebd.

6   Claus Roxin in einem Brief vom 25.3.1989 an den Verfasser.

7   Hoffmann: *"Räuberhauptmann"*, wie Anm. 4, S. 232.

8   Vgl. Hoffmann: *"Räuberhauptmann"*, 2. Teil. In: JbKMG 1975, S. 243-275 (S. 245).

9   Nach Aktenauszügen von Erich Wulffen; zit. nach Hoffmann: *"Räuberhauptmann"*, wie Anm. 4, S. 233.

10   Karl May: *Mein Leben und Streben.* Freiburg 1910. Hrsg. von Hainer Plaul. Hildesheim, New York [2]1982, S. 167.

11   Ebd., S. 168.

12   Nach Aktenauszügen von Erich Wulffen; zit. nach Hoffmann: *"Räuberhauptmann"*, wie Anm. 4, S. 234.

13   Hans Wollschläger: *Karl May. Grundriß eines gebrochenen Lebens.* Zürich 1976, S. 41; ähnlich Klaus Hoffmann: *Zeitgenössisches über "ein unwürdiges Glied des Lehrerstandes". Pressestimmen aus dem Königreich Sachsen 1864-1870.* In: JbKMG 1971, S. 110-121 (S. 116).

14   Angesichts der eher zierlichen Statur Karl Mays erscheint eine derartig gewaltsame Aktion erstaunlich und nicht sehr wahrscheinlich; vgl. Thomas Ostwald: *Karl May - Leben und Werk.* Braunschweig [4]1977, S. 33f. - Nach Walther Ilmer: *Durch die sächsische Wüste zum erzgebirgischen Balkan. Karl Mays erster großer Streifzug durch seine Verfehlungen.* In: JbKMG 1982, S. 97-130 (S. 126f., Anm. 4), könnte das 'Zerbrechen' der Handschellen auch eine Schutzbehauptung des von May düpierten Gendarmen gewesen sein.

15   Vgl. Karl May: *Deutsche Herzen - Deutsche Helden.* Bamberg 1976 (Reprint der Dresdner Erstausgabe von 1885-87), S. 1340.

16   Eine Geschlechtskrankheit Karl Mays ist sonst in keinem Dokument belegt. Dieser wahrscheinlich falsche Hinweis diente wohl zur "Abschreckung hilfsbereiter weiblicher Wesen" (Ilmer: *Durch die sächsische Wüste*, wie Anm. 14, S. 127, Anm. 4).

17   Aus einem Steckbrief vom 31.7.1869; zit. nach Gerhard Klußmeier - Hainer Plaul (Hrsg.): *Karl May. Biographie in Dokumenten und Bildern.* Hildesheim, New York 1978, S. 59; vgl. Hoffmann: *Zeitgenössisches*, wie Anm. 13, S. 117.

18   Vgl. Karl May: *Der verlorene Sohn oder Der Fürst des Elends.* Hildesheim, New York 1972 (Reprint der Dresdner Erstausgabe von 1883-85), S. 1885ff.

19   Aus dem Wochenblatt für Limbach und Umgebung vom 12.8.1869; zit. nach Hoffmann: *Zeitgenössisches*, wie Anm. 13, S. 117f.

20   Vgl. oben, S. 106.

21   May: *Mein Leben und Streben*, wie Anm. 10, S. 158.

22   Zit. nach Albert Hellwig: *Die kriminalpsychologische Seite des Karl-May-Problems.* In: KMJB 1920. Radebeul 1919, S. 187-250 (S. 200).

23 Vgl. Hoffmann: *"Räuberhauptmann"*, wie Anm. 4, S. 244.
24 Ebd., S. 245.
25 Vgl. Karl May: *"Weihnacht!"*. Gesammelte Reiseerzählungen, Bd. XXIV. Freiburg 1897, S. 42ff.; dazu Hoffmann: *"Räuberhauptmann"*, wie Anm. 4, S. 245. - Vgl. Walther Ilmer: *Karl Mays Weihnachten in Karl Mays '"Weihnacht!"' II. Eine Spurenlese auf der Suche nach Fährten*. In: JbKMG 1988, S. 209-247 (S. 212ff.); nach Ilmer (ebd., S. 213f.) dürfte das Falkenau in Mays *"Weihnacht!"* nicht die Stadt, sondern das *Dorf* Falkenau (in der Nähe von Kamnitz) sein; der Wirt 'Franzl' würde dann keinen realen Gastgeber aus der Biographie Karl Mays widerspiegeln, sondern müßte als weiteres Teil-Ich des Autors betrachtet werden.
26 Vgl. Hainer Plaul: *Karl May*, wie Anm. 10, S. 383 (Anm. 137).

6.10 Wiederergreifung in Böhmen, Flucht nach 'Utopia' und strengste Bestrafung

May kämpfte mit seinem Gewissen. Er wollte zurück in die Heimat, um sich dort dem Gericht zu stellen; er "tat dies aber leider nicht stracks, wie es richtig gewesen wäre, sondern verfiel jenen inneren Gewalten, die sich wieder einstellten"[1] und ihn hinderten, das Rechte zu tun. Anstatt sich freiwillig zu stellen, fiel er den Behörden in die Hände.

Rein zufällig, weil er sich nicht ausweisen konnte, wurde der erschöpfte und völlig heruntergekommene Flüchtling am Morgen des 4. Januar 1870 in Niederalgersdorf bei Tetschen (damals Österreich-Ungarn, heute Tschechische Republik) ergriffen: als Landstreicher auf dem Dachboden einer Scheune - wie später Kara Ben Nemsi in Menlik: in einem Taubenschlag, der krachend zusammenbricht.[2]

Man brachte den Unbekannten nach Bensen und dann nach Tetschen zur Feststellung der Personalien. Vor den k.u.k. Gendarmen gab sich der Vagabund sehr wendig und flugs - wie Stiller im Roman von Max Frisch - eine neue Identität:[3] Albin Wadenbach sei sein Name. Zweiundzwanzig Jahre sei er alt (die letzten fünf Jahre werden unterschlagen!); er komme aus Orby auf der Insel Martinique, Westindien. In Wahrheit sei er ein vornehmer Herr, ein reicher Plantagenbesitzer. Sein Vater Heinrich Wadenbach sei leider verstorben, auch die Mutter sei lange schon tot. Ebenso wie sein Bruder Franz Friedrich, der sich in Coburg von ihm getrennt und aus Versehen die Ausweise mitgenommen habe, wolle er die nächsten Verwandten im alten Europa besuchen.

Mays Kriminalität schlug, schon gut zu erkennen, ins Literarische, ins Märchenhafte, Utopische um: Martinique, ein Hauch von Paradies, von Traumland und Zauberwelt! Seine eigentliche Heimat - die Insel der Glückseligkeit! So wird es bleiben, auch in der Phantasie, im Wunschdenken des späteren Dichters: Der Schmiedejunge Ma(y)x Brandauer - in *Scepter und Hammer* - ist in Wahrheit ein Prinz, ein Kronprinz sogar, und bald schon wird er der König sein.[4] Auch Kara Ben Nemsi ist kein gewöhnlicher Erdenmensch. Er kommt nicht aus Jammertal-Ernstthal; er kommt von Sitara, vom Lande der Sternenblumen, wie es im Spätwerk, in *Ardistan und Dschinnistan*, dann heißen wird.[5]

Noch am 4. Januar gibt der 'Plantagenbesitzer' in Bensen zu Protokoll:

Mein Grundbesitz in Amerika repräsentirt einen Werth von 20 000 Dollars. Ich habe mich mit der practischen Landwirthschaft befaßt, mir nebenbei auch Kenntnisse in der medicinischen Praxis angeeignet. Ich habe von Jugend auf nur Privatunterricht genossen, die practischen Kenntnisse in der Medicin habe ich mir bei einem Arzte namens Legrand(e) angeeignet. - Meine Mutter kannte ich nicht [...][6]

Mit großartigen Briefen nach Martinique und an vorgebliche Zeugen in Deutschland versuchte 'Wadenbach' seine Aussagen zu untermauern. Erich Wulffen, der schon erwähnte Kriminologe, hat mitgeteilt:

Unter Benutzung seiner schon damaligen Kenntnisse von ausländischen Gegenden und Sitten schrieb er in der Haft [...] einen Brief, aus dessen Inhalt man tatsächlich hätte schließen können, daß der Häftling auf Martinique wie zu Hause sei. Also hier im Verbrechen die ersten Symptome des Charakters der späteren Schriftstellerei.[7]

Fast wäre der Coup gelungen. 'Wadenbach' verstand es, zu überzeugen! Aber noch vor der Abfassung seiner stilistisch eleganten Briefe an das Leipziger Bankhaus 'Plaut & Comp.' und den Landwirt Emil Wettig (an welche Adressen man den 'Plantagenbesitzer' nur schreiben ließ, um ihn als Lügner enttarnen zu können)[8] war man mißtrauisch geworden. Man hatte nach seinen 'Verwandten' geforscht und war auf die richtige Spur gekommen. Der Name 'Wadenbach' wurde May zum Verhängnis. Man fand die - vom 'Grundbesitzer' als seine Tante ausgegebene - Trägerin dieses Namens: die attraktive Fünfzigerin Malwine Wadenbach, die vom 'Schriftsteller Heichel', dem früheren Liebhaber (oder Freund oder Bekannten), nichts mehr wissen wollte.[9] Sie sagte Ende Januar 1870 gegen ihn aus, und 'Albins' Geschichten waren erledigt.

Zu klären blieb noch immer die Frage: Wer ist 'Albin Wadenbach' alias 'Schriftsteller Heichel aus Dresden' und 'natürlicher Sohn des Prinzen von Waldenburg' nun in Wirklichkeit? Ein nach Dresden übermittelter Steckbrief erwähnt "als besonderes Kennzeichen an der unteren Seite des Kinns eine von einem Geschwür herrührende Narbe":[10] jenes Wundmal, das - in Mays Roman *Waldröschen* - Karl Sternau als den 'Herrn des Felsens' beglaubigt[11] und das, als Kriegsverletzung Old Shatterhands, "laut erstem *Winnetou*-Band vom Messer des Apachenhäuptlings herrühren soll".[12]

Mit Hilfe des Steckbriefes und eines ebenfalls nach Sachsen gesandten Lichtbildes wurde der so lange gesuchte Karl May identifiziert. Am 15. März wurde er seinem Heimatland ausgeliefert.

Bis zum 3. Mai 1870 saß er im Gerichtsgefängnis Mittweida. Sein Leugnen gab er jetzt auf; er gestand alles ein. Und vierzig Jahre später heißt es in der Selbstbiographie:

Nicht mich bedaure ich, sondern meine armen, braven Eltern und Geschwister, welch erstere mir noch im Grabe leid tun, daß ihr Sohn, auf den sie so große [...] Hoffnungen setzten, durch die unendliche Grausamkeit der Tatsachen und Verhältnisse gezwungen ist, derartige Geständnisse zu machen.[13]

Am 13. April 1870 wurde May, unter Berücksichtigung seiner Rückfälligkeit, aufs strengste verurteilt: zu vier Jahren Zuchthaus wegen einfachen und ausgezeichneten Diebstahls, wegen Betrugs unter erschwerenden Umständen, wegen Fälschung und Widerstand gegen erlaubte Selbsthilfe.[14]

Der Pflichtanwalt Karl Haase hielt den Untersuchungsgefangenen, wohl nicht GANZ zu Unrecht, für einen "komischen Menschen",[15] für einen übermütigen Clown und exzentrischen Schauspieler. Haase gab sich, so sah es May in der Selbstbiographie, keine Mühe für seinen Mandanten. "Er hat mich nicht verteidigt, sondern belastet, und zwar in der schlimmsten Weise."[16] Im Berufungsschreiben vom 17.5.1870 räumte der Anwalt zwar ein, daß nicht "Schlechtigkeit und Böswilligkeit den Angeklagten zu den Verbrechen getrieben zu haben scheinen, als vielmehr grenzenloser Leichtsinn und die angeborene Kunst, den Leuten etwas vorzumachen und daraus Gewinn zu ziehen."[17] Doch im selben Text bezeichnet er den Häftling als "gemeinschädliches Individuum";[18] insofern wird der

'Verteidiger' den Angeklagten tatsächlich belastet haben; eine Verminderung des Strafmaßes hat er jedenfalls nicht erreicht.

Nach seiner Entlassung aus dem Zuchthaus wird der Dichter beginnen, sich 'frei' zu schreiben von seiner Vergangenheit. Seine Straftaten und Schwindeleien, speziell auch die Wadenbach-Legende, gehören zum 'Innen-Material' seiner Erzählwerke. Er korrigiert seine Lebensgeschichte und versucht, auf literarische Weise, sich der 'dunklen' Seiten des eigenen Ichs zu entledigen. 'Albin Wadenbach' zum Beispiel taucht, mit chiffriertem Namen, in den Bänden I und IV der 'Gesammelten Reiseromane' wieder auf: als *Martin*(ique) *Albani*.[19] Der flatterhafte, aus Österreich (!) stammende Bänkelsänger und Deklamator (auch May ist, 1863/64, ein solcher gewesen) begegnet Kara Ben Nemsi, dem begnadeten Wunsch-Ich des Autors. Später, nach seiner Rückkehr aus dem 'Balkan', muß der Sänger Albani - die 'realistische' Ich-Projektion des Dichters - ertrinken! "Damit war wieder einmal ein Teil-Ich, ein Stück böser May versunken."[20]

Anmerkungen

1 Karl May: *Mein Leben und Streben*. Freiburg 1910. Hrsg. von Hainer Plaul. Hildesheim, New York 21982, S. 168.

2 Vgl. Karl May: *In den Schluchten des Balkan*. Gesammelte Reiseromane, Bd. IV. Freiburg 1892, S. 371ff.; dazu Walther Ilmer: *Das Märchen als Wahrheit - die Wahrheit als Märchen. Aus Karl Mays 'Reise-Erinnerungen' an den erzgebirgischen Balkan*. In: JbKMG 1984, S. 92-138 (S. 101).

3 Die erste Darstellung dieser Ereignisse findet sich bei Albert Hellwig: *Die kriminalpsychologische Seite des Karl-May-Problems*. In: KMJB 1920. Radebeul 1919, S. 187-250; weitere Forschungsergebnisse bringt Klaus Hoffmann: *Karl May als "Räuberhauptmann" oder Die Verfolgung rund um die sächsische Erde. Karl Mays Straftaten und sein Aufenthalt 1868 bis 1870*, 1. Teil. In: JbKMG 1972/73, S. 215-247 (S. 236ff). - Zur Deutung der Episode sehr aufschlußreich: Heinz Stolte: *Mein Name sei Wadenbach. Zum Identitätsproblem bei Karl May*. In: JbKMG 1978, S. 37-59 (S. 37-43).

4 Vgl. Karl May: *Scepter und Hammer* (1879/80). Karl Mays Werke II. 1. Hrsg. von Hermann Wiedenroth und Hans Wollschläger. Nördlingen 1987.

5 Vgl. Karl May: *Ardistan und Dschinnistan I/II*. Gesammelte Reiseerzählungen, Bd. XXXI/XXXII. Freiburg 1909, Bd. I, S. 1ff; vgl. unten, S. 503ff.

6 Zit. nach Hoffmann: *"Räuberhauptmann"*, wie Anm. 3, S. 236.

7 Erich Wulffen: *Psychologie des Verbrechers. Ein Handbuch für Juristen, Ärzte, Pädagogen und Gebildete aller Stände*, Bd. II. Groß-Lichterfelde-Ost 1908, S. 314f.; zit. nach Hainer Plaul: *Karl May*, wie Anm. 1, S. 375 (Anm. 119).

8 Zum Wortlaut dieser Briefe vom 9.2.1870 vgl. Klaus Hoffmann: *Zeitgenössisches über ein "unwürdiges Glied des Lehrerstandes". Pressestimmen aus dem Königreich Sachsen 1864-1870*. In: JbKMG 1971, S. 110-121 (S. 119f.)

9 Malwine Wadenbach heiratete am 24.2.1870 den elf Jahre jüngeren Sirupfabrikanten Johann Steineck; vgl. Hoffmann: *"Räuberhauptmann"*, wie Anm. 3, S. 240f.

10 Zit. nach Christian Heermann: *Der Mann, der Old Shatterhand war. Eine Karl-May-Biographie*. Berlin 1988, S. 95.

11 Vgl. Karl May: *Waldröschen oder Die Rächerjagd rund um die Erde*, Bd. II. Leipzig 1988 (Reprint des Dresdner Erstsatzes von 1882-84), S. 737.

12 Heermann, wie Anm. 10, S. 95.

13 May: *Mein Leben und Streben*, wie Anm. 1, S. 169.

14 Vgl. Hoffmann: *"Räuberhauptmann"*, wie Anm. 3, S. 241.

15 Haases Stellungnahme ist vollständig wiedergegeben bei Hoffmann: Ebd., S. 242; vgl. Heinz Stolte: *Narren, Clowns und Harlekine. Komik und Humor bei Karl May*. In: JbKMG 1982, S. 40-59 (S. 45f.).

16 May: *Mein Leben und Streben*, wie Anm. 1, S. 168.

17 Aus Haases Stellungnahme, wie Anm. 15.

18 Vgl. dazu Heermann, wie Anm. 10, S. 95.

19   Dazu Ilmer, wie Anm. 2, S. 97ff.; zur vielfachen Spiegelung des Wadenbach-Schwindels in
      Mays Werk vgl. auch die Beiträge Ilmers in den JbKMG 1979, 1982 u. 1985.
20   Ilmer, wie Anm. 2, S. 99.

6.11 *Ange et Diable* - Zeitweiliger Atheismus?

Das Phänomen Karl May bliebe unverstanden, wenn der religiöse Hintergrund, die geistliche Dimension, nicht bedacht würde.

Selbst für seine Vergehen führt May noch religiöse (freilich ver-rückte und neurotisch aufgeladene) Motive ins Feld.[1] Der kleine Karle, der Seminarist, der erwachsene Karl May war religiös geprägt. Und seine Schriften bezeugen, nahezu ausnahmslos, die Transzendenz der göttlichen Liebe.

Doch der Häftling Karl May schien den Glauben, die vertrauende Gottesbeziehung, zeitweilig verloren zu haben. Zwar heißt es in der Autobiographie:

Ich kann mich nicht besinnen, daß ich je mit dem Zweifel oder gar mit dem Unglauben zu ringen gehabt hätte. Die Ueberzeugung, daß es einen Gott gebe, der auch über mich wachen und mich nie verlassen werde, ist, sozusagen, zu jeder Zeit eine feste, unveräußerliche Ingredienz meiner Persönlichkeit gewesen.[2]

Das "sozusagen" deutet aber schon eine Einschränkung an.[3] Und gleich in der nächsten Zeile - scheinbar nur beiläufig - korrigiert der Autor sich selbst: "Freilich, so ganz ohne alle innere Störung ist es auch bei mir nicht abgegangen."[4] Welche 'innere Störung' meint der Schriftsteller? Nach *Mein Leben und Streben* die besondere Art des Religionsunterrichts im Lehrerseminar zu Waldenburg.[5] Aber auch die Gemütsverfassung Karl Mays vor und während der Haftzeit könnte, dem Verfasser der Selbstbiographie vielleicht nicht bewußt, mit gemeint sein.

Noch vor dem Antritt seiner Zuchthausstrafe in Waldheim, im Untersuchungsgefängnis von Mittweida oder noch früher, verfaßte May ein Fragment mit dem Titel *Ange et Diable*. Dieser Text betrachtet 'Gott' als Erfindung des menschlichen Geistes und läßt beim Autor einen Atheismus im Sinne Ludwig Feuerbachs vermuten:[6] "Wie nun das Kind eines Vaters bedarf, [...] so bedurfte auch der Mensch auf der Stufe seiner Kindheit eines allmächtigen etc. Vaters, den er Gott nannte."[7] Gott sei, so wird im Text weiter ausgeführt, kein wirkliches Wesen, keine reale, von der menschlichen Psyche zu unterscheidende Instanz. Es werde die Zeit kommen, da der Mensch "seinen Gott in sich selbst fühlt und findet"; Religion sei dann überflüssig, "Kirchen, Pagoden, Synagogen etc. werden verschwinden"![8]

Der junge Rebell verstieg sich zum "Gotteskomplex",[9] zum Glauben an die Allmacht, an die Göttlichkeit des Menschen selbst:

Ich kenne einen Gott blos im Menschen, der sich zur Allmacht und Allwissenheit erheben und dessen Leben ein durch Generationen fortgesetzt ewiges sein soll. Wir sind nicht Ebenbilder Gottes, sondern Gott ist das Ideal des Menschen wie er einst sein wird und sein muß.[10]

Ein typischer May-Text scheint diese Stelle insofern zu sein, als der - bei unserem Autor ja durchgängige, in allen seinen Büchern zu findende - Aufstiegsgedanke in radikalster Weise zur Geltung kommt: Der Mensch soll werden 'wie Gott'! Dennoch begegnet uns in *Ange et Diable* ein völlig anderer Karl May als später in den Reiseerzählungen. Von der Blasphemie, von der sündigen Hybris, vom usurpatorischen 'Sein-wollen-wie-Gott' (Gen 3, 5) ist die 'Gottebenbildlichkeit' des Menschen, die Geschenk-Charakter hat

(Gen 1, 26), zu unterscheiden: Im Gegensatz zur früheren, in deutlicher Differenz auch zur künftigen Auffassung Karl Mays ist es in *Ange et Diable* nicht Gottes Gnade, sondern die selbsterlösende Kraft des 'Übermenschen', die den Aufstieg ins höhere Sein bewirkt.

Der biographische Stellenwert dieses frühen May-Textes ist allerdings unsicher. Er widerspricht dem Weihnachtsgedicht (1867?)[11] und dem ebenfalls in der Zwickauer Haftzeit entstandenen *Repertorium C. May*, das in Gott - dem transzendenten Gott des Glaubens - die allmächtige Liebe erkennt.[12] Die Auslegung von *Ange et Diable* ist schwierig, weil Mays einander widersprechende Haftfragmente nicht genau zu datieren sind und "eine ganze Reihe aufklärungsbedürftiger Merkwürdigkeiten"[13] enthalten. Solange nicht zweifelsfrei feststeht, in welchem Zusammenhang, unter welchen konkreten Umständen und in welcher Reihenfolge diese Skizzen geschrieben wurden, bleibt die Interpretation fraglich und die biographische Auswertung problematisch.

Ange et Diable ist kein sicherer Beleg für die 'Gottlosigkeit' des Untersuchungsgefangenen in Mittweida. Dieses Textfragment läßt aber, immerhin, die Annahme zu: Der Glaubensgeschichte Karl Mays wurde die Anfechtung des Zweifels, seiner ererbten Katechismusreligion wurde die innere Erschütterung nicht erspart.

Mays spätere Erzählungen, z.B. wichtige Passagen in *"Weihnacht!"*[14] oder das Glaubensgespräch in *Old Surehand I*, bestätigen diese Vermutung. Der Westmann Old Surehand hat Böses erlebt; seine Hoffnung, sein Vertrauen sind erloschen. Einen Sinn des Lebens kann er nicht mehr erblicken. Er beneidet Old Shatterhand: "Ihr habt als Kind gehört, daß es einen Gott gebe [...]; dieser Glaube ist nie angetastet worden [...]?" Old Shatterhand widerspricht:

"Ihr irrt. Es giebt keinen Sieg ohne vorhergehenden Kampf [...] Es giebt Millionen Menschen, welche durch das Leben gehen, ohne nach Klarheit zu ringen; ob Gott oder nicht, das ist ihnen gleich [...] Mir aber ist der höchste, ja der einzige Zweck meines Daseins der gewesen, zur Erkenntnis zu gelangen [...] Ich bekam ungläubige Lehrer, die ihre Verneinung in einen anziehenden Nimbus zu hüllen wußten[15] [...] Der Kinderglaube verschwand; der Zweifel begann [...] der Unglaube wuchs von Tag zu Tag [...] Aber Gott war barmherzig gegen den Thoren und führte ihn auch auf dem Wege des Studiums zu der Erkenntnis, daß jener fromme Kinderglaube der allein richtige sei."[16]

Aus beiden Gesprächspartnern, Surehand und Shatterhand, spricht der Schriftsteller selbst. Der Christ, das 'Lichtvolle' in Karl May, sucht den Atheisten, das 'Dunkle' in ihm, zu überwinden. Der "fromme Kinderglaube" Old Shatterhands ist ein Teil seines Wesens, der Zweifel Old Surehands aber nicht weniger!

Ange et Diable, diese gewiß noch unreife Skizze, spricht nicht gegen, sondern für den Glauben des werdenden Dichters. Denn gewachsene, verinnerlichte Religiosität ist immer erst dort gegeben, wo sie durch kritische Fragen und existentielle Prüfungen - den 'Feuerbach' - hindurchgegangen ist.[17]

Die religionskritischen Thesen Feuerbachs oder Nietzsches oder Freuds können für Christen eine Hilfe sein, eine heilsame Provokation. Sie können eine Chance sein, den wirklichen Glauben zu lernen. Sie können den Gottesgedanken von Mißverständnissen und allzu naiven Vorstellungen befreien. Sie können helfen, den Glauben zu vertiefen und neu zu verantworten. Es ist ja zu fragen, ob der 'Atheismus' immer Gott selbst meint; oder ob er, wenigstens teilweise, nur Karikaturen, nur bestimmte religiöse Sichtweisen im Visier hat: Gottes-Bilder, die tatsächlich fragwürdig und überprüfungsbedürftig sind.[18]

Es gibt sehr verschiedene Arten des Unglaubens: den echten und den scheinbaren, den theoretischen und den praktizierten, den aggressiven und den bekümmerten Atheismus. Aber man kann das oft gar nicht so trennen; nicht selten ist das alles miteinander verschränkt. Auch bei Karl May wird es so gewesen sein. Der ausdrückliche Atheismus, den *Ange et Diable* verrät, war eine Episode in seinem Leben. Aber die Überwindung des Hochmuts, die Suche nach Gott, blieb seine lebenslange Aufgabe.

Vielleicht wohnt in jeder menschlichen Seele ein verborgener 'Atheist'; vielleicht spricht in jedem Herzen bisweilen der Tor: "Es gibt keinen Gott" (Ps 53, 2)! Denn Gottes Dasein, seine Allmacht und Liebe, sind wahrhaftig nicht selbstverständlich: Auch der Glaubende muß 'anglauben' gegen so manche Realität seines Lebens, gegen das Umsonst vieler Pläne und Hoffnungen, gegen die Gefährdung und ständige Bedrohtheit des Glücks.

Auch Mays - scheinbar so simple - Frömmigkeit wurde der Prüfung unterworfen: in den letzten Hiobsjahren noch grausamer, noch grundsätzlicher und radikaler als in der Jugend und in den frühen Mannesjahren.[19] Die Annahme ist sicher berechtigt: Auf seinem Pilgerwege zu Gott hatte May um seinen Glauben zu kämpfen - nicht nur im Gefängnis, nicht nur im Zuchthaus, sondern immer und stets.

Wie vor allem sein Alterswerk zeigt, ist Karl May beim Kinderglauben nicht stehengeblieben. Die hybride Denkweise von *Ange et Diable* vertritt in Mays Spätwerk - im *Silbernen Löwen III/IV* - Ahriman Mirza, der 'Fürst der Schatten': eine Verkörperung des (von May als dämonisch und absolut böse gedeuteten) 'Übermenschen' Friedrich Nietzsches.[20] Ahriman versinkt in den Wahnsinn! Der Dichter hat sich damit, endgültig, von *Ange et Diable* distanziert. Und zugleich hat er den 'frommen Kinderglauben Old Shatterhands' modifiziert: Er hat sich durchgerungen zu einer mündigen, wichtige Denkansätze der modernen Theologie vorwegnehmenden Religiosität.[21]

Als Gratwanderung zwischen Gnade und Schuld, zwischen dem Glauben an Gott und dem Glauben an Selbsterlösung könnte der Lebensweg des Schriftstellers verstanden werden. Freilich - ob in den 'Sturm- und Drangjahren' der Straftäterzeit Karl Mays von einem wirklichen und schuldhaften Verlust seiner Gottesbeziehung tatsächlich die Rede sein kann, diese Frage entzieht sich der wissenschaftlichen Forschung. Daß der Dichter eine ernsthafte Schuld bei sich selber vermutete, ist jedoch anzunehmen.

Mays Erzählwerk legt diese Schlußfolgerung nahe. Von den erzgebirgischen Dorfgeschichten bis zum allegorischen Spätwerk enthalten seine Bücher sehr zahlreiche Bekehrungsgeschichten.[22] Der reiche Dukatenbauer, der verbrecherische Sendador, der Sühne leistende Indianerfreund Klekih-petra, der Sucher Old Surehand, der sterbende Westmann Old Wabble, der gottlose Pelzjäger Hiller, der vergrämte und verzweifelnde Major Dozorca, der stolze Mir von Ardistan, sie alle haben eine dunkle, gottferne Vergangenheit zu beklagen. Sie waren sich selbst ihr eigener Götze. Sie haben die Liebe und mit der Liebe den Glauben verloren. Bis sie überwältigt wurden - von jener Liebe, die sie so lange geleugnet hatten.

Im *Silberlöwen I* steht geschrieben:

"Ja, ein wirkliches Leben lebt nur der, welcher in Gott und seiner Liebe lebt. Dir war die Liebe gestorben, und an ihrer Stelle wucherten in dir der Groll, der Haß, die Rache empor. Du warfst die ganze Schuld an deinem verfehlten Dasein auf Gott, ohne zu bedenken, daß niemand schuld war als du selbst."[23]

Und im *Jenseits*-Band ist zu lesen: "Das einzige Licht der Seele ist die Liebe [...] Mein Dasein aber hatte nur mir gegolten; ich war liebeleer und hatte also nicht gelebt."[24] Solche und ähnliche Stellen gibt es beim späteren - das 'mütterliche Antlitz Gottes' suchenden[25] - May in Fülle!

"Ich war *liebeleer*" ist doppelsinnig. Es kann heißen: Ich bin nicht geliebt worden. Und es kann auch bedeuten: Ich habe selbst nicht geliebt. Gemeint ist hier beides. Die autobiographische Signifikanz dieses Satzes ist nicht zu bezweifeln.

Anmerkungen

1   Vgl. oben, S. 83ff.
2   Karl May: *Mein Leben und Streben*. Freiburg 1910. Hrsg. von Hainer Plaul. Hildesheim, New York ²1982, S. 95.
3   Vgl. Franz Cornaro: *Bemerkungen zu Karl Mays Manuskript 'Ange et diable'*. In: JbKMG 1978, S. 256-263 (S. 261).
4   May: *Mein Leben und Streben*, wie Anm. 2, S. 95.
5   Ebd. - Vgl. oben, S. 64.
6   So Claus Roxin: *Das zweite Jahrbuch*. In: JbKMG 1971, S. 7-10 (S. 8). - Auch Cornaro, wie Anm. 3, S. 259, nimmt einen (freilich nur indirekten) Einfluß Ludwig Feuerbachs an. - Vgl. Hermann Wiedenroth: (Werkartikel zu) *Ange et Diable*. In: *Karl-May-Handbuch*. Hrsg. von Gert Ueding in Zusammenarbeit mit Reinhard Tschapke. Stuttgart 1987, S. 607ff.
7   Karl May: *Ange et Diable*. In: JbKMG 1971, S. 128-132 (S. 129).
8   Ebd., S. 129f.
9   Vgl. (ohne Bezug auf Karl May, aber in unserem Zusammenhang sehr erhellend) Horst Eberhard Richter: *Der Gotteskomplex. Die Geburt und die Krise des Glaubens an die Allmacht des Menschen*. Reinbek 1979.
10 May: *Ange et Diable*, wie Anm. 7, S. 131.
11 Vgl. oben, S. 100ff.
12 Vgl. Karl May: *Repertorium C. May*. Titelplan Nr. 80 (*Mensch und Teufel*). In: JbKMG 1971, S. 132-143 (S. 137f.); dazu Cornaro, wie Anm. 3, S. 261f.
13 Cornaro: Ebd., S. 261.
14 Vgl. Karl May: *"Weihnacht!"*. Gesammelte Reiseerzählungen, Bd. XXIV. Freiburg 1897, z.B. S. 161ff.
15 Vielleicht dachte May hier - im *Surehand*-Text übertreibend - an Rektor Fickelscherer (vgl. oben, S. 58f.), vielleicht auch an Buch-Autoren, die er gelesen oder von denen er gehört hatte.
16 Karl May: *Old Surehand I*. Gesammelte Reiseromane, Bd. XIV. Freiburg 1894, S. 406f.
17 Vgl. Walter Schönthal: *Christliche Religion und Weltreligionen in Karl Mays Leben und Werk*. SKMG Nr. 5 (1976), S. 4ff.
18 Vgl. Hermann Wohlgschaft: *Heute an Gott glauben. Wege zur Gotteserfahrung*. Aschaffenburg 1983, S. 17f.
19 Vgl. Heinz Stolte: *Hiob May*. In: JbKMG 1985, S. 63-84.
20 Vgl. unten, S. 647f.
21 Vgl. unten, S. 597ff.
22 Vgl. Wolfgang Hammer: *Bekehrung bei Karl May*. S-KMG Nr. 92 (1992).
23 Karl May: *Im Reiche des silbernen Löwen I*. Gesammelte Reiseerzählungen, Bd. XXVI. Freiburg 1898, S. 609.
24 Karl May: *Am Jenseits*. Gesammelte Reiseerzählungen, Bd. XXV. Freiburg 1899, S. 512; zit. - ebenso wie das vorausgehende Zitat aus dem *Silberlöwen I* - auch bei Claus Roxin: *"Dr. Karl May, genannt Old Shatterhand". Zum Bild Karl Mays in der Epoche seiner späten Reiseerzählungen*. In: JbKMG 1974, S. 15-73 (S. 57).
25 Vgl. unten, S. 284f. u. 660ff.

6.12 Die Zuchthausjahre in Waldheim

Daß zwischen Mays 'Atheismus', seiner Selbstvergötterung, seiner seelischen Not und seinen Rechtsbrüchen eine innere Verbindung bestand, ist gewiß nicht von der Hand zu

weisen. Nach dem psychischen Zustand des gescheiterten Lehrers wurde bei der Urteils-
findung allerdings kaum gefragt. Verteidiger Haase "war unfähig, mich oder überhaupt
ein nicht ganz alltägliches Seelenleben zu begreifen." (S. 169)[1] Was zählte, war der meß-
bare Tatbestand, der Widerstand gegen die Staatsgewalt und die Rückfälligkeit Karl
Mays. Vier Jahre Zuchthaus waren die Quittung für Mays zweite Deliktserie. Das Arbeitshaus in Zwickau, die Untersuchungshaft in Mittweida und das Zuchthaus in Waldheim zusammengerechnet: acht Jahre Freiheitsentzug für einen Schaden, der - insgesamt -
tausend Mark nicht erreichte![2]

6.12.1 Der äußere Haftverlauf

Am 3. Mai wurde der Gefangene ins (nur wenige Kilometer von Mittweida entfernte)
Zuchthaus zu Waldheim gebracht. Es war die älteste und größte Anstalt dieser Art im
Königreich Sachsen. Seit etwa 1833 diente Waldheim als reine Strafanstalt. Bis in die
sechziger Jahre waren dort auch viele Teilnehmer am Dresdner Aufstand (1849) einer unmenschlichen Vergeltungsjustiz unterworfen gewesen.

Als May seine Strafe verbüßte, galten die 'Verhaltungsvorschriften für die Gefangenen'
aus dem Jahre 1867:

Allen Anordnungen [...] hat der Züchtling sofort und ohne Weigerung den pünktlichsten Gehorsam
zu leisten, in Handlungen, Worten, Mienen und Gebehrden stets ein ruhiges und anständiges Benehmen zu beobachten [...] (§ 1) Spricht ein Vorgesetzter mit dem Züchtling, so muß Letzterer
ganz gerade mit aneinander gezogenen Absätzen stehen und sich aller Bewegungen und Gesticula-
tionen enthalten [...] (§ 8) Auf den Facturen, Schlafsälen, Speisesälen etc. und bei den Arbeiten im
Freien haben die Züchtlinge das strengste Stillschweigen zu beobachten [...] (§ 15) Gegenwärtige
Vorschriften hat nicht blos jeder Züchtling für seine Person genau zu beobachten, sondern es sind
auch die von Anderen begangenen Verletzungen dieser Vorschriften anzuzeigen und ist das Verschweigen solcher Verletzungen selbst strafbar. (§ 30)[3]

Zur Haftzeit Mays war Hugo Schilling (1818-1886) der Anstaltsdirektor. Es galt der
Grundsatz des 'progressiven Strafvollzugs': Der Häftling wurde zunächst besonders
streng behandelt, um ihm - wie Hainer Plaul recherchierte -

gleich zu Beginn die Strafe so fühlbar wie möglich zu machen und ihm sein Verbrechen in ganzer
Schwere zum Bewußtsein zu bringen [...] Mit fortschreitender Strafe, insbesondere nach ihrem
Ende zu, war man dagegen bestrebt, dem Sträfling je nach seiner Individualität gewisse Erleichte-
rungen zu gewähren und suchte in steigendem Maße im erzieherischen Sinne auf ihn einzuwir-
ken.[4]

Mays Strafe "war schwer und lang" (S. 169). Daß sie dennoch - laut Selbstbiographie -
"nicht wehe" (S. 170) tat, ist kaum zu glauben. Die Haftbedingungen waren drakonisch:
"Waldheim bedeutete buchstäblich die Hölle."[5] Abschreckung und Rache, Restriktion
und Verletzung der Persönlichkeit standen, bis zum Ende der Strafverbüßung, im Vordergrund. "Der Besserungsgedanke spielte [...] eine sehr untergeordnete Rolle."[6]

Zu den erzieherischen Maßnahmen gehörte in erster Linie die religiöse Betreuung. In
dieser Hinsicht herrschten ganz ähnliche Verhältnisse wie im Zwickauer Arbeitshaus. Die
Gottesdienste und Betstunden an den Sonn- und Feiertagen sowie die Andachtsübungen an
den Werktagen mußten besucht werden. Persönliche Gespräche mit den überlasteten Seel-
sorgern waren wohl selten und in der Regel nur kurz.

Karl May war der Züchtling 'Nr. 402'. Anders als in Schloß Osterstein wurde auf seinen früheren Lehrerstand "keine Rücksicht genommen" (S. 170). Er wurde als Zigarren-
macher beschäftigt und hatte, wie jeder Gefangene, mindestens 13 Stunden täglich zu ar-

beiten. Als Rückfälliger wurde er der dritten, also der untersten Disziplinarklasse zugeordnet.

"Die Verschiedenheit in der Behandlung der einzelnen Klassen erstreckte sich namentlich auf Bemessung und Verwendung des Arbeitserwerbs, auf beschränktere oder umfangreichere Gewährung bezw. Versagung von materiellen und anderweitigen Vergünstigungen, und auf härtere bezw. gelindere Anwendung der Disziplinarstrafen." Außerdem unterschieden sich die Angehörigen der verschiedenen Klassen auch äußerlich in ihrer Bekleidung.[7]

Mögliche Disziplinarstrafen waren u.a. die Kostschmälerung, der einfache oder (barbarisch!) verschärfte Arrest, der Kostentzug bis auf Wasser und Brot, das Tragen von Klotz und Kette, die Prügelstrafe bis zu dreißig Stock- oder Rutenhieben auf den entblößten Rücken oder das nackte Gesäß.[8]

Auch May wurde "einmal bestraft";[9] allerdings ist nicht genau bekannt, wann, wofür und in welcher Weise er bestraft worden ist. Gewichtige Anhaltspunkte sprechen dafür, daß die Strafe - vermutlich Kostentzug oder Kostschmälerung[10] - "in der ersten Zeit seiner Detention erfolgte".[11] Im Zusammenhang mit seinem (wahrscheinlich geringen) 'Delikt' wurde May in die Isolierzelle gesteckt: nicht freiwillig und nicht für die Gesamtzeit seiner Haft, wie es in der Selbstbiographie heißt (S. 170), sondern für höchstens ein Jahr und zwar "wegen Verdacht des Entweichens und Neigung zu grobem Unfug, Widersetzlichkeit und Gewaltthaten".[12]

Mit der Isolierung Karl Mays im Arbeitshaus "war die jetzige Einzelhaft in keiner Weise zu vergleichen. Sie [...] bedeutete strengste Kontrolle, absolutes Schweigegebot, fast völlige Abgeschiedenheit, monotone Arbeit und weitgehende geistige Abschirmung."[13]

Wie Hainer Plaul vermutet, stand May am Rande einer Haftpsychose.[14] Vielleicht war es dem jungen Adolf Knecht (1846-1915), einem der praktischen Psychiatrie zugewandten Ärzte, zu verdanken, daß die Krankheit nicht voll zum Ausbruch kam. Der in Mays Selbstbiographie nicht erwähnte Dr. Knecht, der den Kranken gegenüber "den humansten Sinn"[15] bewies, kam freilich erst im August 1872 als zweiter Anstaltsarzt nach Waldheim. Sehr wahrscheinlich hatte May schon wesentlich früher (im Jahre 1871) jene Begegnung, der er - in *Mein Leben und Streben* - die entscheidende Bedeutung zuerkennt: die Begegnung mit dem katholischen Lehrer und Anstaltskatecheten Johannes Kochta (1824-1886).

Die tatsächliche Rolle des Katecheten im Leben des Schriftstellers wurde kontrovers diskutiert. Wir werden darauf zurückkommen. Fürs erste sei nur vermerkt: Kochta verschaffte May beachtliche Hafterleichterungen,[16] nicht zuletzt - wohl Ende 1871 oder Anfang 1872 - die Versetzung in die zweite Disziplinarklasse mit den entsprechenden Vergünstigungen (z.B. Erwerb von Tabak und anderen kleinen Genußmitteln). Schon vorher war May in die Kollektivhaft zurückgekehrt; ob er nachts in einer Einzelzelle verblieb, ist unbekannt.

Zu den Aufgaben des Katecheten gehörte, neben Seelsorge und Glaubensunterweisung, das Orgelspiel. Weil Johannes Kochta entlastet werden mußte und es außer May wahrscheinlich keinen geeigneten Kandidaten gab, wurde May, obwohl er Lutheraner war, der Dienst des Organisten beim katholischen Gottesdienst übertragen.[17] Diese Tätigkeit gab ihm, so dürfen wir annehmen, sein Selbstbewußtsein zurück. Sie vermittelte ihm die Kraft, sich zu fügen, die Schreckensjahre durchzustehen und sich keine weitere Disziplinarstrafe zuzuziehen.

Möglicherweise machte Johannes Kochta ihm Mut, im Frühjahr 1872 ein Gnadengesuch einzureichen. Der Erfolg blieb freilich aus. Am 30. April 1872 wurde sein Gesuch abgelehnt.[18]

Im Jahre 1873 könnte der Häftling ins "Bläserkorps" des Aufsehers Carl August Leistner (dem er später in Dresden erneut begegnete)[19] aufgenommen worden sein. Gesicherte Quellen gibt es dafür nicht; aber Mays Darstellung in der Autobiographie (S. 172) muß, was diese Einzelheit betrifft, nicht bezweifelt werden.

Zumindest teilweise irrig ist freilich eine andere Behauptung Mays:

Es stand mir jedes Buch zur Verfügung, das ich für meine Studien brauchte. Ich stellte meine Arbeitspläne fertig und begann dann mit der Ausführung derselben. Ich schrieb Manuskripte. Sobald eines fertig war, schickte ich es heim. Die Eltern vermittelten dann zwischen mir und den Verlegern. (S. 175)

Die Aufenthalte in Waldheim und Zwickau wird May hier verwechselt haben. Eine literarische Tätigkeit war im Zuchthaus "völlig ausgeschlossen".[20] Und Zeit zur Lektüre gab es nur an den Sonn- und Feiertagen. Über die Bestände der Gefangenenbibliothek zu Waldheim ist leider nichts Näheres bekannt.[21] Immerhin - geographische und ethnologische Werke, vielleicht auch exotische Reiseromane, könnte Karl May im Zuchthaus gelesen haben.

Zu Beginn des Jahres 1874 wurde May, wohl auf die Fürsprache Kochtas hin, in der Gefangenenbibliothek beschäftigt; bei der Ausleihe von Büchern durfte er helfen. Doch diese Tätigkeit währte nur wenige Wochen. Am 1. März 1874 brachte der Insasse Hering "ein neues Buch beschmutzt"[22] zurück. May stellte sich schützend vor seinen Mitgefangenen: Das Buch sei, so gab er an, schon vorher beschmutzt gewesen. Diese Aussage, die im Widerspruch zur Darstellung Herings stand, hatte die Entfernung Mays aus dem Bibliotheksdienst zur Folge.

Der erste evangelische Anstaltsgeistliche Christian Gottlob Fischer (1815-1893), der die Oberaufsicht über die Gefangenenbibliothek führte, schrieb zwei Monate später - vermutlich aufgrund dieser 'Affäre' - in Mays Abgangspapiere die folgende Beurteilung: Der Entlassene sei "kalt, gleichgiltig, glatt, hochmüthig".[23] Hainer Plaul kommentiert:

Einmal bestraft, einmal mit einer Disziplinarmaßregel belegt (Einzelhaft), aus einer Vertrauensstellung (Büchereidienst) entlassen und sein gesamtes übriges Verhalten (Einschätzung durch Pastor Fischer): nichts wurde vergessen; alles wurde sorgfältig zu seinen Lasten aufgerechnet.[24]

Eine Woche vor seiner Entlassung aus Waldheim wurde über May noch eine 'Nebenstrafe' verhängt: Die Kreisdirektion Leipzig ordnete am 25. April 1874, nach Rücksprache mit der Anstaltsleitung in Waldheim, eine Polizeiaufsicht für die Dauer von zwei Jahren an.[25]

Am 2.5.1874 öffneten sich für Karl May, nach genau vier Jahren, die Tore des Zuchthauses. Ohne Vertrauenszeugnis (da er über die zweite Disziplinarklasse nicht hinausgekommen war) verließ er den Ort seiner Erniedrigung. Der Aufseher Karl Wilhelm Müller, der wie May aus Ernstthal stammte, erinnerte sich an den Entlassungstag des künftigen Schriftstellers: Er habe im gutmütigen Tone zu May gesagt: "Na, ich bin neugierig, wann wir dich hier wiedersehen!" Da sei May ganz ernst geworden, habe ihm die Hand auf die Schulter gelegt, ihm tief ins Auge gesehen und langsam, jedes Wort betonend, geantwortet: "Herr Schließer, mich sehen Sie hier niemals wieder!"[26]

6.12.2 Die 'Verwandlung' des Häftlings

Zu Beginn seines Haftaufenthaltes in Waldheim mußte Karl May, wie alle Neuzugänge, das 'Gebet beim Eintritt in die Strafanstalt' sprechen:

Ach welche Veränderung [...] ist mit mir vorgegangen [...] ich werde eingeschlossen in diese todten, unfreundlichen Mauern [...] Ich bin ein Gefangener und einen Gefangenen nennt mich meine Mitwelt mit Scheu [...] dazu hast Du mich nicht geschaffen, mein Gott und Vater; dazu hast Du mich nicht erlöset, mein Heiland [...] Ich selbst bin die Ursache meines Elends, ich selbst muß mich anklagen und verdammen.[27] Ich Frevler bin von Gott gewichen und habe muthwillig gesündigt! [...] Meine Uebertretungen haben mich [...] in diesen Abgrund gestoßen, in welchem ich selbst liege und jammere [...] O Vater im Himmel, sei mir gnädig! Verwirf mich nicht vor Deinem Angesicht; erbarme Dich Deines Kindes, das voll Jammers ist [...] Ja, ich erkenne meine Missethat voll Schmerz und Reue [...] In dieser meiner Reue will ich dann auch mein bitteres Schicksal sanftmüthig [...] tragen, will die Befehle und Anordnungen meiner Vorgesetzten gehorsam und unverdrossen befolgen, will dieselben als meine Wohltäter erkennen und somit allenthalben meinen Kerker zu einem Tempel Deiner Anbetung machen [...], bis mein Jammer sich in Freude verkehrt, bis meine Gefangenschaft sich wendet und Deine Gnade mich wiederum zur Heimath wiederum zuführt. Bis diese süße Stunde schlägt, will ich [...] sagen: "Warum betrübst du dich, meine Seele, und bist so unruhig in mir. Harre auf Gott! denn ich werde es ihm noch danken, daß er meines Angesichts Hilfe und mein Gott ist."[28]

Karl May hat dieses, zum Teil aus verschiedenen Buß- und Lobpsalmen zusammengesetzte, Gebet gezwungenermaßen gesprochen, mit unterdrücktem Zorn und innerem Protest sehr wahrscheinlich. Er wird dieses Gebet zunächst nur als fromme Nichtigkeit und bitteren Hohn empfunden haben. Aber es hat sich, in seinem tröstlichen Teil (den man nicht überlesen darf), ganz wörtlich an ihm erfüllt.

Im Rückblick sah May diese Jahre noch verklärter als die Zwickauer Haft: Sie brachten ihn "sehr weit vorwärts" (S. 175)! Die "Stimmen" hörten auf, ihn zu quälen (S. 176). Und er wurde 'verwandelt'.

Was in den Zuchthausjahren - innerlich, in der Seele des 'Exerzitanten' - geschah, ist eine Art Wunder. Es ist nicht zu begreifen und nicht zu fassen mit menschlichem Maß:

schweigsamer als irgend sonst bleiben die Dokumente, und was sich in diesem vergitterten Zeitraum vollzieht, die große Wendung, [...] ist zuletzt nur eigentlich im Ergebnis sichtbar. Mysteriös bleibt die Verwandlung in allen Details, und das gerade da, wo May es selber zu ihrer Erklärung an Einzelheiten nicht fehlen ließ.[29]

Mays eigene Erklärungen sind hinterfragbar, gewiß. Als religiöses Bekenntnis sind sie aber doch wichtig und sehr bedenkenswert. Sein Wirken als Organist bei den Gottesdiensten, der Klang der Orgel und die Überzeugungskraft eines wirklichen Christen, das waren, in der Sicht Karl Mays, die entscheidenden Faktoren. Er fand, wie er versichert, sich selbst. Er fand seine Seele: "Sie kehrte auf demselben Weg zurück, auf dem ich sie verloren hatte, auf dem Weg der Religion [...] Bei den Klängen der Orgel fand ich wieder zu mir zurück."[30]

Was hat sich ereignet? Eine Bekehrung, eine Abkehr des Sträflings vom absolut Bösen? Nein; denn May ist, wie Stolte schrieb, nie wirklich 'böse' gewesen.[31] Aber das Gute, das in seinem Herzen verschüttet war, wurde nun freigelegt.

Nach May war es der Katechet Johannes Kochta, der die Wende herbeiführte. In ihm lernte der Häftling, nach so vielen Enttäuschungen, einen glaubwürdigen Vertreter des Christentums kennen. Die Freundlichkeit, das Einfühlungsvermögen, vielleicht auch die therapeutischen Fähigkeiten dieses Mannes hielten "meine zurückgekehrte Seele fest, aus reiner Menschlichkeit, ohne den geringsten Versuch, sie für den Papismus zu gewinnen".[32] Auch den katholischen Anstaltspfarrer - Kochta war Laie, kein Priester[33] - lobt

May: Wenn der Pfarrer ihn besuchte, "war es stets, als ob bei mir die Sonne zu scheinen beginne" (S. 174).

Die Waldheimer Gottesdienste berührten May tief, ja sie 'heilten' ihn, wie er glaubte, vollständig.[34] "Es liegt noch heut eine unendliche Dankbarkeit für diese Wärme und diese Güte in mir, die sich meiner annahm und keinen einzigen Vorwurf für mich hatte, als alles Andere gegen mich war." (S. 174) Er meint die Gottesdienste, aber auch den Katecheten und den Pfarrer persönlich: "Ich habe sie gesegnet bis auf den heutigen Tag und werde sie segnen, so lange ich lebe!" (Ebd.)

Welches Verdienst hatte Kochta im Leben Karl Mays? Daß der Katechet den Häftling "zum Schreiben anregte",[35] kann man nicht sagen. Denn die literarischen Anfänge Mays reichen - mindestens - zurück in die Zwickauer Haft. Aber daß er der Phantasie Karl Mays eine neue Richtung gewiesen und die Rückkehr des Gefangenen zum ursprünglichen Gottesglauben gefördert hat,[36] ist sehr wohl möglich.

Nach Walther Ilmer wäre es denkbar, daß sich in Mays Erinnerung die Bilder und Verdienste des Katecheten Kochta und des Arztes Knecht miteinander vermischten:

Vermuten läßt sich dabei, daß Dr. Knecht, im Erkennen der seelischen wie geistlichen Bedürfnisse seines Patienten Karl May, dem religiösen Moment besondere Aufmerksamkeit geschenkt, die Bedeutung der Gottesbindung und deren Bewährung im Weltlichen - wie sie durch den Laienprediger Kochta repräsentiert wurde - in die Behandlung einbezogen und Mays Dankbarkeit auf Kochta hingelenkt und von sich selbst abgelenkt hatte.[37]

Selbst wenn May die Rolle Kochtas überschätzt haben sollte (eine Hypothese, für die es keine zwingenden Gründe gibt),[38] worauf es - theologisch gesehen - ankommt, ist allein dies: Der Dichter schreibt seine innere Befreiung nicht sich selbst, nicht der eigenen Anstrengung zu, sondern einer Rettung 'von außen', einer größeren Liebe, die ihn selbst überwand, ihn über sich selbst hinaushob.

Menschliche Erinnerung sichtet nie bloße Fakten. Sie deutet, was sie erkennt, und interpretiert, was geschehen ist. Für unsere Wahrnehmung gibt es keine Fakten 'an sich', keine 'reinen' Tatsachen, sondern stets nur gedeutetes Sein. Ob 'gläubig' oder 'profan', ausgelegt und interpretiert wird immer, sei es bewußt oder unbewußt!

"Er führt mich hinaus in die Weite [...] Er macht meine Finsternis hell [...] Mit meinem Gott überspringe ich Mauern." (Ps 18, 20.29f.) So hatte der alttestamentliche Beter gesungen und so erlebte es Karl May: "Es giebt einen Heiland für alle Menschen und eine Erlösung aus jeder Seelennot".[39] May deutet, wie das Gottesvolk in der Wüste, seine Gefangenschaft religiös und seine Befreiung mit den Augen des Glaubens: Gott hat ihn herausgeführt aus 'Ägypten', aus der Knechtschaft des Bösen. Das Zuchthaus sieht er, im Rückblick, als Station seiner Erlösung, als Markstein seiner persönlichen Heilsgeschichte: "Ich rief den Herrn in meiner Not [...] Da half mein Helfer mir vom Tod".[40]

Der Häftling hat sich nicht - wie Arthur Witte meinte - selber erlöst und "am eigenen Schopf aus dem Sumpf gezogen".[41] Zwar hat er gerungen und den Kampf gegen sich selbst nicht aufgegeben;[42] doch Gott hat, so sieht es der Strafentlassene, die Umkehr ermöglicht.[43] Wie Gottes Weisheit - in der biblischen Heilsgeschichte - den Propheten Jona aus dem Dunkel des Schiffes, aus der Tiefe des Meeres und dem Rachen des Untiers befreite (Jona 1-2), so hat sie auch May aus der Hand seiner 'Feinde' erlöst: der 'dunklen Stimmen' in ihm.

Kurze Zeit nach seiner Entlassung aus Waldheim schrieb Karl May im *Buch der Liebe*:

Es ist etwas Herrliches, Unvergleichliches um eine Seele, welche ihren Gott gefunden hat und nun nichts mehr fühlt von dem Sturme und Drange des Erdenlebens, nach dem Ausspruche des alten Kirchenvaters Augustin: "des Menschen Herz ist ruhelos, bis es ruhet in Gott."[44]

Ja, es wird richtig sein: May hatte, wie der Pelzjäger Hiller in *"Weihnacht!"*, "seinen Gott wiedergefunden und mit ihm das einzig wahre Glück im Erdenleben."[45]

Unbestreitbar ist diese Tatsache: Die schrecklichen Mauern konnten May nicht zerbrechen. Was ihm nach der Entlassung gelang, nannte Wollschläger einen Geniestreich, "so ziemlich ohne Beispiel".[46] Bleibt dennoch die Frage: Wurde Karl May im Zuchthaus 'geheilt'? Er hat sich geändert und blieb doch er selbst. Sein Charakter ist, wie wir sehen werden, in der Grundstruktur derselbe geblieben. Aber seine Veranlagung, seinen krankhaften Trieb hat May sublimiert. Seinen Hang zur Schwindelei hat er in Positives, in schöpferische Kunst, in poetische Traumwelt, in religiöse Tendenzliteratur und - zuletzt - in prophetische Dichtung verwandelt.[47]

Anmerkungen

1 Seitenangaben in () beziehen sich auf Karl May: *Mein Leben und Streben*. Freiburg 1910. Hrsg. von Hainer Plaul. Hildesheim, New York [2]1982.

2 Vgl. Claus Roxin: *Karl May, das Strafrecht und die Literatur*. In: JbKMG 1978, S. 9-36 (S. 16).

3 Zit. nach Hainer Plaul: *Resozialisierung durch "progressiven Strafvollzug". Über Karl Mays Aufenthalt im Zuchthaus zu Waldheim von Mai 1870 bis Mai 1874*. In: JbKMG 1976, S. 105-170 (S. 129ff.).

4 M. Koppel: *Die Vorgeschichte des Zuchthauses zu Waldheim. Grundzüge der historischen Entwicklung der Zuchthausstrafe und ihrer Vollstreckung in Sachsen*. Leipzig 1934, S. 156; zit. nach Plaul, wie Anm. 3, S. 112.

5 Plaul: Ebd., S. 123.

6 Ebd., S. 114.

7 Ebd., S. 115 (Binnenzitat: Koppel, wie Anm. 4, S. 132).

8 Prügelszenen in Mays literarischem Werk könnten, außer in Kindheitserinnerungen an den Vater, auch in Waldheim einen autobiographischen Hintergrund besitzen; daß May selbst in Waldheim geschlagen wurde, ist allerdings nicht anzunehmen; vgl. Plaul, wie Anm. 3, S. 118f.

9 Notiz im Pfarrarchiv 'St. Trinitatis' in Hohenstein-Ernstthal; zit. nach Plaul: Ebd., S. 119.

10 Bei Karl May: *Der verlorene Sohn oder Der Fürst des Elends*. Hildesheim, New York 1971f. (Reprint der Dresdner Erstausgabe von 1884-86), S. 1002, wird der Häftling Heilmann (der den Häftling May in Waldheim repräsentiert) "wegen Faulheit mit Kostentziehung bestraft"; Hinweis bei Plaul: Ebd., S. 155.

11 Plaul: Ebd.

12 Zit. nach Plaul: Ebd., S. 127.

13 Ebd., S. 135.

14 Vgl. ebd., S. 134; Plaul stützt diese These vor allem auf Mays Gedicht *Kennst du die Nacht*; vgl. oben, S. 89.

15 Aus einer Fachbiographie; zit. nach Plaul: Ebd., S. 137.

16 Vgl. Plaul: Ebd., S. 142ff.

17 Außer Mays eigener Schilderung (in der Selbstbiographie vor allem) gibt es hierfür keine weitere Quelle; für einen Zweifel an der Darstellung Mays gibt es aber keinen Grund.

18 Vgl. Klaus Hoffmann: *Karl May als "Räuberhauptmann" oder Die Verfolgung rund um die sächsische Erde. Karl Mays Straftaten und sein Aufenthalt 1868 bis 1870*, 1. Teil. In: JbKMG 1972/73, S. 215-247 (S. 243).

19 Vgl. Plaul, wie Anm. 3, S. 145.

20 Ebd., S. 156.

21 Vgl. ebd., S. 157.

22 Zit. nach Plaul: Ebd., S. 148.

23 Zit. nach Plaul: Ebd., S. 149.

24 Ebd., S. 153.

25 Vgl. ebd., S. 152.

26 Nach Aktenauszügen von Erich Wulffen; zit. nach Plaul: Ebd., S. 154.

27 May selbst hat sehr wohl differenziert: An der Schuld des einzelnen ist "auch die Gesamtheit" (*Mein Leben und Streben*, S. 121) beteiligt!

28 Zit. nach Plaul, wie Anm. 3, S. 125f.

29 Hans Wollschläger: *Karl May. Grundriß eines gebrochenen Lebens.* Zürich 1976, S. 45.

30 Karl May: *Meine Beichte* (28.5.1908). In: Karl May's Gesammelte Werke, Bd. 34: *"Ich".* Bamberg ³⁶1976, S. 15-20 (S. 17).

31 Heinz Stolte: *Der Volksschriftsteller Karl May. Beitrag zur literarischen Volkskunde* (Reprint der Erstausgabe von 1936). Bamberg 1979, S. 40.

32 May: *Meine Beichte*, wie Anm. 30, S. 17.

33 Vgl. Joachim Biermann: *Einige Bemerkungen zum Anstaltskatecheten Johannes Kochta.* In: MKMG 79 (1989), S. 47f.

34 May: *Meine Beichte*, wie Anm. 30, S. 17.

35 Hans Wollschläger: *"Die sogenannte Spaltung des menschlichen Innern, ein Bild der Menschheitsspaltung überhaupt". Materialien zu einer Charakteranalyse Karl Mays.* In: JbKMG 1972/73, S. 11-92 (S. 48).

36 So Franz Cornaro: *Bemerkungen zu Karl Mays Manuskript 'Ange et diable'.* In: JbKMG 1978, S. 256-263 (S. 261) - Auch Engelbert Botschen: *Die Banda Oriental - ein Umweg zur Erlösung.* In: JbKMG 1979, S. 186-212 (S. 203ff), bestätigt im wesentlichen die Kochta-Deutung in Mays Selbstbiographie.

37 Walther Ilmer: *Karl Mays Weihnachten in Karl Mays '"Weihnacht!"'.* In: JbKMG 1987, S. 101-137 (S. 135, Anm. 29).

38 Das Lehrbuch 'Die sogenannte Spaltung des menschlichen Innern, ein Bild der Menschheitsspaltung überhaupt' (laut *Mein Leben und Streben*, S. 176f., von Kochta May überlassen) wird allerdings eine Fiktion des Dichters sein; vgl. Wollschläger: *Karl May*, wie Anm. 29, S. 45.

39 Karl May: *"Weihnacht!".* Gesammelte Reiseerzählungen, Bd. XXIV. Freiburg 1897, S. 603.

40 May: *Der verlorene Sohn*, wie Anm. 10, S. 1264 (Dankgebet des Ma(y)x Holm); ebenso Karl May: *Der Weg zum Glück. Roman aus dem Leben Ludwig des Zweiten.* Hildesheim, New York 1971 (Reprint der Dresdner Erstausgabe von 1886-88), S. 96 u. 848 - May zitiert hier aus einem Kirchenlied (Evangelisches Kirchengesangbuch Nr. 233/4).

41 Zit. nach Stolte, *Volksschriftsteller*, wie Anm. 31, S. XIII.

42 Arthur Witte; zit. nach Stolte: Ebd.

43 Vgl. May: *Mein Leben und Streben*, wie Anm. 1, S. 171f.

44 Karl May: *Das Buch der Liebe* (1875/76). Bd. I (Textband). Reprint der KMG. Hamburg 1988, S. 37 (der fortlaufenden Reprint-Paginierung).

45 May: *"Weihnacht!"*, wie Anm. 39, S. 622.

46 Wollschläger: *Karl May*, wie Anm. 29, S. 46.

47 Zur Deutung der Waldheimer Jahre vgl. auch die - in der Grundtendenz mit meiner Darstellung übereinstimmenden - Ausführungen bei Walther Ilmer: *Karl May - Mensch und Schriftsteller. Tragik und Triumph.* Husum 1992, S. 38-43.

7 Erfolgsschriftsteller in Unterhaltungsblättern: Traumkraft und Selbsttherapie, Realitätsersatz und literarischer Aufstieg

Die Entlassung aus dem Zuchthaus - mit dem Vermerk "Etwas entkräftet, sonst arbeitsfähig"[1] - hat für den zweiunddreißigjährigen Karl May die erste große Lebenswende gebracht. Wie Jona, der sonderbare Prophet, wurde May der Freiheit, dem Licht und dem Leben zurückgeschenkt. Auf der Flucht blieb er, ebenfalls wie jener Prophet (vgl. Jona 1), aber dennoch: auf der Flucht vor seiner Vergangenheit, vor verhängnisvollen Zügen seines Charakters. Seine Selbstfindung, sein Aufstieg zu den Höhen der Literatur wurde ein langer und mühsamer Weg.

Immerhin - es glückte sehr bald, was May nach seiner Entlassung aus dem Arbeitshause 'Schloß Osterstein' versagt geblieben war: eine Existenz zu gründen, sich Achtung und zunehmende Wertschätzung zu erringen.

Die äußeren Voraussetzungen, die allgemeinen Rahmenbedingungen waren für den Schriftsteller May jetzt wesentlich günstiger als am Ende der sechziger Jahre. Die literarische Produktion erlebte einen gewaltigen Aufschwung.[2] Das gesamtdeutsche Pressegesetz ("Reichspreßgesetz") vom 7.5.1874 - fünf Tage nach Mays Entlassung! - und die rasche Verbreitung von Druckmaschinen förderten das Druck- und Verlagsgewerbe in allen deutschen Ländern. Eine große Zahl von Unterhaltungs- und Familienzeitschriften à la 'Gartenlaube' wurde gegründet.

Begehrt sind jetzt vor allem kleinere Erzählungen oder über viele Nummern laufende Fortsetzungsromane [...] Der Leser sucht nach Identifikationen, die das graue Existenzeinerlei nicht bietet; er will Heldentaten miterleben und sich in ein Geschehen hineinversetzen, in dem der einzelne frei und ungebunden von allen Zwängen agiert, wo er Ordnung schaffen und die Welt nach eigener Fasson zurechtrücken kann. Solche Lektüre ist gefragt: Karl May wird sich als erstrangiger Könner auf diesem Gebiet erweisen.[3]

Unterhaltungsschriftsteller waren beliebt, und die Trivialliteratur blühte auf. Schwer hatten es nur die 'linken', die 'sozialdemokratischen' Autoren. "Besonders strapaziert wurde der Majestätsbeleidigungs-Paragraph 95 des Strafgesetzbuches [...] zu den strafgesetzlich geschützten Majestäten gehörten neben dem Kaiser auch die Landesherren der Bundesstaaten."[4] Diese Risiken hat May erkannt und geschickt unterlaufen. Seine in Deutschland spielenden Geschichten sind (zumindest vordergründig) kaiser- und königstreu; seinen persönlichen Freiheitsdrang, seine Distanz zum Imperialismus, seine Kritik an den Mächtigen, den Unterdrückern und Sklavenhaltern, verlegt er vorwiegend ins exotische Milieu!

Mays großer Wunsch fand seine Erfüllung. Der kleine Mann, der Gescheiterte und Verfemte wurde - ein erfolgreicher Schriftsteller. Bekannt und berühmt war er, in den ersten Jahren, noch nicht. Aber seine Werke wurden gedruckt und gelesen. Und später - verschlungen! Er war, wie sich bald schon herausstellte, ein "schöpferischer Genialer von unerhörter literarischer Fruchtbarkeit und fast unglaublicher Arbeitsenergie".[5]

Was hat er geschrieben? Spannende Geschichten? Der Erfolg, der eigentliche, der große Erfolg ist anders zu erklären: Karl May schrieb sich ein in die Seelen der Leser. Und - er kaschierte seine Lebensgeschichte. Er erschrieb sich - ein neues Sein, eine neue Biographie. Es gelang. Es SCHIEN zu gelingen. Denn May fand das richtige Echo, die Bestätigung seiner Fiktion durch das Publikum. Was den Autor bewegt und getrieben hat, was er umgesetzt hat in Literatur, wird von den Lesern "als echt, als wahr [...] und mitreißend"[6] empfunden. Warum? Gert Ueding hat treffend bemerkt:

Die Genialität Karl Mays liegt auch darin begründet, daß er, vermittelt durch den eigenen Wunsch nach einer neuen, unbefleckten, reinen Lebensgeschichte, diesen Wunsch seiner Leser wahrnahm, auch aus ihrer Vorgeschichte heraus und in die wahre Geschichte einzutreten.[7]

Halb bewußt und halb unbewußt suchte May eine neue Identität, eine lichtvolle ('wahre') Lebensgeschichte: wie schon Wadenbach, der 'Plantagenbesitzer' in Orby. Ironisch-bewundernd meinte Hermann Hesse dazu:

In dicken Büchern erfüllt er sich alle Wünsche, die das Leben ihm unerfüllt ließ; da ist er mächtig, reich, geehrt, fast ein König, gebietet über treue, mächtige Verbündete, zeigt sich jedem Feind überlegen, tut Wunder an Kraft, der Klugheit und des Edelmuts.[8]

Eine Großkarriere, einen Mythos schöpfte May aus dem 'Nichts', aus dem Morast der Vergangenheit: das 'Ich' seiner Geschichten, hinter dem seine bürgerliche Existenz, der Schreiber in Dresden und Hohenstein, nur verblassen konnte. Sein wiedergeborenes Ich, sein "repariertes Ego",[9] ist mehr als ein Lehrer, mehr als ein Schriftsteller und auch mehr als ein König! Der Gefangene, der Bestrafte dichtet sich um: zum Ideal schlechthin. Aus dem Gejagten wird der Jäger, aus dem Dieb wird Old Shatterhand/Kara Ben Nemsi, der ehrlichste und wahrhaftigste aller Menschen. Das Edel-Ich wird - allmählich, in einem langen Prozeß - seine Camouflage, die Maske der Eitelkeit und der Scham.[10] Die Maske des Helden soll das Brandmal verhüllen; die Wunden, die eigenen und die der Leser, soll sie verdecken; und die Niederlagen, die Katastrophen soll sie verkehren ins Heile und Sieghafte.[11]

Und die Realität, wie sie wirklich gewesen ist? Die verlorene Kindheit, die Ernstthaler 'Sümpfe', die trostlose Jugend, die kriminellen Vergehen, die Schreckensjahre im Kerker? Der Schriftsteller konnte sie beschwören und bannen. Aber sie waren da. Und neue Bedrängnis und neues Leid werden hinzukommen. Das alles bedrückt und bedroht Karl May. Es schlägt sich, oft zwanghaft, nieder in seinen Werken. Es bricht durch in traumatischen Schuldgefühlen, in bitterer Reue und unendlichem Liebesverlangen.

Jahrzehntelang suchte Karl May seine Vergangenheit zu 'bewältigen'. In unzähligen Variationen, in endlosem Wiederholungszwang korrigiert er die Fakten seiner Lebensgeschichte. Situationen und Schauplätze, Ereignisse und Begegnungen aus der realen Biographie Karl Mays werden verfremdet und (mehr oder weniger) verzerrt im literarischen Werk. Die Straftaten, die Erlebnisse und Erleidnisse, der Zorn und die Reue des Autors werden verkleidet in spannende Fabeln, deren Grundthemen - in subtil differenzierten Wandlungen - immer dieselben sind: Schuld und Sühne, Gefangenschaft und Erlösung, Erniedrigung und Erhöhung, Rachsucht und Liebe, Täuschung und Wahrheit, Verstrickung und Gnade.[12]

Mays literarisches 'Ich' befreit sich ständig (oder wird befreit) aus unverdienten Gefangenschaften.[13] Als Spiegelung des 'Kerzendiebstahls' oder des 'Uhrendelikts' (1859 bzw. 1861) mag das noch hingehen. Für die Verschleierung der 'Old-Shatterhand-Streiche' - von 1864/65 und 1869 - aber gilt: Das 'Ich' des Schuldlosen entstellt und verkehrt die Biographie Karl Mays! Den sündigen Teil seines wahren Charakters spaltet der Schriftsteller vom Ich-Ideal ab und projiziert ihn auf die Widersacher des Helden: eine - imaginäre - Weise der 'Schuldbewältigung', die (an sich) problematisch und trügerisch ist.[14] Im Falle Mays aber sollte bedacht werden: Die tagträumerische Fiktion, die literarische

Ich-Spaltung hatte selbsttherapeutische Wirkung. Karl May hat sich wirklich gebessert; er hat sich entwickelt zu einem sicher nicht fehlerfreien, insgesamt aber doch guten und liebenswürdigen Menschen.

In *Waldröschen*, Mays erstem Kolportageroman, entschließt sich ein sterbender Bettler zur Beichte bei einem Priester. Er räsoniert: "Vielleicht wird Gott mir vergeben, wenn ich gut zu machen suche, was ich im Leichtsinne verbrochen habe."[15] Und im Schreiben vom 16. März 1875 an die Königliche Polizeidirektion hatte Karl May erklärt: "Wohl weiß ich, daß ich schwer gefehlt und gesündigt habe, und die Thätigkeit meines ganzen Lebens muß darauf gerichtet sein, Verzeihung des Geschehenen zu erlangen."[16]

Leere Worte waren das nicht. May hat seine Taten wiedergutgemacht, indem er - als er zu Geld gekommen war - Bedürftigen half und mittellose Menschen auf seine Kosten studieren ließ.[17] Und nicht zu vergessen: Die Stimme des Gewissens, der Versöhnungs- und Läuterungsgedanke ist "eine der Grundtendenzen seines Werkes",[18] das Millionen beglückt hat und so manchen - noch heute - zum Guten erzieht.

May hat, sozialpsychologisch gesehen, zum Werte-Bewußtsein der Gesellschaft zurückgefunden. Er hat "das verhältnismäßig seltene Beispiel einer geglückten Selbstresozialisierung"[19] gegeben. Aber ein 'Stachel im Fleische' ist ihm geblieben. Seine inneren Konflikte, die narzißtische Neigung, die pseudologischen Symptome waren noch nicht überwunden. Sie wurden das Energiepotential eines - in seiner Art großen - Erzählwerks, das sich im Alter des Schriftstellers entpuppte: als religiöse Symboldichtung, als hohe Literatur.

Ist der entlassene Sträfling ein anderer geworden als 'Dr. med. Heilig' und 'Hermes Kupferstecher', als 'Leutnant von Wolframsdorf' und der 'natürliche Sohn des Prinzen von Waldenburg'? Nicht unbedingt und nicht in jeder Beziehung. Scherzhaft meint der Peitschenmüller im letzten Kolportageroman Karl Mays: "Die Dichter sind lauter Lügenschelme. Sie heißen ja nur darum Dichter, weil sie die Lügen alle Tage dicker und dichter machen."[20]

Seine Rollenspiele setzt May ja nun fort, auf höherer Ebene. Ein Pseudologe - freilich nicht 'durch und durch' und nicht im verwerflichen Sinne - ist er auch fürderhin. Heinz Stolte schrieb: "Es ist derselbe Mensch, der als Trickbetrüger und Hochstapler durch die Lande zog, derselbe Mensch, der seinen Old Shatterhand und Kara Ben Nemsi, sein anderes Ich, abenteuernd und die Taten des Guten vollbringend durch ferne Weltteile schickte."[21] Und an andrer Stelle heißt es bei Stolte:

Beflügelt von seiner Phantasie wie eh und je, im Freiraum poetischer Lizenz, trieb er es eigentlich bunter und toller als zuvor [...] Er treibt das, was in der ersten Phase seines Lebens KRIMINELL gewesen ist, in der zweiten Phase, der der Reiseerzählungen, LITERARISCH.[22]

Zwar siegt, schon in den frühesten Schriften, immer das Gute, und Mays Tendenz ist (zunehmend) "christlich-moralisch",[23] wie Rudolf Beissel betonte. Seine wahre Identität, seine eigentliche Bestimmung zum Visionär und prophetischen Dichter fand Karl May aber erst spät. Ein Talent, ein begnadetes Naturtalent war er, nach Stolte, freilich von Anfang an: Seine innere Anschauungskraft, die Plastizität seiner Vorstellungen, ist - schon zu Beginn seiner literarischen Laufbahn - "nahezu eidetisch"[24] zu nennen.

Die Frage lautet noch immer: Wie ist, nach der Entlassung aus Waldheim, die Lebenswende des Menschen und des Schriftstellers Karl May zu bewerten? "Selten ist menschliches Unglück so produktiv und die therapeutische Funktion des Schreibens so wirkungsmächtig geworden wie hier."[25] So sieht es Roxin. Günter Scholdt aber warnte vor Illusionen. Er verwies auf die Fluchttendenz, die Verdrängungsmechanismen, die nur scheinbare Selbsttherapie, in der sich Karl May "eine Ersatzrealität für sein verpfuschtes Leben vorgaukelte."[26]

Die Person und das Werk Karl Mays wurden - je nach Standpunkt des Interpreten - sehr unterschiedlich beurteilt. Von der Bewunderung bis zur Skepsis und Ablehnung reicht die Skala der Bewertungen.[27] Im Schriftsteller selbst, in der Vielschichtigkeit seines Wesens und seiner literarischen Arbeit, hat die widersprüchliche Resonanz ihren tieferen Grund.

"Das Karl-May-Problem ist das Menschheitsproblem."[28] Der Religionsphilosoph Bernhard Welte spricht - ganz grundsätzlich - von der Mehrdeutigkeit, die allem Menschlichen zukomme.[29] Daß diese Mehrdeutigkeit dann doch überführt werde: in die Eindeutigkeit der inneren Wahrheit und des letzten Gelingens, dies hofft der Glaube an Gottes Führung im Leben des Menschen. Ein vager, ein unbegründeter Optimismus? Daß die Hoffnung, die Option für die Zukunft begründet ist, kann - exemplarisch - am Phänomen Karl May demonstriert werden.

Anmerkungen

1   So das abschließende Gutachten Dr. Knechts in Waldheim; zit. nach Hainer Plaul: *Resozialisierung durch "progressiven Strafvollzug". Über Karl Mays Aufenthalt im Zuchthaus zu Waldheim von Mai 1870 bis Mai 1874.* In: JbKMG 1976, S. 105-170 (S. 150).

2   Vgl. Reinhard Tschapke: *Der literarische Markt im 19. Jahrhundert: Verlag, Vertriebs- und Verbreitungsformen.* In: *Karl-May-Handbuch.* Hrsg. von Gert Ueding in Zusammenarbeit mit Reinhard Tschapke. Stuttgart 1987, S. 39-56.

3   Christian Heermann: *Der Mann, der Old Shatterhand war. Eine Karl-May-Biographie.* Berlin 1988, S. 108.

4   Ebd., S. 109.

5   Heinz Stolte: *"Frau Pollmer - eine psychologische Studie". Dokument aus dem Leben eines Gemarterten.* In: JbKMG 1984, S. 11-27 (S. 22).

6   Walther Ilmer: *Durch die sächsische Wüste zum erzgebirgischen Balkan. Karl Mays erster großer Streifzug durch seine Verfehlungen.* In: JbKMG 1982, S. 97-130 (S. 100).

7   Gert Ueding: *Der Traum des Gefangenen. Geschichte und Geschichten im Werk Karl Mays.* In: JbKMG 1978, S. 60-86 (S. 63).

8   Hermann Hesse: *Phantastische Bücher.* In: Vossische Volkszeitung Nr. 458 vom 9.9.1919; zit. nach Viktor Böhm: *Karl May und das Geheimnis seines Erfolges.* Gütersloh [2]1979, S. 40 (Anm. 3).

9   Helmut Schmiedt: *Karl May. Studien zu Leben, Werk und Wirkung eines Erfolgsschriftstellers.* Frankfurt/M. [2]1987, S. 49.

10 Vgl. Karl-Hans Strobl: *Scham und Maske* (1921). In: Karl May's Gesammelte Werke, Bd. 34: *"Ich".* Bamberg [36]1976, S. 547-565 (S. 565).

11 Vgl. Heinz Stolte: *Die Reise ins Innere. Dichtung und Wahrheit in den Reiseerzählungen Karl Mays.* In: JbKMG 1975, S. 11-33 - Ders.: *Meine Name sei Wadenbach. Zum Identitätsproblem bei Karl May.* In: JbKMG 1978, S. 37-59 (S. 39) - Günter Scholdt: *Vom armen alten May. Bemerkungen zu 'Winnetou IV' und der psychischen Verfassung seines Autors.* In: JbKMG 1985, S. 102-151 (S. 125ff.).

12 Vgl. Engelbert Botschen: *Die Banda Oriental - ein Umweg zur Erlösung.* In: JbKMG 1979, S. 186-212 (S. 199f.) - Claus Roxin: *Ein 'geborener Verbrecher'. Karl May vor dem Königlichen Landgericht in Moabit.* In: JbKMG 1989, S. 9-36 (S. 13-20).

13 Vgl. Schmiedt, wie Anm. 9, S. 39.

14 Später, im *Silbernen Löwen III/IV* (1902/03), hat May das erkannt; vgl. unten, S. 451ff.

15 Karl May: *Waldröschen oder Die Rächerjagd rund um die Erde,* Bd. I. Leipzig 1988 (Reprint des Dresdner Erstsatzes von 1882-84), S. 38.

16 Zit. nach Hans Wollschläger: *Karl May. Grundriß eines gebrochenen Lebens.* Zürich 1976, S. 48f.

17 Vgl. Claus Roxin: *Vorläufige Bemerkungen über die Straftaten Karl Mays.* In: JbKMG 1971, S. 74-109 (S. 93).

18 Claus Roxin: *Karl May, das Strafrecht und die Literatur.* In: JbKMG 1978, S. 9-36 (S. 16).

19 Ebd.
20 Karl May: *Der Weg zum Glück. Roman aus dem Leben Ludwig des Zweiten.* Hildesheim, New York 1971 (Reprint der Dresdner Erstausgabe von 1886-88), S. 275.
21 Heinz Stolte: *Das Phänomen Karl May.* Bamberg 1969, S. 14.
22 Stolte: *Mein Name sei Wadenbach,* wie Anm. 11, S. 49 u. 56.
23 Rudolf Beissel: *Ein Schlußstrich. Abschließende Betrachtung zum Streit um Karl Mays Münchmeyer-Romane.* In: KMJB 1919. Breslau 1918, S. 165-194 (S. 179).
24 Heinz Stolte: *Der Fiedler auf dem Dach. Gehalt und Gestalt des Romans '"Weihnacht!"'.* In: JbKMG 1986, S. 9-32 (S. 13).
25 Roxin: *Karl May,* wie Anm. 18, S. 29.
26 Scholdt, wie Anm. 11, S. 125.
27 Amüsant ist die Zusammenstellung widersprüchlicher Äußerungen über Karl May bei Heinz Stolte: *Karl May literarisch.* In: Karl May: *Der große Traum. Erzählungen.* Hrsg. von Heinz Stolte und Erich Heinemann. München 1974, S. 7ff.
28 Karl May: *Mein Leben und Streben.* Freiburg 1910. Hrsg. von Hainer Plaul. Hildesheim, New York ²1982, S. 12.
29 Vgl. Bernhard Welte: *Das Licht des Nichts. Von der Möglichkeit neuer religiöser Erfahrung.* Düsseldorf 1980, S. 44ff.

7.1 Die Verbindung mit Münchmeyer: Im Dunstkreis des 'Schundverlags'

Der Mensch ist ein Rätsel. Er liebt das Vergängliche und sucht nach der Liebe, die niemals vergeht. Er stammt von der Erde, und seine Heimat ist dennoch im Himmel (Phil 3, 20). Sein Geist ist begrenzt und überwindet doch Grenzen. Er flieht vor der Wahrheit und strebt nach Erkenntnis. Er verstrickt sich in Schuld und verfängt sich im Irrtum. Er braucht die Vergebung - und die Einsicht, die ihn befreit. Er wird, so oft, besiegt von der Wirklichkeit. Und nimmt - in der Hoffnung - die Realität, die mit dem Kommen Gottes kommt, schon vorweg.

Das "Menschheitsrätsel", die "Menschheitsfragen" brachte der Schriftsteller mit dem "Karl-May-Problem" in Verbindung.[1] Was ist der Mensch? Das "Wesen über sich selbst hinaus", wie Blaise Pascal formulierte! Das Verlangen nach einer, in jeder Hinsicht, besseren Lebensqualität, die Sehnsucht nach einer höheren Stufe des Menschseins ist auch die Triebquelle Karl Mays. Zu Recht hebt Stolte die Einheit des Mayschen Gesamtwerks - bei aller Verschiedenheit der Stilmittel und der literarischen Formen - hervor:[2] Das Streben nach 'oben' wird, von den frühesten Erzählungen bis zum letzten Vortrag im Jahre 1912 (*Empor ins Reich des Edelmenschen!*), zum Grundmotiv Karl Mays.

Nach seiner Entlassung aus Waldheim arbeitete May als Schriftsteller, als armer Poet, in der Heimatstadt Ernstthal. Er wohnte bei seinen Eltern; alle kannten ihn und wußten Bescheid. Zwei Jahre lang hat ihn die Polizei überwacht. Den (ernsthaften?) Plan, nach Amerika auszuwandern,[3] gab er rasch auf. Die lästigen Folgen der Polizeiaufsicht mußte er also tragen.

Zunächst konnte May nur wenig (oder nichts) publizieren; so wird er "hauptsächlich für die Schublade geschrieben und im übrigen auf Kosten seiner Familie gelebt haben."[4] Seine erste bisher nachgewiesene Novelle, *Die Rose von Ernstthal*, dürfte 1874 (oder auch früher) entstanden sein. Sie erschien im April/Mai 1875 bei Hermann Oeser, Neusalza.[5] Diese Erzählung ist nicht in der Ich-Form geschrieben; aber sie deutet schon an, wie der Autor - träumerisch und fiktiv - seine Verletzungen zu heilen, seine Schwächen zu kompensieren und seine Biographie zu transformieren beginnt: ins Gute und Glückliche.

Anfang März 1875 fand May eine Anstellung als Redakteur mit einem Jahreseinkommen von 600 Talern. Er verpflichtete sich dem - 1862 gegründeten - Dresdner Kolportageverlag,[6] zu dem es wahrscheinlich schon in den sechziger Jahren eine Verbindung gegeben hatte.[7] Der Verlagsbesitzer war Heinrich Gotthold Münchmeyer (1836-1892), dessen Charakter uns May sehr negativ schildert. Friedrich Louis Münchmeyer, der ältere Bruder des ehemaligen Schreinergesellen und jetzigen 'Schund'-Fabrikanten,[8] war der Geschäftsführer.

Karl May zog am 8. März nach Dresden und wohnte "privatim am Jagdweg bei einer Frau verw. Vogel".[9] Schon nach wenigen Tagen, durch eine Verfügung vom 15. März, wurde er - ohne stichhaltige Gründe, aus purem Mißtrauen - ausgewiesen: eine Folge der Polizeiaufsicht. Nachdem sein (von Münchmeyer unterstütztes) Bittgesuch vom 16. März keinen Erfolg hatte, kehrte May am 27.3.1875 nach Ernstthal zurück. Er ließ sich diesmal nicht aus der Bahn werfen, sondern führte von Ernstthal aus seine Geschäfte als Redakteur des Dresdner Verlages. Auch seine literarische Arbeit setzte er fort.

Im Zentral-Organ der sächsischen Militärvereine 'Der Kamerad' erschien, am 24. April 1875, ein patriotisches Gedicht mit dem Titel *Rückblicke eines Veteranen am Geburtstage Sr. Majestät des Königs Albert von Sachsen*.[10] Diese mit 'Karl May' gezeichnete Reimerei, die "allen Verehrern des Schriftstellers als Peinlichkeit erscheinen"[11] muß, setzt sich aus neunzehn Vierzeilern zusammen. Die Ergebenheitsadresse an den 'Löwen von Sachsen' sollte dem Verfasser, so Christian Heermann, "ein gutes Leumundszeugnis ausstellen, um Widrigkeiten [...] vorzubeugen."[12]

May warb, in seiner Lage verständlich, um die Gunst des Obrigkeitsstaates. Im August 1875 erreichte er die Revision des Ausweisungsbeschlusses. Er konnte nach Dresden zurückkehren und wohnte erneut bei Frau Vogel. Gegen Ende des Jahres nahm er in Münchmeyers Verlagsgebäude, Jagdweg 14, Logis.

Heinrich Münchmeyer hofierte den Redakteur, dessen Begabung er rasch erkannt hatte. Nach Mays eigener (im Detail nicht immer verläßlicher) Darstellung wurde er in einem Restaurant von Münchmeyer den Gästen als 'Herr Doktor Karl May' vorgestellt.[13] Er ließ es sich, wohl gar nicht so widerstrebend, gefallen.

Der Verleger hatte die Manuskripte bzw. Skizzen des Straftäters gelesen und kannte auch dessen Vergehen. Münchmeyers Frau stammte aus der Nähe von Ernstthal. "Das fesselte ihn an die Gegend. Er wurde da bekannt und erfuhr auch von mir. Was er da Tolles hörte, schien ihm außerordentlich passend für seine Kolportage."[14] Einiges, was er von May gelesen hatte, "war ihm zu hoch. Anderes aber gefiel ihm so, daß es ihn, wie er sagte, entzückte [...] Er versicherte, ich sei der Mann, den er gebrauchen könne."[15] So schrieb Karl May nach Jahrzehnten in der Selbstbiographie.

Eine bessere Welt wollte der Schriftsteller seinen Lesern vermitteln. Zur Wissenschaft, zur Kunst, zur Religion wollte der frühere Schullehrer sie hinführen! Nicht zu bestreiten: eine erzieherische Passion liegt seinen Schriften tatsächlich zugrunde. Doch Anspruchsvolles war bei Münchmeyer ja gar nicht gefragt. Belehrendes wollte der Verleger höchstens beiläufig bringen; sein Hauptgeschäft war die triviale Unterhaltungsliteratur.

Inzwischen als 'Jugendverderber' gebrandmarkt, beteuerte Karl May in *Mein Leben und Streben*: "Ich fand den Verlag ganz ungemein häßlich."[16] Es gab jedoch keine andere Wahl. Zwänge und Engpässe, auch jetzt wieder! Der Vorbestrafte mußte unterkommen, seine Existenz mußte gesichert werden. Münchmeyer war die einzige Hoffnung, und so bleibt es dessen Verdienst, dem werdenden Dichter "eine gewisse soziale Perspektive eröffnet zu haben".[17]

May selbst empfand, fürs erste, die Verbindung mit Münchmeyer "wie ein Himmelsgeschenk!"[18] Aber das Himmelsgeschenk erwies sich als fragwürdig. Münchmeyers Betrieb war ein zwielichtiges Unternehmen. Was vor dem Eintritt Mays in die Redaktion bei diesem Verleger gedruckt und vertrieben wurde, war von - zum Teil - schon bedenklicher Art. Im Verlauf des Jahres 1874[19] z.B. waren zwei anonym verfaßte Lieferungswerke erschienen mit den umständlichen Titeln *Die Geheimnisse der Venustempel aller Zeiten und Völker oder die Sinnenlust und ihre Priesterinnen. Geschichte der Prostitution und ihrer Entstehung, sowie die Darlegung ihrer Folgen auf die Entwickelung der Menschheit* (400 Seiten mit ca. 20 Farbtafeln)[20] und *Die Geschlechtskrankheiten des Menschen und ihre Heilung. Mit besonderer Berücksichtigung der Syphilis, ihrer Entstehung und Folgen. Mit über 100 allopathischen, sowie homöopathischen Recepten versehen, zur Heilung aller Krankheiten, welche die Geschlechtsorgane betreffen* (896 Seiten mit Abbildungen im Text).[21]

Nach der Darstellung Karl Mays[22] soll Otto Freitag, Mays Vorgänger als Redakteur, den *Venustempel* verfaßt haben. In Wirklichkeit handelt es sich um "ein Plagiat von ganz seltener Dreistigkeit".[23] Der eigentliche Verfasser, der Autor der (1870 in Berlin erschienenen) Vorlage des *Venustempels*, ist unbekannt.

Der *Venustempel* (mit diesem Titel hat May wahrscheinlich eine gemischte Heftausgabe der BEIDEN Münchmeyer-Produkte gemeint)[24] war - so May - "ein ganz unbeschreibliches Werk über die allerniedrigste, venerische Kloakenliebe[25] [...] Der 'Venustempel', später auch noch 'Buch der Liebe' genannt,[26] war ein Buch, welches auf die allergemeinste Sinnenlust spekulierte."[27]

Diese Charakterisierung ist übertrieben: Spätestens um die Jahrhundertwende hatte May seine Gründe, sich von der 'Münchmeyerei' aufs schärfste zu distanzieren! Von polemischen Überzeichnungen abgesehen ist Mays Beschreibung des *Venustempels* insgesamt jedoch "zutreffend".[28] Als Pornographie wird man *Die Geschlechtskrankheiten* zwar nicht bezeichnen dürfen; die Intention war im wesentlichen die sexuelle Aufklärung, deren Notwendigkeit kein vernünftiger Mensch heute bestreiten wird. Und was das Eheverständnis betrifft, blieb das Werk *Die Geschlechtskrankheiten* nur "innerhalb der Grenzen der bürgerlichen Moral der damaligen Zeit".[29] Der *Venustempel* indessen verrät eine andere, aus der Sicht Karl Mays (des damaligen wie des späteren May) sicher 'niedere' Gesinnung. "So findet durch die doppelte Anlage des Gesamtwerks die doppelte Moral jener Zeit durchaus sinnfällig ihren Ausdruck. Karl Mays Kritik war nicht ganz unbegründet."[30]

Der *Venustempel* wurde in Preußen und Österreich schon 1874 verboten. Wohl Ende 1874 oder im Verlauf des Jahres 1875 (die genaue Datierung ist leider nicht möglich) kam es zu einer Hausdurchsuchung des Münchmeyerverlags durch die Dresdner Polizei.[31] Um die sächsische Zensurbehörde zu beschwichtigen, änderte Münchmeyer - in seiner Branche eine gängige Methode - zunächst nur den Umschlagtitel seiner gemischten Lieferungsausgabe. Doch diese simple Kosmetik erschien ihm dann unzureichend. Er entschloß sich zu einer, auch inhaltlichen, Umgestaltung des Werkes. Mit dieser Arbeit betraute er - Karl May, seinen neuen Redakteur.

Mit dem Vorläuferwerk, dem *Venustempel*, hatte May natürlich nichts zu tun. Doch die lange verschollene, erst 1982 wiederaufgefundene, dreiteilige Neufassung mit dem Titel *Das Buch der Liebe. Wissenschaftliche Darstellung der Liebe nach ihrem Wesen, ihrer Bestimmung, ihrer Geschichte und ihren geschlechtlichen Folgen* (insgesamt 1248 Seiten) wurde - in wichtigen Passagen - von Karl May verfaßt bzw. bearbeitet. In der Selbstbiographie und im Verlaufe der gerichtlichen Auseinandersetzungen (seit 1901) hat May dies freilich bestritten: aus taktischen Gründen.[32]

Was den ursprünglichen Sachverhalt betrifft, verdient Karl May überhaupt keinen Vorwurf. Im Gegenteil! Denn *Das Buch der Liebe* unterscheidet sich vom Vorgänger-Werk fundamental. Der Text des *Venustempels*, der separat wahrscheinlich, trotz des Verbots, auch weiterhin gedruckt und ausgeliefert wurde,[33] entfiel im *Buch der Liebe* nahezu vollständig.[34] Nur das - moralisch ja völlig unbedenkliche - Werk *Die Geschlechtskrankheiten* wurde, in Text und Bild leicht verändert, ins *Buch der Liebe* (als zweite Abteilung 'Die Liebe nach ihren geschlechtlichen Folgen') integriert. Ganz neu verfaßt wurden - im wesentlichen von Karl May - die erste und dritte Abteilung des *Buches der Liebe*. Schlüpfrige Sachen? Mitnichten! Wer Bettgeschichten erwartet, wird durch die Lektüre sehr gründlich enttäuscht. Mays Texte sind: religionsphilosophische Betrachtungen über die göttliche Liebe, die - als Ursprung und Ziel auch der menschlichen Liebe - alles bewegt und die Entwicklung der Menschheit vorantreibt.[35] Für Münchmeyer sicher "zu hoch"!

Mit Bravour hat der Redakteur seinen Auftrag erfüllt. Seine Vorstudien für diese imposante und eigenständige Leistung dürfte er im Sommer 1875, also zu Hause in Ernstthal, abgeschlossen haben. Die ersten Lieferungsdrucke werden auf den Spätsommer 1875 zu datieren sein.

Im zensurfreudigen Österreich wurde *Das Buch der Liebe* am 9. Mai 1877 verboten, obwohl es, zumindest nach heutigen Maßstäben, nichts 'Unsittliches' enthielt. In Sachsen (und wohl auch in Preußen) war lediglich eine bestimmte Vertriebsweise dieses Werkes untersagt: das "Feilbieten im Umherziehen".[36]

Das Kolportagewesen bewertete May, jedenfalls später, insgesamt als 'niedrig' und 'scheußlich'.[37] Aber was er selbst für Münchmeyer verfaßt hatte, berechtigt in moralischer Hinsicht zu keinerlei Tadel. Karl May hat in diesen Jahren "nichts geschrieben, was auch nur nach damaligen Maßstäben sittlich anfechtbar war".[38]

Anmerkungen

1 Vgl. z.B. Karl May: *Mein Leben und Streben*. Freiburg 1910. Hrsg. von Hainer Plaul. Hildesheim, New York ²1982, S. 12 u. 142.

2 Heinz Stolte: *Das vierzehnte Jahrbuch*. In: JbKMG 1984, S. 7-10 (S. 10).

3 Vgl. Hainer Plaul: *Resozialisierung durch "progressiven Strafvollzug". Über Karl Mays Aufenthalt im Zuchthaus zu Waldheim von Mai 1870 bis Mai 1874*. In: JbKMG 1976, S. 105-170 (S. 150f.) - Ders.: *Redakteur auf Zeit. Über Karl Mays Aufenthalt und Tätigkeit von Mai 1874 bis Dezember 1877*. In: JbKMG 1977, S. 114-217 (S. 114ff.).

4 Claus Roxin: *Mays Leben*. In: *Karl-May-Handbuch*. Hrsg. von Gert Ueding in Zusammenarbeit mit Reinhard Tschapke. Stuttgart 1987, S. 62-123 (S. 89).

5 Unter Mays Namen erschien die Novelle im 1. Band der 'Deutschen Novellen-Flora' (Neusalza 1875). Unter dem Pseudonym 'Karl Hohenthal' wurde die Erzählung im illustrierten Hausblatt 'All-Deutschland!' (Stuttgart 1880) nachgedruckt.

6 Zum Begriff 'Kolportage' vgl. Reinhard Tschapke: *Der literarische Markt im 19. Jahrhundert: Verlag, Vertriebs- und Verbreitungsformen*. In: *Karl-May-Handbuch*, wie Anm. 4, S. 39-56 (S. 44ff.).

7 Vgl. oben, S. 99.

8 Vgl. Plaul (Hrsg.): *Karl May*, wie Anm. 1, S. 388 (Anm. 153).

9 Aussage Mays vor Gericht (1908); zit. nach Plaul: *Redakteur auf Zeit*, wie Anm. 3, S. 164.

10 Vgl. Helmut Schmiedt: *Der Löwe Sachsens: ein panegyrisches Gedicht Karl Mays*. In: JbKMG 1981, S. 41-63.

11 Christian Heermann: *Der Mann, der Old Shatterhand war. Eine Karl-May-Biographie.* Berlin 1988, S. 111.

12 Ebd., S. 112.

13 Vgl. Karl May: *Ein Schundverlag. Ein Schundverlag und seine Helfershelfer* (1905 bzw. 1909). Prozeßschriften, Bd. 2. Hrsg. von Roland Schmid. Bamberg 1982, S. 283.

14 May: *Mein Leben und Streben*, wie Anm. 1, S. 175.

15 Ebd., S. 175f.

16 Ebd., S. 183.

17 Plaul: *Redakteur auf Zeit*, wie Anm. 3, S. 141.

18 May: *Mein Leben und Streben*, wie Anm. 1, S. 182.

19 Zu den Erscheinungsjahren vgl. Hainer Plaul: *"Das schwarze Buch" oder über die Schwierig-keiten, Lieferungswerke zuverlässig zu datieren.* In: MKMG 31 (1977), S. 31-35. - 1874 als Erscheinungsjahr des *Venustempels* und der *Geschlechtskrankheiten* dürfte aber gesichert sein.

20 Zur Beschreibung dieses Werkes vgl. Heinz Neumann: *"Die Geheimnisse der Venustempel" des Verlages H.G. Münchmeyer.* In: MKMG 23 (1975), S. 25-28 - Gernot Kunze: *Einführung.* In: Karl May: *Das Buch der Liebe.* Dresden 1875/76. Reprint der Karl-May-Gesellschaft. Bd. II (Kommentarband). Hrsg. von Gernot Kunze. Regensburg 1988/89, S. 7-50 (S. 9-16).

21 Inhaltsübersicht und Textauswahl bei Kunze (Hrsg.), wie Anm. 20, S. 65-114.

22 Vgl. May: *Mein Leben und Streben*, wie Anm. 1, S. 184 u. 186.

23 Kunze, wie Anm. 20, S. 12.

24 Vgl. ebd., S. 14.

25 May: *Schundverlag*, wie Anm. 13, S. 260.

26 Mit dieser Formulierung erweckt May fälschlicherweise den Eindruck, der *Venustempel* und *Das Buch der Liebe* seien identisch.

27 May: *Schundverlag*, wie Anm. 13, S. 295.

28 Kunze, wie Anm. 20, S. 11.

29 Ebd., S. 16.

30 Ebd.

31 Vgl. Kunze, wie Anm. 20, S. 27ff. - May: *Schundverlag*, wie Anm. 13, S. 260f., 293f. u. 296 - Ders.: *Mein Leben und Streben*, wie Anm. 1, S. 184f. - Da es im Hause Münchmeyer wohl mehrere Durchsuchungen gab, ist nicht ganz klar, welche Aktion May hier meint (vermutlich eine spätere, erst am 23.2.1876 erfolgte Polizeiaktion); May will "erst später, viel später" (*Mein Leben und Streben*, S. 185), d.h. wohl im Herbst 1876, von dieser Aktion etwas erfahren haben; vgl. dagegen Kunze, wie Anm. 20, S. 30.

32 Vgl. May: *Mein Leben und Streben*, wie Anm. 1, S. 220; dazu unten, S. 397f.

33 Vgl. May: *Schundverlag*, wie Anm. 13, S. 260 u. 296 - Ders.: *Mein Leben und Streben*, wie Anm. 1, S. 184f. - Kunze, wie Anm. 20, S. 18f.

34 Vgl. Kunze: Ebd., S. 21. - Die wenigen im *Buch der Liebe* verbliebenen *Venustempel*-Passagen wurden (wahrscheinlich von May) entschärft; vgl. Kunze: Ebd., S. 45f. (Anm. 86).

35 Vgl. unten, S. 142.

36 Zit. nach Kunze, wie Anm. 20, S. 28.

37 Vgl. May: *Mein Leben und Streben*, wie Anm. 1, S. 183.

38 Claus Roxin: *Geleitwort.* In: May: *Das Buch der Liebe*, wie Anm. 20, Bd. I (Textband). Regensburg 1988, S. 5f. (S. 6).

7.2 Autor und Redakteur (1875-77): Religiöse Betrachtung und exotische Abenteuer, Humoresken und historische Erzählungen

Für H.G. Münchmeyer betreute Karl May bis Anfang 1877 diverse Zeitschriften: volks-tümliche Blätter, deren Inhalt er selbst zu bestimmen hatte. Sein Anliegen war es, "die seelischen Bedürfnisse der Leser zu befriedigen und Sonnenschein in ihre Häuser und Herzen zu bringen."[1] Das hat er in wachsendem Maße auch wirklich getan.

Mays spätere Reiseerzählungen (*Durch die Wüste*, *Winnetou* usw.) begründen seine Beliebtheit. Und die Altersromane werden von Kennern geschätzt: als literarisch bedeutend. Es gibt bei May einen Trend, eine Entwicklung nach oben. Aber das Gültige und Abstruse, das Wichtige und das Nebensächliche im Werk und im Leben des Dichters läßt sich nicht immer verrechnen auf die literarischen Schaffensabschnitte. Ambivalent ist das 'Phänomen Karl May' insgesamt. Und mehrschichtig sind seine Bücher wohl alle. Nicht nur die Reiseerzählungen und nicht nur das Spätwerk verdienen Beachtung. Was May in den siebziger Jahren erlebt und geschrieben hat, ist ebenfalls interessant. Sein Anspruch auf einen tieferen Gehalt auch der frühesten Werke ist berechtigt und sollte "nicht als die nachträgliche Substitution von Bedeutung in ein im übrigen triviales Werk verstanden werden."[2]

Mays Oeuvre ist breit. Gerade in der ersten Phase seiner schriftstellerischen Arbeit hat er sehr Verschiedenartiges, im künstlerischen Rang, in der literarischen Form und in der religiösen Bedeutung sehr Unterschiedliches verfaßt.

7.2.1 Im 'Beobachter an der Elbe': *Wanda* und *Der Gitano*

In Münchmeyers Wochenblatt 'Der Beobachter an der Elbe' (mit zahlreichen Parallelausgaben, z.B. 'Der Beobachter an der Spree'), dem ursprünglich von Otto Freitag und jetzt von Karl May redigierten Unterhaltungsjournal, kamen von unserm Autor zwei fesselnde Novellen heraus: *Wanda* und *Der Gitano* (Sommer bzw. Herbst 1875). *Wanda*, eine sprachlich und kompositorisch noch relativ schwache Kriminalerzählung im Kolportagestil, enthält sehr viel autobiographisches Material. Das erste Kapitel ('Die Auction') dürfte schon in den sechziger Jahren entstanden sein: vielleicht als eigenständige Novelle.[3] Für die Veröffentlichung bei Münchmeyer "wurde diese vermutliche 'Ur-Wanda' dann auf den erforderlichen Umfang gebracht."[4]

Der Gitano. Ein Abenteuer unter den Carlisten spielt in Mays Traumland, in Spanien. Das 'Ich' des Erzählers ist, im Gegensatz zum späteren Old Shatterhand/Kara Ben Nemsi, nur Nebenfigur. In seiner Bescheidenheit erinnert es "mehr an Scott's Waverley als an den Helden der späteren Reiseromane."[5]

Zeitgenössische Presseberichte, Notizen über den 'Karlistenkrieg' um die Thronfolge (1872-76), regten May an: typisch auch für die künftige Arbeitsweise des Schriftstellers. Bezeichnend für Mays - im Prinzip religiöse, zugleich aber kritische - Grundeinstellung ist die erkennbare "Abneigung gegen die klerikal-absolutistischen und streng traditionalistischen Carlisten".[6]

7.2.2 In 'Schacht und Hütte': Populärwissenschaftliche Aufsätze und *Geographische Predigten*

Noch im Herbst 1875 ließ Karl May den 'Beobachter' auslaufen und gründete, mit bemerkenswerter Tatkraft, zwei neue Zeitschriften: 'Schacht und Hütte. Blätter zur Unterhaltung und Belehrung für Berg-, Hütten- und Maschinenarbeiter' und 'Deutsches Familienblatt. Wochenschrift für Geist und Gemüth zur Unterhaltung für Jedermann'. Ende August und Anfang September 1875 bereiste May weite Gebiete, um unter anderem die Großfirmen Hartmann in Chemnitz, Krupp in Essen und Borsig in Berlin zu besuchen:[7] Für 'Schacht und Hütte' sollten durch die Werbebesuche Abonnenten gesichert werden.

'Schacht und Hütte' enthält u.a. eine Reihe von anonymen Beiträgen, die mit höchster Wahrscheinlichkeit[8] von Karl May, dem Redakteur, selbst verfaßt wurden. Es handelt sich um Gedichte (z.B. *Wenn um die Berge von Befour*) und kleinere Aufsätze: ethische Appelle (z.B. *Schätze und Schatzgräber, Bete und arbeite!*, *Blumen deutscher Kirchenlieder, Vertheidigung eines Vielverkannten*) und populärwissenschaftliche Erörterungen (z.B. *Die Helden des Dampfes, Ein Lichtspender, Der Kanal von Suez*).[9]

Literarisch nur von geringem Wert, vermitteln die Aufsätze interessante Einsichten in Mays volksdidaktische Intentionen, in sein frühes Weltbild zwischen Aufklärung und religiösen Laienvorstellungen und - bei den Texten der zweiten Gruppe - in seine anfängliche, sehr zeittypische Faszination durch die wissenschaftlich-technische Revolution.[10]

Karl May war Poet, nicht Philosoph und nicht Theologe im akademischen Sinne. Aber nachgedacht hat er schon, über Gott und die Welt. Seine vielleicht wichtigsten Schriften in diesen Jahren sind weniger die erzählenden, sondern eher die betrachtenden Texte: *Das Buch der Liebe*, soweit es von May verfaßt wurde, und die *Geographischen Predigten*.[11] Die letzteren sind, unter Mays Namen, Mitte Dezember 1875 bis Ende Juli 1876 in 'Schacht und Hütte' erschienen. Als Entstehungszeit sind das Frühjahr und der Sommer 1875 anzunehmen,[12] als Entstehungsort also Mays Heimatstadt Ernstthal. Nach Mays Tode sind diese - halb pietistischen, halb aufklärerischen - Meditationen verschollen. Im Jahre 1916 wurden sie wiedergefunden.

Von Arno Schmidt, Hans Wollschläger, Martin Lowsky u.a. wurden die *Geographischen Predigten* als naiv und schulmeisterlich abgetan.[13] Aber sie erhellen die Denkweise und die Bildungsgrundlagen Karl Mays. Und sie bestätigen (überzeugender als *Ange et Diable*[14]), daß May tatsächlich studiert hat, daß er den 'Feuerbach' des Fragens und gründlichen Nachsinnens wenn nicht durchschritten, so doch gekannt und geprüft hat. Die *Predigten* geben Auskunft über die geistige und religiöse Entwicklung des jungen Autors. So manches mag an die Traktate der Schülerzeit Karl Mays, ihre Vielwisserei und ihre, vom Vater erzwungene, Lesewut noch erinnern.[15] Aber May ist gewachsen: als ein Mensch, der gezweifelt, der gefragt und gesucht hat.

Mays Naturbetrachtungen sind fromm und erbaulich; das wird nicht jedem gefallen. Doch zumindest Respekt verdienen die Texte sehr wohl: nicht nur wegen des gewaltigen, fast alle Gebiete umfassenden Lexikonwissens, sondern - vor allem - wegen der (teilweise) progressiven Ideen, die mit dem Geist Friedrich Schillers, dem Toleranzgedanken Gotthold E. Lessings,[16] der Geschichtsphilosophie Johann Gottfried Herders[17] und den Naturbetrachtungen Johann Peter Hebels[18] verwandt sind und von namhaften Theologen auch des 20. Jahrhunderts vertreten werden.[19]

Die *Geographischen Predigten* erhellen, was Karl May eigentlich sein wollte und was er, träumend und fabulierend, tatsächlich gewesen ist: ein Prediger, ein Katechet der versöhnenden Liebe. Sein Denkansatz, das Programm seines künftigen Schaffens, wird sehr eindrucksvoll und bewegend zur Sprache gebracht.[20]

Betrachtet werden 'Himmel und Erde', 'Land und Wasser', 'Berg und Thal', 'Wald und Feld', 'Mensch und Tier', 'Strom und Straße', 'Stadt und Land', 'Haus und Hof'. Das klingt idyllisch und harmlos. Mays Meditieren dringt jedoch ein in die Tiefe. Alltägliche Dinge und irdische Wirklichkeiten werden, wie in den Gleichnissen Jesu, als Zeichen für Transzendentes erkannt.

Als 'natürliche Theologie' sind diese Predigten zu verstehen: nicht im Sinne eines dogmatischen Systems (von dem Karl May ja nichts wissen wollte[21]), wohl aber im Sinne einer Reflexion über den Gottesgedanken. In allem entdeckt der Schriftsteller:

ein sinnvolles teleologisches Prinzip: alles hat seinen Zweck, steht im weltorganischen Zusammenhang und bezeugt so die Existenz eines weisen und gütigen Gottes. Angelehnt an die Evolutionstheorie behauptet May zugleich eine sinnvoll-utopische Weltentwicklung in Richtung zunehmender Vergeistigung. Vorauszusetzen sei jedoch, daß der Mensch den Gleichnischarakter der Natur erkennt [...] und sich die Menschheit in Humanität und Toleranz zusammenschließt.[22]

Die Fortschrittsbegeisterung der Aufklärung verbindet May - in den *Predigten* und im Erzählwerk - mit der eigenen Vision, mit der eigenen Traumwelt. Ein wahrhaft sehender, die Oberfläche der Dinge durchdringender Blick gibt seinem Werk, und speziell den *Geographischen Predigten*, einen bleibenden Wert.

Mays Altersbehauptung, auch seine früheren Schriften hätten - hinter der Abenteuerromantik - einen 'symbolischen' Sinn,[23] wird durch die *Predigten* verifiziert. In den Märchen und Parabeln des Spätwerks, vorzugsweise in *Ardistan und Dschinnistan*,[24] spielen Wüsten und Flüsse, Berge und Sümpfe eine zentrale, ins Transzendente verweisende Rolle. Daß 'hinter' der Handlung auch der früheren Erzählungen das Ewige, die göttliche Welt mit-gemeint ist, legen die *Geographischen Predigten* durchaus nahe.

Die 'Wüste' zum Beispiel wird, wie bei den Propheten der Bibel und den Mystikern des Mittelalters, als Metapher für die scheinbare Trostlosigkeit, aber auch für das Heilswirken Gottes bedacht (S. 141ff. u. 157f.).[25] Das 'Thal' wird als Niederung, als Tiefland der Seele, der 'Berg' - wie in der Mythologie, in der Bibel und in den Weltreligionen - als Sinnbild des Hohen und Lichten, als Ort der göttlichen Nähe begriffen (S. 149ff.). Dasselbe gilt für das 'Wasser':

Darum waren schon in den ältesten Zeiten die Wellen der Schauplatz heiliger Handlungen, ja sogar Gegenstand der Anbetung, darum sprach Christus am Brunnen zu Sichar vom "Wasser des Lebens", und darum knüpfte er an das Wasser sein Sacrament von der Aufnahme in den Bund der christlichen Kirche. (S. 141)

Wie wichtig für May diese frühen Betrachtungen waren, zeigt eine Äußerung aus dem Jahre 1899:

wer die 'Geographischen Predigten' nicht gelesen hat, ist vollständig unfähig, meine Voraussetzungen und Ziele zu kennen, meine Art und Weise zu begreifen, mein Denken und Wollen zu verstehen und ein gerechtes Urteil über meine Werke zu fällen.[26]

Die *Predigten* sind ein Schlüssel für das Verständnis des Mayschen Gesamtwerks:

Schon der Titel besagt, was ich damals wollte und auch heute noch will: Geographie und Predigten! Kenntnis der Erde und ihrer Bewohner und Aufschau nach einer lichteren Welt! Dieser Anfang meiner literarischen Laufbahn bildet die Grundlage für meinen späteren Werdegang; die 'Geographischen Predigten' enthalten die Leitgedanken zu meinen sämtlichen Werken, die ich in der Folge treulich beibehalten habe.[27]

Eine Selbsttäuschung des alten Mannes? Keineswegs! Ein "Leitgedanke" des Spätwerks ist z.B. die Friedensthematik, die in den *Predigten*, in 'Wald und Feld', schon zum Ausdruck kommt: "Erinnert doch" das Wort 'Feld' an "den größesten und häßlichsten Gegensatz der Liebe, welcher seine Opfer unter dröhnendem Rossestampfen und brüllendem Kanonendonner auf dem 'Schlachtfelde' in 'des Todes blutige Rosen' bettet." (S. 190)

Diesen "Leitgedanken" - die Option für den Frieden, das Nein zur Gewalt - hat May in der Folge (nicht immer konsequent, aber mit wachsender Dringlichkeit) tatsächlich "beibehalten".

Zu Mays, kontinuierlich durchgehaltenen, "Leitgedanken" gehört auch die Evolution. Die Naturphilosophie des berühmten Geologen und Theologen P. Teilhard de Chardin (1881-1955) wird in den *Predigten* Mays zum Teil schon vorweggenommen: Die "wunderbare Logik" der - noch keineswegs abgeschlossenen, in ihr göttliches Ziel hineinreifenden, noch immer im Werden begriffenen - Schöpfung zeigt sich, so May,

als eine lückenlose und Stufe für Stufe fortschreitende Entwickelung des nächst Höheren und Vollkommeneren aus dem vorangehend Niederen, aber seinem Zwecke vollkommen Entsprechenden, und wo das schwache Auge des Sterblichen eine Lücke in der Kette der Schöpfung zu gewahren vermeint, da thut sich dem späteren und schärferen Blicke das Geheimniß kund, daß die Woche des Schaffens noch nicht bis zu dem siebenten Tage, dem großen Sabbathe der Ruhe vorangeschritten sei. (S. 205)

Ganz im Sinne Teilhards[28] führt May weiter aus: "Jede höhere Stufe kennzeichnet sich durch eine größere Selbstständigkeit [sic] des Lebens, eine vermehrte Freiheit der Bewegung und eine immer deutlicher ausgesprochene Individualität" (ebd.).

Karl Mays - zweifellos durchgängiger - "Leitgedanke" ist der Glaube an Gottes Liebe, die alles bewegt und 'empor' führt. Das große Verlangen, das Verlangen nach Gott, verleiht den *Predigten* ihre Gültigkeit:

Die Heimath, die da droben unsrer wartet, zieht unser bestes und schärfstes Denken himmelwärts und nimmt unser Fühlen und Wollen gefangen in einer Sehnsucht, welche, den Meisten unbewußt, sich wie ein Faden durch unser ganzes Leben zieht. (S. 125)

Wie kommt der Schriftsteller zu solche Ideen? Seine "Leitgedanken" sind nicht aus der Luft gegriffen; sie sind, wie die *Predigten* belegen, in der Metaphysik und im christlichen Glauben, in der Tradition Platons und Augustinus' verwurzelt:

Die Gesetze, Kräfte und Erscheinungen der Natur sind nichts Anderes, als in die Zeitlichkeit getretene Gedanken des Ewigen, durch eine unfehlbare und allweise Logik zu einer Predigt verbunden, welche ebensowohl den strengen Ernst einer allwaltenden Gerechtigkeit, wie das Evangelium einer unendlichen Liebe verkündet. (S. 205)

Die religiöse Botschaft ist die Seele des Mayschen Gesamtwerks. Wesentliche, im Erzählwerk des Dichters entfaltete Grundüberzeugungen des Christentums (und zum Teil auch anderer Religionen)[29] werden in den *Geographischen Predigten* - leitmotivisch - schon angesprochen: der Lobpreis des Schöpfers (S. 222); die Ablehnung des 'Zufalls' zugunsten der göttlichen Führung (S. 149); das Vertrauen auf Gottes Sorge - im Geiste Paul Gerhardts und seiner Kirchenlieder (S. 126); das Bekenntnis zu Christus, dem "Gottessohn" bzw. "gottähnlichsten der Menschen" (ebd.);[30] der Glaube an die Überwindung des Todes (S. 367); die Hoffnung auf die Wiedervereinigung aller Liebenden in der Ewigkeit Gottes (S. 117), die alle Sehnsucht des menschlichen Herzens erfüllt (S. 125f.).

Mays *Predigten* werden wohl selten gelesen. Sie werden, auch von Experten, meist ignoriert oder heruntergesetzt. Sie leiden, so wird zum Beispiel bemängelt, unter "der Überbürdung mit diffusem Wissen" und "totem Zahlenmaterial".[31] Streckenweise mag das so zutreffen. Aber insgesamt ist zu sagen: May sieht die Seele, die Innenseite der Dinge. Er hat einen Sinn für die großen Zusammenhänge. Glaube und Wissen, Religion und Erfahrung sind für ihn keine Gegensätze. Phantastische Mythologie und rationalistisches Denken, gefühlvolle Romantik und idealistische Philosophie, klassischer Humanismus und biblische Frömmigkeit, Glaube an Gottes Führung und an die Kräfte des Menschen - das sind für May keine unüberwindlichen Widersprüche.

War er ein Wirrkopf? O nein. Er war eben - ein Dichter! Er dachte (soweit es die Religion betrifft) mehr intuitiv, mehr bildhaft als begrifflich und analytisch. Manche Formulierungen des 'Predigers' sind problematisch, vielleicht sogar falsch. Ein Profi-Theologe ist Karl May nie gewesen. In den Real-Utopien der Altersromane, in ihren Hoffnungssymbolen, ihren Märchen und Prophetien wird Mays Denken jedoch verfeinert und weitergeführt. Erst im Spätwerk, so meint - etwas überpointiert - Dieter Sudhoff, findet Karl May "zu einem in sich schlüssigen Denksystem und zu künstlerischer Form".[32]

7.2.3 Im *Buch der Liebe*: Grundgedanken des Alterswerks

In ihrer Aussage mit den *Geographischen Predigten* verwandt sind die von Karl May verfaßten Teile des schon erwähnten, von H.G. Münchmeyer - parallel zu den *Predigten* (1875/76) - anonym publizierten *Buches der Liebe*.[33]

Von Karl May stammt mit Sicherheit der größte Teil, vielleicht aber auch der gesamte Text der ersten Abteilung (144 Seiten)[34] sowie der Großteil der dritten Abteilung (256 Seiten?)[35] des Sammelwerks. Mays eventuelle Mitwirkung bei der zweiten, dem Vorläuferwerk *Die Geschlechtskrankheiten*[36] entsprechenden Abteilung dürfte sich auf eine leichte Bearbeitung, d.h. Entschärfung des Textes beschränkt haben.

Das Gesamtwerk enthält, wie oben schon angesprochen, "keine ernstlich beanstandbaren Ausführungen".[37] Auch der eindeutig von May geschriebene Text bewegt sich, was Ehe und Familie angeht, "in den konventionellen Bahnen seiner Zeit".[38] Mays religionsphilosophische Erörterungen indessen verraten ein - wie Roxin kommentierte -

durchaus selbständig-kritisches, aufklärerisch beeinflußtes Denken, in dem viele Positionen und Motive seines nachfolgenden Schaffens (gerade auch des Spätwerks) vorformuliert sind. Die herausgehobenen Schlußworte der ersten Abteilung 'LIEBE und FRIEDE!' fassen als 'Devise' künftiger Zeitalter das ethische Programm des Spätwerks in erstaunlicher Weise vorausschauend zusammen.[39]

Karl Mays z.B. im *Friede*-Roman (1901/04)[40] engagiert vorgetragene Kritik an der aggressiv-missionarischen Staatsreligion begegnet uns schon im *Buch der Liebe*:

Das Beispiel Christi, welcher Petro befahl, das Schwert in die Scheide zu stecken [...], war vergessen und die Religion der Liebe ward auf den Spitzen der Schwerter von Land zu Land, von Volk zu Volk getragen. Unter dem Deckmantel der Religion verbargen sich alle möglichen Gelüste (I 26).[41]

Auch die 'erzieherische Weiblichkeit', die in den späten Reiseerzählungen und im Alterswerk Karl Mays mehr und mehr an Bedeutung gewinnt, wird schon im *Buch der Liebe* verkündet, und zwar schon jetzt in ihrer theologischen Dimension: In der Frau sieht May das Bild und das Gleichnis der göttlichen Gnade und Barmherzigkeit (I 30f.). Eine sozusagen 'feministische Theologie' wird im Ansatz hier antizipiert.[42]

Die gesamte Entwicklung des Menschengeschlechts, der Naturgeschichte und der Weltgeschichte interpretiert Karl May (wie später Teilhard de Chardin) von der göttlichen Liebe her. Wie die *Geographischen Predigten* beweisen auch die - Erde und Himmel verbindenden - Lebensbetrachtungen des *Buches der Liebe*: Religiöse Probleme haben den Schriftsteller, von Anfang an, zutiefst bewegt! Mit Leidenschaft und innerer Betroffenheit werden Themen behandelt wie: Tod, Hölle und Teufel (I 17ff.), Schuld und Vergebung (I 23f.), Versöhnung der Konfessionen und Religionen (I 25ff.) oder die Gotteserkenntnis aus der Beobachtung der Natur (III 109f.).

Nach dieser allgemeinen Würdigung muß freilich auch kritisch vermerkt werden: Die mit Absolutheit, im Brustton der Unfehlbarkeit vorgetragenen Behauptungen des verhinderten Schulmeisters wirken, in nicht wenigen Partien des *Buches der Liebe*, zu forsch und zu rechthaberisch. Daß es z.B. keine Hölle und keinen Teufel gibt, das hofft und das erwägt Karl May nicht bloß, das weiß er ganz einfach! Die offenen und eher 'schwebenden' Formulierungen des Spätwerks verdienen den Vorzug. "Es wäre ja auch betrüblich, wenn Karl May am Ende seines Lebens nicht mehr Einsichten gehabt hätte als in der Jugend."[43]

7.2.4 Im 'Deutschen Familienblatt': Lustige Stücke und Wildwest-Geschichten
Aus der Mappe eines Vielgereisten

Im 'Deutschen Familienblatt', der gleichzeitig mit 'Schacht und Hütte' von May gegründeten Wochenzeitschrift 'für Jedermann', erschienen keine theoretischen, zur Belehrung des arbeitenden Volkes geschriebene Abhandlungen, sondern - unter anderem - die ersten bisher bekannten Humoresken Karl Mays: im Herbst 1875 *Ein Stücklein vom alten Dessauer* und *Die Fastnachtsnarren*; im Spätsommer 1876 *Auf den Nußbäumen*; und im Herbst 1876 *Unter den Werbern*, eine weitere Dessauer-Novelle.

Die Dessauergeschichten, denen in anderen Blättern noch mehrere folgten, zeigen Mays Vorliebe für die - anekdotisch verzerrte - Gestalt des Fürsten Leopold I. von Anhalt-Dessau (1676-1747), seine Vorliebe auch für Maskerade und Mummenschanz. Der Hochgestellte tritt auf im Inkognito, als Bäcker, als Leiermann, als Scherenschleifer usw. Wie der Straftäter May (aber mit verkehrten Vorzeichen) gerät er in ebenso gefährliche wie groteske Situationen hinein.[44]

Den Fürsten und Feldherrn beschreibt Karl May als gewaltigen Rohling, als Säufer und Spieler, als skrupellosen Rekrutenfänger. Er dröhnt und flucht und schlägt auch zu mit dem Stock: nach Arno Schmidt eine "gekrönte Bestie", die Menschenhandel treibt und "mit allen SS-Größen wetteifern kann".[45] Trotzdem soll der 'Alte', nach Mays Intention, sympathisch erscheinen: Sein Unrecht nimmt er zurück und den Schaden macht er noch gut. Zornig und hart, weich und gemütlich, herrisch und leutselig, wüst und doch hilfsbereit, das alles ist er zugleich.

Mays ambivalentes Vaterbild ist im Fürst-Marschall Leopold zu erkennen. Der Dessauer-Stoff könnte als "Kultursatire",[46] aber auch als Vorspiel, als (halb) spaßhafte Variante des späteren Hauptmotivs Karl Mays interpretiert werden: 'Gewaltmensch' und 'Edelmensch', hier vereinigt in einer Person. Literarisch gehören die Dessauer-Stücke zu den schwächeren Werken des Schriftstellers; Forst-Battaglia nannte sie "abgeschmackte Histörchen".[47] Immerhin - Kritik am Absolutismus, an der Menschenverachtung des Militärapparates klingt an, wenn auch verhalten und zwischen den Zeilen.

Die Fastnachtsnarren und *Auf den Nußbäumen* sind, wie auch die folgenden (in anderen Zeitschriften erschienenen) May-Humoresken, sehr flüssig und amüsant, sehr lustig und spannend geschrieben. Formal und inhaltlich sind diese Stücklein, zumindest teilweise, besser geglückt als die Dessauer-Novellen. *Auf den Nußbäumen* - zum Beispiel -
ist eine Geschichte mit köstlich ausgemalten Details. May arbeitet darin unter anderem mit einer gestelzten, von Fremdwörtern gespickten Sprache, so daß derb-banale Ereignisse bereits durch die Wortwahl überzeichnet und damit um so wirkungsvoller der Lächerlichkeit preisgegeben werden.[48]

Den "antibürgerlichen Affekt"[49] dieser Geschichten hat Lowsky herausgestellt. Noch wichtiger scheint mir ein anderer Gesichtspunkt: Zu lockeren Späßen, harmlosen Blödeleien und turbulenten Verwicklungen bieten Mays Schwänke auch wirkliche Komik! Derselbe Poet, der sein Leben lang zu leiden hatte, bringt echten Humor!

Trotz allen Unglücks, das er erlitten hat, ist Karl May "unter den deutschen Erzählern einer der humorvollsten".[50] Menschliche Schwächen, auch die des Autors selbst,[51] werden in seinen Possen durchschaut. Sie werden aufgespießt und entlarvt, nicht bitter, nicht böse, sondern heiter und schelmisch. Mays Gelächter ist, mit Harvey Cox gesprochen, "der Hoffnung letzte Waffe":[52] Verknöcherte Staatsdiener und passionierte Soldaten, selbstgefällige Spießer und frömmelnde Heuchler werden aufs Korn genommen, mit versöhnlicher Güte. Mays an sich ernste Themen - die Willkür der Mächtigen, der Kampf gegen Laster und Trunksucht, die Beschreibung von Armut, das Sichfinden der Liebenden - werden schmunzelnd, mit Augenzwinkern behandelt: Eitle Patrone, aufgeblasene 'Genies', verstockte Tyrannen, polternde Väter, herrschende Weibsen und regierende Hausdrachen werden kuriert.

In Mays Humoresken wird das Heldische, die betonte Männlichkeit, nicht verherrlicht, sondern belächelt. Nicht um Körperkraft und schneidige Siege geht es in diesen Erzählungen, sondern ums Verstehen und Helfen, um pfiffige Streiche, die Unterdrücker entwaffnen und Unterdrückten ihr Recht werden lassen.

Mays heitere Kurzgeschichten, die ausschließlich in Deutschland spielen, unterscheiden sich von seinen (fast gleichzeitig mit den *Fastnachtsnarren* erschienenen) ersten Wildwestgeschichten erheblich - in mehrfacher Hinsicht.

Inn-nu-woh, der Indianerhäuptling,[53] eine künstlerisch anspruchslose Novelle, und *Old Firehand*, Mays früheste Winnetou-Erzählung, wurden unter dem Sammeltitel *Aus der Mappe eines Vielgereisten* im September bzw. Spätherbst 1875 publiziert: ebenfalls, wie die ersten Humoresken, im 'Deutschen Familienblatt'. Die Entstehungszeit ist wahrscheinlich auf das Jahr 1874, "wenn nicht sogar auf die Zeit der Zwickauer Haft bzw. kurz danach"[54] anzusetzen.

Old Firehand wurde von Karl May wiederholt überarbeitet und zuletzt in den zweiten Band der *Winnetou*-Trilogie (1893) integriert. Vom Edelmenschen, der auf die Rache verzichtet und seinen Feinden verzeiht, ist der 'Ur-Winnetou',[55] der Apachenhäuptling in *Old Firehand*, noch weit entfernt. Die Recken brillieren, wie im Western-Genre üblich, als wackere Krieger, als sichere Schützen und tüchtige Reiter. Es fließt sehr viel Blut. Der Trapper Sam Hawkens, aber auch der Skalpjäger Winnetou handeln grausam.[56] Old Firehand, Dick Stone und Will Parker kommen, im Gegensatz zur späteren Version, ums Leben.

Interessant ist die Differenz des erzählenden 'Ich' - Old Shatterhand heißt der berühmte Westmann erst später - zum allmächtigen Über-Ich der künftigen Bücher:[57] Das Ich des Vielgereisten wird in *Old Firehand* zwar - anders als in *Gitano*[58] - als großer Held vorgestellt; auch besitzt es den (hier erstmals erwähnten) Henrystutzen, das legendäre Zaubergewehr mit den fünfundzwanzig Kugeln. Die gekränkte Vergangenheit des Erzählers, bei Old Shatterhand/Kara Ben Nemsi so konsequent überdeckt, scheint aber sehr deutlich erkennbar noch durch. Sie verrät sich, zu Beginn der Erzählung, in besinnlicher Trauer, in der Sehnsucht nach Anerkennung, nach Frauenliebe und weiblichem Trost.

Das Programm der *Geographischen Predigten* und des *Buches der Liebe* wird, trotz der blutigen Szenen, am Ende auch in *Old Firehand* realisiert. Mays Suche nach dem Edlen und Guten spiegelt sich in der Wandlung Ellens, der Tochter Old Firehands und Ribannas. Das schöne Mädchen hat einen Fehler: Es ist hart und kennt keine Vergebung. Ellens Leben ist der Rache verschrieben. Sie wirkte "fast erkältend auf mich, und die Glorie, mit welcher meine Erinnerung ihr Bild umgeben hatte, ward von der rauhen, rücksichtslosen Wirklichkeit verdunkelt."[59] Das erzählende Ich wirft ihr vor: Der Mensch, vor allem die Frau, sei zur Güte bestimmt; wir hätten "nach höheren Dingen zu streben"[60] als nach der Vergeltung. Ellen nimmt sich diese Worte, nach inneren Kämpfen und neuen Erfahrungen, doch noch zu Herzen:

Es schwieg die Rache, [...] und Alles war vergessen, was einst bestimmend auf ihr Denken und Wollen gewirkt hatte. Sie hielt es für ein Glück zu sühnen, was sie an ihrer Weiblichkeit verbrochen hatte, und diese Sühne mußte mir den Himmel geben.[61]

7.2.5 In den 'Feierstunden am häuslichen Heerde': Ein orientalisches Abenteuer und *Der beiden Quitzows letzte Fahrten*

Der 'Himmel' war Karl May in der Realität noch verschlossen. Fürs erste gab es nur Arbeit, nur Mühe und, wie wir sehen werden, auch Ärger und Streit: im Zusammenhang mit dem 'Schundverlag' H.G. Münchmeyers.

Wegen des begrenzten Adressatenkreises war 'Schacht und Hütte' nicht sehr erfolgreich.[62] Schon nach einem Jahrgang, ab September 1876, ersetzte Karl May diese Zeitschrift durch eine dritte Neugründung: die 'Feierstunden am häuslichen Heerde. Belletristisches Unterhaltungsblatt für alle Stände'. Das 'Deutsche Familienblatt' erlebte, von Herbst 1876 bis Herbst 1877, noch einen zweiten Jahrgang.

In den 'Feierstunden' erschienen von May im Herbst 1876 die Humoreske *Im Wollteufel* und das Orient-Abenteuer *Leilet. Im Wollteufel* ist eine hübsche, eher tragikomisch angelegte Geschichte mit versteckten Reminiszenzen aus der Kindheit und Jugendzeit Karl Mays.[63] Mit *Leilet*, seiner ersten im Orient spielenden Erzählung, hat May einen anderen Weg beschritten. *Leilet* ist eine ziemlich "kolportagehafte Liebesgeschichte",[64] die der Schriftsteller unter dem Pseudonym 'M. Gisela' herausbrachte. In seiner Handlungsstruktur und manchen erzählerischen Einzelheiten erinnert der Text an Wilhelm Hauffs Märchen 'Die Errettung Fatmes'.[65] Für Peter Roseggers 'Heimgarten' wurde *Leilet*, unter dem Titel *Die Rose von Kahira*, nachgedruckt[66] und schließlich - neu gestaltet - für Mays Reiseerzählung *"Giölgeda padishanün"* (später *Durch die Wüste*) wiederverwendet.

Ende 1876 bis Anfang 1877 folgte in den 'Feierstunden' Mays erster Roman *Der beiden Quitzows letzte Fahrten. Historischer Roman aus der Jugendzeit des Hauses Hohenzollern.*[67]

Der *Quitzow*-Text hat eigentlich drei Autoren. Unter dem Titel *Fürst und Junker* wurde der Roman, im ersten Jahrgang des 'Deutschen Familienblattes', von Friedrich Axmann[68] begonnen. Unter Zeitdruck setzte Karl May dieses Werk fort. Nach Mays Ausscheiden aus dem Münchmeyer-Verlag hat Dr. Heinrich Goldmann,[69] wahrscheinlich mit Hilfe des Mayschen Konzepts, den Roman zu Ende geführt.

Die Protagonisten dieses - in den Jahren 1411 bis 1414 spielenden - Ritterromans sind fast durchwegs historische Personen: z.B. Dietrich von Quitzow, Werner von Holtzendorff, Caspar Liebenow, Jobst Schwalbe und Otto von Suteminn. Als Quelle benützte May *Die Mark Brandenburg unter Kaiser Karl IV.*, ein historisches Werk von K.F. Klöden (Berlin 1837); einige Handlungsteile und Dialoge übernahm er fast wörtlich.[70] Von einem Plagiat kann freilich nicht die Rede sein; denn selbständig, in seiner ihm eigenen Art, hat Karl May die vorgegebenen Stoffe gestaltet und neu belebt.

Von der May-Forschung wurde der *Quitzow*-Roman lange vernachlässigt. Zu Unrecht: denn seine Bedeutung liegt "in der Schlüsselfunktion, die er für die weitere schriftstellerische Entwicklung des noch jungen und unerfahrenen Autors zum erfolgreichen Romanschriftsteller hatte."[71]

Sachlich und erzählerisch weisen die *Quitzow*-Geschichten nicht unbedeutende Mängel auf.[72] Doch die religions- und sozialkritischen Ansätze lassen uns aufhorchen: Die Kritik an den Mächtigen, an ihrer Gewalt und ihrem schein-religiösen Zynismus, kommt einer - narrativen, erzählenden - 'Theologie der Befreiung' schon nahe.

Mit der Figur des Eusebius, des schuftigen Burgkaplans, sorgt May für 'Kulturkampf'-Stimmung. Und ein wichtiges Anliegen des Autors wird demonstriert: das Leid an ungerechten Verhältnissen. Die Willkür, die kalte Herrenmacht des Dietrich von Quitzow hat das Privatleben des Ritters Suteminn zerstört. Dietz und Kuno von Quitzow, die edler fühlenden Söhne des 'Gewaltmenschen' Dietrich, sind bereit, für das Unrecht des Vaters Sühne zu leisten - ein bezeichnendes Motiv, das sich im Spätwerk Karl Mays, in *Ardistan und Dschinnistan* und *Winnetou IV*, wiederfindet. Die beiden Söhne vertreten die neue, die bessere Generation. Sie durchschauen ihre Umgebung, deren Handeln und Denken, als bösartig und heuchlerisch. Denn das Pochen der Ritter auf den 'göttlichen Willen' geht auf Kosten der Armen, der Gedemütigten und Entrechteten.

Die *Geographischen Predigten* erweisen sich, auch diesmal, als "Leitgedanken" des Mayschen Erzählwerks: Das religiöse Sendungsgefühl, das Fortschrittspathos, der ethische Entwicklungsoptimismus der *Predigten* werden umgesetzt in farbige Szenen und spannende Handlung.

Anmerkungen

1 Karl May: *Mein Leben und Streben*. Freiburg 1910. Hrsg. von Hainer Plaul. Hildesheim, New York ²1982, S. 184.

2 Gert Ueding: *Der Traum des Gefangenen. Geschichte und Geschichten im Werk Karl Mays.* In: JbKMG 1978, S. 60-86 (S. 71).

3 Vgl. Karl May: *Ein Schundverlag. Ein Schundverlag und seine Helfershelfer* (1905 bzw. 1909). Prozeßschriften, Bd. 2. Hrsg von Roland Schmid. Bamberg 1982, S. 279 - Hartmut Kühne: *Ein Nachwort zu "Wanda".* In: MKMG 21 (1974), S. 9-13 - Hainer Plaul: *Redakteur auf Zeit. Über Karl Mays Aufenthalt und Tätigkeit von Mai 1874 bis Dezember 1877.* In: JbKMG 1977, S. 114-217 (S. 160).

4 Joachim Biermann: (Werkartikel zu) *Wanda.* In: *Karl-May-Handbuch.* Hrsg. von Gert Ueding in Zusammenarbeit mit Reinhard Tschapke. Stuttgart 1987, S. 486-489 (S. 486).

5 Plaul: *Redakteur auf Zeit,* wie Anm. 3, S. 163.

6 Eckehard Koch: (Werkartikel zu) *Der Gitano.* In: *Karl-May-Handbuch,* wie Anm. 4, S. 420f. (S. 420).

7 Vgl. May: *Mein Leben und Streben,* wie Anm. 1, S. 184 - Christian Heermann: *Der Mann, der Old Shatterhand war. Eine Karl-May-Biographie.* Berlin 1988, S. 117.

8 Vgl. Hainer Plaul: *Illustrierte Karl-May-Bibliographie.* München 1989, S. 21ff.

9 Vgl. Karl May: *Schacht und Hütte. Mit einer Einführung von Klaus Hoffmann.* Reprint Hildesheim, New York 1979, passim. - Die Aufsätze finden sich (leicht überarbeitet) auch in: Karl May's Gesammelte Werke, Bd. 72: *Schacht und Hütte.* Bamberg, 35. Tsd., S. 233-297.

10 Dieter Sudhoff: (Werkartikel zu) *Bete und Arbeite! und andere Aufsätze.* In: *Karl-May-Handbuch,* wie Anm. 4, S. 575ff. (S. 576).

11 Abgedruckt bei May: *Schacht und Hütte,* wie Anm. 9, passim; leicht bearbeitet auch in Ges. Werke, Bd. 72, wie Anm. 9, S. 315-493.

12 Nach Plaul: *Redakteur auf Zeit,* wie Anm. 3, S. 155f.

13 Vgl. Arno Schmidt: *Abu Kital. Vom neuen Großmystiker.* In: *Dya Na Sore. Gespräche in einer Bibliothek.* Karlsruhe 1958; hier zit. nach Helmut Schmiedt (Hrsg.): *Karl May.* Frankfurt/M. 1983, S. 45-74 (S. 55) - Hans Wollschläger: *Karl May. Grundriß eines gebrochenen Lebens.* Zürich 1976, S. 49f. - Martin Lowsky. *Karl May.* Stuttgart 1987, S. 40. - Sehr positiv wertet hingegen Walther Ilmer: *Karl May - Mensch und Schriftsteller. Tragik und Triumph.* Husum 1992, S. 49: Die *Geographischen Predigten* sind "inhaltlich anspruchsvoll und sprachlich von hoher Qualität - eine erstaunliche Leistung."

14 Vgl. oben, S. 118ff.

15 Vgl. oben, S. 52.

16 Vgl. Heinz Stolte: *Auf den Spuren Nathans des Weisen. Zur Rezeption der Toleranzidee Lessings bei Karl May*. In: JbKMG 1977, S. 17-57.

17 Vgl. Eckehard Koch: *"Jedes irdische Geschöpf hat eine Berechtigung zu sein und zu leben". Zum Verhältnis von Karl May und Johann Gottfried Herder*. In: JbKMG 1981, S. 166-206. - Eine 'Verwandtschaft' mit Herder wäre, über Sekundärquellen, natürlich auch möglich, wenn May Herders Schriften nicht unmittelbar gekannt haben sollte; vgl. Koch: Ebd., S. 178ff.

18 Vgl. Hartmut Wörner: *Karl Mays astronomisches Weltbild*. In: MKMG 53 (1982), S. 5-14 (S. 10-14).

19 Diese These kann hier nicht im einzelnen belegt werden. Eine Spezialarbeit über Mays *Geographische Predigten* und vergleichbare Gedanken in der christlichen Theologie des 20. Jahrhunderts steht noch aus und wäre sehr reizvoll.

20 Vgl. Fritz Prüfer: *Karl Mays "Geographische Predigten": - ein Programm*. In: KMJB 1921. Radebeul 1920, S. 94-114 - Heinz Stolte: *Der Volksschriftsteller Karl May. Beitrag zur literarischen Volkskunde* (Reprint der Erstausgabe von 1936). Bamberg 1979, S. 51ff. - Britta Berg: *Religiöses Gedankengut bei Karl May*. SKMG Nr. 47 (1984), S. 5-10.

21 Vgl. May: *Schacht und Hütte*, wie Anm. 9, S. 118.

22 Dieter Sudhoff: (Werkartikel zu) *Geographische Predigten*. In: *Karl-May-Handbuch*, wie Anm. 4, S. 574f.

23 Vgl. z.B. May: *Mein Leben und Streben*, wie Anm. 1, S. 141.

24 Vgl. unten, S. 687ff.

25 Seitenangaben in () beziehen sich auf die Reprint-Ausgabe des Originaltextes, wie Anm. 9.

26 Aus der Erwiderung Karl Mays (pseud. Richard Plöhn) an F. Mamroth in der Dortmunder 'Tremonia'; zit. nach Karl May: *May gegen Mamroth. Antwort an die "Frankfurter Zeitung"*. In: JbKMG 1974, S. 131-152 (S. 135).

27 Aus einem von May verfaßten Flugblatt (1901?), wiedergegeben in: Karl May's Gesammelte Werke, Bd. 34: *"Ich"*. Bamberg 361976, S. 201.

28 Vgl. Pierre Teilhard de Chardin: *Der Mensch im Kosmos* (*Le Phénomène Humain*). München 1959 (Sonderausgabe 1965), S. 47ff. u. 267ff. (Kapitel 'Das Universum - persönlichkeitsbildend'). - Vgl. unten, S. 669f. u. 703.

29 Vgl. (allgemein und ohne Bezug auf die *Geographischen Predigten*) Ernst Seybold: *Plädoyer für Karl Mays Christlichkeit*. In: MKMG 68 (1986), S. 11-17 (Fortsetzung in: MKMG 69 (1986), S. 31-38).

30 Diese Formulierung läßt aufhorchen, wenngleich sie im Sinne der kirchlichen Christologie wohl nicht adäquat ist; vgl. Ernst Seybold: *Aspekte christlichen Glaubens bei Karl May*. SKMG Nr. 55 (1985), S. 27. - Zur Problematik vgl. grundsätzlich (auch für suchende Leser hilfreich) Karl Rahner: *Christologie heute*. In: Ders.: *Schriften zur Theologie XV*. Zürich, Einsiedeln, Köln 1983, S. 217-224.

31 Sudhoff: *Geographische Predigten*, wie Anm. 22, S. 575.

32 Ebd.

33 Ein Abschnitt der *Geographischen Predigten* ('Himmel und Erde') findet sich im *Buch der Liebe* nahezu textgleich wieder.

34 Nach Roland Schmid sind die Seiten 8-10 u. 58-70 Fremdeinschübe; vgl. Gernot Kunze: *Einführung*. In: Karl May: *Das Buch der Liebe*. Dresden 1875/76. Reprint der KMG, Bd. II (Kommentarband). Hrsg. von Gernot Kunze. Regensburg 1988/89, S. 7-50 (S. 45, Anm. 84).

35 Der ursprüngliche Umfang der 3. Abteilung steht nicht mit Sicherheit fest; die Seiten 145ff. (bis S. 256?) sind noch immer verschollen, falls dieser Text überhaupt je verbreitet wurde und nicht der Zensur zum Opfer fiel; vgl. Kunze, wie Anm. 34, S. 22 u. 45 (Anm. 77). - Nach Kunze: Ebd., S. 23-28, könnten Teile der vorliegenden 3. Abteilung von einem anderen, unbekannten Autor stammen; einige Partien sind mit Sicherheit nicht von Karl May verfaßt.

36 Vgl. oben, S. 135f.

37 Claus Roxin: *Geleitwort*. In: May: *Das Buch der Liebe*, wie Anm. 34, Bd. I (Textband), S. 5f. (S. 6); vgl. oben, S. 135.

38 Ebd., S. 5.

39 Ebd. - Vgl. Seybolds Ausführungen in: Hermann Wohlgschaft/Ernst Seybold/ Hansotto Hatzig: *Stimmen zum "Buch der Liebe"*. In: MKMG 80 (1989), S. 48-51 (S. 49ff.).

40 Vgl. unten, S. 627.

41 Seitenangaben in () beziehen sich auf die 1. bzw. 3. Abteilung des *Buches der Liebe* im Reprint der KMG (Bd. I: Textband, wie Anm. 37).

42 Vgl. unten, S. 660ff.

43 Claus Roxin in einem Brief vom 19.1.1989 an den Verfasser; vgl. auch meine Ausführungen in: Wohlgschaft/Seybold/Hatzig, wie Anm. 39, S. 48f.

44 Vgl. Werner Raddatz: *Das abenteuerliche Leben Karl Mays*. Gütersloh 1965, S. 65ff.; Hinweis bei Claus Roxin: *Vorläufige Bemerkungen über die Straftaten Karl Mays*. In: JbKMG 1971, S. 74-109 (S. 90).

45 Schmidt, wie Anm. 13, S. 53.

46 Lowsky, wie Anm. 13, S. 41.

47 Otto Forst-Battaglia: *Karl May. Traum eines Lebens - Leben eines Träumers*. Beiträge zur Karl-May-Forschung 1. Bamberg 1966, S. 172.

48 Eckehard Koch: (Werkartikel zu) *Auf den Nußbäumen*. In: *Karl-May-Handbuch*, wie Anm. 4, S. 421f. (S. 422). - "Durch die Kürzungen und Eindeutschungen vieler Fremdworte" in den Gesammelten Werken, Bd. 47 (*Professor Vitzliputzli*) "hat die Erzählung viel von ihrem Reiz verloren." (Koch, ebd.)

49 Lowsky, wie Anm. 13, S. 41.

50 Heinz Stolte: *Narren, Clowns und Harlekine. Komik und Humor bei Karl May*. In: JbKMG 1982, S. 40-59 (S. 56).

51 Vgl. ebd., S. 47ff. (hier mit Bezug auf Hadschi Halef, Sam Hawkens, Hobble-Frank u.v.a.).

52 Vgl. Harvey Cox: *Das Fest der Narren. Das Gelächter ist der Hoffnung letzte Waffe*. Stuttgart 41972.

53 Vgl. May: *Mein Leben und Streben*, wie Anm. 1, S. 185: Im 'Deutschen Familienblatt' "begann ich sofort mit 'Winnetou', nannte ihn aber einem andern Indianerdialekt gemäß einstweilen noch In-nu-woh." - Zu Mays Bearbeitungen dieser Kurzgeschichte (sie wurde zuletzt in das 1. Kapitel von *Der Schatz im Silbersee* eingearbeitet) vgl. Ekkehard Bartsch: *"Ich begann sofort mit 'Winnetou'"*. *Zur Neuentdeckung eines unbekannten frühen Karl-May-Textes*. In: JbKMG 1980, S. 189-192 - Joachim Biermann: (Werkartikel zu) *Inn-nu-woh, der Indianerhäuptling*. In: *Karl-May-Handbuch*, wie Anm. 4, S. 489ff.

54 Plaul: *Redakteur auf Zeit*, wie Anm. 3, S. 172.

55 Vgl. Franz Kandolf: *Der werdende Winnetou*. In: KMJB 1921. Radebeul 1920, S. 336-360 (auch in: *Karl Mays 'Winnetou'. Studien zu einem Mythos*. Hrsg. von Dieter Sudhoff und Hartmut Vollmer. Frankfurt/M. 1989, S. 179-195). - Über die Herkunft und die Bedeutung des Namens 'Winnetou' wurde viel gerätselt; dazu Werner Poppe: *"Winnetou". Ein Name und seine Quellen*. In: JbKMG 1972/73, S. 248-253 - Wolf-Dieter Bach: *Sich einen Namen machen*. In: JbKMG 1975, S. 34-72 (S. 63f., Anm. 26) - Eckart Klein: *"Brennendes Wasser"*. In: MKMG 80 (1989), S. 53f.

56 In den späteren Reiseerzählungen wurden die Helden, besonders der Häuptling Winnetou, neu konzipiert und zunehmend verchristlicht.

57 Zur Entstehung und Entwicklung des Mayschen 'Ich'-Helden vgl. Viktor Böhm: *Karl May und das Geheimnis seines Erfolges*. Gütersloh 21979, S. 40ff.

58 In *Inn-nu-woh* ist das 'Ich' sogar nur der Zuschauer, der in die Handlung überhaupt nicht eingreift.

59 Karl May: *Old Firehand*. Reprint 'Deutsches Familienblatt'. Hamburg 1975, S. 206b; zit. nach Werner Tippel/Hartmut Wörner: *Frauen in Karl Mays Werk*. SKMG Nr. 29 (1981), S. 10.

60 May: *Old Firehand*, wie Anm. 59, S. 236b.

61 Ebd., S. 271a; zit. nach Tippel/Wörner, wie Anm. 59, S. 11 - Zur Deutung Ellens vgl. Peter Krauskopf: *Old Firehand. I. Versuch einer psychoanalytischen Untersuchung*. In: MKMG 39 (1979), S. 16-19 - *II. Versuch einer ideologiekritischen Interpretation*. In: MKMG 40 (1979), S. 36ff.

62 Vgl. Heermann, wie Anm. 7, S. 118.

63 Vgl. Eckehard Koch: (Werkartikel zu) *Im Wollteufel*. In: *Karl-May-Handbuch*, wie Anm. 4, S. 424f.

64 Claus Roxin: *Einführung*. In: Karl May: *"Giölgeda padishanün" - Reise-Abenteuer in Kurdistan*. 'Deutscher Hausschatz'. Reprint der KMG. Hamburg, Regensburg 1977, S. 2-6 (S. 3).

65 Vgl. Bernhard Kosciuszko: *Leilet - 'Eine Rose des Morgenlandes'*. In: MKMG 63 (1985), S. 26.

66 Vgl. unten, S. 151.

67 Karl May: *Der beiden Quitzows letzte Fahrten*. Karl Mays Werke I.4. Hrsg. von Hermann Wiedenroth und Hans Wollschläger. Zürich 1992; stark bearbeitet (so daß die ursprüngliche Konzeption nicht mehr erkennbar ist) auch in: Karl May's Gesammelte Werke, Bd. 69: *Ritter und Rebellen*.

68 Vgl. Karl Serden: *Zum Thema May-Axmann*. In: MKMG 83 (1990), S. 37-40.

69 Vgl. Joachim Biermann: *Wer war Dr. Goldmann? Zur Entstehung des Romans "Der beiden Quitzows letzte Fahrten"*. In: MKMG 74 (1987), S. 39-46. - Wiedenroth/Wollschläger: *Editorischer Bericht*. In: May: *Quitzows*, wie Anm. 67, S. 677-683.

70 Vgl. Siegfried Augustin: (Werkartikel zu) *Der beiden Quitzows letzte Fahrten*. In: Karl-May-Handbuch*, wie Anm. 4, S. 365-369 (S. 365f.) - Ders.: *Der beiden Quitzows letzte Fahrten. Karl Mays literarisches Gesellenstück*. In: JbKMG 1991, S. 250-286.

71 Augustin: Werkartikel, wie Anm. 70, S. 369.

72 Zu den Schnitzern, die May in diesem Werk unterlaufen sind, vgl. schon Forst-Battaglia, wie Anm. 47, S. 92.

7.3 Trennung von Münchmeyer und Suche nach neuen Verlegern: Erzgebirgische Dorfgeschichten und weitere Erzählungen

Das Arbeitsverhältnis mit Münchmeyer währte nur knappe zwei Jahre. Schon im Oktober oder November 1876 kündigte May.[1]

Für die Trennung von Münchmeyer gab es wohl mehrere Gründe. Am 23. Februar 1876 wurde das Verlagsgebäude ein weiteres Mal von der Polizei durchsucht.[2] Bei dieser Gelegenheit wurden auch zahlreiche Exemplare des *Buches der Liebe* beschlagnahmt. In das folgende Gerichtsverfahren war Karl May, als verantwortlicher Redakteur, verwickelt.[3] Die Vorladung erfolgte wahrscheinlich im Oktober 1876. Gegenstand der Verhandlung war unter anderem das *Buch der Liebe*. Diese Ereignisse dürften interne Streitigkeiten ausgelöst haben, "in deren Folge Mays Kündigung eingereicht wurde".[4]

Karl May war angeklagt! Eine traumatische Situation, die ihn schockiert haben wird! Ob Heinrich Münchmeyer und Otto Freitag (Mays Vorgänger als Redakteur) verurteilt wurden, ist fraglich.[5] Friedrich Münchmeyer - der Geschäftsführer - wurde in der zweiten Instanz, Karl May schon in der ersten Instanz freigesprochen.[6] Doch der Schriftsteller hatte von der 'Münchmeyerei' nun genug. Er zog die "Konsequenzen. Meines Bleibens war hier nicht. Ich wollte aus dem Abgrund heraus, nicht aber wieder hinunter!"[7]

Münchmeyer "gehörte zu jenen Leuten, die gern vom Hohen schwärmen, aber doch vom Niedrigen leben."[8] Über den Buchdrucker Friedrich Gleißner gewann Karl May "so manchen Einblick in die Geschäftspraktiken und in die persönlichen Verhältnisse der Familie Münchmeyer".[9] Dies könnte der weitere Grund für Mays Rückzug gewesen sein: Seine Arbeit verlor an Freiheit! Denn Ida Pauline Münchmeyer (1840-1928), die einflußreiche Frau des Verlegers, hätte den Schriftsteller - um ihn stärker an die Firma zu binden? - gerne zum Schwager gehabt. "Man setzte alle Hebel in Bewegung, dies zu erreichen."[10] Minna Ey (1843-1918), die Schwester der Prinzipalin, kümmerte sich um Mays Wohnung, seine Bewirtung, seine Wäsche usw.[11] Eine Heirat mit der dreiunddreißigjährigen Minna kam für May aber nicht in Frage, zumal er Emma Pollmer, die künftige Ehefrau, vermutlich schon kannte.[12]

Nach Ablauf der Kündigungsfrist, Anfang 1977 (noch während der Arbeit am *Quitzow*-Roman), schied Karl May aus und zog um in die Pillnitzer Straße 72: "zu einer alten, reichen Dame, der Wittfrau Groh".[13]

Die gesicherte Stellung bei Münchmeyer aufzugeben, war für Karl May ein Wagnis, das Mut und Entschlußkraft verlangte. Die Lösung vom Dresdner Kolportageverlag hatte May aber schon vorbereitet. Er hatte Kontakte zu anderen Verlagen geknüpft:[14] zu Hermann Schönlein in Stuttgart,[15] zu Theodor Herrmann in Wiesbaden, zu Eduard Trewendt in Breslau. Bei jeder dieser Firmen bot er sich an und bei jeder brachte er einiges unter - zum Teil auch Nachdrucke von früheren, schon bei Münchmeyer erschienenen Erzählungen.

Im August 1877 konnte May seine Humoreske *Die verhängnißvolle Neujahrsnacht* publizieren: eine an sich triviale, aber technisch geglückte, nach dem Symmetrie-Prinzip aufgebaute[16] Erzählung. Sie erschien in 'Trewendt's Volks-Kalender für 1878'. Mays Schaffen fand damit "erstmals Anerkennung von seiten einer Verlagsfirma, die zu den eingeführten und angesehenen Instituten ihrer Art gehörte".[17]

Ebenfalls im August 1877 kam bei Schönlein *Der Dukatenhof. Eine Erzählung aus dem Erzgebirge. Von Karl May* heraus: eine hochdramatische, besonders gut geschriebene Dorfgeschichte. Wie die folgenden Dorfgeschichten *Der "Samiel"* (November 1877), *Der Kaiserbauer* (Dezember 1877) u.a. erinnert *Der Dukatenhof* an zeitgenössische Autoren wie Berthold Auerbach, Ludwig Anzengruber, Peter Rosegger und - cum grano salis - auch Ludwig Ganghofer.[18]

Mays erzgebirgische Dorfgeschichten[19] unterscheiden sich von seinen, im selben Milieu spielenden, 'Humoresken' vor allem durch folgende Merkmale: Die Humoresken verzichten aufs Moralisieren, auf den übertriebenen Gegensatz von 'schlechten' und 'guten' Charakteren. Es sind im Grunde nur durchschnittliche Allerweltstypen, die hier geschildert werden: zwar mit Fehlern und Schwächen, ver-rückt ins Skurrile, aber nie wirklich böse; und von Tragik kaum eine Spur! Anders die 'Dorfgeschichten': Die Buffo-Figuren, die lustigen Späße fehlen hier gänzlich. Die Protagonisten sind ernst, dabei überzeichnet und grobgeschnitzt. Ihr Verhalten scheint, gemessen an der Alltagsrealität, ziemlich unwahrscheinlich. Die Handlung wirkt "dick aufgetragen, bar jedes Ansatzes einer Psychologie der Gestalten",[20] wie Forst-Battaglia beanstandet hat.

Einem Vergleich mit den Dorfgeschichten Gottfried Kellers und Theodor Storms halten Mays Frühwerke, ästhetisch gesehen, sicher nicht stand.[21] Die Kritik sollte die Intention der Mayschen Dorfgeschichten aber nicht übersehen: Sie wollen den Leser (und den Autor) ermahnen und warnen, erschrecken und aufrütteln. Die 'Schwarz-Weiß-Malerei' wird verständlich, wenn die volkspädagogische und selbsttherapeutische Absicht bedacht wird. Die religiöse Tendenz, das katechetische Anliegen ist klar zu ersehen: Gott erbarmt sich der Schwachen; er gibt den Verschmähten ihre Würde zurück; er verzeiht den Sündern, die Buße tun.

In der Ich-Form sind weder die Humoresken noch die Dorfgeschichten verfaßt. Aber den autobiographischen Hintergrund erkennt der kundige Leser sehr leicht. Mays Motive sind Chiffren: Bilder und Gleichnisse für die Ängste und Wünsche des Dichters, für seine Idee vom erneuerten und gereinigten Menschsein.

Abgesehen vom fremdländischen Kolorit sind viele Themen der späteren Reiseerzählungen in Mays Dorfgeschichten schon vorgebildet. Düstere Wälder und tückische Schluchten, kriminelle Vergehen und der Sieg der Gerechtigkeit, verfemte Außenseiter und geheimnisvolle - wie 'Herrgottsengel' erscheinende - Rettergestalten,[22] diese und andere Motive aus der Biographie des Autors "zeigen bereits hier einen Teil dessen, was in stets abgewandelter Weise bis zum Ende seines Schaffens [...] für die Werke Karl Mays charakteristisch ist."[23]

Mays Dorfgeschichten sind nicht zu verachten. Sie sind "erzählerisch und formal gelungen".[24] Schon hier, in den erzgebirgischen Dorfgeschichten, erweist sich May als einer der "großen Schilderer von Verstrickung und Erlösung".[25] Doch seinen Ruhm verdankt der Schriftsteller seinen späteren Werken. Die Stunde Old Shatterhands und Kara Ben Nemsis war noch nicht gekommen. Und auch der Name 'Karl May' war noch unbekannt.

Die ersten Erfolge waren freilich schon eingetreten. Die Verbindung mit Peter Rosegger (1843-1918), die auf den Sommer des Jahres 1877 zurückgeht,[26] kam noch hinzu. In seiner Monatsschrift 'Heimgarten' (Graz) brachte Rosegger von Karl May, im Herbst 1877, *Die Rose von Kahira* (den Nachdruck von *Leilet*) und im Februar/März 1878 *Die falschen Excellenzen*, eine gelungene Persiflage auf den Moltke- und Bismarckkult. Daß Karl May dieses Stücklein in Österreich anbot und daß es in Deutschland, zu Lebzeiten des Autors, nicht veröffentlicht wurde, ist "bezeichnend genug".[27]

Zwei weitere von May, wohl im Herbst 1877, eingesandte Schriften, eine Dorfgeschichte - welche, ist leider unbekannt - und die Erzählung *Im fernen Westen* (eine Neufassung des *Old Firehand*), schickte Rosegger zurück.[28] An seinen Freund Robert Hamerling aber hatte er am 12. Juli 1877 geschrieben:

Vor kurzem erhielt ich von einem Herrn Karl May [...] eine Erzählung *Die Rose von Kahira, ein Abenteuer in Egypten*. Diese Geschichte ist so geistvoll und spannend geschrieben, daß ich mir einerseits gratuliere, andererseits Zweifel habe, ob das Manuskript wohl auch Original ist. Hätten Sie, Herr Professor, vielleicht zufällig den Namen Karl May schon gehört [...]? Seiner ganzen Schreibweise nach halte ich ihn für einen vielerfahrenen Mann, der lange Zeit im Orient gelebt haben muß.[29]

Mays Talent war groß und sein Fleiß war gewaltig. Außer Rosegger, außer Schönlein, Herrmann und Trewendt belieferte er - gleichzeitig - den Verlag Adolph Wolf in Dresden: mit der Humoreske *Das Ducatennest* (erschienen im Januar 1878), der Dorfgeschichte *Der Teufelsbauer* (März 1878) und der Dessauer-Novelle *Die drei Feldmarschalls* (April 1878).

Trotz seines Fleißes wurde die Finanzlage Mays ziemlich schwierig. Ein gesichertes Einkommen fehlte. Der Schriftsteller verdiente nur wenig mehr als die Hälfte seines Redakteursgehaltes bei Münchmeyer.[30] Das änderte sich, als er Ende 1877 in Dresden bei Bruno Radelli, dem Konkurrenten des Münchmeyer-Verlags, eine Anstellung fand. Die kritischen Monate waren, zunächst, überstanden.

May redigierte den zweiten Jahrgang (1878) des Radelli-Blatts 'Frohe Stunden', einer 'Sammlung der neuesten und besten Romane und Novellen unserer beliebtesten Schriftsteller der Gegenwart'.

Für die 'Frohen Stunden' arbeitete May als Redakteur und als Autor. In diesem Unterhaltungsjournal erschienen von Karl May zwölf Erzählungen: *Der Oelprinz, Die Gum, Ein Abenteuer auf Ceylon, Die Kriegskasse, Aqua benedetta, Auf der See gefangen, Ein Self-man, Husarenstreiche, Der Africander, Vom Tode erstanden, Die Rache des Ehri* und *Nach Sibirien*. Sieben dieser Beiträge verfaßte May unter dem Pseudonym 'Emma Pollmer' - eine Reverenz an seine Verlobte.

Aqua benedetta - um ein besonderes Beispiel herauszugreifen - ist die knapper gefaßte Vorläufer-Version einer im März 1880 von May, unter dem Pseudonym 'Ernst von Linden', in Pustets 'Deutschem Hausschatz' veröffentlichten Erzählung mit dem Titel *Ein Fürst des Schwindels. Nach authentischen Quellen.*

Die historische Gestalt des Grafen von Saint-Germain (gest. 1784 oder 1795), eines Alchimisten und Scharlatans, wird in Mays Erzählung als Betrüger entlarvt. Am Ende wird Saint-Germain das Opfer seines eigenen Tricks. Er vernichtet sich selbst! Ein 'symbolisches', für Karl May mit Angst (und düsterer Vorahnung?) besetztes Thema, das den Autor nie wieder loslassen wird.

Der Reiz dieses Werks rührt von der Seelenverwandtschaft Mays, des zeitweiligen komödiantenhaften Hochstaplers, mit dem 'Fürsten des Schwindels'. Mays ambivalente Gefühle prägen eindringlich die Darstellung, wenn er diese Gestalt trotz ihrer Bösewicht-Rolle als Mann *von Geist* und *sehr elegantem Benehmen* auftreten läßt.[31]

Seiner exemplarischen Bedeutung wegen soll ein weiterer Text der Radelli-Serie kurz vorgestellt werden: *Auf der See gefangen* ist, nach den *Quitzow*-Geschichten, Mays zweiter Roman, ein "Mordsroman gewissermaßen, der gleich fünf Romangattungen in einem bot: Kriminalroman, Indianerroman, Seeräuberroman, Gesellschaftsroman, Liebesroman."[32]

Der Roman, die epische Dichtung wird später zum eigentlichen Genre Karl Mays. Aber *Auf der See gefangen* bzw. *Schloß Wildauen* (so der Titel des Nachdrucks von 1888)[33] ist noch ein Lehrlingsstück "ohne rechten Pfiff".[34] Das Können, das handwerkliche Geschick des Autors steht, was Romane betrifft, "erst ganz am Beginn seiner Entwicklung".[35] Doch interessant ist der Text vor allem deshalb, weil May - wieder einmal - seine 'Biographie' korrigiert. Max von Schönberg-Wildauen, zu Unrecht verurteilt, dann entflohen und zuletzt auf wunderbare Weise rehabilitiert, "ist eindeutig eine Identifikationsfigur Mays":[36] Ma(y)x arbeitet sich hoch. Er gelangt zu Ehre und Ruhm - der Wunschtraum des Gefangenen in Schloß Osterstein und in Waldheim!

Noch mehr als die erzgebirgischen Dorfgeschichten können Mays Erzählungen in den 'Frohen Stunden' als "Programm der zukünftigen Reiseerzählungen"[37] bezeichnet werden. Später hat der Schriftsteller fast alle diese Werke erweitert und, in veränderter Form, bei Pustet oder Fehsenfeld publiziert.[38] Mays Technik, die früheren Stücke neu zu gestalten und (zum Teil) auch wesentlich zu verbessern, ist für die May-Forschung ein ergiebiges Terrain: Der Vergleich der Textvarianten gibt Aufschluß über die künstlerische Entwicklung des Verfassers.[39]

Unter den zwölf Erzählungen Mays in den 'Frohen Stunden' finden sich acht exotische Abenteuergeschichten. Fiktiv insgesamt, aber scharf in vielen Details, sind diese Werke phantastisch und doch wieder 'real' in der Handlung. Und schon bald wird es der Schriftsteller noch viel besser verstehen, so 'echt' und so packend zu schreiben, als habe er seine Schauplätze wirklich besucht und seine Abenteuer tatsächlich erlebt.

War auch der Autor Karl May ein 'Fürst des Schwindels'? Hat er seine Vorlagen kopiert? Hat er geschickt und elegant plagiiert?

"Habe viele Romane gelesen, Reisebeschreibungen. Cooper, Marryat, Möllhausen, Gerstäcker."[40] Graf Walesrode teilt es uns mit, in Mays Enthüllungsroman *Waldröschen* (1882-84)!

Aber die Benutzung von Fremdwörterbüchern, die Lektüre von Reiseberichten, die Vertrautheit mit bekannten Vertretern der Aventiure-Literatur[41] - mit Schriftstellern wie Gerstäcker, Ferry, Cooper, Sealsfield, Möllhausen, Marryat, Retcliffe, Browne, Catlin, Dumas, Sue oder Daudet -, auch mit Märchenerzählern wie Hauff, mit der Sammlung *Tausend und eine Nacht* usw., erklären Mays Schreibweise nur zum geringeren Teil.[42] Seine Phantasie, sein wachsendes Einfühlungsvermögen in fremde Völker und Sitten bleiben - trotz solcher Vorlagen - ein erstaunliches Phänomen.

Karl May hatte Vorbilder, doch seine besondere Art des Fühlens und Träumens ist original. Er löste sich von den Mustern. Abgesehen von Einzelfällen in der Zeit seiner literarischen Anfänge[43] ist zu vermerken: Dieser Autor ging eigene Wege. Er kopierte nicht und war nicht zu kopieren. Zum Teil schon im Frühwerk, vorzugsweise aber in den künftigen Schöpfungen Karl Mays, "wie sie nie einer vor ihm und nie einer nach ihm zuwege gebracht hat, weht die Faszination des Unverwechselbaren."[44]

Anmerkungen

1 Vgl. Hainer Plaul: *Redakteur auf Zeit. Über Karl Mays Aufenthalt und Tätigkeit von Mai 1874 bis Dezember 1877.* In: JbKMG 1977, S. 114-217 (S. 187).

2 Nach Presseberichten in den 'Dresdner Nachrichten'; vgl. Gernot Kunze: *Einführung.* In: Karl May: *Das Buch der Liebe.* Dresden 1875/76. Reprint der KMG, Bd. II (Kommentarband). Hrsg. von Gernot Kunze. Regensburg 1988/89, S. 7-50 (S. 35ff.).

3 Vgl. Gerhard Klußmeier: *Die Gerichtsakten zu Prozessen Karl Mays im Staatsarchiv Dresden. Mit einer juristischen Nachbemerkung von Claus Roxin.* In: JbKMG 1980, S. 137-174 (S. 140); dazu Kunze, wie Anm. 2, S. 29ff.

4 Kunze: Ebd., S. 30.

5 Vgl. Karl May: *Mein Leben und Streben.* Freiburg 1910. Hrsg. von Hainer Plaul. Hildesheim, New York ²1982, S. 186 (eine Verurteilung Münchmeyers und Freitags wird hier behauptet); dazu Kunze, wie Anm. 2, S. 49 (Anm. 129).

6 Vgl. Kunze: Ebd., S. 35.

7 May: *Mein Leben und Streben*, wie Anm. 5, S. 185.

8 Ebd., S. 181.

9 Plaul: *Redakteur auf Zeit*, wie Anm. 1, S. 183.

10 Karl May: *Ein Schundverlag. Ein Schundverlag und seine Helfershelfer* (1905 bzw. 1909). Prozeßschriften, Bd. 2. Hrsg. von Roland Schmid. Bamberg 1982, S. 305; vgl. May: *Mein Leben und Streben*, wie Anm. 5, S. 186; vgl. Plaul: *Redakteur auf Zeit*, wie Anm. 1, S. 180ff.

11 Vgl. May: *Ein Schundverlag*, wie Anm. 10, S. 304.

12 Vgl. z.B. Claus Roxin: *Mays Leben.* In: *Karl-May-Handbuch.* Hrsg. von Gert Ueding in Zusammenarbeit mit Reinhard Tschapke. Stuttgart 1987, S. 62-123 (S. 90). - Walther Ilmer: *Das Märchen als Wahrheit - die Wahrheit als Märchen. Aus Karl Mays 'Reise-Erinnerungen' an den erzgebirgischen Balkan.* In: JbKMG 1984, S. 92-138 (S. 136f., Anm. 64), nimmt allerdings erst den März 1877 als Beginn für die engere Bekanntschaft Mays und Emmas an.

13 Karl May: *Frau Pollmer - eine psychologische Studie* (1907). Prozeßschriften, Bd. 1. Hrsg. von Roland Schmid. Bamberg 1982, S. 808.

14 Vgl. Gerhard Klußmeier - Hainer Plaul (Hrsg.): *Karl May. Biographie in Dokumenten und Bildern.* Hildesheim, New York 1978, S. 65.

15 Schon während seiner Münchmeyer-Zeit, im August 1876, hatte May bei Schönlein eine Humoreske mit dem Titel *Ausgeräuchert* publiziert.

16 Vgl. Wojciech Kunicki: *Karl Mays Humoreske 'Die verhängnisvolle Neujahrsnacht'. Versuch einer Interpretation.* In: JbKMG 1988, S. 248-267 (S. 250).

17 Plaul: *Redakteur auf Zeit*, wie Anm. 1, S. 192.

18 Vgl. Jürgen Hein: *Die 'Erzgebirgischen Dorfgeschichten'. Zum Erzähltyp "Dorfgeschichte" im Frühwerk Karl Mays.* In: JbKMG 1976, S. 47-68 - Ders. (Werkartikel zu) *Der Dukatenhof.* In: *Karl-May-Handbuch*, wie Anm. 12, S. 459-462.

19 Mays Dorfgeschichten finden sich - teilweise - in: *Erzgebirgische Dorfgeschichten. Karl May's Erstlingswerke.* Autorisierte Ausgabe, Bd. 1. Dresden-Niedersedlitz 1903 (Reprint Hildesheim, New York 1977) bzw. in: Karl May: *Der Waldkönig.* Reprint der KMG. Hamburg 1980. - Karl May's Gesammelte Werke, Bd. 43/44 (*Aus dunklem Tann* und *Der Waldschwarze*) enthalten bearbeitete Textfassungen.

20 Otto Forst-Battaglia: *Karl May. Traum eines Lebens - Leben eines Träumers.* Beiträge zur Karl-May-Forschung 1. Bamberg 1966, S. 93.

21 Vgl. Martin Lowsky: *Karl May.* Stuttgart 1987, S. 40.

22 Vgl. Rainer Jeglin: *Herrgottsengel, Rebell und Missionar. Anmerkungen zum Rettungsstil bei Karl May.* SKMG Nr. 24 (1980).

23 Roland Schmid: *Nachwort des Herausgebers.* In: Karl May's Gesammelte Werke, Bd. 44: *Der Waldschwarze.* Bamberg 139. Tsd., S. 461-479 (S. 469).

153

24 Walther Ilmer: *Karl May vor der Schwelle*. In: *Karl Mays erster Großroman "Scepter und Hammer/Die Juweleninsel"*. SKMG Nr. 23 (1980), S. 44-59 (S. 44). - Vgl. ders.: *Karl May - Mensch und Schriftsteller. Tragik und Triumph*. Husum 1992, S. 57.

25 Walther Ilmer: *Durch die sächsische Wüste zum erzgebirgischen Balkan. Karl Mays erster großer Streifzug durch seine Verfehlungen*. In: JbKMG 1982, S. 97-130 (S. 126).

26 Zur - nicht immer ungetrübten - Freundschaft zwischen May und Rosegger vgl. Alfred Schneider: *"... unsere Seelen haben viel Gemeinsames!" Zum Verhältnis Peter Rosegger - Karl May*. In: JbKMG 1975, S. 227-242.

27 Plaul: *Redakteur auf Zeit*, wie Anm. 1, S. 194.

28 Zur Dorfgeschichte Mays bemerkte Rosegger am 7.11.1877: "Verehrter Herr! Da wir mit Dorfgeschichten allzureichlich versehen sind, so gebe ich die Ihre, die als solche sehr gut ist, dankend zurück." (Zit. nach Schneider, wie Anm. 26, S. 228).

29 Zit. nach Schneider: Ebd.

30 Vgl. Roxin, wie Anm. 12, S. 91.

31 Martin Lowsky: (Werkartikel zu) *Ein Fürst des Schwindels*. In: *Karl-May-Handbuch*, wie Anm. 12, S. 441-443 (S. 442f.).

32 Aus dem Vorwort W. Hansens zu Karl May: *Winnetou und der Detektiv*. München 1982, S. 7; zit. nach Ekkehard Bartsch: (Werkartikel zu) *Auf der See gefangen*. In: *Karl-May-Handbuch*, wie Anm. 12, S. 369-371 (S. 370).

33 Erschienen in der Berliner 'Deutschen Gartenlaube'. - Teile dieses Romans hat May später für *Old Surehand II* (1895) verwendet.

34 Ilmer: *Durch die sächsische Wüste*, wie Anm. 25, S. 102. - Vgl. ders.: *Mensch und Schriftsteller*, wie Anm. 24, S. 57f.

35 Andreas Graf: *Winnetou im Criminalroman. Aspekte zeitgenössischer Aktualität in Karl Mays frühem Roman "Auf der See gefangen"*. In: *Karl May*. Hrsg. von Heinz Ludwig Arnold. München 1987 (Sonderband Text + Kritik), S. 39-59 (S. 47).

36 Bartsch: *Auf der See gefangen*, wie Anm. 32, S. 370.

37 Karl Guntermann: *Bibliographische Notizen. Neue Folge: 'Im wilden Westen'*. In: MKMG 45 (1980), S. 26-32 (S. 28).

38 Vgl. Ulrich Schmid: *Das Werk Karl Mays 1895-1905. Erzählstrukturen und editorischer Befund*. Materialien zur Karl-May-Forschung, Bd. 12. Ubstadt 1989, S. 24.

39 Vgl. Ekkehard Koch: *Der 'Kanada-Bill'. Variationen eines Motivs bei Karl May*. In: JbKMG 1976, S. 29-46.

40 Karl May: *Waldröschen oder Die Rächerjagd rund um die Erde*, Bd. II. Leipzig 1988 (Reprint des Dresdner Erstsatzes von 1882-84), S. 736.

41 Vgl. Bernd Steinbrink: *Initiation und Freiheit. Karl May und die Tradition des Abenteuerromans*. In: *Karl May*. Hrsg. von Helmut Schmiedt. Frankfurt/M. 1983, S. 252-277 - Rainer Jeglin: *Die literarische Tradition*. In: *Karl-May-Handbuch*, wie Anm. 12, S. 11-38.

42 Zu Mays Quellen (speziell für exotische Länder) gibt es eine Reihe von Untersuchungen; vgl. z.B. Siegfried Augustin/Rudolf Beissel: *Quellen und Vorbilder Mays. Vorstudien zu einer Monographie*. In: Siegfried Augustin/Axel Mittelstaedt (Hrsg.): *Vom Lederstrumpf zum Winnetou. Autoren und Werke der Volksliteratur*. München 1981, S. 59-80 - Volker Griese: *Karl Mays "Wanderungen" durch Möllhausens Prärien und Wüsten*. In: MKMG 79 (1989), S. 26-30; Fortsetzung in MKMG 80 (1989), S. 31-37 - Andreas Graf: *"Habe gedacht, Alles Schwindel". Balduin Möllhausen und Karl May - Beispiele literarischer Adaption und Variation*. In: JbKMG 1991, S. 324-363 - Volker Griese: *Von May-Figuren und deren literarischen Verwandten*. In: MKMG 96 (1993), S. 3-6; Fortsetzung in: MKMG 97 (1993), S. 6-8; MKMG 98 (1993), S. 13-16.

43 Vgl. May: *Mein Leben und Streben*, wie Anm. 5, S. 221ff. - Karl May: *Auch "über den Wassern"* mit Anmerkungen von Hansotto Hatzig und Ekkehard Bartsch. In: JbKMG 1976, S. 230-272 (S. 242ff.) - Josef Höck/Thomas Ostwald: *Karl May und Friedrich Gerstäcker*. In: KMJB 1979. Bamberg, Braunschweig 1979, S. 143-188.

44 Ilmer: *Durch die sächsische Wüste*, wie Anm. 25, S. 105.

7.4 Das 'zweite Inferno': Die Verbindung mit Emma Pollmer

Sehnsucht und inneres Fühlen, diese Energiequellen seiner Werke hatten May auch in seiner Beziehung zur FRAU sehr beeinflußt. Traumkraft und Phantasie bestimmten wohl sein Verhältnis zu Anna Preßler und Henriette Meinhold, zu all seinen Freundinnen in den sechziger Jahren[1] und schließlich zu Emma Pollmer, der künftigen Ehefrau. Auch diese Erlebnisse wurden zum Antrieb für literarisches Schaffen. "Cherchez la femme!"[2] Fouchés Maxime gilt auch für May, im höchsten Grade sogar.

In Mays Roman *"Giölgeda padishanün"* (später *Durch Wüste und Harem*, dann *Durch die Wüste*) behauptet der Ich-Held, "ein Feind aller Frauen und Mädchen"[3] zu sein - nach Walther Ilmer "eine glatte Umkehrung der wirklichen Einstellung Karl Mays".[4] Denn Frauen spielten in seinem Leben, bis ins hohe Alter, eine bedeutende Rolle.

Auch in der Mitte der siebziger Jahre, vor der Freundschaft mit Emma Pollmer, dürfte Karl May verschiedenen Frauen sehr nahegestanden sein. Die junge Schneiderstochter Anna Schlott (geb. am 24.11.1860) soll, nach Zesewitz,[5] seine Geliebte gewesen sein; sie soll wegen May ihre Webstelle verloren und dann, als seine Sekretärin, Schreibarbeiten für ihn erledigt haben.

Mit der Cartonarbeiterin Marie Thekla Vogel (1856-1929) aus Hohenstein gab es wohl ebenfalls eine Romanze. Dieses Mädchen wird das Herz des Schriftstellers in der Tiefe berührt haben.[6] Marie Thekla könnte identisch sein mit der Punktiererin, die bei Münchmeyer beschäftigt war, Mays Zimmer in Ordnung hielt[7] und in dieser Beschäftigung von Minna Ey - der von May Zurückgewiesenen - verdrängt wurde. Marie Theklas Tochter Helene Ottilie Vogel (1876-1952) könnte, einer Hypothese zufolge, ein uneheliches Kind des Schriftstellers gewesen sein.[8] Wichtige Fragen (etwa: warum es zur Trennung kam) entziehen sich leider ihrer Beantwortung. Nur Vermutungen kann es hier geben.

Über Mays Beziehung zu Emma Pollmer aber wissen wir mehr: Wohl Mitte 1876 - die *Geographischen Predigten* waren eben erschienen - lernte May in der Heimat, nach eigener Angabe im Hause seiner Schwester Wilhelmine Schöne, ein Mädchen kennen: Emma Lina Pollmer (1856-1917) aus Hohenstein.

Sie war so still, so zurückhaltend, so bedachtsam, außerordentlich sympathisch, dazu schön, wie man sich eine Frau nur wünschen kann. Freilich flackerte hinter dieser Stille und Ruhe zuweilen etwas dem Widersprechendes auf. Dadurch wurde mir dieses Mädchen zum Rätsel und also doppelt gefährlich, weil nichts den Schriftsteller so sehr zu fesseln vermag wie ein psychologisches Rätsel, dessen Lösung ihn interessiert.[9]

Zu den entscheidenden Begegnungen dürfte es, nach Ilmer, freilich erst zu Beginn des Jahres 1877 gekommen sein.[10] Der herrlichen Emma, ihrem "ganz eigenartigen, geheimnisvollen Augenaufschlag",[11] war May von jetzt an verfallen. Sie kam "täglich abends zu mir, [...] heimlich, leise, durch meine Hinterthür, die für sie offen stand."[12] Karl verfing sich im Netz und kam nicht wieder heraus. Nach vier Jahren war die Hochzeit, nach zweiundzwanzig "Höllenjahren"[13] folgte die Scheidung.

Mays Ehe wurde, nach den Schrecken der Jugend- und Kerkerzeit, als 'zweites Inferno' bezeichnet. Geistig war Emma ihrem Gatten weit unterlegen, und die seelische Harmonie blieb wohl immer ein Wunschtraum des Dichters. Doch der sinnlichen Ausstrahlung, dem Sex-Appeal seiner Frau, konnte er nicht widerstehen.

Fritz Maschke schilderte Emma als hausbacken-naiv.[14] Der alt gewordene Karl May stellte sie, in fassungsloser Übertreibung, als dämonisches Monstrum dar: als "perverse", gewissenlose Frau, als "raffinirte Courtisane", als besessene "Megäre", als diabolisches Weib, als "seelische Impotenz", als "Vampyr", als entfesselte "Bestie"![15] Dieses "Weib war aller Ränke voll und aller Thaten fähig!"[16]

7.4.1 Das Frauenbild in den Frühwerken Karl Mays

Um die Tragik und die innere Problematik dieser Ehe zu verstehen, sollte Mays literarisches Frauenbild mit bedacht werden.[17] In Mays frühen Erzählungen - erst recht in den Münchmeyerromanen ab Herbst 1882 - himmelt und wimmelt es von anmutig hübschen, teils heiter und schelmisch, teils ernst und besinnlich gezeichneten Mädchengestalten. Meist sind diese Frauen künstlerisch, vor allem musikalisch begabt. Sie sind barmherzig und tapfer; sie opfern sich auf. Sie vermitteln ihren Geliebten das höhere Sein, die göttliche Gnade. Fast übersinnliche, ja engelgleiche Wesen sind sie für ihre Liebsten. Sie verkörpern die Liebe, das 'ewig Weibliche', das die Erde mit dem Himmel verbindet.

Im *Dukatenhof*, einer der schönsten Dorfgeschichten Karl Mays, ist das still ertragene Leid und die selbstlose Liebe einer Frau (namens Anna) die handlungstragende Mitte aller Dramatik. Das innere Geschehen ist kompliziert und im Kern metaphysisch: Nach Annas Tod verwandelt ein Schicksalsschlag ihren Ehemann, den Verbrecher Heinrich, in einen reuigen Büßer. Und aus dem rachsüchtigen, in Anna verliebten und von Heinrich - durch einen Mordanschlag - zum Krüppel gemachten Köpfle-Franz wird durch die (posthum noch wirksame) Hingabe dieser Frau ein gütiger, zur Vergebung fähiger Mensch. Er wird zum besonderen Freund des Dukatenbauern, des ehemaligen Nebenbuhlers Heinrich. Und das Glück, der Friede zieht im Dukatenhof wieder ein - in der Gestalt Emmas, der Tochter Heinrichs und Annas. Im Klartext: das Unrecht, das Karl May (dem Köpfle-Franz) widerfuhr, und das (in der Dorfgeschichte, im Vergehen Heinrichs, verzerrt und vergrößert dargestellte) Unrecht, das er selber getan hat, sollen gleichermaßen erlöst werden - durch das mütterliche Verzeihen (Annas), durch die Liebe der Frau, durch die Liebe Emma Pollmers!

Die Liebe der Frau "kommt von Gott, darum führt sie auch zu Gott. Sie ist die Tochter des Himmels, ohne welche unsere Erde ein Jammertal sein würde."[18] Vielleicht noch deutlicher als *Der Dukatenhof* zeigt Mays Dorfgeschichte *Der Giftheiner*,[19] wie der Schriftsteller seine Emma und ihre 'Erlösungsfunktion' gesehen hat. Eine mehrfache Spiegelung dürfte hier vorliegen: Verschiedene (oder alle!) Frauen-Erlebnisse Karl Mays werden überblendet und miteinander verschmolzen. Das Ergebnis: Emma Pollmer im Glorienschein.

Die Handlung in knapper Zusammenfassung: Alma, die Tochter Alwines, einer früher bezaubernden, aber leichtsinnigen Sängerin, begegnet dem Silberheiner. Sie sieht ihn - und schenkt ihm ihr Herz. Heinrich Silbermann, der arme Vogelfänger, der in Wahrheit ein Künstler ist, findet - nach schwerster Enttäuschung - sein Glück. Denn Alma gleicht ihrer Mutter an Schönheit, bleibt aber frei von jeglichem Makel: eine Madonnen- und Beatricegestalt.

Almas Mutter hatte in Heiners Vorgeschichte eine tragische Rolle gespielt. Alwine hatte ihren Liebsten, den Silberheiner, vor zwanzig Jahren mit einer Theatertruppe[20] verlassen: weil sein einfaches Leben ihrem Stolz nicht genügte. Doch Almas Liebe ist rein. Sie wird zur (wiedergefundenen) 'Seele' des Heinrich. Sie erlöst seine Qual und auch die

Schuld ihrer Mutter. Alwine sühnt ihre Untreue: durch den Verzicht auf Heinrich, den zu lieben sie endlich erkannt hat.

Vielschichtig ist der autobiographische Hintergrund. Alma, die Seele, ist zweifellos Emma Pollmer. Der Name der Mutter erinnert an Malwine Wadenbach, die ihren 'Geliebten', den Landstreicher May, ja verraten hat.[21] Aber auch Anna Preßler kann hier gemeint sein:[22] das Mädchen, das den 'Sänger' Karl vor zwanzig Jahren verschmäht hat.

Alwine, die treulose, aber noch immer geliebte Schönheit, fließt in Alma gleichsam hinein. Heiner, der verkannte Sänger und Dichter - ein Selbstporträt Karl Mays -, meint Alma und Alwine, meint Emma Pollmer und Anna Preßler (die junge und die alte Liebe) zugleich: "Sie kam zurück; es war kein Traum, / Und dennoch war sie's nicht. / Es war ihr Bild, nein, nicht ihr Bild, / Sie selbst war's, doch verklärt, / Und nun ist aller Schmerz gestillt, / Der, ach, so lang gewährt."[23]

7.4.2 Projektion und Ent-täuschung

Die Folgerung liegt auf der Hand: In Emma sah Karl May die erlösende Zukunft, den überreichen Ersatz für die Liebesverluste in der Vergangenheit. Ins Gnadenhafte, ins Absolute gesteigerte Wunschbilder wurden von May auf Emma Pollmer projiziert. "Mann und Weib, und Weib und Mann reichen an die Gottheit an."[24] Doch die Wirklichkeit der Ehe entsprach dem Ideal-Bild des Dichters sehr wenig. Die Welt der Träume und die Welt der nüchternen Fakten - der große Zwiespalt und, vielleicht, der Urkonflikt aller Sänger und Dichter!

Attraktiv und verführerisch war Emma durchaus, aber ein Engel war sie gewiß nicht. Den Jagdtrieb der Männer, der 'Vogelfänger', forderte sie heraus. Und May war, wie er später meinte, "dumm genug, stolz darauf zu sein, daß ich alter Kerl die jungen Anbeter alle ausgestochen hatte."[25] Emma verstand es, Briefe zu schreiben. Und sie schwärmte, laut Mayscher Selbstbiographie, von den *Geographischen Predigten*. Er fiel herein und zwar mächtig. "Sie sprach da von meinem 'schönen, hochwichtigen Beruf', von meinen 'herrlichen Aufgaben', von meinen 'edeln Zielen und Idealen' [...] Welch eine Veranlagung zur Schriftstellersfrau!"[26]

Zur Verzauberung kam noch Mitleid hinzu. Emma wuchs auf ohne Vater, und ihre Mutter - Emma Ernestine Pollmer (1830-1856) - war nach der Geburt des Kindes gestorben. Die Hohensteiner waren sehr abergläubisch und selbstgerecht; sie beargwöhnten die Vollwaise als 'Kind der Sünde', als "Nickel", auf dem kein Segen ruhe.[27] Für Mays Retter-Manier ein Appell, ein moralischer Auftrag!

Warum ist Mays Ehe am Ende gescheitert? Das bleibt, zuletzt, natürlich Geheimnis. Aber wichtige Gründe für dieses Scheitern sind gleichwohl erkennbar. Wir müssen darauf, an späterer Stelle,[28] zurückkommen. Fürs erste sei nur, ganz allgemein, vermerkt: Der Schriftsteller war sehr verliebt. Verliebte aber verwechseln - nach C.G. Jung - das Du des anderen mit der eigenen "anima",[29] mit den Suchbildern des eigenen Ich. Das MUSS, früher oder später, zur Ent-täuschung führen.

Emma verhielt sich, natürlicherweise, als sie selbst und nicht als "anima" Karl Mays. Der Dichter liebte, so wird man annehmen müssen, nicht Emma Pollmer, sondern die (unbewußten, am Mutterbild orientierten) Wünsche, die er auf seine 'Geliebte' übertrug. An sich nichts Ungewöhnliches: so beginnt fast jede Partnerbeziehung. Aber die Chance, daß ihre Beziehung dann wachsen und reifen würde, war für Karl May und Emma Pollmer vermutlich gering. Die Gegensätze waren zu groß.

Die Altersdifferenz - vierzehn Jahre - war noch das wenigste. Die beiden paßten überhaupt nicht zusammen. Ihre Einstellung zum Leben war grundverschieden. Karl May war ein Tagträumer par excellence; Emma hingegen war erdverbunden, für Höhenflüge war sie wohl nicht zu gewinnen.

Bei 'normalen' Verliebten ist die 'Realitätsflucht' eine Entwicklungsphase; bei May war sie ein beständiger Wesenszug. Sein Verhältnis zur Wirklichkeit war, genauer gesagt, ambivalent. May war - wie im *Jenseits*-Roman (1899) der kranke Münedschi[30] - ein blinder Seher, ein gespaltener Mensch: Einerseits floh er die Realität und verschloß seine Augen vor ihr; andererseits sah er, unter der Oberfläche, die tiefere Wirklichkeit, die 'Seele' der Dinge. Emma konnte ihn da nicht mehr begreifen. Seine literarische Arbeit blieb ihr wohl fremd, für seine Ideen und Träume fehlte ihr das eigentliche Verständnis. Ihm wiederum war sie, sehr bald schon, zu 'niedrig'. In den späten Ehejahren fühlte er sich von ihr nur gestört und beengt. Er hielt sie für dumm und genußsüchtig, für herzlos und faul, für eitel und sinnlich, für geldgierig und primitiv.[31]

Die allein 'Schuldige' war Emma sicherlich nicht. Doch unser Thema ist nicht die Würdigung Emma Pollmers. Es soll nur verdeutlicht werden, wie Karl May - subjektiv - diese Beziehung wahrscheinlich erlebt hat. Er hatte die Jugend schon hinter sich; eine echte, eine bleibende Freundschaft war ihm bisher nicht vergönnt. Seine Sehnsucht nach Zärtlichkeit, nach einer liebenden Frau, machte ihn blind für Emmas Natur. Unglück hatten sie beide; auch das lebenslustige Mädchen hatte den falschen Partner gewählt; "denn wozu Emma auch immer veranlagt war, zur 'Schriftstellersfrau' war sie's nicht."[32]

7.4.3 "Ich werde Dich lieben in Ewigkeit"

Die Entscheidung fiel im Frühjahr 1877. Emmas Großvater, der 'Chirurg'[33] und Barbier Christian Gotthilf Pollmer (1807-1880), war gegen diese Verbindung. Er hatte, nach der Darstellung Mays, ganz andere Pläne mit der reizenden Emma: "Die kann andere Männer kriegen. Die soll mir keinen Schriftsteller heiraten, der [...] nur vom Hunger lebt!"[34] Aber sie "wählte mich; sie kam. Sie verließ den, der sie erzogen hatte und dessen einziges Gut sie war. Das schmeichelte mir. Ich fühlte mich als Sieger."[35]

Am 26. Mai 1877 zog Emma von Hohenstein nach Dresden in die Nachbarschaft Karls. Er brachte sie zu einer Pfarrerswitwe, zu Auguste Petzold (Mathildenstraße 18) und deren "hochgebildeten" Töchtern in Logis. May konnte sie aus eigenen Mitteln nicht ernähren; durch Arbeit in Küche und Haushalt mußte Emma ihren Lebensunterhalt selbst verdienen.[36] Sie sollte sich vorbereiten auf den baldigen Ehestand; und sie sollte trainieren für den geistigen Aufstieg, für die höheren Ziele des künftigen Gatten.[37]

Zu Beginn des Jahres 1878 konnte sich das Paar eine gemeinsame Parterre-Wohnung leisten: in der 'Villa Forsthaus' in Dresden-Neustrießen, Straße Nr. 4 (später Forsthausstraße). Die beiden galten vor der Öffentlichkeit als verheiratet; der Schriftsteller bezeichnete Emma, auch bei den Behörden, als seine Frau.

Aufgrund seines Einkommens als Redakteur bei Radelli hatte sich Mays Finanzlage etwas gebessert. Der alte Pollmer - so erläutert es May -

hörte von Kennern, daß ich im Begriff stehe, ein wohlhabender, vielleicht gar ein reicher Mann zu werden.[38] Da schrieb er an seine Tochter. Er verzieh ihr, daß sie ihn um meinetwillen verlassen hatte [...] Ich fühlte mich wieder als Sieger. Wie töricht von mir! Hier hatte nicht ich, sondern nur die Erwägung gesiegt, daß ich es wahrscheinlich zu einem Vermögen bringen werde, und es gab sogar die Gefahr für mich, daß diese Erwägung nicht allein vom Großvater getroffen worden war.[39]

Nach einer 'Probeehe' von fünf oder sechs Monaten kehrte Emma, im Sommer 1878, zu ihrem Großvater zurück. Der alleinstehende Pollmer bedurfte wohl ihrer Hilfe. Karl folgte nach; er wohnte bei seinen Eltern in Ernstthal, zeitweilig auch mit Emma zusammen im Hause Pollmer.[40]

"Sie stand nun Tag für Tag in ihrer splitternackten Seelenlosigkeit vor mir [...] Sie gab sich nicht die geringste Mühe, geistig fortzuschreiten."[41] So schrieb der Dichter - in maßloser Überzeichnung, nach schwersten Verletzungen - Ende 1907. Schon 1878/79 gab es mit Emma tatsächlich Probleme. Das vermutlich im Spätsommer 1879 entstandene Kapitel 'Der tolle Prinz' in Mays Roman *Scepter und Hammer*[42] gibt die Ängste des Verlobten fast ungetarnt wieder: Der Schriftsteller Karl Goldschmidt sieht Gründe zur Eifersucht. An den körperlichen Reizen seiner Geliebten - Emma Vollmer - hätte selbst "ein Correggio nichts auszusetzen gehabt"; doch Karl erkennt:

"sie bemerkt es, wenn sie bewundert wird, und thut man dies nicht, so fordert sie durch Blick, Bewegung und Geberde dazu auf. Sie hatte mich lieb, aber sie will ihre Vorzüge nicht mir allein widmen, sie bedarf auch der Anerkennung Anderer, welche sie mit suchendem Auge einkassirt."[43]

Der arme Goldschmidt möchte diesem Verhältnis ein Ende bereiten und kann es doch nicht, weil er die schöne Kokette "zu innig, zu innig"[44] liebt.

Karl May gewann seine Freiheit nicht wieder. Obwohl er sie, wie er später erklärte, "los sein wollte",[45] blieb er Emma verfallen. Seine Eltern und Geschwister "warnten"[46] ihn. Aber der alte Pollmer sah die Verbindung des Schriftstellers mit Emma jetzt positiv. Noch im Sterben soll er Karl gebeten haben, seine Enkeltochter nicht zu verlassen.[47] Auch sie selbst "beschwor mich bei Gott, beim Himmel, bei meiner eigenen Seligkeit, bei ihrer tiefen Reue und bei den brechenden Augen ihres sterbenden Vaters, ihr Alles zu verzeihen und sie wieder bei mir an- und aufzunehmen."[48]

May konnte (und wollte) jetzt nicht mehr zurück. Ein halbes Jahr nach der Bestellung des Aufgebots (!), am 17. August 1880, also kurz nach Pollmers Tod, hat er seinem "Versprechen gemäß die Emma Pollmer aus Mitleid, Gerechtigkeitsgefühl und in der Hoffnung, daß ich mit ihr glücklich werden würde, geheiratet."[49] Am Sonntag, dem 12. September 1880, folgte die kirchliche Trauung in Hohenstein, St. Christophori.

"Ich hab Dich geliebet und liebe Dich heut, und werde Dich lieben in Ewigkeit!"[50] Das versprechen sich - in *Scepter und Hammer* - das Mädchen Ayescha und der Zigeuner Katombo. Auch Karl wird es Emma versprochen haben im heiligsten Ernst. Nur - er konnte sein Versprechen auf die Dauer nicht halten! Die Ehe mit Emma wurde für Karl May zum 'Inferno', weil sie die Grundlage seiner Existenz, weil sie sein höchstes Ideal, die Liebe, zu erschüttern drohte: "Das Band, das Band, das man die Ehe nennt! / Verhaßt, verhaßt, mir fürchterlich verhaßt"![51]

Diese Klage, dieser Aufschrei rührt - nach des Dichters Verständnis - an das Größte, das Heiligste im Herzen des Menschen: an seine 'Gottebenbildlichkeit' (Gen 1, 26f.). Warum? Weil Karl May die Frau als das Bild der göttlichen Liebe und den Mann als das Bild der göttlichen Allmacht betrachtete;[52] diese Ebenbilder sind aufeinander verwiesen: auch der Mann ist (durch die Frau) zur Liebe, und auch die Frau ist (durch den Mann) zur 'Allmacht', zum Sieg über Widrigkeiten bestimmt; erst in der Ergänzung der Geschlechter findet der Mensch, nach Mays Überzeugung, zu sich selbst: zur Teilhabe am göttlichen Sein.[53]

Im November 1878 hatte May in das Album Anna Schneiders, einer Freundin Emmas, geschrieben:

Der Mann muß kämpfen mit Gewalten, / Die finster seinen Herd umstehn, / Und seine ganze Kraft entfalten, / Um siegreich aus dem Streit zu gehn. / Und in dem Weib muß ihn umschlingen / Die Liebe warm und hoffnungsreich / Um Muth und Tröstung ihm zu bringen, / Beglückend und beglückt zugleich.54

Um dieses Glück fühlte sich May von seiner Emma vermutlich betrogen. Aber er gab sich - über zwanzig Jahre lang - Mühe, an das Gelingen seiner Ehe zu glauben. Kara Ben Nemsi gibt dem Ehemann Halef, im *Silbernen Löwen I*, den wohlmeinenden Rat: "Wenn eine Verschiedenheit der Meinung droht, so müssen Mann und Weib nachdenken und in Liebe miteinander sprechen; dann werden sie schnell einer Meinung werden. "55

Mays Beziehung zu Emma war, wohl von Anfang an, zwiespältig: "Oh du beglückende Pantoffelherrschaft, dein Zepter ist ganz dasselbe im Norden wie im Süden, im Osten wie im Westen!"56 In zahlreichen, teils positiv ins Himmlische, teils negativ ins Dämonische überzeichneten Frauenporträts hat der Dichter sein Verlangen und seine Enttäuschung literarisch 'verarbeitet'. Viele Jahre sollte es dauern, bis er die Ehe dann anders erlebte: mit Klara, seiner zweiten Frau. Diese war, in der Sicht Karl Mays, tatsächlich der 'Engel', den er in Emma vergeblich gesucht hatte.

Anmerkungen

1 Vgl. oben, S. 106f.
2 Vgl. Klaus Hoffmann: *"Nach 14 Tagen entlassen..." Über Karl Mays zweites 'Delikt' (Oktober 1861).* In: JbKMG 1979, S. 338-354 (S. 348f.).
3 Karl May: *Durch Wüste und Harem.* Gesammelte Reiseerzählungen, Bd. I. Freiburg 1892, S. 42.
4 Walther Ilmer: *Durch die sächsische Wüste zum erzgebirgischen Balkan. Karl Mays erster großer Streifzug durch seine Verfehlungen.* In: JbKMG 1982, S. 97-130 (S. 116).
5 Näheres bei Roland Schmid: *Anna Schlott.* In: KMJB 1979. Bamberg, Braunschweig 1979, S. 209-211 (mit Bezug auf einen Brief von Hans Zesewitz vom 22.6.1940 an Euchar A. Schmid); die Zesewitz-Mitteilung ist freilich "nicht sehr beweiskräftig belegt" (Claus Roxin in einem Brief vom 4.5.1990 an den Verfasser).
6 Die wohl eindrucksvollste (nach dem Umkehr-Prinzip zu deutende?) literarische Spiegelung wäre dann Martha Vogels Liebe zum Ich-Erzähler (der Marthas Liebe nicht erwidert) im - von der 'Hausschatz'-Redaktion gestrichenen (vgl. unten, S. 247ff.) - Kapitel 'In der Heimath' des May-Romans *Krüger Bei* (1894/95); vgl. Hans Dieter Steinmetz: *"Der gewaltigste Dichter und Schriftsteller ist ... das Leben". Zur Deutung der Nebatja- und Martha-Vogel-Episode.* In: MKMG 40 (1979), S. 12-23 - Walther Ilmer: *Der Professor, Martha Vogel, Heinrich Keiter und Mays Ich.* In: MKMG 47 (1981), S. 3-12; Fortsetzung MKMG 48 (1981), S. 3-10.
7 Vgl. Karl May: *Ein Schundverlag. Ein Schundverlag und seine Helfershelfer* (1905 bzw. 1909). Prozeßschriften, Bd. 2. Hrsg. von Roland Schmid. Bamberg 1982, S. 304. - Vgl. auch Fritz Maschke: *Karl May und Emma Pollmer. Die Geschichte einer Ehe.* Beiträge zur Karl-May-Forschung 3. Bamberg 1973, S. 19.
8 Vgl. Steinmetz, wie Anm. 6, S. 15ff.
9 Karl May: *An die 4. Strafkammer des Königl. Landgerichtes III in Berlin* (1911). Prozeßschriften, Bd. 3. Hrsg. von Roland Schmid. Bamberg 1982, S. 55.
10 Vgl. Walther Ilmer: *Karl Mays Weihnachten in Karl Mays '"Weihnacht!"'* In: JbKMG 1987, S. 101-137 (S. 107).
11 Karl May: *Mein Leben und Streben.* Freiburg 1910. Hrsg. von Hainer Plaul. Hildesheim, New York ²1982, S. 189.
12 Karl May: *Frau Pollmer - eine psychologische Studie* (1907). Prozeßschriften, Bd. 1. Hrsg. von Roland Schmid. Bamberg 1982, S. 810.
13 Ebd., S. 814.
14 Maschke, wie Anm. 7, passim.
15 May: *Frau Pollmer*, wie Anm. 12, S. 805ff. - Vgl. aber - hier deutlich milder - auch May: *An die 4. Strafkammer*, wie Anm. 9, S. 52ff. - Vgl. unten, S. 419ff.

16 May: *Frau Pollmer*, wie Anm. 12, S. 922. - Vgl. Heinz Stolte: *"Frau Pollmer - eine psychologische Studie". Dokument aus dem Leben eines Gemarterten*. In: JbKMG 1984, S. 11-27 (S. 15ff.).

17 Vgl. - über den Aspekt 'Emma Pollmer' hinaus - Otto Eicke: *Die Frauengestalten Karl Mays*. In: KMJB 1922. Radebeul 1921, S. 55-88 - Werner Tippel/Hartmut Wörner: *Frauen in Karl Mays Werk*. SKMG Nr. 29 (1981).

18 Karl May: *Waldröschen oder Die Rächerjagd rund um die Erde*, Bd. II. Leipzig 1988 (Reprint des Dresdner Erstsatzes von 1882-84), S. 762.

19 Erstmals 1879 (unter dem Pseudonym 'Karl Hohenthal') in der Zeitschrift 'All-Deutschland!/Für alle Welt!' (Stuttgart) erschienen.

20 Nach Walther Ilmer (Brief vom 14.5.1990 an den Verfasser) greift May hier "auf Eigenerlebnisse bei einer Theatertruppe zurück"; als May 1863/64 "komische Vorträge hielt und Musik machte", zog er - wie Ilmer vermutet - "zeitweilig mit 'fahrendem Volk' durch die Lande"; bei dieser Gelegenheit könnte er Malwine Wadenbach und deren Tochter kennengelernt haben. - Vgl. oben, S. 91.

21 Vgl. oben, S. 116.

22 Vgl. Ekkehard Bartsch: (Werkartikel zu) *Der Giftheiner*. In: *Karl-May-Handbuch*. Hrsg. von Gert Ueding in Zusammenarbeit mit Reinhard Tschapke. Stuttgart 1987, S. 476-478 (S. 477).

23 Karl May: *Der Giftheiner*. In: Ders.: *Der Waldkönig*. Reprint der KMG. Hamburg 1980, S. 153-191 (S. 183).

24 Aus dem Duett des Papageno und der Pamina im 1. Akt der *Zauberflöte*.

25 May: *Frau Pollmer*, wie Anm. 12, S. 810.

26 May: *Mein Leben und Streben*, wie Anm. 11, S. 190.

27 Vgl. ebd., S. 187ff.

28 Vgl. unten, S. 200ff, 338ff. u. 419ff.

29 Vgl. Carl Gustav Jung: *Die Beziehungen zwischen dem Ich und dem Unbewußten* (1928). In: Ders.: Gesammelte Werke, Bd. VII. Olten, Freiburg 1964, S. 131-264.

30 Vgl. unten, S. 362ff.

31 Vgl. May: *Frau Pollmer*, wie Anm. 12, S. 815 u. passim.

32 Hans Wollschläger: *Karl May. Grundriß eines gebrochenen Lebens*. Zürich 1976, S. 53.

33 Pollmer zog auch Zähne und behandelte Wunden; folglich wurde er als 'Chirurgus' betitelt.

34 May: *Mein Leben und Streben*, wie Anm. 11, S. 192.

35 Ebd., S. 193.

36 Vgl. Maschke, wie Anm. 7, S. 11.

37 Vgl. May: *Frau Pollmer*, wie Anm. 12, S. 815.

38 Von 'Reichtum' konnte damals freilich noch keine Rede sein!

39 May: *Mein Leben und Streben*, wie Anm. 11, S. 194.

40 Vgl. Hainer Plaul (Hrsg.): *Karl May*, wie Anm. 11, S. 399f. (Anm. 187).

41 May: *Frau Pollmer*, wie Anm. 12, S. 815.

42 Zu den Entstehungszeiten der einzelnen Kapitel vgl. Roland Schmid: *Anhang* (zu *Auf fremden Pfaden*). In: Karl May: Freiburger Erstausgaben, Bd. XXIII. Hrsg. von Roland Schmid. Bamberg 1984, A 1-42 (32f.).

43 Karl May: *Scepter und Hammer* (1879/80). Karl Mays Werke II. 1. Hrsg. von Hermann Wiedenroth und Hans Wollschläger. Nördlingen 1987, S. 174f.

44 Ebd., S. 176.

45 Aus einer Erklärung Mays vor dem Dresdner Kgl. Landgericht am 6.4.1908; zit. nach Wollschläger, wie Anm. 32, S. 53.

46 May: *An die 4. Strafkammer*, wie Anm. 9, S. 59.

47 Ebd.

48 May: *Frau Pollmer*, wie Anm. 12, S. 822.

49 May: Erklärung, wie Anm. 45; zit. nach Wollschläger, wie Anm. 32, S. 57. - Wie erst 1992 bekannt wurde, wurde das Heirats-Aufgebot schon am 19.2.1880 bestellt. Dazu Walther Ilmer: *Karl May - Mensch und Schriftsteller. Tragik und Triumph*. Husum 1992, S. 254: Zwischen Karl und Emma dürfte es "eine erneute beträchtliche Verstimmung" gegeben haben, "die die Heiratsabsicht ernsthaft bedrohte."

50 May: *Scepter und Hammer*, wie Anm. 43, S. 348f.

51 Karl May: *Wüste* (Notizenkonvolut aus dem Jahre 1902); zit. nach Wollschläger, wie Anm. 32, S. 57.

52 Vgl. z.B. Karl May: *Das Buch der Liebe*. Dresden 1875/76. Reprint der KMG. Bd. I (Textband). Hrsg. von Gernot Kunze. Regensburg 1988, S. 38ff. (der Reprint-Paginierung). - Vgl. auch Ernst Seybold: *Karl-May-Gratulationen. Geistliche und andere Texte zu und von Karl May*. Ergersheim 1987, S. 10ff., 16f. u. 24ff. (Texte zu den Hochzeitstagen).

53 Vgl. May: *Das Buch der Liebe*, wie Anm. 52, S. 39.

54 Auszug aus der Schlußstrophe eines Gedichtes von Karl May im 'Album Anna Schneider' (18.11.1878); zit. nach Roland Schmid: *Das "Album A. Schneider"*. In: KMJB 1979. Bamberg, Braunschweig 1979, S. 195-208 (S. 197).

55 Karl May: *Im Reiche des silbernen Löwen I*. Gesammelte Reiseerzählungen, Bd. XXVI. Freiburg 1898, S. 395.

56 May: *Durch Wüste und Harem*, wie Anm. 3, S. 82.

7.5 Die "Stollberg-Affäre": Eine doppelte Blamage

Im Sommer 1878 zogen Karl und Emma, wie schon erwähnt, zu den Eltern nach Ernstthal bzw. zum Großvater Pollmer nach Hohenstein, Am Markt Nr. 243. Auch nach der Heirat wohnte das Ehepaar May (bis April 1883) in Hohenstein, in der Marktstraße 2.

Im Jahre 1878 war der Schriftsteller, um seinen Verpflichtungen für den Radelli-Verlag nachzukommen, sehr häufig auf Reisen: abgesehen von einer Berlinreise ausschließlich in Sachsen, vor allem zwischen Dresden und Hohenstein.[1] "Es war damals eine Zeit ganz eigenartiger innerer und äußerer Entwickelungen für mich."[2]

Hinter diesem Satz in der Selbstbiographie verbirgt sich der vierte und letzte Konflikt Karl Mays mit dem Strafgesetz.[3] Diese "gerichtliche Blamage"[4] war eine dumme, für May aber doch bezeichnende Geschichte.

Mays Erzählungen haben stets einen kriminalistischen Hintergrund; der Held ist sehr oft auch ein Detektiv. Wir wissen: das Erzählwerk verfremdet tatsächlich Erlebtes. Aber auch umgekehrt ist zu sagen: die romantische Fiktion spielt hinein ins wirkliche Leben des Autors. Mays - an sich ernster und im Grund religiöser - Drang nach dem 'Höheren' glitt bisweilen ab ins Banale, in plattes Großmannsgetue. Oder schlug um ins Skurrile und Komische. So auch jetzt im Banne Emmas, der schönen Verlobten.

Am 26. Januar 1878 starb Emmas Onkel, der einzige Sohn ihres Großvaters. Der heruntergekommene und trunksüchtige Emil Pollmer (geb. 1828) wurde im Pferdestall des Gasthofes 'Zum braven Bergmann' in Niederwürschnitz bei Stollberg tot aufgefunden.[5] Die Sache wurde zu Recht als Unfall betrachtet: Emil Pollmer war im Rausch unter ein Fuhrwerk geraten und konnte sich gerade noch in den Stall schleppen. Der alte Pollmer dachte, aufgrund von Gerüchten, an einen Mord. Er verleitete den künftigen Schwiegerenkel zum Recherchieren. Dieser ließ sich, um Pollmer und Emma zu imponieren, wohl gern überreden. Er nahm - wie später Kara Ben Nemsi im Lande des Großherrn - alles selbst in die Hand und behandelte die Affäre wie einen Kriminalfall.

Der ehemalige Rechtsbrecher schwang sich auf zum Verwalter des Rechts, "zum freien und autonomen Regler der Lebenswelt".[6] In der Nähe des 'Tatorts', in Niederwürschnitz und Neuölsnitz, leitete Karl May am 25. April 1878 seine Untersuchungen ein. In zwei Restaurants befragte er die Gäste nach den näheren Umständen des Todes von Emil Pollmer. Nach Zeugenaussagen trat er als 'höherer, von der Regierung eingesetzter Beamter' auf. Sich einen bestimmten Titel oder Namen zuzulegen, hatte er - wie die Zeugen bestätigten - zwar vermieden; aber er stünde noch höher als der Staatsanwalt, gab er wohl vor.

Auch mit Drohungen hielt der 'Detektiv' anscheinend nicht zurück: die Leiche des Emil Pollmer wolle er ausgraben und den Staatsanwalt werde er 'einstecken' lassen, falls dieser nicht richtig gehandelt habe.

Ob May sich tatsächlich, expressis verbis, als 'Regierungsbeamter' bezeichnet hat oder ob die Zeugen, aufgrund seines besonderen Auftretens, nur diesen Eindruck gewannen, ist fraglich.[7] Wie auch immer - Karl May hatte Pech. Der für Ölsnitz zuständige Polizist Ernst Oswald hörte von der Geschichte und bauschte sie auf zu einem Skandal. Am 15. Mai zeigte Oswald - nachdem er das Inkognito Mays gelüftet hatte - den Großsprecher an: Bei dem 'höheren Beamten' handle es sich, so der Gendarm in seiner Meldung an die Staatsanwaltschaft in Chemnitz, um den 'berüchtigten Sozialdemokraten' und entlassenen Zuchthäusler Karl May.

Im Juni 1878 wurde der Schriftsteller in Dresden vernommen. Der Sozialdemokratie in irgendeiner Weise nahezustehen oder gar für deren Parteiblätter gearbeitet zu haben (was ja in der Tat nicht zutraf, sondern von Oswald erfunden wurde), wies er empört zurück. Auch eine 'Amtsanmaßung' bestritt er entschieden.

Die gerichtlichen Ermittlungen dürften Karl May zunächst nicht besonders beunruhigt haben. Seine - im Frühjahr 1879 erschienene - Dorfgeschichte *Der Waldkönig* berechtigt zu dieser Annahme.[8] Mit einem langen Schreiben (Sommer 1878) an den Untersuchungsrichter[9] glaubte May die Sache bereinigt zu haben. Seine schon erwähnte Reisetätigkeit erfolgte wohl "in der Hoffnung, der läppische Fall werde sich am besten in seiner Abwesenheit von selbst erledigen."[10] Aber das Gericht nahm die Affäre ernster als May. Am 9. Januar 1879 wurde er vom Gerichtsamt Stollberg wegen 'unbefugter Ausübung eines öffentliches Amtes' (im Sinne des § 132 RStGB) zu drei Wochen Gefängnis verurteilt.

Dieses Urteil war, wie der Strafrechtler Erich Schwinge zweifelsfrei nachgewiesen hat,[11] eine Fehlentscheidung. Claus Roxin kommt zum selben Ergebnis: "Es ist nicht strafbar, wenn jemand sich fälschlich eines öffentlichen Amtes rühmt."[12] May hätte dieses Amt auch wirklich ausüben müssen, um rechtmäßig bestraft werden zu können. Eine Amtshandlung im eigentlichen Sinne aber hat er nicht vorgenommen. "Erkundigungen einziehen darf [...] jedermann; und mehr hat er nicht getan."[13]

Mays Einspruch wurde am 12.5.1879 vom Bezirksgericht Chemnitz verworfen; sein untertänigstes Gnadengesuch (vom 2. Juli)[14] an den sächsischen König Albert - mit der Bitte, die Haft zu verkürzen oder in eine Geldstrafe umzuwandeln - wurde abgelehnt. Auch sein Gesuch vom 30.7.1879 an das Gerichtsamt Stollberg, ihm wenigstens die Schande eines Gefängnisaufenthalts in der eigenen Heimatstadt zu ersparen, fand kein Gehör. Vom 1. bis zum 22. September 1879 mußte Karl May im Arresthaus des Gerichtsamtes Hohenstein-Ernstthal[15] seine vierte Haftstrafe verbüßen.

Vielleicht ist der Streit zwischen Karl und Emma - jenes Zerwürfnis, das in *Scepter und Hammer* sich spiegelt[16] - auch im Zusammenhang mit der 'Stollberg-Affäre' zu sehen. Möglicherweise zog sich das Mädchen von Karl (im Frühjahr 1879) vorübergehend zurück, weil es sich bei andern Männern bessere Zukunftschancen erhoffte.

Die geschilderten Ereignisse waren für May eine bittere Lehre. Doch sie konnten den Schriftsteller "nicht mehr aus der Bahn werfen [...], obwohl ihm durch die Verurteilung und ihre diskriminierenden Begleitumstände Unrecht geschah."[17]

Wie ist die 'Stollberg-Affäre' insgesamt zu bewerten? Als Bagatelle natürlich, was den Sachverhalt als solchen betrifft. Doch erwähnt und erörtert werden muß die Affäre, weil sie beschämend ist - für alle Beteiligten. Blamiert hat sich, zunächst, der Obrigkeitsstaat mit seiner Rechtsprechung: Gegen den 'Zuchthäusler' war das Gericht sicher voreingenommen. Auch die Verdächtigung, Karl May sei 'Socialdemokrat durch und durch' (Brigadier Oswald),[18] war böswillig und diffamierend:

wenn nichts anderes, dann mußte DIESE Beschuldigung zünden in einer Zeit, die mit den Sozialistengesetzen schwanger ging [...] Im Zuchthaus hat er gesessen, Sozialdemokrat ist er auch, [...] das eben war das bösartige Vorurteil gegen Karl May, mit dem der Brigadier das richterliche Ergebnis wie ganz selbstverständlich präjudizierte.[19]

Aber blamiert hat sich auch Karl May. Kein neues Delikt, kein strafwürdiges Vergehen, auch keine Sünde im geistlichen Sinne ist seine Handlungsweise gewesen; aber eine unrühmliche Sache war diese Affäre, eine peinliche Episode im Leben des Dichters, der zur Großtuerei neigte und - zugleich - diese Schwäche als solche erkannte und (literarisch) zu bannen versuchte.

Von der 'Stollberg-Affäre' hat sich Karl May, auf seine besondere Weise, 'frei' geschrieben. In den Fehlern und Schrullen seiner Clowns-Gestalten nimmt er sich selbst auf den Arm.[20] Auch sein Auftritt als 'Ermittlungsbeamter' spiegelt sich - mehrfach gebrochen, verschönert und umgedichtet - im Mayschen Erzählwerk: in den beiden (zum sechsbändigen Orientzyklus gehörenden) Reiseromanen *Durchs wilde Kurdistan*[21] und *In den Schluchten des Balkan*[22] zum Beispiel.

Aus Mays Blamage wurden, in der Fiktion der Romane, die Niederlage der Behörde und der Triumph des erzählenden Wunsch-Ichs. "Was in Niederwürschnitz und Neuölsnitz so kläglich mißlang, Old Shatterhand und namentlich Kara Ben Nemsi führen es immer wieder zu glorreichem Ende."[23] In Mays Phantasie läuft alles ganz anders. Der Sieg des Geistes über die Macht des Justizapparates wird im Roman in große Szene gesetzt. Was die Realität dem Schreiber versagte, "ist in einem Balkandorf in Erfüllung gegangen. Die Akten sind geschlossen."[24]

Anmerkungen

1   Vgl. Fritz Maschke: *Karl May und Emma Pollmer. Die Geschichte einer Ehe*. Beiträge zur Karl-May-Forschung 3. Bamberg 1973, S. 14f. - Karl May: *Mein Leben und Streben*. Freiburg 1910. Hrsg. von Hainer Plaul. Hildesheim, New York [2]1982, S. 401f. (Anm. 190).

2   May: Ebd., S. 194.

3   Vgl. Hainer Plaul (Hrsg.): *Karl May*, wie Anm. 1, S. 401f. (Anm. 190). - Vollständig dokumentiert ist dieser 'Fall' bei Maschke, wie Anm. 1, S. 129-196.

4   Karl May: *Frau Pollmer - eine psychologische Studie* (1907). Prozeßschriften, Bd. 1. Hrsg. von Roland Schmid. Bamberg 1982, S. 873.

5   Vgl. Maschke, wie Anm. 1, S. 13ff.

6   Gerhard Neumann: *Das erschriebene Ich. Erwägungen zum Helden im Roman Karl Mays*. In: JbKMG 1987, S. 69-100 (S. 84).

7   Nach der Aussage des Zeugen Karl E. Huth hat sich May als 'Redakteur einer Leipziger Zeitung' (also doch wohl nicht als 'Regierungsbeamter') im Niederwürschnitzer Gasthofe vorgestellt; vgl. dazu Heinz Stolte: *Die Affäre Stollberg. Ein denkwürdiges Ereignis im Leben Karl Mays*. In: JbKMG 1976, S. 171-190 (S. 182).

8   Vgl. Maschke, wie Anm. 1, S. 14.

9   Diesem Schreiben fügte May auch sein königstreues Gedicht von 1875 (vgl. oben, S. 134) bei!

10   Hans Wollschläger: *Karl May. Grundriß eines gebrochenen Lebens*. Zürich 1976, S. 55.

11   Das Gutachten von Erich Schwinge (Pseudonym Maximilian Jacta) ist vollständig wiedergegeben bei Maschke, wie Anm. 1, S. 130-136.

12   Claus Roxin: *Mays Leben*. In: *Karl-May-Handbuch*. Hrsg. von Gert Ueding in Zusammenarbeit mit Reinhard Tschapke. Stuttgart 1987, S. 62-123 (S. 93).

13   Ebd.

14   Dazu - sehr kritisch - Walther Ilmer: *Karl May - Mensch und Schriftsteller. Tragik und Triumph*. Husum 1992, S. 62ff.

15 Schon vor der Vereinigung beider Städte (1898) führte diese Behörde den Doppelnamen.

16 Vgl. oben, S. 159; vgl. auch Maschke, wie Anm. 1, S. 21.

17 Roxin, wie Anm. 12, S. 93.

18 Vgl. die Darstellung bei Christian Heermann: *Der Mann, der Old Shatterhand war. Eine Karl-May-Biographie.* Berlin 1988, S. 134-138. - In Wirklichkeit ist Karl May parteipolitisch kaum einzuordnen. Er dachte 'deutsch', aber nicht nationalistisch; er war 'königstreu', aber auch sozialkritisch und (im Alter zumindest) pazifistisch eingestellt.

19 Stolte, wie Anm. 7, S. 184.

20 Vgl. ebd., S. 171-174.

21 Dazu Stolte: Ebd., S. 187ff.

22 Dazu Walther Ilmer: *Das Märchen als Wahrheit - die Wahrheit als Märchen. Aus Karl Mays 'Reise-Erinnerungen' an den erzgebirgischen Balkan.* In: JbKMG 1984, S. 92-138 (S. 111-114).

23 Stolte, wie Anm. 7, S. 187.

24 Ilmer: *Märchen*, wie Anm. 22, S. 114.

7.6 Freier Schriftsteller in Hohenstein (seit 1878): Schöpferische Energie und wilde Phantasien

Seine Tätigkeit bei Radelli wird May "von vorneherein nur als Übergangslösung"[1] betrachtet haben. Schon nach Ablauf des Redaktionsjahres 1878 gab er seine Stelle auf, um nun endgültig, bis zum Lebensende, als freier Schriftsteller arbeiten zu können. Auf sich selbst gestellt, ohne festes Gehalt, brauchte May - jetzt erst recht - die Gunst der Verleger: "Seine Abhängigkeit vom Markt war total. Jetzt erlernte er die 'Kunst' des literarischen Opportunismus, der vieles von dem erklärt, was nicht wenigen Zeitgenossen später so schwer verständlich war."[2]

So pauschal kann dieses Urteil freilich nicht stehen bleiben. Mays Fähigkeit, auf unterschiedliche Verleger und Leserkreise sich einzustellen und dementsprechend zu schreiben, muß nicht als 'Opportunismus' bezeichnet werden. Denn als Schriftsteller hat May "die Grenzen dessen, was er (bei seinem damaligen Entwicklungsstand) verantworten konnte, wohl kaum - mit Rücksicht auf bestimmte Verleger - überschritten."[3]

Für Mays literarischen Werdegang mögen die äußeren Umstände lange Zeit ungünstig gewesen sein. Nach den Werksspiegelungen zu schließen, hatte May aber schon damals den Traum, ein großer Dichter zu werden. Ganz zufrieden war er mit seinen Werken allerdings nicht. Sein Alter ego, der Novellist Karl Goldschmidt in *Scepter und Hammer*, bedauert: "seit meiner Bekanntschaft mit Emma (!) habe ich nicht eine einzige Arbeit vollendet, welche ich mit gutem Gewissen dem Drucke hätte übergeben dürfen. Wenn es so fortgeht, so bin ich geistig und wirthschaftlich ruinirt."[4]

Einer aktuellen Verstimmtheit wird dieses Diktum entsprungen sein. Immerhin konnte May seine literarischen Pläne, wenigstens anfängerhaft,[5] verwirklichen. Und seine Hoffnung, dies später noch besser und erfolgreicher zu können, trog ihn nicht.

7.6.1 Eine Reihe von Kurzgeschichten

Die illustrierten Wochenblätter 'Weltspiegel' und 'Deutsche Boten' des Dresdner Verlages Adolph Wolf brachten von Karl May weitere Stücke: die Humoreske *Die verwünschte Ziege* (Juni 1878) sowie die Dorfgeschichten *Der Herrgottsengel* (Herbst 1878), *Des Kindes Ruf* (Dezember 1878) und *Der Gichtmüller* (Frühjahr 1879). Diese Erzählungen verraten, wie die früheren Dorfgeschichten, Talent; und für den Biographen enthalten sie wichtiges Material.

In der Mühlhausener 'Deutschen Gewerbeschau' konnte May *Die Rose von Sokna. Ein Abenteuer aus der Sahara* (Herbst 1878) publizieren: eine unbedeutende Kidnapping-Geschichte, die May jedoch später, unter dem Titel *Eine Befreiung* (1894), "um bemerkenswerte, über die Abenteuerhandlung hinausreichende Nuancen bereichert"[6] hat.

Mit diversen Verlagen stand der Schriftsteller in Verbindung. Als besonders ergiebig erwies sich für Karl May die Zusammenarbeit mit dem Stuttgarter Verlag Göltz & Rühling. In dessen Journal 'All-Deutschland!/Für alle Welt!' wurden - zum einen - frühere Erzählungen Mays, teilweise unter verändertem Titel, nachgedruckt: Aus *Wanda* zum Beispiel wurde *Die wilde Polin* und aus der Dorfgeschichte *Der Herrgottsengel* wurde *Der Klapperbein*.

Zum andern erschienen im genannten Journal[7] die folgenden - erstmals gedruckten - Kurzgeschichten Karl Mays: die Humoreske *Die Universalerben. Eine rachgierige Geschichte von Karl Hohenthal* (Januar 1879); die in Amerika spielende Erzählung *Ein Dichter* (Frühjahr 1879); die erzgebirgischen Dorfgeschichten *Der Waldkönig* (Frühjahr 1879) und *Der Giftheiner* (Sommer 1879); die Dessauer-Novelle *Der Scheerenschleifer* (Herbst 1880); die exotische Ich-Erzählung *Tui Fanua. Ein Abenteuer auf den Samoa-Inseln von Prinz Muhamel Latréaumont*[8] (Herbst 1880) - eine Variante von Mays (stark an Gerstäcker orientierten) Südsee-Erzählung *Die Rache des Ehri* (1878); schließlich die, ebenfalls in der Ich-Form geschriebene und vielleicht schon einige Jahre früher entstandene, Indianergeschichte *Die Both Shatters* (Anfang 1882) - eine grausige Fabel, in der auch das 'Ich', im Gegensatz zum späteren Old Shatterhand, fast bedenkenlos Indianer tötet. In einzelnen Formulierungen allerdings betrauert Karl May den 'Untergang der roten Rasse' schon hier in dieser frühen Erzählung.[9]

7.6.2 *Der Waldläufer*

Im Verlag Franz Neugebauer, dessen Eigentümer die Firma Göltz & Rühling war, erschien im November 1879 das erste Buch Karl Mays: die - von Peter Rosegger zurückgeschickte[10] - Neubearbeitung des *Old Firehand*-Abenteuers (1875) mit dem Titel *Im fernen Westen*.

Gleichzeitig und ebenfalls bei Neugebauer kam Mays Bearbeitung der *Waldläufer*-Erzählung von Gabriel Ferry heraus. "Durch Mays Bearbeitung hat der ursprüngliche 'Waldläufer' [...] in vieler Hinsicht gewonnen."[11] Andrerseits sind zahlreiche Ferry-Motive auch noch in späteren Werken Karl Mays nachzuweisen. Ferrys Indianer Rayon Brûlant (in der May-Fassung 'Falkenauge') zum Beispiel wurde mit Recht als der "Ur-Winnetou"[12] Karl Mays bezeichnet. Wegen der Anregungen, die May bei Ferry gefunden hat, bleibt die *Waldläufer*-Bearbeitung unseres Schriftstellers für die Forschung "ein hochinteressantes Feld".[13]

7.6.3 *Scepter und Hammer / Die Juweleninsel*

Bei Göltz & Rühling, in der genannten Zeitschrift 'All-Deutschland!/Für alle Welt!', veröffentlichte Karl May seinen ersten großen Doppelroman *Scepter und Hammer* (1879/80)/*Die Juweleninsel* (1880-82). Daß May eine Fortsetzung des - in sich selbständigen und im Grunde abgeschlossenen - Textes von *Scepter und Hammer* verfaßte, geschah "offensichtlich auf Drängen der Stuttgarter Redaktion, die mit Mays Roman ihre bisherigen Abonnentenzahlen beträchtlich steigern konnte."[14]

Eine Buchfassung oder einen Nachdruck in einer anderen Zeitschrift hat es zu Lebzeiten Mays nie gegeben. Nach dem Tode des Autors wurde der verschollene Text wieder aufgefunden und vom Karl-May-Verlag, stark bearbeitet und gekürzt, erneut auf den Markt gebracht.[15] Seit 1978 ist die Originalfassung für die Öffentlichkeit wieder zugänglich.

Als Novellist hatte der Anfänger May, mit seinen erzgebirgischen Dorfgeschichten, schon eine gewisse 'Meisterschaft' erreicht. Gilt dies für May, den Verfasser von längeren Erzähltexten, ebenfalls? Seine Erstlings-Werke als epischer Schriftsteller waren, wie seine Frühwerke überhaupt, von unterschiedlicher Qualität: Im Vergleich zu *Auf der See gefangen* (1878) ist *Scepter und Hammer/Die Juweleninsel* konzentrierter und wesentlich kunstvoller komponiert;[16] hinter der Formkraft und dem Gesamtniveau des Ende 1880 - also noch während der Arbeit an der *Juweleninsel* - begonnenen Orientzyklus[17] bleibt der, in den Schlußpartien,[18] zu hastig und fehlerhaft konstruierte Fortsetzungsroman aber deutlich zurück. Ein 'Meisterstück' ist er nicht.

Als "wilde Fabeleien"[19] hat Claus Roxin die bunten und (teilweise) schaurigen Szenen dieses Werkes bezeichnet; auch bei anderen Auslegern gilt der Doppelroman als wenig geglückt.[20] Christoph F. Lorenz indessen hat "subtile Motivkorrespondenzen" entdeckt und eine "sorgfältige Planung"[21] des, mit Ausnahme der Schlußkapitel, konsequent durchdachten Romanes aufgewiesen. Ein (völlig unreifes) 'Lehrlingsstück' ist das Werk also auch nicht.

Die keineswegs 'chaotisch' entworfene (sondern klug konzipierte und systematisch aufgebaute), aber doch bizarre und äußerst unwahrscheinliche Handlung spielt in den fiktiven Staaten Norland und Süderland, in Ägypten, in Indien und im Wilden Westen. Die Verbindungslinien zu den Raubrittergeschichten in Mays *Quitzow*-Roman (1876/77), zu ihren Klosterruinen, ihren unterirdischen Gängen und geheimnisvollen Türen, sind offenkundig. Auch die Verwandtschaft mit der zeitgenössischen Abenteuerliteratur, die Einflüsse Eugène Sues, Philipp Galens, Frederick Marryats, John Retcliffes, Alexandre Dumas' und der englischen 'Gothic Novel' des 18. und 19. Jahrhunderts, sind unverkennbar.[22]

Man möchte fast denken: Mays - durch komische Szenen nur wenig gemilderter - Schauer- und Gruselroman hätte ebensogut von jedem anderen Trivialliteraten verfaßt sein können - wenn jene verräterischen, für May eben doch spezifischen Stellen nicht wären: Motive und Szenen, in denen die persönlichen Traumata, die inneren Spannungen, die ungeheilten Konflikte des Autors ihren Niederschlag finden.

Nicht nur das berühmte Motiv 'Gefangenschaft und Befreiung', auch das kuriose, den Doppelroman beherrschende Neben- und Ineinander von Königstreue, von Staatsbejahung und zum Teil schon massiver Gesellschaftskritik ist bezeichnend für May: den resozialisierten Gefangenen, der (als 'Leutnant von Wolframsdorf' usw.) den Obrigkeitsstaat beleidigt hatte. Im Roman wird die High Society teilweise bewundert und teilweise verachtet: Der edle Ma(y)x Brandauer, aufgrund einer Kindsvertauschung (im trivialen Genre ein bekanntes Motiv) zum Sohn eines Hufschmieds geworden, erhält seinen rechtmäßigen Platz als Kronprinz von Norland zurück; andre Vertreter des Hochadels, der norländische Herzog von Raumburg und der 'tolle Prinz' von Süderland, werden als die Hauptschurken entlarvt und blamiert.

Der Despotismus des katholischen Königs Max Josef von Süderland, aber auch die "falsche wirthschaftliche Politik" (SH 576)[23] des, ansonsten liebenswürdigen, protestantischen Königs Wilhelm II. von Norland werden gerügt. Und demokratische Ideen spuken herum: Die staatliche Macht bedarf der "Zustimmung" (SH 573) des Volkes! Mays Dichtung ist, wie so oft, auch in diesem Fall Wunscherfüllung: "Wie durch einen Zauberschlag hatte sich [...] die Nachricht verbreitet, daß der König die bisherige Regierungsform aufgegeben, die verhaßten Räthe und Minister entfernt habe und seinem Volke eine Konstitution geben werde." (SH 647)

'Affirmative' und 'revolutionäre' Elemente sind in *Scepter und Hammer/Die Juweleninsel*, wie im Gesamtwerk Karl Mays, miteinander verquickt. Das gilt, nicht zuletzt, auch für die Verschränkung von unterschwelliger Frömmigkeit und bissiger Religionskritik.

Von der 'Gothic Novel' wohl übernommen,[24] aber - wie die *Quitzow*-Geschichten z.B. erhellen - nicht untypisch für den frühen May ist der "Antiklerikalismus"[25] des Doppelromans: Das Bündnis der religiösen Obrigkeit mit der Geldgier, dem Absolutismus und der Scheinheiligkeit der Fürsten - die der Kirche ihren "Glanz" verleihen (J 81) - wird angeprangert und desavouiert. Denn mit kirchlichen Amtsträgern hatte May, dies könnte der biographische Hintergrund sein, zum Teil sehr schlechte Erfahrungen gemacht!

Überraschend und verblüffend wirkt die krasse Überzeichnung, der antikatholische Effekt,[26] der möglicherweise einer Tendenz von 'All-Deutschland!' entgegenkam. Die frommen und salbungsvollen Priester, die "Gesellschaft Jesu"[27] mit dem Giftmörder Aloys Penentrier an der Spitze, die Mönche und Nonnen, die sexuellen Exzessen sich hingeben und zu abscheulichen Verbrechen bereit sind - an Trivialromane der Goethezeit,[28] an Otto von Corvins *Pfaffenspiegel* (1868),[29] an Münchmeyers *Venustempel*[30] und die Hohensteiner 'Schundbibliothek'[31] erinnern sie uns.

Mays Ton ist stellenweise ironisch, ja geradezu frivol - selbst "für das Genre der Kolportage starker Tobak"![32] Im Gegensatz zu den "Seligen", die "kein Geschlecht und keine andere Lust, als die Lust am Herrn" (J 69) kennen, plappern die Mönche - in Mays *Juweleninsel* - ihre Gebete herunter und frönen, ansonsten, der Fleischeslust in pikanter Manier - hinter der Maske der Frömmigkeit.

"Die Herren Patres gaben der heiligen Mutter Gottes ihre Erlaubniß, irgend ein in die Augen fallendes Wunder zu verrichten, verkauften Rosenkränze und Heiligenbilder und vertauschten ihren Segen gegen klingendes Metall." (J 51) Was soll man da sagen? Zu solcher Polemik? Der mögliche Mißbrauch, die Perversion der geistlichen Gewalt (vgl. J 71) ist ein ernstes Thema, das Karl May, in den Alterswerken besonders, sehr oft behandelt. Anders als in der Poesie des Spätwerks ist die Tendenz im Doppelroman - mit seinen knalligen Sujets - aber zu grobschlächtig, zu ungerecht und in dieser Form natürlich nicht diskutabel.

In *Scepter und Hammer/Die Juweleninsel* gibt es, das sollte nicht übersehen werden, auch gute, erzählerisch geglückte Partien: in der Indien-Episode der *Juweleninsel* zum Beispiel (wo die tödlich endende Liebesgeschichte des Alphons Maletti und der Begum Rabbadah geschildert wird).[33] Doch viele Passagen wirken insgesamt ziemlich unerfreulich; das ständige Blutvergießen z.B. ist, für den sensibleren Leser, eine Zumutung: Selbst die positiven Helden - die mächtige Zarba, der Aufsteiger Katombo, der Apachenhäuptling Rimatta u.a. - stehen im Zwielicht und handeln oft grausam. Da blitzen die Schwerter, rollen die Köpfe, krachen die Kanonen und werden die Comanchen gleich reihenweise (mit dem Henrystutzen!) erschossen. Bhowannie, die von Zarba, der Zigeunerfürstin, noch im Sterben beschworene Göttin der Rache (J 573),[34] führt das blutige Zepter. Schonung und Milde sind nur die Ausnahme (z.B. J 421f.). Der Humanitätsgedanke, das Nein zur Gewalt, die versöhnliche Liebe, die Karl Mays Schriften, vor allem später, doch prägen, treten in *Scepter und Hammer/Die Juweleninsel* weitgehend zurück.

Zwar warnt der Kadi den ergrimmten Katombo: "Das Leben eines Herrschers ist heilig und unantastbar." Und Katombo, der Zigeuner und Admiral in türkischen Diensten, erwidert: "Nicht heiliger und unantastbarer als jedes andere Leben." (SH 467) Doch der Haß scheint in vielen Passagen des Doppelromans weit mächtiger als die Liebe, und die Resignation scheint größer als das Vertrauen. Der Autor fragt: "Sind nicht alle unsere Ideale geistige oder verkörperte Lichtgebilde, welche aufgehen, kulminiren und - verschwinden?" (SH 194)

Dominiert der Zweifel an Gott? Ist die Skepsis in *Scepter und Hammer/Die Juweleninsel* das herrschende Selbstgefühl? Das Mädchen Ayescha kniet nieder und betete -

nicht wie eine Muhammedanerin, sondern wie eine Christin zu Isa Ben Marryam, dem Gottessohne, der in die Welt gekommen ist um zu rufen: "Kommet her, Alle, die Ihr mühselig und beladen seid; ich will Euch erquicken und erretten!" (SH 444)[35]

Ayescha setzt ihre Hoffnung auf Gott, auf das Kreuz Jesu Christi. Katombo, dem Geliebten, teilt sie es mit:

"So wisse, daß wir eine alte Sklavin hatten, die nach dem Tode der Mutter immer bei uns sein mußte. Sie war keine Gläubige, sondern eine Christin und hat mir und Sobeïden heimlich viel erzählt von ihrem Heilande, der [...] für die Elenden und Armen gar gestorben ist. Die Worte, welche er lehrte, waren wie Thau in der Dürre und wie Balsam für die Schmerzen. Wir haben viel geweint über seine Leiden; aber er wohnt jetzt bei Allah und regiert die Erde. Ich liebe ihn [...]" (SH 348f.)

Dieses Bekenntnis! Mitten im Gruselroman! In solchen Partien unterscheidet sich das Werk Karl Mays vom abenteuerlichen Genre der zeitgenössischen Trivialliteratur!

Ayescha und überhaupt die Frau soll, nach May, die Liebe Gottes verkörpern.[36] Um so befremdlicher scheint das Verhalten des 'Bowie-Paters', der schaurigsten und widersprüchlichsten Figur der *Juweleninsel*. Der Pater, der Missionar, der in Wirklichkeit eine Frau, eine Kunstreiterin mit dem Namen Ella (Emma!)[37] ist, führt - als 'Indianertöter' - im Wilden Westen ein entsetzliches Leben. Er "muß" (J 415) jeden ermorden, der den christlichen Glauben nicht annimmt. Aus Indianerknochen hat er eine Perlenschnur, eine Art 'Rosenkranz' angefertigt; jede 'Rothaut' soll diese Kette betrachten und zur Jungfrau Maria beten; im Weigerungsfalle stößt der 'Pater' dem 'Wilden' - die Klinge ins Herz (J 404)!

Die Bekehrungswut - und die Heilung - eines Mannes im Priestergewand finden sich wieder im *Friede*-Roman (1901/04) Karl Mays, in der Gestalt des Missionars Waller. Während die Entwicklung Wallers überzeugend gestaltet, psychologisch motiviert und theologisch reflektiert wird,[38] gibt May für das Treiben des Bowie-Paters so gut wie keine Begründung. Der Leser erfährt nur: dieses Mann-Weib, die frühere Geliebte des Prinzen von Süderland, "ist ein Satan" (J 404), ein "ungelöstes Räthsel" (J 639) zugleich. In ihrem "tief gequälten und ungeheilten" (J 436) Herzen lebt "ein Teufelsweib, welches aus Liebe sündigte und in der Rache Vergessenheit und Vergebung sucht." (J 642)

Vergebung durch Indianermord? Wieso? Der Autor sagt es uns nicht; und der Interpret kann nur rätseln und spekulieren.[39]

Am Ende der Erzählung WEINT Miß Ella "wie ein Kind" und kniet "im tiefen, innigen - Gebete. - -" (J 658f.) Ihr letztes, ihr eigentliches Rachewerk mißlingt: Ihr Todfeind, der 'tolle Prinz', überlebt - durch eine Art Wunder - den Sturz in den Abgrund und entrinnt seiner Strafe. Ein "Zug stiller seliger Befriedigung" (J 660) verklärt jetzt Ellas Gesicht.

Sie ist wie verwandelt. Ihr Frausein, ihr Menschsein hat sie wiedergefunden. Der 'Drache' in ihr ist erlöst. Und ihre Rache hat sie vergessen.

Erzähltechnisch gesehen ist das alles absurd, ohne Stringenz[40] und ganz und gar unglaubwürdig. Wollte sich der Schriftsteller, gegen Ende seines Romans, von einem Alpdruck befreien? Vom Blut- und Rachegesetz, das so viele Szenen beherrscht?

Auch in *Scepter und Hammer/Die Juweleninsel* entpuppt sich May, in einigen Textstellen, als 'Prediger' und 'Katechet'. Aufs Ganze gesehen gehört der Doppelroman freilich zu den dunkelsten, mit bedrückendem Anamnese-Material (aus der Biographie des Autors) aufgeladenen Werken Karl Mays. Erstaunlich ist vieles. Und merkwürdig sind die 'antikatholischen' Spitzen,[41] wenn man bedenkt: in Waldheim hatte May seine befreiende Begegnung mit Johannes Kochta, dem katholischen Katecheten;[42] später neigte er selbst zum katholischen Glauben (zum Reform-Katholizismus allerdings, zum gesellschaftskritischen, ökumenisch geöffneten Christentum);[43] und schon jetzt stand er in geschäftlicher Verbindung mit Friedrich Pustet, dem katholischen Verleger in Regensburg!

7.6.4 Die ersten 'Hausschatz'-Erzählungen

Seit 1879 belieferte May den Pustet-Verlag (Regensburg, New York, Cincinnati), der schon bald, in den achtziger und neunziger Jahren, Mays bekannte Reiseromane in der Ich-Form verbreiten sollte. Mays Beiträge erschienen in Pustets - 1874 mit einer Startauflage von 30 000 Exemplaren gegründetem - Wochenblatt 'Deutscher Hausschatz in Wort und Bild', dem katholischen Gegenpart zur bismarckfreundlichen Leipziger 'Gartenlaube'.

Der Redakteur Venanz Müller bot dem Schriftsteller bereits im Herbst 1879 die Abnahme sämtlicher Manuskripte an: "Ich bitte Sie freundlichst, mir ALLE Ihre Geistesprodukte nach deren Vollendung SOFORT senden zu wollen."[44] Zur ausschließlichen Arbeit für den Regensburger Verlag ist es bei May freilich nie gekommen; aber der 'Hausschatz' wurde für lange Zeit sein wichtigstes Publikationsmittel, das ihm soziales Prestige und größte Anerkennung in weiten Kreisen verschaffte.[45]

Im Frühjahr 1879 kam bei Pustet *Three carde monte. Ein Bild aus den Vereinigten Staaten Nordamerika's von Karl May*[46] heraus; im Sommer 1879 folgte das Sahara-Abenteuer *Unter Würgern* (mit der erstmaligen Erwähnung des Namens Old Shatterhand); im Herbst 1879 *Der Girl-Robber. Ein singhalesisches Abenteuer von Karl May*; Ende 1879 *Der Boer van het Roer. Ein Abenteuer aus dem Kaffernlande von Karl May*; Ende 1879/Anfang 1880 *Der Ehri. Ein Abenteuer auf den Gesellschaftsinseln von Karl May*; im Frühjahr 1880 (unter Pseudonym) *Ein Fürst des Schwindels*[47] und die - später für *Winnetou III* übernommene - Wildwestgeschichte *Deadly dust*; im Sommer 1880 *Der Brodnik. Reise-Erlebnisse in zwei Welttheilen von Karl May*; und im Herbst 1880 *Der Kiang-lu. Ein Abenteuer in China von Karl May*.

Mit Ausnahme von *Deadly dust* (wo Old Shatterhand zum ersten Mal auftritt) und *Der Kiang-lu* (wo der Ich-Erzähler Charley drei wissenschaftliche Arbeiten in chinesischer Sprache verfaßt) sind diese 'Reiseerlebnisse Karl Mays' nur Varianten, verbesserte Zweitfassungen von früheren, bei Radelli erschienenen Werken unseres Autors. Zu seiner eigenen, besonderen Form hat May in diesen Erzählungen noch kaum gefunden; der Stil ist weithin klischeehaft; und die Abenteuermotive dieser - zum Teil recht blutrünstige Episoden enthaltenden - Kurzgeschichten sind immer dieselben: Verbrechen und Sühne, Anschleichen und Lauschen, Gefangenschaft und Befreiung.

170

Charakteristisch sind solche Motiv-Wiederholungen auch für die künftigen 'Reiseerzählungen' Karl Mays; im Blick auf die Form und den Inhalt kommt diesen, in der Regel, jedoch eine andere - subtilere - Qualität zu. Dem exotischen Oeuvre der literarischen Anfänge Mays, einschließlich der genannten Hausschatz-Erzählungen, fehlt noch der künstlerische Schliff, das ethische Niveau, "die durchschlagende Faszination"[48] der späteren Reiseromane.

Andrerseits müßte anerkannt werden: *Unter Würgern* zum Beispiel zeigt bereits

die Entwicklung, die Mays schriftstellerische Fähigkeiten innerhalb kurzer Zeit genommen haben: schon zwei Jahre nach der Veröffentlichung des Vorläufers *Die Gum* [...] in den 'Frohen Stunden' [...] ist aus der hart, relativ farblos und knapp ausgeführten Novelle eine wesentlich umgestaltete und spannender geschilderte, ausgereifte, ins Detail gehende Erzählung geworden.[49]

Anmerkungen

1   Claus Roxin in einem Brief vom 4.5.1990 an den Verfasser.

2   Gerhard Klußmeier - Hainer Plaul (Hrsg.): *Karl May. Biographie in Dokumenten und Bildern.* Hildesheim, New York 1978, S. 77.

3   Ernst Seybold in einem Brief vom 25.6.1990 an den Verfasser.

4   Karl May: *Scepter und Hammer* (1879/80). Karl Mays Werke II. 1. Hrsg. von Hermann Wiedenroth und Hans Wollschläger. Nördlingen 1987, S. 176. - Zu literarischen Fehlleistungen Mays in diesen Jahren vgl. Walther Ilmer: *Karl May - Mensch und Schriftsteller. Tragik und Triumph.* Husum 1992, S. 60.

5   Vgl. Ekkehard Koch: *Der 'Kanada-Bill'. Variationen eines Motivs bei Karl May.* In: JbKMG 1976, S. 29-46.

6   Ekkehard Bartsch: (Werkartikel zu) *Eine Befreiung/Die Rose von Sokna.* In: *Karl-May-Handbuch.* Hrsg. von Gert Ueding in Zusammenarbeit mit Reinhard Tschapke. Stuttgart 1987, S. 497-500 (S. 500).

7   Vgl. Christoph F. Lorenz: *Landesherr und Schmugglerfürst. Eine Rezensionsabhandlung zu den Erzählungen Karl Mays in der Zeitschrift 'Für alle Welt' (= 'All-Deutschland') in den Jahren 1879 und 1880.* In: JbKMG 1981, S. 360-374.

8   Dies ist die einzige Erzählung Mays, die bisher unter diesem Pseudonym bekannt ist; aber noch in späteren Jahren gab May in 'Kürschner's Literatur-Kalender' das Pseudonym 'Latréaumont' mit an.

9   Vgl. Ekkehard Bartsch: (Werkartikel zu) *Die Both Shatters.* In: *Karl-May-Handbuch*, wie Anm. 6, S. 500-502 (S. 502).

10 Vgl. oben, S. 151.

11 Hedwig Pauler: (Werkartikel zu) Bearbeitung: Gabriel Ferrys *"Der Waldläufer".* In: *Karl-May-Handbuch*, wie Anm. 6, S. 537-540 (S. 539).

12 Vgl. Franz Kandolf: *Winnetou und Rayon Brûlant.* In: KMJB 1932. Radebeul 1932, S. 484-493.

13 Pauler, wie Anm. 11, S. 540.

14 Christoph F. Lorenz: *Verwehte Spuren. Zur Handlungsführung und Motivverarbeitung in Karl Mays Roman 'Die Juweleninsel'.* In: JbKMG 1990, S. 265-286 (S. 265).

15 Als Bd. 45/46 der 'Gesammelten Werke' Karl Mays.

16 Nach Christoph F. Lorenz: (Werkartikel zu) *Scepter und Hammer.* In: *Karl-May-Handbuch*, wie Anm. 6, S. 371-376 (S. 373f.)

17 Vgl. unten, S. 173ff.

18 Im 9. Kapitel der *Juweleninsel* wird "deutlich, daß erst hier der Autor wirklich begann, die Übersicht über frühere Handlungselemente gänzlich zu verlieren." (Lorenz: *Spuren*, wie Anm. 14, S. 283).

19 Claus Roxin: *Vorläufige Bemerkungen über die Straftaten Karl Mays.* In: JbKMG 1971, S. 74-109 (S. 87).

20 Vgl. z.B. *Karl Mays erster Großroman "Scepter und Hammer/Die Juweleninsel".* SKMG Nr. 23 (1980) (mit Beiträgen von Werner Tippel u.a.) - Ilmer, wie Anm. 4, S. 69ff.

21 Lorenz: *Spuren*, wie Anm. 14, S. 279.

22 Vgl. Lorenz: *Scepter und Hammer*, wie Anm. 16, S. 371 - Ders.: (Werkartikel zu) *Die Juweleninsel*. In: *Karl-May-Handbuch*, wie Anm. 6, S. 376-380 - Volker Klotz: *Die Juweleninsel - und was man draus entnehmen könnte. Lese-Notizen zu den Erstlingsromanen nebst einigen Fragen zur Karl-May-Forschung*. In: JbKMG 1979, S. 262-275 (S. 266ff.).

23 Seitenangaben in (SH) bzw. (J) beziehen sich auf May: *Scepter und Hammer*, wie Anm. 4, bzw. ders.: *Die Juweleninsel* (1880-82). Karl Mays Werke II. 2. Hrsg. von Hermann Wiedenroth und Hans Wollschläger. Nördlingen 1987.

24 Vgl. Christoph F. Lorenz: *Die wiedergefundene "Juweleninsel" II*. In: MKMG 46 (1980), S. 14-19 (S. 16) - Ernst Seybold: *Karl Mays 'Scepter und Hammer'*. In: MKMG 77 (1988), S. 50f.

25 Klotz, wie Anm. 22, S. 263.

26 Allerdings kommt auch der protestantische Oberhofprediger in *Scepter und Hammer* nicht besonders gut weg; insofern könnte man selbst in diesem Roman das - für Mays Spätwerk bezeichnende - Bemühen um 'Ökumene' erblicken. - Dazu Ernst Seybold: *Karl-May-Gratulationen. Geistliche und andere Texte zu und von Karl May*. Ergersheim 1987, S. 26.

27 Nach Klotz, wie Anm. 22, S. 267, hat Mays Polemik gegen die Jesuiten in E. Sue's *Ewigem Juden* ihr Vorbild; natürlich paßt diese Polemik auch zur Politik Bismarcks und zur 'Kulturkampf'-Stimmung der damaligen Zeit.

28 Dazu Lorenz: *Spuren*, wie Anm. 14, S. 267.

29 Unter dem Titel *Historische Denkmale des christlichen Fanatismus* (2 Bände) ist dieses Werk 1845 erstmals erschienen.

30 Vgl. oben, S. 135; dazu Gernot Kunze: *Einführung*. In: Karl May: *Das Buch der Liebe*. Dresden 1875/76. Reprint der KMG, Bd. II (Kommentarband). Hrsg. von Gernot Kunze. Regensburg 1988/89, S. 12.

31 Vgl. oben, S. 55f.

32 Lorenz: *Spuren*, wie Anm. 14, S. 267.

33 Ebd., S. 281, wird das "'Liebe-Tod'-Motiv" an neun Stellen der *Juweleninsel* aufgewiesen.

34 Vgl. ebd., S. 278: In der indischen Mythologie ist die Göttin Bhawani sowohl die "alles Gebärende, die Dasein Gebende" als auch die Zerstörerin, die Göttin des Todes und der Rache; die dunkle Seite dieser Göttin wird in Mays Roman hervorgehoben!

35 Dieses Jesus-Wort (Mt 11, 28) steht in großen Lettern über dem Portal der Ernstthaler Kirche; der Knabe Karl May wird es jeden Sonntag gelesen haben; und - es wird ihn getröstet haben.

36 Vgl. oben, S. 159.

37 Werner Tippel/Hartmut Wörner: *Frauen in Karl Mays Werk*. SKMG Nr. 29 (1981), S. 19, sehen im 'Bowie-Pater' eine Spiegelung Emma Pollmers. - Ähnlich Lorenz: *Die Juweleninsel*, wie Anm. 22, S. 379 - Ders.: *Spuren*, wie Anm. 14, S. 275f.

38 Vgl. unten, S. 410ff.

39 Vgl. Lorenz: *Spuren*, wie Anm. 14, S. 277f.

40 Vgl. den editorischen Bericht zu May: *Die Juweleninsel*, wie Anm. 23, S. 667-672 (S. 671): Wiedenroth und Wollschläger vermuten den Textverlust eines ganzen Kapitels der *Juweleninsel*; gegen diese Hypothese führt Lorenz: *Spuren*, wie Anm. 14, S. 282f., allerdings plausible Argumente an. - Nach Lorenz: Ebd., S. 283, ließ das Interesse des Autors "an der logischen Fortführung des so geschickt Begonnenen sichtlich nach". Seine Aufmerksamkeit galt einem neuen, völlig andersartigen Projekt: dem Beginn des großen Orientzyklus!

41 Genaugenommen sind es keine anti-'katholischen', sondern anti-'klerikale' Spitzen; vgl. oben, Anm. 26.

42 Dazu Seybold: *Scepter und Hammer*, wie Anm. 24.

43 Vgl. unten, S. 224ff.; auch Hermann Wohlgschaft: *Mays Friede-Roman und die Lehre der Kirche*. In: MKMG 83 (1990), S. 18-24.

44 Aus Müllers Brief vom 14.10.1879 an May; zit. nach Wilhelm Vinzenz: *Karl Mays Reichspost-Briefe. Zur Beziehung Karl Mays zum 'Deutschen Hausschatz'*. In: JbKMG 1982, S. 211-233 (S. 218).

45 Vgl. Fernand Hoffmann: *Karl May im katholischen Verlagswesen während des Kulturkampfs*. In: Stimmen der Zeit. Freiburg 118. Jg. 1993, S. 177-186.

46 Diese Erzählung (eine Überarbeitung von *Self-man*) hat May später nochmals umgearbeitet und für *Old Surehand II* (1895) verwendet.

47 Vgl. oben, S. 151f.

48 Walther Ilmer in einem Brief vom 14.5.1990 an den Verfasser.

49 Herbert Meier: *Einleitung*. In: Karl May: Kleinere Hausschatz-Erzählungen. Reprint der KMG. Hamburg, Regensburg 1982, S. 4-43 (S. 11).

7.7 'Im Schatten des Allmächtigen': Mays erster bedeutender Reiseroman in der Ich-Form

Je mehr wir uns mit Karl May und seinen Schriften befassen, um so plausibler wird die Altersthese des Dichters: Alle seine Werke sind Skizzen, Entwürfe und Vorübungen für Künftiges und Besseres.[1]

Mays Themen entsprechen den 'Urträumen' des Menschen; seine 'Abenteuer' entspringen den Tiefen, den Angst- und Rettungsbildern der Seele.[2] Unser Schriftsteller malt, wie die Mythen und Märchen, mit der "Urfarbe des Traums".[3] Für die ersten, bei Münchmeyer und Radelli, bei Pustet und anderen Verlegern erschienenen Abenteuergeschichten trifft dies in geringerem Maße zu; um so mehr aber für die höchste, die literarisch wertvollste Leistung des vierzigjährigen Autors, die nach Forst-Battaglias (die Altersromane Mays zu Unrecht mißachtender) Bewertung das beste Werk Karl Mays überhaupt ist:[4] *"Giölgeda padishanün". Reise-Erinnerungen aus dem Türkenreiche* (publiziert zwischen Januar und September 1881) mit den Fortsetzungen *Reise-Abenteuer in Kurdistan* (Oktober 1881 bis März 1882), *Die Todes-Karavane* (Frühjahr bis Herbst 1882), *In Damaskus und Baalbeck* (November 1882 bis Januar 1883) und *Stambul* (entstanden wahrscheinlich bis Herbst 1882,[5] veröffentlicht im Februar/März 1883).[6]

Alle diese - auch 'symbolisch', als verschlüsselte Biographie, als maskierte 'Erinnerungen' an Mays tatsächliche Lebens-'Reise' verstehbaren[7] - Erzählungen erschienen in Pustets 'Deutschem Hausschatz'. Sie läuteten den Großerfolg des 'meist gelesenen deutschen Schriftstellers' ein. Jetzt erst hat der Autor zu seinem besonderen, seinem einmaligen und unverwechselbaren Genre gefunden. "Mit 'Giölgeda padishanün' begann Mays eigentliches Ansehen als populärer Schriftsteller von unverkennbar eigener Note und Faszination."[8]

7.7.1 Die Qualität des Romans

Die genannten Hausschatz-Texte entsprechen, mit geringfügigen Abweichungen, den späteren Fortsetzungsbänden *Durch die Wüste, Durchs wilde Kudistan* und - zum Großteil - *Von Bagdad nach Stambul* des insgesamt sechsbändigen Orientromans, der 1892 in Buchform (bei Fehsenfeld in Freiburg) erschien.

Von Ende 1880 bis Oktober 1882 konzentrierte sich Karl May, von kürzeren Unterbrechungen abgesehen,[9] auf die Arbeit an diesem Werk. Wenn wir die literarisch (und theologisch) noch höher stehenden Altersromane zunächst einmal ausklammern, gilt das Urteil Roxins: In *"Giölgeda padishanün"* und seinen Fortsetzungstexten bewegt sich May "auf einem Niveau, das er in seinen Reiseerzählungen nur noch gelegentlich erreicht und nie mehr übertroffen hat."[10]

Roxin erläutert seine These mit vier Bewertungskriterien:

Wenn man sich fragt, worin diese Qualität begründet ist, so wird man sagen müssen, daß sich nirgends in Mays Abenteuerromanen erzählerische Meisterschaft (1) mit zuverlässiger völkerkundlicher Detailinformation (2), psychologischem Hintergrund (3) und ethisch-erzieherischer Vertiefung (4) so zwanglos und faszinierend vereint wie hier.[11]

Was die formale Seite betrifft, lobt Roxin die epischen Kunstgriffe des Autors, die "fast spielerische Leichtigkeit der Stoffbewältigung", die "suggestive Kraft des erzählerischen Vortrages", den "Erfindungsreichtum bei der Ausgestaltung und Variierung der Motive", die "handlungsfördernde Gespanntheit des scheinbar lockeren Dialogs".[12]

Auch der Stil, die sprachliche Form des Orientromans ist - wie neuere Analysen bestätigen - alles andere als kunstlos. Hermann Wiegmann scheute sich nicht, die Schreibweise Mays mit der Sprache Franz Kafkas zu vergleichen. Zwar wird dem Leser, so Wiegmann,

alles beschrieben, was wahrnehmbar ist. Das ist anders als etwa bei Kafka, aber so blasphemisch es klingen mag, die traumhafte Deutlichkeit und das nüchterne präzise Papierdeutsch erinnern an keinen modernen Schriftsteller mehr als an ihn, die Sprache ist von fast kafkaesker Reduktion und Präzision.[13]

Karl May bewährt sich als Schriftsteller, aber auch als Literatur-Pädagoge. Der geographische, historische und ethnologische Hintergrund seines Romans ist weitgehend authentisch.[14] Für seine bunten Schilderungen benutzte May hervorragende Quellen, die er mit größtem Geschick verarbeitete: unter anderem die zweibändige Studie *Ninive und seine Überreste* (Leipzig 1850) des englischen Assyriologen Austen Henry Layard (1817-1894).[15]

Auch ethisch gesehen hat der Schriftsteller May nun eine bedeutend höhere Stufe erreicht als in den früheren Abenteuergeschichten: Kara Ben Nemsi stellt sich "demonstrativ auf die Seite der unterdrückten Völkerschaften"[16] - der Araber, der Kurden, der Nestorianer z.B. - und wirkt für den Frieden der verfeindeten Volksgruppen.

Einer großen und später noch viel größeren Lesergemeinde[17] eröffnet Mays Orientzyklus "auf fesselnde Weise den Zugang zu den erstrebenswürdigsten Werten des Menschentums".[18] Und nicht zuletzt muß gesehen werden: Mays Roman atmet, so Walther Ilmer, "christliche Gesinnung und stete Hinwendung des Helden zu Gott".[19]

Der Literatur-Pädagoge May erweist sich, viel wirksamer als in den *Geographischen Predigten* (1875/76), als überzeugender Katechet, als Lehrer der 'anderen Dimension': Er vermittelt den Lesern psychologisch sehr fein (fast heimlich, nicht aufdringlich und doktrinär) das 'Urvertrauen' auf Gottes Führung, die - über geheimnisvolle Wege - alles zum Guten lenkt; er verweist, erzählend, auf Gott, der das Recht wiederherstellt, auch menschliches Versagen und menschliche Schuld in seinen Heilsplan mit einbaut, die Leidenden "durch Leiden errettet" (Hiob 36, 15) und, gerade so, "seine Werke offenbar werden läßt" (Joh 9, 3).

Nimmt man alle - erzählerischen und pädagogischen - Gesichtspunkte zusammen, dann darf man schon fragen, ob nicht so manche Partien des Orientromans als Schullektüre besser geeignet wären "als manches Werk des klassischen Bildungskanons".[20]

7.7.2 Das Ich-Ideal

Im Orientzyklus bricht Karl May als Autor und (Lebens-) Künstler auf zu neuen Gestaden. Einen "vielversprechenden Anfang"[21] seines Weges zu literarischen und menschlichen Höhen bildet der schöne (mehrdimensionale, in vielfacher Hinsicht besonders reizvolle), von May im November 1880 verfaßte[22] Eröffnungsdialog zwischen Kara Ben Nemsi und Hadschi Halef Omar (die hier zum ersten Mal auftreten):

"Und ist es wirklich wahr, Sihdi, daß du ein Giaur bleiben willst, ein Ungläubiger, welcher verächtlicher ist als ein Hund, widerlicher als eine Ratte, die nur Verfaultes frißt?" - "Ja."[23]

Ein 'Giaur', ein 'Ungläubiger' ist Kara Ben Nemsi, in der Sicht Halefs, als Christ, als Nicht-Mohammedaner. Halef Omar, der Diener, der Moslem, will seinen Herrn zum Islam, zum 'wahren Glauben' bekehren; und wird doch selbst von Kara Ben Nemsi, nach und nach, in einem langen Prozeß, für die Botschaft Jesu gewonnen.

Karl May verherrlicht - im ganzen Roman und schon gleich zu Beginn, im Dialog über den christlichen Glauben und die islamische Religion - die Leuchtkraft der Gottes- und Nächstenliebe. Der Schriftsteller wirbt, sehr klug, sehr dezent, für das Christentum; und - er rehabilitiert, in der geistigen Dominanz, der moralischen Überlegenheit des Ich-Helden Kara Ben Nemsi, die eigene Persönlichkeit, die "versehrte Psyche"[24] des gescheiterten Lehrers, des Straftäters und Häftlings, "welcher verächtlicher ist als ein Hund" und "widerlicher als eine Ratte, die nur Verfaultes frißt".

"*Giölgeda padishanün*", zu deutsch, nach der Erklärung Mays,[25] *Im Schatten des Großherrn*, "will sagen im Schutze des Allmächtigen",[26] beginnt in der tunesischen Wüste und führt hinauf zu den albanischen Bergen. In *Mein Leben und Streben* erläutert der Dichter:

Meine "Reiseerzählungen" haben [...] von der Wüste [...] aufzusteigen [...] Indem mein Kara Ben Nemsi [...] in diese Wüste tritt und die Augen öffnet, ist das Erste, was sich sehen läßt, ein sonderbarer, kleiner Kerl, der [...] sich einen langen berühmten Namen beilegt und gar noch behauptet, daß er Hadschi sei, obgleich er schließlich zugeben muß, daß er noch niemals in einer der heiligen Städte des Islam war, wo man sich den Ehrentitel eines Hadschi erwirbt [...] Und dieser Hadschi ist meine eigene Anima, jawohl, die Anima von Karl May![27]

Mays 'Ich' wird also (für den Autor, 1880, vielleicht noch unterbewußt?) in 'Halef' und 'Kara Ben Nemsi' gespalten.[28] Während das 'böse' Ich Karl Mays, der frühere Straftäter, auf verbrecherische Romanfiguren projiziert (und auf diese Weise gebannt) wird,[29] hat die *Anima* eine ganz andere Bedeutung: Halef, das muntere Kerlchen, ist die - eher skurrile, unbeschwert heitere, alles andere als böswillige - Imponiersucht, das triebhafte Leben, das leichtsinnige, allzu waghalsige, aber doch entwicklungsfähige, äußerst liebenswürdige, auch lebenskluge und deshalb notwendige Teil-Ich des Autors.

Und Kara Ben Nemsi? Das Roman-Ich verkörpert, als Ideal schlechthin, eine große Vision: das höchste Streben, die (göttliche) Berufung des Menschen und des Schriftstellers Karl May.

Kara Ben Nemsi, Karl der Deutsche,[30] zieht durch die Wüste, vom kleinen Hadschi, seinem poetisch "gelungensten alter ego",[31] seinem 'Freund und Beschützer' (wie dieser sich nennt), getreulich begleitet. Er steigt auf zu den 'Höhen', von Rih, dem herrlichen Rappen,[32] wie auf Flügeln getragen; er überwindet im Schatten des Allmächtigen, im Schutze Gottes,[33] des wirklichen 'Goßherrn', jede Gefahr; er besteht, wie der Märchenheld, jede Prüfung; er rettet die Bedrängten, besiegt jeden Feind und läßt Gnade vor Recht ergehen.

Kein Wunder - die Leser begannen zu fragen: nach Karl May, nach seinen Reisen und seinen Erlebnissen! Schon im Mai 1880, noch vor dem Erscheinen von "*Giölgeda padishanün*", hatte die Hausschatz-Redaktion eine Leseranfrage nach dem Aufenthalte des Schriftstellers beantwortet: "Gegenwärtig reist er in Rußland und beabsichtigt, bald wieder einen Abstecher in's Zululand zu machen."[34]

Im März 1881 folgt die Auskunft, Karl May habe ALLE Schauplätze seiner Erzählungen "selbst bereist"; erst kürzlich sei er von einem Ausflug nach Konstantinopel zurückgekehrt "und zwar mit einem Messerstich als Andenken. Denn er pflegt nicht, mit dem rothen Bädeker in der Hand im Eisenbahn-Coupé zu reisen, sondern er sucht die noch wenig ausgetretenen Pfade auf."[35] Und im Oktober 1881 erfahren die Leser, Karl May liege "krank darnieder [...] in Folge einer wieder aufgebrochenen alten Wunde. Auf seinen weiten und gefahrvollen Reisen in allen Theilen der Erde hat er sich selbstverständlich manche Wunde geholt."36

Solche Antworten hat May (der Halef-May, der flunkernde Schelm) - zumindest indirekt - selbst provoziert. Daß das Roman-Ich Kara Ben Nemsi identisch sei mit dem wirklichen, dem bürgerlichen May, wird in den achtziger Jahren vom Autor zwar nicht ausdrücklich behauptet; aber angedeutet, suggeriert wird es im Romantext sehr wohl.

Gewiß, das erzählende Ich ist zunächst nur ein Kunstgriff, ein (in der Literatur auch sonst sehr verbreitetes) Stilmittel, durch welches erreicht wird, "was das Geheimnis der wahren lebendigen Wirksamkeit jeder Dichtung ausmacht: die unmittelbare Verschmelzung des Lesers mit seinem Helden."37 Darüber hinaus aber hat das 'Ich' Karl Mays eine biographische Relevanz: Seinem - teils bewußten, teils unterbewußten - Ich-Ideal schuf der Schriftsteller jenen Traumraum, jenes imaginäre Umfeld, auf dem es sich voll entfalten und das Publikum faszinieren konnte.

Die schlichte Gleichsetzung von May und Kara Ben Nemsi ist ein absurdes, von May leider selbst - in den neunziger Jahren - auf groteske Weise gefördertes Mißverständnis. Kara Ben Nemsi und der Autor des Orientromans sind selbstverständlich nicht identisch; aber daß es keine Verbindungen gebe, ist damit nicht gesagt. Was haben Karl May und Kara Ben Nemsi miteinander zu tun? Sehr wenig und sehr viel! Sehr wenig: denn May ist kein strahlender Held. Sehr viel: denn das Ich-Ideal, die 'Vision', die größere Perspektive, die unendliche Sehnsucht gehören zum WESEN des Menschen Karl May (und des Menschen überhaupt).38

Hat der Schriftsteller, in Kara Ben Nemsi, sein reales Ich völlig zugedeckt? Nicht immer, nicht in jeder Roman-Passage! Im Orientzyklus gibt es wichtige Stellen, in denen das erzählende 'Ich' mit dem wirklichen May tatsächlich verschmilzt: Die Begegnung Kara Ben Nemsis mit Marah Durimeh, der uralten Kurdenfrau, zwingt das 'Ich' zur Selbstoffenbarung. Unter dem Einfluß der schützenden Frau, der mütterlichen Gestalt, legt Kara Ben Nemsi seine Heldenrolle ab: "Er nennt sich einen 'Emir des Leidens, des Duldens und des Ringens'39 und bekennt die zentrale Not seines Lebens, die auch sein Schreiben bis zum Ende bewegte: 'auf wem das Gewicht des Leidens und der Sorge lastete, ohne daß eine Hand sich helfend ihm entgegenstreckte, der weiß, wie köstlich die Liebe ist, nach der er sich vergebens sehnte'".40

Marah Durimeh verkörpert die verstehende Güte, die May so nötig hat: "'Herr', sagte sie, 'ich liebe Dich!'"41 Dieses - erlösende - Wort, so erläutert Roxin,

bedeutet wie das gesamte abschließende Zwiegespräch mit Marah Durimeh einen Höhepunkt im frühen Werk Mays. Man kann - was die psychischen, nicht die literar-ästhetischen Voraussetzungen betrifft! - den Gehalt der späten Romane aus dieser Szene entwickeln, auf die sich das ganze Kurdistan-Buch hinbewegt.42

Das Roman-Ich Kara Ben Nemsi und das wahre Ich Karl Mays berühren sich, auf erschütternde Weise, auch in *Die Todes-Karavane* (in *Bagdad und Stambul* enthalten), einer der düstersten und beklemmendsten Partien des Orientzyklus, die erzählerisch zu den besten Texten unseres Autors gehört:43 Mit dem 'Verlust der Liebe', der Entfernung von Marah Durimeh, erfaßt den Helden "eine Unruhe, eine Angst, als hätte ich etwas Böses begangen, dessen Folgen ich nun fürchten müsse"!44 Depressionen stellen sich ein, und das 'Ich' begeht Fehler. Es versagt und erkrankt an der Pest. Fast hilflos ist es ausgeliefert an eine ungewisse und dunkle Bedrohung. Der Traum vom gelungenen Leben wird "konfrontiert mit der Alternative des Scheiterns"[45] - bis der 'Schutz des Allmächtigen' wieder spürbar wird und die neue Wende herbeiführt.

Der Orientzyklus kann, wie später die *Winnetou*-Trilogie, als eine Art Entwicklungs- und Bildungsroman verstanden werden: als fiktive "Reise zum Ziel der Selbstbefreiung und Selbstreinigung"[46] des Dichters. Denn jede Episode dient "dem Werden und Reifen des Helden und dem Anwachsen seiner Befähigung, es mit Widerständen aller Art [...] erfolgreich aufzunehmen."[47]

Auch Mays reales Ich ist auf dem Wege zur Selbstfindung. Seltsam sind freilich die Umwege: Flucht aus der planen Realität, phantastische Überhöhung des wirklichen Ich, wechselnde Teil-Identitäten in zahlreichen literarischen Ich-Derivaten.[48] Das Ziel, die Vollendung und die Erlösung des Menschen Karl May, ist scheinbar so nahe und in Wahrheit doch sehr viel entfernter noch als das (im April 1888 bzw. Dezember 1892 verfaßte)[49] Ende der - über 3600 Buchseiten umspannenden - Orient-'Odyssee'.

Anmerkungen

1 Vgl. z.B. Karl May: *Mein Leben und Streben*. Freiburg 1910. Hrsg. von Hainer Plaul. Hildesheim, New York [2]1982, S. 299.

2 Vgl. unten, S. 271ff.

3 Ernst Bloch: *Urfarbe des Traums* (3.12.1926). In: JbKMG 1971, S. 11-16.

4 Vgl. Otto Forst-Battaglia: *Karl May. Traum eines Lebens - Leben eines Träumers*. Beiträge zur Karl-May-Forschung 1. Bamberg 1966, S. 171. - Zur Deutung und Bewertung des Orientzyklus vgl. *Karl Mays Orientzyklus*. Karl-May-Studien Bd. 1. Hrsg. von Dieter Sudhoff und Hartmut Vollmer. Paderborn 1991 (mit Beiträgen von Rudolf Beissel, Claus Roxin, Hermann Wiegmann, Martin Lowsky, Franz Kandolf u.a.) - Heinz-Lothar Worm: *Karl Mays Helden, ihre Substituten und Antagonisten. Tiefenpsychologisches, Biographisches, Psychopathologisches und Autotherapeutisches im Werk Karl Mays am Beispiel der ersten drei Bände des Orientzyklus*. Paderborn 1992 (ein Buch, das - wegen methodischer Fragwürdigkeiten - freilich umstritten ist).

5 Zu den Entstehungszeiten Roland Schmid: *Anhang*. In: Karl May: Freiburger Erstausgaben, Bd. XXIII. Hrsg. von Roland Schmid. Bamberg 1984, A 1-42 (32 u. 36); *Stambul* ist nach Claus Roxin (Brief vom 10.6.1990 an den Verfasser) nicht - wie Schmid vermutet (ebd., A 36) - im Januar 1883, sondern noch vor der zweiten Münchmeyer-Tätigkeit Mays, also bis spätestens Oktober 1882, entstanden.

6 Zu den weiteren Fortsetzungstexten des Orientzyklus vgl. unten, S. 198f. u. 218.

7 Vgl. Walther Ilmer: *Durch die sächsische Wüste zum erzgebirgischen Balkan. Karl Mays erster großer Streifzug durch seine Verfehlungen*. In: JbKMG 1982, S. 97-130 - Ders.: *Das Märchen als Wahrheit - die Wahrheit als Märchen. Aus Karl Mays 'Reise-Erinnerungen' an den erzgebirgischen Balkan*. In: JbKMG 1984, S. 92-138 - Ders.: *Von Kurdistan nach Kerbela. Seelenprotokoll einer schlimmen Reise*. In: JbKMG 1985, S. 263-320 - Ders.: *Mit Kara Ben Nemsi 'im Schatten des Großherrn'. Beginn einer beispiellosen Retter-Karriere*. In: JbKMG 1990, S. 287-312. - Vgl. unten, S. 268ff.

8 Ilmer: *Das Märchen als Wahrheit*, wie Anm. 7, S. 137 (Anm. 73) - Ähnlich ders.: *Mit Kara Ben Nemsi*, wie Anm. 7, S. 297. - Vgl. ders.: *Karl May - Mensch und Schriftsteller. Tragik und Triumph*. Husum 1992, S. 83ff.

9 Vgl. Claus Roxin: *Einführung*. In: Karl May: *Giölgeda padishanün - Reise-Abenteuer in Kurdistan*. 'Deutscher Hausschatz' 7./8. Jg. 1880-82. Reprint der KMG. Hamburg, Regensburg 1977, S. 2-6 (S. 2).

10 Ebd.

11 Ebd. - Vgl. auch Claus Roxin: *Bemerkungen zu Karl Mays Orientroman*. In: *Orientzyklus*, wie Anm. 4, S. 83-112.

12 Roxin: *Einführung*, wie Anm. 9, S. 2. - Zur erzählerischen Qualität des Romans vgl. auch Hermann Wiegmann: (Werkartikel zu) *Der Orientzyklus*. In: *Karl-May-Handbuch*. Hrsg. von Gert Ueding in Zusammenarbeit mit Reinhard Tschapke. Stuttgart 1987, S. 177-205 (S. 191ff.) - Ders.: *Stil und Erzähltechnik in den Orientbänden Karl Mays*. In: *Orientzyklus*, wie Anm. 4, S. 113-127.

13 Wiegmann: Werkartikel, wie Anm. 12, S. 190.

14 Vgl. Roxin: *Einführung*, wie Anm. 9, S. 3.

15 Vgl. Franz Kandolf: *Kara Ben Nemsi auf den Spuren Layards*. In: KMJB 1922. Radebeul 1921, S. 197-207. - Zu Mays Quellen vgl. auch Roxin: *Einführung*, wie Anm. 9, S. 3 - Wiegmann: Werkartikel, wie Anm. 12, S. 178f.

16 Roxin: *Einführung*, wie Anm. 9, S. 4.

17 Vgl. unten, S. 236f.

18 Ilmer: *Durch die sächsische Wüste*, wie Anm. 7, S. 105.

19 Ilmer: *Mit Kara Ben Nemsi*, wie Anm. 7, S. 288.

20 Roxin: *Einführung*, wie Anm. 9, S. 4.

21 Walther Ilmer: *Karl Mays Weihnachten in Karl Mays '"Weihnacht!"'* In: JbKMG 1987, S. 101-137 (S. 108).

22 Nach Schmid, wie Anm. 5, A 32.

23 Karl May: *Durch Wüste und Harem*. Gesammelte Reiseromane, Bd. I. Freiburg 1892 (seit 1895 *Durch die Wüste*), S. 1 - Zur Deutung dieses Dialogs vgl. Heinz Stolte: *Die Reise ins Innere. Dichtung und Wahrheit in den Reiseerzählungen Karl Mays*. In: JbKMG 1975, S. 11-33 (S. 25) - Ilmer: *Durch die sächsische Wüste*, wie Anm. 7, S. 110f. - Helmut Schmiedt: *Karl May. Studien zu Leben, Werk und Wirkung eines Erfolgsschriftstellers*. Frankfurt/M. ²1987, S. 230-234 - Günter Scholdt: *Und ist es wirklich wahr, Sihdi, daß du ein Giaur bleiben willst? Vorläufiges über Erzählanfänge bei Karl May*. In: *Karl May*. Hrsg. von Heinz Ludwig Arnold. Sonderband Text + Kritik. München 1987, S. 101-126 (S. 122ff.).

24 Stolte: *Die Reise ins Innere*, wie Anm. 23, S. 32.

25 Vgl. May: *Durch Wüste und Harem*, wie Anm. 23, S. 32. - Die türkische Bezeichnung *Giölgeda padishanün* ist "syntaktisch wie morphologisch falsch" (Ilmer: *Mit Kara Ben Nemsi*, wie Anm. 7, S. 288). - Vgl. Jürgen Pinnow: *Sächsisches in den Werken Karl Mays*. In: JbKMG 1989, S. 230-264 (S. 259, Anm. 18) - Ders.: *Fremdsprachliche Angaben Karl Mays aus dem orientalischen Raum*. In: MKMG 83 (1990), S. 41-45 (S. 41).

26 Ilmer: *Durch die sächsische Wüste*, wie Anm. 7, S. 109; vgl. ders.: *Mit Kara Ben Nemsi*, wie Anm. 7, S. 288.

27 May: *Mein Leben und Streben*, wie Anm. 1, S. 209ff.

28 Nach Ilmer: *Mensch und Schriftsteller*, wie Anm. 8, S. 84ff., bedeutet der Name 'Halef' eigentlich 'Chalef' = 'Kalif' = 'Stellvertreter' (des Menschen Karl May)!

29 Vgl. unten, S. 269.

30 Vgl. Anton Haider: *Was bedeutet Kara Ben Nemsi wirklich?* In: MKMG 76 (1988), S. 54 - Ders.: *"Karl der Deutsche"*. In: MKMG 81 (1989), S. 54 - Jügen Pinnow: *Zum Namen Kara Ben Nemsi*. In: MKMG 77 (1988), S. 13f. - Ilmer: *Mit Kara Ben Nemsi*, wie Anm. 7, S. 289.

31 Ilmer: Ebd.

32 Dazu ebd., S. 297.

33 Vgl. Psalm 91, 1: "Wer im Schutz des Höchsten wohnt und ruht im Schatten des Allmächtigen [...]"

34 Zit. nach Gerhard Klußmeier: *Karl May und Deutscher Hausschatz. Bibliographische Dokumente aus 30 Jahren*. In: MKMG 16 (1973), S. 17-20 (S. 19).

35 Ebd., S. 20.

36 Ebd.

37 Carl Zuckmayer: *Palaver mit den jungen Kriegern über den großen Häuptling Karl May* (3.4.1929). In: KMJB 1930. Radebeul 1930, S. 35-43 (S. 41).

38 Vgl. unten, S. 314ff.

39 Karl May: *Durchs wilde Kurdistan*. Gesammelte Reiseromane, Bd. II. Freiburg 1892, S. 632.

40 Roxin: *Einführung*, wie Anm. 9, S. 4; Binnenzitat: May: *Durchs wilde Kurdistan*, wie Anm. 39, S. 633.

41 May: Ebd., S. 636.

42 Roxin: *Einführung*, wie Anm. 9, S. 4.

43 Vgl. Claus Roxin: *Einführung*. In: Karl May: *Die Todes-Karavane - In Damaskus und Baalbeck - Stambul - Der letze Ritt*. 'Deutscher Hausschatz' 8./9. Jg. (1881-83) bzw. 11./12. Jg. (1884-86). Reprint der KMG. Hamburg, Regensburg 1978, S. 2-6 (S. 3f.) - Wiegmann: Werkartikel, wie Anm. 12, S. 194.

44 Karl May: *Von Bagdad nach Stambul.* Gesammelte Reiseromane, Bd. III. Freiburg 1892, S. 44; zit. nach Roxin: *Einführung* (zu *Die Todes-Karavane*), wie Anm. 43, S. 4 - Zur autobiographischen Deutung vgl. auch Ilmer: *Von Kurdistan nach Kerbela,* wie Anm. 7, S. 263-320.
45 Wiegmann: Werkartikel, wie Anm. 12, S. 195.
46 Ilmer: *Durch die sächsische Wüste,* wie Anm. 7, S. 110 - Zu den Kriterien des 'Bildungsromans' vgl. Gerhard Neumann: *Karl Mays 'Winnetou' - ein Bildungsroman?* In: JbKMG 1988, S. 10-37 (S. 11ff.).
47 Ilmer: *Durch die sächsische Wüste,* wie Anm. 7, S. 123f.
48 Vgl. Heinz Stolte: *Mein Name sei Wadenbach. Zum Identitätsproblem bei Karl May.* In: JbKMG 1978, S. 37-59.
49 Ende 1892 hat May für den Schlußband *Der Schut* noch einen Anhang ('Rihs Tod') hinzugefügt.

7.8 Parallel zum großen Orientroman: Winnetous Tod

Neben *"Giölgeda padishanün"* und den Fortsetzungstexten dieses großen Romans erschienen von May noch weitere, relativ kurze Erzählungen, die ebenfalls in den Jahren 1880 bis 1882 - noch vor Beginn der zweiten Münchmeyer-Tätigkeit des Schriftstellers - verfaßt worden sind.[1]

Im Lahrer 'Hinkenden Boten' und in der Dresdner 'Deutschen Gewerbeschau' ergänzte May seine *Dessauer*-Reihe[2] mit den Novellen *Fürst und Leiermann* (1881), *Ein Fürst-Marschall als Bäcker* (1882) und *Pandur und Grenadier* (1883).

Anspruchsvoller als diese Novellen ist Mays im Herbst 1881 entstandene, in der Bielefeld-Leipziger 'Belletristischen Correspondenz' im Frühjahr 1882 erstmals gedruckte Ich-Erzählung *Der Krumir.*[3] Martin Lowsky hat - sehr beeindruckend - gezeigt, daß man diese Abenteuergeschichte auch als Satire auf die imperialistische Politik der europäischen Großmächte lesen kann.[4] Die Thematik des Alterswerks, insbesondere des *Friede*-Romans, nimmt *Der Krumir* teilweise vorweg.

Im September 1882 erschien in Pustets 'Hausschatz' Mays, pseudonym verfaßte, Erzählung *Robert Surcouf. Ein Seemannsbild von Ernst von Linden.* Unter dem Titel *Ein Kaper* nahm der Schriftsteller diese - zum Teil historisch belegte - Geschichte in sein späteres Buch *Die Rose von Kairwan* (Osnabrück 1894) auf.

Ende Oktober 1882 brachte May beim Stuttgarter Verleger Wilhelm Spemann (der später seine bekannten, von May speziell für die Jugend geschriebenen Romane *Die Sklavenkarawane, Der Schatz im Silbersee* usw. publizierte) eine weitere, in der Ich-Form erzählte, Novelle unter: *Christi Blut und Gerechtigkeit.* Diese - seit 1893 - in der Fehsenfeld-Reihe (in Bd. X *Orangen und Datteln*)[5] enthaltene, religiös aufgeladene und autobiographisch interessante Erzählung erschien im Spemann-Journal 'Vom Fels zum Meer'. Vermittler war der berühmte Schriftsteller und Bibliograph Joseph Kürschner (1853-1902),[6] der künftig in Mays Leben eine wichtige Rolle spielte.

In der genannten Zeitschrift 'Vom Fels zum Meer' folgte Ende Februar 1883 *Saiwa tjalem,* Mays einzige im hohen Norden Europas handelnde Novelle. Ebenfalls bei Spemann, im 4. Band des Jahrbuchs 'Das neue Universum' (1882/83), veröffentlichte May die Old-Shatterhand-Erzählung *Ein Oelbrand.* Der Text wendet sich, wie *Der Krumir,* gegen den europäischen Imperialismus und zeigt die Wende des (auch hier in der Ich-Form erzählenden) Autors zum edlen Indianerbild. Die humanitäre Grundtendenz hebt sich von den früheren Wildwestgeschichten Mays sehr "wohltuend"[7] ab.

Besonders hervorzuheben ist Mays, für *Winnetou III* (1893) wiederverwendete, Novelle *Im "wilden Westen" Nordamerika's*. Dieser, 1881 oder 1882 entstandene,[8] Text erschien 1882/83 in der Zeitschrift 'Feierstunden im häuslichen Kreise' des Kölner Theissing-Verlages. Die Erzählung ist wesentlich facettenreicher, als der Titel vermuten läßt. Sie kann, was manche (freilich nicht alle) Positionen betrifft, "mit Fug und Recht"[9] an die Seite der Erzählung *Zadig ou La Destinée* (1747) von Voltaire gestellt werden.

Mays Novelle ist nur vordergründig eine Wildwestgeschichte. Sie weist neben trivialen Elementen auch 'philosophische', auch literarisch bedeutsamere - romantische und aufklärerische - Züge auf.[10] Und sie enthält die bekannte, von Walter Killy als Kitsch gebrandmarkte,[11] Szene mit Winnetous Tod.

Gerade dieser Passus verdient unsere Aufmerksamkeit. Wie Siegfried die germanische, so verkörpert Winnetou die indianische Rasse, ihr edelstes Streben und ihren 'Untergang'.[12] Und nicht nur das! Der "Untergang des Schuldlosen"[13] verklärt das Sterben schlechthin! Das große, in der Zwickauer Haft, im Weihnachtsgedicht des reuigen Sünders,[14] schon antizipierte Thema Karl Mays - Tod und Leben, Verwandlung und Erlösung - wird umgesetzt in stärkste Affekte.

Der in *Winnetou III* breit ausgeführte Abschnitt von der Todesahnung des Häuptlings fehlt in der Fassung des Urtextes; aber dem Sterben des Apachen geht, auch hier, ein Dialog mit dem Ich-Erzähler Old Shatterhand voraus: Winnetou, der vor Grausamkeiten - bisher - nicht immer zurückschreckte, zieht die Seligkeit des Himmels den 'ewigen Jagdgründen' mit ihrem "Tödten und Morden" (S. 84)[15] nun vor. Die Worte des Evangeliums, die der Christ Old Shatterhand dem 'Heiden' Winnetou erschließt, fallen auf fruchtbaren Boden.

Der Indianer zeigt sich offen für die Botschaft des Erlösers:

"Winnetou wird nicht vergessen [...] den Sohn des Schöpfers, der am Kreuz gestorben ist, und die Jungfrau, welche im Himmel wohnt [...] Der Glaube der rothen Männer lehrt Haß und Tod; der Glaube der weißen Männer lehrt Liebe und Leben. Winnetou wird nachdenken, was er erwählen soll, den Tod oder das Leben." (S. 85)

Da trifft ihn am Hancock-Berg die tödliche Kugel. Old Shatterhand ist außer sich vor Entsetzen und "Wuth" (S. 99). Er vergißt sein Christentum und erschlägt gleich mehrere Feinde. Doch der Häuptling denkt nicht mehr an Rache. Shatterhand fragt den sterbenden Freund: "Hat mein Bruder noch einen Wunsch?" (Ebd.) Der Indianer spricht vom Gold, das er seinen Freunden noch schenken will; er "sorgt für den Wohlstand",[16] für das irdische Glück der weißen Siedler in Helldorf. Doch dies ist nicht alles: "Was noch, Winnetou?" - "Mein Bruder vergesse den Apachen nicht. Er bete für ihn zum großen, guten Manitou!" (Ebd.)

Der Häuptling wünscht sich das Lied, das er in Helldorf Settlement gehört hat, das Lied von der 'Himmelskönigin'. Nach der zweiten Strophe öffnen sich seine Augen. Er schaut (wie später, in *"Weihnacht!"*, der arme Carpio[17]) hinauf zu den Sternen.

Dann drückte er mir die Hände und flüsterte: "Char-lih, nicht wahr, nun kommen die Worte vom Sterben?" Ich nickte weinend, und die dritte Strophe begann:

> "Es will das Licht des Tages scheiden;
> Nun bricht des Todes Nacht herein.
> Die Seele will die Schwingen breiten;
> Es muß, es muß gestorben sein.
> Madonna, ach, in Deine Hände
> Leg ich mein letztes heißes Flehn:
> Erbitte mir ein ruhig Ende

Und dann ein selig Auferstehn!
Ave, ave Maria!" (S. 100)[18]

In seinen letzten Sekunden erfüllt der Apache den größten, den heimlichsten Wunsch seines Freundes:

Als der letzte Ton verklungen war, wollte er sprechen - es ging nicht mehr. Ich brachte mein Ohr ganz nahe an seinen Mund, und mit der letzten Anstrengung der schwindenden Kräfte flüsterte er: "Scharl-lih, ich glaube an den Heiland. Winnetou ist ein Christ. Lebe wohl!" (Ebd.)

Der sterbende Winnetou ruht im Schoße Old Shatterhands (S. 99) - ein Bild, das der mittelalterlichen Pietà, der Beweinung Christi durch die Mutter Maria, nachgeformt ist.[19] Auch Old Shatterhand weint, und seine Trauer ist wortlos.[20] Doch die Suggestivwirkung der Szene von Winnetous Tod auf den Dichter hielt an und verstärkte sich noch - bis zur Behauptung der Wirklichkeit im historischen Sinne (Winnetou starb am "2ten Sept. 1874"[21]), bis zum tatsächlichen Tränenvergießen durch den Autor,[22] bis zur "Heiligsprechung"[23] des Apachen in *Winnetou IV* (1909/10).

Winnetou hat, historisch gesehen, nie gelebt. Aber er lebt in der Seele des Menschen! Das Geständnis des Kunstkritikers und Schriftstellers Carl Einstein (1885-1940) dürfte sehr vielen May-Lesern aus dem Herzen gesprochen sein: "Das entscheidende Erlebnis war natürlich Karl May, und der Tod Winnetous war mir erheblich wichtiger als der des Achill und ist es mir geblieben."[24]

Winnetou ist ein Menschheitssymbol: nicht nur als strahlender Held, sondern - viel mehr noch - als Inbegriff des suchenden, um Erlösung ringenden, von der Gnade gehaltenen Daseins. Der sterbende Winnetou verkörpert zugleich die persönliche, die ureigenste Sehnsucht des Autors, sein Verlangen nach Gott und - dem Schutze der Mutter (der 'Himmelskönigin' und der eigenen, auf Erden lebenden Mutter).[25] Beide Aspekte, die autobiographische Relevanz und die menschheitssymbolische Bedeutung, rücken den Tod des Apachen - und das 'Ave Maria' - ins Licht eines großen Zusammenhangs: "Ein Zeichen erschien am Himmel, eine Frau [...]" (Offb 12, 1). Die Frau aber steht - in engster Beziehung zum Leben schlechthin!

Carl Einstein und viele andere May-Leser haben recht: Winnetous Tod gehört zu den bewegendsten Sterbeszenen der Literatur. In der Abenteuergeschichte, im Heldenmythos von 1882/83, mag diese - religiös besetzte - Szene wie ein Fremdkörper wirken; im Kontext der späteren *Winnetou*-Tetralogie[26] und des Mayschen Gesamtwerks aber ist sie doch stimmig.

Das Bildnis Winnetous hat im Werk Karl Mays die seltsamsten Wandlungen erfahren.[27] An der Gestalt des Apachen hat der Dichter vom Anfang bis zum Ende seines Schaffens gearbeitet; die Veredelung Winnetous schreitet, von Erzählung zu Erzählung,[28] fort. Doch schon jetzt, in der Novelle *Im "wilden Westen" Nordamerika's*, ist aus dem Heldenmythos eine "Heiligenlegende"[29] geworden: Der kriegerische Häuptling hat sich, durch Gnade, durch 'Christi Blut und Gerechtigkeit', verwandelt in einen Märtyrer; und sein Tod bezeugt, im 'Ave Maria', das Leben.

Winnetou ist, wie richtig gesagt wurde, eine "Ikone"[30] geworden. *Im "wilden Westen" Nordamerika's*, die Schlußszene mit Winnetous Tod, ist die Skizze, der erste Entwurf für diese Ikone.

Anmerkungen

1 Vgl. Claus Roxin: *Einführung*. In: Karl May: *Die Todes-Karavane - In Damaskus und Baalbeck - Stambul - Der letzte Ritt.* 'Deutscher Hausschatz' 8./9. Jg. (1881-83) bzw. 11./12. Jg. (1884-86). Reprint der KMG. Hamburg, Regensburg 1978, S. 2-6 (S. 3).

2 Vgl. oben, S. 143.

3 *Der Krumir* wurde später in Karl May: *Orangen und Datteln.* Gesammelte Reiseerzählungen, Bd. X. Freiburg 1893 (S. 213-426) aufgenommen.

4 Vgl. Martin Lowsky: *"Mummenschanz mit Tanz". Vieldeutige Abenteuerlichkeit in Karl Mays Tunesien-Erzählung 'Der Krumir'.* In: JbKMG 1985, S. 321-347.

5 May: *Orangen und Datteln,* wie Anm. 3, S. 511-544 - Vom Karl-May-Verlag wurde diese Novelle unter dem Titel *Schefakas Geheimnis* in Bd. 48 (*Das Zauberwasser*) der 'Gesammelten Werke' aufgenommen.

6 Vgl. Jürgen Wehnert: *Joseph Kürschner und Karl May. Fragmente einer Korrespondenz aus den Jahren 1880 bis 1892.* In: JbKMG 1988, S. 341-389 (S. 342) - Andreas Graf: *"Von einer monatelangen Reise zurückkehrend". Neue Fragmente aus dem Briefwechsel Karl Mays mit Joseph Kürschner und Wilhelm Spemann (1882-1897).* In: JbKMG 1992, S. 109-161. - Vgl. unten, S. 206f.

7 Hartmut Kühne: (Werkartikel zu) *Ein Ölbrand.* In: *Karl-May-Handbuch.* Hrsg. von Gert Ueding in Zusammenarbeit mit Reinhard Tschapke. Stuttgart 1987, S. 506-508 (S. 507).

8 Nach Roland Schmid: *Vorwort des Herausgebers.* In: Karl May: *Winnetou's Tod.* Reprint Bamberg 1976, S. 3-6 (S. 4), könnte es von dieser Erzählung schon um 1881 einen (verschollenen) Erstdruck gegeben haben.

9 Martin Lowsky: *Roß und Reiter nennen. Karl Mays 'conte philosophique' von Winnetous Tod.* In: *Karl Mays 'Winnetou'. Studien zu einem Mythos.* Hrsg. von Dieter Sudhoff und Hartmut Vollmer. Frankfurt/M. 1989, S. 306-325 (S. 319).

10 Vgl. ebd., S. 306-325.

11 Vgl. Walter Killy: *Deutscher Kitsch. Ein Versuch mit Beispielen.* Göttingen 1962 u.ö. - dagegen: Hermann Wiegmann: *Rüdiger von Bechelaren, Max Piccolomini und Winnetou. Beobachtungen zum Topos vom Untergang des Schuldlosen.* In: JbKMG 1982, S. 185-195 (S. 193).

12 Ausdrücklich findet sich dieser Hinweis später im Vorwort zu *Winnetou I* (1893). - Vgl. unten, S. 254.

13 Wiegmann, wie Anm. 11.

14 Vgl. oben, S. 100ff.

15 Seitenangaben in () beziehen sich auf Karl May: *Im "wilden Westen" Nordamerika's.* In: Ders.: *Winnetou's Tod,* wie Anm. 8, S. 54-100.

16 Lowsky: *Roß und Reiter,* wie Anm. 9, S. 317.

17 Vgl. unten, S. 299.

18 Später hat May die drei Strophen des 'Ave Maria' selbst vertont.

19 Vgl. Ingmar Winter: *"Er lag in meinem Schoße". Gedanken zu Sterbeszenen im Winnetou-Roman.* In: MKMG 67 (1986), S. 38-40 - Lowsky: *Roß und Reiter,* wie Anm. 9, S. 314 u. 324 (Anm. 20).

20 Daraus zu folgern, daß "Old Shatterhand seine Stimmung nach dem Tod des Freundes außerordentlich [...] kalt" wiedergebe (Wolfram Ellwanger/Bernhard Kosciuszko: *Winnetou - eine Mutterimago.* In: *Karl Mays 'Winnetou',* wie Anm. 9, S. 366-379, hier S. 366), ist - im Blick auf den Wortlaut des Textes - ziemlich verfehlt.

21 Karl May: *Briefe an das bayerische Königshaus.* In: JbKMG 1983, S. 76-122 (S. 77) - In Wien (1898) gab May, einer augenblicklichen Stimmung gehorchend, den 23. Februar als Todestag Winnetous an. - Vgl. unten, S. 326f.

22 Vgl. unten, S. 329.

23 Heinz Stolte: *Der Volksschriftsteller Karl May. Beitrag zur literarischen Volkskunde* (Reprint der Erstausgabe von 1936). Bamberg 1979, S. 95.

24 Zit. nach Harald Eggebrecht: *Vorbemerkung.* In: *Karl May, der sächsische Phantast. Studien zu Leben und Werk.* Hrsg. von Harald Eggebrecht. Frankfurt/M. 1987, S. 7ff. (S. 7).

25 Im Ansatz dürfte die Assoziation Winnetou - Madonna - barmherzige Frau - Mutter schon hier, in dieser frühen Erzählung, vorliegen.

26 Vgl. unten, S. 252ff. u. 728ff.

27 Vgl. z.B. Franz Kandolf: *Der werdende Winnetou*. In: KMJB 1921. Radebeul 1920, S. 336-360 (auch in: *Karl Mays 'Winnetou'*, wie Anm. 9, S. 179-195) - Horst Wolf Müller: *Winnetou. Vom Skalpjäger zum roten Heiland*. In: *Karl Mays 'Winnetou'*, wie Anm. 9, S. 196-213.

28 Daß der Autor seinen Winnetou schon in der Erzählung *Im "wilden Westen" Nordamerika's* sterben läßt, legt den Gedanken nahe, daß May an weitere Winnetou-Erzählungen zu diesem Zeitpunkt wohl kaum gedacht hat.

29 Vgl. Gunter G. Sehm: *Der Erwählte. Die Erzählstrukturen in Karl Mays 'Winnetou'-Trilogie*. In: JbKMG 1976, S. 9-28. - Dazu unten, S. 254ff.

30 Dazu Manfred Durzak: *Winnetou und Tecumseh. Literarische Ikone und historisches Bild*. In: *Karl Mays 'Winnetou'*, wie Anm. 9, S. 148-176 - Vgl. Heinz Stolte: *"Stirb und werde!" Existentielle Grenzsituation als episches Motiv bei May*. In: JbKMG 1990, S. 51-70 (S. 65).

7.9 "Kitsch"-Lieferant beim Münchmeyer-Verlag (1882-87): Dranghaftes Schaffen und Rücksicht auf den Lesergeschmack

Nach der Aufgabe seiner Redakteurstätigkeit bei Radelli (1878) hatte May mit erheblichen Geldschwierigkeiten zu kämpfen. Zusammen mit den Kurzgeschichten sicherten der Doppelroman *Scepter und Hammer/Die Juweleninsel* gerade noch "das Existenzminimum"[1] des Verfassers. Auch Friedrich Pustet zahlte lediglich eine Mark pro Manuskript-Seite. Der Autor verdiente "bei pausenlosem Schreiben von Januar 1881 bis Juni 1882 ganze 1840,- Mark [...] Und er hat eine nicht eben anspruchslose Frau [...] und für die Zukunft nurmehr nichts als Pläne ..."[2]

Da May, neben seiner Arbeit für den 'Deutschen Hausschatz', relativ wenig Neues publizieren konnte und die Nachdruckhonorare höchst bescheiden waren, betrug sein gesamtes Jahreseinkommen etwa 1500 Mark. "Das entspricht dem Gehalt eines weniger gut bezahlten Arbeiters zu jener Zeit und mochte zur Fristung des Lebensunterhaltes für ein kinderloses Ehepaar in den dörflichen Verhältnissen Hohenstein-Ernstthals gerade ausreichend sein."[3]

7.9.1 Der Abstieg zur Kolportage

Seine Geldnöte warfen May, so kann man es sehen, in seiner schriftstellerischen Entwicklung weit zurück: Er unterbrach die Arbeit für den 'Hausschatz' und vernachlässigte die Aufträge Pustets, d.h. die Fortsetzung seines (an die 'Hochliteratur' schon nahe heranreichenden) Orientromans. Mays Hauptbeschäftigung wurde die Niederschrift von - wie die Kritiker meinen - dubiosen, in ihrem Wert bis heute umstrittenen 'Reißerromanen' für den bekannten Geschäftsmann Heinrich G. Münchmeyer.

Münchmeyers Firma war eine der größten Kolportagefabriken des Deutschen Reiches geworden: mit Filialen in Berlin und später (seit 1892) in Hamburg.[4] Sogar in New York und Chikago wurden die Verlagsprodukte vertrieben - vorwiegend minderwertige Literatur, zur billigen Unterhaltung gedacht.

Der Selbstbiographie zufolge urteilte May bereits im Jahre 1874, unmittelbar nach der Entlassung aus Waldheim, über den Verlagsbesitzer: "Dieser Mann will Schundromane, aufregende Liebesgeschichten, weiter nichts. Solche Sachen schreibe ich nicht [...] Ich habe ganz andere [...] Ziele!"[5] Dennoch ließ er sich, im Spätsommer 1882, vom selben Verleger, mit dem er - nach schlechten Erfahrungen - schon 1877 gebrochen hatte,[6] erneut gewinnen. Über seine Bedenken siegte die Überlegung: "In dem Umstand, daß Münchmeyer Kolportageverleger war, lag kein Zwang für mich, ihm nun auch meinerseits nichts Anderes als nur einen Schund- und Kolportageroman zu schreiben. Es konnte etwas Besseres sein."[7]

Im Dresdner Hotel 'Trompetenschlößchen' sagte May (vielleicht beeinflußt durch Emma[8]) Münchmeyer zu, in regelmäßigen Lieferungen einen großen Unterhaltungsroman zu verfassen, dem dann vier weitere, ebenso lange Romane - mit je ca. 2500 großformatigen Seiten! - folgten. Die Erscheinungsjahre, aber auch die Entstehungszeiten überschneiden sich. Mays Arbeitstempo: für jedes dieser Mammutwerke brauchte er im Durchschnitt elf Monate!

Der erste, pseudonym erschienene, Roman dieser Reihe hatte den Titel *Waldröschen oder Die Rächerjagd*[9] *rund um die Erde. Großer Enthüllungsroman über die Geheimnisse der menschlichen Gesellschaft von Capitain Ramon Diaz de la Escosura.*[10] Karl May begann mit der Niederschrift im Herbst 1882.[11] Die Auslieferung erfolgte (in 109 Heften) ab November 1882 und war vermutlich im August 1884 abgeschlossen.

Vereinbart war, nach der Darstellung Mays,[12] eine Auflage von 20 000 Exemplaren. Danach sollten alle Rechte an den Autor zurückfallen. Doch der Kontrakt war, zu Mays späterem Schaden, "kein schriftlicher, sondern ein mündlicher".[13] Eine Abrechnung wurde dem Autor nie vorgelegt. Und die "feine Gratifikation",[14] die ihm Münchmeyer in Aussicht stellte, hat er nie erhalten.[15]

"Schon nach einigen Wochen kamen günstige Nachrichten. Der Roman 'ging'."[16] Das *Waldröschen*, eine "der kolossalsten Kuriositäten der Weltliteratur",[17] erreichte eine "galaktische"[18] Auflagenhöhe: 500 000 Exemplare in 20 Jahren. Dieser Roman, der "mit den herkömmlichen Maßstäben der literarischen Kritik"[19] überhaupt nicht zu messen ist, erfuhr schon bald viele Nachdrucke und Übersetzungen: ins Englische, Tschechische, Holländische, Italienische, Polnische und Slowenische.[20] Das *Waldröschen* wurde gelesen und wieder gelesen, bis es "völlig zerfleddert war".[21] Die Leser hatten prickelnde Stunden und, wenn sie offen waren fürs Transzendente, auch religiöse Erbauung.

Der große Gewinner war Heinrich Münchmeyer. Mit dem *Waldröschen* erzielte er einen Umsatz von fünf Millionen Mark![22] Seine Honorare für Karl May, zunächst nur 35 (später 50) Mark pro Lieferungsheft, waren schäbig. Trotzdem war May finanziell nun saniert: Innerhalb eines Jahres verdiente der Autor zum Pustet-Gehalt (bis zum Frühjahr 1883 war genügend 'Hausschatz'-Manuskript vorhanden) noch 3815 Mark hinzu.[23] Damit waren alle Existenzsorgen behoben, und May konnte seinen Plan, nach Dresden umzuziehen, am 7. April 1883 verwirklichen. Er wohnte nun mit Emma in Dresden-Blasewitz, Sommerstraße 7 - in der Nähe von Münchmeyer.

Nach dem Erfolg des *Waldröschen* setzte May seine Kolportagetätigkeit fort mit den Lieferungswerken *Die Liebe des Ulanen. Original-Roman aus der Zeit des deutsch-französischen Krieges von Karl May* (erschienen zwischen Herbst 1883 und Ende 1885), *Der verlorene Sohn oder Der Fürst des Elends. Vom Verfasser des Waldröschens* (1884-86), *Deutsche Herzen, deutsche Helden vom Verfasser des "Waldröschen" und "der Fürst des Elends"* (1885-87) sowie *Der Weg zum Glück vom Verfasser des "Waldröschen", "Verlorener Sohn", "Deutsche Helden" etc.* (1886-88).[24]

Mays richtiger Name war durch die Hausschatz-Erzählungen nun doch schon ziemlich bekannt. Das Gütezeichen 'Karl May' hätte Münchmeyer gerne benützt, doch der Autor ließ sich darauf nicht ein.[25] Er schrieb, von *Die Liebe des Ulanen* abgesehen,[26] unter dem Pseudonym des Verfassers von *Waldröschen*. Doch schon 1883 hat der Verleger, in Werbeprospekten, das Pseudonym gelüftet.[27] Und 1888 ließ Münchmeyer eine Buchausgabe erscheinen mit dem Titel *Der Weg zum Glück. Roman aus dem Leben Ludwig des Zweiten von Karl May.*[28] Dem Autor wird dies entgangen sein; Mays spätere Aufregung über die

Preisgabe des Pseudonyms durch den Münchmeyer-Nachfolger Adalbert Fischer[29] wäre sonst kaum verständlich.

Der Abstieg zur Kolportage zwang dem Schriftsteller - streckenweise - eine bombastische, eine triviale und knallige Schreibweise auf, die er mit seinen letzten Hausschatz-Texten schon "glücklich verlassen"[30] hatte. Seine erneute Tätigkeit für den 'Schundfabrikanten' hat den Dichter in späteren Jahren wohl selbst irritiert:

Ich hatte genug zu tun. Man drängte sich bereits an meine Werke; ich brauchte also keinen Verleger, am allerwenigsten aber einen Münchmeyer, der nach den Erfahrungen, die ich an ihm gemacht hatte, nie wieder ein Manuscript von meiner Hand bekommen hätte.[31]

May setzte - der Ehefrau Emma zuliebe, wie er betont[32] - seine Entwicklung als Künstler "tatsächlich aufs Spiel".[33] Die plausible Erklärung ist, wie gesagt, in der Finanzlage des Autors zu suchen. Mays Jahresproduktion für Münchmeyer erreichte, aufgrund des geringeren ästhetischen Niveaus, den mehr als dreifachen Umfang der Hausschatz-Texte. Karl May erschrieb sich, nach der Aufstockung des Honorars auf 50 Mark pro Heft, ein Jahresverdienst von fünf bis sechstausend Mark, was dem Einkommen eines akademisch gebildeten Staatsbeamten entsprach.[34] Mit Hilfe der Kolportage kam er zum ersten Mal aus dem Hungerdasein heraus. Seine Eltern zu unterstützen und das Leid, das er ihnen zugefügt hatte, zum Teil wiedergutzumachen, war er nun endlich imstande. Und er hat es auch wirklich getan. Auch seiner Schwester Karoline hat er - 1883 - geholfen: durch die Finanzierung eines Hebammenkurses.[35] Bedenkt man dies alles, dann "sollte man mit moralischen und literarischen Vorwürfen wegen der Kolportage-Schriftstellerei [...] zurückhaltend sein."[36]

Was die Romane selbst betrifft - zumindest EIN Verdienst ihres Verfassers ist nicht zu bestreiten: Für die Erforschung der Trivialliteratur sind Mays 'Hintertreppenromane' höchst aufschlußreich! Das wissenschaftliche Interesse an ihnen ist, seit dem Erscheinen der Reprint-Ausgaben, erstaunlich gewachsen.[37]

Bezüglich der Form freilich schien May sein literarisches Gewissen verraten zu haben. Kritisiert wurde vor allem der Stil dieser Werke. Immer "falscher wird der Ton des Bandwurmromans, immer alberner, kitschiger, pfuscherhafter die Sprache",[38] rügte Hans Wollschläger. Doch ganz so entsetzlich ist es, bei genauerer Betrachtung, gar nicht gewesen. Mays Lieferungswerke sind, auch ästhetisch gesehen, nicht völlig wertlos.[39] Wie neuere Untersuchungen belegt haben, "überschreitet May die Konventionen der Kolportage"[40] durchaus.

Dem Autor gelang es - abweichend von seiner sonstigen Schreibweise - einen Stil zu finden, der heute durch seine fast kabarettistisch anmutende Überzogenheit einen ganz besonderen Lesereiz bietet und damals einen geradezu unglaublichen Erfolg erzielte.[41]

Mays Münchmeyerromane entsprechen dem Lesergeschmack des wilhelminischen Deutschland, den Wunschbildern und Tagträumen vor allem (aber nicht nur) der 'unteren Klasse'.[42] Der Schriftsteller hatte ein "Flair für das, was die Massen anspricht".[43] Er kam ja selbst aus der Unterschicht und schrieb für deren - legitime - Bedürfnisse: volksnah, behäbig und sentimental.

7.9.2 Bizarres Geschehen und bunte Kulissen

Bemerkenswert sind die Themen, die Motive, das Weltbild der Mayschen Kolportageromane. Eine Inhaltsangabe ist, im Rahmen dieser Gesamtdarstellung, nur in gröbsten Umrissen möglich. Die (mehr oder minder geschickt) in die Hauptfabel eingeflochtenen Nebenhandlungen können hier nicht berücksichtigt werden. Und von den zahllosen Romanfiguren müssen die meisten, darunter auch interessante, ungenannt bleiben.

Das *Waldröschen* spielt in fast allen Teilen der Erde. Die wichtigsten Schauplätze sind Spanien, Mexiko und Deutschland. Historische Personen wie Benito Juarez[44] und Otto von Bismarck verleihen dem Roman einen pseudo-authentischen Anstrich. Im Mittelpunkt des Geschehens stehen die Grafenfamilie de Rodriganda Sevilla und der deutsche Arzt Karl Sternau, ein illegitimer Sohn des Herzogs von Olsunna. Doktor Sternau ist, von seiner Schießfreudigkeit in wilden Gegenden[45] einmal abgesehen, ein sympathischer Mensch und ein gläubiger Christ obendrein - eine strahlende Heldengestalt, die alles weiß und alles kann. Er heilt in Spanien den Grafen Emanuel von der Blindheit. Sein Lohn: die Verbindung mit der Tochter des Grafen. Der bürgerliche Sternau, der von seiner wahren Herkunft nichts ahnt, heiratet Rosa de Rodriganda, eine herrliche Frau, eine makellose Schönheit. Doch den Brüdern Cortejo und ihren Verbündeten (dem Piratenkapitän Henrico Landola, der scheinheiligen Klosterschwester Clarissa, dem hinterlistigen Pater Hilario u.a.) gelingt es, die Rodrigandas und Sternau - mit all seinen Gefährten - ins Unglück zu stürzen. Es gibt kein Verbrechen, zu dem die Schurken nicht fähig wären. Aber am Ende werden die Schufte zur Strecke gebracht; es siegt die Gerechtigkeit. Nach langer Irrfahrt und sechzehnjähriger Gefangenschaft auf einer verlorenen Insel kehrt Sternau zu Rosa zurück. Wie Penelope auf Odysseus hat die treue Gemahlin auf den Gatten gewartet.

Die Liebe des Ulanen schildert, über drei Generationen, die Schicksale einer preußischen Offiziersfamilie. Die Schauplätze sind im wesentlichen Deutschland und Frankreich. Im Hintergrund stehen die deutsch-französischen Kontroversen in den Jahren 1814 bis 1870. Der Ulanenrittmeister Richard von Königsau, der Enkel des von Marschall Blücher[46] protegierten Husarenleutnants Hugo von Königsau, reist unter dem Inkognito des Erziehers Dr. phil. Andreas Müller nach Ortry, einem fiktiven Ort in Lothringen. Täuschend verkleidet, mit Brille und künstlichem Buckel, löst er militärische Aufträge. Er deckt geheime Kriegsvorbereitungen auf und durchkreuzt die Machenschaften des Gardekapitäns Albin Richemonte. Auf dem Weg nach Ortry rettet er Marion, der Tochter des Barons von Saint-Marie, das Leben und entdeckt seine Liebe zu ihr. Insgesamt kommt es zu zehn Eheschließungen über die Völkergrenzen hinweg. Zwar tragen die Dunkelmänner in der Regel französische Namen; von nationaler Überheblichkeit ist im Roman dennoch wenig zu spüren. Es fällt "kein böses Wort gegen Frankreich oder das französische Volk, selbst dann nicht, wenn politisches Geschehen unter dem damals üblichen Wilhelminischen Blickwinkel gesehen wird."[47] Pazifistische Tendenzen sind durchaus erkennbar und sogar "die Erlösungsmystik des alten May findet sich stellenweise vorgeformt".[48]

Der verlorene Sohn spielt in der deutschen Heimat des Autors. Mit der "Residenz" ist Dresden gemeint; die "Provinz" läßt sich als erzgebirgische Landschaft identifizieren. Die Fron der "Sklaven der Arbeit",[49] das Elend der Ärmsten, der brutale Zynismus ihrer Ausbeuter und Zwingherren werden plastisch geschildert. Zu Beginn der Geschichte steht ein schnödes Verbrechen: ein Doppelmord. Der unschuldige Försterssohn Gustav Brandt soll, wegen dieser Bluttat, ins Zuchthaus gebracht werden. Der Augenschein spricht gegen ihn. Denn der wirkliche Täter, Baron Franz von Helfenstein, hat den Verdacht - durch eine gemeine Intrige - auf Brandt gelenkt. Als Bankier und Kohlengrubenbesitzer, als Menschenverächter und Hauptmann einer Verbrecherbande, unterdrückt der Baron, in den folgenden Jahren, die Proletarier. Doch der Försterssohn hatte sich, durch Flucht, der Gefangenschaft entzogen; nach zwanzigjährigem Aufenthalt in der Fremde (wo er zum 'Fürsten von Befour' avanciert und zu größtem Reichtum gelangt ist) kehrt er zurück, tritt - unter verschiedenen Masken - der Canaille entgegen und legt ihr das Handwerk.

Der zunächst aus privaten Motiven geführte Kampf Brandts nimmt bald den Charakter einer breit angelegten sozialen Befreiungsaktion an. Engagiert und hilfsbereit sucht Brandt die Not der Ärmsten zu lindern und sie vor kapitalistischer Willkür zu schützen. Unerkannt, als geheimnisvoller 'Fürst des Elends', macht er sich zum Schutzengel der Armen und wird ihr Retter und Wohltäter.[50]

Deutsche Herzen, Deutsche Helden ist in drei Hauptteile gegliedert, die im Orient, in Nordamerika und in Sibirien spielen. Zentrales Thema ist die Wiedervereinigung der deutschen Familie von Adlerhorst. Der Vater, der Diplomat Alban von Adlerhorst, wurde umgebracht. Albans Ehefrau Anna und die fünf Kinder - Hermann, Georg, Martin, Tschita und Magda - wurden anschließend durch die Ränke des türkischen Paschas Ibrahim-Bei und des Kammerdieners Florin (alias Derwisch Osman alias Bill Newton alias Peter Lomonow) in alle Winde verstreut. Ihr Los ist teilweise ein schreckliches. Ihr Leid, ihre Qual übersteigt jedes Maß. Dem Allround-Genie Oskar Steinbach (von den Indianern als 'Fürst der Bleichgesichter' bewundert, in Rußland mit der Uniform eines Generalleutnants geschmückt, in Deutschland als Bruder eines regierenden Großherzogs bekannt) glückt aber - mit entscheidender Hilfe des aus Sachsen stammenden Präriejägers Sam Barth - die Rettung und die Zusammenführung der Adlerhorsts. Das Happy-End: Mutter Anna umarmt ihre Kinder; Hermann heiratet die schöne Zykyma; Georg wird vereint mit Karpala, dem 'Engel der Verbannten'; Martin findet das Glück in Almy, der 'Taube des Urwalds'; Tschita bekommt den Maler Paul Normann; für Magda interessieren sich zwei gleichwertige Bewerber, was der Autor aber, im Verlauf der Erzählung, zu vergessen scheint. Überhaupt sind May - in *Deutsche Herzen* auffälliger als in den anderen Münchmeyerromanen - etliche Schnitzer in der Komposition unterlaufen. Manche Widersprüche und Unstimmigkeiten verärgern den, besonders aufmerksamen, Leser. Dennoch kann der Roman über weite Strecken hinweg als "Meisterwerk der Spannungsliteratur"[51] gelten.

Der Weg zum Glück handelt in Bayern, Böhmen und Österreich. Das Milieu erinnert an die erzgebirgischen Dorfgeschichten.[52] Der Aufstieg der Magdalena Berghuber (der 'Muhrenleni') von der einfachen Sennerin zur begnadeten Sängerin wird beschrieben. Das Geschick dieser, auch menschlich, sehr hochstehenden Frau wird - in unglücklicher Liebe - verknüpft mit dem Leben des Wildschützen Anton Warschauer (des 'Krickelanton'), eines komplizierten Charakters, der sich ebenfalls zum großen Künstler entwickelt. Der Märchenkönig Ludwig II. - dessen geheimnisumwittertes Wesen und dessen Tod am 13. Juni 1886 Karl May (wie zahlreiche andere Schriftsteller) zur romanhaften Darstellung angeregt hat - fördert die Talente so mancher verkappter Genies. Auch Richard Wagner und Franz Liszt treten auf. Die eigentliche Hauptperson ist, neben dem Helden und Lehrer Max Walther, der 'Wurzelsepp'; eine markante Figur, die May dem Schauspiel *Der Pfarrer von Kirchfeld* (1872) von Ludwig Anzengruber entlehnt hat. Der Wurzelsepp gehört, nach Walther Ilmer, zu Mays "bestgelungenen Schöpfungen überhaupt".[53] Er ist ein Sonderling, halb kauzig, halb ernsthaft geschildert. Befreundet mit aller Kreatur, wird er zum selbstlosen Helfer in jeder Art von menschlichem Leid.

Wegen kitschiger Ausrutscher und des verunglückten bayerischen Dialekts wurde der Roman als krachlederne Schnulze heruntergesetzt, die "endgültig zur literarischen Talfahrt"[54] des Autors geraten sei. Auf Randphänomene und einzelne Textstellen bezogen mag dieses Urteil berechtigt sein; dem Roman als ganzem aber wird es in keiner Weise gerecht. *Der Weg zum Glück* ist ein Zeugnis echter Menschlichkeit und, in manchen Partien, subtiler Darstellungskunst. Im Gegensatz zum *Waldröschen* und den *Deutschen Helden* werden die Charaktere und Ereignisse nur selten ins Überdimensionale verzerrt. Neuere Studien "lassen erkennen, daß Mays letzter Kolportageroman eine genauso sorgfältige Analyse, Deutung und Wertung verdient, wie seine anderen Werke."[55]

Welcher Münchmeyerroman ist der beste und welcher der schlechteste? Man kann diese Frage pauschal nicht beantworten. Trotz vieler Ähnlichkeiten in den Sujets hat jeder Roman seine eigene Prägung, seine spezifischen Schwächen und seine besonderen Stärken. Besser als ihr Ruf sind diese Werke allemal.

Trivial ist die Story, die oberschichtige Fabel in den Mayschen Kolportageromanen. Doch die äußere Handlung ist, wie in nahezu allen Werken unseres Schriftstellers, nur EINE Dimension der komplexen Gesamtstruktur. Weitere Dimensionen - versteckte biographische Anspielungen, mit Märchen und Mythen verwandte 'Urphantasien', ins Transzendente, ins Metaphysische hineinreichende Botschaften[56] - kommen hinzu. Aus diesem Grund wäre es verfehlt, den (zweifellos vorhandenen) qualitativen Abstand zu anderen, früheren oder späteren, Werken des Dichters im Sinne eines totalen Leistungsabfalls zu interpretieren.

7.9.3 Äußerer Zwang und innere Triebkraft

In der Frühzeit seines literarischen Schaffens hatte Karl May historische Erzählungen, religiöse Betrachtungen (*Geographische Predigten*), erzgebirgische Dorfgeschichten, Humoresken und exotische Abenteuer verfaßt. Seine, viele Episoden aneinanderreihenden, Kolportageromane sind eine Mischform dieser literarischen Gattungen: übersteigert ins Gigantische und durchsetzt mit märchenhaften Elementen.

Mays Glanzleistung sind die Münchmeyerromane, vom ästhetischen Standpunkt her, sicher nicht. Aber genial, virtuos sind sie in ihrer Art doch. Schöne Einzelszenen, interessante Figuren und reizvolle Details gelingen sehr wohl. Ethisch halten die Kolportagewerke (manche Kapitel in *Waldröschen* und einige Partien in *Deutsche Herzen* abgerechnet) das Niveau des Orientzyklus. Und sie boten dem Autor die Chance, sich in einem "zügellosen Fabulieren von seinen inneren Spannungen freizuschreiben."[57]

Das rasante Arbeiten fiel May, laut Selbstbiographie, nicht schwer:

Ich brauchte nicht, wie andere Schriftsteller, mühsam nach Sujets zu suchen; ich hatte mir ja reichhaltige Verzeichnisse von ihnen angelegt, in die ich nur zu greifen brauchte, um sofort zu finden, was ich suchte. Und sie alle waren schon fertig durchdacht; ich hatte nur auszuführen; ich brauchte nur zu schreiben.[58]

Mit fieberhaftem Fleiß, Tag und Nacht schaffend,[59] sich stärkend mit Kaffee und Zigarren, brachte er seine Riesenromane hervor. Einen Ich-Erzähler gibt es hier nicht. Eine Gleichsetzung der Superhelden (Doktor Sternau, Richard von Königsau, Gustav Brandt, Oskar Steinbach, Max Walther u.a.) mit dem Schriftsteller wird nicht suggeriert. Aber viele Figuren sind - wie im Orientroman und den späteren Reiseerzählungen - heimliche Teil-Ichs des Autors: unterbewußte Spaltprodukte der Psyche Karl Mays.

Der Zwang, Woche um Woche ohne Unterbrechung [...] für die Kolportagemühle liefern zu müssen, brachte May in die Situation jener Testpersonen, die in möglichst rascher Folge zu bestimmten Stichworten alles, was ihnen einfällt, auch scheinbar Nebensächliches oder Unwichtiges, niederschreiben [...] Damit floß anamnestisches Material in Fülle in diese Werke ein, die damit zu einer einzigartigen Quelle für die biographische Forschung wurden.[60]

Wie in *Scepter und Hammer/Die Juweleninsel* erinnern viele Sensations-Motive - Kindsvertauschung und Wahnsinn, Vergiftung und Scheintod z.B. - ans gängige Genre der Trivialliteratur. Schriftsteller wie Eugène Sue oder Alexandre Dumas standen Pate. Auch historische Vorlagen wurden benutzt. Doch die Hauptquelle war die persönliche Lebensgeschichte des Autors. Das biographische 'Innenmaterial', aus dem die Lieferungswerke Karl Mays entstanden sind, ist offenkundig. Die frühesten Eindrücke Mays, die Armut und die Not seiner Eltern, die Erblindung des Kindes, die Wiedergewinnung des Augenlichts, die Prügelstrafen des Vaters, die Märchen der Großmutter, die Bibel- und Räuberhauptmannlektüre, die Theatererlebnisse der Kindheit und Jugend, das berufliche Scheitern, die amourösen Erfahrungen, die enttäuschte Liebe, die kriminellen Vergehen, die Verhaftung, die Flucht und die Wiederergreifung durch die Gendarmen, der lange Freiheitsentzug, das Bekehrungs- und Rettungserlebnis in Waldheim, der *Venustempel* und die Recherchen der Polizei, die Probleme mit Emma, die Stollberg-Affäre, die Ängste und Wünsche, die Träume und Phantasien des Autors, die gegenwärtige Zwangslage des Verfassers, der Einfluß des Kolportagemilieus, die Erwartungen einer breiten Leserschicht, die Krise einer kranken Gesellschaft[61] - so vieles wirkt hier zusammen, verstärkt sich und erzeugt: unendlich lange 'Bandwurmromane'.

Warum hat May diese Werke geschrieben? Der äußere Grund war die Geldnot. Doch gab es, darüber hinaus, wohl auch innere Gründe. Der Autor konnte, er wollte, er mußte sich 'freischreiben'! Das trancehafte Schnellschreiben, das dämonische Vielschreiben (dem er, wenn auch nicht in diesem gigantischen Ausmaße, seit Beginn seiner Schriftstellerei ja verfallen war) wird ihm, zumindest anfänglich, eher zur Lust als zur Last geraten sein:[62]

ich brauchte das, was ich schreiben wollte, nicht, wie bei Pustet, auf viele Jahrgänge auseinander zu dehnen, sondern ich konnte es flottweg hintereinander schreiben, um das, was jetzt als Heftroman erschien, später in Buchform herauszugeben. Das bestrickte mich.[63]

Das Fabulieren lag May nun einmal im Blut, das Erzählen war seine große Begabung. Er hatte "andere Ziele" als Liebes- und Verbrechergeschichten, gewiß. Aber er beherrschte dieses Metier. Die Gefahr des Verweilens war inhärent. Der Druck des Verlegers und die Wünsche des Publikums waren Realität und Alibi zugleich. Äußere Umstände und innere Bereitschaft, Getriebenwerden und Sich-treiben-lassen, das fügte sich eben zusammen. Zum Unterhaltungsschriftsteller, zum literarischen Massenproduzenten hatte May die Fähigkeit und - in diesen Jahren - auch die entsprechende Neigung.

Das schließt nun freilich nicht aus: Was Karl May in der Hauptsache wollte, war auch hier, in den 'trivialen' Münchmeyerromanen, etwas Ernstes und Großes. Die Intention auch in diesen Werken ist - 'Erziehung' und 'Predigt'.

7.9.4 Der religiöse Appell

Die Sekundärliteratur über Mays Kolportageromane hat vorwiegend den gesellschaftspolitischen Aspekt untersucht. Mays Verhältnis zur Obrigkeit, seine Einstellung zum Adelsstand, sein "Unverständnis" (wie gesagt wurde) für die wahren Ursachen von Elend und Unterdrückung[64] wurden - kontrovers - oft erörtert. Man wird wohl zugeben müssen: Was die Politik betrifft, ist die 'Ideologie' der Mayschen Lieferungswerke eher verworren und nicht konsequent.[65] Wir wenden uns im folgenden einem anderen Gesichtspunkt zu: der katechetischen Grundtendenz in Mays Kolportageromanen. Denn in dieser Hinsicht vor allem unterscheidet sich May von gewöhnlichen Trivialliteraten seines Genres.

Nicht nur Pustet und nicht nur den Lesern des Hausschatzes gegenüber fühlte sich May zu "religiösen Reverenzen verpflichtet";[66] denn der Glaube an Gott, das Bekenntnis zum Christsein gehören, unabhängig von Verlegern und Auftraggebern, "zu den Wurzeln seines Schaffens".[67]

Auch die Kolportagewerke unseres Autors sind (oder enthalten zumindest) religiöse Appelle. Ihr Thema ist Mays Schlüsselerlebnis: der Schrei nach Erlösung, das Eingreifen Gottes in der äußersten Not.

"Ich glaube an Gott, und habe tausendmal erkannt, wie seine Hand selbst das Entfernteste verbindet."[68] Dies ist der Punkt: In Mays Kolportageromanen drücken alle Motive "noch etwas anderes aus als sich selber, alles tritt in Beziehung zueinander, deutet aufeinander und über sich hinaus."[69] Konkreter gesagt: Diese Romane sind, wie Mays Gesamtwerk, eine 'theologia narrativa',[70] eine erzählende Verkündigung, die - mag die Darstellungsweise für den hohen Geschmack auch platt oder naiv erscheinen - doch etwas ahnen läßt von der göttlichen Welt, von der Real-Utopie des himmlischen Reiches.

Das *Waldröschen* hat Roxin als "metaphysischen" Roman bezeichnet: Die ganze Erde wird hier zum "Welttheater, auf dem die dunklen und hellen Mächte unablässig miteinander ringen."[71] Für die übrigen Romane gilt dasselbe: Zwei Welten, das Gute und das Böse, liegen miteinander im Streit. Und die Lichtmächte stürzen, nach schweren Rückschlägen, die Dämonen vom Thron.

Die Darstellung des Bösen ist mitunter sehr kraß. Was May - an sich selbst oder anderen - als sündig erlebt, soll verpönt "und abgestoßen werden".[72] Die Läuterung des Autors und seiner Leser ist, wie immer bei May, auch hier intendiert.

Hinter der Larve des Ehrenmannes (und des gottesfürchtigen Christen) tragen vermummte Sadisten die Züge des Satans. Geheimnisvolle Fremde - der "Pater Dominikaner"[73] zum Beispiel - treten ihnen entgegen, gleichsam als Boten der anderen Welt. Sollte ihren Gegenspielern, den Teufeln und Unterteufeln, die Macht nicht genommen werden - und lange sieht es so aus -, dann "ist Gott ein Teufel und die Engel im Himmel sind böse Geister!"[74]

Ange et Diable[75] wirkt nach! Doch jetzt mit anderem Vorzeichen: Gottes Güte, die Wiederherstellung des Rechts, den Sieg der Gnade zu demonstrieren, ist das Anliegen der Kolportagehefte Karl Mays. "Hahaha, der Teufel ist mein Genosse; er ist oft mächtiger als dieser Gott, vor dem sich Tausende fürchten, ohne daß sie sagen können, daß er auch wirklich existirt!"[76] Diese Ansicht zu widerlegen, ist das katechetische Ziel des 'Schundschriftstellers' Karl May.

Es geht um die Theodizee, um die Frage nach Gott angesichts des Leidens der Welt: "Warum läßt Du so viele, viele Unglückliche geboren werden! Du bist nicht so gütig, wie in den Büchern steht!"[77] Dieser Schrei, des Schriftstellers Schrei, soll beantwortet werden. Der Leser (und der Autor) soll zum Glauben zurückfinden. Er soll erfahren: die Bibel hat recht; Gottes Wort ist verläßlich, seine Verheißungen setzen sich durch; Gottes Wege sind nicht zu begreifen, aber er schreibt, wie sich erweisen wird, gerade - auch auf krummen Zeilen!

Wie in allen May-Werken ist das Grundmotiv der Aufstieg ins höhere Sein. Das 'Höhere' hat bei May eine profan-materielle, aber (vor allem) auch eine geistige und geistliche Komponente: Arme Soldaten werden "zu Pascha's, oder niedrige Schreiber zu Effendi's";[78] Bürgerliche werden geadelt und Gefangene werden zu Fürsten; aus Dorfmusikanten werden begnadete Künstler; und Sterbende - der alte Bettler in *Waldröschen* zum Beispiel[79] - schauen die Herrlichkeit Gottes.

190

Das Gleichnis vom 'verlorenen Sohn' (Lk 15, 11ff.) ist nicht nur der Titel des dritten Münchmeyerromans; es ermöglicht "auch einen Zugang zum Erzählwerk Mays überhaupt".[80] In den Kolportagewerken werden Bibelstellen zwar relativ selten zitiert; aber indirekte Zitate, messianische Zeichen, alt- und neutestamentliche Motive (die im Gleichnis vom verlorenen Sohn kulminieren), bestimmen die wichtigsten Episoden in den fünf Riesenromanen: Fesseln werden gelöst und Kerker geöffnet; die Sonne leuchtet für die, die im Finsteren sitzen und im Schatten des Todes; Weinende werden getröstet und Letzte werden zu Ersten; 'frommen' Heuchlern wird die Maske entrissen; Stolze werden erniedrigt und Kleine erhöht; Unheilbare finden den richtigen Arzt, der sie rettet; Blinde sehen, Lahme - durch giftige Mittel Gelähmte - gehen und Getrennte finden sich wieder; die Schuld der Väter, der Nachkommen Adams, wird "abgetragen";[81] den Sündern wird Vergebung zuteil[82] und den Ärmsten wird, nach entsetzlicher Pein und schrecklichen Martern, die gute Nachricht verkündet: ihr seid nun erlöst.

Den prophetischen Heilsvisionen und der Botschaft Christi vom, in Jesus selbst, schon gekommenen Gottesreich (Lk 4, 16-21) sind diese Szenen nachgebildet: 'Leben-Jesu-Romane' sind die Mayschen Kolportagewerke zwar nicht; aber die Helden, Karl Sternau besonders, erscheinen als - freilich kriegerische, zum Gebrauch der Waffen bereite - "Doppelgänger Christi";[83] sie sind, präziser gesagt, die Boten des Herrn, die selbst der Erlösung bedürfen, die dem Irdischen noch durchaus verhaftet sind, denen aber die Vollmacht gegeben ist, große Zeichen zu tun: 'in neuen (zärtlichen) Sprachen' zu reden, die Dämonen zu vertreiben, das Giftige zu entgiften und die Kranken zu heilen (vgl. Mk 16, 17f.).

Und die humoristischen Einlagen, die Zoten, der Spott, der Sarkasmus? Unterlaufen die - in den Münchmeyerromanen oft sehr gelungenen - komisch-ironischen Szenen[84] das hehre Konzept, zerstören sie die metaphysische Grundstruktur der Romane? Auch die Schelmerei hat einen tieferen Sinn. Der Spaß lockert auf, die Ironie wirkt befreiend und die Satire entlarvend:[85] Die jetzigen, trostlosen Verhältnisse werden - wie in Mays Humoresken[86] - durchschaut in ihrer Vorläufigkeit. Die Henker und Wucherer, die Schwindler und Lüstlinge, sie alle werden blamiert. Und das Lachen nimmt vorweg, was später dann kommen wird: die herrliche Welt, das Leben in Fülle.

Kein Zweifel: 'Ardistan' und 'Dschinnistan',[87] die literarisch und theologisch bedeutenden Spätwerk-Motive, sind - mit den Ausdrucksmitteln der Kolportage - in den Münchmeyerromanen schon vorgebildet. Auch die Kolportagehefte sind Übungen, Entwürfe für Größeres, das Karl May schon damals im Sinn hatte. Bei allem Störenden, bei aller Nähe zum Absurden und Reißerischen, zum Kitschigen und Rührseligen, sind sie die Vorbereitung für künftige Dichtung: für das Hochland von Dschinnistan, für das Reich des Friedens und der wiedergefundenen Liebe.

Der Dichter selbst sah, in den Altersjahren, seine Heftchenromane differenziert. Er dachte an diese Werke "nicht ohne Genugtuung" und "nicht ohne tiefe Beschämung".[88] Was den Stil, die trivialen Klischees und die sprachliche Disziplin, betrifft, gehören die Lieferungswerke zu den kuriosesten Schriften des Autors. Insofern: ein Grund zur "Beschämung"! Einen, der Aussage nach, guten Kolportageroman verfassen zu können, ist jedoch "keine Schande, sondern eine Ehre",[89] meinte der Schriftsteller in der Dresdner Justizzeitung (1905). Insofern: ein Grund zur "Genugtuung" für Karl May!

Die 'Trivialliteratur', die er selbst überwunden hatte, lehnte der Dichter nie grundsätzlich ab. Noch in der Selbstbiographie mahnt er seine Kollegen:

Schreiben wir nicht wie die Langweiligen, die man nicht liest, sondern schreiben wir wie die Schundschriftsteller, die es verstehen, Hunderttausende und Millionen Abonnenten zu machen!

Aber unsere Sujets sollen edel sein, so edel, wie unsere Zwecke und Ziele. Schreibt für die große Seele![90]

Unter dem Decknamen des Oberlehrers Franz Langer hat May seine Kolportagezeit verteidigt. Er gibt zu bedenken:

Wenn man doch endlich einmal einsehen wollte, daß die Schundschriftsteller und Schundverleger nur darum so riesige Erfolge erzielen, weil sie sich nicht an den Kopf, sondern an das Herz [...] des Lesers wenden! Das Volk, besonders aber die Jugend, hungert nach Idealen. Die auf die Seite Geschobenen, die Kinder der Armut, die Söhne und Töchter der Arbeit und Sorge [...] wollen WENIGSTENS LESEN, daß das Glück, nach dem sie sich vergeblich sehnen, wirklich vorhanden ist. Das Leben bietet ihnen nur Arbeit, Mühe und Plage, weiter nichts. Die höheren Güter, die sie früher besaßen, die hat man ihnen genommen. Der Glaube ist weg. Das Gottvertrauen verschwand. Der Herzensfriede ging verloren. Es gibt keine Ewigkeit, keinen Himmel, keine Seligkeit mehr. Alle diese Dinge wurden ihnen so gründlich wie möglich verleidet. Es gibt überhaupt kein Glück, weder oben im Himmel noch unten auf Erden! Oder dennoch? Wäre es möglich? Die Seele hält noch einen Rest von Hoffnung fest. Da kommt der Kolporteur. Er sagt: "Ja, es gibt noch ein Glück, noch viel Glück. Ich bringe es Dir. Hier, lies!"[91]

Nur Utopie, nur Illusion und sonst weiter nichts? Karl May hat eine ERFAHRUNG gemacht: Es gibt ein Licht auch im Dunkel, ein Erbarmen auch hinter den Mauern, eine Vergebung für den reuigen Sünder. Das Erlebnis der Rettung, die Verwandlung der Todesnacht in die 'Weih-nacht', wollte der Schriftsteller weitervermitteln, wollte er - auch in den Münchmeyerromanen - mit-teilen an seine Leser:

> "Darum gilt auch Dir die Freude,
> Die uns widerfahren ist;
> Denn geboren wurde heute
> Auch Dein Heiland, Jesus Christ!"[92]

Was Roxin zu den Reiseerzählungen Karl Mays bemerkte, gilt für die Münchmeyerhefte genauso: Angesichts des Unglücks, der Schmerzen und der Verzweiflung einer geschundenen Kreatur halten sie "das Bewußtsein für andere Möglichkeiten" offen; sie lassen nicht vergessen, "wessen der Mensch neben Lohn und Brot sonst noch bedarf"; diese Erinnerung wachzuhalten, "ist eine gesellschaftlich durchaus wichtige Aufgabe von Literatur".[93]

7.9.5 'Erotische' Szenen

Im Jahre 1887 hat Karl May seinen fünften und letzten Kolportageroman (*Der Weg zum Glück*) beendet. Einen sechsten Roman (*Delilah*)[94] begann er und ließ ihn dann liegen. Er machte nach fünfjähriger 'Fron'-Arbeit "Schluß"[95] mit seiner Tätigkeit für den Münchmeyer-Verlag. Doch das Nachspiel war böse!

Mays Kolportageromane wurden, für heutige Maßstäbe völlig unverständlich, als 'unsittlich' verdächtigt. Schon gleich nach Erscheinen wurden das *Waldröschen, Die Liebe des Ulanen* und *Der verlorene Sohn* vom "Feilbieten im Umherziehen" ausgeschlossen.[96] Und mit Datum vom 7. Juni 1887 fand sich im Index des Königlich Sächsischen Gendarmerieblattes auch "*Der Weg zum Glück* [...] Heft 1-10 (240 Seiten)".[97]

Nach der Jahrhundertwende bekam der Schriftsteller den größten Ärger mit seinen Kolportageromanen. 'Abgrundtief unsittliche' Stellen hielt man ihm vor![98] Der Vorwurf ist gänzlich unhaltbar: Mays Liebesszenen sind harmlos, zum Teil eher kitschig, zum Teil auch schön und ergreifend. Sexuelles wird tabuisiert oder allenfalls angedeutet - behutsam und zart. Mit Pornographie haben diese Romane überhaupt nichts zu tun.

Gewiß, es gibt auch Szenen wie diese:

Da stand sie nun, [...] vor Scham bebend und doch stolz wie eine Fürstin. Das durchsichtige Gewand ließ ihre ganze Gestalt erkennen. Denn das blendend weiße Fleisch der vollen, üppigen Formen leuchtete durch die feinen Maschen [...] Nun befühlte der Herrscher die Arme und Schenkel, die Schultern und den Busen; er betrachtete die feinen Hände und die nackten Füßchen.[99]

Von schmachtenden Jünglingen, erblühenden Mädchen und "wogenden Busen" ist öfter die Rede; aber Partien wie die eben zitierte haben in den Kolportagewerken Mays einen Seltenheitswert. Außerdem ist klar zu ersehen: Das Treiben seiner Lüstlingsfiguren mißbilligt der Autor entschieden!

Um so merkwürdiger ist die Art, wie May die Beschuldigungen zurückwies: Anstatt die moralische Unbedenklichkeit auch seiner Lieferungshefte zu unterstreichen, bestritt er - in wichtigen Punkten - die Authentizität der gedruckten Romantexte:

Nehme ich meine damalige Arbeit jetzt in die Hand, so erkenne ich sie kaum wieder. Das ist nicht jener wohlbedacht artikulierte Leib, in welchem meine Seele zum Leser sprechen sollte [...] Sondern das ist ein formlos dicker Rumpf, von ordinären Genüssen aufgeschwollen, mit verkrüppelten Armen und Beinen [...] Sinnlichkeit und nichts als Sinnlichkeit, wohin ich nur schaue! Pfui! Und dieser Kerl soll ich sein? [...] Und wie konnte sich die schlanke, kräftige, zwar auch nicht sündenlose Menschlichkeit, die ich gezeichnet habe, in eine so feiste, schwammige, nach Ehebruch lüsterne Abscheulichkeit verwandeln, wie ich sie hier zu sehen bekomme! Wer hat meine wohlabgemessenen Worte in Klumpen zusammengeballt, meine leichtfliessenden Sätze in hässlich breite, langsam vorwärtskriechende Krötenleiber verwandelt? [...] Die Anlage stammt von mir, der Bau, die Disposition, die Gliederung [...] aber von Schritt zu Schritt bemerke ich mehr und mehr, dass sich fremde Geister in dieses Werk geschlichen haben. Ich stosse auf Fäden, die ich nicht kenne, auf Spuren, die nicht von meiner Psyche, sondern von anderen Seelen stammen. Ich entdecke Münchmeyers wohlbekannte Stapfen und höre seine Schritte förmlich hallen. Sein rührseliges Schluchzen. Sein halblautes, verliebtes Lächeln. Das Tätscheln frischer Wangen. Die satte Deutlichkeit in der Beschreibung weiblicher Reize. Redewendungen, die nur ihm allein eigen waren.[100]

Korrekturfahnen wurden May gar nicht vorgelegt. Das war ihm recht; denn zur Lektüre hatte er "keine Zeit".[101] Auch Belegbögen von Erstausgaben hat er wohl nicht gelesen.[102] Später konnte er die Druckwerke mit seinen (inzwischen vernichteten) Manuskripten nicht mehr vergleichen. In seiner Kampfschrift *Ein Schundverlag* (1905) behauptet er allerdings:

Es wurde mir einmal gesagt, dass Münchmeyer riesig ändere. Da ging ich hinein, liess mir den letzten Druck und das letzte Manuskript geben und schaute nach. Da entdeckte ich nun freilich derartige Veränderungen, dass ich drohte, sofort mit Schreiben aufzuhören, falls das nur noch ein einziges Mal vorkomme. Er versprach hoch und teuer, es nicht wieder zu tun, weder selbst, noch von anderen tun zu lassen.[103]

Ob diese Darstellung zutrifft, ist kaum zu entscheiden. Interessant ist aber ein May-Text, dessen Entstehung - gerade noch - in die Kolportagezeit unseres Autors fällt. Der Passus findet sich in Mays Jugenderzählung *Der Sohn des Bärenjägers* (1887): Der bekannte Lügenbaron hat, wie Hobble-Frank zu berichten weiß, nicht Münchhausen, sondern Münchmeyer geheißen. "Een Münch, der andere bemeiert, kann eben nur Münchmeier heeßen."[104] Was meint Karl May? Die Täuschungsmanöver des Verlagsbesitzers bei den Polizeiaktionen um 1875?[105] Oder - vielleicht doch - auch gewisse Textmanipulationen durch Münchmeyer?

Daß Mays Handschriften wirklich verändert wurden, ist keineswegs auszuschließen. Ein Kolporteur sucht das Sensationelle. Er übertreibt, unterschlägt, lügt hinzu und bringt es unter die Leute. So kann es Münchmeyer bzw. sein "Hauptfaktotum" August Walther[106] auch mit den Manuskripten Karl Mays gemacht haben.

Eingriffe durch die Redaktion wurden vom Münchmeyer-Nachfolger Adalbert Fischer im Jahre 1901 bestritten, dann aber (1903) zugegeben. Endgültig bewiesen ist freilich nichts.[107] Daß der Schriftsteller Paul Staberow, im Auftrage Fischers, zwei Maysche

Kolportageromane (in den Jahren 1900ff.) bearbeitet hat, steht zwar fest;[108] aber ob schon Münchmeyer die Texte verändert hat, ist - trotz der Bestätigung durch Fischer - nicht restlos geklärt. OB geändert wurde, WIEVIEL gestrichen oder erweitert wurde und WELCHE Passagen manipuliert wurden, läßt sich nicht mit Gewißheit ermitteln.[109] Die Manuskripte sind verschwunden; der Verlag wird sie vernichtet haben.

Am wahrscheinlichsten dürfte die folgende Hypothese sein: Münchmeyer oder seine Mitarbeiter haben die May-Texte tatsächlich 'korrigiert', aber wohl nicht in dem Ausmaß, das der Dichter dann später unterstellt (und vermutlich, aufgrund einer Selbsttäuschung, auch wirklich angenommen) hat. Wie auch immer: selbst in der Form, wie sie bei Münchmeyer gedruckt wurden, sind Mays Romane - unter künstlerischen Aspekten - zwar nicht von der feinsten Art; doch schlüpfrig und 'unsittlich' sind sie nicht. Aber der VORWURF der 'Unsittlichkeit' hat den Dichter zutiefst getroffen und in seinem öffentlichen Ansehen aufs schwerste geschädigt. Der Autor mußte sich wehren. Und die Prüderie seiner Angreifer könnte sich, im Zuge der Selbstverteidigung, übertragen haben auf May (der im Alter ohnehin zur 'mystischen', rein geistigen und geistlichen Liebe tendierte) - so daß er zu seinen Kolportageromanen, den 'erotischen' Stellen, nicht mehr stehen konnte!

Gernot Kunze hat wohl nicht völlig unrecht: In der Stickluft einer von Enge beherrschten geistigen Atmosphäre mußte der Schriftsteller "mit den Wölfen heulen und seinerseits das Banner der Sittlichkeit möglichst hoch halten, z.B. indem er Hermann Cardauns[110] in der Beurteilung der 'abgrundtiefen Unsittlichkeit' der Münchmeyer-Romane noch zu übertreffen versuchte."[111]

Anmerkungen

1 Hans Wollschläger: *Karl May. Grundriß eines gebrochenen Lebens*. Zürich 1976, S. 59.
2 Ebd.
3 Claus Roxin: *Einführung*. In: Karl May: *Die Todes-Karavane - In Damaskus und Baalbeck - Stambul - Der letzte Ritt*. 'Deutscher Hausschatz' 8./9. Jg. (1881-83) bzw. 11./12. Jg. (1884-86). Reprint der KMG. Hamburg, Regensburg 1978, S. 2-6 (S. 3).
4 Vgl. Gerhard Klußmeier: *H.G. Münchmeyer in Hamburg und anderswo*. In: *Neues vom "Waldröschen" und seinem Verleger Münchmeyer*. SKMG Nr. 31 (1981), S. 12-20.
5 Karl May: *Mein Leben und Streben*. Freiburg 1910. Hrsg. von Hainer Plaul. Hildesheim, New York ²1982, S. 178.
6 Vgl. oben, S. 149.
7 May: *Mein Leben und Streben*, wie Anm. 5, S. 200.
8 Vgl. Karl May: *Frau Pollmer - eine psychologische Studie* (1907). Prozeßschriften, Bd. 1. Hrsg. von Roland Schmid. Bamberg 1982, S. 831f. - Ders.: *Mein Leben und Streben*, wie Anm. 5, S. 198ff.
9 In den Nachdrucken hieß es 'Verfolgung' anstelle von 'Rächerjagd'.
10 Dieser Roman entspricht den Bänden 51-55 (*Schloß Rodriganda* usw.) der Bamberger Ausgabe. Die Fassung des Karl-May-Verlags ist jedoch, im Vergleich zum Originaltext, verkürzt und abgeändert.
11 Vgl. Klaus Hoffmann: *Nachwort* zum Faksimile-Druck des *Waldröschen*. Hildesheim, New York 1971, S. 2619-2686 (S. 2623).
12 May: *Mein Leben und Streben*, wie Anm. 5, S. 201.
13 Ebd.
14 Ebd.
15 Nach Claus Roxin: *Mays Leben*. In: *Karl-May-Handbuch*. Hrsg. von Gert Ueding in Zusammenarbeit mit Reinhard Tschapke. Stuttgart 1987, S. 62-123 (S. 95).
16 May: *Mein Leben und Streben*, wie Anm. 5, S. 202.

17 Heinz Stolte: *'Waldröschen' als Weltbild. Zur Ästhetik der Kolportage.* In: JbKMG 1971, S. 17-38 (S. 17).

18 Karl Guntermann: *Der 'Waldröschen'-Nachdruck des Olms-Verlags.* In: *Karl Mays Waldröschen. Ein Kolportageroman des 19. Jahrhunderts.* SKMG Nr. 1 (1972), S. 17-26 (S. 23).

19 Gert Ueding: (Werkartikel zu) *Das Waldröschen.* In: *Karl-May-Handbuch*, wie Anm. 15, S. 380-389 (S. 388) - Zur Kritik: Volker Klotz: *Machart und Weltanschauung eines Kolportagereißers. Karl Mays "Das Waldröschen".* In: *Karl May.* Hrsg. von Heinz Ludwig Arnold. Sonderband Text + Kritik. München 1987, S. 60-89.

20 Münchmeyer hatte, wahrscheinlich ohne Wissen des Autors, alle Übersetzungsrechte für das *Waldröschen* an den Wiener Verleger Josef Rubinstein verkauft. - Vgl. Hoffmann: *Nachwort*, wie Anm. 11, S. 2624 - Christian Heermann: *Der Mann, der Old Shatterhand war. Eine Karl-May-Biographie.* Berlin 1988, S. 367 (Anm. 12) - Klaus-Peter Heuer: *Rosetta delle Selve - Das italienische "Waldröschen".* In: MKMG 86 (1990), S. 14-18.

21 Guntermann, wie Anm. 18, S. 23.

22 Nach Ueding: *Waldröschen*, wie Anm. 19, S. 380.

23 Nach Roxin: *Mays Leben*, wie Anm. 15, S. 96.

24 Diese Romane entsprechen den - gekürzten und gegenüber den ursprünglichen Texten veränderten - Bänden 56-59 (*Der Weg nach Waterloo* usw.), 64-65 u. 74-75 (*Das Buschgespenst* usw.), 60-63 (*Allah il Allah* usw.) und 66-68 u. 73 (*Der Peitschenmüller* usw.) der Ausgabe des Karl-May-Verlags Bamberg.

25 Nach Hoffmann: *Nachwort*, wie Anm. 11, S. 2620f.

26 Dieser Roman erschien in der Münchmeyer-Zeitschrift 'Der Wanderer'; da dieses Journal kein Kolportageblatt im engern Sinne war, sah May wohl keinen Grund zur Pseudonymität. - Als Reprint der Erstveröffentlichug hat der Karl-May-Verlag *Die Liebe der Ulanen* neu herausgebracht (Bamberg 1993).

27 Belegt bei Heermann, wie Anm. 20, S. 170.

28 Hervorhebung von mir.

29 Vgl. May: *Mein Leben und Streben*, wie Anm. 5, S. 243.

30 Roxin: *Mays Leben*, wie Anm. 15, S. 96.

31 May: *Frau Pollmer*, wie Anm. 8, S. 831.

32 Wie Anm. 8.

33 Roxin: *Einführung*, wie Anm. 3, S. 3.

34 Ebd.

35 Nach Fritz Maschke: *Karl May und Emma Pollmer. Die Geschichte einer Ehe.* Beiträge zur Karl-May-Forschung 3. Bamberg 1973, S. 45.

36 Roxin: *Einführung*, wie Anm. 3, S. 3.

37 Vgl. die Literaturangaben bei Martin Lowsky: *Karl May.* Stuttgart 1987, S. 48-51.

38 Wollschläger, wie Anm. 1, S. 64 - Ähnlich Arno Schmidt: *Abu Kital. Vom neuen Großmystiker.* In: *Dya Na Sore. Gespräche in einer Bibliothek.* Karlsruhe 1958; hier zit. nach Helmut Schmiedt (Hrsg.): *Karl May.* Frankfurt/M. 1983, S. 45-74 (S. 53).

39 Daß Mays Kolportageromane auch subtile Formulierungen enthalten, zeigt z.B. Helmut Schmiedt: *Die Thränen Richard Wagners oder Der Sinn des Unsinns. Thesen zu einem Konstruktionsprinzip in Karl Mays Kolportageromanen.* In: Schmiedt (Hrsg.), wie Anm. 38, S. 229-244.

40 Lowsky, wie Anm. 37, S. 45 - Vgl. Heermann, wie Anm. 20, S. 165-175.

41 Gerhard Klußmeier: *Vorwort* (nicht paginiert) zu Karl May: *Waldröschen oder Die Rächerjagd rund um die Erde.* Leipzig 1988 (Reprint des Dresdner Erstsatzes von 1882-84).

42 Vgl. Friedhelm Munzel: *Karl Mays Erfolgsroman "Das Waldröschen". Eine didaktische Untersuchung als Beitrag zur Trivialliteratur der Wilhelminischen Zeit und der Gegenwart.* Hildesheim, New York 1979, S. 238f. - Ueding: *Waldröschen*, wie Anm. 19, S. 385ff.

43 Otto Forst-Battaglia: *Karl May. Traum eines Lebens - Leben eines Träumers.* Beiträge zur Karl-May-Forschung 1. Bamberg 1966, S. 62.

44 Als Quelle für die Mexiko-Teile des *Waldröschens* benutzte May unter anderem die historische Darstellung Johannes Scherrs (*Das Trauerspiel in Mexiko*, Leipzig 1868), der er "oft nahezu wörtlich folgt" (Ueding: *Waldröschen*, wie Anm. 19, S. 381).

45 Vgl. z.B. May: *Waldröschen*, wie Anm. 41, S. 864 u. 924: Sternau erschießt - mit dem Henrystutzen - bedenkenlos viele Piraten bzw. Briganten! Old Shatterhand hätte das nicht getan!

46 Vgl. Gerhard Linkemeyer: *Karl Mays "Vater Blücher"*. In: MKMG 85 (1990), S. 3-10.

47 Heermann, wie Anm. 20, S. 171.

48 Claus Roxin: *'Die Liebe des Ulanen' im Urtext*. In: MKMG 14 (1972), S. 23-26 (S. 25).

49 Ein Kapitel des Romans ist mit diesem Titel überschrieben.

50 Klaus Hoffmann: (Werkartikel zu) *Der verlorene Sohn*. In: *Karl-May-Handbuch*, wie Anm. 15, S. 397-404 (S. 400).

51 Walther Ilmer: (Werkartikel zu) *Deutsche Herzen, Deutsche Helden*. In: *Karl-May-Handbuch*, wie Anm. 15, S. 404-410 (S. 408).

52 Vgl. oben, S. 150f.

53 Walther Ilmer in einem Brief vom 15.11.1989 an den Verfasser.

54 Heermann, wie Anm. 20, S. 174.

55 Klaus Hoffmann: (Werkartikel zu) *Der Weg zum Glück*. In: *Karl-May-Handbuch*, wie Anm. 15, S. 410-418 (S. 418). - Eine relativ positive Wertung von *Der Weg zum Glück* findet sich z.B. bei Walther Ilmer: *Karl May - Mensch und Schriftsteller. Tragik und Triumph*. Husum 1992, S. 101.

56 Vgl. unten, S. 268ff.

57 Gerhard Klußmeier - Hainer Plaul (Hrsg.): *Karl May. Biographie in Dokumenten und Bildern*. Hildesheim, New York 1978, S. 91.

58 May: *Mein Leben und Streben*, wie Anm. 5, S. 205.

59 Vgl. Maschke, wie Anm. 35, S. 34.

60 Engelbert Botschen: *Die Banda Oriental - ein Umweg zur Erlösung*. In: JbKMG 1979, S. 186-212 (S. 188).

61 Dazu Gert Ueding: *Glanzvolles Elend. Versuch über Kitsch und Kolportage*. Frankfurt/M. 1973.

62 Vgl. unten, S. 200ff.

63 May: *Mein Leben und Streben*, wie Anm. 5, S. 204.

64 Vgl. auch Ueding: *Glanzvolles Elend*, wie Anm. 61, S. 122-129.

65 Vgl. Stefan Schmatz: *Karl Mays politisches Weltbild. Ein Proletarier zwischen Liberalismus und Konservativismus*. SKMG Nr. 86 (1991).

66 Heermann, wie Anm. 20, S. 156.

67 Ebd.

68 May: *Waldröschen*, wie Anm. 41, S. 743.

69 Ueding: *Waldröschen*, wie Anm. 19, S. 388.

70 Vgl. Walter Schönthal: *Christliche Religion und Weltreligionen in Karl Mays Leben und Werk*. SKMG Nr. 5 (1976), S. 37ff. - Ernst Seybold: *Karl-May-Gratulationen. Geistliche und andere Texte zu und von Karl May*. Ergersheim 1987, S. 79 (Anm. 20).

71 Claus Roxin: *Stimmen zum ersten Band des "Waldröschen"-Nachdrucks*. In: MKMG 3 (1970), S. 13-16 (S. 14).

72 Wiltrud Ohlig: *Karl May hat das "Fegefeuer" aufgewertet. Eine Betrachtung*. In: MKMG 67 (1986), S. 17f. (S. 18).

73 May: *Waldröschen*, wie Anm. 41, S. 190-213: Der unscheinbare Pater ist hier der eigentlich Mächtige, nicht der Superheld Karl Sternau!

74 Karl May: *Deutsche Herzen, Deutsche Helden*. Bamberg 1976 (Reprint der Dresdner Erstausgabe von 1885-87), S. 166.

75 Vgl. oben, S. 118ff.

76 May: *Waldröschen*, wie Anm. 41, S. 132.

77 May: *Deutsche Herzen*, wie Anm. 74, S. 74.

78 Ebd., S. 523.

79 May: *Waldröschen*, wie Anm. 41, S. 35-45.

80 Christoph F. Lorenz: *Nachwort*. In: Karl May's Gesammelte Werke, Bd. 74: *Der verlorene Sohn*. Bamberg 1985, S. 424-432 (S. 426). - Vgl. Heinz Stolte: *Karl May und alle seine verlorenen Söhne*. In: JbKMG 1992, S. 10-33.

81 Vgl. z.B. May: *Deutsche Herzen*, wie Anm. 74, S. 1479: "Mein lieber, lieber Vater, wenn Du es erfährst, wirst Du zufrieden sein mit Deinem Sohne. Bald, bald wird Deine Schuld glänzend abgetragen sein!" (Auch die Schuld des Vaters Heinrich May ist hier mitgemeint!) - In seinem Spätwerk, besonders in *Ardistan und Dschinnistan* (vgl. unten, S. 696ff.), hat May dieses Motiv in großartiger Weise weiterentwickelt.

82 Vgl. z.B. Karl May: *Der verlorene Sohn oder Der Fürst des Elends*. Hildesheim, New York 1971f. (Reprint der Dresdner Erstausgabe von 1884-86), S. 1956: Zwei Toten, dem Leutnant von Scharfenberg und dessen Vater, wird die Vergebung ins Jenseits nachgesandt. - Überhaupt ist die Schuldvergebung, meist schon auf Erden, ein häufiges Motiv in Mays Kolportageromanen (und in seinem Gesamtwerk).

83 Gert Ueding: *Die Rückkehr des Fremden. Spuren der anderen Welt in Karl Mays Werk*. In: JbKMG 1982, S. 15-39 (S. 36).

84 Zum Teil gegen Schmiedt: *Thränen*, wie Anm. 39, S. 240, sieht Heinz Stolte: *Narren, Clowns und Harlekine. Komik und Humor bei Karl May*. In: JbKMG 1982, S. 40-59 (S. 44), auch in den Kolportagewerken Mays eine echte, gelungene Komik.

85 Forst-Battaglia, wie Anm. 43, S. 94, entdeckt im *Waldröschen* eine "grimmige Satire auf zeitgenössische Zustände". - Auf die Nähe zur Parodie, die allerdings nicht der entscheidende Aspekt sei, verweist auch Schmiedt: *Thränen*, wie Anm. 39, S. 242.

86 Vgl. oben, S. 143f.

87 Vgl. unten, S. 503ff. u. 682ff.

88 May: *Mein Leben und Streben*, wie Anm. 5, S. 204.

89 Aus einem Brief Mays vom 5.4.1905 an die Redaktion von 'Der Beobachter und Dresdner Justizzeitung'; zit. nach Hoffmann: *Nachwort*, wie Anm. 11, S. 2619.

90 May: *Mein Leben und Streben*, wie Anm. 5, S. 227.

91 Franz Langer (= Karl May): *Die Schund- und Giftliteratur und Karl May, ihr unerbittlicher Gegner*. In: Augsburger Postzeitung Nr. 160 (20.7.1909), zit. nach: *Schriften zu Karl May*. Materialien zur Karl-May-Forschung, Bd. 2. Ubstadt 1975, S. 199-218 (S. 204f.).

92 May: *Der verlorene Sohn*, wie Anm. 82, S. 454 - Vgl. oben, S. 100ff.

93 Claus Roxin: *Karl May, das Strafrecht und die Literatur*. In: JbKMG 1978, S. 9-36 (S. 29).

94 Bei den zivilrechtlichen Auseinandersetzungen im letzten Lebensjahrzehnt Karl Mays spielte das *Delilah*-Manuskript eine Rolle. - Vgl. unten, S. 397.

95 May: *Mein Leben und Streben*, wie Anm. 5, S. 207. - Die näheren Umstände dieser zweiten und endgültigen Trennung von Münchmeyer sind leider nicht bekannt; vgl. Ilmer: *Mensch und Schriftsteller*, wie Anm. 55, S. 102f.

96 Vgl. Hoffmann: *Der verlorene Sohn*, wie Anm. 50, S. 397.

97 Faksimile-Wiedergabe bei Klußmeier - Plaul (Hrsg.), wie Anm. 57, S. 100.

98 Vgl. unten, S. 393ff.

99 May: *Waldröschen*, wie Anm. 41, S. 1323.

100 Karl May: *Ein Schundverlag. Ein Schundverlag und seine Helfershelfer* (1905 bzw. 1909). Prozeßschriften, Bd. 2. Hrsg. von Roland Schmid. Bamberg 1982, S. 375ff.

101 May: *Mein Leben und Streben*, wie Anm. 5, S. 202.

102 In Mays Nachlaß fanden sich Belegbögen der *Waldröschen*-Erstausgabe in größtenteils unaufgeschnittenem Zustand (nach JbKMG 1990, S. 286, Anm. 34).

103 May: *Ein Schundverlag*, wie Anm. 100, S. 352.

104 Karl May: *Der Sohn des Bärenjägers*. In: Der Gute Kamerad, Spemanns Illustrierte Knabenzeitung. 1. Jg. 1887, S. 315 (in der späteren Buchausgabe wurde dieser Passus gestrichen) - Vgl. Wilhelm Vinzenz: *Die zweite Bärengeschichte*. In: MKMG 28 (1976), S. 23f.

105 Diese Ansicht vertritt Gernot Kunze: *Einführung*. In: Karl May: *Das Buch der Liebe*. Dresden 1875/76. Reprint der KMG. Bd. II (Kommentarband). Hrsg. von Gernot Kunze. Regensburg 1988/89, S. 7-50 (S. 18).

106 Vgl. May: *Mein Leben und Streben*, wie Anm. 5, S. 237.

107 Nach Wollschläger, wie Anm. 1, S. 67.

108 Vgl. unten, S. 393.

109 Interessant ist freilich der Hinweis bei Hoffmann: *Nachwort*, wie Anm. 11, S. 2665: "Mays Schreibweise ist gekennzeichnet durch die eingehende Charakterisierung der handelnden Personen. Auch die weiblichen Figuren sind durchaus 'plastisch' beschrieben. Diese allerdings flüchtige Skizzierung der weiblichen Reize bot die Möglichkeit zur Interpolation, um deren Aussage erotisch zu verstärken. Karl Mays Darstellung verleitete dazu wie kaum der Text eines anderen Autors. Die Verlegung von ganzen Handlungsabschnitten in den Bereich des sittlich Anstößigen (*Verlorener Sohn*: Bordellszene) leistete dem Bearbeiter weiteren Vorschub."

110 Vgl. unten, S. 393f.

111 Kunze, wie Anm. 105, S. 33.

7.10 *Der letzte Ritt* (1884-86): Die Täuschung der Lesergemeinde und die Autosuggestion des Erzählers

In der Münchmeyerzeit stieß Karl May ganze Berge von Manuskriptseiten aus - "wie eine Krake ihre Tintenwolken".[1] Er hatte in diesen Jahren 12.390 Druckseiten für den 'Schundverleger' geliefert, was über 20.000 Seiten der späteren Fehsenfeld-Bände entsprach und nahezu den halben Umfang seines gesamten Werkes betrug.

In den neunziger Jahren verrät uns der Autor:

Ich habe keine Zeit, zu entwerfen, ein Konzept anzufertigen, zu feilen, zu streichen, zu verbessern und dann eine Reinschrift anzufertigen. Ich setze mich des Abends an den Tisch und schreibe, schreibe in einem fort, lege Blatt zu Blatt und stecke am andern Tage die Blätter, ohne sie wieder anzusehen, in ein Kouvert, welches mit der nächsten Post fortgeht.[2]

Es grenzt ans Unglaubliche: Trotz seiner Vielschreiberei für Münchmeyer belieferte May - nebenher - noch den Pustet-Verlag. Der große Orientroman war noch unvollendet; vor dem Eintritt Karl Mays in die Kolportage war der Text bis *Stambul* gediehen.[3] Pustet hatte Manuskript bis März 1883;[4] in der Folgezeit aber drängte die Redaktion ihren Autor. Hin- und hergerissen zwischen Pustet (der von der Münchmeyertätigkeit Karl Mays ja nichts wissen sollte!) und dem Kolportageverleger setzte May im 'Deutschen Hausschatz' die 'Reiseerinnerungen' aus dem Reiche des Großherrn fort: mit der Ich-Erzählung *Der letzte Ritt*.[5]

Noch mitten drin in der Münchmeyer-Fron hat der Schriftsteller, so Walther Ilmer, "zur Reiseerzählung, seinem eigentlichen, wahren Genre, zurückgefunden".[6] Angesichts des Zeitdrucks ist freilich leicht zu verstehen: Die parallel zu den Münchmeyerromanen entstandenen Fortsetzungen von *"Giölgeda padishanün"* erreichten das künstlerische Format der früheren Teile nicht ganz. Daß May, wie behauptet wurde, "den Faden völlig verloren"[7] habe, trifft aber nicht zu. Dem Verfasser sind "kaum irgendwelche erkennbaren Fehler oder Widersprüche in der Komposition seiner Beiträge"[8] unterlaufen. Die Weiterführung des Orientzyklus läßt ein klares schriftstellerisches Konzept erkennen; sie ist eine "mehr als nur ungewöhnliche Leistung".[9]

Für den Regensburger Verlag schrieb Karl May vergleichsweise sorgfältig. Allerdings ist *Der letzte Ritt* völkerkundlich und zeitgeschichtlich weniger gut fundiert als die vorausgehenden Texte. Über den nationalen und sozialen Befreiungskampf der Balkanvölker zum Beispiel erfahren wir nichts. Dem Autor werden die entsprechenden Informationen - und die Zeit für gründliche Studien - gefehlt haben.[10]

Der letzte Ritt ist gewiß nicht mißlungen. Aber diese Erzählung ist der "relativ schwächste"[11] Abschnitt des Orientromans. Erzählerisch besonders geglückte Partien sind etwa die Begegnung Kara Ben Nemsis mit dem Rosenzüchter Jafiz[12] oder die groteske Szene im Taubenschlag zu Menlik.[13] "Gleichwohl ist im ganzen ein Abfall im Verhältnis zu den vorhergehenden Leistungen nicht zu verkennen: Hier ist der Orient-Roman durch die Arbeit für Münchmeyer zwar keineswegs verdorben, aber doch ein wenig beeinträchtigt worden."[14]

Der letzte Ritt wurde von Karl May, nach jeweils langen Pausen, in Raten geliefert. Der erste Teil der Erzählung erschien im Spätherbst 1884, der Mittelteil von September 1885 bis Februar 1886 und der Schlußteil im September 1886 im Hausschatz. *Durch das*

Land der Skipetaren, der Abschluß des gesamten Orientzyklus, konnte erst im Jahre 1888 gebracht werden.[15]

Am 9. Juni 1886 beklagte sich der Redakteur Venanz Müller beim Autor: Seit Monaten habe May kein Lebenszeichen gegeben; "die Leser verlangen ungestüm den Schluß des 'letzten Rittes'; [...] sie beschuldigen uns des Schwindels".[16] Verständlich! Denn der Hausschatz hatte die baldige Fortsetzung versprochen.

Da May, bedingt durch die Münchmeyerromane, so lange nichts lieferte, wiederholte der Pustet-Verlag die alte, seit 1880 verbreitete Mär: der Schriftsteller sei auf Reisen.[17]

Im Dezember 1883 werden die Hausschatz-Abonnenten vertröstet: "Dr. K. May[18] ist wieder auf der Rückkehr nach Deutschland begriffen. Die Fortsetzung der Reiseabenteuer wird nun nicht mehr lange auf sich warten lassen."[19] Drei Monate später heißt es dann: "Herr Dr. Karl May ist [...] 'nach langer Irrfahrt', wie er uns schreibt, wieder in der Heimat angekommen und will nun seine Reise-Erzählungen alsbald fortsetzen."[20] Und im Dezember 1884 wird erklärt: "Leider ist ein von Dr. Karl May an uns rechtzeitig abgesandtes Manuscript-Packet bis jetzt noch nicht hier eingetroffen und wahrscheinlich auf der Post verloren gegangen."[21]

Im April 1885 beteuert die Redaktion: Daß "die Fortsetzung des 'letzen Rittes' [...] so lange auf sich warten läßt, ist nicht unsere Schuld. Wir sind zur Zeit ganz ohne Nachricht von dem Verfasser."[22] Nach einem halben Jahr folgt die Aufklärung: "Unser beliebter 'Weltläufer' befand sich [...] im Sommer 1884 in Aegypten."[23]

Der Verlag und der Schriftsteller gerieten in Zugzwang. Die Unterbrechungen des *Letzten Rittes* mußten begründet werden. Der tatsächliche, der Redaktion nicht bekannte Grund war Mays 'Irrfahrt' zur Kolportage. Diese Erklärung wollte May aber nicht geben. Was lag, angesichts der bisherigen Auskünfte des Pustet-Verlags, näher als die Bestätigung der Fiktion: Karl May, Kara Ben Nemsi, ist wieder auf Reisen!

Anmerkungen

1   Heinz Stolte: *Hiob May*: In: JbKMG 1985, S. 63-84 (S. 64).
2   Karl May: *Freuden und Leiden eines Vielgelesenen*. In: Deutscher Hausschatz. 23. Jg. 1897 (Herbst 1896); hier zit. nach 'Der Rabe'. Magazin für jede Art von Literatur Nr. 27. Hrsg. von Hermann Wiedenroth und Hans Wollschläger. Zürich 1989, S. 175-211 (S. 202) - Dieses Zitat besagt freilich nicht, daß May völlig planlos (in einer Art Trance-Zustand) geschrieben habe; vgl. Ulrich Schmid: *Das Werk Karl Mays 1895-1905. Erzählstrukturen und editorischer Befund*. Materialien zur Karl-May-Forschung, Bd. 12. Ubstadt 1989, S. 115ff.
3   Vgl. oben, S. 177 Anm. 5.
4   Vgl. oben, S. 184.
5   Später wurden aus dieser Erzählung das letzte Kapitel in *Von Bagdad nach Stambul* und der Hauptteil (Kap. 1-6) von *In den Schluchten des Balkan* (Freiburg 1892).
6   Walther Ilmer: *Das Märchen als Wahrheit - die Wahrheit als Märchen. Aus Karl Mays 'Reise-Erinnerungen' an den erzgebirgischen Balkan*. In: JbKMG 1984, S. 92-138 (S. 129).
7   Hans Wollschläger: *Karl May. Grundriß eines gebrochenen Lebens*. Zürich 1976, S. 67.
8   Roland Schmid: *Nachwort* (nicht paginiert). In: Karl May: Freiburger Erstausgaben, Bd. V. Hrsg. von Roland Schmid. Bamberg 1982.
9   Ilmer, wie Anm. 6, S. 130.
10 Vgl. Christian Heermann: *Der Mann, der Old Shatterhand war. Eine Karl-May-Biographie*. Berlin 1988, S. 152ff.
11 Claus Roxin: *Einführung*. In: Karl May: *Die Todes-Karavane - In Damaskus und Baalbeck - Stambul - Der letzte Ritt*. 'Deutscher Hausschatz' 8./9. Jg. (1881-83) bzw. 11./12. Jg. (1884-86). Reprint der KMG. Hamburg, Regensburg 1978, S. 2-6 (S. 4).

12 Karl May: *In den Schluchten des Balkan*. Gesammelte Reiseromane, Bd. IV. Freiburg 1892, S. 31-38 - Zur Deutung vgl. Hartmut Vollmer: *Ins Rosenrote. Zur Rosensymbolik bei Karl May*. In: JbKMG 1987, S. 20-46 (S. 32-35).
13 May: *In den Schluchten des Balkan*, wie Anm. 12, S. 331ff.
14 Roxin, wie Anm. 11, S. 5.
15 Vgl. unten, S. 218.
16 Zit. nach Wilhelm Vinzenz: *Karl Mays Reichspost-Briefe. Zur Beziehung Karl Mays zum 'Deutschen Hausschatz'*. In: JbKMG 1982, S. 211-233 (S. 219).
17 Vgl. oben, S. 175f.
18 Zu Mays 'Doktor'-Titel vgl. unten, S. 229.
19 Zit. nach Gerhard Klußmeier: *Karl May und Deutscher Hausschatz II*. In: MKMG 17 (1973), S. 17-20 (S. 17).
20 Ebd., S. 18.
21 Ebd.
22 Ebd.
23 Ebd., S. 19.

7.11 Das Privatleben in den achtziger Jahren: Persönliche Isolation und wachsende Partnerprobleme

Das erzählende 'Ich', Kara Ben Nemsi, schien mit dem Schriftsteller Karl May identisch zu sein. Die Schreibweise des Autors und die Auskünfte der Hausschatz-Redaktion hatten zur Folge: Nicht nur der Held des Romans, auch Karl May, der vermeintliche 'Weltläufer', wurden bewundert. In die Fiktion des Romans, in die Rolle des Siegers, des Befreiers aller Bedrängten, steigerte sich der Autor zunehmend hinein.

Die Leser waren begeistert. Doch seiner Erfolge wurde der Schriftsteller nicht froh. In der Selbstbiographie heißt es retrospektiv:

Ich hatte einsehen müssen, daß es für mich kein anderes Glück im Leben gab, als nur das, welches aus der Arbeit fließt. Darum arbeitete ich, so viel, und so gern, so gern! Dieser ruhelose Fleiß ermöglichte es mir, zu vergessen, daß ich mich in meinem Lebensglück geirrt hatte und noch viel, viel einsamer lebte, als es vorher jemals der Fall gewesen war.[1]

Zu den Triebkräften seines Schaffens gehörten - der Schmerz, die Enttäuschung, die innere Einsamkeit. In der *Pollmer-Studie* (1907) erklärt Karl May:

Ich habe in jener Zeit des elendesten Innenlebens unendlich fleißig gearbeitet und meinen Lesern nur Glauben und Gottvertrauen, Liebe, Glück und Sonnenschein gegeben. Es giebt einzelne Jahre, in denen ich 6-8 neue Bände schrieb [...] Es gab Wochen, in denen ich drei und auch vier Nächte durcharbeitete.[2]

Die Ehefrau Emma wird für die literarische Arbeit ihres Mannes zu wenig Verständnis und Interesse gezeigt haben.[3] Für den Schriftsteller aber wurde das Schreiben zum Lebensersatz. Seine "glückliche, selige Arbeitswelt"[4] war seine 'Droge', sein 'Narkotikum', das ihn die "häßliche, traurige Welt der Pollmerschen Dämonen"[5] - die Realität seiner Ehe, die Wirklichkeit seines Lebens - vergessen ließ.

Über Mays Privatleben in den achtziger Jahren wissen wir freilich nicht viel. Authentisches biographisches Material ist aus dieser Zeit nur spärlich erhalten. Die späteren Selbstaussagen Mays sind mit Vorsicht zu betrachten. Denn die schlechten Erfahrungen mit der Firma Münchmeyer (nach dem Tode des Inhabers im Jahre 1892) verstärkten - subjektiv - die negativen Aspekte auch der früheren Erlebnisse Mays im Umfeld der 'Münchmeyerei'.

Der Schriftsteller lebte zurückgezogen. Der Schreibzwang "schloß andere Betätigungen und Kontakte so gut wie völlig aus."[6] Wie der Maler Paul Normann - in *Deutsche Herzen, Deutsche Helden* - war May in diesen Jahren "kein Gesellschaftsmensch. Ich suche nicht nach Freunden und Bekannten; ich [...] lebe nur meiner Kunst und meiner Häuslichkeit".[7] Er lebte für seine Romane, seine Träume und Phantasien. Gesellschaft war ihm zuwider, "und will ihn wer besuchen, so ist er nach Möglichkeit jeweils 'auf Reisen'".[8]

Die "Häuslichkeit" war leider nicht ungestört: Münchmeyer wurde "Hausfreund bei uns"![9] Ein vertrauliches Verhältnis entstand, von May "nur zögernd geduldet, von seiner Frau um so lebhafter gewünscht. Ernste Differenzen zwischen den Eheleuten May waren die Folgen".[10] Den Besuchen des Geschäftsmannes wollte der Schriftsteller entgehen: Man zog wieder um - schon im Frühjahr 1884 nach Dresden-Altstadt, Prinzenstraße 4.

Doch abschütteln ließ sich der Kolportageverleger nicht. Er kam mit seiner Gattin Pauline noch häufig genug. Pauline und Emma waren schon damals sehr eng miteinander befreundet.[11] Auch Heinrich Münchmeyer stand Emma, laut May, besonders nahe. Er strich die Geige und May "hatte die Ehre, ihn auf dem Piano begleiten zu dürfen".[12] Aus späterer (verzerrter?) Sicht klagt der Dichter: "Es ist wahrlich kein Spaß, [...] nur immer aufpassen zu müssen, daß der liebestolle Hausfreund Einem nicht über die Frau geräth! Das ging über meine Kräfte."[13]

Der Verleger brachte noch weitere Gäste ins Haus, zum Skat- und Billardspiel. May spielte nicht ungern; aber dieser "immerwährende, rücksichtslose Verkehr" stahl ihm die Arbeitszeit und die "Seelenruhe".[14]

Emma fühlte sich, man kann das verstehen, von ihrem Gatten vernachlässigt. Sie suchte nach Unterhaltung und war da anscheinend nicht wählerisch. Freundinnen, auch deren 'Onkels' und 'Verlobte', füllten das Heim. "Es gab eine Szene. Ich warf sie alle hinaus."[15] Das half aber nichts. Emmas Klatschrunde war groß; es "ekelte ihr", so May

vor geistiger Arbeit. Ihr Ideal war ein immerwährend offenes Haus [...] Schauspieler, Sänger, lustige Künstler, allerlei fahrendes Volk sollte bei mir verkehren. Da wollte sie herrschen; da wollte sie als Königin gelten; da wollte sie geliebt sein und wieder lieben, gleichviel ob männlich oder weiblich, denn sie fand sich in beiden Sätteln zurecht.[16]

Eine polemische Überzeichnung wahrscheinlich! May fühlte sich, das wird der wahre Kern sein, beim Schreiben gestört. Andrerseits hatte er Gelegenheit zu 'Charakterstudien': Im Erzählwerk dürften die Hausbesucher, als Karikaturen, ihren Platz gefunden haben! In den Romanen erscheinen sie wieder, "die Damen und Herren, und in keiner Biographie Mays dürften diese bioi paralleloi fehlen".[17]

Und die Partnerprobleme mit Emma? Wie hat May sie, in der Münchmeyerzeit, erlebt? Die Werksspiegelungen lassen - mit einiger Vorsicht - wohl Rückschlüsse zu. In seiner Reiseerzählung *Der letzte Ritt*[18] nutzt der Schriftsteller die Beschreibung Tschilekas und ihrer Tochter Ikbala dazu aus, ein scheinbar lustiges Zerrbild der Kochkünste Emmas zu liefern. Er verbannt damit - so Ilmer -

in Gedanken Emma, die so wenig Bildungsbeflissene, in das ihr einzig zustehende Reich der Köchin [...] Karl May hat hier bereits dasselbe Bild entworfen, das er viele Jahre später, während des Scheidungsprozesses, von Emma in der Gestalt der so liebenswert erscheinenden und dann als so bösartig hingestellten Köchin Pekala beim Ustad zeichnete.[19]

An autobiographischem Material noch reichhaltiger als *Der letzte Ritt* sind - wie erwähnt - die Kolportageromane. Lord Eaglenests Selbstgespräch - in *Deutsche Herzen, Deutsche Helden* - zum Beispiel gibt (wahrscheinlich) die reale Enttäuschung und die tatsächlichen Bedürfnisse des Autors wieder: "Ich brauche eine Frau, welche mich derb in die Schule nimmt, die mir die Motten und Marotten gehörig ausklopft, aber das Alles in Liebe und mit Verstand, nicht etwa mit dem Besenstiel und dem Nudelholz."[20]

Für privates Unglück des Autors gibt es in den Romanen zahlreiche Indizien. Auch an die eigene Ehe wird der Schriftsteller gedacht haben, wenn er seine Romanheldin Zykyma so reden läßt:

"Es ist uns Frauen eine Gabe verliehen, wie es kostbarer keine zweite giebt, die Gabe, das Herz des Mannes gefangen zu nehmen für alle Zeit, für das ganze Leben. Wir können dem Manne die größten Seligkeiten bieten, ihm aber auch die Hölle bereiten."[21]

Vielsagend und verräterisch ist eine Szenenfolge in *Der Weg zum Glück*. Der Lehrer und Dichter Max Walther schleudert der hochmütigen Silbermartha die gröbsten Worte ins hübsche Gesicht: "Sie fluchen wie ein Landsknecht [...] kurz, ich bin überzeugt, daß Sie ein gefühlloses, rohes, raffinirtes, eingebildetes, stolzes und - liebeslüsternes Frauenzimmer sind. Ich bin geheilt. Holen Sie sich einen anderen Dichter!"[22] Die alte Feuerbalzerin klärt das verstörte, über die Hartherzigkeit des Geliebten entsetzte Mädchen auf: Der Schulmeister - Max Walther im Roman, Karl May in der Realität -

"hat geglaubt, Dich damit treffen und bessern zu können [...] Er hats gut gemeint mit seiner Grobheiten. Er hat Dich sehr lieb gehabt, und vielleicht hat er Dich auch heut noch lieb. Nimm Dir seine Worten zu Herzen! [...] Es ist nicht gut, wann ein Kind keine Muttern hat; drum kann ich Dir viel verzeihen."[23]

Die Deutung geht sicher nicht fehl: Die protzige Silbermartha, die keine Mutter hat und der man alles verzeihen muß, ist (in dieser Szene) die eitle Emma, die ebenfalls keine Mutter hatte und der Karl May - immer wieder - alles verzieh. Er kämpfte um sie; er wollte sie "bessern" und zur Schlichtheit, zur wirklichen Liebe 'erziehen'.

Mays Kampf war, auf die Dauer, vergeblich. Doch Karls Zuneigung und Emmas Macht über den Ehemann blieben noch lange Zeit ungebrochen. Er "verzieh der Frau, in der Hoffnung, alles Böse zum Guten führen zu können, ich hatte ja auch meine Fehler [...]"[24]

Anmerkungen

1   Karl May: *Mein Leben und Streben*. Freiburg 1910. Hrsg. von Hainer Plaul. Hildesheim, New York 2 1982, S. 205.
2   Karl May: *Frau Pollmer - eine psychologische Studie* (1907). Prozeßschriften, Bd. 1. Hrsg. von Roland Schmid. Bamberg 1982, S. 849.
3   Daß Emma Mays Bücher überhaupt nie las (wie May später behauptete), dürfte freilich nicht zutreffen. - Vgl. Walther Ilmer: *Karl May - Mensch und Schriftsteller. Tragik und Triumph*. Husum 1992, S. 53.
4   May: *Frau Pollmer*, wie Anm. 2, S. 849.
5   Ebd.
6   Claus Roxin: *Mays Leben*. In: *Karl-May-Handbuch*. Hrsg. von Gert Ueding in Zusammenarbeit mit Reinhard Tschapke. Stuttgart 1987, S. 62-123 (S. 96).
7   Karl May: *Deutsche Herzen - Deutsche Helden*. Bamberg 1976 (Reprint der Dresdner Erstausgabe von 1885-87), S. 2356.
8   Hans Wollschläger: *Karl May. Grundriß eines gebrochenen Lebens*. Zürich 1976, S. 73.
9   May: *Mein Leben und Streben*, wie Anm. 1, S. 205.
10 Klaus Hoffmann: *Nachwort* zum Faksimile-Druck des *Waldröschen*. Hildesheim, New York 1971, S. 2619-2686 (S. 2626).
11 Vgl. z.B. May: *Mein Leben und Streben*, wie Anm. 1, S. 203.
12 May: *Frau Pollmer*, wie Anm. 2, S. 837.
13 Ebd., S. 838.
14 Ebd.

15 Karl May: Eingabe an das Kgl. Landgericht Dresden (1908); zit. nach Wollschläger, wie Anm. 8, S. 65.

16 May: *Frau Pollmer*, wie Anm. 2, S. 852.

17 Wollschläger, wie Anm. 8, S. 65.

18 Vgl. Karl May: *In den Schluchten des Balkan*. Gesammelte Reiseromane, Bd. IV. Freiburg 1892, S. 135ff. u. 259-264. - Vgl. oben, S. 198ff.

19 Walther Ilmer: *Das Märchen als Wahrheit - die Wahrheit als Märchen. Aus Karl Mays 'Reise-Erinnerungen' an den erzgebirgischen Balkan*. In: JbKMG 1984, S. 92-138 (S. 117) - Vgl. unten, S. 445.

20 May: *Deutsche Herzen*, wie Anm. 7, S. 328.

21 Ebd., S. 80.

22 Karl May: *Der Weg zum Glück. Roman aus dem Leben Ludwig des Zweiten*. Hildesheim, New York 1971 (Reprint der Dresdner Erstausgabe von 1886-88), S. 606.

23 Ebd., S. 612.

24 May: *Frau Pollmer*, wie Anm. 2, S. 828.

7.12 Der Tod der Eltern: Bleibende Schuldgefühle und verstärkte Hinwendung zum mütterlichen Prinzip

In die Münchmeyerzeit fällt ein besonderes Erlebnis, ein wichtiges Doppelereignis, das in der Selbstbiographie keine Erwähnung findet, das den innerlich vereinsamten, in seiner Ehe nicht glücklichen Schriftsteller aber aufs schwerste getroffen und seine künftige Entwicklung - mit hoher Wahrscheinlichkeit - entscheidend beeinflußt hat: Am 15. April 1885 starb seine Mutter in Ernstthal; und wenig später erlitt Vater May einen Schlaganfall, der ihn halbseitig lähmte. Der Tod auch des Vaters stand nicht mehr fern.

Mays zweite Frau Klara berichtet, was der Dichter ihr anvertraut habe: "Als seine Mutter in seinen Armen starb, hielt er sie vom Abend bis zum Morgen als Leiche in seinen Armen [...] Das Grab der Mutter wurde doppelt tief gemacht. Er wollte bei ihr begraben werden."[1]

Im Orientroman, in einer autobiographisch zweifelsfrei signifikanten - vermutlich im Spätsommer 1885 verfaßten[2] - Passage der Teil-Erzählung *Der letzte Ritt*, spiegeln sich die Gefühle des Autors. Mit den Worten des Uhrmachers und Buchhändlers Ali teilt der Schriftsteller uns mit:

"Die Mutter [...] starb, und kurze Zeit später traf den Vater der Schlag [...] Vater und Mutter hat man nur einmal. Sind sie gestorben, so hat der Kirchhof den besten Teil des Kindes empfangen, und keine Seele auf Erden meint es mit ihm wieder so gut und treu, wie die Hingeschiedenen."[3]

Kara Ben Nemsi stellt dem Uhrmacher, scheinbar beiläufig, die Frage: "So lieben Sie also Ihren Vater?" Ali antwortet: "Herr, warum fragen Sie? Kann es einen Sohn geben, welcher seinen Vater nicht liebt? Kann ein Kind seiner Eltern vergessen, denen es alles, alles zu verdanken hat?"[4]

In Mays Spätwerk finden sich, mit Bezug auf die Mutter, ganz ähnliche Worte. Die Mutter war lange schon tot, als der Dichter - im Roman *Und Friede auf Erden!* - die Tochter Wallers (Mary) bekennen ließ:

"Wie wäre es mir möglich, der verstorbenen Mutter zu vergessen, deren Liebe mir eine ganze Welt gegeben hat! Ich kann sie mir nicht tot denken. Ich weiß, sie ist noch heut bei mir, wie sie stets bei mir gewesen ist [...] Seit ihrem Scheiden wohnt und wirkt in mir Etwas, was vorher nicht vorhanden war. Die, welche der Sprachgebrauch so fälschlich Tote nennt, haben vielleicht größere Macht über uns, als wir uns denken können."[5]

Ma(r)ys eigene Mutter ist hier gemeint.[6] Der Sohn weigerte sich, die Mutter für tot anzusehen. Sie konnte für ihn, wie Hans Wollschläger interpretierte, "nicht gestorben sein, weil der Konflikt, der an ihr Bild gebunden war, nicht sterben konnte".[7] Diese Deutung setzt die Theorie einer Liebesversagung der Mutter in den ersten Jahren des Kleinkindes Karl voraus.[8] Mag Wollschlägers Hypothese nun zutreffen oder nicht, ein nicht zu unterschlagender Grund für des Dichters Einstellung zum Tode der Mutter (und zum Tod überhaupt) war sein Glaube an Gott, der - in der Sicht des letzten Vertrauens - "kein Gott der Toten, sondern ein Gott der Lebenden ist" (Mk 12, 27)! May war, bei aller Unvollkommenheit, ein liebender Mensch und ein gläubiger Christ; die Ewigkeit Gottes, das Leben der 'Toten', die (mit spiritistischen Spielen nicht zu verwechselnde[9]) Verbindung mit den Verstorbenen waren für ihn eine Realität.

May liebte, über ihren Tod hinaus, seine Mutter. Und er liebte auch seinen Vater. Heinrich May starb am 6. September 1888 im Alter von 78 Jahren. Karls Jugend hatte er, in verblendeter Liebe, verdorben. Aber den 'verlorenen Sohn', den Strafentlassenen, hat er mit offenen Armen empfangen. Karl May war ihm dankbar sein Leben lang; er hat ihn finanziell unterstützt, ihn geehrt und geachtet. Der Vater des Uhrmachers Ali "betet [...] ohne Unterlaß, daß Allah ihn erlösen möge, damit er mir nicht länger zur Last falle. Ich aber bete heimlich zu der großen, göttlichen Liebe, ihn mir noch lange, lange zu erhalten."[10]

Mays Vaterbeziehung war ambivalent. Der Vater war dem Sohn gegenüber schuldig geworden; aber auch dieser sah sich verstrickt in Schuld und Versagen. Als der Vater gestorben war, richtete der Sohn seine "Hoffnung, alles, alles an ihm gut machen zu können, nach jenem Lande [...], in welchem ein jeder nachzusühnen hat, was hier auf Erden zu sühnen vergessen worden ist!"[11]

May wußte sich schuldig, vor dem irdischen und vor dem himmlischen Vater. Und er wußte sich schuldig - auch vor der Mutter: "Ich hatte etwas gethan, was die Mutter erzürnte." So zu lesen im *Letzten Ritt*.[12] Und wesentlich später, in den *Himmelsgedanken* (1900):[13]

> Ich hab gefehlt, und du hast es getragen,
> So manches Mal und, ach, so lang, so schwer.
> Wie das mich nun bedrückt, kann ich nicht sagen;
> O komm noch einmal, einmal zu mir her!
>
> Du starbst ja nicht; du bist hinaufgestiegen
> Zu reinen Geistern, meiner Mutter Geist.
> Ich weiß, du siehst jetzt betend mich hier liegen;
> O komm, o komm, und sag, daß du verzeihst!

An die Mutter ist dieses - in größter Bedrängnis (im Zusammenhang mit ersten Presseangriffen auf May)[14] entstandene - Gedicht überschrieben. Was soll die Mutter verzeihen? Die Straftaten in den sechziger Jahren! Und - die narzißtische Neigung, das Geltungsbedürfnis des späteren, des berühmt gewordenen Abenteuerschriftstellers: des 'Dr. Karl May, genannt Old Shatterhand'.[15]

Viele Romangestalten des Autors, auch Winnetou, können als Vexierbilder der Mutter verstanden werden.[16] Die Mutterbeziehung hat Mays Leben und Werk in zunehmendem Maße geprägt - bis zum (Fast-) Zusammenbruch des Old-Shatterhand-Kults, bis zur Dominanz des mütterlichen Prinzips im Spätwerk des Dichters.[17]

Gewiß, die 'männliche' Macht des Helden wird in den Altersromanen nicht einfach gebrochen;[18] sie wird, im Gegenteil, zur 'Allmacht' der (vom weiblichen Prinzip getragenen) Liebe erhöht. Aber gerade dies ist bedeutsam: Die wahre Liebe, die nicht nur sich selbst sucht, wird für May immer drängender. "Hast du die Liebe?", diese Frage des blinden Münedschi - in *Am Jenseits*[19] - wird zur alles beherrschenden Frage des mystischen Spätwerks.

Anmerkungen

1   Aus einem Manuskript Klara Mays (1932); zit. nach Hans Wollschläger: *"Die sogenannte Spaltung des menschlichen Innern, ein Bild der Menschheitsspaltung überhaupt".* Materialien zu einer Charakteranalyse Karl Mays. In: JbKMG 1972/73, S. 11-92 (S. 50).
2   Nach Roland Schmid: *Anhang.* In: Karl May: Freiburger Erstausgaben, Bd. XXIII. Hrsg. von Roland Schmid. Bamberg 1984, A 1-42 (36).
3   Karl May: *In den Schluchten des Balkan.* Gesammelte Reiseromane, Bd. IV. Freiburg 1892, S. 107 - Dazu Walther Ilmer: *Das Märchen als Wahrheit - die Wahrheit als Märchen. Aus Karl Mays 'Reise-Erinnerungen' an den erzgebirgischen Balkan.* In: JbKMG 1984, S. 92-138 (S. 114ff.).
4   May: *In den Schluchten des Balkan,* wie Anm. 3, S. 109.
5   Karl May: *Und Friede auf Erden!* Gesammelte Reiseerzählungen, Bd. XXX. Freiburg 1904, S. 37.
6   Vgl. Wollschläger, wie Anm. 1, S. 49ff.
7   Ebd., S. 51.
8   Vgl. oben, S. 43.
9   Vgl. unten, S. 343ff.
10 May: *In den Schluchten des Balkan,* wie Anm. 3, S. 107.
11 Karl May: *Im Reiche des silbernen Löwen III.* Gesammelte Reiseerzählungen, Bd. XXVIII. Freiburg 1902, S. 625.
12 May: *In den Schluchten des Balkan,* wie Anm. 3, S. 107.
13 Karl May: *An die Mutter.* In: Ders.: *Himmelsgedanken.* Freiburg 1900, S. 105 - Zur Interpretation vgl. Wolf-Dieter Bach: *Muttergedichte Karl Mays und Hermann Hesses.* In: JbKMG 1970, S. 114-117.
14 Vgl. unten, S. 377ff.
15 Vgl. unten, S. 321ff.
16 Vgl. z.B. Johanna Bossinade: *Das zweite Geschlecht des Roten. Zur Inszenierung von Androgynität in der 'Winnetou'-Trilogie Karl Mays.* In: JbKMG 1986, S. 241-267 (S. 255). - Vgl. oben, S. 181.
17 Vgl. bes. unten, S. 413f.
18 Vgl. Günter Scholdt: *Vom armen alten May. Bemerkungen zu 'Winnetou IV' und der psychischen Verfassung seines Autors.* In: JbKMG 1985, S. 102-151 (S. 133).
19 Karl May: *Am Jenseits.* Gesammelte Reiseerzählungen, Bd. XXV. Freiburg 1899, S. 96.

7.13 Jugenderzählungen im Spemann-Verlag: Mays Bedeutung als epischer Dichter und Literaturpädagoge

Noch vor der Beendigung seiner Tätigkeit für H.G. Münchmeyer (im Sommer 1887) baute Karl May seine, bisher unbedeutende, Zusammenarbeit mit dem Stuttgarter Verleger Wilhelm Spemann aus. Für den renommierten Unternehmer lieferte May pädagogisch Wertvolles und literarisch Seriöses. Ein weiteres Mal gelang ihm, um den Preis eines beträchtlich verminderten Einkommens, der 'Sprung über die Vergangenheit'. Münchmeyer verschwindet, so sieht es Hans Wollschläger, "bühnenabwärts - und mit ihm Kitsch und allzu gern erfüllte Konvention: die Kolportagezeit ist überwunden."[1]

Ein neuer Lebensabschnitt beginnt, und auch die Dresdner Wohnung wird wieder gewechselt: Im Frühjahr 1887 zieht das Ehepaar May in die Schnorrstraße 31 um.

7.13.1 Kontakte zu Joseph Kürschner

Die Vorgeschichte und die Begleitumstände des Mayschen Engagements für Spemann sind interessant und erwähnenswert. Sie sollen, in gebotener Kürze, hier dargestellt werden.

Der bekannte Theaterkritiker, Redakteur und Herausgeber des 'Deutschen Literaturkalenders' Joseph Kürschner schätzte Mays Talent besonders hoch ein. Kürschner betreute, seit der Gründung im Jahre 1881, das illustrierte Spemann-Blatt 'Vom Fels zum Meer'. 1882/83 hatte Karl May in dieser Zeitschrift zwei Kurzgeschichten veröffentlicht.[2] Seit 1883 versuchte nun Kürschner, in wiederholten Anläufen, unseren Autor für einen Romanzyklus - unter dem Sammeltitel 'Ein Weltläufer' - und für die weitere Mitarbeit im 'Fels' (der im Jahre 1885 eine monatliche Auflage von 65.000 Exemplaren erreichte) zu gewinnen.[3] Vergeblich! Denn May war, aufgrund seiner Kolportagetätigkeit, von der Kürschner vermutlich nichts wußte, stark überlastet.[4] Seit Beginn seiner Arbeit am *Waldröschen* konnte er, außer den Münchmeyerromanen und der Fortsetzung des Orientzyklus im 'Deutschen Hausschatz', wohl nur die kurze (am 29.11.1886 erschienene) Jugenderzählung *Unter der Windhose. Ein Erlebnis aus dem fernen Westen*[5] verfassen: für 'Das Buch der Jugend' des Stuttgarter Verlages K. Thienemann.

Am 3. Oktober 1886 machte Kürschner freilich ein Angebot, das ihm "die dauernde Wertschätzung Mays"[6] eintragen sollte: Er fragte den Schriftsteller, ob er nicht geneigt wäre, "einmal einen recht packenden, fesselnden und situationsreichen Roman zu schreiben. Ich würde IHNEN in dem Fall ein Honorar bis zu 1000 Mark pro Felsbogen zusichern können"![7]

Diese Offerte war mehr als verlockend: Während May von Pustet - und künftig von Spemann - nur eine Mark pro Manuskriptseite bezog, stellte ihm Kürschner maximal 11, 50 Mark für die Manuskriptseite[8] in Aussicht! Karl May sagte grundsätzlich zu. Doch zur Verwirklichung dieses (für den 'Fels' zu schreibenden) Romans ist es nie gekommen. Jürgen Wehnert, der Verfasser einer Spezialuntersuchung zu *Joseph Kürschner und Karl May*, vermutet folgenden Grund: Kürschners Bedingung, May habe den Text der Erzählung komplett (also nicht, wie gewohnt, in Raten) zu liefern, war für den Schriftsteller ein "fast unüberwindliches Hindernis [...], zumal hierdurch regelmäßige Teilzahlungen des Honorars, auf die May angewiesen war, entfielen".[9]

Zu bedenken ist freilich die Tatsache, daß auch der Pustet-Verlag, gleichfalls im Jahre 1886, versichert hatte, "niemals mehr" einen May-Text im 'Deutschen Hausschatz' zu beginnen, "ohne daß uns das Manuscript vollständig vorliegt".[10] Im Hausschatz setzte May, trotz dieser Bedingung (die er, zumindest annähernd, erfüllte), seit Herbst 1887 seine Mitarbeit fort. Der Grund für das Nichtzustandekommen eines May-Romans in der - renommierten, für gebildete Erwachsene konzipierten! - Zeitschrift 'Vom Fels zum Meer' bleibt also dunkel.[11] Wahrscheinlich wollte May das Angebot Kürschners realisieren, konnte aber nicht sofort beginnen, weil er die Kolportageromane zu Ende führen mußte. In Mays Jugenderzählungen für den 'Guten Kameraden' ist das Kürschner-Projekt später 'aufgegangen'. Immerhin "hat Kürschners Offerte wohl mittelbar die Lösung von der Kolportage eingeleitet".[12]

Schon am 10. November 1886 wandte sich Kürschner mit einem weiteren Vorschlag an Karl May: Für das neu zu gründende Spemann-Journal 'Der Gute Kamerad' solle May "ein größeres Manuscript, eine möglichst spannende anziehende Jugendschrift"[13] verfassen. Dieser Einladung konnte May jetzt nicht mehr widerstehen. Sie wurde, in der Folge, von schicksalhafter Bedeutung für ihn.

Noch vor dem Erscheinen des ersten Jahrgangs trat Kürschner von der Redaktion des 'Guten Kameraden' zurück, erbat sich aber weiterhin - in den Jahren 1887 bis 1889 - kleine May-Beiträge (Erzähltexte zu vorgegebenen Bildern) für den 'Fels', den er nach wie vor redigierte. Doch Kürschners Bemühungen blieben fast ohne Erfolg: Während May für den 'Guten Kameraden' mit größtem Eifer zur Feder griff, ließ er sich lediglich zu einem einzigen Artikel im 'Fels' überreden: zu *Maghreb-el-aksa* (November 1887), einer marokkanischen Reiseskizze zu Stichen des englischen Zeichners Caton Woodville.

Hervorzuheben ist der Schluß dieser Skizze: Karl May wünscht Marokko den Frieden "und unterstreicht seinen antikolonialistischen Standpunkt: 'Jetzt rüstet man dort zum mörderischen Kampfe. Dieses herrliche Land hat schon so viel Blut getrunken. Es steht unter dem Zeichen des Halbmonds. Geben wir es - fi aman allah - in Gottes Schutz!'"[14]

Am 1. Juli 1889 trennte sich Joseph Kürschner von Spemann und damit vom 'Fels', um literarischer Direktor der unmittelbaren Konkurrenz, der 'Deutschen Verlags-Anstalt' (Stuttgart-Leipzig-Berlin-Wien), zu werden. Für die von Kürschner betreuten Zeitschriften dieses Mammut-Unternehmens - 'Illustrirte Welt' u.a. - lieferte May in den folgenden Jahren kurze Erzählungen (ebenfalls zu vorgegebenen Bildern), die mit Rücksicht auf Spemann anonym oder pseudonym erschienen: Im Oktober 1889 kam *Im Mistake-Cannon*[15] heraus, im Januar 1890 *Am "Kai-p'a"*, im November 1890 *Die Rache des Mormonen*[16] und im Mai 1893 (aber schon 1889/90 entstanden) *Der erste Elk* - ein Text zu Bildern des Indianermalers Frederic Remington, die dieser für eine Erzählung des nachmaligen US-Präsidenten Theodore Roosevelt gemalt hatte. Für die Beurteilung des literarischen Werdegangs Karl Mays ist *Der erste Elk* ein wichtiges Dokument, auf das wir später zurückkommen werden.

Daß die Unterhaltungsblätter der 'Deutschen Verlags-Anstalt' in den Jahren 1891-93 noch weitere (anonyme) Beiträge von Karl May brachten, ist - nach Wehnert - durchaus wahrscheinlich.[17] Doch biographisch und literarisch sind diese Mini-Texte wohl ohne große Bedeutung.

7.13.2 'Der Gute Kamerad' - Mays neuer Weg zum literarischen Glück

Kürschners Hauptverdienst, was Karl May betrifft, war die Vermittlung der Mayschen Tätigkeit für Spemanns Knaben-Journal 'Der Gute Kamerad'. Dieses Blatt, das am 8. Januar 1887 erstmals erschien, betrachtete unser Schriftsteller als "eine Art Mission".[18] Seine erzieherischen Ambitionen, seine humanitären Ideale konnte er dort, in hervorragender Weise, literarisch verwirklichen.

Schon 1883 hatte May dem Verleger Spemann zugesichert, eine Reihe von Abenteuergeschichten für ihn zu verfassen.[19] Erst jetzt, Ende 1886, konnte May diese Zusage wirklich erfüllen. Noch vor Abschluß der Münchmeyerromane *Deutsche Herzen* und *Der Weg zum Glück*[20] begann er mit der Niederschrift seiner ersten (in Nordamerika spielenden) Erzählung für den 'Guten Kameraden'. Sie erschien von Januar bis September 1887 und hatte den Titel *Der Sohn des Bärenjägers*.

Dieses Werk gehört zu den besten Wildwestgeschichten Karl Mays. Es machte das Spemann-Blatt "mit einem Schlage bekannt"![21] Der Apachenhäuptling Winnetou "ist hier zum ersten Mal ausschließlich Edelindianer",[22] und die Buffo-Figur des pfiffigen Hobble-Frank, des berühmten Westmanns und ehemaligen 'Forschtgehilfen' aus Moritzburg, des sächsischen Dialekt-Künstlers, des kleinen Helden und drolligen Wortverdrehers, begeisterte - ähnlich wie Hadschi Halef in den Orientromanen - die jungen Leser.

Der Sohn des Bärenjägers fand "allseitig Anklang"[23] und erschien schon 1888 - im Prager Verlag Josef R. Vilimek - in tschechischer Übersetzung.[24] Die "eigenartige Frische und Lustigkeit" des Mayschen Erzählstils sagte der Spemann-Redaktion "ganz außerordentlich"[25] zu. Folglich wurde der Autor mit Nachdruck gebeten, noch weitere, dem *Bärenjäger* ähnliche Geschichten zu erfinden.

Am 3. Dezember 1888 band sich der Schriftsteller vertraglich an Wilhelm Spemann (1844-1910). Sein Geschäftspartner war ein liberal denkender Protestant; politisch verehrte er Bismarck. Gleichwohl hatte er keine Bedenken, den als katholisch geltenden May, "der zudem die Bismarck-Gegner, wenn auch nur indirekt, publizistisch unterstützte, als Hauptmitarbeiter an sein neues Blatt zu binden".[26]

Bis 1891, dem Wende-Jahr der Begegnung mit Fehsenfeld,[27] lieferte May die bekannten Erzählungen, die - neben den 'Hausschatz'-Romanen - seinen Aufstieg in die Literatur mitbegründeten: Dem *Bärenjäger* folgten *Der Geist der Llano estakata*[28] (1888), *Kong-Kheou, das Ehrenwort* (1888/89) bzw. - als Buchtitel - *Der blau-rote Methusalem* (1892), *Die Sklavenkarawane* (1889/90), *Der Schatz im Silbersee* (1890/91) und *Das Vermächtnis des Inka* (1891/92). Als Nachzügler folgten - in der Formkraft wohl etwas schwächer - *Der Oelprinz* (1893/94) und *Der schwarze Mustang* (1896/97).[29]

Hinzu kam eine Serie von anonymen bzw. pseudonymen Kurzgeschichten: *Ibn el 'amm. Von P. van der Löwen* (Januar 1887), *Ein Prairiebrand* (März 1887), *Das Hamail, Ein Phi-Phob* (beide im Mai 1887), *"Löffel begraben"* (September 1889), *Sklavenrache* (Oktober 1889), *Zum erstenmal an Bord* (Januar 1890), *Der Schlangenmensch. Verrenkungsstudie von Hobbelfrank* (Oktober 1890), *Eine Seehundsjagd* (Februar 1891) und anderes mehr.[30]

Für den fünfundvierzigjährigen Autor setzte sich, vom Erfolg, von der Anerkennung her gesehen, der - mit *"Giölgeda padishanün"* begonnene - Höhentrend weiter fort. Sein Aufstieg zur Berühmtheit schien unaufhaltsam. Seine Erniedrigung im Gefängnis, die dunkle Vergangenheit, alles schien nun vorbei und vergessen zu sein.

Die Popularität des Schriftstellers nahm zu. Auch andere Autoren wollten sich 'anhängen'. Der Reutlinger Verlag Robert Bardtenschlager nützte, in der Trivialbranche nicht unüblich, die Situation aus: Er ließ Erzählungen anderer - unbekannter - Verfasser unter Karl Mays Namen erscheinen! Der richtige May protestierte (später) erfolgreich.[31]

Sein Weg ging nach oben. Freilich - sich selbst, seine Identität als Symbol-Dichter hatte der Schriftsteller noch längst nicht gefunden. Der 'echte' May und sein 'eigentliches' Werk blieben noch Zukunft.

Am 1. Januar 1890 fusionierte der Spemann-Verlag mit den Stuttgarter Firmen Schönlein und Gebr. Kröner zur 'Union Deutsche Verlagsgesellschaft'. Neben der 'Deutschen Verlags-Anstalt' war die 'Union' nun der größte deutsche Presseverlag des ausgehenden 19. Jahrhunderts. Für beide Mammut-Firmen hat Karl May geliefert.[32]

Die Zeitschrift 'Der Gute Kamerad' wurde weitergeführt. Mays Beiträge in diesem Journal kamen, seit 1890, auch als illustrierte Bücher des 'Union'-Verlages heraus.[33] Spätestens im Herbst 1891 - nach der Begegnung mit Fehsenfeld, dem Freiburger Verleger - wird die Aussicht, als Verfasser von Büchern (und nicht nur als Autor in Wochenblättern) berühmt zu werden, Karl May sehr verlocken.

Die erste Buchausgabe der Mayschen Jugenderzählungen hatte den Titel *Die Helden des Westens*. Sie erschien im Herbst 1890 und enthielt die beiden Erzählungen *Der Sohn des*

Bärenjägers und *Der Geist des Llano estakado*. Für die Buchfassung hat May den Text des *Bärenjägers* erheblich gekürzt.[34] Gestrichen wurden zwei Bärengeschichten und ein längerer Dialog zwischen Winnetou und Tokvi-tey, dem Häuptling der Schoschonen. Winnetous Schilderung seines ersten Zusammentreffens mit Old Shatterhand entfiel damit ebenfalls. Der Schriftsteller mußte, um Widersprüche zu eliminieren, diese Passage streichen. Denn in der 'Hausschatz'-Erzählung *Der Scout* (1888/89)[35] hat er inzwischen eine andere Version dieser ersten Begegnung geliefert. 1893, in der Fehsenfeld-Reihe (Band VII. *Winnetou I*), freilich bringt May - ohne Rücksicht auf Widersprüche zu früheren Schilderungen in anderen Publikationsmitteln - noch eine dritte und endgültige Darstellung des Beginns der Freundschaft Old Shatterhands mit dem großen Apachen.

Was die weiteren Jugenderzählungen betrifft, weichen die Buch-Varianten von den Journal-Texten im 'Guten Kameraden' nur unwesentlich ab. Während die Herausgeber der 'historisch-kritischen Ausgabe'[36] diese Veränderungen auf Textrevisionen durch die Redakteure des Union-Verlages zurückführen, schließt Wilhelm Vinzenz, ein hervorragender May-Kenner, geringfügige Korrekturen durch den Autor nicht aus.[37]

7.13.3 Die Eigenart der Mayschen Jugenderzählungen

Karl May verstand seine neuen, für den 'Guten Kameraden' verfaßten Geschichten - im Gegensatz zu seinen übrigen Werken - speziell als 'Jugendschriften'.[38] Adressaten waren vor allem die Gymnasiasten, die Knaben des gehobenen Bürgertums.

Wie unterscheiden sich die Jugendromane von anderen Werken Karl Mays, von seinen Kolportageromanen und seinen bei Pustet erschienenen Reiseerzählungen? Die Jugendromane und die Münchmeyerwerke sind unterschiedlichen literarischen Gattungen zuzuordnen. Im ersten Fall handelt es sich um Abenteuergeschichten (mit autobiographischen Elementen) und im zweiten Fall um sehr eigenartige Mischungen von Gesellschafts-, Hintertreppen-, Kriminal-, Abenteuer-, Erbauungs- und autobiographischem Schlüsselroman. Der Adressatenkreis ist jeweils ein anderer. Ein Vergleich, sofern er auf die Bewertung des Inhalts und der pädagogischen Qualität der Romane hinausläuft, müßte dies berücksichtigen.

Was den literarischen Wert der beiden Werksgruppen betrifft, ist zu bedenken: Die Kolportageromane sind, in größeren Abschnitten und einzelnen Szenen, sehr verschieden, "je nachdem ob May gerade inspiriert war oder nicht. Da er in jeder Stimmungslage schreiben mußte, gibt es neben gelungenen Partien viel Leerlauf."[39] Eine generelle Abwertung, im Vergleich zu den Jugenderzählungen, wäre ungerecht. Dennoch kann man sagen: Aufs Ganze gesehen sind die Jugendromane, in formal-ästhetischer Hinsicht, den Müchmeyerromanen deutlich überlegen.

Heinz Stolte u.a. nennen die folgenden Unterscheidungsmerkmale: Im Aufbau sind die Jugenderzählungen klarer und kunstvoller,[40] in der Handlung geschlossener und in der Sprache gepflegter als die Kolportageromane. Die wildwuchernde Phantasie ist gebändigt.[41] Und die epische Technik hat sich verfeinert: Zeigte sich der Autor in den Münchmeyerwerken als rohes 'Naturtalent', so erweist er sich in den Jugenderzählungen als disziplinierter Künstler, "der seine Mittel bewußt und gekonnt"[42] zum Einsatz bringt. Mays Jugendromane sind in ihrer Art Meisterwerke; ihnen kommt, nach Wollschlägers Urteil, "das Maß klassischer Leistung zu; noch heute gehören sie unverändert zu den Guten Büchern, die Kindern in die Hand zu geben wären."[43]

Mays Jugenderzählungen liegt in der Form eine geplante Architektur und im Inhalt ein erkennbares Konzept, eine didaktische Idee zugrunde. Der Autor bewährt sich, mehr denn je, als passionierter Lehrer. Er will seine jungen, noch wenig geprägten Leser erziehen: zur Ehrfurcht vor dem Leben, zur Liebe zu allen Menschen, gleich welchen Standes, welcher Hautfarbe und Religion. Daß er gerade auch 'Behinderte' (heimliche Selbstporträts!): Menschen mit körperlichen Gebrechen und seelischen Verletzungen - den hinkenden, beruflich gestrandeten Hobble-Frank, den tragikomischen Hadschi Ali, den 'gelehrten' Uszkar, den als Gaucho verkleideten Zoologen Dr. Morgenstern, den verhinderten 'Chirurgen' Don Parmesan, den Kantor em. Aurelius Hampel und viele andere -, so liebenswürdig gezeichnet hat,[44] verdient besonderes Lob.

Während die Kolportageromane, auf weiten Strecken, auch schönen Mädchen und zärtlichen Szenen ihren Reiz verdanken, fehlt dieses Element in den Jugenderzählungen gänzlich. Spannung zu erzeugen, verstand Karl May auch ohne Erotik. Amouröse Beziehungen werden in den Jugendbüchern durch Männerfreundschaften ersetzt,[45] und Frauen spielen keine (zumindest keine handlungstragende) Rolle. Der Grund für diese Besonderheit dürfte - ausschließlich oder vorwiegend - in der Rücksicht auf den Adressatenkreis, auf das vorpubertäre Knabenalter der meisten 'Kamerad'- bzw. 'Union'-Leser zu suchen sein.[46]

Karl May ist Literaturpädagoge:[47] Er will in den Jugendromanen seinen Lesern

auch geographische und naturwissenschaftliche Kenntnisse vermitteln und sie vom Nutzen des Lernens und Studierens überzeugen. Dabei sorgt er dafür, daß es in seinem Klassenzimmer nicht nach 'Schulmuff' riecht. Er stößt die Fenster auf und läßt den 'Duft der großen weiten Welt' hereinströmen. Der 'Unterrichtsstoff' wird unauffällig in die Handlung integriert, die Vermittlung von Information und Wissen wird zum Erlebnis. Das war, in dieser Art, etwas durchaus Neues - man halte einmal die Unterrichtsmethoden, die zu Karl Mays Zeit üblich waren, dagegen, die Traktate, die Belehrungen, aus denen unübersehbar und drohend der erhobene Zeigefinger hervorblickte.[48]

Wie unterscheiden sich nun die Jugendromane von den - teils früher, teils gleichzeitig, teils später entstandenen - Reiseerzählungen bei Pustet? Die Gemeinsamkeiten liegen auf der Hand: Die Schauplätze sind im wesentlichen dieselben; die Personen- und Landschaftsbeschreibungen, die Handlungsmotive, die spannende Erzählweise und die pädagogische Zielsetzung sind in beiden Werksgruppen sehr ähnlich; auch die ethischen Prinzipien, die christlich-humanitären Grundsätze, stimmen überein. Die (dennoch vorhandenen) Unterschiede zu bestimmen, scheint relativ schwierig.

Die Leser des 'Deutschen Hausschatzes', in welchem die Mayschen Reiseerzählungen zum Großteil erschienen, waren überwiegend Erwachsene, Männer und Frauen mit unterschiedlichem Bildungsgrad; aber auch die Reiseerzählungen sind, im Gegensatz zu den hochkomplizierten Spätwerken des Dichters, im Grunde doch Jugendlektüre (was ja keineswegs ausschließt, daß sie auch Erwachsene ansprechen und interessieren können[49]). Obwohl sie den Horizont des jugendlichen Lesers in mancher Hinsicht übersteigen,[50] können die Hausschatz-Romane dennoch als Jugendliteratur bezeichnet werden - und zwar

in einem echteren Sinne als das, was man gemeinhin so nennt. Hier stellt sich nicht ein Erwachsener mit Fleiß naiv [...] Sondern Mays Seelenlage war selbst von jugendlicher Art: Wenn Zwölfjährige den Verstand eines hochbegabten Erwachsenen besäßen und dichten könnten, so würden sie schreiben, wie Karl May es lange Jahre tat.[51]

Zu verwechseln sind Mays Erzählungen im 'Guten Kameraden' und im 'Deutschen Hausschatz', trotz vieler Gemeinsamkeiten, allerdings nicht. Das Erkennungsmerkmal der - ausdrücklich und mit Absicht - für die Jugend verfaßten Erzählungen ist die Rolle des jugendlichen Helden (z.B. Wokadeh und Martin Baumann in *Bärenjäger* oder Haukaropora in *Vermächtnis des Inka*), besonders aber der Verzicht aufs erzählende 'Ich'. Kara Ben Nemsi kommt in den Jugendbüchern nicht vor, und von Old Shatterhand (der in den fünf Wildwest-Erzählungen *Bärenjäger*, *Llano estakado*, *Schatz im Silbersee*, *Oelprinz* und *Schwarzer Mustang* auftritt) ist in der dritten Person die Rede.

Der Eindruck, Karl May berichte von eigenen Reiseerlebnissen, wird tunlichst vermieden. In den Jugendromanen gab der Schriftsteller sein, mit dem Ich-Helden verbundenes, pseudologisches Rollenspiel auf - weil er sich als Erzieher verantwortlich fühlte: Die Leser sollten sich nicht im Alleskönner Old Shatterhand, sondern in den altersgleichen - freilich ebenfalls idealisierten - Protagonisten wiedererkennen.[52]

Die spätere 'Shatterhand-Legende',[53] die Identifizierung von Autor und Held, hätte allein aufgrund der Jugendromane gewiß nicht entstehen können. Zudem wird, nach Ulrich Schmids Analyse, "die Fiktionalität des Geschehens [...] dem jugendlichen Leser durch zahlreiche ironische Brechungen und Sprachspiele nahegelegt."[54]

7.13.4 Das katechetische Anliegen

Mays Literaturpädagogik ist in der Regel auch Katechese: Hinführung des Lesers zum Glauben an Gott. Gilt das auch für die Jugendromane?

Nach Wollschläger hat May, in religiöser Beziehung, für den liberalen Wilhelm Spemann ganz anders geschrieben als für den katholischen 'Hausschatz'; in den Jugendbüchern sei er "gut und gern ohne räuchernde Weihe"[55] ausgekommen. Doch der Schriftsteller selbst war anderer Meinung: Es gäbe, so heißt es in einem Brief an Karl Pustet, "keine einzige"[56] Erzählung von ihm, in der die Religion vernachlässigt werde.

Von den Wünschen seines Verlegers Spemann war der Autor nicht völlig unabhängig. Karl May wurde gedrängt und beeinflußt in eine bestimmte Richtung: Er solle auf "weitgesponnene Gespräche" verzichten und den "flotten Fortgang der Handlung"[57] in seinen Romanen forcieren; denn die Leser wollten, so meinte die Redaktion, nur spannende Abenteuer.[58]

Religiöse Erörterungen waren bei den 'Kamerad'- und 'Union'-Lesern wohl nicht besonders gefragt. Fromme Betrachtungen wurden von May nicht erwartet. Der Autor hat diese Situation, bis zu einem gewissen Grade, berücksichtigt. Im - 1890/91 entstandenen[59] - Südamerika-Roman *Das Vermächtnis des Inka* zum Beispiel tritt das religiöse Sprachspiel (der ausdrückliche Hinweis auf die Kraft des Gebetes, die göttliche Führung, das Walten der Gnade) zwar nicht völlig, aber doch weitgehend zurück: Von Gott ist, expressis verbis, nur wenig die Rede.

Eine indirekte Katechese, eine 'Predigt' im weitesten Sinne des Wortes ist freilich auch *Das Vermächtnis des Inka*: Das Gute siegt, das Böse (in der Gestalt des Gambusino und des Stierkämpfers Perillo) wird überwunden, und der Verzicht des Haukaropora, des letzten Inka, auf den Schatz seiner Väter[60] läßt den Leser erahnen, daß es noch andere und wesentlich höhere Güter gibt als Reichtum und Macht.

In anderen Jugenderzählungen Mays wird die religiöse Dimension, die dem Literaturpädagogen zweifellos wichtig ist,[61] explizit zur Sprache gebracht. An zwei Beispielen, den Erzählungen *Der Sohn des Bärenjägers* und *Die Sklavenkarawane*, soll dies belegt werden.

In beiden Werken geht es, wie so oft bei May, um verlorene und wiedergefundene Söhne bzw. verlorene und wiedergefundene Väter. Die autobiographische, aber auch die theologische Relevanz ist offensichtlich.

Martin Baumann, der Sohn des Bärenjägers, sucht den gefangenen Vater und gerät in die schlimmste Bedrängnis. Schreckliches wird geschildert - bis an die Grenze des Erträglichen. Der Sohn soll, vor den Augen des Vaters, im Feuerpfuhl sterben:

Old Shatterhand sah ganz deutlich, daß Martin totenbleich wurde. Zu gleicher Zeit ertönte ein schriller Schrei [...] Einer der Gefangenen hatte ihn ausgestoßen, der alte Baumann [...] Das, was der Häuptling gesagt hatte, mußte etwas geradezu Fürchterliches sein. Und das war es auch [...][62]

In letzter Sekunde wird das Unheil gewendet, durch das Eingreifen Winnetous und Old Shatterhands. Die ganze Erzählung, besonders der Schlußteil, hat "psychische Brisanz".[63] Des Schriftstellers Vatererfahrung (vor kurzer Zeit hatte Heinrich May einen Schlaganfall erlitten!) spiegelt sich im Text. Scheinbar Vergangenes taucht wieder auf. Das Yellowstone-Gebiet mit seinen infernalischen Geisern, dem 'Feuerlochfluß', dem 'Teufelswasser', dem 'Maul der Hölle', den rauchenden Schlammvulkanen, wird zum Darstellungsmittel seelischer Vorgänge, vor allem der - ambivalenten - Vaterbeziehung des Autors:[64] "Man möchte alle Sekunden ein 'Herrlich! Unvergleichlich! Himmlisch!' rufen, wenn das alles nicht gar so angsterregend, so höllisch wäre."[65]

Bernhard Kosciuszko stellt, zum formalen Gesichtspunkt, fest: Wohl noch nie hat Karl May eine Landschaftsschilderung "organischer [...] in seine Handlung einbezogen" und die "psychische Dimension dieser Landschaft"[66] so geschickt mit der Story verknüpft wie in den Schlußszenen des *Bärenjägers*. Die Zwiespältigkeit der Gefühle des Verfassers, die Nähe von Leben und Tod, von Freude und Angst, Gefahr und Erlösung, sind "nicht deutlicher auszudrücken"![67]

Mays zwischen Furcht und Liebe schwankende Vatererfahrung schlägt um in die, auch wieder doppelgesichtige, Gotteserfahrung: Der zornige, 'dunkle' Gott erweist sich zuletzt als unbegreifliche Liebe. Als eigentliches - katechetisches - Lehrziel der *Bärenjäger*-Geschichte ist der Text des Kirchenliedes zu verstehen, das wir vom Kolportageroman *Der verlorene Sohn* her schon kennen,[68] auf das die gesamte Erzählung sich hinbewegt und das dem Rettungserlebnis des Autors, des (vom väterlichen Zorne) Geschlagenen, des psychotischen Kriminellen, des verzweifelnden Häftlings im Zuchthaus entspricht:

Ich rief den Herrn in meiner Not:
'Ach Gott, vernimm mein Schreien!'
Da half mein Helfer mir vom Tod
Und ließ mir Trost gedeihen.
Drum dank', ach Gott, drum dank' ich dir!
Ach, danket, danket Gott mit mir;
Gebt unserm Gott die Ehre!

Der Sohn des Bärenjägers kann, wie so viele May-Geschichten, geradezu als - in die abenteuerliche Fabel verkleidete - katechetische Lehrerzählung verstanden werden. Die Absicht des 'Predigers' ist leicht zu erschließen: Der Leser soll (womöglich im Gedenken an eigene Rettungserlebnisse) einsehen, daß Gott auch die äußerste Not noch verwandeln kann in Freude und Glück. Ferner soll der Leser erkennen, daß die Liebe alles vermag, daß Schonung und Milde selbst hartnäckige Gegner (die Schoschonen und die Upsaroka-Indianer) verändern kann: zu Freunden und Verbündeten! Zugleich soll der Leser erfahren, daß das absolut Böse auf die Dauer keine Chance hat: Es stürzt - diesmal in der Gestalt des Sioux-Häuptlings - in das brennende Schlammloch, in den gähnenden Abgrund hinunter - wie der Satan in den Feuer- und Schwefelsee (vgl. Offb 20, 10).

Auch in *Die Sklavenkarawane*[69] zeigt sich May als 'Prediger' und 'Katechet'. Auch in diesem Roman soll ein Vater den Sohn wiederfinden. Bala Ibn ('Ohne Sohn'), der 'Elefantenjäger', war grausam zu seinen Sklaven. Er war - wie der inzwischen verstorbene

Heinrich May[70] - ein jähzorniger Mann. Doch das Herz dieses Vaters wurde erschüttert. Sein vierzehnjähriger Sohn - in diesem Alter trat Karl May ins Waldenburger Seminar ein - wurde ihm entrissen, in die Sklaverei verkauft und (wie dem Vater fälschlicherweise gesagt wurde) seiner Zunge beraubt. Der Vater verläßt seine Heimat; sein Leben ist von jetzt an nur diesem Ziele geweiht: den Sohn wiederzufinden.

Über den deutschen Arzt Dr. Emil Schwarz erfährt Bala Ibn, nach jahrelanger Suche, von Abd es Sirr, dem 'Sohn des Geheimnisses'. Daß es sein eigener Sohn ist, weiß er noch nicht. Doch hat er inzwischen eingesehen: seine Schmerzen waren nicht unverdient.

"Mancher Schwarze ist unter meiner Peitsche gestorben; einigen habe ich die Hände abhauen, einem auch die Zunge nehmen lassen, weil er mich mit derselben beleidigte. Nach dem Verschwinden meines Sohnes kam die Reue über mich, und ich gab sie alle frei."[71]

Emil Schwarz, der gläubige Christ, gibt dem Moslem ein Zeichen der Hoffnung:

"Allah hielt Gericht über dich; nun er aber deine Reue gesehen, und deine Leiden gezählt hat, wird er Gnade walten lassen. Ich bin überzeugt, daß du deinen Sohn wiedersehen wirst, vielleicht schon bald." - "Nie, nie!" - "Sprich nicht so! Warum willst du an Gottes Gnade verzweifeln? Bietet dein Glaube dir keine Versöhnung zwischen der göttlichen Liebe und dem reuigen Sünder? Du glaubst nicht an den großen Erlöser aller Menschen, welcher am Kreuze auch für dich gestorben ist, so sei wenigstens überzeugt, daß Allah alle deine Klagen, auch die jetzigen, vernommen hat, und daß seine Hilfe sich vielleicht schon unterwegs zu dir befindet." - "Das ist undenkbar", antwortete Bala Ibn. "Wollte er mir helfen, so hätte er es schon längst gethan." - "Er allein weiß es, warum er es noch nicht that. Vielleicht hast du deine frühere Härte noch niemals so erkannt wie heute."[72]

Ein typisches (theologisch wichtiges und autobiographisch bedeutsames) May-Motiv liegt hier vor: Gottes Hilfe, wie immer sie auch aussehen mag, ist nahe - für den Sünder, der Buße tut. Um eine rationale Erklärung des menschlichen Leids, etwas als 'Strafe', geht es hier allenfalls sekundär. Das katechetische Lehrziel ist, wie immer bei May, das Vertrauen auf den rettenden Gott. Und die Leser sollen zudem verstehen, daß auch die 'Letzten': die Verachteten und Geschundenen, die Neger und Sklaven, Gottes Kinder sind. Im Zeitalter des Imperialismus, des europäischen Hochmuts, gewiß keine selbstverständliche Idee!

Nicht jedes Leid ist persönlich verschuldet. *Die Sklavenkarawane* beschreibt, mit unerhörtem Realismus in den Details,[73] solche Qualen und solche Entsetzlichkeiten, daß sich die Frage nach Gott, seiner Allmacht und Güte, dem Leser geradezu aufdrängt. Zwar werden die Sklaven, am Ende der Erzählung, befreit. Aber die Opfer, die bestialisch Ermordeten? Die zu Tode Gepeitschten? Und die erschlagenen Kinder? Die den Armen ihrer schreienden Mütter entrissenen Säuglinge? Vor wem, so muß man sich fragen, haben sich die Henker und ihre Handlanger zu verantworten? Und - wer gibt den Toten das Leben zurück? Wer tröstet die Mütter?

Lobo und Tolo, zwei Negersklaven,[74] träumen von Recht und Gerechtigkeit, von Befreiung und Glück. Tolo weiß vom "großen Schech" zu berichten, "der über den Sternen wohnt"[75] und dessen Sohn für die Menschen gestorben ist. Tolo versichert: "Und wer da stirbt, indem er Gutes thut, und die Gesetze des großen Schechs erfüllt, der ist nicht tot, sondern er steigt auf zum Himmel, zum Sohne des Schechs, um bei demselben zu leben und niemals zu sterben." Tolo "hatte das mit wahrer Inbrunst gesprochen, im Tone vollster Ueberzeugung. Der andre schüttelte den Kopf [...]"[76]

Lobo kann die Worte des Tolo noch nicht verstehen. In Todesnot fragt er den Freund:

"Bist du wirklich überzeugt, daß es da oben bei den Sternen einen guten Schech gibt, der uns lieb hat und bei sich aufnehmen wird?" - "Ja, das ist wahr", antwortete Tolo. "Man muß es glauben." - "Und wenn man gestorben ist, lebt man bei ihm?" - "Bei ihm und seinem Sohne, um niemals wieder zu sterben."[77]

In Lobos Seele ist der Same des göttlichen Wortes auf fruchtbaren Boden gefallen: "Wenn der Sohn des großen Schechs gestorben ist, um die Menschen zu retten, sollen wir es wohl auch thun?"[78] Lobo nimmt das Evangelium wörtlich. Er folgt dem Gottessohn nach: Er ist bereit, für Tolo, an dessen Stelle, zu sterben. Lobo hat es erkannt, und der Leser soll es bedenken in seinem Herzen: Das Kreuz Jesu Christi, die Liebe, die das Opfer nicht scheut, ist das einzige 'Argument' - angesichts des Leidens der Kreatur.

Vertröstung aufs Jenseits? Sklavenmoral? Opium für das Volk? Wo die 'vorletzten' Hoffnungen - der Friede, die Versöhnung, die Gerechtigkeit schon jetzt auf der Erde - so ernstgenommen werden wie in den Erzählungen Karl Mays, da darf und muß auch von der letzten Hoffnung, der Erlösung im Himmel, gesprochen werden.

Anmerkungen

1   Hans Wollschläger: *Karl May. Grundriß eines gebrochenen Lebens.* Zürich 1976, S. 69.

2   Vgl. oben, S. 179.

3   Vgl. Jürgen Wehnert: *Joseph Kürschner und Karl May. Fragmente einer Korrespondenz aus den Jahren 1880 bis 1892.* In: JbKMG 1988, S. 341-389 (S. 342ff.) - Andreas Graf: *"Von einer monatelangen Reise zurückkehrend". Neue Fragmente aus dem Briefwechsel Karl Mays mit Joseph Kürschner und Wilhelm Spemann (1882-1897).* In: JbKMG 1992, S. 109-161 (112ff.)

4   May versprach Kürschner für den 'Fels' Romane mit den Titeln *Die erste Liebe des Mahdi* (Brief vom 8.3.1885 an Kürschner) und *Die Schejtana* (Brief vom 11.9.1886) zu verfassen. Daß er diese (und andere) Pläne nicht realisieren konnte, begründete May mit ausgedehnten 'Reisen'. - Vgl. Graf, wie Anm. 3, S. 121ff. u. 132ff

5   Später hat May diese Erzählung für *Old Surehand II* (S. 215-247 der Freiburger Erstausgabe von 1895) verwendet.

6   Wehnert, wie Anm. 3, S. 350- Vgl. aber unten, S. 402ff.

7   Aus Kürschners Brief vom 3.10.1886 an May; zit. nach Wehnert, wie Anm. 3, S. 350 - Karl May: *Mein Leben und Streben.* Freiburg 1910. Hrsg. von Hainer Plaul. Hildesheim, New York ²1982, S. 197, zitiert diesen Brief ebenfalls.

8   Nach Wehnert, wie Anm. 3, S. 350.

9   Ebd., S. 351.

10 Faksimile-Wiedergabe bei Gerhard Klußmeier: *Karl May und Deutscher Hausschatz II.* In: MKMG 17 (1973), S. 17-20 (S. 19).

11 May: *Mein Leben und Streben*, wie Anm. 7, S. 197, nennt die Treue gegenüber Pustet als Grund. - Auch diese Erklärung "ist unzureichend, weil May zu jener Zeit fast nur für Münchmeyer schrieb" (Claus Roxin in einem Brief vom 6.2.1991 an den Verfasser).

12 Roxin: Ebd.

13 Aus Kürschners Brief vom 10.11.1886 an May; zit. nach Wehnert, wie Anm. 3, S. 352.

14 Klaus Eggers: (Werkartikel zu): *Maghreb-el-aksa.* In: *Karl-May-Handbuch.* Hrsg. von Gert Ueding in Zusammenarbeit mit Reinhard Tschapke. Stuttgart 1987, S. 577f. (S. 578).

15 Diese Erzählung hat May später für *Old Surehand I* (S. 34-39 der Freiburger Erstausgabe von 1894) verwendet.

16 Diese Erzählung erschien unter dem Pseudonym 'D. Jam' in 'Illustrirte Romane aller Nationen'.

17 Vgl. Wehnert, wie Anm. 3, S. 373-384.

18 Ebd., S. 353.

19 Vgl. Graf, wie Anm. 3, S. 114ff. u. 133.

20 Ob May diese beiden Romane selbst beendet hat, ist allerdings fraglich; vgl. Claus Roxin: *Mays Leben.* In: *Karl-May-Handbuch*, wie Anm. 14, S. 62-123 (S. 97f.) - Walther Ilmer: (Werkartikel zu) *Deutsche Herzen, Deutsche Helden.* In: *Karl-May-Handbuch*, wie Anm. 14, S. 404-410 (S. 404). - Roxin: Brief, wie Anm. 11, erklärt: "Roland Schmid hatte mir erzählt, May habe den Verlagsabrechnungen zufolge für die letzten Hefte kein Honorar mehr erhalten. Solange jedoch die Dokumente nicht auf dem Tisch liegen, ist Vorsicht geboten."

21 Roxin: *Mays Leben*, wie Anm. 20, S. 97.

22 Bernhard Kosciuszko: (Werkartikel zu) *Der Sohn des Bärenjägers*. In: *Karl-May-Handbuch*, wie Anm. 14, S. 326-328 (S. 328).

23 Aus Spemanns Brief vom 18.1.1887 an May; zit. nach Karl May: *Der Sohn des Bärenjägers - Der Geist der Llano estakata*. KMG-Reprint des Erstdrucks im 'Guten Kameraden' (Berlin, Stuttgart 1. Jg. 1887 bzw. 2. Jg. 1887/88). Hamburg 1983. Anhang, S. 263-269 (S. 264).

24 Vgl. Christian Heermann: *Der Mann, der Old Shatterhand war. Eine Karl-May-Biographie*. Berlin 1988, S. 188. - Zu fremdsprachlichen May-Ausgaben vgl. ebd., S. 366f. (Anm. 11-13) - Ulrich von Thüna: *Übersetzungen*. In: *Karl-May-Handbuch*, wie Anm. 14, S. 646-650.

25 Aus dem Brief des Spemann-Verlags vom 1.9.1887 an May; zit. nach May: *Bärenjäger*. Anhang, wie Anm. 23, S. 265.

26 Gerhard Klußmeier - Hainer Plaul (Hrsg.): *Karl May. Biographie in Dokumenten und Bildern*. Hildesheim, New York 1978, S. 113. - Vgl. Gerhard Klußmeier: *Das "katholische Mäntelchen"*. In: MKMG 25 (1975), S. 15-18 (S. 17); dazu unten, S. 224f.

27 Vgl. unten, S. 236ff.

28 Zu dieser Schreibweise Mays vgl. Wolf-Dieter Bach: *Fluchtlandschaften*. In: JbKMG 1971, S. 39-73 (S. 67); dazu Claus Roxin: *"Llano estakata" - Keine Kommentare?* In: MKMG 21 (1974), S. 3. - Für die Buchausgabe *Die Helden des Westens* (1890) wurde der Titel korrigiert in *Der Geist des Llano estakado*; vgl. Bernhard Kosciuszko: (Werkartikel zu) *Der Geist des Llano Estakado*. In: *Karl-May-Handbuch*, wie Anm. 14, S. 329-331 (S. 329).

29 *Der schwarze Mustang* wurde 1894 oder 1895 begonnen und erst im Sommer 1896 beendet. - Zu den jeweiligen Entstehungszeiten der Jugenderzählungen vgl. die einschlägigen Werkartikel im *Karl-May-Handbuch* (wie Anm. 14) und die editorischen Berichte in der 'historisch-kritischen Ausgabe' (hrsg. von Hermann Wiedenroth und Hans Wollschläger). Nördlingen bzw. Zürich 1987ff. (Karl May's Werke Abt. III).

30 Die Originaltexte dieser (und weiterer) Kurzerzählungen finden sich heute in: Karl May: *Der schwarze Mustang und andere Erzählungen*. Karl Mays Werke III.7. Hrsg. von Hermann Wiedenroth und Hans Wollschläger. Zürich 1992.

31 Vgl. Klußmeier - Plaul (Hrsg.), wie Anm. 26, S. 117 u. 120.

32 Vgl. oben, S. 207.

33 Reprint-Ausgaben erschienen seit 1973 als Gemeinschaftsausgaben des Karl-May-Verlags und des Verlages A. Graff. - Die 'Gesammelten Werke', Bd. 35-41 des Karl-May-Verlags wurden von den Herausgebern (mehr oder weniger stark) bearbeitet.

34 Vgl. Wilhelm Vinzenz: *Die erste Bärengeschichte*. In: MKMG 27 (1976), S. 18 - ders.: *Die zweite Bärengeschichte*. In: MKMG 28 (1976), S. 23f.

35 Vgl. unten, S. 218f.

36 Vgl. die editorischen Berichte in der 'historisch-kritischen Ausgabe', wie Anm. 29.

37 Wilhelm Vinzenz: *Anmerkungen zur historisch-kritischen Ausgabe (KMW)*. In: MKMG 77 (1988), S. 31-34 (S. 32).

38 Vgl. May: *Mein Leben und Streben*, wie Anm. 7, S. 208.

39 Roxin: Brief, wie Anm. 11.

40 Vgl. Helmut Schmiedt: *Helmers Home und zurück. Das Spiel mit Räumen in Karl Mays Erzählung 'Der Geist des Llano estakado'*. In: JbKMG 1982, S. 60-76 - Ulrich Schmid: *Das Werk Karl Mays 1895-1905. Erzählstrukturen und editorischer Befund*. Materialien zur Karl-May-Forschung, Bd. 12. Ubstadt 1989, S. 38ff.

41 Vgl. Heinz Stolte: *Ein Literaturpädagoge. Untersuchungen zur didaktischen Struktur in Karl Mays Jugendbuch 'Die Sklavenkarawane'*, 3. Teil. In: JbKMG 1975, S. 99-126 (S. 105).

42 Heinz Stolte: *Der Fiedler auf dem Dach. Gehalt und Gestalt des Romans '"Weihnacht!"'*. In: JbKMG 1986, S. 9-32 (S. 14).

43 Wollschläger, wie Anm. 1, S. 71 - Ähnlich Otto Forst-Battaglia: *Karl May. Traum eines Lebens - Leben eines Träumers*. Beiträge zur Karl-May-Forschung 1. Bamberg 1966, S. 178f.

44 Vgl. Wiltrud Ohlig: *Bucklige, Lahme und andere Behinderte bei Karl May*. In: MKMG 35 (1978), S. 23-32 - Heinz Stolte: *Narren, Clowns und Harlekine. Komik und Humor bei Karl May*. In: JbKMG 1982, S. 40-59 (S. 48). - Daß May sich in 'komischen' Figuren selbst karikiert, wurde schon früh erkannt; zur Selbstspiegelung des Autors im Hobble-Frank vgl. schon Ludwig Patsch: *Spiegelungen*. Beiträge zur Karl-May-Forschung. Ungedr. Manuskript. Wien 1938, S. 18.

45 Aus diesem Umstand eine homosexuelle Veranlagung des Autors zu folgern (wie es Arno Schmidt getan hat), ist - angesichts der heute bekannten Details aus dem Leben Karl Mays - völlig unhaltbar.

46 Allerdings spielen auch in Mays Reiseerzählungen bis 1896 Frauen nur relativ selten eine handlungstragende Rolle. - Vgl. unten, S. 284ff.

47 Vgl. Stolte: *Ein Literaturpädagoge*, wie Anm. 41, 1. Teil. In: JbKMG 1972/73, S. 171-194; Fortsetzung in: JbKMG 1974, S. 172-194; JbKMG 1975, S. 99-126; JbKMG 1976, S. 69-91.

48 Erich Heinemann: *Einführung*. In: Karl May: *Bärenjäger*, wie Anm. 23, S. 3-11 (S. 6).

49 Vgl. unten, S. 265ff.

50 Vgl. unten, S. 268ff.

51 Claus Roxin: *Vorläufige Bemerkungen über die Straftaten Karl Mays*. In: JbKMG 1971, S. 74-109 (S. 89).

52 Nach Stolte: *Ein Literaturpädagoge*, wie Anm. 41, JbKMG 1974, S. 183.

53 Vgl. unten, S. 321ff.

54 Schmid, wie Anm. 40, S. 44.

55 Wollschläger, wie Anm. 1, S. 76.

56 Karl May: *Briefe an Karl Pustet und Otto Denk*. Mit einer Einführung von Hans Wollschläger. In: JbKMG 1985, S. 15-62 (S. 43; aus Mays Brief vom 11.1.1909 an Karl Pustet).

57 Aus einem nicht datierten Schreiben Spemanns an May; nach Heinemann: *Einführung*, wie Anm. 48, S. 11 (Anm. 95), wurde der Brief Ende 1887 oder Anfang 1888 geschrieben.

58 Dies geht aus Spemanns Brief, wie Anm. 57, hervor.

59 Nach Hermann Wiedenroth - Hans Wollschläger: *Editorischer Bericht*. In: Karl May: *Das Vermächtnis des Inka*. Karl Mays Werke III. 5. Hrsg. von Hermann Wiedenroth und Hans Wollschläger. Zürich 1990, S. 555-567 (S. 557).

60 Vgl. May: *Das Vermächtnis des Inka*, wie Anm. 59, S. 537f.

61 Im Herausgeber-Vorwort zu *Die Helden des Westens*, dem ersten Karl-May-Buch in der 'Union'-Reihe (Stuttgart, Berlin, Leipzig 1890, S. VI), heißt es zu Recht, May lasse "seine Helden unter einem schönen menschlichen, ja religiösen Impulse handeln".

62 Karl May: *Der Sohn des Bärenjägers*. Karl Mays Werke III.1. Hrsg. von Hermann Wiedenroth und Hans Wollschläger. Zürich 1992, S. 329.

63 Bernhard Kosciuszko: *"Eine gefährliche Gegend". Der Yellowstone Park bei Karl May*. In: JbKMG 1982, S. 196-210 (S. 199).

64 Vgl. Wilhelm Vinzenz: *Feuer und Wasser. Zum Erlösungsmotiv bei Karl May*. SKMG Nr. 26 (1980), S. 8-11.

65 May: *Bärenjäger*, wie Anm. 62, S. 323.

66 Kosciuszko: *"Eine gefährliche Gegend"*, wie Anm. 63, S. 199.

67 Ebd., S. 206.

68 Vgl. oben, S. 128 (Anm. 40). - Der folgende Liedtext bei May: *Bärenjäger*, wie Anm. 62, S. 375 (May zitiert hier ein evangelisches Kirchenlied).

69 Zum folgenden vgl. Erich Heinemann: *Ein Plädoyer für die versklavte Menschheit. Einführung in Karl Mays Erzählung "Die Sklavenkarawane"*. In: Karl May: *Die Sklavenkarawane*. KMG-Reprint des Erstdrucks im 'Guten Kameraden' (Berlin, Stuttgart 4. Jg. 1889/90). Hamburg 1984, S. 3-10.

70 Vgl. oben, S. 203f.

71 Karl May: *Die Sklavenkarawane*. Karl Mays Werke III. 3. Hrsg. von Hermann Wiedenroth und Hans Wollschläger. Nördlingen 1987, S. 261.

72 Ebd.

73 Ebd., S. 301-304.

74 Zu Mays grundsätzlicher Hochachtung der Neger vgl. Ekkehard Koch: *"Jedes irdische Geschöpf hat eine Berechtigung zu sein und zu leben". Zum Verhältnis von Karl May und Johann Gottfried Herder*. In: JbKMG 1981, S. 166-206 (S. 186ff.).

75 May: *Die Sklavenkarawane*, wie Anm. 71, S. 141.

76 Ebd., S. 141f.

77 Ebd., S. 183.

78 Ebd., S. 184.

7.14 Die 1887-91 entstandenen 'Hausschatz'-Romane: Ein großes Erzählwerk oder Die Schatten der Vergangenheit

Mays Aufstieg ist mit dem Stuttgarter Verleger Spemann, aber mehr noch mit dem Pustet-Verlag in Regensburg verknüpft. Viele seiner bekannten Werke sind, zunächst, im 'Deutschen Hausschatz' bei Pustet erschienen.

Parallel zu den Spemann-Romanen, im künstlerischen Format diesen zumindest ebenbürtig,[1] schrieb Karl May für Pustet weitere Reiseerzählungen in der Ich-Form. Von Herbst 1887 bis Herbst 1891 entstanden *Durch das Land der Skipetaren* (die Fortsetzung des großen Orientzyklus), *Der Scout. Reiseerlebniß in Mexico*, der Doppelroman *Lopez Jordan/Der Schatz der Inkas* (*El Sendador I/II*) und *Der Mahdi* mit den beiden Teilen *Am Nile* und *Im Sudan*.

Über Mangel an Manuskripten, wie in der Münchmeyer-Zeit Karl Mays, hatte Pustet jetzt nicht mehr zu klagen. Der Dürre folgte die Überschwemmung.[2] Zwischen dem Schlußteil des *Letzten Ritts* und der Fortsetzung *Durch das Land der Skipetaren* gab es anderthalb Jahre Sendepause. Dann aber, von Januar bis September 1888, mußte der Redakteur Venanz Müller so viele May-Texte unterbringen, daß die Vielfalt der Hausschatz-Beiträge gefährdet war. Das katholische Familienblatt drohte ein May-Blatt zu werden; denn mehr als die Hälfte des Inhalts der betreffenden Hefte wurde von Karl May verfaßt.[3]

Mit seinem Autor konnte Pustet allerdings sehr zufrieden sein. In der *Geschichte der deutschen National-Literatur* von Gustav Brugier (8. Auflage, Freiburg 1888) werden Mays Hausschatz-Erzählungen gepriesen:

In vorzüglichen [...] Reisenovellen und Abenteuerromanen finden wir bei ganz natürlich ebenmäßiger Entwicklung der Erzählung wundersam frische Scenerien, [...] so daß eine jede Schilderung ein Visum in seinem Reisepaß ist mit dem Atteste: 'Er ist dort gewesen, er hat es erlebt!' Möchten darum Mays Werke bald gesammelt erscheinen.[4]

Aber noch im selben Jahre, im Oktober 1888, weiß die - inzwischen von Heinrich Keiter geleitete - Hausschatz-Redaktion die Begeisterung zu dämpfen und von kritischen Stimmen zu berichten:

Heiß wogt unter unseren Lesern der Kampf um die Romane des Reiseerzählers Carl May. Während der eine Theil in fulminanten Zuschriften bei der Redaktion sich beklagt, daß die Romane einen so großen Raum einnehmen, der viel kostbarer verwendet werden könne, verlangt der andere in nicht minder bestimmten Ausdrücken, daß sofort im neuen Jahrgang wieder mit einer Erzählung von Carl May begonnen werde. Da ist die Redaktion denn doch gezwungen, den goldenen Mittelweg einzuschlagen, um beiden Theilen gerecht zu werden.[5]

Konkreten Tadel an der Schreibweise Mays gab es in diesen Jahren freilich noch nicht. Der Erfolgsschriftsteller der achtziger und neunziger Jahre hatte keine ernsthaften Kritiker, "die eine Kontrollfunktion ausübten und ihn zu größerer Formstrenge anhielten."[6]

Brugiers Lob ist dennoch berechtigt. Den Höhepunkt seiner literarischen Leistung hat May aber noch keineswegs erreicht. Die jetzt und in den folgenden Jahren bis 1898 entstandenen Bücher - einschließlich der Jugenderzählungen - sind noch "nicht die besten, aber (neben den Anfangsbüchern des Orientromans) bis heute die erfolgreichsten und auflagestärksten seiner Werke."[7]

Auf großes Können und harte Arbeit sind Mays Erfolge zurückzuführen. Seit 1887 betrieb der Autor wieder gründliche Quellenstudien. Er schrieb nicht einfach drauflos. Historische, geographische, ethnologische und religionsgeschichtliche Werke hat er benutzt.

Angelesene Geographie in lebendige Geschichten und trockene Sach-Lektüre in farbenprächtige Schilderung zu verwandeln und zugleich das 'Innenmaterial' seines tatsächlichen Lebenswegs in die fiktive Handlung des Spannungsromans zu verweben, war Mays besondere Leistung in dieser Schaffensperiode.[8] Daß er, nebenbei, aktuelle politische Verwicklungen - im Balkan, in Mexiko, in Südamerika, in Ägypten und anderen Ländern - sehr gekonnt mit seinem Erzählstoff verflochten hat, gehörte ebenfalls (freilich nicht ausschlaggebend) zu den Gründen seines Erfolges.

7.14.1 *Durch das Land der Skipetaren*: Thema mit Variationen

Durch das Land der Skipetaren erschien von Januar bis September 1888 im 14. Jahrgang des Hausschatzes. Als Entstehungszeit kann der Spätsommer 1887 bis hin zum Frühjahr 1888, eine Zeitspanne von etwa acht Monaten, angenommen werden.[9] Der umfangreiche Text entspricht - mit geringen Varianten - den beiden Schlußkapiteln des Bandes IV sowie den Bänden V und VI (ohne 'Anhang') der 'Gesammelten Reiseromane', die 1892 bei Fehsenfeld in Buchform gedruckt wurden.

Das hohe Niveau von *"Giölgeda padishanün"* wird, mit kleinen Abstrichen, in diesem Fortsetzungsteil des Orientromans gehalten. Gewiß - mit der gleichzeitig erschienenen, wesentlich kürzeren und artifiziell komponierten Jugenderzählung *Der Geist der Llano estakata*[10] verglichen, weist die ausgedehnte Handlung des *Skipetaren*-Romans eine sehr unkomplizierte Struktur auf: Die Verfolgung der Verbrecherbande des Schut wird, in vielen aneinandergereihten Episoden, geschildert.

Doch zeigt sich hier, was für die meisten bedeutenden Erzähler gilt: Sie kommen mit einem Nichts an Fabel aus, und die 'Kunst' besteht gerade darin, aus Wenigem viel zu machen. Bei May wird das zunächst durch seinen außerordentlichen Einfallsreichtum bei der Variierung des immer gleichen Motivs ermöglicht: Jede der Gefahrensituationen [...] ist ganz verschieden ausgestaltet [...] Es ist ein legendenhaftes Muster,[11] das auch dieser Erzählung zugrundeliegt: Der Held schreitet durch zwölf 'Prüfungen' [...] zum Siege, der die Gerechtigkeit der göttlichen Ordnung bestätigt.[12]

Biographische Realien fließen, wie in jeder Erzählung Karl Mays, auch ins *Land der Skipetaren* mit ein. 'Dr. med. Heilig' zum Beispiel taucht wieder auf:[13] als betrügerischer Mübarek und - geläutert - als Kara Ben Nemsi. Das Wunschdenken, die Tagträume, die Erfüllungs-Phantasien des Verfassers bringen die Peinlichkeit des, in Mays Vita, wirklich Geschehenen ins rechte Lot - ohne daß der Autor die literarische Herrschaft über seinen Erzählstoff verliert.[14]

7.14.2 *Der Scout*: Eine Projektion der Mayschen Schuldgefühle

Die souveräne Fabulierkunst, das heitere Lebensgefühl, die "glänzende Erzähllaune"[15] des Dichters verleihen dem Skipetarenroman die besondere Note. Streckenweise düster und in manchen Passagen beklemmend wirkt hingegen *Der Scout*. Dieser, ebenfalls zu den besseren Reiseerzählungen Karl Mays gehörende, Mexiko-Roman entstand Ende April bis Anfang Juli 1888.[16] Er erschien zwischen Dezember 1888 und August 1889 im 15. Jahrgang des 'Deutschen Hausschatzes'.

Bei der späteren Einarbeitung in *Winnetou II*[17] hat May diese Erzählung dem neuen Konzept der Winnetou-Trilogie angepaßt. Doch im Vergleich zur *Winnetou II*-Fassung ist *Der Scout* der literarisch bessere Text: "konkreter im Detail und stimmiger in der Handlungsführung".[18]

Die Urfassung *Der Scout* weicht von der künftigen - stark gekürzten - Version in wichtigen Punkten ab: Die (für *Winnetou II* gestrichene) erste Begegnung des Ich-Erzählers mit dem Apachen wird ganz anders dargestellt als später (1893) in *Winnetou I* oder früher (1887) im *Sohn des Bärenjägers*. Und vor allem: Das 'Ich' hat in *Scout* noch richtige Fehler und Schwächen! Es liebt die "theatralischen Effecte"[19] und erweist sich - gerade so - als wirkliches "Greenhorn", das sich nicht bloß, wie in *Winnetou I*, verstellt, sondern echte Schwierigkeiten z.B. beim Anschleichen oder beim Reiten hat.

Das alles wird von May mit viel Selbstironie sehr sympathisch vorgetragen und sichert der Urfassung des 'Scout' eine Sonderstellung unter seinen Wildwestgeschichten. Nie wieder hat der May-Leser Gelegenheit, den 'werdenden Shatterhand' (der hier diesen Namen noch nicht trägt) mit den lebenswahr gesehenen Unzulänglichkeiten des realen Menschen kennenzulernen.[20]

In *Scout* zeigt sich May als großer Erzähler und sehr aufmerksamer Beobachter des Weltgeschehens. Unter anderem beschreibt er, sehr wirklichkeitsnah und engagiert, die Umtriebe des Ku-Klux-Klan: der 1866 gegründeten Terrororganisation der USA, mit deren Hilfe die Großgrundbesitzer "ihre Vorherrschaft sichern und nach Aufhebung der Sklaverei (1862/63) die Farbigen wieder unter das alte Joch zwingen wollten."[21] Die meisten zur Zeit Karl Mays bekannten Publikationen haben den Ku-Klux-Klan unterstützt und glorifiziert. Um so erstaunlicher die Darstellung Mays! "Der Schriftsteller [...] muß Informationen, die gelegentlich auch in deutschen Veröffentlichungen auftauchten, sehr sorgfältig und kritisch ausgewertet haben."[22]

Neben der politischen Komponente des Romans verdient die Titelfigur des *Scout*, der Westmann Old Death, besondere Erwähnung. In der Person des Scouts, des Pfadfinders, hat Karl May eine Verkörperung der eigenen Seelenzustände geschaffen: Old Death hat "gesündigt, aber auch viel gelitten", und seine "Reue ist ernst".[23] Seine Schuld bedrückt ihn zutiefst. Er tut Buße und macht wieder gut, so viel er nur kann. Er findet den Pfad des rechten Lebens, das im Tod - den er als Sühnetod bejaht - sich vollendet.

Old Death ist, wie der Name schon andeutet, dem Sterben geweiht und vom Tode gezeichnet. Er stirbt und wird erlöst durch den Tod. So beweist auch *Der Scout*, daß selbst die buntesten Abenteuererzählungen Mays "sich nicht in der planen Oberfläche erschöpfen", sondern als "Projektion tiefinnerster seelischer Konflikte"[24] des Autors und, darüber hinaus, als religiöse, allgemein-gültige Botschaft verstehbar sind.

7.14.3 *El Sendador*: Mays Auseinandersetzung mit der Straftäterzeit

Für die psychologische und theologische Deutung ist Mays Doppelroman *El Sendador* noch ergiebiger als *Der Scout*. Der erste Teil *Lopez Jordan* wurde von Oktober 1889 bis September 1890 gedruckt, der zweite Teil mit dem Titel *Der Schatz der Inkas* von Oktober 1890 bis September 1891. Mit der Niederschrift begann Karl May wahrscheinlich im Juli 1888, und erst im Dezember 1889 war - nach mehreren Unterbrechungen - das Manuskript fertiggestellt.[25] Der Grund für die Verzögerung: parallel zum *Sendador* arbeitete der Schriftsteller an den Jugendbüchern *Kong-Kheou*, *Die Sklavenkarawane* und *Der Schatz im Silbersee*![26]

Wie die etwas später entstandene Jugenderzählung *Das Vermächtnis des Inka* spielt *El Sendador* in Südamerika. Mit einigen gewichtigen Textabweichungen[27] entspricht der Roman den Fehsenfeld-Bänden XII *Am Rio de la Plata* und XIII *In den Cordilleren* (1894). Von der Kritik ist diese Reiseerzählung - bis zum Jahre 1978 - nur wenig beachtet und eher abschätzig bewertet worden.[28] Die fast gleichzeitig veröffentlichten Analysen

Heinz Stoltes, Ekkehard Kochs, Bernhard Kosciuszkos, Engelbert Botschens, Walther Ilmers und Claus Roxins[29] lassen den Doppelroman freilich in einem ganz anderen und wesentlich günstigeren Lichte[30] erscheinen: Es handelt sich um einen "hochbrisanten" (Ilmer), erzählerisch - trotz mancher Schwächen - bedeutsamen, völkerkundlich fundierten, psychographisch und theologisch durchaus gewichtigen Text.

Eine ausführliche Würdigung ist im Rahmen dieses Buches nicht möglich. Nur ein besonderer Aspekt soll herausgestellt werden: die Auseinandersetzung des Schriftstellers mit seiner kriminellen Vergangenheit. Roxin entdeckte in den drei Haupthandlungen des Romans einen dreifachen und jeweils anders ansetzenden "Versuch Mays zur seelischen Bewältigung seines Straftatentraumas".[31]

In der Lopez-Jordan-Geschichte, der ersten Haupthandlung des *Sendador*, stellt der Autor - wie im Skipetarenroman und in vielen anderen Erzählungen - die realen Ereignisse seiner Straftäterzeit, nach dem 'Umkehrprinzip', auf den Kopf. Der Dichter versucht, tagträumerisch, sich von aller Schuld zu entlasten: Nicht das 'Ich' begeht Fehler und nicht die Ich-Figur wird gedemütigt, sondern die 'Justiz' ist korrupt und wird entsprechend blamiert.

Diese Methode der 'Schuldbewältigung' ist, wie May (nur unterbewußt?) ahnt, zum Scheitern verurteilt: Sie "kann 'die nie ruhende Stimme im Innern eines Menschen, welcher sich einer schweren Schuld bewußt ist',[32] nicht zum Schweigen bringen. Sie konnte es jedenfalls bei May nicht, dessen Schuldgefühle mit der [...] zunehmenden Idealisierung seiner Ich-Figur immer stärker geworden sein müssen."[33] Folglich muß der Autor - in der Desierto-Geschichte, der zweiten Haupthandlung des Romans - auf andere Weise sich 'frei' schreiben: Der Desierto, Alfred Winter, wird zu Mays Alter ego, das - wie Old Death - strenge Buße tut!

Doch das Sühnewerk und die Selbstbestrafung des Desierto scheinen, angesichts der 'Verfehlung' (Tötung eines Menschen in Notwehr), übertrieben und maßlos. Das wirkt seltsam und erzählerisch unstimmig.

Aber es enthüllt viel innere Wahrheit, wenn man darin den Selbstentlastungsversuch eines seelisch Leidenden erkennt. Wer einmal mit Straffälligen gesprochen hat, wird oft feststellen können, daß sie entweder die ihnen vorgeworfenen Taten ganz von sich schieben und überzeugungskräftig ihre Unschuld darlegen (Modell: Lopez-Jordan-Handlung) oder daß sie doch das Geschehen in einer Weise schildern, die ihre Schuld als fast gar nicht vorhanden, die Reue, Strafe und Buße aber als unendlich groß erscheinen läßt. Dieser zweite Fall ist der des Desierto: Er will (und der Autor will es mit ihm), daß er von seiner Schuld freigesprochen und von seinem Schuldgefühl erlöst werde [...] Was May hier vorführt, ist keine rationale Auseinandersetzung mit der eigenen Schuld, sondern eine unter starkem inneren Druck entwickelte seelische Überlebensstrategie.[34]

Mays Abwehrmechanismen könnten im Blick auf die 'Stollberg-Affäre', das 'Uhrendelikt' und den 'Kerzendiebstahl' eine gewisse Berechtigung haben.[35] Es spricht jedoch für den Schriftsteller, daß er - literarisch und (vermutlich) auch in der Wirklichkeit - über die skizzierten Weisen der 'Schuldbewältigung' hinausgewachsen ist. Er wußte sehr wohl, daß es (1864/65 und 1869) zwar keine Verbrechen, aber doch reale Vergehen waren, die er begangen hatte.

So setzt er denn ein drittes Mal an und schafft sich in Geronimo Sabuco, dem Sendador, ein weiteres Ich-Derivat, einen Doppelgänger, dem nun wirklich Schlimmes zur Last gelegt werden kann, und zwar weit Schrecklicheres, als May auch nur von ferne vorzuwerfen war.[36]

Sabuco bereut - wie so manche Verbrecher in den erzgebirgischen Dorfgeschichten oder den Kolportageromanen. Er bekennt seine Schuld und findet - Gnade bei Gott. In den Sendador-Szenen, der dritten Haupthandlung des Romans, gelingt es Karl May, das Geheimnis von tatsächlicher Schuld und echter Erlösung theologisch adäquat und erzählerisch grandios zu gestalten: Die innere Befreiung des Sendador "ist der [...] Höhepunkt, auf den der gesamte Roman zustrebt."[37]

Gewiß - als Abenteuergeschichte fällt El Sendador im Vergleich zum Orientzyklus oder zum Scout ziemlich ab (was den naiven Leser enttäuschen wird): Erzähltechnisch läßt der Sendador, in der Desierto-Handlung besonders, verschiedene Mängel erkennen.[38] Doch die äußere Fabel ist in diesem Werk nicht die Hauptsache. "May war bei der Niederschrift des Romans ersichtlich mehr an der verschlüsselten Straftaten-Auseinandersetzung als an der Stimmigkeit der sie verdeckenden Abenteuerfabel interessiert."[39]

Was den Erzähler im Grunde bewegt, ist eben nicht der 'Schatz der Inkas', nicht das Aventure-Motiv, sondern ein ganz anderer - geistiger und geistlicher - Schatz: das "Himmelreich", die "kostbare Perle" (Mt 13, 44),[40] die Versöhnung des Menschen mit Gott, "die Ueberzeugung, daß der Geist des Menschen nur durch den Glauben frei zu werden vermag."[41]

7.14.4 Der Mahdi: Ein falscher Prophet und der wahre Messias

Auch die folgende, schon im Oktober 1885 angekündigte[42] Hausschatz-Erzählung Der Mahdi bietet mehr als nur Spannung und Unterhaltung. Daß der Roman zu den "bedeutendsten Schöpfungen"[43] Mays gehöre, wird übertrieben sein. Aber nicht zu bezweifeln ist dies: Der Mahdi hat sein eigenes Profil, das ihn von anderen May-Werken (auch dem Orientzyklus) unterscheidet.[44]

Den ersten Romanteil Am Nile dürfte May bis Ende April 1890, den zweiten Teil Im Sudan bis spätestens Herbst 1891 beendet haben.[45] Am Nile erschien von Oktober 1891 bis September 1892, Im Sudan von September 1892 bis September 1893. Für die Buchausgabe mit dem Titel Im Lande des Mahdi I-III (Fehsenfeld-Bände XVI-XVIII, Freiburg 1896) änderte May den ursprünglichen Schluß und fügte zwei neue, den Großteil des Mahdi III ergebende Kapitel[46] hinzu.

Auf drei Betrachtungsebenen darf der Roman, nach Walther Ilmer, als gelungen betrachtet werden. Zum ersten: Die spannende Fabel ist straff komponiert; sie weist nicht wenige Glanzpunkte auf und erreicht, auch sprachlich, "die Höhe der Entwicklungsfähigkeit"[47] des abenteuerlichen Genres. Das äußere Handlungsmuster - Verfolgung, Gefangenschaft und Befreiung - wiederholt zwar die alten Sujets; "der gleiche Stoff wird im Vorläufer 'Die Sklavenkarawane' ungleich kunstvoller und verschlungener dargeboten; aber die Erzähltechnik Mays im 'Mahdi' ist brillant".[48] Und die poetische Komik, die (in Sendador zurücktretenden) heiteren Partien verleihen der - insgesamt freilich ernsten, ja zum Teil sogar tragischen - Handlung des Mahdi einen spezifischen Reiz.

Zum zweiten: Auf der autobiographischen Leseebene "erreicht die Erzählung eine Dichte, Trefflichkeit und künstlerische Verfeinerung, wie May sie in dieser Eleganz nicht übertroffen hat."[49] In den Sklavenhändlern, vor allem in Murad Nassyr, "dem zwischen Gutmütigkeit und Profitgier schwankenden Dicken",[50] der sich zuletzt als Opportunist und gewissenloser Schuft entpuppt, sieht Ilmer ein Spiegelbild H.G. Münchmeyers:[51] Hat sich der Dichter in Sendador mit der Straftäterzeit auseinandergesetzt, so ist Der Mahdi - nach Ilmer - eine Abrechnung mit der Kolportagezeit Karl Mays.

Ob diese Deutung in allen Details völlig zutrifft,[52] kann hier nicht untersucht und entschieden werden. Doch zweifellos richtig ist eine dritte, die ethisch-religiöse Betrachtungsweise ansprechende These Walther Ilmers: "Als flammender Aufruf für die Freiheitsrechte aller Menschen, als Fanfarenstoß gegen Gewalt, Unterdrückung und Gefühllosigkeit, als Warnung vor falschen Propheten und sogenannten Heiligen" hat der *Mahdi*-Roman eine bleibende Aktualität, eine "zeitlose Gültigkeit".[53]

Der historische Hintergrund der *Mahdi*-Erzählung Karl Mays ist im großen und ganzen authentisch.[54] Der islamische Wanderprediger Mohammed Ahmed (1844-85) erhob tatsächlich den Anspruch, der Mahdi zu sein: der Erlöser, der Heilsbringer, der - nach islamischer Lehre - für die Endzeit erwartet wird.[55] Doch was er brachte, war Krieg und Gewalt, war Zwietracht und Intoleranz. In der Schilderung Mays wird das, ansonsten korrekte, Mahdi-Bild allerdings noch negativer gezeichnet, als die Quellen es nahelegen. In der Person des Mahdi sieht Mays Erzählung einen dämonischen Rattenfänger, eine pseudo-religiösen, schein-heiligen Befürworter der Sklaverei. Überhaupt wird der Islam - im Gegensatz zum Spätroman *Und Friede auf Erden!*,[56] aber in Übereinstimmung mit der (1890 entstandenen) Marienkalender-Geschichte *Christus oder Muhammed*[57] - rein negativ bewertet.[58] Die moralische Überlegenheit des christlichen Glaubens wird um so stärker herausgestellt.

May wendet sich, und darin hat er sicherlich recht, gegen jede - auch geistig-seelische - Art der Versklavung und der Gewalt. Er plädiert mit Leidenschaft gegen den Mißbrauch der Religion zum Zwecke der Macht.[59] Er predigt die Liebe,[60] aber auch die strafende Gerechtigkeit (gegen die Mörder und Unterdrücker). Er bekennt sich zum "Heiland",[61] zum wahren Messias, der den Gott der Liebe verkündet, der die Menschen "zur Freiheit befreit" (Gal 5, 1), der - aus Liebe - den Tod erlitten und gerade so "die Welt überwunden" (1 Joh 5, 4) hat. Insofern nimmt *Der Mahdi* das Programm des Mayschen Spätwerks vorweg.[62]

Anmerkungen

1   Anderer Meinung ist z.B. Hans Wollschläger: *Karl May. Grundriß eines gebrochenen Lebens.* Zürich 1976, S. 75.

2   Vgl. Wilhelm Vinzenz: *Karl Mays Reichspost-Briefe. Zur Beziehung Karl Mays zum 'Deutschen Hausschatz'.* In: JbKMG 1982, S. 211-233 (S. 219).

3   Vgl. ebd.

4   Zit. nach Christian Heermann: *Der Mann, der Old Shatterhand war. Eine Karl-May-Biographie.* Berlin 1988, S. 188.

5   Faksimile-Wiedergabe bei Gerhard Klußmeier: *Karl May und Deutscher Hausschatz II.* In: MKMG 17 (1973), S. 17-20 (S. 20).

6   Ulrich Schmid: *Das Werk Karl Mays 1895-1905. Erzählstrukturen und editorischer Befund.* Materialien zur Karl-May-Forschung, Bd. 12. Ubstadt 1989, S. 49.

7   Claus Roxin: *Mays Leben.* In: *Karl-May-Handbuch.* Hrsg. von Gert Ueding in Zusammenarbeit mit Reinhard Tschapke. Stuttgart 1987, S. 62-123 (S. 98).

8   Vgl. Heinz Stolte: *Der Fiedler auf dem Dach. Gehalt und Gestalt des Romans '"Weihnacht!"'.* In: JbKMG 1986, S. 9-32 (S. 13).

9   Vgl. Claus Roxin: *Einführung.* In: Karl May: *Durch das Land der Skipetaren.* 'Deutscher Hausschatz' 14. Jg. (1887/88). Reprint der KMG. Hamburg, Regensburg 1978, S. 2-6 (S. 2) - Roland Schmid: *Anhang.* In: Karl May: Freiburger Erstausgaben, Bd. XXIII. Hrsg. von Roland Schmid. Bamberg 1984, A 1-42 (38).

10   Vgl. Werner Kittstein: *Karl Mays Erzählkunst. Eine Studie zum Roman 'Der Geist des Llano estakado'.* Materialien zur Karl-May-Forschung, Bd. 15. Ubstadt 1992.

11   Zur Legenden-Struktur Mayscher Erzählungen vgl. Gunter G. Sehm: *Der Erwählte. Die Erzählstrukturen in Karl Mays 'Winnetou'-Trilogie.* In: JbKMG 1976, S. 9-28.

12   Roxin: Einführung zu *Skipetaren*, wie Anm. 9, S. 2f.

13   Vgl. ebd., S. 3.

14   Vgl. ebd.

15 Ebd.

16 Nach Hermann Wiedenroth - Hans Wollschläger: *Editorischer Bericht*. In: Karl May: *In den Cordilleren*. Karl Mays Werke IV. 8. Hrsg. von Hermann Wiedenroth und Hans Wollschläger. Nördlingen 1988, S. 493-523 (S. 493).

17 *Der Scout* entspricht - mit wichtigen Textvarianten - den Seiten 7-9 von *Winnetou I* und den Seiten 11-392 von *Winnetou II* in der Freiburger Erstausgabe (Fehsenfeld).

18 Claus Roxin: *Einführung*. In: Karl May: *Der Scout - Deadly Dust*. 'Deutscher Hausschatz' 15. bzw. 6. Jg. (1888/89 bzw. 1879/80). Reprint der KMG. Hamburg, Regensburg 1977, S. 2-5 (S. 2) - Zur Bedeutung des *Scout* vgl. Martin Lowsky: *"Aus dem Phantasie-Brunnen"*. *Die Flucht nach Amerika in Theodor Fontanes 'Quitt' und Karl Mays 'Scout'*. In: JbKMG 1982, S. 77-96 - Hartmut Vollmer: *Die Schrecken des 'Alten': Old Wabble. Betrachtung einer literarischen Figur Karl Mays*. In: JbKMG 1986, S. 155-184 (S. 162ff.).

19 May: *Der Scout*. In: Deutscher Hausschatz 15. Jg. 1888/89, S. 218; zit. nach Roxin: Einführung zu *Der Scout*, wie Anm. 18, S. 2.

20 Roxin: Ebd.

21 Heermann, wie Anm. 4, S. 191.

22 Ebd., S. 192.

23 May: *Der Scout*, wie Anm. 19, S. 716; zit. nach Roxin: Einführung zu *Der Scout*, wie Anm. 18, S. 3.

24 Roxin: Ebd.

25 Nach Wiedenroth - Wollschläger, wie Anm. 16, S. 493-497.

26 Vgl. ebd. - Im Jahre 1889 lieferte May für Pustet und Spemann insgesamt 3770 Manuskriptseiten (ebd., S. 496)!

27 Näheres bei Claus Roxin: *Einführung*. In: Karl May: *El Sendador*. Theil 1: *Lopez Jordan* - Theil 2: *Der Schatz der Inkas*. 'Deutscher Hausschatz' 16. bzw. 17. Jg. (1889/90 bzw. 1890/91). Reprint der KMG. Hamburg, Regensburg 1979, S. 2-8 (S. 6f.)

28 Vgl. ebd., S. 2. - Wollschläger: *Karl May*, wie Anm. 1, S. 75, meinte: "der zweiteilige *Sendador* [...] wuchert ihm unter der unlustigen Hand".

29 Vgl. Heinz Stolte: *Mein Name sei Wadenbach. Zum Identitätsproblem bei Karl May*. In: JbKMG 1978, S. 37-59 - Ekkehard Koch: *Zwischen Rio de la Plata und Kordilleren. Zum historischen Hintergrund von Mays Südamerika-Romanen*. In: JbKMG 1979, S. 137-168 - Bernhard Kosciuszko: *"Man darf das Gute nehmen, wo man es findet". Eine Quellen-Studie zu Mays Südamerika-Romanen*. In: JbKMG 1979, S. 169-185 - Engelbert Botschen: *Die Banda Oriental - ein Umweg zur Erlösung*. In: JbKMG 1979, S. 186-212 - Walther Ilmer: *Karl May auf halbem Wege. Mannigfaches zur hochbrisanten, "hochinteressanten" Erzählung 'El Sendador'*. In: JbKMG 1979, S. 213-261 - Roxin: Einführung zu *El Sendador*, wie Anm. 27.

30 Vgl. auch Ernst Seybold: *Des Ich-Erzählers Konfession und andere Fragen*. In: MKMG 79 (1989), S. 31-36 (S. 36, Anm. 26).

31 Roxin: Einführung zu *El Sendador*, wie Anm. 27, S. 3.

32 May: *Der Scout*, wie Anm. 19, S. 716.

33 Roxin: Einführung zu *El Sendador*, wie Anm. 27, S. 4.

34 Ebd., S. 5.

35 Vgl. oben, S. 130.

36 Roxin: Einführung zu *El Sendador*, wie Anm. 27, S. 5.

37 Ebd.

38 Vgl. Reinhard Tschapke: (Werkartikel zu) *Am Rio de la Plata*. In: *Karl-May-Handbuch*, wie Anm. 7, S. 229-234 (S. 233).

39 Roxin: Einführung zu *El Sendador*, wie Anm. 27, S. 6.

40 Vgl. May: *In den Cordilleren*, wie Anm. 16, S. 488: "Es giebt Schätze, welche wertvoller sind und weder von dem Roste gefressen, noch von den Motten verzehrt werden." - Vgl. Mt 6, 19f. - In dieselbe Richtung weist der Schluß der Jugenderzählung *Das Vermächtnis des Inka*; vgl. oben, S. 211.

41 Karl May: *Am Rio de la Plata*. Karl Mays Werke IV. 7. Hrsg. von Hermann Wiedenroth und Hans Wollschläger. Nördlingen 1988, S. 236.

42 Faksimile-Wiedergabe der Hausschatz-Ankündigung bei Klußmeier, wie Anm. 5, S. 19.

43 Walther Ilmer: *Einführung*. In: Karl May: *Der Mahdi - Im Sudan*. 'Deutscher Hausschatz' 18./19. Jg. (1891-93). Reprint der KMG. Hamburg, Regensburg 1979, S. 3-9 (S. 3).

44 Vgl. ebd., S. 5f.

45 Nach Roland Schmid: *Nachwort* (zu *Im Lande des Mahdi*). In: Karl May: Freiburger Erstausgaben, Bd. XVII. Hrsg. von Roland Schmid. Bamberg 1983, N 1-20 (1 u. 3).

46 S. 153-567 (Kapitel 3 u. 4) der Freiburger Erstausgabe von Bd. XVIII; vgl. unten, S. 285.

47 Ilmer: *Einführung*, wie Anm. 43, S. 6.

48 Ebd., S. 4.

49 Ebd., S. 6.

50 Ebd., S. 5.

51 Vgl. Walther Ilmer: *Nachwort*. In: Karl May: *Der Mahdi*, wie Anm. 43, S. 403-406.

52 Bernhard Kosciuszko: (Werkartikel zu) *Im Lande des Mahdi I-III*. In: *Karl-May-Handbuch*, wie Anm. 7, S. 252-259 (S. 258), rät - was autobiographische Spiegelungen im *Mahdi* betrifft - zur Behutsamkeit (ohne Ilmers Deutungsansatz grundsätzlich abzulehnen).

53 Ilmer: *Einführung*, wie Anm. 43, S. 6.

54 Zu Mays Quellen vgl. Bernhard Kosciuszko: *"In meiner Heimat gibt es Bücher". Die Quellen der Sudanromane Karl Mays*. In: JbKMG 1981, S. 64-87.

55 Vgl. Kosciuszko: Werkartikel, wie Anm. 52, S. 258.

56 Vgl. unten, S. 613ff.

57 Vgl. unten, S. 306f.

58 Dazu Ilmer: *Einführung*, wie Anm. 43, S. 6.

59 Es fragt sich, ob Mays Polemik überhaupt den Islam als solchen meint; der 'Islam' könnte im *Mahdi*-Roman auch ein 'Symbol', eine Chiffre für den (in allen Religionen grundsätzlich möglichen) Mißbrauch des Namens Gottes sein.

60 Zum Beispiel Karl May: *Im Lande des Mahdi I*. Gesammelte Reiseromane, Bd. XVI. Freiburg 1896, S. 96.

61 Karl May: *Im Lande des Mahdi II*. Gesammelte Reiseromane, Bd. XVII. Freiburg 1896, S. 105.

62 Ilmer: *Einführung*, wie Anm. 43, S. 6, sieht die Vorwegnahme des Spätwerks auch in der kunstvollen Verschränkung der Leseebenen, "die üblicherweise nur dem Alterswerk" zuerkannt wird.

7.15 Karl May und der Pustet-Verlag: 'Katholisierende' Tendenzen in den 'Hausschatz'-Romanen?

Zum Herbst 1888, nach dem Erscheinen des *Skipetaren*-Romans, schied der "liberale und großzügige"[1] Venanz Müller als Redakteur des Hausschatzes aus. Nachfolger wurde Heinrich Keiter: nach Hermann Wiedenroth und Hans Wollschläger eine "entschiedener Parteigänger" der "tendenz-katholischen Literatur".[2]

Zwischen dem Pustet-Verlag und Karl May gab es schon im Herbst 1888 gewisse Probleme, weil dem Verleger das *Sendador*-Manuskript nicht so richtig behagte.[3] Briefen Friedrich Pustets und Heinrich Keiters aus dem Frühjahr 1890 ist zu entnehmen, daß Karl May die Zusammenarbeit mit dem Verlage kündigen wollte.[4] Eine Art Schreckschuß? Hatte May einen Monopolvertrag mit Spemann, dem protestantischen Unternehmer, im Sinn? Das bleibt Spekulation. Zum Bruch mit dem katholischen Verleger kam es noch lange nicht. Mays Beziehung zu Pustet und Keiter blieb bis Mitte der neunziger Jahre weitgehend ungetrübt. Wahrscheinlich gab es Anfang Dezember 1890 eine persönliche Begegnung mit Pustet und Keiter in Regensburg. Jedenfalls sind die folgenden, freilich nur teilweise überlieferten, Briefe in sehr herzlichem Tone gehalten.[5]

Der Schriftsteller May und der Verleger Pustet waren sich gegenseitig zum Dank verpflichtet. Daß May sich literarisch durchsetzen und berühmt werden konnte, ist vornehmlich auf die Bindung an den Regensburger Verlag zurückzuführen. Pustet wiederum hatte in May ein bedeutendes 'Zugpferd'. Seinen Einfluß als "angesehenstes und verbreitetstes

Familienblatt der deutschen Katholiken"[6] verdankte der Hausschatz nicht zuletzt den Erzählungen Karl Mays. Insofern hat dieser "viel zur Stärkung des Selbstwertgefühls und des Widerstandswillens der deutschen Katholiken beigetragen".[7]

Der 'Deutsche Hausschatz' ist im Zusammenhang mit dem 'Kulturkampf' (1871-87), den Kontroversen Bismarcks und der katholischen Kirche des Ersten Vatikanischen Konzils (1870) zu sehen. Die Versammlung der Bischöfe stärkte die Vormachtstellung des Papstes und förderte, besonders in Deutschland, die konfessionelle Abgrenzung.[8] Der katholische Volksteil bildete, auch politisch, einen Block: die Zentrumspartei. Die anti-klerikalen Gesetze des preußisch dominierten Kaiserstaates lehnte das katholische 'Zentrum' natürlich ab. Mit publizistischen Mitteln wurde der Widerstandskampf unterstützt. Auch Pustets Journal spielte eine wichtige Rolle: Es sollte die römische Gesinnung bestärken und den Einfluß der preußenfreundlichen 'Gartenlaube' zurückdrängen.

Sich 'einspannen' zu lassen, wird Mays Absicht wohl nicht gewesen sein: "Die Firma Pustet ist eine katholische und der 'Deutsche Hausschatz' ein katholisches Familienblatt. Aber diese konfessionelle Zugehörigkeit war mir höchst gleichgültig."[9]

May war Christ; und fürs Katholische wird er - viele Indizien sprechen dafür - ein Faible gehabt haben (in den achtziger und neunziger Jahren zumindest). Nur: die Polemik der Konfessionen, die Mentalität des Kulturkampfs lag ihm sicherlich ferne.[10] Wäre May ein katholischer Fachtheologe gewesen, so wäre er - spätestens nach der Jahrhundertwende - aufgrund seiner Alterswerke und mancher Passagen in den *Geographischen Predigten* und im *Buch der Liebe*[11] verurteilt worden: als 'Liberaler', als Anhänger des 'Modernismus'![12]

Ein Gesinnungs-Katholik im ultramontanen, im exklusiv-römischen, andere Konfessionen (als häretisch) ausgrenzenden Sinne ist Karl May nie gewesen. Er war der Taufe nach Lutheraner und ist es formell auch geblieben. Die Erziehung der Eltern, das irenische Wesen der 'Märchengroßmutter', auch der Einfluß Johannes Kochtas vermutlich, führten bei May - sehr früh schon und nicht erst im Alterswerk - zu einer christlich-humanistischen, konfessionell nicht festgelegten Religiosität: Aus seinen Büchern klingt "zuweilen ein Orgelton heraus, den man für katholisch hält, obgleich er nur dem natürlichen Register der Vox humana entstammt."[13]

Daß Mays Reiseerzählungen "für katholisch" gehalten wurden, ist allerdings sehr verständlich: In Kurdistan schien sich Kara Ben Nemsi - wenn man die entsprechende Stelle im Orientzyklus[14] nicht GENAU liest - als römisch-katholisch zu bekennen. Und Marah Durimeh, die schützende Frau, verehrt die Gottesmutter Maria.[15] *Im "wilden Westen" Nordamerika's* (1882/83) enthält das 'Ave Maria', das Sterbelied Winnetous.[16] Im *Sendador* nennt sich Charley, der Ich-Erzähler, einen "Catolico"; und dem Toba-Mädchen Unica wird die Unterscheidung von bösen "Reformados" und guten "Catolicos" in den Mund gelegt (ohne daß der Indianerin, in diesem Punkt, vom Erzähler widersprochen wird).[17] In katholischen 'Marienkalendern' erschienen, von 1890 alljährlich bis 1898 sowie 1908/09, diverse Geschichten von Karl May.[18] Im - von Heinrich Keiter herausgegebenen - 'Katholischen Literaturkalender' von 1892 (und später) wird 'May, Dr. Karl' genannt.[19] Auf Leseranfragen bezüglich Mays Konfession gab der Hausschatz im Juni 1892 und im Juli 1893, bona fide, bekannt: "Herr Dr. Karl May ist katholisch."[20] Der Dichter dementierte das nicht. Im Gegenteil: Auch in Kürschners Literaturkalender von 1894 ließ sich Karl May, wie Wollschläger rügte, "das fette 'k' aufheften, die Plakette des Tendenzkatholiken".[21]

War May also, was die Konfession betrifft, ein Etikettenschwindler? Dieser Vorwurf (der gegen May in späteren Jahren auch wirklich erhoben wurde) läßt sich sehr weitgehend entkräften. Zunächst: die Marienverehrung hat, mehr oder weniger ausgeprägt, auch außerhalb der katholischen Kirche ihren Platz. "Die Madonna ist von hundert protestantischen Malern dargestellt und von hundert protestantischen Dichtern, sogar von Goethe, behandelt worden. Warum sagt man von diesen nicht, daß sie katholisieren?"[22]

Und die andern 'Gravamina'? Die *Kurdistan*-Stelle muß, wie schon angedeutet, nicht notwendig als Bekenntnis des Autors zur römischen Kirche verstanden werden.[23] Zu den 'rom-katholischen' Partien des *Sendador*-Romans ist zu bemerken: Der Redakteur Heinrich Keiter hat, wie er in einem Brief vom 9.5.1890 an Karl May selbst bekundete, verschiedene Textstellen interpoliert.[24] Als "Fremdeinfügung auch stilistisch beweisbar"[25] ist z.B. eine Passage über das katholische Missionswesen, die den zweiten Teil der Erzählung (in der Hausschatz-Fassung) eröffnet.[26] Wie Claus Roxin schon erwogen, Roland Schmid stark vermutet und Ernst Seybold noch weiter erhärtet hat,[27] ist auch der Dialog des 'katholischen' Ich-Erzählers mit Unica als originaler May-Text sehr zweifelhaft: Für die Annahme, daß Keiter diesen Dialog entweder eingeschoben oder (was wahrscheinlicher ist[28]) tendenziös verändert hat, gibt es triftige Anhaltspunkte.[29] Wie auch immer: für die Buchfassung *Am Rio de la Plata/In den Cordilleren* hat Karl May die anti-protestantischen Partien des Hausschatz-Textes (und damit das "Catolico"-Bekenntnis des Ich-Erzählers) gestrichen. Die polemische Entgleisung, die konfessionalistische Parteinahme - sollte sie auf den Autor, trotz der Gegenargumente, dennoch (ganz oder teilweise) zurückgehen - hätte May also zurückgenommen.

Was die Hausschatz-Auskünfte und die Literaturkalender-Angaben über Mays Konfession betrifft: Ob sie von May veranlaßt oder vom Schriftsteller nur geduldet wurden, ist fraglich. Was bleibt, ist die Tatsache, daß May nicht widersprochen hat!

Gerhard Klußmeier sah in diesem Verhalten eine Referenz des Autors an den Pustet-Verlag: Karl May sei "ein Auftragsschreiber par excellence"[30] und sein 'Katholisieren' sei opportunistisch gewesen. Doch dieses Verdikt ist nur wenig oder gar nicht berechtigt. Gewiß, die Zustimmung der katholischen Kirche[31] war für Mays Erfolg von Bedeutung. Aber - sind die Hausschatz-Erzählungen Karl Mays denn wirklich (wie Klußmeier insinuiert) durchwegs frömmer und christlicher, 'katholischer' und 'dogmatischer'[32] geraten als die Münchmeyer-, Spemann- und (später) Fehsenfeld-Werke?

'Gepredigt' hat May in sämtlichen Schaffensabschnitten - sehr oft auch in Werken, die von nicht-katholischen Verlegern gedruckt wurden. Sehr fromme, ja (wenn man so will) 'katholisierende' Stellen finden sich zum Beispiel auch im *Waldröschen!*[33] Andererseits hat May auch im Hausschatz Texte gebracht, denen die Botschaft Jesu, das Evangelium der Liebe, noch ziemlich fremd ist.[34] Mays religiöse Bekenntnis-Bereitschaft und seine literarische Predigt-Tendenz hingen also nicht (oder nur zum geringsten Teil) vom jeweiligen Auftraggeber, sondern von der - bisweilen gespaltenen, zwischen Glücksgefühl und Leidensdruck, Vertrauen und Zweifel schwankenden - Gemütsverfassung des Autors ab.

Die prinzipielle Gläubigkeit, die christliche Grundhaltung des Schriftstellers war, wie auch Klußmeier zugibt,[35] nicht gespielt, sondern echt. Aber 'konfessionell' hat May nicht gedacht; identifiziert hat er sich weder mit der Papstkirche noch mit einer anderen Konfession. May dachte, seiner Zeit voraus, ökumenisch - über kirchliche Grenzen hinaus. Nahezu alles, was der Dichter, für welchen Verlag auch immer, geschrieben hat, war - mehr oder minder - religiös, war christlich geprägt. Und nichts, auch keiner seiner Beiträge im Hausschatz oder in den Marienkalendern, war 'katholisch' im verengten, im ausgrenzenden Sinne.

Ernst Seybold wies darauf hin: Auch in der römischen Kirche gab es - auch im 19. Jahrhundert - 'evangelische' Elemente und, freilich zaghaft, 'evangelische' Denkansätze; umgekehrt schließt das Protestantische "eine Menge von 'katholischen Möglichkeiten' ein".[36] Karl May hatte ein feines Gespür für solche Zusammenhänge. Er sah (in den neunziger Jahren vielleicht noch weniger reflektiert, aber später um so bewußter und engagierter[37]) das Gemeinsame der christlichen Kirchen. Das Verbindende, der Glaube an Gottes Liebe und an die Erlösung in Christus, war ihm wichtiger als sämtliche Lehrdifferenzen. 'Katholisch' also war der Schriftsteller in der griechischen Urbedeutung des Wortes:[38] Er hatte eine sehr weite, das 'Ganze umgreifende', zwischen den Konfessionen (und Religionen) vermittelnde Sicht.

Für subtile dogmatische Lehrstreitigkeiten hatte May kein Verständnis. Er setzte sich 'zwischen die Stühle'; so geriet er, nach der Jahrhundertwende, in die Schußlinien zweier Parteien: "Der Eine schlägt auf mich los, weil er mich für einen verkappten Katholiken oder gar Jesuiten hält; der Andere greift zum Prügel, weil er meint, ich sei noch immer heimlich Protestant."[39]

Heute gibt es, in beiden Kirchen, angesehene Theologen, die den Streit der Konfessionen als überholt, als in der Sache überwindbar (oder schon weitgehend überwunden) betrachten.[40] Aus einer solchen Sicht muß es nicht mehr verwerflich erscheinen, daß May sich - auch im Alter noch[41] - als 'katholisch' bezeichnete und dennoch evangelisch blieb.

Man kann es drehen und wenden, wie immer man will: Der Vorwurf der 'religiösen Heuchelei' ist im Falle Mays nicht begründet. Das "katholische Mäntelchen" ist eine Unterstellung bzw. ein Mißverständnis des May-Gegners Ansgar Pöllmann[42] und des May-Freundes Gerhard Klußmeier.

Anmerkungen

1 Hermann Wiedenroth - Hans Wollschläger: *Editorischer Bericht*. In: Karl May: *In den Cordilleren*. Karl Mays Werke IV. 8. Hrsg. von Hermann Wiedenroth und Hans Wollschläger. Nördlingen 1988, S. 493-523 (S. 494).

2 Ebd., S. 495 - Keiter trat auch literarisch hervor; vgl. Karl May: *Mein Leben und Streben*. Freiburg 1910. Hrsg. von Hainer Plaul. Hildesheim, New York 2 1982, S. 427f. (Anm. 237).

3 Vgl. Wiedenroth - Wollschläger, wie Anm. 1, S. 494.

4 Vgl. Wilhelm Vinzenz: *Karl Mays Reichspost-Briefe. Zur Beziehung Karl Mays zum 'Deutschen Hausschatz'*. In: JbKMG 1982, S. 211-233 (S. 220f.).

5 Nach Vinzenz: Ebd., S. 221.

6 Laut Verlagsangaben vom März/April 1879; zit. nach Gerhard Klußmeier - Hainer Plaul (Hrsg.): *Karl May. Biographie in Dokumenten und Bildern*. Hildesheim, New York 1978, S. 102.

7 Klußmeier - Plaul: Ebd., S. 101. - Vgl. Fernand Hoffmann: *Karl May im katholischen Verlagswesen während des Kulturkampfs*. In: Stimmen der Zeit. Freiburg. 118. Jg. 1993, S. 177-186.

8 Vgl. Hermann Wohlgschaft: *Mays Friede-Roman und die Lehre der Kirche*. In: MKMG 83 (1990), S. 18-24 (S. 19, Absatz IV).

9 Karl May: *Mein Leben und Streben*, wie Anm. 2, S. 195.

10 Selbst die anti-jesuitischen Exzesse des Autors in *Scepter und Hammer/Die Juweleninsel* (vgl. oben, S. 168) richten sich nicht pauschal gegen eine bestimmte Konfession (in diesem Fall die katholische), sondern allgemein gegen den Mißbrauch der Religion.

11 Vgl. oben, S. 139ff.

12 Vgl. Wohlgschaft, wie Anm. 8.

13 Karl May: *Meine Beichte* (28.5.1908). In: Karl May's Gesammelte Werke, Bd. 34 *"Ich"*. Bamberg [36]1976, S. 15-20 (S. 17).

14 Karl May: *Durchs wilde Kurdistan*. Gesammelte Reiseromane, Bd. II. Freiburg 1892, S. 452: "Sage uns, ob Sidna Marryam die Mutter Gottes ist!" - "Sie ist es." - "Sage uns, ob ein Priester ein Weib nehmen soll!" - "Er soll unvermählt bleiben." - "Sage mir, ob es mehr oder weniger als drei Sakramente giebt!" - "Es gibt mehr." (Verhör Kara Ben Nemsis durch nestorianische Gegner, die ihn gefangengenommen hatten) - Später, in der 'Ausgabe letzter Hand', hat May den Wortlaut geändert: Aus "Er soll unvermählt bleiben." wurde "Vielen ist es verboten."

15 Vgl. May: *Durchs wilde Kurdistan*, wie Anm. 14, S. 569 (ebd., S. 207, wird Marah Durimeh als "Katholikin" bezeichnet).

16 Vgl. oben, S. 180f.

17 Diese Hausschatz-Passage (17. Jg., S. 517f.) ist wiedergegeben bei Wiedenroth - Wollschläger, wie Anm. 1, S. 519f.

18 Vgl. unten, S. 305ff.

19 Nach Hainer Plaul: *Illustrierte Karl-May-Bibliographie*. München 1989, S. 146 (Nr. 225).

20 Faksimile-Wiedergabe bei Gerhard Klußmeier: *Karl May und Deutscher Hausschatz III*. In: MKMG 18 (1973), S. 17-20 (S. 19f.).

21 Hans Wollschläger: *Karl May. Grundriß eines gebrochenen Lebens*. Zürich 1976, S. 77.

22 May: *Mein Leben und Streben*, wie Anm. 2, S. 174.

23 Ernst Seybold: *Des Ich-Erzählers Konfession* (Fortführung). In: MKMG 81 (1989), S. 45f., argumentiert völlig richtig: Daß Maria die "Mutter Gottes" ist, glauben auch Protestanten; daß es "mehr [...] als drei Sakramente giebt", ist eine Auffassung, die ebenfalls nicht beschränkt ist auf den Katholizismus; daß "Priester unvermählt bleiben" sollten, ist eine Meinung, die auch Protestanten (privat für sich) haben können; außerdem ist ja nur von 'sollen' und nicht von 'müssen' die Rede (vgl. oben, Anm. 14). - Vgl. auch Wolfgang Hammer: *Katholisches aus dem wilden Kurdistan*. In: MKMG 71 (1987), S. 18-23 (S. 20f.).

24 Vgl. Wiedenroth - Wollschläger, wie Anm. 1, S. 502: Keiter hat, wie er schreibt, "kleine Wiederholungen im zweiten Theil" des *Sendador* eingefügt (für neue Abonnenten, die den 1. Teil nicht gelesen hatten); diese sich selbst erteilte Erlaubnis hat der Redakteur sehr "großzügig" (Wiedenroth - Wollschläger: ebd.) ausgelegt.

25 Wiedenroth - Wollschläger: Ebd.

26 Diese Passage (die May für die spätere Buchfassung durch einen völlig anderen Text ersetzt hat) findet sich in: 'Deutscher Hausschatz' 17. Jg., S. 11f.

27 Vgl. Claus Roxin: *Einführung*. In: Karl May: *El Sendador*. Theil 1: *Lopez Jordan* - Theil 2: *Der Schatz der Inkas*. 'Deutscher Hausschatz' 16. bzw. 17. Jg. (1889/90 bzw. 1890/91). Reprint der KMG. Hamburg, Regensburg 1979, S. 2-8 (S. 7) - Roland Schmid: *Nachwort* (zu *Am Rio de la Plata / In den Cordilleren*). In: Karl May: Freiburger Erstausgaben, Bd. XIII. Hrsg. von Roland Schmid. Bamberg 1983, N 1-22 (12f.) - Ernst Seybold: *Des Ich-Erzählers Konfession und andere Fragen*. In: MKMG 79 (1989), S. 31-36.

28 Der Stil dieser Passage ist, wie Seybold, wie Anm. 27, S. 33, richtig bemerkt, ausgesprochen "mayisch"; diese Beobachtung spricht - freilich nicht zwingend - gegen die Hypothese, daß Keiter den GANZEN Dialog frei erfunden habe.

29 Vgl. Seybold, wie Anm. 27.

30 Gerhard Klußmeier: *Das "katholische Mäntelchen"*. In: MKMG 25 (1975), S. 15-18 (S. 17).

31 Vgl. unten, S. 238f.

32 Klußmeier: *Mäntelchen* (wie Anm. 30, Fortsetzung). In: MKMG 26 (1975), S. 16-18 (S. 17), will eine "dogmenverherrlichende Tendenz seiner [Mays] 'Hausschatz'-Zeit" entdeckt haben.

33 Vgl. z.B. Karl May: *Waldröschen oder Die Rächerjagd rund um die Erde*, Bd. I. Leipzig 1988 (Reprint des Dresdner Erstsatzes von 1882-84), S. 35ff. (die Beichte des sterbenden Bettlers beim "Pater Dominikaner").

34 Vgl. z.B. Claus Roxin: *Einführung*. In: Karl May: *Der Scout - Deadly Dust*. 'Deutscher Hausschatz' 15. bzw. 6. Jg. (1888/89 bzw. 1879/80). Reprint der KMG. Hamburg, Regensburg 1977, S. 2-5 (S. 3).

35 Klußmeier, wie Anm. 30, hat dies zunächst bestritten, dann (wie Anm. 32, S. 17) aber zugegeben.

36 Ernst Seybold: *Wie katholisch ist May in seinen Marienkalendergeschichten? III*. In: MKMG 46 (1980), S. 40-46 (S. 41) - Vgl. auch Hammer, wie Anm. 23, S. 18-23.

37 Vgl. unten, S. 612ff.
38 Vgl. Wohlgschaft, wie Anm. 8, S. 24 (Anm. 14).
39 May: *Mein Leben und Streben*, wie Anm. 2, S. 313.
40 Vgl. unten, S. 613.
41 Vgl. unten, S. 505.
42 Vgl. Ansgar Pöllmann: *Ein Abenteurer und sein Werk.* In: Über den Wassern 3. Jg. (1910), S. 271ff. - Vgl. unten, S. 527ff.

7.16 Die 'Villa Idylle': 'Dr. phil.', private Beziehungen und ökonomische Schwierigkeiten

Mays Frömmigkeit war kein Schwindel und das 'katholische Mäntelchen' verdient keinen ernsthaften Tadel. Anders verhält es sich mit dem 'Dr. phil.', dem akademischen Mäntelchen Karl Mays.

Nach mehreren Umzügen innerhalb des Dresdner Stadtgebietes zogen die Mays im Oktober des Jahres 1888 in den Dresdner Vorort Kötzschenbroda, Schützenstraße 6: in die - bei einer Jahresmiete von 800 Reichsmark - ziemlich teure 'Villa Idylle'. Beim Gemeindeamt in Kötzschenbroda meldete sich der neue Einwohner als Dr. phil. Karl May.[1]

Im Schriftverkehr mit Verlegern und Redakteuren hatte er sich, seit Jahren, als 'Doktor' betiteln lassen. Von Münchmeyer war er angeblich schon 1875 in dieser Weise hofiert worden.[2] Auch im 2. Jahrgang (1880) von 'Kürschners Literaturkalender' war May mit dem Doktortitel verzeichnet; ob mit oder ohne Hinzutun des Schriftstellers, ist allerdings unbekannt.[3]

Mit dem 'Dr.' schmückte sich May natürlich zu Unrecht. Eine Universität hat er nie besucht; zur Promotion gab es keine Gelegenheit. Später, im November 1898, wurde May die Führung des akademischen Titels durch die Behörde in Dresden verboten.[4]

Mays falscher 'Doktor' verrät einen eitlen Charakter. Franz Zhernotta gab jedoch zu bedenken: Das akademische Studium war dem jungen May verwehrt geblieben, weil die Geldmittel fehlten; die nötige Begabung aber war im Übermaße vorhanden. Hätten es die äußeren Umstände erlaubt, "so hätte Karl May ohne Zweifel an einer deutschen Universität studiert und durch seinen Fleiß, seine Begabung und seine Fähigkeiten den Grad eines Doktors der Philosophie erworben."[5]

Den TITEL eines Doktors führte May zwar ohne Berechtigung; er WAR aber ein 'Doktor' im eigentlichen Sinne: ein 'Lehrer', ein geistiger Führer seiner Lesergemeinde. Leute, die legal mit dem 'Dr.' unterzeichnen, aber weniger können und auch viel weniger wissen als Karl May, gibt es zu Hunderten und zu Tausenden. Daß May sich den Titel illegal zulegte, hätte er gewiß nicht nötig gehabt. Er WAR ja mehr, als er schien; doch die gekränkte Vergangenheit schrie - anders ist der 'Doktor' nicht zu erklären - nach einer, auch äußerlichen, Bestätigung und Rehabilitierung.

Mit den Eskapaden des 'Dr. Heilig' oder der künftigen Exzentrik des 'Dr. Karl May, genannt Old Shatterhand'[6] verglichen, war 'Dr. phil.' eine harmlose Schrulle und der Träger des Titels - angesichts der realen Verdienste - eine seriöse Persönlichkeit. Fehler hat jeder. Aber so viele kämpfen, anders als May, gegen ihre Schwächen nicht an. Der wirkliche May hatte, im Gegensatz zu seinen literarischen Ideal-Figuren, dem Häuptling Winnetou zum Beispiel, den Fehler der Eitelkeit; aber er wußte (im 'Unterbewußten') um diese Schwäche und suchte - literarisch - dagegen zu streiten.[7]

Karl May hatte Fehler. Ein bedeutender und ein liebenswürdiger Mensch war er dennoch. Aber echte und tiefere Freundschaften blieben dem Schriftsteller für lange Jahre versagt. Auch in dieser Hinsicht war er seinem Roman-Ich, Old Shatterhand/Kara Ben Nemsi, nicht ähnlich.

Die Einsamkeit ist ein Grundproblem vieler Ausnahme-Menschen, zu denen Karl May ohne Zweifel gehörte. Bisher lebte May, der latente Narzißt, eher zurückgezogen; die Klatschrunde Emmas war ihm nur lästig.[8] Jetzt aber, in Kötzschenbroda um 1889/90, fanden die Mays recht gute Bekannte.[9] Zum Freundeskreis zählten das Ehepaar Richard und Klara Plöhn (dem später eine herausragende Bedeutung im Leben des Dichters zukommen sollte), Heinrich Haeußler und dessen Ehefrau Louise (die künftige Frau Achilles, die nach der Scheidung Karl Mays von Emma den Prozeßgegnern des Schriftstellers als Zeugin diente), der Sanitätsrat Dr. Johannes Curt Mickel (Mays Hausarzt) sowie der Lehrer und spätere Schuldirektor Krüger.[10]

Nicht endgültig bewiesen, aber doch sehr bedenkenswert ist die Aussage, Karl May habe mit einer Hausangestellten ein Kind gezeugt. In einer eidesstattlichen Erklärung (9.11.1909) von Frau Louise Achilles wird versichert: "Außerdem ist mir bekannt, daß in den Jahren 1889 und 1890 May mit einem seiner Dienstmädchen ein Kind hatte und Alimente bezahlte."[11] Der May-Biograph Fritz Maschke vermutet: "Das Dienstmädchen dürfte entlassen worden sein, noch bevor Frau Emma bemerken konnte, was sich in dessen Leib ankündigte. Karl May sorgte aber gewiß für die werdende Mutter".[12] Das Kind, ein Mädchen, habe der Schriftsteller - dem May-Gegner Rudolf Lebius zufolge[13] - in ein katholisches Kloster gegeben, um es später bei sich aufzunehmen. Seiner Gattin soll May, nach deren eigener (von Pauline Fehsenfeld überlieferter) Angabe, die Wahrheit lange verschwiegen, dann aber - nach einem Kreuzverhör - endlich gestanden haben.[14] Die Aufnahme des Kindes in den Mayschen Haushalt habe die erzürnte Emma dann zu verhindern gewußt.[15]

Im Frühjahr 1894 schrieb May an den Verleger Fehsenfeld:

Ich habe Ihnen mitgetheilt, daß ich arme Verwandte unterstütze, was meine Frau nicht will. Ich bin also gezwungen, zuweilen eine Einnahme oder Ausgabe vor ihr geheim zu halten. Ein Mann hat ja überhaupt oft Ausgaben, für welche die Frau kein Verständnis hat. Wie oft z.B. kaufe ich mir theure Bücher [...]![16]

Fritz Maschke kommentiert diesen, zweifellos interessanten, Brief:

Karl May hatte also Heimlichkeiten vor seiner Frau. Nicht der Preis von teuren Büchern wird es gewesen sein, den seine Frau nicht erfahren sollte, sondern andere Ausgaben: die Unterhaltsbeiträge für sein außereheliches Kind, von dem Emma nichts wissen sollte.[17]

Allerdings müßte Emma - falls die Darstellung Maschkes, in der Chronologie, keine irrige ist - von der Existenz des Kindes schon 1892 oder 1893 gewußt haben. Für May hätte es 1894 also keinen Grund gegeben, die Alimente zu verschweigen.

Von Mutter und Kind sind keine gesicherten Daten bekannt.[18] Auch von einer dokumentierten Äußerung des Schriftstellers wissen wir nichts. Fritz Maschke stellte, unter dem Eindruck von mehreren Zuschriften, eine Vaterschaft Karl Mays wieder in Frage.[19] Ein Urenkel Karoline Selbmanns, einer Schwester des Dichters, hatte an Maschke geschrieben: "Aus Ihren Zeilen erfuhr ich das erste Mal von einem Kind Karl Mays. Auch von meinen Eltern oder anderen Verwandten habe ich nie etwas davon gehört."[20]

Maschke zitiert noch weitere, ähnliche Briefe. Gleichwohl - die übereinstimmenden (durch eine Reihe von Indizien erhärteten[21]) Erklärungen bzw. Berichte von Louise Achilles und Pauline Fehsenfeld hält Claus Roxin für "völlig beweiskräftig".[22]

Wie auch immer die Frage 'Hatte Karl May ein Kind?' zu beantworten ist - getrübt wurde die 'Idylle' der Kötzschenbrodaer Villa zumindest in finanzieller Hinsicht: Mays, im Vergleich zur Münchmeyerzeit sehr dürftige, Einkünfte von seiten der Firmen Spemann und Pustet reichten für die Villa nicht aus.

Im Oktober 1889 mußte der Autor - nach Maschke -

seine geliebten Zigarren, die er bei seiner schriftstellerischen Arbeit in großen Mengen verbrauchte, auf Rechnung beziehen, ohne die Rechnungsbeträge bezahlen zu können. Als am 1. Januar 1890 die Quartalsmiete von 200 Mark fällig wurde, mußte er auch diese schuldig bleiben. Die Hauseigentümerin [...] reichte durch einen Rechtsanwalt Zahlungsklage ein.[23]

Auch der Zigarrenhändler klagte[24] und so mußte die schöne Villa, im Frühjahr 1890, aufgegeben werden. Die Mays zogen um in eine bescheidenere Wohnung in Niederlößnitz (Lößnitzstraße 11). Zu Beginn des nächsten Jahres dürften sich die wirtschaftlichen Verhältnisse Mays wieder gebessert haben.[25] Ein erneuter Umzug am 8. April 1891 war die Folge. Der Schriftsteller mietete die 'Villa Agnes' in Oberlößnitz (Nizzastraße 13), wo das Ehepaar May bis Anfang 1896 zuhause war.

Im Verlauf des Jahres 1891 gab es noch weitere Zahlungsklagen. Es ging insgesamt um einen Betrag von knapp 200 Mark.[26] Doch die - weitgehende - finanzielle Sanierung brachte noch dasselbe Jahr 1891: zunächst durch Vorschüsse des Freiburger Verlegers Friedrich Ernst Fehsenfeld.

Anmerkungen

1   Nach Albert Hellwig: *Die kriminalpsychologische Seite des Karl-May-Problems.* In: KMJB 1920. Radebeul 1919, S. 187-250 (S. 205).
2   Vgl. oben, S. 134.
3   Nach Fritz Maschke: *Karl May und Emma Pollmer. Die Geschichte einer Ehe.* Beiträge zur Karl-May-Forschung 3. Bamberg 1973, S. 28.
4   Vgl. unten, S. 324.
5   Franz Zhernotta: *Die Wissenschaft in Karl Mays Leben und Werk II.* In: MKMG 15 (1973), S. 23-25 (S. 25).
6   Vgl. unten, S. 321ff.
7   Vgl. unten, S. 360f.
8   Vgl. oben, S. 201.
9   Vgl. Maschke: *Karl May,* wie Anm. 3, S. 39.
10 Ebd.
11 Wiedergegeben bei Rudolf Lebius: *Die Zeugen Karl May und Klara May. Ein Beitrag zur Kriminalgeschichte unserer Zeit.* Berlin-Charlottenburg 1910, S. 327.
12 Fritz Maschke: *Was Pauline Fehsenfeld nicht wissen konnte.* In: MKMG 39 (1979), S. 11-14 (S. 13).
13 Vgl. Lebius, wie Anm. 11, S. 315.
14 Vgl. Ekke W. Guenther: *Karl May und sein Verleger Friedrich Ernst Fehsenfeld.* In: JbKMG 1978, S. 154-167 (S. 160f.).
15 Ebd., S. 161.
16 Zit. nach Maschke: *Pauline Fehsenfeld,* wie Anm. 12, S. 13.
17 Ebd.
18 Nach Christian Heermann: *Der Mann, der Old Shatterhand war. Eine Karl-May-Biographie.* Berlin 1988, S. 288, beschäftigten die Mays 1888/89 "in der Villa 'Idylle', wie mit ziemlicher Sicherheit feststeht, tatsächlich ein Dienstmädchen. Sie hieß Alma Eulitz und könnte die Mutter des Kindes sein, muß jedoch noch vor der Entbindung die Stadt verlassen haben, denn die einschlägigen Taufregister liefern keinen Hinweis zu einer Geburt."
19 Fritz Maschke: *Martha Vogel - ein Pseudonym für Thekla Vogel?* In: MKMG 41 (1979), S. 29-31 (S. 29).
20 Ebd.

21 May besaß ein- in Hamburg im Jahre 1888 erschienenes - Buch mit dem Titel *Der Säugling.*
    Seine Ernährung in gesunden und kranken Tagen (Karl Mays Bücherei. In: KMJB 1931. Ra-
    debeul 1931, S. 212-291, hier S. 286). - Ludwig Patsch entdeckte außerdem in Mays Biblio-
    thek zwei weitere (im Verzeichnis nicht aufgenommene) 'Säuglingsbücher' aus dem Jahre
    1900. - Der Karl-May-Verleger E.A. Schmid bestätigte L. Patsch, in einem vertraulichen Ge-
    spräch, die Existenz eines unehelichen Kindes von May; nach Klara Mays Tod (31.12.1944)
    hatte Schmid aber "plötzlich sämtliche Erinnerungen verloren, und auch die anderen Leut-
    chen, die mir dzt. gleichmütig das in Rede stehende uneheliche Kind zugaben, taten überaus
    erstaunt, als ich mich - eben etliche Jahre später - danach erkundigte." (*Vom Lederstrumpf
    zum Winnetou. Autoren und Werke der Volksliteratur*. Hrsg. von Siegfried Augustin und Axel
    Mittelstaedt. München 1981, S. 79f., Anm. 2b).

22 Claus Roxin in einem Brief vom 22.9.1990 an den Verfasser.

23 Maschke: *Karl May*, wie Anm. 3, S. 41; vgl. ebd., S. 197-205 (Wiedergabe der Akten des
    Amtsgerichts Dresden).

24 Vgl. ebd., S. 206-210 (Wiedergabe der Akten).

25 Vgl. ebd., S. 42.

26 Vgl. ebd., S. 42f.

8   Der Gipfel des Ruhmes: Größe und Wahn, katholischer Beifall und innere Gefangenschaft

Das Ende des Jahres 1891 leitete für den fünfzigjährigen Schriftsteller eine neue Lebenswende ein. Er begegnete Friedrich Ernst Fehsenfeld, dem jungen Verleger in Freiburg, der von den Reiseerzählungen Mays entflammt und begeistert war. Die - relativ - glücklichsten Jahre im Leben des Autors sollten beginnen.

Der 'Weltläufer' in der Maske Old Shatterhands wurde zum Volks- und Jugendidol. Als Kenner der menschlichen Seele verstand er es bestens, die 'trivialen', aber auch die tieferen, die metaphysischen Sehnsüchte der Vielen zu erfüllen. Auch der christliche Beifall, der Applaus katholischer Priester und Bischöfe, nahm zu. Und Mays Einkünfte stiegen im "ähnlichen Verhältnis wie sein Ruf".[1] Seine Werke dienten ihm doppelt, "sowohl als Seelenbad wie als Finanzquelle".[2]

In den neunziger Jahren blieb die schriftstellerische Leistung Karl Mays - quantitativ gesehen - hinter dem gigantischen Werk der früheren Jahre zurück. So fand er noch Zeit für umfangreiche Korrespondenzen, für persönliche Kontakte, für Besucher in seiner Villa, für ausgedehnte Reisen in den Jahren 1897 und 1898. Die Leser wollten zu ihrem Abgott in unmittelbare Beziehung treten. Das erreichte - um 1896 - Formen und Auswüchse, für die die Bezeichnung 'grotesk' noch gelinde ist. Daß May darunter einerseits litt, daß er sich gestört und beeinträchtigt fühlte, zeigt seine - in vielen Details wohl stark übertriebene, in der Grundaussage aber wohl zutreffende - autobiographische Skizze mit dem Titel *Freuden und Leiden eines Vielgelesenen* (1896).

Andrerseits BRAUCHTE Karl May die Nähe, die fortgesetzte Bestätigung durch seine 'Gemeinde'. Und er fand sie im Übermaß. Mit Verweis auf die immer zahlreicher werdenden Leserbriefe gab der "durch seine Erfolge schwer niedergedrückte"[3] Schriftsteller in den *Freuden und Leiden* bekannt:

Am tiefsten berühren mich die Zuschriften, welche sich auf die religiösen, ethischen und, ich muß sagen, auch sozialen Wirkungen meiner einfachen Erzählungen beziehen. Es sei mir erlaubt, einige Zeilen, natürlich ohne Namen, wiederzugeben! "Als wir kant Unterzeichneten Studenten der Philosophie wurden, haben wir nicht an Gott geglaubt. Die Lektüre Ihrer Werke hat uns den Glauben zurückgebracht, und wir werden ihn nun um so fester halten. Gott segne Sie!" [...] "Ich bin Missionar, und Sie sind es auch; meine größten Schätze hier im Innern Afrikas sind das Wort Gottes und Ihre Bücher, die ich, sowie sie erscheinen, über Marseille geschickt bekomme." [...] "Jetzt bin ich wieder eine glückliche Frau. Ich sah mit schwerer, stiller Bangnis, wie mein Mann heimlich mit sich kämpfte, aber der Tod Winnetous und das Ave Maria haben ihm zum Siege verholfen." [...] "Wir sind arm und können Ihnen keine Schätze geben; aber einen Dank sollen Sie haben; der ist: seit wir Ihre Werke gelesen haben, sind wir keine Sozialdemokraten[4] mehr und sehen zu unserer Freude, daß alle, denen wir sie borgen, auch langsam zu uns übertreten."[5]

May brauchte die Liebe und das Gebet seiner Verehrer. In den *Freuden und Leiden* heißt es dann weiter:

Gebet! Kennt einer die Macht des Gebetes, so bin ich es! [...] Und wenn meine Erzählungen hier und da Gutes wirken, so habe ich dies nächst Gott nicht mir, sondern den Gebeten meiner Leser zu verdanken. Ich weiß, daß Hunderte von ihnen täglich für mich beten; sie haben es mir geschrieben, und ich schließe sie täglich auch in meine Bitte ein. Wenn so viele den Herrgott bitten, meiner Feder Segen zu verleihen, da kann doch wahrlich ich nicht stolz auf das sein, was ich schreibe! Es sind die Boten Gottes, die mir die Worte bringen. Wenn jeder Autor von diesem Standpunkte aus arbeitete, es gäbe weniger unnütze Bücher, aber mehr Glauben, mehr Liebe und Vertrauen![6]

Wie immer man solche Sätze interpretieren will, als naive Eitelkeit, als raffiniertes Selbstlob, als peinlichen Aberwitz, als echte Glaubenserfahrung oder als Konglomerat von dem allem, an der subjektiven Ehrlichkeit dieser Äußerungen ist nicht zu zweifeln. Mays Glaube und Bekennerdrang gehören, verstärkt jetzt, zu den Wesenszügen seines Charakters und seiner Schreibweise: "Ich bin nun einmal ein gläubiger Christ und habe den unwiderstehlichen Drang, dies in meinen Werken nicht zu verheimlichen."[7]

Der Gefahr des Hochmuts - vor Gott und den Menschen - war sich der Dichter in seinem Herzen bewußt. Im *Weg zum Glück*, seinem letzten Kolportageroman, jedenfalls hatte May die Muhrenleni, die begnadete Sängerin, in die Knie sinken und beten lassen:

"Vater im Himmel, bleib bei mir und verlaß mich nicht, daß ich nicht stolz und hochmüthig werde. Du Heiland aller Sünder, laß mich stets bedenken, daß ich eine arme Sünderin bin! [...] Du reine Mutter Gottes, schau freundlich auf mich hernieder und bitte für mich, daß ich fromm bleibe und voller Demuth."[8]

Noch zuvor ward die Leni gewarnt: "Ein König nimmt Dich an die Hand, / Führt Dich in goldne Pforten ein. / O traue nicht dem eitlen Tand, / Und trau der Liebe nur allein!"[9]

Daß der Erfolg, die Berühmtheit, der 'eitle Tand' zur Gefahr für ihn selbst, für die eigene Seele und die schriftstellerische Entwicklung, werden könnte, ahnte May wohl. Um sich selbst, um die eigene Zukunft besorgt zu sein, hatte der Dichter - ihm bewußt oder unbewußt - Gründe genug.

Die väterliche Gewalt, die Enge der Seminarerziehung in Waldenburg, die Haftjahre in Zwickau und Waldheim, die Fronarbeit für den 'Schundverlag' - dies alles ist zwar Vergangenheit; aber unfrei war der Schriftsteller noch immer: Er blieb der Gefangene seiner - traumatischen - Kindheits- und Jugenderlebnisse, seiner narzißtischen Neigung, seines Hangs zur Gefallsucht, seiner latenten Ich-Spaltung, seiner Angst vor der Wahrheit - dem möglichen Bekanntwerden seiner kriminellen Vergangenheit.

Die Angst versteckte sich hinter der Larve der Fröhlichkeit, der "gesellschaftlich angepaßten Gewandtheit".[10] Daß ihm das Schlimmste noch bevorstand, wußte May so wenig wie Hiob, der "Reiche und Gerechte aus dem Lande Uz".[11] Seine bisherige Zurückgezogenheit schlug um in ihr Gegenteil. Was seine Ehefrau Emma schon lange im Sinn hatte, den Kontakt zur großen Gesellschaft, das suchte er selbst nun ebenfalls. Die Bürgerwelt hatte ihn einstens verstoßen; in die High Society drängte May jetzt stürmisch hinein. Ernst Bloch sah es richtig: Die unterdrückte Kreatur will "großes Leben haben"![12]

Der Schriftsteller gibt Empfänge als "Dr. Karl May, genannt Old Shatterhand",[13] als der große Reisende, universale Gelehrte und gefeierte Dichter; er rühmt sich seiner Beziehungen "fast zu sämtlichen Fürstlichkeiten Deutschlands";[14] und er fordert, in einem Brief, dazu auf, die "Blumen aus dem gelobten Lande" zu verteilen, die ihm sein "lieber, hochwürdiger Freund, der Patriarch von Jerusalem, gesandt hat".[15]

Karl May genießt den Erfolg, den Starkult der - nach Millionen zählenden - Lesermassen. Zeitgenössische Literaturgeschichten ignorieren ihn zwar,[16] doch seine Eitelkeit ficht das nicht an: "Ich sage Ihnen, die Namen Fehsenfeld und May werden der Zeitgeschichte so tief eingegraben sein, daß wir ruhig sterben können und doch weiterleben werden."[17]

May sollte recht behalten: Seine Bücher und besonders seine Reiseerzählungen werden noch heute gelesen. Aber dem "Schicksal, totgelobt zu werden",[18] fiel der Autor, in den neunziger Jahren, zum Opfer: Seine Berühmtheit wurde ihm zum Verhängnis; denn sie verleitete ihn - bei öffentlichen Auftritten - zu kuriosen (und vielschichtig motivierten[19]) Prahlereien, die seinem Ansehen später nur schadeten.

Mays schriftstellerische Leistung gewann, mehr und mehr, an Bedeutung, an literarischem Wert. Und sein persönlicher 'Aufstieg' erreichte den schwindelnden Gipfel. Bis zur Katastrophe, zum Sturz, zum Zusammenbruch in qualvollen Raten. Oder anders gesehen: bis zur schmerzlichen Verwandlung des Bestsellerautors in den Symboldichter, den Visionär, den Propheten. Denn die alte Hülle mußte zerbrechen. Nur so konnte der wahre, der 'eigentliche' May im letzten Lebensjahrzehnt geboren werden.

Anmerkungen

1 Heinz Stolte: *Der Volksschriftsteller Karl May. Beitrag zur literarischen Volkskunde* (Reprint der Erstausgabe von 1936). Bamberg 1979, S. 45.

2 Walther Ilmer: *Das Märchen als Wahrheit - die Wahrheit als Märchen. Aus Karl Mays 'Reise-Erinnerungen' an den erzgebirgischen Balkan.* In: JbKMG 1984, S. 92-138 (S. 93).

3 Karl May: *Freuden und Leiden eines Vielgelesenen.* In: Deutscher Hausschatz 23. Jg. (1897). Nr. 1, S. 1-6 u. Nr. 2, S. 17-21 (erschienen im September/Oktober 1896); hier zit. nach der Original-Wiedergabe in: Der Rabe. Magazin für jede Art von Literatur Nr. 27. Hrsg. von Hermann Wiedenroth und Hans Wollschläger. Zürich 1989, S. 175-211 (S. 175).

4 Die 1890 wiedergegründete SPD hatte, anders als die heutige SPD, den atheistischen Marxismus ins Parteiprogramm ('Erfurter Programm') aufgenommen!

5 May: *Freuden und Leiden*, wie Anm. 3, S. 201f.

6 Ebd., S. 204.

7 Karl May: *Winnetou der Rote Gentleman.* 3. Band. Gesammelte Reiseromane, Bd. IX. Freiburg 1893, S. 629 (Nachwort).

8 Karl May: *Der Weg zum Glück. Roman aus dem Leben Ludwig des Zweiten.* Hildesheim, New York 1971 (Reprint der Dresdner Erstausgabe von 1886-88), S. 339.

9 Ebd., S. 21.

10 Eugen Drewermann - Ingritt Neuhaus: *Marienkind. Grimms Märchen tiefenpsychologisch gedeutet.* Olten, Freiburg 21985, S. 42 (ohne Bezug auf May).

11 Heinz Stolte: *Hiob May:* In: JbKMG 1985, S. 63-84 (S. 66).

12 Ernst Bloch: *Die Silberbüchse Winnetous.* In: Frankfurter Zeitung vom 31.3.1929. Neufassung in: Ders.: *Erbschaft dieser Zeit* (Gesamtausgabe, Bd. 4). Frankfurt/M. 1962, S. 169-173 (S. 172).

13 Vgl. unten, S. 325ff.

14 Aussage Mays vom 10.9.1898; wiedergegeben bei Rudolf Lebius: *Die Zeugen Karl May und Klara May. Ein Beitrag zur Kriminalgeschichte unserer Zeit.* Berlin-Charlottenburg 1910, S. 18.

15 Aus einem Brief Karl Mays vom 25.5.1898 an Friedrich Hinnrichs; zit. nach Erich Heinemann: *Dr. Karl May in Gartow.* In: JbKMG 1971, S. 259-268 (S. 267).

16 Vgl. Ingmar Winter: *Karl May in der Deutschen Literaturgeschichte. Eine Bestandsaufnahme.* In: MKMG 73 (1987), S. 35-42 (S. 36): Lediglich in Gustav Brugiers Literatur-Geschichte wird May erwähnt (und zwar lobend). - Vgl. oben, S. 217.

17 Aus Mays Brief vom 13.3.1899 an Fehsenfeld; zit. nach Gerhard Klußmeier - Hainer Plaul (Hrsg.): *Karl May. Biographie in Dokumenten und Bildern.* Hildesheim, New York 1978, S. 127.

18 Karl May: *Mein Leben und Streben.* Freiburg 1910. Hrsg. von Hainer Plaul. Hildesheim, New York 21982, S. 32.

19 Vgl. unten, S. 329ff.

8.1 Die Verbindung mit Fehsenfeld: Finanzieller Erfolg und Public Relations

Friedrich Ernst Fehsenfeld (1853-1933), der achte Sohn eines Landpfarrers in Groß-Lengden bei Göttingen,[1] wurde Mays neuer Geschäftspartner. Seine Kindheit und Jugend, die Jahre 1862 bis 1871, hatte er im Hause des renommierten Literaturkritikers Julian Schmidt in Berlin verbracht. Er kannte, weil sie bei Schmidt verkehrten, den Philosophen Dilthey, den Historiker Treitschke, die Literaten Gustav Freytag, Fritz Reuter, Ivan Turgenjew und andere Größen der Geisteswelt.

In Gießen und dann in Freiburg/Br. war Fehsenfeld Buchhändler gewesen. Um 1890 gründete er in Freiburg einen eigenen Verlag. Bald schon wurde er - über die Lektüre des Orientzyklus im 'Deutschen Hausschatz' - mit dem sächsischen Schriftsteller bekannt:

Ich stieß auf die Erzählung *Im Schatten des Großherrn* von Karl May. Ich begann zu lesen und kam nicht mehr davon los. Familie, Geschäft, Essen und Trinken, alles vergaß ich! [...] DIESE Erzählungen aus ihrer Zerstückelung in den Zeitschriften herauszuholen, sie in Bücher zu fassen und so der deutschen Jugend und dem ganzen Volk zu schenken, das war ein Gedanke, der mich nicht wieder losließ."[2]

Der Verlag 'Alfred Mame et Fils' in Tours hatte Mays Orientzyklus allerdings schon seit 1884 in Buchform, in französischer Übersetzung, ediert.[3] Auch Friedrich Pustet hatte schon am 13. November 1884 dem Schriftsteller eine Buchausgabe seiner im 'Hausschatz' gedruckten Erzählungen angetragen. Doch der Autor war nicht darauf eingegangen:[4] Einer Zusage Mays hätte wohl ein stärkeres Engagement für Pustet folgen müssen; dazu aber war der Schriftsteller aufgrund seiner Kolportagetätigkeit bei Münchmeyer (1882-87) nicht in der Lage.

Fehsenfeld nun wandte sich im Sommer 1891 brieflich an Karl May und bot ihm eine Verbindung an. Mit der Antwort ließ May sich vier Monate Zeit, "vielleicht deshalb, weil Fehsenfeld als Verleger noch völlig unbekannt war".[5] Auf die Einladung Mays hin - "Soeben von einer meiner großen Reisen zurück, finde ich Ihren Brief vor. Kommen Sie!"[6] - besuchte der Verleger den Autor in Oberlößnitz, in der 'Villa Agnes'.

Kurz vor seinem Tode (1933) schreibt Fehsenfeld in seinen Erinnerungen:

Ich reiste nach Dresden [...] Am kleinen Bahnhof 'Weintraube' stieg ich aus, und da kam denn auch alsbald ein Herr im grauen Havelock auf mich zu, legte beide Arme auf meine Schultern und rief aus: "So muß mein Verleger aussehen!" Karl May war ein schöner Mann [...] Kräftig gebräunt war die Haut (jedenfalls ein Überbleibsel von Kara Ben Nemsis Orientreise! dachte ich mir), schalkhaft der Mund und gewinnend sein Lächeln. Seine Stimme klang angenehm mit einem deutlichen Anflug von sächsischem Tonfall, der sich mitunter auch unfreiwillig in seine Reime einschlich. Karl May war mittelgroß, sehr kräftig gebaut, die Beine hatten den leichten Schwung von Reiterbeinen.[7]

Am 17. November 1891 wurde ein Vertrag abgeschlossen: "Die Unterzeichneten vereinigen sich zur Buchausgabe der im 'Deutschen Hausschatz' und anderen Zeitschriften bisher erschienenen Reiseromane des Herrn Dr. Karl May." (§ 1)[8] Wenige Tage vor dem Vertragsabschluß hatte May in einem Brief an Fehsenfeld noch betont, es stünde ihm zu seinen "sonstigen Connexionen [...] ein Colportageapparat zur Verfügung, welcher sich über ganz Deutschland erstreckt"; nur mit der Kolportage, so fügte er hinzu, sei ein größerer Absatz zu erreichen.[9]

In Wirklichkeit hatte May, nach trüben Erlebnissen, mit der Kolportage wohl nichts mehr im Sinn. Oder sollte er, angesichts seiner Geldschwierigkeiten in den Jahren 1889 bis 1891, doch wieder an die Firma Münchmeyer gedacht haben? Nach dem Vertragsabschluß mit Fehsenfeld freilich sah sich May, den euphorischen Äußerungen nach zu schließen, von allen Sorgen befreit. Am 3. Dezember 1891 sandte der Autor seinem neuen Verleger einen Brief, den er mit den launigen Zeilen beschloß:

"Im lieben, schönen Lößnitzgrund / Da saßen zwei selbander; / Die schlossen einen Freundschaftsbund, / Gehn niemals auseinander. / Der Eine schickt Romane ein, / Der Andre läßt sie drucken, / Unds Ende wird vom Liede sein: / 's wird Beiden herrlich glucken!"[10]

Mays Glücksgefühl trog ihn nicht. Trotz späterer Differenzen blieb Fehsenfeld der wichtigste Verleger Karl Mays - bis nach dem Tode des Dichters. Ab Januar 1892 brachte er die berühmten grünen Bände mit den Goldornamenten heraus: die 'Gesammelten Reiseromane' (seit 1896, aufgrund einer Anordnung Mays vom 17. August, 'Gesammelte Reiseerzählungen'), beginnend mit Band I *Durch Wüste und Harem*, der Neufassung des Großteils von *"Giölgeda padishanün"* (1881).[11] Da Karl May - im Blick auf den Titel, der etwas reißerisch klang - Bedenken wegen seiner katholischen Leser hatte,[12] wurde der Romantitel, mit dem 16.-20. Tausend (1895), geändert in *Durch die Wüste*.

Im Vorwort zu Band I bewunderte Fehsenfeld seinen Autor:

Bei ihm ist keine Zeile ohne Leben, ohne innere und äußere Bewegung [...] Man lebt sich so in ihn hinein, daß man ganz und vollständig sein Eigen wird [...] Er ist, vielleicht ohne es zu beabsichtigen, ein Missionar, ein Prediger der Gottes- und Nächstenliebe, doch besteht seine Predigt nicht in Worten, sondern in Thaten. Wie köstlich ist's, daß sein treuer Hadschi Halef Omar ihn zum Islam bekehren will und schließlich doch selbst Christ wird, ohne es zu ahnen![13]

Mit dem Lob des Autors durch den Verleger wird, wie schon früher im 'Hausschatz',[14] zugleich die Identität des Verfassers mit seinem literarischen Ich suggeriert. Der Weg zur 'Old-Shatterhand-Legende',[15] zur ausdrücklichen Behauptung dieser Identität, ist nicht mehr sehr weit!

Bis zum Jahre 1899, dem Zeitpunkt der bedeutendsten Wende im Leben und Werk Karl Mays, erschienen in Freiburg die Bände I bis XXVII. Einige Erzählungen wie der große Orientzyklus (Bd. I-VI ohne 'Anhang' zu Bd. VI) und eine Reihe von Kurzgeschichten in den Sammelbänden X *Orangen und Datteln*, XI *Am Stillen Ocean* (beide 1893/94) und XXIII *Auf fremden Pfaden* (1897) wurden - nur wenig verändert - aus dem 'Hausschatz' und anderen Zeitschriften übernommen. Weitere ebenfalls (teils in mehreren Varianten) schon früher edierte Texte wurden von Karl May - mehr oder weniger substantiell - überarbeitet und für neu entstehende Roman-Trilogien zusammengesetzt: integriert nun in die Bände VIII *Winnetou II*, IX *Winnetou III* (beide 1893) und XV *Old Surehand II* (1895).

Für die Fehsenfeld-Reihe neu verfaßt wurden bis 1899, außer dem Anhang zu Band VI *Der Schut* (1892), die Bände VII *Winnetou I* (1893) und XIV *Old Surehand I* (1894),[16] der größere Teil von Band XVIII *Im Lande des Mahdi III* (1896) sowie die Bände XIX *Old Surehand III* (1896), XXIV *"Weihnacht!"* (1897) und - eigentlich schon zum Spätwerk gehörend[17] - XXV *Am Jenseits* (1899).

Der Absatz war zuerst noch enttäuschend. Aus diesem Grunde wurde der Kaufpreis für die Lieferungshefte (die Bände kamen zunächst als zehnteilige Lieferungsausgaben heraus und erschienen unmittelbar darauf als Buchausgaben) am 3. März 1892 von 50 Pfennig auf 30 Pfennig heruntergesetzt.[18] Karl May kommentierte diesen Entschluß im Brief vom 12.3.1892 an Fehsenfeld: "Theuerster Freund, vielliebster Bruder, hochwehrthester Rad- und Meisterfahrer, ja es ist schauderhaft, das mit den 30 Pfennigen pro Heft! Ich fühle lebhaft mit Ihnen, aber Sie haben recht: wir machen VIEL mehr Abonnenten [...]"[19]

Von jetzt an war der Erfolg gewaltig. Das Lesepublikum Mays verbreitete sich "geradezu schlagartig".[20] Denn die (freilich nie exklusiv gewesene) Ausrichtung auf bestimmte Zielgruppen - Katholiken bei Pustet, untere Volksschichten bei Münchmeyer und Gymnasiasten bei Spemann - wurde jetzt völlig aufgegeben.

Die Gesamtauflage der bei Fehsenfeld erschienenen Werke Karl Mays betrug im Jahre 1896 bereits 359.000 und im Jahre 1899 schon 722.000 Exemplare.[21] Mays Einkommen steigerte sich dementsprechend. Noch im Jahre 1892 gab es finanzielle Engpässe, die Fehsenfeld mit Vorschüssen überbrückte. Doch dann kam der große Aufstieg: Fehsenfelds Honorare begannen 1892 - nach Claus Roxin -

mit 5.000 Mark, erreichten aber 1895 und 1896 schon jeweils mehr als 60.000 Mark. Durchschnittlich erzielte May mit den bei Fehsenfeld erschienenen Werken eine Einnahme von 30.000 Mark jährlich. Dazu kamen die Bezüge aus den Zeitschriftenabdrucken beim 'Hausschatz' und beim 'Guten Kameraden', die Erträge aus kleineren Erzählungen, die May in katholischen 'Marienkalendern' veröffentlichte,[22] und aus den Buchausgaben der Jugendschriften, die im Verlage der 'Union Deutsche Verlagsgesellschaft, Stuttgart' erschienen.[23]

Im Anschluß an einen Besuch in Freiburg, im Sommer 1893, leistete sich das Ehepaar May zusammen mit der Familie Fehsenfeld eine Erholungsreise in die Schweiz, nach Bönigen am Brienzer See. Aus der Sicht seiner Frau Emma, die - wie Pauline Fehsenfeld meinte - "unter den unsicheren Verhältnissen in den ersten Jahren ihrer Ehe gelitten hat und sich in die spätere pekuniäre Lage, als Karl May Erfolg hatte, noch nicht hineinfinden konnte",[24] war der Schriftsteller in Bönigen wohl zu großzügig im Geldausgeben. Später, im Kapitel über das Privatleben Mays in den neunziger Jahren,[25] werden wir auf die Schweiz-Reise - in einem anderen Zusammenhang - noch zurückkommen.

Karl May wurde ein sehr wohlhabender Mann. Während die Edelhelden seiner Romane den Pomp und den Luxus verachten,[26] pflegte der bürgerliche May nun einen, im Vergleich zu früheren Jahren, üppigen Lebensstil. Allerdings hatte er, wie wir sehen werden, auch stets ein Herz für die Armen.[27]

Am 30. Dezember 1895 erwarb sich May für 37.300 Mark ein Renommier-Haus, die (seit 1985 als Karl-May-Museum bekannte) 'Villa Shatterhand' in der Kirchstraße 5 in Radebeul bei Dresden. Am 14. Januar 1896 bezogen Karl und Emma diese stattliche Neubau-Villa, die der Dichter bis zum Lebensende bewohnte. Rückblickend schrieb Emma:

Es verging kein Abend, wo wir uns nicht beim gute Nacht sagen, in voller Glückseligkeit die Worte zuriefen: "Hühnelchen, die Villa ist unser. Kein Mensch kann sie uns rauben." Wir freuten uns wie ein paar Kinder über ihre Puppenstube.[28]

Den finanziellen Erfolg hatte May seiner literarischen Leistung, aber - zum Teil - wohl auch seiner eigenen Reklame-Strategie zu verdanken. Bis 1891 hatte der Autor auf den Vertrieb seiner Schriften kaum Einfluß genommen. Nach dem Abschluß des Vertrages mit Fehsenfeld aber "kümmerte er sich praktisch um alles, was mit den Buchausgaben seiner Werke zusammenhing."[29] Insofern war May - in den neunziger Jahren - kein Phantast, kein weltflüchtiger Träumer, sondern ein geschäftstüchtiger, auf Public Relations bedachter[30] Manager in eigener Sache.

Fehsenfeld gegenüber erklärte May sich bereit, positive Rezensionen zu beschaffen;[31] er verfaßte Annoncen und Vorworte;[32] er nahm Stellung zum Verkaufspreis, zu Werbeprospekten und Titelbild-Entwürfen;[33] er beschäftigte sich mit der äußeren Gestaltung der Bände;[34] er nützte persönliche Beziehungen zu Buchhändlern in Kötzschenbroda und Hohenstein-Ernstthal[35] und ließ, seit 1896, spektakuläre Werbe-Fotos verbreiten.[36]

Auch um die kräftige Unterstützung durch höchste geistliche Würdenträger bemühte Karl May sich wohl selbst:[37] Über seine Verbindung zum katholischen 'Hausschatz' und den Redaktionen der 'Marienkalender' ermöglichte der Schriftsteller eine Fehsenfeld-Annonce (im November 1895 im Deutschen Hausschatz) mit 'Empfehlenden Worten Deutscher Bischöfe über Karl May's Gesammelte Reiseerzählungen'.[38]

Der Würzburger Bischof Dr. Franz Joseph v. Stein (ab 1897 Erzbischof von München und Freising) zum Beispiel erklärte mit Datum vom 9.12.1894: "Der sprachgewandte Verfasser besitzt in hohem Grade die Gabe, frisch, packend und volkstümlich zu schreiben [...] Was dabei besonders zu betonen ist, das ist die christliche Grundlage [...]"[39]

Auch die Exzellenzen von Breslau, Eichstätt, Freiburg, Culm, Mainz, Münster, Osnabrück und Passau bezeichneten Mays Werke - laut Fehsenfeld-Annonce - "als in jeder Beziehung empfehlenswerte Bücher für das katholische Haus".[40]

Für das 'katholische' Haus! In ökumenischer Weit- und ökonomischer Umsicht regte May, im Brief vom 22.10.1897 an Fehsenfeld, dann allerdings an: "Der Prospekt müßte so ausgearbeitet werden, daß er für Alle, ohne Unterschied der Confession, zugkräftig ist."[41]

Nicht zu bestreiten: Karl May hatte einen Sinn fürs Geschäftliche. Daß es ihm ausschließlich oder vorzugsweise ums Geld ging, wäre nun freilich ein Trugschluß. Seine eigentlichen Triebquellen waren, wie sich zeigen wird, von ganz anderer Art. Und in seinen Romanen werden nicht der Mammon und nicht das Gewinnstreben, sondern ganz andere Werte beschworen. Ein Materialist hätte solche Romane nie schreiben können.

Anmerkungen

1 Näheres über Fehsenfeld bei Karl May: *Mein Leben und Streben.* Freiburg 1910. Hrsg. von Hainer Plaul. Hildesheim, New York ²1982, S. 431ff. (Anm. 245).

2 Mitgeteilt bei Konrad Guenther: *Karl May und sein Verleger* (1934); neu abgedruckt in: Karl May: Freiburger Erstausgaben, Bd. XX *Satan und Ischariot I.* Hrsg. von Roland Schmid. Bamberg 1983, A 2-35 (8).

3 Vgl. Christian Heermann: *Der Mann, der Old Shatterhand war. Eine Karl-May-Biographie.* Berlin 1988, S. 188.

4 Vgl. Wilhelm Vinzenz: *Karl Mays Reichspost-Briefe. Zur Beziehung Karl Mays zum 'Deutschen Hausschatz'.* In: JbKMG 1982, S. 211-233 (S. 218).

5 Claus Roxin: *Mays Leben.* In: *Karl-May-Handbuch.* Hrsg. von Gert Ueding in Zusammenarbeit mit Reinhard Tschapke. Stuttgart 1987, S. 62-123 (S. 99).

6 Mitgeteilt bei Guenther, wie Anm. 2, A 8.

7 Ebd., A 8f.

8 Zit. nach Roxin, wie Anm. 5, S. 99.

9 So hieß es in Mays Brief vom 8.11.1891 an Fehsenfeld; zit. nach Ulrich Schmid: *Das Werk Karl Mays 1895-1905. Erzählstrukturen und editorischer Befund.* Materialien zur Karl-May-Forschung, Bd. 12. Ubstadt 1989, S. 53.

10 Zit. nach Guenther, wie Anm. 2, A 10.

11 Vgl. oben, S. 173ff.

12 Aus Mays Brief vom 28.2.1892 an Fehsenfeld geht dies hervor; Hinweis bei Schmid, wie Anm. 9, S. 53.

13 Zit. nach Gerhard Klußmeier - Hainer Plaul (Hrsg.): *Karl May. Biographie in Dokumenten und Bildern.* Hildesheim, New York 1978, S. 127.

14 Vgl. oben, S. 175f. u. 199.

15 Vgl. unten, S. 321ff.

16 In den Beginn dieses Romans hat May allerdings zwei ältere Kurzerzählungen (vgl. unten, S. 260) integriert.

17 Vgl. unten, S. 356.

18 Faksimile-Wiedergabe der entsprechenden Annonce aus dem 'Börsenblatt' bei Klußmeier - Plaul, wie Anm. 13, S. 126.

19 Zit. nach Guenther, wie Anm. 2, A 10, und Klußmeier - Plaul, wie Anm. 13, S. 126.

20 Klußmeier - Plaul: Ebd., S. 121.

21 Nach Hans-Dieter Steinmetz: *Die Villa "Shatterhand" in Radebeul.* In: JbKMG 1981, S. 300-338 (S. 308), und Roxin, wie Anm. 5, S. 101.

22 Vgl. unten, S. 305ff.

23 Roxin, wie Anm. 5, S. 99f.

24 Zit. nach Ekke W. Guenther: *Karl May und sein Verleger Friedrich Ernst Fehsenfeld.* In: JbKMG 1978, S. 154-167 (S. 160).

25 Vgl. unten, S. 338ff.

26 Vgl. Gert Ueding: *Der Traum des Gefangenen. Geschichte und Geschichten im Werk Karl Mays.* In: JbKMG 1978, S. 60-86 (S. 81).

27 Vgl. unten, S. 329.

28 Mays frühere Ehefrau Emma am 12.9.1910 an Louise Achilles; wiedergegeben bei Rudolf Lebius: *Die Zeugen Karl May und Klara May. Ein Beitrag zur Kriminalgeschichte unserer Zeit.* Berlin-Charlottenburg 1910, S. 226; zit. nach Steinmetz, wie Anm. 21, S. 309.

29 Ekkehard Bartsch: *"Indem ich die Preisliste beilege..."*. In: MKMG 8 (1971), S. 11-13 (S. 12).

30 Vgl. unten, S. 325ff.

31 Vgl. Mays Briefe vom 8.11.1891, vom 3.12.1891 und vom 1.2.1892 an Fehsenfeld; mitgeteilt bei Schmid, wie Anm. 9, S. 246 (Anm. 95).

32 Vgl. Schmid: Ebd., S. 53.

33 Vgl. Bartsch, wie Anm. 29, S. 12. - Zu den Titelbildern und den kritischen Äußerungen Mays vgl. unten, S. 352f.

34 Vgl. Schmid, wie Anm. 9, S. 54.

35 Vgl. Bartsch, wie Anm. 29, S. 12.

36 Vgl. unten, S. 323f.

37 Vgl. Bartsch, wie Anm. 29, S. 12.

38 Die einzelnen Bischofs-Worte sind wiedergegeben bei Karl May: *Der dankbare Leser.* Reprint der Ausgabe von 1902. Materialien zur Karl-May-Forschung, Bd. 1. Ubstadt 1982, S. 143ff.

39 Zit. nach May: Ebd., S. 145.

40 Zit. nach der Faksimile-Wiedergabe der Fehsenfeld-Annonce bei Klußmeier - Plaul, wie Anm. 13, S. 112.

41 Zit. nach Bartsch, wie Anm. 29, S. 12.

8.2 Die weitere Zusammenarbeit mit dem Pustet-Verlag: "Ich habe Korrekturen und Kürzungen nie geduldet"

Der berühmt gewordene Schriftsteller erfreute mit immer neuen Verkaufsschlagern. Und der Predigerton, das religiöse Fühlen, durchdrang immer mehr seine Werke: "Was ich bin, und was ich schaffe, das bin und schaffe ich durch Gottes Barmherzigkeit."[1]

Mit dem katholischen Pustet-Verlag arbeitete Karl May weiterhin zusammen. Der 'Deutsche Hausschatz' blieb, nach der Veröffentlichung des *Mahdi*[2] im 18. und 19. Jahrgang (1891-93), ein wichtiges Publikationsmittel für den Autor. Die meisten bis 1898 erschienenen Fehsenfeld-Bände wurden zunächst als Journalgeschichten im Regensburger Verlag gebracht.

Bis August 1892 lieferte May für Pustet die Manuskripte zu einem spannenden Abenteuerroman, der unter den Fortsetzungs-Titeln *Die Felsenburg*, *Krüger Bei* und *Die Jagd auf den Millionendieb* im Hausschatz, ab Herbst 1893, erschien. Von Juli bis Oktober 1893 sandte May ein weiteres Roman-Manuskript nach Regensburg: die - im Wilden Westen spielende - 'Einleitung'[3] der (erst 1897 weitergeführten) Reiseerzählung *Im Reiche des silbernen Löwen.*

Für knappe drei Jahre, von Herbst 1893 bis etwa Mitte 1896, stellte der Schriftsteller seine Manuskriptsendungen für Pustet ein. Doch der Vorrat an May-Text in der Redaktion des Hausschatzes war reichlich genug, noch für die Jahre 1894 bis 1896.

Im Herbst 1896 brachte der Hausschatz die kurze Zeit vorher entstandene, "trotz aller heiteren Obertöne so viel innerste Lebensangst verratende"[4] autobiographische Skizze *Freuden und Leiden eines Vielgelesenen*[5] - eine religiös zum Teil überspannte, halb ernste, halb groteske, an vielen Stellen selbstironische Persiflage aus der Feder Karl Mays.[6] Mitte 1897 folgte das, von May nun auch (für Männerchor) vertonte, Gedicht *Ave*

Abb. 8: Die vermutlich früheste Aufnahme von Karl May, um 1875 als Redakteur.

Abb. 9:   Jugendbildnis Emma Pollmers.

Maria.[7] Im Verlauf des Jahres 1897 bis spätestens Juni 1898 entstand, ebenfalls für den Hausschatz, der Hauptteil der Erzählung *Im Reiche des silbernen Löwen.*

Da der *Silberlöwe* zu einer speziellen, von den 'klassischen' Reiseerzählungen Karl Mays zu unterscheidenden Werksgruppe zählt, soll dieser Roman erst später, im Kapitel über die 'späten Reiseerzählungen',[8] vorgestellt und besprochen werden.

8.2.1 *Satan und Ischariot*: Ein Spannungsroman mit biblischen Motiven

Die Felsenburg und ihre Fortsetzungstexte sind NACH der - unmittelbar für die Fehsenfeld-Reihe im Jahre 1893 verfaßten bzw. zusammengestellten - *Winnetou*-Trilogie erschienen: von September 1893 bis August 1896, im 20.-22. Jahrgang des Deutschen Hausschatzes; entstanden ist der Roman, in der Journal-Fassung, aber noch VOR den Winnetou-Bänden: von Mai 1891 bis August 1892 vermutlich.[9] In der späteren Buchausgabe bei Fehsenfeld wurden *Die Felsenburg* und ihre Fortsetzungen als Trilogie-Bände XX-XXII *Satan und Ischariot I-III* (1896/97) publiziert. Der biblisch klingende Titel, der den Spannungsroman - sehr deutlich - aus der bloßen Abenteuersphäre herausnehmen und in theologische Zusammenhänge einordnen sollte, geht auf den persönlichen (gegen Fehsenfeld durchgesetzten) Wunsch des Schriftstellers zurück.[10]

Die Hausschatz-Redaktion, der das Gesamtmanuskript, wie schon erwähnt, seit Herbst 1892 vorlag, lobte das Werk im Juni 1895: Mays neuer Roman sei "der spannendste, den wir aus der Feder des beliebten Erzählers besitzen. Neue Reisen hatten ihn erfrischt, als er den Roman niederschrieb, und der Einfluß einer glücklichen Gemütsstimmung macht sich überall geltend."[11]

Die Felsenburg zeigt, zum ersten Mal in den Ich-Erzählungen, Winnetou und Old Shatterhand als ideales Freundespaar auf den Rücken der Wunderrappen Iltschi und Hatatitla. Die äußere Handlung ist leicht zu skizzieren: Der verbrecherische Mormone Harry Melton, dessen Aussehen den Erzähler an die Satansdarstellung Gustave Dorés (1832-1883) erinnert, will deutsche Auswanderer in eine tödliche Falle locken; im giftigen Quecksilber-Bergwerk 'Almaden alto'[12] sollen sie Sklavenarbeit verrichten und elend zugrundegehen. Der teuflische Plan gelingt. Doch sterben müssen die Gefangenen nicht. Old Shatterhand befreit seine Landsleute und stiftet, obendrein, noch Frieden zwischen verfeindeten Indianerstämmen. Mit diesen, recht wenigen, Elementen füllt Karl May - so Walther Ilmer -

750 Seiten[13] ohne einen Augenblick Leerlauf [...], indem er immer neuen Verzögerungen, neuen Ablenkungen, neuen Nebenabenteuern und unvermuteten Zwischenfällen Raum gibt, die sich - heterogen wie sie scheinen - verblüffend zu einem integralen Ganzen ineinanderschieben.[14]

Diverse aus Mays Kolportageromanen bekannte Motive tauchen wieder auf.[15] Und die Darstellungsweise des Autors mögen anspruchsvollere Leser für 'trivial' ansehen. Wie in früheren Ich-Erzählungen Karl Mays gelingt jedoch - zum Teil auch mit Hilfe von neuen, in den bisherigen Werken noch nicht erprobten Kunstgriffen des Schriftstellers - die bruchlose Verschränkung von mehreren Bedeutungsebenen: dem vordergründigen Abenteuer, der autobiographischen Spiegelung und der religiös-mythologischen Botschaft.[16]

Die Felsenburg ist, wie die Fortsetzungstexte, ein durchaus komplexes, zugleich sehr straff komponiertes Werk: zunächst eine "Reiseerzählung mit rasanten Aktionen und als solche ein voll befriedigendes Leseerlebnis".[17] Doch allein schon die planvolle Topographie - Aufstieg vom niederen Tal in höhere Bergregionen; Beginn und Ende aller drei Bände (in der Hausschatz-Einteilung) am Wasser, dem Symbol des Lebens und der Lebensbedrohung[18] - läßt eine allegorische Interpretation des Romans nicht abwegig erscheinen.

Im zweiten Teil *Krüger Bei* wechseln die Schauplätze. Wie in den Kolportageromanen werden, ohne daß die innere Geschlossenheit der gesamten Erzählung dadurch beeinträchtigt würde, mehrere Erdteile durchschritten. Von Mexiko über Deutschland wird der Leser nach Kairo und Tunis geführt.

In der sächsischen Heimat erlebt Old Shatterhand eine besondere Überraschung: Winnetou besucht - eine Sensation, die die Hausschatz-Abonnenten zu Weihnachten 1894[19] vom Stuhl reißen wird - seinen weißen Bruder beim Dresdner Gesangsverein!

Und da stand er unter der Thür! [...] Und wie sah der gewaltige Krieger aus! Eine dunkle Hose, eine ebensolche Weste, um welche ein Gürtel geschnallt war, einen kurzen Saccorock; in der Hand einen starken Stock und auf dem Kopfe einen hohen Cylinderhut, den er nicht abgenommen hatte![20]

Der rote Häuptling begleitet Old Shatterhand alias Kara Ben Nemsi nach Afrika, um Thomas und Jonathan Melton, den Bruder bzw. Neffen des Hauptschurken, zu jagen. Ohne Orts- und Sprachkenntnisse bewährt sich Winnetou im Orient als mindestens ebenso großer Held und kluger Stratege wie in Mexiko und in Nordamerika. Nur - dem Triumph folgt, als böser Ausgleich, eine schwere Gallen- und Lebererkrankung des Indianers. Winnetous starke Natur ist den fremden Lebensbedingungen eben doch nicht gewachsen. Deutungs-Möglichkeiten gibt es hier viele.[21] Zum Beispiel: Der Untergang der roten Rasse, "die von außen her infiziert [...] wird",[22] zeichnet sich symbolisch in der Krankheit Winnetous ab!

Die Felsenburg, aber auch *Krüger Bei* und *Die Jagd auf den Millionendieb* rangieren, nach Walther Ilmer, "als fesselnde Lektüre [...] weit oben in Mays Gesamtwerk".[23] Auch der Afrika-Einschub im zweiten Band ist keineswegs "verunglückt",[24] sondern - wie Ilmer erklärt - "eine der bemerkenswertesten Leistungen Karl Mays"[25] in dieser Schaffensperiode.

Winnetou in Dresden! Und Old Shatterhand mit dem Häuptling in Afrika! Ein, nach Ilmer, literarisch gelungener Coup, dessen Kehrseite freilich äußerst bedenklich ist. Denn der Schriftsteller hat sich in eine Position hineinmanövriert, die ihm später, um die Jahrhundertwende, zum Verhängnis wird.

Eine gefährliche, weil trügerische und ver-rückte, Legende nimmt in *Krüger Bei* eine feste Gestalt an.[26] Und in den folgenden Jahren wird May diese Legende (der die Hausschatz-Redaktion schon zu Beginn der achtziger Jahre den Boden bereitet hat) noch ausbauen - aus Gründen, die weiter unten, im Kapitel über die 'Shatterhand-Legende',[27] analysiert werden sollen.

Daß die - vom Autor als 'Edelmenschen' gezeichneten, manchmal aber doch zur Arroganz, zum Selbstgenuß ihrer Überlegenheit neigenden[28] - Ich-Helden des Orients, des Wilden Westens und des südamerikanischen Kontinents ein und dieselbe Person seien, war den Hausschatz-Lesern wohl lange schon klar. Aber 'bewiesen' wird diese Identität erst jetzt, in der Reiseerzählung *Krüger Bei*. Und daß Old Shatterhand/Kara Ben Nemsi (bzw. Charley in *Sendador*) kein anderer sei als der Autor Karl May, wird im *Satan*-Roman keineswegs, wie in früheren Texten, nur suggeriert und nahegelegt, sondern dem Leser eindeutig aufoktroyiert.

Am weitesten, im Vergleich zu den bisherigen Werken, geht May im (von der Hausschatz-Redaktion allerdings gestrichenen) *Krüger Bei*-Kapitel 'In der Heimath': Der Ich-Erzähler, ein "Linguist", ein Gelehrter mit Doktortitel, ist ein berühmter Schriftsteller in

Sachsen, war zeitweilig Redakteur, kennt das Erzgebirge ebenso wie Südamerika[29] und heißt - "May"![30]

In *Krüger Bei* hat der Autor seine öffentliche Selbstdarstellung als Old Shatterhand und Kara Ben Nemsi (in den Jahren 1896 bis 1899) literarisch endgültig vorbereitet. Die Flucht des ehemaligen Straftäters in die Maske der Omnipotenz hat ihren ersten Höhepunkt erreicht.

Autobiographisch relevant ist in den *Satan*-Bänden freilich nicht nur der wachsende Geltungstrieb des Autors und nicht nur der - in allen May-Schriften mehr oder weniger virulente - Versuch, die kriminelle Vergangenheit zu 'bewältigen', sondern vor allem auch die Auseinandersetzung des Schriftstellers mit der Realität seiner Ehe.

Unter höchstem Leidensdruck wohl erst in späteren Jahren,[31] ansatzweise aber schon damals (und auch schon früher) sah Karl May in seiner Ehefrau Emma die femme fatale, die seinen Aufstieg in reinere Sphären des Geistes und der Seele blockierte. Die, gelinde gesagt, problematische Beziehung Mays zu Emma spiegelt sich, erstmals durchgehend und nicht nur in punktuellen Hinweisen, im *Satan*-Roman.[32]

In mehrfacher Weise wird das Privatleben mit Emma literarisch durchgespielt: wie es, Karls Wunschbild entsprechend, sein sollte; wie es, aus der Sicht des Schriftstellers, tatsächlich war; und wie es, in Mays Angst-Projektionen, sich zu entwickeln drohte.

Interessant ist in diesem Zusammenhang die ideale Beziehung zwischen *Em*ery Bothwell und *Kar*a Ben Nemsi,[33] aber auch das nur vordergründig immer harmonische, in Wirklichkeit aber von unterschwelligen Empfindlichkeiten tangierte Verhältnis zwischen Winnetou (dessen psychographische Funktion in den *Satan*-Bänden, unter anderem, auf Emma verweist[34]) und dem Ich-Erzähler.

Im Hinblick auf Emma noch aufschlußreicher ist, mit einiger Wahrscheinlichkeit, die Romangestalt Judith Silberstein: ein rassiges Weib von, im wörtlichen Sinne, männermordender Schönheit. Sie unterstützt und provoziert mit dämonischer Tücke den 'Satan' Harry Melton - das Spaltprodukt des Ich-Erzählers,[35] den ins Böse verkehrten 'Doppelgänger' Old Shatterhands.[36] Und sie stürzt den früheren Kunstreiter Herkules (ein heimliches Selbstporträt des Autors) ins Verderben: Der Artist, der gemütskranke Geliebte der treulosen Jüdin,[37] bleibt abhängig von dieser Frau; er kann sich, in seinem Verlangen, nicht lösen von ihr; er verliert seine Braut und - nimmt sich das Leben.

Auch die Einstellung des Ich-Helden zu Judith Silberstein läßt, bei aller gebotenen Vorsicht, autobiographische Rückschlüsse zu. Der fromm-kluge Shatterhand und die gewissenlose Judith sind die eigentlichen Kontrahenten. Die Beziehung des mutigen Kämpfers zu seiner attraktiven Widersacherin wirkt aber zwiegespalten - eine Haßliebe im klassischen Sinne:

Zwischen Empörung und Nachsicht, zwischen Grimm und Verzeihen bewegt sie sich unaufhörlich [...] Auf weite Strecken hin ist 'Die Jagd auf den Millionendieb' in Wahrheit die Jagd auf Judith Silberstein, ein Duell zwischen ihren Fähigkeiten und denen Old Shatterhands [...] Pikant erschütternder, im Verhältnis des Helden zu einer der Frauengestalten, geht es bei Karl May kaum zu [...][38]

Der Schriftsteller läßt, bezeichnenderweise, am Ende das Teufelsweib - ihrer perfiden Schönheit zuliebe? - der irdischen Strafe entkommen: "solches Unkraut geht nicht zu Grunde"![39]

Dem Buchtitel *Satan und Ischariot* nach zu schließen, sind - über das äußere Abenteuer und die Spiegelung von seelischen Prozessen im Autor hinaus - auch religiöse Botschaften und biblische Handlungsstrukturen zu erwarten. Trifft diese Annahme für die Trilogie-Bände zu?

Zunächst ist zu sagen: Wie fast allen Erzählungen Mays liegt auch diesem Roman die Anerkennung einer höheren Macht, der Glaube an die göttliche Führung, die Liebe und Gerechtigkeit des wirklichen "Herrn der Heerscharen"[40] zugrunde. Denn "das Gute siegt stets, und das Böse muß untergehen".[41] Die Spuren der Transzendenz - der Literaturwissenschaftler und May-Kenner Gert Ueding weist darauf hin[42] - werden sichtbar. Gottes Allmacht wird, in grundsätzlicher Demut, die Ehre gegeben. Und alles, was lebt, wird als Schöpfung Gottes geachtet: "es ist kein Geschöpf [...] so schwach, gering und klein, daß man seine Liebe von sich weisen darf"![43]

Eine religiöse Tendenz des Romangeschehens ist offenkundig. An biblischen Einzelmotiven sind zu erwähnen: Harry Melton wird, aus Selbstsucht und Ressentiment, von seinem - ihm geistig unterlegenen - Bruder Thomas ermordet. In den Grundzügen ist dieses Motiv "die Wiederholung der Ur-Situation Kain/Abel, nur völlig auf der Negativebene angesiedelt."[44] Der habsüchtige Thomas Melton, der Selbstmord begeht und zur echten Reue nicht fähig ist, stellt "im weitesten Sinne Judas Ischariot dar, der seinen Herrn [...] aus Geldgier verriet und sich dann [...] selbst aus Verzweiflung tötete (vgl. Matth. 27, 3-5)."[45] Und die biblische Judith, die, um ihr Volk zu retten, den Holofernes enthauptete (Jud 13, 1-10), könnte sich, in negativer Motivabwandlung, in Judith Silbersteins "Erprobung ihrer sinnlichen Macht über Männer schlechthin"[46] wiederfinden.

Auch lichtvolle Ereignisse des *Satan*-Romans erinnern an die Bibel: Die Rettung der deutschen Auswanderer durch Old Shatterhand läßt - assoziativ - an die Befreiung des Gottesvolks aus der Sklaverei in Ägypten (Ex 1-18) denken. Die Auswanderer stehen, so darf man interpretieren, stellvertretend für alle 'Wanderer', für alle Suchenden und Bedrängten. Diese Deutung liegt nahe. Denn das Rettungsmotiv wird am Ende der Trilogie in Verbindung gebracht mit dem Neuen Testament, mit der Heilsbotschaft Jesu. Den Leser und auch sich selbst spricht der Autor unmittelbar an:

Lieber Leser, auch ich werde und du wirst einst zu den Verlassenen gehören, wenn alles, was wir unser nennen, vor unserm sterbenden Auge verschwindet; dann öffnet sich uns jene Heimat, von welcher der Erlöser sagt: "Im Hause meines Vaters sind viele Wohnungen, und ich gehe hin, sie für euch zu bereiten!"[47]

Eher "blaß",[48] nicht immer stimmig und nicht immer überzeugend wirkt allerdings die biblische Folie des *Satan*-Romans insofern, als die religiöse Sinnschicht und die biblischen Motiv-Adaptionen - wie der Literaturwissenschaftler Helmut Mojem in einer Spezialuntersuchung[49] gezeigt hat - die Handlung nicht durchgehend (wie es später, in den Altersromanen, der Fall sein wird) strukturieren. Eine reine Abenteuergeschichte sind die *Satan*-Bände zwar mindestens ebensowenig wie frühere Erzählungen Mays; von der prophetischen Dichtung, der theologischen Poesie des Alterswerks ist der Roman aber noch weit entfernt.

Doch immerhin kann *Satan und Ischariot*, hinter der vordergründigen Fabel, als "Mysterienspiel" verstanden werden: "Ewig-Gültiges" erscheint "im May-typischen Gewand"[50] des spannenden Abenteuers; zeitlose Symbolik wird, in populärer Darstellungsweise, transformiert in fließende Handlung. Wer - wie der Verfasser dieser May-Biographie - das religiös-metaphorische Spätwerk Karl Mays bevorzugt, kann im *Satan*-Roman schon die "Anzeichen eines solchen Stils wahrnehmen. Wer die klassische Abenteuererzählung sucht, findet hier eines der wohl letzten Exempel dafür. Der Roman lohnt also eigentlich immer."[51]

8.2.2 Das Kapitel 'In der Heimath': Erstes Zerwürfnis mit der 'Hausschatz'-Redaktion

Die Fehsenfeld-Bände *Satan und Ischariot I-III* erschienen zunächst, wie gesagt, im 'Deutschen Hausschatz' unter den Fortsetzungs-Titeln *Die Felsenburg*, *Krüger Bei* und *Die Jagd auf den Millionendieb*. Von beiden Versionen, der späteren Buch- und der früheren Zeitschriften-Fassung, ist eine weitere - ursprüngliche - Version zu unterscheiden: das Manuskript Karl Mays. Zwischen der Handschrift des Autors und den gedruckten Texten gibt es interessante Abweichungen, die - in knapper Zusammenfassung - im folgenden zu erörtern sind.

Mays Beziehung zum Pustet-Verlag war nicht immer frei von Irritationen. Zwar verband unsern Autor, wie er in der Selbstbiographie versichert, mit Friedrich Pustet (1831-1902), dem Sohn des Verlagsgründers, eine persönliche Sympathie: Kommerzienrat Pustet "war ein Ehrenmann [...] Wir hatten einander gern."[52] Doch mit der Redaktion des Hausschatzes gab es Probleme.

In seinem in der Wiener 'Reichspost' veröffentlichten Brief vom 12.5.1901 behauptet May:

Ich brach zum ERSTEN MALE mit dem "Hausschatze", als mir unter der Redaction von Venanz Müller ein Manuscript verändert worden war. Man versprach mir, dies nie wieder zu thun, und bat mich, weiter zu schreiben. Ich that es Venanz Müller zu Liebe.[53]

Da Müller im Herbst 1888 als Redakteur ausschied, müßte der *Skipetaren*-Text wohl gemeint sein. Konkrete Beweise für größere Eingriffe von seiten der Redaktion gibt es in diesem Fall allerdings nicht.[54]

Nachweislichen Ärger gab es jedoch mit Heinrich Keiter, dem Nachfolger Müllers: Der Schriftleiter, der schon das *Sendador*-Manuskript Karl Mays ziemlich eigenmächtig 'korrigiert' hatte, liquidierte in *Krüger Bei* das Kapitel 'In der Heimath', das 440 Manuskriptseiten umfaßte![55] Den Rest der Erzählung verkleisterte der Redakteur mit selbstgebastelten Übergängen, wodurch - wie Walther Ilmer erläutert - "die innere Ausgewogenheit des Werkes empfindlich gestört"[56] wurde. Eine wichtige Schilderung (die Bekanntschaft des Erzählers mit der Familie Vogel), die das folgende Roman-Geschehen überhaupt erst möglich macht, wurde auf wenige Zeilen zusammengestrichen. Andrerseits blieben "Textstellen unverändert, die nur im Lichte der zwischen Old Shatterhand und Martha Vogel schwebenden Romanze Sinn und Berechtigung haben und nun im 'Hausschatz' deplaziert wirkten, weil sie des Zusammenhangs mit dem Früheren beraubt waren."[57]

'In der Heimath' ist ein brisanter Text, der zum Teil sehr schöne, tiefernste und zartsinnig empfundene Passagen, wie die vergebliche Liebe der Sängerin Martha Vogel zum Ich-Erzähler,[58] enthält. Ein entscheidender Grund für die Streichung des ganzen Kapitels durch die Redaktion liegt, nach Wilhelm Vinzenz, "darin, daß schon damals May überwiegend von Jugendlichen gelesen wurde, die Abenteuer in fernen Ländern erwarteten, nicht aber 'In der Heimath'."[59]

Kleinere Kürzungen und Veränderungen durch die Redaktion gab es auch im Schlußteil des *Satan*-Romans mit dem - wahrscheinlich nicht auf May zurückgehenden - Hausschatz-Titel *Die Jagd auf den Millionendieb*:[60] Gewisse Szenen mit Judith Silberstein schienen dem Hausschatz wohl "nicht tragbar";[61] 'Sinnliches' wurde abgeschwächt; aus "Geliebte" z.B. wurde "Verlobte"; und "in dem verführerischen Negligé" wurde getilgt.[62]

Die *Millionendieb*-Korrekturen wird May nicht weiter beachtet haben. Aber nach der Veröffentlichung des *Krüger Bei* im Hausschatz (September 1894 bis Mai 1895) war der Schriftsteller sehr verärgert:

Heinrich Keiter [...] hatte mir eine meiner Arbeiten ganz bedeutend gekürzt, ohne mich um Erlaubnis zu fragen. Ich habe Korrekturen und Kürzungen nie geduldet. Der Leser soll mich so kennen lernen, wie ich bin, mit allen Fehlern und Schwächen, nicht aber wie der Redakteur mich zustutzt.63

Karl May, der seit Herbst 1893 ohnehin keine Texte an Pustet geliefert hatte, teilte - laut Selbstbiographie - dem Verleger mit, daß er "kein Manuskript mehr" senden werde. Pustet "versuchte, mich brieflich umzustimmen, doch vergeblich".64

Der zeitliche Verlauf der dem Briefwechsel folgenden Auseinandersetzung ist nicht mehr exakt zu bestimmen.65 Karl Pustet (1839-1910), der Bruder des Verlegers, reiste nach Radebeul und versuchte, den Autor zu beschwichtigen: durch die Aussicht auf höheres Honorar. Die Atmosphäre war, wie Pustets Brief vom 13. Juli 1896 an May vermuten läßt, durchaus herzlich. Aber May war noch keineswegs zufrieden. Auch der Neffe des Verlegers, Friedrich Pustet jun., sprach nun in Radebeul vor. Dann kam "der Richtige",66 der lungenkranke Redakteur Heinrich Keiter. Er machte "Kotau" vor May und bat um Verzeihung. Und jetzt nahm der Schriftsteller seine "Absage", seine Drohung, kein Manuskript mehr zu senden, zurück.

Sehr merkwürdig ist nun die folgende Tatsache: Für die Fehsenfeld-Buchfassung *Satan und Ischariot I-III* lagen May die Original-Manuskripte vollständig vor; alle Streichungen und Korrekturen der Hausschatz-Redaktion - ganz oder teilweise - rückgängig zu machen, wäre ohne weiteres möglich gewesen; aber Karl May hat es nicht getan. Die Hausschatz-Version übernahm er fast unverändert, "obwohl der ungekürzte Roman ziemlich genau drei normgerechte Fehsenfeld-Bände gefüllt hätte (je 640 S.), während die Übernahme der Kürzungen zu den beiden mit Abstand schmälsten Bänden der Reihe führte (*Satan I*: 550 S.; *Satan II*: 540 S.)."67

Anstelle des 'Heimath'-Kapitels schuf May nun eine neue Zusammenfassung. Dieser Text ist zwar wesentlich besser als die Fehlleistung Keiters;68 aber auch die Lösung Mays befriedigt nicht ganz: Denn im ursprünglichen 'Heimath'-Kapitel gibt es, so Ilmer, "viele Stellen, von denen man aufrichtig wünschen mag, Karl May hätte sie für die Buchausgabe nicht übertüncht, sondern übernommen."69

'In der Heimath' fehlt nun auch in der, von May autorisierten, Buchausgabe. Warum? Erkannte May, wie Ulrich Schmid vermutet, die Streichungen Keiters im nachhinein als berechtigt an?70 Oder wollte er, wie der Bamberger Verleger Roland Schmid das Fehlen des 'Heimath'-Textes in der Fehsenfeld-Ausgabe zu begründen versuchte, das von Keiter gestrichene Kapitel für seine Reiseerzählung *"Weihnacht!"* (1897) neu konzipieren?71

Besonders einleuchtend wirkt keine dieser Erklärungen. Wäre May, aus literarischen Gründen, mit dem Vorgehen Keiters nachträglich einverstanden gewesen, so hätte er in *Mein Leben und Streben* die ganze Affäre doch kaum so ausführlich und indigniert wiederaufleben lassen. Und um die vier Strophen des Weihnachtsgedichtes, die das 'Heimath'-Kapitel enthält, für einen neuen Roman verwenden zu können, hätte May doch nicht die Liquidierung des ganzen langen Kapitels (das sich im Weihnachts-Motiv ja keineswegs erschöpft und dessen literarische Qualität im Vergleich zu den anderen Teilen des *Satan*-Romans in keiner Weise abfällt) in Kauf nehmen müssen.

Warum also hat der Autor die Verstümmelung eines Hauptteils seiner Erzählung durch den Redakteur letztlich doch toleriert? Vielleicht hatte er, wie Ilmer in Erwägung zog, zur Martha-Vogel-Episode "inneren Abstand"72 gewonnen. In eine ähnliche Richtung verweist auch die Hypothese Roxins:

Als May den Satan-Roman schrieb, war seine bürgerliche Existenz praktisch unbekannt. Als aber die Fehsenfeld-Ausgabe erschien, hatte er gerade im Hausschatz (Herbst 1896)73 seine überaus glückliche Ehe bekanntgegeben und schickte sich an, dies auch in den Fehsenfeld-Bänden zu tun.[74] Da mußte es ihm unpassend erscheinen und auch peinliche Nachforschungen hervorrufen, wenn er ausgerechnet jetzt mit der breiten Ausmalung einer alten Liebesgeschichte aufgewartet hätte. Wie hätte Emmeh[75] das aufnehmen und was hätte sie sagen sollen, wenn sie darüber befragt worden wäre?[76]

Anmerkungen

1   Karl May: *Freuden und Leiden eines Vielgelesenen.* In: Deutscher Hausschatz. 23. Jg. 1897 (erschienen im Herbst 1896); hier zit. nach der Original-Wiedergabe in: 'Der Rabe'. Magazin für jede Art von Literatur Nr. 27. Hrsg. von Hermann Wiedenroth und Hans Wollschläger. Zürich 1989, S. 175-211 (S. 203).

2   Vgl. oben, S. 221f.

3   Vgl. unten, S. 290.

4   Walther Ilmer: *Karl Mays Weihnachten in Karl Mays '"Weihnacht!"'* In: JbKMG 1987, S. 101-137 (S. 110) - Vgl. unten, S. 331f.

5   Im Karl-May-Verlag erschien diese Skizze (von den Herausgebern sehr stark bearbeitet) unter dem Titel *Old Shatterhand a.D.* in Bd. 48 *Das Zauberwasser.*

6   Vgl. Walther Ilmer: (Werkartikel zu) *Freuden und Leiden eines Vielgelesenen.* In: *Karl-May-Handbuch.* Hrsg. von Gert Ueding in Zusammenarbeit mit Reinhard Tschapke. Stuttgart 1987, S. 541f.

7   Die erste und dritte Strophe dieses Gedichts hatte May schon für 'Winnetous Tod' (*Im "wilden Westen" Nordamerika's* bzw. *Winnetou III*) verfaßt.

8   Vgl. unten, S. 283ff.

9   Nach Roland Schmid: *Anhang.* In: Karl May: Freiburger Erstausgaben, Bd. XXIII. Hrsg. von Roland Schmid. Bamberg 1984, A 1-42 (38 u. 40).

10   Nach Ulrich Schmid: *Das Werk Karl Mays 1895-1905. Erzählstrukturen und editorischer Befund.* Materialien zur Karl-May-Forschung, Bd. 12. Ubstadt 1989, S. 61.

11   Faksimile-Wiedergabe bei Gerhard Klußmeier: *Karl May und Deutscher Hausschatz IV.* In: MKMG 19 (1974), S. 17-20 (S. 19).

12   Zur Entschlüsselung dieses Namens als 'mütterliche' Ortsmetapher vgl. Wolf-Dieter Bach: *Fluchtlandschaften.* In: JbKMG 1971, S. 39-73 (S. 53).

13   Die ersten beiden Kapitel von *Satan und Ischariot II* (Fehsenfeld-Buchausgabe) gehören noch zum *Felsenburg*-Text der Hausschatz-Fassung.

14   Walther Ilmer: *Einführung.* In: Karl May: *Die Felsenburg.* 'Deutscher Hausschatz' 20. Jg. (1894) Reprint der KMG. Hamburg, Regensburg 1980, S. 3-8 (S. 3f.).

15   Näheres bei Walther Ilmer: *Nachwort.* In: Karl May: *Krüger Bei - Die Jagd auf den Millionendieb.* 'Deutscher Hausschatz' 21./22. Jg. (1895/96) Reprint der KMG. Hamburg, Regensburg 1980, S. 275-284 (S. 281, Anm. 2) - Hartmut Kühne: (Werkartikel zu) *Satan und Ischariot I-III.* In: *Karl-May-Handbuch,* wie Anm. 6, S. 259-266 (S. 264).

16   Vgl. Ilmer: *Einführung* (zu *Die Felsenburg*), wie Anm. 14, S. 5f.

17   Ebd., S. 6. - Vgl. Rudi Schweikert: *Artistisches Erzählen bei Karl May: "Felsenburg" einst und jetzt. Der erste Teil der 'Satan und Ischariot'-Trilogie vor dem Hintergrund des ersten Teils der 'Wunderlichen Fata' von Johann Gottfried Schnabel - und ein Seitenblick auf Ernst Willkomms 'Die Europamüden'.* In: JbKMG 1992, S. 238-276.

18   Vgl. Ilmer: *Einführung,* wie Anm. 14, S. 5 - Kühne, wie Anm. 15, S. 264f. - Vgl. unten, Anm. 60.

19   Man beachte die zeitliche Differenz zwischen Entstehung und Abdruck des Romans im Hausschatz.

20   Karl May: *Satan und Ischariot II.* Gesammelte Reiseerzählungen, Bd. XXI. Freiburg 1896/97, S. 248 - Zur Interpretation vgl. Walther Ilmer: *Winnetou beim Gesangverein. Ein Traum des Gefangenen.* SKMG Nr. 35 (1982), S. 9ff.

21   Vgl. z.B. Martin Lowsky: *Der kranke Effendi. Über das Motiv der Krankheit in Karl Mays Werk.* In: JbKMG 1980, S. 78-97 (S. 81f.).

22   Ilmer: *Einführung* (zu *Krüger Bei/Millionendieb*), wie Anm. 15, S. 2-10 (S. 10, Anm. 34).

23   Ebd., S. 4.

24 So meinte Otto Forst-Battaglia: *Karl May. Traum eines Lebens - Leben eines Träumers*. Beiträge zur Karl-May-Forschung 1. Bamberg 1966, S. 171. - Auch Lowsky, wie Anm. 21, S. 81, sieht in Mays Idee, Winnetou nach Afrika reisen zu lassen, einen "literarischen Fehler".

25 Ilmer: *Einführung* (zu *Krüger Bei/Millionendieb*), wie Anm. 15, S. 10 (Anm. 46).

26 Vgl. Walther Ilmer: *Karl May - Mensch und Schriftsteller. Tragik und Triumph*. Husum 1992, S. 110.

27 Vgl. unten, S. 321 ff.

28 Zur Charakterisierung des Ich-Helden vgl. unten, S. 314 ff.

29 Vgl. May: *Satan und Ischariot II*, wie Anm. 20, S. 201 u. 229.

30 Vgl. Ilmer: *Einführung* (zu *Krüger Bei/Millionendieb*), wie Anm. 15, S. 2 - Kühne, wie Anm. 15, S. 263 f.

31 Vgl. unten, S. 419 ff.

32 Ausführliche Erörterung bei Ilmer: *Nachwort* (zu *Die Felsenburg*), wie Anm. 14, S. 216-226 - Ders.: *Winnetou beim Gesangverein*, wie Anm. 20, pass.

33 Vgl. Ilmer: *Nachwort* (zu *Krüger Bei/Millionendieb*), wie Anm. 15, S. 275 f.

34 Die 'symbolische Bedeutung' Winnetous ist sehr komplex: Der Häuptling 'ist' u.a. die ideale Verkörperung der 'roten Rasse', zugleich ein Wunsch-Ich des Autors Karl May und, gelegentlich, wohl auch die Spiegelung einer Komponente des (vielschichtigen) Emma-Bildes; auch Mays Mutter-Bild kann sich bisweilen in Winnetou spiegeln. - Vgl. unten, S. 284.

35 Vgl. Karl May: *Satan und Ischariot I*. Gesammelte Reiseerzählungen, Bd. XX. Freiburg 1896/97, S. 25!

36 Vgl. Gert Ueding: *Die Rückkehr des Fremden. Spuren der anderen Welt in Karl Mays Werk*. In: JbKMG 1982, S. 15-39 (S. 20 ff.) - Kühne, wie Anm. 15, S. 264.

37 Eine 'antisemitische' Einstellung Karl Mays kann man daraus nicht folgern. - Vgl. Rainer Jeglin: *Karl May und der antisemitische Zeitgeist*. In: JbKMG 1990, S. 107-131 (S. 121-126).

38 Ilmer: *Einführung* (zu *Krüger Bei/Millionendieb*), wie Anm. 15, S. 6 f.

39 Karl May: *Satan und Ischariot III*. Gesammelte Reiseerzählungen, Bd. XXII. Freiburg 1897, S. 365.

40 May: *Satan und Ischariot II*, wie Anm. 20, S. 275 - Auch Krüger Bei, der deutsche Würdenträger in tunesischen Diensten, läßt sich in dieser Weise betiteln. - Zur historischen Gestalt des Johann Gottlieb Krüger ('Krüger Bei') vgl. Mounir Fendri: *Neues zu Karl Mays Krüger-Bei. Das Manuskript des Muhammad ben Abdallah Nimsi alias Johann Gottlieb Krüger*. In: JbKMG 1992, S. 277-298.

41 May: *Satan II*, wie Anm. 20, S. 197.

42 Ueding, wie Anm. 36, passim.

43 May: *Satan und Ischariot II*, wie Anm. 20, S. 474.

44 Ilmer: *Einführung* (zu *Krüger Bei/Millionendieb*), wie Anm. 15, S. 4.

45 Kühne, wie Anm. 15, S. 265.

46 Ilmer: *Nachwort* (zu *Die Felsenburg*), wie Anm. 14, S. 225.

47 May: *Satan und Ischariot III*, wie Anm. 39, S. 615 (vgl. Joh 14, 2).

48 Kühne, wie Anm. 15, S. 265.

49 Helmut Mojem: *Karl May: Satan und Ischariot. Über die Besonderheit eines Abenteuerromans mit religiösen Motiven*. In: JbKMG 1989, S. 84-100.

50 Ilmer: *Einführung* (zu *Die Felsenburg*), wie Anm. 14, S. 6.

51 Mojem, wie Anm. 49, S. 100.

52 Karl May: *Mein Leben und Streben*. Freiburg 1910. Hrsg. von Hainer Plaul. Hildesheim, New York 21982, S. 234.

53 Zit. nach Wilhelm Vinzenz: *Karl Mays Reichspost-Briefe. Zur Beziehung Karl Mays zum 'Deutschen Hausschatz'*. In: JbKMG 1982, S. 211-233 (S. 216).

54 Nach Vinzenz: Ebd., S. 221.

55 Vgl. Roland Schmid: *Nachwort* (zu *Satan und Ischariot*). In: Karl May: Freiburger Erstausgaben, Bd. XXII. Hrsg. von Roland Schmid. Bamberg 1983, N 1-8 (2). - Franz Kandolf hat aus dem von Keiter gestrichenen Text zwei hübsche Novellen (*Professor Vitzliputzli* und *Wenn sich zwei Herzen scheiden*) geformt, die den Anfang von 'Karl May's Gesammelten Werken', Bd. 47 (Bamberg 122. Tsd.) bilden.

56 Ilmer: *Einführung* (zu *Krüger Bei/Millionendieb*), wie Anm. 15, S. 3.

57 Ebd.

58 Zur autobiographischen Bedeutung dieser Episode vgl. oben, S. 155 (sowie die oben, S. 160, Anm. 6 genannte Sekundärliteratur).

59 Vinzenz, wie Anm. 53, S. 227.

60 May hatte den Roman ursprünglich nicht drei-, sondern zweiteilig angelegt (*Die Felsenburg* und *Krüger Bei, Der Herr der Heerscharen*); das 3. *Krüger Bei*-Manuskript-Kapitel 'Der Schluß' entspricht *Satan und Ischariot III*. Im Blick auf die ursprüngliche Anlage des Manuskripts kann man also nicht von einer 'Trilogie' sprechen (vgl. Kühne, wie Anm. 15, S. 259), im Blick auf die von May autorisierte Fehsenfeld-Ausgabe aber durchaus.

61 Vinzenz, wie Anm. 53, S. 227.

62 Vgl. ebd.

63 May: *Mein Leben und Streben*, wie Anm. 52, S. 234.

64 Ebd., S. 235.

65 Nach Vinzenz, wie Anm. 53, S. 221 - Die Darstellung in Mays Selbstbiographie (S. 235) dürfte, was die zeitliche Reihenfolge der Besucher betrifft, nicht ganz korrekt sein.

66 May: *Mein Leben und Streben*, wie Anm. 52, S. 235 - Dem Briefwechsel nach (vgl. Vinzenz, wie Anm. 53, S. 222f.) kam Pustets Neffe erst nach Keiter.

67 Schmid, wie Anm. 10, S. 51.

68 Vgl. R. Schmid: *Nachwort*, wie Anm. 55, N 7 - Kühne, wie Anm. 15, S. 260.

69 Ilmer: *Einführung* (zu *Krüger Bei/Millionendieb*), wie Anm. 15, S. 3.

70 Vgl. Schmid, wie Anm. 10, S. 51.

71 Vgl. Roland Schmid: *Nachwort* (zu *"Weihnacht!"*). In: Karl May: Freiburger Erstausgaben, Bd. XXV. Hrsg. von Roland Schmid. Bamberg 1984, N 2-13 (2f.).

72 Ilmer: *Einführung* (zu *Krüger Bei/Millionendieb*), wie Anm. 15, S. 3.

73 Vgl. May: *Freuden und Leiden*, wie Anm. 1, S. 209: "Ich bin noch nicht lange verheiratet, aber sehr glücklich."

74 Die Reiseerzählung *Im Reiche des silbernen Löwen* ist gemeint; vgl. unten, S. 293.

75 Emmeh ist im *Silberlöwen* die Gattin Kara Ben Nemsis.

76 Claus Roxin in einem Brief vom 11.3.1991 an den Verfasser.

8.3 'The dark and bloody grounds': Mays eigentliches Terrain?

Große Teile des *Satan*-Romans, *Die Felsenburg* und *Die Jagd auf den Millionendieb*, handeln im Wilden Westen. Seit Beginn der literarischen Tätigkeit Karl Mays gehört dieses in der Abenteuerliteratur beliebte Gebiet zu den Schauplätzen seiner Erzählungen. Zwar spielen die meisten seiner Bücher im Orient, einige auch in Deutschland und anderen europäischen oder exotischen Ländern; den größten Erfolg hatte May aber mit seinen Indianer- und Trappergeschichten.

Speziell die Winnetou-Bände wurden so berühmt, daß anderen, noch besseren Werken des sächsischen Schriftstellers im Bewußtsein der breiten Öffentlichkeit bis heute eine vergleichsweise geringere Bedeutung zukommt. Für viele gilt Karl May fast ausschließlich als der Erfinder Winnetous und Old Shatterhands. Die Kassetten und Schallplatten, die Filme und Karl-May-Festspiele (mit Pierre Brice als Winnetou)[1] dürften dieses Image in der heutigen Zeit noch verstärkt und fixiert haben. Der Verfasser der erzgebirgischen Dorfgeschichten, des Orientzyklus, der Kolportageromane und des - weit anspruchsvolleren - Spätwerks droht, über Winnetou und Old Shatterhand, vergessen oder überhaupt nicht entdeckt zu werden.

Andrerseits ist nicht zu bestreiten: Mays bekannt gewordene Indianergeschichten verdienen die Anerkennung. Als Vertreter des Western-Genres braucht Karl May den Vergleich mit hervorragenden Könnern, mit Cooper und Sealsfield, mit Gerstäcker oder

Möllhausen (deren Schriften er kannte und zum Teil auch als Quellen benützte[2]) gewiß nicht zu scheuen.

Ethnologisch gesehen sind Mays Indianerromane differenziert zu bewerten. "Sein von Indianern, Trappern, Auswanderern und Eroberern bevölkerter Wilder Westen ist in den Grundstrukturen seiner Population korrekt gezeichnet, wenngleich das Bild historisch um einige Jahrzehnte verspätet ist."[3] Der vordergründige Realitätsgehalt speziell der Indianerszenen ist freilich gering; die Charakterisierung des Häuptlings Winnetou vor allem ist zweifellos idealisiert und ins Mythische überhöht. Eine authentische Schilderung der 'dark and bloody grounds' und des 'roten Mannes' wird das eigentliche Anliegen unseres Autors aber gar nicht gewesen sein. Denn der Literaturpädagoge Karl May hatte, primär, ein anderes Ziel: Das "Hohelied des Humanismus"[4] wollte er singen, die Gottes- und Nächstenliebe wollte er künden!

Von den tatsächlichen Lebensbedingungen der nordamerikanischen Indianer im ausgehenden 19. Jahrhundert, von den unwürdigen Zuständen in den Reservationen, konnte May nur einiges ahnen.[5] In der zeitgenössischen Berichterstattung wurden die Indianer, besonders die Apachen, meist als 'Untermenschen', als minderwertiges Gesindel verachtet. Große Häuptlinge wie Cochise oder Geronimo wurden gebrandmarkt als Räuber, als feige Guerilleros und ehrlose Bandenführer. Angesichts solcher Darstellungen ist es "schon erstaunlich, mit welch sicherem Gespür Karl May die zum Teil dubiosen Quellen analysiert und seine Schlüsse zieht. Ein ausgeprägtes Gerechtigkeitsgefühl und humanistische Gesinnung wecken seine Sympathie für die Apachen."[6] Ausgerechnet DIESES Volk, "die am meisten verleumdeten"[7] Rothäute, hat May für seine Dichtung erwählt!

Dem Schöpfer Winnetous ist es gelungen, sich in die Volksseele, in die Herzen seiner immer zahlreicher werdenden Leser hineinzuschreiben. Eindrucksvoller und bewegender noch als James Fenimore Cooper in der Figur des Häuptlings Chingachgook hat Karl May in seinem Winnetou das Idealbild des Indianers gezeichnet. Nicht nur einen Heldenmythos, nicht nur eine Legende und nicht nur ein 'Denkmal der roten Nation', sondern ein sakrales Symbol, eine Verdichtung der - in Christus erlösten - 'Menschheitsseele' hat May in seinem Winnetou geschaffen.[8]

8.3.1   Die *Winnetou*-Trilogie: 'Heiligenlegende' und theologische Botschaft im Gewand der Abenteuergeschichte

Die *Winnetou*-Bände sind Mays berühmtestes Werk: nach Gunter G. Sehm "das neben der Luther-Bibel meistgedruckte, vor allem aber meistgelesene Buch deutscher Zunge".[9]

Am 16. Oktober 1892, nach Abschluß des *Satan*-Romans (in der Hausschatz-Fassung), aber noch mitten in der Arbeit an der Jugenderzählung *Der Oelprinz*,[10] schrieb May - mit Bezug auf die geplante *Winnetou*-Trilogie - an seinen Verleger Fehsenfeld:

Am Liebsten schriebe ich alle 3 Bände neu. Es müßte ein ethnographisch-novellistisches Meisterstück werden, nach welchem 100.000 Hände griffen, noch ganz anders als Lederstrumpf und Waldläufer, viel gediegener, wahrer, edler, eine große, verkannte, hingemordete, untergehende Nation als Einzelperson Winnetou geschildert. Es würde ein Denkmal der rothen Rasse sein [...][11]

Das klingt sehr hochtrabend. Aber der Schriftsteller hatte eher zuwenig als zuviel versprochen. Im Mai 1893 konnte *Winnetou der Rote Gentleman. 1. Band* (erst seit 1904 hieß der Titel *Winnetou I*) in Buchform erscheinen. "Nicht hunderttausend Hände, sondern Millionen und Abermillionen in aller Welt haben seither nach 'Winnetou' gegriffen."[12] Das - zum Teil - von George Catlins *Die Indianer Nord-Amerikas* (London 1841) beeinflußte,[13] von May sehr streng komponierte, im Aufbau und den Einzelmotiven stimmige[14] Werk ist, nach Wollschlägers Urteil, "hervorragend"[15] gelungen.

Weniger geglückt sind die Fortsetzungsbände, die unter enormem Zeitdruck[16] entstanden. Die älteren, der Qualität nach sehr unterschiedlichen Stücke *Old Firehand* (1875) - genauer: die Bearbeitung dieses Textes mit dem Titel *Im fernen Westen* (1879) - und *Der Scout* (1888/89) hat May neu gestaltet und zu *Winnetou II* verschmolzen. Lediglich das Schlußkapitel 'Der Pedlar' hat May, im Sommer 1893, für diesen Band neu verfaßt. Der nachgeschobene Text sollte den Handlungsfaden von *Winnetou I* wiederaufgreifen, dem Gleichnischarakter des ersten Teilbandes gerecht werden und die Geschlossenheit des Gesamtwerkes fördern.[17]

Auch *Winnetou III* ist weithin eine Collage aus älteren Texten. Die ursprünglich selbständigen, disparaten und - im Gegensatz zu den Vorlagen für *Winnetou II* - von May nur sehr wenig veränderten Erzählungen *Deadly Dust* (1880) und *"Ave Maria"* (1890),[18] d.i. *Im "wilden Westen" Nordamerika's* (1882/83), wurden die Kapitel 1-4 bzw. 5-7 von *Winnetou III*.

Wie für den zweiten Teilband hat May, im September 1893, auch für *Winnetou III* ein neues Schlußkapitel verfaßt: 'Das Testament des Apachen'. Dieser abschließende Text sollte der neuen (hagiographischen) Gesamtkonzeption des Werkes entsprechen, d.h. die - mit Winnetous Tod besiegelte - Hinwendung des Titelhelden zum christlichen Glauben, zur Religion der Versöhnung, der verzeihenden Liebe bekräftigen.

Kompositorisch wirken die Trilogie-Bände nicht ausgewogen. Da die Wesensmerkmale des früheren Winnetou (in *Old Firehand* und *Deadly Dust*) und des jetzigen Edelindianers (in *Winnetou I*) nicht identisch sind - mit dem Autor wuchs seine Romangestalt[19] -, gibt es in der Collage eine Reihe von Widersprüchen und Unstimmigkeiten in der Charakterzeichnung des Häuptlings. Manche Greuelszenen in *Old Firehand* hat May für die Trilogie-Fassung zwar getilgt oder gemildert; konsequent hat er seine Korrekturen - in einer, angesichts des Zeitdrucks, verständlichen Flüchtigkeit - aber nicht durchgeführt.[20] Literarisch gelungen ist das Winnetou-Porträt also nur teilweise.

May selbst war, wie seine Briefe an Fehsenfeld zeigen,[21] mit der Endgestalt von *Winnetou I-III* nicht völlig zufrieden. Die Zusammenstellung von älteren (und ungleichwertigen) Stücken war eine Notlösung - von Karl May "akzeptiert, um den Fortgang der neu begonnenen Ausgabe nicht zu gefährden."[22] Und dennoch: trotz ihrer Mängel sind die Winnetou-Bände kein unbedeutendes Werk. Helmut Schmiedt hat, in seiner Untersuchung zur Form des Romans, den Willen des Autors zur Motivverflechtung gewürdigt: Ein "außerordentlich dichtes Netz von Verbindungslinien"[23] durchzieht den gesamten, eben doch nicht gänzlich inkohärenten, Winnetou-Roman.

Viele Motive der Trilogie sind in Wirklichkeit Allegorien. Ob sie von der Mehrzahl der Leser als solche verstanden werden, ist eine andere Frage. Dem tieferen Blick jedenfalls und der genaueren Textanalyse wird es nicht verborgen bleiben: Die 'finsteren und blutigen Gründe' des Wilden Westens sind als 'theatrum mundi', als Schauplatz der Welt, als Spiegel der - vom Tode bedrohten und doch zur Hoffnung befreiten - menschlichen Seele zu interpretieren. *Winnetou* weist, wie die *Satan*-Bände und auch frühere Erzählungen Mays, über die Abenteuerhandlung hinaus.

Der spannende Western ist, wie Gerhard Neumann in einem wichtigen Aufsatz belegt,[24] als theologisch fundierter und zugleich der Aufklärung[25] verpflichteter Bildungs- und Entwicklungsroman zu verstehen. Insofern kann *Winnetou*, nach Neumann, sogar mit Werken Goethes, Thomas Manns oder Umberto Ecos verglichen werden.[26]

Das bei May zentrale Abenteuermotiv der Spurenlese setzt auf einer zweiten Bedeutungsebene die "Lesbarkeit der Welt"[27] voraus: Das 'Buch der Natur' wird zuletzt als 'Buch Gottes' entziffert, in welchem "jedes Symptom, jedes Indiz sich als Zeichen des Heilsplans entpuppt, wenn nur der richtige Leser gefunden wird."[28]

Als 'Bildungsroman' hat *Winnetou* einen - teils verschlüsselten, teils offenkundigen - metaphysischen Hintergrund. Ein anti-imperialistisches Fanal und ein anti-naturalistischer Mythos[29] ist dieser 'Western'; und er ist, darüber hinaus, als hagiographische Legende zu deuten. Heinz Stolte, Gunter G. Sehm, Ulrich Schmid u.a. haben diese These begründet bzw. vertieft:[30] in Textanalysen, die die theologische Dimension der Winnetou-Bände zwar nur unzureichend berücksichtigen,[31] einem neuen Verständnis der Trilogie aber den Weg bereiten.

Relevant ist in diesem Zusammenhang der "Erwählte",[32] der begnadete Ich-Held Old Shatterhand. Doch mit dem 'Ich' hat es ohnehin eine besondere Bewandtnis, auf die wir später zurückkommen werden.[33] Von zentraler Bedeutung für die Interpretation des Romans als hagiographischer Legende sind, über die Person des Ich-Helden hinaus, die großen Sterbeszenen und die - mit ihnen verschränkten - Reflexionen des Autors.

In der 'Einleitung' zu *Winnetou I* nimmt Karl May das Grundmotiv vorweg, das die Trilogie strukturiert:[34] Der Häuptling der Apachen ist der idealisierte "Typus" der roten Nation, "und ganz so, wie sie untergeht, ist auch er untergegangen" (I 5).[35] Sein Leben wird vom Autor als Selbsthingabe und sein Tod - der 'Heiligenvita' entsprechend - als Opfertod interpretiert: Winnetou "ist dahingegangen, indem er, wie immer, ein Retter seiner Freunde war" (I 5). Die spezifisch christliche Deutung dieses 'Opfertodes' als 'Nachfolge', als 'imitatio' Christi wird in der - vorwiegend elegisch gefärbten - 'Einleitung' nur vage angedeutet, im Verlauf der Erzählung aber deutlich herauskristallisiert.

Winnetous Tod ist präfiguriert in der Selbsthingabe Klekih-petras, eines deutschen Lehrers, der - schuldig geworden - nach Amerika flüchtete, zu den Mescalero-Apachen ging und dort der Erzieher Winnetous wurde.[36] Im selben Augenblick, da ein weißer Eroberer sein Gewehr auf den jungen Winnetou richtet, stellt sich Klekih-petra ('Weißer Vater') schützend vor den Apachen. Die Kugel trifft seine Brust. Er stirbt - an die Pietà-Bilder können wir denken[37] - im Schoße des Indianers: wie später dann Winnetou im Schoße Old Shatterhands (III 472ff.). Sterbend ruft Klekih-petra den Ich-Erzähler in seine Nachfolge als Lehrer Winnetous: "Bleiben Sie bei ihm - ihm treu - - - mein Werk fortführen - - -!" (I 135) Und Shatterhand willigt gerne ein: "Ich thue es; ja, sicher, ich werde es thun!" (Ebd.)

Durch Klekih-petra hat Winnetou die europäische Bildung (III 511), vor allem aber die Menschenfreundlichkeit Gottes und den christlichen Glauben kennengelernt (I 334). Das Missionswerk des 'Weißen Vaters' wird, in der Folge, durch Old Shatterhand weitergeführt.

Die 'Schmetterfaust', das literarische Ich Karl Mays, in der Nachfolge Klekih-petras, des christlichen Missionars! Das könnte den Ausleger zu spöttischen Kommentaren verleiten. Doch das 'religiöse System', das der gesamten Erzählung zugrundeliegt, ist nicht nur ein "Vorwand"[38] des Autors (um die Größe des Helden, des omnipotenten 'Ich', ins noch hellere Licht rücken zu können). Ironie und Süffisanz sind hier unangebracht. Denn die Botschaft der Winnetou-Bände erschöpft sich nicht, wie Gunter Sehm - am Ende seiner, ansonsten ergiebigen, Untersuchung - es nahelegt,[39] in 'Deutschtümelei' und persönlichem Geltungsstreben des Autors. Das große Thema der Trilogie ist vielmehr - der

Mensch, dessen Schicksal der Tod und dessen Zukunft das Leben, das "Leben in Fülle" (Joh 10, 10) ist.

In seinem Buch ... *und führen, wohin du nicht willst. Bericht einer Gefangenschaft* hat Helmut Gollwitzer, ein angesehener Theologe unserer Tage, dem Schriftsteller Karl May - im Blick auf die Winnetou-Geschichten - "viel Verachtung [...] abgebeten!"[40] Mit gutem Grund! Denn die abenteuerliche Handlung und die ganze Legenden-Struktur des Romans sind nur das bunte Gewand, das äußere Kleid einer theologischen Botschaft, die zeitlos und gültig ist.

In *Winnetou* und besonders auch in der Klekih-petra-Episode wird die Transzendenz-Erfahrung des Autors sehr eindrucksvoll zur Anschauung gebracht. Der Tod des 'Weißen Vaters' hat einen doppelten Sinn. Zum einen stirbt der Erzieher stellvertretend für Winnetou; zum andern gibt er sein Leben - um Sühne zu leisten für seine eigene Schuld, seine (frühere) Abwendung von Gott:[41] "Da fällt mein Blatt [...] es ist - - - die letzte Sühne [...] Herrgott, vergieb - - vergieb! - - Gnade - - Gnade - -! Ich komme - - komme - - - Gnade - - -!" (I 135)

Auf die Problematik einer Deutung des Todes als 'Sühne-Leistung' kann im Rahmen dieser kurzen Werksbesprechung nicht eingegangen werden.[42] Aber ein andrer Aspekt soll, wenn auch knapp, hier gewürdigt werden: Den Tod Klekih-petras und den Tod des Apachen versteht der Dichter nicht nur als passives Widerfahrnis, sondern - vor allem - als bewußtes und aktives Loslassen, als Übergabe des Lebens in die Gnadenhand Gottes. Diese Deutung ist durchaus bemerkenswert. Sie entspricht im wesentlichen der Auffassung Karl Rahners und anderer bekannter Vertreter der heutigen Theologie: Der Tod ist Passion, aber AUCH die - durch Gnade geschenkte - 'Tat' der menschlichen Freiheit, die das ganze Leben versammelt und in die Hand des Schöpfers zurückgibt.[43]

Vor den Tod gestellt, kann und muß der Mensch sich entscheiden, ob er "alles gibt oder ob ihm alles geraubt wird, ob er der radikalen Verohnmächtigung mit einem glaubenden und hoffenden Ja [...] begegnet, [...] oder ob er sich auch da noch selbst behalten will".[44] Diese letzte, diese endgültige Entscheidung für oder gegen die Selbsthingabe wird im Leben immer schon eingeübt. Die Kunst des richtigen Sterbens setzt die Kunst des richtigen Lebens also voraus.

Das richtige Sterben muß, wie das richtige Leben, gelernt werden. Das Ziel dieses Lernprozesses, das Leben- und Sterbenkönnen, ist das eigentliche Thema des Bildungs- und Entwicklungsromans *Winnetou*.

Das richtige Leben und Sterben ist, biblisch gesprochen, das Leben und Sterben der Heiligen. Die hagiographischen Züge der Winnetou-Trilogie wurden von May-Forschern erkannt und analysiert.[45] Um falsche Töne in der Auslegung des Romans zu vermeiden, müßte nun allerdings gefragt werden: Was meint das Wort 'heilig' im ursprünglichen Sinne? Heilig im absoluten Sinne kann nur Gott selbst sein.[46] In einem weiteren, abgeleiteten Sinne bezeichnet die Bibel dann freilich auch Menschen als 'heilig'.[47] In diesem Falle ist 'heilig' aber nicht identisch mit 'fehlerfrei' und 'vollkommen'! Neutestamentlich verstanden sind Heilige: grundsätzlich fehlbare, aber von Gott geliebte, durch seine Gnade erwählte, in Christus erlöste Menschen, die sich - wie es im Kolosser-Brief heißt - "mit aufrichtigem Erbarmen, mit Güte, Demut und Geduld bekleiden" (Kol 3, 12).

Das Wort 'heilig' kommt, auf Menschen bezogen, in der Winnetou-Trilogie zwar nicht vor; doch die Titelfigur der Erzählung ist - im biblischen Sinne - tatsächlich ein 'Heiliger': ein Mensch auf dem Weg zur 'imitatio Christi', zur Hingabe des Lebens, zur endgültigen Teilhabe an der Herrlichkeit Gottes.

Für die hagiographische Gesamtkonzeption des Romans signifikant ist ein wichtiger Dialog im fünften Kapitel des ersten Winnetou-Bandes. Old Shatterhand sucht das "Glück", das im "Reichtum" besteht (I 423); Winnetou aber erschrickt:

"Meinst du denn wirklich, daß Reichtum glücklich macht?" - "Ja." - "Da irrst du dich. Das Gold hat die roten Männer nur unglücklich gemacht [...] Das Gold ist die Ursache unsers Todes. Mein Bruder mag ja nicht danach trachten." - "Das thu ich auch nicht." - "Nicht? Und doch sagtest du, daß du das Glück im Reichtum suchest." - "Ja, das ist wahr. Aber es giebt Reichtum verschiedener Art, Reichtum an Gold, an Weisheit und Erfahrung, an Gesundheit, an Ehre und Ruhm, an Gnade bei Gott und den Menschen." (I 423f.)

Der 'Bildungsweg', den der Roman dem Leser erschließen will, ist markiert in dieser Zwiesprache Winnetous und Old Shatterhands.[48] Das letzte Ziel des Entwicklungsweges, der wahre Reichtum, ist ein 'Leben in Heiligkeit', das der "Gnade bei Gott" entspricht und den Menschen dient. Im - durch die Übernahme von älteren Texten in die Trilogie-Bände II und III freilich nicht immer stimmigen - Reifungsprozeß Winnetous wird dieser Weg zum richtigen Leben (und richtigen Sterben) dem Leser nahegebracht.

Winnetou ist, wie gesagt, sehr früh schon, in Klekih-petra, der christlichen Religion begegnet. Doch das ausdrückliche Ja des Apachen zum Evangelium bleibt sehr lange noch aus. Denn allzu betrüblich sind seine Erfahrungen mit den 'Bleichgesichtern'.

Eine, nach dem Tode Klekih-petras, weitere Katastrophe für Winnetou ist die Ermordung seines Vaters Intschu-tschuna und seiner Schwester Nscho-tschi ('Schöner Tag') durch den - aufs Gold der Apachen versessenen - Verbrecher Santer alias Burton. Außer sich vor Schmerz und vor Zorn will der Indianer entsetzliche Rache nehmen an sämtlichen weißen Eroberern. Aber Shatterhand bittet den Apachen, seinen Racheschwur zunächst noch nicht auszusprechen (I 499). Winnetou überwindet sich selbst und verzichtet auf seinen Vergeltungsplan. Nur EINEM, Santer, kann er noch nicht verzeihen; ihn zu verfolgen und an ihm sich zu rächen, kann er, ebenso wie Shatterhand, noch lange nicht lassen.

Eine andere Prüfung war für Winnetou - vor Jahren, zu einer im II. Band nicht näher bestimmten (und zu den Ereignissen in *Winnetou I* in keine Beziehung gebrachten) Zeit - die Begegnung mit einer Frau: Ribanna,[49] der Tochter der Assineboins. Außer der verstorbenen Mutter und der Schwester Nscho-tschi war das schöne Indianermädchen die einzige Frau in Winnetous Leben (II 462 u. 504). Doch seine Jugendliebe blieb ohne Erfüllung. Ribanna liebte einen anderen, einen Weißen: Old Firehand.[50] Der junge Winnetou mußte verzichten. In der Entsagung, im Loslassen, hat er, so können wir die Ribanna-Episode interpretieren, das 'Sterben' schon eingeübt und das 'neue Leben' gewonnen: Sein Verzicht macht ihn fähig - dieser innere Zusammenhang wird im Text freilich nicht verdeutlicht und nicht reflektiert - zur größeren Liebe, zur wirklichen Hingabe. Denn der ehemalige Skalpjäger[51] wird der gütige, zwar stolze und selbstbewußte, zugleich aber bescheidene und nie den eigenen Glanz suchende Retter der Bedrängten, der Verfolgten und der Gefangenen.

Zuletzt, in der "Gethsemane-Szene",[52] mit Winnetous Tod, beim Klang des 'Ave Maria' geht der Same der göttlichen Liebe endgültig auf: "Scharlih, ich glaube an den Heiland. Winnetou ist ein Christ. Lebe wohl!" (III 474) Anders als in der Urfassung *Im "wilden Westen" Nordamerika's*[53] ist die 'Conversio', die Bekehrung, die letzte Hingabe des Apachen von Anfang an - mit dem Wirken und dem Tode Klekih-petras schon - vorbereitet und motiviert. Sie fügt sich "treffend"[54] in die Struktur des, als 'Heiligenvita' konzipierten, Entwicklungsromans.

Das 'mysterium mortis', die "Synthese [...] aus Untergang und Auferstehung, aus Sterben und Geboren werden",[55] ist - wie auch Stolte in seinem Vortrag *Stirb und werde!"* betont hat[56] - die zentrale Botschaft der Winnetou-Trilogie und der künftigen Werke des Dichters.

Der Tod als endgültige Hingabe, als Vollendung der Liebe, als Konfiguration mit Christus, müßte, der Gesamtkonzeption des Romans zufolge, auch das - zumindest unterschwellige - Grundmotiv des neu verfaßten Schlußkapitels 'Das Testament des Apachen' sein. Nach der Auffassung Ulrich Schmids ist dies aber nicht der Fall:[57] Das Thema des letzten Kapitels sei lediglich die Jagd auf den Mörder Santer und dessen 'Höllenfahrt'[58] in die Tiefe. Die "Zwiespältigkeit des endgültigen Konzepts"[59] zeige schon die - in der Urfassung *Im "wilden Westen" Nordamerika's* noch nicht enthaltene - Testamentsankündigung des Indianers im vorletzten Kapitel 'Am Hancockberg'; im Testament (III 467) gehe es "ausschließlich um die Frage, wie der Vermögensnachlaß des Häuptlings verteilt werden soll"; von einem "geistigen Vermächtnis" sei "keine Rede"; und im Schlußkapitel habe sich May, mit der Vernichtung des Testaments durch Santer (III 622), der Notwendigkeit entzogen, einen "der schlüssigen Konzeption des ersten Bandes entsprechenden Vermächtnistext zu entwerfen."

Ist Mays Gesamtkonzeption in der Trilogie tatsächlich so 'zwiespältig'? Wird die antimaterialistische Tendenz in *Winnetou I* durch das Testament des Apachen unterlaufen und praktisch zurückgenommen? Verblaßt die 'hagiographische Legende' in den Schlußpartien des dritten Bandes zur bloßen Abenteuergeschichte? Der Textbefund läßt eine solche Auffassung kaum zu.

Winnetou war nie bereit, seinem Blutsbruder die Fundorte des Goldes zu verraten; denn Old Shatterhands Seele ist "zu Besserem bestimmt" (III 467). Nach Winnetous Tod aber wird Shatterhand, so meint der Häuptling, "Gold zu sehen bekommen, viel Gold, [...] aber es ist nicht für dich bestimmt [...] Ich habe meine Wünsche aufgezeichnet, und du wirst sie erfüllen." (Ebd.) Gewiß, hier geht es ums Geld; aber nicht ums Behalten, sondern ums Verteilen an die Bedürftigen. Der "Entsagungsethik"[60] des Bildungs- und Entwicklungsromans entspricht die Testamentsankündigung des Apachen sehr wohl; und zur Liebesethik der Heiligenvita paßt sie nicht weniger.

Die sakrale Dimension des Romans - die Selbsthingabe des Häuptlings, sein Ja zur Botschaft des Evangeliums - findet ihre Bestätigung im Schlußkapitel. Old Shatterhand gelingt es, einige Textpartikel des von Santer vernichteten Testaments zu retten. Er liest: ".... eine Hälfte erhalten .... weil Armut .... Felsen bersten .... Christ. .... austeilen .... keine Rache ...." (III 625)

Das 'neue Leben' - die Bereitschaft zum Teilen, das Ende aller Verhärtung ("Felsen bersten"), die verzeihende Liebe, die 'imitatio Christi' - hat den Verfasser des Testaments inspiriert. Ein Teil des Erlösungsprogramms im Spätwerk *Winnetou IV* (1909/10)[61] - die Vergebung auch für den Mörder Intschu-tschunas und Nscho-tschis - dürfte sich im Finale der Trilogie bereits ankündigen: Der letzte Wille des Häuptlings "bestätigt", wie der Pfarrer und May-Kenner Joseph Höck schrieb, "die Ansicht, daß Winnetou auf seine Rache an Santer ganz verzichtet habe."[62]

Abb. 10: Karl May, um 1892.

Abb. 11: Karl May und seine Frau Emma geb. Pollmer, Anfang der 90er Jahre.

Das Testament des Apachen, sein wahres und eigentliches Vermächtnis, wird den Dichter noch lange, bis zum eigenen Tode, beschäftigen. Old Shatterhand, der scheinbar vollendete, keiner Entwicklung bedürfende Lehrer Winnetous, ist der Schüler des Indianers geworden: in der Fiktion des Romans (beim Entziffern der Testamentsfragmente) und in der Realität des Schreibers in Sachsen. Denn der ehemalige 'Dr. Heilig' und künftige 'Dr. Karl May, genannt Old Shatterhand'[63] hat den Bildungsweg zum reiferen Mensch- und zum wirklichen Christsein noch längst nicht durchschritten. Winnetou ist: sein besserer Traum, seine Vision, sein Gewissen.

8.3.2 Die Bände I/II der *Old Surehand*-Trilogie: Dokument einer Schaffenskrise?

Im Sommer 1894 plante May seine zweite Wildwest-Trilogie, die ursprünglich den Titel *Old Firehand* tragen sollte.[64] Am 27. Juli 1894 gingen die ersten zwei Bogen (60 Seiten) an Fehsenfeld; doch die Titelfigur hieß jetzt "Old Surehand, weil Surehand als Westmann und Mensch noch bedeutend höher steht als Firehand [...] Surehand ist unter den Weißen das, was Winnetou unter den Rothen war, die Verkörperung des Rassenideales."[65]

Anfang Dezember 1894 lieferte May den Schluß des ersten Bandes. Wie viele Künstler beflügelte ihn die Vorstellung, daß jedes seiner Werke das vorausgehende übertreffen werde: "'Old Surehand' soll wo möglich noch besser sein als 'Winnetou'. Grad darum habe ich nicht leichtsinnig drauflos geschrieben."[66]

Diesmal hatte May, was die Bände I/II betrifft, wohl zuviel versprochen. *Old Surehand I* (zu Weihnachten 1894 als Band XIV der 'Gesammelten Reiseromane' erschienen) steht im großen und ganzen zwar "auf der Höhe"[67] der klassischen Abenteuergeschichten unseres Autors; den literarischen Rang von *Winnetou I* erreicht der *Surehand*-Band aber nicht ganz. Kompositorische Schwächen sind nicht zu verkennen.[68] Die älteren, in den Haupttext "geschickt"[69] integrierten Binnenerzählungen *Der erste Elk* (1893) und *Im Mistake Cannon* (1889) verlieren im weiteren Handlungsverlauf an Bedeutung. "Die Grundidee, wie sie May zu Beginn des Schreibens vorschwebte, ist kaum noch zu rekonstruieren."[70] Erst mit der Episode im Hasental: dem Auftritt einer geistesgestörten Frau, die in geheimnisvoller Weise von einem 'Wawa Derrick' und einem 'Myrthenkranz' spricht (I 248ff),[71] "beginnt die folgerichtige Handlungsentwicklung".[72]

Inhaltlich stehen den aufbautechnischen Mängeln freilich gewichtige, dem ethischen Niveau des ersten *Winnetou*-Bandes entsprechende Vorzüge gegenüber: die zahlreichen Reflexionen über den Gottesgedanken (z.B. I 396ff.); die Grundthematik von Sünde und Reue, von Schuld und Vergebung;[73] das Nein zur rassistischen Intoleranz und Menschenverachtung;[74] das Zurücktreten der Gewalt hinter Klugheit und Milde.[75]

Auch die scheinbar widersprüchliche Charakterzeichnung Old Wabbles und, besonders im dritten Band, auch des Titelhelden Old Surehand spricht für die Qualität des Romans: Nicht nur typisierte 'Verkörperungen' (wie die Ankündigung des Schriftstellers suggeriert), sondern echte, d.h. komplexe und 'gebrochene' Charaktere werden geschildert. Zudem verbirgt sich hinter Surehand und Wabble eine Brisanz, die autobiographisch sehr aufschlußreich ist.[76] Übrigens berichtet May, wenn auch verzerrt, hier zum ersten Mal - in der Reihe der Ich-Erzählungen - von der Bitterkeit seiner Kindheitserlebnisse (I 406ff. u. 412)!

Surehand I darf, insgesamt, als geglückt angesehen werden. Relativ schwach und enttäuschend wirkt nun freilich der - im März 1895 erschienene - zweite Band des *Old Surehand*,[77] den May "teilweise gleichzeitig mit dem einleitenden Band sehr schnell und unter erheblichem Zeitdruck"[78] aus älteren, für die Buchausgabe überarbeiteten Journalgeschichten zusammengestückelt hat. Auch ein (eher unschönes) Kapitel aus *Waldröschen* hat May übernommen.[79] Fast ausschließlich gehören diese Binnenerzählungen zum Frühwerk des Autors. Mit der Haupthandlung stehen sie nur im indirekten Zusammenhang. Sie sind, nach Claus Roxin,

überreich an wild-phantastischen Abenteuern mit vielfach blutigem Ausgang; die Handlungsführung ist ziemlich planlos, die Personenzeichnung undifferenziert, und die ethische Vertiefung, um die May sich später so sehr bemüht hat, fehlt noch völlig.[80]

Als "allergröbste Pfuscherei"[81] hat Wollschläger den zweiten Surehand-Band kritisiert. An eine Ermüdung, eine physisch und psychisch bedingte Schaffenskrise könnte man denken: Im Februar 1894 erkrankte May an einer schweren Influenza mit Rippenfellentzündung; auch ein Augenleiden setzte ihm - seit Anfang 1893 - immer noch zu; nach einer Erholungsfahrt (Anfang Mai) in den Harz war seine Arbeitskraft noch Ende 1894, dem Entstehungsjahr von *Surehand I/II*, reduziert.[82] Außerdem hatte May sich mit seinen 'klassischen Reiseerzählungen' ohnehin 'ausgeschrieben'! Er sah, so Roxin, "die Gefahr, sich nur noch wiederholen zu können".[83] Aus diesem Grund hat der Schriftsteller May, seit 1896, neue Akzente gesetzt, deren Eigenart in einem späteren Kapitel[84] noch zu erläutern ist.

Mit *Surehand II* hatte May eine Grenze erreicht, einen 'toten Punkt' sozusagen. Daß dieser Band als Dokument einer wirklich gravierenden Leistungskrise zu betrachten sei, kann aber dennoch nicht behauptet werden.[85] *Old Surehand II* ist zweifellos schwächer als der Einleitungsband. Von reiner 'Pfuscherei' und, gemessen an früheren Werken, dramatischem Leistungsabfall kann - bei näherem Hinsehen - aber doch nicht die Rede sein. Denn die älteren Journalgeschichten hat May, wie erwähnt, für die Buchfassung in *Surehand II* neu bearbeitet. Diese endgültigen Texte sind, wie Ekkehard Koch gezeigt hat,[86] im Vergleich zu den Urfassungen immerhin als Verbesserung zu bewerten. Zudem hat May diese ehemaligen Zeitschriften-Stories neu integriert durch eine, im Herbst 1894 verfaßte, Rahmenerzählung, die den literarischen Wert des zweiten Teilbandes hebt und diesen, durch "zahlreiche Motivverknüpfungen",[87] doch noch zu einem (halbwegs) geschlossenen Erzählkorpus verdichtet.

Karl Mays - der literarischen Romantik entlehnte - Verfahrensweise könnte formal, den weniger geschickt kompilierten Winnetou-Bänden II/III gegenüber, sogar als Fortschritt betrachtet werden.[88] Der Germanist Harald Fricke hat auf die "große Raffinesse"[89] der Rahmengestaltung in *Surehand II* hingewiesen: Durch die Zuhörer (Old Shatterhand und die Tafelrunde bei Mutter Thick) werden die Binnenerzählungen, recht feinsinnig, kommentiert; durch "Ironisierung und Distanzierung werden diese schwächeren Geschichten", wie Roxin bemerkt, "in eine andere und reizvolle Perspektive gerückt".[90] Roxin schränkt allerdings ein: "Gleichwohl belasten diese Erzählungen durch ihren zu großen Umfang und ihren Niveauabfall die Gesamtkonstruktion, so daß die von May gewählte Lösung fragwürdig bleibt."[91]

Eine interessante und, im positiven Sinne, merk-würdige Leistung des Autors ist seine Surehand-Erzählung - trotz der Schwächen des zweiten Teilbandes - allemal. *Old Surehand I-III* ist, wie die Winnetou-Trilogie, kein 'richtiger', kein reiner Wildwestroman. Verschiedene Erzählstile und literarische Gattungen - Indianergeschichte, Detektivroman, Humoreske, Bekehrungsgeschichte und philosophisch-theologische Reflexion - werden von May kombiniert: so daß, wie Fricke (wohl etwas zu überschwenglich) erklärt, eine romantische "Universalpoesie" im Sinne Friedrich Schlegels entsteht![92]

Insgesamt könnten die Surehand-Bände, so Fricke, "als eine große 'Geographische Predigt', als eine epische Allegorie"[93] aufgefaßt werden! Trifft diese Bewertung zu? Wird der tiefere Inhalt, die theologische Botschaft der Winnetou-Bände in der Surehand-Trilogie wieder aufgegriffen und weitergeführt? Im Blick auf *Surehand I*, vor allem aber auf *Surehand III*, den - nach zweijähriger Unterbrechung der Arbeit am Surehand-Stoff - im Herbst 1896 entstandenen Schlußband, muß diese Frage bejaht werden.

Von den bisherigen Reiseerzählungen Mays, einschließlich *Surehand I/II*, unterscheidet sich der dritte *Old Surehand* durch eine Reihe von Besonderheiten. Der Schlußband soll deshalb erst später, zusammen mit den anderen 'späten Reiseerzählungen' (*Im Reiche des silbernen Löwen I/II* und *"Weihnacht!"*) besprochen werden.

Anmerkungen

1 Vgl. Michael Petzel: *Formen der kommerziellen Verwertung*. In: *Karl-May-Handbuch*. Hrsg. von Gert Ueding in Zusammenarbeit mit Reinhard Tschapke. Stuttgart 1987, S. 666ff. - Ders.: *Comics und Bildergeschichten*. In: Ebd., S. 669-675.

2 Zu Mays Quellen vgl. z.B. Siegfried Augustin - Rudolf Beissel: *Quellen und Vorbilder Mays. Vorstudien zu einer Monographie*. In: *Vom Lederstrumpf zum Winnetou. Autoren und Werke der Volksliteratur*. Hrsg. von Siegfried Augustin und Axel Mittelstaedt. München 1981, S. 59-80.

3 Martin Lowsky: *Karl May*. Stuttgart 1987, S. 59.

4 Christian Heermann: *Der Mann, der Old Shatterhand war. Eine Karl-May-Biographie*. Berlin 1988, S. 233.

5 Vgl. ebd., S. 224-233.

6 Ebd., S. 233f.

7 Ebd., S. 232.

8 Vgl. oben, S. 180f.

9 Gunter G. Sehm: *Der Erwählte. Erzählstrukturen in Karl Mays 'Winnetou'-Trilogie*. In: JbKMG 1976, S. 9-28 (S. 10).

10 Nach Roland Schmid: *Anhang*. In: Karl May: Freiburger Erstausgaben, Bd. XXIII. Hrsg. von Roland Schmid. Bamberg 1984, A 1-42 (41), ist diese Erzählung von August 1892 bis Anfang 1893 entstanden.

11 Zit. nach Roland Schmid: *Nachwort*. In: Karl May: Freiburger Erstausgaben, Bd. VII. Hrsg. von Roland Schmid. Bamberg 1982 (ohne Paginierung).

12 Heermann, wie Anm. 4, S. 207.

13 Vgl. Gabriele Wolff: *George Catlin: Die Indianer Nord-Amerikas. Das Material zum Traum*. In: JbKMG 1985, S. 348-363 - Helmut Schmiedt: (Werkartikel zu) *Winnetou I-III*. In: *Karl-May-Handbuch*, wie Anm. 1, S. 205-218 (S. 205f.).

14 Nach Ulrich Schmid: *Das Werk Karl Mays 1895-1905. Erzählstrukturen und editorischer Befund*. Materialien zur Karl-May-Forschung, Bd. 12. Ubstadt 1989, S. 64f.

15 Hans Wollschläger: *Karl May. Grundriß eines gebrochenen Lebens*. Zürich 1976, S. 78.

16 Vgl. U. Schmid, wie Anm. 14, S. 68.

17 Nach Schmid: Ebd., S. 68f., ist dieses Kapitel erzählerisch geglückt.

18 Unter diesem Titel ist die Erzählung *Im "wilden Westen" Nordamerika's* im Herbst 1890 in der 'Fuldaer Zeitung' erschienen.

19 Vgl. Franz Kandolf: *Der werdende Winnetou*. In: KMJB 1921. Radebeul 1920, S. 336-360; auch in *Karl Mays 'Winnetou'. Studien zu einem Mythos*. Hrsg. von Dieter Sudhoff und Hartmut Vollmer. Frankfurt/M. 1989, S. 179-195.

20 Vgl. R. Schmid: *Nachwort*, wie Anm. 11.

21 Vgl. U. Schmid, wie Anm. 14, S. 67.

22 Ebd.

23 Helmut Schmiedt: *"Einer der besten deutschen Erzähler..."? Karl Mays 'Winnetou'-Roman unter dem Aspekt der Form*. In: JbKMG 1986, S. 33-49 (S. 48).

24 Gerhard Neumann: *Karl Mays 'Winnetou' - ein Bildungsroman?* In: JbKMG 1988, S. 10-37.

25 Vgl. auch Claus Roxin: *Vernunft und Aufklärung bei Karl May - zur Deutung der Klekih-petra-Episode im "Winnetou".* In: MKMG 28 (1976), S. 25-30.

26 Vgl. Neumann, wie Anm. 24, S. 32f. u. passim.

27 Ebd., S. 33, mit Bezug auf Hans Blumenberg: *Die Lesbarkeit der Welt.* Frankfurt/M. 1981.

28 Neumann, wie Anm. 24, S. 33.

29 Nach Claus Roxin: *Einführung.* In: Karl May: *Der Scout - Deadly Dust.* 'Deutscher Haus-schatz'. Reprint der KMG. Hamburg, Regensburg 1977, S. 2-5 (S. 2). - Vgl. Ulrich Melk: *Das Werte- und Normensystem in Karl Mays Winnetou-Trilogie.* Paderborn 1992.

30 Vgl. Heinz Stolte: *Der Volksschriftsteller Karl May. Beitrag zur literarischen Volkskunde* (Reprint der Erstausgabe von 1936). Bamberg 1979, S. 83-99 - Sehm, wie Anm. 9, passim - U. Schmid, wie Anm. 14, S. 65ff.

31 Wesentlich stärker wird dieser Aspekt dann allerdings berücksichtigt bei Heinz Stolte: *"Stirb und werde!" Existentielle Grenzsituation als episches Motiv bei Karl May.* In: JbKMG 1990, S. 51-70.

32 Sehm, wie Anm. 9, passim.

33 Vgl. unten, S. 314ff.

34 Vgl. U. Schmid, wie Anm. 14, S. 64f.

35 Seitenangaben in () beziehen sich auf Karl May: *Winnetou der Rote Gentleman.* 1.-3. Band. Gesammelte Reiseromane, Bd. VII-IX. Freiburg 1893.

36 Vgl. Roxin: *Vernunft und Aufklärung,* wie Anm. 25.

37 Vgl. Ingmar Winter: *"Er lag in meinem Schoße". Gedanken zu Sterbeszenen im Winnetou-Roman.* In: MKMG 67/1986, S. 38ff.

38 So sieht es Sehm, wie Anm. 9, S. 23.

39 Ebd., S. 23-27.

40 Helmut Gollwitzer: *... und führen, wohin du nicht willst. Bericht einer Gefangenschaft.* München [6]1953, S. 80.

41 Zur autobiographischen Relevanz dieser Passage vgl. oben, S. 120. - Auch der Tod des Old Death (vgl. II 374-383) fügt sich gut in diesen Zusammenhang; vgl. oben, S. 219.

42 Vgl. aber unten, S. 721f.

43 Vgl. z.B. Karl Rahner: *Über das christliche Sterben.* In: Ders.: *Schriften zur Theologie,* Bd. VII. Einsiedeln, Zürich, Köln 1966, S. 273-280.

44 Ebd., S. 277.

45 Wie Anm. 30.

46 Vgl. *Bibel-Lexikon.* Hrsg. von Herbert Haag. Einsiedeln, Zürich, Köln [2]1968, Sp. 686-691 (Sp. 687).

47 Zahlreiche Belegstellen ebd.

48 Vgl. Neumann, wie Anm. 24, S. 12ff.

49 Der Name Rib*anna* könnte auf die "erste Liebe" Karl Mays verweisen; vgl. oben, S. 64f.

50 Dazu Neumann, wie Anm. 24, S. 14f.

51 In *Old Firehand* und *Deadly Dust* bzw., abgemildert, in *Winnetou II*; vgl. Horst Wolf Müller: *Winnetou. Vom Skalpjäger zum roten Heiland.* In: *Karl Mays 'Winnetou',* wie Anm. 19, S. 196-213.

52 Sehm, wie Anm. 9, S. 22.

53 Vgl. oben, S. 180f.

54 U. Schmid, wie Anm. 14, S. 70.

55 So heißt es schon bei Karl May: *Ange et Diable.* In: JbKMG 1971, S. 128-132 (S. 129). - Vgl. oben S. 118ff.

56 Vgl. Stolte: *"Stirb und werde!",* wie Anm. 31, S. 68 - dazu Jürgen Hahn: *'Nekyia und Anabasis'. Spurensuche auf subterranen Itineraren im Werke Karl Mays. Ein Brief.* In: JbKMG 1993, S. 229-280.

57 Vgl. U. Schmid, wie Anm. 14, S. 71f.

58 Vgl. Sehm, wie Anm. 9, S. 13f.

59 U. Schmid, wie Anm. 14, S. 71; dort auch die folgenden Zitate.

60 Neumann, wie Anm. 24, S. 15.

61 Vgl. unten, S. 712ff.

62 Joseph Höck: *Zum Aufbau des Romans "Winnetou"* (1926 erstmals gedruckt). In: *Karl Mays 'Winnetou'*, wie Anm. 19, S. 43-52 (S. 51).

63 Vgl. unten, S. 321 ff.

64 Nach Mays Brief vom 17.7.1894 an Fehsenfeld; wiedergegeben bei U. Schmid, wie Anm. 14, S. 58.

65 Aus Mays Brief vom 27.7.1894 an Fehsenfeld; Faksimile-Wiedergabe bei Roland Schmid: *Nachwort*. In: Karl May: Freiburger Erstausgaben, Bd. XIV. Hrsg. von Roland Schmid. Bamberg 1983, N 1-12 (7).

66 Aus Mays Brief vom 6.12.1894 an Fehsenfeld; zit. nach U. Schmid, wie Anm. 14, S. 60.

67 Claus Roxin: (Werkartikel zu) *Old Surehand I-III*. In: *Karl-May-Handbuch*, wie Anm. 1, S. 238-252 (S. 246). - Vgl. Walther Ilmer: *Karl May - Mensch und Schriftsteller. Tragik und Triumph.* Husum 1992, S. 125 ff.

68 Vgl. Walther Ilmer: *Sichere Hand auf wackligen Füßen: Old Surehand.* In: MKMG 29 (1976), S. 4-20.

69 Roxin: *Old Surehand*, wie Anm. 67, S. 239.

70 U. Schmid, wie Anm. 14, S. 75.

71 Seitenangaben in () beziehen sich auf Karl May: *Old Surehand I*. Gesammelte Reiseromane, Bd. XIV. Freiburg 1894.

72 U. Schmid, wie Anm. 14, S. 254 (Anm. 160).

73 Vgl. Roxin: *Old Surehand*, wie Anm. 67, S. 250.

74 Dazu U. Schmid, wie Anm. 14, S. 76.

75 Vgl. Roxin: *Old Surehand*, wie Anm. 67, S. 246.

76 Vgl. unten, S. 286 ff.

77 Karl May: *Old Surehand II*. Gesammelte Reiseromane, Bd. XV. Freiburg 1895. Aus diesem Band machte der Karl-May-Verlag den Bd. 19 (*Kapitän Kaiman*) der 'Gesammelten Werke'; der Zusammenhang mit den (auf zwei reduzierten) Surehand-Bänden wurde völlig aufgegeben.

78 R. Schmid: *Nachwort*, wie Anm. 65, N 9.

79 May wollte auf diese Weise wohl seine Urheberrechte gegen den Münchmeyer-Verlag geltend machen! - Vgl. Roxin: *Old Surehand*, wie Anm. 67, S. 247.

80 Roxin: Ebd., S. 246.

81 Wollschläger, wie Anm. 15, S. 79.

82 Näheres bei Fritz Maschke: *Karl May und Emma Pollmer. Die Geschichte einer Ehe.* Beiträge zur Karl-May-Forschung 3. Bamberg 1973, S. 58 f.

83 Claus Roxin in einem Brief vom 11.3.1991 an den Verfasser.

84 Vgl. unten, S. 283 ff.

85 Wichtige Hinweise gibt U. Schmid, wie Anm. 14, S. 247 f. (Anm. 121).

86 Vgl. Ekkehard Koch: *Der 'Kanada-Bill'. Variationen eines Motivs bei Karl May.* In: JbKMG 1976, S. 29-46.

87 Roxin: *Old Surehand*, wie Anm. 67, S. 248.

88 Nach U. Schmid, wie Anm. 14, S. 77.

89 Harald Fricke: *Karl May und die literarische Romantik.* In: JbKMG 1981, S. 11-35 (S. 28).

90 Roxin, *Old Surehand*, wie Anm. 67, S. 248.

91 Ebd.

92 Vgl. Fricke: *Karl May*, wie Anm. 89, S. 29 ff. (S. 32).

93 Harald Fricke: *Wie trivial sind Wiederholungen? Probleme der Gattungszuordnung von Karl Mays Reiseerzählungen.* In: *Erzählgattungen der Trivialliteratur.* Hrsg. von Zdenko Skreb und Uwe Baur. Innsbruck 1984, S. 125-148 (S. 134); zit. nach U. Schmid, wie Anm. 14, S. 256 (Anm. 166).

8.4 Mays Bestseller-Romane bis 1896: Unterhaltungslektüre für kleine Buben?

In erster Linie seinen Bestseller-Romanen bis 1896 verdankt Karl May das Etikett 'Jugendschriftsteller' und das Stigma 'Trivialliterat'. Zu Recht? Viele Einzelmotive in diesen Werken sind der kindlichen Vorstellungswelt entnommen.[1] Nicht nur die, bewußt für die Jugend geschriebenen, 'Union'-Bände Mays, sondern ebenso seine Reiseerzählungen (bei Pustet und Fehsenfeld) sind Jugendliteratur.[2] Aber auch Erwachsene können sie lesen - mit Lust, mit Betroffenheit, mit Gewinn an tieferer Einsicht.[3]

Schon im Jahre 1899 belief sich die Gesamtauflage der May-Bücher auf 722.000 Exemplare.[4] Bis 1975 etwa hat der Schriftsteller, nach Schätzungen und Berechnungen, allein im deutschsprachigen Raum ca. 175 Millionen Leser gefunden:[5] weil er Freude, weil er Vergnügen bescherte. Und weil er die Seele, das Innerste und Tiefste seiner Leser berührte. Junge und Alte, sehr verschiedenartige Menschen mit unterschiedlichem Bildungsgrad, mit unterschiedlicher Denkrichtung und ungleichem psychischem Habitus konnten berichten, was May ihnen gegeben hat.[6]

Nicht die hochliterarischen Spätwerke Karl Mays, sondern seine vermeintlich so schlichten und leicht zu verstehenden Abenteuerromane haben die Massen erreicht. Den äußerst komplizierten *Silberlöwen III/IV* (1902/03) werden Jugendliche - und Erwachsene, die von May nur Unterhaltung erwarten - spätestens nach der Lektüre von 200 Seiten enttäuscht in die Ecke stellen. Auch Mays bedeutendstes Werk *Ardistan und Dschinnistan* (1907-09) lesen, mit Verstand, nur wenige. *Winnetou* aber kennt, und sei es nur übers Fernsehen, nahezu jeder. Auch *Durch die Wüste, Der Schut, Der Schatz im Silbersee, Im Lande des Mahdi* usw. sind heute noch populär.

Die Gründe für Mays Erfolg, bei jungen und naiven Lesern speziell, sind nicht schwer zu erkennen. Das 'Ich' (in den Reiseerzählungen) fasziniert - wie Harun al Raschid in *Tausendundeine Nacht*. Der Hauch des Exotischen, die märchenhafte Verkleidung verleihen einen besonderen Reiz. Der Stil wirkt einfach und anspruchslos, für Konsumenten natürlich eine Erleichterung. Die Handlung ist unwahrscheinlich, dafür um so spannender. Die Schauplätze, die der Autor gar nicht gesehen hat, werden plastisch und - aufgrund der Quellen, die der Schriftsteller benutzte - in der Regel authentisch[7] geschildert. Die Namen von Orten und Landschaften klingen verlockend im Ohr. Der Schott el Dscherid, das wilde Kurdistan, die Traumstädte Bagdad und Stambul, die Schluchten des Balkan, die Wüste Mapimi, der Llano estacado, der Yellowstone-Park, die Rocky Mountains - jedem May-Leser sind sie vertraut. Auch die Waffen, die 'Wundergewehre', erfreuen das kindliche Herz. Die Silberbüchse des Häuptlings, den Henrystutzen und den Bärentöter Old Shatterhands - jeder Schuljunge kennt sie. Und die Tiere, die Wunderrappen Hatatitla und Iltschi und Rih! Sie tragen die Helden, zusammen mit den Lesern, in eine andere Welt - in die "Fluchtlandschaften"[8] des Orients und des Wilden Westens.

Erfolg hatte der Mythendichter vor allem mit seinen bunten Figuren. Die Helden, ihre Gefährten und Widersacher prägen sich ein in die Psyche des jungen Lesers. Carl Zuckmayer, der seiner Tochter den Namen 'Winnetou' gab, verleugnet es nicht: "Karl Mays Gestalten begleiten uns wahrhaftig durchs Leben, als hätten wir mit ihnen gelebt; sie sind keine Schatten für uns, sondern Wirklichkeiten, wir werden sie nie vergessen, und sie werden uns immer treu bleiben."[9]

Durch ihre Kostüme, ihre vornehmen oder grotesken Gewänder, sind sie schon typisiert: die Edelindianer und Wüstenscheiks, die listigen Trapper und verschrobenen Käuze, die eingebildeten Paschas und korrupten Gesetzesverdreher. Auch die großen Verbrecher sind, bis auf wenige Ausnahmen (wie Murad Nassyr in *Mahdi*), sofort als solche erkennbar; ihr stechender Blick, ihr böses Gesicht verraten sie gleich von Anfang an.

Mays Phantasiegestalten sind, so wird oft gesagt,[10] nur gut oder böse. Ihre Charaktere erscheinen klar, eindeutig und unkompliziert: wie Schablonen, wie Holzschnittfiguren im Marionettentheater. Gerade diese "Vereinfachung ist es, die dem Dichter das rasche Verständnis, die drangvolle Anteilnahme seiner Leser sichert."[11] Zwar gibt es auch in den Bestsellerromanen bis 1896 differenzierte Charakterzeichnungen; aber die Schwarz-Weiß-Malerei dominiert. Sie wird, vom reiferen Leser, mit einigem Recht kritisiert. Doch der Naive liebt "solche Werke, wo reinlich zwischen Engeln und Teufeln geschieden ist. Er weiß dann genau und bequem, mit wem er zu sympathisieren hat. Charaktere, die aus guten und schlechten Elementen zusammengesetzt sind, mag er nicht."[12]

Kein Wunder: Die 'ernsthafte', dem Realismus des 19. Jahrhunderts verpflichtete Literaturwissenschaft hat sich mit den Reiseromanen Karl Mays überhaupt nicht befaßt oder hat sie, als 'nichtig', heruntergemacht. 1929 (und auch noch 1962) stellte Ernst Bloch mit Bedauern fest: "Karl May gilt als anrüchige Sache, höchstens als Ulknummer ohne literarischen Wert."[13] Prominente, die Mays Erzählungen schätzten - Peter Rosegger, Albert Schweitzer, Heinrich Mann, Ernst Bloch, Carl Zuckmayer, Bert Brecht, Hermann Hesse, Theodor Heuß, Romano Guardini und andere[14] -, waren, in ihrer Freude an May, doch die Ausnahmen im Kreise der Literaturkenner.

Seit Arno Schmidts, in manchen Punkten freilich verfehlten,[15] Bemühungen um die May-Exegese wurde der Schriftsteller ernster genommen. Aber auch Schmidt hatte, um einige Spätwerke um so höher zu stellen, Mays Gesamtproduktion bis zur Jahrhundertwende mit einem Killer-Satz abgetan: als "quantité négligeable", die "früher oder später rettungslos verschwinden"[16] werde.

Die umgekehrte Position vertrat der Historiker und Genealoge Otto Forst-Battaglia: In den Reiseerzählungen der achtziger und neunziger Jahre sah er - wie Bloch und manche andere, auch heutige Interpreten - die Bestleistung Mays, in den Altersromanen aber ein verblassendes und kraftloses Greisenwerk.[17] Auch dieser Auffassung muß, aufgrund der Textanalysen, widersprochen werden: Den späten wie den früheren Erzählungen Mays kommt, in je eigener Weise, eine nicht zu unterschätzende Würde zu. So verschieden die Denkansätze innerhalb der May-Forschung auch sind, so viel ist heute geklärt: die diffizileren Alterswerke, aber auch die bekannten Reiseerzählungen (und manche frühere Schriften) Mays sind mehrschichtig und verdienen das Interesse auch der Gebildeten.

Man sah (und sieht) dennoch May weitgehend als Jugendschriftsteller an. Der Autor selbst aber war, im Alter, gegen diese Bezeichnung allergisch. Er verbat es sich dringend, als "Indianer- oder Beduinen-Schriftsteller" betrachtet zu werden, "in dessen Büchern das Reiten, Hauen, Schießen, Stechen ec. die Hauptsache ist."[18] Nein, seine Werke seien "etwas ganz Anderes als das, wofür man sie zu halten pflegt."[19]

Karl May fühlte sich mißverstanden. Im IV. Band des *Silberlöwen* (1903) meinte der Schriftsteller - als Kara Ben Nemsi zum Ustad, dem Spiegel-Ich des Erzählers:

"Ich schrieb eine Menge Bücher. Ich ließ mein 'Ich' in ihnen sprechen. Ich wurde nicht verstanden. Ich gab das Köstlichste, was es auf Erden giebt, in irdenem Gefäße [...] Es tranken Hunderttausende daraus, doch allen war der Trank nichts als nur Wasser. Die Schale täuschte alle! Ich hatte es den Menschen zu bequem gemacht. Man trank gedankenlos und lachte mich dann aus."[20]

Seine Hoffnung setzte der Dichter auf künftige Leser, die ihn neu entdecken würden: Sie werden "zurück nach jenen Schalen greifen, die man zur Seite stellte. Dann leben meine alten Werke auf. Man wird sie mit ganz andern Augen lesen; die Seele tritt hervor, die tief in ihnen lebt."[21]

In der Selbstbiographie erklärte der Autor, daß seine 'Reiseerzählungen' gar keine "Reisearbeiten" seien, "sondern ein ganz anderes, bis jetzt unbebautes Genre bilden sollen."[22] Sie seien persönlich erlebt, aber nicht im wörtlichen Sinne:

Ich hatte meine Sujets aus meinem eigenen Leben, aus dem Leben meiner Umgebung, meiner Heimat zu nehmen und konnte darum stets der Wahrheit gemäß behaupten, daß Alles, was ich erzähle, Selbsterlebtes und Miterlebtes sei. Aber ich mußte diese Sujets hinaus in ferne Länder und zu fernen Völkern versetzen, um ihnen diejenige Wirkung zu verleihen, die sie in der heimatlichen Kleidung nicht besitzen.[23]

Der Inhalt seiner Geschichten sei - so beteuerte May - rein bildlich gemeint, er bestehe "fast nur aus Gleichnissen";[24] "rein deutsche Begebenheiten" habe er "im persischen Gewande"[25] erzählt, um sie farbiger und interessanter zu gestalten.

Solche Sätze klingen erstaunlich. Auf die Schlußbände des *Silberlöwen* treffen sie zweifellos zu. Aber die Indianerromane mit ihren stereotypen Handlungsstrukturen, ihren Flucht- und Verfolgungs-, ihren Gefangenschafts- und Befreiungsszenen! Sind sie tiefgründiger, sind sie hintersinniger als 'normale' Abenteuergeschichten? Die Landschaftsbeschreibungen mit ihren Prärieen und Wüsten, ihren Oasen und Höhlen, ihren Bergen und Gewässern, ihren Schluchten und Talkesseln - 'symbolisch' sollen sie sein? Eine durchsichtige Ausrede - nachdem sich herausgestellt hatte, daß der 'Weltläufer', entgegen seinen Behauptungen,[26] bis 1899 den Orient und bis 1908 Amerika nie gesehen hat?

Mays nachträgliche Erklärung ist dennoch keine Selbsttäuschung. Der Dichter hatte in einem viel "höheren Maße recht, als die Forschung ihm bislang zugestehen wollte."[27] Denn in wichtigen Punkten ist die Interpretation der 'Reiseerzählungen' durch den Autor sehr hilfreich und "buchstäblich wahr".[28]

In einer Hinsicht hat May seine Bestseller-Romane sogar noch unterbewertet: wenn er meint, sie seien künstlerisch ohne Bedeutung. "Die künstlerische Kritik braucht sich also mit meinen Reiseerzählungen nicht zu befassen, weil es gar nicht meine Absicht ist, ihnen eine künstlerische Form oder gar Vollendung zu geben."[29] In diesem Fall stapelt May eher tief, wie ihm Heinz Stolte bescheinigt.[30]

Daß Mays Romane mehr sind als reine Unterhaltungsliteratur, wurde - an Beispielen - bereits erörtert.[31] Daß diese Bände nur scheinbar immer dasselbe erzählen, in Wirklichkeit aber jedes Buch seine spezifische, nur ihm allein zukommende Eigenart besitzt, wurde ebenfalls deutlich. Freilich gibt es Strukturen und Elemente, die sich - in je verschiedener Weise - in fast allen May-Bänden wiederholen. Diese werkübergreifenden Merkmale sollen im folgenden erläutert und in ihrem 'Mehrwert' über das spannende Abenteuer hinaus veranschaulicht werden.

Mays Reiseerzählungen bis 1896 gleichen, wie (mit anderen Stilmitteln und anderen Prioritäten) auch seine übrigen Werke, Vexierbildern mit mehreren Böden. Auf den ersten Blick sieht jeder die Story, die Bewegung im Raum, die fesselnde Handlung. Was die Fabel betrifft, hat May, bis zur Jahrhundertwende, Abenteuergeschichten geschrieben: in einer Tradition, die bis zur Antike zurückreicht und - über die mittelalterlichen Ritter-Epen, über Defoes *Robinson*, Swifts *Gullivers Reisen*, Coopers *Lederstrumpf*, Vulpius' *Rinaldo Rinaldini* und ähnliche Werke - zu Mays Erzählungen führt.[32] Verändert man aber den Blickwinkel, so entdeckt man, hinter der abenteuerlichen Fabel, in den Schriften Mays noch ganz anderes:

Der Sohn des Webers hat (1.) sein ganzes Leben, seine inneren und äußeren Erlebnisse, in die Erzählstoffe verwoben - in zum Teil sehr kunstvoller Manier; er hat (2.) die Tiefe, die Wahrheit der menschlichen Seele gesucht - im Gewand der Märchen, der Träume, der archetypischen Bilder; er hat (3.) im Sinne der "Gleichnisse Christi"[33] 'gepredigt': die Macht der Reue, die Erlösung von Angst, die Überwindung des Todes, die Heilung des Menschen; und er hat (4.) seinen Geschichten eine politische, eine gesellschaftskritische Relevanz verliehen: sofern sie die, religiös fundierte, 'neue Ordnung' der Liebe literarisch vorwegnehmen.

8.4.1 Biographische Spiegelungen

Nichts, was May schrieb, ist vollkommen. Aber auch nichts ist literarisch ganz wertlos. Und das meiste ist authentisch im Sinne des echten Erlebens.[34] Denn in allem gab der Autor sich selbst:

Ich schreibe ein Werk, in dem ich mein inneres Wesen sprechen lasse. Ich lege alles Hässliche hinein, was mich quälte, und alles Schöne und Edle, was mich begeisterte und hob. Ich will ehrlich zeigen, wie ich sank und wie ich stieg, damit alle, die mich lesen, nicht sinken, sondern steigen. Ich gebe meinen Geist und meine ganze Seele hin, genau so, wie ich bin, im Gemüt, im Kopf, im Herzen. Für diese meine innere Persönlichkeit und all ihr Glauben, Hoffen, Lieben, Dulden und Leiden, artikuliere ich den einzig möglichen Körper, in dem sie von anderen Leuten verstanden und begriffen werden kann; er hat die Gestalt eines Romans.[35]

Seine Erzählungen hat May, so Walther Ilmer,

als ein Instrument genutzt, sich die aus [...] den Straftäterzeiten herrührenden Qualen aus dem Inneren des Ich herauszuschreiben und auch die jeweils aktuellen, im Lebensverlaufe neu hinzutretenden Problemlasten mit zu verarbeiten [...] Insoweit sind eben die Reise-Erzählungen der getreue Spiegel des Lebens ihres Autors und gewinnen auch eben dadurch ihren ganz besonderen unauslöschlichen Reiz.[36]

In den *Freuden und Leiden eines Vielgelesenen* (1896) versicherte May: "Weil ich meist Selbsterlebtes erzähle und Selbstgesehenes beschreibe, brauche ich mir nichts auszusinnen."[37] Richtig verstanden ist diese Aussage wahr. Die Frage ist nur: WAS hat der Verfasser der Ich-Romane persönlich erlebt? Hat er die Großtaten Old Shatterhands und Kara Ben Nemsis persönlich vollbracht?

Der strahlende Held, das erzählende Ich heißt - so wird es in den Reiseerzählungen angedeutet (und im *Satan*-Roman ausdrücklich gesagt) - mit bürgerlichem Namen Karl May.[38] Also mußte natürlich der Eindruck entstehen, NUR in Old Shatterhand und Kara Ben Nemsi habe der Autor, in maßloser, hybrider und verlogener Selbstüberhöhung, sich präsentiert. Dieser Eindruck der Selbstglorifizierung des Schriftstellers wird jedoch - weitgehend - abgeschwächt, wenn man die autobiographische Darstellungsweise des Dichters näher betrachtet.

Das literarische 'Ich' kompensiert die tatsächlichen Schwächen, die Ängste und Nöte des Menschen Karl May: des blinden Kindes, des unterdrückten Heranwachsenden, des rachsüchtigen Kriminellen, des gedemütigten Strafgefangenen, des unzufriedenen Ehemanns. Biographisch signifikant ist aber nicht nur Old Shatterhand/Kara Ben Nemsi: der überlegene Held, die idealisierte Ich-Perspektive des Erzählers, die "Regeneration der versehrten Psyche"[39] des Autors. Nein - Mays Leben spiegelt sich, verdeckt und verfremdet, in mehreren (oder fast allen) Personen seiner Romane, nicht selten auch in den Randfiguren.[40]

Maskiert und verschlüsselt erzählt der Dichter sein "wahres Erleben auf mehreren, einander durchdringenden Betrachtungsebenen und unter mehreren, einander tragenden Betrachtungswinkeln."[41] Ein und dasselbe Ereignis aus der realen vita des Autors nimmt - cum grano salis dem Traumgeschehen vergleichbar - in der Fiktion des Romans viele Gestalten an, und umgekehrt bündeln sich viele reale Erlebnisse Mays in ein und derselben Szenenfolge des Romans.[42]

In Mays Erzählwerk kann, für den kundigen Leser, jede Silbe und jeder Buchstabe (in den Namen[43] der Romanfiguren oder der Schauplätze zum Beispiel) von großer Bedeutung sein. Dem zwölf- oder vierzehnjährigen Leser werden solche Feinheiten selbstverständlich entgehen; viel mehr als das äußere Kleid, die oberschichtige Handlung, die Abenteuer und Späße, wird er nicht registrieren. Mays Lebensspuren im Romangeschehen zu lesen, sie richtig zu deuten, die zunehmend brillanter werdende Verschleierungstechnik des Autors zu durchschauen, in seiner traumhaften Schreibweise die psychische Steuerung zu erkennen, die Assoziationen, Überblendungen, Entstellungen, Verwechslungen und Umkehrungen des Dichters zu interpretieren, seine Spiele mit Wörtern, Buchstaben und Zahlen zu entschlüsseln, das alles ist eine Wissenschaft für sich, die Scharfsinn, Fähigkeit zu Analyse und Kombination, literaturpsychologisches Wissen, philologische Versiertheit und eine genaue Kenntnis möglichst zahlreicher Mikrodetails aus dem Leben des Schriftstellers erfordert.

Mays literarische Selbstdarstellung ist wesentlich feiner, komplizierter und kunstvoller, als der oberflächliche, mit der Biographie und der Schreibweise Mays nur wenig vertraute Leser vermuten wird. Denn das wirkliche 'Ich' des Schriftstellers hat, über das Wunsch-Ich Old Shatterhand/Kara Ben Nemsi hinaus, sehr viele Gesichter; und das "Mittel der vielfach gebrochenen Identität setzt Karl May souverän ein."[44]

Was zur Spiegelung konkreter Ereignisse aus dem Leben des Dichters gesagt wurde, gilt in ähnlicher Weise fürs Personal: Mehrere Personen aus der realen vita des Autors können, durchgehend oder in manchen Partien, versammelt sein in einer einzigen Romanfigur; und eine einzige Person aus der tatsächlichen Biographie Karl Mays, etwa die Ehefrau Emma, kann - in ihren verschiedenen Wesenszügen - projiziert werden auf mehrere (idealisierte oder dämonisierte) Romangestalten. Auch und vor allem der Autor selbst begegnet dem Leser in mehrfacher Weise: Viele Romanfiguren stellen sich als verschiedene Rollen "des einen Menschen Karl May"[45] dar.

Solche Rollenspiele des Dichters sind nicht nur der Ausdruck eines eitlen und kindlichen Gemüts. Dahinter verbirgt sich etwas sehr Ernstes und Wahres. Karl May hatte, wie wir alle, seine Licht- und seine Schattenseiten. Um die "Schreckensvorstellung eines 'Ich', das die Verbrecherlaufbahn zuende gegangen wäre"[46] literarisch zu bannen, schuf May seine reuigen Sünder (wie Old Death oder Klekih-petra), aber auch seine echten Bösewichte, seine Räuber und Mörder. Die inneren "Stimmen",[47] die den ehemaligen Lehrer zu seinen Straftaten trieben, werden vom Schriftsteller objektiviert in 'fremden' und doch sehr vertrauten, zum 'Ich' in inniger Beziehung stehenden Verbrechern. Mit teuflischen Zügen entstellte Figuren (wie Harry Melton) kann man verstehen als, dem Autor wohl unbewußte, "Vater-Imagines";[48] sie sind aber auch Ich-Derivate, ins absolut Böse gewendete 'Doppelgänger' des erzählenden 'Ich'.[49] Vom Wunsch-Ich werden sie abgespalten, um nach schweren Kämpfen vernichtet (in den Abgrund gestürzt oder, wie Hamd el Amasat, geblendet[50]) oder, wie der Sendador, doch noch erlöst zu werden.

Karl May hatte, dies wurde wohl deutlich, einen sehr ernsten Charakter. Er war aber zugleich auch ein Schelm! Auch in den Clowns und den Narren seines Erzählwerks begegnet uns - voller Selbstironie - ein psychischer Teilbereich, ein Wesenszug des wirklichen May. Besonders im kleinen Halef und seinen Macken, aber auch in Pseudo-Helden wie Selim, dem ausgestoßenen Feigling, dem 'unbezahlbaren' Aufschneider im *Mahdi*-Roman, parodiert der Schriftsteller sich selbst:

"Ich war der berühmteste Krieger meines Stammes und nehme es, wie du weißt, mit allen Helden des Weltalls auf [...] Sende mir nur einmal leibhaftige, lebendige Feinde, etwa fünfzig oder hundert oder meinetwegen auch tausend! Du sollst sehen, wie mein Heldenarm unter ihnen aufräumt! Mein Mut ist wie der Sturm der Wüste, der alles niederreißt, und vor meiner Tapferkeit erbeben selbst die Felsen. Wenn ich im Kampfe meine Stimme und meinen Arm erhebe, so rennen selbst die Tapfersten davon, und vor dem Brüllen meines Gewehres hält kein Verwegener stand."[51]

In vielen Szenen und vielen (dem Charakter und Temperament nach ganz unterschiedlichen, gelegentlich auch widersprüchlichen, in sich selbst gespaltenen) Figuren schildert Karl May seine innere Biographie, seine eigene Seelenwelt: "Ich schreibe nieder, was mir aus der Seele kommt, und ich schreibe es so nieder, wie ich es in mir klingen höre."[52] Dieser Hinweis in der Selbstbiographie trifft sicherlich zu. Daß Mays Werke, besonders die in der Ich-Form erzählten Reiseromane, in Wahrheit 'Reisen ins Innere'[53] sind, daß sie die - nach der Meinung verständiger Interpreten oft "großartig gelungene"[54] - Umsetzung seines Innenlebens in Literatur, daß sie mehrfach geschichtete Schlüsselromane, daß sie im Grunde bewundernswerte 'Seelenprotokolle' des Autors sind, dies haben die Untersuchungen Walther Ilmers, Claus Roxins, Heinz Stoltes u.a. so plausibel gezeigt, daß an der grundsätzlichen Richtigkeit und Ergiebigkeit dieses Forschungsansatzes nicht mehr zu zweifeln ist.[55]

May wollte, sein Leben lang, frei werden von Schuld, von Angst und von Lüge, von Jähzorn und Haß, vom - Zweifel an Gott.[56] Sein Leben war ein Kampf, ein wahrhaft erschütternder Kampf gegen sich selbst, gegen die finsteren Elemente seines so spannungsreichen Charakters. Die in solcher Häufigkeit in der Literatur sonst nirgendwo anzutreffenden Motiv-Wiederholungen[57] - Anschleichen und Lauschen, falsche Namen und verhüllende Masken, Gefangenschaft und Befreiung, Zweikampf auf Leben und Tod, Verbrechen und Gottesgericht[58] - sind als (scheinbar eintönige, in Wirklichkeit aber fein variierte) Spannungsmomente der Fabel, aber auch als die alten, immer noch wirksamen, sich stets wieder meldenden Traumata des noch immer nicht befreiten, noch immer nicht erlösten Schriftstellers zu verstehen.

Ob alle diese - teils verdeckten, teils offenkundigen - Selbstspiegelungen Karl Mays ein bewußter oder in den Bestseller-Romanen noch unbewußter, erst im Alter von May reflektierter Vorgang gewesen sind, kann hier offenbleiben. Ob May nun mit Absicht, nach einem bestimmten System, 'allegorisch' geschrieben hat oder ob er - unbewußt dranghaft, "den geheimen Befehlen des Unterbewußten folgend"[59] - einfach niederschrieb, was ihm einfiel, oder ob (was wahrscheinlicher ist) "Bewußtes und Unbewußtes, Absichtsvolles und Undurchschautes sich in der Niederschrift mischten":[60] faszinierend bleibt in jedem Fall, wie sich die oberschichtige Story, das phantastische Abenteuer, mit der "Binnenhandlung",[61] den Erlebnissen und Erleidnissen des Schreibers verknüpft.

8.4.2 Die Botschaft der Seele

Das Wesen des Kunstwerks besteht - nach C.G. Jung - darin, "daß es sich weit über das Persönliche erhebt und aus dem Geist und dem Herzen und für den Geist und das Herz der Menschheit spricht."[62]

Das Geheimnis seines Erfolges hat hierin einen tieferen Grund: Karl May bewegte die Massen, weil er, über selbstbiographische Spiegeleffekte hinaus, 'archetypische' Bilder aus dem Unterbewußten der "Menschheitsseele"[63] geschöpft hat. Der Dichter selbst kommentierte sein Schaffen in einem Brief aus dem Jahre 1905: "Ich schreibe nicht Romane und nicht Reiseerzählungen, sondern ich bin Psycholog."[64]

Eine bombastische Selbsttäuschung? Ein Psychologe wie Freud oder Jung war May zwar natürlich nicht, theoretische Lehrbücher hat er keine verfaßt; aber er war, immerhin, wahrscheinlich beeinflußt von der Psychologie der Romantik, speziell wohl von Carl Gustav Carus (1789-1869) und indirekt vielleicht auch von Gotthilf Heinrich v. Schubert (1780-1860), dem in Hohenstein - der Heimat Karl Mays - geborenen Naturphilosophen.[65]

Mays Reiseerzählungen spielen, geographisch, zwar meist im Orient oder im Wilden Westen; aber ihr 'seelischer' Schauplatz liegt, so May (1906) an Prinzessin Wiltrud von Bayern, "in unserm tiefsten Innern".[66]

Als überindividuelle 'Volksdichtung'[67] entspringen Mays Erzählungen dem "kollektiven Unbewußten", wie C.G. Jung die 'Menschheitsseele' genannt hat. Mays Geschichten sprechen 'von Seele zu Seele'; sie dringen - befreiend und heilend[68] - ins Unbewußte, in die Innenbezirke des Lesers hinein. Auch unter diesem Gesichtspunkt sind sie 'symbolische', die abenteuerliche Handlung übersteigende Schriften.

Wie hat May selbst den Erfolg seiner Bücher erklärt? Der 'Oberlehrer Franz Langer', mit Karl May sicher identisch, brachte es auf den Punkt:

Der Erfolg eines Buches hängt davon ab, ob aus ihm der Geist oder die Seele des Verfassers spricht und ob es an den Geist oder an die Seele des Lesers gerichtet ist [...] Wer eine allgemeine, unbeschränkte Wirkung erstrebt, wer ganze Kreise, ganze Klassen, ja vielleicht gar ein ganzes Volk hinreißen und begeistern will, der spreche von Seele zu Seele. Und das ist nicht leicht; die Volksseele läßt sich nicht täuschen. Der Verkehr von Seele zu Seele gleicht einer drahtlosen Telegraphie. Die Stimmung muß hüben wie drüben auf dieselbe Schwingung gestellt sein. Der Geist mag noch so sehr raffinieren, mag es noch so pfiffig anfangen, mag sich noch so große Mühe geben, für die Seele gehalten zu werden, er wird doch keine Wirkung erzielen, weil ihn die Seele da drüben gar nicht hört und also auch gar nicht versteht.[69]

Karl May spricht, wie die Märchen und Mythen, aus der (so oft) verschütteten Tiefe, aus der 'Menschheitsseele' heraus zum Herzen des Lesers. Aus Ur-Symbolen der Angst und der wunderbaren Errettung, aus archetypischen Träumen, aus dem Urgrund, in dem das Menschliche zuunterst verwurzelt ist, steigen seine Geschichten herauf. Dies verleiht ihnen die zeitlose Gültigkeit, über das Individuelle, Karl May nur persönlich Betreffende hinaus: Jeder Leser kann sie auf sich, "auf die Widerfahrnisse seiner eigenen Seele beziehen"![70]

Mays Bestseller-Romane können als "Skizzen", als "Vorübungen" fürs Spätwerk interpretiert werden;[71] doch Makulatur sind sie deshalb noch lange nicht. Sie sind, in ihrer besonderen Art, etwas durchaus Bedeutendes: "Zwischen Goethes Faust und Mays Volksbüchern gibt es", so Wolf-Dieter Bach in einem vorzüglichen Essay,

nichts in der deutschen Literatur, was sich in ähnlicher Fülle und Deutlichkeit mit Archetypen beladen ins Herz des Lesers wälzt. Goethe mochte sich für den letzten Homeriden halten; Karl May IST der letzte Homeride gewesen [...] Der in die Subkultur geflohene Homer ist Karl May.[72]

Bach geht noch weiter: Er traut May eine Kenntnis der menschlichen Psyche zu, die "nicht geringer war als die seiner jüngeren Zeitgenossen von der analytischen Zunft".[73] Nach Bach war May, zumindest im Alter,

sich dessen bewußt, daß seine Phantasiewelt dieselben Inhalte besaß wie die große mythische und religiöse Tradition, und daß diese Tradition ein PSYCHOLOGISCHES Phänomen darstelle - eine damals höchst fortschrittliche Einsicht gegenüber der offiziellen akademischen Haltung, die Mythen nur als verdunkelte Berichte von naturhistorischer [...] Wirklichkeit zu deuten versuchte.[74]

Die Mythen enthalten - wie die Märchen - eine Botschaft, die nicht nur für Kinder bestimmt ist. Denn in Mythen und Träumen, in Märchen und Sagen wohnt die Seele des Menschen, die verlorene Seele des 'erwachsenen' Denkens. Die Psychologen und zum Teil auch die Theologen[75] haben das inzwischen erkannt. Karl May, der "mythologische Puppenspieler",[76] wußte dies früher schon:

Wie man behauptet, daß das Märchen nur für Kinder sei, so bezeichnet man mich als "Jugendschriftsteller", der nur für unerwachsene Buben schreibe. Kurz, ich brauche mich gar nicht zu entschuldigen, daß ich so verwegen gewesen bin, nur ein Märchen- und Gleichnisschriftsteller sein zu wollen.[77]

Daß May schon in den Reiseerzählungen (bis zur Jahrhundertwende) ein 'Märchenschriftsteller' sein WOLLTE, mag man bezweifeln;[78] aber er IST es gewesen. Er war, wie Ernst Bloch sagte, aus dem Geschlecht Wilhelm Hauffs, "nur mit mehr Handlung"; er schrieb "keine blumigen Träume, sondern Wildträume, gleichsam reißende Märchen".[79] Spätestens um 1900 hat May den Märchen-Charakter seiner Werke erkannt; als "Hakawati", als - verkannten - Märchenerzähler, hat er sich selbst nun bejaht: "Das Märchen und ich, wir werden von Tausenden gelesen, ohne verstanden zu werden, weil man nicht in die Tiefe dringt."[80]

Märchen- und Legendenhaftes findet sich, freilich "zum Rationalen hin transformiert"[81] (der Märchenerzähler May war zugleich auch der Aufklärung, dem rationalen Denken verpflichtet), in fast allen Werken Karl Mays, besonders in den Orientromanen und in der Winnetou-Trilogie.[82] Die im IV. Band des Orientzyklus, In den Schluchten des Balkan, enthaltenen Geschichten um den Schmied Schimin, den Färber Boschak und den Bettler Saban zum Beispiel weisen fast vollständig die - May natürlich bekannten - Motive des Grimm-Märchens 'Rotkäppchen' auf.[83] Die Entführung Senitzas in Durch die Wüste erinnert, teilweise, an das Hauff-Märchen 'Die Errettung Fatmes'.[84] Und auf die Verwandtschaft der Mayschen Orientromane mit der Märchensammlung Tausendundeine Nacht wurde schon oft, von Heinz Stolte z.B.,[85] hingewiesen.

Märchen und Träume (im weiteren Sinne) sind nicht nur manche Einzelpassagen in Mays Erzählwerk. Märchen-Reisen sind seine 'Reiseerzählungen' - weithin auch seine Kolportageromane - insgesamt. Den großen Menschheitsträumen sind sie entstiegen: dem Traum von der glücklichen Heimkehr nach gefahrvoller Wanderschaft; dem Traum von der Rettung aus jeglicher Not; dem Traum von der wunderbaren Erhöhung nach vielen und schwierigen Prüfungen;[86] dem Traum von der "Göttererscheinung in täuschend-dürftiger Gestalt";[87] dem Traum von der heimlichen Königswürde des 'verwunschenen' Menschen; dem Traum von der endgültigen Erlösung des verkannten, in ein niedriges, ihm nicht wesensgemäßes Dasein gestoßenen Menschenkinds.

Karl May habe, so wird gesagt, für Kinder geschrieben - und für Erwachsene, die sich regressiv in die Flucht-Räume ihrer Kindheit zurückziehen. Doch erwachsenes Leben fordere, so wird gesagt, den Sinn für die Realität und damit den Traumverzicht. Aber dieser Verzicht läßt den Menschen in einem sehr wichtigen (weil emotionalen) Teil seines

Wesens verkümmern. Wir können unsere Träume verraten oder verdrängen; unbewußt wirken sie fort. "Karl Mays Geschichten geben uns die Gelegenheit, wenigstens lesend unseren Verrat rückgängig zu machen - darum sind sie wahr."[88]

8.4.3 Die mystagogische Intention

Mays Reiseerzählungen sind nicht nur fesselnde Abenteuerromane und nicht nur verkappte Selbstbiographie und nicht nur mythologische Tiefenpsychologie. Alle diese Bereiche werden überschritten ins Metaphysische, ins Theologische. Mays epische Dichtung ist, dieser Aspekt wird oft übersehen, zumindest streckenweise 'erzählende Theologie'.[89]

Daß Mays Erzählungen fromme Abschnitte enthalten, ist jedem Leser bekannt. Aber umstritten ist zunächst der Stellenwert solcher Passagen: Ist die religiöse Verkündigung der eigentliche Inhalt der Mayschen Erzählungen? Sind die Abenteuer nur 'Gewand', nur äußere Hülle? Oder ist, im Gegensatz zu den Spätwerken, in den Bestseller-Romanen das Religiöse "nur Nebensache"?[90] Ist zum Beispiel die Feindesliebe Old Shatterhands, seine Bereitschaft, die Schurken wieder laufen zu lassen, nur ein Erzähltrick: um neue Intrigen, neue Verfolgungen, neue Gefahren, also neue Spannungseffekte zu erreichen? Oder ist, um ein anderes Beispiel zu nehmen, die bei May so auffällige Bestreitung des 'Zufalls' lediglich ein literarisches Mittel: um "handwerkliche Verlegenheiten zu vertuschen"[91] und durch 'göttliches Eingreifen' den unwahrscheinlichen Handlungsverlauf plausibel zu machen?

Daß die Reiseerzählungen bis 1896 religiöse Programmdichtung seien, hat Volker Klotz entschieden negiert:

Karl May schrieb nicht, wie er im Alter behauptete, ethische Romane trotz ihres Abenteuergerüstes, er schrieb, umgekehrt, Abenteuerromane trotz ihres ethischen Programms. Es ist offensichtlich, wie die Ideologie dem Bau seiner Romane mehr als erzähltechnische Funktion denn als 'Botschaft' zugute kommt.

Was für May - so Klotz - "nur Gefäß schien", das Abenteuer, "war die Sache selbst, wofür wir ihm wider seinen Willen dankbar sind".[92]

Mays Freude am Fabulieren scheint in der Tat die religiöse Tendenz und das ethische Programm zu überlagern. Klotz' These überzeugt dennoch nicht. Denn May ist beides, Geschichtenerzähler und religiöser Erzieher, in einem: Der Märchenerzähler ist Katechet, und der Katechet vermittelt seine Botschaft in den Geschichten. Um die Romane in die Länge zu ziehen, hätte es andere Mittel gegeben als die Verschonung der Bösewichte durch den Ich-Helden. Und rein erzähltechnisch gesehen wirken die Dialoge und Betrachtungen über die 'Vorsehung', über Gottes Gnade, über Reue und Vergebung, über die Macht des Gebetes, über Psalmworte, über Jesu Gebot usw. wohl eher störend als fördernd. Daraus folgt aber doch: Solche Stellen sind Selbstzweck, dem Autor mindestens ebenso wichtig wie die äußere Handlung. Dies um so mehr, als ja nicht nur einzelne Partien, sondern die Romane als ganze 'metaphysisch' konzipiert[93] sind.

Biblische Einzelmotive strukturieren die Handlung, wie schon erörtert,[94] zwar keineswegs durchgehend; aber religiöse (in der Regel biblische) Maximen bestimmen den Gesamt-Duktus der Mayschen Reiseerzählungen: Alle diese Geschichten setzen die Ewigkeit Gottes voraus, die "unsere Zeit umschließt";[95] sie schildern den Menschen, der schuldig wird und, im Falle der Reue, Vergebung findet; sie führen - so Walther Ilmer - einen Bogen von "der Ursprungs-Schuld zur endgültigen Sühne";[96] und sie beschwören, über den Sühne-Gedanken hinaus, die 'neue Ordnung', die Ordnung der Liebe, die "Versöhnung der Gesellschaft, ja des ganzen Kosmos".[97]

Überall in Mays Werken, von den frühesten Dorfgeschichten bis zu *Winnetou IV*, speziell auch in den Reiseromanen bis 1896, finden sich Hoffnungsbilder und Rettungsszenen in schier unendlicher Fülle. Verweisen sie, als "Spuren der anderen Welt",[98] auf die Wirklichkeit Gottes? Oder sind sie, als Wunsch- und Erfüllungsträume, immer nur 'Deckschilderungen'[99] für innerpsychische, pathologische Vorgänge im Autor selbst?

Mays Charakter hatte, ohne Zweifel, neurotische Züge; zu den Beladenen und seelisch Geplagten (vgl. Mt 11, 28) gehörte May sicher; aber mit dieser Feststellung müßte die Transzendenz, die religiöse Echtheit in Mays Leben und Werk nicht bestritten oder desavouiert werden. Denn die Hoffnungsbilder dieses Schriftstellers sind, wie Gert Ueding formulierte, "ein Wunschmysterium von gewaltiger Wirkkraft": weil Mays Erzählwerk gerade NICHT die bloße "Verkleidung von Seelenvorgängen" prätendiert, sondern hinausgreift über die begrenzten Zwecke unseres Daseins."[100]

Anders gesagt: die Rettungsszenen Karl Mays entsprechen der - kollektiven - Sehnsucht nach innerer Heilung, nach wirklichem Heil, das nicht die menschliche Psyche erfunden, sondern "Gott für alle bereitet hat, die ihn lieben" (1 Kor 2, 9).

Mays Reiseerzählungen sind nicht nur ich-bezogene Wunscherfüllungen. Wie schon die Kolportageromane verweisen sie auf die Transzendenzerfahrung des Menschen überhaupt: auf Heil und Erlösung. Insofern sind sie der romantischen Hochliteratur vergleichbar![101] Gert Ueding zeigte am Beispiel des *Satan*-Romans und anderer May-Texte erstaunliche Parallelen auf zu Byrons *Kain*, E.T.A. Hoffmanns *Die Elixiere des Satans*, Hauffs *Memoiren des Satans*, Raabes *Abu Telfan* und Strindbergs Erlösungsdrama *Nach Damaskus*.[102] Gemeinsam ist diesen Texten das Entsetzen vor dem absolut Bösen, aber auch das 'Prinzip Hoffnung', die Suche nach Heil.

Mit unzulänglichen Mitteln (in den Spätwerken wird es dann besser), "in oft unangemessenen Formen, gewiß, [...] aber mit einer ästhetischen Leidenschaft ohnegleichen, der Leidenschaft eines großen Erzählers - und der Leidenschaft eines geistigen Führers"[103] deutet May auf die göttliche Welt, die 'andere Dimension' unsres Lebens. Bei der "zügellosen Diesseitigkeit"[104] vieler Zeitgenossen bleibt er nicht stehen. Erträumte Reisen, gefahrvolle Wege, leidvolle Prüfungen und die siegreiche Rückkehr des Helden sind im Genre des Abenteuerromans (und der Märchen) beliebte Erzählmuster;[105] doch May führt diese Motive aus ihrer Profanität, ihrer platten Verweltlichung heraus. Er interpretiert das Leid und das Böse nicht weg. Er schildert es in seiner dunkelsten und bedrückendsten Gestalt. Aber er läßt es, nach erschütternden Kämpfen, doch umschlagen in 'Heilsgeschichte': als diesseitige Wiederherstellung von Recht und Gerechtigkeit, als jenseitige - in ergreifenden Sterbeszenen (im Tode Old Death's, Klekih-petras und Winnetous z.B.) vorausgeschaute - Neue Schöpfung durch Gott.

So große Gegensätze, wie Britta Berg es vermeinte,[106] sind der "Winnetou-May" (der Abenteuergeschichten) und der "religiöse May" (der Alterswerke) wahrhaftig nicht. Auch die Reiseromane der neunziger Jahre sind, als Rettungsgeschichten, im Grunde Mysterien. Sie intendieren, auf ihre Art, was Karl Rahner den künftigen Theologen zur Aufgabe stellte: geistliche Führung, missionarische "Mystagogie"[107] - Einführung in die, vom Mystagogen persönlich durchlittene, aufgrund von Gnade tatsächlich erfahrene, religiöse Wirklichkeit.

Mays Romanheld Old Surehand, der nach schlimmen Erlebnissen "den Glauben verloren" hat, stellt gequält, aber mit größtem Verlangen die Frage, ob Gott existiere. Gibt es das: ein Heil, eine Rettung, ein Leben nach dem Tode, ein Wiedersehen in der Ewigkeit? Old Shatterhand antwortet: "Ja"! Mit welcher Berechtigung? Wer legitimiert seine Antwort? Wie begründet er seinen Glauben? "Ich beweise es Euch, indem ich zwei Koryphäen vorführe, deren Kompetenz über allen Zweifel erhaben ist [...] Eine sehr, sehr hochstehende und eine ganz gewöhnliche [...] Gott selbst und ich."[108]

Ist Shatterhands Rede absurd und blasphemisch? Stellt er sich mit Gott auf dieselbe Stufe? Nein - der Abstand zwischen dem Schöpfer und den Geschöpfen wird ja betont.[109] Aber Shatterhand, und in diesem Fall ist er identisch mit Karl May, spricht mit der Autorität eines Wissenden, der Kompetenz eines Weisen. Er spricht mit dem Sachverstand eines - Armen, dem die Nacht des Zweifels nicht fremd ist, und dessen Glaube "durch zahlreiche Prüfungen"[110] ging. Er argumentiert nicht, philosophierend, 'von außen'; er bringt sich selbst mit ins Spiel: Er spricht mit dem ganzen Gewicht eines Menschen, der Gott schon ERFAHREN und - wie Hiob - an diesem Gott sehr zu leiden hatte. Ein 'Gottesbeweis' im Sinn der Scholastik ist das sicherlich nicht. Doch 'Mystagogik' im Sinne Rahners ist es sehr wohl: Zeugnis eines schwachen und sündigen Menschen, der aber von Gott schon berührt wurde und später, nach der Jahrhundertwende, "von jenem Herrn da droben"[111] noch ganz anders berührt werden soll.

Die religiöse Tendenz, die mystagogische Intention auch der 'klassischen' Reiseerzählungen (bis 1896) ist, nach dem Textbefund, nicht in Frage zu stellen. Hinterfragbar ist freilich die Qualität, die besondere Eigenart der Mayschen 'Verkündigung' in den Bestseller-Romanen. Es wäre zu fragen, wie fundiert oder (allzu) schlicht, wie überzeugend oder (allzu) naiv, wie feinsinnig oder trivial, wie ungewöhnlich oder konventionell, wie einladend oder penetrant und belehrend sie ist. Dies müßte differenziert - gesondert für jede Erzählung und jede wichtige Einzelpartie -, mit methodischer Sorgfalt und theologischem Sachverstand untersucht werden.[112]

So viel steht fest: Dem 'Transzendenzverlust' des modernen Menschen stellt May, unter dem Einfluß der Bibel und (höchst wahrscheinlich) auch des Gedankenguts Lessings und Herders,[113] den Glauben an Gott, das Vertrauen in die rettende Liebe entgegen. Woher kommt das Böse, wenn Gott doch die Liebe ist? May weiß es auch nicht genau. Aber er läßt sich die Hoffnung, die größere Perspektive nicht nehmen - die Hoffnung auf "noch ungewordene Möglichkeit":[114] auf das, was nicht ist, aber werden kann (vgl. Röm 8, 24ff.)!

8.4.4 Gesellschaftskritische Ansätze

Der Schriftsteller glaubt an die Macht und die Weisheit des Schöpfers; aber die Kreatur, der Mensch, wird nicht entmündigt in der Sichtweise Mays. Die Weltverantwortung des Menschen wird ernstgenommen. Denn Mays Reiseerzählungen setzen immer voraus: Erlöst wird durch Gott, aber nicht ohne den Menschen, nicht gegen ihn und nicht an seinem Wollen und Handeln vorbei.

Hat Karl May die politischen, die gesellschaftskritischen Implikationen dieses religiösen und doch sehr 'weltlichen' Denkansatzes erkannt? Gibt es in seinen Geschichten eine 'Vision' von der besseren Welt, für die der Dichter sich einsetzt und die er, erzählend, antizipiert? Wenn ja - wie stellt sich der Autor in seinen Reiseromanen die ideale Gesellschaft vor?

In der Sekundärliteratur werden diese Fragen kontrovers diskutiert und unterschiedlich beantwortet.[115] Läßt der Textbefund der Reiseerzählungen solche Differenzen in der Auslegung zu? Fordert er sie womöglich heraus? Einen grundsätzlichen Einwand gegen die ethische (und religiöse) Substanz des Mayschen Erzählwerks hat Helmut Schmiedt formuliert: Er sieht eine mißliche Ambivalenz und so manche Brüche im Weltbild des Schriftstellers; und er betont "die manifesten Widersprüche, die der Autor selbst nicht wahrnimmt".[116] Da es in Mays Erzählungen - was religiöse, ethische und politische Zielvorstellungen betrifft - progressive und regressive, geradezu revolutionäre, aber auch sehr konservative Elemente gebe,[117] irrten 'rechts' stehende oder gar faschistisch denkende May-Freunde "kaum weniger als die, die in May nur den Pazifisten und Kosmopoliten sehen."[118]

Günter Scholdt hat dieser (von Schmiedt selbst, an anderen Stellen seiner May-Studien, wieder abgeschwächten) Kritik widersprochen:

Ganz so gleichwertig, wie Schmiedt es hier nahelegt, nehmen sich die Tendenzen in Mays Werk nämlich trotz weitgehender Offenheit für unterschiedliche Deutungen keineswegs aus; die dominierende Haltung läßt sich durchaus bestimmen, [...] der rote Faden humanitärer Gesinnung gerät bei abwägender Deutung nie außer Blickweite.[119]

Wichtige (freilich nicht die einzigen) Ursachen für das Leid in der Welt sind die Unwissenheit, die menschliche Selbstsucht, die rücksichtslose Profitgier, die nationale und rassistische Überheblichkeit, die weltanschauliche und religiöse Intoleranz, die Bereitschaft zum Krieg, zur gewaltsamen Durchsetzung der eigenen Interessen. Gegen alle diese Strömungen wendet sich May, wenn auch nicht so pointiert wie im Spätwerk, in seinen Bestseller-Romanen. Der Grundtenor, auch in den Reiseerzählungen bis 1896, ist die Gerechtigkeit, die friedliche Aussöhnung, die Liebe im Sinne des Evangeliums. Das den 'Abenteuerromanen' zugrundeliegende Lebensgefühl ist anti-materialistisch, anti-rassistisch, anti-kolonialistisch[120] und mit zunehmender Konsequenz auch anti-militaristisch.[121] Es richtet sich, deutlich genug, gegen den Ausbeutungswillen der 'Ölprinzen', die Geldgesinnung der 'Yankees',[122] die Brutalität der Sklavenjäger und Indianerverderber.

Die Habgier der Reichen, das Unrecht der Unterdrücker, in *Old Surehand III* (1896) auch die Mitschuld der Gesellschaft an den Verbrechen der einzelnen,[123] werden benannt und an den Pranger gestellt. Über ungerechte 'Strukturen', wie sie Karl Marx im Blick hatte, wird zwar kaum reflektiert; aber die Tränen der Sklaven werden gesehen, und die Schmerzen der geschundenen Kinder[124] werden, durch den Ich-Helden Kara Ben Nemsi, gelindert.

Karl May tritt ein für die Rechte der Schwachen: der Indianer, Kurden und Neger[125] vor allem. Und er weckt die Sympathien des Lesers für fremde Völker und fremde Kulturen. Gewiß, in den Reiseerzählungen finden sich - eher harmlose, dem erzählerischen Effekt dienende - Klischees und mancherlei Vorurteile: über die Chinesen (die im Spätwerk um so höher geschätzt werden) und die Armenier zum Beispiel;[126] auch gibt es bei May, neben 'guten' Indianern wie den Apachen, auch 'böse', das heißt von den Weißen verführte (im Spätwerk, in *Winnetou IV*, freilich rehabilitierte) Indianer wie die Komantschen, die Kiowas oder die Sioux. Der Haupttendenz des Autors entspricht aber die Rede Old Shatterhands in *Surehand I*: "Ich [...] habe unter den schwarzen, braunen, roten und gelben Völkern wenigstens ebenso viel gute Menschen gefunden wie bei den weißen, wenigstens, sage ich, wenigstens!"[127]

Dennoch wurden dem Schriftsteller - von Edwin Hoernle (1929), Hartmut Lutz (1985) und anderen Kritikern[128] - Nationalismus und 'Deutschtümelei' vorgeworfen. Diese stark überzogene und zum Teil schon böswillige Schelte verkennt das zentrale Anliegen Karl Mays. Zwar liebte und schätzte der Dichter sein eigenes Volk;[129] auch sind die Helden und die ehrlichen Westmänner oft deutsch oder deutschstämmig; doch dies ist, in der Hauptsache, "ein erzählerisches Mittel, dem heimischen Leser die Fremde vertraut zu machen, und zugleich ein erzieherischer Appell. Die deutschen Helden leben die Solidarität mit fremden Völkern der Leserschaft vor."[130]

Mays Parteinahme gilt weder dem deutschen noch dem europäischen Kolonialismus: "eine Haltung, die um so erstaunlicher ist, als gerade in den neunziger Jahren des 19. Jahrhunderts zahlreiche Jugendschriftsteller und -verlage einen eindeutigen Schwenk zur Kolonialpropaganda vollzogen".[131]

Endgültig und massiv im *Friede*-Roman (1901/04),[132] aber auch schon viel früher im *Buch der Liebe* (1875/76)[133] und, zumindest andeutungsweise, in den Reiseerzählungen (bis 1896) übt Karl May Kritik an der Menschenverachtung des Imperialismus und der Aggression unter dem Deckmantel der Religion. In den Praktiken des 'christlichen' Abendlandes sieht, um das markanteste, freilich den - erst im folgenden Abschnitt zu besprechenden - späten Reiseerzählungen (ab 1896) entnommene Beispiel zu wählen, Karl May bzw. der Farmer Harbour - in *Old Surehand III* - einen Verrat an Christus:

"'An ihren Früchten sollt Ihr sie erkennen', steht in der heiligen Schrift. Nun zeigt mir gefälligst die Früchte, welche die Indsmen von den [...] christlichen weißen Gebern geschenkt bekommen haben! Geht mir mit einer Civilisation, die sich nur von Länderraub ernährt und nur im Blute watet! [...] Schaut in alle Erdteile, mögen sie heißen, wie sie wollen! Wird da nicht überall und allerwärts grad von den Civilisiertesten der Civilisierten[134] ein fortgesetzter Raub, ein gewaltthätiger Länderdiebstahl ausgeführt, durch welchen Reiche gestürzt, Nationen vernichtet und Millionen und Abermillionen von Menschen um ihre angestammten Rechte betrogen werden? Wenn Ihr ein guter Mensch seid, [...] so dürft Ihr Euer Urteil nicht nach der Ansicht der Eroberer richten, sondern nach den Meinungen und Gefühlen der Besiegten, der Unterdrückten, Unterjochten [...] 'Ich bringe Euch den Frieden; ich lasse Euch meinen Frieden!' hat der Weltheiland gesagt; nun tragt als Christen diesen Frieden hin in alle Lande und hin zu allen Völkern! Steckt, wie Petrus, Eure Schwerter in die Scheide; Eure einzige Waffe soll nur die Liebe sein, und auf Eurem Banner darf man nur das Wort Versöhnung lesen. Wie es einen Menschen gab, welcher die erste Mordwaffe erfand, so wird es dereinst [...] auch einen Menschen geben, der die letzte Waffe zwischen seinen Fäusten zerbricht."[135]

Die Welt und ihre Geschichte nicht mit den Augen der Sieger, sondern der Besiegten, der Opfer, betrachten! Das ist - alternatives Denken! Mays Bestseller-Romane als "ehrlichen Revolutionsersatz"[136] oder als "Schule des aufsässigen Denkens"[137] zu interpretieren, mag neckisch und überzogen sein; die Autorität, die staatliche Ordnung werden von May, dem resozialisierten Strafgefangenen, nicht grundsätzlich abgelehnt; eine absolut 'machtfreie' Gesellschaftsstruktur (die ja nun wirklich illusionär wäre und auch nicht wünschenswert ist) wird von May nicht gefordert. Aber kritisiert wird der MISSBRAUCH von Macht; bloßgestellt wird die rein formale, in Sachkompetenz und moralischer Integrität nicht begründete 'Autorität' der Tyrannen.

In Mays Reiseerzählungen eine 'systemstabilisierende' Rechtfertigung des Wilhelminismus und eine rückwärtsgewandte bürgerliche Ideologie zu sehen,[138] wäre grundverkehrt. Diese Romane sind nonkonformistisch:[139] Der Autor sehnt sich nach Offenheit, nach umfassender Freiheit, nach unendlicher Weite;[140] seine Erzählungen bauen die Gegenwelt "zur gesellschaftlichen Realität, in der zu leben er verdammt war":[141] die Gegenwelt zur Abhängigkeit vom Lohn, zur Bürokratie, zur starren Bindung an die Familie, zur - herkunftsbedingten - Einschränkung der Persönlichkeit.[142]

Die Realität der europäischen Lebensverhältnisse hat May, jedenfalls indirekt, kritisiert. Weitblickend, um nicht zu sagen 'prophetisch', ist - nicht zuletzt - auch seine Einstellung zu Technik und Wissenschaft, wie sie in den Reiseerzählungen zur Geltung kommt. Kein 'Zurück zur Natur' im Sinne Rousseaus zwar![143] Der wissenschaftliche

Fortschritt, die Zivilisation, die Technik werden nicht generell verurteilt, sondern grundsätzlich bejaht; insofern wird auch von May die europäische Kultur als der indianischen (und orientalischen) überlegen betrachtet.[144] Zugleich aber wird die Gefahr doch gesehen: die Gefahr des Verlustes der 'Seele', der Trennung von Mensch und Natur, der Lösung des Geschöpfes vom Schöpfer.

Ein "früher Grüner"[145] wurde May schon genannt. Nicht ganz richtig, aber auch nicht gänzlich verfehlt ist diese Bemerkung.[146] Mays Klage über den Untergang des 'roten Mannes' ist auch in DIESEM Lichte zu sehen: Die 'Wilden', die 'Primitiven' wußten um die Einheit des Menschen mit den Flüssen und Bäumen, mit der Erde und ihren Tieren.

Jeder Teil dieser Erde ist meinem Volk heilig [...] Wir sind ein Teil der Erde, und sie ist ein Teil von uns [...] Was ist der Mensch ohne die Tiere? [...] Was immer den Tieren geschieht - geschieht bald auch den Menschen. Alle Dinge sind miteinander verbunden. Was die Erde befällt, befällt auch die Söhne der Erde [...] Eines wissen wir, was der weiße Mann vielleicht eines Tages erst entdeckt - unser Gott ist derselbe Gott [...] Dieses Land ist ihm wertvoll - und die Erde verletzen heißt ihren Schöpfer verachten.[147]

So nicht bei Karl May, sondern in der Rede des Häuptlings Seattle zu lesen. Aber man nehme nur *Winnetou I* zur Kenntnis! Dieselbe Klage, derselbe Protest, dieselben Perspektiven![148]

Und das alles soll für 'kleine Schuljungen' sein?[149] Die Verlegenheit, die Karl May der Literaturwissenschaft bereitet, hat - vor allem - darin ihren Grund, daß dieser Autor sich "unterfing, die größten Themen mit weithin trivialliterarischen Mitteln anzupacken. Gleichwohl liegt in dieser außenseiterischen Position Mays ein wesentliches Element seiner Originalität und Wirkung."[150]

Anmerkungen

1   Vgl. Martin Lowsky: *Karl May*. Stuttgart 1987, S. 78f.
2   Vgl. Claus Roxin: *Vorläufige Bemerkungen über die Straftaten Karl Mays*. In: JbKMG 1971, S. 74-109 (S. 89). - Vgl. oben, S. 210.
3   Vgl. Gunter A. Öslers Interview mit Hermann Wiedenroth und Hans Wollschläger. In: *Der Rabe. Magazin für jede Art von Literatur* Nr. 27. Hrsg. von Hermann Wiedenroth und Hans Wollschläger. Zürich 1989, S. 230-244.
4   Nach Claus Roxin: *Mays Leben*. In: *Karl-May-Handbuch*. Hrsg. von Gert Ueding in Zusammenarbeit mit Reinhard Tschapke. Stuttgart 1987, S. 62-123 (S. 101).
5   Nach Heinz Stolte: *Wertung im Widerspruch. Ein Literaturbericht*. In: JbKMG 1978, S. 264-291 (S. 276 mit Bezug auf Jochen Schulte-Sasse).
6   Vgl. z.B. *'Das gab mir Karl May'. Mitglieder berichten über Leseerfahrungen*. SKMG Nr. 66 (1986).
7   Dazu Lowsky: *May*, wie Anm. 1, S. 57ff. (dort auch ausführliche Angaben zur Sekundärliteratur).
8   Vgl. Wolf-Dieter Bach: *Fluchtlandschaften*. In: JbKMG 1971, S. 39-73.
9   Carl Zuckmayer: *Palaver mit den jungen Kriegern über den großen Häuptling Karl May*. In: KMJB 1930. Radebeul 1930, S. 35-43 (S. 39).
10 Vgl. z.B. Lowsky: *May*, wie Anm. 1, S. 64.
11 Max Finke: *Karl Mays Schreibart*. In: KMJB 1924. Radebeul 1924, S. 267-289 (S. 268).
12 Richard Müller-Freienfels: *Psychologie der Kunst I*. Leipzig, Berlin 1923, S. 215; zit. nach Viktor Böhm: *Karl May und das Geheimnis seines Erfolges*. Gütersloh ²1979, S. 143 (Anm. 33).
13 Ernst Bloch: *Die Silberbüchse Winnetous* (Neufassung des Erstdrucks von 1929). In: Ders.: *Erbschaft dieser Zeit*. Frankfurt/M. 1962, S. 169-173; neu abgedruckt bei Helmut Schmiedt (Hrsg.): *Karl May*. Frankfurt/M. 1983, S. 28-31 (S. 28).

278

14 Vgl. Erich Heinemann: *Über Karl May. Aussprüche namhafter Persönlichkeiten, mit 40 Zeichnungen von Carl-Heinz Dömken*. Materialien zur Karl-May-Forschung, Bd. 5. Ubstadt 1980. - Zu Romano Guardini vgl. unten, S. 367, Anm. 37.

15 Vgl. besonders Arno Schmidt: *Sitara und der Weg dorthin. Eine Studie über Wesen, Werk & Wirkung Karl Mays*. Karlsruhe 1963 - dazu Heinz Stolte - Gerhard Klußmeier: *Arno Schmidt & Karl May. Eine notwendige Klarstellung*. Hamburg 1973 - Hans Wollschläger: *Arno Schmidt und Karl May*. In: JbKMG 1990, S. 12-29. - Weitere Sekundärliteratur bei Lowsky: *May*, wie Anm. 1, S. 80.

16 Arno Schmidt: *Abu Kital. Vom neuen Großmystiker*. In: *Dya Na Sore. Gespräche in einer Bibliothek*. Karlsruhe 1958, S. 150-193; hier zit. nach Schmiedt (Hrsg.): *May*, wie Anm. 13, S. 45-74 (S. 57).

17 Otto Forst-Battaglia: *Karl May. Traum eines Lebens - Leben eines Träumers*. Beiträge zur Karl-May-Forschung 1. Bamberg 1966, S. 78 u. passim.

18 Aus Mays Brief vom 15.4.1901 an die 'Wiener Reichspost'; abgedruckt bei Wilhelm Vinzenz: *Karl Mays Reichspost-Briefe. Zur Beziehung Karl Mays zum 'Deutschen Hausschatz'*. In: JbKMG 1982, S. 211-233 (S. 214).

19 Klara Plöhn in einem undatierten (1902) Brief mit der Unterschrift 'Emma May' an Baronin Bertha von Wulffen (abgedruckt in: JbKMG 1983, S. 78ff., hier S. 79); der Brief wurde von Karl May sehr wahrscheinlich diktiert.

20 Karl May: *Im Reiche des silbernen Löwen IV*. Gesammelte Reiseerzählungen, Bd. XXIX. Freiburg 1903, S. 70.

21 Ebd., S. 71.

22 Karl May: *Mein Leben und Streben*. Freiburg 1910. Hrsg. von Hainer Plaul. Hildesheim, New York [2]1982, S. 131.

23 Ebd., S. 139.

24 Ebd., S. 211.

25 Ebd.

26 Vgl. unten, S. 321ff.

27 Engelbert Botschen: *Die Banda Oriental - ein Umweg zur Erlösung*. In: JbKMG 1979, S. 186-212 (S. 202).

28 Walther Ilmer: *Durch die sächsische Wüste zum erzgebirgischen Balkan. Karl Mays erster großer Streifzug durch seine Verfehlungen*. In: JbKMG 1982, S. 97-130 (S. 108).

29 May: *Mein Leben und Streben*, wie Anm. 22, S. 151.

30 Heinz Stolte: *Der Fiedler auf dem Dach. Gehalt und Gestalt des Romans '"Weihnacht!"'*. In: JbKMG 1986, S. 9-32 (S. 22, mit Bezug auch auf frühere Reiseerzählungen Mays).

31 Vgl. oben, S. 173ff., 218ff. u. 243ff.

32 Vgl. Lowsky: *May*, wie Anm. 1, S. 62ff. (mit ausführlichen Literaturangaben).

33 May: *Mein Leben und Streben*, wie Anm. 22, S. 151.

34 Vgl. Ilmer: *Durch die sächsische Wüste*, wie Anm. 28, S. 105.

35 Karl May: *Ein Schundverlag. Ein Schundverlag und seine Helfershelfer* (1905 bzw. 1909). Prozeßschriften, Bd. 2. Hrsg. von Roland Schmid. Bamberg 1982, S. 374.

36 Walther Ilmer: *Karl Mays Weihnachten in Karl Mays '"Weihnacht!"'* In: JbKMG 1987, S. 101-137 (S. 109).

37 Karl May: *Freuden und Leiden eines Vielgelesenen*. In: Deutscher Hausschatz. 23. Jg. 1897 (erschienen September/Oktober 1896); hier zit. nach der Original-Wiedergabe in: 'Der Rabe', wie Anm. 3, S. 175-211 (S. 202).

38 Vgl. oben, S. 244f.

39 Heinz Stolte: *Die Reise ins Innere. Dichtung und Wahrheit in den Reiseerzählungen Karl Mays*. In: JbKMG 1975, S. 11-33 (S. 32).

40 Vgl. z.B. Walther Ilmer: *Mit Kara Ben Nemsi 'im Schatten des Großherrn'. Beginn einer beispiellosen Retter-Karriere*. In: JbKMG 1990, S. 287-312 (S. 292).

41 Walther Ilmer: *Das Märchen als Wahrheit - die Wahrheit als Märchen. Aus Karl Mays 'Reise-Erinnerungen' an den erzgebirgischen Balkan*. In: JbKMG 1984, S. 92-138 (S. 110).

42 Vgl. ebd.

43 Vgl. z.B. Wolf-Dieter Bach: *Fluchtlandschaften*, wie Anm. 8, passim - Ders.: *Sich einen Namen machen*. In: JbKMG 1975, S. 34-72.

44 Ilmer: *Mit Kara Ben Nemsi*, wie Anm. 40, S. 300.

45 Roxin: *Bemerkungen*, wie Anm. 2, S. 80 - Vgl. Heinz Stolte: *Der Volksschriftsteller Karl May. Beitrag zur literarischen Volkskunde* (Reprint der Erstausgabe von 1936). Bamberg 1979, S. 118ff.

46 Claus Roxin: *Einführung*. In: Karl May: *El Sendador*. 'Deutscher Hausschatz'. 16./17. Jg. (1889-91) Reprint der KMG. Hamburg, Regensburg 1979, S. 2-8 (S. 5).

47 May: *Mein Leben und Streben*, wie Anm. 22, S. 116 u. passim.

48 Nach Hans Wollschläger: *Der "Besitzer von vielen Beuteln". Lese-Notizen zu Karl Mays 'Am Jenseits'* (Materialien zu einer Charakteranalyse II). In: JbKMG 1974, S. 153-171 (S. 158).

49 Dazu Gert Ueding: *Die Rückkehr des Fremden. Spuren der anderen Welt in Karl Mays Werk*. In: JbKMG 1982, S. 15-39 (S. 20ff.)

50 Dazu Ilmer: *Durch die sächsische Wüste*, wie Anm. 28, S. 125: "So straft Karl May im Geiste die, die ihm Übles taten: er schickt sie in die Finsternis, die ihn als Kind umgab."

51 Karl May: *Im Lande des Mahdi I*. Gesammelte Reiseromane, Bd. XVI. Freiburg 1896, S. 211f. - Dazu Heinz Stolte: *Narren, Clowns und Harlekine. Komik und Humor bei Karl May*. In: JbKMG 1982, S. 40-59 (S. 52).

52 May: *Mein Leben und Streben*, wie Anm. 22, S. 228.

53 Vgl. Stolte: *Reise ins Innere*, wie Anm. 39, passim.

54 Nach Hanswilhelm Haefs: *Der verlorene Sohn oder Der Fürst des Elends. Versuch einer Bilanz*. In: MKMG 73 (1987), S. 45-49 (S. 48).

55 Daß alle, gelegentlich sehr waghalsigen, Kombinationen (etwa Ilmers) in allen Details immer richtig sein müssen, soll damit freilich nicht behauptet werden.

56 Vgl. oben, S. 118ff.

57 Vgl. Claus Roxin: *"Dr. Karl May, genannt Old Shatterhand". Zum Bild Karl Mays in der Epoche seiner späten Reiseerzählungen*. In: JbKMG 1974, S. 15-73 (S. 49f.).

58 Zum letzteren Gesichtspunkt vgl. Ingmar Winter: *Gottesurteil - Gottesgericht. Die Wiederbelebung des Ordals durch Karl May*. In: MKMG 81 (1989), S. 19-26.

59 Ilmer: *Karl Mays Weihnachten*, wie Anm. 36, S. 109.

60 Ilmer: *Das Märchen als Wahrheit*, wie Anm. 41, S. 94.

61 Roxin: *Einführung*, wie Anm. 46, S. 3.

62 Carl Gustav Jung: *Gestaltungen des Unbewußten*. Zürich 1950, S. 29 - Dazu Ingrid Bröning: *Die Reiseerzählungen Karl Mays als literaturpädagogisches Problem*. Ratingen, Kastellaun, Düsseldorf 1973, S. 109-166 (zu Karl May und C.G. Jung).

63 Die "Menschheitsseele" gehört zu den wichtigsten Schlüsselbegriffen des Mayschen Alterswerks.

64 Aus Mays Brief vom 6.10.1905 an Hans Möller; zit. nach Claus Roxin: *Das dritte Jahrbuch*. In: JbKMG 1972/73, S. 7-10 (S. 7) - Doch schon 1886-88 bezeichnete May sein Spiegelbild Ma(y)x Walther als "Lehrer" und "Psycholog" (Karl May: *Der Weg zum Glück. Roman aus dem Leben Ludwig des Zweiten*. Hildesheim, New York 1971 (Reprint der Dresdner Erstausgabe von 1886-88, S. 638)!

65 Ausführlich dargestellt bei Udo Kittler: *Karl May auf der Couch? Die Suche nach der Seele des Menschen*. Materialien zur Karl-May-Forschung, Bd. 9. Ubstadt 1985, S. 17-65 - Vgl. May: *Mein Leben und Streben*, wie Anm. 22, S. 81; der dortige Hinweis auf Schubert klingt nach Ernst Seybold (Brief vom 10.4.1991 an den Verfasser) freilich eher nach Distanz.

66 Aus Mays Brief vom 29.11.1906 an Prinzessin Wiltrud von Bayern; abgedruckt in: JbKMG 1983, S. 92ff. (S. 92).

67 Zu diesem Aspekt vgl. Stolte: *Volksschriftsteller*, wie Anm. 45, passim - Lowsky: *May*, wie Anm. 1, S. 71ff.

68 Vgl. Bröning, wie Anm. 62, S. 169f. - Nach Dieter Ohlmeier: *Karl May: Psychoanalytische Bemerkungen über kollektive Phantasietätigkeit*. In: Materialien zur Psychoanalyse und analytisch orientierten Psychotherapie 4 (1978), S. 337-360 (S. 339), hingegen werden (in *Winnetou I*) Adoleszenzkonflikte nicht gelöst, sondern nur "arretiert"; zit. nach Lowsky: *May*, wie Anm. 1, S. 73.

69 Franz Langer (= Karl May): *Die Schund- und Giftliteratur und Karl May, ihr unerbittlicher Gegner* (1909). In: *Schriften zu Karl May*. Materialien zur Karl-May-Forschung, Bd. 2. Ubstadt 1975, S. 199-236 (S. 203f.).

70 Claus Roxin: *Einführung*. In: Karl May: *"Giölgeda padishanün" - Reise-Abenteuer in Kurdistan*. 'Deutscher Hausschatz' 7./8. Jg. 1880-82. Reprint der KMG. Hamburg, Regensburg 1977, S. 2-6 (S. 3).

71 Vgl. May: *Mein Leben und Streben*, wie Anm. 22, S. 314 u. 317.

72 Bach: *Fluchtlandschaften*, wie Anm. 8, S. 41.

73 Ebd., S. 62.

74 Ebd. - Vgl. auch Erwin Koppen: *Christliche Mythen bei Alexandre Dumas und Karl May*. In: *Mythos und Mythologie in der Literatur des 19. Jahrhunderts*. Hrsg. von Helmut Koopmann. Frankfurt/M. 1979, S. 199-211.

75 Interessant sind in diesem Zusammenhang die tiefenpsychologischen Deutungen diverser Grimm-Märchen, des *Kleinen Prinzen* (von A. de Saint-Exupéry) und der Kindheitsgeschichte Jesu (nach Lukas) durch Eugen Drewermann.

76 Bach: *Fluchtlandschaften*, wie Anm. 8, S. 63.

77 May: *Mein Leben und Streben*, wie Anm. 22, S. 141.

78 Mays öffentliche Auftritte als Old Shatterhand (vgl. unten, S. 325ff.) sind freilich kein zwingendes Argument gegen die Möglichkeit, daß May den Märchen-Charakter seiner Erzählungen schon früh erkannt haben könnte.

79 Ernst Bloch: *Traumbasar*. In: KMJB 1930. Radebeul 1930, S. 59-64 (S. 61).

80 May: *Mein Leben und Streben*, wie Anm. 22, S. 141.

81 Lowsky: *May*, wie Anm. 1, S. 72 (mit Bezug auf Böhm, wie Anm. 12, S. 167ff.).

82 Vgl. auch Franz Cornaro: *Der Märchenerzähler*. In: KMJB 1924. Radebeul 1924, S. 173-198 - Klaus R. Meichsner: *Der Hakawati. Die Märchen von Karl May*. Heidelberg 1978 - Wiltrud Ohlig: *Das Vermächtnis des Hakawati*. In: MKMG 46 (1980), S. 31-37 - Weitere Literatur bei Lowsky: *May*, wie Anm. 1, S. 74ff.

83 Dazu Ralf Harder: *Kara Ben Nemsi und der Wolf*. In: MKMG 60 (1984), S. 21ff.

84 Vgl. oben, S. 145. - Weitere Beispiele für Märchen-Motive bei May nennt Ilmer: *Das Märchen als Wahrheit*, wie Anm. 41, S. 92 u. 131f. (Anm. 5).

85 Vgl. z.B. Stolte: *Die Reise ins Innere*, wie Anm. 39, S. 12.

86 Vgl. Bernd Steinbrink: *Vom Weg nach Dschinnistan. Initiationsmotive im Werk Karl Mays*. In: JbKMG 1984, S. 231-248.

87 Roxin: *Bemerkungen*, wie Anm. 2, S. 108 (Anm. 95).

88 Rainer Stephan: *Karl May oder Brauchen wir eine erwachsene Literatur? Bemerkungen zur seltsamen Rehabilitation des Großschriftstellers*. In: Süddeutsche Zeitung (7.10.1987), S. XV.

89 Vgl. oben, S. 189ff.

90 So Britta Berg: *Religiöses Gedankengut bei Karl May*. SKMG Nr. 47 (1984), S. 11.

91 Volker Klotz: *Durch die Wüste und so weiter*. In: Schmiedt (Hrsg.): *May*, wie Anm. 13, S. 75-100 (S. 92).

92 Ebd., S. 99.

93 Vgl. Ueding: *Die Rückkehr des Fremden*, wie Anm. 49, passim.

94 Vgl. oben, S. 246.

95 Karl May: *"...daß ja diese Ewigkeit auch unsere Zeit umschließt"* (Brief aus dem Jahre 1902). In: MKMG 56 (1983), S. 19ff.

96 Ilmer: *Durch die sächsische Wüste*, wie Anm. 28, S. 124.

97 Ueding: *Die Rückkehr des Fremden*, wie Anm. 49, S. 32.

98 Ebd., S. 15 u. passim.

99 Vgl. Hans Wollschläger: *"Die sogenannte Spaltung des menschlichen Innern, ein Bild der Menschheitsspaltung überhaupt". Materialien zu einer Charakteranalyse Karl Mays*. In: JbKMG 1972/73, S. 11-92.

100 Ueding: *Die Rückkehr des Fremden*, wie Anm. 49, S. 38.

101 Vgl. Harald Fricke: *Karl May und die literarische Romantik*. In: JbKMG 1981, S. 11-35. - Vgl. oben, S. 261.

102 Vgl. Ueding: *Die Rückkehr des Fremden*, wie Anm. 49, S. 19, 21f, 32f.

103 Ebd., S. 34.

104 Ebd., S. 35.

105 Vgl. Steinbrink, wie Anm. 86.

106 Vgl. Berg, wie Anm. 90, S. 3.

107 Zum Begriff der "Mystagogie" vgl. Karl Rahner: *Atheismus und implizites Christentum*. In: Ders.: *Schriften zur Theologie VIII*. Einsiedeln, Zürich, Köln 1967, S. 187-212 (S. 205).

108 Karl May: *Old Surehand I*. Gesammelte Reiseromane, Bd. XIV. Freiburg 1894, S. 408f. - Vgl. Ueding: *Die Rückkehr des Fremden*, wie Anm. 49, S. 37.

109 Vgl. May: *Old Surehand I*, wie Anm. 108, S. 410f.

110 Ebd., S. 408.

111 Heinz Stolte: *Hiob May*. In: JbKMG 1985, S. 63-84 (S. 77).

112 Ansätze bei Walter Schönthal: *Christliche Religion und Weltreligionen in Karl Mays Leben und Werk*. SKMG Nr. 5 (1976). - Vgl. Ernst Seybold: *Aspekte christlichen Glaubens bei Karl May*. SKMG Nr. 55 (1985) - Ders.: *Karl-May-Gratulationen. Geistliche und andere Texte zu und von Karl May I-V*. Ergersheim 1987 u. 1989ff.

113 Dazu Heinz Stolte: *Auf den Spuren Nathans des Weisen. Zur Rezeption der Toleranzidee Lessings bei Karl May*. In: JbKMG 1977, S. 17-57 - Ekkehard Koch: *"Jedes irdische Geschöpf hat eine Berechtigung zu sein und zu leben". Zum Verhältnis von Karl May und Johann Gottfried Herder*. In: JbKMG 1981, S. 166-206.

114 Ernst Bloch: *Das Prinzip Hoffnung*. Frankfurt/M. 1959 u.ö., S. 5.

115 Vgl. die Zusammenfassung bei Lowsky: *May*, wie Anm. 1, S. 86-96.

116 Helmut Schmiedt: *Karl May. Studien zu Leben, Werk und Wirkung eines Erfolgsschriftstellers*. Frankfurt/M. ²1987, S. 182.

117 Vgl. auch Peter Krauskopf: *Die Heldenrevision in Karl Mays Reiseerzählung 'Und Friede auf Erden' als Kritik am wilhelminischen Imperialismus*. In: MKMG 71 (1987), S. 3-10; Fortsetzung in MKMG 72 (1987), S. 3-11.

118 Schmiedt: *Karl May*, wie Anm. 116, S. 261.

119 Günter Scholdt: *Hitler, Karl May und die Emigranten*. In: JbKMG 1984, S. 60-91 (S. 78).

120 Vgl. Jochen Schulte-Sasse: *Karl Mays Amerika-Exotik und deutsche Wirklichkeit. Zur sozialpsychologischen Funktion von Trivialliteratur im wilhelminischen Deutschland*. In: Schmiedt (Hrsg.): *May*, wie Anm. 13, S. 101-129 (S. 113ff.). - Schulte-Sasse will in Mays Wildwest-Geschichten nun allerdings eine spezifisch deutsche Imperialismus-Gesinnung erkennen, die zwar den fremden Kolonialismus attackiert, das Deutschtum aber glorifiziert. - Dagegen zu Recht Lowsky: *May*, wie Anm. 1, S. 88.

121 Vgl. Lowsky: Ebd., S. 87.

122 Zu Mays eigener - ambivalenter - Einstellung zum Geld vgl. Martin Lowsky: *Problematik des Geldes in Karl Mays Reiseerzählungen*. In: JbKMG 1978, S. 111-141.

123 Vgl. Karl May: *Old Surehand III*. Gesammelte Reiseerzählungen, Bd. XIX. Freiburg 1896, S. 2f.

124 Vgl. May: *Im Lande des Mahdi I*, wie Anm. 51, S. 41ff. (die Szene mit den beiden Negerkindern).

125 Zum letzteren Aspekt vgl. Hartmut Schmidt: *Karl May und die Neger*. In: MKMG 24 (1975), S. 11-14; Fortsetzung in MKMG 25 (1975), S. 12-15.

126 Vgl. Erwin Koppen: *Karl May und China*. In: JbKMG 1986, S. 69-88 - Rainer Jeglin: *Karl May und die Armenier*. In: MKMG 6 (1970), S. 20-24; Fortsetzung in MKMG 7 (1971), S. 22-25.

127 May: *Old Surehand I*, wie Anm. 108, S. 241.

128 Vgl. bes. Edwin Hoernle: *Unorganisierte Formen der Kindermassenbeeinflussung*. In: Ders.: *Grundfragen proletarischer Erziehung*. Darmstadt 1969 (Erstveröffentlichung in: *Grundfragen der proletarischen Erziehung*. Berlin 1929) - Hartmut Lutz: *"Indianer" und "Native Americans". Zur sozial- und literarhistorischen Vermittlung eines Stereotyps*. Hildesheim, Zürich, New York 1985, S. 318-410 - Dazu kritisch: Lowsky: *May*, wie Anm. 1, S. 88.

129 Die in Deutschland spielenden Erzählungen Mays weisen freilich nicht weniger (und hier natürlich deutsche) Schufte auf als die exotischen Erzählungen.

130 Lowsky: *May*, wie Anm. 1, S. 88.

131 Ulrich Schmid: *Das Werk Karl Mays 1895-1905. Erzählstrukturen und editorischer Befund*. Materialien zur Karl-May-Forschung, Bd. 12. Ubstadt 1989, S. 157.

132 Vgl. unten, S. 626ff.

133 Vgl. oben, S. 142.

134 Nach Schmiedt: *Karl May*, wie Anm. 116, S. 243, könnte May hier vor allem die Franzosen meinen.

135 May: *Old Surehand III*, wie Anm. 123, S. 127f.

136 Bloch: *Das Prinzip Hoffnung*, wie Anm. 114, S. 427.

137 Gert Ueding: *Glanzvolles Elend. Versuch über Kitsch und Kolportage.* Frankfurt/M. 1973, S. 137.

138 Vgl. die differenzierenden Ausführungen bei Schulte-Sasse, wie Anm. 120, S. 124f.

139 Vgl. Roxin: *"Dr. Karl May"*, wie Anm. 57, S. 53.

140 Vgl. Martin Lowsky: *"Aus dem Phantasie-Brunnen". Die Flucht nach Amerika in Theodor Fontanes 'Quitt' und Karl Mays 'Scout'.* In: JbKMG 1982, S. 77-96 (S. 88f.).

141 Bach: *Fluchtlandschaften*, wie Anm. 8, S. 41 (zu Ferdinand Freiligrath sieht Bach hier Parallelen).

142 Vgl. Lowsky: *May*, wie Anm. 1, S. 88.

143 Gegen Lowsky: *"Aus dem Phantasie-Brunnen"*, wie Anm. 140, S. 91 - Vgl. Schulte-Sasse, wie Anm. 120, S. 121.

144 Vgl. z.B. Karl May: *Winnetou I* (1893). Karl Mays Werke IV. 12. Hrsg. von Hermann Wiedenroth und Hans Wollschläger. Zürich 1990, S. 9ff.

145 *Karl May in Berlin.* SKMG Nr. 33 (1981), S. 42.

146 Parteipolitisch ist Karl May nicht zu vereinnahmen; dafür ist seine Denkweise zu facettenreich.

147 *Wir sind ein Teil der Erde. Die Rede des Häuptlings Seattle vor dem Präsidenten der Vereinigten Staaten von Amerika im Jahre 1855.* Olten, Freiburg 1982, S. 10ff.

148 Vgl. auch Ekkehard Bartsch: *"Mensch und Tier" und Gedanken Karl Mays zum Natur- und Landschaftsschutz.* In: JbKMG 1975, S. 90-98.

149 Daß die hier besprochenen Aspekte 'kleine Schuljungen' irgendwie mitlesen, wenn sie Karl May lesen, ist aber natürlich positiv zu bewerten.

150 Claus Roxin: *Das zwölfte Jahrbuch.* In: JbKMG 1982, S. 7-14 (S. 8).

8.5 Die späten Reiseerzählungen (1896-98): Hohe Erzählkunst mit forcierter 'Predigt'-Tendenz

Claus Roxin hat Mays "späte" Reiseerzählungen von den "klassischen" (bis ca. 1896) unterschieden.[1] Tatsächlich weisen die Romane *Old Surehand III, Im Reiche des silbernen Löwen I/II* und *"Weihnacht!"* so viele und so gewichtige Besonderheiten auf, daß die Behandlung als eigene Werksgruppe gerechtfertigt ist.

Am 6. Oktober 1896 schrieb der Autor an Fehsenfeld: Nach *Old Surehand III*, dem 'Wildwest'-Roman, an dem May gerade arbeitete,

sollte "Marah Durimeh" kommen, 3 Bände, MEIN HAUPTWERK, welches meine ganze Lebens- und Sterbensphilosophie enthalten wird. Ich habe aber eingesehen, daß es ein großer Fehler wäre […], dies schon jetzt zu bringen, denn es würde möglicher Weise die folgenden Bände in Schatten stellen, und ein Autor soll doch nicht zurückgehen, sondern sich steigern.[2]

Mays Neigung, sich endgültig vom Abenteuer-Genre zu lösen, deutet sich in diesem Brief bereits an - VOR den, etwa gleichzeitig mit der Orientreise (1899/1900) beginnenden, Presse-Angriffen, die oft als der Anlaß oder gar als der Grund für die literarische 'Wende' des Schriftstellers betrachtet werden.[3]

Der genaue Zeitpunkt, da Mays Karriere als 'Trivialliterat' zu Ende ging,[4] ist kaum zu bestimmen; denn 'platt' und völlig 'anspruchslos' hat er eigentlich nie geschrieben; und 'triviale' Passagen enthält, hier und da, das im ganzen 'hochliterarische' Spätwerk noch immer. Mays Steigerung zieht keine geradlinige Bahn; über Umwege und (vielleicht) Verirrungen führt ihn sein Weg nach oben.

Schon in den frühesten Dorfgeschichten zeigte May beachtliches Können. Doch sein besonderes Metier wurden nicht die Novellen, sondern die epischen Werke. Auf diesem Gebiet wird seine schriftstellerische Entwicklung am deutlichsten sichtbar: Von der ästhetischen Form her gesehen sind die Jugendromane bei Spemann (1887-96) den Münchmeyerromanen (1882-87) deutlich überlegen;[5] aus dem Naturtalent wurde ein planender Architekt, ein routinierter Artist.

Innerhalb der 'Reiseerzählungen', der exotischen Ich-Romane seit *"Giölgeda padishanün"* (1881), scheint eine wirkliche, nun freilich bewundernswerte Überbietung des ursprünglichen - keineswegs niedrigen - Niveaus erst im Alterswerk, im *Jenseits*-Roman (1898/99) und den folgenden Büchern, zu gelingen: mit der bewußten Hinwendung zur 'Symbolik'. Nach dem heutigen Forschungsstand ist eine weitere Differenzierung allerdings angebracht: Der Ich-Erzähler hat seine Stilmittel verfeinert,[6] noch vor der Jahrhundertwende und noch vor der krisenhaften Zuspitzung der Lebensentwicklung des Autors um 1898. Als letzte, und wohl beste, Erzählung innerhalb seiner 'echten' - im weiteren Sinne aber doch schon 'symbolischen' - Reiseromane kann *"Weihnacht!"* (1897) betrachtet werden. Bezüglich der Form stellt dieser Band "den Gipfel" der Mayschen "Erzählkunst in der Reihe seiner speziellen Abenteuerbücher"[7] dar.

In "klarer Schreibstrategie" bereitet Karl May "den Übergang von der Abenteuer- zur Hochliteratur vor."[8] Was im Rahmen der folgenden Darstellung besonders interessiert, sind spezielle Aspekte dieses Übergangs: die psychographische Relevanz und die theologische Aussagekraft der späten Reiseerzählungen.

Man muß es sich immer vor Augen halten: Mays Leben, seine Gegenwart und seine Vergangenheit, ist versammelt in seinen Büchern. Alles ist da: der äußere Erfolg des gefeierten Schriftstellers, die innere Unruhe, die verdrängte Angst, die schwierige Ehe mit Emma, die Flucht in die Tagträume, die Spannung mit dem Pustet- und der Bruch mit dem Münchmeyerverlag,[9] die Jahre der Haft, die psychische Störung, die 'Spaltung des Innern', die kriminellen Vergehen, die frühere Liebe zu verschiedenen Frauen, das Scheitern im Lehrberuf, das 'Uhrendelikt', der Seminardirektor in Waldenburg, die frommen Traktate der Jugend- und Kinderzeit, die Peitsche des Vaters, die Heilung des blinden Karle, die narzißtische Prägung, die (1885 verstorbene) Mutter, die "Recherche nach der verlorenen Liebe",[10] die - Suche nach Gott. Dies alles ist da. Es drängt nach immer neuer Gestaltung. Es schreit nach Verwandlung und nach Erlösung.

Mays Bücher sind verschlüsselte Konfessionen, sehr persönlich gefärbt. Und aktuell sind sie nach wie vor: weil sie 'archetypisches' Material, weil sie eine bleibende religiöse Botschaft enthalten; und weil sie einen zeitgenössischen Trend, den wilhelminischen Heldenkult, zögernd - aber mehr und mehr - überwinden.

Mays Heldenideal war bisher von männlichen, von martialischen Zügen beherrscht. Das 'Vaterbild' dominierte: Der Schriftsteller suchte wohl unbewußt, den Vater zu imitieren und diesen, als 'Schmetterfaust', an Männlichkeit womöglich zu übertreffen! Dieses Bestreben wird literarisch nun in den Hintergrund treten und zunehmend verblassen.

Im Unterschied zu den Kolportageromanen (und den frühen Novellen) kommt in den 'klassischen' Reiseerzählungen, erst recht in den Jugendromanen, Frauen nur selten eine handlungstragende Rolle zu. Jetzt aber, in vielen 'Marienkalender'-Geschichten[11] und in den späten Reiseerzählungen, gewinnt das Weiblich-Sanfte, das erlösende 'Mutterbild', an Bedeutung. Die kriegerisch-männlichen Eigenschaften des Häuptlings Winnetou zum Beispiel werden durch weibliche Züge ergänzt:[12] Der Apatsche hat jetzt "küßliche Lippen";[13] seine Stimme besitzt einen - so heißt es in *"Weihnacht!"* -

gutturalen Timbre, [...] welcher nur mit dem liebevollen, leisen, vor Zärtlichkeit vergehenden Glucksen einer Henne, die ihre Küchlein unter sich versammelt hat,[14] verglichen werden kann [...] Wenn er von Gott sprach, seinem großen, guten Manitou, waren seine Augen fromme Madonnen-, wenn er freundlich zusprach, liebevolle Frauen-, wenn er aber zürnte, drohende Odins-Augen.[15]

Die Sehnsucht nach Liebe, die Suche nach der Frau und der Mutter,[16] tritt der heldischen Attitüde zur Seite, ja verdrängt sie beinahe. Erste Anzeichen für diese Entwicklung hat es längst schon gegeben.[17] Der Handlungs-Schwerpunkt verlagert sich, immer mehr nun, nach innen:[18] Das in den Ich-Romanen "bisher gemiedene Sujet Familie"[19] dringt ein in die Reiseerzählungen; und "der Auflösungsprozeß der Abenteuerthematik"[20] ist nicht mehr aufzuhalten.

Im Jahre 1895 hat May, nach dem ebenfalls nicht besonders produktiven Jahr 1894, lediglich fünf kleine 'Marienkalender'-Geschichten (im Gesamtumfang von weniger als 300 Seiten) und den mittleren Teil der relativ kurzen Jugenderzählung *Der schwarze Mustang* verfaßt[21] - für Karl Mays bisherige Verhältnisse auffallend wenig! Der Hauptgrund für dieses quantitative Nachlassen seiner Schaffenskraft dürfte eine innere Ermüdung, eine literarische Erschöpfung des Autors gewesen sein: Er hatte sich, wie schon früher erwähnt,[22] gleichsam 'leergeschrieben'; als Abenteuerschriftsteller hatte er sich verbraucht; wesentlich Neues konnte er auf diesem Gebiet nicht mehr bringen.

In *Old Surehand III* (1896) meint der Ich-Erzähler zu Winnetou: "Diese Geschichte muß ein Ende nehmen. Ich habe das ewige Anschleichen satt!"[23] Im Klartext: diesen Roman will er, möglichst rasch, nun zu Ende bringen. Und überhaupt: der Abenteuer, der bisherigen Merkmale seines Schreibens, ist er längst überdrüssig; es wird Zeit, in anderer Weise und mit anderen Schwerpunkten zu schreiben!

Um 1898/99, mit der Entstehung des *Jenseits*-Romans, wird sich der Autor tatsächlich 'verwandeln'. Doch schon jetzt, seit 1896 spätestens, hat May die Akzente verschoben. Die Metamorphose wird eingeübt.

Die Suche nach der Frau und der Mutter verbindet sich bei May, in den späten Reiseerzählungen, in drängender Weise mit der - immer schon mächtigen - Suche nach Gott. "Das schriftstellerische Werk zeigt die folgerichtige, weil von zunehmender Unruhe der Seele diktierte, Hinwendung [...] zu Gott und zu dessen Walten der Gnade oder der Ungnade über das Geschöpf Karl May."[24] Da ist es kein Wunder: das äußere Geschehen, die spannende Handlung, die - sieht man genauer hin - schon in den 'klassischen' Reiseerzählungen gar nicht die Hauptsache war, verliert an Gewicht. Im Nachwort (1904) zu *Winnetou III* wird May dann erklären: "Ich bitte um Geduld; wir haben ja Zeit; wir sind erst im Beginn [...] Wer Mut hat, gehe mit; [...] der Weg [...] ist nicht leicht und führt über jene Stelle, jenseits der nur noch innere Ereignisse Geltung haben."[25]

8.5.1 *Old Surehand III*: Die Suche nach Gott oder Die Rückkehr der Mutter

Im Herbst 1896 verfaßte May, nach zweijähriger - durch die Schreibkrise um 1894/95 bedingter - Unterbrechung seiner Arbeit am *Surehand*-Stoff,[26] den Schlußband der Trilogie. Noch vor der Entstehung von *Surehand III* (Band XIX der Freiburger Reihe) brachte Fehsenfeld *Im Lande des Mahdi I-III* (Bd. XVI-XVIII) heraus. Dieser Roman wurde aus dem 'Deutschen Hausschatz' fast unverändert übernommen; allerdings fügte May im Frühjahr 1896 zwei neue Kapitel - mit insgesamt über 400 Seiten - hinzu: 'Thut wohl Denen, die Euch hassen!' und 'Die letzte Sklavenjagd'.[27]

Ähnlich wie in den Schluß-Kapiteln der *Mahdi*-Erzählung bricht in der *Surehand*-Fortsetzung der innere Zwiespalt, die psychische Last, der virulent gebliebene Konflikt des Autors viel gewaltiger durch als in den 'klassischen' Reiseerzählungen. Den Schrei nach Erlösung, nach Versöhnung mit Gott, hört der Leser sehr deutlich heraus.

Die vordergründige Story, die landschaftliche Kulisse und das psychische Innenmaterial hatten sich in den früheren Romanen, vor allem im Orientzyklus, "zu einer bruchlosen Einheit zusammengefügt".[28] Diese Harmonie beginnt sich nun aufzulösen: Unterbewußte seelische Vorgänge (Angstträume und Schreckgesichte, das Verlangen nach Gott und die Sehnsucht nach Liebe) stören den Fluß der oberschichtigen Handlung. War die 'Binnen-handlung' in den klassischen Reiseerzählungen noch kunstvoll versteckt, so kann der Le-ser den psychodramatischen Kern, das 'Seelenprotokoll' des Autors, in *Surehand III* rela-tiv leicht erkennen: Der 'Panzer', die abenteuerliche Fabel, hat größere Sprünge bekom-men. Die Enthüllung beginnt.

'Symbolisch' ist, wie in vielen - auch früheren - Erzählungen Mays,[29] schon der topo-graphische Rahmen zu deuten: Die Handlung führt aus der Wüste, dem Llano estacado (in *Surehand I*), zu den Höhen des Gebirges, der Rocky Mountains (im Schlußband), empor.[30] Die Aufwärts-Bewegung markiert auch das ethisch-religiöse Programm.[31] Das *Surehand*-Personal strebt tastend und zweifelnd, forschend und suchend seinem Ziele ent-gegen. Die 'Höhe', der Ort des Göttlichen, des Gerichts und der Gnade, wird am Ende des Geschehens erreicht.

Das eigentliche Thema in *Old Surehand III* ist die Suche nach Gott, nach dem 'mütterli-chen' Antlitz der Barmherzigkeit Gottes.[32] Mays existentielle Not, seine heimlichen Schuldgefühle, seine Recherche nach der Liebe der Mutter und der Zuwendung Gottes offenbaren sich in dieser Erzählung: im Schicksal der wichtigsten Romanfiguren.

Old Surehand, der Titelheld, hat seit langer Zeit das "Beten" verlernt (S. 468).[33] Er führt das Leben Ahasvers. Er verschweigt mit verbissenem Eigensinn (S. 457f.) seinen Gram, sein Geheimnis: daß sein Vater - wie der junge May - ein 'Verbrecher', ein "Zuchthäusler" (S. 504) war. Old Surehand alias Leo Bender verschließt sich im Schwei-gen: weil er - wie der Autor - Angst hat vor dem Bekanntwerden seiner Vergangenheit, vor dem Verlust seines Ansehens.[34] Er schweigt. Und er sucht seine "Mutter" (S. 562). Gegen Ende der Trilogie findet Surehand - zu Gott (S. 498). Der 'Stumme' kann wieder reden, seine Angst ist geheilt, und - die Mutter ist nahe.

Das Leid, die Sehnsucht nach der Liebe der Mutter bedrängen auch Apanatschka, den Unterhäuptling der Naini-Komantschen. Der tapfere Held denkt zärtlichst an Tibo-wete, die er für seine Mutter hält, und die dem Wahnsinn verfallen ist. Auch dieser Mann ist ein Rätsel. Eigentlich heißt er Fred Bender und ist, ohne es zu wissen, der jüngere Bruder Old Surehands. Als er seine Mutter, seine richtige Mutter, erkennt, fällt er "mit ihr in die Knie", hält sie "fest umschlungen" und drückt "seinen Kopf an ihre Wange" (S. 521). Das 'mütterliche Prinzip' hat, auch hier, den männlichen Stolz, die Heldenpose des Krie-gers überwunden.

Der innere Friede kehrt für Surehand und Apanatschka, die halbindianischen Brüder, zurück in der Gestalt Kolma Puschis. Dieser ruhelose, immer hilfsbereite, jede menschli-che Bindung - zunächst - aber zurückweisende (S. 182) Indianer hat im Aussehen die größte "Aehnlichkeit mit Winnetou" (S. 181). Doch selbst den Apatschen scheint Kolma Puschi ('Schwarzes Auge'), der geheimnisvolle, zu keinem Volk und keinem Stamm ge-hörende Fremde, zu übertreffen: an magischer Ausstrahlung, vollendeter Männlichkeit und kriegerischem Genie. Zuletzt freilich entpuppt sich der Indianer als - eine Frau namens Tehua ('Sonne') alias Emily[35] Bender!

Kolma Puschi ist die Schwester von Tokbela (Tibo-wete-elen alias Ellen Bender), der vermeintlichen Mutter des Naini-Häuptlings. Leo und Fred, ihre verlorenen Söhne, hat sie gesucht - so viele Jahre vergeblich. Sowie sie in Apanatschka den jüngeren Sohn wiedererkennt, fällt die Maske, die Männlichkeit, ab. Wie der Bowie-Pater (Miß Ella) in *Die Juweleninsel*[36] - aber erzählerisch viel besser motiviert als in der Parallel-Szene des Frühwerks - sinkt die Indianerin auf die Knie (S. 521). Sie muß ihre Tränen jetzt nicht mehr verbergen. Sie darf nun sein, was sie ist: die Sonne, die Mutter, die liebende Frau.

Das erzählende 'Ich' hat alle Zusammenhänge vorausgeahnt. Old Shatterhand kann und weiß wieder fast alles. Doch "erst in fünfter, sechster Stelle ist er Westmann, in erster aber Christ." (S. 81) Das Wunsch-Ich des Autors versucht, nach besten Kräften, den Grundsätzen des "wahren Christentums" (S. 469) - der dienenden Liebe, die nicht auf Verdienste pocht, die nicht den eigenen Glanz und die eigene Ehre sucht (S. 469f.) - zu entsprechen. Old Shatterhand ist überlegen, aber er spielt sich nicht auf; er lenkt, im Rahmen seiner Möglichkeiten, das Geschehen und vertraut vor allem auf Gottes Führung. Nur: die empirische, die vorläufige Wirklichkeit Karl Mays zeigt sich weniger in Old Shatterhand, um so mehr aber in Surehand und anderen Protagonisten.

Die, autobiographisch gesehen, wohl interessanteste Figur des Romans ist Fred Cutter, genannt Old Wabble, der (über neunzig Jahre alte) 'König der Cowboys'. Zum ersten Mal tritt er auf in der 1889/90 verfaßten May-Erzählung *Der erste Elk*.[37] Spiegelt er dort - nach Hartmut Vollmer - den Charakter des Vaters, die bezwingende Macht, aber auch die Härte des Heinrich May, so kann er jetzt, in der *Surehand*-Trilogie, zum einen als partielle Selbstdarstellung des Autors und zum andern als Symbol des "fin de siècle" (S. 151), des gottfernen Materialismus, verstanden werden.[38]

In der Figur des Old Wabble ist May vom "Typenschilderer zum Menschengestalter"[39] gereift. Gebrochen und widersprüchlich ist dieser Charakter: Zunächst, in *Surehand I*, als eher sympathisch beschrieben,[40] verkörpert Old Wabble, im folgenden, die düstersten Möglichkeiten des früheren, des kriminell gewordenen Karl May. Eine lange, silbrige Haarmähne schmückt das gottlose Haupt; doch dies ist die einzige Zierde des Cowboys. Old Wabble sieht aus wie der Tod: ein Misanthrop, ein 'Schnitter' (Cutter), ein 'Sensenmann'! Zu den destruktivsten - natürlich übersteigerten, ins Dämonische verzerrten, zur eigenen Abschreckung bestimmten - Spiegelungen des 'anderen', des 'finsteren' May gehört dieser Cutter. Er lästert Gott und die Ewigkeit mit hämischer Bosheit (z.B. S. 44); und er scheut keine Untat und keinen Verrat an Old Shatterhand, dem früheren Gefährten, den er als "Heulmaier", als bigottischen Missionar und albernen "Schäfleinshirten" (S. 294) verhöhnt.

Cutters Leben wird, konsequent, als Sein zum Tode geschildert. Das Sterben kündigt sich an in Etappen: Der Alte versengt sich die langen Haare (S. 207) - ein "Signum des Macht- und gleichzeitig des Lebensverlustes";[41] und kurze Zeit später erleidet Old Wabble, in seinem Alter kaum heilbar, einen doppelten Armbruch (S. 263) - was autobiographisch als Chiffre für die Krise des Autors: die "Zerstörung des Abenteuerschreibens"[42] interpretiert werden könnte.

Die letzten Stunden Old Wabbles offenbaren, wie Claus Roxin gezeigt hat,[43] die Ängste, die Schrecken des armen May, des nach Erlösung hungernden Schriftstellers. Fred Cutter stirbt eines gräßlichen Todes: Eine gespaltene Fichte, die wir "als weibliches Sexualsymbol"[44] verstehen könnten, preßt den Unterleib (den Sitz der Begierde und der männlichen Kraft) Old Wabbles zusammen. Cutters "kein Ende" nehmender Schrei brüllt die seelische Not Karl Mays und "die Schmerzen einer ganzen Welt" (S. 490) heraus!

Daß es in *Surehand III* und in weiteren, etwa gleichzeitig entstandenen, Erzählungen Mays[45] gehäuft solche Szenen gibt (Atheisten, in ihrer Kälte, ihrer Liebesleere erstarrte Verbrecher werden durch 'Gottesgerichte' geblendet, zerschmettert, von Tieren gefressen usw.), wirft natürlich die Frage auf: WARUM erfindet May solche Szenen? Welche Gemütsverfassung treibt ihn dazu? Das Zerbröckeln der - bisherigen - 'Charakterpanzerung'[46] und des Heldenideals Karl Mays, aber auch die Eheprobleme und die bevorstehende, von May vielleicht vorausgeahnte Vernichtung seines Rufes haben "ersichtlich schon in den Jahren 1896/97 zu schweren Angstzuständen, zu jenem alptraumartigen Gefühl, zermalmt, erdrückt, zerquetscht zu werden, geführt, das in den Werken dieser Jahre schockierend und zwanghaft immer wiederkehrt."[47]

Über psychographische, ans persönliche Schicksal des Autors geknüpfte Gesichtspunkte hinaus ist die - theologische - Frage allerdings nicht zu umgehen: Welche Gottesvorstellung wird von May hier vermittelt? Ein beleidigter, ein grausam sich rächender, die Lästerung (Old Wabbles u.a.) entsetzlich vergeltender Gott? Ein 'gerechter', ein strafender Gott, der Blut sehen will? Ist dieses Gottesbild zu vereinbaren mit der Liebe, der ewigen Liebe, an die Karl May doch geglaubt und die er verkündet hat?

Ein reines Phantasieprodukt, eine bloße Angstprojektion unseres Schriftstellers ist Old Wabbles Tod keineswegs. So wie Fred Cutter - gefoltert, erdrückt und zerstampft - sind schon viele, auch Unschuldige, tatsächlich ums Leben gekommen. Wie kann Gott, der barmherzige Vater, das zulassen?[48] Kein Mensch, kein Theologe, kein Papst und kein Heiliger, kann diese Frage erschöpfend beantworten. Denn es gibt - wie Karl Rahner, einer der bedeutendsten Ausleger des menschlichen Seins und des christlichen Glaubens, bemerkt hat - kein Licht, das die "Abgründigkeit des Leidens erhellt, als Gott selbst. Und ihn findet man nur, wenn man liebend Ja sagt zur Unbegreiflichkeit Gottes selbst, ohne die er nicht Gott wäre."[49]

Was will Gott von den Geschundenen? Was will er von Karl May? Und was will dieser - von Gott?[50] Der Schriftsteller sucht den Frieden der Seele, die Versöhnung mit der dunklen Vergangenheit. Er schafft sich in Cutter ein Alter ego, das die (abgründigen) Möglichkeiten Karl Mays in exzessiver Weise verwirklicht. Und in der Schilderung des Todes, der Sterbestunde Old Wabbles, die auf dreizehn Buchseiten seziert wird, faßt er seine tiefste und letzte Hoffnung, sein - in der Anfechtung durchgehaltenes - Ja zu Gott, seine (in späteren Werken verfeinerte) "Lebens- und Sterbensphilosophie"[51] ins stammelnde Wort.

Das Wunderbare geschieht: Der 'verlorene Sohn' kehrt doch noch zurück. Der sterbende 'King of the cowboys' fleht, in seiner äußersten Angst, um Gnade, um die Vergebung des Himmels.[52] Ein einziger Augenblick der wirklichen Reue - subjektiv wie eine "Ewigkeit" (S. 497) empfunden - verändert sein Leben. Old Wabbles Haß, seine Kälte, sein Spott sind gebrochen.

Old Shatterhand betet für Cutter. Und dieser berichtet:

"Ich schlief jetzt einen langen, tiefen Schlaf und sah im Traum mein Vaterhaus und meine Mutter drin, die ich beide hier nie gesehen habe. Ich war bös, sehr bös und hatte sie betrübt, so träumte mir; ich bat sie um Verzeihung. Da zog sie mich an sich und küßte mich. Old Wabble ist nie im Leben geküßt worden, nur jetzt in seiner Todesstunde. War das vielleicht der Geist von meiner Mutter, Mr. Shatterhand?" - "Ich möchte es Euch gönnen. Ihr werdet's bald erfahren [...]" (S. 499)

Erstmals im Leben betet Old Wabble:

"Herrgott [...] Es giebt keine Zahl für die Menge meiner Sünden, doch ist mir bitter leid um sie, und meine Reue wächst höher auf als diese Berge hier. Sei gnädig und barmherzig mit mir, wie meine Mutter es im Traume mit mir war, und nimm mich, wie sie es that, in Deine Arme auf. Amen!" (S. 499f.)

Fred Cutter findet den Frieden:

Das Lächeln war in seinem Angesichte geblieben; es war so mild, als ob er wieder von seiner Mutter träume. Doch war's kein Traum mehr, der ihm die Erbarmung zeigte; er sah sie jetzt in Wirklichkeit, in jener Wirklichkeit, die über allem Irdischen erhaben ist; - - er war tot! - (S. 501)

Old Wabbles Mutter ist, psychographisch gedeutet, die Mutter Karl Mays. Der vom 'Tode', von der inneren Krise gezeichnete Schriftsteller sucht den Schutz seiner Mutter. Der "Regressionsschock", der May - um die Jahrhundertwende - "auf die Stufe des kleinen Kindes zurückwarf" und die Mutterbindung vertiefte, ist in der Sterbeszene Old Wabbles "mit beklemmender Genauigkeit vorweggenommen".[53] Zugleich aber verweist Old Wabbles Traum auf jene Wirklichkeit, die alles Irdische übersteigt. Fred Cutter - Karl May - wendet sich, vertrauend, an jene Barmherzigkeit, die den Gequälten verheißt: "Wie eine Mutter ihren Sohn tröstet, so tröste ich euch" (Jes 66, 13)!

Old Wabbles Verwandlung muß, angesichts der Verstocktheit des Cowboys, als reines Wunder erscheinen. Es geht dem Erzähler, theologisch - mit Martin Luther - gesprochen, um die Rechtfertigung des Sünders 'aufgrund von Gnade allein' (vgl. Röm 3, 21ff.). Zu Mays liebsten, ihm wichtigsten Bibelstellen gehörte Hiob 19, 25: "Ich weiß, daß mein Erlöser lebt"![54] Der Dichter wußte sehr wohl: Nicht das eigene 'Werk', nicht das "Verdienst" (S. 468) des Menschen - Old Wabble hat keine Verdienste -, sondern die Liebe, die Gnade, die Barmherzigkeit Gottes bringt Heil.

Wird JEDER, auch der größte Sünder, 'gerechtfertigt' durch Gottes Erbarmen? Oder kann sich der Mensch, in letzter Verstocktheit, der Gnade verweigern? Wer geht, für immer, verloren? Der absolut Böse, der seine Schuld nicht bereut? Diese Möglichkeit schildert May in Dan Etters, dem 'General', dem Hauptschurken der Trilogie. Auch der 'General', der das Glück der Familie Bender zerstört und den indianischen Prediger Derrick (Padre Diterico, den Bruder Kolma Puschis) ermordet hat, wird erdrückt - von einem riesigen Felsen. Er stirbt, so hat es den Anschein, ohne jegliche Reue. Er flucht noch im Sterben - mit Worten, die May nicht zitieren will. "Old Wabble war ein Engel gegen ihn [...] Kann Gott seiner armen Seele gnädig sein? Vielleicht doch - doch - - doch - - - doch!" (S. 565)

Werden zuletzt doch ALLE gerettet? Karl May läßt diese Frage in *Surehand III* offen.[55] "Es ist ein feiner Zug, daß er sich nicht zur Verdammung der Kontrastfigur, des reuelosen 'Generals' hinreißen, sondern sein Schicksal in Frage und Hoffnung ausklingen läßt".[56]

Die Unergründlichkeit Gottes zu durchschauen und zu ergründen, maßt sich der Schriftsteller nicht an. Aber er glaubt an die Gnade, die unendliche Liebe. Er vertraut dem Schutz der himmlischen Kräfte. Er fühlt sich - unter diesem Schutz - berufen, gegen die Hoffnungslosigkeit und die Sinnleere des Atheismus zu protestieren. Er sieht sich, im Schutze der Engel, gedrängt, gegen den positivistischen Rationalismus der Zeitgenossen[57] anzuschreiben: Wenn, so reflektiert der Autor,

ein Leser, der in der Irre ging, durch eines meiner Bücher auf den richtigen Weg gewiesen wird, so kommt sein Schutzengel zu dem meinigen, und beide freuen sich über die glücklichen Erfolge ihres Einflusses, unter welchem ich schrieb und der andere las. Das sage ich nicht etwa in selbstgefälliger Ueberhebung, o nein! Wer da weiß, daß er sein Werk nur zum geringsten Teile sich selbst verdankt, der kann nicht anders als demütig und bescheiden sein, und ich trete mit dieser meiner Anschauung nur deshalb vor die Oeffentlichkeit, weil in unserer materiellen Zeit, in unserer ideals- und glaubenslosen fin de siècle nur selten jemand wagt, zu sagen, daß er mit diesem Leugnen und Verneinen nichts zu schaffen habe. (S. 151f.)

Zur forcierten Predigttendenz, zur Berufung auf himmlische Mächte,[58] zur Betonung des mütterlichen Prinzips, der Gnade und Barmherzigkeit Gottes, kommt ein weiteres

Merkmal der späten Reiseerzählungen hinzu: Die Distanz zum Leser sucht May zu überwinden. Es ist sein "höchster Wunsch", den Leserinnen und Lesern ein Freund, "ein lieber Anverwandter zu werden"![59] Jeder Leser hat "das Recht, seinem Autor in das Herz zu blicken, und dieser ist verpflichtet, es ihm stets offen zu halten. So gebe ich dir das meine. Ist es dir recht, so soll mich's freuen; magst du es nicht, so wird es dir dennoch stets geöffnet bleiben." (S. 342)

8.5.2 *Im Reiche des silbernen Löwen I/II*: Die Suche nach Gott oder Die Hoffnung auf Emma

Einen, im Vergleich zu *Surehand III*, vielleicht noch tieferen Blick ins Herz des Verfassers gewährt - freilich auch hier nicht ausschließlich und nicht primär im erzählenden 'Ich' - der Orient-Roman *Im Reiche des silbernen Löwen*. Über den Menschen Karl May, seine Höhen und Tiefen, seine inneren Kämpfe, seine Glaubensnot und die Kompliziertheit seiner Beziehung zur Ehefrau Emma erfahren wir (indirekt und verschlüsselt) in dieser Erzählung sehr Wesentliches.

Die Entstehungsgeschichte des *Silberlöwen* ist ziemlich diffus. Die im Wilden Westen spielende 'Einleitung' mit dem orientalischen Titel *Die Rose von Schiras* wurde schon im Herbst 1893, im zeitlichen und thematischen Anschluß an *Winnetou III*, verfaßt[60] und an die Hausschatz-Redaktion gesandt. Nach fast vierjähriger Pause, wohl im Frühjahr 1897, setzte May den *Silberlöwen* fort: mit dem großen, zwischen Euphrat und Tigris handelnden Abschnitt *Am Turm zu Babel*. Auch die Arbeit an diesem wahrscheinlich Ende 1897, spätestens aber im Frühsommer 1898 abgeschlossenen[61] Text wurde unterbrochen: durch eine turbulente Reise des Ehepaars May (Mitte 1897)[62] und die Niederschrift des Romans *"Weihnacht!"* im Herbst 1897.

Die Rose von Schiras erschien im Frühjahr 1897 im 23. Jahrgang des 'Deutschen Hausschatzes', die Fortsetzung *Am Turm zu Babel* von November 1897 bis September 1898 im 24. Jahrgang desselben Journals. *Im Reiche des silbernen Löwen* war der Obertitel für beide Erzählungen.[63]

Im August 1898 übernahm Karl May die Hausschatz-Texte für die Fehsenfeld-Bände XXVI und XXVII *Im Reiche des silbernen Löwen I/II*. Den Wortlaut des Textes ließ er fast unverändert. Doch zum Schaden des Gesamtkonzepts (wie die Mehrzahl der Kenner es sieht) verknüpfte May die ursprüngliche Fabel mit zwei weiteren Kapiteln: 'Der "Löwe der Blutrache"' (I 267-357)[64] und 'Ein Rätsel' (II 453-628).[65] Diese - 1895 bzw. 1898 entstandenen[66] - Ergänzungstexte sind im Rahmen der Gesamtkonzeption Fremdkörper. Mit der Handlung des *Silberlöwen* haben sie wenig zu tun. "Die schlechte Komposition des Ganzen erklärt sich aus Umfangszwängen der Fehsenfeld-Bände,[67] und der Karl-May-Verlag hat die Erzählungen mit Recht für seine Lese-Ausgabe wieder getrennt".[68]

Der *Silberlöwe I/II* blieb, wie manche noch folgende Schöpfung Karl Mays, eine "unvollendete Rhapsodie".[69] Die meisten Fäden werden in den 'Fortsetzungs'-Bänden III/IV nicht wieder aufgegriffen. Wie May sich die Lösung so mancher Rätsel - etwa um Dschafar, den märchenhaften persischen Prinzen, dem Old Shatterhand in Amerika erstmals begegnet und den Kara Ben Nemsi im Orient wiedersieht - gedacht hat,[70] werden wir nie erfahren. Denn die, zum mystischen Spätwerk gehörenden, Schlußbände III/IV (1902/03) setzen die Abenteuerhandlung, abgesehen von wenigen Einzelmotiven, nicht fort.

Der *Silberlöwe I/II* wurde meist sehr negativ bewertet:[71] als müde und langweilig, als "literarisch bedeutungslos",[72] als "eine der schwächsten Leistungen Mays",[73] die hinter das Niveau der früheren Reiseerzählungen "durchgängig"[74] zurückfalle. Doch Walther Ilmer kommt, nach gründlicher Lektüre und eingehender Textanalyse, zum entgegengesetzten Ergebnis: *Am Turm zu Babel*, der handlungstragende Hauptteil des späteren *Silberlöwen I/II* (I 267-291 u. 358-624; II 1-452), sei "eine rundum befriedigende und Karl May in Hochform zeigende"[75] Erzählung; der Autor habe "diese Geschichte, literarisch gesehen, untadelig aufgebaut und das Spannungselement virtuos wie eh und je gehandhabt."[76]

Zwar hat der Schriftsteller viele Figuren, alle Schauplätze und fast sämtliche Handlungselemente des *Silberlöwen* aus früheren Werken, vorzugsweise dem Orientzyklus (Bd. I-VI), übernommen.[77] Diesem Mangel an neuen Ideen stehen andrerseits aber literarische Vorzüge gegenüber. Die Unlust des Autors an der Erfindung von weiteren Abenteuer-Sujets wird ausgeglichen durch erzählerische Feinheiten, die die Wertschätzung des Romans durch Walther Ilmer ins Recht setzen. Mays Sprachvermögen, seine Ausdrucksmittel, seine gestalterischen Fähigkeiten (bei der Beschreibung der Todeskarawane[78] zum Beispiel) sind gewachsen. Und wichtige Romanfiguren wie Hanneh oder der Pole Dozorca werden theologisch erhellt und erfahren - im Vergleich zum Orientzyklus - eine psychologische Vertiefung, eine differenziertere Charakter-Zeichnung.[79]

Das Erzählinteresse Mays hat sich, wie schon im dritten *Surehand*-Band, "auf psychische Dimensionen verlagert".[80] Die oberschichtige Story mag den Leser erfreuen oder, trotz des Ilmerschen Lobes, noch immer verärgern[81] - in jedem Fall gilt: Zumindest autobiographisch gesehen ist *Im Reiche des silbernen Löwen I/II* eine Kostbarkeit.

In der 'Einleitung' (I 1-266) trifft Old Shatterhand, nach dem Tode Winnetous, auf zwei Westmänner: die beiden Snuffles. Diese "wollten partout nicht glauben",

daß ich Old Shatterhand sei [...] Sie hielten mich entweder für einen Spaßvogel oder für einen Menschen, in dessen Kopfe etwas nicht in Ordnung war, und nun stand ich gar in dem leisen Verdachte, ein Pferdedieb zu sein! (I 19)

Den Erzähler "amüsierte" dieser Verdacht "im stillen" (ebd.). Es gab ja in Wirklichkeit - 1893! - noch keine 'Snuffles': keine Spürnasen, keine 'Schnüffler', die die 'Shatterhand-Legende'[82] durchschauten oder gar eine Verbindung zwischen May und dem Pferdedieb in Bräunsdorf[83] herzustellen vermochten. Die Snuffles in Mays Erzählung freilich sind, im Bewußtsein (oder Unterbewußtsein) des Autors, "klüger als so viele damalige Leser"![84] Mag Old Shatterhand sich vordergründig 'amüsieren' - sein Schöpfer Karl May wird an die früheren Streiche mit Unbehagen gedacht haben. Er beschwört die Vergangenheit und spielt mit dem Feuer!

Der Schriftsteller bringt, 1893, seinen Ich-Helden Old Shatterhand in "Legitimationszwang".[85] Sechs Jahre später, 1899, wird 'Dr. Karl May, genannt Old Shatterhand' tatsächlich entlarvt.[86] Hat May die Blamage vorausgeahnt? Sind die Snuffles "so etwas wie ein Gewissen"[87] des Autors?

In der *Babel*-Erzählung (1897/98) 'beichtet' der Verfasser! Die heimliche Selbstkritik ist, trotz der heiteren Töne, sehr ernst. So mahnt zum Beispiel Halef den Sihdi: "Nun denke dir die vielen, vielen Menschen, welche durch das Lesen dieser [Mays] Bücher hinter das Geheimnis kommen, daß es in deinem Verstande einige Stellen giebt, welche zugeklebt und ausgebessert werden müssen!" (II 356)

Nach Persien, ins Reich des 'silbernen Löwen', soll die Reise gehen. *Am Turm zu Babel* allerdings spielt noch in Mesopotamien, im 'Zweistromland'. Der metaphorische

Charakter der Landschaft ist "unverkennbar":[88] Zwei Ströme, Licht und Schatten, fließen in die Seele des Dichters; die Verstrickung in Schuld und die Suche nach Gott, nach Vergebung und Liebe, bedrängen das Herz Karl Mays; 'Babylon' ist seine (und unsere) Welt mit ihrer Verwirrung und ihrem Verlangen nach Ehre und Ruhm; die Trümmer von Babylon, der gefallene 'Turm', könnten das Bild einer zerrissenen Seele sein, das Symbol eines Irrsinns, einer verblendeten Renommiersucht, die - in sich selber zusammenbricht.

Vor diesem Hintergrund inszeniert May, in bekannter Manier, wieder fesselnde Abenteuer. Darüber hinaus entwickelt er längere - 'philosophische' - Dialoge, die viele, aufs Abenteuer erpichte, Leser wohl überblättern werden. Doch die unverkürzte, genaue Lektüre ist lohnend und ratsam. Gerade die Dialoge, die Nachtgespräche (des Ich-Erzählers mit Hanneh, Dozorca und Amuhd Mahuli) über Gott und die Welt, über den Tod und die Liebe, zählen zu den schönsten und menschlichsten Partien des *Silberlöwen* und des Mayschen Gesamtwerks. Sie beweisen, daß der Schriftsteller "gedanklicher Tiefe und adäquater sprachlicher Ausdrucksmittel keineswegs entbehrte, BEVOR sein Alterswerk entstand".[89] Und sie zeigen, daß Karl May - schon damals - die eigene Existenz, zumindest unterbewußt, sehr kritisch hinterfragt hat.

Das Nachtgespräch mit Hanneh scheint, auf den ersten Blick, mit der 'Beichte' des Autors überhaupt nichts zu tun zu haben. Hanneh, die Gattin des kleinen Hadschi, besitzt alles, was sie braucht - nur eines nicht: die Gewißheit des Seins, des Lebens in Fülle. Als Mohammedanerin leidet sie unter der Vorstellung, keine 'Seele' zu haben,[90] kein Leben, das bleibt - auch wenn der Körper zerfällt:

"In meinem Innern lebt eine Stimme heißer Angst, die nie zur Ruhe kommt; ich höre sie bei Tag und Nacht, im Wachen und im Traume. Sie schreit nach der Erlösung von dem fürchterlichen Gedanken, daß das Weib nur Fleisch vom Fleische, Staub vom Staube, eine wandelnde Gestalt ohne Geist und ohne Seele sei." (I 371)

Eine "seelische Eruption" (ebd.) ohnegleichen! Halefs Gattin wird, durch Kara Ben Nemsi, von ihrer Last dann befreit: "Wie Maria, die seligste der Frauen, im Himmel thront, so steht auch dir und allen Frauen, welche ihr nachfolgen, das Thor zu allen Seligkeiten offen. So lehrt das Christentum." (I 373)

Der Effendi verweist auf Christus, der in die Welt gekommen sei, "damit alle, die an ihn glauben, […] nicht verloren gehen, sondern das ewige Leben haben." (Ebd.) Hanneh hat lange gewartet auf dieses Wort. Sie jubelt in hymnischer Freude:

"Oh Allah, ich habe eine Seele, eine Seele! […] Ich habe gezweifelt und gekämpft so viele Jahre hindurch, und nun kommt dieses Glück so plötzlich und so strahlend über mich! Ich bin kein hohles Gefäß […] Ich wurde nicht bloß für den Mann geboren, um dann wieder nichts zu sein." (Ebd.)

Eine, auch sprachlich, sehr schöne Partie im Werk Karl Mays! Aber - was hat sie mit der Selbstreflexion des Verfassers zu tun? Zum theologischen Sinn, zur allgemeinen - anthropologischen - Bedeutsamkeit dieses Dialogs (Trauer über ein materialistisches Menschenbild ohne Ewigkeit, ohne wirkliche Liebe; Überwindung dieses Menschenbilds durch Glaube und Vertrauen) kommt ein psychologischer Hintersinn, eine spezielle - autobiographische - Relevanz noch hinzu: Hannehs "Angst", keine "Seele" zu haben, spiegelt, nach Ilmer, des Schriftstellers Angst, keine Frau, keine Partnerin, kein geistiges Du, sondern - ein gurrendes Weibchen, eine geschwätzige Köchin zu haben. Eine Frau mit 'Seele', eine Frau wie Hanneh - ist der Wunsch Karl Mays! "So fraulich, so nachdenklich, so dem Höheren zugewandt und - bei aller Selbstbescheidung - so selbstsicher wie diese Hanneh sollte Emma sein!"[91]

Hanneh ist eine kluge Frau. Sie schützt ihren Mann, Hadschi Halef, vor dessen eigener Torheit (I 284f.). Gerade jetzt, auf der Höhe seiner Berühmtheit, hätte auch May eine verständige, vor der Exzentrik - dem Shatterhand-Kult - ihn schützende Frau so nötig gehabt: "Es ist jeder heiß- oder schnellblütig angelegte Mann nur glücklich zu preisen, wenn er eine bedachtsame Frau besitzt, welche es versteht, ihn in freundlicher, aber ja nicht herrischer Weise vor Unbedachtsamkeiten zu bewahren." (I 285)

Die eigenen Fehler sieht May, in der Tiefe seines Herzens, wohl ein. Seine Hoffnung setzt er - auf Emma. In Hanneh entwirft der Dichter das Idealbild der 'besseren Hälfte' des Mannes. Aber auch in Emmeh,[92] mit der Kara Ben Nemsi seit "fast zwei Jahren" (I 397) verheiratet ist, zeichnet May ein äußerst sympathisches, durch und durch idealisiertes Bild seiner Ehefrau Emma.[93] Seine (widersprüchlichen) Gefühle unter Kontrolle zu bringen und die Realität literarisch zu korrigieren, hat May, auch als Ehemann, wohl einigen Grund.

"Gestehe, daß du wegen dieser Frau ein böses Gewissen gehabt hast!" (I 393), meint Halef, halb scherzhaft, zum Sihdi. Denn dieser hatte - bisher - die Existenz seiner Emmeh dem Hadschi verschwiegen! Warum? "Karl May hatte in der Tat 'ein böses Gewissen' wegen Emma; er wollte ihr gerecht werden, sah aber täglich ihre [...] Mängel"[94] und versagte wahrscheinlich auch selbst: durch ängstliche Nachsicht und dann wieder übertriebene und unbeherrschte Kritik.[95]

Die eigentliche 'Beichte', die Selbstanklage des Schriftstellers enthält das Nachtgespräch mit Dozorca. Mays Alter ego ist in der *Babel*-Erzählung, neben Halef und Kara Ben Nemsi, in erster Linie der Pole Dozorca, ein schwacher, durch Lebenserfahrung verbitterter Mensch. Um Karriere zu machen, hat er die islamische Religion angenommen. Er wurde Bimbaschi, Ma(y)jor in türkischen Diensten. Schon früher, in der polnischen Heimat, hatte er Dunkles erlebt. Und dann, im Orient, nach glücklicher Zwischenzeit, kam die Katastrophe: Seine Stellung, sein Geld, seine Frau, seine Tochter hat er verloren. Seine Verzweiflung macht ihn zum Trottel, der vom Diener, dem fetten Kepek ('Kleie'), sich alles gefallen läßt. Wie - Karl von Emma?

Die Schuld an der ganzen Misere trägt, selbstverständlich, nicht er. Schuld ist vor allem GOTT, der ihm - dem 'Gerechten' und 'Braven' - alles genommen hat. Er haßt, er verachtet diesen Gott. An Gottes Liebe kann er nicht glauben.

Unter nächtlichem Himmel, auf dem Dach seines Hauses in Bagdad, fragt Dozorca den Gastfreund Kara Ben Nemsi: "Effendi, glaubst du an Gott?" (I 539) Der Effendi - Mays besseres Ich -

erschrak fast, als diese seine Frage so plötzlich und unvorbereitet durch die tiefe Stille klang. "Ja", antwortete ich nur mit diesem einen Worte. - "Ich nicht!" - Welch schweren Druck dieses "Ich nicht" hatte! [...] "Warum nicht?" fragte ich ihn nach einer kleinen Weile. "Weil ich nicht an einen Gott glauben kann, welcher mir nichts als Ungerechtigkeiten erwiesen hat." (Ebd.)

Mit Gott und der Welt ist Dozorca zerfallen. Wie oft mag auch May wie Dozorca empfunden haben! Als Schüler im Seminar, als enttäuschter Liebhaber, als unschuldig-schuldiger Dieb, als entlassener Lehrer, als Sträfling im Zuchthaus, als glückloser Ehemann, als - in sich selbst gefangener, sich selbst bemitleidender - Narzißt!

Der Ich-Erzähler, im Nachtgespräch mit Dozorca das Gewissen des Autors, hält dem Ma(y)jor einen Spiegel vor:

"Bist du der Mann dazu, eine solche Anklage gegen den, welcher die Allgerechtigkeit selbst ist, zu erheben?" - "Wäre er die Allgerechtigkeit, so säße ich nicht hier, sondern daheim im Schlosse meiner Väter! [...] Hätte er mein Leben gesehen, so konnte er ihm, als der Allmächtige, einen andern Verlauf, einen andern Inhalt geben!" - "Sind wir Kinder Gottes oder seine Sklaven? Wenn er jeden

Augenblick deines Lebens [...] zu bestimmen hätte, wer und was wärest du dann? Ein totes, willenloses Spielzeug seiner Hand. Aber wahrlich, Gott spielt nicht! Das Leben ist kein Spiel und der Mensch kein hölzerner Kegel" (I 539f.).

Seinen Widerstand gibt Dozorca noch lange nicht auf:

"Aber was will Gott, wenn es einen giebt, mit uns? Warum fallen wir, ohne zu wissen, warum, ohne schuld zu sein? Warum bleiben tausend andere stehen, ohne es zu verdienen? Warum nimmt er dem Braven alles, alles, selbst das allerletzte, was ihm geblieben ist [...]?" (I 540)

Der Dialog zwischen Kara Ben Nemsi und dem einstigen Offizier ist der alttestamentlichen Weisheitsliteratur, dem Buche 'Hiob', teilweise nachgebildet. Zugleich aber kann die Erwiderung des Ich-Erzählers an den Ma(y)jor als Selbstbesinnung des Autors, als Auseinandersetzung mit der eigenen Vergangenheit - den kindischen Versuchen, die 'Omnipotenz' zu genießen, 'Namen' und 'Rang' zu erhaschen, die Spießbürger zu blamieren und die Obrigkeit zu verhöhnen[96] - interpretiert werden:

"Welch ein Hochmut! Du setzest dich also zu alleroberst, schaust selbstgerecht und selbstgefällig von dieser stolzen Höhe herab, richtest deine Mitmenschen mit einem einzigen kalten, vernichtenden Worte und duldest den, als dessen Spielzeug du dich soeben noch bekanntest, weder neben und noch viel weniger über dir! Weiß der Mensch, wenn er gefallen ist, wirklich nicht, warum? Bist du an deinem Schicksale wirklich ohne Schuld? Warst du in Wirklichkeit der immerwährend Brave [...]? Was verstehst du unter Gerechtigkeit und Ungerechtigkeit? Was dir gefällt und was dir nicht gefällt! Denke dir, du seist ein Kind und sähest in der Hand deines Vaters eine für dich noch unverdauliche oder gar giftige Frucht! Du bittest ihn, sie dir zu geben. Bekommst du sie, so hältst du ihn für gerecht; verweigert er sie dir, so nennst du ihn ungerecht. Er aber hat, wie du später einsehen wirst, als liebevoller, weiser Vater gehandelt." (I 540f.)

Dozorca-May trotzt: "Ich bin kein Kind, sondern so alt geworden, daß ich um die Einsicht, von welcher du redest, nun endlich einmal bitten möchte!" (I 541)

Kara Ben Nemsi, des Schriftstellers Alter ego 'nach oben', entgegnet mit Schärfe:

"Grad weil sie dir fehlt, bist du [...] noch ein Kind [...] Wenn du das jetzt in deinem Alter noch bist, so bist du es in deiner Jugend noch viel mehr gewesen [...] Du hast falsch gewählt, vielleicht gar die giftige Frucht aus der [...] Hand des Vaters gerissen, und nun du dir durch ihren Genuß das ganze Leben vergiftet hast, klagst du über seine Ungerechtigkeit oder magst überhaupt nichts von ihm wissen. Es ist freilich nicht schwer, Gott zu leugnen, wenn man [...] sich nur nach dem eigenen Willen gerichtet hat. Da kommen unausbleiblich Stunden stiller, heimlicher Selbstanklage" (I 541).

May hält hier nicht, wie die 'Freunde' des Hiob,[97] von oben herab - für andere - eine Predigt! Denn er meint ja sich selbst: in DIESER Härte wohl ohne Parallele im gesamten - bisherigen - Erzählwerk.

Jedes Wort des Effendi trifft den Ma(y)jor. Mit Steinen wirft Kara Ben Nemsi nun allerdings nicht. Er weist zurecht und er richtet auf - mit Rat und Tat, mit Verständnis und helfender Güte.

Dozorca denkt nach. Er weint wie ein Kind.[98] Er wendet sich, wenn auch zögernd, dem Christentum wieder zu, und seine Verhältnisse bessern sich rasch. Er wird befördert zum Oberst, zum Mir Alai - dem Prestigegewinn Karl Mays, des Bestsellerautors, entsprechend. Doch die Frau, die Tochter, die 'Liebe' sind noch immer verloren. Wird der 'frühere Bimbaschi und jetzige Mir Alai' sie wiederfinden?

8.5.3 *"Weihnacht!"*: Die Suche nach Gott oder Die Selbstübersteigerung des erzählenden 'Ich'

Old Surehand, Old Wabble, Dozorca - schwierige Charaktere sind diese 'Helden': Selbstspiegelungen eines komplizierten, mit sich ringenden Menschen, eines Schriftstellers, der 'stürzen' und sein Hauptwerk, in den späten Lebensjahren, dann schaffen wird.

Als letzte literarische Steigerung vor der 'Wende' Karl Mays zur eigentlichen Symbol-Dichtung und wirklichen Hochliteratur ist *"Weihnacht!"*, der Band XXIV in der Freiburger Reihe, zu bewerten. Der größte Teil dieser Reiseerzählung entstand sehr wahrscheinlich in Birnai an der Elbe (Nordböhmen): in einem Gartenrestaurant, wo Karl May, in völliger Abgeschiedenheit, sich konzentrieren konnte auf seine Arbeit. Innerhalb kürzester Zeit, nach einer Planungsphase von mehreren Monaten allerdings,[99] wurde *"Weihnacht!"* zwischen Mitte Oktober und Anfang Dezember 1897, noch vor Abschluß der *Babel*-Erzählung, unmittelbar für Fehsenfeld verfaßt.[100]

Als Titelbild wählte May 'Die heilige Nacht', ein Altargemälde des Renaissance-Künstlers Antonio Correggio. Das Bild zeigt Maria mit dem Kind, die Anbetung der Hirten und im Hintergrund Josef mit einem Esel.[101] Zwar spielt der Hauptteil von *"Weihnacht!"* im Wilden Westen (einem Schauplatz, den der Autor, für die nächsten zwölf Jahre, aus seinem Oeuvre verbannen wird[102]); aber allein schon der Titel und die äußere Aufmachung sollten den Weihnachts-Roman der Abenteuersphäre entrücken und die religiöse Intention des Buches hervorheben.[103]

Der Name 'May' durfte auf dem Einbanddeckel freilich nicht fehlen. Am 12.10.1897 schrieb der Autor an Fehsenfeld:

Die Hauptsache ist der Name May, der muß besonders in die Augen fallen, denn er ist es allein, welcher zieht. Steht er blos auf dem Rücken, so ist es nichts. Die Käufer wollen zu Weihnachten weniger einen Weihnachts- als vielmehr einen May-Band haben; daß dieser Band ein Weihnachtsthema behandelt, kommt in zweiter Linie.[104]

In "zweiter Linie" interessiert die religiöse Thematik, so kann man (zugunsten Mays) diesen Brief-Passus interpretieren, die KÄUFER des Buches. May selbst sah die Priorität - in zahlreichen Äußerungen, etwa im Brief vom 7.11.1898 an Fehsenfeld - durchaus anders: "Mein Zweck ist, meine Leser zu Gott zu führen und sie für alles Gute [...] zu begeistern."[105]

Worum geht es in diesem Roman? Um die Geburt des Erlösers aus der Jungfrau Maria? Um die göttliche Gnade schlechthin? Um das mütterliche Prinzip? Um die Selbstdarstellung des Autors? Um Public Relations? Echte Frömmigkeit und hoher Idealismus, aber auch Geschäftstüchtigkeit und befremdliche Ich-Überhöhung verschränken sich bei May, in den neunziger Jahren, auf seltsame Weise. Der Dichter sucht den Erfolg. Und er sucht - nicht weniger - Gott. Er sucht zugleich die Liebe der Mutter und der Ehefrau Emma. UND er sucht, nun mit letzter Konsequenz, die neue Identität: in Old Shatterhand, im "erschriebenen Ich",[106] in der Ich-Camouflage, in der Maske der Eitelkeit und der Scham (über die dunkle Vergangenheit, die das Edel-Ich zu verdecken hat).[107]

Den Gipfel seines literarischen Könnens UND das Ziel seines religiösen Verlangens hat May, so scheint es, nun endlich erreicht: *"Weihnacht!"* ist geschlossener in der Form und - von manchen Marienkalender-Geschichten abgesehen - noch frömmer, noch christlicher im Gehalt als alle bisherigen Werke. Aber leider: In der Gleichsetzung des Superhelden Old Shatterhand mit dem Autor Karl May wirkt der Meister-Roman, in vielen Passagen, doch allzu gewagt und ziemlich hybrid.

Die 'giftige Frucht', die Dozorca, der alte Ma(y)jor, der Hand des himmlischen Vaters - am *Turm zu Babel* - entrissen hat: sollte sie gar - das Gewand des Old Shatterhand sein?

Gerhard Neumann sieht die Einzigartigkeit Karl Mays in der "Erschreibung" seiner Wunsch-Identität:

Es ist das Modell der Geburt des Helden aus der Autorschaft, der sozialen Selbstzeugung durch einen Akt des Schreibens, der als ein Akt der Bewahrheitung von Leben verstanden wird. Ein Ziel von solcher Vermessenheit und Anfechtbarkeit zugleich hat sich kein anderer Autor des 19. Jahrhunderts zu stecken gewagt. Hier werden Gelingen, tragisches oder lächerliches Scheitern ununterscheidbar. Der Abstand, der Karl May von anderen Autoren trennt, ist nur von daher zu begreifen.[108]

Mays Konstruktion einer totalen Identität von Autor und Edelheld bezeichnet Neumann als zerstörerisch:

Es ist der Zug tragischer Ironie im Schicksal dieses außerordentlichen Mannes, daß der wachsende Erfolg seiner Strategie der Ich-Erschreibung ihm letztlich die bürgerliche Identität, die er schon gewonnen glaubte, wieder raubte. Denn gerade seine soziale Anerkennung als Held und Autor ruft die Journalisten auf den Plan, die 'Dr. Karl May' als Hochstapler und ehemaligen Delinquenten entlarven und seine soziale Identität wieder zerstören.[109]

Aufs erste verblüffend, auf den zweiten Blick aber einleuchtend hat Heinz Stolte den Weihnachtsroman Karl Mays zu einem Werk Marc Chagalls in Beziehung gesetzt - zum Bild 'Der Tod' mit dem Motiv des Fiedlers auf dem Dach:[110] In schwindelnder Einsamkeit, hoch auf dem First, spielt der Künstler seine Traummelodie. Er hat sich hinaufgeträumt ins Absurde. Dieser Platz ist nicht haltbar. Von dort wird er stürzen. Denn die Erde, die Vergangenheit, die Herkunft wird ihn zurückholen.

Noch immer (und gerade jetzt, 1897, forciert) herrscht in der Selbstdarstellung Karl Mays der pseudologische Trieb. Er feiert 'Orgien' mit steigender Lust, die die Angst überspielt.[111] Was May in früheren Ich-Erzählungen insinuiert, was die Hausschatz-Redaktion seit 1880 bestätigt,[112] was May im *Satan*-Roman bekräftigt, was er seit Jahren - in Briefen - behauptet, was er auf Werbe-Photos verbreitet und im Sommer 1897 in aller Öffentlichkeit erklärt hatte: Karl May ist Old Shatterhand/Kara Ben Nemsi,[113] das wird im Weihnachtsroman - penetrant - unterstrichen und 'legitimiert'.

"Jetzt, da er als Old Shatterhand öffentlich aufgetreten ist [...], MUSS er in der Erzählung seinen Namen nennen."[114] Hunderttausende werden es lesen: Karl May ist wirklich Old Shatterhand. Alle Großtaten, die unwahrscheinlichsten, die völlig unglaublichen, er hat sie vollbracht. Eindringlicher als je zuvor wird es in *"Weihnacht!"* allen verkündet: Der ehemalige "Gymnasiast" (S. 13),[115] der bürgerliche May, der Schriftsteller aus Radebeul ist Old Shatterhand, der edle, der christliche Held.

Vergessen wir nicht: Old Shatterhand und Kara Ben Nemsi hieß das 'Ich' nicht in allen Erzählungen; und nicht in allen Geschichten war es der strahlende Held. In *Der Scout* (1888/89) erweist sich das 'Ich' als ungeschickt im Reiten auf fremden Pferden; das Anschleichen auf den Fingerspitzen fällt ihm recht schwer; und die "Mangelhaftigkeit" seines "Werthes" beginnt er zu ahnen.[116] In der Kurzgeschichte *Der erste Elk* (1889/90 entstanden) verhält es sich ähnlich: Der Ich-Erzähler, Samuel Parker, ist Old Wabble weit unterlegen - als echtes 'Greenhorn' und wirklicher Anfänger![117]

Die Greenhorn-Passagen in *Der Scout* und *Der erste Elk* hat May für die Buchfassung in *Winnetou II* bzw. *Old Surehand I* korrigiert: Das 'Ich' durfte keine Fehler mehr haben! Aber daß es mit bürgerlichem Namen Karl May heiße, wird im Erzählwerk, expressis verbis, nur in *Krüger Bei* (an einer einzigen Stelle im, von Keiter gestrichenen, Kapitel 'In der Heimath'[118]) und jetzt - an zahlreichen Stellen[119] - in *"Weihnacht!"* erklärt.

Jawohl, der Schriftsteller Karl May "hatte ganz offensichtlich allen Sinn für die Realität verloren, als er seinen Weihnachtsroman schrieb, und auch jegliche Ahnung davon, in welchen Abgrund der Lächerlichkeit er sich damit stürzte."[120]

Aber ausgerechnet DIESE Erzählung muß, ästhetisch gesehen, zu den gelungensten Werken unseres Poeten gezählt werden! Auffällig ist "die straffe Bindung an ein strukturelles Gerüst."[121] Erzähltechnisch wirkt alles perfekt: Der Aufbau des Romans ist streng verfugt, die Logik der Handlung besticht, und das Kunstmittel des 'Motivreims' wird, in den Strophen des (aus der Zwickauer Haftzeit stammenden) Weihnachtsgedichtes,[122] voll zur Wirkung gebracht.

Das Weihnachtsgedicht "dominirt", so May an Fehsenfeld, "den ganzen Inhalt, zieht sich wie ein goldener Faden durch das ganze Buch und beherrscht in ergreifender Weise den Schluß desselben."[123] Mays Selbstlob ist - wie Stolte und andere Interpreten, in akribischen Textanalysen, erläutern - in diesem Falle ohne Einschränkung berechtigt: Aus dem Erlösungsmotiv 'Weihnacht' hat der Autor mit imponierender "Kunstfertigkeit den ganzen großen Komplex seiner Episoden herausgesponnen und vom ersten bis zum letzten Wort das Ganze zu einer in sich abgeschlossenen Einheit zusammengeklammert".[124]

May bezieht sein Weihnachtsgedicht auf verschiedene Grundsituationen des Lebens und arbeitet, im Rezitieren der Verse, mehrfache Sinnperspektiven heraus: die Ankunft des Erlösers inmitten der Not und der Armut der menschlichen Existenz (S. 49ff.); die Heimkehr des 'verlorenen', um Erbarmen flehenden Sohnes (dessen Schuld die Vergebung und dessen Angst die Verwandlung in Freude erfährt: S. 51f.); die Überwindung - schließlich - des leiblichen Todes durch die Liebe des Himmels (S. 100f. u. 517ff.).

Das Gedicht wird zum "Generalregler"[125] aller Handlungsstränge:

Der allmählichen Erweiterung des Gedichttexts entspricht im Verlauf der Geschichte die fortschreitende Enthüllung des Schicksals der einzelnen Figuren, [...] bis mit dem letzten Vortrag des Gedichts alle Teilhandlungen zum Abschluß oder zur Aufklärung gelangt sind.[126]

Die ganze Fabel wird durch das Weihnachtsgedicht determiniert; keine einzige Szene "ist zufällig, belanglos, rein additiv hinzugefügt".[127] Mit seinen fünf Kapiteln, von der 'Einleitung' bis zur Lösung 'Im Schnee', erinnert der Roman an die Technik des klassischen Dramas. Wie die *Surehand*-Trilogie und der *Silberlöwe* (schon die Bände I/II) ist auch *"Weihnacht!"* - wie Hartmut Vollmer gezeigt hat[128] - als 'Erlösungsdrama' zu deuten.

Das gesamte Geschehen in diesem Roman entspricht dem Grundgesetz der biblischen Hermeneutik: der "Struktur von Verheißung und Erfüllung".[129] Die 'Realprophetie' des göttlichen Heilsplans erfüllt sich in der Erzählung; die 'Wirklichkeit' schreibt nach, was die Vor-schrift des Autors, das Weihnachtsgedicht, verkündet.[130] So gesehen nimmt der Weihnachtsband schon vorweg, was Karl May - in faszinierender Bildsymbolik - im Spätwerk vollenden wird.

Wesentlich konsequenter als in *Satan und Ischariot* strukturieren die biblischen Parallelen durchgängig den Roman. Die Wanderung der Familie Wagner zum Beispiel (S. 42f.) ist "bis in die sprachlichen Details"[131] der Herbergssuche von Maria und Josef nachgebildet; das Motiv der Herbergssuche setzt sich fort (S. 97ff.), und die 'Krippenszene' im ersten Kapitel gleicht, in Form und Gehalt, die Weihnachtsszene im Schlußteil.[132]

Die abenteuerliche Handlung steht zwar - im Unterschied zu den späteren Werken Karl Mays - noch immer im Vordergrund; aber das Interesse des Autors an den Kampfszenen des Western-Genres läßt spürbar nach. Ganz andere, die kriegerischen Elemente verdrängende Themen bestimmen den Duktus des Weihnachtsromans.

Das Hauptinteresse Mays gilt - der Versöhnung des Menschen mit Gott. Gewiß, auch profane Bereiche werden mit angesprochen. Auf dieser Ebene geht es in *"Weihnacht!"*, wie Ulrich Schmid unterstreicht, vor allem um "die Existenzregeln des freien Schriftstellers und des literarischen Markts",[133] etwa um Fragen des Honorars und des Urheberrechts am eigenen Werk.[134] Doch diese Dinge sind, aufs Ganze gesehen, nicht das eigentliche Thema der Weihnachtserzählung.

Auf der menschlich-religiösen Ebene des Romans steht, wie ebenfalls Schmid hervorhebt, die Kommunikation, das Gespräch, die personale Begegnung,[135] im Mittelpunkt des Geschehens:

Zum entscheidenden Kriterium für die Beurteilung der Figuren durch den Ich-Erzähler wird ihre Fähigkeit bzw. Bereitschaft zur Verständigung [...] Die negativen Gestalten sind vor allem durch ihre Verweigerung der Kommunikation gekennzeichnet [...] Die 'gebrochenen' Figuren Reiter, Welley und Hiller haben [...] Schuld auf sich geladen. Erlösung wird ihnen durch das Aussprechen der Schuld, durch das Geständnis.[136]

Durch die Begegnung mit Shatterhand, durchs offene Bekenntnis des eigenen Versagens werden der Pelzjäger Hiller und der (vermeintliche) Mörder Emil Reiter aus ihrer Verstrickung befreit. Und erlöst wird, durchs Eingeständnis seiner Verlorenheit, der Wirrkopf Old Jumble: der kindische, ganz und gar weltfremde Jugendgefährte Old Shatterhands - der unkluge, kontaktarme, zerstreute, alles 'verwechselnde' Carpio.[137]

Die religiöse Botschaft ist, wie so oft bei May, sehr kunstvoll verwoben mit der autobiographischen Leseebene. In *"Weihnacht!"* schildert der Autor - erstmals in einem ausführlichen Bericht (S. 9-104) - seine erzgebirgischen Jugendjahre. Er macht sich bewußt:

Der Mensch ist eine gehende Pflanze, deren Wurzeln doch nirgends anders als in der Jugendzeit ruhen. Aus ihr holt er sich noch im spätesten Alter, vielleicht ohne es zuzugeben oder es auch nur zu wissen, eine Menge geistiger Nahrungsstoffe, ohne welche sein Gemüt verdorren müßte! (S. 304)

Der Schriftsteller besinnt sich auf seine Vergangenheit und - 'kuriert' sie zugleich. In raffinierten Verkleidungen holt sich May, so Walther Ilmer, im Figurenpaar Sappho und Carpio "die Gespenster der Jugendzeit heran - und erschlägt sie":[138] Carpio, der stumme "Karpfen" (S. 23), der verträumte, lebensuntüchtige, durch väterliche Fremdbestimmung gescheiterte (S. 325f.) Hermann Lachner, wird - im fernen Westen - den Tod finden. Aus Sappho aber, dem femininen,[139] 'unreifen' (menschlich und künstlerisch, durch seine Weihnachtsverse, freilich schon vielversprechenden) Schüler, wird - Old Shatterhand, der allmächtige Weltläufer, der große Dichter und Verkünder des Evangeliums.

Auch und gerade in *"Weihnacht!"* wäre es verkehrt, die Selbstdarstellung Mays nur im Ich-Helden Old Shatterhand zu sehen. Nein, ALLE Romangestalten, auch Nebenfiguren wie der Mediziner Dr. Rost, der Kantorssohn Reiter oder der Gastwirt Franzl, besonders aber der kranke und liebeshungrige Carpio "sind Ich-Varianten des Autors bzw. verkörpern Phasen seiner Biographie. Dabei reichen die Parallelen bis in die Feinstrukturen des Textes"![140] Ein Alter ego ganz eigener Art ist der 'Westmann' Watter. Der Kontrast zwischen Shatterhand, dem wirklichen Helden, und Watter, dem überheblichen Pseudo-Helden, soll die 'Echtheit' Old Shatterhands - in den Augen der Leser - bestätigen. Inkognito, mit betonter Bescheidenheit (als 'Mr. Meier'), tritt Shatterhand auf. Watter, der Möchtegern-Westmann, gibt vor, den berühmten Old Shatterhand persönlich zu kennen. Er verhöhnt 'Mr. Meier': "Denkt Euch [...] grad das Gegenteil von dem, was Ihr seid [...], so habt Ihr Old Shatterhand grad vor Euern Augen!" (S. 166) Eine "gnadenlose Demaskierung"[141] des Ich-Helden nimmt May, durch Watter, hier vor! Als versteckte - für den damaligen Leser kaum erkennbare - Distanzierung des Autors von der Shatterhand-Legende, als feine (un-gewollte?) Selbstironie Karl Mays muß dieser Passus verstanden werden!

Subtiler noch als in der Begegnung des Pseudo-Westmanns mit dem Superhelden Old Shatterhand schildert May sich selbst, die schwachen Elemente seiner Persönlichkeit, in Carpio: dem Anti-Helden und Anti-Old Shatterhand. Denn Carpio ist das Spiegelbild des gespaltenen, schon in den Jugendjahren verstörten, im Erzählwerk so manches 'verwech-selnden', die eigene Vergangenheit (im 'Ich' Old Shatterhands und Kara Ben Nemsis) verschleiernden Karl May.[142]

In Carpio, dem 'zerrissenen',[143] teilnahmslosen, zur Selbst-Zerstörung tendierenden Depressiven, hat der Schriftsteller das Erbärmliche, das Kranke und absolut Hilfsbedürfti-ge - bejaht und gerechtfertigt. Wenn May dazu neigte, das Starke und Siegreiche litera-risch zu verherrlichen, so wird hier - mit Carpio - ein Gegengewicht geschaffen, das die Sympathie des Lesers und die Anerkennung durch den Interpreten wahrlich verdient. Liest man die ganze Erzählung von Carpio, dem 'Kinde', her und durchschaut man, in welcher Figur sich der Autor - einen wesentlichen Teil seines multiplen, vielgesichtigen Ich - wirklich darstellt, dann eröffnet der scheinbare Heldenroman ganz andere Perspekti-ven.

Die Lösung, die 'Katastrophe', auf die alles Geschehen von Anfang an zusteuert, ist der Weihnachtsabend im Wilden Westen. Winnetou sieht Carpios Tod schon voraus: Der Schnee des Felsengebirges "wird auf die Stelle fallen, wo das Erbarmen der Erde ihn willkommen heißt." (S. 326)

Old Shatterhand, der ehemalige Sappho, hält den Kameraden und Wandergefährten in seinen Armen - wie die Mutter des Herrn den Gekreuzigten.[144] Der Sterbende betet, im Schoße des Freundes. Er beginnt mit den Versen des wiedergefundenen Sappho: "Ich ver-künde große Freude, / Die Euch widerfahren ist, / Denn geboren wurde heute / Euer Hei-land Jesus Christ!" (S. 517)

Die Weihnachts-, Karfreitags- und Ostermysterien werden, in der Sterbeszene, zusam-mengeschaut. Carpio "hatte laut angefangen; aber seine Stimme verlor von Strophe zu Strophe mehr von ihrer Stärke [...] Es klang so fremd, so sonderbar, wie aus einer andern, uns unbekannten Sphäre herüber. Ich war tief erschüttert und weinte wie ein Kind" (S. 518). Mit den Worten "Selig, wer bis an das Ende / An die ew'ge Liebe glaubt!" (ebd.) ist Carpios Kraft erschöpft. Der arme Freund ist erlöst, befreit von den Fesseln der Erde. Er sieht das Land, wo - so Winnetou - "ewige Bäume der Erlösung brennen" (S. 519). Hermann Lachner - "war tot. Der Himmel hatte nicht nur seinen letz-ten Blick, sondern ihn selbst emporgezogen." (S. 518)

Mit der Botschaft des Engels und der Verheißung des Propheten hatte der Roman be-gonnen: "Mache dich auf, und werde Licht, denn dein Licht kommt, und die Herrlichkeit des Herrn geht über dir auf!" (S. 9f.; vgl. Jes 60, 1) Alles begann mit dem Schriftwort "Siehe, ich verkündige Euch große Freude - - - denn Euch ist heute der Heiland geboren - - -" (S. 10; vgl. Lk 2, 10f.).

Diese Motive werden durchgehalten, durch alle Verwicklungen, alle Leiden und Zwei-fel hindurch. Auch Hiller, ein weiteres Ich-Derivat Karl Mays, ist am Ende "wieder alles, was er vor seiner Flucht nach Amerika war, alles und noch mehr, denn er hat seinen Gott wiedergefunden und mit ihm das einzig wahre Glück im Erdenleben." (S. 522f.)

Und Hillers Frau, die der Verzweiflung so nahe war? Ein "Engel der Bedürftigen, eine Retterin der Elenden, ein Trost für alle, die sich um Schutz und Hilfe an sie wenden", ist sie geworden. "Die köstlichste der Gaben aber, welche sie verteilt, ist die gnadenbringende Weihnachtsverkündigung, daß für alle, welche sich nach Erlösung aus der Not der Seele sehnen, der rettende Erlöser gekommen sei." (S. 523)

"Weihnacht!" ist, der Intention, dem religiösen Gehalt nach, frohe Botschaft. Und der Stil des Romans? Ist die Sprache, die Form der Vermittlung, geglückt und der Aussage angemessen? Nach Rainer Jeglin wirkt die Erzählung in manchen Passagen zu sentimental und naiv; gerade die Schlußszene (Carpios Tod) am Pa-ware, am 'heißen Wasser', sei "für das heutige Publikum besonders kitschig".[145]

Was die sprachliche Form des Weihnachts-Bandes betrifft, meint Helmut Schmiedt: "Die Analyse könnte eine Sprache durchleuchten, die im ersten Kapitel ein für May ungewohntes Niveau erreicht, später aber immer dann mißglückt [...], wenn der Autor die persönliche Betroffenheit nicht durch Bilder, Assoziationen und Aktionen auflöst".[146] Ulrich Schmid würdigt, ohne größere Einschränkung, den sprachlichen Radius in "Weihnacht!", den erweiterten Wortschatz, die gelungenen Sprachspiele, die "Treffsicherheit und Plastizität der Metaphorik" (zum Beispiel bei Landschaftsbeschreibungen).[147] Zur religiösen Diktion bemerkt allerdings Schmid: Der Bibelton wird "in verschiedenen sprachlichen Variationen" vorgetragen; neben "die echte Ergriffenheit und das Pathos im ursprünglichen Sinn des Mitleidens tritt die [...] schwülstige Übertreibung."[148]

Die Ausdrucksmittel in "Weihnacht!" sind, dies müssen wir zugeben, der Größe des Themas nicht immer ganz angemessen. Gleichwohl - daß der Roman als frohe Botschaft und christliche Dichtung mißraten sei, das kann man nicht sagen. Wer die Grundeinstellung des Schriftstellers teilt: den Glauben an Gottes Verheißung, die Hoffnung auf die "Erlösung aller Kreatur" (S. 9), mag einige Formulierungen, besonders im Weihnachtsgedicht, als schülerhaft oder rührselig kritisieren; der Schönheit, der Würde, der Hoffnungskraft des gesamten Romans (auch und gerade der Schlußszene) wird er sich aber nicht verschließen.

Mit "Weihnacht!" ist dem jugendlichen Konsumenten ein erfrischendes Buch und dem reiferen, anspruchsvolleren Leser ein Kunstwerk geschenkt, dessen Botschaft die göttliche Liebe ist. Aber - das 'Ich'! Der omnipotente Old Shatterhand! Die Behauptung des Autors, mit diesem identisch zu sein! Wird dadurch nicht alles entwertet: die Person Karl Mays und der Rang seines Werkes?

Ist des Dichters Vergangenheit, die Verwirrung, die Spaltung des Inneren, nun wirklich erlöst? Oder wird das Schwache, jetzt erst recht, wieder kompensiert (in Old Shatterhand)? Und das Dunkle, ein weiteres Mal, nur verdrängt, nur abgespalten (in Carpio)? So daß es, weil nicht angenommen, nicht integriert, um so machtvoller weiterwirkt?

Haben die Gegner, die den 'Helden' bald stürzen werden - von den Höhen des Ruhmes in die Abgründe der Lächerlichkeit -, nicht recht? Dazu wird später noch vieles zu sagen sein.

Anmerkungen

1   Claus Roxin: *"Dr. Karl May, genannt Old Shatterhand". Zum Bild Karl Mays in der Epoche seiner späten Reiseerzählungen.* In: JbKMG 1974, S. 15-73 (S. 48ff.).

2   Zit. nach Wilhelm Vinzenz: *Karl Mays Reichspost-Briefe. Zur Beziehung Karl Mays zum 'Deutschen Hausschatz'.* In: JbKMG 1982, S. 211-233 (S. 230).

3   Vgl. unten, S. 390ff.

4   Auch die 'klassischen' Reiseerzählungen sind, wie gezeigt wurde, mehrdimensional; diese Eigenschaft läßt es kaum zu, ohne weiteres von 'Trivialliteratur' zu sprechen.

5   Vgl. oben, S. 209ff.

6   Vgl. Ulrich Schmid: *Das Werk Karl Mays 1895-1905. Erzählstrukturen und editorischer Befund.* Materialien zur Karl-May-Forschung, Bd. 12. Ubstadt 1989, S. 151ff.

7   Heinz Stolte: *Der Fiedler auf dem Dach. Gehalt und Gestalt des Romans '"Weihnacht!"'.* In: JbKMG 1986, S. 9-32 (S. 9).

8   Schmid, wie Anm. 6, S. 158.

9   Vgl. oben, S. 129ff. u. unten, S. 321ff.

10 Hans Wollschläger: *"Die sogenannte Spaltung des menschlichen Innern, ein Bild der Menschheitsspaltung überhaupt".* Materialien zu einer Charakteranalyse Karl Mays. In: JbKMG 1972/73, S. 11-92 (S. 84).

11 Vgl. unten, S. 305ff.

12 Vgl. Wolfram Ellwanger - Bernhard Kosciuszko: *Winnetou - eine Mutterimago.* In: *Karl Mays 'Winnetou'. Studien zu einem Mythos.* Hrsg. von Dieter Sudhoff und Hartmut Vollmer. Frankfurt/M. 1989, S. 366-379.

13 Karl May: *"Weihnacht!".* Karl Mays Werke IV. 21. Hrsg. von Hermann Wiedenroth und Hans Wollschläger. Nördlingen 1987, S. 238.

14 Vgl. Mt 23, 37: Dasselbe Bild wird von Jesus, auf sich selbst bezogen, verwendet!

15 May: *"Weihnacht!",* wie Anm. 13, S. 238f.

16 Vgl. Hartmut Vollmer: *Die Schrecken des 'Alten': Old Wabble. Betrachtung einer literarischen Figur Karl Mays.* In: JbKMG 1986, S. 155-184 (S. 157).

17 Vgl. oben, S. 142 u. 181.

18 Dazu Roxin: *"Dr. Karl May",* wie Anm. 1, S. 56.

19 Martin Lowsky: *Karl May.* Stuttgart 1987, S. 97.

20 Ebd.

21 Nach Roland Schmid: *Anhang.* In: Karl May: *Freiburger Erstausgaben,* Bd. XXIII. Hrsg. von Roland Schmid. Bamberg 1984, A 40f.

22 Vgl. oben, S. 261.

23 Karl May: *Old Surehand III.* Gesammelte Reiseerzählungen, Bd. XIX. Freiburg 1896, S. 555.

24 Walther Ilmer: *Karl Mays Weihnachten in Karl Mays '"Weihnacht!"'* In: JbKMG 1987, S. 101-137 (S. 110).

25 Karl May: *Nachwort zu 'Winnetou III'.* Freiburg ab 41. Tsd. (1904); dieses neue Nachwort ist nicht paginiert.

26 Vgl. oben, S. 261f.

27 Karl May: *Im Lande des Mahdi III.* Gesammelte Reiseerzählungen, Bd. XVIII. Freiburg 1896, S. 153-567.

28 Roxin: *"Dr. Karl May",* wie Anm. 1, S. 55.

29 Vgl. die Textbeispiele bei Volker Klotz: *Durch die Wüste und so weiter.* In: Helmut Schmiedt (Hrsg.): *Karl May.* Frankfurt/M. 1983, S. 75-100 (S. 78). - Vgl. auch oben, S. 243.

30 In Mays Spätroman *Ardistan und Dschinnistan* werden wir dem geographischen Aufstiegsmotiv erneut (in viel großartigerer Gestaltung) begegnen. - Vgl. unten, S. 687ff.

31 Vgl. Harald Fricke: *Karl May und die literarische Romantik.* In: JbKMG 1981, S. 11-35 (S. 24). - Nach U. Schmid, wie Anm. 6, S. 256 (Anm. 166), ist die topographische Aufwärtsbewegung in den *Surehand*-Bänden "unzureichend motiviert" - eine doch wohl unzutreffende Kritik.

32 Vgl. unten, S. 660ff.

33 Seitenangaben in () beziehen sich auf May: *Old Surehand III,* wie Anm. 23.

34 Vgl. Claus Roxin: (Werkartikel zu) *Old Surehand I-III.* In: *Karl-May-Handbuch.* Hrsg. von Gert Ueding in Zusammenarbeit mit Reinhard Tschapke. Stuttgart 1987, S. 238-252 (S. 250).

35 Die Ähnlichkeit dieses Namens mit 'Emma' ist sicher kein Zufall. - Vgl. die - freilich sehr hypothetischen - Ausführungen bei Walther Ilmer: *Karl May - Mensch und Schriftsteller. Tragik und Triumph.* Husum 1992, S. 128ff.

36 Vgl. oben, S. 169f.

37 Erstmals erschienen in: Ueber Land und Meer. 9. Jg. (1892/93) Heft 11. Stuttgart, Leipzig, Berlin, Wien 1893; neu abgedruckt in: Karl May: *Der Krumir.* Seltene Originaltexte, Bd. 1. Reprint der KMG. Hamburg, Gelsenkirchen 1985, S. 133-137. - Vgl. oben, S. 207.

38 Vgl. Vollmer: *Old Wabble,* wie Anm. 16, S. 158ff. - Vollmers Thesen mögen, was autobiographische Spiegelungen betrifft, in Einzelheiten spekulativ sein; im grundsätzlichen sind sie aber plausibel. - Zur Charakteristik Old Wabbles vgl. auch Ingmar Winter - Günter Henkel:

Gesicht und Maske. Beiträge zu Physiognomie und Rollenspiel bei Karl May. SKMG Nr. 59 (1985), S. 26ff.

39 Walther Ilmer: *Sichere Hand auf wackligen Füßen: Old Surehand.* In: MKMG 29 (1976), S. 4-20 (S. 14).

40 Vgl. Karl May: *Old Surehand I.* Gesammelte Reiseromane, Bd. XIV. Freiburg 1894, S. 13ff. u. 53ff.

41 Vollmer: *Old Wabble,* wie Anm. 16, S. 176 - Auch Simson (im Alten Testament) wird, durch Delilah, seiner langen Haare beraubt und verliert seine Kraft; vgl. Buch der Richter 16, 4ff.

42 Vollmer: *Old Wabble,* wie Anm. 16, S. 177.

43 Roxin: *"Dr. Karl May",* wie Anm. 1, S. 57ff.

44 Vollmer: *Old Wabble,* wie Anm. 16, S. 179 - Vollmer vermutet in dieser Symbolik - ziemlich gewagt - einen versteckten Hinweis des Autors auf seine Furcht vor der Ehefrau Emma (ebd., S. 180).

45 Roxin: *"Dr. Karl May",* wie Anm. 1, S. 59, verweist auf die Erzählungen *Gott läßt sich nicht spotten, Ein Blizzard* (beide in Bd. XXIII *Auf fremden Pfaden), Im Lande des Mahdi III* (Schlußteil) und *"Weihnacht!".*

46 Vgl. Wollschläger: *Spaltung,* wie Anm. 10, S. 15ff. u. passim.

47 Roxin: *"Dr. Karl May",* wie Anm. 1, S. 59.

48 Vgl. unten, S. 640.

49 Karl Rahner: *Warum läßt Gott uns leiden?* In: Ders.: *Schriften zur Theologie XIV.* Zürich, Einsiedeln, Köln 1980, S. 450-466 (S. 466).

50 Vgl. Walther Ilmer: *Nachwort.* In: Karl May: *Im Reiche des silbernen Löwen.* 'Deutscher Hausschatz' 23./24. Jg. (1896-98). Reprint der KMG. Hamburg, Regensburg 1981, S. 265-276 (S. 265).

51 Aus Mays Brief vom 6.10.1896 an Fehsenfeld.

52 Wie der Sünder in Mays Weihnachtsgedicht von 1867! - Vgl. oben, S. 101f.

53 Roxin: *"Dr. Karl May",* wie Anm. 1, S. 58.

54 May: *"Weihnacht!",* wie Anm. 13, S. 10.

55 Vgl. unten, S. 608f., 645 u. 665f.

56 Roxin: *Old Surehand,* wie Anm. 34, S. 250.

57 Vgl. Jochen Schulte-Sasse: *Karl Mays Amerika-Exotik und deutsche Wirklichkeit. Zur sozial-psychologischen Funktion von Trivialliteratur im wilhelminischen Deutschland.* In: Schmiedt (Hrsg.), wie Anm. 29, S. 101-129 (S. 115).

58 Vgl. unten, S. 344f.

59 Karl May: *Freuden und Leiden eines Vielgelesenen.* In: Deutscher Hausschatz. 23. Jg. (1896/97); hier zit. nach der Original-Wiedergabe in: 'Der Rabe'. Magazin für jede Art von Literatur Nr. 27. Hrsg. von Hermann Wiedenroth und Hans Wollschläger. Zürich 1989, S. 175-211 (S. 203).

60 Vgl. Roland Schmid: *Nachwort* (zu *Im Reiche des silbernen Löwen I/II).* In: Karl May: Freiburger Erstausgaben, Bd. XXV. Hrsg. von Roland Schmid. Bamberg 1984, N 24-54 (33ff.). - Der erste Teil dieses Textes war ursprünglich vermutlich für Fehsenfeld bestimmt; vgl. U. Schmid, wie Anm. 6, S. 124f.

61 R. Schmid: *Anhang,* wie Anm. 21, A 40, nimmt das Jahresende 1897 an; U. Schmid, wie Anm. 6, S. 269 (Anm. 19), den Jahresbeginn oder spätestens den Frühsommer 1898.

62 Vgl. unten, S. 325ff.

63 Der Romantitel spielt auf das persische Wappentier an; vgl. R. Schmid: *Nachwort,* wie Anm. 60, N 45f.

64 Seitenangaben in (I) bzw. (II) beziehen sich auf Karl May: *Im Reiche des silbernen Löwen I/II.* Gesammelte Reiseerzählungen, Bd. XXVI/XXVII. Freiburg 1898.

65 Zur autobiographischen Bedeutung dieses Textes vgl. Wollschläger: *Spaltung,* wie Anm. 10, S. 30 u. 87 (Anm. 53-56) - U. Schmid, wie Anm. 6, S. 144ff.

66 'Der "Löwe der Blutrache"' entspricht *Scheba et Thar,* einer 1895 entstandenen und im 'Regensburger Marienkalender 1898' publizierten May-Erzählung (vgl. U. Schmid, wie Anm. 6, S. 142f.); die Marah-Durimeh-Geschichte 'Ein Rätsel' weist "enge thematische und strukturelle Zusammenhänge" (U. Schmid, wie Anm. 6, S. 123) auf mit *Die "Umm ed Dschamahl",* einer 1898 entstandenen und im 'Regensburger Marienkalender 1899' veröffentlichten May-Erzählung.

67 Diese sollten im Durchschnitt je 600 Seiten umfassen; wie immer stand May unter Zeitdruck; den erforderlichen Umfang erreichte er durch den Einschub bzw. das Anhängen der beiden neuen Kapitel. - Vgl. U. Schmid, wie Anm. 6, S. 121ff.

68 Hans Wollschläger: *Erste Annäherung an den 'Silbernen Löwen'. Zur Symbolik und Entstehung.* In: JbKMG 1979, S. 99-136 (S. 133, Anm. 67).

69 Walther Ilmer: *Einführung.* In: May: *Im Reiche des silbernen Löwen*, wie Anm. 50, S. 2-12 (S. 2) - Es gibt allerdings nur wenige Handlungselemente, die über das *Turm-zu-Babel*-Geschehen hinausweisen; vgl. die Analyse bei U. Schmid, wie Anm. 6, S. 149f.

70 "Die Frage, ob May um diese Zeit eine bestimmte Vorstellung vom künftigen Fortgang der Haupterzählung gehabt habe, ist [...] insgesamt wohl zu verneinen" (Wollschläger: *Annäherung*, wie Anm. 68, S. 120); ähnlich U. Schmid, wie Anm. 6, S. 147ff.

71 Belege bei Ilmer: *Einführung*, wie Anm. 69, S. 2.

72 Lowsky: *Karl May*, wie Anm. 19, S. 98.

73 Joachim Kalka: (Werkartikel zu) *Im Reiche des silbernen Löwen I/II.* In: *Karl-May-Handbuch*, wie Anm. 34, S. 282-288 (S. 288).

74 Ebd., S. 287.

75 Ilmer: *Einführung*, wie Anm. 69, S. 7.

76 Ebd., S. 6. - Vgl. Walther Ilmer: *Mißglückte Reise nach Persien. Gedanken zum 'großen Umbruch' im Werk Karl Mays.* In: *Karl Mays "Im Reiche des silbernen Löwen".* Hrsg. von Dieter Sudhoff und Hartmut Vollmer. Paderborn 1993, S. 118-151.

77 Ausführlich dargestellt und kommentiert bei U. Schmid, wie Anm. 6, S. 130ff.

78 Vgl. ebd., S. 151f.

79 Vgl. ebd., S. 131ff.

80 Ebd., S. 132.

81 Vgl. die kritischen Bemerkungen ebd., S. 128.

82 Vgl. unten, S. 321ff.

83 Vgl. oben, S. 110.

84 Volker Griese: *Old Shatterhand - May. Eine Betrachtung.* In: MKMG 85 (1990), S. 40-43 (S. 41).

85 Ebd., S. 42.

86 Vgl. unten, S. 377ff.

87 Griese, wie Anm. 84, S. 41.

88 Hansotto Hatzig: *Vorschatten aus Babylon.* Ungedr. Manuskript (1958); zit. nach Ilmer: *Einführung*, wie Anm. 69, S. 8.

89 Ilmer: Ebd., S. 6.

90 Daß der Islam der Frau keine Seele zubilligt, könnte eine Erfindung Karl Mays sein; woher er diese 'Falschmeldung' hat, ist unklar.

91 Ilmer: *Nachwort*, wie Anm. 50, S. 267.

92 Nach der Scheidung von Emma hat May den Namen 'Emmeh' aus dem *Silberlöwen* eliminiert und daraus (in der 4. Auflage 1905) 'Dschanneh' gemacht. - Vgl. Hansotto Hatzig: *Dschanneh, ein Name ohne Gestalt.* In: MKMG 25 (1975), S. 18-23 - Ders.: *Die Frauen im Reiche des silbernen Löwen. Lesenotizen und Impressionen.* In: *Karl Mays "Im Reiche des silbernen Löwen"*, wie Anm. 76, S. 343-357 - Roland Schmid: *Anhang.* In: Karl May: Freiburger Erstausgaben, Bd. XXVII. Hrsg. von Roland Schmid. Bamberg 1984, A 1-12.

93 Im *Silberlöwen* bzw. *Am Turm zu Babel* erwähnt der Erzähler seine Ehefrau Emma zum ersten Mal (innerhalb der Reiseerzählungen).

94 Ilmer: *Nachwort*, wie Anm. 50, S. 267.

95 Vgl. unten, S. 419ff.

96 Vgl. oben, S. 93f. u. 109ff.

97 Vgl. Hiob, Kap. 4-37.

98 Die christliche Tradition kennt die 'Gabe der Tränen'!

99 Vgl. U. Schmid, wie Anm. 6, S. 117 - Hermann Wiedenroth - Hans Wollschläger: *Editorischer Bericht.* In: May: *"Weihnacht!"*, wie Anm. 13, S. 525-532 (S. 525f.).

100 Zur Entstehung vgl. Roland Schmid: *Nachwort* (zu *"Weihnacht!"*). In: May: Freiburger Erstausgaben, Bd. XXV, wie Anm. 60, N 2-13 - Wiedenroth - Wollschläger, wie Anm. 99, S. 525ff. - U. Schmid, wie Anm. 6, S. 80-88.

101 Später wurde dieses Titelbild durch ein anderes - der sterbende Carpio unter dem Christbaum - ersetzt.

102 Martin Lowsky: *Alterswerk und "Wilder Westen". Überlegungen zum Bruch in Mays Werk.* In: MKMG 36 (1978), S. 3-16 (S. 4), vermutet eine bewußte Absage Mays an den Wilden Westen.

103 Vgl. U. Schmid, wie Anm. 6, S. 81.

104 Zit. nach ebd., S. 82.

105 Zit. nach ebd., S. 259 (Anm. 18).

106 So Gerhard Neumann: *Das erschriebene Ich. Erwägungen zum Helden im Roman Karl Mays.* In: JbKMG 1987, S. 69-100.

107 So schon Karl-Hans Strobl: *Scham und Maske. Zur Psychologie des Karl-May-Problems.* In: KMJB 1921. Radebeul 1920, S. 279-303.

108 Neumann, wie Anm. 106, S. 86.

109 Ebd., S. 87f. - Vgl. unten, S. 391ff.

110 Zum folgenden vgl. Stolte, wie Anm. 7, S. 10f.

111 Vgl. Kurt Langer: *Die Bedeutung der Angstlust in Karl Mays Leben und Werk.* In: JbKMG 1986, S. 268-276.

112 Vgl. oben, S. 175f.

113 Vgl. unten, S. 321ff.

114 Ilmer: *Weihnachten*, wie Anm. 24, S. 113.

115 Seitenangaben in () beziehen sich auf May: *"Weihnacht!"*, wie Anm. 13 (historisch-kritische Ausgabe).

116 Karl May: *Der Scout.* In: Deutscher Hausschatz. 15. Jg. (1888/89), S. 187 - Vgl. U. Schmid, wie Anm. 6, S. 47; vgl. oben, S. 219.

117 Vgl. Vollmer: *Old Wabble*, wie Anm. 16, S. 158ff.

118 Vgl. oben, S. 244f. - Bei Karl May: *Satan und Ischariot III.* Gesammelte Reiseerzählungen, Bd. XXII. Freiburg 1897, S. 35, heißt Old Shatterhand "wie einer von den zwölf Monaten [...] 'März', sagte ich."

119 Die Stellen, an denen "Karl May" (*"Weihnacht!"*, wie Anm. 13, S. 23) als Mr. "Meier" (ebd., S. 134 u.ö.) auftritt, können getrost mitgezählt werden.

120 Stolte, wie Anm. 7, S. 29.

121 Lowsky: *Karl May*, wie Anm. 19, S. 99.

122 Vgl. oben, S. 100ff. - Das Weihnachtsgedicht wird in Mays Erzählwerk mehrmals zitiert; Nachweise bei Hedwig Pauler: *Deutscher Herzen Liederkranz.* SKMG 41 (1983), S. 29ff.

123 Aus Mays Brief vom 13.8.1897 an Fehsenfeld; zit. nach R. Schmid: *Nachwort*, wie Anm. 100, N 5f.

124 Stolte, wie Anm. 7, S. 16.

125 Neumann, wie Anm. 106, S. 78.

126 U. Schmid, wie Anm. 6, S. 107.

127 Helmut Schmiedt: *Karl May. Studien zu Leben, Werk und Wirkung eines Erfolgsschriftstellers.* Frankfurt/M. ²1987, S. 179.

128 Vgl. Hartmut Vollmer: *"Weihnacht!" - ein "Erlösungswerk Karl Mays".* In: MKMG 46 (1980), S. 3-13.

129 Neumann, wie Anm. 106, S. 79.

130 Vgl. ebd., S. 79f.

131 U. Schmid, wie Anm. 6, S. 96.

132 Vgl. ebd., S. 97.

133 Ebd., S. 91f. - Vgl. z.B. May: *"Weihnacht!"*, wie Anm. 13, S. 111f.

134 Vgl. U. Schmid, wie Anm. 6, S. 98.

135 Vgl. auch Roxin: *"Dr. Karl May"*, wie Anm. 1, S. 55ff.

136 U. Schmid, wie Anm. 6, S. 101ff.

137 Zur Charakterisierung Carpios vgl. Schmiedt, wie Anm. 127, S. 176-179.

138 Ilmer: *Weihnachten*, wie Anm. 24, S. 113.

139 Zur Deutung des Namens 'Sappho' vgl. Walther Ilmer: *Karl Mays Weihnachten in Karl Mays '"Weihnacht!"' II. Eine Spurenlese auf der Suche nach Fährten.* In: JbKMG 1988, S. 209-247 (S. 215ff.). - Vgl. oben, S. 48.

140 U. Schmid, wie Anm. 6, S. 94f.

141 Ebd., S. 94.

142 Daß für Carpio ein lebendes Vorbild - Mays Schulkamerad Garbe (nach R. Schmid: *Nachwort*, wie Anm. 100, N 3) - Pate gestanden habe, bestreitet Ilmer: *Weihnachten II*, wie Anm. 139, S. 210 u. 241 (Anm. 62).

143 Ilmer: Ebd., S. 214f., leitet den Namen 'Carpio' u.a. aus dem lateinischen 'carpere' (u.a. 'zerstückeln') ab; solche Kombinationen sind natürlich nicht zwingend.

144 Vgl. Schmiedt, wie Anm. 127, S. 178. - Vgl. oben, S. 181.

145 Rainer Jeglin: (Werkartikel zu) *"Weihnacht!"*. In: *Karl-May-Handbuch*, wie Anm. 34, S. 272-277 (S. 276).

146 Schmiedt, wie Anm. 127, S. 178.

147 U. Schmid, wie Anm. 6, S. 104 u. 108 (dort das Zitat).

148 Ebd., S. 109.

8.6 'Vom Haß zur Liebe': Die Marienkalender-Geschichten

Dem 'Ich' des Erzählers soll speziell das nächste Kapitel gewidmet werden. Doch zuvor, im Anschluß an die Besprechung der Predigttendenz in den späten Reiseerzählungen, müssen wir unser Augenmerk auf eine besondere Werksgruppe richten, die viele Interpreten - auch Freunde des Dichters - zu massiver Kritik provozierte.

Parallel zu seinen Romanen publizierte May, seit 1890, in katholischen 'Marienkalendern' eine Serie von (insgesamt achtzehn) Kurzgeschichten.[1] Aus ökonomischen Gründen, um seine - damals noch traurige - Finanzlage zu verbessern,[2] schrieb May im Februar 1890 die Novelle *Christus oder Muhammed*; im Herbst 1890 erschien dieses 'Reise-Erlebnis' bei Friedrich Pustet im Regensburger bzw. Tiroler 'Marien-Kalender für das Jahr 1891'. Im selben Kalender (für die Jahre 1892ff.) folgten aus der Feder Karl Mays die Erzählungen *Mater dolorosa* (1891),[3] *Der Verfluchte* (1892), *Blutrache* (1894), *Er Raml el Helahk* (1895), *Old Cursing-Dry* (1896), *Scheba et Thar* (1897) und *Die "Umm ed Dschamahl"* (1898).

May kam, wie gewohnt, beim Publikum an: *Christus oder Muhammed* und *Mater dolorosa* waren derart erfolgreich, daß sich bald auch "andere Verlage, die Marienkalender herausbrachten, [...] um die Mitarbeit des Schriftstellers bemühten."[4]

In 'Benziger's Marien-Kalender', Benziger-Verlag Einsiedeln, veröffentlichte May die Novellen *Nûr es Semâ. - Himmelslicht* (1892), *Christ ist erstanden!* (1893), *Der Kutb* (1894) und *Der Kys-Kaptschiji* (1895/96). Der 'Einsiedler Marien-Kalender' - Verlag Eberle & Rickenbach, Einsiedeln - brachte Mays Wildwest-Geschichten *Ein amerikanisches Doppelduell* (1896) und *Mutterliebe* (1897/98). Im 'Eichsfelder Marien-Kalender' - Verlag F.W. Cordier, Heiligenstadt - erschienen von May die Erzählungen *Eine Ghasuah* (1892) und *Maria oder Fatima* (1893) sowie - nach Inhalt und Entstehungszeit zum Spätwerk gehörend - *Bei den Aussätzigen* (1908)[5] und *Merhameh* (1909).[6]

Schauplatz ist fast immer der Orient, nur dreimal der Wilde Westen und einmal (*Christ ist erstanden!*) Südamerika. Kara Ben Nemsi/Old Shatterhand bewährt sich, wie immer, als großer Held, vor allem aber als Bekenner des christlichen Glaubens und Werkzeug der göttlichen Führung.

Wohl keine Werksgruppe Mays wurde von - an sich kundigen - Interpreten so verschmäht wie diese Novellen. Hans Wollschläger, Volker Klotz und andere Kritiker ließen kein gutes Haar an ihnen: Es handle sich um "Predigtmärlein von überaus penetranter Moral";[7] das "allzu mechanisch knarrende" Hauptmotiv sei die - vom Ich-Erzähler vorausgesagte - "Strafe Gottes" für sämtliche Frevler; es sei "dann Ehrensache der Vorse-hung, daß sie die Prophezeiungen pünktlich verwirklicht".[8] Die Marienkalender-Ge-schichten seien, so heißt es in Wollschlägers May-Biographie, "falsch und schrecklich bis in die Untertöne";[9] "nach dauernd gleichem Schema" habe May diese Erzählungen struk-turiert:

dauernd muß sich erweisen, daß *Gott sich nicht spotten* läßt: die Guten [...] werden am Ende sorg-fältig abgelohnt, - die Bösen hingegen [...] verfallen irgendeinem ausgeklügelt gräßlichen Ge-schick: sie werden zerschmettert, geblendet oder von gottgesandten wilden Bären gefressen-: dem Frommen gehört die Welt.[10]

Herbert Meier schrieb, schon vergleichsweise gemäßigt, daß "die aufgepfropfte Moral und drastische Schwarz-Weiß-Malerei verschiedener dieser Erzählungen [...] an die Ge-duld des Lesers einige Anforderungen"[11] stelle. Eine genauere Analyse der literarischen Qualität und der Aussage-Intention dieser Werke müßte noch weiter differenzieren. Denn Mays Kalendergeschichten sind, wie Christoph F. Lorenz erhellt,[12] nach Form und Ge-halt sehr verschieden und eben NICHT "nach dauernd gleichem Schema" (Wollschläger) verfaßt.

Einige dieser Novellen sollen, exemplarisch, im folgenden dargestellt und kommentiert werden.

8.6.1 *Christus oder Muhammed*

Christus oder Muhammed, die erste Erzählung in dieser Reihe von Missions- und Bekeh-rungsgeschichten, wurde von Klaus Eggers detailliert untersucht und mit diversen Hand-lungsmotiven des Mayschen Gesamtwerks verglichen.[13] Das Ergebnis ist keineswegs ne-gativ: Eggers hebt - zum einen - die straffe Gliederung, die Konsequenz im Aufbau, die spannende, in ihrer Dynamik sich steigernde Erzählweise[14] und - zum anderen - die bio-graphische Anamnese, die verblüffende, psychologisch brisante (hinter der kunstvollen Verschleierungstechnik der Mayschen Reiseerzählungen nicht zurückstehende) Verklä-rung der realen Vita des Autors[15] hervor. Den äußeren "Zweck" der Geschichte, "Propa-ganda zu machen für den Katholizismus", unterscheidet Eggers von der - vorwiegend - günstigen "Wirkung" der Fabel auf den unbefangenen Leser: der "Bezauberung durch May selbst dann, wenn man den Zweck ablehnt und die künstlerischen Mittel, die zu sei-ner Erreichung eingesetzt werden, wenig überzeugend findet."[16]

Eggers hat, am Beispiel *Christus oder Muhammed*, die pauschale Kritik an den Marien-kalender-Geschichten schon weitgehend entschärft und relativiert. Sein Tadel ist milde. Überdies nimmt er in einem wichtigen Punkt die - anfangs geäußerte - Kritik wieder zu-rück. Ist die Reklame für den "Katholizismus" wirklich der "Zweck" der Novelle? Stellt May sich tatsächlich in den Dienst der konfessionellen Abgrenzung? Eggers räumt ein: Keine "spezifisch katholische",[17] sondern eine allgemein-christliche, mit 'bürgerlichen' Idealen (wie der Selbstverwirklichung des Individuums) verknüpfte Tendenz liege der Er-zählung zugrunde; und die Antinomie des Titels *Christus oder Muhammed* werde vom Autor - ohne totale Verwerfung der islamischen Religion - "konkretisiert als: Vergebung oder Rache".[18]

Daß May im exklusiven Sinne katholische Positionen vertrete, hat Ernst Seybold gene-rell - fürs Gesamtwerk des Schriftstellers unter Einschluß von allen Kalendergeschichten - bestritten.[19] Punkt für Punkt weist Seybold, als evangelischer Theologe, nach: Mays 'Lehren' von der Kraft des Gebetes, von Gottes Fügung und Führung, von Christus als dem Sohn Gottes, von himmlischen Mächten, von der Gottesmutter Maria usw. gehören zum Glaubensgut auch der nicht-römischen, z.B. der orthodoxen, orientalischen und protestantischen Kirchen; katholische 'Sonderdogmen' werden, so Seybold mit Recht, in KEINER Erzählung Karl Mays propagiert.[20]

Einer - denkbaren - konfessionalistischen Vorgabe von seiten der Auftraggeber hat May sich nicht unterworfen. Aber die "aufgepfropfte" (Meier) Vermittlung von christlichen Glaubenserfahrungen! Die "penetrante Moral" (Klotz) der Kalendergeschichten! Sind Vorwürfe, die in diese Richtung verweisen, berechtigt? Man muß, wie gesagt, jede Novelle gesondert betrachten.

May hat, so Claus Roxin, "teilweise vortreffliche Kalendergeschichten geschrieben"![21] Auch die Gestaltung der religiösen Thematik ist in mehreren Fällen geglückt. In *Der Kutb* und *Blutrache* zum Beispiel wird das Religiöse "unaufdringlich"[22] behandelt und, vom neutestamentlichen Versöhnungsgedanken her, glaubwürdig dargestellt. Und nicht alle Tendenzen des empirischen Christentums werden in Mays Kalendergeschichten bejaht. *Der Kys-Kaptschiji* etwa kann als "Kritik an imperialistischen Strömungen und aufgesetztem Christentum gelesen werden."[23]

Christus oder Muhammed freilich ist, als Abenteuergeschichte, zwar spannend erzählt; als christliche 'Predigt', als Schilderung des 'Wettkampfs' zwischen Christentum und Islam, ist die Novelle aber verunglückt. Sie wirkt in manchen Partien einfach zu selbstgerecht, zu platt und zu 'handgreiflich'![24]

8.6.2 *Maria oder Fatima*

Erst recht in *Maria oder Fatima*, *Old Cursing-Dry* und *Ein amerikanisches Doppelduell* muß - nach Ekkehard Koch und vielen anderen - die religiöse Belehrung als dogmatisch verengt und "übertrieben moralisch"[25] empfunden werden. Trifft auf DIESE Erzählungen der Ideologie-Verdacht also unumschränkt zu?

In *Maria oder Fatima*, 1892 oder 1893 entstanden, finden sich in der Tat recht befremdliche, für May nicht gerade typische Formulierungen. Das Gebet einer schiitischen Beduinengruppe zu Fatima, der jüngsten Tochter des Propheten Mohammed, bezeichnet Kara Ben Nemsi, der Christ, als "vergeblich" (S. 468);[26] als "totes Weib" (S. 475) könne Fatima "nicht helfen" (S. 468); die Fürsprache Mariens, der "Mutter Gottes", die "im Himmel" thront (S. 469), aber wird sich - nach der Vorhersage des Ich-Erzählers - als wirksam erweisen.[27]

Maria oder Fatima liest sich streckenweise wie ein anti-häretisches Traktat. Schir Saffi und seine Getreuen setzen, wie der Erzähler mit Empörung vermerkt, ihre Fatima "an die Stelle Allahs" (S 472)![28] Und selbst die orientalischen Katholiken haben, zum Verdruß des Erzählers,

das Wort Gottes [...] nicht rein und unverfälscht vernommen [...] Die dortigen Christen haben, ohne daß sie es ahnen, von den früheren Sektierern und dem Islam so viel in sich aufgenommen, daß es einer langjährigen [...] Missionsthätigkeit bedarf, dieses verunstaltende und fressende Moos vom Baume des wahren, reinen Glaubens zu entfernen. (S. 470)

Katholische Beduinen bitten den Ich-Helden, obwohl er kein Priester ist (S. 462), zum Rosenkranzfest eine Predigt zu halten.[29] Um "der Lehrer dieser Leute zu sein" (S. 470), ihren "Hunger nach geistlicher Speise" (S. 462) zu stillen und "die Irrtümer des Islam zu beleuchten" (S. 482), kommt Kara Ben Nemsi der Bitte entgegen.

Bei seiner Predigt muß er "oft innehalten", wenn ein "allgemeines Schluchzen" ihn unterbricht oder er "selbst so gerührt" ist, daß es ihm "aus den Augen perlt" (S. 483). Ein herrlicher Passus, eine köstliche Mischung von Selbstironie und unfreiwilliger Komik! (Auch an echtem Humor, an freiwilliger Komik, fehlt es in den Kalendergeschichten durchaus nicht!) Und der Inhalt der Predigt? Zu erwarten wäre, nach den Auslassungen des Erzählers über islamische - und sonstige - Ketzereien, eine Doktrin über 'richtige' Glaubenssätze. Doch Kara Ben Nemsi redet ganz anders. Er spricht 'von Seele zu Seele', zum Gemüt und nicht zum Verstand; er erzählt, er bringt nur "selbsterlebte Beispiele von der Macht des Gebetes" (S. 483).

Der Disput über die 'reine Lehre', der Streit über Theorien bleibt aus. Gewiß - das Gebet der Moslems wird, im Verlauf der Erzählung, dem Gebet der Christen gegenübergestellt. Nur - das Anliegen ist nicht die richtige Lehre, sondern das richtige Tun: Beide Gruppen, Schiiten und Katholiken, erflehen die Befreiung ihrer Angehörigen (ihrer Väter, Mütter und Kinder) aus der Hand der feindlichen Akrakurden; doch während die Moslems, nach dem Gebet, zur Gewaltanwendung bereit und zum Blutvergießen gewillt sind, setzen die Christen auf List und, vor allem, die Kraft des Gebetes.

"Vom Haß zur Liebe" hat Christoph F. Lorenz seinen Aufsatz über die Mayschen Kalendergeschichten betitelt.[30] Die Intention dieser Novellen, gerade auch der Bekehrungsgeschichte *Maria oder Fatima*, ist damit exakt beschrieben. Als Symbol der Intoleranz, des pseudo-religiös begründeten Hasses, ist der 'Islam' - in *Maria oder Fatima* wie manchen anderen Erzählungen Karl Mays - zu verstehen.[31] Den Fanatismus schlechthin hat der Schriftsteller im Visier - ganz gleich, in welcher Religion (oder Weltanschauung) er sich, konkret, nun austoben mag. Die Antinomie *Maria oder Fatima* läuft, genau wie *Christus oder Muhammed*, auf die Alternative 'Versöhnung oder Vergeltung' hinaus.

Schir Saffi und seine Moslems sollen, nach dem Plan des Erzählers, vom Haß zur Liebe bekehrt werden. Während der Schiit nur seine Glaubensgenossen befreien will, führt der christliche Held die katholischen UND die islamischen Gefangenen in die Freiheit zurück. Schir Saffi muß, trotz seines "verknöcherten Schiitismus" (S. 500), dieses Liebeswerk anerkennen. Er muß am Ende gestehen: "Emir, du hattest recht. Deine Gottesmutter ist mächtiger als unsere Prophetentochter. Also: nicht Fatima, sondern Marryam!" (Ebd.)

Kaum zu glauben: eine "klerikalfaschistische Tendenz"[32] wurde *Maria oder Fatima* unterstellt! Falsch und unsinnig ist dieses Verdikt. Mays Novelle ist nicht klerikal und schon gar nicht faschistisch. Doch daß die Erzählung, theologisch gesehen, besonders geglückt sei, kann man nicht sagen. Die Story ist insgesamt zu naiv (obgleich, dies müssen wir einräumen, kritische Untertöne nicht gänzlich fehlen). Das katechetische Anliegen - 'vom Haß zur Liebe' - ehrt den Verfasser; aber als marianische Erbauungsgeschichte kann Mays Novelle nicht überzeugen. Der plakative Kontrast, Maria oder Fatima, ist gewiß übertrieben. Und die Verbindung von Helden- und Mariengeschichte wirkt allzu gekünstelt. Dem Mut, der Tatkraft, der List Kara Ben Nemsis und Halefs ist die Befreiung der Gefangenen zu verdanken. Was die Gottesmutter Maria mit dieser Befreiung zu tun hat, wird nicht so recht deutlich. Natürlich könnte man sagen: das Gebet der Bedrängten wird erhört; denn sie finden, in Kara Ben Nemsi und Halef, die richtigen Helfer. Aber die helfende Macht speziell der Mutter des Herrn wirkt in der Erzählung eben doch - 'aufgepfropft'!

Daß das marianische Motiv, lediglich, ein Zugeständnis des Schriftstellers an die Wünsche des Auftraggebers sei, folgt daraus allerdings nicht. "Da klang aus der Tiefe ein Ton [...] Es war die [...] Silberstimme eines Glöckchens, und kaum ließ sie sich vernehmen, so hörten wir [...] eine [...] Stimme: [...] 'Gegrüßt seist du, Maria, voll der Gnade!'" (S. 458) Der Glockenton und die Stimme des 'Ave Maria' sind dem May-Leser, aus andren Erzählungen, durchaus vertraut.[33] Die persönliche Frömmigkeit des Autors steht außer Frage; und daß die marianische Dimension ein wichtiges Element seiner Gottesbeziehung war, ist keineswegs unwahrscheinlich. Zudem hat 'Maria' - in der tiefenpsychologischen Betrachtungsweise[34] - eine archetypische Bedeutung: 'Maria' steht für das mütterliche Prinzip, für eine bestimmte (idealistische) Sicht des Weiblichen überhaupt. Wir wissen: der Schutz der Mutter gewinnt für Mays Denken und Fühlen immer mehr an Gewicht.[35] In dieser Hinsicht sind manche, schon lange vor 1896 verfaßte, Kalendergeschichten mit den späten Reiseerzählungen (ab 1896) verwandt.

Wie ist *Maria oder Fatima* zu bewerten? Als "übertrieben moralisch" (Koch) wohl nicht; denn die Moral der Geschichte, die verzeihende Liebe, kann ja kein Grund zur Kritik sein. Aber theologisch - und religionspädagogisch - gesehen ist die Fabel zu plump und zu hausbacken. Böse sein können wir May wegen *Maria oder Fatima* freilich nicht. Denn auch diese, literarisch schwache, Novelle hat ihre Vorzüge: Die Milde, die Güte, die Barmherzigkeit setzen sich durch. Und es gibt, bei May eine Seltenheit, keinen einzigen Toten. Es wird auch niemand bestraft - weder von Gott noch von menschlichen Gerichtsvollstreckern.

8.6.3 *Gott läßt sich nicht spotten / Ein amerikanisches Doppelduell*

Anders verhält es sich in den beiden, 1895 entstandenen, Wildwestgeschichten *Old Cursing-Dry* (unter dem Titel *Gott läßt sich nicht spotten*[36] in Band XXIII *Auf fremden Pfaden*) und *Ein amerikanisches Doppelduell* (identisch mit *Ein Blizzard*, ebenfalls in Band XXIII).

Zwei Diebe und Mörder, Grinder und Slack, beschwören - in *Doppelduell* - durch Flüche und Lästerungen den göttlichen Zorn herauf: Ausgelöst durch eine Naturkatastrophe, einen Blizzard, verliert Grinder sein Augenlicht, während Slack in den Wahnsinn verfällt. Auch der Indianertöter Fletcher - in *Old Cursing-Dry* - ist ein verstockter Verbrecher, der jeden Satz mit entsetzlichen Flüchen beginnt. Er leugnet seine Untaten und schreit wiederholt: "Ich will erblinden oder zerschmettert werden, wenn ich der Mörder bin!"[37] Winnetou sagt es voraus, und es kommt auch wirklich zum 'Gottesgericht': Fletchers Worte erfüllen sich in tödlicher Konsequenz. Allerdings bereut Fletcher (genannt Old Cursing-Dry) am Ende seine Vergehen. Er wird, wie Old Wabble,[38] in einem sich "buchstäblich in Zeitlupe"[39] vollziehenden Sterben einen gnädigen Richter finden: "Gottes Barmherzigkeit" ist, wie Old Shatterhand dem Mörder versichert, "ohne Ende"; mit der Hoffnung auf Gottes Erbarmen darf der Verbrecher - so Shatterhand - eingehen "ins ewige Leben!"[40]

Im Mittelpunkt dieser beiden Geschichten steht nicht der Gegensatz zwischen dem Christentum und einer anderen Religion, sondern - prinzipiell - zwischen Glaube und Unglaube.[41] Die Leugnung Gottes und das Verbrechen werden im engsten Zusammenhang gesehen. Der Straf- und Sühnegedanke (bzw. die Rettung der Seele) stehen im Vordergrund.

Schon Adolf Droop, ein Anhänger Mays, kritisierte: "Der vorurteilslose Leser wird über solche Erzählungen den Kopf schütteln"; denn die "Erhabenheit des göttlichen Wesens" werde durch die Darstellung Mays "unter das Niveau menschlich-kleinlicher Rachsucht"[42] herabgedrückt. Zu Recht betont Droop das Geheimnis, die Größe, die Unbegreiflichkeit Gottes. Und doch müßte - gerade deshalb - gefragt und bedacht werden: Ist Gott nur barmherzig und nicht (in einer, für menschliche Maßstäbe, freilich nicht 'faß-baren' Weise) zugleich auch gerecht?[43] Natürlich ist nicht jeder Atheist ein Verbrecher; und natürlich kann nicht jedes Leid nach dem "Schema Schuld-Strafe verrechnet wer-den";[44] aber ist die Idee Karl Mays, daß jeder den Tod findet, der zu ihm paßt und den er im Leben schon vorbereitet hat, wirklich so abwegig? Ist der Gedanke, daß zuletzt jeder erntet, was er im Leben gesät hat, ganz und gar falsch?[45]

Mays Schurken sind immerhin Kapitalverbrecher. Gottes Geduld mit ihnen ist dennoch sehr groß. Und selbst noch im Tod besteht die Möglichkeit der Reue und der Vergebung. Kann man da, wie Droop, von "kleinlicher Rachsucht" sprechen?

Eine ganz andere Frage ist der literarische Wert der beiden Wildwestgeschichten *Old Cursing-Dry* und *Doppelduell*. Die diesbezügliche Kritik ist berechtigt: Die erzählerische Gestaltung durch May wirkt tatsächlich sehr grob und schulmeisterlich-penetrant. Die Wirklichkeit Gottes, die manchmal "handgreiflich"[46] erfahrbare Nähe Gottes, bewegt Karl May in seltsamer Weise. Seine Grundüberzeugung: nicht der Zufall, sondern die göttliche Führung durchwaltet das Sein, verdient zwar nur Anerkennung. Daß May diese Glaubenserfahrung in manchen Geschichten zu primitiv - an überstrapazierten, sehr will-kürlich konstruierten, extrem unwahrscheinlichen Parabeln - 'erläutert', ist aber doch sehr bedauerlich. Andrerseits hat der Schriftsteller in den neunziger Jahren (und vorher und nachher) aber auch literarisch Wertvolles, innerlich Wahres und theologisch Subtiles ge-schrieben!

Bestrafungsszenen und 'Gottesgerichte' (Abstürze, Erblindungen usw.) gibt es in vie-len, ja nahezu allen Werken Karl Mays.[47] Wenn solche Partien um 1895/96, als 'Zermal-mungsszenen', sich häufen, so muß - wie an anderer Stelle schon dargelegt[48] - der biogra-phische Hintergrund mitbedacht werden: Mays Projektionen entspringen, nach Roxin,[49] den 'Schreckgesichten', den Angstbildern seines Innersten. Was den Dichter - gerade jetzt, auf dem Höhepunkt seines Erfolges - zunehmend erschreckt, ist der (unterbewußte?) Gedanke des 'Erdrücktwerdens' durch die Vergangenheit; und was er sucht, ist die Liebe, die Gnade, die Barmherzigkeit Gottes.

Schuldgefühle bedrängten den Autor, erkennbar, in diesen Jahren verstärkt. Aber ein "simpel 'alles verstehender und alles verzeihender' Gott, dessen 'Geschäft eben das Vergeben' ist, hätte May damals [...] nicht geholfen."[50] Der Schriftsteller wußte: Gott läßt sich nicht spotten. Doch er wußte auch dies: Gott zürnt nicht auf ewig (vgl. Jes 57, 16)!

Die Strenge UND die Barmherzigkeit Gottes wollte May, in *Doppelduell* bzw. *Old Cursing-Dry*, zur Anschauung bringen. Um dieses, doch wichtigen, Anliegens willen dürfen die Novellen nicht einfach verworfen werden.

8.6.4 *Mutterliebe*

Auf Gottes Gnade hat May sein Vertrauen gesetzt. Dies zeigt, in ganz anderer Weise als die *Cursing Dry*- und *Blizzard*-Geschichten, auch *Mutterliebe*, eine *Reiseerinnerung von Dr. Karl May*.

Vermutlich im April 1897, in der Zeit der späten Reiseerzählungen, hat May diese Kurzgeschichte verfaßt. Die Fabel ist schlicht: Die Upsaroka-Häuptlingsfrau Uinorintscha ota und ihre beiden Söhne fallen in die Hände von feindlichen Sioux. Der weiße Betrüger, der "berüchtigte Indianeragent"[51] Folder hat die Sioux gegen die Upsarokas aufgehetzt.

Auf Folders Betreiben hin werden die Mutter und ihre Söhne, zusammen mit giftigen Schlangen, in eine Grube geworfen. Um ihre Söhne zu retten, erwürgt die Indianerin die Klapperschlangen und wird dabei wiederholt gebissen. Da die "zornigen Schlangen [...] sich unter einander selbst gebissen"[52] hatten, war ihr Giftvorrat aber ziemlich erschöpft, und die Frau könnte gerettet werden. Die Indianerin betet, in ihrer Todesnot, das Vaterunser und wird - bei der Bitte, daß Gottes Wille geschehe - zusammen mit ihren Kindern durch Winnetou und Old Shatterhand aus der Grube befreit.[53]

Literarisch ist diese Erzählung gewiß nicht bedeutend. Aber autobiographisch und theologisch ist sie doch interessant. Nach Dieter Sudhoff, der zu dieser Geschichte einen ausführlichen Kommentar verfaßte,[54] konfrontiert May "in seiner Erzählung zwei Daseinsformen des Christlichen miteinander: das Christentum der Tat, wie es von der ungetauften Upsaroka-Squaw Uinorintscha ota gelebt wird, und das pure Namenschristentum, für das der getaufte Bösewicht Folder steht."[55]

Außerdem geht es May, nach Sudhoff, um "den inneren Konflikt zwischen väterlichem und mütterlichem Ideal",[56] um "die Überwindung des väterlichen durch das mütterliche Prinzip".[57] Einseitig und überspitzt ist diese Deutung zwar schon; sie ist insofern nicht treffend, als ja gerade dem Vaterunser, dem Gebet der Indianerin zum himmlischen VATER, nach der Intention Mays eine entscheidende Bedeutung zukommt. Andrerseits sieht Sudhoff aber sehr richtig: *Mutterliebe* ist, in verschlüsselter Form, eine 'marianische' Geschichte, die das väterliche durch das mütterliche Prinzip ergänzt.

Mays Erzählung deutet, allerdings nur vage und unterschwellig, auf das 'Proto-Evangelium': das alttestamentliche Motiv von der Feindschaft zwischen der "Frau" und der "Schlange" (Gen 3, 15); zugleich erinnert Mays Schlußszene - die Indianerin hat die Schlangenhäute "als Schmuck in ihre lang herabfallenden Zöpfe eingeflochten"[58] - indirekt an "Mariendarstellungen, in denen die Madonna als Überwinderin der Schlange bildhaft verherrlicht wird."[59]

Gewiß verweist die Erzählung *Mutterliebe* AUCH auf die Sehnsucht des Autors nach dem Schutz, der himmlischen Fürsprache (Uinorintscha ota ist eine milde, barmherzige Fürsprecherin[60]) seiner eigenen, verstorbenen, Mutter. "Keine Liebe giebt wie Deine / Meinem Herzen selge Ruh. / Sei gegrüßt, Du voller Gnaden, / Du mein Heil zu jeder Zeit, / Komm ich zu Dir schmerzbeladen, / Nimmst auf Dich Du all mein Leid." Diese - von Sudhoff zu Recht mit der Erzählung *Mutterliebe* in Verbindung gebrachten - Verse aus Mays "zweitem Ave Maria" (1898)[61] sprechen, bewußt oder unbewußt, die leibliche Mutter des Autors ebenso an wie die Mutter des Erlösers und - das mütterliche Antlitz Gottes selbst.[62]

Wie die späten Reiseerzählungen nimmt auch *Mutterliebe* bedeutsame Motive der Mayschen Alterswerke vorweg - nicht zuletzt auch insofern, als die heldische Pose des erzählenden 'Ich' zurücktritt hinter das mütterliche Prinzip: "Obwohl Old Shatterhand die Dominanz der männlichen Rolle angestrengt verteidigt, wird wider seinen Willen die liebende Mutter zur eigentlichen Heldin der Geschichte."[63]

Und Folder, der Anti-Shatterhand, der - wie Sudhoff belegt hat - Züge des Vaters Heinrich May, aber auch des Autors Karl May trägt?[64] Er stirbt eines schrecklichen Todes "am Marterpfahle".[65] Wieder spaltet May sein reales Ich in fiktive Personen: Den bösen May läßt er sterben und den guten May läßt er - als Old Shatterhand, als Prediger und Missionar (der in *Mutterliebe* freilich schon nicht mehr die Hauptrolle spielt) - durch die Lande ziehen.

Die Problematik des literarischen Ichs, der "Menschheitsfrage" (wie May später sagte), wird uns weiterhin, besonders im nächsten Kapitel, beschäftigen und vor schwierige Fragen stellen.

Anmerkungen

1 Zwölf Kalendergeschichten wurden, teilweise unter verändertem Titel, in die Fehsenfeld-Bände X *Orangen und Datteln* (1893) und XXIII *Auf fremden Pfaden* (1897) übernommen. - Die Karl-May-Gesellschaft hat die Marienkalender-Geschichten in einer Reprint-Ausgabe gesammelt: *Christus oder Muhammed. Marienkalender-Geschichten*. Hamburg 1979.

2 Vgl. Herbert Meier: *Einleitung* zum Reprintdruck, wie Anm. 1, S. 15.

3 Die Jahreszahlen in () beziehen sich auf die tatsächlichen Erscheinungsjahre der Novellen (die Kalender erschienen jeweils im Herbst des Vorjahres, also z.B. der Kalender 1891 im Herbst 1890).

4 Meier, wie Anm. 2, S. 16.

5 Diese Erzählung ist erstmals im 'Grazer Volksblatt' (Weihnachten 1907) erschienen.

6 Vgl. unten, S. 496ff.

7 Volker Klotz: *Durch die Wüste und so weiter*. In: Helmut Schmiedt (Hrsg.): *Karl May*. Frankfurt/M. 1983, S. 75-100 (S. 92).

8 Ebd.

9 Hans Wollschläger: *Karl May. Grundriß eines gebrochenen Lebens*. Zürich 1976, S. 77.

10 Ebd., S. 87 - Wollschläger bezieht sich hier auch auf *"Weihnacht!"* (1897) und den *Mahdi*-Schluß (1896).

11 Meier, wie Anm. 2, S. 7.

12 Christoph F. Lorenz: *Vom Haß zur Liebe. Karl Mays 'Marienkalender-Geschichten' als Dokumente der inneren Entwicklung ihres Verfassers*. In: JbKMG 1980, S. 97-124.

13 Vgl. Klaus Eggers: *Anmerkungen zu Karl Mays Erzählung 'Christus oder Muhammed'*. In: MKMG 52 (1982), S. 3-16.

14 Ebd., S. 4.

15 Ebd., S. 5f. u. passim.

16 Ebd., S. 3.

17 Ebd., S. 6.

18 Ebd., S. 8.

19 Vgl. oben, S. 225ff.

20 Vgl. Ernst Seybold: *Wie katholisch ist May in seinen Marienkalendergeschichten?* In: MKMG 44 (1980), S. 26-30; Fortsetzung in MKMG 45 (1980), S. 38-42, und MKMG 46 (1980), S. 40-46; der Aufsatz ist auch enthalten in: Ders.: *Karl-May-Gratulationen. Geistliche und andere Texte zu und von Karl May III*. Ergersheim 1990, S. 45-61. - Vgl. unten Anm. 27.

21 Claus Roxin: *"Dr. Karl May, genannt Old Shatterhand"*. Zum Bild Karl Mays in der Epoche seiner späten Reiseerzählungen. In: JbKMG 1974, S. 15-73 (S. 60).

22 Ekkehard Koch: (Werkartikel zu) *Auf fremden Pfaden*. In: *Karl-May-Handbuch*. Hrsg. von Gert Ueding in Zusammenarbeit mit Reinhard Tschapke. Stuttgart 1987, S. 266-271 (S. 270).

23 Ebd.

24 Der christliche Ich-Erzähler schlägt seinen muslimischen Gegner mit einem Fausthieb nieder! - Vgl. Lorenz, wie Anm. 12, S. 100-104.

25 Koch, wie Anm. 22, S. 270.

26 Seitenangaben in () beziehen sich auf die Wiedergabe von *Maria oder Fatima* in: Karl May: *Auf fremden Pfaden*. Gesammelte Reiseerzählungen, Bd. XXIII. Freiburg 1897, S. 455-500.

27 In diesem einen Punkt - Fürsprache Mariens bzw. Aufforderung zu ihrer Fürsprache durch irdische Beter - könnte man noch am ehesten eine 'katholisierende Neigung' Karl Mays erblicken. Zwar hat auch der Reformator Melanchthon - in der *Apologie*, der Verteidigungsschrift für die *Confessio Augustana* - "deutlich gemacht, daß ihm das Beten Marias im Himmel für die Kirche selbstverständlich ist" (Seybold: *Gratulationen III*, wie Anm. 20, S. 54, Anm. 59); umstritten ist aber, "ob wir zu Maria im Himmel unsrerseits sagen können, sie solle für uns beten" (Seybold im Brief vom 1.10.1991 an den Verfasser); doch immerhin ist dieses "Anrufen Marias auch orthodox oder altkatholisch möglich" und muß auch "keinem massiven evangelischen Nein begegnen" (ebd.).

28 "Das schreibt ein Protestant [...] einem marianischen Vulgärkatholizismus ins Stammbuch! In der protestantischen Polemik heißt es ja immer, daß 'die Katholiken die Maria anrufen wie Gott selber'." (Seybold: *Gratulationen III*, wie Anm. 20, S. 52) - Vgl. unten, S. 662ff.

29 Interessant ist die Begründung Kara Ben Nemsis: "Jeder Mensch soll eigentlich für den Kreis, in welchem er wirken kann, nach Wort und Wandel ein Priester sein." (May: *Auf fremden Pfaden*, wie Anm. 26, S. 462) Für die katholische Kirche des 19. Jahrhunderts war diese Auffassung vom 'allgemeinen Priestertum' ja nun wirklich keine Selbstverständlichkeit! - Vgl. Seybold: *Gratulationen III*, wie Anm. 20, S. 56.

30 Lorenz, wie Anm. 12.

31 Vgl. Walther Ilmer: *Einführung*. In: Karl May: *Der Mahdi - Im Sudan*. 'Deutscher Hausschatz' 18./19. Jg. (1891-93) Reprint der KMG. Hamburg, Regensburg 1979, S. 3-9 (S. 6).

32 Peter Krauskopf: *Die Heldenrevision in Karl Mays Reiseerzählung 'Und Friede auf Erden' als Kritik am wilhelminischen Imperialismus II*. In: MKMG 72 (1987), S. 3-11 (S. 9).

33 Vgl. oben, S. 180f. u. 256f. - Auch Marah Durimeh verehrt die Gottesmutter Maria (vgl. Karl May: *Durchs wilde Kurdistan*. Gesammelte Reiseromane, Bd. II. Freiburg 1892, S. 569)!

34 Vgl. z.B. Marie-Louise v. Franz: *Der Individuationsprozeß*. In: Carl Gustav Jung u.a. (Hrsg.): *Der Mensch und seine Symbole*. Olten 1968, S. 160-229 (S. 185ff.) - Leonardo Boff: *Das mütterliche Antlitz Gottes. Ein interdisziplinärer Versuch über das Weibliche und seine religiöse Bedeutung*. Düsseldorf 1985, S. 222ff. - Vgl. unten, S. 660ff.

35 Vgl. oben, S. 284ff.

36 Vgl. Gal 6, 7: "Täuscht euch nicht: Gott läßt sich nicht spotten; was der Mensch sät, wird er ernten."

37 May: *Auf fremden Pfaden*, wie Anm. 26, S. 519 u. 534.

38 Vgl. oben, S. 287ff.

39 Lorenz, wie Anm. 12, S. 114.

40 May: *Auf fremden Pfaden*, wie Anm. 26, S. 565.

41 Vgl. Lorenz, wie Anm. 12, S. 113.

42 Adolf Droop: *Karl May. Eine Analyse seiner Reiseerzählungen*. Cöln-Weiden 1909, S. 131f.; zit. nach Roxin: *"Dr. Karl May"*, wie Anm. 21, S. 60.

43 Vgl. Seybold: *Gratulationen III*, wie Anm. 20, S. 46f.

44 Ebd., S. 57f.

45 Vgl. unten, S. 602ff.

46 Seybold: *Gratulationen III*, wie Anm. 20, S. 57.

47 Vgl. ebd., S. 47.

48 Vgl. oben, S. 288.

49 Vgl. Roxin: *"Dr. Karl May"*, wie Anm. 21, S. 60.

50 Seybold: *Gratulationen III*, wie Anm. 20, S. 47 (mit Bezug auf Goethe und Voltaire).

51 Karl May: *Mutterliebe*. In: Ders.: *Christus...* (Reprint), wie Anm. 1, S. 230-242 (S. 234).

52 Ebd., S. 239.

53 Ebd.

54 Vgl. Dieter Sudhoff: *Auf dem Weg - Karl Mays 'Mutterliebe'. Eine Werkanalyse*. In: JbKMG 1985, S. 218-262.

55 Ebd., S. 250.

56 Ebd., S. 249.

57 Ebd., S. 253.

58 May: *Mutterliebe*, wie Anm. 51, S. 242.

59 Sudhoff, wie Anm. 54, S. 252.

60 Vgl. May: *Mutterliebe*, wie Anm. 51, S. 234 (Uinorintscha ota bittet für Folder).

61 Wiedergegeben bei Amand von Ozoróczy: *Das zweite Ave Maria. Beitrag zur "Spätlese in Deidesheim" II*. In: MKMG 26 (1975), S. 3-9 (S. 6). - Karl May hat dieses 'Ave Maria' für die Erstkommunikantin Magdalena Seyler (in Deidesheim) im April 1898 verfaßt. - Vgl. Sudhoff, wie Anm. 54, S. 253.

62 Vgl. unten, S. 660ff.

63 Claus Roxin: *Das fünfzehnte Jahrbuch*. In: JbKMG 1985, S. 9-14 (S. 12).

64 Vgl. Sudhoff, wie Anm. 54, S. 238ff.

65 May: *Mutterliebe*, wie Anm. 51, S. 242.

8.7 Das literarische Ich: Old Shatterhand/Kara Ben Nemsi

Die Ich-Figur seiner Reiseerzählungen wurde und wird Karl May von vielen Interpreten als verlogene oder krankhafte Selbstüberhöhung verübelt: "Was hat man über diesen Old Shatterhand gelästert, über seine Omnipotenz und Unverwundbarkeit, seine gottähnlichen Fähigkeiten, seine geistige und körperliche Überlegenheit!"[1]

Wer ist Old Shatterhand/Kara Ben Nemsi? Für die Bewertung des Menschen Karl May, seines 'Lebens und Strebens', ist die Beantwortung dieser Frage von hoher Bedeutung. Jeder Mensch hat, bewußt oder unterbewußt, sein Ich-Ideal: seine Zukunftsvision. Menschliches Sein ist, als Werde-Sein, nicht statisch, sondern dynamisch. Die Frage 'Wer bin ich?' verweist auf die Frage 'Wer möchte ich sein, wer werde ich sein?'. Die empirische Realität meines Lebens und das 'Ich' meiner Tagträume sind zwar niemals identisch. Aber der Mensch, der ich bin, und der Mensch, der ich gerne wäre, sind dennoch untrennbar: Meine Wünsche, meine Sehnsüchte und Träume gehören zu mir; sie sagen viel aus - über mich.

Die Merkmale seines Wunsch-Ichs Old Shatterhand/Kara Ben Nemsi lassen also sehr wichtige Rückschlüsse zu auf den Schriftsteller und seinen, noch werdenden, Charakter.

8.7.1 Das Wunsch-Ich des Autors

Welche Eigenschaften hat der Superheld der Reiseerzählungen?[2] Wie agiert, wie denkt und empfindet er? Wie verhält er sich zu seiner Umgebung? Wie versteht er sich selbst? Eine Spezialuntersuchung - die durch dieses Buch-Kapitel nicht ersetzt werden kann - müßte, unter besonderer Beachtung der Zeit und der Umstände ihrer Entstehung, sämtliche Ich-Erzählungen Mays unter die Lupe nehmen.

Was die Person des 'Ich' betrifft, gibt es interessante Schattierungen und in einigen Fällen erhebliche Differenzen innerhalb der Werke Karl Mays: Das Ich in *Der Scout* ist, wie schon früher erwähnt,[3] im Vergleich zu Old Shatterhand (in der *Winnetou*-Trilogie) ziemlich hilflos und unerfahren. Der elegische, beinahe schwermütige Kara Ben Nemsi in *Die Todes-Karavane*[4] ist sehr viel sensibler und verletzbarer als etwa Charley in den Südamerika-Bänden oder Shatterhand in manchen Passagen der *Satan*-Trilogie.[5] Überhaupt wirkt Kara Ben Nemsi, vom Alter ego Hadschi Halef begleitet, "durchweg sympathischer als [...] 'der oft etwas präzeptorale Mr. Shatterhand'."[6] Doch solche Nuancen können in der folgenden Darstellung nur sporadisch berücksichtigt werden.

Welche Fähigkeiten zeichnen Old Shatterhand/Kara Ben Nemsi aus? Eher zierlich ist seine Gestalt; aber im Kampf ist er stärker als die stämmigsten Gegner. Im Schießen, im Reiten, im Hauen und Stechen, in allen Gefechtsarten übertrifft er die gewandtesten Feinde.[7] Den Grauen Bären, das gefährlichste aller Raubtiere, erlegt er mit seinem Messer. Wilde Löwen bringt er spielend zur Strecke. Im Spurenlesen ist er genial. Gestandene Westmänner, die erfahrensten Trapper können dem 'Greenhorn' (in *Winnetou I*) das Wasser nicht reichen. Er sieht alles, er hört alles, er ahnt alles. Was seine Widersacher an Schurkereien immer auch aushecken, er belauscht es untrüglich, hinter türkischen Zimmerwänden und amerikanischen Baumstämmen. Er begeht (fast) nie einen Fehler.[8] Er durchschaut, früher oder später, alle Verwicklungen. Jeder Intrige kommt er zuvor. Und gerät er doch in die Hand seiner Feinde - ein Motiv, das sich bekanntlich sehr oft und geradezu zwanghaft wiederholt-, so befreit er sich selbst oder wird er befreit: durch günstige Umstände, die er geschickt zu benützen weiß.

Old Shatterhand/Kara Ben Nemsi ist verwundbar; aber sterben kann er niemals. "Wenn ich am Ende eines Romankapitels den Helden bewußtlos, aus schweren Wunden blutend, verlassen habe, so bin ich sicher, ihn zu Beginn des nächsten in sorgsamster Pflege und auf dem Wege der Herstellung zu finden."[9] Den Werken Sigmund Freuds ist dieses Zitat entnommen. Freud hat von May wohl nie etwas gelesen; seine Deutung des Helden als "Bestandteil des Tagtraums"[10] paßt aber gut zu Karl May und dem 'Ich' seiner Erzählungen.

Mays Ich-Held ist nahezu vollkommen. Zur (im Spätwerk verblassenden) kämpferischen Überlegenheit kommt, imponierender noch, die universale Gelehrsamkeit. Die verschiedensten Indianer-Dialekte, afrikanische, ostasiatische, alle orientalischen und selbstverständlich die europäischen Sprachen versteht und spricht er perfekt, ohne fremden Akzent. Geheime Zeichen, babylonische Keilschrift zum Beispiel, entziffert er ohne Mühe. Und fabelhaft ist seine Erinnerung: "Einige kleine Gruppen von kommaähnlichen Strichen hielt ich für bedeutungslos, [...] doch blieben sie [...] meinem Gedächtnisse scharf und deutlich eingeprägt"[11] - so deutlich, daß Kara Ben Nemsi sie später enträtseln kann.

Die Bräuche der Völker, der Orientalen und Afrikaner, der nord- und südamerikanischen Indianer, der Chinesen, der Urbewohner von Ozeanien usw., kennt der Ich-Held genau. In allen Teilen der Welt ist er wie zuhause. In der Zoologie und Botanik, der Geologie und Geschichte weiß er Bescheid. Die Gesetze der Physik und überhaupt der Naturwissenschaften beherrscht er wie ein Professor. "Es ist als ob er in sich verkörpert alle Mitarbeiter eines Konversationslexikons trüge".[12] In der ärztlichen Kunst ist er auch gut bewandert, und Neues lernt er im Handumdrehen. In der Architektur und der Jurisprudenz, der Literaturwissenschaft und der Philosophie ist er zwar kein Experte, aber Kenntnisse besitzt er auch auf diesen Gebieten. In der praktischen Psychologie und - insbesondere - den Religionen kennt er sich bestens aus. Auch musisch ist er begabt. Die Musik (besonders die Orgel, das Klavier und die Geige) ist seine heimliche Liebe. Komponist ist er nebenbei auch. Dichter ohnehin.

Sein Äußeres wirkt bescheiden und unauffällig. 'Mehr sein als scheinen' ist seine Devise. Auch tritt er gerne inkognito auf - um sich zur richtigen Zeit zu offenbaren:

Wohl hundertmal hat May die Szene gestaltet, wie der scheinbare Nichtskönner oder gar Verdächtige sich plötzlich als der berühmte Old Shatterhand oder Kara Ben Nemsi zu erkennen gibt. Da fällt es den Menschen dann wie Schuppen von den Augen, und sie stehen in staunender Bewunderung.[13]

Multiple Rollen spielt der Ich-Held, exzessiv in den Südamerika-Bänden,[14] mit Bravour, mit Freude und Lust. Seine Hauptrolle ist die des Retters, des Beschützers aller Bedrängten. Despoten werden von Kara Ben Nemsi "entlarvt und oftmals abgesetzt oder handgreiflich zurechtgewiesen, während das erzählende Ich und seine Begleiter das aus Straftaten stammende Geld an die Armen verteilen und in einer verdorbenen Welt die Gerechtigkeit wiederherstellen."[15]

Vor der Behörde zeigt Kara Ben Nemsi "den Respekt des edlen freien Mannes, der die Notwendigkeit regelnder Normen anerkennt."[16] Tritt er allerdings vor Tyrannen, vor korrupte Polizeichefs und aufgeblasene Paschas, so sinken diese - allein schon durch den Eindruck seiner Persönlichkeit - in sich zusammen: wie Ballone, denen die Luft entweicht.

Ist "Seine Majestät das Ich"[17] ein Großsprecher und Wichtigtuer? Mitnichten. Innere Größe, humane Gesinnung und feinste Kultur bestimmen sein Wesen. Zwar läßt Old Shatterhand, zumindest gelegentlich, seine Überlegenheit spüren; auch Kara Ben Nemsi kann in besonderen Fällen "sein Ich herausputzen [...] als alles Dunkle überstrahlende Siegesmacht".[18] Doch in der Regel wirkt Kara Ben Nemsi eher zurückhaltend; die großen Worte, den verbalen Triumph überläßt er dem kleinen Hadschi, dem - freilich guten und liebenswürdigen - Alter ego 'nach unten'. Ist von seinen Taten die Rede, so winkt der Effendi ab und gibt andern die Ehre (was in den Augen des Lesers seinen Glanz natürlich vermehrt).

'Karl der Deutsche' ist überlegen, aber in erstrebenswerter Weise und nicht so penetrant wie manchmal Old Shatterhand. Der Effendi "trifft immer den richtigen Ton und muß nicht den anderen ständig auf die Nase binden, daß er immer recht hat."[19] Kara Ben Nemsi ist stark und, im Gegensatz zum Autor Karl May, auch psychisch völlig gesund. Er "hat trotz allen berechtigten Selbstbewußtseins ein gediegenes Verhältnis zu seiner Umwelt - und zu seinem eigenen Ich. Seine kraftvolle Frechheit, wenn er sie überhaupt hervorkehrt, ist keine Arroganz."[20]

Und wie verhält sich das 'Ich' zu Kameraden und Freunden? Einen "Autoritarismus", dem die "Autoritätshörigkeit bei den Gefährten"[21] entspreche, hat Gertrud Oel-Willenborg dem Schriftsteller bzw. dem Ich-Helden vorgehalten. Belegstellen scheint es zu geben: in der 'Einleitung' des *Silberlöwen* zum Beispiel. Hier gibt der große Old Shatterhand dem Westmann Jim Snuffle zu verstehen: Jetzt "aber bin ich da und wünsche sehr, daß Ihr Euch nach mir richtet."[22] Jims Bruder stimmt denn auch zu: "Wenn Old Shatterhand bei uns ist, haben wir unsern Willen dem seinigen zu unterordnen."[23]

Daß es dem literarischen 'Ich' Karl Mays um sich selbst, "um Dominanz und Herrschaft" gehe, daß es "mit dem Lächerlichmachen von Feind und Freund"[24] sich durchsetzen und seine Vorzüge demonstrieren wolle, kann man dennoch nicht sagen. Die Autorität Old Shatterhands und Kara Ben Nemsis gründet auf Sachkompetenz; sie "kennt nicht Vorgesetzte und Untergebene, nicht Befehl und Gehorsam."[25] Den Schutz ihres Anführers können die Kameraden auch jederzeit verlassen (zu ihrem eigenen Schaden allerdings: sie werden gefangen und müssen befreit werden) -, ohne daß sie Sanktionen oder auch nur besondere Vorwürfe von seiten des 'Ich' zu befürchten hätten.

Der Ich-Held, die Projektion des Tagträumers Karl May, liebt die Freiheit, die Selbstbestimmung - für sich und seine Gefährten. Er gehorcht nur seinem Gewissen[26] und wird nicht eingeengt durch Paragraphen und Vorschriften. Er bindet sich (in den Erzählungen bis 1896) an keine Frau,[27] benötigt auf seinen Reisen kein Geld und hat "unendlich viel Zeit", einen "dauernden Aktivurlaub"[28] sozusagen.

Old Shatterhand/Kara Ben Nemsi steht außerhalb der Institution und außerhalb der sichtbaren Hierarchie. Auf die Frage nach seinem Titel gibt er die Antwort: "Ich bin nur ich [...], sonst weiter nichts."[29] Als Kriegsminister des Padishah wäre Kara Ben Nemsi, laut Halef, aufgrund seiner Fähigkeiten zwar bestens geeignet; aber er will diesen Rang nicht besitzen. Denn der Oberbefehlshaber "ist bei all seiner Würde ein Diener des Großherrn";[30] Kara Ben Nemsi aber beugt sich vor keinem Menschen.

Autonom und souverän ist Old Shatterhand/Kara Ben Nemsi: ein Stratege ohne militärischen Rang, ein Gelehrter ohne akademischen Grad, ein Prediger und Missionar ohne Priesterweihe.[31] An christlicher Tugend, an menschlicher Wärme (von manchen Entgleisungen des Old Shatterhand einmal abgesehen), an kühlem Verstand, an sicherem Urteil und siegreichem Handeln übertrifft er teilweise noch die Superhelden der Münchmeyerromane.[32] Er kann und weiß und lenkt nahezu alles. Überlegen ist ihm - nur Gott.

Die Ich-Figur gewinnt durch ihr Gottvertrauen, durch List und psychische Kraft, durch Güte und nicht zuletzt durch Humor. Ein 'Gewaltmensch' ist Shatterhand/Kara Ben Nemsi, trotz seiner 'Schmetterfaust', nicht. Er liebt alle Völker. Er ist ein Freund auch der Tiere und jeglicher Kreatur.[33] Er denkt nicht an sich, nicht an den eigenen Vorteil. Er hilft jedem Menschen, verschmäht die Lüge, ist großmütig zum Gegner. Er bekämpft zwar das Böse, vermeidet aber das Blutvergießen.[34] Er setzt sein Leben ein für die Schwachen und stiftet den Frieden. Er bewährt sich als Seelsorger (besonders für Sterbende) und spricht reuigen Sündern - da kein Priester zugegen ist - in Jesu Namen Vergebung zu.[35]

Mr. Shatterhand und Kara Ben Nemsi in der Rolle des "Heilbringers"?[36] Eine absurde Selbstüberhebung, eine blasphemische "Übersteigerung des Helden bis hin zur Präfiguration als Erlöser"?[37] Man muß unterscheiden: Das Wunsch-Ich des Autors bekennt sich als Christ; die 'imitatio' Christi[38] verpflichtet den Helden. Aber daß er selbst der 'Erlöser' sei, das meint er natürlich nicht.

Nein, der Mensch ist - so heißt es im Schlußband des Orientzyklus - "ein zerbrechliches Gefäß, mit Schwächen, Fehlern und - Hochmut gefüllt!"[39] Auch das Wunsch-Ich des Schriftstellers bedarf, als zerbrechlicher Mensch, der Ermutigung, der Vergebung durch Gott und - des Gebets seiner Freunde: "Also bete getrost für mich! Niemand bedarf es so sehr wie ich, daß für ihn gebetet wird."[40]

8.7.2 Täuschung und Wahrheit

Als göttlich oder quasi-göttlich versteht sich Old Shatterhand nicht. Er ist weder hybrid noch verrückt. Aber besondere Qualitäten besitzt er natürlich schon.

Old Shatterhand "hatte nur immer die Fehler anderer gutzumachen":[41] die Fehler seiner Gefährten und die Fehler - Karl Mays, des blinden und kränklichen Kindes, des verletzten und gedemütigten Seminaristen, des im Lehrberuf gescheiterten jungen Mannes, des Straftäters 'Dr. med. Heilig', des Gefangenen in Zwickau und Waldheim, des in seiner Ehe nicht glücklichen Autors. Im literarischen 'Ich', in der Fiktion 'Old Shatterhand/Kara Ben Nemsi', in der vollendeten Menschlichkeit des 'Erwählten', werden die realen Defizite des Menschen Karl May kompensiert: "May wünscht sich inständig, ein ANDERER zu sein, ein MÄCHTIGER [...], der überall ANERKANNT wird."[42]

In der May-Forschung unumstritten ist die These Roxins: Im Helden schuf sich der Schriftsteller "eine neue Existenz, [...] die ihn für alles entschädigen mußte, was ihm das wirkliche Leben versagt hatte."[43] Verdient, diese Frage liegt nahe, eine derartige Selbsttherapie das Interesse vernünftiger Menschen?

Es gibt, so Roxin,

hunderttausende gedemütigte, in ihrem Selbstgefühl beschädigte Menschen, vor allem auch junge, die sich als Außenseiter in der Welt der Etablierten und Erwachsenen fühlen. Ihnen allen kann die Identifikation mit den Helden Karl Mays Glücks- und Erfolgserlebnisse und mit ihnen seelische Kraft geben. Ich möchte noch weitergehen und die Behauptung wagen, daß das Motiv der sieghaften Selbsterhöhung auch an uneingestandene Wünsche des psychisch stabilisierten Normalmenschen rührt. Welcher Professor möchte denn, wenn er ganz ehrlich ist, NICHT seine Feinde (sprich: wissenschaftlichen Gegner) niederschmettern und die Fährten zu den verborgensten Geheimnissen seines Faches entdecken, auf daß an allen Lagerfeuern (sprich: auf allen wissenschaftlichen Kongressen) sein Ruhm verkündet werde?[44]

Und welcher - in seiner Karriere gebremste - Dorfpfarrer träumt nicht, manchmal auch am Tage, von einer zweiten, höheren und wahreren Existenz: als großer Theologe, als Denker und Philosoph, dessen Einsicht die Welt schließlich retten wird? Wer sieht sich selbst, in seinen geheimsten Visionen, nicht als geistige und moralische Autorität, die so manchen Pascha (sprich: Bischof oder Staatsmann oder Gelehrten) erzittern läßt? Auf daß der Pascha - kleinlaut und beschämt und geknickt - seine Fehler gestehen und dem Rat des Weisesten aller Weisen gehorchen muß?

Aber - sind solche Träume, in ihrer naiven Selbstbezogenheit, nicht kindisch und völlig verrückt? Dazu Roxin:

Natürlich kann man der Meinung sein, daß [...] Omnipotenzphantasien solcher Art [...] doch seri-öserweise nicht erlaubt sind [...] Daran ist etwas Wahres, und sicher liegt hier ein Element des Tri-vialen, das mindestens den Abenteuererzählungen Mays immer anhaften wird. Aber in alledem liegt doch noch etwas mehr.[45]

Worin besteht, über die fiktive Wunscherfüllung des Autors und die Glückserlebnisse seiner (unreifen) Leser hinaus, der 'Mehrwert' Old Shatterhands und Kara Ben Nemsis? Der Schriftsteller selbst gibt im Schlußband des *Silberlöwen* (1903) einen interessanten Hinweis: Die Welt habe "ihr 'Ich' verloren";[46] Shatterhand/Kara Ben Nemsi sei "das von seinen psychologischen Fesseln befreite Menschheits-Ich"; es verweise auf eine neue Schöpfung, in welcher Leib, Geist und Seele "Hand in Hand nebeneinander stehen und miteinander wirken."[47] Und in der *Beichte* (1908) wird erklärt: "Das 'Ich', in dem ich schreibe, das bin doch nicht ich selbst";[48] das 'Ich' sei, wie es in der Selbstbiographie (1910) schließlich heißt,

keine Wirklichkeit, sondern dichterische Imagination. Doch, wenn dieses "Ich" auch nicht selbst existiert, so soll doch Alles, was von ihm erzählt wird, aus der Wirklichkeit geschöpft sein und zur Wirklichkeit werden [...] dieses imaginäre "Ich" hat nicht imaginär zu bleiben, sondern sich zu realisieren, [...] und zwar in meinem Leser.[49]

Mays 'Ich' verkörpert - in den späteren Werken deutlicher als in den früheren Schriften - das menschliche Sein im Zustand der Gnade, der gebändigten Kraft, der befreiten Heiterkeit und der befreienden Liebe. Was seine Universalbegabung betrifft, ist Old Shatterhand/Kara Ben Nemsi, empirisch gesehen, freilich die pure Unmöglichkeit: eine 'Unperson'! Karl May bestätigt es selbst in *Mein Leben und Streben*:

Ich hatte dieses "Ich" [...] ja mit allen Vorzügen auszustatten, zu denen es die Menschheit im Ver-laufe ihrer Entwickelung bis heut gebracht hat. Mein Held mußte die höchste Intelligenz, die tiefste Herzensbildung und die größte Geschicklichkeit in allen Leibesübungen besitzen. Daß sich das in der Wirklichkeit nicht in einem einzelnen Menschen vereinigen konnte, das verstand sich doch wohl ganz von selbst.[50]

So zu lesen im Jahre 1910. Doch in den neunziger Jahren sprach May in ganz anderen Tönen! Erst später, da er die Behauptung 'Old Shatterhand ist Karl May' nicht mehr hal-ten konnte, erklärte er das 'Ich' zum Symbol für die "Menschheitsfrage" ("Adam, d.i. Mensch, wo bist Du?")[51] und die exotischen Handlungsräume zur 'Landschaft der Seele':

Indem ich meine Leser durch das Reich der Menschheitsseele führe, gebe ich den Provinzen dieses Reiches bekannte geographische Namen. Das erleichtert das Verständnis ungemein, gibt aber der Böswilligkeit die Handhabe, mich zu verleumden. Wenn ich z.B. das Reich der Kunst [...] nach Indien verlege [...], so verlangen diese innerlich blinden Menschen flugs von mir, auch wirklich in Indien [...] gewesen zu sein. Wo nicht, so bin ich ein literarischer Lügner und Schwindler. An die-sem Maßstab gemessen, würde Dante der größte aller Schwindler sein, denn er behauptet, nicht nur im Fegefeuer und in der Hölle, sondern sogar auch im Himmel gewesen zu sein![52]

Gegen diese Erklärung ist, an sich, nichts zu sagen. Nur - für den damaligen Leser ER-KENNBAR 'symbolisch' hat May erst im Alter geschrieben. Daß auch seine früheren 'Reiseerzählungen', hinter der vordergründigen Fabel, Schlüsselromane des inneren Erlebens (des Autors und seiner Leser) sind, trifft zwar objektiv zu.[53] Der Verfasser selbst aber hat diese Erkenntnis dem Leser verbaut: Das realistische, das wörtliche Verständnis seiner Geschichten hat er bis zur Jahrhundertwende dem Publikum aufgedrängt.

Das 'Ich', das Ich-Ideal, soll später zur Wahrheit werden; der Dichter und seine Leser sollen, als Werdende, sich entfalten zu höherem Streben, zu tieferer Einsicht, zu größerer Liebe. Ein schöner Gedanke. Nur - früher hieß es eben ganz anders! Karl May IST Old Shatterhand/Kara Ben Nemsi, hatte der Schriftsteller bei öffentlichen Auftritten,[54] aber auch im *Satan*- und im Weihnachtsroman verkündet. Die Selbstbiographie (1910) und die *Beichte* (1908) gehen darauf mit keinem Wort ein. Insofern ist die dortige Deutung des 'Ich' eine Kühnheit. Bedenkenswert und, im Grunde, doch wahr ist die Maysche Erklärung des Edel-Ich - als 'Realutopie', als Entwurf einer künftigen Existenz - aber dennoch: Karl May hat, in die Enge getrieben, im Alter erkannt, was er in der tieferen, wahreren Schicht seines Wesens immer schon wußte!

Über Gott und die Welt, über sich selbst und die Menschheit hat May "im letzten Jahrzehnt seines Lebens umso schmerzlicher nachgedacht [...], je vernichtender die Keulenschläge wurden, die ihn von ringsumher trafen."[55] Von der 'Shatterhand-Legende' - der Behauptung, mit dem literarischen 'Ich' identisch zu sein - hat sich May nur zögernd gelöst. Aber er HAT sich, wenn auch spät und mit Rückfällen, von der Renommiersucht - weitgehend - getrennt.

Dr. Faust dient, wie es bei Goethe heißt, seinem Herrn "nur verworren"; zur "Klarheit"[56] wird er von Gott erst später geführt. Ähnlich verhält es sich bei Karl May: Mag seine nachträgliche Deutung des 'Ich' die Flunkereien (in den neunziger Jahren) nur mühsam verdecken, sie ist, nach Heinz Stolte, "dennoch ein Zeugnis von jener 'Klarheit', in die er, wie Faust [...], aus der Verworrenheit geführt werden mußte."[57]

Eine halb lustvolle und halb verzweifelte Suche nach der wahren Identität ist Mays Leben gewesen. Den 'Edelmenschen' hat er gesucht, der er (noch) nicht war und der er doch sein wollte. Im literarischen 'Ich' hat er, gleichsam spielerisch, antizipiert, was zu WERDEN ihm (und der Menschheit) noch nicht gelungen ist.

"So laßt mich scheinen, bis ich werde; / Zieht mir das weiße Kleid nicht aus!",[58] hat Goethes Mignon gesungen. Karl May mußte es ausziehen, das "weiße Kleid" seines Helden. Der 'Schein', das kreative 'Als ob', der imaginäre Old Shatterhand/Kara Ben Nemsi, wurde ihm erbarmungslos - und doch wieder verständlich - als Täuschung, als 'Betrug' angelastet.

Anmerkungen

1   Gert Ueding: *Die Rückkehr des Fremden. Spuren der anderen Welt in Karl Mays Werk.* In: JbKMG 1982, S. 15-39 (S. 29).

2   Die folgenden Ausführungen gelten, mehr oder weniger, auch für die heldischen Identifikationsfiguren in anderen (nicht in der Ich-Form geschriebenen) Werken Karl Mays.

3   Vgl. oben, S. 219 u. 296.

4   Vgl. oben, S. 176f.

5   Vgl. Walther Ilmer: *Einführung.* In: Karl May: *Die Felsenburg.* 'Deutscher Hausschatz' 20. Jg. (1894). Reprint der KMG. Hamburg, Regensburg 1980, S. 3-8 (S. 5) - Ders.: *Einführung.* In: Karl May: *Krüger Bei - Die Jagd auf den Millionendieb.* 'Deutscher Hausschatz' 21./22. Jg. (1895/96). Reprint der KMG. Hamburg, Regensburg 1980, S. 2-10 (S. 4ff.).

6   Walther Ilmer: *Mit Kara Ben Nemsi 'im Schatten des Großherrn'. Beginn einer beispiellosen Retter-Karriere.* In: JbKMG 1990, S. 287-312 (S. 307); Binnenzitat nach Claus Roxin: *Vorläufige Bemerkungen über die Straftaten Karl Mays.* In: JbKMG 1971, S. 74-109 (S. 94).

7 Zahlreiche Belegstellen bei Viktor Böhm: *Karl May und das Geheimnis seines Erfolges*. Gütersloh ²1979, S. 64ff.

8 Eine Zusammenstellung von Ausnahmen findet sich bei Böhm: Ebd., S. 92f. (Anm. 146 u. 147). - Zum folgenden vgl. auch Wolfgang Hammer: *"Die Ohnmacht des Helden"*. *Späte Anmerkungen zu einem Buch von Wolfgang Schmidbauer (Rowohlt 1981)*. In: MKMG 97 (1993), S. 37-41.

9 Sigmund Freud: *Der Dichter und das Phantasieren*. In: Ders.: Ges. Werke, Bd. VII. London 1941, S. 213ff. (S. 219f.); zit. nach Roxin: *Bemerkungen*, wie Anm. 6, S. 86.

10 Freud, wie Anm. 9.

11 Karl May: *Im Reiche des silbernen Löwen I*. Gesammelte Reiseerzählungen, Bd. XXVI. Freiburg 1898, S. 486 - In der Hausschatz-Version (*Am Turm zu Babel*) fehlt dieser Passus noch.

12 August Niemann: *Das Rätsel Karl May*. In: KMJB 1920. Radebeul 1919, S. 486-495 (S. 491).

13 Claus Roxin: *Ein 'geborener Verbrecher'. Karl May vor dem Königlichen Landgericht in Moabit*. In: JbKMG 1989, S. 9-36 (S. 14).

14 Vgl. Heinz Stolte: *Mein Name sei Wadenbach. Zum Identitätsproblem bei Karl May*. In: JbKMG 1978, S. 37-59.

15 Roxin: *Verbrecher*, wie Anm. 13, S. 13f.

16 Walther Ilmer: *Einführung*. In: Karl May: *Im Reiche des silbernen Löwen*. 'Deutscher Hausschatz' 23./24. Jg. (1896-98). Reprint der KMG. Hamburg, Regensburg 1981, S. 2-12 (S. 4).

17 Freud, wie Anm. 9 - Vgl. Annette Deeken: *"Seine Majestät das Ich"*. *Zum Abenteuertourismus Karl Mays*. Bonn 1983.

18 Walther Ilmer: *Durch die sächsische Wüste zum erzgebirgischen Balkan. Karl Mays erster großer Streifzug durch seine Verfehlungen*. In: JbKMG 1982, S. 97-130 (S. 122).

19 Ilmer: *Einführung*, wie Anm. 16, S. 5.

20 Ebd., S. 4.

21 Gertrud Oel-Willenborg: *Von deutschen Helden. Eine Inhaltsanalyse der Karl-May-Romane*. Weinheim, Basel 1973, S. 143.

22 May: *Im Reiche des silbernen Löwen I*, wie Anm. 11, S. 68.

23 Ebd., S. 175.

24 Rolf Breuer: *Karl May. Tagträumer der Nation*. In: Psychologie heute. Nr. 5. 9. Jg. (1982), S. 39ff.

25 Claus Roxin: *"Dr. Karl May, genannt Old Shatterhand". Zum Bild Karl Mays in der Epoche seiner späten Reiseerzählungen*. In: JbKMG 1974, S. 15-73 (S. 53) - Ähnlich Martin Lowsky: *"Aus dem Phantasie-Brunnen". Die Flucht nach Amerika in Theodor Fontanes 'Quitt' und Karl Mays 'Scout'*. In: JbKMG 1982, S. 77-96 (S. 91).

26 Die grundsätzliche Anerkennung regelnder Normen schließt die freie Gewissensentscheidung nicht aus.

27 Erst in *Freuden und Leiden* (1896) und im *Silberlöwen* (1897) erfährt der Leser, daß das 'Ich' verheiratet ist (vgl. oben, S. 249 u. 293); die Ehe hindert den Helden aber nicht am Verreisen in fernste Gegenden.

28 Roxin: *Verbrecher*, wie Anm. 13, S. 17.

29 Karl May: *Im Reiche des silbernen Löwen IV*. Gesammelte Reiseerzählungen, Bd. XXIX. Freiburg 1903, S. 276 - Dieses Spätwerk-Zitat paßt (obwohl es NACH der 'Renommierzeit' Mays und NACH der Aufdeckung des falschen Doktor-Titels des bürgerlichen May entstanden ist) auch zum 'Ich' der klassischen Reiseerzählungen.

30 Karl May: *Im Reiche des silbernen Löwen II*. Gesammelte Reiseerzählungen, Bd. XXVII. Freiburg 1898, S. 113.

31 Vgl. oben, S. 307f.

32 Vgl. oben, S. 185ff.

33 Vgl. oben, S. 278.

34 Auf Ausnahmen und Inkonsequenzen verweist - mit Belegstellen - Böhm, wie Anm. 7, S. 92. - Die Feindesliebe des Ich-Helden wächst, vom Frühwerk (in dem das 'Ich' noch Indianer tötet) bis zu den späten Reiseerzählungen, zusehends.

35 Vgl. oben, S. 309.

36 Ulrich Schmid: *Das Werk Karl Mays 1895-1905. Erzählstrukturen und editorischer Befund*. Materialien zur Karl-May-Forschung, Bd. 12. Ubstadt 1989, S. 96.

37 Ebd., S. 94.

38   Vgl. z.B. Mt. 10, 38 oder Joh 12, 26; vgl. unten, S. 449ff.
39   Karl May: *Der Schut.* Gesammelte Reiseromane, Bd. VI. Freiburg 1892, S. 526.
40   May: *Im Reiche des silbernen Löwen II*, wie Anm. 30, S. 368 (Kara Ben Nemsi zu Amuhd Mahuli, einem islamischen Offizier).
41   May: *Im Reiche des silbernen Löwen I*, wie Anm. 11, S. 219.
42   Günter Scholdt: *Vom armen alten May. Bemerkungen zu 'Winnetou IV' und der psychischen Verfassung seines Autors.* In: JbKMG 1985, S. 102-151 (S. 125); vgl. die aufschlußreiche Tabelle ebd., S. 126f.
43   Roxin: *Verbrecher*, wie Anm. 13, S. 13.
44   Ebd., S. 14.
45   Ebd., S. 15.
46   May: *Im Reiche des silbernen Löwen IV*, wie Anm. 29, S. 68.
47   Ebd., S. 67.
48   Karl May: *Meine Beichte.* In: Ders.: Gesammelte Werke, Bd. 34 *"Ich"*. Bamberg 36 1976, S. 15-20 (S. 18).
49   Karl May: *Mein Leben und Streben.* Freiburg 1910. Hrsg. von Hainer Plaul. Hildesheim, New York 2 1982, S. 144f.
50   Ebd., S. 146.
51   Ebd., S. 144.
52   May: *Meine Beichte*, wie Anm. 48, S. 19.
53   Vgl. oben, S. 268ff.
54   Vgl. unten, S. 325ff.
55   Heinz Stolte: *Hiob May.* In: JbKMG 1985, S. 63-84 (S. 68).
56   Johann Wolfgang v. Goethe: *Faust. Eine Tragödie* (Prolog im Himmel, Verse 308f.); zit. nach Stolte: *Hiob May*, wie Anm. 55, S. 68.
57   Stolte: Ebd., S. 69.
58   Johann Wolfgang v. Goethe: *Wilhelm Meisters Lehrjahre* (8. Buch, Lied der Mignon).

8.8   Die Selbstdarstellung Mays in der 'Renommierzeit': Innerer Zwang und Verlockung von außen

Karl May hatte - so heißt es in *"Weihnacht!"* - "die eigentümliche Gewohnheit, eigentlich ein deutscher Schriftsteller, nebenbei aber auch Old Shatterhand zu sein."[1] Die Identität von Ich-Held und Autor wurde von den Lesern überhaupt nicht bezweifelt. Selbst kluge und gebildete Leute verstanden Mays Geschichten im wörtlichen Sinne. Auch der Verleger Fehsenfeld hatte, nach Wollschläger, "jahrelang [...] die Reiseerzählungen seines Autors für bare Münze genommen".[2]

Der begeisterte May-Leser vergißt die Realität und fühlt sich geborgen in der Fiktion. Auch der Erzähler entfloh seiner Wirklichkeit, um sich zu retten ins Imaginäre, in die Traumwelt der Phantasie: Er setzte sich gleich mit Old Shatterhand/Kara Ben Nemsi. Und dies mit einer Konsequenz, die die seltsamsten Blüten trieb! Harmlose Komik und heimliche Selbstironie verbündeten sich mit peinlicher Prahlerei und pathologischem Größenwahn. Virtuelle Wahrheit und manifeste Lüge kamen zusammen. Die dunklen "Stimmen"[3] der Straftäterzeit gewannen erneut an Macht. Mays pseudologische Neigung setzte sich, freilich ohne kriminelle Eskalation, ein zweites Mal durch.

8.8.1 'Dr. Karl May, genannt Old Shatterhand'

In den neunziger Jahren hatte May die Distanz zum Ich-Helden seiner Abenteuerromane fast völlig verloren. Im Erzählwerk, aber auch - und verstärkt noch - außerliterarisch, in persönlichen Briefen und öffentlichen Vorträgen, gibt er es kund: Old Shatterhand und Kara Ben Nemsi sind Pseudonyme für Karl May. Am 9. Dezember 1892 schrieb er an einen Leser:

Sie haben ganz richtig vermuthet; ich erzähle nur wirklich Geschehenes, und die Männer, von denen ich erzähle, haben existiert oder leben sogar noch heut. Old Shatterhand z.B. bin ich selbst. Sie verzeihen, daß ich so kurz antworte; es gehen jetzt täglich 40-50 ähnliche Briefe bei mir ein, die ich alle beantworten muß.[4]

Den Stuttgarter Professor Dr. Gustav Jäger ließ Karl May, mit Datum vom 9. August 1894, wissen: "Ich habe jene Länder wirklich besucht und spreche die Sprachen der betreffenden Völker [...] Die Gestalten, welche ich bringe (Halef Omar, Winnetou, Old Firehand ...) haben gelebt oder leben noch und waren meine Freunde."[5] Lisbeth Felber in Hamburg teilte er am 16. Dezember 1894 mit: "Ja, ich habe das Alles und noch viel mehr erlebt. Ich trage noch heute die Narben von den Wunden, die ich erhalten habe."[6] Auch seinem Prager Verleger Josef R. Vilimek (der tschechische Übersetzungen von mehreren May-Werken herausbrachte)[7] gab 'Old Shatterhand', in einem Brief vom 8. Juli 1898, denselben Bescheid. Seine Bücher sind:

die Erfolge fast 30jähriger Reisen, Entbehrungen und Gefahren; sie sind, man kann das wörtlich nehmen, mit meinem Blute aus den Wunden geflossen, deren Narben ich noch heut an meinem Körper trage. Das haben bisher ALLE meine Verleger eingesehen.[8]

Die "Wunden" und "Narben" könnte man, im metaphorischen Sinne, noch gelten lassen. Um "zu sehen, wie wahr er im Gewande scheinbarer Lüge sprach",[9] müßten wir nur bedenken: Karl May erzählte tatsächlich nur 'Selbsterlebtes', d.h. sein eigenes Leben in kunstvoller Verkleidung: verteilt auf viele Romanfiguren, die insofern (als maskierte Ich-Derivate, als Teil-Ichs des Autors) wirklich gelebt haben bzw. noch leben.[10] Aber - während sich in den Romanen, spätestens seit 1896, Mays schwindendes Interesse an der äußeren Fabel und die Erschütterung des alten Ich-Ideals, des männlichen Heldenkultes, schon abzeichnen,[11] hält May - im Privatleben - am Shatterhand-Mythos, der kindlich-martialischen Imponiergebärde, um so verbissener fest. "Gerade in dem Zeitpunkt, da Mays Reiseerzählungen sich neuen Zielen zubewegten, begann er, in aller Öffentlichkeit auf der Realität äußerer Geschehnisse zu beharren, die ihm in seinen Büchern schon immer unwichtiger wurden."[12]

Zaghaft zunächst, dann immer dreister schlüpft May in das Gewand seines literarischen Oberhelden. Ist unser Autor in diesem Verhalten eine Ausnahme unter den Schriftstellern? Daß sich ein Dichter, wie Thomas Mann sagt, "bis zu einem gewissen Grade mit seinen Geschöpfen identifiziert",[13] ist verbürgt und durchaus verständlich. Auch die Tendenz, Erfundenes und Erträumtes als Wirklichkeit zu betrachten, gehört wohl zum Typus des Dichters und Künstlers. Heinrich von Kleist beispielsweise konnte "oft Wirkliches und in Schwermut Geträumtes nicht mehr unterscheiden".[14] Es ist, nach Claus Roxin, "auch sonst eine geläufige Erscheinung, daß im Leben des Dichters pseudologische Züge nach außen treten oder mindestens den Autor zu selbstporträthafter Gestaltung nötigen."[15] Als Beispiele wären u.a. Alexandre Dumas, aber auch Goethe und Schiller, Gottfried Keller oder Thomas Mann zu erwähnen.[16] Doch Karl May hat's auf die Spitze getrieben: Daß ein Autor als seine eigene Romangestalt öffentlich auftritt, ist in der deutschen Literaturgeschichte wohl einmalig.[17]

Der Ernstthaler Weberssohn setzte jedes nur denkbare Mittel ein, um die Fiktion 'Old Shatterhand ist Karl May' zu beglaubigen: Reliquienhungrigen Verehrern soll er Pferdehaare als Locken des ermordeten Winnetou offeriert haben![18] Massenweise traf Leserpost in der 'Villa Shatterhand' ein; May gab die aberwitzigsten Auskünfte: Aus zahlreichen Briefen erfahren die Fans - unter ihnen Prinzessin Wiltrud von Bayern - genaueste Einzelheiten über Shatterhands Waffen oder das Schicksal Sam Hawkens', Dick Hammerdulls und Old Firehands.[19] Auf die Frage z.B. des Barons von Laßberg, warum Winnetou nicht von Karl May getauft wurde,[20] gab der Schriftsteller - Anfang 1898 - die Antwort: "Ich habe ihn, da kein Wasser da war, mit seinem eigenen Blute getauft, ehe er starb, erzählte das aber nicht, da unter den geistlichen Herren die Meinung über diese Art von Nothtaufe eine verschiedene ist."[21]

Zur Verifizierung der 'Shatterhand-Legende', zur Legitimation des Autors als Blutsbruder Winnetous und Freund Hadschi Halefs, gehörte das entsprechende Fluidum: die Innenausstattung der 'Villa Shatterhand' (seit 1896) in Radebeul. Da gab es, zur Freude des Besitzers und seiner zahllosen Besucher, gar manches zu sehen! 'Standesgemäß', d.h. sehr ähnlich wie die Abenteuer-Literaten Strubberg alias 'Armand' (1806-89), Friedrich Gerstäcker (1816-72) und Balduin Möllhausen (1825-1905),[22] staffierte auch May sein Arbeitszimmer mit exotischen Requisiten und allerlei 'Siegestrophäen' aus:[23] Ein ausgestopfter Löwe war zu bewundern; eine bunte indianische Lederdecke hing über dem Schreibtisch; verschiedene Revolver, orientalische Waffen, diverse Raubtierfelle, eine aus den Zähnen des Grislybären verfertigte Halskette und eine Sammlung von Tschibuks und Friedenspfeifen schmückten den Raum.

Auch Winnetous 'Silberbüchse' (die der Held, laut *Surehand III*, dem Grabe des ermordeten Häuptlings entnommen hatte: um einer Plünderung durch feindliche Sioux zuvorzukommen)[24] und Shatterhands 'Bärentöter' durften nicht fehlen! Der Dresdner Büchsenmacher Oskar M. Fuchs hatte diese doppelläufigen Vorderlader - die den Schuljungen "vertrauter sind als das Schwert Balmung"[25] - im Jahre 1896, nach den Wünschen Karl Mays, heimlich produziert. Erst 1902 (als die 'Renommier-Zeit' des Schriftstellers schon zu Ende war!) kaufte May den 'Henrystutzen' hinzu: ein achtzehn-schüssiges[26] Winchester-Repetiergewehr, das ebenfalls von Oskar Fuchs geliefert wurde. "Besucher, die schon vorher den legendären Stutzen sehen wollen, müssen sich vertrösten lassen: Die Waffe sei 'gerade zur Reparatur'."[27]

Zu Ostern 1896 erreichte Mays Spaß an der Maskerade einen weiteren, noch groteskeren Höhepunkt. Von dem österreichischen Jura-Studenten und Amateurphotographen Alois Schießer,[28] der zu diesem Zweck von Linz nach Radebeul reiste, ließ May sich 101 Aufnahmen im 'Original-Kostüm' Old Shatterhands (mit Bärentöter, Silberbüchse usw.) und Kara Ben Nemsis (mit erhobenem Revolver, mit Krummsäbel usw.) erstellen. Auch Photos in Zivil, mit Smoking und Zwicker, wurden geknipst. Die Linzer Firmen Adolf Nunwarz und Fidelis Steurer besorgten die Herstellung bzw. den Vertrieb der Lichtbilder, die - mit Mayschen Autogrammen versehen - in alle Welt verkauft wurden. Auch im 'Deutschen Hausschatz' erschienen, zur Illustration der May-Skizze *Freuden und Leiden eines Vielgelesenen* (1896), mehrere Nunwarz-Photographien. Und in *Old Surehand III* konnten die Leser eine Aufnahme "Old Shatterhand (Dr. Karl May) mit Winnetous Silberbüchse" bestaunen.

Im Frühjahr 1897 wurde der Student Max Welte - bis zum Tode des Dichters ein Freund des Ehepaars May[29] - der "Haupt-, Ober- und Leibphotograph"[30] Karl Mays. Nachdem der Schriftsteller mit Nunwarz gebrochen und im Herbst 1897 den Vertrag mit der Firma gekündigt hatte, übernahm Welte den Vertrieb der Photographien.[31] Auch Fehsenfeld-Prospekte warben mit Bildern, die "Dr. Karl May als Old Shatterhand" zeigten bzw. "Dr. Karl May als Kara Ben Nemsi in den Original-Kostümen", die er "auf seinen gefahrvollen Weltreisen trug".[32]

Ein Dichter im Trapper- und Beduinengewand! Auch zu dieser Art von 'Imagepflege' gibt es Parallelen: Der Wildwest-Schriftsteller Möllhausen zum Beispiel trat sogar öffentlich in der Kleidung eines Präriejägers auf![33] Doch Möllhausen hatte als junger Mann tatsächlich an Forschungs- und Vermessungsexpeditionen im Gebiet der Indianer, der Komantschen, Kiowas und Apatschen, teilgenommen.[34] Karl May aber war - ein Federfuchser, ein Schreibtisch-Held, der den Orient und Amerika (damals) noch gar nicht gesehen hatte!

Den Ich-Helden seiner Abenteuerromane, den bürgerlichen Schriftsteller (der sich, im Gegensatz zum 'echten', zum literarischen Shatterhand, den Normen der höchsten Gesellschaft, der High Society, anzupassen versucht) und den großen 'Gelehrten' wollte der Autor in seiner Person vereinigen. Dies führte zu jener abstrusen Konstruktion "Dr. Karl May, genannt Old Shatterhand / Radebeul-Dresden / Villa Shatterhand",[35] die May - auf Visitenkarten - verbreitete.

Da Titel in Deutschland sehr nützlich sind, unterschrieb er schon in den achtziger Jahren mit "Dr. Karl May".[36] Im Herbst 1898 verlangte er eine diesbezügliche Korrektur des Radebeuler Adreßbuches.[37] Dokumente konnte er freilich nicht vorweisen. So kam es zur amtlichen Vernehmung in Dresden: Von der französischen Universität Rouen habe er den Titel verliehen bekommen und auch in China habe er "eine dem Doktortitel gleiche oder noch höher stehende Würde erworben",[38] gab May zu Protokoll. Doch die Behörde in Dresden schenkte solchen Behauptungen keinen Glauben. Am 10. November 1898 wurde May die Führung des akademischen Titels untersagt. Ein Strafverfahren nach § 360 Nr. 8 StGB - sechs Wochen Haft hätten maximal die Folge sein können[39] - wurde aber nicht eingeleitet. Offenbar schien den Behörden der falsche Doktortitel nicht wichtig genug: Es handelte sich, nach damaligem Recht, "um ein Bagatelldelikt, dessen Strafbarkeit May vermutlich nicht bekannt war."[40]

Gemessen an der Gelehrsamkeit des 'Old Shatterhand' wirkt der Doktorgrad noch äußerst bescheiden. Denn May beherrscht - wie er einem (namentlich nicht bekannten) Schüler oder Priesteramtskandidaten am 2. November 1894 brieflich versichert hat - ca. vierzig Sprachen:

Ich spreche und schreibe: Französisch, englisch, italienisch, spanisch, griechisch, lateinisch, hebräisch, rumänisch, arabisch 6 Dialekte, persisch, kurdisch 2 Dialekte, chinesisch 2 Dialekte, malayisch, Namaqua, einige Sunda-Idiome, Suaheli, Hindostanisch, türkisch und die Indianersprachen der Sioux, Apachen, Komantschen, Snakes, Utahs, Kiowas nebst dem Ketschumany 3 südamerikanische Dialekte. Lappländisch will ich nicht mitzählen. Wieviel Arbeitsnächte wird mich das wohl gekostet haben? Ich arbeite auch jetzt noch wöchentlich 3 Nächte hindurch.[41]

Der Autor, der in Wirklichkeit keine Fremdsprache völlig beherrschte[42] und seine Sprachbrocken (zum Teil recht geschickt, zum Teil aber auch fehlerhaft) dem Wörterbuch entnahm, schlüpfte nun selbst in die Rolle des "Turnersticking", des Weltenbummlers und spaßigen Schiffskapitäns in Mays Jugenderzählung *Kong-Kheou, das Ehrenwort* (1888/89). Es heißt dort:

Aufrichtig gestanden, war der gute Heimdall Turnerstick ein ganz klein wenig eitel [...] Seine Sprachkenntnisse reichten für seine Bedürfnisse vollständig aus. Mehr konnte nicht von ihm verlangt werden. Und dennoch gab es einen, welcher in ihm ein wahres Sprachgenie erblickte, und dieser eine war - - er selbst [...] Wehe demjenigen, der es wagte, darüber zu lächeln![43]

Als LITERAT hat May sich selbst, die 'dunklen Stimmen'[44] in ihm, ja durchaus bekämpft; die Großsprecher, die Aufschneider hat er, mit Augenzwinkern, blamiert. Doch der PRIVATMANN, der bürgerliche May, benahm sich - in den neunziger Jahren - noch wesentlich komischer, noch bedeutend exzentrischer als sein Kapitän Turnerstick.

8.8.2 Old Shatterhand in Deutschland und Österreich

Am 10.5.1897 trat das Ehepaar May eine große Rundreise durch Deutschland und Österreich an, die erst am 15. Juli, nach über zwei Monaten, glorreich beendet war.[45] Diese Reise, eine "Mischung aus Bildungsfahrt, Publicity-Tour und Vortragsreise",[46] diente in erster Linie dem Besuch von Verehrern und dem unmittelbaren Kontakt zur Lesergemeinde. Die Reise führte nach Leipzig, anschließend in den Harz, dann nach Hamburg (zum Caféhaus-Besitzer Carl Felber und dessen Frau Lisbeth, die eine begeisterte May-Leserin war), weiter nach Kassel und Wiesbaden, von dort - Anfang Juni - nach Köln und Bonn, weiter nach Mainz mit einem Abstecher nach Deidesheim (zur Weingutsbesitzer-Familie Seyler, die mit den Mays seit einigen Jahren befreundet war[47]), ferner nach Stuttgart (zum Verleger Spemann), von dort zum Bodensee, weiter nach Tirol (zuerst nach Innsbruck, dann zum Achensee, Hotel 'Zur Scholastika', mit täglichen Besuchen beim Grafen von Jankovics[48]), dann nach München, nach Regensburg (zum Verleger Pustet) und - über Komotau in Böhmen - zurück nach Radebeul.

Im Rahmen dieser Reise, am 3. Juli, erfreute sich May einer Dampferfahrt auf dem Starnberger See; einen Tag später traf er mit Emma in München ein. Im Hotel Trefler in der Sonnenstraße nahm das Ehepaar Quartier. Im Brief vom 12. August 1897 an Emil Seyler (den er mit "herzlieber Winnetou" anspricht) berichtet Old Shatterhand von seinen Erlebnissen:

Schon in Stuttgart und Innsbruck ließen ihm "die Leser keine Minute Ruhe. Am Schlimmsten aber war es in München": Bereits am zweiten Tag hatte der Ärmste im Hotel Trefler - wie er behauptet -

über 600 Briefe und Karten mit Besuchsanmeldungen. Von Nachm. 2 bis Abends 1 Uhr gegen 900 Besuche, am nächsten Tage über 600, am folgenden über 800; dann riß ich aus. Während ich hunderte von Lesern (hohe Offiziere, Grafen, Barone mit ihren Squaws bis herunter zum Arbeiter) im Saale hatte, mußte ich alle zehn Minuten auf den Balcon treten, um mich der unten stehenden Menge zu zeigen und sie zu grüßen [...] Die kleineren Gymnasiasten pp standen so dicht vor dem Hotel, daß die Tramway nicht durchkonnte und es keine andere Hülfe gab, als sie per Wasserschlauch auseinanderzuspritzen. Die Zeitungen sagten, selbst der Prinzregent habe in München nie so ein Aufsehen erregt wie May.[49]

Der 'Bayrische Courir' und das 'Münchener Fremdenblatt' meldeten - am 10. Juli - gleichlautend über Old Shatterhand: "Schaarenweise drängten sich seine zahlreichen Freunde und Verehrer herbei, [...] um einen Händedruck oder wenigstens einen Blick von dem Freunde Winnetous zu erhaschen."[50]

Im Hotel hielt der gefeierte 'Westmann' die begeisterndsten Ansprachen, gab die absurdesten Interviews und verblüffte das Auditorium mit den unsinnigsten Antworten auf die (zum Teil sicher ebenso unsinnigen) Fragen des Publikums:

Erst kürzlich, so gibt er an, hat er Mekka besucht. Mehr als zwanzigmal ist er in Amerika gewesen[51] und über 1200 Sprachen versteht er nun schon. Alle berühmten Westmänner, Old Firehand, Old Surehand, Sam Hawkens, Pitt Holbers, Dick Hammerdull, Emery Bothwell usw. sind 'ausgelöscht', eines gewaltsamen Todes gestorben. Er selbst ist der einzige Überlebende. Monatelang hat er im Felsengebirge nach den Spuren der Ermordeten gesucht. Die 'Liddy', Sam Hawkens' Büchse, hat er gefunden. Sie hängt jetzt in seinem Arbeitszimmer in Radebeul.[52] Noch im Herbst dieses Jahres wird er zu den Apatschen zurückkehren, wo er (als Nachfolger Winnetous) 35.000 Krieger befehligt.[53] In den Rocky Mountains wird er sich - ein weiteres Mal - einen Bären, einen Grisly, holen. Und fürs nächste Jahr ist eine Reise nach Bagdad geplant. Ein Besuch Hadschi Halefs und seiner Hanneh steht auf dem Programm.[54]

Unter den Zuhörern wird es, vereinzelt, auch Skeptiker gegeben haben. Aber auf zweiflerische Bemerkungen und argwöhnische Fragen hat Old Shatterhand "immer die passende Antwort bereit"![55]

Halefs "unbefangene und harmlose Ruhmredigkeit", die ja - wie es im *Silberlöwen* heißt - nicht überschlug in "verwerfliche Prahlsucht",[56] scheint mit Karl May, im Münchner Hotel, schließlich durchzugehen: Nur "noch zwei große Lebenszwecke" hat er - nach einem Bericht Ernst Webers (den May, 1904, aber zurückwies!) - "zu erfüllen":

eine Mission bei den Apatschen, deren Häuptling ich bin, und eine Reise zu meinem Halef, dem obersten Scheik der Haddedihn-Araber. Dann aber werde ich vor den deutschen Kaiser treten: "Majestät, wir wollen einmal miteinander schießen." Ich werde ihm meinen Henrystutzen vorführen. Derselbe wird in der gesamten deutschen Armee eingeführt werden, und kein Volk der Erde wird dann je den Deutschen widerstehen können.[57]

Doch ins Jägerlatein mischt Old Shatterhand auch ernstzunehmende Gesellschaftskritik:

In entrüsteten Worten äußerte sich [der] Redner über die Art und Weise, wie die europäischen Kulturvölker bei den sogenannten 'wilden' Völkern zuerst mit dem Kreuz, dann mit Kanonen, mit Blattern, Syphilis und Schnaps sich einführen, und schilderte ausführlich das Verhalten der Amerikaner gegen diejenigen Indianerstämme, in deren Reservation etwa eine Goldader oder ein Kohlenlager gefunden wird: sie drängen sie ohne Weiteres hinaus, Widerstandleistende schießen sie nieder![58]

Sehr bedenkenswert! Doch ansonsten gibt May, gelinde gesagt, nur Skurriles von sich - im Münchner Hotel.

Die Ehefrau Emma hatte alles mit angehört. Sie kannte die wahre Vergangenheit ihres Mannes. Sie hätte, mit wenigen Worten, Karl May aufs peinlichste bloßstellen können. Dies hat sie nicht getan. Aber hat sie - wie Hanneh den kleinen Scheik[59] - ihren Mann vor dessen eigener Torheit bewahrt? Dazu war sie wohl nicht in der Lage. Sie wird sich, naiv, im Glanze des Gatten gesonnt haben.

Nach den Strapazen der Münchner Auftritte verließ das Ehepaar die bayerische Metropole. Aber auch in Regensburg ging es, laut Emmas Brief an Frau Seyler, "gleich wieder los [...] Darum sind wir nur zwei Tage geblieben".[60] Der ruhigere - dreitägige - Aufenthalt in Böhmen, der in May wahrscheinlich Erinnerungen weckte,[61] die im ersten Kapitel seines Weihnachtsromans (dessen Planung der Schriftsteller nach der Heimkehr in Angriff nahm) verarbeitet werden,[62] schloß die Siegestour ab.

Auch im folgenden Jahr ist das Ehepaar May wieder auf Reisen. Anfang 1898 besuchen die beiden für acht Tage Berlin. Am 17. Februar treffen sie in Prag ein. Auch dort, in der 'goldenen Stadt' an der Moldau: enthusiastische Leser, die den Umschwärmten bedrängen.[63] Drei Tage später geht es weiter nach Wien, wo die Mays über vier Wochen verweilen. Zwei Wochen lang, vom 27. Februar bis zum 11. März, muß der Autor freilich das Krankenbett hüten - wegen Überanstrengung, wie er an Fehsenfeld schrieb.[64]

Mays Show-Spiele in Wien überboten noch den Münchner Triumph. Am 21. Februar, Rosenmontag, hielt May einen Vortrag bei der Leo-Gesellschaft. Zu Shatterhands Tischnachbarn gehörte, neben anderen Größen, Fürst Robert von Windischgrätz. Seine Ansprache - mit eingeschobenen Stories über noch unbekannte Szenen aus dem Leben Winnetous, dessen Todestag heute war[65] - schloß Dr. May, laut Pressebericht, mit den Worten:

"Meine Herrschaften! Thun Sie wie ich: Blicken Sie auf zu den Bergen, von denen Hilfe und Heil kommt! Amen!"[66]

Frenetischer Beifall! Auch als Redner verstand es May, die Menge zu faszinieren! Seine bischöfliche Gnaden, der Hochwürdigste Herr Feldvicar Dr. Belopotoczky, dankte dem Redner bewegt und aufs tiefste gerührt.[67]

Nach dem Vortrag "begab sich Herr Dr. May" - wie es in der Wiener 'Reichspost' hieß -

in Begleitung des Barons Vittinghoff-Schell zum Faschingsabend des katholischen Handelscasinos, wo er [...] alle Anwesenden durch seine witz- und geistsprühende Unterhaltung in gehobene Stimmung versetzte. Selbstverständlich ließen es die Versammelten nicht an Ovationen für den Helden des Wilden Westens fehlen".[68]

Die Rolle Old Shatterhands spielte May wohl perfekt: Wie Augenzeugen berichteten, stemmte er, zum Erweis seiner Kraft, einen - angeblich - schweren Tisch in die Höhe. Auch die Narbe unter dem Kinn, die von einem Messerstich Winnetous herrühren sollte, zeigte er vor.[69]

Am folgenden Faschingsdienstag wurde Old Shatterhand, der auch sonst in den besten Wiener Kreisen verkehrte, von Ihrer kaiserlichen Hoheit, der Erzherzogin Maria Therese (1855-1944), und weiteren Angehörigen des Kaiserhauses höchst ehrenvoll empfangen.[70]

Am selben Tag, um 14.30 Uhr, hielt May - vor 500 Zöglingen des katholischen Internats in Kalksburg bei Wien - einen Vortrag zum Thema 'Winnetou, der Adelsmensch'. Als Star trat er auf und - als Prediger! Nach einer Schilderung der 'Kalksburger Korrespondenz' sagte Karl May unter anderem:

Wir seien in Gottes Garten gepflanzt und müßten uns zu edlen Bäumen entfalten, die gute Früchte bringen; was das heißen soll, zeigte er uns durch einige Züge aus dem Leben seines uns allen bekannten Winnetou [...] Dieser Winnetou wurde von Dr. Karl May zuvor in den Anfangsgründen der christlichen Religion unterwiesen. Bald sollte der Lehrer erfahren, wie tief der junge Indianer die christliche Religion erfaßt hatte. Er zeigte sich auch in der Religion und im religiösen Leben als echter Aristokrat, und wiederholt mußte Dr. May aus dem Munde seines Schülers Bemerkungen hören wie: "Mein weißer Bruder ist kein Aristokrat des Glaubens, sonst würde er das Heilige höher halten", oder "Er ist kein Aristokrat der christlichen Liebe, sonst würde er seinem Gegner nachgegeben haben". So sollen auch wir, fuhr Dr. May fort, nicht mit dem Gewöhnlichen uns begnügen, sondern Aristokraten der christlichen Religion werden. Hierauf erzählte er uns von seinem eigenen Ringen und von den Mühen, die es ihn gekostet, um sich emporzuarbeiten [...] Rauschender Beifall erscholl, als der beliebte Schriftsteller die Rednertribüne verließ.[71]

Daß Karl May, auf dem Weg zu christlicher Demut und menschlicher Reife, sein hohes Ziel - im Unterschied zu Winnetou - noch nicht gänzlich erreicht hatte, bewies er auf folgende Weise: Gleich nach dem Vortrag lieferte Old Shatterhand, wie am Abend zuvor, eine Kraftprobe; er wirbelte, um der Jugend eine Freude zu machen und sich selbst eine Genugtuung zu bereiten, "einen Stuhl mit einer Hand wie einen Spazierstock durch die Luft".[72]

Am nächsten Abend - Aschermittwoch - fand zu Ehren des Dichters im 'Regensburger Hof' eine Zusammenkunft katholischer Männer statt. Das von May selbst verfaßte und komponierte 'Ave Maria' wurde vom Sängerchor 'Dreizehnlinden' vorgetragen, "was einen tiefen Eindruck auf die ganze Versammlung machte".[73]

Frau Emma schrieb am 1. März aus Wien an Agnes Seyler: "Die ganze [...] Aristokratie ist begeistert und will Old Shatterhand sehen."[74] May selbst sandte, am 15. April, Emil Seyler die Nachricht:

In Wien war ich der Liebling der hohen und höchsten Aristokratie; von früh bis Abends spät waren sie bei mir oder ich bei ihnen. Sogar an meinem Krankenbette saßen Fürsten, Fürstinnen und Prinzessinnen stundenlang. Mark Twain [...] war ganz vergessen. Ich aber kam zu Hofe, ohne es gewünscht und den geringsten Schritt dazu gethan zu haben.[75]

Und Fehsenfeld teilte der Schriftsteller, am 19. Mai, mit: "Wien. Wollte drei Tage da sein; es wurden fünf Wochen. Audienzen am Kaiserhof, Dejeuners, Diners, Soupers bei Prinzen, Fürsten, Grafen, Marschällen usw."[76]

Am 21. März reiste das Ehepaar ab. Der weitere Weg führte, über Linz, wieder in die bayerische Hauptstadt, die Herr Shatterhand mit seiner Gemahlin am 24. März erreichte. Die dreizehnjährige Prinzessin Wiltrud arrangierte, am 26. März, eine Einladung ins Wittelsbacher Palais, wo die Familie des späteren Königs Ludwig III. residierte und "wo ich in einer langen, langen Audienz alle Glieder des Bayerischen Königshauses um mich versammelt sah und mit ihnen wie ein lieber, alter Bekannter verkehren durfte."[77]

Mays Kontakte mit den Königskindern Wiltrud, Helmtrud und Gundelinde (geb. 1884, 1886 und 1891), den jüngsten Töchtern Ludwigs des Dritten, nahmen mit dieser Audienz ihren Anfang. Besonders Wiltrud traktierte Old Shatterhand noch jahrelang mit den seltsamsten Fragen bezüglich Winnetou und die andern Helden des Westens.[78]

Karl May ist, in Wien und in München, der glücklichste Mensch. Fehsenfeld wird, ganz ähnlich wie Seyler, die frohe Botschaft zuteil: "München [...] Sämtliche Mitglieder des Königshauses da, alles liest May!"[79]

Bei diesem Stand der Dinge ist es kein Wunder: In zahlreichen Städten Deutschlands erblühten in den neunziger Jahren respektable Vereine - die berühmten 'Karl-May-Clubs'. So auch in München. Im Sommer 1897, nach Shatterhands Darbietungen im Hotel Trefler, hatte der junge Arzt Dr. Josef Weigl die Initiative ergriffen und den Münchner May-Club ins Leben gerufen.[80] Seriöse Herren - Damen erst später - schlossen sich an, darunter der Lehrer Franz Weigl (ein Bruder des Vorsitzenden Dr. J. Weigl), der zu den treuesten Freunden unseres Autors gehörte und später die Broschüre *Karl Mays pädagogische Bedeutung* (1909) verfaßte.

An drei Abenden, vom 25. bis 27. März 1898, war Old Shatterhand höchstpersönlich der Gast des Fan-Clubs in München. Man traf sich im Café Luitpold im 'Silbersaal'. Der Freund des großen Apatschen spielte Billard mit den Herren Weigl und schwadronierte stundenlang über seine Erlebnisse in den fernsten Teilen des Erdenrunds.

Nach den Aufzeichnungen des Bundesbruders Ernst Abel[81] gab Mr. Shatterhand - unter anderem - folgendes bekannt: Stehen und laufen konnte er, aufgrund einer Krankheit, erst mit sechs Jahren; aber schon im Alter von sechzehn Jahren besuchte er die Universität; sämtliche religiösen Werke und die ältesten Lehren der Völker hat er im Urtext gelesen; 1860 lernte er, in den USA, Sam Hawkens kennen; Winnetou heißt 'brennendes Wasser'; mit 13 Jahren bekam er, infolge einer Heldentat (einer grotesken Geschichte, die Dr. May sehr ausführlich schilderte), diesen Namen; er selbst, Old Shatterhand, aß in der Wildnis 10 oder 14 Pfund Fleisch jeden Tag, im rohen Zustande meist; die wichtigste Nahrung des Indianers ist, nebst dem Büffel, der Hund; den fettesten bekommt der Gast, der ihn - im Idealfalle - gänzlich verschlingt; den Henrystutzen hat nicht Mr. Henry, sondern Dr. May selbst konstruiert; von seinen Gefährten leben nur noch Sir David Lindsay, Hadschi Halef und Hobble Frank - der letztere in Dresden (ganz richtig: denn der kleine Held ist, ebenso wie Halef, das Alter ego Karl Mays); die übrigen Westmänner wurden ermordet - von Buffalo Bill;[82] ein Grislybär hat ihm, Dr. May, einst die halbe Brust heruntergerissen; die offene Wunde hat er, um das Fieber zu verhindern, mit Schießpulver eingerieben; mit einer Pfeilwunde im Rücken ist er von Brasilien heimgekehrt; eine Professorentochter hat ihn gepflegt; Nschotschi, der Schwester Winnetous, sah sie ähnlich; folglich wurde sie seine Frau; den letzterschienenen Band *"Weihnacht!"* hat er in einer einzigen Woche geschrieben, nur Wasser und Beefsteak genießend.

Natürlich erzählte May auch vom Tode Winnetous, der am 2. September 1874 erschossen wurde.[83] Erschüttert von seinen Erinnerungen und ergriffen vom Heimgang des Blutsbruders brach der Dichter, nach einem Trauerschweigen von fünf Minuten, in heftige Tränen aus.

Ende März trat das Ehepaar May, nach einer Tournee von ca. sechs Wochen, die Rückreise an: über Regensburg nach Radebeul. "Es war ein wahrer Siegeszug, den ich gehalten habe, oder vielmehr nicht ich, denn gesiegt hat die Sache meines lieben Herrgotts, für den ich schreibe, um ihm recht, recht viele Menschenherzen zuzuführen ..."[84]

Wenig später, von Mitte April bis zum 7. Mai 1898, weilte der Schriftsteller - diesmal ohne Emma - in Gartow im östlichen Niedersachsen. Zweck der Reise: Lokalstudien über das Leben des 'Alten Dessauers', des Fürsten Leopold von Anhalt-Dessau.[85] Während der Autor in München, im Hotel Trefler, den Winnetou-Roman zu dramatisieren und auf die Bühne zu bringen verheißen hatte,[86] schwebte ihm jetzt ein Theaterstück über den 'Dessauer' vor.[87]

Im Hotel 'Krug' und im 'Deutschen Haus' begeisterte Old Shatterhand, allabendlich, mit den gröbsten Flunkereien und den tollsten Berichten: von seinen Panther-, Löwen- und Bärenjagden zum Beispiel. Von seiner 'Wunderbüchse' erzählte May - nach einem Bericht des Forstmeisters Karl Junack -, daß sie ungeheuer schwer sei; außer ihm selbst könnten nur wenige mit ihr umgehen. Herr Shatterhand soll gesagt haben:

Wenn ihn jemand besuchte und es dann einen plötzlichen Krach gäbe, so wisse seine Frau schon, daß er wieder einmal - wie erst kürzlich dem König von Sachsen - seine Büchse [...] gereicht hätte und der Besucher die Büchse habe fallen lassen, weil sie ihm zu schwer war.[88]

Jahrzehntelang blieb Mays Besuch für die Gartower eine Sensation, ein unvergessenes Ereignis. Für Old Shatterhand selbst freilich gab es ein skurriles Finale: Die Gartower Polizei hielt ihn für einen Hochstapler und nahm ihn kurzerhand fest. Zum Verhängnis geworden war ihm allerdings nicht das Jägerlatein, sondern - seine mildtätige Großzügigkeit: Er verteilte Goldstücke an die notleidende Bevölkerung![89] Und das war suspekt. Die Polizei verlangte Auskunft in Radebeul. Die telegraphische Antwort: "Karl May hier wohnhaft, übt sehr gern Wohltätigkeit."[90]

Aus der Haft wurde der Verdächtige unverzüglich entlassen. Aber ein Schock wird der Zwischenfall doch gewesen sein. Für - den ehemaligen Zuchthäusler.

8.8.3 Komplizierte Beweggründe

Gibt es für das Verhalten 'Old Shatterhands' in den Jahren 1896-98 einen vernünftigen Grund? Gibt es plausible Motive, die die Show-Spiele Mays in München und Gartow, in Wien und in anderen Städten erklären?

War es Reklame? Geschäftspropaganda? Public-Relations?[91] Diese Gesichtspunkte sollten weder bestritten noch überschätzt werden. Sie sind nicht falsch; aber sie greifen zu kurz. Was "Dr. Karl May, genannt Old Shatterhand" motiviert und getrieben hat, war ein ganzer Komplex von Beweggründen, die zu entflechten, zu analysieren und zu bewerten im folgenden versucht werden soll.

War Karl May schizophren? War er paranoid, also geistesgestört? Glaubte er selbst, was er anderen vormachte? Hielt er sich im Ernst für Old Shatterhand und Kara Ben Nemsi? Ausgeschlossen! Mays Fähigkeit (oder Bereitschaft), die Fiktion von der Realität zu trennen, war zwar geringer entwickelt, als dies beim Durchschnittsmenschen gewöhnlich der Fall ist. Aber verrückt war er nicht. Karl May war "kein Wahnsinniger, sondern ein kluger, kenntnisreicher Kopf";[92] und seine literarischen Werke lassen einen Verfasser erkennen, der um seine Abgründe wußte, der sich selber in Schach hielt und sich selbst zu kurieren verstand.

Erlaubte sich Karl May, schlicht und einfach, einen Scherz? Wollte er sein Publikum auf den Arm nehmen? Machte er sich "über seine Zuhörer lustig? Nahm er auf diese Weise eine späte, aber harmlose Rache an der so wohlgeordneten Gesellschaft, die ihn als jungen Lehrer kaltherzig verstoßen hatte und ihn jetzt als vermeintlichen welterfahrenen Abenteurer umjubelte, und die plötzlich seine Freundschaft suchte?"[93] Dieser Hinweis des May-Kenners Siegfried Augustin ist zweifellos richtig. Mays Verhalten hatte in der Tat (wie schon früher in der Straftäterzeit) etwas Spaßiges, Clownhaftes an sich. "Ihn scheint bisweilen der Hafer so gestochen zu haben", daß seine Fabeleien "wie 'Belastungsproben' der Vertrauensseligkeit seiner 'Fans' anmuten."[94]

So manches, was May - etwa im Café Luitpold - zum besten gab, läßt sich als Jux ohne weiteres verstehen. May hatte Freude am Witz, an der Posse. Manche - genüßlichen - Formulierungen in den Briefen an das Ehepaar Seyler und den Verleger Fehsenfeld sind als lustige Skizzen, als schlitzohrige Glossen durchaus akzeptabel. Einen Grund zur Entrüstung gibt es hier nicht.

Mit dem Ulk-Motiv verwandt, aber von diesem zu unterscheiden ist ein weiterer Aspekt: May war, was ihm selbst nicht verborgen blieb, ein schauspielerisches Talent! Am 18. Dezember 1911, vor der Strafkammer in Berlin-Moabit,[95] wurde der Privatkläger May - inzwischen ein Greis, eine gereifte, geläuterte Persönlichkeit, eine ehrwürdige Erscheinung - vom Rechtsanwalt des Beklagten (des Journalisten Rudolf Lebius) an die Nunwarz-Bilder, die Shatterhand/Kara Ben Nemsi-Photos, erinnert. Der alte May entgegnete prompt: "Jeder Schauspieler läßt sich photographieren, wie es ihm beliebt, warum soll sich nicht ein Schriftsteller, der über amerikanische Dinge schreibt, als Trapper abbilden lassen?"[96]

Die Maskerade, die Rollenspiele liebte May sehr. Doch seine Auftritte in Deutschland und Österreich sind mit den genannten Motiven noch längst nicht hinreichend erklärt. Hinter Mays Benehmen - den kauzigen Briefen, der abstrusen Großsprecherei, dem 'Bad in der Menge', der anrührend-peinlichen Kontaktsuche zu Adelskreisen (die ihrerseits, zweifellos, wieder May suchten) sowie den "Freudensbekundungen über erfolgte Empfänge"[97] - verbirgt sich eine tiefere und ernstere Problematik, über die nachzudenken sich lohnt.

Claus Roxin nahm, im Anschluß an Wollschläger, eine 'narzißtische Neurose' als Folge frühkindlicher Liebesversagungen an:[98] Die Zuneigung der Lesergemeinde zum literarischen Helden soll jetzt, in den 1890er Jahren, auch der Person des Autors zugute kommen![99] Bewundert und geliebt wollte May sein: als Kind von den Eltern, jetzt von den Lesern, von der bürgerlichen Gesellschaft, ja von der Menschheit schlechthin. Die übergroße Sehnsucht nach Anerkennung und Liebe führte zu abnormen Methoden, "aus der Isolation und inneren Verschlossenheit"[100] herauszutreten und die Gunst des Publikums zu gewinnen.

Roxin stellt, in einer umfassenden Analyse, zunächst einmal fest: Dichterische und kindliche, schauspielerische und hochstaplerische Züge treffen in Mays Psyche zusammen.[101] Diese Persönlichkeitsstruktur und Mays zeitweiliges, aus den Merkmalen seiner psychischen Grundverfaßtheit resultierendes (in der kriminellen Vergangenheit schon hervorgetretenes) Krankheitsbild, die 'Pseudologia phantastica',[102] machen es bis zu einem gewissen Grade verständlich, "daß ein sonst so begabter und scharfsinniger Mensch wie May jede Kritikfähigkeit verlieren und sich den Truggebilden seiner Seele so hemmungslos hingeben konnte."[103]

Andererseits ist zu fragen: Hatte May, um 1896-98, wirklich - wie Roxin es hier nahelegt - keine innere Distanz zu seinen Masken? Restlos erklären können psychiatrische Termini wie 'Narzißmus' oder 'Pseudologia phantastica' die Eskapaden unseres Schriftstellers nicht. Heinz Stolte bemerkt: 'Pseudologia phantastica' ist ein Bezeichnung, "die der Sache am nächsten kommt, aber auch dies ist letztlich nur ein Wort, das sich, wie Goethe sagt, einstellt, wo 'Begriffe fehlen', das heißt in diesem Falle: ein eigentliches 'Begreifen' außer unseren Möglichkeiten liegt".[104]

Ist Mays Verhalten also, im Grunde, doch völlig unverständlich? Das nun auch wieder nicht! Zu den genannten Beweggründen kommt ein weiteres - von der May-Forschung längst erkanntes - sehr wichtiges Motiv hinzu: die Versuchung von außen, die Erwartungshaltung des Publikums. Daß Karl May und Old Shatterhand ein und derselbe seien, das wollten die Leute so haben! Das "Gift war zu süß, das man ihm hier bot, als daß er es hätte zurückweisen können."[105] May selbst erkannte dies wohl: Zu den Nunwarz-Bildern etwa erklärte er schon am 4. Juni 1896: "Meine Leser drängen nach Photographien, ich ließ mir darum einen Verehrer [...] kommen, der 101 Aufnahmen von mir gemacht hat."[106]

Mays Wunsch-Existenz hatte die Wirklichkeit schon längst überwuchert. Immer mehr wurde der Autor der Gefangene einer Lesererwartung, die er selbst produziert hatte:

Dem Suggestiven und Verführerischen, das er durch seine eigene literarische Fähigkeit erst hervorgebracht hatte, das aus ihm selbst kam, das Bestandteil seiner Individualität war, und das nun, über den Leser, auf ihn zurückwirkte, vermochte er unter dem Druck einer steigenden existentiellen Angst keine neutralisierende Kraft entgegenzusetzen.[107]

Mit dem Stichwort 'Angst' - in Verbindung mit dranghafter Lust - ist ein (dem Dichter wohl unbewußtes) Hauptmotiv für das Verhalten Mays in den neunziger Jahren benannt. Zur Deutung des 'Phänomens Karl May' und speziell der Renommierzeit des Autors hat der Mediziner Kurt Langer einen interessanten, auf den Psychologen Michael Balint zurückgehenden Begriff ins Spiel gebracht - die "Angstlust":[108] Die Freude am Possenspiel, das Gefallen an der exzentrischen Selbstdarstellung, die Lust am Applaus der 'Gemeinde' sind gesteuert von - der inneren Bedrängnis Karl Mays![109] Mit der Berühmtheit wuchs zugleich auch die Angst unseres Schriftstellers: vor dem Ent-decktwerden seiner Vergangenheit. Die Großmannsgesten verdecken nur diese Furcht. Unter der Maske des Helden verbirgt Karl May die kritische Zeit: Er war nicht im Zuchthaus; er war, als Old Shatterhand und Kara Ben Nemsi, in Amerika und im Orient.

Das heißt nun freilich nicht, daß May nur deshalb als 'Shatterhand' aufgetreten sei, um auf diese Weise seine tatsächliche Biographie zu verschleiern. Nein: "Zum Verbergen der Vorstrafen war [...] das vorherige unauffällige Leben viel angemessener [...] Die irrationalen Behauptungen hingegen mußten das Interesse auf Mays Vergangenheit lenken und unweigerlich zu Enthüllungen führen."[110]

Walther Ilmer hat also keineswegs unrecht, wenn er in Mays Imponiergehabe eine "unterbewußte Herausforderung an das Schicksal"[111] erblickt!

Mays Erfolg war dauernd gefährdet, weil seine 'offizielle' Lebensgeschichte - genau wie seine Romane - durch Erfindung entstanden war. Die Brüchigkeit seines Lebensentwurfs, das "Bewußtsein, sein Glück auf schwankendem Boden gebaut zu haben",[112] steigerte die Angst Karl Mays und verlockte ihn zu den absurdesten ('kontraproduktiven') Anstrengungen, den Schein zu verteidigen. Die Vergangenheit mußte verschwiegen werden; man hätte sie May, wie er zu Recht befürchtete, niemals verziehen. "Aber wann immer es als tödlich empfunden wird, die Wahrheit zu sagen, bleibt kein anderer Weg, als das ganze Leben in eine Lüge zu verwandeln":[113] in eine Lüge, die - wie der Psychotherapeut und Theologe Eugen Drewermann unterstreicht - nicht erlöst, sondern "den Teufelskreis von Angst und Schuld"[114] bzw. (im Falle Mays) von Angst und Ich-Überhöhung verewigt.

Und doch wollte May - die reuigen Sünder, die Identifikationsfiguren seines Erzählwerks zeigen es überdeutlich - diesen Teufelskreis durchbrechen. Auch und gerade die Auftritte unseres Schriftstellers in München, in Wien und in Gartow sind, so Walther Ilmer, in ihrer "tiefsten Bedeutung ein Reue-Moment" gewesen; der Autor hat "die Bloßstellung des Sünders Karl May" provoziert und förmlich herbeigeschrien; er schob sich, als Old Shatterhand in Deutschland und Österreich, "noch weiter in die Spaltung hinein. Er verfestigte die Lüge - und traf gleichzeitig Anstalten, ihr den Garaus zu machen."[115]

Mays Verhalten stieß um die Jahrhundertwende auf Empörung und Spott. Was die Moralisten nicht sahen: Karl May stand unter innerem Zwang, von dem er sich später (und darin liegt seine Größe) weitgehend befreien konnte. Was Mays Gegner zudem nicht wußten: Die neunziger Jahre, diese halb lustvollen, halb selbstzerstörerischen Jahre waren, wie es Wollschläger formuliert, die einzigen "seines tragischen Lebens, in denen er 'glücklich' lebte, in denen ein weniges von der Freude, die durch ihn für andere in die Welt gekommen war, zu ihm zurückkehrte."[116]

Die Grenzen von Traum und Realität hat Mays Phantasie schon immer verwischt. Doch den eigentlichen 'Defekt' in der Psyche Mays sieht Günter Scholdt - dem theoretischen Ansatz des Freud-Schülers Alfred Adler folgend - in der 'Ich-Ablehnung', im 'Minderwertigkeitskomplex', in der Verleugnung der eigenen Identität: Das Avancier-Gehabe, die "Sucht, mehr zu scheinen als zu sein", das Verlangen, "etwas Anderes, Besseres, Höheres"[117] zu sein, dieses Bestreben sei die Quintessenz in der Fehlhaltung Mays.

Es stimmt: Sich selbst zu bejahen und die eigene Grenze zu akzeptieren, ist ein Zeichen von menschlicher Reife. Wahr ist aber auch dies: Tagträume von Größe und Glück, die Recherche nach der vollkommenen Liebe, nach höchster Geltung und respektvoller Anerkennung, sind - wie schon früher erörtert[118] - ein menschliches Urphänomen, das keineswegs nur negativ zu bewerten ist.

Claus Roxin trifft den Kern des Problems, wenn er schreibt: Karl May, dieser seltsame und doch exemplarische Mensch,

stand nie 'mit beiden Beinen auf der Erde' [...] Die Ambivalenz seiner literarischen Erscheinung [...] hat hier vermutlich ihre Ursache. Denn einerseits kann das Nichtannehmen der Realität als ein Symptom der Unreife, der Unerwachsenheit und der kindlichen Phantasiegebundenheit gelten [...] Andererseits aber hat eine solche existentielle Verweigerung gegenüber der Realität nicht nur regressive Züge, wie man lange Zeit gemeint hat, sondern sie weist Wege ins Zukünftige, indem sie einer schlechten Realität den Dienst verweigert und fliegend (das heißt: mit sehnsüchtiger Phantasie) andere, bessere Formen des Lebens antizipiert.[119]

Sehnsüchte und Träume können zur heilenden, zur not-wendigen Energie werden, die die Realität zu verändern vermag. Der schöpferische Impuls, die selbstheilende Kraft der Mayschen Fiktion ist nicht zu verkennen: Die Larve, der positive Held, wuchs in den Träger der Maske hinein; Old Shatterhand/Kara Ben Nemsi, der 'Edelmensch', wurde ein Teil des Schriftstellers selbst!

Das 'Ich' Karl Mays ist nicht einfach nur 'Lüge'. Insofern trifft die, grundsätzlich richtige, Analyse Drewermanns (bezüglich des Teufelskreises von Angst und Lüge) im Falle Mays - wie des schöpferischen Menschen überhaupt - nicht unbedingt zu.

Als ein "Fabulieren auf Freiheit hin"[120] hat Gert Ueding das Werk unseres Autors bezeichnet. Die "schäbige, stets enttäuschende und öde Wirklichkeit"[121] will May in seiner Dichtung nicht hinnehmen. Es glückt ihm, die - scheinbar - geheimnislose Welt in ihrer 'Tiefe' zu sehen, ihre Transparenz zu erkennen, "den Sprung über die Schwelle zu tun, mit einem zweiten Gesicht eine andere Wirklichkeit zu schauen, sie in Worte zu bannen, in ihr ein zweites Dasein zu führen."[122]

Das gilt für die Poesie, fürs literarische Ich Karl Mays. Gilt es auch für die Renommierbriefe an die Verehrer, für die Vorträge in München und Wien, die Prahlereien in Gartow? Sie waren zum Teil kurios, zum Teil auch peinlich und krankhaft. Aber auch so noch, im neurotisch Absurden, bezeugt Karl May die Bestimmung des Menschen: sich nicht abzufinden mit der trostlosen Gegenwart, sich träumend und spielend hineinzuversetzen ins künftige Sein.

Der Mensch ist von Natur aus das Wesen, das sich selbst übersteigt. Daß May zeitlebens etwas 'Besseres' sein wollte, als er war, ist also nicht zu bekriteln. Zu tadeln ist nur die Weise, WIE er als "Dr. Karl May, genannt Old Shatterhand" das 'Bessere' und das 'Höhere' darzustellen versuchte. Daß seine Rollenspiele grotesk und auch kindisch waren, ist gar keine Frage. Sein hektisches Reisen - auch nach der Rückkehr aus Gartow ging es gleich weiter: er besuchte, noch im Mai, ein zweites Mal Wien und war vom 12.-19. Oktober 1898 wieder in Prag[123] - könnte ein Zeichen sein: Der Schriftsteller war auf der Flucht vor sich selbst, vor der Erkenntnis der eigenen Wirklichkeit. Für die Neubesinnung und die echte 'Verwandlung' fehlte ihm noch die Reife. Der zum Aufbruch nötige Leidensdruck - in den Angstbildern der späten Reiseerzählungen schon vorweggenommen - war noch zu schwach.

Die Identifikationsfiguren seiner Romane waren dem bürgerlichen May in jeder Beziehung voraus. Die private Shatterhand-Manier des Autors stand weit unterhalb des Niveaus seiner literarischen Werke. Man muß seine Reiseerzählungen also - wie Roxin unterstreicht -

gegen die merkwürdige Figur, die ihr Schöpfer zu jener Zeit machte, in Schutz nehmen. Der Schluß von der Banalität der schauspielerischen Selbstpräsentation Mays zu jener Zeit auf die Flachheit und Nichtigkeit des Erzählwerkes, den viele zeitgenössische Kritiker gezogen haben, ist trügerisch.[124]

Wie hat May selbst, in späteren Jahren, seine Lügenmärchen bewertet? In seiner *Beichte* (1908) scheint er die Prahlereien der Renommierzeit verdrängt und vergessen zu haben: "Diejenigen, die mich nicht begreifen wollen, [...] nennen mich einen Aufschneider [...] Du lieber Gott! Kein Mensch hat so wenig Grund und Lust aufzuschneiden wie gerade ich!"[125] Im *Jenseits*-Band (1898/99) allerdings[126] und im *Silberlöwen IV* (1903) hat May seine Imponiergebärden - indirekt - bekannt und scharf kritisiert. Der Ustad, in den Schlußbänden des *Silberlöwen* eindeutig das wahre Ich Karl Mays, gibt zu: Er strebte nach dem Ruhm "mit einer Gier, die ich fast Sünde nenne"![127]

In manchen Romanfiguren, besonders in Hadschi Halef, hat der Autor - auf heitere Weise - seine späteren Großmannsgesten schon in den achtziger Jahren antizipiert und getadelt. Die Selbstbiographie (1910) reflektiert: "Indem ich alle Fehler des Hadschi beschreibe, schildere ich meine eigenen und lege also eine Beichte ab, wie sie so umfassend und so aufrichtig wohl noch von keinem Schriftsteller abgelegt worden ist."[128]

Tatsache ist, daß May seine Fehler, im wesentlichen, erkannt und zumindest teilweise korrigiert hat. Die Überwindung der Shatterhand-Legende und damit den Aufbruch zu neuen Gestaden hat er, so paradox es auch scheint, in den Flunkereien der Renommierzeit schon vorbereitet. Gerhard Klußmeier fragt zu Recht: Hat May "nicht vielleicht auch dies bezweckt: durch eine bewußte Überzeichnung seiner Person die Verehrer zum Zweifel an der wörtlichen Richtigkeit der geschilderten 'Reiseerlebnisse' aufzufordern?" Zwischen "Aufrechterhaltung und vorsichtigem Abbau jener Fiktion" mag er in München und Wien, in Prag und in Gartow "unentschlossen hin- und hergeschwankt sein."[129]

Anmerkungen

1   Karl May: *"Weihnacht!"*. Karl Mays Werke IV. 21. Hrsg. von Hermann Wiedenroth und Hans Wollschläger. Nördlingen 1987, S. 186.

2   Hans Wollschläger: *Karl May. Grundriß eines gebrochenen Lebens*. Zürich 1976, S. 78.

3   Karl May: *Mein Leben und Streben*. Freiburg 1910. Hrsg. von Hainer Plaul. Hildesheim, New York [2]1982, S. 116 u. passim.

4   Zit. nach Siegfried Augustin: *Karl May in München*. In: KMJB 1978. Bamberg, Braunschweig 1978, S. 45-110 (S. 47).

5   Mitgeteilt bei Wollschläger: *Karl May*, wie Anm. 2, S. 84.

6   Mitgeteilt bei Alfred Schneider: *Karl May und seine Hamburger Freunde Carl und Lisbeth Felber*. In: JbKMG 1970, S. 163-172 (S. 164).

7   Vgl. Manfred Hecker - Hans-Dieter Steinmetz: *Karl May in Böhmen*. In: JbKMG 1977, S. 218-230.

8   Karl May: *Briefe an den Verleger Josef R. Vilimek, Prag*. In: JbKMG 1977, S. 231-242 (S. 233).

9   Claus Roxin: *Ein 'geborener Verbrecher'. Karl May vor dem Königlichen Landgericht in Moabit*. In: JbKMG 1989, 9-36 (S. 13).

10 Vgl. oben, S. 268ff. - Vgl. Michael Städler: *Ist Karl May Old Shatterhand?* In: MKMG 64 (1985), S. 36f.

11 Vgl. oben, S. 283ff.

12 Claus Roxin: *"Dr. Karl May, genannt Old Shatterhand". Zum Bild Karl Mays in der Epoche seiner späten Reiseerzählungen*. In: JbKMG 1974, S. 15-73 (S. 63).

13 Thomas Mann: *Altes und Neues*. Stockholmer Gesamtausgabe 1953, S. 24; zit. nach Roxin: *"Dr. Karl May"*, wie Anm. 12, S. 44.

14 Christian Heermann: *Der Mann, der Old Shatterhand war. Eine Karl-May-Biographie*. Berlin 1988, S. 260.

15 Claus Roxin: *Vorläufige Bemerkungen über die Straftaten Karl Mays*. In: JbKMG 1971, S. 74-109 (S. 87).

16 Nach Roxin: Ebd.

17 Vgl. Helmut Schmiedt: *Karl May. Studien zu Leben, Werk und Wirkung eines Erfolgsschriftstellers*. Frankfurt/M. [2]1987, S. 49.

18 Nach Wollschläger: *Karl May*, wie Anm. 2, S. 86.

19 Vgl. z.B. Karl May: *Briefe an das bayerische Königshaus*. In: JbKMG 1983, S. 76-122 (S. 76ff.).

20 Dieselbe Frage wurde May auch von der Gräfin Jancovics gestellt. - Vgl. Anton Haider: *Erinnerungen an den Achensee*. In: MKMG 88 (1991), S. 32-41 (S. 37).

21 May: *Briefe*, wie Anm. 19, S. 77.

22 Vgl. Augustin, wie Anm. 4, S. 53ff. - Heermann, wie Anm. 14, S. 220ff.

23 Vgl. Hans-Dieter Steinmetz: *Die Villa "Shatterhand" in Radebeul*. In: JbKMG 1981, S. 300-338 (S. 314). - Vgl. Gert Ueding: *Der Traum des Gefangenen. Geschichte und Geschichten im Werk Karl Mays*. In: JbKMG 1978, S. 60-86 (S. 78): zum allgemeinen Stil der 'Gründerzeit'.

24 Nach Karl May: *Old Surehand III*. Gesammelte Reiseerzählungen, Bd. XIX. Freiburg 1896, S. 328f., wollten Ogellallah-Indianer das Grab Winnetous schänden und die Silberbüchse rauben; Old Shatterhand nahm die Büchse noch rechtzeitig aus dem Grabe heraus und "sorgte da-

für, daß dies überall bekannt wurde [...] Jetzt hängt dieses herrliche Gewehr neben meinem Schreibtische".

25 So hieß es im 'Berliner Blatt' vom 3.4.1912; zit. nach Gerhard Klußmeier - Hainer Plaul (Hrsg.): *Karl May. Biographie in Dokumenten und Bildern.* Hildesheim, New York 1978, S. 133.

26 Vgl. Klaus Hoffmann: *Silberbüchse - Bärentöter - Henrystutzen, "das sind die drei berühmtesten Gewehre der Welt". Herkunft, Wirkung und Legende.* In: JbKMG 1974, S. 74-108 (S. 97). - Mit dem 'echten' Stutzen konnte Old Shatterhand fünfundzwanzigmal schießen, ohne zu laden.

27 Heermann, wie Anm. 14, S. 243.

28 Mehr bei Josef Mittermaier: *Ein Schriftsteller und sein Fotograf.* In: KMJB 1978. Bamberg, Braunschweig 1978, S. 111-133.

29 Vgl. Andreas Barth: *Max Weltes Beziehungen zu Karl May.* In: Karl-May-Haus-Information Nr. 4. Hohenstein-Ernstthal 1990, S. 3-49. - Vgl. unten, S. 423.

30 Karl May in einer scherzhaften Brief-Anrede an Max Welte; zit. nach Jürgen Natzmer: *Handschriftliches und Bildliches von Karl und Klara May.* In: MKMG 85 (1990), S. 51f. (S. 51).

31 Vgl. Ekkehard Bartsch: *"... indem ich die Preisliste beilege ...".* In: MKMG 8 (1971), S. 11-13 (S. 13).

32 Zit. nach Heermann, wie Anm. 14, S. 243.

33 Nach Augustin, wie Anm. 4, S. 57.

34 Vgl. ebd.

35 Zit. nach Wollschläger: *Karl May,* wie Anm. 2, S. 83.

36 Vgl. oben, S. 134. - Nach Roxin: *Bemerkungen,* wie Anm. 15, S. 88, führte auch Friedrich Hebbel zu Unrecht den Doktortitel, den er später allerdings (anders als May) rechtmäßig erwarb.

37 Nach Wollschläger: *Karl May,* wie Anm. 2, S. 91.

38 Wiedergegeben bei Rudolf Lebius: *Die Zeugen Karl May und Klara May. Ein Beitrag zur Kriminalgeschichte unserer Zeit.* Berlin-Charlottenburg 1910, S. 18; zit. nach Wollschläger: *Karl May,* wie Anm. 2, S. 91.

39 Nach Claus Roxin: Brief vom 22.9.1990 an den Verfasser.

40 Claus Roxin: *Mays Leben.* In: *Karl-May-Handbuch.* Hrsg. von Gert Ueding in Zusammenarbeit mit Reinhard Tschapke. Stuttgart 1987, S. 62-123 (S. 106).

41 Der Brief ist vollständig wiedergegeben in: MKMG 71 (1987), S. 25f.

42 Mays Englisch-Sprachprobe in *Ein Phi-Phob* ('Der gute Kamerad'. Berlin, Stuttgart. 1. Jg. 1887, S. 310-313, hier S. 313) beispielsweise ist ziemlich mißglückt. - Im übrigen gibt es, was Mays tatsächliche Sprachkenntnisse betrifft, durchaus noch offene Fragen; vgl. Christian Heermann: *Neue Aspekte und offene Fragen der Karl-May-Biographie.* In: JbKMG 1990, S. 132-146 (S. 137ff.).

43 Karl May: *Kong - Kheou, das Ehrenwort.* Karl Mays Werke III. 2. Hrsg. von Hermann Wiedenroth und Hans Wollschläger. Nördlingen 1988, S. 29f. - Vgl. Heinz Stolte: *Narren, Clowns und Harlekine. Komik und Humor bei Karl May.* In: JbKMG 1982, S. 40-59 (S. 50).

44 Wie Anm. 3.

45 Mehr bei Fritz Maschke: *Karl May und Emma Pollmer. Die Geschichte einer Ehe.* Beiträge zur Karl-May-Forschung 3. Bamberg 1973, S. 67-76.

46 Ulrich Schmid: *Das Werk Karl Mays 1895-1905. Erzählstrukturen und editorischer Befund.* Materialien zur Karl-May-Forschung, Bd. 12. Ubstadt 1989, S. 80.

47 Vgl. unten, S. 340.

48 Vgl. Haider, wie Anm. 20, S. 32-41.

49 Zit. nach Maschke, wie Anm. 45, S. 238 - Ganz ähnlich schrieb May auch an Fehsenfeld (am 27.7.1897).

50 Zit. nach Augustin, wie Anm. 4, S. 67f. - Vgl. dagegen die völlig andersartige (was z.T. wohl auch durch den großen zeitlichen Abstand zwischen Ereignis und Niederschrift zu erklären ist) Erinnerung Joseph Bernharts (vgl. oben, S. 24f.); dazu Augustin, wie Anm. 4, S. 66.

51 Nach einem Bericht des Regierungsrats Max Casella; zit. nach Augustin, wie Anm. 4, S. 66. - Zum 'Realitätsgehalt': May hatte gewiß über zwanzig Amerika-Romane bzw. -Novellen verfaßt; in Gedanken - und 'mit dem Finger auf der Landkarte' - war er also "mehr als zwanzigmal in Amerika" (Hinweis von Ernst Seybold im Brief vom 1.10.1991 an den Verfasser).

Möglich ist auch folgende Erklärung: In der Nähe des Mayschen Geburtsortes Ernstthal gibt es ein Dorf namens 'Amerika'; dort kann May ja leicht "mehr als zwanzigmal" gewesen sein.

52 Nach dem Bericht des 'Bayrischen Courir' vom 10.7.1897; zit. nach Augustin, wie Anm. 4, S. 68f.

53 Wie Anm. 51. - Zum 'Realitätsgehalt': May hatte schon *"Weihnacht!"* (Herbst 1897) im Kopf; insofern wird er "zu den Apatschen zurückkehren" (Hinweis von Seybold: Brief, wie Anm.51)!

54 Wie Anm. 52. - Zum 'Realitätsgehalt': May dürfte schon an den *Jenseits*-Band (1898/99) gedacht haben; dort steht in der Tat "ein Besuch Hadschi Halefs und seiner Frau Hanneh auf dem Programm" (Hinweis von Seybold: Brief, wie Anm. 51)!

55 Heermann, wie Anm. 14, S. 248.

56 Karl May: *Im Reiche des silbernen Löwen I.* Gesammelte Reiseerzählungen, Bd. XXVI. Freiburg 1898, S. 281.

57 Ernst Weber: *Karl May. Eine kritische Plauderei.* In: *Zur Jugendschriftenfrage.* Leipzig 1903, S. 42; zit. nach Roxin: *"Dr. Karl May",* wie Anm. 12, S. 24f. - May hat diese Darstellung Webers - insbesondere die "Anrempelung" des Kaisers - später (May: *An den Dresdner Anzeiger,* 12.11.1904; abgedruckt in JbKMG 1972/73, S. 131) bestritten; dazu Roxin: *"Dr. Karl May",* wie Anm. 12, S. 66 (Anm. 43).

58 Aus dem Bericht des 'Bayrischen Courir' vom 7.7.1897; zit. nach Augustin, wie Anm. 4, S. 65.

59 Vgl. oben, S. 293.

60 Zit. nach Augustin, wie Anm. 4, S. 70.

61 Vgl. oben, S. 113f.

62 Vgl. Maschke, wie Anm. 45, S. 76.

63 Vgl. Augustin, wie Anm. 4, S. 77.

64 Nach Augustin: Ebd.

65 Normalerweise gab May den 2. September als Todestag Winnetous an! - Vgl. z.B. May: *Briefe,* wie Anm. 19, S. 77.

66 Aus dem Bericht der Wiener Zeitschrift 'Vaterland' vom 22.2.1898; zit. nach Roxin: *"Dr. Karl May",* wie Anm. 12, S. 27.

67 Nach ebd.

68 Bericht der Wiener 'Reichspost' vom 26.2.1898; zit. nach Augustin, wie Anm. 4, S. 78 - Vgl. auch die (freilich mehr Dichtung als Wahrheit enthaltende und auf May nur beiläufig bezogene) Darstellung bei Richard von Kralik: *Der abenteuerliche Tag.* In: KMJB 1919. Breslau 1918, S. 252-269.

69 Nach Franz Cornaro: *Karl Mays Wiener Fasching 1898.* In: MKMG 9 (1971), S. 21f. (S. 22).

70 Nach dem Bericht der Wiener 'Reichspost', wie Anm. 68.

71 Bericht der 'Kalksburger Korrespondenz' Nr. 24 (Juni 1898), S. 23f.; zit. nach Roxin: *"Dr. Karl May",* wie Anm. 12, S. 28.

72 Richard Kirsch in: Neues Wiener Abendblatt (24.2.1937); zit. nach Roxin: *"Dr. Karl May",* wie Anm. 12, S. 29.

73 Nach dem Bericht der Wiener 'Reichspost', wie Anm. 68.

74 Zit. nach Augustin, wie Anm. 4, S. 79.

75 Zit. nach ebd., S. 95.

76 Zit. nach Thomas Ostwald: *Karl May - Leben und Werk.* Braunschweig ⁴1977, S. 177.

77 Aus Mays Bericht vom 15.4.1898 an Emil Seyler; zit. nach Ulrich Schmid: *"Mein höheres und eigentliches Vaterland ist Bayern". Zu den Briefen Karl Mays an das bayerische Königshaus.* In: JbKMG 1983, S. 123-145 (S. 124).

78 Vgl. May: *Briefe,* wie Anm. 19, S. 76-122.

79 Aus Mays Brief vom 19.5.1898 an Fehsenfeld; zit. nach Ostwald, wie Anm. 76.

80 Die Statuten dieses Clubs sind wiedergegeben bei Augustin, wie Anm. 4, S. 74ff.

81 Abels *Aufzeichnungen und Erinnerungen an Dr. Carl May* sind mit dem 18.4.1898 datiert; der ganze Text ist abgedruckt bei Augustin, wie Anm. 4, S. 83-93.

82 Diese Bemerkung Karl Mays ist besonders dreist: Der amerikanische Oberst William Cody alias Buffalo Bill (1846-1917) war erstmalig mit einer Wildwest-Schau durch Europa gezogen und hatte in Deutschland und Österreich (wie kurze Zeit später 'Old Shatterhand') große Begeisterung ausgelöst. - Vgl. Augustin, wie Anm. 4, S. 59. - Zum 'Realitätsgehalt' der 'Ermor-

dung' Mayscher Romanhelden durch Buffalo Bill: Der Buffalo-Bill-Rummel ließ vielleicht die Freude an der May-Lektüre verblassen und machte insofern den Mayschen Helden den 'Garaus' (Hinweis von Seybold: Brief, wie Anm. 51).

83 Wie Anm. 65.

84 Aus Mays Brief vom 15.4.1898 an Emil Seyler; zit. nach Augustin, wie Anm. 4, S. 96.

85 Dazu Erich Heinemann: *Dr. Karl May in Gartow*. In: JbKMG 1971, S. 259-268 (S. 259).

86 Laut 'Bayrischer Courir' vom 7.7.1897; vgl. Augustin, wie Anm. 4, S. 65.

87 Ausgeführt wurden weder das *Winnetou*- noch das *Dessauer*-Drama.

88 Zit. nach Heinemann, wie Anm. 85, S. 261.

89 Vgl. unten, S. 340.

90 Zit. nach Friedrich Hinnrichs: *Eine Studienreise Karl Mays (1898)*. In: KMJB 1924. Radebeul 1924, S. 334-337 (S. 337).

91 Dazu Viktor Böhm: *Karl May und das Geheimnis seines Erfolges*. Gütersloh 21979, S. 22f. - Vgl. Peter Krauskopf: *Old Shatterhand am Elbestrand*. In: ZEIT-Magazin Nr. 27 (28.6.1991), S. 10-20: Karl May wird hier als Vorläufer der modernen Pop-Stars gesehen!

92 Heinz Stolte: *Hiob May*: In: JbKMG 1985, S. 63-84 (S. 68).

93 Augustin, wie Anm. 4, S. 69.

94 Ebd., S. 69f.

95 Vgl. unten, S. 534ff.

96 Zit. nach Roxin: *'Verbrecher'*, wie Anm. 9, S. 29.

97 Heermann, wie Anm. 14, S. 254.

98 Vgl. Roxin: *"Dr. Karl May"*, wie Anm. 12, S. 38ff.

99 Nach Roxin: *Mays Leben*, wie Anm. 40, S. 102.

100 Heermann, wie Anm. 14, S. 254.

101 Vgl. Roxin: *Bemerkungen*, wie Anm. 15, S. 86.

102 Dieser Begriff wurde im Jahre 1891 durch Anton Delbrück in die psychiatrische Literatur eingeführt. - Vgl. Roxin: *Bemerkungen*, wie Anm. 15, S. 81ff. - Ders.: *"Dr. Karl May"*, wie Anm. 12, S. 43 (mit Verweis auf Helene Deutsch: *Über die pathologische Lüge*. In: Internationale Zeitschrift für Psychoanalyse 8. Jg. 1922, S. 153ff.).

103 Roxin: *"Dr. Karl May"*, wie Anm. 12, S. 43.

104 Stolte: *Hiob May*, wie Anm. 92, S. 68.

105 Heinz Stolte: *Der Fiedler auf dem Dach. Gehalt und Gestalt des Romans '"Weihnacht!"'*. In: JbKMG 1986, S. 9-32 (S. 23).

106 Karl May in einem Brief vom 4.6.1896 an Fehsenfeld; zit. nach Hoffmann, wie Anm. 26, S. 82.

107 Klußmeier - Plaul, wie Anm. 25, S. 121.

108 Vgl. Kurt Langer: *Die Bedeutung der Angstlust in Karl Mays Leben und Werk*. In: JbKMG 1986, S. 268-276.

109 Vgl. Roxin: *"Dr. Karl May"*, wie Anm. 12, S. 59f. - Vgl. Jürgen Hahn: *"Da klebte ich zwischen Himmel und Erde"*. Betrachtungen zu Karl Mays Alterswerk. In: JbKMG 1992, S. 299-317.

110 Heermann, wie Anm. 14, S. 258.

111 Walther Ilmer: *Karl Mays Weihnachten in Karl Mays '"Weihnacht!"' II. Eine Spurenlese auf der Suche nach Fährten*. In: JbKMG 1988, S. 209-247 (S. 240). - Vgl. ders.: *Karl May - Mensch und Schriftsteller. Tragik und Triumph*. Husum 1992, S. 137ff.

112 Ueding: *Der Traum des Gefangenen*, wie Anm. 23, S. 76.

113 Eugen Drewermann - Ingritt Neuhaus: *Marienkind. Grimms Märchen tiefenpsychologisch gedeutet*. Olten, Freiburg 21985, S. 39.

114 Ebd.

115 Walther Ilmer: *Karl Mays Weihnachten in Karl Mays '"Weihnacht!"'* In: JbKMG 1987, S. 101-137 (S. 112).

116 Hans Wollschläger: *"Die sogenannte Spaltung des menschlichen Innern, ein Bild der Menschheitsspaltung überhaupt"*. Materialien zu einer Charakteranalyse Karl Mays. In: JbKMG 1972/73, S. 11-92 (S. 53).

117 Günter Scholdt: *Vom armen alten May. Bemerkungen zu 'Winnetou IV' und der psychischen Verfassung seines Autors*. In: JbKMG 1985, S. 102-151 (S. 129).

118 Vgl. oben, S. 27ff.

119 Claus Roxin: *Karl Mays 'Freistatt'-Artikel. Eine literarische Fehde.* In: JbKMG 1976, S. 215-229 (S. 225f.).

120 Gert Ueding: *Auf fremden Pfaden in die Heimat. Karl May.* In: Ders.: *Die anderen Klassiker. Literarische Porträts aus zwei Jahrhunderten.* München 1986, S. 156-183 (S. 183).

121 Hermann Hesse: *Kurzgefaßter Lebenslauf.* In: Ders.: *Traumfährte* (1945), S. 17; zit. nach Roxin: *"Dr. Karl May",* wie Anm. 12, S. 45.

122 Otto Forst-Battaglia: *Karl May. Traum eines Lebens - Leben eines Träumers.* Beiträge zur Karl-May-Forschung 1. Bamberg 1966, S. 145.

123 Dort legte er einen Streit mit seinem Verleger Vilimek bei. - Vgl. Hecker - Steinmetz, wie Anm. 7, S. 222 - Roxin: *Mays Leben,* wie Anm. 40, S. 104.

124 Roxin: *"Dr. Karl May",* wie Anm. 12, S. 55 - Vgl. Wollschläger: *Spaltung,* wie Anm. 116, S. 54.

125 Karl May: *Meine Beichte.* In: Ders.: Gesammelte Werke, Bd. 34 *"Ich".* Bamberg ³⁶1976, S. 15-20 (S. 18).

126 Vgl. unten, S. 360f.

127 Karl May: *Im Reiche des silbernen Löwen IV.* Gesammelte Reiseerzählungen, Bd. XXIX. Freiburg 1903, S. 72 - Vgl. unten, S. 447.

128 May: *Mein Leben und Streben,* wie Anm. 3, S. 211 - Stolte: *Narren,* wie Anm. 43, S. 47, nennt diesen Satz "eine bemerkenswerte, eine erstaunliche Stelle", die ein hohes Niveau der Selbstreflexion des Autors voraussetze.

129 Klußmeier - Plaul, wie Anm. 25, S. 8.

8.9 Mays Privatleben in den neunziger Jahren: Labile Gemütsverfassung und Kontakt mit dem Spiritismus

Als befreienden Kontrast zu den "Grimassen seines öffentlichen Auftretens" rühmte Hans Wollschläger, im großen und ganzen zu Recht, die "hinreißend sympathischen Züge"[1] im Privatleben des Autors. Dunkle Punkte gab es freilich auch hier. Das Rätselhafte, nur "schwer Durchschaubare"[2] im Wesen des Schriftstellers ist nicht zu übersehen.

8.9.1 Eheliche Konflikte

Der Kinderfreund May hätte gerne ein eigenes Kind im Hause gehabt. Im November 1891 nahm er das Töchterchen seiner Schwester Karoline Selbmann zu sich: die neunjährige Clara (1882-1969), vom Ehepaar May mit dem Kosenamen Lottel gerufen.[3] Es kam jedoch schon bald zu unerträglichen Reibereien zwischen Lottel und Tante Emma.[4] So kehrte das Kind, das den Onkel vergötterte, nach neun Monaten - im August 1892 - zur Mutter zurück. Der Abschied war schwer. Nach der Auskunft Frau Selbmanns sagte Karl May am Bahnhof zu Kötzschenbroda mit Tränen in den Augen: "Weißt du Emma, wir haben ein Kindchen gehabt, die kommt nicht wieder."[5]

Wie schon früher erwähnt und besprochen,[6] hatte May sehr wahrscheinlich ein außereheliches Kind. Ein begeisterter May-Freund schrieb - 1979 - an den May-Biographen Fritz Maschke:

Ich würde es May nicht vorwerfen, wenn er wirklich ein außereheliches Kind gehabt hätte, aber es paßt so gar nicht zu ihm, daß er alsbald Mutter und Kind verlassen und vergessen hätte. Sind beide schon bald und früh gestorben? Das wäre die einzige Erklärung.[7]

Vom frühen Tode der Mutter oder des Kindes kann aber wohl nicht die Rede sein.[8] Der Darstellung Maschkes zufolge wollte der Schriftsteller, etwa ein Jahr nach dem Wegzug der kleinen Lottel,[9] sein eigenes Töchterchen ins Haus nehmen, was aber am Widerstand der Ehefrau Emma (die jetzt erst von der Vaterschaft ihres Mannes erfuhr) gescheitert ist. Doch die Details der ganzen 'Affäre' entziehen sich unserer Kenntnis. Ein moralisches Urteil über das Verhalten Mays steht uns also nicht zu.

Daß May wegen des Kindes zu leiden hatte, ist immerhin anzunehmen. Die Gemütsverfassung des Schriftstellers war, gerade auch in den neunziger Jahren, überhaupt sehr labil. Hochstimmungen und zeitweilige Tiefs störten das innere Gleichgewicht. May selbst beklagte, in einem Brief vom 17. September 1893 an Fehsenfeld, seine "hochgradig gesteigerte Nervosität" und mußte - im selben Brief - von Selbstmordgedanken berichten: "Ich bin in Folge häuslicher Zerwürfnisse jetzt immer so niedergeschlagen, daß ich wie oft nach der Wand über meinem Schreibtische sehe, wo der geladene Revolver hängt."10

Ob der äußere Anlaß für Suizidphantasien in der Trennung vom eigenen Kind, im ehelichen Konflikt oder - wie Ulrich Schmid erwägt11 - primär im partiellen Mißlingen des literarischen Werkes, d.h. der Bände II/III der *Winnetou*-Trilogie,12 zu suchen ist, sei dahingestellt. Der Grund für depressive Reaktionen des Autors lag wohl ohnehin tiefer: in den traumatischen, mit schweren Schuldgefühlen verbundenen Verletzungen, die er in der Kindheit und Jugend erlitten hatte und die sein literarischer Erfolg nicht gänzlich zu heilen vermochte.

May hatte Selbstmordgedanken im Spätsommer 1893, zur Entstehungszeit der *Winnetou*-Bände II und III. Doch die Vermutung, daß es solche Gedanken bei Karl May auch schon früher gegeben hat, wird gar nicht so abwegig sein. Biographische Dokumente, die die Richtigkeit dieser These eindeutig beweisen, gibt es zwar nicht.13 Aber manche Partien des Mayschen Erzählwerks sind doch verräterisch. In *Winnetou I* (im Frühjahr 1893 verfaßt) beispielsweise legt der Autor seiner Romanfigur Klekih-petra die folgenden Worte in den Mund: "Wie oft bin ich dem Selbstmorde nahe gewesen; immer hielt mich eine unsichtbare Hand zurück - Gottes Hand [...] Ich fand, freilich erst nach langen Zweifeln, Vergebung und Trost, festen Glauben und inneren Frieden."14

Innerhalb der 'klassischen' Reiseerzählungen gehört Klekih-petra zu den interessantesten Ich-Derivaten unseres Schriftstellers.15 Wir dürfen wohl sagen: Karl May wurde, wie Klekih-petra, immer wieder die Kraft geschenkt, sich von trüben Stimmungen nicht endgültig besiegen zu lassen. Doch den "inneren Frieden" gefunden hat der Autor, im Gegensatz zu Klekih-petra, noch keineswegs.

Karl May hatte, zeitlebens wahrscheinlich, zu kämpfen - gegen dunkle Gewalten. Gewiß nicht der einzige Grund, aber doch wohl ein wichtiger Faktor für die labile Gemütsverfassung des Dichters wird die, zumindest unterschwellige, Spannung mit Emma gewesen sein.

Was die Beziehung zwischen Karl und Emma betrifft, gibt es einen recht aufschlußreichen Bericht Pauline Fehsenfelds:

Wir waren damals16 gerade im Begriff, mit unseren Kindern nach der Schweiz zu reisen, [...] und Karl May und Frau Emma schlossen sich uns an. So lange wir noch mit den Gästen in Freiburg waren, ging alles friedlich hin, doch schon auf der Reise wurde Karl May launisch und reizbar. Frau Emma, eine so gute sparsame Hausfrau sie auch war, verstand nicht, ihren Mann zu nehmen, so wie er war, und seine Psyche war ihr vollständig verschlossen. Sie wußte nicht zu schweigen am richtigen Platz, sie war kleinlich sparsam, er großzügig und verschwenderisch. In Bönigen, am Brienzer-See, wo wir zusammen Unterkunft hatten, kaufte May viele schöne Ansichtskarten. Darüber machte ihm Frau Emma eine Scene. Er stürmte im Zorn davon, rannte in der Gegend umher und kam erst spät nachts zurück [...] War er guter Laune, dann war er der liebenswürdigste, der unterhaltendste, witzige Gesellschafter [...] Der Wirt war auch ein eifriger Skatbruder, wie Karl May und mein Mann. Allabendlich saßen sie beisammen und klopften ihren Skat oder Lomber in größter Gemütlichkeit. Als May's abgereist waren, fühlten wir uns erleichtert, denn das Verhältnis der Eheleute paßte nicht in unsere friedliche Stimmung.17

Während Emma vor allem wirtschaftlich dachte, hatte Karl May "ein mitfühlendes Herz für seine Nächsten [...]; wahre Herzensgüte war ein Grundzug seines Wesens."[18] So verteilte er, zum Ärger seiner Frau,[19] goldene Trinkgelder auf seinen Reisen. Für die geringsten Dienste konnte er Zehn- oder Zwanzigmarkstücke geben. Elisabeth Felber, die Schwester des Caféhausbesitzers Carl Felber, erinnerte sich an des Schriftstellers Aufenthalt in Hamburg im Mai 1897:[20]

In einer Kutsche fuhr man durch Hamburg. Karl May bewunderte die Stadt. Und vor allem die Kellner bewunderten - ihn. Wo er auch aufkreuzte, gab es tiefe Bücklinge. Geld hatte für Karl May keinen Wert - außer, damit anderen eine Freude bereiten zu können. Wir rissen die Augen groß auf, wenn Karl May eine Zeche von zwei oder drei Mark bezahlte und dann dem Kellner ein Goldstück als Trinkgeld in die Hand drückte.[21]

Der Webersohn kannte die Not und er half mit offenen Händen. Ein hungriges Mädchen und dessen Vater z.B. bedachte er, in Gartow (1898), mit reichen Geschenken:[22] wie der 'Fürst des Elends', der - in Mays Kolportageroman *Der verlorene Sohn* - die Ärmsten der Armen mit den schönsten Gaben erfreute. Auch in späteren Jahren war May sehr großzügig und gebefreudig, was - nach Maschke - "zu mancher Auseinandersetzung"[23] auch mit seiner zweiten Frau, Klara May verw. Plöhn, geführt hat.

8.9.2 Familiäre Beziehungen

Nach dem Einzug in die 'Villa Shatterhand' (1896) gab es bei Mays sehr häufig gesellige Runden. Nebst vielen Bekannten hatte das Ehepaar May seit 1889/90 auch gute Freunde; Richard und Klara Plöhn gehörten zu ihnen.[24] In den neunziger Jahren vergrößerte sich der Freundeskreis: durch die - schon mehrfach erwähnten - Familien Fehsenfeld (Freiburg), Seyler (Deidesheim) und Felber (Hamburg) zum Beispiel.

Seinem Wesen nach war Karl May ein ziemlich "unbürgerlicher Mensch".[25] In den Erfolgsjahren freilich zeigte er sich von einer anderen Seite. Als "bürgerliche Alibis"[26] hat Wollschläger die Seylers wie die Plöhns bezeichnet: Kommerzienrat Emil Seyler (1845-1926) war ein begüterter Weinbergbesitzer, Richard Alexander Plöhn der Gründer und Besitzer einer Verbandstoff-Fabrik in Radebeul.

Mit den Seylers und Felbers entwickelte sich ein überaus herzlicher Briefverkehr. Seylers fünf Töchter, die "Orgelpfeifen",[27] waren für May eine Art Kinderersatz. Er mochte sie gern und schickte ihnen in bester Laune diverse Scherz-Gedichte oder, zu gegebenem Anlaß, auch fromme Zeilen. Magdalena Seyler, der 'vox angelica' unter den Orgelpfeifen, schenkte er (zur Erstkommunion im April 1898) ein Bild der Sixtinischen Madonna und - als persönliche Widmung - sein zweites 'Ave Maria': "Sei gegrüßt, Du Heil'ge, Reine!..."[28]

Bedeutsamer noch war die Verbindung mit dem Ehepaar Plöhn. Richard Plöhn gehörte, bis zu seinem Tode im Jahre 1901, zu den besten und treuesten Freunden Karl Mays. Klara Plöhn (1864-1944), die Tochter des Dessauer Kastellans Heinrich Beibler, hielt der Schriftsteller - zunächst - "für ein Gänschen, nicht ganz so groß wie meine eigene Gans, doch geistig unbedeutend";[29] aber später dachte er anders: In der "schwersten Zeit" seines Lebens wurde Klara, das 'Herzle', sein "wahrer Engel".[30]

Klara und Emma waren sehr eng miteinander befreundet. Sie waren wie Schwestern, nannten sich "Mausel" und "Miez" und unterschrieben - 1899 - zusammen mit Agnes Seyler als "Harem"[31] Karl Mays! "Andere Leute wußten es gar nicht anders, als daß die beiden Frauen wirkliche Schwestern seien."[32]

Abb. 12: Villa "Shatterhand" in Radebeul, Karl May auf dem Balkon vor seinem Arbeitszimmer.

Abb. 13: Karl May in seiner Bibliothek, 1896.

Abb. 14: Karl May als Kara Ben Nemsi, 1896.

Daß es zwischen Klara und Karl schon damals, in den neunziger Jahren, eine tiefere Beziehung gab, ist wohl nicht auszuschließen. "Und denke auch an Emmeh, welche die einzige Perle deines Harems ist",[33] muß sich Kara Ben Nemsi - im *Silberlöwen II* - von Halef ermahnen lassen! So ganz ohne Grund? Wohl keine "sündige"[34] Leidenschaft, aber doch einen Zwiespalt in Karls Seele können wir supponieren: Ein 'neuer Stern', eine verlockende Frau, ist in sein Leben getreten.

Aber May war - wenn wir die ungetrübte Liebe des literarischen 'Ich' zur Ehefrau Emmeh als Appell des Autors an die eigene Adresse verstehen - entschlossen, sich Emma verstärkt wieder zuzuwenden. Um den Erhalt seiner Ehe wird er in diesen Jahren gekämpft haben.[35]

8.9.3 Séancen im Hause May

Durch Emma hatte der Schriftsteller schon in den achtziger Jahren den Spiritismus, damals eine verbreitete Modeerscheinung, kennengelernt. Noch in Hohenstein, vor dem Umzug nach Dresden, nahm das Ehepaar May im April 1883 an einer spiritistischen Sitzung teil.[36] In Kötzschenbroda kam es zu weiteren Séancen im Hause Plöhn, dann auch bei Mays.

In den neunziger Jahren trafen sich die Ehepaare May und Plöhn, gemeinsam mit Häußlers[37] und anderen Freunden, wohl öfter zu solchen Zusammenkünften. Auch der Arzt Ferdinand Pfefferkorn, ein in Lawrence/Massachusetts lebender - aus Hohenstein-Ernstthal stammender - Schulfreund Karl Mays, der den Dichter 1895 in Oberlößnitz besuchte, hatte eine starke Neigung zum Okkultismus und wirkte an den Sitzungen mit. Nach der Aussage einer Freundin Emmas soll es zweimal in der Woche solche 'Konferenzen' gegeben haben.[38] Auch Anna Rothe (1850-1907), das in jenen Jahren berühmte, von May aber - mit einiger Wahrscheinlichkeit - als Schwindlerin durchschaute 'sächsische Blumenmedium', war 1897 Gast in der 'Villa Shatterhand';[39] sie nahm wiederholt an den Sitzungen teil.

Emma May, aber auch Klara Plöhn, die ein gutes 'Medium' gewesen sein soll,[40] waren begeistert. Doch Karl May und Richard Plöhn verhielten sich, der *Pollmer-Studie* (1907) des Schriftstellers zufolge, stets skeptisch. Sie lachten die Frauen nur aus.[41]

Ironisch berichtet uns May: Die Toten "wackelten mit dem Tische, und das erschien [...] überzeugend. Das Wackeln wurde in Buchstaben, Laute und Worte verwandelt, und so entstand 'die Sprache mit den Geistern'."[42] Die "Haupt- und Animirgans" war Emma; "die beiden andern Gänse" - gemeint sind Klara und deren Mutter - "schnatterten nur mit!"[43]

Emmas Hauptrolle könnte eine polemische Überzeichnung des Schriftstellers sein; aber daß May selbst nur "probeweise" - als "Psycholog"[44] - sich beteiligte, ist durchaus wahrscheinlich. Er wußte "sehr wohl", daß die Worte der abgeschiedenen Geister "nur die Gedanken des eigenen Innern", nur die Äußerungen der "eigenen Seele"[45] der Séancen-Teilnehmer waren.

Für die Annahme, daß May dies erst später (nach der Jahrhundertwende) erkannte, gibt es keinen triftigen Grund. Gewiß - des Schriftstellers Nein zum Spiritismus kann, expressis verbis, wohl erst mit späten Zeugnissen belegt werden; aber es gilt auch für die früheren Jahre! Denn Mays Erzählwerk - auch der achtziger und neunziger Jahre - ist dem Aberglauben abhold. Geisterspuk wird in diesen Geschichten, in *Deutsche Herzen*, in

Mahdi I oder in *Winnetou I* zum Beispiel,[46] immer als Schwindel, als Selbsttäuschung oder als "Spiegelfechterei",[47] angesehen.

Ein Anhänger des primitiven Gespensterglaubens ist Karl May nie gewesen. Aber daß er sich in KEINER Weise betören ließ und daß er sämtliche Praktiken und sämtliche Spielarten des Spiritismus und Okkultismus von Anfang an gänzlich durchschaut habe, ist - trotz seiner grundsätzlichen Skepsis - nicht anzunehmen. Mit Bezug auf seine frühesten Begegnungen mit dem Spiritismus räumte May ein:

Das Ganze war eine außerordentlich plump angelegte [...] Burleske. Aber grad die Plumpheit machte mich irr; dies Pathologische reizte, [...] und das primitiv oder kindlich religiöse Gewand, in welches das Alles gekleidet wurde, gab der Albernheit eine Art von Weihe, der auch ein besserer Kenner, als ich damals war, nicht hätte widerstehen können [...] Es stieg in mir der sehr natürliche Wunsch empor, diese Sache näher kennen zu lernen [...] Ich kaufte mir also nach und nach die hervorragendsten spiritistischen Werke und studirte sie mit solchem Ernst und solchem Fleiß, daß ich von mir sehr wohl behaupten darf, ein Kenner, nicht aber auch Freund dieser höchst thörigten Seitenrichtung unseres Geisteslebens zu sein.[48]

8.9.4 Übersinnliche Mächte

In Mays Bibliothek (deren Titel-Verzeichnis leider nur unvollständig erstellt wurde) fanden sich 75 Bücher - darunter auch kritische - über den Spiritismus oder ähnliche 'Geheimlehren'.[49] Ein Interesse war also vorhanden. Mehr aber nicht! Daß Karl May, wie Wollschläger behauptete, mit dem Spiritismus sein "religiöses Bedürfnis befriedigte",[50] ist eine Unterstellung. May hat sich, wie Heinz Stolte zutreffend bemerkte,

gelegentlich in dem Sinne geäußert, daß er vielleicht ein 'Spiritualist' sei, insofern er sich von den Geistern seiner Lieben zu jeder Zeit umschwebt und umhegt fühle, daß er aber den 'Spiritismus' (mit seinen 'Medien' und 'Materialisationen') als Betrug ablehne.[51]

Mit dem Okkultismus, der sich zur Zeit Karl Mays als Gegenbewegung zum Materialismus verstand, hatte der Schriftsteller nur dieses gemeinsam: Er bekämpfte in seinen Werken die nackte Diesseitigkeit eines materialistischen Daseinsverständnisses.[52] So glaubte er z.B. an 'Schutzengel' als göttliche Boten. Von einem Leben nach dem Tode war er fest überzeugt; auch eine enge Verbindung zwischen Lebenden und Verstorbenen, vielleicht auch die Möglichkeit einer 'außersinnlichen Wahrnehmung' durch entsprechend begabte und begnadete Menschen,[53] nahm er wohl an.

Aufgrund dieser Einstellung war für May ein Hereinwirken von überirdischen - göttlichen - Kräften in die sichtbare Welt eine Selbstverständlichkeit. Nicht im Sinne spiritistischer Geisterbeschwörung, sondern im Sinne des alt- und neutestamentlichen Offenbarungsglaubens (zu dem auch Engel als göttliche Sendboten inmitten der Welt gehören[54]) ist die folgende Stelle in *Old Surehand III* zu interpretieren:

Mag man mich immerhin auslachen; ich habe den Mut, es ruhig hinzunehmen; aber indem ich hier an meinem Tische sitze und diese Zeilen niederschreibe, bin ich vollständig überzeugt, daß meine Unsichtbaren mich umschweben und mir, schriftstellerisch ausgedrückt, die Feder in die Tinte tauchen [...] Wie tröstlich und beruhigend, wie ermunternd und anspornend ist es doch, zu wissen, daß Gottes Boten stetig um uns sind! Und welch große sittliche Macht liegt in diesem Glauben! Wer überzeugt ist, daß unsichtbare Wesen ihn umgeben, welche jeden seiner Gedanken kennen, jedes seiner Worte hören und alle seine Werke sehen, der wird sich gewiß hüten, so viel er kann, das Mißfallen dieser Gesandten des Richters aller Welt auf sich zu ziehen. Ich gebe diesen sogenannten, in Mißkredit geratenen Kinder-, Ammen- und Märchenglauben nicht für alle Schätze dieser Erde hin![55]

Mit dieser Überzeugung steht Karl May nicht allein. Auch in der heutigen Zeit gibt es - religiös und biblisch orientierte, zugleich aber modern und 'aufgeklärt' denkende - Literaten, die ähnlich empfinden. Bei Luise Rinser zum Beispiel können wir lesen:

Gibt es Engel? Es gibt sie. Wir erleben sie, ohne ihrer gewahr zu werden. Engel sind die Boten zwischen den beiden Bereichen der universalen Wirklichkeit, deren Doppelbürger wir sind: Himmel und Erde, Reich des Geistes und Reich der Materie. Engel sind die Überbringer von Ideen aus der Geistwelt. Sie erinnern uns an das hohe Wissen, das wir einst besaßen als Bürger des geistigen Reiches. Was wir Inspiration nennen und woraus unsre besten Werke entstehen, sind befruchtende Botschaften aus dem Geistbereich, [...] dem wir armseligen platten Materialisten keine Wirklichkeit zubilligen, während er doch die Urwirklichkeit ist, die Heimat aller Erscheinungen, die sich in der Erdenmaterie manifestieren.[56]

Diese Sätze könnten, ganz wörtlich, auch bei May stehen. Mit der 'okkulten Welle', mit dem Versuch, das Numinose zwingen zu wollen, mit Praktiken wie Tischerücken usw. hat diese Auffassung Mays (oder Rinsers oder ähnlich denkender Leute) nichts zu tun!

Auch der folgende Dialog zwischen Frau Hiller und Old Shatterhand in Mays Roman *"Weihnacht!"* ist nicht im spiritistischen Sinne eines durch bestimmte Techniken herbeigeführten Kontakts mit den Verstorbenen zu verstehen, sondern - ganz normal - im Sinne des christlichen Glaubens an die "Gemeinschaft der Heiligen", die "Auferstehung der Toten" und das "ewige Leben":[57] "Reden Sie mir nicht darein", meint die Frau,

"sondern lassen Sie mir diesen wohlthuenden Glauben, daß mein Vater von Gott die Erlaubnis hat, unsichtbar bei mir zu weilen, um mich zu leiten und meinen Fuß vor Anstoß zu bewahren! Wenn Gott seine Engel sendet, die uns zu beschützen haben, können wohl auch unsere Abgeschiedenen, die uns durch ihre Liebe doch am nächsten stehen, solche Engel sein! [...] Ich möchte nicht um alles diese Ueberzeugung missen, die mir im Leiden Kraft gewährt, mich in der Einsamkeit tröstet und mir die frohe Hoffnung bietet, daß ich meinen Sohn mit meinem Tode nicht verlassen werde."[58]

Kein erfahrener Seelsorger und kein vernünftiger Theologe würde der Frau des Pelzjägers widersprechen. Auch Old Shatterhand stimmt ihr zu; er bestätigt ihre Rede als Ausdruck, als "Konsequenz"[59] des Vertrauens auf Gott, der die Liebe ist (vgl. 1 Joh 4, 8).

Karl May glaubte an überirdische Mächte, an Gottes Ewigkeit und die Teilhabe des Menschen an dieser Ewigkeit. Aber "weder Gespenster- noch Dämonenseher"[60] ist unser Autor gewesen. Im letzten Lebensjahrzehnt, im Verlauf der Gerichtsprozesse,[61] bei denen May - aus taktischen Gründen - auch des Spiritismus bezichtigt wurde (seine Glaubwürdigkeit sollte erschüttert werden!), erklärte er wiederholt: "Ich bin weder jemals Spiritist gewesen, noch bin ich es heute."[62]

Den Wahrheitsgehalt dieser Aussage in Frage zu stellen, gibt es, wie gesagt, keine Veranlassung: Ein echter, ein 'gläubiger' Spiritist würde - so Stolte[63] - zu seiner Überzeugung unbedingt stehen; er würde sie bei jeder Gelegenheit bekennen; und er würde versuchen, auch andere für seine Idee zu gewinnen. Er würde niemals, wie Karl May, sagen: "Ich habe gefunden, daß der Spiritismus eine psychologische Verirrung ist."[64]

Der Schriftsteller wußte sich, wie der evangelische Theologe Dietrich Bonhoeffer (1906-1945), "von guten Mächten treu und still umgeben, behütet und getröstet wunderbar".[65] Mit spiritistischen Umtrieben und schamanistischen Zaubereien hatte er aber nichts im Sinn. Er liebte - wie es in der *Pollmer-Studie* (1907) heißt -

das Licht und die Aufklärung, und Alles, was ich schreibe, ist gegen den Spiritismus und den Occultismus gerichtet. Ich bin Christ; ich bleibe Christ, und ich halte mich sogar in meiner Psychologie an die Lehre Christi, wie sie in den vier Evangelien niedergelegt worden ist.[66]

Anmerkungen

1 Hans Wollschläger: *"Die sogenannte Spaltung des menschlichen Innern, ein Bild der Menschheitsspaltung überhaupt"*. *Materialien zu einer Charakteranalyse Karl Mays*. In: JbKMG 1972/73, S. 11-92 (S. 54).

2 Horst Friedrich: *Karl May und Ludwig II von Bayern*. In: MKMG 87 (1991), S. 3-15 (S. 5).

3 Nach Fritz Maschke: *Karl May und Emma Pollmer. Die Geschichte einer Ehe*. Beiträge zur Karl-May-Forschung 3. Bamberg 1973, S. 45ff.

4 Vgl. ebd., S. 50ff.

5 Karoline Selbmann am 27.2.1904 an Klara May; zit. nach Maschke: *Karl May*, wie Anm. 3, S. 52.

6 Vgl. oben, S. 155 u. 230.

7 Zuschrift an Maschke; zit. nach Fritz Maschke: *Martha Vogel - ein Pseudonym für Thekla Vogel?* In: MKMG 41 (1979), S. 29-31 (S. 29).

8 Nach Christian Heermann: *Der Mann, der Old Shatterhand war. Eine Karl-May-Biographie*. Berlin 1988, S. 287-292, handelt es sich bei dem außerehelichen Kinde möglicherweise auch um die Tochter Marie Thekla Vogels (vgl. oben, S. 155).

9 Vgl. Fritz Maschke: *Was Pauline Fehsenfeld nicht wissen konnte*. In: MKMG 39 (1979), S. 11-14 (S. 12). - Nach der Darstellung bei Claus Roxin: *Mays Leben*. In: *Karl-May-Handbuch*. Hrsg. von Gert Ueding in Zusammenarbeit mit Reinhard Tschapke. Stuttgart 1987, S. 62-123 (S. 98f.), wollte May sein eigenes Kind wohl VOR der Aufnahme Lottels zu sich nehmen.

10 Zit. nach Ulrich Schmid: *Das Werk Karl Mays 1895-1905. Erzählstrukturen und editorischer Befund*. Materialien zur Karl-May-Forschung, Bd. 12. Ubstadt 1989, S. 70.

11 Ebd.

12 Vgl. oben, S. 253.

13 Vgl. auch die - auf spätere Jahre bezogen - Tagebuch-Hinweise Klara Mays, wiedergegeben in: MKMG 30 (1976), S. 2f.

14 Karl May: *Winnetou I*. Karl Mays Werke IV. 12. Hrsg. von Hermann Wiedenroth und Hans Wollschläger. Zürich 1990, S. 118.

15 Vgl. Claus Roxin: *"Winnetou" im Widerstreit von Ideologie und Ideologiekritik*. In: *Karl Mays 'Winnetou'. Studien zu einem Mythos*. Hrsg. von Dieter Sudhoff und Hartmut Vollmer. Frankfurt/M. 1989, S. 283-305 (S. 287f.).

16 Im Sommer 1893 - Vgl. oben, S. 238.

17 Wiedergegeben bei Ekke W. Guenther: *Karl May und sein Verleger Friedrich Ernst Fehsenfeld*. In: JbKMG 1978, S. 154-167 (S. 160).

18 Erich Heinemann: *Dr. Karl May in Gartow*. In: JbKMG 1971, S. 259-268 (S. 263).

19 Nach Maschke: *Karl May*, wie Anm. 3, S. 69.

20 Vgl. oben, S. 325.

21 Zit. nach Maschke: *Karl May*, wie Anm. 3, S. 69.

22 Vgl. Heinemann, wie Anm. 18, S. 263.

23 Maschke: *Karl May*, wie Anm. 3, S. 69.

24 Vgl. oben, S. 230.

25 Heinz Stolte: *Der Volksschriftsteller Karl May. Beitrag zur literarischen Volkskunde* (Reprint der Erstausgabe von 1936). Bamberg 1979, S. 48.

26 Hans Wollschläger: *Karl May. Grundriß eines gebrochenen Lebens*. Zürich 1976, S. 73.

27 Zit. nach Wollschläger: Ebd., S. 74 - Vgl. auch Heermann, wie Anm. 8, S. 252ff.

28 Mehr bei Amand von Ozoróczy: *Das zweite Ave Maria. Beitrag zur "Spätlese in Deidesheim" II*. In: MKMG 26 (1975), S. 3-9 (S. 6).

29 Karl May: *Frau Pollmer - eine psychologische Studie* (1907). Prozeßschriften, Bd. 1. Hrsg. von Roland Schmid. Bamberg 1982, S. 868.

30 Ebd.

31 Vgl. Wollschläger: *Karl May*, wie Anm. 26, S. 74 - Gerhard Klußmeier - Hainer Plaul (Hrsg.): *Karl May. Biographie in Dokumenten und Bildern*. Hildesheim, New York 1978, S. 165.

32 May: *Frau Pollmer*, wie Anm. 29, S. 881.

33 Karl May: *Im Reiche des silbernen Löwen II*. Gesammelte Reiseerzählungen, Bd. XXVII. Freiburg 1898, S. 355 - Dazu Walther Ilmer: *Nachwort*. In: Karl May: *Im Reiche des silber-*

nen Löwen. 'Deutscher Hausschatz' 23./24. Jg. (1896-98). Reprint der KMG. Hamburg, Regensburg 1981, S. 265-276 (S. 269).

34 So heißt es bei Walther Ilmer: *Karl Mays Weihnachten in Karl Mays '"Weihnacht!"'* In: JbKMG 1987, S. 101-137 (S. 109). - Vgl. ders.: *Karl May - Mensch und Schriftsteller. Tragik und Triumph.* Husum 1992, S. 123f. u. passim.

35 Vgl. unten, S. 419ff.

36 Nach Maschke, *Karl May*, wie Anm. 3, S. 40.

37 Vgl. oben, S. 230.

38 Nach der Aussage Selma vom Scheidts vor dem Amtsgericht Weimar am 21.9.1909; wiedergegeben bei Rudolf Lebius: *Die Zeugen Karl May und Klara May. Ein Beitrag zur Kriminalgeschichte unserer Zeit.* Berlin-Charlottenburg 1910, S. 135.

39 Vgl. Martin Lowsky: *Karl May.* Stuttgart 1987, S. 30.

40 Vgl. May: *Frau Pollmer*, wie Anm. 29, S. 871.

41 Vgl. ebd., S. 867ff. - Klußmeier - Plaul, wie Anm. 31, S. 129.

42 May: *Frau Pollmer*, wie Anm. 29, S. 871.

43 Ebd., S. 872.

44 Ebd., S. 868.

45 Ebd., S. 895f.

46 Vgl. z.B. Karl May: *Deutsche Herzen - Deutsche Helden.* Bamberg 1976 (Reprint der Dresdner Erstausgabe von 1885-87), S. 1637ff. - Ders.: *Im Lande des Mahdi I.* Gesammelte Reiseromane, Bd. XVI. Freiburg 1895/96, S. 25ff. - Ders.: *Winnetou I*, wie Anm. 14, S. 405ff.

47 May: *Winnetou I*, wie Anm. 14, S. 406.

48 May: *Frau Pollmer*, wie Anm. 29, S. 827f.

49 Vgl. *Karl Mays Bücherei.* Aufgezeichnet von Franz Kandolf und Adalbert Stütz. Nachgeprüft und ergänzt von Max Baumann. In: KMJB 1931. Radebeul 1931, S. 212-291 (S. 262-265); die dort genannten 75 Titel enthalten, nebst spiritistischer Literatur im engeren Sinne, auch seriöse Bücher (die sich mit dem Spiritismus kritisch auseinandersetzen).

50 Wollschläger: *Karl May*, wie Anm. 26, S. 87.

51 Heinz Stolte: *Vorwort.* In: Maschke: *Karl May*, wie Anm. 3, S. VII-XII (XI).

52 Vgl. oben, S. 273ff.

53 Vgl. unten, S. 601ff.

54 Vgl. *Bibel-Lexikon.* Hrsg. von Herbert Haag. Einsiedeln, Zürich, Köln ²1968, Sp. 389-393 (Art. 'Engel').

55 Karl May: *Old Surehand III.* Gesammelte Reiseerzählungen, Bd. XIX. Freiburg 1896, S. 151f.

56 Luise Rinser: *Die Mächtigen stürzt er vom Thron. Ein politisches Gebet.* In: *Wer hat dich so geschlagen? Widerborstige Meditationen.* Hrsg. vom Fernsehen DRS anläßlich der Sendereihe "Musikalische Meditationen". Zürich 1989, S. 53-72 (S. 57).

57 Aus dem letzten Artikel des Apostolischen Glaubensbekenntnisses.

58 Karl May: *"Weihnacht!".* Karl Mays Werke IV. 21. Hrsg. von Hermann Wiedenroth und Hans Wollschläger. Nördlingen 1987, S. 144f. - Zur autobiographischen Deutung vgl. oben, S. 203ff.

59 May: *"Weihnacht!"*, wie Anm. 58, S. 145.

60 Karl May: *Ardistan und Dschinnistan II.* Gesammelte Reiseerzählungen, Bd. XXXII. Freiburg 1909, S. 312.

61 Vgl. unten, S. 396ff., 472ff. u. 531ff.

62 Karl May in einem Brief vom 30.11.1909 ans Weimarer Amtsgericht; zit. nach Stolte: *Vorwort*, wie Anm. 51, S. XI - Vgl. auch Ernst Seybold: *Karl-May-Gratulationen. Geistliche und andere Texte zu und von Karl May III.* Ergersheim 1990, S. 117 (mit Anm. 5 u. 6).

63 Vgl. Stolte: *Vorwort*, wie Anm. 51, S. XII.

64 May: Brief, wie Anm. 62 - Vgl. auch Karl May: *An die 4. Strafkammer des Königl. Landgerichtes III in Berlin* (1911). Prozeßschriften, Bd. 3. Hrsg. von Roland Schmid. Bamberg 1982, S. 74.

65 Dietrich Bonhoeffer: *Widerstand und Ergebung. Briefe und Aufzeichnungen aus der Haft.* Hrsg. von Eberhard Bethge. München ¹³1966, S. 275.

66 May: *Frau Pollmer*, wie Anm. 29, S. 811.

8.10 Der Bruch mit dem Pustet-Verlag:
Mays literarische Neuorientierung

Karl May glaubte nicht an Gespenster. Aber auch reale Gefahren wollte er, vermutlich, zu lange nicht wahrhaben: Dem berühmten Schriftsteller drohte in diesen Jahren der 'Sturz'; doch er sonnte sich, gerade jetzt, im Glanz seiner Herrlichkeit.

Kurze Zeit vor der Beendigung seiner (erst im Herbst 1907 wiederaufgenommenen) Zusammenarbeit mit dem Pustet-Verlag entwickelte May, in seinem Brief vom 19.5.1898 an Fehsenfeld, einen wunderlichen Plan: Sein Verleger in Freiburg solle - außer den (übrigens schönen und spirituell gehaltvollen) May-Kompositionen *Ernste Klänge*[1] - auch "May-Postkarten"[2] drucken lassen: "Hauptsache ist", so wird im Brief vom 8. Juli 1898 erläutert,

daß in den Serienbildern Old Shatterhands und Kara ben Nemsis Gesicht in jeder Stellung gut getroffen ist. Wenn Sie es wünschen, sende ich Ihnen Photographien zum Studium für die Künstler ein. Bitte Antwort! Ebenso möchte Winnetou ähnlich sein. Ich bin bereit, Ihnen eine Zeichnung anzufertigen, welche ähnlich ist. Bitte Antwort![3]

Die Nunwarz-Photos genügten jetzt also nicht mehr. Kunstvolle Porträt-Zeichnungen sollten entstehen: Der Maler "darf es sich nicht dadurch leicht machen", erklärte May im Brief vom 2. Oktober 1898 an Fehsenfeld,

daß er mein Gesicht nicht mitbringt, denn grad das ist die Hauptsache, grad das will man sehen [...] Der Künstler [...] hat sich zu sagen, daß selbst der deutsche, der österreichische Kaiser sich im Privatgebrauche unserer Karten bedienen werden, wie ich ganz genau weiß.[4]

Zur Renommierzeit des Schriftstellers, zum Shatterhand-Kult, passen diese Briefe nur allzu gut. Doch dieselben Briefe (und auch schon früher oder wenig später verfaßte Briefe) an Fehsenfeld bezeugen - wie wir sehen werden - zugleich noch etwas ganz anderes: den Willen des Autors zur literarischen Neuorientierung, deren endgültiger Vollzug mit der Trennung vom Pustet-Verlag im Herbst 1898 zeitlich zusammenfällt.

8.10.1 Die latente Bedrohung

Die 'Shatterhand-Legende' mußte, wie schon ausgeführt wurde,[5] das Interesse der Öffentlichkeit an der tatsächlichen Biographie Karl Mays geradezu herausfordern. Daß sich die groteske Fiktion 'Karl May = Old Shatterhand' auf die Dauer nicht halten ließ, war von vornherein klar. Daß May dies in keiner Weise geahnt haben sollte, ist eher unwahrscheinlich. Er konnte zwar nicht voraussehen, daß seine Jugenddelikte - mit böswilligen Erfindungen (von dritter Seite) noch zusätzlich angereichert - publik gemacht würden;[6] aber mit "zumindest vagen Gerüchten"[7] über dunkle Punkte in seinem Vorleben mußte er, nach seinen provozierenden Auftritten, immerhin rechnen.

Eine weitere Gefahr, die May freilich erst spät erkannte, waren die Kolportageromane von 1882-87. Laut Selbstbiographie[8] hatte May schon 1891 mit Fehsenfeld vereinbart, auch die Münchmeyerschen Werke in Buchform herauszubringen. Ernsthafte Kritik an diesen Romanen hatte der Autor also nicht erwartet.

Am 6. April 1892 war Heinrich Münchmeyer (in Davos in der Schweiz) gestorben. Seine Witwe Pauline führte das Geschäft weiter. Ende November 1894 bat sie May, einen weiteren Roman für ihren Verlag zu verfassen.[9] Der Schriftsteller lehnte dies ab und forderte Frau Münchmeyer zur Rückgabe der Manuskripte auf. "Sie sagte, die seien verbrannt; sie werde mir an ihrer Stelle die gedruckten Romane senden [...] Nach kurzer Zeit kamen die Bücher durch die Post; ich war wieder Herr meiner Werke - - - so glaubte ich!"[10]

May legte die Druckwerke zurück, ohne ihren Inhalt genauer zu prüfen und ohne auf die Klarstellung seiner Rechte an diesen Werken zu drängen.[11] Der wahrscheinliche Grund für diese Nachlässigkeit: Rücksicht auf Emma, die mit Pauline Münchmeyer ja eng befreundet war.[12] Außerdem nahm May seine Arbeit für Fehsenfeld voll in Beschlag. An mögliche Textveränderungen in den Kolportageromanen (durch Münchmeyer oder dessen Mitarbeiter) dachte er kaum. Auch die Bearbeitung eines *Waldröschen*-Kapitels für die Übernahme in *Old Surehand II* brachte May wohl nicht auf diesen Gedanken.[13]

Bereits im Januar 1894 hatte der 'Deutsche Hausschatz' eine Anfrage nach dem Verfasser von *Deutsche Herzen, Waldröschen* und *Der Fürst des Elends* gebracht.[14] Daß Karl May diese Werke geschrieben hatte, war Pustet zu diesem Zeitpunkt vermutlich noch unbekannt. Aber später, möglicherweise noch im Verlauf des Jahres 1894, hatte Pustet - vielleicht durch die Münchmeyerschen Verlagsangaben im 'Gesammt-Verlags-Katalog des Deutschen Buchhandels'[15] oder durch eine Intrige des (May feindlich gesonnenen) Schriftstellers Moritz Lilie[16] - von der ehemaligen Kolportagetätigkeit seines Autors erfahren. Doch erst um den 10. Juli 1897 sprach er May - in Regensburg, bei der persönlichen Begegnung[17] - auf diese Angelegenheit an.

Bei diesem Gespräch war May, einer späteren Erklärung (29.4.1901) des Pustet-Verlags nach zu schließen, zum ersten Mal mit dem Vorwurf konfrontiert worden, 'unsittliche' Romane verfaßt zu haben. Der Schriftsteller reagierte empört: In einem Brief vom 16. Juli 1897 an Pustet (May war soeben von seiner Deutschland- und Österreich-Tournee nach Radebeul zurückgekehrt) kündigte er gerichtliche Schritte gegen den 'Schundverlag' Münchmeyer an.[18]

"Sie werden mir den Vorrat, den Sie haben, ausliefern, damit ich ihn verbrennen lasse! [...] Heraus mit den Gedichten, die verbrannt werden müssen! Wenn du nicht sofort gehorchst, helfe ich nach!"[19] Dieses dem Prayerman im Weihnachtsroman (1897) gestellte Ultimatum Old Shatterhands dürfte - in May-typischer Verschleierung - den Konflikt des Schriftstellers mit dem Dresdner 'Schundverlag' widerspiegeln.[20] Doch zur Austragung dieses Konflikts, zur gerichtlichen Klage, kam es erst wesentlich später: Am 10. Dezember 1901 klagte May gegen Adalbert Fischer, den Nachfolger Münchmeyers als Verlagsbesitzer, und am 12. März 1902 gegen Pauline Münchmeyer, die Witwe des Verlegers.[21]

Warum diese Verspätung? Der Grund könnte, wie Hartmut Vollmer vermutet,[22] das folgende Dilemma gewesen sein: May hätte gerne schon 1897 den Rechtsweg beschritten; aber damals, auf dem Gipfel seiner Berühmtheit, wollte sich May einen Prozeß noch nicht leisten; das Aufsehen wäre zu groß gewesen; die, freilich ohnehin bevorstehende, Demaskierung 'Old Shatterhands' hätte die Folge sein können.

Im Jahre 1897 genoß Karl May noch das größte Ansehen in der Öffentlichkeit. Doch sein Renommee war, um diese Zeit freilich noch unterschwellig, von der Vernichtung bedroht. Die Sonne stach heiß, und ferne Wolken standen am Horizont. Als erstes Wetterleuchten, als Vorzeichen von Blitz und Donner, von Hagel und Wirbelsturm, könnte die erwähnte Unterredung zwischen Pustet und May (im Juli 1897) gedeutet werden.

Gewiß, die Pressekampagne gegen den Autor[23] und, in der Folge, die gerichtlichen Auseinandersetzungen begannen erst später, in den Jahren 1899 bzw. 1901. Aber getuschelt wurde, in kirchlichen Kreisen, schon jetzt, im Jahre 1897: Auf dem Katholikentag in Landshut (Sommer 1897) kam es - "in vertrauter Zwiesprache"[24] zwischen Heinrich Keiter, dem Redakteur des 'Deutschen Hausschatzes', und Armin Kausen, dem Herausgeber der katholischen 'Allgemeinen Rundschau' (München) - zum Gerede über Mays 'Schundromane' in den Münchmeyer-Heftchen.

Beim Getuschel ist es nicht geblieben. Im folgenden Jahr, 1898, verschickte Pustet ominöse Waschzettel, "welche einen Verrath an der [...] Freundschaft enthielten."[25]

Leider sind die Waschzettel heute verschollen, und ihr Inhalt ist nicht bekannt. Die eben zitierte Briefstelle macht jedoch klar: Karl May hat die Waschzettel des Regensburger Verlegers "als Preisgabe durch den Hausschatz verstanden".[26] Friedrich Pustet wird dem Schriftsteller die weitere Mitarbeiterschaft im katholischen Hausschatz "mehr oder weniger deutlich aufgekündigt"[27] haben; nur noch der *Silberlöwe* sollte zu Ende geführt werden; May aber erklärte, daß er "kein Wort mehr für den 'Deutschen Hausschatz' schreiben würde"![28]

Verletzt und gekränkt meinte Karl May noch im Jahre 1909:

> Es wird nie weggeleugnet werden können, daß grad mein Lieblingsblatt, der "Deutsche Hausschatz", der Allererste war, der sich zum Richter über mich aufwarf und Rechenschaft von mir verlangte. Ich war beschuldigt, abgrundtief unsittliche Werke geschrieben zu haben. Ich antwortete, das sei nicht wahr, und versprach, die Sache dem Gericht zu übergeben.[29]

Rechtliche Schritte gegen den Münchmeyer-Verlag unternahm May, wie gesagt, erst Ende 1901: als die Pressekampagne gegen den Schriftsteller einen ersten Höhepunkt erreicht hatte und May sich von mehreren - gefährlichen - Gegnern umstellt sah.

Daß sich der Hausschatz, 1898 oder später, "an die Spitze der 'Karl May-Hetze'"[30] gestellt und seinen Autor "dem Kölnischen Oberhenker"[30] (gemeint ist Hermann Cardauns, seit 1899 einer der heftigsten May-Gegner[31]) 'hingeworfen' habe, dürfte freilich kaum zutreffen. Diese Auffassung wird wohl eher das Ergebnis einer - teilweise - verzerrten Sicht Karl Mays in späteren Jahren gewesen sein. Dr. Otto Denk, nach dem Tode Heinrich Keiters (am 30. August 1898) der neue Redakteur des Hausschatzes, sah in May - ganz im Sinne Cardauns' und anderer May-Gegner - zwar den "Verfasser höchst unsittlicher, ja geradezu niederträchtig gemeiner Kolportageromane";[32] aber im 'Deutschen Hausschatz' enthielt sich der Redakteur "jeglicher ablehnender Äußerungen über May".[33]

Ein gegen May gerichtetes Zusammenspiel des Hausschatzes mit Hermann Cardauns wird es wohl nicht gegeben haben. Es ist auch keineswegs sicher, daß Friedrich Pustet seinem Autor May die Kolportageromane tatsächlich verübelte. Da die Verlagsbriefe an Karl May nicht vollständig erhalten sind, "lassen sich viele Fragen heute nicht mehr beantworten."[34] Wie Claus Roxin und Wilhelm Vinzenz annehmen,[35] hatte der Bruch zwischen Pustet und May wohl tiefere Gründe - und zwar für beide Seiten: Pustet verurteilte Karl May, den Menschen wie den Schriftsteller, wohl kaum; aber er fürchtete die katholische Opposition gegen May, die sich jetzt (um 1897/98) allmählich herausbildete; und der Dichter wiederum fühlte sich zwar 'verraten' von Pustet; aber er wollte sich, unabhängig von den Vorwürfen bezüglich der Kolportageromane, ohnehin trennen vom 'Hausschatz' - weil der literarische Anspruch seiner künftigen Werke über das Niveau des Familienblattes hinausgehen sollte.

8.10.2 Die Kritik Carl Muths

Was in Mays Biographie, in der Vita dieses ungewöhnlichen Menschen, immer wieder so fasziniert: Es gab in diesem - an Schicksalsschlägen wahrhaftig sehr reichen - Leben keine

Resignation. Auch jetzt wieder fand May, wie früher und später (in noch viel ernsterer Lage), die Kraft zum neuen Beginn: zur schriftstellerischen Neuorientierung.

Mays literarische 'Wende' war die Folge eines Umdenkens, das sich in den späten Reiseerzählungen, seit 1896, schon angekündigt hatte. Ein weiterer, zwar nicht gerade entscheidender, für Mays literarische 'Gewissenserforschung' aber doch relevanter Anstoß kam von außen: Anfang August 1898 fand May zum ersten Mal einen bekannten und gewichtigen Kritiker - in Carl Muth (1867-1944), dem Initiator der 'fortschrittlichen Literaturbewegung', deren Anliegen ein höheres Niveau, eine bessere Qualität der katholischen Belletristik war.[36]

Sowohl mit dem 'Deutschen Hausschatz' als auch mit Karl May ging Muth, in seiner Broschüre *Steht die katholische Belletristik auf der Höhe der Zeit?*,[37] ins Gericht: Pustets Journal habe "das zweifelhafte Verdienst", literarisch bedeutungslose Unterhaltungs- und Abenteuerromane "unter der Firma Karl May in weiten Kreisen eingebürgert zu haben." May selbst warf der Kritiker "literarische Geschmacksverderbnis" vor; seine "religiösen Phrasen" seien nicht echt; sie erhaschten "als captationes benevolentiae" die Gunst frommer Seelen; auch vom erzieherischen Standpunkt her seien die Werke Mays "nicht ganz einwandfrei".[38]

Carl Muth (auf den wir später zurückkommen werden[39]) war ein engagierter, dabei sehr weltoffener und - in literarischen Fragen - progressiv denkender Katholik. Seine Wertvorstellungen entsprachen, zumindest teilweise, auch den schriftstellerischen Zielen und den geistigen Idealen Karl Mays.[40] Als Mensch verdiente Muth nur Respekt und als Literaturkritiker war er zweifellos kompetent. Aber Mays Erzählungen wird er nur selektiv und wahrscheinlich zu oberflächlich gelesen haben. Seine pauschale Kritik, sein undifferenziertes Urteil über Mays Werk, wäre sonst wohl nur schwer zu erklären.

Dem Schriftsteller May, der bisher (vom, damals noch ziemlich vagen, Gerede über die Kolportageromane abgesehen) ja immer nur Lob zu hören bekam, konnte ein kritisches Wort nun freilich nicht schaden. Es konnte ihn, im Gegenteil, motivieren und provozieren: zu noch größerer Anstrengung, zu einer neuen und anspruchsvolleren Schreibweise.

Muths Broschüre hat sich May zugelegt. Er hat sie gelesen und mit Randbemerkungen versehen. Gegen ihn selbst gerichtete Stellen hat May - obwohl sie überzogen und, alles in allem, doch ungerecht waren - nicht kommentiert. Zu anderem schrieb er: "sehr gut! Merken!"[41]

Die Streitschrift Carl Muths fand große Beachtung in kirchlichen Kreisen. Auch auf dem Katholikentag in Krefeld, am 21. August 1898, wurde sie diskutiert; auch Mays Erzählungen, seine Reiseromane und Kolportagewerke, boten, möglicherweise, Gesprächsstoff in Krefeld.[42]

Etwa gleichzeitig (die genaue Datierung scheitert an den fehlenden Dokumenten) mit dem Katholikentreffen in Krefeld trennte sich Karl May vom Hausschatz. Er unterbrach die Arbeit am *Silberlöwen*, um sie vier Jahre später - in völlig neuartiger Weise - für die Fehsenfeld-Reihe wieder aufzugreifen. 'Der Löwe von Farsistan' (späterer Titel: 'In Basra'), ein Manuskript von hundert Seiten, das nach der ursprünglichen Planung die Hausschatz-Fassung des *Silberlöwen* fortsetzen sollte, ließ sich May - im Juni 1901 - von der Redaktion zurückschicken:[43] Die Fortsetzung des *Silberlöwen* sei für den Hausschatz "ungeeignet",[44] erklärte der Schriftsteller dem Pustet-Verlag.

8.10.3 Die endgültige Abkehr von der Unterhaltungs- und Abenteuerliteratur

Im Herbst 1898, nach der Trennung vom Hausschatz, begann der Dichter - "sichtlich um Qualität bemüht"[45] - mit der Arbeit an jenem Roman, der den Aufstieg Karl Mays zur 'Hochliteratur' schon deutlich markiert: Er verfaßte *Am Jenseits*, den Jubiläums-Band XXV in der Fehsenfeld-Reihe. Vielleicht gehört auch dies zu den Verdiensten Carl Muths: den Entwicklungsprozeß des Schriftstellers May, dessen Hinwendung zur religiösen Symbolliteratur, zur visionären (und zunehmend kunstvoller werdenden) theologischen Dichtung, indirekt gefördert zu haben.

Mit manchen Partien seines, ansonsten ja hervorragend gelungenen, Weihnachtsromans (1897), besonders aber mit seinen Old Shatterhand-Auftritten in den Jahren 1897/98 hatte sich May "in eine Gefährdung emporgewagt, die am Ende nichts anderes provozieren konnte als den Absturz, den Zusammenbruch seiner vor aller Öffentlichkeit zur Schau gestellten hybriden Camouflage."[46] Es konnte für May nur EINEN Weg zur Rettung geben: die grundsätzliche Neuorientierung seines Schaffens und seines Lebens. Nach der Orientreise (1899/1900),[47] die dem Dichter neue Welten erschloß, aber - diese Reise gleichsam vorwegnehmend - auch schon im *Jenseits*-Roman (1898/99) hat May die 'Wende' vollzogen oder zumindest doch vorbereitet.

Was die erzählerische Entwicklung des Autors betrifft, reichen die Anfänge dieses Prozesses - der Überwindung der (nahezu) reinen Abenteuerliteratur - freilich sehr weit zurück. Während etwa in *Old Firehand* (1875) die abenteuerliche Fabel noch klar dominiert, hat May in seinen, nur wenig später entstandenen, erzgebirgischen Dorfgeschichten bereits mehrschichtige und künstlerisch (zum Teil) beachtenswerte Erzählungen geschaffen.[48] Auch in den Hausschatz-Romanen, in *"Giölgeda padishanün"* (1881) zum Beispiel, war die äußere Fabel, das spannende Abenteuer, nur EINE Schicht der komplexen Erzählung: Die autobiographische Spiegelung, die mythische Dimension, die archetypischen Traumbilder, der erzieherische Impuls, der ethische Gehalt, die religiöse Botschaft kamen, als mindestens ebenso wichtige Elemente, hinzu. In den späteren Reiseerzählungen verstärkte sich die religiöse Tendenz; und der Handlungsschwerpunkt verlagerte sich noch weiter nach innen. Der *Jenseits*-Roman schließlich führt "über jene Stelle, jenseits welcher nur noch innere Ereignisse Geltung haben [...]"[49]

Den zunehmenden Bedeutungsverlust des Abenteuergeschehens in seinen Erzählungen hat May erkannt - und gewollt. Die (schon 1893, nach Beendigung der *Winnetou*-Trilogie, einsetzende) Kritik Karl Mays an den Titelbildern der Fehsenfeld-Bände[50] zeigt dies sehr deutlich. Denn die Frage der Bilderqualität verknüpfte May, zu Recht, mit der literarischen Einordnung und der Rezeption seiner Werke.[51]

Die Titelbilder der Fehsenfeld-Reihe, aber auch die - schon erwähnten - Entwürfe der (von ihm selbst, 1898, gewünschten) Postkarten-Serie hat May, in zum Teil sehr heftigen Reaktionen, abgelehnt. Seine brieflichen Kommentare zu den Postkarten-Entwürfen belegen zum einen die, in diesen Jahren gesteigerte, persönliche Eitelkeit unseres Autors - der Kaiser wird sich "unserer Karten bedienen"[52] - und zum andern das höher und höher zielende literarische Wollen Karl Mays.

Im Brief vom 17. November 1898 an Fehsenfeld erinnerte May, unter anderem, an die kritische Muth-Broschüre: Das negative Urteil Muths über das Maysche Gesamtwerk würde, angesichts der Postkarten-Entwürfe, seine Bestätigung finden; denn "wenigstens 90 Prozent" dieser Probebilder legen - so May -

klar und bündig dar, daß meine Erzählungen in die Klasse der Schund-, Schauer-, Blut- und Hintertreppengeschichten gehören. Würgen, schlagen, hauen, schießen, fesseln, stechen, auf alle mögliche Weise einander abmurxen - das ist da mit erkennbarer Vorliebe ausgesucht worden![53]

Hau- und Schieß-, Blut- und Prügelszenen gibt es in Mays - bisherigen - Werken gar nicht so selten. Insofern könnte seine Kritik an den Bild-Entwürfen verwundern. Andrerseits ist es richtig und wahr: Ein tieferer, die abenteuerliche Handlung übersteigender Gehalt liegt seinen Büchern fast immer zugrunde. Insofern hatte May mit seiner empörten Kritik an den Bildern völlig recht.

Seinen literarischen Rang bestimmte der Dichter, im Brief vom 7. November 1898 an Fehsenfeld, mit dem Zitat:

Ein Recensent sagt: "Wenn die Ibsen, Hauptmann, Sudermann etc. längst vergessen sind, wird May in jeder neuen Generation auch neu erstehen!" [...] Ist das nicht schön? Und von diesem Ruhm gehört Ihnen auch Ihr Theil! Wollen wir ihm entsagen, ihn durch Schauerbilder beschmutzen? Nein, nie![54]

Für Mays Bescheidenheit spricht dieser Brief-Passus wohl nicht so besonders. Hermann Sudermann (1857-1928) ist heute, im Gegensatz zu Karl May, zwar "vergessen"; unser Autor, bzw. sein "Recensent", hat das richtig vorausgesehen. Die Werke Ibsens wie Hauptmanns aber gehören zur Weltliteratur. Einem formalen, nach streng ästhetischen Gesichtspunkten angestellten Vergleich mit Werken solcher Autoren halten die (bis zum Herbst 1898 entstandenen) Erzählungen Mays natürlich nicht stand.

Mit *Am Jenseits* und, mehr noch, den folgenden Büchern wird May sich allerdings steigern. Im literarischen Rang, in der artifiziellen Erzählstruktur, in der formalen Gestaltungskraft, in der einzigartigen Bildsymbolik sind die Alterswerke Karl Mays den früheren Werken überlegen. Auch - und nicht zuletzt - an psychologischer Tiefe, an spirituellem Gehalt und theologischem Weitblick überbieten die mystischen Altersromane die früheren Reiseerzählungen beträchtlich.

Der 'Jugendschriftsteller', der 'Abenteuerromancier' Karl May entpuppt sich im Alter, nach einem langen und komplizierten Entwicklungsprozeß, als theologischer Dichter, als prophetischer Seher. Und der Mensch Karl May? Zur größeren Selbsterkenntnis wird er, unter Schmerzen, befreit. Seine Schwäche - seine Eitelkeit, seine Ruhmsucht, seine Neigung zur Selbstüberhebung - wird ihm klarer bewußt. Sein Kampf mit sich selbst, mit 'Dr. Karl May, genannt Old Shatterhand', tritt in eine neue, entscheidende Phase. Beendet wird dieser Kampf dann - im 'Jenseits'.

Anmerkungen

1   Das Mitte Dezember 1898 bei Fehsenfeld erschienene Heft *Ernste Klänge* enthält die Texte und Partituren von 'Ave Maria' (vorher schon mehrfach publiziert) und 'Vergiß mich nicht!'.
2   Vgl. Gerhard Klußmeier - Hainer Plaul (Hrsg.): *Karl May. Biographie in Dokumenten und Bildern*. Hildesheim, New York 1978, S. 153 (mit Abbildungen) - Ekke W. Guenther: *Karl May und sein Verleger Friedrich Ernst Fehsenfeld*. In: JbKMG 1978, S. 154-167 (S. 166 sowie die Abbildungen ebd., bei S. 161 u. 176).
3   Zit. nach Ulrich Schmid: *Das Werk Karl Mays 1895-1905. Erzählstrukturen und editorischer Befund*. Materialien zur Karl-May-Forschung, Bd. 12. Ubstadt 1989, S. 84.
4   Zit. nach Schmid: Ebd., S. 85.
5   Vgl. oben, S. 331f.
6   Vgl. unten, S. 469f. u. 529f.
7   Walther Ilmer: *Karl Mays Weihnachten in Karl Mays '"Weihnacht!"'* In: JbKMG 1987, S. 101-137 (S. 122).
8   Vgl. Karl May: *Mein Leben und Streben*. Freiburg 1910. Hrsg. von Hainer Plaul. Hildesheim, New York 2[1982], S. 239f.

9   Vgl. May: Ebd., S. 240f. - Ders.: *Ein Schundverlag. Ein Schundverlag und seine Helfershel-fer* (1905 bzw. 1909). Prozeßschriften, Bd. 2. Hrsg. von Roland Schmid. Bamberg 1982, S. 361-366.

10 May: *Mein Leben und Streben*, wie Anm. 8, S. 241.

11 Nach ebd., S. 201, hatte es mit Heinrich Münchmeyer eine Vereinbarung gegeben, daß nach dem Erreichen einer Auflage von je 20.000 Exemplaren die Romane "mit allen Rechten" an den Autor zurückfallen sollten. - Vgl. Claus Roxin: *Mays Leben*. In: *Karl-May-Handbuch*. Hrsg. von Gert Ueding in Zusammenarbeit mit Reinhard Tschapke. Stuttgart 1987, S. 62-123 (S. 105).

12 Vgl. Walther Ilmer: *Karl May - Mensch und Schriftsteller. Tragik und Triumph*. Husum 1992, S. 122.

13 Bei May: *Schundverlag*, wie Anm. 9, S. 376, heißt es allerdings: "Damals, als ich einige Ab-schnitte aus dem 'Waldröschen' nahm, um sie für 'Old Surehand' in Druck zu geben, fiel es mir auf, dass ich so viel herauszustreichen oder zu ändern hatte." - Daß May schon damals, 1895, einen konkreten Verdacht hegte, beweist diese Stelle freilich nicht; denn ältere Texte, die May neu verwendete, hat er ja immer (mehr oder weniger) verändert.

14 Faksimile-Wiedergabe bei Gerhard Klußmeier: *Karl May und Deutscher Hausschatz IV*. In: MKMG 19 (1974), S. 17-20 (S. 17).

15 Im Jahre 1894 lag dieser Katalog (der May als Verfasser von Kolportageromanen nannte) zur Weltausstellung in Chikago vor. - Vgl. Plaul (Hrsg.): *Karl May*, wie Anm. 8, S. 427 (Anm. 236) u. 437f. (Anm. 253).

16 Dazu Walther Ilmer: *Karl Mays Weihnachten in Karl Mays '"Weihnacht!"' III. Eine Spuren-lese auf der Suche nach Fährten*. In: JbKMG 1989, S. 51-83 (S. 72ff.). - Zu Lilie vgl. Hans-Dieter Steinmetz: *Karl May und Moritz Lilie*. In: MKMG 94 (1992), S. 20-22.

17 Vgl. oben, S. 325.

18 Näheres - auch zur Erklärung des Pustet-Verlags vom 29.4.1901 - bei Plaul (Hrsg.): *Karl May*, wie Anm. 8, S. 427 (Anm. 236).

19 Karl May: *"Weihnacht!"*. Karl Mays Werke IV. 21. Hrsg. von Hermann Wiedenroth und Hans Wollschläger. Nördlingen 1987, S. 130f.

20 Vgl. Heinz Stolte: *Der Fiedler auf dem Dach. Gehalt und Gestalt des Romans '"Weihnacht!"'*. In: JbKMG 1986, S. 9-32 (S. 28) - Ilmer: *Weihnachten*, wie Anm. 7, S. 122. - Daß die 'Ge-dichte' - im Roman die Weihnachts-Verse Sapphos - "verbrannt werden müssen" (was in der oberschichtigen Fabel sehr merkwürdig erscheint: Was ist denn schlecht an den "Gedich-ten"?), könnte ein versteckter Hinweis sein, daß May mit dem Inhalt seiner bei Münchmeyer gedruckten Romane schon damals, 1897, teilweise nicht mehr einverstanden war.

21 Vgl. unten, S. 396ff.

22 Vgl. Hartmut Vollmer: *"Weihnacht!" - ein "Erlösungswerk" Karl Mays*. In: MKMG 46 (1980), S. 3-13 (S. 6f.).

23 Vgl. unten, S. 391ff.

24 Armin Kausen in der 'Allgemeinen Rundschau' (München. 7. Jg., Nr. 21) vom 28.5.1910; zit. nach Hainer Plaul: *Literatur und Politik. Karl May im Urteil der zeitgenössischen Publizi-stik*. In: JbKMG 1978, S. 174-255 (S. 188).

25 Karl May in der Wiener 'Reichspost' vom 18.5.1901; zit. nach Wilhelm Vinzenz: *Karl Mays Reichspost-Briefe. Zur Beziehung Karl Mays zum 'Deutschen Hausschatz'*. In: JbKMG 1982, S. 211-233 (S. 217).

26 Claus Roxin in einem Brief vom 2.7.1987 an den Verfasser.

27 Ebd. - In diese Richtung weist auch die Erklärung des 'Hausschatzes' vom 29.4.1901 in der Wiener 'Reichspost'; vgl. Vinzenz: *Reichspost-Briefe*, wie Anm. 25, S. 215f.

28 May in der 'Reichspost' vom 18.5.1901, wie Anm. 25.

29 Karl May: *Briefe an Karl Pustet und Otto Denk. Mit einer Einführung von Hans Wollschläger*. In: JbKMG 1985, S. 15-62 (S. 35 - Brief Karl Mays vom 11.1.1909 an Karl Pustet).

30 Ebd., S. 36.

31 Vgl. unten, S. 393f.

32 Zit. nach Ekkehard Bartsch: *Ardistan und Dschinnistan. Entstehung und Geschichte*. In: JbKMG 1977, S. 81-102 (S. 86).

33 Wilhelm Vinzenz: *Randbemerkungen zu Therese Keiter, Otto Denk und zum 'Mir von Dschin-nistan'*. In: MKMG 78 (1988), S. 24-31 (S. 28).

34 Vinzenz: *Reichspost-Briefe*, wie Anm. 25, S. 224.

35 Vgl. Claus Roxin: *Das zwölfte Jahrbuch*. In: JbKMG 1982, S. 7-14 (S. 13f.) - Vinzenz: *Reichspost-Briefe*, wie Anm. 25, S. 225f.

36 Dazu Plaul: *Literatur und Politik*, wie Anm. 24, S. 184ff. - A.W. Hüffer: *Literaturstreit*. In: *Lexikon für Theologie und Kirche*, Bd. VI. Hrsg. von Josef Höfer und Karl Rahner. Freiburg ²1961, Sp. 1082.

37 Veremundus (pseud. für Carl Muth): *Steht die katholische Belletristik auf der Höhe der Zeit? Eine literarische Gewissensfrage*. Mainz 1898 - Der Text ist auszugsweise (soweit er Karl May betrifft) wiedergegeben bei Bernhard Kosciuszko: *Im Zentrum der May-Hetze - Die Kölnische Volkszeitung*. Materialien zur Karl-May-Forschung, Bd. 10. Ubstadt 1985, S. 76.

38 Veremundus, wie Anm. 37, S. 71.

39 Vgl. unten, S. 394ff.

40 Vgl. Hermann Wohlgschaft: *Mays Friede-Roman und die Lehre der Kirche*. In: MKMG 83 (1990), S. 18-24 (S. 19) - Ulrich Schmid: *Ein Vortrag zwischen den Fronten. Karl May im Augsburger Schießgrabensaal, 8. Dezember 1909*. In: JbKMG 1990, S. 71-98 (S. 86ff.).

41 Zit. nach Franz Cornaro: *Karl Muth, Karl May und dessen Schlüsselpolemik*. In: JbKMG 1975, S. 200-219 (S. 213).

42 Nach Vinzenz: *Reichspost-Briefe*, wie Anm. 25, S. 225.

43 Vgl. May: *Mein Leben und Streben*, wie Anm. 8, S. 235f. - 'In Basra' verwendete May, 1902, für die Eröffnung des Fehsenfeld-Bandes XXVIII *Im Reiche des silbernen Löwen III*. - Vgl. unten, S. 435f.

44 Nach einer Auskunft des Pustet-Verlags vom 29.4.1901; zit. nach Vinzenz: *Reichspost-Briefe*, wie Anm. 25, S. 216.

45 Vinzenz: Ebd., S. 212.

46 Stolte, wie Anm. 20, S. 9.

47 Vgl. unten, S. 375ff.

48 Vgl. oben, S. 150f.

49 Karl May: *Nachwort zu 'Winnetou III'*. Freiburg, ab 41. Tsd. (1904); dieses von May neu verfaßte Nachwort ist in der Fehsenfeld-Ausgabe nicht paginiert.

50 Belegt bei Schmid: *Das Werk Karl Mays*, wie Anm. 3, S. 258 (Anm. 4).

51 Vgl. ebd., S. 85ff.

52 Wie Anm. 4.

53 Zit. nach Schmid: *Das Werk Karl Mays*, wie Anm. 3, S. 86.

54 Ebd.

9   *Am Jenseits*: An der Schwelle des Übergangs zum symbolisch-allegorischen Spätwerk

Die Jahre 1898/99 müssen als Grenze zum letzten, zum bittersten, für des Dichters Entwicklung aber bedeutendsten Lebenskapitel gesehen werden. Der Untergang einer gespaltenen, nach Erlösung schreienden Existenz, die Faszination einer großen Verwandlung zeichnet sich ab. Der späte, gerade im Alter sein Bestes schaffende May nimmt Gestalt an.[1]

In Kirchheim unter Teck bei Stuttgart[2] verfaßte er, im August und September 1898, die Anfangsteile des Jubiläumsbandes XXV der Fehsenfeld-Reihe.[3] Allein schon der Titel des neuen Romans, *Am Jenseits*, ist mehrfach beziehbar: erstens "auf die Schwelle zur Hochliteratur, die May mit diesem 'Jubiläumsband' zu überschreiten hoffte";[4] zweitens auf die krisenhafte Zuspitzung in der Lebensentwicklung des Schriftstellers vor der Jahrhundertwende; und drittens auf den Tod als die endgültige - entscheidende - Begegnung des Menschen mit Gott.

Mitte März 1899, unmittelbar vor Antritt der großen Orientreise,[5] schickte May die letzten Manuskriptseiten an Fehsenfeld. In der Ausführung bleibt dieser Roman, dem Anschein nach, ein Fragment. Die Handlung bricht vor dem Höhepunkt ab. Das, von *"Giölgeda padishanün"* (1881) bzw. *Durch die Wüste* (1892) her bekannte, Reiseziel Mekka wird im *Jenseits*-Buch nicht erreicht. Wie im *Silberlöwen I/II* bleiben so manche, den Leser bewegende, Fragen ohne Antwort. Die versprochene Fortsetzung *2. Band Am Jenseits* bzw. *Im Jenseits* - diesen letzteren Titel nannte May noch im Dezember 1908 - wird nie geschrieben.[6]

Der Wiener Schriftsteller Robert Müller (1887-1924) erklärte in seinem Nachruf auf Karl May: "*Am Jenseits* heißt eines seiner letzten Bücher. Es spielt 'an Grenzen', sagte er einmal. 'Mit dem nächsten, paßt auf, komme ich dann hinüber. Es wird heißen: *Im Jenseits*.'"[7] Ins *Jenseits* "hinüber" kam der Autor, zu Lebzeiten, natürlich nicht. Die Grenze zum absoluten Geheimnis hat May, auch in den folgenden Büchern, nicht überschritten. Der Seher hat, falls er *Im Jenseits* überhaupt jemals plante,[8] schließlich erkannt: "Was kein Auge gesehen und kein Ohr je gehört hat" (1 Kor 2, 9), das kann auch er nicht beschreiben. Er selbst "wußte am besten, daß es keine Fortsetzung geben konnte".[9]

Am Jenseits steht, zeitlich und literarisch, an der Schwelle zum Spätwerk.[10] Mays Romane nach 1900 sind, stilistisch und im Gehalt, etwas weitgehend Neues, in den früheren Schriften, besonders im *Jenseits*-Band, aber doch Vorbereitetes. Daß May die symbolistische Schreibweise von Anfang an - bewußt - im Sinne hatte, wie die Selbstbiographie, diverse Briefe und zahlreiche Artikel des Autors es nahelegen, ist zwar unwahrscheinlich; als bloße 'Flucht', nach den Presseangriffen auf May (ab Mitte 1899),[11] ist der Neubeginn aber nicht zu verstehen. Denn das Spätwerk ist, im wesentlichen, die Konsequenz einer inneren Entwicklung des Dichters, deren Anfänge weit zurückreichen und sehr früh, in den *Geographischen Predigten* (1875/76) z.B., schon erkennbar sind.[12]

Noch VOR der - biographisch wichtigen und für die künstlerische Weiterentwicklung des Autors bedeutsamen - Orientreise (1899/1900) und VOR Beginn der Pressekampagne (die den Schriftsteller zum verstärkten Nachdenken zwang) hatte die literarische Neuorientierung, die Hinwendung Karl Mays zur 'Psychologie' und zur religiösen Symbolik, deutlich eingesetzt. Der *Jenseits*-Band belegt das eindrucksvoll.

Am 2. März 1899 schrieb May an Felix Krais, den Besitzer der Hoffmannschen Buchdruckerei in Stuttgart (wo die Fehsenfeld-Bände gedruckt wurden): *Am Jenseits* sei DER Roman, "auf welchen alle anderen zugespitzt waren, das eigentliche Ziel meines literarischen Strebens".[13] Und im Brief Karl Mays vom 13. März 1899 an Fehsenfeld heißt es:

Lesen Sie die Correcturen von Band 25? Ja? Dann werden Sie gemerkt haben, daß Karl May jetzt beginnt, mit seinen eigentlichen Absichten herauszurücken. Es handelt sich um eine wohlvorbereitete, großartige Bewegung auf religiös-ethisch-sozialem Gebiete.

Man beginne "nun endlich" einzusehen, "daß Karl May keine Indianergeschichten, sondern 'PREDIGTEN AN DIE VÖLKER' schreibt." Und weiter: "[...] ich will wenigstens noch 30 Bände schreiben, nun, da ich erst eigentlich mit meiner Aufgabe BEGINNE. Die bisherigen Bände waren nur dazu geschrieben, mir eine möglichst große Zahl von Lesern als Arbeitsfeld zu schaffen."[14]

Das alles klingt vollmundig und wirkt übertrieben, wie so häufig bei May. Aber den Stellenwert und die Qualität des *Jenseits*-Buches hat der Schriftsteller wohl kaum überschätzt. Nur der Erfolg, der große Massenerfolg - bleibt aus. Die Mehrzahl der Leser wird Kara Ben Nemsi jetzt nicht mehr folgen. Kein Wunder! *Am Jenseits* (und die folgenden Bände) kann man nicht wie die Abenteuerromane verschlingen. Für süchtige Schnell-Leser ist das neue Buch nicht geeignet. Der Verfasser zwingt jetzt zur Reflexion oder - zum Weglegen.

9.1 Der literarische Rang des *Jenseits*-Romans: Formale Qualität und theologische Tiefe

Der *Jenseits*-Band ist - nach dem Urteil Hans Wollschlägers - das "Große Buch",

in dem es May gelingt, die dissolute Form der Reiseerzählung in ein bedeutendes allegorisches System zu bringen: ein Vorspiel auf dem Theater der späteren Parabel von Ardistan und Dschinnistan; eine geisterhaft durchhuschte Galerie von schlicht-grandiosen, atemlos-dichten Bildern, mit denen die Verwandlung des Alters beginnt.[15]

In seiner Werkanalyse *Der "Besitzer von vielen Beuteln". Lese-Notizen zu Karl Mays 'Am Jenseits'* meinte Wollschläger, dieser Roman sei "das erste Buch, an dem May formal mit hoher Kraft und Absicht gearbeitet hat".[16] Ulrich Schmid hat dieser These - partiell - zwar widersprochen: Was die Konstruktion des Romans und die Durcharbeitung von Einzelheiten betrifft, sei *"Weihnacht!"* (1897) noch besser gelungen als *Jenseits*.[17] Die künstlerische Qualität und die psychographische Tiefendimension des *Jenseits*-Bandes sind - auch nach der Auffassung Schmids - aber nicht zu bezweifeln.

Die Einteilung der vier Kapitel (mit leitmotivischen, bewußt verfremdenden arabischen Überschriften), aber auch die Figurenkonstellation und wichtige Erzählelemente - wie die Visionen des Münedschi oder das Bild von der Gerichtswaage 'El Mizan' - sind in strenger Symmetrie konzipiert. Alle Personen, alle Ereignisse und alle Schauplätze des Romans sind - so Wollschläger -

auf Balance angelegt, haben einen doppelten Phänotypus: Vorstufe auch darin des Spätwerks, wo dieses Formprinzip bis zur Vervielfältigung erweitert und verkompliziert ist. Was solche Aufteilung der Rollen notwendig machte, ist wohl zu erkennen: sie ermöglichte Entlastung vom lastenden Material; wo 'Gefahr' ins Spiel kam, Gefahr der Überdeutlichkeit, konnte ein Double einspringen.[18]

Lastendes, den Autor bedrückendes Material enthält der Roman zweifellos. Kara Ben Nemsi, das - eher verhalten und distanziert - erzählende 'Ich', verrät es zwar kaum. Um so mehr aber der Münedschi, ein blinder, äußerst geheimnisvoller, in sich gespaltener 'Seher', der durch den Engel Ben Nur ('Sohn des Lichtes') "in alle Zeiten, die vergangene, gegenwärtige und zukünftige"[19] zu schauen vermag. Selbst die Pforte zum Jenseits weiß er zu schildern. Aber im Diesseits ist er, physisch wie psychisch, blind und sucht - vergeblich - die Liebe.

Am Jenseits behandelt, nach Wollschläger, die "elementare Not"[20] Karl Mays. Doch dies ist nur EIN Aspekt und nur EINE Deutungsmöglichkeit. Auch andere Gesichtspunkte sind zu bedenken. Denn nahezu alle Motive und Vorgänge in dieser Erzählung sind, auf verschiedenen Ebenen, "mehrdeutig gestaltet":[21] handlungsbezogen, autobiographisch und, über die Selbstreflexion des Autors hinaus, religiös-philosophisch (mit dem Anspruch auf allgemeine Gültigkeit). Hartmut Vollmer hat in einer ausführlichen Spezialuntersuchung auf diese Mehrschichtigkeit verwiesen[22] und - teilweise im Anschluß an Wollschläger - den "symbolisch-allegorischen Charakter"[23] des *Jenseits*-Buches herausgestellt und erläutert.

Mehrbödig sind, wie wir gesehen haben, schon die früheren Erzählungen Karl Mays. Auch die Selbstdarstellung des Autors in mehreren Ich-Derivaten ist keineswegs neu. Aber neu ist in *Jenseits* der - fast sprunghafte - Zuwachs an psychologischer Tiefe und theologischer Feinheit. Auch die oberschichtige Fabel ist neu. Wie Ulrich Schmid betont, greift May hier nicht mehr zurück auf ältere Stoffe; er liefert nicht, wie im *Silberlöwen I/II*, eine Montage von bekannten Erzählelementen aus früheren Werken, sondern "produziert [...] neue, unverbrauchte Motive und unvorhersehbare Fortsetzungen."[24]

Die bisherigen Erzählkonventionen werden "weitgehend aufgegeben, sowohl hinsichtlich der Szenerie wie auch in Bezug auf das Geschehen. An die Stelle der Abenteuer-Elemente treten allegorisch-symbolische Motive"[25] und religiöse, den Tod und das Sterben betrachtende Bildreden. Mays, für *Marah Durimeh* angekündigte,[26] "Lebens- und Sterbensphilosophie": hier findet sie sich! Nicht in dürren Begriffen, aber in bewegenden Bildern.

Die äußeren Geschehnisse: die für May - bisher - so typischen Abenteuer (die freilich, schon immer, nur 'Gewand' und nur Maske waren) schrumpfen in *Jenseits* zusammen auf wenige Szenen. Die Schauplätze bestehen, wie Claus Roxin bemerkte, jetzt "nur noch aus Wüstensand"[27] und dem 'Bir Hilu', dem lebendigen und lebenspendenden Brunnen. Die, für viele andere (frühere und spätere) Werke Mays charakteristische, räumliche Aufwärts- und Vorwärtsbewegung verwandelt sich hier "in eine Kreisbewegung",[28] und "alles endet dort, wo es begann: in der Wüste"[29] als dem Ort der Verlassenheit, der (scheinbaren) Trostlosigkeit und zugleich - des Heilswirkens Gottes.

Betrachtungen über das christliche Liebesgebot, über den 'Zufall', über göttliche Führung usw. hat May auch in die früheren Erzählstoffe eingeflochten. In den späten Reiseerzählungen, ab 1896, wird diese Tendenz dann forciert. Doch die spannende Handlung steht, bis einschließlich *"Weihnacht!"*, noch immer im Vordergrund. Das ändert sich jetzt: Die religiöse, die theologische Thematik beherrscht den ganzen *Jenseits*-Roman. Kunstvolle Besinnungen über das Hell und Dunkel der menschlichen Seele sind das zentrale, dominierende Thema.

So bruchlos verwoben wie in späteren Werken, besonders in *Ardistan und Dschinnistan*, sind die Handlungsebene und die philosophisch-theologische Reflexion im *Jenseits*-Band freilich nicht: Beide Dimensionen laufen - so Hartmut Vollmer -

oftmals abgesetzt nebeneinander her, was z.B. auch dazu führt, daß es für die verschiedenen Ebenen auch verschiedene Höhepunkte gibt, die den kontinuierlichen Aufbau des Buches beeinträchtigen. Die Vision des Münedschi erscheint für den Handlungsaufbau doch äußerst isoliert, ebenso einige Reflexionen [...], die den Bezug zur Handlung zwar erahnen, jedoch nicht als zwingend erscheinen lassen.[30]

Insofern ist der *Jenseits*-Band tatsächlich noch 'Vorspiel' zur theologischen Poesie in den Altersjahren des Dichters. Zu Mays bedeutendsten Werken gehört der Roman, aufgrund seines Inhalts und (mit Einschränkungen) seiner Form, aber dennoch. Nicht zuletzt in der Schilderung von Sterbeerlebnissen - des Persers Khutab Agha - erweisen sich der hohe Ernst, die visionäre Kraft und die religiöse Tiefe des *Jenseits*-Buches. Der evangelische Theologe Eckard Etzold hat, in einer überzeugenden Analyse *Karl May: Am Ort der Sichtung. Ein literarisches Todesnähe-Erlebnis,*[31] diesen wichtigen Gesichtspunkt besonders herausgearbeitet.

Am Jenseits muß gründlich, sehr gründlich gelesen werden. Fast jeder Satz - zumindest der Reden des blinden Münedschi, des sich wandelnden Hadschi Halef und des bekehrten Persers Khutab Agha - ist zitierfähig, und fast jeder Satz ist eines Kommentares wert.

Mays *Jenseits*-Roman ist, in den Münedschi/Ben Nur-Partien vor allem, 'phantastische' Poesie und visionäre theologische Dichtung - insofern vergleichbar mit, ebenfalls 'phantastischen', Werken der christlichen Hochliteratur: Dantes *Divina commedia* oder Clive S. Lewis' Roman *Die große Scheidung (The great divorce,* London 1946)[32] zum Beispiel.

Die Jenseits-Visionen des May-Bandes schildern - in mancher Hinsicht vergleichbar mit den Traum-Gesichten des Ich-Erzählers in Lewis' Roman - eine Art 'Zwischenzustand': ein Sein zwischen Leben und Tod (AM Jenseits, nicht IM Jenseits!). Es geht, bei May wie bei Lewis, um die - von Gottes Gnade angebotene - WAHL, um die letzte Entscheidung des Menschen: für oder gegen die wahre, die 'selbstlose' Liebe.

Gewiß, im Blick auf die äußere Fabel und auch den Erzählstil sind Karl Mays *Am Jenseits* und C.S. Lewis' *Die große Scheidung* sehr verschiedenartige Texte. Aber beide Romane sind christliche Poesie - an der Bibel, an der neutestamentlichen Offenbarung orientierte 'Lebens- und Sterbensphilosophie'. Und beide Romane sind, partiell, beeinflußt von Dantes *Kömödie.* Ein Vergleich liegt also doch nahe.

Was die sprachliche Eleganz, die gedankliche Tiefe, die entlarvende Ironie, die Originalität und die Anschaulichkeit der Bilder und Dialoge betrifft, ist Lewis' Roman der *Göttlichen Komödie* wohl ebenbürtig. Und der *Jenseits*-Band Karl Mays? Die in einem Zeitraum von zehn Jahren (1311-1321) entstandene *Divina commedia,* die May gekannt und die er geschätzt hat,[33] ist im Ausdrucksvermögen gewiß noch subtiler und in der Anlage gewaltiger[34] als der - innerhalb von höchstens acht Monaten, unter erheblichem Zeitdruck, verfaßte - Roman Karl Mays. Doch was die innere Wahrheit der ganzen Erzählung, die Größe des Themas, die Selbsterkenntnis des Autors, den satirischen Unterton in manchen Passagen und nicht selten (oder zumindest gelegentlich) auch den Stil, den sprachlichen Ausdruck betrifft, steht der *Jenseits*-Roman hinter Dantes *Komödie* so wenig zurück wie *Die große Scheidung* von Lewis.

Dantes Werk ist der mittelalterlichen Scholastik verpflichtet, und seine Höllen-Vision ist den apokryphen Schriften, den Schauervorstellungen der Antike[35] verhaftet. Mays Dichtung hingegen läßt Einsichten erkennen, die an romantische Denker,[36] aber auch an moderne Theologen erinnern. Hätte Karl May nicht - Jahrzehnte noch nach seinem Tode - die Etikette des Trivialliteraten, das Image des geringgeschätzten Jugendschriftstellers angehaftet: mit *Am Jenseits* hätten sich illustre Theologen, Romano Guardini vielleicht[37] oder Karl Rahner, durchaus beschäftigen können.

Die theologische Botschaft des *Jenseits*-Romans soll in einem späteren Abschnitt,[38] zusammen mit der Botschaft der eigentlichen Spätwerke (nach 1900), dargestellt und gewürdigt werden. Im folgenden ist ein anderer, ein autobiographischer Aspekt des Romans zu erläutern: die Selbsterkenntnis, die kritische Selbsthinterfragung des Menschen und Schriftstellers Karl May in der Krise der Jahre 1898/99.

9.2 Biographische Rückschlüsse: Die Selbsterkenntnis des Hochstaplers und die Selbsthinterfragung des Predigers

Radikaler als in früheren Werken rechnet der Autor nun ab: mit den Fehlern so mancher Personen aus seinem Bekanntenkreis, aber auch, was man nicht überlesen darf, mit den eigenen Sünden. Die indirekten Schuldbekenntnisse füllen den ganzen Roman. Zu belegen wäre es an fast allen Personen und an fast sämtlichen Szenen des *Jenseits*-Buches. Die folgende Erörterung beschränkt sich auf die Romanfiguren Halef, Kara Ben Nemsi, Münedschi und El Ghani.

9.2.1 Das Spiegelbild Hadschi Halef

Halef Omar - eines der heimlichen Teil-Ichs des Schriftstellers - wird begleitet von Hanneh, der "liebenswürdigste[n] aller Liebenswürdigkeiten". Er hält wieder, "voll bunter Raupen" (S. 7)[39] steckend, köstliche Reden. Doch seine Läuterung, die in *"Giölgeda padishanün"* (1881) schon begann, macht weitere Fortschritte und erreicht eine neue Dimension. Man weiß es von früher her: "Besonders wenn er von unsern Erlebnissen erzählte, nahm er den Mund in einer Weise voll, daß ich ihn häufig unterbrechen mußte." (S. 7) Kara Ben Nemsi aber gibt dem Hadschi zu verstehen:

"Wir beide brauchen uns gar nichts einzubilden; es giebt überall Hunderte und Tausende von Menschen, die noch ganz andere Kerls sind, als du und ich! [...] Ich sage dir, wenn eine ganze Million Menschen unserer Sorte jetzt plötzlich stürbe, die Weltgeschichte würde ihren Gang sehr ruhig weitergehen!" (S. 68)

Der Bescheidene will zweimal gelobt werden, zuerst für seine Werke und dann für seine Bescheidenheit. Dieses Bonmot von La Rochefoucauld könnte auch zutreffen auf den Ich-Helden Karl Mays, in modellhafter Deutlichkeit sogar. Aber HIER, in *Jenseits*, führt - der ganze Duktus der Erzählung beweist es - ECHTE Bescheidenheit das Wort.

Halef vergöttert, wie 'Dr. Karl May, genannt Old Shatterhand', sein "Ich".[40] Er rückt es bei jeder Gelegenheit an die erste Stelle. Interessant ist in diesem Zusammenhang ein Dialog zwischen Kara Ben Nemsi und Halef:[41] Des Prahlers "Ich" geht, so Kara zu Halef, in die "Bücher", d.h. in die May-Bücher mit ein. "Hunderttausende haben es schon gelesen." (S. 70) Sie werden es merken: wie aufgeblasen er ist, dieser Halef - sprich May. Der Scheik der Haddedihn erschrickt: "Mein ganzer Ruhm ist hin! Man wird mein Ich für ungeheuer rücksichtslos halten [...] Die Ehre meiner bescheidenen Unterwürfigkeit ist hingeschwunden und der Glanz meiner schönen Umgangsform in Finsternis verwandelt!" (S. 71) Wohl, wohl! Wir wissen es schon: die Auftritte Karl Mays in München, in Wien, in Gartow usw.! Und das große "Ich" in den Reiseerzählungen und vor allem im Weihnachts-Roman (1897)![42]

Der Kleine meint, das "Ich" müsse raus aus den Büchern! Kara: "Was einmal im Buche steht, kann leider nicht daraus entfernt werden!" Halef: "Aber wie da, wenn du ein neues schreibst?" Kara: "Da will ich dir ganz gern deinen Wunsch erfüllen und zeigen, daß du dich geändert hast. Nur muß diese Aenderung auch Wahrheit sein!" (S. 71)

Karl May hat seine (bevorstehende) Blamage - in Halef - literarisch vorweggenommen! Abgeschwächt ins Humoristische, gewiß. Doch die Korrektur seines 'Ich' ist nun vorprogrammiert. Der Literat in seinem dunklen Drange ist sich des rechten Weges wohl bewußt: Er muß sich - ändern! "Nur muß diese Aenderung auch Wahrheit sein!"

Halefs Ruhmseligkeit, aber auch seine Neigung zum Zorn, zum Gebrauch seiner Peitsche, werden zusammenbrechen. Noch freut er sich auf die Bastonnade, mit der er seine Gefangenen, die Leute aus Mekka, beglücken will. Nicht mehr lange! Denn "El Mizan", die "Wage der Gerechtigkeit", mit der - nach den Worten des Engels Ben Nur - die Sterbenden gewogen werden, läßt sein (Mays) Ego erzittern. Er erkennt sich als Mensch "der allerschwächsten Sorte" (S. 357). Und er merkt es sich gut: Nur die LIEBE, die selbst den Feinden noch Gutes tut (Mt 5, 44ff.), kann im Tode bestehen: Ben Nur hat - so Halef-May -

"einen ganz, ganz andern Menschen aus mir gemacht! [...] Du weißt, daß ich die Angst nicht kenne; [...] heut aber habe ich noch viel mehr als die Furcht, nämlich das Entsetzen, kennen gelernt [...] Darum bitte ich dich: Wenn mich der Hochmut und der Stolz [...] bei meinem Zorne packen, [...] so rufe mir ja schnell 'El Mizan, die Wage!' zu; dann wirst du sehen, daß ich sofort in mich gehe, um meinem Zorne die Bastonnade zu geben, welche die Mekkaner nun nicht bekommen werden!" (S. 343-46)

9.2.2 Das Spiegelbild Kara Ben Nemsi

An Kara Ben Nemsi wendet sich Halef, Mays Alter ego 'nach unten', in dieser Rede. Kara Ben Nemsi (alias Hadschi Akil Schatir),[43] Mays Alter ego 'nach oben', war - als Christ - schon immer für die Güte, die Menschlichkeit. Omar Ben Sadek - früher ein fanatischer, nach Rache schnaubender Moslem - bezeugt:

"Du brachtest keine Lehren; du sagtest keine Worte, aber du sprachst in Thaten. Du lebtest ein Leben, welches eine hinreißende, eine überzeugende Predigt deines Glaubens war [...] So hast du in uns den Geist der Selbstsucht, des Hasses, der Rache besiegt; [...] und so bin auch ich [...] ein gläubiger und folgsamer Anhänger des Gottessohnes geworden, der seine Lehre von der ewigen Macht der Liebe durch sein ganzes Leben, durch sein Leiden und dann durch seinen Tod besiegelt und bestätigt hat." (S. 89f.)

Kara Ben Nemsi ist 'Missionar'. Aber auch er muß geläutert werden - ein in den früheren Reiseerzählungen, in dieser Deutlichkeit, nicht bekanntes Motiv! Der blinde Münedschi hat den Helden in einer Vision schon durchschaut: "Ich sah dich selbst in zwei verschiedenen Gestalten, welche gegen einander kämpften [...] Die dunkle bestand aus deinen Fehlern, die du noch nicht überwunden hast." (S. 170)[44]

Als Ben Nur dringt der Blinde in das Wunsch-Ich des Dichters ein - wie ein zweischneidiges Schwert. Ben Nur, die Licht-Gestalt des ebenfalls gespaltenen Münedschi, warnt den Effendi: "[...] du bedrohst dich als dein eigener Feind [...] Sei ja nie stolz auf deine Liebe!" (S. 405)

Dieses Wort muß Kara-May treffen. Denn es gibt, und dies ist die subtilste Versuchung des 'Frommen', eine Frömmigkeit, eine Sanftmut, ein Leiden, die - heimlich, sehr heimlich und (oft) unbewußt - sich selbst noch genießen. Der Münedschi warnt Kara-May vor dem geistlichen Hochmut. Und er warnt vor dem "Drachen" (El Aschdar), dem Verderber des Menschen:

"Du hast mit ihm gekämpft, solange du lebst; er hat dich oft zum Fall gebracht, doch standest du immer wieder auf, [...] gehalten von der unsichtbaren Hand, die dich beschützt [...] El Aschdar ist ein [...] Feind, der immerwährend auf der Lauer liegt. Auch dich hat er nicht etwa freigegeben; er wartet nur, und kommt der Augenblick, [...] so schlägt er seine Krallen plötzlich ein, und dann beginnt der schwere Kampf mit seiner Macht von neuem. Ich seh' ihn lauern hier an deinem Wege; schon speit er seinen Geifer dir entgegen; es kommt mit ihm bald zum Zusammenprall; drum sei darauf bedacht, daß du dich seiner wehrst! [...] Ich wurde jetzt gebeten, dir zu sagen, daß du dem Drachen grad entgegengehst. Es ist ein Kampf mit ihm nicht zu vermeiden [...]" (S. 406f.)

Die Schatten der Vergangenheit - May wird sie nicht los. Schon der *Surehand*-Roman gibt, nur wenig verhüllt, solche Andeutungen preis. Doch jetzt, in *Jenseits*, ist auch die Zukunft im Blick. Karl May hat, so möchte man meinen, schon jetzt - noch auf der Höhe des Ruhmes - geahnt, daß seine Stunde, das 'Hiobsleiden', bald kommen wird. Nur wenige Monate werden vergehen. Dann wird der 'Drachen'-Kampf, nach innen und außen, "von neuem" - und mit größerer Macht - beginnen. Zwölf Jahre wird er noch dauern: bis zum Tode des Dichters.

Was ist der "Drache"? Nach Münedschi-Ben Nur: die Abkehr von Gott, das Herausfallen aus der Liebe, die selbstgerechte Vergeltung, der Haß auf den Feind. Auf der Handlungsebene des Romans ist der "Drache" ein Bild, eine Allegorie für die Versuchung Kara Ben Nemsis: Dieser will - aus gerechter Empörung - den Ghani, den "Liebling des Großscherifs", den "Reichen" in Mekka, mit dem Tode bestrafen. Doch der Blinde schreit auf: "El Aschdar - - -! El Aschdar - - -! El Aschdar - - -!" (S. 530) Kara erschrickt, erschrickt vor sich selbst. Er läßt sie sinken, die rächende Hand. Er gibt ihn frei ohne Bedingung, den Dieb, den Mörder, den scheinheiligen Pharisäer.

Eine Allegorie ist der "Drache" auch in der Realität des Schriftstellers Karl May. Die Freundschaft mit Pustet, dem katholischen Verleger, ist soeben gebrochen; über die 'Schundromane', die May für Münchmeyer verfaßt hatte, wird schon gemunkelt;[45] Christen und Atheisten werden - schon bald - des Schriftstellers Ehre vernichten. May wird versucht sein, mit denselben Waffen zurückzuschlagen: mit Haß und Polemik, mit selbstgefälliger Christlichkeit. Wird er sie hören, die Stimme Ben Nurs? Oder wird der "Drache" sich durchsetzen?

9.2.3 Das Spiegelbild Münedschi-Ghani

Noch erhellender, noch schonungsloser und hintergründiger als in Halef und Kara Ben Nemsi ist die Selbstreflexion des Dichters im Münedschi: dem blinden Seher, der zunächst an Teiresias in der griechischen Mythologie erinnert. Der Münedschi ist blind im wörtlichen wie im übertragenen Sinne: Dem 'frommen' Ghani, dem "Reichen", schenkt er sein ganzes Vertrauen. Daß der Ghani ein Verbrecher ist, ein Dieb, ein teuflischer Bösewicht, nimmt er nicht wahr. Im Gegenteil: Er hält ihn für seinen "Wohltäter", für den "einzigen" Menschen, der ihn schätzt und ihn liebt. Der Blinde ahnt nicht, daß der Ghani ihn hintergeht, ihn betrügt und am Ende gar aussetzen wird: in der "Wüste", im Sand des Verderbens.

Was ist der Ghani in Wirklichkeit? Zum einen - wie Mays Schufte sonst auch - ein Symbol des Bösen schlechthin, des Dämonischen in seiner metaphysischen Dimension;[46] zum anderen - wie Wollschläger gezeigt hat[47] - eine 'Vater-Imago', eine Verkörperung der negativen Züge des Heinrich May. Dem 'blinden' Vertrauen des kleinen Karle, des (bis zum fünften Lebensjahr) blinden Kindes, in den übermächtigen Vater entspricht die Beziehung des Münedschi zum Ghani. Der Autor gewinnt, bewußt oder unterbewußt, auf diese Weise Distanz vom "eigenen, durch das Vaterbild bestimmten Ich-Ideal, mit dem der Münedschi am Schluß des Buches so unwiderruflich scheitert."[48]

Die autobiographische Bedeutung der Beziehung Münedschi-Ghani erschöpft sich freilich nicht in diesem Aspekt. Nicht nur das Dunkle im Charakter des Vaters Heinrich May ist mit dem Ghani gemeint. Mit hoher Wahrscheinlichkeit spiegelt sich im Verhältnis Münedschi-Ghani auch die Beziehung May-Pustet! Wir dürfen annehmen, daß auch Pustet und der 'Deutsche Hausschatz' im Ghani zu finden sind: dämonisiert wie später - im *Silberlöwen III/IV* - Fedor Mamroth im "Fürsten der Finsternis" und Hermann Cardauns im "Henker", im Ghulam el Multasim.[49]

Der *Jenseits*-Roman gibt beachtliche Hinweise in dieser Richtung: Der Blinde ist (wie May) ein interessanter, ein faszinierend, fast magisch wirkender Mann. Als Wahrsager und Hellseher wird er von den Leuten bestaunt. Doch der Ghani nützt ihn nur aus, stellt ihn zur Schau vor den 'Gläubigen' und verdient auf diese Weise sein Geld. "Genau so hatte es Pustet mit May gemacht - jedenfalls mag es Karl May bei der Abfassung des *Jenseits*-Bandes so gesehen haben."[50]

Der Ghani steht in engster Beziehung zu einem hohen geistlichen Würdenträger: dem Großscherif, dem "Heiligen" in Mekka. Mays Verbrecher gaben sich auch in früheren Romanen gerne als 'Heilige', als Fakire und fromme Derwische aus. Gegen pseudoreligiöses Getue, gegen den Mißbrauch der Religion zu persönlichen Zwecken ist May ja schon immer gewesen. Böse Erfahrungen im Seminar zu Waldenburg, in der Hilfslehrerzeit und im Gefängnis stecken dahinter. Und in diesem Falle - im Ghani - darf auch ein aktueller Hintergrund supponiert werden: eine Anspielung auf die Bindung Pustets an kirchliche Kreise, in denen May jetzt Gegner zu vermuten beginnt.

Der Blinde sieht im Ghani - verblendet - seinen *einzigen* Wohltäter. Das wird so oft und so nachdrücklich gesagt, daß es eine persönliche Relevanz für den Autor wohl nahelegt. Kann mit dem *einzigen* Wohltäter Friedrich Pustet gemeint sein? Hat sich May dem Regensburger Verleger in DIESER Weise jemals verpflichtet gefühlt? Man wird da weniger an Pustet als Einzelperson, wohl aber - insgesamt - ans literarische Umfeld des damaligen Katholizismus und speziell an den 'Deutschen Hausschatz' zu denken haben: "May wird es so empfunden haben, daß er erst durch den Hausschatz und die Unterstützung der katholischen Literaturpublizistik zu einem seriösen, beachteten und beliebten Autor geworden ist"; gewiß - finanziellen Erfolg hatte May durch Fehsenfelds 'grüne Bände', kulturelle Bedeutung und soziales Ansehen aber "nur als Lieblingsschriftsteller der katholischen Welt"[51] erlangt. Insofern war Pustet (stellvertretend für die katholische Publizistik) der 'einzige Wohltäter' Mays.

Doch der Ghani, der *einzige* 'Freund' des Münedschi, läßt diesen dann sitzen: in der Wüste. Ebenso wollten die katholische Literaturbewegung um Carl Muth und der 'Deutsche Hausschatz' den Schriftsteller May "in die Wüste schicken"![52] Muths literarische Impulse dürfte May, im Prinzip, zwar gebilligt haben;[53] Pustets "Waschzettel" (1898) aber, dessen genauen Inhalt wir freilich nicht kennen, hat May als Vorverurteilung, als "Verrath an der [...] Freundschaft"[54] verstanden!

Apropos Wasch-*Zettel*: Der Ghani trägt, wie ganz am Rande vermerkt wird, den Beinamen El Waraka, zu deutsch "Der Zettel" (S. 159), und er hört diesen Namen "nicht gern". Warum? Die Erklärung dafür - auf der Handlungsebene des Romans - wirkt umständlich, gekünstelt und ungeschickt; im weiteren Verlauf der Erzählung wird sie nie wieder aufgegriffen. Gerade das ist verräterisch! 'Fehlleistungen' dieser Art deuten bei May fast immer auf (verdeckte) psychische Brisanz. Die richtige Erklärung des 'Zettels' wird in der Biographie des Dichters zu suchen sein: An Pustets Waschzettel wird Karl May wahrscheinlich gedacht haben.

Nimmt man alle diese Indizien zusammen, so bleibt doch kein Zweifel: dem *Jenseits*-Roman ist nebenbei zu entnehmen, wie der Schriftsteller den Bruch mit Pustet erlebt hat. Er fühlte sich betrogen als Opfer eines 'Verräters'. Das Opfer ist, in der romanhaften Verschlüsselung, der Blinde. Damit wird klar: Im Münedschi spiegelt sich May, und zwar nicht nur das blinde, hilflose KIND,[55] sondern auch der Schriftsteller in den Jahren 1898/99.

Auf diese Jahre ALLEIN beschränkt sich die Selbstbesinnung des Autors freilich ebenso wenig wie auf die Kindheitsjahre allein. Denn nicht nur ein besonderer Lebensabschnitt, sondern die Gesamt-Existenz des Dichters wird im *Jenseits*-Buch, in der Figur des Münedschi vor allem, sehr kritisch durchleuchtet.

9.2.4 Das Spiegelbild Münedschi-Ben Nur

Wer ist der Münedschi? NUR ein schuldloses Opfer? Keineswegs. Eine ganz und gar fragwürdige, eine schillernde, eine zwielichtige Gestalt ist dieser Mann. Das Fundament seines Existierens - als Mensch und als Dichter, als Erzieher und 'Prediger' - stellt Karl May hier in Frage, radikaler noch als in *Surehand III* (in Old Wabble), im *Silberlöwen I/II* (in Dozorca) oder im Weihnachts-Roman (in Carpio).

Ein "in der Wüste verlorenes Schaf", das "seinen Hirten sucht" (S. 174), ist der Münedschi. Der Blinde ist geteilt in zweierlei Wesen. Was er in der Ekstase, mit der Stimme 'Ben Nurs' zu SAGEN hat, ist erschütternd, ist gut und ist wahr. Aber er SELBST ist problematisch, dem Erzähler "ein Rätsel" (S. 120): "Bedenklich waren mir nicht seine Worte, sondern war mir nur er selbst" (S. 342).

Münedschis Problem: Er sieht - mit seinem inneren Blick - das Vergangene, das Jetzige und das Künftige; nur "alles, was mich selbst betrifft, was sich auf meine Person bezieht, das sehe ich nicht." (S. 173) So kann er auch die LIEBE nicht finden, über die er so trefflich philosophiert, ohne sie "auf sich selbst beziehen"[56] zu können. Das Geschaute bleibt ihm persönlich verschlossen. Es bringt ihm kein Heil, keine Heilung.

Der Münedschi ist - noch tragischer als Old Wabble, Dozorca oder Carpio - ein 'gebrochener Charakter'. Im normalen Zustand, im Wachen ist er ein nikotinsüchtiger,[57] ein über-nervöser, vielleicht 'hysterischer' (S. 120), jedenfalls hilfloser Greis. Das Vertrauen zur Menschheit hat er verloren, und nach Liebe hat er vergeblich verlangt: "Ich habe sie gesucht bei Gott, bei den Menschen, im Leben, in der Kirche - - -" (S. 363), umsonst! Vor allem die Christen haben ihn bitter enttäuscht. Sie reden von Liebe und frönen dem Streit. So trat er - wie Dozorca im *Silberlöwen* - denn über: zum 'Islam' (wohl nicht gerade zur "Haßreligion",[58] aber doch zu einer fremden, womöglich selbst gebastelten Religion). Doch den Frieden findet er nicht.

Verunsichert im Glauben - was er überspielt durch scheinbare Glaubenssicherheit -, gehört er zu den Dürstenden, die die Quelle nie finden, "weil sie blind an ihr vorübergehen"! (S. 106)

In der Trance jedoch, im Traumwandel (oder wie immer man diesen Zustand benennen mag), geht der Blinde mit sicherem Schritt. Und er spricht mit veränderter Stimme, mit der Stimme Ben Nurs. "Der Gelehrte wird zwar da gleich von Krankheit sprechen. Ja, krank war der Münedschi; das ist nicht zu leugnen"; aber was er sagte, konnte nicht "das ausschließliche Produkt des kranken Gehirns" sein (S. 522)! Denn gerade das Kranke, das Schwache, das Törichte hat Gott - wie es in der Bibel heißt - ERWÄHLT (1 Kor 1, 27).

Der Blinde wird in der Trance zum 'Propheten', zum 'Mund', durch den ein anderer spricht. Dieser 'andere' ist Ben Nur, der Sohn des Lichtes.

Nach Wollschläger ist Ben Nur der "Abglanz der Mutter":[59] der verlorenen Liebe (der Mutter Karl Mays), die den Dichter schon immer bewegt hat. Diese - psychoanalytische - Deutung wird richtig sein, doch sie berührt nur EINEN, wenn auch wichtigen Teilaspekt.

Wer ist Ben Nur? Das "Gewissen"[60] des Münedschi? Die Stimme des Unbewußten, die "Inspirationsquelle"[61] des Dichters? Die Stimme der Wahrheit, der 'göttliche Funke' in der Seele des Autors (dessen Feder, wie es in *Surehand III* heißt,[62] die 'Schutzengel' führen)?

Als Engel des Herrn, als Bote der Ewigkeit,[63] als Mittler des göttlichen Wortes könnte Ben Nur - den ersten Deckelbildern des *Jenseits*-Buches[64] entsprechend - theologisch interpretiert werden. Die partielle Motiv-Verwandtschaft des *Jenseits*-Romans mit Dantes *Komödie* ist offensichtlich: Ein Engel, ein "vom Himmel Gesandter" begegnet auch dem Seher in der *Commedia*, zum erstenmal im 9. Gesang des 'Inferno'.[65]

Dantes Engel nun freilich tritt auf in persona. Der 'Engel' Ben Nur aber ist das unsichtbare Alter ego eines menschlichen Wesens. Ben Nur ist der 'andere' Münedschi, genauer: das Göttliche IM Münedschi. Dies wird der Schlüssel sein für die autobiographische Deutung des Münedschi bzw. des Lichtwesens Ben Nur: Im blinden Münedschi verbirgt sich der MENSCH Karl May in all seiner Fragwürdigkeit; in Ben Nur aber wird das 'Göttliche' seiner DICHTUNG, das Wahre, das Schöne und Gute seiner - inspirierten[66] - Bilder und Träume symbolisiert.

Münedschi und Ben Nur: der Mensch und der Dichter Karl May! Zwei verschiedene Welten? Für immer? May gehört, so wird oft gesagt, zu denjenigen Schriftstellern, bei denen Werk und Person (literarisches Ich-Ideal und reale Existenz des Verfassers) besonders weit auseinanderklaffen. Und doch ist zu fragen: Soll der Mensch, der May IST, in Ewigkeit 'trauernd den grüßen',[67] der er hätte WERDEN sollen (und den das Edel-Ich seiner Werke antizipiert hat)? Muß er - für immer - sich selbst, seine Möglichkeiten, verfehlen?

Der Dichter steigt auf: zur 'richtigen', zur 'Hochliteratur'. Und der Mensch Karl May? Auch er will 'hinauf': zur höheren Menschlichkeit, zu - Gott. Auf welchem Weg? "Hast du die Liebe?", fragt Kara Ben Nemsi den Blinden. "Warum that ich grad diese Frage?" (S. 96) Weil er es weiß: daß nicht der Erfolg, nicht der Besitz (im Roman der "Schatz der Glieder", die "vielen Beutel") und nicht der Ruhm bei den Menschen, sondern allein die Liebe Gewicht hat: auf der 'Waage' des Gottes-Gerichts.

Soll May die Liebe, die seine Bücher verkünden, für sich selbst niemals finden? Der Weg zur Liebe ist, für May jedenfalls, der Weg der Läuterung. Es begann - so meint der Erzähler des *Jenseits*-Romans über sich selbst -

eine große, leider so unendlich schwierige Reinigung, daß ich gar wohl einsehe, mit ihr in diesem kurzen Erdenleben nicht fertig werden zu können; aber es wurde doch wenigstens soviel Erdenschmutz überwunden, daß mir jetzt, wo ich fast sechzig Jahre zähle, das Weiterlernen und Weiterüben als die schönste Aufgabe der mir noch beschiedenen, abendroten Tage erscheint. (S. 454)

Mays "Weiterüben" wird - nach der bitteren Kindheit, den Jahren der Haft und (vermutlich) der Ehe mit Emma - zum neuen 'Inferno'. Doch die göttliche Gnade, die der *Jenseits*-Band so kräftig bezeugt,[68] wird auch May, den Dichter wie den Menschen, nicht fallen lassen.

Anmerkungen

1   Die folgenden Ausführungen sind die leicht überarbeitete und zum Teil erweiterte Fassung von Hermann Wohlgschaft: *"Das ist die Wage der Gerechtigkeit"*. Bemerkungen zu Karl Mays *'Jenseits'-Roman.* In: JbKMG 1988, S. 184-208 (S. 184-193).

2   Näheres bei Martin Lowsky: *Flucht nach einem einsamen Ort.* In: MKMG 89 (1991), S. 47f.

3   Vgl. Roland Schmid: *Nachwort* (zu *Am Jenseits*). In: Karl May: Freiburger Erstausgaben, Bd. XXV. Hrsg. von Roland Schmid. Bamberg 1984, N 14-24.

4   Ulrich Schmid: *Das Werk Karl Mays 1895-1905. Erzählstrukturen und editorischer Befund.* Materialien zur Karl-May-Forschung, Bd. 12. Ubstadt 1989, S. 113.

5   Vgl. unten, S. 375ff.

6   Vgl. R. Schmid, wie Anm. 3, N 20f.

7   Robert Müller: *Nachruf auf Karl May.* In: JbKMG 1970, S. 106-109 (S. 109).

8   Hans Wollschläger: *Der "Besitzer von vielen Beuteln". Lese-Notizen zu Karl Mays 'Am Jenseits' (Materialien zu einer Charakteranalyse II).* In: JbKMG 1974, S. 153-171 (S. 171, Anm. 84), zitiert einen Brief Karl Mays vom 17.4.1907: "Der zweite Band von 'Am Jenseits' wird unter dem Titel 'Im Jenseits' sofort erscheinen, wenn ich sehe, daß der erste Band verstanden worden ist." - Mays Ironie ist unverkennbar.

9   Wollschläger: *Besitzer*, wie Anm. 8, S. 167.

10 Vgl. Hartmut Vollmer: *Karl Mays 'Am Jenseits'. Exemplarische Untersuchung zum 'Bruch' im Werk.* Materialien zur Karl-May-Forschung, Bd. 7. Ubstadt 1983 - Ders.: (Werkartikel zu) *Am Jenseits.* In: *Karl-May-Handbuch.* Hrsg. von Gert Ueding in Zusammenarbeit mit Reinhard Tschapke. Stuttgart 1987, S. 277-282. - Sibylle Becker: *Karl Mays Philosophie im Spätwerk.* Materialien zur Karl-May-Forschung, Bd. 3. Ubstadt 1977, zieht - aufgrund des Inhalts - *Am Jenseits* zu Recht für die Untersuchung der Altersromane mit heran. - Auch im Editionsplan der 'Historisch-kritischen Ausgabe' der Werke Mays (hrsg. von Hermann Wiedenroth und Hans Wollschläger) wird *Am Jenseits* zum Spätwerk gerechnet.

11 Vgl. unten, S. 391ff.

12 Vgl. oben, S. 139ff.

13 Zit. nach U. Schmid, wie Anm. 4, S. 86.

14 Zit. nach Hans Wollschläger: *Karl May. Grundriß eines gebrochenen Lebens.* Zürich 1976, S. 88, und R. Schmid, wie Anm. 3, N 18.

15 Wollschläger: *Karl May*, wie Anm. 14, S. 88.

16 Wollschläger: *Besitzer*, wie Anm. 8, S. 165.

17 Vgl. U. Schmid, wie Anm. 4, S. 105.

18 Wollschläger: *Besitzer*, wie Anm. 8, S. 166.

19 Karl May: *Am Jenseits.* Gesammelte Reiseerzählungen, Bd. XXV. Freiburg 1899, S. 173.

20 Wollschläger: *Besitzer*, wie Anm. 8, S. 154.

21 U. Schmid, wie Anm. 4, S. 113.

22 Vollmer: *Karl Mays 'Am Jenseits'*, wie Anm. 10, z.B. S. 69-75 (mit Bezug auf den 'Schatz der Glieder' und den Teppich, der den Schatz verhüllt).

23 Ebd., S. 101ff.

24 U. Schmid, wie Anm. 4, S. 112f.

25 Ebd., S. 159; vgl. ebd., S. 113f.

26 In Mays Brief vom 6.10.1896 an Fehsenfeld; vgl. oben, S. 283.

27 Claus Roxin: *"Dr. Karl May, genannt Old Shatterhand". Zum Bild Karl Mays in der Epoche seiner späten Reiseerzählungen.* In: JbKMG 1974, S. 15-73 (S. 56).

28 U. Schmid, wie Anm. 4, S. 112.

29 Vollmer: *Karl Mays 'Am Jenseits'*, wie Anm. 10, S. 100 - Zur tieferen Bedeutung der 'Wüste', des 'Wassers' und des 'Brunnens' vgl. ebd., S. 39ff.

30 Ebd., S. 100.

31 Eckard Etzold: *Karl May: Am Ort der Sichtung. Ein literarisches Todesnähe-Erlebnis.* SKMG Nr. 81 (1989).

32 C.S. Lewis: *Die große Scheidung oder Zwischen Himmel und Hölle.* Einsiedeln 1978 (ins Deutsche übertragen von Helmut Kuhn).

33 Vgl. Vollmer: Werkartikel, wie Anm. 10, S. 281.

34 Auf die Schau des 'Inferno' oder gar des 'Paradiso' verzichtet Mays *Jenseits*-Roman. - Vgl. unten, S. 601 ff.

35 Dantes 'Inferno'-Vision dürfte - über apokryphe (in den biblischen Kanon nicht aufgenommene) Apokalypsen - von orphisch-pythagoräischen Hades-Büchern beeinflußt sein. Die Zustände im Jenseits, die verschiedenen Sünderklassen und ihre Qualen werden dort breit und genüßlich ausgemalt. - Vgl. Albrecht Dieterich: *Nekyia. Beiträge zur Erklärung der neuentdeckten Petrusapokalypse*. Leipzig 1893.

36 Vgl. Vollmer: *Karl Mays 'Am Jenseits'*, wie Anm. 10, S. 60 ff.

37 Guardini hat Mays Bücher gekannt und offensichtlich geschätzt. Zu Guardinis Beziehung zu May finden sich bei Hanna-Barbara Gerl: *Romano Guardini. 1885-1968*. Mainz 1985, S. 25 u. 277, einige Angaben: Guardinis Freundschaft mit dem Mainzer Priester Adam Gottron habe sich u.a. dadurch entwickelt, daß die Brüder Guardini im Besitz sämtlicher May-Bände gewesen seien. Guardini selbst habe vorgeschlagen, in einer Leseecke im Vorraum der Bibliothek auf Burg Rothenfels auch die Werke Mays aufzustellen. - Ob Guardini speziell den *Jenseits*-Band kannte, wie er über Mays Bücher reflektierte und ob er für bestimmte Werke Mays eine besondere Neigung hatte, konnten weder Frau Gerl noch Bischof Ernst Tewes (einer der Freunde Guardinis) mitteilen. Nach Auskunft des Leiters der Katholischen Akademie Bayern, Dr. Franz Henrich, findet sich auch im ungedruckten Nachlaß Guardinis, soweit er heute zu überblicken ist, kein entsprechender Hinweis.

38 Vgl. unten, S. 601 ff.

39 Seitenangaben in () beziehen sich auf May: *Am Jenseits*, wie Anm. 19.

40 Zur Charakteristik Halefs vgl. Christoph F. Lorenz - Bernhard Kosciuszko: *Hadschi Halef Omar*. In: *Großes Karl-May-Figurenlexikon*. Hrsg. von Bernhard Kosciuszko. Paderborn 1991, S. 201-211.

41 Vollmer: *Karl Mays 'Am Jenseits'*, wie Anm. 10, erwähnt merkwürdigerweise diesen Dialog überhaupt nicht, obwohl er, ansonsten, biographische Spiegelungen sehr wohl beachtet.

42 Vgl. oben, S. 296 f.

43 Zur Deutung dieses Pseudonyms vgl. Vollmer: *Karl Mays 'Am Jenseits'*, wie Anm. 10, S. 28 f.

44 Dasselbe Motiv - May gegen May - findet sich in verschiedenen Bildern im gesamten Spätwerk (zum Teil auch in früheren Schriften) Mays.

45 Vgl. oben, S. 349 f.

46 Vgl. Gert Ueding: *Die Rückkehr des Fremden. Spuren der anderen Welt in Karl Mays Werk*. In: JbKMG 1982, S. 15-39.

47 Wollschläger: *Besitzer*, wie Anm. 8, S. 157 ff. - Ähnlich Gernot Grumbach: *Das Alterswerk Karl Mays. Ausdruck einer persönlichen Krise*. SKMG Nr. 32 (1981), S. 31; vgl. auch Vollmer: *Karl Mays 'Am Jenseits'*, wie Anm. 10, S. 13 ff.

48 Claus Roxin: *Das vierte Jahrbuch*. In: JbKMG 1974, S. 7-14 (S. 9).

49 Vgl. unten, S. 391 ff. (zu Mamroth und Cardauns) u. S. 444 f. (zur Spiegelung im *Silberlöwen III/IV*).

50 Claus Roxin in einem Brief vom 20.6.1987 an den Verfasser.

51 Claus Roxin in einem Brief (dort auch das vorausgehende Zitat) vom 2.7.1987 an den Verfasser.

52 Ebd.

53 Vgl. oben, S. 351 f.

54 Vgl. oben, S. 350.

55 Vgl. Wollschläger: *Besitzer*, wie Anm. 8, S. 156; ebenso Vollmer: *Karl Mays 'Am Jenseits'*, wie Anm. 10, S. 13.

56 Vollmer: Ebd., S. 59.

57 Auch Karl May war in diesen Jahren ein starker Raucher!

58 So meinte Britta Berg: *Religiöses Gedankengut bei Karl May*. SKMG Nr. 47 (1984), S. 13 ff.

59 Wollschläger: *Besitzer*, wie Anm. 8, S. 156; auch Grumbach, wie Anm. 47, S. 31.

60 Euchar Albrecht Schmid: *Gestalt und Idee*. In: Karl May's Gesammelte Werke, Bd. 34 *"Ich"*. Bamberg [36]1976, S. 353-408 (S. 396).

61 Roxin: *"Dr. Karl May"*, wie Anm. 27, S. 61 (mit allgemeinem Bezug auf "überindividuelle Instanzen" in Mays späten Reiseerzählungen).

62 Vgl. oben, S. 344.

63 In der biblischen Sicht ist der Engel ein Bote Gottes, manchmal auch - als 'Engel Jahwes' - Gott selbst. - Vgl. *Bibel-Lexikon*. Hrsg. von Herbert Haag. Einsiedeln, Zürich, Köln [2]1968, Sp. 389-395.

64 Das Deckelbild der ersten Fehsenfeld-Ausgabe zeigte - von einem uns nicht bekannten Künstler - einen Engel, der sich dem knieenden Münedschi zuwendet. Das spätere Deckelbild Sascha Schneiders zeigte einen Engel, der den Münedschi führt.

65 Dazu Romano Guardini: *Der Engel in Dantes göttlicher Komödie*. München [2]1951, S. 20ff.

66 Zum Gedanken der göttlichen Inspiration in Mays Dichtung vgl. Ernst Seybold: *Karl-May-Gratulationen. Geistliche und andere Texte zu und von Karl May*. Ergersheim 1987, S. 90 unten.

67 Vgl. Karl Rahner: *Trost der Zeit*. In: Ders.: *Schriften zur Theologie III*. Einsiedeln, Zürich, Köln [6]1964, S. 169-188 (S. 180).

68 Vgl. unten, S. 606ff.

10 Die große Verwandlung: Erschütternde Tragik und menschliches Reifen, visionäre Kraft und prophetische Dichtung

Das eigentlich wichtigste oder doch eines der wichtigsten Phänomene in der Vita Karl Mays ist die "Entwickelung": die schrittweise Verwandlung des Pseudologen in den klarsichtigen Dichter. Was May von jeher bewegte: die Kunst, die Liebe, die Sehnsucht nach dem 'anderen' Leben, das bricht jetzt durch in schmerzlichen Wehen.

Siebenundfünfzig Jahre hat May nun gelebt. Er hatte den größten Erfolg, verknüpft mit wachsender Angst und perfekter Verdrängung seiner Vergangenheit, verknüpft aber auch mit heimlicher, im Erzählwerk durchscheinender Selbsterkenntnis und - trotz allem - gelassener Heiterkeit. Jetzt, um die Jahrhundertwende, kann er die Augen nicht mehr verschließen: Die Unhaltbarkeit seiner Lebensfiktion ist offenkundig geworden. Noch dreizehn Jahre liegen vor ihm, eine gespenstische Zeit mit peinlichsten Enthüllungen und endlosen Abwehrprozessen. Die gerichtlichen Auseinandersetzungen, die Pressekampagne, die zum Teil infamen Beschuldigungen gegen den Autor, nicht zuletzt auch das Scheitern seiner Ehe mit Emma drohten Mays Existenz, als Mensch und als Schriftsteller, zu vergiften und "zu verschlingen".[1]

Der alte Mann hatte grausam zu leiden. Man hat ihn, wie er pathetisch in der Selbstbiographie[2] und, schon früher, an Prinzessin Wiltrud von Bayern schrieb, "gestäubt, gegeißelt, geprangert und öffentlich an das Kreuz geschlagen", wo er "heut, nach Jahren, noch"[3] hängt.

Die eigenen Fehler erkannte er - menschlich, allzu menschlich - nur zögernd. Die Gebrochenheit, die Zerrissenheit, ja die Sündigkeit gerade auch des alten, der Vergebung, der Gnade, der Erlösung bedürftigen May dürfen nicht übersehen werden. Dennoch: Die letzten Jahre waren die dichtesten, die spannungsreichsten und wichtigsten Jahre seines Lebens. Sie brachten den Durchbruch zur 'Eigentlichkeit'. Trotz mancher unschöner, trotz (nach wie vor) krankhafter[4] und dunkler Züge im Wesen des Schriftstellers[5] führten diese Jahre zur inneren Reinigung, zur - größeren - ästhetischen Anstrengung und entscheidenden Leistung. Ja, "das Kreuzesholz ist das fruchtbarste aller Hölzer, und was am meinigen grünt und blüht, das wird die Zukunft zeigen."[6]

Ein Wort Sören Kierkegaards über Martin Luther wandte Ernst Seybold auf unseren Dichter an: Karl May war Patient, aber er war "ein für die ganze Christenheit äußerst interessanter Patient Gottes."[7]

Auch die Krankheit, die Neurose, den Narzißmus kann Gott in seinen Heilsplan miteinbeziehen. Aber was muß nicht alles zusammenbrechen und wieviel Plunder muß abfallen, bevor der Mensch erst begreift, was die Wahrheit seines Lebens ist! Über den alten May schrieb sehr schön und verständig Heinz Stolte:

Unter Schmerzen und Krämpfen erwacht der Träumer zur hellen Klarheit über sich selbst. Dahinschmelzen sieht man das ganze Brimborium seiner Illusionen, die künstlichen Kulissen seiner Abenteuerwelt stürzen zusammen, das Maskenspiel ist zu Ende, frierend steht sein eigentliches, sein wirkliches Ich [...] im kahlen, nüchternen Tageslicht, in seine eigene, echte Identität geworfen.[8]

Das Tageslicht zerstörte den Trug - die Old Shatterhand-Legende. Der (wie Carpio) verwirrte, der (wie Münedschi) blinde May wurde ein Seher, ein prophetischer Visionär. In der Rede des buddhistischen Priesters, im *Friede*-Roman (1904), meint der Dichter sich selbst: "Auch ich war Träumer - - träume vielleicht noch! Will es der Herr des Himmels, so werde ich erwachen [...] und seine Wahrheit, seine Klarheit sehen!"[9]

Karl Mays persönliches Auftreten verlor die pseudologischen Merkmale im letzten Lebensjahrzehnt "immer mehr".[10] Ein Träumer ist er dennoch geblieben, aber jetzt ein wachender Träumer, ein 'Real-Utopist' mit dem Blick in die Weite. Die Wirklichkeit seines Lebens und die Realität dieser Welt sah er wohl. Aber träumend und hoffend sah er - wie die Propheten der Bibel - noch mehr: Gottes Zukunft, die 'neue Erde' (Offb 21, 1), das Land der Verheißung.

Der Weiterentwicklung des Menschen entsprach auch das literarische Schaffen. Die letzten Lebensjahre führten May "gesundheitlich und gesellschaftlich in den Ruin; seine persönliche und literarische Entwicklung aber erreichte erst jetzt die ihm mögliche Vollendung."[11]

Die gewohnte Breitenwirkung - dies war die Kehrseite, der Preis für die Reife des Alters - blieb Mays Arbeit nach der Jahrhundertwende nun freilich versagt. Das Spätwerk 'zündete' nicht!

Schon mancher Künstler begann als Genie und endete als Talent. Das könnte, nach der Auffassung eines May-Interpreten, auch gelten für den Schriftsteller in Radebeul:

Der Karl May des Alterswerkes war wahrscheinlich ein literarisches Hochtalent, da er seine sprachliche und inhaltliche Darstellung bis zur Virtuosität steigerte. Eine wirkliche Faszination breiter Leserschichten ging jedoch von diesen Büchern nicht aus. Karl May als Verfasser der Reiseromane, als der Schöpfer von Kara Ben Nemsi und Old Shatterhand, von Hadschi Halef Omar und Winnetou, war noch kein erkennbares Hochtalent, aber er war ein Genie, das bis auf den heutigen Tag millionenfach begeistert.[12]

Die Definition des Begriffes 'Genie' ist freilich ein eigenes Thema. Wird der Erfolg zum Maßstab genommen, dann war der alte May kein Genie. Aber ein Mensch von hoher schöpferischer Begabung, der Überkommenes transzendiert und "neue Bereiche des Schaffens erschließt",[13] insofern also doch ein Genie, war der reife May ohne Zweifel.

Mays Alterswerk gilt als schwierig. Die Spätschriften wurden nie populär. Sie werden nur "von Kennern und literarischen Feinschmeckern goutiert".[14] Besonders *Im Reiche des silbernen Löwen III/IV* (1902/03) setzt beim Leser zu vieles voraus, um die Massen begeistern zu können. Die komplizierte Struktur, die Fülle der Bilder, die Länge der philosophischen Reflexionen gehen - so Walther Ilmer - "auf Kosten der Lesbarkeit und des Zaubers",[15] der die früheren Reiseerzählungen so anziehend machte.

Dennoch ist zu sagen: Mays Spätwerke verdienen noch mehr die Beachtung als etwa die *Winnetou*-Trilogie oder die anderen Erfolgsromane des Autors. Nach Claus Roxin kommt "unter dem Gesichtspunkt des literarischen Ranges in erster Linie und fast allein das Spätwerk Mays in Betracht."[16] Denn diese Schriften sind - so Roxin -

die einzigen seiner Werke, die strengen literar-ästhetischen Maßstäben standhalten; der vielbödig-visionäre Symbolismus seines Alterswerks verdient auch in der deutschen Literatur [...] den Ehrenplatz, der den Arbeiten Mays trotz ihrer fortdauernden Lebenskraft bisher vorenthalten geblieben ist. Den Kunstwerkcharakter der Altersromane [...] überhaupt erst einmal sichtbar zu machen und dem Verständnis dieser abseitigen, literarisch ohne Vorbild und Nachfolge dastehenden Meisterwerke vorzuarbeiten, ist deshalb eine der wichtigsten Aufgaben, die sich die Karl-May-Gesellschaft gestellt hat.[17]

Karl May gehörte zu jenen Menschen, die erst spät ihre Höchstform erreichen: "Als er endlich das Wort hatte und nicht länger das Wort ihn, als er zu schreiben begann und nicht länger zu kolportieren, war May ein alter Mann."[18] Gewiß, diese Formulierung Wolf-Dieter Bachs ist insofern überspitzt, als auch die früheren Werke Mays, in ihrer Art, künstlerischen Rang ja durchaus besitzen. Aber erst zur Jahrhundertwende gelang dem Schriftsteller, was er vielleicht schon immer im Sinn hatte: anspruchsvolle religiöse Symboldichtung. Die gegnerische Kritik, beginnend mit Carl Muth, hatte - in ihrer Wirkung auf May - auch ihr Positives: Sie förderte sein Umdenken, das spätestens mit dem *Jenseits*-Band schon begonnen hatte; sie begünstigte die Überwindung des alten Genres, des Spannungsromans; sie schärfte Mays Kunstverstand und bekräftigte seinen Willen zur Form.

Ohne sie zu verachten, hat May seine bisherigen Werke zu relativieren gelernt: als Etüden, als Proben für das spätere, das "eigentliche" Werk. Die früheren Schriften "waren weiter nichts als die Palette, auf der ich Farben sammelte und prüfte".[19] Auch die JETZT entstehenden Bücher verstand er als Skizzen für noch Größeres, das zu schaffen ihm die Kraft (angesichts der Streitereien nach 1900) allerdings fehlte. Doch immerhin - in der literarischen Bedeutung und in der theologischen Relevanz übertreffen die neuen Bände die bisherigen Reiseromane erheblich.

Was hat sich geändert im Schaffen des Autors? Die religiöse Tendenz kommt noch schärfer heraus als in den Erzählungen vor 1899; doch gewandelt hat sich, von Akzentverschiebungen abgesehen, weniger die Thematik - um den "Aufruf zu Liebe und Frieden"[20] ging es, mehr oder weniger deutlich, schon immer - als vielmehr die Ausdrucksform: May schreibt jetzt bewußt in Symbolen und Allegorien, in Märchen und Gleichnissen, die in rhythmischer Sprache, in vielschichtiger Artistik mit dem äußeren Handlungsverlauf verwoben werden. Auf weiten Strecken muß man diese Bücher zur oberen Sphäre der Kunst rechnen. Formal wie inhaltlich hat May hier Großes geschaffen.

Als 'Märchenerzähler' sucht er die neue (und alte) Identität. Sein Sendungsbewußtsein ist schon gewaltig. In der Selbstbiographie steht siegessicher geschrieben: "wie jedes echte Märchen doch endlich einmal zur Wahrheit wird, so wird auch alles an mir zur Wahrheit werden, und was man mir heut nicht glaubt, das wird man morgen glauben lernen."[21]

Im *Silberlöwen IV* gibt sich May, in der Gestalt des Ustad, freilich zu bedenken: "Du kannst nie wieder solche Bücher schreiben, wie du geschrieben hast! Du stirbst! Du mußt ein völlig andrer werden!" Und weiter: "Wenn du nicht mehr in dieser deiner bekannten Weise schreibst, wird man gar, gar nicht mehr von dir sprechen! Dann bist du tot, tot, tot!"[22]

In der Tat - das Alterswerk Karl Mays wurde von den meisten Zeitgenossen verkannt oder gar nicht zur Kenntnis genommen. Man wollte ihm seine Wandlung nicht abnehmen. Man hat ihm Großes nicht zugetraut, seine Parabeln nicht ernstgenommen, ihren Sinn nicht begriffen.

Auch den Freunden des Autors blieben, aus unterschiedlichen Gründen, die Spätwerke fremd. Politisch und theologisch waren sie, im Gegensatz zu den früheren Reiseerzählungen, manchen Lesern suspekt. Anderen waren sie einfach 'zu hoch', zu moralisierend oder zu fromm. "Die Weltkinder schieden sich" von Karl May, vom Dichter der Altersromane, "der sich immer deutlicher bemühte, uns von seiner Gotteskindschaft zu überzeugen, auf daß auch wir die Pfade des Lichtes zu wandeln begönnen."[23] So Karl-Hans Strobl im Jahre 1918. Und im Karl-May-Jahrbuch 1924 resümierte Fritz Barthel: "Viele seiner Leser werden ihm an dieser Wegstelle böse [...] und bedauern offen, daß der gute liebe Karl May alt und mystisch geworden sei."[24]

Auch der bekannte Philosoph und May-Leser Ernst Bloch (1885-1977) empfand, 1929, die Spätwerke des Dichters als Verirrung: "Erst in den späteren Büchern wurde Karl May verschroben und privat, die Naivität war hin und er symbolisierte [...] Die letzten Bücher sind also verloren, ungefähr vom 'Reich des Silbernen Löwen' ab".25

Karl May wurde ein einsamer Wanderer. In einem Brief (24.1.1903) an den katholischen Publizisten Franz Weigl meinte er: "Ich habe leider meinen Weg allein zu gehen, in tiefster Einsamkeit."26

Langweilig fand seinen Autor nun auch der Verleger Fehsenfeld. Er war - wie er betonte - ein "Tatsachenmensch" und hatte für den Surrealismus, die "eigenwillig verschnörkelten"27 Gedanken des alten May kein Verständnis.

Der Großteil der Leser erwartete von May, nach wie vor, nur spannende Abenteuer. Fehsenfeld wollte, als Geschäftsmann, dieser Erwartung gerecht werden. Er legte dem Schriftsteller nahe, zum erfolgreichen Muster der alten Reiseromane zurückzukehren.28 Den bewährten Markenartikel 'Karl May' wollte Fehsenfeld, auch nach der Jahrhundertwende, in der gewohnten Weise verbreiten (eine Praxis, die der Karl-May-Verlag nach dem Tode des Dichters noch konsequenter verfolgte).

Die "wenig innovationsfreudige, stark retrospektive Orientierung des Verlegers"29 stand im Widerspruch zu den Plänen des Schriftstellers. Die Entfremdung zwischen May und Fehsenfeld wurde zusehends größer, da der Verleger nicht in der Lage war, "die neuen Qualitäten seines Autors samt den damit veränderten Rezeptionsvoraussetzungen zu erkennen und in eine angemessene Marktstrategie umzusetzen".30

Die Beziehung May-Fehsenfeld entwickelte sich für den Schriftsteller zum Dilemma. Denn am Verkaufserfolg seiner früheren Werke hatte auch May ein bleibendes Interesse. Zum einen war er vom inhaltlichen Wert dieser Bände ja überzeugt; und zum andern brauchte er, um seine Gerichtsprozesse und seine vermehrten kulturellen Aktivitäten (sehr häufige Theaterbesuche zum Beispiel) finanzieren zu können, relativ hohe Einkünfte. Der Aufgabe, Mays Gesamtwerk - die früheren Erzählungen UND die schwierigen Altersromane - "für disparate Rezeptionserwartungen adäquat zu präsentieren",31 war Fehsenfeld aber nicht gewachsen. Ein Verlagswechsel hätte also nahegelegen: Ein andrer Verleger hätte - so Ulrich Schmid wohl zu Recht -

einerseits die Reiseerzählungen mit dem gleichen Erfolg wie Fehsenfeld fortführen und andererseits für das Spätwerk ein ganz neues, literarisch eher an der Avantgarde orientiertes Publikum gewinnen müssen, wobei Aufmachung und Vertrieb der Bände im Hinblick auf den unterschiedlichen Adressatenkreis ein differenziertes Vorgehen erfordert hätten.32

Vor der Jahrhundertwende war es May wiederholt gelungen, sich von Verlagsbindungen, über die er hinausgewachsen war, zu lösen. Doch jetzt, nach 1900, fand sich für May - der "klare ästhetische Vorstellungen von einer angemessenen Präsentation seines Spätwerks"33 hatte - kein neuer Verleger. Das Dilemma war durch einen Verlagswechsel nicht mehr zu lösen. Denn der Versuch, zumindest fürs Spätwerk einen andren, geeigneteren Verleger zu finden, war - so Schmid - "von vornherein durch Mays mehr und mehr angeschlagene Reputation in der öffentlichen Meinung zum Scheitern verurteilt und hätte zudem sicher große finanzielle Einbußen zur Folge gehabt."34

In seinem Selbstvertrauen ließ sich der Dichter, trotz solcher Mißlichkeiten, aber nicht beirren. Er schrieb im Jahre 1910:

Den Weg, auf dem ich mich befinde, ist noch kein Anderer gegangen [...] Das Schicksal meiner bisherigen Arbeiten wird nur durch ihren Wert oder Unwert bestimmt, durch nichts Anderes. Taugen sie etwas, so werden sie bleiben, ganz gleich, ob man sie gegenwärtig lobt oder tadelt.35

Zu den wenigen Zeitgenossen, die den Rang des Mayschen Spätwerks erkannten, gehörte der - damals noch junge, seit 1907 mit May persönlich bekannte - Wiener Schauspieler und Schriftsteller Amand von Ozoróczy (1885-1977).[36] Doch solche Stimmen - auch Bertha von Suttner, die berühmte Autorin und Trägerin des Friedensnobelpreises (1905) wäre zu nennen[37] - waren die Ausnahme. Selbst der Maler und Kunst-Professor Sascha Schneider (1870-1927), seit 1903 einer der engsten Freunde Karl Mays, hatte zum Spätwerk des Dichters ein ambivalentes und keineswegs ungestörtes Verhältnis.[38]

Unter den späten Romanen fand zu Lebzeiten Mays noch am ehesten *Und Friede auf Erden!* (1904) - teils zustimmende, teils ablehnende - Resonanz. Erst lange nach dem Tode des Autors setzte die Rezeption seiner Alterswerke im größeren Ausmaße ein. Vom rein ästhetischen Standpunkt aus zählte Arno Schmidt *Im Reiche des silbernen Löwen III/IV, Ardistan und Dschinnistan* und, mit Einschränkungen, auch *Winnetou IV* zur Hochliteratur.[39] Hervorragende Kenner wie beispielsweise Hans Wollschläger schlossen sich dieser Beurteilung an.

Unwidersprochen blieb, auch in neuerer Zeit, die Hochschätzung der Mayschen Spätromane allerdings nicht. Hubertus Schneider z.B. meinte, 1987, lakonisch: "Für Mays Symbolik vermögen wir uns nicht zu begeistern [...] Die 'dark and bloody grounds' [...] des Abenteuerromans bleiben das eigentliche Terrain dieses Schriftstellers."[40] Der Germanist Michael Zeller gar nannte das Lob Arno Schmidts ein "horrendes Fehlurteil", das seit Jahren in der deutschen Literaturgeschichte herumwabere. Mays Spätwerk sei ein "sterbenslangweiliges" Seelenmelodram; was "diese sächsische Plaudertasche Karl May so kostbar machte in seinen Reiseerzählungen: das unzensiert selbstherrliche Dahinschwadronieren - hier ist es eingezuckert mit 'Bedeutung' und verkocht zu dem abgeschmacktesten Symbol-Kompott".[41]

Am Spätwerk des Dichters scheiden sich, auch unter den Mitgliedern der heutigen Karl-May-Gesellschaft, die Geister. Daß die Alterswerke auch Schwachpunkte aufweisen, ist freilich nicht zu bestreiten. Aber die Stärken sind weitaus gewichtiger. Die Romane *Und Friede auf Erden!, Im Reiche des silbernen Löwen III/IV, Ardistan und Dschinnistan* und *Winnetou IV*, aber auch das Drama *Babel und Bibel* sowie die Novellen *Das Geldmännle, Abdahn Effendi* und *Merhameh* - das sind literarisch bedeutsame, äußerst vielschichtige, perspektivenreiche und hintersinnige Schriften.

Diese Werke muß man, um ihren Sinn verstehen und ihre Botschaft deuten zu können, "lesen, lesen und nochmals lesen".[42] Die letzten Romane sind zwar, nach der Auffassung von Christoph F. Lorenz und anderen Interpreten, Fragmente geblieben; aber grandios sind sie doch. "Getrieben von Prozeß zu Prozeß, mußte Karl May das Spätwerk Torso bleiben lassen, aber es ist ein GEWALTIGER Torso geworden."[43]

Der Schriftsteller konnte seine letzten Pläne nicht mehr verwirklichen. Der Tod kam seinem literarischen - und persönlichen - Ziel: Dschinnistan, dem Land der Verheißung, zuvor.

Seine Existenz verstand der Dichter als "Gleichnis".[44] Gilt dies für den Bruchstück-Charakter seines Gesamtwerks nicht ebenso? Ist 'Dschinnistan', das Land des endgültigen Friedens und der vollkommenen Liebe, nicht gleichzusetzen mit dem 'Neuen Jerusalem' in der Bibel? Dann aber gilt: Das Werk des Menschen kann die 'Stadt auf dem Berge' nie sein! Sie wird nicht erschrieben und erkämpft im heroischen Aufstieg. Denn sie steigt - mit den Worten des neutestamentlichen Sehers gesprochen - herab "von Gott aus dem Himmel" (Offb 21, 2).

Anmerkungen

1 Heinz Stolte: *Hiob May*: In: JbKMG 1985, S. 63-84 (S. 67).

2 Karl May: *Mein Leben und Streben*. Freiburg 1910. Hrsg. von Hainer Plaul. Hildesheim, New York ²1982, S. 169.

3 Aus Mays Brief vom 9.8.1902 an Prinzessin Wiltrud. In: Karl May: *Briefe an das bayerische Königshaus*. In: JbKMG 1983, S. 76-122 (S. 82).

4 Vgl. Kurt Langer: *Das helle und das dunkle Wesen. Untersuchung zur Spaltung des Innern von Karl May*. In: MKMG 63 (1985), S. 8-13.

5 Vgl. Walther Ilmer - Günter Scholdt: *Über Karl-May-Forschung und -Gesellschaft. Ein Meinungsaustausch*. In: MKMG 77 (1988), S. 22-30.

6 May an Prinzessin Wiltrud, wie Anm. 3, S. 83.

7 Ernst Seybold: *Aspekte christlichen Glaubens bei Karl May*. SKMG Nr. 55 (1985), S. 18.

8 Heinz Stolte: *Mein Name sei Wadenbach. Zum Identitätsproblem bei Karl May*. In: JbKMG 1978, S. 37-59 (S. 56f.).

9 Karl May: *Und Friede auf Erden!* Gesammelte Reiseerzählungen, Bd. XXX. Freiburg 1904, S. 626 (Rede des Ho-Schang).

10 Claus Roxin: *Vorläufige Bemerkungen über die Straftaten Karl Mays*. In: JbKMG 1971, S. 74-109 (S. 107, Anm. 79).

11 Claus Roxin: *Mays Leben*. In: *Karl-May-Handbuch*. Hrsg. von Gert Ueding in Zusammenarbeit mit Reinhard Tschapke. Stuttgart 1987, S. 62-123 (S. 106).

12 Kurt Langer: *Das "Genie-Problem" bei Karl May*. In: MKMG 77 (1988), S. 3-7 (S. 6).

13 *Der Neue Brockhaus*, Bd. 2. Wiesbaden ⁵1974, S. 347f. (Art. Genie).

14 Langer: *"Genie-Problem"*, wie Anm. 12, S. 6.

15 Ilmer: *Meinungsaustausch*, wie Anm. 5, S. 26.

16 Claus Roxin: *Ein Jahrbuch für Karl May*. In: JbKMG 1970, S. 7-10 (S. 8).

17 Ebd., S. 7f.

18 Wolf-Dieter Bach: *Fluchtlandschaften*. In: JbKMG 1971, S. 39-73 (S. 68).

19 Karl May: *An meine lieben Gratulanten!* (Gedruckter Brief vom 25.2.1906) Wiedergegeben bei Hansotto Hatzig: *Karl May und Sascha Schneider. Dokumente einer Freundschaft*. Beiträge zur Karl-May-Forschung 2. Bamberg 1967, S. 232f. (S. 233).

20 Martin Lowsky: *Alterswerk und "Wilder Westen". Überlegungen zum Bruch in Mays Werk*. In: MKMG 36 (1978), S. 3-16 (S. 5).

21 May: *Mein Leben und Streben*, wie Anm. 2, S. 141.

22 Karl May: *Im Reiche des silbernen Löwen IV*. Gesammelte Reiseerzählungen, Bd. XXIX. Freiburg 1903, S. 69f.

23 Karl-Hans Strobl: *Das Tragische im "Karl-May-Problem"*. In: KMJB 1919. Breslau 1918, S. 222-239 (S. 227).

24 Fritz Barthel: *Der Wanderer*. In: KMJB 1924. Radebeul 1924, S. 36-42 (S. 38f.); zit. nach Viktor Böhm: *Karl May und das Geheimnis seines Erfolges*. Gütersloh ²1979, S. 222 (Anm. 77).

25 Ernst Bloch: *Die Silberbüchse Winnetous*. In: Frankfurter Zeitung, 31.3.1929. Neufassung in: Ders.: *Erbschaft dieser Zeit*. Gesamtausgabe 4. Frankfurt/M. 1962, S. 169-173; hier zit. nach Ulrich Schmid: *Das Werk Karl Mays 1895-1905. Erzählstrukturen und editorischer Befund*. Materialien zur Karl-May-Forschung, Bd. 12. Ubstadt 1989, S. 195 - Vgl. Gert Ueding: *Bloch liest Karl May*. In: JbKMG 1991, S. 124-147.

26 Zit. nach Hatzig, wie Anm. 19, S. 41.

27 Zit. nach Thomas Ostwald: *Karl May - Leben und Werk*. Braunschweig ⁴1977, S. 290.

28 Die folgende Darstellung orientiert sich an Schmid, wie Anm. 25, S. 189-195.

29 Ebd., S. 191.

30 Ebd., S. 192.

31 Ebd., S. 193.

32 Ebd.

33 Ebd., S. 191.

34 Schmid, wie Anm. 25, S. 194.

35 May: *Mein Leben und Streben*, wie Anm. 2, S. 313f.

36 Vgl. unten, S. 543.

37 Vgl. unten, S. 547f.
38 Vgl. unten, S. 481f.
39 Vgl. Arno Schmidt: *Abu Kital. Vom neuen Großmystiker*. In: Ders.: *Dya Na Sore. Gespräche in einer Bibliothek*. Karlsruhe 1958, S. 150-193 - Ders.: *Sitara und der Weg dorthin. Eine Studie über Wesen, Werk & Wirkung Karl Mays*. Karlsruhe 1963.
40 Hubertus Schneider: *Ich, der ehrliche deutsche Karl May*. In: FAZ-Magazin (27.3.1987), S. 56-64 (S. 64).
41 Michael Zeller: *Kärrner, Tintensäufer, Lohnschreiber. Fällige Erinnerung an einen der erfolgreichsten Schriftsteller*. In: 'Die Zeit' Nr. 16 (10.4.1987), S. 45ff. (S. 47) - Vgl. auch oben, S. 266.
42 Christoph F. Lorenz: *"Das ist der Baum El Dscharanil". Gleichnisse, Märchen und Träume in Karl Mays 'Im Reiche des silbernen Löwen III und IV'*. In: JbKMG 1984, S. 139-166 (S. 164).
43 Ebd.
44 May: *Mein Leben und Streben*, wie Anm. 2, S. 30 u.ö.

10.1 Die Pilgerreise in das Morgenland (1899/1900): Konfrontation mit der Wirklichkeit und neues Erwachen

Bunte Erzählungen und fesselnde Abenteuergeschichten hat Karl May, in seinen Romanen vor 1899, über den Orient geschrieben - ohne ihn wirklich gesehen zu haben. Viele Jahre hat er sich nach dem Land seiner Träume gesehnt. Jetzt, im März 1899, nach Beendigung des *Jenseits*-Buches, trat er seine einzige - vor längerer Zeit schon geplante und wiederholt verschobene - reale Orientreise an. Finanziell gab es keine Probleme: Rund 50.000 Mark standen zur Verfügung.

Zusammen mit den gleichzeitig einsetzenden Presseangriffen sind die Eindrücke dieser Fahrt ein wesentlicher Faktor für den (literarisch, besonders im *Jenseits*-Band, schon antizipierten) "Wesensumbruch"[1] des Dichters. Die Mammutreise, von der Karl May, nach sechzehn Monaten, im Sommer 1900 "als ein Verwandelter zurückkehrte",[2] ist bestens dokumentiert.[3] Sie soll im folgenden dargestellt und behutsam interpretiert werden.

10.1.1 Der Aufbruch: Von Radebeul nach Kairo

Um "Hadschi Halef" zu besuchen und "dann durch Persien und Indien nach China, Japan und Amerika zu meinen Apatschen"[4] zu fahren, brach 'Old Shatterhand resp. Kara Ben Nemsi' mit seiner Frau und dem Ehepaar Plöhn am 26. März 1899, gegen neun Uhr, von Radebeul auf: den Schauplätzen seines - literarischen - Heldentums entgegen.

Ursprünglich war dieser gigantische Ausflug wohl vor allem als Legitimationsreise gedacht, die besser noch als exotische Kostümfotos die Mär vom Globetrotter würde beglaubigen können [...] Seine Verehrer witterten neue Abenteuer. Doch der Verehrte erlebte Abenteuer ganz anderer Art. Was als Legitimationsfahrt begonnen hatte, verwandelte sich zusehends zu einer langen, großen Reise ins Innere [...] Ein komplizierter und widerspruchsvoller Prozeß, der am Ende als Zusammenbruch und Wiedergeburt seines Ichs zu erkennen war, kam in Bewegung: Von nun an sollte er andere Bücher schreiben.[5]

Über Frankfurt a.M. (27./28.3) und Freiburg i.B. (verbunden mit einem Besuch bei Fehsenfelds am 29./30.3.) ging die Reise nach Süden. Nach einer Zwischenstation in Lugano (31.3. bis 2.4.) verabschiedete sich May in Genua, am 4. April, von den Plöhns und von Emma (die aus gesundheitlichen Gründen - erste Symptome einer Unterleibserkrankung zeigten sich an - auf die Teilnahme an der Reise verzichtete).[6]

Mit der 'Preußen' vom Norddeutschen Lloyd begann nun die Seefahrt. Auf dem Schiff entdeckte den Schriftsteller ein Professor aus Berlin. Da "war es aus mit meiner Freiheit. Alle wollten mit Kara Ben Nemsi Afrika betreten."7

Am 9. April setzte May, in Port Said, seinen Fuß zum ersten Mal auf nichteuropäischen Boden. Von Port Said aus reiste er am 12./13.4. nach Ismaila. Einen Tag später traf er in Kairo ein: jener Stadt, die er, mit Hilfe von Quellen, im Erzählwerk so packend geschildert hatte. Er konnte sich, wie er Fehsenfeld schrieb, vor Bewunderern nicht retten: "Jeder gebildete Deutsche, der sich hier in Kairo befindet, kennt leider May."8

Auf einer Postkarte, einer seiner zahllosen an fast alle Bekannte, teilte der Schriftsteller - wie zuvor schon im Brief an Fehsenfeld - auch Johann Dederle, dem Chefredakteur der Dortmunder 'Tremonia', seine Pläne mit: "Sudan; dann über Mekka nach Arabien zu Hadschi Halef, Persien, Indien ..."9 Die Presse sollte die Fans auf dem laufenden halten! Doch die Illusion wird bald schon zerbrechen. Aus dem - scheinbar - Glücklichen und Zufriedenen wird, nun deutlich erkennbar, der geschlagene Hiob.

Zehn Tage vor der Abreise Mays, am 16. März 1899, hatte Pauline Münchmeyer den Kolportageverlag an Adalbert Fischer verkauft: Mays Romane - ohne Einverständnis des Autors - mit eingeschlossen. Karl May erfuhr es im April 1899 in Kairo. Er schrieb sofort, am 30.4., an den neuen Verlagsbesitzer. Dessen Retourkutsche war deutlich: Er werde "meine Sachen so ausbeuten, wie es nur möglich sei [...] Dieser Ton fiel mir auf. In dieser Weise pflegt man nur mit sehr minderwertigen Menschen zu sprechen."10

10.1.2 Die 'Neugeburt' Karl Mays: Zusammenbruch des 'Helden' und lyrische *Himmelsgedanken*

Ob May im Frühjahr 1899 die Gefahr schon wirklich erkannte und seine Glücksträume jetzt schon erschüttert wurden, ist ungewiß. Aber anzunehmen ist dies: Karl May war, fern vom Trubel der Heimat, zumindest innerlich sehr verlassen. Daß man, wie der Dichter (im Brief vom 2.5.1899 an seine Frau) behauptete, "überall [...] den 'berühmten' Karl May sehen" wollte und daß es Blumen regnete in Ägypten,11 entsprach dem Renommierton früherer Jahre, aber wohl kaum der Realität in Kairo.

May wartete mit Sehnsucht auf Briefe seiner, noch immer geliebten, Frau Emma. Von Kairo aus schrieb er an seine Gattin: "Heut vor 4 Wochen sind wir von einander geschieden. Ich habe Dir so häufig geschrieben, Du mir aber noch kein einziges Mal! [...] Ich kann natürlich nicht von hier fort ohne eine Nachricht von Dir [...].12

Der Schriftsteller blieb, bis zum 24. Mai, notgedrungen in Kairo, im Hotel 'Bavaria'.

Kleinere Ausflüge [...] führen in die nähere Umgebung der ägyptischen Hauptstadt. Pyramiden werden besichtigt, aber nicht bestiegen, der erste Ritt auf einem Kamel dauert genau zwei Stunden und fünfundvierzig Minuten. Dann treiben ihn Hitze und der heiße trockene Wind in die Geborgenheit des Hotels und an einen Tisch mit Schreibutensilien zurück.13

Schon am 20. April hatte May "Eine Pilgerreise in das Morgenland" auf das Titelblatt einer Manuskriptmappe geschrieben. Was in den folgenden Monaten entstand, "erinnert überhaupt nicht mehr an die vieltausendseitig geschilderte bunte Welt. Es sind religiöse, zumeist elegische, weltabgewandte Gedichte",14 die im Jahre 1900, als *Himmelsgedanken* (so der endgültige Titel), bei Fehsenfeld erschienen.

Am 17. Mai teilte der Schriftsteller seiner Ehefrau mit:

Grad weil das Leben des Orientes so inhaltslos, so oberflächlich, schmutzig und lärmvoll ist, wirkt es auf die besser veranlagten Menschen vertiefend, bereichernd, reinigend, beruhigend und befestigend. Man wendet sich unbefriedigt und bedauernd ab und geht nach innen.[15]

Wenig später pries May - für seine schwankende Gemütsverfassung bezeichnend - die "gigantischen Eindrücke"[16] des Morgenlands. Doch der Blick "nach innen" erschloß ihm, wie immer schon, die tieferen Dimensionen der Wirklichkeit! Er sah nun den Orient so, wie er war. Und er hatte jetzt Zeit zur Besinnung. Daß seine Romane, genauer: die Abenteuer des Ich-Ideals, vor der Realität nicht bestehen können, diese Einsicht drängte sich auf. May steht, so kommentierte Hans Wollschläger, "mitten im Getriebe eines Weltlaufs [...], der über ihn hinweggeht wie über einen Anachronismus".[17]

Ist also alles, was er bisher geschrieben hat, völlig nichtig und wertlos? Sind *Durch die Wüste, Im Lande des Mahdi* usw. nur Makulatur? So wird sich der Autor, mehr und mehr, jetzt gefragt haben. "Nein, so sinnlos kann sein Leben und Wirken nicht gewesen sein."[18] Er hatte ja schon VOR der Orientreise begonnen, seine Schriften neu zu verstehen: als Bilder und Gleichnisse, als Entwürfe des künftigen Schaffens. Im Herbst 1900 klärte er - wie schon im März 1899, bei der Fertigstellung des *Jenseits*-Romans - seinen Verleger auf: "Alle meine bisherigen Bände sind NUR Einleitung, nur Vorbereitung [...] Ich trete erst jetzt an meine EIGENTLICHE Aufgabe."[19]

Am 23. Mai 1899 engagierte der Schriftsteller den arabischen Diener Sejd Hassan, der ihn über ein Jahr lang begleiten und - als Sejjid Omar - in den Roman *Et in terra pax* (1901) eingehen sollte. Der Dichter verließ nun Kairo, um nilaufwärts Siut (25.-28.5.), Luxor (29.5.-4.6.) und Assuan (6.-12.6.) zu besuchen. Der alte Renommiergeist, die bekannte Flunkerei, meldete sich - auch bei dieser Gelegenheit - wieder zu Wort. In der 'Pfälzer Zeitung' informierte May, mit Datum vom 6. Juni 1899, die begeisterten Leser: Er reite "als Kara Ben Nemsi" seine früheren "Karawanenwege" und wolle mit dem Scheik der Haddedihn "durch Persien nach Indien".[20]

In Wirklichkeit kehrte May, am 18. Juni, zunächst nach Kairo zurück. Über Port Said (23.-25.6.) reiste er per Schiff dann nach Beirut, wo er am 26. Juni eintraf. Bis zum 8. Juli mußte er, aufgrund der in Beirut grassierenden Pest, in Quarantäne leben. Neun Tage später verließ er die Stadt und erreichte am 18. Juli Haifa. Am 20. Juli besuchte er Nazareth, am folgenden Tage Tiberias am See Genesareth, dann wieder Nazareth und Haifa, dann Sarona, Jaffa und Ramle. Drei Wochen, vom 30. Juli bis zum 20. August, verbrachte er in Jerusalem, mit Streifzügen in die Umgebung.

Die Schauplätze seiner Romane suchte er nicht. Er nächtigte nicht in der Wüste, sondern als Tourist in Hotels oder Gasthöfen. Er begab sich nicht in Gefahr, beschlich keine Feinde und belauschte keine Verbrecher. Er suchte, den Spuren des 'Baedeker' folgend, die heiligen Stätten auf - und griff wieder zur Feder. Es entstanden, wie zuvor in Kairo, Gedichte und Aphorismen: in der Form meist schlichte, im Gehalt tief-fromme *Himmelsgedanken*, deren (biographischer, zum Teil auch poetischer) Wert von der Kritik unterschätzt wurde.[21]

In Jerusalem traf den Dichter, wie ein Schlag mit der Keule, ein böses Ereignis: Die von Fedor Mamroth verfaßten Artikel der 'Frankfurter Zeitung' mit heftigen Angriffen auf die Reiseerzählungen Mays[22] erreichten - mit der Post aus der Heimat - den Pilger im Heiligen Land. "Was lange fällig war, ist eingetroffen":[23] Daß der Autor seine Abenteuer persönlich erlebt habe, wird in diesen Artikeln bezweifelt.

Die beginnende Auflösung der Abenteuer-Struktur und die (noch gut überspielten) Risse in der Seele des Dichters und seines - am Vater orientierten - Ich-Ideals sind in den

Reiseerzählungen, spätestens seit 1896, schon deutlich erkennbar. Doch gerade jetzt, da er sich anschickt, neue Wege zu gehen, und "er selbst die Krise nur zu deutlich spürt, der seine ganze innere Existenz sich ausgesetzt hat",24 will May die Schelte von außen nicht akzeptieren. "Er reagiert", so Wollschläger, "als sei die Kritik, die ihn so lange verschont hat, jetzt ein wahrer Mordanschlag".25 Im August, noch in Jerusalem, verfaßte er eine lange Erwiderung, die Ende September (unter dem Namen Richard Plöhns) in der Dortmunder 'Tremonia' erschien.26

Innere Einsicht und äußere Abwehr lagen, auch in den folgenden Jahren, im Widerstreit. Die eigentliche Pressekampagne gegen May hatte 1899 noch gar nicht begonnen. Aber schon jetzt kam sich der Schriftsteller vor "wie Simson mitten unter den Philistern: Von allen Seiten Feinde [...] Ich habe nur immer, immer um mich zu schlagen"!27

Von wachsenden Krisensymptomen und inneren Kämpfen war der weitere Reiseverlauf nun begleitet. Vom 21. August bis zum 2. September wohnte May in Jaffa und sehnte sich nach seiner Frau: "Heut, meine liebe Emma, sind es 52 Tage, [...] seit Du mir das letzte Mal geschrieben hast. Und das war so wenig! [...] In dieser Beziehung bin ich wirklich so arm, so bitter arm, wie fast kein anderer Mensch!!!"28 Am 24. August beklagte er im Tagebuch seine "höchst elegische Stimmung".29 Und der übernächste Tag war der bisher "schrecklichste" für ihn; im Hotel hörte er "5 Rufe Mausels" (Klara Plöhns!) und verlangte ein anderes Zimmer.30

Von Jaffa aus fuhr May zurück nach Ägypten: über Port Said nach Suez, wo er eine Woche lang blieb (4.-11.9.). Am 5. September entsagte der frühere Kettenraucher dem Nikotin, nachdem er schon Ende April auf den Fleischgenuß zu verzichten begonnen hatte.31 Karl May wurde, auch im äußeren Lebensstil, 'neu geboren'.

Am 11. September führte den Dichter eine Schiffsreise durchs Rote Meer zur Südwestküste der arabischen Halbinsel: zur Hafenstadt Aden, die er am 15.9. erreichte. Unterwegs, auf dem Passagierdampfer 'Gera', hatte er eine Begegnung:

Habe auf dem Schiff einen meiner Gegner kennengelernt, Herzfelder, Freund der Neuen Freien Presse und der Frankfurter Zeitung [...] Kennt mich nur als "Dr. Friedrich". Hat mich unendlich lieb gewonnen, sogar geküßt, ohne die Wahrheit zu ahnen. Es wird noch interessant.32

Horace Herzfelder wandte sich später, in einem Brief, an Karl May: Seit der Begegnung auf der 'Gera' sei, so schrieb er dem Dichter,

kein Tag vergangen, ohne daß ich Ihrer in Liebe und Verehrung gedacht [...] hätte. Sie erschienen mir wie eine mir von Gott gesandte Erscheinung, verklärt, magisch, faszinierend. Ich wagte es nicht, in Colombo Sie aufzusuchen. Ich erfuhr, daß Sie Tag und Nacht schrieben, nicht einmal zu den Mahlzeiten kamen. Ich war oft bei Ihrer Tür, aber anzuklopfen getraute ich mich nicht. Mit Dr. Friedrich durfte ich sprechen, aber Dr. May durfte ich nicht kennen ...33

Im Hotel de l'Europe in Aden, am 16.9.1899, schrieb May an das Ehepaar Plöhn über den "früheren Karl", den Romancier im Gewande Old Shatterhands: "Der ist mit großer Ceremonie von mir in das rothe Meer versenkt worden, mit Schiffssteinkohlen, die ihn auf den Grund gezogen haben [...]"34.

May hat begriffen: Sein altes Ego, die Shatterhand-Legende, die Geltungssucht müssen sterben; sie müssen hinunter, ins ewige Meer. Die Heldenpose, das Imponiergehabe, fiel - nicht ganz, aber weitgehend - von Karl May ab. Was blieb, war das religiöse Verlangen. Und was hinzukam, war: die große Vision, die Kraft des Symboldichters.

Am Sonntag, dem 17. September, verfaßte er in Aden die folgenden Verse:35

        Ich bin so müd, so herbstesschwer
         Und möcht am liebsten scheiden gehn.
        Die Blätter fallen rings umher;

Wie lange, Herr, soll ich noch stehn?
Ich bin nur ein bescheiden Gras,
Doch eine Aehre trag auch ich,
Und ob die Sonne mich vergaß,
Ich wuchs in Dankbarkeit für dich.

Ich bin so müd, so herbstesschwer
Und möcht am liebsten scheiden gehn,
Doch, brauche ich der Reife mehr,
So laß mich, Herr, noch länger stehn.
Ich will, wenn sich der Schnitter naht
Und sammelt Menschengarben ein,
Nicht unreif zu der Weitersaat
Für dich und deinen Himmel sein.

Nicht nur "Resignation und Depression", nicht nur "physische wie psychische Erschöpfung"[36] bringen diese Zeilen zum Ausdruck. Nein, hier schreibt ein Mann, der - als Mensch, als Christ und als Künstler - der weiteren Reife bedarf und dies nun erkennt. Daß der Preis der Reife das Leid, der Bruch mit der ganzen Vergangenheit sein werde, sieht er nun klar. Auf der Rückseite des Gedichtmanuskripts hält er fest: "Habe hierbei bitterlich [...] geweint."[37]

Nach fünf Tagen Aufenthalt in Aden setzte May seine Schiffsreise fort nach Massaua. Dort, in Ostafrika (italienische Provinz Eritrea), schrieb er am 23.9., mit Bezug auf die feindlichen Presseartikel, an Fehsenfeld: "Lassen Sie doch die Lügner schwatzen! Mich stört das nicht im Mindesten."[38] Mit dieser Äußerung und ähnlichen - späteren - Bemerkungen wollte May, nach außen, gelassen erscheinen. In Wirklichkeit störten ihn die Artikel sehr wohl. Sie kränkten und verletzten ihn tief.

Am 25. September fuhr May mit der 'Palestina' (im für den Prinzen von Genua, der seine Reise storniert hatte, bestimmten "Extra-Salon" - wo der Dichter "mit größter Auszeichnung behandelt"[39] wurde) zurück nach Aden. Dort schiffte er sich, am 29.9., auf der 'Bayern' ein. Das neue Reiseziel war Ceylon (heute Sri Lanka). Am 6. Oktober erreichte er, über Indien, die Hauptstadt Colombo. Hier wohnte er, mit einem Zwischenaufenthalt in Point de Galle (19./20.10.), bis zum 28. Oktober.

Hinter den "Fassaden des ceylonesischen Kolonialparadieses"[40] sah May die Realität des Imperialismus. Auf einer Ansichtskarte 'Mount Lavinia Hotel, Colombo' schrieb er an Klara Plöhn: "Dieses Hôtel ist das schönste, was ich auf Erden gesehen habe, leider aber nur zur gründlichen Ausbeutung der Menschen errichtet. Die Segnungen des Christenthums!"[41] Im *Pax*- bzw. *Friede*-Roman von 1901/04 wird May diesen Gedanken entfalten - poetisch geglückt, politisch brisant und theologisch subtil.

Doch der Reifungsprozeß des Menschen Karl May war noch lange nicht abgeschlossen. In Colombo wurde der Schriftsteller "Momente lang wieder 'rückfällig'".[42] Der "frühere Karl" tauchte wieder auf. Am 10. Oktober sandte er dem 'Prager Tagblatt' und zwei Tage später der Dortmunder 'Tremonia' Postkarten-Serien im pseudologischen, den Spott der Gegner herausfordernden Stil der Renommierjahre: Er habe "am rechten Oberschenkel eine Wunde erhalten", die seiner "Elefantennatur" aber "keine Sorge macht [...] Ich war hinter Menschenjägern her, welche nach Zwangsarbeitern für die Outlander Gesellschaften in Transvaal jagten."[43] Bei dieser Gelegenheit habe er ein ausgedehntes Goldfeld, ein orientalisches "Klondyke", entdeckt; aber die Sache lasse ihn "sehr kalt";[44] "für den Götzen Mammon zu arbeiten", sei ja nicht sein Beruf.[45] Ähnliches teilte er Fehsenfeld und anderen Bekannten mit.

Auch an die Plöhns und an Emma wandte sich May, von Colombo aus, per Depesche:[46] Sie sollten nach Port Said in Ägypten kommen; er werde sie dort erwarten. Aber erst später, Ende 1899, konnte er seine Frau und das Ehepaar Plöhn wiedersehen.

In Colombo fühlte sich May "so jünglingsfrisch und wohl", als ob er "erst 25 Jahre zählte".[47] In seinen, etwa gleichzeitig verfaßten, Gedichten aber "ist vom Sterben und von abzulegender Rechenschaft die Rede [...] Tagebuchnotizen, Briefe und Gedichte vermitteln den Eindruck, daß die Krise einem Höhepunkt zustrebt."[48]

Am 3. November brachte die 'Vindobona' unseren Pilger nach Penang, einer Insel vor der Küste Malaccas. Vom 4.-10.11. reiste er, auf der 'Coen', über Ulehleh und Kota Radjah nach Padang auf Sumatra, wo er - im Adjeh-Hotel - bis zum 24. November sich aufhielt.

In Padang scheint May einen Schock, einen schweren Nervenzusammenbruch erlitten zu haben, der - nach Wollschläger - nur mit einem einzigen Ereignis der Geistesgeschichte vergleichbar ist: dem Zusammenbruch Nietzsches in Turin am 3. Januar 1889. Nur daß Karl May nicht wahnsinnig wurde, sondern sich selbst, ganz neu, wiederfand.

"Die Katastrophe traf ihn jäh und mit einem Schlag. An einem einzigen Tag, einem Novembertag des Jahres 1899 [...] unter fernöstlichem Himmel, brach das gesamte Innengefüge seiner Existenz in sich zusammen."[49] Über Einzelheiten des Aufenthalts in Padang sind von May allerdings keine Notizen erhalten. Manche Zeugnisse wurden von Klara May verw. Plöhn später vernichtet.[50] Einer Mitteilung Klaras (die sich stützt auf einen Bericht Sejd Hassans) zufolge[51] verweigerte May in Padang die Nahrung; er benahm sich wie ein Kind und wie ein Verrückter. Doch was innerlich, nach der Überwindung des Schocks, in ihm vorging, setzt die Spötter ins Unrecht. Die jetzt entstandenen Gedichte und Aphorismen können, unabhängig vom ästhetischen Wert (der ziemlich gering ist), als Dokumente des inneren Aufbruchs nicht hoch genug eingeschätzt werden.

In den *Himmelsgedanken* - "Liebes-Psalmen" sollten sie, einem früheren Plane nach, heißen[52] - finden sich z.B. die Verse: "Es ward vom Herrn ein großes Wort geschrieben, / Wie größer es kein andres, zweites giebt: / Wer Liebe finden will, muß selbst auch lieben, / [...] / Nur der versteht es, recht und wahr zu lieben, / Der die empfangne Liebe weiterliebt. / [...]"[53] Dazu Wollschläger: "um solcher und ungezählter ähnlicher Bekenntnisse willen haben wir den Gedichten Mays eine Aufmerksamkeit zu schenken, die das künstlerische Urteil ihnen größtenteils mit allem Grund verweigert."[54]

Wollschlägers - den Zusammenbruch des Narzißmus und des, vom Vater-Bild geprägten, Ich-Ideals voraussetzende - Deutung der Mayschen Erlebnisse in Padang mag Spekulatives enthalten.[55] Aber nicht zu bestreiten ist die seelische Erschütterung des Dichters und, in der Folge, die religiöse Vertiefung seiner Schriften: Was sich in den Reiseerzählungen immer dranghafter zu Wort meldete - das Liebesmotiv -, wird fortan zum großen, Mensch und Welt umspannenden Thema der Werke Karl Mays.

Zurück zum Reiseverlauf. Noch in Padang, am 22. November, schrieb May, nachdem er sein psychisches Gleichgewicht wiedergefunden hatte, ein weiteres Mal nach Radebeul: Seine Frau und das Ehepaar Plöhn sollten "sofort nach [...] Egypten kommen". Er wolle sie in Port Said abholen und ihnen "dieses Paradies" auf Sumatra zeigen.[56] Die Plöhns lud der Schriftsteller mit ein, weil sich die unterleibskranke Emma die Fahrt alleine nicht zutraute.[57]

Am 24.11. reiste May, auf der 'Bromo', zurück nach Port Said, wo er am 11. Dezember ankam und - wegen Krankheit und Pestverdachts - ein zweites Mal in Quarantäne mußte.[58] Auf seine Frau und die Plöhns wartete er vergeblich. Da Richard Plöhn an einer schweren Nierenerkrankung litt, mußten er und die beiden Frauen in Arenzano (bei Genua) Station machen. Mit Sejd Hassan fuhr May deshalb am 18.12. nach Marseille und, über Nizza, nach Arenzano, wo er mit Emma und dem Ehepaar Plöhn zusammentraf.

Aufgrund des kritischen Zustandes von Richard Plöhn konnten die beiden Paare erst am 15. März 1900 die Reise fortsetzen. Bis zum 14.3. blieben sie in Arenzano.

10.1.3 Die zweite Reise-Etappe: Ruinen und Tempel, klassische Kunst und Entfremdung von Emma

Karl und Emma waren nun zwanzig Jahre verheiratet und während der Orientreise (Anfang April bis Ende Dezember 1899) zum erstenmal für längere Zeit voneinander getrennt. Mays Gefühle für Emma scheinen, den Briefen nach zu schließen, in diesen Monaten neu belebt worden zu sein.

In die zweite, gemeinsame, Reise-Etappe setzte May, was Emma betrifft, sehr hohe Erwartungen: "Ich erhoffte von der Luft und dem Lichte des Orientes [...] einen so tiefen und so nachhaltigen Einfluß auf sie, daß es Gott möglich wurde, dann auch an ihr ein Wunder zu thun."[59]

Nachdem sich Plöhn etwas besser fühlte - ein knappes Jahr hatte er noch zu leben -, ging die Reise über Pisa (15.3.1900), Rom (Ankunft am 19.3.) und Neapel (29.3.-4.4.) nach Port Said und Kairo (9.-30.4.). Nach Ausflügen in die nähere Umgebung von Kairo und einer Fahrt zu den Pyramiden von Gizeh (22.-26.4.) ging es, für May nun zum zweitenmal, weiter nach Palästina, zu den heiligen Stätten der Christen, der Juden und Moslems. Die beiden Ehepaare blieben, mit Sejd Hassan, vier Wochen in Palästina. Sie besuchten u.a. Jaffa (1.-6.5), Jerusalem (8.-13.5., mit Ausflug nach Hebron), Jericho (14.-17.5.), Tiberias (22.-24.5.), Kapernaum (wo sie am 23.5. mit Pater Biever, dem Direktor der Deutschen Palästinagesellschaft, zusammentrafen), Nazareth (25.5.) und Haifa (26.-28.5.).

Am 12.5. schrieb May an Johann Dederle: "Ich habe außer dem Äußerlichen auch so viel, so sehr viel Innerliches erlebt, und Palästina ist in geistiger Beziehung noch heut das Land, darinnen Milch und Honig fließt. Ich bringe davon mit!"[60] In der Tat: May hat Palästina nicht vergessen. In der, wohl Ende 1906 oder Anfang 1907 entstandenen, Novelle *Schamah*[61] hat er die realen Reise-Erlebnisse in Palästina (1900) literarisch gestaltet und poetisch verdichtet.

Ende Mai brachte der Lloyd-Dampfer 'Hungaria' die Reisenden zur libanesischen Küste. Nach einem Ausflug in den Libanon (29.5.-1.6.) besuchten sie Beirut (2./3.6.), wo May den Berliner Theologen Dr. Bruno Violet kennenlernte.[62]

Zur Landschaft schrieb May am 3. Juni, auf dem Wege nach Baalbek, ins Tagebuch: "Diese Berge alle sind steinerne Gebete zu Gott um Wasser. Sie wollen geben, spenden, fruchtbar sein [...]".[63] Später hat der Dichter, in der Bildsymbolik des Romans *Ardistan und Dschinnistan* (1907/09), diese Landschaftseindrücke in faszinierende und literarisch wohl beispiellose Erlösungsvisionen verwandelt.[64]

In Baalbek (3.-5.6.) sah May die Tempelruinen, die er - in der Phantasie, als Kara Ben Nemsi - schon früher, im 3. Band des Orientzyklus, betreten hatte.

Baalbek, am Fuße des Antilibanon, ist das antike Heliopolis - der obersten Gottheit geweiht. In Mays Poesie sind solche Ruinen ein Symbol der menschlichen Hybris. Unter dem Eindruck Baalbeks notierte der Dichter am 17. Juni in Beirut: Zur Suche nach weltlicher Macht kam "das Streben nach geistlicher Gewalt"! May reflektiert:

Diese beiden Bestrebungen [...] kämpften oft genug gegen einander, gingen ebenso oft auch Hand in Hand, in beiden Fällen war weltliche und geistliche Unterdrückung die Folge. Der Hochmuth [...] trachtete nach falscher Verewigung; er setzte sich Zeichen und Denkmäler. Es entstanden jene Bauten, welche der Nachwelt einen Begriff der Macht zu geben hatten [...] Die Machthaber starben; [...] ihre Bauten fielen in Trümmer. Aber selbst in diesen Trümmern blieb Jahrtausende lang das Eine, Ewige erhalten: Der Himmelsschein des göttlichen Waltens, dessen Zerrbild das menschliche Streben gewesen war und heut noch ist - die Rückahnung zum Paradiese, welche die Seele dieser Bauten geworden war. Und nach dieser Seele habe ich zu suchen [...][65]

Auch diese - theologisch wichtigen - Ideen finden sich, literarisch geformt, im May-schen Spätwerk, besonders im *Friede*-Roman (1901/04) und, großartiger noch, im *Silberlöwen III/IV* (1902/03).[66]

Die Woche vom 5. bis 12. Juni verbrachte May in Damaskus. Die Moscheen interessierten ihn sehr. An Dederle schrieb er am 12. Juni: "Bin mit Sujets so reich versehen, daß ich bei meinen 60 Jahren nur eilen, eilen, eilen muß, um auch meinen Lesern das zu geben, was mein Herz erfüllt."[67]

Nach dem Besuch von Damaskus kehrten die Reisenden nach Beirut zurück. Am 17. Juni wurde, unter Schmerzen, Abschied von Sejd Hassan genommen. Einen Tag später begann, auf dem russischen Dampfer 'Alexander II', die Rückreise: über Tripolis, Zypern, Rhodos, Samos, Chios und Lesbos nach Konstantinopel. "Für mich herrliche Fahrt, die Andern leider alle seekrank. Sogar Tripolis lockt sie nicht."[68]

Der Aufenthalt in Konstantinopel währte 14 Tage (24.6.-7.7.). Noch auf dem Schiff, am 23. Juni, schrieb May:

Wie viel schöner ist Stambul als Kairo! [...] Hier giebt es auch Ruinen [...] [Sie haben] nur dann ein Recht zu bleiben, wenn sie der Menschheit [...] zu Bildungszwecken dienen, als Fingerzeige, wo geistige Schätze zu heben sind. Dann sind sie nicht mehr Trümmer, sondern Gottesmahnungen, die wir [...] erhalten müssen, um [...] so zu handeln und zu arbeiten, daß wir nicht einst auch nur Trümmer hinterlassen, sondern für die Ewigkeit schaffen. Der Bau eines Triumph- oder Siegesbogens wird einst zerfallen; die Etagen eines Kranken-, Witwen- oder Waisenhauses aber ragen in den Himmel hinein![69]

Die - durch die Eindrücke der Orientreise verstärkte - sozialkritische Komponente im Denken Karl Mays schloß die Freude am Kunstwerk freilich nicht aus. Zur Hagia Sophia meinte der Schriftsteller im Tagebuch (am 27. Juni):

Sie hat Wort gehalten. Was schien mir schöner, die Peterskirche, der Lateran oder sie? Ich kann's nicht entscheiden, setze sie aber diesen beiden keinesfalls nach. Mir ist der Kuppelbau sympathisch [...] Damit gebe ich meine laienhafte Vorliebe für die Gotik auf [...][70]

Zum eigentlichen Sinn, zur Notwendigkeit der Gotteshäuser bemerkte der Dichter:

Für die Einzelandacht ist das "Kämmerlein", der Tempel aber hat der vereinten Erbauung der Gemeinde zu dienen. Dazu, nur dazu sind die Kirchen etc. da! Die zugemauerte Pforte in der Sophia interessirte mich sehr. Durch sie verschwand der Priester, und durch sie soll er einst wiederkommen. Es ist mir, als wär's ein Sujet für mich. Ich meine, [...] es hat jede Kirche solch eine Pforte, durch welche die wahre Religion verschwand und durch welche sie einst wieder erscheinen soll und wird. Diese Pforte der Sophia ist symbolisch [...]; der Brudersinn wird ihr die Pforte wieder öffnen.[71]

Diese Gedanken ließen den Schriftsteller nicht wieder los. In seinen Altersromanen, in *Ardistan und Dschinnistan* vor allem, hat er sie - grandios - gestaltet![72]

Die Orientreise war eine entscheidende Station auf dem Weg Karl Mays zur persönlichen Reife. Unterwegs freilich noch, Anfang Juli in Istanbul,[73] erlitt der Pilger einen zweiten Zusammenbruch. Er geriet, wie im November 1899 in Padang, "in Zustände, die nach dem späteren Bericht seiner Frau Klara befürchten ließen, man müsse ihn einer Irrenanstalt zuführen".[74] Aber auch diesen Schock hat der Dichter, innerlich gefestigt und körperlich wiederhergestellt, nach wenigen Tagen überstanden.

Mit dem Zusammenbruch in Konstantinopel war, nach Heermanns (was die zeitliche Festlegung betrifft, aber wohl überpointierter) Deutung, die 'Verwandlung' Karl Mays vollzogen und "die Old Shatterhand-Legende für immer gestorben. May wird sich fortan nicht mehr mit seinen literarischen Helden und ihren Taten identifizieren.[75] Verschwunden ist damit aber auch die letzte unbekümmerte Frische des Fabulierens."[76]

Mit dem 7. Juli war die eigentliche Orientreise beendet. Die 'Aurora' (Österreichischer Lloyd) brachte die beiden Ehepaare nach Griechenland. Am 9. Juli erreichten sie Athen, wo sie bis zum 14. Juli verweilten.

"Griechenland ist", so notierte May, "ein herrliches Land; ich liebe es und möchte es wiedersehen."[77] Mays tiefstes Empfinden war - der Dank an den Schöpfer: "Der Dank soll das Fundament jedes Tempels sein [...] Der Dank ist das einzige Verdienst, welches sich der Mensch vor Gott erwerben kann."[78]

Die Denkmäler Griechenlands, besonders Athens, fand May überwältigend. Doch sein Kunstverstand war, wie er meinte, allzu gering. Schon in Baalbek hatte er geschrieben: "ich kann nichts groß, gewaltig und schön genug bekommen und habe doch kein ausgebildetes Kunstverständnis für das Schöne. Goethe würde ganz anders sehen, denken und empfinden als ich. Das ist nun leider hier im Leben nicht mehr nachzuholen."[79]

Hans Wollschläger freilich hielt dem entgegen: "angesichts der durchaus grandiosen Bilderfluchten, in die sich ihm die Reise hernach dann umsetzte, ist dies Bekenntnis doch und doch um Grade zu bescheiden [...]"[80]

Bei der Besichtigung des 1835/36 rekonstruierten Nike-Tempels in Athen machte Klara den Vorschlag, in Radebeul für beide Ehepaare ein gemeinsames Grabmal nach diesem Vorbild erbauen zu lassen. Diese - kurze Zeit später, nach dem Tode Richard Plöhns, durch den Oberlößnitzer Architekten Paul Friedrich Ziller und den Dresdner Bildhauer Selmar Werner realisierte - Idee "bezeugt, daß beide Paare noch an eine einträchtige Zukunft glaubten."[81]

Mays Hoffnung, seine Ehe mit Emma würde im 'Lichte des Orients' auf wunderbare Weise geheilt und gerettet werden, erwies sich freilich als trügerisch. Die Veränderung seiner Persönlichkeit, seine wachsende Neigung zur Innerlichkeit, vertiefte noch eher die Kluft. Seine "Veredelungsbestrebungen"[82] fand Emma wohl übertrieben. Sie "kann ihm, der sich immer weiter von seiner und ihrer alten Lebensweise entfernt, nicht mehr folgen."[83]

Weitere, physische wie psychische, Faktoren kamen hinzu: Emma klagt - so Christian Heermann -

über Mattigkeit, ist reizbar, nörgelt wegen zu hoher Ausgaben, auf Fahrten zu interessanten historischen Stätten nickt sie ein. Dem Ehemann erscheint das unbegreiflich, weil er die Ursachen nicht kennt [...] Bleibt Emma abweisend, so zeigt die fast acht Jahre jüngere Klara Plöhn nimmermüdes Interesse [...] May drängen sich tagtäglich solche Vergleiche auf - die mürrische, müde Emma hier, die begeisterungsfähige Klara da. Diese Erkenntnis muß zu einer Zeit, da er innerlich zum Neubeginn entschlossen ist, unweigerlich Folgen für die persönliche Beziehung zu den zwei Frauen haben.[84]

Christian Heermann und Walther Ilmer können wir kaum widersprechen: Noch während der Orientreise wurde Emma "im Herzen Karl Mays entthront und Klara dort unverrückbar verankert."[85] Ein weiteres Indiz für diese These: Am 30. Juli 1900, dem Tag vor der Heimkehr in Radebeul, gab es einen verräterischen Eintrag im Tagebuch Karl Mays: "Mutters Geburtstag."[86] Gemeint war Wilhelmine Beibler, die Mutter Klara Plöhns!

Über Korinth (15.7.), Patras (16./17.7.) und Korfu (18.7.) ging die Reise nun ihrem Ende zu. Das nächste Ziel war Italien. Nach Bologna (20.7.) wurde Venedig (21.-24.7.) besichtigt. Dort besuchte May die Wohnung Richard Wagners. "Ich stand auf der Stelle, wo er starb. Tiefbewegt. Künstlerwallen."[87]

Die Markuskirche beeindruckte May nicht, wohl aber der Dogenpalast:

Nicht seiner Kunstwerke wegen, sondern als Denkmal, und zwar als ein [...] warnendes. Diesen Menschen war eine große Aufgabe anvertraut, doch sie lösten sie nicht. Sie beherrschten ihre Welt und wollten sie richten. Sie herrschten ohne Liebe und richteten ohne Gerechtigkeit. Nun sind sie selbst gerichtet.[88]

Über Verona erreichten die Mays und die Plöhns am 25. Juli dann Bozen. Nach einer Wagenfahrt zum Mendelpaß "führte der Schienenweg empor zur Alpenherrlichkeit".[89] Schließlich trafen die beiden Paare, über München (29./30.7.), in Radebeul wieder ein - am 31. Juli 1900.

10.1.4 Das Resultat der Orientreise: Beträchtliche Horizonterweiterung

Sechzehn Monate hat die Reise gedauert. 'Dr. Karl May, genannt Old Shatterhand' ist versunken. Das "gerade Gegentheil" des "früheren Karl"[90] - des narzißtischen Imponiergehabes - ist der jetzige May, entgegen seiner Beteuerung, zwar kaum. Gleichwohl ist richtig: Der literarischen Hochleistung, die bald schon einsetzen wird, entspricht eine menschliche Umkehr, die - nach dem *Jenseits*-Band - allerdings nicht mehr verwundert. Daß May, bei aller Wandlung, dennoch geblieben ist, was er war: 'simul iustus et peccator' (Luther), muß dem nicht widersprechen. Das Fragwürdige, Krankhafte, Sündige im Leben selbst der 'Erwählten' - der 'Heiligen'[91] - können nur plumpe Hagiographen nicht zulassen.

Mays persönliche 'Heilsgeschichte' kennt viele Stationen: die Märchen der Großmutter, die Heilung des erblindeten Kindes, die Weihnachtsprophetie in der Ernstthaler Kirche, die Orgelklänge in Waldheim, die Begegnung mit dem katholischen Katecheten, die Selbsttherapie des literarischen Schaffens. Und immer wieder gab es auch Rückschläge. Doch sie bestätigen, laut Roxin, gerade "die Glaubwürdigkeit der inneren Läuterung Karl Mays, die sich nicht nach Art eines plötzlichen Bekehrungserlebnisses, sondern psychologisch verstehbarer in einer längeren Entwicklung und unter mancherlei Anfechtungen vollzogen hat."[92]

Auch jetzt, in Aden, in Padang, in Istanbul, ist der Weg zur Reife noch immer nicht abgeschlossen. Dennoch kann, was in Fernost und im Orient sich ereignete, als (weiterer) Sieg der göttlichen Gnade verstanden werden. In seinen *Himmelsgedanken* schrieb May: "Einst wird das Kind so, wie der Vater lieben, / Die Kreatur so, wie der Schöpfer liebt. / O Gott, o Liebe, nimm mich ganz zu eigen; / Ich gebe mich dir durch dich selber hin. / Führ mich in dich und laß zu dir mich steigen, / Bis einst ich auch nur Liebe, Liebe bin!"[93]

Mays Lyrik erhellt: Sein 'Panzer' ist aufgebrochen; der Weg zur Heilung, zum (endgültigen) Sieg der Liebe über die Selbstverliebtheit, scheint frei. Dieser Weg aber wird - zum 'Kreuzweg'. Denn vor 'Dschinnistan' liegt 'Mardistan',[94] vor dem Gottesreich das Erdenleid.

Abb. 15: Klara Plöhn, Karl May und Emma May (unten) bei den Pyramiden von Gizeh, April 1900.

Abb. 16: Karl May und Klara May verw. Plöhn geb. Beibler, 1904.

Das Resultat der 'Pilgerreise in das Morgenland' ist die vertiefte Hinwendung des Dichters zu Gott. Die Frucht der Orientreise ist, zugleich, die beträchtliche Horizonterweiterung des Literaten, des Mystagogen, des Gesellschaftskritikers Karl May.

Der Autor hat in diesen Monaten vieles gelernt. Erstens: Im Orient und im fernen Osten kam May zum erstenmal mit nichtchristlichen Kulturen in unmittelbare Berührung. Dachte May in früheren Jahren noch an den Übertritt zur römisch-katholischen Kirche,[95] so bekennt er sich fortan - deutlicher als in früheren Schriften (die solche Tendenzen aber auch schon enthalten) - zu einem nicht-doktrinären, ökumenischen Christentum, das, ohne die christliche Identität preiszugeben, dem Gedankengut auch anderer Religionen und Kulturen sich grundsätzlich öffnet. Die theologischen Gegner griffen May deshalb an.[96] Heute aber könnte sich der Dichter auf das Zweite Vatikanische Konzil berufen: auf die - bemerkenswert positive - *Erklärung über das Verhältnis der Kirche zu den nichtchristlichen Religionen*.[97]

Zweitens: Die Erscheinungsformen des Kolonialismus hat May, in persönlicher Anschauung, auf der Reise kennengelernt.[98] Die Würde der Unterdrückten, der Verzicht auf Gewalt, die Versöhnung der Rassen und Völker, diese Ideen werden - pointierter als früher - zum Thema der neu entstehenden Werke. Finden sich in den Reiseerzählungen noch manche Vorurteile und Überlegenheitsgefühle gegenüber den Nichteuropäern, so tritt der umfassende (religiöse und politische) Friedensgedanke im Spätwerk um so mehr in den Vordergrund.

Drittens: Was den Heldenkult und das männliche Ich-Ideal betrifft, gab es schon in den Reiseerzählungen, ab 1896, deutliche Auflösungserscheinungen. Mays Zusammenbrüche in Padang und Istanbul dürften diesen Trend noch erheblich gefördert haben. Im Alterswerk jedenfalls ist nicht der männliche Held, sondern Marah Durimeh - die gütige, mildreiche Frau, die uralte "Menschheitsseele" - die entscheidende Kraft.

Viertens: Seine tatsächlichen Bildungsmängel wurden 'Dr. Karl May' auf der Reise bewußt. Die antike und die moderne Kunst, aber auch die bedeutendsten Werke der Literatur hatte May ja nur wenig oder gar nicht gekannt.[99] Seit 1902 jedoch wurde May zum regelmäßigen Konzert- und Theaterbesucher,[100] interessierte sich für zeitgenössische Kunst, besuchte Ausstellungen und förderte junge Künstler.[101] Seine Bibliothek baute er aus: Zu länder-, völker- und sprachkundlichen Werken traten "zunehmend [...] literarische, literatur- und kunsttheoretische und sogar philosophische Texte [...] wie etwa zu Nietzsche oder zur Dramentheorie."[102] Auch theologische Schriften, zum 'Babel- und Bibel-Streit' insbesondere,[103] hat May erworben und fleißig studiert.

Fünftens: Der Shatterhand-Nimbus trat, auch im persönlichen Lebensstil des Autors, weitgehend zurück. Die abenteuerlichen Schmuckstücke der 'Villa Shatterhand' wurden verlegt in den Flur und den Gartenschuppen; Gemälde und Plastiken von modernen Künstlern - solchen vor allem, die (wie Sascha Schneider, der mit May befreundete Jugendstil-Maler[104]) die symbolistische Richtung vertraten - ersetzten die alten Requisiten.[105] Und auf Photos zeigte sich der Dichter nicht mehr im Trapper- und Beduinenkostüm, sondern in bürgerlicher Kleidung. Die Negativplatten der Shatterhand- und Kara Ben Nemsi-Photos soll May in die Donau geworfen haben.[106]

Anmerkungen

1 Claus Roxin: *Karl May, das Strafrecht und die Literatur*. In: JbKMG 1978, S. 9-36 (S. 14f.).
2 Claus Roxin: *Mays Leben*. In: *Karl-May-Handbuch*. Hrsg. von Gert Ueding in Zusammenarbeit mit Reinhard Tschapke. Stuttgart 1987, S. 62-123 (S. 106).

3 Vgl. Hans Wollschläger - Ekkehard Bartsch: *Karl Mays Orientreise 1899/1900. Dokumentation.* In: JbKMG 1971, S. 165-215.

4 Aus Mays Brief vom 13.3.1899 an Fehsenfeld; zit. nach Ulrich Schmid: *Das Werk Karl Mays 1895-1905. Erzählstrukturen und editorischer Befund.* Materialien zur Karl-May-Forschung, Bd. 12. Ubstadt 1989, S. 161.

5 Gerhard Klußmeier - Hainer Plaul (Hrsg.): *Karl May. Biographie in Dokumenten und Bildern.* Hildesheim, New York 1978, S. 161.

6 Zum ganzen Kapitel vgl. die - in manchen Details freilich sehr hypothetische - Darstellung bei Walther Ilmer: *Karl May - Mensch und Schriftsteller. Tragik und Triumph.* Husum 1992, S. 148-167.

7 Zit. nach Wollschläger - Bartsch, wie Anm. 3, S. 168 (May am 22.4.1899 an Fehsenfeld).

8 Ebd., S. 169 (Im selben Brief behauptet May, Ben Nil - eine Romanfigur in *Mahdi* - sitze neben ihm auf dem Diwan; am unteren Rand des Briefes ist ein arabisches Signum 'Ben Nil' beigefügt).

9 Ebd. (May am 22.4.1899 an Johann Dederle).

10 Karl May: *Mein Leben und Streben.* Freiburg 1910. Hrsg. von Hainer Plaul. Hildesheim, New York ²1982, S. 242. - Fischer ließ seine Kenntnis von Mays Vorstrafen durchblicken! - Vgl. Ilmer: *Karl May,* wie Anm 6, S. 149.

11 Zit. nach Wollschläger - Bartsch, wie Anm. 3, S. 170.

12 Ebd.

13 Christian Heermann: *Der Mann, der Old Shatterhand war. Eine Karl-May-Biographie.* Berlin 1988, S. 262.

14 Ebd.

15 Zit. nach Wollschläger - Bartsch, wie Anm. 3, S. 171.

16 Ebd., S. 173 (May in einem Manuskript-Fragment vom 5.6.1899).

17 Hans Wollschläger: *"Die sogenannte Spaltung des menschlichen Innern, ein Bild der Menschheitsspaltung überhaupt".* Materialien zu einer Charakteranalyse Karl Mays. In: JbKMG 1972/73, S. 11-92 (S. 55).

18 Heinz Stolte: *Mein Name sei Wadenbach. Zum Identitätsproblem bei Karl May.* In: JbKMG 1978, S. 37-59 (S. 57).

19 May im Brief vom 10.9.1900 an Fehsenfeld; wiedergegeben bei Konrad Guenther: *Karl May und sein Verleger.* In: Karl May: Freiburger Erstausgaben, Bd. XX. Hrsg. von Roland Schmid. Bamberg 1983, A 2-35 (19).

20 Zit. nach Heermann, wie Anm. 13, S. 264.

21 Eine wesentlich günstigere Bewertung gibt Christoph F. Lorenz: *"Als lyrischen Dichter müssen wir uns Herrn May verbitten"? Anmerkungen zur Lyrik Karl Mays.* In: JbKMG 1982, S. 131-157. - Vgl. auch Walter Schönthal: *Karl May als Lyriker. Plädoyer gegen eine Verdrängung.* SKMG Nr. 76 (1988).

22 Vgl. unten, S. 391f.

23 Hans Wollschläger: *Karl May. Grundriß eines gebrochenen Lebens.* Zürich 1976, S. 98.

24 Ebd., S. 99.

25 Ebd., S. 100.

26 Vgl. unten, S. 392.

27 Zit. nach Wollschläger - Bartsch, wie Anm. 3, S. 180 (May am 13.8.1899 an Emma und das Ehepaar Plöhn).

28 Ebd., S. 180 (May am 23.8.1899 an Emma).

29 Ebd. (Tagebuch-Eintrag vom 24.8.1899).

30 Ebd. (Tagebuch-Eintrag vom 26.8.1899).

31 Ebd., S. 181 (Tagebuch-Eintrag vom 5.9.1899) - Nach einem Bericht Max Weltes war May noch im Frühjahr 1897 Zigarren-Kettenraucher (nach Fritz Maschke: *Karl May und Emma Pollmer. Die Geschichte einer Ehe.* Beiträge zur Karl-May-Forschung 3. Bamberg 1973, S. 78); nach Maschke: Ebd., S. 97, entsagte May dem Nikotin (und auch dem Wein) endgültig wohl erst im Frühjahr 1901. - Zum Fleischverzicht vgl. Wollschläger - Bartsch, wie Anm. 3, S. 170 (May am 25.4.1899 an Emma).

32 Ebd., S. 181 (May im Brief vom 16.9.1899 an die Plöhns).

33 Ebd. (Herzfelder am 30.12.1900 an May).

34 Ebd., S. 181.

35 Karl May: *Himmelsgedanken*. Freiburg 1900, S. 117 ('Im Alter' heißt der Titel dieses Gedichts) - Zur Interpretation vgl. Lorenz, wie Anm. 21, S. 146ff.

36 Christoph Blau: *Karl May in Aden: "Ich bin so müd ..."*. In: MKMG 88 (1991), S. 15-19 (S. 18). - Auch Ilmer: *Karl May*, wie Anm. 6, S. 155, sieht in Mays Gedicht den Ausdruck einer "tiefen Depression" (die Ilmer auf Emmas Verhalten in Radebeul zurückführt).

37 Zit. nach Wollschläger - Bartsch, wie Anm. 3, S. 182.

38 Ebd.

39 Zit. nach ebd., S. 183 (May im Brief vom 26.9.1899 an Plöhns) - Weiter schreibt May im selben Brief: "Und dabei habe ich mit keinem Worte verrathen, daß ich ein berühmter Schriftsteller bin, sondern es ist wirklich nur die Folge des persönlichen Eindrucks, den ich gemacht habe [...]"

40 Schmid, wie Anm. 4, S. 165.

41 Zit. nach Wollschläger - Bartsch, wie Anm. 3, S. 185 (May am 10.10.1899 an Klara Plöhn).

42 Wollschläger: *Karl May*, wie Anm. 23, S. 101.

43 Zit. nach Manfred Hecker: *Die Entdeckung eines orientalischen Klondyke*. In: JbKMG 1970, S. 173-176 (S. 175).

44 Zit. nach Wollschläger - Bartsch, wie Anm. 3, S. 186 (May am 12.10.1899 an J. Dederle; abgedruckt am 8.11.1899 in der 'Tremonia').

45 Zit. nach Hecker, wie Anm. 43, S. 176 (May am 10.10.1899 ans 'Prager Tagblatt').

46 Vgl. Wollschläger - Bartsch, wie Anm. 3, S. 185.

47 Zit. nach ebd., S. 186 (May am 12.10.1899 an Prof. Dr. Gustav Jäger, Stuttgart).

48 Heermann, wie Anm. 13, S. 267.

49 Wollschläger: *Spaltung*, wie Anm. 17, S. 54.

50 Vgl. ebd., S. 55.

51 Vgl. ebd., S. 55f. (mit Bezug auf einen Brief Karl Mays vom 17.11.1899 aus Padang). - Wollschläger (ebd., S. 58) vermutet auch eine Suizid-Neigung Mays zu jener Zeit.

52 Vgl. Wollschläger - Bartsch, wie Anm. 3, S. 187 (May am 15.10.1899 an Fehsenfeld).

53 May: *Himmelsgedanken*, wie Anm. 35, S. 9 (aus Mays Gedicht 'Liebe').

54 Wollschläger: *Spaltung*, wie Anm. 17, S. 60.

55 Vgl. Günter Scholdt: *Vom armen alten May. Bemerkungen zu 'Winnetou IV' und der psychischen Verfassung seines Autors*. In: JbKMG 1985, S. 102-151 (S. 133ff.).

56 Zit. nach Wollschläger - Bartsch, wie Anm. 3, S. 191.

57 Nach Roxin: *Mays Leben*, wie Anm. 2, S. 107 - Die näheren Umstände der Krankheit Emmas wurden "erst durch den ärztlichen Befund nach ihrem Tode bekannt." (Heermann, wie Anm. 13, S. 265).

58 Nach Wollschläger: *Karl May*, wie Anm. 23, S. 102 - Vgl. Wollschläger - Bartsch, wie Anm. 3, S. 192 oben.

59 Karl May: *Frau Pollmer - eine psychologische Studie* (1907). Prozeßschriften, Bd. 1. Hrsg. von Roland Schmid. Bamberg 1982, S. 890.

60 Zit. nach Wollschläger - Bartsch, wie Anm. 3, S. 194.

61 Vgl. unten, S. 493f.

62 Vgl. Wollschläger - Bartsch, wie Anm. 3, S. 198 u. 200.

63 Ebd., S. 198.

64 Vgl. unten, S. 687ff.

65 Zit. nach Wollschläger - Bartsch, wie Anm. 3, S. 203.

66 Vgl. unten, S. 624ff. u. 634ff.

67 Zit. nach Wollschläger - Bartsch, wie Anm. 3, S. 202.

68 Ebd., S. 204 (Tagebuch-Eintrag vom 19.6.1900).

69 Ebd., S. 205.

70 Ebd., S. 206.

71 Ebd.

72 Vgl. unten, S. 510f.

73 Am 5./6.7.1900 findet sich kein Eintrag in Mays Tagebuch; in dieser Zeit dürfte sich der Zusammenbruch ereignet haben.

74 Roxin: *Mays Leben*, wie Anm. 2, S. 108. - Zum - möglichen - Hintergrund dieses zweiten Zusammenbruchs vgl. Ilmer: *Karl May*, wie Anm. 6, S. 166.

75 Für Mays Privatleben trifft dies zweifellos zu; literarisch hat er sich allerdings - vor allem in *Winnetou IV* (vgl. unten, S. 564) - doch wieder mit seinem Ich-Helden identifiziert.

76 Heermann, wie Anm. 13, S. 270.

77 Zit. nach Wollschläger - Bartsch, wie Anm. 3, S. 213 (May am 16.7.1900 auf der Schiffsreise nach Patras).

78 Ebd., S. 212 (May am 11.7.1900 in Athen).

79 Ebd., S. 199 (May am 4.6.1900 in Baalbek).

80 Wollschläger: *Karl May*, wie Anm. 23, S. 104.

81 Heermann, wie Anm. 13, S. 273.

82 May: *Frau Pollmer*, wie Anm. 59, S. 892.

83 Wollschläger: *Karl May*, wie Anm. 23, S. 102f.

84 Heermann, wie Anm. 13, S. 270ff.

85 Walther Ilmer: *Karl Mays Weihnachten in Karl Mays '"Weihnacht!"'* In: JbKMG 1987, S. 101-137 (S. 134, Anm. 19).

86 Zit. nach Wollschläger - Bartsch, wie Anm. 3, S. 215 - Schon am 10.10.1899 hatte May Klaras Mutter ein Gedicht gewidmet: "Ich kenn' ein Haus in weiter Ferne / da schlägt ein Mutterherz für mich [...]" (zit. nach Wollschläger - Bartsch, wie Anm. 3, S. 185).

87 Zit. nach ebd., S. 214 (Tagebuch-Eintrag vom 21.7.1900).

88 Ebd.

89 Ebd., S. 215 (Tagebuch-Eintrag vom 26.7.1900).

90 Ebd., S. 181 (May am 16.9.1899 an Plöhns).

91 Vgl. oben, S. 255f.

92 Claus Roxin in einem Brief vom 7.12.1990 an den Verfasser.

93 May: *Himmelsgedanken*, wie Anm. 35, S. 10 (aus Mays Gedicht 'Liebe').

94 Vgl. unten, S. 488.

95 Vgl. Roxin: *Mays Leben*, wie Anm. 2, S. 109. - Vgl. oben, S. 224ff.

96 Vgl. unten, S. 524ff. u. 528f.; vgl. auch Hermann Wohlgschaft: *Mays Friede-Roman und die Lehre der Kirche*. In: MKMG 83 (1990), S. 18-24.

97 Vgl. Karl Rahner - Herbert Vorgrimler: *Kleines Konzilskompendium*. Freiburg, Basel, Wien 1966, S. 355ff.

98 Vgl. Schmid, wie Anm. 4, S. 164f.

99 Vgl. ebd., S. 276 (Anm. 33).

100 Vgl. Hansotto Hatzig: *Karl May und Sascha Schneider. Dokumente einer Freundschaft*. Beiträge zur Karl-May-Forschung 2. Bamberg 1967, S. 233f. - Ekkehard Bartsch: *"Die liebenswürdigste aller Musen". Karl May und das Theater*. In: JbKMG 1985, S. 367-375.

101 Nach Schmid, wie Anm. 4, S. 168; vgl. ebd., S. 276 (Anm. 40).

102 Ebd., S. 169; vgl. ebd., S. 277 (Anm. 44).

103 Dazu Hermann Wohlgschaft: *Der Einfluß des Assyriologen Friedrich Delitzsch auf Karl Mays 'Babel und Bibel' und sein Spätwerk überhaupt*. In: MKMG 89 (1991), S. 4-12.

104 Vgl. unten, S. 408.

105 Näheres bei Hans-Dieter Steinmetz: *Die Villa "Shatterhand" in Radebeul*. In: JbKMG 1981, S. 300-338 (S. 316ff.).

106 Vgl. unten, S. 450.

10.2 Der 'Schundliterat' Karl May: Ein Denkmal stürzt ein

Die Läuterung Karl Mays wurde empfindlichst gestört und doch auch wieder gefördert durch das Kesseltreiben, dem der Dichter - bis zu seinem Tode - nun ausgesetzt war. Die Demontage seines Ansehens hatte im Frühsommer 1899, während der Orientreise, begonnen. Die öffentliche Kritik an seinen Büchern verschärfte sich rasch, wandte sich gegen seine Person und eskalierte zur Hetze, zum "Kreuzzug",[1] wie Heinz Stolte die ganze Kampagne bezeichnete.

Fürs erste war die Auseinandersetzung beherrscht von literarischen Gesichtspunkten und persönlichen Attacken auf May. Doch in späteren Jahren erreichte die Fehde, der Bedeutung des Mayschen Alterswerkes entsprechend, eine politische Brisanz und eine theologische Dimension.

Mays Widersacher, Kulturreformer und Kunstkritiker, Jugendbuchschützer und Antischundkämpfer, kamen aus verschiedensten politischen und weltanschaulichen Lagern, die sonst wenig miteinander zu schaffen hatten. Die eigentlichen Gegner waren - vorerst - nur Fedor Mamroth, Hermann Cardauns, Carl Muth und Ferdinand Avenarius. "Aber ihre Polemiken setzten viele andere Federn in Bewegung und verbreiteten sich in zahllosen Varianten durch die ganze deutsche Presse."[2] Jede größere Zeitung nahm Stellung zum 'Karl-May-Problem',[3] oft in dummer und gehässiger Weise.

Die Pressekampagne war in wachsendem Maße verzahnt mit Gerichtsprozessen, auf die sich der Dichter - seit Ende 1901 - wohl einlassen mußte. Auf der Höhe seines literarischen Könnens und menschlichen Reifens verfing sich Karl May in einem Monsterprozeß, dessen Ende er nicht mehr erlebte. Wie eine Hydra mit immer neuen und immer größeren Köpfen zog jede Klage neue Verfahren nach sich, die den Schriftsteller schließlich zermürbten und seine Gesundheit zerstörten. Daß es ihm, mitten in diesen Jahren, dennoch gelang, literarisch Großes - ästhetisch Geglücktes, existentiell Bedeutsames und theologisch Wertvolles - zu schaffen, grenzt schon ans Wunderbare.

10.2.1 Die Pressefehde in den Jahren 1899-1903

Öffentlich kritisiert wurde May, 1898, zunächst von katholischer Seite.[4] In der Folge war Dr. Fedor Mamroth (1851-1907), Feuilleton-Redakteur der 'Frankfurter Zeitung', des offiziösen Organs der liberalen 'Deutschen Volkspartei', der erste Kritiker Mays von nichtkirchlicher Seite.

Vorausgegangen war die Meldung im 'Bayrischen Courier', daß - im Frühjahr 1899 - sämtliche May-Bände aus den Bibliotheken verschiedener Mittelschulen in Bayern entfernt worden seien. Die Begründung für diese Maßnahme: Mays Phantasie sei "für die Jugend zu gefährlich".[5] Mamroth griff die Angelegenheit auf und kommentierte sie: May sei ein Fabulist "von Begabung", aber seine Werke glorifizierten das heldische 'Ich'; die Taten Old Shatterhands seien freie Erfindung; außerdem strotzten die Mayschen Erzählungen "von einer gesunden Roheit, [...] die durch ihre Verquickung mit einer tendenziösen Verherrlichung des bigotten Christentums nicht gerade angenehmer wirkt."[6]

Mays Freunde reagierten "mit täppischem Ernst"[7] in Leserbriefen an die 'Frankfurter Zeitung'. Fehsenfeld beispielsweise verteidigte den Realitätsgehalt der Reiseerzählungen. Er schrieb, zum Beleg dieser These, der Autor sei zur Zeit im Sudan und wolle dann nach Arabien zu den Haddedihn reiten.[8]

In weiteren Artikeln wiederholte und verstärkte nun Mamroth seine Attacken. Was den Journalisten so störte, war - von der "süßlich-frömmelnden Propaganda für den wahren Glauben"[9] abgesehen - aber weniger der Inhalt der Mayschen Bücher (er las sie noch im Sterbebett und empfand sie als wohltuend[10]); was ihn vor allem störte, war das Auftreten des Schriftstellers in der Öffentlichkeit: Da May - so Mamroth -

auch im bürgerlichen Leben die Fiktion festhält und bestärkt, er selber habe das, was er darstellt, erlebt und vollbracht, werden seine Phantasmen zu Unwahrheiten, werden seine Erzählungen UNMORALISCH im strengsten Sinne dieses vielmißbrauchten Wortes.[11]

May war, 1899, eine Art "König",[12] der - so mag es Mamroth gesehen haben - gestürzt werden mußte. Doch der Redakteur wählte, über die sachliche Kritik hinaus, auch äußerst fragwürdige Methoden: Die 'Pfälzische Presse', die Mamroths Artikel nachgedruckt hatte, brachte am 29. Juni 1899 das Gerücht, Karl May verweile überhaupt nicht im Orient, sondern - in Bad Tölz-Krankenheil, einem oberbayerischen Jodbad, das speziell von Geschlechtskranken aufgesucht wurde. Mamroth griff diese Meldung auf und ergänzte sie durch eigene Recherchen: May war, wie Mamroth ermittelte, als Kurgast im Fremdenbuch des Tölzer Hotels 'Bürgerbräu' eingetragen! Nur - Mays Unterschrift war, wie sein Anwalt Paul Brückner (im Auftrag Emma Mays und des Ehepaars Plöhn) später nachweisen konnte, eine Fälschung von fremder Hand![13]

Als "gezielte Kampagne gegen May"[14] wird Mamroths Verhalten zwar nicht zu bewerten sein; von der Fälschung der Unterschrift wird er wohl nichts geahnt haben; und seine Angriffe setzte er später nicht fort. Dem, ansonsten ja achtbaren,[15] Redakteur ist aber doch vorzuwerfen, daß er ehrenrührige Informationen über Mays vermeintlichen Aufenthalt in Bad Tölz nur allzu bereitwillig verbreitet hat.

Karl May, den Mamroths - in einigen Punkten sehr leicht widerlegbaren, in anderen Punkten aber doch berechtigten - Artikel in Jerusalem überraschten, war zutiefst getroffen. Denn seine, von Mamroth angegriffene, Sendung als Erzieher nahm er außerordentlich ernst.

Mays in Jerusalem verfaßte Replik erschien - unter dem Namen Richard Plöhns - Ende September 1899 in der Dortmunder 'Tremonia', einer katholischen Tageszeitung. Der 'Bayrische Courier' brachte den Artikel, wenig später, dann ebenfalls.

Zu Recht hat der Autor seine literarische Intention verteidigt: "ich schreibe für die an Liebe Armen und Bedürftigen, für die, welche sich nach innerem Frieden sehnen [...] Das sind ungezählte Tausende, welche mich jetzt und nach meinem Tode lesen werden."[16] In Mays Entgegnung finden sich - wie zu beachten ist - sehr schöne, biographisch bedeutsame Stellen.[17] In anderen Passagen aber reagierte der Schriftsteller doch unangemessen, "mit übertriebener Aufgeregtheit".[18]

Auf den Kernpunkt der Mamroth-Attacken ging er nicht ein. Die Frage nach der Identität seines Ich-Helden mit dem Autor hat May - zu einer Zeit des inneren Umbruchs, da er selbst die 'Shatterhand-Legende' schon fast überwunden hatte - als "geistige Pfennigfuchserei"[19] abgetan. Doch die souveräne Überlegenheit, das rhetorische Geschick, die gewachsene Distanz zur eigenen Subjektivität, die in manchen späteren Streitschriften Mays zu bewundern sind, ließ der Verfasser des 'Tremonia'-Artikels vermissen.[20] Stattdessen nahm er, in manchen Partien, Zuflucht zu Peinlichkeiten. So ließ er 'Plöhn' zum Beispiel behaupten: Karl May sei "der frömmste, gläubigste Christ, der edelste, beste Mensch, den es nur geben kann"![21]

Diese Art von Selbstverteidigung nützte May nichts. Ein Hauptfehler war, daß er nicht zu haltende Bastionen "stets um eine Spanne zu spät räumte".[22] Daß er mit dem Edel-Ich seiner Reiseerzählungen nicht identisch war, hätte niemand ihm vorwerfen können - wenn er nicht selbst diese Fiktion, in den zurückliegenden Jahren, so dreist unterstrichen und wenn er sich jetzt, nach der Kritik Fedor Mamroths, expressis verbis (und nicht nur verschlüsselt in seinen Romanen) von den 'Weltläufer'-Auftritten distanziert hätte.[23]

Andrerseits, so müssen wir May wieder zugestehen, hätte die Öffentlichkeit die komplizierten Motive,[24] die Hinter-Gründe der 'Shatterhand-Legende' wohl nicht verstehen können. Die Ausweich-Manöver des Schriftstellers waren, insofern, nur konsequent und nicht schlechterdings unverzeihlich.

Die 'Shatterhand-Legende' war freilich nicht der einzige und nicht der bedrohlichste Vorwurf, der gegen May erhoben wurde. Das literarische 'Ich' und die Auftritte Old Shatterhands resp. Kara Ben Nemsis in Deutschland und Österreich (und noch während der Orientreise) boten für Mamroth und andere Hüter der Moral nur Stoff zum Gelächter. Aber noch weitere und gefährlichere Munition lag bereit: für Dr. Hermann Cardauns (1847-1925), den Hauptredakteur der katholischen 'Kölnischen Volkszeitung'.

In einem Artikel vom 5. Juli 1899 schloß sich Cardauns - zunächst noch eher sachlich und abwägend, dann zunehmend aggressiv - der May-Kritik Mamroths an.[25] Noch im Jahre 1892 hatte Cardauns die Reiseerzählungen Mays gelobt und "mit wirklichem Vergnügen"[26] gelesen. Jetzt aber, 1899, kritisierte er scharf den Realitätsanspruch dieser Romane, noch schärfer die Aufschneiderei, die Selbstreklame des Verfassers, am bissigsten aber die Predigtmanier Karl Mays: Als Jules Verne und Paulus gebe sich May "in einer Person"![27] Das Religiöse im Werk unseres Schriftstellers hielt der Redakteur (ähnlich wie 1898 schon Carl Muth, dessen Literaturbewegung Cardauns ja sehr nahestand[28]) für unecht und aufgesetzt.

In den folgenden Jahren gehörte Cardauns zu den grimmigsten Gegnern Karl Mays. In diversen Artikeln und wiederholten öffentlichen Vorträgen über 'Literarische Curiosa (Leo Taxil, Robert Graßmann und Karl May)' - erstmals am 6.11.1901 in Dortmund, dann am 14.1.1902 in Elberfeld und am 20.3.1902 in Köln - griff er den Schriftsteller an.[29] Inkognito reiste May, anläßlich des Vortrags in Elberfeld, eigens nach Düsseldorf, "um das Geschehen aus der Nähe zu betrachten".[30]

Der zentrale, ständig wiederholte Vorwurf des Kölner Hauptredakteurs: Karl May habe "abgrundtief Unsittliches" geschrieben! Cardauns' Empörung bezog sich, seit 1901, primär auf die Münchmeyerromane. Doch wie kam es dazu?

Von 1901 bis 1906 gab Adalbert Fischer, der neue Besitzer des Münchmeyerverlags, gegen den Willen des Autors[31] und unter Bruch des Pseudonyms die fünf Kolportageromane Karl Mays - beginnend mit *Die Liebe des Ulanen* - in 25 (zum Teil von Paul Staberow, zum Teil von anderen Autoren bearbeiteten) dicken Bänden neu heraus: als 'Karl May's Illustrierte Werke'. Sie erschienen "mit derartigen Reklametrompetenstößen, daß alle Welt auf dieses Unternehmen aufmerksam werden mußte [...] Mir wurde himmelangst."[32] Diese Angst war nur allzu begründet! Zwar war das Pseudonym schon 1883 von Münchmeyer gelüftet worden.[33] Doch erst jetzt, durch die Propaganda Fischers und die Entrüstung Cardauns', wurde der breiten Öffentlichkeit Karl May als Verfasser von 'Schundromanen' bekannt. Seinem Ansehen fügte das erneute Erscheinen dieser früheren Werke den schwersten Schaden zu.

Mays Kolportageromane enthalten gewisse erotische Freizügigkeiten, die - nach heutigem Maßstab - freilich sehr harmlos sind und zum Teil eher komisch wirken.[34] Seit 1901 und bis zum Lebensende beteuerte May, daß diese Passagen von dritter Hand in seine Texte hineinredigiert worden seien. Die Münchmeyerromane "erscheinen erstens gegen meinen Willen und zweitens ganz anders, als ich sie nun vor über zwanzig Jahren geschrieben habe. Sie sind Fälschungen meiner Originale."[35]

Ob und in welchem Ausmaße diese Fälschungstheorie zutrifft, ließ sich damals - und läßt sich auch heute - nicht mit Sicherheit klären (die Manuskripte hatte der Münchmeyerverlag ja verschwinden lassen!). Manche Anhaltspunkte sprechen für die Richtigkeit der Mayschen Version.[36] Dennoch - trotz unklarer Beweislage und obwohl die Romane, auch nach damaliger Rechtsauffassung, keineswegs 'pornographisch' waren[37] - wurde May von Cardauns wegen der 'unsittlichen Stellen' aufs gröbste diffamiert. Teilweise verständlich ist die 'Affäre' allerdings auf dem Hintergrund einer prüden Moral, die z.B. auch die Werke Zolas oder Dramen-Texte von Ibsen, Schnitzler und Hauptmann nicht akzeptieren konnte.[38]

In den Jahren 1902-1904 und dann wieder 1907-1912 stand die 'Kölnische Volkszeitung' im Zentrum der May-Hetze.[39] Cardauns sprach "nur immer von seinen 'Akten', 'Dokumenten' und 'Beweisen' und erweckte dadurch den Anschein, als ob er sich im Besitze meiner geschriebenen Originale befinde."[40] Eine moralische Doppelgleisigkeit in den Schriften Mays - für Pustet fromm und für Münchmeyer obszön - glaubte der Kirchenmann nun entdeckt zu haben. Er verdächtigte May der religiösen Heuchelei: "Das Allerschlimmste" sei, daß die 'Hintertreppenromane' in denselben Jahren erschienen, in welchen May auch Texte verfaßte, "die in sexueller Hinsicht einwandfrei und zuweilen katholisch gefärbt sind."[41]

Der Anti-Schund-Bewegung fiel May nun zum Opfer. Der Schriftsteller wurde verfemt, als Verderber der Jugend.[42] Der allzu naiven Verehrung in den neunziger Jahren folgte das Scherbengericht. Denn zur selben Zeit, da der Dichter - mit dem *Pax*-Roman und dem *Silberlöwen III/IV* - literarisch Bedeutendes schuf, wurden mit überkritischen Augen seine ästhetisch anspruchslosesten Werke, die Kolportageromane, unter die Lupe genommen!

Auch Carl Muth (1867-1944), ab 1903 der Leiter des 'Hochland', einer zu Recht sehr angesehenen katholischen Monatsschrift, wandte sich - im Artikel *Ein entlarvter Jugendschriftsteller* (1902)[43] - gegen Mays Kolportageromane: Sie seien "einfach scheußlich", in moralischer wie literarischer Hinsicht!

Als Ironie des Schicksals ist die Kontroverse Muth-May zu bezeichnen. Einer tragischen Komponente entbehrt sie gewiß nicht. Als Reformkatholik kämpfte Muth (wie Cardauns) engagiert für die christliche Literatur, für die Hebung ihres Niveaus, und gegen die Sonderkultur, die Getto-Mentalität der katholischen Kirche in der damaligen Zeit. Daß der christliche Glaube sich den Kunstformen der Gegenwart öffnen müsse, war sein besonderes Anliegen. Er stand insofern dem 'Modernismus' nahe und wurde - in römischen Kreisen - entsprechend befehdet.[44] Was Muths Position im allgemeinen betrifft, so kann man nur sagen: Er hatte recht. Auch May hatte seinen Kritiker "offenbar geschätzt"[45] und dessen literarische Ziele, im Prinzip, nur gebilligt!

May liebte es, seine Gegner "persönlich zu sehen und zu sprechen. So bin ich auch zu Muth [...] gegangen."[46] Im Sommer 1902 oder im Herbst 1907 könnte diese Begegnung erfolgt sein[47] - ohne positives Ergebnis. Im Frühjahr 1907 bezeichnete May, in einem Brief an den Schriftsteller Leopold Gheri, Muth als "katholischen Kunstpapst";[48] im April 1908 beklagte er "zweideutige Drohungen" im 'Hochland';[49] und auch später noch zählte er Muth zu seinen Gegnern.[50] Dennoch hat May die Schriften des 'Hochland'-Kreises in höchsten Tönen gepriesen: als "junge, heilig strebende Literatur, welche tiefer steigen und höher fliegen und Größeres erreichen wird, als sie selbst wohl ahnt."[51]

Muth war persönlich ein Ehrenmann und die Regeln des menschlichen Anstands verletzte er nicht - im Gegensatz zu manchen anderen Kritikern Mays. Sachliche Polemik verband sich bei der Mehrzahl der Gegner mit zunehmender Feindschaft und persönlichem Haß. Das Neid-Motiv - Karl May hatte, anders als die meisten seiner Gegner, literarischen Erfolg - spielte wohl auch eine Rolle. Der oldenburgische Heimatdichter Georg Ruseler z.B. erklärte in seinem Aufsatz *Karl May, eine Gefahr für die Jugend* (1901): "Ich will keinem Menschen Böses wünschen, aber ich gönne ihm [May] nicht weitere 10 Jahre seines arbeitsreichen Lebens".[52]

May wehrte sich, auch seinerseits nicht frei von bedenklichen Untertönen. Er merkte es selbst: Seine "immer noch nicht ganz überwundene Anima" habe ihn, so heißt es in der Selbstbiographie, bisweilen überlistet. "So lange sich der Mensch im Niedrigen bewegt, und das mußte ich [...] doch mehr als reichlich tun, hat das Niedrige Macht über ihn."[53]

Mays beste und gültigste Antwort auf die Pressekampagne sind seine literarischen Werke, seine symbolistischen Romane nach 1900. Doch gleichzeitig ließ sich der Schriftsteller auf andere, teilweise dubiose, Methoden der Auseinandersetzung ein.

Fehsenfeld publizierte im Januar 1902 die anonyme, von May im Herbst 1901 verfaßte Broschüre *"Karl May als Erzieher" und "Die Wahrheit über Karl May"* oder *Die Gegner Karl Mays in ihrem eigenen Lichte von einem dankbaren May-Leser.*[54] Dieser - auf die biblische Parabel vom Sämann (Lk 8, 4ff.) verweisende[55] - Text, vertrieben in einer Auflage von 100.000 Exemplaren für 10 Pfennig je Stück, enthielt neben Bedenkenswertem und Richtigem auch unzutreffende Behauptungen über den Bachem-Verlag (in welchem auch die 'Kölnische Volkszeitung' erschien).[56] Der Kölner Verleger - Julius Bachem - und Hermann Cardauns konnten May "sogleich widerlegen und damit seine Glaubwürdigkeit insgesamt erschüttern".[57]

Für den Anhang seiner Verteidigungsschrift hatte May, in ungenauer Zitierweise, 178 Verehrerbriefe zusammengestellt. Überhaupt taktierte Mays Broschüre mit ungenauen Daten "sowie vielen anderen Verwirrungen, die [...] eher den Ausflucht- als Aufklärungscharakter belegen".[58] Durch Auftrumpfen und Rechthaberei vergrößerte May noch den Schaden, entfachte neue Probleme und verschärfte so den Konflikt.

Daß auch verständige Leute, wie Carl Muth, unseren Autor nicht verstehen konnten, wird durch Eigentore wie das Selbstlob des *dankbaren Lesers* ein Stück weit erklärlich. Die Warnung des Engels Ben Nur an Kara Ben Nemsi - "du bedrohst dich als dein eigener Feind"[59] - hat May zu oft überhört oder wieder vergessen. Zum Teil also, zum geringeren Teil allerdings, war May an der eigenen Misere selbst schuld - was sein besseres Ich (man muß es immer wieder betonen) ja durchaus gewußt und, im *Silberlöwen IV*, mit Reue bekannt hat.[60]

Mit dem *dankbaren Leser* förderte May die Feindschaft weiterer Gegner. Ferdinand Avenarius (1856-1923), ein konservativer, "für den literarischen Geschmack des wilhelminischen Bürgertums meinungsbildender Kritiker",[61] spießte - in seinem Aufsatz *Karl May als Erzieher* - die Maysche Reklameschrift auf. Der Artikel erschien im März 1902: in der renommierten, von Avenarius (einem Neffen Richard Wagners) herausgegebenen Zeitschrift 'Der Kunstwart'.

Avenarius, der "protestantische Kunstpapst", wie May ihn später genannt hat,[62] bezeichnete - ähnlich aggressiv wie Hermann Cardauns und, wie sich 1910 herausstellen sollte, noch bedeutend bösartiger als dieser - den sächsischen Literaten als "Schundfabrikanten" und seine sämtlichen Werke als "eine Art von Volksgehirnerweichung".[63]

May wurde zum "Sündenbock für den ganzen literarischen Mob".[64] Alle Sünden der Vergangenheit (soweit sie damals bekannt waren) wurden nun aufgetischt: die Tatsache, daß May als katholisch galt, in Wirklichkeit aber Lutheraner war;[65] das Erscheinen des *Waldröschen* und der anderen Kolportageromane; die 'Shatterhand-Legende' (als Dauerbrenner) und der falsche 'Doktor' natürlich.

Auch der Ehrendoktortitel, den Klara Plöhn ihrem künftigen Gatten - über eine obskure 'Deutsch-amerikanische Universität' in Chikago - am 9.12.1902 besorgt hatte und den zu führen dem Dichter im Frühjahr 1903 zu Recht untersagt wurde,[66] war eine Blamage für ihn. Dabei hatte May sein Renommiergehabe schon weitgehend abgelegt! Der Doktortitel sei "leere Prahlerei", gab er - im Brief vom 14.2.1902 an Fehsenfeld - zu verstehen: "Ich bin Karl May; nach weiterem trachte ich nicht!"[67]

Doch May war nun abgestempelt: als Lügner, als Schundliterat, als unseriöse Persönlichkeit. Auch die Scheidung von Emma und die Wiederheirat mit Klara (1903)[68] waren nicht gerade geeignet, Mays Feinde, die katholischen insbesondere, zu besänftigen. Zudem hatte der Dichter noch Grund zur Befürchtung, seine Straftaten, seine Delikte in den 1860er Jahren, könnten im Verlauf des Gerichtsprozesses (May gegen Münchmeyer) zitiert werden. Kein Wunder: Ins Irrenhaus - wie der Benediktiner Willibrord Beßler in der katholischen Zeitschrift 'Stern der Jugend' (Ende 1903) behauptete[69] - mußte May zwar nicht; aber am 8. November 1903 erkrankte er schwer. Hohes Fieber mit Herzschwäche brachte ihn dem Tode schon nahe.[70] Erst nach Monaten konnte er seine schriftstellerische Arbeit wiederaufnehmen: mit *Und Friede auf Erden!*, der erweiterten und verbesserten Neufassung des *Pax*-Romans (1901).

10.2.2 Die Zivilprozesse des Schriftstellers (1901-1903)

Um sich selbst zu schützen, hatte May, seit Dezember 1901, den Rechtsweg beschritten. Dies führte zu Streitigkeiten, aus denen der Kläger, bis zum Tode, nicht mehr herauskam. Eine "uferlose und in zahllosen Nebenrinnsalen und Sumpfgewässern sich verästelnde Prozeßflut"[71] - deren Einzelheiten ganze "Bände füllen"[72] würden - drohte Mays Psyche zu verdüstern und seine Schaffenskraft zu beeinträchtigen.

Seine Hauptprozesse führte der Schriftsteller gegen die Verlegerswitwe Pauline Münchmeyer (mit der Frau Emma, des Dichters Ehefrau bis Januar 1903, verbündet war) und den neuen Verlagsbesitzer Adalbert Fischer sowie - seit Dezember 1904 - den Journalisten Rudolf Lebius. Der ursprüngliche Streitpunkt waren die Rechte des Autors an den, von Fischer neu publizierten, Münchmeyerromanen.

Eine immer zentraler werdende Rolle spielten die 'unsittlichen' Stellen in diesen Werken. Der Dichter sah sich genötigt, seine Kraft mit Belanglosigkeiten zu vergeuden. Ob die 'üppigen Brüste', die 'durchsichtigen Negligés' usw., die in den Romanen (nach heutigen Maßstäben, wie gesagt, sehr dezent!) geschildert werden, Mays eigene 'Leistung' waren oder ob sie - wie der Autor versicherte - von anderen hineinredigiert oder ausgeschmückt wurden, hat für die Gesamtbewertung des Phänomens Karl May so gut wie keine Bedeutung.

Daß Mays Prozessieren insgesamt völlig unnötig, ja "krankhaft falsch" gewesen sei, wie Oskar Gerlach, der gegnerische Anwalt - nach Mays Tode, in verspätetem Mitleid - geschrieben hat,[73] folgt daraus allerdings nicht. May hatte keinen Verfolgungswahn. Die Bedrohung war Realität. Und die Firma Münchmeyer hatte den Autor, mit größter Wahrscheinlichkeit, tatsächlich betrogen. Daß der Dichter seine Rechte verteidigte und sein Ansehen, auf dem Rechtswege, zu retten versuchte, ist also verständlich.

Ende 1901 suchte May, nach langem Zögern,[74] beim Landgericht Dresden eine Entscheidung gegen den Münchmeyer-Nachfolger Fischer. Diesem hatte May schon in Kairo, Ende April 1899, mit Klage gedroht. Aber Fischer beeindruckte dies nicht. In einer persönlichen Begegnung mit May - im August 1900 - hatte der Verleger durchblicken lassen, daß er den Schriftsteller, aufgrund seiner Jugenddelikte, in der Hand habe. Fischers Angebot - gegen eine Zahlung von 70.000 Mark auf die Neupublikation der Münchmeyerromane zu verzichten - hatte May, verständlicherweise, zurückgewiesen.[75]

Für öffentliches Aufsehen hatte Fischer, trotz des Mayschen Protests, mittlerweile gesorgt: mit dem Beginn des Neudrucks der Kolportageromane. Einen anderen Weg zur Gegenwehr sah der Autor jetzt nicht mehr: Er klagte am 10. Dezember 1901 gegen Fischer - wegen unbefugten Nachdrucks seiner Werke. Und am 10. März 1902 folgte, ebenfalls beim Landgericht Dresden, Mays Klage gegen Pauline Münchmeyer. Die Interessen des Autors (gegen Fischer wie gegen Frau Münchmeyer) vertrat der Rechtsanwalt Rudolf Bernstein, "der 'liebe Rudi', der 'wahre Freund', [...] der Regisseur, [...] der seinen Klienten von Klage zu Klage"[76] trieb und - was May zu spät erst erkannte - "in weit größerem Maße persönliche Interessen wahrte als die seines Mandanten".[77]

Diese Kommentare (Hans Wollschlägers bzw. Roland Schmids) sind allerdings mißverständlich: Daß Bernstein überhöhte Honorare verlangte, dürfte wohl zutreffen; daß er Mays Prozesse nicht richtig geführt habe, kann man aber nicht sagen.[78] Denn May hat, zuletzt, ja gewonnen.

Die Auseinandersetzung mit der Verlegerswitwe lief, über Jahre hinweg, durch mehrere Instanzen. Es ging um die Rechnungslegung für (bis 1899) verkaufte Romanexemplare und um Entschädigung für unbefugte Auflagenüberschreitungen. Das Problem - im Streit mit Fischer wie mit Frau Münchmeyer - war die mißliche Tatsache: Für seine Rechte an den Romanen hatte May keine schriftlichen Beweise. Auch die von May, noch in der Selbstbiographie (1910) erwähnten Briefe[79] Heinrich Münchmeyers, die die Rechtsposition des Schriftstellers bestätigen sollten, konnte dieser nicht vorlegen - weil sie nicht (oder nicht mehr) existierten. Später, in einem Protokoll vom 9. November 1907, soll May - nach der Darstellung Lebius' - selbst zugegeben haben, daß die Briefe nie in seinem Besitz gewesen seien und ihre Erwähnung im Schreiben an Fischer (vom 30. April 1899) "nur 'eine Diplomatie' von ihm gewesen sei".[80]

Doch die Darstellung des Lebius ist von Widersprüchen nicht frei und könnte auf einem Mißverständnis beruhen.[81] Daß May, was die Münchmeyer-Briefe betrifft, gegenüber Fischer geflunkert habe, ist keineswegs sicher. Und was den Kern des Streites - Mays Rechte an den Romanen - betrifft, war die Aussage des Schriftstellers zweifellos glaubwürdig. Daß, laut mündlicher Vereinbarung mit der Firma Münchmeyer, nach dem Verkauf von je 20.000 Exemplaren sämtliche Rechte an den Autor zurückfallen sollten,[82] dürfte May wohl schwerlich erfunden (oder sich selbst nur eingeredet) haben. Nur - beweisen konnte May eben nichts.

Auch im Blick auf die 'unsittlichen' Partien in den Romanen war er im Nachteil. Die Originalmanuskripte, der einzig in Frage kommende Beweis für die 'Unschuld' des Autors, waren, wie gesagt, nicht zu greifen - mit Ausnahme des 70-80 Seiten umfassenden *Delilah*-Beginns,[83] den Fischer (den Spieß herumdrehend) als Beweismaterial für die 'freizügige' Schreibweise des Dichters ins Feld führte.[84]

Das, heute ebenfalls verschollene, *Delilah*-Fragment könnte - nach zeitgenössischen Presseberichten[85] - die Position Karl Mays ein wenig geschwächt haben. 'Wogende Busen' oder ähnliche 'Kühnheiten' mag der Text wohl enthalten haben. Mehr aber nicht! Fischer hätte sonst gegen May, in puncto 'Unsittlichkeit', sicher Recht bekommen.

Vermutlich sollten nach Fischers Plan auch Teile des *Buches der Liebe*, die May (1875) für Münchmeyer geliefert hatte,[86] die Glaubwürdigkeit des Schriftstellers vor dem Dresdner Gericht in Frage stellen: "Man hat mich aus prozessualen Gründen fälschlicher Weise beschuldigt, für Münchmeyer das 'Buch der Liebe' geschrieben zu haben."[87]

Diese Formulierung (in *Mein Leben und Streben*) ist insofern korrekt, als May ja tatsächlich nur TEILE des Buches verfaßt hatte. May suggeriert in der Selbstbiographie nun freilich den Eindruck, mit dem *Buch der Liebe* habe er NICHTS zu schaffen gehabt. Dies aber trifft, wie wir wissen, nicht zu.

Hatte der Dichter vor Gericht einen Grund, sich vom *Buch der Liebe* zu distanzieren? Vermutlich ja. Denn Fischer bzw. Frau Münchmeyer kämpften mit tückischen Waffen: Die Entstehung des *Buches der Liebe* hing ja zusammen mit dem Verbot des *Venustempels* durch die Behörden;[88] allein schon dieser Zusammenhang war für May eine Gefahr, die Fischer wahrscheinlich zu nützen versuchte.

Daß die von May stammenden Teile des *Buches der Liebe*, auch nach damaligen Maßstäben, nicht im entferntesten als 'unsittlich' zu bezeichnen waren, dürfte Fischer gewußt haben. Dies aber "läßt nur den Schluß zu, daß nicht der Text als solcher" den Vorwurf der Unmoral erhärten sollte,

sondern vielmehr die [...] Entstehungsgeschichte dieses Werks. Diese Entstehungsgeschichte dürfte seinerzeit der Verlegerwitwe Pauline Münchmeyer noch gut in Erinnerung gewesen sein. Man kann mit großer Wahrscheinlichkeit davon ausgehen, daß sie Adalbert Fischer die entsprechenden Hinweise geliefert hat.[89]

Zu beweisen war mit dem *Buch der Liebe* allerdings nichts - weder im Sinne Fischers noch Mays. Was die Originaltexte der Kolportageromane und die Urheberrechte des Autors betrifft, blieb alles offen. Doch immerhin erreichte May, im Jahre 1902, eine einstweilige Verfügung: Fischer durfte die Romane zwar weiterhin verkaufen, aber nicht mehr neu drucken.[90]

Am 11. Februar 1903 kam es - im Fischer-Prozeß - zu einem Vergleich, der für May, wie sich zeigen sollte, nachteilig war. "Bei der Zustimmung Mays wird der Wunsch mitgespielt haben, für den [...] Prozeß gegen Pauline Münchmeyer größeren Spielraum zu erlangen [...] Auch Fischers Drohung, die Vorstrafen zu offenbaren, wird ihre Wirkung nicht verfehlt haben."[91]

May erklärte öffentlich, daß sich Fischer beim Ankauf der Firma Münchmeyer im Glauben befunden habe, alle Rechte an Karl Mays "bei dieser Firma erschienenen Werken mit erworben zu haben."[92] Und Fischer erklärte: Sofern in den Schriften Mays "etwas Unsittliches enthalten sein sollte", stamme dies seiner - Fischers - "Überzeugung nach nicht aus der Feder des Verfassers", sondern sei "von dritter Seite früher hinein getragen worden".[93]

Der Vergleich enthielt, im Notariatsprotokoll vom 11.2.1903, noch weitere Vereinbarungen, die im Text der öffentlichen Erklärungen fehlten: Die einstweilige Verfügung aus dem Jahre 1902 war aufgehoben; und Fischer durfte, mit ausdrücklicher Erlaubnis des Schriftstellers, die fünf Kolportageromane neu drucken - "allerdings mit der Einschränkung, daß Fischer alle die seiner Überzeugung nach anstößigen Textpassagen auf seine Kosten tilgen sollte."[94]

Der Streit schien damit beendet. Und May war, zunächst, anscheinend zufrieden. Sogar ein weiteres Buch, die *Erzgebirgischen Dorfgeschichten* (mit vier alten und zwei neuen Erzählungen Mays),[95] durfte in Fischers Verlag - 1903 - erscheinen. Die *Delilah*- und *Buch der Liebe*-Fragmente sollte Fischer, wie vereinbart, freilich zurückgeben. Daß er den - später von Karl (oder Klara) May wohl vernichteten[96] - *Delilah*-Text dem Autor zurückgab, ist "ziemlich sicher";[97] und die Rückgabe des *Buch der Liebe*-Fragments, eines Druckbogens mit 16 Seiten, ist "definitiv bekannt".[98]

Der Schriftsteller zog im Mai 1903 seine Klage gegen Fischer zurück. Die gerichtlichen Kosten wurden geteilt. Doch der Friede war trügerisch: Die juristische Auseinandersetzung mit Pauline Münchmeyer schleppte sich hin und drohte fatal zu werden - nachdem es Dr. Gerlach, dem Anwalt der Münchmeyer-Partei, im November 1903 (sehr trickreich) gelungen war, Mays Strafakte - bezüglich der Jugenddelikte - ins Spiel zu bringen, d.h. durchs Gericht herbeiziehen zu lassen.[99]

Auch mit Fischer hatte May noch bedeutenden Ärger. Dubiose Passagen der Kolportageromane ließ der Geschäftsmann im Text. Fischers Erklärung, daß solche Partien - seiner "Überzeugung" nach - "von dritter Seite" manipuliert worden seien, hatte keine Beweiskraft und nützte May in der Öffentlichkeit überhaupt nichts: Ob 'etwa unsittliche Stellen' von May oder einem anderen stammten, konnte Fischer ja schließlich nicht wissen!

Hermann Cardauns und seine Verbündeten sahen nicht den mindesten Grund, ihre Kampagne nun einzustellen. Für sie blieb Karl May, der Verfasser von 'Schundromanen', ein verächtlicher Schädling. Der Krieg ging, verschärft sogar, weiter. Den *Frieden auf Erden* konnte May nur erträumen.

Anmerkungen

1   Heinz Stolte: *Der Volksschriftsteller Karl May. Beitrag zur literarischen Volkskunde* (Reprint der Erstausgabe von 1936). Bamberg 1979, S. 11 - Eine sehr ausführliche Darstellung bietet Hainer Plaul: *Literatur und Politik. Karl May im Urteil der zeitgenössischen Publizistik.* In: JbKMG 1978, S. 174-255.

2   Claus Roxin: *Mays Leben.* In: *Karl-May-Handbuch.* Hrsg. von Gert Ueding in Zusammenarbeit mit Reinhard Tschapke. Stuttgart 1987, S. 62-123 (S. 114).

3   Vgl. Bernhard Kosciuszko: *Im Zentrum der May-Hetze. Die Kölnische Volkszeitung.* Materialien zur Karl-May-Forschung, Bd. 10. Ubstadt 1985 - Hermann Wiedenroth: *Karl May in der zeitgenössischen Presse. Ein Bestandsverzeichnis.* Langenhagen 1985.

4   Vgl. oben, S. 351.

5   Zuschrift an den 'Bayrischen Courier' vom 31.5.1899; zit. nach Karl May: *Mein Leben und Streben.* Freiburg 1910. Hrsg. von Hainer Plaul. Hildesheim, New York ²1982, S. 414 (Anm. 219).

6   In der 'Frankfurter Zeitung' vom 3.6.1899; zit. nach Hansotto Hatzig: *Mamroth gegen May. Der Angriff der "Frankfurter Zeitung".* In: JbKMG 1974, S. 109-130 (S. 113f.).

7   Christian Heermann: *Der Mann, der Old Shatterhand war. Eine Karl-May-Biographie.* Berlin 1988, S. 277.

8   Vgl. Hatzig: *Mamroth gegen May*, wie Anm. 6, S. 115f.

9   Mamroths Artikel vom 17.6.1899; zit. nach Hatzig: Ebd., S. 122.

10 Nach dem Bericht des Sohnes von Mamroth; wiedergegeben bei Hatzig: Ebd., S. 128f.

11 Zit. nach Hatzig: Ebd., S. 122f. (Hervorhebung von mir).

12 Hans Wollschläger: *Karl May. Grundriß eines gebrochenen Lebens.* Zürich 1976, S. 93.

13 Vgl. May: *Mein Leben und Streben*, wie Anm. 5, S. 245; dazu Plaul: *Karl May*, wie Anm. 5, S. 440f. (Anm. 259).

14 Heermann, wie Anm. 7, S. 279.

15 Vgl. Claus Roxin: *Das vierte Jahrbuch.* In: JbKMG 1974, S. 7-14 (S. 13).

16 Karl May: *May gegen Mamroth. Antwort an die "Frankfurter Zeitung".* In: JbKMG 1974, S. 131-152 (S. 132).

17 Vgl. z.B. oben, S. 50.

18 Roxin: *Das vierte Jahrbuch*, wie Anm. 15, S. 11.

19 May: *May gegen Mamroth*, wie Anm. 16, S. 138.

20 Vgl. Walther Ilmer: *Karl May und seine Gegner.* In: *Karl-May-Handbuch*, wie Anm. 2, S. 542f. (S. 543).

21 May: *May gegen Mamroth*, wie Anm. 16, S. 145.

22 Günter Scholdt: *Vom armen alten May. Bemerkungen zu 'Winnetou IV' und der psychischen Verfassung seines Autors.* In: JbKMG 1985, S. 102-151 (S. 140).

23 Selbst im Alterswerk wird die Fiktion 'Old Shatterhand/Kara Ben Nemsi = Karl May' gelegentlich noch beibehalten. - Vgl. Scholdt, wie Anm. 22, S. 139f. - Ulrich Schmid: *Das Werk*

Karl Mays 1895-1905. Erzählstrukturen und editorischer Befund. Materialien zur Karl-May-Forschung, Bd. 12. Ubstadt 1989, S. 204.

24 Vgl. oben, S. 329ff.

25 Vgl. Hermann Cardauns: *Ein ergötzlicher Streit* (5.7.1899). Wiedergegeben bei Kosciuszko, wie Anm. 3, S. 2ff.

26 Zit. nach Kosciuszko: Ebd., S. 1.

27 Cardauns: *Ein ergötzlicher Streit*, wie Anm. 25, S. 4.

28 Mehr über Cardauns bei Christoph F. Lorenz: *Hermann Cardauns - ein Leben für den politischen Katholizismus*. In: Kosciuszko, wie Anm. 3, S. III-IX - Christoph F. Lorenz: "*Nachforscher in historischen Dingen*". *Hermann Cardauns (1847-1925): Publizist, Gelehrter, May-Gegner*. In: JbKMG 1987, S. 188-205.

29 Vgl. Plaul: *Karl May*, wie Anm. 5, S. 413 (Anm. 218).

30 Schmid: *Das Werk Karl Mays*, wie Anm. 23, S. 202 - Vgl. Horst Matthey: *Karl May in Düsseldorf*. In: MKMG 88 (1991), S. 20-25 (S. 20).

31 Vgl. oben, S. 376.

32 May: *Mein Leben und Streben*, wie Anm. 5, S. 243.

33 Vgl. oben, S. 184f.

34 Vgl. oben, S. 192ff.

35 Karl May in einem Prospekt des Fehsenfeld-Verlags ('Karl Mays Reise-Erzählungen') aus dem Jahre 1906; ähnlich schon in Briefen an die Wiener 'Reichspost' (15.4. und 12.5.1901); wiedergegeben bei Wilhelm Vinzenz: *Karl Mays Reichspost-Briefe. Zur Beziehung Karl Mays zum 'Deutschen Hausschatz'*. In: JbKMG 1982, S. 211-233 (S. 214 u. 217).

36 Vgl. oben, S. 193f. u. unten, S. 472f.

37 Vgl. Roxin: *Mays Leben*, wie Anm. 2, S. 115.

38 Nach Heermann, wie Anm. 7, S. 283.

39 Fast sämtliche Anti-May-Beiträge auch anderer Publikationsorgane griffen die (nicht immer von Cardauns verfaßten) Artikel der 'Kölnischen Volkszeitung' auf; vgl. Kosciuszko, wie Anm. 3, S. 6-67.

40 Karl May: *Briefe an Karl Pustet und Otto Denk. Mit einer Einführung von Hans Wollschläger*. In: JbKMG 1985, S. 15-62 (S. 44 - Brief vom 11.1.1909 an Karl Pustet).

41 Zit. nach Gerhard Klußmeier - Hainer Plaul (Hrsg.): *Karl May. Biographie in Dokumenten und Bildern*. Hildesheim, New York 1978, S. 196 - Zu den Angriffen Cardauns' vgl. bes. auch ders.: *Herr Karl May von der anderen Seite*. In: Historisch-politische Blätter für das katholische. Deutschland 129 (1902), S. 517-540; neu abgedruckt in: JbKMG 1987, S. 206-224.

42 Zum zeitgenössischen Vorwurf der 'Jugendgefährdung' durch die May-Bände vgl. Plaul: *Karl May*, wie Anm. 5, S. 415 (Anm. 220).

43 In der Wiener Zeitschrift 'Die Zeit' vom 14.6.1902.

44 Vgl. Ulrich Schmid: *Ein Vortrag zwischen den Fronten. Karl May im Augsburger Schießgrabensaal, 8. Dezember 1909*. In: JbKMG 1990, S. 71-98 (S. 86ff.).

45 Franz Cornaro: *Karl Muth, Karl May und dessen Schlüsselpolemik*. In: JbKMG 1975, S. 200-219 (S. 213).

46 May: *Briefe*, wie Anm. 40, S. 46.

47 Vgl. Cornaro, wie Anm. 45, S. 211f.

48 Im Brief vom 27.3.1907 an Gheri; zit. nach Karl Serden: *May-Briefe an Leopold Gheri*. In: MKMG 85 (1990), S. 19-25 (S. 24).

49 May: *Briefe*, wie Anm. 40, S. 22 (Brief vom 20.4.1908 an Otto Denk) - Tatsächlich gab es EINEN (nicht von Muth verfaßten) 'Hochland'-Artikel gegen May (im September 1907); wiedergegeben bei Kosciuszko, wie Anm. 3, S. 188f.

50 Vgl. May: *Briefe*, wie Anm. 40, S. 62 (Brief vom 28.5.1909 an Otto Denk).

51 Karl May am 17.4.1907 an Euchar A. Schmid; zit. nach Cornaro, wie Anm. 45, S. 213f.

52 Zit. nach Klußmeier - Plaul, wie Anm. 41, S. 197.

53 May: *Mein Leben und Streben*, wie Anm. 5, S. 302.

54 Als Reprint der Ausgabe von 1902 erschienen: Karl May: *Der dankbare Leser*. Materialien zur Karl-May-Forschung, Bd. 1. Ubstadt ²1982 - Dazu Walther Ilmer: (Werkartikel zu) "*Karl May als Erzieher*". In: *Karl-May-Handbuch*, wie Anm. 2, S. 545f.

55 Vgl. Schmid: *Das Werk Karl Mays*, wie Anm. 23, S. 199.

56 Näheres bei Kosciuszko, wie Anm. 3, S. 96ff. u. 118.

57 Ilmer: Werkartikel, wie Anm. 54, S. 545.

58 Ebd., S. 546.

59 Karl May: *Am Jenseits*. Gesammelte Reiseerzählungen, Bd. XXV. Freiburg 1899, S. 405 - Vgl. oben, S. 361.

60 Vgl. unten, S. 447f.

61 Claus Roxin: *Ein 'geborener Verbrecher'. Karl May vor dem Königlichen Landgericht in Moabit*. In: JbKMG 1989, S. 9-36 (S. 9).

62 Wie Anm. 48.

63 Zit. nach Kosciuszko, wie Anm. 3, S. 111f. (Avenarius im März 1902).

64 May: *Mein Leben und Streben*, wie Anm. 5, S. 217.

65 Dazu Cardauns: *Herr Karl May*, wie Anm. 41, S. 207 (im JbKMG 1987).

66 Vgl. Roxin: *Mays Leben*, wie Anm. 2, S. 106.

67 Zit. nach Roxin: Ebd.

68 Vgl. unten, S. 419ff.

69 Vgl. Klußmeier - Plaul, wie Anm. 41, S. 217.

70 Vgl. Roxin: *Mays Leben*, wie Anm. 2, S. 115.

71 Schmid: *Ein Vortrag*, wie Anm. 44, S. 75.

72 Heermann, wie Anm. 7, S. 280 - Viele Einzelheiten des Prozeßgeschehens schildert May: *Mein Leben und Streben*, wie Anm. 5, S. 235ff. (Kapitel 'Meine Prozesse'). - Vgl. Maximilian Jacta (Pseud. für Erich Schwinge): *Zu Tode gehetzt - der Fall Karl May*. Bamberg 1972 = Ders.: *Berühmte Strafprozesse. Deutschland III*. München 1972, S. 9-50.

73 In seinem schönen, angesichts seines bisherigen Verhaltens aber höchst merkwürdigen Gedicht 'An den toten Karl May' (Karfreitag, 5.4.1912) schrieb Oskar Gerlach: "Stets rein aus PFLICHT war ich dein Widersach / - Denn krankhaft falsch war all dein Prozessieren -, / Doch schlug mein HERZ dir heimlich hundertfach: / Auf Wiedersehn in himmlischen Revieren!" (Zit. nach: *Karl Mays Spuren in der Literatur. Vierte Sammlung*. SKMG Nr. 85 (1990), S. 2.

74 Vgl. oben, S. 349f. u. 376.

75 Vgl. Walther Ilmer: *Karl May - Mensch und Schriftsteller. Tragik und Triumph*. Husum 1992, S. 169ff. - Ilmers Auffassung, daß May auf dieses Angebot hätte eingehen sollen, können wir uns freilich nicht anschließen!

76 Wollschläger, wie Anm. 12, S. 113.

77 Roland Schmid: *Nachwort des Herausgebers*. In: Karl May: *Der Waldschwarze*. Karl May's Gesammelte Werke, Bd. 44. Bamberg 139. Tsd., S. 461-479 (S. 479).

78 So Claus Roxin in einer mündlichen Mitteilung an den Verfasser.

79 Vgl. z.B. Karl May: *Frau Pollmer - eine psychologische Studie* (1907). Prozeßschriften, Bd. 1. Hrsg. von Roland Schmid. Bamberg 1982, S. 847 - Ders.: *Mein Leben und Streben*, wie Anm. 5, S. 202.

80 Zit. nach Rudolf Lebius: *Die Zeugen Karl May und Klara May. Ein Beitrag zur Kriminalgeschichte unserer Zeit*. Berlin-Charlottenburg 1910, S. 80 - Mays Behauptung, Frau Emma habe diese Briefe beseitigt, würde demnach nicht zutreffen; vgl. aber unten, Anm. 81.

81 Claus Roxin schrieb in einem Brief vom 13.10.1991 an den Verfasser: "Eine bewußte Lüge Mays ist [...] wenig wahrscheinlich. Lebius könnte den Text manipuliert, die vernehmenden drei Polizisten könnten May aber (im Protokoll vom 9.11.1907) auch falsch interpretiert haben. Die Frage muß auch in den Münchmeyer-Prozessen eine Rolle gespielt haben, denn sie war entscheidungserheblich. Aus den Akten, die im Karl-May-Verlag liegen müssen, die aber leider nicht zugänglich sind, muß sich ergeben, ob May die Existenz dieser Briefe auch im Prozeß behauptet hat, ob Emma dazu vernommen worden ist (was anzunehmen wäre), was sie gesagt hat und wem das Gericht aus welchen Gründen geglaubt hat. Hier haben wir also einmal einen Fall, wo die Unzugänglichkeit der Quellen noch heute eine sichere Aussage unmöglich macht."

82 Vgl. oben, S. 184.

83 Vgl. oben, S. 192. - Der *Delilah*-Text spielte sogar noch im Moabiter Prozeß vom 18.12.1911 eine, freilich nebensächliche, Rolle; vgl. Rudolf Beissel: *"Und ich halte Herrn May für einen Dichter ...". Erinnerungen an Karl Mays letzten Prozeß in Berlin*. In: JbKMG 1970, S. 11-46 (S. 36) - Gernot Kunze: *Einführung*. In: Karl May: *Das Buch der Liebe*. Dresden 1875/76. Reprint der KMG. Bd. II (Kommentarband). Hrsg. von Gernot Kunze. Regensburg 1988/89, S. 7-50 (S. 39, Anm. 13) - Vgl. unten, Anm. 96.

84   Vgl. Klaus Hoffmann: *Nachwort* zum Faksimile-Druck des *Waldröschen*. Hildesheim, New York 1971, S. 2619-2686 (S. 2664) - Kunze, wie Anm. 83, S. 8.
85   Vgl. Kunze: Ebd., S. 39 (Anm. 13).
86   Vgl. oben, S. 135f.
87   May: *Mein Leben und Streben*, wie Anm. 5, S. 220.
88   Vgl. oben, S. 135.
89   Kunze, wie Anm. 83, S. 9.
90   Vgl. Wollschläger, wie Anm. 12, S. 113 - Plaul: *Karl May*, wie Anm. 5, S. 447 (Anm. 273).
91   Heermann, wie Anm. 7, S. 284.
92   Zit. nach Plaul: *Karl May*, wie Anm. 5, S. 450 (Anm. 284).
93   Zit. nach ebd., S. 451 (Anm. 284).
94   Zit. nach ebd., S. 451 (Anm. 286).
95   Vgl. unten, S. 456ff.
96   Vgl. Wollschläger, wie Anm. 12, S. 192 (Anm. 116) - Fritz Maschke: *Zur Neuauflage von Hans Wollschlägers "Karl May"*. In: MKMG 30 (1976), S. 32-36 (S. 35).
97   Kunze, wie Anm. 83, S. 9.
98   Ebd.
99   Vgl. unten, S. 469.

10.3 *Et in terra pax* (1901) - *Und Friede auf Erden!* (1904): Eine heilsgeschichtliche 'Utopie'

Im April 1901, zur selben Zeit, da Adalbert Fischer den Mayschen Kolportageroman *Deutsche Herzen, Deutsche Helden* (1885/86) - zum Schaden des Autors - neu publizierte,[1] begann Karl May mit der Niederschrift seiner Erzählung *Et in terra pax*:[2] der Erstfassung des 1903/04 zu Band XXX der Fehsenfeld-Ausgabe ergänzten und umgearbeiteten Romans *Und Friede auf Erden!*[3]

Mit Heldenkult und Abenteuerromantik hat dieses - religionspsychologische - Werk nicht das mindeste zu tun. Der Dichter zeigt sich hier, noch auffälliger als im *Jenseits*-Band (1899), von einer völlig anderen Seite. Es mußte so kommen: *Et in terra pax/Und Friede auf Erden!* hat dem Verfasser neue (martialisch gesinnte und nationalistisch denkende) Feinde gebracht; und viele Anhänger Mays, die Indianer- und Beduinengeschichten erwarteten, wurden enttäuscht.

10.3.1 Entstehung und Vorgeschichte

Et in terra pax ist der erste Roman, den der 'neugeborene' May nach der Orientreise (1899/1900) verfaßt hat. Sonderbar ist die Vorgeschichte des Werks: Der Literaturkalender (1899) Joseph Kürschners wies May als Kenner der chinesischen Sprache aus,[4] und im Frühjahr 1901 fragte Kürschner (den May schon früher, in den 1880er und 1890er Jahren, beliefert hatte[5]) an, ob May zu einem Sammelband über China eine Erzählung beitragen wolle. Der Dichter sagte zu und schrieb, bis zum September 1901, für den dritten - unterhaltenden - Teil des von Kürschner herausgegebenen und von Hermann Zieger (Leipzig) verlegten China-Buchs seinen Beitrag *Et in terra pax*.

Das große Gesamtwerk hatte den Titel *China. Schilderungen aus Leben und Geschichte, Krieg und Sieg. Ein Denkmal den Streitern und der Weltpolitik.* Die Tendenz dieses Sammelbandes war wilhelminisch und imperialistisch: Vor der 'gelben Gefahr' sollte gewarnt, und die europäische, vor allem die deutsche Intervention, die Niederschlagung des chinesischen 'Boxeraufstands' (im Sommer 1900) sollte gefeiert werden.[6]

Welchem Geist dieses Buch verpflichtet war, zeigt - besonders frappant - der 'Kaiserliche Scheidegruß an das Expeditionskorps' (Wilhelmshaven, 27. Juli 1900), die berüchtigte 'Hunnenrede' Wilhelms II., die im zweiten Teil des Kürschner-Bandes zitiert wird:

Kommt Ihr vor den Feind, so wird er geschlagen, Pardon wird nicht gegeben; Gefangene nicht gemacht. Wie vor tausend Jahren die Hunnen unter ihrem König Etzel sich einen Namen gemacht, [...] so möge der Name Deutschland in China in einer solchen Weise bekannt werden, daß niemals wieder ein Chinese es wagt, etwa einen Deutschen auch nur scheel anzusehen [...] Gebt, wo es auch sei, Beweise Eures Mutes, und der Segen Gottes wird sich an Eure Fahnen heften und es Euch geben, daß das Christentum in jenem Lande seinen Eingang finde.[7]

Die Völker Europas wurden - besonders auch im Kürschner-Buch - ermahnt, ihre "heiligsten Güter" zu wahren.[8] Die Religion, der Name Gottes wurden, wie so oft in der Weltgeschichte, für kriegerische Zwecke mißbraucht. Die Chinesen wurden als 'Heiden', als Freiwild für die deutschen Kanonen und die christliche Hybris betrachtet: "[...] Lasset sie die Rücken beugen / Und auch ehrfurchtsvoll bezeugen Achtung unserm Christengott. / [...] Auf darum zu frischen Thaten! / Drauf auf diese Asiaten! Zeiget, was der Deutsche kann."[9]

So zu lesen in einem zeitgenössischen Gedicht! Die Melodie der Bestie bestimmte den Ton, und nicht wenige Literaten, Felix Dahn zum Beispiel, stimmten mit ein.[10] Vor diesem Hintergrund kann der Beitrag Mays, "der sich inzwischen zum bewußten politischen Menschen entwickelt hatte",[11] nicht hoch genug eingeschätzt werden.

Kürschner erwartete einen Spannungsroman zur Stütze des Chauvinismus. Was er zu lesen bekam, war das Gegenteil: *Et in terra pax* schildert vornehme 'Heiden' und hochgebildete Chinesen; May wendet sich empört gegen den Kolonialismus und fordert, speziell von den Christen, Versöhnung und Toleranz! Durch die Wünsche seiner Auftraggeber ließ er sich nicht beeinflussen. Er widersprach dem Zeitgeist in grandioser Manier - "ein Streich, der manche Torheit seines Lebens aufwiegt."[12]

Mit schneidender Ironie kommentiert May - im 1904 entstandenen Schlußkapitel des Romans in der Fehsenfeld-Fassung - seinen Fauxpas:

Ich hatte etwas geradezu Haarsträubendes geleistet, allerdings ganz ahnungslos: Das Werk war nämlich der "patriotischen" Verherrlichung des "Sieges" über China gewidmet, und während ganz Europa unter dem Donner der begeisterten Hipp, Hipp, Hurra und Vivat erzitterte, hatte ich mein armes, kleines, dünnes Stimmchen erhoben und voller Angst gebettelt: "Gebt Liebe nur, gebt Liebe nur allein!" Das war lächerlich; ja, das war mehr als lächerlich, das war albern. Ich hatte mich und das ganze Buch blamiert und wurde bedeutet, einzulenken. Ich tat dies aber nicht, sondern ich schloß ab, und zwar sofort, mit vollstem Rechte. Mit dieser Art von Gong habe ich nichts zu tun! (S. 491)[13]

In zwei Punkten ist Mays Erklärung allerdings nicht völlig exakt: Der Schriftsteller war, bezüglich der Zielsetzung des Sammelwerks, keineswegs "ahnungslos"; und er hat, nach Kürschners Kritik, seinen Beitrag nicht "sofort" beendet, sondern "sein Konzept gegen alle Widerstände bis zuletzt voll durchgezogen, und zwar in bezug auf den Umfang, in bezug auf den Inhalt und auch in bezug auf den Schluß."[14]

Spätestens bei der persönlichen Begegnung mit Hermann Zieger, am 12.5.1901 in Radebeul, hat May über die Grundtendenz des geplanten Sammelbandes Genaueres erfahren.[15] Mit den Ereignissen des Jahres 1900 in China, der Aufteilung des Landes in europäische Interessensphären und den offiziellen Verlautbarungen der abendländischen Mächte hat er sich, 1901, intensiv auseinandergesetzt: Seine *Pax*-Erzählung enthält provozierende "Bezüge zu Reden Wilhelms II. oder auch zu Parolen der deutschen Kolonialpropaganda, wie sie [...] mit großem publizistischen Aufwand in Deutschland vorgetragen wurden."[16] Gegen die Erwartungen seiner Auftraggeber hat May also bewußt und gezielt seinen Beitrag vorangetrieben.

Sein Manuskript hat der Autor in Raten geliefert. Schon gleich nach der ersten Sendung äußerte Zieger Bedenken wegen des Mayschen Konzepts. Mit dem wachsenden Manuskript wurden der Herausgeber und der Verleger - mehr und mehr - irritiert, und wiederholt wurde der Dichter zu Korrekturen und Kürzungen aufgefordert. Doch May blieb souverän. Im *Gleichnis für Zieger*, einer feinsinnigen Parabel,[17] die der Autor dem Verleger zusandte, bekräftigte er seinen Widerspruch gegen Kürschner und Zieger.

Seit der Jahrhundertwende war May, generell, sehr allergisch auch gegen geringfügigste Text-Eingriffe von seiten der Redaktion: "In meinen nunmehrigen Werken ist jedes Wort, jeder Buchstabe genau überlegt; es muß alles genau so gesetzt werden, wie ich schreibe [...] Die kleinste Aenderung kann schaden."[18] Dieses neue Textbewußtsein des Schriftstellers bekamen - wie Fehsenfeld bei der Herausgabe der Mayschen *Himmelsgedanken* (1900) - nun auch Kürschner und Zieger zu spüren: May überwachte - so Ulrich Schmid -

mit größter Sorgfalt [...] den buchstabengetreuen Druck seines Textes (ein absolutes Novum in der Druckgeschichte seines Werks), er ließ sich stets für die Fahnenkorrektur sein Manuskript zurückschicken, um die Texttreue zu überprüfen, und er protestierte prompt und heftig bei tatsächlichen oder vermeintlichen Änderungen.[19]

Neues Manuskript lieferte May immer erst dann, wenn die exakte Wiedergabe der vorausgegangenen Partien gesichert war. Verleger und Herausgeber mußten sich fügen. Kürschner blieb nur noch die Möglichkeit, sich im Vorwort des Sammelbandes vom Beitrag Mays zu distanzieren. Er tat dies in behutsamen Worten: *Et in terra pax* habe "einen etwas anderen Inhalt und Hintergrund erhalten, als ich geplant und erwartet hatte."[20]

Karl May beendete seine *Pax*-Erzählung in den letzten Septembertagen des Jahres 1901 auf dem Rigi-Kulm in der Schweiz.[21] Einen vorzeitigen Schluß hat es, wie gesagt, nicht gegeben.[22] Doch im Herbst 1903 - nach der Scheidung von Emma, der Wiederheirat mit Klara, dem vorläufigen Ende der gerichtlichen Auseinandersetzungen mit Adalbert Fischer und dem Abschluß des *Silberlöwen IV* - begann Karl May, den *Pax*-Roman für Fehsenfeld neu zu gestalten.[23] Aufgrund einer schweren Erkrankung[24] mußte er diese Arbeit schon bald unterbrechen. Erst Mitte August 1904 konnten die letzten Manuskriptseiten gedruckt werden.

Im Herbst 1904 erschien Band XXX *Und Friede auf Erden!* bei Fehsenfeld. Das neue Buch enthält ein zusätzliches, fünftes, Kapitel 'Der Shen-Ta-Shi' (S. 490-660). Auch die Kapitel 1-4 der *Friede*-Fassung weichen vom Urtext ab: Die ältere *Pax*-Version hat May durch Einschübe und Streichungen, durch verschiedene Umstellungen und Text-Änderungen[25] dem Konzept des *Friede*-Bandes angepaßt.

10.3.2 Die literarische Eigenart des Romans

Im Vergleich mit den früheren Reiseerzählungen weist der neue Roman "erstaunlich anmutende Innovationen"[26] auf. Die noch frischen, den Dichter bewegenden Eindrücke seiner Orientreise gehören zum Fundament der *Pax*- wie der *Friede*-Erzählung. Da May dem Romangeschehen die geographischen Stationen und die wichtigsten Schlüssel-Erlebnisse seiner tatsächlichen Reise zugrundelegt, erhält der Roman - teilweise - den Charakter einer 'echten' Reiseerzählung mit zahlreichen Wirklichkeitselementen: Der Autor nähert sich "einer realistischen Schreibweise, in der folgerichtig auch die sozialen und politischen Probleme der bereisten Länder eine handlungsbestimmende Rolle spielen."[27]

Und doch hat May, erst recht in der späteren *Friede*-Version, keinen Dokumentarbericht, keine Reise-Reportage, sondern ein poetisches, ja visionäres und prophetisches Werk geschaffen. Seine tatsächlichen Erlebnisse in Kairo, auf Ceylon und auf Sumatra werden um fiktive, 'phantastische', die Transzendenz beschwörende Ereignisse (u.a. in China) erweitert. Insofern setzt auch der *Friede*-Band, mit verfeinerten und sichtlich gesteigerten Ausdrucksmitteln, die Tradition der bisherigen Reiseerzählungen durchaus fort.

Doch die Handlung wirkt an äußerer Spannung noch ärmer als der *Jenseits*-Roman. In keiner einzigen seiner früheren (oder auch späteren) Erzählungen hat der Autor so weitgehend aufs Abenteuer-Sujet verzichtet wie in *Pax/Friede*. Der Zusammenbruch des alten Ich-Ideals, die Distanz zur heldischen Attitüde sind offenkundig. Charley, das erzählende Ich, ist der Schriftsteller "Karl May" (S. 14); aber mit Old Shatterhand und Kara Ben Nemsi - diese Namen werden überhaupt nicht erwähnt - hat er wenig gemein. Er verfaßt ein für die Heilung Wallers, des selbsternannten US-Missionars, entscheidendes Lehrgedicht. Ansonsten greift er ins Geschehen kaum ein. Er führt keine Waffen, vermeidet jede Gefahr und spielt eine beobachtende, rein kontemplative Rolle.[28]

May schreibt, kalkuliert und bewußt, gegen die Lesererwartungen an! Vom Image des Jugendschriftstellers, des Verfassers von Spannungsromanen, rückt er - gezielter noch als im *Jenseits*-Buch - ab: Er kann, wie er selbst unterstreicht,

keine sogenannten "Reiseabenteuer" berichten, an welchen sich doch nur die Oberflächlichkeit ergötzt; wer aber einen Sinn für die unendlich gestalten- und ereignisreiche Seelenwelt des Menschen hat und ein Verständnis für die Tiefe besitzt, in welcher die äußeren Vorgänge des Menschen- und des Völkerlebens geboren werden, der wird nicht mißvergnügt, sondern ganz im Gegenteile mit mir einverstanden darüber sein, daß ich ihn in diese Tiefe führe, anstatt ihn für einen Leser zu halten, der nur nach der Kost der Unverständigen verlangt. (S. 451)

Et in terra pax nimmt eine Zwischenstellung im Schaffen des Schriftstellers ein. Wie im *Jenseits*-Buch wechselt der Erzählfluß noch ab mit gedanklichen Reflexionen. Im Schlußkapitel der Fehsenfeld-Fassung freilich erreicht Karl May die fürs Spätwerk so typische "bildhafte Umsetzung von Überlegungen in Parabel und Handlung".[29] Jetzt, in der Bildsymbolik der *Friede*-Version, faßt der Autor Heils- und Unheilsvisionen ins Wort, die mit den kunstvollen Märchen und Traumgesichten der anderen, ästhetisch noch höher stehenden, Spätromane vergleichbar sind.

Jawohl: Der "neue Taucher" - Karl May - hat, wie es in *Friede* heißt,

"die Anima bereits gezwungen, ihm die Sprachwerkzeuge abzutreten. Ich glaube, der kümmert sich nicht um Algen und um Tang, sondern wir werden Höheres und Besseres zu sehen bekommen. Ich vermute die größten und die schönsten Perlen der Tiefe!" (S. 555)[30]

Zwar liegt - so Claus Roxin - "eine künstlerische Schwäche des Werkes (etwa im Vergleich mit den Schlußbänden des *Silberlöwen* oder mit *Ardistan und Dschinnistan*) darin, daß es sich" - in der älteren *Pax*-Fassung besonders - "um eine Art 'Nummernoper' handelt, das heißt, daß die großen Gesichte mit weitläufigen 'Sprechpartien' wechseln, also mit eindimensionalem didaktisch-humanitärem Räsonnement".[31] Doch dem Inhalt dieser Sprechpartien kommt ein Gewicht, eine psychologische Tiefe, eine theologische Relevanz zu, die aufhorchen lassen. "Wohl ließe sich eine höhere Gestaltung des Themas denken, als May sie gelang. Eine wahrere wohl aber nicht."[32]

Insgesamt, auch kompositorisch und sprachlich-stilistisch, verdient *Und Friede auf Erden!* gegenüber der Erstfassung den Vorzug. Ulrich Schmid hat diese These in einer detaillierten Textanalyse der beiden Versionen erläutert:[33] Wichtige Partien - wie das leitmotivische Gedicht 'Tragt Euer Evangelium hinaus' - sind in der Zweitfassung besser formuliert und schärfer akzentuiert. Im zentralen Gedicht wie im gesamten *Friede*-Roman wird die Kritik am europäischen Rassismus und Kolonialismus, verglichen mit den *Pax*-Varianten, noch präzisiert. Auch die innere Verbindung von psychischer Krankheit und imperialistischer Politik wird klarer herausgestellt. Das Personen-Ensemble erhält, nicht zuletzt durch diesen Zusammenhang, eine größere Tiefenschärfe. Wallers Krankheits- und Heilungsgeschichte z.B. wird wesentlich ausführlicher, politisch noch provozierender, psychologisch noch sehr viel eindringender und theologisch noch feiner geschildert als in der *Pax*-Version.

Daß die schriftstellerischen Möglichkeiten des Autors "in der Zwischenzeit neue Dimensionen gewonnen hatten",[34] beweist auch das neue Finale:

> Die Polyphonie des Schlusses, in dem der - scheinbar - glückliche Ausgang des Geschehens buchstäblich und bildlich in Dunkelheit getaucht wird, zeigt gegenüber dem spielerischen 'Pax'-Schluß [...] eine Einbindung der Utopie in die Realität: von der Heiterkeit der Sejjid-Omar-Passagen zur blutig ernsten Ankündigung "Meine Brüder, es gibt - - - Krieg!", vom großen Paradieses-Mythos zu Dilkes Höllensturz in die Turbine des Elektrizitätswerks zieht May in jähem Wechsel von Hell und Dunkel die unterschiedlichsten Bilder zusammen und erreicht damit eine weitaus größere ästhetische Vielfalt, als die ursprüngliche Fassung sie aufweist.[35]

Die besondere Eigenart, die hochliterarische Bedeutung des *Friede*-Bandes sieht Ulrich Schmid, zudem, in folgenden Merkmalen begründet: Wie in *"Weihnacht!"* wird die fortschreitende Mitteilung eines Gedichtes ('Tragt Euer Evangelium hinaus') zum organisierenden Strukturelement der gesamten Erzählung - ihrer äußeren und inneren Handlungsentwicklung.[36] Während in *"Weihnacht!"* (1897) die äußere Handlung, das abenteuerliche Geschehen, aber doch noch im Vordergrund steht, wird die innere Befreiung des Menschengeschlechts, die humanitäre Botschaft, in *Friede* zum einzig beherrschenden Thema. Die religiös verbrämte Aggressivität des 'Missionars', dessen psychische Krankheit und ihre allmähliche Heilung, aber auch (analog zu diesem Ereignis) die innere Wandlung noch weiterer Romanfiguren - z.B. des englischen Lords und Globetrotters John Raffley[37] - werden artifiziell, auf mehreren, einander durchdringenden und sich wechselseitig interpretierenden Bedeutungsebenen dargestellt: Die religiöse Sinnschicht, der biblische Impuls, der politische Imperativ ('Und Friede auf Erden!'), die individual-psychologische Schilderung der Entwicklungsgeschichte Wallers und anderer Protagonisten begründen, in strenger Einheit, die innere Dynamik des ganzen Romans.

Die hohe literarische Formkraft des *Friede*-Bands hat, in einer grundlegenden Untersuchung,[38] auch der Germanist und Sozialwissenschaftler Martin Schenkel gerühmt. Als "heilsgeschichtlichen Friedensmythos", als "christlich engagierten Agitationsroman",[39] als "kontrafaktisch gültige, konkrete Utopie"[40] interpretiert Schenkel die Maysche Erzählung.

Die biblische Offenbarung, das verlorene Paradies, die Geburt des Erlösers, die österlichen Mysterien, die verheißene (und die Aktion des Menschen herausfordernde) Verwandlung der Erde ins neue Paradies strukturieren, wie Schenkel belegt, den Hintergrund des Romans - in literarisch sehr kunstvoller Weise.

Nach dem ursprünglichen Plan Karl Mays sollte *Und Friede auf Erden!*, als Weihnachtsroman, sein Schluß-Tableau "auf der Flur von Bethlehem"[41] finden. Tatsächlich aber endet die Erzählung in Shen-Kuo. Doch auch dieser, surrealistische, Ort ist 'heiliges Land'! Denn dort ist die christliche 'Utopie' - der göttliche Friede, die Versöhnung der Menschen mit Gott und untereinander - zur Realität geworden.[42]

Und Friede auf Erden! ist, auch in der endgültigen Form, eine verkappte - ebenso mystische wie politische - Weihnachtserzählung. "Der imperialistischen Gegenwartsgeschichte stellt May die Heilsgeschichte entgegen, verkünden doch die himmlischen Heerscharen am Weihnachtstag die Geburt Jesu, des Friedensfürsten."[43] Der Weihnachtstag ist - der Shen-Ta-Shi, der Festtag der Liebe, auf den das ganze Romangeschehen (in der *Friede*-Version) immer schon zuläuft: An diesem Tag wird die Heilung Wallers - in einem surrealen Zweikampf mit Dilke, seinem finsteren Alter ego, der Verkörperung der Sünde und des Willens zum Krieg - vollendet.

Als Weihnachtsgeschichte ist der *Friede*-Roman, in kunstvoller Überblendung der Chiffren und Bilder, zugleich eine Passions- und eine Ostergeschichte. Denn der Sündenfall und die Heilung des Missionars verweisen, der ersten Strophe des leitmotivischen Gedichtes entsprechend, auf den Tod und die Auferstehung Christi.

Die universale Heilsgeschichte, deren Ziel die endgültige Rettung des einzelnen wie der Menschheit als ganzer ist, wird am Exempel des Individuums - der Erlösung Wallers aus seiner inneren Gefangenschaft - vorgezeichnet. Martin Schenkel erklärt:

Wie Jonas, der drei Tage im Bauch des Fisches verbrachte, die dreitägige Grabesruhe des Erlösers präfiguriert, so postfiguriert Wallers Heilungsprozeß, der sich in drei nächtlichen Visionen vollzieht, das Leiden, den Tod und die Auferstehung Christi [...] Da Waller nicht nur seine individuelle Tat bereut, sondern auch die Heilsgeschichte vom Sündenfall bis zur Erlösung durchlebt, entspricht die Ontogenese der Phylogenese.[44]

Die Entwicklung Wallers nimmt die, von May postulierte, Entwicklung der Menschheit vorweg. Das aber heißt: *Und Friede auf Erden!* ist, als Weihnachts-, Passions- und Ostergeschichte, zugleich ein 'Zukunftsroman', eine eschatologische Symboldichtung.

Der letzte und eigentliche Schauplatz des *Friede*-Bands ist die andere, die göttliche Welt. Auf einer allegorischen Fahrt mit dem Traumschiff 'Yin' (die 'Güte') erlebt der Missionar seine endgültige Bekehrung. Die Yacht verläßt den empirischen Raum, um Shen-Kuo, das heilige Land, zu erreichen. Angesichts dieser metaphysischen Grundkonzeption des Romans hat die Frage nach der Authentizität des Mayschen 'China-Bildes' nur periphere, nur marginale Bedeutung.

Der Schriftsteller hat, wie wir wissen, geographische, völkerkundliche und sinologische Quellen benützt.[45] Seine China-Kenntnisse entsprachen diesen, zum Teil wohl unzureichenden, Quellen. Doch der literarische Wert des *Friede*-Romans ist nach anderen - künstlerischen - Kriterien zu bemessen.

Die "eigentliche Quelle" des Dichters war, wie Schenkel bemerkt, die Bibel:[46] ihre Botschaft vom Heil, das Gott all denen verheißen hat, die ihn lieben. Als heilsgeschichtliche Dichtung, als christliche, aufs Neue Testament zurückverweisende Poesie muß der *Friede*-Roman, über die rein ästhetische Wertung hinaus, also theologisch interpretiert und beurteilt werden.

Der fiktionale, 'phantastische' Charakter dieser Erzählung muß in der Würdigung mit bedacht werden. *Und Friede auf Erden!* wird in der Sekundärliteratur ja durchwegs als 'Utopie' bezeichnet. Als Abwertung des Romans, als Heruntersetzung seiner Botschaft darf dieser - auf Thomas More's *Insel Utopia* (1516) zurückgehende - literarische Gattungsbegriff aber natürlich nicht verstanden werden.

Das Wort 'Utopie' hat, wie nur wenig bekannt ist, einen biblischen Ursprung. In der Weihnachtsgeschichte des Lukas heißt es: Maria legte das Kind in eine Krippe, weil in der Herberge "kein Platz" für sie war (Lk 2, 7). Im griechischen Urtext aber steht für "kein Platz" - ou topos.

Der Evangelist will sagen: Für Gott ist kein Platz in einer selbstsüchtigen Welt. Doch gerade dieser 'Nicht-Platz' wird, in den Hoffnungs-Bildern der Bibel (und in der Symbolik des Mayschen Spätwerks), "zum Ort Gottes, zum Platz, wo Gott sein will [...] So geht Gott mit der von uns verfertigten 'Utopie' um, mit der Ortlosigkeit, die wir ihm zumuten!"[47]

Die Utopie, das Heil, der Friede, die Erlösung werden zur Realität, wo Menschen Raum lassen - für Gott. *Und Friede auf Erden!* will, in geschauten Bildern, in traumhaften Visionen, diese Realität bezeugen.

10.3.3 Das Titelbild Sascha Schneiders

Der innere Schauplatz des *Friede*-Romans (wie des gesamten Spätwerks Karl Mays) ist die Seele des Menschen vor dem Angesicht Gottes. Als "Monograph der 'Menschheitsseele'"[48] hat May sich selbst verstanden. Da liegt es nicht fern: Dem literarischen Selbstverständnis des Autors gemäß sollten auch die Titelbilder seiner Romane in eine transzendente, metaphysische Richtung verweisen - eine Tendenz, die der Dichter schon früher, in den 1890er Jahren, forciert hatte.[49]

Am 11. März 1904 schrieb er an Fehsenfeld:

Der May und seine Bücher sollen ein höheres Aussehen bekommen, und zwar vor allen Dingen BILDLICH. Der sie geschrieben hat, war ja ein andrer, als man dachte, und nun man ihn wohl kennenlernen wird, will er auch endlich zeigen, was sie sind, und wünscht für sie ein andres Gewand, das unser würdiger ist als das bisherige.[50]

In Sascha Schneider (1870-1927), einem damals bekannten, symbolistisch malenden Künstler, glaubte nun May, den richtigen Bild-Interpreten für seine Werke gefunden zu haben. Den gedanklichen Inhalt seiner Bücher sah May durch die Schneider-Bilder "in kongenialer Weise verkörpert".[51]

Am 5. März 1902 hatte der Schriftsteller, mit Klara Plöhn und seiner Ehefrau Emma, in einer Dresdner Kunstausstellung Schneiders Wandbild 'Um die Wahrheit' gesehen.[52] Ein gutes Jahr später, im Juni 1903, besuchte er den Jugendstil-Maler in dessen Atelier in Meißen. In der Folgezeit kam es zu mehreren persönlichen Begegnungen und einem - höchst interessanten - Briefverkehr des Dichters mit Sascha Schneider (der im Jahre 1904 einen Ruf an die Weimarer Kunstakademie als Professor für Aktmalerei erhielt). Eine tiefe, für beide Seiten sehr anregende Freundschaft entwickelte sich. Wir werden, im *Babel und Bibel*-Kapitel,[53] auf diese - später nicht ungetrübte - Freundschaft zurückkommen.

Am 8. März 1904, bei einem weiteren Atelierbesuch Mays, wurde die Idee geboren, Schneider solle "Karls Bücher mit anderen Titelbildern versehen, damit man Karl endlich verstehen lerne und der alberne Name 'Jugendschriftsteller' verschwinde."[54]

Wenig später kündigte May seinem Verleger Fehsenfeld die neuen Einbände an, zunächst für das *Friede*-Buch und dann für die früheren, zur Neuauflage anstehenden Reiseerzählungen. Was die Akzeptanz dieser Bilder im (doch überwiegend dem Abenteuerklischee verhafteten) Leserkreis Karl Mays betraf, war Fehsenfeld allerdings skeptisch. Nur Teilauflagen der Freiburger Edition ließ er mit den Schneider-Bildern herauskommen.

Die Deckelbilder zu den Mayschen Reiseerzählungen, die im November 1904 auch gesondert als Sammelmappe erschienen, gehören nicht zu den besten Arbeiten Schneiders.[55] Auch kann man sich fragen, ob sie dem Inhalt der - vom Abenteuergeschehen noch weitgehend geprägten - May-Bände so ganz entsprechen. Zweifellos anders verhält es sich mit den Schneider-Bildern zum Alterswerk Karl Mays. Der mystischen Dimension dieser allegorischen Bücher entspricht die symbolistische Kunst des Malers durchaus.

Als erster May-Band wurde *Und Friede auf Erden!* mit einem Schneider-Bild ausgestattet. Es zeigt, in einer kosmischen Vision, die verlorene, ins Dunkel getauchte Weltkugel und - größer als diese - eine strahlende Lichtgestalt: den Engel des Herrn, dessen Glanz die Erde erhellt und dessen Flügel die Erde beschirmen.

10.3.4 Die Selbstreflexion des Autors im *Friede*-Band

Zu viel verspricht das Titelbild keineswegs. Denn der *Friede*-Roman enthält sehr bedeutsame, universale, vom Einzelschicksal des Autors gelöste theologische Botschaften. Später, im zweiten Teil unseres Buches,[56] sollen diese Botschaften interpretiert werden. Doch zunächst, in den folgenden Ausführungen, beschränken wir uns auf die autobiographische Leseebene: die Selbstreflexion des Dichters im *Friede*-Band.

10.3.4.1 Prophetisches Selbstverständnis und psychologische Selbstanalyse

Mays Erzählung ist die Geschichte einer Krankheit und ihrer Heilung. Ähnlich wie der - später zu besprechende - *Silberlöwe III/IV* läßt auch der *Friede*-Roman erkennen, wie sich der Dichter (durch die Kritik nun herausgefordert) mit seiner von Krankheit und Kränkung bedrohten Schaffenskraft auseinandersetzt. May zitiert das Buch eines Gelehrten: Der Künstler solle rechtzeitig, "auf dem Höhepunkte seines Schaffens sterben. Tut er das nicht, so geht es mit ihm bergab, und der Schatten seiner späteren Jahre verdunkelt seine Werke." (S. 176)

Neigte der Autor, angesichts der Pressefehde seit 1899, zur Resignation? So hat er sie jetzt - in den Jahren 1901ff. - (vorläufig) überstanden: "Wenn sich der Dichter überanstrengt hat, so soll er nicht sterben, sondern [...] so lange wie möglich schlafen, um neue Kraft zu gewinnen. Tut er das, so wird er nach seinem Erwachen im neuen Vollgefühle seiner selbst frisch weiterschaffen können." (S. 177)

Wie im *Silberlöwen III/IV* ist der Schlaf im *Friede*-Buch ein zentrales Motiv. Im Schlaf läßt sich der Mensch los. Er verläßt sich auf eine andere Kraft. Auch Waller, die Hauptperson des Romans, lernt im Schlafe das Lehrgedicht Charleys und wird so geheilt. Der Schlaf ist in der Tiefenpsychologie ein Ort der Gesundung;[57] und der Schlaf (oder Traum) ist in der Bibel, oft auch in Märchen und Mythen, ein Ort des göttlichen Handelns, der göttlichen Nähe.[58] Wie die *Friede*-Texte erhellen, hat May dies sicher gewußt.

Der Dichter traut es sich zu im Vertrauen auf Gott: Er wird erwachen vom 'Schlaf', wird Neues und Besseres schreiben.[59] "Nun ich sehend geworden bin, habe ich auch gelernt, mich auszudrücken" (S. 499), sagt Raffley - eines der Ich-Derivate im *Friede*-Roman - und deutet so an, wie May sich entwickelt hat: Der ehemalige Kolportageschriftsteller sieht seine Arbeiten als 'Vorstudien' und hofft - seit 1899 sagt er das so, und bis zu seinem Tode wird er es sagen -, "nun bald über die Zeit der Vorübungen und Studien hinaus zu sein" und das "eigentliche Werk" beginnen zu können (S. 597).

Aber er mahnt sich selbst zur Bescheidenheit: "Bilde dir ja nie ein, daß du besser seist als andere Leute! Hinter jedem Menschen, mit dem du sprichst, steht sein Engel." (S. 204) Er weiß es sehr wohl: "Sobald ein Mensch sich überschätzt, sich für groß [...] hält, wird er [...] zu sinken beginnen." (S. 321) Genauer: wer NUR sich selbst und nicht auch die anderen hochschätzt, wird fallen. Der Offenbarungsglaube, daß der Mensch Gottes

Ebenbild sei,[60] führt May zur bemerkenswerten Auffassung: Keiner ist minderwertig, keiner steht über dem andern, doch "alle Welt" ist berufen zum "Aller-, Allerhöchsten!" (S. 322) DIESES Menschenbild muß - über die autobiographische Ebene hinaus - noch Konsequenzen haben![61]

Der Schriftsteller predigt die Liebe zu allen. Er liebt auch sich selbst und er achtet auch seine früheren Bücher. Er interpretiert sie jetzt neu: Sie seien "ganz anders" gemeint als allgemein angenommen; es gehe da nicht um äußere Dinge, um physische Körper und bloße Unterhaltung. Das eigentliche Thema - und darin liege die Wahrheit seiner Schriften - sei die "Seele", der "innere Mensch" (S. 364f.);[62] man darf präzisieren: der 'innere' Karl May.

So verteidigt der Autor auch seine Phantasie: "Lies nicht das dumme Zeug von diesem May! [...] Dieser Schriftsteller hat nichts als Phantasie", warnt Waller seine Tochter Mary, die er eine "Träumerin" nennt, die die Märchenwelt mit der Wirklichkeit verwechsle (S. 15). Doch Ma(r)y lächelt den Vater nur an und hält ihm entgegen: "Es gibt Leute, welche behaupten, daß die Phantasie hellere und schärfere Augen habe als der alterssichtig gewordene Verstand." (S. 16)

Der Dichter sei, erklärt Charley, als Künstler ein "Seher", der die Dinge nicht einfach bloß nachbilde (wie ein Reisereporter), sondern ihr - verborgenes - Wesen durchschaue: "Schaut in die Heilige Schrift! Wie oft beginnen die Reden der Propheten: 'Und ich sah' oder 'Und ich hörte eine Stimme'. Sie waren Seher, und lest nun ihre Worte, so werdet Ihr erkennen, daß sie als Seher Dichter waren." (S. 397)

Nun ist es heraus, nun wird es noch klarer als im *Jenseits*-Roman: May versteht sich als Prophet, als - wenn auch fehlbarer und persönlich sündiger (vgl. S. 321) - Vermittler des göttlichen Wortes. Wie das blinde Kind im Ernstthaler Elternhaus und wie der Münedschi im *Jenseits*-Buch sieht Karl May mit dem 'inneren' Blick. Er scheut sich nicht, an die biblischen Schriften zu erinnern, deren Verfasser ja ebenfalls, 'inspiriert' wie er selbst, in Gesichten und Träumen, in Bildern und Gleichnissen schrieben.

Ein solches prophetisches Selbstverständnis des Dichters muß keine Blasphemie sein - sofern es keine 'Verbesserung', keine 'Überbietung' der (Christus-) Offenbarung, sondern ihre Vermittlung in einer neuen Sprache und in neuen Bildern intendiert.[63] Immerhin: Mays Anspruch könnte größer nicht sein, und an diesem Anspruch wird man seine Bücher von jetzt an zu messen haben.

Auch Propheten, auch die größten Propheten der Bibel, das sollte man nicht vergessen, sind Sünder vor Gott. Sie müssen selbst, am eigenen Leib, erst erfahren, was sie andern verkünden: Gottes Gnade und Gottes Gericht. Um 'Edles' und nicht nur 'Eitles' zu reden, müssen sie selbst immer wieder 'umkehren' zu Gott.[64]

May wußte das wohl. Sein Roman ist die Geschichte einer Krankheit (sprich: Sünde) und ihrer Heilung (sprich: Umkehr). Geheilt wird Sejjid Omar, Charleys arabischer Diener; geheilt wird Sir Raffley, der spleenige Englishman;[65] geheilt wird der Governor, der frühere Statthalter von Ceylon. Sie alle werden befreit: von innerer Blindheit, von den Fixierungen ihrer Denkweisen, von religiösen und rassistischen Blickverengungen.

Geheilt wird vor allem auch Waller, der Missionar aus Amerika. Er leidet an Dysenterie; doch "die Katastrophe war [...] eine geistige." Es brach etwas zusammen, "was, wie ich hoffe, sich niemals wieder erheben wird." (Dr. Tsi, S. 350)

Daß in Wallers "Wahn", in seiner Krankheit und Rettung der Zusammenbruch Karl Mays in Padang (im November 1899)[66] analysiert und umschrieben werden, hat Wollschläger überzeugend dargelegt.[67] Zu deutlich sind die Parallelen, als daß die Ähnlichkeit

Wallers mit Mays bisherigem Vater-Ideal zu bezweifeln wäre. Freilich ist zu berücksichtigen: Die Ich-Derivate Mays öffnen dem Leser immer nur Teilbereiche der Seele des Dichters. Diese Selbstspiegelungen - von Halef und Hobble-Frank, von Old Wabble und Carpio, von Dozorca und Münedschi bis zu den Sander-Söhnen in *Winnetou IV*[68] - sind verfremdet und auf May nie GANZ übertragbar.

Das gilt auch für Waller. Der Missionar ist bis zur Heilung ein blinder Fanatiker. Er hält sein (mißverstandenes) Christentum für 'allein seligmachend'. Er glaubt allen Ernstes, daß jeder 'Heide' verdammt werde. Er haßt diese Heiden und will ihre Tempel verbrennen. Im wörtlichen Sinne traf das auf May so nie zu. So hat Karl May nie gedacht. Im Gegenteil: Schon der kleine Karl wurde zwar christlich, aber nicht in der 'strengen Richtung' erzogen.[69] Die sterile, starre Orthodoxie war ihm immer suspekt. An Johannes Kochta, dem katholischen Katecheten im Zuchthaus zu Waldheim, liebte er das Humane, das 'Herzenschristentum'. Das Dogmatische hat ihm nie so gelegen.[70] Nicht nur *Ange et Diable*, auch die *Geographischen Predigten*, das ganze Erzählwerk, auch die Kolportageromane weisen, wenn man genauer hinschaut, aufklärerische, allgemein ethische, konfessionell nicht festgelegte Tendenzen auf.[71]

Und doch muß man sagen: In Waller geht May mit sich selbst, seinem 'Über-Ich' (dem allmächtigen Vater-Ideal), seiner Großmannssucht, seinem - verdeckten - Minderwertigkeitsgefühl und seiner in mancher Hinsicht problematischen Religiosität ins Gericht: psychologisch noch wesentlich feiner als in den früheren Selbst- (bzw. Vater-) Porträts. Die Beschäftigung mit Waller bringt, so verrät der Ich-Erzähler, "Alles, was in meinem Innern zu ihm in Beziehung stand", ins Bewußtsein (S. 217)!

Sehen wir uns diesen 'Waller', diesen 'Wallfahrer', diesen 'Pilger' doch an: Er will sich vor Gott 'Verdienste' erwerben (S. 142). Er hält sich selbst für unfehlbar, "und mit solchen Leuten ist schwer umzugehen." (S. 13) Zwar ist er im Grunde ein "ganz guter Mensch"; doch wohnt "ein Dämon in ihm, der ihn selbst um den Frieden" bringt (S. 61). Er ist gespalten in mehrere Wesen (S. 377). Ein "ruheloses Haschen und Jagen" quält seine Seele; er ist "auf der Flucht" (S. 56) vor sich selbst: vor der Liebe, die in ihm "siegen will und doch nicht siegen kann." (S. 59) Der vom "Vater" (S. 342) geerbte Zorn, das Aggressive in ihm, ist zu mächtig.

Was hat das mit May zu tun, der doch ständig, in allen Büchern, die Liebe verkündet? Sehr viel: denn das Aggressive ist da, nur verdrängt, nur abgespalten in die Verbrecher und Bösewichte! Das Harte, ja Grausame droht: im Ur-Winnetou, gelegentlich - inkonsequent, aber verräterisch - auch im literarischen 'Ich',[72] in den Helden des Frühwerks, der Münchmeyerromane, der Reiseerzählungen und der Jugendromane. Und auch der Dichter des *Friede*-Bands (S. 492ff.) sieht Gründe, das Herrenwort Mt 5, 21-26 auf sich selbst zu beziehen: Niemand soll sich zum Gottesdienst wagen, der sich nicht versöhnt hat mit seinen Gegnern.

May denkt nach über seine Feinde, vielleicht über Fedor Mamroth, Carl Muth und Hermann Cardauns, über seine geschiedene Frau Emma und die 'Münchmeyerei'. Er denkt nach und - geht nicht in die Kirche. Er darf es nicht tun, denn er nimmt die Schriftstelle wörtlich. Er bleibt zu Hause und sucht schreibend die Versöhnung mit Gott, mit sich selbst und den Menschen.

Was in Waller sich durchsetzen will, ist die Überwindung von Zorn und Vernichtungswahn. Aber auch die Rechthaberei des OLD SAINT (S. 601),[73] sein unfehlbarer "Hyperglaube"[74] - der heimliche Schwäche ist, dem es um Dank und Bewunderung geht (S. 439) - soll ersetzt werden durch Liebe: durch echte Liebe zu Gott und den Menschen. Das selbst Konstruierte (S. 434), das "künstlich Gemachte", das ungesund Salbungsvolle (S. 95), kurz: das Scheinchristentum soll verschwinden. Waller soll "in Wirklichkeit sein, was er früher nur zum Schein gewesen ist." (S. 437) Er soll das WERDEN, was er früher nicht war: ein CHRIST (S. 401).

Mit religiöser Brisanz ist Mays Alterswerk geradezu aufgeladen. Die "mitunter penetrante Religiosität der Erzählerfiguren"[75] hat die May-Interpreten nicht selten gestört. Man sprach von "Deckungs-Metaphorik", von theologischen Überhöhungen, die psychische Prozesse nur dürftig verschleiern.[76] Ist also mit Wallers Gesundung, mit seiner Suche nach Gott nicht eigentlich 'Gott' und nicht das geläuterte 'Christ-sein' gemeint, sondern etwas anderes: nur Psychisches, 'nur' Menschliches?

An dieser Stelle ist eine grundsätzliche Bemerkung vonnöten.[77] Ja, es ist richtig: Innere Verstörungen, nicht aufgearbeitete Seelenkonflikte, Schuldgefühle usw. drängen nach ihrer Abfuhr,[78] nach ihrer Lösung. Diese 'Lösung' kann sich verhüllen und kann sich verkleiden - auch ins Sprachspiel der Religion! Wahr ist auch dies: Bestimmte Ängste und Phantasien können verwechselt werden mit 'Gott'. Eine DEFEKTE Religiosität, die den Namen Gottes verfälscht, die das Absolute verengt und verkleinert: zum Überbau über verdrängte Gefühle, zur Projektion von Ängsten und Wünschen - die gibt es und die gibt es nicht selten (bei 'hyperfrommen' Typen besonders). Aber DIESE 'Religion' muß eben geheilt, muß erlöst und gereinigt werden. Eben dies ist ja die eigentliche Thematik der Wallerschen Krise.

May war Neurotiker. Ein Grund, ihm religiöses und menschliches Reifen nicht zuzutrauen? Was Romano Guardini von der Schwermut sagt, gilt für die Neurose wohl ebenso: Etwas "zu Schmerzliches", etwas "zu tief in die Wurzeln unseres menschlichen Daseins" Hinunterreichendes wird da berührt, als daß es den Psychiatern allein zu überlassen wäre.[79] Das Problem Waller-Mays ist psychologisch UND theologisch zu deuten. Die Heilung des Missionars wird durch den Psychiater, den Chinesen Dr. Tsi, ja auch nur begünstigt, nicht aber letztlich bewirkt!

Wer den Glauben an Gott, an die göttliche Liebe nicht generell - als 'Kollektiv-Neurose' - verwirft, wer in Gott zwar die 'kritische', über des Menschen (selbst konstruierte) Lebensentwürfe 'richtende' Macht, zugleich aber die befreiende ANTWORT auf die Suche nach Heil und Erlösung erkennt, der wird auch im Falle Mays die Rede von Gott, vom 'Vater im Himmel', nicht weginterpretieren.

Waller soll werden, was er zum Scheine nur war: ein Christ. Kann May sich selbst denn da meinen? Vieles in seinem Leben war Schein: denken wir an 'Doktor Heilig', an 'Wadenbach' usw.; und denken wir an den Hypermenschen Old Shatterhand/Kara Ben Nemsi! Dem Schein, dem Rollenspiel war May ja lange verfallen. Aber gilt das auch für den religiösen Bereich? War May denn wirklich bis Padang (1899) nur ein Scheinchrist und nach erfolgter 'Bekehrung' ein 'Heiliger'? So einfach liegen die Dinge natürlich nicht. Mays Zusammenbruch auf Sumatra ließ die Krise hervortreten; und die Heilung Wallers ist die Spiegelung dieser Krise im Lichte der Hoffnung.

Die Mutter Ma(r)ys[80] schrieb diese Zeilen: "Zwei Geister streiten sich um Dich, ein guter und ein böser, der eine nur angeblich, der andre wirklich fromm. Heut bist Du wie der eine und morgen wie der andere. Gott gebe Dir und mir ein frohes Resultat!" (S. 130)

Das heißt aber doch: May bangte um den Sinn seines Lebens, präziser: um die Echtheit seines Glaubens[81] und - damit zusammenhängend - die Glaubwürdigkeit seiner Dichtung. Wallers (und wie der Autor wohl fürchtet: der eigene) Glaube war bis zur Heilung nicht echt. Der fromme Dünkel hat ihn "irr gemacht" (S. 400). Er hielt sich selbst für einen

Missionar und war doch nicht "berufen" (S. 145). Christi Lehre hat er nicht begriffen, und "Christi Geist und Christi Liebe fehlte" ihm (S. 434).

10.3.4.2 Das ewig Weibliche und das 'neue Leben' in Gott

Zwischen Leben und Tod hängend liest Waller *Am Jenseits*. Vor El Mizan, der "Wage der Gerechtigkeit",[82] sieht er sich stehen, und "grad ihr Anblick ist's gewesen", der vom Wahnsinn ihn befreite (S. 452). Er spricht - zwischen Diesseits und Jenseits[83] - mit seiner verstorbenen Frau. An Marys MUTTER findet er Halt: "O, falte mir die Hände jetzt; ich will zum Vater treten. Ich habe sein Gebot verletzt und muß um Gnade beten." (S. 404)

Der Kranke will zum 'Vater' treten, und eine 'Mutter' wird um Hilfe gerufen! Der autobiographische Hintergrund: Mays Elternbeziehung war wahrscheinlich neurotisch geprägt! Nun könnte man wieder von 'Deck-Sujets' sprechen: 'Gott' sei nur eine Chiffre für Mays zu erlösende Elternbeziehung oder (allgemeiner) für seine Sehnsucht nach Liebe, nach mitmenschlichen Beziehungen überhaupt. Richtig ist dies: Die Eltern sind immer schon mitgemeint, wenn der Dichter von Gottes Liebe spricht. Theologisch zu Recht: Gott IST ja die Liebe (1 Joh 4, 8) - der absolute Grund, der unendliche Horizont aller Liebe -, und die (vom Narzißmus geheilte, sich selbst verschenkende) Gottes- und Menschenliebe kann nicht geteilt und gespalten werden (vgl. Mt 22, 37ff.).

In der Einheit der Liebe zu Christus und einer Frau hat der Seher des Paradieses das 'Neue Leben' erkannt. Was für Dante Beatrice, ist für Waller die verstorbene Gattin. Die in *Old Surehand III* (auch in den frühen Dorfgeschichten, auch in den Kolportageromanen) schon spürbare Entwicklung erreicht einen Höhepunkt: Die 'Mutter', die 'Frau', das "ewig Weibliche" (S. 238) hat Mays lange vom Vater-Ideal beherrschtes Fühlen verändert.[84] An sich selbst hat der Dichter erfahren, "welchen segensreichen Einfluß" das Feminine, "diese größte Macht der Erde, auf unsere sogenannten 'männlichen' Schwächen und Härten hat" (S. 238).

Mays Roman ist die Geschichte einer Krankheit und ihrer Heilung. Die kranke, die "böse Macht" in Waller ist maskulin, ist "etwas Männliches, Tyrannisches und über alle Maßen Rücksichtsloses!" (S. 342) May ist jetzt Psychologe genug, um klarer als früher zu erkennen: Die Heldenpose, das übersteigert Männliche ist - ein Wahn! In *Friede* wird es sehr deutlich: Eine nur von Männern geführte Welt wäre tödlich. Das Heilende, das Rettende trägt immer auch weibliche Züge: Mary, deren Mutter und die Künstlerin Yin ('Güte')[85] lösen die Verhärtungen ihrer Väter und die Verkrampfungen ihrer Männer.

Auch in *Ma(r)y* gibt es den Konflikt zweier Mächte: Die eine will sie zwingen, den Vater "zu verurteilen, ihn für schuldig zu halten". Die andere versichert ihr, "daß er freizusprechen sei" (S. 344f.). Ganz klar - in der Gestalt Wallers sucht May auch die Lösung des alten Problems, mit dem er nie 'fertig' wird: der Vaterbeziehung. Heinrich May, der seine Kindheit verdorben, der Fehlentwicklungen mit-verschuldet hat, will er nicht hassen. "Rechtfertigung des Vaters! Freisprechung von seiner Schuld!" (S. 345) - ein unerschöpfliches Thema Karl Mays.[86]

Als Vater macht Waller eine schlechte Figur. Die Tochter muß die Rolle der Mutter übernehmen. Warum? Wallers Rettung geht die 'Umkehr' zum KIND voraus (S. 408ff.). Auf das Schriftwort "Wenn ihr nicht werdet wie die Kinder, könnt ihr Gottes Reich nicht erlangen" (Mk 10, 15) bezieht sich der Autor mit Nachdruck. Eine NUR psychologische Deutung der 'Kindwerdung' Wallers und Mays: als Regression, als infantile Neurose, als Flucht in den Schutz der Mutter usw.[87] würde der Intention des Romans nicht gerecht werden. Das 'Kindsein' meint - theologisch - die Verwiesenheit des Menschen auf Gnade und die Anerkennung dieser Verwiesenheit auch durch den Erwachsenen. Der Selbstheilung, so nötig sie ist, muß eine Wirkung von 'außen', ein göttliches Handeln vorausgehen! So sieht es die Bibel. Und so sieht es May. Denn er denkt eben biblisch.

Etwa gleichzeitig mit dem Bekanntwerden der Freudschen Theorien verstand er schon viel von der Tiefenpsychologie und ihren therapeutischen Möglichkeiten. Aber Karl May verband, im Gegensatz zu Freud, die Psychologie mit dem Daseinsverständnis der Religion: Der Glaube an Gott soll die Kräfte der Selbstheilung nicht ersetzen oder blockieren; doch ohne - vielleicht unbewußtes - Vertrauen auf Gott ist die Selbsttherapie gar nicht möglich. Denn Gottes Gnade und menschliches Tun konkurrieren nicht miteinander, sondern gehören zusammen. Die Leugnung Gottes, die diesen Zusammenhang ignoriert, vertraut nur dem Menschen; und der "Ueberglaube" will - umgekehrt - "Alles nur Gott, nichts aber der Arbeit an sich selbst verdanken" (S. 439)!

Beides, Unglaube und 'Überglaube', ist in Mays Augen verkehrt. Er glaubte an Gottes Führung und arbeitete an sich selbst, solange er lebte. Nicht zuletzt darin liegt seine Bedeutung und seine Größe.

Wallers Heilung beschreibt der Dichter als eine Art Neuschöpfung: Die alte "Rüstung", die frühere 'Anima', "ist repariert worden, und zwar von Grund aus" (S. 556); ein neuer, "vollständig anderer" Geist hat sie ergriffen (S. 423). Das hat nichts mit Spiritismus, auch nichts mit 'Seelenwanderung',[88] mit 'Wiederverkörperung' nach dem Tode zu tun.[89] Nein, 'wiedergeboren' wird Waller im Sinne der Verkündigung Jesu (Joh 3, 5): Der bisherige Scheinchrist ist umgekehrt zur gekreuzigten Liebe (S. 444). Deshalb ist Waller jetzt "gesünder" denn je (S. 557), und sein Leben ist "vollständig neugeschenkt" (S. 558). Denn "wer in Christus ist, ist eine neue Schöpfung" (2 Kor 5, 17).

Die Identität Wallers vor und nach der Genesung wird nicht in Frage gestellt; der 'eigentliche' Waller wird ja geboren. In Waller spiegelt sich May - der Dichter, ganz neu und dennoch er selbst. Eine Wunsch-Projektion Karl Mays? Die Selbsttäuschung eines vermeintlich Geheilten? Wohl kaum. Denn Waller bleibt ja gefährdet: "Noch ist er nicht ganz frei" (S. 632) - bis sein 'alter Geist' in Dilke, den 'Anti-Waller',[90] gefahren und damit, mit dessen Untergang, verschwunden ist.[91]

Hielt sich May für "vollständig" geheilt im Sinne von Wallers Befreiung? Durchaus nicht! Die Rettung Wallers ist für May ein Hoffnungsbild, eine Vision, nicht weniger und nicht mehr. May kannte seine Bedrohtheit, er wußte um seine Abgründe: "Wir sind Sünder, wir Alle, Alle, ohne Ausnahme, und keines Ruhmes wert." (S. 321)

In den *Friede*-Roman hat der Schriftsteller die, später ins 'Märchen von Sitara' umgeformte, 'Sage vom verlorenen Paradies' eingeflochten. "Satanas" spricht - in dieser Sage - zum "Menschengeist":

"Wohlan, du wirst nun unter Teufeln sein, denn meine Hölle und dein Menschenreich, das ist von heute an für dich dasselbe. Als Teufel werden diese Menschen an dir handeln, [...] und tausend Teufel sollen in deinem eigenen Innern wohnen, mit denen du zu kämpfen hast bei Tag und Nacht [...]" (S. 583)

Wir kennen dieses Motiv: El Aschdar, der Drache![92] Der Verfasser denkt nach über die Sage. Er hat die Empfindung, als sei er selbst dieser 'Menschengeist' und auch selbst dazu verdammt, "die Erde nun für die Hölle und die Menschen für Teufel zu halten" (S. 585)!

An seine Pressefeinde, an die Prozeßgegner wird May da gedacht haben. Daß der Dichter sich verletzt und verschmäht fühlte, muß man verstehen. Dennoch - kann 'erlöst' und 'befreit' sein, wer seine Widersacher (literarisch) 'verteufeln' muß? Kann sich selbst noch bejahen, wer "tausend Teufel" (S. 583) in sich spürt?

Es erscheint, so Rudolf Beissel zu Recht,

wie eine bittere Ironie des Schicksals, daß der Autor nie das Bild seiner Wunschträume erreicht hat. Er war in seiner Jugend nie der kämpferische Abenteurer, und an seinem Lebensabend blieb ihm selber der Frieden auf Erden versagt. Aber vielleicht war gerade diese Schwäche seine Stärke und befähigte ihn aus unerfüllter Sehnsucht so zu schreiben, wie er schrieb.[93]

May bewegte sich selbst noch "im Niedrigen".[94] Der Kampf gegen den "alten Adam, den man ablegen soll, damit ein neuer, gerechterer und besserer an seine Stelle trete",[95] war noch längst nicht beendet.

Daß er ein Werdender war und kein Vollendeter, wußte May schon. Im März 1902 schrieb er an Sophie von Boynburg (Graz):

Ich bin keineswegs der große, edle Mann, der mir aus Ihrem Briefe ernst entgegenschaut. Ja, ich möchte so gern rein und edel sein. Ich gebe mir alle Mühe, es zu werden. Aber wie ist das doch so schwer, so schwer! Wer es wirklich ernst mit seiner irdischen Läuterung meint, der hat fast täglich, stündlich zu entdecken, daß er sich nur mit des Himmels Hülfe von dem Staub der Erde befreien kann. Wohl dann ihm, wenn er an diesen Himmel glaubt [...][96]

Solche und ähnliche Bekenntnisse - bis zum Tode des Dichters - sind realistisch. Sie ehren Karl May.

Anmerkungen

1   Vgl. Hainer Plaul: *Illustrierte Karl May Bibliographie*. Unter Mitwirkung von Gerhard Klußmeier. München, London, New York, Paris 1989, S. 245ff.

2   Karl May: *Et in terra pax*. In: *China. Schilderungen aus Leben und Geschichte, Krieg und Sieg. Ein Denkmal den Streitern und der Weltpolitik*. 3. Teil (1. Abschnitt). Hrsg. von Joseph Kürschner. Leipzig 1901; Reprint: Karl May: *Et in terra pax und Und Friede auf Erden*. Bamberg, Braunschweig 1976.

3   Die folgenden Ausführungen entsprechen, erweitert und neu überarbeitet, Hermann Wohlgschaft: *'Und Friede auf Erden!' Eine theologische Interpretation*. In: JbKMG 1989, S. 101-145 (S. 101-112).

4   Vgl. Erich Heinemann: *Ijar und Yussuf el Kürkdschü. Joseph Kürschner, Karl May und der Deutsche Literaturkalender*. In: JbKMG 1976, S. 191-206 (S. 200). - Zu Mays - autodidaktischen - Chinesisch-Kenntnissen vgl. Walter Schinzel-Lang: *Fundierte Kenntnisse oder phantasievolle Ahnungslosigkeit? Die Verwendung der chinesischen Sprache durch Karl May*. In: JbKMG 1991, S. 287-323.

5   Vgl. oben, S. 179 u. 206f.

6   Näheres bei Ekkehard Bartsch: *'Und Friede auf Erden!' Entstehung und Geschichte*. In: JbKMG 1972/73, S. 93-122 (S. 96ff.); vgl. auch Thomas Ostwald: *Nachwort* (zum Reprint *Et in terra pax*, wie Anm. 2). - Zum politischen Hintergrund vgl. auch Peter Krauskopf: *Die Heldenrevision in Karl Mays Reiseerzählung 'Und Friede auf Erden' als Kritik am wilhelminischen Imperialismus II*. In: MKMG 72 (1987), S. 6f. - Christian Heermann: *Der Mann, der Old Shatterhand war. Eine Karl-May-Biographie*. Berlin 1988, S. 292-295 - Ulrich Schmid: *Das Werk Karl Mays 1895-1905. Erzählstrukturen und editorischer Befund*. Materialien zur Karl-May-Forschung, Bd. 12. Ubstadt 1989, S. 175ff.

7   Sammelwerk *China*, wie Anm. 2, Sp. 196ff.; zit. nach U. Schmid, wie Anm. 6, S. 278 (Anm. 65).

8   Dieser Mahnruf des Kaisers zierte das Frontispiz-Bild des Sammelwerkes *China* (wie Anm. 2)!

9   Gotthelf Hoffmann-Kutschke: *Der alte Kutschke an seine Kameraden in China*; zit. nach Bartsch, wie Anm. 6, S. 103.

10 Nach Bartsch: Ebd., S. 101.

11 Verfasser (Hainer Plaul)-Zitat in: Hermann Zieger - Joseph Kürschner: *Briefe über Karl Mays Roman 'Et in terra pax'*. In: JbKMG 1983, S. 146-196 (S. 160).

12 Claus Roxin: *Karl May, das Strafrecht und die Literatur*. In: JbKMG 1978, S. 9-36 (S. 31).

13 Alle Seitenangaben in () beziehen sich im folgenden auf Karl May: *Und Friede auf Erden!* Gesammelte Reiseerzählungen, Bd. XXX. Freiburg 1904.

14 Wie Anm. 11, S. 167.

15 Vgl. ebd., S. 149f. - U. Schmid, wie Anm. 6, S. 174.

16 U. Schmid: Ebd., S. 175.

17 Vgl. unten, S. 525.

18 Karl May im Brief vom 17.12.1900 an Fehsenfeld; zit. nach U. Schmid, wie Anm. 6, S. 171.

19 U. Schmid: Ebd., S. 173.

20 Zit. nach ebd.

21 Daß der ganze *Pax*-Roman, wie Max Finke (KMJB 1923. Radebeul 1922, S. 19f.) glaubte, im Herbst 1901 auf dem Rigi entstanden sei, ist durch Bartsch, wie Anm. 6, S. 102ff., widerlegt. - Nach Plaul, wie Anm. 11, S. 180, und Roland Schmid: *Nachwort* (zu *Und Friede auf Erden!*). In: Karl May: Freiburger Erstausgaben, Bd. XXVIII. Hrsg. von Roland Schmid. Bamberg 1984, N 13-28 (14), wurden die letzten Seiten der *Pax*-Fassung allerdings doch im September 1901 auf dem Rigi geschrieben.

22 Vgl. Plaul, wie Anm. 11, S. 167.

23 Vgl. R. Schmid: *Nachwort*, wie Anm. 21, N 18.

24 Vgl. oben, S. 396.

25 Dazu Hansotto Hatzig: *Et in terra pax - Und Friede auf Erden. Karl Mays Textvarianten.* In: JbKMG 1972/73, S. 144-170.

26 U. Schmid, wie Anm. 6, S. 174.

27 Ebd.

28 Vgl. Martin Lowsky: *Karl May.* Stuttgart 1987, S. 111.

29 Gernot Grumbach: *Das Alterswerk Karl Mays. Ausdruck einer persönlichen Krise.* SKMG Nr. 32 (1981), S. 32.

30 May bezieht sich auf seine Sage von der Taucherinsel Ti, die in der *Pax*-Fassung noch fehlt.

31 Claus Roxin: *Das dritte Jahrbuch.* In: JbKMG 1972/73, S. 8.

32 Hans Wollschläger: *"Die sogenannte Spaltung des menschlichen Innern, ein Bild der Menschheitsspaltung überhaupt". Materialien zu einer Charakteranalyse Karl Mays.* In: JbKMG 1972/73, S. 11-92 (S. 82).

33 U. Schmid, wie Anm. 6, S. 180-188.

34 Ebd., S. 180.

35 Ebd., S. 187.

36 Vgl. ebd., S. 174 - Martin Schenkel: (Werkartikel zu) *Und Friede auf Erden!* In: *Karl-May-Handbuch.* Hrsg. von Gert Ueding in Zusammenarbeit mit Reinhard Tschapke. Stuttgart 1987, S. 301-308 (S. 302).

37 Nach Wolf-Dieter Bach: *Sich einen Namen machen.* In: JbKMG 1975, S. 34-72 (S. 36f.), ist in John Raffley auch David Lindsay, der englische Lord früherer Erzählungen, sozusagen 'aufgehoben'. - Vgl. Schenkel: Werkartikel, wie Anm. 36, S. 306: "Die Fiktionsironie, [...] das Auftreten Sir John Raffleys, einer Romanfigur aus der frühen Erzählung 'Der Girl-Robber', und die zweifache Charakterisierung, die wörtliche Übernahme aus dem älteren Text im Kontrast zur neuen Darstellung dieser Figur, gehört zu den Passagen, die den Übergang zum Alterswerk poetisch vermitteln".

38 Martin Schenkel: *Ecce homo! Zum heilsgeschichtlichen Friedensmythos in Karl Mays Reiseerzählung "Und Friede auf Erden!".* In: *Karl May.* Hrsg. von Heinz Ludwig Arnold. Sonderband Text + Kritik. München 1987, S. 191-221.

39 Ebd., S. 201.

40 Ebd., S. 219.

41 Karl May in einem Brief vom 17.10.1903 an Fehsenfeld; zit. nach R. Schmid: *Nachwort*, wie Anm. 21, N 18.

42 Nach Schenkel: Werkartikel, wie Anm. 36, S. 304.

43 Ebd., S. 305.

44 Schenkel: *Ecce homo*, wie Anm. 38, S. 215.

45 Vgl. Erwin Koppen: *Karl May in China.* In: JbKMG 1986, S. 69-88 - Schenkel: Werkartikel, wie Anm. 36, S. 302 - Bernhard Kosciuszko: *Illusion oder Information? China im Werk Karl Mays.* In: JbKMG 1988, S. 322-340; Fortsetzung im JbKMG 1989, S. 146-177.

46 Schenkel: Werkartikel, wie Anm. 36, S. 302.

47 Heribert Wahl: *Heilige Nacht*. In: Der Prediger und Katechet. Praktische katholische Zeit-schrift für die Verkündigung des Glaubens. 129. Jg. München 1990, S. 41-44 (S. 42).

48 Karl May: *Meine Beichte* (1908). In: Ders.: Gesammelte Werke, Bd. 34 *"Ich"*. Bamberg 361976, S. 15-20 (S. 18).

49 Vgl. oben, S. 352f.

50 Zit. nach Gerhard Klußmeier - Hainer Plaul (Hrsg.): *Karl May. Biographie in Dokumenten und Bildern*. Hildesheim, New York 1978, S. 231.

51 Claus Roxin: *Mays Leben*. In: Karl-May-Handbuch, wie Anm. 36, S. 62-123 (S. 115).

52 Nach Hansotto Hatzig: *Karl May und Sascha Schneider. Dokumente einer Freundschaft*. Bei-träge zur Karl-May-Forschung 2. Bamberg 1967, S. 36.

53 Vgl. unten, S. 479ff.

54 Aus dem Tagebuch-Eintrag Klara Mays vom 8.3.1904; zit. nach U. Schmid, wie Anm. 6, S. 182.

55 Vgl. Klußmeier - Plaul, wie Anm. 50, S. 231.

56 Vgl. unten, S. 612ff.

57 Zu Mays Einsicht in tiefenpsychologische Zusammenhänge vgl. Udo Kittler: *Auf der Suche nach der Seele des Menschen*. In: Beiträge pädagogischer Arbeit. 26. Jg. 1982, S. 67-95 (S. 79) - Ders.: *Karl May auf der Couch? Die Suche nach der Seele des Menschen. Eine literatur-psychologische Studie zur Rezeption der "Lehre vom Unbewußten" im Spätwerk Karl Mays.* Materialien zur Karl-May-Forschung, Bd. 9. Ubstadt 1985, S. 67-137.

58 Vgl. Eugen Drewermann: *Tiefenpsychologie und Exegese Bd. I. Die Wahrheit der Formen. Traum, Mythos, Märchen, Sage und Legende*. Olten, Freiburg 41987, S. 116ff.

59 Vgl. auch Karl May: *Im Reiche des silbernen Löwen IV.* Gesammelte Reiseerzählungen, Bd. XXIX. Freiburg 1903, S. 70f.: "Da stieg in mir ein heißes Wallen auf [...] Von heute an wer-de ich im 'hohen Hause' schreiben - - - ganz anders als bisher."

60 Vgl. Karl May: *Am Jenseits*. Gesammelte Reiseerzählungen, Bd. XXV. Freiburg 1899, S. 303 (und viele andere Stellen im Gesamtwerk Karl Mays).

61 Vgl. unten, S. 624ff. u. 635ff.

62 Fehlt in der *Pax*-Fassung.

63 Vgl. Karl Rahner: *Priester und Dichter*. In: Ders.: Schriften zur Theologie III. Einsiedeln, Zürich, Köln 61964, S. 349-375.

64 Vgl. Rudolf Kilian: *Ich bringe Leben in euch. Propheten sprechen uns an*. Stuttgart 1975, S. 47ff.

65 Wie Anm. 37.

66 Vgl. oben, S. 380.

67 Vgl. Wollschläger, wie Anm. 32, S. 62ff. - Grumbach, wie Anm. 29, S. 32ff.

68 Vgl. - zu den Sander-Söhnen - unten, S. 568.

69 Vgl. Karl May: *Mein Leben und Streben*. Freiburg 1910. Hrsg. von Hainer Plaul. Hildesheim, New York 21982, S. 64f.

70 Dies schließt freilich nicht aus, daß Mays 'Botschaft' (auch im Alterswerk) in wesentlichen Punkten 'korrekt' ist im Sinne der christlichen Theologie. - Zum (theoretischen) Mißverhältnis Mays zum dogmatischen Denken vgl. Ernst Seybold: *Aspekte christlichen Glaubens bei Karl May.* SKMG Nr. 55 (1985), S. 31ff. - Ders: *Anmerkungen zu Paul Rentschka: Karl Mays Selbstenthüllung*. In: JbKMG 1987, S. 150-159 (S. 155f., Anm. 39).

71 Vgl. Heinz Stolte: *Auf den Spuren Nathans des Weisen. Zur Rezeption der Toleranzidee Les-sings bei Karl May*. In: JbKMG 1977, S. 17-57 - Ekkehard Koch: *"Jedes irdische Geschöpf hat eine Berechtigung zu sein und zu leben". Zum Verhältnis von Karl May und Johann Gott-fried Herder*. In: JbKMG 1981, S. 166-206.

72 Vgl. Viktor Böhm: *Karl May und das Geheimnis seines Erfolges*. Gütersloh 21979, S. 92.

73 Nach Wollschläger, wie Anm. 32, S. 78, könnte "Old Saint" die geschrumpfte Phonemgruppe des Namens 'Old Shatterhand' sein.

74 Gerade auch dieser (Freudsche) Terminus zeigt die Beeinflussung Mays durch die Tiefenpsy-chologie. - Vgl. Kittler: *Auf der Suche*, wie Anm. 57, S. 71.

75 Gert Ueding: *Der Traum des Gefangenen. Geschichte und Geschichten im Werk Karl Mays*. In: JbKMG 1978, S. 60-86 (S. 74).

76 Vgl. Wollschläger, wie Anm. 32, S. 65 u. 69 - Claus Roxin: *"Dr. Karl May, genannt Old Shatterhand". Zum Bild Karl Mays in der Epoche seiner späten Reiseerzählungen*. In: JbKMG

1974, S. 15-73 (S. 60, mit Bezug auf "Zermalmungsszenen" in den späten Reiseerzählungen und manchen 'Marienkalendergeschichten').

77 Vgl. auch Seybold: *Aspekte*, wie Anm. 70, S. 21f.

78 Vgl. Wollschläger, wie Anm. 32, S. 43.

79 Romano Guardini: *Vom Sinn der Schwermut.* Zürich 1949, S. 7.

80 MAY'S Mutter ist gemeint! Wollschläger, wie Anm. 32, S. 63ff., hat dies plausibel begründet.

81 Mays (spirituelle) Selbstkritik, sein Hinterfragen des eigenen Christseins, wird noch deutlicher im *Silberlöwen IV*, im Nachtgespräch des Ustad mit Kara Ben Nemsi, artikuliert. - Vgl. unten, S. 446ff.

82 Vgl. unten, S. 602ff.

83 Zur Eigenart dieses 'Zwischenzustandes' vgl. unten, S. 601f.

84 Nach Günter Scholdt: *Vom armen alten May. Bemerkungen zu 'Winnetou IV' und der psychischen Verfassung seines Autors.* In: JbKMG 1985, S. 102-151 (S. 144), hat sich May "zum Weiblichen" gewandt, "weil vom männlichen Prinzip" - angesichts der Presseangriffe auf den Dichter - "nichts zu erwarten war, alles aber von Verständnis, Nachsicht und mütterlicher Milde". Diese Erklärung dürfte unzureichend sein, zumal die Hinwendung Mays zum 'mütterlichen Prinzip' längst VOR dem Verlust seines Renommees schon vorgezeichnet war.

85 'Yin' ist in der altchinesischen Weltlehre das Prinzip des Weichen und des Weiblichen schlechthin. - Nach Walter Schönthal: *Christliche Religion und Weltreligionen in Karl Mays Leben und Werk.* SKMG Nr. 5 (1976), S. 19, hat May aus dem ursprünglich 'dunklen' und 'kalten' Prinzip das warme und edle Prinzip gemacht.

86 Vgl. Scholdt, wie Anm. 84, S. 102-151.

87 Vgl. Wolf-Dieter Bach: *Fluchtlandschaften.* In: JbKMG 1971, S. 39-73 (S. 48) - Wollschläger, wie Anm. 32, S. 70. - Zur 'Regression' vgl. auch unten, S. 715.

88 Amand von Ozoróczy: *Karl May und der Friede.* In: KMJB 1928. Radebeul 1928, S. 29-114 (S. 86f.), meinte, der *Friede*-Roman liebäugle "ein bißchen mit dem Prinzip der Seelenwanderung"; Koch, wie Anm. 71, S. 167, übernimmt das ungeprüft.

89 Die Sage von der Taucherinsel Ti (S. 424ff.; in der *Pax*-Fassung nicht enthalten) könnte - isoliert betrachtet - zwar so verstanden werden; der Kontext des Romans schließt eine solche Deutung jedoch aus. Denkbar wäre, daß May - fernöstlichen Religionen entstammende - Texte, die tatsächlich eine 'Seelenwanderung' voraussetzen (wie z.B. der 2. Gesang des heiligen Buches Bhagavadgita, wo die Seele "alte Leiber mit den neuen tauscht"), gekannt oder von ihnen gehört und sie dann umgeformt hat. - Nach Wollschläger, wie Anm. 32, S. 60f., nimmt die Parabel von der 'Taucherinsel' Wilhelm Reichs Lehre von der 'Charakter-Panzerung' in gewisser Weise vorweg; Kittler: *Auf der Suche*, wie Anm. 57, S. 71, sieht Freuds 'Instanzenlehre' in dieser Parabel.

90 So hat es May im Grunde immer gemacht: Die negativen Züge seiner selbst (bzw. des Vaters) werden auf verschiedene Romanfiguren - die Bösewichte - übertragen. Doch die Variante Waller-Dilke ist literarisch besonders eindrucksvoll.

91 Zur Deutung vgl. Wollschläger, wie Anm. 32, S. 79ff.; zum realen historischen Vorbild Dilkes vgl. Bach: *Sich einen Namen machen*, wie Anm. 37, S. 34f.

92 Vgl. oben, S. 361f.

93 Rudolf Beissel: *Von Atala bis Winnetou.* Bamberg, Braunschweig 1978, S. 270; zit. nach Friedhelm Munzel: *Auf der Suche nach dem Frieden unter den Menschen. Karl Mays Sehnsucht nach dem Frieden als Stärkung für erzieherisches Bemühen um den Frieden heute.* In: Beiträge pädagogischer Arbeit, wie Anm. 57, S. 48-66 (S. 49).

94 May: *Mein Leben und Streben*, wie Anm. 69, S. 302.

95 Karl May: *Im Reiche des silbernen Löwen III.* Gesammelte Reiseerzählungen, Bd. XXVIII. Freiburg 1902, S. 113.

96 Karl May: "*... daß ja diese Ewigkeit auch unsere Zeit umschließt*" (Brief vom 21.3.1902 an Sophie von Boynburg, Graz). In: MKMG 56 (1983), S. 19f. (S. 19).

10.4 Die Trennung von Emma und die Ehe mit Klara: Das Weib als 'Dämon' und 'rettender Engel'

Und Friede auf Erden! kann, dies ist EIN Gesichtspunkt, als Ausdruck einer schweren Lebenskrise des Autors verstanden werden. Dasselbe gilt noch mehr für den *Silberlöwen III/IV*, jenes große - im nächsten Kapitel zu besprechende - Werk, das in den Jahren 1902/03, also nach der Entstehung der Erst- und vor der Entstehung der Zweitfassung des *Friede*-Romans verfaßt wurde.

Mitten in die Entstehungszeit des *Silberlöwen III/IV* fallen, zu den Auseinandersetzungen Karl Mays mit seinen Presse- und Zivilprozeßgegnern, auch das endgültige Scheitern der Ehe mit Emma und der Beginn der Zweitehe des Schriftstellers mit Klara May verw. Plöhn.

In seiner Bibliothek steht - im Schlußband des *Silberlöwen* - der Ustad; er betrachtet die, mit Frauenhand gestickte, Inschrift auf einer 'Astrallampe' in seiner 'Gruft'. Der Ustad meint: "Die Liebe hört nimmer auf! Jawohl, die göttliche! Aber diese hier, sie ging für mich zu Ende. Oder hatte sie überhaupt niemals bestanden?"[1]

Die Bitterkeit der Romanfigur enthüllt die Klage, den Schmerz, die Not Karl Mays: angesichts seiner qualvollen, nun nicht mehr zu rettenden Ehe.

Mays Beziehungen zu den Frauen Emma und Klara, zu 'Miez' und zu 'Mausel', gehören zu den schwierigsten, rätselhaftesten und problematischsten Kapiteln in seiner Lebensgeschichte. Daß seine erste Ehe mißlang, man kann es verstehen;[2] daß er in einer neuen menschlichen Bindung einen neuen Anfang und eine neue Chance gesucht (und gefunden) hat - wer will da mit Steinen werfen? Aber ein Unbehagen, ein ungutes Gefühl bleibt hier doch - zumal die Umstände, die zur Scheidung und Wiederheirat geführt hatten, so merkwürdig sind.

Karl May war Christ. Zur Bergpredigt Jesu hat er sich, gerade im *Silberlöwen*, ausdrücklich bekannt.[3] Und doch hat er seine Frau verstoßen: mit jener Unerbittlichkeit, die in der - bestürzenden - Härte Kara Ben Nemsis gegen die Köchin Pekala im *Silberlöwen* literarisch gespiegelt wird.[4]

Die folgende Darstellung möchte Mays Trennung von Emma und seine Ehe mit Klara als menschlich verständlich, als (vielleicht) unvermeidbar erklären. Aber sie will die dunklen Details nicht beschönigen: May war, als gläubiger Christ, zugleich auch ein Sünder, ein Mensch mit größeren Fehlern, ein Mensch, der - wie alle - der Vergebung bedurfte.

10.4.1 Mays Ehedrama in der Sicht der *Pollmer-Studie*

Die Ehe unseres Autors mit Emma war, trotz (möglicherweise) glücklicher Zwischenzeiten, eine Tragödie. Vereinfachend brachte Fritz Maschke den Konflikt auf die Formel: Karl May, "ein überarbeiteter Neurotiker, Emma eine kränkelnde, in ihren Gefühlen durch den Mann und die Freundin [Klara Plöhn; H.W.] verletzte Frau, er zum Jähzorn, sie zur Hysterie neigend - sie mußten einfach oft die Beherrschung verlieren."[5]

Einen tieferen Grund für die Trennung dürfte Hans Wollschläger richtig erkannt haben: Vielleicht hat der Dichter den "früheren Karl", den nach der Orientreise überwundenen

Teil seines Ich, auf Emma 'überschrieben'[6] und in ihr dann verabscheut. Er wollte "über trübe Gewässer" zu geistigen Ufern hinüber; doch seine Frau schien dazu nicht fähig oder nicht willens zu sein. Ähnlich wie der älter werdende Dichter Leo Tolstoi in seiner Gattin Sophia Andréjevna[7] sah der 'vergeistigte' Karl May in Emma Pollmer eine erdverhaftete Person, "die weder schwimmen kann noch schwimmen will".[8]

Wirklich harmonisch ist diese Ehe freilich von Anfang an nicht gewesen.[9] In verschiedenen Welten lebten die beiden seit jeher. Auf die seelischen Bedürfnisse ihres Mannes konnte Emma nicht (oder zu wenig) eingehen, und seine späteren 'Himmelsgedanken' mußten sie erst recht überfordern. Mays Distanz zu Emma nahm zu und steigerte sich zur Phobie: "Ich rührte sie nicht mehr an. Ich vermied es, mit ihr allein zu sein, und schlief in einer abgelegenen Bodenkammer [...] Ich war fast zum Skelett abgemagert, konnte kaum noch gehen, und von der Arbeit war auch kaum noch die Rede [...]"[10]

Mays nicht für die zeitgenössische Öffentlichkeit, sondern - wie er versichert - nur für sich selbst und seinen künftigen "Biographen"[11] geschriebener, von der konkreten Entstehungssituation, von der besonderen Gemütsverfassung des Schriftstellers im ausgehenden Jahre 1907 her zu verstehender[12] Nachlaß-Text *Frau Pollmer, eine psychologische Studie* (wir werden später auf diese *Studie* noch zu sprechen kommen) malt von Emma - rückblickend - ein geradezu diabolisches Bild: Nymphomanie, den 'bösen Blick', hypnotische Macht, megärischen Haß, den Willen zum "Gattenmord", die Lust, "sich an seinen Qualen zu weiden", ihn auszusaugen und "zur Leiche zu machen", dieses u.ä. glaubte May schaudernd in Emma zu entdecken: Sie war eine "Kreuzspinne", eine "für die geistige Menschheit Verlorene [...], die wie die Kanonenkugel des Bagnosträflings an meinen Füßen hing und mich [...] immer wieder auf das Gemeine niederzog."[13]

Die *Pollmer-Studie*, die sich in der Selbstbiographie (1910) - in sehr gemilderter Form - partiell wiederfindet,[14] zog den Verfasser in der Tat ins "Gemeine", ins Ordinäre hinab. Sie desavouiert nicht nur Emma; sie zeigt auch Karl May von seiner anderen, seiner unangenehmsten und befremdlichsten Seite: weil sie, über weite Strecken, von ungezügeltem Haß und blanker Empörung diktiert ist. May selbst spricht, am Schluß seiner *Studie*, von der "Häßlichkeit der subjectiven Züge" in diesem Text; und er mahnt seinen Biographen, diese Züge nicht allzu sehr "in den Vordergrund treten zu lassen".[15]

Der Schriftsteller fühlte sich, dies zeigt die *Studie* überdeutlich, von Emma alleine gelassen. Er klagt in äußerster, für May (auch den alternden May) sonst keineswegs charakteristischer Bitterkeit:

Um das, was ich schrieb, kümmerte sie sich keinen Augenblick. Für den Dichter soll die Seele seiner Frau eine Quelle sein, aus der er täglich neue Gedanken, neue Kraft, neue Begeisterung, neues Glück und neuen Adel schöpft; hier aber war nur Jauche zu schöpfen, weiter nichts, weiter nichts![16]

Auch sexuelle Probleme, die "Pollmerschen Dämonen",[17] dürften die Ehe mit Emma belastet haben. Seinen Büchern nach zu schließen war May in erotischen Dingen eher zurückhaltend. Die - angeblichen oder wirklichen - 'Seitensprünge' seiner Gattin (der objektive Wahrheitsgehalt der *Pollmer-Studie* ist nicht überprüfbar) duldete er: "weil er dadurch entlastet wurde und Ruhe bekam"![18] Emma hingegen suchte - laut *Studie* mit Männern genauso wie mit Frauen -

den ungestörten und unbeschränkten Genuß alles dessen, was ihr gefiel, besonders den geschlechtlichen, den sexuellen Verkehr mit allen seinen besonderen Finessen und Delikatessen. Es empörte sie, daß ich genau so, wie bei Tische, auch in dieser Beziehung nur für die einfache, gesunde Hausmannskost zu haben war und alle Farcen, Saucen, Ragouts und ähnliche Dinge haßte.[19]

Abb. 17: Karl May, um 1905.

Abb. 18: Karl May, 1911.

Der leidende Ehemann hatte seine Frau mitsamt den "perversen" Freundinnen belauscht und dabei, zu seiner Schande, gehört: Der "Scheißkerl" [...]

"muß fort! [...] Der treibt mich mit seiner albernen 'Menschenveredelung' noch zum Äußersten! Das dulde ich nicht! [...] Den mach ich noch so klein, daß man ihn gar nicht mehr sieht! [...] Erst lief der Kerl, wenn ich ihn ärgerte, in die Kneipe! Jetzt aber bleibt er daheim, sagt nichts und schließt sich ein! Er spielt den Heiligen; das paßt mir schlecht! [...] Er frißt fast gar nichts mehr. Das macht mir Spaß!"[20]

May verweigerte die Nahrung - aus Angst, von Emma vergiftet und "geradezu in den Tod"[21] geschickt zu werden! Diese Äußerung in der *Studie* wird dem psychischen Zustand des Schriftstellers im November 1907 entsprechen, also wohl eine nachträgliche Verzerrung des im Jahre 1902 wirklich Erlebten sein. Allerdings: auch wenn May übertreibt - daß er sich, 1902, wirklich verfolgt und existentiell, auch von Emma, tatsächlich bedroht fühlte, ist ihm zu glauben.

May sah sich selbst als wehrloses Opfer. Nicht nur im Vokabular, auch in der Selbsteinschätzung des 'Ich' wirkt die *Studie* überraschend: In keinem May-Text, nicht einmal in *Pax* oder *Friede*, unterscheidet sich das erzählende Ich vom früheren Mr. Shatterhand bzw. Kara Ben Nemsi so fundamental und konträr wie hier in der *Pollmer-Studie*! Die Rolle des Helden wird vertauscht mit der Rolle des kläglichen Anti-Helden. May zeigt sich hier so timide, "so nackt und ohne sublime Verhüllungen in seiner ganzen menschlichen (und vermutlich männlichen) Unzulänglichkeit wie sonst nirgendwo"![22]

Während Old Shatterhand die Mächte des Bösen stets überwindet, stellt sich May in der *Studie* als den Schwachen, den Hilflosen dar: Er ist "wie Watte" in der Hand eines Magnetiseurs (des, möglicherweise fiktiven, Professors Hofrichter aus Dresden)![23] Und daß Emmas - angeblicher - 'Liebhaber' Max Welte[24] ihn das "Strohmännle"[25] genannt habe, gibt May ohne weiteres zu. Er kennt und referiert das böse Gerede: Karl May sei ein "Waschlappen, der von zwei Weibern [...] hin- und hergerungen wird"![26]

Der ehemalige 'Shatterhand' zittert vor Furcht. Es ist ihm "himmelangst" um sein Leben. Wie gesagt: daß er sich tatsächlich 'am Tode' gefühlt hat, ist nicht zu bezweifeln. Gleichwohl ist seine Selbstverkleinerung in der *Studie*, wie Heinz Stolte erklärt, in bestimmter Absicht erfolgt - nun doch wieder in echter May-Roman-Technik: "Schon scheint das Ende, der Tod des armen Anti-Helden, unvermeidlich, da endlich kommt ihm die Rettung"![27] Auf diese Lösung strebt die *Studie* von Anfang an zu: Eine Frau war das Unheil, und eine Frau wird den Dichter ins Leben zurückrufen. In letzter Sekunde erscheint - Klara Plöhn.

Mit der zweiundzwanzig Jahre jüngeren Klara verstand sich der Schriftsteller seit langem recht gut. Emma hat, wie erwähnt,

nie in einem meiner Bücher gelesen. Der Zweck und Inhalt meiner Schriften war ihr ebenso unbekannt und gleichgültig wie meine Ziele und Ideale überhaupt. Frau Plöhn aber war begeisterte Leserin von mir und besaß ein sehr ernstes und tiefes Verständnis für all mein Hoffen, Wünschen und Wollen.[28]

Klara wird 1902, nach dem Tode ihres Gatten Richard Plöhn, für May - laut *Studie* - "zur Lebensretterin", ohne die er - 1907 - "längst todt" gewesen wäre: Sie behandelt ihn "wie einen Sterbenden";[29] sie wacht in Berlin (im Sommer 1902) über ihn "wie eine Tochter über ihren Vater, der ermordet werden soll";[30] sie erbarmt sich seiner "im letzten Augenblicke"; sie opfert sich auf "wie eine Pflegerin von Beruf, wie eine barmherzige Schwester"![31]

Apropos "Pflegerin": In Schakara, dem kurdischen Mädchen im *Silberlöwen III/IV* (1902/03), zeichnet May ein Bild Klara Plöhns:

Da gab es neben mir ein leises, leises Rauschen wie von einem feinen, sich bewegenden Gewande. Zwei warme, weiche Frauenhände ergriffen meine Hand, und eine innig sprechende Altstimme betete [...] Dann gab es eine Berührung, als ob zwei Lippen sich auf diese meine Hand legten [...] Wer war es, der, vor mir kniend, um mein Leben gebetet hatte? [...] Da sah ich in ein liebes, ernstes, reines Frauengesicht [...] Die Augen waren dunkel und trotzdem doch so hell, so licht, so klar. Es ging von ihnen eine Wärme aus, welche auf mich überfloß.[32]

Erotische Leidenschaft? Sexuelle Gelüste? Mitnichten. Laut *Studie* soll Emma behauptet haben, Karl sei im Hotel "mit einem lauten 'Hurrah'"[33] zu Klara ins Bett gesprungen; mit Entsetzen weist May dies zurück: "Wir Beide! Ich, der ich so nahe am Tode stand, daß ich schon nicht mehr laut reden konnte, sondern nur noch [...] hauchte! Und die arme Frau Plöhn [...] Und Ehebruch!"[34]

Unfreiwillig komisch wirken solche Stellen in dieser, insgesamt so schrecklichen, *Studie*. Aber dies wird wohl stimmen: Die 'Fleischeslust' war dem Dichter schon lange vergangen. In Mays Nachlaß-Konvolut *Wüste* (1902) liegen die geistige Liebe der 'Fakira' und die sinnliche Liebe der 'Schetana' miteinander im Streit. Fakira bittet: "Den Kuß gib mir, den nur die Seele gibt"! Schetana aber verlangt: "Gib mir den Kuß, der jener Glut entstammt, in welcher alle Lebenspulse kochen"![35] Mit Fakira (Klara), der zärtlichen Keuschheit, hält es der Autor; von Schetana (Emma), dem sexuellen Verlangen, will er nichts wissen. Wie Emma in einem Gerichtsprotokoll vom 14.12.1907 bezeugt, hatte May ihr - in München (1902) - noch gesagt: "Deinen Körper habe ich besessen, nicht Deine Seele, die muß ich haben, die lasse ich nicht."[36]

Daß der alternde May prinzipiell manichäisch dachte, ist dennoch kaum anzunehmen. Dafür sind seine späten Romane, besonders *Ardistan und Dschinnistan*, denn doch zu leib- und materiefreudig.[37] Aber die geistig-seelische und die leiblich-geschlechtliche Gattenliebe konnte der Sechzigjährige wohl nicht mehr vereinen.

Auch Mays Beziehung zu Klara war, dies können wir dem Schriftsteller glauben, zunächst wohl rein seelischer Art. Der *Pollmer-Studie* nach zu schließen sah May, jedenfalls 1902/03, in Klara fast ausschließlich eine Art Krankenschwester:

Der erste und eigentliche Grund, daß wir die Ehe schlossen, war nur der, daß, wenn mir das Leben erhalten bleiben sollte, die Pflege eine so unausgesetzte und so aufopfernde sein mußte, wie sie eben nur in der Ehe möglich ist, außerhalb der Ehe aber den Klatsch und Tratsch der lieben Nächsten hervorzurufen pflegt. Also ist es wieder nur meine erste Frau allein gewesen, die mich direct zur Scheidung und hierauf indirect zur zweiten Ehe getrieben hat.[38]

10.4.2 Datierbare Fakten und dunkle Gerüchte

Der Gedanke an eine Ehe mit Klara lag May, wie er beteuert, bis zum Sommer 1902 noch gänzlich fern:

Frau Plöhn und ich! Uns heirathen! So oft ich an eine Scheidung gedacht hatte, war es stets mein erster und mein Hauptgedanke gewesen, nie wieder eine Frau, niemals! Am allerwenigsten [...] nun grad diese Frau und Wittwe, die ein volles Jahrzehnt lang die willenlose Schwester und Gehülfin meiner Bestie gewesen war![39]

In der Tat waren Klara und Emma bis 1902 sehr eng miteinander befreundet. Nach May war Klara das 'spiritistische Opfer' der Emma; sie hatte "in jahrelanger Hypnose an diesem dämonischen Ungeheuer gehangen".[40] Ob May diese Verhältnisse richtig durchschaut hat, ist aber fraglich. Daß Klara beim Zustandekommen der Scheidung eine aktive, eine zwielichtige und intrigante Rolle gespielt, womöglich mit Hilfe von Geistergeschichten den Aberglauben Emmas benutzt und die Rivalin unter psychischen Druck gesetzt haben könnte, ist keineswegs auszuschließen.[41]

Karl May glaubte alles getan zu haben, um seine Ehe mit Emma zu retten. Noch im Juni 1900, gegen Ende der Orientreise, hatte er - trotz fortgeschrittener Entfremdung von seiner Frau - zwar kritische, aber doch versöhnliche, von größter Hoffnung getragene Verse auf Emma geschrieben.[42] Und nach der Rückkehr aus dem Orient hatte er sein Testament beim Amtsgericht Dresden hinterlegt und Emma als Universalerbin eingesetzt.[43] Noch im *Pax*-Roman (1901) ist eine, in der *Friede*-Fassung (1904) freilich getilgte, Huldigung an Emma enthalten.[44] Erst in den Notizen und Gedichten des Jahres 1902, die sich in den Nachlaßmappen *Weib*, *Wüste* und anderen Fragmenttexten[45] finden, wird Emma verteufelt. Aber auch und gerade diese Schriften lassen den - so zwiespältigen, so aussichtslos verquälten und äußerst problematischen - Verzweiflungskampf des Verfassers um den Bestand seiner Ehe noch deutlich erkennen: "Gib mir dein Herz! den Leib will ich nicht haben [...]"[46]

An eine zweite Ehe wird auch Klara, bis zum Frühjahr oder Sommer 1902, kaum gedacht haben. Den Tod ihres Gatten (am 14. Februar 1901) hatte sie als schweren Verlust empfunden. In ihr Tagebuch schrieb sie im Januar 1902: "Das erste neue Jahr, ohne mein Liebstes. - Der einzige mich beseelende Wunsch ist Erlösung von der Erde, täglich bitte ich Gott darum."[47]

Doch Klara lebte noch lange auf dieser Erde. Und der Tod Richard Plöhns hatte eine neue Konstellation geschaffen: Klara war frei, und May stand zwischen Emma und Klara.

Um die Jahresmitte 1902 einigten sich Karl und Emma, Frau Plöhn als Sekretärin arbeiten zu lassen. Für ein Jahresgehalt von 3000 Mark sollte sie, unter dem Decknamen 'Emma May', die Leserbriefe beantworten.

Durch diese Tätigkeit aber, die schon etliche Wochen vorher unentgeltlich begann, kommen sich Karl und Klara immer näher, während sich im gleichen Tempo die Beziehungen zu Emma verschlechtern. In Klaras Tagebuch häufen sich klagende und böse Worte über diese 'herzlose, oberflächliche Frau [...]'[48]

Klara Plöhn schrieb über Emma unter anderem: "In ihr lebt keine edle Regung [...] Ich glaube Emma legts darauf an Karl umzubringen [...]"[49] Schwerste Beschuldigungen und - nach Christian Heermann - "regelrechte Haßtiraden"[50] gegen Emma, die einstige Freundin, enthält Klaras Tagebuch im Jahre 1902.

Natürlich wird Emma auf die jüngere Klara - die schon 1901, nach dem Tode Richard Plöhns, fast täglich in der 'Villa Shatterhand' zu Gast war - eifersüchtig geworden sein. Nicht ohne Grund! Denn Klaras, zweifellos echte, Trauer um den verstorbenen Gatten hinderte sie nicht, sich für die neuen Schaffenspläne Mays zu interessieren; es gelang ihr, in den Augen des Dichters "als literaturkundig, musikverständig und theaterbegeistert"[51] zu erscheinen. Emma gelang dies nicht; sie gab sich - vermutlich - auch keine besondere Mühe in dieser Richtung. Dem Vergleich mit Klara hielt Emma, wie schon während der Orientreise, in der Sicht Karl Mays also nicht stand.

Mit diesem und den anderen, schon genannten, Gründen allein wird der endgültige Bruch aber nicht zu erklären sein. Eine weitere Ursache kam hinzu: Emmas Verhalten im Münchmeyerprozeß (seit März 1902)! Die - nach Stolte - "zweifellos primitive und mit einem gerüttelten Maß von Dummheit geschlagene Frau"[52] stand auf vertrautestem Fuß mit Pauline Münchmeyer, die dem Schriftsteller erheblich geschadet hatte.[53] Auch im weiteren Verlauf der gerichtlichen Auseinandersetzung hat Emma dem früheren Gatten zwar kaum mit Absicht, aber - nach der Auffassung Stoltes - doch "objektiv schwer geschadet".[54]

Die konkreten Ereignisse, die der Ehescheidung unmittelbar vorausgingen, sind verdunkelt von Gerüchten und widersprüchlichen Aussagen der Beteiligten. Am 21. Juli 1902 traten die Mays und Frau Klara eine - mit widerlichen Szenen verbundene - 'Erholungsreise' an. Über Berlin und Hamburg (mit jeweils zwei Wochen Aufenthalt) ging es, für drei Tage, weiter nach Leipzig.[55] Dort sollte Frau Beibler, die Mutter Klaras, zwischen Karl und Emma vermitteln. Zu diesem Zweck hatte Klara, nach der Aussage Mays, ihre Mutter nach Leipzig bestellt. Frau Beibler "sprach in herzlicher [...] Liebe" auf Emma, "das unglückselige Frauenzimmer ein. Sie versuchte, unsere Hände in einander zu legen - - - vergeblich!"[56]

Klara notierte ins Tagebuch: "Es kommt zur Scheidung zwischen Beiden. Es ist das Beste so [...] Karl soll mich an seiner Seite finden, wenn er mich braucht und das werde ich Emma sofort sagen."[57]

Von Leipzig aus ging die Reise weiter nach München (mit sechs Tagen Aufenthalt), dann nach Bozen und von dort hinauf zur Mendel, Grand Hotel Penegal. Dort soll Emma, ihrer späteren Aussage (am 14.12.1907 vor dem Landgericht Dresden) nach, spiritistisch erpreßt worden sein. Klara soll, wie May zu Emma gesagt habe, unter dem Einfluß der Verstorbenen mehrere Zeilen für Emma geschrieben haben. Die Geister hätten Emma befohlen: "Wenn Du jetzt nicht unseren Willen tust und das unterschreibst, was dir Karl vorlegt, dann wehe! wehe! wehe! [...]"[58] Daraufhin habe Emma der Scheidung zugestimmt.

Karl May und Frau Klara bestritten diese Version; behördliche Untersuchungen blieben ohne Ergebnis.[59] Ob Klara tatsächlich die 'Geister' zitiert und May dies gewußt (oder gar inszeniert) hatte, ist nicht zu erforschen. Daß der gläubige Christ Karl May vor Gericht - in einer so ernsten und schwerwiegenden Sache - bewußt gelogen habe, ist aber doch zu bezweifeln.

Wie May in der *Pollmer-Studie* erklärt, unterschrieb Emma (am 29. August 1902) "bereitwillig, nicht etwa gezwungen", daß sie "wegen gegenseitiger, unüberwindlicher Abneigung ein weiteres Zusammenleben" mit ihrem "bisherigen Ehemann [...] für vollständig unmöglich halte"[60] und folglich in die Scheidung einwillige. Einen Tag später, am 30. August, reisten Karl und Klara ab, während Emma in Südtirol bleiben mußte.

Am 10. September 1902 erhob May in Radebeul die Scheidungsklage; am 3. Oktober erreichte er eine einstweilige Verfügung auf Trennung. Fünf Tage später verreiste er mit Klara - über Linz, Salzburg und Bozen - nach Riva am Gardasee, wo die beiden am 14. Oktober ankamen und bis zum 15. Dezember verweilten.[61] Während dieses Aufenthaltes in Riva entstanden die, autobiographisch besonders bedeutsamen, Anfangsteile des *Silberlöwen IV* (die im nächsten Kapitel zu interpretieren sind).

Am 14. Januar 1903 wurde die Ehescheidung - in Abwesenheit Emmas, die erst Anfang März von Bozen zurückkehrte - ausgesprochen. Rechtskräftig wurde das Urteil am 4. März 1903: "Die Beklagte trägt die Schuld an der Scheidung und wird verurteilt, die Kosten des Rechtsstreits [...] zu tragen".[62]

Das Gericht hatte dem Antrag Mays entsprochen und die Zeugenaussagen Klaras und ihrer Mutter - Frau Beibler - für glaubwürdig angesehen. Das Urteil stützte sich auf drei (später, in der *Pollmer-Studie*, von May breit ausgemalte) Vorwürfe: Hohe Geldsummen ihres Mannes habe Emma beiseitegeschafft; an May adressierte Geschäfts- und Privatbriefe habe sie vor ihrem Gatten versteckt; und sie habe ihn "jahrelang in der gehässigsten Weise behandelt und beschimpft".[63]

Emma also galt vor Gericht als die einzig und allein Schuldige. Freunde rieten ihr zur Anfechtung des Urteils, wozu sich Emma jedoch nicht entschließen konnte. Allerdings erstattete Louise Häußler, eine langjährige Freundin Emmas,[64] am 9. Oktober 1903 bei der Staatsanwaltschaft Dresden Anzeige gegen Karl und Klara May wegen "betrügerischer Handlungen zur Ermöglichung der Ehescheidung".[65] Emma aber verweigerte bei ihrer Vernehmung, am 3. November 1903, die Zeugenaussage: möglicherweise aus "Furcht, sonst die ihr zugedachte Rente nicht zu erhalten - und die Mays setzten jenen Vertrag tatsächlich erst nach Einstellung des damaligen Verfahrens in Kraft".[66]

Da Emma also, aus welchen Gründen auch immer, nicht aussagen wollte, wurde das Ermittlungsverfahren gegen Karl und Klara May am 30. Dezember 1903 schließlich eingestellt. Erst später, nach etlichen Jahren, war Emma zur Aussage bereit und es kam zur erneuten, vom Gericht freilich ebenfalls zurückgewiesenen, Beschuldigung gegen die Mays.[67]

Daß die Anzeige Frau Häußlers (der späteren Frau Achilles) der vollen Wahrheit entsprach, darf - wie schon oben vermerkt - zwar durchaus bezweifelt werden. Aber undurchsichtig und dunkel sind die Umstände und die Hintergründe, die zum Scheidungsurteil geführt hatten, doch. Ein, gelinde gesagt, recht unguter Beigeschmack haftet der ganzen Sache schon an.

Ob May zuinnerst ein gutes Gewissen hatte, ist unklar. Daß er das Scheitern seiner Ehe nicht leicht nahm, sondern, im Gegenteil, dieses Thema ihn noch lange, bis zum Lebensende, bewegte, steht aber fest. Für Karl May war die Gattenliebe - eigentlich, ihrem Wesen nach - eine Bindung für immer: bis hinein in die Ewigkeit Gottes. Er neigte, wie es in der Selbstbiographie heißt, auch "sehr zu der katholischen Betrachtung der Ehe, daß diese ein Sakrament sei.[68] Wenn ich nicht dieser Ansicht wäre, so hätte ich diesen Schritt" - der Trennung von Emma - "schon längst getan und nicht erst dann, als es meine Gesundheit, mein Leben und meine ganze innere und äußere Existenz zu retten galt."[69]

Was die Details seiner Ehetragödie betrifft, mag Karl May, vor allem in der *Pollmer-Studie*, übertrieben haben.[70] Emmas Charakter wird er in Einzelheiten, mehr oder weniger grob, verzeichnet und eigene Fehler - in Bezug auf Emma - wird er vermutlich zu wenig erkannt haben. Im Kern war seine Klage aber doch wohl berechtigt. Nach Claus Roxin trifft es mit hoher Wahrscheinlichkeit zu, daß die Fortdauer der Ehe mit Emma den Menschen Karl May "existentiell gefährdet hätte. Darin dürfte auch der Grund liegen, daß er die Trennung und Scheidung mit einer ihm sonst fremden Rücksichtslosigkeit durchsetzte."[71]

10.4.3 Mays Ehe mit Klara und das Schicksal 'Frau Pollmers'

Am 30. März 1903, sehr bald nach der Scheidung von Emma, hat der einundsechzigjährige May die neununddreißigjährige Klara standesamtlich geheiratet. Einen Tag später vollzog der lutherische Pfarrer in Radebeul, Karl Hingst, die kirchlichen Zeremonien.[72] "Morgen früh 10 Uhr gehen wir still zur Kirche", heißt es in Klaras Tagebuch. Und weiter:

Der Trauung soll nur Mutter beiwohnen. Still und ernst, ohne Feier. Das furchtbare Leid, welches hinter uns liegt, verträgt noch keine Berührung durch Freunde. Mein ganzes Leben soll fortan meinem unendlich verehrten Manne geweiht sein. Ich will versuchen, seiner würdig zu werden [...][73]

Wenige Monate vor der Trauung, am 15. Dezember 1902, hatte May - noch in Riva - wohl doch seiner künftigen Frau Klara (und wohl kaum, wie Karl Serden meint,[74] seiner bisherigen Frau Emma) die folgenden Verse - zwar nicht ausdrücklich, aber indirekt - gewidmet:

Komm, Liebling, komm, wir wollen scheiden gehen; / Die Erde hat es uns so leicht gemacht. / [...] / Die letzte Stunde naht, am Firmamente / Wird Licht um Licht vom Vater aufgestellt, / Er ladet uns zur stillen Jahreswende, / Zum neuen Sein dort in der andern Welt, / Schau auf! Du sollst in meinen Sternen lesen, / Was in den deinen längst geschrieben lag: / Wir sind auf Erden nur verlobt gewesen; / Der Todestag ist unser Hochzeitstag![75]

Sonderbare Verse! Von Richard Wagners *Tristan und Isolde* könnten sie inspiriert sein.[76] Sie enthalten, über die Todesphantasien des Autors hinaus, eine doppelte Voraussage, die buchstäblich eingetroffen ist. Karl May starb, auf den Tag genau, neun Jahre nach dem "Hochzeitstag": am 30. März 1912; und Klara starb zur "Jahreswende": am 31. Dezember 1944, kurz vor Mitternacht.[77] Doch wichtiger als solche Daten sind die autobiographische Relevanz und die theologische Aussage, die Mays Verse enthalten: Was den Dichter mit Klara (und vielleicht, wer weiß, insgeheim auch mit Emma, von der er - innerlich - ja nie loskam) verbunden hat, war eine echte, tief seelische Beziehung, die über den leiblichen Tod hinausweist und die Teilhabe an der Ewigkeit Gottes erhofft.

Das irdische Trauerspiel 'Karl May und Emma Pollmer' wirkt um so bestürzender. Während des Scheidungsprozesses hatte die Verstoßene ihrem Ehemann noch angeboten, als "Köchin" bei ihm zu wohnen, was dieser entrüstet von sich wies.[78] Am 13. August 1903 untersagte er ihr, seinen Namen zu führen. Er nannte sie nur noch 'Frau Pollmer'. Einem Vertrag vom 3. November 1903 zufolge mußte sie mindestens hundert Kilometer von Dresden entfernt leben. Sie zog, im Alter von siebenundvierzig Jahren, nach Weimar und erhielt - laut Vereinbarung "auf Lebenszeit" - von May bzw. Frau Klara eine Jahresrente von 3000 Mark.[79] Die vertraglichen Modalitäten der Rente hatte Klara, Ende Oktober 1903 und Anfang 1904, mit Emma geregelt.

Dem ehemaligen Gatten blieb Emma vermutlich, in wehmütigen Erinnerungen, verbunden. Sie quälte sich selbst, kam öfter nach Dresden und kehrte - mit schriftlichen Liebeserklärungen[80] - "immer wieder zu den lieben, beiden Alten, nämlich zu mir und zu Frau Plöhn, zurück, an denen sich ihre hypnotische und spiritistische Geschicklichkeit so lange Jahre bewährte und wohl auch noch weiter bewähren wird. So wenigstens denkt sie es sich!"[81]

Emmas Annäherungsversuche legte der mißtrauische May in der *Pollmer-Studie* rein negativ aus: als "Teufelei" und "Morithat".[82] Noch im Jahre 1909 soll sich May, nach der Aussage einer Freundin Emmas, "in der gehäßigsten Weise über seine frühere Frau ausgesprochen"[83] haben. Andrerseits wirkt, im Vergleich zu den Zornesausbrüchen der *Studie*, das Emma-Bild Mays in der Selbstbiographie *Mein Leben und Streben* (1910) und im Privatdruck *An die 4. Strafkammer* (1911) zwar auch nicht erfreulich, aber doch wesentlich behutsamer und gerechter.

Der May-Forscher Hans-Dieter Steinmetz berichtet von einer Begegnung des Schriftstellers mit Emma im September 1911 und schließt seine Darstellung mit den Worten: "Es ist anzunehmen, daß May in den letzten Monaten vor seinem Tod von der negativen Charakterisierung seiner ersten Frau [...] Abstand nahm und Emma nicht mehr im Zerrspiegel der vergangenen Prozeßjahre sah."[84] Eine Versöhnung Karls mit Emma im Herbst 1911 hielt auch der May-Biograph Fritz Maschke für durchaus wahrscheinlich.[85] Der Dichter, der (auch und gerade in seinen letzten Erzählwerken) die Liebe und die Versöhnung so wunderbar predigte, wird noch rechtzeitig erkannt haben: Wirklichen Frieden,

Erlösung durch Gott, konnte es für ihn nicht geben - ohne die eigene Umkehr und ohne ein gutes Wort auch für Emma.

Diese selbst zeigte in einem späten Brief (30. Juli 1915) an Klara May die größte Bewunderung für den verstorbenen Dichter und dessen Werke, die sie jetzt wohl gelesen hatte: "Liebe Klara! [...] Die Menschheit wird noch mal froh sein und Gott danken, solche Bücher zu besitzen. - Ja, ja, Karl war ein Seher wie selten einer."[86]

Was Klara betrifft, so hatte sie - nach Maschke - für Emma "nach deren Trennung von Karl May kein gutes Wort mehr übrig [...] 'Unsere Scheitana' war noch die mildeste Bezeichnung für ihre Vorgängerin in der Villa Shatterhand."[87] Aber noch vor dem Tode des Schriftstellers dürfte sich die Beziehung zwischen den beiden Frauen doch entspannt und entscheidend verbessert haben. Der, in freundschaftlichem Tone gehaltene, Briefwechsel seit ca. 1911 jedenfalls legt diesen Schluß sehr nahe.[88]

Nach mehrjähriger Krankheit starb Emma, entmündigt und geistig umnachtet, in einer Heilanstalt zu Arnsdorf in Sachsen. Im Alter von einundsechzig Jahren wurde sie, am 13. Dezember 1917, durch den Tod von ihren Leiden erlöst.[89]

Zurück zu Karl und Klara May: Ihre Ehe verlief sehr harmonisch und glücklich. "Zwar war auch Klara", so Roxin, "eine schwierige Frau mit manchen problematischen Charakterzügen. Aber sie liebte und verehrte May, unterstützte ihn bedingungslos [...] und gab ihm die emotionale Geborgenheit, ohne die er die nächsten Jahre kaum hätte überleben können."[90] Zu einem ähnlichen Urteil kam Hansotto Hatzig: Soviel auch "an Klaras Charakter auszusetzen wäre - besonders in späterer Zeit, lange nach Mays Tode - sie ist ihm doch (wie zuvor für Plöhn) eine ideale Ehegefährtin gewesen".[91]

Für ihren Gatten war Klara eine gute Frau und eine engagierte Mitkämpferin in dessen Rechtsstreitigkeiten. Aber eine reine Lichtgestalt war Klara natürlich ebenso wenig, wie Emma eine Teufelin war. Sehr nüchtern meinte Kurt Langer: Mays zweite Frau "war berechnend, kleinlich und intrigant. Wahrscheinlich war Klara für Karl May nur das kleinere Übel, eben eine 'schwesterliche Helferin', die dem innerlich Einsamen mit Rat und Tat zur Seite stand, wenn auch [...] nicht immer mit glücklicher Hand."[92]

Klara bot dem Ehemann keinen Widerstand. Sie war es, so May in der *Pollmer-Studie*, "überhaupt gewöhnt, keinen eigenen Willen zu haben".[93] In diesem Punkt hat sich der Dichter freilich geirrt: Klara wußte sehr wohl, was sie wollte; und sie verstand es - wie sich zeigen wird - fast immer, ihren Willen auch durchzusetzen. Nur dem Gatten hat sie sich, in der Regel, wohl unterworfen. Eben dies war bedenklich: Nicht nur die guten, auch die schwierigen, die fragwürdigen Seiten ihres Mannes wird sie, durch kritiklose Zustimmung, noch gefördert haben.[94]

Klara schirmte May ab gegen die Außenwelt[95] und gegen alle, zum Teil ja berechtigte, Kritik. Sie sah ihren Mann mit den Augen der Liebe, die manchmal auch blind war. Aber auch May wollte seine Frau nur verklärt sehen. In *Winnetou IV* (1909/10) z.B. hat er, mit humoristischem Einschlag allerdings[96] und mit Augenzwinkern vielleicht, sein "Herzle" (mit diesem Kosenamen schmückten sich Karl und Klara gegenseitig) idealisiert und verherrlicht.

Verständlich ist dies alles sehr wohl. Denn May war, laut Selbstbiographie, nach der Heirat mit Klara "nicht mehr so fürchterlich allein", war menschlich geborgen und hatte nicht immer nur aus sich selbst, aus seiner eigenen Seele "herauszuschöpfen"![97] Er konnte nun Schwerstes ertragen:

weil ich keinen Augenblick lang an Gott und seiner Liebe zu zweifeln vermag und weil mir in dieser überschweren Zeit ein Wesen zur Seite gestanden hat, dessen tapfere, hochstrebende Seele mich wie auf Engelsflügeln über alles Leid erhob, dem ich verfallen sollte [...][98]

Das Leid, dem May verfallen sollte, war - primär - verursacht durch die Pressekampagne gegen den Schriftsteller. Auch das Scheitern seiner Ehe mit Emma wurde in diese Kampagne mit einbezogen. Dagegen verwahrte sich Karl May mit Recht:

Für jeden nur einigermaßen anständigen Menschen ist die Ehescheidung eine Angelegenheit von selbstverständlichster Diskretion. Die meinige aber hat man in den Zeitungen herumgetragen, mit den widerlichsten Randglossen versehen und zu den ungeheuerlichsten Verdächtigungen ausgenutzt.[99]

10.4.4 Exkurs: Die Witwe Klara May

Über die Ehescheidung und die Wiederheirat Karl Mays zu richten steht, außer Gott, letztlich niemandem zu. Eine Bemerkung, ein kritisches Wort noch zu Klaras Verhalten nach dem Tode des Dichters ist aber erforderlich.

Frau Klara hat alles unternommen, was - ihrer Meinung nach - geeignet war, die Rehabilitierung des Schriftstellers in der Öffentlichkeit voranzubringen. Die Verteilung von Spenden an Künstler und Literaten, also das Anliegen der in Mays Testament genannten 'Karl-May-Stiftung', forcierte die Witwe "in einem Maße, wie es das Testament gar nicht verlangte, nicht zuletzt wohl mit der löblichen Absicht, dem Andenken an Karl May gute Dienste zu leisten."[100]

Aber dasselbe Motiv verleitete Klara noch zu weiteren Aktionen, die aus heutiger Sicht sehr bedauerlich sind. Zum 'Sündenregister' Frau Klaras gehört unter anderem: Die Strafakten Mays und wichtige Dokumente aus dem Nachlaß des Dichters hat sie vernichtet.[101] Was dies betrifft, hält sich der Schaden freilich in Grenzen. Denn wertvolle, für die biographische Forschung zureichende Quellen (Duplikate, Briefe, Pressestimmen, schon publizierte Aktenauszüge) blieben erhalten.

Nicht erwiesen, aber doch sehr wahrscheinlich ist das folgende 'Delikt' Klara Mays: Aus der Bibliothek ihres verstorbenen Mannes dürfte sie Abenteuerliteratur - von Autoren wie Cooper, Möllhausen oder Gerstäcker - entfernt haben: Bücher, aus denen May nicht wenige Anregungen entnommen hatte. Ihr Beweggrund könnte gewesen sein: Die - von May selbst, wenn auch zögernd und manchmal inkonsequent, überwundene - 'Old Shatterhand-Legende' wollte Klara, in gemilderten Formen, neu aufleben lassen. Daß May seine exotischen Abenteuer nicht (von Möllhausen und ähnlichen Schriftstellern) 'entlehnt', sondern persönlich bestanden habe, wollte Klara den Lesern wohl glauben machen. Denn sie hat, und dies ist erwiesen, die Legendenbildung um May ja auch sonst, durch erfundene Stories, zu fördern versucht.[102]

Doch schwerer wiegt eine andere 'Tat' Klara Mays: Bedeutende Eingriffe in das Werk ihres Mannes durch den Verleger E.A. Schmid und die Mitarbeiter des Karl-May-Verlags hat sie bedenkenlos unterstützt. Diese "Bearbeitungen, die Karl May selber nicht mehr vornehmen konnte, haben als einzig giltige Ausgabe letzter Hand, als editio ne varietur zu gelten"![103] So legte es Klara am 21. August 1930 fest.

Der May-Forscher Jürgen Wehnert kommentiert:

Daß die Witwe eines Dichters, an dessen Texten sie keinerlei Anteil hat, einen Dritten und ungenannte Vierte dazu ermächtigt, auf dem Wege der Bearbeitung eine definitive Werkausgabe zu schaffen, ist freilich in der Literaturgeschichte ein wohl singulärer Fall, der im Widerspruch zu jeder wissenschaftlich begründbaren Editionspraxis steht.[104]

Subjektiv ist Frau Klara und den Mitarbeitern des Karl-May-Verlags allerdings zuzugestehen: Sie glaubten, durch Text-'Verbesserungen' (die objektiv, für erwachsene Leser zumindest, in der Regel auf Verschlechterungen hinausliefen) dem Werk des Dichters einen wertvollen Dienst zu erweisen.[105]

Klaras Plazet zu solchen Maßnahmen kann als Indiz für ihren literarischen Unverstand, aber nicht als Beleg für ihren 'schlechten Charakter' gewertet werden. Schlimmer freilich wird es im Falle des *Friede*-Romans. Diesen Band wollte Klara, 1938, im Sinne der nationalsozialistischen Ideologie (die sie aber wohl nicht durchschaute) korrigieren!

"Man könnte", so schlug sie vor, "in geschickter Weise auf die Ereignisse der letzten Tage eingehen und den Führer als idealen Friedensverkörperer berühren [...]" Das christliche Kreuz - in Mays *Friede*-Band ein zentrales Motiv - könne man "umformen [...] zum Sonnenrad, in dem das Kreuz schimmert und sich zum Hakenkreuz formt". Und alles, was der Roman über "Rassenmischung" enthalte, "muß fallen, [...] mögen die Leser sagen, was sie wollen, ich halte meinen Rücken hin!"[106]

Zumindest als Torheit, als grandiose Dummheit, als ungeheures Ansinnen muß dieses Vorhaben der Witwe bezeichnet werden. Dr. Euchar Albrecht Schmid, dem ersten Leiter des Karl-May-Verlags, ist es zu danken, daß Klaras Plan nicht verwirklicht wurde.[107]

Doch eine andere, womöglich noch schändlichere Idee Klara Mays kam tatsächlich zur Ausführung. Im Jahre 1942 sollte der hundertste Geburtstag des Schriftstellers gefeiert werden; auch eine Ehrung am Grabe war vorgesehen. Da Richard Plöhn, dessen Leichnam im selben Grabe bestattet lag, ein 'Halbjude' war, untersagten die Behörden alle Feierlichkeiten im Friedhof. Daraufhin setzte Klara es durch, daß die irdischen Überreste ihres ersten Ehemanns aus der Grabstätte entfernt wurden.[108]

Durch Kriegsverordnungen waren, so Christian Heermann, "Exhumierungen 1942 schon nicht mehr erlaubt. Aber gute Beziehungen zu Dresdner Nazigrößen ermöglichten Klara May den makabren Akt. Die Feierstunde kam trotzdem nicht zustande."[109]

Was Klara hier tat, war skandalös und nicht zu entschuldigen. Auch dann nicht, wenn man bedenkt: Ihr Motiv war, auch in diesem Falle, die Ehrung Karl Mays - eines Mannes, dem nichts so fremd war wie das Wesen des Nationalsozialismus.

Klara war, vor allem im Alter, in mancher Hinsicht verblendet. Ein Recht, sie zu verurteilen, haben wir dennoch nicht. Die Tatsache bleibt: Karl May und Richard Plöhn hatten diese Frau verehrt und geliebt. Und ihren beiden Gatten hat sie viel Gutes getan.

Ihren letzten Brief (am 6.10.1944 an eine Nichte Karl Mays) schloß Klara mit den Worten: "Irrtümer und Enttäuschungen brachte mir das Leben reichlich [...] Gott sei uns gnädig".[110] Vergeblich wird diese Bitte nicht gewesen sein. Der "Gnadenhand" Gottes hat ja auch May, im Schlußband des *Silberlöwen*, vertraut. In diese Gnadenhand Gottes hat er alles und besonders den "Irrtum" gelegt.[111]

Anmerkungen

1   Karl May: *Im Reiche des silbernen Löwen IV*. Gesammelte Reiseerzählungen, Bd. XXIX. Freiburg 1903, S. 14.

2   Vgl. oben, S. 155ff. u. 201f. - Vgl. auch Kurt Langer: *Die Frau aus der Heimat. Warum scheiterte Mays erste Ehe?* In: MKMG 39 (1979), S. 5-7.

3   Vgl. unten, S. 445 u. 642ff.

4   Vgl. unten, S. 445.

5   Fritz Maschke: *Karl May und Emma Pollmer. Die Geschichte einer Ehe*. Beiträge zur Karl-May-Forschung 3. Bamberg 1973, S. 98 - Zum Krankheitsbild Emmas vgl. ebd., S. 122f.

6 Vgl. Hans Wollschläger: *Karl May. Grundriß eines gebrochenen Lebens.* Zürich 1976, S. 107.

7 Vgl. Janko Lavrin: *Lev Tolstoj in Selbstzeugnissen und Bilddokumenten.* Reinbek 1961, S. 129-146.

8 Karl May: *Mein Leben und Streben.* Freiburg 1910. Hrsg. von Hainer Plaul. Hildesheim, New York ²1982, S. 203.

9 Vgl. oben, S. 157ff.

10 Karl May in einer Gerichtseingabe; zit. nach Wollschläger: *Karl May*, wie Anm. 6, S. 107 - Ähnlich Karl May: *Frau Pollmer - eine psychologische Studie.* Prozeßschriften, Bd. 1. Hrsg. von Roland Schmid. Bamberg 1982, S. 904.

11 May: *Frau Pollmer*, wie Anm. 10, S. 939f.

12 Nach Walther Ilmer: *Karl May - Mensch und Schriftsteller. Tragik und Triumph.* Husum 1992, S. 208-212, könnte die *Pollmer-Studie* auch noch etwas später - zwischen dem 15.12.1907 und Mitte Februar 1908 - entstanden sein. - Vgl. unten, S. 476.

13 May: *Frau Pollmer*, wie Anm. 10, S. 849; vgl. ebd., S. 818, 844 u. 859.

14 Insofern ist die *Pollmer-Studie* - in *Mein Leben und Streben* - tatsächlich "zu einer gedrängten [...] Figur" (May: *Frau Pollmer*, wie Anm. 10, S. 939) zusammengeschmolzen.

15 May: *Frau Pollmer*, wie Anm. 10, S. 940 - Vgl. Hans Wollschläger: (Werkartikel zu) *Frau Pollmer.* In: *Karl-May-Handbuch.* Hrsg. von Gert Ueding in Zusammenarbeit mit Reinhard Tschapke. Stuttgart 1987, S. 552-557.

16 May: *Frau Pollmer*, wie Anm. 10, S. 815f.

17 Ebd., S. 859 u.ö.

18 Ebd., S. 858.

19 Ebd., S. 910f.

20 Ebd., S. 911f.

21 Ebd., S. 901 u.ö.

22 Heinz Stolte: *Zur Einführung.* In: May: *Frau Pollmer*, wie Anm. 10, S. XI-XVI (S. XV).

23 May: *Frau Pollmer*, wie Anm. 10, S. 843; zu 'Professor Hofrichter' vgl. Stoltes Anmerkung ebd., S. 957f.

24 Max Welte war bis zum Lebensende des Dichters ein Freund des Ehepaars May; vgl. oben, S. 323.

25 May: *Frau Pollmer*, wie Anm. 10, S. 859 u.ö.

26 Ebd., S. 879.

27 Heinz Stolte: *"Frau Pollmer - eine psychologische Studie". Dokument aus dem Leben eines Gemarterten.* In: JbKMG 1984, S. 11-27 (S. 25).

28 May: *Mein Leben und Streben*, wie Anm. 8, S. 243f. - Vgl. Walther Ilmer: *Das Märchen als Wahrheit - die Wahrheit als Märchen. Aus Karl Mays 'Reise-Erinnerungen' an den erzgebirgischen Balkan.* In: JbKMG 1984, S. 92-138 (S. 135, Anm. 57): "Es mag zutreffen, daß Emma keinen Zugang zu Mays Reiseerzählungen fand, auch seine Kolportage-Romane nicht las, eine sog. 'höhere Bildung' [...] nicht anstrebte; ihre Briefe verraten aber ein gutes Ausdrucksvermögen und eine erstaunliche Beherrschung der Rechtschreibung und der Satzlehre; hierin war sie Mays zweiter Frau Klara eindeutig überlegen."

29 May: *Frau Pollmer*, wie Anm. 10, S. 921.

30 Ebd., S. 919.

31 Ebd., S. 908f.

32 Karl May: *Im Reiche des silbernen Löwen III.* Gesammelte Reiseerzählungen, Bd. XXVIII. Freiburg 1902, S. 263f.; zit. auch bei Stolte: *"Frau Pollmer"*, wie Anm. 27, S. 26f.

33 May: *Frau Pollmer*, wie Anm. 10, S. 926.

34 Ebd., S. 921.

35 Zit. nach Hansotto Hatzig: *Karl May und Sascha Schneider. Dokumente einer Freundschaft.* Beiträge zur Karl-May-Forschung 2. Bamberg 1967, S. 48.

36 Zit. nach Rudolf Lebius: *Die Zeugen Karl May und Klara May. Ein Beitrag zur Kriminalgeschichte unserer Zeit.* Berlin-Charlottenburg 1910, S. 51; zit. auch bei Hatzig, wie Anm. 35, S. 46.

37 Vgl. unten, S. 690f. u. 695f.

38 May: *Frau Pollmer*, wie Anm. 10, S. 909.

39 Ebd., S. 923.

40 Ebd., S. 922.

41 Vgl. Stoltes Anmerkung ebd., S. 959 (Anm. zu ebd., S. 878f.).

42 Wiedergegeben bei Maschke: *Karl May*, wie Anm. 5, S. 91f.

43 Vgl. Christian Heermann: *Karl May, der Alte Dessauer und eine "alte Dessauerin"*. Dessau 1990, S. 101.

44 Vgl. Karl May: *Et in terra pax*. In: *China. Schilderungen aus Leben und Geschichte, Krieg und Sieg. Ein Denkmal den Streitern und der Weltpolitik*. 3. Teil (1. Abschnitt). Hrsg. von Joseph Kürschner. Leipzig 1901; Reprint: Karl May: *Et in terra pax und Und Friede auf Erden*. Bamberg, Braunschweig 1976, Sp. 238f. - Nach der Auffassung Ilmers (*Karl May*, wie Anm. 12, S. 175) hat May bei dieser Huldigung aber - in Wirklichkeit - an Klara und nicht an Emma gedacht. - Vgl. hingegen Karl Serden: *Am letzten Tag in Riva*. In: MKMG 98 (1993), S. 9-12. - Vgl. unten, Anm. 74.

45 Vgl. Max Finke: *Aus Karl Mays literarischem Nachlaß*. In: KMJB 1920. Radebeul 1919, S. 53-88; Fortsetzung in: KMJB 1921. Radebeul 1920, S. 16-40; KMJB 1922. Radebeul 1921, S. 28-54; KMJB 1923. Radebeul 1922, S. 17-35. - Dazu Christoph F. Lorenz: *Die Edition der "Nachlaßmappen" Mays durch Max Finke. Ergebnisse einer Sichtung*. In: MKMG 56 (1983), S. 7-10.

46 Aus Mays *Schetana*-Fragmenten; zit. nach Hatzig, wie Anm. 35, S. 46.

47 Zit. nach Heermann: *Dessauerin*, wie Anm. 43, S. 101.

48 Heermann: Ebd.

49 Zit. nach ebd. (in zeichengetreuer Wiedergabe).

50 Heermann: Ebd., S. 102.

51 Ebd.

52 Stolte in: May: *Frau Pollmer*, wie Anm. 10, S. 960 (Anm. zu ebd., S. 908ff.).

53 Später hat May dies mit, zum Teil, schon böser (freilich nicht öffentlicher) Polemik quittiert. - Vgl. z.B. Karl May: *Ein Schundverlag* (1905). *Ein Schundverlag und seine Helfershelfer* (1909). Prozeßschriften, Bd. 2. Hrsg. von Roland Schmid. Bamberg 1982, S. 296, 301, 311 u. 315 - May: *Frau Pollmer*, wie Anm. 10, S. 808. - Dazu Gernot Kunze: *Einführung*. In: Karl May: *Das Buch der Liebe*. Dresden 1875/76. Reprint der Karl-May-Gesellschaft. Bd. II (Kommentarband). Hrsg. von Gernot Kunze. Regensburg 1988/89, S. 7-50 (S. 16).

54 Stolte, wie Anm. 52.

55 Vgl. Wollschläger: *Karl May*, wie Anm. 6, S. 120.

56 May: *Frau Pollmer*, wie Anm. 10, S. 920.

57 Zit. nach Heermann: *Dessauerin*, wie Anm. 43, S. 102.

58 Zit. nach Lebius, wie Anm. 36, S. 55.

59 Vgl. Hainer Plaul: *Karl May*, wie Anm. 8, S. 493ff. (Anm. 377-379).

60 Der vollständige Wortlaut bei May: *Frau Pollmer*, wie Anm. 10, S. 935.

61 Nach Wollschläger: *Karl May*, wie Anm. 6, S. 122.

62 Zit. nach Plaul: *Karl May*, wie Anm. 8, S. 449 (Anm. 279).

63 Zit. nach Claus Roxin: *Mays Leben*. In: *Karl-May-Handbuch*, wie Anm. 15, S. 62-123 (S. 111) - Vgl. Rudolf Beissel: *"Und ich halte Herrn May für einen Dichter ...".* Erinnerungen an Karl Mays letzten Prozeß in Berlin. In: JbKMG 1970, S. 11-46 (S. 37f.).

64 Vgl. oben, S. 230.

65 Zit. nach Plaul: *Karl May*, wie Anm. 8, S. 493 (Anm. 377).

66 Plaul: Ebd., S. 493f. (Anm. 378).

67 Vgl. unten, S. 531.

68 Daß die Ehe theoretisch "eigentlich unauflöslich" (Ernst Seybold in einem Brief an den Verfasser) ist, entspricht auch der evangelisch-lutherischen Auffassung. Nach evangelischer Praxis und nach dem Recht auch der orthodoxen Kirchen kann die Ehe allerdings, unter bestimmten Voraussetzungen, geschieden und eine Zweitehe ermöglicht werden. - Vgl. Ernst Hammerschmidt: *Grundriß der Konfessionskunde*. Innsbruck, Wien, München 1955, S. 80: "Die orthodoxe Kirche hält die Ehe grundsätzlich für lösbar." - Vgl. *Evangelischer Erwachsenenkatechismus. Kursbuch des Glaubens*. Hrsg. von Hartmut v. Jetter u.a. im Auftrag der Katechismus-Kommission der Vereinigten Ev.-Luth. Kirche Deutschlands. Gütersloh 51989, S. 548: Die Ehe ist "ihrem Wesen nach unauflöslich [...] Menschen können den Willen Gottes in bezug auf die Ehe verfehlen, aber das bedeutet nicht, daß wir den Willen Gottes nicht mehr ernst zu nehmen brauchen [...]"

69 May: *Mein Leben und Streben*, wie Anm. 8, S. 252.

70 Vgl. Wollschläger: *Werkartikel*, wie Anm. 15, S. 556f.

71 Roxin, wie Anm. 63, S. 111.

72 Vgl. Gerhard Klußmeier - Hainer Plaul (Hrsg.): *Karl May. Biographie in Dokumenten und Bildern.* Hildesheim, New York 1978, S. 211.

73 Zit. nach Heermann: *Dessauerin*, wie Anm. 43, S. 104.

74 Serden, wie Anm. 44, S. 9-12, referiert die Untersuchungen Roland Schmids (vgl. unten, Anm. 75) und zieht aus der Entstehungszeit des Mayschen Gedichts sowie dem Umstand, daß die Widmung an Klara ("Karl für mich") natürlich nicht aus der Feder Mays, sondern Klaras stammt, die Folgerung, May habe das Gedicht in Wirklichkeit Emma gewidmet. Das Gedicht sei "ein Abschiednehmen von Emma" und insofern "das unverbrüchliche Treuewort einer tiefen Liebe" (ebd., S. 10): "der in Verse gefaßte Schmerz für eine (im Martyrium) aufgegebene Liebe" (ebd., S. 11)! Serden hat gewiß darin recht, daß der Abschied von Emma für May mit einer sehr ernsten und langwierigen Trauerarbeit verbunden war. Und er könnte - hoffentlich - auch darin recht haben, daß "die Liebe zu Emma" (die mit zeitweiligen Haßgefühlen ja nicht schlechterdings unvereinbar sein mußte) nicht endgültig aus Mays "Herzen verdrängt" (ebd., S. 10) wurde; aber daß May in seinen Versen vom 15.12.1902 doch wohl an Klara gedacht hat, bleibt dennoch plausibler als die Theorie, er habe diese Verse an Emma gerichtet.

75 Das Manuskript dieser Verse ist wiedergegeben bei Roland Schmid: *Karl May an Klara May. Gedanken zur Entstehung eines Karl-May-Gedichts.* Bamberg 1983 (nicht paginiert). - Die Fußnote des Herausgebers von Karl May's Gesammelte Werke, Bd. 49 *Lichte Höhen.* Bamberg, 83. Tsd., S. 414 (wonach May diese Verse am 30.3.1903 Klara "ins Stammbuch geschrieben" habe), wird hier richtiggestellt: Das Gedicht ist am 15.12.1902 in Riva entstanden.

76 Nach Schmid: *Karl May an Klara May*, wie Anm. 75.

77 Nach Schmids Fußnote in Bd. 49, S. 414; vgl. oben, Anm. 75.

78 Vgl. May: *Frau Pollmer*, wie Anm. 10, S. 930.

79 Vgl. Plaul: *Karl May*, wie Anm. 8, S. 476 (Anm. 331).

80 Nach May: *Frau Pollmer*, wie Anm. 10, S. 937ff.

81 Ebd., S. 933.

82 Ebd., S. 931.

83 Aussage der Kammersängerin Selma vom Scheidt vor dem Amtsgericht Weimar; zit. nach Heermann: *Dessauerin*, wie Anm. 43, S. 109.

84 Hans-Dieter Steinmetz: *Ein Treffen in Radebeul.* In: MKMG 54 (1982), S. 18-24 (S. 24).

85 Vgl. Maschke: *Karl May*, wie Anm. 5, S. 119.

86 Zit. nach ebd., S. 123.

87 Fritz Maschke: *Was Pauline Fehsenfeld nicht wissen konnte.* In: MKMG 39 (1979), S. 11-14 (S. 14).

88 Vgl. Maschke: *Karl May*, wie Anm. 5, S. 121ff. (zum Briefwechsel zwischen Klara und Emma nach dem Tode Mays); aber auch VOR 1912 gab es positive Briefe Klaras an Emma.

89 Die Grabstelle wurde von Klara May bezahlt; vgl. Heermann: *Dessauerin*, wie Anm. 43, S. 116.

90 Roxin, wie Anm. 63, S. 112.

91 Hatzig, wie Anm. 35, S. 46 - Vgl. Christian Heermann: *Der Mann, der Old Shatterhand war. Eine Karl-May-Biographie.* Berlin 1988, S. 339.

92 Langer, wie Anm. 2, S. 6 - Zu Klaras nicht immer sehr glücklichen Hand vgl. auch Heermann: *Old Shatterhand*, wie Anm. 91, S. 339 u.ö.

93 May: *Frau Pollmer*, wie Anm. 10, S. 895.

94 Vgl. Günter Scholdt: *Vom armen alten May. Bemerkungen zu 'Winnetou IV' und der psychischen Verfassung seines Autors.* In: JbKMG 1985, S. 102-151 (S. 133).

95 Vgl. z.B. Gertrud Mehringer-Einsle: *Zum Lebensweg meines Vaters Wilhelm Einsle.* In: JbKMG 1991, S. 97-106 (S. 102f.).

96 Vgl. Dieter Sudhoff: *Karl Mays "Winnetou IV". Studien zur Thematik und Struktur.* Materialien zur Karl-May-Forschung, Bd. 6. Ubstadt 1981, S. 26. - Vgl. auch unten, S. 566f.

97 May: *Mein Leben und Streben*, wie Anm. 8, S. 313.

98 Ebd., S. 312.

99 Ebd., S. 252.

100 Heermann: *Dessauerin*, wie Anm. 43, S. 117.

101 Die folgenden Ausführungen orientieren sich an Heermann: Ebd., S. 117-133.

102 Vgl. ebd., S. 120ff.

103 Zit. nach Jürgen Wehnert: *Der Text*. In: *Karl-May-Handbuch*, wie Anm. 15, S. 129-146 (S. 141).

104 Wehnert: Ebd.

105 Seit den 1970er Jahren konnten die ursprünglichen (oder zumindest manuskriptnahen) May-Texte der Öffentlichkeit wieder zugänglich gemacht werden.

106 Zit. nach Ekkehard Bartsch: *'Und Friede auf Erden!' Entstehung und Geschichte*. In: JbKMG 1972/73, S. 93-122 (S. 115).

107 Zu den tatsächlichen *Friede*-Bearbeitungen vgl. Bartsch: Ebd., S. 113ff.

108 Auch den (1909 im Plöhn-Grabe beigesetzten) Sarg ihrer Mutter ließ Klara bei dieser Gelegenheit umbetten. - Vgl. Heermann: *Dessauerin*, wie Anm. 43, S. 130.

109 Heermann: Ebd.

110 Zit. nach ebd., S. 132.

111 Vgl. May: *Im Reiche des silbernen Löwen IV*, wie Anm. 1, S. 343; dazu unten, S. 451f.

10.5 *Im Reiche des silbernen Löwen III/IV* (1902/03): Einer der eigenartigsten Schlüsselromane der deutschen Literatur

Mays Ehekrise, die Trennung von Emma und die Verbindung mit Klara, aber auch die Auseinandersetzung des Schriftstellers mit sich selbst und seinen literarischen Widersachern und überhaupt alle wichtigen Ereignisse seines Lebens, speziell in den Jahren 1899 bis 1903, spiegeln sich - mehrfach codiert, poetisch verdichtet und theologisch reflektiert - in den Schlußbänden des *Silberlöwen*: in einer so merkwürdigen Weise, daß dieses Werk zu Recht als einer der "eigenartigsten Schlüsselromane der deutschen Literatur"[1] bezeichnet wurde.

Emphatisch hat sich der Autor, in verschiedenen Dokumenten, über den *Silberlöwen III/IV* geäußert. Adele Einsle z.B. (der Mutter eines Münchner Gymnasiasten, mit dem Karl May seit Anfang 1903 sehr herzliche Briefe wechselte) teilte er am 21. Dezember 1902 mit: Dieser Roman "ist hochinteressant, weil er meine einzige Antwort an meine Feinde enthält!"[2] Und drei Tage später schrieb er an Fehsenfeld:

Bemerken Sie, daß mit Band IV eine neue Aera angebrochen ist? Der bisher so schweigsame 'Silberlöwe' tritt endlich, endlich aus seiner Felsenverborgenheit hervor. Das drohende 'Rrrrad!' erklingt [...] Merken nun auch endlich Sie, wie Karl May gelesen werden muß? [...] Sie werden dann finden, daß Sie etwas ganz Anderes drucken ließen, als Sie glaubten! Unsere Bücher sind für Jahrhunderte bestimmt [...] [Sie] müssen selbst der Blindheit beide Augen öffnen. Also: MEINE ZEIT IST ENDLICH DA![3]

10.5.1 Entstehung und Inhalt

Die zweifellos schwierige, wohl immer nur annäherungsweise mögliche Interpretation dieses rätselhaften, in seinen Hauptpartien heterogenen und dennoch "ästhetisch bedeutsamsten"[4] Werks Karl Mays setzt die Kenntnis seiner biographischen Hintergründe und seiner Entstehungsgeschichte voraus. Die wichtigsten Werdephasen des Romans[5] sollen im folgenden skizziert und der Inhalt der jeweiligen Textabschnitte soll, in knapper Zusammenfassung, charakterisiert werden.

Ende Juli 1901 kündigte May dem Verleger Fehsenfeld die Schlußbände des *Silberlöwen* an.[6] Das erste Kapitel des, 1902 zu Ende gebrachten, *Silberlöwen III* ist mit den 1898 verfaßten Manuskriptseiten identisch, die - nach der ursprünglichen Planung - die

'Hausschatz'-Erzählung *Am Turm zu Babel* fortsetzen sollten[7] und die sich May im Juni 1901 von Pustet zurückschicken ließ. Nur den Schluß (S. 58-66 der Fehsenfeld-Fassung) hat der Schriftsteller, im Frühjahr 1902, korrigiert und erweitert: Die, zu Beginn dieses ersten Buch-Kapitels eingeführte, Romanfigur David Lindsay, die May - angesichts seines neuen Gesamtkonzepts - wohl nicht mehr brauchen konnte, mußte verabschiedet werden. Auch den früheren Manuskript-Titel 'Der Löwe von Farsistan' änderte May: 'In Basra' heißt nun die Überschrift des einleitenden Buchkapitels.

Der Grund, warum May diesen älteren Text überhaupt noch verwendete, kann nur vermutet werden:[8] Einerseits wollte der Autor die Lesererwartung und das Drängen des Verlegers (auf spannende Handlung)[9] nicht gänzlich unberücksichtigt lassen; und andrerseits wollte er die Kontinuität seines literarischen Schaffens (vor und nach der Orientreise) unter Beweis stellen. So und kaum anders wird es auch zu erklären sein, daß May sein neues Werk überhaupt als Fortsetzung des *Silberlöwen* präsentiert und nicht - wie in *Pax/Friede* - eine völlig neue, auf sämtliche Elemente des Abenteuers verzichtende Fabel geschaffen hatte.

Die, noch vorwiegend abenteuerliche, Handlung des *Silberlöwen I/II* hat May - freilich nur vordergründig und alles andere als konsequent - in den Fortsetzungsbänden weitergeführt. Zumindest das (insgesamt eher leichte und heitere) Einführungskapitel des *Silberlöwen III* sollte die bisherige Lesergemeinde nicht von vorneherein abschrecken.

Fürs Gesamtkonzept der Schlußbände förderlich war ja, immerhin, die Ortsbeschreibung des ersten Kapitels: "Jedem Leser von 'Tausend und eine Nacht' ist der Name Basra bekannt" (III, 1);[10] zum Zeitpunkt der Erzählung freilich bietet der Märchenort "dem Auge des Besuchers nur die Zeichen des Verfalles; er steht auf versumpftem Grunde, welcher gefährliche Miasmen erzeugt." (III, 3) In Basra wurden, wie sich später herausstellt, der Ich-Erzähler Kara Ben Nemsi und das Alter ego Hadschi Halef mit Giftstoffen infiziert. Sie erkranken im Verlauf des weiteren Geschehens an Typhus.[11] Das - schon in *Die Todes-Karavane* (1882) und dann wieder in *Jenseits* und *Pax* zentrale - Motiv der schweren Erkrankung, des Zustandes 'am Tode', wird im 'Basra'-Kapitel also doch vorbereitet. Insofern kann die Übernahme dieser Partie in den *Silberlöwen III* als plausibel und stimmig betrachtet werden.

Das 'eigentliche Werk' allerdings, das mit dem Duktus des *Silberlöwen I/II* fast nichts mehr zu tun hat, beginnt erst jetzt: mit dem zweiten, schon im Titel - 'Ueber die Grenze' - beziehungsreichen Kapitel des *Silberlöwen III* (S. 67ff.).

Im April 1902 erhielt Fehsenfelds Drucker, Felix Krais, den ersten Teil des neuen Manuskripts, dessen Niederschrift Karl May in der Nacht zum 9. Februar begonnen hatte.[12] Unter dem Titel *Am Tode. Reiseerzählung von Karl May* wurde dieser Abschnitt, von Mitte Februar bis Ende April 1902, im Koblenzer 'Rhein- und Moselboten' - einer katholischen Zeitung - vorabgedruckt: durch Johann Dederle, den (mit May befreundeten) ehemaligen Redakteur der Dortmunder 'Tremonia'. Der Journal-Text entsprach dem zweiten Kapitel 'Ueber die Grenze' und einem Teil des dritten Kapitels 'Am Tode' in der künftigen Buchfassung des *Silberlöwen III* (S. 67-266).

Die neue Partie wird eröffnet mit einem überraschenden, existentiell bedeutsamen und theologisch sehr hintersinnigen Dialog über das Sterben (III, 67ff.). Im übrigen wirkt dieser Romanteil, vordergründig, wie eine Reiseerzählung im früheren Stil. Nur - die Helden sind nicht mehr die alten! Kara Ben Nemsi und Halef, deren geistige Spannkraft durch die heraufziehende Krankheit bereits geschwächt ist, unterlaufen gröbere Fehler und erhebliche Unvorsichtigkeiten. Sie lassen sich, durch die List einer Nomadengruppe, ihrer Pferde, ihrer Waffen und eines Teils ihrer Kleider berauben. Zu Fuß und nur unzureichend bekleidet (im Unterhemd sozusagen) verfolgen sie die Täter. Unterwegs begegnen sie Nafar Ben Schuri, der sich als Scheik der Dinarun-Kurden ausgibt, in Wirklichkeit aber der Anführer der Räuber ist. Nafar hilft, in vorgetäuschter Freundlichkeit, Kara und Halef bei der Rückgewinnung ihres Eigentums. Sein Hintergedanke: er will die Helden - scheinbar - zu seinen Verbündeten machen, um die 'Geheimnisse' ihrer Pferde und Waffen kennenzulernen. Der Weg mit den 'Dinarun' führt die beiden - durch den mysteriösen, als Fakir verkleideten 'Pedehr' vor Nafar inzwischen gewarnten - Helden ins 'Tal des Sackes'. Nur der wagemutige Sprung über den Abgrund kann sie aus der 'Sackgasse' befreien und ins 'gelobte Land', ins Tal der Dschamikun, bringen.

Gegenüber der *Pax*-Handlung (1901) wirkt *Am Tode* insofern zunächst wie ein Rückschritt, als manche Abenteuermotive aus dem Repertoire der früheren Werke Mays wieder auftauchen. Doch als Kunstwerk gesehen ist *Am Tode* dem *Pax*-Roman mindestens ebenbürtig. Denn die oberschichtige Fabel verschlüsselt, in oft mehrdeutigen Formulierungen, die aktuelle Situation Karl Mays, zum Beispiel dessen - zum Teil ja blamable - Fehde mit dem Kölner Bachem-Verlag[13] und mit Hermann Cardauns.

Symbolisch ist die ganze Romanpartie zu verstehen. Den zentralen Punkt bildet das 'Reiten' - nach Ulrich Schmid eine Metapher für die schriftstellerische Tätigkeit Mays: "Aus diesem grundlegenden Bauelement entwickelt sich eine Fülle von Gleichsetzungen, bis in die Details hinein, durch die die scheinbare 'Räubergeschichte' überlagert und letztlich strukturiert wird."[14]

Die Erzählung enthält sehr zahlreiche, geschickt chiffrierte Anspielungen auf den Lebensweg des Autors: unter anderem auf seine Glaubenskämpfe, seinen literarischen Werdegang, seine Kolportageromane, seine Schaffenskrisen, seine Lesergemeinde, seine Kontrahenten, seine diversen Verleger und deren Umgang mit seinen Werken.[15] Doch die genaue Entschlüsselung der Handlungsdetails und des Romanpersonals ist keineswegs einfach. Allzu simple Identifizierungen (etwa 'der Pedehr ist Fehsenfeld') wären verfehlt. Denn die Charaktere der Protagonisten sind "auf mehrere Bedeutungsebenen bezogen" und "aus unterschiedlichen Wirklichkeitssegmenten realer Personen" aus dem Umfeld des Autors zusammengesetzt. "Dieser Wechsel der Bezugsebene macht eine Deutung schwierig, zumal sich bei einzelnen Figuren die Funktion und damit auch ihre Kennzeichnung mit der fortschreitenden Handlung wandeln."[16]

Nach Ulrich Schmid ist *Am Tode* die erste Erzählung Karl Mays, die eine symbolische Darstellungsweise eindeutig erkennen läßt.[17] Gegen diese Auffassung wäre nun allerdings einzuwenden: Interessante Verschlüsselungen, auch wechselnde autobiographische Funktionen des Romanpersonals, finden wir schon im *Jenseits*-Band, aber auch schon im *Silberlöwen I/II* und überhaupt in sämtlichen früheren Reiseerzählungen Mays.[18] Nur - so bewußt, so dicht und so konsequent allegorisch wie im *Silberlöwen III* dürfte May, darin haben Schmid und andere Interpreten wohl recht, im früheren Erzählwerk noch nicht geschrieben haben.

Gleichzeitig mit dem Vorabdruck des Romanteils *Am Tode* im 'Rhein- und Moselboten' bereitete May die Buchfassung des *Silberlöwen III* für Fehsenfeld vor. Bis Anfang Juli 1902 waren der - den Journal-Text weiterführende - Rest des dritten Buchkapitels 'Am Tode' sowie das vierte Kapitel 'Ein Bluträcher' abgeschlossen. Wenig später wurde das Schlußkapitel 'Ahriman Mirza' fertiggestellt. Im August 1902 konnte der *Silberlöwe III*, als Band XXVIII der Freiburger Reihe, erscheinen.

"Mays körperliche und seelische Verfassung entsprach um diese Zeit ganz dem Zustand, den das Titelwort 'Am Tode' umschreibt"![19] Der öffentliche Streit um seine Person und die zerbrechende Ehe verdichteten sich zu einem privaten Dilemma, das den Schriftsteller 'krank' machen und mit dem 'Tode' unmittelbar konfrontieren mußte. Doch der Dichter resigniert keineswegs: Er schaut auf zu den Bergen, von denen die "Hilfe kommt" (III, 262; vgl. Psalm 121, 1). Die Texte des *Silberlöwen III* geben Aufschluß, wie sich May - im Wachtraum - die Rettung vorgestellt hatte!

Im 'Sprung über die Vergangenheit' - eine schöne, äußerst dramatische, in rhythmischer Sprache abgefaßte Szene (III, 257f.) - erreichen Kara Ben Nemsi und Halef das Hochland der Dschamikun,[20] eines Kurdenstammes, der (so hat es den Anschein) wie im Paradiese lebt und dessen Angehörige nichts als nur Liebe - zu Gott und den Menschen - kennen. Nach dem Sprung über die gähnende Felsenspalte brechen die todkranken Helden zusammen. Sie können sich selbst nicht mehr helfen. Doch die Hilfe kommt in der Gestalt des Ustad, des 'Meisters', des geistlichen Oberhauptes der Dschamikun. Der Ustad, ein ehrwürdiger, über alles Niedrige erhabener Greis, hält Rosen in seiner Hand. Auch der Pedehr, der 'Vater', das weltliche Haupt der Dschamikun, trägt anstelle der Waffen nur purpurblühende Schirasrosen[21] im Gürtel. Sogar die Kühe und Ziegen der Dschamikun sind mit Blumensträußen geschmückt.

Die Heilung scheint durch die Blumen zu kommen. "Könnte doch der Mensch so wie die Blume sein!" (III, 529) Der Ustad, der Pedehr, besonders aber die junge und hübsche Schakara sind 'wie die Blume': so gut, so schön und so rein. Die Hilfe für Kara Ben Nemsi kommt, vor allem, in der Gestalt Schakaras, eines fröhlich-natürlichen, sehr musikalischen und tief religiösen Kurdenmädchens, das ganz und gar 'Seele' ist. Die Genesung Karas und Halefs erfolgt - wie die Heilung Wallers in *Pax* bzw. in *Friede*[22] - im Tiefschlaf, der die Kräfte des Unterbewußten zur Wirkung bringt. Schakara bewacht und behütet den Schlaf des Effendi. Rosen und Veilchen, der Duft dieser Blumen und zarte - der Seele (der Harfe des Mädchens) entlockte - Musik begünstigen, als Symbole der Harmonie, der weiblichen Liebe, der verlorenen und wiedergefundenen Poesie, die Heilung des Helden.

Das wirklich Helfende, das endgültig Rettende freilich ist, im *Silberlöwen* und auch sonst in den Spätwerken unseres Autors, vor allem die Religion. Das fromme Gebet Schakaras (in den Schlußbänden des *Silberlöwen* wird überhaupt viel gebetet, gelobt und gedankt) erhebt die Herzen Kara Ben Nemsis und aller Bewohner des Dschamikunlagers zu Gott - ihrem Ursprung und ihrem Ziel.

Der *Silberlöwe III* beschwört die Milde, die unendliche Güte, den Frieden mit Gott und der Schöpfung. Doch, vergleichbar mit dem Finale des *Friede*-Romans (1904), endet der dritte Band des *Silberlöwen* nicht mit der Ankunft des ewigen Friedens, sondern - mit dem Auftritt des Bösen, des Ahriman Mirza, dessen "von seltsamen dämonischen Lichtern durchfunkelte Rede [...] an Dostojewskis Großinquisitor erinnert."[23] Ahriman, "der sich zwischen Geist und Seele drängt, um wo möglich beide zu vernichten" (III, 635), kündigt den Dschamikun - ihren Untergang an.

Nach Beendigung seines Schaffens am *Silberlöwen III* trat May, am 21. Juli 1902, jene denkwürdige Reise an, die schließlich zur unwiderruflichen Trennung von Emma und zur endgültigen Bindung des Schriftstellers an Klara führte. Diese Reise und die anschließenden Turbulenzen erzwangen eine - vier Monate lange - Unterbrechung der Arbeit am *Silberlöwen*.

Nach Hansotto Hatzig hatte May im Sommer 1902 noch nicht gewußt, wie er den dritten Band fortsetzen werde.[24] Zwischen den Bänden III und IV, aber auch innerhalb des vierten Bandes gibt es in der Tat sehr auffällige Brüche, besonders in der Charakterisierung des Romanpersonals. Vom Erzählfluß her gesehen mag dies bedauerlich sein. Der biographisch interessierte Leser aber wird speziell diese Brüche, als besondere Signale, beachten.

Im Oktober 1902 fuhr May, wie oben schon dargestellt,[25] mit Klara Plöhn erneut nach Südtirol und dann zum Gardasee. Dort, in Riva, begann er - "in direkter Konkurrenz"[26] zu Nietzsches *Zarathustra* - Mitte November 1902 "in größter Frische und voller Lust"[27] mit der Niederschrift der ersten Partien des *Silberlöwen IV*. Mitte Dezember 1902, mit der Abreise aus Riva, wurde die Arbeit am *Silberlöwen* ein weiteres Mal unterbrochen.

Das in Riva, innerhalb von vier Wochen, entstandene Manuskript entspricht dem Großteil des ersten, besonders schwierigen und besonders wichtigen, Buchkapitels 'Im Grabe' (IV, 1-176). Weiter unten, bei der Besprechung der autobiographischen Leseebene, wird dieses Kapitel im Mittelpunkt unserer Betrachtungen stehen.

Erst nach einer Pause von mehreren Monaten konnte May die Arbeit am *Silberlöwen IV* wieder aufgreifen. In der Zwischenzeit war er mit dem Münchmeyer-Prozeß, dem Scheidungsverfahren, der Heirat mit Klara und der Niederschrift der Novellen *Sonnenscheinchen* und *Das Geldmännle*[28] beschäftigt. Weitere Manuskripttexte zum *Silberlöwen* lieferte May erst am 17. Juli 1903: die Buchseiten 177-376, also den Rest des ersten Kapitels und das zweite Kapitel 'Unter den Ruinen'. Der Autor "muß zu jener Zeit sehr konzentriert und in relativer Ruhe am 'Silberlöwen' gearbeitet haben, denn schon zwölf Tage später, am 29.7.1903, erhält Krais das gesamte dritte Kapitel"[29] mit der Überschrift 'Vor dem Rennen'. Nach einer minimalen Verzögerung - kleine Ausflüge im August - schloß May am 10. September mit dem vierten Kapitel 'Zusammenbruch'. Zum 1. Oktober 1903 erschien das Buch, als Band XXIX der Fehsenfeld-Reihe, in Freiburg.

In den Fortsetzungspartien des *Silberlöwen* stellt sich heraus: Die Mitglieder des Geheimbunds der 'Schatten' haben sich unbemerkt - mit Hilfe Pekalas, einer im *Silberlöwen III* noch sympathisch wirkenden, jetzt aber als 'Verräterin' entlarvten Köchin (Emma ist gemeint!) - in die Idylle der Dschamikun eingeschlichen. Die Vernichtung des Ustad war, mit tückischer Raffinesse, seit langem geplant. Der 'Meister', hier (wie nahezu stets) eine Ich-Projektion Karl Mays,[30] fühlt sich gezwungen, seine 'Liebesduselei' zu überdenken und der Realität des Bösen entgegenzutreten. Er ruft seinen 'Kriegsminister', den Chodjy-Dschuna. Der Einsicht kann sich der Ustad nicht mehr entziehen: Solange die Menschheit nicht den Frieden hält, "darf auch der Friedliche nicht auf die Wehr verzichten" (IV, 186)!

Die Rüstungsmaßnahmen des Ustad und seines Ministers erweisen sich freilich als überflüssig. Denn das Ende für die - untereinander zerstrittenen - Feinde kommt von 'oben': Der "Fürst der Schatten" (der gottlose Ahriman) und seine pseudoreligiösen Verbündeten hatten sich eingenistet in der Tempelruine, der Residenz des Ustad; ein Naturereignis aber führt zum Einsturz dieser Ruine! Die Katastrophe enthüllt: Die Mächte der Finsternis brechen zusammen; und die 'Schatten' (der Vergangenheit) verlieren ihre Macht. Ihr wahres Geheimnis, ihr Innerstes gibt die Ruine nun preis - das vom "Fluch" erlöste "Gebet".

Der Roman schließt mit den Worten Schakaras: "Und wenn das richtig ist, so habe ich den Berg gefunden, den ich suchte." - - - (IV, 644)

Was meint Karl May? Was hat Schakara, was hat der Dichter 'gesucht' und 'gefunden'? Den Frieden mit Gott? Die Wiederherstellung des eigenen Ansehens in der Öffentlichkeit? Den Untergang aller Widersacher? Das verstehende Du eines liebenden Menschen? Das 'Hochland' der Literatur, der religiösen Symbolik, der christlichen Poesie, der prophetischen Dichtung?

10.5.2 Der ästhetische Wert und die literarische Bedeutung des Romans

Im Reiche des silbernen Löwen III/IV ist eine Selbstbespiegelung des Autors Karl May - in dieser Intensität ohne Parallele im Erzählwerk des Schriftstellers. Doch auch und gerade in diesem Roman erweist sich der Autobiograph, wie wir sehen werden, als Erzieher und 'Katechet', als christlicher Denker und theologischer Dichter.

Der *Silberlöwe III/IV* ist, über die Selbstbetrachtung des Verfassers hinaus, eine religiöse Vision, eine biblische 'Predigt'. Aber die Ausleger hat das wohl eher befremdet. Denn die Tatsache, daß die Schlußbände des *Silberlöwen* bei sachkundigen Interpreten noch größere Anerkennung fanden als die anderen Schriften Mays, hat ihren Grund fast ausschließlich in der ästhetischen Form, im künstlerischen Rang dieser Erzählung. Neuere Textanalysen betonen zwar, im Prinzip, auch die inhaltliche Relevanz des Romans;[31] aber die spezifisch theologische Botschaft des *Silberlöwen* wird oft übersehen und ignoriert.

Die Bedeutung dieses Werks liegt im ästhetischen Wert, im psychodramatischen Kern, in der subtilen Verschlüsselungstechnik UND in der theologischen Aussagekraft. Was die ästhetischen Gesichtspunkte betrifft, kann - mit Claus Roxin - wohl gesagt werden: Die Bände III und IV des *Silberlöwen* sind "intellektuell, artistisch und sprachlich" die "bedeutendste literarische Leistung"[32] Karl Mays. So vollendet wie Goethes *Faust* oder Nietzsches *Zarathustra* ist der *Silberlöwe*, künstlerisch gesehen, zwar nicht; aber zur großen Dichtung, zur Weltliteratur muß er gleichwohl gezählt werden.

Es soll allerdings nicht vergessen werden: Mays Alterswerke im allgemeinen und der *Silberlöwe* im besonderen waren und sind, auch unter May-Freunden, keineswegs unumstritten.[33] Die Spätwerks-Kritik meint - in der Regel - sogar vorwiegend den *Silberlöwen III/IV*. Wenn von der 'langweiligen', 'verschwommenen' oder 'mystizistischen' Schreibweise des alten May die Rede ist, so zielt dies nicht selten speziell auf die Schlußbände des *Silberlöwen*.[34]

Das folgende Plädoyer für den *Silberlöwen III/IV* bezieht sich zunächst auf die künstlerische Qualität dieser Bände. Auf den Inhalt, die Botschaft, kommen wir später zurück.

Während und nach der Orientreise hatte sich der kulturelle Horizont Karl Mays beträchtlich erweitert. Allein im ersten Halbjahr 1902 besuchte May, mit Klara und Emma, fast fünfzigmal das Dresdner Theater; er sah dort "nahezu das gesamte Repertoire [...], von der Klassik (Schiller, Kleist, Lessing, Goethe, Molière, Shakespeare) bis zur Moderne (Sudermann, Gerhart Hauptmann, Otto Ernst)."[35] Die Theatererlebnisse, aber auch die Beschäftigung mit dem Werk Friedrich Nietzsches[36] und die folgenreiche Begegnung mit der symbolistischen Kunst Sascha Schneiders[37] kamen dem literarischen Schaffen Karl Mays sehr zugute.

Der *Silberlöwe III/IV* ist das Werk eines Künstlers, der mächtig hinzugelernt hatte. Was zur artifiziellen Verschlüsselungstechnik in den Romankapiteln 'Ueber die Grenze' und 'Am Tode' schon ausgeführt wurde, trifft im wesentlichen auch zu für die Fortsetzungstexte. Darüber hinaus gewinnen diese späteren Partien - nach Ulrich Schmid -

eine neue Tiefenstruktur: während die Abenteuerhandlung gegenüber *Am Tode* an Gewicht verliert, fügen sich nun neue Bedeutungselemente in mehreren Schichten übereinander zu einer symbolischen Gestaltung, deren 'große Bilderrede' (Hans Wollschläger) zwar nicht im ganzen Werk konsequent durchgehalten wird, aber eine für May völlig neue Darstellungsintensität bezeichnet.[38]

Der Kunstwerkcharakter besonders der Schlußteile des dritten und - mehr noch - der Hauptpartien des vierten Bandes zeigt sich primär in den Traumgesichten der Protagonisten, in den "Landschafts- und Architekturphantasien"[39] des erzählenden Ich, in der grandiosen, oft wie magisch anmutenden Bilderflut, deren Faszination und Leuchtkraft später nur noch in einigen - 1903/04 - neu verfaßten Teilen des *Friede*-Romans und, mindestens ebenso großartig, in *Ardistan und Dschinnistan* (1907/09) erreicht wird.

Der poetische Wert des *Silberlöwen III/IV* liegt vor allem in der "künstlerischen Stringenz"[40] der Komposition: der Parabeln, Märchen und Träume,[41] die mit der vordergründigen Fabel nahezu bruchlos verwoben sind. In virtuoser Manier sind die verschiedenen Erzählelemente und die unterschiedlichen Leseebenen miteinander verschränkt. Die äußere Handlung, der codierte biographische Hintergrund, die schwierigen Dialoge, die halbwachen Gesichte, die (dem Autor selbst vielleicht nicht immer bewußte) Symbolik,[42] das Mysterienspiel von Licht und von Schatten, der Erlösungsentwurf des befreiten Gebetes, der eingestandenen Schuld und der verzeihenden Liebe - dies alles wird, unlösbar, zusammengebunden.

Es gibt im *Silberlöwen III/IV* höchst seltsame, in der Literatur ganz rare[43] Verknüpfungen. "Deren kompliziertes Ineinander zu verfolgen ist nicht nur für die Karl-May-Forschung, sondern auch für die Literaturwissenschaft überhaupt [...] von größtem Interesse."[44]

Literarisch bedeutend ist dieses so vielschichtige Werk durch die Polyphonie, den hohen Schwierigkeitsgrad, die äußerst komplexe Struktur der ganzen Erzählung. Zu beachten ist die semantische Weite: die (mit absoluter Beliebigkeit freilich nicht zu verwechselnde) Mehrdeutigkeit einzelner Formulierungen und ganzer Passagen. Die Metaphern fließen! Auch die Personen verlieren, wie schon bemerkt, ihre Einlinigkeit. Sie "verwandeln sich, zerlegen sich in verschiedenste Modelle, um diese sogleich wieder zusammenzuraffen, oft auf kleinstem Raum, so daß, aus einigem Abstand besehen, der Eindruck förmlich eines vierdimensionalen Gebildes sich gewinnen läßt."[45]

Merkwürdig und wohl eher mißglückt wirkt nun freilich der - zwar durchaus "oberflächliche, aber doch mit einer gewissen Beharrlichkeit durchgeführte"[46] - Versuch Karl Mays, die Abenteuerhandlung des *Silberlöwen I/II* mit dem literarisch völlig anders gearteten *Silberlöwen III/IV* in Verbindung zu bringen. Gründe für diese Verknüpfungsstrategie wurden, mit Bezug auf das 'Basra'-Kapitel, schon oben genannt. Einen weiteren Grund hat Ulrich Schmid, im Blick auf die späteren Texte, erläutert:

Angesichts "der hohen psychischen und physischen Anspannung beim Schreiben der 'Silberlöwen'-Fortsetzung" benötigte May gewisse "Ruhepausen",

in denen die Handlung wieder in gewohnten Bahnen funktionierte. Besonders deutlich ist diese Entspannungsfunktion der Abenteuerepisoden im ersten Kapitel des vierten Bands. Hier erfolgt die große Auseinandersetzung mit der eigenen schriftstellerischen und lebensgeschichtlichen Vergangenheit; die eruptiven, teilweise lyrisch gestalteten Schübe, in denen der Konflikt 'um die Wahrheit'[47] [...] zu Tage tritt, werden durch Ereignisse unterbrochen,

die - damit der Schreiber, wie der Leser, gleichsam wieder atmen kann - "den Mustern von vor 1900 folgen und die Schmugglerhandlung der ersten beiden Bände aufgreifen (Entziffern von Geheimschriften, Ausbruch von Gefangenen, Schießerei etc.)."[48]

Literarisch gesehen sind die Abenteuerszenen im *Silberlöwen III/IV* aber doch zu bedauern. Sie beeinträchtigen, zweifellos, die formale Geschlossenheit des Werkes.

Ansonsten aber ist der Roman, auch nach strengen Maßstäben, vorzüglich gelungen. Dies gilt, nicht zuletzt, auch für die sprachliche Form. Eine "überraschende Vielfalt der Schreibgesten und Darstellungsweisen"[49] zeichnet die Bände III/IV des *Silberlöwen* aus: "Neben die schon vor 1900 verwendeten Jambenpassagen treten nun Reimketten und teilweise hymnische Partien, die auf sehr eigenwillige Weise die abendländischen Dichtungstraditionen verarbeiten."[50]

Die, auch stilistisch, neue Qualität seines literarischen Schaffens hat der Autor im Romantext selbst - in der Metapher vom 'Roß der Himmelsphantasie' - thematisiert:

"Das war das Roß der Himmelsphantasie, der treue Rappe mit der Funkenmähne, der keinen andern Menschen trug als seinen Herrn [...] Die Hufe warfen Zeit und Raum zurück; der dunkle Schweif strich die Vergangenheiten. Des Laufes Eile hob den Pfad nach oben [...] Dort flog die Mähne durch Kometenbahnen, und jedes Haar klang knisternd nach der Kraft, die von den höchsten aller Sonnen stammt und drum auch nur dem höchsten Können dient. Und thaten sich die Thore wieder auf, die niederwärts zur Erdenstunde führen, so tranken Roß und Reiter von dem Bronnen, der aus der Tiefe jenes Lebens quillt, und kehrten dann im Schein der Sterne wieder. Der Reiter hüllte leicht sich in den Silbermantel, den ihm der Mond um Brust und Schultern warf, und seiner Locken Reichtum wallte ihm vom Haupte. Des Rosses düstre Mähne aber wehte, im Winde flatternd wie zerfetzte Strophen, schwarz auf des Mantels dämmerlichten Grund. Und jene wunderbare Kraft von oben, die aus den höchsten aller Sonnen stammt, sprang in gedankenreichen Funkenschwärmen vom wallenden Behang des Wunderpferdes, hell leuchtend, auf des Dichters Locken über und knisterte versprühend in das All." (IV, 208f.)

Das Ergebnis nachträglicher Textkorrekturen durch den Autor ist dieser Passus.[51] Auch sonst hat der Dichter, im Gegensatz zur früheren Schreibweise, an der Handschrift des *Silberlöwen III/IV* immer wieder gefeilt und die Texte verbessert. Zahlreiche Textveränderungen sind anhand des Manuskripts zu belegen.[52]

Wie man sieht - der künstlerischen Weiterentwicklung des Werks entsprach auch der neue Schreibprozeß Karl Mays. Seine Manuskripte hat der Autor weit intensiver bearbeitet, als dies früher, vor 1900, der Fall war. Zu tilgende Passagen überklebte er, zum Teil sogar mehrfach, mit neuem Text. Im *Silberlöwen III/IV* hat May ganze Manuskriptblätter ausgeschieden und durch neue Texte ersetzt. Bei der gedruckten Version des Romans handelt es sich also, in nicht wenigen Partien, bereits um Zweit- oder gar Drittfassungen.

Durch die Textveränderungen hat der Roman, nach den Untersuchungsergebnissen Ulrich Schmids, an Qualität noch weiter gewonnen. Zum einen erreichte May, oft schon durch minimale Korrekturen, ästhetische Verfeinerungen: eine metrische Präzisierung, eine genauere Metaphorik, eine treffendere Semantik. Und zum andern hat der Schriftsteller, durch inhaltliche Veränderungen, dem *Silberlöwen III/IV* eine allgemeinere, über aktuelle literarische oder persönliche Kontroversen hinausweisende Bedeutung verliehen: durch Abschwächung oder - in manchen Fällen - Zurücknahme von allzu deutlichen Anspielungen oder Identifizierungen (etwa des Henkers Ghulam el Multasim mit Hermann Cardauns).[53]

An den Schlußbänden des *Silberlöwen* hat May sehr sorgfältig gearbeitet. Interpreten wie Arno Schmidt oder Hans Wollschläger haben dies erkannt und entsprechend gewürdigt. Doch ihr Lob bezieht sich, wie oben schon angedeutet, beinahe exklusiv auf die literarische Formkraft des *Silberlöwen*. Der philosophische Inhalt und die religiöse Aussage dieses Romans aber wurden, von einigen Kritikern, nur belächelt. So lesen wir z.B. im *Karl-May-Handbuch*: Die diffus und emphatisch vorgetragene Botschaft des *Silberlöwen III/IV* könne "rasch als seicht-unbedarfte, mit spiritistischen Gedankengängen vermengte Reduktionsform christlicher Theologie zu einem Pathos der 'Liebe' charakterisiert" werden - "wie es bereits Arno Schmidt für das Weltbild Mays insgesamt besorgt hat".[54]

Der inhaltliche Wert des Romans wird in solchen und ähnlichen Verdikten unterschätzt und verkannt. Die literarische Bedeutung des *Silberlöwen III/IV* erschöpft sich eben nicht in der ästhetischen Form. Wichtig ist dieses Werk doch auch und vor allem aufgrund seiner Aussage.[55] Gewiß, manche Passagen können als "verworren, uneinheitlich und unauslotbar wie ein Traum"[56] empfunden werden. Auch wirken einige Stellen geschraubt und pathetisch, verquollen und sentimental. Unfreiwillige Komik, zum Spott verleitende Sätze finden sich allemal. Und das Religiöse wird mitunter dick aufgetragen. Aber im ganzen ist dieses Werk, gerade auch theologisch gesehen, sehr wohl geglückt.

Die 'Weltanschauung' und die Anthropologie des alternden May scheinen gelegentlich esoterisch. Doch in den wesentlichen Punkten sind sie seriös im Sinne des biblischen Denkens und des christlichen Glaubens. Der *Silberlöwe* verkündet keine belanglose Privatreligion und keinen verblasenen oder gnostischen[57] Mystizismus; nein, Mays Roman enthält eine profunde, mystagogische,[58] das Geheimnis der Welt und des Menschen zutiefst berührende Theologie.

Der Dichter schreibt, den Propheten verwandt, in gewaltigen Traumbildern. Wer den *Silberlöwen* studiert und dann die alttestamentlichen Psalmen und die Bergpredigt Jesu meditiert, kann entdecken: dieselben Themen, dieselbe Problematik, dieselbe Herausforderung.

Die durchaus bedeutende, ideologiekritische und gewiß nicht okkulte Theologie des *Silberlöwen III/IV* verstehen und schätzen zu lernen, erfordert die Mühe des Überlegens. Aber das Nachdenken lohnt sich. Denn auch und speziell in diesem Roman wird deutlich: Was der Erzähler intuitiv 'sieht', stimmt mit den wichtigsten Aussagen gerade der besten, sensibelsten und die gängigen Denkschablonen hinterfragenden Theologen der Gegenwart überein.

Diese These soll später[59] belegt und erläutert werden. Zunächst aber sollen, entlang den Texten des *Silberlöwen*, die persönliche Lebenskrise und die religiöse Entwicklung des Verfassers interpretiert werden.

10.5.3 Die autobiographische Leseebene

Die autobiographische und die philosophisch-theologische Leseebene des *Silberlöwen III/IV* sind nur schwer voneinander zu lösen. Denn die Selbstdarstellung des Autors ist fast immer auch religiöse Botschaft, und die 'Weltanschauung' des Romans ist mit der Lebensgeschichte Karl Mays fast immer verknüpft. Doch die "Analyse kann nicht umhin, diese Ebenen in gewisser Willkürlichkeit zu trennen, um zu gültigen Deutungen zu kommen."[60]

Mays Romane sind 'Lebensreise-Erzählungen'.[61] Was der Dichter schreibt, "ist Wirklichkeit und Leben, ist niemals nur Erdachtes" (IV, 183). Besonders im *Silberlöwen* spiegeln sich - "halb unbewußt, dann immer kontrollierter"[62] und, verglichen mit den früheren Erzählungen, "um ein Vielfaches"[63] anspruchsvoller stilisiert - die Vergangenheit des Autors, seine aktuellen Erlebnisse, seine widersprüchlichen Stimmungen, vor allem auch die Ehekrise und die qualvolle, von - der christlichen Überzeugung Mays widerstrebenden - Haßgefühlen beeinflußte Auseinandersetzung mit seinen Gegnern.

"Meine Zeit ist endlich da!"[64] schrieb May an Fehsenfeld. Ja, seine Zeit ist gekommen, in doppelter Hinsicht: Der Übergang zur Hochliteratur ist vollzogen; und für Karl May ist - wie für Henrik Ibsen in dessen Bühnen-Alterswerk *Wenn wir Toten erwachen* (1899)[65] - der 'Gerichtstag' gekommen. Denn die Schlußbände des *Silberlöwen* sind, so

Roxin, "eine einzige große Abrechnung" des Verfassers, und zwar "nicht nur mit seinen Gegnern, sondern auch mit sich selbst."[66]

Die autobiographische Ebene des Romans hat selbst wieder zwei Dimensionen:[67] zum einen das Gesamtbiogramm des Dichters mit den ältesten Erinnerungen, die zurückverweisen in die Untergeschosse des Unbewußten; zum anderen die bewußte Selbstdarstellung des Autors, die Spiegelung der Jahre 1899 bis 1903.

Das Hauptinteresse der folgenden Darstellung gilt dieser zweiten Schicht: dem neuen Bewußtsein des Schriftstellers zu Beginn seiner letzten Lebensdekade. Mays Suche nach dem eigenen Selbst und - damit verbunden - seine Beziehung zu Gott, sein Weg zur Nachfolge Christi sollen erhellt und gedeutet werden.

Die mit den späten Reiseerzählungen einsetzende Selbstkritik des Verfassers erreicht im *Silberlöwen IV* ein hohes Niveau. In ihrer Strenge und Schonungslosigkeit übertrifft die Beichte des Ustad, des Maysters, noch die Selbstanalyse des Autors im *Friede*-Roman. Sie führt zur 'Auferstehung' des inneren Menschen, zumindest des Wunsch-Ichs des Dichters.

Heftig und hart, übersteigert und unbeherrscht wirkt allerdings die Schlüsselpolemik gegen die Widersacher. Die Feindesliebe, die seine "Richtschnur" (IV, 195) ist, wird für May zum großen Problem.

10.5.3.1 Die Auseinandersetzung mit den Gegnern

Eine musikalische Familie [...] Für heut sind alle Freunde eingeladen [...] Die Instrumente sind bereit, schon wohlgestimmt [...] Dann tiefe Stille. Jetzt! Die Bogen berühren die Saiten. Die ersten Takte erklingen [...] Da wird die Thür aufgerissen. Ein Feind der Familie kommt lärmend herein, rücksichtslos störend (III, 534f.).

In der Tat - die Ruhe, der Friede war dem Dichter verwehrt. Von "Furien" fühlt er sich verfolgt. Die Auseinandersetzung mit den feindlichen Kritikern, mit Mamroth, Cardauns u.a., stört sein Leben und stört auch sein Werk, den *Silberlöwen III/IV*.

Im Traum, im Madentraum sieht der fiebernde Halef den Sihdi in größter Gefahr:

"Alle, alle brüllten und schrieen auf dich ein; du jedoch bliebst ohne Worte [...] sie sagten, du seiest der schlechteste Mensch auf Allahs Erde [...] Von den Feinden kam einer nach dem andern auf dich zu. Sobald er dich erreichte, verlor er seine menschliche Gestalt [...] Ich schrie, so oft ein Mensch zum Wurm, zur Made wurde und sich in deinen Körper bohrte." (III, 488)

Was hier - in Halefs Traum - aus dem Unterbewußten des Autors heraufsteigt, ist lähmende Angst. May will sie nicht akzeptieren. Der Wunschtraum des Dichters führt den Alptraum des Hadschi zum glücklichen Ende: "Die Würmer hatten einander schließlich selbst aufgefressen [...] Der Effendi aber stand so heiter und so rüstig da, als ob er gar nicht von ihnen berührt worden sei." (III, 632)

Mit der Realität Karl Mays stimmt diese Romanszene freilich nicht überein. Der Wirklichkeit des Autors entsprach viel eher die Seelenverfassung des Ustad: Er war "gehetzt" von finsteren Schatten, "die ihn auch heut noch nicht verlassen haben!" (IV, 157)

Welche Schatten verlassen ihn nicht? Zunächst die Gegner, die äußeren Feinde. Sie stellen ihn bloß. Sie rauben ihm seine Ehre. Sie lachen ihn aus und krümmen sich "vor Vergnügen" (III, 489).

Und May? Sein Ideal ist die Nachsicht, die Liebe auch zu den Feinden. Denn er selbst ist ja Sünder, der Barmherzigkeit Gottes bedürftig. Er weiß es und sagt es ausdrücklich: Er will vergeben, damit auch ihm einst vergeben werde (IV, 89).

Zugleich denkt May an seine Vergangenheit, an seine Schuld, die er bereut und gesühnt hat. "Ich verzeihe gern, [...] weil auch mir verziehen wurde." (IV, 116) Er weiß, ihm IST schon vergeben. Deshalb muß auch er nun barmherzig sein (vgl. Mt 18, 23ff.).

Mays Denken ist biblisch begründet; die Bergpredigt Jesu ist für ihn normativ (IV, 174). Und nicht nur das; er SUCHT die Bewährung: "Es stieg in mir das heiße Wünschen auf, doch einmal so sehr, so schwer, so bitter, so tief gekränkt zu werden, daß jeder, jeder Andere es nicht erdulden und nicht ertragen könnte." (III, 529)

Der Kritiker könnte sagen: auch hier, im Religiösen, der Drang zum Heroischen! May möchte, wie er sich selbst versichert, die "Selbstlosigkeit" und das "Gottvertrauen" besitzen, zu schweigen und alle Schmach zu ertragen (ebd.)!

Mit diesem Wunsch übernimmt er sich aber. Die verdrängte Aggression bricht an verschiedenen Textstellen durch.

Tief verletzt haben ihn seine Gegner. Und gekränkt hat ihn die erste Ehefrau Emma. Er duldet es nicht, er kann es nicht dulden. Pekala-Emma, die zunächst so liebevoll gezeichnete Festjungfrau, dichtet er um zum dreisten "Gezücht" (IV, 228).

Die Scheidung von Emma ist May sicher schwer gefallen. Er mußte sein Gewissen beruhigen und seinen Schritt vor sich selber verteidigen:[68] "Weib, du bist verrückt! Es wohnt ein böser [...] Geist in dir" (IV, 271)!

An derartigen Mißklängen ist der *Silberlöwe* nicht arm. Kara Ben Nemsi ist grundsätzlich Menschenfreund. Er meint es gut; aber den Aschyk läßt er fesseln, "daß ihm die Schwarte knackt" (IV, 360). Die Absicht ist edel: Der Mann soll zur Einsicht, zur Reue gelangen. Aber Schakara, die 'Seele', erschrickt: "Wie streng du sein kannst, Effendi, wie unerbittlich kalt und streng! Das wußte ich noch nicht." (IV, 363)

Mays Gegnern wird in der Fiktion des Romans ein häßliches Ende bereitet. Ahriman-Mamroth[69] verfällt, wie Nietzsche, dem Wahnsinn. Und Ghulam-Cardauns wird nach "guter Dante-Sitte"[70] in die "Hölle" (IV, 582) geworfen.

Warum noch, im sonst so humanen Spätwerk, diese Härte und diese Grausamkeit? Man muß sie bedauern und doch auch verstehen: "Der Gemarterte hat keine andern Töne als die, welche ihm der Schmerz erpreßt." (IV, 24)

Karl May ist ein Christ, aber angefochten in seiner Treue und erschüttert in seinem Herzen. Sein Kampf ist ein Kampf um die Liebe, ein Ringen mit Gott. Voller Zorn fragt der 'Meister' sein anderes Ich:

"Ist Gott wirklich nur Liebe? [...] Und soll nur Gott allein das Böse bestrafen dürfen, nicht auch der Mensch, nicht ich? [...] 'Liebet eure Feinde!' klang es tief in mir [...] Ja, es ist Christi Gebot [...] und ich werde es halten" (IV, 178f.).

Doch die Liebe, so meint der Ustad, kennt auch die Strenge. "'Ich werde ihnen - - -' '- - - die Faust zeigen!' unterbrach ich ihn. 'Nicht wahr, Ustad?'" (IV, 179)

10.5.3.2 Die Abrechnung Karl Mays mit sich selbst

"Wahnsinn ist's [...], daß Ihr den Schemen flucht, anstatt der eignen Torheit!" (IV, 336f.)

Wer das Böse nur dauernd bei anderen sucht, wer sich selbst nur immer entlastet und die eigene Schuld nur immer beschönigt, ist menschlich nicht reif. Auch religiöse, auch fromme Menschen neigen bisweilen dazu, die Welt als böse zu betrachten und das eigene Versagen zu ignorieren.

Und Karl May? Bezichtigt er seine Gegner, um sich selber dann freizusprechen? Der *Silberlöwe* zeigt ein erstaunliches Maß an kritischer Selbstreflexion des Verfassers. May schont sich nicht.

Mehrfach begegnet der Autor dem Leser: in Kara Ben Nemsi, im Ustad, in Halef, in Tifl, im Aschyk, in Ahriman und auch noch in weiteren Romangestalten.[71] Theologisch relevant sind die Geständnisse Halefs, des Aschyk und vor allem des Ustad.

Der Apostel Paulus kennt das 'Gesetz', daß in ihm das Böse lebe, obwohl er das Gute will. Er freut sich "dem inneren Menschen nach" über Gott. "Aber ich sehe ein anderes Gesetz in meinen Gliedern, das mit [...] meiner Vernunft im Streit liegt und mich gefangenhält im Gesetz der Sünde [...] Ich unglückseliger Mensch! Wer wird mich herausreißen aus diesem Leib des Todes?" (Röm 7, 21-24)

Dieser Konflikt ist Hadschi Halefs Problem, das er - mit Verweis aufs Neue Testament - auch richtig erfaßt (III, 113): Das Gute in ihm nennt er den 'Halef', das Bombastische und Unbeherrschte den 'Hadschi'. Daß er auch für den Hadschi verantwortlich ist, das weiß er sehr wohl (III, 181).

Auch Kara Ben Nemsi, das Ich-Ideal, erkennt die eigene Fragwürdigkeit. Die Nähe des Beit-y-Chodeh, des Gotteshauses, öffnet sein Herz (III, 625). "Ehrlich" und "offen" will er seine Schuld dem Ustad bekennen. Doch seine Beichte kommt über Andeutungen nicht hinaus.

Merkwürdig: Das 'Beichtkind' wird plötzlich zum Ankläger und dann zum 'Beichtvater' des Ustad! Dieser und Kara Ben Nemsi tauschen die Rollen. Der Meister, der dem Erzvater Abraham gleichende "Mann von Erz" (IV, 157), wird "kleiner, [...] immer kleiner" (IV, 156)!

Kara Ben Nemsi, das erzählende Ich, ist dem Ustad jetzt überlegen. Dieser Rollenwechsel "destruiert das ursprüngliche Konzept, ist aber einleuchtend erklärbar":[72] Angesichts der gegnerischen Häme schien Karl May die unverhüllte Selbstanklage nicht ratsam; so zog er es vor, "die Beichte auf das geheime Ich, den Ustad, zu delegieren."[73]

Der Ustad ist - laut (späterem) Selbstbekenntnis des Autors - "kein Anderer als Karl May"![74] Sein Glanz fällt ab: "Du armer, armer Ustad! Was hast du doch für irrige Begriffe ..." (IV, 70)

Unter dem Aspekt der Selbstkritik des Autors ist das Nachtgespräch des Ustad mit Kara Ben Nemsi der "autobiographisch wichtigste" Abschnitt des *Silberlöwen*, dem "dringend eine eingehende Studie"[75] zu widmen ist. Hier sind nur einige Hinweise möglich.

Der Ort des Gesprächs, der 'Beichtstuhl', ist eine "Gruft" wie "das Studierzimmer eines europäischen Gelehrten" (IV, 2f.) - im Klartext: das Arbeitszimmer Karl Mays in der 'Villa Shatterhand'![76]

Rigoros und gewissenhaft will der Mayster sich prüfen. Hat er die nötige Distanz zu sich selbst? "Hältst du dich für einen unparteiischen Richter über dich?", fragt Kara Ben Nemsi den Ustad. "'Nein, aber du sollst mich richten.' 'Ich? Das ist unmöglich, denn ich liebe dich.' 'So wollen wir beide es vereinigt sein. Wir wollen einander beaufsichtigen, damit das Urteil ein gerechtes werde.'" (IV, 10)

Die vollständige Selbsterkenntnis ist dem Menschen auf Erden verwehrt. Ins Herz sieht nur Gott: "Erprobe mich, Herr, und durchforsche mich!" (Ps 26, 2) Das "Selbstgespräch in Dialog-Verkleidung",[77] die Beichte des Ustad vor dem eigenen Ich, kann die Wahrheit nur teilweise erfassen. Immerhin - wie Ignatius von Loyola lehrte, findet der Mensch die 'lenkende Gnade' Gottes durch das Hinhören auf sich selbst.[78] Von diesem Ansatz her ist der Dialog des Ustad mit dem Effendi, dem anderen Ich, zu verstehen.

Karl May denkt nach über sich selbst. Und er erkennt: Seine Einstellung dem Feind gegenüber war unrealistisch; sie ist es, wie er spürt, auch noch jetzt: als Kara Ben Nemsi kann er nur "lachen" über die feindliche Presse; aber als Ustad schaut er gebannt in die Zeitungen (IV, 159ff.). Einerseits unterschätzt er die Gegner und verkleinert sie zum bloßen "Phantasma"; andrerseits läßt er sich, erregt, zum Eifer verleiten und wähnt im Gegner den Teufel, den "Erdengott" (IV, 85).

Seine "bis zur gegenwärtigen Stunde" ihm "unbekannten Fehler" werden dem Mayster nach und nach klar: Er steht keineswegs "so hoch" über den "Feinden", wie er gemeint hat; er muß entdecken, daß auch er "nicht frei" ist "von Schmutz" (IV, 42f.).

So neu ist diese Erkenntnis ja nicht. Daß er sich reinigen müsse vom "Erdenschmutz", hat May schon früher geschrieben.[79] Aber der Kampf wird jetzt, im siebten Lebensjahrzehnt, erst richtig zu toben beginnen.

Karl May sieht nun ein: er hat seine Fehler verteidigt, statt sich von ihnen zu lösen (IV, 87). Er hat sich "leider, leider" (IV, 42) gewehrt durch Gegen-Attacken und peinliches Selbstlob.[80] Er weiß, das "alte Fleisch muß herunter!" (III, 489) Aber verliebt in sich selbst hat er den Kritikern "nicht erlaubt, reine Arbeit zu machen." (IV, 87)

War die Kritik der Gegner in jeder Hinsicht verfehlt? Mamroth rügte die Shatterhand-Legende, die Auftritte Mays in der Öffentlichkeit. Indirekt, aber deutlichst gibt May ihm nun recht. Kara Ben Nemsi macht es dem Ustad, sein Gewissen macht es Karl May jetzt bewußt: Die Ruhmsucht ist seine "Freundin", seine Herrin gewesen (IV, 72)!

"Wir Dichter sind alle gern ein Wenig berühmt."[81] Bei May aber war es noch schlimmer; der Berühmtheit hat er seinen "Geist", seine "Seele" verschrieben. "Kennst du diese Art von Berühmtheit? Sie ist dämonischer Natur." Der Ustad gibt zu:

"Ich kenne sie [...] Welche Opfer habe ich ihr gebracht! Jedem Laffen hatte ich mich vor die Füße zu werfen und vor jedem hohlen Kopfe mich zu verbeugen! Jedem Narren mußte ich gefällig sein, [...] und wenn der Unverstand mich auch mit tausend Albernheiten plagte, ich hatte still zu halten nur um ihretwillen." (IV, 72)

In der Tat: die dümmsten Fragen nach seinen 'Zaubergewehren', nach Halefs Alter, nach Bildern von Winnetou usw.[82] hatte May zu beantworten! Um den Ruhm des 'Weltläufers' zu retten, durfte er "nicht so sprechen", wie er "wollte" (IV, 72)!

Mays Shatterhand-Pose war krankhaft.[83] Sie war aber, und darum geht es hier in der Beichte, auch schuldhaft. Denn die Ruhmsucht ist für May, wie er selbst erkennt, zum Götzen geworden.

Ein Kernpunkt der May-Schelte war ferner die Predigtmanier, die 'heuchlerische Frömmelei' unseres Dichters. Er wies das zurück cum ira et studio. Aber wie heftig und wie heilsam gerade dieser Tadel den Schriftsteller beunruhigte, beweisen die Texte des Silberlöwen. Im Ustad "mußte alles [...] ins Wanken kommen, tief erschüttert werden [...], bis er deutlich sehe, wo eigentlich das wahre Christentum zu finden sei" (IV, 196).

Zunächst ist die Rede des Maysters nur Abwehr und reine Verteidigung: Sein Glaube sei das Prinzip, das "Alpha" und das "Omega" seines Strebens gewesen (IV, 16). Allezeit, "in jeder Lebenslage" (IV, 195), habe er gebetet und der Weisheit Gottes vertraut. Die "ganze Christenheit, die volle Priesterschaft an ihrer Spitze" (IV, 88f.), so dünkt es den Ustad, müßte sich jetzt erheben, um ihn, den Musterchristen, zu schützen.

Doch der Effendi läßt sich nicht täuschen. Er hält dem Ustad vor: Es war nicht "Gottes Geist", nach dessen Ruhm er suchen ging (IV, 17). May suchte, so sagt er sich selbst, nur das eigene Ich, den eigenen Glanz. "Du fandest ihn, den gleißnerischen, falschen. Man rief dir Hosiannah zu" (IV, 17)!

Seinen Doppelgänger trifft Kara Ben Nemsi an der empfindlichsten Stelle, im religiösen Sendungsbewußtsein. Er rezitiert "ironisch frömmelnd, möglichst salbungsvoll" ein Gedicht, das der Mayster mit seinem Herzblut verfaßt hat. "Höre zu! Du sollst die Fetzen fliegen sehen!" Der Ustad erschrickt: "Effendi, du vernichtest mich!" (IV, 173)

Der Mann war stolz auf seinen "Leidensweg" (IV, 166). Als Christ hat er sich selbst bewundert und seine Erwählung genossen; aber Jesu Beispiel hat er nicht befolgt (IV, 17). Sein Christsein war nur Fassade. Mit dem äußeren Schein, mit den "Mantelfetzen des Erlösers" hat sich der Mayster begnügt. Das war Sünde und "das war lächerlich!" (IV, 173f.)

Sind solche Zensuren, solche Selbstbezichtigungen des Autors nicht übertrieben und ungerecht? War der Christ Karl May nur ein Blender? Verdienen die religiöse Substanz und die ethische Grundtendenz auch seiner früheren Werke nicht Anerkennung? Durchaus; aber May will ja weiterkommen. Als theologischer Dichter, als Mensch und als Christ will er reifer werden.

Das Nachtgespräch des Ustad mit Kara Ben Nemsi läßt keinen Zweifel: Karl May hat eine Gotteserfahrung gemacht. Den Anspruch, die Nähe und die Fremdheit Gottes hat er erfahren: "Meine Gedanken sind nicht eure Gedanken, und meine Wege sind nicht eure Wege. So spricht der Herr!" (Jes 55, 8; IV, 3)

Vor dem Angesicht dieses Gottes kann der Mensch, in seiner Selbstgerechtigkeit, nicht bestehen. Er muß, wie Adam, seine 'Nacktheit' (Gen 3, 7), seine Blöße erkennen. Dieser Erkenntnis, der Wahrheit über sich selbst, kann May nicht länger entfliehen.

Seine Existenz, das Fundament seines Lebens und Strebens ist am Zerbrechen. Der Vergleich mit Hiob und anderen Symbol-Gestalten der Bibel liegt nahe. Der Schriftsteller selbst erwähnt den Propheten Elia in der Wüste von Beerscheba: Er "wünschte sich den Tod und sprach: Es genügt mir, Herr. Nimm meine Seele, denn ich bin nicht besser als meine Väter." (1 Kön 19, 4; III, 159)

Ustad-May ist enttäuscht und verbittert: "Du hast alleinzustehen [...] in allertiefster Seeleneinsamkeit" (IV, 184f.)! Denn der 'Prophet' ist gescheitert. Als 'Lügner' ist der Weltläufer May ja entlarvt; und als 'Verderber der Jugend', als geschiedener und wiederverheirateter Ehemann ist er - in der Sicht mancher Gegner - verstoßen aus der "Gemeinschaft der Gläubigen" (IV, 196).[84]

May weiß: schuld an seinem Unglück sind nicht nur die Feinde. Verantwortlich ist er selbst - wie jener verfolgte Prophet, wie jener "Mann des Streites und Zankes für alle Welt", wie jener Gekränkte, der "nicht mehr im Kreise der Fröhlichen sitzt", der "Strafe" verlangt für die "Feinde" und der beteuert und klagt: "Fürwahr, Jahwe, ich diente dir doch gut [...] Um deiner Hand willen sitze ich einsam da, denn mit Verwünschung hast du mich angefüllt. Warum dauert mein Schmerz denn ewig und warum ist meine Wunde unheilbar?"

Jeremia heißt dieser Prophet. Wie der Ustad muß er sich sagen lassen: Er selbst ist schuldig geworden. Denn er hat "eitel" geredet von Gott. Erst wenn er umkehrt von seinem Weg, wenn er Neuland betritt und "Edles hervorbringt", wird er erneut und wahrhaftig Prophet, "Mund Gottes", sein dürfen (Jer 15, 10-21).[85]

Auf diese Erfahrung muß May sich jetzt einlassen. Auf die Berühmtheit als Bestseller-Autor, als Renommee-Katholik und Old Shatterhand muß er verzichten (vgl. IV, 72). Und "zu thun" muß er beginnen, was Jesus verlangt hat: "Ein jeder nehme sein Kreuz auf sich und folge mir nach!" (IV, 173)

Die Absolution wird dann nicht zu verweigern sein. Und der Engel wird, wie einst den Elia, auch May dann berühren: "Steh auf, und iß!" (1 Kön 19, 5; III, 159)

10.5.3.3 Die imitatio Christi

Der révision de vie, der Gewissenserforschung und dem Schuldbekenntnis, der Reue und der Vergebung hat die Umkehr, der neue Aufbruch zu folgen. Denn die Krise Karl Mays ist eine Glaubenserfahrung! Um dies zu verdeutlichen, muß - aus biblischer Sicht - das Wesen des Glaubens erläutert werden.

Nach Freud und anderen Religionskritikern wird der Gottesgedanke aus dem kindlichen Verlangen nach Schutz geboren. An dieser These ist richtig: in der Sehnsucht nach Trost und in der Furcht vor Bestrafung erschöpft sich für viele die Religion.[86] Für solche Menschen ist Gott nur der liebende Vater und der zürnende Richter, der Erfüllungsgehilfe ihrer Wünsche und die Projektion ihrer Befürchtungen.

Doch der Glaube, wie ihn die Bibel beschreibt, ist etwas ganz anderes. Er setzt zwar Gottes Liebe und Gerechtigkeit immer voraus; vom infantilen 'Lustprinzip' und den Mechanismen der Angst will er aber gerade befreien.

Die Grundstruktur des Glaubens ist das Vertrauen auf Gottes Verheißung. Nach dem Zeugnis des Alten und des Neuen Testaments[87] zeigt sich diese Struktur modellhaft in Abraham, dem der Ustad gleicht (III, 274f.) und dessen Bedeutung als "wirklich Auserwählter" (III, 507) May ja besonders betont.

Gottes Weisung mutet Abraham zu: "Zieh weg aus deinem Land, von deiner Verwandtschaft und aus deinem Vaterhaus in das Land, das ich dir zeigen werde. Ich werde dich [...] segnen [...] Ein Segen sollst du sein." (Gen 12, 1f.)

Abraham gehorcht diesem Ruf. Er gründet sein Leben auf Gott, und eben dies ist sein Glaube: ein Wagnis, ein Abenteuer! Der Mann aus Chaldäa hat nichts in der Hand; und Gottes Verheißung ist unbestimmt. Sie wird sehr lange nicht eingelöst. Im Gegenteil, Abraham wird aufs schwerste geprüft: "Nimm deinen Sohn, den einzigen, den du lieb hast, den Isaak, [...] und bringe ihn mir [...] zum Brandopfer dar." (Gen 22, 2)

Eine genauere Exegese dieser Bibel-Passagen ist hier nicht möglich.[88] Es genügt die Zusammenfassung: Glaube bedeutet die Preisgabe der Vergangenheit ("Zieh weg") und die Übergabe des Teuersten ("Nimm deinen Sohn") in die Hand eines zwar liebenden, aber oft hart und unbegreiflich erscheinenden Gottes, der den Menschen über seine Grenzen hinausführt.

Daß dieser so groß geschilderte Glaube von Abraham selbst nicht ebenso groß verwirklicht wurde,[89] bleibt allerdings festzuhalten. Das Schriftwort "Herr, ich glaube, hilf meinem Unglauben" (Mk 9, 24) gilt auch für Abraham. Doch das ändert nichts an der Feststellung: Nicht die Angst, sondern der Mut zum Verzicht - zum 'Loslassen' - liegt der Urgestalt des Glaubens zugrunde. Denn der Glaube hat, auch in Jesu Verständnis,[90] den Exodus im Blick: den Auszug aus 'Ägypten', den Zug durch die 'Wüste', die Hingabe des ganzen Herzens an Gott, der den Menschen hinausruft ins Land der Verheißung.

Vor diesem Hintergrund ist jene Szene des *Silberlöwen* zu verstehen, die zu Recht viele May-Kenner fasziniert und die, autobiographisch gesehen, von größter Bedeutung ist.

Von einem "unbeschreiblich schweren" Weg spricht der Ustad, von der "Menschenfurcht und feigen Scheu", die einst ihn zwang, vor diesem Weg "zurückzubeben" (IV, 66). Doch plötzlich, in einer hochdramatischen Wende, ist der Meister wieder so stark wie bei der ersten Begegnung mit Kara Ben Nemsi: "Er stand hochaufgerichtet vor mir

[...] So, ungefähr so muß das Gericht dem Menschen in die Augen schauen, wenn es einst von ihm sein früheres Leben fordert" (ebd.).

Karl May muß sich stellen: "Du bist Old Shatterhand?" fragt der Ustad. "'Ich war es', antwortete ich ruhig, aber bestimmt [...] 'Du bist Kara Ben Nemsi Effendi?' 'Ich war es', erwiderte ich abermals. 'Bist es nicht mehr? Beides nicht mehr?' [...] 'Beides nicht mehr!' nickte ich." (IV, 67)

Der 'Tod', das Ende des früheren May - des Old Shatterhand und Kara Ben Nemsi - ist literarisch hier dokumentiert. In des Ustads Rumpelkammer für "unbrauchbar gewordene Gegenstände" (IV, 64) liegen sein Eigentum, seine Rüstung, seine Wundergewehre. Ob er das alles verschenken wolle, fragt ihn der Ustad!

Es "war eine große, eine hochbedeutende Frage, welcher ich da gegenüberstand." (IV, 69) Der Effendi zögert. Er denkt, merkwürdigerweise, an Ahriman Mirza. Ist Ahriman, ist Mamroth[91] im Spiel? Soll May nur kapitulieren? Vor der Kritik am Shatterhand-Kult, am Super-Ich der Reiseerzählungen? Nein, seine Wandlung hat schon VOR der Pressekampagne begonnen.[92] Er hat den Weg zu gehen, den er selbst sich "vorgezeichnet hatte" (IV, 69).

Er verzichtet auf seinen Besitz. Er geht hinaus, ohne ihn "noch einmal anzusehen" (IV, 72). Er hört auf, zu sein, der er war. Denn die "Embleme meiner bisherigen Thätigkeit, sie sind - - - ich! Das Ich, welches ich war!" (IV, 70)

Nachdem er im Herbst 1899 den "früheren Karl"[93] ins Rote Meer geworfen und im Jahre 1902 die Negativ-Platten der Shatterhand-Photos in der Donau versenkt hat,[94] gibt May auch im *Silberlöwen* seine "Vergangenheit" (IV, 180) auf. Er verläßt seine 'Heimat', das Genre des Abenteuerromans. Er widersagt den Shatterhand-Gesten. Er gehorcht dem Ruf, "ein völlig andrer" (IV, 69) zu werden. Er bricht auf ins neue Land der prophetischen Poesie, der religiösen Symboldichtung. Er widersteht der Versuchung, ins "fremd gewordene Land" der früheren Romane zurückzukehren; denn "wahrer Geist kennt nicht das Rückwärtsgehen." (IV, 180)

Karl May macht eine Ostererfahrung: "Lazare, komm heraus!" (IV, 20) Wie Waller im *Friede*-Roman fühlt er "etwas unendlich Beglückendes!" (IV, 167) Er feiert - so könnten wir sagen - "mitten im Tag ein Fest der Auferstehung":[95] Er geht "in ein anderes [...] unendlich wertvolleres" (IV, 70) Leben über.

Kara Ben Nemsi, Karl May ist, so scheint es, "befreit" (IV, 71). Er hat die Prüfung "bestanden" (IV, 153). Und - seine Gewehre bekommt er vom Ustad zurück. Denn seine Feinde setzen ihm, immer noch, zu. Das hehre Wort "Tritt völlig ungerüstet vor sie hin!" (IV, 66) wird nun doch nicht verwirklicht.

Eine Wende zum Realismus? Oder eine Inkonsequenz, die Tadel verdient? Der 'Sprung über die Vergangenheit', im Roman so leicht "wie ein Gedanke" (III, 255), ist in der Realität Karl Mays ein schwerer Prozeß. May bleibt, mit Martin Luther gesprochen, ein 'Bettler vor Gott'. Der alte Adam rührt sich noch immer. Ein Grund zur Kritik und zum Hohn? "Ich bin ein Mensch. Ihr wollt das nicht begreifen, / Weil ihr wohl schon ganz übermenschlich seid." (IV, 160)

May glaubt und vertraut. Er bleibt zwar, wie Abraham, ein Sünder auf seinem Weg zu Gott.[96] Aber der Trend, die Richtung des Weges ist klar: hinauf zur höheren Kunst, zur vergebenden Liebe, zur imitatio Christi.

Die Grundstruktur des Abraham-Glaubens erreicht im großen Traum[97] Kara Ben Nemsis (IV, 314-352) eine mythologische und zugleich eine neutestamentliche Dimension. Der Held, das träumende Ich, wird zum 'Nachfolger Jesu'. Er geht zu denen, die in Finsternis sitzen und im Schatten des Todes (vgl. Lk 1, 79). Er widersteht den "Schatten",[98] den Mächten der 'Unterwelt'. Er schenkt, wie Jona im Bauche des Fisches, dem Gebet vollen Glauben. Er springt ins scheinbare Nichts, in die eiskalte Flut zu verkalkten Gerippen. Er sieht das Mysterium: "Was ich da sah, das ward noch nie gesehen" (IV, 346)! Und er spricht mit den Toten. Er setzt ihrem Fluch den Segen entgegen. Er besitzt den "Schlüssel Hephata"[99] und führt die Erlösten hinaus in die Freiheit, dem Beit-y-Chodeh, dem Hause Gottes entgegen.

Die Interpretation dieser Traumelemente gehört zur allgemein-weltanschaulichen, zur anthropologischen und, mehr noch, zur theologischen Deutung des *Silberlöwen*.[100] Autobiographisch relevant ist aber natürlich die Frage: hielt May sich selbst für den "neuen Heiland",[101] der das Böse besiegt? Der Gesamttext spricht gegen diese Auffassung: Mays Erlöser ist Christus (IV, 291ff.), dem er glaubt und dessen Ruf er nicht überhören will.

Tiefenpsychologisch gesehen weist der Traum Kara Ben Nemsis zurück ins vorgeburtliche Sein.[102] Das unterweltliche Totenhaus verschlüsselt, zudem, die Gefängnisse von Zwickau und Waldheim.[103] Und über diese - 'archaischen' - Gesichtspunkte hinaus zeigt der Traum des Erzählers den Weg, den Karl May als den seinen erkennt: die imitatio Christi!

Die Konsequenz des christlichen Glaubens ist die Nachfolge: das angenommene Kreuz (IV, 173), die Teilhabe am Weg und am Schicksal des Menschensohns.[104] Jesus nachfolgen und sein Kreuz auf sich nehmen heißt: Gott und die Menschen lieben. SEIN Kreuz auf sich nehmen heißt aber zugleich: sich selbst bejahen (vgl. Mt 19, 19), positiv zu sich selber stehen, auch das "dunkle Kehrseitenbild" (IV, 75) der eigenen Seele erkennen und - dieses "Kehrseitenbild" integrieren.

Welches "Kehrseitenbild" ist gemeint? Die Jung-Schülerin Marie-Louise von Franz bringt eine wichtige Unterscheidung: In der menschlichen Psyche gibt es ein wirkliches und nicht integrierbares Böses, "das sich der Sublimierung widersetzt und das hinausgeworfen werden muß".[105] Es gibt aber auch kindische und entwicklungsfähige Schattenseiten der Seele, die zu verwandeln sind:

Wenn wir unsere eigene Gier, Eifersucht [...] usw. sehen könnten, dann könnten sie positiv genutzt werden, weil in solch destruktiven Emotionen viel Leben gespeichert ist, und wenn uns diese Energie zur Verfügung steht, kann sie für positive Ziele eingesetzt werden.[106]

Zu dieser Einsicht kommt May im 'Traum'[107] Kara Ben Nemsis. Der Traum befreit den Träumer vom Wahn, "der aller Welt den Schatten rauben will, weil er sich selbst für ohne Schatten hält." (IV, 350) Das "erlösend wahre Wort" vernimmt am Ende der Träumer aus dem Mund eines Zauberers: "Wer keinen Schatten wirft, der kann kein Wesen sein" (IV, 345).

Der 'Schatten', der böse Zauberer, mit dem Kara Ben Nemsi gekämpft hat, entpuppt sich am Ende des Traumes als Werkzeug des Guten, als Vermittler des inneren Reifungsprozesses des Träumenden. "Wer mir verzeiht", erklärt der verwandelte Schatten, "hat nur sich selbst verziehen" (IV, 345)!

Das erzählende Ich reflektiert seinen Traum. Seiner "Seele", dem Mädchen Schakara, vertraut Kara Ben Nemsi es an: "Der Schatten [...] rettet mich vor [...] meinen eignen Truggebilden, und Wahnsinn wäre es, wenn ich ihn hassen wollte." (IV, 355)

Mays Kampf mit dem eigenen Schatten, sein Weg der Nachfolge Christi schließt die Selbstbejahung, die Annahme der eigenen Schattenseiten mit ein. Der Autor weiß nun: er darf sich selbst nicht hassen und das 'Dunkle' in sich nicht verfluchen. Er weiß: er darf auch Fehler begehen und er darf sich auch irren: "Gesegnet sei, wer nach der Wahrheit suchte / Und ihr zu Füßen auch den Irrtum fand. / Drum leg ich ihn, den ich bisher verfluchte, / Mein Gott und Herr, in deine Gnadenhand!" (IV, 343)

Anmerkungen

1 Euchar Albrecht Schmid: *Gestalt und Idee*. In: Karl May's Gesammelte Werke, Bd. 34 *"Ich"*. Bamberg ³⁶1976, S. 353-408 (S. 399).
2 Zit. nach Karl und Klara May: *Briefwechsel mit Adele und Willy Einsle*. In: JbKMG 1991, S. 11-96 (S. 15); daß der *Silberlöwe* Mays "einzige" Antwort an seine Gegner sei, trifft freilich nicht zu; vgl. oben, S. 395. - Zu Willy Einsle vgl. unten, S. 580f.
3 Aus Mays Brief vom 24.12.1902 an Fehsenfeld; zit. nach Konrad Guenther: *Karl May und sein Verleger*. In: Karl May: *Satan und Ischariot I*. Freiburger Erstausgaben, Bd. XX. Hrsg. von Roland Schmid. Bamberg 1983, A 2-35 (20f.).
4 Martin Lowsky: *Karl May*. Stuttgart 1987, S. 116.
5 Mehr bei Hans Wollschläger: *Erste Annäherung an den 'Silbernen Löwen'. Zur Symbolik und Entstehung*. In: JbKMG 1979, S. 99-136 (S. 120-129) - Roland Schmid: *Nachwort* (zu *Im Reiche des silbernen Löwen III/IV*). In: Karl May: Freiburger Erstausgaben, Bd. XXVIII. Hrsg. von Roland Schmid. Bamberg 1984, N 2-12.
6 Nach Ulrich Schmid: *Das Werk Karl Mays 1895-1905. Erzählstrukturen und editorischer Befund*. Materialien zur Karl-May-Forschung, Bd. 12. Ubstadt 1989, S. 196.
7 Diese 100 Manuskriptseiten (zum Inhalt vgl. U. Schmid: Ebd., S. 200f.) sind - ebenso wie die Fortsetzungsmanuskripte - erhalten geblieben. - Vgl. oben, S. 351.
8 Vgl. U. Schmid: Ebd., S. 197ff.
9 Vgl. oben, S. 372.
10 Die Seitenangaben in () beziehen sich auf Karl May: *Im Reiche des silbernen Löwen III* und *IV*. Gesammelte Reiseerzählungen, Bd. XXVIII/XXIX. Freiburg 1902/03.
11 Vgl. Martin Lowsky: *Der kranke Effendi. Über das Motiv der Krankheit in Karl Mays Werk*. In: JbKMG 1980, S. 78-96.
12 Nach Wollschläger: *Annäherung*, wie Anm. 5, S. 125.
13 Vgl. oben, S. 395.
14 U. Schmid: *Erzählstrukturen*, wie Anm. 6, S. 211.
15 Vgl. ebd., S. 212-216.
16 Ebd., S. 211.
17 Vgl. ebd., S. 210.
18 Vgl. oben, S. 268ff.
19 Wollschläger: *Annäherung*, wie Anm. 5, S. 125.
20 Die Topographie des Tals der Dschamikun erinnert an die Landschaft des Mendelpasses. - Vgl. Dieter Sudhoff: *Karl Mays Großer Traum. Erneute Annäherung an den 'Silbernen Löwen'*. In: JbKMG 1988, S. 117-183 (S. 120).
21 Die Rose ist im *Silberlöwen* und auch sonst bei May ein wichtiges Symbolmotiv. - Vgl. Hartmut Vollmer: *Ins Rosenrote. Zur Rosensymbolik bei Karl May*. In: JbKMG 1987, S. 20-46 (S. 37-42).
22 Vgl. oben, S. 409.
23 Joachim Kalka: (Werkartikel zu) *Im Reiche des silbernen Löwen III/IV*. In: *Karl-May-Handbuch*. Hrsg. von Gert Ueding in Zusammenarbeit mit Reinhard Tschapke. Stuttgart 1987, S. 288-301 (S. 291).
24 Vgl. Hansotto Hatzig: *Karl May und Sascha Schneider. Dokumente einer Freundschaft*. Beiträge zur Karl-May-Forschung 2. Bamberg 1967, S. 45.
25 Vgl. oben, S. 426.
26 Arno Schmidt: *Abu Kital. Vom neuen Großmystiker* (1958). In: *Karl May*. Hrsg. von Helmut Schmiedt. Frankfurt/M. 1983, S. 45-74 (S. 65).
27 Karl May in einem Brief vom 15.11.1902 an Felix Krais; zit. nach R. Schmid: *Nachwort*, wie Anm. 5, N 7.
28 Dazu unten, S. 456ff.
29 R. Schmid: *Nachwort*, wie Anm. 5, N 12.
30 Vgl. unten, S. 446.

31 Vgl. Volker Krischel: *Karl Mays "Schattenroman". Gesichtspunkte zu einer "Weltdeutungs-Dichtung"*. SKMG Nr. 37 (1982) - Ders.: *"Wir wollen nicht Herren über euren Glauben sein, sondern Helfer zu eurer Freude". Anmerkungen zu Karl Mays Religionskritik im 'Silberlöwen III/IV'*. In: *Karl Mays "Im Reiche des silbernen Löwen"*. Hrsg. von Dieter Sudhoff u. Hartmut Vollmer. Paderborn 1993, S. 255-267. - Vgl. auch die Beiträge von Ulrich Melk, Wolfram Ellwanger, Jürgen Hahn und Franz Hofmann in: Ebd., S. 152ff., 170ff., 207ff. und 358ff. - Vgl. auch Christoph F. Lorenz: *"Das ist der Baum El Dscharanil". Gleichnisse, Märchen und Träume in Karl Mays 'Im Reiche des silbernen Löwen III und IV'*. In: JbKMG 1984, S. 139-166 - Sudhoff: *Erneute Annäherung*, wie Anm. 20, S. 117-183 - Ders.: *Morgengrauen im Menscheninnern. Bemerkungen zum Nachtgespräch in Karl Mays 'Silbernem Löwen'*. In: JbKMG 1992, S. 199-217.

32 Claus Roxin: *Mays Leben*. In: *Karl-May-Handbuch*, wie Anm. 23, S. 62-123 (S. 115).

33 Ernst Bloch z.B. schätzte Mays Spätwerk nicht. - Vgl. oben, S. 372f.

34 So bezieht sich z.B. die Kritik Michael Zellers in 'Die Zeit' (vgl. oben, S. 373) speziell auf den *Silberlöwen III/IV*.

35 Ekkehard Bartsch: *"Die liebenswürdigste aller Musen". Karl May und das Theater*. In: JbKMG 1985, S. 367-375 (S. 369).

36 Vgl. Werner von Krenski: *Friedrich Nietzsche - Karl May*. In: KMJB 1925. Radebeul 1924, S. 198-237 - Wolfgang Wagner: *Der Eklektizismus in Karl Mays Spätwerk*. SKMG Nr. 16 (1979), S. 39-43. - "Mays Nietzsche-Rezeption wurde entscheidend von Sascha Schneider gefördert, der in manchen Vorstellungen Nietzsche sehr nah stand." (Sudhoff: *Erneute Annäherung*, wie Anm. 20, S. 181, Anm. 105) - May besaß bekanntlich von Nietzsche einen Band *Gedichte und Sprüche* und acht Bände der *Gesammelten Werke* sowie sechs Bände Sekundärliteratur über Nietzsche (Hinweis auch bei Schmidt: *Abu Kital*, wie Anm. 26, S. 64).

37 Vgl. oben, S. 408.

38 U. Schmid: *Erzählstrukturen*, wie Anm. 6, S. 217.

39 Kalka, wie Anm. 23, S. 299.

40 Hans Wollschläger: *Das "Hohe Haus". Karl May und das Reich des Silbernen Löwen*. In: JbKMG 1970, S. 118-133 (S. 132).

41 Vgl. Lorenz, wie Anm. 31.

42 Zu den Begriffen 'Symbolik', 'Allegorie' und 'Verschlüsselung' vgl. Wollschläger: *Annäherung*, wie Anm. 5, S. 99-112.

43 Vgl. Hans Wollschläger: *Karl May. Grundriß eines gebrochenen Lebens*. Zürich 1976, S. 117.

44 Kalka, wie Anm. 23, S. 297.

45 Wollschläger: *Karl May*, wie Anm. 43, S. 117 - Ebd., S. 117f., werden vier Leseebenen unterschieden: die Handlungsfläche, das Gesamtbiogramm Mays, die Bilderprojektion der Jahre 1900-03 und das psychodramatische Mysterienspiel.

46 Kalka, wie Anm. 23, S. 294.

47 Dies war der Titel des Schneider-Bildes, das May am 5.3.1902 gesehen hatte. - Vgl. oben, S. 408.

48 U. Schmid: *Erzählstrukturen*, wie Anm. 6, S. 218.

49 Ebd., S. 220.

50 Ebd.

51 Mehr bei Ulrich Schmid: *Textkritik des Abenteuers - Abenteuer der Textkritik. Ein Versuch über Leben und Schreiben, über Kleben und Streichen*. In: JbKMG 1988, S. 66-82.

52 Die folgende Darstellung hält sich an U. Schmid: *Erzählstrukturen*, wie Anm. 6, S. 221-230.

53 Vgl. ebd., S. 219.

54 Kalka, wie Anm. 23, S. 298.

55 Ansatzweise belegt bei Adolf Droop: *Karl May. Eine Analyse seiner Reiseerzählungen*. Cöln-Weiden 1909, S. 75-96 - E.A. Schmid, wie Anm. 1, S. 398-401 - Walter Schönthal: *Christliche Religion und Weltreligionen in Karl Mays Leben und Werk*. SKMG Nr. 5 (1976), S. 20ff. - Hartmut Wörner: *Ezechiel 37, 1-4. Das Grundmotiv des "Großen Traums"?* In: MKMG 51 (1982), S. 13-16 - Ders.: *Der Großinquisitor im Reiche des silbernen Löwen*. In: MKMG 54 (1982), S. 12ff. - Ernst Seybold: *Aspekte christlichen Glaubens bei Karl May*. SKMG Nr. 55 (1985), S. 41ff. - Vgl. auch die oben in Anm. 31 genannte Sekundärliteratur.

56 Kalka, wie Anm. 23, S. 300.

57 Vgl. Klaus Jeziorkowski: *Empor ins Licht. Gnostizismus und Licht-Symbolik in Deutschland um 1900.* In: *The Turn of the Century. German Literature and Art, 1890-1915* (ed. by Gerald Chapple and Hans H. Schulte). Bonn 1981, S. 171-196; zit. nach Lorenz, wie Anm. 31, S. 165 (Anm. 6). - Die 'Gnosis' ist ein so unklarer und vieldeutiger Begriff, daß er in der Diskussion um Mays Spätwerk besser vermieden würde. - Vgl. Karl Rahner: *Gnosis.* In: *Herders theologisches Taschenlexikon*, Bd. 3. Hrsg. von Karl Rahner. Freiburg, Basel, Wien 1972, S. 149-151.

58 Zum Begriff der Mystagogie als Einführung in die religiöse Gnadenerfahrung vgl. Karl Rahner: *Atheismus und implizites Christentum.* In: Ders.: *Schriften zur Theologie VIII.* Einsiedeln, Zürich, Köln 1967, S. 187-212 (S. 205). - Vgl. oben, S. 275.

59 Vgl. unten, S. 634ff.

60 Sudhoff: *Erneute Annäherung*, wie Anm. 20, S. 129.

61 Die folgenden Ausführungen entsprechen, nahezu textgleich, Hermann Wohlgschaft: *"Was ich da sah, das ward noch nie gesehen". Zur Theologie des Silberlöwen III/IV.* In: JbKMG 1990, S. 213-264 (S. 215-226).

62 Wollschläger: *Karl May*, wie Anm. 43, S. 117.

63 Kalka, wie Anm. 23, S. 289.

64 Aus Mays Brief vom 24.12.1902 an Fehsenfeld, wie oben, Anm. 3.

65 Autobiographisch hält Ibsen in seinem letzten Werk *Wenn wir Toten erwachen* (Uraufführung am 16.12.1899 in London) 'Gerichtstag' über sich selbst. In langen Gesprächen wird gerungen um die größten Probleme, um Kunst und Leben, um Tod und Auferstehung, um Schuld und Vergebung, um Lüge und Selbstbetrug. Im Mittelpunkt steht ein alt und berühmt gewordener, aber doch sehr unzufriedener Künstler sowie dessen Gattin, die sich wenig für Kunst und noch weniger für ihren Mann interessiert. - Daß May dieses Ibsen-Werk vor oder während der Entstehungszeit des *Silberlöwen IV* gesehen hat, ist nicht anzunehmen, da sich in Klara Mays Tagebuch (das wohl sämtliche Theaterbesuche Karl Mays in der Zeit um 1902/03 und auch später registriert) kein entsprechender Hinweis findet; und in Mays Bibliothek war Ibsen überhaupt nicht vertreten. Aber daß May eine Besprechung von *Wenn wir Toten erwachen* gelesen und dieser Lektüre die eine oder andere Anregung zur Gestaltung des großen Nachtgesprächs im *Silberlöwen IV* entnommen haben könnte, wäre ja denkbar.

66 Claus Roxin: *Zwischen Ardistan und Dschinnistan.* In: *Karl May - der sächsische Phantast. Studien zu Leben und Werk.* Hrsg. von Harald Eggebrecht. Frankfurt/M. 1987, S. 13-28 (S. 24).

67 Nach Wollschläger: *Karl May*, wie Anm. 43, S. 118.

68 So Ernst Seybold in einem Brief vom 4.2.1988 an den Verfasser.

69 Zur Verschlüsselung Mamroths und Cardauns' in Ahriman bzw. Ghulam el Multasim vgl. Franz Cornaro: *Karl Muth, Karl May und dessen Schlüsselpolemik.* In: JbKMG 1975, S. 200-219 (S. 208f.).

70 Schmidt: *Abu Kital*, wie Anm. 26, S. 60.

71 Vgl. Gernot Grumbach: *Das Alterswerk Karl Mays. Ausdruck einer persönlichen Krise.* SKMG Nr. 32 (1981), S. 37f.

72 Sudhoff: *Erneute Annäherung*, wie Anm. 20, S. 131.

73 Ebd., S. 132.

74 Karl May: *Mein Leben und Streben.* Freiburg 1910. Hrsg. von Hainer Plaul. Hildesheim, New York ²1982, S. 210 - Auch aus dem Text des *Silberlöwen* geht die Gleichung Ustad = May ziemlich klar hervor.

75 Sudhoff: *Erneute Annäherung*, wie Anm. 20, S. 132 - Sudhoff selbst hat eine solche Spezial-Studie mittlerweile publiziert: Sudhoff: *Morgengrauen im Menscheninnern*, wie Anm. 31.

76 Vgl. Wollschläger: *Karl May*, wie Anm. 43, S. 117.

77 Lorenz, wie Anm. 31, S. 145.

78 Dazu Helmut Stich: *Kernstrukturen menschlicher Begegnung.* München 1977, S. 63f. - Zum neuzeitlich-subjektiven Denkansatz des Ignatius von Loyola vgl. Karl Rahner: *Moderne Frömmigkeit und Exerzitienerfahrung.* In: Ders.: *Schriften zur Theologie XII.* Zürich, Einsiedeln, Köln 1975, S. 173-197.

79 Vgl. Karl May: *Am Jenseits.* Gesammelte Reiseerzählungen, Bd. XXV. Freiburg 1899, S. 454.

80 Mit Reue denkt der Dichter vermutlich an seine Abwehr-Schrift *"Karl May als Erzieher"* und *"Die Wahrheit über Karl May" oder Die Gegner Karl Mays in ihrem eigenen Lichte. Von einem dankbaren May-Leser* (Freiburg 1902). - Vgl. oben, S. 395.

81 Karl May: *Deutsche Herzen - Deutsche Helden*. Bamberg 1976 (Reprint der Dresdner Erst-ausgabe von 1885-87), S. 1959.

82 Vgl. Karl May: *Briefe an das bayerische Königshaus*. In: JbKMG 1983, S. 76-122 (S. 76ff.). - Vgl. oben, S. 321ff.

83 Vgl. oben, S. 330f.

84 Vgl. May: *Mein Leben und Streben*, wie Anm. 74, S. 252 u. 313.

85 Zur Interpretation dieser Jeremia-Stelle vgl. Rudolf Kilian: *Ich bringe Leben in euch. Prophe-ten sprechen uns an*. Stuttgart 1975, S. 47-66.

86 Vgl. Paul Ricoeur: *Religion, Atheismus, Glaube*. In: Ders.: *Hermeneutik und Psychoanalyse. Der Konflikt der Interpretationen II*. München 1974, S. 284-314; dazu Leonardo Boff: *Vater unser. Das Gebet umfassender Befreiung*. Düsseldorf 41986, S. 61f.

87 Die wichtigsten Belegstellen: Joh 8, 33ff.; Röm 4, 11; Gal 3, 6f.; Hebr 11, 1 bis 12, 3.

88 Zur Exegese vgl. Gerhard von Rad: *Das erste Buch Mose. Genesis*. Das Alte Testament Deutsch. Teilband 2/4. Göttingen 81967, S. 132ff. u. 203ff.

89 Vgl. Gen 12, 10-20; dazu Heinrich Fries: *Fundamentaltheologie*. Graz, Wien, Köln 1985, S. 61.

90 Vgl. Fries: Ebd., S. 67ff.

91 Wie Anm. 69 - Vgl. oben, S. 391f.

92 Vgl. oben, S. 348ff.

93 Vgl. oben, S. 378.

94 Vgl. Claus Roxin: *"Dr. Karl May, genannt Old Shatterhand"*. Zum Bild Karl Mays in der Epoche seiner späten Reiseerzählungen. In: JbKMG 1974, S. 15-73 (S. 36 u. 69, Anm. 98).

95 "Manchmal feiern wir mitten im Tag ein Fest der Auferstehung"; so beginnt ein Song von Peter Janssens (aus "Ihr seid meine Lieder". Telgte 1974), der auch zum *Silberlöwen* paßt.

96 Vgl. Gen 12, 10ff. - Ernst Seybold: *Plädoyer für Karl Mays Christlichkeit II*. In: MKMG 69 (1986), S. 31-38 (S. 35f.).

97 Der Begriff "der Große Traum" findet sich bei Arno Schmidt: *Sitara und der Weg dorthin. Eine Studie über Wesen, Werk & Wirkung Karl Mays* (1963). Frankfurt/M. 1974, S. 211. - Mays Traum-Text (IV, 314-352) wurde auch aufgenommen in Karl May: *Der Große Traum. Erzählungen*. Hrsg. von Heinz Stolte und Erich Heinemann. München 1974, S. 142-169.

98 Der 'Schatten' ist bei S. Freud und C.G. Jung das Unbewußte, Verdrängte. - Vgl. Eugen Dre-wermann: *Tiefenpsychologie und Exegese, Bd. I. Die Wahrheit der Formen. Traum, Mythos, Märchen, Sage und Legende*. Olten, Freiburg 41987, S. 197. - Auf der autobiographischen Leseebene des *Silberlöwen* ist - auch - an den 'Schatten der Vergangenheit', an Mays früheren Trieb zu Straftaten, zu denken; vgl. Sudhoff: *Erneute Annäherung*, wie Anm. 20, S. 140ff.

99 Was den Terminus "Hephata" ("Öffne dich!") betrifft, knüpft May wohl an Mk 7, 33ff. an (vgl. Lorenz, wie Anm. 31, S. 162); was das Motiv des 'Schlüssels der Unterwelt' betrifft, vielleicht an Offb 1, 18.

100 Vgl. unten, S. 639ff.

101 Sudhoff: *Erneute Annäherung*, wie Anm. 20, S. 175; Sudhoff rügt diesen "Aberwitz", vertei-digt aber den Entwurf von Utopien als Aufgabe der Literatur.

102 Vgl. Sudhoff: Ebd., S. 150.

103 Vgl. Schmidt: *Sitara*, wie Anm. 97, S. 214 - Wollschläger: *Das "Hohe Haus"*, wie Anm. 40, S. 126f.

104 Vgl. z.B. Karl Rahner: *Theologie der Armut*. In: Ders.: *Schriften zur Theologie VII*. Einsie-deln, Zürich, Köln 1966, S. 435-478 (S. 444).

105 Marie-Louise von Franz: *Psychologische Märcheninterpretation. Eine Einführung*. München 1986, S. 123.

106 Ebd., S. 117 - Das Kapitel "Der Schatten des Mannes" (ebd., S. 106-126) könnte eine Verste-henshilfe auch für Mays Traum im *Silberlöwen* sein.

107 Es handelt sich nicht um einen wirklichen Schlaftraum, sondern um "mit großer Bewußtheit" gestaltete symbolische Prosa, wie Sudhoff: *Erneute Annäherung*, wie Anm. 20, S. 126, zu Recht hervorhebt.

10.6 Die erzgebirgischen Altersnovellen (1903): Zwei hochkomplexe Parabeln

Im *Silberlöwen III/IV*, in der Beichte des Ustad vor allem, hat May seine Gegner attackiert und zugleich seine eigene Fehlbarkeit und Erlösungsbedürftigkeit unterstrichen. Auch in den beiden, noch vor Abschluß des *Silberlöwen IV* entstandenen, Parabeln *Sonnenscheinchen* und *Das Geldmännle* setzt sich der Autor - indirekt und chiffriert - mit seinen Kontrahenten, aber auch sehr hintersinnig mit dem eigenen Ich auseinander.

Nach dem Vergleich mit Adalbert Fischer[1] - im Februar 1903 - sah May den Rechtsstreit mit dem jetzigen Besitzer des Münchmeyer-Verlags als erledigt an. Später erwies sich diese Annahme als Irrtum. Doch zunächst war die Beziehung May-Fischer so weitgehend entspannt, daß der Autor dem Kolportageverleger sogar die Publikation eines neu zusammengestellten Buches überließ: *Erzgebirgische Dorfgeschichten. Karl Mays Erstlingswerke. Autorisierte Ausgabe. Band I.* Im Mai 1903 erschien dieses Buch (dem ein Band II freilich nie folgte) im von Adalbert Fischer - eigens zum Zweck dieser Publikation - am 15.5.1903 neugegründeten 'Belletristischen Verlag Dresden - Niedersedlitz'. Mit der Münchmeyer-Firma konnte der Name May, in diesem Falle, also nicht unmittelbar in Verbindung gebracht werden.[2]

Ein Verkaufsschlager wurden die *Erzgebirgischen Dorfgeschichten* allerdings nicht.[3] Denn etwas anderes als bunte Exotik und spannende Abenteuer wollte man von May eben nicht lesen. Fehsenfeld, Mays wichtigster Verleger, war im Jahre 1903 nicht bereit, die *Erstlingswerke* seines Autors zu publizieren. Erst zu Weihnachten 1907 brachte er einen Neudruck des Fischer-Bandes, in einer Auflage von nur 2000 Exemplaren, heraus.

Die *Erzgebirgischen Dorfgeschichten* enthalten insgesamt sechs Erzählungen, darunter vier frühe Texte (*Des Kindes Ruf* u.a.),[4] die tatsächlich zu Mays *Erstlingswerken* gezählt werden können. Doch die erste und die letzte Geschichte in dieser Sammlung - *Sonnenscheinchen* und *Das Geldmännle* - hat May erst 1903 verfaßt. Beide Novellen, die "als Musterbeispiele für eine raffinierte Verschlüsselungstechnik gelten können"[5] und die der Schriftsteller in seine *Erstlingswerke* hineingeschmuggelt hatte, galten lange Zeit als frühe Erzählungen Karl Mays.[6] Der Dichter selbst hatte noch in seiner - Ende 1907/Anfang 1908 entstandenen, aber erst 1983 zum Druck gekommenen - Verteidigungsschrift *Die Schundliteratur und der Früchtehunger*[7] behauptet: "Vor nun fast fünfzig [sic!] Jahren" habe er seine Dorfgeschichten mit dem *Sonnenscheinchen* begonnen, dem schon "bald" das "Karlinchen" - so heißt ein merkwürdiges Tier, eine denkende Ziege, in *Das Geldmännle* - gefolgt sei.[8]

Welchen Zweck wollte May mit dieser, wörtlich verstanden, doch falschen Aussage erreichen? Die Antwort liegt nahe: Die Kontinuität seines literarischen Schaffens, die er im Einführungskapitel des *Silberlöwen III* zu dokumentieren versucht hatte,[9] wollte der Autor auch jetzt besonders hervorheben.

Nach 1900, nach dem Zusammenbruch der 'Shatterhand-Legende', hatte der Dichter immer wieder beteuert, alle seine Erzählungen, auch seine frühesten Werke, seien symbolisch gemeint. Auch im 1903 geschriebenen Vorwort zu den *Erzgebirgischen Dorfgeschichten* hat May diesen Anspruch sehr deutlich herausgestellt:

Komm, lieber Leser, komm! Ich führe Dich hinauf in das Gebirge [...] Der Weg ist mir seit langer Zeit bekannt. Ich baute ihn vor nun fast dreißig Jahren, und Viele, Viele kamen, die meine Berge kennen lernen wollten, doch leider nur, um sich zu unterhalten! [...] Ich führte sie dann einen anderen Weg, der von der flachen Wüste aufwärts stieg, durch fremdes Land und fremde Völker führte und oben enden wird bei Marah Durimeh. Auf diesem Weg begann man zu begreifen. Man sah nun endlich ein, was die Erzählung ist: nur das Gewand für geistig frohes Forschen. Man hat gelernt, zum Sinn hinabzusteigen [...] Heut kehr ich nun ins Vaterland zurück, um jenen alten Weg aufs Neue zu betreten. Er ist nicht weit und auch nicht unbequem. Er führt nur auf ein kleines "Musterbergle". Wir nehmen uns ein "Sonnenscheinchen" mit, so einen Seelenstrahl, der uns zu leuchten hat, bis wir an unser kleines "Häusle" kommen. Im "Bergle" giebt es Silber, wohl auch ein wenig Gold. Das wird bewacht vom Geist des Neubertbauers. Wer diesen Geist, den doppel- ten, begreift, der darf den Schatz und dann auch selbst sich heben![10]

Mays These, daß er schon früh, in den 1860er Jahren bereits,[11] 'symbolisch' geschrie- ben habe, muß im Prinzip nun keineswegs falsch sein. Im weitesten Sinne symbolisch sind seine sämtlichen Werke - als Geschichten mit einem tieferen Sinn, als mythologische Puppenspiele, als 'reißende Märchen', als archetypische Träume, als religiöse Appelle, als verkleidete Lebensreise-Erzählungen[12] - ja durchaus verstehbar. Und mit dem 'Son- nenscheinchen' hat er insofern tatsächlich begonnen, als er "Sonnenschein" in die "Häuser und Herzen"[13] seiner Leser doch wirklich sehr früh schon gebracht hat. Nur so hochlite- rarisch, so kompliziert, so artifiziell verschlüsselt und so absichtsvoll symbolisch wie im *Silberlöwen III/IV* oder in *Geldmännle* hat er früher noch nicht geschrieben. Insofern war es eine 'Mystifikation', ein Trick, wenn May nun auch *Sonnenscheinchen* und *Das Geld- männle* als 'Erstlingswerke' deklarierte.

Andrerseits hatte er, im Vorwort von 1903, aber doch sehr richtig bemerkt: "vor nun fast dreissig Jahren", also Mitte oder Ende der 1870er Jahre, hat er den "Weg" (der erz- gebirgischen Dorfgeschichten) gebaut; und "Heut", also 1903, wird er "jenen alten Weg" - mit verfeinerten technischen Mitteln - "aufs Neue [...] betreten": in *Sonnenscheinchen* und, weit kunstvoller noch, in *Das Geldmännle*.

10.6.1 *Sonnenscheinchen*

Spätestens Ende Februar/Anfang März 1903 hat May "in aller Heimlichkeit"[14] das *Son- nenscheinchen* verfaßt. Adalbert Fischer betrachtete das Manuskript als Abschrift eines früheren Druckes, den er - so kommentierte Hans Wollschläger - "mit Recht für ein 'al- lerliebstes Geschichtchen' hielt."[15]

Die nur 44 Buchseiten umfassende Novelle, die alle traditionellen Motive der Dorfge- schichte enthält, erscheint - auf der Oberfläche der Handlung - eher naiv. Die Anspielun- gen auf real existierende Personen sind so unauffällig verkleidet, daß der symbolisch-alle- gorische Charakter dieser Erzählung nur für den Kenner der Mayschen Vita durchschau- bar wird. Auch Fischer konnte nicht ahnen,

daß sich die Symbolik auch auf seine eigene Person erstreckte. May hat solche kleinen, sehr huma- nen Vergeltungen geliebt [...] und die Wirkung war nur durch den Umstand beeinträchtigt, daß keiner der Betroffenen - und auch niemand in der allgemeinen Leserschaft - die verschlüsselte Bot- schaft zu dechiffrieren vermochte.[16]

Zum Personal der Novelle gehören der Major (und Gutsbesitzer) mit seiner poetisch veranlagten Frau und dem elfjährigen Sohn, dem Majörle, ferner die - den Majorsleuten nahestehende - Familie des ehemaligen Hofknechts Fritz Felber mit seiner Ehefrau Paule, seiner Schwiegermutter und seiner achtjährigen Tochter (dem Sonnenscheinchen) sowie der - mit Felber, aufgrund einer alten Rivalität, zerstrittene - Pachtbauer des Majors.

Die äußere Fabel kulminiert in einem Mordversuch. Der leichtsinnige, dem Trunk und dem Kartenspiel ergebene Pachtbauer, der das Gut seines Herrn heruntergewirtschaftet hat, will den treuen und fleißigen Felber erstechen. Doch der Anschlag wird vereitelt, und Sonnenscheinchen gelingt es, ihren Vater daran zu hindern, den überwältigten Pachtbauern zu töten. Dieser wird nicht bestraft. Der Major läßt ihn auswandern nach Amerika. Den Pachthof aber vertraut er Fritz Felber an.

Bei genauem Hinsehen erweist sich diese Dorfgeschichte - wie Hartmut Vollmer in einer Detailuntersuchung geklärt hat[17] - als feinsinnige und äußerst hintergründige Parabel. Mays Verhältnis zu seinen Verlegern (besonders Münchmeyer und Fischer), die Rezeption seiner Werke, die Ursachen für die literarische Neuorientierung, die kritische Auseinandersetzung des Schriftstellers mit sich selbst: seiner Gegenwart und seiner Vergangenheit - dies alles wird in der Erzählung *Sonnenscheinchen* gespiegelt. Und ähnlich wie im *Silberlöwen III/IV* (aber ohne gigantische Übersteigerung) werden die verschiedenen Entwicklungsstufen Karl Mays auf mehrere literarische Figuren projiziert: den vernünftigen, persönlich integren Ma(y)jor; das unreife, renommiersüchtige Ma(y)jörle; den hochstrebenden, aber noch ungefestigten Felber; und schließlich den Pachtbauern, das "Erscheinungsbild tiefer seelischer Krisen"[18] im Leben des Autors.

Bezeichnend für Mays Spätwerk - aber ansatzweise schon in früheren Erzählungen erkennbar - ist der endliche Sieg des 'weiblichen Prinzips' über männliche Härte und Rachsucht. "Heilbringende seelische Macht"[19] offenbart sich im Wesen der Frauen und besonders des Sonnenscheinchens. Das Imponiergehabe des Majörle enttarnt dieses Mädchen, verständig und hilfreich, als Schwäche. Ihren Vater bewahrt sie vor Schuld und vor Schaden. Und im Pachtbauern weckt sie "am Schluß der Erzählung den noch nicht endgültig entschwundenen guten Kern".[20]

Zärtliche, schützende und behütende Töne klingen in dieser Novelle an. Der Einfluß Frau Klaras, wie May ihn erlebte, setzt sich im Gleichnis vom Sonnenscheinchen nun durch!

Die charismatische Erscheinung des kleinen Mädchens hat ihren Grund in der weiblichen Einfühlungsgabe, aber ebenso sehr in der reinen, begnadeten Kindlichkeit des Sonnenscheinchens. Auch das Majörle ist ein, im Grund seines Herzens, doch liebes Kind. So ist es, vor allem, "die Hochachtung vor der 'kostbaren Kinderseele', die es dem reifen Major verbietet, auf das großtuerische Wesen des 'Majörle' mit Gewalt und Strenge zu reagieren, vielmehr begegnet er den 'kindlichen Schwächen' mit Nachsicht und Güte."[21]

Der Erzähler geht zurück auf die Stufe der noch unschuldigen Kindheit, um "von ihr aus Beziehungen zur Erwachsenenwelt, zum Reifeprozeß herzustellen."[22] Die autobiographischen Hinweise auf die partiell noch immer kindlichen Züge im Charakterbild des Verfassers sind nicht zu übersehen!

Auch noch tiefere, theologische, Sinnzusammenhänge weist die Parabel auf. Das Erzgebirge kann als "Symboltopographie des Weges zu Gott"[23] interpretiert werden. Der Pachthof 'Zum Sonnenschein' steht - auf dieser Betrachtungsebene - "für die von Gott geschenkte [...] menschliche Existenz schlechthin."[24] Und der Major, der hohe Herr, kann - wie die Gutsbesitzer in den Gleichnissen Jesu (vgl. z.B. Mt 21, 33ff.) - als Repräsentant der göttlichen Autorität verstanden werden.

Nicht zu vergessen: viele der bisher genannten Merkmale der Erzählung *Sonnenscheinchen* finden sich, mehr oder weniger ausgeprägt, auch in früheren Dorfgeschichten und auch sonst im Gesamtwerk unseres Autors. Dennoch ist *Sonnenscheinchen* ein für Mays Spätwerk typischer Text: Mehrdimensional aufgebaut, zeigt er "eindrücklich die Verknüpfung, die KONGRUENZ der verschiedenen Leseebenen".[25] Die literarische Wandlung des Verfassers wird in der Novelle - so Vollmer - "nicht nur BENANNT [...], sondern sie

ENTWICKELT sich in der Geschichte, indem die Handlung mehrschichtige Bedeutungsebenen hervortreten läßt."[26] Und anders als im *Silberlöwen*, in *Friede* und den künftigen Romanen wird "auf engstem epischen Raum die für Mays Alterswerk als konstitutiv geltende artifizielle Technik der Synchronisation verschiedener Gestaltungsebenen geradezu exemplarisch veranschaulicht."[27]

Gewiß, der stilistische Schliff und die traumhafte Bildsymbolik etwa der Hauptpartien des *Silberlöwen III/IV* werden in dieser, vordergründig sehr schlichten, Parabel nicht erreicht. Aber das hat der Autor, in diesem Falle, ja gar nicht gewollt. Dem Stil nach sollte *Sonnenscheinchen* eben nur - eine Dorfgeschichte sein.

10.6.2 *Das Geldmännle*

Konnte *Sonnenscheinchen*, insgesamt, noch mit einer naiven Erzählung verwechselt werden, so ist eine derartige Verkennung im Falle der zweiten Altersnovelle Mays kaum denkbar. Während *Sonnenscheinchen* - nach Claus Roxin -

durch die Schlichtheit des Handlungsrahmens [...] weniger 'poetisch' als hausbacken geraten ist, vergeht dem Leser beim 'Geldmännle' mit seinen jähen Umschlägen vom Humoristischen zum Grausigen und vom Idyllischen zum Melodramatischen sehr rasch die Gemütlichkeit. Die Erzählung gehört mit ihrem Ineinander von Mythologie, Märchen, Sozialkritik, Okkultismus und Psychiatrie zu Mays schwierigsten und geheimnisvollsten Texten und wirkt durch ihre gedrängte Geschlossenheit auch literarisch fesselnd.[28]

Im Frühjahr 1903, im Anschluß an *Sonnenscheinchen*, hat May diese - über 200 Buchseiten umfassende - Novelle geschrieben. Vor dem Hintergrund des sächsischen Weberelends um die Mitte des 19. Jahrhunderts berichtet der Autor, mit zahlreichen motivischen Anklängen an den Kolportageroman *Der verlorene Sohn*,[29] vom düsteren Treiben des Geldmännle.

10.6.2.1 Das Personal und die Fabel

Die wichtigsten, an manche Konventionen der Dorfgeschichte zunächst noch durchaus erinnernden Figuren[30] sind:
- das bucklige Herzle, die "Seelenreinheit" (S. 458)[31] in Person: eine überaus liebenswerte, ein wenig bresthafte, aber doch hübsche junge Frau; eine geschickte Näherin und Spitzenklöpplerin; eine Freundin der Tiere und Pflegerin auch der Blumen;
- die Mutter des Herzle, Marie: eine bescheidene, durch Leiden gereifte Frau;
- das Karlinchen, die Ziege Maries und des Herzle: eine fabelhafte Kreatur, die die menschliche Sprache versteht, über hohe Intelligenz verfügt, sich als Wächterin der Schwelle betätigt, heimliche nächtliche Ausflüge unternimmt und sehr nachhaltig ins Geschehen eingreift;
- der Musteranton, der früh verstorbene Gatte Maries und Vater des Herzle: ein tüchtiger Kupferstecher und passionierter Damespieler, der einen guten Charakter besitzt und der Spielleidenschaft, aufgrund des Einflusses Maries, entsagt;
- Hermann Bernstein, der Jugendfreund des Herzle: als armer Webersohn "ein Kind des Hungers und der Not" (S. 534); als begabter junger Mann ein aufgeklärter und sozialkritischer Schriftsteller, der durch die finanzielle Unterstützung eines unbekannten Gönners seine Ausbildung zum Lehrer erfolgreich durchlaufen konnte;
- Rosalia Uhlig, eine taktlose und prunksüchtige, "sehr voll gebaute" (S. 463) Person, die am selben Tag geboren und getauft wurde wie Herzle (an deren Verkrüppelung sie

schuld ist: in einem Wutanfall hatte sie die Freundin vom Berg hinuntergestürzt) und die den Lehrer Bernstein zum Mann begehrt, von diesem aber zurückgewiesen wird;

- Frommhold Uhlig, auch 'Herr Frömmelt' genannt, der Vater Rosalias: ein durchtriebener Heuchler, der "Sonntags zweimal in die Kirche geht" (S. 470) und - als Nachfolger des früheren 'Musterwirts' - der reichste Mann des ganzen Landstrichs ist; ein geschäftstüchtiger Unternehmer, der von der rücksichtslosen Ausbeutung der Allerärmsten profitiert; ein gerissener Falschmünzer und Schnapsverkäufer, der andere verführt, von sich abhängig macht und ins bitterste Unglück stürzt; ein "Vampyr" (S. 534), der obendrein noch identisch ist mit dem Geldmännle, einem mysteriösen Kapitalverbrecher;

- Anna Neubert, ein früher stolzes und hochmütiges Weib, das sich lossagt von seiner Vergangenheit, die Unterdrückerrolle des Frömmelt durchschaut und den Musterwirtsleuten die Wahrheit ins Gesicht schleudert: daß sie "das Blut der armen Weber saugen" (S. 469);

- der Neubertbauer, Annas Vater, den das Geldmännle in den Ruin treibt, zu Falschgeldgeschäften ermuntert und bei der Polizei denunziert;

- der Pastor, ein wortgewandter Theologe und rühriger Seelsorger, der den Neubertbauern (nach dessen Selbstmord) in Ehren bestatten läßt, sich auch sonst - zusammen mit dem Lehrer Bernstein - für die Armen engagiert, im Bündnis mit dem Lehrer zum Feind des Geldmännle wird und eine Predigt hält zum Thema "Wirket, so lange es Tag ist, denn es kommt die Nacht, da niemand wirken kann" (S. 637; vgl. Joh 9, 4).

Die Novelle beginnt mit einer 'Urgeschichte', einer scherzhaft mythologischen, dem Pfarrer zugeschriebenen Erzählung, die von der Erschaffung des Erzgebirges durch die Götterbrüder Pluto und Vulkan berichtet. Da den Göttern ihr Werk ein wenig mißlang, wuchsen die Berge mehr in die Breite als in die Höhe. In dieser, für Götter wenig komfortablen, Landschaft bildet das - in der Gegenwart - von Herzle, Marie und Karlinchen bewohnte "Bergle" eine idyllische, durch einen tiefen Bach abgeschlossene, nur über eine - zwischen "Gut und Bös" (S. 630) errichtete - Brücke erreichbare "Märcheninsel" (S. 494).[32]

Zwanzig Jahre vor Beginn der eigentlichen Erzählung hatte Anton, der beste Musterzeichner in jener Gegend, dem Geldmännle - beim Damespiel - das noch wilde und unerschlossene 'Bergle' abgewonnen. Wenig später kommt es zu mehreren Sterbefällen. Frömmelt, der Kompagnon und Schwiegersohn des damaligen Geldmännle, läßt den Musteranton (der die Fälscherwerkstatt der beiden Geschäftspartner entdeckt hat) in einer Falle ums Leben kommen: Giftige Dämpfe ersticken, nach einem Todeskampf von mehreren Stunden, den Anton. Auch dem Schwiegervater und der Ehefrau des Herrn Frömmelt, die zufällig die Druckerei betreten, wird das Gift zum Verhängnis. Uhlig kann dies alles vertuschen und etabliert sich als Nachfolger des Geldmännle und Musterwirts.

Nach dieser Rückblende schildert May, sehr dramatisch, das Begräbnis des Neubertbauern - eine Katastrophe auch für den Musterwirt: Um seinen Hof "geschnapst" (S. 536), hat sich der Bauer, vor den Augen Herrn Frömmelts, das Messer in die Brust gestoßen. Zuvor noch hat er dem Musterwirt bzw. dem Geldmännle, in Haß und Verzweiflung, dasselbe Ende vorausgesagt.

Bei der Beerdigung des Selbstmörders zerbricht der Sarg in zwei Hälften: "ein deutlicher Hinweis auf die folgende Ich-Spaltung des Musterwirts".[33] Uhlig fällt, durch einen Fehltritt, in den offenen Sarg!

Er sah sich im oberen Teile des Sarges schief aufgerichtet lehnen. In dem anderen Teile stand der Neubertbauer, der ihm mit offenen, fürchterlich verglasten Augen grad in das Gesicht starrte. Die Erde schoß in [...] Klumpen auf sie beide herab. Das sah genau so aus, als ob der Bauer sich bewege, und auf ihn zukomme. (S. 541f.)

Der Musterwirt umklammert die Leiche und verliert die Besinnung. In "grauenhafter Symbiose vereinen sich Opfer und Täter, Leiche und bewußtlos Erstarrter."[34] Da der Wirt vom toten Bauern nicht zu lösen ist, wird der Schrein in die Kirche gebracht. Dort erwacht nun Herr Frömmelt und steigt aus dem Sarg. Sein Blick fällt - auf das Altarbild, das er selbst gestiftet hat. Das Bild stellt die Auferstehung des - Geldmännle dar:

"Bist du das, frommer Musterwirt? So schön, so rein steigst du aus deinen Sünden? Die Menschen konntest du mit dem Bilde betrügen, mich aber nicht, und auch nicht Gott, den Herrn! Schau her, und sieh dir eine andere Auferstehung an, keine gemalte, sondern eine echte! [...] Die Toten stehen auf und rächen sich." (S. 546)

Der dies spricht, ist der Musterwirt selbst. Und doch ist's ein anderer. Herr Uhlig ist nicht mehr er selbst. Der 'Geist des Neubertbauern' hat Besitz ergriffen von ihm. Frömmelt ist, als 'Besessener', schizophren geworden. Er hält sich zeitweilig für den Bauern und zeitweilig für den Mörder: "Mein Haus, der Körper, hat zwei Herren." (S. 582)

Das böse Gewissen, der 'Geist des Neubertbauern', peinigt das Geldmännle. In einem Kampf "Geist gegen Geist" (S. 546) gewinnt der tote Neubert zunehmend Gewalt über den Musterwirt und treibt ihn zur Aufdeckung und Wiedergutmachung seines Betrugs und seiner sämtlichen Verbrechen.

Die Ziege Karlinchen stößt, gegen Ende der Erzählung, die Tochter des Wirts von der Brücke in den Bach. Rosalia ertrinkt in demselben Wasser, in das ihr Vater die Leiche des Anton (um einen Selbstmord vorzutäuschen) vor zwanzig Jahren geworfen hat. Der Anblick der toten Rosalia bricht den letzten Widerstand des Herrn Frömmelt. Der "Staatsanwalt", der Geist des Neubertbauern, vollendet sein Werk: Uhlig legt eine umfassende Beichte ab, um sich anschließend, genau wie von Neubert prophezeit, zu erstechen: als Sühne für seine Vergehen. Zuvor aber versprechen ihm - von der Reue des Musterwirtes erschüttert - die Angehörigen seiner Opfer, für seine Erlösung, für das Heil seiner Seele zu beten.

Das Herzle und der Lehrer Bernstein (der das Geschäftsgebaren des Musterwirts durchschaut und angeprangert hatte) finden nun endlich zusammen. Auf dem Bergle wird ein Fest der sozialen Versöhnung gefeiert und unten im Tal erlebt das Dorf, wirtschaftlich und moralisch, seinen Aufschwung.[35]

10.6.2.2 Deutungs- und Bewertungsaspekte

Wie sich allein schon aus dem Figuren-Ensemble ergibt, kann *Das Geldmännle* - fast so ergiebig wie der *Silberlöwe III/IV* - auch autobiographisch verstanden werden. Die Handlung codiert, bis in kleinste Details hinein, das Gesamtbiogramm des Verfassers. Christoph F. Lorenz hat diesen Aspekt in einer gründlichen Analyse[36] erörtert. Hier, im Rahmen unserer Zusammenfassung, sind nur wenige Hinweise möglich:

In Rosalia liefert May, offensichtlich, ein Bild Emma Pollmers (und auch Pauline Münchmeyers), wie er sie 1903 gesehen hat. Daß der Autor beim Herzle an die jetzige Ehefrau Klara - deren Kosename ja 'Herzle' war - dachte, ist ebenfalls evident. Zugleich aber wird er im Herzle noch einer anderen Frau ein literarisches Denkmal gesetzt haben: Marie Hannes (1881-1953) aus Wernigerode, die schön und intelligent war, aber - wie das bucklige Herzle - an einer Verkrümmung litt.[37] Vermutlich noch vor dessen Orientreise hatte Marie den Schriftsteller persönlich kennengelernt; sie gehörte, auch künftig, zu den großen Verehrerinnen des Dichters.[38]

Manche autobiographischen Spiegelungen in *Geldmännle* sind leicht zu erkennen, z.B. die Affinität der 'zu breit' geratenen Berge mit dem Werk Karl Mays (das ja auch 'in die Breite' ging) oder die Parallele der 'Musterwirtschaft' zur Kolportagefabrik H.G. Münchmeyers und Adalbert Fischers: Die 'Verfälschung' der Mayschen Romane, der 'Muster', durch die Verleger entspricht, grandios übersteigert, den Falschgeldgeschäften Herrn Frömmelts.

Wie immer in seinen Erzählungen setzt sich May auch in *Geldmännle* mit sich selbst auseinander. Die Ich-Komponenten bzw. Lebensphasen des Verfassers werden, auch hier, auf verschiedene literarische Figuren übertragen: auf den Musteranton als schuldloses Opfer, den Neubertbauern als verführten, d.h. nur teilweise schuldigen Menschen, den Lehrer Bernstein[39] als Verkörperung alles dessen, was May erstrebte, und - bis zu einem gewissen Grad - auch den Musterwirt, sofern er seine Schuld erkennt, dann schließlich Buße tut und sein Unrecht wiedergutzumachen versucht.

Eine vergleichbare Weise der Schuldbewältigung ist uns bei May schon wesentlich früher, z.B. in *El Sendador* (1889-91),[40] begegnet. Mehrfache Ich-Spiegelungen sind, wie nun oft schon gezeigt wurde, ein Kennzeichen des Mayschen Gesamtwerks. Aber in *Geldmännle* wird - für das Spätwerk bezeichnend - eine unerhörte Verdichtung erreicht.

Doppel- und mehrbödig ist in der 'Musterparabel' nahezu alles, fast jeder Satz und fast jedes Wort: 'Damespiel' etwa und natürlich auch 'Muster'.[41] Metaphorisch (auf der selbstbiographischen Ebene und weit darüber hinaus) ist hier jede Figur, jede topographische Andeutung, jeder Gegenstand und jedes Handlungsdetail zu verstehen.[42]

Der artistische Rang der Erzählung ist damit schon angesprochen. *Das Geldmännle* gehört zu den vielschichtigsten Werken Karl Mays. Als Dorfgeschichte, als Schilderung des sächsischen Webermilieus, als Kriminal- und Schauernovelle (mit behaglichem und manchmal auch schwarzem Humor durchsetzt), als autobiographischer Schlüsseltext, als 'parapsychologische Studie', als metaphysisches Gleichnis und - natürlich - als Märchen ist *Das Geldmännle* konzipiert. Diese Erzählung kann - wie Christoph F. Lorenz treffend zusammenfaßt -

mit Recht als eine schwierige Geschichte gelten, in die May viel 'hineingepackt' hat: Humor, Liebe, Symbolik, Haß, Biographisches, Philosophie, Theologie, usw. In manchen Punkten fordert sie zum Vergleich mit anderen Spätwerken Mays, wie besonders dem 'Silberlöwen III und IV' oder 'Abdahn Effendi',[43] heraus; ihre Sonderstellung im Mayschen Spätwerk aber verdankt sie der Tatsache, daß sie [...] fast ganz ohne Sprünge und Widersprüche auskommt. Es ist May hier nämlich gelungen, den Märchenton des Anfangs ganz durchzuhalten und auch das Komplizierteste einfach und behutsam zu erzählen [...] selten hat May die Wahrheit, wie er sie sah, so ungezwungen und selbstverständlich in ein Erzählgewand gehüllt wie hier.[44]

10.6.2.3 Der 'Geist des Neubertbauern'

Eine Überlegung ist noch erforderlich zur religiösen Symbolik, zum theologischen (bzw. psychologischen) Aspekt der Wandlung des Musterwirts. Im okkulten Sinne muß diese Bekehrung nicht verstanden werden. Daß die Seele, der 'Geist' des Neubertbauern tatsächlich 'umgezogen' sei in den Körper des Geldmännle, dies wird - so wörtlich - gewiß nicht gemeint sein. Denn May war ja keineswegs abergläubisch.[45] Und der Text der Novelle läßt psychologisch vernünftige und theologisch sinnvolle Deutungsmöglichkeiten für die 'Besessenheit' des Musterwirtes ja zu und bietet sie (in Verbindung gebracht mit ähnlichen und beinahe gleichzeitig entstandenen May-Texten) zumindest indirekt an.

Gegen die wörtliche Deutung der 'Auferstehung' des Toten im Körper des Musterwirts spricht allein schon der Märchenton, der metaphorische Charakter der ganzen Erzählung. Wie aber soll die 'Doppelgänger'-Rolle des Neubertbauern dann interpretiert werden?

Der 'Geist des Neubertbauern', der sich des Musterwirtes bemächtigt, ist zunächst - wie Lorenz richtig erkannt hat[46] - das Gewissen, das höhere, das bessere Ich des Musterwirts selbst. Der Handlungsverlauf der Novelle und die "Chodem"-Theorie im *Silberlöwen IV* legen diese Auffassung nahe: Im Zusammenbruch des Geldmännle hat der 'Chodem' (nach May "das persische Wort für 'ich selbst'"[47]) Besitz ergriffen von ihm; Uhlig hat "seine wahre Identität gefunden und sich selbst erkannt"[48] in seiner Verworfenheit.

Ein psychischer Zusammenbruch kann - wie die Lebensgeschichte Mays selbst ja eindrucksvoll zeigt[49] - zur existentiellen Erneuerung führen. Aus der Katastrophe heraus können heilende Kräfte geweckt werden. So auch im Falle des Geldmännle: Wie ein Verrückter, wie ein Mensch, der sich selber verloren hat, wirkt der verwandelte Musterwirt nur in den Augen des Unverstands. In Wirklichkeit aber sind "die Momente, in denen der Neubertbauer aus ihm spricht, die Augenblicke, in denen er 'er selber' ist."[50] Denn als Verbrecher war er 'verkehrt' und 'ver-rückt'; als Mensch, der bereut und seine Taten wiedergutmacht, aber ist er 'in Ordnung'!

Der Musterwirt stirbt entsühnt, von seiner Bosheit, seiner Selbst-Entfremdung befreit. Er ist nun 'gerichtet', d.h. wiederhergestellt und 'richtig' gemacht vor dem Schöpfer. "Ich wollte morgen vor den Herrgott treten und ihn fragen, wer schuld an allen meinen schlimmen Taten ist. Ich dachte mir, ich sei es nicht!" (S. 635) Jetzt aber, vom 'Chodem', vom besseren Ich gezwungen, erkennt er sich selbst und steht - in der endlichen Beichte - zu seiner eigenen Schuld. Er ist der "Nacht, da niemand wirken kann" zuvorgekommen; er hat - in der Sühne - gewirkt, "so lange es Tag ist" (S. 637): Er ist 'herausgestiegen' aus seinen Sünden, "wie es in der Kirche auf meinem Altarbild zu sehen ist" (S. 635).

Der 'Geist des Neubertbauern', der eigene Schiedsspruch, treibt den Herrn Frömmelt zwar in den Tod, ins physische Aus; aber er führt ihn zugleich ins wirkliche Leben, auf den Weg der Gerechtigkeit und der Versöhnung - mit Gott und den Menschen. Der 'Geist des Neubertbauern' ist also tatsächlich, wie es im Vorwort zu den *Erzgebirgischen Dorfgeschichten* heißt, ein 'doppelter': ein Geist des irdischen Todes und des ewigen Lebens mit Gott. "Wer diesen Geist, den doppelten, begreift, der darf den Schatz und dann auch selbst sich heben!"[51]

Als Gewissen des Musterwirts, als dessen höheres Ich kann der 'Geist des Neubertbauern' verstanden werden. Und doch ist zu fragen: Warum bringt May die Erlösung des Musterwirts mit dem Geist einer andern Person in so enge Verbindung? Warum mit dem Geist eines Toten? Und warum gerade des Neubertbauern? Hat dies alles keinen besonderen Grund?

Der sterbende Bauer hat seinem Peiniger einen bösen Tod angesagt. Die magische Vorstellung, daß Flüche (oder Segensworte) buchstäblich - wie Zaubersprüche - in Erfüllung gehen, gehört ins Märchenreich. Aber ein wahrer Kern, ein tieferer Sinn - ist er den Märchen abzusprechen? Geheimnisvolle Kraftfelder zwischen den Menschen - gibt es die nicht? Ist es bedeutungslos, was Menschen voneinander denken und was sie sich wünschen? Sind es nur leere Worte, wenn Menschen, aus der Tiefe ihres Herzens heraus, sich Gutes oder Böses wünschen?

Anders gefragt: Gibt es keinen Urgrund des Seins, der alle Geschöpfe miteinander verbindet? Keinen Wurzelgrund, in dem sie kommunizieren und sich wechselseitig - auf vielfache Weise - beeinflussen? Und liegt der Gedanke dann wirklich so fern, daß die 'Toten' (die geborgen sind in der Tiefe des Seins, in der Ewigkeit Gottes) einen verstärkten und verdichteten Einfluß besitzen auf die noch Lebenden?

Einen solchen (spiritistischen Praktiken freilich nie zugänglichen, vom Menschen her niemals verfügbaren, weil in der Unverfügbarkeit Gottes gründenden) Einfluß der 'Toten' auf die Lebenden setzen viele Menschen, auch namhafte Denker und bedeutende Theologen,[52] voraus. Auch Karl May wird - 1903 und früher und später - so gedacht haben.[53]

Warum aber wird in *Geldmännle* ausgerechnet dem 'Geist des Neubertbauern' ein so machtvoller Einfluß zugeschrieben? Und warum verwandelt sich dieser - zunächst doch nur böse, nur tödlich sein wollende - Einfluß zum Instrument der göttlichen Gnade?

Nicht nur der Musterwirt, auch der Neubertbauer bedarf der Erlösung: von seinem (zwar verständlichen, zuletzt aber doch unchristlichen) Haß. Sein Fluch muß verwandelt werden in Segen. Denn anders kann es - wie May sehr betont und wie es der Traum des Ich-Erzählers im *Silberlöwen IV* so wunderbar suggeriert[54] - Erlösung, als Gemeinschaft mit Gott, ja nicht geben.

Mit seinen Haßgefühlen gegen den Musterwirt ist der Neubertbauer ein Ich-Derivat Karl Mays, der seine Feinde am liebsten verflucht hätte! Aber der 'Chodem', das bessere Ich des Dichters, wußte es wohl: Die bösen Gedanken, die negativen, zerstörerischen Phantasien - sie dürfen, von der Botschaft Jesu (in *Geldmännle* repräsentiert durch die Predigt des Pastors) her gesehen, das letzte Wort nicht behalten. Diese Einsicht wird der tiefere, dem Autor - vielleicht - nicht bewußte Grund gewesen sein, gerade dem 'Geist des Neubertbauern' eine segnende, eine rettende Macht zuzuschreiben.

10.6.2.4 Erlösung durch Suizid?

Es könnte nun weiter gefragt werden, warum Karl May die Erlösung des Musterwirts im Suizid kulminieren läßt. Wollte May, nebenher, eine Apotheose des Selbstmordes liefern? Hatte er mit dem Gedanken gespielt, die Flucht nach vorn anzutreten, d.h. seine Jugenddelikte (von denen Pauline Münchmeyer und Adalbert Fischer ja wußten und deren allgemeines Bekanntwerden der Schriftsteller fürchtete) öffentlich zu bekennen und sich anschließend das Leben zu nehmen? Spiegeln sich derartige Todesphantasien des Autors im Schluß-Verhalten des Musterwirts?

Unmöglich ist eine solche Deutung wohl nicht. In früheren Zeiten und möglicherweise auch jetzt hatte May mit Suizidgedanken zu kämpfen.[55] Aber er wollte doch leben; er wollte schreiben, sein 'eigentliches Werk' noch vollenden. Sein Gottvertrauen wies May den literarischen Weg des Lehrers Bernstein (der Bücher schrieb) und nicht den tragischen Weg des Musterwirts - dessen Selbstentleibung der Dichter freilich nicht als fehlendes Gottvertrauen, sondern als Sühne verstand.

Eigentlich ist der Selbstmord ja nicht zu billigen. Aber May hat oft, und besonders in *Geldmännle*, zu zeigen versucht, daß Gott "gerade schreibt, auch auf krummen Zeilen" (Augustinus); er hat mit poetischen Mitteln bezeugt, daß Gottes Gnade sehr ungewöhnliche, sehr geheimnisvolle, vom Menschen nie wirklich durchschaubare Wege geht.

Anmerkungen

1 Vgl. oben, S. 398.
2 Vgl. Christian Heermann: *Der Mann, der Old Shatterhand war. Eine Karl-May-Biographie.* Berlin 1988, S. 284.

3   Vgl. Christoph F. Lorenz: *Das Gewissen des Musterwirts. Karl Mays "Dorfgeschichte" 'Das Geldmännle'*. In: JbKMG 1985, S. 182-217 (S. 185).

4   Vgl. oben, S. 150f.

5   Lorenz, wie Anm. 3, S. 185.

6   Noch 1926 beantworteten die Herausgeber des Karl-May-Jahrbuches die Frage, ob *Das Geldmännle* tatsächlich zum Frühwerk gehöre, mit "Jawohl! Um 1876 erschienen"; zit. nach Hartmut Vollmer: *Karl Mays 'Sonnenscheinchen'. Interpretation einer späten "Erzgebirgischen Dorfgeschichte"*. In: JbKMG 1985, S. 160-181 (S. 179, Anm. 9).

7   Karl May: *Die Schundliteratur und der Früchtehunger*. In: JbKMG 1983, S. 50-55 - Dazu Walther Ilmer: (Werkartikel zu) *Die Schundliteratur und der Früchtehunger*. In: *Karl-May-Handbuch*. Hrsg. von Gert Ueding in Zusammenarbeit mit Reinhard Tschapke. Stuttgart 1987, S. 557-559.

8   Vgl. May: *Die Schundliteratur*, wie Anm. 7, S. 53.

9   Vgl. oben, S. 436.

10 Karl May: *Erzgebirgische Dorfgeschichten*. Nachdruck der Ausgabe Dresden-Niedersedlitz o.J. (1903). Mit einem Vorwort von Ekkehard Bartsch. Hildesheim, New York 1977, S. 1 - In der Fehsenfeld-Ausgabe (1907) fehlt das Vorwort Mays.

11 Vgl. oben, S. 85.

12 Vgl. oben, S. 268ff. - Vgl. auch Heinz-Lothar Worm: *Karl Mays Helden, ihre Substituten und Antagonisten. Tiefenpsychologisches, Biographisches, Psychopathologisches und Autotherapeutisches im Werk Karl Mays am Beispiel der ersten drei Bände des Orientromanzyklus*. Paderborn 1992.

13 Karl May: *Mein Leben und Streben*. Freiburg 1910. Hrsg. von Hainer Plaul. Hildesheim, New York ²1982, S. 184.

14 Hans Wollschläger: *Erste Annäherung an den 'Silbernen Löwen'. Zur Symbolik und Entstehung*. In: JbKMG 1979, S. 99-136 (S. 127).

15 Ebd., S. 128.

16 Ebd.

17 Vgl. zum folgenden Vollmer: *Sonnenscheinchen*, wie Anm. 6, S. 160-181.

18 Hartmut Vollmer: (Werkartikel zu) *Sonnenscheinchen*. In: *Karl-May-Handbuch*, wie Anm. 7, S. 480-482 (S. 481).

19 Ebd.

20 Ebd., S. 482.

21 Vollmer: *Sonnenscheinchen*, wie Anm. 6, S. 178.

22 Ebd.

23 Vollmer: *Werkartikel*, wie Anm. 18, S. 481.

24 Ebd., S. 482.

25 Vollmer: *Sonnenscheinchen*, wie Anm. 6, S. 177 (Hervorhebung von mir).

26 Ebd., S. 178.

27 Vollmer: *Werkartikel*, wie Anm. 18, S. 482.

28 Claus Roxin: *Das fünfzehnte Jahrbuch*. In: JbKMG 1985, S. 9-14 (S. 12).

29 Vgl. oben, S. 186f.

30 Zur Personencharakteristik vgl. auch die einschlägigen Artikel in: *Großes Karl-May-Figurenlexikon*. Hrsg. von Bernhard Kosciuszko. Paderborn 1991.

31 Seitenangaben in () beziehen sich auf May: *Dorfgeschichten*, wie Anm. 10.

32 Zit. nach Reinhard Tschapke: (Werkartikel zu) *Das Geldmännle*. In: *Karl-May-Handbuch*, wie Anm. 18, S. 482-486 (S. 483).

33 Lorenz, wie Anm. 3, S. 202.

34 Tschapke, wie Anm. 32, S. 484.

35 Vgl. ebd.

36 Vgl. Lorenz, wie Anm. 3, S. 188-198.

37 Vgl. Amand von Ozoróczy: *Das zweite Ave Maria. Beitrag zur "Spätlese in Deidesheim" (II)*. In: MKMG 26 (1975), S. 3-9 (S. 8, Anm. 23) - Hans-Dieter Steinmetz: *Mariechen, Ferdinand und Onkel Karl. Zu einem unbekannten Kapitel im Leben des Ustad*. In: MKMG 69 (1986), S. 6-24 (S. 14).

38 Vgl. unten, S. 578f.

39 Die Namensgleichheit mit Bernstein, dem Anwalt Mays in den Münchmeyer-Prozessen (vgl. oben, S. 397), wird wohl kein Zufall sein. - Vgl. Lorenz, wie Anm. 3, S. 195.
40 Vgl. oben, S. 220f.
41 Vgl. Lorenz, wie Anm. 3, S. 188 u. 210f.
42 Vgl. die Entschlüsselungsversuche ebd., S. 199-211.
43 Dazu unten, S. 495f.
44 Lorenz, wie Anm. 3, S. 214f.
45 Vgl. oben, S. 343ff.
46 Vgl. Lorenz, wie Anm. 3, S. 199-206.
47 Karl May: *Im Reiche des silbernen Löwen IV.* Gesammelte Reiseerzählungen, Bd. XXIX. Freiburg 1903, S. 537 - Vgl. unten, S. 648.
48 Lorenz, wie Anm. 3, S. 204.
49 Vgl. z.B. oben, S. 380.
50 Lorenz, wie Anm. 3, S. 204.
51 May: *Dorfgeschichten*, wie Anm. 10, S. 1.
52 Vgl. z.B. Karl Rahner: *Zur Theologie des Todes.* Quaestiones disputatae 2. Freiburg 1958.
53 Vgl. oben, S. 344f.
54 Vgl. unten, S. 641.
55 Vgl. die Äußerungen Karl und Klara Mays, wiedergegeben in: MKMG 30 (1976), S. 2f. - Vgl. auch oben, S. 339.

10.7 Der 'Vernichtungskampf' gegen May: Die Eskalation eines Literaturstreits

Der Symboldichter May schrieb den *Silberlöwen III/IV*, die erzgebirgischen Altersnovellen und - erst recht - seine späteren Alterswerke unter äußeren Bedingungen, die alles andere als erfreulich waren. Nach der 'Versöhnung' mit Adalbert Fischer (1903) ebbte die Kontroverse um unseren Autor nicht ab, sondern wurde noch härter und immer gehässiger. Der Streit begann "in eine prinzipielle und zugleich weithin unsachliche Auseinandersetzung einzumünden, die außerdem in zunehmendem Maße von den politischen und konfessionellen Tageskämpfen beeinflußt wurde."[1]

Gewiß, es gab auch Lichtblicke in diesen für May so lichtfernen Zeiten. Das erste Halbjahr 1904 "war lieber, lichter Sonnenschein".[2] Der *Friede*-Band, die Neufassung des *Pax*-Romans, "entstand in friedlicher Stille."[3] Und am 24. Oktober 1904 wurde der Dichter "wie ein Fürst"[4] im Cassianeum - zu Donauwörth im bayerischen Schwaben - empfangen. Ludwig Auer (1839-1914), der Leiter dieses Instituts 'zur Verbesserung des katholischen Unterrichtswesens'[5] und zugleich der Gründer des renommierten Auer-Verlags, gehörte zu den großen Persönlichkeiten, die May unterstützten.[6] Doch um so verständnisloser und aggressiver war das Verhalten der Gegner des Schriftstellers.

Nicht nur als Trivialliterat wurde May abgestempelt. Noch übler: als Jugend- und Volksverderber wurde er an den Pranger gestellt. Verleumder und Intriganten, Justizbeamte und Advokaten, sensationslüsterne Redakteure, geschäftstüchtige Unternehmer, streitbare Kirchenmänner und engsichtige Moralisten schlossen sich gegen einen Autor zusammen, der zur Selbstgefälligkeit neigte und den Umgang mit Kritik noch immer zu lernen hatte, aber - menschlich wie künstlerisch - eine bedeutsame Entwicklung durchlief und alles andere als ein Schädling war.

10.7.1 Die Pressekampagne in den Jahren 1904-08

Die Pressefehde, die 1899 begonnen hatte, mußte der Dichter, mehr und mehr, als Verschwörung empfinden. Die - ursprünglich literarischen - Attacken wurden politischer, die Strategie raffinierter, die persönlichen Anwürfe, nach neuen Enthüllungen über May, immer böswilliger. Aber auch May war kein einfacher Gegner. Sein kämpferisches Benehmen gewann an Format. Seine Polemik wurde geschliffener und seine Taktik gewandter. Und seine Kraft blieb lange Zeit ungebrochen.

Mays *Friede*-Buch von 1904 löste eine neue Kontroverse aus, die May überraschte. Den visionären, die religiöse Versöhnung, die soziale Gerechtigkeit, die politische Verschwisterung der Menschheitsfamilie heraufbeschwörenden Roman wollte der Autor ja "sämtlichen deutschen Fürsten, [...] auch sogar dem Sultan, dem Schah und den Kaisern von China und Japan"[7] überreichen. "Sie sehen", so schrieb er an Fehsenfeld, "wir beginnen uns jetzt zu regen und gehen in das Volle, denn unsere Zeit, auf die ich wartete, ist doch nun endlich da!"[8] Angesichts des literarischen Ranges, der psychologischen Tiefe und nicht zuletzt auch der theologischen Relevanz des Romans ist diese Briefstelle keine Aufschneiderei. Was die Wirkung des *Friede*-Bandes betrifft, hat May, in euphorischer Stimmung, den Realitätsbezug aber verloren. Zunächst jedenfalls gab es harsche Kritik und nur wenig Zustimmung.

Und Friede auf Erden! brachte May noch weitere - nicht ungefährliche - Feinde, die sich im Kampf gegen den Schriftsteller mit Hermann Cardauns und anderen May-Gegnern zu verbünden wußten. Die Exponenten sehr unterschiedlicher Stoßrichtungen - Moralismus und Prüderie, exklusives Kunst- und verengtes Wahrheitsverständnis, politische Reaktion und privater Haß - koalierten gegen den Autor der Reiseerzählungen, der Kolportageromane und, neuerdings, des *Friede*-Bands.

Mit belanglosen Querelen hatte der neue Streit, Ende Oktober 1904, begonnen: Ein Fräulein Marie Silling rezensierte im 'Dresdner Anzeiger', einem einflußreichen deutschnationalen Journal, den *Friede*-Roman: auf sarkastische Art, ohne Sachkenntnis, mit albernen Argumenten und auf Nebensächlichkeiten fixiert.[9] In einem offenen Brief *An den Dresdner Anzeiger* (Anfang November in mehreren Zeitungen abgedruckt) konterte May - in diesem Falle wohl angemessen - in spöttischer Weise.[10]

Nach Replik und Gegenreplik meldete sich Prof. Dr. Paul Schumann (1855-1927), Hauptredakteur für Kunst und Wissenschaft beim 'Dresdner Anzeiger', zu Wort. "Gnadenlos und fanatisch", wie der Professor im Jahre 1923 bekannte,[11] ging er vor gegen May. Alle bisher gegen den Schriftsteller erhobenen Pressevorwürfe trug er (gekonnt, mit ironischer Würze) zusammen. Er bekämpfte den Menschen und meinte die Sache:[12] den *Friede*-Roman.

In seinem, gegen Schumann gerichteten, dritten offenen Brief *An den Dresdner Anzeiger* (18.11.1904)[13] verwahrte sich May gegen persönliche Schmähungen. An einigen, von Schumann getroffenen, Stellen - dem falschen Doktortitel zum Beispiel (über den wenig später, am 9.2.1905, der Kunsthistoriker Cornelius Gurlitt entlarvende Einzelheiten veröffentlichte[14]) - war May natürlich verwundbar. Er parierte die Angriffe dennoch; aber die Wahrheit, die für den ehemaligen 'Dr. Karl May, genannt Old Shatterhand' doch zu peinlich war, deckte er nur teilweise auf.

Im sprachlichen Ausdruck, in der dialektischen Kunst, in der treffsicheren Ironie war May dem Professor gewachsen. Und menschlich war er ihm weit überlegen. Er zeigte sich, im Kern, als aufrechter Mann und brillanter Polemiker, der "in der publizistischen Arena" beherzt und geschickt "zu fechten verstand".15

Doch überzeugen und umstimmen ließ sich der Professor von dem Schriftsteller nicht. Das gesamte Maysche Erzählwerk, speziell aber *Friede auf Erden!*, sei "Gift für die Jugend" und "Gift für das Volk", meinte Paul Schumann in seiner Erwiderung vom 27.11.1904.16 Wer die Bücher Karl Mays empfiehlt, "begeht Verrat an der Gesundheit unseres Volkes [...] Darum fort mit ihnen aus jedem deutschen Hause!"17

Im Kampf gegen May wußte Schumann sich - so hieß es im genannten Artikel -

eins mit den ernst denkenden Männern aller Richtungen, [...] mit den Demokraten der Frankfurter Zeitung, mit den Ultramontanen der katholischen Kölnischen Volkszeitung, mit den Männern des evangelischen Landesvereins für innere Mission, mit dem Kunstwart und mit allen Pädagogen Deutschlands, [...] gibt es doch Gott sei Dank auch noch Gebiete, wo das Deutschtum und die allgemeine Kultur sie zu gemeinsamem Vorgehen gegen einen gemeinsamen Gegner zusammenführt. Eine solche gemeinsame Sache ist die Verwerfung Karl Mays und seiner Schriften.18

Diese Sprache ist verräterisch. Sie deutet - so der May-Biograph Christian Heermann - schon an,

aus welcher Richtung nunmehr der Wind weht. Der Hinweis auf den 'Kunstwart' und damit auf Ferdinand Avenarius - den 'Praeceptor Germaniae' -, der in seiner Zeitschrift (ab 1887) und im 'Dürerbund' (ab 1903) für eine 'gute, bodenwüchsige Germanenkultur' agiert, paßt genau in das Bild.19

Zu Recht verweist Heermann auf das präfaschistische Gedankengut,20 dem Schumann - ebenso wie Avenarius, mit dem der Professor befreundet war - doch irgendwie nahestand. Da Karl May, im *Friede*-Roman, zur Auffassung Schumanns und Avenarius' konträre Tendenzen vertrat, ist die Polemik des Professors (wohl nicht ausschließlich, aber doch auch) vor dem Hintergrund einer brisanten politischen Auseinandersetzung zu interpretieren.

Anders scheint es sich, auf den ersten Blick, im Falle des rücksichtslosesten und - man muß es so sagen - gemeinsten May-Gegners, des Journalisten Rudolf Lebius (1868-1946), zu verhalten: Dessen, im Jahre 1904 beginnende, Feindschaft hatte zunächst jedenfalls nur private Gründe.

Lebius, "die verhängnisvollste Erscheinung in der Biographie Karl Mays",21 war früher Sozialdemokrat und Mitarbeiter des 'Vorwärts'. Anfang 1904 hatte er der SPD den Rücken gekehrt und dann das Dresdner Sonntagsblatt 'Sachsenstimme' bzw. 'Pilatus' (die Zeitung erschien unter beiden Titeln) gegründet. Lebius wurde der Redakteur, Herausgeber und Verleger dieses Journals. Sein politischer Standpunkt änderte sich nun radikal. Er wurde zum erbitterten Gegner der SPD. Als Mitglied des 'Deutschen Flottenvereins' und der 'Deutschen Kolonialgesellschaft' wandte er sich der extremen politischen Rechten zu. 1906 schloß er sich, in Berlin, den unternehmerfreundlichen 'Gelben Werkvereinen' an, deren Presseorgan 'Der Bund' er herausgab. Vier Jahre später gründete er in Berlin den 'Spreeverlag', der antisemitische Schriften vertrieb.22

Ein Zusammenhang zwischen der politischen Gesinnung des Journalisten und seiner wachsenden Feindschaft mit Karl May ist, in späteren Phasen dieses Konflikts,23 nicht von der Hand zu weisen. Fürs erste aber spielte die Politik - wie gesagt - in der Auseinandersetzung May-Lebius überhaupt keine Rolle.

Der Streit begann so: Im Sommer 1904 versuchte Lebius, von May ein Darlehen - 10.000 Mark - zu erhalten.24 Als publizistische Gegenleistung bot er dem bedrängten Schriftsteller freundliche Artikel in der 'Sachsenstimme' an. May lehnte ab und verweigerte jede Zahlung. Daraufhin erhielt er am 7. September eine anonyme Drohkarte: Ein gewisser Lebius werde "einen Artikel gegen Sie" schreiben. "Es warnt Sie ein Freund vor dem Manne."25

Tatsächlich brachte Lebius (der die Postkarte selbst verfaßt haben dürfte) nach vier Tagen schon einen Enthüllungsartikel *Mehr Licht über Karl May. / 160.000 Mark Schrift-stellereinkommen. / Ein berühmter Dresdener Kolportageschriftsteller.* In der Hauptsache ging es um Geldsummen, um Gerüchte über den 'Reichtum' des Erfolgsliteraten. May rechnete nach: "über 70 moralische Unsauberkeiten, Verdrehungen und direkte Unwahr-heiten"26 enthielt das Pamphlet!

In den folgenden Wochen und Monaten publizierte die 'Sachsenstimme' weitere Schmähartikel gegen May. Und am 18. Dezember griff Lebius zu noch härteren Mitteln: Die Leser erfuhren, daß Karl May schon zweimal bestraft worden sei. "Die zweite Strafe verbüßte er [...] von 1870-1874 in Waldheim. In der nächsten Nummer wird es schon möglich sein, zu sagen, weshalb"!27

Am folgenden Tag stellte May einen Strafantrag wegen Erpressung - ohne Ergebnis. Die Ermittlungen wurden im März 1905 eingestellt. Zur Anklage gegen Lebius reichte das Material, nach der Auffassung des Gerichts, nicht aus. Die Begründung für die Einstellung des Verfahrens liest sich - so Claus Roxin -

etwas naiv, wenn man den Hintergrund kennt und die Postkarte zusammen mit der Darlehensforde-rung und den Artikeln der 'Sachsenstimme' würdigt. Freilich hatte May sich verständlicherweise auch gescheut, Genaueres darüber mitzuteilen, was er tatsächlich zu fürchten hatte.28

Bisher standen die 'Shatterhand-Legende', die Kolportageromane und zuletzt - last not least - der provozierende *Friede*-Band im Mittelpunkt der Kampagne gegen den Autor. Daß auch die Jugendsünden Karl Mays zum gefundenen Fressen für seine Feinde würden, das war zu erwarten und lag in der Luft. Natürlich gab es, auch in Dresden, eine Reihe von Leuten, die über Mays Vergangenheit, mehr oder weniger präzise, Bescheid wußten: der Münchmeyer-Nachfolger Adalbert Fischer zum Beispiel. Außerdem war es, im No-vember 1903, dem Münchmeyer-Anwalt Dr. Oskar Gerlach - mit Hilfe eines Tricks - ge-lungen, Mays Strafakte gerichtlich herbeiziehen zu lassen.29 Ein Dresdner Justizbeamter dürfte später, wenn auch vage, dem Pressemann Lebius gegenüber geplaudert haben.30

Vergangene Zeiten, seine Haftjahre und seine Jugenddelikte, drohten den Dichter nun einzuholen. Ein Bekanntwerden dieser alten (zwar längst schon verbüßten und im Über-maß wiedergutgemachten, fürs breite Publikum aber natürlich sensationellen) Geschichten würde für May, das wußte er wohl, eine verheerende Wirkung haben.

Schon Professor Paul Schumann hatte, am 13. November 1904, im 'Dresdner Anzeiger' eine Anspielung untergebracht: über "gewisse Jahre [...], die Karl May in Deutschland in größter Zurückgezogenheit verbracht hat".31 Konkreter als Schumann und skrupelloser als dieser ging Lebius vor: Ende 1904, "am Weihnachtsheiligenabend [...] hingen an den Fenstern der Dresdener Buchhandlungen Plakate aus, auf denen die 'Sachsenstimme' mit den großen roten Buchstaben 'DIE VORSTRAFEN KARL MAYS' angekündigt wurde."32

Was Lebius ihm da angetan hatte, mußte May als psychischen Terror, als entsetzliche Folter empfinden. Und die Ehefrau Klara schloß für 1904 ihr Tagebuch mit den Sätzen: "Heute, am Schlusse des Jahres, kann ich nicht froh hoffend in die Zukunft schauen. Ich habe das Empfinden, daß die Hölle auf Erden doch mächtiger ist, als der Himmel [...] Tausend Fäuste sind zur Vernichtung bereit."33

Zu einem Eingeständnis seiner Delikte in den 1860er Jahren hatte May jetzt noch nicht den Mut: "Es würde das" - so schrieb er am 29. September 1905 an seinen Rechtsanwalt

Bernstein - "mein ganzes Lebenswerk vernichten, und ehe ich das zugebe, will ich lieber sterben!"[34]

Doch das Verhängnis war nicht mehr aufzuhalten. Mehr und mehr sickerte über die Straftaten Mays in der Öffentlichkeit durch. Am 8. Juli 1905 hieß es in der 'Sachsenstimme': "Wir wissen, wer Karl May ist, aber wir sagen es noch nicht".[35] Daß Mays Vergehen Eigentumsdelikte waren, dies war Rudolf Lebius bekannt. Aber Konkretes wußte er, noch bis zum Herbst 1905, keineswegs. Der weitere Verlauf der Ereignisse freilich spielte ihm die nötigen Informationen dann zu.

Der "Einbruch in einen Uhrenladen", den der Journalist Karl May unterstellt hatte,[36] veranlaßte diesen zu einer - in der Sache berechtigten, für den Schriftsteller aber gefährlichen - Beleidigungsklage gegen Lebius. Als es am 3. Oktober 1905 im Dresdner Landgericht zur Verhandlung kam, erreichte Lebius - nach einer unklugen Behauptung des May-Anwalts Klotz, der die Vorstrafen des Dichters generell in Abrede stellte[37] - die Verlesung der Strafakten Mays. Der Journalist stenographierte mit. Der ebenfalls anwesende Rechtsanwalt Bernstein bemerkte dies. Er stürzte zum Richtertisch und klappte die Akten zu.[38] Doch der Zeitungsmann Lebius hatte für seine Zwecke nun hinreichend Material.

May zog seine Klage zurück und Lebius konnte sich als Sieger fühlen. Kurze Zeit später, am 18. November 1905, allerdings mußte Lebius eine Beschuldigung gegen den - auf der Seite Mays in den Rechtsstreit verwickelten - Schriftsteller Max Dittrich vor Gericht als Lüge bekennen und, mit der Bitte um Verzeihung, zurücknehmen.

Schon zuvor, im Verlauf des Jahres 1905, war es May gelungen, die Position des Lebius in der Öffentlichkeit zu unterminieren. Die Schachzüge des Redakteurs: die erpresserische Drohkarte usw. hatte May in die allgemeine Presse gebracht. Und mit dieser Aktion hatte der Schriftsteller Erfolg: Lebius galt - so stellte er selbst die Angelegenheit dar - "in den Augen vieler Spießbürger als gerichtet [...] die großen Firmen entzogen der Sachsenstimme die Inserate",[39] und im August 1905 ging das Revolverblättchen dann ein.[40] Lebius mußte "Dresden unter Hinterlassung erheblicher Schulden verlassen. Karl May aber hatte sich einen Todfeind erworben."[41]

Klara Mays Resümee für 1905: "Ein wenig Sonnenschein nach all dem bitteren Leid."[42] Doch Lebius verfolgte den Schriftsteller, von Berlin aus, nun weiterhin. Seine Methoden wurden noch rücksichtsloser. In einem Artikel über *Atavistische und Jugendliteratur* - makabrerweise in der Zeitschrift 'Die Wahrheit' (30.6.1906) - unterstellte er dem Dichter verbrecherische Erbschäden und "eine schwere chronische Krankheit" im frühesten Lebensalter, "die offenbar kulturhemmend gewirkt hat."[43] Der Journalist stützte sich auf das berühmte Werk *L'uomo delinquente* (Turin 1876) des italienischen Nervenarztes und Kriminalanthropologen Cesare Lombroso (1836-1909), dessen Thesen vom 'geborenen Verbrecher', ganz unabhängig von der Kontroverse um Karl May, schon damals umstritten waren und heute grundsätzlich widerlegt sind.[44]

"Womit haben wir solche Folter verdient?", fragt Klara May - mit Bezug auf den Lebius-Artikel - im letzten Eintrag ihres Tagebuchs von 1906. Im Jahre 1907 allerdings konnte der Schriftsteller, so schien es zunächst, wieder durchatmen. Aufgrund des Erfolges im Münchmeyer-Prozeß - wir kommen darauf noch zurück - durften die Kolportageromane Karl Mays nur noch anonym verbreitet werden. Der Autor stand für weite Teile der Presse "als in den entscheidenden Fragen rehabilitiert da."[45]

Die 'Kölnische Volkszeitung' (mit Hermann Cardauns) jedoch und eine Reihe von anderen Presseorganen setzten die Polemik gegen den 'Schundliteraten' mit unverminderter Heftigkeit fort.[46] Und Rudolf Lebius lieferte weitere Munition.

Der Journalist führte, wie er selbst später schrieb, gegen May einen "Vernichtungsfeldzug",[47] der zugleich einen parteipolitischen Hintergrund hatte. Im 'Vorwärts', dem Zentralorgan der SPD, wurde am 26. Juli 1907 behauptet, Lebius sei kein Ehrenmann.[48] Folglich klagte der jetzige Anitsozialist gegen den 'Vorwärts'-Redakteur Carl Wermuth. Dieser wiederum berief sich, "natürlich ohne erst viel zu fragen",[49] auf den Zeugen Karl May.

Der parteipolitisch nur schwer oder gar nicht einzuordnende Dichter hat es, wie er in der Selbstbiographie formulierte, "umgangen",[50] als Zeuge der Sozialdemokratie gegen Lebius aufzutreten - wohl auch deshalb, weil er sich auf einen neuen Prozeß nicht einlassen wollte. Vermutlich war May, nach einigem Zögern, aber doch zur Aussage bereit. Jedenfalls verfaßte er, wahrscheinlich im April 1908, auf Drängen der 'Vorwärts'-Redaktion die (freilich erst 1983 veröffentlichte) Streitschrift *Lebius, der "Ehrenmann"*.[51]

Da Lebius den taktisch besonders gewandten sozialdemokratischen Rechtsanwalt Dr. Kurt Rosenfeld (den späteren Verteidiger Rosa Luxemburgs) zu fürchten hatte, zog er seine Klage gegen Wermuth zurück. Zum Auftritt Karl Mays an der Seite der roten 'Genossen' konnte es also - unabhängig von der Frage, ob May dies gewollt hätte - nicht mehr kommen.[52]

Unterdessen hatte Lebius seine Rufmord-Kampagne gegen den Schriftsteller weitergeführt. Sein Ziel war es, die Glaubwürdigkeit des Zeugen Karl May zu erschüttern. Unter Einschaltung eines Strohmannes, des einundzwanzigjährigen Journalisten und ehemaligen Schlossers Friedrich Wilhelm Kahl, publizierte Lebius am 1. April 1908 die Broschüre *Karl May, ein Verderber der deutschen Jugend*.[53] In diesem - unter Kahls Namen - in Berlin erschienenen Pamphlet wurde u.a. der Schmäh-Artikel des Lebius aus dem Jahre 1906 (*Atavistische und Jugendliteratur*) wieder abgedruckt.

Als zwanghafter Krimineller sollte May diffamiert werden! Zu Recht natürlich hat sich der Schriftsteller gegen das Machwerk verwahrt: "Mich atavistischer Schwachheiten zu zeihen, ist eine Böswilligkeit, die ich mir unbedingt verbitten muß."[54] May durchschaute die Intrige als das, was sie (im weitesten Sinne) tatsächlich gewesen ist: "Die Kahlsche Brochure ist MÜNCHMEYEREI."[55]

Gewiß, die Kahl-Schrift ist zu verstehen vor dem Hintergrund der politischen Auseinandersetzung des Lebius mit der SPD - einer Kontroverse, mit der, unmittelbar, weder May noch die "Münchmeyerei" (d.h. die Prozeß-Gegner des Autors bzw. die, mit diesen indirekt ja verbündeten, Antischundkämpfer wie Cardauns oder Avenarius) etwas zu tun hatten.[56] Gleichwohl, und dies hatte May natürlich erkannt, hat der Pressebandit Rudolf Lebius den übrigen Gegnern des Schriftstellers in die Hände gespielt: Zum Bild des 'Schundliteraten' und 'Jugendverderbers' mußte der 'wissenschaftliche Beweis' seiner 'kriminellen Veranlagung' ja bestens passen.

Was May zu leiden hatte, war kaum mehr erträglich. Seine Gesundheit war seit langem schon angegriffen. Und dennoch: seine Kraft, seine psychische Energie war noch längst nicht gebrochen. Immerhin schrieb May, ausgerechnet in diesen Jahren, sein wohl bedeutendstes Werk: *Der 'Mir von Dschinnistan* (1907-09). Und was die Kahl-Broschüre betraf - May erreichte deren Verbot.

Kahl selbst, der später als Redakteur und Politiker bekannt wurde,[57] distanzierte sich - sofort nach dem Erscheinen der Broschüre - von Lebius und stellte sich öffentlich auf die Seite Mays.

10.7.2 Mays Pyrrhussieg im Münchmeyer-Prozeß

Die Auseinandersetzung mit Lebius ließ May aus den Klagen nicht mehr herauskommen. Und parallel zu diesen Konflikten und weitgehend mit diesen verquickt, kämpfte May seinen Kampf mit der 'Münchmeyerei'.

Den - im März 1902 begonnenen und über Jahre hinweg verschleppten - Zivilprozeß gegen die Verlegerswitwe Pauline Münchmeyer hat der Schriftsteller in allen Instanzen gewonnen: am 26.9.1904 beim Landgericht Dresden, am 2.5.1906 beim Dresdner Oberlandesgericht (das Frau Münchmeyer zur Rechnungslegung über die verkauften May-Romane verpflichtete) und schließlich, am 9. Januar 1907, beim Reichsgericht in Leipzig, das den Revisionsantrag der Münchmeyer-Witwe zurückwies.

Einen schriftlichen Vertrag mit der Firma Münchmeyer konnte der Kläger May, wie erwähnt,[58] leider nicht vorweisen. Folglich mußte er, am 11. Februar 1907, vor dem Landgericht Dresden den 'Parteieid' leisten: Er mußte beschwören, daß seine Darstellung (zu den mündlich vereinbarten Bedingungen, die zur Niederschrift der umstrittenen Romane geführt hatten) der Wahrheit entsprach. Der unberechtigte Verkauf der Mayschen Romane durch Münchmeyer stand für das Gericht, nach der Vereidigung des Klägers, nun fest. Für jedes über eine Auflage von 20.000 hinausgehende Exemplar mußte May durch die Verlegerswitwe entschädigt werden.

Dieses Ergebnis ruhte - so Claus Roxin -

nicht allein auf Mays Eid; vielmehr durften die Gerichte ihre Entscheidung nur dann von der beschworenen Aussage Mays abhängig machen, wenn seine Aussage ohnehin nach dem Prozeßverlauf als wahrscheinlich und vertrauenswürdig erschien. Über die Höhe der von Frau Münchmeyer zu leistenden Entschädigung war in einem weiteren Prozeß zu entscheiden, dessen Ende Karl May nicht mehr erlebt hat; im erstinstanzlichen Urteil des Landgerichts Dresden vom 11.12.1911 wurden May 60.000 Mark zugesprochen.[59]

Ging es May nur ums Geld? Daß andre Motive um vieles bedeutsamer waren, ist gar keine Frage. Der Schriftsteller fühlte sich zwar auch finanziell von Münchmeyer aufs schwerste betrogen. Aber dies war das wenigste. Was den Dichter bewegte, war seelische Not; und was ihn so kränkte, war die Zerstörung seines literarischen Ansehens und seines persönlichen Rufes.[60] Seine Glaubwürdigkeit - als Mensch und als Christ, als Erzieher und Künstler - stand auf dem Spiel!

Eine, immer brutaler werdende, Kampagne drohte Mays Leben und Streben zu desavouieren und in den Schmutz zu ziehen. Daß "Haß und Neid, Verachtung [...] und Spott"[61] die Stimme gegen ihn führten, war - nicht ausschließlich, aber zum großen Teil - die Folge der Neupublizierung der Münchmeyerromane durch Adalbert Fischer. May prozessierte, gegen Fischer wie gegen Frau Münchmeyer, weil er - verständlicherweise - glaubte, sein Ansehen auf diese Weise retten zu können.

Auch im Streit mit Fischer hatte May nun, juristisch gesehen, Erfolg. Den für ihn so unglücklichen Vergleich vom Februar 1903[62] hatte er schon Anfang 1905 gerichtlich angefochten.[63] Nach dem plötzlichen Tode Fischers am 7. April 1907 - "Wie furchtbar hat die Hand Gottes im Lager unserer bittersten Feinde gewüthet!"[64] - gaben die Fischer-Erben May endgültig recht: Vor dem Landgericht Dresden, am 8. Oktober 1907, erklärte Arthur Schubert, der Schwiegersohn und Nachfolger Fischers, daß die Münchmeyerromane Karl Mays "im Laufe der Zeit durch Einschiebungen und Abänderungen von dritter Hand eine derartige Veränderung erlitten haben, dass sie in ihrer jetzigen Form nicht mehr als von Herrn Karl May verfasst gelten können."[65]

Quantitativ wurden solche Veränderungen, bei einem zusätzlichen Gerichtstermin, auf 5% beziffert: eine willkürliche Festlegung, die überdies - so Christian Heermann - "für die an den Haaren herbeigezogene moralische Bewertung ohne Belang ist."66

Wirklich bewiesen war, was die ursprünglichen Romantexte betrifft, nach wie vor überhaupt nichts. Beweiskraft hatten die gerichtlichen Erklärungen von 1907 ebenso wenig wie die Versicherung Fischers von 1903: Ob und in welchem Umfang die Originaltexte von Münchmeyer oder dessen Mitarbeitern verändert wurden, konnten die Fischer-Erben ja ebenso wenig wissen wie der Verstorbene selbst. In der öffentlichen Diskussion über die Kolportageromane war es für May aber doch ein Erfolg, daß diese Werke - seit Herbst 1907 - nur noch anonym verbreitet werden durften. Eine Wende brachte dieser Gerichtsentscheid (wie schon der Abschluß des Münchmeyer-Prozesses zu Beginn des Jahres 1907) insofern, als - wie schon oben vermerkt - nun große Teile der Presse zugunsten Mays kommentierten.

Ein übriges - für unsern Autor im Grunde aber nicht förderlich - tat die spezielle 'May-Presse'. In den 'Sonntagsglocken' (14.7.1907) zum Beispiel, einer 'Katholischen Wochenschrift zur Erbauung, Belehrung und Unterhaltung', wurde Mays Sieg, sehr töricht, als "vollständig und bedingungslos" gefeiert:

Karl May hat gesiegt, glorreich gesiegt, er steht da herrlicher denn je, seine Feinde aber liegen im Staub, getreten und zerschmettert [...] Adalbert Fischer hat seine Niederlage nicht lange mehr überlebt, er ist tot, er, der Karl May literarisch tot machen wollte, steht nun bereits vor seinem ewigen Richter.67

Doch seines Sieges sollte der Dichter nicht froh werden. Da ihm die Verfasserschaft von 'unsittlichen Stellen' der Kolportageromane nicht nachzuweisen war, setzten die Gegner aufs Ganze: Karl May, der einschlägig Vorbestrafte, ist ein Betrüger und überhaupt ein schlechter Mensch!

Am 15. April 1907, als May, wie er glaubte, den Sieg schon errungen hatte, griff die Gegenpartei zum äußersten Mittel: Ohne Beweismaterial, aber in der Hoffnung, den verlorenen Prozeß wieder aufrollen zu können, erstattete der Münchmeyer-Anwalt Oskar Gerlach (1870-1939) gegen May "und Genossen" - vier Zeugen aus den vorangegangenen Prozessen, darunter der Schriftsteller und May-Freund Max Dittrich, aber auch die geschiedene Ehefrau Emma Pollmer - Anzeige bei der Staatsanwaltschaft in Dresden: "wegen Meineids bzw. Verleitung zum Meineid"!68

Aus dem Bereich der Zivilklagen schien das Prozeßgeschehen nunmehr herauszutreten: Ein Strafprozeß winkte dem Dichter! Im Falle eines Schuldspruchs hätte Karl May, erneut, mit dem Zuchthause rechnen müssen!

Gesundheitlich war May im Frühjahr 1907 sehr angeschlagen. Hans Wollschläger setzte einen Zusammenhang mit der Anzeige Gerlachs voraus: Karl May überkam - so Wollschläger in seiner Darstellung -

zum erstenmal [...] ein regelrechtes Grauen vor der Rechtsmaschinerie, die er selber in Gang gebracht hat. Ein Nervenzusammenbruch bringt ihn *an den Rand des Todes*, und erst Mitte Mai hat er sich so weit wieder erholt, daß er mit Klara zur Kur ins schlesische Bad Salzbrunn fahren kann, um erst einmal alles zu vergessen. Die Taktik einfacher 'Flucht' bewährt sich noch einmal; sorgfältig umgibt ihn die vielköpfige Familie Barchewitz mit Verehrung.69

Wollschlägers Deutung ist aber kaum haltbar. Daß May in den Frühjahrsmonaten 1907 von der Anzeige Gerlachs überhaupt schon gewußt hatte, ist ja keineswegs anzunehmen. Denn die Staatsanwaltschaft hatte die Anzeige zunächst gar nicht aufgegriffen. Erst am 12. Juli 1907 wurde die gerichtliche Voruntersuchung gegen May eröffnet; und erst Mitte Juli wurde der Schriftsteller über die Ermittlungen amtlich in Kenntnis gesetzt.70

Eine Woche zuvor erst, am 8. Juli, war der fünfundsechzigjährige May vom Kuraufenthalt in Salzbrunn wieder heimgekehrt. Um "zu gesunden, zu gesunden an Leib und Seele"[71] hatte er diese Reise angetreten. Seine Absicht, in Salzbrunn literarisch zu arbeiten, wurde jedoch vereitelt - durch körperliche Schwäche (die May aber nicht daran hinderte, mit Ehefrau Klara sämtliche Vorstellungen des Kurtheaters in Salzbrunn zu besuchen).[72]

Nach Radebeul zurückgekehrt, wurde der Dichter - in Sachen 'Meineid' - zunächst noch in Ruhe gelassen. Man teilte ihm, wie gesagt, mit, daß die Ermittlungen begonnen hätten; doch zu Vernehmungen kam es erst später. Eine Wagenfahrt ins Riesengebirge und ein Briefwechsel mit Peter Rosegger - der den "Leidensweg" Karl Mays "mitleidend und mit höchster Spannung verfolgt"[73] hatte - könnten dem Dichter Erleichterung und eine gewisse Beruhigung verschafft haben.

Einer Anklage, so es überhaupt dazu kommen würde, konnte May insofern gelassen entgegensehen, als er sich einer Schuld im Sinne der Anzeige ja gewiß nicht bewußt war. Eine Verurteilung hatte May also nicht zu fürchten. Der Tatbestand des Meineides lag mit an Sicherheit grenzender Wahrscheinlichkeit nicht vor. Aber schon die bloße Verdächtigung konnte Mays, soeben erst wieder gewonnenes, Prestige nun endgültig zerstören. Seine psychische Energie und damit seine literarische Schaffenskraft konnten, im Falle einer öffentlichen Auseinandersetzung über die ehrenrührige Anzeige des Rechtsanwalts Gerlach, ruiniert werden.

Die Erfüllung seiner Lebensaufgabe könnte, so fürchtete May, nun doch scheitern. Überheblich klingend, aber doch nicht zu Unrecht schrieb May am 23. Juli 1907 an Rudolf Bernstein:

Es handelt sich nicht etwa nur um meine kleine, unbedeutende Person, sondern um das Gelingen eines Lebenswerkes, welches bestimmt ist, Millionen von Menschen zu beglücken. Wenn es nicht vollendet wird, so können Jahrhunderte vergehen, ehe eine Wiederholung möglich ist. Ja, vielleicht treffen sich die äußeren und inneren Umstände nie so wieder! Und das ist es, was mir die Pein verschärft und meine Angst fast zur Todesangst steigert![74]

Mays Angst (die einzugestehen den früheren 'Old Shatterhand' ja durchaus ehrt) war keineswegs unbegründet: Ein schwerer Schlag stand bevor! Dr. Gerlach hatte erreicht, daß die Untersuchung seinem - an sich nicht zuständigen - "ehemaligen Schul- und jetzigen Busenfreund",[75] Staatsanwalt Seyfert, übertragen wurde. Und dieser wiederum übergab den Fall an den jungen Assessor und Untersuchungsrichter Dr. Larrass, "einem dritten Mann im Freundschaftsbunde, zu allertreuesten Händen."[76]

Am frühen Morgen des 9. November 1907 - als May mit der Niederschrift seines großen Romans *Der 'Mir von Dschinnistan* schon begonnen hatte - drangen Seyfert, Larrass und vier Polizisten überfallartig in die 'Villa Shatterhand' ein: zu einer achtstündigen Hausdurchsuchung, die mit erregten Szenen verbunden war.[77] Alle Räume wurden durchwühlt. Nicht einmal "vor der Asche im Ofen"[78] wurde haltgemacht. Wichtige Papiere, darunter Briefe, Prozeßakten, Verträge mit Fehsenfeld und sogar literarische Manuskripte (Dramenentwürfe, Gedichte u.a.),[79] wurden beschlagnahmt. Und auch eine Briefsperre wurde über den Schriftsteller verhängt.

Belastendes Material oder gar Beweise für einen Meineid wurden zwar nicht gefunden; aber May war zutiefst erschrocken und sichtlich verstört - nicht zuletzt wohl auch deshalb, weil Seyfert mit dem allgemeinen Bekanntwerden der früheren Straftaten Mays (bisher gab es ja 'nur' Gerüchte und vage Beschuldigungen von seiten des Lebius) gedroht hatte![80]

Der Hausdurchsuchung folgten stundenlange Verhöre - auch Emma Pollmers - an mehreren Tagen. Der Dichter erlitt einen Nervenzusammenbruch oder stand einem solchen zumindest doch nahe. Die Folge waren heftige Angstzustände und - nach der, allerdings anfechtbaren, Deutung Heinz Stoltes - sogar eine vorübergehende "paranoide Verwirrung"[81] des Schriftstellers.

Im Dezember 1907, in einem Schriftsatz an den Untersuchungsrichter Larrass, meinte der Autor: "Ich habe diesen Hieb, der ein Sauhieb sondergleichen ist, vorausgesehen; aber ich hielt es nie für möglich, daß es Herrn Gerlach gelingen könne, es bis zur Haussuchung bei mir zu treiben."[82] Später, nachdem er sich, wenigstens halbwegs, von diesem Schlage erholt hatte, schrieb er an Karl Pustet:

Die Behandlung war äußerst rigoros. Ich sah sofort, wie es stand. Die Zuchthausthore waren weit geöffnet. Und wenn mir auch direct nichts bewiesen werden konnte, so genügte doch eine einzige kleine Lüge, eine einzige Unwahrheit zum Aufbau eines Indizienbeweises [...] Doch Alles, was man that, war vergeblich![83]

Das Justiz-Komplott, das "Verbrechen im Amte",[84] blieb May nicht lange verborgen. Es wurde ihm klar, mit wem er es hier zu tun hatte: "mit einer Camerilla [...], die auf eine gnadenlose Vernichtung seiner Ehre als Mensch und seiner Existenz als Schriftsteller aus war."[85]

Er fühlte sich eingekreist: durch die Kolporteuse Frau Münchmeyer und ihre Verbündeten! Aufgrund dieser Annahme ergänzte er seinen selbstrenommistischen - aus prozeßtaktischen Überlegungen heraus entstandenen, nicht zur Veröffentlichung bestimmten (erst 1982 aus dem Nachlaß edierten) - Privatdruck *Ein Schundverlag* (1905) um eine weitere - ebenfalls erst 1982 edierte - Kampfschrift mit dem Titel *Ein Schundverlag und seine Helfershelfer* (1909)![86]

Juristen wie Gerlach unterstützten, zusammen mit Antischundkämpfern wie Cardauns oder Avenarius, den Schundverlag Münchmeyer-Fischer! So sah es May. Hat sich der Dichter hier etwa getäuscht? Natürlich hatte auch May, wie jeder andere Mensch, seine spezifischen Blickverengungen; und es mag ja auch sein, daß er nicht alle Details der Pressekampagne (und des Prozeßgeschehens) richtig gesehen und richtig bewertet hat. Im großen und ganzen erkannte er die Zusammenhänge aber sehr wohl und sehr treffend. Von einem 'Verfolgungswahn' kann also hier nicht die Rede sein.

Tatsächlich gab es, um Pauline Münchmeyer, eine 'Münchmeyerei': eine seltsame Gruppe von 'Helfershelfern'. Mit den Publizisten Ferdinand Avenarius und Prof. Paul Schumann war der Rechtsanwalt Gerlach, durch Verwandtschaft bzw. Freundschaft, persönlich verbunden. Alles in allem - ein fein gesponnenes Netz,

geknüpft vom Freundeskreis Avenarius/Schumann/Staatsanwalt/Untersuchungsrichter mit dem Münchmeyer-Anwalt Gerlach als Handlanger, welcher wiederum als Kontaktperson zum Hauptakteur Lebius fungiert, der weiterhin eifrig 'Material' sammelt, unter anderem von Cardauns, der sich im August 1907 ein weiteres Mal öffentlich über 'die fünf wüsten Romane' empört. Dabei kündigt er einen Ansgar Pöllmann an, der bereits einen Artikel gegen May geschrieben hat[87] und 'auf dem richtigen Wege' sei. Jener Benediktinerpater, auch ein Bekannter von Lebius, wird bald einen gehässigen Kampf gegen May aufnehmen.[88]

Klara May notierte, Anfang 1908, in ihr Tagebuch: "Wir sind am Ende unserer Kraft. Wir möchten einander unser Leiden verbergen. Ich sehe, wie der Kummer an meinem über Alles geliebten Manne zehrt. Er gab Liebe, nichts als Liebe im Leben und nun wird ihm dieser Lohn."[89]

Im Verlauf des Jahres 1908 - nach Mays Erfolg gegen die Lebius/Kahl-Broschüre *Ein Verderber der deutschen Jugend* - mehrten sich nun freilich die Anzeichen, daß der

'Schundverlag und seine Helfershelfer' den Schriftsteller nicht zu Fall bringen würden. Auch war es, bis zum Spätsommer 1908, sehr wahrscheinlich geworden, daß es zur Anklage (in der Meineidsuntersuchung) gar nicht erst kommen würde.[90]

Ganz 'überwunden' hatte May seine Lebenskrise, 1908 und auch später, zwar immer noch nicht. Aber er hatte - wie seine literarischen Werke und zahlreichen Briefe bezeugen - auch in diesen Jahren viel Kraft aus dem Glauben an Gottes Führung und Liebe geschöpft. Auch seine frühere Zuversicht - was das Gelingen seines Lebenswerkes betraf - hatte May nun zurückgewonnen. Sogar sein Humor blieb weitgehend ungebrochen.[91] Von souveräner Gelassenheit war er, andrerseits, aber doch noch ziemlich entfernt. Zwischen Bedrücktheit und Übermut schwankte die Stimmung: Er fühlte, noch im April 1908, die "Zentnerlast" eines Alpdrucks und hatte keine Luft mehr "zum Athmen"; zugleich aber meinte er, dem Sieg über die "Cardaunserei" nicht mehr ferne zu sein. "Ich hole schon aus" zum "entscheidenden Hieb", ja zum "Gnadenstoß"![92]

Schon Ende 1907, nach der Hausdurchsuchung, hätte May zum 'Gnadenstoß', zum Jagdhieb à la Shatterhand, gerne ausgeholt. Er hat es getan - literarisch: in seinem Pamphlet *Frau Pollmer, eine psychologische Studie*. Dieses gewiß nicht erbauliche Manuskript, ein Privatissimum, das May - wohl Ende 1907 - allein nur für sich und seinen künftigen "Biographen"[93] verfaßt (dann aber doch einem Manne ganz anderer Art, dem Untersuchungsrichter Larrass, "privatim zur Lektüre überlassen"[94]) hat, ist zugleich - so Wollschläger - "ein Stück von beträchtlicher literarischer Qualität: manche Passagen erreichen Strindberg'schen Rang."[95] Stolte freilich nannte dieses Werk, ebenfalls mit Recht, "ein schlimmes, ein böses Buch, einen Haßausbruch aus den brodelnden Tiefen einer gemarterten Seele":[96] Ein Fluch "von geradezu alttestamentarischem Furor"[97] ist diese *Studie*, die weniger über Emmas Charakter als über Mays eigene Grenzsituation - seine Angst, seine Verstörtheit, seine extreme Seelennot - einen Aufschluß vermittelt.

Um so erstaunlicher ist die Tatsache, daß May etwa gleichzeitig mit dieser, von maßlosem Zorn verzerrten, polemischen Schrift so schöne Novellen wie *Abdahn Effendi* und *Bei den Aussätzigen* (ein Text, der die Haussuchung in der 'Villa Shatterhand' spiegeln dürfte)[98] verfaßt hat! Und daß zur selben Zeit *Der 'Mir von Dschinnistan*, Mays schönste und - neben *Winnetou IV* (1909/10) - zugleich auch versöhnlichste Dichtung, fortgesetzt werden konnte!

Daß so heterogene Schriften wie *Ein Schundverlag* und *Frau Pollmer* auf der einen und *Babel und Bibel* (1906) oder *Der 'Mir von Dschinnistan* (1907/09) auf der anderen Seite von ein und demselben Verfasser stammen, mag den Leser verwundern. Als Dokumente "tiefgreifender Spaltungserscheinungen"[99] in der Psyche des Autors könnten wir diese Werke interpretieren. Andrerseits könnten wir, mit Stolte, aber auch sagen: Im Niederschreiben der *Pollmer-Studie* (und ähnlicher Texte) hatte May seine Aggressionen, seine chaotische Aufregung, gewissermaßen abreagiert; er hatte "jene Katharsis, die ihn durch Objektivierung ins Literarische seelisch entlastete",[100] gefunden und damit die Kraft zu neuer - auch theologisch bedeutsamer - Poesie.

Anmerkungen

1   Gerhard Klußmeier - Hainer Plaul (Hrsg.): *Karl May. Biographie in Dokumenten und Bildern.* Hildesheim, New York 1978, S. 229.
2   Klara May in ihrem Tagebuch (Jahresende 1904).
3   Ebd.
4   Ebd. (24.10.1904).

5   Vgl. Klußmeier - Plaul, wie Anm. 1, S. 218.

6   Vgl. unten, S. 541ff.

7   Karl May im Brief vom 25.7.1904 an Fehsenfeld; zit. nach Hans Wollschläger: *"Die soge-
    nannte Spaltung des menschlichen Innern, ein Bild der Menschheitsspaltung überhaupt"*. Ma-
    terialien zu einer Charakteranalyse Karl Mays. In: JbKMG 1972/73, S. 11-92 (S. 84).

8   Ebd.

9   Vgl. Christian Heermann: *Der Mann, der Old Shatterhand war. Eine Karl-May-Biographie.*
    Berlin 1988, S. 310.

10 Karl May: *An den Dresdner Anzeiger* (5.11., 12.11. u. 18.11.1904). In: JbKMG 1972/73, S.
    124-143.

11 Paul Schumann in: Grimmaisches Ecce 1928. 49. Heft. Dresden 1928 (1923 entstanden), S. 8;
    zit. nach Hainer Plaul: *Literatur und Politik. Karl May im Urteil der zeitgenössischen Publizi-
    stik.* In: JbKMG 1978, S. 174-255 (S. 219).

12 Vgl. Claus Roxin: *Das dritte Jahrbuch.* In: JbKMG 1972/73, S. 7-10 (S. 8) - Walther Ilmer:
    (Werkartikel zu) *An den Dresdner Anzeiger.* In: *Karl-May-Handbuch.* Hrsg. von Gert Ueding
    in Zusammenarbeit mit Reinhard Tschapke. Stuttgart 1987, S. 546f. (S. 547).

13 May: *An den Dresdner Anzeiger*, wie Anm. 10, S. 134-143.

14 Vgl. Klußmeier - Plaul, wie Anm. 1, S. 219.

15 Roxin: *Das dritte Jahrbuch*, wie Anm. 12, S. 8.

16 Im 'Dresdner Anzeiger'; zit. nach Bernhard Kosciuszko: *Im Zentrum der May-Hetze. Die Köl-
    nische Volkszeitung.* Materialien zur Karl-May-Forschung, Bd. 10. Ubstadt 1985, S. 144.

17 Ebd.

18 Ebd., S. 138f.

19 Heermann: *Old Shatterhand*, wie Anm. 9, S. 311f.

20 Ebd., S. 312f.

21 Claus Roxin: *Ein 'geborener Verbrecher'. Karl May vor dem Königlichen Landgericht in
    Moabit.* In: JbKMG 1989, S. 9-36 (S. 22).

22 1918 wurde Lebius Mitbegründer und Vorsitzender der 'Nationaldemokratischen Partei', die
    aber keinen politischen Einfluß gewann. - Zu Lebius' Vita vgl. Karl May: *Mein Leben und
    Streben.* Freiburg 1910. Hrsg. von Hainer Plaul. Hildesheim, New York ²1982, S. 455ff.
    (Anm. 293) - Jürgen Wehnert: *Einführung.* In: Rudolf Lebius: *Die Zeugen Karl May und Kla-
    ra May. Ein Beitrag zur Kriminalgeschichte unserer Zeit.* Hrsg. von Michael Petzel und Jür-
    gen Wehnert. Lütjenburg 1991 (Reprint der Ausgabe Berlin-Charlottenburg 1910), S. VII-
    XVI.

23 Vgl. unten, S. 471 u. 535.

24 Vgl. May: *Mein Leben und Streben*, wie Anm. 22, S. 259ff. - Heermann: *Old Shatterhand*,
    wie Anm. 9, S. 314f.

25 Zit. nach May: *Mein Leben und Streben*, wie Anm. 22, S. 267f. - Merkwürdigerweise vertritt
    Walther Ilmer: *Karl May - Mensch und Schriftsteller. Tragik und Triumph.* Husum 1992, S.
    187, die Meinung, Karl May hätte - um sich künftiges Leid zu ersparen - Lebius das Darlehen
    gewähren und den Journalisten auf diese Weise für sich gewinnen sollen. In diesem Punkt ist
    Ilmer aber doch zu widersprechen: Es ehrt Karl May, daß er Lebius von Anfang an durch-
    schaute und sein Ansinnen zurückwies!

26 May: *Mein Leben und Streben*, wie Anm. 22, S. 268.

27 Zit. nach Plaul: *Karl May*, wie Anm. 22, S. 454 (Anm. 291).

28 Roxin: *Verbrecher*, wie Anm. 21, S. 23.

29 Vgl. Plaul: *Karl May*, wie Anm. 22, S. 454 (Anm. 290). - Ein halbes Jahr später hätte May
    diese Akten, aufgrund der Verjährung, "skartieren lassen und damit dem Zugriff seiner Feinde
    für immer entziehen können" (Hans Wollschläger: *Erste Annäherung an den 'Silbernen
    Löwen'. Zur Symbolik und Entstehung.* In: JbKMG 1979, S. 99-136, hier S. 136, Anm. 113).

30 Nach Heermann: *Old Shatterhand*, wie Anm. 9, S. 316.

31 Zit. nach Kosciuszko, wie Anm. 16, S. 125.

32 May: *Mein Leben und Streben*, wie Anm. 22, S. 270.

33 Klara May: Tagebuch, wie Anm. 2.

34 Zit. nach Claus Roxin: *"Dr. Karl May, genannt Old Shatterhand". Zum Bild Karl Mays in der
    Epoche seiner späten Reiseerzählungen.* In: JbKMG 1974, S. 15-73 (S. 68, Anm. 84).

35 Zit. nach Plaul: *Karl May*, wie Anm. 22, S. 454f. (Anm. 291).

36 Vgl. Heermann: *Old Shatterhand*, wie Anm. 9, S. 316.

37 Nach Lebius: *Zeugen*, wie Anm. 22, S. 330.

38 Vgl. Heermann: *Old Shatterhand*, wie Anm. 9, S. 316.

39 Lebius, wie Anm. 22, S. 269.

40 Nach Plaul: *Karl May*, wie Anm. 22, S. 458 (Anm. 295).

41 Roxin: *Verbrecher*, wie Anm. 21, S. 23.

42 Klara May: Tagebuch, wie Anm. 2 (Jahresende 1905) - Vgl. Christian Heermann: *Karl May, der Alte Dessauer und eine "alte Dessauerin"*. Dessau 1990, S. 106.

43 Zit. nach Claus Roxin: *Vorläufige Bemerkungen über die Straftaten Karl Mays*. In: JbKMG 1971, S. 74-109 (S. 78).

44 Vgl. ebd., S. 78f. - Hartmut Wörner: *Vom "geborenen Verbrecher". Karl May und die Verbrechenstheorien seiner Zeit*. In: MKMG 78 (1988), S. 3-9.

45 Claus Roxin: *Mays Leben*. In: *Karl-May-Handbuch*, wie Anm. 12, S. 62-123 (S. 117) - Vgl. unten, S. 473 u. 542f.

46 May reagierte mit diversen Flugblättern, die er durch befreundete Redakteure oder Privatpersonen verbreiten ließ. - Vgl. Karl May: *'An die deutsche Presse' und andere Flugblätter. Mit Einleitung und Anmerkungen von Ekkehard Bartsch*. In: JbKMG 1979, S. 276-321.

47 Lebius, wie Anm. 22, S. 321.

48 Näheres bei Plaul: *Karl May*, wie Anm. 22, S. 469f. (Anm. 317).

49 May: *Mein Leben und Streben*, wie Anm. 22, S. 275.

50 Ebd., S. 274.

51 Im Jahre 1983 wurde dieses Manuskript aus dem Nachlaß des Autors publiziert. Der Text findet sich im JbKMG 1983, S. 33-45.

52 Vgl. Plaul: *Karl May*, wie Anm. 22, S. 469f. (Anm. 317) - Heermann: *Old Shatterhand*, wie Anm. 9, S. 325-328.

53 Als Antwort auf dieses Pamphlet wird Mays Streitschrift *Lebius, der "Ehrenmann"* zu lesen sein. - Vgl. Hans Wollschläger: *Das dreizehnte Jahrbuch*. In: JbKMG 1983, S. 7-12 (S. 9f.).

54 May: *Mein Leben und Streben*, wie Anm. 22, S. 16.

55 Karl May: *Briefe an Karl Pustet und Otto Denk. Mit einer Einführung von Hans Wollschläger*. In: JbKMG 1985, S. 15-62 (S. 23; Brief vom 17.5.1908 an Otto Denk).

56 Vgl. Hainer Plaul: *Die Kahl-Broschüre. Entstehung und Folgen eines Anti-May-Pamphlets*. In: JbKMG 1974, S. 195-236.

57 Näheres bei Plaul: *Karl May*, wie Anm. 22, S. 471ff. (Anm. 319).

58 Vgl. oben, S. 397.

59 Roxin: *Mays Leben*, wie Anm. 45, S. 116.

60 Vgl. May: *An die deutsche Presse* (entstanden im August 1907), wie Anm. 46, S. 290.

61 Ebd.

62 Vgl. oben, S. 398f.

63 Vgl. Klußmeier - Plaul, wie Anm. 1, S. 222.

64 Karl-May-Zitat nach Hans Wollschläger: *Karl May. Grundriß eines gebrochenen Lebens*. Zürich 1976, S. 146 (leider bringt Wollschläger keinen Stellen-Beleg; möglicherweise hat Wollschläger aus einem, bisher nicht veröffentlichten, May-Brief an Rudolf Bernstein zitiert).

65 Zit. nach Klußmeier - Plaul, wie Anm. 1, S. 222.

66 Heermann: *Old Shatterhand*, wie Anm. 9, S. 325.

67 Zit. nach Ulrich Schmid: *Ein Vortrag zwischen den Fronten. Karl May im Augsburger Schießgrabensaal, 8. Dezember 1909*. In: JbKMG 1990, S. 71-98 (S. 85f.) - Der Artikel stammt von Leopold Gheri; vgl. unten, S. 542.

68 Zit. nach Plaul: *Karl May*, wie Anm. 22, S. 492 (Anm. 374).

69 Wollschläger: *Karl May*, wie Anm. 64, S. 144.

70 Nach Roxin: *Mays Leben*, wie Anm. 45, S. 117. - Zwar wäre es theoretisch denkbar, daß May schon früher - inoffiziell - von der Anzeige Gerlachs erfahren hatte. In diesem Falle hätte Klara May in ihrem Tagebuch aber doch höchstwahrscheinlich eine entsprechende Bemerkung gebracht. Aber erst im Oktober 1907 erwähnt sie, erstmals, die Gerlach-Anzeige. Mays schlechter Gesundheitszustand im Frühjahr 1907 wird also nichts mit dieser Anzeige zu tun haben, sondern "als Rückschlag nach den jahrelangen Strapazen des Münchmeyer-Prozesses zu deuten" sein (Claus Roxin in einem Brief vom 13.9.1992 an den Verfasser).

71 Karl May: *Theater*. In: JbKMG 1985, S. 364-366 (S. 365). - Es handelt sich um die Wiedergabe eines Leserbriefs Karl Mays vom 15.6.1907 an die 'Salzbrunner Zeitung'.

72 Näheres bei Ekkehard Bartsch: *"Die liebenswürdigste aller Musen"*. *Karl May und das Theater*. In: JbKMG 1985, S. 367-375 (S. 370ff.).

73 Peter Rosegger in einem Brief vom 21.8.1907 an Karl May; zit. nach Wollschläger: *Karl May*, wie Anm. 64, S. 145.

74 Zit. nach Wollschläger: Ebd, S. 148.

75 Wollschläger: Ebd., S. 144.

76 Ebd.

77 Vgl. Roxin: *Mays Leben*, wie Anm. 45, S. 118.

78 Heermann: *Old Shatterhand*, wie Anm. 9, S. 322.

79 Nach Wollschläger: *Karl May*, wie Anm. 64, S. 148.

80 Vgl. ebd., S. 147. - Auch Klara May berichtet, in ihrem Tagebuch (November 1907), von dieser Drohung.

81 Heinz Stolte: *"Frau Pollmer - eine psychologische Studie"*. *Dokument aus dem Leben eines Gemarterten*. In: JbKMG 1984, S. 11-27 (S. 14) - Vgl. dagegen Hans Wollschläger: (Werkartikel zu) *Frau Pollmer*. In: *Karl-May-Handbuch*, wie Anm. 12, S. 552-557 (S. 556f.).

82 Zit. nach Wollschläger: *Karl May*, wie Anm. 64, S. 147.

83 May: *Briefe*, wie Anm. 55, S. 45 (Brief vom 11.1.1909 an Karl Pustet).

84 Ebd., S. 21 (Brief vom 20.4.1908 an Otto Denk).

85 Stolte: *"Frau Pollmer"*, wie Anm. 81, S. 14.

86 Karl May: *Ein Schundverlag* (1905). *Ein Schundverlag und seine Helfershelfer* (1909). Prozeßschriften, Bd. 2. Hrsg. von Roland Schmid. Bamberg 1982. - Vgl. Walther Ilmer - Reinhard Tschapke: (Werkartikel zu) *Ein Schundverlag* und *Ein Schundverlag und seine Helfershelfer*. In: *Karl-May-Handbuch*, wie Anm. 12, S. 549ff. - Ilmer: *Karl May*, wie Anm. 25, S. 190.

87 Vgl. unten, S. 527.

88 Heermann: *Old Shatterhand*, wie Anm. 9, S. 322f. - Vgl. ders.: *Neue Aspekte und offene Fragen der Karl-May-Biographie*. In: JbKMG 1990, S. 132-146 (S. 136f.).

89 Klara May: Tagebuch, wie Anm. 2 (Anfang 1908). - Vgl. Heermann: *Dessauerin*, wie Anm. 42, S. 106.

90 Vgl. Roxin: *Mays Leben*, wie Anm. 45, S. 118.

91 Vgl. z.B. May: *Briefe*, wie Anm. 55, S. 22 (Brief vom 20.4.1908 an Denk).

92 Ebd., S. 20.

93 Karl May: *Frau Pollmer - eine psychologische Studie*. Prozeßschriften, Bd. 1. Hrsg. von Roland Schmid. Bamberg 1982, S. 939f.

94 So die Formulierung des Landgerichts Dresden vom 12.6.1908; zit. nach Wollschläger: Werkartikel, wie Anm. 81, S. 553.

95 Wollschläger: *Karl May*, wie Anm. 64, S. 150.

96 Heinz Stolte: *Zur Einführung*. In: May: *Frau Pollmer*, wie Anm. 93, S. XI-XVI (S. XI).

97 Stolte: *"Frau Pollmer"*, wie Anm. 81, S. 15.

98 Vgl. unten, S. 496f.

99 Ilmer - Tschapke: Werkartikel, wie Anm. 86, S. 551.

100 Stolte: *Zur Einführung*, wie Anm. 96, S. XV.

10.8 *Babel und Bibel* (1906): Mays einziges Bühnenwerk

Das letzte Lebensjahrzehnt Karl Mays war eine Zeit der äußeren Anfechtung und der schwersten inneren Krise des Schriftstellers.[1] Dennoch oder gerade deswegen sind in diesen Jahren seine bedeutendsten Werke entstanden. Der Essayist Rudolf Kurtz (1884-1960) bewunderte die Festigkeit dieses Mannes, der "nach schrecklichen Martern lichte, von keinem bitteren Wort entstellte Bücher schreiben konnte."[2]

Mays seelische Kraftreserven "müssen [...] ungeheuer gewesen sein",[3] schrieb Claus Roxin an Heinz Stolte. Welche Kraft hat den Dichter bewegt? Worin hat er seine Aufgabe gesehen? Als Christ und Humanist in der literarischen 'Predigt', in der religiös-politischen Verkündigung:

Alles, was ich geschrieben habe und noch schreiben werde, ist meinem Idealgedanken gewidmet, daß sich der GEWALTMENSCH in den EDELMENSCHEN zu verwandeln habe, und daß dies nur auf dem Wege der Gottes- und der Nächstenliebe, den Christus lehrte, geschehen könne.[4]

Als Künstler aber wollte May, nach 1900, neue Wege beschreiten. Das bisherige Genre, die epische Erzählung, wollte er nur "nebenbei weitergehen"[5] lassen, um sich einer 'höheren' literarischen Form, dem Drama, zuwenden zu können. Denn das Bühnenwerk sei, so meinte er, die "eindringlichste und darum auch erfolgreichste aller Lehr- und Predigtformen".[6]

Schon im Jahre 1902 hatte sich May in der Kunstform des Dramas versucht; über Fragmente (*Weib, Wüste, Schetana, Ahasver*) war er freilich nicht hinausgekommen. Auch *Kyros*, ein späterer Entwurf (August 1906), blieb Fragment.[7]

Ein einziges Drama - mit zwei Akten zu je tausend Blankversen - hat Karl May vollendet. Es trägt den Titel *Babel und Bibel. Arabische Fantasia in zwei Akten.*

10.8.1 Die Entstehung des Dramas, der religionsgeschichtliche Hintergrund der Thematik und die Intention Karl Mays

Seit Anfang 1903 hatte sich der Dichter mit der Babel-und-Bibel-Thematik befaßt. Im Hintergrund stand der 'Babel-und-Bibel-Streit', der zu Beginn des zwanzigsten Jahrhunderts die Gemüter der Theologen und Religionswissenschaftler erhitzte. Der Assyriologe Friedrich Delitzsch (von dem Karl May Ende Januar 1903 einen bedeutsamen Vortrag hörte[8]) und andere Orientalisten vertraten die Auffassung, die babylonischen Schöpfungsmythen hätten das Alte Testament beeinflußt, und wichtige biblische Texte seien nur Kopien von diesen Quellen.

Die heutige Bibelexegese wird von dieser - zwar nicht rundherum falschen, in wichtigen Punkten aber doch zu korrigierenden - These nicht mehr erschüttert.[9] Aber damals waren die Thesen des Professors Delitzsch und anderer Vertreter des 'Panbabylonismus' brisant. Wie Mays (erhalten gebliebene) Konzepte beweisen, studierte er sehr interessiert die einschlägige - archäologische und historische - Literatur und griff dann zur Feder: um den Babel- und Bibel-Streit auf die Bühne zu bringen!

Eine 1905 entstandene Erstfassung seines Dramas verwarf er,[10] um dann, nach über zweijähriger Arbeit, die endgültige Version am 17. Juli 1906 fertigzustellen. Im September 1906 erschien dieser Text, auf das Drängen des Autors hin, bei Fehsenfeld - in einer Auflage von freilich nur 1200 Exemplaren.[11]

Mays Anspruch war nicht gerade bescheiden. Denn nicht nur der Babel-und-Bibel-Streit bewegte den Autor: Als Erneuerer der Psychologie wollte er die "Wissenschaft vom Geiste und von der Seele"[12] des Menschen revolutionieren und von den "schauderhafteste[n]" Irrtümern befreien! Und als Künstler, als Reformator des deutschen Theaters wollte er "vermitteln"[13] zwischen der Religion und der Wissenschaft!

Den Babel-und-Bibel-Streit erkannte May wohl als zweitrangig. Sein Anliegen war, grundsätzlich und allgemein, die Versöhnung der Religion mit der Wissenschaft. Das Drama habe die Wissenschaft und den Glauben "in harmonische Berührung zu bringen",[14] verkündete er.

Die hierarchische Position der Kunst liegt in dieser Sichtweise über der Wissenschaft und unter der Religion. Denn die Kunst habe - so der Dichter in seinen Briefen an Leopold Gheri, den damaligen Schriftleiter der Innsbrucker Rundschau 'Der Kunstfreund'[15] - die Aufgabe, "unser irdisches Wissen zum himmlischen Glauben emporzuführen",[16] und jede edle Kunst müsse "unbedingt empor zum Welterlöser"[17] führen.

Der Glaubens-Wissenschaft, der Theologie, fällt nach May am Ende die Führungsrolle zu. Dem "wahrhaft christlich gesinnten Theologen" will der Dramatiker "den Weg" bereiten; der Theologe habe dann "die weitere Führung zu übernehmen".[18]

Mays bester Freund, der Maler Sascha Schneider, war entsetzt: "Das kathol. Blättchen kann sich ja nur freuen [...] und die Pfaffen werden eine helle Freude an Ihnen haben."[19] Doch May dachte anders: Im wahren Sinne kirchentreu und dennoch (oder deshalb) kirchenkritisch, nicht restaurativ, sondern fortschrittlich wollte er sein - in 'katholischer' Weite und 'evangelischer' Freiheit.

Dem Inhalt auch seiner früheren Schriften entsprechend wollte May in *Babel und Bibel* - wie er selbst erklärte -

die heilige Macht DER WAHREN RELIGIÖSITÄT, die Unwiderstehlichkeit DES WAHREN GOTTVERTRAUENS, die Forderungen der EDLEN MENSCHLICHKEIT und die Möglichkeit eines VERNUNFTGEMÄSSEN VÖLKERFRIEDENS zur lebenden Gestaltung bringen.

Und es sollte - so May in seiner Erläuterung -

veranschaulicht werden, auf welche Weise die FRIEDLICHE VERSÖHNUNG DES MORGENLANDES MIT DEM ABENDLANDE und damit die Lösung dieser brennendsten Frage unserer Zeit, zu ermöglichen ist. Das alles gehört auf die Bühne, wenn sie die Bezeichnung der "Bretter, die die Welt bedeuten", wirklich verdient.[20]

10.8.2 Geistesgeschichtliche Zusammenhänge, zeitgenössische Urteile und neuere Bewertungen des Dramas

Mit *Babel und Bibel* steht May in der Tradition des heilsgeschichtlichen Denkens des Alten und des Neuen Testaments, aber auch des christlichen Mittelalters und seiner sakralen Kunstauffassung. Und die Tradition der Aufklärung, des Dramas als 'moralischer Anstalt', setzt er ebenfalls fort.[21]

Bernhard Kosciuszko grenzte - 1978 - Mays *Babel und Bibel* motivgeschichtlich gegen Sophokles' *Antigone*, Schillers *Wilhelm Tell* und mehrere Brecht-Stücke wie z.B. *Der gute Mensch von Sezuan* ab.[22] Und der Germanist Martin Schenkel rückte - 1983 - Mays Kunstverständnis, insbesondere seine Angriffe gegen das Herabsinken der Kunst ins "Häßliche" und "Gemeine",[23] in die Nähe des Bühnenreformers Johann Christoph Gottsched (1700-1766), der das 'Niedrige', 'Derbe' und 'Sinnliche' vom Theater verbannte.[24]

Gottsched hatte Erfolg. May aber schien das Glück nun verlassen zu haben. Als Epiker wurde und wird Karl May von Millionen gelesen; aber sein Drama wurde trotz positiver Besprechungen, u.a. durch den Wiener Schauspieler und Schriftsteller Amand von Ozoróczy (1885-1977),[25] nicht einmal aufgeführt. Manche Zeitgenossen, der Benediktiner Ansgar Pöllmann zum Beispiel,[26] verhöhnten das Stück. "Da weicht man zurück und wartet auf seine Zeit. Und diese kommt gewiß."[27]

Um die Premiere seines Werkes zu sichern, schreckte May auch vor Peinlichkeiten nicht zurück. In Briefen an die Prinzessinnen Marie Therese und Wiltrud von Bayern, auf deren Einfluß er hoffte, mochte May sein "Geheimniß" nicht länger für sich behalten: *Babel und Bibel* solle - so schrieb er an Wiltrud -

zuerst in München gegeben werde[n]. Alle bisherigen Kritiken und Zuschriften stimmen darin überein, daß diese Erstaufführung eine sogenannte "dramatische That", also ein Erfolg sein werde, den ich meinem München am allerliebsten gönne [...] "Babel und Bibel" hat für sich selbst zu wirken. Taugt es nichts, so mag es verschwinden. Taugt es aber etwas, so wird es, ob früher oder später, gewiß gegeben werden, und [...] wenn mir das gelingt, so danke ich Gott [...] und freue mich unendlich darauf, daß Sie, verehrteste Prinzessin, die Sie mein ganz besonderer psychologischer Liebling sind, meine herrliche Marah Durimeh auf der Bühne sehen werden, die Menschheitsseele, im Strahlenpanzer von Krystall, d.h. im Schutze Gottes, der sie gegen alles feit [...]28

In keines seiner Werke hat May so große Erwartungen gesetzt wie in *Babel und Bibel*. Er wurde bitter enttäuscht. Noch vor der Vollendung des Dramas ließ der Verleger seine Ablehnung erkennen. Fehsenfeld meinte, ihm sei "das Alles viel zu hoch [...] Er wolle 'Geschäfte' machen, DER Theaterdirektor aber, der dieses Stück aufführen werde, müsse erst noch geboren werden."29

Er wurde, wahrscheinlich, bis heute nicht geboren. Auch Sascha Schneider, der Saft- und Kraftmensch, konnte mit *Babel und Bibel* nichts anfangen. Er vermißte den "Erdgeruch":30 "Ich stehe geradezu hilflos da. Die Menge Symbole verwirren mich [...] Und warum so viele Weiber? [...] Mein lieber Old Shatterhand, satteln Sie aufs neue und bleiben Sie der Alte!"31

Mays Bühnenwerk war vorerst gescheitert. Es wurde noch Jahrzehnte nach dem Tode des Autors "als Kuriosität betrachtet".32 Im Anschluß an den May-Biographen Otto Forst-Battaglia setzte, 1936, auch Heinz Stolte das "spätromantische Epigonendrama" Karl Mays als klägliche "Verirrung", als "opernhafte Scheindichtung" und "rätselhaftes Gespensterspiel"33 drastisch herunter.

Sind solche Urteile berechtigt? Der inhaltlichen Bedeutung des Dramas, seiner "Schlüsselfunktion"34 für die Gedankenwelt des Mayschen Alterswerks, werden solche Verdikte in keiner Weise gerecht. Eine gründliche Auseinandersetzung und eine ernsthafte Würdigung ist *Babel und Bibel* allemal wert.

Hans Wollschläger nannte Mays Drama "ein wunderliches Stück", das der Autor "gewiß überschätzt hat, das jedoch so sehr das Schweigen auch wieder nicht verdient, das bis heute auf ihm liegt. Seiner inneren Gestik nach gehört es unter die 'Jedermann'-Mysterien und ist gewiß nicht weniger 'lesbar' als das Salzburger Touristen-Spiel".35

Hat *Babel und Bibel* noch eine Zukunft? Hansotto Hatzig meinte (1967): Unter den Händen Max Reinhardts hätte das Drama einen "achtungsvollen Erfolg haben können. Heute wäre Fritz Kortner der geeignete Regisseur, um das Stück überzeugend auf die Bühne zu bringen."36

Mays Lieblingswerk ist, so Martin Schenkel, "von der Bühne und von der literaturwissenschaftlichen Rezeption vernachlässigt worden."37 Lediglich eine szenische Lesung - anläßlich der Tagung der Karl-May-Gesellschaft in Hannover (1979) - hat es gegeben. "Das Publikum dankte [...] mit lang anhaltendem, verdientem Beifall. Was Karl May sehnlichst, aber vergeblich erhofft hatte, 67 Jahre nach seinem Tode wurde es Wirklichkeit."38

In seiner akribischen Untersuchung (1983) rügte Schenkel den "allegorisch überladenen Formelvorrat"39 des Dramas. Doch den Inhalt sah er als durchaus gelungen an: Mays Erlösungsdrama bedarf "der Erlösung aus seinem Schattendasein"!40

Ist *Babel und Bibel* heute noch aktuell? Hat es dem modernen Menschen noch etwas zu sagen? Ist der Text - den Walther Ilmer (1992) Mays "diszipliniertteste literarische Schöpfung"41 nannte - nur verwurzelt in der Tradition (des Mittelalters und der Aufklärung) oder nimmt er, wie Mays Erzählwerk, auch neuere theologische Denkansätze vorweg?

Als 'konkrete Utopie', als prophetische, in die Zukunft weisende Dichtung, als christlicher Hoffnungsentwurf?

Dem Inhalt nach ist *Babel und Bibel*, wie - aus theologischer Sicht - im 'Jahrbuch der Karl-May-Gesellschaft 1991' gezeigt wurde,[42] nicht weniger interessant als das epische Werk des reif gewordenen Dichters. Mays Beschäftigung mit den Thesen des Professors Delitzsch könnte nun freilich eine unzutreffende Vorstellung wecken: als ginge es May um die (theoretische) Verhältnisbestimmung von Glaube und Wissen, von Mythos und Offenbarung, von historischer Wissenschaft und gläubigem Daseinsverständnis. Als Poet und theologischer "Laie"[43] will May solche Probleme nicht lösen. Aufgrund seiner Glaubens-ERFAHRUNG setzt er die Verwiesenheit des Menschen auf Gott und die innere Wahrheit der biblischen Schriften, als "Axiom"[44] einfach voraus.

Daß *Babel und Bibel*, wie Euchar Albrecht Schmid meinte, "keinerlei religiöse Streitfragen"[45] berühre, folgt daraus allerdings nicht. Nein, auch im Dramenstoff werden bedeutsame - und in den Kirchen keineswegs unumstrittene - Gedanken von modernen (evangelischen und katholischen) Theologen intuitiv vorweggenommen.

Dieser Aspekt soll unten, im zweiten Teil ('Spuren der anderen Welt'), noch erörtert werden. Vorab, in der folgenden Darstellung, soll nur der Leitgedanke des Dramas skizziert und die autobiographische Relevanz des Textes herausgestellt werden.

10.8.3 Der Leitgedanke: Die List der göttlichen Gnade

Vom religiös interpretierten Entwicklungsgedanken, vom dynamischen Menschenbild und vom theologischen Weltverständnis her gesehen könnte Mays Drama verglichen werden mit der symbolistischen Schau in Paul Claudels *Der seidene Schuh* (1924),[46] das ebenfalls ein kaum aufzuführendes Lesedrama ist.[47]

Formal unterscheiden sich diese Werke natürlich sehr; aber in drei wichtigen Motiven stimmen sie überein. Erstens: Der 'Gewaltmensch' (Abu Kital bei May, Don Rodrigo bei Claudel) wird geläutert durch Schmerz, durch Verzicht und Ergebung. Zweitens: Die verlorene und wiedergefundene Frau, die 'große Mutter', das 'ewig Weibliche' (Bent'ullah und Marah Durimeh bei May, Doña Proëza und die Mutter Gottes bei Claudel) vermitteln die Erlösung. Drittens: Das Schicksal des Einzelmenschen ist, bei May wie bei Claudel, miteinbezogen in die Weltpolitik und den Triumph der göttlichen Gnade.

Die epischen Werke Karl Mays sind in räumliche Bewegung verkleidete 'Lebensreisen ins Innere'. Während in Mays Erzählungen oft die größten Wegstrecken überwunden und auch in Claudels Drama die weitesten Räume durchschritten werden, wahrt *Babel und Bibel* - der klassischen Dramentheorie folgend - die Einheit der Zeit, des Orts und der Handlung.

Die Fabel spielt in der Gegenwart (1906): bei den Trümmern von Babylon, vor dem Eingang zum Turm. Als Symbol der menschlichen Hybris, aber auch als Hort des Traditionalismus ist dieser Schauplatz gewählt. Das ganze Feld ist - laut Regie-Anweisung des Autors - verstellt mit "ausgegrabene[n] Merkwürdigkeiten, welche das Gefühl erwecken, daß man sich hier mehr von alten, längst überwundenen, als von neuen Gedanken leiten lasse."[48] Und heidnische Götterbilder, des Kriegsgottes Nergal zum Beispiel, erinnern an blutige Zeiten.

Die Protagonisten sind reine Allegorien, dem Mysterienspiele wohl angemessen. Wie immer bei May liegen zwei Parteien, eine dunkle und eine lichte, miteinander im Streit. Den absolut Bösen, der am Ende dann stürzt, gibt es in *Babel und Bibel* allerdings nicht.

May schrieb sein Drama "nicht als Trauerspiel":[49] Abu Kital, der Vater des Kampfes, der verblendete und von bösen Mächten verleitete Scheik der An'allah (zu deutsch: "Ich bin wie Gott"),[50] soll nicht vernichtet, sondern erlöst und verwandelt werden.

Der Scheik ist ein Herrenmensch. Er gehorcht, wie er meint, nur sich selbst; und die Peitsche schwingt er mit Lust. Seine Macht wird gestützt in dreifacher Weise:
- durch den Kadi, den Vertreter des Rechts, d.h. des strengen Gesetzes;
- durch den Imam, den Vertreter der vermeintlich wahren Religion, d.h. eines Glaubens, der nicht lieben, sondern herrschen will;
- durch Babel, den Vertreter der Wissenschaft, d.h. des Intellekts, der ehrlich forscht, aber den "Geist" und die "Seele" des Menschen verkennt.

Ein schwarzer Vorbeter, ein gutwilliger Untertan, unterstützt - durch seinen Gehorsam - den Scheik; zugleich aber steht er, als Vertreter des schlichten, in Treue ergebenen Gottesglaubens, im Dienst der Gegenpartei: des echten Christentums.

Zur lichten und gleichsam göttlichen (weil in Wahrheit religiösen, d.h. an Gott, an seine Weisheit und Liebe gebundenen) Gruppe gehören drei Frauen und zwei Männer:
- Schefaka, die junge, allseits beliebte, auch von Abu Kital verwöhnte Tochter Babels, deren Name - 'Morgenröte' - die neue Zukunft verheißt;
- Der Hakawati, ein mehr als hundert Jahre alter Sagen- und Märchenerzähler; als "Schreibtafel für göttliche Offenbarungen",[51] als Verkörperung der "menschheitskindlichen Imagination und Inspiration" ist er wohl eine Projektion des 'Propheten' und Mythendichters May selbst;[52]
- Marah Durimeh, die 'große Mutter',[53] die von früheren Romanen Karl Mays her bekannte "Menschheitsseele"[54] (im Spiel verkleidet als die 'Phantasie'); als "Erfahrungssumme des ganzen menschlichen Lebens"[55] ist sie noch älter als der Hakawati; mit ihrem schneeweißen, in prachtvolle Zöpfe geflochtenen Haar und ihrem fast faltenlosen Gesicht bringt sie die höchste "Würde" und die reinste "Anmut" des Menschengeschlechts zur Anschauung;
- Bibel, auch Bent'ullah (die 'Tochter Gottes') genannt; sie ist die verstoßene Frau Abu Kitals und heißt nicht nur 'Bibel', sondern IST[56] diese wirklich; zugleich könnte sie, ähnlich wie Marah Durimeh, das mütterliche Antlitz Gottes selbst verkörpern (eine These, die im zweiten Teil dieses Buches[57] zu erläutern ist);
- Ben Tesalah (im Spiel als 'Scheik der Todeskarawane' ärmlichst verkleidet, in Wirklichkeit aber der mächtige Scheik der Kiram); als Sohn der Bibel und des Abu Kital, als 'Sohn des Friedens', ist er wahrer "Edelmensch".[58]

Die dramatische Handlung weist zurück in die Vergangenheit der An'allah. Auf eine Intrige des Imam und des Kadi - der "religiösen und profanen"[59] Gewalt - hereinfallend hatte der Scheik sein Weib und sein Kind in die Wüste getrieben. Das "heilge RECHT" und der "heilge GLAUBE" hatten eingegriffen. "Es war die Pflicht", der sie "gehorchen mußten". Die Bibel "mußte fort!" (S. 52ff.)[60] Sie war, wie ihr Sohn, zu gefährlich!

Der Hakawati rezitiert diese Vor-Geschichte (S. 31):

> Mit ihrem Geiste kam die Bibel einst
> Zum "MENSCHEN DER GEWALT" im Lande Babel.
> Der nahm sie nur für kurze Jahre auf,
> Dann stieß er sie hinaus, doch ihren Geist
> Behielt er heimlich hier im Turm zurück
> Und ließ dafür den seinen mit ihr gehen.
> Seit jenem Tage wird die heilge Schrift
> Von diesem Geiste der Gewalt bemeistert;
> Der wahre Geist der Bibel aber schmachtet

Im tiefen Fundamente unsers Turmes,
Und Niemand hat den Mut, ihn zu befreien,
Weil über ihm Kital, der Drache, wohnt,
Vor dem sich selbst die größten Helden fürchten.

Wie in Mays frühesten Schriften[61] und dann wieder in sämtlichen Spätwerken ist die mißbrauchte, vom Geiste der Gewalt beherrschte Religion das zentrale Thema. Aus dem *Silberlöwen IV* kennen wir das "verzauberte", in der Tempelruine eingeschlossene Gebet, und aus dem *Friede*-Roman den "Wahn" eines krankhaft entstellten Christentums.[62] Aus diesen Bildern wird, in Mays Drama, die 'babylonische Gefangenschaft' des Neuen Testaments: der in den Turm zu Babel gesperrte Geist des Evangeliums, der vom Kital-Geist beherrschte Buchstabe der heiligen Schrift.

Babel und Bibel geht, sehr kirchenkritisch, von einer Verfälschung der biblischen Botschaft durch machthungrige Institutionen aus. Aber das Drama verkündet zugleich, sehr kirchentreu, eine große Vision. Diese Verheißung hat die Form eines Märchens, das zur "WIRKLICHKEIT" (S. 164) werden soll: In der Fülle der Zeit, am Abend vor dem "allergrößten" Tage, "Wird sich die Bibel wieder heimwärts finden, / Geleitet von der Hand der Menschheitsseele" (S. 31)! Der "längst ersehnte, erste EDELMENSCH" - Kital, den Drachen, wird er besiegen und den Geist der Bibel wird er befreien (S. 32)!

Die Erfüllung dieser Verheißung wird durch die List einer Gnade[63] bewirkt, die die Hinterlist des Bösen zuschanden macht. Gegen Gewalt und Zynismus scheinen Güte und Sanftmut oft chancenlos. Nicht so bei May in *Babel und Bibel*! In seinem Hoffnungsentwurf stellt er die jetzige Wirklichkeit auf den Kopf oder, richtiger, auf die Füße. Denn die 'verkehrte' Welt der Feindschaft, der Selbstsucht und Kriegstreiberei wird 'gerichtet', wird richtiggestellt.

Von Anfang an ohne Chance - denn Marah Durimeh, die allgegenwärtige Menschheitsseele, belauscht alle Ränke - eröffnet Abu Kital der Ratsversammlung seinen geplanten Streich gegen die Kiram: friedfertige Leute, die in Afdala und Amana, den Ländern der 'Verzeihung' und der 'Güte', wohnen. Zum Schatrandsch, zum königlichen Schach, zum Entscheidungskampf, hat der Herrenmensch seine Widersacherin Marah Durimeh, die Verbündete der Kiram, herausgefordert. Der Kadi bestätigt: "Ihr alle wißt es, daß sie morgen kommt, / Um gegen uns ein großes Schach zu reiten, / Auf freiem Feld, mit lebenden Figuren" (S. 37).

Der 'Vater des Kampfes' hat einen Hintergedanken: Die feindlichen Spieler will er zum Kampf mit den Waffen verleiten. Mit verbündeten Kriegsleuten soll die Führungsspitze der Kiram überwältigt und ihr Land, ja der ganze Erdkreis erobert werden: "Das Morgenland nur für das Morgenland" [...] "DAS MORGENLAND NUR FÜR DIE AN'ALLAH!" [...] "DIE GANZE ERDE FÜR DIE AN'ALLAH!" (S. 51)

Als Stellvertreterin Gottes sozusagen durchkreuzt Marah Durimeh diese Pläne. Zum Schachspiel wird es gar nicht erst kommen. Auf dem Spielfeld der Ewigkeit, dem "Schachbrett Nummer Zwei" (S. 164) - jener anderen Welt, "auf deren Brettern Gott und Teufel ein Brettspiel inszenierten, dessen Sieger von Anfang an feststand"[64] -, ist der Tyrann schon mattgesetzt. Er wird sich bald fügen. Der Drache in ihm wird besiegt, der Mensch in ihm wird hervorgeläutert werden.

Der 'Scheik der Todeskarawane' berichtet von der Geisterschmiede, dem Ort der Läuterung (S. 78ff.). Dieser Report bereitet in Abu Kital die Wende schon vor. Das "Meisterstück" (S. 171) der Marah Durimeh, die "Heimkehr der erzieherischen Weiblichkeit zum 'Menschen der Gewalt'" (S. 89), die Wiederbegegnung des Scheiks der An'allah mit seiner Frau und ihrem Sohn Ben Tesalah führen - endlich - zum Zusammenbruch aller Verstocktheit, zum Ende der Geltungssucht und der Machtgier. Der Scheik wie auch Babel müssen die eigene Selbstüberhebung erkennen und ihr für immer entsagen.

Babel läßt seine eigenen Werke, die Produkte seiner irrigen, den Menschen vergötternden[65] Wissenschaft, durch die Bibel verbrennen. Und Abu Kital geht hinein in die Turmruine, um - mit Hilfe des Sohnes - den Kopf des Drachen herunterzuschlagen, in dessen Schlund er die WAHRHEIT vergraben hatte. "Es war Betrug, nur Ton, kein echter Stein. / Schaut her! Da liegt Kital, das Ungeheuer. / Und sie ist frei, die er im Rachen hatte! / [...] Die 'Biblia des NEUEN Testamentes'!" (S. 203)

Die unverstellte Botschaft Christi, die Botschaft des Friedens und der Liebe, wird aus den Trümmern von Babylon endlich geborgen. Im Geist des Evangeliums ist der Scheik nun zur Sühne bereit - gemäß der "göttliche[n] Lehre von der Erlösung durch den Schmerz und durch das Absterben des äußerlichen Menschen, welche die Grundlage unseres christlichen Glaubens bildet".[66]

Claudels religiöses Riesendrama schließt mit der inneren Befreiung des Herrenmenschen. Nach den schwersten Prüfungen, nach der tiefsten Erniedrigung beugt sich Rodrigo, der gefangene, an eine alte Nonne als Sklave verkaufte Kriegsheld, in entsagender Demut. Er beugt sich und findet - die Freiheit: Die Triumphfanfare kündet Erlösung, "Erlösung den gefangenen Seelen!"[67]

Mays Drama endet mit der Menschwerdung des 'Drachen', des Vaters der Kriege. Vier 'Geisterschmiede' sind mit schweren Hämmern gekommen, den Scheik nun zu holen (S. 189). Er soll und er will zum Orte der Prüfung, ins Feuer der Läuterung. Doch zuletzt dröhnen nicht die Hämmer der Schmiede. Das letzte Wort hat, wie im *Seidenen Schuh*, die göttliche Gnade: "Und Gott gibt GEIST und SEGEN! (Die Harfen jubeln, der Vorhang fällt.)"

10.8.4 Die autobiographische Relevanz: Erlösung durch Schmerz

Daß *Babel und Bibel* auch autobiographisch zu lesen ist, liegt auf der Hand. Die innere Entwicklung im Leben und Streben des Autors wird dokumentiert.

Verkörpert im Hakawati setzt das Drama ein Kunstverständnis[68] voraus, das den Dichter zum Seher, zum Propheten, zum 'Munde Gottes'[69] erhebt. Expressis verbis sind wir diesem Anspruch schon früher, im *Friede*-Roman, begegnet.[70] In der christlichen und überhaupt in der religiösen Literatur ist dieses Selbstverständnis des Autors nicht selten zu finden. Als "Dichter und Verkünder, Apostel und Prediger zugleich"[71] verstanden sich, mehr oder weniger, auch Dante und Calderón, Dostojewski und Tolstoi, Claudel und Bernanos, Gertrud von le Fort und Elisabeth Langgässer, Werner Bergengruen und viele andere Schriftsteller vor und nach Karl May.

Die grundsätzliche Legitimität dieses Anspruchs wurde schon erörtert und gegen Mißverständnisse abgegrenzt.[72] Wenn die Sekundärliteratur suggeriert, May habe sich selbst "als Erlöser"[73] gesehen, so ist das verkehrt und in der Sache nicht richtig.[74] "Ich bin nichts anderes und nichts Besseres als jeder andere gewöhnliche Mensch", unterstreicht der Verfasser in seinen Erläuterungen zu *Babel und Bibel*.[75] Und mit dem Dramentext selbst wird bestätigt: Karl May verkündet - als Dramatiker - nicht sich selbst, nicht das eigene Renommee, sondern die Botschaft der Bibel, des Neuen Testaments.

Mit dem Menschheitserlöser hat May sich nie auf eine Stufe gestellt. Er wollte, wie der Prophet in der Wüste, "Zeugnis geben vom Licht"; aber er selbst war "nicht das Licht" (vgl. Joh 1, 8) und nicht der Erlöser. Er wies, wie der Prophet, nur hin auf den "Stärkeren" (Mt 3, 11), der da "kommen soll" (Mt 11, 3) und gekommen ist.

Als Mensch, als Sünder BEDURFTE Karl May der Erlösung. So ist es gewesen, und so hat es der Schriftsteller auch selbst gesehen. In Ben Tesalah und Abu Kital, die durch Leiden erlöst werden, spiegeln sich der Christ und der Sünder Karl May[76] genauso verdeckt wie im Münedschi, in Waller, im Ustad und all den anderen 'gebrochenen' Charakteren seines späten Erzählwerks.

Im Gegensatz zum Silberlöwen III/IV ist Babel und Bibel von persönlichen Ressentiments und privater Polemik ganz frei. May greift hier nicht seine Feinde an; er geht - das ist nicht neu, tritt aber zusehends in den Vordergrund - mit sich selbst ins Gericht![77]

In der Beziehung Ben Tesalahs zu Abu Kital spiegelt sich gewiß auch der Sohn-Vater-Konflikt Karl Mays, der in die Kindheitsjahre zurückreicht. Aber gewichtiger noch ist die Selbstdarstellung des zweifelnden und dennoch glaubenden, des gequälten und - gezwungenermaßen, aber nicht ohne Einsicht - allen Plunder abstreifenden May in der Gestalt Abu Kitals. Kital-May hat alles aufzugeben! "Herunter mit dem Reif von Eridu!" (S. 154) "Herunter mit dem Mantel von Elissa" (S. 150), der "von der Schulter floß in schweren Falten" (S. 62)! Alles hat er zu lassen, die königliche "Marakanda-Seide", die "scharfe Suri-Klinge", den "Gürtel von geweihter Schlangenhaut" (ebd.). Jawohl: "Dahinschmelzen sieht man das ganze Brimborium seiner Illusionen, die künstlichen Kulissen seiner Abenteuerwelt stürzen zusammen, das Maskenspiel ist zu Ende".[78]

Wenn der falsche Schmuck (der Doktor-Titel z.B.[79]), der äußere Ornat, "das Kleid, die ganze Lüge" (S. 118) fallen, "muß sich die Wahrheit zeigen!" (S. 130) Dies ist die Wahrheit: Wer seine Schuld, seine Lebenslüge, seine narzißtische Ich-Bezogenheit erkennt und bereit ist zur Umkehr, der hat sich selber besiegt. Wer "den Ruhm, die Herrlichkeit der Erde" (S. 103) verschmäht und "das Glück, das Himmelreich" (ebd.) wählt, ist es wert, durch Schmerzen verwandelt zu werden. Diese Wahrheit tut weh. Aber dem Schmerz der Reue, dem Leid der Verwandlung ist Gottes Gnade verheißen: "In unsre Fehler tritt der Fuß des Herrn, / Und Segen träufelt, wo wir es nicht ahnen." (S. 110)

Wir müssen bedenken: Die Entstehungszeit von Babel und Bibel fällt mit dem ersten Höhepunkt der Karl-May-Hetze zusammen. Seit Ende 1904 machte Lebius das 'Sündenregister' Mays bekannt.[80] Während den Autor, bei der Arbeit an seinem Drama, die höchsten und edelsten Gedanken bewegten, fühlte er sich - zur selben Zeit - gezwungen, in die Niederungen hinunterzusteigen, sich auf endlose Abwehrkämpfe einzulassen und z.B. seine private Rechtfertigungsschrift Ein Schundverlag (1905) zu verfassen.

Einerseits stritt May für sein Recht, für sein Ansehen in der Öffentlichkeit; andrerseits fand er - so Dieter Sudhoff - Befreiung in dem "Gedanken, sein Unverstandensein und spätes Leiden habe den Sinn, ihn [...] zu läutern und zur Erlösung zu leiten."[81] Denn die "geistige Einsamkeit und das seelische Leid" erheben - so May - den Künstler, "bis er nur noch rein äußerlich mit der Erde zusammenhängt, innerlich aber sich frei von allen ihren Fesseln und Banden fühlt."[82]

Eine Fluchttendenz, eine Weltverachtung könnte man aus solchen Sätzen herauslesen. Mays Lebenseinstellung war jedoch positiv, und das Schicksal der Welt lag dem politischen Visionär sehr am Herzen. Nicht die 'Materie'[83] und nicht die Welt als den Schauplatz der Menschheitsgeschichte lehnte er ab; aber von der Sünde, der Lüge, dem niederträchtigen Streben wollte der Dichter, durch Gottes Gnade, befreit werden.

Wie sehr er zu leiden hatte und wie es ihm, wenigstens literarisch, gelang, sein Martyrium anzunehmen, beweisen die Angst- und Erlösungssymbole des Dramas. Daß er sein

Leiden als sinnvoll und geradezu notwendig bejahte, zeigen die Hämmer der 'Geisterschmiede', die der Gnade die Wege bereiten. Mays Existenznot wird übersetzt in die Verse, die der Dichter dann später - in *Mein Leben und Streben*[84] - ausdrücklich auf sich
selbst bezieht:

> Zu Märdistan, im Walde von Kulub,[85]
> Liegt einsam, tief versteckt, die GEISTERschmiede.
> Da schmieden Geister? Nein, man schmiedet SIE! / [...] /
> Der Haß wirft sich in grimmer Lust auf sie. / [...] /
> Die Reue schwitzt und jammert am Gebläse.
> Am Blocke steht der Schmerz, mit starrem Aug
> Im rußigen Gesicht, die Hand am Hammer.
> Da, jetzt, o Scheik, ergreifen dich die Zangen.
> Man stößt dich in den Brand. Die Bälge knarren. / [...] /
> Und Alles, was du hast und was du bist, / [...] /
> Wird dir verbrannt, gepeinigt und gemartert / [...] /
> Schrei nicht, o Scheik! Ich sage dir, schrei nicht!
> Denn wer da schreit, ist dieser Qual nicht wert,
> Wird weggeworfen in den Brack und Plunder
> Und muß dann wieder eingeschmolzen werden.
> Du aber willst zum Stahl, zur Klinge werden,
> Die in der Faust des Parakleten funkelt.
> Sei also still! - - - - - - - - -
> - - - - Man reißt dich aus dem Feuer - - -
> Man wirft dich auf den Ambos - - - hält dich fest. / [...] /
> Der Schmerz beginnt sein Werk, der Schmied, der Meister.
> Er spuckt sich in die Fäuste, greift dann zu,
> Hebt beiderhändig hoch den Riesenhammer / [...] /
> Die Schläge fallen. Jeder ist ein Mord,
> Ein Mord an dir. Du meinst, zermalmt zu werden. / [...] /
> Dein Ich wird dünner, kleiner, immer kleiner,
> Und dennoch mußt du wieder in das Feuer - - -
> Und wieder - - - immer wieder, bis der Schmied
> Den Geist erkennt, der aus der Höllenqual
> Und aus dem Dunst von Ruß und Hammerschlag
> Ihm ruhig, dankbar froh entgegenlächelt.
> Den schraubt er in den Stock und greift zur Feile.
> Die kreischt und knirscht und frißt von dir hinweg
> Was noch - - - Halt ein! Halt ein! Es ist genug!
> Es geht noch weiter, denn der Bohrer kommt,
> Der schraubt sich tief - - - Sei still! Um Gottes willen! (S. 78ff.)

Anders als z.B. die Reden Ben Nurs im *Jenseits*-Roman[86] sind diese Verse in einem so
hohen Maße autobiographisch gefärbt, daß eine allgemein-theologische Auslegung - als
'Lehre von den letzten Dingen' - hier kaum in Frage kommt. Übersteigert im Ausdruck
bringen diese Zeilen die Seelenpein des Dichters, sein Fegefeuer auf Erden, sein "immer
kleiner" werdendes "Ich", seinen Schmerz über das Unrecht, das er erlitten, und seine
Reue über die Fehler, die er begangen hatte, ins schaurige Bild.[87]

Auch seine Berufung deutet May an: Zur "Klinge [...] in der Faust des Parakleten"
fühlt er sich bestimmt, zum Streiter Gottes also, zum Sprachrohr des göttlichen Geistes,[88]
zum Verkünder, dessen "unreine Lippen" (Jes 6,5) mit glühender Kohle zu reinigen
sind![89]

Ein 'Edelmensch', ein wirklicher Christ, ein prophetischer Dichter will Karl May werden. Die Verwandlung muß aus dem "Innern, aus dem Herzen heraus"[90] erfolgen. May
ist willig, doch sein Herz ist noch schwach. "Der Leib, der Geist, die Seele" (S. 176)
sind bedrängt; doch May will nicht resignieren. Er vertraut dem göttlichen Geist, dem
"Parakleten", dem Beistand, dem Anwalt und Helfer (vgl. Joh 14, 16).

Woher kommt die Hilfe? Ein "gütig-mildes Angesicht" (S. 119) - die 'Phantasie', das Antlitz der Mutter[91] bzw. der Ehefrau Klara - bittet den Scheik der Todeskarawane (den Sohn bzw. den Gatten Karl May), nur "stark zu sein und mutig auszuharren". Denn wer "standhaft bleibt bis zum Ende, wird gerettet werden" (Mk 13, 13)!

Trost und Stärkung fand May in der Nähe der Frau, in der eigenen Poesie, im religiösen Sendungsbewußtsein, im Glauben an Gott. Er schrie zu "Gott, dem Herrn, daß er mir helfen möge" (S. 119)! Seine Kraft schöpfte er aus jener Zuversicht, die der Apostel Paulus im 2. Korintherbrief bezeugt:

In allem werden wir bedrängt, aber nicht erdrückt; sind im Zweifel, aber verzweifeln nicht; leiden Verfolgung, aber sind nicht verlassen; werden niedergeworfen und gehen doch nicht zugrunde [...] Darum verlieren wir nicht den Mut. Mag auch unser äußerer Mensch aufgerieben werden, so wird doch der innere von Tag zu Tag neu. (2 Kor 4, 8f. 16)

Anmerkungen

1   Die folgenden Ausführungen entsprechen, mit nur geringfügigen Änderungen, Hermann Wohlgschaft: *'Babel und Bibel'. Ansätze zur 'feministischen Theologie' im Erlösungsdrama Karl Mays*. In: JbKMG 1991, S. 148-181 (S. 148-160).

2   Rudolf Kurtz: *Offener Brief an Karl May*. In: JbKMG 1971, S. 230-233 (S. 231).

3   Claus Roxin in einem Brief vom 13.2.1984 an Heinz Stolte; zit. nach Heinz Stolte: *Hiob May*. In: JbKMG 1985, S. 63-84 (S. 63).

4   Karl May: *Der Dichter über sein Werk. Skizze zu Babel und Bibel* (1.10.1906). In: KMJB 1921. Radebeul 1920, S. 41-80 (S. 52). Das Zitat findet sich fast wörtlich auch in Mays Brief vom 26.9.1906 an Prinzessin Marie Therese von Bayern. In: JbKMG 1983, S. 84-91 (S. 84).

5   Karl May in einem Brief an Friedrich Fehsenfeld, ohne Ort und Datum (wohl Mitte September 1905); zit. nach Ulrich Schmid: *Ein Vortrag zwischen den Fronten. Karl May im Augsburger Schießgrabensaal, 8. Dezember 1909*. In: JbKMG 1990, S. 71-98 (S. 79).

6   May: *Der Dichter über sein Werk*, wie Anm. 4, S. 55.

7   Vgl. Martin Schenkel: *Das Drama 'Babel und Bibel'*. In: *Karl-May-Handbuch*. Hrsg. von Gert Ueding in Zusammenarbeit mit Reinhard Tschapke. Stuttgart 1987, S. 589-594 (S. 589).

8   Nach einer Tagebuch-Notiz Klara Mays vom 31.1.1903; wiedergegeben in: Hansotto Hatzig: *Karl May und Sascha Schneider. Dokumente einer Freundschaft*. Beiträge zur Karl-May-Forschung 2. Bamberg 1967, S. 234f. - Vgl. Friedrich Delitzsch: *Babel und Bibel. Ein Vortrag*. 21.-25. Tsd. Leipzig 1903 - Ders.: *Babel und Bibel. Zweiter Vortrag*. 1.-10. Tsd. Stuttgart 1903 (beide Vortragstexte besaß Karl May). - Zum möglichen Einfluß der Delitzsch-Vorträge auf Mays Werk vgl. Hermann Wohlgschaft: *Der Einfluß des Assyriologen Friedrich Delitzsch auf Karl Mays 'Babel und Bibel' und sein Spätwerk überhaupt*. In: MKMG 89 (1991), S. 4-12.

9   Vgl. F. Gössmann: *Panbabylonismus*. In: *Lexikon für Theologie und Kirche*, Bd. VIII. Hrsg. von Josef Höfer und Karl Rahner. Freiburg 21963, Sp. 19 - Wohlgschaft: *Delitzsch*, wie Anm. 8, S. 8ff.

10 Vgl. Mays Brief vom 13.1.1906 an Sascha Schneider. In: Hatzig, wie Anm. 8, S. 102f. - May hat "unablässig am Manuscript herumgeändert, was doch nie bei mir vorzukommen pflegt." (Aus Mays Brief vom 27.3.1906 an Fehsenfeld; zit. nach Schmid, wie Anm. 5, S. 82).

11 Vgl. Christian Heermann: *Der Mann, der Old Shatterhand war. Eine Karl-May-Biographie*. Berlin 1988, S. 321.

12 May: *Der Dichter über sein Werk*, wie Anm. 4, S. 53.

13 Ebd., S. 56.

14 Ebd.

15 Karl May: *Briefe über Kunst*. In: Der Kunstfreund. Innsbruck XXII. Jg. 1906, H. 10-12; XXIII. Jg. 1907, H. 1, 2 u. 5. - Vgl. Dieter Sudhoff: (Werkartikel zu) *Briefe über Kunst*. In: *Karl-May-Handbuch*, wie Anm. 7, S. 582-584.

16 May: *Briefe über Kunst*, wie Anm. 15, S. 197 (II. Brief vom 2.11.1906).

17 Ebd., S. 154 (I. Brief vom 2.10.1906).

18 May: *Der Dichter über sein Werk*, wie Anm. 4, S. 59.

19 Zitat aus Sascha Schneiders Brief vom 21.12.1906 an May (mit Bezug auf Mays *Briefe über Kunst*). In: Hatzig, wie Anm. 8, S. 132.

20 May: *Der Dichter über sein Werk*, wie Anm. 4, S. 56f.; ähnlich im Brief Karl Mays an Prinzessin Marie Therese, wie Anm. 4, S. 87.

21 Vgl. Martin Schenkel: *"Babel und Bibel". Ein aufklärerisches Drama des Mittelalters.* In: *Karl May.* Hrsg. von Helmut Schmiedt. Frankfurt/M. 1983, S. 278-309 (S. 281).

22 Bernhard Kosciuszko: *Karl May's Drama 'Babel und Bibel'.* SKMG Nr. 10 (1978).

23 May: *Der Dichter über sein Werk*, wie Anm. 4, S. 57; auch in Mays Brief an Prinzessin Marie Therese, wie Anm. 4, S. 87.

24 Vgl. Schenkel: *"Babel und Bibel"*, wie Anm. 21, S. 281.

25 Amand von Ozoróczy: *Karl Mays Erstling.* In: Augsburger Postzeitung vom 28.7.1907; Faksimile-Wiedergabe dieser Besprechung (die May als Flugblatt nachdrucken ließ) in: MKMG 21 (1974), S. 23-27. - Weitere Pressestimmen zu *Babel und Bibel* bei Thomas Ostwald: *Karl May - Leben und Werk.* Braunschweig 41977, S. 248f.

26 Vgl. Karl May: *Mein Leben und Streben.* Freiburg 1910. Hrsg. von Hainer Plaul. Hildesheim, New York 21982, S. 425 (Anm. 231).

27 Ebd., S. 229.

28 Aus Mays Brief vom 29.11.1906 an Prinzessin Wiltrud von Bayern. In: JbKMG 1983, S. 92-99 (S. 97f.).

29 Aus Mays Brief vom 26.6.1906 an Sascha Schneider. In: Hatzig, wie Anm. 8, S. 116-119 (S. 117). - Die Beziehung zwischen May und Fehsenfeld erreichte am 31.3.1907 - mit Fehsenfelds Kündigung des beiderseitigen Vertrages - einen Tiefpunkt; vgl. Schmid, wie Anm. 5, S. 74f.

30 Aus Sascha Schneiders Brief vom 7.7.1906 an May. In: Hatzig, wie Anm. 8, S. 128.

31 Aus Sascha Schneiders Brief vom 3.7.1906 an May. In: Ebd., S. 120f. - Schneiders Unverständnis (was *Babel und Bibel* betrifft) und die grundsätzlichen religiösen und politischen Differenzen mit dem Dichter bewirkten "eine allmähliche, doch spürbare Abkühlung im bislang so freundschaftlichen Verhältnis, sehr zur Bestürzung des jungen Malers." (Klaus Hoffmann: *Karl May und Sascha Schneider - eine Künstlerfreundschaft.* In: *Sascha Schneider & Karl May. Eine Künstlerfreundschaft.* Hrsg. von der Karl-May-Stiftung Radebeul. Radebeul 1989, S. 28-57, hier S. 56) Nach der Darstellung Hoffmanns hat Schneider die Bildnisse des Abu Kital und der Marah Durimeh eigens angefertigt und May geschenkt, um ihn zu versöhnen.

32 Schmid, wie Anm. 5, S. 80.

33 Heinz Stolte: *Der Volksschriftsteller Karl May. Beitrag zur literarischen Volkskunde* (Reprint der Erstausgabe von 1936). Bamberg 1979, S. 149-154 - Auf weitere Randnotizen der Sekundärliteratur zu *Babel und Bibel* verweist Schenkel: *"Babel und Bibel"*, wie Anm. 21, S. 307 (Anm. 22).

34 Schenkel: *Das Drama 'Babel und Bibel'*, wie Anm. 7, S. 594.

35 Hans Wollschläger: *Karl May. Grundriß eines gebrochenen Lebens.* Zürich 1976, S. 139f. - Schmid, wie Anm. 5, S. 82, verweist auf "eine Fülle heute weitgehend verschollener symbolistischer Dramen", die - ähnlich wie 'Jedermann' - mit dem Bühnenwerk Mays vergleichbar seien. Als Beispiele nennt Schmid "die Dramen Richard von Kraliks und die im Umkreis der 'Gral'-Bewegung entstandenen Bühnenwerke" (ebd., S. 94, Anm. 30).

36 Hatzig, wie Anm. 8, S. 135.

37 Schenkel: *Das Drama 'Babel und Bibel'*, wie Anm. 7, S. 594.

38 Erich Heinemann: *Jubiläumstagung in Hannover. Zehn Jahre Karl-May-Gesellschaft 1969-1979.* In: JbKMG 1980, S. 211-222 (S. 220).

39 Schenkel: *"Babel und Bibel"*, wie Anm. 21, S. 303.

40 Ebd., S. 305.

41 Walther Ilmer: *Karl May - Mensch und Schriftsteller. Tragik und Triumph.* Husum 1992, S. 192.

42 Wohlgschaft: *Babel und Bibel*, wie Anm. 1, S. 160-175 - Vgl. unten, S. 660ff.

43 May: *Der Dichter über sein Werk*, wie Anm. 4, S. 56.

44 Karl May in einem Brief (1906) an Sascha Schneider. In: Hatzig, wie Anm. 8, S. 123.

45 Euchar Albrecht Schmid: (Rezension zu) Karl May: *Babel und Bibel.* In: Literarische Beilage zur 'Augsburger Postzeitung' Nr. 48 (1906), S. 380f.; zit. nach U. Schmid, wie Anm. 5, S. 100.

46 Curt Hohoff: *Was ist christliche Literatur?* Freiburg 1966, S. 19, zählt Paul Claudel zur katholischen Erneuerungsbewegung, die "von den Ideen der Evolution inspiriert war."

47 Vgl. Georg Ried: *Weltliteratur unserer Zeit.* München o.J. (1961), S. 202ff.; im Jahre 1943 hat Claudel allerdings (in Zusammenarbeit mit Jean-Louis Barrault) eine neue, kürzere Fassung geschaffen, in der das Stück in demselben Jahr uraufgeführt wurde (Hinweis von Martin Lowsky).

48 Karl May: *Babel und Bibel. Arabische Fantasia in zwei Akten.* Freiburg 1906, S. 10.

49 Aus Mays Motto zu *Babel und Bibel*; ebd., S. 3.

50 May: *Der Dichter über sein Werk*, wie Anm. 4, S. 61.

51 Ebd., S. 66 (dort auch das folgende Zitat).

52 In seinen Briefen an Sascha Schneider (vgl. Hatzig, wie Anm. 8, S. 102ff.) identifiziert sich May mit dem Hakawati.

53 Vgl. Hartmut Vollmer: *Marah Durimeh oder Die Rückkehr zur 'großen Mutter'.* In: *Karl May.* Hrsg. von Heinz Ludwig Arnold. Sonderband Text + Kritik. München 1987, S. 158-190 (S. 180ff.). - Zur 'Magna Mater' vgl. die tiefenpsychologischen Ausführungen bei Wolf-Dieter Bach: *Fluchtlandschaften.* In: JbKMG 1971, S. 39-73.

54 Die Bezeichnung Marah Durimehs als 'Menschheitsseele' findet sich zum ersten Mal bei Karl May: *Und Friede auf Erden!* Gesammelte Reiseerzählungen, Bd. XXX. Freiburg 1904, S. 552.

55 May: *Der Dichter über sein Werk*, wie Anm. 4, S. 77.

56 Vgl. ebd., S. 76 - Schenkel: *"Babel und Bibel"*, wie Anm. 21, S. 293.

57 Vgl. unten, S. 660ff.

58 Den Begriff 'Edelmensch' hat May von Bertha von Suttner übernommen. - Vgl. Claus Roxin: *Das zweite Jahrbuch.* In: JbKMG 1971, S. 7-10 (S. 10) - Erich Heinemann: *Fünfundsiebzig Jahre nach Karl Mays Tod. Karl-May-Gesellschaft und Karl-May-Forschung 1987.* In: JbKMG 1988, S. 438-447 (S. 443). - Der Begriff hat seinen Ursprung in der Weltfriedensbewegung; daß er von May zugleich als Gegen-Begriff zu Nietzsches 'Übermenschen' gemeint sein könnte, ist damit natürlich nicht ausgeschlossen.

59 May: *Der Dichter über sein Werk*, wie Anm. 4, S. 77.

60 Seitenangaben in () beziehen sich auf die Original-Ausgabe von 1906 (wie Anm. 48).

61 Vgl. z.B. Karl May: *Das Buch der Liebe.* Dresden 1875/76. Reprint der Karl-May-Gesellschaft. Bd. I (Textband). Hrsg. von Gernot Kunze. Regensburg 1988/89, S. 25f.

62 Vgl. unten, S. 617ff. u. 639ff.

63 Wie bei Hegel die 'List der Idee' den Fortschritt bewirkt, so lenkt bei May eine Art 'List der Gnade' die Heilsgeschichte der Welt.

64 Schenkel: *"Babel und Bibel"*, wie Anm. 21, S. 302.

65 "Die Wissenschaft vergöttert sich den Menschen, / Damit sie sagen kann, sie diene Gott." (May: *Babel und Bibel*, wie Anm. 48, S. 69).

66 May: *Briefe über Kunst*, wie Anm. 15, S. 154 (I. Brief vom 2.10.1906) - Vgl. Schenkel: *"Babel und Bibel"*, wie Anm. 21, S. 282.

67 Paul Claudel: *Der seidene Schuh oder Das Schlimmste trifft nicht immer ein.* Ins Deutsche übersetzt und mit einem Nachwort versehen von Hans Urs v. Balthasar. Salzburg 52.-60. Tsd., S. 368.

68 Vgl. Sudhoff, wie Anm. 15, S. 583.

69 Das hebräische Wort für 'Prophet' bedeutet 'Mund Gottes'. - Vgl. *Bibel-Lexikon.* Hrsg. von Herbert Haag. Einsiedeln, Zürich, Köln 21968, Sp. 1408ff.

70 Vgl. oben, S. 410.

71 Ried, wie Anm. 47, S. 200.

72 Vgl. oben, S. 410.

73 Sudhoff, wie Anm. 15, S. 583.

74 Vgl. oben, S. 451.

75 May: *Der Dichter über sein Werk*, wie Anm. 4, S. 53.

76 Vgl. Vollmer, wie Anm. 53, S. 181: "Sowohl der Gewaltmensch Abu Kital [...] als auch [...] Ben Tesalah [...] sind Projektionen des Mayschen Ichs (wobei Abu Kital ebenso ein deutliches Porträt des Vaters Heinrich August May ist)." - Daß sich zugleich auch Sascha Schneider in Abu Kital spiegelt (vgl. Hatzig, wie Anm. 8, S. 149 - Kosciuszko, wie Anm. 22, S. 19), ist sehr wahrscheinlich.

77 In diesem Sinne kann man auch Mays Bemerkung verstehen: "Ich armes, altes kleines Kind möchte mir gern einmal die Freude gönnen, im Schachspiel gegen mich einen Zug zu thun, den Niemand vorher ahnt." (Aus Mays Brief vom 8.9.1905 an Fehsenfeld; zit. nach Schmid, wie Anm. 5, S. 79.)

78 Heinz Stolte: *Mein Name sei Wadenbach. Zum Identitätsproblem bei Karl May.* In: JbKMG 1978, S. 37-59 (S. 56) - Vgl. oben, S. 369.

79 Im Februar 1905 wurden peinliche Details über Mays falschen Doktor-Titel veröffentlicht! - Vgl. oben, S. 467.

80 Vgl. oben, S. 469f.

81 Sudhoff, wie Anm. 15, S. 583.

82 May: *Briefe über Kunst*, wie Anm. 15, S. 154; zit. auch bei Sudhoff, wie Anm. 15, S. 583.

83 Die ansonsten hervorragende Deutung des Dramas durch Schenkel ist in diesem Punkt ungenau: Daß Abu Kital in der 'Geisterschmiede' seinen Körper verliere (Schenkel: *"Babel und Bibel"*, wie Anm. 21, S. 304), steht nicht im Text; es handelt sich in diesem Falle um eine, ziemlich willkürliche, Interpretation Schenkels. Denn eine prinzipielle Materie-Feindlichkeit ist May gewiß nicht anzulasten. - Vgl. z.B. Mays Erwiderung an Sascha Schneider (in: Hatzig, wie Anm. 8, S. 124 u. 129f.).

84 May: *Mein Leben und Streben*, wie Anm. 26, S. 4ff.

85 May: *Der Dichter über sein Werk*, wie Anm. 4, S. 60, erklärt: Märdistan ist "das Land der ausgewachsenen, inneren Persönlichkeiten [...] Kulub ist der Plural für 'Herz'."

86 Vgl. unten, S. 607ff.

87 Hatzig, wie Anm. 8, S. 135, zitiert ein Gedicht von Otto Julius Bierbaum (1865-1910), das in den Motiven und in der Aussage der 'Geisterschmiede' in Mays *Babel und Bibel* weitgehend entspricht. - Zu den Bildmotiven der 'Geisterschmiede' vgl. Rudi Schweikert: *Tod, Auferstehung und Rückkehr zum Ursprung. Eine schamanistische Grundlage für Karl Mays "Geisterschmiede" nebst einigen Bemerkungen darüber hinaus.* In: MKMG 86 (1990), S. 35-41.

88 Als 'Paraklet' wird im Johannes-Evangelium, in den Abschiedsreden Jesu, der 'Geist' Gottes bezeichnet. - Vgl. *Bibel-Lexikon*, wie Anm. 69, Sp. 1300-1303 (Art. 'Paraklet').

89 So heißt es in der Berufungsszene des Propheten Jesaia (Jes 6, 5ff.).

90 May: *Der Dichter über sein Werk*, wie Anm. 4, S. 60.

91 Vgl. Hans Wollschläger: *"Die sogenannte Spaltung des menschlichen Innern, ein Bild der Menschheitsspaltung überhaupt". Materialien zu einer Charakteranalyse Karl Mays.* In: JbKMG 1972/73, S. 11-92 - Schenkel: *Das Drama 'Babel und Bibel'*, wie Anm. 7, S. 593.

10.9 Die letzten Novellen (1907-09): Bedeutsame Schlüsseltexte

Nicht den Inhalt, nicht die Botschaft, wohl aber die Bühnenwirksamkeit seines Dramas *Babel und Bibel* dürfte May überschätzt haben. Daß sein Werk nicht zur Aufführung kam, hat den Dichter - dessen Renommee, durch die Pressekampagne, ohnehin sehr angeschlagen war - noch zusätzlich getroffen. Aber zurückgezogen hat er sich nicht. Er tat das Klügste, das Beste, das ihm möglich war: Er konzentrierte sich aufs epische Werk, das seine genuine Begabung war.

Mit dem *'Mir von Dschinnistan* (1907-09) hat May seinen schönsten und insgesamt wohl gelungensten Roman geschaffen. Noch vor dem Beginn bzw. Abschluß seiner Arbeit an diesem Roman verfaßte May vier kleine Erzählungen, deren literarische Qualität die Polyphonie der großen Altersromane (aber auch der erzgebirgischen Spätnovelle *Das Geldmännle*) zwar nicht ganz erreicht, eine gründliche Analyse, eine eingehende Besprechung und eine positive Bewertung aber durchaus verdient.[1]

10.9.1 *Schamah*

Ende 1906 oder Anfang 1907 hat May die Novelle *Schamah* geschrieben.[2] Diese *Reiseerzählung aus dem Gelobten Lande* erschien 1907/08 im Regensburger Manz-Verlag, in der katholischen Jugendzeitschrift 'Efeuranken'. Nachdrucke gab es u.a. in der Passauer 'Donau-Zeitung' (1908) und im 'Bamberger Volksblatt' (1909).[3]

Wie früher schon dem *Friede*-Roman hat May der Erzählung *Schamah* seine reale Orientreise zugrundegelegt. Der zweite Aufenthalt des Schriftstellers in Jerusalem (im Mai 1900) spiegelt sich in der Novelle. Dem Leser wird der Eindruck vermittelt, als würden - durchgehend - tatsächliche Reiseerlebnisse Mays und seiner Ehefrau Klara berichtet. Doch in Wirklichkeit handelt es sich, wie in *Friede*, um Dichtung, um poetische Reflexion.

Das Ich des Erzählers entspricht nun freilich - sehr weitgehend - der Realität Karl Mays. Der 'Held' besteht keine Abenteuer; er beobachtet nur das Geschehen. Er durchwandert Jerusalem als "der liebenswürdige, gütige, humorvolle, wohlmeinende ältere Herr, der er wirklich war".[4]

Dem Inhalt nach ist *Schamah*, wie viele andere Erzählungen Mays, eine Bekehrungsgeschichte. Vor dem Hintergrund der religiösen Streitigkeiten zwischen Juden, Christen und Moslems schildert der Autor "die exemplarische Wandlung des einst zelotischen Judarabers Mustafa Bustani und die seines elfjährigen Sohnes Thar (Blutrache), der in kindlichem Spiel, bestärkt durch den Vater, [...] seinem Namen alle Ehre zu machen sucht".[5]

Zur Vorgeschichte der Handlung: Achmed, der Bruder des Mustafa, war zum christlichen Glauben übergetreten. Deshalb hatte ihn, mit der Zustimmung des Mustafa, seine Familie verstoßen. Er verließ seine Heimat und starb. Da er den Frieden liebte, bat er - noch im Sterben - seine Frau und die Tochter Schamah, zu Mustafa zu gehen und sich mit ihm zu versöhnen.

Doch der Einfluß seiner eigenen Frau (und deren plötzlicher Tod) hat in Mustafa einen Gesinnungswandel schon vorbereitet. Ein Traum kündigt ihm die Vergebung durch Achmed an. Und die Begegnung mit Schamah am Grabe des Lazarus besiegelt die Überwindung von Haß und Verhärtung im Herzen des Mustafa. Der Läuterungsprozeß ist damit aber noch keineswegs abgeschlossen. Ähnlich wie - in *Babel und Bibel* - Abu Kital ins 'Fegefeuer', in die 'Geisterschmiede' geführt wird, hat Mustafa, wiederholt, "in das Grab" (des Lazarus) zu gehen. Denn es hat "noch einiges" in ihm "zu sterben"![6]

Auch Thar wird ein anderer Mensch. "Parallel zur väterlichen Wandlung erfährt der Sohn seine Katharsis im schicksalhaften Zusammentreffen mit dem kleinen Christenmädchen Schamah (Verzeihung) und ihrer pilgernden Mutter in Hebron."[7]

Die, fürs gesamte Spätwerk bezeichnende, Hinwendung des Autors zum weiblichen 'Prinzip' (der Milde und der Vergebung) dominiert auch hier, in *Schamah*. Autobiographisch ist der Text in vielfacher Hinsicht[8] interessant. Die Novelle enthält die Auseinandersetzung des Dichters mit seiner Kindheit und Jugend, den Erziehungsmethoden des Vaters, der Heldenpose des literarischen Ich und - vielleicht - auch den Haßgefühlen des (in der Öffentlichkeit desavouierten) Schriftstellers. Das Lazarusgrab steht symbolisch für die existentielle Not, die innere Krise und - die 'Auferstehung' Karl Mays. Die 'Wiedergeburt' des Mustafa ist, analog zur Bekehrung Wallers im *Friede*-Band, "eine Variation der Neuorientierung, die Karl May nach dem Zusammenbruch auf der Orientreise seinem eigenen Leben gab."[9]

Theologisch gesehen ist die Novelle ebenfalls von Bedeutung. Das Gottes- und Menschenbild in *Schamah* entspricht der Verkündigung Jesu. Voraussetzung für die Erlösung des Mustafa sind - wie Dieter Sudhoff richtig interpretierte - "Selbsterkenntnis und [...] höheres Streben, vor allem aber göttliche Gnade und Verzeihung."[10] Von Selbsterlösung kann also nicht die Rede sein. Denn 'neu geboren' wird Mustafa, so Christoph F. Lorenz zu Recht, "durch Christi Liebe [...], und nicht ohne Grund spielt May [...] immer wieder auf den biblischen Bericht von der Auferweckung des Lazarus an. Dabei gerät - ebenfalls nicht zufällig - auch der Kreuzestod Christi als die Urtat der den Tod überwindenden Liebe in den Blick Mays."[11]

Wie Heinz Stolte gezeigt hat,[12] sind in *Schamah* auch wichtige Ideen, Motive und Darstellungsmittel aus Lessings *Nathan der Weise* mit aufgenommen. Religiöse Toleranz predigt May in *Schamah* (und auch sonst) zweifellos. Die spezifisch christliche Intention - Mustafa wird nicht nur zur Toleranz, sondern zum christlichen Glauben geführt - steht freilich im Vordergrund. Und von Lessings Vernunftreligion setzt sich Mays Erzählung, so Lorenz, doch "merklich ab"![13]

In literarischer Hinsicht gehört *Schamah* wohl nicht zu den besten, aber doch zu den besseren Werken des Dichters. Wollschläger nannte die Novelle "nur eine schüchtern heitere, allgemeine Versöhnungsgeschichte mit sehr schlichtem Doppelboden."[14] Aber Stolte lobte die "schlichte Anmut dieser liebenswürdigen Geschichte",[15] die als "besonders wichtiges und interessantes Dokument" im Alterswerk Karl Mays zu betrachten sei: "bezeugt sie uns doch, daß [...] die ganze pompöse Maskerade des Phantasten" vom Ich des Autors nun "abgefallen ist."[16]

Sudhoff, der zu *Schamah* einen umfangreichen Kommentar verfaßt hat, resümiert zunächst kritisch: May fehlte in dieser kleinen Novelle "der Raum", seine humanistische Intention und sein religiöses "Anliegen in einer konsequenten Abfolge symbolischer Bilder und Handlungen darzustellen [...] Nur bei einigen Handlungsfolgen gelangen die Ebenen zur Deckung, wird die Fabel mehrbödig". Und die sprachliche Form geht "nur selten über das Niveau der frühen Reiseerzählungen" hinaus.[17]

Dennoch zählt Sudhoff *Schamah* zu den herausragenden Erzählungen Karl Mays:

Diese Wertung gründet sich auf die trotz der Beeinträchtigungen immer noch höchst artifizielle Struktur, mit der es May gelang, sowohl konkrete Reiseerlebnisse zu schildern als sich auch von belastendem Innenmaterial zu befreien und seine Botschaft der [...] Nächstenliebe zu vermitteln.

Letztere legitimiert 'Schamah' auch vom Inhalt her als bedeutsam. Mays Liebesbotschaft [...] mag über die Maßen naiv anmuten, uns Heutigen ist sie gleichwohl nötiger denn je."[18]

10.9.2 *Abdahn Effendi*

Wenig später als *Schamah*, vermutlich im Spätsommer 1907 (nach dem Kuraufenthalt Mays im schlesischen Bad Salzbrunn), ist *Abdahn Effendi* entstanden.[19] Die Novelle erschien zuerst im 'Grazer Volksblatt' (1908); nachgedruckt wurde sie u.a. in der 'Mühlheimer Volkszeitung' und der - von Leopold Gheri, einem Freund Karl Mays,[20] redigierten - 'Gardasee-Post' (1909).

"Vordergründig erzählt May eine einfache, alte Handlungsmuster aufgreifende Schmugglergeschichte, angesiedelt in der imaginären Landschaft Dschan (Seele)"[21] im Bergland Uluhm (Geist), im türkisch-persischen Grenzgebiet. Ähnlich wie der Musterwirt in *Geldmännle* (1903) beutet der Gewaltmensch Abdahn (Leib) das Land und die Leute aus. Als Kadi und Imam von Dschan erhebt er Anspruch auf alles, was dort lebt. Und den 'Sohn der Gerechtigkeit', den christlichen Sägemüller Ben Adl (dessen Vater, der ehemalige Grenzkommandant, unschuldig ins Gefängnis gebracht wurde), verfolgt er mit besonderer Feindschaft.

Der, allerdings namenlose, Ich-Erzähler spielt - wie in früheren Reiseerzählungen und im Gegensatz zu *Schamah* - eine große Rolle. Das 'Ich' wie auch Halef entlarven den Abdahn und seine Gefolgsleute. Sie decken vergangene Mordtaten auf, erreichen die Rehabilitierung des Ex-Kommandanten und erfüllen, als Werkzeuge der göttlichen Gnade, Ben Adls Vaterunser-Bitte: "Erlöse uns von Abdahn Effendi und allen seinen Freunden!"[22]

Seit er gehört hatte, daß in solcher Weise gebetet wird, war Abdahn verwirrt und verschreckt. Die Flucht seiner christlich gesinnten Frau (seiner unterdrückten, verkümmerten 'Seele') in den Lebensbereich Ben Adls verstört ihn noch mehr. Sein Gewissen erwacht. Er fühlt sich gezwungen, mit dem 'Erlösungsgebet' sich ständig auseinanderzusetzen. Der Drang, sich auszusprechen, nimmt zu; sein verbrecherisches Tun aber will Abdahn noch immer nicht lassen. Doch zuletzt, bei seiner Entlarvung, bricht er psychisch und physisch zusammen. Er spricht nun selbst das Erlösungsgebet und erliegt einem Schlaganfall. Sein toter Körper wird zerfetzt durch eine Explosion. Er selbst aber, sein besseres Ich, ist erlöst: Er hat - den Frieden gefunden mit Gott.

Daß der gesamte Text auch autobiographisch ergiebig ist,[23] versteht sich - nach dem bisher Gesagten - von selbst. Es spiegeln sich u.a. die Straftäterzeit, die Münchmeyerjahre, die Nervenzusammenbrüche während der Orientreise, die Entlarvung des 'Dr. Karl May, genannt Old Shatterhand', die zögernde Bereitschaft des Schriftstellers zur offenen Beichte und - halb wunscherfüllend, halb wirklichkeitsnah - das aktuelle Prozeßgeschehen (das zur Rehabilitierung Mays in nicht wenigen Pressekommentaren geführt hat[24]).

Aber nicht nur die Lebensgeschichte des Autors, nicht nur das 'Karl-May-Problem'[25] steht im Mittelpunkt der Erzählung. Auch die Leser stehen "mit im Geheimnis"![26] Denn der Schauplatz der Novelle ist Dschan, die 'Menschheitsseele' schlechthin.

Die Anthropologie, die allgemeine Leib-Seele-Problematik ist in *Abdahn Effendi* mit angesprochen. Die allegorischen Personen- und Landschaftsnamen, die 'Leib', 'Seele' und 'Geist' bedeuten, müssen nun freilich nicht im manichäischen Sinne einer prinzipiellen Feindschaft zwischen 'Geist' und 'Materie' interpretiert werden. Denn Mays Ideal ist ja nicht die Erlösung von der Materie als solcher, sondern die Befreiung vom Materialismus, vom NUR materiellen Daseinsverständnis: Was May ersehnt, ist die Harmonie, das Zusammenspiel, die richtige Zuordnung von Körper und Seele, von Herz und Verstand.27

Die anthropologische Dimension der Novelle verweist auf den Zwiespalt im menschlichen Innern. *Abdahn Effendi* ist, so Christoph F. Lorenz, "ein Stück angewandter Psychologie":28 Der Kampf der niederen, nur materiellen und 'animalischen' Begierden (wie Habsucht und Genußsucht, Ehrsucht und Herrschsucht) gegen das höhere Streben (nach Erkenntnis und Liebe) wird dargestellt. Die innere Entwicklung des 'Gewaltmenschen', seine Befreiung von sich selbst, seinem niederen, 'fettleibigen' Ich, ist das Hauptthema dieser Erzählung.

Mit der psychologischen Leseebene eng verknüpft ist die theologische Perspektive. Wie in *Schamah* ist die religiöse Botschaft das eigentliche "Ordnungsprinzip"29 der Fabel. Die Kraft des Gebetes, das Vertrauen auf Gottes Gnade, die "Heil und Segen"30 bewirkt und den Menschen befreit (VON sich selbst und ZU sich selbst), sind die entscheidenden Strukturelemente der ganzen Erzählung. Sinnvoll und konsequent endet der Text mit dem Lobpreis auf Gott: "Der hat es getan. Der hat es gewendet [...] Ihm sei Lob gesagt, Lob und Ruhm und Preis und Dank!"31

Auch ästhetisch gesehen hat diese "schartig gebrochene Novelle", in deren 'Kellergeschoßen' es - so Wollschläger - "dumpf bedeutend umgeht", durchaus ihren Rang.32 Ebenso urteilte der Schriftsteller Arno Schmidt, der *Abdahn Effendi* als "wichtige[n] Titel"33 bezeichnete.

Ein Mangel der Novelle liegt - nach Lorenz - freilich "in Mays offenkundigem Bemühen, seinen 'alten' Lesern zu gefallen".34 Im Unterschied zu *Schamah* und wesentlich stärker als im *Silberlöwen III/IV* hat May, nach früherem Muster, zahlreiche Abenteuerelemente in die Erzählung mit eingebaut. Lorenz Krapp, ein katholischer Publizist, der May unterstützte,35 vom 'mystischen' Spätwerk des Dichters aber nichts hielt, schrieb (1908) in der 'Augsburger Postzeitung': "Mit Freude erfüllt es mich, daß [...] in *Abdahn Effendi* jetzt wieder frischeres Leben pulst, die alte Lust am Geschehen bei May wiederkehrt."36

Als "exemplarisch für die damalige Bewertung"37 muß dieses Urteil gelten. Anspruchsvollere, fürs Maysche Spätwerk aufgeschlossene Leser werden den Kompromiß (zwischen Parabel und Abenteuergeschichte) aber wohl eher bedauern. Denn der Rückgriff auf die Handlungselemente von früheren Erzählungen bringt die Novelle, teilweise, um ihre tiefergründige Wirkung.38

Auch "die wenig gehobene Sprache und die nicht immer schlüssige Symbolik mindern den Rang der Erzählung."39 Dieter Sudhoffs Spezialuntersuchung kommt, was den künstlerischen Wert der Novelle betrifft, zum selben Ergebnis wie bei *Schamah*: Literarisch bleibt auch *Abdahn Effendi* hinter dem *'Mir von Dschinnistan* und den anderen Altersromanen deutlich zurück; aber mit ihrem "formalen wie inhaltlichen Perspektivenreichtum" gehört die Erzählung noch immer "zu Mays literarisch gewichtigsten Texten, deren Tiefgang noch lange nicht ausgelotet ist."40

10.9.3 *Bei den Aussätzigen*

Seine, von der Entstehungszeit her gesehen, wohl dritte orientalische Altersnovelle - *Bei den Aussätzigen* - dürfte May im November 1907, kurz nach Beginn seiner Arbeit am *'Mir von Dschinnistan*, verfaßt haben: falls die, von Hartmut Vollmer bekräftigte, These

Wollschlägers zutrifft, daß sich in dieser Erzählung die Haussuchung in der 'Villa Shatterhand' (am 9.11.1907) "flüchtig spiegelt".[41]

Bei den Aussätzigen. Reiseskizze von Karl May wurde am 25. Dezember 1907 im 'Grazer Volksblatt' erstmals veröffentlicht. Es folgte eine Reihe von Nachdrucken, u.a. im 'Eichsfelder Marienkalender 1909'.

Die *Reiseskizze* schildert eine Weihnachtsfeier vor den Toren von Damaskus. Mays tatsächliche Erlebnisse in Damaskus (im Juni 1900) werden aber kaum aufgegriffen.

Der Ich-Erzähler, dessen Freund Hadschi Halef und der Kaufmann Jacub Afarah beschenken eine Gruppe von Aussätzigen. Am Heiligen Abend werden Christbäume entzündet, und der 'Scheik der Aussätzigen' hält eine Rede über die Menschheitsqualen im allgemeinen und das Leid der 'Unberührbaren' im besonderen. Zuletzt bekennt er sich, obwohl er ein Moslem ist, zum "Stern von Bethlehem",[42] dessen Botschaft die Armen errettet und die Sünder erlöst.

Der Pascha von Damaskus, der die Kranken vertreiben, d.h. in den Tod schicken will, beobachtet das Fest. Tief beeindruckt nimmt er seinen Ausweisungsbefehl zurück. Daraufhin verzichten der 'Scheik' und seine Leidensgefährten auf ihren Racheplan: Mit von Speichel und Eiter durchtränkten Kleiderfetzen sollten, nach diesem Plan, der Pascha und seine Leute infiziert werden. Vom Weihnachtsfrieden beseelt, verbrennen die Aussätzigen ihre schmutzigen Lumpen am Christbaum. Sie opfern symbolisch ihre bösen Gedanken, ihren Zorn, ihre Aufregung, ihre chaotischen Emotionen. "Wir sind erlöst! Der Pascha ist besiegt, mit ihm auch unsere Rache!"[43]

Der Pascha, dem die Aussätzigen noch immer mißtrauen, wird allerdings seines Postens enthoben. Er muß Damaskus verlassen.

Für die Annahme, daß sich in dieser Novelle die Haussuchung in der 'Villa Shatterhand' mit der anschließenden Isolierung des Schriftstellers (eine Briefsperre wurde über ihn verhängt!)[44] widerspiegele - der Pascha wäre dann der Untersuchungsrichter Larrass, dessen Absetzung May erhoffte -, hat Vollmer plausible Gründe benannt.[45] Daß der 'Scheik der Aussätzigen' ein Alter ego des Dichters ist, kann jedenfalls als sicher gelten: Auch May fühlte sich 'krank' und 'am Tode', aufs äußerste bedroht und 'ausgestoßen' aus der Gesellschaft![46]

Die literarische Bedeutung dieser schlicht erzählten, nur wenige Seiten füllenden *Reiseskizze* sieht Wollschläger als "geringfügig" an.[47] Vollmer aber kommentiert in seiner Werkanalyse:

Mays Novelle 'Bei den Aussätzigen', die durch ihre Mehrdimensionalität deutlich den symbolisch-allegorischen Arbeiten des Spätwerks zuzuordnen ist, nimmt im Mayschen Oeuvre eine Sonderstellung ein, da May hier auf knappstem, gedrängtestem Raum (das ist auch hinsichtlich eines Vergleichs mit den anderen Altersnovellen interessant) seine 'Ur-Geschichte' projiziert, den das ganze Werk durchziehenden Erlösungsgedanken in aller Konzentration zu fassen vermag und in EINER Episode das Grundmodell des Spätwerks erscheinen läßt.[48]

Gewiß - in der Literatur gibt es kunstvollere Weihnachtsgeschichten als *Bei den Aussätzigen*. Schöne Formulierungen und gute Gedanken enthält die Novelle aber sehr wohl. Ein Licht erstrahlt für die Armen! "Wir brauchen keine Weihnachten - -", meint der Pascha. "Aber wir!",[49] entgegnet der 'Scheik' - als Repräsentant aller Erniedrigten, "die im Finsteren sitzen und im Schatten des Todes" (Lk 1, 79).

Wie auch immer man die Novelle, vom Ästhetischen her, bewerten mag - sie ist ein Bekenntnis, ein Glaubenszeugnis des Autors: Das Heil kommt von Bethlehem; die Rettung, die Erlösung hat einen Grund, einen geschichtlichen Grund - in der Geburt Jesu Christi.

Abb. 19: Friedrich Ernst Fehsenfeld, um 1905.

Abb. 20: Karl May am Grabmal des Häuptlings Sa-go-ye-wat-ha auf dem Friedhof in Buffalo, 1908.

10.9.4 *Merhameh*

Mays letzte, den vorausgegangenen Altersnovellen zumindest ebenbürtige, Kurzgeschichte - *Merhameh* - erschien Ende Juli 1909 im 'Eichsfelder Marienkalender 1910'. Die Entstehungszeit[50] dürfte mit der Niederschrift der Schlußpartien des *'Mir von Dschinnistan* zusammenfallen.

Der Schauplatz der Novelle ist Ardistan, die Phantasiewelt des großen Romans *Der 'Mir von Dschinnistan*. Der Schauplatz ist die Erde schlechthin, die leidende Schöpfung, die in "Geburtswehen" liegt und befreit werden soll zur "Herrlichkeit der Kinder Gottes" (Röm 8, 18ff.). Auch die Titelfigur, das schöne Mädchen, die Fürstentochter mit dem Namen 'Barmherzigkeit', gehört zum Romanstoff des *'Mir von Dschinnistan*.[51]

Der Ich-Erzähler und Hadschi Halef spielen nur eine Nebenrolle. Sie reiten mit Merhameh durchs Grenzgebiet der Münazah und der Manazah, zweier Beduinenstämme, die miteinander verfeindet sind. Sie erreichen das Dorf der Münazah, wo der Dichter Ali Ben Masuhl, der Bruder des Scheiks der Manazah, getötet werden soll: weil er den Bruder Omar Ben Amarahs, des Scheiks der Münazah, erschossen hatte.

Omars Frau verweigert dem Ali ihren Schutz. Doch Merhameh, dem "lieblichsten Mädchen bei May überhaupt",[52] gelingt es, die Hinrichtung zu verhindern und die Aussöhnung zwischen den Stämmen in die Wege zu leiten.

Unter dem Einfluß Merhamehs hat sich Omar Ben Amarah mit Ali Ben Masuhl geeinigt. Eine Delegation der Münazah bricht, zum Zwecke des Friedensschlusses, auf zu den Manazah. Unterwegs darf Ali die berühmte Stute des Omar besteigen. Diese großmütige Geste des Omar wird für Ali jedoch zum Verhängnis. Während eines Sandsturms gerät die Reiterschar in einen Hinterhalt der Manazah. Deren Scheik Hassan Ben Masuhl verwechselt den Ali, aufgrund des Pferdetausches, mit Omar und erschießt den eigenen Bruder. Aber - nicht den Tod, sondern das Leben verkündet May in seiner Parabel! Denn der sterbende Ali stiftet, im Geiste Merhamehs, den endgültigen Frieden zwischen den Stämmen. Auch Hassan, der den Begriff der Versöhnung aus seinem Leben gestrichen hatte, will nun den Frieden.

Wie alle Erzählungen Mays ist *Merhameh* ein mehrschichtiger Text. Doch die besondere literarische Qualität liegt in der Kongruenz dieser Schichten, die durchwegs zur Deckung kommen. *Merhameh* ist, wie Vollmer näher erläutert, "eines der gelungensten polyphonischen Werke"[53] Karl Mays. Denn die verschiedenen Leseebenen - äußere Handlung, autobiographisches Spiegelbild, politische Utopie und religiöse Botschaft - "verschränken sich nahtlos".[54] Insofern dürfte *Merhameh*, als Parabel, noch besser geglückt sein als *Abdahn Effendi* und die übrigen orientalischen Altersnovellen.

Autobiographisch ist *Merhameh* ein Parade-Beispiel für die Maysche Kunst, das eigene - gespaltene - Ich auf mehrere literarische Figuren zu überschreiben. Der Autor bringt es fertig, seine Lebensgeschichte (mit genauen, artifiziell codierten, nicht leicht zu entschlüsselnden, nur für May-Kenner transparenten Details) in einer kurzen Erzählung gleich viermal durchzuspielen: "an vier Figuren - zwei Brüderpaaren, deren Schicksal eng miteinander verknüpft ist - seine Seele aufzubrechen"[55] und die eigene Spaltung, die zugleich als 'Menschheitsspaltung' begriffen wird, literarisch zu überwinden.

Die Überwindung des Zwiespalts im menschlichen Innern ist, in *Merhameh*, ein selbsttherapeutisches und zugleich ein 'politisches' Programm. Politisch gesehen ist die Novelle, wenige Jahre vor Beginn des Weltkriegs verfaßt, ein erschütternder Appell und ein mahnendes "Menetekel: IMMER erschlägt, wer den Menschen mordet, den eigenen Bruder. Kain ist überall, wo der Haß triumphiert; und das eindringlich hingesetzte 'Es sei Friede! Es sei Friede!' am Schluß dieser Parabel"[56] kann als Vermächtnis des Schriftstellers verstanden werden.

Politisch betrachtet ist *Merhameh* eine Realutopie, eine Herausforderung, die dem Geist der Bergpredigt Jesu entspricht. Und theologisch gesehen ist die Novelle ein bewegendes Zeugnis für den Sieg des Lebens über den Tod, der göttlichen Liebe über die menschliche Schuld.

"Die Erlösung durch den Tod war in Mays Gedanken immer präsent"![57] Den Tod verklärende Abschieds- und Sterbeszenen finden sich im Werk Karl Mays in schier unerschöpflicher Fülle.[58] Der angenommene, in Liebe verwandelte Tod wird von May als Tor zum Leben verstanden. Die, im Alterswerk gesteigerte, "Todessehnsucht"[59] des Dichters war zutiefst eine Lebenssehnsucht, die dem - religiös und christlich begründeten - Glauben an die unendliche Zukunft des Menschen und der gesamten Schöpfung entsprang.

Dieser Glaube beseelt, sehr eindrucksvoll, auch die Erzählung *Merhameh*:

Der Abend kam. Er brachte andere Luft. Es erhob sich ein Wind, der in kräftigen Stößen die Atmosphäre reinigte [...] So kam es, daß der Himmel wieder sichtbar wurde. Der Mond erschien. Die weißgekalkten Mauern des Grabes sammelten seine Strahlen und warfen sie uns in zart bläulichen Reflexen zu. Da regte es sich im Innern. Das Leben erhob sich von der blutig feuchten Erde, um sich von dem Tode zu trennen.[60]

Anmerkungen

1 Profunde Untersuchungen zu diesen Novellen wurden 1983/84 publiziert: Dieter Sudhoff: *Karl Mays 'Abdahn Effendi'. Eine Werkanalyse.* In: JbKMG 1983, S. 197-244 - Ders.: *Karl Mays 'Schamah'. Eine Werkanalyse.* In: JbKMG 1984, S. 175-230 - Hartmut Vollmer: *Merhameh. Studie zu einer Altersnovelle Karl Mays.* SKMG Nr. 44 (1983) - Ders.: *Karl Mays Novelle 'Bei den Aussätzigen'. Versuch einer Interpretation.* In: JbKMG 1984, S. 28-43.

2 Vgl. Sudhoff: Werkanalyse zu *Schamah*, wie Anm. 1, S. 175f.

3 Für die Wiedergabe in: Karl May's Gesammelte Werke, Bd. 48 *Das Zauberwasser* (Radebeul 1927) wurde der Text von den Herausgebern bearbeitet. Dasselbe gilt für die übrigen orientalischen Altersnovellen in Bd. 48.

4 Heinz Stolte: *Auf den Spuren Nathans des Weisen. Zur Rezeption der Toleranzidee Lessings bei Karl May.* In: JbKMG 1977, S. 17-57 (S. 52).

5 Dieter Sudhoff: (Werkartikel zu) *Schamah.* In: *Karl-May-Handbuch.* Hrsg. von Gert Ueding in Zusammenarbeit mit Reinhard Tschapke. Stuttgart 1987, S. 528-531 (S. 529).

6 Karl May: *Schamah.* In: Karl May: *Der Krumir. Seltene Originaltexte, Bd. 1.* Reprint der KMG. Hamburg 1985, S. 216-273 (S. 271).

7 Sudhoff: Werkartikel, wie Anm. 5, S. 529.

8 Ausführlich erörtert bei Sudhoff: Werkanalyse zu *Schamah*, wie Anm. 1, S. 189-207.

9 Christoph F. Lorenz: (Vorwort zu) *Schamah.* In: May: *Der Krumir*, wie Anm. 6, S. 214f. (S. 215) - Vgl. Thomas Ostwald: *Zur Werksgeschichte* (nicht paginiert). In: Karl May: *Abdahn Effendi - Schamah.* Nachdruck aus der "Bibliothek Saturn" 1909 und 1911. Bamberg, Braunschweig 1977.

10 Sudhoff: Werkartikel, wie Anm. 5, S. 531.

11 Lorenz: Vorwort zu *Schamah*, wie Anm. 9, S. 214. - Vgl. Sudhoff: Werkanalyse zu *Schamah*, wie Anm. 1, S. 207-221.

12 Vgl. Stolte: *Nathan*, wie Anm. 4, S. 52-54.

13 Lorenz: Vorwort zu *Schamah*, wie Anm. 9, S. 214.

14 Hans Wollschläger: *Karl May. Grundriß eines gebrochenen Lebens.* Zürich 1976, S. 145.

15 Heinz Stolte: *Karl May literarisch.* Vorwort zu Karl May: *Der Große Traum. Erzählungen.* Hrsg. von Heinz Stolte und Erich Heinemann. München 1974, S. 7-24 (S. 22).

16 Stolte: *Nathan*, wie Anm. 4, S. 52 - Beide Zitate auch bei Sudhoff: Werkanalyse zu *Schamah*, wie Anm. 1, S. 178.

17 Sudhoff: Ebd., S. 222.

18 Ebd.
19 Vgl. Sudhoff: Werkanalyse zu *Abdahn Effendi*, wie Anm. 1, S. 197f.
20 Vgl. unten, S. 542.
21 Dieter Sudhoff: (Werkartikel zu) *Abdahn Effendi*. In: *Karl-May-Handbuch*, wie Anm. 5, S. 531-534 (S. 532).
22 Karl May: *Abdahn Effendi*. In: May: *Der Krumir*, wie Anm. 6, S. 278-303 (S. 288).
23 Vgl. Sudhoff: Werkanalyse zu *Abdahn Effendi*, wie Anm. 1, S. 202-223.
24 Vgl. oben, S. 473.
25 Vgl. die, von May wohl beeinflußte, Rezension zu *Abdahn Effendi* von Amand v. Ozoróczy (1908); dazu Sudhoff: Werkanalyse zu *Abdahn Effendi*, wie Anm. 1, S. 198f.
26 May: *Abdahn Effendi*, wie Anm. 22, S. 278.
27 Vgl. z.B. Karl May: *Im Reiche des silbernen Löwen IV*. Gesammelte Reiseerzählungen, Bd. XXIX. Freiburg 1903, S. 67: May will "von einer neuen, ungeahnten Welt [...] erzählen, in welcher Leib, Geist und Seele [...] Hand in Hand [...] miteinander wirken."
28 Christoph F. Lorenz: (Vorwort zu) *Abdahn Effendi*. In: May: *Der Krumir*, wie Anm. 6, S. 274-276 (S. 275).
29 Sudhoff: Werkartikel, wie Anm. 21, S. 533.
30 May: *Abdahn Effendi*, wie Anm. 22, S. 303.
31 Ebd.
32 Wollschläger, wie Anm. 14, S. 150.
33 Arno Schmidt: *Sitara und der Weg dorthin. Eine Studie über Wesen, Werk & Wirkung Karl Mays* (Erstausgabe 1963). Frankfurt/M. 1974, S. 12; zit. nach Sudhoff: Werkanalyse zu *Abdahn Effendi*, wie Anm. 1, S. 200f.
34 Lorenz: Vorwort zu *Abdahn Effendi*, wie Anm. 28, S. 275.
35 Vgl. unten, S. 543.
36 Zit. nach Sudhoff: Werkanalyse zu *Abdahn Effendi*, wie Anm. 1, S. 200.
37 Sudhoff: Ebd.
38 Vgl. Lorenz: Vorwort zu *Abdahn Effendi*, wie Anm. 28, S. 275. - Eine andere Auffassung vertritt Walther Ilmer: *Karl May - Mensch und Schriftsteller. Tragik und Triumph*. Husum 1992, S. 195-204: Hier wird *Abdahn Effendi* fast uneingeschränkt positiv bewertet.
39 Sudhoff: Werkartikel, wie Anm. 21, S. 534.
40 Ebd. - Vgl. Sudhoff: Werkanalyse zu *Abdahn Effendi*, wie Anm. 1, S. 239f.
41 Wollschläger, wie Anm. 14, S. 149.
42 Karl May: *Bei den Aussätzigen*. In: Ders.: *Weihnachtsgeschichten*. Hrsg. von Gerd Eversberg. Husum 1991, S. 121-127 (S. 125).
43 Ebd., S. 127.
44 Vgl. oben, S. 474f.
45 Vgl. Vollmer: *Bei den Aussätzigen*, wie Anm. 1, S. 34-38.
46 Vgl. ebd.
47 Wollschläger, wie Anm. 14, S. 149.
48 Vollmer: *Bei den Aussätzigen*, wie Anm. 1, S. 41.
49 May: *Bei den Aussätzigen*, wie Anm. 42, S. 125.
50 Vgl. Vollmer: *Merhameh*, wie Anm. 1, S. 5f.
51 Vgl. unten, S. 513.
52 Hansotto Hatzig: *Der 'Mir von Dschinnistan. Karl Mays Textvarianten*. In: MKMG 30 (1976), S. 23-32 (S. 29).
53 Vollmer: *Merhameh*, wie Anm. 1, S. 24.
54 Ebd.
55 Ebd.
56 Stolte: Vorwort, wie Anm. 15, S. 23; zit. nach Ekkehard Bartsch: (Werkartikel zu) *Merhameh*. In: *Karl-May-Handbuch*, wie Anm. 5, S. 534-536 (S. 536).
57 Vollmer: *Merhameh*, wie Anm. 1, S. 22.
58 Vgl. Heinz Stolte: *Abschiede - ein Thema mit Variationen*. In: JbKMG 1980, S. 35-62.
59 Vollmer: *Merhameh*, wie Anm. 1, S. 22.

60 Karl May: *Merhameh.* In: *Christus oder Muhammed. Marienkalender-Geschichten von Karl May.* Reprint der KMG. Hamburg 1979, S. 212-219 (S. 219); zit. nach Vollmer: *Merhameh,* wie Anm. 1, S. 22.

10.10 *Ardistan und Dschinnistan* (1907-09): Die Krönung des Mayschen Erzählwerks

Als Plädoyer für das Leben, für die Zukunft der Welt und des Menschen ist - weit großartiger noch als *Merhameh* oder die anderen Altersnovellen - auch das literarisch bedeutsamste Werk Karl Mays, die zweibändige Erzählung *Ardistan und Dschinnistan,* zu verstehen.

Nach dem *Silberlöwen III/IV* (1902/03) war dieses Epos die erste und zugleich die letzte mehrbändige Romankonzeption, die der Dichter in Angriff nahm und die er vollenden konnte. In seiner bruchlosen Geschlossenheit und visionären Gestaltungskraft übertrifft dieser neue Roman sogar noch den *Silberlöwen III/IV.*[1]

In der folgenden Darstellung sollen die Entstehungsgeschichte, der literarische Wert, der tiefenpsychologische Ansatz und die autobiographische Relevanz des Romans kurz besprochen werden. Die - provozierende und besonders wichtige - theologische Aussage des Textes soll unten, im zweiten Teil unseres Buches, interpretiert werden.

10.10.1 Zur Entstehungsgeschichte

Nach dem Mißerfolg von *Babel und Bibel* (1906) lag es für den Schriftsteller nahe, den Dramenstoff in epischer Form wieder aufzugreifen. Anfang 1907 versprach May seinem Verleger Fehsenfeld eine Reiseerzählung mit dem Titel *Abu Kital, der Scheik der An'allah.* Doch dieses Werk ist nie erschienen. In Mays Nachlaß fand sich außer dem Titelblatt nur der Textansatz zum ersten Kapitel 'Bent'ullah'.[2]

Ein Grund, die *Abu Kital*-Pläne aufzugeben oder zurückzustellen, dürfte die Wiederherstellung von Mays - seit 1898 abgebrochener - Beziehung zum Pustet-Verlag gewesen sein. "Den entscheidenden Impuls dazu hat Heinrich Wagner, der Chefredakteur der 'Donau-Zeitung', Passau, gegeben"; er verfügte "über weitreichende Verbindungen zur katholischen Presse seiner Zeit. So auch zum 'Deutschen Hausschatz'".[3]

In einem Brief vom 18. April 1907 - May hatte soeben den Münchmeyerprozeß in dritter Instanz gewonnen - wandte sich Dr. Otto Denk, der Nachfolger Heinrich Keiters als Schriftleiter des 'Hausschatzes', an May. Bisher, so wurde vermutet, war Denk dem Autor in Radebeul "ausgesprochen feindlich gesonnen".[4] In seinem Brief nun aber wollte der Redakteur zwar "einige Mißverständnisse ausräumen, insbesondere was die 'abscheulichsten Unsittlichkeiten' in den sogenannten Kolportage-Romanen"[5] betraf; er versicherte May jedoch mit Nachdruck: "Ich zähle KEINESWEGS zu Ihren persönlichen Gegnern, habe auch NIEMALS eine Zeile öffentlich gegen Sie gerichtet."[6]

Mays Antwort vom 21. April 1907 "ist in sachlichem, wenn auch distanziertem Ton geschrieben."[7] Eine Bereitschaft des Autors, für den Hausschatz wieder zu arbeiten, läßt der Brief jedenfalls noch nicht erkennen.

Die Wende brachte eine persönliche Begegnung zwischen Karl May und Otto Denk am 13. September 1907 im Münchner Hotel 'Leinfelder'. Die Unterredung führte - nachdem der Schriftsteller Ende 1906 schon Kontakt zu einem anderen katholischen Publikationsmittel, der 'Augsburger Postzeitung', aufgenommen hatte[8] - zur erneuten Zusammenarbeit mit dem Regensburger Verlag. May sagte zu, eine Reiseerzählung mit dem Titel *Der 'Mir von Dschinnistan* zu verfassen.

Vom Autor Karl May versprach sich der Hausschatz eine Steigerung der Abonnentenzahl (eine Erwartung, die sich, zunächst, auch wirklich erfüllte).[9] Schon am 17. September 1907 drängte Denk den Schriftsteller zur Lieferung von Manuskript bis spätestens 1. Oktober. May kam dieser Aufforderung nach, und schon im November konnte im 34. Jahrgang des Hausschatzes die erste Folge des Romans erscheinen.

Im Brief vom 5. Oktober 1907 hatte der Redakteur dem Autor zugesichert, den *Mir* auch im 35. Jahrgang des Hausschatzes fortzusetzen. Unter anderem schrieb Denk: "Ich selbst freue mich schon auf die nächste Partie des 'Mir' und auf die in Aussicht gestellten Abenteuer. DIESE sind es ja besonders, die Ihrem Namen eine so bedeutende Zugkraft verleihen. Das Publikum will spannende, abwechslungsreiche Handlung, die seine Phantasie beschäftigt."[10] Ein erster Wink mit dem Zaunpfahl! Eine erste Andeutung, daß die Eröffnungspartie des Werks den Vorstellungen der Redaktion nicht voll entsprach!

Ständig bat Denk in den folgenden Monaten um Manuskript. Denn May lieferte "nur stückchenweise von Heft zu Heft [...], höchstens jeweils ein bis zwei Monate voraus."[11] Immerhin - bis Ende März 1908 hatte May 736 Schreibseiten nach Regensburg gesandt, also über ein Drittel des gesamten Textes, der 2050 Manuskriptseiten erreichen sollte.

Am 15. Mai 1908 schrieb Denk, daß der *Mir* den Lesern überhaupt nicht gefalle und ein Abspringen von Abonnenten zu beklagen sei. May reagierte gelassen:

Warum gleich so nervös? [...] Daß der "Mir" nicht allen Ihren Lesern gefällt, das glaube ich wohl [...] Solche Leser soll man um gotteswillen laufen lassen. Sie sind nicht begeisterungsfähig, nicht treu [...] Solchen Leuten kann ich die Opfer unmöglich noch einmal bringen, die ich ihnen früher brachte [...] Ich habe Ihnen versprochen, daß der "Mir von Dschinnistan" GUT wird, und ich halte Wort.[12]

Anfang August 1908 hatte May den ersten Teil des Romans beendet: d.h. den Hausschatz-Text des 34. Jahrgangs bzw. - in der späteren Buchfassung - den ersten Band von *Ardistan und Dschinnistan*. Da der Dichter von Anfang September bis Anfang Dezember 1908 eine Reise in die USA unternahm, das *Mir*- Manuskript bis zur Rückkehr des Autors aber doch ausreichte,[13] muß im August 1908 noch eine größere Textsendung den 'Deutschen Hausschatz' erreicht haben.

In einem Brief vom 15. Juli 1908 hatte sich May bereits über Eingriffe in den Text durch die Redaktion beschwert.[14] Und auf der anderen Seite nahm die Unzufriedenheit der Firma Pustet bzw. der Hausschatz-Leser zu. Am 8. Januar 1909 ließ Karl Pustet den Schriftsteller wissen:

Die Verurteilung des Romans ist eine allgemeine. Abbestellungen und Entrüstungsäußerungen über die Zumutung einer solchen Lektüre sind an der Tagesordnung. Man kann ohne Übertreibung sagen, der Hausschatz ist ruiniert; er hat in katholischen Kreisen alles Vertrauen verloren.[15]

Der Konflikt mit Pustet glich insofern dem - schon wiederholt erwähnten - Konflikt mit Fehsenfeld,[16] als May eben nicht mehr der 'Alte' war. Er enttäuschte seine frühere Lesergemeinde, weil er der abenteuerlichen Erzählstoffe seit langem überdrüssig war und sich die Rolle des 'Unterhaltungskarnickels' nicht länger mehr aufzwingen ließ. Im Blick auf den Hausschatz nun freilich hatte der Konflikt noch eine andere, eine kirchenpolitische und theologische Komponente: May war, aus Regensburger Sicht, zu 'liberal', zu 'modern' und zu 'progressiv'!

Karl May war, wie wir sehen werden,[17] auf seltsam verquere Weise in den kirchlichen 'Modernismusstreit' und den 'Katholischen Literaturstreit' des beginnenden 20. Jahrhunderts verwickelt. Otto Denk aber, der selbst ein verdienstvoller Schriftsteller war,[18] verfocht innerhalb der katholischen Kirche eher die enge und ängstliche Richtung. Im *Mir von Dschinnistan* jedenfalls glaubte er dogmatisch 'falsche', zum Beispiel 'darwinistische', Passagen entdeckt zu haben.[19]

Solche Tendenzen tatsächlich zu vertreten, bestritt May allerdings heftig. In Briefen an Pustet und Denk verteidigte er, eifrig und vehement, seine 'katholische Gesinnung'.[20] Dennoch legten der Verleger bzw. der Redakteur - schon im Frühsommer 1908 - dem Autor nahe, den *Mir* zu kürzen und baldigst zum Abschluß zu bringen.

May, der seine Leser "vor religiösen und ethischen Verlusten"[21] ja selbst bewahren wollte, war entsetzt und empört über das Ansinnen Pustets: Das Kürzen "geht doch nicht! Das würde Selbstmord sein!"[22] Zwar wollte sich May, als 'Laie', in theologische Streitfragen nicht einmischen und in seiner Erzählung "Alles vermeiden, [...] was lehrhaft erscheinen könnte" (I, 346).[23] Aber sein "eigenes Werk zu köpfen",[24] war er doch nicht bereit.

In einem 113 (!) Manuskriptseiten umfassenden Brief - mit Datum vom 11. Januar 1909 - an Pustet legte May sehr klar und pointiert seinen Standpunkt dar.[25] Außerdem klagte der Dichter, im selben Schriftstück an Pustet und im Brief vom 3. Februar 1909 an Denk, erneut über Textveränderungen des *Mir* durch die Redaktion: Im Manuskript "herum zu wüthen", habe Denk sich herausgenommen; er brachte es, so May, auf "9 bis 18 [...] Correcturen" pro Seite.[26] Der Redakteur "verekelte" seinem Autor "die Arbeit so vollständig", daß dieser "oft daran war, sie ihm einfach hinzuwerfen".[27]

Roland Schmid, der Bamberger Karl-May-Verleger, erklärte in seiner Reprint-Ausgabe (1984): "Bei aller Härte der Auseinandersetzung scheint man sich letztlich aber doch wieder arrangiert zu haben; allerdings stand natürlich fest, daß nach dem 'Mir' die weitere Arbeit Mays für den 'Hausschatz' nicht mehr in Betracht kam."[28] Am 6. Juli 1909 lieferte May die letzten Manuskriptseiten des *Mir*. Er schloß den Roman mit der abrupten Bemerkung: "Das Weitere liest man später ..."[29]

Die Frage liegt nahe: Welcher Art waren die Denkschen Eingriffe in den *Mir*-Text? Gab es nur stilistische 'Verbesserungen'? Oder hat Denk theologisch wichtige, von ihm als 'Entgleisungen' angesehene Stellen gestrichen oder verändert? Da eine Vergleichslesung zwischen der Hausschatz-Fassung und Mays Manuskript bisher nicht vorgenommen wurde, kann diese Frage leider noch nicht beantwortet werden.

Noch im Sommer 1909, noch während der *Mir* im Hausschatz abgedruckt wurde, bereitete May für Fehsenfeld eine sorgfältig überarbeitete Buchausgabe vor mit dem Titel *Ardistan und Dschinnistan*, Band I und II: die Bände XXXI und XXXII der Freiburger Reihe. Als Vorlage für diese Endfassung benützte der Schriftsteller - merkwürdigerweise - "nicht sein Originalmanuskript (das heute im Karl-May-Verlag verwahrt wird), sondern die Fahnen des Hausschatztextes, die er auf Blätter klebte und handschriftlich mit Änderungen versah."[30]

Obwohl er gegenüber Denk jede Kürzung seines Manuskripts rigoros abgelehnt hatte, strich May nun selbst einige Passagen des *Mir*-Textes. Der entscheidende Beweggrund war vermutlich das Bestreben des Autors, "alles über die Notwendigkeit hinaus Krasse und Ungewöhnliche zu mildern."[31] Außer phantastischen Einzelmotiven und ganzen Motivketten (so ahnte z.B. der Mir von Dschinnistan in der Urfassung noch nichts vom bevorstehenden Krieg) entfielen auch manche Reflexionen, z.B. die Entwicklung der

'Schutzengel'-Theorie durch Kara Ben Nemsi[32] und "lange, für den Kenner höchst aufschlußreiche und wichtige Darlegungen über Mays 'Psychologie'", die "als Zeugnisse für seine Beschäftigung mit der Lehre vom Unbewußten für die heutige Forschung von erheblicher Bedeutung"[33] sind. Auch das Finale des Romans (das einen vorzeitigen Abbruch suggerierte und eine Fortsetzung versprach) änderte May: in einen offenen Schluß,[34] der literarisch zweifellos den Vorzug gegenüber der Erstfassung verdient.

Am 23. Juli 1909 lag der I. Band der Fehsenfeld-Buchausgabe vollständig vor und am 17. September sandte May die Schlußpartie des II. Bandes an Felix Krais. *Ardistan und Dschinnistan I/II* konnte noch im Herbst 1909 erscheinen: mit dem eindrucksvollen und gut gelungenen Deckelbild 'Marah Durimeh' von Sascha Schneider. Ein anderes, von Fehsenfeld vorgeschlagenes, Bild hatte May als "gänzlich unbrauchbar"[35] verworfen.

10.10.2 Zur literarischen Einordnung und künstlerischen Bewertung

Ardistan und Dschinnistan ist unter widrigen, für May geradezu schockierenden Umständen verfaßt worden. Die Hausdurchsuchung am 9. November 1907 (im Zusammenhang mit der Meineidsanzeige Dr. Gerlachs), das Erscheinen des 'Kahl'-Pamphlets gegen May und - zum Teil - die fürchterlichen Auseinandersetzungen mit Rudolf Lebius fallen in die Entstehungszeit des Romans. Und die Querelen mit Pustet und Denk kamen hinzu!

Ein Wunder ist es also zu nennen: Mitten im Inferno seiner bittersten Jahre und teilweise parallel mit der Niederschrift der zornsprühenden *Pollmer-Studie* (wohl Ende 1907) hat May den "Ort der Marter und der Pein" verlassen, "um alles Leid der Erde zu vergessen" (I, 1) und seine, jeglichem Haß entrückte, "Symphonie auf den Völkerfrieden"[36] zu schaffen.

Der Dichter schrieb, selbstbewußt wie gewohnt, über sein eigenes Werk: "Ein Jeder, der sich mit den Lebensfragen und mit der Zukunft des Menschengeschlechtes beschäftigt, sollte es gelesen haben."[37] In der Tat: gewichtig ist die Aussage des Romans ohne Zweifel. Gänzlich frei von - ästhetischen und erzählerischen - Mängeln ist auch diese Krönung der Mayschen Dichtkunst allerdings nicht.[38] Manche Unklarheiten und, geringfügige, Unstimmigkeiten im Handlungsverlauf könnten auf Störungen des Schreibprozesses durch äußere Einflüsse zurückzuführen sein. Und sachliche Inkonsequenzen, die das Werk - an freilich nur wenigen Stellen - immerhin aufweist, werden der 'gespaltenen' Persönlichkeit Karl Mays anzulasten sein, vielleicht aber auch den Irritationen durch Otto Denk, der seinen Autor auf die Wünsche 'traditioneller' (auf krasse Effekte, auf bunte Abenteuer fixierter) May-Leser festzulegen versuchte.

Die Erwartung des Publikums brachte den Schriftsteller - wie im *Silberlöwen III/IV* - in Konflikt mit sich selbst und den eigenen literarischen Zielen. Ein Zwiegespräch zwischen Halef und Kara Ben Nemsi spiegelt die Situation des schreibenden May. Enttäuscht und verärgert beschwert sich der Scheik der Haddedihn: Der Sihdi sei "plötzlich gebildet und human" (I, 36) geworden; seit der Hadschi die Peitsche wegstecken mußte,

"haben wir kein wirkliches Abenteuer [...] mehr erlebt. Hierzu kam, daß du auch auf den Gebrauch deiner Gewehre verzichtetest [...] Du wolltest dich nicht mehr auf die Waffen, sondern auf die Liebe, auf die Humanität verlassen [...] Soll das in Ardistan und Dschinnistan auch so sein? [...]" - "Nein", antwortete ich trotz der gegenteiligen Instruktion, die ich von Marah Durimeh erhalten hatte. Es gab Gründe, die mich hierzu veranlaßten. (I, 36f.)

Dies wird einer der Gründe[39] gewesen sein: Ohne Verständnis für Mays Entwicklung zum religiösen Symbol-Dichter wurden, von den Lesern wie von der Redaktion des Hausschatzes, nur prickelnde Unterhaltung gewünscht.[40] Bis zu einem gewissen Grad kam May solchen Erwartungen tatsächlich entgegen: Die vertrauten Spannungselemente, Gefangenschaft und Befreiung, Beschleichen und Belauschen der Gegner, geheimnisvolle Gegenstände, unterirdische Labyrinthe usw., finden sich auch im *Mir*.

Auch andere Merkmale der traditionellen Reiseerzählung Mayscher Prägung weist der *Mir* auf. Der Ich-Held Kara Ben Nemsi z.B. glänzt, wie früher, durch übermenschliche Fähigkeiten, durch findige Intelligenz, durch Körperkraft und Geschicklichkeit. Aber mit fortschreitender Handlung nimmt sich das 'Ich', der suchende Pilger, der "christliche Wanderer aus Dschermanistan" (II, 152), weitgehend zurück. Überwältigt von den Ereignissen, fasziniert von den Leuchtzeichen der Ewigkeit, ist der Effendi in den letzten Kapiteln fast nur noch ein Zuschauer. Der Mir von Dschinnistan hat alle Fäden in der Hand. Er lenkt das ganze Geschehen.

Im übrigen bringt der *Mir*, verglichen mit früheren Werken Karl Mays, thematisch nichts absolut Neues. Im weitesten Sinne 'metaphysisch' hat May ja schon immer geschrieben. "Dieses sein Weltbild war eben", so kommentierte Heinz Stolte zu Recht,

keineswegs erst in *Ardistan und Dschinnistan* unvermittelt [...] aus der Luft gegriffen, sondern hatte sich von den Kolportageromanen seiner Frühzeit an in ihm ausgebildet und lag auch allen späteren Werken des Unterhaltungsgenres implizite zugrunde, nur eben verdeckter und seltener kategorisch akzentuiert. Man kann ihn Zug um Zug nachweisen. Insofern ist hier denn auch nicht, wie vielfach in der Forschungsliteratur geschehen, von einem jähen 'Bruch im Werk' zu sprechen. Was *Ardistan und Dschinnistan* darstellt, ist als Denkgehalt in Jahrzehnten seines literarischen Schaffens vorbereitet und kommt nunmehr in einem neuen, allerdings [...] befremdenden stilistischen Gewand zur Erscheinung. Um es in einem Bild zu verdeutlichen: der Schmetterling, der aus der Raupe schlüpft: ganz anders und doch als derselbe.[41]

Symbolisch-allegorisch sind im Alterswerk und speziell in *Ardistan und Dschinnistan* nicht nur - wie in früheren May-Bänden - einzelne Motive oder Partien, sondern das gesamte Geschehen, sämtliche Reden und, nicht zuletzt, alle topographischen Hinweise und Schilderungen zu interpretieren. Zwar hat May sein neues Epos - so der Literaturwissenschaftler Gert Ueding -

aus der von ihm längst bearbeiteten und geformten Materie seiner Kolportage- und Reiseromane zusammengefügt [...] May greift aus dem gewaltigen Vorrat seiner literarischen Schatzkammer heraus, was er nun zu neuer Absicht noch gebrauchen kann. Doch keine Handlung, die nicht neben ihrem abenteuerlichen Sinn auch eine neue Bedeutung erhielte und zum allegorischen Zeichen würde.[42]

Was *Ardistan und Dschinnistan* etwa vom Orientzyklus (*Durch die Wüste* usw.) unterscheidet, ist die gehobene Sprache, die deutliche Zunahme an mystischer Tiefe, die einzigartige Bildsymbolik, die visionäre Schau, die - wie schon oben gesagt - selbst die Schlußbände des *Silberlöwen* noch überbietet. Die abenteuerliche Fabel wird, weit konsequenter als in den früheren Reiseerzählungen (einschließlich *Am Jenseits*), integriert ins ganz Andere: in theologische Poesie von größter Dichte, in religiöse Betrachtung von ungewöhnlichem Inhalt - der dem 'Hausschatz', nicht ganz ohne Grund, als suspekt erschien.

Über viele Seiten hinweg berauschen den verständigen Leser die schönsten Szenen und die hintersinnigsten Dialoge. Dieses "mühelose Parlando",[43] diese geglückte Verbindung von göttlichem Humor und politischer Satire, von utopischer Phantasie und innerer Wahrheit, von 'Tausendundeiner Nacht'[44] und archetypischer Traumwelt, von farbiger Handlung und transzendentaler Naturbetrachtung, von mystischer Frömmigkeit und welthafter Leibfreude, von zeitlosen Mythen und teleologischer Geschichtsdeutung ist ein - in dieser Form einmaliger - Versuch, den Himmel mit den irdischen Erfahrungen zu berühren. Die

These mag wohl erlaubt sein: Wenn von den geistesgeschichtlichen Ereignissen des 20. Jahrhunderts die Rede ist, dürfte *Ardistan und Dschinnistan* nicht verschwiegen werden!

Schwieriger als der Vergleich von *Ardistan und Dschinnistan* mit anderen Werken Mays ist allerdings der Vergleich mit Werken anderer Autoren. Wolfgang Clauß sprach, in Kindlers Literatur-Lexikon, von der "extremen Außenseiterstellung" des Karl-May-Romans "gegenüber allen zeitgenössischen Literaturströmungen"; in der deutschen Literatur finde sich "eigentlich keine Parallele"[45] zu *Ardistan und Dschinnistan*.

Daß Mays Roman absolut 'unvergleichlich' sei, ist damit nun freilich nicht gesagt. Heinz Stolte und Hartmut Vollmer verwiesen auf den Einfluß des literarischen 'Symbolismus' auf May.[46] Aber auch "durch ältere Muster wie die Insel Utopia des Thomas Morus oder die 'Göttliche Komödie' Dantes"[47] könnte der Dichter - wie Stolte meint - angeregt worden sein. Auch ein Vergleich der Reise Kara Ben Nemsis und Halefs nach Ardistan mit der Reise des alttestamentlichen Propheten Jona nach Ninive liegt, wie Martin Lowsky erläutert hat, in mehrfacher Hinsicht nahe.[48] Darüber hinaus finden sich - wir werden es sehen[49] - auch interessante Motive des Jesaia-Buches und anderer biblischer Propheten in *Ardistan und Dschinnistan* wieder.

Gewiß, der Form nach ist der Roman Karl Mays ein originales, unverwechselbar einmaliges, durch und durch eigenständiges Werk. Aber (mehr oder weniger) entfernte literarische Verwandtschaften lassen sich dennoch erkennen. Werner von Krenski wollte den *Mir* sogar in "eine Reihe mit dem 'Faust' und 'Also sprach Zarathustra'"[50] stellen. Arno Schmidt hielt, plausibler, "die Kühnheit und Anmut"[51] der Mayschen Gedankenwelt für "sehr wohl vergleichbar dem 'Orplid' Mörikes oder der 'Gondal-World' der Brontës".[52] Und Friedrich Dürrenmatt hob - wie vor ihm schon Arno Schmidt - die Verwandtschaft des May-Romans mit John Bunyans *Pilgerreise*[53] hervor; er fragte sich, "ob nicht auch für Kafka dieses Werk von Karl May eine Bedeutung gehabt hat".[54]

Wie problematisch oder wie berechtigt der Vergleich von *Ardistan und Dschinnistan* mit anderen Werken der Weltliteratur auch sein mag - innerhalb des Mayschen Oeuvres jedenfalls hat der Roman, nach dem Urteil nicht weniger Kenner, den obersten Rang. Einige Stellungnahmen seien hier wiedergegeben:

Der Publizist Dr. Franz Sättler kam, noch zu Lebzeiten Mays, zu dem Resultat: "Das ist christliche Kunst!"[55] Der Schriftsteller Ernst Jünger hatte *Ardistan und Dschinnistan* in seiner Jugend zweimal gelesen; bei der zweiten Lektüre geriet er "in einen euphorischen Zustand", als ob er "ein Narkotikum genommen hätte".[56] Für Hans Wollschläger ist der *Mir*, neben dem *Silberlöwen III/IV*, "Mays zweite, unstreitig bedeutende Literatur-Leistung und erreicht [...] in seinen obersten Augenblicken jene sonderbare Schwelle, an der die Kunstwerke so etwas wie direkte Schöpfungs-Konkurrenzen werden".[57] Christoph F. Lorenz meinte, "die recht bescheidene Zahl der ernstzunehmenden Interpretationsansätze" stünde in "keinem Verhältnis zu der Bedeutung dieses Buches".[58] Und auch für Lowsky war *Ardistan und Dschinnistan*, 1987, der "am meisten gelobte", aber "am wenigsten erforschte unter Mays Altersromanen".[59]

Mittlerweile sind weitere Untersuchungen - auch zur Botschaft, zur inhaltlichen Relevanz des *Mir* - erschienen.[60] Doch für künftige Interpretationsversuche gibt es noch genügend Stoff. Denn als Welt-Parabel ist *Ardistan und Dschinnistan* im Grunde unerschöpflich.

Was die formale, die ästhetische Seite des Werkes betrifft, dürfte das Wesentliche aber doch schon gesagt worden sein: In diesem Roman hat May - nach Heinz Stolte -

auch im sprachlichen Ausdruck eine Stilhöhe erreicht, wie in keinem anderen seiner früheren Werke. In dieser Beziehung zeigt ihn *Ardistan und Dschinnistan* auf dem Gipfel seiner poetischen Fähigkeit, und das vielfache Umschlagen des Stils vom Epischen ins Lyrische ist dabei ein besonderer Reiz [...] Daß unvermittelt ganze Textpartien in jambisches (und gelegentlich anderes) Versmaß gebracht sind, [...] sollte [...] nicht, wie es geschehen ist, als Stilbruch und ästhetisches Ärgernis aufgefaßt werden, sondern entspringt ganz folgerichtig aus der von May hier adaptierten Rolle eines 'Hakawati', eines orientalischen Märchenerzählers: Die 'Erzählungen aus den tausendundein Nächten' zeigen uns vielfältig das Muster [...], dem er sich anschloß. Es ist altarabische Erzähltechnik.[61]

Aber nicht nur der sprachliche Stil ist bemerkenswert. Noch andere und wichtigere Kriterien sind zu nennen: Was *Ardistan und Dschinnistan* in den Rang eines großen literarischen Kunstwerks erhebt, ist vor allem die - laut Stolte -

mühelos hervorquellende Bilderfülle, der poetische Traumschimmer, der über allem liegt, und nicht zuletzt die virtuose Technik, mit der die divergierenden Elemente - Reiseabenteuer und 'Himmelsgedanken', Reales und Mystisches, Abstraktion und blühende Phantasie - zu einer unauflöslichen Einheit ineinander verschlungen sind.[62]

10.10.3 Tiefenpsychologischer Ansatz und offenbarungstheologische Zukunftsvision

Scheinbare Gegensätze werden, in faszinierender Weise, in *Ardistan und Dschinnistan* überbrückt: Der tiefenpsychologische Denkansatz zum Beispiel wird verknüpft mit der offenbarungstheologischen Vision einer neuen Schöpfung. Die folgende Skizze soll diesen Zusammenhang - und damit das Grundkonzept des Romans - verdeutlichen.

"Meine Erzählung beginnt in Sitara, dem in Europa fast gänzlich unbekannten 'Land der Sternenblumen' [...] Die Sultanin dieses Reiches ist Marah Durimeh, die [...] Herrscherin aus uraltem Königsgeschlecht." (I, 1)

Nicht nur der Beginn der Erzählung, sondern der ganze Roman wirkt utopisch und surrealistisch. Sitara ist nicht unsere sichtbare Welt, nicht unsere stoffliche Erde,[63] sondern das Land unsrer Träume, das Paradies unsrer Seele, der Ursprung des Lebens in der Herrlichkeit Gottes. Und auch die übrigen Schauplätze des Romans sind nicht 'real' im gewöhnlichen Sinne.

Der sterbliche, nach 'Ardistan', in eine fremde, bedrohliche Welt geworfene Mensch kann Sitara nie völlig vergessen. Aber seine Erinnerung ist getrübt (I, 45ff.) und sein Blick ist verschleiert. Er kommt aus Sitara - von Gott, der 'Vater' und 'Mutter' zugleich ist[64] - und 'weiß' dies nur "unbewußt" (vgl. II, 420): "O, du mein Vaterland [...]! Ich sah dich nie [...], du Land der Seelen, Land der Liebe, Land der [...] Sternenblumen!" (I, 340)

Wie auf Tabor, dem Berg der Verklärung, den Jüngern des Herrn das Bleiben verwehrt wird (Mk 9, 2ff.), so kann auch Sitara für Kara Ben Nemsi und Halef keine ständige Wohnung sein. Die Gärten Sitaras, die Residenz der "Menschheitsseele" (I, 10), müssen die Wanderer verlassen: auf dem Schiff "Wilahde", zu deutsch 'die Geburt'. Sie müssen hinunter nach Ardistan, zur "Erde" (I, 18)[65] mit ihren Kriegen, ihrer tödlichen Dürre und ihrem dunklen Geheimnis. Ihr Weg durchs ganze Ardistan, durchs ganze Leben, "ist ein Studien- und ein Uebungsritt" (I, 18). Das im Roman nicht erreichte, weil auf Erden gar nicht erreichbare Ziel ist Dschinnistan,[66] das Land der himmlischen Heerscharen, die Ardistan - unerkannt - schützen und von Gott, dem "allgütige[n] Mir von Dschinnistan" (I, 503),[67] gesandt sind.

In Sitara, im 'pränatalen' Bereich, empfängt Kara Ben Nemsi, der "Mensch" (II, 505), von Marah Durimeh, der Menschheitsseele, seine "Mission" (I, 14):

"Der Mir von Dschinnistan wird von seinen Bergen herniedersteigen, um Ardistan den Frieden zu bringen [...] Und du sollst ihm [...] entgegensteigen, um Ardistan und seinen Herrscher auf ihn vorzubereiten. Erschrick nicht, mein Freund! Es wird nichts Unmögliches von dir verlangt." (I, 23f.)

Eine Berufungsgeschichte wird hier beschrieben, die der - biblischen - Struktur der Propheten-Berufung und letztlich der, konkret natürlich verschiedenartigen, Erwählung jedes Menschen entspricht: "Das Wort des Herrn erging an mich: Noch ehe ich dich im Mutterleib formte, habe ich dich erwählt [...] Wohin ich dich sende, sollst du gehen, und was ich dir auftrage, sollst du verkünden. Fürchte dich nicht [...], denn ich bin mit dir, um dich zu retten." (Jer 1, 4-8)[68]

Der Erdenweg der beiden Helden beginnt im "niedrige[n], aus Sumpf und Moor bestehenden[n]" Land der Ussul (I, 43). Diese 'Urmenschen', die "die Kindheitsstufe der Menschheit"[69] symbolisieren, werden - mitsamt ihrem Scheik - von Taldscha,[70] einer Vertrauten Marah Durimehs, geführt und beschirmt. Sitara ist also präsent, selbst hier, im tiefsten Ussulistan.

Im Land der Ussul hört Kara Ben Nemsi von jener Legende, die zum Leitmotiv des ganzen Romans wird.

Die Legende erzählt: Hoch über Dschinnistan "liegt das verlorene einstige Paradies". Alle hundert Jahre öffnen sich seine Tore, und eine Fülle des Lichts überflutet die Erde und ihre Bewohner. "Da wird Alles, Alles offenbar, was je geschehen ist und was noch heut geschieht." Die Engel "schauen herab, ob endlich Friede sei; aber stets ist Krieg und [...] Streit." Unsichtbar steigen die Gebete der Ärmsten "zum Paradies empor [...] Sie helfen einander, heben einander über die Mauern hinweg [...] und klammern sich an die Engel. Sie heften sich an die Flügel der Gnade" und steigen zu Gott. "'Gib Frieden!' jammerte es über die Erde [...] 'Gib Frieden!' bittet es in Gottes eigener Seele." Der Herr sendet Mose, dann Jesus,[71] dann Mohammed. Doch die Herzen der Menschen bleiben verschlossen. Da geht Gott selbst, in Menschengestalt, "hinab nach Dschinnistan"[72] und weiter nach Ardistan, in die Hauptstadt. Dort wird er "festgenommen",[73] vor den Herrscher geschleppt und als Landesverräter zum Tode verurteilt. Da predigt der Herrgott "durch Taten". Ssul, der Fluß des Friedens, wird dem Reiche Ardistan genommen. Das lebenspendende Wasser fließt "aufwärts, nach oben, woher es gekommen ist [...] Das Bett des Flusses aber liegt leer, und die entsetzte Menschheit flieht aus der Stadt [...]" (I, 216ff.)

So spricht die Sage. Und dies ist die Wirklichkeit, die 'Realfiktion' im Roman: Der Fluß ist verschwunden, und die Trümmer der alten Hauptstadt starren "wasserlos in die Steppe" (I, 220). Doch Gottes Sorge hat das dürstende Land nicht verlassen. Geheimnisvoll, aber mächtig, bleibt Gott selbst in der Wüste präsent. Und weiterhin brennen, nach jedem Jahrhundert, die Vulkane von Dschinnistan. Ihre Flammen erlöschen nicht eher, als bis die Frage "Ist Friede auf Erden?" beantwortet ist.

Die in Ardistan, dem Land der Gewaltmenschen, unterdrückten Christen fügten den alten Sagen "eine Art prophetischen Versprechens hinzu": In ferner Zukunft soll, vom Tyrannen persönlich, in der Kathedrale der jetzigen Hauptstadt von Ardistan der "Stern des Erlösers" entzündet werden. Wenn der Herrscher dies "tut, ist der Gang des Kommenden unmöglich aufzuhalten. Er wird zunächst den Hochaltar für immer enthüllen. Sobald dieses geschieht, werden die Stimmen der Barmherzigkeit und Güte" erklingen, "und Himmelstöne, die man im Lande Ardistan noch niemals hörte, werden zu vernehmen sein" (II, 117ff.). Der Herrgott wird wieder nach Ardistan kommen (II, 221).[74] Und zuletzt wird der Dschebel Muchallis, der Berg der Erlösung, die Vollendung verkünden: den "Friede[n] auf Erden" und den "Friede[n] mit Gott" (II, 644).

In einem unerhörten Crescendo wird diese Erfüllungs-Theologie im Romangeschehen vorangetrieben und verifiziert. Kara Ben Nemsi und Halef suchen in der 'Höhle des Löwen' den Fürsten von Ardistan auf. Dem Ich-Helden gelingt eben dies, was später - in der Realität der 1930er Jahre - dem Philosophen Martin Heidegger mißlang: den Führer zu führen[75] und den Kriegsverbrecher zu zähmen. Das Terror-Regime des Fürsten (der die eigenen Leute versklavt) unterläuft er mit psychologischer Raffinesse. Den Herrscher überlistet er bravourös, mit pädagogischer Kunst.[76] Er verleitet den "Feind des Christentums" (II, 118) zum Besuch der Kathedrale, wo der Tyrann, aus Versehen, den Stern von Bet Lahem entzündet.

Die Zeit, die FÜLLE der Zeit, scheint gekommen. "Welch ein Jahr ist das jetzige! Sollte es wirklich jenes große, seit Jahrtausenden vorherverkündete Jahr sein, in welchem [...] der Friede sich naht und die Völker sich [...] lieben [...]?" (II, 380f.)

Der Weihnachtsgottesdienst in der Kirche bereitet den Boden für die - freilich langsame, von Rückschlägen bedrohte - Bekehrung des Menschenverächters.[77] In der "Stadt der Toten", der früheren, nun scheinbar verödeten Hauptstadt von Ardistan, der "herrlichste[n] und ernsteste[n] aller Ruinenstätten der Erde" (I, 560), bricht der Herrscher - angesichts der wunderbarsten Ereignisse - endlich zusammen. Sein Herz aus Stein ist gebrochen. Er erkennt seine Schuld und ist, wie Abu Kital in *Babel und Bibel*, zur Sühne nun wirklich bereit.

Der Mir von Dschinnistan und Marah Durimeh, die alles, auch die Mission Kara Ben Nemsis, vorausgeplant hatten, erweisen sich als die wahren Protagonisten. Sie geben Ssul, dem Fluß des Friedens, das Wasser zurück. Sie verwandeln die Wüste in blühende Gärten (vgl. Jes 35, 1-7). Und sie führen die Helden zum Ziel, d.h. zur Grenze von Dschinnistan, vor deren Überschreitung der Roman dann beendet wird.

May selbst hat seine Erzählung als "Märchen" verstanden.[78] Hat er sich "in die Fiktion [...] hineingedacht" und die "Wirklichkeit vergessen" (II, 424)? Nein, er beschreibt eine Zauberwelt, die "in Wirklichkeit vorhanden ist" (I, 10). Denn jede Sage und jedes Märchen enthält eine "Wahrheit, [...] die man in der Tiefe suchen muß." (I, 221) Aus den Sagen und Märchen, den Mythen und Träumen spricht die "Menschheitsseele" (I, 224); da liegt "ein Wink versteckt, nach dem man suchen soll" (II, 308).

In der Bibel heißt es: "Als der Herr das Los Zions, die Gefangenschaft, wendete, da waren wir alle wie Träumende." (Ps 126, 1) Auch der Dschirbani, der Gefangene in der Totenstadt, war "wie ein Träumender" (II, 420), als er, dem Tode entrissen, den Brunnen - den 'Engel' - erkannte. Das Wunder lag schon lange "verborgen" in ihm, "vollständig unbewußt". Erst hier, in der Stadt der Toten, "kam es emporgestiegen, ganz langsam und unbemerkt, bis es [...] aus mir heraustrat, sich vor mich hinstellte und zu mir sagte: 'Da bin ich; du hattest mich vergessen, [...] kennst du mich noch?'" (II, 420f.)

Wir sehen: Mays Erzählung spielt "im fernen und doch so nahen Lande des Menschen-Inneren" (I, 111). Dem Roman liegt ein tiefenpsychologischer Ansatz zugrunde: Sitara, die Mauern des Paradieses, die brennenden Berge, der Stern von Bethlehem, die Brunnen (die 'Engel') in der Wüste, die Quellen des lebendigen Wassers, die Totenstadt, der Friedens-Fluß, der Berg der Erlösung usw. gehören zur Landschaft der Seele, zum "kollektiven Unbewußten" (C.G. Jung) der Menschheit. In der Sehnsuchts- und Leidensgeschichte vieler Generationen hat sich das alles versammelt und will heraus aus seinem Verdrängt- und Vergessensein.

Der christlich fühlende Leser könnte sich fragen: Poetisch mögen Mays Traumwelten ja schön und tiefenpsychologisch mögen sie interessant sein; aber sind die Symbole, die Schlüssel-Bilder des Dichters, in ihrer Aussage wahr? Sind Mays Begriffe - für die Traumwelt ja typisch - nicht unscharf und fließend? Verrinnen sie nicht in die Vieldeutigkeit?

Dem katholischen 'Hausschatz' war Mays Erzählung verdächtig. Man kann die Bedenken verstehen. Der Darwinismusverdacht[79] ist zwar unbegründet (weil ja May keine ATHEISTISCH verstandene Evolutionstheorie vertritt); aber andere Fragen könnten sich immerhin stellen: Wie verhalten sich der Ursprung und das Ziel unseres Daseins - die Gärten Sitaras und das Hochland von Dschinnistan - zueinander? Sind sie identisch? Wird in *Ardistan und Dschinnistan* die Hoffnung auf Gottes Reich nicht ersetzt durch eine innerweltliche Utopie, den "Frieden auf Erden"? Wird das Erlösungswerk Christi nicht in den Schatten gestellt durch die Sühnebereitschaft des Herrschers von Ardistan und das Wirken der Menschheitsseele, die "noch über dem Mir von Dschinnistan"[80] steht? Wird der Mensch in seiner Einmaligkeit, in seiner Individualität, in seiner letzten Verantwortlichkeit vor Gott genügend gewürdigt? Tritt an die Stelle von Tod und persönlicher Auferstehung (in der Ewigkeit Gottes) womöglich ein diesseitiger Zyklus von immer neuen Geburten?

Die Textexegese wird solchen Fragen nicht ausweichen dürfen. Man könnte versucht sein, zu sagen: Die Mehrdeutigkeit gehört zum Wesen des Märchens und literarischer Texte wohl überhaupt. Man könnte meinen: Karl May war eben ein Dichter; denkerische Genauigkeit war nicht seine Stärke, und auf dogmatische Richtigkeit kam es dem Poeten nicht sonderlich an. Aber kann man das wirklich so sagen? Es wird sich zeigen: Ein dogmatischer Denker war May zwar nicht; aber er dachte durchaus theo-logisch. Er wußte sehr wohl, was er sagte und meinte. Manche Bilder sind unscharf und manche Formulierungen rätselhaft; doch im ganzen ist die Botschaft verständlich im Sinne der alt- und neutestamentlichen Offenbarung. Die Textanalyse wird es erweisen:[81] *Ardistan und Dschinnistan* ist christliche Poesie - visionär und prophetisch, biblisch fundiert und innovativ, menschlich bedeutsam und theologisch gewichtig.

10.10.4 Der autobiographische Hintergrund

Da jeder Text, auch jeder theologische Text, immer auch das Werk eines bestimmten Menschen mit seiner konkreten Geschichte, seinen spezifischen Erfahrungen und seiner besonderen psychischen Grundverfassung ist, soll die selbstbiographische Relevanz des Romans, in knapper Zusammenfassung, besprochen werden.

Mit autobiographischen Hinweisen, mit Materialien zur Charakterbestimmung des Verfassers ist *Ardistan und Dschinnistan* ebenso aufgeladen wie die übrigen Werke des Dichters. Als Ich-Projektionen können, wie immer bei May, sehr viele Figuren betrachtet werden - Abd el Fadl ('Diener der Güte') zum Beispiel, der "über sechzig" Jahre alte Patriarch, "der innerlich aber noch Jüngling ist" (I, 537): Als ärmlicher "Märchenerzähler" (II, 183) gibt er sich aus, obwohl er doch "Fürst" und einer der engsten Vertrauten des Mirs von Dschinnistan ist!

Auch jetzt wieder verbergen sich unter der oberschichtigen Handlung die alten, in die Jugend und die früheste Kindheit zurückverweisenden Traumata Karl Mays.[82] Die Vergangenheit des Autors kehrt wieder im Dschirbani[83] z.B., im 'Räudigen', der von allen verachtet wird, der "Vater" und "Mutter" sucht, der eingesperrt wird im Zwinger, der "alle Arten des Gefängnisses durchgemacht" hat und immer wieder "entkommen" ist (I, 233).

Auch aktuelle Erlebnisse des Verfassers finden sich verschlüsselt in der Erzählung:[84] In Merhameh, der Tochter Abd el Fadls, einem unendlich sympathischen "Kind von noch nicht siebzehn Jahren" (I, 517), zeichnet der Autor ein, ins Sakrale entrücktes, Porträt von Lu Fritsch, seiner jungen, ihn verehrenden Anhängerin,[85] die "soeben" in seinen "Gesichtskreis getreten war" (I, 528). Und im Protest des Mirs von Ardistan gegen das öffentliche Verlesen des "Schuldbuchs" (II, 470) könnte Mays Entrüstung über die Bekanntmachung seines 'Sündenregisters' - im Verlauf der Rechtsstreitigkeiten mit Lebius[86] - enthalten sein.

Im Text der Erzählung macht sich der Autor Gedanken über die Reaktion der Leser, die *Ardistan und Dschinnistan* als langweilig und "mystisch" empfanden (z.B. I, 563). Die "seelische Beklemmung" des Verfassers, seine "Beängstigung" (II, 573), sein gestörtes "inneres Gleichgewicht" (II, 354) sind, trotz der euphorischen Grundstimmung des Romans, im Text durchaus zu erkennen.

Wie zeigt sich, zwischen den Zeilen, der "innere Mensch" (II, 277) Karl May? Welche Auskünfte gibt der Roman über den psychischen Zustand des Dichters?

Zunächst ist zu sagen: Das im Roten Meer versunkene Ich, der 'alte Adam', der "frühere Karl"[87] läßt wieder grüßen. Die Ich-Überhöhung, das Selbstlob des Autors scheint, mit den Großtaten Kara Ben Nemsis, in *Ardistan und Dschinnistan* die seltsamsten Blüten zu treiben. Aber May kämpft, gerade auch in diesem Roman, literarisch dagegen an: durch die - sehr ironische - Kritik an seinen Ich-Derivaten.

Beginnen wir mit Halef, der niedrigen "Anima" (I, 3) Karl Mays.[88] Der Hadschi, der im *Jenseits*-Band und im *Silberlöwen III* so tiefgreifend geläutert wurde, müßte den Edelmenschen Kara Ben Nemsi nun längst schon erreicht oder gar übertroffen haben. Aber dies ist nicht der Fall. Im Gegenteil - er treibt es, als "Erdenmensch" (I, 424), noch schlimmer denn je. Mit seiner Kriegslust erzürnt er den Sihdi (I, 417ff.), das Wunsch-Ich Karl Mays. Und in seiner Selbstüberhebung macht er sich lächerlich: Für einen Hanswursten, für den "entsprungenen Hofnarren" und "Leibzwerg" des Herrschers von Ardistan wird er gehalten (I, 123)! In "scheinbarer Bescheidenheit" (II, 199) fällt er seiner "Ruhmredigkeit doch immer wieder zum Opfer" (II, 146) "und das Schlimmste dabei war, daß man ihm" - weil er gar so lieb und "possierlich" war - überhaupt "nicht zürnen konnte" (II, 147). Denn er selbst gesteht ja dann ein: "Wer sich für mehr ausgibt, als er ist und kann, dem schwindet der Boden unter den Füßen weg" (II, 567).

Einen glänzenden Höhepunkt erreicht die Selbstironie des Autors in dem lebenden Reiter auf hölzernem Roß im Lande Ussulistan. Mit der wichtigen Aufgabe betraut, den Mir von Ardistan auf dem Pferde-Sockel zu imitieren, hat er sich - wie einstmals ein deutscher Poet: Karl May - sein buntes Kostüm, seine martialischen Waffen selbst besorgt.

Er sagt, dies gehöre zu seiner hohen Würde. Er hat sich nämlich so in die 'hohe Würde' [...] hineingelebt, daß er sie bereits für seine eigene hält und sich auch dann als Mir von Ardistan gebärdet, wenn er nicht auf dem Pferde sitzt. Man sagt deshalb, er sei im Kopfe irr geworden. (I, 309)

Ein übriges tut, beim Reitersmann, der Alkohol bzw. - bei May - die exzentrische Sucht, der manische Trieb, die wuchernde Phantasie. Im Denkmalsreiter - so verfremdet der Autor die Befindlichkeit des eigenen Teil-Ichs -

sprach sich der Spiritus [...] in ganz individueller Weise aus, nämlich durch Vergrößerung der Selbstüberhebung [...]: "Ich bi - - bi - - bin nicht nur der Mi - - mi - - mir von A - - a - - ardistan, sondern sogar der Mi - - mi - - mir von Dschi - - dschi - - dschinnistan!" (I, 324)

Den neuen, künftigen Mir von Dschinnistan soll es tatsächlich bald geben. Der Dschirbani, der Sohn des jetzigen Mir, wird es sein. Der Dichter enthält es dem Leser freilich noch vor. Zunächst (I, 547ff.) spricht alles dafür: Er selbst, Kara Ben Nemsi, "der Sohn eines blutarmen, deutschen Leinewebers" (I, 437), wird zum Herrscher von Dschinnistan, zum Kommandeur der himmlischen Heerscharen erhöht. May spielt immerhin mit dieser Idee!

Im 'Panther', der den Mir von Ardistan seines Amtes enthoben und sich selbst an dessen Stelle gesetzt hat, steigert sich die Großmannssucht ins tödlich Absurde. Der "Wahngedanke seines ganzen Lebens, ein großer Herrscher zu werden", kommt schließlich, in aussichtsloser Lage, "zum 'Ueberschnappen'" (II, 619): "Dieses Pferd kenne ich. Es ist das Schlachtroß des Kaisers der Ussul und also meiner würdig [...] Ich muß [...] zu meiner Armee!" (II, 648f.) Der Panther, die 'Bestie im Menschen', der irre Stolz, der Größenwahn im Herzen Karl Mays, ertrinkt in den Fluten des Ssul, des zurückgekehrten Flusses des Friedens. Den Panther sah - so die Beschwörungsformel des Autors - "kein Auge jemals wieder" (II, 649).

Welcher "Wahngedanke" soll untergehen im Meer? Die Gleichsetzung des Schriftstellers mit dem literarischen Ich-Ideal? Die 'Old Shatterhand-Legende' war in der Öffentlichkeit ja längst schon zerstört. Aber das Geltungsbedürfnis des Dichters hatte noch eine andere, bedenklichere, im Alter sich verstärkende Komponente. Die narzißtische Neigung hatte eine geistliche Dimension: Daß May sich mit dem 'Heiland' nicht gleichsetzte, haben wir zwar gesehen;[89] die GEFAHR des 'Messiaskomplexes' war aber doch wohl vorhanden.[90] Dem Textbefund von *Ardistan und Dschinnistan* nach zu schließen, hat May diese Gefahr jedoch erkannt und ist ihr nicht erlegen.

Analog zu den Selbstanklagen des Autors in den Reden des Khutab Agha,[91] des Missionars Waller oder des Ustad[92] enthalten die Bekenntnisse Schedid el Ghalabis, des Herrschers von Ardistan, die "Beichte" (II, 353) Karl Mays. Da "jeder Mensch in Beziehung auf das, was er innerlich zu leben und zu kämpfen hat, ein größerer oder kleinerer Mir von Ardistan" (II, 415) ist, liegt es nahe, in der "Einkehr, Reue und Umkehr" (II, 270) des Fürsten auch den Kampf des Dichters "mit sich selbst, [...] mit seiner eigenen niedrigen Anima" (II, 145), zu erblicken.

Auf dem Weg zur Totenstadt erkennt sich der Herrscher in seiner Schwäche, in seiner Erbärmlichkeit. Gott "rüttelt" (II, 456) an ihm so entsetzlich, daß er - der Verzweiflung schon nahe - zum Selbstmord (II, 330) tendiert. Warum? Weil es für "stolze Naturen geradezu fürchterlich ist, Gnade und Barmherzigkeit nehmen zu müssen" und "auf männlichen Zorn und rächende Kraft" (II, 381) verzichten zu sollen. Die Arroganz und der Dünkel des Mirs sind noch keineswegs tot. "Der innere Mensch ist nicht so leicht zu erschlagen, wie der äußere! [...] Gib mir Zeit; gib mir Zeit" (II, 277f.), bittet der Mir seinen 'Therapeuten' Kara Ben Nemsi.

Erst in der Totenstadt wird der Hochmut des Herrschers endgültig gebrochen. Zum Glauben an Gott hat er sich inzwischen bekehrt. Aber jetzt droht eine neue Gefahr, der RELIGIÖSE Stolz. Der Fürst von Ardistan redet sich ein, er habe mit "Gott" gekämpft und sei nun eben besiegt worden. Doch damit stellt sich der Mir, wie Kara Ben Nemsi ihm vorhält, auf dieselbe Stufe mit Gott: "Die Wolke, die sich auflösen muß, prahlt, sich mit der Sonne gemessen zu haben! Ein Stück Holz, welches zu Asche verbrennt, rühmt sich knisternd, es ringe mit dem Feuer auf Leben und Tod! [...] Wenn du wieder betest, so bitte Gott um Bescheidenheit!" (II, 435f.)

Die Bescheidenheit war Mays Stärke zwar nicht. Aber er wußte um ihren Wert. Den Basch Nasrani, den Oberpriester der Christen, läßt er - in Anlehnung an die letzte Schrift-Zeile Martin Luthers[93] - bekennen: "Vor Gott sind wir alle Bettler!" (II, 151)

In der Totenstadt will der Mir von Ardistan nicht nur die eigenen Sünden, sondern auch die Verbrechen seiner Ahnen auf sich nehmen! Die totale Verrücktheit? Die absolute Vermessenheit? Eine Teilhabe des Menschen am Erlösungswerk Christi hielt May - zu Recht - für möglich; wir werden auf diesen Punkt noch zurückkommen.[94] Für hier, für die Deutung der autobiographischen Leseebene des Romans, mag die These genügen: May durchschaute, zumindest teilweise, die Gefahr, die mit seiner (an sich nicht falschen) Erlösungstheorie verbunden war! Der Dichter stellt klar: Wer die eigene Schuld bekennt und die Sünden andrer auf sich nimmt, hat "keine Veranlassung", sich "dessen auch nur im allergeringsten zu rühmen. Solcher Erlöserstolz ist Wahnsinn, weiter nichts!" (II, 436)

May weiß und macht es deutlich im *Mir*: Der "Wahnsinn" des Erlöserstolzes wäre erlöst, wenn der fehlbare Mensch sich fallen ließe in die Hand des barmherzigen Gottes. Der "Wahnsinn" wäre geheilt, wenn der sündige, der Erlösung bedürftige Mensch sich aufgehoben wüßte in der Heiligkeit seines Schöpfers, an der er - aufgrund von Gnade - partizipieren darf.

Anmerkungen

1 Vgl. Claus Roxin: *Mays Leben*. In: *Karl-May-Handbuch*. Hrsg. von Gert Ueding in Zusammenarbeit mit Reinhard Tschapke. Stuttgart 1987, S. 62-123 (S. 120). - Die folgenden Ausführungen entsprechen, überarbeitet und z.T. erheblich erweitert, Hermann Wohlgschaft: *"Ich sah dann auch Gott selber kommen"*. *Theologisches zu 'Ardistan und Dschinnistan'*. In: JbKMG 1993, S. 281-337 (281-294).

2 Der Textansatz ist wiedergegeben bei Hansotto Hatzig: *Karl May und Sascha Schneider. Dokumente einer Freundschaft*. Beiträge zur Karl-May-Forschung 2. Bamberg 1967, S. 152. - Vgl. Roland Schmid: *Nachwort (zu Abu Kital)*. In: Karl May: Freiburger Erstausgaben, Bd. XXXI. Hrsg. von Roland Schmid. Bamberg 1984, N 2-6.

3 Ekkehard Bartsch: *Ardistan und Dschinnistan. Entstehung und Geschichte*. In: JbKMG 1977, S. 81-102 (S. 86f.).

4 Ebd., S. 86 - Vgl. aber Wilhelm Vinzenz: *Randbemerkungen zu Therese Keiter, Otto Denk und zum 'Mir von Dschinnistan*. In: MKMG 78 (1988), S. 24-31 (S. 28).

5 Roland Schmid: *Nachwort (zu Ardistan und Dschinnistan I/II)*. In: Freiburger Erstausgaben, Bd. XXXI, wie Anm. 2, N 6-17 (N 8).

6 Zit. nach ebd.

7 R. Schmid: Ebd.

8 Vgl. Ulrich Schmid: *Karl May, Augsburg und die Augsburger Postzeitung*. In: *Karl May und Augsburg*. SKMG Nr. 82 (1989), S. 4-8.

9 Vgl. R. Schmid: *Nachwort*, wie Anm. 5, N 12.

10 Zit. nach ebd., N 10.

11 R. Schmid: Ebd., N 9.

12 Karl May in einem Brief vom 17.5.1908 an Otto Denk; zit. nach Karl May: *Briefe an Karl Pustet und Otto Denk. Mit einer Einführung von Hans Wollschläger*. In: JbKMG 1985, S. 15-62 (S. 23).

13 Vgl. die Tabelle bei Hainer Plaul: *Illustrierte Karl-May-Bibliographie*. Unter Mitwirkung von Gerhard Klußmeier. München 1989, S. 305.

14 Vgl. May: *Briefe*, wie Anm. 12, S. 30.

15 Zit. nach R. Schmid: *Nachwort*, wie Anm. 5, N 12.

16 Vgl. oben, S. 372.

17 Vgl. unten, S. 525f. u. 542f.

18 Unter dem Pseudonym 'Otto von Schaching' verfaßte er eine stattliche Reihe von Erzählungen. - Näheres bei Karl May: *Mein Leben und Streben*. Freiburg 1910. Hrsg. von Hainer Plaul. Hildesheim, New York ²1982, S. 430 (Anm. 239).

19 Vgl. May: *Briefe*, wie Anm. 12, S. 30.

20 Vgl. ebd., S. 30, 39, 42f., 45, 52f., 55f., 59f.

21 Ebd., S. 27.

22 Ebd., S. 26.

23 Seitenangaben in () beziehen sich auf: Karl May: *Ardistan und Dschinnistan I/II*. Gesammelte Reiseerzählungen, Bd. XXXI/XXXII. Freiburg 1909.

24 May: *Briefe*, wie Anm. 12, S. 57.

25 Der Brief ist vollständig wiedergegeben ebd., S. 32-60.

26 Ebd., S. 53.

27 Ebd., S. 54.

28 R. Schmid: *Nachwort*, wie Anm. 5, N 13.

29 Daß May den Roman - als Torso - abgebrochen (so z.B. Wollschläger: *Einführung*, wie Anm. 12, S. 16) und nicht planmäßig beendet habe, folgt daraus allerdings nicht; vgl. Vinzenz, wie Anm. 4, S. 29.

30 Hansotto Hatzig - Claus Roxin: *Vorwort* (zu *Der 'Mir von Dschinnistan*). In: Karl May: *Der 'Mir von Dschinnistan*. Deutscher Hausschatz XXXIV./XXXV. Jg. (1907-09); Reprint der KMG. Hamburg, Regensburg 1976.

31 Ebd.

32 In *Winnetou IV* (1909/10) hat May diesen Schutzengel-Gedanken wieder aufgegriffen; vgl. R. Schmid: *Nachwort*, wie Anm. 5, N 15f.

33 Hatzig - Roxin, wie Anm. 30 - Vgl. Hansotto Hatzig: *Der 'Mir von Dschinnistan. Karl Mays Textvarianten*. In: MKMG 30 (1976), S. 23-32 - Udo Kittler: *Karl May auf der Couch? Die Suche nach der Seele des Menschen. Eine literaturpsychologische Studie zur Rezeption der "Lehre vom Unbewußten" im Spätwerk Karl Mays*. Materialien zur Karl-May-Forschung, Bd. 9. Ubstadt 1985, bes. S. 88f. (ebd., S. 89, legt Kittler einen bisher unbekannten Manuskriptteil Mays vor).

34 Vgl. unten, S. 705.

35 Zit. nach R. Schmid: *Nachwort*, wie Anm. 5, N 14.

36 May: *Briefe*, wie Anm. 12, S. 55.

37 Aus der - von May selbst verfaßten - Ankündigung des Fehsenfeld-Verlags; zit. nach Hans Wollschläger: *Das "eigentliche Werk". Vorläufige Bemerkungen zu 'Ardistan und Dschinnistan' (Materialien zu einer Charakteranalyse III)*. In: JbKMG 1977, S. 58-80 (S. 67).

38 Vgl. z.B. Heinz Stolte: *Der Volksschriftsteller Karl May. Beitrag zur literarischen Volkskunde* (Reprint der Erstausgabe von 1936). Bamberg 1979, S. 103 - Wollschläger: *Einführung*, wie Anm. 12, S. 16.

39 Wollschläger: *Das "eigentliche Werk"*, wie Anm. 37, S. 73, sieht den Grund für den Rückgriff auf 'Peitsche' und 'Waffen' in der zwanghaften "Früherinnerung" Mays an die eigene Kindheit. Diese Deutung ist zwar nicht auszuschließen, aber doch wohl unzureichend.

40 Der oben zitierte Roman-Passus ist zwar schon VOR den brieflichen Andeutungen Denks (bezüglich enttäuschter Lesererwartungen) verfaßt worden; es ist aber anzunehmen, daß May sich von Anfang an über solche Erwartungen im klaren war; möglicherweise wurde auch bei der persönlichen Unterredung im Hotel 'Leinfelder' über solche Erwartungen gesprochen.

41 Heinz Stolte: (Werkartikel zu) *Ardistan und Dschinnistan I/II*. In: *Karl-May-Handbuch*, wie Anm. 1, S. 308-320 (S. 310).

42 Gert Ueding: *Leben aus der Totenstadt. Über Karl Mays "Ardistan und Dschinnistan"*. In: MKMG 74 (1987), S. 33ff. (S. 33) - Vgl. Stolte: Werkartikel, wie Anm. 41, S. 310.

43 Wollschläger: *Das "eigentliche Werk"*, wie Anm. 37, S. 61.

44 Vgl. Stolte: Werkartikel, wie Anm. 41, S. 317. - Arno Schmidt: *Sitara und der Weg dorthin. Eine Studie über Wesen, Werk & Wirkung Karl Mays*. Karlsruhe 1963 (Reprint Frankfurt/M. 1985), S. 307, hat auf die Legende von der 'Messingstadt' (566.-578. Nacht der Märchensammlung *1001 Nacht*) verwiesen, die May "angeregt haben dürfte". - Christoph F. Lorenz: *Von der Messingstadt zur Stadt der Toten. Bildlichkeit und literarische Tradition von "Ardistan und Dschinnistan"*. In: *Karl May*. Hrsg. von Heinz Ludwig Arnold. Sonderband Text + Kritik. München 1987, S. 222-243 (S. 228-233), hat diese Spur weiter verfolgt und interessante Motiv-Parallelen nachgewiesen: "Die Geschichte von der Totenstadt in 'Ardistan und Dschinnistan' weist zumindest einige Züge auf, die wir auch in der 'Messingstadt' finden können [...] Insgesamt jedoch fallen die Unterschiede zwischen den beiden Texten stärker ins Auge als die Gemeinsamkeiten; sollte May das Vorbild der 'Messingstadt' vorgeschwebt haben, so nahm er zumindest gravierende Änderungen vor" (ebd., S. 229f.).

45 Wolfgang Clauß: (Werkartikel zu) *Ardistan und Dschinnistan*. In: *Kindlers Literaturlexikon IV*. München 1974, S. 1150f. (S. 1151); aktualisiert in: *Kindlers Neues Literatur Lexikon*, Bd. 11. München 1990, S. 401f.

46 Vgl. Stolte: Werkartikel, wie Anm. 41, S. 310 - Hartmut Vollmer: *Die 'eigentliche Aufgabe' des Künstlers. Karl May und der Symbolismus*. In: JbKMG 1992, S. 218-237 (S. 229ff.).

47 Stolte: Werkartikel, wie Anm. 41, S. 310.

48 Vgl. Martin Lowsky: *"Paris oder London". Weltstadt und Weltstädtisches in Karl Mays Ardistan*. In: JbKMG 1992, S. 183-198 (S. 184f.).

49 Vgl. unten, S. 685 u. 690.

50 Werner von Krenski: *Der Weg nach Dschinnistan*. In: KMJB 1928. Radebeul 1928, S. 419-428 (S. 419).

51 Arno Schmidt: *Abu Kital. Vom neuen Großmystiker* (1958). In: *Karl May*. Hrsg. von Helmut Schmiedt. Frankfurt/M. 1983, S. 45-74 (S. 48).

52 Ebd., S. 68.

53 Dazu auch Werner F. Bonin: *Karl Mays Pilgrim's Progress*. In: MKMG 16 (1973), S. 3-6; Fortsetzung in: MKMG 18 (1973), S. 7-13.

54 Zit. nach Claus Roxin: *Friedrich Dürrenmatt über Karl May*. In: MKMG 81 (1989), S. 46.

55 In einer Besprechung vom 22.1.1910 in der 'Driburger Zeitung'; zit. nach Bartsch, wie Anm. 3, S. 97.

56 In einem Brief vom 12.1.1981 an Günter Scholdt; zit. nach Günter Scholdt: *Sitara und die Marmorklippen. Zur Wirkungsgeschichte Karl Mays*. In: JbKMG 1982, S. 158-169 (S. 169, Anm. 21).

57 Hans Wollschläger: *Karl May. Grundriß eines gebrochenen Lebens*. Zürich 1976, S. 146.

58 Lorenz, wie Anm. 44, S. 222.

59 Martin Lowsky: *Karl May*. Stuttgart 1987, S. 114.

60 Heinz Stolte: *Karl Mays 'Ardistan und Dschinnistan' und sein Weltfriedensgedanke*. In: JbKMG 1988, S. 83-98 - Lowsky: *"Paris oder London"*, wie Anm. 48 - Vollmer: *Symbolismus*, wie Anm. 46 - Wohlgschaft: *Theologisches*, wie Anm. 1. - Vgl. auch Walther Ilmer: *Karl May - Mensch und Schriftsteller. Tragik und Triumph*. Husum 1992, S. 217f. (mit überaus positiven Aussagen zu *Ardistan und Dschinnistan*).

61 Stolte: Werkartikel, wie Anm. 41, S. 317.

62 Ebd., S. 318.

63 Vgl. Stolte: *Weltfriedensgedanke*, wie Anm. 60, S. 84 - (Anonymus): *Nachwort*. In: Karl May's Gesammelte Werke, Bd. 32: *Der Mir von Dschinnistan*. Bamberg 51.-70. Tsd. 1955, S. 469-483 (S. 472ff.). - Zur Deutung des Wortes 'Sitara' vgl. Wolf-Dieter Bach: *Fluchtlandschaften*. In: JbKMG 1971, S. 39-73 (S. 49f. u. 56f.).

64 Vgl. unten, S. 660ff.

65 Das etwas spätere *Märchen von Sitara* (May: *Mein Leben und Streben*, wie Anm. 18, S. 1-7) setzt eine durchaus andere 'Geographie' voraus: Ardistan ist dort ein Teil von Sitara. - Vgl. R. Schmid: *Nachwort*, wie Anm. 5, N 7f.

66 Das arabische Wort 'Dschinnistan' hat Christoph M. Wieland "in die deutsche Literatur eingeführt, seine Sammlung 'Dschinnistan oder auserlesene Feen- und Geistermärchen' (1786-89) hat aber keine inhaltliche Beziehung zu Mays Roman." (Lowsky: *Karl May*, wie Anm. 59, S. 116).

67 An DIESER Stelle wird Gott selbst als 'Mir von Dschinnistan' bezeichnet! Zur terminologischen und sachlichen Problematik, die sich hieraus ergibt, vgl. Hermann Wohlgschaft: *Der Mir von Dschinnistan und Marah Durimeh oder Steht Gott unter dem Schutz der Menschheitsseele?* In: MKMG 84 (1990), S. 8-11 - Ders.: *Stimmen zu: "Steht Gott unter dem Schutz der Menschheitsseele?"* In: MKMG 87 (1991), S. 56-59; Fortsetzung in: MKMG 88 (1991), S. 48-50.

68 Auch der anfängliche Einwand des Propheten (Jer 1, 6) hat im Dialog Marah Durimeh/Kara Ben Nemsi eine Entsprechung (vgl. I, 12f.)!

69 Krenski, wie Anm. 50, S. 422 - Nach Lowsky: *Karl May*, wie Anm. 59, S. 116, hat May die Schilderung Ussulistans "teilweise von Christoph Martin Wielands 'Geschichte der Abderiten' (1774) übernommen".

70 Zu Taldscha vgl. Werner Tippel - Hartmut Wörner: *Frauen in Karl Mays Werk*. SKMG Nr. 29 (1981), S. 47ff.

71 Stolte: *Weltfriedensgedanke*, wie Anm. 60, S. 90, hebt hervor, daß Jesus in der Sage nur der "liebevollste aller Geister" (I, 217) und nicht der 'Sohn Gottes' sei, was die Proteste der katho-

lischen Hausschatz-Leute verständlich mache; Stolte läßt aber unerwähnt, daß es in Halefs Kommentar ja ausdrücklich heißt: "Nur fehlt ihnen [den Ussul] die Lehre von Gottes Sohn, dem Erlöser." (I, 221)

72 Dschinnistan ist in dieser Legende nicht mit dem 'Himmel' und der Mir von Dschinnistan nicht mit Gott identisch. In Mays Begrifflichkeit gibt es, besonders was den Mir von Dschinnistan betrifft, manche Widersprüche, auf die schon Wolfgang Wagner: *Der Eklektizismus in Karl Mays Spätwerk*. SKMG Nr. 16 (1979), S. 10, verweist. - Vgl. Wohlgschaft: *Der Mir von Dschinnistan*, wie Anm. 67.

73 An Dostojewskis Legende vom 'Großinquisitor' (der den auf die Erde zurückgekehrten Christus verhaften läßt) könnte man hier denken.

74 Vgl. Wohlgschaft: *Der Mir von Dschinnistan*, wie Anm. 67, S. 8f.

75 Vgl. Thomas Rentsch: *Martin Heidegger - Das Sein und der Tod. Eine kritische Einführung*. München 1989, S. 163: "In naiver Selbstüberschätzung" strebte Heidegger "danach, [...] 'den Führer zu führen', wie Karl Jaspers berichtet. Er erlag einer illusionären Verkennung der politischen Situation und des tatsächlichen Verhältnisses von Geist und Macht; er bot sich dem Regime an, weil er wähnte, jetzt könne es zu einer philosophischen Revolution kommen." - Während Kara Ben Nemsi sich dem Regime des Tyrannen zwar ebenfalls (aus taktischen Gründen) 'anbietet', die Denkweise des Kriegsherrn aber grundsätzlich ablehnt, ist Heidegger freilich der Faszination des 'Führers' wirklich erlegen.

76 Dazu Franz Hofmann: *J.H. Pestalozzis politisch-pädagogisches Bekenntnis in seinen 'Nachforschungen' als Zeitgemälde in einem Triptychon hoch- und spätbürgerlicher Geschichtsphilosophie und Anthropologie*. In: Pädagogische Rundschau 34 (1980), S. 143-162; vgl. Lowsky: *Karl May*, wie Anm. 59, S. 116f.

77 Vgl. Sibylle Becker: *Karl Mays Philosophie im Spätwerk*. Materialien zur Karl-May-Forschung, Bd. 3. Ubstadt 1977, S. 32-35.

78 Vgl. May: *Mein Leben und Streben*, wie Anm. 18, S. 212.

79 Vgl. May: *Briefe*, wie Anm. 12, S. 30. - Vgl. oben, S. 505.

80 Oskar Sahlberg: *Therapeut Kara Ben Nemsi*. In: *Karl May - der sächsische Phantast. Studien zu Leben und Werk*. Hrsg. von Harald Eggebrecht. Frankfurt/M. 1987, S. 189-212 (S. 197, mit Bezug auf Arno Schmidt).

81 Vgl. unten, S. 682ff.

82 Dazu Wollschläger: *Das "eigentliche Werk"*, wie Anm. 37, S. 69-79.

83 Vgl. R. Schmid: *Nachwort*, wie Anm. 5, N 11: In einem Schreiben vom 15.7.1908 an Otto Denk unterzeichnet May als "Dschirbani"!

84 Für *Ardistan und Dschinnistan* dürfte dies allerdings in weit geringerem Ausmaße gelten als für den *Silberlöwen III/IV*.

85 Vgl. unten, S. 546f.; zu Merhameh vgl. Tippel - Wörner, wie Anm. 70, S. 46f.

86 Vgl. oben, S. 469f.

87 Vgl. oben, S. 378.

88 Trotz der Abwertung durch den Autor (Halef als 'niedere Anima', die freilich 'geläutert' werden soll: I, 420) wirkt der Hadschi - als eine der gelungensten Romanfiguren Mays - doch auch in *Ardistan und Dschinnistan* im ganzen recht sympathisch!

89 Vgl. oben, S. 451 u. 486f.

90 Noch in Mays Selbstbiographie gibt es bekanntlich Formulierungen, die als Gleichsetzung des Autors mit dem leidenden Christus mißverstanden werden könnten. - Vgl. Jürgen Lehmann: *Privatheit und Selbstenthüllung*. In: JbKMG 1989, S. 37-50 (S. 46).

91 Vgl. Eckard Etzold: *Karl May: Am Ort der Sichtung. Ein literarisches Todesnähe-Erlebnis*. SKMG Nr. 81 (1989), S. 15-23.

92 Vgl. oben, S. 411ff. u. 446ff.

93 "Wir sind Bettler. Das ist wahr." Dieses - nach Luthers Tod (18.2.1546) auf einem Zettel gefundene - Wort ist als letzter Satz (16.2.1546) Luthers überliefert. - Vgl Hanns Lilje: *Martin Luther in Selbstzeugnissen und Bilddokumenten*. Reinbek 1965, S. 124 - Ernst Seybold: *Karl-May-Gratulationen. Geistliche und andere Texte zu und von Karl May*. III. Sammlung. Ergersheim 1990, S. 123.

94 Vgl. unten, S. 698ff.

10.11 Die Reise nach Amerika (1908): Fernab vom Lande der Apatschen

Die Arbeit am *'Mir von Dschinnistan* zwang den Schriftsteller, andere literarische Pläne fallenzulassen oder zurückzustellen. Die Reiseerzählung *Abu Kital* wurde nie geschrieben; mit der (spätestens seit Anfang 1907 geplanten[1]) Niederschrift des IV. Bandes *Winnetou* hingegen begann der Dichter im Spätsommer 1909, nachdem er *Ardistan und Dschinnistan*, die Buchfassung des *Mir*, zum Abschluß gebracht hatte.

Schon im Februar 1907 hatte May dem Verleger Fehsenfeld mitgeteilt, daß er "wegen Bd. IV Winnetou"[2] eine Reise ins Land der Indianer unternehmen müsse. Doch die Prozeßtermine hinderten ihn an der Durchführung dieser, seit mehreren Jahren ins Auge gefaßten,[3] Amerikafahrt. Im Herbst 1908 jedoch - als mit einer Anklage in Sachen Meineidsbeschuldigung[4] kaum mehr zu rechnen war - konnte er die Reise verwirklichen und, zum ersten und einzigen Mal in seinem Leben, amerikanischen Boden betreten.

Noch während der Arbeit am *'Mir von Dschinnistan* trat der sechsundsechzigjährige May, kurzerhand und ohne größere Vorbereitungen, seine 'Studienreise' an, die ihn - für insgesamt drei Monate - den heimatlichen Querelen entrückte.

Zusammen mit der Ehefrau Klara schiffte sich May am 5. September 1908 in Bremen ein. Auf dem Passagierdampfer 'Großer Kurfürst' erreichten die beiden, nach einer Fahrt von elf Tagen, New York, wo May - laut Klaras Bericht - die Freiheitsstatue "mit Freuden begrüßte".[5] In New York blieben die Mays für knapp eine Woche. Sie besuchten Museen und bestaunten die Brooklynbrücke, den Broadway und andere Sehenswürdigkeiten der City. Am 20. September erlebten sie einen Gottesdienst im Marmortempel der 'Christian Scientists'; vor allem die Glaskuppel, die - so Klara - eine leuchtende Sonne darstellte, "in der das Eine Wort 'Love' glüht",[6] dürfte den Schriftsteller beeindruckt haben.

Den Hudson aufwärts ging es, in neunstündiger Fahrt mit dem Dampfer 'New York', dann weiter nach Albany - für einen Aufenthalt von zwei Tagen. Im Washington-Park von Albany sah May das gewaltige Moses-Denkmal: eines der Modelle für das Monumentalstandbild in *Winnetou IV*.[7]

Eine Stippvisite führte die Mays nach Pittsfield, dem einstigen Wohnsitz des Dichters H.W. Longfellow (1807-1882), den Karl May offenbar schätzte und dessen Poesie - nach Wollschläger - "keinen geringen Einfluß"[8] auf *Winnetou IV* hatte. Ein weiterer Ausflug hatte den Mount Lebanon in New Hampshire zum Ziel. Dort wurde, nach einer Wagenfahrt durch einsame Wälder, eine Siedlung der Shaker-Sekte (eines kleinen, heute nahezu ausgestorbenen Nebenzweiges der Quäker)[9] besucht. Mit den Shakersleuten Otto und Rosalia Thümmel blieb May auch später, nach der Rückkehr aus Amerika, im Briefkontakt.[10]

Die weitere Fahrt ging nach Buffalo, wo die Mays in 'Statlers Hotel' logierten. Sie besuchten u.a. das Grab und die Statue des großen Seneca-Häuptlings Sa-go-ye-wat-ha ("Er hält sie wach"). Für diesen Indianer empfand der Dichter - laut *Winnetou IV* - "eine ganz besondere Zuneigung und Hochachtung":[11] So-go-ye-wat-ha (1752-1830) war ein bedeutender Redner, ein entschiedener Pazifist und - so Wollschläger - "ein kluger Diplomat, der sehr früh die endliche Überlegenheit der Weißen erkannte und mit zähen Friedensverhandlungen das Überleben seines Volkes zu sichern suchte".[12]

Auf dem Sockel des Denkmals las May die Schlußworte der letzten Rede des Häuptlings: "When I am gone and my warnings are no longer heeded, the craft and the avarice of the white man will prevail. My heart fails me when I think of my people, so soon to be scattered and forgotten [...]"[13] Kein Zweifel: Für das Indianer-Bild in *Winnetou IV* und das längst schon vorbereitete und im Alterswerk vollendete Winnetou-Bild fand Karl May in Sa-go-ye-wat-ha ein wichtiges Modell.

Von Buffalo, am Nordostende des Erie-Sees, aus führte die Reise zu den Niagarafällen. Ende September und Anfang Oktober - was exakte Daten und manche Einzelheiten des Reiseverlaufs betrifft, gibt es widersprüchliche Angaben[14] - wohnte das Ehepaar May im Clifton-House, einem vornehmen Hotel auf der kanadischen Seite der Niagarafälle. Das Hotel bot, wie es in *Winnetou IV* heißt, "einen geradezu unvergleichlichen Blick auf das grandiose Schauspiel der stürzenden Wassermassen."[15]

Dem Bericht Klara Mays (1931) zufolge soll ihr Mann sie im Clifton-House zurückgelassen haben, um "für einige Wochen allein weiterzureisen. Wohin? Zu den Apatschen!"[16] Außerdem hatte Klara "das bestimmte Gefühl", Karl May sei wahrscheinlich im Yellowstone-Park herumgeklettert.[17] Doch solche und ähnliche Legenden aus der Feder Klara Mays sind freie Erfindungen. Weder die verfügbare Zeit noch der Gesundheitszustand des Dichters hätten solche Touren erlaubt.[18]

Tatsächlich besuchte May die, in der Nähe der Wasserfälle gelegene, Reservation der Tuscarora-Indianer: eines früher sehr stolzen und mächtigen Irokesenstammes, dessen kläglicher Rest - knapp 400 Personen - jetzt armselige Rindenzelte bewohnte. Weitere Abstecher gab es zum Erie- und zum Ontario-See, nach Toronto und vielleicht nach Detroit und Montreal.[19]

Mit dem Tuscarora-Häuptling, einem vollbärtigen Mann in zerschlissener Kleidung, hatte May sich fotografieren lassen. Auch viele andere Bilder wurden geknipst. Ganze Berge von Postkarten, in der Regel von Klara stammende Aufnahmen, gingen Ende September nach Deutschland - mit den Anmerkungen Klaras "Karl May auf dem Friedhof von Buffalo", "Karl May an den Niagarafällen", "Karl May bei den Tuscarora-Indianern" usw.[20] Mit der früheren Renommisterei hatte der Schriftsteller zwar nichts mehr im Sinn; aber "des Reklamegewichts seiner Reise"[21] war er sich doch wohl bewußt und die Beweis-Fotos ließ er sich gerne gefallen.

Im Oktober fuhren die Mays nach Lawrence in Massachusetts, wo sie im Hause des Arztes Ferdinand Pfefferkorn, des aus Hohenstein-Ernstthal stammenden Schulfreundes Karl Mays,[22] erholsame Wochen verbrachten. In Amerika war Pfefferkorn ein reicher Mann geworden. Er lebte "wie ein kleiner Fürst"[23] und besaß ein Automobil, mit dem die Ehepaare May und Pfefferkorn gemeinsame Ausflüge unternahmen: beispielsweise zum Canoubi Lake, zum Den Rock (einer Goldfund-Höhle der Indianer in New Hampshire) und - von Manchester aus - zu einer der 'Teufelskanzeln', die in *Winnetou IV* geschildert werden.

Vor den Deutsch-Amerikanern hielt May am 18. Oktober in der überfüllten Turnhalle von Lawrence einen Vortrag zum - an die drei "Grundfragen" des Malers Paul Gauguin (1848-1903) erinnernden[24] - Thema *Drei Menschheitsfragen: Wer sind wir? Woher kommen wir? Wohin gehen wir?* Dem, von Pfefferkorn arrangierten, Vortrag ging das - unisono von mehreren Chören gesungene - Lied "Das ist der Tag des Herrn" voraus.[25]

May erklärte unter anderem: Der Mensch sei gehalten in der Hand seines Schöpfers. Er komme von Gott und werde zurückkehren zu Gott. Die Schöpfung sei - eine bekannte These, die May schon in den *Geographischen Predigten* (1875/76) vertrat[26] - noch keineswegs vollendet. Vor allem der Mensch sei kein fertiges Geschöpf, sondern ein "werdender Geist, der um so menschlicher denkt und handelt, je mehr er sich der göttlichen Liebe wieder nähert".[27]

Auch seine 'neue Psychologie' erläuterte May: Der Mensch sei zusammengesetzt aus Stoff, aus Kraft, aus Seele und Geist. Um seine Theorie zu veranschaulichen, wählte der Dichter das Bild einer Droschke: Dem Wagen entspreche der stoffliche Leib, dem Pferd die animalische Triebkraft, dem Kutscher die Seele, dem richtungweisenden Fahrgast schließlich der Geist. "Die Fahrgäste, welche einsteigen, bilden aus der Seele den Geist, aus dem dienstbaren Kutscher den freien Selbstbesitzer des Wagens."[28]

Mays, neuplatonisch anmutende, Rede von der künftigen Verwandlung der Seele in Geist (und zuvor schon des Stoffes in Kraft und der Kraft in Seele) mag nebulös erscheinen. Viel mehr als der allgemeine Entwicklungsgedanke - der Aufstieg von niederen Seinsstufen zu höheren, in Freiheit und Liebe kulminierenden Daseinsformen - dürfte dem Droschkengleichnis und den vorausgeschickten Theorien freilich kaum zu entnehmen sein. Daß die 'Vergeistigung' des Menschen, wie May sie postuliert, auf eine Verachtung der Materie oder des Trieblebens hinauslaufe,[29] wird man nicht sagen können. Denn das Bild von der Droschke suggeriert ja keineswegs den Gegensatz von 'böser' Triebkraft und 'guter' Geistseele (May hob ausdrücklich hervor, daß sowohl der Wagen wie das Pferd und sowohl der Kutscher wie der Fahrgast gut oder schlecht sein können[30]), sondern die - zu erstrebende - Harmonie des ganzen Menschen.

Gegen Ende seines Vortrags äußerte sich May speziell auch zur Rolle des deutschen Volkes. Dessen Herrschsucht habe "Unsummen von Geld und Blut"[31] verschwendet! Doch die künftige Bestimmung der Deutschen sei es, "ehrliche Makler und friedfertige Vermittler von Volk zu Volk" zu werden. "Der Deutsche hat die Aufgabe, ein Missionar des Friedens, der Völkerliebe, der echten, wahren Humanität zu sein." In Amerika stehe die deutsche Nation, so verkündete May, "an der Spitze der Bestrebung, den Staat der Gewalt in den Staat der Humanität zu verwandeln, und wenn sie diese ihre Aufgabe begreift [...], wird uns hier aus der neuen Welt der Völkerfriede kommen, den wir von der alten vergeblich erwartet haben."

Mit Applaus, mit rauschendem Beifall wurde der Vortrag belohnt. Und der Councilman, der Stadtrat Hermann Grunwald überreichte dem Redner "im Namen des Turnvereins und des Deutschtums von Lawrence" ein goldenes Bundesabzeichen.[32]

Als Deutscher und viel mehr noch als Kosmopolit, als "Abgeordneter der ganzen Menschheit", wie der Schriftsteller Amand von Ozoróczy (halb scherz- und halb ernsthaft) ihn nannte,[33] war May nach Lawrence gekommen - und, Frau Klaras Bericht zufolge, auch nach Andover. Dort soll er das Grab von Harriet Beecher-Stowe, der Verfasserin von *Onkel Toms Hütte* (des berühmten, gegen die Sklaverei gerichteten Jugendromans), besucht haben.

Nach Klara betrachtete May Frau Beecher-Stowe (1811-1896) als eine "Gottgesandte".[34] Er soll ihr, von Seele zu Seele, einen Brief geschrieben und das Blatt in den Efeu am Hügel des Grabmals gelegt haben.

Daß der Dichter diese, sehr christlich und sehr menschenfreundlich gesinnte, Autorin verehrte, ist durchaus wahrscheinlich. Aber der Grabbesuch in Andover? Entsprechende Fotos existieren nicht - während Frau Klara ansonsten doch alles fotografierte. Möglich war ein Grabbesuch aber doch: Frau Beecher-Stowe wohnte zeitweilig in Andover/Massachusetts. Gestorben ist sie zwar in Hartford/Connecticut, wo sie ihre frühe Jugend verbracht hatte und wo auch ihre Kinder und Enkel lebten;[35] bestattet aber wurde sie in Andover (im Grab ihres Sohnes Henry).[36] Klaras Bericht könnte im Kern also zutreffen.

Mit dem Aufenthalt in Lawrence und den Autofahrten durch Massachusetts endete die Amerikareise des Ehepaars May. Über Boston fuhren die beiden im November nach New York und von dort, auf der 'Kronprinzessin Cecilie', nach Europa zurück. Daß es, wie in der Sekundärliteratur überliefert wird,[37] ein längeres (vierzehntägiges) Verweilen in England - vorwiegend in London - gegeben habe, ist jedoch zweifelhaft. Postkartengrüße an Freunde in Deutschland (den Psychiater Dr. Paul Näcke z.B.[38]) und auch an Freunde in Österreich hatte May zwar aus England verschickt.[39] Fotos von dieser letzten Station sind aber nicht bekannt. Und an Otto Denk hatte May ja geschrieben: "Ich wollte ursprünglich von New-York nach London [...] Schließlich bin ich doch direct nach Hause".[40]

Wie paßt das alles zusammen? Vielleicht war May nur sehr kurz in England, um - so Claus Roxin - "auf ein anderes Schiff zu warten, und hat in dieser kurzen Zeit seine Karten abgesandt? Eine schnelle Heimreise könnte auch mit der Krankheit zusammenhängen, derentwegen er sich dann operieren lassen mußte."[41]

Anfang Dezember 1908 waren die Mays wieder in Radebeul. Das Ergebnis der Reise: Impressionen, die der Dichter dann umsetzte in Literatur. Mays zweite überseeische Fahrt hatte zwar - nach Roxin -

bei weitem nicht die Bedeutung der Orient-Reise; er hat nur kleine Teile des amerikanischen Kontinents kennengelernt und vor allem den 'wilden Westen' nie gesehen. Gleichwohl haben ihre Eindrücke auf *Winnetou IV* stark eingewirkt.[42]

Anmerkungen

1 Vgl. Roland Schmid: *Nachwort* (zu *Winnetou IV*). In: Karl May: Freiburger Erstausgaben, Bd. XXXI. Hrsg. von Roland Schmid. Bamberg 1984, N 17-22 (17).

2 Zit. nach ebd.

3 Vgl. Hans Wollschläger: *Karl May. Grundriß eines gebrochenen Lebens.* Zürich 1976, S. 151.

4 Vgl. oben, S. 473f.

5 Klara May: *Mit Karl May durch Amerika.* Radebeul 1931; zit. nach Wollschläger, wie Anm. 3, S. 153.

6 Zit. nach ebd., S. 155.

7 Vgl. unten, S. 554ff.

8 Wollschläger, wie Anm. 3, S. 155.

9 Vgl. W. Bartz: *Shakers.* In: *Lexikon für Theologie und Kirche IX.* Hrsg. von Josef Höfer und Karl Rahner. Freiburg ²1964, Sp. 713f.: "Die Shakers glauben an einen Vater-Mutter-Gott. Er hat sich in Jesus als dem 'männlichen' und in 'Mutter' Anne als dem 'weiblichen Prinzip in Christus' inkarniert [...] Bei voller Gleichberechtigung der Geschlechter führten die Shakers in ihren gepflegten Dörfern ein einfaches, sittenstrenges und fleißiges Gemeinschaftsleben, Eid und Waffendienst verweigernd." - Zum Gedanken einer 'weiblichen Inkarnation' Gottes vgl. unten, S. 661f.

10 Vgl. Wollschläger, wie Anm. 3, S. 156 - Gerhard Klußmeier - Hainer Plaul (Hrsg.): *Karl May. Biographie in Dokumenten und Bildern.* Hildesheim, New York 1978, S. 247. - Mit den Shakersleuten Thümmel dürfte May schon vor der Amerikareise in Kontakt gestanden haben. Wie es dazu kam und welcher Art der Briefwechsel war, ist noch nicht erforscht.

11 Karl May: *Winnetou IV.* Gesammelte Reiseerzählungen, Bd. XXXIII. Freiburg 1910, S. 57.

12 Wollschläger, wie Anm. 3, S. 156.

13 Zit. nach ebd., S. 157.

14 Nach Wollschläger: Ebd. (gestützt wohl auf Angaben Klaras oder auf Postkartenstempel) wohnten die Mays Ende September im Clifton-House; nach Karl May: *Briefe an das bayerische Königshaus.* In: JbKMG 1983, S. 76-122 (S. 112, Brief vom 4.10.1908 an Prinzessin Wiltrud), aber war May am 3.10. noch in Buffalo (am 4.10. jedoch im Clifton-Hotel in Nia-

gara Falls) und wollte am 5.10. nach Toronto fahren. - Da es keine stichhaltigen Gründe gibt, an der Richtigkeit der von May genannten Daten zu zweifeln, liegt die Vermutung nahe: Von Niagara Falls aus hat May einen weiteren Abstecher nach Buffalo unternommen.

15 May: *Winnetou IV*, wie Anm. 11, S. 45.

16 Klara May: *Amerika*, wie Anm. 5; zit. nach Christian Heermann: *Der Mann, der Old Shatterhand war. Eine Karl-May-Biographie.* Berlin 1988, S. 335.

17 Zit. nach ebd.

18 Grundsätzlich wäre - in einem Zeitraum von ca. vier Wochen (die May aber nicht zur Verfügung standen) - eine Bahnreise ins Land der Apatschen möglich gewesen. - Vgl. Wilhelm Manig: *Auf Fährtensuche: Old Shatterhands Weg zu "Winnetous Erben".* In: MKMG 91 (1992), S. 26-30.

19 Die Fahrt nach Detroit und Montreal rechnet Wollschläger, wie Anm. 3, S. 157, zu Klaras Fabeleien; doch Dieter Sudhoff: *Karl Mays "Winnetou IV". Studien zur Thematik und Struktur.* Materialien zur Karl-May-Forschung, Bd. 6. Ubstadt 1981, S. 13, hält die Fahrt - mit plausiblen Argumenten - für durchaus möglich.

20 Vgl. Wollschläger, wie Anm. 3, S. 158 - Klußmeier - Plaul, wie Anm. 10, S. 245ff. - Heermann, wie Anm. 16, S. 334ff.

21 Wollschläger, wie Anm. 3, S. 158.

22 Vgl. oben, S. 343.

23 Zit. nach Wollschläger, wie Anm. 3, S. 158.

24 Nach Miloslav Stingl: *Indianer vor Kolumbus. Von den Prärie-Indianern zu den Inkas.* München, Zürich o.J., S. 15, hat Gauguin "unter eines seiner Bilder drei Grundfragen geschrieben: Woher kommen wir? Wer sind wir? Wohin gehen wir?" - Daß May diese Gauguin-Formulierung kannte, ist immerhin möglich. Allerdings ist anzunehmen, "daß auch Gauguin die 'drei Menschheitsfragen' nicht erfunden hat, sondern daß es sich dabei um eine der Zeitgenossenschaft allgemein vertraute Fragestellung handelte." (Claus Roxin in einem Brief vom 30.3.1992 an den Verfasser).

25 Berichte gab es in den beiden deutschen Zeitungen in Lawrence ('Anzeiger und Post' und 'Der deutsche Herold' vom 19.10.1908); der Bericht des 'Herold' ist im Faksimile wiedergegeben bei Klußmeier - Plaul, wie Anm. 10, S. 254f.

26 Vgl. oben, S. 140f.

27 Zit. nach Wollschläger, wie Anm. 3, S. 160f.

28 Zit. nach Klußmeier - Plaul, wie Anm. 10, S. 254 (Bericht des 'Deutschen Herold') - Mays Droschken-Gleichnis findet sich schon bei Heinrich Wagner: *Karl May und seine Werke. Eine kritische Studie.* Passau 1907, S. 38f.; May hat dieses Gleichnis also nicht erst in Lawrence konzipiert.

29 Diese Auffassung wird in der Sekundärliteratur über May manchmal nahegelegt; vgl. unten, S. 634f. u. 690f. - Vgl. auch Sibylle Becker: *Karl Mays Philosophie im Spätwerk.* Materialien zur Karl-May-Forschung, Bd. 3. Ubstadt 1977, bes. S. 8-35.

30 Vgl. Wagner, wie Anm. 28.

31 Zit. nach Klußmeier - Plaul, wie Anm. 10, S. 255 (Bericht des 'Deutschen Herold'); dort auch die folgenden Zitate.

32 Nach Wollschläger, wie Anm. 3, S. 161.

33 Zit. nach ebd., S. 151.

34 Klara May: *Am Grabe Beecher Stowes.* In: KMJB 1924. Radebeul 1924, S. 162-165 (S. 163) - Insgesamt wirkt dieser Bericht eher legendenhaft; zumindest das Todesjahr und der Sterbeort Beecher-Stowes werden von Klara May falsch (1894 in Andover statt 1896 in Hartford) angegeben.

35 Nach Charles Edward Stowe: *Onkel Toms Mutter. Harriet Beecher-Stowe - ihr Leben in Briefen und Tagebüchern.* Berlin ²1988, S. 225, zu schließen.

36 Diese Mitteilung ist den Recherchen Ernst Seybolds zu verdanken.

37 Vgl. z.B. Wollschläger, wie Anm. 3, S. 161 - Klußmeier - Plaul, wie Anm. 10, S. 257.

38 Vgl. Udo Kittler: *"Ein Fall allerersten Ranges" II.* In: MKMG 90 (1991), S. 16-23 (S. 21). - Zu Dr. Näcke vgl. unten, S. 582.

39 Vgl. Klußmeier - Plaul, wie Anm. 10, S. 257.

40 Karl May: *Briefe an Karl Pustet und Otto Denk. Mit einer Einführung von Hans Wollschläger.* In: JbKMG 1985, S. 15-62 (S. 32, nicht datierter Brief an Denk, wohl Ende 1908).

41 Claus Roxin in einem Brief vom 26.1.1992 an den Verfasser.

42 Claus Roxin: *Mays Leben*. In: *Karl-May-Handbuch*. Hrsg. von Gert Ueding in Zusammenarbeit mit Reinhard Tschapke. Stuttgart 1987, S. 62-123 (S. 118).

10.12 Der Höhepunkt des öffentlichen Streits: Die 'Karl-May-Hetze' seit Ende 1908

In Amerika hatte sich May eine Krankheit oder "Verletzung"[1] zugezogen, über der - so Roxin - "noch ein merkwürdiges Dunkel liegt. Was hatte er denn eigentlich?"[2] Belegt ist jedenfalls dies: Vor dem Weihnachtsfest des Jahres 1908 wurde May in einer Dresdner Klinik operiert.[3] Man schnitt ihm, wie er Pustet und anderen Bekannten mitteilte, "ein großes Stück Fleisch aus der Brust. Nun sitze ich hier, in Bandagen bis an den Hals gewickelt. Das Schreiben verursacht mir Schmerzen."[4]

Dennoch hat er, nach der Entlassung aus dem Krankenhaus, den *'Mir von Dschinnistan* mit Bravour zu Ende geschrieben, um anschließend, 1909/10, *Winnetou IV* zu verfassen - während gleichzeitig die Pressekampagne ihrem Höhepunkt zustrebte und das Prozeßgeschehen neue Auswüchse zeitigte und immer weitere Verfahren nach sich zog.

Mays Widersacher Nr. 1 blieb Rudolf Lebius, der zu den schamlosesten Methoden griff, um den "Genossen Karl May" (wie der Journalist den Dichter jetzt etikettierte)[5] zu verleumden und zu 'vernichten'. Welche Motive ihn im letzten getrieben haben, ist - so Roxin - "bis heute unklar".[6]

Persönliche Rachsucht war sicher ein wichtiger, aber wohl nicht der einzige Grund. Am 18. Dezember 1911, vor der Strafkammer in Moabit, hat sich Lebius so geäußert: "Die sozialdemokratische Presse berief sich bei [...] Angriffen gegen mich immer auf Karl May, der als angesehener Jugendschriftsteller bezeichnet wurde. Es lag mir deshalb daran zu beweisen, daß May unglaubwürdig ist."[7]

Heermann nimmt, wohl gar nicht so abwegig, für Lebius' Intrigen - neben privaten - auch politische Beweggründe an, die mit der literarischen Tätigkeit unseres Autors zusammenhängen. Ein Sozialdemokrat war May zwar nicht, aber pazifistischen Kreisen stand er doch nahe.[8] Auch sonst hat May, sehr direkt und massiv im *Friede*-Roman und dann wieder (verschlüsselt) in *Ardistan und Dschinnistan*, Positionen vertreten, die der politischen Rechten gewiß nicht genehm waren: Immerhin - im April 1910 freilich erst - hat die Politische Polizei, unter der Nummer 17717, eine "Akte betr. Schriftsteller Karl May" angelegt; das Dossier enthielt 74 Zeitungsberichte.[9]

10.12.1 Theologische Kritik und kirchenpolitische Hintergründe

Lebius stand, so Heermann, mit "jenen reaktionären Kreisen" im Bund,

denen May durch seine Absage an Militarismus, Rassismus und Kolonialismus lästig geworden ist. May wird ernst genommen, weil hier nicht irgendein Schriftsteller seine Stimme erhoben hat, sondern einer der meistgelesenen Erzähler jener Zeit [...] Lebius hat die Existenz von Auftraggebern selbst [...] belegt, als er am 18. Dezember 1911 [...] einen Vergleichsvorschlag des Gerichtsvorsitzenden zurückweist. 'Seine Organisation verlange, daß er KEINEN Vergleich schließe', heißt es im Bericht des 'Vorwärts'.[10]

Nicht nur die extreme Rechte, auch Teile der gemäßigten politischen Kräfte waren - so könnte man denken - gegen den Schriftsteller eingenommen: So beteiligte sich an der Pressekampagne gegen May - erstmals im August 1907 - auch die 'Germania', das Berliner Blatt der katholischen Zentrums-Partei. Die Vorwürfe des May-Gegners Hermann

Cardauns (bezüglich der 'Schundromane') wurden in dieser Zeitung, wie in anderen Journalen, wieder aufgewärmt.[11]

Vor allem aber griff in der 'Germania' - am 5., 6. und 8. Dezember 1908, etwa gleichzeitig mit der Rückkehr des Schriftstellers aus Amerika - Dr. Paul Rentschka (1870-1956), damals Kaplan an der katholischen Hofkirche zu Dresden, den Dichter scharf an: im dreiteiligen Artikel *Karl Mays Selbstenthüllung*.

Doch Rentschkas Polemik - in der 'Germania' und, laut May, auch von der Kanzel der Dresdner Hofkirche herab[12] - zielte nicht auf die Kolportageromane, sondern aufs Spätwerk *Und Friede auf Erden!* Heermann will, auch in diesem Falle, parteipolitische Motive erkennen.[13] Der Text des Rentschka-Artikels läßt diese Deutung aber kaum zu. Das eigentliche Interesse des Hofkaplans war, wohl ausschließlich, theologischer und dogmatischer Art.

Daß er die politische Reaktion, aber auch die kirchliche Orthodoxie provozieren würde, hatte der Autor des *Friede*-Bands wohl geahnt - schon früh, zur Entstehungszeit der Urfassung *Et in terra pax* (1901). In seiner 'Zauberteppich'-Parabel läßt Karl May den Händler Yussuf el Kürkdschü (Joseph Kürschner ist gemeint!)[14] das Meisterwerk - d.h. den *Pax*-Roman - tadeln: "Maschallah! Was sehen meine Augen! Du füllst trotz meines Wunsches den Untergrund noch immerfort mit unwillkommenen Worten, und die Gestalten, die auf ihm entstanden sind, werden das Mißfallen jedes wahren Gläubigen erregen!"[15]

Der Bannfluch des "wahren Gläubigen", des Kaplans Rentschka, traf nun den Dichter in der 'Germania'. Rentschka stritt gegen Mays 'synkretistische', die Religionsunterschiede relativierende Tendenz in *Friede auf Erden!*: "Liebe nur allein"[16] war dem Hofkaplan entschieden zu wenig; auf die "dogmatischen Wahrheiten",[17] die 'reine Lehre', kam es ihm an!

Mays Roman verstand er als Anschlag auf das "gesamte kirchliche Christentum, insbesondere die katholische Kirche";[18] auch die göttliche Offenbarung und damit die "absolute Wahrheit in religiösen Dingen"[19] werde von May geleugnet; "in verschwommenen (unrichtigen) Begriffen"[20] rede der Autor über Gott und die Welt; der ganze Roman stecke "voll der Irrtümer, ganz besonders auch voll der Irrtümer des Modernismus".[21] Der Entwicklungslehre habe May sich verschrieben, und so zählt ihn Paul Rentschka unter die Neuheiden! "Darüber werden uns auch die schönsten Worte Mays über das Kreuz nicht täuschen. Wir lassen uns unsern Glauben nicht unvermerkt in einen andern verwandeln, [...] wir bleiben beim alten Glauben."[22]

Rentschkas Attacken auf May sind im Kontext des katholischen 'Modernismusstreits' zu Beginn des 20. Jahrhunderts zu verstehen.[23] Was 'Modernismus' ist, legte Papst Pius X. fest: im Dekret *Lamentabili sane Exitu* (3.7.1907)[24] und in der Enzyklika *Pascendi dominici gregis* (8.9.1907). Es ging um die Abwehr verschiedenster 'Irrtümer', um die Auswahl der theologischen Lehrer und die Kontrolle des schulischen Religionsunterrichts. Der Papst wollte die Kirche in Schutz nehmen vor den 'Gefahren' der neuen Zeit und ihrer Ideen. Zugleich aber begünstigte er die Isolation, die ängstliche Defensivhaltung gegen sämtliche - als böse empfundenen - Einflüsse der Moderne, also den Rückzug der Kirche ins Ghetto einer Sonderkultur.

Es begann eine "regelrechte systematische Jagd"[25] gerade auf Leute, die der Kirche besonders verbunden waren und, eben deshalb, den Dialog des christlichen Glaubens mit der modernen Gesellschaft zu führen versuchten. Auch der 'Katholische Literaturstreit', die Kontroverse zwischen der 'fortschrittlichen Literaturbewegung' um Carl Muth und dem konservativen 'Gralbund' um Richard v. Kralik (der, paradoxerweise, May unterstützte)[26] ist in diesem Zusammenhang zu betrachten: Dogmatische Enge und kirchliche Linientreue des religiösen Schrifttums wurden, von Rom aus, gefördert - zu Lasten der literarischen Qualität. Muth indessen, der in dieser Hinsicht von May ja durchaus gelobt wurde,[27] setzte sich ein für geistige Offenheit, weil nur so die katholische Literatur vor der Bedeutungslosigkeit bewahrt werden konnte.

Der Modernismusstreit war ein Vorgang, den es in den christlichen Kirchen, mutatis mutandis, immer gegeben hat und wohl immer geben wird: Die Hüter des 'reinen Glaubens' stehen - unter Berufung auf 'absolute Wahrheiten' und die, sehr eng interpretierte, 'Lehre der Kirche' - den 'Neuerern' gegenüber. Was nun speziell Mays *Friede*-Band und die Angriffe Rentschkas betrifft, so ist die Auseinandersetzung, mit Hilfe von neueren (vor allem an Karl Rahner orientierten) theologischen Einsichten, an anderer Stelle[28] bereits erfolgt. Das Ergebnis: Die Verwerfungen Rentschkas werden May und seinem *Friede*-Roman in keiner Weise gerecht.[29]

Die doktrinäre Enge des Hofkaplans war May gewiß nicht sympathisch. Dennoch suchte er, in sechs Briefen (9.12.1908 bis 14.1.1909), den Dogmatiker zu beschwichtigen: Dessen Vorwürfe habe er nicht verdient; er sei "strenggläubig"[30] und "mit Leib und Seele katholisch" gesinnt.[31] Er wolle nicht, daß sein Werk einen "wenn auch noch so kleinen Verstoß gegen die katholische Kirche enthalte".[32] Den Modernismus und "das haltlose Evolutionistenthum"[33] lehne er ab. Auch schließe er Irrtümer in seinem Werke nicht aus; er könne auch Fehler machen und sei im Grunde nur froh, darauf hingewiesen zu werden. "Sie ersehen hieraus, daß mir die Offenbarung und ihre wahren Priester über Alles stehen [...]"[34]

Auf die eigentlichen Sachpunkte ließ May sich, um neuen Streit zu vermeiden, kaum ein. Seine Taktik war - in solchen Fällen wohl immer das klügste - die Ruhigstellung des Gegners.

Ende Dezember 1908, nachdem er sich von der Operation erholt hatte (aber noch "in Bandagen bis an den Hals"?[35]), suchte May - wie er es auch in anderen Fällen getan hatte[36] - seinen Widersacher persönlich auf. Hans Wollschläger zufolge war dieses Entgegenkommen nur windige Schwäche: "kein Kritiker ist ihm jetzt gering genug, um ihn zu übersehen; und ächzend tritt er den Bittgang zu dem Römer an"![37] Auch Ekkehard Bartsch sah im Verhalten Karl Mays eine "Altersmüdigkeit",[38] die sich mit einer so mächtigen Institution wie der katholischen Kirche nicht anlegen wollte.

Diese Sichtweise verkennt nun aber das kirchliche Fühlen, das May - trotz aller (einem verwundeten Herzen entspringenden) Kritik am "Unverstand", an der "Intoleranz", an der "Prüderie" und "Poesielosigkeit"[39] vieler Kirchenmänner - doch zu eigen war. Daß er in früheren Jahren als 'katholisch' gelten wollte und jetzt noch, in Briefen an Karl Pustet und Otto Denk beispielsweise,[40] 'katholische Gesinnung' beteuerte, war mehr als nur schnöde Berechnung, war mehr als nur Schläue und Opportunismus. Zwar schrieb dieser Dichter - wie er 1910 formulierte - "als Mensch zum Menschen, nicht aber als Katholik oder Protestant zu Katholiken oder Protestanten";[41] doch im weiteren (konfessionell nicht verengten) Sinne des Wortes dachte May tatsächlich, in kritischer Solidarität mit den christlichen Kirchen, katholisch.[42] Seine Alterswerke belegen dies noch deutlicher als die Reiseerzählungen bis 1898.

May verteidigte, wie Muth und andere 'Modernisten', zu Recht seine Kirchlichkeit. Daß er auch Rentschka nicht verachtete, daß er ihm schrieb und ihn besuchte, spricht für den Dichter und seine wahrhaft 'katholische Gesinnung'. Den rechten Glauben, das

Christsein ließ er sich eben nicht absprechen. Ein Sektierer wollte er nicht sein und ist er, wie seine Werke[43] zeigen, auch nicht gewesen.

Daß der Karl-May-Verlag in Radebeul, nach dem Tode des Schriftstellers, ausgerechnet Paul Rentschka - im Jahre 1919 - mit der Bearbeitung des *Friede*-Romans beauftragte (um den Band auch für Pfarrbibliotheken[44] empfehlbar zu machen), steht auf einem anderen Blatt. Denn der "Pfaffe kürzte", so Klaus Farin in einem bissigen Kommentar,[45] den Originaltext um ca. 100 Seiten und flickte eigene Passagen hinein. Andrerseits: Der Quantität nach entsprachen solche Kürzungen und Einschübe auch sonst der Praxis des Karl-May-Verlags; ob und in welchem Ausmaß Rentschkas Bearbeitung[46] auch die TENDENZ des *Friede*-Bandes tangierte, bedarf noch der gründlichen Untersuchung.[47]

10.12.2 Die Pressefehden in den Jahren 1909/10

Nach der persönlichen Begegnung mit dem Autor in Dresden trat Rentschka nie wieder als May-Kritiker auf. Im Gegenteil, wir dürfen vermuten: Dem Dichter war es gelungen, den Theologen für sich zu gewinnen. Doch andere Gegner aus dem kirchlichen Lager ließen sich nicht versöhnen: Hermann Cardauns z.B., Mays Erzfeind seit vielen Jahren, aber auch der Franziskanermönch Expeditus Schmidt und - besonders - der Beuroner Benediktinerpater Ansgar Pöllmann.

Als Priester und Kunstverständiger, als Autor und Literaturspezialist - Pöllmann (1871-1933) gab von 1903-07 und 1911-13 die 'Gottesminne', eine angesehene Monatsschrift für religiöse Dichtkunst, heraus - hatte der Benediktiner seine Verdienste. Auch als Mensch hatte er durchaus manche Vorzüge.[48] Allerdings verfaßte er, 1914/15, Kriegsgedichte, von denen "einige nicht gerade priesterlichem Geiste entsprachen" (wie in der *Sterbechronik über Pöllmann*, die der Benediktinerorden herausbrachte, zu lesen ist).[49] Auch zeigte er sich, speziell in seinen Ausfälligkeiten gegen May, als engstirniger Eiferer, dessen kämpferische Einstellung - laut *Sterbechronik* - "jene weise Maßhaltung und Objektivität vermissen ließ, die man von ihm als Priester und Benediktinermönch erwarten durfte."[50]

Schon im Jahre 1901 hatte sich Pöllmann - ganz im Sinne Cardauns' - gegen Mays Kolportageromane gewandt.[51] Und später, im Januar und im Frühjahr 1910, als die Pressekampagne ihren Höhepunkt erreichte, war es - nebst Lebius und Avenarius - in erster Linie Pöllmann, der den Schriftsteller aufs übelste attackierte: in mehreren Zuschriften an die katholische (zentrumsorientierte) 'Freie Stimme' aus Radolfzell[52] und in der Artikel-Serie *Ein Abenteurer und sein Werk*.

Die letztgenannten Artikel fanden sich in der Zeitschrift 'Über den Wassern'.[53] Herausgeber dieses Journals war der Franziskanerpater Expeditus Schmidt (1868-1939), ein seinerzeit bekannter Literaturkritiker und "prominenter Vertreter der katholischen 'fortschrittlichen Literaturbewegung'"[54] um Carl Muth. Analog zu Muth verlangte auch Schmidt ein anspruchsvolleres Niveau der katholischen Belletristik. Und ähnlich wie Muth hatte Schmidt, im März 1903, das - seiner Ansicht nach - zu oberflächliche und literarisch bedeutungslose Werk des sächsischen Schriftstellers kritisiert.[55]

Und jetzt, nach Abschluß der Artikelserie Pöllmanns im Mai 1910, erinnerte Schmidt - in einer Zuschrift an die 'Augsburger Postzeitung' - an die bekannte Behauptung, daß May "zu gleicher Zeit unsaubere Kolportage-Romane und frömmelnde Muttergottesgeschichten"[56] fabriziert habe. Worauf der Dichter den Mönch vor den Kadi zitierte![57]

Immer und immer wieder dasselbe Lamento: Karl May ist ein 'Schundliterat'! Cardauns hat's ermittelt, und alle anderen plappern es nach. Im Vergleich zu den Grobheiten Pöllmanns war die Schmidtsche Polemik aber noch durchaus gemäßigt. Ansgar Pöllmann, der Beuroner Pater, hingegen bewarf den Dichter mit Schmutz. Er frischte, zunächst, süffisant die alten Geschichten wieder auf: den falschen Doktor, die "perverse Phantasie"[58] der Münchmeyerromane, das "katholische Mäntelchen"[59] des Verfassers der Reiseerzählungen, auch die Scheidung von Emma und die Heirat mit Klara.[60] Auf die Haftjahre Mays, die "Zeit seiner größten Seßhaftigkeit",[61] spielte er ebenfalls an!

Gewiß, nicht alles, was Pöllmann gegen May vorbrachte, war völlig verkehrt. "Karl May wurde durch die maßlose Verhimmelung seines Leserkreises um sich selbst gebracht [...] So, wie wir jetzt 'unsern' May haben, so hat ihn seine Gemeinde haben wollen; wehe dem, der mit der Masse paktiert, sie reißt ihn fort."[62] Auf den "früheren Karl",[63] den 'Dr. Karl May, genannt Old Shatterhand', trifft diese - bedenkenswerte - Äußerung Pöllmanns ja weitgehend zu.

Ansonsten aber sind die Anwürfe des Paters als ungerecht und böswillig zu bezeichnen. Pöllmanns Formulierungen verraten eine beispiellose Aggressivität: " [...] uns jammert des deutschen Volkes, das dieser literarische Freibeuter verdirbt, und darum drehen wir den Strick, um diesen Händler aus dem Tempel der deutschen Kunst hinauszupeitschen."[64] Sieht man dieses Verdikt im Zusammenhang mit den anderen (nicht weniger diffamierenden) Sprüchen des Benediktiners, insbesondere mit der Anspielung auf die Delikte Mays in den 1860er Jahren, dann wird - so der Strafrechtsprofessor Roxin - sehr "deutlich, worum es eigentlich ging: um die erbarmungslose Ächtung dessen, der einmal straffällig geworden war [...] So, wie Pöllmann es tat, hätte man auch zu einem 'Kriminellen' nicht sprechen dürfen."[65]

Was Pöllmann gegen May schrieb, waren persönliche Verunglimpfungen. Literarisch aber hatte er gegen May nichts Ernsthaftes vorzubringen. Auch die Beschuldigung, Karl May sei "für ewige Zeiten das Musterbeispiel eines literarischen Diebes",[66] konnte dieser überzeugend widerlegen. Mays Stellungnahme[67] ist richtig: Daß er, gekonnt, ethnographische Werke benutzt hat, spreche für ihn! "Denn natürlich ist es nicht tadelnswert, sondern notwendig und löblich, daß ein Reiseschriftsteller sich an möglichst gute Quellen hält."[68] Zweifellos hatte Pöllmann das Verdienst, Mays völkerkundliche Quellen[69] teilweise entdeckt zu haben. Was der Benediktiner aber nicht sah oder nicht sehen wollte: Es handelt "sich in keinem Falle um Plagiate, weil noch die kleinste Erzählung Mays solcher Entlehnungen ungeachtet ein eigenschöpferisches Werk bleibt."[70]

Mays literarische Werke hat der Pater genauso verkannt wie seine religiöse Option: "Gegen alles seiner Meinung nach Unechte und Scheinkatholische zog er leidenschaftlich zu Felde."[71] Die ökumenischen Anstöße der Mayschen Altersromane[72] mußten Pöllmann, aufgrund seines anderen, zur Auffassung Mays konträren theologischen Ansatzes, mißfallen. Der Toleranzgedanke war dem Ordensmann fremd und der - religiös-politische - Pazifismus (den Karl May seit 1901 engagiert vertrat) war Pöllmann suspekt. Mays Spätwerk bezichtigte er des "Indifferentismus"[73] und des "verschwommenen Interkonfessionalismus":[74] Die von May gewünschte "allgemeine christliche Kirche ist nichts anderes als eine tolerante Weltverbrüderung, ein aus dem Absud aller Religionen aufsteigender Liebesdusel".[75]

Ein schlimmes Vokabular! Das sind die Schlagworte, die Kampfparolen eines ökumenefeindlichen Denkens, das die Wahrheit nicht sucht, sondern von vornherein zu besitzen vermeint. Als 'infallibler' Großwahrheitsbesitzer, als "Abgeschlossener", dem - so May -

"die Konturen, über die hinaus er sich nicht entwickeln darf, streng vorgeschrieben"[76] sind, zeigte sich Pöllmann in seiner Polemik gegen den Dichter, der "als Werdender irren"[77] konnte, dessen Spätwerke aber Impulse und Innovationen enthalten, für die der Horizont des Paters eben zu eng war.

Zur Zeit dieser Kontroversen, im Frühjahr 1910, war May schon beinahe ruiniert; der körperliche Zusammenbruch stand ihm nahe bevor. Dennoch gelang ihm, mit seinen Artikeln in der Wiener 'Freistatt' (Auch "Über den Wassern": April bis Juni 1910),[78] ein "Bravourstück, das ihm […] argumentatorisch eindeutig die Oberhand gibt."[79] Pöllmann, dem hochwürdigsten Herausgeber der 'Gottesminne', parierte May in präziser Rhetorik, mit literarischem Schliff und witziger Ironie. Er maß den Pater geschickt am geistlichen Stand und führte ihn vor: als Verbündeten der "Sensations- und Revolverpresse".[80]

Tatsächlich spielten sich der Benediktinermönch Pöllmann und der Journalist Rudolf Lebius - "der aus der christlichen Kirche ausgetretene Sozialdemokrat a.D."[81] - gegenseitig die Bälle zu. Obwohl sich der Pater von Lebius öffentlich distanzierte, arbeitete er - ebenso wie Cardauns und Avenarius, wie Schumann und andere May-Gegner - mit dem Verleumder und Intriganten sehr wirksam zusammen.[82] Daß er "ein gewisses Interesse an dem von Lebius veröffentlichten Material"[83] hatte, mußte Pöllmann am 28. April 1911, vor dem Sigmaringer Amtsgericht, zugeben.

"Mit Erschütterung" hat der Schriftsteller Amand v. Ozoróczy aus dem Nachlaß des Benediktiners ersehen, "in welchem Umfang Pater Pöllmann mit einem Lebius kollaborierte, der weit über das hinausging, was er selber 'einräumte' und Karl May ihm vorwarf."[84] Nach dem Abschluß (oder richtiger: Abbruch) seiner Artikelserie Ein Abenteurer und sein Werk schrieb Pöllmann allerdings keine einzige Zeile mehr gegen May - aber nicht aufgrund von besserer Einsicht, sondern aufgrund einer Intervention des Beuroner Erzabtes Ildephons Schober (1849-1918), der - schon als Abt von Seckau (bis 1908) - unserem Autor sehr wohlwollend gegenüberstand.[85] Von den 'Freistatt'-Artikeln Karl Mays besonders beeindruckt, verbot Schober dem Pater jedes "Weiterspinnen der May-Hetze".[86]

Doch Pöllmanns Verbündeter, Rudolf Lebius, hatte sein Ziel - den Rufmord an May - inzwischen weiterverfolgt. Er hatte, 1909, zum entscheidenden Schlag gegen den Schriftsteller ausgeholt. Er wühlte im Schmutz und suchte nach Bett- und nach Ehescheidungsgeschichten. Mit Bienenfleiß sammelte er Belastungsmaterial über das Vorleben Mays: in Gesprächen mit Emma, der geschiedenen (und deshalb verbitterten) Ehefrau Karl Mays, die der "Pressebandit"[87] in Weimar besuchte und - durch geheuchelte Teilnahme an ihrem Schicksal - als Werkzeug gegen den früheren Gatten benutzte. Auch nach Hohenstein-Ernstthal fuhr Lebius, wo er die Leute über Mays, schon mehr als vierzig Jahre zurückliegende, Straftaten aushorchte. Das Ergebnis dieser Recherchen, darunter auch Falschaussagen des Gartenarbeiters Richard Krügel, 'verwertete' der Zeitungsmann in perfiden Artikeln (wie Hinter die Kulissen: am 19.12.1909 im Wochenjournal 'Der Bund'[88]) und Flugblättern von der schändlichsten Sorte: Jahrelang sei Karl May als Räuberhauptmann durch die erzgebirgischen Wälder gezogen; fast täglich habe er, mit seinem Schulfreund Louis Krügel, Einbrüche begangen; Uhrenläden habe er geplündert und Marktweiber habe er überfallen; zudem wurde der Schriftsteller verdächtigt, seine neunjährige Nichte sexuell mißbraucht und seinen Schwiegergroßvater - den alten Pollmer - erwürgt zu haben. "Die Unwahrheit dieser unglaublichen Beschuldigungen steht heute fest und ist zum größten Teil auch schon zu Lebzeiten Mays gerichtlich erwiesen worden."[89]

Avenarius griff, im 'Kunstwart' (Februar 1910), diese Lebius-Stories genüßlich auf.[90] Lebius selbst trug seine 'Ermittlungen' in einer dicken Broschüre zusammen: unter dem

Titel *Die Zeugen Karl May und Klara May. Ein Beitrag zur Kriminalgeschichte unserer Zeit* (Berlin-Charlottenburg 1910).[91] Aktenauszüge und Dokumente gaben dem ganzen - 335 Seiten umfassenden - Pamphlet, sehr raffiniert, den Anstrich von Objektivität und Wissenschaftlichkeit. Die von May, am 3.12.1910, erwirkte einstweilige Verfügung gegen den Verkauf dieser Schmähschrift kam zu spät: Tausende von Exemplaren waren bereits im Umlauf.

Der Kriminalpsychologe Erich Wulffen, der ebenfalls, freilich ohne besondere Übertreibung und ohne gewissenlose Falschaussage, Mays Straftaten öffentlich (1908) erörtert hatte,[92] bedauerte später sein eigenes - Mays wirkliche, aber längst schon gesühnte Delikte ja immerhin bloßstellendes - Verhalten und meinte im Blick auf Lebius:

Es handelte sich [...] um eine [...] Menschenhetze schlimmster Art, auf die Vernichtung von Karl Mays Menschentum gerichtet [...] Niemals ist gegen einen deutschen Schriftsteller, niemals gegen einen Schriftsteller der Weltliteratur überhaupt so grausam verfahren worden wie gegen Karl May.[93]

Nach dem Charlottenburger Gerichtsurteil vom April 1910 - wir kommen darauf noch zurück - gingen fast sämtliche deutsche Zeitungen davon aus, daß die Gerüchte über May nun erwiesen seien. Die Blätter brachten Schlagzeilen wie diese: *Karl May - ein abgestrafter Räuber, Ein literarischer Schinderhannes, Autor frommer Bücher - ein Bandit* usw.[94]

In Wirklichkeit hatte das Charlottenburger Gericht die Behauptungen des Lebius - so Roxin -

weder geprüft noch bestätigt, sondern [...] durch den Rückgriff auf § 193 StGB ein Eingehen auf die Sache selbst gerade vermieden. Wenn trotzdem fast die gesamte deutsche Presse die Räuberhauptmannslegende übernahm, anstatt eine seriöse Berichterstattung oder gar eine Urteilsanalyse zu liefern, dann war das reiner Sensationsjournalismus.[95]

Die phantastischen Lebius-Stories machten, aufgrund solcher Zeitungsartikel, die Runde und gingen, noch fünfzig Jahre später, auch in biographische May-Darstellungen ein![96]

Um seine Verleumdungskampagne abzurunden, tat Lebius noch ein übriges: John Ojijatekha Brant-Sero, einen jungen, in Schulden geratenen Manege-Indianer, den der Journalist in der Schaubude eines Rummelplatzes entdeckt hatte und dessen Notlage er ausnützte, veranlaßte er zum 'Protest gegen die blutrünstige Indianerliteratur'. Der Protest war eindeutig gegen May gezielt und nahm ausgerechnet DEN (soeben erst erschienenen) Indianerroman aufs Korn, der allein der Völkerverständigung gewidmet war: *Winnetou IV*. Im von Schumann redigierten Feuilleton des 'Dresdner Anzeigers' vom 28. Juni 1910 wurde der 'Protest' des Mohawk-Indianers veröffentlicht. In dem Artikel, der von Brant-Sero unterzeichnet, von Lebius aber initiiert und wahrscheinlich auch verfaßt wurde, hieß es unter anderem: "Niemals in meinem ganzen Leben kam mir - ich bitte um Verzeihung - so eine dämliche Karikatur meines Volkes vor Augen".[97]

Das Indianerbild in *Winnetou IV* war gemeint! In seinem Flugblatt *Herr Rudolf Lebius, sein Syphilisblatt und sein Indianer* (Ende Juni 1910)[98] wies May die Attacke zurück und deckte - gerade auch im Blick auf *Winnetou IV*, sein wohl bestes und zweifellos wichtigstes Indianerbuch - die gröbsten Entstellungen Brant-Seros bzw. des Lebius auf.

10.12.3 Das Prozeßgeschehen (ab 1909)

Die May-Hetze war zum Teil nur die Kehrseite all der Gerichtsprozesse, die der Schriftsteller seit 1901 geführt hatte bzw. zu führen gezwungen war. Sein gefährlichster Gegner, bis Ende 1911, war nach wie vor Lebius - während der Streit mit Pauline Münchmeyer nur noch die Höhe der Entschädigung[99] zum Gegenstand hatte: Ende 1909 wurde das Schadensersatzverfahren gegen Frau Münchmeyer wieder aufgenommen; doch den Abschluß dieses Prozesses erlebte May nicht mehr.

Die Anzeige Dr. Gerlachs "wegen Meineids bzw. Verleitung zum Meineid" (15.4.1907)[100] hatte sich, erwartungsgemäß, inzwischen erledigt - in einer Weise allerdings, die für May nicht vollends befriedigend war: Am 26. Januar 1909 wurde die Voruntersuchung, nach eineinhalbjähriger Dauer, "mangels Beweises" eingestellt und der Schriftsteller "außer Verfolgung gesetzt".[101] Heinz Stolte bemerkt dazu: "Es ist genugsam bekannt, was eine solche Formel bedeutet. Sie ist, da sie nicht auf 'erwiesener Unschuld' gründet, [...] immer noch keine volle Rehabilitierung, eher eine moralische Verunglimpfung."[102]

Ähnlich verhielt es sich mit der Anzeige Louise Häußlers wegen "betrügerischer Handlungen zur Ermöglichung der Ehescheidung" (9.10.1903). Da es gegen Klara und Karl May keine Beweise gab und Emma die Aussage verweigert hatte, war dieses Verfahren schon am 30.12.1903 eingestellt worden.[103] Auf Betreiben der nunmehrigen Frau Louise Achilles verw. Häußler wurde die Anzeige im Mai 1909 erneut untersucht. Erich Wulffen, der zuständige Dresdner Staatsanwalt und bekannte Kriminalpsychologe, stellte dieses Verfahren am 24. September 1909 dann endgültig ein, da die Gemütsverfassung der mittlerweile kränklichen Emma Pollmer (die "als alleinige Zeugin" in Frage kam) "keine ganz normale" sei.[104]

Wirklich geklärt war mit dieser Entscheidung aber natürlich nichts; zum Jubel hatte May keinen Grund. Und auch im Rechtsstreit mit Lebius hatte der Dichter nur teilweise Erfolg. Gegen den Pressemann, aber auch gegen Emma Pollmer und den Ernstthaler Gartenarbeiter Richard Krügel hatte May diverse Klagen erhoben: wegen Beleidigung und haltloser Verdächtigung. Mit Lebius kam es, im Mai 1909, vor dem Schöffengericht Berlin-Schöneberg zu einem Vergleich: gegen das Versprechen beider Parteien, "in Zukunft Frieden zu halten".[105] Da Lebius den Schriftsteller aber weiterhin diffamierte, stellte May - am 10. Januar 1910 - erneut einen Strafantrag: beim Amtsgericht Dresden. Den Ausgang dieses Verfahrens hat er nicht mehr erlebt.

Allerdings war es May, Ende 1909 und Anfang 1910, gelungen, von seiner früheren Ehefrau Emma - der er im März 1909 die Rente entzogen hatte - gegen Wiedergewährung der Rente (in verringerter Höhe) interessante Erklärungen zu bekommen: Daß ihr Vertrauen durch Lebius mißbraucht worden sei, versicherte nun Frau Pollmer; Lebius sei "ein Schuft, der über Leichen geht",[106] erklärte Frau Emma sogar.

Außerdem, und dies war bedeutsamer, konnte May am 9. August 1910 - vor dem Schöffengericht in Hohenstein-Ernstthal - öffentlich klären lassen, daß Richard Krügel von Lebius getäuscht worden war: Der Journalist hatte behauptet, nur Stoff für humoristische Kalendergeschichten zu sammeln;[107] auf diese Weise hatte er den Krügel zum Reden gebracht! Die Räuberhauptmann-Stories waren, wie sich herausstellte, Erfindungen des Louis Napoleon Krügel, des verstorbenen Bruders von Richard.[108] Dieser hatte, 1909 in Ernstthal, die Fabeleien seines Bruders dem Zeitungsmann weitererzählt. Da Richard Krügel die Räubergeschichten vor dem Schöffengericht widerrief (worauf die Presse, mit

Ausnahme des sozialdemokratischen 'Vorwärts', kaum reagierte![109]), zog May seine Klage zurück.

Was das Hauptverfahren gegen Lebius betraf, war die prozessuale Situation Karl Mays, nach diesem Erfolg, keineswegs ungünstig. Doch zuvor, im Frühjahr 1910, hatte der Dichter, auf einem Nebenschauplatz des Kampfes, aufgrund einer gerichtlichen Fehlentscheidung eine böse Niederlage erlitten. Vorausgegangen war ein Drohbrief des Lebius (vom 12.11.1909) an die Weimarer Kammersängerin Selma vom Scheidt, einer Freundin Emma Pollmers.

In diesem, allerdings privaten und vergleichsweise unbedeutenden, Brief bezeichnete Lebius den Schriftsteller als "geborenen Verbrecher"![110] Mit dieser Formulierung griff der Journalist eine Theorie des Kriminologen Cesare Lombroso auf, dessen Thesen er schon 1906 - in seinem Artikel *Atavistische und Jugendliteratur* - gegen May verwendet hatte.[111] Schon damals hätte das Verhalten des Lebius "als schwere öffentliche Beleidigung [...] bestraft werden müssen."[112]

Selma vom Scheidt (1874-1959), die zwischen Emma und Karl May zu vermitteln versuchte, übergab den Brief an den Schriftsteller, der umgehend - am 17. Dezember 1909 - eine weitere Privatklage gegen Lebius erhob: beim Schöffengericht Berlin-Charlottenburg. Am 12. April 1910, dem "schwärzesten Tag in Mays Alter",[113] reiste der Kläger zur Verhandlung nach Charlottenburg. Einen Rechtsanwalt zu bemühen (mit Bernstein hatte er im Dezember 1908, aus geschäftlichen Gründen, gebrochen[114]), hielt May für überflüssig: "Die Beleidigung erschien mir so klar erwiesen, [...] daß es gewiß keines Advokaten bedurfte, die Notwendigkeit einer Bestrafung einzusehen."[115]

Es kam jedoch völlig anders. Dem Lebius stand, neben zwei weiteren Anwälten, Paul Bredereck zur Seite (der 1912, wegen Veruntreuung von Mündelgeldern, selbst gerichtlich verfolgt wurde, nach Brasilien floh und 1920, als kurzzeitiger Justizminister und Pressechef, zu den Mitverantwortlichen des Kapp-Putsches zählte[116]). Bredereck, der sämtliche Verleumdungen des Lebius gegen May aufs neue servierte, gelang es, vom Gericht einen Freispruch zu erwirken - obwohl der Vorsitzende, der betagte Amtsrichter Wessel, bereits eine Verurteilung des Lebius zu 15 Mark Geldstrafe verkündet hatte. Den ältlichen Richter, der dem Prozeß nicht gewachsen war,[117] unterbrach der Rechtsanwalt mit der Bemerkung, er habe nicht ausreichend plädieren können. Der Vorsitzende ließ den Verteidiger reden und revidierte das Urteil: Freispruch für Lebius wegen "Wahrnehmung berechtigter Interessen" (§ 193 StGB)!

In der Urteilsbegründung hieß es, die Bezeichnung 'geborener Verbrecher' sei "erst neuerdings auf Grund der von Lombroso gemachten Untersuchungen in die gerichtlich-medizinische Wissenschaft eingeführt"[118] worden. Ob diese Bezeichnung im Falle Mays wirklich zutreffe, sei nicht Gegenstand der Gerichtsverhandlung gewesen. Wegen "der Anwendung des fachmännischen Ausdrucks"[119] sei dem Lebius-Brief, so meinte das Gericht, keine Beleidigungsabsicht zu entnehmen - zumal der Journalist ja seine "eigenen Interessen wie auch diejenigen der geschiedenen Frau Mays wahrgenommen habe."[120]

Wie Claus Roxin überzeugend erörterte, war die - in den Folgen für May so verheerende (weil von der Presse mißdeutete und in schamloser Weise gegen den Dichter verwendete) - Charlottenburger Entscheidung ein glattes Fehlurteil:

Richtigerweise kam von vornherein nur eine Formalbeleidigung in Betracht, denn Lombrosos schon damals sehr umstrittene und inzwischen längst widerlegte Theorie von der Existenz geborener Verbrecher konnte als diskriminierender Ausdruck im privaten Briefverkehr eines kriminologisch völlig ungebildeten Menschen nicht als Behauptung beweisbarer Fakten gelten. Wenn das Gericht aber einmal annahm, hier sei ein Faktum angesprochen, das durch Sachverständige hätte geklärt werden können, dann hätte der Wahrheitsbeweis erhoben werden müssen, bevor auf § 193 StGB zurückgegriffen wurde [...] Bei einer Beweisaufnahme hätte sich dann ohne weiteres ergeben, daß ein Mensch, dessen letzte Straftat mehr als 40 Jahre zurücklag, der sich inzwischen zu Ansehen und Wohlstand emporgearbeitet hatte und außerdem nicht ein einziges der von Lombroso angenommenen Merkmale aufwies, keineswegs ein geborener Verbrecher sein konnte.[121]

Auch der Zweifel des Gerichts an der Beleidigungsabsicht des Angeklagten konnte den Freispruch in keiner Weise begründen. "Denn erstens kann natürlich eine Beleidigung nicht dadurch gerechtfertigt werden, daß man sie in fachmännische Ausdrücke kleidet [...] Und zweitens ist [...] eine Beleidigungsabsicht für eine Formalbeleidigung überhaupt nicht erforderlich [...]"[122]

Die Folgen des Charlottenburger Urteils - die Presseberichte - waren für May, wie gesagt, katastrophal. Seine Kraft schien, nach diesem Fiasko, nun endgültig erschöpft: "Zehn Jahre lang täglich viermal ganze Stöße von Briefen und Zeitungen erhalten, die von Gift und Hohn und Schadenfreude überfließen, das hält kein Simson und kein Herkules aus."[123] Seine physische Energie war gebrochen. Nur sein "Gottvertrauen" und seine "Menschenliebe" sind, wie er beteuert, "nicht ins Wanken gekommen"![124]

10.12.4 *Mein Leben und Streben* (1910) - Eine Prozeßschrift?

Der achtundsechzigjährige Karl May war körperlich ein gebrechlicher Greis. Er konnte nicht schlafen und kaum mehr essen:

Dafür aber Schmerzen, unaufhörliche, fürchterliche Nervenschmerzen, die des Nachts mich emporzerren und am Tage mir die Feder hundertmal aus der Hand reißen! Mir ist, als müsse ich ohne Unterlaß brüllen, um Hilfe schreien. Ich kann nicht liegen, nicht sitzen, nicht gehen und nicht stehen, und doch muß ich das alles. Ich möchte am liebsten sterben, sterben, sterben, und doch will ich das nicht und darf ich das nicht, weil meine Zeit noch nicht zu Ende ist. Ich muß meine Aufgabe lösen.[125]

In Mays Selbstbiographie finden sich diese Sätze. *Mein Leben und Streben* (*An Marterpfahl und Pranger* sollte der Titel ursprünglich heißen!) wurde - zugleich mit den 'Freistatt'-Artikeln[126] gegen Pöllmann - im Anschluß ans Charlottenburger Urteil verfaßt und steht, im Schlußteil, mit den gerichtlichen Auseinandersetzungen des Autors im unmittelbaren Zusammenhang. Mit dem Zusatz *Band I* - die Fortsetzung war geplant, wurde aber nicht mehr geschrieben - erschien dieses Buch in Freiburg, bei Fehsenfeld, im Spätherbst 1910. Auf Antrag des Prozeßgegners Lebius (den May in seinem Buch attackierte) wurde das Werk schon am 16. Dezember 1910 durch die Einstweilige Verfügung des Amtsgerichts Freiburg blockiert; und Ende Januar 1911 wurde es, vom Berliner Landgericht I, schließlich verboten: nach dem Verkauf von erst 500 Exemplaren. Erst nach dem Tode des Autors konnte dessen Witwe eine, um knapp 20 % gekürzte, Neufassung herausbringen (2. Auflage 1912).[127]

Wenn May, im Brief vom 14.11.1910 an Fehsenfeld, meinte, *Mein Leben und Streben* sei "so geschrieben, daß es mir die Prozesse gewinnen hilft. Es hat nur diesen einen Zweck, weiter keinen, trotz des hohen biographischen und psychologischen Werthes, den es besitzt",[128] so trifft diese Zielbestimmung nur teilweise (in den Schlußpartien) zu: Natürlich wollte May seine Prozesse gewinnen und natürlich wollte er die Leser seiner Autobiographie für sich - für die Wahrheit, wie ER sie sah - einnehmen; aber ein Werk, das menschliche Bedeutung, religiöse Tiefe und poetischen Rang besitzt, dessen Zweck erschöpft sich nicht im Gewinnen von Rechtsstreitigkeiten und nicht im Erhaschen von Mitleid mit dem Verfasser.

Die - in der Sekundärliteratur nicht selten vertretene - Auffassung, die psychische Energie und die literarische Schaffenskraft Karl Mays seien nach dem Charlottenburger Fiasko zusammengebrochen, wird durch *Mein Leben und Streben* sehr eindrucksvoll widerlegt. Nach dem Abschluß von *Winnetou IV* im Frühjahr 1910 konnte May zwar keine Romane mehr schreiben (*Winnetous Testament* und weitere Fortsetzungsbände waren geplant[129]); doch die Selbstbiographie - ein Erzählwerk, im weiteren Sinne, auch sie - gehört, vom Prozeß-Kapitel abgesehen, zu den schönsten und literarisch wertvollsten Büchern des Dichters:[130] insofern mit den besten poetischen Werken Karl Mays wohl vergleichbar.

Zudem ist die Selbstbiographie, auf weite Strecken hin, wie *Winnetou IV* ein Zeugnis der Versöhnung, der Liebe zu Gott und den Menschen. Nicht nur seine Widersacher, sondern vor allem sich selbst, seinen Hang zur Selbstüberhebung hat May in der Autobiographie (wie im späten Erzählwerk) bekämpft. Und an die Prozeßgegner gewandt, schrieb der Dichter: "Ich zürne Euch nicht, denn ich weiß, es mußte so sein [...] Ich bin nicht verbittert, denn ich kenne meine Schuld."[131]

10.12.5 "Und ich halte Herrn May für einen Dichter" (1911)

Wie jeder Mensch ist auch May, im Lauf seines Lebens, schuldig geworden. "Hast du die Liebe", die "wirkliche", die "richtige Liebe?" Dieser Frage hat sich im *Jenseits*-Buch (1899) der Ich-Erzähler zu stellen.[132] Vor dieser Frage, der Frage aller Fragen, mußte auch May zuletzt wohl verstummen. Paulinisch gesehen gab es für ihn, wie für jeden, nur EINE Rettung: Vergebung durch Gott aufgrund von Gnade allein (vgl. Röm 3, 23ff.). Daß May, als Christ, sich dieser Gnade nicht widersetzt hat, dies dürfen wir hoffen.

Auf einer ganz anderen Ebene liegt die Schuldfrage im juristischen Sinne. Daß May in der Auseinandersetzung mit Lebius im Recht war, steht fest. Eine gerichtliche Genugtuung - und damit eine letzte Wende in seinem Leben - war dem Schriftsteller, kurz vor seinem Tode, doch noch vergönnt: Das Landgericht III in Berlin-Moabit revidierte die Entscheidung des Charlottenburger Schöffengerichts.

Gegen den Freispruch des Journalisten hatte May natürlich Berufung eingelegt. Im Juni 1910 ließ er die, 48 Textseiten enthaltende, Erstfassung seiner Verteidigungsschrift zur *Berufungssache May-Lebius* im Privatdruck vervielfältigen. Die auf den dreifachen Umfang erweiterte Zweitfassung *An die 4. Strafkammer des Königl. Landgerichtes III in Berlin* (3.12.1911)[133] ergänzte - als Replik auf die Lebius-Streitschrift *Die Zeugen Karl May und Klara May* - den ursprünglichen Text um notwendige Klarstellungen (zu Lebius' Pamphlet) und um wichtige biographische Mitteilungen. Diese Neufassung, die auch zahlreiche Erzählpassagen enthält, wurde die letzte (erst 1982 veröffentlichte) Schriftsteller-Arbeit unseres Autors.[134]

Aufgrund der vielen Erkrankungen Mays[135] hatte sich das Berufungsverfahren bis zum 18. Dezember 1911 verzögert. Aus der Feder des May-Kenners Rudolf Beissel (1894-1986), der der Verhandlung beigewohnt und detaillierte Notizen gemacht hatte, besitzen wir einen ausführlichen Bericht,[136] auf den sich die folgende Darstellung stützt.

Zur Gerichtsverhandlung in Berlin-Moabit erschien Karl May in Begleitung von renommierten Verteidigern: Rechtsanwalt Franz Rudolf Netcke (Dresden) und Justizrat Dr. Erich Sello (Berlin), dessen Buch *Die Irrtümer der Strafjustiz und ihre Folgen* (1911) in Fachkreisen noch heute bekannt ist und dessen Verbindung mit May der Publizist Maximilian Harden vermittelt hatte.[137] Geleitet wurde das Verfahren von Landgerichtsdirektor

Ehrecke, einem verständigen, sehr menschlich denkenden Richter, der sich mit dem 'Fall May' offenbar gründlich beschäftigt hatte.

Die Sitzung eröffnete Theodor Ehrecke mit einem Gebet. Vor Beginn der Verhandlung riet er zu einem ehrenvollen Vergleich: "Es handle sich in diesem Prozeß doch nur um eine Bagatelle, gewissermaßen um einen Nadelstich gegenüber den Keulenschlägen, die in den anderen schwebenden Prozessen geführt würden."[138] Dem Kläger May gab Ehrecke zu bedenken: Es werde kaum zu vermeiden sein, den einmal vorhandenen dunklen Punkt in seinem Vorleben zu berühren. Dieser dunkle Fleck sei durch die Verdienste des Autors ja durchaus verblaßt und könne seinen Ruhm nicht verkleinern; doch möge May daran denken, daß durch das Waschen im Gerichtssaal der dunkle Punkt nicht beseitigt, sondern nur gelbe Ränder bekommen würde.

May erklärte, wegen des Fleckens auf seiner weißen Weste sei ihm nicht bange; aber zum Vergleich sei er dennoch bereit, da der Gegenstand des Verfahrens - der Lebius-Brief vom November 1909 an Fräulein vom Scheidt - tatsächlich eine relativ unbedeutende Sache sei. Lebius aber und dessen Verteidiger Bredereck lehnten einen Vergleich ab.

Lebius' gesamte Erscheinung hatte, nach den Eindrücken des Beobachters Rudolf Beissel, etwas Böses, Mephistohaftes an sich. Der Vorsitzende Richter aber nahm ein Buch in die Hand und sagte: "Herr May hat mir dieses Buch überreicht, in dem er sich als gläubigen Christen bezeichnet [...] und alles auf sich nehmen will, um seinen Lebensabend in Ruhe zu verbringen." Der Richter verwies auf ein Gedicht in Karl Mays Buch und stellte die Frage: "Ein christliches Gebot lautet: 'Liebet eure Feinde, tut wohl denen, die euch verfolgen!' Wie reimt sich nun mit dieser Gottergebenheit die Privatklage zusammen?"[139]

May, der die Bergpredigt Jesu als verpflichtende Norm betrachtete,[140] gab dem Richter die Antwort: Ja, er sei ein gläubiger Christ; damit solle aber "nicht gesagt werden, daß nun alle Welt nach Belieben auf mich losschlagen darf. Es handelt sich um meine Ehre. Wenn ich mich nicht verteidigte, wäre ich kein Christ, sondern ein Lump!"[141]

Die Verhandlung begann. Vernommen wurden, bis zum Abend, außer dem Kläger und dem Beklagten auch mehrere Zeugen: darunter Fräulein vom Scheidt, Frau Achilles verw. Häußler und Emma Pollmer.

Lebius stellte heraus, seine politischen Gegner - die Sozialdemokraten - hätten sich auf Karl May berufen;[142] aus reiner Notwehr habe er die Glaubwürdigkeit dieses Autors erschüttern müssen. Er wiederholte dann, wie zuvor schon Bredereck, die gesamte Litanei von Mays "pathologischer Lügenhaftigkeit". Das meiste, was er vorbrachte, waren haltlose Behauptungen und gerichtlich schon widerlegte Verleumdungen. Einiges aber stimmte. Denn Lebius wußte mittlerweile ziemlich genau über Mays Vergangenheit Bescheid. Das ganze Leben des Schriftstellers mit all den dunklen Punkten (wie Vorstrafen, falscher Doktortitel, Old Shatterhand-Legende, undurchsichtige Begleitumstände bei der Ehescheidung) kam erneut auf den Tisch.

Doch May wirkte ruhig und gefaßt. Sympathisch und würdevoll trat er auf. Im Schlußwort beteuerte er: Daß der gegnerische Anwalt ihn für einen Verbrecher halte, nehme er diesem nicht übel; denn er, Karl May, habe als Mensch ja wirklich gefehlt. Was seine Jugenddelikte betraf, bekannte er sich als schuldig. Er verwahrte sich aber energisch gegen die altbekannten Unterstellungen des Journalisten und seines Anwalts: Die 'Meineide', die 'Räuberhauptmann'-Geschichten, die 'unsittlichen Romane' usw. seien erfunden - um den Dichter in den Schmutz zu ziehen.

Das Gericht teilte die Überzeugung der Anwälte Mays: In seiner Polemik gegen den Kläger, aber auch im Verhalten gegen Frau Pollmer habe Lebius nur selbstsüchtig und mit größter Bedenkenlosigkeit gehandelt. Auch der Brief an Selma vom Scheidt sei eine grobe Beleidigung Karl Mays. Mit Rücksicht auf die Schwere der Diffamierung verurteilte das Gericht den Journalisten zu 100 Mark Geldstrafe, ersatzweise 20 Tagen Gefängnis; auch die Kosten des Verfahrens mußte Lebius tragen.

Nach Wollschläger brachte der Moabiter Prozeß "Mays endgültigen Sieg über den Bösesten der Feinde; obwohl damit nur eins der ausstehenden Urteile, und formell fast ein nebensächliches, gefallen ist, entscheidet es doch sämtliche noch nebelhaft schwebenden Fälle mit."[143] May selbst hat es ähnlich gesehen: "Diesem kleinen Siege folgen nun die größeren."[144] Die größeren Siege, "die zu einer Verurteilung des Lebius auch wegen seiner zahlreichen sachlichen Falschbeschuldigungen geführt hätten, wären wohl tatsächlich gefolgt"[145] - wenn May nur länger gelebt hätte.

Es steht - nach Roxin -

außer Zweifel [...], daß Lebius verurteilt worden wäre [...] Unsicher ist lediglich, ob man Lebius ein Handeln 'wider besseres Wissen' und damit eine Verleumdung nach § 187 StGB hätte nachweisen können, denn die Einlassung des Lebius, er habe an die Wahrheit der ihm von Krügel erzählten Geschichten geglaubt, hätte sich möglicherweise nicht widerlegen lassen. Umso sicherer aber wäre eine Verurteilung wegen übler Nachrede nach § 186 StGB gewesen. Denn danach wird, wer eine ehrenrührige Tatsache über einen anderen behauptet oder verbreitet, schon dann bestraft, wenn diese Tatsache 'nicht erweislich wahr ist'; und diesen Wahrheitsbeweis hätte Lebius [...] niemals führen können.[146]

Die üble Nachrede des Pressemannes lief auf die moralische Existenzvernichtung eines Menschen hinaus. "Da es sich hier um [...] einen sehr schweren Fall handelte, hätte Lebius mit einer Gefängnisstrafe rechnen müssen": mit einer Freiheitsstrafe "bis zu zwei Jahren".[147]

Doch zur Eröffnung des eigentlichen Hauptverfahrens gegen Lebius konnte es, wie gesagt, aufgrund des Ablebens Karl Mays nicht mehr kommen. Immerhin: noch vor dem Tode des Dichters ließ die May-Hetze nach und begann, "an sich selbst zu ersticken".[148] Das Verfahren in Moabit hatte dazu entscheidend beigetragen.

Die wesentliche Bedeutung dieses Prozesses sieht Roxin in der Wirkung auf die literarische Öffentlichkeit.[149] Mit Bezug auf die Shatterhand-Legende hatte der Richter Ehrecke im Verlauf der Verhandlung gemeint: "Aber ein Verbrechen wären doch solche phantastischen Dinge bei einem Dichter nicht. Und ich halte Herrn May für einen Dichter."[150] Dieser denkwürdige Ausspruch des Juristen wurde, wie wir sehen werden, noch zu Lebzeiten Mays von maßgebenden Literaten bestätigt.

Anmerkungen

1   Karl May: *Briefe an Karl Pustet und Otto Denk. Mit einer Einführung von Hans Wollschläger.* In: JbKMG 1985, S. 15-62 (S. 31, Mays Brief vom 31.12.1908 an Karl Pustet).

2   Claus Roxin in einem Brief vom 26.1.1992 an den Verfasser. - Wie Prinzessin Wiltrud in ihrem (bisher nicht veröffentlichten, von Ulrich Schmid dem Verfasser in Abschrift zugesandten) Tagebuch vom 11.12.1909 bemerkt, hat May ihr "brieflich und mündlich" mitgeteilt, daß er 1908 "von einem Siux [...] mit Lanze verwundet worden" sei! - Sollte May tatsächlich, noch 1909 in München (vgl. unten, S. 586), solche Geschichten erzählt haben? Oder hat Wiltrud - die auch damals noch fest an die 'Old Shatterhand-Legende' glaubte - eine scherzhafte Bemerkung Mays für bare Münze genommen? In den brieflichen Äußerungen Mays, soweit sie bekannt sind, findet sich jedenfalls nirgendwo die Sioux-Lanzen-Geschichte.

3   Vgl. Udo Kittler: *"Ein Fall allerersten Ranges" II.* In: MKMG 90 (1991), S. 16-23 (S. 21, Brief des Psychiaters Dr. Näcke vom 1.1.1909 an Klara May): Geheimrat Hänel, ein Vetter Frau Näckes, hat May operiert.

4   May: *Briefe,* wie Anm. 1, S. 31 - Vgl. Karl May: *Briefe an Paul Rentschka. Mit Einleitung und Anmerkungen von Ernst Seybold.* In: JbKMG 1987, S. 160-171 (S. 163, Mays Brief vom

22.12.1908 an Rentschka) - Ders.: *Briefe an das bayerische Königshaus*. In: JbKMG 1983, S. 76-122 (S. 113, Mays Brief vom 18.4.1909 an Prinzessin Wiltrud).

5   Vgl. Christian Heermann: *Der Mann, der Old Shatterhand war. Eine Karl-May-Biographie.* Berlin 1988, S. 328.

6   Claus Roxin: *Ein 'geborener Verbrecher'. Karl May vor dem Königlichen Landgericht in Moabit.* In: JbKMG 1989, S. 9-36 (S. 24).

7   Zit. nach ebd. - Vgl. unten, S. 535.

8   Gerhard Henniger: (Rezension zu) Heermann, wie Anm. 5, in: Weimarer Beiträge. 36. Jg. (1990), Heft 6, S. 1051-1054 (S. 1053), macht gegen Heermann geltend, daß May kein der Sozialdemokratie politisch nahestehender Mensch gewesen sei. Heermann ist aber doch darin zuzustimmen, daß in Mays Spätwerk eher 'linke', pazifistische Positionen bezogen werden. - Im September 1907 fand in München der 16. Internationale Friedenskongreß statt, zu dessen Vorbereitung die pazifistische Zeitschrift 'La paix par le droit' eine Umfrage startete, in die auch May einbezogen wurde. In seiner Antwort (in französischer Sprache) nahm er positiv zur damaligen Friedensbewegung Stellung. Mays Text ist wiedergegeben im JbKMG 1970, S. 156-159. - Vgl. Walther Ilmer: *Sur le rapprochement Franco-Allemand.* In: *Karl-May-Handbuch.* Hrsg. von Gert Ueding in Zusammenarbeit mit Reinhard Tschapke. Stuttgart 1987, S. 551. - Vgl. unten, S. 547f.

9   Nach Heermann, wie Anm. 5, S. 328.

10   Ebd., S. 318f.

11   Vgl. - in der 'Germania' vom 24.8.1907 - Carl Küchler: *Ist Karl May rehabilitiert?* Wiedergegeben bei Bernhard Kosciuszko: *Im Zentrum der May-Hetze. Die Kölnische Volkszeitung.* Materialien zur Karl-May-Forschung, Bd. 10. Ubstadt 1985, S. 180ff. - Auf diese Polemik antwortete May umgehend mit seinem Flugblatt *Ist Cardauns rehabilitiert?*; dazu Walther Ilmer - Reinhard Tschapke: *'An die deutsche Presse' und andere Flugblätter.* In: *Karl-May-Handbuch,* wie Anm. 8, S. 547ff. (S. 548).

12   May: *Briefe an Rentschka,* wie Anm. 4, S. 163.

13   Vgl. Heermann, wie Anm. 5, S. 323.

14   Vgl. oben, S. 404.

15   Karl May: *Der Zauberteppich.* In: KMJB 1923. Radebeul 1922, S. 12-16 (S. 14) - Dazu Max Finke: *Aus Karl Mays literarischem Nachlaß.* In: KMJB 1923, S. 17-35 (S. 17ff.) - Ekkehard Bartsch: *'Und Friede auf Erden!'. Entstehung und Geschichte.* In: JbKMG 1972/73, S. 93-123 (S. 105f.) - Hermann Zieger - Joseph Kürschner: *Briefe über Karl Mays Roman 'Et in terra pax'.* In: JbKMG 1983, S. 146-196 (S. 165f.).

16   Karl May: *Und Friede auf Erden!* Gesammelte Reiseerzählungen, Bd. XXX. Freiburg 1904, S. 219 - Vgl. unten, S. 619f.

17   Paul Rentschka: *Karl Mays Selbstenthüllung. Mit Einleitung und Anmerkungen von Ernst Seybold.* In: JbKMG 1987, S. 138-159 (S. 140).

18   Ebd., S. 148.

19   Ebd., S. 140.

20   Ebd., S. 147.

21   Ebd., S. 146.

22   Ebd., S. 149.

23   Vgl. Hainer Plaul: *Literatur und Politik. Karl May im Urteil der zeitgenössischen Publizistik.* In: JbKMG 1978, S. 174-255 (S. 206ff.).

24   Dieses Dekret wird auch der *Neue Syllabus* genannt, weil es den *Syllabus errorum* (eine Sammlung von 80 durch Papst Pius IX. verurteilten 'Zeitirrtümern') ablöste.

25   R. Scherer: *Modernismus.* In: *Lexikon für Theologie und Kirche* VII. Hrsg. von Josef Höfer und Karl Rahner. Freiburg ²1962, Sp. 513.

26   Vgl. Plaul: *Literatur und Politik,* wie Anm. 23, S. 208ff. - Vgl. unten, S. 542f.

27   Vgl. oben, S. 394.

28   Vgl. Hermann Wohlgschaft: *Mays Friede-Roman und die Lehre der Kirche.* In: MKMG 83 (1990), S. 18-24; vgl. auch die Ausführungen Ernst Seybolds im JbKMG 1987, S. 138f., 150-160, 166-171.

29   Zur theologischen Interpretation des *Friede*-Romans vgl. unten, S. 612ff.

30   May: *Briefe an Rentschka,* wie Anm. 4, S. 166.

31   Ebd., S. 162.

32   Ebd., S. 165.

33 "Evolutionistenthum" (ebd.) ist ein vager Begriff, der auch atheistische und materialistische Vorstellungen implizieren könnte; wenn man dies berücksichtigt, wird Mays Aussage verständlich und glaubhaft.

34 May: *Briefe an Rentschka*, wie Anm. 4, S. 165f.

35 Wie Anm. 4.

36 Vgl. Seybold: *Anmerkungen*, wie Anm. 4, S. 166 (Anm. 2); vgl. oben, S. 394.

37 Hans Wollschläger: *Karl May. Grundriß eines gebrochenen Lebens*. Zürich 1976, S. 152.

38 Bartsch: *Und Friede auf Erden!*, wie Anm. 15, S. 111f.

39 Karl May in einem undatierten Brief (1906) an Sascha Schneider; zit. nach Hansotto Hatzig: *Karl May und Sascha Schneider. Dokumente einer Freundschaft*. Beiträge zur Karl-May-Forschung 2. Bamberg 1967, S. 111.

40 May: *Briefe an Pustet und Denk*, wie Anm. 1, S. 15-62; vgl. oben, S. 505.

41 Karl May: *Auch "über den Wassern"*. Mit Anmerkungen von Hansotto Hatzig und Ekkehard Bartsch. In: JbKMG 1976, S. 230-272 (S. 237) - Dazu Claus Roxin: *Karl Mays 'Freistatt'-Artikel. Eine literarische Fehde*. In: JbKMG 1976, S. 215-229 (S. 222).

42 Vgl. oben, S. 227.

43 Gerade auch der *Friede*-Band!- Vgl. unten, S. 612ff.

44 Nach Arno Schmidt: *Abu Kital. Vom neuen Großmystiker* (1958). In: *Karl May*. Hrsg. von Helmut Schmiedt. Frankfurt/M. 1983, S. 45-74 (S. 54), kam Mays *Friede*-Band auf den Index des Borromäusvereins, des damals größten katholischen Volksbildungswerks!

45 Klaus Farin: *Karl May. Ein Popstar aus Sachsen*. München 1992, S. 107 (Anm. 13).

46 Die Rentschka-Bearbeitung kam 1922 auf den Markt. 1938 gab es eine weitere Neufassung: von Otto Eicke bearbeitet. - Vgl. Bartsch: *Und Friede auf Erden!*, wie Anm. 15, S. 113f.

47 Pfarrer Wolfgang Hammer bereitet eine solche Untersuchung vor. Nach der mündlichen Auskunft Hammers (1991 bei der Tagung der KMG in Wiesbaden) sind Rentschkas Textveränderungen weniger schwerwiegend, als in der May-Forschung bisher angenommen wurde.

48 Nach der *Sterbechronik über Pöllmann* zu schließen. Der Text findet sich auszugsweise bei Hansotto Hatzig: *Streiflichter zur Kontroverse May - Pöllmann. Eine Materialiensammlung*. In: JbKMG 1976, S. 273-286 (S. 280ff.).

49 Ebd., S. 282.

50 Ebd.

51 Ansgar Pöllmann: *Neuestes von Karl May - Kreuz- und Querzüge durch die neuere katholische Poesie XII*. In: Historisch-politische Blätter für das katholische Deutschland. Bd. 127. München 1901, S. 823ff.; wiedergegeben bei Kosciuszko, wie Anm. 11, S. 83ff.

52 Wiedergegeben bei Gerhard Klußmeier: *"Darum drehen wir den Strick ..."*. Die Pressefehde Karl Mays mit Pater Ansgar Pöllmann in der Radolfzeller 'Freien Stimme'. In: JbKMG 1979, S. 322-337.

53 Über den Wassern. Halbmonatsschrift für schöne Literatur. Hrsg. von Expeditus Schmidt. 3. Jg. 1910 - Pöllmanns Artikelserie erschien von Januar bis Mai 1910.

54 Plaul: *Literatur und Politik*, wie Anm. 23, S. 198.

55 Belegt ebd., S. 200.

56 Zit. nach ebd.

57 Näheres bei Karl May: *Mein Leben und Streben*. Freiburg 1910. Hrsg. von Hainer Plaul. Hildesheim, New York ²1982, S. 489 (Anm. 363).

58 Ansgar Pöllmann: *Ein Abenteurer und sein Werk*. In: Über den Wassern, wie Anm. 53, S. 272.

59 Ebd., S. 271-280.

60 Vgl. Klußmeier: *"Darum drehen wir den Strick ..."*, wie Anm. 52, S. 332.

61 Pöllmann: *Ein Abenteurer*, wie Anm. 58, S. 236.

62 Ebd., S. 61ff.

63 Vgl. oben, S. 378.

64 Pöllmann in der 'Freien Stimme' (6.2.1910); zit. nach Klußmeier: *"Darum drehen wir den Strick ..."*, wie Anm. 52, S. 332.

65 Roxin: *'Freistatt'-Artikel*, wie Anm. 41, S. 217f.

66 Pöllmann: *Ein Abenteurer*, wie Anm. 58, S. 132.

67 May: *Auch "über den Wassern"*, wie Anm. 41, S. 243ff. - Ders.: *Mein Leben und Streben*, wie Anm. 57, S. 221ff.

68 Roxin: *'Freistatt'-Artikel*, wie Anm. 41, S. 221.
69 Vgl. Pöllmanns Zusammenstellung, wiedergegeben bei Hatzig: *Streiflichter*, wie Anm. 48, S. 276f.
70 Roxin: *'Freistatt'-Artikel*, wie Anm. 41, S. 221.
71 Gerhard Klußmeier - Hainer Plaul (Hrsg.): *Karl May. Biographie in Dokumenten und Bildern.* Hildesheim, New York 1978, S. 236.
72 Vgl. unten, S. 612ff.
73 Pöllmann: *Ein Abenteurer*, wie Anm. 58, S. 97.
74 Ebd., S. 274.
75 Ebd., S. 278.
76 May: *Auch "über den Wassern"*, wie Anm. 41, S. 261.
77 Ebd.
78 Wie Anm. 41.
79 Roxin: *'Freistatt'-Artikel*, wie Anm. 41, S. 219.
80 May: *Auch "über den Wassern"*, wie Anm. 41, S. 232.
81 May: *Mein Leben und Streben*, wie Anm. 57, S. 259 u.ö.
82 Vgl. Klußmeier: *"Darum drehen wir den Strick ..."*, wie Anm. 52, S. 323 - Heermann, wie Anm. 5, S. 322f.
83 Zit. nach Plaul: *Karl May*, wie Anm. 57, S. 486 (Anm. 360).
84 Amand v. Ozoróczy: *Pöllmann im Jahrbuch der KMG 1976*. In: MKMG 30 (1976), S. 10f. (S. 11).
85 Vgl. Klußmeier - Plaul, wie Anm. 71, S. 217: Schober hat "vermutlich viel dazu beigetragen [...], daß in der Beleidigungssache May gegen Pater Beßler eine für beide Seiten annehmbare Lösung gefunden wurde." - Vgl. oben, S. 396.
86 Ozoróczy, wie Anm. 84, S. 10.
87 Wollschläger: *Karl May*, wie Anm. 37, S. 201 (Anm. 243).
88 Der Artikel ist wiedergegeben im JbKMG 1980, S. 143-147.
89 Roxin: *Verbrecher*, wie Anm. 6, S. 24.
90 Vgl. Kosciuszko, wie Anm. 11, S. 222f.
91 Im November 1910 erschienen. - Im Jahre 1991 wurde das Buch als Reprint (mit einer Einführung von Jürgen Wehnert) erneut publiziert: Lütjenburg 1991.
92 Näheres bei Plaul: *Karl May*, wie Anm. 57, S. 374f. (Anm. 119) - May: *Mein Leben und Streben*, wie Anm. 57, S. 309, bezeichnete Wulffens Verhalten als "Vivisektion"!
93 Erich Wulffen: *Der Läuterungsgedanke bei Karl May*. In: KMJB 1923. Radebeul 1922, S. 109-122 (S. 109f.) - Dazu Claus Roxin: *Vorläufige Bemerkungen über die Straftaten Karl Mays*. In: JbKMG 1971, S. 74-109 (S. 74ff.).
94 Zusammengestellt bei Lebius, wie Anm. 91, S. 298.
95 Roxin: *Verbrecher*, wie Anm. 6, S. 28.
96 Beispiele nennt Roxin: *Bemerkungen*, wie Anm. 93, S. 104 (Anm. 22).
97 Zit. nach Klußmeier - Plaul, wie Anm. 71, S. 266.
98 Wiedergegeben in: Karl May: *'An die deutsche Presse' und andere Flugblätter. Mit Einleitung und Anmerkungen von Ekkehard Bartsch*. In: JbKMG 1979, S. 276-321 (S. 314-320) - Mehr bei Siegfried Augustin: *Old Shatterhands Kampf mit der "Brennenden Blume" - Dokumente eines Zweikampfs*. In: *Vom Old Shatterhand zum Sherlock Holmes*. Hrsg. von Siegfried Augustin und Walter Henle. München 1986, S. 47-69.
99 Vgl. oben, S. 472.
100 Vgl. oben, S. 473.
101 Zit. nach Plaul: *Karl May*, wie Anm. 57, S. 493 (Anm. 375).
102 Heinz Stolte: *Zur Einführung*. In: Karl May: *Frau Pollmer - eine psychologische Studie*. Prozeßschriften, Bd. 1. Hrsg. von Roland Schmid. Bamberg 1982, S. XI-XVI (S. XIII).
103 Vgl. Plaul: *Karl May*, wie Anm. 57, S. 493 (Anm. 377). - Vgl. oben, S. 427.
104 Zit. nach Claus Roxin: *Mays Leben*. In: *Karl-May-Handbuch*, wie Anm. 8, S. 62-123 (S. 112).
105 Zit. nach ebd., S. 119.

106 Zit. nach Rudolf Beissel: *"Und ich halte Herrn May für einen Dichter ...".* *Erinnerungen an Karl Mays letzten Prozeß in Berlin.* In: JbKMG 1970, S. 11-46 (S. 23). - Vgl. Walther Ilmer: *Karl May - Mensch und Schriftsteller. Tragik und Triumph.* Husum 1992, S. 221.

107 Vgl. Gerhard Klußmeier: *Die Gerichtsakten zu Prozessen Karl Mays im Staatsarchiv Dresden. Mit einer juristischen Nachbemerkung von Claus Roxin (II).* In: JbKMG 1981, S. 262-299 (S. 290).

108 Vgl. ebd., S. 295ff.

109 Vgl. Heermann, wie Anm. 5, S. 343.

110 Der vollständige Wortlaut des Briefes findet sich bei Plaul: *Karl May,* wie Anm. 57, S. 479f. (Anm. 339).

111 Vgl. oben, S. 470.

112 Roxin: *Bemerkungen,* wie Anm. 93, S. 78f.

113 Wollschläger: *Karl May,* wie Anm. 37, S. 170.

114 Vgl. Klara May: Tagebuch (Ende 1908).

115 Karl May: *An die 4. Strafkammer des Königl. Landgerichtes III in Berlin* (1911). Prozeß-Schriften, Bd. 3. Hrsg. von Roland Schmid. Bamberg 1982, S. 114.

116 Nach Klußmeier - Plaul, wie Anm. 71, S. 270 - Vgl. Beissel, wie Anm. 106, S. 42.

117 Vgl. Wollschläger: *Karl May,* wie Anm. 37, S. 170 - Roxin: *Verbrecher,* wie Anm. 6, S. 28.

118 Zit. nach Roxin: Ebd., S. 25.

119 Zit. nach ebd.

120 Ebd.

121 Roxin: Ebd., S. 26.

122 Ebd., S. 27.

123 May: *Mein Leben und Streben,* wie Anm. 57, S. 299.

124 Ebd.

125 Ebd., S. 299f.

126 Vgl. oben, S. 529.

127 Näheres bei Hans Wollschläger: (Werkartikel zu) *Mein Leben und Streben.* In: *Karl-May-Handbuch,* wie Anm. 8, S. 565-570 (S. 565f.).

128 Zit. nach ebd., S. 566.

129 Vgl. Martin Lowsky: *Karl May.* Stuttgart 1987, S. 119.

130 Vgl. oben, S. 33ff. - Vgl. aber auch die kritischen Bemerkungen bei Ilmer: *Karl May,* wie Anm. 106, S. 233ff.

131 May: *Mein Leben und Streben,* wie Anm. 57, S. 319.

132 Karl May: *Am Jenseits.* Gesammelte Reiseerzählungen, Bd. XXV. Freiburg 1899, S. 175.

133 May: *An die 4. Strafkammer,* wie Anm. 115 - Vgl. Walther Ilmer: (Werkartikel zu) *An die 4. Strafkammer.* In: *Karl-May-Handbuch,* wie Anm. 8, S. 561-563.

134 Dazu kritisch: Ilmer: *Karl May,* wie Anm. 106, S. 240ff. - Vgl. aber unten, S. 588.

135 Vgl. unten, S. 586ff.

136 Beissel, wie Anm. 106, S. 11-46 - Vgl. Gerhard Klußmeier: *Die Gerichtsakten zu Prozessen Karl Mays im Staatsarchiv Dresden. Mit einer juristischen Nachbemerkung von Claus Roxin (I).* In: JbKMG 1980, S. 137-174 (S. 161f.) - Roxin: *Verbrecher,* wie Anm. 6, S. 28ff.

137 Näheres bei Gerhard Klußmeier: *"Ein Wind niedriger Gesinnung weht durch Deutschland". Karl May und Maximilian Harden.* In: JbKMG 1977, S. 103-113. - Zu Harden vgl. unten, S. 546.

138 Zit. nach Beissel, wie Anm. 106, S. 14.

139 Zit. nach ebd., S. 16.

140 Vgl. oben, S. 445ff.

141 Zit. nach Beissel, wie Anm. 106, S. 16.

142 Vgl. oben, S. 471.

143 Wollschläger: *Karl May,* wie Anm. 37, S. 179.

144 Karl May in einer Postkarte vom Abend des 18.12.1911; zit. nach Roxin: *Verbrecher,* wie Anm. 6, S. 30.

145 Roxin: Ebd.

146 Roxin: *Juristische Nachbemerkung (I).* In: Klußmeier: *Gerichtsakten,* wie Anm. 136, S. 170-172 (S. 171).

147 Ebd., S. 172.
148 Heinz Stolte: *Der Volksschriftsteller Karl May. Beitrag zur literarischen Volkskunde* (Reprint der Erstausgabe von 1936). Bamberg 1979, S. 50.
149 Vgl. Roxin: *Verbrecher*, wie Anm. 6, S. 30.
150 Zit. nach Beissel, wie Anm. 106, S. 29.

10.13 Die andere Seite: Literarische Befürworter Mays

Soweit ihre Gegnerschaft literarische und nicht nur persönliche (oder politische) Hintergründe hatte, war Mays Widersachern EINES gemeinsam: Sie bewerteten Karl May mit den Augen des, ihrer Meinung nach, 'reinen' Kunstgeschmacks.[1] Seine Bücher entsprachen weder ihrem klassischen Bildungsideal noch ihrem - dem bürgerlichen Realismus des 19. Jahrhunderts verpflichteten - Wahrheitsbegriff.[2] Auch fehlten die Bereitschaft oder die Fähigkeit, unseren Autor von seiner menschlichen und literarischen Entwicklung her zu verstehen. Man sah, mit Häme und Spott, den ertappten Münchhausen, den sächsischen 'Lügenbold'. Den echten Karl May, den hochkomplizierten, mit souveränem (auch selbstironischem) Humor begabten, dabei noch tief religiösen, nach Läuterung strebenden Menschen sah man nicht. Seine Werke, die - mehrschichtigen und künstlerisch durchaus bemerkenswerten - Reiseerzählungen, erst recht aber die Kolportageromane, wurden 'verrissen', ohne Differenzierung. Und seine symbolistischen Alterswerke wurden belächelt oder gar nicht zur Kenntnis genommen.

Selbst der - vermutlich von Roseggers Sohn stammende[3] - Nachruf in Peter Roseggers 'Heimgarten' (Mai 1912) sah primär nur den 'Jugendschriftsteller', wenn er May so verteidigte:

Jahrelang tobte der Streit für und wider [Karl May] in der Presse. Eine ekelhafte Parteihetze [...] Wie die keineswegs durchsichtige menschliche Persönlichkeit Mays auch sein mochte - mir war sie jedenfalls sympathischer als das gemeine Pharisäertum seiner Feinde -, die Bücher, die er verfaßte, sind eine ausgezeichnete Jugendlektüre, an der nur trockene, weltfremde Pädagogen und solche, die Knabenseelen nicht kennen, herummäkeln können. Jugend will und braucht Abenteuergeschichten, Kraft, Romantik, und das gab Karl May in reichstem Maße und dazu einen tieferen ethischen, humanen Gehalt, der vielleicht nicht jedermann paßt, aber gewiß niemandem schadet und vielen genützt hat.[4]

Der einzige Fürsprecher Mays war Rosegger - bzw. der 'Heimgarten' - allerdings nicht. Zwar hob der Schriftsteller, in *Mein Leben und Streben*, seine innere Einsamkeit hervor;[5] aber völlig isoliert und gänzlich verlassen war er doch nicht. Er hatte eine große Lesergemeinde und darüber hinaus auch persönliche Freunde und literarische Befürworter.

Zu Mays engeren Freunden zählte seit 1902 der Dresdner Schriftsteller und Journalist Max Dittrich (1844-1917), der die - teilweise von May selbst inspirierte - Abhandlung *Karl May und seine Schriften* (1904)[6] publizierte. Auch der Schulrat Dr. Franz Weigl (1878-1952), Gründungsmitglied des 'Karl-May-Clubs' in München,[7] verfaßte eine Verteidigungsschrift über unseren Autor. Er stellte, aus christlicher Sicht, in einer Broschüre *Karl Mays pädagogische Bedeutung* (²1909) heraus.[8] Und der Schriftsteller Adolf Droop (1882-1938) veröffentlichte, erstmalig, eine fundierte literaturkritische Untersuchung: *Karl May. Eine Analyse seiner Reiseerzählungen* (Cöln-Weiden 1909).

Während Dittrichs, von Professor Paul Schumann sofort attackierte,[9] Apologetik über gefühlsmäßige Begeisterung kaum hinausgeht (von einzelnen, durchaus weitsichtigen Äußerungen, die sich später bewahrheiten sollten, abgesehen),[10] hat sich Droop - der damals in der Schweiz lebte und im Juli 1910 mit Karl May persönlich bekannt wurde - "in objektiver Weise und durchaus nicht unkritisch"[11] für May engagiert.

10.13.1 Katholische Publizisten

Speziell von katholischen Publizisten wurde May, erneut und verstärkt seit 1907, unterstützt. So hatte zum Beispiel der - im Zusammenhang mit Carl Muth und dem 'Modernismusstreit' schon genannte - österreichische Schriftsteller Richard v. Kralik (zu dem Karl May seit 1898 private Kontakte unterhielt[12]) eine besondere Vorliebe für die Werke des Erzählers aus Radebeul. Kralik (1852-1934) war, wie erwähnt, der Gründer und geistige Führer des 'Gralbundes', dessen Ziel die Erneuerung des katholischen Kulturlebens aus dem Geist der Romantik war. In Konfrontation mit der 'fortschrittlichen Literaturbewegung', die sich dem moderneren 'Zeitgeist' geöffnet hatte, verfocht Kralik ein eher konservatives, betont konfessionelles Literaturprogramm.[13] Im 'katholischen Literaturstreit', der 1909 seinen Höhepunkt erreichte,[14] stand der 'Gralbund' auf seiten der Antimodernismus-Kampagne des Papstes und scheute sich nicht, gegen Muth und dessen Anhänger - auf kirchlich-diplomatischem Wege - zu intrigieren.[15]

Eine merkwürdig verquere Konstellation: Obwohl Karl May, vor allem in seinen Spätwerken, eine (in mancher Hinsicht) sehr 'modernistische' und keineswegs 'römische' Weltsicht vertrat, bekam er ausgerechnet vom 'Gralbund' Schützenhilfe!

Erklärlich ist dies, zum einen, durch die persönliche Beziehung May - Kralik und, zum andern, durch geheimnisvolle, 'mystische' Tendenzen in Mays Alterswerk, die manchen Vorstellungen der Gralbündler vermutlich entsprachen. Insgesamt aber hat das Werk Karl Mays mit den theologischen und kirchenpolitischen Positionen des Gralbundes wenig oder gar nichts zu tun. Nicht ohne Grund zeigte May für die literarischen Intentionen Muths bzw. des 'Hochlands' Interesse und Sympathie.[16] Was seine gesamte Weltanschauung betraf, stand er "selbstverständlich in den geistigen Regionen des 'Hochlands', dessen Titel nicht zufällig in vielerlei Variationen seine Denk- und Schreibmodelle in diesen Spätjahren durchzieht."[17]

Nicht nur 'Der Gral', die - seit 1906 - von dem österreichischen Dichter Franz Eichert (1857-1926) herausgegebene Literaturzeitschrift, sondern auch andere katholische Blätter nahmen Partei für den sächsischen Autor. Leopold Gheri (1866-1952), der Redakteur der in Innsbruck erschienenen Zeitschrift 'Der Kunstfreund', wechselte mit May sehr herzliche Briefe;[18] er publizierte Mays *Briefe über Kunst* (1906/07)[19] und setzte sich eifrig (wenn auch nicht immer sehr klug und nicht immer sehr hilfreich) für den Schriftsteller ein.

Den kirchenpolitischen Intentionen der Gral-Bewegung - mehr oder weniger - nahestehende Blätter wie die Passauer 'Donauzeitung', der 'Bayrische Kurier' und die 'Augsburger Postzeitung' unterstützten ebenfalls May. Mit einflußreichen Redakteuren dieser Journale war May persönlich bekannt: zum Beispiel mit Heinrich Wagner (1868-1922), dem Schriftleiter der 'Donauzeitung', der die Verteidigungsbroschüre *Karl May und seine Werke. Eine kritische Studie* (1907)[20] verfaßte und Mays *Glaubensbekenntnis* (1906)[21] in der 'Donauzeitung' abdrucken ließ.

Wagners treuherzige und ziemlich naive Apologetik erreichte - für Leopold Gheris Bemühungen gilt wohl dasselbe[22] - im Grunde nur dies, daß die andere Partei, Hermann Cardauns vor allem, "zu neuerlichem Gegenschlag"[23] ausholte und Karl May in weitere Bedrängnisse brachte. Andrerseits verfügte Wagner über weitreichende Verbindungen zu wichtigen katholischen Publikationsmitteln. Daß der 'Deutsche Hausschatz', im Herbst 1907, die seit Jahren unterbrochene Verbindung zu May wieder aufnahm,[24] war das Verdienst Heinrich Wagners. Und May verstand es, die Chance zu nutzen: Mit dem *Mir von Dschinnistan*, im Hausschatz gedruckt, schuf der Dichter sein - in der Buchfassung *Ardistan und Dschinnistan* noch verbessertes - Meisterwerk.

Auch der persönliche Kontakt mit Dr. Hans Rost (1877-1970), einem damals bekannten Schriftsteller und Journalisten, war für May besonders erfolgreich. Die näheren Umstände, die zu dieser Verbindung führten, sind interessant und verdienen Beachtung.

Dr. Rost, ein passionierter May-Leser und - in späteren Jahren - "einer der von den Nationalsozialisten meistgehaßten Männer"[25] (u.a. verfaßte er die Artikelserie *Christus - nicht Hitler!*), war seit 1906 als Feuilletonredakteur verantwortlich für die 'Literarische Beilage' der 'Augsburger Postzeitung'. Dieses Blatt war eines der ältesten deutschen Journale und, neben der 'Kölnischen Volkszeitung' und der Berliner 'Germania', die führende katholische Tageszeitung. Der kirchenpolitische Standort dieses Journals lag wohl 'zwischen den Fronten': Sowohl von 'modernistischer' als auch von konservativer Seite gab es Kritik an der 'Augsburger Postzeitung'.[26]

Was Karl May betrifft, ist zu bemerken: In Artikeln vom 17.6.1902 und vom 18.11.1904 griff die 'Postzeitung' unseren Schriftsteller an - im Blick auf 'unsittliche' und 'antiklerikale' Passagen der Kolportageromane bzw. die "Freimaurerei" in Band XXX *Und Friede auf Erden!* (1904).[27] Doch später, nach dem Eintritt Hans Rosts in die Redaktion, korrigierte das Blatt seine Einstellung zu May.

Am 27. November 1906 erschien in der 'Postzeitung', aus der Feder des - dem Gralbund nahestehenden - Juristen und Schriftstellers Lorenz Krapp (1882-1947), der erste Teil des Artikels *Das Problem Karl May*. In diesem Beitrag nahm Krapp den bedrängten Dichter vor persönlichen Angriffen in Schutz. Und im zweiten Teil des Artikels (7.12.1906)[28] äußerte sich Krapp in differenzierter - halb lobender, halb tadelnder - Weise über Mays Werk.

"Der Artikel zeitigte eine für Rost wohl überraschende Wirkung: ein promptes Dankschreiben Mays [...] ging nach Augsburg."[29] Maßvolle, vor allem sachliche, Kritik konnte May also durchaus ertragen! Sein Brief vom 8. Dezember 1906 eröffnete einen guten Kontakt zu Dr. Hans Rost. Die persönliche Beziehung zwischen May und dem Redakteur (im Oktober 1907 kam es, in Augsburg, zur ersten Begegnung) führte zum Vorabdruck des letzten May-Romans *Winnetou IV* in der 'Augsburger Postzeitung' (1909/10) und zum Vortrag des Dichters - über *Sitara, das Land der Menschheitsseele* - am 8. Dezember 1909 in der Fuggerstadt.[30]

Außerdem wurden, nunmehr gehäuft, positive Artikel zum 'Problem Karl May' in der 'Augsburger Postzeitung' wiedergegeben. Neben Lorenz Krapp traten Euchar Albrecht Schmid (1884-1951), der künftige Karl-May-Verleger, und - mit vorzüglichen Beiträgen - der Wiener Schriftsteller und spätere Burgschauspieler Amand v. Ozoróczy (1885-1977) als May-Rezensenten in der 'Postzeitung' hervor.

10.13.2 Die sozialdemokratische Presse und die intellektuelle Avantgarde

Wie vielschichtig, wie vertrackt und kompliziert 'Das Problem Karl May' tatsächlich war und immer noch ist, zeigt allein schon die Namensliste der literarischen Gegner und Fürsprecher Karl Mays. Die Kontrahenten, aber auch die Freunde des Radebeuler Poeten kamen - und kommen noch heute - sowohl aus dem religiösen (konservativen wie 'modernistischen') als auch dem 'säkularistischen', der Religion und dem Christentum gegenüber gleichgültigen oder den Gottesglauben ablehnenden Lager. Allein nur mit Mißverständnissen, die sicher auch möglich sind, wird dies nicht zu erklären sein. Denn mehrdeutig und hintersinnig, wie die Werke Mays zweifellos sind, können sie Menschen von unterschiedlichster Prägung faszinieren oder verschrecken.

Zu den Verteidigern und Befürwortern Mays zählten (und zählen noch immer) auch Leute von sozialistischer, von anti- oder linksbürgerlicher Denk- und Empfindungsweise. Vor diesem Hintergrund ist es sicher kein Zufall: Die sozialdemokratische Presse, der 'Vorwärts', stellte sich - wie schon oben erwähnt - vor May.[31]

Der vermeintliche Gegensatz zwischen christlichem Glauben und politischer 'Utopie' scheint im Alterswerk Karl Mays, ansatzweise aber auch in der Poesie der Reiseerzählungen, relativiert und aufgehoben. So wird es verständlich: Einer der hervorragendsten literarischen Fürsprecher Mays war der Schriftsteller Egon Erwin Kisch (1885-1948), der 'rasende Reporter' aus Prag, der 1933 - als Kommunist - emigrierte und 1937/38 im Spanischen Bürgerkrieg kämpfte.

Schon als Dreizehnjähriger hatte Kisch mit Begeisterung Karl May gelesen. Im Oktober 1898, als 'Old Shatterhand' im Prager 'Hotel de Saxe' wohnte, war es dem Realschüler Kisch gelungen, zu seinem Idol persönlich vorzudringen und May (der ihm den III. Band *Old Surehand* bei dieser Gelegenheit schenkte) die Hand zu drücken.

Anfang Mai 1910, wenige Wochen nach dem - für den Dichter so verheerenden - Charlottenburger Urteil, besuchte Kisch unseren Autor zu einem Interview in Radebeul. Kurze Zeit später erschien dieses - sehr offene, von May mit großem Vertrauen gegebene - Interview in der deutschsprachigen Zeitung 'Bohemia' in Prag. Mehrere Zeitungen im sächsischen Raum druckten den Text dann ganz oder teilweise ab. Mit seiner Veröffentlichung lieferte Kisch "den damals umfangreichsten wie sachkundigsten Bericht zur Unterstützung Karl Mays."[32] Auch später setzte er sich für May ein, in seinem Buch *Hetzjagd durch die Zeit* (1926) zum Beispiel.

Zu den bedeutendsten Verteidigern Mays - noch zu dessen Lebzeiten bzw. unmittelbar nach dessen Tode - gehörten, neben Kisch, auch namhafte Vertreter des literarischen Frühexpressionismus in Deutschland und Österreich. Ihr (wie auch Kischs) Motiv war zwar weniger der Respekt vor den - relativ unbekannten und damals noch kaum erforschten - Mayschen Altersromanen, sondern viel eher die Reminiszenz ans jugendliche Lesevergnügen, verbunden mit Empörung über die öffentliche Hetze gegen den Schöpfer Old Shatterhands und Kara Ben Nemsis.[33] Bedauert (und zum Teil auch bewundert) wurde der Mensch Karl May; und bestaunt wurde die bunte Exotik seiner Geschichten, aber kaum die, gedanklich tiefere und ästhetisch wertvollere, Symbolik seiner späten Romane. Dennoch sollte es "unserer Literaturgeschichte [...] zu denken geben, daß [...] die Avantgarde jener Zeit May liebte, daß Männer wie der große Ehrenstein, wie Berthold Viertel und eine Zeitschrift vom überragenden Range des 'Brenner' sich für May einsetzten."[34]

'Der Brenner', nach Karl Kraus (1874-1936) "die einzige ehrliche Revue Österreichs",[35] wurde 1910 gegründet. Schon damals, auf dem Höhepunkt der Kampagne gegen May, stand diese - in Innsbruck erschienene - Literaturzeitschrift auf der Seite des Radebeulers.

Die Vorgeschichte des 'Brenner'-Engagements für Karl May ist mit dem Namen des Schriftstellers und Essayisten Rudolf Kurtz (1884-1960) verbunden. Dieser wollte, in seinem *Offenen Brief an Karl May*, "nicht schweigen, wenn eine Kohorte grinsender Kulturträger [...] ein mühevoll erjagtes Opfer mit seiner Vergangenheit stückweise abschlachtet".[36] Kurtz bewunderte May, den "so viele schwere Jahre [...] nicht zu dem gemacht haben, was aus jedem Anderen [...] einen verbitterten, haßerfüllten, von Rachebedürfnis zerwühlten Menschen gemacht hätte!"[37]

Dieser *Offene Brief* erschien zunächst, am 12. Mai 1910, in der Berliner Wochenschrift 'Der Sturm'. Herwarth Walden, der Herausgeber dieses Avantgardeblatts, genehmigte die Wiedergabe des Artikels im 'Brenner' (am 15. Juli 1910).

Etwa gleichzeitig, im Zusammenhang mit der Charlottenburger Gerichtsverhandlung vom April 1910, nahm der Dichter Berthold Viertel (1885-1953) Stellung für May: in der Zeitschrift 'März', herausgegeben von Ludwig Thoma und Hermann Hesse.[38] *Für Karl May* schrieb Viertel auch später, in der Wiener Monatsschrift 'Der Strom' (Juni 1912): "Die Bücher Karl Mays sind relativ ganz ausgezeichnet geschrieben [...] Auf seine Leser wirkt May zweifellos als Dichter, der er irgendwie auch ist. Ein Nichtdichter konnte nie [...] die Person des Winnetou erfinden".[39]

Auch Georg Heym (1887-1912), einer der sensibelsten und bedeutendsten Lyriker des Frühexpressionismus, verfolgte die Pressefehde um May mit größter Betroffenheit. Er ertrank, kurz vor dem Tode Mays, beim Schlittschuhlaufen in der Havel (Berlin) - am 16. Januar 1912. Im Nachlaß des Lyrikers fanden sich *Notizen zu einer Rezension*, die zur Veröffentlichung in der Presse höchstwahrscheinlich gedacht waren. Heym schrieb mit beißender Ironie: "Ein Mann, namens Avenarius, [...] nimmt es sich heraus, in seinem Käseblatt [...] den Dichter Karl May anzugreifen [...] Karl May, dessen großartige Phantasie natürlich von diesem wöchentlichen Mist-Fabrikanten niemals begriffen werden kann."[40]

Doch weiter zum 'Brenner': Im Januar 1912, anderthalb Jahre nach dem Erscheinen des *Offenen Briefes* von Kurtz, übermittelte der Wiener Schriftsteller Robert Müller (1887-1924) dem Herausgeber des 'Brenner' - Ludwig v. Ficker - sein Essay *Das Drama Karl Mays*.[41] In diesem Text feierte Müller, nach dem Erfolg Karl Mays vor der Strafkammer in Moabit (am 18. Dezember 1911),[42] den "wahren Dichter", der Buße getan habe und dem die "Kontinente parieren [...], solange er nur auf seinem Bußmotive dahintreibt."[43] Einen weiteren, nicht weniger emphatischen, Pro-May-Artikel - ebenfalls aus der Feder Robert Müllers[44] - brachte 'Der Brenner' am 15. Mai 1912.

Müller, dessen brillante - von Dichtern wie Kafka, Hesse und Musil gepriesene - Romane "der Wiederentdeckung wert"[45] sind, war der literarische Leiter des 'Akademischen Verbandes für Literatur und Musik' in der österreichischen Metropole. Dieser, sehr renommierte, Verband trat "für neue, außerhalb des etablierten Kunstbetriebs liegende Strömungen ein [...] unter anderem durch Popularisieren der Werke von Frank Wedekind, Arnold Schönberg und Alban Berg."[46]

Um den verfemten Karl May vor aller Öffentlichkeit zu rehabilitieren, lud Robert Müller ihn ein, vor dem Wiener Verband (dem im März 1912, durch Müllers Vermittlung, der berühmte Lyriker und künftige 'Brenner'-Autor Georg Trakl beitrat: auch dieser ein faszinierter May-Leser![47]) einen Vortrag zu halten. Die Einladung war - so Heermann - "ein Politikum"; die freundliche Geste für May sollte "zu einem moralischen Schutzwall gegen weitere Verfolgungen" von ungeliebten Autoren "durch 'die bürgerliche Gesellschaft' [...] beitragen."[48]

May nahm die Einladung an. Und am 22. März 1912, wenige Tage vor seinem Tode, führte er, im Wiener Sophiensaal, an die dreitausend Zuhörer *Empor ins Reich des Edelmenschen!*[49]

Eine Woche zuvor hatte Maximilian Harden (1861-1927), ein damals sehr einflußreicher - bürgerlich-demokratischer - Publizist, der den Pressefeldzug gegen May besonders scharf verurteilte ("Ein Wind niedriger Gesinnung weht durch Deutschland"[50]), den Mut des Wiener Literatur-Verbandes - im Blick auf die Einladung Mays - sehr gelobt.[51]

Robert Müller (dessen Begeisterung für May freilich, in einem Privatbrief an Ludwig v. Ficker, kritische Untertöne mit aufwies[52]) hatte Mays Auftritt in Wien publizistisch aufs beste vorbereitet, u.a. durch eine Umfrage bei namhaften Schriftstellern: Deren Meinung zur Einladung Mays sollte eruiert werden.

Heinrich Mann (1871-1950) z.B. reagierte, im 'Neuen Wiener Tagblatt' vom 2.4.1912, mit der Antwort:

Ich höre, daß Karl May der Oeffentlichkeit so lange als guter Jugendschriftsteller galt, bis irgendwelche Missetaten aus seiner Jugend bekannt wurden. Angenommen aber, er hat sie begangen, so beweist mir das nichts gegen ihn - vielleicht sogar manches für ihn. Jetzt vermute ich in ihm erst recht einen Dichter![53]

Albert Ehrenstein, der 1886 in Wien geborene und 1950 in New York verstorbene Expressionist und Kulturkritiker, äußerte sich - in einem Brief an die Wiener Akademie - ebenfalls sehr positiv über May.[54] Er wünschte sich einen Cervantes, "der diesen ehrwürdigen Don Quixote der Indianerromantik der Literaturgeschichte einverleibt."[55]

Und Erich Mühsam (1878-1934), der revolutionäre Lyriker und Dramatiker aus Berlin, der kämpferische Intellektuelle, der von den Nationalsozialisten ermordet wurde, erkannte im April 1912 - im 2. Jahrgang seines Monatsblattes 'Kain. Zeitschrift für Menschlichkeit' - Karl May "das Prädikat eines Dichters" ohne Einschränkung zu: "Es tut mir leid, dass Karl May diese Zeilen nicht mehr lesen wird. Ich hätte sie auch geschrieben, wenn er nicht in diesen Tagen gestorben wäre [...] Was alles seine Angreifer gegen May vorbringen, spricht für ihn"![56]

10.13.3 Lu Fritsch und Bertha von Suttner

Allein nur von Männern war bisher in diesem Kapitel die Rede. In den Spätwerken Mays aber kommt den weiblichen Protagonisten eine überragende Bedeutung zu. Auch biographisch spielten Frauen eine bedeutsame Rolle für May. Und im Kontext dieses Kapitels - publizistische Unterstützung des Dichters - verdienen zwei Frauen eine besondere Würdigung: Lu Fritsch und Bertha von Suttner.

Marie-Luise ('Lu') Fritsch wurde im Januar 1890 in Stettin geboren. Schon als dreizehnjähriges Mädchen schrieb sie, im "Rausch der Freude",[57] Gedichte für Karl May (*Phantasie am Grabe Winnetous* z.B.), die sie diesem dann zuschickte. Ein herzlicher Briefwechsel entstand in der Folgezeit.[58] 1907 suchte Lu Fritsch, eine muntere, ebenso schöne wie kluge junge Dame inzwischen geworden, den Schriftsteller in der 'Villa Shatterhand' auf. Dem Ehepaar May blieb sie fortan verbunden. Vehement und gekonnt nahm sie 1910, in einer Artikelserie der 'Stettiner Gerichts-Zeitung',[59] Stellung für May und gegen Lebius/Pöllmann.

Im Jahre 1912 heiratete "Mays schöne Spionin",[60] wie sie in der Presse genannt wurde, den May-Freund Adolf Droop. Sie wurde Schriftstellerin und an zahlreichen Filmprojekten maßgeblich beteiligte Schauspielerin.[61] Im August 1959 erlag sie, versehen mit den Sterbesakramenten der Kirche, einem Krebsleiden. Karl May, dem sie ihr Leben lang die Treue hielt, hatte ihr in der Gestalt Merhamehs - im *'Mir von Dschinnistan* und in der Novelle *Merhameh* - ein bezauberndes literarisches Denkmal gesetzt.[62]

Lu Fritsch bzw. Marie-Luise Droop war gewiß eine bedeutende Frau. Doch ihr Name ist heute, außerhalb der May-Forschung, nicht mehr bekannt. Mays berühmteste Verehrerin und prominenteste Fürsprecherin, Bertha von Suttner, freilich ist unvergessen.

Die spätere Baronin von Suttner wurde als Tochter des Feldmarschall-Leutnants Graf Kinsky 1843 in Prag geboren. Der Roman *Die Waffen nieder!* (1889) gehört zu ihren bekanntesten Werken. In 'realpolitischen' und chauvinistischen Kreisen als "Friedensfurie" und "Judenbertha" beschimpft,[63] wurde 'die Suttner' durch ihre Schriften und Vortragsreisen (zuletzt in die USA) zur Begründerin der modernen Friedensbewegung. Die 'Deutsche Friedensgesellschaft' - die mit Persönlichkeiten wie Kurt Tucholsky und Carl v. Ossietzky im Bunde stand und Ende 1907 auch an May herantrat (zum Thema 'Und Friede auf Erden' sollte dieser im Mai 1908 einen Vortrag halten, den er aus Termingründen freilich absagen mußte[64]) - hatte die Baronin schon 1892 mit begründet. Sie wurde Vizepräsidentin des internationalen Friedensbüros in Bern und erhielt 1905 den Friedensnobelpreis. Am 21. Juni 1914 starb sie in Wien.

Um Kontakte zu Gleichgesinnten im Bereich der Kunst und Literatur zu knüpfen, korrespondierte diese Frau mit Autoren wie Heyse und Rosegger, Tolstoi und Zola. Die Verbindung mit May kam auf dessen Initiative hin im Oktober 1905 zustande: im Anschluß an den Vortrag Frau Suttners in Dresden, den das Ehepaar May besucht hatte.

Der Dichter war überwältigt. Er schrieb an die Baronin:

[...] wir hatten Sie noch nie gesehen, obgleich wir Ihr großes, segensreiches Wirken und auch alle Ihre Bücher kennen. Wir freuten uns unendlich über die Gelegenheit, Ihre [...] Stimme [...] zu hören. Und wir hörten sie, bis zur tiefsten Erschütterung. Meine Frau, die Gute, weinte, und auch ich wehrte mich der Thränen nicht [...] Gott segne Sie![65]

Zusammen mit diesem Brief übermittelte May seinen Roman *Und Friede auf Erden!* an die Baronin, wenig später auch sein Drama *Babel und Bibel*. Mehrere - heute zum Teil im Genfer UNO-Archiv liegende - Briefe wurden gewechselt, im Tone der Freundschaft. Und im März 1912, als der Tag seines Wiener Vortrags herankam, erhielt Karl May die folgenden Zeilen aus der Feder Frau Suttners:

Ich freue mich lebhaft, Sie [...] in Wien sprechen zu hören. Daß Sie mein Gesinnungsgenosse in Friedenssachen und anderen Fragen sind, das weiß ich ja: 'empor!' ist unser beider Devise. Gleichzeitig schicke ich Ihnen mein letztes Buch 'Der Menschheit Hochgedanken', worin Sie Anklänge an dieses 'Empor' finden werden [...] Nicht wahr, wir Geistesarbeiter [...] müssen einander behilflich sein.[66]

Auf die Umfrage der Wiener 'Akademie für Literatur und Musik' - im März 1912 - antwortete Frau Suttner mit einem Brief an das 'Neue Wiener Tagblatt'. In diesem Brief verwarf sie, wie Heinrich Mann und die andern genannten Autoren, die Pressekampagne gegen May und lobte die Person und das Werk unseres Dichters in herzlicher Weise. Nach dem Eintreffen Mays in Wien, am 20. März, besuchte Frau Suttner ihn dort im Hotel. Und am 22. März saß sie zu Füßen Karl Mays, vor dessen Rednerpult im Sophiensaal.

Acht Tage später war der Schriftsteller tot. "Niemand hat für Karl May einen schöneren Nachruf geschrieben als Bertha von Suttner in dem Wiener Blatt 'Die Zeit' vom 5.4.1912".[67]

Auch nach dem Tode des Dichters blieb die Baronin mit diesem verbunden: Im Jahre 1913 schrieb sie ihm einen "Herzensgruß nach dem Jenseits"![68]

Was Karl May und Bertha von Suttner verband, war der Kampf für den Frieden und gegen die Intoleranz in ihren verschiedensten Formen. Der Einfluß der Suttnerschen Ideen auf die Spätwerke Mays ist unverkennbar. Den Begriff des 'Edelmenschen' z.B. dürfte er von Frau Suttner unmittelbar übernommen haben.[69]

Zu Recht schrieb das 'Radebeuler Tageblatt' - nach der persönlichen Begegnung Bertha von Suttners mit Klara May im Februar 1913 -, daß Karl May sich "bekanntlich die Förderung der Ziele der Baronin von Suttner angelegen sein"[70] ließ. Aus den Dokumenten (den Briefen und Tagebuch-Notizen der Baronin) geht hervor, "daß die Suttner die Bestrebungen Mays nicht weniger anerkannte, als er die ihren bewunderte."[71] So wird es plausibel: Bedeutende Frauengestalten im Alterswerk Mays - z.B. die ältere Aschta in *Winnetou IV*: "eine groß angelegte Frau [...] im Kampfe gegen den Unverstand"[72] - dürften, partiell, auch die Züge Bertha von Suttners tragen.

Anmerkungen

1   Vgl. Heinz Stolte: *Der Volksschriftsteller Karl May. Beitrag zur literarischen Volkskunde* (Reprint der Erstausgabe von 1936). Bamberg 1979, S. XI.

2   Vgl. Claus Roxin: *Vorläufige Bemerkungen über die Straftaten Karl Mays.* In: JbKMG 1971, S. 74-109 (S. 107, Anm. 79).

3   Vgl. Alfred Schneider: *"... unsere Seelen haben viel Gemeinsames!" Zum Verhältnis Peter Rosegger - Karl May.* In: JbKMG 1975, S. 227-242 (S. 240).

4   Vgl. Gerhard Klußmeier - Hainer Plaul (Hrsg.): *Karl May. Biographie in Dokumenten und Bildern.* Hildesheim, New York 1978, S. 237.

5   Vgl. Karl May: *Mein Leben und Streben.* Freiburg 1910. Hrsg. von Hainer Plaul. Hildesheim, New York ²1982, S. 244 u.ö.

6   Wiedergegeben in: *Schriften zu Karl May.* Materialien zur Karl-May-Forschung, Bd. 2. Ubstadt 1975, S. 1-127.

7   Vgl. oben, S. 328.

8   Wiedergegeben in: *Schriften zu Karl May*, wie Anm. 6, S. 181-236.

9   Vgl. oben, S. 467ff.

10 Vgl. Stolte: *Volksschriftsteller*, wie Anm. 1, S. 11 - Hansotto Hatzig: *Nachwort.* In: *Schriften zu Karl May*, wie Anm. 6, S. 237-250 (S. 240).

11 Klußmeier - Plaul, wie Anm. 3, S. 267.

12 Vgl. Hainer Plaul: *Literatur und Politik. Karl May im Urteil der zeitgenössischen Publizistik.* In: JbKMG 1978, S. 174-255 (S. 209).

13 Nach ebd., S. 206-210.

14 Vgl. A.W. Hüffer: *Literaturstreit.* In: *Lexikon für Theologie und Kirche VI.* Hg. von Josef Höfer und Karl Rahner. Freiburg ²1961, Sp. 1082.

15 Vgl. Ulrich Schmid: *Ein Vortrag zwischen den Fronten. Karl May im Augsburger Schießgrabensaal, 8. Dezember 1909.* In: JbKMG 1990, S. 71-98 (S. 87).

16 Vgl. Franz Cornaro: *Karl Muth, Karl May und dessen Schlüsselpolemik.* In: JbKMG 1975, S. 200-219 (S. 214).

17 Schmid: *Ein Vortrag*, wie Anm. 15, S. 90.

18 Vgl. Karl Serden: *May-Briefe an Leopold Gheri.* In: MKMG 85 (1990), S. 19-25; Fortsetzung: Anton Haider: *May-Briefe an Leopold Gheri.* In: MKMG 87 (1991), S. 16-23.

19 Vgl. oben, S. 480f.

20 Wiedergegeben in: *Schriften zu Karl May*, wie Anm. 6, S. 129-179.

21 Vgl. unten, S. 674ff.

22 Vgl. Schmid: *Ein Vortrag*, wie Anm. 15, S. 86.

23 Hans Wollschläger: *Karl May. Grundriß eines gebrochenen Lebens.* Zürich 1976, S. 143 - Vgl. oben, S. 470ff.

24 Vgl. oben, S. 503f.

25 Schmid: *Ein Vortrag*, wie Anm. 15, S. 84.

26 Näheres ebd., S. 90 u. 97 (Anm. 66).

27 Zum letzteren Artikel (18.11.1904) vgl. Ekkehard Bartsch: *'Und Friede auf Erden!' Entstehung und Geschichte.* In: JbKMG 1972/73, S. 93-123 (S. 108).

28 Der gesamte Artikel ist wiedergegeben in: *Karl May und Augsburg.* SKMG Nr. 82 (1989), S. 14-22.

29 Schmid: *Ein Vortrag*, wie Anm. 15, S. 85 - Vgl. die ausführliche Darstellung bei Ulrich Schmid: *Karl May, Augsburg und die Augsburger Postzeitung.* In: *Karl May und Augsburg*, wie Anm. 28, S. 4-7.

30 Vgl. unten, S. 585.

31 Im August 1910 und Ende Dezember 1911 beispielsweise - Vgl. Christian Heermann: *Der Mann, der Old Shatterhand war. Eine Karl-May-Biographie.* Berlin 1988, S. 325-328 u. 347.

32 Ebd., S. 344.

33 Vgl. Ulrich Schmid: *Das Werk Karl Mays 1895-1905. Erzählstrukturen und editorischer Befund.* Materialien zur Karl-May-Forschung, Bd. 12. Ubstadt 1989, S. 195.

34 Claus Roxin: *Das zweite Jahrbuch.* In: JbKMG 1971, S. 7-10 (S. 8).

35 Zit. nach Franz Cornaro: *"Bedenker des Wortes". Das Eintreten des 'Brenner' für Karl May.* In: JbKMG 1971, S. 216-220 (S. 216).

36 Rudolf Kurtz: *Offener Brief an Karl May.* In: JbKMG 1971, S. 230-233 (S. 230).

37 Ebd., S. 230f.

38 Der Artikel ist wiedergegeben in: MKMG 33 (1977), S. 21.

39 Berthold Viertel: *Für Karl May.* In: JbKMG 1971, S. 226-229 (S. 228).

40 Georg Heym: *Dichtungen und Schriften.* Band 2. Hamburg, München 1962, S. 181; zit. nach Dieter Sudhoff: *Umbra Vitae. Georg Heym und Karl May.* In: MKMG 35 (1978), S. 5-8 (S. 6).

41 Robert Müller: *Das Drama Karl Mays.* In: JbKMG 1970, S. 98-105 - Vgl. Ders.: *Nachruf auf Karl May.* In: JbKMG 1970, S. 106-109 (ursprünglich im Wiener 'Fremden-Blatt' vom 3.4.1912).

42 Vgl. oben, S. 534ff.

43 Müller: *Das Drama Karl Mays*, wie Anm. 41, S. 105.

44 Robert Müller: *Totenstarre der Fantasie.* In: JbKMG 1971, S. 221-225.

45 Hans Wollschläger: *Sieg - Großer Sieg - - Karl May und der Akademische Verband für Literatur und Musik.* In: JbKMG 1970, S. 92-97 (S. 96) - Der IGEL-Verlag Literatur (Paderborn) hat diverse Müller-Werke inzwischen neu publiziert.

46 Heermann, wie Anm. 31, S. 347.

47 Vgl. Otto Basil: *Georg Trakl in Selbstzeugnissen und Bilddokumenten.* Reinbek 1965, S. 37 u. 160.

48 Heermann, wie Anm. 31, S. 347f.

49 Vgl. unten, S. 588f.

50 Harden in einem Brief vom 1.4.1912 an Klara May; zit. nach Gerhard Klußmeier: *"Ein Wind niedriger Gesinnung weht durch Deutschland". Karl May und Maximilian Harden.* In: JbKMG 1977, S. 103-113 (S. 111).

51 Im Brief vom 17.3.1912 an den Wiener Verband; wiedergegeben bei Klußmeier: Ebd., S. 110.

52 Vgl. Franz Cornaro: *Robert Müllers Stellung zu Karl May.* In: JbKMG 1971, S. 236-245 (S. 238). - "Der wahre Grund" für Müllers May-kritischen Brief (4.3.1912) "dürfte darin liegen, daß Müller fürchtete, sich gegenüber dem berühmten Ludwig v. Ficker mit seiner Begeisterung für May lächerlich zu machen." (Claus Roxin in einem Brief vom 15.2.1993 an den Verfasser)

53 Zit. nach Ekkehard Bartsch: *Karl Mays Wiener Rede. Eine Dokumentation.* In: JbKMG 1970, S. 47-80 (S. 79).

54 Vgl. Müller: *Totenstarre*, wie Anm. 44, S. 224.

55 Albert Ehrenstein: *Ein "Fall" Karl May?* In: JbKMG 1971, S. 234f. (S. 235).

56 Zit. nach Plaul: *Literatur und Politik*, wie Anm. 12, S. 245f. (dort der vollständige Text).

57 Rudolf W. Kipp: *Die Lu-Droop-Story.* In: MKMG 37 (1978), S. 3-19 (S. 4); Fortsetzung in: MKMG 38 (1978), S. 3-19.

58 Vgl. Lu Fritsch: *Briefe aus der Villa 'Shatterhand'.* In: MKMG 35 (1978), S. 3f.

59 Wiedergegeben in: MKMG 33 (1977), S. 22f.; MKMG 34 (1977), S. 21-23; MKMG 35 (1978), S. 19-21; MKMG 36 (1978), S. 22-24; MKMG 37 (1978), S. 20-22.

60 Vgl. *Aus vergilbten Blättern.* In: MKMG 33 (1977), S. 20-22 (S. 20).

61 Vgl. die Bibliographie und Filmographie in: MKMG 37 (1978), S. 17ff., und MKMG 38 (1978), S. 19.

62 Vgl. oben, S. 513.

63 Vgl. Hansotto Hatzig: *Bertha von Suttner und Karl May*. In: JbKMG 1971, S. 246-258 (S. 247).

64 Vgl. Heermann, wie Anm. 31, S. 309.

65 Aus Mays Brief vom 17.10.1905; zit. nach Hatzig: *Bertha von Suttner*, wie Anm. 63, S. 249.

66 Aus Suttners Brief an May vom 13.3.1912; zit. nach Hatzig: Ebd., S. 252.

67 Hatzig: Ebd., S. 253 - Zu Frau Suttners Nachruf für May vgl. unten, S. 589.

68 Zit. nach Claus Roxin: *Mays Leben*. In: *Karl-May-Handbuch*. Hrsg. von Gert Ueding in Zusammenarbeit mit Reinhard Tschapke. Stuttgart 1987, S. 62-123 (S. 109).

69 Vgl. oben, S. 491 (Anm. 58).

70 Zit. nach Hatzig: *Bertha von Suttner*, wie Anm. 63, S. 256.

71 Hatzig: Ebd.

72 Karl May: *Winnetou. IV. Band*. Gesammelte Reiseerzählungen, Bd. XXXIII. Freiburg 1910, S. 320 u. 315; zit. auch bei Hatzig: *Bertha von Suttner*, wie Anm. 63, S. 252.

10.14 *Winnetou IV* (1909/10): Mays Abschiedsroman

"Es war in der Frühe eines schönen, warmen, hoffnungsreichen Frühlingstages. Ein lieber, lieber Sonnenstrahl schaute mir zum Fenster herein und sagte 'Grüß dich Gott!'"

So beginnt die letzte Erzählung Karl Mays, der symbolistische, in Nordamerika spielende Roman *Winnetou. 4. Band*. Und so hoffnungsfroh wie die ersten Zeilen bleibt - angesichts der konkreten Lebensumstände des Verfassers schon mehr als erstaunlich - der Grundtenor des gesamten Bandes, den Arno Schmidt als "allzu zittrig geratenen Swan-Song eines in jeder Hinsicht Verbrauchten",[1] Heinz Stolte aber als "das schönste aller Bücher Karl Mays"[2] bezeichnet hatte.

10.14.1 Entstehung und literarische Qualität

Im Spätsommer 1909, als in die gerichtlichen Auseinandersetzungen des Autors mit seinen Gegnern eine gewisse Beruhigung, eine Art Ruhe vor dem letzten Sturm eingetreten war,[3] begann Karl May mit der Niederschrift des Romans. Pläne für dieses Werk hatte der Dichter schon im 1904 entstandenen neuen Nachwort für *Winnetou III* angedeutet: mit der Erwähnung des "Mount Winnetou".[4] In einem Schreiben vom 15. Januar 1907 an Felix Krais war vom IV. Band *Winnetou* ausdrücklich die Rede.[5] Und seine Amerikareise im Herbst 1908 begründete May, gegenüber Fehsenfeld, mit "Vorstudien" zum IV. Band *Winnetou*.

Nach der Rückkehr aus den USA schrieb er, am 11.12.1908, an Fehsenfeld: "Gleich nach Weihnacht" werde er mit der neuen Erzählung beginnen; der Band werde des großen Apatschen "wirkliches Testament" enthalten; Winnetous Nachlaß bestehe - so May im genannten Brief -

in seinen indianischen Erzählungen, die ich nun herauszugeben habe, ganz ebenso, wie ich auch Hadschi Kara Ben Halefs arabische Erzählungen herausgeben werde [...] Es erwarten Sie noch größere Ueberraschungen [...] Aber es gehört ein energischer [...] Verleger dazu, für den nur meine Intentionen maßgebend sind, nicht aber die von andern Leuten.

Weder die Kara-Ben-Halef-Bücher noch die 6-10 Winnetou-Bände, die May im Brief vom 10.12.1908 an Krais angekündigt hatte, wurden realisiert. Lediglich *Winnetou IV* konnte May noch in Angriff nehmen - aber nicht schon "nach Weihnacht" 1908, sondern erst im September 1909, nach Beendigung des '*Mir von Dschinnistan* bzw. dessen Buchfassung für Fehsenfeld. Und zum "Clou des Weihnachtsmarktes"[6] 1909 wurde der Band keineswegs; denn erst Anfang April 1910 hat May das Manuskript zum Abschluß gebracht.

Vom 6. Oktober 1909 bis 27. April 1910 erschien die Erzählung, als Vorabdruck, in der Unterhaltungsbeilage 'Lueginsland' der 'Augsburger Postzeitung';[7] parallel dazu wurde der Satz für die Buchausgabe - Band XXXIII der Freiburger Reihe - fertiggestellt.

Bis zum 3.10.1909 hatte der Autor 200 Manuskriptseiten geschrieben. Nach einer kleineren, krankheitsbedingten Arbeitspause meinte der Dichter im Brief vom 25.10.1909 an Krais wieder überschwenglich: "Man lauerte in Augsburg mit Schmerzen [...] Winnetou IV findet riesigen Anklang. Man bestellt die Postzeitung durch ganz Deutschland. Das ist die beste Reklame für uns."

Doch die "gerichtlichen Strafanträge und Schriftsätze wegen der jetzigen, unmenschlichen May-Hetze absorbirten", wie der Autor (im Brief vom 28.2.1910 an Krais) beklagte, seine "ganze Kraft und Zeit". Aus diesem Grund benötigte er insgesamt etwa sieben Monate für die Niederschrift des letzten Romans, der unmittelbar vor dem - für May so verhängnisvollen - Charlottenburger Urteil[8] beendet wurde.

Die Journal- und die Buchfassung sind so gut wie identisch.[9] Anders als im Falle des *Pax*-Romans oder des *'Mir von Dschinnistan* fehlte dem Schriftsteller die Zeit für eine Überarbeitung oder gar für eine durchgängige Textrevision. Auch in der - 1012 Seiten umfassenden - Handschrift finden sich, im Gegensatz zum *Silberlöwen III/IV* und anderen Spätwerks-Manuskripten, quantitativ und qualitativ nur äußerst geringfügige Korrekturen. Insofern läßt Mays Schreibprozedur in *Winnetou IV* tatsächlich einen "regressiven Charakter"[10] erkennen: Der Dichter fiel, aufgrund des Zeitdrucks und einer gewissen Erschöpfung, zurück in die frühere Schreibweise des berühmten "ich verändere nie, und ich feile nie".[11] Die sprachliche Höhe nicht weniger Glanzpartien in anderen Alterswerken Karl Mays wird im letzten Roman folglich nicht ganz erreicht.

Nicht nur für stilistische Verbesserungen fehlte die Muße. Auch zu ausgedehnteren Quellenstudien fand May wohl kaum die nötige Zeit. Sein 'Studium' dürfte sich beschränkt haben auf diverse Zeitungsberichte und einige, aus New York mitgebrachte, ethnographische Fachliteratur.[12]

Daß *Winnetou IV* so "riesigen Anklang" fand, ist zu bezweifeln. Denn die meisten zeitgenössischen Leser konnten mit den Spätwerken Mays (deren wesentliche Merkmale auch dem Schlußband des *Winnetou* zukommen) im Grunde nichts anfangen.[13]

Was den literarischen Rang des IV. Buches *Winnetou* betrifft, überwiegt heute nun freilich die positive Bewertung. Allerdings wurden, von Kennern, auch Einwände formuliert. Einige Beispiele für kritische, eher abschätzige Zensuren seien hier angeführt:

Arno Schmidt, dessen negatives Fazit schon oben erwähnt wurde, rügte u.a. die "total verschrumpelte Bildkraft"[14] des Amerika-Romans im Vergleich zu den Schlußbänden des *Silberlöwen* oder zu *Ardistan und Dschinnistan*. Ulrich Schmid bemängelte einige "Schwächen und Unklarheiten der Handlungsführung sowie der sprachlichen Gestaltung", aber auch die verhältnismäßig "unscharfe und allzusehr rekapitulierende Symbolstruktur"[15] in *Winnetou IV*. Auch nach der Auffassung Dieter Sudhoffs fällt Mays letzte Erzählung im Blick auf das schlichtere Sprachniveau und "die relativ häufige Eindimensionalität gegenüber den durchgängiger mehrdimensional komponierten Spätromanen qualitativ ab". Vor allem kranke der IV. Band *Winnetou* - partiell - an "Phantasiearmut", die sich in "zahlreichen Parallelismen zu früheren Altersromanen" erweise: Für neue Bildschöpfungen habe dem Dichter "offensichtlich die Imagination" gefehlt.[16]

Andrerseits fügten die genannten Autoren ihrer Kritik doch (mehr oder weniger großes) Lob hinzu. Arno Schmidt räumte ein: "daß Liebe und Friede wertvoller sind als die interessanteste Prügelei",[17] sei in *Winnetou IV* eine wichtige Einsicht. Ulrich Schmid erkannte die "faszinierenden Komponenten dieser späten 'summa indianica'"[18] durchaus an. Und Sudhoff, der zu *Winnetou IV* eine umfangreiche Monographie verfaßte, kam zu einem insgesamt ja positiven Ergebnis: In seinem Abschiedsroman habe May "bei weitem alles hinter sich" gelassen, was er - mit Ausnahme des *Silberlöwen III/IV* und des *'Mir von Dschinnistan* - zuvor geschrieben hat:

ein durchaus würdiger Schlußstein eines Lebenswerkes, das von den literarischen Niederungen Ardistans [...] bis zu den literarischen lichten Höhen des Dschebel Marah Durimeh und des Mount Winnetou führt [...] Karl May hat mit 'Winnetou IV' sein Lebensziel [...] erreicht.[19]

Daß der IV. Band *Winnetou*, bis auf den *Mir* und den *Silberlöwen III/IV*, alle früheren Bücher des Dichters übertrifft und "die These, daß May nur Jugendschriftsteller sei, widerlegt",[20] betonte auch Ekkehard Koch in seiner Werkanalyse. Und Christoph F. Lorenz meinte, daß die Hauptvorwürfe Arno Schmidts "so schwer nicht wiegen können, daß man deshalb berechtigt wäre, *Winnetou IV* zum Werk des Verfalls herunterzustilisieren."[21]

In dieselbe Richtung weist das Urteil Hans Wollschlägers: Unbeschadet vieler Mißlichkeiten, "die das Werk gestört haben", ist der letzte Roman Karl Mays - so Wollschläger in einer gerafften Zusammenfassung -

noch einmal bedeutend geraten und enthält partienweise eine reiche Fülle der Gesichte: die Fabel des Unternehmens, seine gesamte frühere Indianer-Literatur mit einem Schlußstein zu festigen, ist durchaus glänzend erdacht; geschickter als bei 'Friede' wird die Realität hineinverwoben (der eigenen Reise von 1908 und des großen Indianer-Kongresses von 1909[22]); und wenn auch die aufgetürmten Symbol-Bilder im Schatten des 'Mir' bleiben und die Durchführung hinter dem Plan zurück, so ist doch das Ergebnis, das gegen soviel verruchte Umstände zu Stande kam, ansehnlich genug.[23]

Ohne die, in der Sekundärliteratur angesprochenen, Form-Schwächen des Romans generell bestreiten zu wollen, ist dennoch zu sagen: Bei aller Ähnlichkeit (der Sujets, des Personals, der Symbolik) mit früheren Alterswerken ist *Winnetou IV* doch eine eigenständige Schöpfung - mit unverwechselbarem Profil,[24] mit spezieller Thematik und besonderer Aussagekraft.

Die "hochpoetische Qualität der Landschaftsbilder"[25] ist nicht zu übersehen. Auch erzählerisch ist der Roman ohne Zweifel geglückt. Er enthält sehr schöne, teils amüsante, teils ernste und mitunter auch höchst dramatische Szenen. Die Grundstimmung ist, wie schon eingangs vermerkt, von unendlicher Hoffnung, von prophetischer Sehnsucht getragen. Das christliche Lebensgefühl, das Werte-Bewußtsein, das Gottvertrauen und nicht zuletzt der Humor des Verfassers sind ungekünstelt und echt.

Der Aufbau des Werkes ist, wie Joseph Höck, ein katholischer Theologe, schon 1929 gezeigt hat,[26] überzeugend und konsequent: In steiler werdenden Stufen geht es hinauf zum Mount Winnetou; "ein unverkennbar gutes",[27] hoch aufstrebendes Gedankengefüge hat der Dichter seinem Werk zugrundegelegt.

Künstlerisch gelungen ist - kaum weniger als in anderen Spätromanen Mays - die Verknüpfung der äußeren Fabel mit autobiographischem Material und weltanschaulicher Botschaft. Die verschiedenen Leseebenen (Handlung; Selbstdarstellung des Autors; Reflexion übers eigene Werk; gesellschaftspolitisches Anliegen; philosophisch-theologische Aussage) sind gut miteinander verwoben. Sie durchdringen sich gegenseitig und werden in manchen Partien zur vollen Deckung gebracht. "Komm, o komm, und rette Deinen Winnetou. Man will ihn Dir erwürgen und erschlagen!" (S. 16)[28] Dieser Appell ist auf allen Bedeutungsebenen relevant.

Für die inhaltliche Bewertung von *Winnetou IV* ist - darin hat Günter Scholdt, ein kritischer Rezensent des Romans, natürlich recht - "die Grundeinstellung des Lesers mitentscheidend".[29] Von der eigenen Position des Betrachters wird es auch abhängen, ob die theologische Botschaft (deren Perspektivenreichtum hinter anderen Spätwerken Mays in keiner Weise zurücksteht) im ganzen bejaht oder verneint oder partiell in Frage gestellt wird. Weiter unten, im Abschnitt 'Spuren der anderen Welt', soll die theologische Auseinandersetzung mit *Winnetou IV*, im Blick auf heutige Problemstellungen, versucht werden.

In den folgenden Kapiteln beschränkt sich die Analyse auf die Darstellung der Fabel, der handlungstragenden Leitgedanken und der autobiographischen Spiegeleffekte in *Winnetou IV*. Der zugrundeliegende Text ist die Buchausgabe bei Fehsenfeld.[30]

10.14.2 Die Fabel und die handlungstragenden Leitgedanken

Seit *"Weihnacht!"* (1897) hatte Karl May den Wilden Westen als Schauplatz seiner Erzählungen gemieden. Kein einziges seiner späteren Werke - bis 1909 - spielt im Land der Indianer. Der Grund dürfte sein:[31] Das Terrain der 'dark and bloody grounds' war, noch mehr als der Orient, in der Vorstellung fast sämtlicher May-Leser untrennbar verknüpft mit 'Hauen und Stechen', mit Pulverdampf und Kriegsgeschrei, einer Welt also, von der sich May - spätestens seit der Jahrhundertwende - gelöst hatte. Der Symboldichter May, der sich vehement dagegen verwahrte, als 'Unterhaltungskarnickel' für pubertierende Buben zu gelten, wollte mit der Abenteuerliteratur und speziell der Indianerromantik jetzt nichts mehr zu tun haben.

Andrerseits war er, mit Recht, doch geneigt, sein Gesamtwerk als Einheit, d.h. sein Alterswerk als Ergebnis einer fortschreitenden, im Anfang schon grundgelegten Entwicklung zu sehen. Von den frühesten Abenteuergeschichten bis hin zu *Ardistan und Dschinnistan* gibt es, wie er richtig erkannte, durchaus einen Weg, der Anfang und Ende miteinander verbindet.[32] So wird es plausibel, daß May auch die Indianerromane der früheren Schaffensperioden in die jetzige literarische Arbeit - die religiöse Symboldichtung - zu integrieren versuchte. Das Resultat dieses Bemühens ist *Winnetou IV*.

Mit diesem Werk wollte May die *Winnetou*-Bände I-III (1893),[33] aber auch seine andern Wildwest-Romane zum krönenden Abschluß bringen. Die Spuren der Transzendenz, die diesen früheren Büchern tatsächlich schon eingestiftet waren, wollte der Dichter - im Sinne der Spätwerksideen - nun weiterverfolgen. Und zugleich wollte er, keineswegs ungeschickt, eine innere Verbindung zwischen den beiden Hauptgruppen seines Erzählwerks, den Orient- und den Amerikaromanen, herausstellen: indem er Marah Durimeh, die orientalische 'Menschheitsseele', auch zur Königin der indianischen Urvölker erhob. Mays - wie ja feststeht, korrekter[34] - Verweis auf die asiatische Herkunft der 'roten Nationen' bildete, geographisch und gedanklich, die "Brücke" (S. 276), mit der dem Dichter "eine 'höhere', poetisch reflektierte Kontinentsüberschreitung gelang."[35]

Gegenüber den Erfolgsbänden *Winnetou I-III* muß der, viel weniger populäre, Fortsetzungsband - sowohl der Form wie dem Inhalt nach - als bedeutende Steigerung anerkannt werden. 'Das Testament des Apachen', also das Schlußkapitel von *Winnetou III*, wird wieder aufgegriffen und - so Roxin - "beträchtlich vertieft".[36] Worin besteht diese Vertiefung? Betrachten wir, im Kontext des Handlungsverlaufs, die Grundgedanken des Romans.

10.14.2.1 Vorzeichen

Der "fast siebzig" Jahre alte Ich-Erzähler Old Shatterhand alias Karl May - auf diese Problematik kommen wir später zurück - liest zu Hause, in Radebeul, höchst merkwürdige Briefe aus Amerika: Er wird eingeladen, zum Mount Winnetou, einem mysteriösen, ihm unbekannten Berg im Land der Apatschen zu kommen. Die Absender der Briefe sind zum Teil Personen, die der May-Leser von früheren Bänden her kennt: Freunde Old Shatterhands wie die Brüder Surehand und Apanatschka.

Auch Feinde melden sich brieflich zu Wort. Tangua, der älteste Häuptling der Kiowas, z.B. fordert May heraus: "Hast Du Mut, so komme herüber nach dem Mount Winnetou! Meine einzige Kugel, die ich noch habe, sehnt sich nach Dir!" (S. 6)

Am Mount Winnetou soll es zum "großen, letzten Kampfe" kommen. Ein Bund der Häuptlinge will über die Bleichgesichter zu Gericht sitzen und über die Zukunft der roten Männer entscheiden. Auch Frauen-Meetings sind vorgesehen. Das letzte Wort will ein 'Komitee' behalten, dessen Vorsitzender ein Professor der Philosophie ist. Das Komitee scheint überhaupt die maßgebliche Rolle zu spielen: plant es doch, zum Ruhme des Apatschen, eine gigantische Statue, ein kolossales Denkmal zu errichten.

Einen letzten, noch rätselhafteren Brief erhält Shatterhand von dem uralten Tatellah-Satah, dem 'Bewahrer der großen Medizin': "Mein weißer [...] Bruder! Ich fragte Gott nach Dir [...] Eile herbei [...] und rette Deinen Winnetou! Man will ihn falsch verstehen" (S. 15).

Shatterhand soll, so will es Tatellah-Satah, auf dem Weg zum Mount Winnetou den Nugget-Tsil aufsuchen: wo Santer (in *Winnetou IV* fast immer Sander geschrieben[37]) den Vater und die Schwester Winnetous ermordet und dieser sein Testament vergraben hatte - das von Sander schließlich zerfetzt und vernichtet wurde.[38]

May beschließt, die Reise - zusammen mit seiner Ehefrau Klara, dem 'Herzle' - in Angriff zu nehmen. "Da man zwar noch von einem 'Westen', aber schon längst nicht mehr von einem 'wilden Westen'" (S. 23) sprechen kann, hält er das Unternehmen für ungefährlich.

Noch kurz vor dem Aufbruch wünscht ein Mr. Hariman F. Enters, der sich als Buchhändler vorstellt, eine Unterredung mit May. Dieser soll ihm den *Winnetou* "mit allen Rechten" (S. 35) verkaufen. Hariman, ein depressiver, suizidgefährdeter Mensch mit unendlich traurigen Augen und gequältem Lächeln, ist aber kein Buchhändler und heißt auch nicht Enters. Sein echter Name ist - Sander. Er ist, wie May - aufgrund von Indizien - durchschaut, der Sohn des Mörders von Intschu-tschuna und Nscho-tschi. Seine wahre Absicht ist es, den *Winnetou* "verschwinden" zu lassen: damit die Verbrecher-Karriere seines Vaters in den USA nicht bekannt werde.

Den *Winnetou* zu verkaufen, ist May nicht bereit. Aber ein Wiedersehen mit Hariman stellt er in Aussicht: In Niagara Falls sollen Hariman und dessen Bruder Sebulon mit Old Shatterhand zusammentreffen.

10.14.2.2 Stufen zum Mount Winnetou

Über New York, Albany und Buffalo kommt das Ehepaar May, unter dem Pseudonym 'Mr. Burton und Frau', in Niagara Falls an und wohnt im Clifton-Hotel. Dort findet eine

Begegnung mit zwei vornehmen Indianerhäuptlingen statt, die zugleich bedeutende Sprachforscher sind: Mr. Athabaska und Mr. Algongka,[39] deren Blick "jene tiefe Schwermut, jene seelische Trauer bekundet, welche verschwindenden Jahren, zu Ende gehenden Tagen und sterbenden Völkern eigen ist." (S. 54)

In Buffalo, beim Besuch des Grabmals von Sa-go-ye-wat-ha, des friedliebenden Häuptlings der Senekas (1752-1830),[40] trifft May erneut auf Algongka und Athabaska. Wenig später, beim Anblick der Niagara-Fälle, entwickelt sich zwischen 'Mr. Burton'[41] und den beiden Edelindianern ein wichtiges Gespräch. Burton meint über das Schicksal der roten Völker: Wie das Auge des Menschen nur die stürzenden Fluten des Niagara zu sehen vermag, nicht aber die Wasser, aus denen sie kommen und in die sie sich ergießen, so sieht die Gegenwart nur den "Fall", den Untergang der roten Nationen. "Wo haben wir das große, [...] das herrliche Volk zu suchen, dessen Kinder diese Zerschmetterten sind? [...] Und wo ist das noch größere, [...] noch herrlichere Volk zu finden" (S. 66), dem eine neue, bessere Entwicklung zukommt?

Mit dieser Frage ist ein zentraler Gedanke des Romans anvisiert: Der großen Vergangenheit der Urbewohner Amerikas könnte eine noch größere Zukunft entsprechen - falls die Indianer vom "Schlaf" erwachen, ihre verlorene Seele wiederentdecken und den einzigen Weg zur Rettung beschreiten.

Der Niedergang der Indianer war, wie May - historisch zumindest teilweise richtig[42] - betont, zum einen durch die Gewalt der weißen Eroberer, zum andern durch die Indianer selbst: durch tyrannische Herrschaftsformen[43] und selbstzerstörerisches Verhalten der vor- und der nachkolumbischen Indianer verschuldet. Sein Vorwort zu *Winnetou I* hat May in *Winnetou IV* (S. 2f.) nun freilich revidiert,[44] sofern er den 'Roten' nicht mehr den Tod prophezeit, sondern das Leben: Wenn sie 'erwachsen' werden und "über das Alter, in dem man sich nur immer schlägt und prügelt" (S. 60), hinauswachsen, dann wird Gott, der "allgütige Lenker der Welt", die roten Stämme zu einem großen, geeinten Volke machen.

Aber das Thema in *Winnetou IV* ist nicht nur das Schicksal der Indianer. Um die Zukunft der Menschheit geht es in diesem Roman! Denn "kein Mensch, kein Volk und keine Rasse" darf "Kind [...] bleiben" (S. 60). Der Weg zur Reife und damit zum Leben wird als Weg vom Haß zur Versöhnung, von der Angst zur Liebe verstanden. Beispielhaft wird dieser Weg im Entwicklungsprozeß der Sander-Söhne geschildert.

In Niagara Falls trifft May, wie vereinbart, die Enters-Brüder. Während Hariman zwar gefährdet, im Grund aber ein "guter Mensch" (S. 27) ist, scheinen Geldgier und der "Sandersche Zwang" (S. 44) zum Mord oder Selbstmord den Sebulon zu beherrschen. Hariman warnt seinen Bruder: Der Vater hat sich selbst zugrundegerichtet; und "er holt uns nach, uns alle, uns alle!" (S. 71) Sebulon schweigt und meint dann, "mehr klagend als erregt: 'Es ist fürchterlich, [...] wie das innerlich schreit und lockt, wie es treibt und schiebt, wie es drängt und drängt [...] Ich wollte, ich wäre schon tot!'" Doch Hariman hofft "noch immer auf Rettung! Die aber ist nur dann möglich, wenn das Geschehene Verzeihung findet." (Ebd.)

Shatterhand, der das Zwiegespräch der Brüder belauscht hat, will sie nun prüfen: Bestehen sie diese Prüfung, so wird er sie, ihrer Bitte gemäß, zum Nugget-Tsil führen. Daß sie in Wirklichkeit Sander heißen, haben die Brüder nun zugegeben. Doch anders als Hariman wird Sebulon noch immer getrieben vom Haß, speziell auf Old Shatterhand.

Mit der Bahn legt das Ehepaar May die lange Strecke bis Trinidad/Colorado zurück. Dort kommt es zum Wiedersehen mit einem alten Gefährten: Max Pappermann, einem treuen, aber - wie er meint - vom Unglück verfolgten Menschen, der die 'Burtons' begleiten wird, bis hin zum Mount Winnetou.

Durch einen Husarenstreich à la Shatterhand gewinnt 'Mr. Burton' eine Wette mit einer Gruppe von Rowdies. Kostbare Pferde gelangen auf diese Weise in seinen Besitz. Und den 'jungen Adler', der bei den Weißen die Kunst des Fliegens studiert hat und - als Lieblingsschüler Tatellah-Satahs - die Zukunft der roten Nationen verkörpert, lernt er in Trinidad kennen.

Bestens beritten, verlassen Mr. Burton und Frau zusammen mit Pappermann und dem 'jungen Adler' nun Trinidad. Am Kanubi-See[45] begegnen sie der jungen Aschta, einem wunderschönen Mädchen, dessen Name die 'Güte' bedeutet. Sie gleicht ihrer Mutter, der älteren Aschta, die ebenso "rein" und "fromm" (S. 144) ist wie sie. Ihr Vater ist Wakon - ein wahrhaft bedeutender und absolut friedlich gesinnter Medizinmann der Sioux-Indianer.

Auf ihrer Brust trägt Aschta, genau wie der 'junge Adler', einen zwölfstrahligen Stern: das Zeichen des 'Clan Winnetou'. Inwieweit die von May beschriebenen, von der üblichen Wortbedeutung (Clan = Sippe oder Sippenverband) stark abweichenden Clan-Verhältnisse der vorkolumbischen Indianer historisch verifizierbar sind,[46] sei dahingestellt. Wichtig jedenfalls sind die Ausführungen über den neuen, das ursprüngliche Clan-Wesen wiederaufgreifenden 'Winnetou-Clan'.

Das urzeitliche, von den Indianern (bzw. der Menschheit) nicht mehr befolgte 'Gesetz von Dschinnistan' - "Ein jeder Mensch soll der Engel eines andern Menschen sein!" (S. 281) - wird im 'Clan Winnetou' wieder ernstgenommen: Wer den Stern trägt, ist bereit, "die Vergangenheit zu sühnen", d.h. nicht länger zu hassen, sondern zu lieben, und so "des verlorenen Paradieses würdig zu werden." (S. 288)

Frauen und Männer aus sämtlichen indianischen Stämmen, und seien sie noch so verfeindet, können diesem Clan beitreten. Tatellah-Satah, der "Priester" ist und "nicht Krieger" (S. 431), hat ihn - im Geiste Winnetous - gegründet. Seine Ziele sind "kein Geheimnis; alle Welt" (S. 275) soll sie kennen: Jeder 'Winnetou' und jede 'Winnetah' - so nennen sich die Mitglieder des Clans - soll zum "Schutzengel" werden; "der Engel eines Verhaßten oder gar Verachteten zu sein", gilt als Weg zur "wahren Menschlichkeit" (S. 292). Und um die Gefahr des Stolzes, der Selbstgefälligkeit zu vermeiden, gilt die Bestimmung: Erst nach dem Tod des Beschützers wird der Name des Beschützten bekannt - wenn der Stern, unter dem der Name zu lesen ist, vom Kleid des Beschützers getrennt wird.

Für den Dichter hat der Winnetou-Stern "eine große Bedeutung: Ich hatte von hier aus in die Zukunft, in die Ferne [...] zu schließen." (S. 163) Geographisch liegt diese Ferne am Mount Winnetou, dem sich - in weiteren Stufen - Old Shatterhand und seine Begleitung jetzt nähern.

Vom Kanubi-See führt der Weg ins Tal des "Purgatorio", ins Tal der 'Läuterung', zur sogenannten "Teufelskanzel", die die Indianer aber ganz anders bezeichnen: "Ohr Gottes" (S. 178) nennen sie diesen Ort. Ein "tiefer Sinn", eine "Wahrheit", deren Kern aber nicht mehr verstanden wird (S. 179),[47] steckt hinter diesen Bezeichnungen. Nur wissenschaftlich gesehen, handelt es sich - wie Shatterhand erkennt - um ein schlichtes, von der Baukunst der früheren Indianer genutztes Gesetz der Akustik: Auf einem bestimmten Punkt (innerhalb einer bestimmten geometrischen Figur) kann man hören, was an einem anderen, entfernteren Punkt gesprochen wird.

Diese Erkenntnis wendet Shatterhand an. Er belauscht aus sicherer Entfernung die alten, an der kriegerischen Vergangenheit noch immer orientierten Häuptlinge der Sioux und Komantschen, der Utahs und Kiowas. Sie planen in kindischer Dummheit nur Böses: Die Apatschen wollen sie überfallen; und Shatterhand soll getötet werden; die Enters-Brüder, mit denen die Häuptlinge im Bunde stehen, sollen Shatterhand verraten.

Mit Hilfe eines Tricks gelingt es dem Lauscher, die Indianer - die, wie sie glauben, vom Zorn des 'Großen Geistes' überrascht wurden - in die Flucht zu jagen. Einer der Häuptlinge verliert, in der Panik, die Hälfte seiner 'Medizin'. Shatterhand nimmt sie als Pfand zu sich.

Unterwegs zum Nugget-Tsil stoßen die Sander-Brüder auf Shatterhand. Daß sie dem Nugget-Tsil nahe sind, ahnen sie nicht. Shatterhand klärt sie nun auf. Hariman weint, "laut und bitterlich" (S. 245); Sebulon aber ist - vom "Dämon" besessen. Den Nugget-Tsil bringt er, in seinem Wahn, mit Goldschätzen in Verbindung. Das "Fieber", die Gier übermannt ihn.

Im Grab Intschu-tschunas liegt tatsächlich ein Schatz, aber nicht Gold, sondern Winnetous Testament, sein wirkliches Testament. Das 'Herzle' ahnt: Die Goldanweisung, die ihr Mann - laut *Winnetou III* - gefunden hatte, "lag nur zum Schutze des eigentlichen, wirklichen Schatzes oben darauf!" (S. 239) Ein zweites Mal nachzugraben, aber "besser, sorgfältiger und tiefer als damals", nimmt Shatterhand sich nun vor.

In seinem Schreiben nach Radebeul hatte Tatellah-Satah eine Blaufichte genannt, die am Nugget-Tsil sprechen werde: "wie die Stimme Manitous, des großen [...] Geistes!" (S. 16) Shatterhand findet, versteckt in der Fichte, einen Brief des 'Bewahrers der Medizin': "Warum suchtest du nur nach [...] goldenem Staub? Glaubtest du wirklich, Winnetou [...] könne der Menschheit nichts Besseres hinterlassen?" (S. 243)

In "größerer Tiefe zu suchen", ist die Devise in *Winnetou IV*. Shatterhand läßt es zu, daß Sebulon - in einer Leidenschaft, die "Wahnsinn" (S. 250) ist - zu graben beginnt. Fünf große Pakete legt er frei. Sie enthalten - Papier, beschriebene Blätter, Winnetous Testament. Enttäuscht und in maßloser Wut schleudert er die Pakete weit fort.

Noch während der Arbeit hat er gedroht, Old Shatterhand zu ermorden. Aber jetzt, nach dem Scheitern seiner Pläne und dem Zusammenbruch seines Innern, beginnt die Verwandlung des Sebulon. Die Augen des 'Herzle', die Liebe, die Güte bedrängen ihn. Er kämpft mit sich selbst. Zuletzt siegt - das 'Herzle'. Wie zuvor schon Hariman, bittet auch Sebulon um den Stern des 'Clan Winnetou'! Die Brüder werden, als erste Weiße, in den Clan aufgenommen. Hariman wird, wie sich am Ende herausstellt, zum Beschützer Old Shatterhands und Sebulon zum Beschützer des 'Herzle'.

Die Mays und ihre Gefährten, zu denen nun auch die Sanders gehören, verlassen den Nugget-Tsil. Nach einer, sehr unerfreulichen, Begegnung mit dem 'Komitee zur Errichtung des Winnetou-Denkmals' treffen sie auf eine, als Mann verkleidete, Kiowa-Indianerin: Kakho-Oto, deren Liebe zu Shatterhand - laut *Winnetou I* - nicht erwidert wurde. In einer verzichtvollen und um so tieferen Freundschaft war sie Shatterhand treu geblieben. "Die Ideale [...] der Friedfertigkeit und der Nächstenliebe" (S. 339) hatte sie heilig gehalten. Und dem 'Clan Winnetou' gehört sie jetzt an.

Kakho-Oto, die geistige "Schwester" (S. 349) Old Shatterhands, führt die Reisenden zum 'Haus des Todes'. Auf dem Weg entwickelt sich eine Herzensverbindung der Indianerin mit Frau Klara. Pappermann, der zu 'Herzle' - wie auch zu den Aschtas - eine innige Beziehung hat, wird eifersüchtig.[48] Denn Kakho-Oto ist, wie er meint, ja ein Mann. Shatterhand genießt dieses Mißverständnis und läßt sich Zeit mit der Aufklärung.

Im 'Haus des Todes', einem antiken Beratungstempel, gefüllt mit Häuptlings-Skeletten aus uralter Zeit, beobachtet Shatterhand die feindlichen Indianer:

"Sie denken nur an die Vergangenheit und sind unfähig, die Gegenwart zu begreifen [...] Indem ich sie hier an uns vorbeireiten sehe, ist es mir, als ob sie nicht Körper seien, sondern verschmachtete Seelen, die nach dem Jenseits ziehen, um dort in ihren leeren, ewigen Jagdgründen vollends zu verhungern!" (S. 358f.)

Eine mitternächtliche Szene antizipiert die späteren Ereignisse und erhellt sie in ihrer sakralen Bedeutung: Die Häuptlinge versammeln sich im Haus des Todes "zur letzten, bösen Tat, in deren Schoß" aber "die Befreiung aus der Finsternis zu suchen und zu erfassen war" (S. 367f.)!

Im Zentrum der Mayschen Altersromane stehen Verheißungen und Prophetien (im Gewand des Märchens und des Mythos), die im Handlungsverlauf dann verifiziert werden. So auch in *Winnetou IV*. Shatterhand belauscht die Häuptlinge und ihre Medizinmänner. Er hört diese Worte:

"Im Tempel unseres [...] Bruders Tatellah-Satah hängt die Riesenhaut des [...] Silberlöwen, auf welcher folgendes geschrieben steht: 'Bewahret eure Medizinen! Das Bleichgesicht kommt über das große Wasser [...], um euch eure Medizinen zu rauben. Ist er ein guter Mensch, so wird es euch Segen bringen. Ist er ein böser Mensch, so wird es ein Wehklagen geben [...]'" (S. 368)

Und weiter hört Shatterhand:

"Aber neben diesem Felle des Silberlöwen hängt die Haut des großen Kriegsadlers; auf der steht geschrieben: 'Dann wird ein Held erscheinen, den man den 'jungen Adler' nennt. Der wird dreimal um den Berg der Medizinen fliegen und sich dann zu euch niederlassen, um euch alles wiederzubringen, was das Bleichgesicht euch raubte.'" (S. 368f.)

Den Sinn der Verheißungen können die Häuptlinge nicht begreifen. Sie denken nur an Gewalt. Zur symbolischen, quasi sakramentalen Bekräftigung ihrer Kriegsbeschlüsse legen sie ihre Medizinen ab: um sie aufzubewahren unter der Platte des Tempelaltars. Nach dem Abzug der Indianer raubt Shatterhand, der weiße Mann, die Medizinen - damit die Schrift, der erste Teil dieser Prophetie, in Erfüllung gehe.

Um die Tragweite dieser Szene zu erfassen, müssen die Hinweise Mays zur Bedeutung der 'Medizin' und der 'Medizinmänner' beachtet werden:

Die "Theologie und Wissenschaft" der vorkolumbischen Indianer stand zwar - so heißt es in *Winnetou IV* - noch in den "Anfängen"; aber Pfuscher waren die Träger dieser Theologie und Wissenschaft keineswegs.[49] Wie hoch sie standen,

ehe sie Gelegenheit hatten, die "Zivilisation" der Weißen kennen zu lernen, ersehen wir heutigen Tages erst nach und nach, indem wir unsere Forschung tiefer und tiefer in die Vergangenheit der amerikanischen Rasse hinuntersteigen lassen [...] Alles, was bei jenen Völkern [...] Gutes, Großes und Edles geschah, entsprang jenen geistigen Quellen und den Köpfen jener Männer,[50] welche von ihren Nachkommen später als "Medizinen" und "Medizinmänner" bezeichnet wurden. Hiermit sind Theologen, Politiker, [...] Maler, Bildhauer, [...] Aerzte, kurz, alle diejenigen Personen und Stände zusammengefaßt, durch welche die intellektuellen und ethischen Potenzen jener Zeiten sich betätigten. (S. 19f.)

Als die Weißen kamen, sahen die Indianer so manches,

was ihnen gewaltig imponierte [...] Sie hörten das Wort Medizin zum ersten Male, und sie verbanden mit ihm den Begriff des Wunders, des Segens, der göttlichen Liebe [...] Kurz, der Ausdruck "Medizin" wurde für sie gleichbedeutend mit dem Worte Mysterium [...] Alles, was mit ihrer Religion, ihrem Glauben und ihrem Forschen nach ewigen Dingen in Beziehung stand, wurde als "Medizin" bezeichnet. (S. 18)

Mit der 'Medizin' hat Shatterhand also das 'Heil', die 'Seligkeit', das tiefste "Mysterium" der Indianer in seine Hand gebracht. Aber er will, der Verheißung gemäß, nur Segen vermitteln: Wenn sie umkehren zur Liebe, werden die Indianer ihre Medizinen zurückbekommen.

10.14.2.3 Die Sehnsucht der roten Völker

Nach glorreicher Überwindung von mehreren Hindernissen erreichen Shatterhand und seine Begleitung das Reiseziel, den Mount Winnetou. "Die bisherigen Ereignisse, die mehr nur Andeutungen und stimmungsvolle Erwartung darstellten, gewinnen nun bald einen festeren [...] Inhalt."[51]

Den Mount Winnetou vergleicht der Erzähler mit einem gotischen "Riesendom" (S. 387). Der Hauptturm bildet den eigentlichen Berg; der Nebenturm aber ist identisch mit dem 'Berg der Medizinen', den der 'junge Adler', der Verheißung nach, umfliegen soll. "Hier oben war der rechte Platz für neue, gute und glückliche Menschheitsgedanken!" (S. 391)

Auf halber Höhe des Mount Winnetou sind verschiedenartige, in allen Baustilen errichtete Häuser zu sehen, deren Alter "gewiß noch über die Tolteken- und Aztekenzeit zurückreicht" (S. 389). Für diese Vergangenheit und ihre Baukunst findet May aber kritische Worte: Trotz ihrer Riesenhaftigkeit erscheinen diese Gebäude "so niedrig und so geistesabwesend [...] Es war nichts an ihnen, was zum Himmel strebte." (S. 416) Auch der 'Wachtturm' weist "nach unten [...] Er war zur Beherrschung der Tiefe da, nicht aber als Fingerzeig für ein geistiges Aufwärtsstreben." (S. 417)[52]

Doch jetzt ist die neue Zeit, die Zeit der Entscheidung gekommen. Auf dem 'Felsenschloß' des Mount Winnetou residiert der 'Bewahrer der großen Medizin', Tatellah-Satah, dessen Name "'Tausend Jahre' bedeutet" (S. 17). Er "grollt [...] und läßt sich vor niemand sehen" (S. 398). Nur die Mitglieder des 'Clan Winnetou' dürfen zu ihm hinauf. Auch Shatterhand war, bis vor kurzem, für ihn "nicht vorhanden" (S. 21). Er ignorierte ihn: weil Shatterhand, nach dem Tode Winnetous, nur Gold gesucht und das wirkliche Testament nicht gefunden hatte. Und weil er auch sonst ein Versager war. Denn Shatterhand trug, nach der Meinung Tatellah-Satahs, die eigentliche Schuld am Tode von Nscho-tschi: die ja, um Shatterhands willen, ihre Heimat verlassen hatte, um das Leben der Weißen kennenzulernen.

Der jetzige Zorn des 'Bewahrers' aber richtet sich gegen das protzige, vom 'Komitee' geplante Winnetou-Denkmal. Um Shatterhand zum Verbündeten zu gewinnen, hatte Tatellah-Satah ihn eingeladen, an den Beratungen "hier in meinen Bergen, deren heilige Stille und Ruhe für immer vernichtet werden soll, teilzunehmen." (S. 15) Da Shatterhand der Einladung folgte, das Testament des Apatschen fand und - wie der 'Bewahrer' erfuhr - das Denkmal ebenfalls ablehnt, ist Tatellah-Satah nun gänzlich versöhnt.

'Thousand Years' verläßt das Felsenschloß und reitet Old Shatterhand entgegen. In seinen "unerforschlichen, selbst aber alles erforschenden Augen" liegt der "Ausdruck einer unerbittlichen Strenge und doch auch wieder einer heiligen Güte [...], die alles verstehen und alles verzeihen konnte." (S. 402f.) Seine Stimme, seine Gesichtszüge und sein silberglänzendes Haar, das in langen Zöpfen herunterhängt, erinnern an - Marah Durimeh, die Menschheitsseele, die uralte Königin von Sitara.

Der geheimnisvollste der Indianer stellt sich selbst und Old Shatterhand der staunenden Menge nun vor: "Ich bin die Sehnsucht der roten Völker, welche, nach Osten schauend, auf Erlösung warten. Und er ist der anbrechende Tag, der über Länder und Meere wandert, um uns die Zukunft zu bringen." (S. 404)

Shatterhand und das 'Herzle', die 'wiedergeborene' "Nscho-tschi" (S. 424),[53] sind Tatellah-Satah aufs höchste willkommen. Er zeigt ihnen das, noch unvollendete, Standbild Winnetous:[54] eine "fatale Figur" (S. 493), die für den Apatschen eine "Kränkung" (S.

285) bedeutet. Man ahnt es schon jetzt und später wird es dann klar: Der "drohende", ja "gierige Ausdruck des Gesichtes" (S. 446) harmoniert "mit der aggressiven Bewegung, welche der Figur [...] erteilt worden war." Messer, Pistole und weitere Waffen verstärken die kriegerische Erscheinung. "Den rechten Fuß wie zum Sprunge vorgesetzt, stützte sich die Figur auf die [...] Silberbüchse, während die rechte Hand einen geladenen zweiten Revolver drohend vorstreckte." (S. 445f.)

Die Künstler, die dieses Machwerk verbrochen haben, sind - die Söhne von Surehand und Apanatschka: begabte, im Grunde sympathische junge Leute, deren Kunst aber "in echt amerikanischer Weise auf den Abweg der Busineß hinübergeleitet" (S. 12) war.

Shatterhand ist entsetzt: Dieses Werk muß "verschwinden" (S. 413)! Eine "Sünde" ist dieses Projekt, weil es - im Zusammenhang mit 'Winnetou City', einer neu zu gründenden Stadt - die "Zerstörung" der Landschaft, des 'Schleierfalles'[55] vor allem, bewirkt und "Beschlag auf die herrliche Gotteswelt" (S. 397f.) nimmt. Und eine Beleidigung für Winnetou ist diese Figur, weil sie zum Neid provoziert, die roten Völker entzweit und den Charakter des - nur Frieden, nur Liebe schenkenden - Apatschen verfälscht.

Bekanntlich hatte May sein Winnetou-Bild, von Erzählung zu Erzählung, immer mehr korrigiert.[56] Aus dem Skalpjäger wurde der Edelindianer, der den Haß überwindet und auf Rache verzichtet. Jetzt aber, im letzten Roman Karl Mays, erreicht die Weiterentwicklung des Winnetou-Bildes den Gipfel:

Der Apatsche war ein Mensch, der immer nur "diente". Seine Freude war es, die Last andrer Leute zu tragen. Er wollte helfen, er wollte "beglücken" (S. 444). In seinem Arbeitszimmer - auf dem Mount Winnetou - steht noch immer der "Schreibtisch" (S. 429).[57] In diesem Raum, den Shatterhand nun erstmals betritt, hat der Apatsche sein Testament, seine Liebesbotschaft geschrieben. Nicht erst im Sterben wurde er Christ; er war es schon lange zuvor! Wenn ihn "Leid" oder "Sehnsucht" bewegten (S. 430), hat er gebetet: zum großen guten Manitou, den er zugleich als den Gott des Kreuzes verehrte. In der unterirdischen "Blumenkapelle, in welcher Tatellah-Satah zu beten pflegt", hat Winnetou das Kreuz eingepflanzt. Die "Passiflora" hat er beschnitten: so daß sie später ein "Kreuz bildete, ein ganz auffälliges Zeichen des Christentums" an diesem - für Shatterhand, den Betrachter - so "fremden, geheimnisvollen Orte" (S. 476f.).

Tatellah-Satah erklärt: Winnetou "sagte, das sei das Zeichen seines Bruders Old Shatterhand. Er verstehe es noch nicht, aber er werde es verstehen lernen, je höher es hier wachse." (S. 477)

Jetzt also wird deutlich, warum die 'Sehnsucht der roten Völker' nach "Osten" schaut: Die Erlösung kommt vom Orient, dem Ursprung des christlichen Glaubens! Die Erlösung kommt vom Kreuz, das "grünt" und "blüht" (S. 476) und also nicht Zeichen des Todes, sondern des Lebens ist. Und weil dieses Kreuz das 'Zeichen Old Shatterhands' ist, des weißen Mannes, der nichts als nur Liebe bringt, kann Shatterhand den roten Völkern die "Zukunft" vermitteln und kann der 'Raub' der Medizinen zum "Segen" werden.

Der 'Bewahrer der Medizin' bestätigt es selbst: "Schaut hin auf das Kreuz! Es blüht, um uns zu erlösen [...] Old Shatterhand war es, der uns dieses Wissen brachte. Wir aber nahmen es nicht an." (S. 481)

Während die Machenschaften zur Errichtung der Winnetou-Statue weiterlaufen, gewinnt Shatterhand die - aus Surehand III bekannte[58] - Indianerin Kolma Putschi (deren Enkel die beiden Künstler Young Surehand und Young Apanatschka sind) für ein gänzlich anderes Bild: den, von Sascha Schneider gemalten,[59] "zum Himmel strebenden Winnetou: 'Ueber ihm das Kreuz! [...] Seinem Haar entfällt die Häuptlingsfeder! Das letzte Irdische, was noch an ihm haftete!'" (S. 500)

In Kolma Putschis Gesicht "glänzte der Schein einer höheren Freude." Auch Tatellah-Satah "sah das Bild [...] mit immer größer werdenden Augen [...] Es kam ein frohes Erkennen über ihn." (S. 499) Dieses Bild, das Winnetou "als Seele" zeigt, soll an die Stelle des Denkmals aus Stein treten!

"Ich wußte bisher nicht", meint Kolma Putschi, "daß es Bilder gibt, die mächtiger und eindringlicher predigen, als Worte predigen können!" (S. 501) Überflüssig ist das gesprochene WORT aber nicht: Um dem "echten", dem "wahren" Winnetou die Herzen zu bereiten, wird im Passiflorenraum ein 'Lesezirkel' gebildet. Shatterhand liest in einer Reihe von Sitzungen aus Winnetous Testament, das geschrieben ist "für alle, die da Menschen sind auf Erden." (S. 522) Berühmte Häuptlinge hören zu; auch Wakon, der Medizinmann der Sioux-Ogallallah,[60] und dessen Frau, die ältere Aschta; auch Kolma Putschi mit ihren Söhnen und Enkeln, den Schöpfern des Denkmals aus Stein.

Die Vorlesung "bewirkte Wunder" (S. 525):

Ihre größte Wirkung war die, daß Young Surehand und Young Apanatschka stets die ersten waren, die sich einstellten [...] Es war, als ob ein Wettstreit zwischen uns und ihnen herrsche, welche Figur am ersten fertig sein werde, ihre steinerne oder unsere rein geistige" (Ebd.).

10.14.2.4 Die Rückkehr der Medizin

Die Ereignisse überstürzen sich nun. Die feindlichen Häuptlinge treffen ein am Mount Winnetou. Sie fordern Shatterhand zum Zweikampf heraus: mit der Schußwaffe "auf Leben und Tod" (S. 527). Aber Shatterhand ist, wie er 'Herzle' bekennt, ein Gegner des Duells: da "jeder Kampf zwischen den Menschenkindern nichts weiter als eine Torheit ist" (S. 546).

Nur zum Schein nimmt er die Forderung an. Er tritt den Häuptlingen entgegen; aber ihre, im 'Haus des Todes' geraubten, Medizinen trägt er über dem Herzen. Die Gegner können also nicht schießen: ohne ihre Medizin, ihre Seligkeit zu vernichten. Sie flüchten - auf eine weitere 'Teufelskanzel',[61] die die Indianer als 'Ohr des Teufels' (S. 408) bezeichnen.

Da die Häuptlinge eine List des Old Shatterhand von vornherein mit einkalkulierten, hatten sie - für den Fall ihrer Niederlage im Zweikampf - die Sander-Brüder beauftragt, Shatterhand zu ermorden. Doch diese waren längst zu 'Winnetous' geworden. Für Böses sind sie nicht mehr zu haben.

Aber andre Leute, die Arbeiter des Komitees, hassen Old Shatterhand.[62] Ihr Anführer (der 'Nigger'), der im Bund steht mit Tangua und den übrigen Feinden, will Shatterhand und 'Herzle' erschießen. Doch die Sanders stellen sich in den Weg und werden getroffen. Ihren Tod verstehen sie als Sühne für die eigene Schuld und die Verbrechen des Vaters. Daß alle Schuld nun vergeben und auch der Vater erlöst sei, in dieser Überzeugung sterben sie "froh" (S. 586)!

Der 'große gute Manitou' - und keineswegs Shatterhand - lenkt das ganze Geschehen in *Winnetou IV*. Auch was das Denkmal betrifft, hat Old Shatterhand die Sache nicht mehr in seiner Hand. Eine andre Gewalt setzt sich durch: Die Kolossalfigur ist zu schwer; sie neigt sich und stürzt! Der Boden öffnet sich und die Statue verschwindet mit einem Schlag "in der Tiefe" (S. 593).

Die Krieger der feindlichen Häuptlinge - viertausend Indianer, die sich in der Höhle unter dem Denkmal versteckt hielten - werden verschüttet. Eine Rettungsaktion wird sofort in die Wege geleitet. Denn die Feinde sollen verwandelt werden in "Freunde" (S. 599).

Das 'Komitee' hat seine Rolle nun ausgespielt. Die beiden Vorsitzenden werden entlassen. William Evening, der 'Agent für alles', und Antonius Paper, der verräterische 'Kassier', werden "fortgejagt" (S. 612).

Über Tangua und seine Genossen hält Shatterhand, zum Schein aber nur, ein strenges Gericht. Am 'Ohr des Teufels' hören die Häuptlinge alles, was Shatterhand spricht. Dies ist ja, der Sage nach, das Geheimnis der beiden 'Teufelskanzeln': An der einen - im Tal des Purgatorio - "hört Gott, was der Teufel spricht, und verurteilt ihn zur Verdammnis. Und an der andern" - hier am Mount Winnetou - "hört der Teufel, was Gott spricht, und wird dadurch von der Verdammnis erlöst." (S. 178)

Manitou spricht, in diesem Falle, durch Shatterhand und die Gewalt der Ereignisse. Der 'Höllensturz' des Riesendenkmals, die ausgestandene Angst, die Rettung aller Verschütteten, ihr liebevoller Empfang durch die Freunde Old Shatterhands, das Bild des zum Himmel strebenden Winnetou (das - flankiert von den Bildern Marah Durimehs und Abu Kitals[63] - auf den 'Schleierfall' projiziert wird), dies alles wirkt zusammen, den Vermittlungsversuch des Häuptlings Pida, des Sohnes von Tangua, zu unterstützen.

Der Erfolg ist ein Wunder zu nennen: Der alte Häuptling der Kiowas, der bisher ein 'Teufel' war, läßt sich versöhnen mit Gott; er besiegt sich selbst, verzichtet auf seine Rachegedanken und wird - wie alle anderen Indianer - ein 'Winnetou', ein Mitglied des 'Schutzengel-Clans' (dem die Squaws, die jungen Frauen zumal, ja längst schon angehören).

Tangua bekennt seine Schuld und bittet Shatterhand um Vergebung. Doch dieser unterbricht die Rede des Häuptlings:

Ich sagte, wenn hier um Verzeihung gebeten werden solle, so sei gewiß nicht der Indianer, sondern das Bleichgesicht zuerst und zumeist hierzu verpflichtet [...] Ich sprach von den Fehlern der roten Rasse, von ihren Tugenden, von ihren Leiden, vor allen Dingen von ihrer bisherigen Zukunftslosigkeit. Das alles habe man vornehmlich dem Bleichgesicht zu verdanken. Aber dieses Bleichgesicht sei zur besseren Erkenntnis gekommen. Es [...] sei bereit, alle seine Irrtümer einzugestehen und wieder gut zu machen. (S. 619f.)

Dem Häuptling Tangua, dessen Sohn Pida mit Frau und Kakho-Oto (der Schwägerin Pidas) reicht Shatterhand - stellvertretend für alle Weißen - seine Hände zur "Abbitte". Auch ihm werden "alle Hände entgegengereicht, und alle Stämme versicherten mir, daß sie ebenso gesündigt und ebenso um Verzeihung zu bitten hätten, wie ich, das Bleichgesicht." (S. 620)

Ihr Heiligtum sollen die Häuptlinge nun zurückbekommen. Den dreimaligen Flug um den 'Berg der Medizinen' hatte der 'junge Adler' - zusammen mit der jüngeren Aschta, seiner künftigen Frau - schon geprobt: mit einem Flugapparat,[64] den er selbst konstruiert hatte. Damit die Verheißung erfüllt werde, wiederholt er diese Aktion und gibt den Indianern die Medizinen zurück.

Die Rehabilitierung, die endgültige Rettung der Indianer setzt die Kunst des 'Fliegens' voraus! In der Vision des Romans hat die rote Rasse - bzw. die Menschheit - begonnen, das Fliegen zu lernen: "So weit die Erde reicht, ist jetzt eine große Zeit. Doch ist diese Zeit nicht vollendet; sie [...] hat sich zu entwickeln, und wir mit ihr. Die Menschheit steigt zu ihren Idealen auf. Steigen auch wir!" (S. 426)

Die Wirklichkeit wollte May 'überfliegen'! Er war "Aviatiker"[65] und Dieter Sudhoff meinte dazu: "Aus der Nichtakzeptanz eigener und menschheitlicher Begrenztheit und beflügelt durch die endliche Verwirklichung des uralten Traums vom Fliegen, schuf May [...] seine Utopie einer besseren Welt".[66]

Diese Bemerkung bedarf freilich einer Erläuterung und einer Ergänzung. Es stimmt: Mit der eigenen Begrenztheit hatte May stets Probleme; und zur 'Realität' hatte er ein besonderes Verhältnis.[67] Doch die Treue zur Erde, die die (vorläufige) Realität dieses Lebens bejaht, postuliert - grundsätzlich - auch May: "Wenn wir wünschen, daß die Seele der roten Rasse erwache, genügt es nicht, nur allein für ihre geistige Zukunft zu sorgen, sondern wir müssen ihr auch eine äußere Stätte bereiten, aus welcher sie die nötige Erdenkraft zu ziehen vermag." (S. 601) Diese Erdenkraft verspricht sich Shatterhand von der neuen 'Stadt Winnetou', deren Gründung er - trotz kritischer Vorbehalte (S. 397f.) - prinzipiell doch befürwortet.

Nur - die Erde, die jetzige Erde ALLEIN hat May nie genügt und sie genügt ihm im Alter noch weniger. Den "Zukunftsglauben", daß die Seele des Menschen vom "tausendjährigen Schlafe" erwache (S. 581) und in Gott die Erfüllung finde, gibt der Dichter nicht preis.

In *Winnetou IV* verbindet er diese Hoffnungsvision mit dem Mythos - oder Märchen - vom 'Berg der Königsgräber': Auf diesem Berg (hinter dem Mount Winnetou) sind "nicht nur alle die großen Herrscher der roten Rasse begraben,[68] sondern ihre ganze Geschichte und sämtliche Berichte und Dokumente ihrer [...] Vergangenheit. Aber man kann nicht zu ihnen gelangen. Man kann nicht hinauf." (S. 579) Der "Schlüssel", der den Weg zu öffnen vermag, ist nicht erreichbar; er liegt hoch oben auf dem 'Berg der Medizinen', unter einem Stein, der die Gestalt einer Halbkugel[69] hat.

Der 'junge Adler' aber verheißt: "Wir werden die Grüfte der toten Kaiser und Könige öffnen. Wir werden die Bücher finden [...] und niemand wird uns mehr hindern, die Höhen zu gewinnen, die uns von Manitou zur Wohnung angewiesen sind!" (S. 581)

Beim Flug um den Berg der Medizinen findet der 'junge Adler' den 'Schlüssel': die verborgene "Karte", die den Weg zur Plattform des 'Berges der Königsgräber' - zu den Geheimnissen der Vergangenheit, zum Ursprung der roten Völker und der Menschheit überhaupt - zu weisen vermag.

Für "übermorgen" (S. 621) ist der Ritt zu den Königsgräbern vorgesehen. Doch dies ist alles, was der Leser erfährt. Der Roman bricht ab. Das letzte Geheimnis - Anfang und Ende, Ursprung und Ziel des Menschen - wird nicht erschlossen.

Die Erzählung MUSSTE hier enden. Denn in *Winnetou IV* wird, ähnlich wie in *Ardistan und Dschinnistan*, eine Grenze erreicht, die wir - in diesem Leben - nicht überschreiten und nicht 'überfliegen' können.

10.14.3 Die autobiographische Relevanz

Die Symbolik und die Mythen in *Winnetou IV* sind zum guten Teil inspiriert von biblischen Bildern.[70] Die Botschaft des Romans steht der Bibel, dem Neuen Testament vor allem, sehr nahe. Als theologische Dichtung, aber auch als politische Utopie[71] ist diese Erzählung - wie alle Spätwerke Mays - zu verstehen. Zugleich muß der Text, wie immer bei May, auch autobiographisch gelesen werden. Dieser Aspekt ist im folgenden zu erörtern.

Wie gesagt, Realien der Amerikareise (1908) fließen in den Roman ein.[72] Zweifellos hat May in Amerika wichtige Eindrücke empfangen, die er literarisch verwerten konnte. Doch in der Handlung ist *Winnetou IV*, abgesehen von wenigen Einzelheiten, ein reines Phantasieprodukt. Orte wie Buffalo oder Niagara-Falls hat May zwar besucht; auch mag z.B. der Passiflorenraum - was das Blumenmotiv betrifft - ein Vorbild im Tempel der Christian Scientists in New York besitzen;[73] in der Amerikareise hat die selbstbiographische Relevanz des Romans aber nur zum geringsten Teil ihren Grund. Bedeutsamer ist die verschlüsselte Wiedergabe des Mayschen Gesamtbiogramms im fiktiven Romanpersonal und in zahlreichen Handlungsdetails.

10.14.3.1 Das literarische 'Ich' im letzten Roman

Auffällig und - nach dem Zusammenbruch der 'Shatterhand-Legende' - verwunderlich scheint die, in *Winnetou IV* noch besonders betonte, Gleichsetzung des Ich-Helden mit dem bürgerlichen Karl May. Die absurde, die krankhafte Selbstdarstellung, die öffentlichen Auftritte des Schriftstellers als Old Shatterhand und Kara Ben Nemsi waren doch längst schon Vergangenheit! Und May hatte, in der *Beichte* (1908), ja deutlich gesagt: "Das 'Ich', in dem ich schreibe, das bin doch nicht ich selbst"![74] Auch Prinzessin Wiltrud von Bayern hatte er, etwa gleichzeitig, mitgeteilt: Sein 'Ich' sei "nicht Karl May, sondern die Menschheitsfrage";[75] mit Shatterhand wolle er "den zukünftigen Europäer" beschreiben, die "Personification unserer abendländischen Kultursumme."[76]

Diesem Shatterhand auch jetzt noch sein "eigenes Ich zu leihen", war in der Tat sehr "kühn"[77] von May konzipiert. Gewiß - sein 'Ich' ist "im Alterswerk symbolisch überhöht und dadurch vor einer Verwechslung mit dem realen Karl May geschützt."[78] Aber warum hat der Dichter mit der 'Shatterhand-Legende' überhaupt noch gespielt?[79] Warum diese "Leser-Illusionierung" auch noch im Spätwerk, wo May "doch im Eigentlichen weit mehr und weit höheres beabsichtigte"?[80] Wollte er - sich selbst und der Lesergemeinde - den Rückschluß suggerieren: So allegorisch wie die Figur des Shatterhand in *Winnetou IV* war das 'Ich' schon immer gemeint? Aber hätte, um diesen Zweck zu erreichen, die Ich-Form als solche (in Verbindung mit deutlichen Hinweisen auf die symbolische Bedeutung) nicht schon genügt? War es sinnvoll, die Gleichsetzung 'Shatterhand = *May*' erneut zu unterstreichen?

Der alt gewordene May war ein bedeutender Mensch und, partiell, eine gereifte Persönlichkeit, ein Weiser sogar. Und doch müssen wir vermuten: Was der Dichter - rational - längst erkannt hatte, das hatte er - emotional - noch immer nicht 'aufgearbeitet'. Der pseudologische Trieb, die Renommiersucht waren im Unterbewußtsein noch immer lebendig. May spielte privat zwar nicht mehr Old Shatterhand[81] und lehnte das Imponiergehabe strikt ab; heimlich jedoch, in manchen Partien von *Winnetou IV*, ist er doch wieder 'Karl May, genannt Old Shatterhand': die hypertrophe Persönlichkeit,[82] die "Schmetterhand", die ihre Gegner niederwirft (S. 436).

Dennoch hält Roxin - und dies mit Recht -

die Ich-Figur in 'Winnetou IV' für den sympathischsten Old Shatterhand, den es je gab. Die Gestalt korrigiert die frühere Heldenfigur in entscheidenden Punkten, hält aber - was künstlerisch sehr gut gemacht ist - an der Kontinuität der Heldengestalt fest, so daß der frühere 'Shatterhand' auch in der Altersgestalt erkennbar bleibt.[83]

Wie stellt sich Shatterhand bzw. der Ich-Erzähler im letzten Roman unseres Autors dar? Manche Widersprüche oder Ungereimtheiten sind nicht zu übersehen. May tadelt z.B.

Surehand und Apanatschka, "die ihre Söhne gern berühmt wissen wollen" (S. 397). Aber er selbst kostet, zugedeckt mit schützenden Klauseln, die eigene Größe doch aus.

Athabaska und Algongka, die berühmten Häuptlinge, reiten Shatterhand entgegen, "weil er der Höhere ist." Bescheiden wehrt er dies ab: "Kann es unter Brüdern einen geben, der höher steht als die andern? [...] Wir gehören einem einzigen Vater, und der heißt Manitou. Wir stehen einander gleich." (S. 438f.) Ein schönes Wort! Aber seltsam wirken Szenen wie diese: Aller Augen warten auf Shatterhand. "Man wußte, wer es war, den der 'Bewahrer der großen Medizin' in eigener Person abgeholt hatte. Man nannte meinen Namen; man rief ihn mir jubelnd zu" (S. 418).

An andrer Stelle gar heißt es: "Nun sind wir erlöst; nun sind wir erlöst! Und zwar durch Euch, Mr. Burton!" (S. 401) Natürlich, im streng theologischen Sinn ist dieses "erlöst" nicht gemeint. Mr. Burton ist nicht im selben Sinn der 'Erlöser' wie Jesus Christus.[84] Aber bemerkenswert ist die Wortwahl hier doch. Zumal ja die These des Autors, daß Mr. Burton/Old Shatterhand "nicht Karl May" sei, auf der Symbolebene des Romans zwar plausibel, auf der vordergründigen Handlungsebene - besonders in den Anfangspartien - aber nicht einsichtig wirkt.

Von Spannungen nicht frei ist auch die 'Heldenrolle' Old Shatterhands in *Winnetou IV*. Das "Krieger- und Indianerspielen" hält er für "kindisch" (S. 61). Er spielt aber doch, mit größtem Genuß, den Indianerhäuptling: Dem Reisekoffer entnimmt Mr. Burton - in der Trinidad-Episode - einen 'Beratungsrock',[85] dessen Nähte sogar mit "Skalplocken" verziert sind (S. 116); und als Kopfschmuck trägt er über fünfzig Federn des Kriegsadlers! In diesem Kostüm verblüfft er die Zuschauer - nachdem er sich zuvor als 'dummer August' verstellt hat - mit beachtlichen Reitkünsten. 'Seht her, wer ich eigentlich bin!' Diese Art von Selbstbestätigung[86] hat May wohl noch immer nötig. Die Zurechtweisung von Menschen, die ihn als minderwertig und albern betrachten, macht ihm die größte Freude.

Daß der Autor von *Winnetou IV* nach wie vor eine 'gespaltene' Persönlichkeit ist, belegen die widersprüchlichen Züge im Verhalten Old Shatterhands. Er haßt das "Anschleichen und immerwährende Horchen und Lauschen nach allen Seiten, welches anstrengender ist, als man glaubt." (S. 233) Aber gerade dem Lausch-Motiv kommt, wie so oft bei May, auch in *Winnetou IV* eine tragende Rolle zu:[87] "Alles hörst du; alles siehst du; alles findest du!" (S. 487) Auch diese Bestätigung scheint May - der 'nach allen Seiten', auf die Gegner der verschiedensten Lager, zu lauschen hat - wohl zu brauchen.

Shatterhand bringt sich in der Regel nicht unnötig in Gefahr. Und er kann, wenn es sein muß, auch nachgeben: Er räumt den Platz (S. 312), um Gehässigkeiten und Streit mit dem 'Komitee' zu vermeiden. Andrerseits gönnt er Pappermann, aber auch sich selbst "die billige Genugtuung, ein wenig zu bramarbasieren" (S. 467): den großen Mann zu spielen - etwa wenn er, um dem Gegner zu imponieren, dünne Lanzen mit dem Revolver durchlöchert.

Ambivalent ist auch Shatterhands Einstellung zur Gewalt. Den Kampf lehnt er ab und Waffen hält er für anachronistisch: "Wer da glaubt, in der alten Weise verfahren zu können, der ist verloren. Mein Bärentöter hängt daheim. Mein Henrystutzen und meine Revolver stecken im Koffer. Sie haben sich überlebt." (S. 358) Denn Shatterhand siegt, laut Pida, "nicht mit den Waffen, sondern in Liebe und Versöhnung." (S. 329) Dies trifft, im großen und ganzen, auch zu. Bisweilen aber greift er auf Drohgebärden zurück. Er schießt zwar niemals auf Menschen, lädt aber doch die Revolver (S. 98 u.ö.), schlägt zu mit der Faust (S. 122), gibt Mr. Paper eine Ohrfeige (S. 309) und schleudert ihn - stark und gewandt - in das Wasser (S. 382).

Die Überbetonung des Männlichen, das 'väterliche' Ich-Ideal, der "frühere Karl"[88] sind in *Winnetou IV* also - rudimentär - noch anzutreffen.

"Man sagt", Old Shatterhand sei "alt und grau geworden." (S. 161) Aber er tritt auf wie ein jung gebliebener Mann. Zum "Greis geworden" ist er, wie er gerne hört, noch keineswegs (S. 403). Er hat "nur erst das Alter erreicht, in dem man weise und doppelt vorsichtig [...] wird, nicht aber das, in dem gewöhnliche Menschen kindisch zu werden pflegen." (S. 208) Rundherum falsch wird dieses Urteil (der feindlichen Häuptlinge) nicht sein. Aber souverän und über die Gegner erhaben ist der alte May noch nicht ganz.

Er ist, das spricht wieder für ihn, sehr "beschämt" (S. 243). Und er sieht ein: Winnetou war "abgeklärter und größer" (S. 239) als er. Auf der Handlungsebene des Romans bezieht sich dies auf den früheren Shatterhand. Autobiographisch gelesen, dürfte aber auch der jetzige May, der Verfasser von *Winnetou IV*, gemeint sein. Denn Wiltrud von Bayern teilte er - 1909 - mit: er sei "so gern bereit", seine Fehler "abzulegen".[89] Daß er noch immer ein Werdender war, der vieles zu lernen hatte, das wußte er also.

Mit Winnetou, "dem in jeder Beziehung Bescheidenen" (S. 434), kann sich der 'Blutsbruder' noch lange nicht messen. Und doch ist der jetzige Shatterhand ein andrer als in den früheren Büchern. Seine Frau steht ihm zur Seite und mildert seine Allüren: Sich "noch als Westmann geberden, wenn man schon längst verheiratet ist, und seine Frau bei sich hat, das wird einem jeden vernünftigen Mann so fern wie möglich liegen!" (S. 361)

10.14.3.2 Ein glücklicher Ehemann

Wir können, mit Vorsicht, aus *Winnetou IV* auch Rückschlüsse ziehen auf Mays Ehe mit Klara. Daß diese Frau alle Vorzüge besaß, die der Dichter dem 'Herzle' zuschrieb, dies zu folgern wäre zwar unzulässig. Aber daß May seine zweite Frau liebte und in ihr, sehr weitgehend, jene Hilfe fand, die er brauchte,[90] legt die Schilderung in *Winnetou IV* doch nahe.

Mit 'Herzle' ist Shatterhand "sehr glücklich verheiratet" (S. 319). Sie ergänzt ihn, seiner Überzeugung nach, ideal. Sie empfindet z.B. "viel zarter, viel feiner" (S. 417) als er; was er "als Mann in scharfem Tone hätte sagen müssen", sagt sie "in freundlicher Eindringlichkeit" (S. 496). "Menschenliebe" und "Herzensgüte" (S. 14) zeichnen sie aus. Zu "Mitleid und Erbarmen" (S. 39) ist sie geneigt - ganz "wie Nscho-tschi, die stets Erbarmen war!" (S. 103) Auch ist sie, wie May unterstreicht, eine fromme, tief gläubige Frau: Sie betet so "oft" und so "gern" (S. 237).

In Klara findet Shatterhand/May die ihm zubestimmte, ihm ebenbürtige Partnerin - die Frau, die ihn liebt, ihn schützt, von jeder "Sorge" (S. 509) befreit, "ihre frische, gesunde Körperatmosphäre" (S. 507) ihn spüren läßt und darauf achtet, daß er so lange wie möglich "am Leben" bleibt (S. 360). Auch Klara hat allen Grund, zufrieden zu sein. Was sie gibt, die Wärme, die Nähe, empfängt sie ja wieder. Einen - von ihr selbst diktierten - Liebesbrief schreibt Old Shatterhand seiner Squaw nur zu gerne (S. 195).

Ein sympathisches Paar! Gab es da keine Konflikte? Sah May in Klara tatsächlich nur immer das 'Herzle', den 'Engel'? Nein,

wenn Wolken am Himmel stehen, an denen ich aber immer nur selbst schuld bin, so sage ich "Klara". Sind diese Wolken im Verschwinden, so sage ich "Klärchen". Und sind sie weg, so sage ich "Herzle". Meine Frau aber sagt zu mir niemals anders als nur "Herzle", weil sie eben niemals Wolken macht. (S. 2)

Manchmal aber macht sie doch kleine 'Wolken'. In *Winnetou IV* finden sich, im Blick auf Klara, sehr dezent - und stets in Neckerei, in scherzhafte Wendungen verkleidet -

auch kritische Untertöne. Von "Geduld und Zurückhaltung" z.B. ist Klara "wenig entzückt" (S. 132). Und daß sie energisch und "sehr resolut" (S. 540) ist, bekommt auch der Gatte zu spüren: Wenn sie "mit der Hand auf die Stelle neben sich" klopft, hat sich Shatterhand "als gehorsamer Ehemann [...] schleunigst niederzulassen" (S. 221)!

Doch solchen Befehlen folgt er ja gern. Er ist "nun einmal verpflichtet, alles zu tun", was 'Herzle' befiehlt (S. 570). Und nicht nur von Klara, auch von andern, mit 'Herzle' befreundeten, Frauen läßt er sich gerne beeinflussen. Er liebt ja die Frauen - und wird von ihnen geliebt. Die beiden Aschtas, Kolma Putschi, Kakho-Oto und auch sonst alle Frauen "schwärmen" für ihn, "und da hat es dem alten Manne wohlgetan, von den Weibern sich preisen und anbeten zu lassen." (S. 214)

"Ist Old Shatterhand ein Weib geworden [...]?" höhnt Kiktahan Schonka, der Häuptling der Sioux (S. 547). Nein, der Ich-Erzähler verhält sich als Mann und betont seine Männlichkeit. Aber Frauen stehen, wie in allen Spätwerken Mays, auch in *Winnetou IV* hoch im Kurs.[91] Und wir wissen: Frauen spielten in Mays Leben, auch und gerade im Alter, eine wichtige Rolle.[92] Das 'weibliche Prinzip', die Güte, die Milde gewinnen - im Werk wie im Leben des Autors - immer mehr an Bedeutung.

10.14.3.3 Die Ich-Derivate

Im literarischen Ich, aber auch in anderen Romanfiguren spiegelt sich diese Entwicklung. Autobiographisch relevant - im weitesten Sinne - ist das gesamte Romanpersonal. Auch in *Winnetou IV* projiziert der Verfasser sich selbst, seine eigene Vita, auf mehrere Ich-Derivate.

Für autobiographisch bedeutsam hielten E. Koch und eine Reihe von anderen Interpreten[93] vor allem den 'blauen Maksch': den alten Max Pappermann, der 'Herzle' verehrt und - vor vielen Jahren - sich glücklos verliebt hat in Aschta. Da Pappermann aufgrund eines Sprachfehlers den letzten Buchstaben seines Vornamens nicht aussprechen kann (statt Max sagt er M*aksch*), liegt der Gedanke ja nahe: *Max* ist ein Pseudonym für *May*.

Die tragikomische Lebensgeschichte und manche Wesenszüge des deutschstämmigen Pappermann erinnern tatsächlich an den früheren May: Ein Unglück in jungen Jahren hat ihn gebrandmarkt (seine linke Gesichtshälfte ist blau gefärbt); er wurde vom Pech verfolgt und hält sich für "ärmer als eine Kirchenmaus" (S. 134); "trotz der Niedrigkeit seines Lebensweges" ist er aber nicht unbegabt und hat "viel nachgedacht" (S. 138). Diese und weitere Parallelen - etwa die, daß der 'blaue Maksch' so gerne den Westmann spielt - lassen die Gleichung 'Pappermann = May' plausibel erscheinen.

Andrerseits wurde Pappermann von Arno Schmidt und, mit Einschränkungen, auch von Sudhoff[94] als Porträt des Schriftstellers und May-Freundes Max Dittrich entschlüsselt. Und Günter Scholdt hat die autobiographische Deutung des Pappermann grundsätzlich in Frage gestellt.[95]

Daß der 'blaue Maksch' partienweise ein Teil-Ich des Autors ist, wird nun kaum zu bestreiten sein. In EINEM Punkt aber hat Scholdt sicher recht: Ein besonders gewichtiges, als subtile Selbstanalyse zu verstehendes Alter ego des Dichters - wie der blinde Münedschi, der beichtende Ustad oder der kranke Waller in früheren Büchern[96] - ist Pappermann nicht. Auch Hadschi Halef, "zu dem man eine Parallele zog,[97] besitzt ein erheblich größeres Gewicht. Pappermann wurde zwar Halefs Rolle verliehen, aber keineswegs sein Format".[98]

Eine Ich-Spiegelung Mays im Range einer - ansatzweise gelungenen - "psychopathologischen Selbstanalyse"[99] sieht Scholdt jedoch in den Sander-Söhnen Hariman und Sebulon.[100] Wichtige Merkmale im Wesen der Brüder scheinen diese Auffassung zu bestätigen:

Wie - in früheren Zeiten - auch May leiden die Sanders an einer psychischen Krankheit. "Ich habe", schreibt der Dichter, "hier in Dresden einen Freund, der ein viel in Anspruch genommener Arzt und Psychiater ist." (S. 25) Dieser Arzt[101] beurteilt die Sanders als einen "'Fall' allerersten Ranges": Ein, in der Familie vererbter, "Zwang zum Selbstmord" (S. 26) liege hier vor. Auch May dürfte, freilich nicht zwanghaft und auch nur vorübergehend, von Suizid-Phantasien geplagt worden sein![102]

Hariman macht, wie May, im ganzen einen "wohlwollenerweckenden Eindruck"; er tritt "bescheiden" auf; "ein wenig Protz" (S. 31) ist aber doch mit im Spiel. Er ist ein "ehrlicher Mann" (S. 39); aber im "krankhaften Tiefsinn" dieses Menschen liegt "etwas Explodierbares" (S. 44). Im Gegensatz zu Hariman ist Sebulon, bis zu seiner Bekehrung, ein "verbissener" und "unzuverlässiger Charakter" (S. 76). Er denkt nur ans Geschäft und ist zu jedem Verbrechen bereit. Ein reiner Schuft ist er allerdings auch nicht. Er ist, wie May, eine gespaltene Persönlichkeit. Mit bösen Gedanken hat der "arme Teufel" (S. 73) zu kämpfen: Er fühlt sich, wie May in der Straftäterzeit, "von unsichtbaren Wesen bedroht", gegen die er sich wehren muß; er spricht mit diesen Phantomen, "als ob er greifbare Gestalten vor sich habe." (S. 268) Und er arbeitet, wie May in den Kolportagejahren, "als ob er von Sinnen sei" (S. 250).

Sehr bedrängt und belastet sind diese Brüder. Das 'Erbe', die Schuld des Vaters lastet auf ihnen. Sie haben, wie May, zum Vater eine enge bzw. ambivalente Beziehung: Während Hariman den "Sühnetod" (S. 249) für den Vater sterben will, ist Sebulon - einerseits - zornig, weil die Streiche des Vaters mißlungen sind (S. 247f.), und haßt er - andrerseits - seinen Vater: weil dieser den Drang zur "Selbstvernichtung" vererbt habe. "Und das will Vater gewesen sein [...] Pfui!" (S. 261)

Der tote Sander könnte als 'Vater-Imago',[103] als dunkelste Verkörperung der negativen Züge des, noch unerlösten, Heinrich May interpretiert werden. Aber auch die Mutter, die verzeihende Liebe, ist nahe: Daß auch Sebulon, wie Hariman, schließlich zum 'Schutzengel' wird, ist vordergründig dem Einfluß des 'Herzle' zu danken; eigentlich gemeint aber ist die Mutter: "das ist [...] die Güte unserer Mutter, genau, genau! Wie das lächelt! Wie das bittet! Wie das verzeiht!" (S. 269) Das 'mütterliche Prinzip' setzt sich, heilend und befreiend, auch hier wieder durch:[104] bei Sebulon wie bei May.

Die endgültige Rettung, das Seelenheil der Sander-Brüder UND ihres Vaters ist dem Erzähler ein besonderes Anliegen. Auch dieses Indiz legt eine autobiographische Deutung doch nahe.

Um die selbstbiographische Auslegung noch weiter zu stützen, hat Scholdt versucht, die Namen Hariman F. und Sebulon L. Enters (bzw. Sander) anagrammatisch, als Decknamen für 'Karl Friedrich May' bzw. 'Plöhn', zu entschlüsseln.[105] Während dieser Versuch bei 'Hariman F.' noch einigermaßen gelingt, stößt er bei 'Sebulon L.' auf erhebliche Schwierigkeiten. Eine ebenso einfache wie vermutlich auch richtige Erklärung gibt jedoch Christoph F. Lorenz:[106] Sebulon ist ein biblischer Name; in das Gebiet der Heiden, in das Land von Sebulon und Naftali, wurde Jesus - als der Messias, der Heiland - gesandt (Mt 4, 13ff.; vgl. Jes 8, 23)!

Abb. 21: Die vermutlich letzte Aufnahme von Karl May, März 1912 in Wien.

Abb. 22: Grabstätte Karl Mays auf dem Friedhof in Radebeul.

Selbst wenn May an diese Schriftstellen nicht gedacht haben sollte - was angesichts der Bibelfestigkeit unsres Autors aber sehr unwahrscheinlich ist -, stünde doch fest: Auf der autobiographischen Ebene ALLEIN sind die Sander-Motive nicht zu verstehen. Ebenso - oder noch mehr - ist die Deutung in der abstrakt-religiösen Dimension des Textes zu suchen.[107] Theologische Themen wie 'Erbsünde', 'stellvertretende Sühne' und 'Erlösung aufgrund von Gnade' sind - auch und vor allem - hier angesprochen.[108]

NUR autobiographisch zu deuten sind Personen, Motive und Handlungssequenzen bei May ja nur selten oder nie. AUCH autobiographisch zu lesen ist in *Winnetou IV* - und auch sonst bei Karl May - aber sehr vieles oder nahezu alles.

Neben Shatterhand, Pappermann und den Sanders finden sich weitere Ich-Projektionen, die je verschiedene Potenzen des Menschen und des Schriftstellers Karl May verkörpern. Der 'junge Adler' z.B. entspricht dem "Aviatiker" May,[109] der letzten Sehnsucht, dem höchsten Streben des Dichters. Tatellah-Satah, der 'Bewahrer der großen Medizin', der so vieles weiß und doch nicht alles versteht (das Geheimnis der 'Teufelskanzeln' durchschaut er nicht), könnte - partienweise - für den gereiften, aber noch sehr unvollkommenen Autor stehen. Die Vision des vollendeten, des erlösten May aber repräsentiert die Titelfigur, der Häuptling der Apatschen.[110]

Freilich dürfen wir die Grundgesetze der Mayschen Verschlüsselungstechnik[111] nicht aus dem Auge verlieren. Eine Romanfigur 'ist' nicht einfach der Autor oder ein Teilbereich seiner Psyche oder eine bestimmte Person aus der realen Umwelt des Dichters. Die 'Funktion' und die 'Bedeutung' einer Romangestalt können - auch innerhalb der autobiographischen Leseebene - mehrschichtig sein. Und sie können sich, innerhalb derselben Erzählung, auch ändern. Pappermann z.B. kann bei der Erstbegegnung des 'Ich' mit Antonius Paper die Funktion des Max Dittrich übernehmen,[112] in anderen Szenen aber ein Teil-Porträt Karl Mays sein. Oder Young Surehand und Young Apanatschka, die selbstgefälligen Künstler, könnten (unbewußte?) Ich-Projektionen des Schriftstellers sein[113] und zugleich jene Leser bedeuten, die das Werk Karl Mays, den *Winnetou*, falsch verstehen.[114]

10.14.3.4 *Winnetou IV* als verschlüsselte Selbstbiographie

Winnetou IV muß auch autobiographisch gelesen werden. Dies muß nun freilich nicht heißen, daß May in sämtlichen Szenen seine eigene (innere und äußere) Vita dargestellt habe. *Winnetou IV* als 'Totalallegorie', als durchgängig verschlüsselte Selbstbiographie zu interpretieren, würde - wie Scholdt wohl zu Recht bemerkt hat[115] - vermutlich zu weit gehen.

Was konkrete Verschlüsselungen im letzten Roman Karl Mays betrifft, sind viele in der Sekundärliteratur vorgetragene Thesen spekulativ. Manches aber kann als gesichert oder zumindest plausibel gelten. Daß sich beispielsweise in der Trinidad-Episode[116], bei den Reiterkunststücken Old Shatterhands, die Auseinandersetzung des Autors mit Münchmeyer[117] und überhaupt der schriftstellerische Weg Karl Mays widerspiegelt, ist durchaus wahrscheinlich. Denn das 'Reiten' ist auch in anderen Spätwerken Mays eine Chiffre fürs literarische Schaffen.[118]

Auch *Winnetou IV* ist ein Versuch des Dichters, schreibend und träumend seine Vergangenheit zu bewältigen. Signifikant ist u.a. die Beziehung Pappermanns zu den beiden Aschtas. Daß sich hier - wie Sudhoff vermutet[119] - die Beziehung des jüngeren May zu Marie Thekla Vogel und deren (und möglicherweise auch Mays) Tochter Helene

Ottilie[120] wiederfinde, ist keineswegs auszuschließen. Beweisbar ist diese These allerdings nicht.

Zweifellos richtig aber ist die Deutung des 'Komitees' als Spiegelung der literarischen Gegner und juristischen Widersacher des Autors. Das Komitee, das Shatterhand von Anfang an "sonderbar" und "verdächtig" (S. 13) vorkommt, desavouiert den echten Winnetou bzw. den echten May: durchs krasse Mißverständnis des *Winnetou* bzw. des Mayschen 'Lebens und Strebens'.

Das unsympathischste Mitglied des Komitees ist der Kassier Antonius Paper. Diese Figur hat Sudhoff, mit triftigen Gründen, als Rudolf Lebius, den schlimmsten und böswilligsten Gegner des Schriftstellers, enttarnt.[121] Schon der Name - Anton*ius* Paper (an 'Papier', 'Zeitung', 'Pressemann' dürfen wir denken) - könnte auf *Lebius* verweisen. Nimmt man die - vor allem auf Textvergleichen von Paper-Schilderungen in *Winnetou IV* mit Lebius-Schilderungen in *Mein Leben und Streben* basierenden - Argumente Sudhoffs hinzu, dann liegt es schon nahe: Papers Streit mit Old Shatterhand entspricht sehr weitgehend dem Mayschen Konflikt mit Lebius.

William Evening, der "Agent für alles Mögliche" (S. 310), unterstützt Mr. Paper und arbeitet mit diesem zusammen. Am Ende wird er, wie Paper, "fortgejagt" (S. 612). Mays sehnlicher Wunsch geht somit, fiktiv, in Erfüllung. Denn mit Evening dürfte - wie Sudhoff gezeigt hat[122] - Oskar Gerlach, der 'Agent für alles', die treibende Kraft, der Anwalt für die gesamte 'Münchmeyerei',[123] gemeint sein.

Der Vorsitzende des Komitees, Professor Simon Bell, und dessen Stellvertreter, Professor Edward Summer, sind Randfiguren in *Winnetou IV*. Und doch hat es, autobiographisch gesehen, eine besondere Bewandtnis mit ihnen. 'Bell' ist die 'Glocke', die 'Kirchenglocke' vielleicht. Bei 'Simon' könnten wir 'Petrus' oder auch 'Papst' oder 'päpstlich' assoziieren. Der indianische Name des Vorsitzenden lautet zu deutsch 'schwarz'.[124] Die Kombination ist sicher nicht abwegig: Simon Bell verkörpert jene 'schwarzen', jene katholischen Kreise,[125] die sich "an die Spitze der 'Karl-May-Hetze'"[126] stellten, also gewissermaßen die 'Vorsitzenden' waren im Kampf gegen May.

Bei Professor Summer dachte Sudhoff konkret an Professor Paul Schumann, E. Koch aber an Hermann Cardauns.[127] "Die Namen der beiden Professoren [...] kannte ich. Sie hatten einen guten Klang." (S. 13) Da Bell wie Summer aber - im Handlungsverlauf - dann konturlos und ohne 'Gesicht' bleiben, sind Gleichsetzungen mit bestimmten Personen im Kreise der May-Gegner problematisch und spekulativ.

Es wird wohl richtiger sein, hinter den beiden Vorsitzenden des 'Komitees zur Errichtung des Winnetou-Denkmals' keine Einzelpersonen, sondern verschiedene, mit Lebius und gegen May verbündete Zirkel der geistigen Elite zu vermuten. Da May diese Leute grundsätzlich respektierte und nicht verachtete, werden sie nicht - wie Paper/Lebius und Evening/Gerlach - fortgejagt, sondern "entlassen" (S. 612).

Die Mitglieder des Komitees und ihre Verbündeten sind, autobiographisch gesehen, die Gegner Karl Mays, die am 'falschen Winnetou-Bild' ihren Anteil hatten: sofern sie den Dichter "auf Schundschriftsteller festlegten, ihm Jugendgefährdung bescheinigten und damit die eigentliche Botschaft bzw. die symbolischen Spätwerke unterdrückten."[128] Aber Old Surehand, der 'Direktor' des Komitees? Wie kam er, als Shatterhand-Freund, überhaupt dazu, dem Komitee zur Verfügung zu stehen?

In Surehand könnten wir, wie in der Sekundärliteratur erläutert wird,[129] eine Spiegelung Fehsenfelds sehen: des geschäftstüchtigen Verlegers, der zum 'eigentlichen Werk' des Autors keine rechte Beziehung hatte und insofern die Kritiker Mays, indirekt und ungewollt, unterstützte. Daß er sich - im Roman - dann bekehren läßt zum 'wahren Winnetou', entsprach zwar kaum der Realität, um so mehr aber dem Wunschtraum des Dichters.

Das vom Komitee betriebene Winnetou-Denkmal entspricht also der Fehldeutung des Mayschen Gesamtwerks durch die Gegner (bzw. die falschen Freunde) des Autors. Dem 'eigentlichen Werk', dem Alterswerk des Dichters aber entspricht das Testament, das wahre Testament des Apatschen, das nur der versteht, der in der "Tiefe" sucht.

Im theologischen Teil unserer Ausführungen, im Abschnitt 'Spuren der anderen Welt',[130] soll diese Tiefe erforscht werden.

Anmerkungen

1   Arno Schmidt: *Sitara und der Weg dorthin. Eine Studie über Wesen, Werk & Wirkung Karl Mays.* Karlsruhe 1963, S. 277.

2   Heinz Stolte: *Der Volksschriftsteller Karl May. Beitrag zur literarischen Volkskunde* (Reprint der Erstausgabe von 1936). Bamberg 1979, S. 98 - Stolte bezieht sich hier allerdings auch auf eine Passage der Bearbeitung: einen nicht von May stammenden Zusatz des Karl-May-Verlags. - Vgl. unten, Anm. 30.

3   Vgl. oben, S. 531.

4   Karl May: *Winnetou III.* Karl Mays Werke IV. 14. Hg. von Hermann Wiedenroth und Hans Wollschläger. Zürich 1991, S. 553.

5   Alle Daten sind, wenn nicht anders vermerkt, übernommen von Roland Schmid: *Nachwort* (zu *Winnetou IV*). In: Karl May: Freiburger Erstausgaben, Bd. XXXI. Hg. von Roland Schmid. Bamberg 1984, N 17-22.

6   Karl May am 27.7.1909 an Fehsenfeld.

7   Vgl. oben, S. 543.

8   Vgl. oben, S. 532f.

9   Eine Ausnahme bildet lediglich das verlorene bzw. - in der Buchfassung - nicht verloren gegangene linke Auge Max Pappermanns. - Näheres bei R. Schmid: *Nachwort*, wie Anm. 5, N 20.

10 Ulrich Schmid: *Textkritik des Abenteuers - Abenteuer der Textkritik. Ein Versuch über Leben und Schreiben, über Kleben und Streichen.* In: JbKMG 1988, S. 66-82 (S. 80).

11 So May in den *Freuden und Leiden eines Vielgelesenen* (1896).

12 Vgl. Günter Scholdt: (Werkartikel zu) *Winnetou IV.* In: *Karl-May-Handbuch.* Hrsg. von Gert Ueding in Zusammenarbeit mit Reinhard Tschapke. Stuttgart 1987, S. 320-325 (S. 321).

13 Heute hat der Roman immerhin eine Auflage von einer Million erreicht!

14 Schmidt: *Sitara*, wie Anm. 1, S. 277.

15 U. Schmid: *Textkritik*, wie Anm. 10, S. 80.

16 Dieter Sudhoff: *Karl Mays "Winnetou IV". Studien zur Thematik und Struktur.* Materialien zur Karl-May-Forschung, Bd. 6. Ubstadt 1981, S. 152f.

17 Arno Schmidt: *Winnetous Erben. Karl May und die Frage der Texte.* In: Die andere Zeitung. Nr. 28 u. 29 (8. u. 15.7.1959), hier Nr. 29, S. 11.

18 U. Schmid: *Textkritik*, wie Anm. 10, S. 80.

19 Sudhoff: *Winnetou IV*, wie Anm. 16, S. 154 - Vgl. Euchar Albrecht Schmid: *Gestalt und Idee.* In: Karl May's Gesammelte Werke, Bd. 34 *"Ich".* Bamberg [36]1976, S. 353-408 (S. 404).

20 Ekkehard Koch: *Winnetou Band IV. Versuch einer Deutung und Wertung, 2. Teil.* In: JbKMG 1971, S. 269-289 (S. 287).

21 Christoph F. Lorenz: *Auf der Suche nach dem verlorenen Ich. Namens-, Orts- und Persönlichkeitsmythen in Karl Mays "Winnetou IV".* In: *Karl Mays 'Winnetou'. Studien zu einem Mythos.* Hg. von Dieter Sudhoff und Hartmut Vollmer. Frankfurt/M. 1989, S. 241-265 (S. 242).

22 Hans Wollschläger: *Karl May. Grundriß eines gebrochenen Lebens.* Zürich 1976, S. 205 (Anm. 292), verweist auf Dixon: *The Vanishing Race, a Record of the last great Indian Council 1909.* New York 1913.

23 Wollschläger: Ebd., S. 171.

24 Lorenz, wie Anm. 21, S. 258f., verweist z.B. auf die "Ortsmythologie", deren "konsequent reale Landschaftsbilder" den IV. Band *Winnetou* von den übrigen Altersromanen Karl Mays unterscheidet.

25 Lorenz: Ebd., S. 262.

26 Joseph Höck: *Stufen auf den Mount Winnetou* (1929). In: *Karl Mays 'Winnetou'*, wie Anm. 21, S. 53-67.

27 Ebd., S. 67.

28 Seitenangaben in () beziehen sich auf Karl May: *Winnetou IV. Band*. Gesammelte Reiseerzählungen, Bd. XXXIII. Freiburg 1910.

29 Scholdt: Werkartikel, wie Anm. 12, S. 325.

30 Die unter dem Titel *Winnetous Erben* bekannte (seit 1935 stark bearbeitete und in der Aussage veränderte, seit 1960 aber von sachlichen Entstellungen wieder befreite) Version des Karl-May-Verlags entspricht, auch nach der Rückbearbeitung, in manchen (allerdings unwesentlichen) Details nicht dem Originaltext.

31 Vgl. Martin Lowsky: *Alterswerk und "Wilder Westen". Überlegungen zum Bruch in Mays Werk*. In: MKMG 36 (1978), S. 3-16.

32 Vgl. z.B. Bernd Steinbrink: *Vom Weg nach Dschinnistan. Initiationsmotive im Werk Karl Mays*. In: JbKMG 1984, S. 231-248.

33 Vgl. oben, S. 252ff.

34 Vgl. Hans Läng: *Kulturgeschichte der Indianer Nordamerikas*. Göttingen ⁵1991, S. 11-33 - Miloslav Stingl: *Indianer vor Kolumbus. Von den Prärie-Indianern zu den Inkas*. München, Zürich o.J., S. 21-23.

35 Martin Lowsky: *Der Trip über die Aleuten. Zu einem Motiv bei Karl May und Theodor Fontane*. In: MKMG 86 (1990), S. 4-13 (S. 7).

36 Claus Roxin in einem Brief vom 2.6.1991 an den Verfasser - Vgl. oben, S. 257ff.

37 Lediglich auf S. 338 heißt es Sanʔer. - Zur möglichen Deutung dieser 'Fehlleistung' vgl. Wolf-Dieter Bach: *Fluchtlandschaften*. In: JbKMG 1971, S. 39-73 (S. 55) - Günter Scholdt: *Vom armen alten May. Bemerkungen zu 'Winnetou IV' und der psychischen Verfassung seines Autors*. In: JbKMG 1985, S. 102-151 (S. 116) - R. Schmid: *Nachwort*, wie Anm. 5, N 21 - Lorenz, wie Anm. 21, S. 253f.

38 Vgl. oben, S. 257.

39 Die Namen dieser beiden Häuptlinge verweisen auf zwei große, sich feindlich gegenüberstehende indianische Sprachfamilien. - Vgl. Läng, wie Anm. 34, S. 399ff. - Sudhoff: *Winnetou IV*, wie Anm. 16, S. 123f.

40 Vgl. oben, S. 519f.

41 Zum Pseudonym 'Burton' vgl. Bach: *Fluchtlandschaften*, wie Anm. 37, S. 52 - Scholdt: *Bemerkungen*, wie Anm. 37, S. 115 - Lorenz, wie Anm. 21, S. 254f.

42 Vgl. z.B. Stingl, wie Anm. 34, passim - Peter Farb: *Die Indianer. Entwicklung und Vernichtung eines Volkes*. Frankfurt/M., Berlin ²1990 - Christoph Strosetzki (Hg.): *Der Griff nach der Neuen Welt. Der Untergang der indianischen Kulturen im Spiegel zeitgenössischer Texte*. Frankfurt/M. 1991.

43 Nach Farb, wie Anm. 42, S. 206, lebten z.B. die Azteken "in einer Diktatur". In *Winnetou IV*, S. 279, heißt es: "Die Herrscher wurden zu Despoten, die Patriarchen zu Tyrannen."

44 Vgl. Ulrich Schmid: *Winnetous fliegende Feder. Abbreviaturen zum 'Testament des Apachen'*. In: *Karl Mays 'Winnetou'*, wie Anm. 21, S. 266-280 (S. 274).

45 Das "Urbild" (*Winnetou IV*, S. 139) des Kanubi-Sees liegt in Massachusetts; vgl. oben, S. 520.

46 Nach Farb, wie Anm. 42, S. 108ff., gab es z.B. bei den Pueblo-Indianern ein bedeutendes Clan-Wesen (das von den Verhältnissen im Dschinnistan-Mythos in *Winnetou IV* freilich weit entfernt war). - Eine eingehende Darstellung des indianischen Clan-Wesens findet sich bei Läng, wie Anm. 34, S. 367ff. u. passim.

47 Zur möglichen Deutung dieser 'Teufelskanzel' vgl. Kai Riedemann: *Aspekte zur Deutung der Winnetou-IV-Symbolik*. SKMG Nr. 17 (1979), S. 20ff. - Sudhoff: *Winnetou IV*, wie Anm. 16, S. 54-60.

48 Dazu Sudhoff: Ebd., S. 139.

49 May korrigiert hier seine frühere Meinung (vgl. Sudhoff: Ebd., S. 118)! - Nach *Winnetou IV*, S. 20f., sind die "wirklichen" Medizinmänner auch der heutigen Indianer keineswegs als Pfuscher zu bezeichnen; die "Geheimnisse" ihrer Bräuche können die Weißen allerdings kaum

begreifen. - Diese Auffassung Mays findet eine Bestätigung bei Phillip Deere: *Warnung vor falschen Medizinmännern*. In: *Indianische Welten. Der Erde eine Stimme geben. Texte von Indianern aus Nordamerika*. Hg. von Claus Biegert. Reinbek 16.-18.Tsd. 1991, S. 260-265. - Vgl. unten, S. 722f.

50   Nach Deere: Ebd., S. 261, gibt es (und gab es?) auch Medizin-FRAUEN. Hätte May dies gewußt, so hätte er es - da zum Gesamtkonzept von *Winnetou IV* sehr gut passend - entsprechend hervorgehoben; immerhin betont May, daß es weibliche "Häuptlinge" (S. 418) gab!

51   Höck, wie Anm. 26, S. 62.

52   Zum Mount Winnetou und seiner Umgebung vgl. Sudhoff: *Winnetou IV*, wie Anm. 16, S. 123ff.

53   Dazu Scholdt: *Bemerkungen*, wie Anm. 37, S. 104: Es kommt hier "zu einer - auch episch ausgebeuteten - nachträglichen 'Ersatz-Heirat', indem May seine tatsächliche Ehe sozusagen als Verbindung mit Nscho-tschi ausgibt."

54   Zu den realen Vorbildern des Denkmals vgl. Sudhoff: *Winnetou IV*, wie Anm. 16, S. 111. - Vgl. oben, S. 519.

55   Zur Symbolik des 'Schleierfalles' vgl. Sudhoff: Ebd., S. 125f.

56   Vgl. oben, S. 144 u. 252ff.

57   Zum schreibenden Winnetou vgl. U. Schmid: *Abbreviaturen*, wie Anm. 44, S. 272f.

58   Vgl. oben, S. 286f. - In *Winnetou IV* steht für K. Puschi stets K. Putschi.

59   Das Deckelbild Schneiders für *Winnetou III* ist gemeint.

60   Dieser Stamm wurde von May in früheren Bänden stets negativ geschildert. In *Winnetou IV* aber werden die Sioux-Ogallallah rehabilitiert.

61   Zur Deutung dieser zweiten 'Teufelskanzel' vgl. Riedemann, wie Anm. 47, S. 35 - Sudhoff: *Winnetou IV*, wie Anm. 16, S. 130ff. - Lorenz, wie Anm. 21, S. 261.

62   Zum soziologischen Aspekt der Arbeiter in *Winnetou IV* vgl. Wojciech Kunicki - Norbert Honsza: *Unterhaltungsliteratur im europäischen Realismus. Karl May und 'Winnetou IV'*. In: JbKMG 1986, S. 225-240 (S. 236ff.).

63   Auch hier handelt es sich um Bilder von Sascha Schneider. - Vgl. Roland Schmid: *Anhang* (zu *Winnetou IV*). In: Karl May: Freiburger Erstausgaben, Bd. XXXIII. Hg. von Roland Schmid. Bamberg 1984, A 1-4.

64   Im September 1909 fuhr May nach Berlin-Johannisthal, wo er mit Fliegern sprach und deren Maschinen betrachtete. - Vgl. unten, S. 585.

65   Nach einer Aufzeichnung Mays (kurz vor seinem Tode); zit. nach Hansotto Hatzig: *Karl May und Sascha Schneider. Dokumente einer Freundschaft*. Beiträge zur Karl-May-Forschung 2. Bamberg 1967, S. 168.

66   Dieter Sudhoff: *Der beflügelte Mensch. Traumflug, Aviatik und Höhenflug bei Karl May*. In: JbKMG 1986, S. 110-154 (S. 149).

67   Vgl. oben, S. 27ff.

68   Über die Halbwüste Arizonas erhebt sich tatsächlich ein 'heiliger Berg' (der Mount Graham), auf dem die Apachen schon vor tausend Jahren ihre Toten begruben; nach Angelika Jung-Hüttl: *Apachen gegen Astronomen*. In: Süddeutsche Zeitung vom 6.2.1992.

69   Vgl. *Herder-Lexikon 'Symbole'*. Bearbeitet von Marianne Oesterreicher-Mottwo. Freiburg, Basel, Wien 5 1982, S. 96: Die Kugel oder auch Halbkugel ist ein Symbol für den 'Himmel'.

70   Vgl. Scholdt: *Bemerkungen*, wie Anm. 37, S. 103 - Lorenz, wie Anm. 21, S. 256 u. 262.

71   Vgl. oben, S. 407.

72   Ausführlich dargestellt bei Sudhoff: *Winnetou IV*, wie Anm. 16, S. 5-23.

73   Vgl. Wollschläger: *Karl May*, wie Anm. 22, S. 154f.

74   Karl May: *Meine Beichte* (1908). In: Ders.: Gesammelte Werke, Bd. 34 *"Ich"*. Bamberg 36 1976, S. 15-20 (S. 18).

75   Karl May: *Briefe an das bayerische Königshaus*. In: JbKMG 1983, S. 76-122 (S. 108; Brief vom 7.3.1908 an Wiltrud).

76   Ebd., S. 115 (Brief vom 18.4.1909 an Wiltrud).

77   Ebd.

78   Claus Roxin in einem Brief vom 31.5.1992 an den Verfasser.

79   Vgl. U. Schmid: *Abbreviaturen*, wie Anm. 44, S. 272.

80   Sudhoff: *Winnetou IV*, wie Anm. 16, S. 2.

81 Bei seinem Besuch im Hause Wittelsbach Ende 1909 scheint May allerdings, falls Prinzessin Wiltrud den Dichter nicht mißverstand, der 'Shatterhand-Legende' doch wieder verfallen zu sein. Dazu Claus Roxin in einem Brief vom 25.12.1992 an den Verfasser: "Im Gespräch scheint auch im Alter noch immer die Phantasie mit Karl May durchgegangen zu sein."

82 Vgl. Scholdt: *Bemerkungen*, wie Anm. 37, S. 125ff. - Lorenz, wie Anm. 21, S. 248.

83 Roxin: Brief, wie Anm. 78.

84 Vgl. unten, S. 728ff.

85 Dazu Ekkehard Koch: *Winnetou Band IV. Versuch einer Deutung und Wertung, 1. Teil.* In: JbKMG 1970 S. 134-148 (S. 144).

86 Vgl. oben, S. 315ff.

87 Dazu grundsätzlich: Hans Wollschläger: *"Die sogenannte Spaltung des menschlichen Innern, ein Bild der Menschheitsspaltung überhaupt". Materialien zu einer Charakteranalyse Karl Mays.* In: JbKMG 1972/73, S. 11-92 (S. 33f.).

88 Vgl. oben, S. 378. - Vgl. auch Scholdt: *Bemerkungen*, wie Anm. 37, S. 125-129.

89 May: *Briefe*, wie Anm. 75, S. 116 (Brief vom 18.4.1909 an Wiltrud).

90 Vgl. oben, S. 427ff.

91 Mehr bei Sudhoff: *Winnetou IV*, wie Anm. 16, S. 139ff.

92 Vgl. oben, S. 106ff., S. 155ff. u. unten, S. 578f.

93 Vgl. Koch: *Deutung, 1. Teil*, wie Anm. 85, S. 140ff. - Riedemann, wie Anm. 47, S. 15-18 - Lowsky: *Alterswerk*, wie Anm. 31, S. 13 - Sudhoff: *Winnetou IV*, wie Anm. 16, S. 28ff. u. passim - Lorenz, wie Anm. 21, S. 252f. u. 260.

94 Vgl. Schmidt: *Sitara*, wie Anm. 1, S. 280 - Sudhoff: *Winnetou IV*, wie Anm. 16, S. 72f.

95 Vgl. Scholdt: *Bemerkungen*, wie Anm. 37, S. 110ff. - Dagegen aber: Lorenz, wie Anm. 21, S. 247ff.

96 Vgl. oben, S. 362ff., S. 410ff. u. S. 446ff.

97 Vgl. Koch: *Deutung, 1. Teil*, wie Anm. 85, S. 142f. - Sudhoff: *Winnetou IV*, wie Anm. 16, S. 38.

98 Scholdt: *Bemerkungen*, wie Anm. 37, S. 110.

99 Scholdt: Werkartikel, wie Anm. 12, S. 325.

100 Vgl. Scholdt: *Bemerkungen*, wie Anm. 37, S. 115ff. - Koch: *Deutung , 1. Teil*, wie Anm. 85, S. 144f., sah in den Sander-Brüdern eine chiffrierte Darstellung Friedrich Kahls und Rudolf Lebius' - eine Auffassung, die Mays Text aber kaum nahelegt.

101 Der Psychiater Dr. Näcke ist gemeint; vgl. unten, S. 582.

102 Vgl. oben, S. 339.

103 Vgl. Hans Wollschläger: *Der "Besitzer von vielen Beuteln". Lese-Notizen zu Karl Mays 'Am Jenseits' (Materialien zu einer Charakteranalyse II).* In: JbKMG 1974, S. 153-171 (S. 157ff.).

104 Vgl. Karl May: *Gedichte an die Mutter.* In: JbKMG 1970, S. 110f.; dazu Wolf-Dieter Bach: *Muttergedichte Karl Mays und Hermann Hesses.* In: JbKMG 1970, S. 114-117.

105 Vgl. Scholdt: *Bemerkungen*, wie Anm. 37, S. 116 u. 147 (Anm. 46).

106 Vgl. Lorenz, wie Anm. 21, S. 256. - Sebulon hieß einer der zwölf Söhne des Erzvaters Jakob. - Den Namen 'Hariman' bringt Lorenz (ebd., S. 255) mit 'Ahriman' in Verbindung: eine Konstruktion, die - angesichts des Charakters von Hariman - allerdings nicht überzeugt.

107 Diese Auffassung vertreten auch Riedemann, wie Anm. 47, S. 26ff. - Sudhoff: *Winnetou IV*, wie Anm. 16, S. 82f. - Lorenz, wie Anm. 21, S. 255ff.

108 Vgl. unten, S. 714ff.

109 Vgl. Koch: *Deutung, 1. Teil*, wie Anm. 85, S. 143 - Sudhoff: *Winnetou IV*, wie Anm. 16, S. 83 - Lorenz, wie Anm. 21, S. 262. - Der Name des 'jungen Adlers' erinnert auch an den Freud-Schüler Alfred Adler (1870-1937); dazu Udo Kittler: *Karl May auf der Couch? Die Suche nach der Seele des Menschen.* Materialien zur Karl-May-Forschung, Bd. 9. Ubstadt 1985, S. 79f.

110 Autobiographische Züge sieht Lorenz, wie Anm. 21, S. 262f., auch in den feindlichen Häuptlingen, die "das Böse in May" verkörpern.

111 Vgl. oben, S. 268ff.

112 Vgl. Sudhoff: *Winnetou IV*, wie Anm. 16, S. 72f.

113 Vgl. Ekkehard Koch: *Die biografischen Ebenen in 'Winnetou IV', 1. Teil.* In: MKMG 13 (1972), S. 6-9 (S. 9).

114 So Riedemann, wie Anm. 47, S. 23, und Sudhoff: *Winnetou IV*, wie Anm. 16, S. 85.

115 Vgl. Scholdt: Werkartikel, wie Anm. 12, S. 325.

116 Zur autobiographischen Deutung Trinidads vgl. Sudhoff: *Winnetou IV*, wie Anm. 16, S. 29f. - Wilhelm Manig: *Auf Fährtensuche: Old Shatterhands Weg zu "Winnetous Erben"*. In: MKMG 91 (1992), S. 26-30 (S. 27f.).

117 Ausführlich dargestellt und interpretiert bei Sudhoff: *Winnetou IV*, wie Anm. 16, S. 31-37.

118 Vgl. oben, S. 437.

119 Vgl. Sudhoff: *Winnetou IV*, wie Anm. 16, S. 45-54.

120 Vgl. oben, S. 155.

121 Vgl. Sudhoff: *Winnetou IV*, wie Anm. 16, S. 71-75.

122 Ebd., S. 76f. - Auch Koch: *Deutung, 1. Teil*, wie Anm. 85, S. 146, vermutet eine Gerlach-Spiegelung.

123 Vgl. oben, S. 475.

124 Vgl. Koch: *Deutung, 1. Teil*, wie Anm. 85, S. 145 - Sudhoff: *Winnetou IV*, wie Anm. 16, S. 67.

125 Koch: *Deutung, 1. Teil*, wie Anm. 85, S. 145, dachte konkret an Ansgar Pöllmann; dagegen aber Sudhoff: *Winnetou IV*, wie Anm. 16, S. 68.

126 Karl May: *Briefe an Karl Pustet und Otto Denk. Mit einer Einführung von Hans Wollschläger*. In: JbKMG 1985, S. 15-62 (S. 36; Brief vom 11.1.1909 an Karl Pustet).

127 Vgl. Ekkehard Koch: *Die biografischen Ebenen in 'Winnetou IV', 2. Teil*. In: MKMG 14 (1972), S. 8-11 (S. 9); dagegen Sudhoff: *Winnetou IV*, wie Anm. 16, S. 68ff. - Zu Schumann vgl. oben, S. 467f.

128 Riedemann, wie Anm. 47, S. 24.

129 Vgl. Koch: *Die biografischen Ebenen, 1. Teil*, wie Anm. 113, S. 9 - Sudhoff: *Winnetou IV*, wie Anm. 16, S. 77ff.

130 Vgl. unten, S. 712ff.

10.15 Die letzten Lebensjahre: Schweres Leid und Vertrauen auf Gott

Dem Testament des Apatschen - in *Winnetou IV* - liegt ein Brief an Old Shatterhand bei: "Was man Dir, dem Lebenden, nicht glaubt, das wird man mir, dem Verstorbenen, glauben müssen."[1] Ein stolzes Wort! Denn Winnetou ist, auf der autobiographischen Leseebene, eine Ich-Projektion Karl Mays. Insgesamt zeigt sich May, auch im Abschiedsroman, als ein Autor, der nicht resigniert: "Wahrhaft große Männer pflegen nicht eher zu sterben, als bis sie wenigstens innerlich das erreicht haben, was sie erreichen wollten oder sollten."[2] Von der eigenen Sendung und der Kraft seines Werkes war May also überzeugt.

Gerade im letzten Roman begegnet uns May als ein Schriftsteller, der in die Zukunft seine ganze Hoffnung setzt.[3] Ein "ungewisses, beängstigendes Gefühl"[4] kann er freilich nicht unterdrücken. Er fühlt sich "als Mensch so stolz, und doch auch wieder so klein, so außerordentlich klein! Es lag in mir wie ein Sieg über alles Hemmende und Niedrige und doch auch zugleich wie eine Angst, ob das Große, was wir uns vorgenommen hatten, wohl auch gelingen werde".[5]

Aber nicht nur sich selbst vertraut dieser Autor. Seine größere, seine eigentliche Hoffnung setzt er auf Gott, den 'großen guten Manitou'. In diesem Vertrauen ist er bereit, mit Ängsten zu leben und "alles Schwere zu tragen und alles Bittere durchzukosten".[6]

10.15.1 Private Beziehungen: Besuche und Korrespondenzen

Trotz seines Gottvertrauens litt der Dichter unter innerer Einsamkeit[7] - bei sensiblen und komplizierten Naturen ja keine Seltenheit. Aber Mays seelische Isolierung wurde entscheidend gemildert durch Menschen, die ihm sehr nahestanden. Dies gilt vor allem für die Ehefrau Klara: "Mit einer solchen Frau an der Seite [...] läßt sich in Beziehung auf das Erdenleid Alles erlangen [...] Ich bin nicht mehr so fürchterlich allein."[8]

Doch Klara war nicht der einzige Mensch, der Karl verstand. Auch war sie nicht die einzige Frau, die ihn liebte oder verehrte. Die Seelen-Freundschaft des Dichters mit Frauen wie Prinzessin Wiltrud von Bayern,[9] der Nobelpreisträgerin Bertha von Suttner und der späteren Schauspielerin Lu Fritsch wurde schon erwähnt und beschrieben. Eine echte innere Beziehung verband Karl May, wie im folgenden zu erörtern ist, nicht zuletzt aber auch mit Marie Hannes (1881-1953), der Schwester des - dem Schriftsteller ebenfalls nahestehenden - Arztes Dr. Ferdinand Hannes (1879-1968).[10]

'Mariechen', der jungen Marie Hannes, könnte May schon während seines Aufenthaltes im Harz (1894)[11] zum ersten Mal begegnet sein. Die Beziehung zu diesem Mädchen spiegelt sich literarisch, möglicherweise, schon im *Jenseits*-Roman (1898/99) - in der Gestalt des Schutzengels Marie[12] - und in *Pax* bzw. *Friede* (1901/04): in Mary, der Tochter des Missionars Waller.[13] Auch der mysteriöse "Lichtergruß von Marie" in Port Said (während der Orientreise Karl Mays)[14] könnte auf Marie Hannes verweisen. Mit Sicherheit aber spiegeln sich der Charakter und die äußere Erscheinung dieser jungen Frau in Mays Novelle *Das Geldmännle* (1903): im buckligen 'Herzle'.[15]

Wer war diese Frau? Als Tochter des Arztes Dr. Gustav Hannes und seiner Ehefrau Wilhelmine wurde 'Mariechen' am 3. März 1881 in Lehe (jetzt Bremerhaven) geboren. Nach einem Unfall erkrankte das vierjährige Kind an einer Rückenmarkstuberkulose. Seit 1890 lebte die kranke Marie, mit ihren Eltern und ihrem Bruder Ferdinand, in Wernigerode am Harz. "Durch Gottes Gnade",[16] so hielt sie fest, fand Marie den Weg zu 'Adolf Just's Kuranstalt Jungborn' (im Harz), wo sie - 1905 - von ihrer Krankheit geheilt wurde. Sie behielt aber ihre Verkrümmung und blieb ihr Leben lang gehbehindert. 1909 begann sie in Leipzig ein Studium der Philologie, das sie 1911 in München fortsetzte. 1914, zwei Jahre nach dem Tode Mays, promovierte sie zum Dr. phil. Sie blieb unverheiratet und war als angesehene Graphologin sowie, zumindest für einige Jahre, als Privatlehrerin tätig.

Wie Lu Fritsch und die, in diesem Zusammenhang ebenfalls erwähnenswerte, Schülerin Elisabeth Barchewitz (Hildesheim)[17] war Marie "eine glühende Verehrerin Karl Mays und mehrfach Gast in der 'Villa Shatterhand'".[18] Und wie Lu Fritsch war sie "literarisch interessiert und schrieb ebenfalls Gedichte. Nachdem die beiden jungen Mädchen sich kennengelernt hatten, schlossen sie Blutsbrüderschaft gemäß 'Winnetou I'."[19]

In der Sekundärliteratur über May findet sich der erste Hinweis auf Marie Hannes, 1975, bei Amand von Ozoróczy: "May war ihr 'mein Johannes', die Offenbarung![20] Eine Verteidigungsschrift, in der sie alle Beschuldigungen als pure Verleumdungen hinstellen wollte, konnte May nur mit dem schwersten Geschütz - Drohung mit Bruch - verhindern."[21]

Ein, bisher nicht publizierter, Briefwechsel zwischen May und Marie Hannes (aus der Zeit nach der Orientreise des Dichters) liegt im Karl-May-Verlag Bamberg verwahrt.[22] Was die Besuche Maries in der 'Villa Shatterhand' betrifft, ist auch nur wenig bekannt. Aber wir wissen: Am 23. Juli 1906 notierte sie "Ins 'FREMDENBUCH' soll ich mich schreiben? / Unmöglich ist's, ich muss gestehn / In diesem Hause FREMD zu bleiben - / Ich sage nur 'Auf Wiedersehn'!"[23]

Auch im Jahre 1910 war sie, wiederholt und für längere Zeit, zu Gast im Hause May. Sie gehörte - so Hans-Dieter Steinmetz -

zu einer 'Besucherwelle', der May bewußt die Tür zu seinem stets gastfreundlichen Haus öffnete. Verfolgt man die Gästebuch-Eintragungen, dann stellt man fest, daß May im Sommer 1910, also nach der Charlottenburger Verhandlung [...] und im Umfeld der Hauptverhandlung am 9. August 1910 in Hohenstein-Ernstthal (Privatklage May/Richard Krügel), sich viele Gäste, ausnahmslos junge Verehrerinnen und Verehrer, nach Radebeul einlud.[24]

Ob May sie wirklich, wie Steinmetz hier voraussetzt, alle eingeladen hatte oder ob die Gäste einfach kamen, sei dahingestellt. Im Falle Marie ist freilich anzunehmen: May hat sie, sehr gerne, zu sich eingeladen.

Frau Hannes' Begeisterung für den Dichter war, darin unterschied sich Marie von der Mehrzahl der Fans, keine naive Schwärmerei. Diese Frau hatte Verstand und - ein reines Herz. Und die Gedankenwelt des Mayschen Spätwerks war ihr vertraut.

"Die Menschen sollen noch mit ihrem Herrgott zufrieden werden." Diesen theologisch interessanten - und auch menschlich weisen - Ausspruch Mays (vom 25. Juli 1910) kommentierte Marie, am 27. August 1910, in einem längeren Gedicht: "Welch Wort ist dies! Kam es aus Menschenmunde? / [...] / Wie aus der Schöpfung tiefstem Grund gehoben / Wo unbelauscht der Gottheit Atem geht / Rang sich dies Wort gewaltig einst nach oben / Und harrt nun schweigend, bis man es versteht. / Es stürmt der Mensch in stets verlornem Ringen / Jahrtausendlang das Tor der Ewigkeit, / Den Gottesfrieden in die Welt zu zwingen / Nach dem vergeblich sie zum Himmel schreit! - / Da endlich stieg von zartem Duft umflossen / Ein Sohn des Lichts erbarmend niederwärts ../ [...] / Er wird, o Held, Dich bis 'ins Jenseits' tragen / Bleibst bis zum Tod der Gottesstreiter Du - / Und würdest Du auf ERDEN selbst geschlagen - / Den Siegespreis erkennt der HIMMEL zu!"[25]

Marie Hannes hatte Freude an der Ewigkeit. Mays Leben und Streben sah sie - sub specie aeternitatis. Das Geheimnis, das 'Eigentliche' des Dichters hat sie erkannt oder zumindest erahnt.

Zu den wenigen Menschen, die von Klara May über den Begräbnistermin des verstorbenen Mannes benachrichtigt wurden, gehörte Marie. Bei Mays Beerdigung am 3. April 1912 war sie anwesend, "um 'ihren Johannes' auf seinem letzten Weg zu begleiten."[26] Ihr schöner und gedankenreicher Bericht *Karl Mays Beisetzung* erschien im 'Radebeuler Tageblatt'.[27]

Die, schriftstellerisch ja durchaus begabte, Frau Hannes hat die Witwe Klara bei der Vorbereitung der zweiten (gekürzten) Auflage der Mayschen Selbstbiographie unterstützt.[28] Doch weitere Kontakte Maries mit Klara May, in der Zeit nach 1912, sind nicht mehr nachzuweisen. Vermutlich zog Marie sich völlig zurück - nach einem Zerwürfnis mit Klara.[29]

Auch von einer Fortsetzung der Kontakte Maries mit Lu Fritsch (bzw. Droop) nach dem Tode Mays ist nichts bekannt. Und zum Karl-May-Verlag hatte sie, da der Verleger E.A. Schmid sie zurückwies, keinerlei Verbindung.[30]

Eine Bemerkung noch zu 'Mariechens' Bruder, zu Ferdinand Hannes: Auch er stand, wie gesagt, dem Dichter persönlich nahe. Er korrespondierte mit ihm und durfte ihn mit 'Onkel' ansprechen.[31] Während seines Medizin-Studiums, um 1903, reiste er - mit dem Fahrrad! - von Freiburg i.B. nach Augsburg (wo seine Schwester, als Patientin der Hessing-Klinik, weilte), dann nach Böhmen und von dort, per Schiff auf der Elbe, nach Dresden.[32] In Radebeul besuchte er, für mehrere Tage, das Ehepaar May. Und an der weiteren Reise - der Lebensreise - seines 'Neffen' nahm May nun "regen Anteil".[33]

Auch im Jahre 1906 war Dr. Hannes - inzwischen (1905/06) Schiffsarzt beim Norddeutschen Lloyd[34] - zu Gast in der 'Villa Shatterhand'. Einen späteren Besuch des - mittlerweile als 'homöopathischer Arzt' in Swinemünde tätigen - May-'Neffen' Dr. Hannes gab es um 1910.

Wie aus einem sehr umfangreichen, erst 1991/92 vollständig publizierten Briefwechsel (1902-1912) hervorgeht, hatte May - neben Ferdinand Hannes - noch einen zweiten 'Neffen', den Münchner Gymnasiasten Willy Einsle (1887-1961), 'adoptiert'. Oder richtiger: er LIESS sich von diesem 'adoptieren'. "Merkst Du wohl", schrieb er am 23.3.1905 an Willy,

daß ich "Du" zu Dir sage? [...] Aber ich hoffe, daß Du mich vice versa coramirst![35] Ich werde zwar schon von einem Willy geduzt, der ist der Sohn meiner Schwester, aber ich meine, was der eine kann, das kann der andere erst recht. Und sollte es Dir nicht ganz natürlich vorkommen, mich auch Du zu nennen, so können wir ja der Natur unter die Arme greifen, indem Du so gütig bist, mich als Onkel zu adoptieren.[36]

Willy war der Sohn des Juristen Julius Einsle und dessen Ehefrau Adele.[37] Mutter und Sohn lasen beide fasziniert Karl May. Erste, tastende, Kontakte zum Autor gab es wohl im Jahre 1901. Die 1902 beginnende Korrespondenz dürfte Adele Einsle initiiert haben. Der - sehr angeregte und in vielfacher Hinsicht bemerkenswerte - Briefwechsel ging hin und her zwischen Adele und Willy Einsle auf der einen und Karl May und seiner Ehefrau (zunächst Emma, dann Klara) auf der anderen Seite.

Andere Briefe des Schriftstellers, an Karl Pustet und Otto Denk[38] z.B. oder ans 'bayerische Königshaus',[39]

haben trotz aller privaten Einschläge überwiegend literaturpolitischen Charakter, indem es Karl May in erster Linie um Geltung und Durchsetzung seines Werkes ging. Hier aber nun wendet er sich zwei begeisterten Lesern vor allem als Mensch zu; und er tut dies in sehr sympathischer Weise, indem er nicht sich selbst in den Mittelpunkt stellt, sondern auf die Bedürfnisse seiner Briefpartner wirklich eingeht. So hat er auf die Entwicklung des jungen Willy Einsle einen prägenden - und, wie man sagen muß: erzieherischen und guten - Einfluß ausüben können. In diesem privaten Briefwechsel [...] zeigt sich eine Facette seines Wesens, die das Persönlichkeitsbild Karl Mays bereichert; sie weicht von seinem öffentlichen Gebaren etwa in der 'Renommierzeit'[40] [...] weit und in gewinnender Form ab.[41]

Die Korrespondenz mit Willy und Adele Einsle zeigt 'Old Shatterhand' - wie es in einem Presse-Kommentar (1957) hieß - "von einer der Mehrzahl seiner Verehrer wohl unbekannten Seite [...], nämlich als Mystiker, Gottsucher und Philosophen"; hier offenbare sich "einer jener Großen der Feder, die Menschentum und Nächstenliebe [...] lebten und übten"![42]

Daß Karl May, auf seine Art, auch ein 'Mystiker' und in jedem Falle ein religiöser Mensch war, weiß jeder Kenner des Mayschen Erzählwerks, besonders der Alterspoesie. Der Briefwechsel mit Willy Einsle enthüllt darüber hinaus aber noch einen anderen, in der May-Forschung - bis ca. 1990 - tatsächlich fast unbekannten Wesenszug des 'Fabulierers' aus Radebeul: Nicht nur als Literat, nicht nur als Lehrer seines Millionen-Publikums, sondern auch privat, als 'Onkel Karl', war May ein großer Seelenführer.

Und Willy? Schon als Fünfzehnjähriger schätzte und liebte er des Dichters - soeben erschienenes, nun wirklich nicht anspruchsloses - Spätwerk Im Reiche des silbernen Löwen, Band III (1902). Willy war intelligent, äußerst sensibel und poetisch besonders begabt. Er suchte. Er rang mit sich selbst und den großen Menschheitsproblemen. Die Frage nach Gott und dem Sinn des menschlichen Daseins bewegte ihn. Und Probleme hatte er mit dem Absolutheitsanspruch der Naturwissenschaften und nicht zuletzt auch den Dogmen der römischen Kirche, zu der er - aufgrund seiner Taufe und der Erziehung im Elternhaus - ja gehörte und mit deren Lehre er sich, intensiv und manchmal gequält, auseinandersetzte.[43]

In Karl May suchte und fand Willy Einsle den richtigen Mentor. Nicht auf jede Einzelfrage des Gymnasiasten ging der 'Ustad'[44] - der Mayster - konkret ein. Aber der Dichter verstand es, in die Persönlichkeitsstruktur seines 'Neffen' sich einzufühlen. Er sah die große, die verheißungsvolle Veranlagung des Jungen und erkannte zugleich die existentielle Gefährdung des 'Neffen': seinen Hang zur Träumerei und zur Ich-Bezogenheit, zum 'Weltschmerz' und - zur Selbstbemitleidung und Verweichlichung.[45]

Mays - sehr kluge und behutsame, immer taktvolle und doch auch strenge - Ermahnungen empfand Willy Einsle als befreiend, als hilfreich und weiterführend. Zu Recht! Denn Mays Briefe an Willy (und auch an die Mutter Adele) bekunden die Weisheit, die Herzensbildung und Menschenfreundlichkeit eines Humanisten und geistlichen Führers, der zugleich ein guter Psycholog, ein richtiger Seelenarzt, ein befähigter Therapeut war.

Schon nach kurzer brieflicher Bekanntschaft hatte May, während seines Aufenthaltes in München (August 1902),[46] die Familie Einsle besucht. In der Folgezeit konzentrierte sich der Kontakt auf die Korrespondenz. In späteren Jahren, nach 1906, ließ May - überarbeitet, wie er war - die zahlreichen Einsle-Briefe nicht selten durch seine Ehefrau, die von Willy ebenfalls geliebte 'Tante Klara', beantworten.

Anfang September 1909 besuchten Adele und Willy Einsle das Ehepaar May in Radebeul. Auch im Dezember 1909 gab es - in Augsburg, anläßlich des *Sitara*-Vortrags von May,[47] und anschließend in München - eine persönliche Begegnung des mittlerweile zum Studenten der Medizin avancierten Willy mit 'Onkel' und 'Tante'. Im übrigen beschränkte sich May, seit 1909, auf herzlichste Grüße und Segenswünsche für seinen 'lieben, lieben Jungen'. Aber wie der Briefwechsel zwischen Klara und Willy (bzw. Adele) es nahelegt, blieb Mays Verbindung mit Willy bis zum Tode des Dichters doch sehr innig und tief.

Was wurde aus Willy? Von May sehr ermutigt und dem Vorbild des anderen 'Neffen' - Ferdinand Hannes - nacheifernd studierte er, 1906-1912, Medizin. 1913/14, also nach dem Tode des Schriftstellers, folgte eine psychiatrische Fachausbildung in München und Ansbach. 1934-1945 war Einsle Direktor der Heil- und Pflegeanstalt in Erlangen. Vom Verdacht auf Beihilfe zur Euthanasie wurde er, 1951, in allen Punkten entlastet und freigesprochen. 1961 starb er in München. An der Treue zu Karl May hatte er sein Leben lang festgehalten.

Einsles Fachwahl Psychiatrie wurde - nach Auskunft seiner Tochter Gertrud -

eindeutig durch das Phänomen des jugendlichen Karl May bestimmt: Er wollte ihm nahekommen, ihn verstehen lernen und mittels der psychiatrischen [...] Methoden [...] der Nachwelt erklären können [...] Zeit seines Lebens verfocht der Psychiater Willy Einsle die These, daß eine wirkungsvolle Jugendpsychologie und Jugendpsychiatrie, hätte sie es denn im vorigen Jahrhundert schon gegeben, die Ab- und Umwege des jungen Karl May frühzeitig hätten bereinigen können.[48]

Aufgrund seiner literarischen Fähigkeiten, seiner psychiatrischen Ausbildung, seines integren Charakters und seiner persönlichen Nähe zu May wäre Einsle der richtige Mann gewesen, ein hervorragendes, dem Verständnis des Dichters sehr dienliches 'Karl-May-Buch' zu schreiben. Doch Klara May wollte, aus falsch verstandener Pietät, von einer Auseinandersetzung mit der Straftäterzeit ihres verstorbenen Mannes nichts wissen. Sie verweigerte Willy Einsle die Unterstützung für ein geplantes (aber nicht in Angriff genommenes) Werk, und die Beziehungen des Psychiaters zu 'Tante Klara' rissen dann ab.[49]

Schade! Denn Berührungsängste im Blick auf die Psychiatrie hatte May selbst ja wohl kaum! Er sah sich selbst, mit einigem Recht, als 'Psycholog' (als "Monograph der

'Menschheitsseele'"[50] sogar) und pflegte private Kontakte mit namhaften Vertretern der Psychiatrie.

Karl May behauptet in *Winnetou IV*: "Ich habe hier in Dresden einen Freund, der ein viel in Anspruch genommener Arzt und Psychiater ist. Besonders auf dem letzteren Gebiete hat er ganz bedeutende Erfolge errungen."[51] Wie der May-Forscher Udo Kittler ermittelte, handelt es sich in diesem Falle nicht um eine literarische Fiktion, sondern um eine biographische Tatsache: Der damals "weit über die Grenzen Sachsens hinaus"[52] berühmte Psychiater und Chefarzt der Hubertusburger Kliniken, Dr. Paul Adolf Näcke (1851-1913), war ein guter Bekannter Karl Mays.

Die Initiative ging von May aus: Am 28. Juli 1907 erhielt Näcke aus der Feder unseres Schriftstellers einen (heute leider verschollenen) Brief, den der Psychiater - der für seine "psychologischen Probleme" von May so "mancherlei Anregung"[53] erhoffte - umgehend beantwortete. Mit dem Briefwechsel bahnte sich "eine Freundschaft an, die zunächst nur brieflich ausgebaut werden" konnte, wenig später aber dem, aufs äußerste bedrängten, Dichter noch "im Fallen Halt geben"[54] sollte.

Ebenso wie der, mit Näcke sehr verbundene, Psychiater Dr. Adolf Emil Knecht (1846-1915) - dem Karl May in der Waldheimer Haftzeit wohl viel zu verdanken hatte[55] und dem er, wie Udo Kittler vermutet,[56] im September 1907 in München wieder begegnete - bekämpfte Näcke die für May (aufgrund der Lebius-Attacken) so verhängnisvolle Lombroso-Theorie vom 'geborenen Verbrecher'.[57] Näckes Schriften - u.a. *Determinismus und freier Wille, Zur Psychologie der plötzlichen Bekehrungen, Über Kontrast-Träume und speziell sexuelle Kontrast-Träume* - las May intensiv, mit großem Interesse.[58] Und der Psychiater wiederum schätzte, auch in diesem Punkt eine Ausnahmeerscheinung, besonders Mays Spätwerk: den *Friede*-Band (den er, in einem Fachaufsatz, als "religionspsychologisch hochbedeutsamen Roman"[59] charakterisierte), aber auch - nicht weniger - das Drama *Babel und Bibel*.

Am 16. November 1907, eine Woche nach der skandalösen Haussuchung durch den Staatsanwalt Seyfert und den Untersuchungsrichter Larrass, war Näcke zu Gast in der 'Villa Shatterhand', wo er sich "gleich von der 1. Minute" an "so wohl gefühlt" hatte, daß er hoffte, "recht bald wieder hier einkehren zu können."[60]

Daß Näcke, wie Kittler erwog,[61] Karl May den Rat gegeben habe, die *Pollmer-Studie* zu verfassen (um sich, womöglich in den Hubertusburger Kliniken, psychisch zu entlasten), wird wohl nie zu beweisen sein. Zweifellos richtig aber wird sein: Durch seine Freundschaft, sein Interesse am Mayschen Spätwerk, seinen psychologischen Sachverstand und seine konkrete Hilfsbereitschaft brachte Medizinalrat Dr. Näcke "einen neuen Lichtstrahl in das ramponierte Leben"[62] des - von vielen Seiten und in vielfacher Hinsicht - angefochtenen Dichters.

Einen weiteren Lichtstrahl ins Leben Karl Mays sandte der mit Näcke bekannte Anthropologe und Sexualforscher Dr. Friedrich Salomo Krauss, der das Ehepaar May am 1. April 1908 in Radebeul besuchte. Er nannte den Dichter, laut Klaras Tagebuch, "einen Segen für die Menschheit", der wertvoller sei "als 100 Gelehrte zusammen"![63] Und im Jahre 1911 besprach er, sehr interessant, die Selbstbiographie Karl Mays, die "für den Psychoanalytiker [...] ein kostbares Geschenk"[64] sei.

Mit May sehr herzlich korrespondiert und (oder) diesen besucht haben ferner - neben anderen - der mit May seit langem befreundete Hausarzt Dr. Curt Mickel, der Münchner Redakteur A. Abels, der Jurist und spätere May-Verleger E.A. Schmid, der Komponist und Lyriker Dr. Fritz Stege,[65] die schon mehrfach erwähnten Schriftsteller Max Dittrich und Amand von Ozoróczy, der Augsburger Feuilleton-Redakteur Dr. Hans Rost, der Düsseldorfer May-Apologet Fritz Barthel[66] und weitere - z.T. berühmte, im Zusammenhang mit der Pressekampagne gegen May schon genannte[67] - Verteidiger unseres Autors. Auch mit dem damaligen Redakteur und späteren Bundespräsidenten Theodor Heuß (der May ja verehrte) gab es, 1910 in Berlin, eine persönliche Aussprache.[68] Im übrigen wissen wir über die privaten Kontakte Karl Mays in den 1900er Jahren noch relativ wenig: "Immer wieder tauchen die überraschendsten Korrespondenzfunde auf"![69]

May war nicht nur ein großer Erzähler; er war ein (nahezu) ebenso großer Verfasser von Briefen. Bemerkenswert und beeindruckend sind vor allem seine Briefe an den Maler Sascha Schneider, zu dem er - nach dessen Unverständnis für *Babel und Bibel* - zwar eine, im Vergleich zu den Jahren 1903-06, distanziertere Beziehung unterhielt,[70] mit dem er aber weiterhin, bis 1910, in Freundschaft korrespondierte.[71] Auch und gerade in seinen Briefen an Schneider zeigte sich May als literarischer Künstler, vor allem aber als guter Freund, als kritischer Gesprächspartner und nicht zuletzt als verständiger - Seelsorger.[72]

Wichtig und zum größeren Teil auch unter privaten Gesichtspunkten ergiebig sind ferner Mays - bisher leider nur bruchstückhaft publizierte - Briefe an den Verleger Fehsenfeld: als Ausdruck einer menschlichen Beziehung, die in den letzten Lebensjahren des Dichters zunehmend kühler wurde (weil dem Verleger das Spätwerk seines Autors doch weitgehend fremd blieb).[73] Auch Mays - noch immer nicht zugänglichen, in der Sekundärliteratur nur sporadisch zitierten - Briefen an seinen Rechtsanwalt Rudolf Bernstein (mit dem er Ende 1908, aus finanziellen Gründen, gebrochen hatte[74]) dürfte eine nicht unerhebliche biographische Relevanz zukommen.

Karl May pflegte auf brieflichem Wege private Beziehungen. Und er ließ sich - trotz seiner grandiosen Arbeitsbelastung - gerne besuchen und besuchte auch seinerseits, wann immer er konnte, seine Freunde oder Bekannten. Hermann Waldemar Otto z.B., ein ehemaliger Schulkamerad Karl Mays, gab (1935) die Erinnerung an eine - wahrscheinlich im April 1910 erfolgte, von Otto aber aufgrund eines Irrtums ins Jahr 1911 verlegte[75] - Begegnung mit dem Schriftsteller in Düsseldorf wieder:

Karl May begrüßte in Düsseldorf zuerst einen mit ihm befreundeten Franziskanerpater im Kloster auf der Oststraße und dann suchte er mich auf [...] Er hatte durchaus nichts Wildwestähnliches an sich, sah vielmehr in seinem vollen weißen Haar mit seinem weißen Knebelbart aus wie ein Musikpädagoge oder wie ein Malerprofessor der alten Schule. Er wohnte mit seiner Frau Klara im 'Breidenbacher Hof' und hier hatte ich Gelegenheit, die Schlichtheit und Anspruchslosigkeit des reichen und vielgefeierten Dichters zu bewundern; er [...] nippte auch dann noch an seinem Glase, als ich bereits mit der zweiten Flasche Rauenthaler Berg [...] fertig war [...] "Herr May - Sie werden verehrt, von einer Welt bewundert, Sie sind die lichtumflossene Phantasiegestalt unserer Jugend [...]" - "Das verstehen Sie nicht", entgegnete mit leiser Stimme der Dichter und ein gequälter Ausdruck überzog sein Gesicht, "gerade weil ich auf der Höhe stand, war das Hinabzerren in den Kot der Gasse für mich um so furchtbarer [...]"[76]

Dennoch, trotz seiner Leiden und inneren Einsamkeit, beteiligte sich May auch weiterhin am geselligen Leben: an den Rosen- und Winzerfesten des Sanatoriums 'Schloß Lössnitz' - in Oberlößnitz (1934 nach Radebeul eingemeindet) - zum Beispiel.[77]

Friedrich Eduard Bilz (1842-1922), der dieses Sanatorium 1892 gegründet hatte, stand dem Schriftsteller nahe und hatte schon vor der Jahrhundertwende die Gartenfeste besucht, die May in Radebeul gab.[78] Bilz, der (wie es 1992 in einem Artikel der 'Süddeutschen Zeitung' hieß) "nach Karl May zweitberühmteste Sohn der Stadt Radebeul",[79] war - so könnte man sagen - das sächsische Pendant des Pfarrers und Wassertherapeuten Sebastian Kneipp (1821-1897) im schwäbischen Bad Wörishofen. Mit Kneipps Erfolgen konnte es der Lößnitzer "Altmeister der Naturheilkunde"[80] wohl aufnehmen: Sein Gesundheitslexikon *Das neue Naturheilverfahren* war um die Jahrhundertwende ein "internationaler Bestseller"[81] und das Bilz-Sanatorium galt zur Zeit Karl Mays als eine der modernsten naturtherapeutischen Einrichtungen, zu der Patienten aus ganz Europa kamen.[82]

Eduard Bilz gab, alljährlich, Feste für die Kurgäste des Sanatoriums - zu denen im Herbst 1896 auch Emma May gehört hatte.[83] Zu den Festen wurden auch Karl und Klara May eingeladen.[84] Am 'Rosenfest' vom 23.6.1906 z.B. und am 'Winzerfest' vom 27.8.1910 (ein Foto von diesem Ereignis zeigt das Ehepaar May zusammen mit Marie Hannes, Dr. Mickel und der Familie Bilz) nahmen sie teil.

Die, durchaus engen, Beziehungen zwischen den Mays und der Familie Bilz hatten bis zum Tode des Dichters Bestand. Und auch in späteren Jahren blieb die Witwe Klara der Familie Bilz, wie herzliche Kartengrüße belegen, verbunden.

Das Fazit dieses Kapitels: Auch in der schwersten und leidvollsten Zeit seines Alters hatte May das Leben bejaht. Er hatte zu kämpfen mit seinen Gegnern und auch - mit sich selbst, mit den eigenen Schwächen. Aber er war nicht verbittert. Er vertraute auf Gott und liebte die Nähe von Menschen, die er verstand und die ihn verstanden.

Kein Zweifel: Zu Freunden und zahlreichen Bekannten unterhielt Karl May sehr gute Beziehungen. Seinen nächsten Verwandten jedoch, den in Hohenstein-Ernstthal lebenden Schwestern Christiane Schöne und Karoline Selbmann, war er seit langem wohl ziemlich entfremdet - falls die folgende Äußerung der Realität vieler Jahre und nicht nur einer momentanen Verstimmung entsprach. Adele Einsle teilte er, 1905, mit:

mein Körper wurde durch den Stoffwechsel ein so vollständig anderer, daß ich sowohl körperlich als auch geistig und seelisch schon längst nicht mehr zu denen gehöre, die noch heut so fälschlich behaupten, ich sei mit ihnen verwandt. Den Eltern war ich es, die aber sind todt. Den Kindern wäre ich es; ich habe aber keine;[85] für die Uebrigen bin ich ein nachsichtiger, gütiger Bekannter, weiter nichts! - - -[86]

Ob sich das Verhältnis zu seinen Schwestern in den letzten Lebensjahren Karl Mays noch spürbar verbesserte, entzieht sich unserer Kenntnis. Eine andere (seit 1902 sehr negative, aber nie völlig erloschene) Beziehung dürfte sich freilich - wie oben schon dargestellt[87] - kurz vor dem Tode des Dichters ein wenig entspannt und entkrampft haben: die Beziehung zu Emma Pollmer, der ersten Ehefrau Karl Mays.

10.15.2 Hinauf nach Dschinnistan: Der Heimgang des Dichters

Am 8. März 1908 hatte May sein endgültiges Testament verfaßt. Seine Schwestern sollten bis zum Lebensende (Christiane überlebte den Bruder um zwanzig, Karoline sogar um 33 Jahre) eine kleine Rente bekommen: 150 Mark pro Jahresquartal. Den übrigen Besitz und die Rechte an seinen Werken überschrieb er, für den Fall seines Ablebens, auf Klara. Nach deren Tode sollte das gesamte Vermögen einer "mildthätigen Stiftung" - zur Unterstützung von notleidenden Schriftstellern und Journalisten - zufallen.[88]

Nach der Niederschrift dieses Testaments hatte May noch vier, sehr schwere und doch auch wieder sehr lichtvolle, Jahre zu leben. Sofern sie das literarische Schaffen, die Amerikareise, die Pressefehde und das Prozeßgeschehen unmittelbar betreffen, wurden die wichtigsten Ereignisse dieser letzten Jahre - in den Kapiteln 10 bis 14 dieses Abschnitts - schon dargestellt. Weitere, biographisch bedeutsame, Erlebnisse Mays in den Jahren 1909-12 sollen im folgenden skizziert und, soweit erforderlich, kommentiert werden.

Am 26. September 1909 besuchten Karl und Klara May, anläßlich der Eröffnung des Flugplatzes Johannisthal, die Internationale Flugwoche in Berlin: die erste derartige Veranstaltung in Deutschland. Die Mays sprachen mit Hubert Latham, einem damals berühmten Kunstflieger; und sie bestaunten die Schauflüge des Franzosen Louis Bleriot, der im Juli 1909 als erster den Ärmelkanal überflogen hatte.[89]

Der 'Aviatiker' May war fasziniert. Das 'Fliegen' war für ihn, primär, allerdings keine technische Angelegenheit, sondern eine geistige, ja geistliche Aufgabe, die in der Zukunft gelöst werden müsse. Wie wir sahen und wie wir - psychologisch reflektiert und theologisch erhellt - noch sehen werden,[90] hat Karl May in *Winnetou IV* seine große Vision literarisch gestaltet.

Ein persönlicher 'Höhenflug' war May am 8. Dezember 1909 in Augsburg vergönnt. Durch die Vermittlung des Redakteurs der 'Augsburger Postzeitung' Dr. Hans Rost[91] und auf Einladung des katholischen Kaufmannsvereins 'Laetitia' konnte er - zur Freude der 'Fans', darunter des jungen Bert Brecht (1898-1956)[92] - im überfüllten Schießgrabensaal den Vortrag *Sitara, das Land der Menschheitsseele. Ein orientalisches Märchen* halten.

Obwohl er "nie wieder öffentlich sprechen wollte", hatte er den Augsburger Vortrag - am 2. Juni 1909 - zugesagt, allerdings unter der "Hauptbedingung: Alles still und ruhig! Ja keine Trompetenstöße für meine Person!"[93] Daß ihm die 'Popstar'-Reklame in den 1890er Jahren[94] geschadet hatte, war May seit langem, seit Beginn der Pressekampagne, bewußt. Alte Fehler wollte er nicht wiederholen. Und anders als in München oder Wien in der 'Renommierzeit' (1897/98) trat er in Augsburg natürlich nicht als 'Old Shatterhand' und nicht als 'Gelehrter' und 'Universalgenie' auf.

Wie für Kenner nicht anders zu erwarten, entsprach der Vortrag dem Gedankengut und der Bilderwelt des Mayschen Spätwerks, vor allem des Dramas *Babel und Bibel*, des großen Romans *Der 'Mir von Dschinnistan* und des - wenig später in die Selbstbiographie aufgenommenen - *Märchens von Sitara*.[95] Gleich zu Beginn brachte der Redner den überraschten Zuhörern (die, sofern sie Halbwüchsige waren und den Autor nicht wirklich kannten, wohl eher auf "packende Schilderungen aus dem Lande der Indianer, der Araber und der Beduinen"[96] gespannt waren) "Grüße aus einem 'hochgelegenen Land der Sternenblumen' und von einem Wesen, das den dunklen und blutigen Gründen des Wilden Westens Nordamerikas so fern wie nur irgend denkbar schien: Grüße von der 'großen', der 'herrlichen Menschheitsseele'"![97]

Der Abend, zu dessen Gelingen auch der Männergesangsverein 'Concordia' beigetragen hatte (mit Mays *Ave Maria* und den *Weihnachtsglocken* von J. Schwartz), war für den Redner ein großer Erfolg. Die 'Augsburger Postzeitung' wußte zu berichten:

Ein literarisches Ereignis seltenster Art hatten wir hinter uns. Karl May hat gesprochen [...] Augsburg kann den nicht unbedeutenden Ruhm für sich in Anspruch nehmen, diejenige Stadt zu sein, mit der Karl May neben seiner sächsischen Heimat aufs engste verbunden ist.

Der Dichter habe - so hieß es in der Zeitung - ein literarisches Bekenntnis abgelegt,

das geeignet ist, auch den letzten Zweifel [...] an seinem vorbildlichen Künstlertum aus der Welt zu schaffen [...] Die gequälte Menschheit dem reinen Glück entgegenzuführen, sie zu Edelmenschen, zu Christusmenschen zu adeln, das war die 'verderbliche Absicht', die ihm von seinen bittersten Feinden zur Last gelegt wurde.[98]

Im Anschluß an den Vortrag gab es eine Begegnung mit Freunden, mit Willy und Adele Einsle und dem Ehepaar Fehsenfeld zum Beispiel.[99] Und am folgenden Vormittag besuchte der Dichter, auf deren dringliche Bitten hin, die Klosterschule der 'Englischen Fräulein' in Augsburg:

Die im Konzertsaal versammelte Jugend begrüßte ihn mit Händeklatschen [...] Auf dem Podium angelangt, wandte er sich, [...] bedeckte sein Gesicht, setzte sich nieder und weinte. Dann begann er. "Sie sehen mich sehr bewegt, wie ich selten bin. Ich sehe Ihre Seelen, so viele Jugendknospen."[100]

May sprach von der 'Weisheitsschmiede', von der Läuterung durch den Schmerz: "Auch ich bin noch darin, ich bin noch nicht geläutert, ich muß es noch werden."[101] Zwei Schülerinnen, die dem Dichter ein Buch überreichten, küßte er die Stirn. "Dieser Kuß", sagte er, "soll Ihnen allen gelten [...] Ich gebe Ihnen das Beste, was ich habe, den Segen eines alten Mannes."[102]

Am selben Tag, am 9. Dezember, fuhren die Mays - mit Blumen beladen - nach München zum Hotel 'Leinfelder'. Und am nächsten Tag hat es, wie schon 1898, im Hause Wittelsbach für das Ehepaar May eine große Audienz und am Abend einen Empfang im engsten Familienkreise gegeben. Prinzessin Wiltrud, die ja Mays "besonderer psychologischer Liebling"[103] war (und, wie ihre Briefe und Tagebuch-Notizen beweisen,[104] auch ihrerseits den Dichter über alles verehrte), schenkte beim Abschied Karl May ein Etui "mit ihrem und Prinzessin Helmtrud's Bild und Namen".[105]

In ihrem Tagebuch hat Wiltrud den Besuch Karl Mays sehr ausführlich - in teils kurios wirkender, teils aber erschütternder Weise - geschildert. Unter anderem hielt sie fest: "Glauben Sie an ein Jenseits?" habe May sie gefragt. "Ja", habe sie geantwortet. Und May habe gesagt: "Das ist recht [...] Wissen Sie, [...] ohne den Tod könnte ich mir kein Leben denken [...] Der Tod ist mein Geburtstag für die Ewigkeit." Aber zweifelnd und - falls Wiltrud die Zusammenhänge, in der Erinnerung, nicht verwechselte - seiner 'Ewigkeitsreife' alles andere als sicher soll er hinzugefügt haben: "Werde ich noch den rechten Weg finden? Fast scheint es mir, als werde ich ihn nicht mehr erreichen."[106]

Auch Klara hat, in ihrem Tagebuch, vom Aufenthalt in der bayerischen Metropole berichtet: im Ton etwas überschwenglich, in der Sache aber doch zutreffend. Fürs Jahr 1909 schloß sie mit der Bemerkung: Im Münchner Hotel "häuften sich die Besuche." Und weiter:

Wir hatten nur Einsles und Hetty Heide[107] noch schnell besucht, dann reisten wir schleunigst ab [...] Leider hatte der enorme Erfolg doch wieder traurige Folgen. Die Bestie in Menschengestalt[108] begann von neuem ihren Mordplan auszuführen. Trauriger Abschluß des schönen Jahres. Viel, viel Freude und ebensoviel Leid.

Noch schwerer wurde das Jahr 1910. Frau Klara im Tagebuch:

Schlaflos verbringen wir die Nächte und quälen einander durch das Verbergen der Seelenqualen. Wie betete ich um Frieden und Kampf ist die Antwort. Nur wenig besuchten wir das Theater. Der Druck der Prozesse lastet zu schwer auf uns, dazu erlahmt die Spannkraft. Das Leiden ist übermenschlich.[109]

Am 30. März 1910 (genau zwei Jahre vor dem Tode des Schriftstellers) sahen die Mays, die bis 1909 sehr oft ins Theater gingen, das Schauspiel *Hanneles Himmelfahrt* von Gerhart Hauptmann - jenes Stück, das mitten in die leidvolle Alltagswelt das Märchenhafte und Jenseitige einbrechen läßt. Frau Klara: "Es hat uns tief bewegt. Wir waren glücklich im Beisammensein [...] Wie schön könnten wir es haben, wenn wir die Prozesse abstreifen könnten - zu schön für Staubgeborene."[110]

Nach dem Charlottenburger Urteil (April 1910) setzte, wie auf Photographien deutlich zu sehen ist, der körperliche Verfall des Schriftstellers unaufhaltsam ein. Heftige Nervenschmerzen und ein Gallenleiden setzten ihm zu. Egon Erwin Kisch, der 'rasende Reporter', der den Dichter im Mai 1910 in der 'Villa Shatterhand' besuchte, gab den bekannten Bericht: "Eben schüttelt ihn ein Hustenanfall, und trotzdem er, die Hilfe der Gattin unwirsch abweisend, aufrecht ins Haus zurückgeht, ist nicht zu verkennen, daß sein Lächeln vom hippokratischen Zug erbarmungslos durchstrichen wird."[111]

Und doch hatte May 1910 noch die Kraft, seine - in vielen Partien - auch nach strengen literarischen Gesichtspunkten vorzüglich gelungene Selbstbiographie *Mein Leben und Streben* zu verfassen. Als poetisches Buch[112] und vor allem auch als selbst-therapeutische Schrift[113] ist dieses Werk von großer Bedeutung. Liest man dieses letzte Buch des schwerstgeprüften 'Hiob May', dann spürt man, gerade auf den letzten Seiten, "so etwas wie ein Aufatmen" und eine sich über das individuelle Schicksal des Autors "empor-schwingende Gelassenheit".[114]

Als "ununterbrochene Lebensqual"[115] hatte May, 1910, sein irdisches Dasein bezeich-net. Er fühlte sich mit Recht als geschundener Mensch, der - nach der Entlassung aus dem Zuchthaus - auch weiterhin ein 'Gefangener' blieb. May übertrug diesen Gedanken ins Allgemeine! Auch dies mit einigem Recht: Denn die Erde - in ihrer jetzigen, in "Geburts-wehen" (Röm 8, 22) liegenden Gestalt mit ihren Fesseln und ihrer Begrenztheit - ist tat-sächlich eine Art von 'Gefängnis' (eine Erkenntnis, die schon dem 'Höhlengleichnis' von Platon zugrundeliegt[116] und die wohl nicht zu bestreiten ist)!

Auch die Leser Karl Mays sind, wie es in *Mein Leben und Streben* heißt, "Gefangene, ich aber will sie befreien. Und indem ich sie zu befreien trachte, befreie ich mich selbst, denn auch ich bin nicht frei, sondern gefangen, seit langer, langer Zeit."[117] Die wahre, die eigentliche Befreiung erhoffte sich May freilich nicht vom eigenen Schaffen, sondern von Gott, der dem Menschen (sofern er festhält an Glaube, Hoffnung und Liebe) für immer und unverlierbar begegnet im Tode.

Den bevorstehenden Tod sah May in der Selbstbiographie - ganz ähnlich wie später der Theologe Dietrich Bonhoeffer[118] - als endgültige Entlassung aus dem 'Gefängnis' des ir-dischen Daseins:

Nach meines Lebens schwerem Prüfungstag / Wird nun wohl bald des Meisters Spruch erklingen, / Doch, wie auch die Entscheidung fallen mag, / Sie kann mir nichts als nur Erlösung bringen. / Ich juble auf. Des Kerkers Schloß erklirrt; / Ich werde endlich, endlich nun entlassen. / Ade! Und wer sich weiter in mir irrt, / Der mag getrost mich auch noch weiter hassen![119]

Diese Zeilen verdienen die Aufmerksamkeit des Lesers. Denn Mays Vertrauen auf die Vollendung im Tode - eine innerste Überzeugung, die allen Werken Karl Mays immanent ist - findet sich in der Autobiographie (wie auch im späten Erzählwerk) "nicht mehr als naive Selbstverständlichkeit" des Kinderglaubens, sondern als gewachsenes, persönlich gereiftes, unter größten "Qualen und Zweifeln neu erworbenes Glaubensbekenntnis. 'Was du ererbt von deinen Vätern hast, / erwirb es, um es zu besitzen!' Auch diese Worte aus dem Faust werden uns bei dieser Gelegenheit einfallen."[120]

Auf seiner Lebensreise, seinem Glaubens- und Reifungsweg, war Karl May dem Ziel nun sehr nahe: Achtzehn Monate trennten ihn, nach dem Abschluß der Selbstbiographie, noch vom Tod.

Zur selben Zeit, Ende September 1910, unternahm das Ehepaar May eine Rheinfahrt von Bonn nach Mainz und dann, mit der Bahn, eine Reise nach Südtirol (Bozen). Doch sein angegriffener Gesundheitszustand zwang May zur baldigen Heimkehr. Über Weih-nachten 1910 warf ihn eine Lungenentzündung ins Krankenbett. Es folgte eine schwere Neuritis, und wochenlang stand May nun 'am Tode'.

Erst im Frühjahr 1911 ging es ihm besser. Vom 11.5. bis zum 16.6.1911 weilte er, mit Klara, zur Kur im böhmischen Joachimsthal. "In der schönen Gegend", schrieb Klara, "erholt sich mein Liebstes bald. Die Bäder wirken Wunder. Wir beginnen mit Ausflügen zu Wagen, die Karl so sehr liebt."[121]

Im Anschluß an diese Kur verbrachten die Mays, bis Ende Juli, einen Erholungsurlaub in Südtirol mit Ausflügen in die Bergwelt der Dolomiten. Auf der Mendel gab es - nach herrlichen, von freundlichen May-Lesern (die den Dichter persönlich kannten) noch verschönerten Tagen - einen Rückfall: Karl wurde "wieder ganz krank. Von neuem Schmerzen und geschwollene Füße [...] Es war zuviel Liebe für den Guten um ihn gebreitet worden! Blumen und tausend kleine Aufmerksamkeiten hatten ihn erfreut, aber auch arg angestrengt."[122]

Zuhause in Radebeul schien sich May zu erholen. "Die Schmerzen weichen dem Radiumbeutel. Er lebt auf."[123] Dann aber brachten, dem Befund des Hausarztes Dr. Mickel vom September 1911 nach, die "Schlaflosigkeit, die quälenden Nervenschmerzen [...] und alle anderen Begleiterscheinungen des Leidens [...] den Kranken bald wieder so herunter, neuerdings durch nervöses Asthma, dass er [...] wieder bettlägerich wurde."[124]

Zur literarischen Arbeit fehlten May seit Herbst 1910 nun alle Voraussetzungen. Nur die Abwehrschrift gegen Lebius vom Juni 1910 konnte er, in der zweiten Fassung vom 3. Dezember 1911, noch wesentlich erweitern. Dieser, schon oben erwähnte,[125] Privatdruck *An die 4. Strafkammer des Königl. Landgerichtes III in Berlin* bringt zahlreiche biographische Mitteilungen; außerdem legt er mehr als 500 'Übertreibungen', 'Fälschungen', 'Verdrehungen', 'gewissenlose Behauptungen' und 'raffinierte Bosheiten' in der Lebius-Schrift *Die Zeugen Karl May und Klara May* (1910) detailliert dar.[126] Immerhin - eine beachtliche Energie-Leistung Karl Mays noch kurz vor seinem Tode!

Am 25. Februar 1912 (zwei Monate nach dem, für May ja erfolgreichen, Berufungsverfahren in Moabit[127]) konnte er die Vollendung seines 70. Lebensjahres in der 'Villa Shatterhand' feiern. Unter den Geburtstagsgeschenken fand sich die ehrenvolle, mit ihren literaturpolitischen Hintergründen schon erörterte,[128] Einladung des Wiener 'Akademischen Verbandes für Literatur und Musik': In der österreichischen Metropole sollte May einen Vortrag halten!

Kränkelnd noch immer und gegen den ärztlichen Rat fuhr May dann nach Wien. Seine am 22. März 1912 im Sophiensaal gehaltene Rede - mit dem "heute sonderbar"[129] klingenden Titel *Empor ins Reich des Edelmenschen!* - dauerte über zwei Stunden und wurde von den zwei- oder dreitausend Zuhörern mit enthusiastischem Beifall bedankt.

Der Vortrag handelte über Mays Leben und Werk sowie den Weltfriedensgedanken.[130] Der Dichter sprach, wie Bertha von Suttner in ihrem Nachruf betonte, "viel vom Sterben und vom Jenseits, von göttlichen und ewigen Dingen, und es lag etwas Seherhaftes, Unendlichkeitssehnendes in seiner ganzen Art."[131] Er bekannte sich zum christlichen Glauben (der genaue Wortlaut dieser Passage ist leider nicht überliefert), sprach zuvor von anderen Religionen und richtete einen besonderen Dank an das Judentum.[132] Ein neues Konzept lag der Rede freilich nicht zugrunde: May griff zurück auf markante Partien seines symbolistischen Spätwerks, seiner Autobiographie und seiner Selbstinterpretation in den 'Freistatt'-Artikeln (1910).[133]

In der Presse fand der Vortrag eine breite Resonanz, ein vielfaches, zum Teil sehr positives, in manchen Fällen aber auch kritisches, ja - gelegentlich - ironisches und boshaftes Echo. Elf Zeitungen berichteten, kontrovers, über diesen denkwürdigen Abend in Wien.[134]

Auch über die äußere Erscheinung und die gesundheitliche Verfassung des Redners wurde geschrieben. Das 'Wiener Montags-Journal' teilte z.B. mit:

Karl May ist erst vor kurzem von schwerer Krankheit genesen und wurde ungefähr in der Mitte seines Vortrages von Schwäche befallen, welche jedoch erfreulicherweise ebenso rasch, als sie gekommen, wieder verschwand.[135]

Und das 'Neue Wiener Tagblatt' meinte:

Karl May sieht trotz seiner siebzig Jahre rüstig aus. Eine schlanke, ungebeugte Gestalt, das bleiche Gesicht [...] ausdrucksvoll und interessant [...] Auch sein Organ hat eine überraschende Kraft, es beherrschte den weiten Saal und ließ während des Vortrages [...] keine Ermüdung spüren.[136]

Leicht erkältet und etwas fiebrig fuhr Karl May nach Radebeul zurück. Er wollte - noch leben und hatte große literarische Pläne.[137] Aber es kam anders. Acht Tage nach dem Vortrag in Wien, am 30. März 1912 (dem Hochzeitstag Karl und Klara Mays), legte sich der Dichter - so die Darstellung E.A. Schmids - schon um 19 Uhr zur Ruhe. Gegen 20 Uhr "richtete er sich plötzlich im Bett auf" und "sah mit leuchtenden Augen [...] in die Ferne [...]"[138] In derselben Stunde rief ihn der Schöpfer zu sich.

Die medizinische Todesursache: Herzschlag. Die Pressekampagne, die fürchterlichen Gerichtsprozesse und all die inneren Leiden hatten ihm das Herz gebrochen. Aber der 'Gefangene' war nun - frei, war endlich, endlich frei. Seine letzten Worte waren, laut Klaras bekanntem Bericht: "Sieg, großer Sieg - Rosen - rosenrot!"[139]

Eher trocken und nüchtern, aber doch freundlich kommentierte der sozialdemokratische 'Vorwärts' in seinem Nachruf auf den Verstorbenen: "Ein Erzähler von unerschöpflicher Erfindungsgabe, eine Kombination gewissermaßen von Jules Verne und Conan Doyle. Dabei aber keineswegs ein Nachahmer, sondern ein vollblütiges Original."[140]

Bertha von Suttner schloß ihre - vielleicht "pathetische und etwas verschwärmte [...], aber doch anrührende"[141] - Würdigung in der Wiener 'Zeit' mit den Worten: "Wer den schönen alten Mann an jenem 22. März [...] sprechen gehört, [...] weihevoll, begeisterungsvoll, in die höchsten Regionen des Gedankens strebend - der mußte das Gefühl gehabt haben: In dieser Seele lodert das Feuer der Güte."[142]

Und Marie Hannes, die den Dichter über alles liebte, hatte im 'Radebeuler Tageblatt' geschrieben: Er war "ein echter, wahrer Mensch - mit reinem Herzen und kindlicher Seele [...]"[143]

Wozu Grabgeleite und Totengesänge für Einen, der weder Tod noch Grab kennt? [...] Wir wenden uns ab von Grab und Tod und gehen heimwärts - - und [...] da sinkt ein grenzenloses Verlassensein auf uns nieder. - Oede [...] scheint uns das Leben. - Aber wieder jubeln die Amseln - und in der Ferne tönt es wie Osterglocken![144]

Anmerkungen

1   Karl May: *Winnetou. IV. Band*. Gesammelte Reiseerzählungen, Bd. XXXIII. Freiburg 1910, S. 265.
2   Ebd., S. 152.
3   Nicht zuletzt auch die Technik und speziell ihre Flugapparate bezog May in seine Zukunftshoffnung mit ein! - Vgl. Hartmut Schmidt u.a.: *"Die Naturkraft ist ihm untertan". Technische Fragen im Werk Karl Mays*. SKMG Nr. 57 (1985), S. 25-29.
4   May: *Winnetou IV*, wie Anm. 1, S. 571.
5   Ebd., S. 605.
6   Karl May: *Mein Leben und Streben*. Freiburg 1910. Hrsg. von Hainer Plaul. Hildesheim, New York 21982, S. 319.
7   Vgl. oben, S. 56f.
8   May: *Mein Leben und Streben*, wie Anm. 6, S. 312f.

9   Vgl. Karl May: *Briefe an das bayerische Königshaus.* In: JbKMG 1983, S. 76-122 - Ulrich Schmid: *"Mein höheres und eigentliches Vaterland ist Bayern".* Zu den Briefen Karl Mays an das bayerische Königshaus. In: JbKMG 1983, S. 123-145. - Vgl. unten, S. 586.

10 Zum folgenden vgl. Hans-Dieter Steinmetz: *Mariechen, Ferdinand und Onkel Karl. Zu einem unbekannten Kapitel im Leben des Ustad.* In: MKMG 69 (1986), S. 6-24.

11 Vgl. oben, S. 261.

12 Vgl. Karl May: *Am Jenseits.* Gesammelte Reiseerzählungen, Bd. XXV. Freiburg 1899, S. 170 - Hinweis bei Amand von Ozoróczy: *Das zweite Ave Maria. Beitrag zur "Spätlese in Deidesheim" II.* In: MKMG 26 (1975), S. 3-9 (S. 5).

13 Nach Ozoróczy: Ebd.

14 Nach Ozoróczy: Ebd. (mit Bezug auf einen Reiseeintrag Karl Mays vom 2.9.1899 in Port Said).

15 Vgl. oben, S. 461.

16 Zit. nach Steinmetz: *Mariechen,* wie Anm. 10, S. 12.

17 Näheres bei Erich Heinemann: *Die Lisbeth-Barchewitz-Story.* In: MKMG 11 (1972), S. 19-22.

18 Steinmetz: *Mariechen,* wie Anm. 10, S. 6.

19 Ebd., S. 8 (Anm. 23, verfaßt von Hansotto Hatzig).

20 Ozoróczy bezieht sich auf die neutestamentliche Apokalypse, die - der kirchlichen Tradition nach - vom Evangelisten Johannes verfaßt wurde.

21 Ozoróczy, wie Anm. 12, S. 5.

22 Nach der Auskunft Hans Wollschlägers; wiedergegeben bei Steinmetz: *Mariechen,* wie Anm. 10, S. 14.

23 Zit. nach Steinmetz: Ebd., S. 15.

24 Steinmetz: Ebd.

25 Marie schrieb dieses Gedicht ins Gästebuch der 'Villa Shatterhand'; der vollständige Text ist wiedergegeben bei Steinmetz: Ebd., S. 16f.

26 Steinmetz: Ebd., S. 20.

27 Wiedergegeben in: MKMG 69 (1986), S. 3-5.

28 Nach Steinmetz: *Mariechen,* wie Anm. 10, S. 20. - Vgl. *Klara May und 'Karl May's Kinder'. Briefwechsel 1912.* In: JbKMG 1993, S. 12-40 (S. 17ff.).

29 Vgl. Steinmetz: *Mariechen,* wie Anm. 10, S. 20 - Ders. - Hellmut Hannes: *Dr. Ferdinand Hannes als Schiffsarzt beim Norddeutschen Lloyd.* In: MKMG 90 (1991), S. 24-29 (S. 26) - Hansotto Hatzig: *"Die Kinder Karl May's". Eine Tragödie im Hause May.* In: JbKMG 1993, S. 41-45.

30 Für die Jahrbücher des Karl-May-Verlags schrieb Frau Hannes jedenfalls keine Beiträge; vgl. Steinmetz: *Mariechen,* wie Anm. 10, S. 20 - *Briefwechsel 1912,* wie Anm. 28, S. 37ff. (zu Frau Hannes' Konflikt mit E.A. Schmid) - Ulrich Schmid: *'Um die Wahrheit'. Wilhelm Einsle und das Vermächtnis Karl Mays.* In: JbKMG 1993, S. 46-57 (S. 46f.).

31 Vgl. Steinmetz: *Mariechen,* wie Anm. 10, S. 12.

32 Nach ebd., S. 11.

33 Steinmetz - Hannes, wie Anm. 29, S. 24.

34 Vgl. ebd., S. 25ff.

35 Zu deutsch: mich ebenfalls duzt!

36 Karl und Klara May: *Briefwechsel mit Adele und Willy Einsle.* In: JbKMG 1991, S. 11-96 (S. 28).

37 Zur Vita des Willy Einsle (sowie seiner Eltern und Großeltern) vgl. Gertrud Mehringer-Einsle: *Zum Lebensweg meines Vaters Wilhelm Einsle.* In: JbKMG 1991, S. 97-106.

38 Vgl. Karl May: *Briefe an Karl Pustet und Otto Denk. Mit einer Einführung von Hans Wollschläger.* In: JbKMG 1985, S. 15-62.

39 Vgl. May: *Briefe,* wie Anm. 9.

40 Vgl. oben, S. 321ff.

41 Claus Roxin: *Das einundzwanzigste Jahrbuch.* In: JbKMG 1991, S. 7-10 (S. 7f.).

42 'Bayreuther Tagblatt' vom 20.2.1957; zit. nach Karl und Klara May: *Briefwechsel mit Adele und Willy Einsle II. Mit einem Nachwort von Erich Heinemann.* In: JbKMG 1992, S. 34-108 (S. 107; Nachwort von Heinemann).

43 Vgl. z.B. Willys Brief vom 5.8.1905 an Karl May. In: JbKMG 1991, S. 44-49.

44 Zu dieser Roman-Figur im *Silberlöwen III/IV* vgl. oben, S. 445.

45 Vgl. besonders Karl Mays Brief vom 2.4.1905 an Willy. In: JbKMG 1991, S. 31ff.

46 Vgl. oben, S. 426.

47 Vgl. unten, S 585.

48 Mehringer-Einsle, wie Anm. 37, S. 102f.

49 Vgl. ebd. - U. Schmid: *'Um die Wahrheit'*, wie Anm. 30, S. 46-57.

50 Vgl. oben, S. 23.

51 May: *Winnetou IV*, wie Anm. 1, S. 25.

52 Udo Kittler: *"Ein Fall allerersten Ranges"* II. In: MKMG 90 (1991), S. 16-23 (S. 18).

53 So Näcke in seinem Antwort-Schreiben an May vom 1.8.1907; zit. nach Udo Kittler: *"Ein Fall allerersten Ranges". Karl May und der Psychiater Paul A. Näcke*. In: MKMG 89 (1991), S. 37-42 (S. 41).

54 Kittler: Ebd.

55 Vgl. oben, S. 123 u. 126.

56 Vgl. Kittler: *Fall II*, wie Anm. 52, S. 17.

57 Nach Kittler: *Fall I*, wie Anm. 53, S. 39 - Vgl. oben, S. 470.

58 Vgl. Kittler: Ebd., S. 41 - Ders.: *Fall II*, wie Anm. 52, S. 16f.

59 Paul Adolf Näcke: *Zur Psychologie der plötzlichen Bekehrungen*. In: Zeitschrift für Religionspsychologie. Grenzfragen der Theologie und Medizin. Hg. von Johannes Bresler. Bd. I. Heft 6. Halle a. S. 1907, S. 233-253 (S. 237) - Vgl. Gerhard Klußmeier - Hainer Plaul (Hrsg.): *Karl May. Biographie in Dokumenten und Bildern*. Hildesheim, New York 1978, S. 218.

60 Zit. nach Kittler: *Fall II*, wie Anm. 52, S. 20.

61 Ebd.

62 Ebd.

63 Zit. nach Klara May: Tagebuch (1.4.1908) - Vgl. Kittler: *Fall I*, wie Anm. 53, S. 37.

64 Friedrich Salomo Krauss: *Karl Mays Selbstbiographie*. In: Ders.: *Anthropophyteia. VIII*. Leipzig 1911, S. 501 - May hat diese Besprechung in seinen Privatdruck *An die 4. Strafkammer des Königl. Landgerichtes III in Berlin* (1911) übernommen (*Prozeß-Schriften*, Bd. 3. Hg. von Roland Schmid. Bamberg 1982, S. 122). - Vgl. oben, S. 34f.

65 Näheres zu F. Stege im Redaktionsartikel *Einer, der Karl May noch kannte*. In: MKMG 89 (1991), S. 49f.

66 Näheres im Redaktionsartikel *Old Shatterhand besuchte Jan Wellem*. In: MKMG 93 (1992), S. 49f.

67 Vgl. oben, S. 541ff.

68 Wie Anm. 66.

69 Ulrich Schmid: *Ein Vortrag zwischen den Fronten. Karl May im Augsburger Schießgrabensaal, 8. Dezember 1909*. In: JbKMG 1990, S. 71-98 (S. 73).

70 Vgl. oben, S. 490 (Anm. 31).

71 Im Jahre 1910 brach der Briefkontakt wohl ab; vgl. Hansotto Hatzig: *Karl May und Sascha Schneider. Dokumente einer Freundschaft*. Beiträge zur Karl-May-Forschung 2. Bamberg 1967, S. 161.

72 Vgl. z.B. Mays Gedicht vom 16.2.1904 an Schneider oder seinen Brief vom 17.5.1904 an Schneider; beide Texte in: *Empor zum Licht! Zur Entstehungsgeschichte der Sascha-Schneider-Titelbilder für die Gesammelten Reiseerzählungen Karl Mays*. Hg. von Lothar Schmid. Bamberg 1991, S. 21 bzw. S. 24-27. - Vgl. Ernst Seybold: *Karl-May-Gratulationen. Geistliche und andere Texte zu und von Karl May IV*. Ergersheim 1991, S. 98f.

73 Vgl. oben, S. 372.

74 Vgl. Klara May: Tagebuch (Ende 1908).

75 Vgl. Horst Matthey: *Karl May in Düsseldorf*. In: MKMG 88 (1991), S. 20-23 (S. 20). - May reiste im Januar 1902 nach Düsseldorf (vgl. oben, S. 393) und dann wieder - laut Klaras Tagebuch - am 25.4.1910, ebenfalls mit Übernachtung im 'Breidenbacher Hof'. Am Abend dieses 25. April dürfte die von H.W. Otto geschilderte Begegnung stattgefunden haben.

76 Hermann Waldemar Otto: *Als Karl May in Düsseldorf war. Eine Erinnerung eines seiner Schulkameraden*. In: 'Düsseldorfer Nachrichten' vom 12.9.1935; wiedergegeben bei Matthey, wie Anm. 75, S. 21.

77 Vgl. Steinmetz: *Mariechen*, wie Anm. 10, S. 16.

78 Vgl. ebd., S. 17.

79 Ralf Husemann: *Hüpfen im Morgentau*. In: Feuilleton-Beilage der 'Süddeutschen Zeitung' vom 12./13.9.1992, S. II.

80 Ebd.

81 Ebd.

82 Nach ebd.

83 Nach Klußmeier - Plaul, wie Anm. 59, S. 154.

84 Vgl. Hans-Dieter Steinmetz: *Karl May und Friedrich Eduard Bilz. Ein weiterer Baustein*. In: MKMG 89 (1991), S. 13-18 (S. 13).

85 Vielleicht (oder wahrscheinlich) hatte May aber eine außereheliche Tochter; vgl. oben, S. 155 u. 338f.

86 Aus Karl Mays Brief vom 24.12.1905 an Adele Einsle. In: May: *Briefwechsel*, wie Anm. 36, S. 55f.

87 Vgl. oben, S. 428f.

88 Vgl. Christian Heermann: *Karl May, der Alte Dessauer und eine "alte Dessauerin"*. Dessau 1990, S. 116.

89 Vgl. ebd., S. 111.

90 Vgl. oben, S. 562f. u. unten, S. 723ff.

91 Vgl. oben, S. 543.

92 Vgl. Klußmeier - Plaul, wie Anm. 59, S. 258.

93 Aus Mays Brief vom 2.6.1909 an Dr. Rost; wiedergegeben in: *Karl May und Augsburg*. SKMG Nr. 82 (1989), S. 25.

94 Vgl. oben, S. 325ff.

95 Der Vortragstext findet sich in: *Karl Mays Augsburger Vortrag. Eine Dokumentation für die Karl-May-Forschung*. Hg. von Roland Schmid. Bamberg 1989, S. 41-49.

96 Ebd., S. 42.

97 U. Schmid: *Ein Vortrag*, wie Anm. 69, S. 71.

98 Zit. nach: *Dokumentation*, wie Anm. 95, S. 58.

99 Nach ebd., S. 62.

100 Aus dem Klosterbericht der "Schule der Englischen Fräuleins" in Augsburg; vollständig abgedruckt in: MKMG 86 (1990), S. 3.

101 Ebd.

102 Ebd.

103 May: *Briefe*, wie Anm. 9, S. 98 (Brief vom 29.11.1906 an Wiltrud; vgl. oben, S. 481f.).

104 Diese Briefe und Tagebuch-Notizen sind erhalten geblieben; ihre Veröffentlichung ist geplant (mündliche Auskunft von Ulrich Schmid).

105 Klara May: Tagebuch (Ende 1909).

106 Aus dem - als Kopie einer Abschrift von Ulrich Schmid dem Verfasser zur Verfügung gestellten - Tagebuch (13.12.1909) der Prinzessin Wiltrud. (Das Tagebuch enthält zahlreiche orthographische Fehler, die in unsere Wiedergabe nicht aufgenommen wurden.)

107 Hetty Heide, eine der besonderen Verehrerinnen Mays, war die Gattin des Schriftstellers Hans Karl Heide (1878-1929); vgl. May: *Briefwechsel II*, wie Anm. 42, S. 49f.

108 Lebius ist gemeint.

109 Klara May: Tagebuch (Anfang 1910).

110 Ebd.

111 Egon Erwin Kisch: *Im Wigwam Old Shatterhands*. In: Ders.: *Hetzjagd durch die Zeit*. Frankfurt/M. 1974, S. 32-54 (S. 54).

112 Vgl. Helmut Schmiedt: *Karl Mays 'Mein Leben und Streben' als poetisches Werk*. In: JbKMG 1985, S. 85-101.

113 Vgl. Hans Wollschläger: (Werkartikel zu) *Mein Leben und Streben*. In: *Karl-May-Handbuch*. Hrsg. von Gert Ueding in Zusammenarbeit mit Reinhard Tschapke. Stuttgart 1987, S. 565-570.

114 Heinz Stolte: *Hiob May*. In: JbKMG 1985, S. 63-84 (S. 81).

115 Karl May: *Auch "über den Wassern"* mit Anmerkungen von Hansotto Hatzig und Ekkehard Bartsch. In: JbKMG 1976, S. 230-272 (S. 239).

116 Vgl. den Anfang des 7. Buches in Platons *Politeia*: Die Erde wird hier mit einer Höhle verglichen, in der die Menschen "von Kindheit an gefesselt" seien!

117 May: *Mein Leben und Streben*, wie Anm. 6, S. 318.

118 Vgl. Dietrich Bonhoeffer: *Widerstand und Ergebung. Briefe und Aufzeichnungen aus der Haft.* Hg. von Eberhard Bethge. München 131966, S. 251: "Komm nun, höchstes Fest auf dem Wege zur ewigen Freiheit, / Tod, leg nieder beschwerliche Ketten und Mauern / [...]".

119 May: *Mein Leben und Streben*, wie Anm. 6, S. 320.

120 Stolte: *Hiob May*, wie Anm. 114, S. 72 (dort und auf den folg. Seiten weitere Hinweise zum Einfluß Goethes auf die Selbstbiographie Karl Mays).

121 Klara May: Tagebuch (1911).

122 Ebd. (14.7.1911).

123 Ebd. (letzter Eintrag 1911).

124 Zit. nach Christian Heermann: *Der Mann, der Old Shatterhand war. Eine Karl-May-Biographie.* Berlin 1988, S. 346.

125 Vgl. oben, S. 534.

126 Vgl. Helmut Schmiedt: *Literaturbericht I.* In: JbKMG 1992, S. 326-340 (S. 336f.).

127 Vgl. oben, S. 534ff.

128 Vgl. oben, S. 545f.

129 Claus Roxin: *Ein 'geborener Verbrecher'. Karl May vor dem Königlichen Landgericht in Moabit.* In: JbKMG 1989, S. 9-36 (S. 32).

130 Die Aufzeichnungen Mays zur Wiener 'Friedensrede' sind wiedergegeben bei Ekkehard Bartsch: *Karl Mays Wiener Rede. Eine Dokumentation.* In: JbKMG 1970, S.47-80 (S. 52-66).

131 Der vollständige Text des Suttner-Nachrufs findet sich ebd., S. 80.

132 Vgl. ebd., S. 59.

133 Vgl. Claus Roxin: *Karl Mays 'Freistatt'-Artikel. Eine literarische Fehde.* In: JbKMG 1976, S. 215-229 (S. 216). - Zu den 'Freistatt'-Artikeln vgl. oben, S. 529.

134 Sämtliche Presseberichte sind wiedergegeben bei Bartsch, wie Anm. 130, S. 69-78. - Vgl. auch Adolf Gelber - Wilhelm Nhil - Paul Wilhelm: *Karl May in Wien. Letzte Interviews (1912).* In: JbKMG 1970, S. 81-91.

135 Zit. nach Bartsch, wie Anm. 130, S. 77.

136 Zit. nach ebd., S. 73.

137 Nach Euchar Albrecht Schmid: *Karl Mays Tod und Nachlaß.* In: Karl May's Gesammelte Werke, Bd. 34 *"Ich".* Bamberg 381992. Hg. von Lothar Schmid, S. 327-365 (S. 333).

138 Ebd.

139 Ebd.

140 Aus dem Nachruf des 'Vorwärts' (2.4.1912); zit. nach Heermann: *Old Shatterhand*, wie Anm. 124, S. 352.

141 Roxin: *Verbrecher*, wie Anm. 129, S. 33.

142 Zit. nach Bartsch, wie Anm. 130, S. 80.

143 Marie Hannes: *Karl May's Beisetzung.* Wiedergegeben in: MKMG 69 (1986), S. 3-5 (S. 4f.).

144 Ebd.

ZWEITER TEIL

Spuren der anderen Welt in den Spätwerken Karl Mays: Zur theologischen Rehabilitierung des Dichters

"Warum habe ich Karl May gelesen, jahrelang? Weil ich mir rettbar vorkommen wollte, ob im Balkan oder in den Händen von Indianern."

So meinte der Schriftsteller Martin Walser in einem STERN-Interview.[1] Tatsächlich ist die 'Rettung' das zentrale Motiv Karl Mays. Dem Autor selbst wie dem Leser wird, immer wieder und in allen Variationen, suggeriert: 'Ich bin noch zu retten!'

Dies schließt nun freilich nicht aus, daß der Erfinder Old Shatterhands und Kara Ben Nemsis - bei aller Kühnheit der Bilder und Einfälle - zugleich auch ANGST hatte: Angst, daß die Rettung nicht möglich sei.

In seinen *Betrachtungen zu Karl Mays Alterswerk* hat der Philologe Jürgen Hahn einen wichtigen Gesichtspunkt herausgearbeitet: In Mays Erzählungen, speziell in der Alterspoesie, "spiegelt sich die Angst"[2] - des Verfassers und seiner ganzen Epoche, ja, wie wir hinzufügen dürfen, des Menschengeschlechts überhaupt. Mays Wüsten, seine Abgründe, seine Totenstädte und seine "Unterweltskanäle, deren Überwölbung schon ein Pistolenschuß zum Einsturz bringen kann",[3] sind archetypische Bilder für die Urängste des Menschen. Bedroht und geängstigt von den Mächten des Todes, von qualvoller Schuld, von äußeren Zwängen, von innerer Enge und letzter Verlassenheit, sehnt sich der Mensch - wie auch May in seinen Hoffnungsvisionen - nach Erlösung, nach Befreiung von den Mächten des Untergangs.

Die Angst ist ambivalent. Sie gehört, einerseits, als wesentliches Existential: als Angst vor dem Abgrund, als Angst vor dem Liebesverlust und der eigenen (oder fremden) Schuld, zum menschlichen Sein. "Ein Mensch ohne Angst", schrieb Dorothee Sölle, "ist ein verstümmeltes Wesen, das sich selbst zu sehr verachtet, als daß es Angst um sich haben könnte."[4] Doch andrerseits hindert die Angst - als fehlendes Urvertrauen, als metaphysische Angst vor dem Nichts[5] - den Menschen an seiner Entwicklung, am Ergreifen seiner ureigensten Möglichkeiten.

"Es gehört", so Jürgen Hahn,

zu den Paradoxien der Angst, daß sie menschliches Dasein in seiner Entfaltung begründen und vertiefen, aber auch einschränken oder zunichte machen kann. Im positiven Sinn ist sie ein Antrieb zur Wandlung, ein Impuls, in der Auseinandersetzung mit sich selbst und der Welt neue Positionen zu beziehen; im negativen Sinn eine Schranke, die uns [...] einschränkt und lähmt. Beide Wirkungen der Angst können in Mays Spätwerk exemplarisch beobachtet werden: Aufbruch zu neuen Ufern [...] und Erstarrung in überlebten Formen, aus Furcht, eine zahlreiche Lesergemeinde zu verlieren. Im ganzen hat aber doch die Komponente der Angst, die zur Wandlung befähigt, das Übergewicht.[6]

Wie ging Karl May, als Literat, nun um mit der eigenen Angst und den Ängsten der Menschheit? Hat er sich selbst einen Himmel konstruiert, "um die Unerträglichkeit des Daseins zu mildern"?[7] Sind die Rettungsmotive des Spätwerks - die Visionen des blinden Sehers (*Am Jenseits*), das befreite Gebet (*Silberlöwe III/IV*), die Öffnung des Paradieses (*Friede auf Erden*), die Überwindung des Drachen durch die Liebe der Frau (*Babel und Bibel*), die Engel in der Wüste (*Ardistan und Dschinnistan*), die Traumflüge des jungen Adlers und die Rückkehr der verlorenen Medizin (*Winnetou IV*) - nur Opium für den Dichter und seine Leser? War es, als Entwurf einer anderen Welt, zu schwer, was May "sich da aufhalste"?8 War der alternde May ein verstörter, ein irrsinniger "Entlastungstechniker", der - "als Konstrukteur eines metaphysischen Obdachs von bizarrer Architektur"9 - nur künstliche Paradiese schuf, die nicht halten, was sie versprechen, und deren Stützen, in brüchiger Statik, den Einsturz vorausprogrammieren?

Jürgen Hahn, der solche Vermutungen - zunächst jedenfalls - nahelegt, räumt am Ende seiner Betrachtung doch ein: Die religiöse Sinngebung, die theologische Deutung der gesamten Wirklichkeit, die May in seinen Spätwerken anbietet, verdient keinen Hohn. Denn: Wer, wie May,

Gerechtigkeit erstrebt, aber im realen Geschichtsverlauf ständig erlebt, daß sittlich Handelnde Opfer von Verfolgung und Vernichtung werden, kann nur dann der Verzweiflung entgehen, wenn er an eine übermenschliche, rettende Instanz glaubt, die das erlittene Leid ausgleicht und heilt. Auch der Entwurf einer künftigen gerechten Welt wäre sinnlos, wenn man nicht gewiß sein kann, daß das im Laufe der vorhergehenden Geschichte erlittene Leid aufgehoben wird. Sonst zehrt die befreite Menschheit von ungesühnten Opfern, was dem Sinn einer gerechten Welt widerspricht.10

Daß jede Wunde geheilt, alles Verlorene gerettet und jegliches Leid - am Ende - verklärt wird, ist die Grundüberzeugung (oder richtiger: die Hoffnung, die unendliche Sehnsucht) Karl Mays. Auch und besonders im Spätwerk ist, so Hahn, "'das Gedächtnis der akkumulierten Leiden' eines Autors und seiner Epoche auf selten eindrückliche Weise eingegangen, [...] indem es diesem Autor gelingt, aus seinen Fiktionen 'Wahrheit zu kondensieren'". So gewinnt sein Werk "einen humanen Rang; und dieser humane Rang berechtigt es [...], Gerechtigkeit einzuklagen. 'Gerechtigkeit für Karl May!'" Der Dichter "wartet in gewissem Sinne bis heute darauf - trotz seiner großen Lesergemeinde; denn gerade in den Fan-Clubs hat die Gerechtigkeit einen problematischen Stand, weil sie nicht 'Liebe mit sehenden Augen', [...] sondern oft blinde Liebe ist."11

Sind Mays Hoffnungsvisionen, so könnte gefragt werden, der Ausdruck eines naiven Gemüts? Der Schriftsteller scheint dies selbst zu bejahen: "Ich blieb ein Kind für alle Zeit"!12 Er scheut sich nicht, seine 'Einfalt' zu bekennen: die "mir angeborene Naivität, die ich selbst heute noch in hohem Grade besitze."13 Doch der Wiener Journalist Paul Wilhelm fand gerade diese 'Naivität', in seinem Nachruf auf May, besonders interessant und sympathisch.14 Auch Jürgen Hahn lobt Mays innere Einstellung: als "zweite", bewußte und "kalkulierte Naivität".15 Oder anders gesagt: Als durch Leiden gereiftes Vertrauen ist Mays psychische Verfassung zu begreifen, als ERLÖSTE Angst, die - durch bitterste Enttäuschung und tiefstes Dunkel hindurch - ein helles Licht und einen rettenden Standpunkt gefunden hat.

Diesen Standpunkt fand May im Glauben "an Gott, den [...] Schöpfer aller Himmel und aller Erden"; er fand ihn im Glauben "an die himmlische Liebe, die zu uns niederkam"; er fand ihn, konkret, im Glauben an den "Weltenheiland", der - am Kreuz - sich selbst "in die Menschheitsqual versenkte" und so zum "Erlöser" wurde.16

Einer bestimmten christlichen Konfession sich beizuzählen, lehnte May zwar ab; er "ist weder Katholik noch Protestant, aber er ist Christ".17 Er war, wie wir sehen werden, sehr aufgeschlossen auch für nicht-christliche Religionen und auch für die Mythen der Völker; doch seine Heimat blieb der biblische Glaube, die alt-und neutestamentliche Offenbarung, das christliche Daseinsverständnis.

An Max Dittrich hatte May, um 1903/04 vermutlich, geschrieben:

Ich kam von Nazareth [...] wiederholt nach dem See Genezareth. Ich sah die Stätten im Osten, von denen Bethsaida, Chorazin, Gamala und Amatha verschwunden sind. Und wieviel fand ich noch [...] von Kapernaum, Magdala, Arbela und alle den anderen? Nur Tiberias ist übrig; was aber ist sie heute? Nur der lebt und ist sich gleich geblieben, der einst dort von dem Vater lehrte, dessen Kinder alle, alle Menschen sind. Genau so wie mit diesen biblischen Orten, ganz so wird es auch mit Euern konfessionellen Absonderungen sein. Wer nach wieder zweitausend Jahren um die Ufer des Christentums wandert, wird von dem allen nichts mehr finden, als höchstens ein auch schon ruinenhaftes Tiberias. Der aber, der sich einst den Weg und die Wahrheit nannte, der wird noch sein, was er war: Jesus Christus gestern und heute und in alle Ewigkeit! An diesen glaube ich, und an diesen halte ich mich, an ihn und keinen andern! Denn wenn einst jemand kommt, vielleicht der Vater selbst, und nach mir fragt, so wünsche ich, daß ich gefunden werde. So nämlich will's der Herr und Vater haben! Also, ich bin Christ, nur Christ! Haben Sie etwas dagegen?[18]

In der Botschaft Jesu und den Hoffnungsbildern des christlichen Glaubens fand May den festen, die Angst, das Gefühl der Verlassenheit überwindenden Halt: die rettende Liebe, die den menschlichen "Trieb zu Gott" und den "Trieb zum Geschöpf" in eine "einzige" Bewegung vereint.[19] Wie er an Willy Einsle (seinen 'Adoptivneffen') schrieb, ist dieser "Weg zur Seligkeit" - seit Jesus Christus "sich selbst den 'Weg' genannt hat und es uns auch geworden ist" - zwar ein Weg, den "jeder für sich, aber dennoch Keiner allein"[20] zu gehen hat!

Den 'Weg zur Seligkeit', zur Überwindung der Angst, zur rettenden Liebe, hat May in seinen - literarisch anspruchsvollen - Spätwerken (ansatzweise aber schon in den früheren Reiseerzählungen und, in grellen Farben, den Kolportageromanen) beschrieben: nicht - wie ein Philosoph oder Theologe - in abstrakten Begriffen, sondern - wie eben ein Dichter - in poetischen Bildern. Arno Schmidt sah es so: In Mays Alterswerk hat "ein Befähigter der - vom künstlerischen Standpunkt aus recht unergiebigen und nicht ernstlich konkurrenzfähigen - 'Niederen Mythologie' des Christentums bemerkenswert aufgeholfen".[21]

Das klingt, im Blick auf die Quellen des Christentums, nicht gerade verständig. Denn kunstvolle Werke und hohe Poesie sind, zum größten Teil, auch die biblischen Schriften und die Texte der 'Kirchenväter'. Richtig ist aber doch: Biblische, vor allem prophetische, Symbolik hat Karl May in neue Parabeln, in höchst eigenartige, überaus leuchtkräftige und, zugleich, äußerst provozierende Bilder übersetzt.

Die Exegese, die deutende Aufarbeitung dieses literarischen Spätwerks ist, so Claus Roxin im Jahre 1976, "bis heute nur im Ansatz gelungen"; es "werden noch mehrere Germanistengenerationen daran zu arbeiten haben. Das ist auch keine an banale Esoterik vergeudete Mühe, sondern eine lohnende Arbeit, wenngleich sich dies noch nicht weit genug herumgesprochen hat."[22]

Die Interpretation des Mayschen Alterswerks - eine "lohnende Arbeit" für Germanisten? Gewiß. Aber nicht nur für sie! Auch Psychologen und Theologen können auf diesem Feld - auch in Zukunft (nachdem zu Mays Spätwerk inzwischen ja viele und aufschlußreiche Untersuchungen publiziert wurden) - eine interessante Aufgabe wahrnehmen!

Die POETISCHE Kraft der Mayschen Altersromane ist unter Kennern heute kaum mehr umstritten. Doch ihre BOTSCHAFT wird noch immer - von manchen Interpreten - als frömmelnder Unsinn, als okkulte und verblasene Esoterik betrachtet.[23] Für May jedoch war der Inhalt, die (anthropologische und spirituelle) AUSSAGE seiner Bücher noch wichtiger als die literarische Form. Da Form und Gehalt eines poetischen Werkes einander entsprechen sollen, muß - wenn der späte May: der prophetische Dichter, der religiöse Visionär literarisch überleben soll - zur "seltsamen Rehabilitierung des Großschriftstellers"[24] die künstlerische UND "theologische Rehabilitierung"[25] seiner Spätwerke hinzukommen. Nur so kann ihre Bedeutung genügend herausgestellt und gewürdigt werden.

Den Spuren der Transzendenz, den Zeichen der anderen Welt, den Leuchtzeichen der Ewigkeit in Mays Alterswerken zu folgen und diese Signale zu interpretieren, ist das besondere Anliegen der folgenden Kapitel. Daß - wie Roxin dem Verfasser bestätigt - "hinter dem überlieferten Klischee von Mays verschwommen-eklektischem Mystizismus das ganz andere Bild eines theologisch klar und progressiv denkenden religiösen Visionärs sichtbar"[26] wird, soll erhellt und verdeutlicht werden. Nicht die "ideologische Vereinnahmung",[27] sondern die theologische Rehabilitierung Karl Mays und seines Spätwerks ist also das Ziel der folgenden Ausführungen.

Anmerkungen

1   Zit. aus der Illustrierten STERN. Heft 36 (29.8.1991), S. 126 - Zu May und Martin Walser vgl. auch *Old Shatterhand läßt grüßen. Literarische Reverenzen für Karl May.* Hrsg. und mit einem Nachwort versehen von Christian Heermann. Berlin 1992, S. 176.
2   Jürgen Hahn: *"Da klebte ich zwischen Himmel und Erde". Betrachtungen zu Karl Mays Alterswerk.* In: JbKMG 1992, S. 299-317 (S. 300).
3   Ebd., S. 300f.
4   Dorothee Sölle: *Leiden.* Stuttgart 1973, S. 102.
5   Vgl. unten, S. 719.
6   Hahn, wie Anm. 2, S. 301.
7   Ebd., S. 308.
8   Ebd., S. 309.
9   Ebd.
10 Ebd., S. 313.
11 Ebd., S. 314.
12 Karl May: *Mein Leben und Streben.* Freiburg 1910. Hrsg. von Hainer Plaul. Hildesheim, New York 21982, S. 33.
13 Ebd., S. 76.
14 Vgl. Adolf Gelber, Wilhelm Nhil, Paul Wilhelm: *Karl May in Wien. Letzte Interviews (1912).* In: JbKMG 1970, S. 81-91 (S. 85).
15 Hahn, wie Anm. 2, S. 301.
16 Karl May: *Mein Glaubensbekenntnis* (21.12.1906). In: Donau-Zeitung. Passau 1907. Wiedergegeben in: *Schriften zu Karl May.* Materialien zur Karl-May-Forschung, Bd. 2. Ubstadt 1975, S. 245f. (S. 245).
17 Heinrich Wagner: *Karl May und seine Werke. Eine kritische Studie.* Passau 1907. Wiedergegeben in: *Schriften zu Karl May,* wie Anm. 16, S. 129-179 (S. 165).
18 Zit. nach Max Dittrich: *Karl May und seine Schriften. Eine literarisch-psychologische Studie für Mayfreunde und Mayfeinde.* Dresden 1904. Wiedergegeben in: *Schriften zu Karl May,* wie Anm. 16, S. 1-127 (S. 102).
19 Karl und Klara May: *Briefwechsel mit Adele und Willy Einsle.* In: JbKMG 1991, S. 11-96 (S. 30, Brief Karl Mays vom 8.4.1905 an Willy).
20 Ebd., S. 33.
21 Arno Schmidt: *Abu Kital. Vom neuen Großmystiker* (1958). In: *Karl May.* Hrsg. von Helmut Schmiedt. Frankfurt/M. 1983, S. 45-74 (S. 48).
22 Claus Roxin: *Karl Mays 'Freistatt'-Artikel. Eine literarische Fehde.* In: JbKMG 1976, S. 215-229 (S. 225).
23 Vgl. oben, S. 442f.
24 So lautet die Überschrift eines Artikels von Rainer Stephan in der 'Süddeutschen Zeitung' Nr. 230 vom 7.10.1987 (S. XV).
25 Claus Roxin in einem Brief vom 15.12.1987 an den Verfasser.
26 Claus Roxin: *Das einundzwanzigste Jahrbuch.* In: JbKMG 1991, S. 7-10 (S. 8f.).
27 Dieter Sudhoff - Hartmut Vollmer: *Einleitung.* In: Dsb. (Hrsg.): *Karl Mays "Im Reiche des silbernen Löwen".* Karl-May-Studien, Bd. 2. Paderborn 1993, S. 7-35 (S. 28) - Vgl. Helmut Schmiedt: *Zwei Jahrzehnte danach: Stand und Aufgaben der Karl-May-Forschung.* In: JbKMG 1992, S. 162-182 (S. 172).

1   *Am Jenseits* oder Die große Scheidung

Als 'Spätwerke' Mays gelten in der Sekundärliteratur die NACH der Orientreise (1899/1900) des Dichters entstandenen Schriften. Die von Hermann Wiedenroth und Hans Wollschläger herausgegebene 'historisch-kritische Ausgabe' des Mayschen Gesamtwerks zählt jedoch schon *Am Jenseits* (1898/99) zur Alterspoesie.[1] Mit Recht: Denn dieser Roman vermittelt nicht nur (wie die vorausgehenden Erzählungen) PUNKTUELL, sondern - wie es (neben formalen, für das *Jenseits*-Buch nur teilweise zutreffenden, Kriterien[2]) für die Spätwerke Mays ja bezeichnend ist - auf weiten Strecken, ja nahezu DURCHGÄNGIG, ethische Botschaften und theologische Aussagen.

Diese allgemeinen, die codierte Selbstdarstellung des Autors weit überschreitenden, den Anspruch auf universale Gültigkeit erhebenden Botschaften sollen im folgenden untersucht und aus theologischer Sicht bewertet werden.[3]

1.1   Spiritistische Einflüsse?

Eine Klarstellung gleich im voraus: Die Behauptung, *Am Jenseits* stünde nicht "auf dem Boden des Christenthums" und lehre "Spiritismus und sonstigen Hokus-Pokus",[4] ist purer Unsinn. Auch daß der Roman, wie immer wieder geschrieben wird, vom Spiritismus "beeinflußt"[5] sei, ist irreführend. Denn zu Recht hob Wollschläger die im *Jenseits*-Band "vorwaltende Distanz" des Ich-Erzählers hervor, durch die Karl May der Gefahr entging, "sich ins spiritistische Spiel zu verlieren."[6] Deutlicher noch betonte Roxin, daß gerade der *Jenseits*-Roman "alles etwa spiritistisch Deutbare mit größter Vorsicht" behandle.[7] Ja noch schärfer müssen wir sagen: Mit dem Spiritismus (im Sinne eines mechanisch herbeigeführten oder 'medial' vermittelten Kontaktes mit den Toten) hat Mays Erzählung überhaupt nichts zu tun.[8]

Am Jenseits ist literarisch und vor allem auch theologisch ernst zu nehmen. "Erkundigungen irdischer Neugier" bleiben hier "unbeantwortet", wie die Stimme Ben Nurs[9] mit Nachdruck hervorhebt (S. 311).[10] Der Münedschi ist "weder ein Geisterseher noch ein Prophet" (S. 173).[11] Was der Blinde 'sieht', ist - im Gegensatz zu den "Evidenzen" und "Lichterlebnissen" des Theosophen Swedenborg (1688-1772)[12] - nicht das Jenseits selbst, sondern das noch zum Diesseits gehörige Erlebnis der STERBENDEN (also nicht der GESTORBENEN). Ben Nur zu Münedschi:

"Du stehst hier *am* Jenseits, nicht *in* demselben; das ist der äußerste Punkt, wohin ich deine unsterbliche Seele führen durfte, weil sie noch das irdische Gewand zu tragen hat. Du siehst dich hier also zwischen Zeit und Ewigkeit, nicht vor dem Tode und nicht nach dem Tode, sondern mitten in demselben, und alles, was du hier erblickst, geschieht mit der Seele während der Zeit des Sterbens." (S. 314f.)

Diese Unterscheidung Ben Nurs ist wichtig. Denn ohne diese Unterscheidung wäre alles verdorben. Wohl überflüssig zu sagen: Mays Roman in die Nähe zu aftermystischen 'Stimmen aus dem Jenseits'-Büchern zu rücken, wäre absurd. Um die Beschreibung der jenseitigen Qualen, um Angstmacherei in Verbindung mit äußerlichen Forderungen (bestimmte Gebete, rituelle Handlungen usw.) geht es dem Autor beileibe nicht.

Schon eher wäre *Am Jenseits* mit den heute sehr gefragten Sterbeerlebnissen von wiederbelebten klinisch 'Toten' zu vergleichen: Ähnlich wie heute Elisabeth Kübler-Ross u.a.[13] sieht May - in herrlichen Bildern, in dichter Poesie - das Sterben als Lichterlebnis und die vollkommene Liebe (im Sinne der Bergpredigt Jesu) als allein beständig im Tod.

Von Kübler-Ross und gleichgesinnten Autoren unterscheidet sich freilich der *Jenseits*-Roman in doppelter Hinsicht. Zum einen: Das Leben nach dem Tode soll durchaus nicht 'bewiesen' werden; denn Gottes Ewigkeit ist eine Glaubensüberzeugung und kein Objekt der 'Wissenschaft' (S. 306ff.). Zum andern: Die Lehre von der 'Wiedergeburt', von der Rückkehr zur Erde - all derer, die zu wenig geliebt haben und für die Ewigkeit noch nicht reif sind[14] - ist Mays Roman (wie der Bibel und dem Koran) völlig fremd.

Der Spiritismus welcher Spielart auch immer geht davon aus: Die Toten können zurückversetzt werden unter die Bedingungen von Raum und von Zeit. Davon kann bei May keine Rede sein.

1.2 Was im Leben gesät wird, wird im Tode geerntet

Karl May setzt voraus (S. 96): Der Tod ist in jedem Falle das ENDE der Zeit. Er gebiert die Ewigkeit, die Endgültigkeit des Lebens mit Gott, aus der es keine Rückkehr gibt ins irdische Sein.

Nicht, daß es zwischen den 'Toten' und den Lebenden keine Verbindungen gäbe; May glaubte an solche Bande, weil er - theologisch korrekt - Zeit und Ewigkeit zwar unterschied, nicht aber trennte (die Zeit wird von der Ewigkeit ja UMGRIFFEN).[15] Doch dieses 'Hereinwirken' der "Ahnen", der "Väter" und "Mütter", in die Welt der Irdischen ist im *Jenseits*-Band - im Unterschied zum folgenden Roman *Et in terra pax* (1901) - kein beherrschendes Thema.

Im *Jenseits*-Buch geht es nicht um das Jenseits selbst, erst recht nicht um die Schilderung des Lebens nach dem Tode, nicht um Spekulationen über das genaue 'Wie' der Ewigkeit. Aber es geht um den Ernst, die Unwiderruflichkeit der - im Tode endgültig gewordenen - Lebensentscheidung des Menschen für oder gegen Gott, der die Liebe ist.

Dies ist, kurz zusammengefaßt, die Einleitung der nächtlichen Rede Ben Nurs am Bir Hilu[16] und der Erzählung des 'scheintot' gewesenen Persers: Das ganze vergangene Leben, auch das längst Vergessene und Verdrängte, steht im Tod in absoluter Klarheit und Helligkeit vor den Augen des Sterbenden (S. 509ff.). Dieser ist der "Gewogene" und der "Wägende", der "Ankläger" und der "Richter" zugleich (S. 511).[17] Das Resultat des Gerichts, die Ewigkeit, wird im zeitlichen Leben schon vorbereitet (S. 303), wird AUS der Zeit geboren. Die Erde ist also, wie J.G. Herder (dessen Schriften May vielleicht gekannt hat) sagte, "ein Übungsplatz, eine Vorbereitungsstätte"[18] des Ewigen. Und das irdische Leben - von dem nichts verlorengeht[19] - ist das Material, aus dem die Ewigkeit sich erbaut. Dort wird geerntet, was hier gesät wurde (S. 303). 'Lohn' und 'Strafe' werden also nicht von außen zudiktiert. Denn alles Tun, jedes Wort, jeder Gedanke trägt seine "guten oder bösen Folgen schon in sich" (S. 458)!

Im Sterben schlafen wir nicht ein, sondern wachen wir auf (S. 96). Was sich da enthüllt, was da endgültig wird, ist die Essenz, der Ertrag all dessen, was wir waren und wurden. Daß die Ewigkeit selbst nur das Ergebnis, nur die 'Frucht' des irdischen Lebens sei - und nicht, darüber hinaus, die Tat GOTTES, die verzeiht und erlöst, die verwandelt und heilt -, dies wird in Mays Roman allerdings nicht behauptet. Denn über die Ewigkeit selbst, über 'Himmel' und 'Hölle' gibt Ben Nur keine Auskunft, sondern - lediglich - über die Sterbestunde.

Mays Gedanken stehen, der Sache nach, in der Bibel und werden in der heutigen Theologie genauso vertreten. Ein Vergleich zentraler Stellen des *Jenseits*-Romans mit Aussagen der modernen christlichen Theologie wird diese These belegen.

Nach May sehen sich die Toten "jenseits der großen Grenze, über welche sie nicht zurückkönnen, um das Versäumte nachzuholen." (S. 96) Das entspricht zunächst einmal der traditionellen, in den Konzilien von Lyon (1245) und Florenz (1439-1445) definierten Lehre vom Tod als dem Ende des 'Pilgerstandes' (status viae),[20] über das hinaus es keine - zeitliche - Fortsetzung mehr gibt: "Der Mensch kann seine im Leben eingenommene Stellung zu Gott nicht mehr ändern."[21]

Auf protestantischer Seite hat z.B. Karl Barth diese Auffassung bekräftigt und weitergeführt: Der Tod legt uns fest auf den Inhalt unseres Lebens. Wir werden dann - ganz im Sinne des *Jenseits*-Romans - unseren Ort bezogen oder verfehlt, unsere Gelegenheit ergriffen oder verpaßt haben. Für Korrekturen wird es zu spät sein: "Das geschriebene und gedruckte Buch ist dann nicht mehr in unseren Händen [...] Gott liest es dann so, wie es endgültig vorliegt."[22] Barth setzt voraus: Unsere Zeit ist "als solche begrenzt";[23] die Ewigkeit ist nicht die nach vorne und hinten ins Unendliche verlängerte Zeit,[24] sondern die AUS der Zeit gewordene Bergung des Menschen in Gott, der uns "als die, die wir jetzt in unserer Zeit sind", bei sich wohl bewahrt.[25] Errettung aus dem Tode durch Gott meint dann nichts anderes als die Verewigung des JETZIGEN Lebens "in seiner Einheit und Ganzheit"![26]

Trotz aller Verschiedenheit im philosophischen Ansatz kommen andere evangelische Theologen wie Bultmann, Althaus, Thielicke, Jüngel, Moltmann und Pannenberg - was die obigen Ausführungen betrifft - zu ähnlichen Resultaten.[27]

Im Anschluß an die herkömmliche Lehre, zum Teil aber auch an die Existentialphilosophie Martin Heideggers findet sich derselbe Grundgedanke auf katholischer Seite bei Romano Guardini, Karl Rahner, Hans Urs von Balthasar, Ladislaus Boros, Johann Baptist Metz, Joseph Ratzinger, Hans Küng u.a.: Der Tod ist das Ende unserer unabgeschlossenen, sich fortzeugenden Geschichte, und 'hinter' diesem Tod passiert ZEITLICH nichts Neues. Karl Rahner: "Der tiefste Wille der Freiheit geht auf den Tod, weil er das Ende des bloß sich Weiterzeitigenden wollen muß, um Vollendung zu werden [...] wir würden uns im selben Augenblick wie Verdammte vorkommen, wenn man uns sagte, es ginge so wie bisher ewig weiter"; denn die Würde unserer vergänglichen Augenblicke besteht ja gerade darin, "daß sie die einmalige Möglichkeit der Entscheidung sind, die nicht wiederkehrt, weil diese Tat der Freiheit das Bleibende gebiert."[28]

Zwei verschiedene, in ihrer Sinnlosigkeit jedoch übereinkommende Begriffe von "schlechter Ewigkeit"[29] werden damit negiert: die lineare Vorstellung eines unerlösten Immer-so-weiter-gehens (als ob, wie Ludwig Feuerbach spottete, im Tode nur die Pferde gewechselt würden und es dann im selben Galopp wieder weiterginge) und die zyklische Vorstellung von immer neuen Geburten: der 'seelenwanderischen' Wiederholung immer desselben.

Der Tod ist das Ende der Zeit. Daraus folgt der unbedingte Ernst unserer Lebensentscheidung. In Mays Erzählung berichtet Khutab Agha, der Perser: Vor der "Wage der Gerechtigkeit" herrsche eine Klarheit,

"für welche der Ausdruck 'zum Erschrecken' viel, ja viel zu wenig sagt. Ich kannte jedes [...] Wort, welches ich in meinem Leben gesprochen habe, mochte es nun nützlich, schädlich oder

gleichgültig sein. Aber [...] vor der Wage der Gerechtigkeit giebt es nichts Gleichgültiges [...]"
(S. 510).

Helmut Thielicke verweist auf das *Faust*-Drama Goethes: Die Schlußszene wirft - in
Thielickes Deutung -

die Frage auf, wer die tiefere Ahnung von der Ewigkeit habe: Faust, der sie in der zyklischen Unsterblichkeit seines Überpersönlichen zu sehen meint, oder Mephistopheles, der zum mindesten
den Schatten einer Ewigkeit erkennt, wenn er den Zeiger fallen sieht [...] (auch wenn er Teufel genug ist, um [...] auch hier - im Augenblick seiner höchsten Wahrheit - im Geiste [...] der 'bloßen
Negation' verharren zu müssen).30

Auch hier wird deutlich: Als 'Ende des Pilgerstandes' macht der Tod unsere Lebensgeschichte irreversibel. Die Endlichkeit des Menschen und die Endgültigkeit seiner Entscheidungen hängen zusammen und bedingen einander: WEIL unser Leben begrenzt ist,
hat der vergängliche Augenblick seine letzte Würde und letzte Gefahr.31 In einer Welt der
zeitlichen Unbegrenztheit hingegen müßte - so der Philosoph Max Müller - "keine Liebe
sich JETZT ereignen": als freie Antwort auf die Frage Gottes an uns. Es wäre genug,

wenn man überhaupt einmal und irgendwie die Liebe nachholen würde; alles Versagen wäre repa-
rierbar, jede Entscheidung aufschiebbar, jede Begegnung nachholbar [...] d.h. der 'Augenblick'
selbst als Grundkategorie des Menschlichen [...] wäre aufgehoben.32

Freilich - solange wir leben, bleibt die Möglichkeit der 'Umkehr', der Wiedergutmachung, des 'Reparierens'. Die Biographie Karl Mays ist ein bewegendes Beispiel dafür!
In der Reue und in der Vergebung durch Gott bleibt das Ganze unseres Lebens - bis zum
Tode - verwandelbar. Ein neuer Anfang kann sogar noch überbieten, was - an ursprünglichen Möglichkeiten der Liebe - versäumt worden ist.

Menschliches Leben ist nur selten, vielleicht nie vor dem Tode, gänzlich versammelt in
einem EINZIGEN Augenblick der Entscheidung. Es ist zersplittert in die vielen - korrigier-
baren - Augenblicke des Alltags und ermöglicht so bis zuletzt eine innere Neuorientierung. Aber die vielen Einzelentscheidungen sind vor-läufig in einem doppelten Sinn: Sie
sind grundsätzlich überholbar und sie 'laufen vor', sie spitzen sich zu in eine letzte Entscheidung hinein. Wäre es anders, dann könnte der Mensch der Gegenwart Gottes entlau-
fen, und dies wäre "die Festung der absoluten Willkür gegen Gott";33 in der FREIHEIT
des Menschen aber wird bejaht, daß es diese Willkür nicht gibt.

Denn 'Freiheit' meint - nach Rahner - die Fähigkeit, zu werden, was man IST vor jenem
Geheimnis, das den Menschen umgreift und das wir 'Gott' nennen. Nicht das Vermögen,
immer wieder anders zu können, ist mit 'Freiheit' gemeint, nicht die Willkür, stets von
vorne beginnen und die gewordene 'Biographie' (Max Frisch)34 wieder abstreifen zu können. Nein, die Freiheit ist das Vermögen, "sich selbst ein für alle Mal"35 zu realisieren.
Freiheit ist, so J.B. Metz: "das Vermögen zur Verendgültigung des Menschen im Horizont unendlicher Möglichkeiten. In ihr gibt der Mensch sich Stand und Halt, Antlitz und
Profil, in ihr [...] stiftet [er] seine 'Ewigkeit'."36

In der so verstandenen Freiheit verfügt der Mensch über sich selbst. In aller Vorläufigkeit seiner Akte im einzelnen schafft er sich hinein - immer mehr - in seine eigene Unwiderruflichkeit. Und der Tod bringt jene Vollendung, die unsere Grundentscheidung zur
irreversiblen erhebt.

Daß der Mensch sich selbst auch verfehlen kann, ist die unheimliche Möglichkeit seiner
Freiheit. Es hieße, den Ernst dieser Freiheit verachten, wollte man eine Selbstverschlie-
ßung und damit Gott-losigkeit des Daseins von vorneherein als unmöglich betrachten.
Der Mensch hat zu leben "im Angesicht der REALEN Möglichkeit ewigen Scheiterns"!37

604

Der 'Richter' ist - in Mays Roman - gar nicht Gott, sondern der Sterbende selbst (S. 511). Eben diese Auffassung ist in der neueren Theologie zu belegen: Was Jesus dem Sünder androht, ist - nach Guardini, Rahner, Ratzinger und anderen Autoren - kein von außen treffender Fluch, kein Eingriff einer äußeren Strafinstanz, sondern die Möglichkeit einer bleibenden Verhärtung des Geschöpfs gegen seinen Schöpfer, deren Konsequenz die (selbstgewollte) Einsamkeit wäre, in die kein Wort der Liebe mehr zu dringen vermag.[38] Eine Richtungsänderung nach dem Tode wird also nicht von außen verhindert; Gottes 'Gericht' ist - so Guardini - "nicht äußere Verfügung", sondern Enthüllung des "innersten Wesenssinnes"[39] des Menschen.

Der Mensch baut seine Ewigkeit, die dennoch - als dem Menschen eingestiftete, von diesem 'gewonnene' oder 'verlorene' - Gottes Geschenk ist. Bei May ist zu lesen:

DER MENSCH WARD EIN PILGER AUF ERDEN, UM EIN BÜRGER DES HIMMELS ZU WERDEN. Er hat hier zu säen, um dort ernten zu können [...] Nach seiner Arbeit hier richtet sich dort sein Lohn, denn seine Werke folgen ihm ins Jenseits nach, die guten sowohl wie auch die bösen (S. 303).

Theologen sagen es so: Des Menschen irdische Geschichte und ihre Vollendung stehen sich nicht beziehungslos gegenüber. Nicht die 'Jenseitigkeit' unseres Daseins ist die Ewigkeit, sondern die (von Gottes Gnade verwandelte) 'Inseitigkeit' unsrer Freiheitsgeschichte, "die wir jetzt leben, und die, im Tode ganz geboren, sich nicht mehr verlieren kann".[40] Oder wie es v. Balthasar formuliert hat: Kein bloßes Diesseits ist unsere Gegenwart, dem das Jenseits "wie ein zweites Dasein nachfolgt, vielmehr sind beide eins, [...] die Zeit verhüllte Ewigkeit, die Ewigkeit enthüllte Zeit. Die verklärte, paradiesische Welt ist keine andere als die, in der wir gegenwärtig leben, sie wird nur mit anderen Augen betrachtet."[41]

Terminologisch und manchmal auch sachlich gibt es zwischen den hier zitierten Autoren zum Teil nicht unerhebliche, den Leser bisweilen verwirrende Differenzen. Doch unbestritten ist dies: Unsere 'Pilgerzeit', unser vorläufiges Leben mit seinen Korrekturen und Revisionen geht im Tode zu Ende; aber nicht ohne Hoffnung ist dieses Ende, nicht ohne Perspektive auf Gottes Erbarmen. Denn dies ist der Trost unserer Zeit, daß sie von Gott nicht vergessen wird, daß sie nicht untergeht in den Flüssen der Lethe (von denen Pindar, Platon und Plutarch berichten),[42] daß sie - im Gegenteil - in ihrem endgültig gewordenen Ertrag im Tode 'geerntet' wird.

Eine naheliegende Frage muß in diesem Zusammenhang noch bedacht werden: Wird - auf Erden - von der Mehrzahl der Menschen die Grundentscheidung für Gottes Liebe schon radikal genug vollzogen? Wohl kaum. Deshalb kennt May im *Jenseits*-Buch noch eine Phase "zwischen" Leben und Tod (aus der man - unter Umständen - wieder zurückkehren kann ins irdische Sein). Der Mensch steht hier an der "Schwelle" des Jenseits. Gerade dort, in der 'Zwischenzeit' zwischen Zeit und Ewigkeit, wird er "gewogen": auf der "Wage der Gerechtigkeit". Auch dort kann er, wenn er nicht gänzlich verstockt ist, noch geläutert werden - wie es May an Khutab Agha demonstriert.[43]

Auch dieser Gedanke ist theologisch nicht von der Hand zu weisen. Ladislaus Boros vertritt ihn - noch erweitert um die Idee einer (in den irdischen Entscheidungen schon vorbereiteten) "Endentscheidung" im Tode - in seinem berühmt gewordenen Buch *Mysterium mortis*.[44] In der traditionellen katholischen Theologie wird diese 'postmortale'[45] Läuterung als 'Fegefeuer', als 'Purgatorium' bezeichnet. *Am Jenseits* könnte partienweise als eine - von populären Vergröberungen befreite - bildhafte Darstellung dieser Fegefeuerlehre verstanden werden.[46]

1.3   Das Recht der Gnade

Soll May nun zum 'großen Theologen' hochstilisiert werden? Solcher Spott würde verkennen: Karl May ist kein Leichtgewicht. Spätestens seit *Am Jenseits* ist dieser Schriftsteller kein 'Trivialliterat' mehr. In seiner Art ist er ein Wissender. Wer seine Biographie, seine Irrwege und (Selbst-)Täuschungen, seine Kämpfe und Befreiungen studiert
hat, wer zudem seine Werke - die Altersromane besonders - verständig gelesen hat, der
wird ihm menschliche und künstlerische, aber auch theologische Größe nicht absprechen
können.

Wenn May immer wieder versichert, daß er kein Theologe sei,[47] so stimmt das natürlich insofern, als er kein akademischer Fachtheologe war. Aber ein Glaubender, ein Hof-
fender ist er gewesen. Und nicht nur das! Über den Glauben - seinen Vollzug und seinen
Inhalt - hat er auch NACHGEDACHT. Seine späten Romane bringen, auf poetische Weise,
theologische Themen zur Sprache, deren Brisanz noch zu wenig erkannt wurde.

"Ihr Buch vom Jenseits kam mir in die Hände. Habe darin gelesen. Diese Gedanken!
Wo kommen die Ihnen nur her?" So - in *Pax/Friede* - der Governor zu May![48] Selbstgefällige Eitelkeit eines narzißtischen Autors? Nicht nur! Man muß *Am Jenseits* tatsächlich
bewundern. Abstrakt theologische Aussagen in leuchtende Bilder und flüssige Erzählung
umzugestalten, ist die eigentliche Leistung dieses Romans.

Gewiß, auch im Alter war May neurotisch belastet und narzißtisch gekränkt. Aber das
muß den Rang seiner Dichtung und den Wert seiner Theologie ja nicht mindern. Denn die
Neurose "bringt oft nur in gesteigerter Form zum Ausdruck, was alle betrifft."[49] Mays
Schriften sind, dieser Aspekt ist wichtig, ein "Resonanzraum kollektiver Not"![50] Im eigenen Glanz und im eigenen Elend erkannte der Dichter den Glanz und das Elend des Menschen überhaupt: "Das Karl May-Problem ist das Menschheitsproblem, aus dem großen,
alles umfassenden Plural in den Singular, in die einzelne Individualität transponiert."[51]

Mays Leben war ein, oft verzweifelter, Kampf gegen sich selbst und gegen den Narzißmus so vieler. Der Schriftsteller jagte - so Claus Roxin - "immer neuen und immer verbesserten Entwürfen vom richtigen Leben" nach und kann "geradezu als ein Inbild der ir-
renden und suchenden, leidenden, aber doch auch zu erlösenden Menschenseele" erscheinen.[52]

Am Jenseits hat, nicht zuletzt, auch eine therapeutische Bedeutung: für den Autor selbst
und, wie er hofft, für seine Leser.[53] Dies gilt für alle Schriften Mays, für diesen Roman
aber besonders. *Am Jenseits* läßt, am Wendepunkt des Menschen und des Schriftstellers
Karl May, den Sieg der göttlichen Gnade erahnen: den Sieg über Blindheit und Schuld,
über Täuschung und Wahn.

Die Hauptperson des Romans, der blinde Münedschi, ist - wie May - ein 'Kranker'.
Doch seine 'innere Stimme', die Rede Ben Nurs, ist keine Täuschung, kein Wahn. Es sei
denn, man hielte den Gottesgedanken als solchen für illusionär. Zu fragen, ob es ein Phänomen wie Münedschi-Ben Nur in der Realität so geben könne, wäre allerdings abwegig:
Die Auftritte Münedschis, seine - im Trance-Zustand - ins Unglaubliche gesteigerten Fähigkeiten sind nicht 'real', sondern ein (geglücktes!) literarisches Darstellungsmittel.

Der Orientale, aber auch unser Dichter hat "die Gewohnheit", sich "bildlich auszudrücken! [...] Sogar die christliche Bibel hat man von diesem Gesichtspunkte aus zu lesen
und zu beurteilen, weil die Verfasser der in ihr enthaltenen Bücher auch Orientalen
waren." (S. 113f.) Eine - zur Zeit Mays, für katholische und pietistische Leser zumal -
sehr mutige und äußerst provozierende Bemerkung! Für die Interpretation des *Jenseits-*

Romans folgt jedenfalls dies: Nicht die phantastische Handlungsebene, sondern die Bild-worte Ben Nurs (bzw. Khutab Aghas) und die Reflexionen des Erzählers sind - theolo-gisch gesehen - belangvoll.

Die Rede Ben Nurs am Bir Hilu rühmte schon Droop als "gewaltig".[54] Die ironische, manchmal sarkastische Sprache, die psychologische Feinheit der (dem Autor unbewuß-ten?) Selbstkritik, die Radikalität in der Ethik, die Nähe zur Verkündigung Jesu: zur gro-ßen Gerichtsrede (Mt 25), zu den Kampfreden gegen Pharisäer und Schriftgelehrte (Mt 23) - das ist echte und natürlich christliche Literatur.

Ben Nur zeigt dem Münedschi die Scharen der Sterbenden (S. 317-328): Wohlgemut und mit vorangetragenem Panier schreiten sie stolz - dem Abgrund entgegen. Sie alle werden am "Ort der Sichtung" gewogen und zu leicht befunden: sie alle, welche "fromm die Hände falten und still ergeben ihre Köpfe senken"; sie alle, die ständig nur von Liebe reden - aber nichts dergleichen tun; sie alle, die betend "ihre Lippen bewegen" - wenn man sie sieht und bewundert; sie alle, auf deren Gesichtern "das Lächeln der Sanftmut, der Milde, der Güte" erstrahlt - und die doch nur 'Vampyre' sind; sie alle, die "Reinen, die Unbefleckten", deren Füße den Schmutz nie berühren und die - "um sich die sittlich trockenen Stellen auszusuchen" - die "lächerlichsten Schritte und Sprünge" tun; sie alle, die das Gesetz nie übertreten - aber ihre Arbeiter zwingen, sich abzuschinden. Sie alle stürzen hinab von Es Ssiret, der Brücke des Todes.

Warum? Weil sie - wie die Verdammten in C.S. Lewis' Roman *Die große Scheidung* (London 1946)[55] - zu wenig geliebt haben. Weil sie stets nur sich selbst oder nur ihre Gatten, nur ihre Kinder, nur ihre Freunde geliebt haben!

Wer kann dann überhaupt noch gerettet werden? Gerettet werden die Weinenden, die dennoch ihr Leben bejahen und annehmen. Gerettet werden die wirklich Barmherzigen: die Priester, die "nicht bloß Lehrer des Wortes, sondern [...] wirkliche Prediger der Lie-be waren" (S. 335); die Richter, die selbst im "ärgsten Verbrecher noch den Menschen suchten" (S. 336); die Fürsten und Unternehmer,[56] die ihren Besitz mit den Ärmsten ge-teilt haben; die Feldherren, die nicht dem Krieg, sondern dem Frieden gedient haben; die Straftäter, die bereut und gebüßt haben; die wahrhaft Gütigen, die Traurige getröstet und Kranke, Witwen und Waisen besucht haben.

Alles in allem: ein Tugendkatalog im Sinne der Seligpreisungen Jesu (Mt 5, 3ff.). Daß der Schriftsteller dabei, gelegentlich, ins Klischeehafte abgleitet, hat schon Wollschläger zu Recht bemängelt.[57]

Wie ist Mays Ethik zu werten? Als Rigorismus? Als 'Werkgerechtigkeit'? Es könnte fürs erste so scheinen. Doch sehen wir genauer hin: Die 'Verlorenen' stürzen nur deshalb hinunter, weil sie "Fahnen" vor sich hertragen, weil sie - vor Gott - auf ihre 'Rechte' set-zen, weil sie sich ihres Heiles so sicher sind, weil sie glauben, einen Anspruch auf den Himmel zu haben, weil sie meinen, sich die Seligkeit 'verdienen' zu können, weil sie - egoistisch - nur auf IHRE Rettung bedacht sind. "Wer auf seine vermeintlichen Verdienste pocht und dafür den verdienten Lohn, aber keine Gnade fordert, der wird auch keine fin-den." (S. 328)

Im Grunde steht hinter der Rede Ben Nurs die - konfessionell heute nicht mehr umstrit-tene - 'Rechtfertigungslehre' des Paulus und der Reformatoren:[58] Nicht die eigene 'Ge-rechtigkeit', sondern die in Demut geglaubte Gnade Gottes rettet den Sünder: Da "giebt es keine andere Hilfe als den [...] Schrei nach Gnade, Gnade, Gnade!" (S. 512)

May hofft auf die Rettung des Sünders, auf SEINE Rettung, auf die seiner Leser, auf die Rettung aller Menschen. Er hofft das ewige, das jenseitige Heil. Er sieht aber auch die diesseitige Verantwortung des Menschen, seine Verantwortung für den "Fortschritt" (S. 304) zur umfassenden Liebe, zum Frieden auf ERDEN! Dieser Gedanke wird in späteren Werken entfaltet; im *Jenseits*-Buch wird er immerhin angedeutet.

Am Jenseits wirkt vordergründig nicht optimistisch: nach Britta Berg ein schwermütiges, "sehr düsteres Buch"! Die Waage der Gerechtigkeit "schwebt drohend über allem",59 und es gibt Tote in blutigen Massen. Am Ende fühlt der Erzähler "nichts als eine tiefe, tiefe Traurigkeit" (S. 594). Dennoch: der Grundtenor auch dieses Romans ist die Hoffnung, das Wissen um den unendlichen Wert, die unersetzliche Kostbarkeit jedes einzelnen Menschen, ja aller Kreatur. Jeder ist mit jedem, alles ist mit allem verbunden: Die Schöpfung wäre "nicht vollständig", würde auch nur EINE Seele noch fehlen. Das Ganze des Seins kann "auf dich und deinen Einfluß, mag er auch noch so winzig und unbedeutend sein, nicht verzichten" (S. 455)!

Das sind kühne Gedanken. Wie steht es dann mit der 'Hölle'? Werden - im Sinne des griechischen Kirchenschriftstellers Origenes - zuletzt doch alle gerettet? Dies als Gewißheit zu behaupten, widerspräche dem von May so betonten Ernst der menschlichen Freiheit. Es widerspräche auch dem (noch vorreformatorischen) Dogma des christlichen Glaubens. Aber die Erlösung Aller als Möglichkeit zu ERHOFFEN, kann gewiß nicht verboten sein. Diese Hoffnung ist Pflicht; sie steht dem Christen gut an.60

Ist der Absturz von der "Brücke des Todes", um bei diesem islamischen Bilde zu bleiben, gleichzusetzen mit der 'Hölle' als ewiger Verdammnis? Dies wird von May nicht gesagt. Diese Frage bleibt offen.

Der Absturz ist ein Motiv, das sich bei May fast manisch wiederholt: zur eigenen Warnung! Wie die Drohworte Jesu wollen auch die Reden Ben Nurs die Leser (und den Autor) ermahnen. Sie sollen sich ÄNDERN, sollen 'umkehren' von der Angst zur Liebe, vom Stolz zum - nicht leichtfertigen, aber demütigen - Vertrauen auf Gott. In Halef, im Ich-Erzähler, in Khutab Agha u.a. wird diese Umkehr vollzogen. *Am Jenseits* ist, wie viele May-Bücher, eine Bekehrungsgeschichte!

Am Jenseits predigt - paulinisch - die "Gerechtigkeit", zugleich aber die Gnade Gottes, die alles "richten", also 'recht' machen kann. Eine einzige Sekunde der Reue und des Gebetes kann genügen, "eine verlorene Seele dem Himmel zurückzugewinnen" (S. 334). Die Sterbenden können noch immer bereuen und so das Ganze ihrer Vergangenheit mit einem neuen, einem rettenden Vorzeichen versehen.

Nur die Toten können nichts mehr für sich tun: "Der Herrgott hält Gericht; zu seinen Seiten sitzen die Gerechtigkeit und die Gnade [...] Wer wird nun das entscheidende Wort sprechen, die Gnade oder die Gerechtigkeit?" (S. 552) Münedschis Meinung: "Wenn die Gnade spricht, ist die Gerechtigkeit erfüllt!" (S. 531) Die Liebe wird siegen, weil das Dunkel "sich in Licht verwandeln wird und muß [...] Streu Liebe aus! Je mehr die Zahl der Menschen wächst, die dieses thun, [...] desto eher erreicht das Geschlecht der Sterblichen das Ziel - - die Seligkeit!" (S. 515f.)

Gottes Gerechtigkeit, der letzte Ernst unsrer Freiheitsgeschichte und Gottes Erbarmen - wie kann das alles zugleich, ohne inneren Widerspruch, geglaubt werden? Diese Frage wird im *Jenseits*-Band zwar berührt, aber nicht ausdrücklich gestellt. Diese Frage glatt zu beantworten, wäre wohl auch vermessen. Immerhin, ein Versuch wäre möglich. Etwa - mit Franz-Josef Nocke - folgendermaßen:

In Tod und Auferstehung werde ich Christus begegnen. Vor seinem alles wissenden Blick wird mir ganz klar werden, wer ich bin. (Das ist das Gericht.) Aber er wird mich nicht nur prüfend und feststellend anschauen. Es wird ein liebender, erlösender Blick sein; er wird mich verwandeln, mich 'auftauen' und von meinen Verkrampfungen befreien. Wie aber die Zimmerwärme in den draußen in der Kälte starr gewordenen Fingern zunächst Schmerz hervorruft, [...] so wird der verwandelnde Blick Christi mich schmerzen (um so mehr, je mehr 'Kälte' in mir ist) und mir doch schließlich wohltun. (Das ist die Läuterung.)[61]

May schreibt in anderen Bildern. Doch in der Sache meint er dasselbe.

Anmerkungen

1   Aus dem Editionsplan der Herausgeber geht dies hervor.

2   Vgl. oben, S. 358f.

3   Die folgenden Ausführungen entsprechen, mit kleinen Änderungen, Hermann Wohlgschaft: *"Das ist die Wage der Gerechtigkeit". Bemerkungen zu Karl Mays 'Jenseits'-Roman.* In: JbKMG 1988, S. 184-208 (S. 193-203).

4   Aus einem Artikel vom 23.8.1899 in 'Der Wanderer' (St. Paul/USA); zit. nach Bernhard Kosciuszko: *Im Zentrum der May-Hetze. Die Kölnische Volkszeitung.* Materialien zur Karl-May-Forschung, Bd. 10. Ubstadt 1985, S. 78.

5   Hans Wollschläger: *Karl May. Grundriß eines gebrochenen Lebens.* Zürich 1976, S. 88 - Ähnlich Gernot Grumbach: *Das Alterswerk Karl Mays. Ausdruck einer persönlichen Krise.* SKMG Nr. 32 (1981), S. 31 - Hartmut Vollmer: *Karl Mays 'Am Jenseits'. Exemplarische Untersuchung zum 'Bruch' im Werk.* Materialien zur Karl-May-Forschung, Bd. 7. Ubstadt 1983, S. 88f. - Martin Lowsky: *Karl May.* Stuttgart 1987, S. 100f.

6   Hans Wollschläger: *Der "Besitzer von vielen Beuteln". Lese-Notizen zu Karl Mays 'Am Jenseits' (Materialien zu einer Charakteranalyse II).* In: JbKMG 1974, S. 153-171 (S. 157).

7   Claus Roxin in einem Brief vom 4.11.1991 an den Verfasser.

8   Unhaltbar in der Tendenz H.B. van Kleef: *Das Übersinnliche in Carl Mays Werken.* In: Zeitschrift für Spiritismus, Somnambulismus, Magnetismus, Spiritualismus und verwandte Gebiete (1900), S. 69-132; vgl. dazu Axel Mittelstaedt: *Karl May und der Spiritismus.* In: KMJB 1978. Bamberg, Braunschweig 1978, S. 135-171.

9   Zu Ben Nur vgl. oben, S. 364f.

10 Seitenangaben in () beziehen sich auf Karl May: *Am Jenseits.* Gesammelte Reiseerzählungen, Bd. XXV. Freiburg 1899.

11 Das Wort "Prophet" ist hier im umgangssprachlichen Sinne von 'Hellseher' und nicht im biblischen Sinne von 'Mund Gottes' zu verstehen.

12 Nach Britta Berg: *Religiöses Gedankengut bei Karl May.* SKMG Nr. 47 (1984), S. 14f., besteht zwischen Mays *Am Jenseits* und Emanuel Swedenborgs *Himmel und Hölle: beschrieben nach Gehörtem und Gesehenem* eine enge Verwandtschaft. Nach Wolfgang Wagner: *Der Eklektizismus in Karl Mays Spätwerk.* SKMG Nr. 16 (1979), S. 13, dürfte May Swedenborgs *Von der Verbindung der Seele mit dem Körper* (1776) und wohl auch andere Werke Swedenborgs, wenigstens teilweise, gelesen haben. - Nur: die Tendenz in Mays *Am Jenseits* ist gerade entgegengesetzt zu Swedenborgs - mit dem Anspruch auf wörtliche Richtigkeit vorgetragenen - Geistervisionen! Nach *Am Jenseits* kann der Sterbliche 'Himmel' und 'Hölle' NICHT schauen!

13 Vgl. z.B. Elisabeth Kübler-Ross: *Über den Tod und das Leben danach.* Melsbach-Neuwied ³1985; dazu, im Blick auf May, weiterführend Eckard Etzold: *Karl May: Am Ort der Sichtung. Ein literarisches Todesnähe-Erlebnis.* SKMG Nr. 81 (1989).

14 Diese Vorstellung setzt z.B. Kübler-Ross, wie Anm. 13, S. 78ff., voraus.

15 Vgl. z.B. Karl May: *Und Friede auf Erden!* Gesammelte Reiseerzählungen, Bd. XXX. Freiburg 1904, S. 475.

16 Daß der Reiz dieser Visionen nicht auch "in ihnen selbst" liege (Lowsky, wie Anm. 5, S. 100f.), ist eine unbegründete Herabsetzung ihres Inhalts.

17 Auch diese Aussagen Mays decken sich mit den Sterbeerlebnissen bei Kübler-Ross u.a. Autoren wie Moody, E. Wiesenhütter oder J. Chr. Hampe.

18 Johann Gottfried Herder: *Ideen zur Philosophie der Geschichte der Menschheit.* Band 1. Berlin, Weimar 1965, S. 186; zit. nach Ekkehard Koch: *"Jedes irdische Geschöpf hat eine Berechtigung zu sein und zu leben". Zum Verhältnis von Karl May und Johann Gottfried Herder.* In: JbKMG 1981, S. 166-206 (S. 195).

19 Vgl. z.B. Karl May: *Im Reiche des silbernen Löwen III.* Gesammelte Reiseerzählungen, Bd. XXVIII. Freiburg 1902, S. 484f.

20 Vgl. Heinrich Denzinger - Adolf Schönmetzer: *Enchiridion Symbolorum.* Ed. XXXIV. Freiburg 1965, Num. 838f. u. 1304ff.

21 Hermann Volk: *Tod.* In: *Handbuch theologischer Grundbegriffe II.* Hrsg. von Heinrich Fries. München 1963, S. 677.

22 Karl Barth: *Kirchliche Dogmatik III/4.* Zollikon, Zürich 1951, S. 676.

23 Karl Barth: *Die Auferstehung der Toten. Eine akademische Vorlesung über I. Kor. 15.* Zollikon, Zürich 41953, S. 60.

24 Karl Barth: *Kirchliche Dogmatik II/1.* Zollikon, Zürich 1940, S. 686.

25 Karl Barth: *Kirchliche Dogmatik III/4,* wie Anm. 22, S. 653.

26 Karl Barth: *Unsterblichkeit.* In: *Quellen zur Geschichte des deutschen Protestantismus von 1945 bis zur Gegenwart.* 2. Teil. Hrsg. von Karl Kupisch. Hamburg 1971, S. 133.

27 Dazu ausführlich Hermann Wohlgschaft: *Hoffnung angesichts des Todes. Das Todesproblem bei Karl Barth und in der zeitgenössischen Theologie des deutschen Sprachraums.* Beiträge zur ökumenischen Theologie, Bd. 14. Hrsg. von Heinrich Fries. München, Paderborn, Wien 1977, S. 104-199.

28 Karl Rahner: *Über das christliche Sterben.* In: Ders.: *Schriften zur Theologie VII.* Einsiedeln, Zürich, Köln 1966, S. 273-280 (S. 275).

29 Karl Rahner: *Zur Theologie des Todes.* Quaestiones disputatae 2. Freiburg 51965, S. 28.

30 Helmut Thielicke: *Tod und Leben. Studien zur christlichen Anthropologie.* Tübingen 21946, S. 58.

31 Vgl. Martin Heidegger: *Sein und Zeit.* Tübingen 61949, S. 250ff.

32 Max Müller: *Existenzphilosophie im geistigen Leben der Gegenwart.* Heidelberg 31964, S. 187.

33 Karl Rahner: *Das Leben der Toten.* In: Ders.: *Schriften zur Theologie IV.* Einsiedeln, Zürich, Köln 41964, S. 429-437 (S. 433).

34 Der Versuch des Menschen, seine Vergangenheit und damit sich selbst zu verleugnen, zugleich aber die Unmöglichkeit dieses Versuchs ist ein großes Thema Max Frischs.

35 Karl Rahner: *Theologie der Freiheit.* In: Ders.: *Schriften zur Theologie VI.* Einsiedeln, Zürich, Köln 1965, S. 215-237 (S. 221).

36 Johannes B. Metz: *Freiheit, theol.* In: *Handbuch theologischer Grundbegriffe,* Bd. I. Hrsg. von Heinrich Fries. München 1962, S. 403-414 (S. 411f.).

37 Joseph Ratzinger: *Hölle.* In: *Lexikon für Theologie und Kirche V.* Hrsg. von Josef Höfer und Karl Rahner. Freiburg 21960, Sp. 446-449 (Sp. 448).

38 Joseph Ratzinger: *Einführung in das Christentum. Vorlesungen über das Apostolische Glaubensbekenntnis.* München 1968, S. 247.

39 Romano Guardini: *Landschaft der Ewigkeit.* München 1958, S. 120.

40 Karl Rahner: *Zu einer Theologie des Todes.* In: Ders.: *Schriften zur Theologie X.* Zürich, Einsiedeln, Köln 1972, S. 181-199 (S. 187).

41 Hans Urs von Balthasar: *Das Weizenkorn. Aphorismen.* Einsiedeln 21953, S. 111.

42 Vgl. Albrecht Dieterich: *Nekyia. Beiträge zur Erklärung der neuentdeckten Petrusapokalypse.* Leipzig 1893, S. 93.

43 Mehr bei Etzold, wie Anm. 13, bes. S. 15ff.

44 Ladislaus Boros: *Mysterium mortis. Der Mensch in der letzten Entscheidung.* Olten, Freiburg 41964.

45 Ein mißverständliches Wort, weil es 'nach' dem Tod ja keine Zeit im physikalischen Sinne mehr gibt!

46 Vgl. Wiltrud Ohlig: *Karl May hat das 'Fegefeuer' aufgewertet. Eine Betrachtung.* In: MKMG 67 (1986), S. 17f.

47 Vgl. z.B. May: *Und Friede auf Erden!,* wie Anm. 15, S. 409.

48 Ebd., S. 449.

49 Claus Roxin in einem Brief vom 24.5.1987 an den Verfasser.

50 Hans Wollschläger: *"Die sogenannte Spaltung des menschlichen Innern, ein Bild der Menschheitsspaltung überhaupt". Materialien zu einer Charakteranalyse Karl Mays.* In: JbKMG 1972/73, S. 11-92 (S. 84).

51 Karl May: *Mein Leben und Streben.* Freiburg 1910. Hrsg. von Hainer Plaul. Hildesheim, New York 21982, S. 12.

52 Roxin, wie Anm. 49.

53 Die Heilung Wallers im *Friede*-Band wird wesentlich unterstützt durch die Lektüre des Missionars im *Jenseits*-Roman!

54 Adolf Droop: *Karl May. Eine Analyse seiner Reise-Erzählungen*. Cöln-Weiden 1909, S. 185.

55 Vgl. C.S. Lewis: *Die große Scheidung oder Zwischen Himmel und Hölle*. Einsiedeln 1978 (ins Deutsche übertragen von Helmut Kuhn). - Vgl. oben, S. 359.

56 Mays Beziehungen zu diversen Hoheiten spiegeln sich hier; autobiographische Züge weist natürlich die ganze Rede auf.

57 Wollschläger: *Besitzer*, wie Anm. 6, S. 153.

58 So auch Ernst Seybold: *Aspekte christlichen Glaubens bei Karl May*. SKMG Nr. 55 (1985), S. 15 (Anm. 72 u. 74).

59 Berg, wie Anm. 12, S. 19.

60 So Karl Rahner: *Theologische Prinzipien der Hermeneutik eschatologischer Aussagen*. In: Ders.: *Schriften zur Theologie IV*, wie Anm. 33, S. 401-428 (S. 421). Diese Auffassung wird bei Rahner, überzeugend, anthropologisch UND dogmatisch begründet.

61 Franz-Josef Nocke: *Eschatologie*. Düsseldorf 1982, S. 133.

2 *Und Friede auf Erden!* oder Das Kreuz von Raffley Castle

Wie der blinde Münedschi im *Jenseits*-Buch weist auch der kranke Waller in *Pax* bzw. *Friede* (1901/04) über die - spezifisch May-relevante - biographische Leseebene hinaus ins Allgemein-Menschliche, ins verbindlich Religiöse und jetzt auch - stärker als im *Jenseits*-Band - ins gesellschaftlich, ins politisch Brisante.[1]

Wallers 'Sünden' sind die "der Gesamtheit"; seine Katastrophe "wird auch für Andere nicht ausbleiben", und der "Weg seiner Gesundung ist ganz genau derselbe, den auch die Gesamtheit zu gehen hat, wenn sie gesunden will vom größten aller Leiden." (S. 435f.)[2]

Das größte aller Leiden ist in der Sicht des *Friede*-Romans der Egoismus. Und der Weg zur Gesundung ist der Weg zur Liebe: zur universalen Versöhnung, die alle Kreatur miteinbezieht.

Die 'Philosophie' des Romans ist ein komplexes Gewebe. Wenn dieses Gewebe entflochten wird in verschiedene 'Botschaften', so muß natürlich bedacht werden: alle Botschaften gehören zusammen, durchdringen einander und interpretieren sich wechselseitig.

2.1 Religionen und Konfessionen

Und Friede auf Erden! ist ein religionspsychologisches Buch von unverbrauchter Bedeutung. Das Thema ist die Religion, die Betrachtungsweise ist psychologisch. Daß Mays Entlarvung des 'Hyperglaubens' der Religionskritik Freuds und seiner Schüler in mancher Hinsicht entspricht, wurde in der Sekundärliteratur erkannt und gewürdigt.[3] Doch Mays Kritik unterscheidet sich vom Denkansatz Freuds in wichtigen Punkten. Denn der 'Psychologe' May ist ein Glaubender, ein 'homo religiosus' par excellence!

Wer dies ignoriert, wird May nicht gerecht. Wir müssen bedenken: Eine 'Krankheit' ist im Verständnis dieses Autors nie die Religion selbst;[4] wahnhaft und tödlich ist nur die Karikatur, die Fehlform der Religion. Und die Heilung, den Frieden bringt stets nur die wahre Frömmigkeit: als Liebe des Menschen zu Gott, zur Schöpfung und zu sich selbst.

Wahnhaft und lieblos ist für May die aggressive, alles 'Fremde', alles 'Andere' ausgrenzende Rechthaberei. Wallers Blickverengung ist die der Ideologen: "Ich begreife nicht, wie ein Mensch einen anderen Glauben haben kann als den meinigen, welcher doch der einzig richtige, der einzig wahre ist." (S. 17) Alle Welt, so der Missionar, solle hören, "daß es kein anderes Heil als das unsere gibt" (ebd.)!

Im *Jenseits*-Buch wurde die Spaltung der Christen in Konfessionen, in gegenseitig sich ausschließende Kirchen, gerügt und die "Einigung" beschworen: "Es wird dann nur ein Hirte und eine Herde sein! Aber wann? Sollen wir die Hände wartend in den Schoß legen und Gott allein walten lassen? Können wir denn nichts, gar nichts thun, diese Einigung herbeizuführen?!"[5] *Und Friede auf Erden!* greift diesen Gedanken wieder auf: "Was macht zum Himmelreich denn schon die Erde? Ein einz'ger Hirt und eine einz'ge Herde!" (S. 473)

May deutet jetzt an, wie diese "Einigung" aussehen könnte: kein Uniformismus, keine zentralistische Einheitskirche, sondern ein 'Pluralismus' der Ausdrucksformen, der Gebetsweisen, der Auslegung der Bibel (S. 175) und - so dürfen wir ergänzen - der theologischen Formulierungen: "Diese Verschiedenheiten", so der Chinese Fu, "müssen vorhanden sein, weil die Menschen verschieden sind." (S. 34)

Also Einheit in der Vielfalt, "Entdeckung der Einen Wahrheit in vielen unterschiedlichen Aussageformen",[6] versöhnte Verschiedenheit in der Treue zum 'eine Hirten': zu Christus! Ein modernes und zukunftsweisendes Ökumenekonzept,[7] wie es später von Heinrich Fries u.a. systematisch entwickelt wurde,[8] ist hier - in *Friede* - im Ansatz schon impliziert.

Mays Vorstellung von der 'einen Herde' bleibt vage, gewiß. Die Entfremdung der Konfessionen und theologischen Denkrichtungen hat geschichtliche Hintergründe, die in *Friede* nicht analysiert werden. Um weiterzukommen, um den 'status quo' zu überwinden, bedarf es einer Psychologie des Verstehens, aber auch einer Anstrengung der Theologie: des Studiums vieler Detailfragen.[9] Die Sache der Dichter und Träumer wird das nicht sein. Aber die Einigung würde gar nicht gesucht werden, wenn die Träumer und Visionäre nicht wären: Menschen (wie May), die eine Sehnsucht bewegt, die sich mit der Spaltung nicht abfinden, die Unruhe stiften und das 'erkenntnisleitende Interesse' an der Einheit der Christen erst wecken.

Der erste Ökumeniker war May natürlich nicht. Der 'Irenismus', das Verlassen der engen Standpunkte, das Relativieren dogmatischer Positionen geht auf Erasmus und Leibniz, auf Herder, Lessing und andere Denker zurück. Aber die 'ökumenische Bewegung' war zu Mays Zeiten noch ein winziges Pflänzchen;[10] insofern war May auch in dieser Hinsicht seiner Zeit voraus, gehörte er zu den 'Vätern' des ökumenischen Denkens.

Die europäische Ökumene hatte meist nur die christlichen Konfessionen im Blick. Mays Roman aber geht weiter: Das Abendland, der "selbstsüchtige" Westen, soll mit dem Orient und das Christentum mit den östlichen Religionen versöhnt werden. Es geht Karl May um den Frieden der Völker, den Verzicht auf Gewalt (auf Waffengewalt in der politischen, auf geistige Gewalt in der weltanschaulichen Dimension) und in diesem Zusammenhang um den Ausschließlichkeitsanspruch des Christentums, um die Beziehung des Christentums zu den anderen Religionen.

Wallers Verrücktheit gipfelt in der Idee, die heidnischen Tempel vernichten zu müssen. Er legt Feuer ans malaiische Gotteshaus! Und der Heidenpriester - verzeiht. Dem Fanatismus der Missionare, der "Aggressivität" (S. 140) des Islams und des Christentums [sic!] setzen Mary und Yin, der Philanthrop Professor Garden, die Chinesen Fu, Tsi und Fang, der malaiische Oberpriester, der englische Pfarrer Heartman u.a. - die 'Brüderlichkeit', die Güte, die Liebe entgegen.

Sejjid Omar zu Charley, dem Ich-Erzähler: "die Rassen und Religionen sind verschieden, die Menschenherzen aber sind alle eins und einig." (S. 504) Eine naive Schwärmerei, mit 'Indifferentismus', mit Gleichgültigkeit gegen dogmatische 'Wahrheiten' verbunden? Solche Polemik (von Rentschka u.a. vorgetragen[11]) erinnert an Waller und verfehlt die 'Leidenschaft', das pastorale Anliegen des Romans: May erhofft das irdische Glück und das ewige HEIL, "auf daß kein Mensch, kein einziger, verloren gehe." (S. 324)

So groß ist des Dichters Menschenliebe, daß sie "die Seligkeit für Jedermann" (S. 473) erwarten muß. May hofft und setzt es voraus: ALLE Menschen können gerettet werden. Diese Überzeugung war für die christlichen Zeitgenossen alles andere als selbstverständlich. Im Bewußtsein nicht weniger Christen herrschte lange - und herrscht zum Teil ja noch heute - die Meinung, nur Getaufte könnten das Heil erlangen![12]

Werden die Heiden 'verdammt'? Die Bibel läßt auf diese Frage unterschiedliche Antworten zu, und die Lehren der Kirchen waren in diesem Punkt eher verwirrend.[13] Augustinus zum Beispiel lehrte die ewige Verwerfung der 'massa damnata'; das Konzil von Florenz (1442) bekräftigte die auf Cyprian zurückgehende These 'Außerhalb der Kirche kein Heil'; Calvin und auch andere Reformatoren glaubten an die Vorherbestimmung ('Prädestination') sehr vieler zur Hölle! Bis zu den Aussagen des Zweiten Vatikanischen Konzils über die Heilsmöglichkeit auch außerhalb der Kirche[14] war es ein weiter Weg.

Die Frage, WIE - angesichts der Erlösung durch Christus, die May ja voraussetzt - der Heilswille Gottes auch 'extra ecclesiam' zum Ziel kommen könne, hat, wie Karl Rahner bemerkt, bis heute "noch keine ausgebildete und einhellige Antwort gefunden"![15] Von Rahners Theorie eines "anonymen Christentums" (die die traditionelle Kirchenlehre verbaliter festhält, zugleich aber uminterpretiert)[16] bis zu Hans Küngs "gemeinsamer Suche" aller Religionen nach der Wahrheit[17] gibt es innerhalb der neueren Theologie eine breite Palette möglicher Ansichten.

Vor diesem Hintergrund ist es nicht so verwunderlich, wenn sich auch in Mays Roman verschiedene, nicht auf den ersten Blick miteinander zu vereinbarende Denkansätze zur Lösung des einen Problems (der Heilsmöglichkeit extra ecclesiam) finden. Das spricht nicht gegen May und sein Denkvermögen. Das zeigt nur an, wie schwierig und heikel für einen bekennenden Christen die Problemlage ist.

In *Friede* und auch schon früher, in *Deutsche Herzen* z.B.,[18] wird gelegentlich - aber nicht konsequent - die Auffassung vertreten, der christliche, der islamische und der buddhistische Glaube (und überhaupt alle Religionen) meinten in der "Summe", im Resultat "genau dasselbe":[19] "Liebe Gott, und liebe deinen Nächsten!" (S. 33)

Waller kommt diese Ansicht "ungemein verdächtig vor"! Doch immerhin: "Man hat darüber nachzudenken!" (S. 35) Charley und der Chinese Fu bestehen darauf: Aus den Wogen des Nils steigt "ganz dieselbe Offenbarung wie aus den Fluten des Tigris" (S. 9), und der Tempel führt zum selben Ziel wie die Kirche (S. 36). Die Religionen sollten voneinander LERNEN; der Malaienpriester sagt: "Ja, wir halten es sogar für unsere Pflicht, der Wahrheit, welche andere Religionen lehren, auch unsere Tür zu öffnen, um uns an ihr zu unterrichten." (S. 322)

Die Chinesin Yin, die Verkörperung der Liebe und des weiblichen Prinzips, liest europäische Bücher und lernt von westlichen Diplomaten. "Was bei einem Manne die ganz gewisse Folge gewesen wäre, nämlich ein innerlicher Zwist zwischen der heimischen und der fremden Anschauung, das wurde bei Yin zum freundlichen Streben beider, in ihr zu einer vollen, friedlich klaren Harmonie zusammenzuklingen." (S. 460) Der Osten öffnet sich, in Yin, den westlichen Einflüssen. Aber auch umgekehrt muß gelten: die abendländische Kultur bzw. die christliche Religion dürfen sich nicht weiterhin als die "alleinigen Spender" und die farbigen Völker als "die alleinigen Almosenempfänger" betrachten (Dr. Fang, S. 178)!

So denken heute namhafte Publizisten wie z.B. Hans Küng und seine chinesische Mit-Autorin Julia Ching.[20] Aber so dachten im neunzehnten und beginnenden zwanzigsten Jahrhundert die wenigsten Europäer!

Karl May war ein Außenseiter. Doch geistige 'Ahnen' hatte natürlich auch er. Seine Bildsymbolik ist originär, aber nicht seine 'Lehre'. Im Humanismus, in der Aufklärung, bei Herder und Lessing, bei Voltaire (an dessen Polemik gegen dogmatische Intoleranz auch manche Passagen des *Friede*-Romans erinnern) und in der liberalen protestantischen

Theologie des 19. Jahrhunderts[21] sind ähnliche Ideen zu finden. May hat diese - freilich nicht populären - Strömungen teilweise gekannt und war von ihnen beeinflußt.[22]

Die Offenheit für alle Weltreligionen wird auch heutige Christen, sofern sie kirchlich gebunden sind, wohl eher befremden. Aber heute könnte sich May auf zahlreiche (kritische und nonkonformistische) Theologen berufen. So würdigt z.B. der katholische Religionsphilosoph Bernhard Welte die "groß-ökumenische Bedeutung" der christlichen Mystiker, deren Gotteserfahrung er in größter Nähe zu den außerchristlichen, speziell den fernöstlichen Religionen sieht.[23]

Küng stellt, noch etliche Jahre vor *Christentum und Chinesische Religion* (1988), in seinem Buch *Christ sein* (1974) zwar kritische Fragen an die Weltreligionen; doch fragt und räsoniert er dann weiter:

Waren Buddha, Kung-futse, Lao-tse, Zarathustra, Mohammed nicht doch von denselben letzten großen Fragen und Hoffnungen umgetrieben [...]? Ja, suchen die Hindus im Brahma [...], die Chinesen im Tao und die Moslems in Allah vielleicht doch [...] die eine und selbe allerletzte Wirklichkeit? Selbstverständlich hat dabei jede Religion ihren eigenen Charakter und ihren eigenen - von den Christen oft gar nicht zur Kenntnis genommenen - Reichtum.[24]

Noch weiter geht Eugen Drewermann. Er vergleicht die Bibel mit den Märchen und Träumen der Menschheit, aber auch mit den Mythen der nichtchristlichen Religionen: Die Auslegung der Bibel bedarf der Tiefenpsychologie, um - so Drewermann in einem seiner bekanntesten Bücher -

die traumnahen und daher überzeitlichen Überlieferungen der Bibel zu erfassen. Es sind Erfahrungen in der bildhaften Sprache der Seele, die die Menschen aller Zeiten und Zonen bewegt haben und uns heute noch in unseren Träumen zugänglich sind. Wenn diese Sprache entschlüsselt wird, merken wir erst, daß die biblischen Aussagen unsere ureigenste Sache sind und ursprüngliches Leben in uns wachrufen können.[25]

Der Bildsprache der Seele entspringen, in verschiedener Weise natürlich, Märchen und Träume, Sagen und Mythen, die heiligen Bücher der Weltreligionen und - die Erzählungen Karl Mays![26]

In diesem Zusammenhang ist es interessant, daß der berühmte Befreiungs-Theologe Leonardo Boff den 'Synkretismus',[27] das 'Zusammenwachsen' der Religionen durch Dialog und Wechsel-Beeinflussung, gegen das herrschende Ökumeneverständnis (das den Synkretismus als größte Gefahr verteufelt) in Schutz nimmt. Im "Plädoyer für den Synkretismus" sieht Boff den "Aufbruch zur Katholizität des Katholizismus";[28] denn das Christentum selbst sei - ein "grandioser Synkretismus"![29]

Im Anschluß an den *Friede*-Band Karl Mays (dem er zustimmt) und mit Bezug auf das Entmythologisierungsprogramm Rudolf Bultmanns (von dem er sich distanziert) hat der Religionswissenschaftler und evangelische Theologe Paul Schwarzenau die "letztlich selbstmörderische Problematik unseres christlichen Exklusivitätsdenkens"[30] kritisiert. Ähnlich wie Boff stellt Schwarzenau fest:

Hinter der Vermutung, daß uns aus den Weltreligionen doch eine Erweiterung der Gotteserkenntnis zuwachsen könnte, erhebt sich als eine [...] typische Reaktion die Angst vor dem sogenannten Synkretismus, der Religionsmengerei, wie man übersetzt. Nebenbei bemerkt, gab und gibt es keine wirkliche Religion ohne den Zusatz von synkretistischen Elementen. Die Religionsreiniger aller Zeiten sind meist nur auf einen von ihnen undurchschauten Synkretismus hereingefallen.[31]

Wenn Küng und Drewermann, wenn Boff und Schwarzenau recht hätten - der *Friede*-Roman, der das "Heidnische im Christentume" und das "Christliche im Heidentume" zur Sprache bringt (S. 385), wäre glänzend gerechtfertigt. Wie auch immer, die Herausforderung des christlichen Glaubens durch andere Religionen hat May jedenfalls erkannt. Schon das ist verdienstvoll.

In seinem Buch *Der größere Gott* fragt Schwarzenau weiterführend:

Muß aus einem lernbereiten Hinhören auf die Botschaft anderer Religionen ein Synkretismus entstehen, der mit dem IDENTITÄTSVERLUST unserer eigenen Überlieferung einhergeht? [...] So wie ein Mensch, der Begegnungen standhält, zu seiner größeren Tiefe, zu seinen noch ungehobenen Möglichkeiten herausgerufen wird, so dürfte auch unserem Glauben [...] aus dem wirklichen Dialog mit den Weltreligionen ein noch unvorhersehbares Wachstum aus ungehobener Tiefe, die in Christus gründet, bevorstehen.[32]

Genauso dachte auch May. Einen 'schlechten' Synkretismus, eine - von Küng verworfene - "Cocktailreligion"[33] hat er keineswegs vertreten. Christliche Identität und größtmögliche Offenheit für die kulturellen, ethischen und religiösen Werte auch der Nichtchristen schließen sich - für Küng wie für Schwarzenau und für May - eben nicht aus.

An mehreren Stellen des *Friede*-Buchs werden die Religionen als 'gleich' angesehen. Daneben kommt nun allerdings - für die schon angedeutete Problemlage bezeichnend - noch eine andere, vertrautere und sozusagen orthodoxere Sicht des Verhältnisses von Christentum und Religionen zu Wort: Mary, das anglo-amerikanische Pendant zu Yin, hält die nichtchristliche Gottesverehrung "für das ganz natürliche und noch unbewußte Lallen der Menschheit in ihrem frühesten Kindesalter." (S. 57) Hier werden die anderen Religionen lediglich als Vorstufe zum Christentum gewertet, was der traditionellen, bei Thomas von Aquin ausgebildeten Unterscheidung von 'natürlichem' Denken und 'übernatürlicher' Offenbarung,[34] aber auch der Auffassung mancher evangelischer Theologen[35] sehr nahe kommt.

Mays Spätwerk ist offen für nichtchristliche Religionen, für ihre Schätze und Reichtümer. Das Ja zum "herrlichen, [...] ewig unvergleichlichen Christentum" (S. 591) steht jedoch außer Frage. Zwar liegt auch "dem heidnischen Götterdienste eine von der Erde emporhebende Idee zu Grunde" (S. 54), und kein "widersprechendes, verwerfendes oder gar verdammendes Wort" soll Andersgläubige kränken (S. 517); doch die LETZTE Antwort auf die Frage des Menschen nach Sinn und nach Heil - und mit diesem Bekenntnis schließt der Roman in der *Friede*-Version - ist das Kreuz Jesu Christi, das Leben und Sterben des Gottessohns.

"Gott hat die Welt so sehr geliebt, daß er seinen eingeborenen Sohn hingab, damit Alle, die an ihn glauben, nicht verloren gehen, sondern das ewige Leben haben!" (S. 322) Dieses Schriftwort - Joh 3, 16 - hat der Malaienpriester, neben "andern heiligen Sprüchen", in seinem Tempel anbringen lassen: mit großen goldenen Lettern. Und was aus dem niedergebrannten Tempel zuletzt noch geborgen wird, ist das Neue Testament.

Man könnte fragen, ob May die nichtchristlichen Religionen, wenn er sie mit dem Christentum so unbekümmert gleichsetzt (S. 32), wirklich gekannt und gründlich studiert hat. Man könnte fragen, ob seine Araber, seine Chinesen und Malaien überhaupt 'richtige' Moslems und 'richtige' Konfuzianer sind und nicht eher - wie früher schon Winnetou oder Hadschi Halef - 'anonyme Christen' im Sinne Karl Rahners: auf die Christusoffenbarung hin angelegte, diese Offenbarung (zunehmend bewußter) ersehnende Menschen![36]

Alfred Paffenholz hat recht: Bei aller Wertschätzung der anderen Religionen bleibt May "das Christentum doch näher. Es ist seine geistige Heimat. Aus anderen Religionen hat er sich alles das anverwandelt, was ihm sinnvoll, plausibel und nutzbar erschien.[37] Das war nicht wenig, wie sein Oeuvre ausweist"; doch die "Hoffnungs- und Heilsgeschichte wird von Karl May letztlich doch immer christozentrisch gesehen."[38]

In Sejjid Omar setzt sich das Christentum durch. Seinen Koran gibt er nicht preis, aber Jesus steht ihm höher als Mohammed (S. 592). Auch den sonstigen 'Heiden' ergeht es nicht anders: Der christliche Pfarrer Heartman - auf Raffley-Castle - sieht zwar in jeder Religion die "Verwandtschaft mit seiner eigenen"; indes: je länger die Andersgläubigen mit ihm sprechen, desto mehr sehen sie ein, "daß Christus das wirklich war, als was er sich bezeichnete, nämlich der Weg, die Wahrheit und das Leben. Wir glauben hier alle an ihn!" (S. 517)[39]

Die Moslems, die Buddhisten usw. können Christen werden, wenn man ihnen ihre "Eigenart" läßt, wenn man sie nicht zwingt, "Europäer" zu werden (S. 175). Sie würden, so Dr. Tsi, "sehr leicht für den einzig wahren Glauben zu gewinnen sein, wenn dieser nicht in abendländisch enge [...] Formen gekleidet wäre." (S. 418)

May ist eben doch - wie in früheren Erzählungen - ein 'Missionar'! Aber jetzt wird deutlich herausgestellt: Religiöse Überheblichkeit im Dienste der Unterdrücker (Pizarro und Cortez werden genannt) schlägt dem wahren Christentum ins Gesicht. In *Jenseits* hieß es: Die gelebte Gottes- und Menschenliebe ist "die einzig richtige Vorbereitung des Bodens zu der Saat, die dann allerdings durch die Predigt in Worten zu geschehen hat."[40] In *Friede* wird dieser Ansatz weiterentwickelt!

Der kranke Waller erklärt ganz offen und dreist:

"Man wirft uns Amerikanern in neuerer Zeit den Cäsarismus vor. Nun wohl, wir bekennen uns zu ihm. Und wie auf äußerem Gebiete, so wollen wir auch auf dem Gebiete des Glaubens Herrscher sein! Schau in die Weltgeschichte der neuen Zeit! Überall, wo eine Eroberung gemacht worden ist, sind ihr die Boten des Christentums vorangegangen." (S. 41)

Dr. Fang hält diesem Zynismus - ähnlich wie heute der Franziskaner und Missionsexperte Walbert Bühlmann[41] - entgegen: DIESE Art von Mission hat keinen Erfolg. Cäsaristische Christen verkennen, daß sie "bei uns so viel wie nichts gewirkt haben, weil der Chinese die Behauptung, das Christentum sei die einzig seligmachende Religion, als eine krasse Unhöflichkeit, als persönliche Beleidigung auffaßt." (S. 174f.)

Und wie lesen wir bei Küng? Die "Inkulturation" der christlichen Botschaft wird einer Weltkirche mißlingen - wenn sie als "Imperium Romanum" erscheint und nicht als "katholisches Commonwealth"![42]

Wer die geschichtlichen Hintergründe der katholischen und protestantischen China-Mission näher kennt, wird Mays *Friede* um so höher schätzen. Küng verweist auf Papst Clemens XI.: Dieser hat, 1704, den chinesischen Katholiken unter Androhung der Exkommunikation ihre Ritenpraxis, den Gebrauch der chinesischen Gottesnamen sowie die Verehrung der Ahnen und des Konfuzius untersagt. Das hieß "im Klartext: Wer Christ bleiben oder werden wollte, mußte aufhören, ein Chinese zu sein."[43]

Der Kirchenhistoriker Ludwig v. Pastor, sonst eher papstfreundlich, hat es beklagt: "Den chinesischen Christen wurden Dinge verboten, die nach ihrer Auffassung als Forderung von Anstand und guter Lebensart galten"![44]

2.2   Zwei Grundweisen des Religiösen

Gewinnen kann - nach May - nur die Toleranz, das tiefere Verstehen, das 'wahre Christentum', dessen Voraussetzung die "Shen" ist: die Menschlichkeit. May preist die 'ewig gütige', die 'barmherzige und duldsame' Shen, die "mit dem ersten der Menschen vom Himmel niederkam und mit dem letzten wieder zu ihm aufwärts gehen wird." (S. 313)

Die Shen ist ein Mythos und zugleich - auf der "freimaurerisch angehauchten"[45] Handlungsebene des Romans - "die Menschheitsverbrüderung, der große Bund aller Derer, die sich verpflichtet haben, nie anders als stets nur human zu handeln." (S. 324)[46] Wer sich gegen die Shen versündigt, kann den Heiden nie "zum Christen machen"! (S. 589)

Zentrales Motiv des letzten Roman-Kapitels ist das Kreuz Jesu Christi: "In hoc signo vinces - in diesem Zeichen wirst du siegen." (S. 560) Aber nicht mit 'Petri Schwert', nicht - wie es Konstantin versucht hat[47] - mit Waffengewalt, "sondern durch das Wort der Liebe und durch die friedliche, versöhnende, ausgleichende Tat des Erlösers" (ebd.)! In China - und nicht nur dort - kann nur so Kirche werden: "Laßt uns vor allen Dingen Menschen sein, damit wir Christen werden können." (S. 591)

Karl May reduziere, so wird oft behauptet, das Christentum auf bloße Moral, auf irdische Wohlfahrt. Diese Deutung ist, wie die genauere Analyse des Alterswerks erweist, nicht haltbar. May hat, mit Friedrich Schleiermacher gesprochen, "Sinn und Geschmack für das Unendliche"![48] Er hofft, wie das frühere Schrifttum gezeigt hat und wie es *Friede* bestätigt, auf die Ewigkeit des Lebens in Gott. Das flammende Kreuz von Raffley-Castle weist - vertikal - nach oben zu Gott. Und es weist - horizontal - zu den Menschen, zur leidenden Kreatur. So: im Sterben des Gott-Menschen (S. 592), im Zusammenspiel der göttlichen Liebe mit der menschlichen Hingabe "entstand das Kreuz"! Und wo Menschen beginnen, an Gott, den wirklichen Gott der Liebe zu glauben und - in der Konsequenz dieses Glaubens - "sich der hilfsbedürftigen Brüder anzunehmen, da steht das Tor zum Himmelreiche offen, von welchem alle unsere Weisen sprachen, bis Christus kam, um diese Worte in Taten zu verwandeln." (S. 516)

Welches Christentum ist 'wahr' und befreiend? Mays Antwort ist stets: die Liebe, die nimmermehr aufhört (vgl. 1 Kor 13, 8)! Und der Anti-Christ, der Wider-Geist, wird immer so schreien: "Verflucht sei dieses Gequieke [...] von Liebe, von Liebe, von Liebe! [...] Ich stürze mich in den Abgrund [...] Dann mögt Ihr Euch lieben, so lange Ihr wollt, meinetwegen in Ewigkeit; ich aber habe dann meine Ruhe!" (S. 645)

Wallers 'alter' Geist, sein religiöser Hochmut, sein Narzißmus, sein pharisäischer Stolz, sein Wille zur Macht, das alles muß "in den Abgrund", damit das 'neue Leben' sich durchsetzen kann. Auch dieser Aspekt ist nicht nur autobiographisch und nicht nur individual-psychologisch zu deuten!

Mays 'Herzenschristentum': seine Höherschätzung der 'Menschlichkeit' vor pedantischer Rechtgläubigkeit ist biblisch fundiert. Diese menschliche Art des Christentums entspricht der Mitte der Verkündigung Jesu: "Bleibt in meiner Liebe! [...] Dies ist mein Gebot: Liebt einander, so wie ich euch geliebt habe!" (Joh 15, 9ff.)

Mays Verständnis des Christentums hat auch sonst eine große theologische Tradition. Es hat z.B. eine Parallele in Herders Humanitätsgedanken[49] und in der undoktrinären, romantisch-humanistischen 'Gefühlsreligion'[50] Friedrich Schleiermachers (1768-1834): "um Religion zu haben, muß der Mensch erst die Menschheit gefunden haben, und er findet sie nur in Liebe und durch Liebe."[51]

Was hat diese Einstellung Mays oder Schleiermachers mit der Religions-Psychologie zu tun? Mays Thema ist nicht nur die Versöhnung des Christentums mit den anderen Religionen, sondern - fundamentaler - die Überwindung der 'Scheinreligion' (mag sie katholisch oder protestantisch, islamisch oder buddhistisch geprägt sein) durch das 'echte Christentum'! Mays eigentliches Interesse gilt dem Gegensatz von bloßem 'Ritualismus' und wirklicher 'Herzensreligion' oder, pointierter gesagt, von 'Gewaltreligion' und 'Liebesreligion'. Sein Roman ist ein religionspsychologisches Buch, weil - in Waller und Mary zum Beispiel - zwei psychologisch verschiedene TYPEN von Religion miteinander konfrontiert werden: die pharisäisch-autoritäre und die, an Jesus orientierte, menschlich-befreiende Weise des Religiösen.

Bis zur Heilung ist Wallers Religion nicht 'verinnerlicht', sondern nur 'aufgesetzt', nur "von den Eltern [...] vererbt" (S. 142)! Vergleichbar mit den 'Pharisäern und Schriftgelehrten' verkörpert der Missionar ein erdrückendes, verurteilendes, Angst machendes, zur Gewalt neigendes 'Eltern-Ich'.[52] Er repräsentiert einen "Typ von Religion, dessen Unmenschlichkeit mit Händen zu greifen ist"![53]

Es macht betroffen und bestätigt die Intention des *Friede*-Buchs, wenn Eugen Drewermann - in *Tiefenpsychologie und Exegese* - schreibt, es sei gerade diese unmenschliche Form der Religion,

die sich der weitesten [...] Verbreitung erfreut; sie in sich selbst und in ihren scheinbar frömmsten Anhängern zu bekämpfen, stellt offenbar eine Aufgabe dar, die sich zu allen Zeiten gleichermaßen ergibt, - jedenfalls, wenn man in der Gestalt Jesu gerade eine entgegengesetzte Form von Glauben als verpflichtendes Vorbild verkörpert sieht.[54]

Solche 'jesuanischen' Vorbilder sind, in *Friede*, vor allem Yin, der Malaienpriester und Pfarrer Heartman: Sie stehen für jenen anderen Typus von Religion, der die Pharisäer zurückweist und die Sünder in Schutz nimmt, der alle liebt und jedem hilft, sich selbst zu bejahen: als etwas "ewig Bedeutungsvolles, als etwas ewig Geliebtes" (Paul Tillich).[55]

Die strenge, männlich-harte Pharisäerreligion ist eine 'Krankheit'! Den Weg aber, der zur Heilung Wallers und zur "Jesus-Religion" (Drewermann), zur "menschenfreundlichen Denkart Christi" (Herder)[56] führt, können wir "mit Recht 'Erlösung' nennen und den Schritt dahin als 'Bekehrung' bezeichnen."[57]

Die Bekehrung zum 'Himmelreich' wird in den Gleichnissen Jesu von der kostbaren Perle und vom Schatz im Acker (Mt 13, 44ff.) als unermeßliche Freude verstanden, die das bisherige Leben von Grund auf verändert. In seinem etwa gleichzeitig mit dem *Friede*-Roman Karl Mays entstandenen Hauptwerk *Die Vielfalt religiöser Erfahrung* sieht William James (1842-1910), ein Mitbegründer der modernen Religionspsychologie, die "Glücksekstase" als bezeichnend für das Bekehrungserlebnis an.[58] Die Lebensgeschichte der großen Bekehrten (Augustinus', Pascals und vieler anderer) bestätigt James' Theorie: Ihre Konversion war mit einer - freilich nicht anhaltenden, noch immer zu erlösenden - 'Ekstase' verbunden!

Bei Waller, John Raffley und dem Governor ist es nicht anders: Ihre 'Umkehr', ihre Heilung wird von einem grenzenlosen Glücksgefühl begleitet; sie sind 'außer sich', ihr Leben wird vollständig neu (S. 558)!

Wodurch wird Wallers Glücksekstase bewirkt? Durch den Zusammenbruch seiner alten Doktrin, durch die Umkehrung seines bisherigen Wertesystems (das der Pharisäerreligion entsprach), besonders aber durch Charleys Gedicht, das diesem - mit mehreren Unterbrechungen - 'eingegeben' wurde und unter merkwürdigen, fast magisch anmutenden Umständen in Marys und damit in Wallers Hände gelangte.

Dies ist der Wortlaut des Lehrgedichts (S. 57, 133 u. 219):[59]

> Tragt Euer Evangelium hinaus,
> Doch ohne Kampf sei es der Welt beschieden,
> Und seht Ihr irgendwo ein Gotteshaus,
> So stehe es für Euch im Völkerfrieden.
> Gebt, was Ihr bringt, doch bringt nur Liebe mit,
> Das Andre alles sei daheim geblieben.
> Grad weil sie einst für Euch den Tod erlitt,
> Will sie durch Euch nun ewig weiter lieben.

Tragt Euer Evangelium hinaus,
Indem Ihrs lebt und lehrt an jedem Orte,
Und alle Welt sei Euer Gotteshaus,
In welchem Ihr erklingt als Engelsworte.
Gebt Liebe nur, gebt Liebe nur allein;
Laßt ihren Puls durch alle Länder fließen;
Dann wird die Erde Christi Kirche sein
Und wieder eins von Gottes Paradiesen!

Zunächst hat Waller diese Verse gehaßt und verachtet. Dann aber, unter dem Einfluß Marys und ihrer verstorbenen Mutter, lernt er sie schätzen. Ob diese Zeilen "als Gedicht", in ästhetischer Hinsicht, sehr wertvoll sind, weiß er zwar nicht; doch der Inhalt ist von größter Bedeutung für ihn, und "im Ausdruck liegt Etwas", dem er "nicht widerstehen kann" (S. 60).

Nach und nach, in einem langen Prozeß, Zeile für Zeile rezipierend, läßt er die Strophen - im Schlafe - hinuntersinken: in die Herz-Mitte der Existenz, bis zur Verwandlung in den 'neuen Taucher', der die kostbarsten Perlen aus der 'Tiefe' hervorbringt (vgl. S. 555).

Waller ist umgekehrt zur Jesus-Religion, zur gekreuzigten Liebe, die "Barmherzigkeit will und nicht Opfer" (Mt 12, 7). Er ist umgekehrt zur wahren Religion, die ihm - und der Menschheit - den Frieden bringt und die von Ängsten und Zwängen befreit. Er hat das wahre Christentum gefunden, das keine totalitären, keine terroristischen, sondern menschliche Züge trägt und das allen das Leben, das Leben in Fülle (Joh 10, 10) verheißt.

2.3   Die Auferstehung der Toten

Leben wäre nicht Leben 'in Fülle', wenn es im Tode vernichtet würde. Zur Shen, zur Menschlichkeit, gehört die Hoffnung über den Tod hinaus. Die Frage, die - bewußt oder verdrängt - wohl alle bewegt, ist die Frage nach dem Sinn ihres Lebens. Diese Frage aber ist nicht zu trennen von der Frage nach dem Sinn unseres Todes.

Alles menschliche Handeln setzt einen Sinn und damit Zukunft voraus. Deshalb haben Platon und Cicero die Philosophie als ein Nachdenken über den Tod bezeichnet,[60] und deshalb ist in allen Religionen, seitdem es Menschen gibt, auch der Tod ein wichtiges Thema. Dem Todesproblem kann das Denken nicht ausweichen; andernfalls wäre das ein Zeichen seiner Verflachung, seiner Resignation vor der Wirklichkeit.

So ist es nur konsequent, wenn der *Friede*-Band, dieses ganz und gar menschliche Buch, auch des Todes und der Toten gedenkt: "Wer die Vergangenheit nicht achtet, der hat für die Zukunft keinen Wert" (S. 38), und "Wer auf seine Verstorbenen verzichtet, der ist nicht wert, daß sie für ihn gelebt haben. Er würde ja dadurch auf sich selbst verzichten, weil er sein Dasein nur dem ihrigen verdankt." (S. 37)

Auf der biographischen Leseebene sind sicher die Vorfahren Mays, besonders die Mutter gemeint. Doch auf diesen Gesichtspunkt darf die Botschaft natürlich nicht eingeengt werden.

Am Jenseits handelt - wie wir sahen - vom Sterben, vom Ernst des 'Gerichts', von der Zeit ZWISCHEN Leben und Tod, nicht aber von den Toten selbst. In *Friede* wird der Akzent nun verschoben: Die Toten selbst, ihr Dasein, ihr Hereinwirken in die Welt der Irdischen sind jetzt ständig im Blickfeld. Wenn Mays Chinesen ihren 'Ahnenkult' so betonen, dann aus diesem und keinem anderen Grund: Die Toten sind gar nicht tot; sie leben und sind mit der Erde aufs tiefste verbunden.

Spiritismus? Wenn nicht in *Jenseits*, so doch hier in *Friede*? Nein, auch hier nicht! Denn die Toten sind zwar lebendig, aber sie treten nie auf, sie kehren nicht zurück ins irdische Sein, sie sind geborgen im Frieden Gottes. DIESER Glaube an das Leben der 'Toten' unterscheidet sich von okkulten Spielen und spiritistischem Schabernack fundamental: Spiritistische 'Mitteilungen' lassen die Toten - wie es bei Rahner heißt - doch nur wieder so erscheinen wie *wir*, nicht wie *sie* sind. Tatsächlich zeigt sich bei den spiritistischen Sitzungen ja der Geist der *Irdischen* mit ihren krausen Vorstellungen und Süchten, nicht die Stille der von Gott erfüllten Ewigkeit [...] Nein, den Toten, die leben, begegnen wir [...] in Glaube, Hoffnung und Liebe, d.h. wenn wir unser Herz der schweigenden Stille Gottes selbst öffnen, in der sie leben; nicht dadurch, daß wir sie zurückrufen dahin, wo wir sind, sondern indem wir in die schweigende Ewigkeit unseres eigenen Herzens hinabsteigen [...]"[61]

Diese Auffassung liegt auch dem *Friede*-Roman zugrunde: Im Hinuntersteigen in den 'Schlaf', in den 'Tiefschlaf', in die 'Ewigkeit seines Herzens' (so könnten wir sagen), findet Waller 'Kontakt' mit der verstorbenen Gattin!

Fu, der chinesische Mandarin, meint klärend zu Mary: Der "Ahnenkultus" darf nicht mit den "abergläubischen Gepflogenheiten unserer untersten Volksklasse" verwechselt werden. Dies wäre ebenso falsch, "als wenn wir Ihre Seligen und Heiligen mit den Augen des Gespensterglaubens betrachten wollten, der in den niederen Kreisen Ihrer Bevölkerung vorhanden ist." (S. 38)[62] Der Ahnenkult meint recht verstanden nur dies: "Auch wir Chinesen haben Mütter, die in unserer Liebe noch nach dem Tode weiterleben" (ebd.).[63]

Die Toten leben weiter in unserer Erinnerung, im Gedenken der Liebe. Und wenn WIR dann sterben, wenn keiner mehr ist, der unsere Toten gekannt und geliebt hat? Hat der Tod dann gesiegt und sein Werk vollendet? May verneint das entschieden: Gottes Leben ist nicht nur "in uns, sondern wir befinden uns in ihm. Und am allerfestesten hält es uns dann, wenn es das, was an uns zerstörbar ist, fallen läßt, den Leib!" (S. 558)

Die Toten leben in Gott, in SEINER 'Erinnerung', und nicht nur in den Herzen der Sterblichen. Doch Gottes 'Jenseits' und unser 'Diesseits' sind, wie May und die Theologen versichern,[64] keine schlechthin getrennten Wirklichkeiten: "Die Ewigkeit ist vor uns, hinter uns, neben und rund um uns. Wir befinden uns in ihr [...] Wir leben in ihr und gehören zu ihr" (S. 475)! Deshalb ist Wallers 'Kontakt' mit der toten Gattin NICHT "nur Traum, nur Fieber, nur Wahnsinn" (S. 402)! Weil die Ewigkeit "auch unsere Zeit umschließt",[65] sind nicht nur Waller, sondern uns allen die 'Toten' viel näher, als wir es ahnen: Sie wirken auf uns noch stärker und mächtiger ein als die Irdischen, weil es "für sie keine körperlichen und räumlichen Verhältnisse gibt, durch welche sie daran gehindert werden." (Dr. Tsi, S. 475)[66]

Etwas Großes und Verheißungsvolles deutet Dr. Tsi uns hier an: Der Religionsphilosoph Bernhard Welte denkt, ganz im Sinne dieser Auffassung Tsis, an eine entgrenzte Kommunikationsfähigkeit,[67] und Karl Rahner denkt - mit Verweis auf Thomas von Aquin - an einen "allkosmischen Weltbezug"[68] der Verstorbenen! Ähnlich denkt May. Doch weil er Künstler ist und nicht Systematiker, verzichtet er auf eine ausgebaute 'Lehre von den letzten Dingen'. Das überläßt er den Fachtheologen (S. 409).[69] Ihm genügt dieses Fühlen: Die Toten sind "hier bei uns"; sie treten vor Gott für uns ein (S. 476); sie schützen uns und sie brauchen, umgekehrt, auch uns: unser Gedenken,[70] unser Gebet (S. 650), unsere Liebe!

Sind solche Gedanken ernstzunehmen? In der katholischen Kirche wurde immer vorausgesetzt: Die Verstorbenen sind unsere 'Fürsprecher' bei Gott, und es ist auch umgekehrt sinnvoll und gut, für die Toten zu beten.[71] Auf evangelischer Seite gibt es zwar Stimmen, die vom 'Todesschlaf' oder, noch weitergehend, vom 'Ganztod' (des Körpers UND der Seele) sprechen und folglich ein Leben der Toten zugunsten einer - als 'creatio ex nihilo' gedachten - Auferstehung am 'Jüngsten Tage' zurückweisen.[72] Doch gerade die größten evangelischen Theologen unseres Jahrhunderts, Karl Barth, Paul Tillich, Rudolf Bultmann und (zum Teil) deren Schüler, sind durchaus anderer Meinung.[73] So sehr sich diese Autoren auch unterscheiden und sich gegenseitig korrigieren, in diesem Punkt stimmen sie überein: Die Toten sind schon jetzt in Gottes Liebe geborgen - sofern sie sich nicht selbst von dieser Liebe getrennt haben.

Woher will May (und woher wollen andere) wissen, daß die Toten nicht tot sind? Ist es nur der Mutterkomplex, der ungelöste Konflikt[74] des Neurotikers, wenn sich Ma(r)y ihre Mutter "nicht tot denken" (S. 37) kann?

Die "Parteinahme für das Dasein"[75] der Geliebten auch nach ihrem Tode ist kein Sonderthema von psychisch Gestörten. Der Glaube an das Leben der Toten entspricht dem Wunsch, ja der "prophetischen Gewißheit"[76] der Liebenden. Der Existenzphilosoph Gabriel Marcel hat geschrieben: "Einen anderen lieben heißt ihm sagen: du wirst nicht sterben!"[77] Denn als Liebende sind wir, so Ortega y Gasset, "immerfort dabei, dem Geliebten Dasein zu geben"![78]

Orpheus und Eurydike, Dante und Beatrice, Novalis und Sophie, Rodrigo und Proëza (in Claudels *Der seidene Schuh*), alle großen Liebenden in Mythos, Dichtung und Wirklichkeit sehen ihre Liebe durch den Tod nicht widerlegt. Im Gegenteil: der Tod dient noch "der Sache der Liebe, räumt er doch alle Hindernisse aus dem Weg, verewigt, was ohne ihn vergänglich wäre."[79]

So können wir es verstehen, wenn der todkranke Waller seine verstorbene Gattin 'sieht' und zu sprechen beginnt:

"Du kamst zu mir und gabst mir Augenlicht, in eure liebe, reine Welt zu schauen. Ich sah der Wahrheit in das Angesicht und will der Herrlichen mich anvertrauen [...] Gib mir die Hand, wie du sie mir gereicht, als du, mein Weib und Engel, zu mir kamst. Es hatte sich mir schon der Tod gezeigt, grad als du mich in deine Führung nahmst [...] Wie dank ich dir! Nun bist du himmlisch mein, die du nur irdisch einst die Meine warst. Laß mich ein Schüler jener Liebe sein, als deren Strahl du dich mir offenbarst." (S. 472f.)

Die Toten leben. Sie stehen in Beziehung zu uns: als gute Mächte, als 'Brücken' zur Ewigkeit. WIE leben sie? Als leiblose 'Seelen'? Mit einem wie auch immer gedachten Astralleib? May legt sich nicht fest, er setzt nur voraus: Keine "Schemen", keine "Schatten" (S. 574) sind unsere Toten! Sie bleiben, was sie im Leben geworden sind; doch sind sie - IN dieser Identität - erlöst und verwandelt: befreit von irdischen Fesseln, geläutert vom Erdenschmutz.

Im letzten, für die *Friede*-Fassung geschriebenen Roman-Kapitel glücken dem Dichter die merkwürdigsten, in ihrer Eigenart faszinierenden Bilder. In Raffley-Castle gibt es den "Ahnensaal", eine düstere Kammer mit von Yin - nach Photographien - gemalten Porträts der Vorfahren Raffleys. "Da hängen sie im Tode" (S. 574), verblüffend gut getroffen. Doch sind sie wirklich das gewesen, was die Bilder zeigen? Nein, nur "Masken", nur "Larven" werden da gezeigt in dieser "Leichenkammer" (S. 574f.). Das WESEN, die "Wahrheit" der Toten aber hat Yin, die Künstlerin, entdeckt. Die wirklichen Ahnen hat sie in einer Dynamik gezeichnet, die May so beschreibt:

Die echten Porträts sind in einem zweiten, vom Licht durchfluteten Saale zu sehen. Auf einem Tisch liegt das 'Buch des Lebens' (vgl. Offb 20, 11), und in großer Schrift ist zu lesen: "Sie legen die Kleider ab, dann kommen sie!" Die "Kleider", die Körper, die "Larven" müssen jetzt fallen![80] "Ki, der Himmlische" winkt nach der "Tür" und bringt das Leben in sie:

Und nun strömten sie hervor, dem Lichte entgegen, sie alle, die ihre Kleider, die Leiber, da unten abgelegt hatten [...] Sie quollen aus der Gruft [...] heraus und eilten durch den Saal, mit dankenden Gebärden an Ki, dem Himmlischen, vorüber, um durch die offene Tür zu verschwinden, die auf der andern Seite hinaus in den Garten und dann in das Leben führte. (S. 575f.)

Der Endlichkeit, der tödlichen Enge des irdischen Lebens ist eine Türe geöffnet! "Ich bin die Tür", spricht der Herr, "wer durch mich hineingeht, wird leben." (Joh 10, 9) Doch lesen wir weiter bei May:

Welch eine [...] Szene! Welche Freude [...] in jedem Zug der Gesichter! Und sonderbar: das waren nicht mehr Gesichtszüge von sterblichen Personen; das waren nicht mehr die scharfen Linien und die festgezeichneten Konturen, welche die Körperlichkeit mit sich bringt; und doch besaß jeder und jede dieser Verwandelten die größte Aehnlichkeit mit dem korrespondierenden Bilde im ersten Ahnensaale! (S. 576)

Die Ahnen sind noch immer sie selbst! Ihre Gesichtszüge, als Mann oder Frau, sind die IHREN, aber ERLÖST von Begrenzung und Schuld: durch die Kraft des "Himmlischen", die Leben 'in Fülle' gewährt. Sie sind erlöst durch die göttliche Macht und die (stellvertretende) Liebe John Raffleys - des Nachkommen[81] -, der seinerseits geliebt ist durch Yin, die unendliche Güte.

Yin führt die Staunenden weiter: zum 'verlorenen Paradies'. Die Erlösung der Ahnen wird, auf diesem Bild, projiziert auf die Menschheit schlechthin!

Pfarrer Heartman erzählt die Legende, die Yins Gemälde zugrundeliegt: Gott hat der "Shen" das "Land der Menschlichkeit", und Satanas der "Hen" (der 'Selbstsucht') das "Land der Rücksichtslosigkeit" geschenkt. "Der Menschengeist ging durch das Paradies und lernte dessen Seligkeiten kennen [...] Da sah er heimlich, wie die 'Hen' regierte, und das gefiel ihm wohl. Sie war die Königin, die Oberpriesterin der Hölle [...] Sie gab Gesetze für den Staat; sie richtete; sie strafte" - wie es ihr beliebte (S. 582).[82] Der Menschengeist ließ sich betören. Das sah die Shen mit größter Sorge. Sie stürzte sich hinaus, um ihn zu retten. Da kam der Satanas, "erhob die Faust und schlug sie, daß sie tot zu Boden sank." (S. 582) Der Menschengeist ward nun verflucht, "das Tor der Seligkeit verschwand mit seinen Mauersäulen" (S. 583).

Yin hat die Szene gemalt: Die Menschen werden aus dem Paradies hinausgetrieben; ein "alle Hoffnung verzehrendes Licht" entstellt die Gesichter. Aber - noch ein anderes, ebenfalls von Yin gemaltes, Bild ist zu sehen. Es zeigt genau dieselbe Gegend:

in späterer, später, vielleicht gar zukünftiger Zeit [...] Es war hier Feiertag, am Tag des Herrn, in Gottes Morgenfrühe! Und durch das Land der Hölle kamen sie gezogen, die jetzt nun wirklich Menschen waren, in allen Rassen, allen Farben und jeder Tracht, die es auf Erden gibt. (S. 585f.)

Wie hieß es bei Dante? Über dem Höllentor war zu lesen:[83]

> Durch mich gehts ein zur Stadt der Schmerzerkornen,
> Durch mich gehts ein zur Qual der Ewigkeiten,
> Durch mich gehts ein zum Volke der Verlornen [...]
> Laßt, die ihr eingeht, alle Hoffnung fahren.

In Mays Vision aber wird die Höllentüre geöffnet![84] In Scharen ziehen sie aus, der 'Menschengeist' allen voran - einst stolz und erhaben, jetzt arm und gering, in wirklicher Demut. Ein "Bettler" ist er geworden, ein Bettler vor Gott. Doch ahnt er es wohl: sein Gebet wird erhört. "Denn gar nicht weit von ihm steht Gottes Pforte offen, das Tor des Paradieses, das neu erstanden ist" (S. 586)!

Das Paradies wird in *Friede* nicht - wie es einem zyklischen Weltbild entspräche[85] - nur 'wiederhergestellt'. Nein, etwas Neues (vgl. Offb 21, 5) wird geschaffen! Satanas und seine 'Hen' sind jetzt am Ende, für immer. Was steht auf ihren Gesichtern? "Haß und doch Anbetung, das ganze Entsetzen der letzten, höchsten Angst und dennoch aber die Freude, daß endlich, endlich nun Alles vorüber sei, daß Hölle und Teufel auf ewig verschwinden müsse" (S. 587).[86]

Es beginnt nicht wieder dasselbe! Nicht zyklisch, sondern linear ist das Geschichtsverständnis Karl Mays: Die Geschichte hat ein ZIEL, die Neue Schöpfung!

Den Menschen, den endgültig Erlösten, geht der "Einzig-Eine", der Nazarener mit den Nägelmalen voran. Doch dann tritt SIE hervor, die Shen, "zu dem Erlöser hin, nach dessen Geist die Seele ewig strebt." Christus nimmt sie auf. Er legt "den Arm um sie" (S. 587): eine zärtliche Geste, ein - erotisches - Vollendungsmotiv, das alte und älteste Parallelen hat (in den Märchen und Mythen) und auch der biblischen Prophetie (Jes 61, 10), der Johannes-Offenbarung (Offb 21, 2) und der Rose in Dantes *Commedia*[87] entspricht. Die Shen also zieht Christus empor an sein Herz. Er winkt den Menschen, "ihm und ihr zu folgen [...] dem offenen Tore zu!" (S. 587)

Die geöffnete Tür, auch sie - wie der "Garten" hinter dem Tor (S. 576) - ein Vollendungssymbol: Die dämonische Macht ist gebrochen, der Tod wird nicht mehr sein, und die Liebe wird triumphieren. Bis zur Vollendung aber gilt: Shen und Hen,[88] Gott und Satanas - ein Dualismus von gegensätzlichen Mächten, von Gut und von Böse.

Sein 'dualistisches Denken' wird May oft zum Vorwurf gemacht, als Indiz eines "psychischen Defekts"[89] womöglich. Doch niemand kann bestreiten, daß dualistische Prinzipien, ihr Kampf und ihr Widerspruch, erfahrbare Realität in der Welt und im Herzen des Menschen sind. Die Existenzerfahrung ist zwiespältig - eine Zerrissenheit, die es in Hoffnung auszuleiden gilt, bis das Heil sich endgültig durchsetzt,[90] bis zur "Hochzeit des Lammes" (Offb 19, 7), bis zum "neuen Jerusalem", das "bereit ist wie eine Braut, die sich geschmückt hat für ihren Mann." (Offb 21, 2)

Ein mythischer Dualismus ist vielen Religionen, dem Parsismus besonders, aber auch biblischen Texten zu eigen. Ein Dualismus im strengen Sinn als gleiche Mächtigkeit und gleiche Ursprünglichkeit des Guten wie des Bösen ist dem Christentum allerdings fremd. Ein solcher Dualismus wird auch von May nicht vorausgesetzt: in *Friede* nicht und im späteren *Märchen von Sitara*[91] ebenfalls nicht.

Mays Problem - schon in den Kolportageromanen - ist ja 'nur' dies: Welche Macht wird gewinnen? Seine Antwort: der auferstandene Herr, die Liebe, die Menschlichkeit. Dieser Glaube gibt Kraft: zum Frieden schon JETZT, zum Frieden auf ERDEN.

2.4 Jenseitsglaube und Diesseitshoffnung

Ist die Botschaft des *Friede*-Romans religiös oder ist sie 'profan' zu verstehen? Diese Frage setzt eine falsche Alternative voraus. Dem Auferstehungsglauben als solchem kommt eine, von Christen oft nicht erkannte, gesellschaftskritische Relevanz zu, die Karl Barth nach dem Ersten Weltkrieg so formuliert hat:

Wir glauben also *darum* [...] an Reform und Erneuerung der Verhältnisse, an die Möglichkeit von [...] Bruderschaft auf der Erde [...], weil wir noch ganz anderer Dinge warten, nämlich eines neuen Himmels und einer neuen Erde. Wir setzen *darum* unsere Kraft ein [...], weil wir des neuen Jerusalem, das von Gott aus dem Himmel herabfährt, gewärtig sind. Wir haben *darum* den Mut, in diesem Äon Schranken, Fesseln und Unvollkommenheiten zu ertragen, aber auch nicht zu ertragen, sondern zu zerbrechen, weil wir [...] den neuen Äon meinen, in welchem der letzte Feind, der Tod, [...] aufgehoben wird.[92]

Der neue Äon verlangt die Erneuerung dieser Erde - schon jetzt. Die Rückkehr des Paradieses, die Erlösung, die Heartmans Sage und Yins Gemälde beschreiben, liegen in "zukünftiger Zeit" (S. 585). Aber später heißt es: die "ferne Stunde, von welcher meine Sage sprach, ist keine andere als die jetzige!" (S. 637) Warum? Weil das Reich der 'Shen', das Reich der Liebe und des Friedens - wie Jesu Gleichnisse lehrten - schon "hier auf Erden" beginne (S. 408)!

In der Tat: die "Königsherrschaft Gottes" (Mk 1, 15), die zur "ursprünglichen Botschaft"[93] Jesu gehört, meint das künftige, das ewige Leben, ist aber - im Verständnis Jesu - mit seinem eigenen Wirken, seiner Zuwendung zu den Armen und Schwachen, zu den Zöllnern und Sündern schon angebrochen.[94] Die Zukunft hat schon begonnen! Auch der Hinweis Karl Mays auf die Gleichnisse Jesu (S. 408) ist interessant und berechtigt: Zeigen sie doch, daß zwischen dem Gottesreich und der Menschenwelt eine innere Beziehung besteht! Die jetzige Welt, davon gehen diese Gleichnisse aus, will Gott vollenden und umgestalten. Otto Knoch, ein katholischer Exeget, faßt zusammen: "Das Reich Gottes ist also eine Wirklichkeit, die in dieser Weltwirklichkeit bereits gegenwärtig ist und wirkt."[95]

Manchen Auslegern zufolge steht das religiöse Element des Mayschen Spätwerks im Dienste einer rein diesseitigen "Prophetie vom 'neuen Menschen'";[96] Mays 'Himmelreich' sei nichts anderes als das säkularisierte "Reich des Menschen",[97] und diejenigen seiner religiösen Kritiker, die "in Mays Werk ein geheimes Ketzertum witterten und seiner christlichen Botschaft nie recht trauen wollten", hätten ganz recht.

Nein, sie haben nicht recht! Mays Jenseitsglaube ist ebenso 'orthodox' wie seine Diesseitshoffnung.[98] Denn die Liebe zu Gott und zur Welt, die Religion und das Engagement für Friede und Geschwisterlichkeit gehören eben zusammen.

Zwar hat es immer auch Christen, auch Theologen und kirchliche Amtsträger gegeben, die den Glauben rein jenseitig verstanden und - wie z.B. manche Lutheraner im Anschluß an die (wohl mißverstandene) 'Zwei-Reiche-Lehre' des Reformators[99] - das irdische und das himmlische 'Regiment' total voneinander trennten. DIESE Denkweise provoziert den Protest Nietzsches und Ludwig Feuerbachs, der geschrieben hat: "Aus Theologen will ich Anthropologen, aus Theophilen Philanthropen, aus Kandidaten des Jenseits Studenten des Diesseits, aus Betern will ich Arbeiter, aus religiösen Kammerdienern will ich freie Bürger machen."[100]

Doch die Bibel kann dieses Diktum nicht treffen. Sie redet von überirdischen Hoffnungen und bleibt der Erde doch treu. Die alttestamentlichen Propheten - am schärfsten Amos - wandten sich radikal gegen politisches Unrecht und den Rückzug der Religion ins bloß Kultische und Zeremonielle.[101] Wie gesagt, auch die Predigt Jesu liegt auf dieser Linie, wenn sie das Reich Gottes "mitten unter uns" (Lk 17, 21) verkündet und - beim Evangelisten Johannes am deutlichsten - das ewige Leben als künftig und gegenwärtig zugleich versteht.

In neuerer Zeit haben evangelische und katholische Theologen wie Harvey Cox, Jürgen Moltmann, Karl Rahner, Hans Küng, Ernesto Cardenal, Leonardo Boff u.a. die gesellschaftspolitische Relevanz des Jenseitsglaubens zum großen Thema erhoben. Der theologische Grund für diese - auch in amtlichen Dokumenten der Kirchen zu findende[102] - Zusammenschau von Jenseits- und Diesseitshoffnung ist ein umfassendes Ja zum Leben:

Wenn das jetzige Dasein in die Ewigkeit eingeht, stellt der Jenseitsglaube den Menschen "erst recht in die Erde hinein"![103]

Innerweltliche Utopien, Träume von Recht und Gerechtigkeit, von Liebe und Frieden sind notwendig. Sie gehören zum Menschen und seiner Bestimmung. Ohne solche Träume bliebe alles beim alten, und ohne solche Träume verlöre der Mensch seine Seele. Häretisch und 'ketzerisch' wäre es, wenn irdische Zukunftsentwürfe - im *Friede*-Band: "Ocama"[104] - mit dem Gottesreich identifiziert würden; nicht häretisch, sondern biblisch ist es hingegen, wenn Diesseits- und Jenseitshoffnung aufs engste miteinander verknüpft werden. Dies und nichts anderes tut May, wenn er Heartman sagen läßt: "Das Paradies der Erde ist nicht das Himmelreich des Welterlösers, doch hat das Letztere zum Ersteren zu kommen." (S. 637)

Das darf man - theologisch korrekt - nicht so verstehen, als habe der Mensch einen 'Anspruch' auf Erlösung. Nein, Erlösung ist Gnade! May aber will ja nur sagen: Die Ewigkeit reicht in die Zeit hinein und erneuert "das Antlitz der Erde" (Ps 104, 30). Von einer solchen Denkrichtung her ist Mays Friedensideal zu würdigen.

Eine "altruistische Studie" hat der Autor seinen Roman genannt (S. 616). Gemeint ist die - von der Friedensidee der Propheten (z.B. Jes 2, 4) und der Reich-Gottes-Botschaft Jesu her motivierte - Vision einer Neuen Erde.

Die Predigt Jesu ist mit einer Umwertung des gängigen Wertesystems verbunden: Jesus ist der Freund auch der Ausgestoßenen, der religiös oder sozial Heruntergestuften, der 'Unterprivilegierten' der damaligen - und der heutigen - Gesellschaft.[105] Er ist gekommen, "zu suchen und zu retten, was verloren war." (Lk 19, 10) Er kündet eine neue Ordnung, die das Kranke heilt und die üblichen Maßstäbe - aufgrund einer größeren Liebe - durcheinanderbringt und relativiert: Die Letzten werden die Ersten, die Hungrigen werden gesättigt, die Kleinen werden groß und die Gefangenen werden frei. Die Stolzen aber werden gestürzt; und zerstreut werden, "die im Herzen voll Hochmut sind" (Lk 1, 51). In dieser Neuordnung erfüllt sich Gottes Verheißung (Lk 4, 21) und bricht das Reich seiner Liebe an, schon jetzt auf dieser Erde.[106]

Auch die Biographie Karl Mays kann aus dieser Sicht gedeutet werden. Geradezu als Modellfall der Jesus-Verheißung kann sein Leben interpretiert werden. Auch seine Schriften, von den Kolportageromanen bis zu *Friede*, umschreiben in wachsender Klarheit die Neue Ordnung des Gottesreichs. Der Gesinnung Jesu verpflichtet, küßt Charley singhalesische - unberührbare, weil als 'schmutzig' geltende - Kinder (S. 112), bekehren sich Raffley und der britische Governor zu den Verachteten (den Malaien und Chinesen) und lehnt der Autor die Selbstüberhebung der Europäer scharf ab: "Die Strömung, welche jetzt gegen die Küste Chinas brandet, ist eine doppelte, nämlich eine religiöse und eine politische, und beide werden uns von einem und demselben Winde zugeführt, dem Egoismus." (S. 174)

May wendet sich ab vom pseudo-religiösen Hochmut, vom pharisäischen Stolz, aber auch vom Nationalismus der Zeitgenossen, sei er nun deutsch oder europäisch gefärbt: Kein Volk ist minderwertig, und keines ist besser als das andere (S. 24)! Fragte man ihn, für welche Nation er kein besonderes "Faible" habe, so käme er "in Verlegenheit", denn "allen, allen" Völkern ist er gut (S. 189)!

In den früheren Büchern waren meist Deutsche die Helden. Die Liebe zu anderen Völkern und Rassen, den diskriminierten zumal, war May freilich, trotz mancher Klischees und einiger Vorurteile, schon immer ein Anliegen:[107]

Ich habe nun über ein Vierteljahrhundert lang an der schriftstellerischen Aufgabe gearbeitet, die deutsche Volksseele hinaus zu fremden Völkern zu führen, damit sie die Seelen dieser Völker kennen und lieben lerne, und sich für den Gedanken begeistere, daß diese Seelen ebenso wie sie Gott dem Herrn gehören, welcher der Urquell alles Hohen, Edlen und Schönen ist.[108]

Fürs Erobern und Blutvergießen war der Dichter eigentlich nie. Menschliches Leben haben seine Helden - von manchen Entgleisungen im Frühwerk abgesehen - geschont und behütet. Trotz Superwaffen und Kraftmeiereien sind die Erzählungen Mays im Grunde doch "Friedensgeschichten".[109] Die Versöhnung, die Milde, das 'Begraben des Kriegsbeils' war immer ein wichtiges Ziel. Aber in *Friede* geht May noch wesentlich weiter: Der Verzicht auf jegliche Art der 'Ausbeutung' (vgl. S. 170),[110] die Versöhnung der Völker, die Verständigung mit fremden Kulturen, die Ächtung des Krieges, die Kritik am Terror der abendländischen 'Zivilisatoren' (S. 278f.),[111] die Zurückweisung der - von Nietzsche gepriesenen[112] - "Uebermenschen" und "Uebernationen" (S. 151) werden zum brennenden Thema.

Man muß sich, zum vollen Verständnis, die konträre Tendenz des Kürschnerschen Sammelwerkes vor Augen halten, das den *Friede*-Roman, in der ursprünglichen *Pax*-Fassung, enthielt![113] "Mit dieser Art von Gong" (S. 491) - der Kriegstreiberei des Wilhelminismus - wollte May nichts zu tun haben: "O ihr Toren! Wißt ihr denn nicht, daß Alles, was ihr Andern tut, das tut ihr für die Zukunft an euch selbst?!" (S. 275f.)

Weit vorausblickend setzt der Dichter sich ein für die Schöpfung, die der Mensch zu "pflegen" und nicht zu 'beherrschen' habe (S. 136).[114] Er plädiert für die "Menschenrechte" (S. 354), belächelt die "starken Geister" (S. 644), wendet sich gegen das 'Säbelrasseln' (S. 354), empfiehlt - wie ansatzweise schon in *Old Surehand III*[115] - den "unbewaffneten Frieden" (S. 486)[116] und erklärt lapidar: Der Einsatz der Waffen, ja allein schon die "bewaffnete Hand" - also der BESITZ von Waffen - setzt "das Wohl der Völker auf das Spiel und bezahlt mit Menschenblut, was ihr der Friede ganz umsonst und doppelt geben würde." (S. 479)

Der ältere May ist ein prophetischer Dichter - inspiriert von der (diesseitig-jenseitigen) Reich-Gottes-Predigt des Jesus von Nazareth. Er ist ein christlicher Pazifist, ein Vorläufer der 'Friedensbewegung'. Parteipolitisch ist er, wie weiter oben schon vermerkt,[117] allerdings nicht einzuordnen. Den "Sozialdemokratismus" nennt er mit dem "Anarchismus" und dem "Nihilismus" in einem Atemzug (S. 172).[118] Zugleich aber meint er ein Bündnis der politischen Rechten mit dem Absolutheitsanspruch des Christentums zu erkennen und - als der Botschaft Jesu widersprechend - zu durchschauen. Mit feinem Sarkasmus deckt er die unheilige Allianz von "geistlicher Macht" (S. 612), von "christlichen 'Interessen'-Sphären" (S. 495 u.ö.) und militärischen Ambitionen auf: "Wir sind nämlich zwei Raufbolde, ein religiöser und ein zivilisatorischer." (S. 647)

Es zeigt sich erneut: Mays Anliegen ist das "wahre" Christentum. Der - in Waller überwundenen und dann in Dilke gefahrenen - Gewaltreligion, in deren Namen unzählige Kriege geführt,[119] ganze Völker und Kulturen zerstört, freie Gedanken unterdrückt, Andersdenkende verbrannt und "Menschen in Krankheit und Wahnsinn getrieben"[120] wurden, DIESER 'Religion' wird die Jesus-Religion der Barmherzigkeit entgegengesetzt: "Gebt Liebe nur, gebt Liebe nur allein" ist die direkte Antwort auf des Kaisers Kriegspropaganda![121]

Mays politische Aussagen, so meinte Peter Krauskopf, seien "in ihrer Naivität [...] kaum diskussionswürdig."[122] Wirklich? Mays Aussagen sind so 'naiv' wie die Bergpredigt Jesu. Den politischen Sachverstand werden sie nicht ersetzen können; als Gesinnungsethik, als Gewissensstachel - für Christen zumindest - sind sie aber doch aktuell.

Hat May in *Friede* den Sinn für die Realität verloren? Im Gegenteil: er hat ihn gefunden! Ocama, der ewige Friedensort, der auf Gott und nicht auf die Macht der Waffen vertraut, ist ein "Zukunftsprojekt" (S. 498), das freilich schon jetzt zu erproben ist. May sieht es klar: Der Gesamtheit aller Menschen, "die auf Erden endlich einmal Frieden haben wollen" (S. 551), steht - bis zum Ende des Menschengeschlechtes vermutlich (S. 338f.) - das Vorurteil, die Selbstsucht gegenüber. Als habe May den Weltenbrand schon vorausgesehen, ertönt am Ende seines Romans der erschreckende Ruf: "Meine Brüder, es gibt - - - Krieg!" (S. 658)

Dieser "geniale Sprung vom Ideal in die unmittelbare Wirklichkeit" rückt, so Amand von Ozoróczy, "die Forderung der 'Shen' ins rechte Licht"; er "zeigt, wie viel noch zu tun bleibt, um ihre Frage zur brennendsten zu machen"![123]

Der Träumer May ist auch Realist. Er weiß: "Der Tag der Feindschaft ist noch nicht vorüber." (S. 657) Seine Zuflucht: "Die allerhöchste Gnade und der allerhöchste Schutz!" (S. 660) Der letzte Satz des Romans: "Gleich ist es Mitternacht; sie soll uns betend - dankend - hoffend finden!"

Anmerkungen

1 Die folgenden Ausführungen entsprechen, leicht gekürzt, Hermann Wohlgschaft: *'Und Friede auf Erden!' Eine theologische Interpretation.* In: JbKMG 1989, S. 101-145 (S. 113-137).

2 Seitenangaben in () beziehen sich auf Karl May: *Und Friede auf Erden! Gesammelte Reiseerzählungen,* Bd. XXX. Freiburg 1904.

3 Vgl. Hans Wollschläger: *"Die sogenannte Spaltung des menschlichen Innern, ein Bild der Menschheitsspaltung überhaupt".* Materialien zu einer Charakteranalyse Karl Mays. In: JbKMG 1972/73, S. 11-92. - Zur Beziehung May-Freud vgl. bes. Udo Kittler: *Karl May auf der Couch? Die Suche nach der Seele des Menschen.* Materialien zur Karl-May-Forschung, Bd. 9. Ubstadt 1985, S. 75ff.

4 Vgl. Ernst Seybold: *Aspekte christlichen Glaubens bei Karl May.* SKMG Nr. 55 (1985), S. 26f.

5 Karl May: *Am Jenseits.* Gesammelte Reiseerzählungen, Bd. XXV. Freiburg 1899, S. 348.

6 Ernst Seybold: *Anmerkungen zu Paul Rentschka: Karl Mays Selbstenthüllung.* In: JbKMG 1987, S. 150-159 (S. 155, Anm. 39).

7 Die fast wörtliche Übereinstimmung dieser Aussage mit Seybold: Ebd., S. 155f. (Anm. 39), ist interessant. Seybolds Beiträge im JbKMG 1987 und die Erstfassung des vorliegenden Buch-Kapitels sind völlig unabhängig voneinander entstanden.

8 Vgl. z.B. Heinrich Fries: *Ökumene statt Konfessionen? Das Ringen der Kirche um Einheit.* Frankfurt/M. 1977.

9 Dieses Studium ist inzwischen weit fortgeschritten. Die Überwindung der Kirchentrennung wäre nach der Meinung führender Theologen heute schon möglich! Besonders hilfreich: Heinrich Fries - Karl Rahner: *Einigung der Kirchen - reale Möglichkeit.* Quaestiones disputatae, Bd. 100. Freiburg, Basel, Wien 1983.

10 Vgl. Yves M. Congar: *Ökumenische Bewegung.* In: *Lexikon für Theologie und Kirche VII.* Hrsg. von Josef Höfer und Karl Rahner. Freiburg ²1962, Sp. 1128-1137. - Zur Una-Sancta-Bewegung im 19. Jhd.: Manfred Fleischer: *Katholische und lutherische Ireniker - Unter besonderer Berücksichtigung des 19. Jhd.* Göttingen, Frankfurt, Zürich 1968.

11 Vgl. oben, S. 525. u. 528f.

12 Die besorgte Frage der Prinzessin Wiltrud von Bayern nach der Taufe Winnetous und die Antwort Mays spiegeln diese Ansicht sehr anschaulich! - Vgl. Karl May: *Briefe an das bayerische Königshaus.* In: JbKMG 1983, S. 76-122 (S. 77).

13 Vgl. Karl Rahner: *Heilswille Gottes.* In: *Lexikon für Theologie und Kirche V.* Freiburg ²1960, Sp. 165-168 - C.G. Diehl: *Heidentum.* In: *Religion in Geschichte und Gegenwart III.* Tübingen ³1959, Sp. 141ff.

14 Textbelege bei Karl Rahner - Herbert Vorgrimler: *Kleines Konzilskompendium*. Freiburg, Basel, Wien 1966, S. 709.

15 Rahner: *Heilswille Gottes*, wie Anm. 13, Sp. 167.

16 Vgl. Karl Rahner: *Die anonymen Christen*. In: Ders.: *Schriften zur Theologie VI*. Einsiedeln, Zürich, Köln 1965, S. 545-554 - Ders.: *Anonymes Christentum und Missionsauftrag der Kirche*. In: Ders.: *Schriften zur Theologie IX*. Einsiedeln, Zürich, Köln 1970, S. 498-515. - Rahner verfocht seine Theorie bis zuletzt, allen Einwänden von 'konservativer' und 'progressiver' Seite zum Trotz.

17 Vgl. Hans Küng: *Christ sein*. München 1974, S. 105ff. - Hans Küng, Josef van Ess, Heinrich von Stietencron, Heinz Bechert: *Christentum und Weltreligionen. Hinführung zum Dialog mit Islam, Hinduismus und Buddhismus*. München 1984, passim.

18 Vgl. Karl May: *Deutsche Herzen - Deutsche Helden*. Dresden 1885-87. Reprint Bamberg 1976, S. 584: "Welchen Namen man ihm auch geben möge, ob man ihn Herr, Gott, Manitou oder Allah nenne, er ist doch Ein- und Derselbe, die ewige, unendliche Liebe, der Schöpfer und Vater aller Menschen, der nicht nach der Verschiedenheit der Bekenntnisse fragt, sondern nur das Herz und die Nieren prüft. Vor ihm sind Alle gleich, Christen, Juden, Türken, Heiden. Nicht das Bekenntniß thut es, nicht die Confession, sondern der eine, große Gottesgedanke [...]"

19 In diese Richtung gehen auch diverse Tagebuchnotizen Mays während seiner Orientreise; vgl. z.B. Hans Wollschläger - Ekkehard Bartsch: *Karl Mays Orientreise 1899/1900. Dokumentation*. In: JbKMG 1971, S. 165-215 (S. 211, Notiz vom 9.7.1900).

20 Vgl. Hans Küng - Julia Ching: *Christentum und Chinesische Religion*. München 1988.

21 Vgl. Wenzel Lohff: *Liberale Theologie*. In: *Lexikon für Theologie und Kirche VI*. Freiburg 21961, Sp. 1005ff. - Konrad Hecker: *Liberalismus und liberale Theologie*. In: *Herders theologisches Taschenlexikon*, Bd. 4. Hrsg. von Karl Rahner. Freiburg, Basel, Wien 1972, S. 312-319.

22 Vgl. Heinz Stolte: *Auf den Spuren Nathans des Weisen. Zur Rezeption der Toleranzidee Lessings bei Karl May*. In: JbKMG 1977, S. 17-57 - Ekkehard Koch: *"Jedes irdische Geschöpf hat eine Berechtigung zu sein und zu leben". Zum Verhältnis von Karl May und Johann Gottfried Herder*. In: JbKMG 1981, S. 166-206.

23 Bernhard Welte: *Das Licht des Nichts. Von der Möglichkeit neuer religiöser Erfahrung*. Düsseldorf 1980, S. 57-64.

24 Küng: *Christ sein*, wie Anm. 17, S. 85.

25 Eugen Drewermann: *Tiefenpsychologie und Exegese, Bd. I. Die Wahrheit der Formen. Traum, Mythos, Märchen, Sage und Legende*. Olten 41987 (Einband-Rückseite) - Zur Auseinandersetzung mit Drewermann vgl. unten, S. 743f.

26 Daß alle diese Erzählstoffe von den Märchen bis zur Bibel im gleichen Sinne 'wahr' seien, ist natürlich - auch bei May - nicht gemeint. Daß Gott sich vor allem in Christus offenbart, ist für May selbstverständlich.

27 Zum 'Synkretismus' in Mays *Friede* vgl. Walter Schönthal: *Christliche Religion und Weltreligionen in Karl Mays Leben und Werk*. SKMG Nr. 5 (1976), S. 18ff.

28 Leonardo Boff: *Kirche: Charisma und Macht*. Düsseldorf 51985, S. 164-194.

29 Ebd., S. 169ff.

30 Paul Schwarzenau: *"Ich bin ja Christ!"* In: Ders.: *Der größere Gott. Christentum und Weltreligionen*. Stuttgart 1977, S. 33-48 (S. 33).

31 Ebd., S. 46.

32 Ebd., S. 47 (Hervorhebung von mir).

33 Küng - Ching, wie Anm. 20, S. 297-307.

34 Zur Problemlage vgl. Heinrich Fries: *Fundamentaltheologie*. Graz, Wien, Köln 1985, S. 219ff.

35 Vgl. Diehl, wie Anm. 13, Sp. 142.

36 Vgl. die Literaturangaben oben, Anm. 16. - Einen Hinweis auf die "anonymen Christen" gibt schon Seybold: *Aspekte*, wie Anm. 4, S. 10.

37 Wolfgang Wagner: *Der Eklektizismus in Karl Mays Spätwerk*. SKMG Nr. 16 (1979), S. 8, sieht "gegensätzliche Strömungen" in Mays Glauben; dagegen meint Seybold: *Aspekte*, wie Anm. 4, S. 29, zu Recht: Mays Gedankenwelt ist weder verworren noch allzu widersprüchlich.

38 Alfred Paffenholz: *Kleine Fluchten oder: Der Traum vom Paradies. Eine Erinnerung an Karl May und seine Wiederentdeckung.* In: *Karl May - der sächsische Phantast. Studien zu Leben und Werk.* Hrsg. von Harald Eggebrecht. Frankfurt/M. 1987, S. 45-62 (S. 60f.).

39 Schönthal, wie Anm. 27, S. 19, verweist auf die "T'ai-p'ing-Bewegung", die im 19. Jhd. eine Synthese zwischen konfuzianischen und christlichen Gedanken herzustellen versuchte. - Vgl. Bernhard Kosciuszko: *Illusion oder Information? China im Werk Karl Mays.* In: JbKMG 1988, S. 322-340 (S. 328f.).

40 May: *Am Jenseits*, wie Anm. 5, S. 129.

41 Vgl. Walbert Bühlmann: *Wo der Glaube lebt. Einblicke in die Lage der Weltkirche.* Freiburg 1974 - Ders.: *Weltkirche. Neue Dimensionen. Modell für das Jahr 2001.* Graz 1984. - In diesen Büchern begegnet ein von Grund auf geläutertes Missionsverständnis: weg von der "Eurozentrik" und hin zu einem echten Pluralismus der Mentalitäten, der Organisationsstrukturen, der Liturgien und Theologien.

42 Küng - Ching, wie Anm. 20, S. 300.

43 Ebd., S. 264.

44 Ludwig von Pastor: *Geschichte der Päpste*, Bd. XV. Freiburg, Rom [8]1961, S. 309; zit. nach Küng - Ching, wie Anm. 20, S. 264.

45 Peter Krauskopf: *Die Heldenrevision in Karl Mays Reiseerzählung 'Und Friede auf Erden' als Kritik am wilhelminischen Imperialismus I.* In: MKMG 71 (1987), S. 8 - Zu freimaurerischen Einflüssen auf Mays Spätwerk vgl. Wagner, wie Anm. 37, S. 17-21; allerdings ist leicht zu beweisen, daß diese Einflüsse mit Mays christlicher Überzeugung vereinbar sind!

46 Die 'Shen' kommt in der *Pax*-Fassung noch nicht vor; an ihrer Stelle steht dort die 'Bruderschaft des Pu'.

47 Vgl. unten, S. 734f.

48 Vgl. Friedrich Ernst Daniel Schleiermacher: *Reden über die Religion an die Gebildeten unter ihren Verächtern* (1799); hier zit. nach P. Meinhold: *Schleiermacher.* In: *Lexikon für Theologie und Kirche IX.* Freiburg [2]1964, Sp. 413ff. (Sp. 414).

49 Vgl. Koch, wie Anm. 22, S. 177f.

50 'Gefühl' ist bei Schleiermacher nicht abwertend als 'Gefühlsduselei' zu verstehen, auch nicht "als bloße seelische Befindlichkeit, sondern [...] als unmittelbare und schlechthin unwiderlegliche Selbstgegebenheit von Dasein" (Hecker, wie Anm. 21, S. 315).

51 Schleiermacher, wie Anm. 48, hier zit. nach *Schleiermacher-Auswahl.* München, Hamburg 1968, S. 9.

52 Vgl. Thomas A. Harris: *Ich bin o.k., Du bist o.k. Wie wir uns selbst besser verstehen und unsere Einstellung zu anderen verändern können. Eine Einführung in die Transaktionsanalyse.* Neudruck Hamburg 1975, S. 31ff.

53 Drewermann: *Tiefenpsychologie*, wie Anm. 25, S. 478.

54 Ebd.

55 Paul Tillich: *Die neue Wirklichkeit.* Auswahl aus: Ders.: *'In der Tiefe ist Wahrheit' und 'Das Neue Sein'.* München 1962, S. 93; zit. nach Drewermann: *Tiefenpsychologie*, wie Anm. 25, S. 478.

56 Johann Gottfried Herder: *Ideen zur Philosophie der Geschichte der Menschheit*, Bd. 2. Berlin, Weimar 1965, S. 298; zit. nach Koch, wie Anm. 22, S. 193.

57 Drewermann: *Tiefenpsychologie*, wie Anm. 25, S. 479.

58 Vgl. William James: *The Varieties of Religious Experience.* Edinburgh 1901f.; deutsch: *Die Vielfalt religiöser Erfahrung. Eine Studie über die menschliche Natur.* Olten, Freiburg 1979, S. 185-247 (S. 244). - Interessant ist in diesem Zusammenhang auch die Arbeit Paul Näckes; vgl. oben, S. 582.

59 Der hier wiedergegebene Text der *Friede*-Fassung weicht von der *Pax*-Version geringfügig ab.

60 Vgl. Platon: *Phaidon XXIX.* München 1962, S. 123 - M.T. Cicero: *Tusculanae Disputationes I*, 75; beides nach Josef Pieper: *Tod und Unsterblichkeit.* München 1968, S. 15.

61 Karl Rahner: *Das Leben der Toten.* In: Ders.: *Schriften zur Theologie IV.* Einsiedeln, Zürich, Köln [4]1964, S. 429-437 (S. 437).

62 Aberglauben gibt es auch in den 'höheren' Schichten der Gesellschaft. Da die Gleichwertigkeit der 'Einfachen' mit den sozial Höhergestellten ein wichtiges Thema in *Friede* ist, sollte die Rede von der "untersten Volksklasse" hier nicht als Indiz für überhebliches Standesdenken gewertet werden.

63 Zum chinesischen Ahnenkult aus christlicher Sicht vgl. Küng - Ching, wie Anm. 20, S. 63-66.- Vgl. auch Bernhard Kosciuszko: *Illusion oder Information? II. China im Werk Karl Mays.* In: JbKMG 1989, S. 146-177 (S. 165f.).

64 Vgl. oben, S. 605.

65 Karl May: *"... daß ja diese Ewigkeit auch unsere Zeit umschließt"* (Brief vom 21.3.1902 an Sophie von Boynburg, Graz). In: MKMG 56 (1983), S. 19f. (S. 19).

66 Vgl. oben, S. 463f. zu *Das Geldmännle*.

67 Bernhard Welte: *Leiblichkeit als Hinweis auf das Heil in Christus.* In: Ders.: *Auf der Spur des Ewigen*. Freiburg, Basel, Wien 1965, S. 83-112 (S. 87f.).

68 Karl Rahner: *Zur Theologie des Todes*. Quaestiones disputatae, Bd. 2. Freiburg, Basel, Wien 51958, S. 21 u. 23.

69 Diese Bemerkung fehlt in der *Pax*-Fassung.

70 Daß wir den Toten "bittere Schmerzen" bereiten, wenn wir sie vergessen (S. 476), kann freilich - wenn überhaupt - nur für die 'Zwischenzeit' zwischen Tod und Vollendung durch Gott (fürs 'Purgatorium' also) zutreffen.

71 Zur Abgrenzung dieser Auffassung gegen Vergröberungen der Volksfrömmigkeit vgl. z.B. Rahner: *Das Leben der Toten*, wie Anm. 61, S. 436f., und Franz-Josef Nocke: *Eschatologie*. Düsseldorf 1982, S. 130ff.

72 Näheres bei Hermann Wohlgschaft: *Hoffnung angesichts des Todes. Das Todesproblem bei Karl Barth und in der zeitgenössischen Theologie des deutschen Sprachraums*. Beiträge zur ökumenischen Theologie, Bd. 14. Hrsg. von Heinrich Fries. München, Paderborn, Wien 1977, S. 100f. (Anm. 155) u. 131ff. - Interessant ist der Hinweis Ernst Seybolds im Brief vom 26.5.1988 an den Verfasser: "Die vor-neo-orthodoxe evangelische Frömmigkeit hat an das Lebendigsein der Entschlafenen vor Gott geglaubt. Das weisen die Gesangbuchlieder eindeutig aus. Auch die Untersuchungen über Luther und die lutherischen Bekenntnisschriften ergeben: Die Entschlafenen beten für uns, Maria natürlich auch."

73 Vgl. Wohlgschaft, wie Anm. 72, S. 99ff. (zu Barth), 105ff. (zu Bultmann), 137ff. (zu Tillich) u. 194ff. (Zusammenfassung).

74 Vgl. Wollschläger: *Spaltung*, wie Anm. 3, S. 51.

75 Alexander Pfänder: *Zur Psychologie der Gesinnungen*. In: Jahrbuch für Philosophie und phänomenologische Forschung. Jg. 1 (1913), S. 368; zit. nach Josef Pieper: *Über die Liebe*. München 1972, S. 44.

76 Gabriel Marcel: *Geheimnis des Seins*. Wien 1952, S. 472.

77 Ebd.

78 José Ortega y Gasset: *Betrachtungen über die Liebe*. Stuttgart 1956, S. 295.

79 Ignace Lepp: *Der Tod und seine Geheimnisse*. Würzburg 1967, S. 142 - Vgl. Gerhard Wehr: *Heilige Hochzeit. Symbol und Erfahrung menschlicher Reife*. München 1986, S. 135ff. (zu Novalis und Sophie).

80 Mit 'Kleidern' werden die menschlichen Körper auch im 2. Gesang des Bhagavadgita, einem der bekanntesten heiligen Bücher der Hindus, verglichen. - Auch Paulus (2 Kor 5, 2ff.) verwendet ein ähnliches Bild.

81 Zum Motiv der 'stellvertretenden Sühne' der Nachkommen vgl. unten, S. 696ff. u. S. 721.

82 Mays Erfahrungen mit der Strafjustiz spielen hier wohl herein!

83 Dante: *Divina commedia* (Inferno III, 1ff. 9); Vers 9 wird übrigens bei May: *Deutsche Herzen*, wie Anm. 18, S. 1337, zitiert.

84 Ob mit der 'Hölle' hier der jenseitige 'Ort' der Todsünder oder das irdische 'Tränental' (oder beides) gemeint ist, muß wohl offen bleiben.

85 Ein zyklisches Weltbild glaubt Günter Scholdt: *Vom armen alten May. Bemerkungen zu 'Winnetou IV' und der psychischen Verfassung seines Autors*. In: JbKMG 1985, S. 102-151 (S. 104), bei May zu erkennen. - Vgl. auch, S. 725.

86 Ob dieser Passus im Sinne einer 'Erlösung des Teufels' zu interpretieren ist, sei dahingestellt.

87 Vgl. Dante: *Divina commedia* (Paradiso XXXI, 1ff.: die weiße Rose als Christi "Braut"). - Eine künstlerische Interpretation dieser Himmelsrose hat z.B. Siegfried Köder mit seinem Ellwanger Kirchenfenster 'Vollendung' gegeben: Die Rose umhüllt ein liebendes Paar!

88 Auf der autobiographischen Ebene könnte mit der "Shen" auch die idealisierte Klara May und mit der "Hen" die dämonisierte Emma Pollmer gemeint sein.

89 Scholdt, wie Anm. 85, S. 137.

90 Vgl. Eberhard Simons: *Dualismus*. In: *Herders theologisches Taschenlexikon*, Bd. 2. Hrsg. von Karl Rahner. Freiburg, Basel, Wien 1972, S. 77-82 (S. 78).

91 Enthalten in Karl May: *Mein Leben und Streben*. Freiburg 1910. Hrsg. von Hainer Plaul. Hildesheim, New York ²1982, S. 1-7.

92 Karl Barth: *Der Christ in der Gesellschaft* (1920). In: *Anfänge der dialektischen Theologie*. Teil 1. Hrsg. von Jürgen Moltmann. München ²1966, S. 3-37 (S. 35).

93 Rudolf Pesch: *Das Markusevangelium 1. Teil*. Herders theologischer Kommentar zum Neuen Testament, Bd. II 1. Freiburg, Basel, Wien 1976, S. 101ff.

94 Vgl. z.B. Herbert Leroy: *Jesus. Überlieferung und Deutung*. Darmstadt 1978, S. 70ff.

95 Otto Knoch: *Wer Ohren hat, der höre. Die Botschaft der Gleichnisse Jesu. Werkbuch zur Bibel*. Stuttgart 1983, S. 19.

96 Martin Lowsky: *Karl May*. Stuttgart 1987, S. 107, mit Bezug auf Hans Wollschläger: *Das Alterswerk*. In: Karl May's Gesammelte Werke, Bd. 34 *"Ich"*. Bamberg ²11958, S. 353ff.

97 Gert Ueding: *Der Traum des Gefangenen. Geschichte und Geschichten im Werk Karl Mays*. In: JbKMG 1978, S. 60-86 (S. 64); das folgende Zitat ebd., S. 74 - Später hat Ueding die Transzendenz in Mays Werken stärker betont; vgl. ders.: *Die Rückkehr des Fremden. Spuren der anderen Welt in Karl Mays Werk*. In: JbKMG 1982, S. 15-39.

98 Vgl. Ernst Seybold: *Plädoyer für Karl Mays Christlichkeit*. In: MKMG 68 (1986), S. 11-17 (S. 14).

99 Dazu Heinz Zahrnt: *Die Sache mit Gott. Die protestantische Theologie im 20. Jahrhundert*. München 1967, S. 187ff.

100 Zit. nach Heinrich Fries: *Abschied von Gott? Eine Herausforderung - Ein Theologe antwortet*. Freiburg, Basel, Wien 1971, S. 23.

101 Vgl. Rudolf Kilian: *Ich bringe Leben in euch. Propheten sprechen uns an*. Stuttgart 1975, S. 34ff.

102 Belege bei Hermann Wohlgschaft: *Heute an Gott glauben. Wege zur Gotteserfahrung*. Aschaffenburg 1983, S. 32.

103 Ernst Käsemann: *Der Ruf der Freiheit*. Tübingen ⁴1968, S. 97.

104 "Ocama" ist - nach *Friede* (S. 477) - ein Anagramm von "Macao": als Gegenentwurf zur portugiesischen Kolonie erfunden!

105 Dazu, sehr provozierend, Adolf Holl: *Jesus in schlechter Gesellschaft*. München ⁵1983.

106 Mehr bei Wohlgschaft: *Heute an Gott glauben*, wie Anm. 102, S. 57ff.

107 Belegstellen bei Koch, wie Anm. 22, S. 186ff. - Lowsky, wie Anm. 96, S. 86ff. - Vgl. oben, S. 276f.

108 Aus Mays Brief an die Wiener 'Reichspost' vom 15.4.1901; zit. nach Wilhelm Vinzenz: *Karl Mays Reichspost-Briefe. Zur Beziehung Karl Mays zum 'Deutschen Hausschatz'*. In: JbKMG 1982, S. 211-233 (S. 214).

109 Friedhelm Munzel: *Auf der Suche nach dem Frieden unter den Menschen. Karl Mays Sehnsucht nach dem Frieden als Stärkung für erzieherisches Bemühen um den Frieden heute*. In: Beiträge pädagogischer Arbeit, 26. Jg. (1982), S. 48-66 (S. 59).

110 In der *Pax*-Fassung etwas anders formuliert.

111 Besonders eindrucksvoll ist die Reiterszene S. 125ff. (in der *Pax*-Fassung etwas kürzer geschildert).

112 Vgl. Wagner, wie Anm. 37, S. 41.

113 Vgl. oben, S. 402ff.

114 Mays Interpretation des 'Herrschaftsauftrages' Gottes an den Menschen (Gen 1, 28) als Auftrag zum Pflegen und Bewahren entspricht durchaus dem Verständnis dieser Bibelstelle durch heutige Exegeten beider Konfessionen. - Vgl. Ernst Seybold: *Karl-May-Gratulationen. Geistliche und andere Texte zu und von Karl May*. Ergersheim 1987, S. 43 (Anm. 56 u. 57).

115 Vgl. Karl May: *Old Surehand III*. Gesammelte Reiseerzählungen, Bd. XIX. Freiburg 1896, S. 128: "Steckt, wie Petrus, Eure Schwerter in die Scheide; Eure einzige Waffe soll nur die Liebe sein [...] Wie es einen Menschen gab, welcher die erste Mordwaffe erfand, so wird es dereinst, so wahr ein Himmel über uns ist, auch einen Menschen geben, der die letzte Waffe zwischen seinen Fäusten zerbricht."

116 Ganz konsequent bleibt May hier freilich nicht: Im *Silberlöwen IV*, aber auch später in *Ardistan und Dschinnistan* und *Winnetou IV* spielen Waffen eine, wenn auch sehr untergeordnete, Rolle bei der 'Sicherung' des Friedens!

117 Vgl. oben, S. 471.

118 Vielleicht erklären sich solche Äußerungen - teilweise - auch mit persönlichen Rücksichten auf Kreise des Hochadels, zu denen May ja gute Beziehungen pflegte; zum andern ist zu bedenken, daß die damalige Sozialdemokratie atheistische Tendenzen hatte, die May natürlich ablehnte.

119 Zur "latenten Kriegsneigung des Christentums" [sic!] vgl. Eugen Drewermann: *Der Krieg und das Christentum. Von der Ohnmacht und Notwendigkeit des Religiösen.* Regensburg 1982, S. 195-206.

120 Drewermann: *Tiefenpsychologie*, wie Anm. 25, S. 477.

121 So Krauskopf: *Heldenrevision II*, wie Anm. 45, in: MKMG 72 (1987), S. 3-11 (S. 8), zu Recht.

122 Ebd.

123 Amand von Ozoróczy: *Karl May und der Friede.* In: KMJB 1928. Radebeul 1928, S. 29-114 (S. 52); zit. nach Ekkehard Bartsch: *'Und Friede auf Erden!' Entstehung und Geschichte.* In: JbKMG 1972/73, S. 93-122 (S. 114).

3   *Im Reiche des silbernen Löwen* oder 'Was ich da sah, das ward noch nie gesehen'

In den Jahren 1902/03, also zwischen der Erst- und Zweitfassung des *Friede*-Romans, entstand *Im Reiche des silbernen Löwen III/IV* (künftig nur *Silberlöwe*). Wie in *Friede*, aber psychologisch pointierter und theologisch gehaltvoller noch als dort, ist das Thema die göttliche Gnade bzw. die Selbstfindung des Menschen - im Kampf mit dem eigenen 'Schatten', im Hinhören auf die eigene Seele.[1]

Eugen Drewermann vertritt die Auffassung: Weil Gott durch die Seele spricht, ist es "ein und dasselbe [...]", die Angst des Daseins zu überwinden und zu Gott hinzufinden", ein ganzer Mensch zu werden und zu einer "frommen Poesie der Dankbarkeit und des Gebetes hinzufinden"![2] Eine solche Poesie ist - der *Silberlöwe*. Seine Botschaft soll, in ihrer prophetischen Kraft, ihrer letzten Bedeutsamkeit für den Menschen, erhellt werden.

Vorauszuschicken ist die banale, aber doch wichtige Bemerkung: Nicht jede Aussage des Romans hat denselben Rang und dasselbe Gewicht. Wie jeder Mensch hat auch May, neben wirklichen Glaubensüberzeugungen, bestimmte Meinungen, die nicht derselben Tiefe entspringen, die heute vertreten und morgen relativiert werden können. Bloße Meinungen und letzte Überzeugungen genau voneinander zu trennen, ist sicher schwierig; aber Merkmale der Unterscheidung gibt es im *Silberlöwen* durchaus.

Der Ustad, "eine Art Tolstoi",[3] verschmäht jeden Alkohol. "Und alles, woran Blut war, ißt er nicht." (III, S. 565)[4] Über die richtige Ernährung philosophiert auch der Autor: "Wenn die Menschen doch wüßten, was die Art und Zubereitung der Nahrung für einen Einfluß [...] hat!" (III, S. 345) Nur - May sind solche Dinge zwar wichtig; doch zur Religion erhebt er sie nicht.

Die Heilung der Krankheiten (des Ich-Erzählers und Hadschi Halefs) durch Gebet, durch psychische Energien, durch die Kräfte des Unbewußten wird im *Silberlöwen* breit ausgemalt. Als Seelenarzt ist der Ustad bewegt vom göttlichen Geist; seine Ausstrahlung, sein "noch unbekanntes Fluidum" (III, S. 296) hat eine heilende Wirkung. Der Mitte der Botschaft entspricht dies schon eher! Und - man könnte Verdacht schöpfen. An die Geistheiler könnte man denken, wie sie in der Sektenszene heute verbreitet sind. Doch May grenzt sich ab von jeder Magie, vom "Okkultismus", von der "Pneumatologie" und "ähnlichen [...] Geschenken" der 'übersinnlichen Wissenschaft' (III, S. 330).[5]

Der Pedehr, auch Hanneh u.a., tragen bestimmte Ansichten über den Leib, den Geist und die Seele vor (z.B. III, S. 322ff.). Der Autor macht sich Gedanken darüber. Zur eigentlichen Botschaft gehören diese Erörterungen aber wohl kaum; dafür sind sie zu tastend und unbestimmt.

Was seine Leib-Seele-Theorien betrifft, könnte sich May an Swedenborg angelehnt haben.[6] Auch könnte er, wie andere Zeitgenossen, manche Ideen Rudolf Steiners übernommen haben.[7] Eine anthroposophische Lehre hat er aber nicht verkündet. Spezifisch esoterische,[8] den Anthropologien der Bibel kontradiktorisch widersprechende Aussagen gibt es bei ihm nirgendwo.

May sei, so wird oft gesagt, ein Eklektiker. Dem "Christentum, dem Parsismus und dem Manichäismus"[9] habe er einen Dualismus von Licht und Schatten, von Geist und Materie[10] entnommen. Doch solche Behauptungen werden May nicht gerecht. Denn weder betrachtet er den Leib als etwas Böses, noch versteht er Gut und Böse als gleich mächtige Seinsweisen.[11]

Für die theologische Deutung des *Silberlöwen* sind die Leib-Seele-Spekulationen des Autors nicht entscheidend. Wir lassen sie, im folgenden, auf sich beruhen und beschränken uns auf zentrale Aussagen des Romans.

3.1 Die Würde des Menschen vor dem Antlitz des Schöpfers

In Nietzsches Buch *Die fröhliche Wissenschaft* (1882) läuft der "tolle Mensch" auf den Markt und schreit unaufhörlich: "Ich suche Gott! Ich suche Gott!" In der Menge nur großes Gelächter. Denn Gott ist tot - im Bewußtsein von Menschen, die ihn nicht mehr zu brauchen scheinen.

Der tolle Mensch spricht aus, was die andern schon nicht mehr beschäftigt:

"Wohin ist Gott?" rief er. "Ich will es euch sagen! Wir haben ihn getötet - ihr und ich! Wir alle sind seine Mörder! [...] Was taten wir, als wir diese Erde von ihrer Sonne losketteten? Wohin bewegt sie sich nun? Wohin bewegen wir uns? Fort von allen Sonnen? Stürzen wir nicht fortwährend? [...] Haucht uns nicht der leere Raum an? Ist es nicht kälter geworden? Kommt nicht immerfort die Nacht? [...] Wie trösten wir uns, die Mörder aller Mörder? [...] Müssen wir nicht selber zu Göttern werden [...]?"[12]

May verstand sich als Antipoden des Philosophen[13] (der das Entsetzen über den Gottesverlust, im hier zitierten Text, freilich selbst noch bezeugt): "Und an demselben Tag, da drüben Alles stürzt, wird hier das Wunder neu geboren werden, daß Steine schreien, wenn man Gott nicht hört!" (IV, S. 334)

Für May ist die Erde nicht losgekettet von ihrer Sonne. Der Mensch ist nicht hinausgeworfen in die Leere des Raums, und die Stelle Gottes braucht er nicht einzunehmen. MENSCH darf er sein vor dem Angesicht Gottes: "Bau auf mein ew'ges Wort; steig auf zur Sonne. Amen!" (III, S. 513)

Der Mensch ist - in allen Werken Mays ein Grundmotiv - von guten Mächten geführt. Ein planender Geist, ein ewiger Wille bestimmt alles Sein: "Wie wunderbar die Fäden des menschlichen Lebens gesponnen werden! [...] Wer legt die Muster auf? Wer lenkt das unermüdliche Schiffchen [...]? Immer und immer nur wir selbst? Wir armen armen, kurzsichtigen Thoren!" (III, S. 288)

Der Mensch ist gehalten in Gottes Hand. Woher nimmt May dieses Wissen? Der Ustad hat vier "Bibliotheken": die Bibel, sein eigenes Herz, die sichtbare Schöpfung und "viele, viele" Bücher (III, S. 323f.). Prägnant und theologisch sehr richtig sind die Spuren Gottes im Blick: Gottes Selbstoffenbarung in der Welt und in den heiligen Schriften sowie die Lebenserfahrung des Autors und anderer Menschen!

Zum Glauben gehört die Erinnerung. Wer glaubt, blickt zurück und erkennt: In wieviel Not (IV, S. 388) hat Gott mich bewahrt! Er hat es getan und wird es auch weiterhin tun (vgl. Jes 46, 4). "Kein Fatum, kein Kismet, sondern eine Führung, eine Oberleitung" (IV, S. 388)!

Welche Führung ist gemeint? Eine 'reine Idee', ein numinoses Prinzip, eine kosmische Energie im Sinne Rudolf Steiners oder des modernen 'New-Age-Bewußtseins'?[14] Der *Silberlöwe* weist in eine andere Richtung: Die "Summe alles dessen, was geschrieben ist", ist der PERSÖNLICHE,[15] die Antwort des Menschen erwartende Gott. Die "Summe" ist der

Ausruf der Mekka-Pilger "nach langer, mühsamer Wanderung [...] 'Hier bin ich, o mein Gott!'" (III, S. 324)

Im Verständnis Mays - und der Religionen - ist Gott das letzte Ziel der menschlichen Sehnsucht. Aber müßte die Welt nicht anders aussehen, wenn Gott allmächtig und gut ist? Wenn gute Mächte, wenn Gottes Engel den Menschen behüten (IV, S. 388)?

In fast all seinen Dimensionen hat May das Unglück erlebt und drastisch geschildert. In erzählender Theologie[16] hat er alle Leiden, sehr eindringlich, benannt und - im Gegensatz zu vielen Zeitgenossen - zum guten Ende geführt: "Warum geben unsere Dichter solchen Lebenskämpfen fast immer einen tragischen Schluß? Kennen sie unsern Herrgott nicht?" (III, S. 563f.)

May will das Leid gewiß nicht verharmlosen.[17] Angesichts des Zweifels an Gottes Güte und Gerechtigkeit verweist er auf die Verantwortung des Menschen in dieser Welt.[18] Auf rationale Erklärungen für das Leid verzichtet er aber. Er lädt nur ein zum Vertrauen: daß "zu unserm Heile die Gründe dessen, was geschieht, verborgen bleiben" (III, S. 474)!

Warum läßt Gott uns leiden? May gibt keine plausible Antwort. Eine Schwäche seines Konzepts, seiner theologischen Poesie?

Romano Guardini hat kurz vor seinem Tode gesagt, er werde sich - in der Ewigkeit, im 'letzten Gericht' -

nicht nur fragen lassen, sondern auch selber fragen; er hoffe in Zuversicht, daß ihm dann der Engel die wahre Antwort nicht versagen werde auf die Frage, die ihm [...] keine 'Theodizee' und Theologie, auch die eigene nicht, habe beantworten können: Warum, Gott, zum Heil die fürchterlichen Umwege, das Leid der Unschuldigen, die Schuld?[19]

Warum läßt Gott uns leiden? Karl Rahner hat alle gängigen Antworten in Frage gestellt.[20] Sein Credo: Gottes Geheimnis ist unergründlich - zu bejahen nur in der Liebe, die dennoch vertraut.

"Was bist du betrübt, meine Seele, und so unruhig in mir? Harre auf Gott, denn ich werde ihn noch preisen." (Ps 42, 6) Auch Mays Gedanken münden ein in den Lobpreis. In allen Klagen, in allen offenen Fragen verläßt er sich auf das Wort in der Bergpredigt Jesu (Mt 6, 8): "Euer Vater weiß, was ihr bedürfet, noch ehe ihr darum bittet." (III, S. 291)

Die sündige, auf Erlösung harrende Kreatur (Röm 8, 18ff.) steht für May unter dem großen Regenbogen der unendlichen Güte des Schöpfers. Der "Gottessonnenstrahl" erreicht den Menschen, wenn er sich selbst nicht versperrt: "Nun sah ich erst, wieviel die Huld des Herrn dem Menschen spendet, und griff mit fester Hand in diese Fülle" (IV, S. 170f.)!

Was ist der Mensch angesichts dieser "Huld des Herrn"? Im Alten Testament steht ein bekannter, in seiner Bedeutung aber weithin noch unentdeckter Text (dessen 'anthropozentrisch gewendete' Theologie im *Silberlöwen* wiederkehrt):

Seh' ich den Himmel, das Werk deiner Finger, Mond und Sterne, die du befestigt: Was ist der Mensch, daß du seiner gedenkst [...]? Du hast ihn nur wenig geringer gemacht als Gott, hast ihn mit Herrlichkeit und Ehre gekrönt. Du hast ihn als Herrscher eingesetzt über das Werk deiner Hände, hast ihm alles zu Füßen gelegt [...] Herr, unser Herrscher, wie gewaltig ist dein Name auf der ganzen Erde! (Ps 8, 4ff.)

Dieselbe Dialektik von Abhängigkeit und Größe des Menschen gibt der Botschaft des *Silberlöwen* ihre zeitlose Substanz und ihren theologischen Hintersinn!

Dem Ruhm der göttlichen Größe in den Psalmversen entspricht das Gotteslob des Ustad: "Schon sehe ich den Ort der Andacht ragen, der zeigen soll, wie groß, wie groß der Herr, wie aber winzig, winzig klein das arme Menschlein ist." (IV, S. 642)

Ist damit schon alles gesagt? Muß der Mensch klein sein, damit Gott um so größer wird? Der Psalmist wagt das erstaunliche, ja bestürzende Wort: "Du hast ihn nur wenig geringer gemacht als Gott." Der biblische Dichter hat diese Idee aus ägyptischen Liedern übernommen. Dort war freilich der Pharao gemeint,[21] hier dagegen ist JEDER Mensch angesprochen. Und das ist - revolutionär! So hoch steht also der Mensch: Gott macht ihn groß, so wie der Liebende den Geliebten erhöht und 'groß herauskommen' läßt!

DIESES Menschenbild wird, in heimlicher Auseinandersetzung mit Nietzsche, auch im *Silberlöwen* zur Sprache gebracht. Nietzsche predigte wider das Christentum und seine 'Sklavenmoral'. Für ihn hat die Religion ihren Ursprung im Ressentiment der 'Schwachen' gegenüber den 'Starken'.[22] Vor diesem Hintergrund, von der Religionskritik Nietzsches her, ist die Botschaft des *Silberlöwen* zu interpretieren.

Den frommen Ustad verhöhnt der Herrenmensch Ahriman: "Du sprichst so kindisch und zugleich so altersschwach, wie eure sogenannte Frömmigkeit ja stets zu reden pflegt!" (III, S. 598) Doch Kara Ben Nemsi setzt der bigotten, von Nietzsche zu Recht attackierten Sklavenmoral - der "Schwachkopf-Frömmigkeit" (IV, S. 143) der Duckmäuser - den "unverfälschten Gottesglauben" (ebd.) entgegen, der seine Würde auch Gott gegenüber verteidigt.[23]

Der Mensch soll "aufrecht" stehen vor Gott und die "kriecherische Weise" (IV, S. 120) vermeiden. Denn die wahre Frömmigkeit kennt keine "Mummelgreise"; sie gibt die Kraft "zum Lebenskampf" und fördert "frohe Menschenkinder, die sich in Gottes reinem Lichte sonnen." (IV, S. 143)

Die "Freude an Gott ist eure Stärke", heißt es in der Bibel (Neh 8, 10). Solche Freude und solche Kraft verkündet der *Silberlöwe*. Wie Psalm 8 verbindet auch May die Freude, den STOLZ des Geschöpfs mit der EHRFURCHT vor seinem Schöpfer.

Sein 'Ebenbild', den Menschen, hat der Weltenkönig "gekrönt mit Ehre und Herrlichkeit", die im Grunde die Erscheinungsform Gottes sind![24] Vom Übermenschen Nietzsches unterscheidet sich dieses Menschenbild - dennoch - fundamental: Nicht in titanischer Auflehnung, nicht in der Trennung von Gott findet der Mensch seine Größe; nein, in der VERBINDUNG mit Gott und nur so kann der Mensch seine 'Königswürde' behalten! Denn seine Hoheit ist ihm verliehen vom Schöpfer, aus dessen Hand er seine Würde entgegennimmt. Gott beschirmt sein Geschöpf und weist ihm den Weg: "Weich ja nicht von ihm ab! [...] Du würdest diesen starken Schutz verlieren und nicht Gebieter, sondern Sklave sein!" (IV, S. 388)

Der Mensch ist die 'Krone', das "herrlichste Gedicht der ganzen Schöpfung" (III, S. 268)![25] Sein Ziel ist die "Individualität", die Eigenständigkeit, die geistige Freiheit und die "volle Selbstbestimmung" (IV, S. 40). Die göttliche "Oberleitung", deren "Absichten auszuführen" des Menschen Bestimmung ist, nimmt seine Freiheit ernst und setzt ihn nicht herunter zur willenlosen Puppe; sie läßt ihm "jeden möglichen Spielraum" für seine eigenen "Gedanken und Entschlüsse" (IV, S. 388)!

Dem aufklärerischen Pathos, aber auch der paulinischen Freiheitsmaxime[26] gemäß, vertritt Karl May im *Silberlöwen* die weitestgehende Selbständigkeit, die größtmögliche Eigenverantwortung des Menschen. Zu gehorchen hat er nur dem "Schah" und nicht den "Hohen", die in aller Welt die Lüge verbreiten, der Herrscher "habe ihnen die Gewalt gegeben, die doch nur er allein besitzen kann." (IV, S. 396)

Wie May erläutert, ist der Schah kein andrer als Gott.[27] Dann aber gilt: Alle Menschen sind Geschwister; es darf da keine "Großen" (IV, S. 396) geben, die den Kleinen ihre Würde rauben!

Freiheit, Gleichheit, Brüderlichkeit - diese im Grunde biblischen Ideale der Französischen Revolution bestimmen das Menschenbild des *Silberlöwen*. Das Prinzip der Gleichheit in der Würde verbietet jede Art der Bevormundung, aber auch jede Art des Kollektivismus. May betont die Verschiedenheit der Individuen: Jeder soll sich entfalten "in seiner besondern Eigenart"; deshalb kann "die Form für den einen nicht auch die Form für den andern sein." (IV, S. 210) Da jeder auf SEINE Weise Gottes Ebenbild zu sein hat, darf es keine - politische oder geistliche - Herrschaft von Menschen über Menschen geben. Der Mensch soll "freien Geistes" werden und "nicht mehr bloß [...] nach Regeln" und Gesetzen handeln, die "von Menschen vorgeschrieben sind" (IV, S. 162f.)!

Das "Gefühl der Abhängigkeit"[28] von menschlichen Instanzen sucht May zu überwinden. Menschliche Autorität und geistliche Vollmacht lehnt er allerdings nicht grundsätzlich ab: Als 'Meister' ist der Ustad das religiöse Vorbild seiner Dschamikun. Aber er kennt seine Grenze! Er verweist auf Gott, macht andere nicht abhängig von seiner Person, entmündigt sie nicht und nimmt ihnen nicht ihre freie Verantwortlichkeit.[29]

Das diabolische Gegenbild wäre der absolutistische Herrscher oder der Sektenführer! Im Roman - der finstere "Schatten" im Traum des Ich-Erzählers, von dem der Autor berichtet:

Er faßte meine Hand [...] "Mein ist dein Geist; mein ist auch deine Seele [...] Aus meiner Hand strömt dir das höchste Glück, das es für Menschen gibt in Zeit und Ewigkeit: Du bist vollständig willenlos und folglich frei von jeder Schuld und Sühne! Tu Alles, was ich sage, ob Gutes oder Böses, der Rechenschaft bist du fortan enthoben" (IV, S. 318)![30]

Der Träumer widersteht seinem 'Schatten'. Er weiß, der Mensch ist seinem Wesen nach frei. Seine Freiheit und seine Verantwortung darf er nicht abtreten an fremde Instanzen. Denn er muß, gerade darin liegt seine Würde, SELBST einmal Rechenschaft geben.[31]

Ob er will oder nicht, der Mensch steht - in Freiheit - seinem Gott gegenüber. Ob als Feind oder Partner, als Knecht oder Freund, bleibt ihm selbst überlassen (vgl. Joh 15, 9ff.)!

Auch vor Gott ist der Mensch nicht nur passiv und nicht nur Befehlsempfänger. Befähigt und berufen zum eigenen Tun, kommt dem Menschen auch Gott gegenüber eine gewisse Selbständigkeit zu! Schakara meint zu Kara Ben Nemsi: "Ihr sollt Euch auf den Schah-in-Schah verlassen, ja." Doch die "Trägheit nur braucht immerwährend Hilfe." Wer Charakter hat, der weiß, daß er sich "selber helfen könne. Effendi, komm; Charakter ist vorhanden! Wir greifen gern mit eignen Händen zu. Und wenn der Schah das sieht, wird er sich freun. Denn darin grad, daß wir es selbst vollbringen, liegt seine größte Macht: direkte Volksliebe!" (IV, S. 396)

Schakaras so harmlos klingende Worte verschlüsseln die Theologie des Autors. Wenn Gott den Menschen in seine eigene Verantwortung ruft und zum selbständigen Tun befreit, dann meint der Dichter nichts anderes als die 'Selbsttranszendenz' und 'Selbststeuerung' des geschaffenen Daseins, wie sie z.B. von Karl Rahner (im Dialog mit dem neuzeitlichen Denken) vertreten werden: Die Gnade Gottes setzt die eigene Tat, "die innerweltliche Aufgabe des Menschen nicht herab, sondern gibt ihr erst ihre letzte Würde, Dringlichkeit und Gefahr" - weil der Mensch "sein Heil nicht an seiner weltlichen Aufgabe vorbei [...] wirken kann"![32]

Mays Theologie läuft hinaus auf die später von protestantischen Theologen wie Gogarten, Bonhoeffer und Cox, aber auch von katholischen Theologen wie Rahner und Metz[33] verfochtene These einer von Gott in ihre (relative) Selbständigkeit entlassenen Welt: Gerade WEIL Gott die Welt in Christus liebt und endgültig annimmt, gibt er sie frei in ihr

Eigenes, in ihre volle Weltlichkeit, die freilich auf Gott - als den absoluten Grund ihres Daseins - immer bezogen bleibt.

Wer die Verantwortung des Menschen im Heute und Jetzt, wer die Gegenwart mit ihren Herausforderungen nicht annehmen, also "nichts mehr von der Erde, sondern nur noch den Himmel sehen" will, gleicht - May zufolge - dem Esel: Zum "Naturzwange, zu allem immer nur 'Ja' sagen zu müssen", kommt die "Köpfe-hoch-Dressur" noch hinzu (IV, S. 28f.)![34]

Wer, umgekehrt, in dieser Welt aufgeht und "nie den Himmel, sondern nur die Erde" sieht, gleicht dem gefesselten Kamel: "Zum Kniebeugen" reichen seine Stricke aus, "doch nicht dazu, das Haupt emporzuheben"; es hat, genauso wie der Esel, "nichts zu thun als das, was die Dressur befahl" (IV, S. 30)!

3.2 Der große Traum und das befreite Gebet

Der Anthroposoph Alfred Schütze nennt zwei Grunderscheinungsformen des Übels: "Erdsucht und Erdflucht sind die beiden Lebensirrtümer, denen der Mensch verfallen kann."[35]

Die Theologie des *Silberlöwen* verfällt diesen Irrtümern nicht. Der Blick zum Himmel ist in diesem Großroman so wichtig wie die Treue zur Erde. Weil die Vertikale (die Verbindung mit Gott) und die Horizontale (die irdischen Aufgaben) zusammen das "Kreuz" bilden[36] und weil das Bekenntnis zu Christus nicht fehlt, ist der *Silberlöwe* christliche Dichtung.

Die Welt und der einzelne Mensch, so sagten wir, behalten auch ihrem Schöpfer gegenüber die Autonomie, die relative Selbständigkeit. Gott liebt diese Welt, er zieht sie an sich (Joh 12, 32), aber er saugt sie nicht auf.

Symbol für die Bundes-Beziehung,[37] für die Distanz und die Nähe Gottes zur Erde, ist in den Traumwelten des *Silberlöwen* die Alabasterkrone über dem "hohen Haus" des Ustad. Sinnbild der Wohnung Gottes unter den Menschen (Ez 37, 27; Offb 21, 3) ist diese Krone! Leuchtend "an der Scheidelinie zwischen Himmel und Erde" (III, S. 514) hat sie die Form eines offenen Zeltes: ein Zeichen des Aufbruchs, des Unterwegsseins des Menschen zu Gott.

Die Alabasterkrone verweist - in ihrer Vorläufigkeit - auf Christus, auf das Kommen des Menschensohnes am Ende der Zeit (Mk 13, 26):

Wer ist es, der da kommen wird? [...] Der, welcher mitten unter ihnen ist, wenn zwei oder drei versammelt sind in seinem Namen? Aber wenn er es thäte, würde er in der bisherigen Weise weiterbauen? Sprach er nicht immer nur von seines Vaters Hause [...]? Warum also hier Stein auf Stein türmen, [...] während für unsere kurze Wanderung ja doch ein Zelt genügt? (III, S. 513f.)

Errichtet wurde die Zeltkrone über dem Haus des Ustad, dem wichtigsten Schauplatz des Romans: jenem monströsen Etagenbau, jener "steinernen Leiche" (III, S. 513), jener Tempelruine, die das Werk der Religionen ist - eine brisantes Motiv (auf das wir später zurückkommen) - und die am Ende zusammenstürzt. "Jahrtausende haben da unten gebaut, stark und fest wie für endlose Zeiten, und doch [...] vergeblich für die Ewigkeit!" (III, S. 514)

Nach dem Sturz der Ruine ist es zu Ende mit der "ganzen, steinernen Vergangenheit" (IV, S. 560). Doch das Zelt, die Alabasterkrone, bleibt erhalten - als Zeichen des Bundes, der göttlichen Huld.

"Seht, das Zelt Gottes unter den Menschen!" (Offb 21, 3) In der Vision des Dichters, am Ende des Romans, zeigt die 'Neue Schöpfung' schon jetzt ihre Kontur: Die Berge "'machten sich auf', und auf allen Höhen 'wurde Licht'[38] [...] Die Alabasterkrone erschien, [...] als ob sie der Erde vom Himmel entgegengestreckt werde" (IV, S. 641)!

Das im Traum des Erzählers vorausgeschaute 'Gebet', die "im Gesteine verborgene Bergesseele" (III, S. 631), gibt die Ruine nun endlich frei: "einer Offenbarung gleich" (IV, S. 641).

Was hat der Träumer gesehen? Noch vor seinem Traum,[39] in der 'Real-Fiktion' der Erzählung, hat er mit Halefs Sohn das Bergesinnere durchforscht. Unter der Ruine, in der dunkelsten Tiefe, im unterirdischen See (in den Abgründen der Welt und des eigenen Herzens, könnten wir sagen[40]) fand er ein Gerippe, ein menschliches Skelett, "ganz zusammengekrümmt, die Knie bis an den Leib herangezogen, die eine Hand geöffnet, um nach Hilfe auszufassen, die andere aber geballt, wie in fluchender Drohung ausgestreckt." (IV, S. 305)

Wie mag dieser Mensch "gebetet, geflucht, geschrieen, gewimmert haben" in diesem Souterrain aller Welten! Keiner hat ihn, so scheint es, gehört. Mit dem "letzten Fluch" wird er zu Allah gegangen sein (IV, S. 306).

Das Schreckensbild weitet sich aus: "Die Brechung des Lichtes bewirkte ein scheinbares Emporsteigen alles Dessen, was sich da unten befand, und so erhob sich vor unsern Augen eine Menge menschlicher Gestalten, welche sich zu bewegen und drohend auf uns zuzuschwimmen schienen." (IV, S. 307)

Ihre Phantasie spiegelt den Forschern nur Leichen, nur dürre Gerippe vor. Die Ängste des Autors, die "Untergeschosse"[41] seines Bewußtseins melden sich an! Doch die psychologische Deutung allein führt nicht weiter.

Kara Ben Nemsi und sein Begleiter sehen den Tod: Skelette von Menschen, die verhungert oder ertrunken sind. Unzählige sind tatsächlich so gestorben! Angesichts extremer Martern stellt sich die Frage des Leids nun verschärft. Der Atheist muß solche Qualen als sinnlos betrachten. Er kann nur laut protestieren oder still resignieren.

Aber setzt der Protest nicht ein Vorverständnis von Sinn und von Liebe voraus? Eine Instanz, die diesen Protest zur Kenntnis nimmt?

Wir stehen doch vor dem Dilemma, entweder uns immer neu davon zu überzeugen, daß dieser Schrei [...] doch gehört und beantwortet wird in einer Weise, die von hier aus nicht begriffen [...] werden kann, oder uns davon zu überzeugen, daß alle diese Proteste von vornherein sinnlos sind.[42]

Wenn man den Toten ihre letzte Würde und Bedeutsamkeit nicht absprechen will, muß man auf ihre Rettung durch Gottes Liebe vertrauen. Solches Vertrauen kommt im *Silberlöwen* zu Wort, in schlichten Versen und kunstvollen Traumbildern. "Wir leben, und auch unter uns ist nicht der Tod, sondern etwas ganz Anderes" (IV, S. 307), versichert Kara Ben Nemsi seinem Gefährten in der Unterwelt.

Ein Hoffnungsbild, ein Zeichen sieht der Erzähler im Innern des Berges: etwas "weiß Glitzerndes", ein Postament mit einer strahlenden Lichtfigur. Die verkalkten Gerippe, die Schatten des Todes, der versteinerte Erdenfluch scheinen zurückgelassen: Hier "ist es mir, als sei der Fluch in Segen umgewandelt, und was dort Kalk im Todeswasser war, das kniee hier erlöst im alabasternen Gebete!"[43] Doch alles ist noch unbestimmt: "Es kniet hier Jemand, den ich bloß nur ahne. Ein betender Gigant! [...] Hebt er die Hände fordernd auf zum Himmel? Hält er sie still gefaltet in Ergebung?" (IV, S. 311)

Später will Kara Ben Nemsi - damit endet die 'reale' Vorgeschichte des Traumes - zurückkehren, um die Figur dann deutlicher zu sehen.

Er sieht sie im Traum! Zunächst, am Eingang des Berges, begegnet der 'Warnende'. Als Türhüter[44] prüft er den Helden: "'Kannst du beten?' 'Ja.' 'Richtig?' 'Ich hoffe es.' 'So geh hinein!'" (IV, S. 315)[45]

Im Innern der Tempelruine, im "descensus ad infer(n)os",[46] trifft der Träumer den - eigenen? - Schatten: den 'Zauberer', dessen Blick so spitz ist "wie die Klinge eines Dolches" (IV, S. 316f.)![47] Er kämpft mit dem Unhold. Er taucht mit ihm unter in die schwärzeste Flut, in den Abgrund des 'Todes'. Doch im Gebet wird - der Tod in Leben verwandelt (IV, S. 328).

Auf den Sockel der Alabasterfigur rettet sich Kara Ben Nemsi. Der Zauberer, eben noch giftig und sinnend auf Unheil, ist plötzlich ein Mensch mit Herz und Gefühl. Er sitzt neben dem Träumer und - betet für ihn![48]

Ein Gerippe kommt angeschwommen, gefolgt von andren Skeletten.[49] Sie dürsten nach Rache. Seit Jahrtausenden zernagen sie - die Säulen des Tempelgebäudes: "Vernichten wir da draußen allen Trug, so fördern wir in diesem Raum die Wahrheit." Den Träumer klärt das Gerippe nun auf: "Es ist der Fluch, an dessen Fuß Ihr hockt! Der Fluch, der Fluch, der hier so oft erklungen, daß er des Steines Seele werden mußte!" (IV, S. 334)

Das 'Gebet' des steinernen Giganten ist - wie Karas Traum nun enthüllt - eine Geste des Fluchs, der geplanten Zerstörung! Aber es fehlt noch: die Unterschrift am Sockel der Figur. Dieses letzte Wort fordern die Gerippe von Kara Ben Nemsi. Doch dieser mahnt: "Ihr selbst gestandet ein, daß Euer Wort Euch mit zerschmettern werde. Glaubt an das meinige, so werdet Ihr von ihm hinaus [...] geführt!" (IV, S. 336)

Das befreiende Wort hält der Träumer zurück - bis die 'Toten' ihre Schuld bekennen. Eine überraschende Wendung! Der Blickwinkel des Lesers muß sich jetzt ändern: Denn die 'Opfer' sind - zugleich auch die Schuldigen! Ihre Schuld ist: der Hochmut, welcher Gott "nicht anerkannte" (IV, S. 348)! Auch ihnen wurde das Gebet empfohlen: Der Warner "'sagte es, doch beteten wir nicht.' 'Warum nicht?' 'Ist das Gebet für so erhabne Geister, wie wir waren?'" (IV, S. 337)

Ist jedes Leid nur die Folge der "Selbstübergötterung" (IV, S. 33)? Das kann man nicht sagen und das meint auch nicht May. Aber DIESE Geister, die Skelette in der Bergeshöhle, waren - ihre eigenen Götter. Wie den Selbstgerechten in *Jenseits*[50] ist ihnen - der 'Boden' entschwunden (IV, S. 348). Wir sehen: auch hier wieder die Absage des Autors an Nietzsche! Die Gerippe blieben im 'Tod': weil sie sich getrennt hatten - von Gott.

Der Weg ins Freie zeigt sich dem Gebet, der wahren Gottverbundenheit. Die Geister kommen, durch Kara Ben Nemsi, zur Einsicht: "'Vergib uns unsre Schuld [...]!' klang es von Kopf zu Kopf und auch hinaus ins vordere Bassin." (IV, S. 342)

JETZT ist die Rettung nicht fern: "Die Seele naht, die Seele Eures Bildes [...] Und soll der Stein an Gottes Stelle reden, der nichts und nichts [...] als segnen kann, so gebt ihm Hände, welche benedeien!" Denn noch ist es Zeit, "des Bildes Rachefaust verzeihend zu gestalten." (IV, S. 343) Und dies ist die Rettung: Der Verzicht auf die Rache, das Gebet für die Mörder, die Übergabe der Schuld in die Gnadenhand Gottes geben dem "verzauberten Gebete" (IV, S. 339) seine Seele, seine Leuchtkraft zurück.

Die Schuld der gottlosen Geister, die Schuld der verkalkten Gerippe ist jetzt getilgt; der Bann ist gebrochen, die Nacht überwunden: Gott macht die Finsternis hell (Ps 18, 29)! Die Alabasterfigur wird zur Quelle des Lichts: "Das Bild ward nicht von außen her beschienen. Es trug das Licht in sich [...]" Der Träumer ist fasziniert: "Was ich da sah, das ward noch nie gesehen, weil keine Kunst noch je so Schönes schuf!" (IV, S. 346)

Gott selbst ist, dem brennenden Dornbusch (Ex 3, 5) vergleichbar, erschienen! In DIESER Nähe kann der Mensch nicht verweilen. "Wird dieses Licht zur Schattenlosigkeit, so sind wir alle [...] hier verloren!" (IV, S. 346) Die Gerippe fliehen. Sie suchen den Schutz des 'Halblichts', des Schattens.

Und Kara Ben Nemsi? Die Grenze zum Geheimnis, zum absoluten Mysterium, kann er nicht überschreiten. Die Skelette und das träumende Ich halten der Lichterscheinung nicht stand, weil die unmittelbare Gottesschau dem Menschen - auch dem Dichter, dem Visionär - auf Erden verwehrt ist. Folgerichtig läßt May seinen Helden die Geister hinausführen: in die Distanz zur göttlichen Glut, zum Beit-y-Chodeh, zum irdischen Hause Gottes hinauf.

Mit der 'Seelenwanderung', mit der Rückkehr der Verstorbenen aus dem Jenseits,[51] mit der 'Wiedergeburt' in einem neuen Körper, hat diese Szene natürlich nichts zu tun! Man muß die semantische Vielschichtigkeit des Romans[52] und, besonders im Traumgeschehen, die wechselnde Bedeutung der Bilder beachten: Auf seiner 'realen' Erkundungsfahrt sah Kara Ben Nemsi ein 'echtes' Gerippe; im Traum aber sind die Skelette keine Leichen im physikalischen Sinne. Nicht den biologischen Tod, sondern die Verstocktheit, die 'Verknöcherung' des gottfernen Menschen stellen sie dar!

May ist theologischer Dichter und nicht Spiritist. Die Aussage-Intention, die katechetische Botschaft seiner Traum-Gestaltung, ist nicht die Rückkehr der Toten ins irdische Sein, sondern die Rettung des Sünders aus dem 'Grab' der Sünde. Das Thema des Traums ist die rechte Gottesbeziehung des Menschen, zugleich aber die Transzendenz, die unendliche Größe des Schöpfers, die der Mensch nur zu ahnen und nicht zu 'greifen' vermag.

Den Glanz der Gottheit, das 'Mysterium tremendum et fascinosum',[53] kann man nicht schauen. Der Karl-May-Verleger Euchar A. Schmid kommentierte es richtig: "Unser Bestehen liegt in menschlichem Wirken und menschlichem Sein, und die letzte Erkenntnis muß uns verschlossen bleiben, solange wir auf dieser Erde wandeln."[54] Zu dieser Begrenztheit aller Erkenntnis, die für die theologische Forschung eine - in ihren Systemen und Lehrgebäuden freilich oft vergessene - "Selbstverständlichkeit"[55] ist, bekennt sich der Dichter im *Silberlöwen III/IV.*

3.3   Die Bergpredigt Jesu und die Ethik des *Silberlöwen*

Der Mensch bleibt Mensch, und den Standpunkt Gottes kann er nicht einnehmen. Doch die Verbindung des Menschen mit Gott ist möglich und notwendig zu seinem Heil. Im Gebet - in der Bitte, im Lob und im Dank (IV, S. 8) - wird diese Verbindung konkret: Gott, dem "einzig Einen", versprechen die Skelette, daß sie "wieder beten werden!" (IV, S. 348)

In Nietzsches *Also sprach Zarathustra* heißt es: "Sie sind alle wieder fromm geworden, sie beten, sie sind toll [...] der schlimme Zauberer [...] und Schatten."[56]

Viele Nietzsche-Sujets kehren wieder im *Silberlöwen*. Auch der Spott, die Satire. Doch verhöhnt werden bei May nur die Heuchler, die den Namen Gottes mißbrauchen. Ihr 'Tempel', ihre zum Stein gewordene Überheblichkeit, muß zusammenbrechen. Was jedoch bleibt und nicht zerstört werden kann, sind das "Kirchlein", das noch zu bauen ist (IV, S. 642), und die alles überragende Alabasterkrone.

Auf das 'Kirchlein' werden wir später zurückkommen. Und die Alabasterkrone? Auf der "höchsten Höhe" des Etagen-Bauwerks steht das Zelt, das "eigentliche 'hohe Haus'" des Ustad (III, S. 510). Die 'Predigt' der Tempelruine schließt es ab: als das "Amen" (III, S. 512), das nicht vergeht!

Als das 'Amen' hat der Ustad dieses Zelt bezeichnet. "Das war das richtige Wort." Kara Ben Nemsi hat den Meister verstanden. "Möchten doch auch andere" ihn "verstehen!" (III, S. 513f.)

Das - in *Zarathustra* ebenfalls bekannte[57] - "Amen" hat eine Schlüsselbedeutung im *Silberlöwen*. Was meint dieses Wort? Die Bibelexegese erklärt: Dem hebräischen 'Amen' liegt dieselbe Wurzel zugrunde wie den hebräischen Wörtern, die 'Glaube', 'Bestand' und 'Vertrauen' bedeuten. Im Neuen Testament ist das Amen identisch mit Christus: In ihm ist das Ja und das Amen gekommen "zu allem, was Gott verheißen hat" (2 Kor 1, 20; vgl. Offb 3, 14)![58]

Leonardo Boff deutet es so: Amen sagen heißt "sich freudig und gelassen einem verborgenen und letzten Sinn der Wirklichkeit anzuvertrauen". Das Amen umfaßt den ganzen Menschen "in seinem Streben zum Himmel und in seiner Verwurzelung auf der Erde".[59]

Mit dem Streben zum Himmel und der Treue zur Erde ist die Theologie des *Silberlöwen* (und überhaupt des Mayschen Spätwerks) auf die kürzeste Formel gebracht. Das fromme Gebet ist wichtig; aber gegen die Verantwortung des Menschen in dieser Welt darf es nicht ausgespielt werden![60] So ist es richtig und konsequent, wenn May die theologisch begründete ETHIK betont: "Es muß doch etwas Großes um die wahre [...] Humanität sein" (IV, S. 260)!

Mays Alterspoesie ist, so dürfen wir sagen, ein 'hohes Lied' der Liebe. Nicht nur die Schreibtischlampe des Ustad, den ganzen Roman - von Ausrutschern: häßlichen Einzelszenen allerdings abgesehen - schmückt der Hymnus "Die Liebe hört nimmer auf!" (IV, S. 3; 1 Kor 13, 8) Ein Signal der Vergreisung, der "parareligiösen Ideologie"[61] des alten Mannes, der - so Ahriman über den Ustad - "nicht mehr denken kann und darum nur noch lieben will" (III, S. 600)?

Die Liebe ist das Wesen der echten Religion. Denn Gott ist die Liebe (1 Joh 4, 8). Und das Denken wird durch die Liebe nicht ersetzt, sondern vermenschlicht. Die Liebe ist - so Rahner - das "Stichwort für das Ganze des Menschen",[62] und Mays Erzählung setzt dieses Stichwort um in poetische Handlung. Des Dichters Prämisse: "Jede Kreatur will Liebe haben und giebt sie doppelt wieder, wenn sie sie empfängt!" (III, S. 280) Auch "die Tiere und überhaupt alle Geschöpfe zu lieben", ist Gottes Gebot (III, S. 86). Und "wo die Liebe wohnt, da ist die schönste [...] Seligkeit" (III, S. 118)!

Auch Halef hat es erkannt. Seine Rede - zu Beginn des Kapitels 'Ueber die Grenze' - entspricht dem Grundakkord des *Silberlöwen*: dem Sterben des 'alten' und der Wiedergeburt des 'neuen' Menschen. "Ich wohne in diesem Leben, doch Allah hat mir seine Boten gesandt, welche mir sagen, daß ich für ein anderes bestimmt sei. Nun frage ich mich, was ich in jenem anderen Leben brauchen werde." Halef weiß, was er preiszugeben und was er "einzutauschen" hat: "Ich will Liebe anstatt des Hasses, Güte anstatt der Unduldsamkeit, Menschenfreundlichkeit anstatt des Stolzes, Versöhnlichkeit anstatt der Rachgier." Der Hadschi sieht ein: Leben heißt "neu" werden, "und das, was wir das Sterben nennen, wird grad das Gegenteil davon, nämlich das Aufhören des immerwährenden bisherigen Sterbens sein!" (III, S. 71f.)

'Streben' und 'Sterben' sind für May - dasselbe.[63] Denn die Kunst des Lebens und die Kunst des Sterbens bedingen einander.[64] Sie sind identisch mit der Kunst des Liebens!

Augustinus fragte: Ist das sterbliche Leben (vita mortalis) nicht, besser gesagt, ein lebendiges Sterben (mors vitalis),[65] ein Hineinwachsen ins liebende Sein? Das Neue Testament geht noch weiter: Wer glaubt und wer liebt, der IST schon gestorben; er ist "hinübergeschritten vom Tod in das Leben" (Joh 5, 24).

Was heißt das konkret? Die Liebe, die den Tod überwunden hat, kennt keinen "Sonderstolz"; sie schätzt auch den 'Niederen' hoch und will von ihm lernen (IV, S. 215f.). Sie schaut den Verachteten an.[66] Sie behandelt ihn freundlich (III, S. 427), gibt ihm Ansehen und richtet ihn auf: durch das gute Wort, das von Herzen kommende Lob. "Wie leicht es doch ist, Menschenherzen zu erfreuen! Warum thut man das so wenig?" (III, S. 359)

Mays Ethik rechnet mit noch ungeweckten Möglichkeiten des Menschen: mit den Möglichkeiten GOTTES in ihm.[67] Mit Natalie, in Goethes *Wilhelm Meister*, gesprochen: "Wenn wir die Menschen nur nehmen, wie sie sind, so machen wir sie schlechter; wenn wir sie behandeln, als wären sie, was sie sein sollten, so bringen wir sie dahin, wohin sie zu bringen sind."[68] Denn die Liebe drängt das Böse zurück und lockt das Gute hervor: bei Halef zum Beispiel (III, S. 112f.) und später beim Aschyk (IV, S. 431ff.).

Mays Ethik entspricht den Seligpreisungen Jesu. Alle Themen der Bergpredigt finden sich zentral auch im *Silberlöwen* oder klingen zumindest mit an: die Armut des Menschen vor Gott (IV, S. 642);[69] die getröstete Trauer (III, S. 420ff.); die Gewaltlosigkeit (III, S. 227f.);[70] der Durst nach Gerechtigkeit (IV, S. 117f.); die Sehnsucht nach Frieden (III, S. 410); das Licht-sein in dieser Welt (IV, S. 321); das Gebet im Verborgenen (IV, S. 312); die Feindesliebe (IV, S. 195); die absolute Wahrhaftigkeit (III, S. 438ff.);[71] das Schwur-Verbot (III, S. 213); die ideale Beziehung von Mann und Frau (angedeutet in Schakara und Kara Ben Nemsi); das die Bergpredigt abschließende Motiv des auf Felsen gebauten Hauses (IV, S. 520f.; vgl. Mt 7, 24).

Karl May und die Bergpredigt Jesu - dies wäre ein Thema für eine Spezialuntersuchung. Hier mag die These genügen: Den Geist, das Wesentliche der Verkündigung Jesu hat May wohl begriffen. Das "ganze Gesetz" (Mt 7, 12), die Einzelgebote 're-duziert' er - führt er zurück - auf jene Liebe, die das Ganze des Menschen umfaßt, die Erde bejaht und die letzte Bestimmung, den Himmel, nicht vergißt.

Denn die Liebe gibt dem Menschen Bestand. Sie gibt ihm Halt für das Leben und Kraft für das Sterben. Sie sagt ihm, daß er leben und "niemals sterben werde" (III, S. 427): weil der Tod nur das Leben bringt (III, S. 422).[72]

3.4 Gottes Erbarmen und die Freiheit des Menschen

Wie Halef neigt auch May dazu, die "ganze Welt" - nach überstandenen Zornesausbrüchen - "verzeihend zu umarmen" (III, S. 89). Seine Güte ist freilich, wie Schakara bemerkt, mit Strenge gepaart. Die Liebe "lächelt nicht den ganzen Tag" (IV, S. 117). Sie liebt zwar die Menschen, aber nicht "das Böse" in ihnen (III, S. 531).

Gott schuf die Welt "als größtes Wort der Liebe, / Doch will die Menschheit dieses Wort nicht fassen." (III, S. 540) In seiner Freiheit kann der Mensch die Liebe Gottes bejahen oder zurückweisen. Diese doppelte Möglichkeit hat May schon oft und in vielen Variationen literarisch gestaltet. Im *Silberlöwen* wird diese Thematik entfaltet und theologisch vertieft.

Durch seine Liebe will der Ustad das Böse auch in Ahriman überwinden! Dem SEGEN soll der Mirza verfallen; und die Liebe soll ihn verfolgen - bis er zusammenbricht und "zu einem neuen, wunderbaren Leben" (III, S. 597) erwacht.

Es wäre denkbar, daß May im *Silberlöwen III* die Bekehrung des Ahriman und überhaupt die Erlösung der Hölle im Sinn hatte. Des Ustads Märchen 'Tausend und ein Tag' legt das nahe. An den apokryphen - von einigen Kirchenvätern übernommenen - Luzifer-Mythos (vgl. Offb 12, 7ff.)[73] knüpft der Meister an und erzählt:

"Es war am Tag, an welchem die Erlösung suchen ging. Sie klopfte an an allen, allen Erdenpforten. Doch [...] fand sie keine Thür, die ihr geöffnet wurde. Da ging sie trauernd weiter, bis zum tiefsten Schlund, in welchem die verdammten Geister wohnen. Sie [...] weinte über Chodehs Menschenkinder [...] Doch als sie dann die nassen Lider hob, da kam [...] er selbst, von Chodeh einst verbannt, der sich erkühnt, dem Himmelsherrn zu gleichen! [...] 'Gieb mir die Hand!' sprach er [...] 'Was keiner Himmelsliebe möglich war, hast du erreicht durch deine Erdenthränen. Wenn die Erlösung um die Menschen weint, so muß sogar das Herz der Hölle brechen. Ich war der Erste aller Kreatur. Ich war der Erste, der den Herrn betrübte. Nun will ich auch der Allererste sein, der reuig wiederkehrt mit der Erlösung!'" (III, S. 596)

Ein schönes Märchen. Ein Menschheitstraum! Häretiker des frühen Christentums haben eine LEHRE aus diesem Traum gemacht: die 'Apokatastasis panton', die Rettung allen Seins - auch der Hölle![74] Im Sinn einer Hoffnungsvision (nicht einer dogmatischen Lehre) erhob z.B. auch Carl Orff - im Spätwerk *De temporum fine comoedia* - die Rettung des Satans zum Ziel des göttlichen Heilsplans: Nach dem Schuldbekenntnis "pater, peccavi!" wird Luzifer erneut zum Engel des Lichtes.[75]

Auch Ahriman, der Teuflische, wird sich - so meint der Ustad - "aus dem Abgrund" erheben; die Pforten der Hölle werden sich hinter ihm schließen und der Himmel wird sich ihm öffnen (III, S. 600)!

Diese Prognose wird im *Silberlöwen IV* aber nicht erfüllt. Die "endgültige Erlösung selbst der Hölle"[76] wird jetzt verworfen! Der Ich-Erzähler kritisiert das Märchen des Ustad: "Nach dieser deiner Liebestheorie würde der Himmel schnell zur Hölle werden, nicht aber die Hölle zum Himmel." Die Bibel spreche "nicht ohne Grund von dem [...] Feuer, welches nie verlischt." Wenn er die Hölle selig mache, verderbe der Ustad den Himmel! Der Effendi zum Ustad:

"War das etwa der Inhalt deiner Bücher, die du schriebst? Hast du jene angebliche Gottes- oder Christusliebe gelehrt, welche jedem Schuldigen die Strafe erläßt, nur damit Gott seinen Himmel nicht leer stehen zu lassen brauche? [...] Hast du jene pseudogöttliche Langmut gepredigt, welche das Unkraut ungehindert emporschießen läßt, bis der Weizen erstickt worden ist?" (IV, S. 117f.)[77]

Mays Eifer ist eigentlich unbegründet. Denn im Märchen des Ustad BEREUT Luzifer seine Schuld. Der Vorwurf Kara Ben Nemsis trifft also nicht zu: "Gottes Ordnung", wonach die Reue der Vergebung vorangehen müsse (IV, S. 116), hat der Ustad ja gar nicht bestritten!

Aber im Schlußband des *Silberlöwen* verschieben sich manche Akzente. Die ewige Finsternis: das Verlorengehen als eine Möglichkeit des menschlichen Seins wird stärker betont als im *Silberlöwen III*.

Warum dieser, von *Jenseits* her bekannte,[78] Gedanke jetzt erneut und verstärkt? Auf der autobiographischen Leseebene ist mit Ahriman der Redakteur Mamroth gemeint. Für solche Leute ist, der aktuellen Gemütsverfassung des Dichters gemäß, das 'Heulen und Zähneknirschen' die angemessene Strafe! Doch die nur autobiographische Deutung wird dem Gesamtanspruch des Romans, der theologischen Botschaft des *Silberlöwen*, nicht gerecht.

In der Bergpredigt seliggepriesen werden nur die, die "thun, was der Meister fordert!" (IV, S. 174) Mays - spirituelles - Anliegen ist der Ernst der Nachfolge Christi, das rechte Leben im Sinne des Evangeliums!

Dietrich Bonhoeffer unterschied die "billige" und die "teure" Gnade: Billige Gnade "ist Predigt der Vergebung ohne Buße, [...] ist Absolution ohne persönliche Beichte."[79] Die lutherische Lehre von der 'Rechtfertigung des Sünders aus Gnade allein' sei im Sinn dieser billigen Gnade mißverstanden worden. Bonhoeffer verstand die reformatorische Lehre als Bekenntnis zur 'teuren' Gnade: Teuer sei Gottes Gnade, "weil sie den Menschen unter das Joch der Nachfolge Christi zwingt"; Gnade aber sei es, daß Jesus sagt: "Mein Joch ist sanft und meine Last ist leicht."[80]

Diese beiden Aspekte, die teure Gnade und das leichte Joch, werden im *Silberlöwen* - am Exempel des Aschyk - verkündet.

Der Aschyk, der 'Geliebte' Pekalas, ist ein verstockter Betrüger. Der Effendi nimmt ihn gefangen und bestraft ihn entsetzlich. Er schleppt ihn hinunter: zum verkalkten Gerippe, ins Dunkel der Tempelruine.

"In solcher Art Gesellschaft wird man mürbe!" (IV, S. 364) Die Stunden im Bergesinnern, die Einsamkeit und die Existenzangst, werden für den Aschyk zur 'teuren Gnade', zum Fegefeuer auf Erden.[81] Kara Ben Nemsis Höhlentraum erfüllt sich an dem Gefangenen. Auch dieser träumt: er habe tausend Jahre im Wasser gelegen, "verhärtet und verkalkt" in seinen Sünden. "Da kam ein Ruf von oben." Die Tage seines Lebens kamen "einzeln, furchtbar einzeln, einer nach dem andern!" Doch sie klagten ihn nicht an; das tat er "ja schon selbst" (IV, S. 426)!

Auch dieses Motiv, Gottes Gericht als Selbstanklage des Menschen, ist vom *Jenseits*-Band her bekannt. Der Aschyk steht zur eigenen Schuld, träumend und dann im Erwachen. Und wie er spricht "Vergieb mir meine Sünden!", hört er schon die Ruderschläge. Der Effendi kommt, ihn zu befreien. Der Sünder will jetzt seine Schuld bekennen: "Laß uns hinauf zum Beith-y-Chodeh steigen! Das ist der einzig rechte Ort zum Beichten!" (IV, S. 427f.)

Wie die Totenköpfe im Traum des Erzählers folgen die Sündentage dem Aschyk zum Tempel. Die 'billige Gnade' weist er zurück. Er will sühnen, seine Verbrechen gestehen, sich "der Behörde zur Strafe melden" (IV, S. 499). Sein Herz aus Stein ist gebrochen. Ein neues Herz, einen neuen Geist hat ihm Gott jetzt geschenkt (vgl. Ez 36, 26).

Der Aschyk jubelt vor Freude, wiedergutmachen zu können, was er getan hat (IV, S. 428). Ein Glücksgefühl kommt über ihn "wie fast noch nie in seinem ganzen Leben" (IV, S. 517). Auch hier - wie bei Waller in *Friede* - jene "Glücksekstase", die nach W. James das Bekehrungserlebnis begleitet![82]

Dem sanften Joch Christi entspricht die "bedingungslose Begnadigung" (IV, S. 640) durch den Schah: Die Strafe wird dem Aschyk erlassen! Ein Vergleich mit Zachäus (Lk 19, 1ff.) liegt nahe: Aus eigenem Antrieb verläßt der Aschyk seinen früheren Weg, um einen "neuen, guten Weg" zu gehen (IV, S. 502). "So holt sich Allah den Verlornen wieder, den die Gerechtigkeit des Menschen noch tiefer in den Abgrund stoßen würde!" (IV, S. 431)[83]

Dem Aschyk ist alles vergeben - ohne ein "Vermittelungsgeschäft" (IV, S. 501) der Diener des Schahs, aber nicht ohne Reue, nicht ohne Schuldbekenntnis und nicht ohne die Änderung seines Lebens. Die von May hier vorausgesetzte Theologie ist stimmig und völlig korrekt - auch im Sinne der katholischen Gnadenlehre, wie sie Karl Rahner erläutert:[84] Seine durch Christus vermittelte Gnade bietet Gott allen an, auch den Moslems, den Hindus usw. Diese Gnade kann der Mensch nicht erwerben durch die Vermittlungsgeschäfte fremder Instanzen: In "freier dialogischer Partnerschaft"[85] steht der einzelne seinem Gott gegenüber, dessen Gnade reines Geschenk ist. Am Menschen freilich liegt es, dieses Geschenk anzunehmen oder abzulehnen. In diesem Sinne hat Kara Ben Nemsi recht, wenn er dem Aschyk erklärt: Die Gnade kann "dir nur Einer bringen, ein Einziger, und der bist du selbst!" (IV, S. 501)

Gewiß - auch die Annahme des Gnadengeschenks von seiten des Menschen ist durch die Gnade ermöglicht: Gott selbst gibt dem Aschyk die Kraft, das Rechte zu tun (IV, S. 502)!

Interessanterweise beendet Karl Rahner seine Erörterung - über das Verhältnis von Gnade und menschlichem Tun - mit dem Hinweis: "Um das Problem 'Gnade - Freiheit' wirklich zu 'verstehen', es stehen zu lassen und es anzunehmen, muß man in die Gestimmtheit des Beters zurückkehren." Der Beter empfängt sich von Gott und "gibt sich Gott zurück [...] Bezieht man diese Position des Beters [...], dann begeht man keine petitio principii [...] Man nimmt nur an, was man unweigerlich ist":[86] das Geschöpf, das in Freiheit schafft und in Gnade geschaffen wird.

Diese Position des Beters nimmt der Aschyk ein! Seine "Verhärtung" verwandelt sich ins "Gebet" (IV, S. 425). Durch die erneuerte Gottesbeziehung wird seine verlorene Liebesfähigkeit wiederhergestellt und seine Identität wiedergefunden. "Es wächst jetzt eine Säule" in ihm auf; in ihr "liegt Gottesstärke"! Der Aschyk erkennt: "Gottesstärke [...] das ist sie [...] die Gnade!" (IV, S. 502)

Zwischen Gut und Böse, zwischen Leben und Tod hat der Mensch zu wählen (IV, S. 117). Der Aschyk verkörpert die Reue, die Gottes Ruf schließlich hört und befolgt. Die zweite Möglichkeit - die verschmähte Gnade, die Schuld ohne Reue - verkörpern Ahriman und seine Verbündeten.

Dogmatisch verstanden ist die schwere Sünde die in Freiheit vollzogene Abkehr des Menschen von Gott.[87] Nach Gen 3, 3ff. ist das Wesen der 'Sünde zum Tod', in letzter Konsequenz, das 'Seinwollen wie Gott'. Was könnte das heißen? Im *Silberlöwen* wird es verdeutlicht: Das Prinzip des Ahriman ist der ungehemmte 'Wille zur Macht', die perfekte Gewalt über Menschen. Die Stelle Gottes - eines falschen, die Freiheit des Menschen verhöhnenden Gottes - will er selbst einnehmen. Sich dünkend, Gott gleich zu sein, will er die Menschen "verführen, den Himmel zu verlassen und mit ihm ein Reich zu gründen, in dem der Herr nichts zu befehlen habe." (III, S. 629)

"Satansbegegnungen"[88] gab es in Mays Erzählwerk schon früher: in Abrahim-Mamur, im Baron von Helfenstein, in Harry Melton zum Beispiel. Doch der Mirza, der 'Fürst der Schatten', ist aus feinerem Holz geschnitzt. Ihm geht es nicht nur ums Geld; um die Seele seiner Opfer, um die totale Herrschaft geht es dem Mirza.

Äußerlich wirkt Ahriman eher anziehend. Sein Schmuck ist zwar falsch und sein Geschmeide nicht echt; aber sein Gesicht ist doch schön. Es erinnert an das Werk eines Künstlers:[89] an die Züge des Loki (III, S. 587), der rätselvollsten Gestalt der germanischen Götterwelt. Dem Fürsten der Nacht, dem "Vater der Lüge" (Joh 8, 44) gleicht dieser Mann, der die "Seligkeit verspricht und doch aber nur Verderben giebt" (III, S. 587)!

Auf den ersten Blick hat das Böse "wohl immer eine verlockende Gestalt [...] Die Hölle ist ein Sumpf, auf dem die Decke üppig grünt und blüht" (III, S. 630)! Der "raffinierten Intelligenz" (III, S. 612), der Propaganda des Ahriman - die mit "trügerischen Schlüssen" (III, S. 630) blendet - kann der Schwache leicht erliegen. Wahrscheinlich an Nietzsche denkend, sinniert der Erzähler: "Es war mir, als ob Ahriman Mirza zwei verschiedene Leben besitze [...] Er riß mir Gedanken aus der Tiefe, von denen ich niemals eine Ahnung gehabt habe. Und er wußte sie so zu leiten [...], daß es mir schwer wurde, sie als irrig zu erkennen." (III, S. 622f.)

Ist Ahriman die Verkörperung des Satans? Ist der Teufel überhaupt eine 'Person'? Woher kommt das Böse, wenn Gott die Liebe ist? Das alles bleibt bei May in der Schwebe. Auf solche Diskussionen läßt sich der Schriftsteller nicht ein. Er meint nur: von Gott kann das Böse nicht kommen (III, S. 631). Und wenn der Schmutz einmal abfällt, zerfließen die Schemen "in Nichts" (IV, S. 41f.).[90]

Zunächst ist Ahriman stark, und die "Geschmeidigkeit der Hölle" formt seine Ideen (III, S. 599). Und doch hat er Angst! Er leugnet nicht - wie gewöhnliche Atheisten - die Existenz und die Ewigkeit Gottes. Er glaubt an die ewige Hölle, "weil jener Eine [...] ewig ist!" (III, S. 606) Im Jakobusbrief steht geschrieben: "Auch die Dämonen glauben - und zittern." (Jak 2, 19) Bei May heißt es ähnlich: Die Reue "jubelt", doch "die Teufel zittern" (IV, S. 117)!

Zur Reue findet Ahriman nicht. Sein Zittern geht über in Panik. Als Perser glaubt er an die Lehre vom "Chodem" des Menschen. May erklärt: "Chodem ist das persische Wort für 'ich selbst'. Die dortigen Metaphysiker aber bezeichnen mit diesem Worte [...] so eine Art dessen, was wir 'Doppelgänger' nennen, aber in viel höherem, edlerem Sinne." Der Geist des Menschen wird, nach der Sage, "geleitet von einem Geiste aus höheren Regionen, der Gott mit seinem eigenen Schicksale dafür verantwortlich sei, daß der ihm anvertraute Mensch seine Bestimmung erreiche." Dieser Geist sei imstande, seinem Schützling zu erscheinen: in dessen eigener Gestalt. Tue er das, "so sei das ein sicheres Zeichen, daß er ihn für immer verlassen werde, also entweder des nahenden Wahnsinns oder des zu erwartenden Todes." (IV, S. 537f.)

Diesen Glauben macht sich der Ustad zunutze. Er legt die Maske des Ahriman an, erscheint ihm bei Nacht und treibt ihn in die Verrücktheit.

Die Chodem-Sage darf man nicht mißverstehen als Belegstelle für den Aberglauben des Autors. Dieser ist "weder Perser noch Sektierer" (IV, S. 248)! Die Chodem-Legende, das Doppelgänger-Motiv,[91] ist bei May eine Metapher, ein der Romantik entlehntes[92] literarisches Bild für die theologische Einsicht, daß der Mensch beschützt ist von Gott und diesen Schutz auch verlieren kann: wenn er seine eigene Bestimmung verfehlt, wenn er - schuldhaft - zerbricht an seinem "ich selbst".[93]

Gottes Liebe will der Mirza nicht haben. Seinen höheren Geist, seine Bestimmung von Gott her, will er nicht annehmen. 'Ahriman', das absolut Böse, ist also nicht - wie die Schattenseiten des Ich - 'integrierbar'; es kann nur 'hinausgeworfen' werden![94]

Beim Pferderennen erfüllt sich sein Schicksal. Der Aemir wird vom "Teufel" - so der Name seines Rosses[95] - gepackt und in den Kopf gebissen. Seine "verhüllte Wahrheit" (IV, S. 633) wird offenbar: "Ahriman Mirza ist der Fürst der Schatten, und wenn er stürzt, ist es mit ihnen aus - - -!" (IV, S. 632) So leiert er, nun gänzlich verrückt, vor sich hin.

Aus ist es auch mit den Bundesgenossen des Mirza. Die 'Rose von Schiras', die Mätresse des Ahriman, stürzt in den eigenen Säbel. Und den Scheik ul Islam "erschlagen die Ruinen" seiner selbsterrichteten "Lehrgebäude ohne weitere Umstände".[96]

3.5 Ideologie und Glaube

Manche Interpreten haben am *Silberlöwen* die Seitenhiebe auf katholische Kreise besonders geschätzt. Diesem Lob dürfte die Gleichsetzung von 'katholisch' und 'ideologisch' zugrunde liegen. Aber die Textanalyse des Romans und die Tatsache der unterschiedlichen Strömungen innerhalb des Christentums bzw. der katholischen Kirche zwingen zum Differenzieren.

Bei den "Ultra-Taki" könnte May an die traditionalistische Richtung in der katholischen Kirche gedacht haben.[97] Insgesamt gilt seine Kritik aber nicht speziell dem Katholizismus,[98] sondern - allgemein - dem Mißbrauch der Religion zu ideologischen Zwecken, der militanten Scheinheiligkeit, die es in allen Religionen geben kann.

Wogegen wendet sich May konkret? Wie unterscheidet sich der echte Glaube, den May postuliert, vom ideologischen Denken, das er verwirft? Bei der Deutung des *Friede*-Buchs wurde dazu einiges vermerkt.[99] Im folgenden soll es ergänzt und vertieft werden.

Als Religionskritik, d.h. als Kritik an defekten Formen des Religiösen, sind im *Silberlöwen* die Beschreibung der Tempelruine,[100] die Parabel vom Baum El Dscharanil (IV, S. 24ff.), die Sage von Chodeh, dem Eingemauerten (IV, S. 212ff.), sowie die Szenen um den Scheik ul Islam und seine Taki-Kurden anzusehen. Die Kritik bezieht sich im wesentlichen auf die religiöse Eitelkeit, die Überheblichkeit religiöser Instanzen, die Zementierung des Bestehenden unter Berufung auf den göttlichen Willen, die menschenverachtende Gewalt im Namen der Religion, die Verdrängung Gottes durch die klerikale Machtausübung. Sehen wir uns, exemplarisch, einige Textstellen an.

Im Gefolge des Scheik ul Islam befinden sich ein 'Heiliger', ein 'Seliger', ein 'Hauptpriester', ein 'Divisionsgeneral' und ein 'Brigadegeneral' (IV, S. 275). Diese Leute sind "so pfauenstolz und truthahneitel" (IV, S. 446), "so sanft, so fromm und doch so unverschämt!" (IV, S. 456)

Während Ahriman seinen Haß und seine Gottlosigkeit offen bekennt, klingt beim Scheik alles "so tiefreligiös und gottgefällig, [...] so ekelhaft [...] weihevoll und darum so [...] niederträchtig" (IV, S. 446)! Vor dem Mirza läßt er die Larve dann fallen: "Wir sind sanftmütig und von Herzen demütig, weil uns das zur Herrschaft führt. Aber hinter dieser Sanftmut steckt die Schonungslosigkeit [...] Fordre ja den Taki-Orden[101] nicht heraus!" (IV, S. 489)

Die Nähe dieser Menschen lähmt. Sie erstickt alles Leben. Der vom Typhus genesene Kara Ben Nemsi durchforscht das 'Allerheiligste', den Schlupfwinkel der Taki im Innern des Berges; die Atmosphäre dieses "Sacrosanctum" droht ihn wieder krank zu machen! "Diese Luft hält kein Gesunder aus, viel weniger ein Genesender!" (IV, S. 503)

May parodiert die Fassadenfrömmigkeit, die Jesus gegeißelt hat (Mt 23) und die in jeder Religion möglich ist. Er spießt die Selbstherrlichkeit der "Vertreter Gottes" auf, die alle Verrenkungen und alle "Verbeugungen" für sich in Anspruch nehmen: um dann "so gütig" zu sein, auch "Gott einen Knicks zu machen" (IV, S. 22f.).

Der Dichter attackiert - wie in *Friede* - den Alleinvertretungsanspruch der Religionen:[102] Der Scheik und seine Leute "geberden sich, als ob sie den Herrgott zu beschützen [...] hätten." Sie glauben "sich von jedem vernünftigen Worte angegriffen und schlagen ihre mißverstandenen Kuransprüche Jedem an die Backen, der besser, tiefer und höher denkt als sie! Wehe dem, der daran zweifelt, daß sie die Einzigen sind, die Allahs Licht erleuchtet!" (IV, S. 446)

Nur sich selbst, nur IHRE Art lassen sie gelten: Der wackere Tifl "plärrte [...] nicht wie sie"; da schlossen sie ihn aus (IV, S. 456)! "Taki heißt fromm. Die betreffenden Kurden führen diesen Namen, weil sie [...] behaupten, daß nur sie allein den Himmel erlangen werden. Jeder nicht ganz Gleichdenkende wird als verdammenswerter Ketzer betrachtet und mit [...] Strenge verfolgt." (IV, S. 230) Die Taki können sich das leisten - weil sie dem Bedürfnis nach Gehorsam, nach totaler Gängelung entgegenkommen: Sie "können [...] unfehlbar tun, weil sie leider nicht die einzigen geistig Dummen sind!" (IV, S. 446f.)

Die Parabel vom 'Baum der Geschwätzigkeit' schlägt in dieselbe Kerbe.[103] Vom Schutz der "Lehrsätze" ist die Rede, von uneinnehmbaren "Mauern". Ein 'Seil der Konfessionen' versperrt den Eingang zum Himmelreich. Die Wächter dieser 'Seligkeit' sind "in die Trachten aller Völker gekleidet. Jeder von ihnen hatte etwas in der Hand, was er sein 'heiliges Buch' nannte, und jeder von ihnen versicherte, daß er der einzig und allein berechtigte Aussteller der hier vorzuzeigenden Erlaubniskarte sei." (IV, S. 26f.)

Ein Angriff gegen das Christentum? Nein, denn der christliche Glaube wird im *Silberlöwen* ja ausdrücklich bezeugt. Der "missionarische Zug",[104] das Werben für die Botschaft Jesu fehlt keineswegs. Aber der Christ Karl May hat Respekt auch vor anderen Religionen - wo immer sie nicht "die Verknöcherung des Herzens zur unbedingten Folge" haben (III, S. 291).

Mays Anliegen ist die Toleranz zwischen den Religionen und die Offenheit des Christentums für neue Erkenntnisse. Die Taki-Macht indessen stellt sich ausschließlich "auf die Seite des Bestehens und Erhaltens" (IV, S. 240). Den Willen Gottes mit der Macht des Faktischen gleichsetzend, will der Scheik den Abriß der Tempelruine verhindern. "Denn selbst der Wahn wird heilig, wenn er [...] durch sein Alter zur Ehrfurcht mahnt [...] Ich habe als Scheik ul Islam die heilige Pflicht, selbst den Irrtum zu erhalten" (IV, S. 288)!

Die konservative Ideologie wird zum blanken Zynismus. Nicht genug damit: die Autorität des Scheiks tritt in Konkurrenz zu den Plänen des Ahriman, der sich selbst zum "Götzen" und den Schah zur "Puppe" (III, S. 620f.) machen will. Im Klartext: Auch der Scheik stellt sich selbst über Gott!

Derselbe Gedanke liegt dem "architektonischen Quodlibet" (III, S. 507), der versteinerten Frömmigkeit des 'hohen Hauses' zugrunde. Dieses "Gebäudekonglomerat" (III, S. 509) ist von den heidnischen Religionen, vom babylonischen Götterkult, vom Judentum und zuletzt von christlichen Sekten errichtet worden.[105] Ein "großes baustilistisches Rätsel" (III, S. 494) ist diese Tempelruine. "Wer war der Architekt, der dieses Unikum ersann?" (III, S. 508)

Der Architekt war der Hochmut, der sich gleich dünkt mit Gott. Der Baumeister war die Arroganz, die das Gebet - die unmittelbare Beziehung des Menschen zu Gott - verbaut und vermauert. Die Tempelruine, deren Abbruch sich der Scheik widersetzt, ist das Symbol einer selbstherrlichen Religion, die ihre Traditionen verabsolutiert, ihre (innerlich ausgehöhlten) Machtstrukturen hervorkehrt und das Gebet zu reglementieren versucht.

Heinrich Fries erklärt: Die Sprache des Glaubens ist das Gebet. "Alle Gebete der Welt meinen [...] das eine Geheimnis: die Transzendenz, die Gottheit, Gott." Die Frage sei nur, ob der Mensch dieses göttliche Gegenüber wahrt oder es ersetzt durch eine irdische Instanz - "sei es eine Person, ein Kollektiv oder ein innerweltlicher Wert."[106]

Eben dies ist die eigentliche Sünde der Ultra-Taki: Nicht Gott, sondern den Scheik ul Islam beten sie an (IV, S. 543)! Doch der Sturz aller Götzen steht schon bevor. Das Innere des Berges, das Untergeschoß der Tempelruine wird die Wirklichkeit Gottes - das vom Zauber befreite Gebet - offenbaren.

Seine Vision vom verzauberten, im Sturz der Ruinen aber befreiten Gebet bringt May in Verbindung mit einem anderen Schlüsseltext des Romans: der Legende vom 'eingemauerten Herrgott'. Was sagt dieser Text?

Der Teufel wollte Baumeister werden. Er beschloß, als Meisterstück "ein Werk zu schaffen, bei welchem alles Schein, nichts aber Wahrheit sei"! Als der Teufel seine Lehre begann, "war Gott ein lieber Himmelsgast und ließ sich oft bei seinen Menschen nieder [...] Sie liebten ihn; sie gönnten ihn auch andern [...] In diesen Menschheitsfrieden trat der Andre [...] und ließ den Neid der Hölle rings verbreiten." Der Erfolg: Alle drängten Gott, "nur hier bei ihnen noch, sonst nirgends zu erscheinen". Da - verließ Gott die Menschen: Er "ging betrübt von dannen." Der Teufel aber sprach: "Wißt ihr noch nicht, daß Gott sich zwingen läßt? [...] Beweist ihm euern Ernst, so muß und wird er tun, was ihr begehrt."

Die "Gestalt des Höchsten" nahm der Teufel an - und kehrte, als Gott, zu den Menschen zurück: "Ich prüfte euch [...] ihr habt bestanden. Die Macht der Frömmigkeit ist größer als die meine. Drum nehmt mich hin als euer Eigentum. Ich will nun euch und niemand sonst gehören!" Man baute einen Turm. "Der Teufel saß als Gott im Heiligtume. Doch seine Scharen regten sich, ihn eiligst für das Volk hier einzumauern. Das Bauwerk stieg ihm immer höher [...] Und betend lag dabei die Andacht auf den Knieen! [...] Fast war der Berg verschlossen." Da schwang sich, unbemerkt, "ein dunkler Flederhäuter" aus der Öffnung - und verschwand (IV, S. 213f.)!

Der Teufelsberg ist, so erklärt May, identisch mit der Tempelruine. Und die Baumeister sind die "Männer des Taki-Ordens" (IV, S. 485).

Die Legende von 'Chodeh, dem Eingemauerten' muß zu den theologisch wichtigen Stellen des *Silberlöwen* gezählt werden. Die Macht der Frömmigkeit als Blendwerk des Teufels! Das erinnert an die Religionskritik durch evangelische Theologen in der ersten Hälfte unsres Jahrhunderts. Karl Barth, Dietrich Bonhoeffer u.a. sahen in den Religionen die 'Machwerke' des Menschen: des sündigen Strebens, über Gott zu verfügen![107] Das Christentum interpretierten sie 'nichtreligiös': als 'reinen Glauben', als 'Gericht' über die Religionen und ihre Praktiken!

Diese Abwertung der Religionen zur bloßen Magie hat sich aber nicht durchgesetzt. Das Konzept des 'religionslosen Christentums' wird heute - auch in der evangelischen Theologie - verworfen als Selbstüberhebung des Christentums. Von ernstzunehmenden Theologen werden die religiösen Symbole wieder positiv gesehen: als legitimer - vom Mißbrauch freilich immer bedrohter - Ausdruck der Transzendenz-Erfahrung des Menschen.[108]

Auch May kritisiert, wie gesagt, nicht die Religion als solche, nicht ihr Wesen, sondern ihr Unwesen. Er kritisiert die falsche Religion, ihre Verkehrung ins IDEOLOGISCHE.

Aus der Sicht des katholischen Theologen und christlichen Ökumenikers nennt Heinrich Fries eine Reihe von Kriterien des ideologischen Denkens.[109] Im Lichte dieser Kriterien könnte die Theologie des *Silberlöwen* - in ihrer Nähe zum Reformkatholizismus[110] - neu verstanden werden.

Wie unterscheiden sich Ideologie und wirkliches Christentum? Während der Schah - im *Silberlöwen* - die Freiheit des Individuums respektiert, nehmen die Ideologien den konkreten Menschen nicht an. Der Schablone, dem allgemeinen Prinzip hat sich der einzelne "zu fügen und zu opfern".[111] Das persönliche Gewissen wird mißachtet. Ethische Entscheidungen werden von übergeordneten Instanzen getroffen. Der einzelne handelt richtig, wenn er sich am Kollektiv orientiert.

An die "Schwachkopf-Frömmigkeit" (IV, S. 143) stellen die Ideologien einen Totalanspruch: Ihre Denkweise ist "ebenso aggressiv wie intolerant"; Dialog und sachliche Auseinandersetzung sind diesem Denken völlig fremd; es geht ihm "nicht um Weckung von Einsicht, nicht um Überzeugung durch Gründe, sondern um [...] den Sieg über den Gegner."

Solches Denken bleibt unkritisch gegen sich selbst. Es stellt sich nirgendwo in Frage und ist - wie der Scheik ul Islam - von der Unfehlbarkeit seines Systems überzeugt. Es ist "nicht bereit, Irrtümer [...] bei sich selbst einzugestehen"!

Das Bestehende, die Tradition, will die Ideologie "mit dem Nimbus des Notwendigen" umgeben. Oft genug wird die Religion dafür in Anspruch genommen. Das Faktische, auch das Unrecht wird - wie der Scheik ul Islam es tut - "mit der Gloriole des einzig Möglichen oder gar des Gottgewollten" versehen.

Nach Helmut Thielicke sind die Ideologien die moderne Form des Götzendienstes:112 Der Ideologe verkennt - wie Ahriman - seine Grenze und seine Endlichkeit. Er macht sich zum "Schöpfer aller Werte und Normen - im Sinn des Wortes der Genesis: 'Ihr werdet Gott gleich sein, erkennend das Gute und das Böse' (Gen 3, 5)."113

Gewiß, auch der christliche Glaube kann ideologisch verfremdet werden. Die "Entindividualisierung ihrer Gefolgschaft" ist aber nicht die notwendige "Eigentümlichkeit der christlichen Kirche":114 Seinem Wesen nach ist der christliche Glaube keine Ideologie, weil er das Gewissen achtet und den Menschen nicht zum Mittel entwürdigt. Der Glaube ist keine Ideologie, weil er sich - wie May - "zur theologischen Anthropozentrik bekennt, die in der Mitte des christlichen Glaubens, in der Menschwerdung Gottes, gründet. Der Mensch als unvertretbare Person ist dem Glauben wichtiger als alle 'Ismen' und Theoreme."115

Anders als die Ideologie läßt der Glaube sich FRAGEN und herausfordern. Er vermeint nicht, alles zu wissen. Er trägt - wie der Mensch Karl May - die Frage, "die Vorläufigkeit, das Unvollkommene und Stückwerkhafte als Element seiner selbst in sich selbst."

Der Glaube ist keine Ideologie, weil er - wie die Dschamikun im *Silberlöwen* - den unendlichen Wert aller Menschen bejaht, weil er - wie Hadschi Halef - das Freund-Feind-Schema überwindet und weil er - wie der Ustad - nicht im Dienst von menschlicher Herrschaft steht, sondern im Dienst jener Liebe, die ihr Urbild in Jesus erkennt: "Der Größte von euch soll euer Diener sein." (Mt 23, 11)

Alles in allem: Der Glaube ist keine Ideologie, weil er die Welt nicht vergöttlicht und weil er - wie das 'Ich' in Mays Geschichten - "keine innerweltliche Absolutheit akzeptiert", sondern das Erste Gebot beachtet: "Du sollst keine fremden Götter neben mir haben." (Ex 20, 3)

3.6   Die 'kirchliche Bescheidenheit'

Der Glaube ist keine Ideologie, weil er mit dem Verschwinden bestimmter Strukturen - der Tempelruine. - "nicht selbst in den Sog der Auflösung geraten muß, sondern neue Verwirklichungen in neuen Formen finden kann, ohne sich untreu zu werden."116

Dieses Neue ist im *Silberlöwen* das "Kirchlein": zu erbauen aus den Steinen der - gestürzten - Tempelruine, "in der senkrechten Linie des Alabasterzeltes" (IV, S. 439), des

Symbols der göttlichen Nähe. "Zu einer so klaren, liebevollen Beantwortung alter, düsterer Ruinenfragen kann man [...] keinen Augenblick lang gleichgültig sein!" (IV, S. 521)

Vor "Jahren" hat der Autor die folgenden Verse ins Notizbuch geschrieben: "Hinauf, hinauf! Ich raste nicht. / Ich will und will nicht unten bleiben. / Mein frömmstes, seligstes Gedicht / Will ich beim Glühn der Alpen schreiben. / Das werde ich dann heimlich, still / In einem Kirchlein niederlegen. / [...]" (III, S. 558)

Jetzt, im Roman, werden diese Verse umgesetzt in eine Vision: Mit dem neu gebauten 'Kirchlein' heißt es, "gern fürlieb zu nehmen." (IV, S. 642) Denn "von Gottes Felsen" ist es getragen; "lächerlich" wäre ein solches Menschenwerk nur dann, wenn es sich den Anschein gäbe, "auch aus Gottes Felsen zu bestehen!" (IV, S. 520f.)

Kürzer und kritischer, schöner und richtiger kann man's nicht sagen. Mit der "Idyllik beschaulicher Gebirgskapellen"117 hat dieses "Kirchlein" nichts zu tun! Denn mit wenigen Strichen deutet May dasselbe Bild einer menschlichen, von Gottes Liebe getragenen Kirche an, wie es - sechzig Jahre später - vom II. Vatikanischen Konzil systematisch entfaltet wurde: Kein 'Haus voll Glorie', keine trutzige Festung ist diese Kirche, sondern ein Sinnbild des 'wandernden Gottesvolks', das mit dem künftigen "Gottesreich" (Mk 1, 15) nicht identisch ist,118 seinem Herrn aber - in Demut - entgegenstrebt.

May skizziert das Bild einer liebenswürdigen Kirche, die die Mündigkeit der Menschen beachtet, die Gottes Segen empfängt und diesen Segen dann weitergibt (IV, S. 630): als "Stadt auf dem Berg", als "Licht für die Völker", als "Zeichen und Werkzeug für die innigste Vereinigung mit Gott und für die Einheit der Menschen untereinander."119

Das ist nicht triumphalistisch gemeint. Wie später das Konzil zeichnet May das Bild einer VORLÄUFIGEN, sich entwickelnden Kirche, mit deren empirischem Zustand gerade "der GANZ Kirchentreue"120 sich nie völlig identifizieren kann!

Der Visionär sieht eine "kirchliche Bescheidenheit" (IV, S. 520) kommen, für die zu leben sich lohnt. Auch das "freundlich blickende [...] 'Pfarrhaus'" (IV, S. 521) wird nicht vergessen. Ähnlich wie am Ende des *Friede*-Bands findet der Dichter auch im *Silberlöwen* ein Wort für die Priester der Kirche:

Zwar hieß es zunächst, die Dschamikun brauchten nur Rosen, aber keinen Altar, keinen Rednerstuhl (III, S. 284) und "keinen Imam" (III, S. 477) für ihre Gottesdienste. Doch dann wird näher erklärt: "Es gab noch keinen Priester, und doch stieg Alles [...] den Berg hinauf, zur Laienandacht, die erst später, bei gesicherteren Zuständen, von berufenerer Hand geleitet werden sollte." (IV, S. 438f.)

Ist der "Verzicht auf priesterliche Mittler"121 das Ziel des Mayschen Kirchenbildes? Das Wort 'Mittler' ist vieldeutig und theologisch umstritten. Im Neuen Testament ist nur Einer der "Mittler zwischen Gott und den Menschen: der Mensch Jesus Christus" (1 Tim 2, 5). Dennoch gilt Mays These: "Priester Gottes müssen sein; die Menschheit kann sie nimmermehr entbehren"122 - wenn sie Gott und nicht sich selbst verkünden, wenn sie Helfer der Schwachen und Fürsprecher der Unterdrückten, wenn sie Diener der Menschen und nicht Herren über den Glauben sind (vgl. 2 Kor 1, 24).

Priester kann die Menschheit "nimmermehr entbehren" - wenn sie einer Kirche dienen, die "Anwalt des Menschen"123 ist, die Gottes Liebe bezeugt und die Verheißung nicht überhört: "Seht, ich mache alles neu." (Offb 21, 5)

3.7 Zusammenfassung: Der *Silberlöwe* als theologische Poesie

Den Glauben an den Sieg der Liebe in einer geschundenen Welt haben viele verloren. Dennoch bleibt der Name Gottes "tief eingegraben in die Hoffnungs- und Leidensgeschichte der Menschheit. In ihr begegnet uns dieser Name, [...] verehrt und verneint, mißbraucht, geschändet und doch unvergessen."[124] Der Name Gottes, der - im Bewußtsein so vieler Menschen verschüttete - Glaube an Gottes Dasein und Liebe ist die eigentliche Botschaft des *Silberlöwen*. Als theologische Dichtung von hohem Niveau ist dieses Werk zu bezeichnen.

Daß Mays Glaube nicht verschwommen, nicht vage und schon gar nicht okkult, sondern biblisch begründet, theologisch fundiert und gesellschaftspolitisch relevant ist, hat die Textanalyse gezeigt. Der Inhalt des *Silberlöwen* ist reicher und tiefer, als bisher vermutet wurde. In der - nicht nur polemischen, sondern sehr fein differenzierenden - Auseinandersetzung mit Nietzsches Atheismus ist die lebendige und lebenspendende Beziehung des Menschen zu Gott das zentrale Thema des ganzen Romans.

Die dialektische Grundbefindlichkeit: die Begrenztheit und Abhängigkeit, aber auch die unendliche Sehnsucht und die Größe des menschlichen Seins sieht May in der Geschöpflichkeit des Menschen begründet. Die Königswürde, die Selbstbestimmung und die Eigenverantwortung des Individuums leitet er ab aus der Freiheit des Menschen vor dem Antlitz des Schöpfers.

In seiner Freiheit kann der Mensch zu Gottes Liebe Ja oder Nein sagen. Beide Möglichkeiten werden im *Silberlöwen* dem Leser vor Augen gestellt. Eine theologisch durchdachte und anthropologisch verantwortete Gnadenlehre übersetzt Karl May in poetische Handlung.

Das Streben zum Himmel und die Treue zur Erde, die Verbindung des Menschen mit Gott und seine Aufgabe in der Welt werden in gleicher Weise ernstgenommen. Die Einsicht in die eigene Schuld, die Übergabe des Dunkels in die Gnadenhand Gottes, das Bekenntnis zum Kreuz und die tätige Liebe im Sinn der Bergpredigt Jesu lassen den Menschen - in den Traumwelten des Romans und in der Realität des Lebens - den 'Tod', die Trennung von Gott, überwinden.

Was Mays Spätwerk für den interessierten Leser so anziehend (oder, je nach Einstellung, befremdlich) macht, ist die eigenartige, aber folgerichtige Verbindung von tiefster Gläubigkeit und schärfster Ideologiekritik. Die geistige Begegnung Karl Mays mit Nietzsche und anderen Religionskritikern[125] hat sein theologisches Denken, wie der Text des *Silberlöwen* erhellt, befruchtet und von naiven Vereinfachungen weitgehend befreit.

Weder dem Christentum noch der Kirche kündigt May "seine Gefolgschaft auf".[126] Aber er wendet sich, als gläubiger Christ, gegen den Mißbrauch der Religion zu ideologischen Zwecken: zur Entmündigung des Menschen und zum Mittel der Macht.

Der *Silberlöwe* ist große Literatur, deren religiöse Brisanz unsere Darstellung - in einer theologischen Annäherung - aufzeigen sollte.

Anmerkungen

1 Die folgenden Ausführungen entsprechen, leicht gekürzt und neu untergliedert, Hermann Wohlgschaft: *"Was ich da sah, das ward noch nie gesehen". Zur Theologie des 'Silberlöwen III/IV'*. In: JbKMG 1990, S. 213-264 (S. 226-256).

2 Eugen Drewermann: *Tiefenpsychologie und Exegese, Bd. 1. Die Wahrheit der Formen. Traum, Mythos, Märchen, Sage und Legende*. Olten ⁴1987, S. 484.

3   Hansotto Hatzig: *Karl May und Sascha Schneider. Dokumente einer Freundschaft*. Beiträge zur Karl-May-Forschung 2. Bamberg 1967, S. 49 - May hat den alten Tolstoi geschätzt und einige Bücher von ihm besessen.

4   Seitenangaben in () beziehen sich auf Karl May: *Im Reiche des silbernen Löwen III/IV*. Gesammelte Reiseerzählungen, Bd. XXVIII/XXIX. Freiburg 1902/03.

5   'Pneumatologie' usw. sind unscharfe Begriffe. Eine Auseinandersetzung mit der 'okkulten Welle' müßte zunächst das jeweils Gemeinte präzisieren. - Dazu hilfreich Josef Sudbrack: *Neue Religiosität - Herausforderung für die Christen*. Mainz 1987.

6   Vgl. Volker Krischel: *Karl Mays "Schattenroman". Gesichtspunkte zu einer "Weltdeutungs-Dichtung"*. SKMG Nr. 37 (1982), S. 11.

7   Vgl. aber Christoph F. Lorenz: *"Das ist der Baum El Dscharanil". Gleichnisse, Märchen und Träume in Karl Mays 'Im Reiche des silbernen Löwen III und IV'*. In: JbKMG 1984, S. 139-166 (S. 152): Vor "allzu raschen Vergleichen zwischen Mays Alterswerk, der 'mystizistisch' angehauchten Theosophie der Jahrhundertwende und der anthroposophischen Geisteswissenschaft ist zu warnen." - Vgl. auch Dieter Sudhoff: *Karl Mays Großer Traum. Erneute Annäherung an den 'Silbernen Löwen'*. In: JbKMG 1988, S. 117-183 (S. 165).

8   Zum Begriff der Esoterik vgl. Sudbrack: *Neue Religiosität*, wie Anm. 5, S. 110ff.

9   Krischel, wie Anm. 6, S. 10 - Richtig ist, daß May "Elemente aus dem Manichäismus und dem Parsismus" (Walter Schönthal: *Christliche Religion und Weltreligionen in Karl Mays Leben und Werk*. SKMG Nr. 5 (1976), S. 21) literarisch verwendet hat, ohne sich aber mit solchen Ideen zu identifizieren.

10 Vgl. Sudhoff, wie Anm. 7, S. 130 u. passim. Ebd., S. 168, heißt es sogar, der Mensch habe sich nach May "zwischen den Polen Gut (Geist) und Böse (Materie) zu bewähren"! Die hier suggerierte Gleichsetzung von 'Materie' und 'das Böse' ist im *Silberlöwen* aber gewiß nicht zu finden. In Mays Roman ist die Materie als solche weder gut noch böse, und der Geist kann sowohl gut (Ustad, Kara Ben Nemsi!) als auch böse (Ahriman!) sein.

11 Vgl. oben, S. 624.

12 Friedrich Nietzsche: *Die fröhliche Wissenschaft*. Bd. 2 der Ausgabe Karl Schlechta. München 1966, S. 126ff.

13 Vgl. Werner von Krenski: *Friedrich Nietzsche - Karl May*. In: KMJB 1925. Radebeul 1924, S. 198-237 - Wolfgang Wagner: *Der Eklektizismus in Karl Mays Spätwerk*. SKMG Nr. 16 (1979), S. 39-43. - "Mays Nietzsche-Rezeption wurde entscheidend von Sascha Schneider gefördert, der in manchen Vorstellungen Nietzsche sehr nah stand." (Sudhoff, wie Anm. 7, S. 181, Anm. 105) - May besaß bekanntlich von Nietzsche einen Band *Gedichte und Sprüche* und acht Bände der *Gesammelten Werke* sowie sechs Bände Sekundärliteratur über Nietzsche.

14 Hans-Jürgen Ruppert: *New Age - Endzeit oder Wendezeit?* Wiesbaden 1985, S. 17f., nennt fünf Unterscheidungsmerkmale zwischen christlichem Glauben und New-Age-Bewegung (bzw. Esoterik und Anthroposophie), darunter an erster Stelle: In der New-Age-Bewegung wird Gott - im Gegensatz zum Christentum - "als unpersönliche Kraft gedacht." Ruppert, dessen Buch nach Auskunft von Sachkennern zu den ganz wenigen wissenschaftlich seriösen Werken über New Age, Esoterik, Spiritismus usw. gehört, bezeichnet New Age als "Neognosis" (ebd., S. 18); ähnlich Sudbrack: *Neue Religiosität*, wie Anm. 8, S. 132ff. - Auch die vier anderen bei Ruppert und Sudbrack genannten Kriterien zur 'Einordnung' von New Age usw. treffen auf den *Silberlöwen* zum Teil gar nicht und zum Teil nicht eindeutig zu.

15 Vgl. Martin Buber: *Gottesfinsternis*. In: Ders.: *Werke I*. München, Heidelberg 1962, S. 503-603 - Heinrich Fries: *Fundamentaltheologie*. Graz, Wien, Köln 1985, S. 55f. - Sudbrack: *Neue Religiosität*, wie Anm. 8, S. 143ff.

16 Vgl. Schönthal, wie Anm. 9, S. 37ff.

17 Vgl. Ernst Seybold: *Plädoyer für Karl Mays Christlichkeit II*. In: MKMG 69 (1986), S. 31-38 (S. 32f.).

18 Besonders deutlich in *Pax* bzw. *Friede*; vgl. oben, S. 625ff.

19 Nach einem Bericht von Walter Dirks; mitgeteilt bei Eugen Biser: *Interpretation und Veränderung*. Paderborn 1979, S. 132f.

20 Vgl. Karl Rahner: *Warum läßt Gott uns leiden?* In: Ders.: *Schriften zur Theologie XIV*. Zürich, Einsiedeln, Köln 1980, S. 450-466.

21 Vgl. Erich Zenger: *Mit meinem Gott überspringe ich Mauern. Einführung in das Psalmenbuch*. Freiburg, Basel, Wien 1987, S. 207f.

22 Diese Gedanken finden sich vorwiegend in Nietzsches Büchern *Jenseits von Gut und Böse* (1886) und *Zur Genealogie der Moral* (1887).

23 Zur Dimension der Klage und des Protests als einem legitimen Ausdruck der Gottesbeziehung vgl. Hermann Wohlgschaft: *Heute an Gott glauben. Wege zur Gotteserfahrung.* Aschaffenburg 1983, S. 36 (mit Verweis auf die Psalmen und andere biblische Texte).

24 Vgl. Artur Weiser: *Die Psalmen.* Das Alte Testament Deutsch. Teilband 14/15. Göttingen 71966, S. 97.

25 Daß der Mensch die Schöpfung ausbeuten dürfe, ist damit nicht gesagt. Denn 'Herrschen' im Sinne des göttlichen Auftrags bedeutet so viel wie 'pflegen', 'weiden' und 'schützen'; dazu Zenger, wie Anm. 21, S. 208. - Vgl. Ernst Seybold: *Karl-May-Gratulationen. Geistliche und andere Texte zu und von Karl May.* Ergersheim 1987, S. 43 (Anm. 56 u. 57).

26 Vgl. Gal 5, 1: "Für die Freiheit hat Christus uns frei gemacht. So steht fest und laßt euch nicht wieder mit dem Joch der Knechtschaft beladen!"

27 Karl May: *Mein Leben und Streben.* Freiburg 1910. Hrsg. von Hainer Plaul. Hildesheim, New York 21982, S. 210, sagt ausdrücklich: "Der Schah ist aber Gott." - Auch ohne diesen Hinweis wird die Gleichung Schah=Gott aus dem Text des *Silberlöwen* deutlich.

28 So hieß ein Bild Sascha Schneiders (1893); dazu Sudhoff, wie Anm. 7, S. 137.

29 Vgl. Ernst Seybold: *Aspekte christlichen Glaubens bei Karl May.* SKMG Nr. 55 (1985), S. 42.

30 Arno Schmidt: *Sitara und der Weg dorthin. Eine Studie über Wesen, Werk & Wirkung Karl Mays.* Frankfurt/M. 1974, S. 213ff. - Krischel, wie Anm. 6, S. 18f., und andere Interpreten deuten diese Stelle als Auseinandersetzung mit dem Katholizismus. - Sudhoff, wie Anm. 7, S. 137ff., sieht - ebenfalls in die Enge führend - eine herbe Kirchenkritik durch May; im "Handschlag mit dem Schatten" ein Bild der TAUFE zu sehen (ebd., S. 138), ist aber völlig abwegig, weil eine Ablehnung der Taufe den Ansichten Mays in keiner Weise entspricht.

31 Vgl. oben, S. 602ff.

32 Karl Rahner: *Die Christologie innerhalb einer evolutiven Weltanschauung.* In: Ders.: *Schriften zur Theologie V.* Einsiedeln, Zürich, Köln 21964, S. 183-221 (S. 220).

33 Vgl. z.B. Friedrich Gogarten: *Verhängnis und Hoffnung der Neuzeit. Die Säkularisation als theologisches Problem.* Stuttgart 1953 - Dietrich Bonhoeffer: *Ethik.* München 61963 - Harvey Cox: *The Secular City.* New York 1963 (der deutsche Titel *Stadt ohne Gott* ist sehr mißverständlich!) - Karl Rahner: *Theologische Reflexionen zur Säkularisation.* In: Ders.: *Schriften zur Theologie VIII.* Einsiedeln, Zürich, Köln 1967, S. 637-666 - Johann B. Metz: *Zur Theologie der Welt.* Mainz 1968 - Johann Figl: *Säkularisierung.* In: *Neues Handbuch theologischer Grundbegriffe,* Bd. 4. Hrsg. von Peter Eicher. München 1985, S. 84-94.

34 May könnte an den Esel, den J-A-Schreier in Nietzsches *Also sprach Zarathustra* (Kapitel 'Die Erweckung') gedacht haben!

35 Alfred Schütze: *Das Rätsel des Bösen.* Stuttgart 21969, S. 59; zit. nach Lorenz, wie Anm. 7, S. 151 - Natürlich entspricht diese Einsicht nicht nur der Anthroposophie, sondern ebenso dem Christentum.

36 In *Friede:* das Kreuz von Raffley-Castle! - Vgl. auch unten S. 727f. (zum Passiflorenkreuz in '*Winnetou IV'*).

37 Gottes Bund mit den Menschen (und der ganzen Schöpfung) ist das zentrale Thema des Alten und Neuen Testaments.

38 May zitiert hier den Propheten Jesaja (Kap. 60, 1).

39 Zur Deutung des Traums vgl. die bei Sudhoff, wie Anm. 7, S. 175f. (Anm. 4), genannte Literatur.

40 Der Berg, der See, das Wasser, der Kanal, die Höhle, das Unterirdische sind natürlich auch archetypische Symbole; dazu Marie-Louise v. Franz: *Psychologische Märcheninterpretation. Eine Einführung.* München 1986, S. 119f. - Zur Zeugungs- und Geburtssymbolik in Mays Traum-Topographie vgl. Sudhoff, wie Anm. 7, S. 150.

41 Hans Wollschläger: *Das "Hohe Haus". Karl May und das Reich des Silbernen Löwen.* In: JbKMG 1970, S. 118-133 (S. 132).

42 Karl Rahner - Karl-Heinz Weger: *Was sollen wir noch glauben? Theologen stellen sich den Glaubensfragen einer neuen Generation.* Freiburg, Basel, Wien 1979, S. 64.

43 Vgl. Sudhoff, wie Anm. 7, S. 155: Der Alabaster ist im *Silberlöwen* ein Symbol des Reinen und Wahren, der Kalk dagegen ein Symbol des Falschen und Sündigen.

44 Dazu ebd., S. 133.

45 Dazu Seybold: *Aspekte,* wie Anm. 29, S. 41ff.

46 Im Jahre 359 ins Apostolische Glaubensbekenntnis eingefügter Artikel. - Der Träumer 'imitiert' Jesu Abstieg zur 'Hölle' (zur 'Scheol', heute meist mit 'Totenreich' übersetzt)!

47 Dazu Sudhoff, wie Anm. 7, S. 136 u. 148f. (zur autobiographischen Deutung der Beschreibung des Zauberers).

48 Wie sich am Traum-Ende herausstellt, ist der Zauberer mit dem Warner am Eingang der Höhle identisch. Nach Sudhoff: Ebd., S. 133 u. S. 168f., ist der verwandelte Zauberer - auf der weltanschaulichen Ebene des Romans - der wieder zum guten Engel gewordene Luzifer.

49 Zu Hartmut Wörner: *Ezechiel 37, 1-4. Das Grundmotiv des "Großen Traums"?* In: MKMG 51 (1982), S. 13-16, ist zu sagen: In Mays Traum gibt es allenfalls vage Anklänge zur Vision des Propheten Ezechiel (vgl. Sudhoff, wie Anm. 7, S. 178, Anm. 66).

50 Vgl. oben, S. 607.

51 Sudhoff, wie Anm. 7, S. 164f., legt den anthroposophischen Gedanken einer "Wiedergeburt ins Erdendasein", einer Bewährung für die Ewigkeit "in einem zweiten" irdischen Leben nahe. Diese Deutung kommt aber kaum in Frage, da May die 'Reinkarnation' auch sonst nicht vertritt.

52 Vgl. Sudhoff: Ebd., S. 117.

53 Vgl. Rudolf Otto: *Das Heilige. Über das Irrationale in der Idee des Göttlichen und sein Verhältnis zum Rationalen.* München 1963 (Sonderausgabe der Erstauflage von 1936), S. 13ff. u. 42ff.

54 Euchar Albrecht Schmid: *Gestalt und Idee.* In: Karl May's Gesammelte Werke, Bd. 34 *"Ich".* Bamberg 381991, S. 367-420 (S. 412).

55 Karl Rahner: *Erfahrungen eines katholischen Theologen.* In: *Vor dem Geheimnis Gottes den Menschen verstehen. Karl Rahner zum 80. Geburtstag.* Hrsg. von Karl Lehmann. München, Zürich 1984, S. 105-119 (S. 105).

56 Friedrich Nietzsche: *Also sprach Zarathustra. Ein Buch für alle und keinen* (1883-85). München o.J. (Goldmann-Taschenbuch 7526), S. 253.

57 Vgl. ebd., S. 187ff. ('Die sieben Siegel oder: Das Ja-und-Amen-Lied').

58 Vgl. Heinrich Schlier: *Amen.* In: *Theologisches Wörterbuch zum Neuen Testament I.* Hrsg. von G. Kittel. Stuttgart 1933, S. 339-342.

59 Leonardo Boff: *Vater unser. Das Gebet umfassender Befreiung.* Düsseldorf 41986, S. 195ff.

60 Josef Sudbrack: *Beten ist menschlich. Aus der Erfahrung des Lebens zu Gott gehen.* Freiburg, Basel, Wien 1973, gibt einen Überblick über die verschiedenen modernen theologischen Ansätze zum Thema 'Gebet'.

61 Joachim Kalka: (Werkartikel zu) Karl May: *Im Reiche des silbernen Löwen III/IV.* In: *Karl-May-Handbuch.* Hrsg. von Gert Ueding in Zusammenarbeit mit Reinhard Tschapke. Stuttgart 1987, S. 288-301 (S. 297).

62 Karl Rahner: *Liebe.* In: *Herders theologisches Taschenlexikon,* Bd. 4. Hrsg. von Karl Rahner. Freiburg, Basel, Wien 1972, S. 319-333 (S. 320).

63 So Hans Wollschläger: *Erste Annäherung an den 'Silbernen Löwen'. Zur Symbolik und Entstehung.* In: JbKMG 1979, S. 99-136 (S. 118).

64 Vgl. z.B. Eberhard Jüngel: *Tod.* Stuttgart 1971, S. 161f.

65 Vgl. Augustinus: *Confessiones* I, 6.

66 Vgl. Krischel, wie Anm. 6, S. 27ff.

67 Vgl. Jürgen Moltmann: *Mensch.* Stuttgart 1971, S. 169.

68 Johann Wolfgang v. Goethe: Gedenkausgabe der Werke, Briefe, Gespräche, Bd. 7: *Wilhelm Meisters Lehrjahre.* VIII. Buch. Zürich 21962, S. 570.

69 Die hier angeführten Belegstellen sind nur Beispiele ohne Anspruch auf Vollständigkeit.

70 Der im *Silberlöwen III* vertretene Pazifismus wird im IV. Band teilweise zurückgenommen (wobei der autobiographische Hintergrund zu beachten ist). Doch immerhin ist auch im Schlußband zu lesen: "Man zieht von allen Seiten bewaffnet gegen uns heran. Darum starren nun auch wir in Waffen; mein guter, kriegerischer Chodj-y-Dschuna hat es so gewollt. Wie überflüssig!" (IV, S. 561, Rede des Ustad).

71 Selbst die Notlüge wird heftigst angeprangert!

72 Auch im *Silberlöwen* betont May das Leben nach dem Tod: Der Ustad hat die Dschamikun "gelehrt, daß der Tod für ewig besiegt [...] sei" (III, S. 421). Und Kara Ben Nemsi "weiß, daß das Leben des Menschen nicht mit dem Tode aufhört. Selbst wenn Hadschi Halef stürbe", würde er ihm "unverloren bleiben" (III, S. 295)!

73 Vgl. *Bibel-Lexikon.* Hrsg. von Herbert Haag. Einsiedeln, Zürich, Köln 21968, Sp. 1069f. (Art. *Luzifer*).

74 Dazu F. Mussner - J. Loosen: *Apokatastasis*. In: *Lexikon für Theologie und Kirche*, Bd. I. Hrsg. von Josef Höfer und Karl Rahner. Freiburg ²1957, Sp. 708-712.

75 Zit. nach Roland Schmid: *Nachwort* (zu *Am Jenseits*). In: Karl May: Freiburger Erstausgaben, Bd. XXV. Hrsg. von Roland Schmid. Bamberg 1984, N 14-24 (N 22).

76 Krischel, wie Anm. 6, S. 26.

77 An welche "Bücher" mag May gedacht haben? Eindeutig hat er die Existenz einer ewigen Hölle nur in frühesten Textfragmenten (Karl May: *Hinter den Mauern und andere Fragmente aus der Haftzeit*. In: JbKMG 1971, S. 130 u. 137) und im *Buch der Liebe* (Karl May: *Das Buch der Liebe*. Dresden 1875/76, S. 35ff.; Reprint der KMG. Regensburg 1988. Hrsg. von Gernot Kunze. Bd. I: Textband) bestritten.

78 Vgl. oben, S. 607f.

79 Dietrich Bonhoeffer: *Nachfolge*. München ⁹1967, S. 13f. - Auf die "billige Gnade", mit der sich May nicht zufrieden gab, verweist auch Seybold: *Plädoyer II*, wie Anm. 17, S. 36.

80 Bonhoeffer: *Nachfolge*, wie Anm 79, S. 15.

81 Vgl. Seybold: *Aspekte*, wie Anm. 29, S. 20f.

82 Vgl. oben, S. 619.

83 Natürlich kann die Bekehrung des Aschyk auch autobiographisch gelesen werden; dazu Sudhoff, wie Anm. 7, S. 171ff.

84 Vgl. Karl Rahner: *Gnade* (III. *Zur Theologie der Gnade*). In: *Herders theologisches Taschenlexikon*, Bd. 3. Hrsg. von Karl Rahner. Freiburg, Basel, Wien 1972, S. 130-140.

85 Ebd., S. 133.

86 Karl Rahner: *Gnade und Freiheit*. In: Ebd., S. 144-149 (S. 149).

87 Vgl. Karl Rahner: *Sünde* (V. *Dogmatisch*). In: *Lexikon für Theologie und Kirche*, Bd. IX. Hrsg. von Josef Höfer und Karl Rahner. Freiburg ²1964, Sp. 1177-1181.

88 Gert Ueding: *Die Rückkehr des Fremden. Spuren der anderen Welt in Karl Mays Werk*. In: JbKMG 1982, S. 15-39 (S. 37).

89 Mit dem Künstler ist Sascha Schneider gemeint; das Bild ist abgelichtet bei Hatzig, wie Anm. 3, S. 42, links (Bildteil).

90 Diese stark autobiographisch gefärbte (weil auf Mays Gegner bezogene) Stelle darf theologisch nicht überinterpretiert werden - als ob das Böse "Nichts" sei!

91 Dieses Motiv begegnet bei May sehr oft, z.B. - im *Friede*-Roman - in Waller-Dilke.

92 Vgl. Ueding, wie Anm. 88, S. 20ff.

93 Vgl. Hatzig, wie Anm. 3, S. 39.

94 Vgl. v. Franz, wie Anm. 40, S. 123.

95 Auch die beiden Rosse Syrr ('Geheimnis') und Iblis ('Teufel') symbolisieren den Sieg des Göttlichen bzw. die Niederlage des Bösen. - Vgl. Hans Wollschläger: *Karl Mays Schattenroman*. In: Karl May's Gesammelte Werke, Bd. 29 *Das versteinerte Gebet*. Bamberg 1957, S. 581-593 (S. 587).

96 Hans Wollschläger: *Karl May. Grundriß eines gebrochenen Lebens*. Zürich 1976, S. 127.

97 Vgl. Krischel, wie Anm. 6, S. 13-18.

98 Vgl. Lorenz, wie Anm. 7, S. 144ff. - Sudhoff, wie Anm. 7, S. 136f. (gegen Arno Schmidt u.a.) - Volker Krischel: *"Wir wollen nicht Herren über euren Glauben sein, sondern Helfer zu eurer Freude". Anmerkungen zu Karl Mays Religionskritik im 'Silberlöwen III/IV'*. In: *Karl Mays "Im Reiche des silbernen Löwen"*. Karl-May-Studien, Bd. 2. Hrsg. von Dieter Sudhoff und Hartmut Vollmer. Paderborn 1993, S. 255-267.

99 Vgl. oben, S. 617ff.

100 III, S. 501ff. (Beschreibung des Oberbaus) und IV, S. 315ff. (Beschreibung des Kellergewölbes).

101 Arno Schmidt: *Abu Kital. Vom neuen Großmystiker* (1958). In: *Karl May*. Hrsg. von Helmut Schmiedt. Frankfurt/M. 1983, S. 45-74 (S. 61), bringt den "Taki-Orden" mit den Jesuiten in Verbindung.

102 Lorenz, wie Anm. 7, S. 150, verweist auf Lessings 'Ringparabel'; vgl. unten, Anm. 105.

103 May schränkt allerdings ein: Dieses Gleichnis entstamme der persönlichen Lebensgeschichte des Ustad; folglich sei es als "individuelle" Meinung und nicht als "Gottesbotschaft" zu bewerten (IV, S. 22)!

104 Krischel, wie Anm. 6, S. 25.

105 Vgl. ebd., S. 21ff. - A. Schmidt: *Abu Kital*, wie Anm. 101, S. 62, bezeichnet dieses Bauwerk als "allegorisch äußerst gelungen" und "Lessings 'Parabel' mehr als gleichwertig"!

106 Fries: *Fundamentaltheologie*, wie Anm. 15, S. 57.

107 Vgl. Heinrich Fries: *Religion*. In: *Handbuch theologischer Grundbegriffe II*. Hrsg. von Heinrich Fries. München 1963, S. 432-441 (S. 432ff.).

108 Vgl. Norbert Schiffers: *Religion*. In: *Herders theologisches Taschenlexikon*, Bd. 6. Hrsg. von Karl Rahner. Freiburg, Basel, Wien 1973, S. 203-212 (S. 209ff.).

109 Vgl. Heinrich Fries: *Glaube und ideologisches Denken*. In: Ders.: *Herausgeforderter Glaube*. München 1968, S. 133-150 - Karl Lehmann: *Die Kirche und die Herrschaft der Ideologien*. In: *Handbuch der Pastoraltheologie II/2*. Hrsg. von F.X. Arnold u.a. Freiburg, Basel, Wien 1966, S. 109-180 - Karl Rahner: *Ideologie und Christentum*. In: Ders.: *Schriften zur Theologie VI*. Einsiedeln, Zürich, Köln 1965, S. 59-76.

110 Mays Nähe zum Reformkatholizismus betont Krischel, wie Anm. 6, S. 12 u. 19f., zu Recht. - Zu Mays Interesse an katholischen Reformbewegungen vgl. auch Wagner, wie Anm. 13, S. 27f.

111 Fries: *Glaube und ideologisches Denken*, wie Anm. 109, S. 145 - Die folgenden Zitate sind, wenn nicht anders vermerkt, ebd., S. 144-150 entnommen.

112 Helmut Thielicke: *Theologische Ethik II/2*. Tübingen 1958, S. 66ff.; zit. nach Fries: *Glaube und ideologisches Denken*, wie Anm. 109, S. 147.

113 Fries: Ebd.

114 Sudhoff, wie Anm. 7, S. 138 - Ganz anders als May setzt Sudhoff einen ausgesprochen defizienten Kirchenbegriff voraus.

115 Dieses und die folgenden Zitate nach Fries: *Glaube und ideologisches Denken*, wie Anm. 109, S. 149f.

116 Ebd., S. 150.

117 Sudhoff, wie Anm. 7, S. 179 (Anm. 69) - Zum "Kirchlein" vgl. auch Seybold: *Aspekte*, wie Anm. 29, S. 43 (Anmerkung).

118 Vgl. Hans Küng: *Die Kirche*. Freiburg, Basel, Wien ²1968, S. 108ff.

119 Zweites Vatikanisches Konzil. Dogmatische Konstitution über die Kirche ('Lumen Gentium'), Art. 1.

120 Joseph Ratzinger - Karl Lehmann: *Mit der Kirche leben*. Freiburg, Basel, Wien ⁴1977, S. 26f. (Zitat nach Ratzinger!).

121 Sudhoff, wie Anm. 7, S. 138; ähnlich Krischel, wie Anm. 6, S. 25.

122 Karl May: *Und Friede auf Erden! Gesammelte Reiseerzählungen*, Bd. XXX. Freiburg 1904, S. 439 - Vgl. Seybold: *Aspekte*, wie Anm. 29, S. 38 - Ders.: *Anmerkungen zu Paul Rentschka*. In: JbKMG 1987, S. 150-159 (S. 158, Anm. 58) - Hermann Wohlgschaft: *Mays Friede-Roman und die Lehre der Kirche*. In: MKMG 83 (1990), S. 18-24 (S. 22).

123 Paul Michael Zulehner: *Kirche - Anwalt des Menschen. Wer keinen Mut zum Träumen hat, hat keine Kraft zum Kämpfen*. Wien, Freiburg, Basel 1981.

124 Gemeinsame Synode der Bistümer in der Bundesrepublik Deutschland. Beschlüsse der Vollversammlung. Offizielle Gesamtausgabe I. Freiburg, Basel, Wien 1976, S. 87.

125 Vgl. oben, S. 119f.

126 Sudhoff, wie Anm. 7, S. 139; vgl. dagegen Seybold: *Aspekte*, wie Anm. 29, S. 26f.

4   *Babel und Bibel* oder Das weibliche Prinzip

Im Alterswerk nimmt der Erzähler Karl May - intuitiv - zentrale Denkansätze der modernen christlichen Theologie vorweg.[1] Das gilt für *Babel und Bibel* (1906), das einzige Bühnenstück unseres Autors, nicht weniger.

Ähnlich wie später Paul Claudel oder Charles Péguy lag May, dem Typus des Künstlers wohl angemessen, das unmittelbare Erfassen viel näher als das begriffliche Denken.[2] Ein Denker, ein Theologe im weiteren Sinn, war May aber dennoch. Anspruchsvoll im spirituellen Gehalt, provozierend und aktuell in der Aussage, offenbart sein Erlösungsdrama "die vom Künstler wiedererlebten, erneuerten Glaubensinhalte des Christentums."[3]

Die wichtigsten Botschaften des *Jenseits*-Buches, des *Friede*-Romans und des *Silberlöwen III/IV* finden sich, explizit oder implizit, auch in *Babel und Bibel*. Um Wiederholungen zu vermeiden, Überschneidungen auf ein Mindestmaß zu beschränken und die fortschreitende Entwicklung auch innerhalb des Mayschen Spätwerks zu demonstrieren, wird in der folgenden Darstellung ein neuer Weg beschritten. Eine bekannte, in ihrer religiösen Brisanz aber noch nicht herausgearbeitete Thematik des älteren May soll am Beispiel des Dramas ins Blickfeld gerückt werden. Als Brennpunkt des ganzen Alterswerks soll sie erhellt, als hermeneutischer Schlüssel zur gesamten Ideenwelt des 'Hakawati' soll sie interpretiert werden.

4.1   Das mütterliche Antlitz Gottes

Eine im Frühwerk des Schriftstellers latent schon vorhandene und in den späten Erzählungen sehr deutlich hervortretende Tendenz erreicht in *Babel und Bibel* ihre volle theologische Relevanz. Der göttliche Bereich, das Heilende und Befreiende, wird transparent in der 'Weiblichkeit' (S. 89)[4] - personifiziert in Marah Durimeh und Bent'ullah, der 'Tochter Gottes'.

Mays Drama ist, wie Sascha Schneider richtig erkannt hat, eine "Apotheose des ewig Weiblichen".[5] Der FRAU wird eine sakrale, eine heilsgeschichtliche Bedeutung zuerkannt, die orthodoxe Kirchenmänner, noch zu Lebzeiten Mays, alarmierte. Der Benediktiner Ansgar Pöllmann sah in der Gestalt Marah Durimehs die häretische, von der "Papstlehre" wegführende "Trägerin eines verschwommenen Interkonfessionalismus".[6] Verfehlt war diese Schelte insofern, als May die "Papstlehre" ja gar nicht berührte; und der patriarchalisch-hierarchischen Ämterstruktur der Kirchen galt sein Interesse allenfalls sekundär. Aber Pöllmann ahnte und verwarf wohl das Grundsätzliche in der Sichtweise des Dichters: Mays Alterspoesie läuft hinaus auf den Gegenentwurf zum einseitig männlich verstandenen Gottesbild und in der Folge dann auch zur männlich beherrschten Kirchenstruktur.

Papst Johannes Paul I., der nur 33 Tage regierte (1978), sagte in einem Gebet: "Gott ist Vater, und mehr noch, er ist uns auch Mutter."[7] Die vom Papst hier vorausgesetzte 'Androgynität' Gottes[8] wird in den Mythen und in vielen nichtchristlichen Religionen als selbstverständlich betrachtet. Auch in der Bibel, in ihren teils männlichen, teils weiblichen Gottesbildern,[9] ist sie fundiert. In der Geschichte der christlichen Frömmigkeit wurde sie allerdings vergessen oder ins Unterbewußte verdrängt. Durch C.G. Jung freilich und, im Anschluß an ihn, durch moderne Theologen wurde sie wiederentdeckt. Auch Mays Spätwerk geht von ihr aus, und in *Babel und Bibel* führt sie zu wichtigen - auch gesellschaftskritischen - Konsequenzen.

In seinem Buch *Das mütterliche Antlitz Gottes*[10] versucht der Befreiungstheologe Leonardo Boff, die berechtigten Anliegen einer 'feministischen Theologie' ins christliche und speziell ins katholische Glaubensverständnis zu integrieren. Von diesem Denkansatz Boffs her könnte auch das Bühnenwerk Karl Mays, was seine religionsphilosophischen Grundlagen betrifft, neu erschlossen werden.

In Bent'ullah wie in Marah Durimeh begegnet dem Leser das Mütterliche, und zwar - über selbstbiographische Reminiszenzen des Autors hinaus - in der theologischen Dimension: als 'mütterliches Antlitz Gottes'. Die 'Stellvertreter' Gottes auf Erden sind im Drama der Hakawati und der 'Sohn des Friedens', vor allem aber die 'Bibel' und die Menschheitsseele Marah Durimeh. Als Geschöpfe sind sie mit Gott nicht identisch; aber sie stehen dem Schöpfer so nahe, daß DURCH SIE der Schutz Gottes für die Menschheit erfahrbar wird. In ihnen teilt sich Gott mit, offenbart er sein Wesen. Sie verkörpern, in ihrer Liebe, den göttlichen Heilswillen - auf den Brettern, die die Welt bedeuten.

Daß diese Frauengestalten in Konkurrenz treten könnten zur Selbstoffenbarung Gottes in Christus, weiß May zu vermeiden. Als 'Mittlerin' aller Gnaden wird Marah Durimeh schließlich abgelöst durch die Bibel: "Wenn meine Zeit hier abgelaufen ist / Und ich zurück zum Herrn der Welten kehre, / Sollst DU die Seele aller Menschen werden, / An meiner Statt, doch herrlicher als ich." (S. 110)[11] Die Bibel aber, die Tochter Gottes, verkündet - im Neuen Testament - den SOHN Gottes als die menschgewordene Liebe.

Gleichwohl, zur 'Inkarnation', zur Menschwerdung Gottes in Christus, steht die Gegenwart Gottes in Marah Durimeh bzw. Bent'ullah in engster Beziehung. Karl Mays - nach der Vollendung des Dramas, im Advent 1906, verfaßtes - *Glaubensbekenntnis*[12] enthält eine höchst merkwürdige Formulierung. Die besondere Christus-Nähe, die 'adventliche' Bedeutung der weiblichen Protagonisten in Mays Alterswerken rückt dieser Text ins Licht ganz eigenartiger, von der May-Forschung noch wenig bedachter (jedenfalls theologisch noch kaum reflektierter) Zusammenhänge.

Vom Wortlaut des offiziellen Credos der Kirchen, des Apostolikums und Nizänums, in erheblichem Maße abweichend heißt es bei May:

Ich glaube an die himmlische Liebe, die zu uns niederkam, für die Sterblichen den Gottesgedanken zu gebären. Indem sie dies tat, wurde sie für uns zur Gottesmutter. Sie lebt und wirkt, gleichviel, ob wir sie verehren oder nicht. Sie ist die Reine, die Unbefleckte, die Jungfrau, die Madonna![13]

Maria, die Mutter des Herrn, wird namentlich hier nicht genannt.[14] Da die 'Geburt des Gottesgedankens' in der Seele des Menschen ja nicht erst mit dem Auftritt Marias in Galiläa erfolgte, dürfte May an die historische Maria - zunächst - nicht gedacht haben. Nicht das Mädchen von Nazareth wird er mit der 'himmlischen Liebe' gemeint haben, sondern die 'Große Mutter' in ihrer kosmischen, in ihrer archetypischen, auch den nichtchristlichen Mythen innewohnenden[15] Bedeutung: als mütterliches 'Prinzip', als Symbol des Göttlichen selbst.

Im unmittelbaren Anschluß an den "Gottesmutter"-Artikel schreibt May, nun 'richtig' im Sinne der kirchlichen Lehre, dann weiter: "Ich glaube an den von ihr Geborenen, den Sohn des Vaters [...] Er ist [...] der Weltenheiland, der Erlöser!"

Worauf zielt nun aber der "Gottesmutter"-Artikel? Wird die Madonna als 'Inkarnation' der himmlischen Liebe verstanden? Geht der Menschwerdung Gottes in Christus[16] eine

Art Menschwerdung Gottes in der MUTTER voraus? Nimmt die "himmlische Liebe" (das 'ewig Weibliche' in Gott sozusagen?) Gestalt an in der Jungfrau Maria? Wird diese in den Bereich des Göttlichen selbst mit hineingenommen? Wird die 'männliche', die 'väterliche' Inkarnation Gottes im 'Sohn' gewissermaßen vorbereitet durch ein 'weibliches' Pendant: durch die Epiphanie des 'mütterlichen' Gottes in einer Frau?

Wenn die Fragezeichen nun wegfielen und die Fragen zu Hypothesen würden, was käme heraus? Ein absurdes, theologisch abstruses und gesellschaftspolitisch belangloses Hirngespinst? Daß Leonardo Boff, ein weltoffener, sozial engagierter, in der Philosophie, der Kirchengeschichte, der vergleichenden Religionswissenschaft und der Tiefenpsychologie bewanderter Theologe, in seinem Buch (fast) dasselbe sagt wie May in seinem *Glaubensbekenntnis*, müßte zu denken geben.

Anders als Boff läßt sich May zwar nicht ein auf trinitarische Theorien; auch liegt es ihm fern, ein 'mariologisches' System zu errichten. Aber er dürfte, intuitiv, in dieselbe Richtung tendieren wie Boff.

Im Anschluß an griechische Kirchenväter und verschiedene Theologen des 17., 19. und 20. Jahrhunderts vertritt Boff eine - in dieser Zuspitzung - neue, nicht zur Lehre des Christentums gehörende, der christlichen Lehre aber - wie er meint - nicht widersprechende These:[17] Analog zum Gottmenschen Jesus könne Maria als "hypostatisch", als substantiell "mit der dritten Person der Dreifaltigkeit verbunden" gedacht werden.[18] Der Heilige Geist habe von Maria "Besitz ergriffen" (vgl. Lk 1, 35ff.); Gottes Geist, nach Leonardo Boff das 'ewig Weibliche' in Gott selbst, habe sich Maria "als den Ort seiner Gegenwart und seines Wirkens in der Welt zu eigen" gemacht.

Woher weiß Boff das alles? Er beruft sich auf die Bibel: Maria werde bei Lukas "auf die Ebene Gottes erhoben"! Dieses Ereignis gehöre "zur Dynamik" der Erlösung. Dem "kollektiven Unbewußten der Kirche" sei diese innigste Verbindung Gottes mit Maria nicht verborgen geblieben. Im "unschuldigen und vom Diskurs der offiziellen Orthodoxie unberührten Glauben" des einfachen Volkes erscheine Maria "als die letzte Instanz des Trostes, der Gnade und der Erlösung". Aussagen wie "Maria ist unsere Fürsprecherin", die "Trösterin der Betrübten" und die "Mittlerin aller Gnaden" entsprächen - im Lichte der Vergöttlichung Marias - durchaus der Wahrheit.

Was ist von Boffs Hypothese zu halten? Evangelische Christen, die sich mit der Marienverehrung ohnehin schwerer tun, werden sie ablehnen. Ulrich Wickert, einer der wenigen evangelischen Theologen, die sich mit dem Thema 'Maria' ernsthaft beschäftigen, erklärte: "Was Boff macht, führt in die Unwahrheit und, falls man sensibel genug ist, in den Wahnsinn."[19]

Auch 'normal' denkende Katholiken werden die Vergöttlichung der Madonna, ihre praktische Gleichstellung mit dem Erlöser, wohl nicht akzeptieren. Aber um Boff zu verstehen, muß man bedenken: Sein erkenntnisleitendes Interesse gilt ja nicht nur Maria, sondern dem unendlichen Wert und der letzten Berufung des Menschen überhaupt.

Die Einheit mit Gott, die in Christus antizipiert wurde, ist - nach Boff - "für alle, die dieselbe menschliche Natur besitzen wie Jesus, [...] eine Möglichkeit zukünftiger Realisierung."[20] Ohne daß sie aufhören, von Gott verschieden zu sein, und ohne ihre Individualität zu verlieren, "werden in der Ewigkeit alle Gerechten - jeder auf seine Weise und in spezifischer Intensität - von Gott, der dann 'alles in allen' (1. Kor 15, 28) sein wird, hypostatisch ergriffen werden."

Die innigste Verbindung mit Gott ist für Boff - und gewiß auch für May - eine, durch Gnade bewirkte, Möglichkeit aller Menschen. In Maria ist, nach Boff, das spezifisch weibliche und in Jesus das spezifisch männliche Wesen "in seiner absoluten Realisierung" vorweggenommen. Unter dieser Voraussetzung sieht Boff die volle, in der Androgynität Gottes wurzelnde Gleichwertigkeit von Mann und Frau garantiert. Die z.B. bei Augustinus und Thomas von Aquin belegbare - und bis in die Gegenwart hereinwirkende - Diskriminierung der Frau[21] in Kirche und Gesellschaft will der Befreiungstheologe durch seinen radikalen, den Ursachen dieser Diskriminierung auf den Grund gehenden Denkansatz überwinden.

Den Respekt vor der Würde, der unendlichen Würde des Menschen will Boff proklamieren. Im Dialog mit verschiedenen Denkpositionen und theologischen Richtungen will er keine Gräben vertiefen, sondern - im Gegenteil - Brücken bauen. Auch mit den Thesen zur Gottesmutter möchte er Brücken bauen: zu den Weltreligionen, zum Glauben des einfachen Volkes, zu den Mythen und Träumen der Menschheit! Er will, nicht zuletzt, auch Brücken bauen zu den großen Befreiungsbewegungen unserer Zeit: zur Frauenbewegung, zur Friedensbewegung, zur Bewegung der Solidarität mit den Ländern der 'dritten Welt'.

Natürlich muß trotzdem gefragt werden: Ist, um solcher Ziele willen, eine 'Vergöttlichung' des Menschen Maria denn wirklich erforderlich? Würde das Bekenntnis zu Gottes Liebe in Christus (der ja selbst auch 'weibliche' Züge trägt[22]) nicht genügen? Würde der Hinweis auf das mütterliche Antlitz Gottes und auf bestimmte Frauen, die - wie Maria - dieses Antlitz Gottes in besonderer Weise verkörpern, den Intentionen Boffs (und Mays) nicht auch schon gerecht werden?

4.2   Die 'andere Maria' oder Die Gedankenwelt des alten May

Die - auch für Luther noch selbstverständliche - Marienverehrung ist zutiefst verwurzelt in der Seele des Volkes. Im katholischen Milieu und in den orthodoxen Kirchen ist sie das, meist unbewußte, Gegengewicht zu einem rein männlich verstandenen Gottes- und Christusglauben.

Christa Mulack, eine feministische Theologin, schrieb ein Buch mit dem Titel *Maria - Die geheime Göttin im Christentum.*[23] Streng genommen ist dieser Titel ein Ärgernis: Aus Maria eine Göttin zu machen - wie es im *Faust* auch Goethe getan hat[24] - ist von der biblischen Botschaft und der 'gesunden' Dogmatik her natürlich verfehlt. Psychologisch verständlich und theologisch wohl legitim ist aber die Tatsache: Das Grundbedürfnis nach SCHUTZ, nach Heilung durch Liebe, nach den mütterlichen Zügen des barmherzigen Gottes, wird im Glauben des Volkes, in der Literatur und in der christlichen Kunst oft 'festgemacht' an Maria, der "Mater gloriosa",[25] der "Himmelsjungfrau gnadenvoll"![26]

Daß im Entwurf Marah Durimehs auch Karl May von der Gestalt der Gottesmutter beeinflußt war, wird in der Forschung als sehr wahrscheinlich betrachtet.[27] Schon der Name 'Marah'[28] verweist auf Maria. In *Durchs wilde Kurdistan* tritt sie zum erstenmal auf: als altes Kurdenweib, als barmherzige Frau, als gütiger 'Höhlengeist', unter dessen Schutz und Schirm sich der Ich-Held befindet. Über dem Eingang zu ihrer Höhle hängt - in *Kurdistan* - "das Bild der heiligen Mutter Gottes";[29] sie selbst ist "Katholikin"[30] und trägt einen "mantelähnlichen Umhang"[31] über dem weißen Gewand. Ein direkter Hinweis auf die Jungfrau Maria fehlt nun zwar in *Babel und Bibel*; aber unter dem Kleid trägt Marah Durimeh den "Strahlenpanzer von Krystall":[32] nach Mays Erklärung das Symbol des 'allerhöchsten' Schutzes![33]

An die Schutzmantelmadonna,[34] die jungfräuliche Königin, die "wunderschön prächtige, hohe und mächtige, sonnenumglänzete, sternenbekränzete himmlische Frau"[35] zu denken, liegt nahe - zumal ja May, im Jahre 1905, der 'Regina Protectrix' besonders gedachte.[36] Marah Durimeh, die uralte Menschheitsseele, und Bent'ullah, die Mutter des Edelmenschen, sind also nicht nur die Spiegelung des privaten Mutter- und Großmutterkomplexes Karl Mays. Beide Frauen sind AUCH als Verkörperungen des marianischen Prinzips, der weiblichen Dimension im Wesen Gottes zu deuten.

Mehr noch als Marah Durimeh erweist sich die 'Bibel' - im Geiste des Neuen Testaments - als die Mildreiche, die Barmherzige, die Schützende schlechthin.[37] Die Mutter Ben Tesalahs, die 'Mater dolorosa',[38] die selbst GELITTEN hat am "Kreuz" ihres Sohnes (S. 110f.), will Abu Kital - den 'Vater des Krieges' - vor den Schlägen des Riesenhammers bewahren. Sie stellt die große Frage: "Gibt es denn keinen ANDERN Weg empor / Als nur das Elend und die Schmach der Erde?" (S. 111)

Der Weg des Menschen führt am Kreuz nicht vorbei. Aber SIE, die Schmerzensmutter, lindert die Pein. In seines Lebens "allerschwerster Stunde" (S. 195) steht sie Abu Kital zur Seite.[39]

May bekennt sich, in früheren Werken, zur Marienverehrung, die auch das Spätwerk - im Kleid Marah Durimehs - beseelt und bewegt. Das mütterliche Antlitz Gottes, das 'marianische Prinzip', ist die Botschaft des alten und auch des jüngeren May. Seine von *Friede* und vom *Silberlöwen III/IV*, aber auch vom *Buch der Liebe* (1875/76)[40] her bekannten Gedanken sind in dieser Botschaft enthalten: Mays Ideologiekrititk, seine Kritik am Mißbrauch der Religion, seine ökumenische Grundeinstellung, seine Gnadentheologie, seine eschatologische Hoffnung, seine Sehnsucht nach Frieden, sein christliches Menschenbild können aus dieser Botschaft entwickelt werden.[41]

4.2.1 Kritik am Ritualismus

Mays Theologie verbindet eine tiefe Frömmigkeit mit einer progressiven gesellschaftspolitischen Programmatik. Wie verträgt sich das mit einem 'marianischen' Gottesbild? Gilt die Marienverehrung nicht weithin als Sache der 'Konservativen'? Ist sie nicht geradezu ein Erkennungsmerkmal für religiöse Traditionalisten, fürs rechte Spektrum der katholischen Kirche?

Ausgerechnet 'linke' Theologinnen und Theologen - evangelischer und katholischer Provenienz - haben Maria, die 'andere' Maria,[42] in jüngster Zeit neu entdeckt: durch die Rückbesinnung auf den Geist der heiligen Schrift. Auch im Drama Karl Mays wird der Geist der Bibel - mit dem 'mütterlichen Antlitz Gottes' - wiedergefunden und aus dem 'Turm von Babel' befreit. Dazu gibt es in der heutigen theologischen Literatur interessante Parallelen. In seinen *Ungehaltenen Hirtenreden* zum Beispiel will der katholische Pastoraltheologe Paul Zulehner "Maria aus dem Gefängnis der vermeintlich 'rechten' Christen befreien"![43] Denn die Gottesmutter gehört, so Zulehner, allen Menschen, gerade auch den 'kritischen' Christen. Der Zugang zu ihr ist neu zu erschließen: durch Einsichten, die im Werk Karl Mays antizipiert sind.

Die marianische Frömmigkeit ist nicht selten mit zwanghafter Strenge verknüpft: mit einer verengten Gebetspraxis, die bestimmte Formen - den Rosenkranz z.B. - vorschreiben will und gerade so, durch die Nötigung, die Liebe zu diesem Gebet erstickt und erschlägt. In *Babel und Bibel* wird solche Starrsinnigkeit sehr wirkungsvoll karikiert: Der Imam, der gesetzliche Glaube, hält den "muhammedanischen Rosenkranz" (S. 12) in der

Hand. Das Ritual nur ist wichtig; zum "eigentlichen Gebete" (S. 15) kommt es hier nie. Das "Formular" (S. 98), die ständige Wiederholung, die richtigen Verneigungen (S. 16), das Kommando des Vorbeters sind die Hauptsache. Der Scheik, die "heilge Macht" (S. 23), schlägt mit der Peitsche den Takt: "Das schnappt und klappt! Das ist so fest gefügt! / Das bricht sich Bahn! Wer kann da widerstehen! / Ein SOLCH Gebet steigt wie in Wehr und Waffen / Zum Himmel auf und muß selbst Gott besiegen!" (S. 26)

Was 'Unsere Liebe Frau' dazu sagen würde? Wie Bent'ullah, die Tochter Gottes, würde sie handeln: Die Bibel "verleidet" dem Scheik das "Umeha",[44] das "Schnarren" und "Knarren" (S. 128) des toten Gebets. Sie führt ihn zum echten Gebet, das aus freiem Herzen und "freiem Munde" (S. 27) kommt.

Von Bent'ullah, von der Liebe Gottes besiegt, stimmt der Gewaltmensch mit ein ins wahre Gebet. Sein "Ende" (S. 103) - als Gewaltmensch - ist damit gekommen. Die Verwandlung beginnt!

4.2.2 Universale Hoffnung

Bent'ullahs Gebet, das die Umkehr des Herrenmenschen schon vorbereitet, ist die Fat'ha, die erste Sure des Koran. Dieser islamische Text ist "ganz im Sinn der Bibel" (S. 128) zu verstehen; seine Bedeutung entspricht dem "christlichen Vaterunser" (S. 16). Mit dieser Bemerkung bringt der Autor seine Offenheit für das Heilswirken Gottes in sämtlichen Religionen und seine - in *Friede* und im Schlußband des *Silberlöwen* betonte - Kritik am Exklusivitätsanspruch der 'allein seligmachenden' Kirche erneut zum Ausdruck. Das "heilge Imamat" prangert er an. Denn diese Behörde fühlt sich, als klerikale Macht-Instanz, "allein" berufen, die "Seligkeit im Volke zu verteilen" (S. 26).

Solcher Anmaßung setzt der Dichter die eigene Vision, die eigene Hoffnung entgegen: die Rettung aller Menschen durch Gottes Erbarmen. Was der Häftling im *Repertorium C. May* verkündet[45] und der junge Schriftsteller im *Buch der Liebe* bekräftigt,[46] was der Erzähler des *Jenseits*-Romans nur verhalten erahnen läßt,[47] was der Ustad im *Silberlöwen III* proklamiert und der Autor im *Silberlöwen IV* wieder zurücknimmt,[48] wird in *Babel und Bibel* erneut postuliert: die Erlösung der Hölle!

Wichtig und in dieser Deutlichkeit neu ist Mays Begründung für seine Vision: Die Liebe der FRAU, die Fürsprache der MUTTER, die List des ewig Weiblichen überwinden die Pforten der Unterwelt! Als Stellvertreterin Gottes[49] kann Marah Durimeh "zuletzt den Teufel überlisten" (S. 36)! Ja selbst die Hölle soll zum Himmel werden, "Damit sogar der Teufel selig werde. / Denn dieser war der erste aller Sünder / Und sei nun auch der erste der Erlösten." (S. 141)

Der Imam, der geistliche Amtsträger ist's, der (ironisch?) so spricht. Aber nicht nur die Rede des Imam, auch der Handlungsverlauf des Bühnenwerks selbst bringt die Rettung des Universums - als Ziel des göttlichen Heilswillens - zur Sprache. Die Bibel, die Tochter Gottes, will stets nur "verzeihen"; sie "KANN" gar nicht anders (S. 111)! Selbst den Schlimmsten - dem Imam und dem Kadi, die "entlastet" an ihre Plätze zurückkehren (S. 195) - vergibt sie gern und mit herzlicher Liebe.

Als die mildreiche Frau, als die große Fürsprecherin erweist sich auch Marah Durimeh. Nach der Rettung des Scheiks bittet sie den "Sohn" der Bibel, das Glück auch "ALLEN Andern" zu schenken: "Und frage nicht, ob sie es würdig sind!" (S. 191)

Zu beachten sind in diesem Zusammenhang die Ausführungen Zulehners über die Fürsprecher-Rolle der Gottesmutter bei ihrem Sohn Jesus Christus. Der Pastoraltheologe bedauer die "übergroße Heilsangst",[50] die - merkwürdigerweise - in marianischen Kreisen heute verbreitet ist. Die Vorstellung, daß die Hölle leer sein könnte, wird dort heftig bekämpft - obwohl diese Kreise der 'Fürsprache Mariens' sonst alles zutrauen und obwohl sie jeden Tag beten: "Führe alle Seelen in den Himmel, besonders jene, die deiner Barmherzigkeit am meisten bedürfen!"

Zulehner beruft sich auf Urs v. Balthasar, einen sehr angesehenen - konservativen - Theologen. Balthasar, der Interpret des *Seidenen Schuh*, des Erlösungsdramas Claudels,[51] verfaßte ein sorgfältig argumentierendes Büchlein mit dem Titel *Was dürfen wir hoffen?*[52] Der Mystikerin Adrienne von Speyr folgend bezeichnet er - wie vor ihm schon Karl Rahner[53] - die Rettung Aller, das Überwiegen der göttlichen Gnade über die menschliche Schuld, als christliches Hoffnungsgut. Was war die Folge? Ein Aufschrei der konservativen kirchlichen Presse![54] Die Hölle darf doch nicht leer sein!

Weder Balthasar noch Rahner, weder Zulehner noch May wollen bestreiten: Der Mensch kann durch die Sünde sein Leben verfehlen. In *Jenseits* und im *Silberlöwen IV* hat May diese Möglichkeit, warnend, betont. Das Leersein der Hölle kann und darf nicht einfach behauptet werden! Aber die FRAGE muß doch erlaubt sein: Ist Gottes Ja am Ende nicht größer als das menschliche Nein? "Ist es wirklich gottgemäß", wenn Christus "die letzte Auswirkung unserer Todverfallenheit am Kreuz auf sich nimmt: wenn dann eine große Zahl, ja nur einer verlorengeht?"[55]

Gott will, daß alle gerettet werden (1 Tim 2, 4). Ein schwacher Wille nur? Zulehner meint: "Ich gestehe, daß ich Gott zutraue, daß er am Ende alle rettet. Und ich hoffe dies auch deshalb, weil ich auf die mütterliche Fürsprache Marias setze."[56]

4.2.3 Die politische Alternative

Die Gnade Gottes hebt die Verantwortung des Menschen freilich nicht auf. Relevant für die Deutung des Mayschen Spätwerks und der handlungstragenden Rolle Marah Durimehs (bzw. Bent'ullahs) in *Babel und Bibel* ist auch die folgende Überlegung Paul Zulehners: Über das Heil des einzelnen hinaus hat die Marienverehrung einen Bezug zum Schicksal der Welt. Erstaunlich, daß marianische Kreise in der Regel so unpolitisch sind! Daß 'Friedensmarschierer' gerügt werden und allein das Gebet dann empfohlen wird![57]

Eine süßliche Art der Marienverehrung läßt die Madonna als weltfremd, als bedeutungslos fürs irdische Leben erscheinen. Doch einer der wichtigsten marianischen Texte der Bibel, das Magnifikat (Lk 1, 46-55),[58] zeigt Maria von einer ganz anderen Seite. Der Lobpreis Gottes durch die Jungfrau von Nazareth ist ein ausgesprochen politisches Gebet, das die Armen und Unterdrückten der 'dritten Welt' ganz wörtlich verstehen:[59] Gott "zerstreut, die im Herzen voll Hochmut sind. Er stürzt die Mächtigen vom Thron und erhöht die Niedrigen. Die Hungernden beschenkt er mit seinen Gaben, und die Reichen läßt er leer ausgehen." (Lk 1, 51ff.)

Maria preist einen Gott, der die Gewalt der Herrschenden und das Unrecht der Mächtigen nicht akzeptiert. So wird sie "zum Sinnbild für eine Kirche, die eine tiefe Mystik mit ernsthafter Politik zu verknüpfen weiß [...] Maria wird also halbiert, wenn man sie fromm verehrt, aber dann für die bedrohte Welt keinen Finger rührt."[60]

In *Durchs wilde Kurdistan* legt May das Preislied Marias, etwas abgewandelt, Marah Durimeh in den Mund![61] Was im Orientzyklus (1881ff.) eher wie ein Fremdkörper erschien, wird in *Babel und Bibel* dann stimmig. Zusammen mit der Bergpredigt Jesu könnte man das Magnifikat geradezu als Konzentrat der religiös-politischen Hoffnungs-Vision, der 'konkreten Utopie', der alternativen Denkweise des älteren May und seines Dramas *Babel und Bibel* bezeichnen: Die Macht des Gewaltmenschen bricht in dieser Vision nun endgültig zusammen; Abu Kitals Bereitschaft zum Krieg, sein äußerer Glanz, sein Pochen auf "Reichtum",[62] sein protziger Lebensstil (der Mantel von Elissa, die Marakanda-Seide usw.) werden entlarvt als nichtiger Wahn; und er selbst stürzt herunter vom Thron - um dem "Menschenthum der Liebe" (S. 196), dem Frieden, der Versöhnung der Völker von jetzt an zu dienen.

Wie May in seinen Erläuterungen zu *Babel und Bibel* erklärt, versteht er unter 'Gewalt' auch die strukturelle, die "geistliche" und "gesetzgeberische" Gewalt der kleinen und großen Tyrannen, der Autokraten und der 'Wahrheitsbesitzer': "Ein Gewaltmensch ist jeder, der sich auf seinem Sondergebiet so benimmt, als ob er der alleinige und bevorzugte Besitzer des betreffenden Rechtes oder des betreffenden Gutes sei."[63]

Mit der Hoffnung auf Frieden meint der Schriftsteller, folgerichtig, ein neues Gesamtverhalten der menschlichen Gesellschaft: Auch der ökologische Friede mit der "Schöpfung",[64] auch der kulturelle - "der kirchliche, der soziale" - Friede sind zu erstreben! Denn die Sehnsucht nach dem politischen Frieden "wird trotz der Suttner [...] nicht zum Ziel führen, wenn wir nicht vorher auch schon den Frieden in all diesen anderen Beziehungen haben."[65]

May ächtet den Krieg - mit flammenden Worten.[66] Aber er weiß sehr wohl: Mit dem Schweigen der Geschütze und dem Abbau der Waffen ist der Friede noch längst nicht identisch. Denn der Friede erfordert, wie May unterstreicht, "viel Geist und mehr Geist, als der besitzt, der da denkt, man brauche einfach bloß nur abzurüsten, und dann sei alles gut!"[67]

Wir sehen: So naiv und blauäugig, wie manchmal behauptet wird, war May keineswegs. Aber die "Möglichkeit"[68] eines wirklichen Friedens - schon hier auf der Erde - ließ er sich von niemandem ausreden!

Das 'realistische' Vorurteil, den üblichen Einwand gegen den Pazifismus formuliert Abu Kital. Den 'Träumer', den Hakawati, verhöhnt der 'Realpolitiker': "Dein Friede ist, wie du, ja nur ein Märchen!" (S. 42) Doch das Märchen läßt May zur "Wirklichkeit" (S. 164) werden. Der 'Vater des Kampfes' wird vom 'Sohn des Friedens', von der schützenden Frau, von der Gnade Gottes besiegt. So kann er, zuletzt, "sich selbst" besiegen[69] und - im Geist des Preislieds Mariens - dem Stolz, dem Reichtum, der Machthaberei entsagen.

4.2.4 Das große Verlangen

Wer den Pazifisten May lobt und den Theologen May ignoriert, wird weder dem Menschen noch dem Schriftsteller May voll gerecht. Die Tiefe, aus der er lebte und schrieb, entspricht dem Magnifikat, der Botschaft der 'anderen' Madonna: der gesellschaftspolitisch 'revolutionären', zum Verzicht auf den Krieg, zum umfassenden Frieden, zur universalen Hoffnung herausfordernden Gnadenmutter. Die Herz-Mitte seiner Ideenwelt, der Inhalt seiner prophetischen Dichtung ist der anwesende Gott: das 'mütterliche Antlitz' seiner unendlichen Liebe.

Eine fürs Verständnis des Mayschen Spätwerks und speziell seiner Frauengestalten bedeutsame Überlegung soll diesen Gedanken vertiefen und - in seiner menschlichen Relevanz - verdeutlichen.

Als 'Jungfrau' und Mutter wird Maria in der kirchlichen Verkündigung vorgestellt. Damit sind Themen berührt, die das bewußte oder unbewußte Selbstverständnis des Menschen betreffen: sein Verhältnis zur Sexualität, zur eigenen Mutter, zur persönlichen Rolle als Mann oder Frau.

Das Beispiel Marias wird oft weniger zur Erschließung der Heilsgeschichte als zur Durchsetzung bestimmter Normen - die 'keusche Jungfrau', die 'gehorsame Magd', die 'selbstlose Mutter' - verwendet. Von solchen Klischees will Zulehner, in den *Ungehaltenen Hirtenreden*, die Marienverehrung befreien. Zur Jungfräulichkeit führt er aus: Ursprünglich sei eine Lebenshaltung gemeint,

die jungen Frauen eigen ist, die aufs Heiraten zugehen [...] Sie sind voller Erwartung: auf das Fest, auf den Bräutigam. Jungfräulich sein bedeutet somit soviel wie aussein auf den lebendigen Gott, nach ihm dürsten, wie das dürre Land nach dem lebendigen Wasser (Psalm 63). Jungfräulichkeit, wie wir sie später als Kultur menschlicher Sexualität antreffen, ist bereits eine Einengung des ursprünglichen Glaubenswortes. Denn wer immer wahrhaft glaubt, ist jungfräulich: aus auf Gott. Jungfräulichkeit ist ein inneres Moment jeglichen christlichen Glaubens: also zum Beispiel auch des Glaubens von Eheleuten.[70]

In diesem Sinne jungfräulich sind auch die religiösen Protagonisten bei Karl May! Nicht der Wilde Westen und nicht der Jagdhieb Old Shatterhands, sondern die adventliche Sehnsucht nach dem Kommen des Reiches Gottes, das 'bräutliche' Verlangen nach der endgültigen "Vereinigung" mit Gottes Liebe,[71] war das Hauptthema Mays schon zu Beginn seiner literarischen Laufbahn: in den *Geographischen Predigten*[72] und im *Buch der Liebe*. Und schon damals glaubte er, in der "Weiblichkeit", der fraulichen Liebe, das Bild und das Gleichnis der göttlichen "Gnade" und "Barmherzigkeit"[73] zu erkennen.

Im Alterswerk werden diese frühen Motive ästhetisch verfeinert und theologisch weiterentwickelt. In *Babel und Bibel* sind es Marah Durimeh und Bent'ullah vor allem, die die 'jungfräuliche' Sehnsucht des Dichters verkörpern: die Sehnsucht nach der Nähe des Herrn - schon jetzt im irdischen Sein - und die Sehnsucht nach der Heimkehr zu Gott "im nächsten Leben":[74] in der Ewigkeit Gottes selbst.

Wenn Gott das "Leben in Fülle" (Joh 10, 10) ist, dann entspricht die 'Jungfräulichkeit' - das große Verlangen, das Verlangen nach Gott - der TIEFSTEN menschlichen Sehnsucht: der Sehnsucht nach Liebe, nach unvergänglicher Liebe. Die Selbst-findung und nicht die Selbst-aufgabe des Daseins kommt hier zum Ausdruck: "Und bin ich müd, so such ich meine Ruhe / Allein bei dir, o Herr, allein bei dir!" (S. 194)

Die Mutter Ben Tesalahs spricht's. Und Marah Durimeh, Schefaka, der Hakawati, alle stimmen mit ein: "Allein bei dir, o Herr! / Allein bei dir, o Herr! / Allein bei dir! Allein bei dir!"

4.3 Das fundamental-theologische Menschenbild

Mit poetischen Ausdrucksmitteln wird - bis zu einem gewissen Grade - die feministische Theologie des ausgehenden 20. Jahrhunderts in *Babel und Bibel* vorweggenommen. Der extreme Feminismus ist May allerdings fremd. Der 'männliche' Vater-Gott wird nicht abgesetzt von der 'Großen Mutter'! Die Christozentrik wird zwar ergänzt, aber nicht ersetzt durch die 'Mariozentrik'. Und die Führungsrolle des Mannes übernimmt nicht einfach die Frau.

Marah Durimeh ist selbst 'androgyn'. Sie verkörpert, so May an Sascha Schneider, "nicht nur das Weibliche, sondern auch die Männlichkeit der Menschheitsseele".[75] Zwar überwiegt in ihr natürlich die Weiblichkeit; aber zum 'Ausgleich' kann May ja auf Ben

Tesalah (der christusähnliche Züge trägt), den verwandelten Abu Kital und den Hakawati verweisen.[76]

Das Feminine und das Maskuline werden in Mays Drama nicht gegeneinander ausgespielt, sondern - gleichwertig - aufeinander bezogen. May verkündet nicht die männliche Herrschaft, aber auch nicht die weibliche Dominanz. Er predigt die Würde des Menschen, der Mann oder Frau ist, und in Gott (der 'Vater' und 'Mutter' zugleich ist) seine Vollendung erlangt.

"Du hast uns für dich erschaffen, o Gott, und unruhig ist unser Herz, bis es ruhet in dir!" Schon im *Buch der Liebe* hatte sich May zu diesem Augustinus-Wort bekannt,[77] und im Erlösungsdrama kommt es zur lebendigen Anschauung.

Was meint nun aber 'Erlösung' und was bedeutet 'Ruhe finden in Gott'? Die Aufhebung der Individualität und des personalen Charakters des menschlichen Seins? Den Untergang des Einzelmenschen in der Unendlichkeit Gottes - so wie der Tropfen sich auflöst im Meer?

Die Interpretation Martin Schenkels geht, zuletzt, in diese Richtung: Die "heilsgeschichtliche Gesetzlichkeit negiert die Eigengesetzlichkeit des Individuums, den Menschen als Einzelwesen [...] In der Erlösung vollzieht sich zugleich die Auflösung des Charakters."[78]

Schenkels Kritik stützt sich auf die Verse "Nicht Einzelwesen, DRAMA ist der Mensch, / Um Zeit und Ort mit Handlung zu beleben" (S. 180). Diesen - auch in der Selbstbiographie zitierten,[79] dem Autor also wichtigen - Versen die Auflösung des "Charakters" und der "Eigengesetzlichkeit" des Individuums zu entnehmen, ist jedoch eine Überinterpretation, der die Grundtendenz des Mayschen Gesamtwerks deutlich widerspricht.

Gewiß, die 'Personen' des Dramas sind keine Einzelwesen, sondern allegorische Verallgemeinerungen. Eine Leugnung oder Geringschätzung der menschlichen Individualität durch den Schriftsteller folgt daraus aber nicht.

"Nicht [nur] Einzelwesen" ist der Mensch, weil er in einem Geflecht von sozialen Beziehungen lebt, die sein Ich konstituieren. "Drama" ist der Mensch, weil seine Psyche nicht eindimensional, sondern vielschichtig ist. Und "Drama" ist der Mensch, weil er nicht stehenbleibt, sondern sich weiterentwickelt.

Karl May vertritt einen universalen, mit der 'Punkt Omega'-Theorie des Jesuiten Teilhard de Chardin (1881-1955) schon beinahe vergleichbaren Zukunftsoptimismus.[80] Sein evolutives, an der 'Neuen Schöpfung' (2 Kor 5, 17) orientiertes Weltbild verbindet er mit seiner Botschaft vom Edelmenschen: "Ich sehe es: Es kommt - - - es kommt - - - es kommt, / Das hohe, edle, wahre Menschentum." (S. 111)

Der Mensch soll "zum Menschen werden" (S. 32), dessen einmaliges und unverwechselbares Profil durch die Erlösung nicht zerstört, sondern 'veredelt' wird. Mays Leidenschaft ist der Mensch, dessen Traum und dessen - von Gott selbst ihm eingestiftete - Bestimmung die "Maßlosigkeit"[81] ist! Mays Vision ist der Mensch, der sein wahres Gesicht, seinen eigentlichen Charakter durch die Erlösung überhaupt erst gewinnt (vgl. z.B. Mt 10, 39).

Der Dichter sieht den neuen, in der Person Jesu Christi schon antizipierten Menschen kommen, dessen Zukunft in Wahrheit noch größer ist, als seine verwegensten Utopien ihn ahnen lassen. May glaubt an den Menschen, der nach Gottes Bilde erschaffen und zur 'Vereinigung' mit dem Schöpfer, der "Urquelle alles Lebens",[82] berufen ist. Er hofft auf den Menschen, der sein Ego, seine 'In-dividualität', sein 'ungeteiltes' Für-sich-sein zwar übersteigt in der Öffnung zum Du, in der Teilhabe am Sein des Schöpfers und seiner

Schöpfung.[83] Er vertraut aber zugleich auf Gottes Liebe, die den Menschen nicht erdrückt, nicht aufsaugt, sondern bejaht und bestätigt: in seinem Ansehen, in seiner Gnade bei Gott (Lk 1, 28), in seiner je besonderen und einzigartigen personalen Würde, die selbst im Tod nicht zerstört, sondern erlöst und vollendet wird.

Mit diesem hier nur angedeuteten Menschenbild wird in Mays Drama nichts Fremdes hineininterpretiert. May selbst hat - in *Jenseits*, im *Silberlöwen III/IV* und in *Friede* - dieses Menschenbild reflektiert und, mit poetischen Stilmitteln, zum Ausdruck gebracht.[84] Dasselbe Menschenbild setzt er in *Babel und Bibel* voraus. Es entspricht, zumindest annähernd, der biblischen Verheißung (Offb 21) und dem christlichen Evolutionsverständnis, das im Neuen Testament vorausentworfen (Kol 1, 13ff.) und in neuerer Zeit von Henri Bergson, Teilhard de Chardin, Karl Rahner u.a. systematisch entfaltet wurde.[85]

Anmerkungen

1   Die folgenden Ausführungen entsprechen, nahezu unverändert, Hermann Wohlgschaft: *'Babel und Bibel'. Ansätze zur 'feministischen Theologie' im Erlösungsdrama Karl Mays*. In: JbKMG 1991, S. 148-181 (S. 161-175).

2   Vgl. Curt Hohoff: *Was ist christliche Literatur?* Freiburg 1966, S. 19 (zu Claudel und Péguy).

3   Alfred Paffenholz: *Kleine Fluchten oder: Der Traum vom Paradies. Eine Erinnerung an Karl May und seine Wiederentdeckung*. In: *Karl May - der sächsische Phantast. Studien zu Leben und Werk*. Hrsg. von Harald Eggebrecht. Frankfurt/M. 1987, S. 45-62 (S. 61, mit Bezug auf Martin Schenkel: *"Babel und Bibel". Ein aufklärerisches Drama des Mittelalters*. In: *Karl May*. Hrsg. von Helmut Schmiedt. Frankfurt/M. 1983, S. 278-309).

4   Seitenangaben in () beziehen sich auf Karl May: *Babel und Bibel. Arabische Fantasia in zwei Akten*. Freiburg 1906.

5   Aus Sascha Schneiders Brief vom 3.7.1906 an May. In: Hansotto Hatzig: *Karl May und Sascha Schneider. Dokumente einer Freundschaft*. Beiträge zur Karl-May-Forschung 2. Bamberg 1967, S. 120.

6   Ansgar Pöllmann: *Ein Abenteurer und sein Werk*. In: Über den Wassern. Halbmonatsschrift für schöne Literatur. Hrsg. von Expeditus Schmidt. Münster, 3. Jg. 1910, S. 274 - Vgl. oben, S. 528.

7   Papst Johannes Paul I. in einer Ansprache am 10.9.1978.

8   Vgl. Paul Michael Zulehner: *Ungehaltene Hirtenreden. Menschlichkeit darf maßlos sein*. Freiburg 1988, S. 109. - Zur 'Androgynität' Gottes erläutert Leonardo Boff: *Das mütterliche Antlitz Gottes. Ein interdisziplinärer Versuch über das Weibliche und seine religiöse Bedeutung*. Düsseldorf 1985, S. 246: "Gott übersteigt die Geschlechter und die männlich-weiblichen Bestimmungen. Dennoch gründen sie in Gott, und wenn Gott sich offenbart, bedient er sich dieser Kategorien [...] Gott kann sich als Vater wie auch als Mutter zu erkennen geben, obwohl er beide transzendiert, denn er wohnt ja in einem unzugänglichen Licht."

9   Weibliche Gottesbilder finden sich z.B. in Hos 11,4; Ps 25, 6; Ps 115, 5; Jes 49, 15; Jes 66, 13 und Lk 13, 34.

10   Boff, wie Anm. 8.

11   In einem - auch sonst sehr aufschlußreichen - Brief an Sascha Schneider erläutert May (1906): "Die Menschheitsseele war vor Jahrtausenden eine ganz andere als heut; denn die Menschheit wird im Vorwärtsschreiten von immer neuen und höheren Culturpotenzen beseelt." (Zit. nach Hatzig, wie Anm. 5, S. 125).

12   Karl May: *Mein Glaubensbekenntnis*. In: Donau-Zeitung. Passau, 117. Jg. (4.1.1907). Wiedergegeben in: *Schriften zu Karl May*. Materialien zur Karl-May-Forschung, Bd. 2. Ubstadt 1975, S. 245f. - Vgl. unten, S. 674ff.

13   May: *Glaubensbekenntnis*, wie Anm. 12, S. 245.

14   Vgl. Heinz Stolte: *Hiob May*. In: JbKMG 1985, S. 63-84 (S. 80).

15   Vgl. Boff, wie Anm. 8, S. 222ff.

16   Christus ist zweifellos gemeint, auch wenn er namentlich in Mays Credo nicht genannt wird.

17   Vgl. Boff, wie Anm. 8, S. 106-117. Diesem Abschnitt sind die folgenden Zitate entnommen.

18 Da die 'Inkarnation' ein terminus technicus der Christologie ist, spricht Boff (ebd., S. 110ff.) nicht von der Inkarnation, sondern von der "Spiritualisierung" des Heiligen Geistes in Maria.

19 Ulrich Wickert in einem Brief vom 21.2.1989 an Ernst Seybold (der diesen Brief, mit Wickerts Erlaubnis, dem Verfasser übermittelt hat).

20 Boff, wie Anm. 8, S. 107; dort auch die folgenden Zitate.

21 Vgl. ebd., S. 11f. u. 82ff.

22 Boff selbst (ebd., S. 107) gibt diesen Hinweis.

23 Christa Mulack: *Maria - Die geheime Göttin im Christentum*. Stuttgart 1985.

24 "Jungfrau, Mutter, Königin, Göttin, bleibe gnädig!" betet der Doctor Marianus in der Schluß-szene des *Faust*, II. Teil.

25 Vgl. die in Anm. 24 erwähnte *Faust*-Szene mit der Mater gloriosa, dem Doctor Marianus (alias Faust) und dem Chorus mysticus.

26 Vgl. die 10. Szene des 2. Aktes in Verdis Oper *Die Macht des Schicksals*.

27 Vgl. Walter Schönthal: *Christliche Religion und Weltreligionen in Karl Mays Leben und Werk*. SKMG Nr. 5 (1976), S. 16 - Paffenholz, wie Anm. 3, S. 54ff. - Hartmut Vollmer: *Marah Durimeh oder Die Rückkehr zur 'großen Mutter'*. In: *Karl May*. Hrsg. von Heinz Ludwig Arnold. Sonderband Text + Kritik. München 1987, S. 158-190 (S. 180ff.).

28 Zum Namen 'Marah Durimeh' vgl. auch Wolf-Dieter Bach: *Fluchtlandschaften*. In: JbKMG 1971, S. 39-73 (S. 69) - Werner Poppe: *Marah Durimeh. Eine Quellenforschung zu Karl Mays Reiseerzählung 'Durchs wilde Kurdistan'*. Sonderheft 1 der Zeitschrift 'Graff-Anzeiger'. Braunschweig 1975, S. 19.

29 Karl May: *Durchs wilde Kurdistan*. Gesammelte Reiseromane, Bd. II. Freiburg 1892, S. 569.

30 Ebd., S. 207.

31 Ebd., S. 329.

32 Aus Mays Brief an Prinzessin Wiltrud von Bayern. In: JbKMG 1983, S. 92-99 (S. 98).

33 Karl May: *Der Dichter über sein Werk. Skizze zu Babel und Bibel* (1.10.1906). In: KMJB 1921. Radebeul 1920, S. 41-80 (S. 77).

34 Zur Assoziation 'Schutzmantelmadonna' vgl. auch Wolf-Dieter Bach: *Muttergedichte Karl Mays und Hermann Hesses*. In: JbKMG 1970, S. 114-117 (S. 115).

35 So heißt es in dem bekannten Marienlied (Text aus dem 19. Jhd.) im offiziellen katholischen Gesang- und Gebetsbuch 'Gotteslob' Nr. 875.

36 Der Stiftskirche von Ossiach am See (Kärnten) stiftete May zwei Bogenfenster mit der Auf-schrift 'Salve Regina Protectrix Ossiacensium' bzw. 'In omnibus glorificetur Deus'! - Vgl. Karl Serden: *Wann war Karl May in Ossiach?* In: MKMG 78 (1988), S. 44f.

37 Als 'Herrin von Märdistan' (dem Lande der 'Männer' und der 'Läuterung') klagt sich Marah Durimeh vor der Bibel der "Härte" an (*Babel und Bibel*, S. 112) - ein merkwürdiger Umstand, der zum sonstigen Bild der allgütigen 'Menschheitsseele' nicht passen will. Vielleicht spielen hier autobiographische Reminiszenzen herein; Marah Durimeh würde dann negative Mutter-Erlebnisse des Autors widerspiegeln. Vielleicht erliegt May hier auch der gängigen (in der Sache verfehlten) Entgegensetzung des alttestamentlichen Gottes der 'Strafe' und des neutesta-mentlichen Gottes der 'Liebe'. - Vgl. Schenkel, wie Anm. 3, S. 299 - Paffenholz, wie Anm. 3, S. 61 (gegen Schenkels Deutung).

38 Eine Marienkalendergeschichte Karl Mays trägt den Titel *Mater dolorosa* (Regensburg 1892).

39 Gleichwohl meint Hatzig, wie Anm. 5, S. 249 (Anm. 21), daß Bent'ullah "zum Schaden des ganzen Stückes" zu "blaß" geraten sei.

40 Vgl. oben, S. 142.

41 Dieses ethisch-religiöse Programm findet sich fast vollständig schon bei May: *Durchs wilde Kurdistan*, wie Anm. 29, S. 615, und zwar - gewiß kein Zufall - im Umkreis Marah Duri-mehs!

42 Vgl. *Die andere Maria. Neue Zugänge*. Hrsg. von Johannes Thiele. Freiburg, Basel, Wien 1987 (mit Beiträgen von Bert Brecht, Marianne Dirks, Dorothee Sölle, Kurt Marti, Ernesto Cardenal, Luise Rinser, Eugen Drewermann, Dom Helder Camara u.a.).

43 Zulehner, wie Anm. 8, S. 95.

44 Nach Mays Erklärung (*Babel und Bibel*, S. 16) eine von den 'heulenden Derwischen' über-nommene Gebetsform der Moslems.

45 Vgl. Mays sehr wahrscheinlich im Arbeitshaus Schloß Osterstein entstandenes Fragment *Mensch und Teufel*. In: *Karl May: Hinter den Mauern und andere Fragmente aus der Haftzeit*. In: JbKMG 1971, S. 122-143 (S. 137f.).

46 Vgl. Karl May: *Das Buch der Liebe*. Dresden 1875/76. Reprint der Karl-May-Gesellschaft. Regensburg 1988. Hrsg. von Gernot Kunze. Bd. I: Textband, S. 27f.: "Weg darum mit Tod, Hölle und Teufel!" Eine "Hölle, in welcher die Verdammten in ewigem Feuer braten, ist eine Lästerung Dessen, der seine Kinder 'je und je geliebet' hat." Denn wie die Fehler und Sünden des Menschen "der Zeitlichkeit entsprangen, so kann auch die Strafe keine ewige sein."

47 Vgl. oben, S. 608.

48 Vgl. oben, S. 645.

49 Vgl. Schenkel, wie Anm. 3, S. 300.

50 Zulehner, wie Anm. 8, S. 101.

51 Vgl. oben, S. 483. - Zu Claudels Drama hat v. Balthasar ein Nachwort verfaßt.

52 Hans Urs v. Balthasar: *Was dürfen wir hoffen?* Einsiedeln 1986.

53 Vgl. Karl Rahner: *Hölle*. In: *Herders theologisches Taschenlexikon*, Bd. 3. Hrsg. von Karl Rahner. Freiburg, Basel, Wien 1972, S. 305-308.

54 Vgl. Zulehner, wie Anm. 8, S. 101f.

55 Ebd., S. 102. - Im *Katholischen Erwachsenen-Katechismus* (hrsg. von der Deutschen Bischofskonferenz 1985), S. 423, heißt es: "Weder in der Heiligen Schrift noch in der kirchlichen Glaubensüberlieferung wird von irgendeinem Menschen mit Bestimmtheit gesagt, er sei tatsächlich in der Hölle."

56 Zulehner, wie Anm. 8, S. 103 - Zur ganzen Fragestellung hervorragend: Franz-Josef Nocke: *Eschatologie*. Düsseldorf 1982, S. 138-142 (Kapitel 'Wird es die Hölle geben?').

57 Zulehner, wie Anm. 8, S. 106f., illustriert diese Mentalität mit Äußerungen kirchlicher Würdenträger.

58 Das Magnifikat hat ein alttestamentliches Vorbild im Danklied der Hanna (1 Sam 2, 1-10). Beide Texte werden von den biblischen Dichtern Frauen in den Mund gelegt!

59 Dazu Boff, wie Anm. 8, S. 199-210.

60 Zulehner, wie Anm. 8, S. 106.

61 May: *Durchs wilde Kurdistan*, wie Anm. 29, S. 630ff.

62 May: *Der Dichter über sein Werk*, wie Anm. 33, S. 78.

63 Ebd., S. 61f.

64 Ebd., S. 63, spricht Babel in seiner Vermessenheit dem Menschengeist "die Oberhoheit über die irdische Schöpfung zu"! Man könnte hier sehr wohl an die - von May vorausgeahnte? - Zerstörung der Umwelt durch die Profitgier denken.

65 Ebd., S. 62.

66 Sascha Schneider, der den Krieg lobte, bekam von May im Juli 1906 die Antwort: "Wehe und tausendmal wehe dem Volke, welches das Blut und das Leben von Hunderttausenden vergießt, um anderthalb Schock Ritter des eisernen Kreuzes erster Klasse dekorieren zu können!" (Zit. nach Hatzig, wie Anm. 5, S. 126).

67 May: *Der Dichter über sein Werk*, wie Anm. 33, S. 80.

68 Ebd.

69 May in einem undatierten Brief (1906) an Sascha Schneider; zit. nach Hatzig, wie Anm. 5, S. 125.

70 Zulehner, wie Anm. 8, S. 100f.

71 May: *Das Buch der Liebe*, wie Anm. 46, S. 7.

72 Vgl. Karl May: *Geographische Predigten*. In: Schacht und Hütte. Blätter zur Unterhaltung und Belehrung für Berg-, Hütten- und Maschinenarbeiter. Dresden, 1. Jg. (1875/76). Reprint Hildesheim, New York 1979, S. 125f.: Von "Braut" und "Bräutigam" ist hier, im Zusammenhang mit der "Sehnsucht" nach dem "Reich Gottes" bzw. dem "Himmelreich", ausdrücklich die Rede!

73 May: *Das Buch der Liebe*, wie Anm. 46, S. 30f.

74 So heißt es im Motto zu *Babel und Bibel*.

75 May im Brief vom 16.9.1906 an Sascha Schneider; zit. nach Hatzig, wie Anm. 5, S. 131.

76 Vgl. Mays undatierten Brief (1906) an Sascha Schneider. In: Hatzig, wie Anm. 5, S. 125f.

77 Aurelius Augustinus: *Bekenntnisse* I. 1; vgl. May: *Das Buch der Liebe*, wie Anm. 46, S. 29.

78 Schenkel, wie Anm. 3, S. 304.

79 Vgl. Karl May: *Mein Leben und Streben*. Freiburg 1910. Hrsg. von Hainer Plaul. Hildesheim, New York 2 1982, S. 74, 111 u. 233.

80 Vgl. May: *Der Dichter über sein Werk*, wie Anm. 33, S. 52. - Zu May und Teilhard de Chardin vgl. unten, S. 703.
81 Vgl. Zulehner, wie Anm. 8, S. 18-26.
82 May: *Das Buch der Liebe*, wie Anm. 46, S. 22.
83 Vgl. Heinz Robert Schlette: *Individualismus*. In: *Herders theologisches Taschenlexikon*, Bd. 3. Hrsg. von Karl Rahner. Freiburg, Basel, Wien 1972, S. 344ff.
84 Vgl. oben, S. 602ff., 622ff. u. 635ff.
85 Vgl. z.B. Pierre Teilhard de Chardin: *Der Mensch im Kosmos*. München 1959 - Karl Rahner: *Christologie im Rahmen des modernen Selbst- und Weltverständnisses*. In: Ders.: *Schriften zur Theologie IX*. Einsiedeln, Zürich, Köln 1970, S. 227-241.

5 *Mein Glaubensbekenntnis* oder 'Wider die Resignation und für eine offene Katholizität'

Nach Beendigung seiner Arbeit an *Babel und Bibel* verfaßte May einen sehr kurzen, biographisch aber wichtigen und theologisch gewiß nicht belanglosen Text:[1]

MEIN GLAUBENSBEKENNTNIS.

Ich glaube an Gott, den allmächtigen und allweisen Schöpfer aller Himmel und aller Erden. Er thront von Ewigkeit zu Ewigkeit. Er ist der Herr aller Gesetze und Kräfte und der Vater aller fühlenden Wesen!

Ich glaube an die himmlische Liebe, die zu uns niederkam, für die Sterblichen den Gottesgedanken zu gebären. Indem sie dieses tat, wurde sie für uns zur Gottesmutter. Sie lebt und wirkt, gleichviel, ob wir sie verehren oder nicht. Sie ist die Reine, die Unbefleckte, die Jungfrau, die Madonna!

Ich glaube an den von ihr Geborenen, den Sohn des Vaters. Nur dadurch, daß er Mensch wurde, konnte er uns den Vater offenbaren. Und je tiefer er sich in die Menschheitsqual versenkte, um so überzeugender mußte diese Offenbarung sein. Er ist unser Führer, unser Ideal, der Weltenheiland, der Erlöser!

Ich glaube an die göttliche Gnade, die diesen Heiland nun auch in unserem Innern geboren werden läßt, um uns wie ihn durch Leid und Tod zur Auferstehung und zur Himmelfahrt zu führen. Sie wird ausgegossen über alle Welt und spricht in allen Zungen. Sie ist der heilige Geist!

Ich glaube an die einzige, alles umfassende katholische Gemeinde der Gläubigen, zu der ein Jeder gehört, der den Pfad des Erlösers wandelt. Das ist die christliche Kirche!

Und ich glaube an das Gute im Menschen, an die Kraft der Nächstenliebe, an die Verbrüderung der Nationen, an die Zukunft des Menschengeschlechtes. Das ist das irdische Paradies, nach dem wir streben sollen, und in diesem Streben beginnt schon hier auf Erden die uns für dort verheißene Seligkeit!

Das ist es, was ich glaube. Es ist nicht ein unzulänglicher, trügerischer Körper, sondern der Geist und die Seele, der Inhalt und das Wesen meiner Religion. Mehr kann wohl niemand geben! - - -

Dieser Text ist datiert vom 21. Dezember 1906. Über den - May sehr gewogenen - Redakteur Heinrich Wagner erschien er, Anfang 1907, in der katholischen 'Donau-Zeitung' (Passau). Am 18.12.1906 hatte May sein Credo, im Vergleich zur Endfassung kürzer und weniger präzise, in einem Brief an Prinzessin Wiltrud von Bayern vorformuliert.[2]

5.1 Mays Credo und das Credo der Kirche

Daß *Mein Glaubensbekenntnis* die wirkliche Überzeugung des Autors enthält, ist nicht zu bezweifeln. Mit den theologischen Inhalten der Mayschen Alterspoesie stimmt der Bekenntnis-Text voll überein. Des Schriftstellers - angebliche oder wirkliche - "Angst, vom offiziellen Familien-Katholizismus verlassen und offen befeindet zu werden" (Wollschläger),[3] spricht nicht gegen die Echtheit seines Bekenntnisses.

Von einer 'captatio benevolentiae', einem nur taktisch motivierten Buhlen um die Gunst der katholischen Kirche, kann nicht die Rede sein. Um diesen Zweck zu verfolgen, hätte May, wie später zu Rentschka,[4] einfach sagen können: "Ich bin katholisch gesinnt und glaube alles, was die Kirche lehrt." So sagte er, 1906, aber keineswegs. Nicht pauschal und nicht formelhaft, sondern mit eigenen, persönlich engagierten Worten bekannte er sich zu Gott und - wie Ernst Seybold in einer distinguierten, methodisch klaren und sachlich überzeugenden Analyse aufgewiesen hat[5] - zur kirchlichen Glaubenstradition. Er wurde dazu von niemandem genötigt. Er bekannte sich zum Credo der christlichen Kirche, weil es ihn dazu drängte und weil es seinem eigenen Glauben entsprach.

Mays Credo lehnt sich im Aufbau und in zahlreichen Formulierungen an das Apostolische und Nizänische Glaubensbekenntnis an, das in den katholischen und evangelischen Gottesdiensten gebetet wird. Aber es gibt auch interessante Abweichungen von diesen offiziellen Texten. May fügte hinzu, ließ weg und änderte ab - nicht um eine neue Lehre zu verkünden, sondern um vor sich selbst und seinen Lesern über seinen PERSÖNLICHEN Glauben Rechenschaft zu geben.

Mays Ergänzungen entstammen in den meisten Fällen dem Neuen Testament oder anderen kirchlich anerkannten Texten. Auch seine Reduzierungen und Änderungen dürfen, wie Seybold betont, nicht überinterpretiert werden: als Distanzierung von der kirchlichen Tradition. Da der Dichter, wie seine Spätwerke beweisen, theologisch sehr wohl zu differenzieren vermochte, sind seine Abweichungen vom 'normalen' Credo aber genau zu untersuchen und auf ihre Legitimität hin zu befragen.

Auf den ersten Blick scheint sich May vom Inhalt des Apostolikums und Nizänums in mehreren Punkten zu entfernen. Im ersten Artikel wird Gott nicht nur als Vater aller Menschen, sondern als "Vater aller fühlenden Wesen" bezeichnet. Das mag, von der Wortwahl her, "spinozistisch"[6] klingen. Es muß aber nicht im pantheistischen Sinne einer Identität von Gott und Natur, sondern kann - viel näherliegend - im Sinne des biblischen Schöpfungsglaubens[7] verstanden werden.

Auch der "Gottesmutter"-Artikel, der im Zusammenhang mit *Babel und Bibel* schon interpretiert wurde, muß der christlichen Orthodoxie nicht notwendig widersprechen. Er klingt, wie gesagt, sehr merkwürdig. Aber er eröffnet, bei tieferer Betrachtung, interessante Perspektiven: auf das - in der Bibel ja durchaus bezeugte - 'mütterliche Antlitz Gottes'!

Daß May den "Sohn des Vaters" nicht namentlich als Jesus Christus bezeichnet, läßt keine besonderen Rückschlüsse zu. Denn andere, früher oder später entstandene, Partien seiner Werke belegen das Bekenntnis Karl Mays zu Christus als dem 'Sohn Gottes' eindeutig.[8]

Jesu Tod deutet May im Sinne des christlichen Dogmas: als Erlösung (von Sünde und Tod) für alle, die glauben. Die traditionelle Formel "Niedergefahren in die Hölle" bzw. - in der heutigen Übersetzung - "Abgestiegen in das Reich des Todes" ersetzt May allerdings durch die 'Versenkung' des Gottessohnes "in die Menschheitsqual". Wie ähnliche Formulierungen Karl Rahners[9] bestätigen, liegt aber auch hier ein sachlicher Bruch mit dem Credo der Kirche natürlich nicht vor.

Beim Artikel von der "Auferstehung" läßt May, aus welchen Gründen auch immer, das "am dritten Tage" weg. Doch dieser, theologisch bedeutungslose, 'Mangel' fällt nicht ins Gewicht: weil die Auferstehung selbst - die Auferstehung Jesu und die Auferstehung aller Menschen - ja ausdrücklich betont wird.

Daß der "Heiland nun auch in unserem Innern geboren werden" solle, steht so nicht im kirchlichen Credo. Diese Auffassung entspricht aber, selbstverständlich, dem biblischen Denken und der christlichen Frömmigkeit.[10]

Wenn May "an die einzige, alles umfassende katholische Gemeinde" glaubt, "zu der ein Jeder gehört, der den Pfad des Erlösers wandelt", so gibt diese - überkonfessionelle - Deutung der Kirche zwar nicht den vollen Wortlaut des Credos (daß die Kirche "heilig" und "apostolisch" sei, bleibt bei May unerwähnt), wohl aber "den ursprünglichen griechischen Wortsinn"[11] von 'katholisch' wieder. Daß dieses - universale - Kirchenverständnis prinzipiell "gegen den Katholizismus"[12] gerichtet sei, wies May mit guten Gründen zurück: Er war ein ökumenisch denkender Christ, der weder der römischen Kirche noch einer anderen Konfession ihre Christlichkeit absprechen wollte.

Über das kirchliche Credo hinaus schließt der Schriftsteller sein Bekenntnis mit dem Glauben "an die Verbrüderung der Nationen, an die Zukunft des Menschengeschlechtes". Auch dieser Passus ist weder häretisch noch (bloß) 'aufklärerisch' zu nennen. Denn "das irdische Paradies, nach dem wir streben sollen", wird von der Ewigkeit Gottes: der "für dort verheißenen Seligkeit" ja klar unterschieden.[13]

Ist die 'Orthodoxie' des Mayschen Bekenntnisses mit diesen Ausführungen schon erwiesen? Gibt es im Credo Mays, dogmatisch gesehen, keine ernsthaften Defekte? Wird die 'Göttlichkeit' Jesu Christi und des Heiligen Geistes genauso verstanden wie im Apostolikum und Nizänum? Wird die Trinitätslehre theologisch richtig interpretiert? Und - hat Mays Bekenntnis einen Bezug zur menschlichen ERFAHRUNG, zur Realität unseres Lebens? Wie ist sein Credo insgesamt zu beurteilen? Als Schrumpfform des christlichen Glaubens? Als "Entmythologisierung"[14] des Trinitätsdogmas? Oder - als prophetische Vorwegnahme eines späteren Glaubensverständnisses der christlichen Kirchen?

5.2 Der Glaube des einzelnen und die Erfahrung des Gottesvolks

Um solche Fragen, jenseits von Polemik und Apologetik, sachlich beantworten zu können, sind grundsätzliche Überlegungen zum Wesen des christlichen Glaubensbekenntnisses nicht zu umgehen.

Zunächst muß bedacht werden: Der Glaube ist nicht nur das Fürwahrhalten bestimmter Sätze, sondern primär eine durch Gnade bewirkte Grundeinstellung des Menschen: das Vertrauen in einen letzten Sinn dieser Welt, in einen Sinn auch jedes einzelnen Schicksals - auch dort, wo alles dunkel und trostlos erscheint.

Der Offenbarungs-Glaube vertraut dem verläßlichen, als lebendig und 'treu' erfahrenen Gott, der den Menschen unendlich übersteigt. Dieser Gott wird geglaubt als 'Person'. Denn er 'redet' und teilt sich selbst mit: in einer Liebe, die alles durchdringen will. Er 'spricht' in vielfacher Weise (in der Natur z.B., in personalen Begegnungen, in der Kunst, in poetischen Werken, auch in nichtchristlichen Religionen, auch in Märchen und Mythen), einmalig und unüberbietbar aber - nach christlicher Überzeugung - in Jesus, dem 'Sohn' seiner Liebe (vgl. Hebr 1, 1ff.).

Die Selbst-Mitteilung Gottes in Christus ist 'greifbar' in den neutestamentlichen Büchern und der lebendigen - sich entwickelnden - Lehre der Kirche, die in der Bibel ihr Fundament hat. An diesem Fundament hat sich die Kirche stets neu zu orientieren und selbstkritisch zu prüfen.[15]

Der kirchliche Glaube vertraut jenem Gott, dem man vertrauen darf, weil er die Liebe ist (1 Joh 4, 8). Daß Gott WIRKLICH die Liebe ist, daß er sich mit-teilt und der Mensch seinem Wort vertrauen kann, wird bejaht in einer Grundentscheidung des Individuums. Diese 'option fondamentale' wird durch Gnade ermöglicht. Das kirchliche 'Lehramt' kann dem Glaubenden seine Grundentscheidung nie abnehmen oder ersetzen.[16] Die Richtigkeit einer Glaubens-Entscheidung ist auch nicht zwingend 'beweisbar' im Sinne einer naturwissenschaftlichen Beweisführung.[17] Sie muß erkannt und verifiziert werden in der Realität des Lebens (vgl. Joh 7, 17)!

Den Glauben an Gott kann die Kirche nicht 'machen'. Aber sie kann ihn fördern und stärken. Dazu dienen - im kognitiven Bereich - die 'Glaubenssätze': die Katechismen und Glaubensbekenntnisse.

Der Glaube als Grundhaltung des Vertrauens schließt konkrete Inhalte mit ein: Aussagen über das Wirken Gottes in der Welt und im Leben des Individuums.[18] Solche Aussagen weisen zurück auf ERFAHRUNGEN, die Menschen mit Gott gemacht haben und die (besonders) in der Bibel ihren Ausdruck gefunden haben. Daß diese Aussagen glaubwürdig sind, ist im 'Urvertrauen' des Christen schon impliziert. Freilich gilt: Alles menschliche Reden von Gott - auch in der Bibel, auch in den Glaubenssymbolen (den 'Dogmen') der Kirche - ist vorläufig, gebrochen und immer ergänzungsbedürftig.[19]

Das Glaubensbekenntnis ist - so Hans Küng in seinem Buch *Credo* - "nicht der Glaube selbst", sondern "nur Ausdruck [...] des Glaubens"![20] Theologische Aussagen, auch das Apostolikum und das Nizänum, sind grundsätzlich 'analog' zu verstehen. Sie bleiben, so der achtzigjährige Karl Rahner, "in der Schwebe zwischen Ja und Nein"![21] Denn der gemeinten Wirklichkeit sind die Aussagen über Gott nie völlig angemessen.

Der unbegreifliche Gott bleibt immer größer als unser Verstehen und unsere Theologie. Daraus folgt: Die Glaubenssätze der Kirche können und müssen stets neu formuliert werden.[22] Denn sie antworten, mit unzureichenden Begriffen,[23] auf bestimmte Fragen einer bestimmten Zeit und einer bestimmten Kultur. Neue Fragen aber verlangen auch neue Antworten. In der bloßen Wiederholung von alten Formulierungen kann sich die 'Rechtgläubigkeit' der Kirche also niemals erschöpfen.

Zum Glauben an Gott soll die Kirche die Menschen ermutigen. Das gelingt nicht immer sehr gut. Auch gutwillige Menschen haben mit der Kirche, ihrem Erscheinungsbild und ihrer Lehre, oft beträchtliche Schwierigkeiten. Viele verlassen die Kirche oder lehnen ihre Dogmen ab. Zudem gibt es - so klagen die Theologen - eine 'kryptogame': eine stillschweigende Häresie, die zwar Glaubenssätze nicht ausdrücklich verwirft, sie aber als unwichtig, als irrelevant und überflüssig betrachtet.

Mitschuldig an dieser 'kryptogamen Häresie' könnten auch kirchliche Amtsträger sein - sofern sie, phantasielos und starr, die Katechismus-Formeln nicht zu übersetzen versuchen: in eine neue Sprache und in neue Verstehenshorizonte hinein. Solche Unbeweglichkeit in der Kirche enthebt den mündigen Christen aber nicht seiner Verantwortung. Er muß, so gut er es kann, seinen eigenen Glauben vertiefen. Die Glaubenssätze der Kirche soll er selbst überdenken und - in ihrem 'wahren Kern' - dann auch annehmen.

Von der echten (ausdrücklichen oder stillschweigenden) Häresie, die den Glauben verkürzt, verfälscht oder ad acta legt, unterscheidet Rahner den - legitimen - "Katechismus des Herzens".[24] Er meint damit folgendes: Im gedruckten Katechismus, auch im Credo der Kirche, scheint jeder Satz das gleiche Gewicht zu besitzen; im Katechismus des Herzens, im Glaubensbewußtsein des einzelnen Christen, verhält es sich aber anders! Denn nicht jeder Glaubende (auch nicht jeder Theologe) hat zu jedem Glaubenssatz der Kirche eine gleich intensive Beziehung. Es wird Glaubensinhalte geben, die der Christ, als treues Glied seiner Kirche, zwar nicht einfach verneint, die er aber - als ihm ferner liegend - auf sich beruhen läßt und über die er, wahrscheinlich, nicht allzu viel nachdenkt. Andere Glaubensinhalte liegen ihm näher, weil sie SEINER Erfahrung besser entsprechen.

DIESER Subjektivismus des Glaubenssinnes ist unvermeidlich. Solche 'partielle' Identifizierung mit dem Glauben der Kirche ist legitim - solange der einzelne den Glauben der Gesamtkirche nicht leugnet und solange er offen bleibt für die Möglichkeit: Von ihm selbst nicht Verstandenes, ihm Fremdes und Fernliegendes könnte, später, für ihn noch Bedeutung erlangen.

Um das Credo Karl Mays theologisch bewerten zu können, ist ein weiteres zu bedenken: Der kirchliche Glaube, der sich im Apostolikum und Nizänum artikuliert, spiegelt die Glaubensgeschichte nicht nur von Einzelpersonen, sondern eines ganzen Volkes: des alt- und neutestamentlichen Gottesvolkes. Der Glaube hat, wie das Leben selbst, eine kollektive und eine individuelle Dimension. Der Mensch ist seinem Wesen nach auf Gemeinschaft hin angelegt. Im Austausch mit anderen findet er zu sich selbst. Das Individuum geht im Kollektiv aber nicht auf. Es bleibt etwas Besonderes, ein einmaliger 'Gedanke Gottes'. Das gilt auch für die Erfahrung und die Artikulierung des Glaubens. Der einzelne wird getragen von der Glaubenserfahrung des Gottesvolkes als ganzen; er hat aber zugleich seine persönliche Erfahrung, die er in eigene Worte übersetzen darf und auch soll. Nur so kann 'das' Glaubensbekenntnis auch "Mein Glaubensbekenntnis" werden.

Der Glaubenssinn des einzelnen bedarf der ergänzenden Sicht durch andere Menschen. Erst die Erfahrungen ALLER ergeben das Ganze des Glaubens der Kirche: der einen, 'katholischen', alle Konfessionen umfassenden Kirche. Der einzelne lebt aus diesem Ganzen und - bereichert es zugleich: durch SEINE Erfahrung und SEIN besonderes Wort.

Der 'Glaubensschatz' der Kirche steht dem Individuum nicht nur gegenüber: wie ein fertiges Gebäude, sondern kann auch ergänzt werden - durch das persönliche Glaubensverständnis jedes Christen und jedes Menschen. Der Glaubenssinn des einzelnen kann das Glaubensbewußtsein des Kollektivs also 'verändern': Er kann es erweitern um einen neuen Beitrag, den die Kirche - wohlwollend und ohne Engherzigkeit - auf seine genuine Christlichkeit hin zu prüfen hat.

Eine Vertiefung des kirchlichen Glaubensverständnisses wird, wie gesagt, immer möglich sein. Dichter und Denker, Theologen und Künstler, gebildete und 'einfache' Glaubende haben - in ihrer Treue zur Kirche - deren Glauben angenommen und doch auch weitergeführt: durch ihr Fühlen und Denken, das ins künftige Glaubensbewußtsein der Kirche mit einfloß.[25]

5.3   Mays Orthodoxie

Mit diesen grundsätzlichen Überlegungen haben wir Kriterien gewonnen, nach denen das Credo Mays, über seine Einzelsätze hinausgehend, biographisch zu würdigen und theologisch zu beurteilen ist.

Weil er sich mit den Inhalten des christlichen Glaubens intensiv beschäftigt hat, gelingt es May, die Vielzahl der 'Glaubenssätze' in einer - dem Credo der Kirche analogen - 'Kurzformel des Glaubens'[26] mit eigenen Worten zusammenzufassen. Sein Credo läßt (wie das Gesamtwerk des Autors) eine persönliche Glaubensentscheidung, ein unbedingtes und grenzenloses Vertrauen in die "himmlische Liebe", in Gottes Allmacht, Weisheit und Güte erkennen.

In einer Zeit schwerster Existenznot und extremer Bedrängnisse hat der Schriftsteller sein Bekenntnis verfaßt. Vor allem auch deshalb verdient es Respekt. Den Glauben an Gott und das Gute im Menschen "nicht verloren zu haben nach all den Erfahrungen eines so geplagten Lebens, [...] ist wohl das Äußerste an Gottvertrauen, das der geplagte Hiob sich hat bewahren und vor dem 'Herrn da droben' hat bewähren können."27

Mays Glaube orientiert sich am Wort und am Geist der hl. Schrift. Seine Erweiterungen zum Apostolikum und Nizänum sind, wie erwähnt, im wesentlichen dem Neuen Testament oder anderen (dem biblischen Denken verpflichteten) kirchlichen Texten entnommen.28

Als Christ erkennt der Dichter die Offenbarung - die Selbstmitteilung Gottes in der Welt - vor allem in den Heilsmysterien des Lebens, des Sterbens und der Auferstehung Jesu, den er als "Erlöser", als "Weltenheiland" und "Sohn des Vaters" im Himmel bekennt.

Die in den Glaubenssymbolen der Kirche enthaltenen Erfahrungen des Gottesvolks übernimmt Karl May; er bestätigt und ergänzt sie durch die Glaubenserfahrung des eigenen Schicksals mit seinem Leid und seiner unendlichen Zukunftshoffnung, die den Frieden "auf Erden" mit einschließt.

Weil der Schriftsteller um die Vorläufigkeit der menschlichen Sprache - auch der kirchlichen Amtssprache - weiß, nimmt er sich die Freiheit, das Alte mit veränderten Worten zu sagen und neue Gedanken (über die "Gottesmutter") der Kirche vorzulegen: der 'katholischen' - universalen - Kirche, zu der er sich grundsätzlich bekennt, die er zugleich als 'werdende' betrachtet und zu deren "Werden" er selbst etwas "beizutragen" gewillt ist.29

Mays vom offiziellen Bekenntnis - scheinbar oder wirklich - abweichende Formulierungen könnten ungenau oder falsch sein, ohne daß die subjektive Kirchentreue des Autors damit widerlegt wäre. Widerlegt wäre sie erst dann, wenn May zentrale Glaubenssätze der Kirche eindeutig abgelehnt hätte. Dies aber ist, mit Sicherheit, nicht der Fall.30

Gleichwohl bleibt die Frage: Ist Mays Christentum, objektiv, in allen Punkten theologisch korrekt? Entspricht sein Credo dem trinitarischen Gottesglauben der Kirche? Wie Ernst Seybold gezeigt hat,31 kann man diese Frage bejahen und wird doch einschränken müssen: Die exakte Wiedergabe des trinitarischen Dogmas ist das Hauptanliegen des Schriftstellers nicht.

In einer dogmatischen Abhandlung über Gott wäre die genaue Unterscheidung zwischen 'trinitarischem' und 'unitarischem' Gottesbegriff unumgänglich. Für das Glaubensbewußtsein Mays ist diese Unterscheidung jedoch von untergeordneter Bedeutung. Er glaubt an Gott. Auch Christus ist ihm wichtig und auch der göttliche Geist. Eine Klärung der Relationen aber liegt außerhalb seines besonderen Interesses. Das überläßt er, getrost, den Fachtheologen.

Für May ist, wie sein Gesamtwerk belegt, vor allem wichtig: Gott lebt! Er ist da für die Menschen und alle Geschöpfe. Er vergibt jede Schuld, sofern sie bereut wird. Er errettet (durch Christus) aus Sünde und Tod. Er führt das Gute zum Sieg und nimmt dem Bösen die Macht. Er befreit zum verantwortlichen TUN: in dieser Welt, die er einst zur Vollendung führt.

In diesen Aussagen - so wichtig und wesentlich sie auch sind - erschöpft sich nicht das Ganze des kirchlichen Glaubens. Doch May ist bemüht, dieses Ganze für sich persönlich zu übernehmen und zu bekennen. Gewiß, wie jeder andere Christ hat auch May zu manchen Glaubensartikeln eine schwächere Beziehung. Es gibt Glaubenssätze, die er - mehr 'pflichtgemäß' - aufzählt und lediglich 'nachbetet'. Und es gibt andere Glaubenssymbole, für die er sich - weit deutlicher - engagiert.

Zusammenfassend können wir sagen: Mays Credo spiegelt die Glaubensgeschichte eines mündigen, selbständig denkenden, sich mit der Lehrtradition der Kirche (mehr oder weniger) intensiv auseinandersetzenden Christen. Sein Glaubensbekenntnis ist ein Plädoyer 'wider die Resignation und für eine offene Katholizität'![32] Der Resignation eines glaubens- und hoffnungslosen Daseinsgefühls setzt er sein Plädoyer entgegen: für die Zukunft der Welt und des Menschen, für eine offene - geschwisterliche - Kirche, die die Not und die Sorgen, die Fragen und Sehnsüchte der Menschen versteht und - im Vertrauen auf Gott - den Menschen zu dienen versucht.

Anmerkungen

1   Karl May: *Mein Glaubensbekenntnis*. In: Donau-Zeitung. Passau, 117. Jg. (4.1.1907). Wiedergegeben in: *Schriften zu Karl May*. Materialien zur Karl-May-Forschung, Bd. 2. Ubstadt 1975, S. 245f.

2   Karl May: *Briefe an das bayerische Königshaus*. In: JbKMG 1983, S. 76-122 (S. 100f.).

3   Hans Wollschläger: *Einführung zu Karl May: Briefe an Karl Pustet und Otto Denk*. In: JbKMG 1985, S. 15-18 (S. 16).

4   Vgl. oben, S. 526.

5   Ernst Seybold: *Plädoyer für Karl Mays Christlichkeit*. In: MKMG 68 (1986), S. 11-17; Fortsetzung in: MKMG 69 (1986), S. 31-38 - Ders.: *Karl Mays Glaubensbekenntnisse von 1906*. In: Ders.: *Karl-May-Gratulationen. Geistliche und andere Texte zu und von Karl May II*. Ergersheim 1989, S. 49-73.

6   Walther Ilmer: (Werkartikel zu) *Mein Glaubensbekenntnis*. In: *Karl-May-Handbuch*. Hrsg. von Gert Ueding in Zusammenarbeit mit Reinhard Tschapke. Stuttgart 1987, S. 551f. (S. 552), mit Bezug auf Heinz Stolte: *Hiob May*. In: JbKMG 1985, S. 63-84 (S. 79f.).

7   Vgl. Ernst Seybold: *Karl May und Martin Luther*. In: MKMG 64 (1985), S. 12-24 (S. 16) - Ders.: *Plädoyer I*, wie Anm. 5, S. 12 - Ders.: *Karl Mays Glaubensbekenntnisse*, wie Anm. 5, S. 56.

8   Vgl. oben, S. 598f. u. unten, S. 683.

9   Vgl. z.B. Karl Rahner: *Verborgener Sieg*. In: Ders.: *Schriften zur Theologie VII*. Einsiedeln, Zürich, Köln 1966, S. 150-156 (S. 152).

10 Vgl. Seybold: *Plädoyer I*, wie Anm. 5, S. 13 - Ders.: *Karl Mays Glaubensbekenntnisse*, wie Anm. 5, S. 66.

11 Ilmer, wie Anm. 6, S. 552 - Vgl. oben, S. 227.

12 May: *Briefe an Pustet und Denk*, wie Anm. 3, S. 39, 43, 45 u. passim.

13 Vgl. oben, S. 626 u. unten, S. 703ff.

14 Stolte, wie Anm. 6, S. 79.

15 Vgl. Zweites Vatikanisches Konzil. Konstitution über die göttliche Offenbarung ("Dei Verbum").

16 Vgl. Karl Rahner: *Bietet die Kirche letzte Gewißheiten?* In: Ders.: *Schriften zur Theologie X*. Zürich, Einsiedeln, Köln 1972, S. 286-304.

17 Auch die 'Gottesbeweise' sind letztlich nur für denjenigen einsichtig, der ohnehin schon glaubt und sich seines Glaubens nachträglich vergewissern will. - Vgl. José Gómez Caffarena: *Gottesbeweise*. In: *Herders theologisches Taschenlexikon*, Bd. 3. Hrsg. von Karl Rahner. Freiburg 1972, S. 168-176.

18 Vgl. Ernst Seybold: *Aspekte christlichen Glaubens bei Karl May*. SKMG Nr. 55 (1985), S. 32 (Anm. 187).

19 Vgl. Karl Rahner: *Erfahrungen eines katholischen Theologen*. In: *Vor dem Geheimnis Gottes den Menschen verstehen. Karl Rahner zum 80. Geburtstag*. Hrsg. von Karl Lehmann. Freiburg, München, Zürich 1984, S. 105-119.

20 Hans Küng: *Credo. Das Apostolische Glaubensbekenntnis - Zeitgenossen erklärt.* München 1992, S. 23.

21 Rahner: *Erfahrungen,* wie Anm. 19, S. 106.

22 Vgl. Hermann Wohlgschaft: *Mays Friede-Roman und die Lehre der Kirche.* In: MKMG 83 (1990), S. 18-24 (S. 20f.).

23 Der vom Ersten Vatikanischen Konzil gewählte - mißverständliche - Begriff 'Unfehlbarkeit' ist nicht gleichbedeutend mit 'Vollkommenheit'! - Vgl. Wohlgschaft, wie Anm. 22.

24 Vgl. z.B. Karl Rahner: *Perspektiven für die Zukunft der Kirche.* In: Ders.: *Schriften zur Theologie IX,* Einsiedeln, Zürich, Köln 1970, S. 541-557 (S. 551).

25 Vgl. Wohlgschaft, wie Anm. 22, S. 21.

26 Vgl. Karl Rahner: *Reflexionen zur Problematik einer Kurzformel des Glaubens.* In: Ders.: *Schriften zur Theologie IX,* wie Anm. 24, S. 242-256.

27 Stolte, wie Anm. 6, S. 81.

28 Seybold: *Karl Mays Glaubensbekenntnisse,* wie Anm. 5, hat dies im einzelnen genau belegt.

29 Karl May in einem undatierten Brief (1906) an Sascha Schneider. In: Hansotto Hatzig: *Karl May und Sascha Schneider. Dokumente einer Freundschaft.* Beiträge zur Karl-May-Forschung 2. Bamberg 1967, S. 110ff. (S. 111).

30 Vgl. Wohlgschaft, wie Anm. 22, S. 22f.

31 Seybold, wie Anm. 5, passim.

32 Die berühmt gewordene 'Kölner Erklärung' (Anfang 1989) deutscher katholischer Theologen ist so überschrieben.

6 *Ardistan und Dschinnistan* oder 'Da waren wir alle wie Träumende'

Was der Dichter in seinem Credo bekennt, wird in *Ardistan und Dschinnistan* (1907-09) - der Krönung des Mayschen Erzählwerks - theologisch entfaltet und transformiert in poetische Handlung: in grandiose Literatur, in traumhafte Bildsymbolik, die alles hinter sich läßt, was May je geschrieben hat.[1]

In seiner Welt-Parabel will der Dichter von "Wirklichkeiten" (I, S. 22)[2] berichten, die alle Menschen betreffen und die sie unbedingt angehen. Mit "rechten Dingen, wie man sie in unserer alltäglichen Lebenswirklichkeit gewohnt ist, geht es freilich in Ardistan und Dschinnistan nicht zu."[3] Denn die Poesie, erst recht die Traum-Poesie, übersteigt und verdichtet die sichtbare Welt. Aber hat Mays Symbolik zur Wirklichkeit überhaupt noch einen Bezug? Wird die Realität hier nicht eher entstellt als erschlossen?

Hans Wollschläger hat darin recht: Mays Bildsprache dient AUCH der Verschleierung. Die Tabus aus des Dichters Vergangenheit sollen verhüllt, geschützt und verklärt werden.[4] Daß Mays Symbolik NUR in dieser - selbsttherapeutischen - Funktion das Interesse des Auslegers verdiene, ist aber nicht anzunehmen. Daß die allgemeine, die 'menschheitliche' Botschaft des Romans "in ihren wichtigsten, von May immer wieder als Zentren genannten Partien dunkel und auch dem bemühten Verständnis [...] einfach unzugänglich"[5] sei, trifft nicht zu.

Sein persönliches Schicksal, "sein Drama vom 'Verlorenen Sohn'", verknüpft Karl May "mit der Geschichte der Menschheitsentwicklung, der inneren Umwandlung des 'Gewaltmenschen' und dem geographisch-metaphysischen Aufstieg nach Dschinnistan [...]"[6] Die Wahrheit des Romans liegt in den (chiffrierten) psychischen Erlebnissen des Autors UND in der kosmischen - vom Dichter geschauten - Erlösungsdynamik, die vom "Himmel"[7] kommt.

Zeit und Ewigkeit, Ardistan und Dschinnistan, "irdische" und "himmlische" Wahrheiten kleidet May - wie er selbst erklärt - in das "unscheinbare, aber heilige Gewand des Märchens".[8] Seine Märchen und Mythen sind Friedens-Appelle. Nur politisch, nur ethisch sind diese 'Märchen' freilich nicht zu verstehen. Sie enthalten - zum Teil verdeckt, zum Teil offensichtlich - theologische Aussagen: allgemein-religiöse, aber auch spezifisch christliche Botschaften.

In der "schauenden Volksseele" (I, S. 223) zugeschriebenen Sagen, in erfundenen und dennoch wahren Legenden nähert sich May dem Geheimnis der göttlichen Liebe. Die in Märchen und Mythen verhüllte, vom Kleid, vom mythologischen Gewand zu unterscheidende[9] religiöse Wahrheit will der Dichter seinen Lesern vermitteln.

Der zum christlichen Glauben bekehrte Mir von Ardistan gibt im Tempel der Totenstadt sein Innerstes preis:

"Wo soll ich hingehen vor deinem Geiste? Und wo soll ich hinfliehen vor deinem Angesichte? - - Stiege ich in den Himmel, so wärest du da. Stiege ich in die Hölle, so wärest du da. - - Nähme ich mir Flügel von der Morgenröte, und wohnte ich am äußersten Meere, so würde auch dort deine Hand mich führen und deine Rechte mich halten!" [...] "Meine Seele dürstet nach Gott, nach dem starken, lebendigen Gott. Wann werde ich hinkommen und erscheinen vor Gottes Angesicht?" (II, S. 376)

Worte der Sehnsucht, des Vertrauens auf Gott sind diese Bibelzitate des Fürsten von Ardistan!

Der Mir hatte mehr, viel mehr gesagt, als ich für möglich gehalten hätte [...] Es drängte ihn; er konnte nicht anders. Aber er war noch nicht fertig. Er mußte auch noch das Allerbeste und Aller-wichtigste, was er besaß, aus seiner Seele zu uns steigen lassen [...]: "Jesus Christus ist derselbe, gestern und heut und auch in Ewigkeit! Amen!" (II, S. 376f.)

Diese Bibelzitate,[10] diese Gottes- und Christusbekenntnisse sind keine Zugeständnisse des Schriftstellers an fromme Gemüter. Den theologischen Duktus der Handlungssequen-zen bringen sie auf eine einfache, der Überzeugung Karl Mays entsprechende Formel: Das Ziel, die Erfüllung des Menschen ist Gott. Die ewige, die vollkommene Liebe, durch die Gottes Allmacht den Menschen - und die ganze Schöpfung - an sich zieht, ist erschie-nen in Christus, der für May "der Weg, die Wahrheit und das Leben" (II, S. 197; vgl. Joh 14, 6) ist.

Eine entscheidende Heilsrolle im Romangeschehen kommt Marah Durimeh, der Herr-scherin von Sitara, zu. Die 'Bedeutung' dieser Königin ist mehrschichtig. Wir können sie, in einigen Romanpartien, als Allegorie für das mütterliche Antlitz Gottes interpretie-ren.[11] *Ardistan und Dschinnistan* kann als theologische Dichtung verstanden werden, in welcher sich - in Marah Durimeh - die mütterlichen und - im Mir von Dschinnistan - die väterlichen Züge Gottes spiegeln. Zugleich ist die ganze Erzählung, in ihrer zentralen Botschaft, christologisch zu deuten. Dieser Aspekt soll im folgenden herausgearbeitet werden.

Zwar werden in *Ardistan und Dschinnistan* - wie im *Friede*-Band[12] - die Wahrheitsele-mente auch der nichtchristlichen Religionen gewürdigt; zwar ist, mit großem Respekt, von den heiligen Büchern der Inder, der Parsen, der Chinesen und der Moslems die Rede (I, S. 371); aber alles wird von der Bibel, vom Neuen Testament her gesehen (I, S. 372f.)! Die Glocken, die "christlichen" Glocken geben der ganzen Fabel den Rahmen (I, S. 8; II, S. 636) und schließen "jeden anders schwingenden [...] Ton in ihr herrliches Abendgeläute" (I, S. 8) mit ein.

Der Mir von Dschinnistan, dessen machtvolles Wirken auf GOTT, das absolute Jenseits alles Irdischen verweist,[13] ist ein "Christ" (II, S. 201). Und die Lösung aller Geheimnis-se, die Antwort auf alle Fragen kommt vom Hochaltar der christlichen Kirche (II, S. 207), vom "Bildnis dessen, dem alle Macht gegeben ist im Himmel und auf Erden" (II, S. 192; vgl. Mt 28, 18). Denn das Heil, die Erlösung bringt der Sohn Gottes! In der Sym-bolsprache Mays: Das Leben, das lebendige "Wasser spendet [...] der 'Sohn'" (II, S. 584), die mittlere Kuppe des Dschebel Allah.

Als mystische Prophetie, als christozentrische Dichtung muß *Ardistan und Dschinnistan* gelesen werden. Mit grauem, phantasielosem Dogmatismus hat dieser Roman also nichts zu tun. Dem Sahahr, dem Zauberpriester der Ussul,[14] geht es um "die Bewahrung der Re-ligion vor wahnsinnig falschen Gedanken [...], die gegen alle Gesetze und Gewohnheiten sind, die wir von unsern Vorfahren ererbt haben." (I, S. 234f.) Über eine solche - rein konservative - Mentalität will der Autor den Leser hinausführen! Als Dichter ist May ein Visionär und ein Träumer. Doch das 'Sehen' und das 'Denken' schließen sich hier keines-wegs aus. May glaubt an die Evolution. Er hofft auf den Fortschritt auch in der Theo-logie, in der Reflexion über Gott und die Welt. Er postuliert eine Entwicklung - auch im Glaubensbewußtsein der Kirchen![15]

Wie der Basch Nasrani treibt der Dichter "Mission" (II, S. 380) für das Christentum. Er versichert, nichts 'Unkatholisches' zu verbreiten.[16] Aber er denkt kritisch nach. Er kommt auf interessante, auf ungewöhnliche und innovative Gedanken, die von der Redaktion des 'Deutschen Hausschatzes' entsprechend beargwöhnt wurden.[17] May tröstet sich mit dem Hinweis: "Es gibt wohl keine große Idee auf Erden, die nicht in den ersten Tagen ihrer Zeit für Wahnsinn galt." (I, S. 542)

Welche großen Ideen begegnen uns im Roman? Und wie sind sie, aus theologischer Sicht, zu bewerten? Dies zu klären soll nun versucht werden. Angesichts der Kompliziertheit und der Fülle des Materials können wir freilich nicht alle - auch nicht alle theologisch relevanten - Motive unter die Lupe nehmen. Wir müssen uns beschränken auf einige Hauptthemen. Über eine die großen Linien herausarbeitende Annäherung an das Werk Karl Mays und über fragmentarische (aber doch wichtige) Kommentare werden wir nicht hinauskommen.

6.1 Der Engel in der Wüste oder Die Konsekration der Materie

Der Dichter-Fürst Abd el Fadl hat "nur ein einziges Buch geschrieben", mit dem er "noch gar nicht fertig" ist; denn der "Reichtum des Stoffes erfordert viele Bände." (I, S. 561) Richtig! Denn die vielen Bücher, die dicken Bände, die May geschrieben hat, sind nur "Teile EINER unendlichen, nie zu Ende erzählten, immer erneut variierbaren Geschichte."[18]

Die Reiseerzählungen sind, wie May selbst ja gesagt hat, nur Skizzen für das "eigentliche Werk", das die früheren Motive wiederaufnimmt, sie "parallelisiert"[19] und emporhebt auf eine höhere Ebene. Das gilt für die Handlungsstrukturen, aber auch für die Schilderung von Landschaften, von Mineralien, von geologischen Formationen, von Pflanzen und Tieren. In *Ardistan und Dschinnistan* sind solche Naturbeschreibungen mit der eigentlichen Fabel und den eingeflochtenen Sagen und Märchen sehr kunstvoll verwoben. Wichtiger noch: Mays Landschaftsbilder erreichen eine andere Qualität, eine - in den *Geographischen Predigten* (1875/76) schon vorprogrammierte und im gesamten Erzählwerk schon angedeutete - religiöse und mystische Dimension.

6.1.1 Die Sympathie mit der Schöpfung

Das "Hüterevangelium"[20] Mays, die Erlösungsvision des Dichters hat nicht nur den Menschen im Blick. Ohne die Rangunterschiede von höherem und niederem Sein zu leugnen, sieht der Schriftsteller den ganzen Kosmos: alles Lebendige und selbst die 'tote' Materie in die Vollendungsdynamik mit einbezogen.

Diese Denkweise mußte den christlichen Lesern (falls sie Mays Roman überhaupt verstanden) wohl eher befremdlich erscheinen. 'Naturfreunde' hat es zwar immer gegeben, auch unter den Christen. Aber die kirchliche Frömmigkeit, der normale Katechismusglaube und das theologische Denken vor allem setzten die Akzente doch anders.

Die Zusammenschau von Gott und Natur wurde sehr schnell als 'Pantheismus' verdächtigt. Eugen Drewermann beklagt noch heute eine "gefährliche Enge und Engführung der christlichen Theologie"[21] in der Frage nach dem Wesen und dem Schicksal der Kreatur, des untermenschlichen Lebens. Unter dem Einfluß des - weitgehend anthropozentrischen - Weltbildes der Bibel hat die abendländische Theologie eine Sichtweise begünstigt, die den Menschen als "von allen anderen Geschöpfen auf unendliche Weise unterschieden und in absolutem Sinne vor allen anderen Lebewesen bevorzugt"[22] erscheinen ließ. Während für

Pythagoras und, im Anschluß an ihn, für Platon der Besitz der (unsterblichen) Seele noch nicht allein dem Menschen vorbehalten war,[23] hat das Christentum die Grenze zwischen dem menschlichen Sein und der übrigen Schöpfung verabsolutiert.

Der unbelebten Materie, den Pflanzen und Tieren schenkten die biblischen Heils-Visionäre nur geringe Beachtung. Zwar gibt es, in den Psalmen und bei den Propheten z.B., auch wichtige Gegenbelege: Feuer und Schnee, Berge und Hügel, die Bäume und "alles Vieh" sollen "preisen den Herrn" (Ps 148, 7ff.)! Und Jesaia hat verheißen: "Die Wüste und das trockene Land sollen sich freuen, die Steppe soll jubeln und blühen [...] In der Wüste brechen Quellen hervor, und Bäche fließen in der Steppe. Der glühende Sand wird zum Teich und das durstige Land zu sprudelnden Quellen." (Jes 35, 1.6b-7)[24] Und bei Paulus steht geschrieben: "Die ganze Schöpfung wartet mit Sehnsucht auf das Offenbarwerden der Söhne Gottes [...] Auch die Schöpfung soll von der Sklaverei und Verlorenheit befreit werden zur Freiheit und Herrlichkeit der Kinder Gottes." (Röm 8, 19ff.) Die Wirkungsgeschichte von solchen - in der Bibel relativ seltenen - Worten blieb in der Theologie aber ziemlich bescheiden. Für naturale Betrachtungen und kosmologische 'Träumereien' hatten die europäischen Theologen in der Regel nichts übrig. Ihr Interesse galt fast ausschließlich dem Menschen als dem Ebenbild Gottes.

Den kosmischen Visionen, der schauenden Naturmystik hat die kirchliche Orthodoxie - nicht immer mit schlechten Gründen - mißtraut. Als Ausnahme von dieser Regel könnte die "erste große deutsche Visionärin",[25] die Äbtissin, Naturphilosophin und Medizinerin Hildegard von Bingen (1098-1179) gelten. In ihren, von Papst Eugen III. anerkannten und empfohlenen, Schriften[26] dringt sie ein in das innerste 'Wesen' der Materie. Ihre Bildsprache stellt die sichtbare Schöpfung in den Kontext der 'anderen Dimension', der christlichen Trinitätstheorie. Das Leuchten der Sterne, die Feuerflammen des Himmels, die physikalischen Erscheinungen insgesamt werden zu Zeichen des göttlichen Geistes. Hildegard 'sieht', wie alles Irdische zur Begegnung mit der 'kosmischen Sonne', dem Symbol für Christus, hinaufführt. Denn die Erde ist 'heilig'; sie bildet, so die Mystikerin, die "Materie für die Fleischwerdung des Gottessohnes"![27]

Ähnlich dachte auch Franz von Assisi (1182-1226). Der von der Kirche zwar heiliggesprochene, von nicht wenigen Zeitgenossen aber für verrückt gehaltene und erst in jüngster Zeit, im Zusammenhang mit der Umweltbewegung, in breiteren Kreisen wiederentdeckte Franziskus war eine Ausnahme in jeder Hinsicht. Sein Denken und Handeln sprengten wohl sämtliche Grenzen. Im *Sonnengesang* sah er die ganze Welt, alles Sein und jegliche Kreatur, in der innigsten Verbindung mit Gott und, aus diesem Grunde, in geschwisterlicher Beziehung zum Menschen. Das im abendländischen Denken zerrissene Band, das die Menschheit mit der Schöpfung vereint, stellte er in seinem Lebensgefühl wieder her.

In der Vision des Franziskus hat jedes Ding eine Seele. Alles wird zum "Sinnbild",[28] zum "Symbol" für den Schöpfer und seine Gegenwart in der Welt. Der Poverello preist den "höchsten, allmächtigen Gott" für die Sonne und alle Gestirne. Er besingt die Erde mit ihren Blumen. Er dankt für den Wind, für die Luft und die Wolken, für das Wasser und für das Feuer. Er lobt sogar den leiblichen Tod, der denen kein Leid tut, die "ausharren im Frieden" und die sich fügen in Gottes Willen.

Die geistliche Poesie, die weltliche Frömmigkeit des *Sonnengesangs* findet sich wieder - auf höherer literarischer Ebene - in der Dichtung des Humanisten, des Weltpriesters und Vorläufers der Renaissance Francesco Petrarca (1304-1374).[29] Er erfaßt die Bedeutung der Landschaft, der Berge und Ströme, der ganzen Natur für die Seele des Menschen. Der

Aufstieg auf den Gipfel des Mont Ventoux wird für ihn zum entscheidenden Gotteserlebnis. In seinem Inneren verbinden sich, ohne Preisgabe der christlichen Daseinsdeutung, "erstmals die mystische Liebe zur Erde mit der aufbrechenden Psychologie der Selbstwahrnehmung und -erkenntnis."[30]

Auch für den reformatorischen Christen, den Schuster und Autodidakten Jakob Böhme (1575-1624)[31] aus Schlesien wird die 'Sprache der Natur' zum Weg der Gottes- und Christuserkenntnis, zum Weg der 'Unio mystica' (wir werden, in anderem Zusammenhang, auf diesen Begriff noch zurückkommen) mit der göttlichen Weisheit und Liebe.

"Eines Tages im Jahr 1600 werden seine Augen von einem strahlenden, geradezu blendenden Widerschein der Sonne in einem blankgescheuerten Zinngefäß getroffen."[32] Dieser Sonnenstrahl läßt Böhme die Welt als "die göttliche, englische und paradiesische"[33] durchschauen! Die Symbolik des Lichts und der Finsternis, die Dialektik von Gut und Böse, von Leben und Tod, die Sehnsucht nach dem "Leuchtfeuer"[34] Christi, das Verlangen nach der Rückkehr des verlorenen Paradieses, die Suche nach der menschlichen Seele, nach den harmonischen Kräften der Natur, nach der Einheit allen Seins, bestimmen von jetzt an sein Leben. Doch sie bringen ihn zugleich in Konflikt mit der lutherischen Orthodoxie: "Die Görlitzer Geistlichkeit gewährt dem Sterbenden erst dann das Abendmahl, als er ein mit ihm veranstaltetes Examen bestanden hat."[35]

Die 'naturtheologische' Geisteslinie könnte man weiterführen: über die Weltfrömmigkeit Goethes und die 'Theosophie' der Schelling- und Baader-Schule (zu der auch Mays Landsmann Gotthilf Heinrich v. Schubert gehörte) bis hin zu Teilhard de Chardin, dem visionären Theoretiker der christozentrisch verstandenen Evolutionslehre; und schließlich bis hin zur - durch die Schule der Tiefenpsychologie gegangenen - Sakramentenlehre des brasilianischen Befreiungstheologen Leonardo Boff.

Und der Roman Karl Mays? Mit den alt- und neutestamentlichen Prophetien, mit dem *Sonnengesang* des Franz von Assisi, mit der theologischen Poesie und den gedanklichen Reflexionen der großen Naturmystiker ist *Ardistan und Dschinnistan* - in wichtigen Passagen - sehr nahe verwandt: nicht als Plagiat (von den erwähnten Schriften wird May nur die Bibel gekannt haben[36]), sondern als eigenständige Schöpfung, als Symbol-Dichtung von hohem Niveau. Nicht die formale Struktur, nicht die spezifische Sprache, aber die Grundmotive, die Botschaft, die Spiritualität des franziskanischen Liedes und ähnlicher Texte begegnen uns wieder - umgesetzt in epische Handlung - im Werk Karl Mays. Belegstellen gibt es genug. Die folgenden Roman-Zitate sind lediglich eine Auswahl.

Mit den Blumen und Tieren hat Franz von Assisi, der Legende nach, wie mit vernünftigen Menschen gesprochen. Auch Mays Erzählung enthält sehr schöne, oft zärtliche Szenen mit - z.T. sehr wild und böse gewesenen, durch die Liebe Kara Ben Nemsis aber verwandelten - Tieren. Wer mit dem Dichter "glauben kann, daß auch die Blumen Seelen haben" (I, S. 371), den wird es erst recht nicht verwundern, daß auch die Tiere, die Hunde Aacht und Uucht ('Bruder' und 'Schwester'), die Edelrosse Assil und Syrr, ja selbst der plumpe Smihk, das "Gemütspferd" (I, S. 73) des Scheiks der Ussul, ins Transzendente verweisen! Sie gehören "zur Vision" (I, S. 278), zum 'Land der Sternenblumen', zur lichten Welt Gottes.[37]

"Gelobt seist du, mein Herr, für alles, was du erschaffen hast."[38] So hat Franziskus gesungen. Und Halef bewundert seinen Effendi: Euer himmlischer Vater "ist überall! Du bist Dichter! Jeder Baum erzählt dir von ihm [...] Sihdi, glaube mir, es gibt mehr, viel, viel mehr Gottessehnsucht auf Erden, als du denkst! Aber es fehlt an einem [...] natürlichen Weg, Gott kennen zu lernen" (I, S. 426).

Halefs Rede ist ungenau. Es "fehlt" nicht der Weg; aber er wird von den Menschen oft gar nicht gesehen! Den "natürlichen" Weg zu Gott will der Autor seinen Lesern erschließen, den Weg, den Gott selbst ja geschaffen hat. Denn die Selbstoffenbarung des Schöpfers in den sichtbaren Dingen (vgl. Röm 1, 19f.)[39] setzt der Dichter voraus.

6.1.2 Mays Bildsymbolik als kosmische Gottesschau

Die "Offenbarung eines großen [...] Zusammenhanges" (I, S. 468), das "Band, welches die irdische Natur mit dem himmlischen Schöpfer vereint" (I, S. 426), beschreibt Karl May in einer Symbolik, deren Bildkraft dem Vergleich mit der biblischen Prophetie und Apokalyptik (mindestens) standhält und deren Botschaft und mystische Tiefe an Hildegard von Bingen, an den *Sonnengesang* des Franziskus, an Dichter und Seher wie Petrarca und Jakob Böhme erinnern.

Gleich zu Beginn der großen Erzählung spricht Marah Durimeh "mit den Sternen" (I, S. 14). Doch 'in' und 'hinter' den Sonnen sieht sie - wie Hildegard von Bingen - noch wesentlich mehr: "seelische und [...] geistige Firmamente" (ebd.), die den Augen des Glaubens sich öffnen.

In Ussulistan, auf dem Dach des Tempels, führen die Priesterin - die Vertraute Taldschas und Marah Durimehs - und der deutsche Effendi ein nächtliches Glaubensgespräch. Sie betrachten "den heiligen Dom des Firmaments, in dessen unergründlicher Tiefe soeben das Herz der Erde brach, um [...] in alle Welt hinauszurufen, daß auch der scheinbar tote Stoff, die vielverkannte Materie noch Kraft, noch Leben und Seele hat!" (I, S. 331f.)

Die Priesterin sieht das geöffnete Paradies, die künftige Gotteswelt. Sie zeigt dem Effendi die Flammen, die Feuersäulen der Vulkane von Dschinnistan:

Da stieg es empor, [...] langsam, aber mit Macht! Zunächst violett, [...] dann blau, [...] glühend rot, orange, gelb [...] Diese Feuersäulen bestanden aus strahlengefärbter nach aufwärts immer reiner werdender Flammenglut [...], bis sich zuletzt feste, unbewegliche Mauern bildeten, die aus brennenden Regenbogenfarben bestanden und auf ihren Zinnen tausend weithin strahlende Fackeln trugen [...] So Etwas hatte ich noch nicht gesehen, noch nie geahnt! Das stand in keiner Physik, überhaupt in keinem Buche! [...] Das Leuchten und Glühen, das Flackern und Flammen [...] war ein Gebet der Erde (I, S. 330f.)!

Die physikalische Erklärung solcher Vulkanausbrüche bleibt an der Oberfläche des Phänomens. Die wissenschaftliche Analyse ist "richtig, [...] aber von einer Richtigkeit, deren nackte Kälte uns innerlich frieren läßt." (I, S. 334) Hinter den Naturerscheinungen sieht die Priesterin die 'Seele', das 'Herz' der Materie. Sie weiß, "daß alle sichtbaren Dinge dem Schöpfer dazu dienen müssen, uns die Geheimnisse jenes unsichtbaren Daseins zu enthüllen, dessen Gesetzen wir [...] Rechnung zu tragen haben." (Ebd.)

Die Priesterin erklärt Kara Ben Nemsi die wahre Bedeutung des Gesehenen:

"Erhebe deine Augen, und schau nach Norden! Was du siehst, das ist das Tor des Paradieses. Du kannst seine Säulen, Mauern, Türme, Ecken, Kanten und Linien ganz deutlich erkennen [...] Für den Gottesfeind hat sich da draußen die Erde geöffnet [...]; für uns aber, die wir von dem Aeußeren auf das Innere [...] schließen, werden die Tore des Paradieses aufspringen, damit [...] die Engel sehen können, ob endlich, endlich Friede auf Erden sei, oder leider immer noch nicht!" (I, S. 333f.)

Claus Roxin hat zu *Ardistan und Dschinnistan* bemerkt:

Tempel, Vulkane, Berge, Fluß, Brunnenengel stehen alle miteinander in Beziehungen, die einerseits natürlich physikalischer Art sind, andrerseits aber auch eine göttliche Heilsbotschaft bergen, auf die Grundfragen von Leben und Tod (Wasser und Wüste) verweisen und ihre Beantwortung in den Gedanken von Friede, Liebe und Gewaltlosigkeit suchen.[40]

Diese Motiv-Zusammenhänge sollen - entlang den Strophen des *Sonnengesangs* und in Entsprechung zum Handlungsverlauf des Mayschen Romans - entfaltet, theologisch erhellt und christozentrisch gedeutet werden.

Am Ende ihres Weges durchs trockene Land nähern sich Kara Ben Nemsi und seine Begleiter der Grenze von Dschinnistan. Sie erleben, in gefährlicher Nähe, den Ausbruch des 'Sohnes', der mittleren Kuppe des Dschebel Allah. Eine Naturkatastrophe, ein gewaltiges, das Kriegsheer des 'Panthers' vernichtendes Erdbeben geht dem Ereignis voraus.

"Gelobt seist du, Herr, durch unsere Schwester, die Mutter Erde."[41] Das Grab der Zerstörung und der Schoß des Lebendigen ist diese Erde! Aus dem Boden ist das stoffliche Leben genommen (vgl. Gen 2, 7) und zur Erde kehrt es wieder zurück (vgl. Gen 3, 19). Doch die Mächte des Todes werden zuletzt unterliegen. In seiner Bildrede über das Kommen der Endzeit hat der Herr des Lebens die Worte des Schreckens mit einer Verheißung verbunden: Die Erde (vgl. Mt 24, 7b) und die Kräfte des Himmels "werden erschüttert werden. Danach wird das Zeichen des Menschensohnes am Himmel erscheinen." (Mt 24, 29f.)

In homerisch[42] anmutenden Bildern schildert Karl May das Beben der Erde und - das Zeichen am Himmel:

Es war, als ob sich im Innern der Erde Kräfte gesammelt hätten, die sich befreien wollten und doch nicht konnten. (II, S. 574) [...] In der Erde klirrte und rollte es, als ob eherne Sichelwagen, unter uns hinratternd, ihre metallenen Waffen aneinander wetzten; ein scharfer Wind pfiff plötzlich um uns her, und im nächsten Augenblicke stieg aus dem Krater sowohl des 'Vaters' als auch der 'Mutter'[43] eine glühende Garbe auf, und dabei erklangen Töne, wie wenn Milliarden von Feilen über Stahl und Eisen strichen. (II, S. 576f.) [...] Ein dröhnendes Rollen kam aus der Ferne [...] Es ging unter uns hindurch. Es war, als ob eine meilenlange Riesenschildkröte unter unsern Füßen hindurchkröche. Sie hob uns, als sie uns erreichte, empor, schob ihren unerbittlich harten Leib immer weiter und ließ uns hinter sich dann wieder fallen [...] Hierauf war es, als ob jene Riesenschildkröte sich umgewendet habe und zurückkehre [...] Es folgte ein Schlag, als ob eine Gigantenfaust gegen das Innere der Erdrinde schmettere, so daß Alles [...] haltlos in sich zusammensinken müsse, und im nächsten Augenblicke stieg etwas - nicht etwa Furchtbares und Entsetzliches, o nein, sondern etwas so unbeschreiblich Schönes aus dem Krater des 'Sohnes' empor, daß keine Sprache der Menschen die Worte besitzt, welche nötig wären, es zu schildern [...] Es glich einem hellen, tadellos geschliffenen Kelchglase [...] (II, S. 581ff.)

Was dieser - rettende - 'Kelch' wohl enthält und was diese Erscheinung bedeuten mag? Wir werden es sehen.

Der große Vulkan, der Dschebel Allah, der göttliche Berg wird aktiv - wie die Berge von Dschinnistan, deren Glut in Ussulistan, auf dem Dach des Tempels, schon zu erkennen war.

"Gelobt seist du, mein Herr, für Bruder Feuer, durch den du die Nacht erhellst."[44] Doch das Licht und das Feuer sind ambivalent.[45] An Verwüstungen könnte man denken, an brennende Städte, an verschlingende Flammen aus den Dächern von Kathedralen, an Dresden oder Hiroshima! "Ein Feuerstrom entstieg der Erde." Er nahm "die Gestalt einer Birne an, mit dem Stile nach unten [...] Mich faßte Grauen [...] 'An jenem Tage werden die Menschen sein wie umhergestreute Motten'" (I, S. 422f.).[46]

So spricht der Herr: "Ich bin gekommen, um Feuer auf die Erde zu werfen. Was wünschte ich mehr, als daß es schon brenne!" (Lk 12, 49) Die Unheilsbilder, die Zeichen des Todes werden - in der Bibel, in der Mystik, im Spätwerk Karl Mays - zu Heilssymbolen. Diese 'Verwandlung' kann das physische Auge nicht fassen. Es sieht nur das äußere Phänomen. Doch der innere Blick, das Herz, der Glaube sieht mehr! "Gibt es da oben wirklich den Vater, nach dem die Menschheit sucht?" fragt Halef den Sihdi. Als Heilszeichen, als Leuchtzeichen der Ewigkeit erkennt der Hadschi die Flammen noch nicht: "Ich sehe da oben nur Berge, die Feuer speien." Kara Ben Nemsi, der Schauende, aber hat, "wie Moses einst im glühenden Busch, in diesem Feuer Gott gesehen" (I, S. 427).

Das Feuer zerstört und es macht auch lebendig. Wie sich später herausstellt, verwandeln die Vulkane von Dschinnistan das tote Eis ins lebendige Wasser, das dem verschmachteten Land, der "gestorbenen Gegend von Ardistan" (II, S. 271) die Rettung verheißt.

"Gelobt seist du, mein Herr, für Schwester Wasser."[47] Unsere Flüsse und sogar die Meere drohen zu sterben. Dürrekatastrophen in aller Welt lassen ganze Länder veröden. Auch Kara Ben Nemsi und seine Gefährten reiten durch eine Landschaft, die immer trauriger wird (II, S. 254). Der Boden ist so hart wie gegossenes Metall; er streckt sich "der Feuchtigkeit in glühender Sehnsucht" entgegen (II, S. 270f.)![48] In der 'Totenstadt' ziehen die Reiter an "Häuserleichen" vorbei, und die Bäume sind "eben auch nur Leichen [...] ohne Schale, Blatt oder Nadel" (II, S. 280f.). Wie "schön war sie gewesen, diese einstige [...] Residenz von Ardistan! [...] Nun lag sie da als Leiche!" (II, S. 286f.)

Doch der Dichter fügt hinzu:

Nein, nicht als Leiche! [...] Diese Stadt lag vor uns wie der ohnmächtig zur Erde gesunkene Körper eines schönen Weibes, [...] bewegungslos! Aber sobald das Blut aus dem Herzen zurückkehrt, wird die Ohnmächtige aufspringen (II, S. 287)!

Der Mir von Dschinnistan hat dieser Stadt, vor Jahrtausenden, einen 'Engel' geschenkt: "den rettenden Brunnen, an dem sie sich wieder lebendig trinken kann" (II, S. 325). Schon unterwegs, in der Wüste, finden der Sihdi und Halef - an Jakob Böhmes Sonnenerlebnis (1600) kann man hier denken - ein glimmerreiches, vom Licht durchflutetes Felsenstück, das die Gestalt eines Engels besitzt. Die "Poesie des Gottesglaubens [...] nennt dieses Zwiegespräch des scheinbar toten Steines mit der Sonne ein Wunder" (I, S. 479), meint der Effendi. Das Wunder liegt in der Tiefe: Der Engel ist, wie die Wanderer feststellen, ein Brunnen, dessen Wasser sehr "kostbar und rein"[49] ist.

Beide Brunnen, die Engel in der Wüste und in der Totenstadt, tragen das Zeichen des Mirs von Dschinnistan: das "Symbol Gottes" (I, S. 491),[50] das Dreieck mit dem Auge in seiner Mitte. Und beide Brunnen empfangen ihr Wasser von einer dritten, noch größeren und schöneren Engelsfigur: in El Hadd, an der Grenze zwischen Ardistan und Dschinnistan (II, S. 612). Doch der eigentliche Spender ist der Dschebel Allah, das Symbol der göttlichen Trinität![51] Das Wasser spendet der 'Sohn', der mittlere Krater des feuerspeienden Berges (II, S. 540):

"Seine Zeit ist gekommen [...] Grün will er werden, [...] wie er einstens war, als der Herrgott noch durch Ardistan pilgern konnte. Das Kleid des Lebens [...] will er anlegen [...] Er, der Segensreiche, der die Wasser von Dschinnistan [...] sammelt, um sie tief unter der Erde zu den Engeln der 'Stadt der Toten' und des Engpasses von Chatar zu leiten." (II, S. 576f.)

"Gelobt seist du, mein Herr, durch unseren Bruder, den leiblichen Tod [...] Selig, die ausharren im Frieden. Denn der Tod wird ihnen kein Leid tun."[52] Vom Tod und vom Frieden wird noch zu sprechen sein. Zunächst nur so viel: Das Beben der Erde und der Ausbruch des 'Sohnes' fügen den Friedenstruppen des Schech el Beled[53] kein Leid zu. Und nicht nur die Menschen werden verschont! Die ganze Schöpfung findet den Frieden: Durch die vulkanischen Kräfte, durch die Heils-Energien des 'Sohnes', durch den Ausbruch seiner - das volle Leben enthaltenden - "Kelchfontäne" (II, S. 584) ist ein "neugeborener Strom" (II, S. 590) entstanden, der die "verödete Steppe [...] bewässern und [...] segnen" wird.

Das ist mehr als bloße Naturromantik! Die Wiedergeburt des 'Ssul', des Flusses des Friedens, ist eine - mythologisch verkleidete - Zukunftsvision, die wahr ist im Sinne der alt- und neutestamentlichen Offenbarung: Wie einen Strom leitet der Herr den Frieden nach Jerusalem (Jes 66, 12)! Die Quelle des Lebensstroms aber ist Christus, der Sohn des himmlischen Vaters: "Ich bin das Alpha und das Omega, [...] der Anfang und das Ende [...] Wer Durst hat, der komme. Wer will, empfange umsonst das Wasser des Lebens." (Offb 22, 13.17b)

Mays Wasser-Symbolik erinnert, wie Christoph F. Lorenz bemerkt,[54] an die Taufe, das Sakrament der christlichen 'Wiedergeburt'. Wir können noch weiter gehen: In *Ardistan und Dschinnistan* wird die ganze Schöpfung als 'Sakrament', als heiliges Zeichen für die Gegenwart Gottes verstanden. Das läßt an fernöstliche Religionen (die dem Roman auf weiten Strecken ihr Kolorit verleihen[55]) denken, an den Glauben der Hindus zum Beispiel: "Das ganze Universum ist von Mir durchdrungen, [...] in Mir sind alle Wesen."[56] Die christlichen Kirchen differenzieren; sie kennen explicite nur wenige, an stoffliche Dinge wie Wasser, wie Brot oder Wein gebundene Heilszeichen. Aber es gibt auch christliche, vor allem katholische Theologen, die den Sakramentsbegriff in einem viel weiteren, der Gedankenwelt von *Ardistan und Dschinnistan* entsprechenden Sinne verwenden. Leonardo Boff wäre hier zu nennen.[57] Und auch der Indologe und Jesuit P. Ignatius Puthiadam, ein profunder Kenner des Christentums und der östlichen Religionen, erklärt: "Von Gottes Licht beleuchtet, wird die Welt zum Sakrament."[58]

Mays sakrale Deutung der Welt ist theologisch fundiert, und seine Friedensvision ist ohnehin aktuell. Sie meint den Frieden auch mit der Schöpfung! Denn die Erde, der ganze Kosmos verweist auf den Schöpfer: Die Materie, die "starre irdische Hülle", kam "aus der Höhe" und wird durch "Wandlungen [...] wieder nach dort zurückgeführt" (I, S. 345).

Diese Theorie mag neuplatonisch gefärbt sein. Im übrigen aber gilt: Die sinnliche Welt wird bei May eben NICHT, wie im Neuplatonismus, als "böses Prinzip"[59] angesehen. Denn das höhere Leben Gottes sieht May im 'niederen' Leben der Kreatur schon "vorgebildet" (II, S. 544). Der Dichter ist überzeugt: Gott wohnt überall. Wer so denkt, ist sicher kein Manichäer, kein Verächter des Leibes und der Materie!

In Mays Roman werden Seele und Leib, Geist und Materie, Mensch und Natur, Schöpfer und Schöpfung wohl unterschieden, aber nicht - dualistisch - voneinander getrennt. 'Ard' heißt zwar 'Erde', auch 'niedere, sumpfige Erde', und 'Dschinn' ist die 'Seele', der 'Engel', der 'Geist'. Aber das Stoffliche selbst ist beseelt, und am Ende des Romans steht nicht die Zerstörung oder die Auflösung Ardistans, sondern die Rettung, "die Verwandlung und Erneuerung der alten Welt"[60] durch die Wirkkräfte Dschinnistans!

Unter den "Wandlungen" (I, S. 345) der Materie versteht May, das folgt aus der Grundgestimmtheit und der Gesamtkonzeption des Romans, die Verklärung, die Vollendung der sichtbaren Welt durch Gottes Allmacht und Liebe. Diese Weltdeutung kommt nahe heran an die "noch wenig begriffenen",[61] in der Kirche - zum Teil - deshalb angefochtenen Gedanken des Jesuiten Teilhard de Chardin. Der christlichen Mystik, aber auch der biologischen Evolutionslehre verpflichtet, sieht Teilhard (wie Jahrhunderte zuvor schon Hildegard von Bingen und, im Ansatz, schon Paulus) eine Verwandlung, eine Vergöttlichung, eine "Konsekration"[62] der Materie durch den 'kosmischen Christus' im Laufe der Weltgeschichte voraus:

Wenn der Priester die Worte spricht: 'Hoc est corpus meum', dann fällt das Wort unmittelbar auf das Brot [...] Aber die große sakramentale Handlung bleibt nicht bei diesem örtlichen und augenblicklichen Gedanken stehen [...] Mein Gott, [...] gib, daß ich künftig jene unendlichen Perspektiven erkenne, die unter der kleinen, nahen Hostie [...] versteckt sind.[63]

Teilhard fragt seinen Gott: "Ist der unendliche Kreis der Dinge nicht die definitive Hostie, die Du der Wandlung unterziehen willst?"[64]

Die Symbolik Karl Mays weist durchaus in diese Richtung. Wie das Denken Teilhards und wie der *Sonnengesang* des Franz von Assisi ist *Ardistan und Dschinnistan* ein Lied von der Erde, ein Preislied der Schöpfung und, wie sich zeigen wird, ganz besonders des menschlichen Leibes.

6.2 Die Rückkehr Gottes - Die Vollendung des Menschen

Mays Thema ist die Vollendung der Welt und des Menschen durch den kommenden Gott. Im Traum sieht Kara Ben Nemsi das letzte Geheimnis des Himmels und der Erde: "Ich sah dann auch Gott selber kommen." (I, S. 225)

6.2.1 Die Rede des Maha-Lamas von Dschunubistan

In phantastischer und äußerst befremdlicher Weise wird das 'Kommen Gottes' zunächst inszeniert. Auf dem Ritt in die Wüste, noch in den Wäldern Ussulistans, belauscht der Effendi den Maha-Lama,[65] den "Großpriester" (I, S. 144) von Dschunubistan, der - wie er sagt - als "wirklicher Gott und Herr der Welt in menschlicher Gestalt erschienen" (I, S. 447) ist.

Der menschgewordene 'Gott' und sein weltlicher Minister essen zwar "wie die Ferkel" (I, S. 443); doch um so würdevoller ist die Ansprache des geistlichen Herrn:

"Ich bin Gott!" (ebd.) - "Wer mich sieht, der sieht Gott [...] Ich bin vom Himmel herniedergestiegen, um so lange immer wieder von Neuem geboren zu werden, bis ich die Menschheit von den Leiden des irdischen Kreislaufes befreit habe. Dies geschieht, indem alles, was auf Erden lebt, in das Nirwana sinkt. Ist dies geschehen, so ist mein irdisches Werk vollbracht, und ich steige zu andern Sternen auf, um es dort fortzusetzen. In meiner Erlösungstat bin ich jetzt bis Dschunubistan gelangt [...]" (I, S. 447)

Seiner Selbstdarstellung fügt der 'Gott' noch hinzu:

"Diese niedrig stehende Menschheit mag an Liebe glauben [...] Sie würde sich entsetzen, wenn sie die Wahrheit hörte [...] Jedes lebende Wesen trachtet nach sich selbst, ist Egoist. Auch Gott! Je größer ein Wesen ist, desto gewaltiger ist seine Selbstsucht. Gott [...] gibt nicht das Leben, sondern nur den Tod [...] Als er das All schuf, vernichtete er sich selbst. Der Geist verwandelte sich in Stoff; der Schöpfer wurde Geschöpf. Um sich als Gott wiederherzustellen, muß er den Stoff in Geist zurückverwandeln, muß er die Schöpfung wieder vernichten, Schritt um Schritt, in umgekehrter Reihenfolge, wie sie entstanden ist. Das ist nicht Liebe und Leben, sondern [...] Zerstörung [...] Je höher Gott wächst, um so kleiner wird das Geschöpf."

Auch der Mensch wird - wie der 'göttliche' Lama erklärt -

"immer kleiner [...], bis seine Existenz vollständig zu Ende ist und er ganz in Gott verschwindet. Dieses Aufhören alles eigenen Seins, dieses völlige, restlose Aufgehen in Gott, so daß es nicht mehr die geringste Spur von Erinnerung gibt, ist unsere Seligkeit, ist unser einziges und höchstes Ziel, ist - - Nirwana!" (I, S. 448f.)

Der Maha-Lama wird, insgesamt, als negative Figur: als groteskes Wesen geschildert. Schon von daher ist klar: Wie die Vollendung der Welt und die Erlösung des Menschen NICHT gedacht werden dürfen, will May demonstrieren.

Als Karikatur der östlichen Religionen, aber auch der neuplatonischen Emanations- und Erlösungslehre muß die Rede des Großpriesters interpretiert werden. Was der 'Allerhöchste' verkündet, ist purer Zynismus und reine Blasphemie. Dennoch fällt die Kritik des Erzählers, zunächst, eher zurückhaltend aus: Das Gehörte hält Kara Ben Nemsi "einstweilen" für die "höchst seltsame Uebertreibung einer an sich ganz gesunden Idee [...], der man im geistigen Leben der Völker auf Schritt und Tritt zu begegnen pflegt." Sie lieferte "dem Maha-Lama das Milieu, in dem er aufgewachsen [...] war [...] Sie verursachte die religiöse Ueberspanntheit, an der er litt." (I, S. 450)

Nach Walter Schönthal steht May "der Auffassung des Lama gar nicht so ablehnend gegenüber".[66] Kann man das wirklich so sagen? Wir müssen differenzieren: WELCHE "an sich" gesunde Idee liegt der Rede des Maha-Lama zugrunde? Die ständige Neugeburt eines Gottes in Menschengestalt? Dieser, im Lamaismus tatsächlich verbreitete, Glaube erfüllt das erzählende 'Ich' mit "Grauen" (I, S. 452); der Effendi weist diesen Gedanken zurück!

Welche 'gesunde' Idee könnte der Autor dann meinen? Die Erlösung des Menschen vom Kreislauf der 'Wiedergeburten'? Hat Karl May an die Wiederverkörperung von verstorbenen Seelen auf Erden geglaubt? Gehen wir, wenn auch kurz, auf diese Frage hier ein.[67]

Mit der 'Geburt': dem Segler Wilahde, der "die Formen und die Linien vergangener Jahrtausende" (I, S. 2) hat, verlassen Kara Ben Nemsi und Halef die Residenz Marah Durimehs und erreichen die Küste der Erde. Ardistan aber ist - wie ein greiser Derwisch dem Hadschi "weisgemacht" hatte - "das Land des Vergessens" (I, S. 52). Der Derwisch meinte,

"daß die Erde eine Strafanstalt für Geschöpfe sei, die Allah nicht gehorchen wollten. Sobald sie durch das Tor der Geburt in das diesseitige Leben treten, vergessen sie alles Frühere.[68] Sie wissen nicht mehr, wer und was und wo sie gewesen sind, und können sich nur durch [...] unerschütterlichen Glauben [...] und gute Werke nach dort zurückfinden, woher sie gekommen sind." (I, S. 52f.)

Der Sihdi lehnt diese Meinung nicht gänzlich ab. Über solche Dinge müsse man "nachdenken", räumt er ein. Doch zur Erde als "Strafanstalt" enthält er sich eines Kommentars. Und daß der Mensch völlig vergessen habe, wer er sei, das läßt er nicht gelten (I, S. 53).

Der Derwisch "sagte, daß es im Leben eines jeden Menschen Augenblicke gebe, an denen ihm die Erinnerung an das vergangene Leben aufleuchte wie ein Blitz, der ebenso schnell verschwindet, wie er kommt." (Ebd.)

Hier könnte der Autor jene 'Déjà-vu-Erlebnisse' andeuten, die wissenschaftlich noch wenig erforscht sind[69] und von den Anhängern der Seelenwanderungslehre als Beweis für ein früheres Leben der Individuen (auf Erden oder auf anderen Sternen womöglich) betrachtet werden: Bekanntheitsempfindungen z.B. bei der ersten Begegnung mit einem bestimmten Menschen, einem Gegenstand, einem Land usw.

Auf eine genauere Deutung von solchen Erlebnissen läßt May sich nicht ein. Immerhin: daß wir vor der Geburt und der Zeugung im Herzen Gottes schon 'existiert' haben, setzt er wahrscheinlich voraus. Doch den leiblichen Tod versteht er nicht als Übergang in ein weiteres irdisches Sein, sondern als endgültiges Tor zur Ewigkeit Gottes![70] Das jetzige Leben ist ein "Anschauungs- und Uebungsunterricht [...], den der Himmel der Erde erteilt, damit sie dann, wenn der Tod die Schule schließt, sich für die neue, herrliche Gottteswelt [...] vorbereitet habe." (I, S. 411)

Was geschieht nun aber mit denen, die den "Uebungsunterricht" des Himmels nicht genützt und ihr Leben verfehlt haben? Mays Lösung, die stellvertretende Sühne, soll im nächsten Kapitel (6.3) besprochen werden. In jedem Fall gilt: Die Identität des je einmaligen Menschen steht für May fest; von einem Kreislauf irdischer Wiedergeburten kann bei ihm keine Rede sein. Er denkt in diesem Punkt orthodox im Sinne der traditionellen - und auch der modernen - christlichen Theologie.[71]

Was bleibt von der Wahnsinnsrede des Maha-Lamas, als "an sich" gesunde Idee, dann noch übrig? Die Antwort kann nur heißen: die Verwandlung des Alls durch den Schöpfer, die Vereinigung des Menschen mit Gott!

Diesen Gedanken hat der Großpriester pervertiert ins Absurde, in Haß und Zerstörung. Doch wahr ist, für May, der 'Aufstieg', die stufenweise Rückkehr der Materie und des Menschen "zu Gott" (II, S. 544).[72] In *Ardistan und Dschinnistan* wie in allen Werken des Dichters ist "die größte, die herrlichste und wichtigste Bewegung [...] die Bewegung zu Gott empor, die in der Tiefe der Seele beginnt, um nach den ewigen Höhen des Himmels zu steigen." (II, S. 166)

6.2.2 Mystische Gotteserfahrung und weltliche Frömmigkeit

Wir müssen nun allerdings fragen: Kann der Mensch denn aus eigener Kraft 'emporsteigen' zu Gott? An eine Selbsterlösung können Christen nicht glauben: Das Heil kommt von Gott, der dem Sünder entgegengeht - wie der Vater dem verlorenen Sohn (Lk 15, 20). Dem 'Aufstieg' des Menschen geht der 'Abstieg' Gottes in die Tiefen der Welt und des menschlichen Herzens schon immer voraus! Mays Roman verheißt die 'Rückkehr' Gottes nach Ardistan (II, S. 221); und im Kommen des Mirs von Dschinnistan erfüllt sich die Prophetie. Das ist, in der Form, natürlich ein Mythos, dessen wahrer theologischer Kern aber die Gnade ist! Denn die 'Umkehr' zu Gott, die der Mensch in Freiheit vollzieht und die May, am Beispiel des Fürsten von Ardistan, zur Anschauung bringt, wird selbst wieder ermöglicht durch Gott.[73]

Den Gnadencharakter des menschlichen Aufstiegs zu Gott läßt der Romantext sehr deutlich erkennen. Der Mir von Dschinnistan - auf der theologischen Reflexionsebene: Gott[74] - wohnt in Ardistan mitten unter den Menschen, ohne ihr Wissen und ohne ihre Erlaubnis. Er kennt sie "alle von innen und von außen" (II, S. 324)! Er hat "ein Herz" (II, S. 326) für die Menschen und wollte nie, "daß Ardistan [...] zur Wüste werde" (II, S. 344). Er sendet auch jetzt seine Boten aus (Abd el Fadl, Merhameh, Kara Ben Nemsi u.a.), zieht dem Mir von Ardistan - dessen Läuterung schon begonnen hat - entgegen und befreit ihn aus Sünde und Tod.

Als Einladung, als Herausforderung, sich dem Mysterium, dem absoluten Geheimnis zu nähern, muß die ganze Erzählung gelesen werden. Mays Spätwerk wird zu Recht als mystisch bezeichnet,[75] obwohl der Autor selbst das zurückwies (z.B. I, S. 563). Mystisch und kontemplativ sind die Altersromane des Dichters insofern, als hier - penetrant schon fast - der Schöpfer als der Grund allen Daseins, als die letzte und eigentliche Wahrheit des Lebens bekannt und gepriesen wird: "Wir werden geleitet; wir werden geführt. Wir sind hier nicht allein!" (II, S. 415) Der Schriftsteller findet in allen Dingen den Schöpfer: Immer und überall erfahren sich Kara Ben Nemsi, Merhameh, Abd el Fadl, oft auch Halef u.a., als angesprochen von Gott.

Die mystische Dimension im Werk Karl Mays wurde belächelt oder schweigend verehrt, aber noch kaum untersucht.[76] Zwischen wirklicher Gotteserfahrung und diffuser Schwärmerei, zwischen Mystik und Aftermystik zu unterscheiden, ist nicht immer ganz leicht. Theologisches Kriterium für die Echtheit der mystischen Erfahrung ist eine Frömmigkeit, die Gott als bleibendes (von der Seele des Menschen unterschiedenes) Gegenüber erkennt und NICHT - pantheistisch - zum "Identitätserlebnis mit dem Absoluten"[77] entartet. Zum mystischen Dialog gehören, nach christlicher Auffassung, die Selbstoffenbarung Gottes in allen Dingen und die Antwort des Menschen in Glaube und Gebet.[78] Nach diesen Kriterien ist das mystische Erleben in Mays Roman zu befragen.

Taldscha hat, als Vertreterin einer 'Urreligion', noch "keinen" Glauben; denn ihre Gottesbeziehung ist 'unmittelbar'. Sie meint zu Kara Ben Nemsi: "Wir haben Gott. Wozu brauchen wir da noch einen eigenen Glauben an ihn? Wir glauben nicht an ihn, sondern wir haben ihn." (I, S. 144) Der Effendi ist Diplomat; aus Gründen des Takts und des Anstands läßt er sich "in einen religiösen Streit" mit der Scheikin nicht ein. Er hebt sich ihre Gedanken "zur späteren Beantwortung auf" (ebd.). Die Antwort gibt der Autor nur indirekt, aber deutlich: Schon der Fluß, der die Gärten Sitaras bewässert, heißt ja "Ed Din", der 'Glaube' (I, S. 2), und "nur der Glaube" - das Vertrauen auf Gott[79] - kann den Menschen "befreien" (I, S. 244) aus seiner Bedrängnis!

Daß es hier um letzte, um existentielle Erfahrungen geht, zeigt sehr schön eine Szene im Tempel der Totenstadt. In einer Spirallinie steigen die Begleiter Kara Ben Nemsis hinauf zur Spitze des Tempels. Dort oben können sie alles verstehen, was unten gesagt wird. Der Effendi, der unten bleibt, hört jedoch nicht, was oben gesprochen wird. Es "mußte oben bleiben; es konnte nicht herunter zu mir. Um mich gab es nur tiefes, lautloses Schweigen." (II, S. 372) Die von den Baumeistern des Tempels "gewollte Symbolik" (ebd.) besagt vor allem auch dies: Gott - der "verborgene" Gott (Jes 45, 15) - hört uns sehr wohl; aber wir, die wir unten sind, verstehen seine Worte oft schwer und manchmal auch gar nicht. Die absolute Transzendenz, das scheinbare Schweigen, die vermeintliche Abwesenheit Gottes gehören AUCH zur Erfahrung des Mystikers.[80] Die Unsicherheit, der Zweifel, das Nichtverstehenkönnen, die dunkle Nacht (vgl. II, S. 291ff.), die Sehnsucht nach Trost und die zeitweilige Verweigerung dieses Trostes - das alles ist auch für den Glaubenden eine bekannte Erfahrung.

Der Weg zu Gott, der Weg zum Glauben "ist [...] das Gebet." (II, S. 417)[81] Der Maha-Lama von Dschunubistan "betete nicht. Er war ja Gott selbst. Zu sich selbst zu beten, hält er für unsinnig" (I, S. 451). Für Merhameh und Abd el Fadl hingegen ist das Gebet, der Lobgesang von Dschinnistan (I, S. 523), der Inhalt ihres Lebens: "Ja Kudah, ja Kudah, ja Kudah - - o Gott, o Gott, o Gott!" (I, S. 513)

Solche Gottes-Minne, solches 'Eintauchen' in den Namen Gottes ist in allen Religionen bekannt. Trotz der Offenheit für andere Religionen[82] ist *Ardistan und Dschinnistan* jedoch einer bestimmten Religion, dem alt- und neutestamentlichen Offenbarungsglauben, verpflichtet. Während der Christmette, in der Kathedrale von Ardistan, singen Merhameh und Abd el Fadl den Psalm 103: "Lobe, meine Seele, den Herrn. Der dein Leben vom Untergang erlöset und der dich krönet mit Gnade und Erbarmen. Der Herr ist gnädig und barmherzig, langmütig und von großer Güte [...] Lobet den Herrn, ihr all seine Werke." (II, S. 211f.) Und der Basch Nasrani, der zum Mir von Dschinnistan in engster Beziehung steht, verkündet das Evangelium von der Geburt Jesu Christi (II, S. 207). Der Weihnachtsgottesdienst, die heiligen Zeichen, die Worte des Evangeliums bewirken die Umkehr (II, S. 376f.) und schließlich die Sühnebereitschaft des Herrschers von Ardistan!

Man kann also, zumindest, sagen: Der spezifisch christlichen Mystik (die ja von der östlichen Mystik beeinflußt wurde[83]) steht *Ardistan und Dschinnistan* nahe.

Im Alterswerk wurde May "zum Realisten, ja zum höheren Doppelgänger des Realisten: zum Mystiker!"[84] Und doch wollte er, wie gesagt, nicht als Mystiker gelten. Warum? Mit dem Wort 'Mystik' sind oft auch Vorstellungen verknüpft, mit denen May nichts im Sinn hatte. In der Mystik gibt es unterschiedliche Richtungen, z.B. die Tendenz, die Welt und den Menschen wirklich 'aufgehen' zu lassen in Gott. Dieses "Aufhören alles eigenen Seins", dieses 'Nirwana', das der Maha-Lama als "Seligkeit", als "höchstes Ziel" bezeichnet (I, S. 449), liegt May aber fern!

Manche Mystiker sehen den Sitz der 'Sünde' in der Selbstbehauptung des 'Ich'. Sie versuchen sich ihres persönlichen "Ichs zu entledigen, um im ekstatischen Bewußtsein, in der UNIO mystica aufzugehen."[85] May dagegen sucht, wie Eckard Etzold richtig herausstellt, "die Erlösung im Raum personaler Erfahrung", in der COMMUNIO mystica, in der Gemeinschaft des Individuums mit dem Schöpfer, den Mitmenschen und der übrigen Kreatur! "Mit dieser Akzentverlagerung umgeht May die theologische Problematik der deutschen Mystik, in der die Unterscheidung zwischen Schöpfer und Geschöpf nur allzuhäufig zu verschwimmen droht."[86]

Der christlichen Mystik ist, so Karl Rahner, die Frage zu stellen, "wie in ihr die inkarnatorische Struktur [...] gewahrt bleibe",[87] der zufolge die Weltlichkeit - durch die Menschwerdung, den Abstieg Gottes ins Fleisch - "gerade zum eigentlich Christlichen gehört." Denn nicht die Entweltlichung, nicht die Auflösung der Person und nicht die "Lösung von der Materie",[88] sondern die heilende Verklärung aller gottgeschaffenen Wirklichkeit ist das Merkmal des christlichen Glaubens.

Ardistan und Dschinnistan weist dieses Kennzeichen auf. Dem Roman liegt eine ausgesprochen weltliche Mystik zugrunde: ein Glaube, der die Erde liebt und die Leiblichkeit, den Leib des Menschen vor allem, in die Vollendungsvision miteinbezieht.

In der Bildsprache Mays hat Arno Schmidt eine sexuelle Symbolik erkannt! Schmidts Einfälle sind zwar abwegig in vielen Details. Aber etwas Richtiges hat er doch gesehen:[89] Mays Erotik, seine kaum verborgene Leibfreudigkeit, deren theologische Relevanz von Schmidt freilich ignoriert wurde.

In der archetypischen Zuordnung hat die Leiblichkeit eher weiblichen Charakter.[90] Daß das weibliche Prinzip beim späten May an Bedeutung gewinnt, ist bekannt. Bezeichnenderweise vergleicht er die Totenstadt mit dem Körper einer schönen Frau, die - aus dem Tode erwacht - zu neuem Leben erblühen und noch viel "lieber und teurer werden" soll, "als sie uns vorher gewesen ist." (II, S. 287)[91]

Im Traum sieht Kara Ben Nemsi "herrliche Wesen [...] Ihre Gestalten erschienen mir köstlicher und schöner, als Menschen je gestaltet gewesen sind." (I, S. 515) In der 'Realität' des Romangeschehens ist Halef - und mit ihm der Dichter - von der Schönheit, dem himmlisch-irdischen Glanz Merhamehs entzückt (I, S. 527). Und zunächst von Marah Durimeh, der "herrlichen, mächtigen Frau" sprechend, meint die Priesterin der Ussul: Auch "unsere eigenen Gestalten" sollen "verschönert und verklärt" (I, S. 345) werden!

Das christliche Glaubenssymbol für solche Hoffnungen ist der verklärte Leib des auferstandenen Herrn, aber auch die leibliche Aufnahme Marias in den Himmel.[92] Beide Glaubenssymbole sind als Verheißung für das ganze Menschengeschlecht zu verstehen.[93]

Da der 'Leib' für die ganze Reichweite des Lebens steht,[94] darf man sagen: "Das Ende der Wege Gottes ist die Leiblichkeit!"[95] Auch im Blick auf Mays Symbolik ist Barbara Gerl, der Guardini-Biographin, zuzustimmen:

Vielleicht werden erst künftige Generationen die Einsicht ganz vollziehen, wie untilgbar und - ich bin versucht zu sagen - wie erotisch und wirksam der Bezug ist, den wir unter der schwachen Zuordnung 'Himmel' und 'Erde' oder 'mit Leib und Seele in den Himmel aufgenommen' eher verbergen als offenbaren.[96]

6.3   Die Stadt der Toten oder Die stellvertretende Sühne

Leib und Seele, Erde und Himmel, Ardistan und Dschinnistan gehören zusammen. Doch Ardistan hat seine Verbindung mit Dschinnistan gelöst und den Himmel befehdet. Das Band des Lebens ist zerrissen; denn "der Sünde Sold ist der Tod" (Röm 6, 23)! Als Symbol eines 'Menschheitsgrabes' (II, S. 493) paßt die Landschaft von Ardistan also gut zu den Menschen: Die Wüste ist ein treues Abbild der verlorenen Seele des Menschen und seiner Trennung von Gott.

In Mays Roman siegt aber die Gnade. *Ardistan und Dschinnistan* ist ein Lied von der Erde, die - entsühnt und wiederbelebt - den Tod überwunden hat: Vom "Herrn über Leben und Sterben" ist dem vertrockneten Land, in der Vision des Dichters, "erlaubt worden [...], heut Auferstehung zu feiern." (II, S. 475)

6.3.1 Die Dschemma der Lebenden und der Toten

Kara Ben Nemsi, der Mir von Ardistan und ihre Gefährten nehmen die 'Auferstehung' vorweg. Sie wurden vom 'Panther' gefangen und in die frühere, zur Wüste gewordene Hauptstadt gebracht. Doch im 'Gefängnis Nr. 5' hat der Effendi die Schlüssel zu allen verborgenen Türen gefunden, und die Helden dringen nun ein ins Geheimnis der Totenstadt. Im Souterrain des Gefängnisses, in den Tiefen der Erde, im "regressus ad uterum"[97] hatte der Tod ihnen "von allen Seiten entgegengegrinst";

aber als wir ihn genauer betrachteten, war er zum Verkünder des Lebens für uns geworden. Wir hatten das Grab gesprengt. Wir strebten aus ihm heraus, und kaum hatten wir diesen Willen bekundet, so kam uns auch Hilfe von außen, von den Bergen herab [...] Man mußte an die 'Heerscharen Gottes' denken (II, S. 493).

Leben und Tod sind dialektisch zu verstehen: Im Tod verbirgt sich das Leben (I, S. 381f.). Bei May - wie in der Bibel - sind Leben und Tod zugleich auch Metaphern für die positive oder negative Beziehung des Menschen zu Gott und zur Schöpfung. Wer liebt, ist hinübergeschritten vom Tod in das Leben (vgl. Joh 5, 24). Die Herren von Ardistan aber sind im Tode geblieben; denn sie hatten nicht richtig gelebt. Sie hatten nichts getan für die Armen im Land! Ihr Verhalten war rücksichtslos. Die Güte und die Liebe waren, wie der Fluß Ssul, aus ihrem Lebensbereich verbannt. Doch "mitten im Reiche des Todes" (II, S. 326) sieht der jetzige Mir von Ardistan ein: Das "andere Leben wird kommen [...] sofort nach dem Tode" und vielleicht "schon im jetzigen Dasein. Denn ich mag zu der Frage der Dschemma 'Ja' oder 'Nein' sagen, ich lege damit doch den Grund zu dem, was nach dem Tode mit mir geschieht" (II, S. 391).

Mit der Dschemma, dem 'Gericht', hat es eine besondere Bewandtnis. Alle Herrscher von Ardistan träumten denselben Traum: Sie wurden auf einer Sänfte in einen Gerichtssaal getragen. Alle Maha-Lamas und alle Fürsten von Ardistan, die jemals gelebt haben, sind dort versammelt. Sie sind tot und doch "nicht tot. Ihr Fleisch ist warm und weich. Sie können sehen und hören. Sie können sprechen. Sie stehen auf [...] ganz wie die Lebenden - -" (II, S. 387). Die Herrscher sind gefesselt und sollen von den Lamas gerichtet werden. Den Vorsitz führt Abu Schalem, der gerechteste und gütigste aller Maha-Lamas, die es gegeben hat. Vor dem Träumenden "liegt das Schuldbuch sämtlicher Emire" und vor jedem der toten Herrscher "ein besonderer Kontoauszug aus diesem Buche." (II, S. 386) Kein Verbrechen, keine Sünde und keine Unterlassung, die nicht verzeichnet wären im Buche! Die "Anstifter eines Krieges" sollen am strengsten bestraft werden; für sie "ist der Dschemma kein Erbarmen erlaubt. Das kann nur der höchste Richter, nur Gott allein verzeihen!" (II, S. 386f.)

Die Vergebung durch Gott scheint an eine höchst seltsame Bedingung gebunden zu sein: Der Träumer wird gefragt,

"ob er seine Ahnen erlösen und alle diese Sünden, diese Kriege und dieses Blutvergießen von ihnen weg und auf sich nehmen wolle. Tue er es, so seien ihre Seelen sofort frei und die seinige, sobald er gesühnt habe, auch. Tue er es aber nicht, so bleiben ihre Seelen gefesselt wie bisher, und er selbst könne nicht eher sterben und auch nicht eher begraben werden, als bis ein späterer Mir von Ardistan so kühn und opferfreudig sei, sie alle zu erlösen." (II, S. 387f.)

Noch keiner der Träumer war bereit, zu seiner persönlichen Schuld zu stehen! Und auf die Frage, ob er seine Vorfahren erlösen wolle, gab noch jeder denselben Bescheid:

"daß er keine Lust habe, Schulden zu bezahlen, die er nicht gemacht habe, und gewiß auch nicht berufen sei, Ahnen zu erlösen, die genau ebenso keine Lust gehabt hatten, die ihrigen zu erretten. Ein Jeder sühne seine eigene Schuld, wenn es überhaupt nach dem Tode ein ferneres Leben gebe!" (II, S. 388)

Schedid el Ghalabi, der jetzige Mir von Ardistan, erzählt dem Effendi diesen Traum seiner Väter. Er selbst wird, wie er meint, dasselbe bald träumen. Doch der Dichter, Karl May, verwandelt den Traum in die Wirklichkeit! Während das 'reale' Geschehen im Schlußband des *Silberlöwen* zum großen Traum des Erzählers geführt hat,[98] wählt May jetzt den umgekehrten Weg: Dem Traum der Ahnen folgt das 'wirkliche' Erlebnis des jetzigen - vom 'Panther' seiner Macht beraubten - Emirs.

In einem unterirdischen, von Abu Schalem - in der Totenstadt, am einstigen Maha-Lama-See - errichteten Gebäudekomplex[99] erfüllt sich das Schicksal des Fürsten und seiner Väter. Das Bauwerk besteht aus dreihundert Sälen. Sie enthalten Reis und Getreide, verschiedenste Lebensmittel und Vorräte jeglicher Art. Alles duftet "nach frischer Ernte" (II, S. 363). Nichts ist verdorben! Brot für die Vielen, Brot für die Welt! Und in einem anderen Raum, als 'Dschemma der Toten' bezeichnet, entdecken Kara Ben Nemsi und seine Begleiter die, wie lebendig aussehenden, Leichen der Emire und Maha-Lamas von Ardistan!

Der Mir ist außer sich: "Mein Vater! Mein Vater! Gefangen und gefesselt! Du, du! […] Und auch du, auch du! […] Der Vater meines Vaters! Mein Großvater! Was wirft man euch vor […]? Sagt es mir! Ich muß es wissen!" (II, S. 405)

Die Gesetze von Zeit und Raum gelten nicht mehr. Das Undenkbare, das Unmögliche - hier wird es Ereignis. Die Toten, Abu Schalem, der Vater und der Großvater des Mirs, stehen auf. Sie verlassen ihre Plätze. Sie betreten den Nebenraum. Dort, in der 'Dschemma der Lebenden', soll der jetzige Emir vernommen werden. Der Richter ist Abu Schalem, der Hochbetagte,[100] der Greis aus vergangenen Jahrhunderten. Auch Lebende, Kara Ben Nemsi und andere, sind zu Richtern bestellt. Die Verteidigung übernehmen Abd el Fadl und Merhameh, die 'Güte' und die 'Barmherzigkeit'.

Marah Durimeh und der Mir von Dschinnistan haben seit langem dies alles vorausgeplant und jetzt in Szene gesetzt! Eine Zauberei, ein okkultes Spektakel? Ein "abergläubisches Schamanenspiel mit den Leichen der Verstorbenen", wie der Scheik der Tschoban im stillen vermutet (II, S. 464)?

"Schon immer haben wir die Szenen bewundert, [...] in denen es May gelang, die Vision der lebenden Toten ohne jede Peinlichkeit zu gestalten."[101] Mays Erzählkunst steigert sich zur vollendeten Meisterschaft! "Da waren wir alle wie Träumende" (Ps 126, 1): Mit unerhörter Suggestionskraft werden die Leser in andere - traumhafte - Welten versetzt, die die Wirklichkeit transzendieren. Diese Partien zu den faszinierendsten und "ergreifendsten Szenen der Weltliteratur"[102] zu zählen, wird keine Übertreibung sein. Doch nicht der ästhetische Rang, sondern der theologische Aussagewert dieser Szenen steht hier zur Debatte.

May schreibt bildhaft und surrealistisch; die lebendig werdenden Leichen gehören ins Reich der Phantasie und des Traumes. Die 'Auferstehung des Fleisches' im Sinne des christlichen Glaubens meint ja nicht die Wiederbelebung von Leichen, sondern die endgültige - unsere Vorstellungskraft übersteigende - Bergung des Menschen in der Ewigkeit Gottes.[103] "Gesät wird ein irdischer Leib, auferweckt ein überirdischer Leib." (1 Kor 15, 44) Die irdischen Körper des Abu Schalem und der Fürsten von Ardistan kehren, folgerichtig, in den Tod wieder zurück (II, S. 473f.). Ihre Verwandlung, ihre wirkliche und endgültige Auferweckung kann, wie May wohl erkennt, nicht adäquat beschrieben werden.

Die 'Dschemma der Toten und der Lebenden' ist - wie May selbst ja betont - ein "Märchen"![104] Welche Einsichten, welche Wahrheiten enthält dieses Märchen? Das Schuldbuch mit den besonderen Kontoauszügen verweist, theologisch bedeutsam, auf die letzte Verantwortung des Menschen vor Gott. Die biblische Parallele: "Ich sah die Toten vor dem Thron stehen, die Großen und die Kleinen. Und Bücher wurden aufgeschlagen; auch das Buch des Lebens wurde aufgeschlagen. Die Toten wurden nach ihren Werken gerichtet, nach dem, was in den Büchern geschrieben stand." (Offb 20, 12)[105]

In DIESER Vision, in der apokalyptischen Schau des Johannes, hätten die Herrscher von Ardistan freilich kaum eine Chance, gerettet zu werden. Mays Roman aber weist einen Weg: die stellvertretende Sühne! Schedid el Ghalabi entlastet seine Ahnen! Er nimmt, unter dem Druck der Ereignisse, die Sünden seines "ganzen Stammes" auf sich (II, S. 470)!

Ist das keine "Vermessenheit" (II, S. 430)? So fragt der Emir sich selbst. Ist die Übernahme von fremder Schuld keine absurde, keine heillose Selbstüberforderung? Hat nicht jeder an seiner eigenen Last schon genug zu tragen? Ist eine 'stellvertretende' Sühne theologisch überhaupt denkbar und möglich? Kann der Mensch durch andere Menschen 'vertreten' werden vor Gott? Wird die eigene Verantwortung des Individuums damit nicht aufgehoben? Und wird die Gnade Gottes nicht verdunkelt durch die Sühne-Leistung des Menschen? Diesen Fragen müssen wir uns im folgenden stellen.

6.3.2 Mays Roman und der biblische Stellvertretungsgedanke

Es gibt, behutsam formuliert, eine Solidargemeinschaft der Menschen auch in Trauer und Leid. Auch ein gemeinsames Erbe der Schuld ist nicht zu bestreiten: Die Schuld des einzelnen hat Folgen für seine Nachwelt. Über diese Einsicht hinaus war in der älteren Zeit des Volkes Israel die Kollektiv-Haftung eine selbstverständliche Vorstellung: Adams Sünde bringt der ganzen Menschheit den Tod (Gen 3)!

Schon der Erzvater Abraham ergänzt dieses alte Kollektivdenken durch ein neues, ins Positive gewendetes Solidaritätsdenken: Sollte die Gerechtigkeit von einigen wenigen nicht allen zugute kommen? Der Stammvater Israels fragt seinen Gott: "Vielleicht gibt es fünfzig Gerechte in der Stadt. Willst du [...] nicht dem Ort vergeben wegen der fünfzig Gerechten dort?" (Gen 18, 24) Selbst wenn es nur zehn Gerechte gäbe, würde Gott die Stadt verschonen (V. 32)! Und wenn es nur EINEN Gerechten gäbe? Dies zu fragen, wagt Abraham nicht. Die biblische Erzählung schützt so "die Einzigartigkeit und das Wunder der Botschaft von dem Einen, der für die 'Vielen' Heilung und Sühne schafft (Jes 53, 5, 10)".[106]

In der Religionsgeschichte kommt der - oft magisch verstandenen - Stellvertretungsidee eine hohe Bedeutung zu.[107] Und in der biblischen Offenbarung ist die 'Stellvertretung' eine Grundkategorie, die von der christlichen Theologie allerdings "nur kümmerlich entfaltet"[108] wurde. Die Wiederentdeckung des Stellvertretungsgedankens könnte dem Glauben, so Joseph Ratzinger, "zu einer entscheidenden Erneuerung und Vertiefung seines Selbstverständnisses verhelfen."[109]

Die alttestamentliche Schöpfungsurkunde sieht den Menschen als Mandatsträger für die gesamte Kreatur (Gen 1, 26ff.). In Abraham werden "alle Geschlechter der Erde" gesegnet (Gen 12, 3); und Israels Erwählung geschieht zum Heil aller Völker![110] Da sich Israel seinem Auftrag entzieht, wird seine Berufung einem "heiligen Rest" (Jes 1, 9; 10, 20f.) übertragen. Dieser Gedanke verdichtet sich in den messianischen Gestalten des 'Gottesknechts' (Jes 53, 11) und des 'Menschensohnes' (Dan 7, 13), die - aus neutestamentlicher Sicht - ihre geschichtliche Realisierung in Christus finden.

Christus ist der Eine, der für alle sein Leben gibt. Aber auch NACH Christus behält der Stellvertretungsgedanke seine Gültigkeit: Maria und die Apostel stehen "für die ganze Kirche, diese vertritt die ganze erlöste und zu erlösende Menschheit, welche ihrerseits den ganzen (auch materiellen) Kosmos repräsentiert und der Verklärung teilhaftig machen soll."[111]

Das Erlösungswerk Christi setzt sich, in Abhängigkeit von ihm, weiter fort in der Nachfolge des Herrn (vgl. Mt 10, 38). Ein letzter Ernst, eine Relevanz für das Leben der Welt[112] ist dem Heilsdienst der 'Nachfolger' verliehen! Paulus (oder ein Schüler des Apostels) schreibt sehr kühn und gewagt: "Für den Leib Christi, die Kirche, ergänze ich in meinem irdischen Leben das, was an den Leiden Christi noch fehlt." (Kol 1, 24) Joseph Ratzinger drückt denselben Gedanken allgemeiner und vorsichtiger aus: Wir alle sind "gerufen, in Christus zweiter Adam zu werden, vom selbstsüchtigen Sein überzugehen zum Sein-für-die-Anderen, an seinem Stellvertretungsdienst teilzunehmen"![113]

Was speziell die Erlösung und die Läuterung der Verstorbenen betrifft, gilt zumindest in der katholischen Theologie:

Das fürbittende Gebet und das ganze [...] Wirken der Lebenden kann den Verstorbenen in diesem Läuterungsgeschehen helfen [...] Wie ich mein ganzes irdisches Leben niemals absolut unabhängig von anderen Menschen leben konnte, [...] so wird auch in der läuternden Begegnung mit Christus das liebende Gedenken anderer mir wichtig sein: Es wird mich tragen und mich öffnen (oder es wird mir fehlen).[114]

Der Stellvertretungsgedanke ist wichtig. Einschränkend muß freilich gesagt werden: Durch den Heilsdienst anderer wird der einzelne nicht 'überspielt'! Die Zuwendung des Heils an 'die vielen' hebt die Freiheit des Menschen nicht auf, sondern verlangt die - von Gottes Gnade ermöglichte - "innere Zustimmung seitens der Geretteten".[115]

Nach theologischen Kriterien und in der biblischen Perspektive können wir die stellvertretende Sühne des Mirs von Ardistan nun beurteilen. Jeder Mensch habe "die Aufgabe, seine Ahnen und sich selbst zu erlösen" (II, S. 395), meint Kara Ben Nemsi. Das geht nun freilich zu weit! Diese Formulierung ist - isoliert betrachtet - theologisch unhaltbar.

Die Rede von der Selbsterlösung nimmt May aber faktisch zurück: Nicht weil er sich selbst erlösen könnte, sondern weil "die Güte und Barmherzigkeit" GOTTES "schon unterwegs" (II, S. 431) sind zu ihm, darf der Mir von Ardistan die Last seiner Väter auf sich nehmen. Schedid el Ghalabi ist zwar "der Träger" seines Stammes; auf ihm "lastet alles Verborgene", das seine "Ahnen zu Berge häuften, das Gute und auch das Böse." (II, S. 352) Aber nicht er selbst, sondern Gott ist die Macht, die "alles herrlich hinausführt" (Ebd.; vgl. Jes 28, 29)!

Die Dschemma, vor welcher der Emir sich anklagt und seine Schuld bekennt, setzt sich zusammen aus sündigen Menschen (II, S. 469), die selbst der Gnade bedürfen. Die letzte Instanz, an die der Mir sich wendet, ist folglich nicht "die Erde", sondern der "Himmel" (II, S. 430), die absolute Transzendenz des allgegenwärtigen Schöpfers. Die Dschemma übt "Gerechtigkeit; die Gnade sendet uns Gott!" (II, S. 468)

Die ganze Last, die gesühnt werden muß, liegt - wie May erst später verdeutlicht - nicht auf dem Mir, sondern in der "Hand des höchsten Richters" (II, S. 472), in der Hand Gottes. Schedid el Ghalabi wird "von aller Schuld und Strafe" (ebd.) befreit; er hat, zuletzt, überhaupt nichts zu 'sühnen'! Sein Heilsdienst löst das Sühnewerk Christi also keineswegs ab. Der eigentliche Erlöser bleibt "Gottes Sohn" (I, S. 221). Daß "durch Jesus Christus die Welt schon erlöst ist",[116] wird hier vorausgesetzt. Doch der Mir - und jeder andere Mensch - darf 'teilhaben' am Dienst des Erlösers. So verstanden ist der Sühnewille des Mirs theologisch legitim und menschlich bedeutsam.

Entlastet die 'stellvertretende Sühne' - durch Jesus und seine Nachfolger - den Sünder 'automatisch' und ohne dessen Mitwirkung?[117] Davon kann, wie gesagt, keine Rede sein. Denn die ganze Schuld - so erklärt Abu Schalem dem Fürsten von Ardistan -

"falle auf denjenigen [...], der gegen das Versprechen handelt, welches du uns hier und heut gegeben hast! [...] Dieses Schuldbuch sei dein! Nimm es hin, doch [...] hebe es dir und den Deinen heilig auf, damit ein Jeder von ihnen wisse, welch eine ungeheure Last er auf sich nimmt, sobald er gegen [...] Gott und seine Menschheit handelt!" (II, S. 472)

Das Verhältnis von Gnade und Freiheit,[118] von stellvertretender Sühne und bleibender - unvertretbarer - Verantwortung jedes einzelnen, kann spekulativ nicht restlos geklärt werden. Dieses Spannungs-Verhältnis ist theologisch nicht aufzulösen. Konkret: daß keiner verlorengeht, kann man nicht 'wissen'! Aber man kann, wie Marah Durimeh, an die Barmherzigkeit Gottes sich wenden: "Gib Frieden, Herr, gib Frieden! Dieser Erde, diesen Menschen, uns allen! Allen denen, die nach uns kommen und [...] auch allen denen, die vor uns waren!" (II, S. 636)

6.4 Der Berg der Erlösung oder Die theologische Problematik einer neuen Erde

Die Real-Utopie, die frohe Botschaft des Romans meint durchaus die Erde, die "neue Erde" der Offenbarung (Offb 21, 1). Die religiöse Verkündigung schließt, wie immer bei May, ein weltliches Programm, einen irdischen Zukunftsentwurf mit ein. Drängender noch als in *Pax* oder *Babel und Bibel* wird die Versöhnung, der Friede im umfassenden Sinne, der Friede auch mit der Schöpfung, zum großen Thema erhoben.

6.4.1 Das Paradies auf Erden?

Aufrüttelnd und provozierend ist Marah Durimehs Rede:[119]

"'Ehre sei Gott in der Höhe, und Friede auf Erden!' Daß man ihm, dem Weltenherrn, die Ehre zollt, [...] dafür sorgt er in seiner Allmacht und Weisheit am allerbesten selbst. Aber daß hier auf Erden Frieden werde, das ist zwar sein Gebot, muß aber unsere Sorge sein [...] Alle Rüstung der Erde und alle Rüstung ihrer Völker war bisher auf den Krieg gerichtet. Als ob es unmöglich wäre, in eben derselben und noch viel nachdrücklicherer Weise für den Frieden zu rüsten! [...] Wie man den Krieg führt, das weiß jedermann; wie man den Frieden führt, das weiß kein Mensch. Ihr habt stehende Heere für den Krieg, die jährlich viele Milliarden kosten. Wo habt ihr eure stehenden Heere für den Frieden, die keinen einzigen Para kosten, sondern Milliarden einbringen würden?" (I, S. 15ff.)

Alle reden heute vom Frieden. Aber wird auch genügend getan? Konzentrieren sich die Forschung, das ethische Bewußtsein, die religiöse Verkündigung auf den Schutz des Lebens? Mays Friedensbegriff schließt das Überleben der Schöpfung, die Verantwortung für künftige Generationen mit ein. Der Effendi hält dem Mir von Ardistan vor:

"Hat ein Einziger von allen diesen deinen sogenannten Vätern auch nur mit einem einzigen Atemzuge an das Wohl und an das Glück seiner Kinder, seiner Enkel und seiner ferneren Nachkommen gedacht? [...] Du hast die Feigheit und die Selbstsucht deiner Ahnen nicht nur nach rückwärts, sondern auch nach vorwärts zu betrachten [...] Deine Vorfahren [...] waren so feig, [...] daß sie [...] alle Schuld auf ihre unschuldigen Nachkommen vererbten" (II, S. 394)!

Der Friede, die Sorge für die Gegenwart und für die späteren Generationen, muß - wie May besonders in *Ardistan und Dschinnistan* betont - alle Bereiche des Lebens umfassen, auch "Handel und Gewerbe", auch die "Kunst" und die "Wissenschaft" (I, S. 222). Die Frage liegt nahe: Wird für den Frieden, für die Überwindung des Hungers, für die gerechte Verteilung der Güter, für die Bewältigung unserer - immer gigantischer werdenden - Umweltprobleme nicht zu wenig getan? Die heutigen Dimensionen des 'Krieges gegen die Schöpfung' kannte May natürlich noch nicht. Aber WIR müssen sie mitbedenken, wenn wir Marah Durimeh hören: "Wo sind eure Friedensfestungen, eure Friedensmarschälle, eure Friedensstrategen, eure Friedensoffiziere?" (I, S. 17)

Für Mays Pazifismus, seine Weltfriedensidee,[120] finden sich in *Ardistan und Dschinnistan* die schönsten Belege. Nicht nur der Krieg, allein schon die "Rüstungen", die alles "verschlingen" (I, S. 222), werden gebrandmarkt! "Laßt Waffen- und Soldatentransporte verschwinden!" (I, S. 21) rät Marah Durimeh. Von den Kanonen soll keine mehr übrigbleiben (II, S. 594), und die Völker sollen "ihre Schwerter verrosten" (I, S. 22) lassen. "Denn wer zum Schwerte greift, der wird durch das Schwert umkommen!" (I, S. 218; vgl. Mt 26, 52)

Der künftige Friede "hat kein Heer bei sich, keine Art von irdischen Waffen." (II, S. 118) Mays Einstellung zum Militär ist gleichwohl ambivalent. Einerseits sind seine Auslassungen über "die Daseinsberechtigung des Soldatenstandes" grotesk und ironisch. Den Scheik der Ussul läßt er sagen:

"Weißt du, Soldaten haben, ist eigentlich gar nicht übel. Man kann dann doch zeigen, wer man ist. Aber sobald es [...] anfängt, Geld zu kosten, so will ich lieber verzichten. Man kann sich doch ganz unmöglich große Kosten machen, um Leute zu erhalten, die im Grunde genommen nur dazu da sind, Andere umzubringen!" (I, S. 296)

Andrerseits rügt das erzählende 'Ich' die "Feigheit" und "Passivität" (I, S. 209) der Ussul, die sich ohne Gegenwehr von den Tschoban überfallen lassen. Zur Abwehr stellt der Dschirbani eine Kampfgruppe auf, deren "martialischen Anblick" (II, S. 163) Kara Ben Nemsi lobt und bewundert!

Widersprüchlich scheint auch Mays Einstellung zum Obrigkeitsstaat.[121] Der Mir von Ardistan ist ein Despot, der sein Land unterdrückt, die "niedrig geborenen Menschen für gefühllos" (II, S. 273) hält, sie "nur als Material betrachtet" (II, S. 111), sie demütigt und schikaniert: "O, diese Kriecher, diese [...] Wanzen und Flöhe! Es zuckt Einem der Fuß, sie hinabzustoßen, [...] gleich tausend auf einen Tritt!" (II, S. 112) Trotzdem bringt der Effendi, schon bei der ersten Begegnung, dem Mir viel Verständnis entgegen: Daß der Herrscher ein Tyrann war, lag "vielleicht weniger an ihm als an dem Umstande, daß er es jahraus jahrein nur mit niedrigen, kriechenden Speichelleckern, Schmarotzern und Schranzen zu tun hatte." (II, S. 98)

Und doch gibt es Widerstand gegen den Mir. Zu einer Verschwörung, die "völlig im Recht" (II, S. 143) war, haben sich die Moslems und die Lamaisten zusammengefunden. Kara Ben Nemsi aber unterstützt, mit den Christen in Ardistan und dem Heer des Dschirbani, den Mir gegen die Revolution und den 'Panther'! Warum? Weil er meint, daß der Mir - Wilhelm der Zweite[122] - noch zu "bessern" und zu "erziehen" (II, S. 484) sei! In der Tat: "Ein Fürst der Liebe und des Friedens" (II, S. 144) wird aus dem Mir!

Karl May ist "ein demütig Fügsamer" und "ein quirlender Rebell"[123] zugleich. Doch zumindest teilweise lösen sich seine Widersprüche in den Spätwerken auf. Die Anwendung von Gewalt wird grundsätzlich abgelehnt. Denn der politische Friede, der den inneren Frieden des menschlichen Herzens voraussetzt (II, S. 331), "kann sich nur nach und nach entwickeln"; ihn mit Gewalt und "mit den Waffen" zu erzwingen, müßte zur "Katastrophe" führen (I, S. 223). Aber zur reinen "Verteidigung [...], falls es gar nicht anders geht" (I, S. 566), sind Waffen erlaubt. Denn ohne Macht hat der Friede keinen Bestand. "Nur die Macht imponiert, die wirkliche Macht." (I, S. 17) Auf den Mir von Ardistan trifft dies jedenfalls zu: Nicht nur die Güte, auch die Stärke, die Überlegenheit der Mächte von Dschinnistan bewirken seine Verwandlung und bringen ihn zur Vernunft!

Wie realistisch oder utopisch Mays 'politische' Konzeption im einzelnen ist, braucht hier nicht erörtert zu werden. Alle "gegenwärtig aufgeworfenen 'Menschheitsfragen'"[124] will der Dichter beantworten. Aber nicht als politisches Handbuch, nicht als Rezept zur Lösung von Einzelproblemen ist sein Werk zu verstehen, sondern als große Vision, als Gesamtschau der Welt in ihrer transzendenten Bestimmung.

May glaubt an den "einzigen Sieg, der wirklich Sieg bedeutet": an den "Sieg der Liebe" (II, S. 646). Er glaubt, daß "Friede werden muß [...] Ja, ich weiß es ganz gewiß." (I, S. 340) Der Friede "muß kommen, denn Gott will es." (I, S. 16) Dieser Glaube, diese Hoffnung werden in der Real-Utopie des Romans zur Erfüllung gebracht.

Der Legende vom verschwundenen Fluß, der Vision von der Rückkehr des lebendigen Wassers, dem Märchen von der Dschemma der Lebenden und der Toten fügt May am Ende der Erzählung einen neuen Mythos hinzu: den glühenden Dschebel Muchallis, den - der Vergleich mit Petrarcas Gipfelerlebnis[125] liegt nahe - im mystischen Licht erstrahlenden 'Berg der Erlösung'. Hören wir Marah Durimeh:

"Setzt euch zu uns, und seht, wie die alte Paradiesessage sich verabschiedet [...] Sie geht, um der Wirklichkeit Platz zu machen. Die Mitternacht ist vorüber; der neue Tag beginnt. Ich ahne, daß heut der Dschebel Muchallis seine [...] Stimme erhebt, um uns zu sagen, daß das Begonnene sich vollendete und das Gehoffte sich erfüllte. Man sagt, er glühe nur ein einzigesmal [...]; dann sei für

Jeden, der es sieht, der Friede auf Erden und der Friede mit Gott gekommen. Seht! Schon bildete sich das Paradies!" (II, S. 644)

Das Paradies auf Erden scheint gekommen zu sein: "Der Friede war geschlossen, und zwar für ewige Zeit. -" (II, S. 650) Das Paradies auf Erden? Kann DIESE Utopie zur Wirklichkeit werden?

6.4.2 Der eschatologische Vorbehalt

Ewiger Friede? Wann wird er kommen? Wie Gert Ueding bemerkte, ist "der wahre Gegenstand auch der letzten Romane Mays nicht der Mythos, sondern die Geschichte"![126] Mays Epos schildert den geschichtlichen Prozeß, die Entwicklung des Menschengeschlechts: Auf ihrem "Uebungsritt", ihrem "Initiations- und Erlösungsweg"[127] durch die Wüste von Ardistan bis zum Hochland von Dschinnistan, haben das 'Ich' und seine Gefährten die Räume und auch die Zeiten durchmessen.[128] In El Hadd, an der Grenze zu Dschinnistan, bietet sich Kara Ben Nemsi - der 'Menschheitsfrage'[129] - ein herrliches Panorama: "die sämtlichen Terrassen und Daseinsstufen des Erdentums bis hinauf zu dem Engelsgebilde, welches hoch in die Wolken ragt und das ersehnte Wasser [...] spendet." (II, S. 613)

Wie der 'Sohn', die Mittelkuppe des Dschebel Allah, kann und muß wohl auch dieser Engel von El Hadd, dieses Symbol des 'Punktes Omega' der Menschheitsentwicklung, als Christus-Metapher[130] verstanden werden. Denn "im Innern des Engels" liegt der "Schlüssel" zum Wasser des Lebens verborgen (II, S. 629; vgl. Offb 22, 13. 17b).

Mays Geschichtsverständnis ist teleologisch: Mit dem Höhepunkt der Menschheitsentwicklung wird der ewige Friede, mit dem Endpunkt der geschichtlichen Evolution wird das Paradies auf Erden zusammenfallen. Dies entspricht wiederum der Geschichtsdeutung Teilhard de Chardins: Die vom Humanismus erahnte Vollendung der Geschichte fällt - so der Philosoph, der Biologe und Jesuit -

konkret mit der von allen Christen erwarteten Krönung der Inkarnation zusammen [...] Das christliche Empor vereinigt sich [...] mit dem menschlichen Voran! Und gleichzeitig gewinnt der Glaube an Gott in eben dem Maße, wie er in seinem eigenen Saft den Saft des Glaubens an die Welt assimiliert und sublimiert, sein volles Verführungs- und Bekehrungsvermögen zurück![131]

Der ewige Friede liegt in der Zukunft: "Noch ist nicht Friede, aber Gott hat ihn uns verheißen; [...] darum wird er kommen!" (I, S. 339) Schon jetzt, schon hier und heute, müssen wir diesen Frieden mit vorbereiten: durch "unsere Sorge" (I, S. 15), unsere "Menschlichkeit", unsere "Güte und Barmherzigkeit" (I, S. 579)! Kann diese - futuristische und zugleich präsentische - Friedensvision aus theologischer Sicht bejaht werden?

Die moderne Friedensbewegung ist für Karl Rahner "einer der erfreulichsten Ausblicke in die Zukunft. Dieses Engagement der Menschen sollte wachsen."[132] Von der Hoffnungsphilosophie Ernst Blochs beeinflußt, hat die christliche (die katholische wie die evangelische) Theologie ihr 'Zukunfts-Erbe' wiederentdeckt.[133] Die theologische Problematik liegt nun aber in der Verhältnisbestimmung von menschlicher Utopie und göttlicher Verheißung, von irdischem Fortschritt und Wachstum des Gottesreiches, von innerweltlichen Zukunftsentwürfen und der "neuen Erde", die "von Gott her aus dem Himmel herabkommt" (Offb 21, 1f.).

Die Geschichte ist nicht, wie Nietzsche meinte, die ewige Wiederkehr des Gleichen.[134] Nach christlicher Überzeugung hat die Welt- und die Menschheitsgeschichte ein Ziel! Aber der endgültige Friede, die Vollendung der Welt und des Menschen, kommt - nach

Hans Küng - "weder durch gesellschaftliche [...] Evolution noch durch gesellschaftliche [...] Revolution", sondern durch Gottes (nicht vorhersehbare) Aktion, die das Tun des Menschen freilich "nicht aus-, sondern einschließt".135 Die neue Erde ist, so Karl Rahner, die Gabe Gottes und "nicht einfach das Ergebnis des 'progressus terrenus'";136 andrerseits sollen die Christen, wie das Zweite Vatikanische Konzil sagte, ihre eschatologische Hoffnung den Strukturen dieser Welt einprägen137 und "das Werk des Schöpfers weiterentwickeln"!138 Welcher Stellenwert kommt der menschlichen Arbeit an der 'besseren Welt', an der "transformatio mundi", an der "fraternitas universalis"139 dann aber zu?

Rahner hat diese Frage präzisiert und pointiert:

Ist die Welt, die der Mensch selbst schafft, nur das 'Material' einer sittlichen Bewährung, das an sich gleichgültig bleibt, und wird die Welt einfach abgetan, wenn das Endgültige des Reiches Gottes kommt? [...] Oder geht diese [...] Welt, wenn auch unbegreiflich 'transformiert', selbst in das eigentliche Eschaton ein? Senkt die 'neue Erde' sich vom Himmel herunter [...] oder wird sie hier vom Menschen in der Zeit gebaut? [...] Sind wir die Täter des Endgültigen selbst, wenn wir gerecht, liebend und gehorsam gegenüber dem innerweltlichen Schöpfungsauftrag Gottes die Vollender seiner Schöpfung sind?140

Im Kontext seiner Auseinandersetzung mit dem Marxismus und den Lehrdokumenten des Konzils hält Rahner an einer "grundsätzlichen dialektischen Schwebe" fest, "die die Zukunft offenhält und die Gegenwart dennoch radikal gewichtig sein läßt."141 Das Reich Gottes ist die endgültige Tat des Schöpfers, der die fortlaufende Geschichte beenden und - im dreifachen Sinne (tollere, conservare, elevare) - 'aufheben' wird. Die Geschichte der Welt und ihre Vollendung durch Gott sind zwar "immer unterschieden und getrennt durch das, was in der individuellen Geschichte als Tod erfahren wird und eine radikale 'Verwandlung' bedeutet".142 Dennoch darf das Kommen des Reiches Gottes als "SELBSTtranszendenz der Geschichte"143 verstanden werden: Wir selbst bauen das Fundament, das Gott dann vollendet. Das Kommende ist qualitativ etwas Neues, das den 'progressus terrenus' übersteigt; aber die irdische Geschichte, die wir selbst zu verantworten haben, geht - analog zur Geschichte des einzelnen - mit "ein in die Endgültigkeit Gottes".144

Die innerweltliche, von der Menschheit erreichbare Zukunft und die absolute, die Welt vollendende Zukunft Gottes dürfen weder total voneinander geschieden noch miteinander verwechselt werden. "Einerseits fordert die Hoffnung auf die absolute Zukunft konkrete innerweltliche geschichtliche Utopien, die das Gegenwärtige kritisieren, die Geschichte unruhig machen und weitertreiben";145 andrerseits muß die Theologie einen letzten Vorbehalt gegenüber allen menschlichen Zukunftsentwürfen dennoch anmelden: Gottes Zukunft ist immer größer als unsere Vorstellungsmodelle, und kein irdisches Ziel darf verabsolutiert werden.

Mit diesen - etwas abstrakten - Ausführungen haben wir weitere und durchaus wesentliche Kriterien für die theologische Bewertung von *Ardistan und Dschinnistan* gewonnen. Die dialektische Schwebe, die Rahner postuliert, finden wir hier in exemplarischer Weise. Das 'Paradies' sieht May in engster Verbindung mit dem menschlichen Tun und der geschichtlichen Evolution. Daß der 'ewige Friede', die 'neue Erde', dennoch Gnade und "Himmelsgabe" (I, S. 222) ist, setzt er dabei voraus. Und von der wirklichen Ankunft dieses Gottes-Friedens ist er zu Recht überzeugt: 'Dschinnistan' ist für ihn, mit Karl Rahner gesprochen, "nicht nur der ständige Reiz der Geschichte", nicht bloß ihr "asymptotischer Zielpunkt, der nur die Funktion hätte, die Geschichte in Bewegung zu halten",146 sondern künftige - und schon heute zu antizipierende - REALITÄT. Denn die "Sache Gottes setzt sich durch, in jedem Fall." (Küng)147

Doch wie steht es bei May mit dem letzten, dem eschatologischen Vorbehalt gegenüber den irdischen Zukunftsentwürfen? Wird die Erde, vielleicht heimlich und unbewußt, verabsolutiert? Wohl kaum! Der Sahahr, der Zauberpriester der Ussul, "setzte sein ganzes Hoffen und Wünschen" auf seine Tochter; "die Zukunft dieses Kindes wurde ihm zur Religion." (I, S. 336f.) Deutlicher könnte Mays Kritik an der säkularisierten Hoffnung wohl gar nicht ausfallen!

Ist die "neue, hoffnungsreiche Zukunft", die sich "zu entwickeln beginnt" (II, S. 501), mit dem Reich Gottes identisch? Ist 'Dschinnistan' nur der Endpunkt der geschichtlichen Evolution? Oder gibt es am Ende das Neue, vom 'Punkt Omega' des innerweltlichen Fortschritts durch den 'Tod' - als letzter Verwandlung - Getrennte?

Angekommen am Ziel ihrer irdischen Sehnsucht ruft Marah Durimeh: "Das ist er; ja, das ist er, der herrliche Dschebel Muchallis, der Traum meiner Jugend, die Hoffnung meiner Jahre, die letzte Stufe, von welcher aus ich hinüberzugehen wünsche zu den Seligen auch der andern Gotteswelten!" (II, S. 645) Was ist mit den "andern Gotteswelten" gemeint? Doch wohl die endgültige, die jenseitige Erfüllung in Gottes Reich! Die Vision Marah Durimehs, der 'Berg der Erlösung', entspricht der Vision des greisen Simeon im Tempel zu Jerusalem: "Nun läßt du, Herr, deinen Knecht, wie du gesagt hast, in Frieden scheiden. Denn meine Augen haben das Heil gesehen, das du vor allen Völkern bereitet hast." (Lk 2, 29f.)

Die endgültige "Seligkeit" gibt es auch für May "nur im Himmel. Der Mensch sucht Trost bei der Hoffnung; aber erfüllen kann nur Gott allein!" (II, S. 474) Die Erde, auch der Endpunkt der Evolution, bleibt immer das Vorletzte. Das Letzte ist die Transformation: die Verklärung - der Erde und des einzelnen - durch Gottes Liebe.

In diesem Sinn müssen wir auch den letzten Satz des Romans verstehen: "Wir aber wendeten unsern weitern Aufstieg nun den Bergen, über deren Pässe der Weg nach Dschinnistan führte, und unsrem hohen, weiteren Ziele zu. - - -" (II, S. 651) Dieser offene Schluß ist, wie die ganze Erzählung, literarisch geglückt[148] und theologisch richtig empfunden: Unsere Zukunft liegt noch immer vor uns; sie ist größer als alle Verheißung und jegliche Prophetie.

6.5 Zusammenfassung: Christozentrischer Glaube und tiefen-psychologisches Wissen oder Die Endzeit-Vision Karl Mays

Die "Grenzen der Gewöhnlichkeit" (II, S. 632) hat der Schriftsteller May nun längst überschritten. Zwar weist auch das Spätwerk noch - ästhetische und theologische - Schwachstellen auf. Problematische und mißverständliche Formulierungen finden wir auch in *Ardistan und Dschinnistan*. Doch die Harmonie, die innere Geschlossenheit, die spirituelle Tiefe, die große Vision des Romans bleiben, insgesamt, davon unberührt.

Die 'psychologischen' Bilder, die Märchen und Träume, die Mythen und Legenden in *Ardistan und Dschinnistan* sind - wie große Teile des *Silberlöwen III/IV* - theologische Poesie von hohem Niveau. Ein "großer Gedanke, der Erlösungsgedanke" (II, S. 213) verleiht dem Roman seine Würde und Überzeugungskraft. Als christozentrische, vom Mythos zur Wirklichkeit führende Dichtung kann man diese - auch wichtige Erkenntnisse C.G. Jungs vorwegnehmende - theologische Poesie Karl Mays interpretieren. Die Weihnachtsgeschichte, die Geburt des Erlösers, die gesamte Menschheitsentwicklung werden, wie schon im *Friede*-Buch und doch wieder anders, mit den österlichen Mysterien zusammengeschaut.[149] Biblischer Glaube und tiefenpsychologisches Wissen, poetische Phantasie und konkrete Lebenserfahrung berühren und durchdringen sich hier. Die ganze Reichweite des Lebens, Freude und Hoffnung, Trauer und Angst, alle Menschheitsfragen und alle Daseinsprobleme werden - zumindest indirekt - angesprochen.

Hymnen auf die Schöpfung, grandios verdichtete 'Geographische Predigten' sind diese Romantexte Karl Mays. Denn die Vollendungsvision des Schriftstellers hat nicht nur den Menschen im Blick. Mit dem *Sonnengesang* des Franz von Assisi, den Schriften der Naturmystiker und der Weltdeutung Teilhard de Chardins vergleichbar, wird die ganze Schöpfung in die Erlösungsdynamik mit einbezogen.

Mays Thema ist die Vollendung der Welt und des Menschen durch den kommenden Gott. In der Schau des Dichters werden die 'tote' Materie, die belebte Kreatur und vor allem der menschliche Leib zu ihrer schönsten und besten Möglichkeit befreit. Nicht die Entweltlichung, nicht die Lösung von der Materie, sondern die heilende Verklärung aller gottgeschaffenen Wirklichkeit ist das Kennzeichen dieser weltlichen, in der Menschwerdung Gottes gründenden Mystik.

Ardistan und Dschinnistan ist ein Lied von der Erde, die den Tod, d.h. die Trennung von Gott überwindet. Der Sühnewille des Emirs von Ardistan 'erlöst' seine Vorfahren und nimmt seine Nachkommen in Pflicht. Es wurde verdeutlicht: Die Teilhabe des Menschen am stellvertretenden, die ganze Schöpfung befreienden Heilsdienst Jesu Christi kommt hier zur Anschauung.

Die frohe Botschaft des Romans meint die "neue Erde" (Offb 21, 1). Mays religiöse Verkündigung schließt ein weltliches Programm, den irdischen Frieden, mit ein. Mit dem Höhepunkt ('Punkt Omega') der Menschheitsentwicklung, den der kosmische Christus herbeiführen wird, fällt das 'Paradies auf Erden' zusammen. Der eschatologische Vorbehalt, der die innerweltliche Zukunft und die absolute, die Welt vollendende Zukunft Gottes unterscheidet, wird in Mays Real-Utopie dennoch gewahrt: Die endgültige "Seligkeit" gibt es auch für May "nur im Himmel" (II, S. 474).

Anmerkungen

1   Die folgenden Ausführungen entsprechen, nahezu unverändert, Hermann Wohlgschaft: *"Ich sah dann auch Gott selber kommen"*. *Theologisches zu 'Ardistan und Dschinnistan'*. In: JbKMG 1993, S. 280-336 (S. 293-327).

2   Seitenangaben in () beziehen sich auf Karl May: *Ardistan und Dschinnistan I/II*. Gesammelte Reiseerzählungen, Bd. XXXI/XXXII. Freiburg 1909.

3   Heinz Stolte: *Karl Mays 'Ardistan und Dschinnistan' und sein Weltfriedensgedanke*. In: JbKMG 1988, S. 83-98 (S. 84).

4   Vgl. Hans Wollschläger: *Das "eigentliche Werk". Vorläufige Bemerkungen zu 'Ardistan und Dschinnistan'. (Materialien zu einer Charakteranalyse III)*. In: JbKMG 1977, S. 58-80 (S. 70ff.).

5   Ebd., S. 71.

6   Claus Roxin: *Zwischen Ardistan und Dschinnistan*. In: *Karl May - der sächsische Phantast. Studien zu Leben und Werk*. Hrsg. von Harald Eggebrecht. Frankfurt/M. 1987, S. 13-28 (S. 28).

7   Wollschläger: *Das "eigentliche" Werk*, wie Anm. 4, S. 79.

8   Karl Mays Augsburger Vortrag (8.12.1909): *Sitara, das Land der Menschheitsseele. Ein orientalisches Märchen*. Eine Dokumentation für die Karl-May-Forschung. Hrsg. von Roland Schmid. Bamberg 1989, S. 42.

9   Friedrich Delitzsch: *Babel und Bibel. Zwei Vorträge*. Leipzig, Stuttgart 1903, S. 16 (2. Vortrag), unterscheidet den wahren INHALT der Bibel von der literarischen - z.T. mythologischen - FORM, die "so recht phantastisch orientalisch" sei. May hat diesen Vortrag gekannt (vgl. oben, S. 489, Anm. 8) und die wichtigsten Thesen Delitzschs gebilligt. - Zur theologischen

Bewertung der Mythen vgl. Heinrich Fries: *Mythos, Mythologie.* In: *Herders theologisches Taschenlexikon*, Bd. 5. Hrsg. von Karl Rahner. Freiburg, Basel, Wien 1973, S. 147-153.

10 Der Mir von Ardistan zitiert Ps 139, 7ff.; Ps 42, 2ff.; Ps 119, 105 (hier nicht wiedergegeben) u. Hebr 13, 8.

11 Vgl. oben, S. 660ff. - Hermann Wohlgschaft: *Der Mir von Dschinnistan und Marah Durimeh oder Steht Gott unter dem Schutz der Menschheitsseele?* In: MKMG 84 (1990), S. 8-11 (S. 9f.) - Hartmut Vollmer: *Marah Durimeh oder Die Rückkehr zur 'großen Mutter'.* In: *Karl May.* Hrsg. von Heinz Ludwig Arnold. Sonderband Text + Kritik. München 1987, S. 158-190 (S. 183-186) - Oskar Sahlberg: *Therapeut Kara Ben Nemsi.* In: *Karl May*, wie Anm. 6, S. 189-212 (S. 197f.).

12 Vgl. oben, S. 613ff.

13 Auf der Handlungsebene des Romans ist der Mir von Dschinnistan (ebenso wie Marah Durimeh) natürlich ein sterblicher Mensch und nicht etwa 'Gott'. Es verhält sich hier ähnlich wie in den Gleichnisreden Jesu vom 'König', vom 'Weinbergbesitzer', vom 'barmherzigen Vater' usw.: In der Fabel ist der 'König' usw. ein richtiger Mensch; gemeint ist aber, auf der transzendenten Ebene, der himmlische Vater. Die - in der Sekundärliteratur übliche - durchgängige Gleichsetzung 'Schech el Beled = Mir von Dschinnistan = Gott' stellt Wolfgang Wagner: *Der Eklektizismus in Karl Mays Spätwerk.* SKMG Nr. 16 (1979), S. 10, zu Recht in Frage; Wagner vermutet Änderungen in Mays Konzept während des Schreibprozesses: eine Annahme, die denkbar, aber nicht zwingend ist. - Vgl. Wohlgschaft: *Der Mir von Dschinnistan*, wie Anm. 11, S. 8f.

14 Werner v. Krenski: *Der Weg nach Dschinnistan.* In: KMJB 1928. Radebeul 1928, S. 419-428 (S. 422), sieht im Sahahr das "Symbol einer barbarisch-grotesken Urreligion". Der Sahahr ist aber ein gebrochener und widersprüchlicher Charakter, dessen nähere Untersuchung auch unter autobiographischen Gesichtspunkten interessant wäre.

15 Vgl. Hermann Wohlgschaft: *Mays Friede-Roman und die Lehre der Kirche.* In: MKMG 83 (1990), S. 18-24 (S. 20-23). - Vgl. oben, S. 679.

16 Vgl. Karl May: *Briefe an Karl Pustet und Otto Denk. Mit einer Einführung von Hans Wollschläger.* In: JbKMG 1985, S. 15-62 (S. 30, 39, 42f. u.ö.).

17 Vgl. oben, S. 504f.

18 So Walter Jens über Arthur Schnitzler; zit. nach Hanswilhelm Haefs: *Kopf-Identitäten.* In: MKMG 81 (1989), S. 14-17 (S. 16); Haefs überträgt Jens' These auf May.

19 Ebd., S. 16.

20 Willy Schlüter: *"Ardistan und Dschinnistan": - eine Denkerbotschaft.* In: KMJB 1923. Radebeul 1922, S. 64-75 (S. 71).

21 Eugen Drewermann: *Ich steige hinab in die Barke der Sonne. Alt-Ägyptische Meditationen zu Tod und Auferstehung in bezug auf Joh 20/21.* Olten, Freiburg 1989, S. 229.

22 Ebd.

23 Vgl. ebd., S. 229f.

24 Daß diese Jesaia-Vision den Verfasser von *Ardistan und Dschinnistan* inspiriert hat, ist anzunehmen. - Als weitere alttestamentliche Motiv-Quelle Mays kommt auch die Vision von der Tempelquelle (Ez 47, 1-12) in Betracht.

25 Johannes Thiele: *Die mystische Liebe zur Erde. Fühlen und Denken mit der Natur.* Stuttgart 1989, S. 80.

26 Vgl. Hildegard von Bingen: *Gotteserfahrung und Weg in die Welt.* Ausgewählt und eingeleitet von Heinrich Schipperges. Olten [3]1980 - Thiele, wie Anm. 25, S. 80-91.

27 Zit. nach Thiele: Ebd., S. 90.

28 So heißt es im *Sonnengesang*; zum Text vgl. z.B. Mario v. Galli: *Gelebte Zukunft: Franz von Assisi.* Luzern, Frankfurt/M. [6]1972, S. 212ff.

29 Vgl. Francesco Petrarca: *Dichtungen, Briefe, Schriften.* Hrsg. von Hanns-W. Eppelsheimer. Frankfurt/M. 1980 - Thiele, wie Anm. 25, S. 124-129.

30 Thiele: Ebd., S. 129.

31 Vgl. Jakob Böhme: *Sämtliche Schriften in 11 Bänden.* Hrsg. von W.E. Peuckert. Stuttgart 1955-1960 (Nachdruck der Ausgabe von 1730) - Thiele, wie Anm. 25, S. 179-192.

32 Thiele: Ebd., S. 181.

33 Ebd.

34 Ebd., S. 190.

35 Ebd., S. 184.

36 Abgesehen von Goethe (und der Bibel natürlich) findet sich keiner der hier erwähnten Autoren in der Bestandsliste von Mays Bibliothek (*Karl Mays Bücherei*. In: KMJB 1931, S. 212-291). Daß May, evtl. vermittelt durch Sekundärliteratur oder womöglich durch Sonntagspredigten, von diesen oder ähnlichen Schriften gewußt haben könnte, ist aber gut denkbar. Besonders die Ideen v. Schuberts (der aus Hohenstein stammte!) könnten May beeinflußt haben. - Vgl. Udo Kittler: *Karl May auf der Couch? Die Suche nach der Seele des Menschen*. Materialien zur Karl-May-Forschung, Bd. 9. Ubstadt 1985, S. 24-33, bes. S. 30f.

37 Ausdrücklich wird die Zugehörigkeit zu 'Sitara' allerdings nur Syrr (I, S. 155f.) und dem Hundepaar Aacht und Uucht (I, S. 156f.) zugesprochen; aber den Weg nach Dschinnistan gehen auch die anderen Tiere mit.

38 Aus dem *Sonnengesang* des Franziskus.

39 Vgl. Sibylle Becker: *Karl Mays Philosophie im Spätwerk*. Materialien zur Karl-May-Forschung, Bd. 3. Ubstadt 1977, S. 57f.

40 Claus Roxin in einem Brief vom 14.1.1990 an den Verfasser.

41 Wie Anm. 38.

42 Auch in anderen Passagen von *Ardistan und Dschinnistan* ist der Einfluß Homers erkennbar; in II, S. 7 wird Homer ausdrücklich erwähnt.

43 Der Dschebel Allah ist ein Symbol der göttlichen Trinität (vgl. unten, Anm. 51). Die 'Mutter' würde dann dem 'Heiligen Geist' entsprechen, was theologisch nicht unbedingt abwegig sein müßte. - Vgl. oben, S. 662.

44 Wie Anm. 38.

45 Vgl. Wilhelm Vinzenz: *Feuer und Wasser. Zum Erlösungsmotiv bei Karl May*. SKMG Nr. 26 (1980), S. 8f. u. 42-49.

46 Halef betet die 101. Sure des Koran (nach May die 100. Sure).

47 Wie Anm. 38.

48 Vgl. Hartmut Wörner: *Wüste und Wasser. Ein Ritt nach der Stadt der Toten*. In: JbKMG 1985, S. 152-159 (dort auch - leicht zu erweiternde - Bezüge zu früheren Werken Mays).

49 Wie Anm. 38.

50 Vgl. Wohlgschaft: *Der Mir von Dschinnistan*, wie Anm. 11, S. 8f.

51 Natürlich wird die christliche Trinitätslehre in Mays Roman nicht dogmatisch entfaltet, aber mehrfache Andeutungen gibt es immerhin. - Vgl. Britta Berg: *Religiöses Gedankengut bei Karl May*. SKMG Nr. 47 (1984), S. 28 - Wörner, wie Anm. 48, S. 155. - Auch eine autobiographische Deutung des Dschebel Allah wäre denkbar und interessant; dazu Wollschläger: *Das "eigentliche Werk"*, wie Anm. 4, S. 75.

52 Wie Anm. 38.

53 Vgl. oben, Anm. 13.

54 Vgl. Christoph F. Lorenz: *Von der Messingstadt zur Stadt der Toten. Bildlichkeit und literarische Tradition von "Ardistan und Dschinnistan"*. In: Karl May, wie Anm. 11, S. 222-243 (S. 242).

55 Vgl. bes. I, S. 371f.; I, S. 443ff.; II, S. 208 u. pass.

56 Bhagavad-Gita IX, 4; zit. nach Ignatius Puthiadam - Martin Kämpchen: *Geist der Wahrheit. Christliche Exerzitien im Dialog mit dem Hinduismus. Ein Lese- und Übungsbuch*. Kevelaer 1980, S. 154.

57 Vgl. Leonardo Boff: *Kleine Sakramentenlehre*. Düsseldorf ⁵1982.

58 Puthiadam - Kämpchen, wie Anm. 56, S. 149; ähnlich Boff, wie Anm. 57, pass. - Die traditionelle katholische Theologie kennt außer den sieben Sakramenten noch eine Reihe von 'Sakramentalien' (weniger bedeutsamen Heilszeichen); die sakramentale Deutung der ganzen Schöpfung kann sich insofern auf die katholische Tradition berufen.

59 Zit. nach Walter Brugger: *Neuplatonismus*. In: *Philosophisches Wörterbuch*. Hrsg. von Walter Brugger. Freiburg, Basel, Wien ¹²1965, S. 213ff. (S. 214).

60 Gert Ueding: *Leben aus der Totenstadt. Über Karl Mays "Ardistan und Dschinnistan"*. In: MKMG 74 (1987), S. 33ff. (S. 34).

61 Hanna-Barbara Gerl: *Erde und Himmel*. In: Christ in der Gegenwart. Katholische Wochenzeitschrift 41. Jg. (1989), Nr. 33, S. 265f. (S. 265).

62 Textbelege bei Henri de Lubac: *Der Glaube des Teilhard de Chardin*. Wien, München 1968, S. 66f.

63 Pierre Teilhard de Chardin: *Der göttliche Bereich. Ein Entwurf des Innern Lebens*. Olten, Freiburg ⁵1965, S. 144 u. 147.

64 Zit. nach Lubac, wie Anm. 62, S. 66.

65 Zur Herkunft des von May zusammengestellten Wortes 'Maha-Lama' vgl. Jürgen Pinnow: *Zu dem Ausdruck "Tau-ma".* In: MKMG 81 (1989), S. 42f. (S. 43).

66 Walter Schönthal: *Christliche Religion und Weltreligionen in Karl Mays Leben und Werk.* SKMG Nr. 5 (1976), S. 25.

67 Vgl. auch oben, S. 414 u. 642.

68 Arno Schmidt: *Abu Kital. Vom neuen Großmystiker.* In: Ders.: *Dya Na Sore. Gespräche in einer Bibliothek.* Karlsruhe 1958. Wiedergegeben in: *Karl May.* Hrsg. von Helmut Schmiedt. Frankfurt/M. 1983, S. 45-74 (S. 46), verweist auf die platonische Anamnese-Theorie.

69 Vgl. Herbert Vorgrimler: *Der Tod im Denken und Leben des Christen.* Düsseldorf 1978, S. 135.

70 Vgl. oben, S. 602.

71 Eine ausgewogene und differenzierende theologische Bewertung der 'Reinkarnationslehre' finden wir z.B. bei Vorgrimler, wie Anm. 69, S. 131-137 - Hans Küng: *Ewiges Leben?* München, Zürich 51985, S. 85-90.

72 Insofern denkt May wohl 'neuplatonisch'! - Vgl. Heinz Stolte: *Der Volksschriftsteller Karl May. Beitrag zur literarischen Volkskunde* (Reprint der Erstausgabe von 1936). Bamberg 1979, S. 66f. - Berg, wie Anm. 51, S. 26f.

73 Vgl. oben, S. 647.

74 Wie Anm. 13.

75 Vgl. z.B. Hans Wollschläger: *Das Alterswerk.* In: Karl May's Gesammelte Werke, Bd. 34 *"Ich".* Bamberg 211958, S. 353-370 (S. 368).

76 Vgl. Wollschläger: *Das "eigentliche Werk",* wie Anm. 4, S. 71 - Horst Friedrich: *Nochmals Johannes Kochta.* In: MKMG 81 (1989), S. 36ff.

77 Karl Rahner: *Mystik (V. Theologische Interpretation).* In: *Herders theologisches Taschenlexikon,* Bd. 5, wie Anm. 9, S. 145f. (S. 145)

78 Zum Begriff und zum Wesen der Mystik vgl. Heribert Fischer: *Mystik (I.-IV.).* In: Ebd., S. 137-144.

79 Vgl. oben, S. 598f. u. 676ff.

80 Vgl. Bernhard Welte: *Das Licht des Nichts. Von der Möglichkeit neuer religiöser Erfahrung.* Düsseldorf 1980, bes. S. 37-43.

81 Vgl. oben, S. 641.

82 Was mit Bezug auf den *Friede*-Roman gesagt wurde (vgl. oben, S. 613ff.), gilt auch für *Ardistan und Dschinnistan.*

83 Vgl. Fischer, wie Anm. 78, S. 142f. - Welte, wie Anm. 80, S. 57ff. - Wenn May verschiedene Elemente der indischen und chinesischen Spiritualität mit dem Christentum verbindet (z.B. I, S. 371ff.), so ist das, religionsgeschichtlich gesehen, durchaus legitim: Die christliche Mystik wurde von der östlichen Mystik tatsächlich beeinflußt (nach Fischer ebd.).

84 Wollschläger: *Das Alterswerk,* wie Anm. 75, S. 368.

85 Eckard Etzold: *Karl May: Am Ort der Sichtung. Ein literarisches Todesnähe-Erlebnis.* SKMG Nr. 81 (1989), S. 43 (Anm. 33; dort auch das folg. Zitat); Etzold verweist auf Hans Jonas: *Gnosis und spätantiker Geist. Erster Teil: Die mythologische Gnosis.* Göttingen 41988, S. 179f.

86 Etzold: Ebd.

87 Rahner: *Mystik,* wie Anm. 77, S. 146; dort auch das folg. Zitat.

88 (Anonymus): *Nachwort.* In: Karl May's Gesammelte Werke, Bd. 32 *Der Mir von Dschinnistan.* Bamberg 51.-70. Tsd. 1955, S. 469-483 (S. 480); ebd., S. 479, wird - im Kommentar zu Hadschi Halef - ein Gegensatz von 'Leib' und 'Seele' konstruiert, der Mays Intention eher verdunkelt als erhellt.

89 Vgl. Arno Schmidt: *Sitara und der Weg dorthin. Eine Studie über Wesen, Werk & Wirkung Karl Mays.* Karlsruhe 1963 (Reprint Frankfurt/M. 1985), pass.; dazu Lorenz, wie Anm. 54, S. 235 u. 241.

90 Vgl. Gerl, wie Anm. 61, S. 265.

91 Dieses Motiv begegnet uns schon in Mays Kolportageroman *Waldröschen* (1882-84): Doktor Sternau erweckt die ohnmächtige (und wahnsinnig gewordene) Gräfin Rosa de Rodriganda zu neuem und schönerem Leben (Karl May: *Waldröschen oder die Rächerjagd rund um die Erde.* Bd. I. Reprint Leipzig 1988, S. 280ff.).

92 Papst Pius XII. hat dieses - auf die Frühzeit des Christentums zurückgehende - Glaubenssymbol am 1.11.1950 dogmatisiert.

93 Zur Deutung des Mariendogmas von 1950 vgl. - besonders hilfreich - Karl Rahner: *Maria, Mutter des Herrn. Theologische Betrachtungen*. Freiburg, Basel, Wien [5]1965, S. 85-95.

94 Vgl. Johann B. Metz: *Leiblichkeit*. In: *Handbuch theologischer Grundbegriffe II*. Hrsg. von Heinrich Fries. München 1963, S. 30-37.

95 Ein bekanntes Wort des Theologen und Theosophen Friedrich C. Oetinger (1702-1782); zit. nach Gerl, wie Anm. 61, S. 265.

96 Gerl: Ebd., S. 266.

97 Bernd Steinbrink: *Vom Weg nach Dschinnistan. Initiationsmotive im Werk Karl Mays*. In: JbKMG 1984, S. 231-248 (S. 241 mit Verweis auf den Religionswissenschaftler Mircea Eliade). - Vgl. oben, S. 640f.

98 Vgl. oben, S. 640.

99 Vgl. Wilhelm Koch: *Karl Mays Baukunst und ihre Symbolik*. In: KMJB 1918. Breslau 1918, S. 113-125 (S. 120ff.).

100 Vgl. die alttestamentliche Gerichtsszene im Buch Daniel (Dan 7, 9f.); dieser Szene (ebenso Offb 20, 11ff.) dürfte May einige Motive entnommen haben.

101 Hansotto Hatzig: *Der 'Mir von Dschinnistan. Karl Mays Textvarianten*. In: MKMG 30 (1976), S. 23-32 (S. 28).

102 Sahlberg, wie Anm. 11, S. 196.

103 Vgl. oben, S. 602ff.

104 Karl May: *Mein Leben und Streben*. Freiburg 1910. Hrsg. von Hainer Plaul. Hildesheim, New York [2]1982, S. 212.

105 Auf Offb 20 als "Quelle" der Gerichtsszene in der Totenstadt verweist auch Gert Ueding: *Der Traum des Gefangenen. Geschichte und Geschichten im Werk Karl Mays*. In: JbKMG 1978, S. 60-86 (S. 73); vgl. oben, Anm. 100.

106 Gerhard v. Rad: *Das erste Buch Mose*. Das Alte Testament Deutsch 2/4. Göttingen [8]1967, S. 182.

107 Vgl. Joseph Ratzinger: *Stellvertretung*. In: *Handbuch theologischer Grundbegriffe II*, wie Anm. 94, S. 566-575 (S. 566) - Leo Scheffczyk: *Stellvertretung*. In: *Herders theologisches Taschenlexikon*, Bd. 7. Hrsg. von Karl Rahner. Freiburg, Basel, Wien 1973, S. 148-150 (S. 148).

108 Ratzinger, wie Anm. 107, S. 566.

109 Ebd., S. 575.

110 Vgl. Scheffczyk, wie Anm. 107, S. 149.

111 Ebd.

112 Vgl. ebd. u. oben, S. 624ff.

113 Ratzinger, wie Anm. 107, S. 571 - Zur Stellvertretungs-Thematik aus evangelischer Sicht vgl. z.B. Karl Barth: *Kirchliche Dogmatik II/2*. Zollikon, Zürich 1942, S. 375-453 - Emil Brunner: *Der Mittler*. Zürich [4]1947, S. 443-466 - Dorothee Sölle: *Stellvertretung. Ein Kapitel Theologie nach dem "Tode Gottes"*. Stuttgart, Berlin [3]1966.

114 Franz-Josef Nocke: *Eschatologie*. Düsseldorf 1982, S. 133.

115 Ratzinger, wie Anm. 107, S. 568.

116 Berg, wie Anm. 51, S. 24.

117 Vgl. Ernst Seybold: *Aspekte christlichen Glaubens bei Karl May*. SKMG Nr. 55 (1985), S. 20f.

118 Vgl. oben, S. 647.

119 Marah Durimehs Rede enthält auch chauvinistische Tendenzen, die im späteren Handlungsverlauf aber keine ernsthafte Rolle spielen.

120 Vgl. Stolte: *Weltfriedensgedanke*, wie Anm. 3, S. 94-98 - Schon Schlüter, wie Anm. 20, S. 75, würdigt die Friedensidee in *Ardistan und Dschinnistan*.

121 Vgl. Helmut Schmiedt: *Karl May. Studien zu Leben, Werk und Wirkung eines Erfolgsschriftstellers*. Frankfurt/M. [2]1987, S. 132ff. - Wagner, wie Anm. 13, S. 38f.

122 Nach Klara May: *Marah Durimeh. Wie hätte Karl May die Fortsetzung von "Jenseits" und "Ardistan und Dschinnistan" gestaltet?* In: KMJB 1921. Radebeul 1920, S. 115-119 (S. 117), hatte der Schriftsteller gehofft, daß der deutsche Kaiser seinen Roman lesen und beherzigen würde! - Vgl. Schmidt: *Sitara*, wie Anm. 89, S. 317.

123 Walther Ilmer: *Mit Kara Ben Nemsi 'im Schatten des Großherrn'. Beginn einer beispiellosen Retter-Karriere.* In: JbKMG 1990, S. 287-312 (S. 309).

124 Aus der - von May selbst verfaßten - Ankündigung des Fehsenfeld-Verlags; zit. nach Wollschläger: *Das "eigentliche Werk"*, wie Anm. 4, S. 67.

125 Vgl. oben, S. 685f.

126 Ueding: *Der Traum des Gefangenen*, wie Anm. 105, S. 82; daß "das Sinnzentrum von Mays Erzählungen" nur "die säkularisierte Rettung von Heilsgeschichte" (ebd., S. 83) sei, ist allerdings sehr zu bezweifeln.

127 Steinbrink, wie Anm. 97, S. 246.

128 Vgl. Hansotto Hatzig: *Karl May und Sascha Schneider. Dokumente einer Freundschaft.* Beiträge zur Karl-May-Forschung 2. Bamberg 1967, S. 164.

129 Vgl. May: *Mein Leben und Streben*, wie Anm. 104, S. 144.

130 Vgl. (Anonymus): *Nachwort*, wie Anm. 88, S. 482: "Der Engel von El Hadd ist das Sinnbild Christi selbst."

131 Pierre Teilhard de Chardin: *Die Zukunft des Menschen.* Olten 1963, S. 353f.

132 Karl Rahner: *Die Friedensbewegung ist eine Hoffnung für viele.* In: *Glaube in winterlicher Zeit. Gespräche mit Karl Rahner aus den letzten Lebensjahren.* Hrsg. von Paul Imhof und Hubert Biallowons. Düsseldorf 1986, S. 102ff. (S. 104).

133 Vgl. Nocke, wie Anm. 114, S. 79-99.

134 Vgl. Küng, wie Anm. 71, S. 90ff.

135 Ebd., S. 271.

136 Karl Rahner: *Über die theologische Problematik der "Neuen Erde".* In: Ders.: *Schriften zur Theologie VIII.* Einsiedeln, Zürich, Köln 1967, S. 580-592 (S. 584 mit Bezug auf das II. Vatikanische Konzil: *Die pastorale Konstitution über die Kirche in der Welt von heute* "Gaudium et spes", Nr. 39).

137 Vgl. II. Vatikanisches Konzil: *Die dogmatische Konstitution über die Kirche* "Lumen Gentium", Nr. 35.

138 Ebd., Nr. 34; vgl. ebd., Nr. 57.

139 Ebd., Nr. 38.

140 Rahner: *Problematik*, wie Anm. 136, S. 586f.

141 Ebd., S. 590.

142 Ebd., S. 589.

143 Ebd.

144 Ebd., S. 590.

145 Nocke, wie Anm. 114, S. 93.

146 Rahner: *Problematik*, wie Anm. 136, S. 588f.

147 Küng, wie Anm. 71, S. 272. - Wenn Gott sich in jedem Fall durchsetzt, stellt sich natürlich die Frage nach der Möglichkeit und der Wirkung eines menschlichen Widerstandes gegen Gott; nach May kann die "Torheit der Menschen" die Ausführung des göttlichen Willens "höchstens erschweren und verzögern, nicht aber verhindern." (II, S. 352).

148 Vgl. Heinz Stolte: (Werkartikel zu) *Ardistan und Dschinnistan I/II.* In: *Karl-May-Handbuch.* Hrsg. von Gert Ueding in Zusammenarbeit mit Reinhard Tschapke. Stuttgart 1987, S. 308-320 (S. 313) - Ders.: *Weltfriedensgedanke*, wie Anm. 3, S. 98.

149 Vgl. Martin Schenkel: *Ecce homo! Zum heilsgeschichtlichen Friedensmythos in Karl Mays Reiseerzählung "Und Friede auf Erden!".* In: *Karl May*, wie Anm. 11, S. 191-221 (S. 192f.).

7   *Winnetou IV* oder Die Umkehr zur Liebe

Mays letzter Roman und sein letztes Erzählwerk überhaupt ist der IV. Band *Winnetou* (1909/10). Die Botschaft dieses Romans entspricht der Theologie, den ethischen Überzeugungen und gesellschaftspolitischen Wunschvorstellungen, die - mehr oder weniger ausgeprägt - auch in den übrigen Spätwerken unseres Autors zu finden sind. May vertritt engagiert das Grundprinzip der Liebe, den Versöhnungsgedanken und, sehr deutlich, auch das ökologische Interesse:[1] die Bewahrung der Schöpfung angesichts des Raubbaus mit der Natur.

Im Zentrum des Romans steht das Schicksal der Indianer: des Volkes, dem die weißen Eroberer - im Zeichen des Kreuzes, unter dem Deckmantel des Christentums - so schreckliches Unrecht getan hatten. Doch May, der Visionär, sieht - ebenfalls im Zeichen des Kreuzes - eine neue Perspektive: für die Zukunft der Menschheit und speziell auch der Indianer! Heute,[2] also 500 Jahre nach der 'Entdeckung' Amerikas durch Kolumbus, hat *Winnetou IV* an Aktualität noch gewonnen. Zur heutigen Diskussion über die fragwürdige, in Völkermord und brutale Unterdrückung verstrickte 'Christianisierung' Amerikas[3] könnte Mays Roman als bemerkenswerter Beitrag gelesen werden.

Nicht so pointiert in *Winnetou IV*, um so betonter aber im Einführungskapitel von *Ardistan und Dschinnistan* sowie in Briefen an Prinzessin Wiltrud sieht May die 'indianisch-germanische Rasse' in einer besonderen - weltgeschichtlichen - Rolle:

"Da drüben liegt Amerika [...] Dort lebt der rote Mann, von dem ihr meint, daß er dem Untergange gewidmet sei. Ihr irrt. Dieser rote Mann stirbt nicht [...] Es gibt ein übermächtiges, weltgeschichtliches Gesetz, welches befiehlt, daß der mit dem Schwert Besiegte mit dem Spaten dann der Sieger sei. Der gegenwärtige Yankee wird verschwinden, damit sich an seiner Stelle ein neuer Mensch bilde, dessen Seele germanisch-indianisch ist. Diese neue amerikanische Rasse wird eine geistig und körperlich hochbegabte sein [...] Sie wird sich aller geistigen Triebkräfte des Abendlandes bemächtigen, und wehe dem alten Europa, wenn es dem nichts Anderes entgegenzusetzen hat, als nur die alten Vorurteile, die alte Selbstüberhebung, die alten Kultursünden und - - die alten Kanonen!"[4]

In *Winnetou IV* werden diese Gedanken aufgegriffen. Aber die, zweifellos skurrile, Idee von der 'indianisch-germanischen Rasse' tritt in den Hintergrund und wird nicht weitergesponnen. Und ein freundliches Wort findet der Dichter nun auch für die Yankees (S. 57f.).[5] Auch der 'gelben Rasse', den orientalischen Völkern und den Europäern gilt, nach wie vor, die Sympathie Karl Mays.[6] Gewiß, marginal finden sich - gegen 'Mischlinge' (S. 306) oder Armenier (S. 304) - auch in *Winnetou IV* manche Vorurteile. Solche Ausrutscher sind zu bedauern. Sie werden aber nicht ausgebaut zur 'rassistischen Lehre' und sollten nicht überinterpretiert werden.

Von zeitgenössischen Modellen oder "gar von den nationalsozialistischen Wahngebilden" trennen die 'Rassentheorie' Karl Mays ganze "Welten".[7] Denn die unantastbare Würde, die grundsätzliche Gleichwertigkeit aller Menschen vertritt der Autor, sehr betont, auch in *Winnetou IV*. Individuelle Rangunterschiede werden zwar nicht geleugnet; aber niemand steht, nach der Auffassung Mays, allein schon aufgrund seiner Zugehörigkeit zu einem bestimmten Volk, einer bestimmten Klasse oder einer bestimmten Religion über anderen Leuten. Auch der Bildungsgrad begründet keinen Unterschied im Wert einer Person; auch der Künstler steht nicht über anderen Menschen (S. 443). Und auch die Geschlechter, Frauen und Männer, sieht May als absolut gleichwertig an.

Günter Scholdt wandte zwar ein: "Patriarchalische Vorstellungen behaupten trotz gegenteiliger Beteuerungen weiter das Denken"[8] im letzten Roman Karl Mays. Doch dies ist eine Behauptung, die dem Textbefund nicht entspricht.

Dachte Scholdt an die zahlreichen Häuptlinge, die in der Tat eine große Rolle spielen in *Winnetou IV*? Aber patriarchalisch - im Sinne von absolutistisch - herrschen diese Häuptlinge keineswegs! Selbst Kiktahan-Schonka, der böse Anführer der Sioux, hat keine Macht über die 'Jungindianer' (S. 160) und erst recht keine Macht über die 'Jungindianerinnen' (S. 210). Und Frauen wie Aschta kennen ohnehin "keinen Häuptling über sich" (S. 160).

Vielleicht dachte Scholdt an Tatellah-Satah, den greisen und ehrwürdigen 'Bewahrer der großen Medizin', den May als "Gebieter" beschreibt und mit den "alten, südamerikanischen" Herrschern vergleicht (S. 402). Aber autoritär wirkt auch dieser Mann nicht. Seine Macht ist durchaus begrenzt. Er bestimmt nicht allein und läßt auch Andersdenkende "mit entscheiden" (S. 516).

Der Tyrannei, dem Machtstreben setzt May die dienende Liebe entgegen. Auch in *Winnetou IV* will der Dichter zugleich ein Prediger sein: "Ich möchte der Menschheit meinen Glauben geben, meine Liebe, meine Zuversicht, mein Licht, meine Wärme, meinen - - - Gott!"[9]

Despotische Herrschaftsstrukturen sind für May der Ausdruck und die Folge der Sünde (S. 279), des Abfalls von Gott! 'Freiheit, Gleichheit, Brüderlichkeit' - diese Ideale sind für May theologisch begründet: Da Gott der Vater aller Menschen ist, sollen alle zu Geschwistern werden und soll es keine Herrschaft geben von Menschen über Menschen (S. 438f.).[10]

Winnetou IV ist, wie alle Spätwerke Mays, theologische Poesie: nach Günter Scholdt die "Frucht eines [...] Synkretismus, in dem von [...] Christus bis Winnetou, dem indianischen Pendant, die globale Einheitsreligion ersehnt und verkündet wird." Allerdings liege der ganzen Erzählung, wie Scholdt hinzufügt, "letztlich unangefochten die interpretatio Christiana zugrunde"![11]

Mays Empfinden ist religiös, und sein Roman ist, ganz ohne Zweifel, inspiriert von der biblischen, vor allem der neutestamentlichen Theologie. Und doch könnte gefragt werden: Ist *Winnetou IV* eine SPEZIFISCH christliche Dichtung? Diese Frage exakt zu beantworten, ist - wie sich zeigen wird - gar nicht so einfach.

May ist ein Hakawati, ein Märchenerzähler. Biblische Bilder, christliche Verkündigung, aber auch mythologische Poesie, Märchen- und Traumelemente, dies alles enthält der Roman.[12] Nicht nur theologische, auch tiefenpsychologische Erkenntnismittel sind also erforderlich, um die Botschaft dieser Erzählung (wie der übrigen Alterswerke Mays) interpretieren zu können.

Manche Thesen des Theologen, Kirchenkritikers und Psychotherapeuten Eugen Drewermann könnten, wie früher schon angedeutet wurde,[13] sehr hilfreich sein zum Verständnis auch der Spätwerke Mays. Denn Drewermanns Methode, die Philosophie, die Theologie, die vergleichende Religionswissenschaft und die Tiefenpsychologie miteinander zu verbinden und aus dieser Sicht Märchen, Mythen und biblische Schriften zu interpretieren, könnte auch ein Schlüssel sein, der Bücher wie *Winnetou IV* zu erschließen vermag.

Als "theologischer Dichter"[14] findet Drewermann in der Öffentlichkeit sehr weitgehende Anerkennung. Als CHRISTLICHER Theologe jedoch ist er heftig umstritten. Sogar mit

Lehr- und Predigtverbot wurde er von der Kirchenleitung bestraft. Aber - was hat dies mit May und *Winnetou IV* zu tun?

Das 'Karl-May-Problem' und der 'Streitfall Eugen Drewermann' sind insofern nicht zu vergleichen, als May kein Fachtheologe war und keine theoretischen Abhandlungen über Mythen und biblische Stoffe verfaßt hat. Auch konnte May, als Lutheraner, von katholischen Lehramtsvertretern ja gar nicht belangt werden. Auf Angriffe von seiten katholischer Publizisten hat er sich aber doch eingelassen.[15] Allerdings hat er, im Gegensatz zu Drewermann, die Konfrontation mit krichlichen Gegnern nicht gesucht! Seinen Widersachern gegenüber - sofern sie nicht, wie Pöllmann,[16] geradezu bösartig waren - zeigte May sich durchaus versöhnungsbereit.

Trotz solcher Unterschiede gibt es zwischen May und Drewermann doch interessante Parallelen. Das prophetische Sendungsbewußtsein und - darüber hinaus - der Anspruch, eine umfassende, im Erkennen der 'Menschheitsseele' begründete UND an der Botschaft Jesu orientierte Deutung der Welt und des menschlichen Daseins zu liefern, sind für beide Autoren bezeichnend. Aber auch die Kritik, die Mays Spätwerk erfuhr: die theologische Beanstandung durch Paul Rentschka vor allem,[17] entspricht zum Teil jenen Punkten, die heute auch Drewermann zum Vorwurf gemacht werden.

Wichtige, in *Winnetou IV* durchgängig berührte, den ganzen Roman strukturierende Themen der Theologie sind im folgenden zu besprechen. Drewermanns Versuch, zwischen Tiefenpsychologie, Religionswissenschaft und christlicher Theologie zu vermitteln, soll dabei - als Orientierungshilfe zur Deutung von *Winnetou IV* - besonders berücksichtigt werden.

7.1 Das verlorene Paradies oder Die Folgen der Erbsünde

Das eigentliche Thema in *Winnetou IV* ist die Befreiung des Menschen aus seiner Verstrickung in persönliche Schuld und in überpersönliche Schuld-Zusammenhänge. Die persönliche Schuld des Individuums unterscheidet May von der 'Sünde der Welt', von den - ererbten und weitergezeugten - "Strukturen des Bösen" (Drewermann):[18] von jenem Verhängnis, das alle betrifft und das Verhalten des einzelnen mit bestimmt.

"Die christliche Kirche", heißt es in Mays Selbstbiographie, nennt dieses Verhängnis die "Erbsünde". Der Dichter fügt hinzu: "Die Vorväter und Vormütter kennen, heißt, die Kinder und Enkel begreifen"![19] In *Winnetou IV* wird dieser Zusammenhang der Generationen - der Zusammenhang von persönlicher Schuld und gemeinsamer 'Erbsünde' - poetisch zur Sprache gebracht.

Sander, der Mörder Intschu-tschunas und Nscho-tschis, hat den Drang zum Mord und zur Selbstvernichtung an seine Kinder "vererbt" (S. 261). Über den - psychiatrisch interessanten (S. 244ff.) - Einzelfall der Familie Sander hinaus und übertragen auf die 'rote Rasse' bzw. die Menschheit überhaupt, begegnet die Erbschuld-Thematik im Dschinnistan-Mythos des Indianerromans.

7.1.1 Urbilder der Sehnsucht

Der 'junge Adler' beschreibt die fernste Vergangenheit der Indianer, die Zeit, da Amerika noch mit Asien verbunden war:[20] Über die Gesandten der Königin Marimeh - Marah Durimeh, die 'Menschheitsseele', ist gemeint - standen die Indianer in innigster Verbindung mit Gott. Das 'Schutzengel-Gesetz von Dschinnistan'[21] wurde eingeführt in Amerika: "Der Himmel wohnte auf Erden. Das Paradies stand weit geöffnet. Es gab keinen Unterschied mehr zwischen Engel und Mensch, weil jeder Mensch ein Engel war, nämlich der Schutzengel eines andern." (S. 277)

Die Indianer aber - erklärt der 'junge Adler' -

"hatten keinen Dank für das Gesetz von Dschinnistan. Sie hatten keine entgegenkommende Tat für Manitou, für die Königin Marimeh, für die Erhaltung ihres Paradieses, ihrer Seligkeit, ihres Glückes. Das ist die große, die unverzeihliche Sünde unserer Ahnen, deren Folgen wir zu tragen haben bis auf den heutigen Tag! [...] Der Himmel verließ die Erde. Das Paradies verschwand. Die Liebe starb [...] Die Herrscher wurden zu Despoten, die Patriarchen zu Tyrannen. Hatte es erst nur ein Gesetz der Liebe gegeben, so regierte nun nur noch ein Gesetz des Zwanges. Was vorher segnete, das fluchte; was vorher zusammenstrebte, das bestand jetzt darauf, sich zu meiden. Die einzig mögliche Rettung schien in der Hand der Macht, der schonungslosen Strenge zu liegen. Und sie kamen, die Bedrücker, die Zuchtmeister, die Gewaltherrscher. Sie regierten mit eisernen Fäusten" (S. 278f.).

Den Gedanken eines ursprünglichen, durch menschliche Schuld verlorenen Paradieses finden wir auch in anderen Spätwerken Mays[22] und auch sonst in der Literatur. Wie jeder weiß, kennt auch die Bibel - die Urgeschichte des Jahwisten (Gen 2, 4b-25 u. 3, 1-24) - diese Vorstellung. Aber nicht nur der jüdisch-christlichen Tradition ist dieser Gedanke vertraut! Auch in anderen Religionen, auch in den Märchen und Mythen der Völker[23] ist die Sehnsucht nach dem verlorenen Paradies "in unzähligen Variationen"[24] verbreitet. Daraus aber folgt: Das verlorene Paradies ist ein archetypisches Bild der 'Menschheitsseele' schlechthin.

Psychoanalytisch gesehen mischen sich in die Bilder vom verlorenen Paradies die frühkindlichen Erinnerungen an die Zeit der Geborgenheit im Schoße der Mutter (oder, nach der Geburt, am Leib der Mutter).[25] Tiefenpsychologisch gedeutet ist das ursprüngliche Paradies ein Muttersymbol![26] Wenn also May das Paradies mit der 'Königin Marimeh', der 'großen Mutter'[27] (die zugleich die Menschheitsseele ist), in Verbindung bringt, so ist dies sicher kein Zufall: keine willkürliche Erfindung, sondern ein archetypisches Bild - einer tiefenpsychologischen Einsicht entsprechend.

Als Muttersymbol verstanden ist das ursprüngliche Paradies eine regressive Vorstellung. Negativ darf der Begriff 'Regression' hier freilich nicht gewertet werden! Wie Drewermann - im Anschluß an Sigmund Freud, C.G. Jung u.a. - erklärt, hat der 'Rückschritt', das Zurückgehen auf den mütterlichen Ursprung einen konstruktiven Sinn: Nach Freud "regrediert die psychische Energie unter dem Überdruck aktueller ANGST, und ihr Weg nach rückwärts möchte gerade auf einem Umweg wieder zu den Stationen des [...] geglückten Lebens zurückfinden, die im Unbewußten erinnert werden, um davon nach vornehin anknüpfen zu können."[28]

C.G. Jung ging noch weiter. Die Regression verband er nicht nur, wie Freud, mit der Entwicklung des Individuums, sondern ebenso "mit den kollektiven Urbildern der Sehnsucht": mit Bildern der Hoffnung, die "in den Tiefenschichten der menschlichen Psyche" ihren Grund besitzen und "aus dem Erbe der Menschheitsentwicklung"[29] ihre - helfende - Kraft beziehen.

Das Studium der psychischen Krankheiten brachte Jung zu der These, daß solche Erkrankungen - auf dem Umweg der Regression - die (im 'kollektiven Unbewußten': in der 'Menschheitsseele' verwurzelten) Kräfte der Selbstheilung in der Seele des Kranken zu aktivieren vermögen. Der 'Abstieg' zu den Hoffnungsbildern der Menschheitsseele, die 'Rückkehr zum verlorenen Paradies' ist also erforderlich, um 'von neuem geboren' zu werden (vgl. Joh 3, 3).[30]

In *Winnetou IV* finden wir diese heilende Rückerinnerung - universal - im Paradies der Königin Marimeh und - individualpsychologisch - im Heilungsprozeß der psychisch erkrankten, von "Angst" (S. 72) besetzten, von der Schuld des Vaters gezeichneten Sander-Brüder: Die Sanders kehren zurück zum Nugget-Tsil, dem Ort des väterlichen Verbrechens; und sie kehren, noch weiter, zurück zur Güte der "Mutter", die gerne verzeiht (S. 269)! Der Weg in die bessere Zukunft: der Aufstieg nach Dschinnistan, dem Lande der Schutzengel, dem Reich der unendlichen Liebe, kann nun beginnen.

Die Erfahrung der Krankheit, auch der psychosomatischen Krankheit, ist eine menschliche Grunderfahrung. Aber auch die Erfahrung der 'Krankheit' im theologischen Sinne: die Erfahrung der Schuld, der verweigerten Liebe, der Entfernung von Gott, ist eine Urerfahrung des Lebens. Die Erinnerungsbilder eines frühkindlichen Paradieses können freilich, so Drewermann, schon "die ersten Verdichtungen einer Sehnsucht" sein, "die unser ganzes Wesen ausmacht"[31] und - letztlich - die Rückkehr zu Gott, zur göttlichen Liebe zum Ziel hat.

Die Sehnsucht nach (unendlicher) Liebe, das Verlangen nach Heilung, nach einem neuen - von der Angst und der Last einer dunklen Vergangenheit befreiten - Lebensbeginn findet sich, antizipiert, in den Hoffnungsbildern des verlorenen, immer neu zu suchenden Paradieses. Marimeh, die Königin dieses Paradieses, ist - theologisch gedeutet - dann nicht nur die leibliche Mutter, auch nicht nur die Menschheitsseele, sondern: Gott selbst, das mütterliche Antlitz der göttlichen Gnade.[32]

"Manitou" und "Königin Marimeh" werden im Dschinnistan-Mythos Karl Mays, bezeichnenderweise, kaum unterschieden. Sie gehören zusammen: als 'väterliche' Kraft, als 'mütterliches' Antlitz des einen Gottes, der unendliche Liebe ist und dem Menschen - der zur Liebe befreiten Existenz - unendliche Zukunft und bleibende Heimat (Joh 14, 2f.) verheißt.

7.1.2 'Wir verbannten Kinder Evas'

Wie die Bibel und die Mythen der Völker berichtet auch der Dschinnistan-Mythos von einer Zeit, da Himmel und Erde noch miteinander vereint waren. Erst durch menschliche Schuld: einen urzeitlichen Frevel, dessen "Folgen wir zu tragen haben bis auf den heutigen Tag" (S. 278), sei die Einheit von Himmel und Erde zerbrochen und die Liebe (die Einheit des Menschen mit Gott und der Schöpfung) gestorben! Wie ist nun aber, historisch gesehen, diese Vision zu beurteilen?

Daß der Dschinnistan-Mythos Karl Mays kein historischer Bericht, sondern ein 'Traum', eine poetische 'Utopie'[33] ist, versteht sich von selbst. Aber auch die biblische, die jahwistische Erzählung will, wie Drewermann erläutert,[34] keinen historischen Tatbestand, sondern - in bildhafter Ausdrucksweise - einen idealen Zustand beschreiben, in dem der Mensch sich befinden müßte, wenn er mit Gott, seinem Schöpfer, in Einheit leben würde.

Die Erzählstoffe, die der 'Jahwist' - ein anonymer Verfasser bzw. Redaktor: ein großer Theologe und inspirierter Dichter des 9. oder 8. Jahrhunderts vor Christus - in seiner Urgeschichte gesammelt, poetisch gestaltet und theologisch erhellt hat, sind "zum Teil weltweit verbreitet und sicher nicht hebräischen oder auch nur semitischen Ursprungs".[35] Das aber heißt: Nicht nur das - in der 'Rückkehr zur Mutter', zur Geborgenheit des Ursprungs, wiedererinnerte - Paradies (Gen 2), sondern die ganze jahwistische Urgeschichte, auch der Sündenfall und seine Folgen (Gen 3 bis 11, 9), sind "menschheitlich"[36] zu verstehen: Die Denkweise, die diesen alttestamentlichen Erzählungen zugrundeliegt, entspricht der Urerfahrung, der "Kollektivseele" (C.G. Jung)[37] des Menschen überhaupt.

Schildert die Paradies-Geschichte den Menschen, wie er sein sollte und wie er von Gott gewollt ist, so stellen uns die Erzählungen vom Sündenfall und seinen Folgen (bis hin zur Menschheits-Zersplitterung nach dem 'Turmbau zu Babel') den gefallenen Menschen vor Augen, der die Einheit mit Gott nicht kennt und sich selbst entfremdet ist. Die bedrängte, die gnadenlose Existenz in der Ferne von Gott wird gezeigt: "ein Sein zum Tode, ein Kreislauf der Vergeblichkeit von Staub zu Staub"![38] Die jahwistische Schilderung der Ursünde, des "peccatum originale" (Augustinus),[39] ist also ein "Spiegel, in dem die ganze Menschheit und ein jeder für sich sein Antlitz sehen [...] kann: mit seinen [...] Erbärmlichkeiten und Nichtigkeiten".[40]

Mit Paradies und Sündenfall will der Jahwist - wie May in *Winnetou IV* - den Widerspruch zwischen ursprünglicher (von Gott gewollter) Größe und tatsächlichem Elend des Menschen beschreiben. Er will - so Drewermann -

den Kontrast aufzeigen zwischen der eigentlichen Bestimmung des Menschen und dem, was in der Abwendung von Gott [...] seine Wirklichkeit bestimmt; er möchte deutlich machen, daß das gegenwärtige Leben mit der dunklen Aussichtslosigkeit des Todes vor Augen, mit seiner Sinnlosigkeit und Vergeblichkeit [...] das Los von Menschen sein muß, die sich [...] von Gott entfernt haben.[41]

Gen 3 bis 11, 9 will zur Anschauung bringen, wie das Böse - immer mehr - vom Menschen Besitz ergreift. Die Entfernung des Menschen von Gott wird, sehr finster und pessimistisch, als fortschreitende Entwicklung betrachtet, die letztlich zur Katastrophe führt.[42] Die jahwistische Urgeschichte zeichnet ein düsteres Bild des Menschen und der Geschichte der Völker. Denn die biblische Erzählung macht - einem Fachmann für alttestamentliche Exegese zufolge -

sichtbar, wie die [...] Verkehrtheit des menschlichen Wesens sich im Lauf der Menschheitsgeschichte auf allen Lebensgebieten durchsetzt [...] So erscheint die ganze Menschheit in einer Situation der Gottesferne, die durch die Sünde heraufbeschworen wurde und die es den Menschen unmöglich macht, aus eigener Kraft den Weg zu Gott einzuschlagen.[43]

Eine dogmatische 'Erbsünden-Lehre', eine ausdrückliche Theorie, wonach die Sünde der Stammeltern auf die Nachkommen übergegangen sei, findet sich in der jahwistischen Urgeschichte und auch sonst im Alten Testament allerdings nicht.[44] Auch in den Jesus-Worten der Evangelien gibt es nur wenige "entfernte Anspielungen"[45] auf den ersten Sündenfall. Die kirchliche Erbsünden-Lehre, auf die sich May in der Selbstbiographie bezieht und die, implicite, auch *Winnetou IV* zugrundeliegt, hat in Gen 3 bis 11, 9 aber doch einen Anhalt. Und im Römerbrief des Apostels Paulus (Kap 5-7) hat diese Lehre eine, wenn auch mehrdeutige,[46] systematische Grundlage.

Die Not, die Entfremdung, das Elend der 'verbannten Kinder Evas', die Zerrissenheit, die "Spaltung des menschlichen Innern" als "Bild der Menschheitsspaltung überhaupt",[47] die zwanghafte Verkettung, in die die Ursprungssünde den Menschen hineinzieht, hat Paulus so ausgedrückt: "Ich begreife mein Handeln nicht. Denn ich tue nicht das, was ich will, sondern das, was ich hasse [...] Dann aber bin nicht ich es, der so handelt, sondern die in mir wohnende Sünde." (Röm 7, 15.17)

Nach dieser Auffassung gibt es also eine Fremdbestimmung, eine dämonische 'Besessenheit', eine vorpersonale, der Freiheit des einzelnen vorausliegende Macht des Bösen: eine "Vernunft der Negation",[48] die von Menschen, die sich treiben lassen und nach dieser 'Logik' handeln, konsequent Besitz ergreift. An das Jesus-Wort könnten wir denken:

"Ihr habt den Teufel zum Vater, und ihr wollt das tun, wonach es euren Vater verlangt. Er war ein Mörder von Anfang an." (Joh 8, 44)

In den Sander-Söhnen, besonders in Sebulon (dessen Name aufs 'Land der Heiden' verweist, in das der Erlöser, Jesus Christus, gesandt ist[49]), hat May diese Verstrickung konkret geschildert: Sie "kämpfen mit dem Mordzwange Tag und Nacht, und ich glaube nicht, daß einer von ihnen so stark sein wird, diesen Dämon in sich zu besiegen." (S. 27) Denn der "Vater", der "den Trieb zum Bösen [...] vererbt" (S. 261) hat, ist "da, der Vater! Ich fühle es an der Aufregung, an der Leidenschaft, die mich zersprengen möchte." (S. 255) Und nicht nur der leibliche Vater ist da: Der "Teufel" hat die Brüder "besessen" und besitzt sie "auch heute noch" (S. 249)!

Das Böse, das - in der Sicht des Jahwisten bzw. Drewermanns - "alle Menschen ergreift und von ihnen selbst nicht mehr rückgängig gemacht werden kann",[50] ist wirksam in dieser Welt. Aber - wie kommt es hinein in die Welt? Wenn Gott, der Schöpfer, nur gut ist? "Warum läßt der heilige Gott, der das Böse niemals wollen, bewirken und billigen kann, das Böse zu, oder warum hindert er die von ihm erschaffenen freien Wesen nicht, ihre Freiheit zum Bösen zu mißbrauchen?"[51] Eine schwierige Frage, die wir adäquat nicht beantworten können![52] Wir können nur glauben und, wie May es immer getan hat, fest darauf bauen: "daß Gott bei denen, die ihn lieben, alles zum Guten führt" (Röm 8, 28).

Das Böse schlechthin, das 'mysterium mali', entzieht sich unsrem Verstand. Sofern das 'peccatum originale' von einem, der Freiheit des Menschen vorausliegenden, bösen Prinzip - der 'Schlange' (Gen 3, 1-5)?[53] - initiiert sein sollte, rührt die 'Erbsünde' an das Dunkel eines Mysteriums, das wir nicht zu durchschauen vermögen. Erkennbar und annähernd begreiflich aber ist dies: In allem, was er tut, bleibt der Mensch nie völlig allein! Und wenn er sündigt, zieht er andre in seine Schuld mit hinein.

May sagt in *Winnetou IV*: Was wir tun, "mag es recht oder unrecht sein", tun wir nicht nur für uns "und nicht für den heutigen Tag, sondern für Jahrhunderte und Jahrtausende und für die Völker aller Erdenländer!" (S. 404) Überspitzt mag diese Formulierung wohl klingen. Mit Karl-Heinz Weger, einem katholischen Theologen, freilich könnten wir - in dieselbe Richtung gehend, aber doch etwas vorsichtiger - sagen: "Die Verweigerung der Gnade durch die Sünde eines Menschen ist nicht ein isolierter, den Sünder allein angehender Minuspunkt der Weltgeschichte. Sünde ist gleichzeitig auch Verweigerung der Gnadenvermittlung für andere."[54]

Die Welt, in die hinein wir geboren werden, ist keine 'neutrale' Welt. Sie ist durch die Schuld andrer Menschen, die Schuld auch unsrer Ahnen, negativ vorgeprägt.[55] Und das Verhängnis wird, so scheint es, immer noch größer! Karl May in *Winnetou IV*: "Schuld zur Schuld" wird gehäuft. "Bedenke die Folgen! [...] Die Folgen, welche deine Person treffen, magst du verantworten können; aber die Folgen, welche deinen Sohn, deine Familie und deinen Stamm treffen, wird Manitou dir vorhalten" (S. 555)!

Der Mensch ist ein soziales Wesen. In unsrem Denken und Tun sind wir teilweise abhängig von dem, was unsre - selbst wieder geschichtlich geprägte - Umwelt empfindet. Das Böse, das wir denken oder tun, belastet immer auch andere. Und wir selbst sind belastet: durch andere Menschen, durch die Übernahme ihrer Geschichte! Der Mensch ist, so müssen wir sagen, "der Unheilsgeschichte, [...] dem immer neuen Nachvollzug der Sünde bis ins Innerste seiner Existenz hinein ausgesetzt. Er ist von der Unheilsgeschichte der Welt in seiner Freiheit innerlich mitbestimmt."[56]

Das Problem von Freiheit und Notwendigkeit in der Schuld ist damit schon angesprochen. Wie kann das Böse vom Menschen in Freiheit gesetzt sein und dennoch die "prozeßhafte Zwangsstruktur"[57] aufweisen, die - in der Deutung Drewermanns - schon die Bibel, die jahwistische Urgeschichte, doch nahelegt?

Die Freiheit des Menschen ist eingeschränkt: durch die 'Sünde der Welt', durch äußere Mächte und innere (vielleicht krankhafte, neurotische) Zwänge. Eine 'Notwendigkeit des Bösen' gibt es, für May wie für Drewermann, aber nicht. Denn nicht nur die Schuld und nicht nur die Erbsünde, auch die "Erbgnade"[58] wirkt in der Welt!

7.2 Der Traumflug des 'jungen Adlers' oder Die Erlösung durch Liebe

Nicht als 'Zwang' zum Verbrechen, wohl aber als 'Neigung', als "Trieb zum Bösen" (S. 261) versteht Karl May die Wirkung der Erbsünde. Der Mensch kann diesen Trieb durchaus überwinden: Die Sander-Söhne z.B. können der Gewalt des Bösen widerstehen - durch die Augen des 'Herzle', durch die Güte der "Mutter" (S. 269), durch die "Energie der Liebe",[59] die nach Drewermann die einzige Kraft ist, die zurückführen kann ins verlorene Paradies.

7.2.1 Die Überwindung der Angst

Einen Zwang zum Bösen kann es nicht geben - es sei denn, daß wir die Weise vor Augen hätten, in welcher der Mensch "im Felde der Angst"[60] seine Freiheit verliert. Daß gerade "die Angst des Daseins [...] den Menschen [...] zu Handlungen treibt, die die Suche nach Liebe unerfüllbar und den Willen, sich durchzusetzen, tödlich machen",[61] zeigt - nach Drewermann - die Psychoanalyse. Die Überwindung der Angst wäre, psychologisch gesehen, also das wirklich Befreiende und einzig Erlösende.

Aber WELCHE Angst ist gemeint? Den Begriff 'Angst' versteht Drewermann im Sinne des Existenzphilosophen und evangelischen Theologen Sören Kierkegaard: nicht als - zur Selbsterhaltung des Menschen ja notwendige - Furcht vor dem Übel, überhaupt nicht als Furcht, die sich "auf etwas Bestimmtes"[62] bezieht, sondern als letzte Erschütterung des menschlichen Daseins: als Erfahrung des 'Nichts', als 'Krankheit zum Tode',[63] als "Neurose vor Gott".[64]

Aus dieser Angst kann der Mensch sich selbst nicht befreien. Aus dieser Angst muß er sich befreien LASSEN - von Gott, der die Liebe ist (1 Joh 4, 8). In theologischer Betrachtung zeigt sich, daß der Mensch nicht leben, nicht menschlich leben kann, "wenn seine Angst nicht in Gott zur Ruhe gekommen ist."[65] Denn nur dann, "wenn ich [...] glaube, daß es Gott gibt, der über dem Abgrund der Angst und des Nichts hinweg mein Dasein will", werde ich "fähig zu dem Allereinfachsten, aber in der Angst Allerschwersten: zu jenem kindlichen Vertrauen, mit dem allein die fluchbeladene Erde sich verwandeln könnte in das Reich der Himmel (Mt 18, 3)."[66]

Vor diesem Hintergrund ist die Befreiung der Sander-Söhne in *Winnetou IV* zu verstehen! Was Hariman und Sebulon, bis zu ihrer Verwandlung am Nugget-Tsil, gequält und getrieben hat, war die "Angst" (S. 72): die metaphysische Angst, der Verlust des 'Urvertrauens'![67] Die "traurigen Augen" (S. 76) der Brüder, ihr zwanghaftes Wesen, ihr gesamtes Verhalten weisen in diese Richtung. Nach ihrer Heilung, nach ihrer Aufnahme in den 'Clan Winnetou' aber wird ihr Blick "immer freundlicher" (S. 297). Auch Sebulon, der vom "Dämon" - weit schlimmer noch als Hariman - zuinnerst Besessene, wird "unbefangener", wird "ruhig und vernünftig" (S. 272). Die Angst wird den Brüdern genommen! Zum Vertrauen und damit zur Liebe werden sie fähig.

7.2.2 Die entgegenkommende Tat für Manitou

Der "Fluch, der vom Vater auf die Söhne erbt", soll zum "Segen" werden, zum "Segen, welcher darin liegt, Geschehenes gut zu machen und dadurch den Vater erlösen zu können." So steht es in *Winnetou IV* (S. 574). Doch wäre zu fragen: Ist dieser - handlungstragende - Passus theologisch denn richtig? Dieselbe Frage hat sich schon früher, in *Ardistan und Dschinnistan*, gestellt:[68] Kann ein Mensch sich selbst oder gar seine Ahnen "erlösen"?

Bei Drewermann heißt es: "'Erbsünde' ist die Existenzweise, die der Mensch als überwunden erkennt, wenn er zum Glauben"[69] an Gott, an Gottes Huld und Erbarmen, gekommen ist. Denn die Verkehrung der ursprünglichen (in den Paradiesesbildern erinnerten) Gottesordnung durch menschliche Schuld kann nur "von Gott her rückgängig gemacht"[70] werden.

Den Gedanken der Selbsterlösung, der Befreiung des Menschen aufgrund von eigener Anstrengung und nicht aufgrund von göttlicher Gnade, lehnt Drewermann - in diesem Punkte vollkommen orthodox im Sinne der Bibel und der christlichen Kirchen - mit Nachdruck ab: Der "notwendig verzweifelte Versuch" des Menschen, "sein eigenes nichtiges Dasein aus sich selbst zu rechtfertigen",[71] entspricht ja gerade dem Wesen der Ursünde: dem Versuch des Menschen, selbst an die Stelle Gottes zu treten und also "wie Gott" (Gen 3, 5) zu sein!

Eine Selbsterlösung in diesem (atheistischen, von J.P. Sartre z.B. vertretenen[72]) Sinne liegt May natürlich ebenso fern wie Drewermann. Auch in *Winnetou IV* steht ja fest: Von Gott, dem "einzigen Herrn", kommt jedes Erbarmen und jede Erlösung (S. 478)! Der Schutz, die Führung des 'großen guten Manitou' strukturiert - als letzter Grund des menschlichen Strebens - den ganzen Roman. Die Initiative, die Zuwendung Gottes als erste Voraussetzung für jegliches Heil bestimmt den gesamten Duktus in *Winnetou IV* (und allen anderen Spätwerken Mays).

Das unbedingte "Vertrauen zum allmächtigen und allweisen Vater der Welten" (S. 263) schließt die Idee einer, mit den Heilstaten Gottes konkurrierenden, Selbsterlösung des Menschen vollständig aus. Eine göttliche 'Prüfung', die den Menschen "zur eigenen Tätigkeit", zur "entgegenkommenden Tat für Manitou" (S. 278) anspornen will und insofern den Menschen ins göttliche Heilswirken aktiv miteinbezieht, hält May aber für möglich und setzt er voraus. Daß dieser Gedanke - das menschliche Wirken, die tätige Liebe, als freie Antwort auf Gottes Initiative - theologisch korrekt ist, wurde (im Blick auf den *Silberlöwen III/IV*) schon geklärt[73] und braucht hier nicht weiter erörtert zu werden.

Nur dies sei noch eigens vermerkt: Auch *Winnetou IV* liegt die - theologisch richtige - Auffassung zugrunde, daß Gottes Gnade die Freiheit des Menschen nicht außerkraftsetzt. Zwar heißt es, daß Hariman aufgrund eines inneren Dranges dem 'Clan der Schutzengel' - der Gemeinschaft all derer, die zur Liebe befreit sind - beitreten "muß"! Und auch Sebulon wird es "noch müssen!" Denn es "kommt, ohne daß man es will. Und wenn es da ist, hat man zu gehorchen." (S. 293) Gottes Gnade ist also mächtig, ja über-mächtig sogar. Aber die Freiheit der Wahl, die Freiheit des Menschen, die Gnade anzunehmen oder zurückzuweisen,[74] bleibt dennoch bestehen: Nicht weil ein anderer es will, sondern "weil ICH es will" (S. 296),[75] erklärt Sebulon, wird er Mitglied des Clans der Erlösten.

Die dialektische Spannung, die dieser Romanszene ihren Reiz verleiht, entspricht dem schwierigen und letztlich nicht aufzulösenden Problem des Verhältnisses von göttlicher Gnade und menschlicher Freiheit:[76] Die Brüder hätten (wie Ahriman Mirza im *Silberlöwen IV*) auch nein sagen können zu Gott! Dies wäre ihr eigenes, selbstzerstörerisches 'Werk' gewesen. Das endliche Ja der Sanders zur Liebe und damit zu Gott ist aber - wie May ja eindrucksvoll zeigt - nicht deren 'Werk' und nicht ihr 'Verdienst', sondern von Gott: von Gottes Gnade gewirkt.

Jedes Mitwirken des Menschen am göttlichen Heilsplan ist selbst wieder bewirkt von Gottes Gnade allein. Diese Wahrheit wird in *Winnetou IV* nicht verdunkelt. Noch nicht vollständig beantwortet aber ist unsre Frage: Können die Sanders, von Gottes Liebe getragen, ihren Vater "erlösen" - durch ihren "Sühnetod" (S. 249)? Laut Shatterhand: ja! Denn dem Vater ist, wie Shatterhand den sterbenden Brüdern versichert, nun alles vergeben (S. 586).[77]

Isoliert und nicht im Kontext des ganzen Romans gelesen, wäre dieser Passus bedenklich und theologisch unmöglich. Denn erlösen, im ursprünglichen Sinne, kann immer nur Gottes Liebe und nicht der 'Sühnetod' eines Menschen. Was zur 'stellvertretenden Sühne' des Mirs von Ardistan schon gesagt wurde,[78] gilt aber auch für *Winnetou IV*: In der Nachfolge Jesu (wir kommen darauf noch zurück) ist eine TEILHABE des Menschen am Heilswirken Gottes, auch im Blick auf Verstorbene, denkbar und möglich. So verstanden ist die postmortale Erlösung des Sander-Vaters - sofern sich dieser, in eigener Freiheit, der Gnade nicht widersetzt - theologisch vertretbar.

Pointierter als in *Ardistan und Dschinnistan* wird in *Winnetou IV* aber speziell dem Sühne-TOD (der Söhne) eine erlösende Wirkung (auch für den Vater) zugesprochen. Wie ist dies zu beurteilen?

'Sühne' und 'Sühnetod' sind, wie Drewermann und vor ihm auch andre Theologen gezeigt haben,[79] äußerst problematische Begriffe - auch dann, wenn sie, ausschließlich, auf den Kreuzestod Jesu bezogen würden. Denn die Lehre vom Erlösungstod Christi muß - so Drewermann - "rein äußerlich bleiben, wenn man den Tod des Gottessohnes nur als geschichtliches Ereignis würdigt und den 'Wert' der 'Sühne' Christi rein 'forensisch' darin sieht, daß Christus den Opfertod zum Entgelt für die Sündenschuld der Menschheit habe sterben müssen."[80]

Die "an sich richtige und bedeutsame Lehre" vom Erlösungstod Jesu lehnt Drewermann zwar keineswegs ab. Aber er wendet sich gegen eine veräußerlichte, nur historische und juristische Deutung des Todes Jesu: als eines Rechtsaktes, "in dem bestimmte Schuldenlasten gegeneinander verrechnet" werden und als einzige "Verständnisbrücke [...] die geschichtliche Erinnerung an ein vergangenes Ereignis dienen kann."[81]

Worum es Drewermann - und sicher auch May - eigentlich geht, ist dies: Das Drama von Tod und Auferstehung ist, zum einen, archetypisch schon vorbereitet "in der menschlichen Psyche"[82] bzw. den (Jahrtausende alten) Mythen der Völker:[83] den Hoffnungsbildern der 'Menschheitsseele'; und die Verwandlung des Todes ins Leben muß - zum andern - die innere Existenz des Menschen "hier und jetzt ergreifen", um "die Tür zum Himmelreich" zu öffnen und den "Weg des Menschen zu sich selber und zu Gott"[84] zu erschließen.

Nur so ist der 'Opfertod' der Sander-Söhne zu verstehen! Durch "innere Wandlung" sind sie zu - Shatterhands und 'Herzles' - "Beschützern geworden" und für sie "in den Tod gegangen!" (S. 622) Hier geht es nicht darum, daß der 'Zorn' Gottes durch eine besondere 'Genugtuung': eine adäquate 'Sühneleistung' beschwichtigt werden müßte, sondern darum, daß die LIEBE Gottes durch menschliche Hingabe, durch die 'imitatio Christi', abgebildet und repräsentiert wird. Die 'Pro-Existenz': das Dasein für andere, das Jesus gelebt hat, wird in den Sander-Söhnen exemplarisch nachvollzogen - ganz im Sinne des Herrenwortes "Eine größere Liebe hat niemand, als wer sein Leben gibt für die Freunde" (Joh 15, 13).

7.2.3 Die große Medizin

Die von May postulierte "entgegenkommende Tat für Manitou" (S. 278) wird in der Selbsthingabe der Sander-Brüder konkret geschildert. Die "Energie der Liebe", die allein - nach Drewermann - das verschlossene Paradies zu öffnen vermag,[85] ist überhaupt das zentrale Thema des Mayschen Spätwerks und auch der Abschiedserzählung *Winnetou IV*. Auch das, mythologisch verschlüsselte, Hauptmotiv des Romans - die Rückgabe der verlorenen 'Medizin' an die (mit Gott und der Schöpfung versöhnten) Indianer durch den dreimaligen Flug des 'jungen Adlers' um den 'Berg der Medizinen' - meint, wie sich zeigen wird, nichts anderes als die Überwindung der Angst und der Todesmächte schlechthin durch die Liebe.

Ein Schlüsselbegriff in *Winnetou IV* ist die indianische "Medizin",[86] die - wie der Autor erklärt - dem "Begriff des Wunders, des Segens, der göttlichen Liebe" entspricht. Die Medizin ist "gleichbedeutend mit dem Worte Mysterium", mit der Präsenz, der 'Epiphanie' des Göttlichen in der Welt - "in heiligster Verborgenheit" (S. 18) allerdings. Auf Erden gilt es die Medizin zu bewahren; und im "anderen Leben" wird der 'Große Geist', der 'gute Manitou', die Indianer fragen (S. 555) nach ihrer Medizin.

Die 'Medizin' stellt das Leben in Fülle, das Glück, die Seligkeit dar: als "ewiges Leben" (S. 550) in der Einheit mit Gott und der Schöpfung. Die gewöhnliche Bedeutung des Wortes 'Medizin' als Medikament für die Krankheit des Körpers wird, in der Sprache der Indianer bzw. des Autors von *Winnetou IV*, transzendiert: Das Heil im umfassenden Sinn, die Heilung schlechthin ist gemeint! Die rettende Liebe, die Überwindung des Elends, der 'Spaltung des menschlichen Innern', die Überwindung der Schuld, die Auferstehung der Toten, die Öffnung des Paradieses sind letztlich gemeint.

Die Medizin ist, so könnten wir sagen, das 'Sakrament'[87] der Liebe Gottes inmitten der Welt. Die echten Medizinmänner - oder Medizinfrauen[88] -, denen die 'Bewahrung der Medizin' in besonderer Weise anvertraut ist, sind folglich keine "Quacksalber und Possenreißer" (S. 144), sondern wirkliche "Aerzte", bedeutende Menschen und begnadete "Theologen", deren Gebräuche und Symbolik der 'zivilisierte' Europäer freilich nicht begreift (S. 19f.).[89]

In höchst eindrucksvoller Weise bestätigt wird diese Auffassung Mays in den Schriften Drewermanns. Von den Medizinmännern bzw. Schamanen der Indianer berichtet dieser Autor, als Therapeut und Theologe, mit größtem Respekt und erstaunlicher Hochachtung. 'Schwarzer Hirsch' (1863-1950) z.B., ein großer Mystagoge und inspirierter Medizinmann der Sioux-Ogallallah, wird in mehreren Büchern Drewermanns als maßgebliche Autorität angesehen![90]

Es gibt, so Drewermann, "in der gesamten Literatur von und über Schamanen [...] wohl kaum ein Beispiel, das menschlich so tief und anrührend wirkt wie das Leben dieses letzten großen Sehers eines untergehenden Volkes."[91] Aus der Quelle des Unbewußten, aus der Tiefe der Menschheitsseele, aus der Energie der göttlichen Liebe schöpft die Prophetie dieses Medizinmanns ihre ekstatische Kraft, ihre therapeutische Wirkung, ihre 'sakramentale' Bedeutung. Dieses 'religiöse Genie',[92] dieser "göttliche Heiler"[93] vermittelt die "Erfahrung einer universellen Harmonie",[94] deren visionäre Schau in den Büchern des Medizinmanns "an Größe und Schönheit den Gesichten des Ezechiel oder der Geheimen Offenbarung nicht nachsteht, ja sie an Reichtum und Kraft oft vielfach übertrifft".[95]

Auch in *Winnetou IV* spielt ein Medizinmann der Sioux-Ogallallah eine wichtige Rolle: Wakon, der "die Geheimwissenschaften der roten Rasse" studiert hat, "in allen Waffen geübt" ist "und dennoch so friedlich gesinnt, als ob es auf der ganzen Erde überhaupt noch nie eine Waffe gegeben habe." (S. 145f.)

Weit größer noch als Wakon aber ist: Tatellah-Satah, dessen Name "Tausend Sonnen" oder "Tausend Jahre" (S. 17) bedeutet. Marah Durimeh, der uralten Menschheitsseele, ist er sehr "ähnlich" (S. 402)![96] Als "Bewahrer der großen Medizin" ist er "Priester" (S. 431) und größter Gelehrter zugleich! "Was Hunderte und Aberhunderte von einzelnen Medizinmännern im Laufe der Zeit an Geistesgaben und Kenntnissen besessen hatten, das sprach man ihm, dem Höchstgestiegenen, in voller Summe zu." (S. 17)

Tatellah-Satah ist kein gewöhnlicher Medizinmann. Er ist, wie der 'Schwarze Hirsch' in der Deutung Drewermanns, sehr viel mehr: Er ist "die Sehnsucht der roten Völker" (S. 404); "die ganze, glühende Sehnsucht" der roten Nationen ist in seinem Herzen vereint (S. 580); "die zertretene Seele der roten Rasse" findet in ihm "ihre einzige und letzte Zuflucht" (S. 159)!

Im "Tempel" - der nach Drewermann eine archetypische Relevanz hat: als "eine Art Welthaus", als "Kosmosnachbild im Kleinen"[97] -, im Tempel Tatellah-Satahs steht, auf der Haut des "Silberlöwen",[98] geschrieben: "Bewahret eure Medizinen!" (S. 368) Diese Mahnung, diese Warnung verweist zurück auf die Vergangenheit. Denn das Paradies, die wahre Medizin, ging den Indianern durch eigene Schuld ja verloren.

Um diesen Verlust symbolisch zu bezeichnen, 'raubt' Shatterhand den feindlichen Indianern ihre Medizinen. Aber nicht zerstören und nicht verletzen will er die Medizin; denn die Indianer sollen sie, unter bestimmten Voraussetzungen, wieder zurückerhalten. Einer alten Verheißung gemäß soll der 'junge Adler', der engste Vertraute Tatellah-Satahs, die Medizinen zurückbringen - in Verbindung mit einem FLUG, einem dreimaligen Flug um den 'Berg der Medizinen'.

7.2.4 Die Symbolik des Fliegens

Das 'Fliegen' ist überhaupt die Voraussetzung für die Rettung der Indianer und die Erlösung des Menschen: "Fliegen lernen! Wer das nicht will, bleibt unten, sei er Volk oder sei er Person." (S. 417)[99] Seinem Volke das Fliegen zu lehren (S. 608), ist deshalb die eigentliche Mission des 'jungen Adlers'!

Es dem Adler "nachzutun und sich über den Boden zu erheben", dieser Gedanke hatte die Indianer in früheren Zeiten nicht bewegt - meint Karl May in *Winnetou IV* (S. 417). Die Hopi-Indianer nun freilich erzählen - nach Drewermann - von einem Jungen, der sich in einen Adler verwandelte![100] Auch der 'junge Adler' in Mays Roman verwandelt sich gewissermaßen in einen Vogel: Um fliegen zu können, baut er sich einen 'Adler', ein "vogelähnliches" Gerät "mit zwei Leibern" und mächtigen Flügeln (S. 577).[101]

Der Mythos von der Verwandlung des Menschen in einen Vogel ist, in verschiedenen Variationen, auch bei anderen Völkern, den Ägyptern z.B., bekannt. "Etwas, so scheinen diese Mythen in menschheitlichem Zeugnis sagen zu wollen, ist im Menschen selber 'vogelhaft': die Schwingen breitend, die Schwerkraft verlassend"![102]

Was ist mit dem Flug-Motiv, letztlich, gemeint? Der 'junge Adler' fliegt nicht allein; er wird begleitet: von einer Frau, der jüngeren Aschta, deren Name die "Güte" bedeutet. Die Verwandlung des Menschen in einen 'Vogel' (mit 'zwei Leibern') und die Schwingen der Liebe, beides gehört wohl zusammen! Die Energie der Liebe, die dem Traumflug[103] des 'jungen Adlers' ihre Schwingen verleiht, hat ihren Ursprung allerdings nicht in der irdischen Liebe! Hinter allem steht: Marah Durimeh, deren Bild dem ganzen Roman ja zugrundeliegt.[104] Hinter allem steht: die 'große Mutter', die Königin des verlorenen Paradieses. Denn die Rückkehr der 'verbannten Kinder Evas' zur Königin Marimeh ist, wie wir sehen werden, das eigentliche Ziel des - von der Liebe getragenen - Erlösungs-Fluges in *Winnetou IV*.

Sigmund Freud hatte, laut Drewermann, nicht unrecht, wenn er "die Symbolik des 'Fliegens'[105] [...], die in der schamanistischen Erfahrungswelt eine so große Rolle spielt, als eine verschlüsselte Poesie der Liebe deutete und die Ansicht vertrat, diese Liebe gelte im Grunde der Sehnsucht nach dem Paradies der Kindheit, nach dem Schoß der Mutter."[106] Drewermann fügt freilich hinzu: "Man muß den Gedanken Freuds [...] aus der Enge seiner Theoriebildung vom Ödipuskomplex entlassen und ihn buchstäblich in kosmische Dimensionen ausdehnen, um seine Wahrheit zu verstehen."[107] Denn das Ziel der Liebe ist es, "die engen Grenzen der vordergründigen Welt zu verlassen und die Seele zum Himmel und zur Unterwelt FLIEGEN zu lassen."[108]

Eben dies ist auch der Leitgedanke Mays in *Winnetou IV*. Und absolut stimmig ist es, wenn der Dichter das 'Fliegen' in Verbindung bringt mit der Rückgabe der 'Medizin' an die Indianer bzw. - denn dies ist ja immer gemeint - mit der Rückkehr des Menschen zu Gott, der die Liebe ist!

Doch der Flug, der 'dreimalige' Flug um den 'Berg'[109] kann die einzige Voraussetzung für die Rückgabe der Medizin und die Öffnung des Paradieses nicht sein. Es fehlt, wie May sehr richtig erkennt, noch etwas Entscheidendes. Was noch fehlt, ist - das Bekenntnis der Schuld! Denn ohne Geständnis kann die Angst nicht überwunden und die Umkehr zur Liebe nicht wirklich vollzogen werden.

"Die Frau, die du mir beigesellt hast, sie hat mir von dem Baum gegeben, und so habe ich gegessen." (Gen 3, 12) Hier versteckt sich jeder hinter der Schuld des anderen: der Mann hinter der Schuld der Frau und die Frau dann hinter der Schuld der Schlange! "Auch dies ist eine Folge der Sünde, daß aus Angst immer der andere, nie aber das eigene Ich für schuldig gehalten wird"! Diese Art von Selbstentlastung zerstört aber "gerade die Gemeinsamkeit, auf die sie sich beruft [...] Das Vertrackte ist, daß es einen Verantwortungszusammenhang tatsächlich gibt. Was der Mensch in Gen 3, 12 vorbringt, stimmt [...] Der Handlungszusammenhang besteht wirklich; nur daß der Mensch darin nicht eine Ausweitung seiner [...] Verantwortung für den Nächsten erblicken will, sondern ein Alibi, um die Schuld im Grunde zu eliminieren, das macht die ganze Berechtigung dieser Betrachtung hinfällig. Die Flucht vor dem Eingeständnis der Schuld verfestigt die Schuld endgültig."[110] Mit Karl May gesprochen: "wo auch immer die Menschheit sich vor Gott versteckt" und ihre Schuld nicht bekennt, "ist es mit dem Paradiese aus!"[111]

Auf die Handlung in *Winnetou IV* übertragen: Sowohl die Indianer als auch die Europäer sind schuldig geworden vor Gott. Ohne die 'Solidarität der Sünder', ohne Einsicht und ohne die Bitte um Vergebung kann das verlorene Paradies sich nicht wieder öffnen!

Tangua, der Häuptling der Kiowas, aber bekennt - in der Schlußpartie des Romans - seine persönliche Schuld und bittet Shatterhand um Verzeihung. Und dieser bekennt, stellvertretend für alle Weißen, deren noch größere Schuld und reicht Tangua seine Hände "zur Abbitte" (S. 620).

JETZT ist das Paradies nicht mehr fern. Die Indianer bekommen ihre Medizinen zurück. Und der 'junge Adler' hat - fliegend - auf dem 'Berg der Medizinen' den Schlüssel gefunden zum letzten Ziel: zum 'Berg der Königsgräber', zur "mächtigen, hoch über den Wolken liegenden Plattform dieses Berges", wo "nicht nur die Leichen der verstorbenen Herrscher" zu finden sind, sondern die "Dokumente der verschwundenen Urzeiten", die Geheimnisse der ganzen "Vergangenheit" (S. 579f.).

Diese Hinweise sind deutlich genug: Die 'Urzeit' wird nun zurückkommen; die früheste Vergangenheit, ihr Glück und ihr Segen, wird wieder lebendig; das Land der Schutzengel, das verlorene Paradies, das Reich der Königin Marimeh ist wiedergefunden.

Und nicht nur das! Der Schlüssel zur Vergangenheit, zum göttlichen Ursprung, öffnet zugleich die Pforten - der Zukunft.[112] Die gewonnene Zukunft, das endgültige Heil, das neue Dschinnistan ist in die größte Nähe gerückt. Denn "niemand wird uns mehr hindern, die Höhen zu gewinnen, die uns von Manitou zur Wohnung angewiesen sind!" (S. 581)

Die 'Vergangenheit' ist die 'Zukunft', und der Ring ist also geschlossen. Die Frage liegt nahe: Wird das mythische Denken, das zyklische Zeit- und Lebensgefühl der Indianer (und wohl sämtlicher Naturvölker[113]) - das universelle Gefühl der Geborgenheit "im Ring der Welt" und "im Ring der Zeit",[114] wie es 'Schwarzer Hirsch', der Sioux-Schamane, exemplarisch zum Ausdruck brachte[115] - in *Winnetou IV* bestätigt? In gewisser Weise durchaus: Erlösung wird ja verstanden als Rückkehr zum Ursprung, zum Paradies der 'großen Mutter', der Königin Marimeh.

Ein ewiger Kreislauf, eine diesseitige Wiederkehr, eine unendliche Kette von Wiederholungen des je schon Gewesenen wird in *Winnetou IV* aber nicht intendiert. Ganz abgesehen davon, daß das Paradies ja wohl kaum als historischer 'Zeitpunkt' der Menschheitsgeschichte zu interpretieren ist (sondern als Bild, als poetische Beschreibung der Heilsordnung, die Gott - von Ewigkeit her - gewollt hat und die der Mensch, zu Beginn seiner Geschichte schon, desavouiert hat),[116] abgesehen davon also weisen die endgültigen "Höhen [...], die uns von Manitou zur Wohnung angewiesen sind", ganz ohne Zweifel über die Erde hinaus. Und erst recht die Symbolik des Fliegens weist in die vertikale, die irdische Geschichte transzendierende Richtung.

Der Ritt zum 'Berg der Königsgräber', zur entdeckten Vergangenheit und zur gewonnenen Zukunft des Menschengeschlechts, soll "übermorgen" (S. 621) stattfinden. Eine feine Ironie! Denn berichtet wird nur noch - vom Begräbnis (S. 622) der Sander-Söhne. Das letzte und eigentliche Reiseziel wird in *Winnetou IV*, genau wie in *Ardistan und Dschinnistan*, nicht erreicht. Es kann noch gar nicht erreicht werden! Denn es liegt - jenseits der Erde und ihrer Geschichte.

Immerhin, der Schlüssel zur Zukunft liegt schon bereit. Der 'junge Adler' hat ihn gefunden. WELCHEN Schlüssel hat er, fliegend, entdeckt? Das Fliegen SELBST ist, wie Dieter Sudhoff bemerkte, "der eigentliche Schlüssel":[117] zum Verständnis von *Winnetou IV*, zum Verständnis des Menschen und seiner Bestimmung.

Das letzte Ziel ist auf Erden nie zu erreichen.[118] Auch diese Wahrheit will die Symbolik des Fliegens zum Ausdruck bringen. Denn das Fliegen ist stets auch - ein Todes-Symbol: "Die Seele will die Schwingen breiten; / Es muß, es muß gestorben sein."[119] Das Bild von den 'Schwingen der Seele' besagt aber zugleich: Nicht nur ein Todes-Symbol, viel mehr noch ein Lebens-Symbol ist das Fliegen!

Der Flug des 'jungen Adlers', an der Seite von Aschta, im Vertrauen auf Manitou, ist ein Symbol der lebenspendenden Liebe, die die tiefste: die metaphysische Angst unsres Daseins - die Angst vor dem Nichts - zu überwinden und die Tore des Paradieses zu öffnen vermag. Mit seinem Vermögen, in die Luft zu fliegen, verkörpert der Vogel "die vertikale Orientierung" unseres Daseins "in die Höhe".[120] Denn das Fliegen, die Sehnsucht nach der Ewigkeit ist dem Menschen, der menschlichen Liebe vor allem, ins Herz geschrieben. Es ist also, so Drewermann,

unerläßlich, an der Seite eines Menschen, den wir über alles lieben, den Weg des irdischen Todes [...] mitzuvollziehen und den Standpunkt oberflächlicher Diesseitigkeit aufzugeben; denn nur am Ufer eines weltjenseitigen Standpunktes werden wir die Wahrheit erkennen, die sich im Sterben begibt: ein Durchbrechen der irdischen Schwere, eine Auflösung der räumlichen Grenzen, eine Verwandlung des Wesens ins Licht [...][121]

Die Zeit wird verwandelt in - Ewigkeit. Als Wanderer zwischen zwei Welten bleibt der Mensch freilich eingespannt zwischen Erde und Himmel: der 'horizontalen' und der 'vertikalen' Ausrichtung seines Lebens. Die horizontale und die vertikale Komponente (die irdische Verantwortung und die himmlische Berufung) bilden zusammen aber das KREUZ, das "zu Gott empor" ragt und "seine beiden Arme" ausbreitet, "um jedermann und alle Welt zu umfangen." (S. 481)

7.3 Die interpretatio Christiana oder Ist *Winnetou IV* eine christliche Dichtung?

Das Kreuz ist das "Zeichen des Christentums" (S. 477). Vor dem Kreuz, dem Passiflorenkreuz, das Winnetou gepflanzt hatte, betet Tatellah-Satah, der 'Bewahrer der großen Medizin', zu Manitou. Ist *Winnetou IV* in der Grundidee also christliche Poesie? Entspricht die Botschaft dieses Romans der christlichen Heilslehre, den zentralen Aussagen des Neuen Testaments und der kirchlichen Theologie? Da May zwar nicht nur für Christen schrieb, sich selbst aber zum christlichen Glauben bekannte und in *Winnetou IV* - wie in sämtlichen anderen Spätwerken - sehr wichtige Themen der Theologie berührt, ist unsre Fragestellung wohl sinnvoll und legitim.

7.3.1 Das Passiflorenkreuz

Bis zum Eintritt Old Shatterhands in die Unterwelt des Passiflorenraums (S. 476) enthält *Winnetou IV* keine - spezifisch - christliche Symbolik. Eine religiöse Tendenz ist zwar durchwegs, von der ersten Romanseite an, zu erkennen. Aber bis zur Seite 476 könnte die Erzählung auch im Sinne anderer - monotheistischer, aber noch keineswegs christlicher - Religionen interpretiert werden. Denn von Jesus ist auf 475 'Einleitungs'-Seiten nie die Rede, auch nicht indirekt und symbolisch. Höchstens der Name 'Sebulon' könnte als - verschlüsselter - Hinweis auf die Heilssendung Christi (Mt 4, 13ff.) verstanden werden.[122]

Jetzt aber, im letzten Teil des Romans, verändert sich die Perspektive. Die Tendenz scheint zunehmend missionarisch zu werden im Sinne des Christentums: In Winnetou hat "der Kreuzesgedanke [...] Wurzel gefaßt und sich zur Blüte und Frucht entwickelt" (S. 482). Und auch im Herzen Tatellah-Satahs (S. 500), der die "Sehnsucht der roten Völker" verkörpert, hat Winnetou "das Kreuz, das Sinnbild des Christentums" (S. 477) eingepflanzt!

Das ganze Romangeschehen wird nun, so hat es zumindest den Anschein, erhellt im Lichte des christlichen Glaubens. Die Erlösung der 'roten Rasse' - und der ganzen Menschheit - kommt, wie es nun ausdrücklich heißt, vom Kreuz (S. 478)! Die Rückgabe der Medizin an die Indianer wird ermöglicht durch Shatterhand, dessen "Zeichen", wie wir jetzt erfahren, das Kreuz ist (S. 477); der vorausgegangene 'Raub' der Medizinen erweist sich, im Zeichen des Kreuzes, als "Segen": gemäß der Verheißung (S. 368). Auch der Erlösungsflug des 'jungen Adlers' erfolgt, jedenfalls indirekt, im Zeichen des Kreuzes. Denn der 'junge Adler' wurde, als "der Allererste" (S. 158), in den 'Clan Winnetou' aufgenommen: in die Gemeinschaft der 'Nachfolger' Winnetous und damit doch wohl - des 'Kreuzesgedankens'.

Missionarisch wirkt der Abschiedsroman Karl Mays zweifellos: Der "Gott der Weißen" soll, so wünscht es Tatellah-Satah, an die "Stelle des ohnmächtigen Manitou der Indianer" treten! Genauer gesagt: Das Kreuz, welches "blüht, um uns zu erlösen", nimmt den Indianern zwar 'Manitou' (d.h. die bisherige VORSTELLUNG von ihm); aber nur, um Manitou - den "Allgütigen" - ihnen aufs neue "zu geben" (S. 481)!

Die interpretatio Christiana, die Erhellung des ganzen Romangeschehens im Lichte des christlichen Glaubens scheint, mit der Betonung des Kreuzesgedankens und der Ablösung des indianischen (nur EINEM Volke gehörenden) Manitou durch den universalen (ALLE Völker liebenden) Manitou, über jeden Zweifel erhaben. Die Frage ist nur: Meint der Dichter mit dem 'Gott der Weißen', dem "Allmächtigen", "Allweisen", "Allgütigen" (S. 481), tatsächlich den Gott Jesu Christi?

Anders gefragt: Steht die PERSON Jesu Christi - wie es dem geschichtlichen Offenbarungsverständnis der neutestamentlichen Heilslehre entspräche - im Mittelpunkt des Erlösungsgeschehens in *Winnetou IV*? Und wird der 'Kreuzesgedanke' von May wirklich christlich, spezifisch christlich interpretiert?

Als 'Sinnbild des Christentums' wird das Kreuz zwar bezeichnet. Aber von Christus selbst ist, expressis verbis, auch im Schlußteil des Romans nie die Rede. Den 'Kreuzesgedanken' erklärt May bzw. Tatellah-Satah uns so: "Das Kreuz ruht in der Erde und ragt zu Gott empor. Das ist das eine, was es bedeutet. Aber es breitet seine beiden Arme aus, um jedermann und alle Welt zu umfangen. Das ist das andere, was es bedeutet." (S. 481)

Beim Kreuz, das in der Erde ruht und zu Gott emporragt, könnten wir an die 'axis mundi', die 'Mittelachse der Welt', den 'Weltenbaum' denken: an eine Symbolik also, die - nach Drewermann, im Anschluß an Eliade[123] - in der Mythologie vieler Völker, besonders im Schamanismus, beheimatet ist. Diese 'Weltachse', als 'Himmelsleiter' verstanden, meint - mythologisch - "das Zentrum der Erde": den heiligen Ort, wo der "Verkehr mit dem Himmlischen - oft nach Wegfall einer paradiesähnlichen Urzeit - ausnahmsweise noch möglich ist".[124]

Auch die Querbalken des Kreuzes, die Arme, die alle Welt umfassen, könnten - sehr allgemein, noch ohne Bezug auf Christus und ganz im Sinne des 'Weltenbaums' - als "Bild des Zustandes der Einheit von Gott und Mensch"[125] interpretiert werden. Nicht nur den 'Weltenbaum' der Mythologien, auch den 'Baum des Lebens' in der jahwistischen Paradieserzählung (Gen 2, 9) UND auch den 'Baum des Kreuzes' bringt Drewermann mit der 'Achse der Welt' in Verbindung.[126] Der Kreuzesgedanke muß, nach dieser Auffassung, also nicht im - exklusiv - christlichen Sinne verstanden werden.

Das Kreuz in *Winnetou IV* ist aber doch ein besonderes Kreuz: Aus "Leidensblumen" (S. 478)[127] gebildet, ist es ein schönes, sehr eindrucksvolles Symbol für das Leben, das den Tod überwindet. Die Geheimnisse des Todes und der Auferstehung, des Karfreitags und des Ostersonntags, werden im Zeichen des Passifloren-Kreuzes vereint!

Das Wesen des Christentums, das 'unterscheidend Christliche',[128] ist mit diesem Gedanken ALLEIN aber noch keineswegs angesprochen. Denn die Hoffnung des Menschen, im Tode nicht unterzugehen, ist, auch außerhalb des Christentums, in der 'Menschheitsseele' verankert: Der Gedanke der Auferstehung, des Fortlebens nach dem Tode, ist nahezu allen Religionen - auch vielen Mythen und Märchen - gemeinsam![129]

Das Passifloren-Kreuz könnte, ganz allgemein, "das Erdenleid" (S. 478) bezeichnen, dessen Überwindung zum Hoffnungsgut aller Menschen gehört. Der Romantext enthält aber noch weitere Hinweise, die - in VERBINDUNG mit dem Kreuzes- und Auferstehungsgedanken - einer spezifisch christlichen Deutung der *Winnetou IV*-Symbolik nun doch eine sichere Grundlage bieten.

"Die Passionsblume hat bekanntlich über zweihundert Arten" (S. 476). Im Passifloren-raum aber sind nur zwei dieser Arten[130] vertreten. Und das blühende Kreuz, das Winnetou gepflanzt hatte, wird von nur EINER Spezies der Leidensblume gebildet: der Passiflora "incarnata" (ebd.)! Die österlichen Mysterien, Tod und Auferstehung, werden also - wie in anderen Werken Mays, dem *Friede*-Roman[131] z.B. - zusammengeschaut mit dem Weihnachts-Geheimnis: der menschgewordenen Liebe Gottes ('et incarnatus est').

Gewiß, auch der Inkarnationsgedanke, der Glaube an Götter oder Götter-Kinder in menschlicher Gestalt, ist in den Mythologien verbreitet.[132] Aber mit solchen, vom Kreuz Jesu Christi doch weit entfernten, Ideen hatte May nichts im Sinn. Nein, die Kreuz-Symbolik in *Winnetou IV*, die "Passiflora incarnata", meint die eine und einzigartige Macht der Liebe, wie sie im Neuen Testament verkündet wird: die geschichtliche Tat, die Selbstmitteilung Gottes im Kind in der Krippe und am Kreuz von Golgatha!

Die Heils- und Hoffnungsgeschichte des Menschen hat May "letztlich doch immer christozentrisch gesehen."[133] "Jesum Christum zu verstehen", war für den Dichter, wie er (im Vorfeld von *Winnetou IV*) an Prinzessin Wiltrud schrieb, "das Alpha und das Omega aller menschlichen Forschung"! Den Heiland "theologisch zu betrachten", sah er, als Ethnograph und Literat, zwar nicht als seine Aufgabe an (das "ist des Priesters Sache, der höher steht als ich"); aber seinen Glauben, seinen - wie er betonte - "unerschütterlichen Glauben" an Gott und "Jesum Christum"[134] wollte er, mit poetischen Ausdrucksmitteln, doch bezeugen.

7.3.2 Winnetou - Roter Heiland oder Nachfolger Christi?

Der christliche Glaube hat seinen Grund in "der konkreten Person Jesu".[135] Christus ist, im Verständnis des Neuen Testaments, nicht nur der Verkünder, sondern selbst der Verkündigte, nicht nur der Botschafter, sondern zugleich auch der INHALT der Botschaft vom Heil. Als christliche Poesie im eigentlichen Sinne wäre *Winnetou IV* also nur dann zu bezeichnen, wenn nicht nur der 'Geist', nicht nur die Botschaft, sondern die PERSON Jesu Christi, explizit oder implizit, im Mittelpunkt des Erlösungsgeschehens zu finden wäre. Christliche Dichtung wäre *Winnetou IV*, wenn der Glaube AN Jesus - 'narrativ', mit literarischen Stilmitteln - bezeugt würde. Ist dies der Fall?

Der "Gott der Weißen", der an die Stelle Manitous treten soll (S. 481), ist - im Verständnis Mays - ohne Zweifel der Gott Jesu Christi: der Gott der 'Weißen' UND der 'Roten', der Gott aller Menschen, die - in Jesus, in seiner Liebe - geeint werden sollen (vgl. Joh 17, 21).

Nicht nur die Geburt, der Tod und die Auferstehung des Heilands, auch - wie später noch zu belegen ist - das Pfingstereignis: die Geistsendung und (damit verbunden) die Entstehung und das Wachstum der Kirche, des neuen, des universalen 'Gottesvolks',[136] bilden - allegorisch verschlüsselt - den Hintergrund des Romangeschehens. Die Person des Erlösers aber steht, wie im folgenden zu erläutern ist, nur mittelbar, implicite, im Zentrum von *Winnetou IV*.

Im Mittelpunkt der letzten Erzählung Karl Mays steht, vordergründig, die Titelfigur: der tote und dennoch lebendige, der 'auferstandene' Winnetou. Tatellah-Satah erklärt: "Mir schien, als sei die Zukunft der Apatschen mit ihm gestorben [...] Ich ahnte die Geschichte und die Geheimnisse unserer Rasse [...] Ihre Seele sollte erwachen, in Winnetou [...] Nun war er tot, und die Seele seiner Rasse war gestorben. So glaubte ich, ich Tor!" Tatellah-Satah aber fährt fort:

"Die Stimme des Lebens drang wieder zu mir herein. Und wo ich sprechen hörte, sprach man von Winnetou. Er lebte. Er kam [...] über Prärien, Täler und Berge in seine Heimat zurück [...] Er war nicht tot [...] Seine Taten wachten auf [...] Seine Seele wurde laut. Sie begann zu sprechen, zu predigen. Sie [...] wurde zur Turmesflamme, die über die [...] Berge leuchtet. Wer Gutes, Reines und Edles wollte, der sprach von Winnetou [...] Er ist die erste geistige Liebe seiner Rasse! Ich lernte viel begreifen, was ich früher nicht begreifen konnte." (S. 422f.)

Allen Apatschen und allen roten Völkern hat Winnetous 'Tod' die Augen geöffnet: "Wir waren blind. Wir sind nun sehend geworden!" (S. 431)

Wovon ist die Rede? Von Winnetou? Oder - von Christus, von der Glaubenserfahrung der Emmaus-Jünger? Interessant sind die Anklänge schon! Im Evangelium heißt es: In den, noch blinden, Augen der Jünger ist Jesus gestorben.

Wir aber hatten gehofft, daß er es sei, der Israel erlösen werde [...] Da sagte er zu ihnen: "Begreift ihr denn nicht? [...] Mußte nicht der Messias all das erleiden, um so in seine Herrlichkeit zu gelangen?" [...] Da gingen ihnen die Augen auf und sie erkannten ihn [...] Und sie sagten zueinander: "Brannte nicht unser Herz, als er mit uns redete?" (Lk 24, 21ff.)

Aufgrund dieser Text-Analogie und einer Reihe von anderen Winnetou-Christus-Parallelen wurde von May-Forschern angenommen, der Autor von *Winnetou IV* habe den Apatschen mit dem 'Erlöser' identifiziert! Dieter Sudhoff z.B. hatte gemeint: Winnetou wird zum "Heiland der roten Rasse, in der Erweiterung auf die Menschheit wird er zu Jesus Christus."[137] Und Christoph F. Lorenz stimmte dem zu: "Winnetou übernimmt tatsächlich im Roman die Funktion Christi als allgegenwärtiger und doch nie sichtbar auftretender Mittelpunkt des Geschehens".[138]

Auch Roland Schmid hatte, in der Frageform allerdings, diese Gleichsetzung suggeriert: "Soll sich der Leser unter Winnetou etwa 'symbolisch' eine Christusfigur vorstellen?" Und soll das zweite, das eigentliche Testament des Apatschen (das Shatterhand, in *Winnetou III*, nicht gefunden hatte) "das 'Neue' Testament symbolisieren [...]?"[139]

Und weiter: Sind die Mitglieder des 'Komitees', die ein falsches Winnetou-Bild entwerfen,[140] "jene Vertreter des Christentums, die noch nicht den Weg zum echten Glauben gefunden haben [...]?" Und sind die Mitglieder des 'Clans Winnetou', die sich 'Winnetous' und 'Winnetahs' nennen ("so wie sich die Nachfolger Christi Christen nennen durften"[141]), dann "die wahren Christen und Christinnen in der Nachfolge Christi [...]?"[142]

Und ist der 'junge Adler', die Parallel-Gestalt zu Winnetou, "ein Symbol für die Wiederkehr des Messias am Tag des 'Jüngsten Gerichts' [...] und damit für den Weg zur endgültigen Erlösung der gefallenen Menschheit"?[143]

Nicht alle diese Fragen sind mit einem glatten 'Ja' zu beantworten. Was Winnetou betrifft, kommt eine (durchgängige) Gleichsetzung mit Christus überhaupt nicht in Frage - weil der Textbefund, in wichtigen Partien, diese Gleichung nicht zuläßt.

Winnetous Bekenntnis zum Heiland ging die "große Umkehr" des Apatschen "vom Kriegsgedanken zum Friedensgedanken, vom Hasse zur Liebe, von der Rache zur Verzeihung" (S. 565) voraus. Zum Glauben hatte Winnetou, nach einem langen Weg, erst allmählich gefunden; er "bewegte diese Kunde" - die Botschaft vom Kreuz - "in seinem Herzen [...] Er beobachtete; er prüfte. Er begann, zu glauben." (S. 481)

Zu Christus, dem Gottessohn, passen solche Stellen gewiß nicht! Der 'Erlöser' kann Winnetou nicht sein - zumal er ja selbst erlöst werden mußte (S. 500) und der "Schuldner" Old Shatterhands war (S. 265), dessen Freundschaft er die Hinwendung zum Christentum zu verdanken hatte.

In den hier zitierten Romanpassagen ist der Apatsche nicht Christus, wohl aber - ein Nachfolger Christi, ein Glaubender, der (kraft göttlicher Gnade) den Weg der 'imitatio Christi' gewählt hat: den Weg, den ALLE Christen - dem Auftrag Jesu (Mk 8, 34f.) gemäß - zu gehen haben. Als exemplarischer Christ, nicht aber als 'roter Heiland' sollte Winnetou also betrachtet werden. Denn auch solche Textstellen des Romans, die eine allegorische Deutung des Apatschen als 'Christusfigur' immerhin zulassen, könnten - mindestens ebenso gut - im obigen Sinne verstanden werden: der "zum Himmel strebende Winnetou" (S. 499)[144] als Nachfolger Christi, als 'Auferstandener' in DEM Sinne, wie alle "in Christus Entschlafenen" (1 Kor 15, 18) nicht tot, sondern lebendig sind.

Eine Gleichsetzung Winnetous mit dem Heiland ist in manchen Textstellen unmöglich[145] und in anderen Partien zwar denkbar, aber keineswegs erforderlich. Dasselbe gilt für den 'jungen Adler'. Was dessen Flug um den 'Berg der Medizinen' betrifft, wäre eine christologische Deutung allerdings naheliegend. Diesen Flug mit dem - endzeitlichen - "Kommen des Menschensohns auf den Wolken des Himmels" (Mt 24, 30) in Verbindung zu bringen, wäre wohl möglich.

Gesichert ist jedenfalls dies: Winnetou bzw. der 'junge Adler' sind transparent auf Christus hin. Das aber heißt: Die Person Jesu Christi steht, indirekt und verschlüsselt, im Zentrum des Erlösungsgeschehens von *Winnetou IV*! Und der Glaube an die Macht der Liebe, die sich in Christus offenbart, wird - vermittelt durch die Titelfigur - dem Leser ans Herz gelegt. Insofern ist dieser Roman eine christliche Dichtung.

Noch nicht geklärt ist aber die Frage: Kann Winnetous Testament mit der Botschaft des Neuen Testaments ohne weiteres gleichgesetzt werden? Und kann der 'Winnetou-Clan' mit der christlichen Kirche: dem universalen, vom Geist des Auferstandenen - stets neu - belebten Volk Gottes identifiziert werden? Oder handelt es sich, wie behauptet wurde, um eine "Sekte":[146] einen pseudo-missionarischen Clan der Erwählten, der - im Alleinbesitz der Wahrheit - die Andersdenkenden (die Mitglieder des 'Komitees' z.B.) verteufelt und zur echten Mission (die nicht auf Unterwerfung, sondern auf Dialog und 'Inkulturation' setzt) also nicht fähig ist?

7.3.3 Der Clan der Schutzengel

Dem Abschiedsroman Karl Mays liegt ein missionarisches Programm zugrunde: "Die ganze rote Rasse soll sich", nach dem Vorbild des 'Clans Winnetou', "zu einem einigen Winnetou gestalten" (S. 516); und "die Nächstenliebe" soll - im Zeichen des Kreuzes - "die ganze Menschheit" vereinen (S. 291)! Erst dann, wenn sich "alle Stämme, Völker

[...] und Rassen" zur "harmonischen, von Gott gewollten Persönlichkeit" vereinigt haben, "wird die Schöpfung des wirklichen 'Menschen' vollendet sein und das Paradies sich uns, den bisher Sterblichen, von neuem öffnen." (S. 3)

Mit Bezug auf die Indianer - gemeint ist aber die Menschheit schlechthin - beklagt May die Feindschaft der Stämme und den Zerfall des einen Volkes in "immer kleiner" werdende Gruppen (S. 66). Diese Spaltung, die Menschheits-Zersplitterung "in Atome" (S. 279), sieht May im Zusammenhang mit der Urschuld: der Außerkraftsetzung des 'Schutzengel'-Gesetzes von Dschinnistan durch die menschliche Ich-Sucht.

Auch hier wieder zeigt sich: Mays Denken ist biblisch begründet und seine Aussagen sind, im Kern, theologisch fundiert. Die "Atomisierung des Menschlichen"[147] ist - so Drewermann zur jahwistischen Urgeschichte - in der Tat eine Folge der 'Erbsünde', der Ablehnung Gottes durch die menschliche Selbstüberhebung!

'Babel', zu deutsch 'Verwirrung' (Gen 11, 9) bzw. 'Zerrissenheit', ist - nach der Sünde - nun überall: "Die Entwicklung der Gottesferne führt", so Drewermann, "zu einer wachsenden Dissozialität und Zersplitterung, zu einer Erhöhung des aggressiven Potentials [...] So etabliert sich die menschliche Zusammengehörigkeit [...] in Kleingruppen, die mit dem Anspruch der Selbständigkeit gegeneinander stehen."[148]

Allein die Energie der Liebe kann die verlorene Einheit zurückbringen! Es erhebt sich, so heißt es bei May, "ein großer, rettender Gedanke" (S. 279) aus der Tiefe des 'Niagara-Falles', d.h. des Niedergangs der Menschheit: das göttliche Liebesgebot als "der einzige Weg" zur Rettung (S. 286)!

Dem, aus der Erbsünde kommenden, Drang nach "Zerklüftung", dem "Weg des Patriotismus", der "nationalen Selbstüberhebung" und "politischen Rücksichtslosigkeit" setzt May den Weg "zur Vereinigung aller Einzelnen [...] zu einem einzigen, großen Volke" (S. 164) entgegen. In diesem Kontext würdigt er das Bestreben der indianischen Medizinmänner, der Zersplitterung entgegenzuarbeiten,

und zwar in doppelter Weise, nämlich zunächst in theologischer und sodann in sozialer. Der theologische Weg der Vereinigung lag in dem Gedanken [...] "Großer, guter Manitou" [...] Und der soziale Weg der Vereinigung wurde in dem Gedanken des Clans gegeben, durch welche die äußerlich zerspaltenen Stämme innerlich wieder verbunden [...] werden sollten. (S. 165)[149]

Im 'Clan Winnetou' wird die Einheit des Menschengeschlechts, zeichenhaft, antizipiert: Apatschen und Sioux-Ogallallah, also Nationen, "die sich unbedingt als Todfeinde zu betrachten hatten" (S. 167), sind in dieser - 'sozialen' UND 'theologischen' - Gemeinschaft vertreten!

Die Zahl der 'Winnetous', der Befolger des Schutzengel-Gesetzes, wuchs rasch und "jetzt zählen sie schon auf tausende." (S. 288) Auch Weiße können Mitglieder werden. Denn die Ausgrenzung einer Rasse wäre gegen den "Grundgedanken" des Clans: der Vereinigung aller Nationen durch die "Nächstenliebe" (S. 291)!

Die biblischen Parallelen sind offenkundig. Das geeinte 'Volk Gottes' sind im Alten Testament die 'zwölf Stämme', die Nachkommen Abrahams, Isaaks und Jakobs - im Neuen Testament aber die Mitglieder der Kirche, des neuen und 'wahren Israel' (vgl. Röm 9-11). Die Zugehörigkeit zu dieser einen Kirche ist, analog zum 'Clan Winnetou', nicht an die Kette der Generationen, nicht an die biologische Herkunft, sondern an die Glaubensentscheidung des einzelnen gebunden.

Die "Wahrheit Israels, die im Alten Bunde volkhaft-national bestand", ist jetzt - so Drewermann - "nach innen gezogen und damit personal bzw. 'existentiell' geworden".[150] Dasselbe trifft zu für die 'Winnetous' bzw. die Hörer des Wortes (des Testaments des

Apatschen): Die innere, die 'seelische' Person des Bundes-Stifters wird in den 'Jüngern' geboren, um - mehr und mehr - in ihnen zu wachsen (S. 523f.).

Die babylonische Menschheits-Zersplitterung hat ihr neutestamentliches Gegenbild im Pfingstereignis: in der Geburtsstunde der Kirche (Apg 2, 1-13). Und wie heißt es in *Winnetou IV*? Im Passiflorenraum, "dem Kreuze gegenüber [...], standen zwölf Apatschenhäuptlinge" (S. 480); sie "bildeten den Stab sämtlicher Apatschenstämme, auf welche Tatellah-Satah sich verlassen konnte" (S. 485). Ein deutlicher Hinweis! Allein schon die 'Zwölf' (die im zwölfstrahligen Stern, dem Zeichen des 'Winnetou-Clans', eine Entsprechung hat) verweist aufs 'neue Volk Gottes' und seine Repräsentanten: die zwölf Apostel, die symbolisch das 'neue Israel' vertreten.[151]

Im Passiflorenraum, vor dem Blumenkreuz, finden die Lesungen statt - aus Winnetous Testament: Aller Augen sind "nach innen" gewandt, "um die Ankunft dessen", dem diese Zusammenkünfte gewidmet sind, "nicht zu übersehen"! Eine tiefe, ja "heilige Bewegung" geht durch den Raum. "Das hob empor! Und das riß hin!" (S. 521f.) Denn die "Turmesflamme", zu der Winnetou, nach seinem Tode, geworden ist (S. 432), greift über in die Versammlung.

Kein Zweifel: Die Vorlesung aus Winnetous Testament ist, in wichtigen Zügen, eine Nachgestaltung des biblischen Berichts über das Pfingstereignis: die Geistsendung durch den auferstandenen Christus.

Was bewirkt dieser Geist? Durch den Geist Jesu Christi, so heißt es bei Paulus, werden "alle in einen einzigen Leib aufgenommen" (1 Kor 12, 13). Die Kirche, die Gemeinde der Glaubenden, wird selbst zum "Leib Christi" (Eph 4, 12). Als 'corpus Christi mysticum', als 'mystischer Leib Jesu Christi' kann die Kirche deshalb bezeichnet werden.[152]

Auch hierzu gibt es Entsprechungen in *Winnetou IV*: Die "ganze rote Rasse soll", wie schon oben vermerkt, "zu einem einigen Winnetou" (S. 516) und alle Völker der Erde sollen zur 'corporativen Person', zur "harmonischen, von Gott gewollten Persönlichkeit" (S. 3) werden!

Während die indianischen Clans, laut May, früher nur immer nach Tieren benannt wurden und niemals nach einem Menschen, wurde "zum ersten Male [...] mit dem Namen Winnetou" ein Clan nach einer Person bezeichnet (S. 167). Da dieser Clan, diese corporative Person sich öffnet für alle Nationen und 'Winnetou' - wie gezeigt wurde - transparent ist für Christus, kann der 'Clan Winnetou' als Chiffre für den 'Leib Christi' verstanden werden!

HIER also steht Winnetou, der Name des 'Imitators', tatsächlich für Christus. Eine Blasphemie? Davon kann nicht die Rede sein. Denn May will ja nicht den Häuptling zu 'Jesus' erklären oder Christus durch Winnetou ablösen, sondern - im 'Clan Winnetou' - "die Geschichte von Kirche, Christenheit und Menschheit" in der "Nachfolge"[153] Christi poetisch beschreiben.

Nicht als 'neuer Heiland' und nicht als Stifter einer 'neuen Religion' ist Winnetou zu verstehen. Denn die Mitglieder des 'Clans Winnetou' tun "nichts Besonderes" (S. 289): nichts 'Neues', das Liebesgebot Überbietendes. Der Clan der Schutzengel, dessen "Organisationsform [...] an die 'unsichtbaren Logen' der Freimaurer"[154] erinnern mag, weist "keine Spur von Seltsamkeit" (S. 291) auf. Nichts Okkultes und keine Geheimlehre will er verkünden, sondern 'nur' die Liebe: die Botschaft des Erlösers!

Das Passiflorenkreuz: der Hintergrund, vor dem das Testament des Apatschen verlesen wird, steht für die Liebe, die alles Zerschlagene heilen und alles Gespaltene wieder verbinden will. Es steht für die Liebe, die die Zerrissenheit der Welt und des Menschen zu überwinden vermag.

Das Kreuz, aus der "Passiflora incarnata" gebildet, steht als Symbol für die christliche Signifikanz des Apatschen, aber auch des 'Clans Winnetou'. Das Kreuz steht für die Kirche, deren Auftrag sich "aus ihrem Ziel" ergibt: "der Heimkehr aller Menschen in die 'Fülle Gottes' (Eph 3, 19)."[155]

Das Passiflorenkreuz, das 'alle Welt umarmt', steht - in der eschatologischen Perspektive - für das Ende der Zeit: "Ich sah eine große Schar aus allen Nationen und Stämmen, aus allen Völkern und Sprachen; niemand konnte sie zählen. Sie standen in weißen Gewändern vor dem Thron und [...] trugen Palmzweige in den Händen. Sie riefen mit lauter Stimme: Die Rettung kommt von unserem Gott" (Offb 7, 9)!

Im 'Clan der Schutzengel' wird diese Rettung bezeugt und, von den Indianern zunächst, vorweggenommen.

7.3.4 Das Testament des Apatschen und die Missionierung Amerikas

Ist *Winnetou IV* eine christliche Dichtung? Nach dem bisher Gesagten darf die Antwort ein 'Ja' sein. Ein Zweifel steht freilich noch immer im Raum: Kann es, aus theologischer Sicht, akzeptiert werden, daß May den 'Schutzengel-Clan' nach dem 'Imitator' des Erlösers und nicht nach Christus selbst benennt? Und daß er nirgendwo sagt, die 'Winnetous' seien - im Namen des trinitarischen Gottes getaufte - Christen?

Der 'Clan Winnetou' wurde, vom 'Bewahrer der Medizin', sehr früh schon gegründet: zu einer Zeit, da Winnetous Testament den Indianern noch gar nicht bekannt war. Den Kreuzesgedanken und damit das Christentum, das Shatterhand repräsentiert hatte, wollten oder konnten die Indianer zunächst noch nicht annehmen. Nur Winnetou hatte die Botschaft 'in seinem Herzen bewegt'. Nur er war - zum Glauben gekommen (S. 481f.).

Das 'Pfingstereignis' nun aber verändert die Situation. Die Worte des Testaments erreichen die Hörer und fallen auf fruchtbaren Boden. Die Frage ist nur: Sind die Worte des Testaments die Worte - des Evangeliums? May verrät uns dies nicht. Über den "Inhalt" des Testaments soll "an anderer Stelle" (S. 360), d.h. in den - nie publizierten und nie geschriebenen - Fortsetzungsbänden *Winnetous Testament* gesprochen werden!

Mit dem Neuen Testament ganz einfach identisch kann die Schrift des Apatschen natürlich nicht sein.[156] Im Geist des Evangeliums wird sie - nach allem, was wir sonst über den Häuptling erfahren - aber doch wohl geschrieben sein. Mays Vorhaben, Winnetous Testament zu veröffentlichen, wäre freilich - nach Sudhoff -

das verwegenste Unternehmen der abendländischen Literaturgeschichte geworden, sicher auch von vornherein zum Scheitern verurteilt, hätte es sich doch um nichts Geringeres als das Neuschreiben des Neuen Testaments, der Lebensgeschichte Jesu Christi gehandelt. Spekulationen über dieses Wagnis sind sinnlos [...] doch kann man sich denken, daß es sich nicht um eine Neuinterpretation, sondern um eine Neuverschlüsselung gehandelt hätte, mit dem Ziel, die Lehre Christi [...] verständlicher zu machen.

Denn es "schien May", nach Sudhoff, "daß das Neue Testament - das doch schon so alte - und seine 'himmlische Wahrheit' von den Menschen nicht mehr angenommen würde"![157]

Hatte May da so unrecht? Daß es nicht genügt, nur einfach die Bibel vorzulesen, weiß jeder Prediger. Die Bücher des Alten wie des Neuen Testaments sind in ihrer Ausdrucksweise ja keineswegs zeitlos. Sie wurden für bestimmte Adressaten verfaßt. Sie setzen konkrete Erfahrungen und bestimmte kulturelle Bedingungen voraus, die für andere Zeiten und andere Kulturkreise nicht ohne weiteres zu vermitteln sind. Wenn Matthäus z.B. für die 'Judenchristen' oder Paulus für eine bestimmte Gemeinde in Korinth oder Rom schrieb, könnte dieselbe Botschaft dann nicht auch für andere Kulturen, die indianische z.B., neu formuliert werden? In einer Weise, die DEREN Erfahrungen ernstnimmt und an DEREN Lebensbedingungen anknüpft?

Daß May ein 'Evangelium für die Indianer', in der Art etwa der heutigen 'Befreiungs-theologie', hätte schreiben können, mag man bezweifeln. Aber das PROBLEM hat der Dichter - schon im *Friede*-Band[158] - doch richtig gesehen: Die Notwendigkeit der 'Inkul-turation', der Vermittlung des Christentums in fremde Kulturen und neue Epochen hinein, hat er durchaus erkannt - auch in *Winnetou IV*.

Einen Teil seines Testaments hat Winnetou "für alle Menschen" verfaßt, einen andern Teil aber für seine "roten Brüder" (S. 262f.)! So abwegig wird die Vermutung also nicht sein: Winnetous Testament enthält die Botschaft Jesu - im Gewand der Indianerkultur, in der Symbolsprache der Schamanen und Medizinmänner.

In *Winnetou IV* betont May zwar sehr den Gedanken der 'Einheit', der Solidarität aller Stämme und Völker. Aber im Sinn einer 'Gleichmacherei' ist diese Einheit gewiß nicht gemeint. An eine 'versöhnte Verschiedenheit' wird May viel eher gedacht haben. Denn die "Verschiedenheiten" unter den Völkern und religiösen Bekenntnissen, die der Autor in *Friede* ja gelten läßt,[159] werden auch in *Winnetou IV* nicht bestritten: Den Indianer-stämmen billigt May das "wohlberechtigte Nationalgefühl" (S. 283) durchaus zu; ein "Stammeshaus für jeden einzelnen roten Stamm" (S. 601) fordert Shatterhand auch für 'Winnetou City', den Sitz der 'Vereinten Nationen'!

Die Verschiedenheit der Individuen, der Gruppen und Völker begründet eine Verschie-denheit, einen Pluralismus auch der religiösen Ausdrucksformen. Auch der christliche Glaube kann und soll sich in verschiedenen - sich wechselseitig bereichernden - Formen artikulieren.[160] Die 'Evangelisierung' der Völker Amerikas aber ist ohne Rücksicht auf amerikanische Besonderheiten, ohne Rücksicht auf das Erbe der Indianer erfolgt!

Schlimmer noch: Die 'Christianisierung' Amerikas stand, von der besseren Einsicht und dem Edelmut einzelner Missionare (des Dominikaners Las Casas z.B.) abgesehen, im Dienste des Kolonialismus![161] "Ueberall, wo eine Eroberung gemacht worden ist, sind ihr die Boten des Christentums vorangegangen." So schrieb Karl May im *Friede*-Roman.[162] Und auch in *Winnetou IV* beklagt er den "Blut- und Länderdurst" (S. 287) der 'Zivilisatoren', der 'christlichen' Eroberer.

Admiral Christobal Colons, bekannt unter dem Namen Kolumbus, landete am 12.10.1492 auf einer (heute nicht mehr bestimmbaren) Karibischen Insel. Er pflanzte dort, wie auch später an anderen Orten, die spanische Flagge auf und errichtete neben ihr das Kreuz.[163] Die Geisteshaltung der Kolonialisten war damit bezeichnet: Die Weißen sind gekommen, um das Land zu beherrschen, es seiner Schätze zu berauben und die 'Heiden' zum Christentum zu bekehren. Die Zerstörung der indianischen Hochkulturen und die weitgehende Vernichtung der physischen Existenz der Urbewohner Amerikas waren die Folge.

Über tausend Jahre zuvor, vor der Schlacht gegen Maxentius (im Jahre 312), soll der römische Kaiser Konstantin I. im Traum die Weisung empfangen haben, das Zeichen des Kreuzes auf die Schilde seiner Soldaten zu setzen. Am Himmel über der Sonne habe der Kaiser, so wird berichtet, ein Kreuz gesehen mit der Aufschrift 'In hoc signo vinces': 'In diesem Zeichen wirst du siegen'![164] Mit diesen Worten ließ May auch das - von Sascha

Schneider (1903) gemalte und mit dem Titel 'Die sterbende Menschheit' versehene - Deckelbild zu *Winnetou IV* signieren: "In hoc signo vinces?!"[165]

Das Fragezeichen will selbstverständlich besagen: An den Sieg des Kreuzes im konstantinisch-kolumbianischen Sinne glaubte May nicht. Das Rufzeichen aber kann nur bedeuten: In einem anderen, geistlichen, Sinne glaubte May an den Sieg des Kreuzes sehr wohl.

Das Kommen des Bleichgesichts verstand der Dichter als "Zuchtrute" Manitous (S. 287), die den 'roten Mann' aber nicht nur strafen, sondern - vor allem - zur Umkehr: zur Befolgung des 'Schutzengelgesetzes' bewegen sollte. Die Eroberungspolitik und die Art der Missionierung Amerikas durch die Weißen wollte May mit dieser Bemerkung natürlich nicht rechtfertigen. Was er sagen wollte, war dies: "Kein Mensch steigt ohne die Hilfe anderer Menschen empor. So auch die Völker, die Nationen, die Rassen." (S. 397) Hätten die Weißen das wirkliche Christentum: die Religion der Liebe gebracht, so wäre der "Dank der roten Rasse" sehr groß gewesen (S. 265)!

Die rote Rasse "vermag [...] ohne die weiße nichts" (S. 482). Das heißt: Die Solidarität der Weißen und besonders den christlichen Glauben brauchen die Indianer durchaus. Zugleich aber gilt: Sie sind, wie die anderen Völker der 'dritten Welt', keine "Almosenempfänger";[166] denn auch die Europäer könnten - wie Shatterhand von Algongka und Athabaska - sehr viel von den Indianern LERNEN (S. 68).

Bezogen auf die Mission, die Vermittlung des Evangeliums an die Manitou-Gläubigen, würde dies heißen: Die indianischen Mythen oder die Riten der Medizinmänner müßte das Christentum nicht verachten und nicht verdächtigen. Auch den Mythen liegt ja, wie Drewermann unterstreicht, "etwas Wahres" zugrunde; was in den Mythen geglaubt und verehrt wurde, kann das Christentum "zur Vollendung"[167] bringen. Und es kann, zudem, von der Erfahrungswelt der Schamanen auch "lernen"![168] Es gilt also, "von nun an gerecht zu sein und von den bisherigen Fehlern, die wir in der Psychologie der roten Rasse begingen, endlich einmal abzulassen." (S. 21)

Die Mythen der Völker und die Weisheitslehren der Medizinmänner entspringen der 'Menschheitsseele'. So gesehen ergibt es einen tieferen Sinn, wenn May, durch den 'Bewahrer der Medizin', das Bild Marah Durimehs (der Menschheitsseele) an die Seite des Winnetou-Porträts - des zum Kreuz und zum Himmel strebenden Christus-Nachfolgers - stellen läßt (S. 566).

Und das dritte Porträt, das ebenfalls an der Seite Winnetous zu betrachten ist? Das Bild Abu Kitals, des - durch die List der Menschheitsseele bekehrten - 'Gewaltmenschen'?[169] Vielleicht wollte May durch diese Konstellation auch zum Ausdruck bringen: Die Missionierung Amerikas, die Hinführung der Indianer zum Christentum, setzt - zum einen - den Verzicht auf jede Art von Gewalt und - zum andern - das Anknüpfen an der 'Naturreligion', den Mythen der Menschheitsseele voraus.

Sicher ist dies: Ein 'Evangelisierungs'-Programm, das die Gottes- und Menschenliebe nicht glaubwürdig bezeugt und fremden Kulturen die europäische Denk- oder Lebensweise aufoktroyiert, wird keinen Erfolg haben. Dem WORT, das "erzählen" und "predigen" will, was dem Menschen förderlich ist (S. 617), kommt zwar große Bedeutung zu; aber ihr Ziel: Menschen zu "fangen" (ebd.; vgl. Mk 1, 17), erreichen die 'Winnetous' - die Christen - nur dann, wenn sie die Liebe, die sie verkünden, auch leben!

Der "Samen, den Old Shatterhand in das Herz seines Bruders Winnetou legte", trägt - im Finale - "köstliche Früchte": weil der 'Clan Winnetou' "von seinen Gliedern weiter nichts verlangt, als edle Menschen zu sein, die nur Liebe geben, weil nur diese allein den Menschen edel macht." (S. 617) Dies sind die Früchte: Auch die bisher feindlichen Indianer erklären ihren Beitritt zum 'Clan der Schutzengel', weil dieser - durch wahre Barmherzigkeit - die Wahrheit seines Programms ja bewiesen hat.

Genügt dies? Ist der missionarische Auftrag der christlichen Kirchen mit der Erfüllung des Liebesgebots nun hinreichend definiert?

In seiner bemerkenswerten - eher progressiven und, ökumenisch gesehen, doch weiterführenden - Enzyklika *Evangelii Nuntiandi* (8.12.1975) hat Papst Paul VI. die 'Evangelisierung der Welt' als gestuften Weg: als vielschichtiges Geschehen mit verschiedenen Elementen beschrieben. Sechs Elemente werden genannt: das 'Zeugnis des Lebens', die 'ausdrückliche Verkündigung', die 'Zustimmung des Herzens', der 'sichtbare Eintritt' in die Gemeinschaft der Glaubenden, der 'Empfang der Zeichen' (der Sakramente) und der 'Anstoß zu neuem Apostolat'.[170]

Zumindest die 'Anfangsstufe der Evangelisierung': das lebendige Zeugnis für die Liebe Gottes inmitten der Welt, ist das Thema in *Winnetou IV*. Aber auch die andern vom Papst genannten 'Stufen' sind - in poetischer Weise natürlich - im Roman enthalten.

Bei der 'ausdrücklichen Verkündigung' unterscheidet die Enzyklika primäre und sekundäre Elemente. Als wichtigster Inhalt der Verkündigung wird genannt: Gott "ist der Vater [...] Also sind wir untereinander Brüder in Gott."[171] Die 'Vertikale' (Gott) und die 'Horizontale' (Geschwisterlichkeit) werden in dieser Kurzformel zusammengebracht: der Deutung des Passiflorenkreuzes in *Winnetou IV* entsprechend!

Als primär sieht die Enzyklika, selbstverständlich, auch die Botschaft vom Heil in Jesus Christus an. Diese Botschaft enthält der Roman Karl Mays, wie gezeigt wurde, indirekt und einschlußweise.

Da die 'Zustimmung des Herzens' im Rundschreiben des Papstes primär als Zustimmung zum 'Lebensprogramm' der Liebe und erst sekundär als Zustimmung "zu den Wahrheiten, die der Herr aus Barmherzigkeit geoffenbart hat",[172] verstanden wird, liegt auch hier eine Entsprechung zum Mayschen Alterswerk vor. Wenn der Beitritt zum 'Clan Winnetou' als sichtbarer Eintritt in die Gemeinschaft der Glaubenden und der zwölfstrahlige Stern als äußeres Zeichen für diesen Eintritt genommen wird, dann sind - in poetischer Analogie - auch das vierte und fünfte Element der Enzyklika in Mays Roman impliziert. Und dem sechsten Element entspricht natürlich die Aussendung der 'Winnetous' am Ende der Erzählung.

Ist *Winnetou IV* also christliche Dichtung? Ja. Aber in einem sehr weiten, 'groß-ökumenischen'[173] Sinne! Denn auch für andere Religionen, für fremde Kulturen und - besonders - die Mythen der Menschheitsseele ist dieser Roman, wie alle Spätwerke Mays, sehr offen.

NICHT offen ist May aber für - nur - äußerlichen Kult: für die Pseudo-Verehrung Winnetous bzw. Christi. Das protzige Denkmal für den Apatschen muß stürzen: weil es zur Wahrheit nicht hinführt, sondern diese verdunkelt! Winnetous Testament, die Botschaft der Liebe, das 'Evangelium für die Indianer' muß an die Stelle des - militanten - Denkmals aus totem Gestein treten. Und die Mitglieder des 'Komitees', die das Standbild errichten wollten,[174] müssen zurücktreten.

Denn ihr Werk ist nur eitel und nichtig. Wie der Turmbau zu Babel: die "künstliche axis mundi",[175] die - so Drewermann - den "Narzißmus", die "Selbstvergötterung" des Menschen verkörpert.[176]

Mit dem Sturz des Denkmals rechnet May ab: mit der Eitelkeit dieser Welt, mit der "Sünde" (S. 446) des Menschen, mit dem Machtstreben kirchlicher Funktionäre, die ihren Auftrag verkennen und der Menschheit nicht dienen. May rechnet ab mit der "Lüge" (S.

447), der Selbstüberhebung des Menschen und zugleich - mit sich selbst, dem "früheren Karl"![177]

Anmerkungen

1 Vgl. Karl May: *Winnetou. IV. Band*. Gesammelte Reiseerzählungen, Bd. XXXIII. Freiburg 1910, S. 397f. u. 558.
2 Das vorliegende Kapitel wurde 1992 verfaßt.
3 Vgl. z.B. Gert v. Paczensky: *Teurer Segen. Christliche Mission und Kolonialismus*. München 1991.
4 Karl May: *Ardistan und Dschinnistan I*. Gesammelte Reiseerzählungen, Bd. XXXI. Freiburg 1909, S. 18f. - Vgl. Karl May: *Briefe an das bayerische Königshaus*. In: JbKMG 1983, S. 76-122 (S. 109ff.).
5 Seitenangaben in () beziehen sich auf May: *Winnetou IV*, wie Anm. 1.
6 Vgl. May: *Briefe*, wie Anm. 4, S. 114f.
7 Ulrich Schmid: *Winnetous fliegende Feder. Abbreviaturen zum 'Testament des Apachen'*. In: *Karl Mays 'Winnetou'. Studien zu einem Mythos*. Hrsg. von Dieter Sudhoff und Hartmut Vollmer. Frankfurt/M. 1989, S. 266-280 (S. 273) - Zu soziologischen Aspekten des Romans vgl. Wojciech Kunicki - Norbert Honsza: *Unterhaltungsliteratur im europäischen Realismus. Karl May und 'Winnetou IV'*. In: JbKMG 1986, S. 225-240.
8 Günter Scholdt: (Werkartikel zu) *Winnetou IV*. In: *Karl-May-Handbuch*. Hrsg. von Gert Ueding in Zusammenarbeit mit Reinhard Tschapke. Stuttgart 1987, S. 320-325 (S. 324).
9 May: *Briefe*, wie Anm. 4, S. 116 (am 18.4.1909 an Prinzessin Wiltrud).
10 Vgl. Peter Uwe Hohendahl: *Von der Rothaut zum Edelmenschen. Karl Mays Amerikaromane*. In: *Karl Mays 'Winnetou'*, wie Anm. 7, S. 214-238 (S. 227): "Nicht weniger als eine herrschaftsfreie Welt wird in einem neugeschaffenen Mythos vor Augen gestellt."
11 Günter Scholdt: *Vom armen alten May. Bemerkungen zu 'Winnetou IV' und der psychischen Verfassung seines Autors*. In: JbKMG 1985, S. 102-151 (S. 103).
12 Vgl. Ekkehard Koch: *Winnetou Band IV. Versuch einer Deutung und Wertung, 2. Teil*. In: JbKMG 1971, S. 269-289 (S. 286 - zum Märchencharakter der Romans).
13 Vgl. oben, S. 615, 634 u. 684f.
14 Auf einer Tagung der Katholischen Akademie Bayern ('Glaube und Kirche. Zu einigen Sachaussagen bei Eugen Drewermann') am 21./22.2.1992 in München wurde Drewermann so bezeichnet!
15 Vgl. oben, S. 526ff.
16 Vgl. oben, S. 528.
17 Vgl. oben, S. 525.
18 Vgl. Eugen Drewermann: *Strukturen des Bösen. Die jahwistische Urgeschichte in exegetischer, psychoanalytischer und philosophischer Sicht*. 3 Bände. Paderborn 1977ff.
19 Karl May: *Mein Leben und Streben*. Freiburg 1910. Hrsg. von Hainer Plaul. Hildesheim, New York [2]1982, S. 12.
20 Vgl. oben, S. 553.
21 Vgl. oben, S. 556.
22 Vgl. z.B. oben, S. 510 u. 623.
23 Vgl. z.B. Mircea Eliade: *The Quest*. Chicago 1969. Deutsch: *Die Sehnsucht nach dem Ursprung. Von den Quellen der Humanität*. Wien 1973.
24 Eugen Drewermann: *Tiefenpsychologie und Exegese, Bd. I. Die Wahrheit der Formen. Traum, Mythos, Märchen, Sage und Legende*. Olten, Freiburg [4]1987, S. 240.
25 Nach Eugen Drewermann: *Tiefenpsychologie und Exegese, Bd. II. Die Wahrheit der Werke und der Worte. Wunder, Vision, Weissagung, Apokalypse, Geschichte, Gleichnis*. Olten, Freiburg [3]1987, S. 430.
26 Nach Drewermann: *Tiefenpsychologie I*, wie Anm. 24, S. 240.
27 Vgl. Hartmut Vollmer: *Marah Durimeh oder Die Rückkehr zur 'großen Mutter'*. In: *Karl May*. Hrsg. von Heinz Ludwig Arnold. Sonderband Text + Kritik. München 1987, S. 158-190.

28 Drewermann: *Tiefenpsychologie I*, wie Anm. 24, S. 242, mit Bezug auf Sigmund Freud: *Vorlesungen zur Einführung in die Psychoanalyse* (1917). Gesammelte Werke XI. London 1944, S. 353.

29 Drewermann: Ebd. (mit Bezug auf Carl Gustav Jung).

30 Nach Drewermann: Ebd., S. 243.

31 Drewermann: *Tiefenpsychologie II*, wie Anm. 25, S. 430.

32 Vgl. oben, S. 660ff.

33 Vgl. oben, S. 407f.

34 Vgl. Eugen Drewermann: *Strukturen des Bösen, Bd. I. Die jahwistische Urgeschichte in exegetischer Sicht*. Paderborn 1988 (textgleich mit 61987), S. 336-389.

35 Ebd., S. XXVIII.

36 Ebd.

37 Vgl. Carl Gustav Jung: *Die Bedeutung der Psychologie für die Gegenwart* (1933). Gesammelte Werke X: *Zivilisation im Übergang*. Olten, Freiburg 1974, S. 157-180 (S. 160).

38 Drewermann: *Strukturen I*, wie Anm. 34, S. 96.

39 Nach Johannes Auer: *Erbsünde im dogmatischen Verständnis*. In: *Lexikon für Theologie und Kirche*, Bd. III. Hrsg. von Josef Höfer und Karl Rahner. Freiburg 21959, Sp. 967-972 (Sp. 968).

40 Eugen Drewermann: *Strukturen des Bösen*, Bd. III. *Die jahwistische Urgeschichte in philosophischer Sicht*. Paderborn 1988 (textgleich mit 51986), S. 583f.

41 Drewermann: *Strukturen I*, wie Anm. 34, S. 96f.

42 Nach Gerhard v. Rad: *Theologie des Alten Testaments*, Bd. I. München 51966, S. 174.

43 E. Haag: *Der Mensch am Anfang. Die alttestamentliche Paradiesvorstellung nach Gn 2-3*. Trier 1970, S. 181; zit. nach Drewermann: *Strukturen I*, wie Anm. 34, S. 4f.

44 Nach J. Blinzler: *Erbsünde. Die Lehre der Schrift*. In: *Lexikon für Theologie und Kirche III*, wie Anm. 39, Sp. 965ff. (Sp. 965).

45 Ebd., Sp. 966 (genannt werden hier Mk 10, 5-8 par.; Joh 3, 5f. u. Joh 8, 44).

46 Nach ebd. ist vor allem die Deutung von Röm 5, 12d ("weil alle sündigten" in der offiziellen Einheitsübersetzung) umstritten.

47 May: *Mein Leben und Streben*, wie Anm. 19, S. 177.

48 Drewermann: *Strukturen III*, wie Anm. 40, S. 580.

49 Vgl. oben, S. 568.

50 Drewermann: *Strukturen III*, wie Anm. 40, S. 579.

51 Johannes Schuster: *Das Böse*. In: *Philosophisches Wörterbuch*. Hrsg. von Walter Brugger. Freiburg, Basel, Wien 121965, S. 41f. (S. 41).

52 Vgl. Karl Rahner: *Warum läßt Gott uns leiden?* In: Ders.: *Schriften zur Theologie*, Bd. XIV. Zürich, Einsiedeln, Köln 1980, S. 450-466.

53 Die Schlange in Gen 3 mit dem 'Teufel' gleichzusetzen, ist exegetisch allerdings kaum zu vertreten. Die Deutung der Schlange in Gen 3 ist unter den Auslegern überhaupt sehr umstritten. Interessant sind die Ausführungen bei Drewermann: *Strukturen I*, wie Anm. 34, S. 38ff.

54 Karl-Heinz Weger: *Erbsünde heute. Grundlegung und Verkündigungshilfen*. München 1972, S. 78.

55 Daß die 'Erbsünde' durch ZEUGUNG übertragen werde, ist damit nicht gesagt. Diese Vorstellung hat keine biblische Grundlage; sie ist eine relativ späte Lehrmeinung, die erst bei Augustinus belegt ist. Heute ist diese Vorstellung nicht mehr nachzuvollziehen, da sie die einheitliche Abstammung des Menschengeschlechts voraussetzt und die biologische Zeugung ins Zwielicht rückt. - Vgl. Weger, wie Anm. 54, S. 32ff.

56 Weger: Ebd., S. 80.

57 Drewermann: *Strukturen I*, wie Anm. 34, S. 322.

58 Weger, wie Anm. 54, S. 71.

59 Drewermann: *Tiefenpsychologie II*, wie Anm. 25, S. 326.

60 Drewermann: *Strukturen III*, wie Anm. 40, S. 569.

61 Ebd., S. 560.

62 Sören Kierkegaard: *Der Begriff Angst. Eine simple psychologisch-hinweisende Erörterung in Richtung des dogmatischen Problems der Erbsünde, von Vigilius Haufniensis*. Kopenhagen 1844. Deutsch: Hamburg 31.-35. Tsd. 1965 (Rowohlts Klassiker der Literatur und der Wissenschaft), S. 40.

63 Vgl. Sören Kierkegaard: *Die Krankheit zum Tode. Eine christliche psychologische Entwicklung zur Erbauung und Erweckung, von Anti-Climacus.* Kopenhagen 1849. Deutsch: Hamburg 1962.

64 Eugen Drewermann: *Strukturen des Bösen, Bd. II. Die jahwistische Urgeschichte in psychoanalytischer Sicht.* Paderborn 1988 (textgleich mit [5]1985), S. 570.

65 Drewermann: *Strukturen III*, wie Anm. 40, S. 561.

66 Ebd., S. 553f. - Zur Angst als innerer Triebkraft des Autors von *Winnetou IV* (und des Spätwerks überhaupt) vgl. Jürgen Hahn: *"Da klebte ich zwischen Himmel und Erde". Betrachtungen zu Karl Mays Alterswerk.* In: JbKMG 1992, S. 299-317 (S. 301ff. u. passim). - Vgl. oben, S. 597ff.

67 Zum Begriff des Urvertrauens vgl. Peter L. Berger: *Auf den Spuren der Engel. Die moderne Gesellschaft und die Wiederentdeckung der Transzendenz.* Übersetzt von Monika Plessner. Frankfurt/M. 9.-12. Tsd. 1972, S. 82ff.

68 Vgl. oben, S. 698ff.

69 Drewermann: *Strukturen III*, wie Anm. 40, S. 553.

70 Drewermann: *Strukturen I*, wie Anm. 34, S. 322.

71 Drewermann: *Strukturen III*, wie Anm. 40, S. 553.

72 Vgl. z.B. Sartres Drama *Die Fliegen* (1942); dazu Drewermann: *Strukturen III*, wie Anm. 40, S. 233ff.

73 Vgl. oben, S. 638.

74 Dazu Karl Rahner: *Zur Theologie der Gnade.* In: *Herders theologisches Taschenlexikon*, Bd. 3. Hrsg. von Karl Rahner. Freiburg 1972, S. 130-140 (S. 138).

75 Hervorhebung von mir.

76 Vgl. oben, S. 647.

77 Vgl. Dieter Sudhoff: *Karl Mays "Winnetou IV". Studien zur Thematik und Struktur.* Materialien zur Karl-May-Forschung, Bd. 6. Ubstadt 1981, S. 142ff.

78 Vgl. oben, S. 698ff.

79 Vgl. z.B. Joseph Ratzinger: *Einführung in das Christentum. Vorlesungen über das Apostolische Glaubensbekenntnis.* München 1968, S. 186-189 (zur 'Satisfaktionstheorie' des Anselm von Canterbury).

80 Drewermann: *Strukturen III*, wie Anm. 40, S. 531.

81 Ebd.

82 Ebd.

83 Drewermann (ebd.) verweist auf "das uralte Bild des sterbenden Gottes, das die frühen Jäger und Pflanzer zur Deutung ihrer Daseinswirklichkeit verwendeten"!

84 Ebd.

85 Wie Anm. 59.

86 Vgl. oben, S. 558.

87 Die Medizinen der Häuptlinge werden aufbewahrt unter der Platte des Tempelaltars (S. 369) - auch ein deutlicher Hinweis auf die sakrale Bedeutung der Medizin!

88 Vgl. oben, S. 575 (Anm. 50).

89 Vgl. oben, S. 574f. (Anm. 49).

90 Vgl. z.B. Drewermann: *Tiefenpsychologie II*, wie Anm. 25, S. 79-94 u. passim - Ders.: *Der tödliche Fortschritt. Von der Zerstörung der Erde und des Menschen im Erbe des Christentums.* Freiburg, Basel, Wien [2]1992 (Lizenz-Ausgabe des Pustet-Verlags. Regensburg [6]1990), S. 40 u. passim. - Drewermann bezieht sich auf Schwarzer Hirsch (Black Elk): *Ich rufe mein Volk. Leben, Visionen und Vermächtnis des letzten großen Sehers der Ogalalla-Sioux.* Übersetzt von Siegfried Lang. Olten, Freiburg 1965 (Originalausgabe: New York 1932; Neuauflage: Göttingen [8]1992) - Ders.: *Die heilige Pfeife. Das indianische Weisheitsbuch der sieben geheimen Riten.* Olten, Freiburg [2]1978 (original: Manderson 1947).

91 Drewermann: *Tiefenpsychologie II*, wie Anm. 25, S. 79.

92 Vgl. ebd., S. 89.

93 Ebd., S. 79.

94 Ebd., S. 115.

95 Ebd., S. 80.

96 Ganz so hoch wie Marah Durimeh in *Ardistan und Dschinnistan* steht er allerdings nicht, wie Sudhoff: *Winnetou IV*, wie Anm. 77, S. 120, zu Recht bemerkt und zutreffend erläutert. - Vgl. oben, S. 571.

97 Drewermann: *Tiefenpsychologie II*, wie Anm. 25, S. 181.

98 Mit diesem Hinweis will May natürlich, zusätzlich zum Dschinnistan-Motiv, eine weitere Verbindung des Amerika-Romans mit dem orientalischen Spätwerk (*Im Reiche des silbernen Löwen III/IV*) andeuten.

99 Vgl. Karl May: *Auch "über den Wassern"* (1910) mit Anmerkungen von Hansotto Hatzig und Ekkehard Bartsch. In: JbKMG 1976, S. 230-272 (S. 240ff.).

100 Nach Eugen Drewermann: *Fundevogel u.a. Grimms Märchen tiefenpsychologisch gedeutet.* Olten, Freiburg 1990, S. 60.

101 Vgl. Ingmar Winter: *Realitätsfluchten oder: Die Manifestation des Mythos.* In: MKMG 69 (1986), S. 25-30 (S. 28f.).

102 Drewermann: *Fundevogel*, wie Anm. 100, S. 60.

103 *Winnetou IV* ist, wie alle Spätwerke Mays, eine Traum-Poesie - obwohl (expressis verbis) in diesem Roman nicht geträumt wird. - Vgl. Dieter Sudhoff: *Der beflügelte Mensch. Traumflug, Aviatik und Höhenflug bei Karl May.* In: JbKMG 1986, S. 110-154.

104 Vgl. oben, S. 553.

105 Vgl. P. Federn: *Über zwei typische Traumsensationen.* In: Jahrbuch für Psychoanalyse, Bd. VI. Hrsg. von Sigmund Freud. Leipzig, Wien 1914, S. 89-134 (S. 128).

106 Drewermann: *Tiefenpsychologie II*, wie Anm. 25, S. 327.

107 Ebd.

108 Ebd., S. 322.

109 Die heilige Zahl 'drei' verweist aufs Mysterium Gottes; und auch der 'Berg' ist, religionswissenschaftlich gesehen, ein Symbol für das Göttliche.

110 Drewermann: *Strukturen I*, wie Anm. 34, S. 84.

111 May: *Briefe*, wie Anm. 4, S. 107 (am 7.3.1908 an Prinzessin Wiltrud) - Interessant ist in diesem Zusammenhang: Die katholische Bischofskonferenz Guatemalas hat alle Indio-Völker des Landes um Vergebung gebeten wegen der "Irrtümer und Widersprüche", in die sich die Kirche während der fünf Jahrhunderte der 'Evangelisierung' in Lateinamerika verwickelt habe (Bericht in der 'Süddeutschen Zeitung' Nr. 227 vom 1.10.1992, S. 10).

112 Vgl. Koch, wie Anm. 12, S. 277ff.

113 Dazu Drewermann: *Tiefenpsychologie II*, wie Anm. 25, S. 600-605.

114 Nach Drewermann: *Strukturen I*, wie Anm. 34, S. 344-368.

115 Schwarzer Hirsch: *Ich rufe mein Volk*, wie Anm. 90, S. 188; ausführliches Zitat bei Drewermann: *Strukturen I*, wie Anm. 34, S. 359f.

116 Vgl. oben, S. 716f. - Vgl. auch Hans Küng: *Credo. Das Apostolische Glaubensbekenntnis - Zeitgenossen erklärt.* München 1992, S. 36.

117 Sudhoff: *Winnetou IV*, wie Anm. 77, S. 133.

118 Vgl. oben, S. 703ff.

119 Karl May: *Winnetou III.* Karl Mays Werke IV. 14. Hg. von Hermann Wiedenroth und Hans Wollschläger. Zürich 1991, S. 419.

120 Drewermann: *Fundevogel*, wie Anm. 100, S. 76 - Vgl. Winter, wie Anm. 101, S. 25.

121 Drewermann: *Tiefenpsychologie II*, wie Anm. 25, S. 430.

122 Vgl. oben, S. 568.

123 Vgl. Drewermann: *Strukturen II*, wie Anm. 64, S. 52f., mit Bezug u.a. auf Mircea Eliade: *Schamanismus und archaische Ekstasetechnik.* Frankfurt/M. 1975 (Original: Paris 1951), S. 250ff.

124 Drewermann: *Strukturen II*, wie Anm. 64, S. 52.

125 Ebd., S. 53; vgl. auch ebd., S. 510 u. 512.

126 Vgl. Drewermann: *Der tödliche Fortschritt*, wie Anm. 90, S. 116.

127 Schon in der 'Marienkalender'-Geschichte *Christ ist erstanden!* (1893) hat May die Passifloren-Symbolik detailliert erläutert; vgl. Sudhoff: *Winnetou IV*, wie Anm. 77, S. 128.

128 Vgl. Karl Rahner: *Christentum.* In: *Herders theologisches Taschenlexikon*, Bd. 1. Hrsg. von Karl Rahner. Freiburg 1972, S. 381-399.

129 Vgl. Eugen Drewermann: *"Ich steige hinab in die Barke der Sonne".* Alt-Ägyptische Meditationen zu Tod und Auferstehung in bezug auf Joh 20/21. Olten 1989.

130 Neben der Passiflora "incarnata" wird die Passiflora "quadrangularis" genannt, die die Wände des Raumes schmückt. Das Symbol des 'Vierecks' verweist auf die Erde (vgl. *Herder-Lexikon 'Symbole'*. Bearbeitet von Marianne Oesterreicher-Mottwo. Freiburg, Basel, Wien [5]1982, S. 96), während das Kreuz auf Erde und Himmel zugleich verweist. Der Gedanke der Einheit von Gott und Welt liegt der Symbolik des Passiflorenraums zugrunde!

131 Vgl. oben, S. 406f.

132 Dazu Küng, wie Anm. 116, S. 63f.

133 Alfred Paffenholz: *Kleine Fluchten oder: Der Traum vom Paradies. Eine Erinnerung an Karl May und seine Wiederentdeckung*. In: *Karl May - der sächsische Phantast. Studien zu Leben und Werk*. Hrsg. von Harald Eggebrecht. Frankfurt/M. 1987, S. 45-62 (S. 61).

134 May: *Briefe*, wie Anm. 4, S. 107 (am 7.3.1908 an Prinzessin Wiltrud).

135 Rahner: *Christentum*, wie Anm. 128, S. 383.

136 Vgl. Karl Rahner: *Volk Gottes*. In: *Herders theologisches Taschenlexikon*, Bd. 8. Hrsg. von Karl Rahner. Freiburg 1973, S. 65-68.

137 Sudhoff: *Winnetou IV*, wie Anm. 77, S. 101- Ähnlich schon Koch, wie Anm. 12, S. 272 - Kai Riedemann: *Aspekte zur Deutung der Winnetou-IV-Symbolik*. SKMG Nr. 17 (1979), S. 24.

138 Christoph F. Lorenz: *Auf der Suche nach dem verlorenen Ich. Namens-, Orts- und Persönlichkeitsmythen in Karl Mays "Winnetou IV"*. In: *Karl Mays 'Winnetou'*, wie Anm. 7, S. 241-265 (S. 256).

139 Roland Schmid: *Winnetou als Symbolgestalt*. In: *Karl May: Freiburger Erstausgaben*, Bd. XXXI. Hrsg. von Roland Schmid. Bamberg 1984, N 23-29 (N 27 u. 26).

140 Vgl. oben, S. 559f.

141 Horst Wolf Müller: *Winnetou. Vom Skalpjäger zum roten Heiland*. In: *Karl Mays 'Winnetou'*, wie Anm. 7, S. 196-213 (S. 206).

142 R. Schmid, wie Anm. 139, N 27.

143 Ebd., N 28.

144 May bezieht sich auf das von Sascha Schneider (1904) für *Winnetou III* gemalte Deckelbild. - Sudhoff: *Winnetou IV*, wie Anm. 77, S. 103, sieht in diesem Bild "eine deutliche Darstellung der Himmelfahrt Christi."

145 So auch Sudhoff: Ebd., S. 104f.

146 Müller, wie Anm. 141, S. 207.

147 Drewermann: *Strukturen I*, wie Anm. 34, S. 161.

148 Ebd.

149 Zum Clan-Wesen der Indianer vgl. oben, S. 574 (Anm. 46).

150 Drewermann: *Strukturen III*, wie Anm. 40, S. 579.

151 Vgl. auch Sudhoff: *Winnetou IV*, wie Anm. 77, S. 105-108.

152 Das GANZE Wesen der Kirche ist mit dieser Bezeichnung freilich nicht erreicht; vgl. Marie-Joseph Le Guillou: *Kirche (III. Theologische Vermittlung)*. In: *Herders theologisches Taschenlexikon*, Bd. 4. Hrsg. von Karl Rahner. Freiburg 1972, S. 118-132 (S. 122).

153 Sudhoff: *Winnetou IV*, wie Anm. 77, S. 101 - Auch nach Koch, wie Anm. 12, S. 275, steht der 'Clan Winnetou' für das "wahre Christentum".

154 Sudhoff: *Winnetou IV*, wie Anm. 77, S. 108.

155 Le Guillou, wie Anm. 152, S. 121.

156 Shatterhand und Herzle hatten ja "noch nie etwas ähnliches gelesen" (S. 360)!

157 Sudhoff: *Winnetou IV*, wie Anm. 77, S. 101.

158 Vgl. oben, S. 614ff.

159 Vgl. Karl May: *Und Friede auf Erden! Gesammelte Reiseerzählungen*, Bd. XXX. Freiburg 1904, S. 34.

160 Vgl. oben, S. 612f.

161 Vgl. z.B. Paczensky, wie Anm. 3 - Kirkpatrick Sale: *Das verlorene Paradies. Christoph Kolumbus und die Folgen*. Aus dem Amerikanischen von Brigitte Rapp. München 1991.

162 May: *Und Friede auf Erden!*, wie Anm. 159, S. 41.

163 Nach Sale, wie Anm. 161.

164 Nach J. Vogt: *Konstantin*. In: *Lexikon für Theologie und Kirche*, Bd. VI. Hrsg. von Josef Höfer und Karl Rahner. Freiburg [2]1961, Sp. 478ff. (Sp. 479).

165 Vgl. Hansotto Hatzig: *Karl May und Sascha Schneider. Dokumente einer Freundschaft*. Beiträge zur Karl-May-Forschung 2. Bamberg 1967, S. 177.

166 May: *Und Friede auf Erden!*, wie Anm. 159, S. 178.

167 Drewermann: *Strukturen III*, wie Anm. 40, S. 518.

168 Drewermann: *Tiefenpsychologie II*, wie Anm. 25, S. 107ff. u. passim.

169 Vgl. oben, S. 483ff.

170 Vgl. *Verlautbarungen des Apostolischen Stuhls 2*. Apostolisches Schreiben Papst Pauls VI. über die Evangelisierung in der Welt von heute (1975). Hrsg. vom Sekretariat der Deutschen Bischofskonferenz in Bonn.

171 Ebd.

172 Ebd.

173 Vgl. oben, S. 613ff. - Als weiteres Beispiel für diese Geisteshaltung sei genannt: *Die größere Ökumene. Gespräch um Friedrich Heiler*. Hrsg. von P. Emmanuel Jungclaussen OSB. Regensburg 1970. - Bemerkenswerterweise räumen auch die Bischöfe Guatemalas (wie oben, Anm. 111) immerhin ein: Gott ist viel früher als die sogenannten Entdecker in den Völkern und Kulturen Lateinamerikas gegenwärtig gewesen; so sei z.B. die Maya-Religion eine "zufriedenstellende Hilfe" gewesen, Welt und Leben zu deuten! "Die irrige Idee von der Überlegenheit der europäischen gegenüber der indigenen Kultur" habe manche Missionare zur Unterdrückung veranlaßt!

174 Sudhoff: *Winnetou IV*, wie Anm. 77, S. 114, sieht in den Mitgliedern des Komitees die Vertreter des bloßen "Namenschristentums". - Ähnlich schon Koch, wie Anm. 12, S. 271f.

175 Drewermann: *Strukturen II*, wie Anm. 64, S. 53.

176 Ebd., S. 535.

177 Vgl. oben, S. 378.

8 Nachbemerkung:
Theologische Kritik an Mays Spätwerk oder Christlicher Glaube und mythologische Bilder

Es hat sich gezeigt: Die Schriften Eugen Drewermanns bieten interessantes Material zur Deutung von *Winnetou IV.* Zu nahezu allen Motiven dieses Romans und auch der anderen Spätwerke Mays bringt Drewermann - freilich ohne Bezug auf unseren Autor - sehr zahlreiche Hinweise.

Darüber hinaus weist die Botschaft des Mayschen Alterswerks beachtenswerte Parallelen auf zu den wichtigsten Intentionen moderner Theologen und speziell auch Eugen Drewermanns. Verwunderlich ist es nicht: Die theologische Kritik, die Drewermann erfuhr, entspricht zum Teil der Kritik an Mays Spätwerk durch katholische Publizisten. Dies soll, abschließend, noch kurz erläutert werden.

Die Gründe, die zum (einstweiligen) Entzug der kirchlichen Lehrbefugnis für Drewermann führten, können hier nicht vollständig aufgezählt werden.[1] Wir müssen uns beschränken auf 'May-relevante' Aspekte.

Die im Verlauf unsrer Ausführungen zitierten Drewermann-Bände ALLEIN - vor allem *Strukturen des Bösen I-III*, *Tiefenpsychologie und Exegese I/II* und *Grimms Märchen tiefenpsychologisch gedeutet* - hätten den Autor wohl nicht seinen Lehrstuhl gekostet. Andrerseits werden in diesen Büchern doch zentrale (auch in Mays Spätwerk zumindest tangierte) theologische Fragen besprochen, die in der Auseinandersetzung um Drewermann eine ernsthafte Rolle spielen.

Drewermann hat faszinierende, die Theologie sehr befruchtende und für den Glauben zahlreicher - gerade auch kritischer, der Kirche fern stehender - Menschen sehr hilfreiche Bücher geschrieben. In einer Zeit der zunehmenden 'Säkularisierung' und des wachsenden Transzendenzverlustes ist Drewermann ein kenntnisreicher Zeuge des Glaubens an Gottes Führung und Liebe. Positive und weiterführende Ansätze seiner Theologie werden von den Bischöfen auch keineswegs bestritten, sondern ausdrücklich anerkannt.[2] Dennoch wurden und werden, massiv, auch Einwände vorgebracht.

Das offizielle Lehramt der römischen Kirche, aber auch namhafte katholische Theologen und auch nicht wenige evangelische Fachkollegen kritisieren, in wichtigen Punkten, die Schriften Drewermanns. Hans-Martin Barth, ein protestantischer Theologe, z.B. beklagt: "Botschaft und Gestalt Jesu Christi spielen in Drewermanns Erörterungen eine vergleichsweise geringe Rolle. Jesu Tod und Auferstehung werden von mythologischen Materialien her verstanden, die als Interpretamente dienen."[3]

An der göttlichen Offenbarung in Christus halte Drewermann - so meinen andere, ebenfalls evangelische, Theologen - zwar fest; er deute "sie aber neu, indem er Christus in Analogie zu einem Psychotherapeuten" verstehe, der in der Seele des Kranken die Träume erwecke,

durch die sich die Genesung selbst ereigne [...] Da sich aber auch in den Mythen, Märchen und Symbolen anderer Religionen diese psychischen Archetypen widerspiegeln, gewinnen auch sie eine theologische Bedeutung: "Um die [...] eigenen Glaubenssymbole zu verstehen, gilt es, die fremden Religionen wie einen lebendigen Kommentar zu der eigenen religiösen Überlieferung zu lesen." Dabei ist sich Drewermann sehr bewußt, daß er theologisch einen diametralen Gegensatz zum Protestantismus vertritt [...][4]

Drewermann irre, so wird ihm vorgehalten, "wenn er das 'Zeugnis der Seele' als gleichwertige Glaubensquelle neben das 'Zeugnis der Bibel' stellt, statt es an diesem auf seine Echtheit zu überprüfen."[5] Sofern Drewermanns Thesen - meint ein weiterer Kommentator -

mitunter den Anschein erwecken, als reduziere er die geschichtliche Offenbarung Gottes in Jesus von Nazaret auf eine Projektion zeitloser Bilder und Strukturen der Seele, bedarf es einer Klärung im kritischen Dialog, gegebenenfalls auch einer offiziellen Zurückweisung durch theologische Gutachten oder durch ein Wort der Bischöfe [...][6]

Alle diese Vorwürfe (oder Anfragen) laufen auf die Klage hinaus, die 'christliche Identität', der christliche Absolutheitsanspruch würden durch Drewermann in Frage gestellt. Derselbe Vorwurf aber ist der Kern der Theologen-Kritik auch am Mayschen Spätwerk! Relevant ist in diesem Zusammenhang vor allem die May-Schelte durch den Dresdner Hofkaplan Dr. Paul Rentschka und den Benediktiner Ansgar Pöllmann.

Die theologische Bedeutung, die May den Märchen, den Mythen und Träumen der 'Menschheitsseele' zubilligt, hat Pöllmann, freilich nur indirekt, kritisiert: mit dem Vorwurf, May habe die Menschheitsseele - Marah Durimeh - "von der Papstlehre weg zur Trägerin eines verschwommenen Interkonfessionalismus"[7] gemacht!

Auch Rentschka vermißte im Spätwerk des Dichters "das hohe Gut der Wahrheit": die eindeutige "Lehre von der Gottheit Christi" und das klare Bekenntnis zum "auserwählten Volk Gottes"; Mays Christentum sei "nichts als Humanität", die noch dazu "der Ergänzung bedarf aus dem Schatze [...] des Heidentums, des Buddhismus, des Muhammedanismus."[8]

Im Falle Drewermanns wie auch Mays wäre zu sagen: Die 'Sprache Kanaans', die kirchliche Insider-Sprache, die engen Grenzen dogmatischer Formeln wollen diese Autoren in der Tat aufbrechen: zugunsten einer offenen, den großen Menschheitsfragen zugewandten theologischen Poesie. Den christlichen Glauben lassen sich May und Drewermann aber nicht absprechen. Sie verweisen mit Recht auf ihre Schriften, deren Inhalt komplizierter und differenzierter ist, als ihre Kritiker - mit verkürzten und oft auch mißverstandenen Zitaten - ihn darstellen.

Daß alles richtig und frei von 'Irrtümern' sein müsse, was May oder Drewermann schrieben, ist damit natürlich nicht gesagt! Dem kritischen Dialog muß jeder Autor sich stellen. Und die Bereitschaft, sich korrigieren zu lassen, muß grundsätzlich immer gegeben sein.

"Wir brauchen Drewermann und Drewermann braucht uns." So meinte ein Fachkollege auf einer Tagung.[9] Übertragen auf May könnte dies heißen: Wenn das Christentum nicht erstarren will in dogmatischen Sätzen, dann braucht es Dichter wie Karl May; aber auch die Literaten brauchen urteilsfähige Leser, die den Autor herausfordern und, wo nötig, zu selbstkritischen Reflexionen ermuntern.

Bedeutende (und auch weniger bedeutende) Menschen neigen nicht selten zum Absolutheitsanspruch. Auch Drewermanns Kritik an der Kirche kann "ausschließend und [...] aggressiv" werden: Seine "Polemik gegen alte und neue Hohepriester und Schriftgelehrte" wirkt gereizt, bisweilen verletzend und "erschreckend hart"; sie zeigt manchmal "wenig von der Güte und Geduld", die Drewermann - in seinen Büchern - "gegenüber menschlichen Fehlern und Schwächen fordert."[10] Insofern könnte auch Drewermann selbst als 'Therapiefall' betrachtet werden.

Mit Kritik richtig umzugehen, ist auch May nicht immer gelungen.[11] Seine Reaktion auf kirchliche Kritiker war aber angemessen und, im Falle Rentschkas, ausgesprochen moderat, um nicht zu sagen - beflissen.[12] Dies hat verschiedene Gründe. Zum einen: Mays Ansehen in der Öffentlichkeit war fast ruiniert; Streit und Ärger gab es genug. Daß seine Werke auf den 'Index': ins (1965 abgeschaffte) Verzeichnis der - von der katholischen Kirche - verbotenen Bücher kämen, war so ziemlich "das einzige [...], das unserm armen, lieben, guten Onkel bis jetzt noch nicht begegnet ist."[13] So war es nur allzu verständlich: Eine Verschärfung des Konflikts mit kirchlichen Kreisen wollte der Schriftsteller vermeiden.

Ein eskalierender Streit mit der Kirche wäre für May nicht opportun gewesen. Doch der einzige Grund für seine Vorsicht im Umgang mit kirchlichen Kritikern war dies nicht. Karl May war Christ und bekannte sich zur christlichen Kirche - zwar nicht zur römisch-katholischen Konfession, aber doch zur "einzigen, alles umfassenden katholischen Gemeinde der Gläubigen".[14] Weil er selbst zur 'katholischen' Kirche (im ursprünglichen Sinn dieser Bezeichnung[15]) gehörte, war May die Weise, wie kirchliche Amtsträger seine Bücher beurteilten, nicht gleichgültig.

Für konstruktive Kritik war May durchaus offen. "Und wenn" - so schrieb er 1909 an Prinzessin Wiltrud (ähnlich wie 1908 an Paul Rentschka[16]) -

eines meiner bisherigen Werke nicht gut, nicht klar, nicht erwünscht zu sein scheint, so bitte ich, darauf hinweisen zu dürfen, daß alle diese Arbeiten nur Fühlfäden waren, um genau zu erfahren, was und wie ich schreiben soll und was nicht.[17] Ich bin so gern bereit, meine Fehler abzulegen, denn wenn es mir gelänge, mich von ihnen allen zu befreien, so wäre ich endlich erlöst und ganz von hier geschieden.[18]

May kannte seine Schwächen. Sich zu befreien von sämtlichen Fehlern, wird der menschlichen Anstrengung aber nie vollständig gelingen. Denn die Erlösung ist Gottes Geschenk und nicht das Resultat unsrer Mühe. Aber auch dies hat May ja immer gewußt: Die Religion, Gott selbst bringt das Heil und jede Erlösung.[19]

Anmerkungen

1   Die Gründe sind nachzulesen in: *Dokumentation zur jüngsten Entwicklung um Dr. Eugen Drewermann.* Für das Erzbischöfliche Generalvikariat Paderborn hrsg. von Hermann-Joseph Rick. Paderborn 1991 - Eugen Drewermann: *Worum es eigentlich geht. Protokoll einer Verurteilung.* München 1992.

2   Vgl. die *Stellungnahme der Glaubenskommission der Deutschen Bischofskonferenz zum Entzug der Lehrerlaubnis von Dr. Eugen Drewermann* in: *Dokumentation,* wie Anm. 1, S. 312-315.

3   Hans-Martin Barth (1988); zit. nach Heinz Schütte: *Verleugnung des alleinigen Mittlers Jesus Christus? Stellungnahmen aus der Ökumene zu Auffassungen Eugen Drewermanns.* In: Katholische Nachrichten Agentur. Ökumenische Information Nr. 11 (11.3.1992), S. 20-24 (S. 20).

4   Clemens Albrecht, Wilfried Dreyer und Harald Homann (1988); zit. nach Schütte: Ebd., S. 20.

5   Horst Georg Pöhlmann (1992); zit. nach Schütte: Ebd., S. 23f.

6   Walter Schöpsdau (1991); zit. nach Schütte: Ebd., S. 21.

7   Ansgar Pöllmann: *Ein Abenteurer und sein Werk.* In: Über den Wassern. Halbmonatsschrift für schöne Literatur. Hrsg. von Expeditus Schmidt. 3. Jg. 1910, S. 274 - Vgl. oben, S. 528.

8   Paul Rentschka: *Karl Mays Selbstenthüllung.* Mit Einleitung und Anmerkungen von Ernst Seybold. In: JbKMG 1987, S. 138-159 (S. 141, 145, 141 u. 149) - Vgl. oben, S. 525f.

9   Tagung der Katholischen Akademie Bayern am 21./22.2.1992 in München.

10 Bernhard Dieckmann: *Bultmann und Drewermann - Entmythologisierung und tiefenpsychologische Exegese: Gegensatz oder Weiterführung?* In: Una Sancta. Hrsg. von Hans-Martin Barth u.a. Nr. 4 (1991), S. 337-352 (S. 350).

11 Vgl. oben, S. 378.

12 Vgl. oben, S. 526f.

13 Willy Einsle: Brief vom 2.3.1910 an Klara May. In: JbKMG 1992, S. 65-70 (S. 66).

14 Karl May: *Mein Glaubensbekenntnis* (21.12.1906). In: Donau-Zeitung. Passau 1907. Wiedergegeben in: *Schriften zu Karl May*. Materialien zur Karl-May-Forschung, Bd. 2. Ubstadt 1975, S. 245f. (S. 246) - Vgl. oben, S. 674ff.

15 Vgl. oben, S. 227.

16 Vgl. oben, S. 526.

17 Daß May sein Fähnchen nach dem Wind richten wollte, ist damit freilich nicht gesagt. Er wollte dies nicht und hat es auch nicht getan.

18 Karl May: *Briefe an das bayerische Königshaus*. In: JbKMG 1983, S. 76-122 (S. 116; Brief vom 18.4.1909 an Prinzessin Wiltrud).

19 May in seinem Wiener Vortrag vom 22.3.1912; vgl. Ekkehard Bartsch: *Karl Mays Wiener Rede. Eine Dokumentation*. In: JbKMG 1970, S. 47-80 (S. 65).

ANHANG

1 Chronologische Übersicht und Zusammenfassung: Der Mensch und sein Werk

Unser, in die Breite geratenes, Buch enthält eine Fülle von Informationen und Kommentaren. Chronologisch sind die Texte insofern geordnet, als Mays Leben in zeitlichen Abschnitten und seine wichtigsten Schriften in der Reihenfolge ihrer Entstehung besprochen wurden. Größere Sinnzusammenhänge - Mays private Kontakte z.B. - wurden jedoch zusammenhängend (in Abschnitten, die mehrere Jahre umfassen) interpretiert. Will der Leser nun aber - Jahr für Jahr und Monat für Monat - verfolgen, was jeweils geschehen ist (eine Betrachtungsweise, die ja auch ihre Berechtigung und ihren besonderen Reiz hat), so muß er lange suchen.

Die folgende Übersicht will dieses Suchen erleichtern. Auf gedrängtem Raum und (soweit möglich) in exakter Chronologie werden die wichtigsten Informationen und auch die wichtigsten Deutungsansätze unseres Buches zusammengefaßt. Ergänzend werden, in Einzelfällen, auch weitere - im Haupttext nicht genannte - Daten hinzugefügt.

1842	25.2., 22 Uhr: In ärmlichsten Verhältnissen wird Karl Friedrich May als fünftes von 14 Kindern des Webers Heinrich August May (1810-88) und seiner Ehefrau Christiane Wilhelmine geb. Weise (1817-85) in Ernstthal, einer Kleinstadt am Rande des sächsischen Erzgebirges, geboren. 26.2.: In der evangelisch-lutherischen Kirche St. Trinitatis zu Ernstthal wird Karl getauft. Wenig später erblindet das Kind.
1842ff.	Unter sehr schwierigen, neurosefördernden Umständen verbringt Karl seine Kindheit und auch die Jugendjahre. Hunger nach Liebe, religiöse Sehnsucht, Märchenromantik, tagträumerische Neigung, überreiche Phantasie und narzißtische Verletzungen prägen schon das Kind. Sein ganzes Leben wird ein Schrei nach Erlösung.
1846	In einer Dresdner Klinik (wo die Mutter eine Ausbildung zur Hebamme absolvierte) wird Karl, wohl im März, von der Blindheit geheilt: ein erstes - entscheidendes - Rettungserlebnis.
1846-56	Besuch der Volksschule in Ernstthal. Karl fällt auf: durch besondere Begabung und (ihm zu Hause - durch harten Lern- und wahllosen Lesezwang - vom Vater eingebleute) Vielwisserei. In der Hohensteiner 'Schundbibliothek' lernt Karl 'Rinaldo Rinaldini' und ähnliche Räuberhauptmann-Romane kennen. In der Selbstbiographie (1910) erwähnt er diese Lektüre, übertreibend, mit Abscheu.
1856	16.3.: Konfirmation in Ernstthal, St. Trinitatis. Mays Konfirmationsspruch: "Halte an dem Vorbild der heilsamen Worte, die du von mir gehört hast, im Glauben und in der Liebe in Christus Jesus." (2 Tim 1, 13) 29.9.: Als Proseminarist wird Karl ins Lehrerseminar zu Waldenburg aufgenommen.

1856-60	Vorbereitung auf den Lehrerberuf in Waldenburg. Besonders den Religionsunterricht empfindet May - der homo religiosus - als phantasielos und kalt. Es *gab keine Liebe. Es fehlte jede Spur von Poesie.*
1858	Erste große Enttäuschung: Karls *erste Liebe* - Anna Preßler - verläßt ihn und heiratet (im Alter von 16 Jahren) einen Krämer.
1859	Weiterer Bruch: Kurz vor Weihnachten muß sich May wegen Diebstahls von sechs Kerzen (die er für den Christbaum im armseligen Elternhaus verwenden will) verantworten. Direktor Schütze greift durch.
1860	28.1.: Mit Schimpf und Schande muß May die Anstalt verlassen. 6.3.: May richtet, vom Ernstthaler Pfarrer unterstützt, ein erfolgreiches Gnadengesuch ans sächsische Kultusministerium. 4.6.: Im Lehrerseminar zu Plauen kann May seine Ausbildung fortsetzen.
1861	September: May besteht die Kandidatenprüfung mit der Gesamtnote "Gut". 7.10.: Erste Anstellung als Hilfslehrer in der Armenschule zu Glauchau. 19.10.: Schon nach zwölf Tagen ist das Dienstverhältnis beendet - wegen Mays 'Affäre' mit Henriette Meinhold, der jungen Frau seines Vermieters. 6.11.: Anstellung als Fabrikschullehrer in Altchemnitz. 25. oder 26.12.: May wird in Hohenstein verhaftet: weil er - laut Beschuldigung - seinem Logis-Mitbewohner in Altchemnitz eine Taschenuhr, eine Tabakspfeife und eine Zigarrenspitze entwendet hat. Von einem wirklichen 'Diebstahl' kann aber wohl keine Rede sein. May geschieht, seiner (verständlichen) Meinung nach, schweres Unrecht. Dieses Schock-Erlebnis wird - wie schon die Entlassung aus dem Seminar zu Waldenburg - zum Trauma, das May nie ganz überwindet.
1862	Verurteilung zu sechs Wochen Haft, die May vom 8.9.-20.10. in Chemnitz verbüßt. Die Lehrertätigkeit ist für immer beendet. 6.12.: May wird für den Militärdienst gemustert und für "untüchtig" befunden.
1862-65	May lebt von kärglichen Einkünften als Privatlehrer und Musikant. Eigene - teils flotte, teils ernste und fromme - Lied-Kompositionen entstehen. Möglicherweise ist May in diesen Jahren schon schriftstellerisch tätig; Publikationen sind aber nicht bekannt.
1864/65	Erste Landstreicherzeit: May beginnt - vielleicht aufgrund einer psychischen Erkrankung, evtl. mit Bewußtseinsstörungen verbunden - eine kriminelle Karriere. Drei phantastisch-kuriose Eigentumsdelikte, die er pseudonym (als 'Dr. med. Heilig', 'Seminarlehrer Lohse' und 'Hermes Kupferstecher') begeht, werden bekannt. May wird steckbrieflich verfolgt.
1865	26.3.: Festnahme durch die Polizei. Nach anfänglichem Schweigen nennt May seinen richtigen Namen und legt ein volles Geständnis ab. 8.6.: Verurteilung "wegen mehrfachen Betrugs" zu 4 Jahren und 1 Monat Arbeitshaus. 14.6.: Einlieferung in die Strafanstalt Schloß Osterstein in Zwickau.

19.9.: Tod der geliebten 'Märchengroßmutter' Johanne Christiane verw. Vogel verw. May geb. Kretzschmar (1780-1865); May wird dies erst nach seiner Haftentlassung, 1868, erfahren.

1865-68	Haftzeit in Schloß Osterstein. May versagt in der Schreibstube und muß Geld- und Zigarrentaschen verfertigen. 1867/68 gewinnt er die Gunst des Aufsehers Göhler und avanciert zum Posaunenbläser und Mitglied des Gefängnis-Kirchenchors. Ende 1867 oder Anfang 1868 wird er 'besonderer Schreiber' des Inspektors Krell. In der Gefangenen-Bibliothek liest er u.a. belletristische, historische und populärwissenschaftliche Bücher. Eigene literarische Entwürfe entstehen (vgl. *Repertorium C. May*).
1868	2.11.: Vorzeitige Entlassung wegen guter Führung.
1869	Zweite Landstreicherzeit: Erstes Halbjahr: Seine literarischen Pläne kann May, aus inneren und äußeren Gründen, nicht realisieren. Die (psychotische?) 'Ich-Spaltung' tritt wieder auf. May begeht - u.a. als 'Leutnant von Wolframsdorf' - eine Serie von äußerst skurrilen, die Obrigkeit verhöhnenden Rückfall-Delikten (Betrügereien), die eine defekte Psyche vermuten lassen, aber auch eine schöpferische (später in Literatur umgesetzte) Phantasie bereits andeuten. Der materielle Gewinn aus diesen Delikten steht in keinem Verhältnis zum szenarischen Aufwand. 2.7.: May wird in Hohenstein verhaftet. Auch diesmal ist er 'gut verkleidet'; die Identifizierung bereitet einige Mühe. Ein (geladenes?) Terzerol wird sichergestellt. Tatsächliche Gewaltanwendung ist May aber in keinem Falle vorzuwerfen. 26.7.: Während eines Transports zum Zwecke der Gegenüberstellung mit von May geprellten Personen gelingt es ihm, zu entfliehen. In den folgenden Monaten wird er, vergeblich, gejagt und steckbrieflich verfolgt.
1870	4.1.: In Niederalgersdorf/ Böhmen wird May - der sich jetzt als 'Albin Wadenbach', Plantagenbesitzer in Orby/ Martinique, ausgibt - in einer Scheune ergriffen. Mit Hilfe eines Lichtbildes wird er später identifiziert. 15.3.-3.5.: Untersuchungshaft in Mittweida. In dieser Zeit (oder schon früher) verfaßt May, z.T. in französischer Sprache, das Textfragment *Ange et Diable*. Der Text läßt, mit einiger Wahrscheinlichkeit, einen Atheismus à la Feuerbach erkennen - eine Tendenz, die in den künftigen May-Erzählungen nicht mehr zu finden ist. 13.4.: May wird zu vier Jahren Zuchthaus verurteilt. Seinen psychischen Zustand läßt das Gericht, auch diesmal, für die Strafbemessung außer Betracht.
1870-74	May verbüßt, ab 3.5.70, seine Strafe in Waldheim. Die Haftbedingungen sind sehr hart. Schriftstellerische Arbeit ist völlig unmöglich. Dennoch werden diese Jahre zum Segen für May. Begegnungen mit dem katholischen Anstaltskatecheten Johannes Kochta führen zur religiösen Umkehr des Häft-

lings. Er wird, obwohl er Lutheraner ist, beim katholischen Gefängnis-Gottesdienst Organist und findet zum festen - und vertieften - Gottesglauben zurück. Eine echte Straftat wird er nie mehr begehen. Auch psychisch wird er, evtl. nach einer Behandlung durch den Anstaltsarzt Dr. Knecht, völlig stabil. Seine Persönlichkeitsstruktur bleibt zwar im Kern dieselbe; aber seine Phantasie - auch seine pseudologische Neigung - kann er, in den folgenden Jahren, ins Positive verwandeln: in literarische Kunst.

1872ff.	Schon in diesen Jahren erscheinen - in der May-Forschung erst seit 1993 bekannt! - in einem bisher unbeachteten Volkskalender Texte aus der Feder Karl Mays: zunächst Gedichte (die wohl die psychische Verfassung des Autors um 1869 spiegeln), später diverse Humoresken (in der Mehrzahl Erstveröffentlichungen).
1874	2.5.: Entlassung aus dem Zuchthaus; doch May wird, für zwei Jahre, unter Polizeiaufsicht gestellt. Jetzt gelingt, was 1868/69 kaum möglich war: May findet Boden unter den Füßen. In Ernstthal ist er schriftstellerisch tätig. Publizieren kann er zunächst aber nur wenig. Er lebt, sehr arm, von der Unterstützung der Eltern.
1875	Anfang März: May findet eine Anstellung als Redakteur beim Dresdner Kolportageverleger H.G. Münchmeyer, der ihn als 'Herr Doktor' tituliert, was May sich wohl gerne gefallen läßt. 8.3.: May zieht nach Dresden um. Da er, schon am 15.3., ausgewiesen wird (eine Folge der Polizeiaufsicht), kehrt May am 27.3. nach Ernstthal zurück und führt von dort aus seine Geschäfte als Redakteur des Dresdner Verlags. Zugleich verfaßt er eigene Manuskripte. April/Mai: In Neusalza erscheint Mays erste - bisher nachgewiesene - Novelle *Die Rose von Ernstthal*. Schon in diesem Text beginnt der Autor, seine eigene Vita umzudichten: ins ideale, perfekte, von keinem Makel behaftete Sein. August: Karl May erreicht die Revision des Ausweisungsbeschlusses und kehrt nach Dresden - Jagdweg 7 - zurück. Ende August/Anfang September reist er u.a. nach Essen und Berlin, um für die neu zu gründende Arbeiter-Zeitschrift 'Schacht und Hütte' zu werben. Herbst: May gründet die beiden Münchmeyer-Journale 'Schacht und Hütte' und 'Deutsches Familienblatt'. Gegen Ende des Jahres nimmt er Logis im Verlagsgebäude: Jagdweg 14.
1875/76	Zu Beginn seiner literarischen Laufbahn verfaßt May - noch tastend, seine vielseitigen Talente erprobend - sehr verschiedenartige Texte. In 'Schacht und Hütte' erscheinen Mays *Geographische Predigten*: fromme - wohl 1874/75 entstandene - Naturbetrachtungen, die durchaus Respekt verdienen und über die geistige - und geistliche - Entwicklung des Autors interessante Aufschlüsse geben. Gleichzeitig erscheinen von May - parallel zu den *Predigten* - verfaßte Teile des von Münchmeyer anonym publizierten 'Buches der Liebe'. Die May-Texte lassen einen sehr kenntnisreichen, geläuterten, sittlich hochstehenden

Autor erkennen und nehmen wichtige Gedanken des Alterswerkes vorweg.

Im 'Deutschen Familienblatt' bringt May lustige Kurzgeschichten (u.a. vom 'Alten Dessauer') und die - wohl 1874 oder schon 1868/69 entstandene - Wildwest-Erzählung *Old Firehand*: Erstmals tritt Winnetou auf, hier noch als wilder Skalpjäger!

1876	Wohl im Sommer lernt May - in Ernstthal - Emma Lina Pollmer (1856-1917) , seine zukünftige Frau, kennen.

Im Herbst ersetzt er 'Schacht und Hütte' durch eine dritte Neugründung: die Zeitschrift 'Feierstunden am häuslichen Heerde'. Hier erscheint u.a. das, von May pseudonym verfaßte, Orient-Abenteuer *Leilet*.

Noch im Oktober oder November kündigt May seine Mitarbeit bei Münchmeyer auf: aus privaten Gründen, aber auch wegen des schlechten Rufes des Kolportageverlags (im Blick auf pornographische Schriften: polizeiliche Haussuchungen im Verlagsgebäude!).

Wohl noch vor seiner Kündigung hat May sich bereit erklärt, in den 'Feierstunden' den 'Fürst und Junker'- Roman des eben verstorbenen Friedrich Axmann fortzusetzen: unter dem Titel *Der beiden Quitzows letzte Fahrten. Historischer Roman aus der Jugendzeit des Hauses Hohenzollern*. Dieser - zwar keineswegs stümperhafte, aber literarisch gewiß nicht überragende - Text erscheint Ende 1876 bis Anfang 1877. Er bleibt Mays einzige Erzählung aus dem mittelalterlichen Rittermilieu.

1877	Nach Ablauf der Kündigungsfrist, Ende Januar oder Anfang Februar, verläßt May den Münchmeyer-Verlag. Den *Quitzow*-Roman bricht er ab. (Heinrich Goldmann setzt ihn dann fort.)

Inzwischen hat May Kontakte mit anderen Verlagen geknüpft. Bei jeder dieser Firmen publiziert er diverse Novellen, z.T. auch Nachdrucke von früheren, schon bei Münchmeyer erschienenen Erzählungen.

Neu (d.h. neu bearbeitet und erstmals publiziert, aber vielleicht schon wesentlich früher entworfen) sind vor allem Mays - an Autoren wie Auerbach, Anzengruber und Rosegger erinnernde - erzgebirgische Dorfgeschichten (*Der Dukatenhof* u.a.). Erzählerisch sind sie gut, z.T. vorzüglich gelungen. Und die religiöse Tendenz, das katechetische Anliegen ist klar zu ersehen: Gott verzeiht den reuigen Sündern. Der autobiographische Hintergrund ist offensichtlich.

26.5.: Emma Pollmer zieht von Hohenstein nach Dresden, in die Nachbarschaft Mays. Sie soll sich, im Haushalt einer Pfarrerswitwe, auf die Ehe mit Karl vorbereiten.

Seit dem Sommer steht May in Verbindung mit Peter Rosegger, der *Die Rose von Kahira* (einen Nachdruck von Mays *Leilet*) veröffentlicht, diese Erzählung sehr lobt und den Verfasser als einen Mann betrachtet, der den Orient persönlich bereist haben müsse.

Ende des Jahres findet May erneut eine Anstellung als Redakteur: bei Bruno Radelli, dem Dresdner Konkurrenten des Münchmeyerverlags.

1878	Zum Jahresbeginn können sich Karl und Emma eine gemeinsame Wohnung in Dresden leisten. May bezeichnet Emma, auch bei der Behörde, als seine

Frau.

25.4.: In der Nähe von Stollberg tritt May, nach Zeugenaussagen, als 'höherer Regierungsbeamter' auf, um die - mysteriös scheinenden - Umstände des Todes von Emil Pollmer (des Onkels von Emma) zu klären.

Am 15.5. wird sein Inkognito gelüftet; May wird der Amtsanmaßung bezichtigt und im Juni in Dresden vernommen. Die Vorwürfe weist er zurück.

Sommer: Nach der 'Probeehe' mit Karl kehrt Emma zu ihrem Großvater zurück. Karl folgt nach. Er wohnt bei seinen Eltern in Ernstthal, zeitweilig auch mit Emma zusammen im Hause Pollmer (in Hohenstein).

Um seinen Verpflichtungen für Radelli nachzukommen (in der Hoffnung wohl auch, die 'Stollberg-Affäre' werde sich in seiner Abwesenheit von selbst erledigen), reist May sehr häufig nach Dresden.

Das Jahr über redigiert er das Radelli-Blatt 'Frohe Stunden' und bringt dort zwölf eigene Beiträge, z.T. unter dem Pseudonym 'Emma Pollmer'. Später wird er fast alle diese Erzählungen - acht von ihnen sind exotische Abenteuergeschichten - erweitern und neu publizieren. *Auf der See gefangen* z.B. - nach den *Quitzows* Mays zweiter (noch wenig geglückter) Roman - wird teilweise für *Old Surehand II* (1895) wiederverwendet.

Im selben Jahr, 1878, veröffentlicht May - bei anderen Verlagen - weitere Humoresken und Dorfgeschichten.

Nach Ablauf des Redaktionsjahres gibt May seine Tätigkeit bei Radelli auf, um endgültig - bis zum Lebensende - als freier Schriftsteller arbeiten zu können.

1879   9.1.: May wird - zu Unrecht (weil er eine 'Amtshandlung' ja keineswegs vorgenommen hat) - zu drei Wochen Gefängnis verurteilt.

Bei verschiedenen Verlagen - darunter erstmals der katholische Pustet-Verlag in Regensburg - bringt er weitere, sehr unterschiedliche Kurzgeschichten. Im 'Deutschen Hausschatz' (Pustet-Verlag) erscheint, März/April, *Three carde monte*. Ebenfalls im 'Hausschatz', der später Mays Hauptpublikationsmittel wird, folgen *Unter Würgern* (mit erstmaliger Nennung des Namens Old Shatterhand) und andere Abenteuergeschichten. Alle 'Hausschatz'-Texte, die May 1879 veröffentlicht, sind verbesserte Zweitfassungen von schon früher, bei Radelli, veröffentlichten Erzählungen.

Ab August erscheint (Entstehungszeit: nahezu parallel) im Journal 'All-Deutschland' (Göltz & Rühling, Stuttgart) *Scepter und Hammer*: Mays dritter Roman. Im Vergleich zu den ersten Romanen ist der - bizarre und streckenweise schaurige - Text konzentrierter und kunstvoller komponiert; zum Meisterstück gerät er aber noch keineswegs. Interessant ist der Text vor allem in autobiographischer Hinsicht: Das im Spätsommer entstandene Kapitel 'Der tolle Prinz' z.B. läßt auf ein ernstes Zerwürfnis Karl Mays mit Emma Pollmer schließen.

1.-22.9.: May muß in Ernstthal seine vierte und letzte Haftstrafe - wegen der 'Stollberg-Affäre' - verbüßen. Sein Einspruch (12.5.) und seine Gnadengesuche (2. und 30.7.) waren abgelehnt worden.

November: In Stuttgart erscheint Mays erstes Buch: *Im fernen Westen* (eine überarbeitete Fassung von *Old Firehand*).

Trotz seines Fleißes hat May, auch in den folgenden Jahren (bis Herbst 1882), mit erheblichen Geldschwierigkeiten zu kämpfen. Seine Einkünfte sichern ihm gerade das Existenzminimum.

1880   Januar: 'May, Dr. Karl ...' wird erstmals im 'Allgemeinen Deutschen Literaturkalender' (hrsg. von den Brüdern Heinrich und Julius Hart, ab 1883 hrsg. von Joseph Kürschner) erwähnt. Daß dieser Eintrag, mit dem falschen Doktor-Titel, auf Mays eigene Angaben zurückgeht, ist zwar nicht sicher, aber doch wohl anzunehmen.
19.2.: Bestellung des Heiratsaufgebots Karl May/ Emma Pollmer in Hohenstein-Ernstthal.
Ab März/April: Im 'Deutschen Hausschatz' erscheint *Deadly Dust*, eine - im ersten Jahresquartal entstandene - ziemlich wilde Indianer-Erzählung, die May später (1893) für *Winnetou III* wiederverwendet.
Mai: Erstmals legt die 'Hausschatz'-Redaktion (in der Beantwortung einer Leser-Anfrage) die Auffassung nahe, der Autor Karl May und das 'Ich' seiner Erzählungen seien identisch.
26.5.: Tod des Großvaters von Emma, Christian Gotthilf Pollmer.
Bis August erscheinen die Folge-Nummern der Zeitschrift 'All-Deutschland' mit *Scepter und Hammer*. Gegen Ende des *Scepter*-Abdrucks wird May von der Stuttgarter Redaktion gedrängt, einen Fortsetzungstext zu verfassen. Diese - von der ursprünglichen Konzeption her nicht geplante - *Scepter*-Fortsetzung erscheint, unter dem Titel *Die Juweleninsel*, ab August. Der Text enthält, noch mehr als *Scepter*, wilde Fabeleien (aber auch schöne Einzelszenen) und seltsame Fehler im Handlungsverlauf.
17.8.: Standesamtliche Trauung mit Emma; am 12.9. folgt die kirchliche Trauung in Hohenstein, St. Christophori.
Eine sehr problematische, überwiegend (wahrscheinlich) recht unglücklich verlaufende Ehe mit der körperlich attraktiven, geistig und seelisch von ihrem Mann aber weit entfernten Emma beginnt. Mays Fluchtweg, seine Rettung und auch seine Droge: das literarische Schaffen!
Ende des Jahres: May beginnt - noch vor Abschluß der *Juweleninsel* - mit "*Giölgeda padishanün*" (zu deutsch 'Im Schatten des Großherrn'). Der Ich-Erzähler Kara Ben Nemsi und sein Diener Hadschi Halef Omar treten zum ersten Mal auf. Und May findet zu seiner originalen literarischen Form, die ihn später berühmt machen wird.

1881   Sporadische Arbeit an der *Juweleninsel* und um so intensivere Arbeit an "*Giölgeda padishanün*", dem ersten Teil des großen Orient-Romans, der später in Buchform - sechs Bände (*Durch die Wüste* usw.) - erscheinen wird.
Oktober/ November: Der 'Hausschatz' bringt die *Giölgeda*-Fortsetzung *Reise-Abenteuer in Kurdistan*. Der, auch religiös und katechetisch gesehen, herausragende Orientzyklus wird Mays erster bedeutender Roman: literarisch übertroffen dann nur noch von den Altersromanen (ab 1898/99).
Ab November: Die Tageszeitung 'Le Monde' bringt erstmals einen May-Text in französischer Übersetzung ('La vengeance du farmer').

1882   Januar bis März: Der 'Hausschatz' setzt den Abdruck der *Reise-Abenteuer in Kurdistan* fort.
              Wohl zur selben Zeit beendet May, mit einem sehr merkwürdigen Schluß, *Die Juweleninsel*.
              Im Frühjahr und, nach einer Unterbrechung, im Herbst bringt der 'Hausschatz' die (Januar/ Februar bzw. August/ September entstandene) dritte - literarisch noch bessere - Folge des Orientromans: *Die Todes-Karavane*.
              Im Spätsommer unternimmt das Ehepaar May eine kleine Erholungsreise nach Dresden. In einem Hotel treffen sie mit dem altbekannten Kolportageverleger Münchmeyer zusammen. Erneut läßt May sich engagieren und erklärt sich - aus finanziellen Gründen wahrscheinlich - bereit, für Münchmeyer einen besonders spannenden Roman zu verfassen.
              Mit der kurzen *Stambul*-Erzählung (entstanden wohl bis zum Herbst) führt May den Orientroman weiter, um diese Arbeit - wegen des Münchmeyer-Auftrags - dann für längere Zeit zu unterbrechen.
              Ebenfalls noch vor Beginn seiner Arbeit am Münchmeyerroman - evtl. schon 1881 - verfaßt May *Im "wilden Westen" Nordamerika's* (erschienen 1882/83 beim Kölner Theissing-Verlag): jene - später in *Winnetou III* integrierte - Erzählung, die vom Tod des Apachen berichtet. (*"Scharlih, ich glaube an den Heiland. Winnetou ist ein Christ."*)
              Ende Oktober: In der Zeitschrift 'Vom Fels zum Meer' erscheint *Christi Blut und Gerechtigkeit* - die erste Erzählung (eine kurze Novelle), die May bei Wilhelm Spemann publiziert: dem Stuttgarter Verleger, der später Mays berühmte Jugenderzählungen veröffentlicht.
              November: In Dresden erscheinen die ersten Lieferungshefte mit den Anfangspartien des Münchmeyerromans *Waldröschen oder Die Rächerjagd rund um die Erde*. May verfaßt diesen gigantischen Spannungsroman unter dem Pseudonym 'Capitain Ramon Diaz de la Escosura'.

1882-87   Zweite Münchmeyer-Zeit. Das *Waldröschen* verkauft sich besonders gut. Dieser Erfolg bindet den Autor, jetzt erst recht, an den Kolportage-Verleger.
              Auf *Waldröschen* folgen - in den Lieferungsdaten sich überschneidend - *Die Liebe des Ulanen*, *Der verlorene Sohn*, *Deutsche Herzen - deutsche Helden* und *Der Weg zum Glück* (auch die letzten drei Romane pseudonym): insgesamt 12 390 großformatige Druckseiten!
              Teilweise schreibt May parallel an zwei Münchmeyerromanen. Außerdem beliefert er - freilich mit langen Unterbrechungen - den Pustet-Verlag mit der Fortsetzung des Orientromans.
              Mays, bisher sehr niedriges, Einkommen steigt beträchtlich: vergleichbar nun mit den Einkünften eines höheren Beamten. Er ist jetzt in der Lage, seine Eltern und eine Schwester finanziell zu unterstützen.
              Der literarische Wert der Münchmeyerromane ist - von geglückten Einzelpartien abgesehen - ziemlich gering: angesichts der gigantischen Vielschreiberei nur allzu verständlich. Autobiographisch sind diese Romane, aufgrund des überreichen Anamnese-Materials, aber besonders aufschlußreich. Für den Literaturpsychologen sind sie eine schier unerschöpfliche Fundgrube.

Und nicht zu übersehen ist das katechetische Anliegen des Autors: Wo die Not am größten, ist Gottes Hilfe am nächsten!

Das Fehlen eines schriftlichen, die Urheberrechte sichernden Vertrags mit Münchmeyer sowie einige - nach Mays späterer (durchaus glaubwürdiger, aber damals wie heute nicht beweisbarer) Aussage von fremder Hand hineingepfuschte - erotische Szenen (über die sich heute niemand mehr aufregen wird) werden May, nach der Jahrhundertwende, zum Verhängnis.

1883	Anfang April: In Hohenstein nimmt das Ehepaar May an einer spiritistischen Sitzung teil. Emma ist begeistert; Karl zeigt ein gewisses Interesse, grenzt sich aber - wohl schon damals, vor allem aber in späteren Jahren - sehr deutlich vom Spiritismus ab.

1883 Anfang April: In Hohenstein nimmt das Ehepaar May an einer spiritistischen Sitzung teil. Emma ist begeistert; Karl zeigt ein gewisses Interesse, grenzt sich aber - wohl schon damals, vor allem aber in späteren Jahren - sehr deutlich vom Spiritismus ab.

7.4.: Die Mays ziehen um nach Dresden - Blasewitz, Sommerstr.7.

Der Schriftsteller lebt zurückgezogen. Doch Münchmeyer kommt, auch in den folgenden Jahren, mit seiner Familie und mit Freunden häufig zu Besuch: was May als sehr störend empfindet, Emma aber (die zum Ehepaar Münchmeyer ein sehr inniges Verhältnis knüpft) um so besser behagt.

Der 'Deutsche Hausschatz' wartet vergeblich auf ein weiteres Manuskript von Karl May. Den Lesern wird - auch in den folgenden Jahren - wieder (wie 1880/81) gesagt: Der Autor (der mit dem Helden, dem erzählenden 'Ich' Kara Ben Nemsi, identisch scheint) ist auf Reisen, wahrscheinlich im Orient ...

Im Verlauf dieses Jahres (und später) versucht der bekannte Redakteur und Literatur-Manager Joseph Kürschner, May für einen Romanzyklus zu gewinnen: ohne Erfolg. Denn May ist überbeschäftigt.

1884 Im Frühjahr ziehen die Mays, innerhalb Dresdens, wieder um: in die Altstadt (Prinzenstraße 4).

Spätherbst: Im 'Hausschatz' erscheint der erste - im September entstandene - Teil von *Der letzte Ritt*: der Fortsetzung des großen Orientromans.

Dann gibt es - aufgrund der (dem Pustet-Verlag nicht bekannten) Kolportagetätigkeit Mays - wieder lange Unterbrechungen in der Manuskriptsendung und, dementsprechend, im Abdruck.

1885 15.4.: Tod der Mutter in Ernstthal.

Wenig später erleidet der Vater einen Schlaganfall und ist linksseitig gelähmt. Beide Ereignisse treffen May (der zu seinen Eltern eine ambivalente, aber doch sehr tiefe Beziehung hat) zuinnerst.

Ab Ende August kann im 'Hausschatz' der Mittelteil des *Letzten Ritts* gebracht werden.

1886 Januar/Februar: *Der letzte Ritt* wird im 'Hausschatz' fortgesetzt.

September: Der Schlußteil des *Letzten Ritts* wird publiziert. May bringt es fertig: Trotz der langen Unterbrechungen des Schreibprozesses wirkt *Der letzte Ritt* - und überhaupt der gesamte (erst 1888 abgeschlossene) Orientroman - wie 'aus einem Guß'. Es gibt nahezu keine kompositorischen Fehler!

3.10.: Kürschner macht May ein verlockendes Angebot: Bis zu 1000 Mark pro Bogen May-Text (in 'Vom Fels zum Meer' bei Spemann) sichert er zu.

Doch May wird diese Offerte nicht realisieren.

Aber wenig später, am 10.11., wendet sich Kürschner mit einem neuen Vorschlag an May: Für das neu zu gründende Spemann-Journal 'Der Gute Kamerad' soll May eine "anziehende Jugendschrift" verfassen. Diese - von May akzeptierte - Offerte wird in der Folge von schicksalhafter Bedeutung für ihn: Im 'Guten Kameraden' werden seine - neben den 'Hausschatz'- und später den Fehsenfeld-Romanen - bekanntesten Erzählungen erscheinen.

Noch vor Abschluß der Münchmeyerromane *Deutsche Herzen* und *Der Weg zum Glück* (mit dem Bayern-König Ludwig II. im Hintergrund und dem alten 'Wurzelsepp', einem gelungenen Original, als Hauptakteur) beginnt May - für Spemann - mit der Niederschrift seiner bisher besten Indianergeschichte: *Der Sohn des Bärenjägers.*

1887   Januar bis September: Im Knaben-Journal 'Der Gute Kamerad' erscheint Mays *Bärenjäger.* (Der kleine 'Hobble-Frank' tritt erstmals auf!)

Im selben Zeitraum bringt 'Der Gute Kamerad' auch diverse Kurzgeschichten von May. Für Spemann - wie zuvor schon für Pustet - liefert der Schriftsteller, auch in den folgenden Jahren, pädagogisch Wertvolles und literarisch Seriöses.

Frühjahr: Das Ehepaar May zieht, ein weiteres Mal, innerhalb Dresdens um: in die Schnorrstraße 31.

Sommer: May beendet seine Kolportagetätigkeit bei Münchmeyer. Einen sechsten Roman (*Delilah*) hat er begonnen, aber nicht weitergeführt.

Ab Herbst, nach Beendigung des *Bärenjägers*, arbeitet May an der Fortsetzung des großen Orientromans *Durch das Land der Skipetaren.* Auch dieser, mit souveräner Fabulierkunst geschriebene, Text gelingt tadellos.

Wohl gegen Ende des Jahres beginnt May - noch vor Abschluß der *Skipetaren*-Niederschrift - mit der zweiten größeren Arbeit für den 'Guten Kameraden': *Der Geist der Llano estakata.*

1888   In allen zwölf Nummern eines Prager Monats-Journals erscheint der *Bärenjäger* in tschechischer Übersetzung.

Januar bis September: Der umfangreiche *Skipetaren*-Text erscheint im 'Hausschatz', den May nun wieder regelmäßig beliefern wird.

Im selben Zeitraum bringt 'Der Gute Kamerad' Mays - wieder prächtig gelungene - Jugenderzählung *Der Geist der Llano estakata.*

Ende April bis Anfang Juli entsteht *Der Scout*: mit einem Ich-Erzähler, der (im Gegensatz zu Old Shatterhand) noch richtige Fehler und Schwächen hat. Später wird May diesen Text umarbeiten und für *Winnetou II* verwenden.

Juli: May beginnt mit der Niederschrift des großen - autobiographisch (als mehrschichtige Auseinandersetzung mit der kriminellen Vergangenheit) gesehen: sehr brisanten - Südamerika-Romans *El Sendador.*

6.9.: Tod des Vaters in Ernstthal. Die 'Bewältigung' des väterlichen Erbes wird May auch weiterhin, bis zum Lebensende, beschäftigen!

1.10.: Umzug nach Kötzschenbroda (in die ziemlich teure 'Villa Idylle'), wo May sich beim Gemeindeamt als 'Dr. phil.' meldet.

Ebenfalls im Herbst gibt es einen Wechsel in der Redaktion des 'Deutschen Hausschatzes': Auf den - May sehr wohlgesonnenen - Venanz Müller folgt

Heinrich Keiter, ein konservativ-katholischer Mann, dem Mays Geschichten nicht immer gefallen.

Ab September: Im 'Guten Kameraden' erscheint Mays dritter - in China spielender - Jugendroman *Kong-Kheou, das Ehrenwort* (späterer Buchtitel *Der blau-rote Methusalem*).

Mit der Niederschrift dieses Romans hat May schon 1887 begonnen. Das liegengebliebene Manuskript setzt er jetzt, ab Oktober 1888, fort.

3.12.: May bindet sich vertraglich an Spemann.

Ab Dezember: Der 'Hausschatz' bringt den *Scout*.

1889   Wie in der Münchmeyer-Zeit: ein erschreckend arbeitsreiches Jahr! May verfaßt insgesamt 3770 Manuskript-Seiten!

Januar bis August: Fortsetzung des *Scout*-Abdrucks im 'Hausschatz'.

Gleichzeitig: Fortsetzung des - von May im Januar abgeschlossenen - *Kong-Kheou*-Textes im 'Guten Kameraden'.

Januar bis März: Arbeit an *Die Sklavenkarawane*, Mays viertem - wieder sehr gut gelingenden - Jugendroman.

April bis Juli: Weiterarbeit am (seit Herbst 1888 liegengebliebenen) *Sendador*-Manuskript.

Juli/August: May beendet *Die Sklavenkarawane*.

September bis Dezember: May verfaßt den *Schatz im Silbersee*, seinen erfolgreichsten (aber keineswegs besten) Jugendroman für Spemann.

Seine Schreibleistung in diesen Monaten: ca. 100 Manuskript-Seiten pro Woche!

Ab September: *Die Sklavenkarawane* erscheint im 'Guten Kameraden'.

Ab Oktober: *Lopez Jordan*, der erste Teil des Doppelromans *El Sendador*, erscheint im 'Hausschatz'.

Dezember: May verfaßt den Schluß des *Sendador*-Textes und dann den Schluß des *Silbersee*-Romans.

1889/90   Wohl schon um diese Zeit lernen Karl und Emma May das Ehepaar Richard und Klara Plöhn kennen. Klara (1864-1944) wird später eine enge Freundin von Emma; 1903 wird sie Mays zweite Ehefrau.

1890   1.1.: May muß die fällige Quartalsmiete (200 Mark) schuldig bleiben. Trotz seines, schon dämonischen, Fleißes ist er erneut in Geldschwierigkeiten geraten. Die 'Villa Idylle' (Kötzschenbroda, Schützenstr. 6) wird zu teuer.

Januar bis September: Fortsetzung des *Sklavenkarawane*-Abdrucks im 'Guten Kameraden'.

Gleichzeitig: Fortsetzung des *Lopez Jordan*-Abdrucks (*El Sendador I*) im 'Hausschatz'.

Gleichzeitig: May verfaßt die, schon 1885 angekündigte, große Erzählung *Der Mahdi*. Literarisch wird dieser Text eine der besten 'Reiseerzählungen' Karl Mays.

Februar: May unterbricht - für wenige Wochen - die *Mahdi*-Niederschrift und verfaßt, für den 'Regensburger Marien-Kalender 1891', die Novelle *Christus oder Muhammed*.

(Auch in den folgenden Jahren schreibt er solche 'Marienkalender-Geschichten' für diverse katholische Verlage. Die - partiell auch in den May-Werken bei Spemann und vor allem bei Pustet erkennbare - religiöse Tendenz wird in diesen Geschichten forciert.)

Frühjahr: Umzug nach Niederlößnitz, Lößnitzstraße 11.

Mai: Besuch von Wilhelm Spemann, der May zur weiteren Mitarbeit im 'Guten Kameraden' ermuntert.

September: *Christus oder Muhammed* erscheint in Regensburg.

Gleichzeitig: Mays zweite 'Marienkalender'-Geschichte, *Mater dolorosa*, entsteht. Der Titel kann - mit der Betonung des Mütterlichen - als programmatisch fürs Spätwerk (bzw. die späten Reiseerzählungen ab 1896) gelten.

Ab September: *Der Schatz im Silbersee* erscheint im 'Guten Kameraden'.

Gleichzeitig: *Der Schatz der Inkas* (*El Sendador II*) erscheint im 'Deutschen Hausschatz'.

Ab Oktober, nach Abschluß der *Mahdi*-Niederschrift: May schreibt den sechsten - in Südamerika spielenden - Jugendroman *Das Vermächtnis des Inka*.

Oktober: Erste Karl-May-Buchausgabe bei Spemann ('Union Deutsche Verlagsanstalt'): *Die Helden des Westens* (= *Bärenjäger* und *Der Geist des Llano estakado*).

1890-99   Mays sämtliche Spemann-Romane erscheinen als Buchausgaben der 'Union Deutsche Verlagsanstalt'.

1891   Januar bis Mitte März: May schließt die Arbeit am *Vermächtnis des Inka* ab.

Januar bis September: Fortsetzung des *Silbersee*-Abdrucks im 'Guten Kameraden'.

Gleichzeitig: Fortsetzung des *Schatz der Inkas*-Abdrucks (*El Sendador II*) im 'Hausschatz'.

8.4.: Das Ehepaar May zieht schon wieder um: nach Oberlößnitz, Nizzastraße 13 ('Villa Agnes').

Mai bis Dezember: Arbeit am - erzählerisch artifiziellen - Fortsetzungsroman *Die Felsenburg/Krüger Bei*.

Ab September: *Das Vermächtnis des Inka* erscheint im 'Guten Kameraden'.

Gleichzeitig: *Der Mahdi* / 1. Teil *Am Nile* erscheint im 'Hausschatz'.

Im Verlauf des Jahres gibt es weitere Zahlungsklagen gegen May. Doch die, endgültige, finanzielle Sanierung des Autors bringt noch dasselbe Jahr: zunächst durch Vorschüsse des Verlegers Fehsenfeld.

November: Schicksalhafte Begegnung mit dem Freiburger Verleger Friedrich Ernst Fehsenfeld (1853-1933) in der 'Villa Agnes'/ Oberlößnitz.

Die Buchausgabe der 'Hausschatz'-Erzählungen - als 'Carl May's gesammelte Reiseromane' - wird im Vertrag vom 17.11. vereinbart.

November: Das kinderlose Ehepaar May nimmt die neunjährige Clara ('Lottel') Selbmann, eine Nichte Karl Mays, zu sich.

1892   Erst jetzt, im sechsten Lebensjahrzehnt, wird May aufgrund der Fehsenfeld-Bände ein wohlhabender Mann.

Von Januar bis vermutlich August: May verfaßt den größeren Teil des *Krüger Bei* sowie den Fortsetzungstext *Die Jagd auf den Millionendieb*.

Der Autor spielt mit dem Feuer: In *Krüger Bei* werden die Ich-Helden Old Shatterhand und Kara Ben Nemsi, erstmals, eindeutig identifiziert und mit dem Autor Karl May, ebenfalls zum ersten Mal, eindeutig gleichgesetzt. Außerdem besucht Winnetou den Schriftsteller May = Old Shatterhand in Dresden. Die 'Shatterhand-Legende' nimmt klare Konturen an. Die bürgerliche Realität des Autors fließt hinein in die literarische Fiktion: eine Tendenz, die - in Leserbrief-Antworten - die 'Hausschatz'-Redaktion schon seit 1880 gefördert hat.

Januar bis September: Fortsetzung des *Vermächtnis des Inka*-Abdrucks im 'Guten Kameraden'.

Gleichzeitig: Fortsetzung des *Mahdi*-Abdrucks (1. Teil *Am Nile*) im 'Deutschen Hausschatz'.

Im Fehsenfeld-Verlag/Freiburg erscheinen - ab Januar in Lieferungsheften, ab 10.5. in Buchform (im klassisch gewordenen gold-grünen Einband mit farbigen Deckelbildern) - *Durch Wüste und Harem. Reiseerlebnisse von Carl May* sowie - bis zum Jahresende - die fünf Fortsetzungsbände *Durchs wilde Kurdistan* usw. (Bd. I-VI der 'Gesammelten Reiseromane').

Die Texte entsprechen, fast unverändert, dem 'Hausschatz'-Roman "*Giölgeda padishanün*" und den Fortsetzungstiteln *Reise-Abenteuer in Kurdistan* bis *Durch das Land der Skipetaren*.

28.2.: In einem Brief an Fehsenfeld wünscht May die Abänderung des - etwas anrüchigen - Titels *Durch Wüste und Harem*. Doch erst in der 4. Auflage (1895) wird Bd. I unter dem Titel *Durch die Wüste* erscheinen.

6.4.: H.G. Münchmeyer stirbt in Davos/ Schweiz. Seine Witwe Pauline - die Busenfreundin Emma Mays - übernimmt die Geschäftsführung des Kolportageverlags in Dresden.

August: Die kleine 'Lottel' verläßt, nach Reibereien mit Tante Emma, die Mays; ihre Mutter (Mays Schwester Karoline Selbmann) bringt sie nach Ernstthal zurück.

Ab August: May schreibt seinen siebten - im 'Wilden Westen' spielenden - Jugendroman *Der Oelprinz*.

Ab September: *Der Mahdi* / 2.Teil *Im Sudan* erscheint im 'Hausschatz'.

Gegen Ende des Jahres: Für den Fehsenfeld-Band VI (*Der Schut*) verfaßt May einen, den 'Hausschatz'-Text ergänzenden, *Anhang*.

1893   Anfang des Jahres: May beendet die *Oelprinz*-Niederschrift.

Seit Jahresbeginn klagt er, in Briefen an Fehsenfeld, über Probleme mit seinen Augen.

Januar bis April (oder Mai): Original für Fehsenfeld entsteht der erste Band *Winnetou*. Dieses Buch wird der berühmteste und meistgelesene Roman Karl Mays. Literarisch ist der Band - als Heldenmythos, als 'Heiligenlegende' und zugleich als 'Bildungsroman' - besonders gelungen. Und May hat seine Biographie nun endgültig 'umgeschrieben': Aus dem armen Schullehrer, dem hinterlistigen Straftäter, dem geschundenen Häftling ist der strahlende Held, der Befreier aus allen Nöten geworden.

Januar bis September: Fortsetzung des *Mahdi*-Abdrucks/2. Teil *Im Sudan* im 'Deutschen Hausschatz'.

Mai bis Oktober: Die *Winnetou*-Trilogie (Bd. VII-IX der Fehsenfeld-Reihe) erscheint unter dem Titel *Winnetou der Rote Gentleman* (3 Bände; erst ab 1904 unter dem Titel *Winnetou. 1.-3. Band*). Die Bände II/III sind, abgesehen von den Schlußkapiteln, aus früheren - freilich neu überarbeiteten - Erzählungen zusammengesetzt. Aus Zeitmangel sieht sich May zu diesem, literarisch wenig plausiblen, Vorgehen veranlaßt.

Wohl Juni: 'Der Pedlar', das Schlußkapitel von *Winnetou II*, entsteht.

Sommer: Das Ehepaar May gönnt sich, erstmals, eine längere Erholungsreise; nach einem Besuch bei Fehsenfelds in Freiburg verbringen die Mays zusammen mit Fehsenfelds einen Urlaub in Bönigen (am Brienzer See in der Schweiz).

September: May verfaßt 'Das Testament des Apachen', das Schlußkapitel von *Winnetou III*.

17.9.: In einem Brief an Fehsenfeld beklagt sich May über 'häusliche Zerwürfnisse' und seine *hochgradig gesteigerte Nervosität*. Derselbe Brief läßt auf Suizid-Phantasien des Autors schließen: May schaut (aus verschiedenen, nicht exakt zu klärenden Gründen) *oft* nach der Wand über seinem Schreibtisch, *wo der geladene Revolver hängt*. Doch eine unsichtbare Hand hält ihn zurück.

Spätsommer bis Oktober: Die - im 'Wilden Westen' spielende - Einleitungspartie von *Im Reiche des silbernen Löwen I* (so der spätere Buchtitel) entsteht.

Ab September: *Der Oelprinz* erscheint im 'Guten Kameraden'.

Gleichzeitig: *Die Felsenburg* erscheint im'Hausschatz'.

26.11.: May teilt Fehsenfeld mit, daß er wegen seines Augenleidens *kürzlich zweimal in Leipzig gewesen* sei.

Dezember: *Orangen und Datteln* - eine Sammlung von, früher schon publizierten, orientalischen Kurzgeschichten - erscheint als Bd. X der Fehsenfeld-Reihe in Freiburg.

1894   Erstmals bezeichnet 'Kürschners Literaturkalender' Karl May als 'katholisch'. Ob May selbst dies veranlaßt hat, ist fraglich.

Januar: Der 'Hausschatz' bringt eine Anfrage nach dem pseudonymen Verfasser von *Waldröschen* usw. Daß May diese Kolportageromane (1882ff.) geschrieben hat, war dem Pustet-Verlag - möglicherweise - noch unbekannt.

Januar bis September: Fortsetzung des *Oelprinz*-Abdrucks im 'Guten Kameraden'.

Gleichzeitig: Fortsetzung des *Felsenburg*-Abdrucks im 'Hausschatz'.

Februar: May erkrankt an einer schweren Influenza mit Rippenfellentzündung. Auch sein Augenleiden setzt ihm noch zu.

März: Nach einer unproduktiven Zeit von mehreren Monaten - nur wenige Seiten hat May seit November 1893 geschrieben - entsteht die Anfangspartie des achten und letzten Jugendromans *Der schwarze Mustang*.

Dann tritt wieder eine Schreibpause (von zwei Monaten) ein.

April: *Am Stillen Ocean* - ein weiterer Sammelband mit, fast durchwegs, schon früher publizierten Kurzgeschichten - erscheint als Bd. XI der Fehsenfeld-Reihe.

Als Bd. XII/XIII folgen *Am Rio de la Plata/ In den Cordilleren*. Der Text entspricht - mit wenigen (aber interessanten) Abweichungen - dem 'Hausschatz'-Roman *El Sendador I/II*.

Anfang Mai: Erholungsfahrt in den Harz.

Juni bis Dezember: Mit leicht reduzierter Arbeitskraft verfaßt May, unmittelbar für Fehsenfeld, *Old Surehand I*: jenen - inhaltlich schönen und literarisch durchaus geglückten - Roman, in dem Old Shatterhand zum ersten Mal von seiner Kindheit und Jugend erzählt: Dreimal sei er blind gewesen und dreimal sei er operiert worden!

9.8.: Den Stuttgarter Prof. Dr. Gustav Jäger läßt May wissen: Alle Länder, die er beschrieben hat, seien tatsächlich von ihm besucht worden; auch beherrsche er die Sprachen der betreffenden Völker; und Hadschi Halef, Winnetou, Old Firehand usw. seien reale Personen.

Ab September: *Krüger Bei* erscheint im 'Hausschatz'. Doch das - autobiographisch brisante und erzählerisch schöne - Kapitel 'In der Heimath' (440 Manuskriptseiten) fehlt. Heinrich Keiter, der Redakteur, hat es eliminiert! May wird, zu Recht, sehr verärgert sein. Eine - chronologisch nicht mehr genau fixierbare - Auseinandersetzung mit dem Pustet-Verlag steht bevor.

2.11.: Die zum Teil (aber *nur* zum Teil) ja wohl scherzhafte 'Shatterhand-Legende' nimmt tolle Formen an: In einem Brief behauptet May, ca. 40 Fremdsprachen zu beherrschen!

November/ Dezember: Parallel zum Abschluß der *Surehand I*-Niederschrift entstehen die - wenigen - neu verfaßten Teile von *Old Surehand II*.

27.11.: Pauline Münchmeyer bittet May, einen (gut dotierten) neuen Roman für den Kolportageverlag zu schreiben. May lehnt ab und fordert die Rückgabe seiner früheren Manuskripte.

Anstelle der (mittlerweile verschwundenen) Handschriften sendet Frau Münchmeyer dem Autor nur Druckexemplare seiner fünf Riesenromane. May legt die Druckwerke zurück, ohne ihren Inhalt näher zu prüfen (dazu fehlt ihm die Zeit) und ohne auf die Klarstellung seiner Rechte an diesen Werken zu drängen. Einer der möglichen Gründe für diese - für May später verhängnisvolle - Nachlässigkeit: Rücksicht auf Emma, die mit Frau Münchmeyer ja eng befreundet ist.

16.12.: Eine Verehrerin erfährt von May: Alles, was er geschrieben hat, sei wirklich erlebt; die Wund-Narben trage er noch heute.

Kurz vor Weihnachten: *Old Surehand I* erscheint als Bd. XIV bei Fehsenfeld.

Um die Weihnachtszeit überrascht die 'Hausschatz'-Leser der Knüller: Sie erfahren - in *Krüger Bei* - vom Winnetou-Besuch beim Dresdner Gesangsverein. *Noch* kommt niemand auf die Idee, den Realitätsgehalt solcher Berichte öffentlich in Frage zu stellen.

1895   Januar bis Mai: Fortsetzung des *Krüger Bei*-Abdrucks im 'Hausschatz'.

May - der seit Herbst 1893 für den 'Hausschatz' ohnehin nichts geschrieben hat - ist nicht mehr bereit, diese Zeitschrift weiterhin zu beliefern: Die

Streichung des 'Heimath'-Kapitels durch Keiter hat ihn verärgert.

März: *Old Surehand II* erscheint als Bd. XV bei Fehsenfeld. Der Text ist - wie *Winnetou II/III* - aus früheren (überarbeiteten) Novellen zusammengestückelt.

Mai bis August: Vier kurze 'Marienkalender'-Geschichten entstehen.

Im Verlauf des Jahres besucht Ferdinand Pfefferkorn (ein in Lawrence/USA lebender Schulfreund aus Ernstthal) May in Oberlößnitz. Das Ehepaar Pfefferkorn neigt zum Spiritismus und veranlaßt Seancen im Hause May. Solchen Sitzungen, einer damals verbreiteten Modeerscheinung, ist Emma (aber auch Frau Plöhn) besonders zugeneigt. Karl May verhält sich, sehr wahrscheinlich, nur spöttisch und distanziert.

Ab September: Der (schon 1892 verfaßte) Text *Die Jagd auf den Millionendieb* erscheint im 'Hausschatz'.

November: Fortsetzung der Arbeit am letzten Jugendroman (einer Indianergeschichte) *Der schwarze Mustang*.

Und wiederum bricht May die Niederschrift ab.

Dezember: Eine weitere 'Marienkalender'-Geschichte entsteht.

Insgesamt schreibt May, für seine Verhältnisse, in diesem Jahr sehr wenig. Mit *Old Surehand II* hat er einen 'toten' Punkt erreicht. Er sieht die Gefahr, sich nur noch wiederholen zu können. Er weiß: mit seinen 'Reise-Abenteuern' - deren Realitätsanspruch er selbst (mit den Auswüchsen der 'Shatterhand-Legende') ad absurdum führt - kann es nicht immer so weiter gehen. Er muß, allmählich, neue literarische Ziele anvisieren.

30.12.: Für 37 300 Mark erwirbt das Ehepaar May eine eigene Villa in Radebeul, Kirchstraße 5.

1896

14.1.: Einzug in die 'Villa Shatterhand', die May mit exotischen Requisiten seiner - angeblichen - Reiseabenteuer ausstaffiert.

20.1.: *Im Lande des Mahdi I* erscheint als Bd. XVI bei Fehsenfeld. Der Text entspricht dem 1. Teil des *Mahdi*-Abdrucks im 'Hausschatz'.

Januar bis August: Fortsetzung des *Millionendieb*-Abdrucks im 'Hausschatz'.

März/ April: Der Dresdner Büchsenmacher Oskar Fuchs überreicht May die 'Silberbüchse' und wenig später den 'Bärentöter': die 'Wundergewehre', die er heimlich - im Auftrage Mays - zu Beginn 1896 verfertigt hat (den 'Henrystutzen' wird May erst 1902 erwerben). Diese Waffen dienen May zum Realitätsbeweis seiner Abenteuer als Old Shatterhand und Kara Ben Nemsi.

Die 'Shatterhand-Legende' (die May noch bereuen wird) treibt in den folgenden Monaten und Jahren noch buntere Blüten!

Zu Ostern: Vom, aus Linz angereisten, Amateur-Fotografen Alois Schießer läßt sich May 101 Aufnahmen im 'Original-Kostüm' erstellen: Old Shatterhand mit Silberbüchse, Kara Ben Nemsi mit erhobenem Revolver usw. In alle Welt sollen diese Fotos verkauft werden.

Von solchen (pseudologischen, krankhafter Geltungssucht und narzißtischem Liebesverlangen entspringenden) May-Eskapaden auf die Banalität des literarischen Werkes zu schließen, wäre jedoch verfehlt: Die Romantexte, die May - gerade in diesen Jahren - verfaßt, enthalten künstlerisch wertvolle, menschlich anrührende, psychologisch interessante und religiös verinnerlichte Partien.

April: Für den Schlußband der *Mahdi*-Trilogie (in der Fehsenfeld-Reihe) schreibt May zwei neue, umfangreiche Kapitel: 'Thut wohl Denen, die Euch hassen!' und 'Die letzte Sklavenjagd'.

Ende April: *Im Lande des Mahdi II* erscheint als Bd. XVII bei Fehsenfeld. Der Inhalt entspricht dem Großteil des *Mahdi*-Textes II im 'Hausschatz'.

Wohl Frühsommer: Zur summarischen Beantwortung der, seit Jahren schon, zahllosen Leserbriefe und Verehrer-Anfragen verfaßt May die *Freuden und Leiden eines Vielgelesenen*: einen pseudobiographischen Text, der die Identität des Ich-Erzählers in den Reiseromanen mit dem bürgerlichen May unterstreicht und die - forcierte - religiöse Tendenz des Autors in einer Weise hervorhebt, die nicht jedermanns Geschmack ist. Andrerseits wirkt der Text, durch selbstironische Übertreibung, auch wieder sympathisch.

Juli/August: May schließt, endlich, die Niederschrift des letzten Jugendromans *Der schwarze Mustang* ab.

Wohl um dieselbe Zeit muß Heinrich Keiter in Radebeul antreten: um den - wegen der 'Heimath'-Affäre - noch immer erzürnten Autor um Verzeihung zu bitten. Zuvor schon hat Karl Pustet, der Bruder des Regensburger Verlagsbesitzers, May in der 'Villa Shatterhand' aufgesucht. Und nach der Keiter-Visite wird auch Friedrich Pustet jun., der Sohn des Verlegers, nach Radebeul reisen: um May bei Laune zu halten und für die weitere Mitarbeit im 'Hausschatz' zu motivieren.

15.8.: *Im Lande des Mahdi III* erscheint als Bd. XVIII der 'Ges. Reiseerzählungen'. Auf Mays Anordnung hin muß es, von jetzt an, Reise*erzählungen* heißen und nicht mehr Reise*romane* - auch dies im Zuge des Realitätsanspruchs!

September/ Oktober: *Freuden und Leiden eines Vielgelesenen* erscheint im 'Hausschatz'- illustriert mit (von Schießer geknipsten) Kostüm-Fotos von Dr. Karl May=Old Shatterhand=Kara Ben Nemsi.

Ab September: *Der schwarze Mustang* erscheint im 'Guten Kameraden'.

Gleichzeitig: May verfaßt, nach zweijähriger (durch die Schreibkrise um 1894/95 bedingter) Unterbrechung des *Surehand*-Stoffes, in großer Eile *Old Surehand III*.

Die Suche nach der verlorenen *Mutter* ist das eigentliche Thema in *Surehand III*. Mays - allmählich - schwindendes Interesse an der äußeren Fabel (zugunsten der Schilderung von 'gebrochenen Charakteren', von Angst-Projektionen, Zermalmungsszenen und tiefsten psychischen Erschütterungen: Old Wabbles Tod!) und die - allmähliche - Auflösung des heldischen Ich-Ideals zeichnen sich in diesem Schlußband schon ab - während May, in der Öffentlichkeit, an der kindisch-martialischen Imponier-Gebärde um so verbissener festhält! Denn *noch* ist, wie Mays Verhalten beweist, der psychische 'Schutzpanzer' nicht aufgebrochen.

23.12.: *Satan und Ischariot I* (=*Die Felsenburg* in der 'Hausschatz'-Fassung) erscheint als Bd. XX bei Fehsenfeld. Der neue Romantitel deutet das neue (und doch alte: weil, 1875/76, in den *Geographischen Predigten* antizipierte und, punktuell, in nahezu allen Erzählungen Mays ja präsente) Programm bereits an: theologische - an biblischen Stoffen orientierte - Poesie. Dem Inhalt nach ist *Satan und Ischariot* aber, vorwiegend, noch Abenteuer-Literatur.

1897

Anfang Januar: Etwas verspätet erscheint *Old Surehand III* als Bd. XIX der Fehsenfeld-Reihe.

Januar bis März: Fortsetzung des *Mustang*-Abdrucks im 'Guten Kameraden'.

Künftig wird May in dieser Zeitschrift nicht mehr vertreten sein. Noch vor der Jahrhundertwende wird er das Abenteuerklischee verschmähen und die Etikette des 'Jugendschriftstellers' endgültig ablehnen.

Februar bis Juni: *Im Reiche des silbernen Löwen* (1. Teil *Die Rose von Schiras*) erscheint im 'Hausschatz'. Es handelt sich um jenen - trotz des orientalischen Titels im 'Wilden Westen' spielenden - Text, den May schon im Herbst 1893 verfaßt hat.

März: *Satan und Ischariot II* (=*Krüger Bei* in der 'Hausschatz'-Fassung) erscheint als Bd. XXI bei Fehsenfeld. Das von Keiter gestrichene Kapitel 'In der Heimath' fehlt - obwohl es May hätte einfügen können - auch in der Fehsenfeld-Ausgabe!

Wohl im Frühjahr: May komponiert zum *Ave Maria*, dem Winnetou-Sterbegebet, eine Partitur.

Frühjahr: Nach fast vierjähriger Pause setzt May die Niederschrift des *Silberlöwen* fort: mit dem großen und - in jeder Hinsicht - bemerkenswerten Abschnitt *Am Turm zu Babel*.

Anfang Mai: Die Arbeit am *Silberlöwen* wird wieder unterbrochen: Eine turbulente Reise steht bevor...

10.5.-15.7.: Das Ehepaar May reist durch Deutschland und Österreich: eine höchst merkwürdige Mischung aus Bildungsfahrt und Publicity-Tour. Der Zweck des Unternehmens: May will persönliche Verehrer besuchen und den unmittelbaren Kontakt zur Lesergemeinde herstellen. Die Route: Radebeul-Leipzig-Harz-Hamburg-Kassel-Wiesbaden-Köln-Bonn-Mainz-Deidesheim-Stuttgart (Besuch des Verlegers Spemann)-Bodensee-Innsbruck-Achensee (Besuch einer Grafen-Familie)-München-Regensburg-Böhmen-Radebeul.

1.7.: *Satan und Ischariot III* (=*Millionendieb* in der 'Hausschatz'-Fassung) erscheint als Bd. XXII bei Fehsenfeld.

4.7.: Die Mays treffen in München ein, wo sie im Hotel Trefler logieren.

In den folgenden Tagen gibt 'Dr. Karl May', als Old Shatterhand, die absurdesten Interviews. Einem begeisterten - an die tausend Personen zählenden - Auditorium gibt er die unsinnigsten Antworten auf ebenso unsinnige Fragen. Er soll, wohl jegliche Hemmung verlierend, u.a. behauptet haben: Ca. 1200 Sprachen und Dialekte beherrsche er; bei den Apatschen sei er, als Nachfolger Winnetous, Befehlshaber von 35 000 Kriegern. Ehefrau Emma, die alles mit anhört, korrigiert und blamiert ihn nicht. Sie sonnt sich im Glanz ihres Gatten.

10.7.: In Regensburg besucht May den Verleger Pustet, der von der Kolportagetätigkeit (1882-87) seines Autors inzwischen erfahren hat. Im Gespräch mit Pustet ist May zum ersten Mal mit dem - auf dem Katholikentag in Landshut, Sommer 1897, zwischen Keiter und einem Kirchenpressemann erörterten - Vorwurf konfrontiert, 'unsittliche' Romane verfaßt zu haben.

16.7.: Sofort nach der Rückkehr in Radebeul kündigt May, in einem Brief an Pustet, gerichtliche Schritte gegen den Münchmeyerverlag an. Zum Prozeß kommt es aber erst 1901/02. Der vermutliche Grund für Mays Zögern: Jetzt, auf der Höhe seines Ruhmes, würde ein Prozeß ihm nur schaden; die - freilich ohnehin kaum vermeidbare, von May selbst ja geradezu provozierte - Entlarvung 'Old Shatterhands' könnte, jetzt schon, die Folge sein.

Ab Mitte Juli vermutlich: May setzt, sehr beziehungsreich, die Arbeit *Am Turm zu Babel* fort. Seine Geltungssucht und seine sonstigen Schwächen bekämpft er in diesem Text literarisch: in den Romanfiguren Hadschi Halef und Dozorca.

August: *Auf fremden Pfaden* - ein weiterer Sammelband mit schon früher publizierten Novellen: vorwiegend 'Marienkalender'-Geschichten - erscheint als Bd. XXIII bei Fehsenfeld.

Irgendwann im Laufe des Jahres: Anna Rothe, eine damals bekannte Spiritistin (das 'sächsische Blumenmedium'), bereichert - wiederholt - Seancen in der 'Villa Shatterhand'. Daß die Frau eine Schwindlerin ist, wird von May wohl durchschaut. Frau Emma und Klara Plöhn aber sind fasziniert.

September: May unterbricht, schon wieder, die Arbeit am *Silberlöwen*. Ein neues - aber von May, in Gedanken, schon lange verfolgtes - Projekt beansprucht ihn voll: *"Weihnacht!"*

Mitte September bis Anfang Dezember: May verfaßt, unmittelbar für Fehsenfeld, *"Weihnacht!"*. Der Hauptteil entsteht, Oktober/November, wohl nicht in der 'Villa Shatterhand' (wo es seit langem zu turbulent ist), sondern im 'Exil': in einem Hotel in Birnai an der Elbe. Literarisch gelingt der Roman vorzüglich. Auch der religiöse Gehalt ist überzeugend. Und in Carpio zeichnet May ein erschütterndes Selbstporträt: einen armen und schwachen, narzißtisch verwirrten, erlösungsbedürftigen Menschen. Die abenteuerliche Fabel ist, auch in diesem Werk, nicht die Hauptsache. Und im nächsten Roman wird May aufs Abenteuergewand (fast) gänzlich verzichten!

Ab November: Fortsetzung des *Silberlöwen*-Abdrucks (*Am Turm zu Babel*) im 'Hausschatz'.

Dezember: Nach Abschluß des *"Weihnacht!"*-Manuskripts setzt May die Niederschrift des *Silberlöwen* fort.

Ende Dezember: *"Weihnacht!"* erscheint als Bd. XXIV bei Fehsenfeld.

1898   Januar bis September: Fortsetzung des *Silberlöwen*-Abdrucks (*Am Turm zu Babel*) im 'Hausschatz'.
Wann May die Niederschrift dieses Textes beendet hat - noch 1897 oder (spätestens) im Frühsommer 1898 - ist fraglich.
Januar: Das Ehepaar May besucht, für acht Tage, Berlin.
Mitte Februar bis Ende März: Über Prag reisen die Mays nach Wien (wo der Aufenthalt, aufgrund einer Erkrankung Mays, sich über vier Wochen erstreckt), anschließend nach München und - über Regensburg - zurück

nach Radebeul.

22.2.: May wird durch Ihre Kaiserliche Hoheit Erzherzogin Maria Therese festlich empfangen. Er gefällt sich als *Liebling der hohen und höchsten Aristokratie.* In einem Internat (bei Wien) hält er einen - kuriosen - Vortrag über Winnetou, den 'Adelsmenschen'.

25.-27.3.: Im - 1897 gegründeten - 'Karl-May-Club' in München tritt May wieder als Old Shatterhand auf. Wie 1897 (im Hotel Trefler) gibt er dreist die tollsten Geschichten zum besten.

26.3.: Die dreizehnjährige Prinzessin Wiltrud von Bayern (die den Dichter, auch künftig, aufs höchste verehrt und mit ihm sehr herzlich korrespondiert) arrangiert einen triumphalen Empfang im Wittelsbacher Palais.

Mitte April bis 7.5.: May ist schon wieder verreist, diesmal zu Studienzwecken und ohne Frau Emma. In Gartow/Niedersachsen erfreut er, allabendlich in einem Hotel, mit den gröbsten Flunkereien. Und Goldstücke verteilt er - mildtätig, wie er auch sonst gerne ist - an die arme Bevölkerung. Die Polizei hält ihn für einen Hochstapler und nimmt ihn vorübergehend fest.

Anfang August: Der angesehene Reformkatholik und Initiator der 'fortschrittlichen Literaturbewegung' Carl Muth (1867-1944) wirft, unter dem Pseudonym 'Veremundus', May "literarische Geschmacksverderbnis" vor; Mays "religiöse Phrasen" seien nichts anderes als Gunsthascherei bei den Frommen.

Ab August: Von Muths Kritik sichtlich beeindruckt, schreibt May - unmittelbar für Fehsenfeld - an einem neuen Roman: *Am Jenseits.* Die Anfangspartien entstehen, August/September, in Kirchheim bei Stuttgart.

Mit diesem Roman erreicht (und überschreitet) May die Schwelle zum literarisch herausragenden, psychologisch subtilen und theologisch bedeutsamen Alterswerk. Von 'Jugendliteratur' kann, ab *Jenseits*, nicht mehr die Rede sein. May schreibt, von jetzt an, fast ausschließlich für reife und nachdenkliche Erwachsene.

30.8.: Tod Heinrich Keiters. Nachfolger als Redakteur des 'Deutschen Hausschatzes' wird Dr. Otto Denk.

Um diese Zeit kommt es - für neun Jahre - zum Bruch mit dem Regensburger Verlag. Von Pustet versandte ominöse Waschzettel empfindet May als Verrat an der Freundschaft. Pustet fürchtet die um 1897/98 sich allmählich herausbildende katholische Opposition gegen May. Und dieser will vom 'Hausschatz' sich trennen, weil der literarische (und theologische) Anspruch seines künftigen Werkes über das 'Hausschatz'- Niveau ja weit hinausgehen soll. Die von May geplante Fortsetzung des *Silberlöwen* kann nicht mehr bei Pustet erscheinen.

Anfang Oktober: 'Hadschi Halef' geht - aber nicht mehr lange - mit Karl May durch. Er verlangt eine Korrektur des Radebeuler Adreßbuches: *Dr. Karl May* muß es heißen! Es folgt eine amtliche Vernehmung in Dresden. Und May verfängt sich, wie Halef *Am Turm zu Babel*, in frechen Prahlereien: Die (freilich nicht existente) französische Universität zu Rouen habe ihm den Titel verliehen; und in China habe er noch höhere Würden erworben.

12.10.: May reist nach Prag - zu Verhandlungen mit dem Verleger Josef R. Vilimek.

Mitte Oktober: Im Prager 'Hotel de Saxe' gelingt es dem Realschüler Egon Erwin Kisch (später: der 'rasende Reporter'), Old Shatterhand die Hand zu drücken; May schenkt dem Jungen ein Exemplar *Old Surehand III*.

10.11.: Die Behörde hat May keinen Glauben geschenkt. Die Führung des Doktortitels wird ihm verboten.

17.11.: In einem Brief an Fehsenfeld unterstreicht May: Hauen und Stechen, *Blut- und Hintertreppengeschichten* lehne er strikt ab. Seine Abkehr von der Unterhaltungs- und Abenteuerliteratur - und von der Überbetonung des heldischen Ideals - ist, 1898, endgültig geworden!

19.11.: *Im Reiche des silbernen Löwen I* erscheint als Bd. XXVI bei Fehsenfeld. Das Buch ist, nicht sehr plausibel, zusammengestückt aus dem (1893 entstandenen) 'Hausschatz'-Text *Die Rose von Schiras*, einer (1895 entstandenen) Kurzgeschichte *Scheba et Thar* bzw. - so der jetzige Titel - *Der "Löwe der Blutrache"* und den Anfangspartien des (1897 entstandenen) 'Hausschatz'-Textes *Am Turm zu Babel*.

17.12.: *Im Reiche des silbernen Löwen II* erscheint als Bd. XXVII bei Fehsenfeld. Dieses Buch entspricht dem Hauptteil *Am Turm zu Babel* - verknüpft mit der (1898 entstandenen, mit der *Silberlöwen*-Handlung kaum zusammenhängenden) Erzählung *Ein Rätsel*. Die Gesamt-Komposition des *Silberlöwen I/II* ist recht problematisch.

Mitte Dezember: *Ernste Klänge*, ein Heft mit zwei Partituren von May (*Ave Maria* und *Vergiß mich nicht!*), erscheint bei Fehsenfeld.

1899   Januar bis März: May führt den *Jenseits*-Band zu Ende.

Zumindest dem Inhalt nach muß dieser Roman zur Hochliteratur gezählt werden: als theologische Poesie. Aber auch stilistisch übertrifft *Am Jenseits* die bisherigen Werke Mays nicht unbeträchtlich.

Zur autobiographischen Leseebene ist u.a. zu vermerken: In der Schilderung Hadschi Halefs und der Tragik des - in sich gespaltenen - blinden Münedschi (der *in alle Zeiten* zu schauen vermag, aber alles, was ihn selbst betrifft, nicht erkennt und vergeblich nach *Liebe* sucht) ist May der Selbsterkenntnis näher denn je. Und in der Läuterung Halefs ist er, zumindest literarisch, auf dem Weg zur Selbstfindung einen großen Schritt weitergekommen.

13.3.: May an Fehsenfeld: *Lesen Sie die Correcturen von Band 25? Ja? Dann werden Sie gemerkt haben, daß Karl May jetzt beginnt, mit seinen eigentlichen Absichten herauszurücken...*

16.3.: Pauline Münchmeyer verkauft den Dresdner Kolportageverlag an Adalbert Fischer.

26.3.: Antritt einer gigantischen Orientreise (50 000 Mark stehen zur Verfügung), von der May - nach 16 Monaten - als ein Verwandelter zurückkehren wird.

Um *Hadschi Halef* zu besuchen und *dann durch Persien* und *China* nach *Amerika* zu seinen *Apatschen* zu reisen (so May an Fehsenfeld), bricht er auf. Doch alles kommt anders!

4.4.: In Genua verabschiedet sich May von Emma (die aus gesundheitlichen Gründen auf die weitere Teilnahme an der Reise verzichtet) und vom Ehepaar Plöhn.

9.4.: In Port Said betritt er zum ersten Mal außereuropäischen Boden.

27.4.: *Am Jenseits* erscheint als Bd. XXV bei Fehsenfeld.

30.4.: Von Kairo aus schreibt May - der vom Verkauf des Münchmeyerverlags inzwischen erfahren hat - an Fischer einen Brief. Der Autor betont dem neuen Verlagsbesitzer gegenüber seine Rechte an den fünf Lieferungsromanen (*Waldröschen* usw.).

Doch Fischer erwidert: Er werde Mays Texte *so ausbeuten, wie es nur möglich sei* (May in der Selbstbiographie von 1910).

Jetzt und in den folgenden Monaten: May verfaßt religiöse, z.T. elegische Gedichte (die 1900 als *Himmelsgedanken* publiziert werden).

23.5.: May engagiert in Kairo den arabischen Diener Sejd Hassan, der ihn - über ein Jahr lang - begleiten wird.

3.6.: Dr. Fedor Mamroth, Feuilleton-Redakteur der 'Frankfurter Zeitung' (des offiziösen Organs der liberalen 'Deutschen Volkspartei'), publiziert seinen ersten Angriff gegen May: Die Taten Old Shatterhands seien freie Erfindung, und die "tendenziöse Verherrlichung des bigotten Christentums" durch May sei widerlich.

Juni: In der 'Frankfurter Zeitung' folgen weitere und schärfere Mamroth-Artikel gegen May.

Gleichzeitig: May reist durch Ägypten (nach Luxor, Assuan usw., dann wieder nach Kairo) und hat von Mamroths Artikeln keine Ahnung.

26.6.: Ankunft Karl Mays in Beirut.

29.6.: Die 'Pfälzische Presse' bringt das Gerücht, May weile nicht im Orient, sondern in Bad Tölz-Krankenheil: einem Jodbad, das speziell von Geschlechtskranken aufgesucht wird!

5.7.: Dr. Hermann Cardauns, Hauptredakteur der katholischen 'Kölnischen Volkszeitung', greift in diesem Journal May zum ersten Mal an: Er kritisiert den Realitätsanspruch der Mayschen Romane, die Selbstreklame des Autors und vor allem die Predigtmanier Karl Mays (der sich als Jules Verne und Paulus in einer Person gebe).

18.7.: Ankunft Mays in Haifa; anschließend besucht er die heiligen Stätten in Palästina.

30.7.-20.8.: Aufenthalt Mays in Jerusalem und Umgebung.

In Jerusalem erreichen May, mit Post aus der Heimat, die gegen ihn verfaßten Artikel. Im August, noch in Jerusalem, schreibt er eine lange Erwiderung.

21.8.-2.9.: Aufenthalt in Jaffa.

2.9.: May reist, per Schiff, zurück nach Ägypten.

15.9.: Ankunft in Aden/Südarabien.

16.9.: In Aden schreibt May an das Ehepaar Plöhn, den *früheren Karl* habe er ins *rothe Meer versenkt*. Er hat - wie Halef in *Jenseits* - begriffen: Sein altes Ego (die Renommiersucht, die 'Shatterhand-Legende') muß sterben, die Heldenpose muß schwinden!

22.9.: Ankunft Mays in Massaua/Ostafrika.

27.-29.9.: Mays Erwiderung gegen Mamroth erscheint, unter dem Decknamen 'Richard Plöhn', in der Dortmunder 'Tremonia' (einer katholischen
Tageszeitung).

6.10.: Ankunft Mays in Colombo auf Ceylon (Sri Lanka).

Hinter den Fassaden des ceylonesischen Kolonialparadieses sieht er die Realität des Imperialismus. Er beklagt die *Ausbeutung der Menschen*: die *Segnungen* des - falsch verstandenen - *Christenthums*.

10./12.10: In Colombo wird May vorübergehend 'rückfällig': In Postkarten-Serien an zwei Journale flunkert er wieder von Heldentaten und behauptet, ein orientalisches *Klondyke* entdeckt zu haben.

Den Spott seiner Gegner fordert er auf solche Weise natürlich heraus!

28.10.: May verläßt Colombo und setzt die Schiffsreise fort.

10.11.: Ankunft in Padang/Sumatra.

In Padang erleidet May einen Nervenzusammenbruch. Er verweigert die
Nahrung und benimmt sich wie ein Kind. Er wird aber nicht - wie Nietz-
sche (1889) - wahnsinnig, sondern findet, in den folgenden Monaten und
Jahren, immer mehr zu sich selbst. Der 'Schutzpanzer' ist aufgebrochen!

22.11.: Noch in Padang schickt May, nach seiner Genesung, eine Depesche
nach Radebeul: Seine Frau und die Plöhns sollen nach Port Said reisen, wo
er sie abholen will.

Anfang Dezember: Emma und Plöhns reisen ab, um May in Port Said zu
treffen.

11.12.: Ankunft Mays in Port Said, wo er - wegen Krankheit und Pestverdachts - in Quarantäne muß. Auf seine Frau und die Plöhns wartet er vergeblich. Da Richard Plöhn schwer erkrankt ist, mußten er und die beiden
Frauen in Arenzano (bei Genua) Station machen.

18.12.: May verläßt Port Said, um in Arenzano mit Emma und den Plöhns
zusammenzutreffen.

Die Reise kann lange nicht fortgesetzt werden.

1900   Bis 14.3.: Wegen des kritischen Zustands von Plöhn müssen die beiden
Paare in Arenzano verweilen.

15.3.: Über Pisa findet die Reise, zu viert, ihre Fortsetzung.

19.3.: Ankunft in Rom.

Ab 25.3.: Gegen Mays Willen bringt Fischer *Die Liebe des Ulanen* erneut
auf den Markt: den Lieferungsroman, der - als einziger - schon in der
Dresdner Erstausgabe (1883ff.) unter Mays Namen erschien.

29.3.-4.4.: Aufenthalt der Ehepaare May und Plöhn in Neapel.

9.4.: Ankunft in Port Said und Kairo.

1.5.: Ankunft in Jaffa; 7.5.: Ankunft in Jerusalem.

Bis 25.5.: Mays zweiter Aufenthalt im Heiligen Land.

29.5.-3.6.: Ausflug in den Libanon und erneuter Besuch Beiruts.

3.-5.6.: In Baalbek besucht May die Tempelruinen.

5.-12.6.: Aufenthalt in Damaskus. Die Moscheen interessieren May sehr.

17.6.: Schmerzlicher Abschied von Sejd Hassan in Beirut.

24.6.-7.7.: Aufenthalt in Konstantinopel; die Hagia Sophia spricht May besonders an.

Anfang Juli in Istanbul: May erleidet einen zweiten Zusammenbruch. Frau Plöhn befürchtet, "man müsse ihn einer Irrenanstalt zuführen". Aber auch diesen Zusammenbruch übersteht er nach wenigen Tagen.

9.-14.7.: Aufenthalt in Athen, dessen Denkmäler May faszinieren. Doch sein Kunstverstand ist, wie er meint, zu gering: *Goethe würde ganz anders sehen ... als ich. Das ist ... nicht mehr nachzuholen.* Aber May ist, in diesem Falle, "um Grade zu bescheiden" (Wollschläger).

Während der ganzen Reise: Die latent wohl immer vorhandene Kluft zu Emma wird größer. Und Klara, die sich interessierter und kunstbeflissener zeigt als Emma, rückt näher ...

15.7.: Korinth; 20.7.: Bologna.

21.-24.7.: Aufenthalt in Venedig mit Besuch der Wohnung Richard Wagners und des Dogenpalastes.

25.7.: Ankunft in Bozen; 26.7.: Mendelpaß; 27.7.: Dolomitenfahrt.

29./30.7.: Aufenthalt in München.

31.7.: Rückkehr nach Radebeul.

August: Persönliche Begegnung May-Fischer. Der neue Kolportageverleger bietet May an: Für 70 000 Mark sei er bereit, auf die Neu-Publikation der pseudonym verfaßten May-Romane zu verzichten. Der Autor lehnt ab und droht mit Klage. Doch Fischer läßt durchblicken: Er kenne Mays Jugenddelikte; eine Klage fürchte er nicht.

Um dieselbe Zeit: Beim Amtsgericht Dresden hinterlegt May sein Testament und setzt Emma als Universalerbin ein; aber auch das Ehepaar Plöhn und Frau Beibler (Klaras Mutter) werden bedacht.

Mitte Dezember: Mays *Himmelsgedanken* erscheinen, gegen Fehsenfelds Bedenken und in geringer Auflage, in Freiburg.

1900ff.   Das Resultat der Orientreise: ein menschlicher Reifungsprozeß, eine vertiefte Hinwendung des Dichters zu Gott, eine beträchtliche Horizonterweiterung des theologischen Literaten und Gesellschaftskritikers May. Er hat im Orient, in Griechenland und Italien entscheidende Impulse fürs poetische Spätwerk empfangen.

Auch in früheren Jahren hat May nicht stets nur geschrieben. Er hat, wenn auch flüchtig, seine Quellen studiert. Doch der Schwerpunkt verlagert sich jetzt: May verwendet mehr Zeit für die eigene Weiterbildung. Er beschäftigt sich, intensiver als früher, mit Werken der Weltliteratur. Er wird zum regelmäßigen Konzert- und Theaterbesucher (allein im ersten Halbjahr 1902: fast 50 Theaterbesuche); er hört wissenschaftliche Vorträge, interessiert sich für bildende Kunst, besucht Ausstellungen und fördert junge Künstler. Seine Bibliothek baut er aus: Zu völkerkundlichen Werken kommen literatur- und kunsttheoretische, aber auch psychologische und, nicht zuletzt, philosophische und theologische Schriften hinzu.

Auch die eigene Schreibweise ändert sich jetzt: May feilt, korrigiert, verwirft ganze Partien und achtet auf seinen Stil. Aus dem manischen Vielschreiber und Fließband-Produzenten wird ein, zunehmend auf Qualität bedachter, poetischer Visionär.

Der literarischen Hochleistung, die bald schon einsetzen wird, entspricht

772

eine menschliche Umkehr, die - nach *Jenseits* - nicht mehr verwundert. Der Shatterhand-Nimbus tritt im persönlichen Lebensstil sehr weitgehend zurück. Auf Fotos zeigt sich der Dichter nicht mehr im Trapperkostüm. Die Abenteuer-Requisiten der Villa werden verräumt in den Schuppen. Alles in allem: Der alte May ist - trotz bleibender Schwächen (die er selbst durchschaut und bekämpft) und trotz privater Entscheidungen, über die man sich streiten kann - ein sympathischer, zu echter Begegnung, zu Freundschaft und Liebe fähiger Mensch.

Doch gerade jetzt holt May die Vergangenheit ein! Er wird das Opfer von verständnislosen - ihm intellektuell aber doch ebenbürtigen - Journalisten. Freilich: er selbst hat, mit der 'Shatterhand-Legende' und dem gesamten Renommiergehabe, seine Demontage in der Öffentlichkeit provoziert und die Gegner auf den Plan gerufen!

May läuft ins offene Messer. Aber: er fällt nicht! Er ist - als Mensch und als Künstler - verletzt, aber nicht verbittert. Er behält den Humor. Er verteidigt, nicht immer geschickt, aber immer zu Recht, seine Würde. Eine schier endlose Pressekampagne und, mit dieser Kampagne verknüpft, eine Flut von Gerichtsprozessen können es nicht verhindern: Als prophetischer Dichter, als gläubiger Christ, als religiöser und politischer Visionär schreibt May sein *eigentliches Werk*: ästhetisch wertvolle und literaturtheologisch bedeutsame - symbolisch-allegorische, partienweise surrealistische - Poesie.

Das Unverständnis der Zeitgenossen (der Gegner und auch der Mehrzahl der Freunde) schmerzt Karl May. Er schließt Kompromisse: Aufs Abenteuersujet - und aufs heldische Ich-Ideal - verzichtet er, aus äußeren und inneren Gründen, nicht immer konsequent. Aber er bleibt, im wesentlichen, sich selbst und seiner Sendung doch treu.

1901	14.2.: Tod Richard Plöhns.

Seine Witwe kommt, in den folgenden Wochen und Monaten, fast täglich in die 'Villa Shatterhand'. Klaras Trauer um den verstorbenen Gatten ist zweifellos echt. Aber Frau Plöhn - ist nun frei: für Karl!

Ab Februar: In einer neuen Bearbeitung publiziert Fischer - der Mayschen Klage-Drohung zum Trotz - *Deutsche Herzen und Helden*: als 'Karl May's Illustrierte Werke', also unter Bruch des (von Münchmeyer zugesicherten) Pseudonyms.

Frühjahr: Joseph Kürschner fragt an, ob May zu einem Sammelband über China eine Erzählung beisteuern wolle. Der Dichter sagt zu.

April bis September: May schreibt für Kürschner *Et in terra pax*. Den politischen Hintergrund seiner Erzählung studiert er gewissenhaft. Sein Manuskript liefert er, mit taktischen Unterbrechungen, in Raten.

Mit *Pax* unterläuft May die, ihm sehr wohl bekannte, imperialistische Tendenz des Sammelwerks 'China': Sein Beitrag ist pazifistisch! Dem wilhelminischen Zeitgeist widerspricht er in großer Manier. Konfessioneller Enge setzt er das *wahre Christentum*: die Religion der Liebe, das ökumenische - dem Wahrheitsgehalt auch andrer Religionen geöffnete - Christentum entgegen. Und in der psychischen Krankheit, der inneren Entwicklung und schließlichen Heilung des Missionars Waller schildert er - verdeckt - die eigene Neurose, den eigenen Zusammenbruch (auf Sumatra) und die eigene 'Auferstehung'. Rein künstlerisch gesehen erreicht *Pax* das Niveau des künftigen Hauptwerks freilich nicht ganz.

Juni: Parallel zur Arbeit an *Pax* denkt May an die Fortsetzung des *Silberlöwen*-Romans. Von Pustet läßt er sich die letzten 100 (1898 verfaßten, aber noch nicht publizierten) Manuskript-Seiten zurückschicken.

Ende Juli: Dem Verleger Fehsenfeld kündigt May die Schlußbände des *Silberlöwen* an.

Ab August: *Et in terra pax* erscheint, sukzessive, in der Lieferungsausgabe.

Ende September: Mit Emma und Klara ist May in die Schweiz gereist. Am Vierwaldstätter See, auf dem Rigi-Kulm, entsteht die Schlußpartie des *Pax*-Romans.

Herbst: Im Anschluß an die *Pax*-Erzählung verfaßt May - z.T. mit polemischer Eleganz, aber zum eigenen Schaden - die anonyme Broschüre *"Karl May als Erzieher" und "Die Wahrheit über Karl May"*: mit 178 Verehrer-Zitaten, die der Autor im Anhang zusammenstellt. Neben Richtigem enthält diese - gegen Mays Kritiker gerichtete - Verteidigungsschrift auch peinliches Selbstlob und unzutreffende Behauptungen, die Hermann Cardauns (sofort nach Erscheinen des Textes) aufspießen wird.

1.11.: *Et in terra Pax* erscheint im Sammelband 'China'.

6.11.: In Dortmund hält Cardauns einen Vortrag ('Literarische Curiosa') gegen May.

10.12.: Beim Landgericht Dresden klagt May, wie lange schon angekündigt, gegen Fischer: wegen unbefugten Nachdrucks seiner Werke. Rechtsanwalt Bernstein vertritt, auch künftig, die Interessen Mays: dessen Klage, in den folgenden Jahren, eine ganze Prozeß-Lawine nach sich ziehen wird.

1901ff.   *Die Liebe des Ulanen* und *Deutsche Herzen* bringen dem Geschäftsmann Fischer großen Gewinn. Nach diesem Erfolg publiziert Fischer - von der Klage Mays nicht beeindruckt - auch die übrigen Münchmeyerromane, unter Mays Namen, in neuer Bearbeitung.

Das Pseudonym hat Münchmeyer selbst, ohne Mays Wissen, zwar längst schon (1883) gelüftet. Aber erst 1901ff., durch die Propaganda Fischers und die Entrüstung Cardauns' (der nicht müde wird, dem Autor "abgrundtief Unsittliches" vorzuwerfen), wird May einer breiten Öffentlichkeit als Verfasser von 'Schundromanen' bekannt.

1902   13.1.: *"Karl May als Erzieher"* erscheint bei Fehsenfeld: in einer Auflage von 100 000 Exemplaren zum Verkaufspreis von 10 Pfennig je Stück.

14.1.: Cardauns wiederholt seinen Anti-May-Vortrag in Elberfeld (und dann noch, am 20.3., in Köln).

Inkognito reist May, anläßlich des Vortrags in Elberfeld, nach Düsseldorf: um das Geschehen aus der Nähe zu betrachten.

24.1.: Cardauns verschärft seine Attacken in der 'Kölnischen Volkszeitung', die - von jetzt an - im Zentrum der May-Hetze stehen wird.

9.2. bis Mitte Juli: Der sechzigjährige May verfaßt, ohne größere Unterbrechung, *Im Reiche des silbernen Löwen III*: sein, nach Form und Inhalt, bisher bedeutendstes Werk.

14.2.: In einem Brief an Fehsenfeld bezeichnet May den Doktortitel, den er zu Unrecht geführt hat, als *leere Prahlerei*. Mit dem Renommiergehabe der Vergangenheit will er nichts mehr zu tun haben.

15.2. bis Ende April: Der erste Abschnitt des neuen *Silberlöwen*-Textes erscheint als Vorabdruck (unter dem Titel *Am Tode*) im katholischen 'Rhein- und Moselboten' in Koblenz. Gleichzeitig wird, bei Fehsenfeld, die Buchfassung vorbereitet.

Am Tode ist ein mehrbödiger, literarisch hoch zu wertender Text. Vordergründig: eine Abenteuergeschichte, in welcher Halef erkrankt und das 'Ich', Kara Ben Nemsi, versagt. Hintergründig: eine sehr fein chiffrierte Darstellung des Mayschen Lebenswegs bis hin zu aktuellen Verwicklungen. (*So konsequent allegorisch hat May bisher nicht geschrieben!*) Existentiell-theologisch gesehen: eine bewegende Auseinandersetzung mit den letzten Fragen des Daseins (Leben und Tod, Tod und Auferstehung).

10.3.: Beim Landgericht Dresden klagt May nun auch gegen Pauline Münchmeyer, die Emma-Freundin. Es geht um die Rechnungslegung für (bis 1899) verkaufte Romanexemplare und um Entschädigung für unbefugte Auflagenüberschreitungen. Doch May hat keine Beweise für seine Rechte: weder gegen Frau Münchmeyer noch gegen Fischer.

15.3.: In seiner renommierten Zeitschrift 'Der Kunstwart' (Dresden) greift Ferdinand Avenarius - ein meinungsbildender Kritiker aus dem deutschnationalen Lager - May zum ersten Mal an. Gegebener Anlaß: Mays Broschüre *"Karl May als Erzieher"*.

14.6.: Im Artikel 'Ein entlarvter Jugendschriftsteller' wendet sich Carl Muth, der katholische Literaturreformer, erneut gegen May. Diesmal greift er, wie Cardauns, die Münchmeyerromane an: die moralisch wie literarisch "einfach scheußlich" seien.

Um die Jahresmitte: Im Einvernehmen mit Emma engagiert May Frau Plöhn, für ein Jahresgehalt von 3000 Mark, als Sekretärin in der 'Villa Shatterhand'. Ihre Aufgabe: Unter dem Decknamen 'Emma May' soll sie Leserbriefe beantworten. Durch diese (unentgeltlich schon vorher wahrgenommene) Tätigkeit kommt Klara, vermutlich, Karl noch näher - während sich die Beziehung Karl-Emma weiter verschlechtert.

Mitte Juli: Die Niederschrift des *Silberlöwen III* wird abgeschlossen. Der Rang dieses Buches - das mit der Handlung des *Silberlöwen I/II* fast nichts mehr zu tun hat - übertrifft (im sprachlichen Niveau, in der bewußten Verschlüsselungstechnik, in der grandiosen Bildsymbolik) alle früheren Werke Mays. Im 'Sprung über die Vergangenheit' erreicht der Autor das Hochland der Literatur. Und in der Rettung der todkranken Helden - durch Rosenduft und weibliche Liebe, durch die Kräfte des Unbewußten, durch Gottes Huld und frommes Gebet - beschwört und bezeugt Karl May die kosmische Harmonie, den Frieden mit Gott und der Schöpfung. Doch der Schluß, das Finale des III. Bandes, verweist zurück auf die irdische Realität: die Gefahr der Zerstörung, die Übermacht des Bösen, die allein durch die Liebe zu überwinden ist.

21.7. bis Ende August: Eine traurige - oder schaurige - 'Erholungsreise' führt Karl, Frau Emma und Klara Plöhn (die bis zu diesem Zeitpunkt noch

Freundinnen sind) über Berlin, Hamburg, Leipzig und München nach Bozen und von dort zur Mendel (Hotel Penegal). Emma ist, verständlicherweise, eifersüchtig auf Klara. Und zwischen Karl und Emma gibt es unterwegs die häßlichsten Szenen. Am Ende kommt es - zum Bruch.

9.8.: *Im Reiche des silbernen Löwen III* erscheint als Bd. XXVIII bei Fehsenfeld.

29.8.: Im Hotel Penegal auf der Mendel unterschreibt Emma - ihrer späteren, nicht bewiesenen Aussage nach von Klara (die einen 'Geisterbrief' inszeniert haben soll) unter Druck gesetzt - eine Erklärung: daß sie mit der Scheidung einverstanden sei.

30.8.: Karl und Klara reisen ab, während Emma in Südtirol bleiben muß. Nur eine Rente (von 3000 Mark im Jahr) wird Emma versprochen.

10.9.: In Radebeul reicht May, nach 22 Ehejahren und nach schwersten inneren Kämpfen, die Scheidungsklage ein.

8.-14.10.: Karl und Klara reisen - über Salzburg und Bozen - nach Riva am Gardasee, wo sie am 14.10. ankommen.

14.10.-15.12.: Aufenthalt in Riva. May nennt sich 'Dr. Richard Sonnenschein' (ein mehrfaches Programm!), und Klara gibt er als seine Ehefrau aus. Im Hotel Sole am Gardasee nimmt das Paar Quartier.

Mitte November bis zur Abreise in Riva: May verfaßt die Anfangspartie des *Silberlöwen IV*: den Großteil des Kapitels 'Im Grabe'. In diesem - schwer zu lesenden, literarisch sehr anspruchsvollen und autobiographisch besonders wichtigen - Text rechnet May ab: mit seinen Gegnern, mit Emma und, vor allem, sich selbst! 'Old Shatterhand' wird symbolisch begraben. Und in der 'Nachfolge Christi' sucht das erzählende 'Ich' bzw. der Ustad (Mays Alter ego) die neue Identität. Insgesamt: ein aufwühlender, psychologisch tiefer und spirituell sehr gehaltvoller Text.

24.12.: May an Fehsenfeld (über den Schlußband des *Silberlöwen*): *Bemerken Sie, daß mit Band IV eine neue Aera angebrochen ist? ... Also: Meine Zeit ist endlich da!*

1903   Januar: May beendet die Niederschrift des großen *Silberlöwen*-Kapitels 'Im Grabe'. Die Fortsetzungskapitel kann May, aus terminlichen Gründen, erst nach einer Pause von mehreren Monaten verfassen.

14.1.: In Abwesenheit Emmas (die erst im März von Bozen zurückkehrt) wird die Ehescheidung ausgesprochen.

31.1.: Karl und Klara besuchen einen Vortrag des Assyriologen Friedrich Delitzsch zum Thema 'Babel und Bibel'.

Angeregt von Delitzsch's Vortrag wird May den, damals aktuellen, Streit um den Einfluß babylonischer Schöpfungsmythen aufs Alte Testament ('Babel-Bibel-Streit') in den folgenden Jahren studieren. Das Ergebnis wird sein: Mays einziges Bühnenwerk *Babel und Bibel* (1906).

11.2.: Im Fischer-Prozeß kommt es zu einem Vergleich, der May - fürs erste - zufriedenstellt. Wie sich zeigen wird, ist der Vergleich für May aber nachteilig. Denn Fischer darf die Mayschen Romane weiterhin drucken. Er bekommt zwar die Auflage, die "seiner Überzeugung nach anstößigen Textpassagen" zu tilgen; die Vergleichs-Bestimmungen sind jedoch so vage formuliert, daß sich für Fischer keine Konsequenzen ergeben. Er tilgt keine 'anstößigen Stellen', und für Cardauns wie seine Verbündeten bleibt May der 'Schundliterat', den sie weiterhin - und noch aggressiver - an den Pranger stellen.

Zunächst aber ist die Beziehung May-Fischer so weitgehend entspannt, daß der Autor dem - bislang so bekämpften - Verleger sogar die Veröffentlichung eines neu zusammengestellten Buches (*Erzgebirgische Dorfgeschichten*) überläßt. Für diesen Zweck verfaßt May, Februar bis Frühjahr, zwei neue Erzählungen: *Sonnenscheinchen* und *Das Geldmännle*.

4.3.: Das Scheidungsurteil wird rechtskräftig. Emma trägt, nach Auffassung des Gerichts, die alleinige 'Schuld' am Scheitern der Ehe.

17.3.: Den Ehrendoktortitel (den Klara ihrem künftigen Gatten, Ende 1902, über eine obskure 'Deutsch-amerikanische Universität' in Chicago besorgt hat) zu führen, wird May - juristisch zu Recht - untersagt. Verdient hätte May den Dr. h.c. aufgrund seines literarischen Werkes aber gleich öfter.

30.3.: Standesamtliche Heirat des 61jährigen May mit der 39jährigen Klara.

31.3.: Kirchliche Trauung in Radebeul.

Was immer man gegen Klaras Charakter und Karls Verhalten (gegen Emma) einwenden mag - für May ist Klara eine gute Ehefrau. Freude und Leid wird sie teilen mit ihm; in seinen Rechtsstreitigkeiten - und Lebenskämpfen - wird sie ihn voll unterstützen; und vor allem: sie schenkt ihm die emotionale Geborgenheit, die er unbedingt braucht.

Frühjahr: *Das Geldmännle* entsteht. Wie *Sonnenscheinchen* ist diese 'Dorfgeschichte' eine hochkomplexe Parabel mit mehreren, sehr kunstvoll verwobenen Leseebenen. Weit mehr als *Sonnenscheinchen* gerät *Das Geldmännle* aber zu einer äußerst subtilen, sehr verschiedenartige Elemente so artifiziell miteinander verknüpfenden Geschichte, daß diese Novelle - in ihrer geheimnisvollen Substanz und gedrängten Geschlossenheit - zu Mays literarisch wohl besten Texten gezählt werden muß.

25.5.: Die *Erzgebirgischen Dorfgeschichten* erscheinen bei Fischer als *Karl Mays Erstlingswerke*. Der Untertitel ist irreführend: weil nur vier in diesem Buch enthaltene Dorfgeschichten wirkliche Frühwerke, *Sonnenscheinchen* und *Geldmännle* aber typische Spätwerke sind. Mit dem Untertitel will May suggerieren: er habe schon immer 'symbolisch' geschrieben (was tatsächlich bis zu einem gewissen Grade ja zutrifft).

Juni: May besucht den Jugendstil-Maler Sascha Schneider (1870-1927) in dessen Atelier in Meißen.

In der Folgezeit kommt es zu einer Freundschaft und einem sehr regen und interessanten Briefwechsel mit dem - die Kunstrichtung des Symbolismus vertretenden - Maler.

Juni/Juli: May greift die Niederschrift des *Silberlöwen IV* wieder auf. In relativer Ruhe und konzentrierter Arbeit entstehen das 2. und 3. Kapitel.

13.8.: Karl untersagt Emma, den Namen May zu führen; er nennt sie in künftigen Schriften nur noch 'Frau Pollmer'.

Innerlich aber kommt er von Emma nie wirklich los!

10.9.: Die - im August unterbrochene - Niederschrift des *Silberlöwen IV* wird beendet.

Dem *Silberlöwen III/IV* kommt, in dreifacher Hinsicht, überragende Bedeutung zu: Autobiographisch gesehen ist der Doppelroman Mays wichtigster Erzähltext überhaupt; ästhetisch gesehen ist er Mays bisherige Höchstleistung, die nur noch einmal, in *Ardistan und Dschinnistan* (1907/09), erreicht oder überboten wird; inhaltlich gesehen ist er - wie die übrigen Altersromane Mays - theologische Poesie von hohem Niveau. Der Autor erweist sich als prophetischer, theologisch klar (und progressiv) denkender Visionär. Wegen der vielschichtigen Struktur des Textes, der fließenden Bilder und der kompliziert ineinander verschränkten Leseebenen ist der *Silberlöwe III/IV* (besonders Bd. IV) aber ein schwieriger Text. Für Jugendliche oder gar Kinder: gänzlich ungeeignet! Für - auf spannende Unterhaltung fixierte - May-Fans: todlangweilig und unbedingt abzuraten!

Anfang Oktober: *Im Reiche des silbernen Löwen IV* erscheint als Bd. XXIX bei Fehsenfeld.

Herbst: May beginnt, den *Pax*-Roman (1901) für Fehsenfeld umzugestalten.

9.10.: Louise Häußler, eine Freundin Emmas, erstattet bei der Staatsanwaltschaft Dresden Anzeige gegen Karl und Klara May: wegen "betrügerischer Handlungen zur Ermöglichung der Ehescheidung".

3.11.: Emma verweigert die Zeugenaussage (zur Anzeige vom 9.10.).

Am selben Tag: Ein Vertrag wird geschlossen, wonach Emma eine Rente von 3000 Mark im Jahr erhält, aber mindestens 100 km von Dresden entfernt wohnen muß. (Sie zieht dann nach Weimar um.)

Anfang November: Dr. Gerlach - dem Anwalt der Münchmeyer-Partei - gelingt es, das Gericht zur Beiziehung der Mayschen Strafakte (bezüglich der Jugenddelikte) zu veranlassen.

8.11.: May erkrankt schwer. Hohes Fieber mit Herzschwäche bringt ihn dem Tode schon nahe. Die Neubearbeitung von *Pax* muß unterbrochen werden.

Erst nach Monaten wird May wieder schriftstellerisch tätig sein können.

12.12.: Der Benediktiner Willibrord Beßler schließt sich der Anti-May-Polemik Cardauns' an und behauptet, in der katholischen Zeitschrift 'Stern der Jugend', May sei im Irrenhaus.

30.12.: Das Ermittlungsverfahren gegen die Mays (wegen der Anzeige vom 9.10.) wird eingestellt: da Emma, als die einzige Zeugin, im Schweigen verharrt.

1904   Laut Klaras Tagebuch wird das 1. Halbjahr "lieber Sonnenschein". May erholt sich, seit Weihnachten 1903, allmählich von seiner Erkrankung.

Die Umarbeitung des *Pax*-Romans (für die Buchfassung) kann May nun weiterführen. Das Werk gelingt: In der neuen, präziseren, Version verdient der Text gegenüber der Urfassung literarisch den Vorzug.

8.3.: Sascha Schneider erklärt sich bereit, für Mays Bücher neue Deckelbilder zu liefern. Die Bilder sollen verdeutlichen: May ist (und war es schon immer) religiöser Symboldichter und nicht etwa Jugendschriftsteller.

2.5.: Der Anfang des Jahres aus der SPD ausgetretene und jetzt der politischen Rechten zugewandte Journalist Rudolf Lebius besucht May in der

'Villa Shatterhand'. Er wird, schon bald, Mays gefährlichster und gewissenlosester Feind sein!

Juli bis Mitte August: Dem umgearbeiteten *Pax*-Text fügt May für die Buchfassung ein neues Kapitel hinzu: 'Der Shen-Ta-Shi'.

Dieses Kapitel erhöht den literarischen Rang des Romans. In seiner, für den späten May typischen, Bildsymbolik ist der neue Text mit den Traumwelten des *Silberlöwen III/IV* durchaus vergleichbar.

Sommer: Lebius bittet May um ein Darlehen von mehreren tausend Mark; als publizistische Gegenleistung bietet er May-freundliche Artikel in der 'Sachsenstimme' an. May lehnt ab und verweigert jede Zahlung.

7.9.: May erhält eine Drohkarte; der anonyme Verfasser: Lebius!

Seit Spätsommer vermutlich: May befaßt sich intensiv mit dem *Babel und Bibel*-Stoff und der Dramentheorie. May, der sich 1902 schon in der Kunstform des Dramas geübt hat (über Fragmente wie *Weib* und *Wüste* aber nicht hinausgekommen ist), will zum Schöpfer von Bühnenwerken - die ihm höher stehen als epische Bücher - 'emporsteigen'.

9.9.: Der mit May befreundete Schriftsteller Max Dittrich publiziert in Dresden 'Karl May und seine Schriften'. Diese Broschüre ist die erste Veröffentlichung über Mays Leben und Werk. Die Tendenz dieses - von May selbst, sehr weitgehend, inspirierten - Büchleins ist apologetisch. Gleichwohl: Dittrichs Broschüre enthält viele wichtige Hinweise!

11.9.: Lebius bringt in der 'Sachsenstimme' seinen ersten Angriff auf May. An Neidgefühle wird appelliert: Mays 'Reichtum' wird, stark übertrieben, aufs Korn genommen.

19.9.: *Und Friede auf Erden!* - die Neufassung von *Pax* - erscheint als Bd. XXX, mit einem Deckelbild Sascha Schneiders, bei Fehsenfeld.

26.9.: In erster Instanz, beim Landgericht Dresden, gewinnt May den Zivilprozeß gegen Frau Münchmeyer.

24.10.: May wird im Cassianeum/Donauwörth von Ludwig Auer, dem Leiter dieses angesehenen katholischen Instituts, sehr herzlich empfangen. Auer ist auch Verleger des 'Stern der Jugend'. Er macht durch seine Geste wieder gut, was Pater Beßler an May 'verbrochen' hat.

30.10.: Im 'Dresdner Anzeiger' wird May wegen des *Friede*-Buches verunglimpft.

5.11.: Mit berechtigter Ironie wendet sich May - in einem Offenen Brief - *An den Dresdner Anzeiger*.

13.11.: Der Avenarius-Freund Prof. Paul Schumann, Hauptredakteur für Kunst und Wissenschaft beim 'Dresdner Anzeiger', bringt eine Bemerkung über Mays Haftzeit: verdeckt zwar, für May aber deutlich.

18.11.: In einem (3.) Offenen Brief *An den Dresdner Anzeiger* - jetzt gegen Schumann - zeigt sich May als brillanter Rhetoriker, der in manchen Sachpunkten zwar ausweicht, dessen Entrüstung aber berechtigt ist. Denn Schumann will, "gnadenlos und fanatisch", Mays Ehre vernichten.

27.11.: In seiner Erwiderung auf May läßt Schumann erkennen, was ihn eigentlich stört: die politische Tendenz, der Pazifismus des *Friede*-Romans! Mays Gesamtwerk, speziell aber *Friede*, sei "Gift für die Jugend" und "Gift für das Volk"!

November: Schneiders Deckelbilder für May erscheinen gesondert in einer Sammelmappe. Fürs 'mystische' Spätwerk sind diese Bilder zweifellos stimmig. Aber für die Reiseerzählungen (bis 1898) passen sie nur bedingt und partiell. Insofern sind die Bedenken Fehsenfelds - der nur Teilauflagen mit Schneider-Bildern herausbringt - verständlich.

18.12.: Lebius beginnt, die kriminelle Vergangenheit Mays zu enthüllen; zweimal sei May schon bestraft worden, ist in der 'Sachsenstimme' zu lesen.

19.12.: May zeigt Lebius an - wegen Erpressung.

24.12.: An den Schaufenstern der Dresdner Buchhandlungen hängen Plakate aus: Die 'Sachsenstimme' kündigt einen Bericht über die 'Vorstrafen Karl Mays' an. Genaues weiß Lebius zu diesem Zeitpunkt aber noch keineswegs.

1905   9.2.: Der Kunsthistoriker Cornelius Gurlitt, ein Schwager des Münchmeyer-Anwalts Dr. Gerlach, veröffentlicht im 'Dresdner Journal' Details über Mays falschen Doktortitel.

14.3.: Das Verfahren gegen Lebius (aufgrund der Anzeige Mays vom 19.12.1904) wird eingestellt. Denn zur Anklage wegen Erpressung reicht das Material, nach der Auffassung des Gerichts, nicht aus.

23.3.: May bietet Willy Einsle, einem Münchner Gymnasiasten (mit dem er seit 1902/03 sehr herzlich korrespondiert), das 'Du' an und läßt sich von Willy als *Onkel* 'adoptieren'. In dieser 'Wahlverwandtschaft'zeigt sich May von seiner besten Seite: als verantwortungsbewußter, sehr einfühlsamer Erzieher, als 'Psychotherapeut' und verständiger Seelsorger.

Frühjahr: Als Privatdruck, nicht zur Veröffentlichung, verfaßt May *Ein Schundverlag*. In dieser 'Prozeßschrift' spießt er die Praktiken des Münchmeyerverlags auf. Er berichtet, teils hastig und aufgeregt, z.T. aber in gekonnter Rhetorik, über viele Details seiner Redakteurszeit (1875-77) und seiner Tätigkeit als Kolportage-Autor (1882-87) bei Münchmeyer. Trotz der Selbstreklame und trotz polemischer Entgleisungen ist dieser Bericht, im wesentlichen, doch glaubwürdig.

Frühjahr bis Sommer: Die Winkelzüge des Lebius bringt May geschickt in die Presse. Es gelingt ihm, die Position des Journalisten in der Öffentlichkeit zu erschüttern.

8.7.: Lebius setzt in der 'Sachsenstimme' seine Zermürbungstaktik fort: "Wir wissen, wer Karl May ist, aber wir sagen es noch nicht."

August: Die 'Sachsenstimme' geht ein. Denn große Firmen haben - beeindruckt von Mays Artikeln - dem Revolverblättchen die Inserate entzogen. Lebius muß (im September wohl) Dresden verlassen. Mit hohen Schulden belastet zieht er um nach Berlin.

Wohl Mitte September: May teilt Fehsenfeld mit, sein bisheriges Genre - die epische Erzählung - solle nur *nebenbei weitergehen*. Dem Drama, der *erfolgreichsten aller Lehr- und Predigtformen*, will er sich fortan verschreiben!

Das Jahr über ist May, nach langen Vorstudien, mit der Niederschrift seines Bühnenstücks *Babel und Bibel* beschäftigt. Mit seiner Arbeit ist er zunächst aber unzufrieden: Die 1905 entstandene Erstfassung verwirft er total.

Sein Drama schreibt May unter schwerstem seelischen Druck: Daß seine Straftaten allmählich bekannt werden, ist abzusehen!

29.9.: Zum öffentlichen Geständnis seiner Jugenddelikte fehlt May noch der Mut: *Es würde das mein ganzes Lebenswerk vernichten, und ehe ich das zugebe, will ich lieber sterben!* (Brief an Rechtsanwalt Bernstein)

3.10.: Vor dem Landgericht Dresden kommt es, aufgrund einer Beleidigungsklage Mays gegen Lebius, zur Verhandlung. Eine unkluge Behauptung des May-Anwalts Klotz (der die Straftaten Mays generell in Abrede stellt) führt zur Verlesung des Vorstrafenregisters. May ist entsetzt und zieht die - an sich berechtigte - Klage gegen Lebius (der May einen "Einbruch in einen Uhrenladen" unterstellt hat) zurück.

Allgemein bekannt werden Mays Jugenddelikte noch nicht. Aber der Pressemann Lebius hat nun genügend Material.

Oktober: In Dresden besucht May einen Vortrag Bertha v. Suttners (1843-1914), der Trägerin des Friedensnobelpreises von 1905. May ist begeistert und schreibt an die Baronin einen Brief. Aufgrund der Seelenverwandtschaft und der gemeinsamen - gesellschaftspolitischen - Überzeugung der beiden Persönlichkeiten entwickelt sich eine Freundschaft.

18.11.: Lebius muß eine Beschuldigung gegen Max Dittrich (der auf der Seite Mays in den Rechtsstreit verwickelt ist) vor Gericht als Lüge bekennen und, mit der Bitte um Verzeihung, zurücknehmen.

1906   Erstes Halbjahr: Arbeit an der Zweitfassung von *Babel und Bibel*.

2.5.: Auch in zweiter Instanz, beim Dresdner Oberlandesgericht, gewinnt May den Prozeß gegen Frau Münchmeyer (die zur Rechnungslegung über die verkauften May-Romane verpflichtet wird).

30.6.: Im Artikel 'Atavistische und Jugendliteratur' unterstellt Lebius May verbrecherische Erbschäden und "eine schwere chronische Krankheit" (im frühesten Lebensalter), "die offenbar kulturhemmend gewirkt hat." Lebius stützt sich auf ein Werk des Kriminalanthropologen Cesare Lombroso, das schon damals umstritten war und heute grundsätzlich widerlegt ist.

Anfang Juli: Sascha Schneider kritisiert Mays Drama *Babel und Bibel*. Der Maler vermißt den "Erdgeruch" und mahnt "Old Shatterhand", doch besser "der Alte" zu bleiben.

May ist von Schneider enttäuscht. Seine Beziehung zu ihm wird in der Folgezeit distanzierter.

17.7.: May beendet die Niederschrift seines einzigen (vollendeten) Dramas *Babel und Bibel*.

Das Drama besteht aus 2000 Blankversen. Formal und stilistisch ist der Text wohl gelungen. Als Erlösungsdrama setzt *Babel und Bibel* das heilsgeschichtliche Denken der Bibel voraus. Zugleich enthält es aufklärerische und moderne, in die Zukunft weisende Ideen. Für Mays literarische Wandlung hat es eine Schlüsselfunktion. Das gesellschaftspolitische, tiefenpsychologische und religionsphilosophische Gedankengut des gesamten Alterswerkes ist, konzentriert, im Text enthalten. Und den weiblichen Protagonisten kommt - wie auch sonst im Spätwerk Karl Mays - eine Heilsrolle zu, die an moderne (feministische) theologische Ansätze denken läßt.

Auch autobiographisch gesehen ist das Drama brisant. In den Schicksals-Schlägen der 'Geisterschmiede', in der großen - durch die List der Gnade bewirkten - Verwandlung Abu Kitals vom narzißtischen, nach Glanz, nach Reichtum und Ehre strebenden Ich-Menschen zum sühnewilligen Büßer zeichnet May, sehr selbstkritisch und sehr hoffnungsfroh, das eigene Porträt und die eigene Entwicklung. Der Schmerz wird als sinnvolle und notwendige Station auf dem Wege zur menschlichen Reife bejaht. Selbstgerechtigkeit und persönliche Ressentiments des Autors (wie sie im *Silberlöwen IV* teilweise noch anklingen) fehlen hier gänzlich.

Als Lesetext ist *Babel und Bibel* eine gründliche Auseinandersetzung unbedingt wert. Ob das Stück - das bisher nie aufgeführt wurde - spielbar ist auf der Bühne, ist eine andere Frage.

23.7.: Besuch von Marie Hannes (1881-1953) in der 'Villa Shatterhand'.

May kennt diese junge Frau schon lange und korrespondiert mit ihr seit einigen Jahren. Marie ist eine kluge, tief fromme und literarisch begabte Verehrerin Mays: der für sie "mein Johannes", die Offenbarung, ist!

August: May plant ein weiteres Drama - mit dem Titel *Kyros*; der Text bleibt aber Fragment.

1.9.: *Babel und Bibel. Arabische Fantasia in zwei Akten* erscheint bei Fehsenfeld - dem das Stück 'zu hoch' ist und der es bei einer Auflage von 1200 Exemplaren beläßt.

28.10. u. 20.11.: In der Innsbrucker Rundschau 'Der Kunstfreund' - redigiert von Leopold Gheri (der May sehr verehrt) - erscheinen zwei *Briefe über Kunst* von May. In diesen Briefen - weitere werden folgen - entwickelt May sein sakrales Kunstverständnis: Die Kunst habe zwischen Religion und Wissenschaft zu vermitteln und *unser irdisches Wissen zum himmlischen Glauben emporzuführen.*

29.11.: In einem Brief an Prinzessin Wiltrud - die sein *besonderer psychologischer Liebling* ist - wünscht May, daß *"Babel und Bibel" ... zuerst in München gegeben werde.*

Doch das Drama wird, wie erwähnt, nie aufgeführt. Für May eine herbe Enttäuschung! An keinem Werk hat er, gemessen am Umfang, auch nur annähernd so lange gearbeitet wie an *Babel und Bibel.* Daß dieses Stück - abgesehen von einigen positiven Besprechungen - keine Resonanz findet, trifft den Autor sehr schwer. Aber May resigniert keineswegs, sondern sieht - schon bald oder später - wohl ein: Sein literarischer Weg ist eben doch die epische Kunst.

8.12.: In einem Dankbrief an Dr. Hans Rost, den Feuilleton-Redakteur der 'Literarischen Beilage' der 'Augsburger Postzeitung', knüpft May den Kontakt zu diesem katholischen Journal. Vorausgegangen ist der differenzierte, von May sehr positiv aufgenommene Postzeitungs-Artikel 'Das Problem Karl May' (27.11. u. 7.12.) von Lorenz Krapp. Die 'Augsburger Postzeitung', die früher - 1902 und 1904 - May angegriffen hat, wird künftig, ab 1907, engagiert für May eintreten.

21.12.: May formuliert für die katholische 'Donau-Zeitung' in Passau *Mein Glaubensbekenntnis.* In Anlehnung ans apostolisch-nizänische Credo bekennt er sich - in subjektiver Weise - zum christlichen Glauben, zur allgemeinen (ökumenischen) katholischen Kirche und zur Zukunft des Menschengeschlechts.

1906/07   Ende 1906 oder Anfang 1907 verfaßt May die Novelle *Schamah*.
Dieser anmutig-schlichten 'Reiseerzählung aus dem Gelobten Lande' liegt - in poetischer Reflexion - Mays zweiter Aufenthalt in Palästina (1900) zugrunde. Der Ich-Erzähler vollbringt - wie in *Friede* - keine Heldentaten. Er durchwandert Jerusalem als der gütige, humorvolle ältere Herr, der Karl May wirklich ist. *Schamah* ist eine, auch autobiographisch wichtige, Bekehrungsgeschichte, die - wie *Babel und Bibel* - den Läuterungsprozeß der männlichen Protagonisten beschreibt. Das Lazarusgrab steht symbolisch für die innere Krise und die 'Neugeburt' des Verfassers bzw. des Menschen überhaupt.

1907   4.1.: *Mein Glaubensbekenntnis* erscheint in der Passauer 'Donau-Zeitung'.
9.1.: Auch in dritter und letzter Instanz, beim Reichsgericht Leipzig, gewinnt May den Münchmeyer-Prozeß. Nur die Höhe der von Frau Münchmeyer zu leistenden Entschädigung bleibt noch offen.
23.1.-5.4.: Mays *Briefe über Kunst* Nr. 3-5 (ein 6. Brief wird, aufgrund eines Wechsels in der Redaktion, nicht mehr publiziert) erscheinen in 'Der Kunstfreund'/Innsbruck.
11.2.: Weil May keinen schriftlichen Vertrag mit der Firma Münchmeyer vorweisen kann, muß er - vor dem Landgericht Dresden - den 'Parteieid' leisten: Er muß beschwören, daß seine Darstellung des Sachverhalts der Wahrheit entspricht. Nicht nur aufgrund dieses Eides, sondern aufgrund der Glaubwürdigkeit Mays während des gesamten Prozeßverlaufs entscheidet das Gericht im Sinne des Klägers. May scheint, juristisch, nun endgültig gesiegt zu haben.
7.4.: Tod Adalbert Fischers, des Münchmeyer-Nachfolgers.
15.4.: Ohne Beweismaterial erstattet Dr. Gerlach gegen May "und Genossen" (darunter die frühere Ehefrau Emma) Anzeige bei der Staatsanwaltschaft in Dresden: "wegen Meineids bzw. Verleitung zum Meineid"!
Die Staatsanwaltschaft läßt sich Zeit. Und May wird vermutlich von der Anzeige Gerlachs, bis zum Juli, nichts wissen.
18.4: Otto Denk (seit 1898 Nachfolger Keiters als 'Hausschatz'-Redakteur in Regensburg) schreibt May einen freundlichen Brief, den dieser - eher kühl - am 21.4. beantwortet.
Frühjahr bis Sommer: Mays Gesundheit ist angegriffen. Zur literarischen Arbeit ist er deshalb nicht in der Lage.
22.5.-3.7.: Das Ehepaar May weilt zur Kur im schlesischen Bad Salzbrunn. Literarisch kann May noch immer nicht tätig sein. Aber sämtliche Vorstellungen des Kurtheaters werden besucht.
Wohl im Spätsommer, nach der Rückkehr Mays in Radebeul (8.7.), entsteht *Abdahn Effendi*: eine Mischung von Parabel und Abenteuererzählung.
Vordergründig ist diese Novelle eine Schmugglergeschichte. Hintergründig geht es um psychische Konflikte: um die 'Spaltung des menschlichen Innern'. Der Kampf des höheren Strebens gegen die animalischen - nur ma-

teriellen - Begierden wird dargestellt: im Vertrauen auf den schließlichen Sieg der Gnade Gottes.

Autobiographisch gesehen ist wichtig: Die alten Traumata der Mayschen Vergangenheit, bis hin zur Entlarvung des 'Dr. Karl May, genannt Old Shatterhand', werden in *Abdahn Effendi* ebenso 'verarbeitet' wie das aktuelle Prozeßgeschehen und die zögernde Bereitschaft des Dichters zur offenen Beichte.

12.7.: Die gerichtliche Voruntersuchung gegen May (wegen der Gerlach-Anzeige vom 15.4.) wird eröffnet.

Wenige Tage später wird May über die Ermittlungen amtlich in Kenntnis gesetzt. Auch dieser Vorgang spiegelt sich in *Abdahn Effendi*.

14.7.: In den 'Sonntagsglocken', einem katholischen Wochenblatt (Berlin), wird - in einem Artikel von Leopold Gheri - Mays Sieg über den Münchmeyerverlag als "vollständig und bedingungslos" gefeiert.

Doch diese Art von Propaganda wird May nur schaden!

23.7.: Aus einem Brief an Rechtsanwalt Bernstein geht hervor: Die Erfüllung seiner Lebensaufgabe sieht May - nach der böswilligen, in der Sache haltlosen Anzeige Gerlachs - als bedroht an.

26.7.: Im 'Vorwärts', dem Zentralorgan der SPD, wird behauptet, Lebius sei kein Ehrenmann.

Anschließend klagt Lebius gegen den 'Vorwärts'-Redakteur Carl Wermuth. Für May wird diese 'Affäre' schon bald von Bedeutung sein.

28.7.: May schreibt einen Brief an Dr. Paul Näcke, einen damals berühmten Psychiater. Zwischen May und Näcke entwickelt sich sehr rasch eine Freundschaft.

15.8.: Der junge Wiener Schriftsteller Amand v. Ozoróczy besucht May in der 'Villa Shatterhand'. Künftig wird Ozoróczy einer der besten literarischen Fürsprecher Karl Mays sein. Er gehört zu den wenigen, die das Maysche Alterswerk beachten und schätzen.

Ende August: Auf die fortgesetzten Angriffe Cardauns' u.a. reagiert May mit, ebenfalls polemischen, Flugblättern. Durch befreundete Redakteure läßt er diese Flugblätter verbreiten.

13.9.: Durch die Vermittlung Heinrich Wagners - des Chefredakteurs der Passauer 'Donau-Zeitung' und Verfassers der apologetischen Broschüre 'Karl May und seine Werke' (1907) - kommt es im Münchner Hotel 'Leinfelder' zur persönlichen Begegnung zwischen May und dem 'Hausschatz'-Redakteur Denk.

Das Resultat des Gesprächs: Nach neun Jahren Pause ist May wieder bereit, für den 'Deutschen Hauschatz' zu schreiben.

Er beginnt sogleich mit der Arbeit an einem neuen Roman: *Der 'Mir von Dschinnistan*. Dieser Roman wird die Krönung seines Erzählwerks. Er wird, in seiner faszinierenden Bildsymbolik, sogar den *Silberlöwen III/IV* übertreffen.

September: Lebius erfährt, daß der 'Vorwärts'-Redakteur Wermuth Karl May als Belastungszeugen (für die Behauptung vom 26.7.) genannt hat.

May freilich ist, zunächst, nicht bereit, als Zeuge der Sozialdemokratie gegen Lebius aufzutreten.

Ab 1.10. (bis ins folgende Frühjahr): *Schamah* erscheint in der Regensburger katholischen Jugendzeitschrift 'Efeuranken'.

8.10.: Die Fischer-Erben erklären vor dem Landgericht Dresden, daß Mays Kolportageromane in ihrer jetzigen Form nicht als von May verfaßt gelten können. Textänderungen von fremder Hand werden, als möglich oder wahrscheinlich, eingeräumt.

Wirklich bewiesen ist durch diese Erklärung aber nach wie vor nichts.

Ab Herbst dürfen die Kolportageromane nur noch anonym verbreitet werden. Für May ein psychologischer Erfolg: Für große Teile der Presse ist er nun endgültig rehabilitiert!

20.10: Erste persönliche Begegnung Mays mit Dr. Rost, dem 'Postzeitungs'-Redakteur, in Augsburg.

Ab Anfang November 1907 (bis Herbst 1909): *Der 'Mir von Dschinnistan* erscheint im 'Hausschatz'.

In der Folgezeit muß Denk immer wieder um Manuskript bitten. Denn May liefert zögernd in Raten. Und Denk wie die Leser werden sich wundern. Denn May schreibt - ganz anders als früher.

9.11.: Staatsanwalt Seyfert, Untersuchungsrichter Larrass und vier Polizisten erscheinen, überfallartig, zu einer Haussuchung in der 'Villa Shatterhand'. Belastendes Material wird nicht gefunden. Aber wichtige Papiere werden beschlagnahmt. Und eine Briefsperre wird über May verhängt.

Es folgen lange Verhöre an mehreren Tagen. May ist schockiert und einem Zusammenbruch nahe.

16.11.: Der Psychiater Dr. Näcke besucht May: für diesen ein Trost und eine wichtige Hilfe.

Wohl November/Dezember 1907 (wenn nicht Mitte Dezember 1907 bis Mitte Februar 1908): May unterbricht die Niederschrift des *'Mir von Dschinnistan* und verfaßt - vielleicht auf Anraten Näckes - *Frau Pollmer, eine psychologische Studie.*

Dieser - nicht zur Veröffentlichung bestimmte - Text zeigt May, den sonst so gütigen Menschen, von einer ganz anderen Seite: in sarkastischem Zorn, in gehässiger Ironie. Literarisch gesehen hat diese 'Studie' kein geringes Format: "manche Passagen erreichen Strindberg'schen Rang." (Wollschläger) Aber inhaltlich gesehen ist *Frau Pollmer* eine perfekte Entgleisung. Psychologisch aber ist zu vermerken: Negative Gefühle (die, angesichts der Realität, natürlich vorhanden sind) muß Karl May - um sie dann steuern und beherrschen zu können - zunächst einmal zulassen. Eben dies geschieht in der 'Studie'. May reagiert sich ab! Und gewinnt so die Kraft zu wirklicher Poesie: im *'Mir von Dschinnistan.*

19.12.: Gegen ihn gerichtete Aktionen durchschaut May, in einer umfangreichen Eingabe an Richter Larrass, als *Komplott.* Im Kern völlig richtig: Denn Mays juristische Widersacher sind miteinander befreudet, und dem 'Schundverlag' arbeiten sie in die Hände. Und Lebius, der Hauptintrigant, lauert im Hintergrund.

1908   Januar (oder Februar) bis August: Weiterarbeit am *'Mir von Dschinnistan.*
Januar bis Dezember: Fortsetzung des *Mir*-Abdrucks im 'Hausschatz'.

8.3.: Im neu verfaßten Testament verfügt May die Errichtung einer *mildthätigen Stiftung*.

März: Im Handbuch 'Psychologie des Verbrechers' erörtert der angesehene Kriminalpsychologe Erich Wulffen Mays Jugenddelikte.

23.3.-23.4.: *Abdahn Effendi* erscheint im 'Grazer Volksblatt'.

1.4.: Der Anthropologe und Sexualforscher F.S. Krauss besucht May in Radebeul und nennt den Dichter "einen Segen für die Menschheit".

Am selben Tag: Das unerhört zynische, scheinbar von F.W. Kahl verfaßte, in Wirklichkeit aber von Lebius inspirierte Pamphlet 'Karl May, ein Verderber der deutschen Jugend' erscheint in Berlin.

27.4.: In einem Brief an May distanziert sich Kahl von dieser Broschüre.

Von jetzt an steht der Journalist Kahl auf der Seite von May, der gegen Lebius prozessiert.

Vermutlich April: Auf Drängen der 'Vorwärts'-Redaktion verfaßt May die Streitschrift *Lebius, der Ehrenmann*.

Zur gerichtlichen Aussage als Zeuge der SPD scheint May nun doch bereit zu sein. (Tatsächlich wird es zu diesem Auftritt aber nie kommen: da der Prozeß wiederholt vertagt wird und Lebius im Oktober 1909 seine Klage gegen Wermuth zurückzieht.)

Mai: Ein Vortrag zum Thema 'Und Friede auf Erden!', den May - als Gesinnungsfreund Bertha v. Suttners - der 'Deutschen Friedensgesellschaft' versprochen hat, muß abgesagt werden. Denn May hat jetzt keine Zeit.

15.5.: Denk schreibt May, daß der *Mir*-Roman den Lesern mißfalle.

17.5.: May schreibt zurück: *Ich habe Ihnen versprochen, daß der "Mir von Dschinnistan" gut wird, und ich halte Wort.*

28.5. und (in Zweitfassung) 1.7.: May verfaßt *Meine Beichte* - einen kurzen, menschlich anrührenden (aber noch nicht zur Veröffentlichung gedachten) Text. Auf seine Jugenddelikte geht er nur andeutungsweise ein. Aber er bekennt: *Ich kniee täglich im Beichtstuhl.* Und er kündigt an: *Daß ich ein "Vorbestrafter" bin, werde ich der Welt nicht verschweigen ... diese Generalbeichte will ich selbst ablegen, ...ohne Zwang, sonst hat sie keinen Wert.*

15.7.: In einem Brief an Denk beschwert sich May über Eingriffe in den *Mir*-Text durch die Redaktion.

Das Unbehagen (auf beiden Seiten) hat zwei Hintergründe: Zum einen ist May der abenteuerlichen Erzählstoffe seit langem schon überdrüssig; seine neue Schreibweise ist der Redaktion wie den Lesern zu meditativ und zu langatmig. Zum anderen hat der Konflikt eine kirchenpolitische Komponente; aus Regensburger Sicht gerät der *Mir* zu 'modernistisch'!

Anfang August: May beendet den ersten Teil des Romans: den 'Hausschatz'-Text des 34. Jahrgangs, d.i. - in der späteren Buchfassung - *Ardistan und Dschinnistan I.*

Bis Ende August: Da das *Mir*-Manuskript für den Abdruck bis zum Dezember noch ausreicht, muß den 'Hausschatz' - vor der Abreise Mays nach Amerika - eine weitere Text-Sendung erreicht haben.

Bis Ende August: Es zeichnet sich ab, daß es (in der seit Juli 1907 sich hinschleppenden 'Meineids'-Untersuchung) zur Anklage gegen May nicht kommen wird. May kann - verreisen.

5.9. bis Anfang Dezember: Mays erste - und einzige - Amerikareise.

5.9.: Das Ehepaar May schifft sich in Bremen ein.

16.9.: Ankunft in New York, wo die Mays eine Woche verweilen.

22./23.9.: Aufenthalt in Albany.

Ende September bis Anfang Oktober: Aufenthalt in Buffalo (wo das Grab des Seneca-Häuptlings Sa-go-ye-wat-ha besucht wird) und Niagara-Falls - mit Logis im Clifton-Hotel (kanadische Seite der Wasserfälle) und Besuch der nahe gelegenen Reservation der Tuscarora-Indianer.

Oktober: Mehrwöchiger Besuch in Lawrence/Massachusetts bei Schulfreund Pfefferkorn; Auto-Ausflüge in die Umgebung.

16.10.: Wegen des Rechtsstreits um die Kahl-Lebius-Broschüre telegrafiert May nach Berlin, ans Kammergericht.

18.10.: In Lawrence hält May vor den Deutsch-Amerikanern einen Vortrag über *Drei Menschheitsfragen: Wer sind wir? Woher kommen wir? Wohin gehen wir?* Er bekennt sich zum göttlichen Schöpfungswerk (das noch keineswegs abgeschlossen sei) und zur Weiterentwicklung des Menschen. In merkwürdiger, aber bedenkenswerter Weise geht er - im 'Droschken-Gleichnis'- auf das Leib-Seele-Geist-Problem ein.

November: Über Boston geht es zurück nach New York und Europa.

Ende November: Kurzer Aufenthalt in England, evtl. in London.

Anfang Dezember: Rückkehr nach Radebeul.

Das Resultat der Reise: Wichtige Impressionen, die May - in *Winnetou IV* - dann umsetzen wird in Literatur.

5.-8.12.: In der 'Germania', dem Berliner Blatt der katholischen Zentrums-Partei, greift der Dresdner Hofkaplan Dr. Paul Rentschka - im Artikel 'Karl Mays Selbstenthüllung'- den Dichter scharf an: wegen 'modernistischer', die Religionsunterschiede verwischender Tendenzen im *Pax*- bzw. *Friede*-Roman (1901/04).

9.-30.12.: In mehreren - liebenswürdigen, aber mit ironischen Untertönen durchsetzten - Briefen sucht May den Kaplan zu beschwichtigen: Er sei *strenggläubig; die Offenbarung und ihre wahren Priester* stünden ihm *über Alles.*

Wohl Mitte Dezember: In einer Dresdner Klinik wird May operiert. Über die Art der, von Amerika mitgebrachten, Erkrankung (oder Verletzung) ist nichts Näheres bekannt.

22.12.: Wohl vorwiegend aus finanziellen Gründen trennt sich May von Rechtsanwalt Bernstein.

Ende Dezember: Nachdem er sich von seiner Operation erholt hat, besucht May Dr. Rentschka in dessen Wohnung.

Nie wieder wird Rentschka gegen May schreiben.

1909   Januar: Auf Gerichtsbeschluß werden May die noch vorhandenen Lagerbestände der Kahl-Broschüre zur Vernichtung überlassen.

26.1.: Die Voruntersuchung gegen May aufgrund der 'Meineids'-Anzeige vom 15.4.1907 wird "mangels Beweises" eingestellt; zur Anklage kommt es nicht, May wird "außer Verfolgung gesetzt".

Januar bis 6.7.: Fortsetzung und Abschluß der Niederschrift des *'Mir von*

Dschinnistan.

Januar bis September: Fortsetzung des *Mir*-Abdrucks im 'Hausschatz'.

Januar/Februar: In Briefen an Pustet und Denk beklagt sich May erneut und massiv über Textveränderungen des *Mir* durch die Redaktion. Daß eine weitere Mitarbeit im 'Hausschatz' für May nicht in Frage kommt, wird deutlich.

Das tatsächliche Ausmaß und der Charakter der redaktionellen Eingriffe in den *Mir*-Text sind bisher nicht erforscht worden.

Wohl März/April: May unterbricht die Arbeit an den Schlußpartien des *Mir* und verfaßt die Novelle *Merhameh*.

Wie (mehr oder weniger) alle Spätwerke Mays besticht *Merhameh* durch die Polyphonie des Textes und die Kongruenz der verschiedenen Leseebenen. Politisch gesehen ist die Novelle ein bewegender Friedensappell und, wenige Jahre vor Beginn des Weltkriegs, ein warnendes Menetekel.

April/Mai: Der - aus prozeßtaktischen Erwägungen entstandene, nicht zur Veröffentlichung bestimmte - Privatdruck *Ein Schundverlag und seine Helfershelfer* liegt vor. May befaßt sich in dieser Schrift speziell mit der Verleumdungskampagne des Lebius, der - wie andere May-Gegner - als *Helfershelfer* des Münchmeyerverlags betrachtet wird.

Mai: Vor dem Schöffengericht Berlin-Schöneberg kommt es zum Vergleich zwischen May und Lebius - gegen das Versprechen beider Parteien, "in Zukunft Frieden zu halten". - Lebius wird sich nicht daran halten!

Mai: Auf Betreiben der Emma-Freundin Louise Achilles verw. Häußler wird die Anzeige wegen "betrügerischer Handlungen zur Ermöglichung der Ehescheidung" (9.10.1903) erneut untersucht.

19.6.-3.7.: Im 'Mährischen Voksboten' erscheint *Die Schund- und Giftliteratur und Karl May, ihr unerbittlicher Gegner* von Oberlehrer Franz Langer (ein May-Pseudonym). In - teilweise - aufgeregtem Ton will May, als Antischundkämpfer, Cardauns usw. noch überbieten!

Der May-Freund Dr. Franz Weigl, ein engagierter Katholik, integriert diesen Text in die 2. Auflage seiner Broschüre 'Karl Mays pädagogische Bedeutung' (München 21909).

Hochsommer: Noch während des *Mir*-Abdrucks im 'Hausschatz' bereitet May für Fehsenfeld eine sorgfältig überarbeitete Buchausgabe vor: *Ardistan und Dschinnistan I/II*. Als Vorlage dient ihm - merkwürdigerweise - nicht das Manuskript, sondern der gedruckte 'Hausschatz'-Text.

Ardistan und Dschinnistan ist - ein Märchen. Zugleich aber - Weltliteratur. Die ganze Reichweite des Lebens wird angesprochen. Die schönsten Szenen und die hintersinnigsten Dialoge bezaubern den Leser. Die geglückte Verbindung von göttlichem Humor und politischer Satire, von tagheller Realität und archetypischer Traumwelt, von tiefenpsychologischem Ansatz und offenbarungstheologischer Zukunftsvision, von farbiger Handlung und transzendentaler Naturbetrachtung, von mystischer Frömmigkeit und welthafter Leibfreude ist ein - in dieser Form einmaliger - Versuch, den Himmel mit den irdischen Erfahrungen zu berühren.

Autobiographisch gesehen läßt der Roman verschiedene, einander ergänzende Deutungsmöglichkeiten zu. May setzt sich auseinander mit der eigenen Herkunft (mit Hohenstein-Ernstthal, mit Vater und Mutter), mit der 'Renommierzeit' seines Lebens und Strebens, besonders aber mit der - aktuellen - Gefahr des religiösen Hochmuts.

Vor allem auch theologisch ist dieser Roman sehr ergiebig und sehr gewichtig. *Ardistan und Dschinnistan* ist ein Lied von der Erde, die den 'Tod' - die Trennung von Gott - überwindet. Die religiöse Verkündigung impliziert zugleich ein weltliches Programm: den irdischen Frieden (im imfassenden Sinne). Der eschatologische Vorbehalt, der die innerweltliche Zukunft und die absolute - die Welt und den Menschen vollendende - Zukunft Gottes unterscheidet, wird in Mays Roman aber sehr wohl gewahrt.

31.7.: *Merhameh* erscheint im 'Eichsfelder Marienkalender 1910' (Heiligenstadt).

September: Der Schriftsteller Adolf Droop publiziert die erste fundierte literaturkritische Untersuchung zu May: 'Karl May. Eine Analyse seiner Reise-Erzählungen' (Cöln-Weiden 1909).

Ab September: May verfaßt sein letztes Erzählwerk *Winnetou IV*.

24.9.: Der zuständige Dresdner Staatsanwalt - Erich Wulffen - stellt das Ermittlungsverfahren bezüglich Ehescheidung (9.10.1903 bzw. Mai 1909) endgültig ein: da die Gemütsverfassung Frau Emmas - die jetzt zur Aussage bereit ist - "keine ganz normale" sei.

26.9.: Das Ehepaar May besucht den Flugplatz Johannisthal in Berlin und bestaunt u.a. die Schauflüge Louis Bleriots.

Herbst: *Ardistan und Dschinnistan I/II* erscheint als Bd. XXXI/XXXII bei Fehsenfeld.

Ab 6.10.: *Winnetou IV* erscheint als Vorabdruck in der 'Augsburger Postzeitung'. Parallel zur Journal-Fassung wird die Buch-Ausgabe in Freiburg vorbereitet.

Zum Feilen und Korrigieren bleibt keine Zeit. Von einer Erschöpfung des Autors aber kann nicht die Rede sein: Auch *Winnetou IV* wird, trotz einiger Abstriche im Vergleich zum *Silberlöwen III/IV* oder zu *Ardistan und Dschinnistan*, ein bedeutendes Werk.

12.11.: In einem privaten Brief an die Emma-Freundin Selma vom Scheidt bezeichnet Lebius Karl May als "geborenen Verbrecher"!

8.12.: Durch Vermittlung von Dr. Rost hält May in Augsburg den Vortrag *Sitara, das Land der Menschheitsseele*. Der Text entspricht dem Gedankengut und der Bilderwelt des Mayschen Spätwerks.

9.12.: May besucht die Klosterschule der 'Englischen Fräulein' in Augsburg. Anschließend fährt er mit Klara nach München (Hotel 'Leinfelder').

10.12.: Das Ehepaar May wird im Hause Wittelsbach empfangen. Prinzessin Wiltrud zeichnet dieses Ereignis in ihrem Tagebuch detailliert auf.

17.12.: May - dem der Lebius-Brief (12.11.) mittlerweile bekannt ist - reicht beim Schöffengericht Berlin-Charlottenburg eine Beleidigungsklage gegen Lebius ein.

19.12.: Im Wochenjournal 'Der Bund', im Artikel 'Hinter die Kulissen', publiziert Lebius die bisher schlimmsten Verleumdungen über May.

Ähnliche Artikel und Flugblätter kommen hinzu. Aufgrund von Gesprächen mit Emma in Weimar, aufgrund von Recherchen in Hohenstein-Ernstthal und - vor allem - aufgrund von Falschaussagen des Ernstthaler Gartenarbeiters Richard Krügel schreibt Lebius u.a.: Jahrelang sei May als Räuberhauptmann durch die Wälder gezogen; fast täglich habe er Einbrüche verübt; und Marktweiber habe er überfallen; zudem wird May verdächtigt, seine neunjährige Nichte sexuell mißbraucht und Emmas Großvater erwürgt zu haben!

1909/10   Ende 1909 und Anfang 1910: May erhält von Emma - gegen Wiedergewährung der (im März 1909 entzogenen) Rente - Erklärungen, wonach ihr Vertrauen von Lebius mißbraucht worden sei.

1910   Januar bis Anfang April: Weiterführung und Abschluß der *Winnetou IV*-Niederschrift.

Januar bis 27.4.: Fortsetzung des *Winnetou IV*-Vorabdrucks in der 'Augsburger Postzeitung'.

6.1.-6.2.: In Zuschriften an die katholische 'Freie Stimme' (Radolfzell) wendet sich der Benediktiner Ansgar Pöllmann - der schon früher, 1901, Mays Kolportageromane gerügt hat - massiv gegen May. Auch die Ehescheidung und die Wiederverheiratung wirft Pöllmann ihm vor.

10.1.: Beim Amtsgericht Dresden stellt May einen Strafantrag gegen Lebius: aufgrund der neuen Verleumdungskampagne (Ende 1909).

Doch zur Verhandlung wird es, in diesem Verfahren, nicht mehr kommen - wegen der vielen Erkrankungen Mays und seines Ablebens im März 1912.

25.1.-10.5.: In der katholischen Literaturzeitschrift 'Über den Wassern' verschärft Pöllmann - mit der Artikelserie 'Ein Abenteurer und sein Werk' - seine Angriffe auf May in übelster Weise. Vor allem die *Person* Karl Mays, u.a. seine kriminelle Vergangenheit, wird heftigst attackiert.

Februar: Im 'Kunstwart' wird May durch den Lebius-Verbündeten Avenarius erneut diffamiert.

28.2.: In einem Brief an Felix Krais beklagt May die Pressehetze und die Gerichtsprozesse, die seine *ganze Kraft und Zeit absorbirten* - die Kraft und die Zeit für *Winnetou IV*.

Dennoch wird dieser Roman ein würdiger, menschlich wie literarisch geglückter Abschluß des Mayschen Erzählwerks!

In autobiographischer, religionswissenschaftlicher und theologischer Hinsicht bietet *Winnetou IV* die vielfältigsten und reichhaltigsten Perspektiven. Im Sturz des - ebenso protzigen wie kriegerischen - Winnetou-Denkmals setzt sich May auseinander: mit der eigenen Vergangenheit (als Mensch und als Autor), mit den literarischen Gegnern (die die Aussage des Frühwerks ebenso wenig verstehen wie die Symbolik des Spätwerks), mit den persönlichen Widersachern (die den wirklichen May verkennen und sein Bild in der Öffentlichkeit verfälschen), mit der Fan-Gemeinde (die 'ihren' May aufs Abenteuer-Klischee fixieren will), mit der Gesellschaft (die Macht und materiellen Gewinn, Waffenglanz und Nationalismus vergöttert) und auch mit der Kirche, sofern sie die Liebe verletzt und mit der 'Welt', der korrupten Gesellschaft, paktiert. Im Bild des echten - zum Kreuz, zum Himmel strebenden - Winnetou und im Erlösungsflug des 'jungen Adlers' indessen zeichnet May, visionär, den Gegen-Entwurf: die versöhnende Liebe, die

Überwindung der 'Erbsünde', die Rückkehr des Paradieses.

9.4.-11.6.: In der Wiener Zeitschrift 'Die Freistatt' veröffentlicht May - gegen Pöllmann - die Artikelserie *Auch "Über den Wassern"*.

In ihrer präzisen Rhetorik, ihrem literarischen Schliff und ihrer witzigen Ironie sind diese Artikel eine Bravourleistung. Wichtiger noch: Die 'Freistatt'-Artikel enthalten, weit über die Tagespolemik hinaus, sehr treffende Reflexionen über Mays Alterswerk.

12.4.: In Charlottenburg - zur Verhandlung gegen Lebius (wegen des Privatbriefes vom 12.11.1909) - erscheint May, seiner Sache ganz sicher, ohne Rechtsanwalt. Doch dem Lebius-Anwalt Bredereck gelingt es, vom Gericht einen Freispruch zu erreichen: Die "Wahrnehmung berechtigter Interessen" wird Lebius - unsinnigerweise - zugebilligt.

Nach dieser Entscheidung (gegen die May dann Berufung einlegen wird): Fast die gesamte deutsche Presse geht davon aus, daß die Gerüchte über May nun erwiesen seien. Als 'literarischer Schinderhannes', als 'abgestrafter Räuber' usw. wird May nun bezeichnet!

13.4.: Eine Ausnahme macht der sozialdemokratische 'Vorwärts': Das Charlottenburger Urteil wird getadelt, und May wird in Schutz genommen.

14.4.: Auch Egon Erwin Kisch, einer der hervorragendsten Fürsprecher Mays, ergreift für den Dichter Partei: in der Prager 'Bohemia'.

Um dieselbe Zeit: Auch der frühexpressionistische Dichter Berthold Viertel nimmt Stellung für May: in der Zeitschrift 'März' (hrsg. von Ludwig Thoma und Hermann Hesse).

Ebenfalls Mitte April: Die Politische Polizei in Hamburg legt eine "Akte betr. Schriftsteller Karl May" an.

Mitte April bis Ende September: May verfaßt - körperlich schon nahezu ruiniert, psychisch aber noch ungebrochen - seine Selbstbiographie *Mein Leben und Streben*.

Menschliche Bedeutung, religiöse Tiefe und poetischer Rang kommen diesem Buch zu - in höchstem Maße sogar. Das *Karl May-Problem* wird, durchaus zu Recht (ein exemplarischer Mensch ist May ja tatsächlich), verallgemeinert und ins Menschheitliche übertragen.

Mays Selbstbiographie gehört, vom Prozeß-Kapitel abgesehen, zu den schönsten und literarisch wertvollsten Büchern des Dichters. Trotz des Fragmentarischen und trotz mancher Einseitigkeiten enthält *Mein Leben und Streben* viel Wahres, der kritischen Selbsterkenntnis des Autors sehr Förderliches. Hätte May nur dieses eine Werk verfaßt, "so verdiente er schon daraufhin den Namen eines unserer größten, unserer ehrlichsten Schriftsteller" (F.S. Krauss)!

Anfang Mai: Egon Erwin Kisch, der 'rasende Reporter' aus Prag, besucht May - zu einem Interview - in der 'Villa Shatterhand'.

10.5.: In der 'Augsburger Postzeitung' (die May nach dem Charlottenburger Urteil nur noch halbherzig verteidigt) frischt der Franziskaner Expeditus Schmidt - ganz im Sinne Pöllmanns oder Cardauns' - die Behauptung auf, daß May "zu gleicher Zeit unsaubere Kolportage-Romane und frömmelnde Muttergottesgeschichten" fabriziert habe.

12.5.: Der Essayist Rudolf Kurtz setzt sich in der renommierten Berliner

Wochenschrift 'Der Sturm' engagiert für May ein.

15.5.: Das Kisch-Interview erscheint, zur Unterstützung Mays, in der Prager 'Bohemia'.

Mitte Mai: Beim Amtsgericht Dresden klagt May gegen Pater Expeditus Schmidt, den Herausgeber von 'Über den Wassern', wegen Beleidigung.

Etwa gleichzeitig: Der Beuroner Erzabt Ildephons Schober (der May besonders schätzt) verbietet Pöllmann jede weitere Hetze gegen May.

13.6.: *Winnetou IV* erscheint als Bd. XXXIII bei Fehsenfeld.

Mitte Juni: Mays Privatdruck *An die 4. Strafkammer des Königl. Landgerichtes III in Berlin* liegt in der Erstfassung vor. Mit dieser Schrift bereitet sich May aufs Berufungsverfahren gegen das Charlottenburger Urteil (12.4.) vor.

28.6.: Im von Prof. Schumann redigierten 'Dresdner Anzeiger' wird ein - von Lebius initiierter - "Protest gegen die blutrünstige Indianerliteratur" publiziert. Der von Lebius engagierte Mohawk-Indianer Brant-Sero unterzeichnet diesen - irrsinnigerweise gegen *Winnetou IV* gerichteten - "Protest".

Ende Juni: Im Flugblatt *Herr Rudolf Lebius, sein Syphilisblatt und sein Indianer* deckt May die Entstellungen Brant-Seros bzw. Lebius' auf.

2.7.: Brieflich gibt Peter Rosegger - irritiert freilich durch die Charlottenburger Entscheidung (12.4.) - May gute Ratschläge.

15.7.: Der Kurtz-Artikel (12.5.) wird wiedergegeben im Innsbrucker Avantgarde-Blatt 'Der Brenner'.

8.8.: Beim Amtsgericht Dresden klagt May nun auch gegen Pater Pöllmann wegen Beleidigung.

9.8.: Vor dem Schöffengericht Hohenstein-Ernstthal widerruft Krügel seine Behauptungen gegen May - weil er von Lebius, wie er nun einsieht, getäuscht worden ist.

Daraufhin zieht May seine Klage gegen Krügel zurück.

2.9.-23.12.: Vehement und gekonnt verteidigt Lu Fritsch - eine schöne, mit May befreundete junge Frau - den Dichter: in einer (gegen Lebius und Pöllmann gerichteten) Artikelserie in der 'Stettiner Gerichts-Zeitung'.

Ende September: Nach Abschluß der Selbstbiographie reist das Ehepaar May zur Erholung ins Rheinland und dann nach Südtirol.

Sein schlechter Gesundheitszustand zwingt May jedoch zur baldigen Rückkehr nach Radebeul.

November: In Berlin-Charlottenburg publiziert Lebius 'Die Zeugen Karl May und Klara May'. Dieser umfangreichen Schmähschrift geben Aktenauszüge und Dokumente den Anstrich von wissenschaftlicher Sorgfalt. Andrerseits enthält dieses Buch doch wichtige Informationen (auch interessante May-Texte), die für die Forschung bedeutsam sind.

Ende November: *Mein Leben und Streben* erscheint bei Fehsenfeld.

3.12.: May erreicht eine Einstweilige Verfügung gegen den weiteren Vertrieb der Lebius-Schrift 'Die Zeugen Karl May und Klara May'.

16.12.: Im Gegenzug erreicht Lebius eine Einstweilige Verfügung gegen den Vertrieb der Mayschen Selbstbiographie (die im Schlußteil mit den gerichtlichen Auseinandersetzungen unmittelbar zusammenhängt).

Über Weihnachten: Eine Lungenentzündung wirft May aufs Krankenlager. Es folgt eine schwere Nervenentzündung.

1911   Ende Januar: Durch Gerichtsbeschluß wird die Verbreitung der Mayschen Selbstbiographie - in der ursprünglichen Form - verboten. (Erst nach Mays Tode, 1912, kann Frau Klara eine gekürzte Neuauflage herausgeben.)
Frühjahr: Mays Gesundheitszustand bessert sich.
28.4.: Vor Gericht muß Pöllmann seine Zusammenarbeit mit Lebius (im Kampf gegen May) zugeben.
11.5.-16.6.: Das Ehepaar May weilt zur Kur im böhmischen Joachimsthal.
Mitte Juni bis Ende Juli: Die Mays verbringen einen Erholungsurlaub in Südtirol. Auf der Mendel wird May wieder krank.
August: May erholt sich zu Hause in Radebeul.
September: Mays Gesundheitszustand verschlechtert sich wieder.
Gegen Ende September: Begegnung des Ehepaars May mit Emma Pollmer in Radebeul. Es gibt Indizien für die Annahme, daß Karl und Emma wieder menschlich miteinander umgehen können und May seine frühere Ehefrau nicht mehr im Zerrspiegel der vergangenen Prozeßjahre sieht.
3.12.: Mays Privatdruck *An die 4. Strafkammer des Königl. Landgerichtes III in Berlin* liegt in - wesentlich - erweiterter Zweitfassung vor. Der ursprüngliche Text (Juni 1910) ist ergänzt um wichtige biographische Mitteilungen und um zahlreiche Klarstellungen zur Lebius-Schrift 'Die Zeugen Karl May und Klara May'.
18.12.: Zur Berufungsverhandlung vor dem Landgericht Berlin-Moabit erscheint May mit fähigen Anwälten.
Einen Vergleich lehnt Lebius ab. Der Vorsitzende Richter Ehrecke hebt das Charlottenburger Urteil (12.4.1910) auf und verurteilt Lebius - wegen schwerer Beleidigung - zu einer Geldstrafe von 100 Mark.
Nach der Entscheidung des Moabiter Gerichts wird die Pressekampagne gegen May verebben.
Zum eigentlichen Hauptverfahren (aufgrund der Klage vom 10.1.1910) wird es, wegen des Ablebens von May, nicht mehr kommen. Mit höchster Wahrscheinlichkeit wäre Lebius auch im Hauptverfahren verurteilt und - mit Gefängnis - bestraft worden.

1912   Januar: Der Schriftsteller Robert Müller - literarischer Leiter des Wiener 'Akademischen Verbandes für Literatur und Musik' - übermittelt dem Herausgeber des 'Brenner' sein Essay 'Das Drama Karl Mays'; in diesem Text wird May als "wahrer Dichter" gewürdigt.
25.2.: In der 'Villa Shatterhand' feiert May seinen 70. Geburtstag.
22.3.: Kränkelnd noch immer und gegen den ärztlichen Rat hält May - auf Einladung des 'Akademischen Verbandes für Literatur und Musik' - in Wien einen Vortrag. Dieser Vortrag - *Empor ins Reich des Edelmenschen!* - wird der letzte und triumphalste Auftritt Mays in der Öffentlichkeit. An die 3000 Zuhörer, darunter Bertha v. Suttner, sind begeistert.
23.-25.3.: Elf Zeitungen berichten, kontrovers, über Mays Vortrag.
30.3., gegen 20 Uhr: Karl May stirbt in der 'Villa Shatterhand'.
3.4.: Beisetzung auf dem Radebeuler Friedhof.

Anfang April: Prominente Fürsprecher wie Heinrich Mann, Albert Ehrenstein und Erich Mühsam ergreifen für May Partei.
5.4.: Ihren Nachruf auf Karl May, in der Wiener 'Zeit', schließt Bertha v. Suttner mit den Worten: "In dieser Seele lodert das Feuer der Güte."

2   Literaturverzeichnis   ·

Die folgende Aufstellung beschränkt sich auf Titel, die im vorliegenden Buch zitiert oder genannt wurden. Nur ganz am Rande erwähnte Titel bleiben in der Regel hier unberücksichtigt. Mehrfach, z.B. in diversen Sammelwerken, publizierte Titel werden meist nur in einfacher Weise aufgeführt.

Abkürzungen:
JbKMG =   Jahrbuch der Karl-May-Gesellschaft
KMJB =   Karl-May-Jahrbuch
MatKMF =   Materialien zur Karl-May-Forschung
MKMG =   Mitteilungen der Karl-May-Gesellschaft
SKMG =   Sonderheft der Karl-May-Gesellschaft

2.1   Primärliteratur

Zu Mays literarischen Werken, seinen autobiographischen Schriften und seinen Streitschriften vgl. das Werkregister. Mays - sehr umfangreicher - Briefwechsel ist sporadisch wiedergegeben in Teilen der Sekundärliteratur (vgl. bes. unten, 2.2.7). Zitiert wurde ferner aus:

May, K.: *Briefe an den Verleger Josef R. Vilimek, Prag.* In: JbKMG 1977, S. 231-242.
— *Briefe an das bayerische Königshaus.* In: JbKMG 1983, S. 76-122.
— *Briefe an Karl Pustet und Otto Denk. Mit einer Einführung von Hans Wollschläger.* In: JbKMG 1985, S. 15-62.
May, Karl und Klara: *Briefwechsel mit Adele und Willy Einsle.* In: JbKMG 1991, S. 11-96; JbKMG 1992, S. 34-108 (mit einem Nachwort von Erich Heinemann).

2.2   Sekundärliteratur

2.2.1   Periodika

KMJB, hg. von R. Beissel u. F. Barthel (1918-1920), E.A. Schmid u. M. Finke (1921-1924), E.A. Schmid u. L. Gurlitt (1925-1931), E.A. Schmid u. K. Guenther (1932-1933). Breslau 1918 u. 1919, Radebeul 1920-1933. Vgl. Kosciuszko, B. - Lorenz, Chr. F.: *Die alten Jahrbücher.* MatKMF 8. Ubstadt 1984.
KMJB 1978, hg. v. S. Augustin u. Th. Ostwald. Bamberg, Braunschweig 1978.
KMJB 1979, hg. v. R. Schmid u. Th. Ostwald. Bamberg, Braunschweig 1979.
JbKMG, hg. v. C. Roxin (1970-1972/73), C. Roxin u. H. Stolte (1974), C. Roxin, H. Stolte u. H. Wollschläger (1975-1992), C. Roxin, H. Schmiedt u. H. Wollschläger (1993). Hamburg 1970-1981, Husum 1982-1993.
MKMG 1-98. Hamburg 1969ff. (erscheint vierteljährlich).

2.2.2 Gesamtdarstellungen

Forst-Battaglia, O.: *Karl May. Traum eines Lebens - Leben eines Träumers*. Beiträge zur Karl-May-Forschung 1. Bamberg 1966.

Heermann, Chr.: *Der Mann, der Old Shatterhand war. Eine Karl-May-Biographie*. Berlin 1988.

Ilmer, W.: *Karl May - Mensch und Schriftsteller. Tragik und Triumph*. Husum 1992.

Klußmeier, G. - Plaul, H. (Hg.): *Karl May. Biographie in Dokumenten und Bildern*. Hildesheim, New York 1978 (2. erweiterte Aufl. 1992).

Lowsky, M.: *Karl May*. Stuttgart 1987 (Sammlung Metzler 231).

Ostwald, Th.: *Karl May - Leben und Werk*. Braunschweig 41977.

Schmiedt, H.: *Karl May. Studien zu Leben, Werk und Wirkung eines Erfolgsschriftstellers*. Frankfurt/M. 21987 (31992).

Stolte, H.: *Der Volksschriftsteller Karl May. Beitrag zur literarischen Volkskunde*. Bamberg 1979 (Reprint der Erstausgabe von 1936).

Ueding, G. (Hg. in Zusammenarbeit mit R. Tschapke): *Karl-May-Handbuch*. Stuttgart 1987.

Wollschläger, H.: *Karl May. Grundriß eines gebrochenen Lebens*. Zürich 1976 (Diogenes Taschenbuch 20253).

2.2.3 Romanhafte Darstellungen

Kreiner, O.: *Der Schatten*. Salzburg, Wien 1989 (1. Band eines als Trilogie geplanten Karl-May-Romans).

Kreiner, O.: *Der Ruhm*. Paderborn 1994 (2. Band eines als Trilogie geplanten Karl-May-Romans).

Loest, E.: *Swallow, mein wackerer Mustang. Karl-May-Roman*. Frankfurt/M. 1983 (Fischer-Taschenbuch 5330).

2.2.4 Bibliographie, Figurenlexikon, Registerwerke

Hatzig, H.: *Register* zum Erzählwerk Karl Mays. SKMG Nr. 11, 12, 15, 18, 22, 25, 27, 38, 40, 46, 48, 52, 53, 64, 68 (1978-1986).

Kosciuszko, B. (Hg.): *Großes Karl-May-Figurenlexikon*. Paderborn 1991.

Neßler, U.: *Register zu Karl Mays Prozeßschriften*. SKMG Nr. 56 (1985).

Plaul, H.: *Illustrierte Karl-May-Bibliographie. Unter Mitwirkung von G. Klußmeier*. München, London, New York, Paris 1989.

2.2.5 Sammelwerke

Arnold, H.L. (Hg.): *Karl May*. München 1987 (Sonderband Text + Kritik).

Eggebrecht, H. (Hg.): *Karl May - der sächsische Phantast. Studien zu Leben und Werk*. Frankfurt/M. 1987 (Fischer-Taschenbuch 6873).

Ilmer, W. - Lorenz, Chr. F. (Hg.): *Exemplarisches zu Karl May*. Frankfurt/M. 1993.

Schmiedt, H. (Hg.): *Karl May*. Frankfurt/M. 1983 (suhrkamp taschenbuch 2025).

Stolte, H.: *Der schwierige Karl May. Zwölf Aspekte zur Transparenz eines Schriftstellers*. Husum 1989 (eine Sammlung von ursprünglich in den JbKMG publizierten Stolte-Aufsätzen).

Sudhoff, D. - Vollmer, H. (Hg.): *Karl Mays 'Winnetou'. Studien zu einem Mythos*. Frankfurt/M. 1989 (suhrkamp taschenbuch 2102).

— (Hg.): *Karl Mays Orientzyklus*. Karl-May-Studien, Bd. 1. Paderborn 1991.

— (Hg.): *Karl Mays "Im Reiche des silbernen Löwen"*. Karl-May-Studien, Bd. 2. Paderborn 1993.

Wiedenroth, H. - Wollschläger, H. (Hg.): *Der Rabe. Magazin für jede Art von Literatur Nr. 27.* Zürich 1989 ('Karl-May-Rabe').

2.2.6   Monographien und Sonderhefte der KMG

Becker, S.: *Karl Mays Philosophie im Spätwerk*. MatKMF 3. Ubstadt 1977.

Berg, B.: *Religiöses Gedankengut bei Karl May*. SKMG Nr. 47 (1984).

Böhm, V.: *Karl May und das Geheimnis seines Erfolges*. Gütersloh 21979.

Bröning, I.: *Die Reiseerzählungen Karl Mays als literaturpädagogisches Problem*. Ratingen, Kastellaun, Düsseldorf 1973.

Deeken, A.: *"Seine Majestät das Ich"*. Zum Abenteuertourismus Karl Mays. Bonn 1983.

Dittrich, M.: *Karl May und seine Schriften. Eine literarisch-psychologische Studie für Mayfreunde und Mayfeinde*. Dresden 1904 (Neudruck in: *Schriften zu Karl May*. MatKMF 2. Ubstadt 1975, S. 1-127).

Droop, A.: *Karl May. Eine Analyse seiner Reiseerzählungen*. Cöln-Weiden 1909 (Repr. Bamberg 1993).

Etzold, E.: *Karl May: Am Ort der Sichtung. Ein literarisches Todesnähe-Erlebnis*. SKMG Nr. 81 (1989).

Farin, K.: *Karl May. Ein Popstar aus Sachsen*. Berlin 1992.

Grischel, V.: *Karl Mays "Schattenroman". Gesichtspunkte zu einer "Weltdeutungs-Dichtung"*. SKMG Nr. 37 (1982).

Grumbach, G.: *Das Alterswerk Karl Mays. Ausdruck einer persönlichen Krise*. SKMG Nr. 32 (1981).

Hammer, W.: *Bekehrung bei Karl May*. SKMG Nr. 92 (1992).

Hatzig, H.: *Karl May und Sascha Schneider. Dokumente einer Freundschaft*. Beiträge zur Karl-May-Forschung 2. Bamberg 1967.

Heermann, Chr.: *Karl May, der Alte Dessauer und eine "alte Dessauerin"*. Dessau 1990.

Ilmer, W.: *Winnetou beim Gesangverein. Ein Traum des Gefangenen*. SKMG Nr. 35 (1982).

Jeglin, R.: *Herrgottsengel, Rebell und Missionar. Anmerkungen zum Rettungsstil bei Karl May*. SKMG Nr. 24 (1980).

Kittler, U.: *Karl May auf der Couch? Die Suche nach der Seele des Menschen. Eine literaturpsychologische Studie zur Rezeption der "Lehre vom Unbewußten" im Spätwerk Karl Mays*. MatKMF 9. Ubstadt 1985.

Kittstein, W.: *Karl Mays Erzählkunst. Eine Studie zum Roman 'Der Geist des Llano estakado'*. MatKMF 15. Ubstadt 1992.

Kosciuszko, B.: *Karl May's Drama 'Babel und Bibel'*. SKMG Nr. 10 (1978).

Linkemeyer, G.: *Was hat Hitler mit Karl May zu tun? Versuch einer Klarstellung*. MatKMF 11. Ubstadt 1987.

Maschke, F.: *Karl May und Emma Pollmer. Die Geschichte einer Ehe*. Beiträge zur Karl-May-Forschung 3. Bamberg 1973.

Melk, U.: *Das Werte- und Normensystem in Karl Mays Winnetou-Trilogie*. Paderborn 1992.

Munzel, F.: *Karl Mays Erfolgsroman "Das Waldröschen". Eine didaktische Untersuchung als Beitrag zur Trivialliteratur der Wilhelminischen Zeit und der Gegenwart*. Hildesheim, New York 1979.

Oel-Willenborg, G.: *Von deutschen Helden. Eine Inhaltsanalyse der Karl-May-Romane*. Weinheim, Basel 1973.

Pauler, H.: *Deutscher Herzen Liederkranz I-III.* SKMG Nr. 41 (1983), Nr. 60 (1985) u. Nr. 99 (1993).

Riedemann, K.: *Aspekte zur Deutung der Winnetou-IV-Symbolik.* SKMG Nr. 17 (1979).

Schmatz, S.: *Karl Mays politisches Weltbild. Ein Proletarier zwischen Liberalismus und Konservativismus.* SKMG Nr. 86 (1991).

Schmid, U.: *Das Werk Karl Mays 1895-1905. Erzählstrukturen und editorischer Befund.* MatKMF 12. Ubstadt 1989.

Schmidt, A.: *Sitara und der Weg dorthin. Eine Studie über Wesen, Werk & Wirkung Karl Mays.* Frankfurt/M. 1985 (Repr. der Erstausgabe von 1963).

Schönthal, W.: *Christliche Religion und Weltreligionen in Karl Mays Leben und Werk.* SKMG Nr. 5 (1976).

Seybold, E.: *Aspekte christlichen Glaubens bei Karl May.* SKMG Nr. 55 (1985).

Stolte, H.: *Das Phänomen Karl May.* Bamberg 1969.

Stolte, H. - Klußmeier, G.: *Arno Schmidt & Karl May. Eine notwendige Klarstellung.* Hamburg 1973.

Sudhoff, D.: *Karl Mays "Winnetou IV". Studien zur Thematik und Struktur.* MatKMF 6. Ubstadt 1981.

Tippel, W. - Wörner, H.: *Frauen in Karl Mays Werk.* SKMG Nr. 29 (1981).

Vinzenz, W.: *Feuer und Wasser. Zum Erlösungsmotiv bei Karl May.* SKMG Nr. 26 (1980).

Vollmer, H.: *Karl Mays 'Am Jenseits'. Exemplarische Untersuchung zum 'Bruch' im Werk.* MatKMF 7. Ubstadt 1983.

— *Merhameh. Studie zu einer Altersnovelle Karl Mays.* SKMG Nr. 44 (1983).

Wagner, H.: *Karl May und seine Werke. Eine kritische Studie.* Passau 1907 (Neudruck in: *Schriften zu Karl May.* MatKMF 2. Ubstadt 1975, S. 129-179).

Wagner, W.: *Der Eklektizismus in Karl Mays Spätwerk.* SKMG Nr. 16 (1979).

Weigl, F.: *Karl Mays pädagogische Bedeutung.* München 2 1909 (Neudruck in: *Schriften zu Karl May.* MatKMF 2, S. 181-236).

Winter, I.: *Bilder im Werk Karl Mays.* Husum 1988.

Ders. - Henkel, G.: *Gesicht und Maske. Beiträge zu Physiognomie und Rollenspiel bei Karl May.* SKMG Nr. 59 (1985).

Wolf, G.: *Versuch über die Persönlichkeit Karl Mays.* SKMG Nr. 45 (1983).

Worm, H.-L.: *Karl Mays Helden, ihre Substituten und Antagonisten. Tiefenpsychologisches, Biographisches, Psychopathologisches und Autotherapeutisches im Werk Karl Mays am Beispiel der ersten drei Bände des Orientromanzyklus.* Paderborn 1992.

2.2.7 Dokumentationen und Aufsätze: Bestandsaufnahmen; Materialiensammlungen; biographische Spezialuntersuchungen; Interviews; persönliche Reminiszenzen; literarische Quellenforschung

Augustin, S.: *Karl May in München.* In: KMJB 1978, S. 45-100.

— *Old Shatterhands Kampf mit der "Brennenden Blume" - Dokumente eines Zweikampfs.* In: *Vom Old Shatterhand zum Sherlock Holmes.* Hg. von S. Augustin u. W. Henle. München 1986, S. 47-69.

Ders. - Beissel, R.: *Quellen und Vorbilder Mays. Vorstudien zu einer Monographie.* In: *Vom Lederstrumpf zum Winnetou. Autoren und Werke der Volksliteratur.* Hg. von S. Augustin u. A. Mittelstaedt. München 1981, S. 59-80.

Barth, A.: *Max Weltes Beziehungen zu Karl May.* In: Karl-May-Haus-Information Nr. 4. Hohenstein-Ernstthal 1990, S. 3-49.

Bartsch, E.: *Karl Mays Wiener Rede. Eine Dokumentation.* In: JbKMG 1970, S. 47-80.

— *'Und Friede auf Erden!' Entstehung und Geschichte.* In: JbKMG 1972/73, S. 93-123.

— *Ardistan und Dschinnistan. Entstehung und Geschichte.* In: JbKMG 1977, S. 81-102.

— *"Die liebenswürdigste aller Musen". Karl May und das Theater.* In: JbKMG 1985, S. 367-375.

Beissel, R.: *"Und ich halte Herrn May für einen Dichter ...". Erinnerungen an Karl Mays letzten Prozeß in Berlin.* In: JbKMG 1970, S. 11-46.

Biermann, J.: *Wer war Dr. Goldmann? Zur Entstehung des Romans "Der beiden Quitzows letzte Fahrten".* In: MKMG 74 (1987), S. 39-46.

Bonin, W.F.: *Karl Mays Pilgrim's Progress.* In: MKMG 16 (1973), S. 3-6; MKMG 18 (1973), S. 7-13.

Cornaro, F.: *"Bedenker des Wortes". Das Eintreten des 'Brenner' für Karl May.* In: JbKMG 1971, S. 216-220.

— *Robert Müllers Stellung zu Karl May.* In: JbKMG 1971, S. 236-245.

— *Karl Muth, Karl May und dessen Schlüsselpolemik.* In: JbKMG 1975, S. 200-219.

Finke, M.: *Aus Karl Mays literarischem Nachlaß.* In: KMJB 1920, S. 53-88; KMJB 1921, S. 16-40; KMJB 1922, S. 28-54; KMJB 1923, S. 17-35.

— *Karl May und die Musik.* In: KMJB 1925, S. 39-63.

Gelber, A. - Nhil, W. - Wilhelm, P.: *Karl May in Wien. Letzte Interviews (1912).* In: JbKMG 1970, S. 81-91.

Graf, A.: *"Habe gedacht, Alles Schwindel". Balduin Möllhausen und Karl May - Beispiele literarischer Adaption und Variation.* In: JbKMG 1991, S. 324-363.

— *"Von einer monatelangen Reise zurückkehrend". Neue Fragmente aus dem Briefwechsel Karl Mays mit Joseph Kürschner und Wilhelm Spemann (1882-1897).* In: JbKMG 1992, S. 109-161.

Griese, V.: *Karl Mays "Wanderungen" durch Möllhausens Prärien und Wüsten.* In: MKMG 79 (1989), S. 26-30; MKMG 80 (1989), S. 31-37.

— *Von May-Figuren und deren literarischen Verwandten.* In: MKMG 96 (1993), S. 3-6; MKMG 97 (1993), S. 6-8; MKMG 98 (1993), S. 13-16.

Guenther, E.W.: *Karl May und sein Verleger Friedrich Ernst Fehsenfeld.* In: JbKMG 1978, S. 154-167.

Guenther, K.: *Karl May und sein Verleger (1934).* In: Karl May: Freiburger Erstausgaben, Bd. 20. Hg. von R. Schmid. Bamberg 1983, A 2-35.

Haider, A.: *May-Briefe an Leopold Gheri.* In: MKMG 87 (1991), S. 16-23.

— *Erinnerungen an den Achensee.* In: MKMG 88 (1991), S. 32-41.

Hatzig, H.: *Bertha von Suttner und Karl May.* In: JbKMG 1971, S. 246-258.

— *Et in terra pax - Und Friede auf Erden. Karl Mays Textvarianten.* In: JbKMG 1972/73, S. 144-170.

— *Mamroth gegen May. Der Angriff der "Frankfurter Zeitung".* In: JbKMG 1974, S. 109-130.

— *Der 'Mir von Dschinnistan. Karl Mays Textvarianten.* In: MKMG 30 (1976), S. 23-32.

— *Streiflichter zur Kontroverse May - Pöllmann. Eine Materialiensammlung.* In: JbKMG 1976, S. 273-286.

Hecker, M. - Steinmetz, H.-D.: *Karl May in Böhmen.* In: JbKMG 1977, S. 218-230.

Heermann, Chr.: *Neue Aspekte und offene Fragen der Karl-May-Biographie.* In: JbKMG 1990, S. 132-146.

Hein, J.: *Die 'Erzgebirgischen Dorfgeschichten'. Zum Erzähltyp "Dorfgeschichte" im Frühwerk Karl Mays.* In: JbKMG 1976, S. 47-68.

Heinemann, E.: *Dr. Karl May in Gartow.* In: JbKMG 1971, S. 259-268.

— *Ijar und Yussuf el Kürkdschü. Joseph Kürschner, Karl May und der Deutsche Literaturkalender.* In: JbKMG 1976, S. 191-206.

Hinnrichs, F.: *Eine Studienreise Karl Mays (1898).* In: KMJB 1924, S. 334-337.

Höck, J. - Ostwald, Th.: *Karl May und Friedrich Gerstäcker.* In: KMJB 1979, S. 143-188.

Hoffmann, F.: *Karl May im katholischen Verlagswesen während des Kulturkampfs*. In: Stimmen der Zeit. Freiburg 118. Jg. (1993), S. 177-186.

Hoffmann, K.: *Nachwort* zum Faksimile-Druck des 'Waldröschen'. In: Karl May: *Das Waldröschen*. Hildesheim, New York 1971, S. 2619-2686.

– *Zeitgenössisches über "ein unwürdiges Glied des Lehrerstandes"*. *Pressestimmen aus dem Königreich Sachsen 1864 bis 1870*. In: JbKMG 1971, S. 110-121.

– *Karl May als "Räuberhauptmann" oder Die Verfolgung rund um die sächsische Erde. Karl Mays Straftaten und sein Aufenthalt 1868 bis 1870*. In: JbKMG 1972/73, S. 215-247; JbKMG 1975, S. 243-275.

– *Silberbüchse - Bärentöter - Henrystutzen, "das sind die drei berühmtesten Gewehre der Welt". Herkunft, Wirkung und Legende*. In: JbKMG 1974, S. 74-108.

– *Der "Lichtwochner" am Seminar Waldenburg. Eine Dokumentation über Karl Mays erstes Delikt (1859)*. In: JbKMG 1976, S. 92-104.

– *"Nach 14 Tagen entlassen ...". Über Karl Mays zweites 'Delikt' (Oktober 1861)*. In: JbKMG 1979, S. 338-354.

– *Karl May und Sascha Schneider - eine Künstlerfreundschaft*. In: Sascha Schneider & Karl May. Eine Künstlerfreundschaft. Hg. von der Karl-May-Stiftung Radebeul. Radebeul 1989, S. 28-57.

Jacta, M. (Pseud. für Erich Schwinge): *Zu Tode gehetzt - der Fall Karl May*. Bamberg 1972 = Ders.: *Berühmte Strafprozesse. Deutschland III*. München 1972, S. 9-50.

Jeglin, R.: *"Die Welt der Ritterbücher war meine Lieblingswelt". Anmerkungen zu 'Rinaldo Rinaldini' und seinem Einfluß auf Karl May*. In: JbKMG 1982, S. 170-184.

– *Die literarische Tradition*. In: Karl-May-Handbuch. Hg. v. G. Ueding (s. 2.2.2), S. 11-38.

Kandolf, F.: *Der werdende Winnetou*. In: Sudhoff - Vollmer (Hg.): *'Winnetou'* (s. 2.2.5), S. 179-195 (Erstdruck 1921).

– *Kara Ben Nemsi auf den Spuren Layards*. In: KMJB 1922, S. 197-207.

– *Winnetou und Rayon Brûlant*. In: KMJB 1932, S. 484-493.

Ders. - Stütz, A.: *Karl Mays Bücherei*. In: KMJB 1931, S. 212-291.

Kipp, R.W.: *Die Lu-Droop-Story*. In: MKMG 37 (1978), S. 3-19; MKMG 38 (1978), S. 3-19.

Kisch, E.E.: *Im Wigwam Old Shatterhands*. In: Ders.: *Hetzjagd durch die Zeit*. Frankfurt/M. 1974, S. 32-54.

Kittler, U.: *"Ein Fall allererstens Ranges". Karl May und der Psychiater Paul A. Näcke*. In: MKMG 89 (1991), S. 37-42; MKMG 90 (1991), S. 16-23.

Klußmeier, G.: *Karl May und Deutscher Hausschatz. Bibliographische Dokumente aus 30 Jahren*. In: MKMG 16 (1973), S. 17-20; MKMG 17 (1973), S. 17-20; MKMG 18 (1973), S. 17-20; MKMG 19 (1974), S. 17-20.

– *"Ein Wind niedriger Gesinnung weht durch Deutschland". Karl May und Maximilian Harden*. In: JbKMG 1977, S. 103-113.

– *"Darum drehen wir den Strick ...". Die Pressefehde Karl Mays mit Pater Ansgar Pöllmann in der Radolfzeller 'Freien Stimme'*. In: JbKMG 1979, S. 322-337.

– *Die Gerichtsakten zu Prozessen Karl Mays im Staatsarchiv Dresden. Mit einer juristischen Nachbemerkung von Claus Roxin*. In: JbKMG 1980, S. 137-174; JbKMG 1981, S. 262-299.

Koch, E.: *Der 'Kanada-Bill'. Variationen eines Motivs bei Karl May*. In: JbKMG 1976, S. 29-46.

– *Zwischen Rio de la Plata und Kordilleren. Zum historischen Hintergrund von Mays Südamerika-Romanen*. In: JbKMG 1979, S. 137-168.

– *"Jedes irdische Geschöpf hat eine Berechtigung zu sein und zu leben". Zum Verhältnis von Karl May und Johann Gottfried Herder*. In: JbKMG 1981, S. 166-206.

Koppen, E.: *Christliche Mythen bei Alexandre Dumas und Karl May*. In: Mythos und Mythologie in der Literatur des 19. Jahrhunderts. Hg. v. H. Koopmann. Frankfurt/M. 1979, S. 199-211.

– *Karl May und China*. In: JbKMG 1986, S. 69-88.

Kosciuszko, B.: *"Man darf das Gute nehmen, wo man es findet".* Eine Quellenstudie zu Mays Südamerika-Romanen. In: JbKMG 1979, S. 169-185.

— *"In meiner Heimat gibt es Bücher".* Die Quellen der Sudanromane Karl Mays. In: JbKMG 1981, S. 64-87.

— *"Eine gefährliche Gegend".* Der Yellowstone Park bei Karl May. In: JbKMG 1982, S. 196-210.

— *Im Zentrum der May-Hetze - Die Kölnische Volkszeitung.* MatKMF 10. Ubstadt 1985.

— *Illusion oder Information? China im Werk Karl Mays.* In: JbKMG 1988, S. 322-340; JbKMG 1989, S. 146-177.

Kralik, R. v.: *Der abenteuerliche Tag.* In: KMJB 1919, S. 252-269.

Kühne, H.: *Ein Nachwort zu "Wanda".* In: MKMG 21 (1974), S. 9-13.

— *Kompositionen, Lieder und Vertonungen.* In: *Karl-May-Handbuch.* Hg. v. G. Ueding (s. 2.2.2), S. 601-606.

Kunze, G.: *Einführung.* In: Karl May: *Das Buch der Liebe.* KMG-Repr. des Erstdrucks von 1875/76. Bd. II (Kommentarband). Hg. v. G. Kunze. Regensburg 1988/89, S. 7-50.

Lorenz, Chr. F.: *Die Edition der "Nachlaßmappen" Mays durch Max Finke. Ergebnisse einer Sichtung.* In: MKMG 56 (1983), S. 7-10.

— *"Nachforscher in historischen Dingen". Hermann Cardauns (1847-1925): Publizist, Gelehrter, May-Gegner.* In: JbKMG 1987, S. 188-205.

— *Von der Messingstadt zur Stadt der Toten. Bildlichkeit und literarische Tradition von "Ardistan und Dschinnistan".* In: Arnold (Hg.): *Karl May* (s. 2.2.5), S. 222-243.

Maschke, F.: *Was Pauline Fehsenfeld nicht wissen konnte.* In: MKMG 39 (1979), S. 11-14.

— *Martha Vogel - ein Pseudonym für Thekla Vogel?* In: MKMG 41 (1979), S. 29-31.

May, Klara: *Am Grabe Beecher Stowes.* In: KMJB 1924, S. 162-165.

— *Mit Karl May durch Amerika.* Radebeul 1931.

Mittermaier, J.: *Ein Schriftsteller und sein Fotograf.* In: KMJB 1978, S. 111-133.

Ozoróczy, A. v.: *Das zweite Ave Maria. Beiträge zur "Spätlese in Deidesheim".* In: MKMG 25 (1975), S. 7-11; MKMG 26 (1975), S. 3-9.

— *Pöllmann im Jahrbuch der KMG 1976.* In: MKMG 30 (1976), S. 10f.

Patsch, L.: *Karl Mays erste Liebe.* In: KMJB 1979, S. 189-193 (ergänzt und berichtigt von R. Schmid).

Pinnow, J.: *Sächsisches in den Werken Karl Mays.* In: JbKMG 1989, S. 230-264.

— *Fremdsprachliche Angaben Karl Mays aus dem orientalischen Raum.* In: MKMG 83 (1990), S. 41-45.

Plaul, H.: *Auf fremden Pfaden? Eine erste Dokumentation über Mays Aufenthalt zwischen Ende 1862 und Ende 1864.* In: JbKMG 1971, S. 144-164.

— *Alte Spuren. Über Karl Mays Aufenthalt zwischen Mitte Dezember 1864 und Anfang Juni 1865.* In: JbKMG 1972/73, S. 195-214.

— *Die Kahl-Broschüre. Entstehung und Folgen eines Anti-May-Pamphlets.* In: JbKMG 1974, S. 195-236.

— *Vorwort, Anmerkungen* und *Nachwort* zu Karl May: *Mein Leben und Streben.* Hg. v. H. Plaul. Hildesheim, New York 1975 (²1982), S. VII-XIII, S. 323-498 (Anm. 1-390) u. 499-540.

— *"Besserung durch Individualisierung". Über Karl Mays Aufenthalt im Arbeitshaus zu Zwickau von Juni 1865 bis November 1868.* In: JbKMG 1975, S. 127-199.

— *Resozialisierung durch "progressiven Strafvollzug". Über Karl Mays Aufenthalt im Zuchthaus zu Waldheim von Mai 1870 bis Mai 1874.* In: JbKMG 1976, S. 105-170.

— *Redakteur auf Zeit. Über Karl Mays Aufenthalt und Tätigkeit von Mai 1874 bis Dezember 1877.* In: JbKMG 1977, S. 114-217.

– *Literatur und Politik. Karl May im Urteil der zeitgenössischen Publizistik*. In: JbKMG 1978, S. 174-255.

– *Der Sohn des Webers. Über Karl Mays erste Kindheitsjahre 1842-1848*. In: JbKMG 1979, S. 12-98.

– *Ererbte Imagination. Über drei schriftstellernde Stammverwandte Karl Mays*. In: JbKMG 1981, S. 227-261.

Poppe, W.: *"Winnetou". Ein Name und seine Quellen*. In: JbKMG 1972/73, S. 248-253.

Roxin, C.: *Mays Leben*. In: *Karl-May-Handbuch*. Hg. v. G. Ueding (s. 2.2.2), S. 62-123.

– *Ein 'geborener Verbrecher'. Karl May vor dem Königlichen Landgericht in Moabit*. In: JbKMG 1989, S. 9-36.

Schmid, E.A.: *Karl Mays Tod und Nachlaß*. In: Karl May's Ges. Werke, Bd. 34 *"Ich". Karl Mays Leben und Werk*. Hg. v. L. Schmid. Bamberg 381992, S. 327-365.

Schmid, L. (Hg.): *Empor zum Licht! Zur Entstehungsgeschichte der Sascha-Schneider-Titelbilder für die Gesammelten Reiseerzählungen Karl Mays*. Bamberg 1991.

Schmid, R.: *Das "Album A. Schneider"*. In: KMJB 1979, S. 195-208.

– *Anna Schlott*. In: Ebd., S. 209-211.

– Nachworte und Anhänge. In: Karl May: Freiburger Erstausgaben, Bd. 1-33. Hg. v. R. Schmid. Bamberg 1982-1984.

– *Winnetou als Symbolgestalt*. In: Ebd., Bd. 31. Bamberg 1984, N 23-29.

– (Hg.): *Karl Mays Augsburger Vortrag (8.12.1909). Eine Dokumentation für die Karl-May-Forschung*. Bamberg 1989.

Schmid, U.: *"Mein höheres und eigentliches Vaterland ist Bayern". Zu den Briefen Karl Mays an das bayerische Königshaus*. In: JbKMG 1983, S. 123-145.

– *Textkritik des Abenteuers - Abenteuer der Textkritik. Ein Versuch über Leben und Schreiben, über Kleben und Streichen*. In: JbKMG 1988, S. 66-82.

– *Ein Vortrag zwischen den Fronten. Karl May im Augsburger Schießgrabensaal, 8. Dezember 1909*. In: JbKMG 1990, S. 71-98.

– *'Um die Wahrheit'. Wilhelm Einsle und das Vermächtnis Karl Mays*. In: JbKMG 1993, S. 46-57.

Schneider, A.: *Karl May und seine Hamburger Freunde Carl und Lisbeth Felber*. In: JbKMG 1970, S. 163-172.

– *"... unsere Seelen haben viel Gemeinsames!" Zum Verhältnis Peter Rosegger - Karl May*. In: JbKMG 1975, S. 227-242.

Scholdt, G.: *Sitara und die Marmorklippen. Zur Wirkungsgeschichte Karl Mays*. In: JbKMG 1982, S. 158-169.

– *Hitler, Karl May und die Emigranten*. In: JbKMG 1984, S. 60-91.

Schweikert, R.: *Artistisches Erzählen bei Karl May: "Felsenburg" einst und jetzt. Der erste Teil der 'Satan und Ischariot'-Trilogie vor dem Hintergrund des ersten Teils der 'Wunderlichen Fata' von Johann Gottfried Schnabel - und ein Seitenblick auf Ernst Willkomms 'Die Europamüden'*. In: JbKMG 1992, S. 238-276.

Serden, K.: *Zum Thema May- Axmann*. In: MKMG 83 (1990), S. 37-40.

– *May-Briefe an Leopold Gheri*. In: MKMG 85 (1990), S. 19-25.

Seybold, E.: *Wie katholisch ist May in seinen Marienkalendergeschichten?* In: MKMG 44 (1980), S. 26-30; MKMG 45 (1980), S. 38-42; MKMG 46 (1980), S. 40-46.

– *Karl May und Martin Luther*. In: MKMG 64 (1985), S. 12-24.

– *Einleitung* und *Anmerkungen* (zu Paul Rentschkas Briefen an May). In: JbKMG 1987, S. 138f. u. 150-159.

– *Einleitung* und *Anmerkungen* (zu Mays Briefen an Rentschka). In: Ebd., S. 160 u. 166-171.

– *Des Ich-Erzählers Konfession und andere Fragen*. In: MKMG 79 (1989), S. 31-36; MKMG 81 (1989), S. 45f.

- *Karl Mays Glaubensbekenntnisse von 1906.* In: Ders.: *Gratulationen II* (s. 2.2.10). Ergersheim 1989, S. 49-73.

Steinbrink, B.: *Initiation und Freiheit. Karl May und die Tradition des Abenteuerromans.* In: Schmiedt (Hg.): *Karl May* (s. 2.2.5), S. 252-277.

Steinmetz, H.-D.: *"Der gewaltigste Dichter und Schriftsteller ist ... das Leben".* Zur Deutung der *Nebatja- und Martha-Vogel-Episode.* In: MKMG 40 (1979), S. 12-23.

- *Die Villa "Shatterhand" in Radebeul.* In: JbKMG 1981, S. 300-338.

- *Ein Treffen in Radebeul.* In: MKMG 54 (1982), S. 18-24.

- *Mariechen, Ferdinand und Onkel Karl. Zu einem unbekannten Kapitel im Leben des Ustad.* In: MKMG 69 (1986), S. 6-24.

- *Karl May und Friedrich Eduard Bilz. Ein weiterer Baustein.* In: MKMG 89 (1991), S. 13-18.

- *Karl May und Moritz Lilie.* In: MKMG 94 (1992), S. 20-22.

Ders. - Hannes, H.: *Dr. Ferdinand Hannes als Schiffsarzt beim Norddeutschen Lloyd.* In: MKMG 90 (1991), S. 24-29.

Stolte, H.: *Auf den Spuren Nathans des Weisen. Zur Rezeption der Toleranzidee Lessings bei Karl May.* In: JbKMG 1977, S. 17-57.

Sudhoff, D.: *Umbra Vitae. Georg Heym und Karl May.* In: MKMG 35 (1978), S. 5-8.

Thüna, U. v.: *Übersetzungen.* In: *Karl-May-Handbuch.* Hg. v. G. Ueding (s. 2.2.2), S. 646-650.

Tschapke, R.: *Der literarische Markt im 19. Jahrhundert: Verlag, Vertriebs- und Verbreitungsformen.* In: *Karl-May-Handbuch.* Hg. v. G. Ueding (s. 2.2.2), S. 39-56.

Vinzenz, W.: *Karl Mays Reichspost-Briefe. Zur Beziehung Karl Mays zum 'Deutschen Hausschatz'.* In: JbKMG 1982, S. 211-233.

- *Randbemerkungen zu Therese Keiter, Otto Denk und zum 'Mir von Dschinnistan.* In: MKMG 78 (1988), S. 24-31.

Wehnert, J.: *Der Text.* In: *Karl-May-Handbuch.* Hg. v. G. Ueding (s. 2.2.2), S. 129-146.

- *Joseph Kürschner und Karl May. Fragmente einer Korrespondenz aus den Jahren 1880 bis 1892.* In: JbKMG 1988, S. 341-389.

Wiedenroth, H.: *Karl May in der zeitgenössischen Presse. Ein Bestandsverzeichnis.* Langenhagen 1985.

Ders. - Wollschläger, H.: *Editorische Berichte.* In: Dsb. (Hg.): *Karl Mays Werke.* Historisch-kritische Ausgabe. Nördlingen 1987f., Zürich 1990ff. (Bibliotheksausgabe).

Winter, I.: *"Der Unterricht war kalt, streng, hart". Das Abbild zeitgenössischer Pädagogik bei Karl May.* In: JbKMG 1988, S. 292-321.

Wohlgschaft, H.: *Der Einfluß des Assyriologen Friedrich Delitzsch auf Karl Mays 'Babel und Bibel' und sein Spätwerk überhaupt.* In: MKMG 89 (1991), S. 4-12.

Wolff, G.: *George Catlin: Die Indianer Nord-Amerikas. Das Material zum Traum.* In: JbKMG 1985, S. 348-363.

Wollschläger, H.: *Sieg - großer Sieg - Karl May und der Akademische Verband für Literatur und Musik.* In: JbKMG 1970, S. 92-97.

Ders. - Bartsch, E.: *Karl Mays Orientreise 1899/1900. Dokumentation.* In: JbKMG 1971, S. 165-215.

Zesewitz, H.: *Alte Urkunden sprechen.* In: KMJB 1932, S. 33-44.

Zieger, H. - Kürschner, J.: *Briefe über Karl Mays Roman 'Et in terra pax'.* In: JbKMG 1983, S. 146-196.

2.2.8 Aufsätze (mehr interpretierend): Literaturwissenschaftliche Abhandlungen; psychoanalytische, literaturpsychologische und sozialwissenschaftliche Untersuchungen; ideologiekritische Erörterungen; theologische Betrachtungen; Werkanalysen; Essays

Altendorff, E.: *Die Spaltung des Ich*. In: KMJB 1926, S. 140-185.

Augustin, S.: (Werkartikel zu) *Der beiden Quitzows letzte Fahrten*. In: *Karl-May-Handbuch*. Hg. v. G. Ueding (s. 2.2.2), S. 365-369.

— *'Der beiden Quitzows letzte Fahrten'. Karl Mays literarisches Gesellenstück*. In: JbKMG 1991, S. 250-286.

Bach, W.-D.: *Muttergedichte Karl Mays und Hermann Hesses*. In: JbKMG 1970, S. 114-117.

— *Fluchtlandschaften*. In: JbKMG 1971, S. 39-73.

— *Sich einen Namen machen*. In: JbKMG 1975, S. 34-72.

Barthel-Winkler, L.: *Mensch und Maske*. In: KMJB 1926, S. 131-139.

Bartsch, E.: *"Mensch und Tier" und Gedanken Karl Mays zum Natur- und Landschaftsschutz*. In: JbKMG 1975, S. 90-98.

— (Werkartikel zu) *Auf der See gefangen*. In: *Karl-May-Handbuch*. Hg. v. G. Ueding (s. 2.2.2), S. 369-371.

— (Werkartikel zu) *Der Giftheiner*. In: Ebd., S. 476-478.

— (Werkartikel zu) *Die Both Shatters*. In: Ebd., S. 500-502.

— (Werkartikel zu) *Merhameh*. In: Ebd., S. 534-536.

Beissel, R.: *Ein Schlußstrich. Abschließende Betrachtung zum Streit um Karl Mays Münchmeyer-Romane*. In: KMJB 1919, S. 165-194.

Biermann, J.: (Werkartikel zu) *Wanda*. In: *Karl-May-Handbuch*. Hg. v. G. Ueding (s. 2.2.2), S. 486-489.

Bloch, E.: *Urfarbe des Traums*. In: JbKMG 1971, S. 11-16 (ursprünglich in: 'Die literarische Welt'. Berlin, 3.12.1926).

— *Die Silberbüchse Winnetous*. Neufassung in: Ders.: *Erbschaft dieser Zeit*. Gesamtausgabe, Bd. 4, Frankfurt/M. 1962, S. 169-173 (ursprünglich in: 'Frankfurter Zeitung', 31.12.1929).

Bossinade, J.: *Das zweite Geschlecht des Roten. Zur Inszenierung von Androgynität in der 'Winnetou'-Trilogie Karl Mays*. In: JbKMG 1986, S. 241-267.

Botschen, E.: *Die Banda Oriental - ein Umweg zur Erlösung*. In: JbKMG 1979, S. 186-212.

Breuer, R.: *Karl May. Tagträumer der Nation*. In: Psychologie heute Nr. 5, 9. Jg. (1982), S. 39-44.

Clauß, W.: (Werkartikel zu) *Ardistan und Dschinnistan*. In: *Kindlers Literaturlexikon IV*. München 1974, S. 1150f; aktualisiert in: *Kindlers Neues Literatur Lexikon*, Bd. 11. München 1990, S. 401f.

Cornaro, F.: *Der Märchenerzähler*. In: KMJB 1924, S. 173-198.

— *Bemerkungen zu Karl Mays Manuskript 'Ange et diable'*. In: JbKMG 1978, S. 256-263.

Durzak, M.: *Winnetou und Tecumseh. Literarische Ikone und historisches Bild*. In: Sudhoff - Vollmer (Hg.): *'Winnetou'* (s. 2.2.5), S. 148-176.

Eggers, K.: *Anmerkungen zu Karl Mays Erzählung 'Christus oder Muhammed'*. In: MKMG 52 (1982), S. 3-16.

Ehrenstein, A.: *Ein "Fall" Karl May*. In: JbKMG 1971, S. 234f. (Erstdruck 1912).

Eicke, O.: *Die Frauengestalten Karl Mays*. In: KMJB 1922, S. 55-88.

Ellwanger, W. - Kosciuszko, B.: *Winnetou - eine Mutterimago*. In: Sudhoff - Vollmer (Hg.): *'Winnetou'* (s. 2.2.5), S. 366-379.

Finke, M.: *Karl Mays Schreibart*. In: KMJB 1924, S. 267-289.

Fricke, H.: *Karl May und die literarische Romantik*. In: JbKMG 1981, S. 11-35.

Friedrich, H.: *Karl May und Ludwig II von Bayern.* In: MKMG 87 (1991), S. 3-15.

Graf, A.: *Winnetou im Criminalroman. Aspekte zeitgenössischer Aktualität in Karl Mays frühem Roman 'Auf der See gefangen'.* In: Arnold (Hg.): *Karl May* (s. 2.2.5), S. 39-59.

Griese, V.: *Old Shatterhand - May. Eine Betrachtung.* In: MKMG 85 (1990), S. 40-43.

Guntermann, K.: *Der 'Waldröschen'-Nachdruck des Olms-Verlags.* In: *Karl Mays Waldröschen. Ein Kolportageroman des 19. Jahrhunderts.* SKMG Nr. 1 (1972), S. 17-26.

Hahn, J.: *"Da klebte ich zwischen Himmel und Erde".* Betrachtungen zu Karl Mays Alterswerk. In: JbKMG 1992, S. 299-317.

— *'Nekyia und Anabasis'. Spurensuche auf subterranen Itineraren im Werke Karl Mays. Ein Brief.* In: JbKMG 1993, S. 229-280.

Haider, A.: *Karl Friedrich May. Grundriß einer Biographie nach literarischen "Spiegelungen".* In: KMJB 1978, S. 21-43.

Hammer, W.: *Katholisches aus dem wilden Kurdistan.* In: MKMG 71 (1987), S. 18-23.

Hannes, M.: *Karl May's Beisetzung.* In: MKMG 69 (1986), S. 3-5 (Erstdruck 1912).

Hatzig, H.: *Dschanneh, ein Name ohne Gestalt.* In: MKMG 25 (1975), S. 18-23.

— *Die Frauen im Reiche des silbernen Löwen. Lesenotizen und Impressionen.* In: Sudhoff - Vollmer (Hg.): *Silberlöwe* (s. 2.2.5), S. 343-357.

Hein, J.: (Werkartikel zu) *Der Dukatenhof.* In: *Karl-May-Handbuch.* Hg. v. G. Ueding (s. 2.2.2), S. 459-462.

Heinemann, E.: *Einführung.* In: Karl May: *Der Sohn des Bärenjägers - Der Geist der Llano estakata.* KMG-Repr. des Erstdrucks in 'Der Gute Kamerad'. Hamburg 1983, S. 3-11.

— *Ein Plädoyer für die versklavte Menschheit. Einführung in Karl Mays Erzählung "Die Sklavenkarawane".* In: Karl May: *Die Sklavenkarawane.* KMG-Repr. des Erstdrucks in 'Der Gute Kamerad'. Hamburg 1984, S. 3-10.

Hellwig, A.: *Die kriminalpsychologische Seite des Karl-May-Problems.* In: KMJB 1920, S. 187-250.

Höck, J.: *Zum Aufbau des Romans "Winnetou".* In: Sudhoff - Vollmer (Hg.): *'Winnetou'* (s. 2.2.5), S. 43-52 (Erstdruck 1926).

— *Stufen auf den Mount Winnetou.* In: Ebd., S. 53-67 (Erstdruck 1929).

Hoffmann, K.: (Werkartikel zu) *Der verlorene Sohn.* In: *Karl-May-Handbuch.* Hg. v. G. Ueding (s. 2.2.2), S. 397-404.

— (Werkartikel zu) *Der Weg zum Glück.* In: Ebd., S. 410-418.

Hohendahl, P.U.: *Von der Rothaut zum Edelmenschen. Karl Mays Amerikaromane.* In: Sudhoff - Vollmer (Hg.): *'Winnetou'* (s. 2.2.5), S. 214-238.

Ilmer, W.: *Sichere Hand auf wackligen Füßen: Old Surehand.* In: MKMG 29 (1976), S. 4-20.

— *Karl May auf halbem Wege. Mannigfaches zur hochbrisanten, "hochinteressanten" Erzählung 'El Sendador'.* In: JbKMG 1979, S. 213-261.

— *Einführung.* In: Karl May: *Der Mahdi - Im Sudan.* KMG-Repr. des Erstdrucks im 'Deutschen Hausschatz'. Hamburg, Regensburg 1979, S. 3-9.

— *Einführung.* In: Karl May: *Die Felsenburg.* KMG-Repr. des Erstdrucks im 'Deutschen Hausschatz'. Hamburg, Regensburg 1980, S. 3-8.

— *Nachwort.* In: Ebd., S. 216-226.

— *Einführung.* In: Karl May: *Krüger Bei - Die Jagd auf den Millionendieb.* KMG-Repr. des Erstdrucks im 'Deutschen Hausschatz'. Hamburg, Regensburg 1980, S. 2-10.

— *Nachwort.* In: Ebd., S. 275-284.

— *Karl May vor der Schwelle.* In: *Karl Mays erster Großroman "Scepter und Hammer/Die Juweleninsel".* SKMG Nr. 23 (1980), S. 44-59.

— *Einführung.* In: Karl May: *Im Reiche des silbernen Löwen.* KMG-Repr. des Erstdrucks im 'Deutschen Hausschatz'. Hamburg, Regensburg 1981, S. 2-12.

— *Nachwort.* In: Ebd., S. 265-276.

— *Der Professor, Martha Vogel, Heinrich Keiter und Mays Ich.* In: MKMG 47 (1981), S. 3-12; MKMG 48 (1981), S. 3-10.

— *Durch die sächsische Wüste zum erzgebirgischen Balkan. Karl Mays erster großer Streifzug durch seine Verfehlungen.* In: JbKMG 1982, S. 97-130.

— *Das Märchen als Wahrheit - die Wahrheit als Märchen. Aus Karl Mays 'Reise-Erinnerungen' an den erzgebirgischen Balkan.* In: JbKMG 1984, S. 92-138.

— *Von Kurdistan nach Kerbela. Seelenprotokoll einer schlimmen Reise.* In: JbKMG 1985, S. 263-320.

— (Werkartikel zu) *Deutsche Herzen, Deutsche Helden.* In: *Karl-May-Handbuch.* Hg. v. G. Ueding (s. 2.2.2), S. 404-410.

— *Karl Mays Weihnachten in Karl Mays '"Weihnacht!"'* In: JbKMG 1987, S. 101-137; JbKMG 1988, S. 209-247; JbKMG 1989, S. 51-83.

— *Mit Kara Ben Nemsi 'im Schatten des Großherrn'. Beginn einer beispiellosen Retter-Karriere.* In: JbKMG 1990, S. 287-312.

— *Mißglückte Reise nach Persien. Gedanken zum 'großen Umbruch' im Werk Karl Mays.* In: Sudhoff - Vollmer (Hg.): *Silberlöwe* (s. 2.2.5), S. 118-151.

Jeglin, R.: *Karl May und die Armenier.* In: MKMG 6 (1970), S. 20-24; MKMG 7 (1971), S. 22-25.

— (Werkartikel zu) *"Weihnacht!"* In: *Karl-May-Handbuch.* Hg. v. G. Ueding (s. 2.2.2), S. 272-277.

— *Karl May und der antisemitische Zeitgeist.* In: JbKMG 1990, S. 107-131.

Kalka, J.: (Werkartikel zu) *Im Reiche des silbernen Löwen I-II.* In: *Karl-May-Handbuch.* Hg. v. G. Ueding (s. 2.2.2), S. 282-288.

— (Werkartikel zu) *Im Reiche des silbernen Löwen III-IV.* In: Ebd., S. 288-301.

Klotz, V.: *'Die Juweleninsel' - und was man draus entnehmen könnte. Lese-Notizen zu den Erstlingsromanen nebst einigen Fragen zur Karl-May-Forschung.* In: JbKMG 1979, S. 262-275.

— *Über den Umgang mit Karl May. Unter anderm: psychoanalytisch: unter anderm.* In: JbKMG 1980, S. 12-27.

— *Durch die Wüste und so weiter.* In: Schmiedt (Hg.): *Karl May* (s. 2.2.5), S. 75-100.

— *Machart und Weltanschauung eines Kolportagereißers. Karl Mays "Das Waldröschen".* In: Arnold (Hg.): *Karl May* (s. 2.2.5), S. 60-89.

Klußmeier, G.: *Das "katholische Mäntelchen".* In: MKMG 25 (1975), S. 15-18; MKMG 26 (1975), S. 16-18.

Koch, E.: *Winnetou Band IV. Versuch einer Deutung und Wertung.* In: JbKMG 1970, S. 134-148; JbKMG 1971, S. 269-289.

— *Die biografischen Ebenen in 'Winnetou IV'.* In: MKMG 13 (1972), S. 6-9; MKMG 14 (1972), S. 8-11.

— (Werkartikel zu) *Auf fremden Pfaden.* In: *Karl-May-Handbuch.* Hg. v. G. Ueding (s. 2.2.2), S. 266-271.

Koch, W.: *Karl Mays Baukunst und ihre Symbolik.* In: KMJB 1918, S. 113-125.

Kosciuszko, B.: (Werkartikel zu) *Im Lande des Mahdi I-III.* In: *Karl-May-Handbuch.* Hg. v. G. Ueding (s. 2.2.2), S. 252-259.

— (Werkartikel zu) *Der Sohn des Bärenjägers.* In: Ebd., S. 326-328.

— (Werkartikel zu) *Der Geist des Llano Estakado.* In: Ebd., S. 329-331.

Krauskopf, P: *Old Firehand. I. Versuch einer psychoanalytischen Untersuchung.* In: MKMG 39 (1979), S. 16-19.

— *Old Firehand. II. Versuch einer ideologiekritischen Interpretation.* In: MKMG 40 (1979), S. 36-38.

— *Die Heldenrevision in Karl Mays Reiseerzählung 'Und Friede auf Erden' als Kritik am wilhelminischen Imperialismus.* In: MKMG 71 (1987), S. 3-10; MKMG 72 (1987), S. 3-11.

— *Old Shatterhand am Elbestrand.* In: ZEIT-Magazin Nr. 27 (28.6.1991), S. 10-20.

Krenski, W. v.: *Friedrich Nietzsche - Karl May.* In: KMJB 1925, S. 198-237.

— *Der Weg nach Dschinnistan.* In: KMJB 1928, S. 419-428.

Krischel, V.: *"Wir wollen nicht Herren über euren Glauben sein, sondern Helfer zu eurer Freude".* Anmerkungen zu Karl Mays Religionskritik im 'Silberlöwen III/IV'. In: Sudhoff - Vollmer (Hg.): *Silberlöwe* (s. 2.2.5), S. 255-267.

Kühne, H.: (Werkartikel zu) *Satan und Ischariot I-III.* In: *Karl-May-Handbuch.* Hg. v. G. Ueding (s. 2.2.2), S. 259-266.

Kunicki, W.: *Karl Mays Humoreske 'Die verhängnisvolle Neujahrsnacht'. Versuch einer Interpretation.* In: JbKMG 1988, S. 248-267.

Ders. - Honsza, N.: *Unterhaltungsliteratur im europäischen Realismus. Karl May und 'Winnetou IV'.* In: JbKMG 1986, S. 225-240.

Kurtz, R.: *Offener Brief an Karl May.* In: JbKMG 1971, S. 230-233 (Erstdruck 1910).

Langer, K.: *Der psychische Gesundheitszustand Karl Mays. Eine psychiatrisch-tiefenpsychologische Untersuchung.* In: JbKMG 1978, S. 168-173.

— *Das helle und das dunkle Wesen. Untersuchung zur Spaltung des Innern von Karl May.* In: MKMG 63 (1985), S. 8-13.

— *Die Bedeutung der Angstlust in Karl Mays Leben und Werk.* In: JbKMG 1986, S. 268-276.

Lehmann, J.: *Privatheit und Selbstenthüllung.* In: JbKMG 1989, S. 37-50.

Linkemeyer, G.: *Karl Mays "Vater Blücher".* In: MKMG 85 (1990), S. 3-10.

Lorenz, Chr.F.: *Vom Haß zur Liebe. Karl Mays 'Marienkalender'-Geschichten als Dokumente der inneren Entwicklung ihres Verfassers.* In: JbKMG 1980, S. 97-124.

— *Landesherr und Schmugglerfürst. Eine Rezensionsabhandlung zu den Erzählungen Karl Mays in der Zeitschrift 'Für alle Welt' (= 'All-Deutschland') in den Jahren 1879-1880.* In: JbKMG 1981, S. 360-374.

— *"Als lyrischen Dichter müssen wir uns Herrn May verbitten"? Anmerkungen zur Lyrik Karl Mays.* In: JbKMG 1982, S. 131-157.

— *"Das ist der Baum El Dscharanil". Gleichnisse, Märchen und Träume in Karl Mays 'Im Reiche des silbernen Löwen III und IV'.* In: JbKMG 1984, S. 139-166.

— *Das Gewissen des Musterwirts. Karl Mays "Dorfgeschichte" 'Das Geldmännle'.* In: JbKMG 1985, S. 182-217.

— (Werkartikel zu) *Scepter und Hammer/Die Juweleninsel.* In: *Karl-May-Handbuch.* Hg. v. G. Ueding (s. 2.2.2), S. 371-380.

— *Auf der Suche nach dem verlorenen Ich. Namens-, Orts- und Persönlichkeitsmythen in Karl Mays "Winnetou IV".* In: Sudhoff - Vollmer (Hg.): *'Winnetou'* (s. 2.2.5), S. 241-265.

— *Verwehte Spuren. Zur Handlungsführung und Motivverarbeitung in Karl Mays Roman 'Die Juweleninsel'.* In: JbKMG 1990, S. 265-286.

Lowsky, M.: *Alterswerk und "Wilder Westen". Überlegungen zum Bruch in Mays Werk.* In: MKMG 36 (1978), S. 3-16.

— *Problematik des Geldes in Karl Mays Reiseerzählungen.* In: JbKMG 1978, S. 111-141.

— *Der kranke Effendi. Über das Motiv der Krankheit in Karl Mays Werk.* In: JbKMG 1980, S. 78-96.

— *"Aus dem Phantasie-Brunnen". Die Flucht nach Amerika in Theodor Fontanes 'Quitt' und Karl Mays 'Scout'.* In: JbKMG 1982, S. 77-96.

— (Werkartikel zu) *Ein Fürst des Schwindels.* In: *Karl-May-Handbuch.* Hg. v. G. Ueding (s. 2.2.2), S. 441-443.

— *Roß und Reiter nennen. Karl Mays 'conte philosophique' von Winnetous Tod.* In: Sudhoff - Vollmer (Hg.): *'Winnetou'* (s. 2.2.5), S. 306-325.

- *Der Trip über die Aleuten. Zu einem Motiv bei Karl May und Theodor Fontane.* In: MKMG 86 (1990), S. 4-13.
- *"Paris oder London". Weltstadt und Weltstädtisches in Karl Mays Ardistan.* In: JbKMG 1992, S. 183-198.

Meier, H. *Einleitung.* In: Karl May: *'Christus oder Muhammed'. Marienkalender-Geschichten.* Repr. der KMG. Hamburg 1979, S. 7-24.
- *Einleitung.* In: Karl May: *Kleinere Hausschatz-Erzählungen.* Repr. der KMG. Hamburg, Regensburg 1982, S. 4-43.

Mittelstaedt, A.: *Zur Charakterentwicklung Karl Mays.* Anhang zu Th. Ostwald: *Karl May* (s. 2.2.2), S. 309-330.
- *Karl May und der Spiritismus.* In: KMJB 1978, S. 135-171.

Mojem, H.: *Karl May: Satan und Ischariot. Über die Besonderheit eines Abenteuerromans mit religiösen Motiven.* In: JbKMG 1989, S. 84-100.

Müller, H.W.: *Winnetou. Vom Skalpjäger zum roten Heiland.* In: Sudhoff - Vollmer (Hg.): *'Winnetou'* (s. 2.2.5), S. 196-213.

Müller, R.: *Das Drama Karl Mays.* In: JbKMG 1970, S. 98-105 (Erstdruck 1912).
- *Nachruf auf Karl May.* In: JbKMG 1970, S. 106-109 (Erstdruck 1912).
- *Totenstarre der Fantasie.* In: JbKMG 1971, S. 221-225 (Erstdruck 1912).

Munzel, F.: *Auf der Suche nach dem Frieden unter den Menschen. Karl Mays Sehnsucht nach dem Frieden als Stärkung für erzieherisches Bemühen um den Frieden heute.* In: Beiträge pädagogischer Arbeit, 26. Jg. (1982), S. 48-66.

Neumann, G.: *Das erschriebene Ich. Erwägungen zum Helden im Roman Karl Mays.* In: JbKMG 1987, S. 69-100.
- *Karl Mays 'Winnetou' - ein Bildungsroman?* In: JbKMG 1988, S. 10-37.

Niemann, A.: *Das Rätsel Karl May.* In: KMJB 1920, S. 486-495.

Ohlig, W.: *Bucklige, Lahme und andere Behinderte bei Karl May.* In: MKMG 35 (1978), S. 23-32.
- *Das Vermächtnis des Hakawati.* In: MKMG 46 (1980), S. 31-37.

Ohlmeier, D.: *Karl May: Psychoanalytische Bemerkungen über kollektive Phantasietätigkeit.* In: Materialien zur Psychoanalyse und analytisch orientierten Psychotherapie 4 (1978), S. 337-360.

Ozoróczy, A. v.: *Karl May und der Friede.* In: KMJB 1928, S. 29-114.

Paffenholz, A.: *Kleine Fluchten oder: Der Traum vom Paradies. Eine Erinnerung an Karl May und seine Wiederentdeckung.* In: Eggebrecht (Hg.): *Karl May* (s. 2.2.5), S. 45-62.

Pauler, H.: (Werkartikel zu) Bearbeitung: Gabriel Ferrys *"Der Waldläufer".* In: *Karl-May-Handbuch.* Hg. v. G. Ueding (s. 2.2.2), S. 537-540.

Prüfer, F.: *Karl Mays "Geographische Predigten": - ein Programm.* In: KMJB 1921, S. 94-114.

Roxin, C.: *Ein Jahrbuch für Karl May.* In: JbKMG 1970, S. 7-10.
- *Vorläufige Bemerkungen über die Straftaten Karl Mays.* In: JbKMG 1971, S. 74-109.
- *"Dr. Karl May, genannt Old Shatterhand". Zum Bild Karl Mays in der Epoche seiner späten Reiseerzählungen.* In: JbKMG 1974, S. 15-73.
- *Karl Mays 'Freistatt'-Artikel. Eine literarische Fehde.* In: JbKMG 1976, S. 215-229.
- *Einführung.* In: Karl May: *Der Scout - Deadly Dust.* KMG-Repr. des Erstdrucks im 'Deutschen Hausschatz'. Hamburg, Regensburg 1977, S. 2-5.
- *Einführung.* In: Karl May: *"Giölgeda padishanün" - Reise-Abenteuer in Kurdistan.* KMG-Repr. des Erstdrucks im 'Deutschen Hausschatz'. Hamburg, Regensburg 1977, S. 2-6.
- *Einführung.* In: Karl May: *Die Todes-Karawane - In Damaskus und Baalbek - Stambul - Der letzte Ritt.* KMG-Repr. des Erstdrucks im 'Deutschen Hausschatz'. Hamburg, Regensburg 1978, S. 2-6.

— *Einführung.* In: Karl May: *Durch das Land der Skipetaren.* KMG-Repr. des Erstdrucks im 'Deutschen Hausschatz'. Hamburg, Regensburg 1978, S. 2-6.

— *Karl May, das Strafrecht und die Literatur.* In: JbKMG 1978, S. 9-36.

— *Einführung.* In: Karl May: *El Sendador.* KMG-Repr. des Erstdrucks im 'Deutschen Hausschatz'. Hamburg, Regensburg 1979, S. 2-8.

— (Werkartikel zu) *Old Surehand I-III.* In: *Karl-May-Handbuch.* Hg. v. G. Ueding (s. 2.2.2), S. 238-252.

— *Zwischen Ardistan und Dschinnistan.* In: Eggebrecht (Hg.): *Karl May* (s. 2.2.5), S. 13-28.

— *"Winnetou" im Widerstreit von Ideologie und Ideologiekritik.* In: Sudhoff - Vollmer (Hg.): *'Winnetou'* (s. 2.2.5), S. 283-305.

— *Bemerkungen zu Karl Mays Orientroman.* In: Sudhoff - Vollmer (Hg.): *Orientzyklus* (s. 2.2.5), S. 83-112.

Sahlberg, O.: *Therapeut Kara Ben Nemsi.* In: Eggebrecht (Hg.): *Karl May* (s. 2.2.5), S. 189-212.

Schenkel, M.: *"Babel und Bibel". Ein aufklärerisches Drama des Mittelalters.* In: Schmiedt (Hg.): *Karl May* (s. 2.2.5), S. 278-309.

— *Ecce homo! Zum heilsgeschichtlichen Friedensmythos in Karl Mays Reiseerzählung "Und Friede auf Erden!"* In: Arnold (Hg.): *Karl May* (s. 2.2.5), S. 191-221.

— (Werkartikel zu) *Und Friede auf Erden!* In: *Karl-May-Handbuch.* Hg. v. G. Ueding (s. 2.2.2), S. 301-308.

— (Werkartikel zu) *Babel und Bibel.* In: Ebd., S. 589-594.

Schmid, E.A.: *Gestalt und Idee.* In: Karl May's Ges. Werke, Bd. 34 *"Ich". Karl Mays Leben und Werk.* Hg. v. L. Schmid. Bamberg 38 1992, S. 367-420.

Schmid, R.: *Nachwort.* In: Karl May's Ges. Werke, Bd. 44 *Der Waldschwarze.* Bamberg. 139. Tsd., S. 461-479.

Schmid, U.: *Winnetous fliegende Feder. Abbreviaturen zum 'Testament des Apachen'.* In: Sudhoff - Vollmer (Hg.): *'Winnetou'* (s. 2.2.5), S. 266-280.

Schmidt, A.: *Abu Kital. Vom neuen Großmystiker.* In: Schmiedt (Hg.): *Karl May* (s. 2.2.5), S. 45-74 (Erstdruck 1958).

Schmidt, H.: *Karl May und die Neger.* In: MKMG 24 (1975), S. 11-14; MKMG 25 (1975), S. 12-15.

Schmiedt, H.: *Die Thränen Richard Wagners oder Der Sinn des Unsinns. Thesen zu einem Konstruktionsprinzip in Karl Mays Kolportageromanen.* In: JbKMG 1980, S. 63-77.

— *Der Löwe Sachsens: ein panegyrisches Gedicht Karl Mays.* In: JbKMG 1981, S. 41-63.

— *Helmers Home und zurück. Das Spiel mit Räumen in Karl Mays Erzählung 'Der Geist des Llano estakado'.* In: JbKMG 1982, S. 60-76.

— *Karl Mays 'Mein Leben und Streben' als poetisches Werk.* In: JbKMG 1985, S. 85-101.

— *"Einer der besten deutschen Erzähler ..."? Karl Mays 'Winnetou'-Roman unter dem Aspekt der Form.* In: JbKMG 1986, S. 33-49.

— (Werkartikel zu) *Winnetou I-III.* In: *Karl-May-Handbuch.* Hg. v. G. Ueding (s. 2.2.2), S. 205-218.

— *Zwei Jahrzehnte danach: Stand und Aufgaben der Karl-May-Forschung.* In: JbKMG 1992, S. 162-182.

Scholdt, G.: *Vom armen alten May. Bemerkungen zu 'Winnetou IV' und der psychischen Verfassung seines Autors.* In: JbKMG 1985, S. 102-151.

— *Und ist es wirklich wahr, Sihdi, daß du ein Giaur bleiben willst? Vorläufiges über Erzählanfänge bei Karl May.* In: Arnold (Hg.): *Karl May* (s. 2.2.5), S. 101-126.

— (Werkartikel zu) *Winnetou IV.* In: *Karl-May-Handbuch.* Hg. v. G. Ueding (s. 2.2.2), S. 320-325.

Schulte-Sasse, J.: *Karl Mays Amerika-Exotik und deutsche Wirklichkeit. Zur sozialpsychologischen Funktion von Trivialliteratur im wilhelminischen Deutschland.* In: Schmiedt (Hg.): *Karl May* (s. 2.2.5), S. 101-129 (Erstdruck 1976).

Schwarzenau, P.: *"Ich bin ja Christ!"* In: Ders.: *Der größere Gott. Christentum und Weltreligionen.* Stuttgart 1977, S. 33-48.

Sehm, G.G.: *Der Erwählte. Die Erzählstrukturen in Karl Mays 'Winnetou'-Trilogie.* In: JbKMG 1976, S. 9-28.

Serden, K.: *Am letzten Tag in Riva.* In: MKMG 98 (1993), S. 9-12.

Seybold, E.: *Plädoyer für Karl Mays Christlichkeit.* In: MKMG 68 (1986), S. 11-17; MKMG 69 (1986), S. 31-38.

Steinbrink, B.: *Vom Weg nach Dschinnistan. Initiationsmotive im Werk Karl Mays.* In: JbKMG 1984, S. 231-248.

Stolte, H.: *'Waldröschen' als Weltbild. Zur Ästhetik der Kolportage.* In: JbKMG 1971, S. 17-38.

— *Ein Literaturpädagoge. Untersuchungen zur didaktischen Struktur in Karl Mays Jugendbuch 'Die Sklavenkarawane'.* In: JbKMG 1972/73, S. 171-194; JbKMG 1974, S. 172-194; JbKMG 1975, S. 99-126; JbKMG 1976, S. 69-91.

— *Die Reise ins Innere. Dichtung und Wahrheit in den Reiseerzählungen Karl Mays.* In: JbKMG 1975, S. 11-33.

— *Die Affäre Stollberg. Ein denkwürdiges Ereignis im Leben Karl Mays.* In: JbKMG 1976, S. 171-190.

— *Mein Name sei Wadenbach. Zum Identitätsproblem bei Karl May.* In: JbKMG 1978, S. 37-59.

— *Abschiede - ein Thema mit Variationen.* In: JbKMG 1980, S. 35-62.

— *Narren, Clowns und Harlekine. Komik und Humor bei Karl May.* In: JbKMG 1982, S. 40-59.

— *"Frau Pollmer - eine psychologische Studie". Dokument aus dem Leben eines Gemarterten.* In: JbKMG 1984, S. 11-27.

— *Hiob May.* In: JbKMG 1985, S. 63-84.

— *Der Fiedler auf dem Dach. Gehalt und Gestalt des Romans "'Weihnacht!'"* In: JbKMG 1986, S. 9-32.

— *(Werkartikel zu) Ardistan und Dschinnistan I-II.* In: *Karl-May-Handbuch.* Hg. v. G. Ueding (s. 2.2.2), S. 308-320.

— *Karl Mays 'Ardistan und Dschinnistan' und sein Weltfriedensgedanke.* In: JbKMG 1988, S. 83-98.

— *"Stirb und werde!" Existentielle Grenzsituation als episches Motiv bei May.* In: JbKMG 1990, S. 51-70.

— *Karl May und alle seine verlorenen Söhne.* In: JbKMG 1992, S. 10-33.

Strobl, K.-H.: *Scham und Maske. Zur Psychologie des Karl-May-Problems.* In: KMJB 1921, S. 279-303.

Sudhoff, D.: *Karl Mays 'Abdahn Effendi'. Eine Werkanalyse.* In: JbKMG 1983, S. 197-244.

— *Karl Mays 'Schamah'. Eine Werkanalyse.* In: JbKMG 1984, S. 175-230.

— *Auf dem Weg - Karl Mays 'Mutterliebe'. Eine Werkanalyse.* In: JbKMG 1985, S. 218-262.

— *Der beflügelte Mensch. Traumflug, Aviatik und Höhenflug bei Karl May.* In: JbKMG 1986, S. 110-154.

— *(Werkartikel zu) Schamah.* In: *Karl-May-Handbuch.* Hg. v. G. Ueding (s. 2.2.2), S. 528-531.

— *(Werkartikel zu) Abdahn Effendi.* In: Ebd., S. 531-534.

— *(Werkartikel zu) Geographische Predigten.* In: Ebd., S. 574f.

— *(Werkartikel zu) 'Bete und Arbeite!' und andere Aufsätze.* In: Ebd., S. 575-577.

— *(Werkartikel zu) Briefe über Kunst.* In: Ebd., S. 582-584.

— *Karl Mays Großer Traum. Erneute Annäherung an den 'Silbernen Löwen'.* In: JbKMG 1988, S. 117-183.

— *Morgengrauen im Menscheninnern. Bemerkungen zum Nachtgespräch in Karl Mays 'Silbernem Löwen'*. In: JbKMG 1992, S. 199-217.

Tschapke, R.: (Werkartikel zu) *Am Rio de la Plata*. In: *Karl-May-Handbuch*. Hg. v. G. Ueding (s. 2.2.2), S. 229-234.

— (Werkartikel zu) *Das Geldmännle*. In: Ebd., S. 482-486.

Ueding, G.: *Der Traum des Gefangenen. Geschichte und Geschichten im Werk Karl Mays*. In: JbKMG 1978, S. 60-86.

— *Die Rückkehr des Fremden. Spuren der anderen Welt in Karl Mays Werk*. In: JbKMG 1982, S. 15-39.

— *Auf fremden Pfaden in die Heimat. Karl May*. In: Ders.: *Die anderen Klassiker. Literarische Porträts aus zwei Jahrhunderten*. München 1986, S. 156-183.

— *Leben aus der Totenstadt. Über Karl Mays "Ardistan und Dschinnistan"*. In: MKMG 74 (1987), S. 33-35.

— (Werkartikel zu) *Das Waldröschen*. In: *Karl-May-Handbuch*. Hg. v. G. Ueding (s. 2.2.2), S. 380-389.

Viertel, B.: *Für Karl May*. In: JbKMG 1971, S. 226-229 (Erstdruck 1912).

Vollmer, H.: *"Weihnacht!" - ein "Erlösungswerk" Karl Mays*. In: MKMG 46 (1980), S. 3-13.

— *Karl Mays Novelle 'Bei den Aussätzigen'. Versuch einer Interpretation*. In: JbKMG 1984, S. 28-43.

— *Karl Mays 'Sonnenscheinchen'. Interpretation einer späten "Erzgebirgischen Dorfgeschichte"*. In: JbKMG 1985, S. 160-181.

— *Die Schrecken des 'Alten': Old Wabble. Betrachtung einer literarischen Figur Karl Mays*. In: JbKMG 1986, S. 155-184.

— *Ins Rosenrote. Zur Rosensymbolik bei Karl May*. In: JbKMG 1987, S. 20-46.

— (Werkartikel zu) *Am Jenseits*. In: *Karl-May-Handbuch*. Hg. v. G. Ueding (s. 2.2.2), S. 277-282.

— (Werkartikel zu) *Sonnenscheinchen*. In: Ebd., S. 480-482.

— *Marah Durimeh oder Die Rückkehr zur 'großen Mutter'*. In: Arnold (Hg.): *Karl May* (s. 2.2.5), S. 158-190.

— *Die 'eigentliche Aufgabe' des Künstlers. Karl May und der Symbolismus*. In: JbKMG 1992, S. 218-237.

Wiedenroth, H.: (Werkartikel zu) *Fragmente, Entwürfe, Pläne*. In: *Karl-May-Handbuch*. Hg. v. G. Ueding (s. 2.2.2), S. 607-611.

Wiegmann, H.: *Rüdiger von Bechelaren, Max Piccolomini und Winnetou. Beobachtungen zum Topos vom Untergang des Schuldlosen*. In: JbKMG 1982, S. 185-195.

— (Werkartikel zu) *Der Orientzyklus*. In: *Karl-May-Handbuch*. Hg. v. G. Ueding (s. 2.2.2), S. 177-205.

— *Stil und Erzähltechnik in den Orientbänden Karl Mays*. In: Sudhoff - Vollmer (Hg.): *Orientzyklus* (s. 2.2.5), S. 113-127.

Winter, I.: *"Er lag in meinem Schoße". Gedanken zu Sterbeszenen im Winnetou-Roman*. In: MKMG 67 (1986), S. 38-40.

— *Realitätsfluchten oder: Die Manifestation des Mythos*. In: MKMG 69 (1986), S. 25-30.

— *Gottesurteil - Gottesgericht. Die Wiederbelebung des Ordals durch Karl May*. In: MKMG 81 (1989), S. 19-26.

Wörner, H.: *Ezechiel 37, 1-4. Das Grundmotiv des "Großen Traums"?* In: MKMG 51 (1982), S. 13-16.

— *Karl Mays astronomisches Weltbild. Astrophilosophie in Karl Mays Werken*. In: MKMG 53 (1982), S. 5-14.

— *Wüste und Wasser. Ein Ritt nach der Stadt der Toten*. In: JbKMG 1985, S. 152-159.

Wohlgschaft, H.: *"Das ist die Wage der Gerechtigkeit"*. *Bemerkungen zu Karl Mays 'Jenseits'-Roman*. In: JbKMG 1988, S. 184-208.

— *'Und Friede auf Erden!'*. *Eine theologische Interpretation*. In: JbKMG 1989, S. 101-145.

— *Mays Friede-Roman und die Lehre der Kirche*. In: MKMG 83 (1990), S. 18-24.

— *Der Mir von Dschinnistan und Marah Durimeh oder Steht Gott unter dem Schutz der Mensch-heitsseele?* In: MKMG 84 (1990), S. 8-11.

— *"Was ich da sah, das ward noch nie gesehen"*. *Zur Theologie des 'Silberlöwen III/IV'*. In: JbKMG 1990, S. 213-264.

— *Stimmen zu "Steht Gott unter dem Schutz der Menschheitsseele?"* In: MKMG 87 (1991), S. 56-59; MKMG 88 (1991), S. 48-50.

— *'Babel und Bibel'*. *Ansätze zur 'feministischen Theologie' im Erlösungsdrama Karl Mays*. In: JbKMG 1991, S. 148-181.

— *"Ich sah dann auch Gott selber kommen"*. *Theologisches zu 'Ardistan und Dschinnistan'*. In: JbKMG 1993, S. 281-337.

Wollschläger, H.: *Karl Mays Schattenroman*. In: Karl May's Ges. Werke, Bd. 29 *Das versteinerte Gebet*. Bamberg 1957, S. 581-593.

— *Das Alterswerk*. In: Karl May's Ges. Werke, Bd. 34 *"Ich"*. Bamberg [21]1958, S. 353-370.

— *Das "Hohe Haus"*. *Karl May und das Reich des Silbernen Löwen*. In: JbKMG 1970, S. 118-133.

— *"Die sogenannte Spaltung des menschlichen Innern, ein Bild der Menschheitsspaltung über-haupt"*. *Materialien zu einer Charakteranalyse Karl Mays*. In: JbKMG 1972/73, S. 11-92.

— *Der "Besitzer von vielen Beuteln"*. *Lese-Notizen zu Karl Mays 'Am Jenseits' (Materialien zu einer Charakteranalyse II)*. In: JbKMG 1974, S. 153-171.

— *Das "eigentliche Werk"*. *Vorläufige Bemerkungen zu 'Ardistan und Dschinnistan' (Materialien zu einer Charakteranalyse III)*. In: JbKMG 1977, S. 58-80.

— *Erste Annäherung an den 'Silbernen Löwen'*. *Zur Symbolik und Entstehung*. In: JbKMG 1979, S. 99-136.

— (Werkartikel zu) *Frau Pollmer*. In: *Karl-May-Handbuch*. Hg. v. G. Ueding (s. 2.2.2), S. 552-557.

— (Werkartikel zu) *Mein Leben und Streben*. In: Ebd., S. 565-570.

— *Arno Schmidt und Karl May*. In: JbKMG 1990, S. 12-29.

Wulffen, E.: *Der Läuterungsgedanke bei Karl May*. In: KMJB 1923, S. 109-122.

Zhernotta, F.: *Die Wissenschaft in Karl Mays Leben und Werk*. In: MKMG 14 (1972), S. 28-31; MKMG 15 (1973), S. 23-25; MKMG 16 (1973), S. 21-24; MKMG 17 (1973), S. 21-25.

Zuckmayer, C.: *Palaver mit den jungen Kriegern über den großen Häuptling Karl May*. In: KMJB 1930, S. 35-43.

2.2.9 Zeitgenössische Polemik (kleine Auswahl)

Avenarius, F.: *Karl May als Erzieher*. In: Der Kunstwart, 15. Jg. 1901/02, S. 585f.; wiederge-geben bei Kosciuszko: *May-Hetze* (s. 2.2.7), S. 111f.

— *Der Fall May und die Ausdruckskultur*. In: Ebd., 23. Jg. 1910, S. 183-185; wiedergegeben bei Kosciuszko: *May-Hetze* (s. 2.2.7), S. 234f.

Cardauns, H.: *Herr Karl May von der anderen Seite*. In: Historisch-politische Blätter für das ka-tholische Deutschland 129. München 1902, S. 517-540; wiedergegeben im JbKMG 1987, S. 206-224.

— *Die 'Rettung' des Herrn Karl May*. In: Ebd. 140. München 1907, S. 286-309; wiedergegeben im JbKMG 1987, S. 225-242.

Kahl-Basel, F.W.: *Karl May, ein Verderber der deutschen Jugend*. Berlin 1908.

Lebius, R.: *Hinter die Kulissen*. In: Der Bund. Organ für die gemeinsamen Interessen der Arbeiter und Arbeitgeber. Berlin-Charlottenburg, 4. Jg. (Nr. 51, 19.12.1909), S. 4; wiedergegeben im JbKMG 1980, S. 143-147.

— *Die Zeugen Karl May und Klara May. Ein Beitrag zur Kriminalgeschichte unserer Zeit*. Hg. v. M. Petzel und J. Wehnert. Lütjenburg 1991 (Repr. der Ausgabe Berlin-Charlottenburg 1910).

Pöllmann, A.: *Neuestes von Karl May - Kreuz- und Querzüge durch die neuere katholische Poesie XII*. In: Historisch-politische Blätter für das katholische Deutschland 127. München 1901, S. 823-825.

— *Ein Abenteurer und sein Werk*. In: Über den Wassern. Halbmonatsschrift für schöne Literatur 3. Münster 1910, S. 61-69, 91-101, 125-132, 166-174, 235-245, 271-280, 306-319 (s. JbKMG 1976, S. 273-286).

Rentschka, P.: *Karl Mays Selbstenthüllung*. In: Germania, Nr. 282ff. Berlin (5., 6. u. 8.12.1908); wiedergegeben im JbKMG 1987, S. 139-149.

Schumann, P.: *Karl May*. In: Dresdner Anzeiger (13. u. 27.11.1904); wiedergegeben bei Kosciuszko: *May-Hetze* (s. 2.2.7), S. 123-144.

2.2.10 Sonstiges

Heermann, Chr. (Hg.): *Old Shatterhand läßt grüßen. Literarische Reverenzen*. Berlin 1992.

Heinemann, E. (Hg.): *Über Karl May. Aussprüche namhafter Persönlichkeiten*. MatKMF 5. Ubstadt 1980.

— (Hg.): *"Dichtung als Wunscherfüllung". Eine Sammlung von Aussprüchen über Karl May*. MatKMF 13. Ubstadt 1992.

Seybold, E.: *Karl-May-Gratulationen. Geistliche und andere Texte zu und von Karl May I-VI*. Ergersheim 1987ff., Zweifelsheim 1993.

Stolte, H.: *Wertung im Widerspruch. Ein Literaturbericht*. In: JbKMG 1978, S. 264-291.

Ueding, G.: *Glanzvolles Elend. Versuch über Kitsch und Kolportage*. Frankfurt/M. 1973 (mit zahlreichen May-Bezügen).

Veremundus (= Carl Muth): *Steht die katholische Belletristik auf der Höhe der Zeit? Eine literarische Gewissensfrage*. Mainz 1898.

Winter, I.: *Karl May in der Deutschen Literaturgeschichte. Eine Bestandsaufnahme*. In: MKMG 73 (1987), S. 35-42; MKMG 74 (1987), S. 53-61.

Wulffen, E.: *Psychologie des Verbrechers. Ein Handbuch für Juristen, Ärzte, Pädagogen und Gebildete aller Stände, Bd. II*. Berlin-Lichterfelde 1908 (mit May-Bezügen).

2.3 Philosophische, psychologische, religionswissenschaftliche, bibelexegetische und anthropologisch-theologische Literatur

Abkürzungen (für die theologische Lit.):

HthG = Handbuch theologischer Grundbegriffe I/II. Hg. v. H. Fries. München 1962/63.

HthT = Herders theologisches Taschenlexikon 1-8. Hg. v. K. Rahner. Freiburg, Basel, Wien 1972/73.

LThK = Lexikon für Theologie und Kirche I-X. Hg. v. J. Höfer u. K. Rahner. Freiburg ²1957-1965.

Auer, J.: *Erbsünde im dogmatischen Verständnis*. In: LThK III, Sp. 967-972.

Augustinus, A.: *Bekenntnisse*. Übersetzt von H. Endrös. München 1963.

Balthasar, H.U. v.: *Das Weizenkorn. Aphorismen*. Einsiedeln ²1953.

—   *Was dürfen wir hoffen?* Einsiedeln 1986.

Barth, K.: *Der Christ in der Gesellschaft* (1920). In: *Anfänge der dialektischen Theologie. Teil 1.* Hg. v. J. Moltmann. München [2]1966, S. 3-37.

—   *Kirchliche Dogmatik.* Zollikon, Zürich 1940ff.

—   *Die Auferstehung der Toten. Eine akademische Vorlesung über I. Kor. 15.* Zollikon, Zürich [4]1953.

Berger, P.L.: *Auf den Spuren der Engel. Die moderne Gesellschaft und die Wiederentdeckung der Transzendenz.* Frankfurt/M. 9.-12. Tsd. 1972.

Bernhart, J.: *Erinnerungen.* Köln 1972 (mit einer Besprechung des Phänomens Karl May: S. 39-42).

Biser, E.: *Interpretation und Veränderung.* Paderborn 1979.

Bloch, E.: *Das Prinzip Hoffnung.* Frankfurt/M. 1959 u.ö. (mit ausdrücklichen und indirekten May-Bezügen).

Blumenberg, H.: *Die Lesbarkeit der Welt.* Frankfurt/M. 1981.

Böhme, J.: *Sämtliche Schriften in 11 Bänden.* Hg. v. W.E. Peuckert. Stuttgart 1955-1960 (Nachdruck der Ausgabe von 1730).

Boff, L.: *Kleine Sakramentenlehre.* Düsseldorf [5]1982.

—   *Kirche: Charisma und Macht.* Düsseldorf [5]1985.

—   *Vater unser. Das Gebet umfassender Befreiung.* Düsseldorf [4]1986.

—   *Das mütterliche Antlitz Gottes. Ein interdisziplinärer Versuch über das Weibliche und seine religiöse Bedeutung.* Düsseldorf 1985.

—   *Mensch geworden. Das Evangelium von Weihnachten.* Freiburg, Basel, Wien 1986.

Bonhoeffer, D.: *Nachfolge.* München [9]1967.

—   *Ethik.* München [6]1963.

—   *Widerstand und Ergebung. Briefe und Aufzeichnungen aus der Haft.* Hg. v. E. Bethge. München [13]1966 ([14]1990).

Boros, L.: *Mysterium mortis. Der Mensch in der letzten Entscheidung.* Olten, Freiburg [4]1964.

Brugger, W.: *Neuplatonismus.* In: *Philosophisches Wörterbuch.* Hg. v. W. Brugger. Freiburg, Basel, Wien [12]1965, S. 213-215.

Buber, M.: *Gottesfinsternis.* In: Ders.: *Werke I.* München, Heidelberg 1962, S. 503-603.

Bühlmann, W.: *Wo der Glaube lebt. Einblicke in die Lage der Weltkirche.* Freiburg 1974.

—   *Weltkirche. Neue Dimensionen. Modell für das Jahr 2001.* Graz 1984.

Caffarena, J.G.: *Gottesbeweise.* In: HthT 3, S. 168-176.

Congar, Y.M.: *Ökumenische Bewegung.* In: LThK VII, Sp. 1128-1137.

Cox, H.: *The Secular City (Stadt ohne Gott).* New York 1963.

—   *Das Fest der Narren. Das Gelächter ist der Hoffnung letzte Waffe.* Stuttgart [4]1972.

Delitzsch, F.: *Babel und Bibel. Zwei Vorträge.* Leipzig, Stuttgart 1903.

Denzinger, H. - Schönmetzer, A.: *Enchiridion Symbolorum.* Ed. XXXIV. Freiburg 1965.

Dieterich, A.: *Nekyia. Beiträge zur Erklärung der neuentdeckten Petrusapokalypse.* Leipzig 1893.

Drewermann, E.: *Strukturen des Bösen. Die jahwistische Urgeschichte in exegetischer, psychoanalytischer und philosophischer Sicht.* 3 Bände. Paderborn 1977ff.

—   *Der Krieg und das Christentum. Von der Ohnmacht und Notwendigkeit des Religiösen.* Regensburg 1982.

—   *Tiefenpsychologie und Exegese I. Die Wahrheit der Formen. Traum, Mythos, Märchen, Sage und Legende.* Olten, Freiburg [4]1987; *II. Die Wahrheit der Werke und der Worte. Wunder, Vision, Weissagung, Apokalypse, Geschichte, Gleichnis.* Olten, Freiburg [3]1987.

—   *Der tödliche Fortschritt. Von der Zerstörung der Erde und des Menschen im Erbe des Christentums.* Regensburg [6]1990.

– *Ich steige hinab in die Barke der Sonne. Alt-Ägyptische Meditationen zu Tod und Auferstehung in bezug auf Joh 20/21.* Olten, Freiburg 1989.

– *Fundevogel u.a. Grimms Märchen tiefenpsychologisch gedeutet.* Olten, Freiburg 1990.

– *Worum es eigentlich geht. Protokoll einer Verurteilung.* München 1992.

Ders. - Neuhaus, I.: *Marienkind. Grimms Märchen tiefenpsychologisch gedeutet.* Olten, Freiburg ²1985.

Eliade, M.: *Die Sehnsucht nach dem Ursprung. Von den Quellen der Humanität.* Wien 1973.

– *Schamanismus und archaische Ekstasetechnik.* Frankfurt/M. 1975 (Original: Paris 1951).

Federn, P.: *Über zwei typische Traumsensationen.* In: Jahrbuch für Psychoanalyse VI. Hg. v. S. Freud. Leipzig, Wien 1914, S. 89-134.

Figl, J.: *Säkularisierung.* In: *Neues Handbuch theologischer Grundbegriffe 4.* Hg. v. P. Eicher. München 1985, S. 84-94.

Fischer, H.: *Mystik (I-IV).* In: HthT 5, S. 137-144.

Fleischer, M.: *Katholische und lutherische Ireniker - Unter besonderer Berücksichtigung des 19. Jhd.* Göttingen, Frankfurt, Zürich 1968.

Franz, M.-L. v.: *Der Individuationsprozeß.* In: *Der Mensch und seine Symbole.* Hg. v. C.G. Jung u.a. Olten 1968, S. 160-229.

– *Psychologische Märcheninterpretation. Eine Einführung.* München 1986.

Freud, S.: *Der Dichter und das Phantasieren.* In: Ders.: Ges. Werke VII. London 1941, S. 213ff.

– *Vorlesungen zur Einführung in die Psychoanalyse* (1917). Ges. Werke XI. London 1944.

Fries, H.: *Religion.* In: HthG II, S. 432-441.

– *Glaube und ideologisches Denken.* In: Ders.: *Herausgeforderter Glaube.* München 1968, S. 133-150.

– *Abschied von Gott? Eine Herausforderung - Ein Theologe antwortet.* Freiburg, Basel, Wien 1971.

– *Mythos, Mythologie.* In: HthT 5, S. 147-153.

– *Ökumene statt Konfessionen? Das Ringen der Kirche um Einheit.* Frankfurt/M. 1977.

– *Fundamentaltheologie.* Graz, Wien, Köln 1985.

Ders. - Rahner, K.: *Einigung der Kirchen - reale Möglichkeit.* Quaestiones disputatae 100. Freiburg, Basel, Wien 1983.

Gerl (-Falkowitz), H.-B.: *Romano Guardini 1885-1968.* Mainz 1985 (mit May-Bezügen).

– *Erde und Himmel.* In: Christ in der Gegenwart. Katholische Wochenzeitschrift, 41. Jg. (1989), S. 265f.

Görres, A. - Kasper, W. (Hg.): *Tiefenpsychologische Deutung des Glaubens? Anfragen an Eugen Drewermann.* Quaestiones disputatae 113. Freiburg, Basel, Wien 1988.

Gogarten, F.: *Verhängnis und Hoffnung der Neuzeit. Die Säkularisation als theologisches Problem.* Stuttgart 1953.

Gollwitzer, H.: *... und führen, wohin du nicht willst. Bericht einer Gefangenschaft.* München ⁶1953 (mit May-Bezug).

Griesinger, W.: *Die Pathologie und Therapie der psychischen Krankheiten.* Braunschweig ³1871.

Guardini, R.: *Vom Sinn der Schwermut.* Zürich 1949.

– *Der Engel in Dantes göttlicher Komödie.* München ²1951.

– *Landschaft der Ewigkeit.* München 1958.

Haag, H. (Hg.): *Bibel-Lexikon.* Einsiedeln, Zürich, Köln ²1968.

Harris, Th.A.: *Ich bin o.k., Du bist o.k. Wie wir uns selbst besser verstehen und unsere Einstellung zu anderen verändern können. Eine Einführung in die Transaktionsanalyse.* Neudruck Hamburg 1975.

Hecker, K.: *Liberalismus und liberale Theologie.* In: HthT 4, S. 312-319.

Heidegger, M.: *Sein und Zeit.* Tübingen ⁶1949.

Herder, J.G.: *Ideen zur Philosophie der Geschichte der Menschheit, Bd. 2.* Berlin, Weimar 1965 (Neuausgabe).

Hildegard von Bingen: *Gotteserfahrung und Weg in die Welt.* Ausgewählt und eingeleitet von H. Schipperges. Olten [3]1980.

Holl, A.: *Jesus in schlechter Gesellschaft.* München [5]1983.

James, W.: *Die Vielfalt religiöser Erfahrung. Eine Studie über die menschliche Natur.* Olten, Freiburg 1979 (Erstausgabe Edinburgh 1901/02).

Jonas, H.: *Gnosis und spätantiker Geist. 1. Teil: Die mythologische Gnosis.* Göttingen [4]1988.

Jüngel, E.: *Tod.* Stuttgart 1971.

Jung, C.G.: *Die Bedeutung des Vaters für das Schicksal des Einzelnen.* Zürich 1949.

— *Gestaltungen des Unbewußten.* Zürich 1950.

— *Die Beziehungen zwischen dem Ich und dem Unbewußten* (1928). In: Ders.: Ges. Werke VII. Olten, Freiburg 1964, S. 131-264.

— *Die Bedeutung der Psychologie für die Gegenwart* (1933). In: Ders.: Ges. Werke X. Olten, Freiburg 1974, S. 157-180.

Jungclaussen, E. (Hg.): *Die größere Ökumene. Gespräch um Friedrich Heiler.* Regensburg 1970.

Käsemann, E.: *Der Ruf der Freiheit.* Tübingen [4]1968.

Kierkegaard, S.: *Der Begriff Angst. Eine simple psychologisch-hinweisende Erörterung in Richtung des dogmatischen Problems der Erbsünde, von Vigilius Haufniensis.* Hamburg 31.-35. Tsd. 1965 (Erstausgabe Kopenhagen 1844).

— *Die Krankheit zum Tode. Eine christliche psychologische Entwicklung zur Erbauung und Erweckung, von Anti-Climacus.* Hamburg 1962 (Erstausgabe Kopenhagen 1849).

Kilian, R.: *Ich bringe Leben in euch. Propheten sprechen uns an.* Stuttgart 1975.

Knoch, O.: *Wer Ohren hat, der höre. Die Botschaft der Gleichnisse Jesu. Werkbuch zur Bibel.* Stuttgart 1983.

Kübler-Ross, E.: *Über den Tod und das Leben danach.* Melsbach, Neuwied [3]1985.

Küng, H.: *Die Kirche.* Freiburg, Basel, Wien [2]1968.

— *Christ sein.* München 1974.

— *Ewiges Leben?* München, Zürich [5]1985.

— *Credo. Das Apostolische Glaubensbekenntnis - Zeitgenossen erklärt.* München 1992.

Ders. - Ching, J.: *Christentum und chinesische Religion.* München 1988.

Ders. - Ess, J. v. - Stietencron, H. v. - Bechert, H.: *Christentum und Weltreligionen. Hinführung zum Dialog mit Islam, Hinduismus und Buddhismus.* München 1984.

Lehmann, K.: *Die Kirche und die Herrschaft der Ideologien.* In: Handbuch der Pastoraltheolgie II/2. Hg. v. F.X. Arnold u.a. Freiburg, Basel, Wien 1966, S. 109-180.

Lepp, I.: *Der Tod und seine Geheimnisse.* Würzburg 1967.

Leroy, H.: *Jesus. Überlieferung und Deutung.* Darmstadt 1978.

Lilje, H.: *Martin Luther in Selbstzeugnissen und Bilddokumenten.* Reinbek 1965.

Lubac, H. de: *Der Glaube des Teilhard de Chardin.* Wien, München 1968.

Marcel, G.: *Geheimnis des Seins.* Wien 1952.

Meinhold, P.: *Schleiermacher.* In: LThK IX, Sp. 413-415.

Metz, J.B.: *Freiheit, theologisch.* In: HthG I, S. 403-414.

— *Leiblichkeit.* In: HthG II, S. 30-37.

— *Zur Theologie der Welt.* Mainz 1968.

Moltmann, J.: *Mensch.* Stuttgart 1971.

Müller, M.: *Existenzphilosophie im geistigen Leben der Gegenwart.* Heidelberg [3]1964.

Mulack, Chr.: *Maria - Die geheime Göttin im Christentum.* Stuttgart 1985.

Mussner, F. - Loosen, J.: *Apokatastasis.* In: LThK I, Sp. 708-712.

Nietzsche, F.: *Die fröhliche Wissenschaft* (1882) = Ders.: Werke II. Hg. von K. Schlechta. München 1966.

— *Also sprach Zarathustra. Ein Buch für alle und keinen* (1883-85). München o.J. (Goldmann-Taschenbuch 7526).

Nocke, F.-J.: *Eschatologie*. Düsseldorf 1982.

Ortega y Gasset, J.: *Betrachtungen über die Liebe*. Stuttgart 1956.

Otto, R.: *Das Heilige. Über das Irrationale in der Idee des Göttlichen und sein Verhältnis zum Rationalen*. München 1963 (Sonderausgabe der Erstauflage von 1936).

Pastor, L. v.: *Geschichte der Päpste, Bd. XV*. Freiburg, Rom [8]1961.

Pesch, R.: *Das Markusevangelium. 1. Teil*. Herders theol. Kommentar zum Neuen Testament II/1. Freiburg, Basel, Wien 1976.

Petrarca, F.: *Dichtungen, Briefe, Schriften*. Hg. v. H.-W. Eppelsheimer. Frankfurt/M. 1980.

Pieper, J.: *Tod und Unsterblichkeit*. München 1968.

— *Über die Liebe*. München 1972.

Platon: *Phaidon*. Übersetzt v. H. M. Endres. München 1962.

Puthiadam, I. - Kämpchen, M.: *Geist der Wahrheit. Christliche Exerzitien im Dialog mit dem Hinduismus. Ein Lese- und Übungsbuch*. Kevelaer 1980.

Rad, G. v.: *Theologie des Alten Testaments, Bd. I*. München [5]1966.

— *Das erste Buch Mose. Genesis*. Das Alte Testament Deutsch 2/4. Göttingen [8]1967.

Rahner, K.: *Zur Theologie des Todes*. Quaestiones disputatae 2. Freiburg 1958.

— *Maria, Mutter des Herrn. Theologische Betrachtungen*. Freiburg, Basel, Wien [5]1965.

— *Heilswille Gottes*. In: LThK V, Sp. 165-168.

— *Trost der Zeit*. In: Ders.: *Schriften zur Theologie III*. Einsiedeln, Zürich, Köln [6]1964, S. 169-188.

— *Priester und Dichter*. In: Ebd., S. 349-375.

— *Theologische Prinzipien der Hermeneutik eschatologischer Aussagen*. In: Ders.: *Schr. IV*. Einsiedeln, Zürich, Köln [4]1964, S. 401-428.

— *Das Leben der Toten*. In: Ebd., S. 429-437.

— *Ideologie und Christentum*. In: Ders.: *Schr. VI*. Einsiedeln, Zürich, Köln 1965, S. 59-76.

— *Theologie der Freiheit*. In: Ebd., S. 215-237.

— *Die anonymen Christen*. In: Ebd., S. 545-554.

— *Verborgener Sieg*. In: Ders.: *Schr. VII*. Einsiedeln, Zürich, Köln 1966, S. 150-156.

— *Über das christliche Sterben*. In: Ebd., S. 273-280.

— *Theologie und Anthropologie*. In: Ders.: *Schr. VIII*. Einsiedeln, Zürich, Köln 1967, S. 43-65.

— *Atheismus und implizites Christentum*. In: Ebd., S. 187-212.

— *Selbstverwirklichung und Annahme des Kreuzes*. In: Ebd., S. 322-326.

— *Über die theologische Problematik der "Neuen Erde"*. In: Ebd., S. 580-592.

— *Theologische Reflexionen zur Säkularisation*. In: Ebd., S. 637-666.

— *Christologie im Rahmen des modernen Selbst- und Weltverständnisses*. In: Ders.: *Schr. IX*. Einsiedeln, Zürich, Köln 1970, S. 227-241.

— *Reflexionen zur Problematik einer Kurzformel des Glaubens*. In: Ebd., S. 242-256.

— *Anonymes Christentum und Missionsauftrag der Kirche*. In: Ebd., S. 498-515.

— *Perspektiven für die Zukunft der Kirche*. In: Ebd., S. 541-557.

— *Bietet die Kirche letzte Gewißheiten?* In: Ders.: *Schr. X*. Zürich, Einsiedeln, Köln 1972, S. 286-304.

— *Christentum*. In: HthT 1, S. 381-399.

— *Erbsünde*. In: HthT 2, S. 155-164.

— *Zur Theologie der Gnade*. In: HthT 3, S. 130-140.

- *Gnosis.* In: Ebd., S. 149-151.
- *Hölle.* In: Ebd., S. 305-308.
- *Liebe.* In: HthT 4, S. 319-333.
- *Warum läßt Gott uns leiden?* In: Ders.: *Schr. XIV.* Zürich, Einsiedeln, Köln 1980, S. 450-466.
- *Christologie heute.* In: Ders.: *Schr. XV.* Zürich, Einsiedeln, Köln 1983, S. 217-224.
- *Erfahrungen eines katholischen Theologen.* In: *Vor dem Geheimnis Gottes den Menschen verstehen. Karl Rahner zum 80. Geburtstag.* Hg. v. K. Lehmann. München, Zürich 1984, S. 105-119.
- *Die Friedensbewegung ist eine Hoffnung für viele.* In: *Glaube in winterlicher Zeit. Gespräche mit Karl Rahner aus den letzten Lebensjahren.* Hg. v. P. Imhof u. H. Biallowons. Düsseldorf 1986, S. 102-104.

Ders. - Vorgrimler, H.: *Kleines Konzilskompendium.* Freiburg, Basel, Wien 1966.

Ders. - Weger, K.-H.: *Was sollen wir noch glauben? Theologen stellen sich den Glaubensfragen einer neuen Generation.* Freiburg, Basel, Wien 1979.

Ratzinger, J.: *Hölle.* In: LThK V, Sp. 446-449.
- *Stellvertretung.* In: HthG II, S. 566-575.
- *Einführung in das Christentum. Vorlesungen über das Apostolische Glaubensbekenntnis.* München 1968.

Ders. - Lehmann, K.: *Mit der Kirche leben.* Freiburg, Basel, Wien [4]1977.

Richter, H.E.: *Der Gotteskomplex. Die Geburt und die Krise des Glaubens an die Allmacht des Menschen.* Reinbek 1979.

Ricoeur, P.: *Religion, Atheismus, Glaube.* In: Ders.: *Hermeneutik und Psychoanalyse. Der Konflikt der Interpretationen II.* München 1974, S. 284-314.

Ruppert, H.-J.: *New Age - Endzeit oder Wendezeit?* Wiesbaden 1985.

Scheffczyk, L.: *Stellvertretung.* In: HthT 7, S. 148-150.

Schiffers, N.: *Religion.* In: HthT 6, S. 203-212.

Schlette, H.R.: *Individualismus.* In: HthT 3, S. 344-346.

Schlier, H.: *Amen.* In: *Theologisches Wörterbuch zum Neuen Testament I.* Hg. v. G. Kittel. Stuttgart 1933, S. 339-342.

Schütte, H.: *Verleugnung des alleinigen Mittlers Jesus Christus? Stellungnahmen aus der Ökumene zu Auffassungen Eugen Drewermanns.* In: Katholische Nachrichten Agentur. Ökumenische Information Nr. 11 (11.3.1992), S. 20-24.

Schütze, A.: *Das Rätsel des Bösen.* Stuttgart [2]1969.

Schuster, J.: *Das Böse.* In: *Philosophisches Wörterbuch.* Hg. v. W. Brugger. Freiburg, Basel, Wien [12]1965, S. 41f.

Simons, E.: *Dualismus.* In: HthT 2, S. 77-82.

Sölle, D.: *Stellvertretung. Ein Kapitel Theologie nach dem "Tode Gottes".* Stuttgart, Berlin [3]1966.
- *Leiden.* Stuttgart 1973.

Stich, H.: *Kernstrukturen menschlicher Begegnung.* München 1977.

Sudbrack, J.: *Beten ist menschlich. Aus der Erfahrung des Lebens zu Gott gehen.* Freiburg, Basel, Wien 1973.
- *Neue Religiosität - Herausforderung für die Christen.* Mainz 1987.

Teilhard de Chardin, P.: *Die Zukunft des Menschen.* Olten 1963.
- *Der göttliche Bereich. Ein Entwurf des Innern Lebens.* Olten, Freiburg [5]1965.
- *Der Mensch im Kosmos (Le Phénomène Humain).* München, Sonderausgabe 1965.

Thiele, J.: *Die mystische Liebe zur Erde. Fühlen und Denken mit der Natur.* Stuttgart 1989.
- (Hg.): *Die andere Maria. Neue Zugänge.* Freiburg, Basel, Wien 1987.

Thielicke, H.: *Tod und Leben. Studien zur christlichen Anthropologie.* Tübingen [2]1946.
- *Theologische Ethik II/2.* Tübingen 1958.

Tillich, P.: *'In der Tiefe ist Wahrheit' und 'Das Neue Sein'*. München 1962.

Vorgrimler, H.: *Der Tod im Denken und Leben des Christen*. Düsseldorf 1978.

Weger, K.-H.: *Erbsünde heute. Grundlegung und Verkündigungshilfen*. München 1972.

Wehr, G.: *Heilige Hochzeit. Symbol und Erfahrung menschlicher Reife*. München 1986.

Weiser, A.: *Die Psalmen*. Das Alte Testament Deutsch 14/15. Göttingen 71966.

Welte, B.: *Auf der Spur des Ewigen*. Freiburg, Basel, Wien 1965.

— *Das Licht des Nichts. Von der Möglichkeit neuer religiöser Erfahrung*. Düsseldorf 1980.

Wohlgschaft, H.: *Hoffnung angesichts des Todes. Das Todesproblem bei Karl Barth und in der zeitgenössischen Theologie des deutschen Sprachraums*. Beiträge zur ökumenischen Theologie, Bd. 14. Hg. v. H. Fries. München, Paderborn, Wien 1977.

— *Heute an Gott glauben. Wege zur Gotteserfahrung*. Aschaffenburg 1983.

Zahrnt, H.: *Die Sache mit Gott. Die protestantische Theologie im 20. Jahrhundert*. München 1967.

Zenger, E.: *Mit meinem Gott überspringe ich Mauern. Einführung in das Psalmenbuch*. Freiburg, Basel, Wien 1987.

Zulehner, P.M.: *Kirche - Anwalt des Menschen. Wer keinen Mut zum Träumen hat, hat keine Kraft zum Kämpfen*. Wien, Freiburg, Basel 1981.

— *Ungehaltene Hirtenreden. Menschlichkeit darf maßlos sein*. Freiburg 1988.

2.4 Weitere Literatur

Basil, O.: *Georg Trakl in Selbstzeugnissen und Bilddokumenten*. Reinbek 1965.

Claudel, P.: *Der seidene Schuh oder Das Schlimmste trifft nicht immer ein*. Übersetzt und mit einem Nachwort versehen von H.U. v. Balthasar. Salzburg 52.-60. Tsd.

Dante Alighieri: *Divina Commedia (Göttliche Komödie)*. Deutsche Ausgabe Frankfurt/M. 1974.

Deere, Ph.: *Warnung vor falschen Medizinmännern*. In: *Indianische Welten. Der Erde eine Stimme geben. Texte von Indianern aus Nordamerika*. Hg. v. C. Biegert. Reinbek 16.-18. Tsd. 1991, S. 260-265.

Ende, M.: *Die unendliche Geschichte*. Stuttgart 1979.

Farb, P.: *Die Indianer. Entwicklung und Vernichtung eines Volkes*. Frankfurt/M., Berlin 21990.

Goethe, J.W. v.: *Wilhelm Meisters Lehrjahre*. Gedenkausgabe, Bd. 7. Hg. v. E. Beutler. Zürich 1948.

Hohoff, K.: *Was ist christliche Literatur?* Freiburg 1966.

Läng, H.: *Kulturgeschichte der Indianer Nordamerikas*. Göttingen 51991.

Lavrin, J.: *Lev Tolstoj in Selbstzeugnissen und Bilddokumenten*. Reinbek 1961.

Lewis, C.S.: *Die große Scheidung oder Zwischen Himmel und Hölle*. Einsiedeln 1978 (übersetzt v. H. Kuhn); original: London 1946.

Paczensky, G. v.: *Teurer Segen. Christliche Mission und Kolonialismus*. München 1991.

Ried, G.: *Weltliteratur unserer Zeit*. München o.J. (1961).

Rinser, L.: *Die Mächtigen stürzt er vom Thron. Ein politisches Gebet*. In: *Wer hat dich so geschlagen? Widerborstige Meditationen*. Hg. vom Fernsehen DRS anläßlich der Sendereihe "Musikalische Meditationen". Zürich 1989, S. 53-72.

Sale, K.: *Das verlorene Paradies. Christoph Kolumbus und die Folgen*. München 1991.

Schwarzer Hirsch (Black Elk): *Ich rufe mein Volk. Leben, Visionen und Vermächtnis des letzten großen Sehers der Ogalalla-Sioux*. Übersetzt v. S. Lang. Göttingen 81992; original: New York 1932.

— *Die heilige Pfeife. Das indianische Weisheitsbuch der sieben geheimen Riten*. Olten, Freiburg 21978; original: Manderson 1947.

Stingl, M.: *Indianer vor Kolumbus. Von den Prärie-Indianern zu den Inkas*. München, Zürich o.J.

Strosetzki, Chr. (Hg.): *Der Griff nach der Neuen Welt. Der Untergang der indianischen Kulturen im Spiegel zeitgenössischer Texte.* Frankfurt/M. 1991.

Wir sind ein Teil der Erde. Die Rede des Häuptlings Seattle vor dem Präsidenten der Vereinigten Staaten von Amerika im Jahre 1855. Olten, Freiburg 1982.

3   Werkregister

Das folgende Register enthält sämtliche May-Titel, die im vorliegenden Buch besprochen oder erwähnt wurden. Bestimmte und unbestimmte Artikel werden in der Alphabetisierung nicht berücksichtigt. Überarbeitungen bzw. textgleiche Nachdrucke von früher, unter anderem Titel, schon publizierten Erzählungen werden hier nicht gekennzeichnet; die entsprechenden Hinweise finden sich - nebst weiteren bibliographischen Angaben - im Anmerkungsapparat unseres Buches.

3.1   Das Erzählwerk bis 1898

3.2   Das poetische Spätwerk (ab 1899)

3.3 Gedichte und Kompositionen

3.4 Theoretische Betrachtungen, Aufsätze, Vorträge, Selbstrezensionen

3.5   Autobiographische Schriften, Prozeßschriften

3.6   Polemik

3.7   Fragmente und Nachlaß-Texte

4   Personenregister

Im Literaturverzeichnis aufgeführte Autoren werden hier - von wenigen Ausnahmen abgesehen - nur dann genannt, wenn May sie persönlich gekannt hat oder von ihren Werken (nachweislich oder vermutlich) beeinflußt wurde oder seinerseits deren Werke beeinflußt hat.

Abel, Ernst 328, 336

Abels, A. 582

Achilles, Louise, verw. Häußler 230, 240, 343, 427, 531, 535, 778, 788

Adler, Alfred 47, 332, 576

Adrienne von Speyr 666

Albani, Familie 110

Albert, König von Sachsen 134, 163

Alinge, Eugène d' 96f., 100

Althaus, Paul 603

Anselm von Canterbury 739

Anzengruber, Ludwig 150, 187, 753

Armand s. Strubberg

Aub, Ludwig 60

Auer, Ludwig 466, 779

Auerbach, Berthold 150, 753

Augustinus, Aurelius 126, 141, 464, 614, 619, 644, 657, 663, 669, 672, 717, 738

Avenarius, Ferdinand 391, 395, 401, 468, 471, 475, 527, 529, 545, 775, 779, 790

Axmann, Friedrich 145, 149, 753

Baader, Franz Xaver v. 686

Bachem, Julius 395

Bachem-Verlag 395, 437

Balint, Michael 331

Barchewitz, Elisabeth 578, 590

Barchewitz, Familie 473

Bardtenschlager, Robert 208

Barthel, Fritz 371, 374, 583

Bayer (Ehefrau des Barbiers Wilhelm Bayer) 94

Beecher-Stowe, Harriet 521ff.

Beethoven, Ludwig v. 100

Beibler, Heinrich 340

Beibler, Wilhelmine 343, 384, 390, 426f., 435, 772

Beissel, Rudolf 131, 177, 401, 415, 418, 433, 534ff., 540

Belopotoczky (Feldvicar) 327

Berg, Alban 545

Bergengruen, Werner 25f., 486

Bergson, Henri 670

Bernanos, Georges 486

Bernhart, Joseph 24ff., 335

Bernstein, Rudolf 397, 466, 470, 474, 478, 532, 583, 774, 781, 784, 787

Beßler, Willibrord 396, 539, 778f.

Bierbaum, Otto Julius 492

Biever (Pater) 381

Bilz, Friedrich Eduard 583f., 592

Bismarck, Fürst Otto v. 151, 172, 186, 208, 225

Bleriot, Louis 585, 789

Bloch, Ernst 30, 33, 100, 177, 234, 266, 272, 282, 372, 374, 453, 703

Blücher, Gebhard Leberecht v. 186, 196

Böhme, Jakob 686f., 689, 707

Bonpland, Aimé 59

Bosch, Hieronymus 88

Boynburg, Sophie v. 415, 418, 631

Brant-Sero, John Ojijatekha 530, 792

Brecht, Bert 266, 481, 585, 671

Bredereck, Paul 532, 535, 791

Brehm, Alfred 98

Bresler, Johannes 591

Brock, Friedrich 94

Brontë, Schwestern (Anne, Charlotte, Emely Jane) 508

Brückner, Paul 392

Brugier, Gustav 217, 235

Brunner, Emil 710

Buddha (Gautama) 615

Buffalo Bill s. Cody

Leopold I., Fürst von Anhalt-Dessau 143, 329

Lessing, Gotthold Ephraim 139, 275, 440, 494, 613f., 658f.

Lewis, Clive Staples 359, 366, 607, 611

Liebenow, Caspar 145

Lilie, Moritz 349, 354

Listner, Heinrich 53

Liszt, Franz 187

Loest, Erich 63, 71

Lohse, Ernst 95

Lombroso, Cesare 470, 532f., 582, 781

Longfellow, Henry Wadsworth 519

Ludwig II., König von Bayern 184, 187, 758

Ludwig III., König von Bayern 328

Luitpold, Prinzregent von Bayern 325

Luther, Martin 37, 289, 369, 384, 450, 515, 518, 625, 663

Luxemburg, Rosa 471

Mame, Alfred et Fils (Verlag) 236

Mamroth, Fedor 147, 363, 367, 377, 391ff., 399, 411, 444, 447, 450, 454, 645, 770f.

Mann, Heinrich 266, 546f., 794

Mann, Klaus 35

Mann, Thomas 53, 78, 254, 322, 334

Marcel, Gabriel 100, 622, 631

Maria Therese, Erzherzogin von Österreich 327, 768

Marie Therese, Prinzessin von Bayern 481, 489f.

Marryat, Frederick 152, 167

Marti, Kurt 671

Marx, Karl 78, 276

Maxentius, Marcus Aurelius Valerius 734

May, Christiane Wilhelmine, geb. Weise (Mutter) 40, 43f., 46, 48, 103f., 203f., 284, 749 u.ö.

May, Christiane Wilhelmine (Schwester) s. Schöne

May, Christian Friedrich (Großvater) 40f.

May, Emma Lina, geb. Pollmer (erste Ehefrau) 65, 79, 107, 149, 151, 153, 155-163, 183ff., 200ff., 230, 245, 290ff., 325-329, 338ff., 375f., 380ff., 396, 419-435, 445, 473, 529-532, 584, 753ff., 788ff., 793 u.ö.

May, Heinrich August (Vater) 40f., 44, 48ff., 62, 98, 203f., 212f., 284, 287, 311, 362f., 413, 568, 749, 757 u.ö.

May, Johanne Christiane ('Märchengroßmutter') s. Vogel

May, Karoline Wilhelmine (Schwester) s. Selbmann

May, Klara, verw. Plöhn (zweite Ehefrau) 29, 56, 82, 160, 203, 230, 340, 343, 375, 378ff., 383f., 395, 408, 419, 423-435, 458, 469f., 475f., 519ff., 533, 566f., 578f., 584-589, 710, 759, 764 u.ö.

Meinhold, Ernst Theodor 73ff., 79f.

Meinhold, Henriette Christiane 73f., 79f., 107, 155, 750

Meinhold, Hugo 74

Melanchthon, Philipp 312

Mickel, Johannes Leopold Curt 230, 582, 584, 588

Möller, Hans 280

Möllhausen, Balduin 152, 154, 252, 323f., 430

Mörike, Eduard 508

Mohammed 307, 510, 615, 617

Mohammed Ahmed (Mahdi) 222

Molière, Jean Baptiste 440

Moody, Raymond A. 609

More (Morus), Thomas 407, 508

Mühsam, Erich 546, 794

Müller, Carl Heinrich (Packträger) 94

Müller, Karl Wilhelm 124

Müller, Robert 356, 366, 545f., 549, 793

Müller, Venanz 170, 172, 199, 217, 224, 247, 758

Münchhausen, Karl Friedrich Hieronymus, Frh. v. 27, 193

Münchmeyer, Friedrich Louis 134, 149

Münchmeyer, Heinrich Gotthold 98, 104, 106, 134ff., 145, 149ff., 168, 183ff., 193f., 198, 200f., 205, 221, 229, 236f., 264, 348, 354, 393, 397, 458, 472f., 571, 752, 756f., 761 u.ö.

Münchmeyer, Ida Pauline 134, 149, 201, 348f., 376, 396ff., 425, 464, 472, 475, 531, 761, 763, 769, 775, 779 u.ö.

Musil, Robert, Edler v. 545

Muth, Carl 350ff., 355, 363, 371, 391, 393ff, 400, 411, 525ff., 542, 768, 775

Näcke, Paul Adolf 522, 536, 576, 582, 591, 630, 784f.

Napoleon I., franz. Kaiser 37, 89

Nappe, Oskar Bernhard 93

Netcke, Franz Rudolf 534

Neugebauer, Franz (Verlag) 166
Niederstetter, Johann 37
Niederstetter, Michael 37
Nietzsche, Friedrich 119f., 380, 387, 439f.,
    445, 453, 491, 625, 627, 635, 637, 641f.,
    647, 654-657, 703
Novalis (Friedrich Frh. v. Hardenberg) 622,
    631
Nunwarz, Adolf 323, 330f., 348
Oeser, Hermann (Verlag) 133
Oetinger, Friedrich Christoph 710
Orff, Carl 645
Origenes 608
Ortega y Gasset, José 622, 631
Ossietzky, Carl v. 547
Oswald, Ernst 163f.
Otto, Carl Wilhelm 74ff., 78
Otto, Hermann Waldemar 583, 591
Ozoróczy, Amand v. 313, 346, 373, 418, 465,
    481, 490, 502, 521, 529, 543, 578, 583,
    590, 628, 784
Pannenberg, Wolfhart 603
Pascal, Blaise 133, 619
Paul VI., Papst 736, 742
Paul, Jean (Richter, Jean Paul Friedrich) 73
Paulus, Apostel 87, 393, 446, 489, 607, 631,
    685, 690, 699, 717, 732, 734, 770
Péguy, Charles 660, 670
Pestalozzi, Johann Heinrich 63
Petrarca, Francesco 685ff., 702, 707
Petzold, Auguste Ernestine 158
Pfänder, Alexander 631
Pfefferkorn, Ferdinand Carl Ludwig 343, 520,
    764, 787
Pfützner, Eduard Otto 75, 78
Pindar 605
Pius IX., Papst 537
Pius X., Papst 525
Pius XII., Papst 710
Pizarro, Francisco 617
Platen, August, Graf v. 98
Platon 141, 587, 592, 605, 620, 630, 685
Plöhn, Klara s. May
Plöhn, Richard 47, 230, 340, 343, 375, 378,
    380f., 383, 392, 423, 425, 429, 431, 759,
    771, 773 u.ö.
Plutarch 605

Pöllmann, Ansgar 30, 227, 229, 475, 481,
    527ff., 533, 538f., 546, 660, 670, 714,
    744f., 790-793
Pollmer, Christian Gotthilf 158f., 161f., 529,
    755
Pollmer, Eduard Emil 162f., 754
Pollmer, Emma Ernestine 157
Pollmer, Emma Lina s. May
Prasser, Karl Gottlob 109, 111
Preßler, Anna 64f., 71, 74, 106f., 155, 157,
    750
Pustet, Friedrich 152, 170, 173, 183, 190, 198,
    206, 217, 223ff., 236f., 240, 247f., 305,
    325, 349f., 362ff., 766ff. u.ö.
Pustet, Friedrich jun. 248, 251, 765
Pustet, Karl 211, 216, 248, 354, 400, 475,
    479, 504ff., 524, 526, 536, 580, 765, 788
Pythagoras 685
Quitzow, Dietrich v. 145
Raabe, Wilhelm 274
Radelli, Bruno 151, 158, 162, 165, 170, 173,
    183, 753f.
Ranke, Leopold v. 98
Reich, Wilhelm 47, 418
Reimann, Carl Friedrich 109, 112
Reinhardt, Max 482
Remington, Frederic 207
Rentschka, Paul 525ff., 537f., 613, 675, 714,
    744f., 787
Retcliffe, Sir John (Hermann Goedsche) 152,
    167
Reuter, Fritz 236
Rinser, Luise 345, 671
Roosevelt, Theodore 207
Rosegger, Peter 145, 150f., 154, 166, 266,
    474, 479, 541, 547, 753, 792
Rosenfeld, Kurt 471
Rost, Hans 543, 583, 585, 592, 782, 785, 789
Rothe, Anna 343, 767
Rousseau, Jean-Jacques 277
Rubinstein, Josef 195
Ruseler, Georg 394
Sättler, Franz 508
Sa-go-ye-wat-ha 519f., 555, 787
Saint-Exupéry, Antoine de 281
Saint-Germain, Graf v. 151
Sappho (antike griech. Dichterin) 48
Sartre, Jean-Paul 100, 720, 739

5   Danksagung

Die "Große Karl-May-Biographie" sollte ursprünglich ein kleines Büchlein werden, das den religiösen Aspekt des "Karl-May-Problems" herausarbeitet und theologisch reflektiert. Aber im Verlauf der Niederschrift, die 1983 begann, wurde mein Interesse an den vielen Details der Vita Karl Mays immer größer. Auch das literarische Werk dieses Schriftstellers hat mich zunehmend - und in ganz anderer Weise als in der Jugendzeit - angesprochen. Dies führte zu einer so weitgehenden Konzeptveränderung, daß die ursprüngliche Intention zwar ohne Einschränkung erhalten blieb, das Gesamtphänomen "Karl May" (mit seinen psychologischen, literaturwissenschaftlichen und gesellschaftspolitischen Aspekten) aber viel stärker als in den Jahren 1983ff. ins Blickfeld rückte.

Daß mein Buch zu einer Gesamtdarstellung von Leben und Werk Karl Mays wurde, ist wesentlich auf die umfangreiche Korrespondenz mit Prof. Dr. Claus Roxin zurückzuführen. Seit Frühjahr 1987 hat Prof. Roxin in ca. hundert, fast immer mehrseitigen, Briefen den Werdeprozeß meiner Karl-May-Biographie mit seinem Rat und seinen höchst wertvollen Anregungen begleitet. Ohne seine Hilfe hätte dieses Buch in der jetzigen Form nicht entstehen und nicht gedruckt werden können. Professor Roxin also gebührt mein erster und besonderer Dank.

Besonders danken aber möchte ich auch meinem Freund und geistlichen Mitbruder, Pfarrer Ernst Seybold. In unzähligen Briefen, Telefonaten und persönlichen Begegnungen hat er mich sachkundig beraten. Auch Korrespondenzen und Gespräche mit anderen May-Experten - stellvertretend für viele seien Walther Ilmer und Dr. Ulrich Schmid genannt - haben das nun vorliegende Buch beeinflußt. Darüber hinaus habe ich nahezu allen Autoren der Sekundärliteratur über Karl May zu danken. Denn ihre Forschungsergebnisse sind in meine Darstellung eingeflossen. Insofern könnte man die "Große Karl-May-Biographie" - unbeschadet der besonderen Eigenart meiner Deutungsansätze - als "Teamwork" der gesamten Karl-May-Gesellschaft bezeichnen.

Dem Verleger Michael Schardt, Paderborn, danke ich für die Aufnahme des Buches ins Programm des IGEL Verlags Literatur, dem Vorstand der Karl-May-Gesellschaft für die großzügige finanzielle Unterstützung und Dr. Dieter Sudhoff für die Auswahl des Bildmaterials.

Beim Lesen der Korrekturfahnen haben mich, neben Prof. Roxin, Frau Agnes Gessenharter und Sr. M. Virginie Fröber sehr unterstützt. Sr. Virginie hat die Entstehung der "Großen Karl-May-Biographie" von Anfang an begleitet. Noch in den letzten Wochen der Druckvorbereitung hat sie - schon von schwerer Krankheit gezeichnet - alles getan, um die Fertigstellung des Buches voranzubringen. Ihr dieses Buch zu widmen, möge ein kleines Zeichen des Dankes sein.

Kirchdorf, im Juni 1994
Hermann Wohlgschaft

ÜBER KARL MAY IM IGEL VERLAG
BISHER ERSCHIENEN

Heinz-Lothar Worm
Die Helden bei Karl May
Broschur, 292 S. 42,- DM

Karl-May-Studien Band 1
Karl Mays "Orientzyklus"
Hg. v. Dieter Sudhoff und
Hartmut Vollmer
Broschur, 309 S. 42,- DM

Großes Karl May
Figurenlexikon, hg. v.
Bernhard Kosciuszko
Gebunden, 796 S. 98,- DM
(vergriffen)
Verbesserte Neuauflage als
Taschenbuch geplant 1996.

Ulrich Melk
Das Werte- und Normen-
system in Karl Mays "Winnetou" - Trilogie
Broschur, 193 S. 42,- DM

Karl-May-Studien Band 2
Karl Mays "Im Reiche des
silbernen Löwen"
Hg. v. Dieter Sudhoff und
Hartmut Vollmer
Broschur, 384 S. 48,- DM

Michael Sagorny
Arno Schmidt & Karl May
Broschur, 119 S. 38,- DM

Weitere Bände in Vorbereitung

Michael Sagorny

Arno Schmidt & Karl May

Igel Wissenschaft

Michael Sagorny:
Harte Attacken & warme
Gefühle. Wie Arno Schmidt
Karl May verarztet.
Broschur, 1994,
ISBN 3-927104-80-9,
119 Seiten, 38,– DM.

(= Literatur- und Medien-
wissenschaft Band 28)

DAS LEBEN KARL MAYS ALS ROMAN

Otto Kreiner

DER RUHM

Roman über den Volksschriftsteller Karl May

Wim Snayder Verlag

Otto Kreiner:

Der Ruhm.
Roman über das
Leben des Schrift-
stellers Karl May.

Wim Snayder Verlag
Paderborn. März 1994.
Bibliophile Broschur.
206 Seiten. 42,- DM

Gedruckt auf säurefreiem, alters-
beständigem Papier, in der
Schrift Times in der Druckerei
Rübelmann, Hemsbach.

ISBN 3-930302-01-2

Otto Kreiners Roman ist ein gewichtiges Werk über das Leben des sächsischen Schriftstellers Karl May. Er folgt dem bewegten Lebensweg während
seiner erfolgreichen Jahre von der Entlassung aus dem Zuchthaus Waldheim
bis zu der Orientreise. Kreiner hält sich getreu an die überlieferten Fakten,
vertieft und erweitert diese aber auch durch die genuinen Mittel der literarischen Fiktion. Entstanden ist ein eindringliches und perspektivenreiches Le-
bensbild, das uns bei allen ironischen Brechungen die eigentümliche und widersprüchliche Gestalt Karl Mays, seinen Aufstieg vom Abgrund zur
schwindelnden Höhe, sympathischer näher bringt als es je eine reine Dokumentation vermöchte - eine große Romanbiographie.
Otto Kreiner, *1931 in Wien, der sein Leben u. a. als Schneider, Hilfsgärt-
ner und Amtsdiener fristete, war Autodidakt. Seit den 60er Jahren lebte er
als freier Schriftsteller in Wien. Der Roman "Fräulein, soll ich in Ihrem
Schoße liegen" (Residenz Verlag, Salzburg 1976) machte ihn berühmt. Otto
Kreiner starb am 29.9.1993 in seiner Geburtsstadt kurz bevor sein Karl-
May-Buch erschien.

Telefon   05251-760208